与法治同行

辩护词代理词精选

辩护词一

田文昌 著

法律出版社
LAW PRESS·CHINA
——北京——

图书在版编目(CIP)数据

与法治同行：辩护词代理词精选：全四册 / 田文昌著. -- 北京：法律出版社，2024
ISBN 978-7-5197-8135-4

Ⅰ. ①与… Ⅱ. ①田… Ⅲ. ①律师－辩护－案例－汇编－中国 Ⅳ. ①D926.5

中国国家版本馆CIP数据核字（2023）第136857号

与法治同行
——辩护词代理词精选(全四册)
YU FAZHI TONGXING
—BIANHUCI DAILICI JINGXUAN(QUAN SI CE)

田文昌 著

策划编辑 林 蕊
责任编辑 林 蕊
装帧设计 李 瞻

出版发行 法律出版社
编辑统筹 司法实务出版分社
责任校对 王 丰 张翼羽
责任印制 胡晓雅
经　　销 新华书店

开本 A5
印张 78.375　**字数** 1875千
版本 2024年1月第1版
印次 2024年1月第1次印刷
印刷 永清县金鑫印刷有限公司

地址：北京市丰台区莲花池西里7号(100073)
网址：www.lawpress.com.cn
投稿邮箱：info@lawpress.com.cn
举报盗版邮箱：jbwq@lawpress.com.cn

销售电话：010-83938349
客服电话：010-83938350
咨询电话：010-63939796

书号：ISBN 978-7-5197-8135-4　**定价(全四册)**：588.00元
凡购买本社图书，如有印装错误，我社负责退换。电话：010-83938349

作者简介

田文昌，现为中华全国律师协会刑事专业委员会顾问，中国刑法学研究会名誉顾问，西北政法大学刑事辩护高级研究院名誉院长、博士生导师，中国政法大学、国家检察官学院等多所高校客座教授。

1983年，田文昌从西北政法大学硕士毕业后到中国政法大学任教；1995年，辞职创办北京市京都律师事务所，由教授兼律师转为律师兼教授。

田文昌曾获评北京市首届十佳律师，“CCTV2013年度十大法治人物”，2013年度《亚洲法律评论》中国十佳诉讼律师，香港卫视2015全球华人影响力盛典“最具影响力华人大律师”，美国刑事辩护律师协会“终身荣誉会员”。中央电视台“东方之子”“实话实说”“三百六十行”“面对面”“人物”等栏目先后对田文昌进行了多次专访报道。

田文昌以擅长办理各类典型疑难诉讼案件而著称，并坚持不懈从事理论研究，为推动立法、司法改革和律师制度的建设而不断探索，以各种形式提出关于国家法治建设、法学理论研究、法律实务研究及法学教育改革的理论观点和探索性建议。

多年来，田文昌曾出版《刑罚目的论》（专著）、《律师与法治》（专著）、《中国大律师辩护词精选——田文昌专辑》（一、二、三辑，专著）、《田文昌谈律师》（专著）、《田文昌谈刑辩》（专著）、《与法治同行》（个人论文选集）、《刑事辩护的中国经验》（合著）、《控辩审三人谈》（合著）、《新控辩审三人谈》（合著）、《刑事辩护学》（主编）、《刑事诉讼法再修改律师建议稿》（主编）、《律师制度》（主编）、《刑事辩护教程》（理论篇、实务篇、实训篇，主编）等著作和论文数百万字。

增补修订版前言

我的《中国名律师辩护词代理词精选:田文昌专辑》自1998年由法律出版社发行以后,又陆续出版了第二辑和第三辑,并经过几次再版。此次整理辩护词、代理词出版成书,作为继已出版第一、二、三辑的后续之作,即第四辑,在收入近几年新发表的辩护词的同时,特将前三辑的内容进行适当调整,统一出版一套完整版。此次收录辩护词和代理词共100篇。

为使本书的内容和时间脉络更加清晰,调整方式如下:

1. 将辩护词与代理词一起出版,共4册,分别为辩护词一、辩护词二、辩护词三、代理词。

2. 由于在新收入的辩护词中有一些原来没收入的早期辩护词,为了理顺时间顺序,全书均按辩护词发表的时间先后重新排序,调整后每一册的内容会有一些变化。

此次出版只有一本代理词专辑,都是我早期代理一些民商诉讼和行政诉讼案件时发表过的代理词。后来,由于专业化的需要我就基本上只做刑事案件了。所以,再版时增加的内容只有辩护词。

无论过去还是现在,我收录辩护词的标准都是以典型性、代表性

为原则,并未兼顾胜诉率。因为,我一直强调:律师不以输赢论英雄。辩护词的价值,在于其论据扎实,说理充分,策略得当。

我将100篇辩护词和代理词*呈现给大家,目的只有一个:分享体会,共同切磋,为中国律师辩护水平不断提升尽一份绵薄之力。

---

* 对案例评述和辩护词、代理词,保留案件发生时适用的法律法规、机构名称等,不再对其时效性进行特别标注。——编者注

1998 年版序*

我和文昌认识有十多年了。那时,我在中国政法大学担任主管教学的副校长,他刚刚从西北政法学院获得刑法学硕士来中政大工作。我和他的专业不同,但这丝毫不影响我对这位新来的教师的注意,因为反馈来的信息使我深知,这位新来教师的讲课倍受学生的欢迎。在一个尚受人际关系影响的环境里,作为一个与中国政法大学及其前身北京政法学院毫无学缘关系、靠山关系的纯“外来户”,他在短短时间内所取得的成就,应该说,全凭着他个人的聪明才华和勤奋努力。

后来,他又担任了法律系的一些领导工作,我又被他的组织才能、工作魄力及思想解放所吸引。在传统观念还比较严重的环境里,他的作风和一些措施、办法当然也招引了一些“非议”。某种特定的环境可以使一个人的才华能力充分得到显现,从而造就了一位人才;某种特定的环境也可以使同样一个人的才华被湮没,从而埋葬了一

---

* 本篇内容为《中国名律师辩护词代理词精选 – 田文昌专辑》(法律出版社 1998 年版)江平教授所作序。

位人才,田文昌也是这样。在中国政法大学不大不小的“旋涡”中,他也被卷入了。他并不惮于在这样的“旋涡”中搏击,然而另一片激流更吸引他,于是他毅然跳进了另一个大海——作专业律师的大海。

在律师的工作中,我始终把他看作一位学者型的律师。这不仅因为他具有硕士的学历以及他有较长的法律高校执教的教历,更重要的是他学者的气质和风度,善于在办案中从学理的角度去分析问题并不断在工作中学习、研究,乃至著书立说,把实践升华为理论,又以理论指导其实践。他办案非常忙碌,但我觉得他不是一个“办案机器”,这本书就是一个明证,体现了他用知识和智慧去办案,用理性和思维去办案的经验总结。

在律师的工作中,我始终把他看作一位有理想型的律师。在办案过程中他不是只为当事人提供应有的法律服务,而是抱着强烈的匡复法律尊严和神圣的信念和勇气。有了这种信念和勇气他就常常出于一颗赤子之心,同情弱者或者叫童心未泯,良知未泯,不是一个“律师油子”。有了这种信念和勇气他就敢于为弱小的受害者打抱不平,向手持权鼎者挑战。虽然在律师工作中他的名气越来越大,物质生活也比在高校当“穷教师”时不知高出了多少倍,但我始终不把他看作终日为金钱而奋斗的人。这本书就是一个明证,体现他办案中的“正气歌”。只有具有为捍卫法律的理想,辩护词和代理词才能有振撼力,光靠华丽的辞藻是写不出好的辩护词和代理词来的!

在律师工作中,我始终把他看作一位多面手的律师。他本身的专业是刑法,办刑事案件自然是他的特长,本书中的十篇辩护词当然精彩。他对民商法经济法原本很少接触,但他从很早开始就不断在这些领域内学习、研究、请教。很快地,他就深入到这些领域之中。本书中他的十篇代理词也毫不逊色。他还努力学习,参加了证券律师资格的考试,还准备向更高的层次、更艰难的领域进军。我始终不

把他看作那种安于现状、不求进取的律师,“人无远虑,必有近忧”,文昌是一位胸有大志、胸有远虑的律师。

一篇优秀的律师辩护词、代理词不亚于一篇优秀的学术论文,这二十篇辩护词、代理词,就是一本二十篇优秀的论文集。希望从田文昌这本书的出版可以看到更多的这类作品问世。

是为序。

江　平

1997 年 6 月北京

1998 年版引言*

中华全国律师协会和法律出版社向我约稿，要我出版一本辩护词与代理词专辑。并且，还要陆续出版一批这样的专辑。我想，出版的目的是在于推动律师的工作，加强律师的责任感，也是为了使人们进一步了解律师的作用和意义。所以，我挑选的内容并不是以取得胜诉的结果为标准，而是更多地考虑到案件的典型性和代表性。我一向认为，律师不是单纯以胜败论英雄，因为影响胜负的因素实在太多。律师办案子，赢，要赢得光彩；输，要输得潇洒。重要的是你是否真正尽到了律师的职责，发挥真正的水平。

在诉讼业务中，辩护词与代理词是律师水平与成果的结晶，应当由律师的心血来完成。当一个律师将自己的辩护词与代理词公诸于众的时候，他必须有勇气迎接众多的批评与挑战，进而在批评中检讨和提高自己，以求得到不断进取。

每一次出庭后，我都会发现自己有不同程度的失误或遗憾，总会

---

* 本篇内容为《中国名律师辩护词代理词精选－田文昌专辑》（法律出版社 1998 年版）引言。

感到遗漏了一些内容或者换一种说法会更好,即使再精彩的辩论之后也不无这种感觉,完美无缺的情况几乎没有过。所以,尽善尽美的辩护词与代理词并不存在。

正因为如此,我愿呈此拙作,以求在公众和同行面前得到批评与指教。

田文昌

1997 年 6 月 25 日

2008年版引言*

律师不是天使也不是魔鬼

律师不是天使也不是魔鬼,律师既不代表正义也不代表邪恶,而是通过参与司法活动的整体过程去实现并体现正义。简言之,律师就是以依法维护委托人合法权益的方式去实现维护正义的目标。

人们有时将律师视为正义的化身,似乎律师自身就可以代表正义;有时又将律师视为邪恶的代表,似乎律师天生就是亵渎正义的恶魔。其实,这两种认识都不正确。道理很简单:正义的概念是抽象的,人人都可以自以为代表正义和维护正义,而对于正义的价值观却会因人而异,各不相同。更何况,在不同的时空中评价正义的社会标准也会发生变化。如此,便出现了评价正义的法律标准。

作为法律评价体系中的一个必要环节,律师的职责就是为形成这种最终评价提供必要的事实和法律依据,具体表现为依法最大限

---

* 本篇内容为《中国名律师辩护词代理词精选 – 第二辑 – 田文昌专辑》(法律出版社2008年版)引言之二。

度地维护一方当事人的合法权益。律师可以有自己的价值观,但是,由于律师的活动发生于法律评价形成之前,所以,他不能以个人评价取代法律评价,更不能因此而作出损害委托人利益的行为。这就是律师基本的职业道德。

从表面形式上看,律师的职业道德有时会与社会道德发生冲突,但是,从本质上看,两者之间却具有高度的一致性,因为律师的职责正是维护社会公平正义统一评价体系的重要组成部分。一个重要岗位的哨兵不能擅离职守,对眼前发生的其他事件去见义勇为;从表面上看,他似乎麻木不仁,违背了社会道德。但是,如若不然,却很可能由于顾此失彼而损害了全社会的更高利益。

所以,严守职业道德,依法最大限度地维护委托人的合法权益,正是律师以法律手段维护社会公平正义的特定方式。

在第一本《辩护词代理词专辑》问世十年后的今天,法治在进步,律师事业在发展。但是,人们对于律师职责的认识仍然不尽一致,其偏见与误解之深,足以说明作为舶来品的律师制度至今尚未在国人的观念中扎下根基。这也是我国律师制度发展举步维艰的根源所在。

十年后的今天,在出版《辩护词代理词专辑》第二辑之际,附上前面的感想,作为对律师职责定位的思考而奉献给读者,期望能够借此抛砖引玉,引起人们对律师更多的关注,激发起更多的思考……

田文昌

2007 年 11 月 11 日于北京

2013年版前言*

我的《辩护词、代理词专辑》(一、二)两辑出版以来,受到社会各界尤其是律师界同行的广泛关注,曾经加印过几次。目前,由于书店里又脱销,出版社准备再次加印,并同我商议,为方便读者,希望于此次加印时将一、二两辑合在一起作为合订本发行。我欣然同意。感谢出版社,更感谢读者的厚爱,同时,也为我的书能够具有一定的参考价值而自感欣慰。

由于律师制度在我国历史上出现的时间很晚,经验很少,成果亦不多,迄今为止,律师的法庭活动仍处在一种不断探索,逐渐成熟的过程之中。所以,同行之间沟通与交流的作用则显得更为重要。我认为,辩护词、代理词的作用不仅仅关系某一件个案的成败,而且也是一种理论和能力的提升。同时,还会起到推动立法与司法改革的作用。一篇有水平、有见地的辩护词、代理词,同时也是一篇有价值的学术论文,或者会成为具有创见性的立法建议,甚至会成为引领司

* 本篇内容为《中国大律师辩护词代理词精选－田文昌专辑》(法律出版社2013年版)再版前言。

法制度变革的号角。

因此,一定不要忽视辩护词、代理词的作用和价值,而且还要善于发现和利用它的价值。

值得强调的是,目前在法学理论界和法律实务界,理论与实务相脱节和相关学科之间相脱节的现象已经十分严重。在此情况下,以辩护词、代理词形式出现的律师的论证观点更容易弥补这种缺憾。因为律师的辩护词、代理词形成于错综复杂的真实案例和控辩双方激烈交锋的基础之上,这种不断面对新问题的有的放矢的思考和论证,更具有提升理论和指导实务的综合价值。所以,每一个律师都应当重视这种价值,并意识到自己在实现这种价值过程中的历史责任。

正因如此,我希望每一位律师都能够高度重视并认真对待自己的每一篇辩护词和代理词,并通过与同行和对手的相互切磋使自己得到提高。为此,我也愿意将自己的拙作与大家分享,供大家参考并希望得到指正。

我一直认为,辩护词、代理词的水平虽有高低,但是,世上没有完美无瑕的辩护词与代理词。能够在一篇堪称精彩的辩护词、代理词中发现不足和提出高见者,才更有机会提升自己和接近完美。

我希望自己的辩护词、代理词专辑继续发挥抛砖引玉之功,也希望有更多的"砖"和更多的"玉"不断地出版面世。

田文昌

2012 年 7 月 1 日于北京

2015年版前言*

1998年,我整理出版了我的《辩护词代理词专辑》第一辑,2007年又整理出版了第二辑,因为很多读者反映前两辑由于出版时间的问题,虽经再版,但市面上也已经不好买到。因此,在2013年,经出版社和我商量,将我的《辩护词代理词专辑》第一、二辑做成了合辑再出版。很感激该书受到读者们的肯定,也让我看到法律同行们之间的这种交流是必要且必需的。

随着我国法治建设的发展和完善,律师行业分工也越来越专业化、精细化。以我所在的京都律师事务所为例,随着综合化律师事务所的建立,我们已经将业务团队细分到包括刑事诉讼、民商诉讼、企业风险防控、金融、证券、房地产与基础设施、公司、破产重整、知识产权、能源与环保、信息技术、国际、海商海事等13个业务领域,各个部门的律师都力求在本领域内深耕细作,成为专家型律师。我本人也在近些年更加专注于刑事案件和相关的法律研究,代理其他领域的

---

* 本篇内容为《中国大律师辩护词精选－第三辑－文昌专辑》(法律出版社2015年版)前言。

案件相对少了。

此次我将近些年来办理的具有典型意义的部分刑事案件辩护词整理出来,希望能够给年轻同行一些启发。每个律师都有自己的辩护风格,我的辩护词一定不是最好的,但我一直认为,我们老一代的律师,有责任也有义务将我们的经验和体会毫无保留的展示出来,和大家分享,无论案件结果如何,律师本不是以个案成败论英雄的职业,重要的是对法律的理解以及对个案的逻辑思维方式。

需要指出的是,本书收录的近十余年的案件判决结果很好的很少,无罪判决只有一个:广东省佛山市南海区人民法院对程某某职务侵占罪一审判决无罪,检察院抗诉,佛山市中级人民法院二审维持原判。有些明显无罪的案件仍然被判有罪甚至被科以重刑。

2014 年,党的十八届四中全会通过了《中共中央关于全面推进依法治国若干重大问题的决定》,确定了以审判为中心的诉讼制度改革方向,可以预见,随着规则的逐步完善,将来的法庭审理将越来越具有实质意义,律师的有效辩护也将越来越发挥实质性的作用。新的机遇也向律师行业提出了新的挑战,如何完善知识结构,加强技能培训,迎接挑战,是我们每一个法律人,尤其是从事刑事辩护的律师应该思考的问题。希望借由此书的出版,抛砖引玉,引起同行们的共同交流思考,共同迎接新挑战,抓住新机遇。

目　录

法庭辩论技巧*

法庭辩论技巧这个题目应当说是一个比较深的课题,要把这个题目讲好是很不容易的,我没有任何理由有自信能够讲好。既然来了,今天就与在座的同行一块儿探讨一下。我只能讲一些粗浅的体会,希望在我讲的当中和讲后大家能够提出一些问题我们互相探讨、互相研究。大家可以随时发问,我讲话的时候不怕打断,因为在座的各位恐怕比我有更深刻的体会,比我讲得更好。说实话,我也没做什么准备,原来我在政法大学讲座时讲过一个类似的题目:《法庭论辩艺术漫谈》,当时并没有稿子,只是聊天式的即席发挥,后来研究生们帮我整理出来,这样才有了一点基础。今天我想结合新《刑事诉讼法》出台的一些相关内容来谈谈法庭辩论技巧这个话题,供大家参考。

---

* 本文为笔者于 1996 年 5 月 15 日在司法部首期刑事辩护律师高级培训班上的讲座内容。曾连载于《中国律师》1996 年第 11 期,1997 年第 1、2 期。收录本书时文字略有改动。

第一个问题:首先谈一下新《刑事诉讼法》中规定的关于刑事辩护和刑事案件代理当中律师工作的内容和方式

根据新《刑事诉讼法》的规定,律师参与刑事案件的工作内容和阶段有了比较大的变化。可以分为三项内容和两个阶段(或三个阶段)。这只是我个人的认识。

三项内容:一个是被告辩护人,这是和原来的规定一致的。再一个是被害人代理,这点在原刑诉法中没有规定,后来逐步地开始了这项业务,我们律师在有些案件中做了被害人的代理人,但是这个问题没有得到普遍认同,有些省市的法庭拒绝律师代理被害人出庭;有的可以代理,但只有在民事部分才有发言权,刑事部分没有发言权。现在新的诉讼法中明确规定了这个权利,可以说加大了律师业务的范围,增加了工作内容。当然,这个规定更重要的意义是对被害人的保护更明显、更明确了,因为过去被害人没有诉讼地位。不知大家注意到这个问题没有,我们的《刑事诉讼法》中诉讼当事人是单方的,这是非常可笑的。在十几年前第一部《刑事诉讼法》刚刚出台时我就反复提到过这个问题。所谓诉讼,必须是双方的,有诉有讼。可是在我们的刑诉法中公诉人代表国家,不算当事人,被害人也不算当事人,所以在进行诉讼的法庭上,只有被告一方当事人,这是非常不完善的规定。但当时既已规定,也只能那样了。十几年之后,这个问题终于解决了,应当说这是一个很大的进步:被害人作为当事人了。由于被害人作为当事人,被害人就有抗辩权,特别是被害人有了告状的权利。我这几年遇到过许多被害人状告无门的案子,公安机关不给立案,检察机关不给立案,被害人找到律师,律师也无能为力。新《刑事诉讼法》出台之后,这项工作就可以做了,律师可以代理被害人去起诉。在公诉案件中,如果公诉机关不提起公诉的话,被害人也可到法院提起诉讼。这是一个很大的进步,随着这个进步的出现,律师工作的内容也增加了，律师的作用也加强了，这是第二项内容。

第三项内容更新，那就是对犯罪嫌疑人提供法律帮助，比如在第一次讯问以后，或者被采取强制措施以后，犯罪嫌疑人可以聘请律师提供法律帮助，代为申诉、控告、申请取保候审，等等。这个规定也是一个大的进步，所以律师的工作内容又加了一项。这就是律师工作的三项内容：为被告辩护、为被害人代理、为犯罪嫌疑人提供法律帮助。

那么两个阶段又是什么呢？我认为审查起诉和开庭审判可以作为一个阶段，因为它们都是诉讼阶段。在这个阶段，从审查起诉时，律师就提前介入了。这个阶段由过去的只是起诉以后律师才能介入延伸到审查起诉时律师就可以介入，所以律师的工作量加大了。当然，如果分得细一些，审查起诉与开庭审判也可以分为两阶段。

另一个阶段就是被采取强制措施或者第一次讯问之后到审查起诉之前，为犯罪嫌疑人提供法律帮助。当然，根据目前新刑诉法的规定，这个阶段律师工作的内容还不是太具体，现在谁也说不清楚究竟能干些什么。根据目前的立法内容来看，应当说规定得比较空泛，在今后的实践当中可能会进一步解决这个问题。总之，究竟能做些什么，这是个很值得研究的问题。

那么，概括起来，律师工作的三项内容和两个阶段（或三个阶段）与原来的刑诉法相比，可以说律师的作用加强了，工作量增多了，工作的难度加大了，这不是一般的加大，而是加大了许多。

第一，调查取证难度加大了。我们的刑诉法规定，调查取证时证人和作证的机关可以不回答律师的提问，可以不作证，因为我们要征得别人同意才能取证。这种拒绝权原来还没有这么明确，这一次更加明确了。我认为这一规定是对我们律师非常不利的一条规定。在几次座谈会上我都提出这个问题，不仅是我，许多律师还有学者都提出这个问题,这是个难度很大的问题。而且,虽然我们的介入时间早了,但主动权基本上控制在控诉方,所以说在这个问题上,律师的调查取证是相当困难的,这是第一个难度。

第二,了解案情难度加大了。因为我们不能看卷宗了,看到的卷宗也不会那么具体了,所以了解案情更加困难。过去虽然律师介入的时间晚,但是介入时全部的卷宗都在法院,我们可以仔细研究,从卷宗里发现问题,虽然很被动,有时就是从鸡蛋里挑骨头,挑不出来你就没辙,但是毕竟你还是可以看到全部的案卷材料,包括证据材料在内,你都可以看到。可是,根据新刑诉法的规定,公诉机关给法院的材料本身就比较简单,律师看到的也只能更加简单,许多关键的内容和证据他们就不一定附卷。所以,对律师来讲,他的思维方式应当有重大改变,他不能够只凭卷宗来了解案情。这也是一个难度很大的问题。

第三,风险加大了。这次刑诉法规定,如果律师在调查取证过程中有诱证等其他制造伪证的行为,要追究法律责任。可以说,这对律师是很不公平的,我在会议上多次呼吁过这一点,因为调查取证当中更容易违法的是侦查机关而不是律师;事实上经常违法的也是侦查机关多于律师;现在仍在违法的更是侦查机关而不是律师。这是因为侦查机关实施违法取证的权力和机会比律师更多。那么,如果公平地把侦查机关和律师放在一起规定还可以,但事实上却没有提及侦查机关,而是单独针对律师列了一条,这样问题就比较大了。特别是有这样一个问题(我在一些文章中也写到过),律师和侦查机关是控辩双方平等而又对立的两个方面,侦查机关搞违法取证的时候,由侦查机关自己来追究,而律师要是发现有这个问题,却要由律师的对立方侦查机关来追究。毫不隐晦地讲,这在立法原则上是有问题的。如果由第三方来处理还可以,现在是在对立的双方中由其中的一方来追究另一方，这种规定明显有问题，很难避免职业报复行为。当然，现在立法已经出台，至少暂时是无法修改了，这是一个很严峻的现实。那么，我们面对这个现实就要充分考虑这个风险，要知道自己的工作该怎么做。特别一条最危险的是关于律师出伪证，诱使证人改变证词的问题，这个问题是难以明确界定的，是说不清楚的。在过去和现在，已经屡屡发生过这类事情：检察机关、公安机关调查以后，律师再找证人，证人改变了证词，而且有些证词原来是在逼供下出具的，现在经过律师的教育或自己的思考、自己的反省而改变了证词，这是律师工作的贡献，律师并没有采取非法的手段，但是已经有一些律师被抓起来了，因为你改变了我的调查，所以我就认为你改变的手段是非法的。就在最近几天，我还频频听到北京和外地都有律师被抓的消息。所以说这个问题难度是相当大的。那么，是不是由于律师的调查取证在后，而事后调查就不能改变侦查机关的调查，一旦改变，就有违法取证之嫌呢？应当说，根据目前的情况，这个嫌疑很难避掉。所以说，这个问题是相当严重的。正因如此，我曾经在今年以来的大大小小的包括很高层次的会议上多次呼吁、警告、预测，我说在新刑诉法实施以后，全国将有一批律师被抓起来，这是个很严峻的现实，但是从宏观角度来讲，这也是中国法制*建设向纵深发展的进程中所必须付出的一种代价，包括我本人也准备付出这个代价。我说的话是指在明年1月以后。然而，更严峻的事实已经出现了，现在已经陆续抓了一些人。我听个别的检察人员和公安人员讲，已经做好了准备，要抓几个律师。如果一个地方抓几个，全国就要抓几千了。当然，我们不希望这个现实出现，也不会这样严重，但是这个问

---

* 本书四册收录了作者三十余载代理过的案件的辩护词、代理词，以及演讲稿、文章等，可谓见证了中国法治建设发展。表述上保留了文书当时的表述，如“法制”“法治”，未按当前用法进行统一。——编者注

题的确是不可回避的。我说这句话并不是言过其实,而是希望同行们意识到这个现实,更慎重地、更稳妥地、更负责地、更严格地做好我们的工作。不能因噎废食,工作还要做,问题是怎么做。一些年轻的律师,像初生牛犊,没有更多的经验,再不慎重,可能由于自己的原因而导致这种结果,这是更加需要注意的。反过来,不是由于我们自身的原因,而是由于对方的原因出现了这种情况,我们也应尽力防止。新刑诉法起草过程中各方争论相当激烈,但总体来讲,进步是很大的。尽管有许多难以突破的困难,但新刑诉法应当说是在新中国立法史上的一个重大突破,这点是应当肯定的。对于律师来讲,这个重大突破出现之后,应当说是面临一场挑战,如何做好刑事辩护和代理工作是值得长时间深入探讨的问题。关于律师工作的风险,我希望在座的同行们能充分认识到,注意到,以便最大限度地予以防止。

第四,回到我们的主题上:辩论的难度加大了。因为庭审方式改变了,所以法庭辩论的方式、内容都有了新的变化。这点对我们每个人来讲都是非常陌生的。那么,法庭辩论难度为什么加大了?表现在什么地方呢?

第二个问题:法庭辩论难度加大的原因

法庭辩论的难度加大主要是由控辩式的庭审方式引起的。

一方面,在控辩式审判中,由于庭审前律师不能全面地了解控方的证据内容,应变能力就变得更加重要了。

与目前情况所不同的是,以后起诉机关移交给法庭的案卷内容很简单,这样,我们对好多问题都会措手不及,不可能了解得那么透彻,所以,必须有很强的应变能力。我们不可能事先准备好辩护词,甚至连质证的提纲都难以事先拟好。过去我们把辩护词都打印好了,法庭调查提纲至少也拟得相当详细,将来恐怕办不到了,因为不知道对方的底细,对方会拿出什么关键性的证据我们事先甚至都不能了解，所以法庭调查质证的提纲我们也难以准备。那么，就有相当一部分内容要由法庭上的应变水平来决定，这是增加法庭辩论难度的一个很重要的原因。

另一方面，控辩式的审判方式将会使法庭辩论的方式和内容发生两个重要转变。

一个转变是由集中辩论向交替辩论的转变。

过去我们法庭的审理泾渭分明，先法庭调查，后法庭辩论。可能大家都有体会，我们有些律师在法庭调查当中常常难以把握这个程序，有时就把辩论的内容提前了，而且发生这种情况时往往要受到法官的制止，让你留待辩论的时候再谈。过去的方式都是这样的。那么，将来的方式恐怕就不一样了，因为它是边质证边辩论，很重要的一部分辩论内容挪到法庭质证中了，这样就加大了法庭质证的力度和分量，质证当中就要融进辩论的内容。法庭调查之后的辩论当然还要有，但是前面质证当中已经开始了对证据的辩论。试想，如果对于控方证据的真实性、有效性、合法性我们不能及时提出否定的理由来，就等于认可控方证据。反过来，我们如果不能举出对我方有利的证据并且能说明它的有利之处，又怎么能使这个证据得到认可呢？所以说，在质证阶段，一旦失去机会，质证就会失利，这是个非常重要的问题。面对这种情况，我们必须把辩论的某些内容融合在法庭质证之中。如果我们注意到一些文学作品和影视作品所反映的国外法庭审判的情况，就可以发现他们的法庭辩论常常是在质证当中交替进行，若干个轮回地进行辩论。所以，在新《刑事诉讼法》实施后，我们必须注意到这一点，在质证阶段要不失时机地提出自己的观点和理由，这样才能否定一些不真实的证据，坚持我方的证据。这是第一个转变，即由集中辩论向交替辩论的转变。

另一个转变是由以实体辩论为主向实体与程序并重的转变。

过去在我们的法庭上,辩论的内容重点是实体法问题,这点恐怕大家都有体会,我们辩论的重点主要是定性准不准,罪与非罪及此罪与彼罪的界限问题,重点都是在这些方面,对证据的辩论并不突出。但是在国外的法庭上,恰恰相反,他们打的主要是证据仗,这一点在一些影视节目中也可以反映出来,这是一个很重要的差别。我曾讲过,我们的律师到国外去,肯定会不适应,尤其是英美法系国家,我们是重实体轻程序,他们是重程序轻实体,辩论的内容和方式差别很大。

为什么会有这种差别?

一个是我们国家历史上一直延续到现在的一种重实体、轻程序的观念,没有把程序法放在一个很重要的地位。

再一点就是实质上的有罪推定。在我们司法人员的意识中,深深保留着一种有罪推定的思想,这个问题在座的同行们一定会深有体会。有罪推定与无罪推定的问题在我国法学理论界争论了几十年。无罪推定的原则是资产阶级革命胜利以后资产阶级刑事诉讼法中一个重要原则之一,它是对封建制刑事诉讼法和刑法的一个最根本性的否定。直到我国新《刑事诉讼法》颁布之前,关于无罪推定的争论,曾经出现过几次高潮,几起几伏。遗憾的是,每当有学者提出无罪推定时,就会被一棒子打倒。我也曾经提出过这个问题,但没有专门来长篇大论,因为那时正有人被批判。这个问题是相当严重的,这种观点的存在,对律师的辩护特别不利,大家可能都听过这种普遍的说法:许多公安和司法人员认为,放人就要证明他无罪。我在讲课时曾经问过许多司法人员,有些罪定不上、证据不足时怎么办?他们的回答是我不能证明他无罪,我就不能放他。这是一种根深蒂固的思想,即有罪推定的思想。我经常对他们讲:“宣告一个人无罪不等于他事实无罪,只能说明我们不能证明他有罪,只要不能证明他有罪,就得宣告他无罪。”但这个说法很难被接受。前几年有好多文章,包括权威的立法人员所作的解释中都有一种观点:“我们既不搞无罪推定,也不搞有罪推定,我们讲的是实事求是。”多年来一直是这样讲。我不客气地讲,在这个意义上实事求是只是一句空话,谁都强调自己是实事求是,但重要的是,如何实事求是?做到实事求是的原则是什么?根据是什么?说到底,无非是一个无罪推定和有罪推定的问题。我们这么多年来反对无罪推定的结果实际上就是搞有罪推定,这个问题相当严重,是对我国法制建设的一种障碍。好就好在这次《刑事诉讼法》基本上肯定了无罪推定,这个问题早就该肯定,在联合国的有关公约中明确写上了无罪推定,而我国也参加了这个公约,所以当然应当承认这个问题。这次原则上是承认了,比如说任何犯罪嫌疑人没有被法院认定有罪之前都不能视为有罪,这个表述至少在一定程度上包含了无罪推定的内容,还有些相关的表述,这是一个相当大的突破。只有转变这一思想之后,在防止错案方面才会有重大的进步,对搞好律师工作也是有利的。实质上的有罪推定观念使我们律师工作包括法庭辩论的难度很大,因为一个“实事求是”的抽象性概念掩盖了程序上的违法性和主观臆断性,所以不重视程序。可见,我们律师在法庭辩论当中怎样打破这种错误观念?怎样阐述自己的观点?怎样在证据不足时否定对犯罪的指控?这是个很重要的问题。

第三点,我们不是严格的罪刑法定。罪刑法定也是资产阶级刑法当中最根本的一条原则,这条原则的核心是,法无明文规定不为罪,不处罚。我国《刑法》和《刑事诉讼法》都没有这样规定。国外有两种情况,有的将罪刑法定原则规定在刑法中,有的规定在诉讼法中,英美法系国家一般是规定在诉讼法中,还有一些国家把这个内容规定在宪法中。可是,我国这几个法中都没有明确规定。在 1979 年

《刑法》《刑事诉讼法》出台之后,学术界一直在讨论我们国家是不是罪刑法定原则,有的说是,有的说不是;有的说基本上是罪刑法定原则;有的说是以罪刑法定为基础,以类推为补充的原则;有的说是有限的罪刑法定原则。有一位学者说得很有新意,他说我们不是罪刑法定原则,而是罪刑合法原则,因为类推和罪刑法定是尖锐对立的,但如果法律规定有类推,就不能说它不合法,所以说是罪刑合法原则,即只要没有超出法律规定的范围就视为合法。可见,罪刑合法原则和罪刑法定原则差之千里,是不一样的。这次修改刑法时大家意见比较一致,主张废止类推。这次新《刑事诉讼法》的出台在一定意义上也推进了罪刑法定原则的贯彻,将来我国《刑法》应当明确把这一原则确定下来。我最近准备出一本书:《罪刑法定原则在中国》,我在书中谈到了罪刑法定的概念、内容、起源、历史发展过程和现状,中国现行法律与罪刑法定原则的冲突以及将来怎么办等一系列问题。罪刑法定原则如不明确下来,我们律师工作的难度也会相当大,因为定罪量刑的随意性太强,法官主观臆断的权力相当大,这也是律师在法庭辩论中难度大的原因之一。

还有一点,就是我们的实体法规定得过于空泛、抽象,伸缩性太大,在理解上很容易发生歧义,这也是一个非常现实的问题。大家知道,我国《刑法》非常简练,只有 192 条。一些外国学者说:非常欣赏你们的法律,非常欣赏你们的概括能力,你们的法律言简意赅,不过我们是无论如何接受不了的。他们这些话的含义很明确,是认为我们的《刑法》太简单了。在这个问题上我专门和外国学者探讨过,我说你们的陪审团制度怎么能够做到严格依法办事呢?陪审团成员不懂法律,他们根据什么行使定罪权呢?在英美国家陪审团的成员要求非常严格,必须是德高望重的、受人们尊敬的,这当然没得说,但还有一条,不能是法律专业人员。很多人都可以报名参加陪审团,经过审查之后就可以成为陪审团的候选人，当一个案子出现后，就可以从中挑几个参加陪审团。所以针对这种情况我就问：你们陪审团成员不懂法律，怎么能够来定罪呢？（因为法官没有定罪权，陪审团才能定罪，法官只是作为顾问，定罪之后进行量刑，至于能不能定罪，由陪审团表决，法官没有权力。）他们解释的一个很重要的原因就是他们的实体法规定得相当具体细致，绝大部分情况是可以对号入座的。所以说律师也好，控方也好，主要是在案件事实上下功夫，把陪审团从情感上、道义上打动了，使他们产生某种倾向和确信。所以双方必须有充分的证据，证据仗打得很具体很激烈，主要是证明犯罪事实是否存在，当然也包括行为人的动机、目的和背景等。可是这一点在我国却很难做到。我国有陪审员，但陪审员的作用大家都很清楚。因为我们的法律连律师与法官都争不清楚，有时连最高法、最高检都争不清楚，甚至连我们很多高层的专家论证会都争不清楚，陪审员怎么会清楚呢？我在一些重大疑难案件中，经常请专家开论证会，我也应邀参加过一些有关部门举办的论证会，我很少遇到过观点完全一致的，大多数都有一些争论。这种现象一方面说明法律是一门科学，理论很高深，有争论是正常的。但是恐怕更重要的是反映出我们的立法太抽象了，给人留下那么多争论的余地。立法不一定都那么科学，任何一个国家、任何一个时代的立法都不可能无可挑剔，都是不断补充和完善的，但是立法一定要明确，不能给人那么多空子可钻。我们国家法律的空子是比较多的，谁都可以钻，这是我们亟待解决的问题。到目前为止，《刑法》修改的草案已出了好多稿，现在已经变成三十几章五百多条，恐怕还要增加，这是一个大的进步，估计一两年之内能够出台。

我讲这些是说明在国外的法庭上重点是在证据的辩论，是打证据仗，程序问题占了很重要的地位，而我国的法庭上程序的内容较少,主要是在打实体,这是过去,将来新刑诉法实施以后,程序上的问题增多了,在程序中辩论的难度增大了。但是,由我国目前刑事实体法的立法现状所决定,在法庭辩论中我们实体上的内容并没有减少,过去是重实体、轻程序,现在是实体与程序并重,并不是因为程序上的分量加大了就减少了实体上的分量。所以说,我们律师面临的是双重的难度,比在国外做律师更难,我们是这边顾着程序,那边还不能忘了实体。当然这不是单方面的,我们难,控方也难,难度是对等的。但是我们对自己就要提出更高的要求,程序与实体这两个问题都不能忽略。要适应这个转变。

好,现在我们来总结一下,刚才讲到新刑诉法实施后在法庭辩论中将要发生两个转变:一个是从法庭调查与法庭辩论分阶段进行向法庭调查质证与辩论交叉进行的转变,另一个是辩论中由重实体、轻程序向实体与程序并重的转变。要适应这两个转变,不是件很容易的事情,我们每个律师都应当做好充分的思想准备,要探索,要锻炼,要提高。律协前几天开了几个会在研究这个问题,全国律协准备搞这样几个动作:一个是搞模拟法庭,现在我正在拟写模拟法庭的提纲。准备先各搞一个美国律师和香港地区律师的模拟法庭,因为许多人包括我在内到底怎么搞控辩式审判都是空白。搞了这两个模拟法庭之后,再搞内地律师的控辩式的模拟法庭。把这三个模拟法庭搞好之后,制成录像带,每个律师所一套。这是初步定下来的一个打算,是为了使大家能够尽快适应这种庭审方式。另一个动作就是在全国范围内搞律师的辩论大赛,大学生辩论赛搞了这么多次了,我们律师若不搞辩论赛就非常遗憾了,真正该搞的应该是律师。准备在几个省市先搞,通过中央电视台合作来搞。我们争取年底之前把准备工作做好,这也是对提高律师法庭辩论水平的一个促进,也显示一下律师的实力,律师出来表演,大家看一看。这个辩论赛的提纲也正在准备。

适应新的论辩方式确实要有一个过程,更主要的是多学习。

第三个问题:法庭辩论中律师的优势和劣势

从形式上讲,应当说控方是主动的,辩方是被动的,因为控方掌握证据在先,始终处于攻势的地位。辩方掌握证据在后,处于守势。

但是,辩方律师也有天然优势,这个优势就是举证责任,因为是控方举证,辩方反驳,这是很大的优势。控方必须保证证据的真实性、合法性、一致性和排他性,这一点对控方来讲压力很大。因为谁主张,谁举证,民事审判上也是这样。首先,你控告的证据要真实,要经得起推敲;其次,要合法,不能违法取证;再次,要一致,不能自相矛盾;最后,证据要有排他性,特别是间接证据,我们知道,间接证据必须形成一个完整的、一致的、无法攻破的证据链条,必须具有排他性,否则多少个证据加起来也没有用。在这一点上,作为辩方律师只要攻破控方证据就可以取胜,并不一定要举出反证。这个优势很大。也就是说,只要攻破一点,这一证据就不能成立,就打破了控方证据,控方就要失利,这点的确是律师的优势。

我讲这个问题的意思是我们应当了解自己在法庭辩论中的位置,在法庭辩论中的劣势、优势各是什么。对处于劣势的一方面,我们应有充分的思想准备,在优势这一方面要更加充分地发挥,这样才有利于取胜。

但是辩方的优势也不是绝对的,有时也有例外。比如正当防卫的问题,我碰到过好多这样的案子。应当说我国对正当防卫的研究在理论上比较薄弱,立法上不够具体,实践中问题非常大。我们在政策上一再讲,鼓励正当防卫,鼓励人民群众用正当防卫的方式同违法犯罪行为作斗争,来维护社会的安定,要放宽防卫的条件。但是,由于理论上研究得不够,实践中往往是“左”的倾向占主导地位。实践中,防卫的案件很难辩护,明明是防卫的,常常被定为防卫过当;明明是防卫过当的,常常连防卫的性质都被否定;总是要有些偏差。所以说防卫的案件很难辩护。但我现在说的不是指这个问题,而是说在防卫案件的辩论中律师的位置变了,辩方往往会处在劣势的位置。为什么呢?是因为举证责任变了。一般情况下是控方举证,但是防卫案件中却往往要相反,因为杀人、伤害这样的事实确已发生了,事实在先,控方只要拿出这种事实就可以了,但如果律师认为这是防卫,你就要提出防卫的证据。所以,此时对防卫成立的举证责任就落在了辩护人头上,这时候,我们就处于劣势。而且实践中,防卫案件常常是没有多少证人的,往往是一对一的,这个问题难度相当大。所以在这一点上,我们应当有充分的思想准备,遇到这样的案件,要尽可能充分地寻找证据,要不然即使明知是防卫,拿不出证据也是不行的。再譬如精神病的问题,也比较困难,你怀疑他有精神病,你就要举证。当然精神病要由鉴定机关来认定,但提出鉴定要求本身你就要有一定的证据作基础,否则人家凭什么给你做鉴定呢?我办过一些怀疑被告人有精神病的案子,有的确实被鉴定为无责任能力,有的被鉴定为有责任能力,总之,该是什么就是什么,我们责任尽到了。但是无论如何,你必须提出鉴定的理由,并且要有一定的证据支持这种理由才行。在这方面,律师也是处于劣势的位置。所以说,辩方律师的天然优势并不是绝对的,有些问题上你也要承担举证责任,这样难度就比较大。

第四个问题:法庭辩论的目的和侧重点

应当说,律师进行法庭辩论的目的是使自己的观点能够被接受,而不是哗众取宠,这一点非常重要。我见过一些律师,确实有这种毛病,他们的口才不错,思维很敏捷,但是他们并不考虑实效。在辩论中,只注重以各种华丽的辞藻来展示他的才华,常常博得掌声和喝彩声。当事人往往喜欢这样的律师,他们会感到解恨,感到精彩,感觉到压抑了多时的情绪终于得到发泄。由于当事人不懂法律,所以不知道后果,有时就图一时痛快,这是可以理解的。但是律师不能这样,因为这样讲了之后并没有什么实际的作用,这样的表演并未充分表达他辩护的理由,而且还很容易刺伤控诉方,甚至刺伤了法官,有的律师对法官也百般嘲笑,结果谁吃亏呢?还是当事人吃亏,这样没有起到律师应有的作用。法庭辩论的目的是什么?是为了在辩论大赛上的表演呢?还是为了辩论理由的成功呢?这一点是不言自明的。所以,这种表演次数多了之后,当事人也会有所察觉,也不会欢迎,因为他光是说得好听,却没什么效果。这样传来传去对律师的声望也不好,而且司法机关也容易形成对立情绪。所以,应当引以为戒。

那么,法庭辩论的侧重点是什么?与目的一致,法庭辩论的侧重点应当是晓之以理,动之以情,言之有据,而并不在于攻击对方;这是非常重要的。有的律师只是沾沾自喜于把对方打败了,把对方驳得无话可讲了。要知道这一点是远远不够的,重要的是结果怎么样,法官是不是理解了、采纳了。律师在辩论中应当特别注重晓之以理,动之以情,因为你的目的是让人家接受你的观点。所以,侧重点是在于表演?还是在于对实际效果的追求?这个问题非常重要。

在法庭辩论中,论题的确立,辩论内容的展开与调整,辩论方式与技巧的选择和运用等一系列问题,都不能偏离法庭辩论的目的和侧重点。所以,这个问题是法庭辩论取得成功的首要前提。在这个前提确立之后,法庭辩论技巧才可以得到有效的发挥,才会有用武之地,才不会浪费口才。

好,现在我们进入本讲的中心话题:

第五个问题:法庭辩论技巧的具体运用

这个问题比较庞杂,我只能就个人体会较深的几个方面,结合具体案例来谈谈感受,不可能全面展开,更谈不上系统性。

一、辩论要抓住要害、突出重点

抓住要害、突出重点,这不仅在法庭辩论中十分重要,在法庭调查和庭前准备中也同样重要。有些比较复杂的案件,内容很多也很乱,这时候一定要抓住要害,突出重点,不宜面面俱到,避免冲淡了主题。有些案件很复杂,甚至涉及十几项、几十项犯罪事实。这还不说,关键是有的案件涉及的证据内容及其他一些内容太多太乱,如果在有限的庭审时间内不能抓住要害,往往会被牵着鼻子走,陷入一种难以解脱的境地,不利于把重点问题说清楚。大兴安岭朱某金的案子就很典型。这是一件因承包经营而被指控犯罪的案件,被告人被关押了5年半,起诉书指控他贪污近40万元,诈骗近40万元,再加行贿共3个罪名,案件历时长达7个年头,最后被宣告无罪。这个案子检察院侦查了3年多,起诉到法院后,法院又搞了一年多,到我去开庭的时候就只有7天,就在7天时间里我们两名律师除了阅卷和会见被告,还要调取一系列证据,包括坐十几个小时火车到泰来农场和老来农场两个监狱去取证,而且因时过境迁取证相当困难。所以,我看卷的时间只有3天。3860多页的卷宗,就是不睡觉也看不完。怎么办?我通过对一些主要线索的分析,终于找到了关键问题,从根本上否定了犯罪的性质,其他一些次要问题有的一翻而过,有的干脆不看了。因为此案的关键是承包合同的性质和方式,只要把个人承包的基本性质和“大包干”的承包方式弄清楚了,就足以否定贪污和诈骗的问题。所以,对其他一些次要问题就可以泛泛地翻阅,甚至可以略过不看。这样一来,不足3天,我已经把案件全部吃透了。后来同院长交换意见时,他问我看完了卷宗材料没有,我回答说,“我都看明白了”。他会心地笑了。这个院长是科班出身,很有水平,他知道我不可能看完卷宗。但当我全面地分析案情,陈述理由之后,他既满意又吃惊,对我的工作效率感到惊讶。后来在法庭辩论中涉及其他一些枝节问题我一律不予纠缠,就抓住这个要害问题不放,从根本上否定了犯罪性质。假如我陷入那些琐碎的枝节问题之中,那就非常麻烦了,就很难把握住重点,甚至连基本案情都吃不透。事实上,开庭的情况表明,公诉人和审判长对案情都没有吃得很透,尽管他们研究、调查了几年时间。为什么?因为他们没有抓住要害,没有厘清法律关系。

二、善于抓住和利用矛盾

新刑诉法实施后,法庭调查质证中必然融进辩论的内容,这时如何进行辩论,如何使辩论更有力度,这是个很值得研究、探讨的问题。法庭调查中,主要是举证和质证,事先一定要有一个举证、质证的基本思路,在庭上则要不失时机地寻找对我方有利的线索和机会,一方面要善于发现对方举证中的矛盾,另一方面一定要避免自相矛盾。有些情况下,在法庭调查中不宜过早地暴露自己的思路,以免使对方有所防备,使得一些重要证据无法核实。法庭调查当中这些技巧是很重要的,这不仅是在刑案的辩论中,在民事案件和其他案件中也一样,凡是涉及法庭辩论的都有这样的问题。下面,我就个人的体会举几个相关的例子供大家参考。

前几年我在广东办了一件行政诉讼案,我方代理香港的 3 家公司和越南船长诉湛江海关扣船没收货物违法。这件案子一审胜诉,但后来二审败诉了。尽管二审败诉了,我认为这案子是非常成功的,这案子随时随地我都想把它翻过来。案情是海关扣了一艘越南船,运的是香港公司的货物。这船的合法航程是从香港向越南运货,提单等手续齐全。航行至越南与中国的分航点之前,在琼州海峡的国际航线上,遇到了12级台风,所以驶入广东湛江境内紧急避险。在抛锚停靠当中被公安机关和海关查获,两千多万元的货物被扣留。假如该船是在国内航线上行驶中被扣留,认定走私是没有问题的,但它是在避险中被扣的,而且是处在国际航线上的分航点之前,所以认定走私是缺乏根据的。那么,海关认定走私的关键性证据是什么呢?其中之一是24名船员和船长的口供。但是,我阅卷时发现被告把第一次口供全部隐匿了,没有向法庭提交,只提交了第二次口供,而第二次口供虽然承认是走私却有许多破绽,这些口供中有的前后矛盾,有的相互矛盾,显然是不真实的。在法庭调查中我首先以此为突破点,我开始并没有否定这些口供,只是举出了其中的各种矛盾,当对方被质问得不能自圆其说的时候,就乱了阵脚,跳起来了。在慌乱之中,对方代理人极不冷静,声色俱厉地说:"我们重证据,不轻信口供,那些口供都是胡说八道,不能算数。"结果,本来被当作王牌证据使用的口供首先被他自己否定掉了。于是,我立即提请法庭将被告代理人的这些话记录在案,并声明在口供的真实性和效力问题上,原被告双方已经达成共识,请法庭调查下一个问题。口供的证据效力之争就这样结束了。这时,对方才发觉上当,追悔莫及,但为时已晚。由此可见,一些关键问题在交叉质证时必须及时抓住,一旦失去机会或者一朝失误,就容易陷入被动局面。

再举一个例子,还是刚才我讲的那个行政诉讼案,这个例子发生在二审阶段。当对方的第一个王牌证据——船员的口供被攻破之后,第二个王牌证据是三份电报底稿。海关向法庭提供了船上尚未发出的八份电报底稿,这八份底稿中有三份是最重要的,这三份底稿虽然也是间接证据,但是可以反映出该船具有走私嫌疑。因为按正常手续是从香港运货到越南,在越南办了手续后,不卸货,再从越南转到广西,这样就是合法的,是边贸政策所允许的。而海关扣船的理由，就是认定该船假借到越南的名义，直接驶往广西北海市，这样就会由于没有从香港到广西的合法手续而构成走私。那么，这三份电报稿的内容，确实可以反映出从香港直驶广西的嫌疑，至少可以反映在主观上有这种动机。所以，海关将这三份电报稿作为第二张王牌证据。但是经过分析之后，我发现这些电报稿的真实性值得怀疑。第一，这些电报稿是在该船搁浅后草拟的，而在拟稿之前，船上的发报机天线已被风刮断，收、发报已经无法进行。这种情况下拟写电报稿是没有意义的，这种做法违反常理。第二，这八份电报稿都是复印件，海关拒不提供原件。第三，据我方初步调查，这最重要的三份电报稿的拟稿时间是在船被扣押后船员已经失去自由的第二天。这是最大的疑点，若果真如此，这些电报肯定是假的，因为任何人都不会在失去自由的情况下再主动去为自己制造罪证。但是，由于时间紧迫，我们当时无法取得直接证据来揭穿这个伪证，于是就只能在法庭上斗智，设法在法庭质证中寻找对方的破绽。为了麻痹对方而防止他们说假话，我并不直接提出这个问题。而是东一下、西一下地将各种问题混在一起连续发问，在他们摸不清我方思路并且公开嘲笑我的提问不着边际的情况下，我突然轻描淡写地问起了扣船的时间和船员第一次被讯问的时间。但是，就对方准备回答这个问题的时候，被审判长制止了。说是后面专门安排时间调查这个问题。审判长的这个举动，进一步加深了我的怀疑。于是，我在纸上写了几个大字摆在面前，防止在混战中这个问题被漏掉。果然不出我所料，在以后漫长的法庭调查中，我又两次提出这个问题，每当对方要回答的时候，都被审判长制止了。这样，我总共提出三次，被制止三次，但是每次提问都是单独提出，故意避开电报底稿的问题。所以，对方一直没有弄清我提问的真实用意。最后，直到在审判长宣布法庭调查结束的时候，也没有调查这个问题。这时候，我严厉地向审判长提出质问：

“审判长,我三次提出扣船时间的问题,你三次制止,表示安排专门时间调查,现在却宣布法庭调查结束,是忘记了呢,还是不想调查?”审判长迟疑了半天,说,“可以调查”。我当即要求对方宣读办案记录,结果真是不出所料,是前一天下午两点钟扣的船,限制了所有船员和船长的人身自由,并于当时进行了第一次询问,录了口供,而这三份电报稿的拟稿时间却是在第二天早上八点钟。宣读完之后,对方律师才反应过来,企图改变说法,但是为时已晚。我当即要求法庭将此记录在案,并提请法庭责令对方将办案记录提交给法庭。这一段艰难的调查、质证,终于揭开了电报底稿之谜,接下来,便开始了充分占有主动权的步步紧逼的辩论,攻破了对方第二张王牌证据。

第三个例子,前年,我在东北办了一个比较大的贪污受贿案,是一个企业家的案子,因时间关系,具体案情我不多讲,只讲其中有一笔贪污1.6万元的证据问题。公司出纳员证明说,这1.6万元是她分成若干次送给被告人的,每次都是被告人指示出纳员到银行取款,取款后不许让别人知道,单独交给被告人。但在证词中我发现了几处矛盾,一个是出纳员说:“我每次给他钱都没有留存根”,但是又说(在卷宗里反映出来),“我怕他不认账,所以就把存根都给他了”。这两句话是矛盾的。其又说:“还有一次是他让我到一个地方去送钱,我不认识那个人的家,是他告诉我如何走法,他在门口接我,也不让我进屋,把钱交给他我就走了。”而在另一次的调查笔录中她又说送钱时看见了屋里有人在打牌,有人在睡觉。更重要的是,我经调查得知,送钱的这家就是她原来的男朋友的家,既然如此,她为什么还需要在被告的指点下才能找到家门呢?根据这些疑点,我坚持要求法庭传这个出纳员出庭作证。法庭调查时,我步步紧逼,穷追不舍地向出纳员发问,结果,她慌乱之中,破绽百出,无言以对,竟在法庭上哭了起来。这时候,我又抛出了一个关键性的反证:我已经查明,这个出纳员最后一次取款的时间是在被告人被抓起来之后。举证之后,我当即向法庭指出:“很显然,作为证人的出纳员是不可能到看守所去送钱供被告人贪污的。因此,贪污这笔钱的真正罪犯是谁,已经不言自明。”通过这一场质证,得到了一个必然的但又超出了我们律师职责范围内的结果:被告贪污这 1.6 万元的事实被否定了,但是,作为证人的女出纳员被抓起来了。

实际上,法庭辩论与法庭调查、质证本来就是不可分割的。两者或者环环相扣,或者前后呼应。在法庭审理中如何能够及时、准确地击中要害,不失时机地运用证据,发现、寻找证据或者否定证据,其中确实是有些技巧问题的。在庭审方式改革之后,这些问题会更加突出。

我再讲一个例子,就是大家都知道的李强律师诉贵州遵义公安局的行政诉讼案。李强是政法大学的教师,也是我的学生,是华联律师事务所的兼职律师。他代理一个经济纠纷案件时,因为遵义公安局非法干预经济纠纷,把他的委托人抓了,他向公安部和高检等部门反映了情况,告了公安局。结果公安局恼羞成怒,索性把他也给抓了起来,非法拘禁 16 个小时,打成轻伤害。这个案子也是我代理的,打了两审,第一审胜诉了,对方拒不出庭,是缺席判决。后来对方又提起上诉,二审又维持原判。这个案子的影响是比较大的,国内外律师纷纷通电声援。在二审开庭时,对方有一个代理人还是有些论辩水平的,准备很充分,口才也不错。他们精心策划后制造了一个抓李强律师的借口,说李强律师唆使委托人进行诈骗,但在法庭质证中这个谎言被揭穿了。在法庭调查中我问了几个问题:第一个是公安局对李强立案的时间,对方回答是 1994 年 3 月 31 日。过了一会儿我又问,公安局认定李强涉嫌诈骗的根据是什么?他回答是李强唆使委托人转移赃款。第三个问题我又问他认定李强唆使委托人转移赃款的根据是什么?对方回答是根据他的委托人即案件当事人韩的供述,说韩供认是李强让他转移的。三个问题全问完了之后,真相就已大白。因为韩即李强的委托人被抓走的时间是1994年4月7日,而他们对李强立案时间却是3月31日,这里明显发生了时间倒置的问题,因为委托人供述李强唆使转移赃款在后,对李强立案在前,所以,对李强立案根据的谎言不攻自破。在接下来的法庭辩论中,我在代理词中列出了一份对方在李强案中详细的活动时间表,前后一对照,破绽百出。这时候,对方已经没有任何反驳余地了,因为他们犯了一个无可挽回的错误,而这个错误——时间差,被我及时抓住了。后来,《中国青年报》等一些报纸在报道这个案件时把这个时间表也登了出来。像这些关键性的问题,千万不能忽略,不仅要抓住不放,而且还要及时,不可错过时机。

三、深入浅出,生动形象

法庭辩论是一场关于事实、法律和理论的争论,常常会涉及一些复杂、疑难的理论问题。同时,由于辩论的对手不同,有时候简单的问题也会变得复杂化。在这种情况下,在有限的时间内能够有针对性地使一个复杂的理论问题深入浅出,往往会收到明显的效果。

在前面提到的朱某金案中有一个涉及法庭辩论的典型例子。其中有一笔指控被告人诈骗20万元,理由是被告人制造两个假文件实施诈骗。两个假文件是什么呢?其实是两封便函。这两封便函的内容是完全真实的,唯独查不清的就是这两封便函怎么出来的,被告说是单位的书记兼经理(一把手)让他写的,起草了以后,拿到文印室打印后盖章,公章确实是真的,也有这回事,只是没有备案,文印室没有底稿。实际上地区的一个林产公司没有那么严格的程序,没有备案也并不稀奇,由于是一把手让他起草的,他又让文印室打印的,所以文印室的人不能证明是一把手亲自对他说的,一把手又没有书面指示，更重要的是一把手死了，死无对证。所以公诉人和法官都一口咬定这是假文件，他有一百张嘴也说不清。就这么一个问题，庭上调查了近一个上午，还是说不清楚。我一再讲，真假的区别关键在于内容是否真实。伪造是指虚构事实，现在已证明了文件的内容是百分之百的真实，充其量就是文件怎么形成的说不清楚；退一步讲，即使是他私自搞的，但他没作假，是真实的，这就不能说是“伪造”，不能说是“假文件”，所以，不能成为认定诈骗的根据。在法庭辩论中，任凭我从事实、法律和理论上反复论证，也还是无法说服对方。正当我感到哭笑不得，无可奈何的时候，我急中生智，打了一个比喻，说：“私生子是不是假孩子？如果公诉人认为私生子就是假孩子，那么认定这两个文件是假文件似乎情有可原，否则就没有理由认定这两个文件是假文件。私生子无非是程序不合法，但生出来的仍然还是人，除非是狸猫换太子，才能说是假孩子，只要生出来的是人，你就不能说孩子是假的。”出乎我的意料，这句话真的起了作用，法庭上的真假文件之争就此结束。休庭以后，很多人心悦诚服，法官也认为这个比喻用得好，采纳了我的辩护理由。后来，省高院刑庭庭长还专门对这个比喻大为称赞，认为有些情况下用这种恰当的比喻比讲道理更有说服力。应当说，这种比喻很通俗，也谈不上文雅，但有的情况下它就起作用。也难怪，在那种紧张激烈的辩论中难免有人一时反应不过来，但“私生子”这样的一个比喻却很容易点中要害，既通俗，又有效果。可见，生动形象的比喻往往会取得意想不到的效果，它可以使一些理论性较深的问题深入浅出、通俗易懂。

四、语言表达要注重方式

在法庭辩论中，还要注意语言本身的表达艺术，其中很重要的一条，就是让人家听得进、听得懂，给人家留下反应和理解的余地。大家都知道，语言的连贯性是很重要的，做律师的不能结结巴巴、张口结舌,要连贯地表达一种意思。但反过来切不要忘了另一条:要给人留下理解和琢磨的余地。律师的口才在法庭上是需要充分表现的,但滔滔不绝、连珠炮似的发言并非贯穿始终的唯一方式,这一点我的体会非常深。因为我是教师出身,所以非常注重讲课的效果,比如,讲课时我要看学生的表情和反应,因为我讲的是我已经理解的甚至深思熟虑的内容,可人家听着却是新的东西,那么,要不要让人家思考一下?要随时根据听众的反应来调整自己讲授的内容和速度,不能强求别人的思维跟你一块儿走,谁的脑子是计算机?有的人只顾自己不顾别人,像机关枪一样一路小跑地讲下去,自我感觉很好,可到头来别人却什么也没听进去,白说了。所以我们一定要明确,我们说话的目的是给别人听,一定要留下充分的余地去让听者反应、理解和思考。否则人家连听都听不懂,又怎么会接受和采纳你的主张?所以,我们的语言表达应当丰富多彩,应当有针对性地变换语速和语调,有时甚至需要一定时间的停顿,让人家重视你的话,琢磨一下你所讲的内容,这样才会使你的语言具有一种磁性,才会使别人愿意听,听得懂,能够品出味道,从而能够专心地听下去。这时候,你的发言就会有感染力,就会有魅力,就会收到最佳效果。我曾有幸遇到过几次精彩的法庭辩论,虽然双方争执到了白热化程度,但每当我发言的时候,全场鸦雀无声,真是静到了连地上掉一根针都能听到的程度。这种气氛首先是由我讲话的内容和方式创造出来的,继而又为我更充分、更自如地表达自己的意思奠定了基础。所以,人们会认真地听我讲的每一句话,我又会在高度放松的境界中充分地敞开思路。当时,我本人和听众,包括法官和另一方当事人似乎都忘记了时间,没有人打断我,直至我发言结束的几十秒钟之后,才突然打破了沉默。我感到,当法庭辩论达到了这种气氛的时候,可能就接近了最佳状态。当然,这种情况并不多见,我只是有幸遇到几次而已,但这应当是我们努力的目标。

我也遇到律师辩论的两种极端现象:一种是张口结舌,说话没有逻辑性,词不达意,别人听不懂,这当然不好。另一种是说得很利落,很洒脱,但就是太快,又太平淡,不给人以思考的时间。这有什么用呢?你说十句话,可人家却什么也没听进去,与其这样,还不如说一句让人永远也忘不了。可见,发言要注重效果,不能只图自己痛快。否则,就无异于吵架和发泄,就背离了辩论的目的。

五、说理也要讲究策略

法庭辩论中,既要重说理又要讲策略,在关键时刻要善于选择最容易使人接受的理由和辩论方式。在辩论的时候我们可能有很多的道理,但是如何表达?选择什么样的落脚点才会使对方易于接受?这一点非常重要。有时法庭辩论很激烈也很精彩,但水火不相容,双方陷入僵局,又确有各自的道理。在这种情况下,如果仅仅是各执一词,一味僵持下去,也并不见得总是上策。反过来,如果能够不失时机地跳出圈外,找到一个有可能打破僵局的新的思路作为切入点,侧面迂回地发起新的攻势,却很可能取得成功。

例如,不久前我在江苏办了一个受贿案,是同“邓斌案”相关联的。邓斌案中不是有“五朵金花”吗?其中第三号人物(被判死缓)是此案的行贿人黄某,我的被告人是受贿人,是当地的一个领导干部,也姓黄。被告人托黄买了一所房子,价值12万元,他没有给黄钱。被告人供称,因为他只有9万元,不足以支付房款,所以,他将9万元作为集资款交给黄,待集资返利后就会远远超过12万元(因集资利率很高),再用这钱补齐房款。后来黄将房子手续办了,钥匙交给了被告人。这时被告人感到房子比较贵,找到了更便宜的房子,于是他没有办房产证,也没有住进去,房子一动没动,同时,他又找好目标,打算把这房子转卖给别人,他另买的一处房子也联系好了,后来就把房子钥匙还给了黄。但是,在此期间该房的钥匙已经在他手里放了一年多。起诉书认定他受贿了这套房子(12 万元),主要理由是:第一,买房没有交钱,集资款和房款是两码事。第二,钥匙在他家放了一年多,退还钥匙是在“邓斌案”发之后,是为了掩盖罪行。这件案子可以说控辩双方在证据上都比较欠缺,如果按照无罪推定原则来适用证据,作无罪辩护还是比较容易的,但在目前情况下就相当困难。针对这种情况,我在第二轮辩论中就采取了一种新的思路:我首先客观地摆出了控辩双方对此案认识的两种截然相反的思路,而后再对此两种思路作以分析。我指出,按控方思路去分析:“被告人为什么要黄以自己妻子的名义买房?为什么自己有 9 万元却不交房款而交了集资款?为什么房子钥匙在手里放了一年多?为什么归还钥匙发生在‘邓斌案’发生之后?如果将这一系列问题联系起来,站在控方的角度,越分析越是受贿。”反过来,我又从辩方的角度提出了另一种被告人不构成受贿的思路。然后指出,从这两套完全相反的思维模式来看,虽然见仁见智,各有理由,都有符合逻辑的一面。但是,在这两种可能性之中事实却只有一种。因此,如何认定,以什么原则来认定被告人的行为性质就成为问题的关键。首先,第二种情况(辩方的思路)比第一种情况有更多的证据支持,更有说服力。其次,退一步讲,即使前后两者分量相等,那么,在控方的思维模式和证据不具备排他性,从而无法否定辩方证据和思维模式的情况下,也同样是不能作出有罪认定的结论的,至少是证据不足,而证据不足就不能认定有罪。我这种辩论方式超出了公诉人和法官的意料,但是效果很好。庭上公诉人顿时感到无法反驳,休庭后公诉人表示我的理由确有一定道理,值得考虑。法官态度则更明朗,采纳了无罪辩护的意见,并明确表示辩护意见精彩而客观。所以,有时候讲点策略换一种方式还是非常必要的。

六、把握主攻方向，切忌偏离主题

在法庭辩论时，还要注意一个十分重要的问题，就是一定要把握住自己的思路和主攻方向，不要让对方牵着走，以免误入歧途而不能自拔。有时候，对方会有意识地避实就虚，转移话题，然后攻其一点，不及其余，达到改变辩论主题的目的，这时候一定要反应敏捷，切勿上当。

两年前我在广西玉林办了一件 133 名客户集团诉农业银行的期货纠纷案。这个案子影响也比较大，国内 10 余家报纸曝光，新华社发了国内动态清样。基本案情是农行与外商合作搞非法外汇金融期货交易，结果加拿大外商把钱全骗走了。这案子开庭前对方没有提交答辩状，我当时就有察觉，估计到他们可能要搞突然袭击，但袭击的方式和内容我却无法预料。这次开庭是比较热闹的，我方是 100 多个原告，5 位律师，因为除了我代理集团诉讼之外，还有其他的共同原告单独委托的律师，对方是两个被告 3 位律师，再加上十几个诉讼当事人和诉讼代表人，庭上一共坐了 20 多人，简直是一场混战。应当说，对方的律师阵容是比较强的，其中主辩的就是法大毕业的研究生。不出所料，答辩一开始对方就企图转移话题。原告起诉的是他们非法经营外汇期货，经营中有大量欺诈行为。可对方一开口就讲他们根本没有经营外汇金融期货，他们搞的是外汇见证业务，然后就大谈见证业务的内容、见证业务与金融期货的区别，简直就像做学术报告。有的律师一时反应不过来，就想顺着这个话题去同他辩。我立即识破了对方的意图，是想改变主题，金蝉脱壳。而且，我对外汇见证业务并不熟悉，如果跟着他的思路去理论，势必陷入被动。所以，我在辩论时立即跳出了外汇见证业务的圈子，针锋相对地直奔主题。我首先宣读了广西壮族自治区有关部门的几份文件，指出这些文件已经明确认定了玉林农行非法经营外汇期货的基本性质，所以，关于被告开展业务的性质和内容已经不存在争议。然后指出,关于外汇见证业务的内容及其与外汇期货业务的区别问题与本案无关,如果作为学术探讨可以专门安排时间,但在法庭辩论中无此必要,除非法庭同意把开庭变成学术讨论会。这样一来,终于破了对方突然袭击、避实就虚的招数,使辩论的基调回到了主题。如果当时稍不慎重,只是出于急于反驳的心理,顺着见证业务与外汇期货业务两者区别的思路去辩论,就会被引入歧途,不仅扭转了辩论的主题,而且会使自己陷入一个陌生的领域,造成被动。

七、法庭辩论中的应变能力

在法庭辩论中,常常会遇到一些意想不到的情况,对于这些情况如何应付?这确实是对律师应变能力的考验。在法庭上,有些情况是不可能提前做好准备的,所以,应变能力对于律师来说非常重要。《三国演义》中孔明说郭嘉:“坐说立议,无人可及,临机应变,百无一能。”就是说郭嘉没有应变能力。可见,缺乏应变能力的只能做谋士,不适合做律师。

我在 1990 年至 1993 年承办的那个“河北省企业家商某案”,就出现过这种情况,这个案子影响较大,好多报纸都报道了,《民主与法制》曾连载八期,题目是:“著名企业家商某为何被数罪并罚”,这个案子历时 3 年,从有期徒刑 18 年打到无罪。商某案开庭审理时曾有过这样一段插曲:公诉人借发表公诉词的机会,宣读了一篇“文化大革命”期间大批判式的文章,历时 50 分钟,严重地污辱了被告人的人格。商某当时是 59 岁,公诉词从他十几岁上初中时开始,分析他所谓的犯罪思想根源,例如从十几岁开始,就借人家钢笔不还,占小便宜,从而养成了爱占便宜的恶习,所以导致了贪污公款。还说厂里有句顺口溜“商某说话,十句话九句空”,甚至讲厂里许多女工都被他玩弄了,完全是个大流氓,如此等等,罗列出一大串罪状,但是一件具体事实都没有。当时商某气得脸都白了,我与另一位律师也感到十分气愤。这种情况我们是万万没有料到的,如果不加驳斥,就等于放任,难以维护被告人的合法权益,而且会使被告人因心理严重失衡而过于激动,影响审判效果。可是驳斥的角度又不好选择,因为他打出的旗号是分析犯罪根源。所以,当时我确实是既气愤,又紧张,真是有些无可奈何的感觉。后来,我强制自己冷静下来,考虑对策,终于找到了反攻的突破口。对方花了足足 50 分钟,洋洋洒洒地宣读这篇精心撰写的杰作,然而,这 50 分钟也给我留下充分思考的时间。公诉词不仅充满了污辱性的语言,而且还列举了一大堆起诉书中没有指控的"罪行",按照公诉词的说法,其中有些行为不仅已构成犯罪,而且比起诉书中指控的罪行还要严重。于是,我把其中的一些内容和数字迅速记下来,这些内容成了我驳斥对方的重磅炮弹。在开始辩论的时候,我针对公诉词首先作了一些一般性的驳斥,比如法庭上控辩双方应有的态度,公诉人的立场,公诉人和辩护人的关系和地位,等等;进而指出:"法庭既不是控辩双方互相攻击的场所,也不是控方污辱、攻击被告人的场所,法庭上的每一句话都要有事实和法律为依据。'十句话九句空',空在何处?必须拿出事实来。难道顺口溜也可以作为公诉词的内容?也可以作为指控犯罪的依据吗?如果可以这样做,那么,'以事实为依据,以法律为准绳',岂不成了一句空话?"最后,我直指要害,点中了对方致命之处,我重复了公诉词中列举的几项已经足以构成犯罪却又在起诉书中没有指控的事实,严肃地指出:"上述行为早已经构成犯罪,而且犯罪的程度远远超过了起诉书中指控的其他罪行。但是,对于这些罪行公诉人却没有向法庭提出指控。原因何在?这个问题公诉人必须作出解释。辩护人认为,这种解释只存在两种可能:要么是公诉人袒护被告人,避重就轻,在起诉书中回避了更加严重的罪行,若如此,就是徇私枉法;要么就是公诉人无中生有,污辱诽谤,将‘莫须有’的罪名强加到被告人身上,借发表公诉词之机肆意贬低被告人的人格。除此之外,不可能再有第三种解释。因此,公诉人对此必须承担责任!"这个问题,的确是个要害,一旦抓住,对方是无法解脱的。因为他无法作出解释。你说人家构成那么多犯罪,你为什么不起诉?这样一来一下子扭转了整个局面,法庭上一片骚动。休庭后,十几名旁听的记者找公诉人要公诉词,但公诉人就是不给。此后,任何人都再也没有见到这份公诉词。

我对这个例子的体会是,遇到突然情况时一定要冷静,应变的前提是冷静,如果缺乏冷静,就难以找出应变的对策。这件事在开始时我就不够冷静,只是感到气愤加紧张,而且是越气愤、越紧张,真是有点发懵的感觉。如果继续懵下去,肯定会十分被动,幸好我终于冷静下来了。反过来,一旦你找到了反击的对策,对方就会陷入尴尬的境地。所以,换一个角度来讲,当你进攻的时候也不能盲动,不能没有退路,否则,反倒会引火烧身,自找麻烦。

又如在东北那个企业家的案子中,就是那个出纳员作假证的案子,在法庭辩论结束之前,也有一个小小的插曲。那个公诉人的辩才是很不错的,在当地很有名气,在整个辩论过程中思路都很清楚,但是在最后却出了一点问题。在最后一轮辩论中,我指出,认定被告人有罪的证据明显不足,但被告人在经济问题上确有错误,这一点辩护人并不否认,被告人作为一名企业管理者,在改革的大潮中放松了警惕,确实犯了一些很严重的错误,对此应当引以为戒。我是从宏观角度来谈这个问题的,意思是要分清犯罪与错误的界限。结果公诉人不假思索,自以为抓住了我的话柄,立即反击说:"看来,连辩护人都不得不承认被告确实犯有严重的错误,问题不是很清楚了吗?既然如此,还有什么好辩的呢?"大家想一想,这句话纯粹是自找麻烦。这句话本来是多余的,完全可以不讲,他只是想找个漏洞攻我一下,结果反把自己绕进去了。当然,我也可以不回击,但作为律师在那种情况下似乎不该放过反击的机会。所以,我立刻回答:“我非常赞同公诉人刚才所说的一番话,不能否认,被告人确实犯有非常严重的错误,但是必须提醒公诉人,错误不等于犯罪。”话音刚落,听众席上立刻反应过来,我听见前排有人说:“掉进去了,掉进去了!”意思是说,公诉人掉进自己的圈套了。很明显,错误与犯罪怎么能混为一谈呢?可见,在关键的时候,一句话被抓住了,就显得特别被动,这一点是很值得注意的。当然,这种例子中的失误并不会涉及什么实质性的问题,纯粹是一些技巧。但有时在不失体统的情况下,利用某些技巧来取胜,还是可以收到一些辩论效果的。但是,在法庭上一定要避免人身攻击,切忌用恶劣的语言攻击对方;这种方式我是很不赞同的。作为律师,应当看重自己的身份,也应当尊重别人。

我也时常遇到在法庭上恶意攻击的现象。有一次我在江苏某地办案,我们四个教授出庭,办一个共同犯罪的案子。公诉人在法庭上拍着桌子说我们四个教授连起码的常识都不懂,语言十分尖刻。面对这种情况,我们都没有采取以牙还牙的做法,而是用一些得体的语言予以回击。这个案子辩论的焦点是强奸的概念,因为它涉及强奸的次数。这个案子有 8 个被告,强奸、轮奸了很多女孩,确实是一起恶性案件,但起诉书认定的事实和证据出入很大。这些被告年龄都不大,多数是 20 岁左右,有的还不满 18 岁,大多数是汽车司机。他们开着车领着一些女中学生出去玩,玩的过程中,有的没有发生关系,有的是自愿发生两性关系,有的确实是强奸。但是起诉书认定,凡是一起去玩并发生关系的都是强奸,没有发生两性关系的也是共犯。公诉人坚持说,在这些被告中玩的概念就是强奸,所以认定强奸的人数和次数很多。这种认定是很不严肃的,而且在辩论的时候语言十分尖刻。针对这种情况,我与人民大学的周振想教授商量一下,决定就在“玩”的概念上展开辩论。我们从事实、证据和法律依据等各个方面,轮番论证了“玩”与强奸的本质区别,当然也时常点出对方所暴露出的一些真正的常识性错误,指出了究竟什么问题才属于常识。这场辩论的确使对方显得很不自在,收到了反击的效果。但是尽管如此,我们并没有使用过激的言辞。我认为,对于律师来讲,一个很好的素质很重要,包括人格素质、语言素质、心理素质等都非常重要。不能为了一时的痛快而有失你的身份,使人觉得你没有层次,没有涵养,没有深度。

第六个问题:赢得法庭辩论的理论基础和工作基础

前面我支离破碎地谈了一些辩论当中的技巧问题,既不全面,也不一定科学,仅供大家参考。现在我要谈的是,技巧归技巧,它毕竟只是赢得法庭辩论的因素之一,而并不是赢得法庭辩论的基础。那么,赢得法庭辩论的基础是什么?首先,要有扎实的理论功底,你没有理论功底,你就要犯错误,你再有技巧也没用,只是哗众取宠,只是嘴上功夫。其次,要有扎实的工作基础,就是说要充分地调查取证。你没有证据作基础,凭什么去辩论呢?有些律师连案卷都不看,被告也不见,大致了解一下情况后,就上法庭去辩论,效果如何他不管。我听说有这样一个律师,卷宗不看,被告人不见。什么时候见被告人呢?在开庭前几分钟把被告人提来的时候同被告人说几句话,就视为会见被告人。出庭时连辩护词也没有,就是在法庭上跟人家耍聪明、斗嘴。这是极不负责任的。你没有深厚的理论基础,口才再好也没有用,即使你是个演讲天才,你也讲不出真正有深度的理论内容和法律依据来;你没有调查研究,没有取证,也讲不出事实依据来。所以,当你在法律依据和事实依据都很缺乏的情况下,你再能讲也是毫无意义的。希望同行们一定要注意这个问题。法庭辩论是一种技巧,但在这个技巧的背后,有大量的工作要做,同时,还要有深厚的理论功底和工作经验为基础。要不然,你这种技巧是没法发挥出来的。前面我曾经讲过,在法庭辩论的某些关键问题上,用一个恰当的比喻,就能起到很好的作用,比如我刚才说的私生子不是假孩子的比喻,确实产生了意想不到的作用,类似的情况我想大家都有可能遇到过。重要的是,当遇到这种情况时,你能否运用自如?因为这种情况往往是事先无法预料的,我当时没有想到,是逼出来的。但逼出来的前提是什么?是理论基础。如果没有理论基础,一旦说错了,那就了不得了,就会弄巧成拙陷入极大的被动。

现在我介绍几个在这方面可以引以为戒的例子,供大家参考:

例如,前面讲到的"商某案"中,有一个非常荒唐的贪污情节:商某率先搞承包,救活了一个企业,采用的方法是:他发动全厂职工缴纳承包风险股金,按风险金的比例承担风险和分红。风险金数额分成几个等级,工人最少,只有几百块钱,他个人最高,要缴 1 万元。当时,他拿不出那么多钱,他就在大会上表态,他用全部家当作抵押,如果不够,再用四个子女的家当作抵押。由于经营有方,第一年年底就盈利了。厂里成立了一个班子,研究分红的问题,关于如何给商某分红还专门做了研究,后来决定,虽然商某的风险金没有缴足,还是应当按照全额计算比例分红,因为他已经用财产作了抵押,如果亏损了,他同样也是要全额承担风险的。就是这么明显的一个问题,却被指控为贪污,说他贪污了那笔分红款,理由就是他没有缴足风险金。在法庭辩论时,我一再指出公诉人在此问题上混淆了民事法律关系与刑事法律关系的界限,因为,首先这笔分红款的取得是公开的、经过认真研究的,不存在私自侵吞或占有的问题。其次这笔款的取得是合理的,符合风险与利益对等的原则。退一步讲,即使这笔款不该得,充其量也是民事上的不当得利,根本不存在贪污问题。这个问题本来是非常简单而明确的,但公诉人却纠缠不休,不依不饶。后来,他很自信地打了一个比喻。他说:“其实,这个问题很简单,打个比方说,我们大家都把鸡抱到一个地方去下蛋,人家的鸡都抱去了,你的鸡还没抱去呢,你就去找人家收鸡蛋,这不是贪污是什么?”这个比喻恰恰使他自己栽进去了。大家想一想,这种行为怎么会构成贪污呢?这种时候我当然不会放过反击的机会。我当即指出:“关于分红款的问题,我本来打算从民事法律关系与刑事法律关系的界限上作以进一步的分析,现在看来已经没有这个必要了。因为公诉人刚刚讲过的‘鸡生蛋’的故事已经非常生动、非常准确地证明了自己的错误。很显然,‘鸡生蛋’的故事反映的内容恰恰是典型的民事法律关系。可见,公诉人在分红款问题上所犯的错误正是在这种错误认识的支配下形成的,由此看来,公诉人的错误也就不足为怪了。”

这个例子充分说明理论功底的重要性。理论功底深的人,是不会犯这种错误的,如果他自己都搞不清楚,犯这种错误就毫不奇怪。

还有一个更典型的例子,又回到刚才讲过的行政诉讼案。我在前面不是讲过,越南的货船是在分航点之前,在偏离国际航线避险时被查获的吗?所以,我在法庭辩论时强调说:“既然船还没到分航点,你怎么能断定它是去越南还是去广西呢?认定走私必须以一定的行为事实为依据,在走私的行为事实还没有发生之前,就认定是走私,显然是没有根据的,纯属主观推断。”这时候,对方律师打了一个更加可笑的比喻。她用嘲笑的口吻对我讲:“被上诉方代理人怎么会连这一点常识都不懂?比如说贼进了屋,还非得等他拿了东西才能确定是贼吗?他只要进了屋就已经是贼了。这么简单的道理还值得一辩吗?”当时,对于这种说法我简直是哭笑不得。不客气地讲,我感到对于这种无知的比喻如果不加纠正简直就是一种失职,就是对不起良心。所以,我抓住机会,很不客气地反击了一番。我说:“上诉方代理人所讲的‘贼进屋’的故事非常深刻而又生动地反映了被上诉人在本案中贯穿始终的思想脉络。首先,我提醒一下,最高人民法院《关于处理盗窃罪的若干问题的解释》刚刚公布,建议被上诉人代理人先认真学习一下这个司法解释,做律师是不能忽视学习的。俗话说得好,'捉贼要捉赃,捉奸要捉双'。这句话甚至连小孩子都知道,掏包的还要按住手腕才能认定盗窃呢,我实在无法想象,进了屋,没拿东西也是贼,这样的语言居然也会出现在法庭上!"接下来,我进一步指出:"'贼进屋'故事的真正荒唐之处还并不在于'进屋是贼',因为对方代理人刚才所讲的是'贼'只要进了屋,没拿东西也是贼。所以,事实上她把对贼的定性又向前推进了一步,就是说在进屋之前就已经认定是贼了。这种逻辑如果可以成立的话,恐怕只有一种例外,那就是:除非那个屋是贼屋,不是贼不往里进。否则的话,怎么能还没进屋就认定是贼呢?"接着我开始进一步发挥,指出"'贼进屋'的故事讲得非常好,因为它充分暴露了上诉人的思维方式和违法行为的思想根源。从违法扣船到制造伪证,直至在法庭上的种种表现,一切都是先入为主,主观推定,就像丢斧子的人一样,把别人都当成偷斧子的人。正是在这种思想支配下,人为地杜撰了一部推理侦探小说。所以,上诉人在法庭上所讲的纯粹是一部推理小说,根本没有事实,更没有法律依据。"说实话,我这一席话讲得比较尖刻,但这也是被逼无奈,因为对方讲话实在太难听、太过分,而且太荒唐。

"鸡生蛋"和"贼进屋"这两个例子反映了同一个问题,就是理论知识的重要性。如果你理论功底深,即使再紧张、再慌乱,也不会出现这种明显的错误。如果你理论知识不足,功底太浅,临场发挥时犯错误就在所难免。而且,你一旦出现错误就容易紧张,就容易乱了阵脚,失了方寸。这是一种连锁反应,而且是合乎规律的连锁反应,这种现象在法庭辩论中经常可以遇到。所以,有时候主动者越战越勇,失利者节节败退,就是这种效应造成的,这也属于一种心理效应。这种效应与讲课的效应很相似，因为我是做教师的，对这一点体会很深。当你讲课效果很好，学生愿意听的时候，会越讲越好，发挥得很充分。反过来，当你讲得不好，尤其是当你察觉到下面出现不满情绪的时候，你就会紧张，甚至会越讲越糟，比你原有的水平还要差得很多，这种情况与法庭辩论中的状态是同一个道理。避免这种现象发生的前提就是理论基础。所以，理论基础至关重要，它是赢得法庭辩论的前提，是发挥辩论技巧的基础。广义上讲，也可以说它是法庭辩论技巧的一部分。

但是，话又说回来，法庭辩论并不是一件容易的事情。因此，谁也不敢自称是常胜将军；理论功底深的人，也不见得没有失利的时候；理论和辩才两者具备的人，也同样不能排除失利的可能。记得有一次在人民大学讲座上，学生向我提了这样一个问题："您认为有一天您会不会输给您的学生？"我回答说："我毫不怀疑，一定会有这么一天。而且，这一天正是我所期待的。我并不会因此而感到惭愧，相反，我为击败我的学生而自豪；同时，也为我自己感到自豪，因为我教出了能够击败我的学生。"既然法庭辩论中暂时的失利是难免的，那么，在出现这种局面的时候，如何控制和扭转呢？这就是我要涉及的下一个话题：法庭辩论中的心理素质问题。

第七个问题：良好的心理素质是赢得法庭辩论的重要因素

心理素质方面包含的因素很多，就我个人的体会而言，最突出的一点就是自信。记得有一次在政法大学讲座时，学生问我："您成功的秘诀是什么？"我说，"我不敢说我已经取得了成功，我只是在不断地争取成功，如果让我谈争取成功的感受，那么，我个人的感受是努力加自信"。我的回答不一定恰当，但我的体会确实如此。在生活中没有自信是不行的，在法庭上更是如此。有一个比喻不知道对不对？当我在舞台上表演的时候，我的感受是目中无人，这样我就能进入角色,不受干扰。相反,如果我总是想着台下的人比我强,谁会挑我的毛病,我就会心慌意乱。当我在讲台上讲课的时候,我的感受还是目中无人。否则,我也会过于拘谨,放不开思路。当然,我所说的目中无人并不是看不见人,而是讲一种自信心。我说句话请大家不要介意,既然我现在在这里讲课,我就觉得我现在比你们强,至少在某个问题上如此。反之,如果我觉得你们都比我强,那我肯定就底气不足,就要慌张,就讲不好。诸位不要觉得我太狂妄了,不是这个意思,谦虚与自信并不矛盾。反过来,诸位要是上来讲,首先你也要建立自信心,你上来讲,我到下边去听,首先你要认为比我强,这样你才能有自信心,要不然你就讲不好。同样的道理,在法庭上我也是这种感受,因为法庭也是一个舞台,也是一个课堂,至少我感觉是这样的。当然自信要有基础。如果自信没有基础,那就是狂妄。

有很多时候,失败的原因就是缺乏自信心,包括我们的一些教授在内,常常由于缺乏自信而在法庭上失利。有些人的理论水平很高,但一旦有一点失误,就乱了阵脚,就像计算机的程序被打乱了一样,死机了,这时候必败无疑。所以,自信心是保持良好的竞技状态、控制和扭转法庭气氛的重要心理支柱。有了这个支柱,天就塌不下来,出一点点的偏差并不可怕;而支柱一倒,必然天塌地陷。

自信心可以使你保持一种良好的心理状态,这样你就能充分发挥你的应变水平,善于应付各种环境和场面。由于我国的司法环境并不尽如人意,所以,有些案子该输的不一定输,该赢的不一定赢,特别是当这种迹象在法庭上显露出来的时候,就可能影响你的情绪。在这种情况下,自信心会帮助你解脱困境。我曾经对学生讲,律师办案子,赢,要赢得光彩;输,要输得潇洒。就是说:赢,我不是乱赢的,我不是靠拉关系、走后门,搞不正当手段赢的;输,要输得潇洒,因为输的因素很多,不能都怪律师。也许当事人本身就没理,律师又不能光打有理的官司,没理的,我们要给他提供必要的法律帮助,最大限度地维护他合法权益的一面。所以,输了官司不等于一定是失败。更重要的是,由于各种案外因素,本来有理的官司也会输,这就更不能怪罪于律师。所以,只要我们在任何情况下都能充满自信,不乱方寸,充分发挥了才智,尽到了责任,该说的都说到,该做的都做到;即使输了,也是虽败犹荣,照样潇洒。但是,作为律师,你不能在法庭上输得狼狈不堪,不能被人家驳得张口结舌,体无完肤;更不能强词夺理,胡搅蛮缠;那样就输得不够潇洒了。例如,在前面提到的那件告海关的行政诉讼案中,虽然我们二审败诉了,但我并不觉得有什么不光彩。我的学生曾经写了一篇文章,叫作《田教授潇洒走麦城》,就是写这个案子。确实,这个案子办得很成功,而且法庭辩论也很精彩,直到现在,它被我视为精品。虽然二审输掉了,但我认为该赢,不该输。所以,任何时候我都可以大言不惭地谈论这个案子,我认为输得很潇洒。相比之下,对方虽然赢了,但赢得并不光彩,而且法庭表现也并不出色,那就并不能算是成功,也没有什么光彩。

说到这里,我想谈谈律师的责任感和事业心。

这应当算是题外话,但我想也许并非多余,因为做律师不仅需要有水平、有技巧、更要有责任感和事业心。否则,你能力再强也做不成好的律师。1996 年 4 月,中央电视台“东方之子”栏目采访我的时候,要我谈谈好律师的标准。我说,一个好律师不仅要有水平,有能力,还要对当事人高度负责,更要有一份社会责任感。所以,律师不能光靠技巧吃饭,一个没有责任感的律师无法取得委托人的信赖,时间长了,水平再高也没有用武之地。一个有责任感、有事业心的律师,就会对他所承办的案件高度负责,就不会轻易放弃他所追求的目标。

我觉得,每一个律师都应当有自己的精品和杰作,有些案子,该做的你都做了,似乎是无可指责的,但不一定是完美的。如果再做一步,再做两步,就可能取得成功,那你就应当再做下去,我的感受就是这样。当我承办一个案子的时候,特别是一个典型的案子,如果没有做好,我就觉得我的一件作品没有完成,总是耿耿于怀,甚至当事人都觉得没有信心了,不想打了,我还念念不忘,不想放弃,因为作品没有完成,总是感到遗憾。只有把它做好了,或者我所有的努力都尽到了,我才能不后悔,不遗憾。我想,只有这样才能做出精品来,才能做出成绩来。所以我对学生说:“做律师怎么样才能做得最好,我也说不准。但我有一个感觉:就是当你办一件案子办到了忘我的程度,忘记了功利,忘记了艰辛,忘记了风险,忘记了别人怎么说,忘记了各种其他因素,你就是为了办好这个案子而不遗余力地工作,就像是为了完成一个作品一样,一定要把它做到底的时候,那就会达到一种出神入化的境界,那就是做律师做到家了。”这种感受不知道对不对,反正我是有这种感觉。我认为,你既然当了一回律师,一辈子也好,几年也好,总之你在律师的舞台上走了一遭,你就应当有几个得意之作,哪怕是一个也好,也不枉做了一回律师,也是自己的一种欣慰和自豪。

这一次我又在河南碰到一个案子,也是当事人家属拿着报纸来找的。本来不想接,因为案子实在太多接不过来了,但发现太有典型性,只好接下来。被告人是桐柏县县长,一审认定他受贿 12 万元,判有期徒刑 14 年。我阅卷之后,同被告人在看守所里谈了整整一天,发现又是一个错案。这个县长是个难得的人才,有极强的事业心,忍辱负重,为了改变桐柏县的落后面貌,做了许多工作,并没有中饱私囊。而且这个人说起话来口若悬河,字写得漂亮,文采也好。就这样一个能干实事的县长,被判了 14 年。这个案子难度很大,是河南省反腐败的典型,翻起来谈何容易?但是,一碰上这种事我就觉得难以超脱,就想把它打到底。一审开庭时,有一个很感人的场面,一审是在离他本县两百多里地的另外一个县开庭,开庭后,近千名农民围着囚车鼓掌、叫好,说我们不怕你受贿,我们就要你去我们县当县长。这个场面是非常奇怪的,想一想,在老百姓对贪污腐败切齿痛恨的情况下,为什么能够对这个县长这么拥护和信任?这个问题不是很值得深思吗?据说他的法庭陈述非常感人。确实,他拿了12万元的好处费是不假,但他并没有揣入个人腰包,而为了改变桐柏县的落后面貌,他身为县长却代替厂长、经理去跑项目,拿着这笔钱到处烧香磕头去了。并且,他拿这笔钱的数量、用途都向县委书记汇报了,县委书记同意了,并且直到今天,县委书记还证明这个事实。在这种情况下,还要认定他犯了受贿罪,怎么能说得过去呢?这个案子究竟能不能翻过来?我也没有把握,但我是下定决心了。大家知道,这种案子是没有什么经济效益的,但是律师应当有一份社会责任感。否则,正义如何伸张?法制如何健全?社会如何发展?从另一个角度讲,这种典型、疑难的刑事案件也是很能锻炼人的。

有些律师包括有些学者在内认为刑事案子最好办,说这种话的人是他根本就不懂什么是刑事案。刑事案是律师的看家本领,办刑事案子付出的劳动最多,要求律师的素质也最强,是对律师基本功的一种锻炼。当然,在目前条件下,律师特别是专职律师单纯地只办刑事案是有一定困难的,因为要考虑生存、发展,要考虑经济效益。但是却没有理由鄙视和放弃刑事案件,这样对律师事业和律师自身的发展不利,将来也不能放弃刑事案件,而且从长远观点来看,它是维护人权最基本的一项内容。

我在许多场合讲过,在中国现阶段做律师是最难的,比什么时候都难,比哪个国家都难,律师的苦衷太多了。这一点不仅我的体会很深,大家的体会都很深。但是大家必须看到,在这个阶段做律师又是最光荣、最有价值的。因为在中国法制建设刚刚开始走向深入的时候，作为一名律师，虽然我们所付出的代价是成倍的，我们所得到的是很少的，但是从历史的观点、从长远的观点来看，功绩是不可磨灭的，这些年来律师的工作在中国的法治发展史上必将留下功不可没的一页。所以说，在这种时候做律师尽管很艰难，但又要有一种很大的荣誉感和价值感。尽管我们面临许多困难，但只要我们每个律师都尽心尽力去做了，在几年以后，十几年以后，当我们回顾这段往事的时候，就一定会觉得有很多欣慰和自豪的。

好，话题可能扯得远了一些。因为今天是结合《刑事诉讼法》的修改来谈法庭论辩问题，所以，重点谈的是刑事案件。但是，无论在任何种类、任何性质案件的代理过程中，这些问题都是有共性的：法庭辩论技巧是相同的；理论功底是必备的；律师的人格素质、心理素质、律师的事业心和社会责任感更是不可缺少的。

希望今天我讲的这些内容对诸位同行能够有一定的参考价值。

谢谢！

中国刑事辩护制度的回顾与展望

——在2000年全国律师协会刑事业务委员会年会上的发言

中国刑事辩护制度的历史过于短暂，在发展过程中又充满波折，这种现实使中国刑事辩护制度的发展举步维艰，面临种种困惑。但是，市场经济与法治建设向纵深发展的大环境，世界现代文明与民主制度的影响和冲击，却形成了中国刑事辩护制度在曲折中快速发展的基础和动力，决定了与发达国家辩护制度相接近的必然的趋同性。所以，中国的刑事辩护制度将出现一个迅速发展的时期。这个时期的来临将不会太久。

一、中国刑事辩护制度的短暂历史

由于历史的原因，与西方多数国家相比，中国刑事辩护制度形成的时间很晚，人们对于辩护权的认识在历史上就比较淡漠。

在西方国家，自古希腊时期就出现了古代“辩护士”的雏形，罗马共和国时期出现了“控诉式诉讼”，又称“辩论式诉讼”。《十二铜表法》中曾确认了保护人制度，允许保护人帮助被告人进行辩护，对控告实行反驳，并且在法庭上可以询问证人，以及向对方证人交叉提问。至罗马帝国时期,则出现了一些专门从事法庭辩护和以诉讼代理为业的专门人员,形成了历史上最早期的律师团体。

在中世纪的欧洲,多数国家废除了古典控诉式诉讼,改为纠问式诉讼。司法专横和罪刑擅断主义盛行,使辩护制度的发展受到遏制,并且出现了作为封建统治附属品的协助审判官说服被告人认罪的僧侣律师。但是,随着神权的逐渐削弱和王权的日益强大,世俗律师逐渐代替了僧侣律师。例如,在13世纪以后的法国,就出现了大批受过系统教育,经过宣誓并注册登记的世俗律师。欧洲中世纪后期的律师制度的形成,为近代律师制度的确立奠定了基础。

而在中国,虽然在奴隶社会后期也曾经出现过类似律师的诉讼代理人和讼师,但由于中国大一统的封建社会形成较早,在日臻完备的封建制度和法政合一的司法体系下,法律上不承认被告人的辩护权,所以,无论是刑事辩护制度还是诉讼代理制度都受到长时期的抑制,不可能得以发展。唐朝以后,开始涌现了一批专门为人代写诉讼状的"讼师",但是,一方面由于在司法体系中没有辩护人和代理人的权利和地位,这些人无法出庭发挥作用;另一方面,由于封建统治者担心这些人的活动会动摇统治秩序,对于"讼师"的活动严加提防和限制。所以,"讼师"的活动长时期以来只能限于为人代写文书的范围之内。"讼师"不仅没有堂堂正正的合法地位,而且其职业性质也与律师具有本质上的差别,因为"讼师"不能出庭辩护和代理诉讼。可见,在中国漫长而发达的封建社会中,并没有形成辩护制度的萌芽。

近代辩护制度和律师制度的确立,以资产阶级革命胜利为标志,以后日臻完备。然而,由于资产阶级辛亥革命晚于西方社会几百年,直至1949年中华人民共和国成立前,律师制度在中国才仅仅实行了几十年。并且,由于南京国民政府时期的政治腐败,加上久经战乱,根本不存在民主与法治的社会环境,所以,律师制度不可能得到发展与完善。相反,当时有一批接受民主思想,坚持民主与法治的著名律师却因勇于仗义执言而遭到压制乃至迫害。因此,可以说在1949年以前,即在延续了几千年的封建社会已经瓦解而在新的政权尚未建立的几十年中,中国虽然在形式上实行了律师制度,但只能是一种在根本没有法治环境的情况下实行的一种残缺不全的律师制度。在这种情况下,人们对于律师制度、辩护制度以及律师职业和律师群体的认识,也同样是残缺不全的。

中华人民共和国成立初期,我们全面学习并接受了苏联的立法与司法模式,并且坚持实行律师制度(主要是辩护律师制度),同时培养了一批法律人才。但遗憾的是,在1957年反右派斗争之后,受到法律虚无主义的影响,在“法治”思想遭到全面否定的同时,刚刚实行的极不健全的律师制度便匆匆“夭折”。

相隔二十几年之后,在1979年提出加强法制的同时,开始恢复律师制度。到目前为止,律师制度已经实行了整整20年。回顾历史不难看出,在中国几千年的文明史中,律师制度的雏形曾经闪现过,但是很早就被封建社会的统治扼杀了;现代律师制度也确曾出现过,但是又在极不健全的情况下短时间内“夭折”了。所以,可以认为,直至1979年以前,一个健全、完善的律师制度在中国并未真正得以确立。而1979年以来,我国并不是简单地恢复了过去极不成熟的律师制度,而是在迅速地创立出一种与现代法治社会相协调的日趋完善的律师制度。

中国律师制度产生和确立的时间表明,从历史的角度来看,直到今天,在中国,律师制度还几乎是一个崭新的事物。由此可见,中国律师制度的历史十分短暂。而这种历史的短暂性,则带来了中国律师制度发展和健全中的一系列问题。

二、中国刑事辩护制度发展中的波折与困惑

1.律师职责定位的困惑,形成了律师在刑事辩护中的尴尬地位。1979年恢复律师制度后,由于全社会的法律意识普遍淡漠,对于律师作用的认识尚处于茫然状态,加之中国历史上重刑轻民的悠久传统,人们认为律师的业务主要是刑事辩护。又由于当时国家本位的思想过于浓重,许多人还认为律师也同样是国家专政机器的重要组成部分,所以,将律师定位为国家法律工作者,认为律师进行刑事辩护的作用也同样是配合侦查、配合司法机关打击犯罪活动。在这种定位之下,律师事务所由国家设立,律师事务所的人员及业务管理完全是由司法行政机关负责,律师的职能直接置于政府的统一管理之下。这种定位,决定了律师是在政府的指派下去接受当事人的委托,而并不可能对当事人负责,因而也不可能取得当事人的完全信任。

律师制度发展的历史表明,律师制度是应公正司法的客观要求而产生的,是对罪刑擅断主义的否定。律师的作用就是在取得当事人信任的前提下,为维护当事人的权益而进行辩护活动。律师的职能决定了其与公诉机关的对抗性,同时也决定了其身份的非官方性。虽然辩护制度的根本作用是通过维护司法公正而维护国家的统治秩序,但是作为司法活动中一种制约性因素,其直接作用则必然表现为与公诉机关的对抗性关系。

然而,正是由于当初人们对于这种对立统一关系缺乏清楚的认识,形成了在观念上对律师职能的错误定位,直至使律师在辩护活动中难以发挥作用,甚至也难以取得当事人的信任。与此相联系,在一部分社会公众的认识中,律师被看成是替坏人说话的人,甚至于连律师自身也往往不敢面对自己的职责,经常是在谨小慎微中履行辩护职责,深怕引起司法机关乃至社会公众的谴责,被指责为立场错误。同时,被告人及其亲属也并不完全信任律师,更不热衷于求助律师。

在这种尴尬的处境之中,刑事辩护走过场的现象比较普遍,控辩双方的对抗关系并未真正实现。在外国人的印象中,中国律师不过是政府意志的执行者,不可能真实地维护当事人的权益。

对律师的职责定位感到困惑的最典型例子,就是关于律师保密义务问题的争论。在恢复律师制度的初期,法律界曾经发生了一场关于律师对当事人是否负有保密义务的争论。有观点认为,如果律师发现被告人或犯罪嫌疑人曾犯有司法机关尚未知晓的罪行,有义务向司法机关举报,而没有义务为其保密。理由就是律师是国家法律工作者,首先应当向国家和法律负责。这场争论持续了几年时间,终于以承认律师对当事人负有保密义务而告终,并将这一原则在《律师法》中加以确认。可以认为,这场争论的结局标志着中国律师职责的定位问题得到了基本解决,即律师不再被定位为国家法律工作者,而是为社会提供法律服务的执业人员。

2. 律师参与刑事诉讼的被动局面,限制了刑事辩护的作用。在新《刑事诉讼法》实施以前,法院一直采用职权主义的纠问式审判方式,并且,律师只有在检察机关提起公诉以后才可以接受委托参与刑事案件,行使辩护职能。

在纠问式审判方式下,法庭在事前全面研究案情之后,按照既定的思维框架主动审案,成为审判活动的核心。而公诉人事实上则成为法官的协助者,以举证、讯问甚至是审问的方式在协助法官审案。辩护律师则只能处于很次要的被动地位,既无法与公诉方平等对抗,也没有主动权,只能凭借在案卷材料中发现的某些疑点和问题质疑和发表辩护意见。更主要的是,法官是在了解公诉人指控犯罪的单方面证据材料之后开庭审理案件,并不是同时了解控辩双方的不同证据和同时听取双方的不同意见。在这种法官已经先入为主的情况下,律师的辩护意见更加难以受到重视。

造成刑事辩护被动局面的另一个原因,就是律师介入案件的时间过晚。按照原《刑事诉讼法》的规定,由于律师在侦查和审查起诉阶段不能接受委托介入刑事案件,致使律师既无法及时了解案情,调查取证,也无法保护犯罪嫌疑人和被告人在这两个阶段中的合法权益,更无法监督和制约侦查机关和起诉机关侦查起诉活动的合法性。虽然律师在审判之前可以看到全部案卷材料,但这种事后的知情权只是一种被动的权利,并不能改变既成的事实。所以,律师的作用就如同"鸡蛋里挑骨头",只能从侦查、起诉机关的错误和疏漏中发现问题。在这种局面下,刑事辩护作用的局限性是显而易见的。

综上可见,在律师制度恢复的初期,由于律师定位的错误和立法上形成的刑事辩护的被动局面,刑事辩护的作用受到了比较大的限制,与此相联系,控辩双方实质上并未形成真正的对抗关系,可以称为仅仅是一种表面形式的对抗关系。在这种关系的背后,自然隐含着相互配合的主旨,而制约作用却表现得相当薄弱。

3. 刑事诉讼立法的重大突破及其后果。在原《刑事诉讼法》实施过程中,随着人们对律师制度与作用的理解和认识不断深化,随着对国外发达国家诉讼理念和诉讼模式的学习和借鉴,人们对于律师职能定位的认识发生了较大的转变。相应地,律师事务所由官办转为民办,律师的管理由行政管理过渡为行业自律;律师的身份由具有国家工作人员身份的国家法律工作者转变为无公职、无工资待遇的社会法律工作者。在律师脱下了国家公职人员的外衣,去掉了官方色彩之后,无论是在社会公众的眼里还是在律师群体自身,其职业性质的定位都发生了巨大的转变。在摆脱困惑并形成这种转变的过程中,人们已经开始寻求一种控辩双方真正的对抗关系。正是在这种寻求和尝试中,立法中的弊端越来越明显地暴露出来:原有的刑事诉讼规范和审判方式无法实现控辩双方真正的对抗关系,从而无法保障刑事辩护作用的有效发挥。

新《刑事诉讼法》正是在这种形势之下产生的。

《刑事诉讼法》的修改,在我国刑事立法史上具有重大意义,因为它在诉讼原则和立法的价值取向上都实现了重大突破。其中,规定了律师自侦查阶段就可以介入刑事诉讼,确立了无罪推定原则,改革了庭审方式。在中国这样一个法治的历史十分短暂、公民的法律意识十分淡薄的国家,在第一部法律实施十几年后就能够进行如此重大的突破性修订,其历史意义是不可忽视的。根据新《刑事诉讼法》的规定,刑事辩护业务的内容和工作方式都发生了明显变化。例如,律师可以提前在侦查阶段介入刑事案件,为犯罪嫌疑人提供法律帮助并代理提出控告与申诉,申请取保候审;律师可以在审查起诉阶段调查取证并与公诉机关交换意见;在控辩式的审判方式中,法庭质证与辩论交叉进行,控辩双方可以相互有针对性地交叉举证、质证等。从总体上看,这些规定大大提高了辩护律师的地位,强化了刑事辩护的作用,也加强了对被告人权益的保护,应当成为中国辩护制度向正常化发展的一个重要转折点。

然而,由于中国法治建设和司法结构尚不成熟的特定现状,《刑事诉讼法》在修订中也留下了一些难以避免的缺憾。例如,新《刑事诉讼法》规定了律师调查取证时证人的拒绝权,作出了律师向被害一方调查取证苛刻的限制性规定;与《刑法》相配套规定了辩护人、诉讼代理人毁灭证据、伪造证据、妨害作证罪。同时,新法在规定公诉机关不向法院移交全部案卷的同时,却没有规定证据展示制度等。在新《刑事诉讼法》实施过程中,这些问题的副作用已经反映得十分明显,致使律师的刑事辩护活动出现了许多难以克服的障碍;律师参与刑事案件的时间虽然大大提前了,律师在庭审中的地位虽然在形式上变得主动了,但是,由于调查取证权的限制,由于充分阅卷权的取消,由于担心受到妨害作证罪的指控等,律师虽享有种种抽象的权利,而事实上却被捆住了手脚,无法充分履行律师应有的辩护职能。

在律师面临困境的同时,侦查机关和公诉机关也面临挑战和不同程度的困惑。由于职能和角度不同,也由于对律师的性质与职能的认识仍存偏见,他们对于立法修改后急剧扩张的律师的权利感到难以接受,并且心存疑虑。

在《刑事诉讼法》修正中,律师提前介入刑事案件成为最敏感的问题和矛盾的焦点。侦查机关长期以来形成的侦查方式和思维定式,使他们难以接受在侦查环节允许律师参与的现实,担心律师会妨碍侦查甚至会帮助犯罪嫌疑人增强反侦查能力。公诉机关对于立法赋予律师的平等对抗地位也缺乏认同感:认为国家公诉机关与自由职业者不应当平起平坐,甚至认为律师为获取经济利益可以无所不为。因而,公诉机关对于律师的刑事辩护活动产生一定的对抗情绪并处于高度戒备状态。

思维惯性、行为惯性,加上《刑事诉讼法》修正中的种种缺憾,使刑事立法和司法改革在急转弯的快速前进中面临困惑而突然刹车。具体表现为,在新《刑事诉讼法》实施的初期,律师与侦查机关和公诉机关之间的对抗关系急剧升温,控辩双方已经发展成为一种冲突性的对抗关系。这种局面所带来的直接后果是,一部分律师放弃或疏于办理刑事案件而另辟蹊径,刑案律师出庭率大幅度下降。

《刑事诉讼法》修改和庭审方式改革带来的前述现象,反映了我国刑事立法与司法改革的决心和力度与法治建设不成熟之现状的矛盾。我国法治建设的历史至今只有 20 年,而观念的转变却需要时间,对新事物的认同也需要实践的检验。在如此短暂的时间里,推动改革则必须要付出代价。

令人欣慰的是,目前这种代价的成果已经开始显现。

在新《刑事诉讼法》实施3年多以后的今天,新的审判方式已经逐渐被接受并显出优越性,控辩双方的对抗关系已经开始缓和,刑事辩护的作用更加受到社会各界的广泛关注。这个事实表明,停止的列车已经在新的起点上重新启动,也进一步表明了加大力度实行立法与司法改革的必要性。

三、中国刑事辩护制度发展的趋势与前景

新《刑事诉讼法》实施3年多以来,刑事辩护制度受到挫伤的情况引起了各方面关注和思考:一方面,立法机关和最高司法机关针对一些矛盾的焦点问题相继颁布一系列解释和补充性规定,以弥补立法中的缺憾,缓解各方面的矛盾。另一方面,人们注意到,法庭上没有律师或者在律师不了解控方证据的情况下,抗辩审判方式难以推行;审查起诉阶段如果与辩护律师交换意见,反而有利于提高起诉质量;在侦查阶段,律师的介入并未引起妨碍侦查的严重后果,却促进了侦查人员素质的提高和侦查方式的改进。于是,不必要的芥蒂开始逐渐地消除,控辩双方冲突性对抗的坚冰开始融化。

一年多以前,北京市东城区检察院与全国律师协会合作,率先进行试点,对全国律师作出十项承诺,以保障和支持律师在侦查阶段和审查起诉阶段充分行使辩护权。这一尝试收到了较好的效果,其他一些省市也相继作出了类似的尝试。法学理论界对于辩护制度的发展一直予以格外的关注,提出了大量有价值的理论依据和建议;而在律师界本身,则从未停止过对出路的探索和对权利的抗争。全国律师协会以各种议案和建议的形式向立法机关反映情况,并以各种形式与公、检、法三机关沟通、协调;全国律协刑事业务委员会制定了《律师办理刑事业务规范》。该规范成为我国第一部由律师自行制定的自律性操作规则。

值得重视的是,在立法改革引起了司法实践中的某些冲突之后,这些冲突的爆发又引起了人们对诉讼理念的更深层次的思考,其思考的深度与范围已经超出了立法改革当时的预想。例如,证人出庭作证问题、证人作证义务问题、被告人沉默权问题、违法取证的排除问题、庭前证据展示问题、司法鉴定的启动权问题、鉴定人出庭接受质证问题等。这些问题目前已经受到立法机关和司法机关的密切关注,提到了立法机关的议事日程,其中有些问题已成为新闻界广泛关注的热点。而这些问题的解决,正是我国刑事辩护制度摆脱困惑,向更高层次发展的开始。

2000 年 3 月,最高人民检察院和全国律协已经就庭前证据展示问题展开了实质性探讨,全国律协提出了证据展示规则的初步方案,有望在短期内,经与最高人民法院和最高人民检察院达成共识后予以推行。同年 4 月,全国人大常委会法制工作委员会专门针对证据立法问题召开了高层座谈会,与会者对前述热点问题进行了深入讨论,并认为证据法的出台势在必行。

这一系列现象表明,刑事辩护制度所面临的困境已经开始缓解,同时,在缓解的过程中又提出了立法改革与司法改革的新课题。这种过程无疑会加速刑事诉讼程序的科学化与完善化。

如前所述,在法治建设,同时也是辩护制度恢复后 20 年的短暂历史中,我国的辩护制度尚处于很不成熟的阶段。在这个阶段中,控辩双方的关系由形式由上对抗而走向反面,至《刑事诉讼法》修改后发展为冲突性的对抗。到目前为止,人们已经比较清醒地认识到,这两种不正常的关系都是刑事辩护制度乃至法治建设本身极不成熟的表现。在一个成熟的法治社会中,控辩双方的关系应当表现为一种理性化的对抗。目前,这种理性化对抗关系的基础已经开始形成,这个事实预示了我国刑事辩护制度向成熟期发展的必然趋势与前景。

宋某岭被控故意杀人罪案

案情简介

宋某岭，原系黑龙江省大兴安岭地区加格达奇农民。

1986 年案发前两年，曾因在家中摆弄火药枪误杀其未婚妻，被以过失杀人罪判处有期徒刑 3 年，缓刑 3 年。

1986 年某月，宋某岭携其新婚妻子及自己的两个弟弟和邻居小孩一行人去镇上看电影。在入场时遇到以被害人为首的镇上一伙小青年，看到其妻身穿红色结婚服装便上前调戏，并动手动脚（被告人与这伙人并不相识）。宋某岭的三弟（当时十三四岁）见状与对方争吵，对方正欲动手时被告人赶到。

宋某岭因考虑到自己缓刑期未满，又是家中主要劳动力（被告人是家中长子，父亲去世，上有双目失明的母亲，下有 3 个弟、妹），力图避免冲突。所以，尽管其妻、弟受辱，还是克制了冲动，一再向对方说好话，请求对方“拉倒吧”，并制止了其弟的争吵，请对方原谅。对方见状便没有动手，一伙人走出了电影院。

在看电影过程中，同来的一个邻居小孩告诉被告人，说对方准备了凶器在门外等候，准备散场时找他们报复，并提醒被告人要有所准备。另一个邻居小孩还到门口捡了两块砖头做准备，宋某岭没有制止。

电影散场时，宋某岭害怕再起冲突，即嘱咐自己带的一伙人赶快取自行车回家，自己则带领妻子及三弟从侧门出来取自行车。刚出侧门，其就被被害人一伙堵住，不由分说就追打其三弟。宋某岭之妻见状，跑上前抱住其弟的头部，左右躲闪，但被害人仍继续用棍棒猛打。被告人追过来边劝说被害人住手，边张开两臂拦截被害人的棍棒。但被害人的棍棒打中宋某岭之妻的肩部及手臂数次，仍不停止。

在拦截被害人的过程中，宋某岭身上携带的一把军用刺刀突然掉在地上，当宋某岭俯身捡刀时，恰值被害人又一次举棍向其妻、弟打来，于是，宋某岭捡起军刺顺势由下向上向被害人刺去，被害人正在躬身向下打来，恰好被刺中腹部。

刺中后宋某岭与被害人都同时愣住，双方对视了几秒钟，被害人退了几步，手中还拿着棒子，此时，被害人的同伙胡某捂着耳朵跑过来。宋某岭一边叫其妻和三弟快跑，一边去追胡某。追出十几步见胡已跑掉，即转身往回走。返回时，又遇见被害人另一同伙刘某，宋某岭误认为他手中有刀要打其妻、弟，使用手中军刺刺其臀部一刀，刘某被刺中后跑走，宋某岭未追赶。这时，宋某岭看见被害人向人群中走去，手中已没有棒子。

被害人走出 20 多米后，即倒在人群中，此时，宋某岭已经离开现场，带领其妻、弟等人找到自行车急速回家，途中将军刺扔到公共厕所中。

到家后，宋某岭听邻居说被害人伤势很重，正在医院抢救，心情十分紧张，即托人去医院打听情况。当得知被害人已死亡的消息后，宋某岭思想斗争激烈,别人曾劝其逃跑,或由其弟主动承担罪责,但宋某岭拒绝了这些劝告,决定投案自首。在宋某岭前去投案的途中,与前来逮捕的公安人员相遇,即主动归案。

宋某岭被逮捕后,由于正反两方面的证据出入较多,且因被害人一伙在当地经常为非作歹,民愤很大,曾有数百名群众联名写信替被告鸣冤,舆论很大。司法机关内部意见分歧也较大,所以本案一直拖了3年之久没有进行审理。3年后,即1989年才由地区中级人民法院开庭审理。一审法院以(间接)故意杀人罪判处被告死刑,立即执行。宋某岭不服提出上诉,并委托我担任其二审辩护人。

辩护思路

接受委托后,经过阅卷和调查取证,辩护人认为,本案一审判决中的主要问题有三点:一是对于犯罪的定性与事实不符,本案属于故意伤害致死,不是间接故意杀人;二是对于宋某岭自首的情节没有认定;三是本案中宋某岭的行为属于防卫过当,一审判决也没有认定。在此三点中,除自首之外,另外两点都是难度较大的问题。

区分故意杀人与故意伤害致死,关键在于确认行为人主观故意的内容。而在具体案件中确认这个问题则会遇到许多困难。即必须通过大量证据对于被告人犯罪前系列行为表现和相关因素进行全面、客观的综合分析,借以判定其实施犯罪时的主观心理态度。

认定防卫过当必须以成立正当防卫为前提。而对于正当防卫的认定,不仅在理论和实践中本来就困难很大,本案中更有其特殊的障碍:

首先,对于正当防卫的辩护不同于对犯罪事实和性质的辩护。

对于认定犯罪的事实和证据来说,举证责任在于公诉人一方,只要辩护人能够提出"证据不足"的充分理由,就足以否定对方的指控。而对于认定正当防卫来说则相反。

在行为事实和危害结果已经发生的情况下,认定正当防卫的举证责任则主要在辩护人一方。如果辩护人对此不能举出充分、有力的证据,就很难维护自己的观点、取得公诉人和合议庭的认同。

其次,自本案发生至二审开庭审理已经时隔3年,许多直接证据已经无法获取,只能依靠间接证据进行弥补,这些间接证据则必须充分、确凿,前后一致且具有情节上的排他性。

而且,由于被害人家属在地方上势力很大,对于调查取证乃至审判工作的干扰都比较严重,致使许多知情人不敢如实作证。这些情况无疑又给本案的调查和辩护增加了更多的困难。

根据以上情况,辩护律师除进行广泛、深入的走访和取证外,还仔细研究了公安机关的现场勘验报告,并对当时的犯罪现场进行了实地考察、测量和现场实验。而后,依据事实和法律,针对一审判决中存在的以上三个问题逐一分析论证,提出了具体的辩护意见。

辩护词

审判长、审判员:

我们接受被告人委托,担任被告人宋某岭故意杀人罪一案的辩护人。通过查阅案卷,会见被告人,访问证人和犯罪现场实地考察,提出如下辩护意见:

一、关于犯罪性质的认定

辩护人认为,被告人宋某岭的犯罪性质属于故意伤害(致死),一审判决认定间接故意杀人罪不妥。

故意杀人罪与故意伤害(致死)罪的根本区别,在于行为人主观故意的内容不同,而区分其故意内容的根据又包括很多因素,正确区分二者的界限,固然在司法实践中具有较大难度,但根据本案的具体情况,是可以得出明确结论的。具体理由如下:

(一)从案件的起因看,被告人与被害人互不相识,素无前怨。并且,事情发生既属偶然,又很突然,被告人产生杀人动机理由不充分。

(二)从作案的情节看,被告人是在被害人连续攻击他人的紧急危险情况下进行还击的。并且,被告人的右手伤残尚未恢复正常功能,其还击的方式,受到紧急危险环境和个人身体功能障碍的限制,客观上难以做出精确的选择。

(三)从伤害的部位看,被告人一再供称,本意是刺向被害人大腿。由于被告人个子高,被害人个子矮,且被告人是在弯腰捡刀后顺手刺向被害人,身体处在由下向上运动的过程中;而被害人也处在举棒打人的运动之中。匆忙之下,刺中的位置是被告人所始料不及的。因此,虽属要害部位,但不是被告人主观选择的预定部位。被告人陈述说,刺中后发现进刀处很软,就立即拔出刀来。这一点与被告人的客观行为表现是相吻合的:军刺的刀刃很长,刺入的部分并不很深。试想,在激烈争斗的情况下,用很长的军刺刺入很软的部位(腹部),如果被告人对其行为没有节制而持以放任态度,刺入的深度一定会超过现实后果。由此可以反映出被告人对其行为后果的心理态度是出于伤害而不是对杀人的放任。

(四)从行为表现上看,在整个殴斗事件中,被告人一直处于劝阻地位,多次忍让,一再请求对方"拉倒吧",极力想息事宁人,不愿扩大事态。在还击时对任何人都没有实施过连续性打击。这种行为表现,与间接故意杀人的心理态度是不相容的。

（五）从犯罪后的表现看，被告人犯罪后，听到被害人伤势严重，担心会因其伤重或死亡而受到法律制裁，心神不定，坐立不安，托人去医院打听被害人的情况。当得知被害人死亡后，即准备去自首，以求从宽处罚。这说明死亡后果的发生完全出于被告人的预料之外，他不仅是不希望、不放任并且害怕和否定死亡后果的发生。这种心理态度与间接故意对死亡结果发生的放任态度是完全不同的。

（六）从被告人的心理因素看：

1. 被告人父亲已故，在家中是长子，下有三个弟、妹，母亲双目失明，又处于新婚之际，妻子已经怀孕，深感自己对家庭的责任重大。

2. 被告人因犯过失杀人罪，正处在缓刑考验期中，担心再犯新罪会受到严厉惩罚。并且，作为一个曾因过失杀人而受过法律制裁的人，对于故意杀人罪的法律后果是十分清楚的。

这些因素，都是阻止被告人实施杀人犯罪的巨大心理障碍，促使被告人极力避免自己的行为造成严重后果。

（七）从犯罪的环境看，被告人既不是流窜犯罪，也不是秘密犯罪，而是在光天化日之下，众人围观，多人参与的环境中实施伤害行为的。并且，被害人及其同伙又与被告人住在同一地区。因此，一旦造成被害人死亡，被告人就必然会受到法律追究。这点，被告人也是十分清楚的。除非被告人想自投法网，才会不计后果地杀害对方。

（八）被告人在供述中始终不承认其具有杀人的动机，一直认为自己是在忍无可忍的情况下实施的防卫行为。而上述各种情况与被告人的供述是相一致的。

综上所述，有充分的理由可以认为，被告人实施犯罪时的心理态度只能是出于伤害的故意，而绝非杀人的故意。一审判决对故意杀人罪的认定理由是不充分的。

二、关于自首的认定

辩护人认为,被告人犯罪后投案自首,依照法律可以从宽处罚。具体理由是:

(一)被告人犯罪后,经过反复的思想斗争,最后终于拒绝他人要其逃跑和推卸责任的"劝告"主动投案,在投案途中与前来抓捕他的公安人员相遇时自动归案。其投案表示及其行为有多人证言证明,并且被告人本人的供述前后相一致。

(二)归案后,被告人能够如实交代主要犯罪事实。虽然起初在个别情节上因怀有恐惧心理而有过一些企图减轻罪责的供述,但这并不影响自首的成立。

三、关于防卫过当的认定

辩护人认为,被告人的行为属于正当防卫过当,依照法律应当酌情减轻处罚。具体理由如下:

(一)事实已经表明,被告人一方与被害人一方由多人参与的这场殴斗起因十分清楚,完全是在由被害人挑起并且一再实施不法侵害的情况下引起的。在整个事中,被害人一伙尤其是被害人本身显然负有主要责任。

(二)被告人在事件发生的全过程中,一直处于劝阻和被动防卫的地位,从未向对方发起过主动攻击。因此,不能认为被告人也是殴斗的参与者。退一步讲,即使属于互殴的双方,在一方已主动停止殴斗,而对方仍然穷追不舍,继续攻击的情况下,被攻击一方在对方侵害过程中所实施的反击行为,仍然可以构成正当防卫。本案中,被告人刺伤被害人的行为是在被害人的不法侵害过程中实施的。因此无论从什么角度,其行为均符合正当防卫成立的条件。

(三)被告人刺伤被害人的行为过程表明,其防卫行为是在他受到正在进行的不法侵害的当时实施的。对于这一点,虽然事隔已近三年，许多直接证据已经难以搜集，但通过其他大量证据及现场调查、分析，仍不难得出客观的结论。

1. 因被告人知道对方企图继续寻衅，当电影散场后，为避免被堵截而从电影院侧门出场，取自行车回家，但终因遭到对方拦击而未能避免冲突。可见，被告人是在不得已的情况下才实行还击的。这一事实是十分清楚的。

2. 通过对被告人刺伤被害人的行为过程的综合分析和现场勘验，可以认定被告人的供述属实。据被告人供述，他本人及其弟、妻出侧门后，在电影院前门左侧角十字路口附近遭被害人堵截，当被害人举棒追打其弟及其妻时（目标是被告人的三弟，因被告人之妻护住其弟弟头部，所以二人同时成为被害人打击的对象），被告人曾一再劝阻和举臂拦截。在拦截中，被告人所带的军刺掉在地上，因怕被害人发现捡起，就急忙弯腰去拾刀。起身之时，见被害人又举棒向其弟、妻打来，情急之中，顺手用刀向被害人刺去，目标是其大腿，刺后感到被刺处很软，赶紧拔出刀。之后，二人都怔住，对视一会儿，被害人往后退了几步，手中还拿着棒子。这时，胡某（被害人同伙）捂着耳朵跑过来，被告人一边叫其弟、妻快跑，一边去追胡某，欲将其赶跑。追出十几步，见胡已跑掉，即转身往回走。返回时，看见刘某（被害人同伙），以为他手中有刀要打其弟等人，就用军刺刺其臀部一刀。刘某被刺中后跑走，被告人并未追赶。这时，被告人看见被害人向人群中走去，手中已没有棒子。

对于被告人以上供述中的某些情节，目前虽然已找不到直接的旁证予以证实，但通过其他相关证据的综合分析，仍然可以得到验证。

（1）据被告人之二弟宋某岭和其邻居施某等人证明，他们遇见被害人时，是在电影院正门前离左面十字路口十米左右。他们见被害人由左向右朝门前斜跑过来,手中拿着棒子。宋某岭用铁链向被害人打去,因铁链断了而未打中(见预审卷 P71～74,辩护人 1990 年 1 月 19 日对施某的调查笔录)。在宋某岭捡铁链子时,施某扔出一块砖头打在被害人的腰部,被害人当即扔掉棒子继续向右跑进人群。施某随即捡起了被害人扔掉的棒子。

(2)公安机关提供并记录在卷的现场勘验图表明,被害人在电影院正门前左侧十字路口附近被刺(据辩护人现场调查测量,该被刺点距十字路口三至四米),在正门前右侧倒地(据辩护人现场调查测量,倒地点距被刺点约二十多米),见图示。

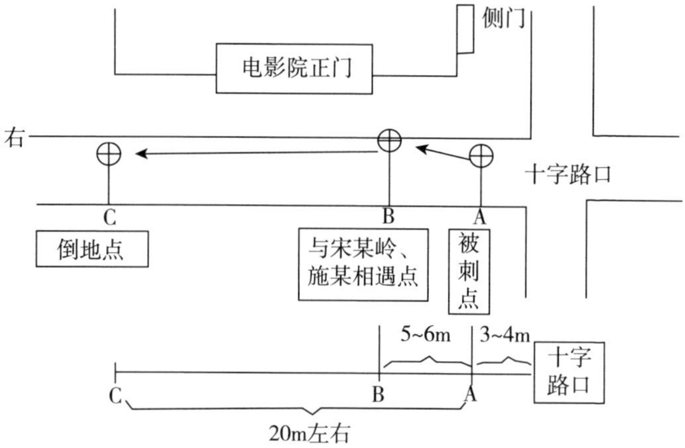

(3)宋某岭、施某证词、现场勘验图和现场实地测量表明:

①宋某岭、施某与被害人相遇现场在被害人被刺现场右方几米处(离左边十字路口 10 米左右),而被害人腰部被砖头打中后又继续向右跑,其运动方向一直是由左向右。可见,被害人被刺、被砖头打中腰部和倒地的过程、位置、运动方向和时间顺序,与被告人的供述完全一致。

②被告人供述在刺伤被害人时没有看见宋某岭和施某,而宋某

岭和施某又证明在用砖头打被害人时也没有看见被告人,两者的说法均符合上述方向、位置和顺序。此又可证明被告人的供述符合事实。

③被告人供述刚出电影院侧门就遭到被害人拦截,在被害人正举棒打其妻、弟时,拾刀顺手刺伤了被害人。在此之后,又向跑过来的刘某臀部刺了一刀。即刺伤被害人在先,刺伤刘某臀部在后。而一审判决认定被告人首先持刀刺伤刘某后才刺伤被害人。然而,根据时间和被害人运动的方向推算,被告人刺伤刘某臀部的时候,正值被害人被刺后向右方跑去并与宋某岭和施某相遇之时,且当其被施某打了一砖头之后,又继续向右走至人群中倒下。因此,宋某岭和施某没有看见被告人刺伤被害人的行为,被告人也没有看见宋某岭和施某与被害人相打。这一情况可以证明一审判决认定被告人先刺刘某后刺被害人是没有根据的。

④被害人被刺处与倒地处相距20多米(有现场勘验图和笔录为证),又是倒在人群中,当时围观的群众很多、很乱。而一审判决却认定被告人"在电影公司门前手持尖刀向刘某臀部刺一刀(致轻伤),而后返回商业电影院正门前,向被害人腹部猛刺一刀,见某某(被害人)倒地口吐血沫后喊了一声'快走'尔后逃离现场"。这种说法与现场情况和勘验笔录明显矛盾,显然是违背事实的。被害人被刺伤后向右走出20多米才倒在人群中,而被告人此时早已离开现场,被害人又被人群围在中间。被告人怎么能看见被害人口吐血沫呢?

以上各点从不同角度均可证明:被告人关于刺伤被害人过程的供述符合事实。

(4)被害人手中的棒子是被施某所扔的砖头打掉的,随后其棒子又被施某捡起并拿走。这一位置正是在距离被害人被刺现场右侧几米处,正符合被害人由左向右的运动方向,而这个位置和方向与宋某岭、施某的证词及现场勘验图相吻合。同时,假如被害人在没有被刺受伤的情况下,只是腰部中一砖头,就掉了手中的棒子失去攻击能力而向右边的人群中跑去,显然不合情理(在尸检鉴定结论中,被害人腰部并无明显伤痕)。这又可以证明被告人刺被害人时,被害人手中确实拿着棒子,即其被刺后,拿着棒子向右方电影院正门前跑去时,才与宋某岭和施某相遇。

被告人之妻及其三弟虽因背朝被告人,没有看见被告人刺被害人的动作,但知道被告人正在劝阻、拦截被害人,且胳膊和肩膀上已经遭到被害人棒子的打击,数处受伤。这可以证明被告人刺被害人时被害人确实正在实施不法侵害。

被害人事前并未见过宋某岭,且因其认识施某而不打施某,而宋某岭也不认识被害人。在电影开映前,被害人一伙是与被告人的三弟发生的冲突,而当时宋某岭并不在场。可见,被害人主要是找被告人的三弟进行报复。所以,电影散场后,他先堵住被告人的三弟与其首先遭遇是事出必燃,而不可能先与宋某岭及施某打起来。这一点又可以证明,被告人供述从侧门出来时,即遭被害人堵截,正值被害人举棒打其妻、弟时将其刺伤的情况属实。

被告人在本案发生一个多月前,右手腕部曾经受伤,被切断四根筋腱,案发时腕伤未愈,右手骑自行车不能扶把,穿衣、系衣扣等均不能自理,就在前去看电影之前还是由其妻帮助穿的衣裤。在此种情况下,面对棍棒的攻击,徒手反击是十分困难的。因此,被告人用左手拾刀,在防卫时又以左手持刀顺势刺向被害人,是有一定客观原因的。

以上大量事实、现场勘验、现场调查及对各种旁证的对比和综合分析,可以充分证明,被告人是在其弟、妻受到被害人一再发起并正在进行的不法侵害的紧急危险状态下,拾刀向对方还击,目的在于制止正在进行的不法侵害。

（四）被告人虽然身上预先带有凶器，但当其遭受不法侵害时，以预先携带的凶器实行防卫，并不影响正当防卫的成立。更何况，被告人携带凶器事出有因，并非为了准备斗殴，而是带来送给一个武警干部的。这一事实有加格达奇看守所负责人某某同志的证言为据。

（五）被告人在实行正当防卫过程中，造成了致人死亡的严重后果。此乃被告人的行为过度所致，属于不应有的危害，超越了正当防卫的合法性条件。正因如此，被告人的行为因防卫过当而构成犯罪。依照法律应以故意伤害（致死）定罪，并按照对防卫过当构成犯罪的处罚规定，结合本案具体情节酌情减轻或者免除处罚。

（六）在当前暴力犯罪多发的情势下，在刑法理论和司法实践中都十分强调对实施正当防卫者的鼓励和成立条件的从宽要求。尽管在理论和实践中对于正当防卫的认定历来难度较大，但是，只要通过认真调查和客观分析，对于大部分防卫行为还是可以正确辨别和认定的。

因此，我们希望法庭在尊重事实和法律的基础上，充分考虑辩护人的意见。正确认定一起正当防卫的案件，对于鼓励群众积极同违法犯罪行为作斗争，打击犯罪分子的嚣张气焰，预防和减少犯罪，无疑具有十分重要的社会意义。同时，也可以体现出司法机关对事实、法律和当事人的高度负责精神，更有利于伸张正义、树立正气，提高司法机关的威信。

四、根据被告人所在地组织和羁押机关的证实，被告人平时表现良好，在羁押中的表现更为突出，深刻悔罪，表示出狱后一定要为社会多做贡献，并通过认真学习法律，协助看守所做了大量有益的工作。这些表现可以反映被告人愿意并易于接受教育改造，对社会的危害性较小，亦应作为从宽处罚的情节予以充分考虑

综上，辩护人认为，被告人因实施正当防卫超过必要限度，构成故意伤害(致死)罪,犯罪后自首。请求二审合议庭改变一审的死刑判决,依照《刑法》第一百三十四条第二款、第十七条第二款、第六十三条及《刑法》第六十四、六十六条之规定,并结合有关量刑的酌定情节予以定罪判刑。

此外,自本案发生至今已近三年之久。经辩护人实地调查发现,本案的发生及审理,在该地区各界中反响十分强烈。人民群众以及公安、司法部门中的许多人都对一审判决的做法及结论表示强烈不满,并提出了许多令人难以反驳的理由。其原因何在?这些反响,已经直接影响我党和司法机关的威信和形象。辩护人希望二审法庭对此能予以高度重视。

辩护人:

北京市第六律师事务所律师　田文昌

一九九〇年三月三十日

审理结果

二审判决认定:被告人宋某岭犯有故意杀人罪,犯罪后自首,撤销一审判决,改判为无期徒刑。

(辩护人认为,二审判决虽然认定了自首情节,但没有完全采纳律师的辩护意见,仍定性为故意杀人罪,且没有认定为防卫过当,定性不当。即便改为无期徒刑,仍属量刑过重。)

商某贪污，挪用公款，玩忽职守，毁灭公文、证件案

案情简介

一、关于第一次起诉和判决

（一）案情

被告人：商某，男，59 岁，原承德市第三塑料厂厂长、中国北方塑料编织工业集团总经理、燕承塑料工贸公司经理，河北省劳动模范。

被告人商某于 1991 年 4 月 26 日被河北省承德市双桥区检察院以贪污、挪用公款罪起诉。其中，贪污罪共包括 4 项犯罪事实，贪污数额为 12，087.03 元；挪用公款罪 1 项犯罪事实，挪用数额为 9 万元。

1. 关于贪污罪

（1）1989 年 12 月初，被告人因故未能参加中国贸促会组团赴美举办展览的活动。因被告人于 1990 年 1 月还要赴美签约，便向贸促会提出退回部分余款作为下次出国费用。由于 1990 年 1 月被告人赴美时贸促会尚未结算，被告人便自行筹款垫付了出国费用，没有另行申请出国差旅费。当被告人赴美归来后，贸促会至 1990 年 4 月才

结清账目,同意退回余款1370美元,被告人通过正当手续,经本人签字后领回这笔余款。被告人本应将出国费用单据报销后,以这笔退款折还其预先垫支的出国费用,结清账目。但因其工作繁忙并频繁出差,还未及报账,即于同年9月被捕。其被捕时,这1370美元和出国未及报账的单据均保存在被告人的办公室桌里。自被告4月领后这笔退款至9月被捕,时间近5个月。起诉书认定这1370美元为被告人贪污。

(2)1990年8月7日台商黄某民先生来承德第三塑料厂洽谈联营业务,住在外交人员宾馆。8月9日黄离承德前与宾馆结账时,值班服务员因不了解规定而收取了人民币,当另一位服务员得知后又找到黄要求其改付外汇。正当黄没有外汇而感到为难时,恰值被告人为送别黄而赶到现场。见状后,被告人说明黄是被告人单位请来的客人,应由单位为其结账,并上楼征得宾馆经理同意后,又下楼送黄上汽车。当黄已坐进汽车时,服务员又匆忙出来,将原来已经开好的住宿费和电话费收据交给了被告人,并没有说明黄第一次已经交付过人民币的情况,而黄缴付人民币时被告人还没有来到现场。事后,被告人将收据(共人民币751.53元)交给办公室主任丁某,要她处理。丁某在处理收据时,未去宾馆核对,也未向被告人查问,而误认为是被告人垫付了这笔费用,就将单据报销后,冲减了被告人在厂里账上的借款。因被告人经常出差,借款、还款频繁,而借还款的账目都由丁某保管,所以,丁某没有告知被告人这笔钱已经冲减他个人的借款。直至被告人被捕后,被告人也不知道他已经占有了这笔款的事实。起诉书认定这751.53元人民币为被告人贪污。

(3)1990年6月,被告人在上海公出期间,其妻子、儿媳也来看望正在上海进修学习的儿子。其间,被告人家属将车费、宿费等一些票据交给被告人同行的办公室主任丁某。当被告人得知此事后,不同意丁某用公款报销。而丁某感到被告人经常出差，花销很大，而且在被告人为集团所做的大量工作中，家属也是有贡献的，便主张予以报销。经丁某劝说后，被告人表示："要报也得经董事会同意。"后来，丁某为其报销了一部分票据，但报销时向集团主管会计公开说明了情况，事后又向集团董事长汇报了此事。

当丁某刚刚给被告人家属报销了票据后，正值集团决定发给被告人等人一部分奖金。其中董事长书面指示发给被告人本人奖金2000 元。在被告人审批这笔奖金时，因考虑到其家属的票据可能已经报销（尚未确知）便坚持拒领这笔奖金，并在主管会计已经作表以后，又责令其重新作表取消了给自己的奖金。起诉书认定其家属报销了 975 元（实际报销的数额不足 975 元），也属于被告贪污事实的一部分。

（4）因被告人身兼数职，其担任总经理的"北塑"集团又是分布在 20 个省市包括 60 多个厂家的大型企业集团，所以，被告人经常在外出差。仅 1987 年至 1989 年三年出差总天数就达 833 天，其中1988 年一年就出差 324 天。

由于被告人有时是为第三塑料厂出差，有时是为集团事务出差，所以，差旅费的报销渠道也不同。按照规定，为哪里出差在哪里报销。同时，按照第三塑料厂的内部规定，对于长期出差的人还要发年终一次性补助，即全年出差天数累计超过一个月者，对于其超过部分年终时按每日 2 元或 2.5 元的标准（每年标准不一样）予以额外补助。

被告人在外出差时，本人从不经管钱物，领钱，花钱都由随行人员办理。被告人本人只是保留一本出差记录，记载每年出差天数、日期和地点；在次年年初时，根据记录找会计报销前一年的出差费。由于平时出差经常是集体领钱、共同报销，随行人员有时也将被告人的差旅费一起报销、冲账。所以,被告人在年终报账时还应扣除平时他人已经代为报销的出差天数。

上述几方面的情况,使被告人报账时在计算天数的问题上比较复杂、混乱,以至于出现了3年中总共重复报销差旅费将近400天的问题。具体情况是:

①1987年被告人出差274天,年终被告人委托前厂长马某玲代为报账。马某玲没有仔细核对,未扣除平时他人已经代为报销过的46天(起诉书认定是55天),所以多报了46天;同时,对于被告人在广州、深圳出差的天数也没有按照特殊的补助标准单独计算。即274天都是按照每天2.5元的标准计算的。所以,在这一方面被告人又少领了一部分差旅费(这一点起诉书没有认定)。

②1988年被告人出差324天,1989年3月被告人委托三塑厂会计张某为其报销1988年全年的日常出差补助,告知了全年出差的总天数并说明其中在深圳出差35天。张某未与集团会计核对,即根据估算按照两个半月的时间(74天),扣除了被告人在集团出差的天数,又凑整数为被告人报销了250天的差旅费。后查明,被告人实际为集团出差143天,少扣了69天。所以,又多出69天。

1989年5月被告人又委托三塑厂会计张某云为其报销1988年全年年终一次性补助,只说明总天数为324天,而未说明深圳出差天数,因为年终补助是不分地区的。而张某云却误认为被告人要领取的是1988年全年的日常出差补助。经与集团会计认真核对后,扣除其为集团出差的143天,本应报补助181天,但为凑整数,又报了190天,而实际上,被告人1988年的年终一次性补助事前已被其在三塑厂工作的女婿刘某余代领并交给了被告人之妻,代领的时间在1988年3月被告人领取了日常出差补助之后。但被告人不了解这一情况。

综上，由于会计张某估算差误、会计张某云对两种补助性质的误解和被告人不知其女婿已事先领取了年终补助的这一误解，被告人实际上多领了259天的补助费。

此外，同被告人一起出差的随行人员平时在厂内报领的出差补助中，有18天也包括被告人在内。因会计张某和张某云在两次报账时都没有认真核查而未予扣除。所以，被告人在1988年多领补助费的总天数是277天。

③1989年被告人出差235天，当被告人委托会计张某为其报销补助费时，张某仍以估算的办法扣除平时随行人员代报的天数为100天，为被告人领取了135天的出差补助。而后来查明应当扣除的是140天，又多出40天。

此外，1989年被告人在国外出差34天。集团办公室主任丁某在替被告报账时，因不了解在国外出差国内不予补助的规定，而没有扣除这个天数，因而多出34天。

这样，1989年被告人又多领了74天的出差补助费。

综上，被告人在1987年至1989年三年中，总计多领出差补助397天。（起诉书认定为406天）

起诉书认定被告以骗取补助费的方法，贪污公款1455.50元。

以上认定的4项贪污事实，总数额为12,087.03元。

2. 关于挪用公款罪

1988年春天，被告人为购买原料找到国家计经委经济协作局副局长王某英，要求其帮助解决外汇额度。王帮助北塑集团解决了750万美元外汇额度。1988年7月初，王某英即找到被告，要其帮助解决其子去英国留学的保证金问题。被告人表示为难，王又提出可由她自己在英国的朋友担保，但因其朋友资产不足没有担保资格，请被告人为其借一些钱汇给对方，在通过官方验资后十天、八天即可归还。

被告人虽感到十分为难但因北塑集团及承德市都继续有求于王某英,又无法拒绝王的要求。所以,只好采取变通方式,求助于北塑集团成员厂家广东湛江强力包装企业公司经理李某红。李同王直接面谈后,应允通过其合资伙伴港商许某朋借钱给王,遂由许将1.5万美元汇至英国,以便使王的担保人通过资信验证。

因李某红担心王某英还款有诈,自己向港商不好交代,又同被告商量,要求被告人将委托李某红为三塑厂购买原料的货款先行汇到李的公司9万元,理由是:为了使港商许某朋放心。被告无奈,只好按李的要求汇了款。

后因王某英迟迟不归还钱款,被告人多次委婉向其催要后,王便改变口气,要求集团为其子作智力投资,将这笔钱算到了北塑集团的账上。在此情况下,李某红便扣下了三塑厂的9万元不予归还,购买原料的事也告吹。

当被告人被起诉后,王某英也因受贿(索贿)罪被起诉,现已判刑。

起诉书认定被告人因此而构成挪用公款罪。

(二)律师辩护意见

辩护人认为:

1. 在贪污罪的4项犯罪事实中,被告人既无贪污的故意,也无贪污的行为;在重复报销补助费的问题上虽有错误,但仅仅是过失行为。因此,起诉书对被告人犯有贪污罪的指控不能成立。

2. 王某英利用职权向北塑集团勒索钱财,被告人被迫向其行贿,不构成行贿罪。由于王某英并不想归还这笔钱而事实上也没有归还,因此,被告人也没有构成挪用公款罪,因为挪用是以归还为前提的。因此,起诉书对被告人犯有挪用公款罪的指控不能成立。

结论:被告人无罪。

(三)法院判决

1991 年 6 月 29 日承德市双桥区法院作出一审判决,认定:被告人商某犯贪污罪,共包括 3 项犯罪事实。其中,仅对于家属去上海包销票据的问题未予认定。贪污数额为 11,112.03 元,判处有期徒刑 5 年。被告人商某犯挪用公款罪,数额 9 万元,判处有期徒刑 7 年。二罪合并执行有期徒刑 11 年,附加剥夺政治权利 2 年。

二、关于第二次起诉和判决

(一)案情

一审判决作出后,被告人不服提出上诉。经承德市中级人民法院二审后,裁定发回重审。发回后,又经承德市检察院补充侦查终结,再次移交双桥区检察院起诉,变成 4 个罪名,并将犯罪事实增加至 11 项。其中,贪污罪包括 8 项犯罪事实,在原 4 项的基础上又增加 4 项,总数额为 22,154.53 元;挪用公款罪罪名不变,但撤销了原起诉并经一审判决认定的挪用公款 9 万元的事实,改换成另外一笔挪用公款 12 万元的事实;增加了两个新罪名即玩忽职守罪和毁灭公文、证件罪。

双桥区检察院前后两次起诉的罪名和犯罪事实,均为承德市检察院首次立案侦查中所包括并早已记录在卷的内容。第二次起诉时,在没有提出任何新证据和新事实的情况下,只是将早已侦查终结而却在第一次起诉时没有提起的其余事实无一遗留地全部增添进去。

1. 关于贪污罪

(贪污罪的 1 ~4 项犯罪事实与第一次起诉相同。从略)

(1)1988 年年初,被告人作为总承包人,对承德市第三塑料厂实行风险责任承包,承包期限为 3 年,并主持制定了全厂的风险责任承包办法,按照风险责任金的比例,承担风险和享受奖励。按规定,全厂上下缴纳的风险责任金数额分5个层次,最低50元,领导决策层3000元。而被告作为总承包人的风险责任金为1万元,其中,6000元以资产抵押,4000元需缴纳现金,因为数额较大,现金规定分三次缴清。被告人因一时拿不出4000元现金,曾在全厂职工会上多次表态,如个人资产不够,愿以子女资产抵押。在厂领导的号召、动员下,职工行动迅速,于1988年3月底即交清了风险金。而被告在1988年内尚未能交足风险金4000元,直至1989年5月才交足,并且多交了现金1000元,总共交了5000元。因承包期为3年(1988年至1990年)被告于1989年交足了风险金,所以符合风险承包办法的明文规定。

由于企业承包后第一年即1988年就开始盈利,1988年年底三塑厂就按承包规定开始发放风险责任奖。根据被告人缴纳风险责任金数额,于1988年年底和1989年年初两次发给他风险责任奖金3680元。在分发这两次奖金时,做奖金表的几位负责人都清楚当时被告人的4000元风险金尚未交足。

起诉书认定,1988年年底和1989年年初,被告人在尚未缴足风险责任金的情况下,就与他人一样领取了风险责任奖金3680元,已构成贪污罪。

(2)1990年9月26日台商黄某民再次来承德洽谈业务,住在外交人员宾馆。临走时在众人面前留给集团办公室主任丁某400美元,请其代为结算宿费。事后丁某向被告人请示如何处理时,被告人根据联营合同的明文规定,指示丁某由三塑厂为其结算宿费,并告诉丁某钱先放在她那儿,事后再打电话通知黄先生,待下次黄再来承德时还给他。被告人本人并未见过这400美元。事隔两天,被告人就被逮捕。这400美元由丁某主动交给检察院。起诉书认定,被告人贪污了这400美元。

(3)1986 年 12 月至 1987 年 1 月,被告人在厂生活部三次借款共 2510 元,均有借条。1987 年上半年当厂里决定将生活部的账和厂财务的账目合并时,由主管副厂长裴某成做主,将这笔单据和借条用小金库款处理,其中包括被告人的这笔 2510 元借款和其他人的一些条子。但这件事被告人本人并不知道。事后,裴某成也没有及时告知被告人。直至 1989 年 12 月,在有关部门过问小金库的情况时,裴才在北京办事处向被告人提起这件事,被告人得知后即批评了裴并表示等他回承德时处理,随后于 1989 年 12 月 27 日向厂财务科如数归还了这笔借款。被告人还款时其借条已经转到了厂财务科的账上。起诉书认定,被告人“得知承德市人民检察院查询此款后,才将该款还厂财务科”,因而构成贪污罪。

(4)1989 年年初北塑集团在深圳召开会议时,被告人指示工作人员用董事津贴买回 10 台柯尼卡 60 型照相机,回厂后发给厂级领导和中层干部每人一台,自己留用一台。当被告人找主管财务的副厂长黄某春报销这笔钱时,黄用小金库的款将这笔钱报销了。而被告原意是用董事津贴报销。起诉书认定,购买这 10 台照相机的 2050 元属于被告个人贪污。理由是:被告是以个人名义发送的相机。

综上,加上第一次起诉的 4 项事实共 8 项,认定贪污总额为 22,154.53元。

2. 关于挪用公款罪

1987 年正值三塑厂原料供应极端困难时期,被告经承德市委秘书长介绍,找到北京向阳化工二厂副总工程师夏某向其求援。在夏帮助下,北京向阳化工二厂在 1987 年至 1989 年共为三塑厂解决聚丙烯近 3000 吨,并与之建立了联营公司——燕承工贸公司。仅这项援助即使三塑厂获利 500 多万元并解决了 20 多人的就业问题。直至被告被捕后,该厂还继续为三塑厂提供原料。1989 年年初,夏某因其女婿杨某(为彩扩个体户)急于还贷款,向被告求援,请被告帮助杨某卖掉彩扩设备,以解决资金问题。面对这种情况,被告经过厂党政班子联席会反复研究、讨论后,集体决定买下这套设备,以满足夏某的请求。后来经过双方洽谈,达成一项以 12 万元购买对方设备的转卖协议(该设备对方买进时是 20 多万元),并准备买过设备后经营彩扩业务。后因人员技术培训需要时间,又与杨某签订一项租赁合同,由杨某租用该设备 2 年,向三塑厂缴纳租金。在被告人被捕时,该合同尚在履行中,并该套设备的所有权早已属于三塑厂。起诉书认定,被告人经集体决定并正式签订合同购买和租赁彩扩设备的行为构成了挪用公款罪。在被告被关押期间,承德市检察院以转卖设备和租赁合同无效为理由,向杨某索要了租金 4 万元,并作为赃款上缴。

3. 关于玩忽职守罪

1986 年为了解决啤酒周转箱生产问题,经派技术人员考察后,决定从香港引进一套啤酒周转箱注塑模具。引进前,先在厂内进行了分析、论证。而后,又以书面形式向承德市二轻局呈送了《关于请求准予在香港定制模具的报告》,后经河北省经委审核批准,又将该项目引入承德市 1986 年技术改造计划。经过层层审批后,又委托中国国家机械进出口公司北京分公司与对方签订了内容详尽的购销合同。

合同签订后,因对方延期交货并出现了质量问题,被告人按合同坚持索赔,直至对方支付了违约金同意出钱在北京另行为三塑厂定做模具。对方同意出钱另做模具后,因当时没有人民币,请求三塑厂先垫付制作费用 8.3 万元,并出具了正式借据。被告人为了尽快投产,经请示了领导并得到批准后,同意先行垫款。

目前,啤酒箱已投产并取得了效益。而三塑厂垫付的 8.3 万元因被告人被捕后无人联系至今未还。由于被告人被捕前一直关注并亲自过问此事,留下了与对方交涉过程中的大量来往电函以及向我方上级机关的请示报告。对方对于8.3万元的垫款也没有拒绝偿还。

起诉书认定,被告人在这个问题上不尽职责,已构成玩忽职守罪。

4.关于毁灭公文、证件罪

1986年至1989年,承德三塑厂为了解决经营活动中一些难以支付的费用,设立了小金库,小金库由一个副厂长专门管理,账目有专人来负责,并规定,动用小金库的资金,必须有两个厂长签字方可报销。

1989年清理、检查小金库问题时,三塑厂召开领导班子会专门研究处理小金库问题,包括如何处理小金库的单据和白条以及今后不再设立小金库等内容。当时,主管和处理小金库的是副厂长黄某。

起诉书认定,在被告人授意下,三塑厂烧毁了小金库的大部分原始单据和白条,总数额是30.7万多元。但被告人坚持说,第一,处理小金库单据是在班子会上集体研究的,并有集体签名。第二,在班子会上提出烧毁单据是对外宣传的口径,目的是维持与关系单位的继续合作。销毁是假,保存是真。事后查明,小金库的单据和白条确实烧毁了一部分,但具体数额不确切,且烧毁时被告人不知道。在检察院调查时,有几个主管过小金库的副厂长又陆续交出了一部分条子,尤其是凡涉及被告人本人的条子,一张也没有销毁,全部交给了检察院。

在1989年11月14日和11月17日国务院正式下发了《关于清理检查"小金库"的通知》和贯彻落实该通知的具体规定后,三塑厂对小金库进行了全面的自查自检,清理了小金库开支的全部账目,并接受了市税务局联合检查组的复查,于1989年12月30日呈交了《关于清理、检查"小金库"工作的报告》。承德市有关部门已经对之作出了具体的处理。

起诉书认定,根据以上事实,被告人构成了毁灭公文、证件罪。

(二)律师辩护意见

辩护人认为:

1. 在贪污罪的8项事实中(包括第一次起诉的4项),被告人均无贪污的故意和行为,有些根本就不是刑事法律关系,如风险奖金问题,充其量也只是一种民事法律关系。因此,起诉书对被告犯有贪污罪的指控不能成立。

2. 起诉书指控的所谓挪用公款罪,事实上完全是法人之间的合法经营活动,不仅不构成挪用公款罪,而且检察机关根本无权干预。

3. 被告人与他方签约定制模具的前前后后整个过程表明:被告人在该项活动中认真负责,尽心尽职,而且并未造成严重后果,根本不存在任何玩忽职守的问题。

4. 起诉书对被告人犯有毁灭公文、证件罪的指控,事实不清,对象不符,缺乏基本的法律依据,混淆了违反财经制度行为与犯罪行为的界限。

结论:被告无罪。

(三)法院判决

1992年3月3日承德市双桥区法院第二次开庭重新审理此案。开庭地点改在承德县法院,开庭前没有通知被告人。

经过两天开庭审理后,双桥区法院于1992年3月19日作出第二次判决。认定:

1. 被告人犯有贪污罪,共包括5项犯罪事实。其中,对于第一次判决中未予认定的家属报账975元的问题,在没有任何新证据的情况下,又重新认定。认定贪污总数额为15,767.03元,判处有期徒刑6年。

2. 被告人犯有挪用公款罪,挪用公款额为 12 万元,判处有期徒刑 8 年。

3. 被告人犯有玩忽职守罪,判处有期徒刑 2 年。

4. 被告人犯有毁灭公文、证件罪,判处有期徒刑 2 年。

以上四罪并罚,合并执行有期徒刑 16 年。

被告不服,再次提起上诉。

1992 年 8 月 31 日,承德市中级人民法院作出终审判决,认定商某犯贪污罪,判处有期徒刑 5 年;犯挪用公款罪,判处有期徒刑 5 年;犯毁灭证件罪,判处有期徒刑 2 年,决定执行有期徒刑 10 年。

终审判决宣告后,商某本人和辩护律师分别向河北省高级人民法院提出申诉。

河北省高级人民法院依审判监督程序提起再审后,宣告商某无罪。

辩护词

审判长、审判员:

我们接受被告人的委托,并受北京市侨务律师事务所和北京市第六律师事务所的指派,担任被告人商某被指控犯有贪污罪、挪用公款罪、玩忽职守罪和毁灭公文、证件罪一案的辩护人。

通过查阅案卷、会见被告人,进行充分的调查,取证和认真听取法庭调查之后,辩护人认为:承德市双桥区人民检察院对被告人商某构成上述四种犯罪的指控均不能成立——被告人商某无罪。

具体理由如下:

一、关于贪污罪

在起诉书指控被告犯有贪污罪的事实中,共包括八项内容:

1. 被告利用职务之便侵吞公款1370美元。

辩护人认为:在1989年12月初,被告人因故未能参加中国贸促会组团赴美国举办展览的活动,因而领回贸促会应当退还给承德市第三塑料厂交纳的摊销费用剩余款1370美元,作为下次出国费用的做法是合法行为。

(1)三塑厂按规定摊销出国费用理所应当,而当商某因故未能出国后,为了给本单位节省开支,向贸促会申请退回部分余款作为下次出国费用。这种行为无可指责,而且应当受到表扬。

(2)被告人商某于1990年1月因公出国时,没有另行报请出国费用,预先就决定以这笔退款支付。由于这笔退款当时未能及时结算,被告人只好自己兑换了美元,先行垫付了出国费用,并使用了1989年12月未曾使用的护照和机票。这种做法和预想,被告人预先曾多次同北塑集团的领导、有关人员及承德市有关领导做过汇报,打过招呼。这一事实有北塑集团驻北京办事处主任吕杰民、北塑集团原副总经理现代总经理薛垂章等人的证言为据[见证据(1)~(6)]。

(3)被告人出国回来后,到1990年4月领回这笔款项(1370美元)时,经过本人签字,手续合法,经被告人签字的领款单据一直保存在北塑集团驻京办事处主任吕杰民手中。

(4)被告人1990年1月出国先以自筹的美元垫付,至同年4月才领回这笔退款。本应在报账后,以这笔退款折还他先行垫支的出国费用。但因其工作繁忙并频繁出差,还没有来得及报账,即于9月被拘捕。被捕后,这笔钱及其出国时未报账的单据还完好地保存在被告人的办公室里。

以上事实充分说明,被告人主观上既无侵吞、占有这笔公款的故意,客观上亦无侵吞、占有这笔公款的行为,更没有侵吞、占有这笔公款的现实可能性。因此,公诉人指控被告人的这一行为属于贪污犯罪的理由是完全不能成立的。尤其令人吃惊的是,明知被告人确实具有因公出国并预先垫付用的事实,而在被告人还没有报销出国账目之前,就凭主观臆断,预先推定出被告人必然要侵吞、占有这笔公款,并认定其已经构成贪污犯罪,这种毫无事实和法律依据的指控,实属罕见。

2. 被告人利用职务之便骗取台湾兴明塑胶实业有限公司经理黄世民先生住宿费、电话费751.53元。

辩护人认为:这一问题纯属一种偶然性的误解,根本不具有贪污的性质。

(1)从事实经过来看:黄先生第一次与外交人员宾馆服务员结账时,因服务员不了解规定而收了人民币。此时被告并不在场,因而并不了解黄已经以人民币付账的事实。当服务员第二次找到黄先生及其夫人提出应当改付外汇,黄表示因没有换取外汇券而无法交付。正当双方处于僵持局面时,恰值被告人为送别黄先生刚来到现场,遇到此情前去解围,向服务员提出黄是被告单位请来的客人,应由其单位即三塑厂为其结账。当被告人找到宾馆经理说明情况并取得其同意后,又下楼去送黄先生上汽车。而当黄已坐进汽车时服务员又匆忙将住宿费和电话费的收据交给了被告,并没有说明黄已付过账的情况。此有外交人员宾馆经理唐某峰91.4.17的证言、曹某明和姚某91.4.3的证言为据[见证据(7)、(8)]。

以上事实表明,被告人本意是由三塑厂结账,并向宾馆服务员及经理明确表明了这种态度。同时他并不了解黄先生在第一次与服务员结算时已经付过人民币的情况。

(2)按照规定,虽然在正常情况下应当是付款在前、开收据在后,但由于服务员的工作失误,出现了误收人民币之后又要求改付外汇的情况,那么,开好收据又没有付款的情况就完全有可能发生(既可能是开好收据后才知道应收外汇,而拒收人民币;也可能是开好收据并收下人民币后才知道应收外汇,而退还了人民币)。因此,被告人虽然接过了收据而又认为黄先生尚未付款的误解就完全是在情理之中。

(3)被告事后将收据交给办公室主任丁某处理,从没有讲过黄先生已经付过账,更没有讲过是他自己替黄先生付的账。此有丁某91.6.10的证言为据[见证据(9)a]。

(4)丁某拿到收据后,即去烟台等地出差,回来后在报账时看到2张收据,因想到收据是商某给她的,就误认为是商某付的款,因而就直接报销后冲减了商某的借款,亦没有去宾馆核对。此有丁某91.6.10的证言为据[见证据(9)b]。

(5)由于丁某报账时并没有向商某本人查问两张发票的事,并且将报销后的钱直接冲减了商某在账上的借款,既没有将钱交给商某本人,也没有告知商某报销这两张收据后的处理情况。因而,商某本人根本就不了解他已经占有了这笔款项的事实。

综上所述,起诉书指控被告人骗取751.53元的事实是没有根据的。被告人既无骗取的故意,亦无骗取的行为,完全是由于被告及丁某和宾馆服务员三方面的疏忽大意而造成的误解所致,然而,众所周知,过失行为是不能构成贪污罪的。

3. 被告利用职务之便,认可其家属在北塑集团财务报账贪污公款975元。

辩护人认为,被告家属为私事在其集团财务报销费用的做法显然是错误的。被告人在这个问题上有错误、有责任,这一点是不能否认的,但是,并不能构成犯罪。

(1)被告家属交给丁某单据时,被告并不知道,此有丁某91.3.19的证言和91.6.10的证言为据[见证据(10)、(11)a]。

(2)当丁某告知被告此事时，被告开始不同意，后在丁某劝说下，表示要报也得经董事会同意。此有丁某91.6.10的证言为据[见证据(11)b]。这种态度表明被告并没有利用职权私自报销这笔费用的动机。由于被告经常出差，花费很大，而且正如丁某所说，在被告为集团所做的大量工作中，家属也是有贡献的。因此，如果经过董事会同意后报销这笔费用，就是一种合乎情理的补助方式。

(3)丁某将这些钱报销时，向集团主管会计侯某说明了情况。事后，又向集团董事长毕某生做了汇报。此有丁某91.6.10的证言为据[见证据(11)c、d]。

(4)当丁某刚刚给被告家属报销了单据之后不久，正值集团决定发给商某等人一部分奖金，其中，集团董事长毕某生明确指示发给被告奖金2000元。此有毕董事长90.2.18的亲笔信为据[见证据(12)]。而在被告审批这笔奖金时，因考虑到其家属的单据可能已经报销，所以坚持拒绝领取这笔奖金，以纠正错误。并且在主管会计已经做好奖励表格之后，责令其重新做表取消了给自己的这笔奖金，而这笔钱的数额远远高于起诉书中认定的975元的数额。此有侯某91.3.20的证言和丁某91.6.10的证言为据[见证据(11)e、(13)]。

此外，起诉书认定丁某在北京开出的360元餐费单据是为被告儿子报销了买酒和上海到北京的火车票钱。这个说法与事实不符。360元餐费单据是8月2日开出的，而买酒的单据和火车票是9月才交给丁某的，这些单据，以及打火机单据和被告家属的飞机票等，丁某并未给予报销。因此，起诉书中认定的975元的这一数额也与事实不符。此有丁某90.6.10的证言为据[见证据(11)f]。

根据以上理由，在被告家属报销费用的问题上，也同样不能认为被告人是利用职务之便，以非法占有为目的，用欺骗手段贪污了公共财产。

4.被告利用职务之便,重复报销出差补助费骗取补助费1455.50元。

辩护人认为,被告在1987年到1989年三年中之所以出现重复报账近400天的问题,纯属是一种过失的行为,而且是多人过失所致。起诉书将这个问题牵强附会地指控为是一种骗取补助款的贪污犯罪,是没有法律依据的。

公诉人应当清楚,所谓贪污罪中的骗取手段,是指行为人利用本人职务上的便利条件,以非法占用公共财物为目的,以骗取、隐瞒等方式,故意逃避他人的监督、审查,骗取公共财物的行为,而被告人重复报账的问题,根本不符合贪污罪的这一特征,请看事实:

首先,起诉书认定,被告人在1987年至1989年三年中总计多报出差天数406天,骗取补助费1455.50元,据辩护人调查,起诉书认定的上述天数及金额均与事实不符。

仅以1987年为例,第一,经辩护人根据检察院人卷的单据查账,1987年多出的天数是46天而不是55天;第二,经马某玲根据全年274天总天数报销的出差补助,全部是以每天2.5元的标准计算的,而事实上,在这274天中,除去由随行人员已经报销过即多报的46天之外,被告还有若干天是到广州、深圳出差,而这些天也是按每天2.5元的标准计算的。这里,被告人又少领了一部分补助费。而这部分金额,起诉书并没有扣除。此有三塑厂原财务科长张某恒91.6.10的证言为据[见证据(14)]。至于起诉书中认定的三年中在天数和金额上具体误差总数,因调查时间和条件有限,我们尚无法详细查对。

其次,从出现多报天数的全过程来看,主要误差有两点:

一是被告人年终报账与其随行人员平时替其报账所造成的重复。

二是平时出差正常补助与三塑厂自行规定的年终一次性出差补贴混淆。

具体情况如下：

1987年多出的46天是因没有扣除随行人员平时已经代办报销的天数所造成的。

1988年的具体情况是：

(1)被告人于1989年3月委托会计张某代为报销1988年全年的出差补助，告知张某全年总天数为324天，其中深圳出差35天。根据张某的估算扣除在集团出差74天，按250天予以报销。而由于在集团出差实际天数是143天，所以多出69天，此有张某91.6.17的证言为据[见证据(15)]。

(2)被告人因不知道其女婿刘某余已经为其代领了1988年度的一次性补贴，于1989年5月委托会计张某云为其报销1988年全年一次性出差补贴，而张某云误认为是报销日常出差补助，经与集团会计查对扣除其在集团出差实际天数143天，324天减去143天本应为181天，张某云为凑整数为其报销190天。由于被告与张某云之间的这种误解，又多出190天。之所以说这是一种误解，理由很明显：被告人3月委托张某报销的是全年日常补助，所以向张某告知了其中去深圳出差35天。而被告于5月委托张某云报销时，只是告知全年324天的总天数。并没有告知其中有深圳出差的35天，同时，张某云做的报销表也没有区分出差地区，完全是一次性补贴的报账形式。这一点可以充分表明被告这次报销补助费种类的本来意图，是指的全年一次性补贴。否则，他应当单列出去深圳出差的35天，而张某云也应当分项做报销表。此有张某云91.6.10的证言为据[见证据(16)]。

(3)随行人员平时在厂内代替被告报销出差补助18天。由于会计张某和张某云在两次报账时都没有认真核查而予以扣除,因此又多出18天。

根据检察院的认定,以上三项为69天+190天+18天=277天,为被告人在1988年全年多报的总天数。

1989年的具体情况是:

(1)被告人委托会计张某为其报销补助费,告知其全年出差总天数为235天,这个数字也是准确的,但经张某估算后扣除平时由随行人员代报的天数,为被告人报销了135天的出差补助,而后来查出随行人员平时为其代报的是140天,因而多出40天。

(2)1989年被告在国外出差34天,在丁某为被告报销时,因不了解在国外出差国内不予以补助的规定,而为其领取了补助费,检察院将这一部分也作为被告人多报天数,因而又多出34天。

综上,34天+40天=74天,为被告人在1989年全年多报的总天数。

根据上述情况不难看出:

第一,被告人多数情况下都是与他人共同出差,而随行人员有时替他报销有时不替他报销。其中,替他报销的情况是少数,被告三年中出差总天数是833天,而随行人员平时为其代报只有104天,加上在集团报账143天,最多也只有240多天。因此,被告人年终时找会计核查报销出差费的做法是正常的。

第二,许多人都证实,被告人平时从不管钱,也不管账,出差时大家一起花销,少了跟他要,多了退给他,有时还由财务人员直接冲抵了借款。具体数目他从不过问。这充分说明他对于平时报销出差费的情况既不清楚,也不关心,根本就不了解平时已经报销过的天数。

第三,被告人本人每年都有出差记录,年终报账时,他都是按照出差记录向委托报账的人提供全年总天数,而这个数字是准确的,并未多出过一天。

被告人每年出差频繁,最多时一年达300多天,平时又不是亲自报账,在年终时,不可能对平时别人代为报账的天数记忆清楚。因此,向财务人员报告总天数,以财务人员核对扣除后提供的天数为依据报销补助费,是完全合乎情理的,财务人员也有责任予以核查。

第四,被告人在年终报账时,既没有伪造过单据和其他任何报销凭证,也没有利用职权违反报销程序,逃避财务审核和财务主管人员审核,故意虚报冒领的行为,其每一次报账,都是经过正常程序进行的。

第五,被告人虽有多领补助的情况,但同样也有少领补助的情况(如去深圳、广州出差也按内地标准补助),而被告人对于这种情况也从来没有过问过。这一事实进一步证明,被告人主观上不具有虚报、冒领的故意,而说明无论是多领还是少领,他自己心里都是既不清楚,也没有认真计算过。

第六,辩护人在查账时发现,在被告人本人及其随行人员三年报销的总次数中,除两次没有经过厂长和财务科长审批外,其余全部都有主管负责人审批签字。如"请核报""审核报销""可报"等字样。而这两次未经审批的情况,也是因财务人员的疏忽所致,与被告人本人并无关系。那么,在这种情况下,被告人委托他人结账,他人又通过会计。会计又找主管领导审批,审批后会计还应当进一步审核,最后,通过现金出纳才能支付补助费。在这么多的审核、批准、监督的环节中,出现了重复报销的情况,究竟是被告一个人的责任?还是其他人共同具有的责任呢?辩护人认为这其中每个人都负有不可推卸的责任,但这些责任都属于过失,正是由于这么多人的共同过失,造成了被告人重复报账的结果。

第七,对于被告人在国外出差34天而又报销了补助费的问题,是具体报账人及财务人员都不了解有关规定所造成的,显然也不能视为被告人的贪污行为。

以上理由充分说明,被告人重复报销出差补助的问题,完全是由于被告人本人不了解情况,加上有关人员执行财务制度不严格,所共同造成一种误解和错报现象。被告人一无重复报账、多领补助的故意,二无逃避审核,弄虚作假的欺骗行为。这种情况与起诉书中所说的“骗取”补助费的行为,在性质上具有根本性的区别,二者绝对不能混为一谈。

因此,起诉书对于被告人贪污补助费的指控不能成立。

5. 被告人骗取分红款3680元。

起诉书认定:被告人在未交4000元风险股的情况下,分得分红款3680元属于贪污犯罪行为。辩护人认为,这种认定没有法律根据。

(1)被告人商某在三塑厂风险承包办法确定实施之后,为了动员全厂职工积极投股,在全厂职工大会上多次表明:自己作为总承包人,愿意按规定承担风险,如果个人财产不够,就用子女的资产抵押[见证据(17)]。商某为什么多次表明这种态度?理由很清楚:第一,他向全厂职工立下了军令状,公开表明了他愿意承担风险的态度和决心。第二,根据承包办法,全厂上下的风险责任金数额分为5个层次,除商某之外,最低50元,最高3000元,而只有商某一个人是1万元。而1万这个数额,已经超出了他当时的实际支付能力。第三,在这1万元风险金中,6000元以家庭资产抵押,4000元需交纳现金。商某当时的个人家产已经超过6000元。只是由于支付现金有一定困难,才提出以子女的资产抵押来作保证。如果不存在支付现金的困难,他就根本没有必要提出以子女的资产作抵押的问题。第四,在商某多次向全厂职工表明这种态度之后,群众并未提出异议,并且纷纷积极按规定交纳股金。这充分表明商某的态度和做法得到了全厂职工的支持，并使风险承包办法得以落实。

因此，商某认缴风险股金的态度既是积极的，又是明确的。并且在个人现金不足的情况下，他多次提出以其子女资产作抵押的变通做法已经得到了全厂职工的认可。

(2)三塑厂的“风险责任承包办法”明文规定，承包期为三年，总承包人风险股金的现金部分分三次交清[见证据(18)]。商某虽然未能在1988年以内交足4000元现金，但是，第一，在1988年曾有市政府发给商某的1万多元奖金放在厂里使用而没有及时领取，这一点足以表明商某已经具备了承担风险的实际能力。第二，商某已分别于1987年4月、1989年3月和5月三次共缴纳了现金5000元。在三年和三次之内超额缴纳了风险股金。所以，起诉书认定商某未交风险金的说法是违背客观事实的。

(3)退一步讲，假定商某根本就未交风险金而领取了风险责任奖金。那么，第一，做奖金的表格时，商某不在场；第二，参加做表的三个人都知道当时商某的风险金尚未交足，又都同意按规定发给他奖金；第三，奖金又不是商某本人亲自领取的。这种情况，难道能够视为商某利用职务之便贪污公款吗？他利用职务之便的表现何在？他贪污公款的行为又何在？认定他构成贪污犯罪的法律依据又何在？

(4)众所周知，风险股金，只是一种抵押性质的保证资金，在其承担的风险尚未发生之前，这种资金的所有权并未发生变更。缴纳风险股金与承担亏损风险和领取盈利奖金之间的关系，完全是一种民事法律关系。承包盈利，商某可以得到责任奖金，如果承包亏损，商某作为总承包人则必须按规定承担风险。因此，再退一步讲，在这个问题上，无论商某本人具有多大责任，充其量也只能构成民事法律关系中的违约行为,与贪污犯罪毫无关系。

综上,辩护人认为,起诉书对被告人有贪污分红款3680元的指控不能成立。

6. 被告以三塑厂结账为由,贪污台商黄先生留下的400美元。

起诉书认定,台商黄先生来三塑厂办事,临走时交给北塑集团办公室主任丁某400美元,要其代为结宿费,而被告人以厂子统一结账为由,将400美元存于丁某处,由丁用厂内支票结算。因此,被告人就贪污了这400美元,辩护人认为,这种指控既违背事实,也违背了法律。

(1)台商黄先生是三联公司总经理,他来承德三联办事,由三联结算宿费,是按合同规定办事,理所当然。虽然黄先生主动要求用自己的钱结账,但商某信守合同,坚持由三联结账的做法,完全合法。因此,所谓"以厂子统一结账为由"的说法,纯属主观臆断[见证据(19)]。

(2)黄先生留下400美元给丁某,让其代为结算宿费,有多人在场,是在众目睽睽的场合下公开所为,而丁某又是与三联公司办公室财会人员关某颖一块去宾馆结算的宿费。在这种情况下,根本不存在贪污的客观条件[见证据(20)]。

(3)丁某是北塑集团办公室主任,在黄先生来承德时负责接待工作。她接下黄先生留下的400美元后,请示商某如何处理,商某让她先保存这笔多人知晓的400美元,并明确指示要还给黄先生。这完全是正常的工作安排,没有任何理由成为指控商某贪污的根据。

(4)更加使人无法理解的是:1990年9月28日黄先生才留下这笔钱。9月30日丁某去结算宿费,当天晚上商某就被捕。在这总共才历时3天的时间里,商某既没有拿过这400美元,也没有碰过这400美元,钱一直放在丁某手中,商某又没有做过要丁某隐匿这笔钱的任何表示。即使按照公诉人的主观推测,假定商某真的打算贪污这笔钱,至少也得给他一点时间,让他留下作案的证据,并且要以丁某作为共犯。反之,就这样含糊其词,毫无根据地指控被告人贪污了400美元,岂不是违背了正常人的思维逻辑?简直是岂有此理!

综上,起诉书对商某贪污400美元的指控不能成立。

7. 被告人以在小金库报销个人借款的方式贪污2510元。

辩护人认为,对于这个问题,起诉书的指控与事实明显不符,在法律上同样没有根据。

(1)1986年12月至1987年1月,商某在厂生活部三次借款共2510元确实不假,但借款时出具了借条。这表明商某借款是公开、合法的行为。

(2)在1987年上半年决定将生活部的账与厂财务的账合并时,由副厂长裴某成做主,决定将一些单据和借条用小金库款处理。这其中包括商某的这笔2510元借款和其他人的一些条子。但这件事商某本人并不知道,事后,裴某成也没及时告知商某。这表明,用小金库报销个人借款的事与商某本人无关[见证据(21)]。

(3)直至1989年12月,在有关部门过问小金库的情况时,裴某成才向商某提起这件事。商某知道后批评了裴某成,并于事后向厂财务科如数归还了这笔借款[见证据(22)]。

(4)起诉书指控,裴将用小金库款为商报销借款的事向商汇报后,“商以等等看为由,未曾还款。直到1989年12月27日商得知承德市人民检察院查询此款后,才将该款还厂财务科”。这一指控是没有根据的。

第一,裴某成关于此事共有三次证言,一是1990年10月6日,二是1990年10月14日,三是1990年10月18日。这三次证言前后不一致。有的承认,事后他只向商某汇报过一次,即只是在1989年年底或1990年年初的时候去北京时才向商汇报的。这个证词的时间和内容与商某本人的供述是相一致的。而且裴的这个证词内容详细,语气也比较肯定。有的又承认他曾向商某汇报过两次,即在1987年市二轻局党委副书记闫某友找过他以后,他“记得向商某简单说过这件事”。而商某本人则坚决否认这一点。并且裴的证词本身又是含糊的。这种证词本身就值得怀疑[见证据(22)、(23)]。

第二,当时的承德市二轻局党委副书记闫某友证明:1987年他找裴某成汇报处理这笔账的问题时,只是向裴指出他处理的不合理,“但没让他立即纠正。这事就这样放下了。并且,事后他也没找商某谈,也没告诉裴某成让他和商某谈”[见证据(24)]。

以这两个人的证词和商某本人的供述相互印证,不难得出结论:裴某成关于曾向商某汇报过两次的证言显然不具备可信性。

第三,即使在这种不可信的证言中,裴某成也从未讲过商某作过任何“等等看”的明确表示。而仅仅是含糊其词地说“大意是再等等看,没有表明怎么处理。大概是这样的情况,具体想不起来了”和“商某当时的原话我记不起来了,意思是让等等看,也没说怎么处理”。我们暂且不说这种十分勉强的证词是如何形成的,也暂且不去讨论它们的合法性问题。仅就这种凭借分析,猜测而形成的模棱两可的证词本身而言,就不具备起码的真实性、可靠性。所以,起诉书将这一点作为定罪的理由,并且是最主要的理由,显然是毫无事实根据的。

(5)起诉书还以商某得知检察院查询此款后,才将该款还厂财务科为理由,推断出商某具有贪污这笔借款的动机。而事实上,商某不仅已经归还了借款,并且归还的时间是在检察院立案侦查之前。即当裴某成去北京向商某汇报此事以后,大约半个月,商某回到承德时,就立即归还了借款。

更重要的是,在商某归还这笔借款之前,借条已经转到了厂财务科的账上,并且,裴某成还留了复印件。商某即未抽回借条,也没有人毁掉借条。直到今天,借条的复印件还在检察院手里。留下借条去实施贪污,请问,难道世上会有这么愚蠢的贪污犯吗?既然借条放在厂财务科,借款行为就是手续健全的公开性行为,就不具备隐匿不还的任何可能性。而还款早晚只是一个时间问题。因此,商某还款的时间与"检察院查询此款"的行为没有必然联系,与贪污犯罪的性质毫不相干。

综上,商某借款、还款手续合法;借款期间用小金库报销借条的行为是他人所为,商某得知后即加以纠正,并主动还款。他既无贪污的行为,也不存在贪污的可能性。因此,起诉书对商某贪污 2510 元的指控不能成立。

8. 被告贪污 10 台柯尼卡照相机款 2050 元。

辩护人认为,商某身为厂长,用董事津贴购买 10 台相机,作为奖励送给厂领导和中层干部,纯属正常的职务行为。起诉书指控这个行为属于商某个人贪污是毫无根据的。

(1)商某在深圳开展销会时购买 10 台相机是人所共知的公开行为,回厂后将相机分送给副厂长和中层干部也是公开进行的。二者均未采取任何隐蔽手段。

(2)起诉书认定,商将 8 台相机"分别以个人名义送给厂领导和中层干部"。这种强加于人的指控是毫无任何事实根据的主观臆断。请看事实:

副厂长黄某春证实:"有一天上午,商某把我叫到他办公室,商说:'这次深圳开会,我带回几台照相机,给你一台,副厂级的每人一台,为了来客人时用着方便,就不收个人钱了。'"[见证据(25)]

副厂长马某玲证实:"大约在 1989 年三四月,商某从深圳开商品展销会回来。有一天下午,商某让裴某成通知我到他办公室去一趟。我到商厂长办公室后,商说:'给你一台照相机。'我问他多少钱,他

说:‘不要钱,是这次深圳开会的纪念品。’”[见证据(25)]

厂工会主席李某青证实:“有一天在商某办公室开会,开完会后,商某叫我等一会儿。我问他有什么事,他说:‘给你一台照相机。’我问他多少钱。他说:‘等以后收点钱。’”[见证据(25)]

集团办公室工作人员徐某霞证实:“在1989年3月底,丁某、李某平他们从深圳开展销会回来,听他们说在那每人发了一台照相机,是会议纪念。北塑集团就我一个人没去,我非常生气。他们在那儿开会能给,我在家也干工作,然后我就找我们厂子的王凤玉书记,把我的想法向他说了。他说别着急,我问一下商厂长。没过几天,有一天下班后,商厂长把我叫到他的办公室给了我一台傻瓜照相机。”[见证据(25)]

以上事实足以说明,所谓以个人名义送照相机的说法,如果不是捏造,那就只能是从天上掉下来的。

(3)商某告诉黄厂长,这10台相机的钱要以董事津贴开支。后来,黄厂长用小金库款报销,商某本人并不知道[见证据(26)]。退一步讲,即使商某知道用小金库报销了这笔钱,也只能涉及财务制度问题,而绝不能认定为贪污。因为商某并未采取侵吞、盗窃或欺骗的方法将这笔钱占为己有。

因此,商某从深圳购买照相机送给厂领导和中层干部的行为同样也不能构成贪污罪。

综上所述,双桥区人民检察院指控商某犯有贪污罪的8项事实均不能成立,被告人商某的上述行为不构成贪污罪。

二、关于挪用公款罪

辩护人认为,承德三塑厂指令其下属单位兴塑实业公司与房山区燕山华艺图片社签订“设备转卖协议书”,向其购买彩扩设备的行为,属于法人之间的合法经营活动,不具有挪用公款的性质。理由如下:

1. 签订协议事出有因，商某的行为是为了维护三塑厂的利益。

在1987年正值三塑厂原料供应极端困难时期，商某经承德市委秘书长介绍，找到北京向阳化工二厂副总工程师夏某向其求援。在夏某的帮助下，北京向阳化工二厂1987年至1989年共为三塑厂解决聚丙烯近3000吨，并与之建立了联营公司——燕承公司。仅这项援助就使三塑厂获利500多万元并解决了20多人的就业问题。更为重要的是，直至商某被捕之后，向阳化工二厂还继续为三塑厂提供原料。正是出于这种与三塑厂利益攸关的经济协作关系，当夏某提出要三塑厂帮助其女婿杨某卖掉彩扩设备，解决资金困难的请求时，三塑厂购买了杨的彩扩设备满足了夏某的要求。在这项活动中，无论夏某的请求出于何种动机，但商某的行为完全是为了维护三塑厂的经济利益。

2. 三塑厂购买对方设备的做法虽然具有一定的援助性质，但这种行为是在维护自身利益的前提下实施的。它不仅维持了向阳化工二厂继续向三塑厂提供原料的协作关系，而且在对方急需资金之时，廉价买进了对方急于出让的彩扩设备，并且在对方租用期间收取租金。更为重要的是，这种活动是在双方签订了正式协议，履行了正常法律手续的前提下进行的。双方的关系是法律承认的合同法律关系。这套彩扩设备的所有权和租金追索权至今仍属于三塑厂。而且目前承租合同已经履行，因此，这种合同行为的性质与挪用公款的概念和特征根本不能相容，没有任何理由将其混为一谈（见附件三）。

3. 挪用公款罪是职务犯罪。国家公务人员个人利用职务上的便利私自挪用公款是该罪的本质特征。而三塑厂的上述行为是由领导班子集体研究决定的，而且是经过反复讨论，反复争议，在达成共识以后才形成的原则性决议。在决议形成之后，又授权商某与其他负责人一起，共同与对方洽谈、签约。而谈判、签约自始至终都是由副厂长黄某春主要负责的。这种活动,是一种完完全全的法人行为,没有任何理由强加到商某个人头上[见证据(27)]。

4.起诉书指控,"商某为尽快达到目的又擅自改变原意见",将联营计划改成设备转卖的方式。且不谈这种指控是否真实,即使如此,这也只是一种合作方式的变通,作为一厂之长的商某,应当具有这种权力。因为这种变通并没有违背和改变集体决议的基本原则。起诉书还指控,商某未经买方即兴塑实业公司负责人同意,就指令其在协议书上盖公章。似乎可以以此来说明商某利用职权,私自进行了上述活动。然而,起诉书却不提另一个更重要的事实,即兴塑实业公司是三塑厂所属的下属单位。很明显,商某在三塑厂领导班子集体决议形成之后,指示其下属单位执行决议,绝不是将个人意志强加于人,而完全是无可非议的正当职务行为。

综上所述,辩护人认为,被告人商某经过集体研究决定之后,与房山区燕山华艺图片社签订设备转卖协议书,向其汇出设备款12万元的行为是合法的,不能构成挪用公款罪。

三、关于玩忽职守罪

关于起诉书对被告人的这项指控,辩护人实在感到大惑不解。众所周知,玩忽职守罪,是指国家工作人员由于对工作严重不负责任,擅离职守,不尽职责,或者在工作中马虎大意,不正确履行职责义务,致使公共财产、国家和人民利益遭受重大损失的行为。然而,在商某从香港购买模具的活动中,根本就找不到上述特征的影子。请看事实:

1.在购买模具之前,商某曾派人到内地考察。结果表明,内地虽有生产这种模具的厂家,但是交货期长、寿命短,并且材质不好,用的是45#钢而不是模具钢。因此,才决定由香港引进。而事实证明,从香港引进的模具所使用的确实是模具钢。

2.在三塑厂内部经过考察、研究、论证之后,又于1986年2月7

日和3月10日以书面形式向承德市二轻局先后呈送了《关于请求准予在香港定制模具的报告》和《关于在香港定制模具呈请外汇额度的报告》。1987年1月14日经河北省经委审核批准,又将该项目列入承德市1986年技术改造计划。

3. 经过内部考察和上级部门同意后,三塑厂又委托中国机械进出口公司北京分公司与香港公司正式签订了内容详尽的购销合同,并且在合同中明确规定了各方的违约责任。

以上三点,足以表明商某进行该项活动时的负责精神和慎重态度。

4. 当对方违约,延期交货和模具质量不合格的事实发生后,商某采取了一系列补救措施,多次请对方派人来调试、维修设备,请求有关部门进行技术鉴定,向对方要求索赔,直至对方同意出钱在北京另行定做模具。这一系列行为,表明商某在这个问题上一直是忠于职守,认真负责的(见附件一)。

5. 香港公司同意出钱在北京另行定制模具后,由于没有人民币,请求三塑厂先行垫付83,000元,并且出具了正式借据。为了尽快得到模具投入生产,商某请示局领导并得到同意后,才同意先行垫款[见证据(28)]。

6. 从香港引进的模具,经过进一步调试,后来已经投入使用,并且取得了较好的效益。

以上大量事实充分证明,在这项购买模具的经济活动中,虽然由于香港公司的违约事实,在客观上使三塑厂蒙受了一定的经济损失。但在这项活动的整个过程中,商某却始终尽心尽力,忠于职守,他先有考察、论证,后有请示、汇报,对方违约后又积极采取各种补救措施,以求减少损失。没有任何玩忽职守的行为表现,也没有造成法律所要求的严重后果。即使退一步讲,这种行为充其量也只能是一种经营活动中的决策失误而已。如果这种情况也能算作是犯罪,那么,不知有多少个企业领导人将会因对方的违约行为而陷入牢狱之灾!而这样做的结果,无疑是对企业正常经营活动的干扰和严重破坏!是对法律的亵渎!

四、关于毁灭公文、证件罪

辩护人认为,起诉书对于被告人犯有毁灭公文、证件罪的指控,事实不清,对象不符,缺乏法律依据,混淆了违反财经制度行为与犯罪行为的界限。

1. 起诉书指控,商某授意主管人员烧毁小金库单据30多万元,事实究竟如何?

第一,在决定小金库单据是否烧毁的问题上,说法始终不一致。有人说会上研究时决定烧毁,而商某本人则始终坚持说,他的意见是对外说烧毁,对内不烧。商某的这种说法不无道理,因为他作为企业的一把手,对于小金库的开支情况负有监督责任,应当心中有数。

第二,既然在多次会议上都决定要烧毁小金库的单据,商某也积极坚持烧毁,为什么事实上却没有全部烧毁?为什么又偏偏留下商某等少数几个人经手的一部分单据没有烧毁?这个事实可以说明两个问题:(1)烧毁30多万元的小金库单据到底是真是假?究竟烧毁了多少?这个情况至今还是一个谜!(2)如果真如起诉书所说,烧毁单据是商某授意,那么,就只会存在两种可能:要么全烧,要么全都不烧。因为从来没有一个证明过,商某授意要烧一部分,留一部分,尤其是让把他自己经手的条子保留下来。这一点进一步证明,小金库单据烧与不烧的真正权力,并不掌握在商某之手。

2. 无论小金库的单据是否真正烧毁,其决定都是集体研究、集体决定、集体签名的。这一点已经无可非议[见证据(29)]。然而,毁灭公文、证件、印章罪却只能是个人犯罪,并不追究法人的刑事责任。

在这种情况下，即使追究责任，也应当追究直接负责的主管人员和直接责任人员的责任。而商某既不是主管财务的厂长，又不掌握处理小金库单据的实权。又有什么理由成为主要的追究对象呢？可是，起诉书却置他人于不问，将一切责任统统加到商某的头上，显然是没有法律根据的。

3. 根据《刑法》第167条的规定，毁灭公文、证件、印章罪的对象只能是公文、证件和印章。其中，公文是指以国家机关、企事业单位、人民团体的名义制作，用以联系事物、指导工作的书面文件，例如，指示、决议、命令、请示报告，等等。证件，是指由有权制作的机关、单位、团体颁发的，证明身份和权利义务关系或有关事实的凭证。例如，工作证、身份证、营业执照、结婚证。而小金库的单据，却显然不能包括在公文、证件的范围之内，不属于本罪的犯罪对象。

4.《会计法》第26条规定："单位行政领导人、会计人员和其他人员伪造、变造、故意毁灭会计凭证、会计帐簿的，给予行政处分；情节严重的，依法追究刑事责任。"请注意，所谓会计凭证，《会计辞典》解释为："用来记载经济业务的发生，明确经济责任，作为记帐根据的书面证明。通过会计凭证的填制和审核，不仅可以保证帐簿记录的真实可靠，而且可以检查各项经济业务是否合法、合理，促进有关单位贯彻执行国家的方针、政策、法令、制度和计划，维护财经纪律。"而小金库的资金，则是违反财经纪律，不合法的开支，未纳入财务收支管理的账外款和非法支出。很显然，《会计法》所保护的是财会工作的正常活动，而小金库则是本应依法取缔的账外不合理开支。由于设立小金库本身的不合法性，使得小金库的白条子，不能进入会计凭证。因而它不是会计凭证。它与《会计法》所规定的会计凭证、会计账簿在性质和法律地位上完全不同。因此，根据《会计法》的规定，小金库的单据同样不能成为毁灭公文、证件、印章罪的犯罪对象。

5. 小金库的出现和存在,是在改革开放这一特定条件下出现的新问题,在国家机关和企事业单位中具有相当广泛的普遍性。为了整顿财经纪律,彻底解决好小金库问题,国务院于1989年11月14日正式发出了《关于清理检查“小金库”的通知》(《通知》)。11月17日,财政部,国务院税收、财务、物价大检查办公室又作出了《贯彻落实〈国务院关于清理、检查小金库的通知〉的具体规定》(《规定》)。《通知》和《规定》明确指出,私设小金库的性质是违反国家财经制度,并且对于清理、检查小金库的方法要求和政策原则等作出了具体规定。根据这些规定和承德市的要求,三塑厂已经对小金库进行了彻底的自查自检并接受了市税务局联合检查组的复查,于1989年12月30日呈交了《关于清理、检查小金库工作的报告》。报告中有检查、有认识,并且如实汇报了小金库资金来源和支出的具体情况。承德市有关部门也对三塑厂的小金库问题作出了具体处理(见附件二)。

以上情况说明,既然国务院已经对清理检查小金库问题作出了专门规定,就应当按照国务院的规定来处理小金库问题。而在国务院的规定中,除了发现有个人贪污等触犯刑律的行为以外,并不要求移送司法机关作犯罪处理。承德市税收、财务、物价大检查办公室于1989年10月9日发布的《关于清理“小金库”的紧急通知》也只是规定,对于“利用小金库手续不健全进行贪污的,要依法惩处”。更为清楚的是:国务院《规定》第3条第2款第3项明确指出“为有利于开展清理和检查工作,自国务院《通知》发布之日起,小金库资金一律停止支付。如有继续支付、转移资金、将帐内资金转作帐外销毁帐目、凭证、记录的,要从严处理”。这一规定已经十分明确地划定了清理小金库时处理销毁账目、凭证、记录行为的政策界限:

第一,该款所指的“将帐内资金转作帐外销毁帐目、凭证、记录”,无疑是指将账内资金转作账外后销毁那些原有的会计账目、凭证、记录，而并不是那些根本就无法纳入会计账的小金库的账目、凭证、记录。

第二，该款所指的支付，转移小金库资金，销毁上述凭证的行为，必须是在国务院《通知》发布后，有禁不止，继续进行的。《通知》发布之前所实施的上述行为，也不属于该款规定的范围。

第三，即使对于触犯该款规定的行为，也只是要求从严处理，而并未要求移送司法机关作犯罪处理。

综上，即便是三塑厂经过领导班子决定后烧毁了小金库单据，那么，首先，他们烧毁的不是上述规定中所指的特定对象；其次，他们烧单据的行为不是在国务院《通知》发布后继续实施的。因此，这种行为连国务院《规定》第3条第2款第3项所要求的"从严处理"的严重程度也尚未达到。在这种情况下，追究商某个人刑事责任的法律依据又从何而来呢？难道国务院的规定没有法律效力吗？

根据上述理由，辩护人认为，起诉书对于商某犯有毁灭公文、证件罪的指控，不仅事实不清、对象不符，而且明显缺乏法律依据，无论依照我国《刑法》《会计法》，还是依照国务院关于清理检查小金库的《通知》和《规定》，都没有理由追究商某的刑事责任。因此，起诉书对商某犯有毁灭公文、证件罪的指控不能成立。

综观全案，辩护人认为，承德市双桥区人民检察院对于商某包括11项具体犯罪事实的前述四种犯罪的指控，事实不清，证据不足，适用法律不当，因此，统统不能成立。被告人商某无罪！

在此，辩护人还要着重指出一个十分重要的问题：

根据我国《刑法》的规定，犯罪的本质特征是行为人的行为具有法律要求的社会危害性。而根据对本案的调查和审理，可以充分说明，被告人商某的行为并不具备这一本质特征，这正是考查和确认本案性质的关键问题。

首先,被告人商某作为承德市第三塑料厂厂长和中国北方塑料编织工业集团总经理,在建立、发展三塑厂和北塑集团的过程中做出了巨大贡献,被评为河北省劳动模范。由于他的不懈努力,北塑集团迅速发展成为在全国500家大集团公司中排列前121名,在国内外建立各种横向联合关系,具有一定国际影响的联合企业。这些成绩,是有关部门和群众有目共睹的。

其次,商某在工作中确实犯有一定的错误,但这种错误主要是在改革的尝试中出现的,应当加以客观的分析,不能混淆罪与非罪的界限。

当前,我国正处在经济体制改革的条件下,在经济体制改革不断深入和不断探索的过程中,由于新旧体制的交错和变更,许多新的问题和难题会不断出现,这些难题正是通过改革者的大胆尝试和不断实践才逐步得以解决的。因此,改革者的道路不仅是曲折的,而且是艰难的。党中央一再提倡、鼓励要加大改革的步伐,要在改革的道路上勇于创新,大胆尝试,并要求我们正确对待改革过程中出现的错误和失误,严格掌握好政策的界限。

本案的全部事实表明,商某作为一个具有改革精神的优秀企业家,在取得了巨大成绩的艰苦创业的道路上,确实也出现了一些这样、那样的错误和失误。但这些错误和失误主要是在特定的背景和条件下出现的,并不具有法律所要求的社会危害性。

例如,在小金库的问题上商某确有错误,但是,小金库出现的背景是人所共知的,问题的关键是,商某并未利用小金库去贪污公款,满足私欲,而是在特定经济环境的迫使下不得不以此来求得企业的生存和发展。更值得我们注意的是:中央有关部门在清理、检查并取缔小金库的同时,已经调整了财经政策,将过去企业只能以小金库开支的一些必要经费纳入了合法的轨道,据了解,三塑厂取缔小金库后，被允许花销的同类费用每年就可达 10 万元左右，这一点充分证明，小金库中的一些经费开支在当前条件下确实具有一定的不可避免性。正因如此，中央在处理小金库的问题上，才持以慎重态度，并做出专门的规定，而法律也没有规定对小金库问题追究刑事责任。

又如，在重复报账和台商黄某结算宿费的问题上，商某也确有失误，至少可以说明商某在对待报账问题上不够认真，不够慎重。但是分析这种失误不能脱离当时的背景和商某本人的具体情况，商某每天忙于企业的事务，一年中又有 300 多天出差在外，连自己的家事都置之度外，如果要求他事无巨细，不能出现一点差错，对一个年近 60 岁的老人来说，显然是一种过分的苛求。他确实重复报销了补助费，但也确实有少领补助费的时候，这足以证明他对报账天数的问题并不完全清楚。然而，公诉人却在没有任何充分证据证明被告人具有骗取公款的主观故意的情况下，仅仅以重复报销的客观结果，就认定被告人犯有贪污罪，完全是一种违背法律的客观归罪。

综上，只要站在客观、公正的立场上来分析本案，就会发现，本案中的种种罪名，要么是不加分析的客观归罪，要么是凭借办案人员的主观推定，唯一缺少的，就是法律规定的犯罪构成要件，就是证明被告有罪的充分证据，就是被告人行为的社会危害性。

这样的指控显然是不能成立的！

公诉人应当清楚，我国刑法的主要任务之一，就是保护改革，保护“四化”建设的顺利进行。那么，对于商某的指控，是否符合刑法任务的要求呢？

对于商某这样一个勇于改革、努力工作的企业家，本应以肯定成绩、纠正错误的正确方法加以对待，使他扬长避短，在经济建设中为国家做出更多的贡献，然而，承德市检察机关却在缺乏基本证据的情况下，以有罪推定为前提，先入为主，不顾客观事实，不顾法律规定，不惜花费大量人力物力,不惜强行划拨北塑集团在经营活动中可以发挥重大作用的30万元巨款,以一年多的侦察,一年多的羁押,以一些无法成立的罪名,反反复复地提起公诉,甚至将已经法院判决不予认定的事实和经检察机关反复侦查已经自行否定的罪名,又重新拿出来,提起公诉,这种做法究竟是保护改革,还是妨害改革,难道不应当引起深思吗?

由于商某的被捕和羁押,三塑厂的生产受到影响,北塑集团人心涣散、濒于解体,好几个中外合资项目中外商正在陆续撤回资金,有的外商甚至误解商某的被捕与政治原因有关,失去了投资的信心。这一系列经济损失和政治影响,究竟是促进了改革,还是影响了改革? 难道不应当引起重视吗?

回顾本案侦查和审理的前前后后,辩护人认为,检察院的有关办案人员在对本案的侦查、起诉工作中,违背了"以事实为根据、以法律为准绳"的基本原则,态度是不够严肃的。这种态度是不利于对本案进行正确审理的,也是不符合刑法任务要求的。

为此,辩护人诚恳地希望:任何一个法律工作者,都应以国家利益为重,以改革大业为重,以法律的原则为重,公正、慎重地对待本案。

最后,希望法庭在查清事实的基础上,依法对本案作出公正的判决。

辩护人:

北京市侨务律师事务所律师　许玲斐

北京市第六律师事务所律师　田文昌

1992年3月4日

张某贪污、受贿、流氓案

案情简介

张某,原为辽宁省某市轻工装饰工程公司总经理、毛纺制品厂厂长。

起诉书指控张某在1988年至1990年任职期间,利用职务之便贪污公款11笔,总数额为51,867元;受贿3笔,总数额为20,100元及金戒指2枚;并因流氓斗殴构成流氓罪。

辩护词(一审)

审判长、合议庭:

我们接受被告委托,受陕西第四律师事务所和北京市第六律师事务所指派,担任××市人民检察院指控张某犯有贪污、受贿和流氓等罪一案的辩护人,出庭为被告张某辩护。通过查阅案卷,会见被告人和调查取证,特别是经过法庭调查和对本案部分证人证言进行当

庭质证之后,认为本案在事实、证据和侦查程序方面均存在严重的问题和许多疑点。现提出具体辩护意见如下:

一、关于贪污罪

针对本案的具体情况,辩护人认为,首先,被告人被指控的问题,大部分属于在改革中出现的政策界限上的失误和违反财务制度的问题。由于承包、租赁企业的特殊性质,被告人管理经验不足,造成财务制度混乱。为了救活企业,他又采取了一些超出常规的变通做法,因而导致了一系列违反财政纪律的错误。但是,这些错误与故意侵吞公共财物的贪污行为具有完全不同的性质。必须划清这些错误与犯罪的界限。其次,起诉书中指控的问题,许多是在账目没有结算或结清的情况下提出的。然而,众所周知,一般来说在没有结账的情况下,是不能证明行为人具有贪污事实的。最后,被告人在公款开支上比较随便,甚至有挥霍之嫌。但是,这些行为也不能与贪污罪混为一谈。本案起诉中失误的要害之一,正是将上述错误与贪污罪的界限相混淆。

下面分析起诉书指控的具体事实:

1. 关于从宋某某手提取现金 16,507.24 元占为己有的问题。

(1)宋某某的证词前后矛盾,不能自圆其说;在当庭质证中,进一步暴露了其证言的虚假性。

(2)宋某某提取现金不入账的共有 77 笔,付转账支票不入账的还有几十笔,其总额远远超出了认定被告贪污的数额。这些问题应当如何理解? 公诉人无法解释。

(3)如果确是被告人经常指使宋某某这样做,为何年终被告还要会计对账? 而会计却对这一情况一点都没有察觉?

(4)宋某某证明自己是受被告人指令,不得不这样做。然而,受过会计业务培训的宋某某,却在付钱时不留任何依据,连支票存根都全部给了被告。这种做法根本解释不通。

(5)宋某某声称将钱给了被告,当然负有举证责任。但是,宋却拿不出任何证据,如何能认定是被告贪污?

(6)在1990年6月,当被告被捕后,宋某某仍有提款不入账的行为发生。

以上情况足以说明,目前,谁是贪污这笔公款的真正罪犯,还是一个很大的问号。因此,仅凭宋某某的证言来认定被告贪污这一笔公款,是明显缺乏根据的。这项指控不能成立。

2. 关于侵吞杜某琴卖短纤款5000元的问题。

(1)被告从未否认拿过这5000元。

(2)这5000元去向明确:被告用以支付了处理交通肇事中的花销。理由很清楚:

①一次重大肇事,花费1万多元十分正常,并不算多。

②处理此次事故时,毛毡制品厂账面无钱可支,没有出过一分钱。这一事实可以证明被告人的供述真实,证明被告没有将这一笔钱占为己有。

3. 关于侵吞张某禄卖横机款5000元的问题。

(1)被告坚持只拿了张某禄500元。这一供述合乎逻辑,而张某禄称给被告5000元的说法不能成立。理由很明显:

①起诉书认定的几种价格本身就自相矛盾。起诉书第四项犯罪事实中认定每台横机价格为1350元;第五项又认定为卖给张某禄的是1800元,而实际上被告卖给田某亮的又是880多元;每台横机的原价又是4000元。到底以哪个为标准?作价的根据又是什么?

②张某禄是被告单位卖横机的联系人,又为被告单位做过贡献,明知卖给田某亮的是每台880多元,而自己却情愿花1800元,这种违背常理的做法无法作出解释。

③张某禄讲:取横机时,刘某单独去找被告要求抹去400元,而刘某却证明:刘与张一同去找被告要求抹去400元。这两个人的证词相互矛盾,不能成立。

(2)被告收到500元后,将其用作招待费,没有占为已有。

因此,指控被告侵吞卖横机款5000元的事实不能成立。

4. 关于侵吞田某亮买34台横机款5290元问题。

(1)被告取得田某亮买横机款38,000元后,大部分用于厂内各项开支,剩余8000多元,均用于去上海、常熟出差费用。

(2)去上海出差时,被告交给孔某志一笔费用5000元,孔某志给被告出具了欠条,说明该5000元在孔某志之手,与被告无关。

(3)在侦查机关的压力下,孔某志后来又否定原来证言;声称出具的欠条是假的,否定原来收到5000元的说法,这种说法不能成立。

①出具欠条,即已形成民事法律中的债务关系,受到法律保护。

②孔某志是债务人,被告为债权人,在此种已形成事实的债务关系发生纠纷时,债务人负有举证责任。孔某志仅以口头否认不能推翻原始书证。

③孔某志证言有诈,因此,虽经法庭传唤,孔某志始终不敢出庭质证。

综上所述,指控被告贪污这一笔款项毫无根据,纯属主观推定,不能成立。

5. 关于被告侵吞邵某交出的4300元问题。

(1)兰鸟车肇事属重大车祸,被告为减轻对邵某处罚,四处活动。在厂里资金十分困难的情况下,让邵某本人出一些钱,完全在情理之中。

(2)被告用该款4300元给他人送礼,确有其事。后虽被退回,仍可证明其使用该款的本意。

(3)被告并不知道邵某借用了公款，借用公款系邵某私自所为。贪污罪是故意犯罪，在不知是公款的情况下，即使是占用，也不属贪污性质。

(4)事实上，该款并未被被告人个人侵吞，仍然用于其他开支。公诉机关也并未提出任何证据证明被告侵吞了这笔款项。在此问题上，请法庭计算一下车祸中所发生的各项开支总额。有花销必有来源。在此次车祸中，仅被告个人就花费了数千元。一方面个人垫款，另一方面又贪污公款，这种现象无法解释。

因此，该项指控仍不能成立。

6. 关于侵吞赵某锁盘圆款和卖铁罐款5000元的问题。

(1)卖盘圆款3000元去向明确，用于汽车肇事开销。

(2)铁罐的所有权并不属于毛毡制品厂，处理权在郭某。且事实上，郭某在此之前已经处理了一个铁罐。

(3)事实上，被告并未得到卖铁罐款2000元。

①赵某锁的盘圆共为3.6吨，价值为5000元，毛毡制品厂副厂长杨长河为厂长办事占用了1吨，被告责成韩某卖掉了2.6吨。因此，毛纺制品厂应欠赵某锁盘圆款5000元。可见，起诉书认定赵卖罐得款6000元，留下盘圆款4000元，将余款2000元交给被告一说自相矛盾。赵某锁并非不会算账，为何甘愿少得1000元？

②赵某锁卖铁罐的起因，是因郭某卖掉了赵某锁的电缆线，赵以卖铁罐所得弥补其电缆线的损失。所以，卖铁罐款与盘圆款是不相干的两回事，二者没有联系。

③赵某锁给被告2000元，确属求被告为其办理驾驶执照用的，与卖铁罐的事无关。

(4)被告后来偿还赵某锁盘圆款5000元，进一步证明被告与赵某锁之间关于盘圆的债务关系是5000元而不是4000元。

可见,被告侵吞卖掉赵某锁盘圆款和赵某锁卖铁罐款合计5000元的事实根本不存在。

7. 关于侵吞吴某荣卖呢子款5000元的问题。

(1)被告给仓库保管员开据了出库单,卖呢子是公开行为,手续齐全。

(2)被告留下5000元作为出国费用,已经告知邵某。

(3)虽然邵某不承认知道此事,但是,被告给吴某荣写了1万元的欠条,又当着吴某荣的面,给了副厂长王某奎5000元,而留下5000元。说明被告一切行为系公开所为,没有贪污的故意和准备。

(4)因呢子价格没有最后确定,销路状况也难以预测,所以,吴某荣所付的1万元是押金,而不是货款(此点王某奎已经出庭作证),即二者之间还没有结算。因此,被告尚不具备贪污这笔公款的客观条件即客观可能性。

(5)被告留下的5000元确已用于出国前在广州等地的出差费用,且与回来后报销的数额相符。

(6)被告出差返回后,在装饰公司报账1万多元,而被告原欠装饰公司也是1万多元,二者虽然相抵,但被告在装饰公司原借款中,有5000元已经偿还了赵某锁的盘圆款。此数又恰好与卖呢子款5000元相抵。因此,被告将此5000元用作差旅费事实清楚。

(7)被告卖呢子的动机明确,就是因出国急需用钱。这一动机进一步证明被告将此款用于公出的目的明确。

因此,起诉书指控被告贪污该款5000元的事实不能成立。

8. 关于被告侵吞卖鸡笼子款1200元的问题。

(1)被告先以私人款1500元垫付修车费,后来留下卖鸡笼子款1200元抵账,并未占有公款1200元。

(2)王某奎虽然证明1500元不是被告所垫付,而是经王某奎手支付的公款，但是，王某奎却不能出具任何证据。

(3)王某奎声称给了被告1500元，王某奎负有当然的举证责任。在王不能举证的情况下，不能认定被告取得了这笔钱。

因此，认定被告侵吞该款1200元是没有根据的。

关于其他几项贪污事实，不仅证据本身自相矛盾，而且许多证人都与被告是利害关系冲突人，而被告本人又坚决否认。更值得注意的是，许多证言一经法庭当庭质证就明显发生变化。这充分说明，这些证言是经不起质证的，缺乏真实性。在此事实不清，证据不足并且证据内容十分混乱的情况下，如果没有新的扎实的证据加以佐证，也同样不足以认定。

此外，辩护人向法庭提出一个值得重视的问题，即关于本案中证据的使用问题。辩护人发现：在本案中相当一部分证据都属孤证。

例如：

关于张某禄买横机价格为1800元问题系张某禄一人孤证(虽有刘某等人旁证，但这些旁证也是源于张某禄一人之口)。去上海出差的5000元花销问题，系孔某志一人孤证，且是以事后证言否认其亲自出具的原始书证；邵某筹借公款4300元问题，系邵某一人孤证；卖鸡笼子款1200元问题，系王某奎一人孤证；宋某某向被告交付现金问题，系宋某某一人孤证；等等。这种现象说明：

(1)凭这些一对一的证言认定被告有罪，证据不足。这种做法意味着，似乎任何人只要指控被告贪污、受贿均可成立，而不需要任何旁证。这完全违背我国《刑事诉讼法》的基本原则。

(2)为何这些证人同被告发生经济往来时都是单独进行的，为何凡是单独往来时被告都实施了贪污行为？联系起来看，这正是本案中的一个重大疑点。

(3)在宋某某等人声称交给了被告钱而又没有任何凭证的情况

下,公诉人就不容置疑地认定被告一定接受了这些钱;而当被告坚持声明给了孔某志5000元钱且又有书面借据的情况下,公诉人却仅凭对方当事人的口头否认,就武断地认定被告人一定没有给钱。这种一面倒的认定方式不仅背离了我国《刑事诉讼法》中运用证据的起码原则,也违背了正常的思维逻辑,岂有此理。

二、关于受贿罪

1. 关于受贿李某林1.5万元问题。

(1)李某林和刘某1的证言均与被告供述相符,15,000元属朋友之间借款,且事后李某林又找被告索要过这笔钱。

(2)被告与李某林平时关系十分密切,密切到"说借都感到不够意思",只能以"拿"来表达"借"字的含义的程度。

(3)李某林承包香滨湖酒店并未受益,而且预先已经知道不能受益。

(4)李某林即使具有部分行贿意图,也从未向被告表明过,被告本人并不知道。

(5)李某林前后十几次证言矛盾相当多,但当庭质证时比较客观,充分反映了侦查人员违法取证的后果。

因此,指控被告受贿1.5万元纯属强加于人。

2. 关于受贿肖某的金戒指和2000元问题。

(1)肖某证实,与被告是朋友关系,"我们挺好","他也认识人多,将来求他好办事","他去美国肯定带回来几件东西,我拿几件就行了",等等。

(2)肖某与被告确系朋友关系。

(3)换车交易是等值交换,肖某并未取得额外好处;所以,戒指与换车并无必然联系。2000元钱系肖某带给被告出国时用,且本人另有所图。

因此,这种关系显然也不是受贿。

3. 关于受贿吴某荣戒指问题。

(1)吴某荣与被告也是朋友关系。

(2)吴某荣证实,这个戒指“张并未明确要,我也未明确给,就是戴几天”。

这种关系也同样不能认为是受贿。

综上,被告平时朋友很多,哥们义气思想浓厚。将这些朋友之间的正常交往与被告的职务行为人为地牵到一起,属于牵强附会的主观推定,是没有根据的。

4. 关于受贿田某亮的1000元好处费问题。

被告接受了田某亮1000元,但并未个人占有,而是用于作招待费。这种情况自然也不能认定为被告受贿。

三、关于流氓罪

1. 在此事件中双方各执一词,而被告一方并未主动侵害对方。

2. 被告没有动手参加殴斗,更不能证明被告具有教唆、指使行为。

3. 此事事出有因,被告事先并无聚众的故意,亦没有流氓斗殴的思想动机,整个事件属一般殴斗性质。

4. “流氓罪”必须以“情节恶劣”为要件,而被告在整个事件中均不属情节恶劣。

5. 据了解,参与殴斗者中确有流氓成性者,而且已被判刑,但绝不能因此而认定并未参加殴斗,也无教唆、指挥行为的被告也构成流氓罪。

因此,起诉书指控被告犯有流氓罪不能成立。

四、关于程序问题

检察机关的办案人员在侦查过程中采取了一系列违法手段,这些违法行为严重地影响、干扰了本案的正确审理。

1. 搜查不合法。

在搜查装饰公司被告办公室时,没有提供搜查记录,致使在搜查物品中涉及的一些重要书证,至今下落不明,严重妨碍了案件的审理和取证。

2. 大量证据没有入卷,形成了卷中证据材料几乎一面倒的不正常现象,使法庭和辩护人无法对于证言进行全面质证,致使现有证言缺乏可靠性。

3. 有的证人竟被反复询问十几次之多,在询问时经常以逮捕、送看守所、抓"小辫子"等相威胁,使证人产生了严重的心理压力,甚至使有些人不敢出庭作证或者不敢纠正违心作出的伪证据实陈述,这种做法严重地影响了证据的客观性。

4. 更为严重的是,在侦查过程中,对被询问人反复、连续地采用逼供、诱供、指供的非法手段,甚至使用电警棍进行残酷刑讯。不仅给被询问人造成肉体上、精神上的极大痛苦,而且影响了口供和证据的真实性。这些证据不具有合法性,不能作为定案的依据。

5. 更使人不能容忍的是,在法庭审理过程中,检察院的办案人还继续公然威胁被告人,不让被告人当庭揭露其刑讯逼供的行为;并对证人实行暗中威胁,致使有些本来愿意出庭作证的证人临阵退避,妨碍了法庭的质证调查。

辩护人不得不严肃地指出,检察机关办案人员在侦查过程中的违法行为已经引起了严重后果。妨碍、破坏了法庭审理。并因这种人为的因素,造成了各种证人、证言的变化不定和相互矛盾,使本案变成了一起"无头案"。

对于这些严重违法行为,请有关部门予以高度重视,查明情况,严肃处理。

最后,希望法庭在合议时充分考虑到上述情况,注意到证据的合法性和真实性问题,在分析认定事实时持高度慎重的态度,依法秉公作出判决。

辩护人:

陕西省第四律师事务所律师　解士彬

北京市第六律师事务所律师　田文昌

1992 年 4 月 9 日

辩护词(二审)

二审合议庭审判长并审判员:

我们接受本案上诉人张某委托,受北京市第六律师事务所和陕西第四律师事务所指派,担任上诉人的二审辩护人。根据本案卷宗材料,会见上诉人,特别是调查取证的结果,进一步认为一审判决在认定事实、采信证据和侦查程序方面确实存在严重问题。现谨就本案一审判决提出如下二审辩护意见:

一、关于贪污罪

1. 一审判决认定上诉人张某于 1988 年 10 月将杜某芹送交的销售 10 吨腈纶短纤维指标加价部分 5000 元私自留用。此项认定不符合事实:

(1)10 吨短纤维是原价出售的,买方是以委托杜某芹送交汇票的方式支付的货款,毛纺制品厂财务科按杜要求先进账又立即以支票形式原数支付给化纤厂,并未加价出售。

(2)杜某芹交给张某的 5000 元现金,显然属于“好处费”性质,并非货款或企业利润。

(3)张某收受此5000元“好处费”,用以扣还此前的垫款。1988年9月由当时副厂长邵某驾驶的公司轿车发生交通事故,造成两人死亡、汽车报废的严重后果,处理如此严重的交通肇事,需用大笔款项,当时公司与工厂均无现金可支,作为公司总经理张某只好设法到处凑钱和自己垫支,包括处理善后在内,整个交通肇事事件花掉12,000元,其中以唐某亮(死者遗孤)名义存入银行的5000元抚恤金就是张某用自家款垫支的,张某收留杜某芹送交的5000元现金,正是扣还此笔垫支,并非“私自留用”。

证明材料:杜某芹证词、陈某光书证、唐某亮银行存折、张某写交书面材料及公司与工厂账簿(经查证,两家账簿均未查出有此项5000元支出)。

2. 一审判决认定张某于1989年1月用公司公款购回汽油2吨,用以换得张某禄6.76克金戒指1枚私吞。情况属实,定性有误:

此事发生在1988年年末至1989年年初,当时恰逢抚顺市轻工局下达红头文件宣布承包兑现奖获得者名单,张某个人将得到6800元承包奖,但鉴于企业当时资金困难的实际情况,又担心以后政策变化,他未领取现金,却采取了用汽油换戒指的变通办法。这显然违反财务纪律,但尚不构成贪污罪,因为缺少贪污罪的直接故意。

3. 原判认定上诉人于1989年2月又用工厂价值1350元的编织机一台换取张某禄重5.98克的另一枚金戒指。情况属实,但不构成贪污罪,因为金戒指用于奖励对公司和工厂有贡献的市政府车队队长任某,主观上缺少贪污故意,客观上也未将戒指据为己有。

4. 原判决认定上诉人张某占有毛纺制品厂处理编织机价款5000元。此项认定与事实不符。

1989年4月张某禄听说毛纺制品厂要处理编织机,便介绍沈阳田某亮来厂洽购,上诉人认为当时工厂资金紧张,确需钱用,但不知该批编织机本厂是否还能使用,遂召集副厂长王某奎、综合分厂厂长刘某等人商议,一致认为零件短缺,不能使用,遂决定处理,并请田家三人(田某亮、田母和另一人)及张某禄、保管员小褚等人同去仓库看货。几人当场商定:一堆一块全部买走,不能挑选,计价28,000元,田家回沈阳取钱。此时张某禄串通刘某(当时编织机由综合分厂管理并置于该分厂仓库内)及仓库保管员小褚三人做了手脚,从已卖给田家的一堆编织机中取出三台藏到退休工人宿舍张某禄床下。待田家三人来厂交钱提货时,发现仓库编织机有人动过,上诉人询问时刘某否认,田家虽表示怀疑,但最终还是将货提走。数日后张某禄以老职工、贡献大、又帮助推销设备、如今即将离厂为理由,要求厂里低价卖给几台编织机,以示照顾,上诉人表示同意,张某禄将一台给沈阳毛纺二厂离休副厂长王某富,两台自己留用,后两台共给500元,上诉人考虑到货已卖给田某亮,货款也已收回,此三台是从田已付款的货物中提出,厂里不但无损失,反而多得一笔货款,何乐而不为,遂收下500元货款,交职工食堂为职工谋福利了。至于判决认定张某禄以每台1800元买走三台,并交给上诉人4000元货款,所欠1400元后又经刘某说情免去400元,余下1000元由刘某受张某禄委托去他宿舍从王某富副厂长手中拿到现金并亲手交给上诉人,实际并无此事:

(1)张某禄明知田某亮是以每台800多元的价格买的编织机,自己却愿花1倍还多的价格去买同样的东西,显然不符合生活逻辑。尽管田某亮是成堆全部买下,无挑选余地,张某禄和王某富本想进仓库挑选好些的,但被保管员制止,货物还是从货堆的最上层任意拿的,也未挑成。事实证明,他们买去的编织机质量也相当差,王某富又花600元修配,才勉强可以工作。

(2)张某禄是介绍人,应该说对买卖双方都有所贡献,田某亮原打算酬谢他,厂方自然也有回报之意,结果却恰恰相反,张某禄非但未得到任何回报,反而花高于被介绍人1倍以上的价格买到同样的东西,也不符合人情常规。

(3)张某禄是在田某亮看过货并与工厂商定价格后,通过综合分厂厂长刘某与仓库保管员小褚,从仓库暗中提出3台藏到自己床下的,所有权虽然尚未转移,实际拿的是田某亮的货物,张某禄明知上诉人了解此情,价款已由田某亮支付过,此3台卖多少钱均属额外收入,在此情况下张某禄反以高价买进,岂非怪事!据辩护人得知,张某禄一贯爱占便宜,例如沈毛二厂原副厂长王某富(当时也在毛纺制品厂协助工作)是在张某禄鼓吹下买那台编织机的。他对王说,抚顺毛纺制品厂要处理编织机。每台只要1800元,市面上要3000多元,划得来。王分两次交给张1800元,“厂里减收400元”一事也未告知王,有些零配件也未给王。从王某富一台机中还要赚钱的张某禄,用高价购买的可能性微乎其微,甚至可以否定。

(4)王某富断然否认刘某曾去张某禄宿舍找自己取1000元所欠货款,自己也从未交给过刘某1000元,甚至根本不知道两台机少交400元之事。他从未见过刘某。足见刘某证言是有意编造的。

(5)编织机单价1800元最初只有刘某和王某富知道,他俩都说是听张某禄说的。

由此可见,上诉人贪污编织机款5000元一事,证据不足,且互相矛盾,不能认定。此外,通过调查,辩护人确信:张某禄与刘某在编织机问题上难以回避相互勾结从中捣鬼取利和伪证陷害之嫌。

5. 一审判决认定上诉人于1989年9月27日将吴某荣交来大调合呢货款10,000元中的5000元“隐匿占用”。定性不当:

(1)在大调合呢与10,000元现金的交易中,从事实上看,上诉人张某收吴某荣10,000元时给他开有收条,呢子出库时在出库单上签了字,收款时有包括吴某荣爱人在内的数人在场,且帮助点钱,均有据可查,性质上自属正常的业务往来。

(2)上诉人张某将其中5000元交给副厂长王某奎,另5000元用于出国考察的国内交通费,副厂长邵某、吴某荣和差旅票据(已交公司财务科,因公司无钱至今未及结算)可资证明。

上诉人张某作为总经理、厂长,因公出国,差旅费自应由企业承担,但当时两家企业不景气,财务拮据,无钱支付,只好从处理滞销的大调合呢(用废毛织造的)货款中暂先借支,无可非议。手续显然不周,但绝不能因而改变行为性质构成贪污犯罪。

证明材料:吴某荣、邵某、李某等人证言材料。

6. 关于鸡笼款1200元问题。

(1)鸡笼是毛纺制品厂的财产,1990年1月中旬出卖时,上诉人已不是该厂厂长,也非该厂职工,主体不适格,不可能构成贪污罪。

(2)卖鸡笼前张某曾征得现任厂长杨某和同意,由该厂工作人员王某春经手卖出,张某收到价款1200元后,立即还清对个体户韩某琴的欠款1000元(从她处借款是为支付王某子修车费)余200元交给了公司书记张某江(她用于请老虎台矿服务公司经理到沈阳的花费)。

(3)至于1200元价款留待装饰公司与毛纺制品厂两家结算,杨某和厂长也表示同意。

从上列情况不难看出,鸡笼子是经所有人毛纺厂法人代表同意并经其职工手出售的,张某动用价款是以装饰公司总经理身份用以偿还为公司而发生的借贷,并且此举事前也经杨某和同意,留待两家企业日后结算。张某以公款为公家办事,两家企业间属于正常业务往来,何罪之有?

证明材料:杨某和、王某春、韩某琴证言。

7. 关于将郭某群所交地毯款800元据为己有问题。

(1)张某确实收到郭某群买两块地毯钱200美元(拟去美国用),言明100美元折合人民币800元。

(2)因颜色不满意,郭某群退回一块,由李某林代退800元。

(3)提地毯时有地毯公司经理鄂某发和郭某签署的欠条,手续齐全。

(4)因地毯质量不好,已报轻工局物价科削价待批,待批准后由张某将货款交鄂某发与郭某,再由他们交公司结账。实际上是张某私人欠鄂、郭二人一块地毯钱。

(5)地毯公司是独立核算单位,法人代表是鄂某发,张某不具备职务条件,不可能构成贪污罪(郭某群证明材料)。

二、关于受贿罪

1. 田某亮是在抚顺市检察院威逼下承认送给上诉人1000元的,而今他本人已否认此事,故不能认定。

证明材料:田某亮证言。

2. 换汽车是在1989年3月,签有协议书,公司从中盈利10,000元,金戒指是肖某借给上诉人戴的,肖某于1989年9月28日送的2000元,是支持上诉人出国考察用的,因为当时公司和工厂均无钱,肖某同上诉人是好朋友,属于支援馈赠性质,与换车没有关系,不属受贿行为。

3. 吴某荣将一枚金戒指交上诉人戴也属借用性质,仍归吴某荣所有,并非赠与。

证明材料:田某亮、吴某荣证言。

三、关于流氓罪

1. 1989年7月21日在抚顺友谊宾馆发生的殴斗事件,是由宾馆副总经理李某臣酒后寻衅引起的。

2. 在与李某臣争吵过程中,客房部经理李某胜、李某贵拉扯上诉人,劝他不要去找总经理黄某斌,但不慎将上诉人鼻子碰撞出血,上诉人见血昏倒在地,醒来后便被带到保卫处长室问明情况,绝未动手打人。

3. 上诉人同李某明、阎某、刘某才和陈某等人互相认识并有过交往(上诉人明知他们行为不端、声名狼藉,但为维持香槟湖酒家正常营业不得不与他们周旋应付),他们几乎每天都去宾馆鬼混,当天在宾馆是偶然相遇,绝非有意"等候"上诉人调遣的。

4. 上诉人并未向他们"挥手大喊:'小明,你们过来给我打,打出事我兜着!'"因为流鼻血后很快便昏倒,殴打过程根本不了解。

5. 李某明等人在法庭受审过程中,均不承认上诉人曾鼓动他们动手行凶,他们寻衅滋事并非受上诉人指使。

6. 构成流氓罪必须具备流氓动机,即是非荣辱观念颠倒,在一种变态的、反社会的心理支配下,企图用危害公众的流氓活动来寻求精神刺激,填补精神空虚的心理状态。上诉人张某是总经理兼厂长,县团级干部,具有起码的道德水准和法制观念,从个人历史上考察,也从无打架骂街恶习,此次争吵发生,是由于自认为李某臣故意向他挑衅寻隙,争吵也是针对李个人的,具有特定对象。至于李某明等人群起殴斗,是误以为张某被殴打流血,自发地挺而"拔刀相助",这是他们个人的事,绝非张某号召煽动所致,更非预谋组织。因此,上诉人张某不构成犯罪,更不能构成流氓罪。原判根据显有偏听偏信之嫌。

证据材料:友谊宾馆保卫处调查记录,流氓犯李某明等人口供。

四、关于被认定为"非法所得"的5000元铁罐款问题

1. 铁罐是郭某存放在毛纺制品厂的,处分权属于郭某。

2. 赵某锁委托郭某将赵存放在毛纺制品厂的电缆线卖掉,但迟迟不交货款,赵出于无奈遂将郭的两个铁罐卖掉,得款2000元,以抵电缆线货款,张某只调解过纠纷,但与货款无关。

3. 赵某锁通过李某林爱人吴某秋交给张某2000元,是委托张用以代办驾驶证的,与卖铁罐无任何联系。

4. 该2000元已由张换成2000港元转借给辽宁发电厂马东厂长。

5. 该2000元属私人债务性质,并非非法所得。

6. 一审判决认定铁罐款5000元恐系2000元之误。此前郭某自己曾卖过铁罐,但与赵某锁所卖铁罐是两回事。

综上所述,不难看出,一审判决认定上诉人张某所犯罪行均不能成立:或者定性有误或者证据不足。造成如此状况的重要原因是抚顺市检察机关在侦查过程中采取了违法的刑讯逼供、诱供手段,致使被告人和证人产生恐惧心理,供述和陈述混乱不实,甚至逃避出庭。在一审过程中也曾出现拒绝当庭质证、限制被告人陈述等不当做法。在侦查阶段还出现过不恰当的言过其实的扩大宣传,造成"骑虎难下"的尴尬局面,给案件的侦查与审判造成某种心理压力。

上诉人张某曾是抚顺颇有名气的年轻企业家,宁肯放弃"铁饭碗""铁交椅",承包濒临倒闭的烂企业,又第一个租赁了亏损更加严重、管理更加混乱的另一企业,身兼公司总经理和工厂厂长,他曾身先士卒,摸爬滚打,带领职工艰苦奋斗,终于使企业扭转局面,不仅养活了数百名职工,而且扭亏为盈,利润逐年增加,因而曾多次受到市领导表扬和各种媒体的广为宣传。上诉人张某的工作是有成绩的。至于1989年后企业又日趋下坡,与他个人的经营管理不善有直接关系,但更深刻的原因则在于全国出现的经济不景气形势。

正是在步步高升的顺境中,上诉人张某逐渐得意忘形,甚至忘乎所以,骄娇二气滋长膨胀,在经营管理上独断专行,缺乏民主作风;讲排场,摆阔气,任意挥霍企业资金;行为放任无羁,不受纪律约束,在财经手续上恣意妄为,常常绕过必要程序;不懂得承包与租赁的性质,忽视公私界线;甚至还残存有江湖意识,经营企业靠“哥们义气”,对朋友有求必应,缺乏现代经营管理观念。所有这些毛病无不在本案中得到不同程度的反映,也是他此次跌跤的内在原因。

然而,案件材料同时也显示张某在主观上缺乏利用职务便利非法将公共财物占为己有或者为他人谋取利益而非法索受其财物的犯罪故意。他财务手续不清,有其主观原因,也有客观原因:

第一,在主观上,他认为至少自己还有三笔应得收入迄今尚未领取,企业还欠他钱:

(1)1988 年租赁合同兑现奖:19,558.23 元。

(2)1988 年承包合同兑现奖:6562.80 元。

(以上两项请见抚轻字〔1989〕13 号抚顺市轻工业管理局文件。1990 年 3 月 10 日抚顺市审计事务所虽曾发出复查报告认为对市毛毡制品厂 122 号审计查证报告有错误,1988 年利润额应减少租赁合同并未完成,但辩护人曾为此走访市轻工局张某某主管副局长,他明确表示,轻工局所发兑现合同的红头文件,未经本局明文废除或修改,仍然有效,应继续执行,审计事务所未经本局委托所进行的复审,轻工局不予承认。)

(3)承揽工程提成奖:任何职工向公司介绍一项工程,都按利润提成。公司绝大部分工程都是张某揽来的,其应提成数额虽未作精确计算,但肯定相当可观(请见原公司办公室主任陈某光“情况介绍”)。用汽油换戒指就属此类。一方面在当时拿那么多奖金太刺眼,另一方面不拿又怕夜长梦多政策变,刚好碰上换金戒指机会,便用公司汽油换下金戒自戴。

第二,在客观上也确有难言之隐:企业困难,无钱开支,偶有收入就被银行、税局、水电部门扣截。为维持企业运转只好不入账,不通过财会部门,不走财务手续,凭白条甚至凭口头办事。

第三,企业间或企业与个人间的业务正常往来,有待结算的,未结算前即被认定为贪污。例如,吴某荣的5000元呢子款,张某回国后国内差旅费尚未结算,10,000元借款也未及清偿便认定为贪污公款。

第四,朋友个人之间的馈赠、支援与借用被认定成贪污或受贿。张某借戴肖某的戒指、接受他支援出国的2000元钱被认定为受贿罪即属此类。

第五,原始单据不全或去向不明即被推定为贪污。例如,上诉人办公桌抽屉内和两个大皮包后口袋内放有数千元单据,经检察院搜查后不翼而飞,至今下落不明,而许多花销因无单据证明而被定为贪污犯罪。

邓小平同志南方谈话以来,国内形势已发生巨大变化,改革开放的深度、广度和力度均已加强,我国经济已停止滑坡,又出现了明显的高速度发展势头。检察系统在强调打击严重经济犯罪的同时,也响亮地提出了大胆保护犯错误企业家的口号;法院系统成都会议也就严格划清经济犯罪与企业家犯错误的界限,允许他们在改革开放中犯错误,不能一有问题就治罪。上诉人张某的许多经济问题只有置于当前形势的大背景下,宏观微观相结合,才能准确定性,正确加以处理。

审判长和合议庭各位审判员:辩护人经过调查访问、倾听职工和有关部门反映以及会见上诉人,得出如上结论,并提出上述辩护意见。恳望合议庭能从宏观着眼,排除地方干扰和舆论压力,充分估计侦查材料的倾向性,纠正一审判决的错误,作出公正的终审判决。

辩护人：

北京市第六律师事务所律师　田文昌

陕西第四律师事务所律师　解士彬

1992 年 8 月 15 日

审理结果

一审判决认定，张某贪污总数额为 20,770 元；受贿总数额为 6790 元；同时构成流氓罪，以贪污罪判处有期徒刑 8 年，以受贿罪判处有期徒刑 3 年，以流氓罪判处有期徒刑 2 年。数罪并罚执行有期徒刑 12 年。

二审判决否定了受贿罪，减少了贪污罪的总数额，以贪污罪和流氓罪二罪并罪，合并执行有期徒刑 7 年零 6 个月。

云某坤故意杀人案

案情简介

被告人云某坤，黑龙江省双鸭山市人。1991 年冬，被告人等 10 余为庆祝其朋友复婚在饭店喝酒，与此同时，被害人也在同一饭店楼上喝酒。被害人因与邻桌斗殴被打伤，随即跑出饭店寻找凶器欲行报复。当被害人手持大棒跑回酒店时，恰值被告等人刚出饭店门口，被害人因天黑看不清目标错将被告人当成报复对象，当头一棒将被告人打倒在地。被告人的朋友徐某见状立即跑上前来抱住被害人与之争夺棒子，二人厮打之中被害人还用另一只手抡着棒子乱打。此时被告人从地上起身掏出随身携带的折叠刀向被害人连刺数刀。之后被告人等当即去公安机关报案，称遇到抢劫犯。

被害人被刺后，经抢救无效，死亡。

辩护词

审判长、合议庭：

我接受本案被告人云某坤的委托，受北京第六律师事务所的指派，担任本案被告的辩护人，出庭参加诉讼。经过查阅案卷，调查访问和庭审调查，现提出辩护意见如下：

辩护人认为，本案被告人刺伤侵害者致死的行为属于正当防卫。由于涉及正当防卫的案件比较复杂，而且社会意义重大，因此，辩护人诚恳地希望控辩双方能够在查清事实的基础上，深入分析正当防卫的条件和正当防卫的社会意义，正确理解我国刑法关于正当防卫的立法精神，努力排除我国长期以来由于法制不健全而形成的以后果论责任的客观归罪的传统观念的干扰，从维护社会治安的大局和加强国家法制建设的高度上，紧密结合正当防卫的法定条件，去审查、认定本案的基本性质，只有这样，才能求得本案的公正判决并收到积极的法制宣传效果。下面，辩护人本着这一原则阐述具体辩护理由：

我国《刑法》第 17 条规定："为了使公共利益、本人或者他人的人身和其他权利免受正在进行的不法侵害，而采取的正当防卫行为，不负刑事责任。""正当防卫超过必要限度造成不应有的危害的，应负刑事责任；但是应当酌情减轻或者免除处罚。"根据这一规定，正当防卫需要具备以下条件：(1)行为人所受到的侵害必须是非法的，即侵害行为必须具有非法性。(2)行为人所保护的权益必须是合法的，即防卫的权益必须具有合法性。(3)不法侵害必须是真实的并且是正在进行的，即不法侵害必须具有真实性和现实性。(4)防卫行为必须是针对侵害者本人实施，即防卫对象必须是特定的。(5)防卫不能超过必要限度。根据本案的事实和证据，辩护人认为，被告人的行为完全符合正当防卫成立的上述法定条件。在本案中,关于侵害行为的非法性、防卫权益的合法性和防卫对象的特定性,此三个条件不仅是十分明显的,也是无须争论的。因此,辩护人不予赘述。法庭调查表明,涉及本案关键的和有争议的问题是被告人的行为是否符合成立正当防卫的另外两个条件。因此,辩护人主要就此两个问题陈述辩护理由。

一、关于本案中不法侵害的真实性和现实性

所谓不法侵害的真实性,是指不法侵害是确实发生的,既不是虚构的,也不是想象和推测的。在本案中,"被害人"在被告人等人毫无防范的情况下,手持木棒,毫无缘由地突然实行暴力袭击,并且已经将被告人打倒在地。这一事实已经充分证明了不法侵害的真实性。

所谓不法侵害的现实性,是指不法侵害已经开始实施,并且正在进行,既没有结束,也没有被有效制止。在本案中,"被害人"将被告人打倒后,在继续攻击的过程中,被徐某宇搂住脖子抢夺手中的棒子,但徐却始终未能抢下"被害人"手中的棒子,二人一直处于激烈的厮打状态中,并且"被害人"一直还在抡着棒子。直到他被被告人刺中后,才失去侵害能力而扔掉棒子。[见证据:①李某:"我看见徐某宇用一只手按住那小子脖子,用另一只手抢棒子"(卷宗 P21);②韩某明:"我一回头见云某坤坐着刚起来,又奔徐某宇去了,徐某宇过去一只手按住他脖子(指死者),另一只手划拉他的棒子。""棒子有1米多长,有5~6个见方的棒子","云某坤喊手折了,那小子还没倒地下呢。我们就奔云某坤过去了"。(卷宗 P26~27);徐某宇:"我回过身斜对面搂住那人脖子,用左手搂的,右手去划拉他的棒子","我拽他胳膊,没拽着棒子,我和他厮打两分多钟,那人就瘫地下了,我看他倒地了,我没动"。(卷宗 P30)]。这个情节充分说明,死者对被告人等的侵害行为直到被刺中以前一直没有停止。同时,被告人在刺死者的时候,还将徐某宇的衣服刺破了好几道口子。这个事实进一步证明,死者与徐某宇一直处于剧烈厮打之中,正是由于在这种剧烈厮打的频繁移动状态中,被告人才会多次将刀错扎在徐某宇的身上。如果死者的侵害行为已被控制,厮打已经结束,被告人是绝不会往徐某宇的身上捅刀的。

以上事实充分说明,本案不法侵害的现实性是明显的,不容置疑的。被告人在当时的具体情况下对侵害者实施防卫具有充分的合法性和适时性。

公诉人认为死者当时已被徐某宇搂住了脖子,就表明其已经停止了侵害行为,这种观点的错误是十分明显的。道理很简单:死者的不法侵害不是用脖子实施的,而是用手中的棒子实施的。辩护人在此提请法庭注意,在判断不法侵害是否具有现实性的时候,必须注意到一个十分重要的原则性问题,即侵害行为被有效控制与侵害行为的暂时受阻,是完全不同的两个概念。侵害行为被有效控制,是指侵害行为在外力强制下已经完全停止而无法继续实施,侵害他人的紧急危险状态已经消除。这种状态才是防卫条件消失的标志。而侵害行为的暂时受阻,是指侵害行为只是受到了外力的障碍,使其暂时没有发生预期的危害后果。在这种情况下,侵害行为并没有停止,预期的危害后果随时都可能发生,其侵害他人的紧急危险状态并没有消除。因而,防卫的法定条件仍然存在。

本案中,“被害人”与徐某宇始终处于厮打状态,并且一直在抡动手中的棒子。这说明其侵害行为仅仅是暂时受阻而并没有被有效控制。“被害人”既没有放弃侵害意图,也没有停止侵害行为,更没有失去侵害能力。值得特别指出的是,因受到阻碍而处于搏斗中的侵害行为,由于在心理上和行为上产生了巨大的反弹力,侵害者更急于达到侵害目的,因而具有更猛烈的攻击性和更大的盲目性。一旦击中目标,就会造成更加严重的危害后果。这种因作用力与反作用力相互作用而形成的行为趋势,是犯罪学的常识,是不可否认的客观规律。正如困兽犹斗一样,对于受到阻碍而又没有被有效控制的侵害行为,防卫的必要性不但没有消失和减弱,而且更加增强了。因此,被告人在这种情况下对侵害者实行防卫反击,是完全符合正当防卫条件的。

还应当着重指出的是,正当防卫是防卫行为与侵害行为相互对抗的一个完整过程,并不是一个简单的行为公式。有人将防卫过程认识得过于简单化,似乎防卫就是指一打一防,像武术表演中双刀架住棍棒的造型一样,既明显,又精彩,只有符合这种条件的才能算是正当防卫。这种认识是形而上学的,也是脱离实际的。如果按照这种逻辑,认定正当防卫就不需要法官和律师了,任何人都会一目了然。相应之下,如果按照这种逻辑,法律对于正当防卫的规定也就形同虚设,司法实践中也就不会存在正当防卫了。因此,必须明确,无论是不法侵害,还是正当防卫,都是一种行为,而不是一种简单的动作。行为与动作不同,行为是指在人的主观意志支配下为了达到一定目的而实施的,由一系列单个动作所组成的动作系统。现实生活中的正当防卫有时是相当复杂的,尤其在双方打得难解难分的情况下,侵害行为与防卫行为往往会交叉进行,持续许多回合,形成一个连续进行的行为过程,很显然,在收回拳头打人的时候,收回拳头的目的并不是停止打击,而是加强打击的力度,收回拳头的动作仍然是打击行为的必要组成部分。所以,在这种情况下,绝不能将单个动作从侵害者的行为整体中人为地孤立出来,割断侵害行为的连续性和整体性,将某一种暂时性的停顿或间断视为侵害行为的停止或结束。更不能简单地以某一个具体动作的先后顺序或实施方式去判断防卫的性质,而应当看整个侵害行为是否真正受到有效控制,即侵害者是否已经被制服,其继续侵害他人的现实危险性是否已经消除。

本案中,自“被害人”用棒子打倒被告开始,直到与徐某宇厮打争夺棍棒的整个过程中,“被害人”的侵害行为并未受到有效控制,并且由于其手中一直抡动着棒子而占据着攻击他人的主动地位,因此其侵害行为是连续进行的,不法侵害的现实危险性并没有消除。事实非常清楚,直到被告用水果刀刺中了被害人身体后,被害人才失去了侵害能力,致使徐某宇在厮打中突然感到对方力量减弱,没劲儿了,于是放开“被害人”,双方停止了搏斗。这个事实充分说明,致使“被害人”失去侵害能力的原因,正是发生于“被害人”被刀刺中的事实。而这个事实又恰恰证明了被告实施防卫的必要性。

二、关于被告的防卫行为是否超过必要限度

正当防卫必要限度的标准是:防卫行为的手段、强度和所造成的后果应当是为了制止不法侵害所必需的;在符合这种必要性的前提下,防卫的手段、强度和所造成的后果可以小于、等于或者大于不法侵害的手段、强度和后果。

本案中,“被害人”手持1米多长的方木棒猛打被告人头部,且将被告人打倒在地之后,又连续实施侵害,其手段、工具和强度足以造成死亡后果。当徐某宇抢上前去搂住“被害人”脖子,企图夺下棒子制止其侵害行为时,又未能奏效;在搏斗中被害人手中始终在抡动棒子乱打。在这种紧急危险状态中,被告人从地上起来后,掏出水果刀将“被害人”刺伤,致使其失去侵害能力,并未明显超出不法侵害所必要的程度。

至于被告人从地上起来后为什么不躲闪,不逃避,却偏偏要去刺伤“被害人”?这个道理是很简单的:

第一,当时“被害人”与徐某宇正在厮打中,即使被告避开了,其他人还处在不法侵害的威胁之中。

第二,正当防卫的意义就在于以暴力手段及时制止不法侵害,如果以躲避的方式摆脱侵害,那就不是正当防卫,而是紧急避险了。

同样道理,至于被告人为什么向死者连续刺了几刀,而没有做到一刀刺中后就立即停手?理由也是十分明显的。众所周知,正当防卫是在紧急危险状态下实施的。根据本案的具体情节我们不难看出:

(1)侵害者的袭击是猛烈、凶残而且突然的。被告人遭到这种突然袭击后,精神处于极度紧张和慌恐状态,不可能像正常时期一样,十分冷静地去把握自己行为的精确程度。

(2)侵害者的下一次袭击随时可能发生,被告人没有时间和机会去选择自己的行为方式。

(3)侵害者与徐某宇正处于激烈的厮打中,两人的身体都处于剧烈的移动状态,并且时值冬天的夜晚,身上的衣服很厚,致使被告人难以判断攻击的目标和深浅程度。正因如此,被告人才刺错了目标,将徐某宇的衣服刺破了几道口子。这个事实证明,在当时的状态下被告人难以判断哪一刀刺中了目标,哪一刀没有刺中目标,因此他无法掌握出刀的次数。他所能够掌握自己行为程度的唯一尺度,只能是看侵害者是否失去了侵害能力。而事实又证明,当被告人确知侵害者被刺中后,就立即停手收刀,并在收刀中因过于紧张而割伤了自己的手。在被告人惊恐地大喊"手折了!"的时候,被害人只是停止了与徐某宇的搏斗,但还没有倒下。这充分说明被告人对自己的防卫行为是有所节制的。

从以上三种因素不难看出,被告人当时已经没有条件去准确地把握其防卫行为的精确程度,而只能追求一个目的,即迅速制止不法侵害,使侵害者停止侵害行为。应当指出,这种心态和具体的行为表现并不是本案被告人所独有的,而是在所有类似情节的正当防卫中普遍存在的，同时也是符合事物发展客观规律的。直到案件发生后，被告人也不知道究竟刺中了几刀，并且也不知道刺破了徐某宇的衣服。这个情况又一次印证了被告人当时内心的极度紧张状态。事实上，假如被告人在当时果真具有冷静思考的条件，可以想好了对策再去反击，甚至可以去选择一个与侵害者对等的武器，判断好打击的部位和强度再去反击，那才真正是缺乏防卫必要性的表现。

最后，在涉及正当防卫必要限度时，有必要提及一个值得司法界高度关注的问题：由于我国的法制建设起步较晚，在人们的意识中存在一种残留已久的错误而又顽固的传统观念，这就是客观归罪的后果责任论，即只要造成严重后果，则不问行为主观上有无责任，都要或多或少地受到惩罚，或予以赔偿，这是封建主义的报复观念，是封建意识与社会主义法律规范的冲突，是感情代替法律的表现。近年来，正是由于受到这种错误观念的影响，严重妨碍了正当防卫权的行使，这个问题已经引起国家立法机关和最高司法机关的重视。法律明确规定正当防卫的意义，就在于鼓励公民及时制止不法侵害，奋起同不法侵害行为展开积极而有效的斗争，这是国家维护社会安定，发动群众保护公民生命健康和财产安全的一项重要措施，也是法律赋予公民以正当防卫权的宗旨。如果对正当防卫的条件过分苛求，限制公民行使防卫权，不仅违背了立法精神，客观上也助长了违法犯罪分子的嚣张气焰。法律究竟是保护无辜受害的防卫者？还是保护危害社会的侵害者，这是一个不容回避的原则性问题，一个正当防卫的案件能否得到公正处理，其意义绝不仅仅限于这个案件本身，而是涉及法制教育与法制建设的基本导向问题，它将给全社会的公民提供一个什么样的答案？什么样的榜样？它将给社会治安的综合治理带来什么样的后果！对于这一系列问题，辩护人希望法庭予以高度重视。

综上所述,根据本案的基本事实和具体情节,辩护人认为,被告人对“被害人”所实施的防卫行为在性质上完全符合正当防卫的法定条件。在防卫限度上,虽然被告人的行为造成了侵害者死亡的后果,但由于被告人的防卫行为是在面临生命与健康的严重威胁下实施的,其防卫的手段和强度并没有明显超出制止不法侵害所必需的程度,被告人所造成的危害后果与其本人及他人所面临的以大棒猛击头部所能够引起的危害后果基本相适应;并且“被害人”的死亡结果本来是可以避免的,只是由于在医院里救治不及时才未能避免。因此,严格地讲,不能认为被告人的行为超出了正当防卫的必要限度。退一步讲,即使对于目前群众中仍然存在的后果责任论的传统意识作出一定程度的迁就,也只能认为其超出必要限度的情节显著轻微,属于防卫过当中的最轻情节,应当依照《刑法》第17条第2款之规定,予以免除处罚。所以,原审判决不是偏轻,而是偏重了。

但是,考虑到本案属于再审案件,根据审理再审案件的基本原则,对于再审案件,在基本事实和证据没有发生明显出入、案件性质没有改变,量刑没有明显畸轻畸重的情况下,原则上不宜改变原判决,以有利于维护刑事审判的严肃性。根据这一原则的基本精神,并考虑到原判决已经执行了较长时间的特定情况,辩护人对于维持原判决可以表示不持反对意见。

辩护人:

北京第六律师事务所律师　田文昌

1994年10月26日

审理结果

此案原经一审、二审判决认定被告人犯有故意伤害(致死)罪,属于防卫过当,判处有期徒刑3年,缓刑5年。3年后又提起审判监督程序,重新审理后,以故意杀人罪判处有期徒刑13年。

朱某金贪污、诈骗、行贿案

案情简介

一、关于定销承包合同的签订、履行和变更及其争议

1987年2月23日，因大兴安岭木材滞销现象严重，大兴安岭林业管理局林工商联合公司经理办公会议决定动员职工搞承包销售。当时任销售科副科长的朱某金率先接受任务，领命在河北省昌黎县设立木材经销处。1987年9月20日，朱与该公司主管副经理王某才签订"定销合同书"。合同约定，"甲方（联合公司）为乙方（昌黎经销处）提供木材指标抚育伐5000立方米，每立方米上缴利润65元；火烧木5000立方米，每立方米上缴40元；板方按厂内指导价格每立方米上缴10元。按数量年终一次性上交利润；甲方不给乙方提供流动资金，一切费用包括职工工资均由乙方自行承担；乙方保证上交利润外，剩余额均由乙方自行安排，甲方不干涉乙方结算"。

朱某金按合同规定从事经销木材活动期间，因经营有方，甲方国拨木材指标已用完，并销售火烧木2710.038立方米。此外，又向联

合公司一、二分厂借用国拨材指标1500立方米，用此指标，从松岭、新林两个林业局发出国拨材1547.957立方米。销售后获利233,281.34元。此间，有人向联合公司反映昌黎经销木材中有经济问题，1988年3月9日联合公司经理办公室责成本公司财务科长和审计科两名科长对朱某金销售木材情况进行审计，朱在接受审计时，因当时有些客户尚未结算，票据不全，只是进行了口头申报和估算。同月29日，联合公司召开经理办公会议，听取了审计人员对朱销售木材情况的匡算后，决定对原合同中规定朱某金上交利润的数额进行调整；即鉴于朱营利较多，根据所谓“国家拿大头，个人拿小头”的原则，增加上交利润的数额，变成定额上交总利润54万元。因朱在春节期间受命为公司职工搞福利买大米（高价购买后又低价卖给职工）时倒贴了钱，决定由公司承担其中4万元，由朱凑整数上交总利润50万元。这种情况下，朱所剩利润已经微乎其微甚至可能赔本。因此，朱在会上据理陈词不情愿接受。后来，在公司承诺明年再无偿拨给朱1000立方米木材指标以补偿损失的前提下，朱被迫接受了这一会议决定。但是，当朱事后与公司结算时，因公司领导没有兑现再拨给1000立方米木材指标的许诺，朱即不同意按50万元总数上交利润。此时，朱已经上交利润30万元。

朱某金提出，公司经理办公会作出的变更原“定销承包合同”改为定额上交利润50万元的决定，是以再拨给1000立方米木材指标为前提的。如果木材指标不兑现，即失去了变更原“定销承包合同”的前提，同时也无法补偿其为职工买福利大米的损失。因此，其不同意按“决定”算账，而坚持按原“定销承包合同”算账。按照朱的算法，在朱已经交付30万元利润的基础上，扣除为职工买大米的钱，不仅朱不应再向公司上交利润，公司还应还朱4万元。分歧发生后，因双方各执一词，致使这笔账目拖延下来，迟迟未能清结。

二、关于两份"假文件"和一张"假收据"

在朱某金与联合公司发生算账争议时,拿出了两份盖有公司公章的便函和一张返利款30万元的收据,据以证明自己已经交付了30万元利润和承担了为职工买大米的损失。其中,一份便函内容是"1987年抚育伐木材指标由昌黎木材经销处负责经销,全年上交30万元,由兴隆加工厂收管理费"。

一份返利款收据则证明已经收到朱上交的30万元利润。该收据是真实的。

另一份便函内容是"公司领导决定今年春节职工大米由昌黎木材经销处购买,由你处负责以1987年利润中支付"即证明朱已经承担了买大米的款。

以上两张便函的内容都是真实的。但是在公司档案中没有存底,也没有领导的签字批示。据朱讲,此是公司总经理口头指示起草,由文印室打印后盖章的,但案发后总经理已病故,文印室又回忆不起来。检察院据此认定这两份便函是"假文件",同时认定确实交付了30万元利润的收据为"假收据",据此指控朱以制造假文件的手段拒不向公司按50万元总数交付利润,长期赖账不还,构成诈骗罪。

三、关于税金的缴纳

朱某金在昌黎县销售木材期间,应纳税金均已缴纳给当地税务机关。朱同时还在大兴安岭地区原销售一部分木材。由于其在该地区设有账户,即经联合公司领导同意后,使用联合公司账户和联合公司一分厂的发货票,即以联合公司名义进行经销。关于对这部分销售活动如何纳税,朱曾请示联合公司主管领导,领导答复说这部分经营活动由公司统一纳税,至于朱如何承担税金,待朱与公司最后结账时再研究。由于朱与公司迟迟未能结账,致使这部分税金至案发时未能缴纳。案发后,根据检察院提供的材料,税务机关直接对朱某金作出了罚款253,975.30元的处罚决定(已执行)。事后,检察院又根据税务机关的处罚决定起诉朱某金犯“贪污税款罪”。

四、关于朱某金与一分厂之间两笔账目混淆的问题

1987年朱承包期间,曾聘用联合公司一分厂调材员聂某明为昌黎木材经销处的调材员,并使用聂原在松岭林业局林产工业科使用的联合公司一分厂的账户。此间,由于松岭林业局对联合公司所属各厂在该局所立账户实行并户管理,误将原来聂某明经办的一分厂在松岭林业局发木材时所欠的185,435.80元木材款划到了朱某金的账上。朱某金发现后,找到公司主管领导索要,后经公司审计科派人查账属实,令一分厂将此款退还了朱某金。但此后,在聂某明与朱妻结算个人往来账时,由于不知道朱已将这笔木材款划走,又将这笔款从个人账面上划给了朱某金,形成了重复还款的事实。但直至案发时,朱并不知道这件事。

在松岭林业局对账户实行并户管理中,同时还误将朱某金所欠的木材款24,174.55元划到了一分厂的账上。这笔款直到案发时朱某金本人并不知晓。

以上两笔款,均被起诉书指控为诈骗。

五、关于朱某金向张某君和白某民行贿的问题

朱某金与联合公司副经理张某君及其子张某某一向关系密切,1988年年初,张某某结婚时,朱到其家送彩礼3000元。1988年4月张与公司财务科长李某去昌黎时,朱又送给张500元及马裤呢衣服一套。随后张因出差用钱又向朱借500元并写了借条,后来张还钱时朱坚持不要。张是公司主管财务的副经理,与朱的承包经营没有直接关系。

朱某金与松岭林业局木材科副科长白某民是朋友关系。1988年

9月白某民送孩子去哈尔滨自费读书时在火车上与朱某金巧遇,朱表示自己承包赚了钱,送白5000元给孩子读书用。

以上行为均被指控为行贿罪。

六、朱某金案件的发生及司法机关的侦查、审判过程

在朱某金与公司算账发生争执致使账目无法清结而拖延下来的情况下,朱不想再继续承包下去,即终止承包去哈尔滨船舶工程学院自费进修。此时,因有人举报即在1989年8月7日在船舶工程学院宿舍突然遭到加格达奇检察院拘捕,8月12日被正式逮捕羁押。此后被长时间超期羁押而无法定论,直到1992年2月(2年半以后)大兴安岭地区检察分院对其以贪污罪(总数额386,314.74元)、诈骗罪(总数额407,784元)、行贿罪(总数额10,115元)向大兴安岭地区中级人民法院提起公诉。起诉后经几次退卷补充侦查,大兴安岭地区中级人民法院于1993年3月11日(即起诉1年多以后)开庭审理。开庭时因律师进行无罪辩护,控辩双方分歧悬殊,法院在充分考虑律师辩护理由的情况下又经过反复调查和内部请示,在1年零8个月后即于1994年11月2日作出一审判决宣告朱某金无罪。由于大兴安岭地区检察分院对一审判决提起抗诉,又经过189天后,黑龙江省高级人民法院于1995年5月12日下达二审裁定,驳回抗诉,维持原判。

七、朱某金案件的难点

朱某金案的难点主要包括两个方面:一是公诉机关的特殊背景。二是案件本身的难度。

加格达奇检察院拘捕朱某金时,是报请省检察院批准,以黑龙江省特大贪污案立案的,加格达奇的检察长李凤海因此而获得了一级奖章。但是,逮捕后由于证据不足,难以定性,造成了久押不决骑虎难下的被动局面。在此期间,朱父多次去北京上访并找律师寻求帮助。因在侦查期间律师无法介入,律师只好向最高人民检察院和黑龙江省检察院反映情况,同时中国人民大学王作富教授,中国政法大学罗大华、曹子丹教授等多人也不断向各方呼吁。然而,虽经最高人民检察院告申厅多次发文催促仍无效果。随后,《法制日报》记者方晓黎同志亲往加格达奇调查采访并向最高人民检察院正式发函、请求关注此案并解决超期羁押问题。这些做法激起了加格达奇检察院的一系列反应,先是给朱某金上重镣3个月并不予治病、扬言"关死拉倒",继尔准备收押朱父以阻止其上京,致使其长期流落外乡不敢回家;后来在各方面关注、督促下终于在1992年提起公诉后,又在黑龙江省内部检察刊物《检察探索》上以"攻克难关,侦破朱某金特大贪污案"为题发表长篇文章,该文不光罗列了一堆莫须有的罪状,还将矛头直指律师和记者,例如"朱某功(朱父)通过关系,搬出了中国政法大学一位教授(田文昌),给办案单位施加压力","又搬出《法制日报》的一位记者,专程来黑龙江了解朱某金案件,要求我们立即放人"。更为严重的是,加格达奇检察院查抄的朱某金个人包括房产在内的百余万元财产,均未随案移送给法院,已经全部自行处理掉,直至今日这些财产尚未返还。

至于朱案本身,则涉及一个在承包经营中如何划清罪与非罪界限,如在不同的承包性质和承包方式中如何分清公私财产关系,以及如何理解纳税主体等一系列改革开放中所发生的新问题。同时,由于在侦查当中人为地罗织罪状,致使案卷材料十分混乱而庞杂,原卷27本达3860多页,后又补充至33本,内容词不达意,逻辑混乱,中院和省院的承办人几经查阅都感到难以看懂。足见其侦查案卷的混乱程度。

在开庭审理时,无论是法庭调查还是法庭辩论都是比较艰难的。在法庭调查中,由于公诉人避实就虚、转移主题,常常使一个简单的问题长时间调查不清。律师则必须以高度的警觉和以不断发问的方式随时纠正被歪曲的事实,并将转移的话题再拉回来。在法庭辩论中,针对一些出人意料的近乎荒唐的指控理由,有时候只得以雅俗并用的语言深入浅出地据理陈词。例如,起诉书指控被告贪污税款,这种指控本不值一驳,被告作为纳税人怎么可能"贪污"税款?但为了防止将罪名改为偷税,则必须从贪污罪的构成条件谈起一直论证到被告也不构成偷税罪为止,并且语言必须简明准确。又如,起诉书指控被告以制造两份假文件的手段实施诈骗,这个问题辩论的难度更大。我们先是从理论上一再说明:既然已经查明文件的内容完全属实,那么,真与假的界限关键在于文件的内容,不能因为发文的程序查不清楚就认定是假文件。但是,公诉人却一直抓住这个问题紧追不放,大有一槌定案的架势。无奈之中,律师只好提出了一个通俗而浅显的设问:"私生子是不是假孩子?"继而指出,"私生子虽然出生的程序不合法,但不能据此认定他是假孩子,程序不合法并不等于内容不合法,更不等于内容也一定是虚假的"。出乎意料的是,这个急中生智的比喻不仅驳倒了公诉人,而且也说服了合议庭。事后,合议庭成员和黑龙江省高级、中级两级法院的负责人都对这个比喻表示赞同,认为确有说服力。

辩护词(一审)

审判长、合议庭:

根据我国法律的规定,北京市第六律师事务所和黑龙江省律师事务所接受被告人朱某金家属的委托,并征得被告人的同意,指派我们担任本案被告人朱某金的辩护人依法参与本案的诉讼活动,出庭履行辩护人的职责。

在开庭前,辩护人认真查阅了案卷,会见了被告人并进行了必要的调查取证,在庭审中,又认真听取了法庭调查和公诉人的发言。辩护人认为:公诉人对被告人朱某金犯有贪污罪、诈骗罪和行贿罪的指控,事实不清、证据不足、运用法律明显不当,因此,被告人被指控的上述三个罪名均不能成立!

辩护人遵照“以事实为根据,以法律为准绳”的原则,发表如下辩护意见:

一、关于贪污罪

法律明确规定,贪污罪是指“国家工作人员、集体经济组织工作人员或者其他经手、管理公共财物的人员,利用职务的便利,侵吞、盗窃、骗取或者以其他手段非法占有公共财物的行为”。而起诉书所指控的被告人朱某金的行为,不具备这一特征。

(一)关于贪污两笔木材款

首先,朱某金与林产工业公司之间,是一种合法的合同关系。

1987年9月,朱与公司签订了“定销承包合同书”,该合同明确规定:甲方(公司)提供木材指标,乙方(朱某金)按合同规定的固定数额上缴利润,“甲方不给乙方提供流动资金,一切费用均由乙方承担”,“乙方保上交利润外,结余款额均由乙方自行安排,甲方不予干扰乙方结算,人员工资奖金由乙方自定”。而事实上,甲方也未向乙方提供任何生产资料和流动资金。合同签字的双方,甲方为企业法人(不仅盖有公章,还有4名副经理的联合签名),而乙方则是承包者个人即被告人朱某金。以上约定的事实和签订形式充分表明:第一,该项合同的性质是个人承包;第二,该合同主体合格、内容合法,双方意思表示真实,完全符合有效合同的法定要件。与此同时,公司又同另一个承包人张某忱也签订了一份性质完全相同的承包合同。

公诉人否认上列“定销承包合同”的效力并且以1987年4月2

日被告人朱某金与关某坤签订的另一份“承包合同”作为证据来认定被告人朱某金属于集体承包,这在事实和法律上是毫无根据的。第一,1987年4月2日的所谓“承包合同”既无法人的公章,又缺少合同内容应有的基本条件,且合同双方当事人均属同一方,即都是以林工商联合公司经销公司代表的名义签署的。更重要的是,其所谓的这个合同的主体“林工商联合公司经销公司”只是一个拟建的单位,并未经任何工商行政管理机关注册登记(尚未依法成立),但检察机关却以无公章、无合法主体资格的这个无效“承包合同书”来否定合法有效的“定销承包合同书”,这显然是站不住脚的。第二,在1988年3月9日公司党政联席会上,公司经理刘某清和其他领导也明确表示了对“定销承包合同书”的效力的认可。因此,1987年9月的“定销承包合同书”的效力问题,无论从事实、法律形式和性质上都是无可非议的。

其次,在起诉书指控的被告人朱某金贪污的两笔木材款的事实中,决定被告人是否构成贪污罪的关键并不在于认定合同是属于集体承包还是个人承包的性质,而是在于合同所约定的内容。“定销承包合同书”的约定方式是按固定数额返利(扶育伐每立方米65元,火烧木每立方米上交40元),并不涉及承包方实际获利的多少(不问承包方取得利润情况如何)。在这种形式的承包合同中,只能存在是否履约的问题,不可能发生贪污犯罪的问题。

再次,关于串用1500立方米国拨材问题。

第一,串用这批国拨材并不是合同内容之中的问题,与承包合同没有直接关系。

第二,被告人串用这批指标,是经一分厂领导同意的,并无隐瞒这批指标的行为。

第三,对于这批国拨材的返利数额,是在会议上确定的,由于当时这批木材尚未销售完,返利数额的标准完全是根据当时的市场价格估算的,无论是被告人朱某金本人,还是与会的公司领导,都不知道也不可能知道其获得利润的准确数额。正是在这种情况下,会上曾提出过每米上交150元和130元的不同标准,最后拍板定为每立方米上交利润130元。虽然后来经检察院认定被告人朱某金销售这批木材的实得利润超出了每立方米130元,但这只能说明在开会确定上交数额时对利润估计不准确。而事实上,在会议确定上交标准以后的相当长的时间里,由于许多木材账并未结清,并且这批木材又与其他木材混合销售,连被告人朱某金本人也不知道这批木材究竟获得了多少利润。

因此,在这批木材中,既不存在被告人朱某金隐瞒指标的问题,也不存在朱某金假报利润的问题。起诉书脱离当时的具体背景和会议研究该问题的具体过程,置有关会议的决定于不顾,在被告人没有贪污的主观故意和客观行为的情况下,仅仅以上交利润数额估算中出现的差误为依据,认定被告构成贪污犯罪,实属客观归罪,不能成立。

最后,关于火烧木问题。

第一,公司给被告人朱某金的5000立方米火烧木指标分为四个地区,其中塔河的2000立方米因车皮指标用完已经落空,合同没有签成,后来刘某琴通过个人关系找的车皮才发出了一部分,在这种情况下被告人认为这部分木材并未占用公司的指标,因此没有向公司申报。

第二,在西林吉除有公司给的1000立方米指标外,被告人自己又另搞了1000立方米指标,并且先后签订了三个合同都交了预付款,而在这三个合同的履行过程中,实际上只发出了600多立方米,在这种情况下,被告并不知道已发出的木材是否占用了公司的指标,因此也没有向公司申报。

第三,在图某发出的900立方米火烧木中,因为只有用公司指标签订的1000立方米合同,所以被告人不仅毫无隐瞒地作了申报,而且还多报了100立方米。这又进一步说明,被告人对于实发木材的准确数字是心中无数的。

第四,被告人在申报合同规定的5000立方米扶育伐指标和火烧木指标时,都是在没有账目为依据的情况下,口头估算的。因5000立方米扶育伐已经销售完毕,所以申报的数字比较准,而火烧木因当时销售困难,大部分没有销售出并且直到最后也没有销完。所以被告人心中无数,在申报时出现了差误。这个事实说明,被告人申报火烧木销售数量的差误是有客观原因的。

第五,被告人在当时的申报还是一种估算,最后结算时,必须以实际发生的账目为依据。而事实上,直到被告人被捕时,尚未作最后结算,在账目没有结清的情况下,就先入为主地认定被告人贪污,显然是于法无据,于理不通的。

综上,在火烧木指标问题上,被告人只是在特定的原因下,在申报中估算不准确,不能视为谎报,更重要的是,这种情况发生在双方正式结算之前。然而,众所周知,在这种形式的经济往来中,只要不能证明行为人具有做假账的行为,在账目正式结算之前,是没有根据认定贪污的事实的。

此外,针对起诉书指控的以上两笔贪污事实,辩护人还要着重指出三点很重要的问题:

第一,在研究被告人上交利润时,公司领导并未严守合同,而是在合同约定之外强行摊派,以行政手段迫使被告人承担大米差价款,加重了被告人的经济负担。对于这种明显违约的做法公司领导是负有责任的。

第二，在公司一方首先违反合同的前提下，又进一步突破了合同的约定，在没有具体依据的情况下，以估算、参照的方法，笼统地确定被告人上缴利润的数额。在这种情况下，被告人的实际销售情况事实上已经失去了意义。会议的结论已经确定让被告人上缴总数为50万元，在总数已经确定的情况下，贪污的手段是不可能发生的。

第三，在该项承包合同中，作为承包人的被告人没有占有国家提供的任何生产资料，仅仅是利用木材指标，销售后向公司返利。在法律关系上，被告人与作为发包方的公司是平等的行为主体，当履行合同发生争议时，无论哪一方有过错，都属于民事法律关系中的冲突，不属于刑事法律关系调整的范围，这一点提请法庭予以高度重视。

（二）关于贪污税款问题

首先，起诉书认定被告人贪污税款，主体不符。被告人并非税收人员，也并非受委托管理税款人员。纳税人不可能构成贪污税款的犯罪，这是起码的常识。

其次，被告人在昌黎经营活动中的税款已缴，只是在加格达奇经营中尚未纳税，而在加格达奇未予纳税，是有其客观原因的：

第一，被告人在加格达奇的经营活动中，是经领导批准，通过正式手续，使用一分厂的账户、发票以一分厂的名义进行，并向一分厂返利。在这种情况下，已经自然地形成了一种内部委托关系，即被告人只能以一分厂代理人的身份出现，并以一分厂或公司的名义纳税，被告人朱某金不能作为直接的纳税人。

第二，为了在加格达奇如何纳税的问题，被告人曾多次请示有关领导，而这些领导明确表示，纳税问题由公司统一研究办理，你不用办，到时候向你要多少交多少就行了。

第三,被告人并未采取过隐瞒、欺骗等偷税手段,而是因故不能申报纳税,然而因故不能申报与不如实申报是完全不同的两个概念。

第四,不能申报的原因之一还在于账未结清,部分发票还没有开出,而并非被告人主观上故意拖欠,并且即使申报,也应由一分厂或公司申报(其是直接的纳税义务人)。

因此,被告人既不构成贪污税款的犯罪,也不构成偷税罪。充其量也只是一个拖欠税款的问题,并且拖欠的发生也是事出有因的。

此外,辩护人还应指出的是:加格达奇检察院在没有进行审计或由司法会计鉴定的情况下,仅凭其自行整理的财务数据作为证据向税务机关提供,税务机关以此作为认定偷税的根据予以处罚,反过来检察机关再以此认定被告人贪污了税款,这不仅是自相矛盾的,而且是违反程序的。当税务机关作出偷税的处罚决定时,被处罚人有申请复议的权利,但是至今为止,被告人也没有看到税务机关的处罚决定,因回执还在检察院的卷宗里,这种做法是明显违法的。

故辩护人认为:检察机关对于被告人朱某金犯有贪污罪的指控是不能成立的。

二、关于诈骗罪

(一)诈骗一分厂两笔款数额为209,610.35元(其中包括一笔185,435.80元和另一笔24,174.55元)

关于第一笔185,435.80元:

被告人向一分厂索回185,435.80元确有其事。

在聂某明个人往来结账单上也记载了聂向被告人返23万多元的事实(据讲含上列185,435.80元),但是这两个事实并不能表明被告人构成诈骗罪。因为这笔款的重复计算,事出有因。

第一,当聂某明与朱妻张某霞算账,将这笔钱划归被告人时,被告人并不在场,事后也不清楚。并且,由于被告人始终认为与聂某明的账没有算清,事后曾多次找聂算账,直至其去哈尔滨上学后也没有算清。这充分表明,被告人与聂的账并未结清。

第二,聂某明与张某霞算账的明细表中,只写了小聂发了1400立方米木材,价额是23万多元,而在松岭账面上反映的一分厂欠被告人的木材款是18万余元,发木材的数量是1066立方米,两种数字不相吻合。并且,在松岭的木材账上并未反映出这批木材是聂某明所发走的。因此,被告人也不可能知道这笔款与聂某明发出的1400立方米木材是同一笔款。

第三,当松岭林业局将一分厂的这笔欠款划到被告人账上时,被告人并不知道。

第四,所谓被告人与聂某明商定由被告负责替聂结清一分厂木材账的指控并无充分证据。

第五,被告人与一分厂和聂某明之间,事实上是一种三角债务关系,松岭未经被告人同意擅自划款,被告人以合法程序追回,无可非议。在没有任何债务关系转移的委托手续或证据的情况下,没有理由认为被告人不该向一分厂索还(185,435.80元),更无理由认定被告人诈骗。

第六,被告人与聂某明的账并未算清,并且聂某明其人也并未消失。因此,只要一分厂找到聂某明就会厘清这种债务关系,在这种情况下,被告人根本就不存在实施诈骗的条件。

综上,对于这笔款项,被告人既无诈骗的故意,也无诈骗的行为,更不具备诈骗的条件,认定被告人有诈骗罪,只是一种缺乏客观依据的主观推断,是对民事法律关系与刑事法律关系界限的混淆。

关于第二笔24,174.55元:

此笔款是松岭工业科会计在并户时,在被告人并不知道的情况下,并到被告人账上的,与被告人本人毫无关系。直至案发时被告都不清楚。在这个问题上,被告人不仅没有诈骗的故意,而且连任何过错都没有,纯系办案人员的主观推定。

(二)关于诈骗向公司的返利款20万元

起诉书指控被告人骗取假收据,伪造假文件向公司诈骗20万元的事实,根本就不存在。

第一,返利款收据不假,因为返利是事实。

第二,两个文件不假,因为文件内容属实,并且是由会议决定和领导同意的。文件的公章也不假,因为公章并非朱伪造也非偷盖的。关于起草文件的程序上手续不全,并不能影响文件内容的真实性。

第三,两个文件均不涉及骗取利润问题。大米的差价款是会议决定的,但这个决定以拨给被告人木材指标为前提,当指标未兑现时,被告人提出不承担大米差价款,属于合理要求。

第四,在大米差价款等问题上,由于公司领导违约,在"定销承包合同"以外,人为地造成了一种新的债务关系,造成了依法兑现合同的障碍,在这种情况下,被告人在作概算时据理力争,是无可非议的。"概算"既不是最后结算的结论,也不能作结算的依据,主要解决结算时所应遵循的原则。例如,被告人提出不同意承担大米差价,不同意按130元/立方米返还1500立方米木材指标利润等,均属于对算账原则的争议。这种争议只有在双方达成一致意见后才能起作用,不存在任何诈骗的条件和可能性。因此,这纯属合同争议中的正当行为,与诈骗的性质毫不相干。

第五,起诉书明确写到,由于"公司领导对此结算没有同意,朱某金声称保留向公司索要4万元的权利",起诉书以此指控被告人朱某金"长期赖账,不向公司返利却占为己有",这两句话,实际上已经十分明确地反映了一个民事法律关系的基本事实,从而也证明公诉人自我否定了对诈骗罪的指控理由。任何人都会清楚,赖账与诈骗,是不能相提并论的。

故辩护人认为:起诉书指控被告人朱某金犯有诈骗罪是不能成立的,被告人朱某金不构成诈骗罪。

三、关于行贿罪

根据全国人大常委会《关于惩治贪污罪贿赂罪的补充规定》,行为人为谋取不正当利益,给予国家工作人员、集体经济组织工作人员或者其他从事公务的人员以财物的,是构成行贿罪的必备要件。但是,在起诉书及有关的案卷材料中,没有任何证据证明被告人的行为符合这一要件。

起诉书认定被告人行贿的对象为3人,行贿总数额为10,115元。

首先,被告人在松岭林业局购买木材是与其工业科发生联系,与木材科长白某民没有任何业务往来,只因是朋友关系,当白遇到经济困难时,由于被告人自己承包挣了钱,而送给白5000元,此纯属正常的个人赠与。

其次,被告人与张某军和李某瑞,虽属上下级和同事关系,但是,在给钱的问题上并不能反映出行贿的性质。

第一,给线的数量不大,给张某军的钱3次总共为4000元,其中最多的一次3000元是张的儿子结婚时的随礼钱,而被告人挣钱多了随礼多一些正是壮壮脸的一种表示;也是符合情理的,给李某瑞的只有500元。

第二,被告人平日与张某军关系密切,叔侄相称,这一点是众所周知的。张家生活相对又比较困难,这种情况下被告人给张资助一点钱,也不能说是违反人之常情的。

第三,更重要的是,在被告人给张某军和李某瑞钱的时候,并未提出或表示过任何具体的不正当的利益要求,对方也没有作出过任何为其谋取不正当利益的许诺或行为,这一事实足以表明缺乏定罪根据。辩护人所看到的唯一理由是有人曾经承认过:“可能他为了以后找我办事方便”之类的表示,暂且不谈这种证言的真实性如何,仅凭这种含糊其词的表达方式,就不能作为认定行贿罪的根据。任何犯罪构成都离不开一种基本的犯罪事实,行贿罪则需要具有明确、具体的为自己谋取不正当利益的目的请求和事实。在缺乏这些要件的情况下,仅凭上下级关系这种特定身份来认定犯罪,如果不是主观推定,则没有任何理由可以作出解释。

第四,据辩护人了解,当时的林工商联合公司,仅公司领导层就有8个人,论权力,最大的是一把手刘某清,以下有书记王某臣、常务副经理唐某发;论业务主管关系是副经理王某才;而张某军只是分管财务的副经理。事实上,平时张某军根本管不着被告人承包中的财务问题,在承包结算时,他不仅帮不了被告人的什么忙,也没有帮过被告人什么忙,公司原书记王某臣同志明确表示:“朱交多少钱,账怎么算,是刘某清主持的党政联席会议定的,张某军根本无权定,也定不了,会上的结论谁也不能作出变更,所以,张某军没有也不可能在这件事上给朱某金什么好处。”“如果说朱某金买张某军的好,是没有意义的”,“此事我问过张某军,他说:‘我被逼的不承认不行,还有老婆孩子在家,不承认我出不来,只好先承认再说吧’。”以上事实可以进一步说明,朱某金未给其他领导钱而单给张某军,并非为了达到谋取不正当利益的某种目的。至于李某瑞,作为平级干部,也就更无这种必要了。

综上,辩护人认为,起诉书指控被告犯行贿罪,缺乏基本的事实和证据。任何一条法律也没有规定,凡属上下级关系或同事关系,只要发生经济往来和个人援助,就必然构成行贿与受贿的关系。这样做的结果,不仅会造成错案,还会淡化人与人之间的真实情感,导致人际关系的庸俗化。辩护人诚恳地提醒公诉人，严厉打击真正的受贿和行贿犯罪，不仅是我国一项坚定不移的刑事政策，也是世界各国所共同奉行的政策；但是严格依照事实和法律，准确把握定罪的界限，也同样是一条不可忽视的重要原则，只有这样才能真正起到兴利除弊的积极作用。

故辩护人认为：起诉书指控被告人朱某金犯有行贿罪，是不能成立的。

综上所述，辩护人认为：在这起案件中，被告朱某金的罪名一概不能成立，而起诉书之所以能以3种罪名予以起诉，其根本原因，除了事实和证据的问题之外，最根本的问题就是在对一些事实的分析和认定中，混淆了民事法律关系与刑事法律关系的界限，对另一些事实的认定则忽略了法律规定的犯罪构成要件。

审判长、审判员，综观全案，辩护人认为本案具有十分突出的典型性。因为在当前形势下，司法机关如何正确理解立法精神，准确运用法律，如何贯彻邓小平同志南方谈话的精神实质，如何以“三个有利于”为出发点，充分发挥为改革开放保驾护航的作用，是评价司法机关工作的一项重要标准，也是对每一个司法工作者的重大考验。对于承包经营中所发生的有关问题如何正确处理，更是涉及国家经济腾飞和改革开放的基本政策和方向问题，尤其应当持以格外慎重的态度。本案被告人朱某金在几年前就能够在公司亏损、木材滞销的形势下，勇于探索，担起了个人承包的重担，虽然在工作中难免出现一些错误和失误，但不可否认地也为改革开放的深化做了一定的贡献。对于这样的人，究竟是捕风捉影地兴师问罪，还是在客观、冷静地评价是非的前提下，促使其扬长避短，为改革开放发挥出更大的作用，无疑是个十分重要的原则问题。

为此，辩护人希望法庭对本案予以高度重视，辩护人也诚恳地愿意为司法机关提供尽可能的协助,尽到一个法律工作者应尽的职责。

最后,希望本案能够得到公正的裁决。

辩护人:

北京第六律师事务所律师　田文昌

黑龙江省律师事务所律师　刘树森

1993年3月11日

辩护词(二审)

审判长、合议庭:

我们依法再次担任被告人朱某金的辩护人,参与本案第二审的诉讼活动,履行辩护人的职责。

本案第一审时,辩护人提出了:被告人朱某金的行为不构成贪污罪、诈骗罪、行贿罪的辩护意见。一审人民法院采纳了辩护人的意见,判决宣告被告人朱某金无罪。但黑龙江省人民检察院大兴安岭分院(下称检察院)提出抗诉,使本案进入第二审程序。

现辩护人依据本案的事实和法律,坚持被告人朱某金无罪的辩护意见,请第二审人民法院依法裁定驳回检察院的抗诉,维持原判。为此,辩护人发表如下辩护意见:

一、关于贪污罪

法律明确规定,贪污罪是指“国家工作人员、集体经济组织人员或者其他经手、管理公共财物人员,利用职务的便利,侵吞、盗窃、骗取或者以其他手段非法占有公共财物的行为”。而抗诉书所指控的被告人朱某金的行为,不具备这一特征。被告人朱某金没有实施贪污行为,不构成贪污罪。

第一,检察院称,“被告人朱某金以欺骗手段,将应上缴国家的利润据为己有”,这不是事实。

1. 检察院极力否定本案中《定销承包合同》的法律效力,将根本不具备有效合同要件的《承包合同》作为证据,曲解本案的基本事实。

1987年9月,被告人朱某金与林业部大兴安岭管理局林工商联合公司(现为林产工业公司,下称公司)签订了《定销承包合同》。该合同明确规定:甲方(公司)提供木材指标,乙方(朱某金)按合同规定的固定数额上缴利润,“甲方不给乙方提供流动资金,一切费用均由乙方承担”,“乙方保上缴利润外,结余款额均由乙方自行安排,甲方不予干扰乙方结算,人员工资奖金由乙方自定”。合同签字的双方,甲方为企业法人(盖有公司公章,还有4名副经理的联合署名),乙方则是承包者个人即被告人朱某金。

上列事实表明:《定销承包合同》的主体合格、内容合法,合同双方意思表示真实一致,完全符合有效合同的法定要件;应当受到法律的保护。

1987年4月,被告人朱某金与关某坤草拟的《承包合同》,既无法人公章,又缺少合同内容应有的基本条件且合同双方的当事人均属同一方,即都是以林工商联合公司经销公司代表的名义签署的。而所谓的这个“林工商联合公司经销公司”,只是一个拟建单位,其未经任何工商行政管理机关注册登记(根本没有依法成立)。而且对于这个《承包合同》,除了草拟者朱、关两人之外,公司的总经理与其他副经理根本不知有此合同。

检察院将无公章、无合法主体资格的无效《承包合同》视为有效合同,并称其“已经正在履行”。其目的是以无效的《承包合同》来否定合法有效的《定销承包合同》,进而曲解本案最基本之事实,即《定销承包合同》确定了被告人朱某金与林产工业公司之间权利、义务关系。本案中决定被告人是否构成贪污罪的关键并不在于认定合同是集体承包还是个人承包性质,而在于合同所约定的内容。《定销承包合同》约定方式是按固定数额返利润,并不涉及承包方实际获利多少。在这种形式的承包合同中,只能存在是否履约问题,不可能发生贪污犯罪问题。

检察院以无效的《承包合同》,否定合法有效的《定销承包合同》的做法,既不符合法律的规定,也不会得到二审人民法院的支持。

2. 检察院以否定《3.29 公司经理办公会议》调整《定销承包合同》内容的合法有效性,指控被告人朱某金构成贪污罪,其指控不能成立。

《定销承包合同》签订后,被告人朱某金认真履行了合同的约定。但其在经营中,出现了串用国拨材指标和口头申报销量、估算所获利润等问题。为此在1988年3月29日的公司经理办公会议上,在承包人朱某金在场的情况下,对于《定销承包合同》中所规定的上缴利润进行了调整,对此调整被告人朱某金与公司双方认可。《3.29 公司经理办公会议》调整了被告人朱某金向公司上缴利润数额,是合法有效的。

对于上列事实,检察院一方面称其不持异议。另一方面又称,“这个合法有效的调整是以被告人谎报发运米数和售价、隐瞒应返公司利润15万余元为前提的”,“被告人朱某金构成贪污罪”。

检察院的上列说法,在法学逻辑上犯了自相矛盾的错误且没有正视如下事实:

其一,串用国拨材指标,是经一分厂领导同意的,并不存在被告人朱某金隐瞒这批指标的行为。

其二,《3.29 公司经理办公会议》确定返利数额时,其木材尚未销售完。会议确定返利润数额及其标准,完全是根据当时市场价格估算的。在客观上当时无论是被告人朱某金,还是与会的公司领导,都不知道也不可能知道其准确的获利润数额。正是这种情况下,经《3.29公司经理办公会议》决定:“每立方米上缴利润为130元。”检察院以被告人朱某金自称每立方米获利200元为由称被告人有谎报行为,构成贪污罪;这是与事实相悖的。

其三,公司领导在研究被告人朱某金上缴利润时,并未严守合同,而是在合同之外强行摊派,以行政手段迫使被告人朱某金为公司承担大米差价款,加重了被告人的经济负担。公司一方在明显违反合同的前提下,突破了合同的约定。在没有具体依据的情况下,以估算、参照的方法笼统地确定被告人朱某金上缴利润数额,因此《3.29公司经理办公会议》确定,让被告人朱某金向公司上缴利润总数为50万元。“会议”的结果,是经合同双方认可的,并不存在以被告人朱某金谎报、隐瞒为前提的事实情节。

在上缴利润总额已经确定的情况下,被告人朱某金实际销售情况在事实上已经失去意义,其贪污手段则是不可能发生的。在本案中,根本没有证明被告人朱某金有做假账的行为,并且在公司与朱某金之间的账目未正式结算之前,是没有根据认定被告人朱某金有贪污行为的。

检察院脱离当时的具体背景和对《3.29公司经理办公会议》的合法有效性于不顾,在被告朱某金没有贪污的故意和行为的情况下,仅仅以其在“会议”上估算所获利润与在“会议”之后实际可能发生的差误为由,来指控被告人朱某金构成贪污罪,实属客观归罪,是不能成立的。

其四,本案中的承包合同,作为承包人的被告人朱某金没有占有国家的任何生产资料,仅仅是利用木材指标,销后向公司返利。在法律关系上被告人与作为发包方的公司是平等的行为主体,合同一经依法成立,对合同双方均有约束力。当履行合同发生争议时(含结算分歧),属于民事法律关系中的冲突。显而易见,属于债权债务范围内的民事法律关系,则应由《民法通则》《经济合同法》等民事法律规范予以调整,其不属刑事法律关系调整的对象和范围,与贪污犯罪是毫无联系的。

第二,检察院称,“被告人朱某金侵吞应纳税金,构成贪污罪”。这并没有事实和法律根据。

被告人朱某金并非税收人员,也并非受委托管理税款人员,其不构成贪污税金的犯罪主体。

1. 检察院称,不知被告人朱某金在昌黎县销售木材应缴的税金均缴纳给当地税务机关的根据在何处。事实上,被告人朱某金在河北省昌黎县销售的木材分为两部分:一部分是由昌黎县经销处直接出具的发货票,其税金均缴纳给当地税务机关了。另一部分则由大兴安岭林产工业公司一分厂出具发票(应由一分厂向大兴安岭税务机关代缴税金),这部分销售木材税金的缴纳与被告人朱某金直接在大兴安岭用一分厂发票销售的木材一样,应由一分厂向税务机关缴纳,再由被告人朱某金向一分厂缴纳该部分税款。对于上列被告人朱某金在河北省昌黎县销售木材应缴纳税金均给当地税务机关的事实,卷中有昌黎县税务局税务所税收检查结论、工商企业所得税申报表、国家能源交通建设基金申报表等书证、被告人供述、证人张某霞等证人证言可资佐证。检察院对此佯作不知,说明其并未尊重事实。

2. 检察院称,“被告人朱某金在昌黎县销售木材偷税33,869.82元,并将此应纳税金据为己有”。这并非事实。

其一,卷中没有可以认定被告人朱某金在昌黎县偷税33,869.82元的证据(包括没有被告人的企业所在地及工商和税务登记所在地——河北省昌黎县税务机关对于朱某金有偷税33,869.82元情节的认定及处罚材料);也没有经国家授权的鉴定机关予以司法审计鉴定或刑事技术鉴定的结论;更没有检察院自称的所谓税务机关的《鉴定结论》。卷中却有检察院所编写的一些数字材料且以此作为指控被告人偷税的数额依据。如公司木材经销处费用支出表、经销木材获毛利汇总表、应纳木材批发税计算表、在昌黎各项税款汇总表等;这些数字材料虽然是由检察院组织人员所编写的,但却无编写人的署名、无公章、无编者的合法资格证明且未标明这些数字材料的出处和依据。这些数字材料并不具有法律效力,如何能作为认定被告人朱某金有偷税行为,以及其将应纳税金据为己有的证据?

其二,大兴安岭税务机关仅仅依据检察院编写的被告人朱某金的偷税数额,作出的税务违章处理决定,也是不符合法律规定的。

卷中的大兴安岭税务机关的《违章案件调查处理审批表》《营业税检查表》等材料上记载了:"数字材料由加区检察院提供。""由加格达奇检察院提供材料。"卷中还有加格达奇检察院代替昌黎木材经销处及被告人朱某金向大兴安岭地区行署财政局缴纳偷税款及其收取的《税收专用缴款书》《税务违章处理通知书》等书证。

上列证据表明:检察院以其自行编写的数字材料(包括编写了被告人在昌黎偷税33,869.82元的数额)为证据,提供给大兴安岭税务机关;税务机关按照检察院提供的数字材料作出税务违章处理决定(含所谓朱某金在昌黎有偷税行为,但却由大兴安岭税务机关越权作出处理决定)之后由检察院收取该"处理决定",并以此作为指控被告人朱某金在昌黎县经销木材偷税行为的"证据"。

我国法律赋予检察院具有依法收集证明被告人有罪或者无罪证据的权力,却没有准许检察院可以用自己编写的所谓证据来证明被告人有罪的特权。似上列这种以检察院自己出证的"证据"作为证据,并不属于《刑事诉讼法》规定的6种证据的范畴,其不具有证据力。

其三,检察院指控被告人朱某金侵吞应纳税金,犯有贪污罪;但其并没有指控被告人朱某金犯有偷税罪;故检察院代替被告人向税务机关缴纳所谓偷税款额的行为,并不合法。

依据最高人民法院、最高人民检察院、公安部、财政部发布的《关于没收和处理赃款赃物若干问题的暂行规定》"检察院……依法移送人民法院判处的案件的赃款赃物,应该随案移交,由人民法院在判决时一并作出决定"的规定及有关"偷税、抗税案件,应当由税务机关办理补缴税款手续"的法律规定,检察院并没有代替被告人缴纳所谓侵吞税金的义务,且其在事实上也并未将收缴的被告人的朱某金的巨额款物依法随案移送,交由人民法院判决时一并作出决定。

检察院指控被告人犯有贪污罪,却以偷税案件处理了收缴的被告人之巨额款物。其在表面上代替被告人朱某金向税务机关办理补缴税手续,其实质上对收缴被告人的大部分款物却没有随案移送,使该部分款物至今去向不明,这是与上列法律规定相悖的。

其四,卷中根本不存在被告人朱某金将应缴税金据为己有的事实。检察院明知其指控缺乏认定依据,故而其称"即使被告人朱某金个人承包,按《刑法》规定,也将构成偷税罪"。检察院在抗诉书中出现了在起诉书中并没有指控的这个"偷税罪",对此检察院理应拿出确实、充分的事实和证据来支持其指控,否则只能被看作一句空话。

其五,关于在当地(即大兴安岭加格达奇地区)的纳税问题。被告人朱某金在加格达奇的经营活动中,经公司领导批准使用一分厂的账户和发票,并向一分厂返利。其与一分厂已形成了内部委托关系,即被告人只能以一分厂代理人的身份出现,并以一分厂或公司的名义纳税,被告人朱某金不能作为直接纳税人。对于在当地(加格达奇)如何纳税问题,被告人曾多次请示公司领导,公司领导明确表示:

纳税问题由公司统一办理,你不用办,到时候向你要多少交多少就行了(见王某才证言)。在客观上由于账未结清,部分发票尚未开出,并非被告人朱某金主观故意拖欠纳税,并且申报纳税也应由一分厂或公司进行申报,再由被告人承担应纳税额。由于一分厂或公司未能按时申报,使得被告人未能按时纳税。被告人朱某金并未采取隐瞒、欺骗等偷税手段,而是因故未能按时申报纳税,因故未能按时申报与不如实申报是性质不同的。检察院将被告人朱某金由于上列原因因故未能按时申报纳税,说成是被告人侵吞单位应缴纳的税金并据为己有,构成贪污罪;并没有做到实事求是。

被告人朱某金没有实施侵吞税金(包括应纳税金)的行为,既不构成贪污罪,也不构成偷税罪。

对于以上贪污罪部分,辩护人认为:被告人朱某金在主观上没有贪污的故意,在客观上没有实施贪污的行为;检察院指控被告人朱某金犯有贪污罪,是不能成立的。被告人朱某金不构成贪污罪。

二、关于诈骗罪

法律规定,诈骗罪是指:以非法占有为目的,用虚构事实或隐瞒真相的方法,骗取数额较大的公私财物的行为。而抗诉书所指控的被告人朱某金的行为,是不符合上列犯罪构成要件的。

被告人朱某金在主观上没有欺骗的故意,也未实施诈骗行为,不构成诈骗罪。

第一,检察院称,“被告人朱某金骗出一分厂人民币185,435.80元”。这并无事实根据。

1. 1987年1月,被告人朱某金聘用一分厂的调材员聂某明为昌黎木材经销处的调材员,其使用了聂原在松岭林业局林产工业科所用的一分厂账户。在此期间,松岭林业局林产工业科对公司所属各厂在该科所立账户实行并户管理。当被告人朱某金发现一分厂1986

年所发木材在其木材预付款中结算的情况后,找到公司主管财务副经理,又经公司审计科审计查账属实后,一分厂向被告人朱某金退回了预付木材款185,435.80元。被告人朱某金是通过合法程序向一分厂索回其预付木材款的,并没有使用虚构和隐瞒真相的方法。这本属正常的经济流转,不存在诈骗。

2.检察院以所谓被告人朱某金隐瞒其与聂某明结清木材账目的事实,否定被告人朱某金从一分厂索回其自己的木材款(185,435.80元)的合法性,指控被告人朱某金犯有诈骗罪,是没有事实根据的。

事实上,聂某明是在1987年才被被告人朱某金聘用为调材员的。在聂某明与张某霞结清其聘用期间的往来账时,聂曾经将其聘用前的1986年欠松岭林业局木材款23万多元,划归被告朱某金,并在“聂某明往来账单”上由张、聂签名且写上“大计估算”的字样。但在聂与张某霞算账时,被告人朱某金并不在场,事后对该结算单未予认可,其后聂某明对此次算账也不予承认,双方为此商议以后再算账。特别是聂某明已证实其在1986年发运的1400立方米木材价款为23万元,应由其自己与松岭林业局进行结算,与被告人朱某金无关(见聂某明93.3.14证言)。故检察院所称聂某明与被告人朱某金结清往来账,有被告人朱某金与聂某明双方签字的情节并不属实。检察院以并不是属实的事实为依据推断出聂某明所欠债务(含185,435.80元)应由被告人朱某金返还,进而得出被告人朱某金诈骗了原属于朱某金的木材款(185,435.80元)的结论,是不正确的。

3.被告人朱某金与一分厂和聂某明之间在事实上是一种三角债关系。松岭林业局未经被告人朱某金同意擅自划款,被告人朱某金以合法程序追回,无可非议。在没有债权人与债务人对其债务关系转移委托手续或证据的情况下,没有理由认为被告人朱某金不该向一分厂索回木材款185,435.80元,更没有理由认定被告人朱某金犯有诈骗罪。

第二,检察院在抗诉书中并未提及在起诉书中指控被告人朱某金诈骗人民币24,174.53元问题。为此辩护人有理由认为:检察院已默认其指控不能成立。

上列所谓朱某金诈骗的24,174.53元,实际是由松岭林业局林产工业科会计在并账时造成的,其并未通知被告人朱某金。这笔款并到了被告人朱某金账上,朱并不知道,与朱某金毫无关系,且被告人朱某金任何过错都没有。故检察院以此指控被告人诈骗,是毫无道理的。

第三,检察院称,"被告人朱某金骗取假返利款收据,伪造假文件向公司诈骗198,173.68元",其事实是不存在的。

1. 被告人朱某金应向公司返利50万元,其除已向公司上缴部分利润外,尚有189,173.68元未与公司结算。当被告人朱某金要求与公司算账时,公司领导委派审计科副科长李某斌与朱某金结算,朱某金拿出了"经销抚育伐木材"和"为职工购买大米"的两份文件,要求冲抵其应返利款。对此公司领导未予同意,双方形成结算争议,故双方账目未作最后结算。

2. 有关返利款的收据不假,因为返利是事实。上述两个文件也不假,因文件的内容属实,并且是由会议决定和领导同意的。文件上的公章不假,因为公章并非伪造也并非偷盖或盗用。至于起草文件的程序上手续不全,则不影响文件内容的真实性。特别是两个文件均不涉及利润问题,在客观上并不能起到抵销应返利润余额的作用。大米差价款是会议决定的,而这个决定又是以拨给被告人朱某金1000立方米木材指标为前提的。在公司未兑现拨给木材指标的情况下,被告人提出不承担大米差价款,实属合理要求。在大米差价款问题上,由于公司一方违约,在合同之外,人为地造成了一种新的债务关系,造成了依法兑现合同的障碍。正是在此种情况下,被告人在作概算时据理力争,无可非议。“概算”既不是最后结算结论,也不能作结算的依据及主要解决结算时所应遵循的原则。由于合同双方发生争议,这种争议只有双方达成一致意见才能起作用,不存在任何诈骗的条件和可能性。这种属于合同争议中的正当行为,与诈骗性质毫不相干,却明确反映了民事法律关系的基本事实。

3. 检察院指责被告“长期赖账,不向公司返利却占为己有”。以此论证被告人朱某金构成诈骗罪。退一步讲,赖账与诈骗,根本不能相提并论,检察院以其上列论据自我否定了其指控被告人朱某金构成诈骗罪的结论。

固然,被告人朱某金与公司之间在结算问题上产生分歧,致使双方未能最后结算,但这属于债权债务范围内的民事法律关系,受民法或经济法调整,不属于《刑法》调整的对象和范畴。本案中并未发生被告人朱某金骗取公司 198,173.68 元和公司由于被骗将其198,173.68元交给被告人朱某金的情况。检察院指控被告人朱某金向公司诈骗 198,173.68 元的事实,是根本不存在的。

对于以上诈骗罪部分,辩护人认为:被告人朱某金在主观上没有诈骗的故意,在客观上也未实施诈骗行为,不构成诈骗罪。

三、关于行贿罪

检察院的抗诉书并未提及在起诉书中指控被告人朱某金向他人行贿 10,115 元,构成行贿罪问题。为此辩护人认为,检察院已默认被告人朱某金的行为不构成行贿罪。

被告人朱某金送给张某君、李某瑞、白某民等人款物折合人民币 10,115 元,是事实。但在事前和事后,被告人朱某金均未提出为自己谋取不正当利益的要求,卷中也没有证据能证实对方为被告人朱某金谋取任何不正当利益;被告朱某金的上述行为,是个人之间的赠与行为。故辩护人认为:被告人朱某金的行为,不构成行贿罪。

综上所述,本案的事实是明晰的:首先,被告人朱某金与公司之间存在合同关系,后经会议对其合同内容进行了调整。在“会议决议”明确规定了被告人上缴利润总数额的前提下,被告人不可能具备实施贪污行为的任何客观条件。其次,后来由于公司领导再次违约,没有兑现另拨给被告人1000立方米木材指标的承诺,致使被告人拒绝按“决议”规定数额返利并据理力争,直至双方争执不下而导致双方账目未能清结。这些过程表明了:此案属于承发包方的合同纠纷,这是一种典型的民事法律关系。被告人朱某金只不过在正当而公开地维护和争取自己的利益。因此,其行为与犯罪毫无关系。最后,本案中有确实、充分的证据证实了被告人朱某金没有实施贪污、诈骗、行贿行为。故辩护人认为:被告人朱某金的行为,不构成贪污罪、诈骗罪、行贿罪。

审判长、合议庭:

综观全案,本案具有十分突出的典型性。本案涉及承包经营、合同、税收、企业内部因管理混乱而造成错划账目、三角债、发包方以行政手段强迫承包方承担合同之外的义务、民事法律关系和刑事法律关系的界限、犯罪构成理论在实践中的应用等一系列问题。这些问题大部分是在经济体制转轨过程中应加以注意的问题,这其中所涉及的一些罪与非罪的界限,确实比一般经济犯罪更加难以区分。

一审人民法院本着对国家和法律负责,对被告人负责的精神;以事实和法律为依据,在全面调查案情事实的基础上,客观、认真听取和采纳了辩护人的意见;准确地理解和适用法律,作出了宣告被告人朱某金无罪的判决;该判决在认定事实和适用法律上都是正确的,辩护人表示赞同。

而检察院的抗诉书之所以认为被告人朱某金构成贪污罪、诈骗罪(未提行贿罪),并依《刑法》第152条、第155条和全国人大常委会《关于惩治贪污罪、贿赂罪的补充规定》欲对被告人朱某金定罪量刑,其根本原因是:其在对本案一些事实的分析和认定上,混淆了民事法律关系与刑事法律关系的界限,曲解了本案的基本事实和法律规定的犯罪构成要件,故其在认定事实和适用法律上都是不正确的。

检察院的抗诉书对于一审人民法院及其判决,称为"初审法院""初审判决"及使用了诸如:"凭空捏造""信口开河""掩盖朱某金贪污""为被告人朱某金开脱罪责""我们专政工具只能适用那些傻瓜和笨蛋"等用语,也是欠妥的。

对于本案,人民检察院、人民法院、辩护人是各司其职,其"分工负责、互相配合、互相制约,以保证准确有效地执行法律"。尽管对于罪与非罪、死罪与无罪等问题的看法上,检察院与辩护人控辩结论相差悬殊,但终将会殊途同归于遵循"以事实为根据,以法律为准绳"的法律原则上来,会使本案得到公正的裁决。

最后,辩护人请二审人民法院对本案予以高度重视,辩护人将尽可能为司法机关提供协助,尽到一个法律工作者的职责。请二审人民法院依据本案的事实和法律,依法裁定驳回检察院的抗诉、维持原判。

辩护人:

北京市法大律师事务所律师 田文昌

黑龙江省光华律师事务所律师 刘树森

1994年12月28日

邹某瑞贪污、诈骗案

案情简介

被告人邹某瑞,男,系鲁南某水泥厂招聘干部,《中国建材报》社记者。

1993 年6 月至11 月,邹某瑞在任《中国建材报》鲁南通联站副站长期间,先后为鲁南地区厂、矿等企业在《中国建材报》筹办广告专版。报社按规定将广告费的 10% 返还给联络站,共 6200 元,由邹某瑞掌管并以其妻子之名如实存入银行,后用于办公花销,至案发时尚未清理结算。

1993 年 11 月,邹某瑞在任“纪念毛泽东诞辰 100 周年中华当代文化精粹博览会”组委会办公室主任期间,曾代表组委会委托广州某公司制作纪念手表 5000 只。后因该公司代销的该手表滞销,预定向组委会的提成未能兑现。同年 12 月,该公司赠送组委会手表 300 块;对其中 110 块,组委会主任同意由邹某瑞机动处理。邹某瑞从中拿走 110 块,用于组委会工作,至案发时尚未结清。

1993年11月,广州某手表厂为感谢邹某瑞和组委会在业务上曾给予的帮助,送给邹某瑞金表1块(价值3000元),组委会主任得知后同意邹某瑞接受这块金表。

1993年5月,江苏省某钢厂委托邹某瑞为其在广州某手表厂联系定作纪念手表2000块。在业务进展中,邹某瑞曾向钢厂主管领导电话请示:制作手表的价格有所下降,在总价款不变的情况下,可多做出300块男式手表,该领导答复:多做的300块手表归邹某瑞支配。同年9月至11月,广州某手表厂共寄给钢厂手表1190块,尚欠810块手表,因钢厂未汇齐款,没有发货。邹某瑞于1993年12月两次收到广州某手表厂寄给的手表214块(价值12,840元)。

1994年5月,鲁南某水泥厂将邹某瑞非法拘禁,不久,当地检察院对其实行收容审查。

1994年7月25日,检察院以邹某瑞上述行为构成贪污罪为由将其逮捕。1995年1月2日,检察院以被告人邹某瑞犯诈骗罪,向当地法院提起公诉。法院受理后,经审查认为起诉的犯罪事实不清,证据不足,于1995年1月28日退回补充侦查。检察院于同年2月3日重新以诈骗罪起诉,法院于3月10日再次退查。1995年6月23日,检察院以被告人邹某瑞犯贪污罪、诈骗罪向法院提起公诉,法院仍认为起诉的事实不清,证据不足,于7月31日退回补充侦查。检察院继续认定以上各项事实分别构成贪污罪、诈骗罪,并于同年9月10日提起公诉。法院受理后,依法组成合议庭,公开开庭审理了本案,认定邹某瑞无罪。但在法院的判决宣告之前,检察院又撤回案卷,继而对邹某瑞取保候审。后来,在最高人民检察院干预下,检察院于1996年7月12日撤销此案。

辩护词

审判长、合议庭:

北京市京都律师事务所和北京市经济律师事务所共同接受被告邹某瑞的委托,指派我们做被告邹某瑞的辩护律师。经过阅卷,会见被告及庭外调查和法庭调查,我们对本案的基本事实和性质已经清楚。综观全案,我们的辩护意见是明确而肯定的:

起诉书对于被告邹某瑞犯有贪污罪和诈骗罪的指控均不能成立。被告邹某瑞无罪。现发表具体辩护意见如下:

一、起诉书指控被告邹某瑞贪污2660元办公费不能成立

起诉书指控被告于1993年6月至11月,在筹办峄城水泥厂,台儿庄石膏矿,临沂地区水泥厂在中国建材报社第四版广告专版期间,先后收取中国建材报社返给鲁南通联站的办公费6200元,除将其中3540元用于办公费用外,余款2660元被其占为已有。

第一,认定邹某瑞是否将办公费据为已有,要考察邹某瑞使用经费的整个情况。

办公经费的余款有以下几个去向:

(1)购买纪念章。其一,1993年5月在无锡召开建材报刊负责人会议,邹某瑞带去60枚左右,发给与会人员;其二,1993年9月,邹某瑞去包头参加建材笔会,带去60多枚发给与会人员;其三,1993年10月,邹某瑞送给建材报社80枚。

以上200枚,每枚4.20元,合计840元。

(2)购买毛主席纪念堂纪念画册和手表。画册每本154元,手表每块164元,共计2176元。上述纪念画册作为纪念品送与广告专版有关人员。

(3)去包头参加金秋笔会的卧票和住宿费等360元左右;为鲁南

有关企业订建材报款700元,几年来报社记者来往的单程票300元;为有关企业专版拍照胶卷,招待费等近千元。

以上共用去5000多元,而起诉书指控邹某瑞贪污的所谓“余款”只有2660元。此2660元,从实际支出来看,尚不足以弥补上述办公费的支出,只是实际支出办公经费的一部分,其差额部分还要由邹某瑞垫付。可见“余款”在事实上并不存在,而是公诉人推断和臆想的。

特别应当指出的是:在漫长的侦查过程中,邹某瑞曾一再提出还有未结的发票在办公室和家中。而公诉人竟然视而不见,听而不闻,直至今日也未查找这些资料。这种做法和态度,是完全违反正常的侦查程序的。在没有查明款的去向的情况下,否定被告人的口供是没有根据的,指控被告人有罪也同样是没有根据的。

第二,上述经费是在使用过程中被指控为贪污的。通联站与省记者站尚未结账。而建材报社返回的办公费用是公开的,无法隐瞒的,也就是说,邹某瑞在最后结账时,必须把上述经费的使用情况交代清楚。因此,对这笔经费,邹某瑞根本不存在实施贪污的客观条件。问题很明显,如果在最终结账时,邹某瑞以弄虚作假的手段,将办公费占为己有,可以构成贪污。但是,公诉人却在邹某瑞可能实施这种行为之前,就以强制手段迫使邹某瑞无法结账,从而人为地剥夺了其实施贪污的可能性。由此可见,在邹某瑞上述经费去向不完全清楚的情况下,也没有理由认定被告个人占有了这笔钱。对于正在使用中的经费,在账目尚未结清的情况下,由于无法证明使用人是否已将其占为己有,故不能认定其犯有贪污罪。这是认定贪污罪的起码原则。而公诉人对邹某瑞的指控明显违背了这个原则。

正因如此,至今为止,尽管公诉人以种种理由来否认这笔经费的去向,却没有任何根据能够证明邹某瑞已经将这笔经费占为己有。这种指控显然是站不住脚的。

二、起诉书指控邹某瑞贪污14,054元手表款不能成立

起诉书指控邹某瑞在任“纪念毛泽东诞辰100周年中华当代文化精粹博览会”组委会办公室主任期间,于1993年12月至1994年1月,将广州珠江电脑有限公司总经理张某安无偿送给组委会的纪念手表300块,私自以每只288元的价格出售53块,应得款15,264元,已得款14,054元,被其占为己有。

此300块手表中的190块,由组委会主任郭某成掌握;另110块,郭某成交邹某瑞机动处理。

郭某成在证词中说:“关于110块手表问题,是我同意由他机动处理的。”“整个活动尚未结算。”郭某成在律师找他调查取证的时候,明确地说:“那110块手表,当时我明确讲由他自己机动处理。”“机动处理”,是一种授权行为,说明邹某瑞对这110块手表有处分权。那么,我们来看一看邹某瑞是怎么处理这110块手表的。

110块手表中的57块,用于组委会的工作(赠送),检察院对此已经认可,辩护人在此不再赘述。

另53块,为筹备出版《优秀作品集》资金,委托徐州肖某、王某耆代销50块,卖给枣庄日报社驻滕州记者赵某荣3块。

根据河北科学技术出版社王某玲的证词(第279号卷第53~59页),出版《优秀作品集》应付河北省科技出版社243,700元。负责该书工作的邹某瑞除寻找赞助厂家以外,还寄希望于总经理张某安。张某安曾答应给组委会10万元,用于出版《优秀作品集》,在张某安不支付10万元的情况下,负责筹集《优秀作品集》资金的邹某瑞只好转卖部分手表以补充资金。可见,表款的去向还是用于《优秀作品集》;有一部分已经用于出版《优秀作品集》,剩余的部分由于邹某瑞被限制自由,尚未来得及也不可能实际投入《优秀作品集》上。这笔款的具体使用情况是:

(1)1994年1月23日,王某玲到北京中铁建招待所,邹某瑞交给其出版费40,034元、邮书费4000元,合计44,034元,均为现金。此笔款包括肖波1993年12月到北京交给邹某瑞的售表款7200元(第25号卷第227~230页)。邹某瑞前期编务花去现金3万多元,又交给王某玲现金44,034元。除部分书款外,邹某瑞并无其他现金来源。没有肖某交来的7200元,邹某瑞实际无法支付王某玲44,034元。肖某送款在前,邹某瑞交款在后,从时间看,也是吻合的。

(2)7200元以外剩余的表款,也是准备用于《优秀作品集》的,但邹某瑞在未收到表款以前,因被限制人身自由,已经丧失了使用尚未收到的表款的可能性。《优秀作品集》的编务邹某于1993年6月到徐州肖某处取回4000元(第25号卷第234页),1993年5月4日和5月31日从徐州王某耆处两次取表款共1990元(第25号卷第231、232页)。尚欠表款1210元。邹某瑞1993年5月15日深夜被带走审查,被限制人身自由,尚不知道已经收到上述5990元。这5990元,算作邹某瑞的贪污款,只能是一种假想。

(3)《优秀作品集》出版后,尚欠出版社38,160元(第279号卷第53~59页),故出版社扣住部分《优秀作品集》不发。邹某瑞将前述全部款项都加上,尚不能补足对出版社的欠款。而邹又正是在筹款以待提书的时间内,被限制人身自由的。

以上三个方面,充分说明邹某瑞将可以机动处理的手表,转卖一部分用于交出书款,既没有占有的故意和行为,事实上也没有占有的结果。认定其贪污上述款项缺乏起码的事实根据。

换一个角度来看,即使不考虑上述事实,邹某瑞在法律上也不能构成贪污罪。

其一,贪污罪的对象是公共财产,而博览会的财产不是公共财产。从来源来看,此次活动经费由港商郭某耀独自出资,不存在国家拨款和集体出资问题。从使用权来看,由郭某耀的全权代表郭某成支配。从财产最终归属来看,剩余财产不归公有,而归港商所有,由郭某成与郭某耀结算。因此,在这种情况下不存在贪污罪的客体要件。同样的道理,由于邹某瑞使用的财产不是公共财产,所以,他同样不符合贪污罪的主体条件。所以,假如邹某瑞占有上述款项,也不能构成贪污罪。更何况他没有占有上述财产。

其二,对组委会的经费,包括出《优秀作品集》的经费,至今还没有结算。与河北科学技术出版社的账,也未最后结算。资金尚在运转过程中,何以能够认定邹某瑞贪污呢?在这点上,公诉人与前面的认定犯了同样的错误。

三、起诉书指控邹某瑞贪污价值3000元的金表不能成立

(1)广州手表厂的证词指出:“经厂部研究,决定赠送两只我厂敬制的钻石金表,给博览会的郭某成主任和邹某瑞同志,一方面表示对邹某瑞等同志的谢意,另一方面希望他们佩戴后更好地宣传我厂的产品,扩大我厂产品的知名度。”(第25号卷第92页)实际上,赠送手表,是广州手表厂对邹某瑞为其联系题词的酬谢。

(2)郭某成也说:“广州手表厂的态度很明确,一块表送给我,另一块送给邹某瑞。”(证词已提交法院)

(3)这块表,邹某瑞送给支持、参与组委会工作的同志了,也没有自己占有。

(4)邹某瑞收到这块手表,不仅郭某成同意,很多与邹某瑞一起工作的同志也知道。

以上四点足以证明邹某瑞取得该手表的行为不构成贪污罪。

四、起诉书指控邹某瑞构成诈骗罪不成立

邳州钢厂为本厂的纪念活动,想定作一批手表。该厂总指挥瞿某委托邹某瑞帮助定作,邹某瑞与广州手表厂达成口头协议。经瞿同意,多做的部分手表(214块)给邹,邹收取这部分手表,不构成诈骗。

(1)多做的手表,是瞿某明示送给邹某瑞的。瞿某在给邹某瑞的信中,明确表示在总的费用不增加的情况下,将多做的手表作为酬谢给邹某瑞(证据已提交法院)。瞿某作为委托人(邳州钢厂)的负责人,有权作出这样的决定或许诺,邹某瑞获得这种许诺的事实,说明其没有诈骗的故意。这种许诺或决定,是一种处分财产的行为。因此,邳州钢厂并不是受害人,更谈不上是被诈骗的对象,没有受害人或被诈骗对象的诈骗案是不可能存在的。

(2)邹某瑞为钢厂联系做手表,系个人行为。邹不是钢厂的代理人,也不是手表厂的代理人。本案存在两个法律关系:一是邹某瑞与邳州钢厂;二是邹某瑞与广州手表厂。邹分别与双方达成协议,在整个交易过程中付出义务并承担责任,收取一定报酬是合理的。

(3)邹某瑞并未将214块手表据为己有。1993年11、12月,欧国华分两次给邹某瑞共214块手表。1994年元月,组委会在钓鱼台开会,邹某瑞发手表42块。邹以每只手表82元的价格报账了,计款3444元,用于后期工作,邹某瑞交给枣庄市建材局陈某学100块,按82元一块给他。陈某学在1994年元月和2月,分两次付给邹8200元。这是邹某瑞为填补出版《优秀作品集》资金空缺而转卖手表所得的款项,因未能凑够拉书的钱,暂时滞留在邹某瑞家中;又因案发,未能交到科技出版社。请注意,转卖这批手表,是在筹集给出版社出书资金的过程中发生的,在邹未与出版社和组委会结算的情况下,认定邹据为己有,在法律上不能成立。

另外70余块手表被邹某瑞作为纪念品赠送有关人员(见卷内名单)。这属于组委会工作的一部分。换句话说,邹某瑞将可以自己留下的手表用于工作上。可见,无论从取得手表的合法性,还是从对手表支配情况来看,邹某瑞都不能构成诈骗罪。

综上所述,辩护人有充分理由足以证明起诉书对被告犯有贪污罪和诈骗罪的指控均不成立。检察院的指控,不能经得起法律和历史的检验。请法庭在充分、慎重审查事实和证据的基础上,依法作出公正的判决。

辩护人:

北京市京都律师事务所律师　田文昌

北京经济律师事务所律师　隋彭生

1995年10月5日

第二轮法庭辩论词(根据录音整理)

现在我仅针对公诉人答辩的几个主要问题谈谈我的观点。

第一个问题,公诉人谈到被告贪污2660元的问题。这个问题谈得比较多,归纳起来有这么几点:

1. 公诉人谈到个人账户并以个人账户为依据来证明邹某瑞将这笔钱占为己有。这里有两个问题很清楚:第一,法庭调查当中我们宣读了一个调查笔录,就是个人账户的立户背景,这一点公诉人已听到了,个人账户是在特定情况下由邹的妻子设立的。第二,我们查阅了公诉人提供给法庭的个人账户的复印件,这是从银行调查的。上面有两点很清楚:第一点,每笔钱都明确地写上"中国建材报社汇来办公费",这说明这些款的来路是明确的、公开的;第二点,这个个人账户上的钱有进又有出,一共五六千块钱进了个人账户,为什么公诉人只认定了两千多块钱呢?那三千多块钱难道不是从这个人账户上出去的吗?是。那么这为什么不认定呢?这是因为公诉人自认为也实在找不到理由认定被被告人占有了,因为有明确的出处了,找到去向了。可见,没找到去向就认为是贪污了,无非是这个逻辑而已。事实上,利用个人账户只是个手续上的、程序上的问题而已,或是做法当与不当的问题,但是,个人账户这个有进有出的事实足以说明,不能仅仅以将钱入到了个人账户作为根据,就认定或者推定被告贪污或占有了这笔款。这是没有任何法律依据的。

2. 公诉人一再强调,从法庭调查一直到刚才的辩论中都一再强调,邹某瑞用这笔钱时没有汇报,或者以前汇报了后来没有汇报。我们暂且不说没有汇报的原因如何,我认为这个问题无足轻重。关键要看到,汇报与结账是两回事,是完全不同的两个概念。同时公诉人还提道,“入账不及时,为什么没有及时入账?”似乎没有及时入账就是贪污,这同样是没有说服力的。没有汇报和入账不及时的问题,充其量都只是管理上的问题,难道能以此证明他占为己有了,贪污了吗?能以此证明他构成犯罪了吗?事实上,本案的关键问题是没有结账。即使结账以前钱的去向不清楚,换句话说,假如这笔钱就放在邹某瑞的抽屉里,放在他存放的任何一个地方,在他没有结账之前,有什么理由认为是他个人已经占有了这笔钱呢?公诉人指控邹某瑞贪污是认定他已经占有了这笔钱,那么有什么证据证明他已经占有了呢?到现在为止,经过这么长时间的法庭调查,辩护人没有看到一个有力的证据证明被告邹某瑞如何如何采取什么样的手段、在什么时间、什么地点,有什么人证明他把这2660元揣入了自己的腰包;没有一个,有的只是推定。

3. 说到线索,被告人过去谈过,法庭上谈过,刚才法庭调查中,公诉人也应该听到,曾经多次谈过“我还有一部分票据在家里,在办公室的桌子里”。但是,公诉人置之不理,不予调查。也就是说,凡是能够证明被告人无罪的,或者说对被告人有利的证据,不调查,而专门去调查证明有罪的证据,这不是正常的侦查程序,是不妥当的,或者说是完全错误的。至于说到为什么“供认”,曾经“供认”过占有过笔款,刚才被告人讲过,这个问题是一个严肃而重要的问题。为什么供认?刚才被告人已经讲了,虽然没能讲完,但意思已很清楚了,是在一种特定的情况下所谓“供认”的。法律有明确的规定,证据不仅要有真实性、客观性,还要有合法性,一切违法取得的证据,没有法律效力;而违法取证的行为,应当受到追究。所以,不能说,凡是被告曾经供认过的就必须承认,就不能变化。如果说,按照公诉人的逻辑,凡是被告在侦查过程当中,无论在什么环境什么情况下,已经承认过或被迫承认过的东西就不能够改变的话,那么,今天的法庭审理就毫无意义,就没有必要。法律规定,定罪量刑唯一的权力机关是人民法院,而不是侦查机关。如果侦查机关代替审判活动,那不仅是错误的,而且是对立法的歪曲,这是不能允许的。难道被告过去承认过的东西在法庭上一定不可以改变吗?那么,还要法庭审理做什么?法庭调查做什么?律师辩护做什么?法庭质证做什么?关于这些证据,没有调查,在尚未结账的情况下,只是因为公诉人没有找到去向,就认定2660元被被告贪污了,这是错误的。我刚才讲过了,没有任何一个证据明确说明他占有了这笔钱。这是毫无根据的指控。这个问题我不想多说,一会儿在我的总结发言里,我再继续说明。

接下来第二个问题,关于卖表款。这个问题我想比较简单,郭某成授权并且批准用于出书,出处是明确的。那么怎么能证明装入了个人腰包呢?这个问题同前一个问题一样,辩护人从来没有见到、听到或拿到一个证据证明被告装入个人腰包。至于公诉人说被告人讲:张某安说给10万元是给邹某瑞个人的,这个说法我想是公诉人听错了吧?法庭调查,众目睽睽,我没听被告说是给个人的,而是给用于出书的。那么,进而公诉人又把出书和组委会人为地割裂开来,说出书是邹某瑞个人的事,组委会不管这件事,这不是奇谈怪论吗?

这是事实吗?出书是给组委会出书,组委会是领导管理出书的,难道出书是为了邹某瑞个人,与组委会无关吗?如果公诉人这样理解的话,我希望公诉人要好好分析一下案情。这样做,把问题完全搞错了,是不对的。出书和组委会是不能截然分开的。因此,也不能因为将卖表款用于出书就认定被告装入了个人腰包,也不能说这10万元的许诺是许诺给邹某瑞个人的,根本没有这回事。

关于1990元的问题很清楚了,不再多讲了。

第三个问题,也就是金表的问题。这个问题更简单,我不想多重复了。两点:第一点,赠与明确,这个已有广州手表厂盖了公章的说明,别的不说;第二点,作为组委会负责人的郭某成几次证实,都明确地证实这一点,他同意。这两点只要有一点成立就谈不上贪污,况且这两点同时成立,怎么还能谈得上贪污呢?

第四个问题,关于公诉人专门提到的对瞿某信件的异议,提出了很多疑点。疑点是可以提的,但是办法很简单:不管是信的复印件也好,其他的证词也好,还是公诉人刚才列举的瞿某并不承认的所谓他说过的话也好,请法庭找瞿某本人核实。刚才公诉人也提到这一点,瞿某不是一般的人,是个国家干部,而且还是有职位的干部,我同意公诉人的说法,那么我们请瞿某本人来回答这个问题,比谁都更有力,更有效。对于这个问题,不再多讲。

现在,综观此案,我想重点谈几个问题:为什么这个案子会出现这么大的波折,出现这么大的差距,我认为有这样几个问题是本案出现错误的关键。

第一点,从几个事实来看,都涉及被告是否将财产占为已有的问题。那么,在这个问题上,公诉人从来都没有提供证据证明他占为已有,至少说证据是极其不足的。公诉人似乎走了这样一条路,只要你拿了这个钱,或者卖了这块表得了钱,我不问去向,这个钱只要得到了,就是占有了。那么,得到了钱,是否就等于他占有了呢?如果一个厂长、一个经理、一个领导,可能从国家拨款中得到几十万、几百万、几千万,总之他权力越大,拨的钱就越多,你能说他得了这笔钱他就贪污了吗?显然是不可能的。那么重要的就是查明钱的去向,是否入了他个人的腰包,被他个人占有了。然而,公诉人提起指控的时候,恰恰缺乏这个最基本的东西,而无非是推来推去,推到他的个人腰包里去了。并没有扎实的证据来证明一点。可能公诉人会讲,他自己对不上账,可能会提出这样的问题。然而,对不上账是极其正常的,而如果对得上,完全对得那么准确,恐怕倒有假。为什么?很简单,当一个人长期失去自由,人身受到限制的情况下,什么依据也没有,让他去回忆时间久远的事情,去对账,而我们的侦查机关又不予正面的负责任的配合,让他去回忆,能那么准吗?换了任何一个人,按照人之常情、人之常理、人的正常思维和正常健康状况来讲,能做得到吗?这个问题谁都可以试一试。这是不可能的。在这个问题上,我们侦查机关有责任去客观地、实事求是地对多方面的、有可能出现的各种情况的证据,都要去逐项查清,这才是正确的、合法的侦查工作方法。如果我们不这样做,认为只要被告说不清楚就是贪污,这是“有罪推定”,而“有罪推定”正是当前我们在司法实践当中极力反对的,很有危险性的一个严重的错误。这样做,是要犯错误的,是容易出现冤假错案的,是要负责任的。这个问题即关于没有充分证据就认定为被告占为己有的问题,是公诉人在本案中所犯的一个基本错误。

第二点,涉及所有制问题。我们刚才谈到了所有制,公诉人反驳,反驳的理由似乎是根据《刑法》的规定。请公诉人回去好好地翻一翻《刑法》是怎么规定的?是不是像公诉人所说的?组委会是不是国家机关?是不是人民团体?究竟是个什么组织?全民所有制、集体所有制的概念是特定的,这是不能篡改的、不容做任何扩大解释的。另外,刚才所说的在国家机关、人民团体中保管、运输中的公共财物,有它特定的立法原意,之所以这样立法是为了考虑一个责任问题,因为在公共机关中管理的私人财物如果受到侵犯,这些机关要承担赔偿责任,从这一点上来讲将其视为公共财产。而在这个案子中,邹某瑞受郭某成的指派,郭某成不是国家机关,财产是谁的?是郭某耀出资,由郭某成全权代理之后,又由邹某瑞具体来办理的,不存在哪个国家机关的管理问题。组委会既不是国家机关,也不是人民团体,哪一条也靠不上,这个法律依据是根本不存在的。所以说,在所有制问题上,根本就谈不上是全民所有制,也谈不上是集体所有制,就是个人投资、组织的临时性活动。这期间所发生的只能是民事纠纷问题;假如说,邹某瑞侵吞了其中的财产,我是说假如,那么也只能是一种侵占行为,而不是贪污罪,与贪污犯罪风马牛不相及。在这一点上,公诉人犯了一个理论性错误。

第三点,没结账。公诉人指控的几个犯罪事实,都是在没有结账的情况下指控的,刚才我已经讲过这个问题了,认定贪污罪,在运转中的资金没有结账的情况下,就这样认定,这是绝对不允许犯的一个原则性错误,而公诉人恰恰犯了这个错误,并且十分明显,一再重复,在几个问题上都犯了这样的错误。没有结账,敞着口的账怎么能够认定贪污呢?有什么证据证明他占为已有了呢?即使主观上具有占有的企图,或者一种想法,那充其量也只是一种犯意表示,而犯意表示不等于行为。我们国家《刑法》绝不允许把犯意表示这样一种思想意识上的东西作为定罪的根据,这是一个基本的原则。所以,在没有任何证据的情况下,把没有结账的正在运转中的一切资金都认定为贪污,认定为占为已有,这是公诉人在本案中所犯的一个关键性的错误。如此下去,类似的案子,恐怕就不堪设想。我可以明确地说明一点,在我们国家的司法实践当中,目前已经发现这种倾向,发现了有些地方把没有结账的资金定为贪污。这样的案子,已经陆续地纠正,可以说,有一个纠正一个,必须翻过来,翻不过来就会造成错案,责任是难以承担的。

第四点,关于诈骗的问题。诈骗的问题,我不想再具体讲了。被告无罪的证据十分充分,不管是瞿某知道也好,还是邹某瑞没有个人占有也好,都充分说明,连诈骗对象都没有,连被害人都没有,而是公诉人人为地制造出了一个诈骗犯,连被诈骗的人都不承认。在这个问题上,可以说公诉人又犯了一个常识性的错误:没有诈骗对象的诈骗犯。

所以,分析整个案件,辩护人认为,公诉人对本案的指控,是不严肃的,不负责任的,不尊重事实的。辩护人认为,检察机关的任务,特别是在改革开放的环境下,是为了维护改革开放的发展,保护国家的经济大环境。如果背离了这个基点,就违背了自己应当遵循的起码的原则。检察机关的基本职能,是侦查犯罪和追诉犯罪,而绝不是制造犯罪;谁要这样做,就违背了检察机关的基本职能,就是对法律的亵渎,是对国家利益的损害,是对改革开放的严重干扰。

案子本来不大,很小,为什么拖了这么长的时间,达一年多之久?为什么又偏偏发生在纪念毛泽东同志100周年诞辰活动的这个事由上?对此,辩护人不免大大生疑:为什么?为什么?所以,辩护人严肃地提请法庭:注意这个案子的事实,注意这个案子的法律问题,而且注意这个案子的各种背景。辩护人请求法庭,能够在尊重事实,依法办案的基础上,排除各方面的干扰,对此案作出公正的判决。谢谢!

辩护人:

北京市京都律师事务所律师　田文昌

1995年10月5日

黄某受贿案

案情简介

被告人黄某,原江阴市经济技术协作委员会主任。1992 年 9 月,被告人托人向江阴市某房管所联系购买该市商品住宅一套。同年 10 月,被告人委托黄某芬以被告人妻子的名义办理购房手续,又让黄某芬帮其垫付购房款。黄某芬于 1993 年 4 月用其所在公司的集资赢利为被告付清购该套商品住宅的房款计人民币 164,400 余元后,即将该套住宅钥匙交给被告人。随后,被告人将自己的 9 万元拿出参与黄某所在公司的集资,准备以集资生息的手段来凑足房款。不久,被告人认为该套住宅的实际价值过高,准备将该套住宅转给自己的同学刘某某,同时着手另找住房。1994 年 8 月,无锡市新兴实业总公司非法集资案案发,黄某芬受到审查时,被告人将该套住宅钥匙退还黄某芬。后被告人接受了黄某芬丈夫送来的以购房款名义开出的 9 万元收据。被告人始终未办理该套住宅的房屋产权证,也未动用该住宅。

检察机关认为被告人在购房前曾为黄某芬的投机倒把犯罪创造了条件,因此向黄某芬索贿,取得该套住宅的所有权。1995 年 10 月,检察机关以此为由对被告黄某提起公诉。1996 年 2 月,法院判决黄某构成受贿罪。

辩护词(一审)

审判长、合议庭:

北京市京都律师事务所接受本案被告人黄某的委托,指派我们作他的辩护人。经过阅卷,会见被告、调查取证以及刚才的庭审,我们对本案事实已有了全面的了解。辩护人认为,起诉书对被告人黄某的指控与事实有较大的出入,且证据不足,法律依据不够充分,被告的行为依法不能认定为受贿罪。具体事实和理由如下:

一、被告人黄某的行为不具备我国《刑法》对受贿罪所要求的必要的犯罪构成要件

1. 被告人在主观上不具有非法获得该套住房的故意。

(1)从被告人筹备购房款的情况来看,当时被告人在张某兴、陈某娟的劝说下决定买房,是在考虑自己的经济能力之后作出的。当时陈某娟报给被告的房价是每套 10 万元,被告自己可以拿出 7 万元,同时他又按照陈某娟的建议借到 2 万元(另 1 万元没有借到),这样被告人已基本具备了购买该套住房的经济能力,因此被告人没有必要也从未想过向他人索取住房。

那么,为什么在办理购房手续时,被告人没有付出这 9 万元呢?主要的原因有两点:其一,在 1992 年 10 月办理购房手续时,被告人所有的 7 万元正存在银行自己的定期储蓄账户上,取款付息期为 1993 年 4 月,被告人不想损失这笔数字可观的利息,同时又因为筹措不到足够的房款,所以才提出由黄某芬垫付这10万元房款;其二,被告人将自己的7万元和借到的2万元暂时作为投资款使用,其意图很明确:被告人自己曾亲口对黄某芬讲:“我准备凑10万块,你要按第一次的标准返利给我……到明年上半年,我连装修房子的钱都有了,我当时的打算是这9万元到第二年上半年就可以变成二十几万元,这样到期再把房款付清。”对此,黄某芬并没有反对,被告人的妻子也证实了这一点。这9万元从当时看是作为投资款投进了黄某芬所在的公司,而被告的实际意图是以钱生钱,即以9万元本金获取高额利息,使自己达到购房和装修住房的经济能力,因此,这9万元从实质意义上讲就是购房款,被告人是在以投资生息的方式向债权人折抵购房款。

这里需要强调的是,关于这9万元,被告人在检察机关讯问时,曾经想解释清楚,但被检察机关制止,只在讯问记录上留下了一句供词:“9万元是投资款,与房子不搭界。”显然检察机关在制作口供时,只记录了对被告人不利的口供,而对被告有利的口供却不愿听也不想记,变相地剥夺了被告人的陈述权和辩护权,基于这种侦查手段而得出的结论是不能让人信服的。

但是,辩护人也要提请法庭注意:“不搭界”这句话,恰恰可以证明被告人以投资生息方式折抵购房款的真实意图。因为,房款总额后来变为16万元,如果将这9万元直接视为房款,被告人就要再向黄某芬支付7万多元,而如果将这9万元视为集资款,其生息后的数额即可超过购房款,那么被告人不但不必再向黄某芬支付尚欠的7万元,而且连装修房子的钱都有了,这笔账是非常清楚明了的。所以,说被告人利用他与黄某芬的特殊关系,先让其垫付房款,再以通过黄某芬向邓某投资生息的方式巧取利润来折抵房款,倒是合理而客观的事实。很显然,被告人的这种行为是一种投机取巧,但这种投机行为与受贿行为却是应该严格加以区分的,这个问题应该视为本案定性上的一个关键。

因此,从以上筹措购房款的情况来看,被告人一方面靠借钱来补充自己购房资金的不足,另一方面又让黄某芬为其垫款并办理购房手续,并没有非法获取住房的想法。

(2)从办理购房手续的情况来看,被告人只是让黄某芬在为其垫付房款的同时,把房子预订下来,并没有要求黄某芬为其办理产权证。被告人只知道黄某芬代办了预订房子的手续,实际上对这些手续(包括购房协议)的情况并不清楚,而且这手续一直在黄某芬手里,至今未到被告人手中。因为被告人认为这套房子价格偏高,后来又想转给刘某兴,所以,他特别问过黄某芬是否办理了产权证。被告人这样问还有另一个重要意图,对此他解释说:"我问他的目的就是搞清房产证有没有办,如果办了,我就要干涉,或者是付钱给他,或者退掉,否则我就说不清了。"可见,被告人对买房这件事的认识是十分清醒的,一方面他想办好预订购房手续,另一方面在自己未付清房款前,不希望拿到房屋产权证,成为这套房子的所有人。被告人只是要黄某芬为他垫款、办手续,而并未向黄某芬表示过凭空获取这套房子的愿望。

(3)被告人将钥匙留在自己手中,并不等于他在主观上要取得这套房子。那么被告人为什么将房屋钥匙留在手里长达1年零4个月呢?第一,被告人从来就不认为钥匙在自己手里就等于自己是该房子的主人,而是始终将产权证视为占有房屋的标志,对钥匙留在自己手里并不存在什么顾虑。第二,1993年4月,在拿到钥匙时,被告人得知这套房子的实际价值已是16万多元,大大超过了原定10万元的标准,因为负担不起,不打算购买,后来在朋友的劝说下没有立即退掉。对此,陈某娟也作了证明。第三,被告人的同学刘某兴当时准备调回江阴工作,因为没有住房,被告人同刘某兴商定将房子转给刘某兴,而刘某兴直到1994年6月底才调回江阴,此后,又苦于筹借不到足够的购房款,所以最后决定不再购买此房。当刘某兴将这一决定告诉被告人时,已是1994年8月,距离被告人拿到钥匙正是1年零4个月。刘某兴及陈某娟本人都证明了这一事实,所以,被告人将钥匙留在手里并非出于非法占有该套住房的企图而是事出有因。

(4)被告人事后在购房问题上对黄某芬、刘某兴等人进行叮嘱,并不能证明他曾经企图占有这套房屋。在退还钥匙时,黄某芬正在因集资问题受到审查,被告对她所作的叮嘱,正是要黄某芬如实讲清购房经过,以免受到误解。被告人为此事也曾向刘某兴做过叮嘱,要求他实事求是地讲清为他留房的过程。这样做的目的,同样是怕自己受到牵连。被告人这种自我保护的行为是可以理解的,请法庭注意这样一个事实:当时黄某芬是因集资问题而受到审查的,与被告人的所谓掩盖罪证行为并无必然的联系。被告人因参与非法集资,又想用本息折抵购房款,这才是他作为一个领导干部害怕受到集资问题牵连的真正原因。

(5)辩护人要指出这样一个事实:被告人通过黄某芬订房子,并非仅此一次。根据被告人的供述以及刚才宣读的沈某兴的证明,在这次预订房屋之前,被告人为了给自己单位引进人才需要解决住房,曾让黄某芬帮忙订过两套住房。这次订房,使用的名义也是徐某芬,预订房款也是由黄某芬垫付,后来这两套房子都被买走;在办理产权证时,使用的当然是买房人自己的名字。由此可见,被告人在两次订房中使用的手段是相同的,即都由黄某芬垫款并以徐某芬的名义订房,但订房目的却不同:一次是为他人订房,一次是为自己订房。可见,由他人垫款订房的这种手段与订房的具体目的之间并无必然联系。如果认为只要被告人采取这种手段订房,就是索取贿赂,那么被告人为他人订房的行为是不是也是出于为自己索贿的目的呢？如果对这一逻辑给予肯定，那就等于说，所有让他人垫款订房的行为都是索贿行为。显然，这种逻辑是不能成立的。

(6)为证明被告人不具备非法占有这套住房的故意，辩护人在这里还要指出另一个事实，被告人早在1993年8月，在没有完全决定买下这套住房时，已经另选了一套住房。当时被告人的同学王某清所在的工厂正筹建商品楼。经过比较，被告人认为这里的住房在价格和位置等方面更为理想，因此决定购买。在1994年5月这批商品楼完工后，被告亲自为自己选定了较理想的一套住房。对此，王某清已经作证："(黄某)讲，那边的房子是给刘某兴留的，我知道黄某肯定是要买我这里的房子。"(见《调查笔录》)。当时被告还要交付5万元订金，但王某清执意不收，他表示，作为老同学，只要口头讲好，就等于达成订房协议。可见，被告人已经下定决心要买王某清那里的住房。既然有了理想的住房，被告人当然要退掉原订的房子。况且，被告人家中只有四口人，一套四室一厅的住房已完全能够满足居住需要，无须再加一套住房。被告人也不具备相应的经济能力。

2. 被告人在事实上没有取得该套住房的所有权。

《民法通则》第72条第2款规定，"按照合同或者其他合法方式取得财产的，财产所有权从财产交付时起转移"。对于房屋这样的不动产，根据有关法律和实践，要以办理产权关系，实际交付使用作为产权转移的标准。对此，江阴市的房地产经营和管理部门已作出解释，通过刚才宣读的几份证言，我们更可以明确这一点：只有依法定程序领取房屋产权证书，才能真正取得对房屋的合法所有权；在房屋产权证书办理之前，预订房屋者可以退房，如果已经办理了产权转移手续，领取了产权证书，则不可以退房。

本案中，被告人如果要实际取得该套住房的所有权，必备的条件是:取得该套房屋的产权所有证,实际使用该住房。事实上,被告人已签订了购房协议书,但并没有办理产权证,也没有迁入该房居住或者对该房进行装修(连水电都没有接通),只是依协议领取了房屋钥匙,因此不应视为取得了该住房的所有权。稍有房地产知识的人,都不会否认这个常识。

另外,根据黄某芬为被告人代办的购房协议书的约定,作为协议的乙方(徐某)可以“私自要求中途毁约”,并办理退款手续,这表明房屋出卖方承认乙方(徐某)有退掉自己预订房屋的权利。如果乙方已领取了产权证书,就失去了这种退房权利。但被告人并没办理产权证书,而是退房,并且这种退房行为是符合协议规定的,这足以表明该房屋的所有权并没有转移到被告人手中,双方所签的协议实质是预订房屋协议,其效力不可能等同于房屋产权证书。

3.被告人不具有非法占有该套住房的客观条件。

受贿行为都具有隐蔽性,受贿者和行贿者都会费尽心机去隐藏罪证,掩盖自己的不法行为。本案中购房的付款方式是通过转账支票汇兑,具有公开性。如果被告人和黄某芬有行贿、受贿的想法,不可能采取这种付款方式,在账目等方面留下明显的证据,而完全可以采用现金付款等更为隐蔽的手段来达到非法的目的。对于这点常识,被告人和黄某芬都是十分清楚的。所以说,被告人即使有非法获取该套住房的想法,在黄某芬用转账支票的方式垫付房款之后,也不敢接受这套房子,因为在手段上已不具备这种非法获取的可能。

二、对起诉书中有关证人证言的质疑

起诉书指控被告犯有受贿罪,其主要依据是黄某芬的交代以及陈某娟、刘某兴和徐某成的证言。

陈某娟在证言中,除了对买房过程的陈述之外,还讲了这样一句话:“黄某买房子,是由黄某芬经手的,至于交款子什么我就不大清楚了。”(见卷宗 P300),可见,陈某娟对于房款的来源尚不清楚,对所谓的受贿事实自然更是无所知晓。辩护人在其证言中没有找到一句话,能够证明被告人非法接受黄某芬的买房贿赂。

同样,在刘某兴的证言中,也找不到能够证明被告人有受贿行为的证词。相反,刘某兴却对黄某讲过这样的话:“别人说你贪污这套房子,是站不牢的,因为你没有办产权证,产权所有权就不属你,你也没有占为己有,你用不着担心。”(见卷宗 P312)可见,刘某兴并不认为被告人的行为构成受贿罪,当然也提供不出令检察机关满意的证言。

那么,究竟陈某娟和刘某兴的证言是如何证明被告人的所谓受贿事实呢?对此,还是请检察机关作出解释。

另外一个证人是徐某成。从卷中材料来看,他对购房事实的了解完全来自黄某芬之口,其证言是传来证据。为此辩护人专门对徐某成做了调查。通过刚才辩护人宣读的对徐某成的调查笔录可以看出,徐某成对购房过程的了解极其有限,根本不能说明被告人和黄某芬之间存在行贿、受贿行为,并且徐某成还明确表示了自己的观点,认为被告人的行为不构成受贿罪。

黄某芬的交代,是检察机关指控被告的主要依据。辩护人首先要指出黄某芬卷中供述的矛盾之处:其一,黄某芬在 1995 年 7 月 21 日讲:“有一次我为了兄弟夫妻不和的事打电话给黄某,顺便提到房款的事,我问他怎么办?黄说:我来算呀。”对这一事实,黄某芬在 1995 年 8 月 16 日的供述中却是这样讲的:“我为我兄弟的事对黄某说要他去做做工作,我顺便问了一句:你的房子钞票怎么办?黄某当时没有响。”黄某在黄某芬两次供述中的表现截然相反,另外,从这段供述还可以看出:黄某芬曾就房款一事催问过被告,并没有行贿被告的想法,被告也没有向她索取。其二,黄某芬在 1994 年 11 月 23 日讲:“当时我没有想到要送一套房子给他”,而在同一次供述中她又讲:“这套房子是黄某买的,是我送给他的。”在同一次供述中,就同一事实有两种相反的说法,实在令人费解,类似的自相矛盾之处,在黄某芬的供述里不只这两处。

对于付房款的事实,黄某芬多次讲过,被告当时让她用自己所在的新华公司的钱来垫款,而事实上这个公司是黄某芬同他人暗自成立的,直到案发之时,被告人从来就不知道黄某芬有这个公司,也不可能说过让她用新华公司的钱来垫款的话,只是说让黄某芬替他“付一付”,刚才的庭审已经证明了这个事实。可见黄某芬所讲与事实不符。

那么黄某芬是如何理解被告人让她付房款这一行为呢?当检察机关多次向她提出这一问题时,她没有正面回答,只是说:“黄某对我说,你先帮我付一付”,“你帮我去办一办”。这种回答至少表明黄某芬并没有认定被告人是在向她索贿。另外,还要着重指出这样一个事实:根据卷中黄某芬的供述,在被告退还钥匙时,黄某芬说道:“钥匙你自己留着吧,集资款返利你不是有了吗?”被告人自己也证明黄某芬当时讲过这句话。由此不难看出,黄某芬也是将集资款及其返利视为房款的,当初黄某将9万元交给她时所讲的用返利抵房款的话,她是记忆犹新的,黄某芬对9万元投资款与购房款的关系应该是清楚明了的,与被告人的想法是一致的。

从上面分析可以看出,黄某芬的交代在关键事实上,有自相矛盾之处,也有含混不清之处,从中难以得出明确的、一致的、合乎逻辑的说法。这种证言,是缺乏证明力的,不足为信。

综合以上分析,被告人黄某在主观上并没有非法获取该套住房的故意,在客观上也没有取得该套住房的所有权并实际占有该套住房;起诉书的指控,是在对事实没有完全查清、证据不够充足的情况下作出的,也缺乏相应的法律依据,因此,被告人的受贿罪名不能成立。

请合议庭在查清事实的基础上,依法作出公正判决。

谢谢。

辩护人:

北京市京都律师事务所律师　田文昌　王川

1995 年 11 月 30 日

第二轮法庭辩论词(根据录音整理)

现在,我只针对公诉人在辩论中谈到的观点,重点说明几个问题:

一、关于被告人有无索贿的故意

公诉人认为,认定被告具有索贿的故意是有充分根据的:

第一,被告买房为何不自己办手续?在自己有支付能力的情况下为何不付购房款?

辩护人认为,这个问题很简单。因为,被告委托黄某芬代办手续和垫付房款的事实已经调查清楚。被告人也并非只此一次托黄某芬代买住房和垫付房款。所以,仅就此两点认定被告具有索贿的主观故意是十分不充分的。

第二,既然被告人有 9 万元,为何不用于交购房款而用于集资,而直到黄某芬受审查时,才作为购房款?

辩护人认为,解释这个问题必须弄清三个事实:

1. 被告人将 9 万元用于集资是为了投资获利,以生息手段来凑足购房款。这一点在第一轮辩论中已经讲清楚了。

2. 黄某芬是由于非法集资而受审查,与被告人受贿一案并无联系。

3. 被告人在退还房子钥匙后,之所以接受了黄某芬丈夫送来的以购房款名义开出的收据,目的是在非法集资案发生后,能够保住投资的9万元本钱。这个思想与其以投资获利手段凑足购房款的想法是相吻合、相一致的。因此,公诉人提出的这个疑问同样不能作为被告具有索贿故意的根据。

第三,公诉人认为,被告人指使黄某芬帮助其掩盖罪行的事实很明确。

辩护人认为,这个事实并不明确。首先,辩护人已经指出,黄某芬是在对被告人抱有怨恨情绪的情况下出具证言的,并且,其证言本身就存在多处矛盾,不能自圆其说。因此,这种证言本身的证明效力就值得怀疑,应当说是不具有证明效力的。其次,黄某芬的证言本身也并没有明确表示过被告人指使她为其掩盖罪行。可见,公诉人以黄某芬证言来证明被告人指使黄某芬为其掩盖罪行是没有说服力的。

第四,公诉人强调,黄某芬的案件是最高人民法院认定的,如果否定黄某芬证言的可靠性就是否定最高人民法院的认定。

辩护人认为,公诉人的这个逻辑是站不住脚的。首先,黄某芬对他人作出的证言与黄案本身是两回事,不能将两个不同的案件混为一谈。其次,最高人民法院认定黄某芬案件也并非只凭黄某芬本人的供述,还必须有其他证据佐证。在没有其他证据佐证而只有被告人供述的情况下,是不能定罪的。这是我国《刑事诉讼法》的明确规定。因此,黄某芬的证言不可靠,不等于对黄某芬非法集资案的认定不可靠。同理,黄某芬案件的可靠性也并不能证明黄某芬的证言就一定可靠。这个界限必须划分清楚。

二、关于分析、认定本案的两种思维模式和对本案定性的原则

辩护人认为,审理案件时,以什么样的思路来分析、判断被告人的行为,以什么样的原则来确定案件性质,这是个十分重要的问题。本案确实具有一定的复杂性,面对这样的案件,无论是公诉人、辩护人,还是审判人员,都应当依据法律规定的原则去客观、准确地加以分析,任何违背定罪原则的思维方式都会导致出错误的结论。

根据本案的全部事实依据和法庭调查及法庭辩论中所反映的问题,现在,让我们来客观、冷静地分析一下对本案认识的两种不同的思维模式及其结论。

公诉人的思路是:

被告人委托黄某芬买房并以其妻名义签订购房协议——由黄某芬代交房款后又迟迟不交付房款——拿到住房钥匙在手长达1年零4个月——至于没有进住,是因为怕事情败露而等待时机,观察动向——用9万元投资而不作为购房款(9万元集资款与买房款不搭界)恰好印证了被告不想自己出钱买房的真实动机——黄某芬被审查时闻风退还钥匙,借以掩盖受贿罪行——收下以购房款名义开出的9万元集资款收据,进一步证明了其掩盖罪行的表现。

如果从一个单一的角度来看,以上这种分析和推理不能说是毫无道理的,似乎是合乎逻辑的。但是,是否一种合乎逻辑的推论就一定是事实?是否这种推论就是唯一的思维模式,是否这种推论具有充分的排他性?这个问题是至关重要的。

现在,让我们再分析一下另一种不同的思路:

被告人在他人建议下决定买房——因过去曾委托黄某芬买过房而又请其帮忙办手续,同时,因一时凑不足购房款而请黄某芬垫付——为解决房款不足问题而采取投资生息,巧取利润的方式,向债权人黄某芬的公司投资取利,借以筹集购房款——强调9万元投资款与买房不搭界的事实,印证了以投资取利方式筹集购房款的意图——因房价变高(由10万元变成16万元)并且找到相对便宜的房子后决定退掉该房另买——已经另行订购一套房子的事实印证了其决意退房的意图——与陈某娟在房款上讨价和另订便宜房子的事实,又进一步印证了被告人并没有自己不交付购房款的打算——因决意另行买房,而始终没有进住、装修,没办产权证书——但是,因打算帮助其同学刘某兴或本单位小张买下这套房子而又迟迟没有退还钥匙——最后,当刘、张二人也决定不买此房时,才把钥匙退给黄某芬——至于接受了黄丈夫送来的以购房款名义开出的9万元收据,是邓某、黄某芬因非法集资案发生,担心因此无法收回投资成本而保留了一份证据。

辩护人认为,以上两种思路比较起来,后一种思维模式具有更为扎实的事实为基础:

1. 被告人与卖方讨价以及另选目标购房的事实,足以证明被告人始终是准备自付房款的。因为,黄某芬已经先行垫付了全部房款16万元,如果被告企图以索贿手段取得这套房子,就没有必要计较房价的高低,因为在房款已付清的情况下,索贿10万元与索贿16万元,对被告人来说并无差别。同样的道理,如果被告人企图索贿,更无必要千方百计去另找廉价的房子。

2. 黄某芬从来没有打算不向被告要钱,自己也讲曾两次向被告提起购房款的事,而被告也从未表示过不给钱,先是说“你替我付一付”,后来又说过房款“我来算呀”。

3. 被告人有9万元集资款一直在黄某芬手中,且从未讨取过利息。而事实上,按约定升值率,其本息早已超过了购房款。

4. 被告人帮助别人买该套房是事实,正是如此,才延迟了退钥匙的时间。

5. 被告人没办产权证,并且购房合同、收据等一切手续一直留在黄某芬那里,被告人又从未使用、动用过这套房子。所以,被告既没有取得这套房子的所有权,也没有实际占有、使用过这套房子。

以上几个基本事实可以说明,被告人客观上没有受贿的行为事实,主观上也没有索取和收受贿赂的故意。而恰恰相反,公诉人推定被告人受贿的思路却是缺乏事实基础的;准确地讲,是一种主观推定的思维模式,而按照这种模式所推出的,只能是一种似是而非的结论。

好,现在让我们再换一个角度。且不论哪一种思路及其结论更合理,更客观。退一步讲,假使前后两种思维模式及其结论的分量相等,也足以证明公诉人的结论不具有排他性。那么,在公诉人所推定的结论没有充分的排他性,在以上两种可能性并存的情况下,也是不能认定被告人构成受贿罪的。这是我国刑事诉讼法的一个基本原则。否则,就是有罪推定论。

综上可见,公诉人指控被告人构成受贿罪,证据是很不充分的。这一点,请法庭予以高度重视。

三、关于房屋产权证书的作用和被告人对产权证书的理解

房屋产权证书究竟是否房屋所有权转移的标志,在这个问题上,看来有两种不同的理解。首先,我纠正一下公诉人的比喻和对这个比喻的解释。公诉人讲:产权证书并非所有权转移的标志,这个问题很简单,如同在市场上买东西一样,一手交钱,一手交货,只要你付了钱,所有权就同时转移了。

辩护人认为,公诉人在这个问题上忽视了动产与不动产的交易区别。所以,公诉人关于一手交钱,一手交货的比喻对于本案来说是不恰当的。恐怕正由于如此,公诉人才对于产权证书的作用产生了不准确的理解。其实区别产权证书与购房协议书的不同作用并不复杂,我们只要对比一下就可以弄清楚了。经黄某芬代办与卖方签订的购房协议书第五条明确规定:“……若甲方不按期交付使用(除人力不可抗拒的自然灾害外)每逾期一个月,甲方按乙方预付款额的银行月息补偿给乙方。同时,乙方有权提出毁约、退款。如果不属甲方责任而乙方私自要求中途毁约,退回价款时,需支付总房价5%的毁约费,然后办理退款手续。"这条约定表明,购房协议书签订且交付购房价款后,乙方仍然可以毁约、退款。而办理了产权证书的房子是不可以毁约,退款的。相反,有产权证书的房子,所有人可以自行出售,即有处分权。而没有产权证书的房子是不能出售的,即使用人没有处分权。由此可见,产权证书与购房协议书的区别应当是显而易见的,仅仅以协议书来确认其享有所有权和处分权的认识是缺乏根据的。

更重要的是,在本案中认定被告人是否构成受贿罪的关键问题并不在于产权证书的客观作用如何,而是在于被告人对产权证书作用的理解即主观认识。

在此,辩护人提请法庭特别注意到这样一个问题:受贿罪是故意犯罪,即被告人在主观上必须具有索取或收受他人财物的故意才能构成犯罪。那么让我们来回顾一下,本案所有卷宗材料、调查材料和法庭调查的整个过程都一致表明,被告人自始至终都是将产权证书当作房屋所有权转移的唯一标志,坚持认为不办产权证书自己就没有取得房子的所有权。这一点已经足以说明被告不具有索取或收受这套房屋的主观故意。所以说,在被告人主观心理态度已经十分明确的情况下,对于产权证书法定作用的争论已经没有必要。也就是说,假定产权证书并非所有权转移的唯一标志,假定被告人事实上已经取得了该房屋的所有权。而被告却误认为尚未取得,那也只是被告人的一种主观认识错误。那么,只要被告人在这种错误认识支配下没有产生无偿获取这套房屋的主观故意,也照样不能构成犯罪。这正是刑事法律关系与民事法律关系相区别的一个重要界限。道理很清楚,在民事法律关系中,常常是以客观事实和后果为依据的,而在认定犯罪时则必须坚持主客观相统一的原则,即使发生了某种实际后果,即使行为人产生了某种认识错误,只要行为人在主观上不具有犯罪的故意或过失,就不能构成犯罪。这一点在我国《刑法》中具有明确规定。所以,如果背离这一原则,不去重视和分析被告人的主观心理态度,而是单纯纠缠于产权证书的法定作用本身,仅是以房屋的客观归属权去认定被告是否构成犯罪,即属于客观归罪,是法律所不允许的。更何况公诉人对产权证书的理解并不正确。因此,只要能够严格遵守我国刑法的定罪原则,只要认真准确地分析、理解法律关于受贿罪主观要件的规定,就不难得出结论:本案被告人缺乏索取或收受他人贿赂的主观故意,因而不能构成贿赂罪。

综上可见,在本案中,公诉人对被告人构成受贿犯罪的指控缺乏两个最基本的事实:第一,在客观上,被告人并未实际占有和使用该套房屋,充其量只是存在一种将会占有的可能性。第二,被告人不具有索取或收受该套房屋的主观故意。公诉人所指控的受贿故意,只是在缺乏事实依据的情况下推定出来的。

辩护人再次提请法庭注意:在全部卷宗和法庭调查中,公诉人既没有提出任何一个直接证据能够充分证明被告事实上已经占有或使用了这套房屋,也没有提出任何一个直接证据能够明确反映被告在主观上确有不想付款而取得这套房屋的动机和目的。所以,本案中公诉人指控被告人犯有受贿罪的事实和证据极不充分;认定犯罪的指导思想偏离了我国刑法的定罪原则,既有先入为主的有罪推定倾向,又有忽视被告人主观心理态度的客观归罪倾向。这些问题,正是控辩双方发生重大争议的关键所在,也正是能否客观、公正地审理、判决本案的关键所在。

为此,辩护人请求法庭对本案的判决持慎重态度,充分考虑辩护人提出的上述观点和理由,依法对本案作出公正判决。

辩护人:

北京市京都律师事务所律师　田文昌　王川

1995 年 11 月 30 日

王某珍受贿案

案情简介

王某珍，原为河南省桐柏县县长。其任职期间为桐柏县建棉纺厂时，承建单位湖北襄樊建安公司表示按当地规定可以给工程总造价1%～3%的回扣，总数为10万～30万元，陆续给付。同时，承建合同中还载明，待工程结束后交付工程款时，按工程总造价回扣1%。

王某珍在收到建安公司给的第一笔款4万元后，即向当时的县委书记燕某群作了汇报，说明：按照当地规定，襄樊建安公司能给工程总造价的1%～3%的回扣，或叫信息费、好处费，大概30万元左右；县里没有钱跑项目，可以用这钱"跑项目"、引资金。当时燕表示可以收下，但要管好，花这笔钱时要按一定的程序，不能乱花。至案发时为止，王某珍分三次共收到建安公司的好处费12万元。在此期间，他还从县里的几家企业拿钱共12.5万元用于"跑项目"，其中从棉纺厂拿了近10万元，这些钱都挂在企业的账上，因难以言明去向而无法核销。建安公司和其他企业的这两笔钱，王某珍是交叉取得并混用的。事后查明,王某珍“跑项目”的花费可以查实的有30多万元,已经超出了这两笔钱的总和。

后来,当检察院抓了几家企业的厂长,审查其经济犯罪问题时,王某珍又借钱凑足10万元平了棉纺厂的账。王某珍借钱平账的行为引起了检察机关怀疑,认为他是听到风声为了掩盖罪行而退回了赃款。

在侦查过程中,检察院认为,王某珍从企业拿到的另一笔钱总数是18.5万元(王某珍承认是12.5万元),这些钱确实用于“跑项目”花费掉了,而从建安公司拿到的12万元好处费却企图占为己有。因此,指控他受贿12万元。而王某珍则辩称:他收取12万元好处费已向县委书记汇报,且确实用之为公(“跑项目”)。后来个人借款替棉纺厂平账,是为了保护县里企业负责人和保护外界的关系人(指支持县里上项目而得到好处的一些人),自己既没有将公款据为己有,也没有这种企图。

此外,检察院还指控王受贿了另外两笔款,总数额为5000元。

辩护词(二审)

审判长、合议庭:

北京市京都律师事务所接受上诉人王某珍的委托,指派我们担任王某珍的二审辩护人。经查阅案卷、会见被告人和必要的调查,辩护人认为:本案事实有重大出入,一审判决对本案的定性是错误的,判决被告王某珍的行为构成受贿罪不能成立。现根据本案的事实及有关法律规定,发表辩护意见如下:

一、上诉人王某珍收取襄樊建筑安装公司(以下简称襄樊建安公司)的12万元人民币的行为不构成受贿罪

(一)王某珍收取襄樊建安公司12万元钱,在主观上没有占为已有的受贿故意

1.王某珍收取该款后,向燕某群作了汇报,没有隐瞒收款事实。

1993年2月底,王某珍收到襄樊建安公司给的第一笔款后不久,即在当时的县委书记燕某群(现南阳市计划建设委员会主任)去省委党校学习前(1993年5月去学习)的一次会议后,向燕作了汇报:按照当地的规定,襄樊建安公司能给工程总造价的1%~3%的回扣,或叫信息费、好处费,大概30万元左右;县里跑项目没钱,用这钱"跑项目"、引资金。当时燕表示可以收下,但要管好,花这笔钱时要按一定的程序,不能乱花(见案卷5,P94,以及一审律师会见燕笔录)。

受贿行为具有隐蔽性,如果王某珍企图私吞这笔钱,即不会将收款的事实公开。王某珍在收到襄樊建安公司的第一笔款后不久,即向县委书记燕作了汇报,汇报的内容说明了襄樊建安公司给钱的依据、比例、数额及用向,王的这一行为说明其主观上没有将襄樊建安公司给的钱占为已有的故意。

2.王某珍向燕某群汇报的回扣,与补充协议上规定的给棉纺厂筹建处回扣1%的劳务费不是一回事。

一审法院认定,"棉纺厂与襄樊建安公司补充协议上'1%的回扣'是结算时给的'劳务费',而不是中间给现金,更没言明回扣要给王某珍个人,行贿单位的所有知情人及主要送钱人均证实这12万元是给王某珍的个人好处费;王某珍给燕汇报的是将来工程队要给回扣一事……"这认定是不符合事实,不合乎常理的。

(1)从常理上看,补充协议上规定,给棉纺厂筹建处回扣1%的劳务费,待工程决算时代扣,这是一笔公开的回扣,是在协议上明确

约定的。这种在协议中公开的回扣,是没有必要向燕汇报的,所以王某珍向燕汇报的回扣,正是这笔没有公开的,“黑黑地来”与准备“黑黑地去”,用作引资、“跑项目”的款项。

(2)从数额上看,补充协议上写明是1%,而王向燕汇报的是“1% ~3%”“约30万元”。对于这个1000万元的工程而言,“1%”充其量不过10万元,而只有“3%”才能达到“30万元”。这表明,王汇报的正是襄樊人指的“个人好处费”,而不是补充协议上代扣的1%。

(3)从时间上看,王汇报“县里‘跑项目’没钱,就用这些钱‘跑项目’、引资金”。显然,这钱不是“待工程决算时”由厂方代扣,因为王汇报时间是1993年春,结算时间可能在1994年年底,这一年半时间要“‘跑项目’、引资”“县里没钱”,靠结算代扣后才能得到的钱是不可能解决县里“没钱”这一矛盾的。这再一次表明,王汇报的不可能是指补充协议上代扣的1%。

(4)王汇报“1% ~3%”“约30万元”,襄樊建安公司只兑现了12万元,余18万元尚未兑现。这是王汇报时所说的“一共可以回扣二三十万元”的概念,它不是“一次”而是“一共”,说明给回扣是一个过程或多次才能达到这个额度。退一步讲,即使补充协议约定的1%也包括在3%之内,两笔款相加的总和也没有超过3%的总数。因此,王向燕汇报的回扣与补充协议规定的回扣确实不是一回事,收取襄樊建安公司的12万元钱正是向燕汇报的回扣的一部分。

综上可见,一审法院认定“王某珍给燕汇报的是将来工程队要给回扣一事”既无根据,又违背常理,纯系主观推定。至于行贿单位的知情人和送钱人是否证实这12万元是给王某珍个人的好处费,与王某珍是否构成受贿并无必然联系,关键是王某珍将这笔钱如何处置。收受礼品或钱财而主动交公的行为不构成受贿,这是认定受贿罪的基本常识。

(二)从客观上看,王某珍收取襄樊建安公司的12万元已用于引资、“跑项目”,垫支棉纺厂的挂账费用,没有存入银行,也没有占为己有,更没有为对方提供便利

1. 王某珍收取襄樊建安公司的12万元钱中,2万元已用于“跑项目”、引资。

(1)1993年3月,王某珍第一次收到襄樊建安公司的4万元时,就计划作为引资费用。

4月,王到上海洽谈合资兴办无纺布项目,当得知几个地方争这个项目时,为取得这个220万美元的项目,王请外商聘用的经理朱某清从中做工作,并许诺:如果合资项目签约,付给朱5万元的劳务费。

1993年6月3日,王某珍与刘某森去上海签合同,王随身携带5万元钱,其中有襄樊建安公司给的4万元,有棉纺厂的1万元,准备兑现对朱某清的许诺。在这期间,恰巧省纺织厅服装公司的李某玲(王的同学)也在上海谈一个合资项目,王见到李时曾谈起过:“带来5万元钱,合同签约后作为中介费给中介人。”李向王建议:不要把5万元一次兑现,怕资金不到位,当时朱某清正在医院生病,因此,王只给朱5000元作为住院费,余下的钱又带了回来。

李某玲证实:1993年年初,李在上海谈合资项目遇见王某珍,王带了不少钱准备给中介人。还进一步证明数目很大,不止几千元,但到底几万元钱记不清了(见附件李某玲证言)。李的证言证明了王某珍当时确实带去上海大量钱款——几万元钱,是为“跑项目”用。

桐柏棉纺厂工人刘某森在一审律师调查时也证实:1993年6月刘随王某珍去上海签无纺布合同时,王有一个随身携带的箱子,叫刘随身提着,无论是吃饭,去商店,还是去华盛公司都叫提着。有一次去吃饭,刘不愿随身提箱子,王把刘训斥一顿,非提着不可(见附件刘某森证言)。从这一点可以推断箱子里有非常重要的东西。这也从

侧面证实:王当时确实带着大量现金去上海的。

值得强调的是:

第一,1993年6月左右,王某珍除从刘某保处拿过2万元钱款之外,在其他企业没拿过超出5000元的钱款。因此,王某珍去上海带的大量现金,只能是襄樊建安公司给的4万元钱。

第二,刘某森作假证事出有因。

刘某森曾作证:1993年6月2日去上海给朱某清的5000元钱,是电扇厂王某彦给的。这是王某珍在1994年6月底让刘这样说的。但事实是:给朱某清的5000元钱是王亲自给的,是襄樊建安公司给的4万元钱中的一部分,不是电扇厂的钱。王当时让刘某森说假话的原因,是电扇厂厂长王某彦被县检察院传讯并带走,王担心花给其他业务部门"跑项目"用掉的王某彦的5000元,被查出来会影响桐柏县与外界的关系,于是王某珍在1994年6月底,让王某彦作了是刘给朱5000元钱的假证。

综上,王某珍在第一次收到襄樊建安公司的4万元钱后,即把它带到上海,准备用于跑项目、引资,并给朱某清5000元。虽然没有全部花掉,但至少证明一点:王收取襄樊建安公司的钱,在主观上不是留给自己占为己有,而是为了"跑项目"、引资。

(2)1993年8月,王与蒋某申、刘某森赴上海,催要220万美元合同款,带上襄樊建安公司给的钱备用,准备兑现付朱。因外商改口"解决2万纱锭"算入股,合同没有谈成,王迫不得已只好请上海纺织大学教授吴某玉赴常州考察,王给吴1000元考察费。

(3)用襄樊建安公司给的4万元中的3500元,支付给司机作为差旅周转金使用(付明发1000元,政府司机刘某2500元),以免临时突然外出从财务上取不来钱。

(4)1994年5月2日左右,王某珍到南京看无纺布设备,住金陵饭店。王先到，付房费1500元押金，结算票在刘某森处（房费980元，另加10%服务费等，底联可查）。

（5）1994年5月4日，王先到达上海，付吴宫饭店住房押金2000元（底联可查）。票由刘某森拿去。

（6）1994年5月10日左右，梁某华、施某中为桐柏去的4人提供咨询等方便，还用个人钱招待4餐，用款6000元左右。为了表示心意，王从襄樊建安公司给的4万元中拿出5000元给刘某森，让其办礼品给梁、施二人。

以上可以说明去向的共2万元，证明王将襄樊建安公司给的钱用于“跑项目”。

2. 余下的10万元钱原打算给广东湛江作为劳务费，后垫支给棉纺厂。

（1）1993年10月，棉纺筹建处副主任宋某玲、刘某云到王某珍家，商讨购买广东湛江棉纺厂转产而出售的棉纺设备，售价700万元左右。王向宋、刘指示，如果设备考察可行的话，可以成交。在听宋说如果给点好处还可压价时，王当时表示：“可以。压下去100万元，给10万元劳务费；压200万元，给20万元。”“但此事不要给郑主任说，他嘴快，说出去不好，钱由我筹办。”

王当时准备兑现上海朱某清的钱，因合同资金迟迟不到位而没有兑现，不能把棉纺厂设备的事压在这上面，同时凑钱兑付广东湛江设备压价后的劳务费，又成了王必须办的大事，因筹建处4个正、副主任，没一个跑来资金。这个项目是王提议筹建，怀疑建成的人不少，所以王压力很大。同年11月，刘、宋从广东回来，由于许诺给好处费，合同以450万元成交，在这种情况下，王需凑齐起码10万元，就只有盯着襄樊建安公司许诺的，书记同意收的这些钱。因为怕外传影响不好，能够“黑黑地来”再“黑黑地去”的，也只有襄樊建安公司给的这笔款。所以,就将这笔钱留下来,准备付给湛江。

后来于1994年6月19日前后从刘某保处得知已汇给湛江460万元(多汇10万元劳务费),至此,广东湛江方面的劳务费已不必再付。因此,仍将其留在手中。

(2)垫支棉纺厂业务费用。

6月20日左右,县检察院在查企业的金融问题,因为不必再支付湛江方面,王就把襄樊建安公司给的10万元钱给了刘某保,让他垫支了王从他那拿来用掉而又无法报账的挂账费用,免得在县检察院查金融问题时,把往来送礼争取项目、资金的事暴露出来,影响桐柏与外界的关系,这些关系包括河南油田、省物资厅及地委领导等。至此,襄樊建安公司给的12万元扣除已花掉的2万元,余下10万元又填补了棉纺厂的空账,已经全部用完。这是襄樊建安公司给的钱的真实用向。

(三)借债加私款近10万元,以襄樊建安公司给的钱的名义再次交棉纺厂,以保护桐柏与外界关系

一审判决认定:"王某珍又在当晚(1994年6月23日)12时左右将筹建处会计刘某保、出纳赵某叫到邻居周某友家,商量退款……被告人王某珍这一系列行为进一步证明他受贿属实。"这一认定的最后结论又是缺乏事实依据的主观推定。因为王某珍退款是为了保护已垫支费用的业务关系,仅凭上述"一系列行为"并不能证明王"受贿属实"。

王收取的襄樊建安公司12万元钱,花掉2万元,垫支10万元,至此已全部用完。但是这样一来,王用襄樊建安公司的钱去平了棉纺厂的账,襄樊建安公司钱的真实用向又无法说清了。所以,1994年6月23日王又借款凑足数目,以襄樊建安公司的12万元的名义交棉纺厂,以表明这12万元并未花掉。

这样做的目的很清楚,主要就是保护桐柏与外界关系。王从棉纺厂拿钱跑项目是有账的,刘某保清楚,而这些账又无法冲抵。王收取襄樊建安公司12万元也是公开的,县委书记燕某群知道。在此情况下,王说出真实用向会影响外界关系,且自己难以做人。不说出用向就只有他自己承担。在这种进退两难的境地中,作为一县之长的王某珍选择了后者:借钱、拿自己的钱退款,牺牲自己的利益。

可见,王这样做并不是为了掩盖罪行,更不能证明他“受贿属实”。

(四)没有为襄樊建安公司谋取任何利益

1992年10月,桐柏棉纺厂正式筹建,王某珍分工负责该项工作。王领命后,在桐柏发表关于筹建桐柏棉纺厂的电视讲话,讲后很长一段时间,没有工程队前来承建,在此情况下,王才与襄樊建安公司联系,并最后决定由襄樊建安公司承建。但是,其并未因此给襄樊建安公司谋取任何利益。

1. 取费标准:襄樊建安公司由国营二级降格取费,即按3.5级取费。

2. 让利1%,即给棉纺筹建处1%回扣或叫劳务费,待工程结算时,由棉纺厂代扣。

3. 按当地文件回扣1%~3%,约30万元(本案王收的款)。

因此,襄樊建安公司并未因承建该工程而获得大利,相反受益的是桐柏棉纺厂。一审法院认为襄樊建安公司送钱是“感谢王某珍将桐柏工程交给他们承建”“感谢其为工地想办法拨款”“并为以后结算铺路”是完全错误的。承建工程本无人竞争,给工程拨款是棉纺厂方应尽的义务,作为主抓该项目的县长为工程解决这一问题,也是其职责之内的事,不存在为襄樊建安公司方谋取利益的这一问题。因此,一审法院认定王利用职务之便,为他人谋取利益之说是缺乏根据的。

综上所述,王某珍收取襄樊建安公司的12万元钱是向原县委书记汇报的,12万元钱用向明确:2万元用于“跑项目”、引资,余下10万元钱垫支了棉纺厂挂账费用,并未占为已有,而且在整个棉纺厂建设过程中,王并未给襄樊建安公司谋取任何利益,王收取12万元钱的行为,从主观到客观都不符合受贿罪的条件。因此,一审法院认定王受贿襄樊建安公司12万元钱不能成立。

二、检察卷上认定上诉人王某珍从桐柏棉纺厂等5家企业拿款18.5万元,用于“跑项目”、引资金,这一事实与本案有重要联系,但在认定数额上有出入

除襄樊建安公司的12万元之外,王某珍还用了几个企业的钱跑项目,总共是12.5万元,但检察院认定是18.5万元,这不是事实。王确实承认过18.5万元,但那是在体罚、逼供情况下承认的,不承认就过不了关,睡不了觉,在上诉人实在承受不了的情况下,王按他们说的数承认了,说多少就认多少。

(一)王某珍从桐柏棉纺厂等几家企业拿款情况

1. 王某珍从棉纺厂拿款9.8万元,与检察院认定的相差5万元。

刘某保证实说,1994年4月24日,刘取了5万元给王某珍,说是那天王去“跑项目”,去郑州要的经费。实际上王没拿这些钱,时间上也不对。

4月23日王从郑州开会回来,住在南阳宾馆。24日上午回桐柏,下午到家,王并没有当时返回郑州,也没必要刚回来就再返回去。另外,事先不打招呼一下子也是提不出5万元的,王过去从未一次从刘某保处拿过这么多钱。这从时间、情理上都说不过去。相反,王某珍自认还从刘某保处拿过1万元,而刘某保的日记中却没有记载,检察院却予以认定了。可见,刘某保日记记的数并不准确,不能作为根据。检察院以此认定这5万元,显然证据不足,而且在认定依据上,自相矛盾。

2. 从天然碱矿拿款1.7万元,与检察院的认定相差8000元。

为了引资,王曾让碱厂经理黄某甫给省人行计划处处长郭某某女儿出学费。在检察院初查企业时,为了保护人行的关系,王从天然碱实际拿了1.7万元,但还了2.5万元,多给他8000元,替他平账。天然碱矿经理黄某甫曾交代说王拿过这8000元,并有两张领款凭证,1993年3月5日和3月12日各一张,3000元加5000元共8000元,是领款后立即送给王的(领款人不是王签字)。事实上,1993年3月1日至17日,王随南阳代表团在香港和泰国考察,根本就不可能拿这两笔钱。所以,此8000元纯属虚构。

3. 王从水泥厂拿钱5000元,与检察院的认定相差6000元。

(1)1994年年初,为解决贷款,王某珍让李某山厂长准备一个信封装5000元,给省建行租赁公司经理任某某。王拿到装钱的信封后,原封不动地给了任某某。之后,李某山说是7000元,有2000元是给王的。但王在当时不可能当着任某某的面打开信封,看钱是多少,所以根本不知道是7000元还是5000元。因此,王没拿这2000元。

(2)1994年4月,有两个外商到桐柏谈项目,王约李某山准备3000元,可直到吃中饭时,李也未到。故王从天然碱和棉纺厂各拿3000元,给了外商。李某山到时外商已走,王也就没收李的3000元。

(3)李某山称,1994年春节,李某山到王某珍家送礼给了王1000元。王称没有收下这笔钱,这里只有李的证言,故认定这1000元,证据不足。

4. 从电扇厂拿钱5000元,与检察院认定是一致的。

这样王从这几家企业总共拿钱12.5万元。

(二)12.5 万元的去向

其中用掉7.5 万元“跑项目”,已落实。余下5 万元原是经县委研究为跑1000 万元贷款项目用的。后来这笔钱没有用,在检察院初查企业时,王把其中2.5 万元给了碱厂经理黄某甫,另外2.5 万元加上个人借的8 万元共10.5 万元,交给刘某保了。

这样,从棉纺厂等几家企业拿的12.5 万元钱,笔笔有来源,也笔笔有去处,来龙去脉是清楚的。

(三)已查明的公款去向,支出远远大于收入,说明一审对数额重复认定,自相矛盾

王某珍从襄樊建安公司拿钱12 万元,从棉纺厂等企业拿钱12.5 万元,总共24.5 万元。而已查证、落实的总支出为37 万元,多支出12.5 万元。退一步讲,即使如检察机关所认定的,王某珍从棉纺厂等企业拿钱18.5 万元,加上从襄樊建安公司拿钱12 万元,总共30.5 万元,也多支出6.5 万元。这样计算,检察院也重复认定了6.5 万元,支远远大于收。出现这种支大于收的原因只能有一种解释:王某珍的确用襄樊建安公司的钱垫支了棉纺厂无法报账的挂账费用,然后又用自己的钱及借来的钱补上了襄樊建安公司的钱,这笔多支出的钱正是王某珍个人补上的钱。这再一次证明:王某珍将襄樊建安公司的12 万元钱已经用之于公,全部支出了。

(四)上述12.5 万元(检察院认定的18.5 万元)已经用于为公“跑项目”、引资金的事实,印证了王某珍用襄樊建安公司的12 万元“跑项目”的真实性

王某珍从5 家企业拿钱跑项目的事实已经得到证实,而且这些钱与从襄樊建安公司收取的12 万元是交错取得和使用的。这表明,第一,王某珍用公款跑项目确属必需而且确属事实。第二,王某珍使用这些钱时没有私吞的意图和行为。第三,两笔钱在使用中不能截

然分开。钱是种类物而不是特定物，计算时只能算总账而不能区分彼此。

所以，这笔钱的用途充分印证了襄樊建安公司12万元用途的正当性，说明王某珍没有私吞这12万元的意图和行为。

一审中检察院和法院将这两笔钱人为地加以区分和割裂，将查明落实去向的统统归到另一笔中，将难以查明去向的统统归到襄樊建安公司的12万元之中，以此来证明，王某珍企图将襄樊建安公司的12万元占为己有，并且无视支出大于收入的这种明显的、无法解释的重大矛盾，强行认定王某珍受贿。这种思维逻辑和定罪结论是违反常规、违背事实和不负责任的。

三、王某珍在检察机关调查企业过程中用私款平账，让人出假证，造成了某些假象，但这不能成为认定其受贿的根据

在检察机关初查企业时，王某珍拿钱给企业，又用襄樊建安公司给的10万元钱垫支给棉纺厂，用来平这些企业“跑项目”、引资已经花掉而无法报账的挂账费用，随后又拿自己的钱和借来的钱给棉纺厂并人为把交款时间提前，以使从襄樊建安公司拿钱合法化等。王某珍这样做并不是为了掩盖自己的罪行，而是为了保护企业、保护厂长，保护桐柏与外界的关系。王某珍上述行为，在客观上确实造成了掩盖罪行的嫌疑，但这不等于王某珍确实有罪，这种行为与犯罪构成没有必然联系。

受贿罪的本质特征是利用职务便利，为他人谋取利益而收受他人财物。在本案中，王某珍能否构成受贿罪的基本界限是他是否将襄樊建安公司的12万元占为己有。在不能证明王某珍将此12万元占为己有的情况下，其他任何情节都不能作为认定王某珍受贿的根据。且无论王某珍以私款平账等行为的解释和理由是否成立或真实，无论如何，这些情节只能作为侦查中的一种线索，而不能作为定罪的根据。

实践中,行为人由于对法律认识错误而采取某些错误乃至违法手段的情况经常发生。如正当防卫者因不懂法律而掩盖防卫事实;私营企业主或上缴固定承包金的承包者采取做假账或吃空额等手段取得本应属于他自己的财产,等等。这些行为常常会引起怀疑而被立案侦查,但一经查明真相便应认定无罪。这是认定犯罪的一项基本原则。法院是定罪机关而不是侦查机关,因此,必须分清定罪与侦查的界限和标准。绝不能将犯罪构成要件以外的因素当成定罪的依据。

在此,辩护人特别提请二审法院高度重视这一问题。

四、一审法院认定:王某珍分别收受钮某山、郭某良、陈某山的贿赂共计5000元人民币,其事实不清,证据不足

1.1985年11月,王某珍在任新野棉纺厂厂长期间,新野县城郊乡民政助理钮某山、城郊乡福利建筑公司经理郭某良送给王某珍3000元钱,但王在第三天又退还给了钮某山(见一审律师会见被告笔录)。郭某良证实:送钱后10多天,王某珍见到郭贵良说:"你们送的钱,已退给老钮了。"后听钮某山说:"王某珍把钱退给我了。"(见一审律师调查证人郭贵良笔录)

但是,钮某山否认钱退给他了。因此,一审法院就认定:钱是送给王某珍了,有钮、郭两人证实,王也不否认;至于王退钱给钮,钮不承认,郭没亲见,证据不足,不能认定。故王某珍受贿这3000元成立。这种推理显然是不合逻辑的。这里,在检察院和一审法院也同样不能出具充分的证据证明没有退钱的情况下,就草草地下结论,认定受贿,是不负责任的。

2.1994年2月,王某珍收取桐柏县大河大理石厂厂长陈某山2000元钱,收取这2000元钱不构成受贿。

(1)王某珍没为陈某山谋取利益。陈是桐柏大理石厂厂长,该厂是乡镇企业,不由王某珍负责管理。因此,在业务上没有必然联系,也就谈不上为其提供方便。

(2)王某珍没有受贿故意。王某珍在陈某山执意留下"2000元钱"(放下钱就走)后,追出屋门对其说:"这钱随后还你。"

在检察院询问陈某山的笔录中陈说:"我从裤子兜里掏出来,递给王某珍,他不接并说,谁家兴搞这。我看他不接,为了表示心情,就扔到客厅的桌子上。我一走出客厅,王某珍站起来说,这钱随后还给你。"(卷6,P42)

"问:这个钱王某珍后来给你没有? 答:没有。"

但在陈某山证言同一页,陈某山回答"没有"之后有这么一句话"后来我就一直没有见过他",不知出于什么原因被划掉了。陈的证言证明了王某珍说的"随后还你"是客观存在的,是实话,而被划掉的陈某山的这句证言正好说明:王某珍为什么没有将2000元还给陈某山——因为其一直没有见过陈某山。

检察院在全部侦查卷宗中至今没有任何材料显示:从1994年2月王某珍收下陈某山2000元之日起到1994年8月9日其失去自由,被告王某珍与陈某山到底见过面没有。在这种情况下,一审法院是依据什么事实、什么证据,给王某珍定性受贿这2000元呢?

所以,一审判决认定王某珍收受以上三人贿赂5000元的事实不能成立。

综上所述,我们认为:一审法院认定王某珍受贿罪的判决事实不清,证据不足,不能成立。辩护人请求二审法院实事求是,认真调查,依法改判王某珍无罪。

此致

河南省高级人民法院

辩护人:

北京市京都律师事务所律师　田文昌　崔　英

1996年4月6日

附1:王某珍并非受贿　好县长人才难得

河南省桐柏县县长王某珍经南阳市中级人民法院一审认定为受贿罪,判处有期徒刑14年。然而,作为王某珍的二审辩护人,经过充分调查分析之后,我竟然发现,王某珍不仅无罪,而且是一位人才、难得的好县长!感叹之余,我认为有责任向有关部门陈词汇报。

有人也许会认为,作为律师,尽责辩护就是了,何故在辩护之外多此一举?但我却认为,作为律师,作为法学工作者,此举并非多余。因为对于改革开放,对于反腐倡廉,对于维护法律的公正性和严肃性,每个公民都有义不容辞的责任。正是基于这样的信念,多年来我在代理案件中一直遵循这样一条原则:对于真正的腐败分子、社会蛀虫,该打击的绝不姑息;对于改革开放中无辜蒙冤的开拓者,该保的竭尽全力。正是遵循着这样一条原则,我冒着生命危险状告大邱庄主禹某敏,历时3年,禹某敏被押上审判台;也是遵循这样一条原则,我为被四罪并罚判处18年徒刑的河北省著名企业家商某作无罪辩护,四处呼吁,历时3年,终于为商某洗清了罪名使之再次腾飞;我为被指控为死罪的大兴安岭企业家朱某金作无罪辩护,历时5年半终得无罪判决……我感到办好一个案件的深层意义,绝不仅在于告倒某个人或保住某个人,而是在于维护法律的尊严、维护改革开放的大局。

今天,当我深入调查、分析了王某珍案件之后,又一次意识到王某珍案所引发的深层意义:反腐败的目的在于摘除国家肌体中的毒瘤;如果因误诊而做错了手术割除了健康肌体中的重要部位,其后果不亚于毒瘤所带来的损害。

王某珍是一位事业心很强的年富力强的县长,为了转变桐柏县的落后面貌,为了发展桐柏县的工业,他顶住各种压力,克服重重困难,身为县长却身先士卒,亲自替企业去引资金、“跑项目”;为了在夹缝中求发展,他带着从企业筹集来的资金,四处奔走去磕头作揖;为了桐柏县几十万父老能够脱贫致富,他不得不屈从于连我们党和政府目前都尚未根治的腐败的社会环境去请客送礼。为了解决这些无法报账的资金,他只好“黑黑地来,黑黑地去”,冒着被别人误解的风险,以各种方式筹款去默默地奔波;当检察机关开始调查的时候,为了保护各方面的关系,为了企业的利益,他又自己借钱去平了那些无法平衡的账目。然而,正是为了这一切,他被误解,被错判,被当成了腐败分子的典型而蒙受冤屈。

王某珍所做的这一切,果真是犯罪,果真是为了掩盖个人的罪行吗?不是。大量事实表明,他所做的这一切,有错误,甚至有违法性,但却不是犯罪;最重要的,是因为他并没将这些钱装入自己的腰包。他只是为了桐柏县群众的利益才犯错误,而这些错误却是在他那种特定的奋斗环境中所难以防止的。选择似乎很艰难,要么像他那样去做,要么不做。也许这并非唯一的选择,然而,就王某珍来讲,他是在找不到第三条路的情况下,才选择了前者。这至少可以说明他不是一个无所作为的混世者,而是个想干事业并正在干事业的人。

据了解,在一审开庭审判的时候,千百名旁听群众为王某珍的陈述所感动,拍手叫好,希望王某珍到他们那个县去当县长。试想,在人民群众对贪污、贿赂等腐败行为切齿痛恨的今天,群众何以会对一个受贿的县长叫好?这种令人费解的现象不值得引起足够的重视吗?群众最清楚他们需要什么样的干部,群众需要真干实事的人,哪怕他有这样那样的错误,群众理解王某珍,相信他不是在损公肥私。

在改革开放的今天,像王某珍这样的干部,不是太多,而是太少;不是打击的目标,而是保护的对象。我们的司法机关,切不可草率从事!只有准确地掌握法律的尺度,才能真正体现法律保卫社会,促进经济发展的作用。

王某珍一案影响广泛,典型性很强,希望有关领导予以密切关注。

王某珍无罪的理由,详见二审辩护词和北京法学专家论证会纪要。

北京市京都律师事务所律师 田文昌

1996年3月25日

附2:北京法学专家法律意见书

应京都律师事务所邀请,北京11位刑法学专家于1996年4月3日就王某珍受贿案进行了专题论证。

与会专家有:

曹子丹 中国政法大学刑法学教授

梁华仁 中国政法大学刑法学教授

杨敦先 北京大学刑法学教授

杨春洗 北京大学刑法学教授

张　文 北京大学刑法学教授

王作富 中国人民大学刑法学教授

陈兴良 中国人民大学刑法学教授

欧阳涛 中国社会科学院刑法学研究员

樊凤林 中国人民公安大学刑法学教授

张泗汉 最高人民法院政策研究室原副主任

江礼华 中国人民检察官学院刑法学教授

专家们在详细研究案件资料的基础上,对王某珍案进行了深入分析和反复论证,提出法律意见如下:

一、王某珍不具有受贿的主观故意和客观条件

王某珍在接受襄樊建安公司12万元好处费第一笔款时向县委书记燕某群作了请示汇报,并取得了燕的同意。以上事实表明他没有个人私自占有这笔钱的主观故意,并且在客观上也不具备占有这笔钱的条件。因此,不具备占有或企图占有这笔钱而构成受贿罪的基本特征。

此12万元与补充协议中写明的10%(10万元)是性质不同的两笔钱。协议中的10万元是公开写明的必须入账的款项。一是不必向县委书记汇报,二是不可能私自支配,三是因只能在决算后兑现而不可能用于"跑项目"。而王某珍在向燕某群汇报时,已明确说清了是二三十万元,并且说明了用于"跑项目"、引资金的具体用途。这个事实可以表明,王某珍汇报的不是指协议中写明的1%,而正是他后来收取的12万元。在这个问题上,尽管燕某群的证言前后有些差别,但在基本事实上是清楚的。所以,燕某群的证言可以表明,王某珍没有受贿的主观故意和客观条件。一审判决认定"王某珍给燕汇报的是将来工程队要给回扣一事",明显缺乏根据。

在燕某群证言之外,还有两个人也曾经证明过知道此事,但此二人是在被检察机关限制自由之后又予以否认的,这种否认后的证言的效力值得怀疑。

另外,王某珍事后又向县市多位领导汇报过此事。检察机关认定这是王某珍在风闻被查之后企图掩盖罪行的表现,这种认定缺乏根据。事后又向多位领导汇报与先前已向县委书记汇报,这两种行为不能割断。两者联系起来可以印证王某珍没有私吞这笔款的主观意图和客观条件。

本案中构成受贿的基本要件是王某珍将该笔好处费私自占为己有。然而,"私吞"与"主动告知他人"在主观意愿和客观行为上都是相矛盾的。因此,认定王某珍私吞该款而构成受贿显然缺乏依据,且难以自圆其说。

二、王某珍将12万元用于为公跑项目具有比较充分的事实依据

1. 王某珍从企业拿钱并非只是12万元,而是还有一笔,即一审中没有认定为犯罪的18.5万元(王某珍只承认12.5万元),之所以没有认定为犯罪,是由于已查明该笔款确实为"跑项目"所花掉了。这个事实表明,王某珍从企业拿钱跑项目确属事实。

2. 李某玲的证言表明,王某珍带几万元钱去上海跑项目,确属事实。而这笔钱已经超出了18.5万元的范围,可以证明是12万元中的一部分。

3. 18.5万元与12万元不能截然分开。王某珍手中的两笔钱是交错取得和使用的。检察机关人为地区分,将查明去向的都归到18.5万元之中,查不清楚去向的都归在12万元之中,由此推出结论,认为王某珍企图将12万元占为己有,而用于"跑项目"花掉的只是另外一笔钱,这种推定是不正确的。

综上,虽然王某珍手中掌握的总钱数尚未全部落实去向,但是,大部分去向已经落实,有一小部分由于种种原因难以落实。这个事实可以表明,王某珍收取公款用于"跑项目"的基本事实是存在的。

三、一审在证据认定上有重大矛盾

检察机关认定王某珍从企业拿钱总数为30.5万元,王某珍坚持是24.5万元。而事实上已查明,总支出为37万元,支出超出收入。在支明显大于收的情况下,轻率地认定王某珍私吞12万元,这是对数额的重复认定,缺乏起码的事实依据。这个矛盾恰恰形成了反证:王某珍将该款用之于公,又用自己及借来的钱补上了难以查明用向而无法平衡的账目,这些多出来的钱显然是王某珍个人的。这个事实进一步说明王某珍将12万元确实用之于公。一审法院在这种重大矛盾存在的情况下,认定王某珍受贿是不负责任的。

四、王某珍在检察机关调查企业的时候用私款平账的行为不能作为认定其受贿的根据

王某珍上述行为在客观上确实造成了掩盖罪行的嫌疑。但是,且不谈王某珍自己陈述的为"保护外面关系"和"保护企业"的理由是否充足,重要的是这种行为与犯罪构成没有必然联系。行为人对法律认识的错误或者手段错误都不能成为构成犯罪的依据。司法实践中,由于行为人不懂法律或者各种原因,以某种错误手段掩盖并非犯罪事实的现象经常发生,这种现象往往会造成一种构成犯罪的假象。司法机关应当保持清醒的头脑,不应为这些假象所误导。这个问题对于正确办案是至关重要的。王某珍收到钱以后即向县委书记燕某群请示汇报,这是本案最关键的事实依据。如果抛开这个事实去孤立地考察所谓"掩盖罪行"的手段,难免会导致"似是而非"的结论。

五、一审判决对于王某珍受贿5000元的认定,证据不足。并且证据冲突明显,不能成立

综上,王某珍构成受贿罪证据不足,不能认定为犯罪。

根据全案资料可以看出,王某珍是一个事业心强、敢于开创和做实事的干部。对于这样的干部更应当严格区分工作失误与犯罪的界限。王某珍在使用资金方面缺乏法制观念,违反了财经制度。但这些问题与犯罪的界限应当严格予以划清。

为此,建议二审法院慎重处理此案,严格区分罪与非罪的界限,撤销一审法院对王某珍犯有受贿罪的判决。

1996年4月3日

审理结果

一审判决认定了检察院指控的犯罪,判处王某珍有期徒刑14年。

王某珍不服一审判决,提出上诉,并委托田文昌、崔英律师担任其二审辩护人。

二审法院河南省高级人民法院没有采纳律师无罪辩护的意见,驳回上诉,维持原判。

李某某走私案

案情简介

被告人李某某,大学文化水平,原任香港宝联国际有限公司(以下简称宝联公司)副总经理,是宝联公司在内地有关投资及贸易事项的全权代表。

1993 年年初,江苏省某公司(以下简称 A 公司)基于移动通信发展的需要,准备从香港进口一批“金心”TAC - 1300 型手持机(俗称大哥大)。A 公司由于没有进出口权,找到当时在南京的李某某。李某某经与香港公司总部联系,同意经营此项业务。宝联公司在香港又通过亚太通信卫星有限公司,向金心公司开具 L/C 信用证落实了货源。李某某又通过他人介绍找到具有进出口经营权的中国惠通(集团)总公司(以下简称惠通公司)。经过几次接触,宝联公司与惠通公司单签了委托进口报关协议,约定宝联公司按总货款的 10% ,即 1 美元 1 元人民币的比价,每部手机 600 元人民币向惠通公司支付包括关税款在内的代理费;惠通公司负责办理此批手机的进口批文、报关手续、完税交货。

惠通公司于1993年5月通过深圳金峰实业公司(属武警部队边防局)以“直接军事装备”的名义办理了进口军事装备报关证明(编号:9376、9377)及机电设备进口证明(深圳金峰实业公司收取了手续费)。

1993年8月13日货物从南京进关,总计手持机1990台,价款398,000美元,海关申报单位是惠通公司。该公司报关员周某跃一人进报关室交验单证,办理了报关手续。在向海关申报的进口货物报关单“备注”栏里注明,附无管会(中国人民解放军无线电管理委员会)证明和军免表(前述军事装备报关证明,编号:9376、9377)。办完报关手续后,货由李某某交给A公司。

1994年8月14日,江苏省纪委在根据群众举报调查干部受贿案时,找李某某谈话。8月18日李某某被监视居住,9月14日被收容审查,10月12日被延长收容1个月,11月10日再次延长收容1个月,12月13日被解除收容审查,同日又被收容审查。1995年1月10日南京市公安局提请逮捕,同年8月16日被批准逮捕。1996年3月11日南京市人民检察院以走私罪向南京市中级人民法院提起公诉。起诉书指控李某某利用惠通公司深圳分公司李某、周某跃等人提供的“○一五”单位军事装备免检免税批文,通过南京海关进口“金心”TAC－1300型手持移动电话1990台,价值人民币1260余万元,逃避海关税收计人民币846,200余元;被告人李某某将上述物品擅自销售给A公司,从中非法获利。

辩护词

审判长、合议庭:

北京市京都律师事务所和上海市新汇律师事务所接受本案被告

人李某某的委托,指派田文昌、余向栋两位律师担任其辩护人。辩护人介入诉讼后依法履行职责,查阅了本案的卷宗材料,会见了被告人,今天又参加了庭审调查的全过程。对本案有了一个比较全面的了解,现提出辩护意见如下:

一、关于本案的程序

我国《刑事诉讼法》规定了公、检、法三机关的职权,明确人民法院、人民检察院和公安机关进行刑事诉讼,必须严格遵守《刑事诉讼法》和其他法律的有关规定。《刑事诉讼法》是从程序上保证《刑法》的正确实施,保障正确地揭露犯罪、惩罚犯罪,保障无罪人不受刑事追究、保障诉讼当事人的合法权利不受侵犯。在我们努力建设法制国家的过程中,应当努力克服传统的"重实体,轻程序"的做法,无论是实体处理上,还是程序操作上都必须严格依法办事。

辩护人在介入诉讼后了解到,本案在程序上有违法之处:

(一)对被告人的羁押手续不全,并且对其超期关押

1994年8月18日被告人李某某被监视居住,被拘禁在伊村饭店与外界隔离,实际上被剥夺了人身自由;

1994年9月14日被收容审查;

1994年10月12日被申请延长收容1个月;

1994年11月10日再次被申请延长收容1个月;

1994年12月13日以惠通公司有关人员未到案为由被解除收容审查;同日又以宝联公司走私为由被收容审查,此后再没有见到有关收容审查的法律文书。

南京市公安局1995年1月10日发出提请批准逮捕书,但是时隔7个月之后,8月16日才被批准逮捕,被告人于1996年3月11日被提起公诉。

被告人被羁押时间(从1994年9月14日被收容审查算起)长达

19个月,而且法律手续不全。被告人最后一次被收容审查的时间是1994年12月13日,在这以后再也没有过被收容审查的手续或者延长收容审查的手续,但是人身自由被继续剥夺。

《刑事诉讼法》第48条第1款规定:“……人民检察院应当在接到公安机关提请批准逮捕书后的三日以内,作出批准逮捕或者不批准逮捕的决定……”但是本案竟然出现了南京市公安局1995年1月10日发出提请批准逮捕书,南京市人民检察院在时隔7个月之后,也就是1995年8月16日才作出批准逮捕的决定。在党和国家强调依法治国、依法办事的今天,出现这样严重违法的事件,是不能容忍的。

(二)扣押物品手续不全

《刑事诉讼法》第85条规定:“对于扣押的物品和文件,应当会同在场见证人和被扣押物品持有人查点清楚,当场开列清单一式二份,由侦查人员、见证人和持有人签名或者盖章,一份交给持有人,另一份附卷备查。”

被告人李某某被监视居住的同日就被搜走了3本笔记本、长城信用卡、人民币4万元、3万美元(其中有2万美元代他人保管),还查封了被告人所在香港公司出资购买预付了80万元人民币的4套房子。但是现在除了3本笔记本被随案移交外,其余的没有一份附卷备查的文字材料,扣押物去向不明。这是明显违反《刑事诉讼法》规定的,也给本案的最终处理带来一定的困难。

辩护人还要指出的是,在我们中国这块土地上,无论哪个机关、哪个个人都没有超越宪法和法律的特权,都必须严格遵守宪法和法律,尤其是执法者和执法机关更应该模范地遵守国家的法律。只有这样才能不辜负人民的信任和重托,才能不辱使命。

二、关于本案的认定

南京市人民检察院宁检刑一起字(1996)第33号起诉书认定被

告人李某某1993年8月,利用中国惠通(集团)总公司深圳分公司李某、周某跃(均另案处理)等人提供的“〇一五”单位军事装备免检免税批文,通过南京海关进口“金心”TAC-1300型手持机移动电话1990台,价值人民币1260余万元,逃避海关税收计人民币846,200余元,被告人李某某将上述物品擅自销售给江苏A公司从中非法获利。

辩护人在仔细审查全部证据之后认为,检察院的上述指控证据不足,不能认定被告人李某某犯有走私罪。

(一)1990台“金心”手机的买卖是香港宝联国际有限公司的业务,不是李某某的个人行为

1993年年初,为适应经济建设事业的需要,内地移动通信事业迅速发展,江苏A公司为了适应这种市场需求准备进口一批“金心”手机,并且找到已在香港公司任职的李某某。李某某获得这一信息之后,与公司取得联系并征得同意,代表公司具体操作这一业务。从信用证的开具、货物的装箱、交验托运都是香港宝联国际有限公司出面的。辩护人在庭审中向合议庭提交了由香港宝联国际有限公司总经理周某麟出具的授权书,授权李某某全权处理该公司在内地有关投资及贸易事项,并代表其签署有关法律文件。经过法庭质证,公诉人未提出异议。

例如,卷贰第8页香港宝联国际有限公司于1993年7月29日开出编号为PL9370729(A)的装箱单;

卷贰第14页香港宝联国际有限公司于1993年7月29日开出编号为PL9370729(B)的装箱单;

卷贰第10页以及第15页编号、日期与上述装箱单相同的发货单都由香港宝联国际有限公司开出。装箱单、发货单都盖有香港宝联国际有限公司的印章。

卷贰第9页香港中旅货运有限公司的货物运输通知单,寄货人是香港宝联国际有限公司,收货人是中国惠通(集团)总公司。在境外,香港宝联国际有限公司是卖方,中国惠通(集团)总公司是买方是十分清楚的。

境内的贸易本应是惠通直接销售给A公司的,但是为了防止惠通短路客户(检察卷第7页,周某跃证言),因而形式上是中贸发卖给A公司,实际上货物是惠通直送的。在一般情况下,应该由惠通完成进口销售的全过程,但是在实际业务中,因为种种原因又委托了中贸发、市纺和金丰,代理了本应是惠通所做的事(见流程示意图)。

如果这些公司不愿做或不能做,结果就不会出现今天这样的局面,但惠通等公司展现给被告的是其合法正规的一面,而且被告所能看得到的也只能是这样。对一个香港公司职员来说,只要他们合法、正规就可以了,并没有深究其是否真正合法。这对被告来讲也是不可能做到的。因为这是惠通等公司内部的商业秘密,哪一家公司也不愿意将自己的商业秘密告诉别人。在被告跟他们接触来往中,还以为对方是在合法地报关,合法地允许其销售,这正是被告的悲剧所在。

辩护人在审查证据的过程中发现,以中贸发的名义签订合同是经过该公司总经理陶惠生同意的。

李某某日记1993年1月31日第七条中记载:电陶总仍用中贸发保税行对外签约、开发票……保税行亦是二级法人,在宁开账户、刻合同章、财务章结算亦可。

1993年3月8日、4月27日、4月28日、6月4日等日记中多处有:“与中贸发陶总商发票开法。在南京用惠通批文,中贸发合同,委托海关或海运公司报关,中贸发开发票三张”等记载。

江苏A公司的傅某荣也有证言证明,在签订合同时李某某出具了中贸发的授权委托书(检察卷第27页和第31页)。

所有这些证据可以相互印证:李某某以中贸发的名义签订合同是得到中贸发的授权的,是中贸发同意的,中贸发为此还收取了手续费,现在出了麻烦,就否认已作出过的承诺或默契,这是经营者应有的商业道德吗?

综上所述,这笔1990台手机的业务是香港宝联公司的贸易,货源是宝联公司组织的,货款最终汇往香港宝联(严某证言,卷贰第105页),这笔业务不是李某某个人经营,不是李某某的个人行为。

(二)在海关报关的不是香港宝联公司,也不是李某某个人,是惠通公司,是惠通公司以自用军事装备免税报关后销售实行走私

李某某所在的宝联公司通过种种努力开出了信用证,就寻找国内贸易公司,了解到惠通公司的主管部门是总参,惠通公司是正规的大公司值得信赖,即委托惠通公司办理进口许可批文、报关完税,由宝联公司支付惠通公司包干费用。

惠通公司明知这批手机不是自用,不是用于军队,但都通过关系欺骗上级部门办理了进口军事装备报关证明、机电设备进口证明。仅此一单,惠通非法所得113万元。

起诉书指控李某某在做这笔业务中偷逃关税、走私、将军事装备免税的手机擅自销售。但是所提供的证据却证明偷逃关税走私的不是李某某,而是惠通公司,直接责任人员也不是李某某,是惠通公司的总经理李某和业务员周某跃。

卷贰第3页、第13页,海关编号分别为10691和10690的"进口货物报关单"申报单位明白无误地写着"中国惠通集团总公司"。

卷贰第17页,中华人民共和国海关"进口货物报关单"申报单位赫然盖着"中国惠通(集团)总公司报关专用章"并且有报关员周某跃的亲笔签名。

证据表明,不是李某某利用了惠通,而是惠通利用了李某某,利用了李某某对海关规定的无知,利用了李某某对部队办公司近似天真的信任来进行走私活动。

试想一下,如果惠通的有关人员在初识被告人李某某时就告诉被告:他们用特批的军事装备免税批文进关或者告诉被告人特批的只能自用,没有补税卖出去了就是走私,被告还敢委托他们进口,拿公司的几千万元货物给惠通去冒险吗?

从法律角度来看,惠通代理进口报关,应该由惠通完税报关,这是外贸进口业务的常识。境外公司只负责组织、提供货源,在CIF条件下,货抵口岸后供方也即宝联公司的义务已经履行完毕。这以后,包括报关完税、运货到客户的都是需方的责任。在进关及其以后过程中发生的风险责任,除了事先约定的(如质量保证、售后服务、维修等)以外,都应该由需方即惠通公司承担。

进口报关有两个环节:第一个环节是提交合法有效的证明文件,例如,对国家限制进口的商品、有政府主管部门允许进口的批文、订购合同、发货单、装箱单,只要证单相符就可以报关;第二个环节是完税。进口的企业对应交的关税故意偷逃,就属于走私行为。惠通公司收取了包干代理费,骗取了国家主管部门批准的旨在加强部队集体战斗力而自用的军事装备免税批文,骗逃了海关关税,没有在海关补税擅自销售民用,其走私的罪责是不可推卸的。辩护人请合议庭注意一个重要的情节:没有任何证据能证明李某某参与报关,包括周某跃都承认报关是他一个人去的(检察卷第9页)。批文是惠通公司办理的,报关是周某跃一个人报的,提供哪些具体文件,惠通是不是补交了税款,李某某无从知道。如果说惠通走私,李某、周某跃有走私犯罪故意的话,李某某则没有这方面的意思联络,也就是说,缺乏共同的犯罪故意。宝联公司委托惠通报关,支付了包干费用,向海关完税是惠通公司应尽的义务,报关完毕把货交给客户,客户向外销售是合法的。惠通把免税的批文拿来报关,明知是民用没有补税就交给客户是"擅自销售"。

李某某与惠通曾经签署过委托代理合同,并且在合同中写明"完税报关"。李某某与其他公司签约做同一种类业务时也是这样要求对方的(如维成公司)。李某某在1993年3月8日的日记中有这样的记载:"惠通见李总、小周签手机1.1万台,价600/880元。"证明李某某与惠通是曾经签过协议的。但是这份合同却被惠通藏匿拒不提交。这一事实证明了两点:(1)在海关纳税或者补税的义务是惠通,不仅报关的运作过程这样,事先的约定也是这样,偷逃关税的责任在惠通,不在李某某;(2)惠通藏匿合同目的在于推卸责任,嫁祸于李某某。

(三)李某某不具有构成走私罪必需的犯罪故意

走私罪的犯罪构成的主观方面,必须是出于犯罪的故意,过失不构成走私罪。

1993年通信市场进口手持机的代理包干费每台600元左右(见检察卷第4页,周某跃证言),所谓包干费就是包括报关费(关税)、管理费、手续费、运杂费、利润等。经过交涉、谈判,惠通公司以每台570元的接近市场价的价格代理进口,应该说这个价格与当时的市场价并不背离。前已有述,宝联公司支付包干费包含了关税款。这也可以从李某某的日记中得到印证。1993年1月13日李某某在日记中记:惠通手机1000台/月量代进口,税能争取到1美元1元人民币。1993年8月13日李某某在日记中记:应给惠通税1990×570=113.43万元。在上述二段日记中李某某明白无误地写清楚的是给惠通的"税",也就是关税。

周某跃1995年7月5日(检察卷第5页)对包干费用解释为只是进口代理费、手续费,不含关税。这是不符合事实的。按照周某跃的解释,包干费只是代理费(海关报关不收手续费)那么代理费高达10%。稍有外贸常识的人都知道,代理费只是货款的0.5%左右,最高不超过1%。现在按照周某跃的解释竟高达10%,这可能吗?这从反面也证明了代理包干费确实包含了税款。

南京市海关出具的10690、10691两份报关单进口货物应缴税款为846,210.60元,李某某向惠通实际支付了136万元(见李某某日记,1993年9月2日)。这也说明宝联公司支付给惠通公司的代理包干费中包含了税款。惠通公司应向海关缴纳而没有缴纳。

被告人李某某去香港之前,没有做过贸易,更没有做过跨境贸易,不懂得进出口报关的整套程序和法律。去香港后,才开始学做贸易,接受的也完全是自由市场经济的一套。在香港、深圳一带做贸易的过程中所接触了解的进口通信产品都是这样的价格和操作,产品要进入市场就委托其他公司代理报关,完税交货。具体某一种通信产品进口关税的税率是多少并不清楚,至少在1993年做"金心"手机贸易时是这样,直到1994年1月底才如梦初醒,才知道自己所经营的有关产品税率。这在被告李某某1993年1月31日的日记中有详细的记载。它有力地印证了被告人李某某对进口产品关税的认识过程。辩护人相信合议庭会注意审查的。

三、关于对某些证据的质疑

(一)卷贰第6页及第16页中国惠通(集团)总公司与宝联国际有限公司的订购合同,经辩护人向南京海关调查,并放大复印可以明显地看出惠通有人盗用李某某的签名(如有必要可以送有关部门作文字笔迹鉴定)。李某某并没有签过这两份合同,这是惠通公司为了能进关而策划倒签的。联系到案发后惠通公司人员的种种表演,使人不得不怀疑,他们能盗用他人的签名倒签合同,难道就不能作伪证吗?(辩护人提取的证据已当庭提交法庭)

（二）对惠通集团深圳公司副总经理李某1995年7月5日证言（检察卷第13页）的质疑

“问：李某某为什么找你们公司合作？

“答：他知道我们惠通公司是总参的一个公司，有能力办批文，因为，我们是军内的直属企业，每年有进口免税的军用装备的业务，他知道我们公司的能力，他要是交全额关税找我们公司报关，那就不会找我们报，因为我们公司能办到军免批文，所以，李某某知道我们有这个条件故找我们报关。

（同卷第15页）

“问：这些货卖到什么地方去？

“答：我不知道李某某卖给谁，后来才知道卖给A公司。

“问：李某某为什么找你们公司代理进口？

“答：他找我们代理进口，知道我们是部队公司，可以办理免税。另外，他找我们代理，也比较安全。”

惠通向李某某介绍公司是总参办的、是正规的，这是事实，惠通也向李某某介绍有能力办到批文也是事实。至于批文的内容，是以什么名义，是不是免税，李某某不可能知道。惠通没有必要、不可能也不会向李某某和盘托出。一个企业的商业秘密不可能向他的客户透露，这是一个普通常识。把不可能的事，把自己的分析，强加给他人，这种证言的可靠程度是可想而知的。

在同一天的证言中，“问：这些货卖到什么地方去？”

“答：我不知道李某某卖给谁，后来才知道卖给A公司。”

这不是实话，因为在第13页的第2行李某就已承认过“李某某说他曾在A公司部门工作过，知道A公司部门需要1300型手持机，他找我们经营部洽谈，洽谈后经营部向我汇报”。李某明明是知道的，这批手机是A公司民用的，怎么又推说“后来才知道卖给A公司”呢?

(三)对周某跃1995年7月5日(检察卷第6页)证言的质疑

“李某某提出到南京海关去问问……他找我要批文的复印件,我就将015单位的批文(军免批文)、订货卡,复印了一份给李某某。当时,我是经过李某副总经理同意办的。”

第8页,“问:你肯定将这些文件复印给了李某某?

“答:我肯定,在李某某去南京咨询之前,我在办公室将复印件给了李某某,我肯定给了他,我敢保证,也愿意与他对证。我要说假话,愿意负法律责任。我不把这些文件给他,他是不能到南京海关咨询的。

“问:1995年4月6日的谈话笔录,你说可能给李某某看过批文,到底看了没有。

“答:不是可能看过,是肯定看过,而且在李某某去南京海关咨询之前,我就将批文和进口证明复印件给了李某某带到南京,4月6日笔录记得不准确,以这次谈的为准。是肯定把复印件给了李某某带到南京。”

而1994年9月4日周某跃在证言中却说:“报关批文,在深圳时我复印一份给李某某(但不敢肯定)要么给他看过。”

但李某1995年7月5日证言却说:“我认为李某某应该看过或知道这个批文。周某跃是否对我谈过给李某某看过,我记不太清楚。”

在上述证言中:

1. 周某跃1994年9月4日的证言及1995年4月6日的证言(该证言没有附卷,是不符合《刑事诉讼法》规定的)。对是否将批文给李某某看没有肯定,但是到1995年7月5日,距4月时隔3个月后却“愿负法律责任”地肯定不仅给李某某看过而且还复印给了李某某。这种肯定的价值有多大是要打一个大大的“?”的。

1994年9月距事情的发生时隔1年,记忆应该比1995年7月距事情的发生时隔2年要清楚。根据心理学的长期遗忘规律,记忆的信息随着时间的推移而递减,时间越长遗忘得越多,但在本案中,周某跃的证言却反其道而行之,这可信吗?

2. 周某跃还证明复印件交给李某某是请示过李某的,而李某却没有证实。

3. 进口军事装备报关证明9376和9377“〇一五”单位是1993年5月27日签发的,机电设备进口证明1096614和1096619是1993年5月26日签发的。在惠通公司能拿到批文到8月13日报关,李某某没有去过深圳,周某跃怎么能复印给他?从时间上就可以否定周某跃的证言。

4. 李某某1993年6月26日的日记中记道,“惠通015单位(武警)批文,订货卡等(机电)、军队无委会证明,只要资料全可在南京进关”。可以印证李某某到张某元那里咨询是说了上述文件的,但是(1)这里没有说“军免”;(2)惠通提供的是允许进口的批文,是正规的;(3)军队无委会的证明是8月3日签发的,在周某跃临报关的8月11日还没拿到(见李某某8月11日日记及李某的证言,检察卷第15页)。如果真的如周某跃所讲的、李某所分析的,李某某拿到或看到复印件才去向张某元咨询,那么怎么解释无委会的证明8月3日才签发,而李某某6月26日就把无委会证明的复印件拿给张某元看了,这可能吗?

5. 南京海关张某元1995年6月5日和9月19日两次证明李某某到他家咨询“军免的大哥大进口需要什么单证?”姑且不论张某元的证言专业性色彩极其明显,李某某这样一个不具备海关专业知识的人有没有可能这样问,假设周某跃的证言是真的话,那么李某某完全应该拿了这些文件去给张某元看,这样且不是更清楚、更准确吗?但就是这样,张某元证言也没有一处提到李某某给他看过,这样,我们还能说周某跃的证言是真实的吗?

刑事诉讼证据规则要求我们,认定被告人有罪必须事实清楚、证据确凿充分。运用间接证据定案除证据材料必须客观、真实,与案件事实有关联外,证据必须具有排他性,证据的内容必须指向一致,不能存在矛盾。本案中,无论是书证、证人证言都与认定被告人李某某犯有走私罪之间存在无法解释的对抗性矛盾,因而辩护人坚持认为,现有的证据不足以认定被告人有罪,请合议庭予以充分考虑。我们相信合议庭会全面审查证据、综合判断,会作出正确的裁决。

起诉书不仅在认定犯罪上失之偏颇,而且在认定行为主体上是明显错误的。大量无可辩驳的证据表明李某某是受香港宝联公司的委托从事手机的贸易进口的,签约是宝联,境内贸易也是李某某代表宝联的利益,货款全部汇往宝联,并不是个人行为,怎么能说是李某某利用免税批文,李某某擅自销售呢?

审判长、合议庭:

被告人李某某是经过党多年教育的青年,他愿意为改革开放、繁荣经济作出自己的贡献,也实现他自身的人生价值,纪检部门找他了解情况他又主动配合,并且积极配合司法机关查清案情,有重大立功表现。所有这些都希望合议庭在处理时予以考虑。

我们的辩护意见发表完了,谢谢。

北京市京都律师事务所律师　田文昌

上海市新汇律师事务所律师　余向栋

1996年4月30日

审理结果

南京市中级人民法院1996年4月30日公开审理此案,以走私罪判处李某某有期徒刑5年。

贺某贪污、挪用公款案

案情简介

贺某,42岁,汉族,大专文化,被捕前系吉林省电力局财务处资产资金科副科长。1996年因涉嫌贪污、挪用公款被长春市人民检察院逮捕,1996年11月4日长春市人民检察院提起公诉,《起诉书》指控:贺自1993年2月22日至1995年11月21日在担任资产资金科副科长期间,利用职务上的便利,在本单位账户、私设"84"号账户中挪用公款18,113,735元;贪污公款617,381元。

一、《起诉书》指控

(一)在本单位账户中挪用公款

1. 贺从本单位账户借给省纺织工业产品经销公司15万元,张归还后,贺除归还私设账户1万元外,其余14万元被贺以个人名义存入银行据为己有。

2. 1993年4月,贺分两次从其经管劳保统筹户中借给华润公司经理杜某220万元,供杜个人进行营利活动,杜将借款归还到贺私设的“84”号账户。

3.1994 年 3 月,贺某个人投资做期货生意,通过省电力局财务部会计,在其经管的统筹户汇出 50 万元,供贺进行营利活动。

4.1995 年 3 月,贺将单位账户中 100 万元借给三海公司总经理殷某。

(二)在私设“84”号账户中挪用公款

1.贺某 1993 年 4 月与姜某协商合伙开办采石场,4 月 5 日贺从私设“84”号账户转到石材经销处 311,779 元。

2.1993 年 4 月贺某与李某商议共同投资合办宏港大酒店,贺分两次从“84”号账户转给李 70 万元。

3.1993 年 8 月 20 日,贺由“84”号账户借给华润物资公司杜某 100 万元。

4.1993 年 5 月 7 日,贺某分两次从“84”号账户借给深圳蔡某 150 万元。

5.1993 年年初,贺某与深圳蔡某商议,在长春购买经营摊位,1993 年 5 月,贺分 3 笔从“84”号账户转出 341,956 元,以其妻名义购买面积为 28.21 平方米服务摊位,后因计划变更,房地产开发公司将款退回“84”号账户。

6.1994 年 3 月,贺某个人投资做期货生意,贺为谋求 20% ~40%“大户积累”,先后两次从“84”号账户投入 400 万元,案发后部分款项及利息返回“84”号账户。

7.1994 年 9 月,贺某从“84”号账户中拨 45 万元,借给桦甸孙某做微菜生意,案发后被追回。

8.1995 年年初,贺某姐姐所在单位山东即墨某厂,因试制新产品缺少资金,贺某姐姐给贺某打电话问贺能否解决,贺从“84”号账户汇山东即墨某厂 10 万元,案发后被追回。

9.1995年2月,三海公司殷某因单位缺少资金,向贺某借款,贺某分两次从“84”号账户拨出500万元,供殷进行营利活动,案发后追回。

10.1995年5月,贺某姐姐、姐夫与他人合伙做生意,向贺某提出借款,贺从“84”号账户拨出100万元汇入蛟河中行其姐夫个人信用卡上,案发后款被追回。

(三)指控贺某贪污问题

1.贺从本单位账户借给省纺织工业产品经销公司15万元,归还后,贺仅归还私设“84”号账户1万元,某余14万元被贺非法占有。

2.1993年4月,贺某从“84”号账户借给其姐夫5万元买汽车;因汽车没买成,其姐夫还5万元,被贺以个人名义存入银行据为己有。

3.1994年5月,贺某分两次从“84”号账户转入海韵视听中心37,381元为个人购买家电。

4.1994年3月至1995年1月,贺某共分6次,将“84”号账户存款转入贺某个人名义开立的信用卡上。

5.1995年6月,贺某从“84”号账户转给沈阳中行泰山办事处蔡某4万元,感谢蔡某帮助收回期货投资。

《起诉书》基于上述认定,认为贺某大肆挪用、侵吞国家巨额资产,应依《刑法》、全国人大常委会《关于惩治贪污罪贿赂罪的补充规定》予以严惩。

二、律师分析意见

(一)关于挪用公款罪

1.同一笔支出,不能既认定是贪污又认定是挪用。《起诉书》指控贺某将15万元借给省纺织工业产品经销公司的其中14万元,《起诉书》既认定是贪污,又认定是挪用,自相矛盾。

2.贺某设立“84”号账户,尽管手续有缺陷。但该账户为财务处公用账户,不是贺某个人账户,账户姓公,不姓私。

3. 贺某动用大额资金,做大户积累,所获本息归公所有不能认定贺挪用公款归自己,归他人使用,结合贺某“我动用资金是为了把资金用活,给单位搞创收”的说法,主观方面,贺动用 450 万元资金,不能认定贺是挪用公款。

4. 贺以电力局名义借给其他企业的资金属于职务行为,由于贺某出借时并不清楚对方企业性质(是检察院立案后,经过分析才加以确认),不能视为在主观上明知挪用公款归个人使用。因此,这部分借款不应认定贺某挪用公款。

5. 贺某其余几笔借给亲友和个人营利活动的借款构成挪用公款罪。

(二)关于贪污罪

1. 贺某不具有将公款据为己有的客观条件。电力局将款出借给借款单位,借款单位又归还电力局贺某设立“84”号账户,三方往来账目上有记载,账都敞开口,况且资金拨出与拨入均经过银行。银行账目有记载,微机存储全部收付资料,贺某不具备贪污的客观条件。

2. 贺某从“84”号账户转入储蓄所、信用卡的资金情况亦是如此。贺某虽将该款置于自己实际控制之下,但不具备将公款据为己有的客观条件。就是说贺即便想贪污,银行会计、微机资料也会清晰显现出资金流向,贺某无法将其据为己有。

3. 鉴于贺某个人曾做过期货生意,“84”号账户中有贺个人投入 10 万元期货投资,贺虽动用“84”号账户中 3.7 万元为自己买家电,但如算账,“84”号账户还有贺 6.3 万元个人款。因此,3.7 万元亦不能认定贪污。

4. 鉴于贺是为单位搞创收,做大户积累,获利全部归公,其打点经纪人的费用,应为期货费用,不应认定贺某个人贪污,据为己有。

辩护词

审判长、审判员:

根据《中华人民共和国刑事诉讼法》的规定,北京市京都律师事务所接受本案被告人贺某家属的委托,并征得被告人的同意,指派田文昌、闫守平律师担任贺某的辩护人,依法出庭履行职务。

开庭前,我们查阅了本案有关案卷材料,会见了被告人,通过今天的法庭调查和质证,辩护人对本案又有了更深一步的了解。为了履行辩护人的责任,根据本案事实,依据法律,辩护人提出以下几点辩护意见,供审判长、审判员在对本案合议时给予充分地考虑:

一、关于《起诉书》指控被告人犯有贪污罪的问题

《起诉书》指控被告人犯有贪污罪共有5个"犯罪事实",辩护人深知,人民检察机关为查清这些事实付出了艰辛的劳动,付出了巨大的代价。但是,辩护人不能不说,这5个"贪污的犯罪事实"均不能成立!请看辩护人为了把本案事实清晰地再现而绘制的这份《资金流转示意图》(见附1《资金流转示意图》)。

1. 被告人不具有将公款据为己有的客观条件。

通过案卷材料中大量的证据表明,贺某设立的"84"号账号户不是个人账户,而是电力局资金处的账户,这一点《起诉书》也予以认定。尽管其账户设立不符合有关法律规定,但它客观上存在了。请看附1,进入"84"号账户的资金主要是省电力局财务处借给其下属各单位的资金,是各单位还款而还没汇到财务处正常账户的资金,贺某让其汇入"84"号账户。省电力局财务处借出的钱没回到正常账户,财务处的账都敞着口,没有平账;而各单位汇入"84"号账户的资金全部通过银行转账,这里有电力局开户银行、各借款单位银行、"84"号账户所在3个银行的会计凭证、账目、微机记录着这些资金的往来与流向,可随时调阅一目了然;而这3个单位均有凭证的、账目予以记载这些经济业务的发生,不会差一分钱(详见检案卷四材料和第118页以后材料)。

那么,是不是从"84"号账户汇出的钱,贺就可以随意占有了呢?更不是!从"84"号账户汇出的3部分资金,炒期货资金、储蓄所内资金、信用社中的资金、均有付款收款银行的凭证、账目、微机记录着这些经济业务的往来,不会差一分钱。另外,贺某在资产资金科设立的银行存款账、其他往来账详细记载着这些资金的流向和分布。

综合上述说明了一个问题,即便贺某真想贪污,客观条件也不允许,贺无法将这些公款据为己有,因为敞开着的账,他无法转平。那么,应该如何看待储蓄所内的存款和信用卡上的存款与贺某个人的名字问题?换句话说,储蓄所、信用卡中的资金是一个什么性质的问题?辩护人认为:正如被告自己所说的那样,是为了炒期货提取现金方便,才将"84"号账户资金和其他单位还来的款以个人的名义存入储蓄所和信用卡。这是一个什么性质的问题?辩护人认为:是属于我国历年都在财经纪律大检查中所多次提到的"公款私存",其性质属于违反财经纪律,而不属于贪污!

2."置于自己实际控制之下"不是界定贪污罪的法律标准。辩护人注意到,检察机关据以认定被告人犯有贪污罪的根据是被告人将公款置于自己实际控制之下,可以支配。因此,得出被告人必然是贪污的结论。辩护人认为:以是否置于行为人实际控制之下,来界定是否构成贪污是没有法律根据的。

大家知道,在司法实践和理论探讨中,常常以"是否置于自己实际控制"来认定盗窃犯罪的既遂与未遂。它是划分犯罪形态的一个客观标准,而不是衡量是否构成贪污罪的标准。辩护人认为:衡量贺某是否构成贪污,应以贪污罪构成要件来衡量。本案中被告人缺少将公款据为已有的主观故意;客观上也没有实施诸如假单据入账,虚支冒领、重复入账、篡改单据、骗取等贪污手段。因此,认定被告人贺某将公款置于自己实际控制之下即是贪污,没有法律依据。应当明确的是,贺某控制的是这些款的使用权,而不是所有权,而控制使用权可能导致的只能是挪用,不可能是贪污。

3. 关于几笔支出是否属被告人贺某贪污问题。

根据以上所述,在《起诉书》指控被告人贪污617,381元中,除主要部分属公款私存以外,剩余几笔支出能否算作贺某个人贪污呢?辩护人认为是不能认定的,为了帮助法庭清晰地了解几笔支出流向,辩护人绘制了第二份图表《61万元资金流向表》。第一笔认定贺贪污的14万元中,其中7万元投入大户积累,并连同利润已转回“84”号账户,余下7万元存入储蓄所;第二笔认定贺贪污5万元存入储蓄所,属公款私存,而非个人占有;第三笔买家电3万元系贺个人投入期货投资,转回“84”号账号没有取出,如果算账,电力局还欠贺某6万多元;第四笔三次提出现金15万元和三次转到信用卡上20万元,其中:给期货公司梁某5万元,由于贺用公款做大户积累,所实现的利润全部转回“84”号账户,贺没得一分钱,“用公款炒期货,挣钱给单位”,单位当然要承担期货费用!加上花14,748.60元买雷达表送期货经纪人;第五笔给沈阳中行蔡某某4万元等均属期货费用。其余的钱除因公花费一部分(有票据)和挪用3万元以外,仍存在存折和信用卡中。

案卷材料中大量的证据表明,被告人贺某用公款搞大户积累,所获利润与本金均已返回“84”号账户。《起诉书》对“84”号账户属公不属私早已认定。那么就产生了疑问,既然是挪用公款归己或他人使用,何以获利归公?“获利归公”是个人挪用?还是单位违反财经纪律在炒期货?二者必居其一。依据本案事实足以得出这样结论:

贺某是在用公款为单位炒期货。既然是为单位在创收、创利润，那么，为获利而支付经纪人费用，能算是被告人“贪污”吗？能算是被告人据为己有吗？因此，给期货公司梁某5万元，给经纪人吴某14,784.60元雷达表，送给沈阳中行蔡某4万元等款，应属期货费用，而不属被告人据为己有的贪污。退一万步说，假如说贺某为个人动用了公款，由于账上敞口，账没转平，也只能算是挪用公款！

上述各笔共61万元，均在检察卷4118页至末页贺设的明细分类账中的其他往来、银行存款账予以记载，因此，这五笔款，除公款私存外，就是为单位炒期货赚钱而打点期货经纪人的期货费用，表中第六笔两个储蓄问题，则纯属公开性的公款私存(见附2《61万元资金流向图》)，均不构成贪污。起诉书指控被告犯有贪污罪不能成立。

二、关于指控被告人挪用公款问题

《起诉书》指控被告人从本单位正常账户“84”号账户共挪用公款18,113,735元。辩护人认为《起诉书》指控罪名成立。但是，辩护人对挪用数额持有异议：

1. 辩护人认为贺用450万元做大户积累，其性质不属挪用公款。正如前文所述，大户积累所创利润被告人全部转入单位账户，归公所有，它不符合挪用公款归个人使用的法律规定。因此，这450万元不能认定被告人是在为己为他人挪用公款。

2. 挪用公款是故意犯罪，行为人在主观必须是明知将公款挪归自己或他人使用，而这个“他人”必须是个人。单位与单位之间不能构成挪用公款罪。但据辩护人了解，在出借的资金中有相当一部分是贺某出借资金时，面对的是单位，并不清楚对方是私营企业。有关证据材料表明，是检察机关立案查处后，才对借款人及借款单位的性质进行调查与核实，落实其真实属性。因此，辩护人认为，这部分资金不应认定挪用公案罪。

除此之外,被告人借给亲朋好友的资金,确属挪用公款,且已构成犯罪。对此,辩护人不持异议。

综上,辩护人认为:被告人的行为不构成贪污罪,挪用公款罪名成立,但对于挪用公款数额的认定持有异议。由于公诉机关对挪用公款罪的法定要件理解有误,其指控被告挪用公款的数额与事实有重大出入。为此,提请法庭慎重分析被告人出借多笔公款中各自的不同性质,划清职权行为与挪用公款罪的界限,准确认定被告挪用公款的数额。辩护人请求审判长、合议庭在对本案合议时,对辩护人的意见给予充分考虑。

谢谢审判长!

辩护人:

北京市京都律师事务所律师　田文昌　闫守平

1996 年 12 月 17 日

审理结果

法院认定被告犯有挪用公款罪,判处有期徒刑 15 年。认定被告贪污公款 37,381 元,判处有期徒刑 8 年,两罪并罚合并执行有期徒刑 20 年。

珠海金镭联激光主盘制造有限公司侵犯著作权犯罪案

案情简介

珠海金镭联激光主盘制造有限公司(以下简称金镭联公司),是宁夏科委下属的宁夏计算机研究所、宁夏经贸厅下属的宁夏进出口公司、美国镭联公司在珠海创办,并由宁夏计算所控股的中美合资企业。公司于1994年10月开始调试设备,进行试生产;1995年4月获得国家颁发的正式生产许可证,开始正式生产。其技术水平和产品质量都达到了国际先进水平。

公司在管理上实行董事会领导下的总经理负责制,总经理由宁夏计算所派人担任,两位副总经理分别由宁夏进出口公司和美方代表担任,因此,管理体制的运行并不十分顺利。在注册时其法人代表(董事长)为张某刚(原宁夏经贸厅厅长),副董事长为张某生(宁夏科委副主任)、费某年(美国镭联公司总裁),同时聘任王某明(宁夏计算机技术研究所副所长)任总经理,陶某天(美方代表)、杨某从(进出口公司副总经理)任副总经理。1995年3月,董事长张某刚辞职,由苏某兰(宁夏科委主任)继任董事长。1995 年 5 月,王某明辞去总经理职务,同时公司宣布由李某(宁夏计算机技术研究所支部书记)任代总经理。公司市场部经理为李某强。

公司在成立后先后接受了全国数十家光盘复制厂家的委托,加工制作激光主盘。至 1995 年 7 月下旬,金镭联公司因涉及广东省"七·九"案件,由广东省有关部门组成的专案组和珠海市专案组搜查该企业经营部门,对该公司进行了全面调查,企业也进行了自查。经该公司自查共有 76 片版权证明资料不全,价值 38 万元,利润为 6 万多元。专案组认为,该公司生产的版权证明资料不齐全的光盘数量要比企业自查的多。

1995 年八九月,企业被中央电视台和各主要报纸点名。同年 11 月,公司市场部经理李某强被珠海市公安局收审。1995 年 12 月,国家与广东省新闻出版部门责令企业停业整顿。1996 年 3 月,珠海市工商管理部门和外商投资管理部门分别对公司作出吊销营业执照和吊销外商投资企业证书的决定。同年 4 月,珠海市组织清算委员会,对企业资产及债权债务进行清算。1997 年 1 月 3 日和 6 日,前总经理王某明及代总经理李某分别被取保候审。1 月 16 日,将李某强由收审转为逮捕。

1997 年 1 月 24 日,珠海市人民检察院正式向珠海市中级人民法院起诉,认为金镭联公司在经营中以营利为目的,未经著作权人许可复制其作品而加工制作激光主盘,已触犯有关法律法规,要求追究被告人金镭联公司及被告人王某明、李某、李某强的刑事责任。

辩护词

审判长、合议庭:

我们接受被告珠海金镭联激光主盘制造有限公司的委托受北京

市京都律师事务所指派,担任金镭联公司的辩护人,依法出庭为其辩护。根据调查、取证和法庭调查、质证;经过对本案事实和有关法律规定的全面分析,提出辩护意见如下:

辩护人认为,被告金镭联公司不构成侵犯著作权罪,具体理由和依据主要表现在以下两个方面:

一、起诉书指控被告金镭联公司构成侵犯著作权罪,事实不清,证据不足

根据全国人大常委会《关于惩治侵犯著作权的犯罪的决定》第1条第1项之规定,构成侵犯著作权犯罪,首先必须具有未经权利人许可,复制发行其录音录像作品,即盗版的行为事实,而无论在起诉书中还是法庭调查、质证中,公诉人都没有举出被告存在上述行为事实的确实、充分的证据,因为版权手续不全,或者缺少版权证明,并不等于一定是未经许可,并不等于一定是盗版。法定调查质证中,7家光盘复制单位的证明已经充分说明,被告在刻录母版当时没有拿到版权证明的,并且已为公诉人指控为盗版的光盘,事实上相当一部分是享有版权的。这个事实已经充分地证明了公诉人仅仅以版权证明这种形式要件来推断认定侵权盗版行为,并将这种形式要件当成是侵权盗版的直接和唯一证据的思维逻辑是错误的,是违背法律规定的。公诉人在举证中之所以发生这样的错误,是因为公诉人在对本案事实的分析和对刑法规定的理解上存在以下几个方面的重大误解。

1. 被告人作为母版刻录单位,并不与著作权人直接发生联系,他只是与作为委托方的子盘生产单位直接发生联系,因此,他没有必要也不可能直接征得著作权人的许可,在此情况下,被告构成侵权盗版的客观事实,必须以委托加工方首先构成侵权盗版为前提。如果委托方没有侵权盗版,只要有委托手续,无论其有无版权证明,被告的行为均不属于侵权盗版。正如销赃者所销售的必是赃物一样,代为他人销售物品者,即使手续不全、来源不清,只要该物品事实上不是赃物,也绝不能认定这种行为是销赃。

上述道理本来是十分明显的,公诉人之所以将版权证明的有无与侵权盗版的行为事实等量齐观,混为一谈,是由于对本案的基本事实缺乏深入调查分析,从而忽略了"委托方必有侵权盗版的事实,受托方才可能发生侵权盗版的结果"这一重要前提,因而才导致其发生了将版权证明这种在本案中根本不能成为犯罪直接证据的形式要件误当成犯罪证据使用的这种不该发生的错误。

2. 公诉人混淆了违反行政法规的操作性行为与侵权盗版的客观结果的界限。

被告在接受委托刻录母版的过程中确实发生过缺乏版权证明这种手续不全的情况,但这种情况充其量也仅仅是一种违反行政法规的行为,这种违规行为只存在一种发生侵权盗版客观结果的可能性,侵权盗版并不是这种违规行为的必然结果,正如违反交通法规并不必然要发生交通肇事的结果,因而也不必然构成交通肇事罪一样。这个道理同样也是十分明显的。然而,由于公诉人混淆了上述界限,从而推导出了"违规必然侵权,侵权必然犯罪"的错误公式,尔后,又根据这个错误公式得出了如下错误结论:将证明违规的证据等同于证明犯罪的证据。

如前所述,已有证据证明,被告在手续不全情况下制作母版的过程中,并非一概没有版权许可,而是恰恰相反,当时虽然缺少版权证明而事后补证或者虽未补证但实际上已经取得版权许可的事实大量存在。这些事实足以表明,"违规必然侵权,侵权必然犯罪"的公式是不能成立的,由此可见,公诉人将违规视为犯罪的必然原因,将其认定的违规事实当成证明犯罪的证据,违反了犯罪构成的基本原理和证据学的起码原则。简言之,公诉人提供的缺乏版权证明的证据,只能证明被告具有公诉人认定的所谓违反行政法规的行为,并不能证明其侵权盗版的客观结果,更不能证明其构成侵犯著作权犯罪。因此,这种证据与本案构成犯罪的事实没有关联性,当然不具有证明力。

3. 被告究竟是否存在明显的违规行为?这是公诉人在指控中所发生的又一个重大误解。

在此,辩护人提请法庭特别注意到一个非常重要的问题:根据国家新闻出版署1995年8月30日发布的新出音(1995)1116号文件《关于加强光盘母版刻录管理的通知》,只是在1995年8月30日,才将母版刻录纳入音像复制管理范围。该文件说明,在此之前,国家主管部门并没有将母版刻录业务纳入音像复制管理范围。因此,在此之前,母版刻录业务是无章可循、无法可依。事实上,金镭联公司当时作为全国唯一的一家只有母版刻录业务而不能复制子盘的光盘厂,由于没有子盘复制业务,并未纳入1994年国务院发布的《音像制品管理条例》的管辖范围。因此,公诉人以被告违反《音像制品管理条例》来证明被告违规,也是没有法律依据的。起诉书只是含糊其词地指控被告"违法国家有关的法规",那么,与之有关的法规究竟是什么法规?恐怕连公诉人自己也找不到。

由此可见,起诉书不仅没有提出证明被告有罪的证据,而且连证明被告违规的依据也是极不充分的。因为,既然在1995年8月30日以前被告刻录母版的业务尚未纳入音像复制管理范围,认定被告"违反国家有关法规",显然也是没有根据的。

4. 公诉人曲解了侵犯著作权犯罪的法定要件。

全国人大常委会《关于惩治侵犯著作权的犯罪的决定》第1条第1项明确规定,复制发行是构成该罪不可分割的整体行为,只有在这个整体行为中才可以达到营利的目的。而被告刻录母版的行为,仅仅是复制过程中的一道工序或一个环节，既不能全部完成复制过程，也没有发行权和发行能力，因此不可能单独构成本罪，只能是与委托人和发行人合作而成为侵犯著作权犯罪的共同犯罪人。构成共同犯罪则必须具备以下条件：

(1)委托人提供的母盘确系侵权盗版。

(2)发行人明知是盗版而为之发行。

(3)被告人明知是盗版而为之复制。

在此三个条件中，委托人是否侵权盗版的这一基本事实是被告能否构成共同犯罪的前提。

然而，由于公诉人曲解了构成侵犯著作权犯罪的上述法定要件，所以发生了本末倒置的错误，抛开了委托人有无盗版的前提，将自认为证明被告违规的证据当成了证明被告犯罪的证据。

事实上，本案应当查明的证据是很明显的：

(1)要查明委托人提供的母带事实上是否侵权盗版？

(2)经被告刻录的母版所复制的子盘是否发行？

(3)市场上已经流通的光盘中有多少种是被告所制母版复制后的产品？具体数量是多少？

(4)被告是否在明知委托方已经侵权盗版的情况下，仍然为其制作母版？

这些才是能够证明被告构成犯罪的最基本、最重要的证据。

但是，法庭调查却表明，这些不可缺少的基本证据不仅很不充分，甚至有些根本就没有涉及或者没有任何线索。显而易见，这种指控是没有任何说服力的。

综上可见，由于公诉人在事实和法律上存在以上几个方面的认识错误，致使其对于整个案件的指控缺乏最基本的证据基础。

辩护人认为，这种指控是不能成立的。

二、本案被告金镭联公司不具有侵犯著作权犯罪的主观故意

根据全国人大常委会《关于惩治侵犯著作权的犯罪的决定》,侵犯著作权犯罪是“以营利为目的”为前提的目的犯罪。所以,该罪的罪过形式只能是直接故意,过失不能构成本罪。既然如此,被告金镭联公司是否具有侵犯著作权的主观故意,就成为本案中在主观要件上区分罪与非罪界限的关键问题。

我国《刑法》第11条第1款明确规定,“明知自己的行为会发生危害社会的结果,并且希望或者放任这种结果发生因而构成犯罪的,是故意犯罪”。这一规定表明,“明知”是故意犯罪中一个最基本的认识前提。因此,在本案中,被告必须是明知自己侵犯了他人的著作权,具体地说,就是明知委托方委托复制的光盘是盗版侵权的,并仍然为其制作。只有如此,才能表明他具有侵犯著作权的主观故意。

那么,在本案中,被告金镭联公司是否具有这种主观故意呢?现在让我们从事实和证据上来加以分析。

其一,法人犯罪必须是法人意志的体现。然而,在金镭联公司的集体决策中,从未作出过主张或允许制作盗版光盘的任何指示和决定。相反,却是在多种文件和指示中明确强调要保护知识产权。例如,1995年1月28日股东会议纪要明确指出:“增强市场开拓力量,加大海外市场的开拓力度,切实保护知识产权”。1995年6月9日第一届董事会第七次会议纪要明确记载:“会议传达了全国激光唱盘复制管理工作会议精神,董事会要求公司坚决贯彻执行会议精神,维护国家利益,保护知识产权,注重社会效益……”1995年9月20日第一届董事会第八次会议纪要又进一步指出:“董事会要求合资公司搞好自查,并按当地有关部门的要求进一步了解、查清有关情况,妥善处理……进一步明确指导思想,加强内部管理,保护知识产权……”这些决议和指示充分表明,无论在案发前后,公司的法人决策中,从来

都不存在侵犯著作权的主观故意。

其二,已有的事实和法庭调查表明,在公司的总经理和其他领导人中,从未有人指示或者主张过实施侵权盗版,也从未有人在明知委托方侵权盗版的情况下,仍然坚持为其刻录母版的任何主观意思表示和客观行为。

其三,尽管发生过一些接受委托时手续不完备,缺少版权证明的情况,但这种情况是以对方允诺后补手续为前提的。在当时音像制品行业管理不够规范,尤其是刻录母版业务无法可依的特定环境下,后补手续的做法比较普遍,已经形成广为通行的行业惯例。正因如此,才造成了公司某些主管人员对委托方允诺的轻信。但这种轻信与侵权的主观故意具有本质上的差别。值得强调和特别提请法庭注意的是,这种轻信并不是毫无根据的,七个委托单位的证明表明,后补版权证明的允诺有些已经兑现,没有提供版权证明的委托方并非都是侵权盗版。由此可见,即使发生过委托加工方缺乏完备手续而又确属侵权盗版的情况,对于被告来说,也只是一种管理上的过失行为,并不具有明知委托方确属盗版而为其加工制作的共同故意。

其四,被告为防止发生侵权盗版的结果,采取了相应的制约措施。例如,对于委托手续不全、缺少版权证明的委托方,只开收据,不开发票,留待手续补齐后再换成正式发票。这种做法是对委托方的一种制约和防范,以保障委托方允诺的真实性。这种制约和防范措施,进一步证明被告不具有侵权盗版主观故意的事实。

以上几点表明,无论在法人决策和领导人贯彻法人意志的意思表示中,还是在加工母版的具体措施中,都可以反映出,被告金镭联公司不具备侵犯著作权犯罪的主观故意。因而,其不具备构成侵犯著作权犯罪的主观罪过要件。

综合以上关于事实不清、证据不足和被告不具备故意犯罪的罪过要件的两方面问题,辩护人认为,这两个问题的存在,事实上致使公诉人所指控的侵犯著作权犯罪在其犯罪构成要件上,失去了两个基本支柱。事实不清、证据不足,使对本案侵权的结果及其因果关系等一系列基本事实无法判断、无从认定,从而失去了认定犯罪的基本前提。而被告不具备侵犯著作权犯罪的主观故意的这个事实则表明,即使在一定范围内确实发生了委托方侵犯著作权的客观结果,即使这种结果达到了刑法所规定的严重程度,由于被告与委托方之间不存在侵权的共同故意,被告也同样不能构成侵犯著作权的犯罪。如果不顾主观故意是否存在,将故意与过失混为一谈,甚至干脆置主观罪过内容于不顾,完全以客观结果来指控犯罪,那就是客观归罪,就是对全国人大常委会《关于惩治侵犯著作权的犯罪的决定》的全面曲解。

辩护人诚恳地希望,这种曲解不会成为定罪的依据。

谢谢!

被告金镭联公司辩护人:

北京市京都律师事务所律师　田文昌　王　川

1997年2月26日

审理结果

1997年2月25日、26日,珠海市中级人民法院开庭审理此案。经一审判决宣告无罪。

肖某华被控贪污、挪用公款罪案

案情简介

肖某华,辽宁省抚顺市司法局原副局长,曾兼任司法局隶属的抚顺市某光物资经贸公司经理。

该案起诉书指控:1993 年 3 月,抚顺市司法局筹建抚顺市某光物资经贸公司,决定由时任司法局副局长的被告人肖某华为经理。该公司性质为独立核算、自负盈亏的集体所有制企业,隶属司法局领导;同年 5 月,经有关部门批准,领取了营业执照。

1993 年 6 月,司法局为扩大经济实体,决定某光物资经贸公司与该局先前成立的某盛综合劳动服务公司、仪器设备成套公司、建筑安装工程公司联合组成某光物资贸易总公司,被告人肖某华任总经理(未注册登记)。7 月 7 日,被告人肖某华与司法局签订了承包协议。协议约定:总公司及各分公司实行独立核算、自负盈亏、自主分配;资金自筹解决;所创利润在上缴承包利润后,剩余部分的利润分配自行确定等。11 月,上级有关部门下发文件清理整顿机关所办的经济实体。

1994年1月31日,在司法局解决上述总公司及所属4个公司的脱钩善后问题、被告人肖某华向局务会汇报各公司经营情况时,谎称某光物资经贸公司盈利只有45万元,隐瞒了部分利润。

1994年5月,司法局局长换任,肖某华在新任局长向其询问现有资产情况时,称尚有免税所得5万元左右。6月14日上午,某光物资经贸公司会计王某将从建行抚顺河北支行利民储蓄所取出的8.7195万元交给了肖某华;8月5日,王某又按肖某华的要求,从建行抚顺河北支行台东储蓄所取出现金5099元及两张定额存单共5.5万元交给了肖某华(同年12月17日,上述两张存单到期,肖父将本息共61,343元取出);8月8日,肖让王某从一张4万元定期存单中提前支取6000元,并于9月的一天上午,让王某将此款送到肖的家中;12月下旬,肖让王某将此存单剩余的3.4万元改为活期存款,其后,肖以各种理由,于1995年一二月先后4次通过王某从该存单中提取公款计3.2万元,余下的2000元肖则用于购买副食品花掉。以上肖经手公款共19.3638万元,除其用于向司法局财务处上缴现金4.95万元外,其余14.4138万元被肖某华据为己有。

被告人肖某华任抚顺市司法局副局长主管抚顺市某林物资经贸公司期间,于1992年12月与某盛公司露天分公司进行汽柴油联销。某林公司与某盛公司露天分公司在联销业务中分别获利10万元和25万元。1993年5月的一天,肖在家中收受了主管某盛公司露天分公司的露天区公安分局领导薄某某送予的现金4万元。

1994年1月,被告人肖某华得知抚顺市高湾经济特区物资经销处经理孙某某资金紧张,遂主动对孙表示:“我们去年挣点钱,你先拿着用,到春节我们搞福利,你还我们现金。”之后,肖让会计王某将面额1万元、3万元和4万元的转账支票各1张分3次交给了孙某某。孙将所借8万元大部分用于其个人经营业务活动。同年7月,孙陆续偿还现金7.2万元,被肖用于发奖金等事项。后因孙下落不明,剩余的8000元未能追回。

辽宁省抚顺市人民检察院以被告人肖某华犯贪污罪、挪用公款罪,向抚顺市中级人民法院提起公诉。

辩护思路

1. 肖某华处分或占有14万余元款项的行为不构成贪污罪。因为被告人肖某华其时已交出司法局副局长的全部工作,没有免除其副局长的职务是根据当时市政府文件关于“职级不变”的规定而为,她的身份实质上已是一个普通的承包经营者,不可能利用职务之便;根据承包协议,在足额上缴了承包费之后所余款项,肖某华有权自主分配,这些款项并非公款。

2. 指控肖某华收受露天区公安分局所送的4万元现金,证据不足,不能认定。

3. 肖某华借给孙某某8万元系违反财经纪律的套取现金的行为,不构成挪用公款罪。

辩护词

尊敬的审判长、合议庭:

受本案被告人肖某华的委托,北京市京都律师事务所指派田文昌律师、北京炜衡律师事务所指派李肖霖律师作为被告人肖某华的辩护人,依法出庭履行辩护职责。介入本案后,我们会见了被告人,查阅了本案的案卷材料,进行了必要的调查取证,又参加了今天的法庭审理。我们认为对本案被告人的两项罪名的指控均不能成立。现提出无罪辩护意见如下:

对肖某华犯有贪污、挪用公款罪的指控分为三大部分,下面分别进行分析。

一、第一个罪名的第一项指控是贪污十四万四千一百三十八元五角四分

对这项指控,我们提供的重要的证据是1993年7月6日签署的"承包协议"(以下简称"承包协议");以及工商注册登记文件和其他证据综合反复印证的该公司没有任何资金投入,是一个空资公司的证据。这两部分文件总体上决定了该指控的定性问题。

被告人自1993年7月6日承包经营该公司至当年10月以后中央下文件停止行政机关办公司,共经营4个月。然后根据市纪委、工商局联合下文的精神,转入清理整顿,按要求年底前整顿完毕。后该公司根据1994年1月31日司法局的办公会议讨论"划归教养院"(见证据①)。

我们认为,根据被告人与司法局签订的承包协议,起诉书中指控贪污的这部分财产,被告人享有自主支配权。

被告人和司法局签署的该协议是作为一个个人和一级政府组织签署的协议,其中关于财产支配处理的条款几乎一字不差地抄自当时抚顺市六部委文件《关于我市国家机关、事业单位工作人员兴办经济实体和承包租赁领办企业以及到企业工作的若干意见(试行)》(根据抚顺市民的通常说法,以下简称"白板文件"),在生效后已经被无争议地顺利执行完毕,并在司法局当时的党组会上获得了很高的评价。

这从以下几点可以看出:

"承包协议"中的第六条为,"局与总公司实行定额上交利润承

① 见辩方提供的证据《司法局办公会议记录》1993年11月15日复印件第一页"12月地前搞完";第四页"划归教养院"。

包,指标为年上交税后利润10万元”。其中,“某光公司3万元”(见证据①)。肖某华从1993年7月承包该公司1993年10月中央下文停止该类公司的经营活动为止共管理经营了该公司4个月或以年底算为6个月。在承包经营中和其后清理该公司的过程中向司法局交纳了利润19.5万元。

在公司停办后,又上交司法局免税形成的资产4.95万元(见证据②);这些钱共计24万元。比较得知,相当于完成承包协议规定利润额的1300%(见证据③)。多上交的是自己的劳动所得,属额外的贡献。

“承包协议”中的第九条为,“……如公司停办或撤销,机关工作人员回原岗位工作,公司形成的所有资产全部上缴市局”。根据“白板文件”中的第二条第四款所做的明确的规定,该类公司实行四自原则:“均实行独立核算,自主经营,自负盈亏,自主分配,除免税部分必须用于发展基金外,所创利润的分配均由各类经济实体自行确定。”(见证据④)(该条款被完全被引入“承包协议”的第三条)考虑到该公司成立之初,无任何属于集体或国家的资产投入,在公司停办时该公司的资产只能由免税部分形成的发展基金构成。这笔钱属于国家或集体所有的钱,被告人在处理上没有违反承包协议和“白板文件”的规定。起诉书中也认定,已经由被告人“委派王某……上交(司法局财装处)”。

---

① 见检察院卷宗三96页《司法局办公会议记录》:“总公司年上交利润10万元。某盛4万元、设备站2万元、建安1万元、红光3万元。”

② 见检察院卷三97页《司法局办公会议记录》:“上交局总数19.5万元”“免税所得4.95万元。”

③ 某光公司经营半年应当上交的数额为1.5万元,实际上交19.5万元,(见该卷100页倒数第六行):19.5/1.5=13倍。

④ 见抚顺市六部委“白板文件”文件第二条第四款,“承包协议”的第三条。

对这一类定死上交金额的承包合同,只要一经签署,并且完成了上交金额,无论合同是否合法有效,都绝对不存在贪污问题。合同即使无效,也应由民法来调整。只要不是以伪造合同为手段占有公共财产就不存在贪污罪发生的可能性。因为在这种承包方式中,承包合同一经签订和履行,承包、发包双方的财产关系已经在承包协议中明确约定,协议履行结果如何,只能反映出一种民事法律关系中的债权债务关系,公私财产的界限,已经由协议划分得十分清楚,承包方在客观上不可能,也没有任何条件去贪污公共财产。这正是此种承包方式的本质特征。

从以上事实可以看出,该承包人在承包期间取得了较好的经济效益,利润丰厚,按照承包合同规定,该上交的上交了,而且1300%地上交了,该发给职工的工资和奖金也发了,该提留的公基金也完全按照承包协议和市六部委的文件条款提留了,在公司最终停办后也像起诉书中认定的那样上交给局里了。起诉书中所认定的全部所谓的贪污的钱财,就是这以外剩余的部分。但这剩下的部分利润无论是根据"承包协议"还是根据市六部委的"白板文件"的明确规定,都应当是"所创利润的分配均由各类经济实体自行确定"。在这种情况下,无论是根据承包协议,还是根据市里的"白板文件",承包人都有权支配这一部分劳动所得。因为承包人已经全面地对发包方超额履行了承包义务,其行为对国家、集体和个人都没有损害,因而也就不能认定为贪污罪。

需要顺便提到的是,这一笔钱,无论是在承包期间由被告人占有,还是在公司解体后由被告人占有;无论是公开占有,还是以其他什么方式占有,都不能改变这笔钱在履行了承包协议以后,已经是成为被告人有权支配的财产这一性质。被告人自己有权利处分这笔财产,而且任何人都无权干预。

我们从另一个角度看,被告人也没有贪污属于集体所有制的公共财产。这是因为,根据“最高人民法院、最高人民检察院关于执行《关于惩治贪污罪贿赂罪的补充规定》若干问题的解答”中的“一、关于贪污罪的几个问题”的第1条,对集体经济组织进行了明确的解释:“即社会主义劳动群众集体所有制的经济组织,是指在政府主管部门管理之下,按照一定的组织章程建立起来的,财产所有权属于全体组织成员,公共积累为集体公有,并以按劳分配为主要分配形式的经济组织。”

从某光公司的资产上讲,成立之初,该公司中没有一分钱是公共的,即属于国家投入的或全体职工所有的财产,也就更谈不上公司中的劳动群众集体所有的财产占主导地位。从证据中看到,公司开办时,是由被告人和张某杰两人用自己的私人款项垫付公司的日常经营费用,这些垫款在1993年8月的一天,由公司向被告人和张某杰偿还(见证据①)。根据《中华人民共和国城镇集体所有制企业条例》(以下简称“条例”)中的规定,它根本不是一个集体所有制的公司(见证据②);而且根据工商方面的法规,它实际上是一个根本不应当

---

① 见检察院卷一“由刘某杰和王保强制作的对王某的询问笔录”P18倒数第三行。

② 《中华人民共和国城镇集体所有制企业条例》

第二条 本条例适用于城镇的各种行业、各种组织形式的集体所有制企业,但乡村农民集体举办的企业除外。

第四条 城镇集体所有制企业(以下简称集体企业)是财产属于劳动群众集体所有、实行共同劳动、在分配方式上以按劳分配为主体的社会主义经济组织。

前款所称劳动群众集体所有,应当符合下列中任一项的规定:

(一)本集体企业的劳动群众集体所有;

(二)集体企业的联合经济组织范围内的劳动群众集体所有;

(三)投资主体为两个或者两个以上的集体企业,其中前(一)、(二)项劳动群众集体所有的财产应当占主导地位。本项所称主导地位,是指劳动群众集体所有的财产占企业全部财产的比例,一般情况下应不低于51%,特殊情况经过原审批部门批准,可以适当降低。

也不能够成立的空资公司(或俗称“皮包公司”),但在当时的一个特殊的政策背景下得以成立。

根据最高人民法院转发的国家工商总局的文件,该公司仅是挂有集体所有制的牌子,对这类公司的审理,“司法机关在审理刑事案件或者经济纠纷案件涉及企业性质问题时……建议是什么所有制性质就按什么所有制性质对待”(见证据①)。

因此,被告人在操作领导该公司时根本不可能贪污什么集体所有制企业的公共财产。

在性质问题搞清以后,被告人的各种所谓认罪的供述,都属于认识上的错误,属于主观认识和客观实际不相符合,把本来合法的行为在所谓的“双规帮教”的情况下,误认为违法,但无论她怎样做认罪的供述,都不能改变其行为事实上合法的性质。逐笔审查这些钱的来龙去脉没有任何刑事法律上的意义。在侦查阶段和庭审调查中,公诉人不厌其烦地审查这笔钱的来龙去脉,公诉人的思路很明显:只有能查明这笔钱的去向,能够证明这笔钱没有被被告人个人占有,才能洗清贪污的罪名。反过来,又不遗余力、不择手段地证明被告人自己使用了这笔钱,以因果倒置的方式,牵强附会地对号入座,将别人的财产也强加到被告人头上,借以证明被告人不仅贪污了这笔钱,而且赃款的去向清楚。公诉人的逻辑犯了一个根本性的错误,那就是混淆了这笔款的基本性质,以至于导致了一系列徒劳的和违法的侦查。

前面我们分析了“某光”经营所得剩余部分的性质,这些经营所

① “工商行政管理机关对领有集体企业《营业执照》,实为个体经营、合伙经营、私营企业的,应根据《中华人民共和国民法通则》、《城乡个体工商户管理暂行条例》和我局《关于印发〈城乡个体工商户管理暂行条例实施细则〉的通知》等有关规定,加以纠正。司法机关在审理刑事案件或者经济纠纷案件涉及企业性质问题时,工商行政管理机关可以本着实事求是的精神,向司法机关介绍情况,建议是什么所有制性质就按什么所有制性质对待。”

得的剩余部分不能成为贪污罪的客体。更何况庭审中对控方混乱的“有罪证据”的质证,也无法证明这些资金被被告人据为己有,因此,十四万四千一百三十八元五角四分的贪污指控不能成立。

公诉人当庭又提出了被告人有“逃税”“账外循环”等问题。但这些问题都不属于刑事犯罪,而且起诉书中并没有对这些问题提出指控,公诉人不可以当庭增加指控内容。

这项指控因在性质上认定错误,根本站不住脚而不能成立。

二、第一个罪名的第二项指控是关于贪污司法局和露天公安分局“合作经营的利润分成”款项4万元

本项指控的事实最为不清,连到底这笔买卖共收入多少钱都有三种说法,即25万元、30万元、35万元。指控的4万元到底是什么时间给的,各个证据中说法也不一样。很多情节都不合常理。起诉书中的“两局合作”“钱是给司法局的”等事实均无充分证据,而且也存在定性错误的情况。在不清的诸多情节中,只有一个事实是清楚的,即肖某华收这4万元钱的情节没有任何有力证据证明。

该指控的部分事实是这样的,1992年年底,薄某某实际上是个人通过关系搞到批件,由于批件快到期作废,其通过私人关系找到了被告人请求帮忙。被告人找到自己在天津蓟县的亲戚作为买油单位,于1992年12月12日和1993年1月12日两次共发油800吨。于1992年12月中旬,由天津蓟县化轻公司将若干万元现金送到司法局肖某华及张某杰手中(见证据①)。证据中对这笔贸易收入的时间是确定的。被告人收到钱后当即通知了薄某某,薄某某到被告人处取

---

① 检察院卷二,第33页,有天津市蓟县化轻公司会计张某东写的亲笔证言:“于1992年12月中旬,有我和张某栋,于某军两位同志从财务领了25万元现金,开车一起一天一夜后到达抚顺随即由我、王经理和林某送往抚顺司法局,由一位女同志接受。我们不到十分钟返回。95.11.29”

走了若干万元现金，薄某某当时表示感谢，留下了4万元由被告人给了张某杰和张某竹各2万元劳务费，并借给5万元给被告人作为办公司的花费。

被告人后于4月2日又给了薄某某5万元的一张支票偿还。这5万元支票由薄某某存入一个个体户的账户，提成现金。这些证据说明，这是一个标准的个人对缝的行为。

起诉书中认定薄某某于收到支票的几天后的晚上下班后到被告人家中给付了4万元现金，说是给司法局的。然而，令人不解的是，无论是薄某某还是罗某某都当庭否认了这笔钱是送给司法局的，而是根据露天区的11号文件中关于所有给单位带来创收的任何人都可以按一定的比例给予奖励的规定，奖励给被告人个人的。被告人即使收取了这笔钱，其行为在当时政府鼓励全民做买卖、争创收的大形势下也是合法的。退一步讲，即使被告人不应当拿这笔钱，也只是违纪问题，无论如何都没有理由追究被告人的刑事责任。作为一级政府，是不能出尔反尔的。而事实上，被告人为朋友帮了忙，所有帮忙的人都有收入，而被告人本人分文未取。从此可见被告人对金钱的态度和日常的为人。

更何况被告人始终并没有收到这笔钱的情节控方实际上是清楚知道的(见证据①)，这笔钱实际上当时由已故的某盛公司徐某文经理经手花费了。而薄某某相继收到20万元现金和5万元汇票后，直

---

① 检察院卷一，P72—73。1996年11月13日由蔡某山、张某杰、时某侠制作的对肖某华的询问笔录中询问方问道："事实是新抚区检察院查你的案件时露天分局方面的账是怎么处理的你清楚，有些给安在已故的经理徐某文的身上，你也清楚，市专案组对你实行'双规'帮教时，你在提高认识的前提下，主动交代露天分局薄某某送给你四万元……""你明知道露天分局已故的公司经理徐某文已经承担5万元，时过一年半以后，你又想去替薄某某承担4万元，是不是多此一举。""所谓承担，当时露天分局已经安排的既妥当，又牢靠，人死不能复活，对错的不能再追究，这是你知道的。""既然知道，何谈承担，有必要吗？"

到1995年8月9日新抚区检察院把张某杰拘押审查,薄某某知道后才于8月16日把这笔钱中的20万元存入某盛公司的账户,并声称剩下的4万元由徐某文花掉了,1万元吃喝了。这个25万元的账是没有漏洞的。

所有这些事实在两年前的审查中就已经有一级检察院的组织结论。该结论在控方制作的询问笔录中也充分体现出控方是清楚知道的。这个当年的结论中对被告人没有任何问题涉及。

至于被告人为什么自己在“双规学习班”上承认了这4万元,是因为被告人当时四天四夜没睡觉,受到了辱骂和刑讯逼供,并以其父亲和妹妹的生命进行恐吓,被告人身体忍受力也已经达到极限,神志不清楚。像她当庭陈述的那样,“当时想,我承认下来后,叫他们不要再追究我的亲人,而在侦查人员提示下主动提出自己曾收了这4万元钱。目的是赶快让检察院定自己的罪。”当时控方还使用被告人亲属的1993年11月的一张4万元的存单,逼迫被告人承认和讲清楚来源就是这4万元。被告人爱自己的亲人和朋友,不惜以自己的自由和名誉去承认和承担不应当和不存在的情节,从此可见被告人的人格。

被告人在承认不该承认的事情上,并无错误,错的是那些非法拘禁和看管她,逼她承认不实之词的办案人员。被告人被折磨得很可怜,但那些违法办案的人员更加可怜和可悲,他们的行为已经触犯了刑律。

从证据审查过程中得知,没有任何证据表明市司法局或被告人本人与露天分局事先有过合作经营、利润两家分成的协议;也没有任何证据证明司法局有资格收取这笔钱;如果司法局有资格收取,唯一的一笔分红没有收到,司法局为什么不追究?这笔买卖到底有多少收入,证言中也有几种说法;无论是司法局还是某林公司都没有以自己的名义经手这笔买卖,它们自始至终都没有出过任何一张自己单位的证明,这笔钱也没有在公司或司法局走账;这在证据质证中已经得到证实。起诉书中认定的由双方“领导商定”也没有任何证据支持。

根据前一个指控的定性分析可知,假定被告人贪污了属于某林公司的钱,由于某林公司也属于和某光公司同样的性质,其中没有任何属于国家或集体的财产。在这个前提条件下,某林公司的经理如果认为被告人侵占了属于她个人的钱,有权利提起民事诉讼追究被告人,但国家没有权力追究这笔某林公司上交承包收入后的资金去向,因为这笔钱不属于国家或集体所有。

本项指控还有一个重要的问题是,这笔钱的给付时间不能具体确定,证据中的不同的给付时间相差 5 个多月。任何一个具体的犯罪行为都应当有具体的时间、地点、手段和危害结果,没有具体的时间,那么地点的认定就失去了依据,也无法证明被告人是否当时在具体的地点收到了这笔钱。

在送钱这一类案件中,如果只有送钱人和收钱人的指证和供述,没有钱的来龙去脉和其他证据佐证,收钱的行为是不能被认定的。在当年的调查后,账已经平了的这种情况下,如果认定被告人收了这笔钱,那么,薄某某是从哪里搞来的这 4 万元钱?就会出现钱的来源问题;而钱的去向方面的那一张存单证据,也充满了不可解释的矛盾和多种解释。这笔钱等于既没有钱的来源,又没有钱的去处。该送钱人的充满矛盾和与事实不符的证言不能作为证据使用,收钱人的供述又不稳定,以及初始的供述取得违法,没有法律效力。

因此,该 4 万元送给被告人的事实等于没有任何有效证据而不能认定。由于根本不是事实,起诉书中认定的合作,给付 4 万元等内容都无证据证实。而经过审理,个人对缝到得到了证实。由此可见,案卷和庭审中的证据残缺不全，根本无法形成一个相互关联的、指向犯罪的、唯一解释的、完整的证明链，整体证据非常混乱，这种指控只能是人为的推断、臆造出来的。综合该项指控的全部证据来看，它们所证实的只是矛盾、混乱和事实不清。根据《刑事诉讼法》的规定，这些所谓的证据，根本不能作为定案的依据。因此，该项指控中没有任何支持指控的合法有效证据，不能成立。

提请法庭注意庭审质证中一个非常重要的情况：薄某某和罗某某两人都不承认原来的所谓送 4 万元给司法局的证言，而坚持说是送给被告人个人的，被告人则又坚决否认收到了这笔钱。

这种质证结果表明了三种可能性：(1) 薄某某交给被告人 4 万元是送给司法局的，对这种可能性，二证人与被告人均予否认。(2) 薄某某交给被告人 4 万元，是给被告人个人的。对于这种可能性，二证人承认，被告人否认。(3) 薄某某没有给被告人 4 万元，对于这种可能性，被告人坚持，二证人否认。那么，很显然，对于第 1 种情况由于三方均予以否认而不能认定。而对于第 2、3 两种情况又出现了认定中的两难局面：如果认定二证人证言真实，那么，钱是给被告人个人的，被告人不构成贪污；如果认定被告人供述真实，那么，被告人没有收钱，也不构成贪污。

所以，认定被告人贪污这 4 万元缺乏起码的证据支持。在这种情况下硬性认定被告人贪污显然是违反刑诉法规定的。

三、第二个罪名是关于挪用公款 8 万元的指控

经核对证据和法庭审理后我们认为，本项认定的事实部分非常清楚，没有错误。对钱的支付和收回的时间、数量以及支付的对象也都很准确，对这笔钱的支付动机也反映得很清楚，可以讲是三项指控中事实部分最清楚的一项，这就对正确定性起到很大的帮助。但遗憾的是控方对该行为的定性完全错误。这种错误是不应该出现的。

事实部分是这样的,1994年1月19日、1月28日和2月1日,被告人分别指示某光公司的会计王某将1万元、3万元及4万元支票“直接转到蔬菜公司”(见证据①)。起诉书中引用了被告人当时对孙某某的意思表示:“我们去年挣点钱,钱你先拿着用,到春节我们搞福利你还我现金。”但事后,孙某某违反约定,被告人非常生气,指令王某每天到孙某某处要账(见证据②),并因此找介绍人张某竹抱怨(见证据③)。直到当年7月要回来了7.2万元,尚剩8000元没有要回。起诉书对此认定为被告人挪用公款给孙某某个人用于经营业务活动。辩护人的意见是:

(1)被告人是承包经营某光公司。作为承包人,她只要没有在承包协议上违约,就绝不存在什么挪用公款的问题,这是最重要的定性问题。承包经营的最重要的内容和所追求的效果,就是经营自主权和调动个人的经营积极性。如果不能体现自主经营管理权,承包经营就是去了它的意义。被告人作为承包人,完全有权力支配和管理其承包经营的财产。

根据对第一项指控的分析,指控的这笔挪用的款项,是被告人有权支配的。而且被告人动用这8万元串换现金,对于她完成上交承包金并未发生任何影响。因此,根本就无法判定她动用的究竟是“公款”还是“私款”。

---

① 检察院卷三,1995年10月18日王某初、吴某制作的对王某的谈话笔录——第21页倒数第2行:“(经协的7万元的两张支票)是肖局长让我直接转到蔬菜公司的。”

② 检察院卷三,1995年10月27日王某初、吴某制作的对原市蔬菜公司梦幻酒店经理孟某华的谈话笔录——第35页第4行:“市司法局有个女同志叫王某的,整天坐在我们这里要钱。”

③ 检察院卷三,1996年11月28日刘某杰、王某强制作的对司法局干部张某竹的谈话笔录——第49页倒数第4行:“我印象中是1994年年初的事,肖局长跟我挺不满意的,非让我找孙某明(要钱)。”

(2)起诉书中实际也已经认定,这笔款项应当是属于公司之间串换现金的行为,证人证言中也都是串换现金。证据表明,1994年1月19日、1月28日和2月1日这三天,分别将1万元、3万元和4万元支付给蔬菜公司,1994年的春节是2月4日,如果在春节的当天还,那么这三笔钱被蔬菜公司占用的时间分别是,25天、7天和3天。起诉书中引用了被告人当时对孙某某的意思表示:“我们去年挣点钱,钱你先拿着用,到春节我们搞福利你还我现金。”从其他的证人证言来看,应当是当时的真实意思表示。被告人的本意是为了春节前要求经办人孙某某还款,没有任何证据表明被告人有把此款项长期给市蔬菜公司或孙某某个人使用的意图。

至于经办人孙某某没有及时偿还的行为带来的是民事纠纷。经办人不按约定还款的行为,属于蔬菜公司的民事违约,其中绝没有被告人的主观故意。起诉书中对被告人的主观意图认定的是比较准确的。

顺便要指出的是,该违约行为根据现行民事法律,可以起诉市蔬菜公司,并把高湾公司列为民事诉讼的共同被告人,他们要共同承担连带责任。市蔬菜公司作为一个大的国营单位,完全具有偿还余款的能力,被告人方不会有任何损失。还要指出的是,事实上,被告人有权以个人的名义为自己向这些共同被告人追索这剩余的8000元及其利息,因这些钱根据承包协议已经是被告人个人的钱,而不是司法局的钱。

(3)“最高人民法院、最高人民检察院关于执行《关于惩治贪污罪贿赂罪的补充规定》(《补充规定》)若干问题的解答”中的第3条对挪用公款归个人使用做了以下三种解释:一是挪用者本人使用;二是给其他个人使用;三是挪用公款后,为私利以个人名义将挪用的公款给企业事业单位、机关、团体使用的,应视为挪用公款归个人使用。

(见证据①)

也就是说,即使被告人是管理而不是承包集体所有的公司,本案该项指控中也没有任何证据证明被告人有以上三种挪用的行为。被告人当时身为一个公司的法定代表人、经理、承包人,完全是为了公司的利益调动现金,即使有失误,充其量也只是一种滥用职权的行为,根本构不成《刑法》中的挪用。

这里我们还想谈一下关于本案办案程序上的问题。本案在对被告人限制人身自由时违反了现行《刑事诉讼法》的规定,使用了宪法、法律甚至党规都严令禁止的办"双规学习班"的方法,无任何司法手续对被告人非法长期看管和拘禁达52天。被告人患有多种严重疾病,在"双规学习班"上几天不被许可睡觉,人格、精神和身体都受到严重的摧残,被搞得身体极度虚弱,以致产生幻觉,最终被送到医院抢救。在医院抢救期间,在被告人14天没有进食,每天全天输液治疗期间,还对被告人制作长达8小时以上的审问笔录,所有的这些做法非常不人道。(当时被告人的几个亲属,也受到了同样严重的非法的、不人道的对待。)其中被告人有的供述是在逼供的情况下,被用被告人亲人的生命进行威胁,使被告人产生极大的精神压力的情况下,出于解救自己的亲人而胡乱供认的。由于被告人身体这时极度虚弱,神志不清,这些供述中矛盾百出。这个期间的这些违法手段取得的证据依法都没有效力。

辩护人提请法庭注意,我党在粉碎"四人帮"以后就严令禁止了这种以办学习班的名义对公民进行非法拘禁,"文化大革命"已经结束了20年,法制也日趋完善,在今天以办班的名义非法拘禁公民是

---

① 《补充规定》第3条规定的"挪用公款归个人使用",包括挪用者本人使用或者给其他个人使用。挪用公款后,为私利以个人名义将挪用的公款给企业事业单位、机关、团体使用的,应视为挪用公款归个人使用。

不能被允许的,不能被接受的,也是非法的。依据《刑事诉讼法》的规定,“审判人员、检察人员、侦察人员必须依照法定程序,收集能够证实犯罪嫌疑人、被告人有罪或者无罪、犯罪情节轻重的各种证据,严禁刑讯逼供和以威胁、引诱、欺骗以及其它非法的方法收集证据”。所有这些无论是以非法手段取得的还是在非法拘禁期间取得的证据,依法都不得作为本案对被告人定罪的证据使用。

被告人的三个亲属被拘押和非法传唤过,两个亲属至今还被办理取保候审。有什么法律规定可以对证人使用刑事强制措施?法律规定,罪该判处管制,拘役和独立附加刑以上的犯罪人员才可以使用这种强制措施,并且要交当地公安局管执行。而这些控方都没有做到。控方的这些做法都违反了诉讼法律的规定。

被告人现年44岁;她不到18岁就被特批破格入党,始终作为干部选拔对象进行培养;23岁就被提拔为石化局的副局级干部;多年来,工作都很勤恳,非常精明,也很有成绩。

比如市司法局的办公大楼有3700平方米,是她当副局级行政处长时主持盖的,仅花了170万元(平均460元/平方米)。在盖楼时,她常常自己亲自骑车20里路,排一夜队去购买紧俏的水泥。在1993年6月担任某光公司经理到10月公司因中央下文停止工作的短短四个月,她就利用其承包的公司赚了62万元,并百分之一千三百四百地上交了承包金额。她的这些政绩在司法局的同人里是有口皆碑的。

这些背景显示,她如果要挣钱,要批油,我想比在座的大多数人都要有路子,她可以有各种方式去发财,但她没有这样做。一个有良好生活背景的人,一个有能力在几个月里凭空挣几十万元的人,不会为了区区几万元或十几万元丧失自己的名誉和政治前途。综合来讲,被告人并不具备贪污和获得非法利益的思想基础。

综上所述,对被告人肖某华贪污、挪用公款案的三项指控统统不能成立。指控的很多情节由于根本不是事实,而缺少证据佐证,案卷和庭审中的证据根本无法形成一个相互关联的、完整的指向被告人有罪的证明链,控方的很多证据也没有达到刑事定案所要求的“唯一排他性”;恰恰相反,很多证据综合起来倒是证明了被告人无罪。

本案本来就不应当在刑事法庭上提起。控方在办理此案,拘押审问被告人和其若干亲属时,有严重的刑讯逼供情节,并对人格、人身进行侵犯,这些做法使控方和被告人之间产生了严重的互相抵触的情绪,最后造成不追究被告人的刑事责任,就无法向被告人、向社会和上级进行交代。这么多的违反法律程序的事实和情节,导致本案的提起不可能公正。

因此,辩护人的辩护意见是:本案第一项指控定性上根本错误;第二项指控事实完全不清,现有的证据即不充分,又明显矛盾,不能认定被告人有罪;第三项指控事实清楚,证据确凿,但却清楚地证明了被告人无罪。综观全案,可以清楚地得出结论:不能认定被告人犯有贪污罪和挪用公款罪,应当对本案被告人宣告无罪。被告人已经被拘押很久了,又身患多种疾病,对其审理也严重超期,我们希望能够对被告人当庭释放。如果不可能做到这一点,也希望至少本着人道主义的精神,当庭改变强制措施,对被告人办理取保候审,暂予释放,使其能够治疗疾病,将来能够尽快恢复工作。

以上辩护意见,恳请法庭予以采纳!

谢谢!

北京市京都律师事务所律师　田文昌

北京市炜衡律师事务所律师　李肖霖

一九九七年八月三十日

审理结果

一审法院判决：

1. 被告人肖某华犯贪污罪，判处有期徒刑15年；

2. 检察机关指控被告人肖某华贪污公款4万元，构成贪污罪的证据不足，指控的犯罪不能成立；

3. 被告人肖某华不构成挪用公款罪。

一审宣判后，被告人肖某华不服，提起上诉。

辽宁省高级人民法院经审理后于1999年2月10日作出二审判决：肖某华无罪。

2003年，最高人民法院将肖某华贪污、挪用公款案作为刑事指导案例第63号予以公布，刊登在《刑事审判参考》2000年第3辑总第8辑，就“肖某华贪污、挪用公款案——定额承包者占有或者支配本人上缴定额利润后营利部分是否构成贪污罪？”形成了指导性意见。

李某某被控包庇罪案

案情简介

被告人高某久因故意杀人罪被吉林省白山市中级人民法院一审判处死刑立即执行，李某某担任高某久的二审辩护人。阅卷后，李某某认为如果高某久没有法定从轻、减轻情节，很难改判，便告知其兄高某祥。高某祥问怎样才能使其弟免于死刑。李某某回答说按法律规定只有立功，如由其本人检举揭发犯罪，等等。后李某某准备会见高某久时，高某祥要求李某某将其所知他人的犯罪线索简要记录下来并在会见高某久时予以转告。高某久接到转告后随即向吉林省高级人民法院写了“揭发犯罪材料”。1996 年 2 月 8 日，根据该检举揭发材料，在高某祥的协助下，三岔子公安分局和白山市焦化厂保卫科在浑江火车站抓获犯罪嫌疑人于某，追回了被诈骗的钱款。同年 2 月 11 日，由焦化厂出具高某久立功之证实材料，三岔子公安分局经保科签上“情况属实”意见并加盖印鉴后报送吉林省高级人民法院。吉林省高级人民法院认定“高某久能揭发他人犯罪，属重大立功”，在二审期间将死刑立即执行改判为死刑缓期两年执行。

1997年11月3日,长春市公安局以李某某涉嫌包庇对其执行拘留,11月18日,经白山市人民检察院决定,白山市公安局八道江区分局以李某某涉嫌包庇罪对其执行逮捕。1998年4月7日白山市八道江区人民检察院向八道江区人民法院提起公诉,八道江区人民法院受理后依法公开开庭审理了此案。后八道江区人民检察院撤回起诉,补充了新的事实后,又于1998年10月8日再次起诉。新的起诉书仍然以包庇罪起诉,但增加了李某某"教唆高某祥找两名假证人证实是被害人先打的高某久",并且"授意假证人写证实材料"的事实。1999年3月6日八道江区人民法院作出一审判决,宣告李某某无罪。八道江区人民检察院认为原审法院认定的事实和适用法律均有错误,于1999年3月19日向白山市中级人民法院提起抗诉,二审法院经审理后裁定驳回抗诉,维持原判。

辩护思路

本案的关键问题是:李某某传递检举揭发犯罪信息的行为是不是"作假证明包庇"。从包庇罪的定义分析,传递信息虽然不妥,但显然不是"作假证明包庇",依据罪刑法定原则不应定罪;从立法原意的角度分析,立法鼓励揭发犯罪信息,而未强调信息来源,信息来源如何并不影响立功的成立。重新起诉后,焦点问题在"教唆他人找假证人作证",证明这一问题的关键是证据,公诉人未提出任何证据证明其控诉,而现有的证据只能证明李某某找高某祥让其找证人,却不是找假证人。

辩护词(一审)

审判长、合议庭:

受李某某家属委托,并征得李某某本人同意,我们在本案中担任李某某的辩护人。通过查阅案卷,会见李某某本人,以及参加今天的庭审,本案基本事实已经查清。我们认为,白山市八道江区人民检察院在白山八检起字(1998)第62号起诉书中对李某某犯有包庇罪的指控是不能成立的。李某某的行为仅仅是违反律师职业纪律的行为,不构成犯罪,不应受到刑事追究。具体理由如下:

一、起诉书所指控李某某之行为不是包庇犯罪的行为

1. 在本案中,起诉书所指控,业经法庭调查核实的李某某所谓的"犯罪行为",仅仅是向自己的辩护对象高某久传递检举揭发犯罪的线索,并未实施《刑法》第310条规定的包庇罪所要求的"作假证明"的行为。

具体地说,李某某仅仅是把高某祥所知的检举揭发犯罪的线索传递给高某久,根据高某祥、王某等人的证言,也不排除高某久以前对这些犯罪线索亦有所知悉,只是记忆模糊或未想起检举揭发的可能性(见检察卷第58页、第67页高某祥之讯问笔录和第44页王某之讯问笔录)。李某某的行为仅仅是传递信息的行为,且所传递的是检举揭发犯罪的信息,根本未实施"作假证明"的行为,其不仅未"作假证明",而且根本就未出具过任何证明。

通过法庭调查已经证实,起诉书所指控的李某某"为被告人高某久制造假检举立功材料"事实根本不存在。李某某只是向高某久传递了检举揭发犯罪的线索,相关检举材料是高某久本人亲自书写的,立功材料是由白山市焦化厂和三岔子公安分局出具的。起诉书所指控的李某某"制造假检举立功笔录"的事实也不存在,李某某未制作任何关于立功方面的笔录，法庭调查时公诉人已证实所谓“假检举立功笔录”即指高某久本人亲自书写的两份揭发检举材料。十分明显，这两份材料既不是“立功笔录”，也不是李某某“制作”的。

同时需要指出的是，依据我国相关法律规定，关于证明被告人立功的材料不能由辩护人出具，辩护人出具也是没有法律效力的，不能证明立功的成立。因此，李某某不仅没有提供假证明，而且也不可能提供假证明。因为，对高某久立功而言，能够出具假证明的情况只有两种：一是高某久没有揭发而证明其揭发；二是其揭发的情况不属实而证明其属实。而事实上，辩护律师既无权利也无条件提供上述两种假证明，在本案中也没有任何人提供过这样的假证明。

2. 高某久的检举揭发材料是真实的，相关的立功材料也是真实的，并不是像起诉书所说的“假检举立功材料”。

高某久检举揭发立功之真实性表现在以下四个方面：

(1)高某久揭发检举之犯罪线索是真实的，确实存在这一犯罪。

(2)高某久揭发检举是真实的，即高某久经李某某转达获悉犯罪线索或经李某某提示想起了犯罪线索后愿意进行检举揭发，并亲自书写了揭发检举材料。公诉人称高某久“抄写”揭发材料是不正确的。法庭调查已经证实，李某某并未写出揭发检举材料供高某久“抄写”，只是把高某祥提供的揭发检举犯罪线索加以简要记录出示给高某久，高某久参考这一记录自己写出揭发检举材料。

(3)高某久所揭发检举之犯罪已被侦破是真实的，公安机关抓获了高某久所揭发检举之犯罪嫌疑人于某平，白山市焦化厂追回了被诈骗的钱款。

(4)公安机关所出具的高某久揭发检举立功的证明是真实的，即由白山市焦化厂和三岔子公安分局出具，上面有相关单位之公章和相关人员之签字。这份文件才是高某久揭发检举犯罪立功的证明材料,该材料之真实性毋庸置疑,不是任何人伪造的。

就高某久揭发检举犯罪立功而言,上述四个方面都是真实的。只有上述四个方面同时具备,高某久之揭发检举立功才能成立。因此,起诉书指控李某某"制造假检举立功材料"完全不正确:其一,李某某未制造过任何"检举立功材料";其二,检举立功材料是真实的。在这个过程中,所谓的"假"只有一点,即高某久检举揭发犯罪之线索不是其本人亲身经历或直接知道的,或者不是其主动想起来的,李某某在使其知悉犯罪线索方面发挥了作用,但是,李某某所参与这一"假"的环节并不是犯罪,理由在于:

第一,《刑法》第68条专门规定了立功问题。犯罪分子揭发他人犯罪查证属实,或者提供重要线索从而得以侦破其他案件,属于立功。这里所规定的是犯罪分子要有检举揭发行为且查证属实,并未规定所检举揭发的犯罪线索必须是本人亲身经历或直接知悉的。不管犯罪分子从何处或以什么方式知悉犯罪线索,如通过盗窃犯罪知悉贪污、受贿的犯罪线索,只要其有检举揭发行为且查证属实,就是立功。法律并未限制犯罪分子所检举揭发之犯罪线索的来源,事实上也不应该限制。

第二,法律从未规定向别人传递可供检举揭发的犯罪线索是犯罪,现行法律中没有任何这样的规定。

第三,公诉人认为,犯罪线索是高某祥知悉的,李某某知悉后又传递给高某久,再由高某久检举揭发,这不是高某久检举揭发,而是高某祥或李某某检举揭发,进而认为李某某把高某祥知悉的犯罪线索传递给高某久使其能检举揭发是"移花接木",意思是指李某某将高某祥揭发犯罪的行为移到了高某久的身上,因此而制造出了高某久的所谓"假立功"。公诉人的这种推断和比喻,违背了基本的客观事实,犯了一个根本性的概念错误。事实上,只要尊重事实,就不难看出，本案中高某久立功的形成，并不是李某某“移花接木”，而是高某久“借花献佛”。在本案中所谓“花”是指犯罪线索，“献”则是指检举揭发的行为。我国关于立功的规定，是为了鼓励和奖励提供犯罪线索的犯罪嫌疑人和被告人。构成“立功”的关键，并不在于谁知悉犯罪线索，而在于谁实施了检举揭发的行为。现实中，可能有很多人同时知悉同一犯罪线索，但绝非这些人都会实施检举行为；若如此，法律对立功的规定就没有必要了。因此，高某久虽然是“借花献佛”，但并不能否认其争取立功的主观意愿（尽管他可能只是出于求生的动机），更不能抹杀其检举揭发的客观行为。在缺乏很高觉悟和动力的情况下，许多犯罪得不到揭发，而在《刑法》关于“立功”规定的感召下，许多犯罪嫌疑人和被告人却为了立功而积极检举揭发，这种现象恰恰反映了“立功”规定的实际效果。高某久的行为正是如此，其完全符合《刑法》关于“立功”的具体规定和鼓励“立功”的立法原意。而公诉人的“移花接木”之比喻，则违背了事实，偷换了概念，因而导致对高某久“借花献佛”之检举行为性质的错误认定，以至于混淆了罪与非罪的界限。

虽然李某某的行为具有帮助高某久掩盖其所检举揭发犯罪线索真实来源的因素，但其仅仅是违反律师会见被告人的职业纪律，并不是犯罪行为。因为如前所述，高某久检举揭发是真实的，所检举揭发之罪被侦破也是真实的。就高某久立功而言，检举揭发犯罪线索的真实来源只是其中一个组成部分，且不是最关键的部分。况且高某久在揭发检举材料中已写明，由其兄高某祥协助公安机关破案。这说明司法机关在收到高某久揭发检举材料时就已知悉其立功需要家人的协助，并认可了这种协助。因此，李某某传递揭发犯罪线索的行为并不能直接影响高某久能否构成立功的性质。

二、李某某的行为与高某久之犯罪行为没有关系

虽然起诉书指控李某某犯有包庇罪,但李某某之行为与其包庇对象高某久之犯罪行为没有任何关系。包庇罪必须是包庇犯罪行为本身,即通过篡改、湮灭、毁坏罪证等,使犯罪分子由有罪变为无罪,由罪重变为罪轻,所包庇的必须是犯罪行为,即犯罪事实本身。李某某帮助高某久检举揭发犯罪而立功,与高某久故意杀人之犯罪行为没有任何关系,不涉及高某久之罪行,不符合包庇罪的基本构成条件。

三、李某某没有包庇犯罪的主观故意

1. 包庇罪,必须是包庇犯罪行为本身,且包庇行为已构成犯罪。由于高某久检举揭发犯罪的行为不是犯罪行为,李某某告知和促成其检举揭发就不存在犯罪故意,即李某某明知高某久要检举揭发犯罪而向其传递揭发犯罪的线索,这一故意的内容是合法的,不是犯罪故意。

2. 李某某告知高某祥及其弟高某久只有检举揭发犯罪立功才能免于死刑,以及必须本人检举揭发等,属于律师履行职务的正常活动。《律师法》第28条、《刑事诉讼法》第35条均明确规定:在刑事诉讼中,辩护人的责任是提出证明被告人无罪、罪轻或者从轻、减轻、免除刑事责任的材料和意见,维护被告人的合法权益。因此,李某某的行为不是起诉书所指控的犯罪“合谋”。犯罪合谋必须是明知犯罪行为而与之合谋,检举揭发犯罪不是犯罪,商量检举揭发犯罪也不是犯罪合谋。

3. 李某某向高某久传递检举揭发犯罪线索的目的虽然是使其获得较轻处罚,但这一目的并不是犯罪目的,理由在于:

第一,仅仅提供检举揭发犯罪的线索并不能使高某久当然获得较轻处罚。只有检举揭发经查证属实才算立功,才有可能获得较轻处罚。李某某的行为仅仅是为高某久立功创造一个机会和可能。

第二,检举揭发立功而获得较轻处罚是法律规定的一个制度,是法律允许并鼓励犯罪嫌疑人积极实施的。李某某帮助高某久利用法律提供的这一机会重新做人,是合法行为,并不是公诉人所指控的"逃避惩罚"行为。高某久没有"逃避惩罚",而是积极追求一种从轻的法律待遇,这一目的是合法的。

第三,李某某促成高某久检举揭发犯罪,使公安机关破获一起刑事犯罪,相关单位追回了被诈骗的钱款,为国家挽回了经济损失。这在客观上有益于社会,这一目的无可厚非。

四、高某久被从轻处罚是基于其立功,并不是李某某传递信息的行为

1. 高某久虽然最终获得了由死刑立即执行改为死刑缓期两年执行的结果,但这一结果是基于其检举揭发犯罪查证属实而立功,并不是因为李某某传递检举揭发犯罪线索的行为。李某某传递检举揭发犯罪线索仅仅是为高某久立功提供了一种条件。如果高某久不进行检举揭发,就不可能立功;如果高某久所检举揭发的犯罪线索不能被查证属实,也不能立功。后两个环节比李某某传递信息的行为更关键、更重要。司法机关是根据查证属实的结果对高某久进行改判,并不是根据李某某传递线索的行为。由李某某传递信息,高某久同时揭发检举了两起犯罪,只有一起经查证属实,才发生了作用,另一起毫无意义,亦是证明。

2. 高某久之检举揭发是否成立,是否立功,立功大小,以及能否从轻处罚,李某某未曾参与,也无任何决定权,这完全是由司法机关掌握和裁量的。因此,李某某对于高某久改判的结果不应承担任何责任。

五、依据《刑法》规定,李某某之行为无罪

起诉书对李某某之指控适用《刑法》第 310 条包庇罪是不正确

的。李某某之行为发生于1996年,且是履行辩护人职务活动过程中发生的,如果适用新《刑法》,也只能适用第306条辩护人、诉讼代理人妨害作证罪,而李某某之行为显然不符合这一犯罪的构成要件。对于李某某上述之行为,应该说无论新《刑法》还是旧《刑法》都无明文禁止,属于法律无明文规定的行为。依据《刑法》第3条的规定:"法律没有明文规定为犯罪行为的,不得定罪处刑",李某某之行为无罪。至于李某某履行律师职务活动过程中的错误,应通过律师执业纪律进行处理。

六、李某某案之立案侦查活动存在不符合法律规定之处

1. 李某某所涉嫌之犯罪,拘留时是伪证,逮捕时是包庇,依据《刑事诉讼法》及最高人民法院、最高人民检察院、公安部、国家安全部、司法部、全国人大常委会法制工作委员会《关于刑事诉讼法实施中若干问题的规定》,应由公安机关立案侦查,本案由人民检察院自侦,不符合法律关于案件管辖的规定。

2. 依据《人民检察院实施〈中华人民共和国刑事诉讼法〉规则(试行)》第10条的规定,由检察机关立案侦查的案件,应由人民检察院负责的部门进行侦查。李某某案件不仅由检察院违反法律关于管辖的规定进行自侦,而且不是由检察院负责侦查的部门而是由起诉部门进行侦查。侦查、起诉均由同一个部门负责,不符合检察院内部分工规则。

3. 李某某案件共涉及五个犯罪嫌疑人,除李某某外,其中三个被取保候审,贺某新未予逮捕;尤其高某祥1997年10月30日被拘留,1997年10月31日即被取保候审。而李某某一直被羁押至今,家属数次申请取保候审均被拒绝,法律待遇明显不公平。

4. 在本案侦查阶段,检察机关收缴李某某所谓"赃款"1.45万元,没收"非法所得"2万元,这是没有法律依据的。李某某所收费用为法律服务费，其问题属于违反律师执业纪律，收费未入账，应由司法行政机关处理，不是犯罪赃款，也不是非法所得，不应收缴和没收。

基于以上理由，我们认为李某某之行为不符合包庇罪的基本构成条件，不构成犯罪，不应受到刑事追究，人民法院应依据《刑事诉讼法》第162条第2项之规定，宣告其无罪。同时，李某某已被羁押近6个月，根据其实际情况，所涉犯罪性质、情节较轻，没有人身危险性，符合《刑事诉讼法》第51条、最高人民法院《关于执行〈中华人民共和国刑事诉讼法〉若干问题的解释(试行)》第63条之规定，我们请求人民法院尽快批准对李某某取保候审。

以上意见请合议庭采纳。

被告人李某某辩护人：
北京市京都律师事务所律师　田文昌
北京市德恒律师事务所律师　李贵方
1998年4月29日

辩护词(重新起诉之一审辩护)

审判长、合议庭：

白山市八道江区人民检察院重新起诉后，在“白山八检刑起字(1998)第190号”起诉书中，指控李某某“教唆高某祥找两名假证人证实是被害人先打的高某久”，并且“授意假证人写证实材料”。作为本案被告人李某某的辩护人，我们认为该项指控不能成立，李某某没有实施所指控之行为。现提出以下辩护意见，请合议庭予以采纳。

一、本案侦查、起诉活动违反《中华人民共和国刑事诉讼法》

1. 关于本次开庭，八道江区人民检察院解释是在1998年4月29

日开庭后,撤回了白山八检刑起字(1998)第62号起诉书,重新起诉的。这里存在以下三个问题:

其一,作为被告人的李某某并未收到公诉机关的撤回起诉决定书。

其二,根据《人民检察院实施〈中华人民共和国刑事诉讼法〉规则(试行)》第305条的规定:"撤回起诉后,没有新的事实或者新的证据不得再行起诉。"从本案庭审可以看出,公诉机关并未提出任何新的事实和证据,包括公诉意见,都与上次开庭相同,根本未对本案进行新的侦查。因此,重新起诉并把(1998)第62号起诉书的内容重复起诉,显然不符合法律规定。

其三,由于公诉机关撤回起诉,又重新起诉,那么本案就不是对上次开庭的继续,而是新的案件,新的开庭。公诉机关已经撤回之起诉事实不能再重复审理。

2. 公诉机关起诉活动没有遵循《中华人民共和国刑事诉讼法》第6条规定的"以事实为依据,以法律为准绳"的基本原则,而是不顾事实和法律,以欲强行给被害人定罪为宗旨,背离了合法性与公正性的执法原则,具体体现在:

(1)按公诉机关之指控,本案显然是多人涉嫌犯罪,在上次庭审之事实中,至少涉及李某某、高某祥两人,而(1998)第62号起诉书却只起诉李某某一人,矛头只针对李某某,有意放过高某祥。

(2)本次开庭之(1998)第190号起诉书所指控所谓新事实,至少涉及李某某、高某祥、隋某利、贺某新四人,且在伪证的事实中,隋某利、贺某新是实行犯,而本次起诉却以所谓包庇罪名和以教唆伪证的事实只起诉李某某、高某祥两人,有意不起诉实行犯隋某利、贺某新,其用意昭然若揭。

(3)在一起同样事实、同样侦查、同样罪名(按公诉机关之指控)

的案件中,公诉机关却把已经侦查清楚之事实,故意分成两次起诉,有意拖延时间,明显表现出无论如何也要给李某某定罪的枉法倾向。

3. 本案的侦查活动不合法。

依据《中华人民共和国刑事诉讼法》第18条之规定,包庇案应由公安机关立案、侦查,而在本案中,吉林省人民检察院刑检二处和白山市人民检察院刑检二处却联合对此案强行立案,越权违法自行侦查。这不仅违反《刑事诉讼法》关于案件管辖之规定,由检察机关非法越权办理应由公安机关侦查之案件,而且严重违反人民检察院内部职权分工,即起诉部门超越自己的职权直接对案件进行立案、侦查,形成对本案侦查、审查起诉、起诉由同一部门"一条龙"办理的严重违法现象。

不仅如此,本案的侦查活动也违反了《中华人民共和国刑事诉讼法》中关于公、检、法三部门分工负责、互相制约的原则。例如,吉林省人民检察院检传字[97]第011号《传唤通知书》是由检察员张某胜签署的,而在长春市公安局1997年11月1日对李某某的拘留证上,张某胜又变成了公安局"侦查人员"。检察院不仅超越内部职权违法办案,并且以不同身份跨部门办案,传讯、拘留、逮捕均由同样的人决定、执行,严重践踏法律、践踏人权。

基于上述可以清楚看出,本案之立案、侦查、起诉活动严重违反《刑事诉讼法》之有关规定,相关办案人员执法的合法性、公正性存在严重问题,指控李某某犯罪的证据矛盾百出,既不确实,也不可靠,因而最终导致本案成为错案。

二、李某某未实施起诉书所指控之犯罪行为

(一)起诉书指控李某某"收受高某久之兄的钱财……达到包庇高某久的目的",是不符合事实的

1. 公诉人向法庭提供的高某祥、王某等人的供述显示,"高某祥

是在1995年12月23日晚李某某离开白山市时,才给李某某2000元办案费的。白天取证时根本未谈到费用问题,也未给费用”。李某某并非收受钱财才去取证。

2. 李某某不是出于违法、犯罪的目的收取高某祥的2000元钱,而是收取的律师代理费,这是合法收取。其中一部分已交律师所,另一部分按规定用于办案支出,这与收人钱财包庇别人犯罪根本不同。

3. 根据案件实际情况,应当事人要求依法取证,以及向法庭提供“证明被告人无罪、罪轻、减轻或者免除处罚的材料和意见”,是律师的职责,是无可非议的,并不是包庇。辩护人发表被告人无罪、罪轻、减轻或者免除处罚之意见,以及为支持这一意见而展开调查取证活动,是律师依法开展的职务活动,并不是包庇犯罪人,既无包庇之故意,也无包庇之行为。

(二)起诉书关于“李某某教唆高某祥找假证人证实是被害人先打的被告人”的指控根本不能成立

1.“被害人先打被告人”这一情节,并非李某某教唆出来的,而是高某久在其一审供述及一审庭审中就多次这样辩解的(见高某久1995年9月28日、10月18日、11月2日、11月17日、12月4日的供述及庭审记录,11月30日程某红的会见笔录,相关证据材料已当庭质证,并提交法庭)。一审判决书中亦清楚载明。因此,这一情节不是李某某杜撰的,李某某也无法杜撰,更不可能教唆高某祥。事实只能是高某祥把“被害人先打高某久”的情节告诉李某某。

2. 高某久所述之“被害人先打……”的事实至今仍无法确定。高某久未找到相关证人证实,但亦未有相反的证人予以否定。作为高某久的辩护人,对于这一直接影响高某久量刑之重要情节是有义务查证的,事实上也存在进一步查证之可能。因为,高某久、付某友、刘某海等人都证实当时现场有很多人围观(见高某久一审卷宗付某友与刘某海的证言及高某久之供述。相关证据材料业经法庭质证，已提交法庭）。这说明李某某并不是在明知没有证人的情况下硬找证人。李某某让高某祥找证人并非教唆伪证，也不是包庇。

3. 公诉人未提出任何确凿的证据证明李某某“教唆高某祥找假证人”。这里首先必须区别一个重要概念：找证人作证与找假证人作证，二者是根本不同的。现有证据只能证明李某某让高某祥找证人，这本身既不违法，也不是犯罪，根本不能证明李某某让高某祥找假证人。

下面分析相关人员之证言材料。

其一，高某祥之供述。

（1）高某祥在李某某未接案时就讲被害人先打他弟弟，因此，“被害人先打高某久”的情节不是李某某教唆的。

（2）高某祥1997年10月30日的证言：“他（李某某）说得找两个证人，我好反驳”；“他让我找两个人证明被害人先打的我弟弟，然后我弟弟打的被害人。”以上证据只证明李某某让找证人，而不是教唆高某祥找假证人。

（3）高某祥关于“李教唆他找假证人”的证言是虚假的：

①高某祥1997年10月30日证言：李某某教他找假证人，教他时隋某利和贺某新都在场。而事实上，隋某利、贺某新、王某和李某某均证实四人或五人未同时在场过，高某祥显然在说假话。

②高某祥1997年10月31日证言：“李某某说‘我查卷，没从轻理由，你找两个人出个假证’。”实际上，李某某取证时根本没阅卷，也不可能阅卷。此点后面详述。

③李某某无教唆时间。几个人的证言均证实，王某和高某祥接到李某某后，即一同到浑江大酒店。当时三人在场，李某某没有教唆。然后李某某让高某祥去找证人，王某当时在场，李某某未教唆找

假证人。高某祥很长时间才回来(见王某1997年10月30日证言),且与隋某利同来。接着李某某就取隋某利的调查笔录,隋某利已证实李某某未教唆(见隋某利1997年10月31日笔录)。隋某利走后,高某祥带贺某新来作证。整个上午李某某未与高某祥单独接触过,李某某无教唆高某祥之时间。有其他人在场时,其他人均证实李某某未予教唆。

④高某祥是本案利害关系人,与李某某因同一罪名被起诉,存在为摆脱自己的责任而嫁祸李某某的极大可能性。在本案起诉后,高某祥隐匿逃脱,不敢到庭质证,也说明其所述虚假,其供述不可靠,不真实,不能作为给李某某定罪之证据。

其二,贺某新的证言。

①贺某新并未证实李某某教唆其做假证,其所证实的李某某边写边问并不说明李某某教其作假证,这只是具体的取证方式。

②贺某新证实高某祥在贺某新母亲家找到贺,让贺"给做个证"。与隋某利一样,在贺家时就已经把"被害人先打高某久"的细节商量好了。因此,贺某新关于"被害人先打高某久"的细节才与高某久的供述基本一致,而李某某则没有任何渠道得知与高某久供述基本一致的案情,更无法教唆贺某新做假证。

③贺某新承认自己在律师面前说了假话,他说:"我看到那个人先打的高某久,这块我说假话了。"

④通过对贺某新的调查笔录进行分析,可以清楚地看到,是贺某新先讲了案情,李某某后记录的。其中一些细节,包括案情细节、地点、地名、方言土语等,都是李某某所不知悉的,无法教唆。

⑤贺某新说:证言材料是律师写的,我抄了一遍。这句证言所述之实际情况是,贺某新所写之材料有许多错别字,李某某修改了错别字,因太乱而让贺某新重抄了一遍。因为王某已证实:"李让他写了

一遍,李改了些错别字,让他再抄一遍”。从李对贺的调查笔录中也可以得到证实,是李让贺自己再写一遍,以证实笔录的真实性。

其三,隋某利的证言。

隋某利的证言十分清楚、客观地证明了高某祥请其作证的原因、过程,隋某利接受作证的缘由,高某祥教唆其作证的具体情况,并清楚地证明是高某祥教唆,不是李某某教唆。李某某是不明真相的,李某某对贺某新之取证与对隋某利之取证是相同的,李某某未教唆隋某利,也未教唆贺某新。隋某利之证言也证明高某祥关于李某某教唆之证言是虚假的。

其四,王某的证言。

王某在其1997年10月30日的证言中,证实了李某某没有“教唆高某祥找假证人证明被害人先打高某久”。

①王某证实:“高某祥对李某某说:有几个证人可以证明被害人先打我弟弟。”证明说有证人可以作证是高某祥提出的。

②王某证实:“李某某让高某祥找证人。”这里清楚证明,李某某是让高某祥找证人,并不是找假证人。

③王某证实:“高某祥说有三个证人。”这说明高某祥提出有三个证人在前,找来两个证人在后。

④王某反复证实:“李某某取证时只是改过贺某新证实材料的错别字。”

王某上述证言业经法庭质证,公诉机关亦予认可。

而王某1997年12月31日的证言与自己的前述证言和其他证言相矛盾,且与其他人的证言不相吻合,不足采信。其所述“看得出来这个证人不知道案情”,是王某个人的认识、判断,不能证明是李某某教唆。

4. 李某某取证时未曾阅卷,不了解案件的真实情况,因此,没有理由也没有可能教唆高某祥实施犯罪行为。通过对高某久的一审宣判日期(1995年12月12日)、上诉日期(1995年12月14日)、一审送卷函日期(1995年12月18日)以及省法院把高某久案分到具体办案人的时间(1996年1月11日)的确认,都可以证实李某某在12月23日取证时,不可能阅卷,不了解具体案情,无从进行教唆。相关证据材料业经法庭质证,已提交法庭。

(三)起诉书指控,"在李某某授意下,隋和贺亲自书写材料讲看到被害人先打的被告人",这一指控与事实严重不符

(1)隋某利的证言已经十分清楚、确切地证实了他所有在李某某面前形成的材料内容均是高某祥在他家里教唆、告诉的,李某某根本不知道隋是假证人,且没有授意他任何内容。

(2)没有任何证据证明李某某向贺某新授意了什么内容,高某祥在1997年10月30日的讯问笔录也证实是高本人"告诉隋和贺"有关作证的内容。

(3)李某某根本未教唆隋某利和贺某新作假证,根本不可能"授意"隋、贺书写材料。李某某所做的仅仅是按律师通常的工作方式做出调查笔录,然后让两个证人把自己的证言再亲自书写一份。这是正常调查取证,根本不是教唆作伪证。起诉书之指控严重歪曲事实。

(4)通过李某某所取隋某利、贺某新之调查笔录,尤其有关高某久案时间、地点、环境、过程、工具、后果等具体内容,可以看出这些内容与高某久在一审时的多次供述一样。而前面已经证明,在取证时李某某尚未阅卷,没有会见高某久,不知悉这些情况,也无从告诉别人。这些情况只能是高某祥告诉的,是高某祥进行教唆。隋某利之证言是正确、真实的。

(四)李某某没有起诉书所指控之犯罪的主观故意

起诉书指控李某某犯有包庇罪,而起诉之事实则是教唆伪证问

题。公诉机关仅仅证明李某某明知高某久犯罪而予以包庇是不够的,必须证明李某某有教唆伪证之主观故意,即证明李某某有以下三种明知的情况之一:其一,李某某明知不存在被害人先打高某久之事实,教唆高某祥找证人证实这一事实。而前面已有大量证据证实,高某久早在一审侦查、审判过程中即已多次、反复提出这一事实。此证明这一事实不是李某某虚构出来或教唆的。其二,李某某明知当时无在场证人而教唆高某祥找证人。而实际情况是,无论高某久还是其他证人,均证实现场有人围观,有证人,这就存在找到证人的前提,而不是李某某明知无证人而强要高某祥找证人。其三,李某某明知证人不知案情而教唆其作证。而实际情况是,高某祥已把作证内容教给两证人。在李某某取证时,二人表现为知悉案情,可以作证。隋某利之证言确凿地排除了李某某之教唆,他反复证实,是高某祥教唆,不是李某某教唆,且李某某不知道其作证内容是高某祥教唆的。

通过上述清楚地看出,李某某根本没有教唆伪证之明知,事实也不存在这样的明知,公诉机关亦未证明有这样的明知,因而李某某没有教唆伪证的故意,也无教唆伪证之行为。公诉机关目前所证实的仅仅是李某某知道高某久犯了罪,这根本不能证明李某某的教唆伪证行为。

(五)李某某虽然在高某祥瞒骗下,取了隋某利和贺某新两份证言。但相关证言交到省法院后,经高某久案承办人提示,李某某亦对该证言之可靠性有所认识,在其二审辩护意见中并未引用,二审法院亦未采纳。该证言未产生任何实际效果。仅仅因为取证有误构不成任何犯罪

三、关于所谓李某某传递检举揭发犯罪线索问题

本次起诉又重复指控了所谓李某某向高某久传递检举揭发犯罪

线索之问题。对此辩护人表明以下两点意见:

其一,公诉机关已经声称对这一事实撤回了起诉,没有理由再次起诉、审理。

其二,上次开庭已经审理清楚,且得到国内刑法学家共同认可,李某某向高某久传递检举揭发犯罪线索,促成其立功之行为,仅仅违反律师执业纪律,不违反《刑法》,不构成犯罪。

四、关于本案之法律适用

起诉书对李某某的指控适用新《刑法》第310条是不正确的。如果李某某之行为真如起诉书所指控的那样,构成犯罪,在适用新《刑法》时,也只能适用第306条,即辩护人、诉讼代理人毁灭证据、妨害作证罪。因为李某某具有辩护人的特殊身份,是在履行辩护人职责时实施上述取证行为的。起诉书之所以有意回避这一特殊法条而适用第310条包庇罪,因为该条第2款明确规定:"辩护人、诉讼代理人提供、出示、引用的证人证言或者其他证据失实;不是有意伪造的,不属于伪造证据。"前述证据已充分证明李某某不是有意伪造证据,因此,其行为不构成犯罪。

综上所述,白山市八道江区人民检察院"白山八检刑起字(1998)第190号"起诉书指控李某某"教唆高某祥找假证人证实是被害人先打的高某久"以及"授意假证人写证实材料",没有任何确凿、充分的证据。李某某根本没有实施起诉书所指控的上述行为。至于李某某向高某久传递检举揭发犯罪之线索,促成其立功而依法受到从轻处罚,则根本不构成犯罪。

据此,起诉书所指控李某某的两件所谓犯罪事实:一件李某某根本未实施,公诉机关更不可能证明李某某实施;另一件根本不是犯罪行为,不构成犯罪。经过两次开庭审理,李某某无罪业已得到证明。我们希望人民法院秉公执法,实事求是,依照《刑事诉讼法》第162条之有关规定,为李某某洗清冤屈,尽快宣告李某某无罪。

此致

白山市八道区人民法院

被告人李某某辩护人:

北京市京都律师事务所律师　田文昌

北京市德恒律师事务所律师　李贵方

1999年3月6日

孙某满被控贪污罪案

案情简介

孙某满,原青岛某运输公司计划财务部副部长。

20 世纪 90 年代末,随着市场经济的深入发展和我国证券市场的崛起,公司企业利用闲散资金炒股盈利的现象蔚然成风。1997 年 3 月,青岛某运输公司也不甘心错过证券市场的机会,决定动用部分闲散资金炒股盈利。孙某满深谙股票市场运行规律,公司决定由其具体负责具体操作。

孙某满在实际操作过程中,按照青岛某运输公司的要求,利用公司资金和其他可支配资金进行炒股,这些资金及利润已全部返回青岛某运输公司。此外,孙某满还利用与青岛某运输公司有业务关系的香港某公司的资金 1000 余万元,以及利用自己的职务便利私自截留、使用了青岛某运输公司已经付给总公司的 1300 余万元资金,私自炒股盈利。上述资金及利息共计达 9700 余万元。炒股结束后,孙某满隐瞒了其中 220 余万元盈利款。1998 年 6 月 2 日,被告人孙某满主动将其中的206万元返回公司,被发现后遭立案侦查。

公诉机关在审查后,对各类资金的性质未加以区分,全部认定为孙某满贪污所得。一审法院也认定孙某满构成贪污罪,判处孙某满无期徒刑。孙某满不服,提起上诉。

辩护思路

本案中,孙某满实际操作投入股市的各笔资金的性质是不同的。其中,有一笔是公司的闲散资金,是经公司领导同意为公司炒股的资金;另一笔1300余万元是青岛某运输公司已经汇给其总公司的款项,被孙某满私自截留自己炒股盈利;还有一笔1000万元是香港某公司的,此笔款一直在香港某公司青岛办事处的账上,也被孙某满私自动用进行炒股盈利。只有在正确区分上述各笔资金的性质,才能对孙某满的行为准确定性。在正确定性的基础上,再进行定量分析,才能在法律上得出正确结论。

首先,关于孙某满行为性质的认定。一是经过公司领导同意,由孙某满具体操作,为公司炒股的资金。这一部分与犯罪无关。二是青岛某运输公司付给中国某运输公司的1300余万元,这笔款未经公司领导同意被孙某满私自截留、使用,应当定性为挪用。三是香港某公司(私人企业)的1000万元资金,由于现有证据不能证明“代管关系”的存在,其并不具有公款的性质,因而不能构成挪用公款罪。本金的性质决定了其盈利的性质,又由于动用该笔资金炒股也是孙某满的个人行为,因此占有该笔资金所产生的利润,无论如何不应当认定为贪污。

其次,关于资金数额的计算。在客观地分析了孙某满行为性质之后,应当对其行为后果进行一下定量分析,以使我们能够更加清楚地认识其行为的性质，对其行为所产生的危害后果进行客观地评价，正确地定罪、量刑。辩护人依照一审《司法会计鉴定》中所使用的计算方法——积数系数法，对本案所涉及的各项资金所产生的利润分别予以计算。

综上，辩护人得出结论，一审法院对孙某满的定性错误，提请二审法院依法改判。

辩护词(二审)

审判长、审判员：

受本案被告人孙某满的委托，北京市京都律师事务所指派田文昌、曹树昌两位律师担任其涉嫌贪污罪一案的二审辩护人，依法参与本案的审理。介入本案后，我们会见了被告人、查阅了卷宗材料，我们认为：本案一审对相关的重要事实认定有误，定性不准。现依法发表辩护意见如下：

一、关于行为性质的认定

1. 孙某满动用9700余万元资金炒股系公司行为还是个人行为？一审判决认定：“自1997年3月开始，被告人孙某满先后由青岛某运输公司转入上述5个资金账户资金人民币97,974,242.89元(含利息)投入股市，上述资金包括青岛某运输公司自有资金5980万元、青岛某运输公司代管的北京某运输公司资金1500万元和香港某公司资金1000万元，还包括青岛某运输公司付给中国某运输公司的13,096,889.94元，该笔资金孙某满未经公司领导同意也投入了股市。”

上述关于“……该笔资金(青岛某运输公司付给中国某运输公司的13,096,889.94元)孙某满未经公司领导同意也投入了股市”的认定符合客观事实，是正确的；但是对动用香港某公司资金1000万元炒股,是否经公司领导同意,一审判决没有作出符合客观事实的认定,而是错误地将其也认定为公司的炒股资金。辩护人为此专门向可以证明此行为性质的相关人员进行了调查(调查材料两份已经提交法庭)。

结果表明,原青岛某运输公司总经理王某祥[现中国远洋运输(集团)总公司船长,电话01066492×××]、原青岛某运输公司财务部长丰某华[现中国某运输(集团)总公司财金部总经理,电话01066492×××]均证明:他们没有准许也不知道该1000万元资金投入股市,孙某满动用该资金炒股系个人行为。也就是说,在孙某满操控的9700余万元的炒股资金中,总计有2300余万元的操控因未经公司领导同意而系个人行为。这是认定孙某满行为性质的客观基础之一。

2. 香港某公司的1000万元资金与青岛某运输公司的关系?卷宗材料表明:香港某公司将自己的1000万元资金“委托”给青岛某运输公司代管,是没有任何书面文件可以证明的。这不符合基本的商业常识!无法想象没有任何正式的书面文件,一家香港的个人公司会将自己的1000万元资金委托给另一家内地的国有公司代为管理。此为问题一。

根据青岛某运输公司财务处《关于青岛某运输公司股票资金情况汇总》:“1997年4月18日(根据检验报告表4578页,为4月3日)自香港某公司青岛办事处调用1000万元转入股市,1997年6月4日转回该公司。”也就是说,该笔资金从香港某公司青岛办事处的账上转入股市,后又转回该账户,在此为期间没有到过青岛某运输公司账上。如果是代管资金,为什么保管人会将此资金放在被保管人公司的账上?是谁在管理该笔资金?此为问题二。

辩护人还注意到,1997年4月3日,此1000万元从香港某公司青岛办事处的账上转入股市时,使用的是香港某公司青岛办事处的相关印鉴[第11卷13页,中国农业银行特种转账借方(贷方)传票(1997年4月3日)南二支行出具;付款单位:香港某公司青岛办(账号801932965),收款单位:农行信托证券部(账号801938946);金额:1000万元;公章为青岛办印鉴、法定代表人章为杨某柱印鉴。入张某光户]。也就是说,虽然是孙某满在操作该笔资金,但是在法律上此行为却是香港某公司自己的行为,由此所产生的法律后果也必然要由香港某公司自己承担而与青岛某运输公司无关。此为问题三。

问题之四,是现有证据能否证明代管关系?一审判决认定香港某公司的1000万元资金为青岛某运输公司的代管资金的证据仅有两个:一个是证人于某的证言;另一个为1997年4月28日在青岛某运输公司的账户上有这样的做账方式——代管香港某公司船舶备用金。

辩护人认为,上述两个证据并不能证明香港某公司和青岛某运输公司之间就此1000万元资金形成民事法律上的代管关系。

(1)于某关于代管的证言中记述道:"在工作中我了解到,香港某公司有关业务方面的代收、代支和资金管理都是由我们青岛某运输公司代为办理和管理的。"可见,于某的此证言仅仅是一个间接证据,她仅仅是在工作中了解到代收、代支的事情,并没有,也不能直接证明此1000万元是青岛某运输公司代香港某公司管理的资金。如果没有其他证据予以印证,仅凭于某的证言来证明代管的民事法律关系成立,是不符合我国法律规定的。

(2)青岛某运输公司的会计凭证仅仅是一种记账方式,是青岛某运输公司单方面的意思表示。这种单方面的记账方式如果不能得到香港某公司的认可,如果没有实实在在的资金的存在,不能证明任何问题。更何况,账面上所表明的资金走向已经充分证明,该项资金是在香港某公司与股市之间直接地划入划出,并未经过青岛某运输公司的账户,即在法律关系上与青岛某运输公司没有任何联系。

另外,还要提请法庭注意的是,根据相关的会计凭证,这1000万元资金于1997年4月3日自香港某公司青岛办事处的账上转入股市,于1997年6月4日转回该公司。它是如何在1997年4月28日又到了青岛某运输公司的账上了呢?这到底是青岛某运输公司自作多情地空挂账还是另外还有一个1000万元呢?此事实不清。但有一个结论是明确的,即使青岛某运输公司的账上确曾有过1000万元,也只能是此一笔并非彼一笔。

客观地回答了上述相关问题后,可以清楚地表明:香港某公司的1000万元并非青岛某运输公司的代管资金。香港某公司系私人公司,孙某满不是该单位的工作人员。这是认定孙某满行为性质的又一客观基础。

综上,在孙某满操作炒股的9700余万元的资金中,客观地说,应当分为三部分:其一,经过公司领导同意,由孙某满具体操作,为公司炒股的资金。这一部分与犯罪无关。其二,青岛某运输公司付给中国某运输公司的13,096,889.94元,这笔款未经公司领导同意被孙某满私自截留、使用,应当且只能定性为挪用(一审判决对此已经认定,但前后不统一)。其三,香港某公司(私人企业)的1000万元资金。由于现有证据不能证明“代管关系”的存在,因而其并不具有公款的性质,因而不能构成挪用公款罪。本金的性质决定了其盈利的性质,又由于动用该笔资金炒股也是孙某满的个人行为,因此占有该笔资金所产生的利润,无论如何不应当认定为贪污。

二、关于数额的计算

在客观地分析了孙某满行为性质之后,应当对其行为后果进行一下定量分析,以使我们能够更加清楚地认识其行为的性质,对其行为所产生的危害后果进行客观地评价,正确地定罪、量刑。由于本案一审是建立在9700余万元资金的炒股"全部是公司在炒股"的错误认定基础之上,因而没有也没有必要对各项资金产生的利润进行细分。

由于炒股的9700余万元资金在股市上进行操作具有很大的随机性,事后的计算不可能清楚、客观地反映哪笔资金产生了多少利润。辩护人也只能依照一审《司法会计鉴定》中所使用的计算方法——积数系数法,对本案所涉及的各项资金所产生的利润分别予以计算,供二审法院在认定被告人孙某满行为的性质及评价其行为所产生的危害后果时予以参考:

(一)各项资金积数系数的计算

根据青岛某运输公司财务处《关于青岛某运输公司股票资金情况汇总》,参与炒股的9700余万元资金是分7次进入股市的,相应的会计凭证能够分别证明它们在股市上存留的时间,因此可以计算出它们的积数系数如下:

1. 公司中行户款项划入农行户:1997年3月17日支付13,096,889.94元(凭证号:970320127#);1997年6月11日付北京总公司平仓款。该笔即为青岛某运输公司付给中国某运输公司而被孙某满截留、使用的资金。

积数系数1309.688994×84天=110013.875496——(1)

2. 1997年4月9日支付1000万元(凭证号:970420230#);1997年5月27日收回980万元(凭证号:970620001#)。

积数系数=1000×48天=48000——(2)

3. 1997年4月11日支付2000万元(凭证号:970420286#);1997年6月3日收回2020万元(凭证号:970620140#)。

积数系数=2000×52天=104000——(3)

4. 1997年3月5日职工集资款2000万元由工行代办所转入农行户;1997年6月5日由农行转出本金,办理定期存款,期限半年,

1997 年 12 月 9 日转回。

积数系数 = 2000 × 90 天 = 180000——(4)

5. 1997 年 5 月 4 日中散应付青远欠款 1500 万元划入农行户，1997 年 5 月 29 日转入光大银行汇泉船务。

积数系数 = 1500 × 25 天 = 37500——(5)

6. 1997 年 4 月 18 日(检验报告表 4578 页，为 4 月 3 日)自香港某公司青岛办事处调用 1000 万元转入股市；1997 年 6 月 4 日转回公司。

积数系数 = 1000 × 61 天 = 61000——(6)

7. 1997 年 5 月 21 日自青远光大银行户转入农行户 980 万元(凭证号:981220307#)；1997 年 6 月 2 日自农行户转回 9850490(凭证号:981220308#)。

积数系数 = 980 × 11 天 = 10780——(7)

以上积数系数相加得总积数系数:551,293.88

其中公司炒股资金的积数系数(2 + 3 + 4 + 5 + 7):380280(占总积数 68.98%)

精大资金的积数 61000(占总积数 11.07%) + 中远资金的积数 110013.88(占总积数 19.96%) = 171013.88(占总积数 31.02%)

(二)利润数额计算

一审判决书认定:9700 余万元资金炒股交易盈亏合计为 11,433,190.82元。据此认定，依照已经计算出的积数系数则:

中远、精大的资金应产生利润:11433190.82 元 × 31.02% = 3546575.79 元(其中精大为 1,265,654.22 元;中远为 2,282,064.89 元)。

青岛某运输公司炒股的盈利:11433190.82 元 × 68.98% = 7886614.03 元。

青岛某运输公司应回笼资金为:(97974242.89 元 - 10000000.00 元 - 13096889.94 元)公司炒股动用的本金 + (7886614.03 元)公司

炒股的盈利=82763966.98元。

根据:(1)相关会计凭证(被一审判决认定的事实),至1997年6月9日青岛某运输公司共回款104,236,139.14元;(2)一审判决书认定:3,252,029.99元,从应返回青岛某运输公司而未返回青岛某运输公司的5,171,292.57元中扣除。即这320余万元或已经用于公司的各种支出,或在案发前已经返回公司而没有被一审判决作为犯罪认定。如果我们仅看公司的炒股本金和公司炒股盈利的话,则应将中远、精大的本金扣除。即实际青岛某运输公司炒股的本金及盈利的回款数额应认定为:104236139.14元+3252029.99元-13096889.94元-10000000.00元=84391279.19元。此数额比青岛某运输公司应回笼资金82,763,996.98元多出了1,627,312.21元。

8.相关的计算结果及案件事实表明:至案发前,(1)公司炒股动用的本金全部安全回到公司。(2)公司炒股的盈利7,886,614.03元也全部回到了公司。另外还多回款1,627,312.21元。(3)青岛某运输公司付给中国某运输公司而被孙某满截留、使用的1300余万元以及目前尚不好定性的香港某公司的1000万元也都安全地回到了它们应当回的地方。(4)多回到青岛某运输公司的160余万元只能是中远公司及精大公司的资金炒股利润的一部分。

三、犯罪构成及法律适用分析

通过对前面事实的分析,可以认为,孙某满在炒股过程中总计动用过四方面的资金,而其行为性质区分为三种情况。

(1)孙某满经公司同意,利用青岛某运输公司资金和中散公司的资金进行炒股,此系公司行为。该两笔资金及其利润已全部返回公司,不涉及违法犯罪问题。

(2)孙某满未经公司同意,私自将香港某公司1000万元资金用于炒股,其行为本身具有挪用性质。但因该项资金与青岛某运输公司之间不具有代管关系，而不具有公款性质，所以不能构成挪用公款罪；其炒股所获取的利润同样也不是公款，所以也不能成为贪污罪侵害的对象。同时，因其挪用的并不是本单位的资金也不能构成挪用资金罪。

(3)孙某满于1997年3月利用公司炒股的机会，利用自己的职务便利私自截留、使用了青岛某运输公司已经汇给总公司的13,096,889.94元资金，用于私自炒股盈利，依照我国《刑法》第384条的规定，构成挪用公款罪。但是在案发前近4年，即1998年6月2日孙某满又将挪用公款所产生的盈利206万余元返回了公司，其意图明显地是为了挽回危害后果。辩护人认为，对孙某满挪用公款1300余万元的犯罪行为应当予以处罚，但是对其在案发前不但将挪用的款项返回，而且自动将挪用款项所产生的盈利也返回公司的行为应当认定为从宽处罚的重要情节，依法予以从轻处罚。

通过前面辩护人的计算，孙某满私自截留、使用的青岛某运输公司已经汇给总公司的资金应当产生220余万元的盈利。而孙某满仅仅转回了206万元，应当如何看待这一差额呢？辩护人认为应当客观、实事求是地予以认定。

辩护人提请法庭在对其量刑时注意以下问题：(1)孙某满于1998年6月2日自动将206万余元返回了青岛某运输公司，这是已经被一审判决认定的事实。他为什么要这样做呢？他自己的解释是，这206万余元就是1300余万元所产生的全部利润，把利润交还给公司自己就没事了。此反映出他主观上想要消除此行为后果的意愿。(2)股市的炒作具有很大的随机性，事后的计算与实际情况必定有出入。我们不应当仅仅依据事后的计算来确定其中某一笔资金所产生的利润额。(3)一审判决所认定的盈亏合计11,433,190.82元是以1997年6月9日为截止日来计算的，而卷宗材料表明，在6月9

日这一天,参与炒股的资金账户上尚有30余万股的股票没有抛出。事实上由于股市的跌落这些股票抛出的价格大多低于6月9日这一天的价格。因此,一审中关于盈亏合计的认定也与客观事实不符(此事实不清,是应当也是可以查明的)。(4)辩护人还注意到,通过请示,当时任青岛某运输公司总经理的王某泽1997年4月30日曾亲笔批示:同意提取一定比例作为各种费用开支及奖励有关人员。比例如下:年利息在15%~20%,提取1%;20%以上提取2%;30%以上提取3%。在青岛某运输公司,参与炒股的有关人员仅有孙某满一人,他是否应当得到该奖金?应当得到多少?是否应当从相关数额中予以扣除?(5)限于专业关系,辩护人的相关计算仅仅提供了一个认定的思路,辩护人请求二审法院对此专业问题再次聘请专业人士作出科学、实事求是地鉴定,以求作出更贴近客观事实的评判。

但是,无论如何计算,对于占有因挪用公款产生的利润的行为不能以贪污论处。依照我国刑法,“进行营利活动”是挪用公款罪的构成条件之一。该种行为所侵犯的客体是公款的使用权,其犯罪对象只能是其挪用公款的实际数额即本金部分,若将其盈利部分以贪污论处是明显没有法律依据的。

综上所述,辩护人认为一审判决的定性是错误的,请求二审法院依法改判。

辩护人:

北京市京都律师事务所律师　田文昌　曹树昌

审理结果

二审改判孙某满有期徒刑13年。

于某富被控票据诈骗罪案

案情简介

于某富,别名“赵某”“赵某某”,捕前系哈尔滨市富某实业公司总经理。

黑龙江省哈尔滨市人民检察院指控:1999 年 5 月至 2000 年 9 月,被告人于某富与关某某、黄某、李某某等人互相勾结,由关某某、黄某从张某某(另案)等人处购买空白假银行承兑汇票,并借来假印章,盗用“中行河源分行”“工行河源分行”的名义,以“河源汽车总公司”“河源市进出口贸易公司”等企业为出票人,分 8 次为“哈尔滨富某实业有限公司”等企业伪造了共 62 份银行承兑汇票,票面金额合计约 2.7 亿元。于某富持这 62 份假汇票,采用以新贴现款还旧贴现款手段,先后骗取银行资金 2 亿多元。

1998 年至 2000 年 9 月,被告人于某富、关某某等 20 名被告人采用内外勾结的手段诈骗银行资金,伪造的票据票面金额达 3.5095 亿元,除部分没贴现外,被贴现的银行资金达 2.5370 亿元,至今仍有

7791.3万元无法追回。受害的有黑龙江、云南、吉林、山东、福建、甘肃等省市的20多家银行。

辩护思路

辩护人认为,于某富使用承兑汇票贴现而后又抽票还款的行为,基本性质属于质押贷款。其使用假汇票,表明其在取得贷款时具有欺诈手段。但是,由于行为人主观上不具有非法占有目的而缺乏诈骗犯罪的基本特征。该行为所侵犯的是银行资金的使用权并非所有权。因此,既不应认定为票据诈骗罪,也不应认定为贷款诈骗罪。依照罪刑法定原则,不应以犯罪论处。

辩护词

尊敬的审判长、审判员:

北京市京都律师事务所接受被告人于某富的委托,指派田文昌、杨占武律师作为其辩护人。我们通过庭前调查、阅卷和今天的庭审调查,结合相关法律规定,特发表如下辩护意见。

一、于某富所谓的贴现行为本质上是质押贷款行为,而不是真正的金融票据贴现,其基本性质属贷款欺诈。起诉机关指控于犯有金融票据诈骗罪不能成立

理由如下:

1. 事情的起因反映于某富用承兑汇票进行质押贷款的真实动机。

于某富在购买汇票贴现之前,曾经有三次用真实票据质押的贷款行为,其中两次是用信用证、一次是用承兑汇票。由于这种方式得到了贷款行的认可,因此,于某富便将此做法当成了比较便捷的融资方式,这一思路影响了他以后全部的融资活动。这些内容在于某富、李某某、张某某的供述中都有详细的记载,在此不再引述。

了解这样的一个起因,对于确定于以后的行为性质应当说具有重要意义。辩护人希望法庭能够充分重视这一点。

2. 于所实施贴现行为的具体操作过程体现了质押贷款的性质。

通过查阅卷宗,李某某的供述清楚地表明,在贴现之初,李曾多次指出这些票据只能用于质押,不能真正去贴现,因为“承兑不了,会出事的”。在今天上午的庭审中,李也承认,于某富曾向其要汇票进行质押贷款,为还欠银行的贷款。

在贴现真正开始前,于与张某某副行长约定好,取得贴现款后,银行不要去出票行提示付款,到期时由于将款还上。这是典型的质押贷款的操作方式。

在贴现开始时,贴现申请书上明确写明了上述约定的内容,这为确定质押贷款的性质而提供了书面文件。

在贴现过程中,张某某反复使用“贴现贷款”这个词,法庭调查阶段的询问表明,对于这个词的理解,张明确地理解释为是“可还款赎票”的性质。这恰恰是质押贷款,而不是简单的贴现。

上述这些被告人的供述及实际发生的行为很清楚地反映出,在他操作票据贴现的过程中,无论从主观动机上看,还是从客观行为上看,都是以贴现的名义在操作质押贷款。

3. 于贴现后的陆续按期还款行为印证了于的行为是质押贷款而不是票据贴现。

票据贴现和票据质押贷款既有联系,又有区别,认真分析一下我国法律的规定就不难看出二者的联系与区别。《商业汇票承兑、贴现、再贴现管理办法》将商业汇票的贴现规范为一种资金融通方式,并纳入信贷范畴管理。该办法第 2 条规定:“本办法所称贴现是指商业汇票的持票人在汇票到期前,为了取得资金贴付一定利息将票据权利转让给金融机构的票据行为,是金融机构向持票人融通资金的一种方式。”同时该办法又明确规定了贴现的操作要求,这又将二者按照操作方式的不同进行了划分。在操作规程中,要求贴现银行在汇票到期时向出汇票的银行提示付款,出票的银行审查后,应从出票企业账上将汇票款划入贴现银行,出票银行起保兑的作用,一旦出票企业账上钱不足时,出票银行必须自己垫付,从而保证汇票项下票款及时安全的承兑。而贷款是银行到期向用款的企业收取,如不足则向保证单位收取。可见,二者最明显的区别在于银行收回资金的方向不同。通过对上述二者的联系与区别进行分析后,结合本案中于的所谓贴现行为的具体操作,就不难看出于的行为到底属于什么性质了。

于在用汇票贴现取得贴现款后、在汇票到期前,向银行主动还上贴现款,取回所贴现的汇票,而不是由贴现银行向出票银行提示付款,这恰恰符合了质押贷款的要求,而不具备一般贴现的特征。既然于的行为是质押贷款,事后又将贷款还上,那么其用于质押的汇票的真假以及于是否知道其真假已不重要,因为这对于银行已没有实质意义,银行的风险已经排除。用于质押的汇票的真假只能反映取得贷款的手段是否真实,而并不决定于能否非法占有贷款。

这里需要说明的是公诉人在法庭上强调票据的权利转移以票据交付为准,而想证明于将假票给银行取得资金会使银行的贷款借空,这样推断于的行为是贴现行为,从而也推断出于具有非法占有的目的。公诉人这种推断是基于公诉人对于票据法律规定的曲解而产生的。不错,票据权利确以交付时转移,但在票据质押中票据权利的转移就是例外。在票据质押贷款活动中,票据权利并没有转移,只有在贷款还不上时,质权人向出票人提出付款时,票据权利才转移。而本案中,于按期还款,银行也没有去提示付款,票据权利并没有转移,这恰恰说明银行只将汇票看作质押物,没有看作贴现。公诉人只看到前面的贴现行为而没有看到还款行为,是不能得出准确结论的。

通过上述三方面的分析完全可以得出结论,即于的行为属于质押贷款,只能涉及贷款欺诈而不涉及金融票据诈骗犯罪。

二、于的行为即使是票据贴现行为,也不构成金融票据诈骗罪

诈骗罪是目的犯也是结果犯,必须同时具备主观上的非法占有目的和手段上的欺骗性,二者缺一不可,尤其不能缺乏非法占有目的。过去在司法实践中,有观点认为非法占有目的并不是诈骗犯罪的共同特征,以至于出现过一些仅仅以手段和结果定罪的客观归罪的错误做法。这是对诈骗犯罪本质特征认识的一种曲解。正是为了扭转这种错误认识和防止因此而导致的错案继续发生,最高人民法院在《全国法院审理金融犯罪案件工作座谈会纪要》中对于如何认识和确定非法占有目的问题作出了明确而详尽的解释。该解释指出,金融诈骗犯罪都是以非法占有为目的的犯罪,并指出,根据司法实践,对于行为人通过诈骗的方法非法获取资金,造成较大数额资金不能归还,并具有下列情形之一的,可以认定为具有非法占有目的:(1)明知没有归还能力而大量骗取资金的;(2)非法获取资金后逃跑的;(3)肆意挥霍骗取资金的;(4)使用骗取的资金进行违法犯罪活动的;(5)抽逃、转移多次、隐匿财产,以逃避返还资金的;(6)隐匿、销毁账目,或者搞假破产、假倒闭,以逃避返还资金的;(7)其他非法占有资金,拒不返还的行为。但是在处理具体案件的时候,对于有证据证明行为人不具有非法占有目的的,不能单纯以财产不能归还就按金融诈骗罪处罚。

上述纪要是我国法院审理金融犯罪案件的重要依据,本案事实和证据充分表明于的行为无论如何都不能符合7种行为之中的任何一种。具体分析如下:(1)于的公司资产具有足够的偿贷能力,且公司就设在哈尔滨,资金不能转移;(2)于取得贷款后并未逃跑且在案发时能够主动到案协助调查和偿还贷款;(3)于所取得的全部资金通通用于正当的经营活动,无任何挥霍行为;(4)于从未进行过任何违法犯罪活动;(5)于没有任何抽逃、转移、隐匿财产以逃避返还资金的行为;(6)于从未隐匿销毁账目,也未搞假破产、假倒闭等行为;(7)于不仅从未拒不返还资金,且一直在积极返还,案发后,已经及时返还绝大部分,现在仍有足够能力全数返还。

综上可见,于的行为即使就是票据贴现,因其没有非法占有目的且有偿还的事实和保障,也不能构成金融票据诈骗罪。这种结论具有充分的法律依据。

三、于某富的行为具有贷款欺诈性质,但不构成贷款诈骗罪

1. 于某富主观上没有非法占有的目的。

于某富以汇票贴现的最初动机是还上于欠银行的贷款,对于这一情节,卷宗中张某某的供述说得非常详细。张供述于在买汇票之前,曾用信用证做质押在哈尔滨市农行某支行贷了一部分款,用于收购大豆。于把大豆收来以后,却因出口额度被取消而不能发货,而使贷款无法偿还。为了还贷款,于找李某某,让李某某找票据做质押贷款进行融资还贷,李因此才进行购买汇票的活动。对于这一点,李某某、于某富都有相关供述,并能互相印证。以上动机和过程表明,于贴现汇票的目的是取得贷款,而不是非法占有汇票款。

公诉人在庭审中坚持认为,于只要取得了这些贴现款,就视为具有非法占有的目的,这种认识显然是对立法的曲解。我国《刑法》中的“非法占有”,指的是行为人非法取得财产的所有权,而不是指财产的使用权。这一点是区分罪与非罪界限的重要标志。

公诉人在庭审中还运用了这样一个逻辑来推断于具有非法占有

的主观故意:于和出票人之间没有发生真实的贸易往来,因而必然知道汇票是假的;既然知道汇票是假的又去贴现,就必然具有非法的占有目的。这一推理有很大的漏洞,原因在于前提不真实。

根据我国相关的金融法规规定及目前的现实状况,汇票与贸易背景的真假关系有四种情况存在。第一种,贸易背景和汇票都是真的;第二种,汇票与贸易背景都是假的,这种情况下该汇票纯属伪造;第三种,贸易背景是假的,汇票是真的,这种情况下,汇票可以由银行违规开出,而并非伪造;第四种,汇票是假的,贸易背景是真的。上述四种情况在现实中都存在,不能简单地设计一个前提,即公诉人的前提——交易背景是假的,就必然知道汇票是假的。本案中,涉案的几家哈尔滨银行都明知其贸易背景虚假,为何还要去广东查询?为何后来还相信汇票真实?更重要的是,公诉机关为何还对这些银行的涉案人员指控为过失犯罪而未指控为票据诈骗的共犯?这种做法与公诉人的前述逻辑难道不是自相矛盾吗?

公诉人还犯了另一个前提不真实的逻辑错误:公诉人认为于只要知道汇票是假的,仍然使用它贴现,就一定具有非法占有的目的。这个前提同样存在漏洞,即行为人在明知汇票不真实的情况下,使用假汇票进行质押贷款后如期归还,就并不具有非法占有目的,而只是一种民事欺诈行为。现实生活中这种情况也很多,也都是按民事欺诈处理的。

于将贴现款投入自己承包的企业,也说明了于不具有非法占有的主观目的。哈尔滨市供销粮油经销处是供销社的下属机构,是国有企业,于某富是承包人。于能把巨额的贴现款打入其账户,支持其经营,完成上缴的承包费,这怎么能说明于有非法占有目的呢?如果于具有这方面的企图,在于拥有几个私营公司的情况下,他绝不会用这个经销处去贴现,也不会将资金打入该处账号,因为这么大额的资金频繁的往来于该处的账号,等于将自己想占有的资金公开告诉了国有企业,这合乎逻辑吗?

公诉机关已认定的于某富的自首行为进一步印证他没有非法占有的主观目的。于在知道汇票有问题后,没有转移资金,没有抽逃资产,没有携款逃跑,而是主动到公安机关自首,把事情说清楚,同时表达出自己认罪和还款的积极态度,并一直主动交待事情的经过,在今天的法庭上也是如此。这些表现说明于始终都诚恳地想把事情搞清楚,以及想挽回经济损失的积极态度。于的这种态度进一步排除了其非法占有的目的。

2. 于不具备贷款诈骗罪的主体资格。

根据《全国法院审理金融犯罪案件工作座谈会纪要》的规定:"根据刑法第三十条和第一百九十三条的规定,单位不构成贷款诈骗罪。对于单位实施的贷款诈骗行为,不能以贷款诈骗罪定罪处罚,也不能以贷款诈骗罪追究直接负责的主管人员和其他直接责任人员的刑事责任。"本案中,行为主体均是单位,根据上述规定,这些单位及于本人显然不具备贷款诈骗罪的主体资格。

3. 于不具备非法占有贴现款的客观条件。

根据现有的材料,至少有四个方面的制约因素使于不具备占有贴现款的客观条件。

于某富和张某某事先约定,汇票到期时由于某富直接将钱还给银行,把汇票抽回。这一约定不仅彻底把贴现行为转变成质押贷款,而且把因质押物可能存在瑕疵而带来的风险转移到了于的头上,保证了银行的利益,在民事上双方达成了债权债务的确认。

于在贴现时出具了正式的贴现申请书。贴现申请书是非常重要的一个法律文件,它表达了申请人的真实意思表示,记载了申请人的承诺。于某富和他的公司在申请书上做了如下承诺:"现将我单位持有的上述内容的汇票向你行申请贴现,并保证该票据真实、合法、有效,如票据到期不获付款,将由我单位承担全部赔偿责任。”通过这一承诺,无论质押的汇票存在什么问题,于某富都有脱不了干系,如果汇票不能承兑,那么于的公司就要偿还。这就从法律上确定了银行有追索权,于有偿还的义务,从而在法律关系上排除了于占有票据不归还的理由。

于在贴现时与银行签有保证合同。保证合同是于某富另外的公司同银行签订的,保证人承诺:“若汇票到期后银行不供承兑,保证人予以赔偿。”这种保证合同又进一步明确了于公司的连带责任,从而在客观上进一步减少了银行贷款的风险。

于的公司及其投资项目都在本地,并有足量资产可以抵偿。通过侦查机关的取证,于的公司都在本地,其项目多是房地产项目,这些财产都不能转移且有升值潜力。在庭审调查中何某某曾供述说,贴现之前银行对于的公司进行了评估考察,事后对贷款的使用进行跟踪监督。这使于的经营、投资活动完全处于银行的掌握之中,根本不可能将财产占为己有而不归还。这一情况非常重要,因为它事实上已经向银行提供了一种可靠的保证,从而排除了于某富将贴现资金占为已有的客观条件。

上述四个方面的因素由主观到客观,相互联系,相互印证,充分说明于主观上不具有非法占有的目的,客观上也不具有非法占有的条件。

4. 于某富的公司有偿还能力,现在仍积极偿还。

自案发以来,于某富及其公司一直积极配合公安机关清理财产,积极偿还银行贷款。至起诉前,于某富已返还银行财产 8100 多万元。这一事实不仅表明了于还款的态度,而且表明了于的还款能力。但是,需要指出的是,公诉机关认定的损失数额不准确,辩护人认为对此应当重新核实。

公诉机关认定于欠银行的贴现款为87,609,922.96元,于公司的资产评估额为81,256,068.61元,二者之间的差额为600万元。这个差额被视为于某富贴现带来的损失,如果加上于企业的正常抵押贷款1300万元,其差额也不过1900万元。而公诉机关除从81,256,060.61元的评估资产中扣除了1300万元贷款外,还扣除了14,530,505元那某某还给于某富的欠款,这样则构成了公诉机关认定的损失差额为32,187,654.86元。这样计算差额是不公平的,其理由将在后面阐明。

此外,于某富又提供了一些财产,这其中有于的投资,有于的债权,也有于的家庭财产,其总价值达远远超出了于的欠款。这个数字表明由于于某富的偿还能力高于其欠款数额,因而不能认定其已经给银行造成了损失。

四、关于具体损失数额的计算

1. 不应将14,530,505元的贴现款从于的评估资产中扣回。

在若干笔贴现款中,有一笔是那某某用背书转让的方式还给于某富三张承兑汇票,面值1500万元人民币,于用其贴现所得14,530,505元人民币。这三张承兑汇票实际是那还给于的欠款,庭审调查中已表明,那对于的欠款是事实。即使在该笔还款之后,那某某至今还欠于2400多万元,并且于事先并不知道这三张汇票是假的,对此于与那的供述可以相互印证。既然如此,应当把这三张汇票的诈骗责任算到那的头上,应由那还给银行,不应由于还这笔钱。更何况,在票据贴现过程中,银行对汇票的真假也进行了审查,而审查失误的责任在银行,和于某富没有关系,于也是受害者。故应将这14,530,505元人民币算入于已经归还银行的贴现款中,因此,其损失差额应为32187654.86元-14530505元=17657149.86元。

2.419 万元的还款应计算入于的还款中。

张某某曾以特转的方式将那某某的款1800 万元转入于的账上还贴现款,而后张又将其中1381 万元人民币转回那处,剩余419 万元抵偿了那对于的欠款,当时这笔钱已经归还了于欠银行的贴现款。案发后,侦查机关却又将这笔钱扣回还给了另外的银行,同时又从于的评估财产中另外拿出419 万元还给了中山支行。这种做法和计算方法也是错误的。应当认定这笔钱属于于某富,并已经归还了于的贴现款,不应在于的评估资产中扣除这笔钱。因此,其损失数额的计算应是再由17657149.86 - 4190000 = 13467149.86 元人民币。

3.45 万元的利息应归还于某富。

案卷材料表明,张某某曾经将于的钱转借出3000 万元给京某顺集团,该公司在还款时还了45 万元人民币的利息,这一利息被银行自行占有,并没有还给于某富,现应还给于某富,用以抵偿于欠银行的贴现款。故于贴现资金与已归还部分之间的实际差额,应当再由13467149.86 - 450000 = 13017149.86 元。

如果将1300 万元的正常贷款不做扣除,则于并没有给银行造成损失。

以上关于损失数额计算的辩护意见,请法庭予以核实。同时,辩护人特别提请法庭注意以下两个问题:(1)即使按照公诉机关指控的最高损失额3000 余万元计算,于某富也具有偿还能力。这一事实表明于不具有非法占有的主观目的和客观条件。(2)即便于某富具有足够的偿还能力,也应当依法客观、公正地计算损失数额,不应当将因银行和他人的责任而造成的损失转嫁到于某富头上。因此,希望法庭依法减掉不应由于某富承担责任的部分损失,公正、合理地认定于的还款数额。

综上所述,辩护人认为,于某富使用承兑汇票贴现而后又抽票还款的行为,基本性质属于质押贷款。其使用假汇票,表明其在取得贷款时具有欺诈手段。但是,由于行为人主观上不具有非法占有目的而缺乏诈骗犯罪的基本特征。该行为所侵犯的是银行资金的使用权并非所有权。因此,既不应认定为票据诈骗罪,也不应认定为贷款诈骗罪。依照罪刑法定原则,不应以犯罪论处。

值得强调的是,本案发生后,于某富能够主动到案配合调查,积极还款,努力为国家挽回损失。这些表现不仅反映出其本人的积极态度,而且还进一步印证了其不具有非法占有的主观目的。

因此,辩护人希望法庭在全面、慎重审查本案事实和证据的基础上,依法对被告人于某富作出无罪判决。

以上辩护意见请予采纳。

辩护人:

田文昌律师　杨占武律师

二〇〇二年四月三日

审理结果

2002年7月30日因犯票据诈骗罪,于某富被哈尔滨市中级人民法院判处有期徒刑11年。本案因涉及金额达3.5亿元而成为当时全国最大的票据诈骗案,被媒体广为报道。

刘某被控组织、领导黑社会性质组织罪案

案情简介

辽宁省铁岭市人民检察院铁市检刑诉(2001)第54号起诉书指控:1995年年底至2000年5月,被告人刘某以沈阳市嘉阳(百佳)集团为依托,伙同被告人宋某飞纠集吴某明、董某岩等组成相对稳定的具有黑社会性质的犯罪组织。起诉书指控刘某犯有组织领导黑社会性质组织罪、故意伤害罪、抢劫罪、敲诈勒索罪、私藏枪支弹药罪、妨害公务罪、非法经营罪、偷税罪、行贿罪。

被告人刘某一审被判处死刑,经辽宁省高级人民法院审理后改判为死刑缓期两年执行。后最高人民法院提审,刘某再次被判处死刑立即执行。

起诉书对刘某等人指控的犯罪事实总共有53起,时间跨度从1989年9月至2000年8月。其中,关于被告人刘某组织、领导黑社会性质组织犯罪的事实总共包括24起。在这24起中可以独立构成犯罪的有10起;该10起指控中只有第8、14起与被告人刘某有关联。

关于第8起,起诉书的表述是"1997年4月21日,尚某成与韩某发生争执,尚某成求刘某出面说和,刘某说和不成殴打了韩某致其轻微伤";关于第14起事实起诉书表述为"1998年11月,被告人刘某等……饮酒期间,与同桌的张某发生矛盾,被告人刘某持房某的手枪朝该酒店天棚鸣放一枪后便扬长而去"。

刘某涉黑案件中涉及的"命案"仅有一起,起诉书表述为:"1999年10月,被告人刘某因云雾山烟销售情况不好,指使被告人程某去市场查看并'收拾'经销同类香烟的业户。同年10月15日,被告人程某、宋某飞、吴某明、董某岩、张某民等人先后窜至沈阳市和平区南市农贸大厅,程某派徐某岩(在逃)领董某岩上楼指认了经营云雾山烟的业主王某学。嗣后,在该大厅二楼李某、宋某飞等人对其殴打,致被害人王某学遭受钝性外力作用,造成右肺门破裂,右心房破裂,急性失血性休克合并心包填塞而死亡。"而卷宗材料显示:(1)公司香烟业务的经营由程某负责,此事被告人刘某确实不知道。(2)嘉阳集团公司是云雾山香烟在东北地区的总经销。因市场假烟较多,烟厂为维护自己产品鼓励经销商打假,每抓到一箱假烟,厂家奖励其一箱真烟,程某等抓假烟的积极性很高。(3)被害人王某学可能在经销假烟。

辩护思路

这是一起较为复杂的案件。起诉的犯罪事实数量多达53起;时间从1989年9月至2000年8月跨度长达10多年。

这又是一起现象严重且典型的违法办案的案件。例如,(1)律师的会见受到重重阻碍,长时间无法会见。后来即使在允许律师会见的时候,也受到会见时间长度等限制;在羁押监室进行会见;在会见场所的墙壁上公然贴着律师的一言一行“都在被摄录中”的威胁性告示……(2)刑讯逼供的问题严重。会见中被告人讲述了自己受到了骇人听闻的刑讯逼供;庭审中,大多数被告人都表示自己受到了刑讯逼供;卷宗材料中各被告人对同一事实的表述高度一致,但在法庭审理的单独讯问中,他们翻供的表述又高度一致。而这前后的两个一致相比较,其内容又大相径庭……(3)相关鉴定同实际情况存在严重误差等。所有这些都是可能产生错案的因素,依靠对世事的分析,依靠对事实和卷宗材料差异的分析,揭露违法办案的情况,向法庭提供作出正确判断的材料和意见。

刘某案件当时在社会上反响很大,尤其是在舆论的诱导下许多事实被歪曲,社会上的种种传说与案件的实情出入很大,甚至有媒体公开刊登了办案机关编造的律师对刘某辩护词的内容(该内容纯属强词夺理且违背职业道德),势必引起公众的不满。

因此,该案在办理过程中直至再审程序后,始终是波折不断,压力不断,连京都律师所都曾因此而遭受威胁。社会上对该案的评说和猜测也经久不息。

刘某案再审十几年后的今天,将律师的辩护词公之于世,也有助于人们了解该案的真实情况。

辩护词

审判长、合议庭:

北京市京都律师事务所田文昌律师、北京市万森律师事务所佟林律师接受被告人刘某亲属的委托,担任其涉嫌组织、领导黑社会性质组织罪一案的一审辩护人,依法参与本案的审理。介入本案后,在审判阶段,我们在武警战士及公安干警6人在场的环境下会见了被

告人,阅读了本案的卷宗材料并进行了必要的调查取证工作。现发表辩护意见如下:

关于本案的程序问题

程序法是实体法目的得以实现的基本保障。然而,本案在办理过程中,程序上存在严重问题,主要反映在以下三个方面:

一、剥夺律师与被告的单独会见权,使被告辩护权受到严重妨碍

被告同其辩护律师单独会见,是我国刑事诉讼法赋予被告人及辩护律师的一项基本权利,其不但可以保证被告人获得必要的法律帮助,也可以使被告人在排除干扰、威胁的情况下,如实陈述案情,为律师分析案情和进行调查取证工作提供必要的线索。律师单独会见被告人,是律师行使辩护权的重要保障,法庭也只有在全面了解控、辩双方的材料和意见的基础上,才能兼听则明,作出客观、公正的判决。但是,本案从审查起诉,直到审判阶段,法律赋予的此项权利均未得以实现。

审查起诉阶段,我们曾多次向检察机关提出会见申请,在获得准许并明确注明侦查人员不在场后,我们到看守所会见时,得到看守所所长的答复是,此被告人不归他们管,(人是否在看守所羁押?是否合法?)让我们找专案组。专案组开始是不准会见,经交涉后,虽同意会见,但限制会见时间(30分钟),同时侦查人员在场。本案涉及个案53起,任何人都会明白30分钟会见纯属流于形式。我们无法接受这种违法会见。也就是说,本案在审查起诉阶段,律师的会见权被粗暴剥夺。

进入审判阶段,律师仍不能依法会见。律师会见时,在场监视的武警战士及干警多达6人。更为严重的是,我们是在监室进行的会见,监室的墙上,堂而皇之地贴着告示,"你的言行都在被摄录中,请依法进行会见”。这是对律师及犯罪嫌疑人的一种威胁。审判阶段仍不允许律师单独会见被告,这在我国20余年司法实践中也是罕见的,是公然无视法律的行为。

二、刑讯逼供既严重,又普遍,具有典型性

1. 绝大多数被告均受到刑讯。

在会见时和法庭上,刘某及诸被告均反映了侦查人员骇人听闻的刑讯行为(如把人扒光衣服大字形固定在水泥地的预埋铁件上,用电棍给其“按摩”,重点部位是脚心、腋下及生殖器等;审讯前,给其吃一种蓝色的药片,使其处于迷幻状态,让说什么就说什么;长时间关在铁笼子中;长时间绑在老虎凳上;扒光衣服让蚊虫叮咬;预先编造好口供在刑讯中强按手印等)。如此情况下取得的口供,怎么能做到客观真实呢?辩护人提请法庭对此问题予以充分注意。

2. 私设看守所,为刑讯提供便利。

庭审调查表明,刘某及本案多数被告人被抓获后,在相当长的一段时间里,未羁押在看守所内。他们在不同时期,被分别关押在刑警支队地下室、黑牛沟、警校、警犬基地等处。这一违法行为,使公安机关可以不受任何拘束,完全控制着各被告人,也为刑讯逼供提供了便利条件。

3. 口供严重失实,被告当庭纷纷翻供。

本案在法庭审理过程中,多数被告均当庭翻供。其理由是“不那样说就挨打”“实在经不起折磨”。并且,很多被告表示,直至庭审之前根本就不知道预审笔录的内容,只能任凭预审人员编造。为了掩盖刑讯的事实,侦查机关专门制作了录像,事先写好一些供词让被告背熟,然后再拍录像。背错了就长时间折磨,之后再重拍。反复多次,直到他们满意为止。

如何解释被告人翻供?是否翻供就是态度不好?就是狡猾抵

赖?辩护人认为,我国法治的根基是以事实为依据,对被告人翻供问题应当实事求是地加以客观分析。

针对本案,庭审调查表明:

(1)并非所有被告人一概不承认自己的犯罪事实。多数被告人的翻供都是有选择、有一定依据的。包括刘某在内,很多被告都承认自己的一些行为,甚至承认自己在某些问题上确实有罪。

(2)被告人当庭的分别陈述和共同对质,基本上没有矛盾,且可以得到相互印证。本案的法庭审理是很严格的,对每一起事实都是在单独讯问、质证之后又进行当面对质。并且,在侦查、审查起诉直至审判阶段,各被告人都受到严格的监控。在这种条件下,各被告在法庭上的供述和辩解却是如此的一致,说明了什么?只能说明其真实性和可信性不高。

(3)预审笔录中,各被告人供述之间及它们同证人证言之间,出现了惊人的相似之处。如何看待这种如同出自一人之口、一人之手的笔录?采信这样的证据,是证据使用原则的大忌。更有甚者,在预审笔录中竟然出现了对不在现场者作案过程的描述,并且多名同案被告人的描述可以相互衔接。比如,本案第23起案件的庭审调查查明:被告人李某国的妻子当时正生孩子,他根本不在现场。但各被告在预审卷中却一致指认他在现场,并且说得有板有眼、天衣无缝。这些笔录是怎么来的呢?如果是各被告人的编造,为什么能在受到严密监控、无法串供的条件下,编造得如此一致、圆满?上述情况足以说明预审笔录的不真实性。

(4)被害人的证言中,居然出现了两位预审员同时询问两个证人,两份笔录出自完全相同的时间段的情况。辩护人在第9起案件的庭审调查时,指出了这一问题,而且得到了公诉人的证实。

当这一切事实摆在法庭之上,预审笔录与当庭供述孰真孰假,自然就十分清楚了。在此种情况下，如果再坚持将预审笔录作为定案依据，那么，这么多天、这么多人的庭审活动就成为徒劳，失去了意义，就等于由侦查机关办案和定案。刑事诉讼活动为什么要由侦查、起诉、审判三个阶段来完成？就是要通过公、检、法三机关加上律师的相互制约，来求得司法活动的公正性。如果在上述情况下，还一味坚持以预审笔录为准，我们的审判活动还有什么意义呢？辩护人的态度十分明确而坚决：本案的预审笔录不能作为定案的依据。

4.“串供”的假设不能成立。

本案的庭审调查，出现了各被告人推翻预审口供之后，在单独讯问及共同质证中却陈述基本一致的情况。这很自然地使人们联想到被告人之间有无“串供”，但本案又具有其特殊性，此假设不能成立。

在本案的侦查直至开庭审理的全过程中，所有被告人均处在极其严密的，甚至违法的监控之中，律师的单独会见权也被剥夺。由此看来，这种监控虽然违法，但在客观上却排除了各被告人之间串供及律师帮助串供的可能性。可以说，如果“串供”，唯独侦查机关有此条件。

5. 刑讯逼供的目的，主要是针对刘某。

通过全部庭审调查，辩护人提请法庭对以下两个问题予以高度重视：

(1)预审卷中诸被告人供述的内容基本一致，而法庭调查中各被告人的供述和辩解及他们共同对质的内容又基本一致，但此两个一致之间却又极不一致而大相径庭。在此两个大相径庭背后的高度一致性之间，已经充分暴露出预审笔录中的大量虚构情节，而这些情节中的主要内容，就是每一起案件都必有刘某指使。

(2)预审笔录中指证刘某指使、授意的多起犯罪事实中，在庭审中绝大多数已被推翻，诸多同案被告人均不承认有刘某指使、授意。

庭审中不止一个被告人讲:预审员告诉他,“主要目的就是要砍刘某的头”,所以必须承认是刘某指使。如果确有此事,那么辩护人要问,究竟是法律要砍刘某的头,还是某些人或某个人要砍刘某的头?这是个大是大非的原则问题!如果是后者,那么,继刘某之后,是否还会有其他人随时都会面临被砍头的危险。

这种先入为主,目标明确的预审笔录,还会有什么公正性可言?

辩护人严肃地提请法庭认真调查此事。

三、司法鉴定有明显问题

司法鉴定是法庭定案的重要依据。但在本案的庭审过程中,通过控、辩双方对鉴定结论的质证,可以明显地看出本案的司法鉴定结论存在诸多问题,并且性质严重。

1. 有的鉴定材料来源不清、时间久远,甚至没有原始病历(如对孙某、雒某力、李某岩、赵某、孙某鹏等人的鉴定就没有任何原始病历);有的连致害人的名字都对不上号(马某义、马某某是否为同一人?);等等。

2. 伤害鉴定违反法医学原理,不能自圆其说。例如,不做实际的活体检查,仅凭侦查机关提供的不完整且未经证实的文字材料,即得出鉴定结论;仅凭伤口疤痕形状即得出伤口成因;等等。

3. 鉴定违背客观事实,甚至将医疗手术的刀口充作致害的伤口。例如,对崔某案件的鉴定认为,被害人腹部外伤构成重伤。事实上主要的疤痕却是手术后留下的15.5厘米的刀口,真正的四处创伤分别为1.5厘米、1.5厘米、1.2厘米、1.2厘米长,而这些创口的标准并不构成重伤。

4. 大多数鉴定对构成伤残结论与被告人的致害行为之间的因果关系没有任何证明力。由于案件发生日期与鉴定日期相隔几年甚至十几年,不排除被害人在本案件发生前后曾受到其他形式的伤害并产生伤害结果的可能性。

5. 财产损失的估价鉴定,没有实物,仅凭被害人口述而作出。这种做法只能算作一种记录,何以成为鉴定?

上述问题客观地反映出,本案的司法鉴定带有明显的倾向性,不能给法庭定案提供科学的依据。因此,辩护人提请法庭予以重新鉴定。

以上程序上的严重违法性,造成指控证据的不客观、不真实,给法庭的公正审理制造了严重的障碍,使本案的公正审理失去了基本的前提和基础,人为地制造了铸成错案的隐患。希望这些问题能引起法庭乃至有关部门的高度重视。

另外,鉴于庭审中诸多被告纷纷提出刑讯逼供问题,请法庭在庭后对各被告采取必要的保护措施,避免发生不该发生的后果。

关于本案的实体问题

关于本案所涉及实体内容的辩护意见,辩护人采取分类归纳方式,向法庭分别加以阐述。

一、关于黑社会性质组织犯罪

(一)关于涉及黑社会性质组织犯罪的分类与归纳

在指控的53项犯罪事实中,涉及黑社会性质犯罪的共有24起(第1至24起)。

1. 在起诉书指控的这24起案件中,指控有刘某参与且可以独立构成犯罪的有10起,即第2、3、9、11、13、15、16、17、18、19起。

在该10起事实中有7起完全无证据证明与刘某有关(无指使、授意),即第2、3、9、11、13、16、19起。

另外3起属明显证据不足,即第15、17、18起。

2. 在该24起案件中,指控刘某参与而不能独立构成犯罪的有9起。

其中,有7起无证据证明与刘某有关(无指使、授意),即第1、4、5、6、7、10、12起。

另外2起确有刘某参与,即第8、14起。

3. 在该24起事实中,另有5起事实在起诉书中并未涉及刘某。

综上可见,在起诉书指控的24起有组织进行的涉及黑社会性质的案件中,证据明显不足的有3起,有证据能证明刘某参与的只有2起。

(二)关于24起涉黑案件的证据情况

1. 独立构成犯罪的部分(共10起)

(1)伤害刘某1案(第2起)(无证据)

本案有2名被告参与。庭审中,无一被告指证有刘某授意,而刘某1证言又无法证明本案的预谋及授意、指使过程。因此,无证据证明与刘某有关。

(2)伤害致王某学死案(第3起)(无证据)

本案有8名被告人参与,只有程某一人指证刘某直接授意其他被告人到烟市殴打王某学,同时又否认自己参与本案,而本案另外几名被告人在庭审调查时均未指证是在刘某的授意下到烟市的,却一致指证是受程某指使。并且,宋某飞坚持自己是在程某找其帮助打假的过程中,纠集的其他被告人,同时还证明因此事受到刘某指责,说刘指责他不该管程某的事。此供述在庭审中与刘某当庭供述相互印证。这些证据可以充分证明,刘某与此伤害致死案毫无关系。

(3)滚石迪厅伤害案(第9起)(无证据)

本案有7名被告人参与,在庭审中各被告均未指证刘某组织策划并授意本案其他被告人打砸被害单位。而起诉书指控刘某在该案中调戏女青年一节,在庭审调查中辩护人已当庭指出,证明此节的证人证言是办案人员违法向两位证人收集的。并且,刘某当时去迪厅时其女友一直在他身边。

(4)伤害乔某刚案(第11起)(无证据)

本案有3名被告人参与,均证明刘某根本不知情。这完全是一起突发的斗殴事件,并且,刘某因此事将主要参与者司机刘某峰除名。此足以表明刘某对此事的反对态度。

(5)大卫官互殴伤害案(第13起)(无证据)

本案是因误会而引发的突发事件,有多人在场参与,矛盾的激化是因被害人(多名是警察)一方先动手殴打刘某等人而引发的。庭审中辩护人询问了所有知情被告人,均称刘某没有在后来发生殴斗的现场,也没有指挥或授意本案其他被告人殴打被害人。并且,当时在场参加笔会的书法家徐某英和李某有也有证言证明,刘某回到斗殴现场时斗殴已经结束,刘某既未参与也未指使。

(6)伤害李某岩案(第15起)(证据不足)

本案是沈河与和平两区刑警队的警察在刘某所投资的沈阳浴乐城酒后无德闹事而引发,用刘某自己的话说,谁也不愿意在自己的经营场所引起事端。所以,实际上本案自始至终刘某均扮演调解人的角色;至于致伤被害人一节,当时在场的所有人均无法说清,因为当时在场的所有被告人均证明了一个事实,那就是当时在包房里只有刘某和被害人李某岩两个,致伤过程只有此二人自己能够说清。因此,本案在没有对被害人伤情作出详细技术分析或侦查试验,法医鉴定又是在伤后两年多作出的情况下,认定被害人的伤是刘某故意开枪击伤,显然证据不足。对此,公诉人是最清楚的,因为在起诉书中公诉人也没有表述在包房里刘某枪击被害人时有无第三人在场,显然公诉方回避了辩护人强调的这一情节。

(7)小格兰酒店伤害案(第16起)(无证据)

本案参与的被告人10余人,庭审中,辩护人询问了所有到场被告,均未证明刘某曾到过报复黄某的现场和刘某有任何指使,而被害人既没有指证刘某到现场,又无法证明本案中组织策划指挥到第四医院报复黄某的预谋过程。因此,本案与刘某无关。

(8)伤害范某斌案(第17起)(证据不足)

本案参与的被告人有5人,除授意伤害范某斌的马某义一人说找过刘某帮忙外,其余4人均予以否认。在庭审中,不仅证明马某义在娱乐城曾找宋某飞等4人帮忙,而且该4人详细陈述了马当场拿出两张范的照片让宋等作为辨认使用,以及找宋某飞帮忙打人的详细过程,包括当时四被告人所坐的方位都当庭陈述得非常细致。该案形成4比1的证据,即有4人否认刘某指使。并且,在最后陈述时,连马某义也改变了曾找刘某帮忙的说法。

(9)中街拆迁伤害案(第18起)(无证据)

本案有5名被告人参与,无一人指证有刘某指使。不仅如此,在庭审中各被告人还详细说明了本案的起因,即因雇佣的工人与被害单位的职工发生矛盾而引发本案。通过各被告人的当庭陈述,不仅证明刘某个人与本案无关,而且还证明本案与刘某所投资的房地产公司的动迁工作及工作人员无任何关联。

(10)伤害算命人崔某案(第19起)(无证据)

本案有4名被告人参与,宋某飞供认系他自己所为,与刘某无关。且事后刘某谴责宋,并因此与宋断绝往来。对此情节,庭审中被告宋某飞还详细说明了细节,如刘某为此事责问宋某飞:“你是打人专业户还是个体派出所所长?”宋某飞还称自该案发生后直至被判刑拘时,从未与刘某见过面。此事实不仅证明刘某与本案无关,而且证明刘某对宋某飞等人经常斗殴惹事的行为,不仅反对而且非常反感。

2. 不能独立构成犯罪的部分(共9起)

(1)强租盛京饭店案(第1起)(证据不足)

从法律关系上看,刘某租门市房是通过曹某琪直接与盛京饭店商谈的租房事宜,且当时吴某的双兴购物中心已停业,刘某与吴某之间并没有直接的利害关系;从证据上看,本案各被告除程某外,无一被告人指证刘某指使。吴某作为被害人所作的陈述矛盾百出,一份证言中,仅房屋的租期、租金及装修费用就出现了多种说法,难以令人相信。不仅如此,还将其不可能知道的事或道听途说的情况,作为证言来证明,如对于放在纸袋里的钱能准确说出数额等。这种证言的来源和真实性都存在诸多疑点。至于曹某琪称被勒索 25 万元一节,只有曹本人指证,无其他相关证据佐证,刘某则持否认态度,形成一对一证据。因此,勒索的事实无法认定。

(2)(3)(4)烟市斗殴案(第 4、5、6 起)(无证据)

在此三起多人参与的案件中,均无人指证刘某指使。起诉书指控的第 4、5、6 起案件,均系经营过程中的具体经营人因与相邻业户发生矛盾而引发,而起诉书为了渲染黑社会性质组织罪名而故意将这三起治安案件夸大。此三起案件,不仅因危害后果轻微而不构成犯罪,而且与刘某无关。庭审中,参与该三起案件的被告人均否认刘某指使、授意各被告人殴打被害人的事实。至于向刘某林案勒索 9000 元人民币的问题,案中只有被告人程某承认向刘某林索要 9000 元的事,但又明确讲"刘某没让我要钱"。因此,认定该三起案件系刘某指使、授意及勒索刘某林钱款,明显证据不足。

(5)妨害公务案(第 7 起)(无证据)

此案有 2 名被告人参与,均未指证有刘某指使。且此案为一起治安案件,殴打行为是在执行公务过后发生的,因此,指控妨害公务罪不当。

(6)殴打韩某案(第 8 起)(有证据证明刘某参加)

此案有 4 名被告人参与,是一起突发性斗殴案件,有刘某参与,刘亦承认。

(7)休闲广场打砸案(第10起)(证据不足)

此案因刘某出面调解纠纷而引起。

刘某当时系商会副会长和个体协会副会长,在社会上有一定影响,找其调解一些纠纷无可厚非。而刘某本人与服装生意无关,无同业竞争问题。事后发生的打砸行为并非刘某指使,此案有3名被告人参与,庭审中无任何一个被告人指证是在刘某的授意指使下所为。因考虑到事件的起因与刘某出面调解不成有关,所以辩护人将其列入证据不足的类别之中。

(8)光荣街打砸案(第12起)(无证据)

本案因刘某帮助白某为调解纷争而引起。当时参与的诸被告人均证明事实上调解成功,并无任何不良后果,更无打砸的事实。起诉书仅凭“被害人”单方言辞,即认定刘某授意打砸,显然是不负责任的指控。“被害人”证言如何形成?值得怀疑。

(9)在酒店向天棚开枪案(第14起)(确有刘某参与)

刘某参与并当庭承认,系普通治安案件。

(三)关于黑社会性质组织犯罪构成条件的法律分析

公诉方认为被告人刘某自1995年年末至2000年5月,有组织地实施了24起犯罪。并试图通过这24起案件认定,本案各被告人在实施犯罪的过程中,逐渐形成了一个具有黑社会性质的犯罪组织。

庭审调查及举证、质证表明,指控被告人刘某组织、领导黑社会性质组织罪的具体事实证据不足;与最高人民法院司法解释所确定的四个标准不符。理由如下:

1. 没有明确的组织者、领导者

在绝大多数案件中,既无刘某唆使、授意,又无刘某参与。因此,公诉方指控的诸起案件所涉及的各被告之间没有明确的组织者、领导者。

2. 作案无明确的目的性

该24起案件中多属突发性案件，没有事前预谋。如中街打砸“大药房”案件，在庭审调查中已明确其起因，且已证明不仅与刘某无关，与嘉阳集团的工程也没有任何关联；伤害技术监督局人员及王某学案，在庭审中已查明与刘某及其所投资的嘉阳集团也没有直接、必然的联系。其他个案中也难以找出与嘉阳集团的联系。

3. 无严密的组织性和纪律性

庭审调查证明，多起案件刘某事前甚至事后都并不知情，往往是几名被告人临时起意而结伙作案。由于其中一些人经常惹起事端，刘某曾先后开除了三名司机并与一些人断绝往来，更有一些人刘某根本就不认识。所以，在各被告人之间根本谈不上具有任何组织性和纪律性。

4. 成员并不固定

在诸多被告中，宋某飞、吴某明、董某岩、李某国、张某民均非刘某所在嘉阳集团职工，另有三名司机均被刘某因其惹是生非而除名。前述人员不仅未得到嘉阳集团的经济帮助，也未得到刘某在经济上的任何帮助，何谈以嘉阳集团为依托？何谈以商养黑？庭审中宋某飞（第二被告人）称：“刘某是亿万富翁，我如果是黑社会性质组织中的领导者，我妻子用得着当坐台小姐吗？”刘某峰称：“刘德华演唱会是刘某的公司主办，可是刘某连张门票都不给我，我能是骨干成员吗？”

5. 起诉书指控的行为时间跨度很大，人员变化也大，有较大的偶然性

因此，根据他们实施行为的具体表现，更符合《刑法》第292条关于聚众斗殴罪和第293条关于寻衅滋事罪的规定，应属于结伙犯罪性质的共同犯罪。定为黑社会性质组织犯罪明显缺乏依据。

二、关于未涉及黑社会性质的伤害罪

起诉书指控的第25起事实以后,独立构成伤害罪并涉及刘某的,共有4起。其中有2起刘某构成犯罪,另外2起认定刘某犯罪证据不足。

1. 报复伤害宁某案(第25起)(构成犯罪)

此案发生于1989年,系个人情感纠纷引起的报复伤害行为,且在起因上被害人有一定过错。刘某当时即投案自首,公安机关作了调解处理,并且刘某已做了经济赔偿。此案即使继续追究,也应当从轻处罚。

2. 伤害佟某森案(第26起)(构成犯罪)

此案发生于1991年,有证据证明系刘某所为,刘某本人亦承认有罪。

3. 伤害孙某鹏案(证据不足)

刘某在场,但坚持没有指使吴某明开枪,吴某明则坚持称是自己玩枪走火而并非故意伤人,程某及在场其他人均未指证刘某指使。指控刘某指使明显证据不足。

4. 伤害刘某贵案(第28起)(证据不足)

此案有吴某明等人在场,刘某不承认开枪。

此案系1992年发生,当时刘因此案被收审近一年,后认定伤害证据不足而结案。目前仍然证据不足。

三、非法经营罪(不构成犯罪)

被告人有经营香烟的执照和专营许可证,只是在零售过程中有一定的批发销售行为,且庭审中公诉方没有就本案的具体经营方式问题出示过任何证据,仅仅以执照中没有注明批发业务而指控其犯罪。根据《刑法》第225条之规定,非法经营罪的犯罪对象是特指的专营、专卖物品,并非一切非法经营行为都可以构成该罪。被告人既然已经领取了经营香烟的执照和专营许可证,在经营范围上就具有合法性，即使在批发与零售的具体经营方式上有一定的违法性，也不构成非法经营罪。

四、偷税罪（共3起）（均不构成犯罪）

1. 嘉阳房地产公司偷税案（第43起）

该项交易中房屋买卖关系尚无结果，只交付了欲收购房款，申报纳税环节尚未开始，至少说尚未完成。因买卖结果最终尚未完成，因而不构成偷税罪。并且，事实上，该项交易至今为止亦并未实现，因此指控其偷税显然缺乏依据。

2. 盛京饭店偷税案（第44起）

控方向法庭提供的证据表明：

（1）卖方尚未开具正式发票，而只开出了一个三联收据。

（2）刘某曾找卖方索取发票而未果。

（3）刘某曾向有关部门举报其不开发票问题。

控方所提供的此三项证据足以表明，刘某所在公司因无发票而无法入账并申报纳税。因此，未能纳税的原因在卖方而刘某无任何责任。此种情况根本不构成偷税罪。

3. 风味楼偷税案（第45起）

刘某并非风味楼的法定代表人，也非合法的董事长，而只是合作经营的投资方。《刑法》明确规定，单位犯罪的自然人主体只能是"直接负责的主管人员和直接责任人员"。不参与管理的投资方不能构成偷税罪主体。

所以，刘某因不是纳税的直接主体而不构成偷税罪，控方以数人证言证明刘某唆使偷税，其理由与《刑法》的规定不符。

五、行贿罪（共6起）

1. 向马某东行贿案（第48起）（不构成犯罪）

刘某没有谋取不正当利益，此项指控不能成立：

(1)沈阳中街地段的土地使用权是老干部局众城房地产公司提出的申请报告,属于正当利益。

(2)有证据证明马某东对此申请批示后,刘某才接管此项目,刘并未从马某东处获得任何利益。

(3)刘某为此项目付出了代价(原众城房地产公司转让价格为2000万元,后经谈判协商,商定价格为1600万元。刘某至案发止已实际付出了800万余元),并未无偿使用该土地。

(4)刘某承认为"溜须"而给马某东2万美元,并无具体利益要求,依照我国法律规定,不能依此认定刘某构成行贿罪。在此问题上,我国法律对行贿与受贿的认定有所区别。对受贿罪而言,无论给行贿人谋取的利益是否正当,均不影响受贿罪的成立,而对于行贿罪,则必须以行贿人谋取不正当利益为前提。

2. 向焦某瑰行贿案(第50起)(证据不足)

此案中,认定刘某谋取不正当利益的证据不足。

(1)刘某与焦某瑰二人关系密切,有相互送礼的情况,如焦某瑰曾送给刘某价格相当可观的名人字画。

(2)起诉书列举的"焦某瑰在沈阳市沈河区中街大药房房主穆某珍状告沈阳市土地规划局一案上给予嘉阳集团的帮助",即不让中级人民法院立案的说法与事实不符。首先,此诉讼中,嘉阳集团非诉讼主体,与该诉讼没有直接的利益关系;其次,行政诉讼法对管辖问题有明确规定,此案件本应属基层法院管辖,无须焦帮忙,而焦不同意在中级人民法院立案是正当、合法行为。

(3)指控刘某给焦某瑰2万美元,刘只承认给其1万美元,且与刘某手中所控制的焦某瑰的10万元股票可以相抵。

3. 向刘某2行贿案(第49起)(证据不足)

(1)二人关系好(世交),刘某父亲与刘某2是老同事。

(2)二人有债权债务关系,有证据证明,直至案发后刘某尚欠刘某2个人70万余元,并由专案组找刘某核实后由刘某家属偿还。

(3)预审笔录不实。对于刘某向刘某2行贿20万元让其装修房子的指控,刘某、刘某2在庭审中都坚决否认。

(4)刘某并未找刘某2谋取过任何不正当利益。

可见,在该项事实中既无充分证据证明刘某给过刘某2 20万元,更无充分证据证明刘某谋取不正当利益,而刘某欠刘某2 70万余元的事实却有充分证据,并且在羁押中由其父代为偿还给专家组。这一事实则既表明了二人私人关系的密切程度,又表明了债务人没有向债权人行贿的必要性。

4. 向高某贤、凌某秀行贿案(第51起)(证据不足)

刘某当庭承认给高某贤送钱属实,但坚决否认给过凌某秀任何财物。

向高某贤行贿的问题:

(1)刘某的承包是正常的,无不正当性,未向高某贤谋取过任何不正当利益。

(2)高某贤退休后刘某仍给其送钱。此说明送钱的事实与不正当利益并无内在联系,刘与高之间关系长久且密切。

(3)刘某与高的儿子交往也深,婚礼时送礼,属人之常情。

(4)刘成为政协委员、人大代表,是因为本人有政绩(有辩方提供的证据),与高某贤的"帮忙"无必然联系。作为一个区的房管局副局长,高某贤并无那么大的权力去扶植刘成为政协委员和人大代表,更不可能成为黑社会组织的官方后台。

向凌某秀行贿的问题:

刘某坚决否认给过凌某秀钱,且与凌无任何利益关系。即使凌某秀有证言承认此事,也只是一对一的证据,不能认定。

5. 向姜某本行贿案(第52起)(证据不足)

(1)所谓的"零买断",实际并非"零买断"。刘某对此是付出了代价的(①承担了企业亏损;②买断了该企业职工的工龄;③安置了职工就业;④关于使用权问题,是严格依照当时市政府文件规定办理的,谈不上二房东问题,更谈不上无形资产的无偿使用,未使国家受到损失)。

(2)刘某否认给钱事实。

因此,该案既未谋取不正当利益,也无充分证据证明给钱的事实,也属于一对一的证据,不能认定。

6. 向农行杨某维行贿案(第53起)(证据不足)

(1)刘某承认第一次给杨5万港元,因农行是协助刘某出国考察,是给农行代表团的,非给杨个人。第二次春节时给杨5000美元,是礼尚往来(杨先给刘5套纪念金币)。

(2)刘某并未谋取不正当利益。

值得注意的是,对此同一事实在起诉书第43项指控刘某偷税时,用的是"预收购房款",而在本项指控刘某行贿时,又变成刘为取得农行"先行垫付的购房款",如何能够自圆其说?如果是"先行垫付"就更可以证明房款尚未交付(交易未完成),因而更谈不上因为未申报纳税而偷税;如果是"预收购房款",那就是一种正常的购房交易,就不存在为了谋取"让银行先行垫付款"的不正当利益。而起诉书的表述又恰恰将二者顺序颠倒过来。

显然,为了同时认定两种罪名,在同一诉状中,竟然可以改变事实。如果不是"欲加之罪",还能做何解释?

综上,辩护人认为,本案起诉书指控的大部分罪名不能成立。理由非常简单,公诉方出具的三组证据,不能形成完整的证据锁链,且证据之间相互矛盾。特别是庭审中,多数被告强调在公安预审中存在严重的刑讯逼供问题,预审笔录具有明显的虚假性,致使被告的预审供述无法作为证据使用,使本身并不完整的证据锁链彻底断裂。也正是由于上述原因,辩护人在此特别强调:如果本案的刑讯逼供问题不予彻底查清,如果不以经过当庭质证并得以相互印证的诸被告人的供述作为定案的依据,无论判处被告人刘某何种刑罚,其判决都无客观、公正可言,也不可能经得住历史的检验。

此外,庭审调查和辩论中,被告人刘某陈述了两个问题:(1)其曾以书面形式向中共沈阳市委徐书记和王书记状告过沈阳市公安局局长杨某林的违法乱纪行为,王书记对此有过批示;(2)刘某曾与杨某林之子杨某争买土地开发权,刘某虽未成功,但因此造成杨某多花了300余万元。

此两个问题是否属实?是否与本案如此严重的刑讯逼供、违法鉴定及新闻炒作等问题有关?辩护人提请法庭对此予以高度重视。

刘某辩护人:

北京市京都律师事务所　田文昌

北京市万森律师事务所　佟　林

2001年9月7日

关于因刑讯逼供而导致虚假供述的补充辩护意见(一)

刘某等22名被告人被指控涉嫌黑社会性质组织犯罪一案,在开庭审理过程中,绝大多数被告人多次向法庭提出因刑讯逼供而导致预审笔录不真实的问题,同时,多名被告人纷纷当庭翻供。因该问题直接涉及应以何种供述作为定罪的依据,从而直接关系对这些被告人应如何定罪量刑,辩护人再次请求法庭和有关部门对诸被告人提出的有关刑讯逼供问题予以全面调查。同时,在此仅列举数项具体事实以说明预审笔录的不真实性(这种情况在多次供述中大量存在)。

1.在开庭审理的第一天,当各被告人提出刑讯逼供问题时,公诉人曾当庭回答:“后来情况不是有所改善了吗?”这种回答表明,事实上公诉人已经承认了确实存在刑讯逼供问题。

2.各被告人在庭上多次提出刑讯逼供问题时,描述的情节、方式、动作、时间、地点、对话等内容非常具体、明确,有的连刑讯者的姓名、身份都记得非常清楚,并当庭指出。

3.在刑讯情节中,诸如,蹲铁笼子;蚊虫叮咬;长时间连续绑在老虎凳上;脱光衣服用电警棍“按摩”;直至尿变黄时才给水喝;多次给服用蓝色小药片,吃完后就飘起来,神情恍惚等情节多次出现,且这些描述并非出自一两个被告人之口。长期被分别隔离关押的二十多名被告人,如何能如此不谋而合、众口一致?

4.刘某等被告人身上的电击伤是客观存在的,刘某被打掉两颗牙齿也是客观存在的,侦查机关对此应如何解释?

5.诸被告人的预审口供惊人地相似,在庭审中当庭翻供时的内容又是惊人地相似,而在两个相似之间却又截然相反。二者差别的核心问题是“刘某有无指使”,即在预审中几乎每人都讲到有刘某指使,而在庭审中又统统否认有刘某指使。这个问题是涉及对刘某如何定罪和能否构成黑社会犯罪的关键问题。

值得重视的是:诸被告人长时间一直处于隔离关押状态,连律师在审判阶段都不能单独会见,且在会见场所有录像监控。在这样具有违法性的严密监控下,可以完全排除各被告具有串供的条件。而在开庭审判时,又是先进行单独询问,而后再进行当庭对质,其程序十分严格。在此种情况下,多名被告人当庭翻供的内容的高度一致性,可以反映出其当庭供述内容的真实性。

6. 诸被告人虽然当庭纷纷翻供，但并非一概否认自己的犯罪事实，而是对大部分犯罪事实供认不讳，所否认的内容主要是不真实的情节和预审时被迫承认有刘某指使的问题。刘某本人对自己确实参与的几起犯罪在庭审时也同样供认不讳。并且，诸被告人当庭供述的内容相互之间没有矛盾。这些事实进一步印证了诸被告人当庭供述内容的可信性。

7. 本案中王某学伤害致死一案中，本案第二被告人宋某飞在预审阶段中供述：刘某曾指示他找“卖假烟的”并听从被告人程某的安排。但在法庭调查的单独讯问中，刘某讲本案案发前听说宋某飞帮程某“打假”，就责骂宋某飞：“程某的事儿我都不管，你管什么？”宋某飞第二天就没有再去“打假”，直至案发当日才又参与。刘某的上述供述在没有任何串供可能的前提下，当庭又被宋某飞完全复述，包括“打假”、责骂等细节完全吻合，宋明确否认此案是受刘某指使，由此可见宋某飞在预审阶段的供述是虚假的，虚假的原因据宋某飞本人称是受到严重的刑讯逼供。此情况，包括具体细节应引起法庭的高度重视。

8. 在起诉书指控的第 23 起犯罪事实中，庭审调查表明：被告人李某国的妻子案发时正在生孩子，李某国并不在犯罪现场，而预审笔录中其他同案被告人却一致供述他参与作案，且描述的情节详细、具体。这个实例足以反映预审笔录的不真实性。

9. 诸被告人在审查起诉阶段和法庭审理时，曾多次向律师、公诉人和法庭提出对刑讯逼供的控诉，并要求对被刑讯后的身体状况进行伤残鉴定，这种要求是正当合理的。

10. 在本案的 22 名被告人中，刘某与其中八九个人并不认识，直至在法庭上都不知道其姓甚名谁，在预审笔录中却也有关于指使这些人犯罪的表述。

11. 在本案被告人中有两名原是刘某的司机，即刘某丰、项某岳，都因寻衅滋事、打架斗殴而相继被刘某除名。宋某飞因伤害他人曾三次受到刘某谴责,第一次是伤害范某斌,第二次是伤害王某学,第三次是伤害崔某,且在伤害崔某后,刘某因此事与宋某飞彻底断绝往来。这些事实在庭审中均已得到证实,可以充分说明刘某对这些人实施犯罪的反对态度十分坚决。然而在预审笔录的供述中却统统变成了是刘某指使这些人犯罪。预审中这种供述的虚假性显然是无法否认的。

12. 辩护人重点摘取了几项伤害罪中的预审笔录,将其与庭审供述列表予以比照。

对照表中内容表明:

(1)庭审供述与预审笔录明显不一致,甚至恰恰相反。

(2)预审笔录中具有明显诱供迹象,在讯问的最后,必有关于刘某指使或为刘某而犯罪的回答。

(3)在这几起犯罪中,各被告人的当庭供述均否认有刘某指使。

(4)从情理上分析也可以看出,刘某并不赞成甚至明显反对实施前述犯罪行为。

因此,该对照表既可表明预审笔录的不真实,又可表明刘某并未指使他人实施前述犯罪。前述列举的诸项事实和问题表明,在侦查阶段因刑讯逼供而导致预审供述笔录严重失实的问题是难以否认的,这个问题会直接影响如何对刘某等诸被告人定罪量刑。尽管本案中包括刘某在内的多名被告人确实有罪,但根据罪刑法定和罪刑相适应原则,对其犯罪的性质、情节和严重程度应当予以公正判决,避免因刑讯逼供而造成判决失实、量刑畸重的后果。对本起影响重大的案件,更应当慎重处理,经得起历史的检验。

以上补充意见,请予重视。

刘某辩护人：

北京市京都律师事务所律师　田文昌

2001年11月15日

关于再次申请对涉案伤残情况进行重新鉴定的补充辩护意见(二)

司法鉴定是法庭定案的基本依据。本案在庭审过程中，控、辩双方对控方出具的《伤残鉴定书》(以下简称《鉴定书》)进行了质证。辩护律师对这些《鉴定书》所提出的尖锐意见相信已经引起法庭的重视。这些《鉴定书》存在严重瑕疵，依法不能作为证据使用，更不能作为定罪量刑的依据。现提出补充意见如下：

1.《鉴定书》有多处对侵害人的介绍及案情的描述，这种描述违反惯例，带有引导性的主观色彩，使司法鉴定缺乏客观性。例如，对周某的鉴定，写明侵害人为刘某等人；对崔某的鉴定写明侵害人为刘某雇用宋某飞等三人；对宁某的鉴定，写明侵害人为刘某团伙成员；对佟某森的鉴定，侵害人描述为刘某等七八人；对刘某贵的鉴定甚至做了案情描述："1992年10月6日晚10时许，刘某贵在执行公务时，被刘某用猎枪击伤右大腿……"刘某一案侦查之初即被炒得沸沸扬扬，在人们心目中，刘某已经成了一个十恶不赦的坏蛋，即使没有人授意，这些引导性的描述也会影响鉴定结论的客观性。

2.《鉴定书》的形成缺乏科学性。大部分鉴定不是在案发当时做出的。而制定鉴定书时，部分案件的鉴定没有被害人的原始病历做依据，也没有使用科学的检测手段进行检查。由于形成鉴定结论的过程和方法均不科学，必然影响其结论的科学性。

3.《鉴定书》的鉴定结论是错误的。《鉴定书》作为证据使用，就必须保证其内容是真实的，结论是正确的。而本案的有些鉴定结论引用标准有误,或有意无意地加以回避,影响了鉴定结论的科学性,结论明显是错误的。其一,部分鉴定没有列明得出鉴定结论所依据的标准;其二,有的鉴定虽然列明了标准,但事实情况却不符合该条标准的规定,所以结论明显错误;其三,有的鉴定引用的标准过于概括,不能得出具体、明确的鉴定结论。

4.《鉴定书》没有与本案起诉事实之间的关联性。由于本案的大部分案件发生时间距鉴定时间久远(有的长达十几年),不能排除被害人在此期间受到其他伤害的可能,所列伤害结果与侵害行为之间的关系缺乏必要的资料支持,其因果关系不能完全得以证实。鉴定对于损伤的成因、损伤的性质、时间等缺乏相应的结论。

现具体分析如下:

(1)刘某的鉴定,仅符合伤痕长度的标准,并不符合造成容貌毁损或功能障碍的标准,依照《人体重伤鉴定标准》(以下简称《标准》),该两项应并存,缺乏一项就不能认定为重伤。

(2)范某斌的鉴定,病例上未见并发呼吸困难达35次/分钟以上、口唇青紫记载,也未见类似的法医学描述,依《标准》应构成轻伤,不属于重伤。

(3)佟某森的鉴定,仅描述为“左下肢行走跛行,左膝关节活动明显受限”。鉴定时没有测量活动度,依据《标准》构成重伤要求“关节功能丧失达50%以上”。此重伤结论缺乏依据。

(4)刘某贵的鉴定,不符合重伤的标准。依据《标准》第8条第11项的规定,必须是损伤引起髋关节强直、挛缩畸形,或者关节功能活动度丧失50%以上。但是本例中对被鉴定人并未提及前述症状,相反在原始病历和检查记录中却有不支持重伤的情况。如解放军202医院1992年10月6日的记录中,表述为右髋关节活动“略受限”。刘某贵的伤曾进行三次鉴定,一次次随案件的深入而由轻伤到重伤,又到伤残程度为6级,这些鉴定过程说明了什么?能依据这样的“证据”定案吗?

(5)孙某鹏等案件没有病历,法医不可能恢复案件发生时的客观情况,至多能作出分析意见书或文证审查书,不能作出《鉴定书》。

(6)李某国的鉴定同样没有病历资料,仅凭目测有两处疤痕是不能得出穿通伤的结论的,该创道是否存在没有依据。

(7)人为地加重伤情,甚至违背客观事实。例如,对崔某的《鉴定书》认为,被害人腹部外伤构成重伤。但其依据却主要是手术留下的15.5厘米长度的刀口疤痕,而真正致害只有四处,分别为1.5厘米、1.5厘米、1.2厘米、1.2厘米,这些创口依《标准》不能构成重伤。这种做法仅仅是疏忽?还是故意所为?

5.本案大量的《估价鉴定结论书》也能说明,办案机关在进行相关科学技术鉴定时,其态度草率、武断、不严肃。本案所有《估价鉴定结论书》均在同一天、由同一机关甚至同一鉴定人作出的,其鉴定标的涉及数百件物品,在均无实物的情况下,仅凭被害人一方陈述就能迅速得出结论。其鉴定的可信程度可想而知。

综上可见,本案众多鉴定结论缺乏真实性和客观性。我们呼吁法庭应本着慎重的态度,采纳律师的意见,对本案的鉴定结论予以重新鉴定,并将时间久远,事过境迁,其间被害人是否又受到其他伤害等因素予以充分考虑。

以上补充意见,请予重视。

刘某辩护人:

北京市京都律师事务所律师　田文昌

2001年11月20日

辩护词(二审)

审判长、审判员:

北京市京都律师事务所田文昌律师、北京市万森律师事务所佟林律师,根据《刑事诉讼法》有关规定,在上诉人不服辽宁省铁岭市中级人民法院(2001)铁中刑初字第68号刑事附带民事判决上诉一案中,接受上诉人刘某的委托担任其二审辩护人参加诉讼,依法维护其合法权益。

辩护人接受委托后,认真研究了一审判决书,查阅了有关卷宗材料及一审的庭审笔录,并在此基础上作了必要的调查取证工作。对本案事实及上诉人应负的刑事责任已有明确认识。认为一审法院对上诉人及辩护人提出的公安机关在侦查阶段有刑讯逼供的辩护意见以"经公诉机关调查,认定公安机关有刑讯逼供行为的证据不充分"为理由而不予采纳是没有法律依据的;认为一审法院认定上诉人犯有组织、领导黑社会性质组织罪缺乏事实依据;认为一审判决以"附表"形式任意修改判决主文第1项、第26项内容的做法是不负责任的。现针对一审判决中存在的前述三个问题逐一说明,请合议庭予以充分重视。

一、在本案侦查阶段,公安机关有严重的刑讯逼供行为,作为一审判决主要证据的"被告人在侦查阶段的供述"不能作为证据使用

1. 本案一审庭审调查中各被告纷纷翻供,绝大多数被告称对侦查阶段的预审笔录不负责任,在预审阶段曾遭受不同程度的刑讯或变相刑讯,并详细陈述了具体过程。

2. 上诉人在一审时的辩护人,在一审法院于2002年4月17日恢复法庭调查时,当庭出示了秦某、董某、王某(三人分别为现役及退役武警战士,曾担任本案中一审被告的看押工作)在北京市第二公证处公证员面前所作的证人证言，其内容足以证明本案在侦查阶段不仅确实存在刑讯逼供而且非常严重。

3. 上诉人在一审庭审调查中曾质问公诉人："我坐在老虎凳上时你(指公诉人)看到了，我两腿已肿到大腿根了。"公诉人面对事实只能实事求是地反问上诉人："后期不是改善了吗?"前述对话，完全可以证实刑讯逼供行为的存在。

对于本案在侦查阶段存在刑讯逼供的行为，既有一审各被告在庭审中的陈述，又有三位目击证人证明，同时公诉人也没有提出相反证据予以辩驳。因此，对于本案在侦查阶段存在刑讯逼供这一事实理应被一审法院认定，但不知何故，一审判决却以经公诉机关调查认定公安机关在侦查阶段有刑讯逼供行为的证据不足为由予以否认。对此，辩护人认为一审法院对本案中是否存在刑讯逼供行为的认定是错误的。

一审判决后，辩护人又于2002年4月22日在北京市第二公证处公证员面前收集了证人孙某新、邢某儒、辛某刚(三人为退役武警战士，曾担任本案中一审被告的看押工作)证明本案在侦查阶段存在刑讯逼供行为的证人证言，已提交给合议庭，请合议庭予以高度重视，并请求传证人到庭接受控辩双方质证。

一审判决认定：上诉人组织、领导黑社会性质组织犯罪25起；直接参与或指使他人故意伤害13起，致1人死亡，5人重伤(5人残)，7人轻伤；妨碍公务1起；故意损坏财物4起，非法持有枪支1支，非法经营额7200万元；行贿6起。其中最为严重的罪为伤害罪，上诉人因此罪被判处死刑剥夺政治权利终身。而认定上诉人犯有此罪的依据是公诉方在一审庭审调查时出示的三组证据：证人证言、被告人在侦查阶段的供述及鉴定材料。对于上述三组证据，辩护人在本案一审质证中曾明确指出：鉴于公诉方指控被告参与伤害犯罪中所起的作用是指使、授意,因此,无论是被害人陈述还是其他证人证言,对授意、指使过程均不起证明作用;鉴定证书材料也只能说明被害人所受伤害的伤情程度。所以认定上诉人指使他人故意伤害的依据就是一审被告人供述间的相互印证。鉴于此,本案能够认定上诉人犯有伤害罪,一审各被告人的口供是否真实就成为本案定案是否正确的关键。在一审庭审调查中,一审各被告人均称在侦查阶段曾遭到不同程度的刑讯逼供(此事实前文已详尽陈述),因此,根据《刑事诉讼法》第 43 条的规定,本案一审各被告人在侦查阶段的供述已不能作为本案的定案依据,认定上诉人犯有伤害罪的证据已不能形成完整的证据链。

值得特别注意的是,在一审第一次开庭的法庭调查中,涉及该项犯罪事实的全部 8 名被告人中,无一人承认伤害王某学是受刘某指使。这些被告人当庭供述的核心内容是:

1. 去找王某学是受程某指使的。

2. 刘某不仅没有指使他人犯罪,而且宋某飞因此受到刘某严厉的责怪,刘某指责他不让他管此事。

3. 有 7 名被告人在庭审中明确否认刘某有过指使,只有程某一人为推脱罪责,说是刘某指使其他人干的,但并未指使他(程某)本人。而程某的说法不仅与刘某及另外 7 名被告人的陈述有明显冲突,且又强调刘某并未指使他本人。

4. 有几人曾在预审中供述过刘某有指使,但当庭都明确表示是预审员让说的,不说就打。

5. 刘某始终都坚决否认指使他人打王某学一事,并强调自己事后严厉责怪宋某飞不该管这件事,且此陈述与宋某飞的当庭陈述完全吻合。

在一审第二次开庭恢复法庭调查时,参与该项犯罪的其他各被告人又再一次重申以上情况,明确强调没有受到刘某的指使,而仅受到程某指使的事实,且程某则对这一说法亦不予反驳,并不坚持刘某直接指使他人的说法。

以上两次庭审调查的情况充分说明,在参与该项犯罪的8名被告中,并无一人证明或承认受到刘某的指使,且这些被告人还一再声明,预审中曾承认过受到刘某指使的供述纯系逼供所为,其供述是虚假的。

综上可见,在该项犯罪中指控有刘某指使并非证据不足,而是根本就没有证据。更何况,其他被告人对王某学所实施的伤害行为只是拳打脚踢,并未使用凶器,也不能视为"手段特别残忍、情节特别恶劣"。根据最高人民法院的司法解释,也不足以适用死刑。

然而,一审法院却不顾前述事实,仍以"被告人在侦查阶段的供述"为依据定案,对上诉人、一审辩护人以及一审各被告人在一审庭审中的辩解及辩护意见置之不理,武断判决,认定刘某指使该项犯罪,并以该罪判处刘某死刑。该项判决是明显错误的,同时也是不负责任的。

二、本案上诉人是否构成组织、领导、参加黑社会性质组织罪的问题

1. 要认定本罪能否构成,必须严格依照《刑法》第294条和最高人民法院《关于审理黑社会性质组织犯罪的案件具体应用法律若干问题的解释》的规定,按法定的四个标准去衡量。该四个标准应当完全符合。

2. 本案的法庭调查中,没有就组织、领导、参加黑社会性质组织罪的具体犯罪构成和相关证据进行质证,所以无法从证据方面分析本案是否符合法定的四个标准。只能按照起诉书前24起事实的证据来分析是否构成本罪。

3. 从起诉书指控的前24起事实的证据来看,不能得出上诉人等被告人是一个黑社会性质组织的结论。(1)对照起诉书和证据,没有发现有严格的组织性、纪律性和明确分工;(2)没有明确的犯罪目的,特别是经济目的不明确,很多属于突发事件;(3)以嘉阳集团为依托、以商养黑的事实无证据证明。

4. 证实上诉人等人构成组织、领导、参加黑社会性质组织罪,至少应有以下几个方面的证据:(1)有明确的组织纪律性和明确分工;(2)犯罪目的明确,而且主要为经济利益服务;(3)上诉人在组织起到领导、组织、策划的作用。

对于前述观点,辩护人在一审庭审辩论中陈述得非常清楚,但是一审判决对辩护人有理有据的辩护意见置之不理、武断否定,用口号似的词句和空洞的描述编织了一幅可怕的图画。对于上诉人如何聚敛钱财、以商养黑、贿赂了哪几个国家工作人员参加黑社会性质组织,综观整个一审判决全文却找不到任何依据。例如,一审判决认定朱某、刘某
3 二人犯有参加黑社会性质组织罪,二人虽是国家工作人员但在判决中却找不到上诉人贿赂其二人的任何事实依据;一审判决认定,上诉人纠集宋某飞、吴某明、董某岩、李某国等人结为较为固定的犯罪组织,并给予他们一定的经济利益,但是在一审判决全文中找不到上诉人给予他们经济利益的任何事实依据。

从上述几个方面分析,辩护人根据本案现有的证据认为,一审判决认定上诉人犯有组织、领导黑社会性质组织罪证据不足。

三、一审判决以"附表"任意修改判决主文是不严肃也不负责任的

一审判决主文第1项:"被告人刘某犯故意伤害罪,判处死刑,剥夺政治权利终身……决定执行死刑剥夺政治权利终身,并处罚金人民币一千五百万元。"第26项:"对被告人刘某、宋某飞、吴某明……

聚敛的财物及其收益,以及用以犯罪的工具,依法追缴、没收(清单附后)。”从一审判决主文第1项、第26项的内容上开,第一项没有没收上诉人个人财产的表述,第26项依法追缴及没收的只是上诉人作为黑社会性质组织的领导者所聚敛的财物及其收益,以及用于犯罪的工具。而附表中却没收上诉人的个人财产。对此,辩护人认为“聚敛的财物及收益,以及用于犯罪的工具”与个人财产有明确的界限,不能混淆;“清单”与“附表”也不是同一概念。因此,判决书所附应是上诉人“聚敛财物及其收益,以及用于犯罪的工具”清单,而不是列明上诉人个人财产的附表。一审判决中的“附表”对判决主文做扩大外延的解释、任意变更判决主文是错误的。

请合议庭在合议时对以上辩护意见以及辩护人在一审中的辩护意见予以高度的重视。同时,对于辩护人在一审及二审期间所提交的关于上诉人在本案侦查阶段曾受到过刑讯逼供的证人证言请合议庭务必查实,使本案终审判决建立在既有法律依据、也有事实依据的基础之上,使终审判决经得起历史的检验。

刘某二审辩护人:

北京市京都律师事务所　田文昌

北京市万森律师事务所　佟　林

2002年5月19日

林某某被控职务侵占罪、挪用资金罪案

案情简介

被告人林某某，案发前系西安××房地产开发有限公司董事、总经理，陕西××置业有限公司董事长、总经理。

1992年7月，被告人林某某与香港居民郑某某（本案举报人）共同出资成立香港思创发展有限公司，各占50%股份。1993年1月，林某某与郑某某决定在西安投资房地产，由香港思创发展有限公司和西安市长安旅游开发公司共同投资成立了西安××房地产开发有限公司，经营开发“西安曲江皇家花园”房地产项目，林某某任公司董事、总经理。

西安××房地产开发有限公司开发房地产虽然利润丰厚，但除支付股东西安市长安旅游开发公司有关费用外，所得利润一直未在香港思创发展有限公司股东林某某与郑某某之间进行分配。

1998年1月，西安××房地产开发有限公司与西安市雁塔地税局签订《联建合同》，合作开发另一新的房地产项目“西安锦绣花园”。

1998年5月至12月,郑某某因不愿在西安继续投资房地产,从西安××房地产开发有限公司预分了600万元人民币利润,转入自己在香港特区的公司。

林某某为继续开发“西安锦绣花园”,于同年12月另行注册成立了陕西××置业有限公司,自任董事长、总经理。1999年1月,为了加快“西安锦绣花园”项目的审批,西安××房地产开发有限公司、陕西××置业有限公司、西安市雁塔地税局签署《三方意见书》,约定由陕西××置业有限公司代替西安××房地产开发有限公司履行《联建合同》,与西安市雁塔地税局开发“西安锦绣花园”项目。同年3月、5月,三方又签署补充协议,明确该项目实际仍由西安××房地产开发有限公司开发。后西安市雁塔地税局与西安××房地产开发有限公司之间就“西安锦绣花园”项目到底应由西安××房地产开发有限公司还是陕西××置业有限公司合作开发一事发生争议,并于2000年11月引发了民事诉讼。

在此期间,西安××房地产开发有限公司为了避税及开发“西安锦绣花园”项目的需要,于1999年3月起,开始在西安××房地产开发有限公司与陕西××置业有限公司之间来回转款,总额为2000多万元;至2000年年底案发时有810万元尚在陕西××置业有限公司账上。

2000年6月,林某某与郑某某就西安××房地产开发有限公司经营及利润分配事宜发生纠纷,7月10日,林某某与郑某某签订《股东谅解备忘录》,主要内容为鉴于郑某某已分走600万元利润,林某某也可使用600万元,林某某使用的资金超过600万元的部分,经审计后在应分利润中扣除。

此后,林某某与郑某某间矛盾进一步升级,郑某某向公安机关举报林某某经济犯罪。2000年11月,西安市公安局对林某某立案侦查。2000年11月30日林某某因涉嫌挪用、职务侵占西安××房地产开发有限公司资金被监视居住,2001年1月22日被逮捕。

2001年8月15日,西安市人民检察院指控被告人林某某三起犯罪事实:

1. 1995年,西安××房地产开发有限公司开发的"西安曲江皇家花园"一期开始售房,被告人林某某指使财会人员将部分售房款隐瞒。1998年12月,被告人林某某成立陕西××置业有限公司后,将原西安××房地产开发有限公司的"西安锦绣花园"项目转到陕西××置业有限公司,并将隐匿截留的西安××房地产开发有限公司售房款1098万元以林某某个人资本金的名义转入陕西××置业有限公司,除其中288万元支付给西安××房地产开发有限公司外,其余810万元用于陕西××置业有限公司费用及开发"西安锦绣花园"项目,该810万元构成职务侵占罪。

2. 1994年7月21日、1996年6月25日,被告人林某某分两次将西安××房地产开发有限公司20万美元以广告费名义转往香港汉禾投资有限公司;1999年12月30日,在未做广告的情况下,被告人林某某用香港汉禾投资有限公司的广告代理费收款凭证在西安××房地产开发有限公司入账核销,将该20万美元侵吞,构成职务侵占罪。

3. 2000年6月,被告人林某某指示出纳将西安××房地产开发有限公司暗账中的175万元转入"西安锦绣花园"项目部账上。同年7月,林某某又将以其个人名义存入银行的西安××房地产开发有限公司售房款30万元转入"西安锦绣花园"项目部。该两笔共计205万元,构成挪用资金罪。

2001年12月19日,西安市中级人民法院开庭审理此案。2002

年2月8日,西安市中级人民法院一审判决认定被告人林某某侵占西安××房地产开发有限公司20万美元,构成职务侵占罪,判处有期徒刑6年;挪用西安××房地产开发有限公司1015万元(将指控职务侵占的810万元定性为挪用),构成挪用资金罪,判处有期徒刑5年;决定执行有期徒刑10年。

被告人林某某不服一审判决,上诉至陕西省高级人民法院。陕西省高级人民法院于2002年10月21日对该案开庭审理后,认为本案事实不清,证据不足,裁定撤销原判,发回重审。

本案在重审期间,西安市人民检察院撤回起诉,对林某某作出不起诉决定,予以释放。

2005年11月,西安市中级人民法院、西安市人民检察院共同赔偿林某某4.5万元。

辩护思路

本案从侦查阶段律师便开始介入,对案件进行了深入的研究和论证,并做了大量有效的调查取证。庭审中,对起诉书指控的三起事实,辩护人均为被告人做了无罪辩护。

对于侵占810万元人民币的指控,首先,从事实上澄清了该资金的用途,即转款实际是为了避税,"林某某个人资本金"只是财务人员使用的计账符号,并非都是林某某个人资金。其次,对案发时尚在陕西××置业有限公司账上的810万元主要从法律关系的性质上进行辩护,紧紧抓住被告人林某某与举报人郑某某之间的"股东谅解备忘录",论证在郑某某已经预先分配600万元利润的情况下,被告人林某某也有权分配公司利润,而在分配过程中数额的多与少,双方可以进行结算,若有争议也是股东权益纠纷,属于民事范畴,不涉及刑事犯罪。

对于侵占20万美元的指控,主要从该资金性质进行辩护。通过调查资金的来龙去脉,证实该20万美元实际是被告人自己的资金(本案之前在上海投资房地产所得利润),该20万美元以投资款名义暂存于西安××房地产开发有限公司,实际并非西安××房地产开发有限公司所有,故谈不上侵占的问题。

对于挪用205万元的指控,主要从主观故意入手,通过分析"西安锦绣花园"项目所有权复杂的争议过程,论证了在当时无法判断项目的归属,而林某某有足够理由将"西安锦绣花园"作为西安××房地产开发有限公司的项目进行开发,因而其向"西安锦绣花园"转款属正常工作,不能认定林某某有挪用资金归个人使用的主观故意。

该案历经一审、二审,发回重审,可谓困难重重。可喜的是,经辩护人据理力争,反复论证。在二审庭审中,陕西省人民检察院的出庭检察员体现出了实事求是的精神,明确表示认定林某某有罪事实不清、证据不足,这充分印证了辩护人观点的正确性。二审法院严格把关,裁定撤销原判发回重审后,西安市人民检察院最终作出不起诉决定,林某某终被无罪释放。

辩护词(一审)

审判长、合议庭:

北京市京都律师事务所、陕西克利律师事务所分别接受被告人林某某亲属的委托,指派我们担任被告人林某某的辩护人,参与西安市人民检察院起诉林某某职务侵占罪、挪用资金罪一案的第一审诉讼,依法为被告人进行辩护。

开庭前,我们查阅了公诉机关移送的部分案卷材料,会见了在押被告人林某某,进行了必要的调查。我们认为,起诉书指控林某某犯职务侵占罪、挪用资金罪,事实不清、证据不足,本案实际上是两个股东间的民事纠纷,公诉机关将其按犯罪起诉与我国现行法律相悖。具体辩护意见如下:

一、起诉书指控林某某侵占了西安××房地产开发有限公司人民币810万元,没有事实和法律根据

我国《刑法》第271条对职务侵占罪有明确的规定,最高人民法院的司法解释对本罪的犯罪构成也有明确规定,被告人林某某的行为不符合职务侵占罪的犯罪构成。

(一)林某某没有侵犯某公司的财产所有权

请法庭注意以下事实:

香港思创发展有限公司(以下简称香港思创公司)由林某某和郑某某合伙在香港特区注册,林、郑各占股份50%(见香港思创公司注册资料、林某某口供、郑某某及张某鹏证言),林某某和郑某某是合伙关系。

西安××房地产开发有限公司(以下简称西安××公司)由香港思创公司与西安市长安旅游公司合资成立,已投入注册资金109万美元,其中香港思创公司投资88万美元,西安市长安旅游公司投资21万美元;林、郑占有西安××公司股份的78%,林某某拥有其中的39%(见西安××公司注册材料)。

西安××公司开发经营的“西安曲江皇家花园”收益丰厚,其商品房建设和销售分三期完成,前后时间长达6年之久,共销售商品房28,000平方米。从双方签字的承包协议书可以看出,西安××公司对第一期商品房销售收入决算的利润为372万余元,其中给西安市长安旅游公司分配利润105万元,给香港思创公司应分的267万元尚存于西安××公司账上。第二期、第三期商品房大部分已经售出,根据公司出纳李某华编制的房款明细表,二、三期商品房销售收入共10,476万元,扣除建设装修等费用,实际税前利润可达到4000万元左右。

从1997年元月以后,香港思创公司对西安××公司承包经营,每年无论盈亏,均缴纳西安市长安旅游公司税后利润40万元。截至1999年年底,西安市长安旅游公司又分得税后利润120万元(见1999年5月27日承包协议),其余利润归香港思创公司所有,也就是归林某某、郑某某共同所有,但没有进行利润核算。

2000年7月10日,林某某和郑某某在各自顾问律师参加下,签订了股东详解备忘录,该备忘录确认了以下事实:

(1)两位股东对西安××公司的工作和股东间权益达成谅解。

(2)双方在西安××公司的权益应在审计结束后按5:5股权比例进行分配。

(3)郑某某1998年分得600万元,林某某已使用的资金600万元亦予以认可。超过600万元部分,在审计后不影响对方权益的前提下从各自应得利润中扣除。

(4)林某某积极配合公司经营权的交接。

同日,西安××公司召开了由全体董事参加的董事会,在该董事会决议的第6条确认:根据审计结果,西安××公司的净利润在扣除应交西安市长安旅游公司的承包金后,由香港思创公司股东按照股东谅解备忘录进行分配。

林某某和郑某某从1992年开始合作,先后共设立了香港思创公司、香港盈标公司等,一直是口头协议。在股东谅解备忘录之前,没有签订过书面协议。2000年7月10日的股东谅解备忘录表明二人之间发生了纠纷,需要用文字的形式确认两个人在西安××公司的权益。该股东谅解备忘录和董事会决议没有损害国家和集体利益,没有损害另一股东或他人的利益，也没有违反国家法律的禁止性规定，符合《民法通则》关于民事法律行为及《合同法》的规定，应为合法有效的民事法律行为。在此情况下，即使发生了某一方拒不履行该备忘录事项的情况，仍然属于民事纠纷，不能因此而将民事纠纷上升为犯罪。

西安××公司的企业财产包括注册资本金、税后利润提留的三项基金、企业的固定资产等。按照西安××公司章程规定，每年都应向股东进行利润分配，而在实际执行中，对西安市长安旅游公司确实每年缴纳了利润，香港思创公司郑某某也分得600万元，对林某某没有进行过分配。显然，在西安××公司账上尚未分配的利润，已经不再是公司财产，而属于香港思创公司所有。由于没有对利润进行决算，各股东应分配的具体数额不能确定，但按双方股权比例，林某某对未分配利润有50%的权益。因此，即使涉案810万元都是林某某使用，也是在各自应得利润中扣除的问题，而不能认为是侵占公司的财产。

事实表明，西安××公司“西安曲江皇家花园”的销售收入在扣除应交西安市长安旅游公司的承包金之后的利润，属于林某某和郑某某所共有。但西安××公司除对第一期利润分配以外，第二、三期的利润没有决算，除已向西安市长安旅游公司按承包协议分配利润共225万元及郑某某预先分走600万元以外，其余应分林某某和郑某某的利润存于西安××公司账上。不能将公司应向股东分配而未分配的利润也认为是公司的财产。如果以这种观点推论，西安市长安旅游公司已分得的225万元、郑某某已分得600万元也属于西安××公司的财产，是否也应认定为侵占公司财产？同样是公司股东，为何西安市长安旅游公司和郑某某从西安××公司拿走销售收入的一部分被认为是合法的，而林某某使用销售收入的资金却被指控为侵占和挪用公司财产?

(二)林某某没有实施侵占西安××公司财产的行为

根据《刑法》的规定和最高人民法院的司法解释,职务侵占罪必须是利用职务上的便利,以侵占、盗窃、骗取或者以其他手段非法占有本公司、本企业的财物。起诉书指控林某某的犯罪行为有三方面:其一,指控林某某指使公司财务主管人员将部分售房款另建账册,存入账户进行隐匿,向股东提供大量虚假财务报表,隐瞒真实营业收入。其二,指控林某某成立陕西××置业有限公司,任董事长、总经理。将原西安××公司与雁塔地税局联建的“西安锦绣花园”项目转到陕西××置业公司名下。其三,指控林某某将隐匿截留的西安××公司售房款1098万元,由暗账中转出,以林某某个人资本金分44笔转入陕西××置业公司账上,其中810万元用于“西安锦绣花园”项目工程及陕西××置业有限公司等费用。起诉书对这些行为没有说明属于《刑法》第271条中的哪一种手段。起诉书的上述指控证据不足、事实不清。

1.将部分售房款另建账册不是林某某指使,而应当是董事会的决定。首先,只有张某强一人证明是林某某指使做假账,但张是利害关系人,其证言的可信度较低,郭某和高某云虽然也有同样证明,但仅是一句话,没有具体事实,不能形成证据体系。其次,李某华、高某云均证明是张某强指使他们做假账,张某强是香港思创公司派往西安××公司的董事、主管财务的副总经理。最后,也是最重要的一点,董事会分配利润的决议和承包经营协议确定的税后利润数额,都是以暗账为根据作出的,说明董事会完全知晓暗账的全部情况。如果按财务人员的证言,张某强和林某某均安排过他们做暗账,而董事会又是根据暗账收入决定利润分配,可以确认,将销售收入另建账册是董事会的决定,起码是公司的行为,而不是林某某个人行为。

2. 设立暗账是为避税,并非林某某侵占公司财产的手段。张某强和高某云在证言中讲设暗账是为了公司避税而隐瞒收入,记载非正常开支的一些账务。显然,设暗账是为了公司利益,不是林某某为了侵占公司财产而为。

3. 指控林某某将售房款存入私立账户进行隐匿与事实不符。售房款所存入的账户均是西安××公司的账户,是财务人员前往银行开立账户。没有一个账户是林某某私自设立,所有的存款均是西安××公司的财务主管张某强与财务人员的行为,林某某没有参与收存售房款的过程,更没有自己接收售房款。

4. 指控林某某向股东提供虚假财务报表,隐瞒真实营业收入不是事实。暗账是由公司财务人员所做,没有向股东隐瞒,否则董事会不可能决定分配利润和承包经营的指标。财务报表确实是虚假的,但那是财务人员向税务局呈报的,没有证据证明该报表向股东提供。

5. 以林某某个人资本金转入陕西××置业公司的售房款不是1098万元,而是2898.045万元。这些资金不仅未向林某某开收据,而且先后又转回西安××公司2088万元。正如高某云、李某华亲笔证明,账上注明的林某某个人资本金其实并不是林个人所有,而是财务人员使用的记账符号。否则,大量资金又转回去就无法解释。

6. 林某某仅指使张某强向陕西××公司转款600万元,而张某强擅自增大转款数额,林某某发现后即委托审计并由高某云和李某华写出证明。这说明以林某某资本金记账及从西安××公司向陕西××置业有限公司转款,林某某没有参与。

7. 西安××公司和陕西××置业有限公司是同一个财务主管张某强,同一个会计高某云,同一个出纳李某华,从西安××公司往陕西××置业有限公司转款,两个公司均有真实清楚的记账。对两个公司来讲,是公开的,并未发生虚假、隐瞒或不记账的事实,这显然不是侵占罪的手段。

8. 关于暗账的去向。起诉书认定是林某某隐匿了暗账,但没有提供充分的证据。高某云和李某华是暗账的制作人和保管人,她们均证明2000年6月中旬把暗账放在张某强办公室的柜子里,并没有任何人证明暗账放在铁皮柜里,所以,林某某派人将铁皮柜抬走不等于拿走了暗账。在财务人员将暗账放在张某强办公室之后,紧接着2000年6月26日就发生了郑某某带人抢走西安××公司公章、财务章和账簿的事件,张某强也参与了这件事。对此,有很多人可以证明,郑某某自己也承认。仔细研究证人证言,可以发现暗账很有可能在郑某某手中。高某云在证言中讲:1998年向深圳思创电气公司付款300万元,其中275万元从暗账支出,25万元从明账支出。而在案卷中有西安××公司在侦查期间盖章提交的275万元付给深圳的财务凭证3份。如果暗账已被林某某隐匿,西安××公司从哪里将暗账中的财务凭证交给公安机关?另外,起诉书认定,转入陕西××置业有限公司的1089万元全部是西安××公司暗账上的资金,可是该公司的立案申请书中却讲:有两笔30万元转往陕西××置业有限公司是他们查账发现的,并附有支票号码;张某强在证言中也讲:这60万元是会计赵某琴查账发现的。但是,案卷中却没有这60万元的财务凭证,说明该凭证只能是在暗账中。既然能对暗账进行查账,暗账在谁手中不是很清楚吗?既然能提供支票号码,却不向侦查机关提交财务凭证,办案人员也不向西安××公司调取这些证据,其中的内幕可想而知,其办案的客观性和公正性不言而喻。

(三)林某某没有侵占西安××公司财产的主观故意

林某某始终认为"西安锦绣花园"是西安××公司和雁塔区地税局联建项目。1998年元月林某某代表西安××公司签订联建合同。同年5月,郑某某从西安××公司分走600万元,林某某遂产生另外设立公司的想法,如果郑某某不愿再在西安投资,即由新成立公司继续完成“西安锦绣花园”项目。新成立的陕西××置业有限公司的股东和员工均是西安××公司参与“西安锦绣花园”项目的人员,其中包括西安市长安旅游公司派来的总经理助理孟某安和香港思创公司派来的董事副总经理张某强。对参与“西安锦绣花园”项目的各部门负责人的任命,也是两个公司共同任命的。在此期间,林某某代表西安××公司和陕西××置业有限公司与雁塔地税局签订了一系列协议和补充协议,在补充协议(二)、(三)中明确约定,土地使用权转让给陕西××置业有限公司是为了项目报建,该合同无效,仍执行西安××公司与地税局的联建合同。1999 年 3 月 6 日,地税局发函要求废除转移项目的三方协议书,联建合同乙方仍为西安××公司,林某某在此函上签字表示同意,说明林某某始终坚持“西安锦绣花园”是西安××公司的项目。而从西安××公司转到陕西××置业有限公司账上的大部分资金,也都用于“西安锦绣花园”项目。这些事实说明西安××公司和陕西××置业有限公司都参与了“西安锦绣花园”项目的开发。起诉书认定该项目为陕西××置业有限公司的项目与客观事实不符。

林某某认为自己可以从西安××公司分得 600 万元。对此有林某某口供、高某云的证言、股东谅解备忘录以及 1999 年 3 月至 9 月从西安××公司转往陕西××置业有限公司 500 万元资金的事实相互印证,说明林某某仅要求财务人员向陕西××置业有限公司转款 600 万元。

张某强等人从西安××公司向陕西××置业有限公司转款超过 600 万元部分林某某事先不知情。首先,2000 年元月至 4 月 30 日,短短三个多月时间,西安××公司先后给陕西××置业有限公司转款 2398 万元。此时,林某某在我国深圳、美国度假,不在西安,所有转款都是张某强签字审核,由财务人员办理,没有证据证明与林某某有关。其次,林某某回到西安发现后,即对张某强提出批评,并要求财务人员写出情况说明,后又委托审计,以查清实际转款数额。这些事实都进一步证明林某某在主观上没有侵占西安××公司财产的故意。

二、起诉书指控林某某将西安××公司的20万美元非法占为己有,与事实不符

1. 林某某汇往香港的20万美元不是西安××公司的财产,而是林某某个人所有的财产。林某某、郑某某、于某东以香港盈标公司的名义与上海长宁集团公司合资成立上海锦标公司,共同开发“上海锦绣花园”项目。1994年董事会决定分配利润350万美元,林、郑、于三位股东分得171万美元。林某某将分给自己的20万美元转往西安××公司,而郑某某将分得的80万美元、于某东将分得的40万美元转往各自指定的账户。所以,西安××公司账上收到的20万美元属林某某个人所有。

2. 西安××公司财务人员将收到上海锦标公司20万美元以投资款入账是错误的。因为上海锦标公司不是西安××公司的股东,不具有投资的权利和义务;香港思创公司两位股东均未向西安××公司声明增加投资,西安××公司也没有开具收到20万美元的收据。我国《公司法》第26条、第31条对股东出资有明确的规定,而1994年、1997年和1999年西安××公司先后三次验资的注册资本都不包含这20万美元。显然这20万美元在西安××公司账上实质是暂存款。

3. 林某某将20万美元汇往香港是对自己财产的处分。根据我国《民法通则》的规定,财产所有人享有对自己财产占有、使用、收益和处分的权利。在西安××公司账上暂存的属林某某个人所有的20

万美元，林某某有权支配并处分，至于以广告费名义汇往境外，属于另一法律关系；西安××公司财务人员将20万元的收款收据以费用冲账，是财务人员的违规处理，不能将财务人员违反财务规定的做法作为林某某侵占的根据。

起诉书将属于林某某个人所有的20万美元认定为西安××公司的财产没有事实根据，将林某某处分自己财产的行为指控为侵占犯罪违背了法律规定。

三、林某某不构成挪用资金罪

起诉书第三项指控涉及的事实基本属实，但认定林某某构成挪用资金罪没有法律根据。

1. 林某某不具有挪用资金的主观故意

“西安锦绣花园”项目是西安××公司和雁塔地税局联合开发的。其间为加快项目报建，西安××公司、陕西××置业有限公司达成三方协议书，但随后雁塔区地税局就发函否定三方协议书，要求项目乙方仍归西安××公司，林某某代表西安××公司和陕西××置业有限公司签字同意。这一事实说明，“西安锦绣花园”项目实际上并没有转移给陕西××置业有限公司，起码雁塔地税局和林某某均认为“西安锦绣花园”项目的乙方仍为西安××公司，在这种情况下，从西安××公司往“西安锦绣花园”项目部转付工程款，完全是西安××公司应承担的合同义务。

公诉人以法院的终审民事判决作为证据，认为生效民事判决认定项目归陕西××置业有限公司，林某某就构成犯罪，这是典型的客观归罪。民事判决是对法律关系的法律认定，并不是对刑事被告人主观认识的认定，也不能对刑事被告人的主观认识作出认定。判断刑事犯罪被告人在行为当时主观认识的依据只能是客观事实。而事实上，民事案件的一审判决就认为：该项目转移、土地使用权转让均是规避法律的行为,没有法律效力。连两级人民法院都存在不同的认识,林某某出现认识上的错误也是正常的。林某某向项目转款时,主观上是不可能认为项目已转移给陕西××置业有限公司的,否则,签订几份补充协议强调转移项目、转让土地使用权无效就没有任何必要。

2. 林某某不具有挪用资金的行为

我国《刑法》第272条规定的挪用资金罪,其行为特征是挪用本单位资金归个人使用或借贷给他人。林某某将本单位资金正常使用在本单位的工程上,何罪之有!

退一步讲,即使"西安锦绣花园"项目乙方转为陕西××置业有限公司,仍不具备挪用资金罪的犯罪构成要件,因为陕西××置业有限公司不是个人,而是林某某、张某强、孟某安、王某四个人组成的有限公司。另外,林某某和郑某某在此之后签订了股东谅解备忘录,明确约定林某某使用资金超过600万元的部分,在审计后分配的利润中扣除。该股东谅解备忘录经西安××公司董事会决议予以确认。因此,即使认定陕西××置业有限公司为林某某个人企业,仍然需要对西安××公司的财务审计之后,在应分给林某某的利润中扣除。在审计之前认为付给"西安锦绣花园"项目的资金就是企业资金为时尚早。

综上所述,林某某作为香港思创公司股东、董事,在香港思创公司与西安市长安旅游公司合资成立西安××公司后,即成为西安××公司的股东。当香港思创公司对西安××公司承包经营,每年缴纳固定税后利润的情况下,西安××公司的股东权益实际只有香港思创公司两位股东享有。西安××公司开发的"西安曲江皇家花园"收益丰厚,但多年来未向香港股东分配利润,在另一股东郑某某于1998年从西安××公司分走600万元后,林某某为维护自己在西安

××公司的股东权益,并完成西安××公司已投资开发的“西安锦绣花园”项目,成立了陕西××置业有限公司,西安××公司副总经理财务主管张某强及财务人员同时也是陕西××置业有限公司的股东、财务主管和财务人员。他们为了加大陕西××置业有限公司的注册资本,未经林某某同意,擅自将西安××公司的资金转出,以林某某个人资本金名义转入陕西××置业有限公司账户,张某强才是此案发生真正的始作俑者。林某某得知此情后,即对张某强等人提出批评,从而引发林某某与郑某某之间的纠纷。经协商后,林某某和郑某某签订了股东谅解备忘录,确认香港思创公司两位股东在西安××公司的股东权益,对郑某某分得的600万元和林某某使用600万元均予以认可,对超过600万元的部分,约定在进行利润分配时予以扣除。该股东谅解备忘录经西安××公司董事会予以确认。此后,因公司管理权移交,郑某某背着公司其他股东给新任总经理密函指示,将公司资金转移到自己私自设立的账户上,引发了与林某某的新的纠纷。林某某为维护自己的合法权益,要求参与公司管理,被郑某某以西安××公司名义诬告,公安机关对林某某立案侦查,形成此案。

辩护人认为:林某某的行为不构成职务侵占罪和挪用资金罪,林某某与郑某某之间属于合伙人权益纠纷,应当通过民事诉讼程序处理。公安机关介入民事纠纷,本身就违反了国家的明文规定,将公司股东的内部权益之争上升为刑事犯罪,更是法律所不允许的。请法庭依据本案的事实和法律规定,宣告林某某无罪,予以释放,以维护公民的合法权益,维护法律的正确实施。

审判长:林某某作为一个房地产开发商,从广东到西安来从事房地产开发。虽然合资公司有来自内地和香港特区的股东和正、副董事长,但项目开发和公司经营管理主要是林某某具体负责。为了“西安曲江皇家花园”房地产建设和销售,林某某付出了很大的心血,在没有向银行贷款的情况下,成功地开发了“西安曲江皇家花园”项目,28,000多平方米商品房基本全部销售,创造了丰厚的经济效益和社会效益,为西安的经济建设和改革开放作出了应有的贡献。值此西部开发之际,林某某并未将自己创造的丰厚利润带走,而是又投资开发了新的项目。正当林某某二次创业之时,却被以职务侵占、挪用资金等犯罪嫌疑投入监牢。因此,对林某某一案能否公正、合法的处理,不仅涉及公民的人身权利,而且也涉及保护西部大开发投资环境的大问题。请合议庭充分考虑辩护人的意见,对本案作出公正的判决。

以上辩护意见,请合议庭参考采纳。

被告人林某某辩护人:

北京市京都律师事务所律师　田文昌

陕西克利律师事务所律师　瞿　征

2001年12月19日

辩护词(一审第二轮辩论发言)

关于本案中被告人林某某是否构成犯罪,关键问题是被告人有无侵占、挪用的手段和主观故意,而根据全案证据,却只能得出否定的结论。

一、林某某没有侵占与挪用的手段

林某某作为参与经营管理活动的公司股东,在股权结构已经明确且利润清楚的情况下,在分配环节中不具备秘密侵占他人财产的客观条件,其侵占另一股东财产的唯一手段,只能是在经营活动中实施。但是,本案中并无任何证据可以证明林某某在经营活动中具有隐瞒收入的秘密手段。

1. 暗账并非林某某私设

控方认为林某某私设暗账是侵占手段之一。然而:

(1)从利润分配可以看出,在1997年和1998年两年分配情况中,1997年明账利润只有57万余元,1998年明账利润为负数,而实际分配的利润却有372万余元。足见其分配是出自暗账,说明各方股东均明知暗账的存在及其具体内容。

(2)有证据证明,郑某某先行取得600万元利润,其中有270多万元也是出自暗账,说明郑某某对暗账更是了如指掌。

(3)控方当庭出示的证据中,有两张凭证上盖有西安××公司公章,且注明该凭证出自本公司账册。这两张凭证恰恰是由郑某某一方提供的,而这两笔账又是在暗账里记载的。这一事实不仅证明郑某某知道暗账,更可以证明该暗账至今仍在郑某某手中。

以上证据可充分证明,控方指控林某某以私设暗账手段侵占财产是毫无依据的,该暗账在公司内部纯系公开账目,其目的就是避税。

2. 关于"西安锦绣花园"项目的公开性

控方认为"西安锦绣花园"项目系林某某个人所为,郑某某及公司其他人均不知晓。然而:

(1)西安××公司与陕西××置业有限公司是"一套人马、两块招牌",前者全班人马也是后者全班人马。如林某某蓄意隐瞒,何至出此自欺欺人的下策?

(2)股东派的人(孟某安)也参与了"西安锦绣花园"项目,表明该项目在股东之间均系公开。

(3)连公司使用的名片、信纸、信封都同时印有两个公司的名称,陕西××置业有限公司及“西安锦绣花园”项目的秘密性从何而来?

(4)“西安锦绣花园”项目的房屋模型堂而皇之地摆在公司大厅中,隐瞒该项目从何谈起?

以上事实表明,如果说郑某某等人坚持说不了解或从未参与“西安锦绣花园”项目,只能是掩耳盗铃。

3. 关于公司内部分工、运作程序及财务状况的公开性

控方认为林某某指使他人秘密转移了公司财产,然而:

(1)从西安××公司转出的每笔资金不仅有账可查,而且均按正常的内部操作程序,经相关财务人员办理。

(2)转出的每一笔资金均由张某强签字后操作。

(3)张某强作为常务副总经理,在公司分工负责日常工作和财务,而林某某并不长驻西安。

以上事实足以说明三方面问题:

其一,转款及一切财务运作均系按公司内部正常程序公开进行,因而不存在私自转移资金的问题。

其二,运作中的主管人员是张某强而不是林某某。

其三,张某强作为签字人和决策者,依法应承担批准和指使的责任。

控方以张某强证言为根据,指控林某某指使张某强转移资金,违反了最基本的证据原则。因为,在张某强分工主管且履行签字手续的情况下,如张某强自称受他人指使,必须举出旁证予以佐证,即张某强对此具有法定的举证责任。在林某某否认的情况下,控方对张某强证言的认定是将举证责任倒置,违反了基本的证据原则,更何况,本案中张某强与林某某具有明显的利害冲突。这种不顾相关证据,仅以利害关系证人的言词证据否定原始书证(签字即是原始书证)的做法,正是形成冤假错案,背离法治原则的危险的认识基础。如此办案,任何人都可以借此推卸责任,而任何人也都会因此而遭到

诬陷。

4. 关于向陕西××置业有限公司转款的目的

控方认为,林某某指使张某强等人向自己控制的陕西××置业有限公司转款810万元,并注明是林某某的个人资本金,因而认定其侵占资金810万元。然而:

(1)证据表明转到陕西××置业有限公司的资金是2898多万元,而并非810万元。

(2)此2898多万元资金全部都注明是林某某个人资本金。

(3)此2898多万元已有2088多万元又转回了西安××公司,而只剩下810万元在案发时尚未转回。

(4)此2898多万元之中,有2398万元是在2000年元月至4月转出,但此时林某某并不在西安而是在我国深圳和美国。

以上事实与公司其他职员的证言相印证,证实转款的目的就是倒账(因需要将暗账中一部分款转到明账上),而注明是林某某个人资本金的字样只是一种记账符号而已。否则,已经转出了2898多万元为何又转回了2088余万元?为何将已经转回的资金也统统记成了林某某的个人资本金?控方据此认定林某某侵占资金810万元,实在令人大惑不解!

二、西安××公司、陕西××置业有限公司与地税局合作关系的演变过程,表明林某某没有犯罪的主观故意

控方认为,林某某将西安××公司的资金转到陕西××置业有限公司而用于“西安锦绣花园”项目属于侵占,将西安××公司的资金直接汇入“西安锦绣花园”项目属于挪用,且以陕西省高级人民法院的民事判决为依据,来印证林某某构成侵占和挪用。

控方作出该错误指控的根本原因,正是混淆了刑事法律关系与民事法律关系的界限。

民事法律关系中权利与义务关系的确定,是以民事法律行为的事实为基础,而刑事法律关系中对于犯罪的认定,则必须遵循主客观相一致的原则,即行为人还必须具有犯罪的主观故意。

在西安××公司、陕西××置业有限公司与地税局的民事纠纷案件中,对于该三方主体在民事法律关系中所处地位的判断,包含以下三种情况:

第一种:法律确认的结论,这就是指法院判决的认定,即法律真实。法律真实并不必然符合客观真实。

第二种:客观存在的事实,这是指不依赖于法院的判决而客观上确实存在的事实,即客观真实。

第三种:行为人自身的主观认识,这是指行为人对事实情况的主观判断,这种判断可能正确,也可能不正确。

在民事审判活动中,法院的认定可以不考虑行为人自身的主观判断,但在刑事审判活动中,法院则必须根据行为人自身的主观认识来判断其有无犯罪的主观故意。例如,在有些案件中,有的行为人以形同贪污的手段占有了本属于自己的财产;也有的行为人因主观认识错误而误取他人的财产;还有人将正当防卫误认为有罪而主动认罪;等等。这些因主观认识错误而导致的相应行为或后果,均不能认定为犯罪。

在本案中,根据"西安锦绣花园"项目合作关系的演变过程,即根据数次签订补充协议而变更合作主体,根据地税局明确表示不同意由陕西××置业有限公司来取代西安××公司的函件,根据合作关系已经形成,因而不继续进行就会承担违约责任,根据地税局已经提起诉讼的事实等一系列情况,林某某完全有理由认为他是在为西安××公司操作"西安锦绣花园"的业务。并且,因避免承担违约责任,而无论郑某某是否反对,也只能将此项目进行到底。同时,前述提到的"西安锦绣花园"项目运作的公开性,也完全证明了林某某确实在以西安××公司的名义运作“西安锦绣花园”项目。

这一系列事实表明,无论在法律上如何认定是否应由西安××公司来承担与地税局的合作义务,但林某某却始终认为并且有理由认为,他是在代表西安××公司履行与地税局的合同义务。因此,他支配西安××公司的资金去运作“西安锦绣花园”项目,就是一种正常的职务行为,即使这种认识发生了错误,所引起的也只能是一种民事责任而绝非刑事责任。这就是民事法律关系与刑事法律关系相区别的一个原则界限。

综上,由于林某某有理由认为他在为西安××公司运作“西安锦绣花园”项目而支配资金,且其行为具有公开性,因而不能认定其具有侵占和挪用西安××公司资金的主观故意。

三、20万美元不是西安××公司的资金,因而林某某汇出该资金不构成侵占罪

控方认为,林某某以广告费名义将20万美元汇出境外即构成侵占罪。然而:

1. 20万美元是林个人分配的利润,该款虽以借款形式取出,但有证据表明此做法是以借款形式行分配之实,目的在于规避法律。

2. 郑某某从170万美元的总利润中先行取得80万美元,其数字远远超过20万美元,而林、郑二人在公司中的股权比例相等。

3. 证据表明该20万美元从未成为西安××公司的投资款,因而并未成为该公司资金。所以,退一步讲,即使对该20万美元的权属有争议,也不存在侵占本单位资金的问题,与侵占罪没有联系。

因此,指控林某某侵占该20万美元既无事实依据,也无法律依据。

四、关于规避法律的手段与犯罪的界限

在本案中,确实存在一些规避法律的问题,例如,公司设立暗账问题,以广告费名义汇出20万美元问题,以借款形式分配20万美元利润问题,为排除项目报建障碍而虚假变更与地税局合作的主体问题,等等。这些规避法律的行为虽然在表面上可以形成似同犯罪的诸多疑点,但并不能将此行为作为认定犯罪的依据。透过现象去分析本质,就会发现,大量证据已经表明,这些行为与侵占和挪用罪并无内在联系。

五、关于股东谅解备忘录的效力及作用

林某某与郑某某于2000年7月10日达成的股东谅解备忘录,是在双方真实意思表示基础上形成的有效文件。"备忘录"本身虽不能必然排除对某一方追究刑事责任的可能性,但也不能借此推导出某一方必然会构成犯罪。是否具有刑事责任,只能以其行为是否符合犯罪构成条件为依据。"备忘录"的作用在于,它证明了林、郑二人的股东关系和分配比例;证明了郑某某已经先行分得600万元的事实;证明了林某某有权从西安××公司的账上取得相应的利润;也证明了既然郑某某可以先行取得600万元,因而林某某也同样可以取得超过600万元的利润而事后再进行最后结算。关键在于,"备忘录"证明了林、郑二人的纠纷是出自对股东利润分配的争议,且分配的比例和数额是有章可循和有据可查的。这种经双方确认并公开进行的分配方式,只能是一种财产分配关系而非侵占的关系,这种分配关系即使引起争议,也只能是民事纠纷而并非犯罪。因此,"备忘录"的内容已经明确印证了,林、郑二人之间的冲突在性质上属于民事纠纷。

六、关于本案背后不可忽视的疑点

本案审理过程表明:在由西安××公司向陕西××置业有限公司转款的全过程中,均是由张某强签字,且张某强确系主管人员;在2000年5月之前林某某不在西安的两三个月时间,转款数额竟高达

2000余万元。当林某某5月回国后,发现大量转款的事实并立即进行审计,而这一动作导致了商州会议上林某某与张某强等人的冲突,进而引发了张某强等人给林某某的公开信和与郑某某联合举报林某某侵占财产的事件。这种现象不能不引起另一种思考:究竟谁是真正的责任者?有无存在恶人先告状的问题?林某某既然欲侵占财产又为何主动去审计财务状况?

在此,辩护人提请法庭注意到这个不可忽视的疑点!

以上补充辩护意见,请合议庭参考采纳。

被告人林某某辩护人:
北京市京都律师事务所律师　田文昌
2001年12月19日

辩护词(二审)

审判长、合议庭:

北京市京都律师事务所、陕西克利律师事务所分别接受林某某亲属的委托,指派我们担任被告人林某某职务侵占、挪用资金一案的二审辩护人。我们认为,一审判决违背了"以事实为根据,以法律为准绳"的司法原则,对本案的事实和证据随意取舍,对同一公司股东的行为采取两种不同的判断标准,失去了法律的公平,从而使林某某蒙受冤狱。作为林某某的辩护律师,我们既维护被告人的合法权益,也要维护法律的正确实施,伸张社会正义。一审中我们已发表的辩护意见在此不再重复,下面是我们的二审辩护意见,请合议庭采纳。

一、原判在认定事实上存在以下错误

(一)一审判决书第五页认定"被告人林某某利用担任公司总经理的条件,授意公司财务人员将部分售房款收入另建账册进行隐匿,并向股东提供虚假财务报告,隐瞒了公司经营的真实收入"。原判的这一认定与事实不符

第一,部分售房款另建账册不是林某某授意,而应当是西安××公司的法人行为。

从证据上看,证明林某某授意另建账册的只有张某强和郭某。张某强在其向公安人员的询问笔录中多次讲是林某某指使他和财务人员设立"暗账"(另建账册),但没有说明林某某在什么时间、什么地点、怎样指使。张某强是西安××公司的董事、主管财务的副总经理,后因与林某某发生矛盾,被林某某免去副总经理职务。张某强又是举报林某某犯罪的发起人,其证言的真实性值得怀疑。卷内证言只有郭某曾有一句话说暗账是林某某指使,但郭某也没有说明时间、地点和具体过程,难以与张某强的证言印证。高某云在2000年11月20日下午的询问笔录中虽然也说林某某让他做暗账,但在2001年5月22日的询问笔录中又说是张某强让其设立暗账。高某云是西安××公司的会计,两次证言内容不同,哪一次是真实的值得研究。李某华、李某作为西安××公司财务人员,他们的证言中没有涉及暗账是谁指使的问题。显然,张某强一人的证言不能证明暗账是林某某授意设立的。

第二,从另建账册的时间和目的上看,西安××公司是1995年第二期售房开始另立账册,这时并没有成立陕西××公司,也没有"西安锦绣花园"项目。张某强、高某云都证明是为了公司避税,记载非正常开支的一些账务,并不是林某某为了自己而另建账册,也与成立陕西××公司和"西安锦绣花园"项目无关。一审判决将另建账册

认定为挪用的手段在时间上是不能成立的。

第三,一审判决认定“将部分售房款收入另建账册进行隐匿”,不是事实。原判没有说明是将售房款收入进行隐匿还是将另建的账册进行隐匿。如果是指前者,卷内张某强、郭某、高某云、李某华均证明是他们从购房人手中接收购房款后存入银行,林某某从未参与接收购房款,其和财务人员均未发生隐匿购房款的情况;如果指后者,另建的账册是在西安××公司由管理明账的同一财务人员建账和保管,林某某自己从来没有参与建账,更没有保管账册。张某强和财务人员的行为是对公司负责,并不是对林某某负责。而且,公司的股东随时都可以对明账及暗账进行查阅,不存在隐匿账册的可能性。

第四,关于是否向股东提供虚假财务报告,隐瞒真实收入的问题。一审判决始终没有说明有什么证据证明林某某或财务人员向股东提供了虚假财务报告,隐瞒了真实收入。公司财务人员确实向税务部门呈报了不真实的财务报表,但股东和郑某某均没有说过此财务报表曾经向他们提供。根据香港思创公司与西安市长安旅游公司签订的承包协议书,明确记载1996年11月西安××公司董事会决定分配第一期利润,当时决算的利润是372万元,西安市长安旅游公司分配了105万元,而1996年明账的财务报表仅有利润57万元。这一事实说明,给董事会报告的财务收入不是明账的记载,只能是暗账的财务收入。而1997年元月以后,香港思创公司已对西安××公司承包,明确约定公司无论盈亏,每年都应向西安市长安旅游公司缴纳税后利润40万元,因此西安××公司也没有必要向西安市长安旅游公司提供虚假财务报告。1998年郑某某分得600万元,一审判决认定是借走600万元,无论分或借,都不可能是明账的收入,因为1998年明账财务报告是亏损500万元。如果向郑某某隐瞒了公司的真实收入,就不可能出现郑某某和林某某协商后,郑某某分得600万元的事实。所以,原判认定林某某授意财务人员向股东提供虚假财务报告、隐瞒真实收入是不符合客观真实的。

(二)林某某1998年12月20日便函出自西安××公司账目,证明"暗账"在西安××公司而不在林某某个人手中

判决书第8页写明"9.从被告人林某某住处查获的1998年12月20日林某某写给西安××公司财务部的便函,证实了西安××公司支付给深圳思创电气的275万元,系郑某某借款而非利润分配"。但是,卷86页所附便函上明确写着"复印自我公司账目",并加盖西安××公司公章。因此,一审判决书所述该便函从林某某住处查获显然与事实不符。一审判决之所以要将西安××公司提供的便函说成是从林某某住处查获,是为了掩盖暗账在西安××公司这一真实情况。该便函和思创资金结算中心收到275万元的收款收据以及记账凭证全部出自暗账(另建的账册),林某某被捕后,西安××公司向公安机关提交了上述三份财务凭证,并在每一份凭证上都盖有新更换的公章,注明"复印自我公司账目",这说明暗账在西安××公司,原判认定林某某隐匿暗账与事实不符。

(三)原判认定"被告人林某某以西安××公司内部业务重组为名,将西安××公司与雁塔区地税局的合作建房协议变为陕西××置业有限公司名下的项目",此与事实不符

从判决书第八页有关内容可以看出,原判对此事实的认定,仅依据了张某强、侯某等人的证言和林某某同雁塔区地税局签订的变更乙方协议书,而对辩护人提交的三份补充协议、雁塔地税局否定变更乙方协议书的函及林某某当庭对此问题的辩解等证据没有采信。雁塔地税局和西安××公司联建"西安锦绣花园"项目后,由于发生项目报建受阻问题,才引起项目变更乙方和将土地使用权转让给陕西××置业有限公司,但双方均明确这只是为了项目报建,仍然以联建

合同为准。正因如此,林某某才在1999年3月6日雁塔地税局否定变更乙方协议的函上签署“同意地税局意见”。在整个过程中,有相互联系的复杂的关系,人民法院应当对这些证据进行客观全面的审查判断。如果随意对证据进行取舍,仅采信不利被告的证据而对有利被告的证据视而不见,甚至连不予采信的理由都不予以说明,不仅无法对案件事实做出客观公正的判断,而且明显违背《刑事诉讼法》的明文规定。

(四)关于从西安××公司转往陕西××置业有限公司资金一节,原判的认定存在以下问题

第一,西安××公司转给陕西××置业有限公司的款项中,林某某仅仅授意张某强转600万元(与郑某某预分的600万元利润对等),实际转款500万元。对此有林某某当庭陈述和1999年3月至9月陕西××置业有限公司的财务记载为证。

第二,2000年1月至4月从西安××公司转往陕西××置业有限公司资金共2398万元,原判认定的“先后共转款810万元”与事实不符。在这些转款过程中,林某某正在我国香港特区和国外度假,不在公司。只有张某强证明林某某指使他转款,但没有证明在什么时间、什么地点、以什么形式指使他,而高某云、李某华均证明转款是张某强指使的,事实上这些转款的签批全部是张某强。所以,原判认定林某某“授意公司财务人员将售房款收入转往陕西××置业有限公司”证据不足。

第三,转到陕西××置业有限公司的款以“林某某个人资本金”入账只是一种名义而已,而从西安××公司转出时是以什么名义没有证据。原判认定“将另建账册的售房款收入,以林某某个人资本金名义转往陕西××置业有限公司”没有证据证明。而事实上,以林某某个人资本金名义在陕西××置业有限公司的财务账上反映是2898

万元,而高某云和李某华在2000年7月24日的书面说明中证明"关于西安××公司A账B账,陕西万兴建筑公司账中,凡是记为'其他应付款——林某某''短期借款——林某某'的均是以林某某名字作为记账代号,实际并未与林某某经理发生往来关系。陕西××置业有限公司中'实收资本——林某某'科目中的余额除500万元以外,均是张某强经理签批,让出纳以林某某个人资本金名义存入陕西××置业有限公司的,林某某经理并不知道账是怎样做的"。上述说明的原件被公安人员在侦查本案搜查时收走,辩护人在法庭上已将复印件提交办案法官,但一审判决对此证据只字不提。而这份至关重要的证据,充分说明"林某某个人资本金"只是财务记账的代号,林某某对其中2398万元是不知道的。一审判决书第十一页也确认其中1800万元是将一笔600万元款项来回转出打入三次,是为了虚增资金额。同样是以"林某某个人资本金"入账,为什么这1800万元和转回西安××公司的288万元不认为是林某某个人资本金,而将剩余810万元认为是林某某个人资本金从而认定为挪用呢?这不是对同一性质的财务记账方式出现两种不同的判断而自相矛盾吗?

(五)一审判决书第七页确认西安××公司注册资本为300万美元,到1998年12月10日变更为109万美元,此与事实不符

西安××公司注册时实际到位资金就是109万美元,其中有20万美元是西安市长安旅游公司打入西安××公司作为投资款,但随后又转回去15万美元,实际投资是5万美元。1994年验资时的注册资金是109万美元,此后双方再未投入注册资金,直到1998年验资时仍然是109万美元。如果注册资本为300万美元,那另外191万美元注册资本变更时作何处理、下落何在,显然无法解释。

(六)原判认定林某某将转到"西安锦绣花园"项目的204.4万元之中的65万元提现金自用,但从判决书中看不到林某某提现金的

任何证据,不知原判这样认定的根据是什么

(七)关于西安市长安旅游公司拿走的105万元,两股东的承包协议中白纸黑字明确写的是决算利润372万元,按西安市长安旅游公司投资比例分配105万元。而原判却硬要将分配利润说成“承包金而非分配利润”,不知依据何在

(八)一审判决对20万美元的性质认定错误

一审判决第十二页称:“该项目完工后,1994年5月,经上海锦标公司董事会决议,盈标公司向上海锦标公司借款20万美元,以投资款的名义汇入西安××公司账上。”判决书这一段叙述中,存在明显的矛盾和逻辑上的错误。既然是盈标公司向上海锦标公司借款,上海锦标公司董事会为何要决定将20万美元汇往西安××公司?上海锦标公司不是西安××公司的股东,为什么要向西安××公司汇投资款?盈标公司为何不从上海锦标公司直接支取借款?

对于20万美元的来源,辩护人向一审法庭提交了律师调查的上海锦标公司董事会成员杨某康、刘某、于某东等人的证言,还提交了上海锦标公司的清盘报告,以证明上海锦标公司向盈标公司分配了171.5万美元利润,盈标公司的股东香港思创公司和于某东对171.5万美元进行了二次分配,其中于某东分得40万美元,香港思创公司股东郑某某分得80万美元、林某某分得20万美元。一审判决将辩护人提交的清盘报告认定为事后对当初股东借款所作的评判,其并不能改变1994年董事会对该款是借款的认定,但一审判决并没有说明,清盘报告中关于1994年“以借款形式分配171.5万美元”的这种表述是什么性质,难道这种记录式的表述也是事后的评判吗?

对律师调查的证言,一审判决则认为调查人并非辩护人,不符合真实性、合法性的要求,不能作为证据使用。事实上,去上海调查取证的律师是受辩护人所在的北京市京都律师事务所委托,应属合法

有效。另外,公诉人和一审法院办案人一同到上海调查于某东的证言,为什么不当庭质证?一审判决在认定事实上随意取舍证据、随意对证据内容进行解释的做法可见一斑。

(九)原判对辩护人提交的西安××公司财务报告、房屋销售明细表等证据,认为只是反映出公司的经营收入状况,不能证明支付给西安市长安旅游公司的105万元和郑某某预先取得的600万元借款是利润分配,故不予采纳。这是明显错误的

辩护人提交房屋销售明细表是为了证明公司经营收入,按照公司法和公司章程应当向股东每年分配利润。而承包协议书和“股东谅解备忘录”已证明西安市长安旅游公司每年已分了利润,郑某某也于1998年先分得600万元。辩护人是以房屋销售明细表结合卷内的证据来说明事实,而原判却说“卷内现有大量的证据说明这些款项不是利润分配”。可是,原判并没有指出这大量的证据是什么证据,在卷内的什么地方,这种空话、大话是不能令人信服的。

二、林某某不构成挪用资金罪

一审判决将指控为侵占数额的其中一部分810万元改变定性,认定为挪用,与原205万元挪用的指控一起,认定林某某共挪用西安××公司1015万元。辩护人认为,挪用西安××公司1015万元的事实不能成立。

(一)林某某没有实施挪用资金的行为

2000年2月至4月,林某某和家人到我国深圳、美国等地度假,西安××公司和陕西××置业有限公司的日常工作事务由副总经理张某强负责,在这短短的三个月时间里,从西安××公司向陕西××置业有限公司先后转款达2398万元,在陕西××置业有限公司账上全部记载为林某某个人资本金。林某某从国外回来后,发现财务账上的这一问题后,即向高某云、李某华等财务人员询问,财务人员均

证明这是张某强指示安排的，是为了加大陕西××置业有限公司的注册资本。林某某遂让财务人员写出书面说明材料，证明从西安××公司转到陕西××置业有限公司的款林某某事先不知道，以林某某个人资本金记账只是一种记账代号，实际不是林某某个人资本金。同时，林某某对张某强等人进行了批评。2000年5月初，林某某在商州召开陕西××置业有限公司股东会，要求张某强、孟某安、王某等股东以借款形式入股，引起张某强等人不满。后林某某停止了张某强副总经理的工作，张某强即向郑某某反映林某某的问题。2000年6月26日，郑某某、张某强等人到西安伙同多人强行取走了西安××公司的公章和财务账及凭证。此后，林某某和郑某某之间的矛盾逐步升级。两人在律师参与下进行协商，于2000年7月10日签订"股东谅解备忘录"，同时通报西安市长安旅游公司并形成了董事会决议，确定林某某辞去总经理职务，以及林某某、郑某某在西安××公司的股东地位和比例，郑某某分走600万元，林某某也可使用600万元，超过部分经审计后在各自应分利润中扣除。此后，郑某某聘请沈某为西安××公司总经理。林某某为了查清张某强向陕西××置业有限公司转款的具体数额，于2000年8月2日委托西安华利信会计师事务所对陕西××置业有限公司的财务账进行了审计。2000年8月14日，郑某某指示沈某将西安××公司的全部经营收入转存于郑某某自己设立的商行培华支行账户。林某某得知后认为这是对自己股东权益和董事权益的侵害，遂到西安××公司行使董事权利，要求沈某交回公章，并要接管公司，随后就发生了公安机关介入、林某某被限制人身自由等情况。虽然西安市公安局第七处的破案报告表上写的2000年7月27日西安××公司报案，但实际立案是2000年11月28日。到底是2000年8月14日以后报的案还是7月27日报案，只有公安局七处才能说清楚，但有一点是清楚的，如果林某某不对郑某某转移公司经营收入提出异议和采取行动,就不会有这一份所谓的报案材料。

综观上述过程,我们可以注意到,从西安××公司转到陕西××置业有限公司的绝大部分资金,林某某并不知情,而以林某某个人资本金入账实际只是财务记账的一种符号。相关辩护意见不再重复。

需要注意的是,张某强是签字审批人,是将西安××公司资金转往陕西××置业有限公司的主要行为人。张本人既是西安××公司主管财务的副总经理,也是陕西××置业有限公司的股东之一兼副总经理。财务人员高某云、李某华又是两个公司的会计和出纳,都听命于张某强。张某强在本案中不仅是利害关系当事人,如果有挪用资金的犯罪发生,主要行为人应为张某强,最起码是共同犯罪人。并且,从本案举报的过程来看,难以排除张某强因被停止工作而对林某某进行报复、诬告陷害的嫌疑。一审判决不仅未对张某强的作用和地位进行慎重的研究,反而将其证言不加分析地采信,作为给林某某定罪的证据,显然是不妥当的。

(二)关于西安××公司的资本结构和股东权益

西安××公司是香港思创公司与西安市长安旅游公司合资成立的。其中香港思创公司投资美元和人民币共折合88万美元,西安市长安旅游公司投资土地和美元共折合21万美元。香港思创公司是林某某和郑某某(及其妻)各投资50%成立的合伙公司,其中向西安××公司的投资二人各占50%。

1996年11月,西安××公司董事会决定分配第一期利润,同时决定由香港思创公司对西安××公司承包经营。由于双方在承包条款上存在争议,直到1999年5月27日才正式签订了承包经营协议。但在协议中对承包的时间仍确定为1997年元月1日开始。这个承包协议中主要约定了以下内容:

第一，确认1996年11月11日董事会对第一期售房利润372万元的分配方案，给西安市长安旅游公司的利润合计为105万元，由于香港思创公司已对公司承包，故其应分得267万元，仍存于西安××公司账户。

第二，决议从1997年元月1日起，每年由承包方向西安市长安旅游公司缴纳税后利润40万元作为投资回报。

第三，香港思创公司在独立承包期间风险自负，一切债权、债务全部由其自行承担，与西安市长安旅游公司无关。

除第一期房屋销售并进行利润分配外，至2000年7月移交工作，按销售房屋面积计算和李某华制作的房屋销售表，二、三期商品房销售收入共10,476万元，扣除各种费用可实现税前利润4000万元。按承包协议和2000年7月10日的董事会决议，西安市长安旅游公司应分180万元（实际已分得120万元），其余3800万余元为香港思创公司两位股东林某某、郑某某所有（未纳税）。

根据西安××公司章程规定，每年应向股东进行利润分配。由于该公司实际一直由林某某经营管理，加上1997年元月1日香港思创公司开始承包经营，除第一期给西安市长安旅游公司分105万元，1997年至1999年又给西安市长安旅游公司分得利润120万元之外，其余利润没有进行分配。

西安××公司财产包括注册资本金，税后利润提留的三项基金以及企业的固定资本，每年应向股东分配的利润属于股东个人所有。西安市长安旅游公司每年已取得了税后利润，从1996年至2000年合计225万元，香港思创公司两位股东对税后利润没有核算也没有分配，除郑某某1998年预分走600万元以外，林某某没有支取应得的利润。由于西安××公司的合资性质，不应当将股东依章程应分配而未分配的利润也认定为企业的财产，否则不仅对未分配利润的股东不公平,而且违背了公司章程、违背了《公司法》的明文规定。

转往陕西××置业有限公司的810万元资金,是属于西安××公司的财产还是属于林某某应分配的利润,在没有经过审计以前还难以作出明确的判断,但是林某某可以使用600万元则是经董事会决定认可的,余下部分也仅仅是双方如何算账的问题,认定为挪用资金的犯罪显然定性错误。

一审判决为了给林某某定罪,竟然不顾事实,将西安市长安旅游公司1996年11月第一期分得的利润硬说成是承包金而非分配的利润。请问,承包协议确定的时间是从1997年元月1日开始,1996年还没有发生承包何来承包金?而承包金与利润在本质上又有什么区别?为了正确认定案件事实,辩护人建议二审法院对西安××公司的财务账和房屋销售收入按所得利润委托审计机构进行审计。按照公司法和公司章程对每年销售收入进行核算、分配,以确定西安××公司的财产范围和数额,从而判断林某某是否挪用了西安××公司的资金。

(三)关于郑某某拿走的600万元到底是分的利润的还是借款

一审判决认定,"经查,被告人林某某与郑某某合伙创办思创公司以来,从未就公司经营的负债,盈利及分配等问题进行过约定。在西安合作开发房地产的项目完成以后,也未就利润的多少和如何分配进行讨论,其间经时任总经理林某某的批准,郑某某先后从西安××公司借款600万元"。

对此,辩护人认为,首先,林某某、郑某某对香港思创公司的问题是否约定与本案没有多大关系。其次,如果没有对西安××公司房地产开发的利润和分配进行讨论,郑某某如何能提出"借"600万元,林某某如何能同意"借"给600万元?此数字怎么来的?二者之间有不可分割的逻辑关系。最后,股东谅解备忘录白纸黑字非常清楚"鉴于郑某某先生已于1998年分得600万元资金”,原判却将“分”改为“借”。虽然西安××公司财务账上将此600万元作为借款处理,但林、郑二人都明知此款是分而非借,所以才有股东谅解备忘录的签订。从法律上讲,借款应有借款时间、数额、还款时间和利息的约定,而这600万元既无借条,也无还款时间,更无利息约定,根本不具备借款的基本特征。不知原判将郑某某自己都认可的分得600万元,为什么要认定为借款?如果因为郑某某分了600万元,就不好给林某某定罪,而硬要不顾事实将分说成借,这就不是一般认识问题,而是在枉法裁判。

(四)林某某主观上没有挪用资金的犯罪故意

一审判决认定,“被告人林某某注册成立陕西××置业有限公司的目的就是承建‘西安锦绣花园’项目,这不仅有其本人的供述,且有张某强、侯某等人的证言印证,更有林某某同雁塔区地税局签订的变更乙方的协议书”。

辩护人认为,一审判决对此事实的认定,只采信了部分证据,而对另一部分能够证明林某某主观上认为“西安锦绣花园”项目是属于西安××公司的证据却视而不见。如前所述,这些证据包括三份补充协议、雁塔地税局给林某某发来否定变更乙方协议书的函以及林某某同意的签字等书证。这些证据和事实表明,联建合同的双方是雁塔地税局和西安××公司,陕西××置业有限公司只是参与了该项目,参与的目的是促进项目的报建和开发。

退一步讲,即使认定林某某是为陕西××置业有限公司做“西安锦绣花园”项目,那也是在避免违约的情况下不得已而为之。西安××公司与雁塔地税局签订联建合同之后,西安××公司为项目规划、设计以及报建等支付了大量的资金。1998年5月,郑某某提出要分配西安××公司的利润,并实际已分走600万元,表示出不同意开发新项目的意愿。如果郑某某坚持不做“西安锦绣花园”项目抽走资金,就可能无法履行与雁塔地税局的联建合同。为了防止可能出现的违约,林某某才产生了成立陕西××置业有限公司的想法,用自己分得的600万元先向“西安锦绣花园”投资,如郑某某愿加入,继续以西安××公司做项目;如果郑某某不愿加入,则由陕西××置业有限公司来做。正因如此,林某某才会出现上述表现。所以,林某某等人成立陕西××置业有限公司是为了“西安锦绣花园”项目,但不能据此就认为林某某已将此项目变更为陕西××置业有限公司所有,因为这样认定与事实不符,也与林某某的主观愿望不符。

三、20万美元属林某某所有,林某某不构成职务侵占罪

1992年,林某某、郑某某合伙的香港思创公司与于某东各投资50%成立香港盈标公司。1992年10月香港盈标公司与上海长宁住宅建设公司合资成立上海锦标房地产发展公司(以下简称上海锦标公司)。杨某康任董事长,郑某某任副董事长,林某某任总经理。上海锦标公司开发了“上海锦绣花园”房地产项目。1994年3月,上海锦标公司董事会在西安召开会议,决定对“上海锦绣花园”房地产经营利润进行分配,由于锦标公司尚未缴纳税款,故董事会按财务意见对双方按投资比例以预借的名义分配,其中上海长宁公司178.5万美元,香港盈标公司171.5万美元。后香港盈标公司对171.5万美元在香港思创公司与于某东之间又进行了二次分配,其中郑某某分得80万美元汇往其在深圳的思创电气公司;林某某分得20万美元汇往西安××公司;于某东分得40万美元连同余下的30多万美元投资到上海浦东的项目。林某某根据二次分配的决定,以总经理身份安排上海锦标公司财务对171.5万美元分别办理汇款至深圳思创电气公司、西安××公司、上海浦东等公司。在办理向西安××公司汇款时,上海锦标公司根据银行意见,补写一份董事会决议,以投资款名义将20万美元汇往西安××公司账户。西安××公司财务也以投资款名义入账。此后,林某某想将自己的20万美元汇往香港特区,但外汇管理有规定,在别人的建议下,林某某让财务人员以广告费名义分两次将20万美元汇往香港汉禾公司账户,后又由香港汉禾公司开具收款收据交财务,西安××公司财务人员于1996年12月30日入账核销。

辩护人认为,此20万美元不是西安××公司的财产,一审判决认定林某某犯职务侵占罪没有事实和法律依据。具体理由如下:

第一,香港盈标公司共有三位股东:林某某、郑某某和于某东,于某东作为香港盈标公司的股东之一,是香港盈标公司从上海锦标公司分得171.5万美元后在内部进行二次分配的重要证人。于某东在二审庭审中出庭的证言证明了林某某的口供属实,请二审法院予以采纳。

第二,1998年上海锦标公司清盘报告已明确1994年以借的名义向股东按投资比例分配利润,这一证据并非如一审判决书所说是对"股东借款情况所作的一种评判",而是对当时利润分配的记载和确认。如果是借款,为什么要按投资比例借?而且投资双方不管是否需要都给借款?为什么没有还款时间和利息?而香港盈标公司也未将"借"来的款投资开发新项目,也没有存入银行,而是将"借"来的款在股东中直接进行了二次分配,没有任何还款的打算。显然,所谓借款不是真实情况。

第三,上海锦标公司董事长杨某康证明,汇给西安××公司的20万美元以投资款名义汇出所依据的董事会补充决议是按银行的要求补的,而事实上上海锦标公司不是西安××公司的股东,该董事会的决议不具有真实性。

第四,西安××公司财务人员将20万美元以投资款入账,完全是按汇款用途上的文字抄袭的,是不是投资款、是谁的投资款,财务人员并不知道。香港思创公司两位股东林某某、郑某某均没有向西安××公司申明过20万美元是投资款。

第五,1997年4月10日陕西诚兴会计师事务所对西安××公司年检验资时,确认第一阶段验资为1994年1月18日,当时注册资本是109万美元,其中香港思创公司88万美元,西安市长安旅游公司21万美元。此次验资时上海的20万美元还没有汇来,此时西安××公司的注册资本中不可能有此20万美元。第二阶段验资时间1997年4月10日,确认香港思创公司又投入资金161.9万美元,其中,1996年4月18日投入美元47,531.85元,1997年4月4日西安市曲江信用社证明西安××公司存款累计人民币1300万元,折合美元157.1万元。在这次验资中,也没有上海汇来的20万美元。而1998年西安××公司变更注册为109万美元,实际是对1997年验资时的虚假投资部分予以更正。将1996年4月18日美元47,531.85元和信用社的人民币1300万元均不作为注册资本,从注册和验资资料中均没有香港思创公司增加20万美元为投资款的任何证据。所以西安××公司财务人员将20万美元记为投资款是不符合事实的。

第六,郑某某从香港盈标公司分得80万美元汇往深圳思创电气公司,一审判决认定为"80万美元归还了思创电气公司",此与事实不符。根据一审案卷中深圳思创电气公司的企业注册证明,该公司与林某某毫无关系,香港盈标公司与深圳思创电气公司也没有任何债权债务关系,不知所谓"归还"有什么根据?此外,香港盈标公司也不是西安××公司的股东,一审判决所谓香港盈标公司借款"20万美元作为投资款注入××公司"更是毫无根据。同是一个公司的股东,郑某某拿走利润中的80万美元,一审判决认为合理合法,而林某某拿走20万美元被认定为侵占犯罪,其公正性、公平性何在!

第七,1993年西安市长安旅游公司也曾将另20万美元以投资名义存在西安××公司账上,后又转回15万美元。同样的行为,为什么有两种不同的判断标准?

综上所述,辩护人认为,无论是从客观方面还是主观方面,林某某的行为都不符合挪用资金和职务侵占的犯罪构成,一审认定林某某构成犯罪并处以刑罚是错误的,请二审法院纠正一审法院的错误判决,宣告林某某无罪。

以上辩护意见,请合议庭参考采纳。

被告人林某某辩护人:

北京市京都律师事务所律师　田文昌

陕西克利律师事务所律师　瞿　征

2002年6月10日

何某被控投机倒把，非法持有国家绝密、机密文件罪案

案情简介

何某，海南某工贸总公司（以下简称海南公司）原法定代表人、总经理。

本案起诉书指控何某犯有两项罪行：

一、投机倒把罪

1994年年初，在该公司为中国国际工程和材料公司（以下简称国际公司）、湖北沙市农业发展公司（以下简称沙市公司）代理进口报关15,248.47吨钢坯业务过程中，与四川内燃机厂（以下简称川内厂）厂长林某商定，由该厂向实际购货方开具增值税发票，并先后于1995年3月和7月，指示海南公司财务人员以该公司名义为川内厂开具了五张增值税发票，税额共计5,053,775.90元，由川内厂将取得的发票全部抵扣，构成投机倒把罪。（说明：何某案发时，刑法已经增设了虚开增值税专用发票罪，但是根据从旧兼从轻的原则，仍以投机倒把罪起诉）

二、非法持有国家绝密、机密文件罪

何某对北京市公安局于1999年12月27日在其居住地北京市×区×花园×号及其办公地点北京市×区×中心×室查获的10份绝密、机密文件,拒不说明来源与用途,因而构成非法持有国家绝密、机密文件罪。

辩护思路

辩护律师经过对案情认真仔细的分析,认为海南公司在与沙市公司、国际公司、羌某公司具有真实交易的情况下,为虚增其持有法人股的川内厂的销售业绩,增加增值税专用发票的流转环节,为川内厂开具增值税专用发票的行为,虽然违反了国家关于增值税专用发票管理的有关规定,但因其不具有骗取国家税款的目的,不会也没有给国家税收造成损失,故何某的行为不构成投机倒把罪。

关于非法持有国家绝密、机密文件罪的指控,何某不是文件的持有人,客观上虽然不能说明文件的来源,但对文件的用途已作出说明,且主观上不明知被查出的文件属于绝密、机密文件,故其行为不构成非法持有国家绝密、机密文件罪。

辩护词(一审)

审判长、合议庭:

北京市京都律师事务所受本案被告人何某家属的委托,指派我们担任被告人何某的辩护人,接受委托后,我们会见了被告人,进行了阅卷和调查取证,现提供如下辩护意见,请法庭考虑。

我们认为:本案被告人何某被指控的两项罪名均不能成立。

一、关于投机倒把罪

起诉书认定的事实为:被告人何某在担任海南某工贸总公司(以下简称海南公司)法人代表、总经理期间,于1994年年初,在该公司为中国国际工程和材料公司(以下简称国际公司)、湖北沙市农业发展公司(以下简称沙市公司)代理进口报关15,248.47吨钢坯业务过程中,与四川内燃机厂(以下简称川内厂)厂长林某江商定,由该厂向实际购货方开具增值税发票,并先后于1995年3月和7月,指示海南公司财务人员樊某以该公司名义为川内厂开具了五张增值税发票,税额共计人民币5,053,775.90元,川内厂将取得的发票全部抵扣。

起诉书据以认定以上行为构成投机倒把罪的法律依据为:《刑法》第12条、1979年《刑法》第118条、"两高"《关于办理伪造、倒卖、盗窃发票刑事案件适用法律的规定》第2条及第5条。《刑法》第12条规定的是"从旧兼从轻"原则;1979年《刑法》第118条规定的是走私和投机倒把罪的量刑幅度;"两高"《关于办理伪造、倒卖、盗窃发票刑事案件适用法律的规定》第2条是对可以被认定为投机倒把罪的行为的具体规定,第5条规定的是单位实施该规定第1、2条所列行为,应对直接负责的主管人员和其他直接责任人员追究刑事责任。所以,要确定本案被告人何某的行为是否构成投机倒把罪,应具体分析其行为是否符合"两高"上述规定第2条的规定。

上述规定第2条的内容为:"以营利为目的,非法为他人代开、虚开发票金额累计在五万元以上的,或者非法为他人代开、虚开增值税发票抵扣税额累计在一万元以上,以投机倒把罪追究刑事责任。"由此可见,投机倒把罪的犯罪构成,既要求行为人在主观上具有营利的目的,又要求行为人在客观上实施了非法代开、虚开发票的行为,否则不构成此罪。

结合本案事实,我们认为:

1. 被告人指示海南公司向川内厂开具增值税发票的行为并不具有营利的目的。

无论是何某的供述，还是林某某、周某的供述，均表明在办理15,248.47吨钢坯业务过程中，双方约定海南公司按每吨5元付给川内厂费用。因钢坯的最终买家所付的代理包干费是确定的，海南公司不但不会因与川内厂合作代理进口而盈利，反而会因此减少收入。由此可见，被告人指示海南公司开票给川内厂的行为，并非以营利为目的，因为他根本不可能因此营利。如果要分析被告人行为的目的，增加川内厂的经营业绩，应是唯一合理的解释，林某某的供述也证明了这点。公诉人认为海南公司作为川内厂的股东，增加川内厂的经营业绩，有助于川内厂上市，故其有极大的期待利益。我们认为，可期待利益和营利是两个不同的概念，只有直接以后者为目的，才能构成本罪，不能对法律规定做扩大化的解释。

所以，不应认定被告人的行为是以营利为目的，其行为不符合投机倒把罪的构成要件。

2. 被告人行为不是非法虚开增值税发票的行为。

虽然最高人民法院《关于适用〈全国人民代表大会常务委员会关于惩治虚开、伪造和非法出售增值税专用发票犯罪的决定〉的若干问题的解释》颁布于被告人行为之后，但其第1条对于虚开增值税专用发票行为解释，可作为参考以帮助我们正确认定被告人行为的性质。根据该解释，虚开增值税专用发票行为的表现形式有三种："(1)没有货物购销或者没有提供或接受应税劳务而为他人、为自己、让他人为自己、介绍他人开具增值税专用发票；(2)有货物购销或者提供或接受了应税劳务但为他人、为自己、让他人为自己、介绍他人开具数量或者金额不实的增值税专用发票；(3)进行了实际经营活动，但让他人为自己代开增值税专用发票。"

作为开出发票一方,被告人何某的行为显然不属于第(3)种表现形式,同时,其行为也不具备前两种表现形式的特征:

(1)海南公司与川内厂、沙市公司及国际公司之间存在实际的交易关系。在进口15,248.47吨钢坯的过程中,海南公司、川内厂、最终买家沙市公司和国际公司,是一系列环环相扣的交易关系,海南公司与沙市公司及国际公司均签订了进口代理协议。海南公司为帮助川内厂扩大其经营业绩,又与川内厂签订了代理协议,将钢坯进口业务转委托给川内厂,这种业务安排并不被国家的法律所禁止。进口货物入境后,为节约成本并未将货物在海南公司及川内厂的仓库入库,而是在货物到港后交付给了最终的买家,这并不影响海南公司与川内厂及沙市公司、国际公司之间的交易关系的成立。在现实生活中,国际贸易往往是以这种方式进行,即由几家各具不同优势的公司联合运作,各负其责,而货物及货款并不必在几家公司间流动,由最终买家直接付款收货即可。沙市公司、国际公司在收货后,对由川内厂开具的货物发票并未表示异议,实际已就海南公司转委托川内厂的行为予以了认可。(1995)内中法经初字第4号民事判决书、(1995)川高法经二终字第201号民事判决书均认定海南公司开票给川内厂,川内厂开票给沙市公司的行为是一种转委托行为,且已为沙市公司追认,行为合法有效。

公诉人以林某江、周某称海南公司与川内厂协议是被告人为与沙市公司打官司而后签的,他们认为交易并不存在为由,得出海南公司与川内厂并无实际交易的结论。我们认为,公诉人的这种证明是不能成立的。第一,对于双方签订的协议,不能因协议一方称其为虚假即认定为虚假。第二,即使协议是后签的,也是双方真实意思表示,其交易行为也已经发生了,不能以协议的先后有无,证明交易行为的存在与否。第三,不能以林某江、周某个人的主观认识为证据,来证明客观事实是否存在。第四,四川两法院认定海南公司与川内厂的行为合法有效,并不仅凭两方的协议,而是查明了交易的整个过程,特别是因沙市公司未对川内厂出具的增值税发票提出异议,从而认定了海南公司与川内厂之间转委托关系合法有效,因此其认定是正确的。海南公司、川内厂、国际公司之间的关系亦是同样性质。

由此可见,海南公司、川内厂、沙市公司及国际公司几方的交易行为是实际存在的。被告人的行为不属于最高法对虚开增值税发票行为的解释的第(1)种表现形式。

(2)海南公司向川内厂开具的发票金额与实际购销的货物数量、金额相符。

针对两批货物,海南公司分两次如实向川内厂开出了增值税发票,第一次于1995年3月11日开出编号为28058、28059、28060发票三张,数量共9628.89吨,价税合计21,660,325.17元,第二次于1995年7月10日向四川峨眉柴油机股份有限公司(川内厂改制后名称)开出编号为28063、28064发票两张,数量共5471.87吨,价税合计13,121,544.26元(P76—77,内江市税务稽查局处理决定书,证据中无此发票)。两次开出的发票金额均与实际发生的交易数量、金额吻合,因此被告人的行为也不属于最高人民法院对虚开增值税发票行为的解释的第(2)种表现形式。

综上,被告人的行为不符合最高人民法院对虚开增值税发票行为所做的司法解释,不应被认定为虚开增值税发票的行为。

被告人的行为没有骗取税款的故意,也没有造成国家税款流失,而是按章缴纳了各项税款。

被告人何某所属的海南公司对于发生的15,248.47吨的钢坯交易,丝毫没有骗取国家税款的故意,在海南公司与川内厂这一交易环节上,更没有造成国家税款流失的结果。海南公司就9628.89吨钢坯向税务局缴纳了增值税501,121.51元,就5471.87吨钢坯预交了税款40万元。海南公司在进口过程中还将进口9628.89吨钢坯应向西藏海关缴纳的约160万元税款分批支付给了西藏羌某公司,但因西藏羌某公司隐瞒其为小规模纳税人、无法开具增值税发票的事实,并迟迟不向西藏海关缴纳该笔税款,致使海南公司无法及时取得合法增值税发票。后西藏羌某公司在海南公司的一再催促下,向其提供了西藏华某药业集团有限公司开出的增值税发票16张,但该发票不符合法律规定,无法抵扣,海南公司立即向海南税务部门报告了此情况,并按实际增值额缴纳了增值税。在此过程中,海南公司一直是无过错的受害方,显然没有骗取国家税款的故意。关于5471.87吨钢坯的交易,更是由于沙市公司的欺诈产生纠纷,沙市公司已被四川高院判决负责支付西藏海关关税,现已执行部分款项。

我国《刑法》及相关的各种司法解释对虚开增值税发票的行为进行处罚的立法目的,主要是防止及惩治以此为手段偷、逃、骗取国家税收,海南公司将发票开给川内厂,由川内厂开票给最终买家的行为没有也不会造成国家税收的损失,因此该行为不属于刑法规范处罚的范围。

综上所述,被告人何某在担任海南公司法定代表人期间向川内厂开具5张增值税发票的行为,是已经人民法院判决为合法有效的转委托行为,其开票票面数量、金额均符合实际发生的钢坯交易,且不存在骗取国家税款的事实和故意,也不以营利为目的,故其行为不符合法律对投机倒把罪的构成要件的规定,因而不构成投机倒把罪。

二、关于非法持有国家绝密、机密文件罪

起诉书认定的事实为:被告人何某对北京市公安局于1999年12月27日在其居住地北京市×区×花园×号及其办公地点北京市×区×中心×室查获的10份绝密、机密文件,拒不说明来源与用途。

起诉书据以认定以上行为构成非法持有国家绝密、机密文件罪的法律依据为：《刑法》第282条第2款。该款规定为："非法持有属于国家绝密、机密的文件、资料或者其他物品，拒不说明来源与用途的，处三年以下有期徒刑、拘役或者管制。"由此可见，本罪的犯罪构成要件为：(1)国家绝密、机密文件为行为人所非法持有；(2)行为人拒不说明文件的来源与用途。

经过调查、分析，我们认为被告人何某的行为不构成本罪，理由如下：

1. 文件的持有人不一定是被告人何某。

何某在海南公司驻京办事处的办公室不仅是他个人的办公地点，也是公司在北京共同存放文件的地方。其在北京的住所不仅是其私人的居住地点，同时也是公司员工经常进行会议的地方。这一事实有海南公司何某、曹某等七名员工的证明为证（证据1），所以公安机关虽然在上述两处查获了涉密文件，但这些文件有可能是由其他人员所带入或遗留的，作为公司的总经理，被告人无法对他人带入的文件、资料等一一进行审查，特别是对于在作为公司共同存放文件地点的3512室查获的文件，确实存在文件持有人为其他人的可能。

要认定被告人的行为构成犯罪，必须依据现有证据能得出唯一性、排他性结论，否则，如果还存在其他可能性，则应根据"疑罪从无"的原则判定被告人无罪。

2. 被告人何某对文件的来源与用途做出了合理的解释。

如上所述，被查获的涉密文件有可能是由其他人员所带入或遗留的，作为公司的总经理，被告人无法对他人带入、遗留的文件、资料等一一进行审查、登记，在侦查和审查起诉阶段，被告人一直在尽可能地回忆、说明文件的来源，在庭审过程中，被告人也明确表示愿意说明文件来源，当然由于时间较长、人员复杂、被告人本身并非公司收发文件经手人等原因,其所作的说明可能未被查实,但拒不说明来源和因主、客观原因无法说清来源是两种不同的情况,前一种行为是非法持有国家绝密、机密文件罪的构成要件,而后一种情况则不是,不能将二者混为一谈,从而得出被告人的行为符合非法持有国家绝密、机密文件罪构成要件的结论。

关于文件的用途,本案被告人则给出了明确、清楚的说明,即为运作海南公司在相关国家的产业项目。这些项目在所在国具有重要的政治经济用途,涉及我国国家对外政策,需要经国家计划、外经贸部门审批,项目的立项、报批及实际运作必须符合国家当时的有关经贸甚至外交政策,服从政府根据国际形势作出的决定。因此,海南公司在经营过程中了解一些国家的相关政策,也是为了贯彻执行不出偏差。况且查获的文件其内容大部分是关于海南公司自身项目的,与海南公司的具体关系如下:(略)。这些内容对其他人是秘密,对海南公司则是其正常业务。因此被告人对文件用途的说明是合理的,且其说明是真实可信的。

3. 根据立法本意,拒不说明文件来源和拒不说明文件用途两项必须同时具备,才构成本罪。此点提请合议庭予以充分注意。

《刑法》第282条的具体规定为"拒不说明来源与用途的",也就是说,构成本罪的行为,应该是既对文件的来源拒不说明,同时对文件的用途也拒不说明,只有两项同时具备,才构成本罪。如果以上两项具备其中一项即构成本罪,则其表述应该是"拒不说明来源或用途的",但《刑法》第282条的表述为"拒不说明来源与用途的",可见,如行为只具备其中一项,并不构成本罪。

本案中,被告人何某对文件来源及用途均进行了说明,即使将其对文件来源说不清认定为拒不说明,但其对文件的用途的说明仍是真实可信的,由此可证明被告人的行为不符合《刑法》第282条对本罪构成的具体规定，故被告人的行为不应被认定为非法持有国家绝密、机密文件罪。

4. 非法持有国家绝密、机密文件罪属故意犯罪，即该罪的成立在主观上要求行为人明知是国家绝密、机密文件而非法持有，且拒不说明来源与用途。而在本案中，查获的大部分文件本身并未标明为国家绝密、机密文件，且这些文件的内容又多与海南公司的项目有关，作为一名普通的企业经营者，被告人对于并未标明为国家绝密、机密的文件，并无能力判断哪些是国家绝密、机密文件而不能持有。即使是对于标注为国家绝密、机密的文件，因其内容与海南公司的项目相关，被告人了解其内容的目的是按国家政策运作公司项目，并无其他非法目的，也不应据此认定被告人在主观存在非法持有的故意。由此可见，被告人在主观上并非明知相关文件为国家绝密、机密文件不能持有而非法持有，即被告人在主观上并无犯罪的故意。

综上所述，被告人何某并未拒不说明文件的来源与用途，且其对文件的用途做了真实可信的说明，被告人也不一定就是文件的持有人，其在主观上并无犯罪的故意，故其行为不符合法律对非法持有国家绝密、机密文件罪构成要件的规定，因此不构成该罪。

以上，就是我们对被告人何某不构成起诉书所指控罪名的辩护意见。最后，应该指出，本案被告人何某自2000年2月4日被刑事拘留，至今羁押已两年有余。海南公司虽名义上为集体企业，实际上是何某自己经营的民营企业，在何某经营公司的十几年里，海南公司没有用国家一分钱，依靠何某及公司全体员工的努力，发展到现在具有较大规模和在国际上享有较高声誉，其从事的机电产品出口及承包国外水电项目，为国家带来了较多的外汇收入，何某被羁押以后，海南公司的正常业务开展已受到了影响，故恳请人民法院充分考虑辩护人的辩护意见，查清事实，正确适用法律，公正审理本案。这不仅体现了国家对何某个人，也体现了国家对海南公司及如海南公司一样的其他民营企业的依法保护。

辩护人：

北京市京都律师事务所律师　田文昌

北京市京都律师事务所律师　孟　冰

二〇〇二年三月二十五日

辩护词（二审）

审判长、合议庭：

北京市京都律师事务所受本案上诉人何某家属的委托，指派我们担任上诉人何某的二审辩护人。根据一审判决书、阅卷情况及调取的部分新证据，现提供如下辩护意见，请法庭考虑。

我们认为，一审判决认定事实不清，适用法律不当，上诉人何某被指控的两项罪名均不能成立。

一、关于投机倒把罪

1. 关于戴某弟受指示开具增值税专用发票。

一审判决认定何某先后于1995年3月和7月指示其公司财务人员樊某、戴某弟以海南科工贸总公司（以下简称海南公司）名义，向四川内燃机厂（以下简称川内厂）虚开了销售钢坯的增值税专用发票。此项认定不符合事实。

根据海南公司提供的《关于戴某弟来公司工作时间的证明》及该司职工工资发放表（证据1），戴某弟自1997年6月才首次到海南公司任职，戴某弟不可能于1995年3月或7月依何某指示向川内厂虚开任何增值税专用发票。

2. 关于以营利为目的。

一审判决认定因何某任总经理的海南公司持有川内厂的法人股,所以其通过虚开增值税发票的方式帮助川内厂扩大销售业绩,促其上市,谋求公司获利,属于“以营利为目的”。以上认定与事实不符,且定性不当。

首先,根据海南公司员工吴某正的证言(证据5),海南公司对川内厂上市的支持及其他一切合作均仅仅是作为将吴某正从川内厂调入的交换条件,并没有营利目的。

其次,《刑法》规定中的营利指的是一种经营行为的目的,即通过经营直接获取利益。海南公司作为川内厂改制后的股份公司的股东,帮助其增加销售业绩,仅存在一种可期待的间接利益,这与《刑法》规定的营利是两个不同的概念。因此,不能因海南公司有可期待的间接利益,即认定其行为具有营利的目的。

3. 关于协议是否补签。

一审判决认定川内厂与海南公司签订的进口钢坯的代理协议是为了帮助海南公司与湖北沙市农业发展公司(以下简称沙市公司)打官司而事后补签的。此项认定与事实不符,且并不能因此即得出海南公司与川内厂之间无交易关系的结论。

首先,事实证明,该钢坯代理协议并非事后补签。海南公司员工张某某、邱某某均于1994年参与了该协议的签订,并出具相应证言(证据2、证据3);协议签订当时任海南公司新疆办主任的吴某正曾于1994年听何某谈及该协议,并留有何某当时传给他的协议复印件(证据4)。

其次,即使协议是事后补签的,也是双方真实意思表示,其交易行为也已经发生了,不能以协议的先后有无证明交易行为的存在与否,即不能因此得出海南公司与川内厂之间无交易关系的结论。

4. 关于转委托关系。

一审判决认定除何某外，无一家单位认同川内厂与其发生了真实的经营活动，具体买家接受川内厂发票并不意味转委托关系的成立。以上认定不当。

首先，不能以人的主观认识来判断客观事实的是否存在，相关单位是否认同，并不能影响交易关系或转委托关系存在的事实。

其次，海南公司向川内厂开具增值税专用发票，而由川内厂向实际购买方开具销售钢坯的增值税专用发票的行为应属于事后追认的转委托行为。

海南公司与买家沙市公司、国际公司均有书面的代理协议，形成民事代理关系。川内厂的介入是基于其与海南公司签订的转委托协议，而各最终买家接受了川内厂的发票并未提出异议，且据此做账并进行了抵扣纳税，此事实可以证明该转委托行为也得到了各最终买家的追认。

《民法通则》第 68 条规定，转委托行为如事先未取得被代理人同意，应事后及时告知被代理人，如被代理人不同意，代理人对转委托人行为负责。由此可见，如被代理人同意，则该转委托关系即合法有效。而《民法通则》第 66 条规定，本人知道他人以自己名义实施民事行为而不做否认表示的视为同意。本案中，最终买方不但未做否认表示，而且以实际行动接受了海南公司转委托川内厂的行为，因此，此转委托关系为符合法律规定的合法有效的转委托关系。

同时，（1995）内中法经初字第 4 号民事判决及（1995）川高法经二终字第 201 号民事判决书均已认可此行为是事后被追认的有效的转委托行为，以上已生效的人民法院的民事判决应可作为本案定案的有力证据。

5. 关于开具增值税专用发票的行为性质。

一审判决认定何某的行为构成《刑法》规定的虚开增值税专用发

票罪的行为,以上认定不符合相关法律规定。

(1)根据最高人民法院《关于适用〈全国人民代表大会常务委员会关于惩治虚开、伪造和非法出售增值税专用发票犯罪的决定〉的若干问题的解释》,虚开增值税发票最本质的表现可以概括为三类:无货开票、货票不符、开具假票。本案中,海南公司与买家最终都进行了真实的货物交易,显然不属于无货开票;海南公司开具票据的名称、金额与实际货物的交易质、量完全相同,亦不属于货票不符;票据的真实性又可以排除开具假票的可能,故本案被告人的行为不属于法律规定的虚开增值税发票的犯罪行为。

(2)退一步讲,即使海南公司与川内厂之间是一种虚假的民事关系,但因其行为后果没有、也不会导致国家或任何第三人的利益受到损害,故其行为性质也只是一种不正当的开票行为。依据《发票管理条例》《增值税发票管理条例》的规定,不正当开具发票的行为均属于上述条例调整的范围,但并不是所有不正当开具增值税发票的行为都构成犯罪,否则上述条例毫无意义。何某及海南公司的行为虽可能构成违反相关行政法规的不当开票行为,但根据《刑法》关于虚开增值税发票罪的规定,本案被告人的行为并不属于《刑法》规定的虚开增值税专用发票的犯罪行为。

(3)何某及海南公司的行为没有偷税、漏税或骗取税款的情节,没有使国家利益受到损害也不存在这种损害的可能。《刑法》第205条对虚开增值税专用发票的规定表明,其立法目的在于打击骗取国家税款的行为,而何某及海南公司的行为并未侵害刑法所保护的"法益",即没有骗取国家税款,所以,不构成虚开增值税专用发票罪。

二、关于非法持有国家绝密、机密文件罪

1. 关于涉密文件的获取和持有人。

一审判决根据证人戴某、毕某、刘某某、袁某的证言认定,本案中的涉密文件均是由何某获得并持有。以上认定与事实不符。

首先,以上证人并无一人证明是何某获取了涉密文件。其次,公安机关查获部分涉密文件的北京市×区×中心×室是海南科工贸总公司北京办事处员工共用的大办公室,何某的办公室只是其中一间(证据10),任何人都有可能携带任何文件自由出入,因此,并不能当然的肯定文件持有人为何某。最后,因何某经常在家中召集公司员工开会,也并不能排除他人将文件带入其家中的可能。

2. 关于文件用途。

一审判决认定何某对涉密文件不能说明来源与用途。以上认定明显与事实不符。

在侦查、起诉、审判阶段,何某均已说明上述文件是用于在国内保险、外汇、计委、外经部、海关等办理项目的审批、立项、贷款、保险、外汇审批、技术出口、料件加工等。一审阶段辩护人提供的文件及海南公司员工何某、何某某、戴某某、杨某、邱某某等人的证言(证据6~证据8)均可证明何某对涉密文件用途的说明是真实的。

3. 关于本罪构成。

一审判决认定何某非法持有属于国家绝密、机密文件,拒不说明来源,其行为构成非法持有国家绝密、机密文件罪。以上认定明显与法律规定不符。

根据《刑法》第282条第2款的规定:非法持有属于国家绝密、机密的文件、资料或者其他物品,拒不说明来源与用途的,处3年以下有期徒刑拘役或者管制。因此,构成非法持有国家绝密、机密文件罪的客观必要条件有:非法持有、拒不说明来源、拒不说明用途,三者缺一不可。本案中,何某虽然由于客观原因无法说清文件的来源,但对文件的用途均做了清楚的说明,且得到了其他证据的印证。其行为不具备该罪要求的“拒不说明用途”的要件,因此,不应被认定为构成非法持有国家绝密、机密文件罪。

综上所述，我们认为一审判决认定事不清，适用法律不当。请求二审法院纠正一审判决错误，作出公正的终审判决，宣判被告人何无罪。

辩护人：

北京市京都律师事务所律师　田文昌

北京市京都律师事务所律师　孟　冰

二〇〇二年六月二十八日

审理结果

一审判决以投机倒把罪判处何某有期徒刑 8 年，以非法持有国家绝密、机密文件罪判处其有期徒刑 3 年，决定执行有期徒刑 9 年。

经上诉，二审判决在投机倒把罪的认定上完全采纳了律师的辩护意见，认定何某不构成投机倒把罪，而以非法持有国家绝密、机密文件罪判处其有期徒刑 3 年。

乔某某被控集资诈骗罪案

案情简介

1995年年初，本案被告人乔某某为解决筹建承德天地大酒店和投资深圳讯业电子发展有限公司（以下简称讯业公司）的“信息高速公路项目”所需资金，找到时任中国工商银行×市分行（以下简称×市工商银行）房地产信贷部（当时该房地产信贷部是独立法人单位）主任的齐某某，向其要求贷款。1995年5月8日，乔某某的宏盛公司与×市工商银行房地产信贷部签订了融资2亿元的协议。作为该信贷部的法定代表人齐某某还亲自到讯业公司进行考察并取得该公司的担保书。

而后，被告人乔某某、齐某某（已病故）、吕某军（批捕在逃）、吴某珍（在逃）、赵某城（在逃）等人以支付高额利息为条件开始联系储户。从1995年6月至1996年9月共计有25笔，合计金额为23,604万元的资金存入×市工商银行房地产信贷部，由宏盛公司支付高额利息部分，由房地产信贷部办理正常的存款手续并给储户出具了存单。这些资金全部采取体外循环的方式直接进入了宏盛公司的账户。后因无力偿还而引发此案。

公诉机关认为上述行为是乔某某、齐某某合谋,用"以存借贷"的方式进行集资诈骗。其理由有:给储户开具的存单不是从工商银行领取而是齐某某从工商银行太平桥办事处索取的;齐某某在同宏盛公司签订合同时使用的是从该信贷部副主任郭某生处要来未启用的"×市工商银行房地产信贷部"的公章;齐某某还从房地产信贷部会计宋某蔚、出纳王某红处要来已作废的私人印章为开具假存单做准备并让另一被告人乔某刚私刻宋某蔚、王某红印章各一枚;案发后深圳讯业公司不承认为宏盛公司出具了担保书,担保书上的印章也不是讯业公司正在使用的公章,因此认定该担保书系乔某某、齐某某伪造。

辩护思路

集资诈骗罪的特征是主观上必须具有非法占有的目的,客观上实施了非法集资的行为。然而,对本案的证据进行客观、定量地分析,可以否定被告人乔某某构成集资诈骗罪。例如,关于占有目的问题。我们对宏盛公司贷入的25笔(起诉书指控其中的20笔)资金的使用情况进行了精确计算,得出其贷入资金后用于投资、支付正常利息、有明确债权债务关系的借出资金以及已经归还的资金占贷款总额的89.87%,而被侦查机关和检察机关认定被乔某某挥霍的仅占贷款总额的4.32%。且尚无确凿证据证明此客观比例可以支持我们否定乔某某主观上具有占有目的的辩护观点。又如,本案的关键问题,即深圳讯业公司的担保书是否为被告人乔某某和齐某某伪造?围绕这一问题我们通过缜密调查注意到:有证据证明×市工商银行房地产信贷部主任齐某某在贷款之初到过深圳讯业公司进行考察并且是在请示了行长后去考察的;担保书上的印鉴虽说不是深圳讯业公司在公安机关备案的印鉴,但有证据证明该公司曾使用过其他没有在公安机关备案的印鉴;齐某某生前将担保书放在其子齐某松的保险箱内并告诉齐某松这和命一样重要。这些有证据所证明的事实可以否定该担保书系伪造,从而否定被告人乔某某具有诈骗的行为。

根据上述主要事实并结合诸多法院已认定×市工商银行对储户承担支付义务的生效判决等相关事实,可以形成完整的证明体系,否定被告人乔某某的行为构成集资诈骗罪。

辩护词(一审)

审判长、合议庭:

受本案被告人乔某某的委托,北京市京都律师事务所指派田文昌、曹树昌两位律师担任其涉嫌集资诈骗一案的辩护人,依法参与本案的审理。介入本案后,我们查阅了案卷材料,多次会见了被告人,特别是通过庭审调查,我们认为,本案的性质已经清晰,现依法发表辩护意见如下:

集资诈骗罪是指以非法占有为目的,使用诈骗方法非法集资,数额较大的行为。本案被告人乔某某在其行为的全过程中,主观上是否具有非法占有的目的,客观上是否使用了诈骗的手段,是判断其是否构成本罪的关键。下面,辩护人依据庭审调查情况及卷宗材料,结合相关证据对乔某某的贷款行为作以下具体分析:

一、关于非法占有的目的

目的是一种主观认识;判断与认定行为人的主观目的,只能以其所实施的具体客观行为为基础。本案中,乔某某对所取得的资金的具体运作情况，显然是反映其借款目的的重要依据。依据起诉书并结合承德市公安局起诉意见书，从1995年3月至1996年9月，乔某某的宏盛公司的贷入款项及支出情况如下：

1. 在侦查机关列明的宏盛公司共计从×市工商银行房地产信贷部不规范贷出款项25笔中，起诉书只认定了其中的20笔。其中，有5笔未予认定。该5笔贷款分别是：(1)1995年3月21日海口国泰证券公司的1000万元，宏盛公司支付高额息差84万元，案发前已归还本息1053万元；(2)1995年5月8日西安证券公司的1000万元，宏盛公司支付高额息差111.6万元、案发前归还本息1066.5万元；(3)1996年3月21日安徽省堡力电子有限公司的500万元，宏盛公司支付高额息差50万元，案发前本金已归还；(4)1995年8月31日天津新大陆国际投资顾问公司的1000万元，宏盛公司支付高额息差82万元，案发前本金已归还并支付利息64万元；(5)1996年2月16日以要柏林名义的1000万元，宏盛公司支付高额息差24万元、吕某军借款79万元，案发前已归还本金1000万元。

2. 共贷入金额23,604万元（以起诉意见书认定的25笔计算），起诉书认定为19,104万元（以起诉书认定的20笔计算）。

3. 案发前已经归还6308.5万元，占贷款总数的26.73%（以总数为25笔计算）。起诉书认定为案发前退还1625万元，占认定的贷款总额19,104万元的8.51%（以总数为20笔计算）。

4. 宏盛公司支付的高额息差3032.87万元，占贷款总额的12.85%（以总数为25笔计算），起诉书认定为14.06%（以总数为20笔计算）。

5. 宏盛公司借出款项（即指有债权债务关系的，起诉意见书资金去向的第三、四、六、七项）为6492.7804万元。

6. 投资（起诉意见书第五、九项）8203.9128万元，占贷款总额

23,604万元的34.76%,占起诉书认定的贷款总额19,104万元的42.94%。

7.“被乔某某占有、挥霍”[起诉意见书关于资金去向的第十二项(没有看到依据,属推测)]1019.918772万元,占贷款总额23,604万元的4.32%。

8.宏盛公司支付正常利息208.5万元。

9.前述已经归还的、宏盛公司的投资、侦查机关查明有明确债权、债务关系的以及宏盛公司支付的正常利息合计为21,005.19322万元,占贷款总额的88.99%。

上述客观事实及卷中其他材料反映的问题有:

1.起诉书将宏盛公司已经归还的五笔贷款款项在认定时即予以扣除的做法是欠妥的,因为这5笔贷款除第一笔是在融资协议签订前,其他的4笔与另外20笔的唯一区别是案发前已经归还。如果简单地认为,归还了就是合法,不归还的就是诈骗,辩护人认为,这就是通常所说的客观归罪。另外,把这5笔在研究定性时就予以扣除也不利于客观、全面地认识被告人行为的性质。

2.起诉书及起诉意见书均认可“乔某某为解决筹建天地大酒店和投资讯业公司的信息高速公路项目所需资金……”该陈述表明,事实上侦查机关及公诉意见也不认为乔某某是要非法占有这些资金而是将这些资金用于投资和经营,这是符合客观事实的。很显然乔某某主观上取得这些资金的目的是要经营这些资金,并期望获得盈利,而并没有将这些资金占为己有的目的。

3.案发前已经归还的、宏盛公司的投资,侦查机关已经确认有明确债权债务关系的以及支付的正常利息,这几项相加占宏盛公司贷款总额的88.99%。如此大的比例,在客观上也说明乔某某取得贷款后绝大部分是用于生产经营。当然我们并不否认乔某某在此过程中有过分相信自己,盲目、不科学地投资以及过分相信借款人而没有履行手续的情况。但他客观上并没有将贷款占为已有,更不能依此推测他主观上有个人占有的目的。在此需要说明的是:(1)有明确债权债务关系的部分绝非被乔某某个人占有或挥霍。我们在不否认其用款随意性的同时又必须明确指出,有了明确的债权债务关系就有了确定的债务人,债务人就具有偿还义务。不能依其用款的某种随意性来推出其主观上的占有目的。另外,案卷材料也证明,对于这些借款乔某某有记录并让其办公室主任整理过,其主观上是谨慎、重视而并非持放任态度。(2)乔某某在"贷款"过程中所支付的高额息差达3032.87万元,如果把这些也看作经营成本的话,其用于经营的款项的比例还会大大高于88.99%。

4. 根据侦查机关的认定(实际是推测的)被乔某某占有、挥霍的款项仅占其贷款总额的4.32%。控方对此提出,已经归还的款项不应该计算在内,如这样计算认定其挥霍的比例一定会提高。若按公诉人的逻辑,将已经归还和可能归还的统统扣除之后,不能归还的部分就变成了百分之百。这种逻辑岂不是欲加之罪吗?辩护人前面已经指出,"归还的就合法未还的就是犯罪",这是客观归罪。辩护人正是通过对被告人所取得全部款项的使用情况进行全面考察来客观地分析其主观心理状态。通过本案的审理我们不难看出,乔某某的经营是粗放型的,加之他一直认为企业是自己的,能赚钱就行,怎么花钱别人管不着。从客观上看,高额息差被存款人拿走了,中间介绍人是否也要得些好处?其他方面是否还要花销?是否有票据丢失等情况(上述情况肯定有)?如果将上述情况考虑进去,此比例又会大大降低。即使不考虑上述情况,以4.32%与88.99%的比例进行比较,在司法实践中任何人都不能也不应该以此认定行为人主观上具有非法占有的目的。

5. 案发后乔某某没有携款潜逃并主动还款,是其主观上没有非法占有目的的又一客观表现。案发后,乔某某是主动回来到公安机关说明情况并协助公安机关追款的,这是控辩双方没有争议的客观事实。这一情况能说明什么呢? 首先,如果被告人主观上有非法占有的犯罪目的,当事情败露后必然逃跑,因为存在逃跑的条件,而回来则可能被处罚且可能被判重刑甚至极刑。其次,如果其具有非法占有的目的,其手上应当存有大量现金。在有的案件中,行为人开始并无占有目的,但在获得了大量的财物或债务无法清偿后便产生了占有目的而携款潜逃,但乔某某并无此表现。这进一步说明乔某某不仅在贷款当初没有非法占有的目的,而且在其行为的全过程中也没有发生目的的转化。

二、关于诈骗手段

诈骗是指行为人为使他人陷入圈套而制造假象,编造谎言,隐瞒真相的行为。就本案而言,公诉机关认为有可能成为认定诈骗依据的有:

1. "非法"的融资协议;

2. 未启用的"×市工商银行房地产信贷部"的公章;

3. "已经作废"的信贷部的会计宋某蔚、出纳王某红的私人印章;

4. 本案另一被告白某刚受齐某某指使而私刻的宋某蔚、王某红的私人印章;

5. "伪造"的担保书;

6. 齐某某从中国工商银行×市分行太平桥办事处索取的空白存单及齐某某与韩某给储户开具的"假存单";

7. 高额息差(具有违法性、不具有欺诈性);

8. 解付时加宏盛公司的账号(尾号)(非全部);

9. 齐某某给储户出具的保证还款承诺书。

上述事实能否证明乔某某弄虚作假，具有诈骗的手段呢？辩护人通过分析，得出的结论是否定的。综观全案，辩护人认为这些证据甚至也不能证明齐某某弄虚作假。具体分析如下：

1. 融资协议不能证明乔某某的行为具有违法性、欺诈性。其理由有：

(1)据乔某某讲，此协议是齐某某为了方便且使企业也少花公证费而签订的。此事实虽然无其他证据证明，但也没有证据能够否定，这种做法对企业来说是求之不得的，即使是乔某某提出的也无可指责，因为同意与否在于银行方面。恰恰相反，融资协议表现了融资活动的公开性。

(2)此协议是两个法定代表人之间签订的并加盖了两个法人单位的公章。从形式上看，至少从宏盛公司一方看不出具有违法性。

(3)信贷部所盖的未启用的公章与乔某某无关，因为乔某某没有义务和条件去了解该公章是否启用。

(4)乔某某作为非金融机构工作人员，无银行业务常识，法律知识更差，没有能力了解该协议是否违法、违规。

(5)乔某某真实地签字盖章后其法定行为已经完成，齐某某是否请示银行领导，在银行内部是否公开该协议，与乔某某无关。

2. 担保书是否为讯业公司开具，现有证据尚不能证实。此担保书不能证明乔某某的行为具有欺诈性。

(1)乔某某讲此担保书为齐某某到讯业公司考察时办理的，办理时乔未在场(齐某某曾到讯业考察已是没有争议的事实)。现有证据不能证明乔某某参与了此事。

(2)根据承公鉴(痕)字第9806号鉴定书：讯业"公司变更登记申请书""登记注册文书""股东特别决议"三份材料(第8卷工商局提取)上的印章为同一枚；"深圳市公安局三处特营科印鉴卡""深圳

市电子发展有限公司空白信笺"(公安局及讯业提供)上的印章为同一枚;"担保书"上的印章为另外一枚。前两枚印章送鉴材料均源于政府部门和讯业公司提供,可以证明,讯业公司所使用的印章已经至少存在两枚。而只有在公安机关备案的一枚印章才是"合法印章",即事实上,讯业公司已经使用了至少一枚不合法的公章。现"担保书"上的印章虽不能肯定为讯业公司所盖,但鉴于以上情况,不能排除讯业公司还有其他无备案印章存在并使用的可能,即不能排除"担保书"上的印章也为讯业公司所盖。

(3)(8卷00813页)(讯业公司王某平笔录)记载:

"问:'对宏胜公司融资你有何想法、态度。'

"答:'融资开始不知道,现在若属经济问题,我们可以联合有关部门承担过来。'"

为什么可以承担过来?一亿多元资金如果与之无关谁愿意担?谁又能担得起?由此可以合理地推测,讯业公司与融资一事不可能毫无关系。

(4)此担保书是在齐某某的儿子齐某松处提取,而据齐某松交代,齐某某是因为他那儿有保险箱才让他好好保管此担保书的,并说这跟命根子似的(检1卷143页及齐某松的当庭交代)。为什么它会跟命根子似的?命根是命的根本、命的保障,有了它即有命,没了它就没命。而假担保书是没有此作用的。这一事实可以说明齐某某并没有把此担保书当成假的,并且印证了担保书是由齐某某找讯业公司开具的。齐某某在金融机构工作多年,经验丰富。如果此担保书是乔某某给他的或者是通过其他不规范的途径得到的,他不应该也不可能认定它是真的,更不可能把它当成命根子。只有在讯业公司当面办理、盖章,齐某某才可以认定其为真,才可以认为它是还款的保障,是命根子。请法庭对此予以重视。

(5)在借贷法律关系中,担保合同是从合同,它只有依附于主合同才有实际意义。本案在融资协议(主合同)基础上又出现一个担保书(从合同),是符合常理也是符合法律规定的。出借方必须到担保方处与担保方进行"核保",这是一般常识。因为在贷款法律关系中,有担保能力人的合法、有效的担保是对出借方利益的保障。乔某某曾亲自到讯业公司考察是没有争议的事实,再结合他把此担保书当成命根的事实,进一步印证了乔某某关于"此担保书为乔某某到讯业考察时办理的"说法的真实性。

另外,案发之初辩护人曾到过深圳向讯业公司的主要领导人了解情况。一开始该领导人并没有否认担保一事,后来,在其并未看到担保书的情况下便明确地说该担保书法定代表人没有签字,不生效。再发展到后来公安机关调查时,他们又都矢口否认。这一过程虽不能作为证据使用,但辩护人仍要向法庭禀明,以便法庭更客观、更全面地分析本案的事实。

通过以上分析我们提请法庭注意以下问题:此担保书是否为假?如果此担保书是假的,是谁做的假?是讯业公司骗了乔某某,还是乔某某和乔某某想依此骗工行、骗储户?辩护人认为,现有证据不能证明此担保书就是假的,更不能证明乔某某参与了"作假",所以,不能证明乔某某在此问题上有欺骗行为。

3. 关于未启用的公章性质应如何认定。

辩护人认为:(1)未启用并非非法也并非虚假,而假才是诈骗的基本特征;(2)该公章在银行内部是公开的,至少银行的领导、信贷部的其他领导及相关人员都知道此公章的存在,银行理应严格管理或尽早销毁,此公章的使用,未必是乔某某的个人行为;(3)乔某某并未接触过该公章,即使看到也不可能知道它是未启用的。因此,未启用的公章不能证明乔某某作假。

4. 私人名章也不能证明有人弄虚作假。

(1)私人名章只有在特定情况下才有意义。(2)有已经“报废”的真的名章为什么私刻假名章?这是控方始终没有做出合理解释的疑点。(3)私人名章何以能够报废?此报废一说有何根据(本案中这两组名章齐某某都在使用)?(4)上述行为与乔某某无关。

5. 此融资行为是否为齐某某与乔某某的个人行为存在诸多疑点。

(1)齐某某曾到讯业考察已经是没有争议的事实。他是如何去的?又是去干什么的?(据张行长的《证实材料》10 卷 01040 页)表明,齐某某去深圳前,同张行长一同找了王行长,说明了去深圳的目的,并说明“吸收存款对行里也有利”,结果王行长(分行法定代表人)就同意他去了。控方似乎认为同意去考察不等于同意去考察融资,这种解释过于牵强。若不同意齐某某搞融资,同意齐某某去干什么?并且,据(10 卷 01037 页)张行长调查笔录记载,齐某某去深圳回来后向王、张两位行长汇报过讯业公司的实力,以及搞融资的想法。上述事实表明,齐某某去深圳是经过分行领导同意的,并非私自行事;去深圳的目的是考察讯业的实力、搞融资。

(2)齐某某搞融资的过程是公开的。卷宗材料证明齐某某本人或指派韩某曾多次,向多处公开索要存单,后在太平桥办事处经主任汪某云同意,在科长赵某兰处签字领取了一本存单;另据韩某交代(6 卷 00703 页)“……齐某某把我和宋某蔚、王某红叫到他的办公室。齐某某说西安证券(第二笔)的客人是来信贷部存款的,把存单给填上。当时齐某某的桌子上放着一张存单。齐某某让宋某蔚填,宋某蔚说我‘你写的字好,你填吧’,我说‘这件事应当是你们会计的事’。齐某某在一边说‘韩某,你填’,这样我填的这张存单”(这笔存款也进到宏盛公司的账上,至少韩某、宋某蔚、王某红是知道的);韩某在

《我的交代》(35 卷 03726 页)中又说:“关于齐某某融资一案,我们信贷部的人应该是多多少少都知道一点。因为到后来存款人来取款时,发现存单是我们信贷部的,这已是公开的秘密。”(6 卷 00672 页韩某交代)

“问:‘你向银行的领导反映过齐和乔“融资”的事吗?’”

“答:‘没有。“融资”的事都已经明了,明的。’”

王某红(10 卷 01007 页)、崔某发(10 卷 01017 页)、郭某生(7 卷 00758 页)均证实,齐某某为使款项直接进入宏盛公司,公开问信贷部的众人(要大家出主意),后经崔某发指点,得到加尾号的办法。这一系列事实可以证明齐、乔融资事实的公开性。

(3)融资一事,是分行领导支持或者是默许的。

首先,齐某某是经分行领导同意才去深圳考察融资的。

其次,第一笔融资分行发现后认为是严重违规,责成追回时,理应也必然发现齐某某使用了未启用的公章和违规开具的存单,而事实上未启用的公章并未收回,“假存单”也未销毁。

最后,据(7 卷 00745 页)郭某生《说明》记载:“1996 年 8 月末,齐某某被停职后,信贷部收到安徽省中行的查询电报,并寄来了齐某某于 1996 年 3 月 21 日给安徽省堡力电子有限公司开具的 500 万元定期一年的储蓄存单复印件,当时我便向主管张行长、王行长汇报了此事,行领导让齐某某把款还上,把存单追回。”并且,(7 卷 00744 页郭某生《说明》):“直到 1996 年 9 月,湖北襄樊进款 3900 万元,会计才向我汇报,我于 9 月在襄樊进款后立即向主管张行长、王行长专门汇报过此事,并请示对该款如何处理。二位行长并没有做出指示,默认了事实。在这种情况下,我只好按分行领导的意图正常工作。”

第一笔融资被分行发现后,领导责成齐某某追回;“吕某梅”那笔事发后,齐某某被停职、被免职,似乎表示分行不同意齐某某的做法。

辩护人对此要指出的是,第一笔融资非体外循环,任何一个领导在银行的大账上一眼便会发现×市分行在违规操作,是一定要追回的;“吕某梅”的那笔已经或者将要惹出事端,齐某某因此被停职,被免职,也在情理之中。相反,如果分行不允许齐某某的全部做法,对于前面辩护人所罗列的案件事实将无法作出一个合理的解释。

另外,众多法院乃至最高人民法院的民事判决也证明了此融资行为并非个人行为。因为依照我国法律规定,对于确属个人打着单位的旗号实施诈骗犯罪的,单位是不承担民事责任的。然而,依照众多的包括最高人民法院在内的民事判决,×市工商银行被认定应当承担或者已经承担了民事责任。这一事实明确了此融资行为非个人行为,也从另一个角度印证了辩护人的前述观点。

通过对以上五方面相关证据的分析,辩护人认为,现有证据不能证明此融资行为具有欺诈性,不能否认此融资是银行或信贷部的法人行为,更不能证明乔某某具有参与“诈骗”的行为。

三、关于本案融资行为的基本性质

集资诈骗罪是指以非法占有为目的而实施的非法集资行为,即集资诈骗必以非法集资为前提。那么,何为非法集资?非法集资一般是指单位或者个人违反法律规定的集资行为。具体分析如下:非法集资即非法吸收公众存款,主要有两种表现形式:一是公然向社会不特定公众集资,如沈某福、邓某等人的集资行为;二是变相向社会不特定公众集资,如后来发生的采取发行会员卡、股权书等更为隐蔽的形式向社会不特定公众集资的行为。该两种形式的共同特征是绕过金融机构而私自向社会集资,其危害是破坏金融市场、扰乱金融秩序。而通过金融机构进行的融资行为不应视为非法集资。前些年由于金融政策及市场不协调等原因,一些金融机构采取体外循环方式进行融资活动,破坏了金融秩序。正因如此,新《刑法》增设了第187

条“利用账外客户资金非法拆借发放贷款罪”,该罪的主体只能是金融机构及其工作人员。该罪名的设立及其处罚表明,在通过金融机构进行的融资活动中,其责任应有金融机构承担。就本案而言,集资的过程是通过工商银行×市分行房地产信贷部进行的,对于因此而引发的问题应当如何定性?辩护人提请法庭对以下问题予以关注:

1. 该融资行为是信贷部采用体外循环的方法吸存、放贷的行为,是否具有刑事违法性?

2. 该融资行为是两个法人单位之间公开进行的行为。(前面辩护人已经做了充分论述)该行为如果违法,其民事责任应由谁来承担?

3. 在当时,全国范围内银行通过体外循环的形式吸收存款、发放贷款具有普遍性,本案的审理应正视这一历史事实。

四、关于本案的法律分析

通过以上对本案相关证据及相关问题的分析,辩护人认为,依据现有证据:(1)不能证明乔某某主观上具有将借贷来的资金占为己有的目的,即不能证明其具有诈骗的故意;(2)不能证明有诈骗的事实发生,更不能证明乔某某有诈骗行为。具体理由如下:

1. 根据我国《刑法》第 192 条的规定,构成起诉书所指控的集资诈骗罪名,行为人主观上要有非法占有的目的,客观上则表现为以诈骗的方法非法集资。关于对本罪客观要件的认识,实践中争议尚不明显。但对于行为人是否具有非法占为己有的目的,在界限上则难以把握。鉴于此,2000 年 8 月 20 日至 22 日最高人民法院在湖南省长沙市召开了全国法院审理金融犯罪案件工作座谈会。最高人民法院下发了《全国法院审理金融犯罪案件工作座谈会纪要》(以下简称《纪要》),它是人民法院审理金融犯罪案件的重要指导性文件,具有司法解释的效力,是法院认定行为人是否具有非法占有目的的标准。

《纪要》明确了一切诈骗犯罪都必须以具有非法占有目的为构成要件。《纪要》下发前,理论上曾有过关于诈骗犯罪主观上不一定都要有非法占有目的的观点,司法实践中也有以损失后果来推定行为人主观具有非法占有目的的情况。但在《纪要》下发后,则必须以其确定的标准来衡量行为人是否具有非法占有的目的。

《纪要》表述的具有非法占有目的的七种情形是:

(1)"明知没有归还能力而大量骗取资金的。"就本案而言,其一,宏盛公司在讯业公司的投资是较为成功的,虽还未见到实际效益,但在四年前经正式评估机构的评估其投资即已大幅升值;其二,"天地大酒店"如果建成,投资者乔某某确信它能够产生经济效益;其三,对于那些明确的债权,乔某某一直认为应当也能够得到清偿。这些客观情况决定了本案被告人乔某某一直认为贷款可以归还。辩护人认为,以四年前(案发时)的基本事实为依据,用客观、发展的方法进行分析,无论如何不能得出行为人主观上具有"明知没有归还能力"的结论。

(2)"非法获取资金后逃跑的。"乔某某没有逃跑并且是主动回来到公安局说明情况的(已经阐述过)事实,表明其行为显然不属于这种情形。

(3)"肆意挥霍骗取资金的。"仅占贷款总额4.32%的资金,因查不清去向而推定为被乔某某占有或者挥霍,仅凭这极小的4.32%比例,就没有理由认定乔某某为肆意挥霍。更何况现有证据并不能证明其占有或挥霍的事实。

(4)"使用骗取的资金进行违法犯罪活动的。"无此情况。

(5)"抽逃、转移资金、隐匿财产,以逃避返还资金的。"无此情况。

(6)"隐匿、销毁账目,或者搞假破产、假倒闭,以逃避返还资金的。”无此情况。

(7)“其他非法占有资金、拒不返还的行为。”至今为止,乔某某从无拒绝返还的表现。

通过对上述7条标准的分析,乔某某的行为与之均不相符。结合辩护人前面“关于非法占有目的”的分析,显然不能认定乔某某主观上具有非法占有的目的。

2. 根据我国《刑法》第25条的规定,共同犯罪是指二人以上共同故意犯罪。本案如果罪名成立,则必为共同犯罪(起诉书也是这样指控的)。那么,本案中各涉案人之间是否有共谋?又是如何共谋的呢?仅凭案卷材料也曾使辩护人对此产生过疑问。如被告人乔某某为什么安排齐某某出逃?为什么把齐某某化名为刘奇?齐某某死后乔某某为什么给齐的夫人下跪?……然而,通过庭审调查,这些疑惑均被一一解开。齐某某的儿子齐某松当庭交代:齐某某并非出逃,而是被免职后心情不好,请假后出去散心的;齐某某到珠海时不叫刘奇,也没有证据证明刘奇的名字是乔某某安排的;给齐夫人下跪的是其儿子齐某松而不是乔某某。辩护人相信,庭审调查所澄清的这些与本案不直接相关的事实,对合议庭正确认定本案也会有所帮助。

辩护人提请法庭能够注意到一个十分重要的情况:在全部庭审过程中,控方并没有提出证明齐某某、乔某某等人是否有合谋以及是如何谋划的任何证据。因此,辩护人认为,认定齐、乔二人共同犯罪明显缺乏证据,不能成立。

综上所述,辩护人认为本案现有的证据不能证明确有诈骗事实发生,不能证明是何人实施了诈骗行为,更不能证明被告人乔某某主观上具有与他人合谋诈骗钱财并非法占为己有的目的。因此,对乔某某构成集资诈骗罪的指控不能成立。

此致

承德市中级人民法院

被告人乔某某辩护人:

北京市京都律师事务所律师　田文昌　曹树昌

2002年1月23日

辩护词(二审)

审判长、合议庭:

受本案被告人乔某某的委托,北京市京都律师事务所指派田文昌、曹树昌两位律师担任其涉嫌集资诈骗一案的二审辩护人,依法参与本案的审理。作为一审和二审的辩护人,我们认为经过侦查,特别是通过一审的庭审调查,本案的性质已经清晰,目前的焦点是如何认定相关证据和如何正确适用法律。为了全面、准确、清晰地表达观点,我们在坚持一审辩护意见的基础上,仅针对一审判决书发表若干补充辩护意见,以求二审法院能够客观认定本案的性质、正确适用法律。因此,该二审辩护词包括两部分内容。

第一部分:重申一审辩护词的全部观点(内容与一审辩护词相同);第二部分:针对一审判决书存在的主要问题提出的补充辩护意见。

第一部分:重申一审辩护意见

[略]

第二部分:补充辩护意见

一、一审判决对事实认定的片面及矛盾之处

为方便查找,我们按一审判决书的顺序一一指明并分析:

1. 判决书第4页认定,"1995年3月,齐某某从×市工行太平桥办事处索要了部分空白存单,又从副主任郭某生处要来未启用的×

市工商银行房地产信贷部的公章,从信贷部会计宋某蔚、出纳员王某红处要来已不使用的个人印章,为伪造存单做准备"。此认定不够客观、全面。卷宗材料表明齐某某索要存单,向副主任要公章,向会计出纳要个人印章的行为,不仅是公开进行的,而且履行了签字手续,不符合诈骗的行为特征。另外,既然已经有了个人印章为什么还要指使乔某某私刻?这点一审判决没有作出合理解释。

2. 判决书第4页还认定:"乔某某、齐某某于1996年5月8日私下秘密的签订了融资两亿元的'协议书',并伪造了讯业公司的担保书。"乔某某、齐某某分别是两个单位的法定代表人,特别是乔某某作为一个实际为私营企业的法定代表人,为筹建天地大酒店和投资讯业电子发展有限公司的信息高速公路项目,确实需要资金而与信贷部法定代表人签订融资协议,这种做法谈不上秘密。判决书中"私下秘密"的表述没有事实根据。事实上该协议不仅是公开签订,而且是在公开履行。

3. 判决书第9页认定"齐某某出逃",但是通过庭审调查(齐某松当庭证明)齐某某并非出逃,而是被免职后心情不好,请假后出去散心的。是否如此?法庭应当也是可以查清的。

4. 判决书第9页还认定"19笔存单均已提取或复制,经对字迹进行鉴定,均系齐某某所开"。很明显,判决书想依此证明此系齐某某的个人行为。但是据韩某交代(6卷00703页)西安证券(第二笔)的存单是他填写的并且当时还有宋某蔚、王某红在场。韩某、宋某蔚、王某红都是信贷部的工作人员,所以说判决书的认定不全面,也不能证明此系齐某某的个人行为。

5. 判决书第10页认定"担保书上的印章,经鉴定与深圳讯业电子发展有限公司所使用的印章非同一枚印章,讯业公司亦否认出具过此担保书"。想借此证明乔、齐二人"骗"的行为。但判决书回避且无法解释这样几个事实:(1)伪造了担保书又为什么不使用?(2)齐某某为什么让齐某松像保管命根子一样保管此担保书?(3)经过鉴定,讯业公司在其他文件上也使用过没有备案的印章,即讯业公司非仅一枚印章。(4)王某平(讯业公司法定代表人)的讯问笔录中(8卷00813页)有如下记载:

"问:'对宏胜公司融资有何想法、态度。'"

"答:'融资开始不知道,现在若属经济问题,我们(讯业公司)可以联合有关部门承担过来。'"

由此对话内容不难看出,王某平的表态是难以解释的。如果担保书系伪造并且伪造了讯业公司的印章,那么,讯业公司就是诈骗犯罪的被害对象。若如此,为什么讯业还愿意为齐某某承担过来?

6. 判决书第11页认定,第一笔款贷出后,"被×市工行领导发现,并严令追回",想借此证明工行领导不同意这样做,进而说明贷款系齐某某的个人行为。但是,工行领导既然已经发现了违纪、违法甚至犯罪行为,事实上为什么不做处理?为什么不收回假存单及未启用的公章(作案工具),而使得他们能够在长达一年半的时间里成功地贷出25笔巨款?对于这些问题,判决书却无法作出解释。

值得注意的是,判决书在本页又认定:"郭某生证:齐被免以后,宏盛公司办业务不再找齐某某了,是直接找我处理。"而郭某生的证言则说明,在齐某某被免职后,贷款行为仍在继续进行且是由他人承办,即在齐某某被免职后以同样的方式又办理了两笔贷款,金额达3900万元。难道这还是齐某某的个人行为吗?

二、齐某某等人的融资行为不是个人行为

问题十分明显,宏盛公司是一家私营企业,齐某某本人是该企业的法定代表人且融资用于公司投资,其行为代表该企业毋庸置疑;齐某某是信贷部的法定代表人(当时信贷部是独立法人),加之其行为

的公开性,客观、审慎地分析,无论如何不能得出“个人行为”的结论。另外:

1. 齐某某在办理“存、贷”前曾到讯业公司考察是控辩双方没有争议的事实。那么,他是如何去的? 又是去干什么呢? 张行长的《证实材料》(10 卷 01040 页)表明,齐某某去深圳前,同张行长一同找了王行长,说明了去深圳的目的,并说明“吸收存款对行里也有利”,结果王行长(分行法定代表人)就同意他去了;据张行长(10 卷 01037 页)笔录记载,齐某某去深圳回来后向王、张两位行长汇报过讯业公司的实力,以及搞融资的想法。张行长的证言表明齐某某的行为并不是背着行里偷偷摸摸搞的。

2. 齐某某搞融资的过程是公开的。卷宗材料证明齐某某本人(或指派韩某)曾多次向多处公开索要存单,后在太平桥办事处经主任汪某云同意,在科长赵某兰处签字领取了一本存单;韩某交代(6 卷 00703 页):“……齐某某把我和宋某蔚、王某红叫到他的办公室。齐某某说西安证券(第二笔)的客人是来信贷部存款的,把存单给填上。当时齐某某的桌子上放着一张存单。齐某某让宋某蔚填,宋某蔚说我‘你写的字好,你填吧’,我说‘这件事应当是你们会计的事。’齐某某在一边说‘韩某,你填’,这样我填的这张存单。”(这笔存款也进到宏盛公司的账上,至少韩某、宋某蔚、王某红是知道的)韩某在《我的交代》(35 卷 03726 页)中说:“关于齐某某融资一案,我们信贷部的人应该是多多少少都知道一点。因为到后来存款人来取款时,发现存单是我们信贷部的,这已是公开的秘密。”(6 卷 00672 页韩某交代)。

“问:‘你向银行的领导反映过齐和乔“融资”的事吗?’”

“答:‘没有。“融资”的事都已经明了,明的。’”

王某红(10 卷 01007 页)、崔某发(10 卷 01017 页)、郭某生(7 卷

00758页)均证实,齐某某为使款项直接进入宏盛公司,公开问信贷部的众人,要大家出主意,是经崔某发指点,得到用加尾号的办法。这一系列事实都证明信贷部的职工都了解融资的情况。

3. 融资一事分行的领导应当知道或者是默许。首先,齐某某是经分行领导同意才去深圳考察融资的。其次,第一笔融资分行发现后认为是严重违规,责成追回。理应也必然发现齐某某使用了未启用的公章和开具的假存单,而事实上未启用的公章并未收回,"假存单"也未销毁。最后,据(7卷00745页郭某生《说明》)记载:"1996年8月末,齐某某被停职后,信贷部收到安徽省中行的查询电报,并寄来了齐某某于1996年3月21日给安徽省堡力电子有限公司开具的500万元定期一年的储蓄存单复印件,当时我便向主管张行长、王行长汇报了此事,行领导让齐某某把款还上,把存单追回。"并且,(7卷00744页郭某生《说明》):"直到1996年9月,湖北襄樊进款3900万元,会计才向我汇报,我于9月在襄樊进款后立即向主管张行长、王行长专门汇报过此事,请示对该款如何处理。二位行长并没有作出指示,默认了事实。在这种情况下,我只好按分行领导的意图正常工作。"(此3900万元也进到了宏盛公司账上)如果分行领导不认可齐某某的做法,这些事实将无法作出一个合理的解释。

此外,众多法院乃至最高人民法院的民事判决也证明了此融资行为并非个人行为。因为依照我国法律规定,个人打着单位的旗号实施诈骗犯罪,单位是不承担民事责任的。而依照众多的民事判决,×市工商银行均被判令承担民事责任,且有些判决已经执行完毕。这种法律事实进一步明确了此融资行为非个人行为,也从另一个角度印证了辩护人的前述观点。

综上,辩护人坚持认为,乔某某的行为不构成集资诈骗罪,请二审法院纠正一审的错误判决,依法改判乔某某无罪。

被告人乔某某辩护人：

北京市京都律师事务所律师　田文昌　曹树昌

2002年11月21日

（发回重审的辩护词与原一审辩护词雷同，略）

审理结果

案发后即1997年6月，乔某某主动回到承德，向公安机关说明情况。本案的侦查历时近5年的时间，于2002年1月开庭审理，被告人乔某某一审被判处死刑。被告人不服，提出上诉，二审法院认为事实不清、证据不足，定性亦存在问题，发回重审，后被以非法吸收公众存款罪判处有期徒刑8年。

李某廷被控受贿罪案*

案情简介

被告人李某廷,云南省原省长。起诉书指控,被告人在 1994 年至 2000 年担任中共云南省委常委、省委副书记、云南省人民政府副省长、省长期间,利用职务上的便利,为 10 人谋取利益,先后 30 次伙同其子李某或单独收受他人财物折合人民币共计 1800 余万元。案发后,被告人向检察机关揭发他人犯罪事实,部分查证属实,并提供重要线索,使检察机关得以侦破多起重大案件。

一审判决被告人犯受贿罪,判处死刑缓期 2 年执行。

---

* 本案有过多处报道,如《人民日报》2002 年 9 月 18 日发表评论文章《从李某廷的堕落看领导干部的阅读兴趣》,《中国青年报》2003 年 5 月 15 日发表评论《李某廷案的另类启示》,新浪网设专题跟踪报道“云南前省长李某廷案”,等等。

辩护思路

被告系云南省原省长。本案中控方提供的证据材料比较充分，且被告人对检察机关查明的主要犯罪事实也供认不讳，对其行为定性也无异议。辩护过程中，律师在就案件部分事实的认定及适用法律质疑外，主要是从受贿罪认定的法理研究角度提出辩护意见。结合案情，重点论证了斡旋贿赂罪的构成条件，具体剖析了受贿犯罪中的各种不同情节，强调提出对被告人应予从轻处罚的理由和被告人的重大立功表现，请求法院在量刑时对被告予以从轻、减轻处罚。

辩护词（一审）

审判长、合议庭：

北京市京都律师事务所接受被告人李某廷的委托，指派本所田文昌、韩嘉毅律师担任被告人李某廷的辩护人。律师接受委托后，进行了阅卷、会见，参加了庭审活动。现根据已经查实的证据情况依法发表如下辩护意见，请合议庭予以考虑。

一、根据法庭审理所查实的相关证据和刑法的具体规定，辩护人对控方指控被告人李某廷构成受贿罪的犯罪性质不持异议，对起诉书中指控的主要犯罪事实不持异议

二、辩护人认为起诉书指控的部分犯罪事实证据尚不够充分，需要进一步查实；对于部分证据的适用提出异议。提请法庭对此予以重视

（一）收受葛某辉贿赂部分

辩护人认为，在该项事实中由于请托事项与被告人行为之间缺乏因果联系，故认定被告人为请托人谋取利益方面的证据不够充分。具体理由是：

被告人虽收受了葛某辉的弟弟葛某某给的钱,但庭审查明,葛某辉从未当面正式明确向被告人提出请托,其所期望的是职务的提升、政治上的帮助和建立一种良好关系。送钱人葛某某在送钱时所做的表示是不明确的,即只是希望被告人在工作上给葛某辉支持和帮助,既没有涉及转正,也没有涉及调动和提升。被告人的行动与上述两者之间都没有直接的因果联系。被告人只是在葛某辉平职调动中起了一定作用,而这种行为既不是葛某辉所请托的,也不是葛某辉所期望的,属于一种正常的工作安排,并且葛某辉只是多名调动人员中的其中一员。所以,辩护人认为,被告人虽收取了钱财,但认定其为行贿人谋利的证据不够充分。

(二)收受李某平贿赂部分

辩护人认为将被告人收取李某平钱的行为认定为受贿,在适用法律上值得研究。庭审活动已经查明的事实证明,李某平确有请托,被告人也确实收取了李某平所给的钱,但被告人的行为是否可以认定为利用职权为他人牟利确实需要研究。因为,银行系统的人事任免权不由省委决定。证人李某华的证言表述,银行任命干部一般原则要尊重上级主管部门的意见,就算被告人坚持否定,也只有部务会才有决定权。可见被告人不存在职务上主管、经管、负责该项工作的便利条件。况且更重要的是被告人在此事件中,只是表态尊重上级机关、组织部门的意见,即只是未持否定意见。其所表现出为请托人谋取利益的性质并不明显。这种情况不同于在客观条件不具备或不很充分的情况下,通过积极的作为行为,为请托人实现请托事项所体现出的谋利行为。

退一步讲,即使对此类行为仍以受贿对待,辩护人认为不应将后四次送的钱也认定在被告人的受贿金额当中。因为第一次送钱时间已经发生在谋利益之后,李某平明确表示了感谢与升职有关的意思,而后四次送钱时,李某平则明确表明是感谢被告人对个人的帮助,且以后再未出现过其他请托与谋利益的情况。因此,后四次送钱与被告人谋利益的行为已经没有对应关系,属于感情投资的性质。

值得注意的是,无论是理论上还是司法实践中,有时容易将为了拉关系、讨好而给付钱物的行为与被告人收受贿赂行为相混淆。因为这两者之间的界限有时确实难以区分。体现在个案中,有的时候在事前给钱,有的时候在事后给钱,有的时候分若干次给钱,如何区分行为性质?辩护人认为要结合具体案件情况加以分析。

结合本案,由于被告人所处的地位,决定了许多情况下给钱的人并非只是针对某个具体事项而实施给付行为,有许多情况下行为人只是为了讨好、拉关系而给钱,期待的是长期的利益,而并无明确的权钱交易。如果行为人所实施的给付行为带有明显的对应性,符合钱、权交易的特点,则可以认定被告人的行为是受贿行为;如果行为人所实施的给付行为带有明显的期待长期利益、讨好、拉关系的特点,则不应以受贿论处。有些情况下长时间的感情投资与一时的权钱交易可能会发生在同一主体身上,而在权钱交易过程中又体现出明显的对应性,如在较长时期内多次送钱送物,而并无请托事项,一旦出现请托时又专门另行给付财物,此时在谋利与受贿之间具有明显的对应关系。这种情况下能否将受贿人长期、多次收取的财物累计计算,一概计算为受贿的金额?在理论上确有进一步探讨的必要。从严格把握受贿罪条件的角度和有利于被告的角度,应当将两种情况予以区别对待。

(三)收受杨某、李某贿赂部分

辩护人认为,证据表明,被告人之子李某向杨、李二人收钱的事实确实存在,但关于被告人在主观上对此事的认知程度如何,即关于被告是否明知李某的行为完全属于代替其本人收取贿赂的性质?现有证据尚不能具备唯一性。庭审中已经查明的是被告人确曾要其子李某与杨某、李某学做生意或合伙做生意,那么,李某与二人究竟是一种合作关系,还是完全无此关系?我们对此应当予以客观分析,由此得出对被告人行为和主观认识的判断。

从客观事实上分析:本案中,李某与杨、李二人的关系可能表现为以下三种情况:

1. 李某借与杨、李合做生意为名,行代父受贿之实;

2. 李某借与杨、李合做生意之机,利用其父职权发财且代父收取贿赂(在此情况下合做生意与受贿行为两者兼有,亦存在被告利用职权帮其子挣钱的性质);

3. 李某与杨、李二人合做生意确属事实,不具有代父受贿的性质。

但是李某与杨、李二人关系所反映的只是在他们三人之间存在的一种客观事实,而被告人的主观认识与该种事实是否具有一致性,则是判断其主观故意内容的重要条件。在做出这种分析之后,再具体判断被告人的行为性质,思路就会更加清晰。

本案的证据情况已经表明,前述第三种情况已被排除,因被告本人及其子李某和杨、李二人均承认,李某与杨、李二人之间并非纯粹的生意伙伴关系,确实存在利用被告职权的问题。但是,对于前两种情况,却难以划分出明显的界限。

更重要的是,由于被告本人并未直接参与其子李某与杨、李二人的具体活动,其主观认识就可能与后者的实际情况存在差异。因此,在此问题上判断被告有无受贿的犯罪故意,就不能仅仅以某种客观事实的存在与否为标准,还必须在此基础上去分析被告人的主观心理态度,即对于该种事实的主观认知程度。

本案卷宗材料和庭审调查均表明,被告人虽然在案发后已经认识到李某与杨、李二人合伙做生意并不完全真实,但当时却认为他们之间确有合伙做生意的关系,并且,还知道对方给李某发工资和分成的情况;同时,也承认自己确实利用职权为杨、李二人做生意帮了忙。这种一贯的供述及其他相关证据表明,被告案发前在主观上确实认为李某与杨、李二人有一种生意伙伴关系。且与此同时,被告也在利用职权帮助杨、李二人赚钱,以使其子李某分得更多的利益。被告人的这种心态及相应的行为,则属于前述三种关系中的第二种情况,即借李某与杨、李二人合做生意之机利用职权帮助李某发财,同时也为杨、李二人谋取了利益。那么,在此基础上对被告的行为性质应当如何认定?

辩护人认为,这是一种比较复杂的权钱交易,但它毕竟与一般的贿赂关系有所不同。因为至少在被告人的认识中,会有帮助其子做生意赚钱的成分,他并不认为李某所得的利益纯属于杨、李二人行贿的性质。在此情况下,如果将李某的全部所得通通计入为被告受贿所得数额,可以说对被告有失公平。当然,据现有证据确实难以区分被告人本人与其子李某之间各自所得利益的数额,但是,从罪刑法定原则和有利于被告的角度出发,对于被告的处罚应持慎重态度,至少也应将此视为一种从轻情节,在量刑时予以充分考虑。

三、辩护人向法庭提出一个值得探讨的问题——《刑法》第388条规定的关于斡旋贿赂罪构成条件的理解与适用

根据《刑法》第388条之规定,行为人利用职权或者地位形成的便利条件,通过其他国家工作人员的职务行为为请托人谋取不正当利益的,可构成斡旋贿赂罪。目前,关于在个案中如何认定斡旋贿赂行为在理论上尚无定论,也没有相关的司法解释。由于本案被告的行为中涉及此类问题,例如,被告在接受吴某元、李某平、李某桂等人财物而为其谋利时,是通过他人的职权行为而实现的,且所谋取的亦并非不正当利益。因此,对此类行为应否以受贿罪论处,即涉及斡旋贿赂罪的构成条件问题。所以,辩护人认为有必要向法庭陈述对该问题的探讨性观点,请法庭予以重视。

既然《刑法》规定将通过其他国家工作人员的职权谋取利益作为斡旋贿赂罪的构成条件,那么,该罪则应属于间接利用职权,通过转请托的途径实施谋利益目的的一种行为方式,即在这种方式中,受贿人的职权不可以直接达到谋利益的结果。而所谓本人职权或者地位形成的便利条件,应是指该职权或地位可以对转请托对象产生某种影响或者制约。

本案中,被告人在为前述行贿人谋取利益时尚任副省长,他通过向其职权分管范围之外的国家工作人员打招呼或者以不予否认的方式为请托人帮忙,这种行为是否符合斡旋贿赂罪的特征,在理论上和实践中尚有不同认识。

有观点认为,由于省一级的领导干部其职权具有特殊的影响力,因此对其行为应负主要责任。所以,无论其是否在分管范围内外,其为他人谋利益而收受财物的行为均应以一般受贿论处,即不存在斡旋受贿问题。

但也有观点认为,由于斡旋受贿的基本特征是间接利用职权以转请托方式为他人谋利益,所以,不应单纯以领导级别的高低作为定罪依据,如对于省、市级领导干部而言,正是由于其职权较高,才足以产生对转请托对象的影响力和制约关系,而这种影响力和制约关系正是构成斡旋受贿罪的必要条件。关键问题是,他并没有利用本人的职权直接实施谋利益的行为并取得谋利益的结果,这也正是斡旋受贿与一般受贿互相区别的重要界限。

辩护人认为,前述两种观点虽然见仁见智,但后者至少并不违背立法表述的基本含义。而据此观点,被告的前述行为则符合斡旋受贿的特征。若如此,因其所谋取的并非不正当利益则不应以受贿罪论处。

辩护人还认为,由于我国立法和司法实践乃至理论研究中确实存在需要完善和进一步探讨的诸多问题,对法律条文的理解存在分歧是正常的。在此情况下,根据罪刑法定原则并从有利于被告的角度出发,在定罪量刑问题上采取从宽解释的谦抑原则更加符合法治精神。因此,辩护人希望法庭对被告人的前述行为不以受贿罪论处。

四、希望法庭充分考虑被告人犯罪行为的从轻、减轻处罚情节

本案被告虽然受贿数额巨大,但仍有诸多可予从轻、减轻处罚的具体情节。客观深入地分析这些情节,对于准确量刑具有重要价值。

(一)被告人受贿的具体行为方式表明,与受贿犯罪的诸多表现形式相比较,其犯罪行为的社会危害性相对较轻,应视为从轻处罚的情节之一

1. 证据表明,多数情况下被告人在办事前没有想到收钱,更没有明确约定收多少钱,只限于事后被动接受钱款,本人从未有过索取行为。包括:杨荣出口香烟第一笔(13,000大箱)一节;舒某1995年帮忙贷款,1996年送钱一节;王某1997年帮助协调合同纠纷,1999年收钱一节;邹某佳1996年8月批示同意与云南红塔集团合作,1996年9月送钱一节。

2. 证据表明,被告没有明显地为他人谋取不正当利益的情况。包括:葛某辉调动问题、舒某贷款问题、王某合同纠纷问题、和某伟药品许可证问题、吴某元修过街天桥和首饰加工权问题、邹某佳的合作问题、李某平的任职问题、李某桂的境外开办烟厂问题等。

综合分析以上情况可以看出,被告虽然受贿数额巨大,应属情节严重,但还应当注意到,在受贿犯罪中受贿数额并不是决定犯罪情节

的唯一根据。受贿行为具体表现形式的多样性也明显地反映其社会危害性的程度不同,从而也应当成为衡量其犯罪情节的一个重要根据。

受贿犯罪的基本特征是:(1)利用职权;(2)谋取利益;(3)收受财物。但在不同的案件中受贿行为所表现的具体形式在前述三个环节却各有不同。下列图示可以比较清晰地反映受贿形式在危害程度上的具体差别:

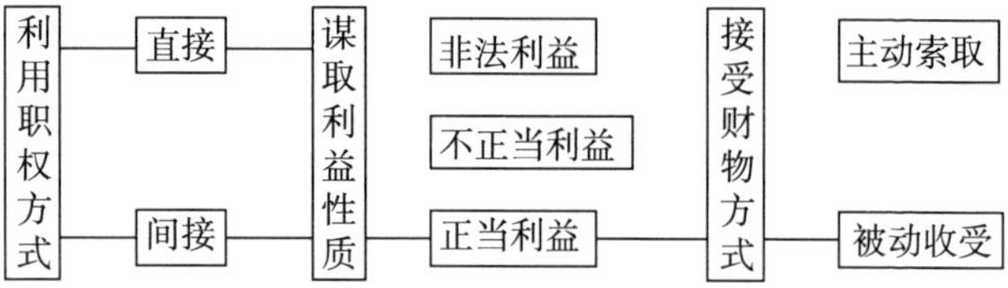

以上图示的排列顺序可以反映受贿行为的不同表现形式中所反映出危害程度的差别(自上而下呈现由重到轻的趋向),其中连线处所表明的是本案被告人所实施的行为方式,即直接(或间接)利用职权—为他人谋取正当利益—被动收受财物。

由此不难看出,从行为方式的角度,在受贿罪的多种表现形式中,相对于其他形式而言,本案被告人的行为显然是属于情节最轻的一种情况。

据此,辩护人希望法庭在量刑时不仅要注意到受贿的数额,还应当充分考虑到被告人受贿的具体行为方式,不应忽视这一方面的从轻情节。

(二)被告人具有以下从轻、减轻处罚的情节

1. 被告人认罪态度积极,彻底坦白。这种积极认罪、悔罪态度在侦查过程中和庭审中均得到充分体现。

2. 被告人在侦查过程中具有重大立功表现,根据《刑法》第68条之规定,符合予以减轻处罚的法定条件。

根据我国刑法规定，对犯罪人裁量刑罚时应当综合分析各种情节，经全面分析衡量后决定最终应该适用的刑罚。辩护人认为，由于被告人具有重大立功情节，依法已可予减轻处罚，但客观全面地分析、衡量其他各种从轻情节，对于决定对其减轻处罚的程度，即决定刑种和刑期仍有重要意义。

因此，辩护人希望法庭对前述关于犯罪情节的分析与评价予以重视，在决定对被告人减轻处罚的具体程度时予以充分考虑。

综上，辩护人认为被告李某廷虽然构成受贿罪且受贿数额巨大，但辩护人对其中部分事实的定性及数额的认定提出前述异议，请法庭予以慎重判断和进一步查实。关于对被告的量刑，请法庭根据被告的重大立功表现并综合考虑其他从轻情节，依法对被告予以减轻处罚。

被告人李某廷辩护人：

北京市京都律师事务所律师　田文昌　韩嘉毅

2003 年 4 月 14 日

杨某被控虚假出资等罪案*

案情简介

沈检刑诉(2003)168号起诉书指控,被告人杨某犯有:(1)虚假出资罪;(2)非法占用农用地罪(非法占用耕地罪);(3)合同诈骗罪;(4)对单位行贿罪;(5)单位行贿罪;(6)伪造金融票证罪。

1. 虚假出资罪。

1998年4月22日,杨某的荷兰欧亚国际贸易公司、沈阳靓马集团公司、中国农房东北公司三家共同出资成立了沈阳欧亚实业有限公司。荷兰欧亚国际贸易公司投入的7480万元中有7150万元是从广东英豪科技教育投资股份有限公司打过来的,很快这些资金就通过其他渠道转回广东英豪科技教育投资股份有限公司。

---

* 本案有过多处报道,如《中国青年报》2003年9月8日报道《杨某案终审裁定驳回上诉维持原判有期徒刑18年》;《财经》杂志2003年7月报道《杨某谢幕　长达68页刑事判决书上的欧亚农业事件》;新浪网从2002年至2004年先后发表报道数十篇,专题报道杨某案件;等等。

2000年12月至2001年7月，杨某(荷兰欧亚)与沈阳万博商贸有限公司合资成立沈阳海牙大酒店有限公司；与北陵房产开发有限公司合资成立沈阳荷兰村房产开发有限公司；独资成立沈阳欧亚温室有限公司、沈阳欧亚国际咨询有限公司。按照合同荷兰欧亚共应出资1583万美元。2001年7月23日至8月9日，香港欧亚农业(控股)有限公司汇给上述四个公司的资本金账户中1.255亿港元。数日后上述资金被转入沈阳欧亚农业发展有限公司的账户。

起诉书根据上述从广东英豪科技教育投资股份有限公司打入沈阳"荷兰村"的7150万元人民币，数日后又打回该公司，而香港欧亚农业(控股)有限公司1.255亿港元在注册了相关公司后也转入了沈阳欧亚农业发展有限公司的账户，认定该行为为虚假出资。但事实上，进入沈阳"荷兰村"项目的资金有人民币7亿多元，远远大于起诉书指控的虚假出资的金额。

2. 非法占用农用地罪(非法占用耕地罪)。

1998年12月28日，辽宁省政府以辽政地字(1998)598号文件划拨111.6361公顷(1674.5415亩)土地使用权给沈阳欧亚实业有限公司，作为"高新农业示范区建设用地"。

起诉书指控，沈阳欧亚实业有限公司在未依法办理农业用地转建设用地审批手续的情况下，1998年11月开始建设，毁坏耕地41.0176公顷(615.264亩)。起诉书还认定，沈阳欧亚实业有限公司在租赁的农用土地上修建停车场(公交车)、加油站，非法占用、毁坏耕地3.4334公顷(51.501亩)。构成非法占用农用地罪。

具体情况是，沈阳欧亚实业有限公司在取得辽宁省政府划拨土地后，便开始进行"高新农业示范区"的建设。因当时辽宁省政府、沈阳市政府对该项目十分重视、支持，有关领导提出，有关部门也默许了沈阳欧亚实业有限公司"边施工，边办手续"的做法，也因该公司同政府产生一些资金上的债权债务关系,导致其建设用地的手续没有完全履行完毕。至案发时,沈阳欧亚实业有限公司处于在办理相关手续的过程中。

3. 合同诈骗罪。

由于国家出台了“占补平衡”的土地政策,沈阳欧亚实业有限公司为了解决项目开发的占地补偿问题,需开发新的耕地来抵顶其占用的耕地。有关人员给杨某出了可以“买别人造好的地”的主意后,杨某委托张某旭进行了具体操作。

2000年5月,杨某请托张某旭(辽宁省国土资源厅工作人员,另案)为沈阳欧亚实业有限公司找一块已造好的耕地,买下来用于抵顶该公司的建设用地。张某旭找到法库县规划土地管理局局长胡某广(另案)和时任该局地籍科科长孙某春(另案);胡、孙二人同意将该县卧牛石乡苇子沟村一块国家尚未纳入地籍管理的耕地(共1600余亩)作为沈阳欧亚实业有限公司“新开发的耕地”。张某旭按杨某的旨意起草、填写了《关于沈阳欧亚实业有限公司开发卧牛石乡苇子沟村荒滩的批复》《辽宁省土地开发整理项目呈报表》《改造法库县卧牛石乡苇子沟村荒滩地开发利用协议》等文件,并将时间提前一年。后来张某旭又找到胡、孙,由胡、孙安排在“批复”“呈报表”上加盖了法库县规划土地管理局公章;并通过卧牛石乡土地所长李某东找到苇子沟村党支部书记王某莲,在“协议”上加盖了苇子沟村的公章,取得所需的文件。同年6月,辽宁省土地整理中心出具了《土地开发整理项目验收单》,认为该公司“所造耕地数量、质量符合要求,可以抵顶建设占用耕地指标”。此时国家又出台了新政策,要求将这些造好的耕地一律纳入土地整理中心统一管理。于是,同年10月,辽宁省土地整理中心与杨某以316.6万元的价格签订《收购耕地协议》。11月沈阳欧亚实业有限公司向辽宁省土地整理中心交纳管理费和验收手续费15万元,后收到该中心支付的人民币316.6万元。经杨某决定,2000年12月沈阳欧亚实业有限公司给张某旭人民币25万元;并根据事先承诺,于2001年4月、9月分两次给法库县规划土地管理局共计人民币98万元。

起诉书认定沈阳欧亚实业有限公司的上述行为构成合同诈骗罪,认定沈阳欧亚实业有限公司利用合同以假造的耕地骗取了辽宁省土地整理中心人民币316.6万元。

4. 对单位行贿罪。

起诉书认定在上述“造地”过程中,沈阳欧亚实业有限公司付给法库县规划土地管理局的98万元人民币构成对单位行贿罪。

5. 单位行贿罪。

起诉书认定在上述“造地”过程中,沈阳欧亚实业有限公司付张某旭的25万元构成单位行贿罪。另外,辽宁省国土资源厅工作人员李某的孩子出国时,杨某曾给其2万美元,起诉书亦认定构成单位行贿罪。

6. 伪造金融票证罪。

公诉机关指控:沈阳欧亚农业有限公司董事长杨某为虚增公司业绩,授意公司财务人员伪造财务账目。该公司财务人员按杨某的旨意,采取伪造金融票证的手段造假账,于2001年4月至2002年6月,共伪造支票、进账单、结汇凭证、电汇凭证等银行结算凭证305张,票面金额共计人民币1,786,047,024.36元,构成伪造金融票证罪。起诉书所指控的这305张相关票证结合相关合同等,全部用于沈阳欧亚农业发展有限公司虚增业绩而并无一张进入金融流通领域。

本案于2003年6月11日至13日在沈阳市中级人民法院公开开庭审理。后法院作出了有罪判决,结果如下:

(1)被告单位沈阳欧亚实业有限公司犯非法占用农用地罪,判处罚金人民币120万元;犯合同诈骗罪,判处罚金人民币300万元;犯对单位行贿罪,判处罚金人民币100万元;犯单位行贿罪,判处罚金人民币40万元;数罪并罚,决定执行罚金人民币560万元。(罚金于判决发生法律效力后3个月内缴纳)

(2)被告单位沈阳欧亚农业发展有限公司犯伪造金融票证罪,判处罚金人民币40万元。(罚金于判决发生法律效力后3个月内缴纳)

(3)被告人杨某犯虚报注册资本罪(原指控为虚假出资罪),判处有期徒刑2年;犯非法占用农用地罪,判处罚金人民币60万元;犯合同诈骗罪,判处有期徒刑10年,并处罚金人民币150万元;犯对单位行贿罪,判处有期徒刑1年;犯单位行贿罪,判处有期徒刑1年;犯伪造金融票证罪,判处有期徒刑10年,并处罚金人民币20万元;数罪并罚,决定执行有期徒刑18年,罚金人民币230万元。

被告人杨某不服提起上诉,辽宁省高级人民法院于同年9月6日再次开庭对此案进行了审理,并且当庭作出了维持一审判决的宣判。

辩护思路

辩护人详细审阅了全部卷宗材料,认真听取了被告人杨某及相关知情者对相关事实的介绍,在此基础上进行了多次集体研究、讨论。我们通过综合分析认为,起诉书所指控的6项罪名只有"单位行贿(杨某送给李某的2万美元)"的事实比较清楚,其他各项指控在事实依据或法律依据上则实难认定。

关于虚假出资罪。一个重要事实是,实际上在"荷兰村"运作的资金远远大于指控的数额。因此我们认真审查了该公司的财务账目及相关凭证,通过查账了解到,2001 年 7 月至 12 月,进入“荷兰村”的资金为 5.85 亿港元、230 万欧元;2002 年 1 月至 9 月,进入“荷兰村”的资金为 6900 万港元,合计约折合人民币 7.17 亿元。这一事实可作为否定虚假出资指控的基本客观依据;另外,除沈阳欧亚农业发展有限公司和沈阳欧亚实业有限公司两公司外,其他公司注册后并未实际运作。通过调查我们还发现有的公司,如沈阳欧亚国际咨询有限公司,设立的目的完全是帮助地方政府完成招商引资业绩。这些则可作为否定指控的主观方面的依据。

关于非法占用农用地罪的指控。通过详细阅卷及对相关事实的调查了解到:(1)对荷兰村项目,有关领导曾明确提出,可以“边施工,边办手续”;(2)沈阳欧亚实业有限公司曾经取得了住宅建设的全部许可证,包括房屋销售许可证;(3)因没有交纳土地出让金,上述许可证又相继被有关部门收回;(4)沈阳欧亚实业有限公司在建设中为政府垫付了一些费用;(5)沈阳欧亚实业有限公司公司向政府有关部门报告请求,以政府欠其款项抵顶土地出让金。上述事实均有证据支持,是我们对该罪名辩护的基本事实依据。

关于合同诈骗罪、对单位行贿罪、单位行贿罪。此三个罪名涉及同一事实,即沈阳欧亚实业有限公司为了解决开发建设的占地补偿问题需开发新的耕地。为此杨某咨询了有关人员,接受了相关人员提出的变通方法,即“可以买别人造好的地”,委托土地部门的工作人员张某旭具体操作。在操作过程中付给张某旭(实际是张某旭私自截留)25 万元,被认定为单位行贿罪;付给“造地者”(法库县规划土地管理局)“造地费”98 万元,被认定为对单位行贿罪;后因政策变化,规定用于“占补平衡”的耕地统一由土地整理中心管理,因而沈阳欧亚实业有限公司“购买”的“别人造好的耕地”又被该中心收购。

为此该中心支付了316.6万元给沈阳欧亚实业有限公司,被认定为合同诈骗罪。上述事实表明,沈阳欧亚实业有限公司为了解决开发建设用地的“占补平衡”问题而购买耕地,并无利用合同进行诈骗的主观故意。后来改耕地又被收购并非其主动出让且并非家耕地,故也不存在诈骗的事实。关于沈阳欧亚实业有限公司付给“造地者”的98万元“造地费”,沈阳欧亚实业有限公司取得了等额发票,认定为对单位行贿罪没有证据支持;张某旭截留的25万元并不是沈阳欧亚实业有限公司主动给付的,不应认定为单位行贿罪。

关于伪造金融票证罪。此项指控的基本事实确实存在,沈阳欧亚农业发展有限公司在一年多的时间中确实伪造了诸多相关金融票证。但我们注意到,沈阳欧亚农业发展有限公司伪造这些金融票证的目的是虚增公司业绩,其所伪造的票证无一进入金融流通领域,并没有实际侵害金融秩序。因此,对该行为的定性问题质疑,既有理论价值,也有实务价值。我们提出对该项事实应定性为“提供虚假财会报告”,并且,此前已有其他法院的判例在先。

辩护词(一审)

审判长、合议庭:

受本案被告人杨某的委托,北京市京都律师事务所指派田文昌、曹树昌两位律师担任其涉嫌虚假出资、非法占用农用地、合同诈骗、对单位行贿、单位行贿、伪造金融票证一案的一审辩护人,依法参与本案的审理。介入本案后,我们依照法定程序多次会见了被告人,查阅了卷宗材料,特别是通过庭审调查,辩护人认为,本案的部分事实比较清楚,但同时又必须指出:起诉书关于虚假出资罪、非法占用农用地罪、合同诈骗罪、对单位行贿罪、伪造金融票证罪的五项指控,或证据不够充分，或定性有误。请合议庭在合议本案时对涉及上述五个罪名的相关证据及行为性质的认定给予足够的重视。辩护人发表的具体辩护意见如下：

一、关于虚假出资罪

根据我国《刑法》第159条的规定，虚假出资罪是指公司发起人、股东违反公司法的规定未交付货币、实物数额巨大、后果严重或者有其他严重情节的行为。最高人民检察院、公安部《关于经济犯罪案件追诉标准的规定》，对此罪名又作出了具体的司法解释。在该规定中规定：虚假出资涉嫌下列情形之一的，应予追诉："1、虚假出资……给公司、股东、债权人造成的直接经济损失累计数额在十万元至五十万元以上的；2、虽未达到上述数额标准，但具有下列情形之一的：①致使公司资不抵债或者无法正常经营的；②公司发起人、股东合谋虚假出资、抽逃出资的；③因虚假出资、抽逃出资，受过行政处罚二次以上，又虚假出资、抽逃出资的；④利用虚假出资、抽逃出资所得资金进行违法活动的。"

正确认定荷兰欧亚国际贸易公司的行为能否构成虚假出资罪，应当在所查清的客观事实基础上正确适用上述法律规定。

（一）本案所涉及的事实

1. 辩护人对控方所指控的广东英豪公司的"走账"资金被沈阳欧亚实业有限公司（以下简称欧亚实业公司）记入"资本金"的部分事实不持异议。但欧亚实业公司用于注册的7480万元货币资金与广东英豪公司"走账"的7150万元的差额——330万元的来源及所有者，全部庭审证据都未予证明，起诉书也没有指控这330万元资金的非法性。我们有理由认为，这330万元资金是荷兰欧亚国际贸易公司在设立沈阳欧亚实业有限公司之初的合法投入。此乃基本事实之一。

2.2001年7~12月,进入“荷兰村”的资金约5.85亿港元、230万欧元;2002年1~9月,进入“荷兰村”的资金约6900万港元。合计约折合人民币7.17亿元。这些资金大多数用于“荷兰村”建设、经营之中。因律师调查手段的限制我们没能看到荷兰村各公司的财务账目,这些数据是相关财务人员根据记忆向辩护人提供的。这些事实法庭应当,也是可以查明的。此乃基本事实之二。

3.起诉所指控的荷兰欧亚国际贸易公司在“荷兰村”各公司的“虚假出资”额约2亿元,而实际在“荷兰村”各公司运营的资金却是约7亿元。此乃基本事实之三。

4.虚假出资指控所涉及的沈阳欧亚国际咨询有限公司等公司并没有实际经营。

(二)本罪的犯罪构成分析

1.关于犯罪主体。根据起诉书的表述,“虚假出资”的行为主体为荷兰欧亚国际贸易公司,但起诉书并未起诉该法人单位。如果没有确定该法人主体是否构成虚假出资罪,那么对“直接主管人员或直接责任人员”的处罚就没有法律依据。控方在庭审中意图通过荷兰欧亚国际贸易公司是杨某一人所有,来说明指控杨某的正确性。但我国现行的有关刑事法律对单位犯罪与自然人犯罪的规定是有所区别的。

2.关于本案被告之一——荷兰欧亚国际贸易公司(杨某)的主观故意。本案的相关证据可以表明,荷兰欧亚国际贸易公司“虚假出资”行为的目的,并非诱使对方同自己交易而使对方遭受经济损失,自己获取非法利益。这里我们不排除荷兰欧亚国际贸易公司(杨某)具有为某些人创造政绩(如沈阳欧亚国际咨询公司)等其他的目的,但它不是我国《刑法》所规定的“虚假出资”罪的犯罪目的。

3.关于本项指控的客观要件。依照我国《刑法》第159条的规定,构成本罪在客观方面必须是“数额巨大、后果严重或者有其他严重情节”。对此最高人民检察院、公安部《关于经济犯罪案件追诉标准的规定》中又进一步做了具体的规定。结合本案事实对照这些具体的法律规定我们可以看到:(1)荷兰欧亚国际贸易公司在设立之初虽有出资不实的情况,但实际注入“荷兰村”的资金已高达约7.2亿元人民币(330万元+7.17亿元),这些资金大多数都用在“荷兰村”的建设运营之中。(2)庭审调查中没有证据证明因该“虚假出资”给股东、债权人造成经济损失。需要说明的是,控方在其公诉意见中指出了因该“虚假出资”给某单位造成经济损失,并为了证明此观点而在庭审调查中出示了该单位的民事诉状。辩护人认为,此司法解释所指的经济损失应当是现实的、直接的经济损失。应当以“虚假出资”方是否具有偿还能力,是否拒绝偿还来具体界定,而不应当以尚未履行的债权债务关系来定。(3)案发前“荷兰村”并非资不抵债或者无法正常经营。(4)没有证据证明杨某与谁合谋虚假出资。(5)没有证据证明杨某因虚假出资,受过行政处罚二次以上,又虚假出资。(6)没有证据证明杨某利用虚假出资所得资金进行违法活动。

4. 关于危害后果的分析。社会危害性是一切犯罪都必须具有的本质特征。本案中荷兰欧亚国际贸易公司的“虚假出资”的危害后果是什么呢? 几年的投资建设,虽然产生了对银行、建设单位的一些并非不能偿还的债务。但是客观上“荷兰村”已经拔地而起,屹立在辽宁省城的西北端,其资产远远大于尚未清偿的债务。对此行为的“社会危害性”,应给予客观、公正的评价。

综上所述,依照我国现行法律,结合本案具体事实,无论从主观方面,还是从客观方面,都不能证实荷兰欧亚国际贸易公司的出资行为构成我国《刑法》所规定的虚假出资罪。

二、关于非法占用农用地罪

根据我国《刑法》第342条的规定,非法占用农用地罪是指违反土地管理法规,非法占用耕地改作他用,数量较大,造成耕地大量毁坏的行为。《土地管理法》第43条规定:任何单位和个人进行建设,需要使用土地的,必须依法申请使用国有土地;但是,兴办乡镇企业和村民建设住宅经依法批准使用本集体经济组织农民集体所有的土地的,或者乡(镇)村公共设施和公益事业建设经依法批准使用农民集体所有的土地的除外。

据上述规定,非法占用农用地罪的本质特征,是未依法申请并获得批准而大量占用农用地改作他用。下面辩护人根据本案的基本事实做以下具体分析:

1. 沈阳欧亚实业有限公司进行了土地申请并获得批准的相关事实,可以证明该公司主观上没有非法占用农用地的故意。相关证据有:(检卷10.0016)沈阳市规划和国土资源局2002年12月16日(案发后)出具的《关于沈阳欧亚实业有限公司农转用手续办理情况的说明》:"2001年9月30日,经我局收件窗口将沈阳欧亚实业有限公司报来的有关办理农转用的资料转到用地处……(沈阳欧亚实业有限公司在依法申请)由于沈阳欧亚实业有限公司一直未能按规定交纳有关费用,致使办证过程停止……"(检卷10.0017)沈阳市规划和国土资源局于洪分局2002年12月13日(案发后)出具的《证明材料》证明:沈阳欧亚(李某明经手)履行了区级(农转用)的呈报程序。组卷后交李某明本人报送市局审批。(检12.0001-0004)欧亚实业有限公司李某明(02、12、13)笔录:

"……

"问:欧亚公司的30.3615公顷的国有农用地转为建设用地的手续是你经办的吗?

“答:是我办的。

“问:是什么时间办的?

“答:2001 年 7 月。

“问:讲一下具体经过。

“答:我第一次去是想咨询一下需要什么手续,当时是土地局的王某夏接待的我,给我讲了办理农转用所需要的手续。过了大约半个月,我把手续准备好了,又来到于洪区土地局找到郭某杰,把手续交给郭某杰审批。当时有些手续不符合规定,我又回去改正了。大约是过了一个月,我又把改正好的手续交给了郭某杰。郭某杰说:‘你把文件放在这吧,我们要向区里请示。’

“问:你到沈阳市土地规划局把手续报给谁了?

“答:我报给王某波了。

“问:当时王某波是怎么说的?

“答:王某波说:‘你这 30.3615 公顷土地不是都转为建设用地,应该分得详细一些。其中原来有一部分已经是建设用地,不用转了。’”

这些证据说明沈阳欧亚实业有限公司客观上在履行农转用的申报手续,此可以证明该公司主观上并非想非法占用农用地。

2. 省、市、区三级政府的各种文件、批件、颁发的各种证件等,证明了沈阳欧亚实业有限公司的房地产开发行为,具有明确的政策依据。相关证据:沈阳市人民政府办公厅 2001 年 7 月 2 日办综二字〔2001〕116 号《市长办公会议纪要(房地产开发建设领导小组第七次会议纪要)》第 2 条第 2 项记载:“关于沈阳荷兰村房地产开发有限公司于洪区小韩村‘荷兰村’居住区项目,会议同意该项目实施。鉴于该项目未办理各种审批手续即已开工建设,会议责成市规划土地局对其违规建设行为予以处罚。”但是该会议纪要所附的《批准继续实施项目明细表》明确将该项目列入其中(商业开发占地33.8公顷,拟建总规模71.6万平方米);(检卷10.0055-0060)沈阳国用(2001)字第0078号《中华人民共和国国有土地使用证》,该使用证用途栏内明确为住宅(含商业)。该使用证上盖有"中华人民共和国国土资源部土地证书管理专用章""沈阳市人民政府土地登记专用章""沈阳市土地管理局"的印章,案卷显示,该证据来自沈阳市规划和国土资源局档案(国家土地管理部门);2001年6月11日辽宁省人民政府办公厅第54期《省长办公会议纪要》表明了沈阳欧亚实业有限公司行为的公开性及省政府的态度:"会议责成沈阳市政府进一步做好以下工作:……三是要加快协调和审批工作进度。该项目是通过沈阳欧亚实业有限公司在香港上市筹措股民资金进行建设的,现在资金已经到位,项目运作一定要快捷。各方面要立即着手工作,协调好上述有关问题,并将规划报到有关部门。凡是需要省里审批的事项,省有关部门要尽快完成审批。"此可以证明该项目是得到政府允许与支持的。

3.有证据可以证明"边施工,边办手续"的政策或有关领导类似的态度。这是"荷兰村"项目各种手续不完备的原因之一。相关证据有:(检卷12.0037-0040)沈阳市于洪区物价局局长(原于洪区土地局长)万某海(02.12.26)笔录:

"……

"问:会议(1999年7月小韩村现场办公会)的主要内容是什么?

"答:是给'荷兰村'项目开绿灯,可以先施工,后补手续……李某华还说,杨某的用地、征地,请区土地部门、建委、交通等部门协调支持。(杨某)他们用地就叫他们用,土地局就不要管了。于洪区的土地可以叫(杨某)他们先用,后办手续。涉及需要市里权限的,再协调……"

李某华在(02.11.16)的笔录中印证了他主持了这次现场办公会。

(检卷12.0059-0061)沈阳市于洪区北陵乡小韩村支部书记王某智(02.12.26)笔录中进一步证实:

“……

“问:你讲一下会议的内容。

“答:会议由李某华主持……李某华讲于洪区要给‘荷兰村’项目一切开绿灯,谁不支持、阻挠,于洪区不缺少局长,可以到区委报到。现在杨某要用(199.63亩,位于‘荷兰村’西江街以西,黑山路以南)这块地,小韩村先给腾地,叫杨某先用,以后办手续。征地费、村民的补偿费以后再说。先开工后办手续……

“问:李某华讲的‘先施工,后办手续’指的‘荷兰村’的哪个项目?

“答:李某华讲的项目是‘荷兰村’的所有项目……”

公诉方庭审中提到政府机关应当依法行政,意在表示,如果他们没有依法行政,你取得的手续就不合法,因而你的行为就不合法,因而你就构成犯罪。这种思维逻辑是错误的。政府机关应当依法行政,这是正确的。同时他们还负有宣传国家法律、政策的义务,特别是对于外商。政府机关没有依法行政而导致相关手续不完善,可能会导致民事责任、行政责任等。但如果不能证明行为人是采取犯罪手段而导致政府机关没有依法行政,那么其行为可能会不合法,但不是犯罪。一个人的行为是否构成犯罪,应当考察其是否满足该犯罪构成的要件。

4.有证据证明沈阳欧亚实业有限公司并非拒绝缴纳各项费用,拖延缴纳亦有其原因。辩护人当庭出示的、有省领导批示的、沈阳欧亚实业有限公司《关于暂缓缴纳省国土资源厅新征建设用地有偿使用费、耕地占补平衡费的请示》(沈欧字〔2001〕638号),表明了该公司没有缴纳相关费用的原因(资金紧张、政府欠款)及该公司的主观状态(非拒绝缴纳);沈阳市人民政府办综二字〔2001〕101号《市长办公会议纪要》表明:初步认定欧亚实业公司代建工程的7942万元的工程费由市里承担。此《市长办公会议纪要》可以印证前述请示中"政府欠款"的真实性。债务关系不清(沈阳市政府与欧亚实业公司之间互有欠款。欧亚实业公司一直存有"抵顶"的想法),这也是欧亚实业公司没有缴纳各项费用的重要原因之一。

5. 庭审调查表明,"荷兰村"房地产项目的各种手续不完备的根本原因是,各项费用没有及时缴纳。我们认为,没有缴纳费用,产生的是债权债务关系。不能依此来否定各种手续的合法性,更不能依此来推定犯罪。

不可否认,作为商人追求最大利润是其根本目标。能少花的钱少花,能晚花的钱晚花,以使资金发挥最大效用。杨某作为一个商人,也不例外。其追求最大利润的心理再加之政府的"宽松"政策,造成了"荷兰村"项目的各种手续不完备,各项费用一拖再拖的客观事实。但是,现有证据尚不能证明沈阳欧亚实业有限公司主观上具有非法占用农用地罪的犯罪故意。更重要的是,这些手续并非不办,而是正处在办理的过程中。

三、关于合同诈骗罪

依照我国《刑法》第224条之规定,有下列情形之一,以非法占有为目的,在签订、履行合同过程中,骗取对方当事人财物,数额较大的行为构成合同诈骗罪:(1)以虚构的单位或者冒用他人名义签订合同的;(2)以伪造、变造、作废的票据或者其他虚假的产权证明作担保的;(3)没有实际履行能力,以先履行小额合同或者部分履行合同的方法,诱骗对方当事人继续签订和履行合同的;(4)收受对方当事人给付的货物、货款、预付款或者担保财产后逃匿的;(5)以其他方法骗取对方当事人财物的。据此规定,构成合同诈骗罪必须:(1)主观上具有非法占有合同对方当事人财物的目的;(2)客观上实施了《刑法》第224条规定的五种虚构事实、隐瞒真相行为。

(一)相关事实

卷宗材料及庭审调查的证据可以表明:起诉书指控的该"合同诈骗"行为的基本过程,由于政策的变化明显地分为两个阶段:(1)买土地指标阶段。在这个阶段,辽宁省国土资源厅的工作人员——张某旭扮演着一个重要角色。他会同法库县规划土地管理局的相关工作人员为沈阳欧亚实业有限公司购买了一块尚未纳入国家地籍管理的耕地(1600余亩)。(2)土地被收购阶段。庭审证据表明,涉案土地或称土地指标,并非沈阳欧亚实业有限公司主动卖出,而是被省国土资源厅土地整理中心收购。被收购的主要原因是政策的变化——所造土地必须收到国家耕地储备库。客观地区分上述两个阶段是客观、实事求是地审查、判断相关证据,正确认定本项指控的基础。

(二)犯罪构成分析

1. 关于本罪的主观要件

(1)沈阳欧亚实业有限公司为什么要买土地指标(造地)?这是所指控行为的起点,通常能够探究行为人的主观动机。如果沈阳欧亚实业有限公司的行为构成合同诈骗,在此应当有所表现。但庭审证据却是相反的证明:(见检卷15.0145-0151)张某旭(03.3.19)的讯问笔录:

"……

"问:欧亚实业公司在法库造地的事,是因为什么提起的?

"答:2000年年初,欧亚实业公司要在造化征用土地,当时关于土地征用方面有'占补平衡'的规定。当时杨某向我咨询这方面的事。我告诉他现在征地和原来的不一样了,需要补充耕地,我就把'占补平衡'的事向他解释了一下。杨某他不懂这方面的业务,他公司也找不出合适的人,所以就请我帮忙……”

该证据证明了,也是可以查明的是:(1)此时出现了“占补平衡”的新规定,要搞开发建设,必须造地或者买指标;(2)杨某不懂这方面的业务,更谈不上诈骗的主观故意。

(检卷15.0052-0064)省国土资源厅副厅长李某(2000.10.17)讯问笔录:

“……

“问:你是否向杨某提供过造地的建议?

“答:在我家,我向杨某说过办理造地要办哪些手续,还跟他说过可以买别人造好的地,用以抵顶征地。

“……”

上述一位是省土地厅的领导,另一位是省土地厅的工作人员,两份笔录至少证明了两个问题:一是这件事的起因是“行家”给欧亚实业公司(杨某)出的主意;二是买指标(造地)的目的是适应政策的变化,为继续开发用地的“占补平衡”之用,而不是骗取谁的财物。

(2)沈阳欧亚实业有限公司为什么要卖地?庭审中的相关证据有:(检卷15.0152-0157)张某旭(02.10.27)讯问笔录:

“……

“问:苇子沟这块地的收购是怎么回事?

“答:这块地验收以后,不长时间,国家有政策,造地必须收购到国家耕地储备库。杨某征地的项目也没谈成,但这块地已经验收了。如果不收购到储备库的话,就没法抵顶。再加上整理中心收购这块地以后,也可以从中赚取差价。李某就找到我谈要收购这事,让我通知杨某……刚谈收购时杨某不太同意。因为他明白抵顶他可以省

700多万元。”(张某旭的此说法十分客观,不但说明了当时的政策变化,还道出了土地整理中心收购该地的目的、动机。)

(检卷15.0158－0167)张某旭(02.10.17)讯问笔录:

“……

“答:杨某想办理扩大欧亚集团土地面积,想将造化地区土地征用。杨某对我说:‘找一块造好的地,你具体地去办一下,要人有人,要钱有钱。’

“问:当时你们具体怎么谈的?

“答:当时谈的就是想找一块造好了的耕地,用来抵顶将来他所要征用造化项目的耕地。具体事情他让我来办。因为他对这样的事不懂怎么办……这期间就发生了变化。因为杨某准备在造化征地的项目没有谈成。其间,政策又有变动。以前造地抵顶征地的政策废止,只能由国家收购。这样我就将这件事先后和杨某、阎某打电话说了。开始他们不情愿,还想用这块假造的地顶要征地交的钱。但是,征地没谈成。后来就同意了。”

(检卷16.0006－0021)张某旭(省国土局工作人员)讯问笔录(2002.11.5):

“……

“问:杨某在法库找造好的地干什么?

“答:做他在造化征地做补充耕地用。

“问:这个目的达到没?

“答:没有达到。

“问:为什么没达到?

“答:因为土地整理中心把这块地收购了。因为整理中心成立后出台政策是自己占地自己补不行,必须由他们收购后统一管理。”

庭审中,被告人杨某说:土地整理中心把这块地卖给了大连,卖了3000多万元。查清此事非常容易,此可以印证张某旭的“他们可以从中赚取价差”的说法,证明张某旭证明的客观性。

张某旭对上述事实的描述清楚地表明:欧亚实业公司卖地是出于无奈,并非其为追求钱财主动卖地,而是依照国家政策的变化而被收购。

通过对上述买土地指标(假造地)及土地被收购的两个阶段的事实的分析,可以得出较为确切的结论——欧亚实业公司(杨某)在这一事件的整个过程中,主观上不具有骗取对方当事人财物的目的。

2. 关于本罪的客观要件

我国《刑法》第224条对合同诈骗罪的客观要件采取了列举式的规定。根据罪刑法定原则,如果沈阳欧亚实业有限公司构成合同诈骗罪,其行为至少应符合《刑法》第224条规定的五种情形中的一种。现结合本案事实,我们一一对照分析:

庭审证据表明:本案中只有两份合同。一是沈阳欧亚实业有限公司同法库县卧牛石乡苇子沟村签订的《荒滩开发利用协议》;二是沈阳欧亚实业有限公司同辽宁省土地整理中心签订的《收购储备耕地协议》。此两份协议沈阳欧亚实业有限公司都以实名签订,没有虚构单位或冒用他人名义签订合同;该项指控中,《刑法》第224条所规定的(二)、(三)、(四)的情形都不存在;沈阳欧亚实业有限公司的行为是否符合《刑法》第224条所规定的第五种情形,即是否以其他方法骗取了对方当事人的财物呢?该规定的核心是“骗取”,即以虚构事实或隐瞒真相的手段非法取得财物。在沈阳欧亚实业有限公司取得辽宁省土地整理中心的300余万元的过程中,《收购储备耕地协议》是土地整理中心依照政策提出收购并带有强制性手段签订的;价格是土地整理中心确定的;1600余亩耕地是客观存在的并且是地籍上没有的。可见,沈阳欧亚实业有限公司没有任何虚构事实或隐瞒真相的“骗”的行为。

庭审中,公诉人指出《荒滩开发利用协议》是不合法的,因为该协议的标的物——1600余亩土地中有800多亩是尖山子水库的,不归苇子沟村所有。对此,辩护人要指出的是:第一,合同不合法不必然表明是骗;第二,一方卖了不属于自己的东西更不能说对方在骗。

公诉人还指出,沈阳欧亚实业有限公司没有真正地开发荒地,是假造地。这是本指控中唯一有虚假嫌疑之处,有必要予以说明:首先,假造地是说造地的手段虚假,但耕地——被收购的标的物——是真实的。其次,沈阳欧亚实业有限公司的法定代表人杨某并不知道假造地,更为确切地说,他根本不懂得何为造地,何为买指标(假造地)。他在主观上充其量是一种过失,而过失是不能构成诈骗的。最后,本案中所谓的假造地的实质就是买指标,买别人已经造好的地。在沈阳欧亚实业有限公司买指标(假造地)的过程中,双方有讨价还价的过程,有催讨造地费(买指标款)的过程,有付款开票的过程。谈不上谁在骗谁,至少不能认定沈阳欧亚实业有限公司存在欺骗的行为。

四、关于对单位行贿罪

在沈阳欧亚实业有限公司所付出的120万余元造地费(买指标款)中,有98万元被起诉书指控为对法库县土地局行贿。这98万元欧亚实业公司分两次支付,其中有20万元至案发时还在该县土地局的账上,另78万元被该土地局的领导支配使用。对此98万元性质的认定应以前述的“合同诈骗”的相关事实为基础。辩护人在此需要补充说明的是,提请合议庭在合议本诉时对下述事实给予关注:(1)此98万元是张某旭与法库县土地局、卧牛石乡土地管理所的有关人员商定的造地费的一部分(600元/亩);(2)沈阳欧亚实业有限公司全部“造地费用”都是经张某旭之手付出的;(3)沈阳欧亚实业有限公司在付出此款后,依照规定索要并得到了正规的造地费的发票;(4)沈阳欧亚实业有限公司的任何人、包括杨某在内都没有去过卧牛石乡苇子沟村,与法库县的相关人员并不相识;(5)沈阳欧亚实业有限公司所支付的款项是为了"造地"。这从相关书证(支票、发票)及张某旭、李某等人的证言中都可以得到证实。

很显然,这笔资金的用途明确,完全不具有行贿款的性质。

五、关于单位行贿罪

起诉书的该项指控中对李某行贿的事实简单、清楚,被告人杨某供认不讳;至于对张某旭所得到的25万元的定性,同样应结合"合同诈骗"的相关事实具体认定。辩护人认为,张某旭私自截留的25万元不应认定为被告行贿。

六、伪造金融票证罪

(一)关于本指控的定性问题

犯罪的本质特征是该行为具有社会危害性,侵害了我国刑法所保护的特定的社会关系。无论是从立法目的还是从司法实践的角度分析,我国刑法关于伪造金融票证罪的规定,所保护的重点都是我国的金融秩序,即某一行为构成伪造金融票证罪,不但要实施了伪造金融票证的行为,而且其行为必须对我国的金融秩序造成危害。辩护人认为,关于"我国《刑法》第177条并没有对该犯罪的目的及犯罪客体做出规定,因此只要实施了伪造金融票证的行为,就构成本罪"的认识,是不符合立法原意的。任何犯罪都必须满足犯罪构成的四个要件,这是没有争议的问题。

起诉书对沈阳欧亚农业发展有限公司的该项指控中,虽然对主体的表述不够客观,但对其伪造金融票证行为目的的表述,却十分清楚:"沈阳欧亚农业发展有限公司董事长杨某为虚增公司业绩……"此表述清楚地表明了沈阳欧亚农业发展有限公司"伪造金融票证"行为的目的,即虚增公司业绩而制作虚假财务账目。此行为的目的指向是我国刑法所保护的公司及财务管理制度而不是金融秩序。此伪造行为是制作虚假财务账目行为的组成部分之一。

庭审中,公诉人提出了“重罪吸收轻罪”的观点。不错,这是我国定罪量刑的原则之一。但是辩护人要提请合议庭注意的是,适用此原则的前提应当是该重罪可以单独成立并应当受到刑罚处罚。比如,以放火(危害公共安全)的手段,损坏他人财物。放火罪(重罪)可以吸收损害他人财物罪(轻罪)。这不仅是行为人具有放火行为,还因为该行为对公共安全(放火罪的客体)造成了危害或构成重大威胁。本案中,沈阳欧亚农业发展有限公司所伪造的金融票证,如果不在金融流通领域使用,则不会产生危害金融秩序的后果,而本案中并无任何证据证明沈阳欧亚农业发展有限公司要将此伪造的金融票证用作他用(如质押、兑现)。因此,仅仅针对此伪造行为而言,不能认定其构成伪造金融票证罪。可见,在此前提下,“重罪吸收轻罪”的原则在此并不适用。

庭审调查表明,欧亚农业发展有限公司所伪造的305张金融票证已经全部进入了其公司的财务账中而并未进入金融流通领域,它所造成或可能造成的危害对象是其他股东或股民的利益,正像有的证人所说的“虚增公司业绩,骗取股民的钱”,所侵害的是我国刑法所保护的公司财务管理制度。这305张假金融票证同假合同、假财务单据等组成了一个完整的行为——制作虚假财务账。

该项指控的全部证据表明:沈阳欧亚农业发展有限公司主观上是为了虚增公司业绩,客观上实施了提供虚假财务报告的行为,伪造金融票证的行为已经融入提供虚假财务报告的行为之中。客观、全面地分析,沈阳欧亚农业发展有限公司伪造金融票证的行为没有并且不可能侵害我国的金融秩序。因此,关于本项指控的定性问题,辩护人提请法庭在审查证据的基础上,客观、实事求是地加以认定。

(二)关于本指控的责任承担者

本项指控的审理过程表明:(1)伪造金融票证的具体行为事实清楚,直接责任人员明确,但关于谁是直接负责的主管人员,证据明显不足。(2)本案关键人物——阎某没有到案,客观上给本案的证明过程造成了严重缺陷。(3)王某、桑某华、李某1、李某2、沈某等证人没有出庭接受质证,使得他们的证言的可靠性缺乏说服力。

重要的是,现有的证据尚不能证明杨某是此伪造金融票证行为的直接负责的主管人员。相反,大量证据明显地将直接负责的主管人员的矛头指向沈阳欧亚农业发展有限公司的财务总监——阎某,请合议庭对此予以认真审查。

综上所述,辩护人认为:本案中关于"虚假出资罪""非法占用农用地罪"的指控证据不足;对"合同诈骗罪""对单位行贿罪""伪造金融票证罪"的指控定性有误;并且在其所指控的"伪造金融票证罪"中,对其中"直接负责的主管人员"的主体身份认定有误。

请合议庭在合议本案时对辩护人的上述辩护观点予以充分考虑。

此致

沈阳市中级人民法院

被告人杨某的辩护人:

北京市京都律师事务所律师　田文昌　曹树昌

2003年6月13日

补充辩护词(第二轮法庭辩论)

审判长、合议庭:

在第一轮辩论中,关于公诉机关指控杨某涉嫌6个罪名的总体辩护意见已经由曹树昌律师向法庭作出了全面陈述,我现在仅针对两轮辩论中控辩双方争论的焦点问题,向法庭做以下简要的补充说明。

首先,辩护人想对法庭和公诉人表明,无论在任何案件的审理当中,由于控辩双方的职能不同和看问题的角度不同,在对一些事实的认定和分析上可能甚至必然会存在一定的分歧。但是辩护人同时还认为,尽管如此,在任何一个案件的审理当中,我们控辩双方所遵循的都是同一个事实,所依据的都是一些经过共同质证的证据,所执行的都是同一部法律。因此,辩护人认为,通过控辩双方对事实和证据的举证和质证,通过对法律规定的分析和探讨,完全可以以讨论的方式、研究的方式,客观、真实而理性地提出自己的观点,从而向法律提供一个兼听则明的基础。我想,这一点也是我提出自己观点的时候所遵循的一条原则。下面,向法庭陈述具体的辩护观点:

一、关于虚假出资的问题

关于对虚假出资罪的系统辩护意见我不予重复,现只谈几点补充意见。

辩护人认为,在对虚假出资罪的举证质证过程中,控方在举证和质证的内容和方式上存在问题,即控方举证和质证的内容和方式均表明,该证据所反映的只是被告单位抽走注册资金的过程,比如说资金打进来了,过几天又打走了。这种过程只是反映出资金运作的不同表现形式,但是这种运作形式在法律上没有更多的实际意义。因为大家都知道,任何一种资金的运作都在于该资金能否对企业的经营和运作发挥作用,以及能否使企业承担相应的法律责任。而仅仅作为运作资金的一种具体表现形式,却不能说明这个问题。遗憾的是,在控方所举出的证据当中,并没有可以反映投入资金的总额与注册资金总额之间差额的数字。控方证据中所反映的,只是一种大量资金被抽走的、有去无回的概念,而事实上从辩方所掌握的情况来看,却并不是如此。辩方所掌握的情况是资金有去有回,并非有去无回,否则我们对于控方通过多媒体示证所反映出来的巨大的"荷兰村"的项目就难以做出解释。如此显而易见的工程,难道会是凭空而起吗?难道会是从天上掉下来的吗?这个项目的资金含量是有目共睹,人所共知的。那么这些钱是从哪里来的呢?如果能够证明这些钱并非杨某或者杨某所在的公司所投入,那么,可以说明杨某及其公司的投入是虚假的。然而,我们并没有看到这些证据。所以,辩护人认为,这样的举证不能说明问题,资金陆陆续续地打走了,可是"荷兰村"的项目却起来了。资金从何而来?投入的总量是多少?大家记得在法庭调查中我问过杨某,他回答了。我问他注册资金是多少、投入资金总量是多少,大家都听到了杨某的回答,按照他的说法,他投入资金的总量,远远大于注册资金。现在我没有调查,我没有充分的条件去详细调查这些数字。但是我至少可以提出来,控方没有拿出证据来证明杨某投入的资金总量小于他的注册资金总量。那么,在此情况下如何认定他是虚假出资?"虚假"二字以何种事实为根据?这是个很重要的问题。

刚才公诉人提到一个观点,说有一些资金是从境外打过来的,是后打过来的。我没听太清楚,好像是认为这些资金不能算数。如果这样认为,那么,辩护人要强调的是,法律规定虚假出资罪的立法原意是为了保证出资者所设立的公司能够正常运行并能够依法承担法律责任。法律所保护的是这一方面的问题,如资金是否打入,是否投入了预定的项目、投入了正常的经营之中。所以说,从什么地方打来的资金并不影响这个罪名的构成,资金来源问题是另一种法律关系。就本罪而言,在单位有了资金并用于项目建设,并且可以承担法律责任的时候,就不应存在虚假出资的问题。即使是形式上有瑕疵,也不应以形式上的瑕疵作为认定犯罪的依据。

杨某的辩护我听了以后觉得很深刻,我不重复他所说的话,但我认为他的真诚而深刻的陈述,说出了一个问题:无论其出资的过程有没有违法性,却找不出这种行为的社会危害性究竟在什么地方?刑法规定犯罪的本质特征是社会危害性,可是欧亚实业公司的投资行为和开发项目行为的危害性在什么地方,我们看不出来。

辩护人要指出的另一个问题是,公诉人可能没有注意到,控方证据中所反映的主要问题,实际针对的是虚报注册资金的问题。而注册资金能否到位与虚假出资是两个不同的罪名,性质是不同的。所以,如果说注册资金在形式上有缺陷,辩护人并不否认,但是如果说构成虚假出资,辩护人认为没有依据。

那么,注册资金在形式上有缺陷,就是否一定构成犯罪呢?并非如此。对于外资企业来讲,对于资金全部到位的要求是比较宽松的,在时间上最多可以是三年,而“荷兰村”的项目当时也并未超出这个时间,能否认为其构成虚报注册资金呢?这个问题辩护人提出来,供法庭参考。

就从前面的情况来分析,即使说被告单位的注册资金在形式上有缺陷,那么以此对杨某及其公司以虚假出资罪来论处也是不公平的,因为被告实际上确实已将大量资金投入项目之中,因而这种行为并不具有社会危害性,不符合犯罪的本质特征。

二、关于非法占用农用地罪的问题

关于非法占地的问题,我就谈几个主要的观点。目的就是把它理出几个主要线索,根据这些线索我们共同分析这种行为到底构不构成犯罪。

首先,涉及本罪的一个最基本的问题是有无办理土地出让手续。在法庭调查当中已经有大量的证据证明土地出让手续不是没有办,而是正在办理之中。这是有大量证据证明的,是一个最基本的事实。尽管开始杨某可能认识上不明确,他不懂这些程序。但是后来在整个项目的建设过程中,通过咨询和请示后,被告单位一直在办理土地出让的各种相关手续,这个基本的事实是不能忽视和不能否定的。

其次,我要说明的是,土地出让手续必须得办。我在此所强调的并不是指法律规定必须得办,因为法律规定也可以规避,也可以违反,否则就不会发生这种犯罪。我所强调的是,本案在客观上就不存在不办土地出让手续这样的空间,为什么?理由很清楚:合法的土地出让手续是房屋出售和加油站经营的前提。没有土地出让手续,房屋的出售许可证就办不了,加油站也经营不了。杨某的加油站建起来是为了经营的,房屋盖起来是为了出售的,都不是摆样子的。既然加油站要经营,既然房屋要出售,那么没有土地证当然这种目的就无法实现。这个道理人人都清楚,而杨某更清楚。这个现实充分证明了不办土地出让手续而隐瞒真相的客观不可能性。

再次,我要说明的是,手续未能完善的根本原因并非出于法律上的障碍,而是由于土地出让金问题未能妥善解决。那么,既然具有土地出让手续正在办理过程当中的这种事实和证据,又加上该项手续在事实上又不能回避这样一种客观限制,所反映出来问题的实质就越来越明显,正像法庭调查中所表明的:土地出让金问题,是土地出让手续迟迟没有办完的根本原因。也就是说,土地出让手续没有完成的焦点是资金问题,而不是违法性问题。有些项目即使交钱也不能批准,一旦做了就会违法,但本案中的问题却并非如此,而是缴足了土地出让金就能够取得合法性。既然如此,就应当了解土地出让金未能及时到位的原因是什么,这就引出了我所要说明的第四个问题。

最后,土地出让金未能及时到位事出有因。证据显示市政府尚欠被告单位7000多万元,而土地出让金总额是4000多万元,两者之差还有2000多万元。在这种情况下,被告虽然写了报告,做了请示,政府也同意以此两笔账互相抵顶,但是,由于种种原因未能及时抵顶,才造成了土地出让金拖欠的问题。这个责任究竟应当由谁来承担呢?至少也不应将主要责任加到被告的头上。更何况,即便有责任,也属于民事法律关系的范畴之内,不应当追究刑事责任。

刚才公诉人提到一个观点,说这种抵顶是因果关系倒置,理由是应当先交土地出让金,之后再向政府要钱,否则还是被告违法。辩护人认为,在资金抵顶当中不存在因果关系倒置的问题。所谓抵顶是不分顺序的,只是一种相互算总账的关系。钱是种类物,是一种货币形式,是一种价值的体现。当两种债权债务关系发生交叉的时候,需要相互折抵即所谓抵顶,其实是一种很简单的算术。可是由于我们的算术题没有做好,没有做完,才导致这种不该发生的后果。这种责任不应由被告承担,更不应要求其承担刑事责任。

所以,辩护人认为,公诉机关在起诉的时候,实际上回避了或者至少淡化了土地出让金的问题,而把它引向另外一个方向,造成了一种违法性的印象,这种认定是缺乏依据的。

接下来我还要向法庭说明的是,即使在程序上,在办理土地出让手续的过程中违反了有关行政法规,比如说没有及时办理也好,什么按照"三边政策"边办边干也好,即使在这个问题上存在一定的违法性,但由于这种行为是在有正当原因的情况下发生的,就不能认为,至少不能证明被告及被告单位具有非法占用耕地的主观故意。应当明确的是,这个罪是故意犯罪,在主观上应该是明知在非法占用,却不办手续而占用,这才能构成本罪,否则,就会导致客观归罪。因此,辩护人认为,以此对被告及其单位以非法占用农用地定罪缺乏依据,在适用法律上是不公平的。

三、关于伪造金融票证罪的问题

控辩双方关于伪造金融票证罪的争议比较大,这种争议主要涉及两个层面的问题:一个层面涉及对这种行为如何定性;另一个层面涉及被告人杨某在这个问题上应当承担什么责任。

我们先来看定性问题。客观来讲,从证据角度看,控方的证据是有缺陷、有瑕疵的。但辩护人不否认伪造金融票证事实的存在,这个问题不容回避。问题在于,伪造金融票证的行为虽然存在,但是这种在形式上似乎符合伪造金融票证罪特点的行为是否应当以伪造金融票证罪论处?这是对该罪定性时应当认真思考的问题。

辩护人请法庭注意到这样一个问题:犯罪客体是区分犯罪性质最重要的界限。我国刑法规定的各类犯罪中,类罪也好,个罪也好,区分犯罪性质的基本标志主要是指犯罪行为所侵犯的客体。伪造金融票证罪侵犯的客体显然是金融票证的管理秩序。但是本案所涉及行为所指向的客体却并非如此,本案中伪造金融票证的目的是很明确的,就是虚增业绩,这一点在起诉书中也表述得非常清楚而且明确。那么,围绕这个目的所进行的行为,虽然伪造了金融票证,但这些金融票证却无一在社会上公开使用。这说明行为人在客观上并没有实现这些票证本身所标明的价值,在主观上也并没有追求这种价值,或者说既没有实现这样的结果,也没有追求这样的目标。这是一个很重要的、值得特别注意的问题。

公诉人或许会认为,虽然是为了制作虚假财务报告,但是他通过伪造金融票证的手段制作虚假财务报告,最终还是为了追求其不该得到的不正当利益。这种认识从形式上看似乎确有道理。但是,辩护人要强调的是,这种思维逻辑却违背了法律上的一个基本原则。

具体地说，它涉及法律上如何认定因果关系的问题。大家知道，因果关系的链条是往复循环的，具有无限性。而法律规定判断某种因果关系时却只能截取其中的一段，否则就会形成因果关系的无限循环论，就会使此罪与彼罪的界限变得模糊不清，进而导致刑事责任的无限扩大。

就获取利益的目的而言，举一个最简单的例子：吃饭为了什么？吃饭是为了活着，活着是为了工作，工作是为了挣钱。那么能否说是为了营利的目的而吃饭呢？显然不能。正如过去人们经常说为共产主义而奋斗，却不能提出来为共产主义而吃饭的口号一样。所以说，这种认识从表面形式上看没有问题，但细分析起来，它却混淆了因果关系链条中不同层次的关系，这种逻辑在法律上是不允许的。现实生活中曾发生过这样的例子：一个人开车撞伤了他人，伤者在住院时因为破伤风死亡了，接下来，被害人的妻子因悲伤过度又死了；而留下的孩子因没人抚养也病死了……如果将这一系列后果统统加到肇事者的身上，那么，一个交通事故就会引发出一系列故意伤害和间接故意杀人的罪名，这种无限推演的定罪方式在法律上显然是不允许的。

在辩论中，公诉人还提到了牵连犯的问题。辩护人认为，在这个问题上不能简单地理解牵连犯的概念。牵连犯也好，吸收犯也好，目前都还只是一种理论观点，而且是一种直到现在谁也说不清的理论，我自己也说不清楚。正因如此，法律上并没有明确规定牵连犯和吸收犯的概念以及相应的处罚原则。而从理论上讲，对于牵连犯也并不一定统统是从一重罪论处。在不同的犯罪中，有些是从一重罪论处，但是，以目的行为吸收手段行为的也有，以实行行为吸收预备行为的也有。应当如何论处，关键是要看它究竟侵犯了哪一种客体。如果是两个行为都直接发生了危害性，即手段行为和目的行为都发生了危害结果，二者独立性比较强，可能要从一重罪论处。但是，当手段行为没有直接发生实害即没有发生危害社会结果的时候,其手段行为就应当服从目的行为,以目的行为吸收手段行为的原则论处。

结合本案的具体情况,由于被告伪造金融票证的行为既未发生实现金融票证本身价值的结果,也没有追求这种目的,这种行为并未危害国家对金融票证的管理秩序,它所侵害的客体仍然是财务管理秩序。因此,该行为在本质上更符合制作虚假财务报告罪的特征。事实上,制作虚假财务报告罪本身的构成条件已经包含了各种虚假手段,其中也包含了伪造金融票证的手段。那么,按照罪刑法定原则,对于以各种虚假手段制作虚假财务报告的行为,理应也要以该罪论处。这种认识可以说是符合立法原意的。

不久前烟台市中级人民法院审理的东方电子公司案中,被告单位在制作虚假财务报告时伪造银行进账单及相应的对账单多达1509份,金额高达17亿元,仍以提供虚假财务报告罪论处。该判例可以作为对辩护人上述观点的有力印证。

第二个层面是关于对责任人员如何认定的问题。刚才公诉人也谈到,依照法律的规定,法人代表并不一定成为直接负责的主管人员。刑事立法对单位犯罪的责任人员之所以明确规定为两种:一种是直接负责的主管人员,另一种是直接责任人员,就在于法人代表并非一定要对某种具体的单位行为承担刑事责任,这正是刑事责任与民事责任的一个重要区别。

因此,在具体案件中,我们必须依据法律的规定并通过证据来证明单位犯罪中的责任承担者。本案中,法庭调查所出示的全部证据都明显地反映两个问题:第一,伪造金融票证的行为都是由阎某指使的,而阎某又是负责资金运作、主管上市公司财务的董事局副主席;第二,没有任何证据证明杨某知道或者指使此事。我不重复我曾在法庭调查时引证的一些依据,总之,无论是桑某华也好,其他几个人的证言也好,其证明的内容都没有超出一个范围,即在这些证言中,除了一些“应该知道”“肯定知道”之类含糊其词的表达之外,没有一个人能够通过某种具体事实或者场景来证明杨某指使或者知晓这件事。有个别的证言表示杨某知道做假账,包括到银行搞假查询。我们暂时不管这种证言是否真实可靠,即使它是真实的,凡提到这些问题的证言也都只是说杨某知道的是做假账,而没有一个证言说明杨某指使了伪造金融票证。这种情况下,如何能够认定杨某应对伪造金融票证的行为承担责任呢?

更何况,在制作虚假财务报告的手段当中,伪造金融票证仅仅是其多种手段中很少使用的手段之一,既不是唯一的手段,也不是最主要的手段。因为,没有伪造金融票证也可以完成虚假财会报告。伪造金融票证和制作虚假财会报告之间并不具备唯一性的必然联系,只是多因一果关系中的原因之一。正因如此,就不能认为,如果杨某知晓做虚假财会报告就必然知晓伪造金融票证,就应当对伪造金融票证的行为负责。

辩护人注意到公诉人还谈到另一个观点,即杨某虽然没有去指使或知晓伪造金融票证,但是只要他指使或者知晓制作虚假财会报告,他也应当对包括伪造金融票证在内的整个行为负责。这个观点表面上看似乎也有道理,但是辩护人在此必须指出,公诉人在这个问题上犯了一个自相矛盾的错误。我们回到前边谈到的吸收犯和牵连犯的问题,如果把伪造金融票证和制作虚假财会报告当作一个罪来看,行为人应当对这个整体行为负责。但是,公诉人已经把它们作为可以牵连和吸收的两个独立罪名。既然是两个独立的罪名,又有什么理由要求行为人在只知道一种行为的情况下,对于另一种构成其他罪名的独立的行为承担刑事责任呢?这种认识在法律上是解释不通的。当立法上已在两个不同条文中将两种行为规定为两个独立罪名的情况下,我们没有理由要求行为人对他所不知情的另一个能够独立构成犯罪的行为承担刑事责任。

四、关于合同诈骗的问题

在分析被告及被告单位的行为是否构成合同诈骗时,关键要弄清楚以下几个问题:

1. 买地与收地是情势变更情况下所发生的两个不同行为,二者没有必然联系。

被告人买地是为了搞“占补平衡”,事实上是在“买指标”,并非为了事后出卖。在买地过程中,土地掌握在对方手中,土地的情况只有对方清楚,而被告人从未去过法库,也没有见到过这块土地。因此,在这个环节中被告人不存在欺骗对方的可能性。

买地之后,因政策变化所致,省土地厅责令要收回土地统一管理。此时,对该土地的有偿收购并非被告本意,是不以被告人的意志为转移的。并且,收地的价格也是由省土地管理中心确定的。所以,被告人买地时并不了解且更不是为了事后的有偿收购。

综上可见,买地与收地之间并无必然联系,因而在被告人的主观上也分属于两个不同的认识阶段。这是个非常重要的问题。辩护人注意到,本案指控被告人具有诈骗故意的原因之一,就在于在分析案情时混淆了买地与收地这两个缺乏必然联系的不同阶段,将这两种不同的法律行为人为地对接起来,从而推演出被告人具有实施诈骗的主观故意的结论。

2. 本案中被告人没有虚构事实的客观行为,也不存在被诈骗的对象。

诈骗的本质特征是行为人虚构事实,诱使对方上当,而在本案中却无任何证据证明被告人具有这种行为,也无证据证明收地一方受到了何种欺骗。

公诉人认为,被告人在买地时,采用倒签合同的手段假造耕地,后来又高价出售给省土地整理中心,即可以证明被告人构成诈骗。辩护人认为,公诉人在此混淆了两个基本概念,因而也混淆了两个不同性质的法律关系。辩护人注意到,公诉人在法庭调查和法庭辩论中对地使用了两个近似的概念,一个是"造假地",另一个是"假造地"。这两个概念中的三个字完全相同,但是由于顺序之差,含义却截然不同。

我们分析一下,"造假地",是指造出一块假的耕地,如果把造假的地卖给人家,那就是一种欺骗;反过来,"假造地",在本案中是指假借他人之手去改造土地,虽然没有亲自改造,但取得的却是真正的耕地。如果将这种耕地出售,就不存在欺骗性。那么,本案中被告人到底是在"造假地",还是"假造地"呢?任何一块要开垦的土地都要有一个造地过程,没改造的地是不能种庄稼的。这块地可能自己造也可能别人造;可能是去年造的也可能是前年造的。但无论何种情况,只要是造好了的地,就变成了一块经过改造的耕地,而不是"假地",这是最关键的问题。所以,"造假地"与"假造地"是完全不同的两个概念,而本案被告人的行为显然是"假造地",并非"造假地"。如果把这两个概念混淆起来,在认定行为性质时必然会发生错误。

本案中,被告人以花钱买指标的方式得到了一块"假造地",只是表明其在取得土地的过程中具有虚假性。但是,买指标并不构成犯罪,关键在于,被告人是以"假造地"的方式得到了一块已经造好的真正的耕地。而当被告人将该土地作为出让的标的物交付给省土地整理中心时,并没有虚构事实欺骗对方。其实,这个道理非常简单:自己亲生的孩子是孩子,领养的孩子也是孩子。如果说,将亲生女出嫁名正言顺,那么,将养女出嫁又何错之有呢?由此可见,正由于被告人交付给土地整理中心的是"假造地",而不是"造假地",因而被告人在此买卖关系中不具有虚构事实的诈骗行为。

同样的道理,省土地整理中心取得的并非假耕地,而是一块已经造好的真正的耕地,该地经过勘验、测量且价格由收购方确定。所以,省土地整理中心并没有受到欺骗。也就是说,本案中并不存在被诈骗的对象。

五、关于与合同诈骗罪相联系的行贿罪

公诉人认为,被告人向土地局行贿98万元,又向张某旭行贿25万元,双方勾结将此“无偿”取得的“虚假的”土地高价卖给省土地整理中心,使国家遭受损失,因而既构成诈骗,也构成行贿。

辩护人认为,公诉人的这种认识不仅缺乏证据的支持,而且明显地被现有证据所否定。事实是,被告人向法库土地局交付的120万余元是造地款而非行贿款。

首先,120万余元造地款的交付过程是公开的、合法的。证据显示,这些款项均以支票交付且有对方交来的发票,在付款凭证中统统写明是“耕地改造款”或“造地款”“土方款”。这种支付方式足以证明被告人付款时的主观认识。正如杨某在庭上所说:“看到付款单上写的是‘造地款’,我才签字同意,如果写的是行贿款,我是不会签字的。”

其次,被告人所支付的这些款项是无法向土地所有者隐瞒的。证据表明,在买指标的时候,虽然通过法库县土地局经办,但是村里、乡里均有人在场参加商议,且与村里签订了购地合同。在此我们不讨论这个合同的真伪和法律效力问题,我所强调的只是,既然村、乡两级组织明知其土地到了被告人单位受理并且已经商定了价格,就不可能放弃取得土地款的权利。虽然公诉人认为这块土地实际上只有一半属于村里,那么,即使如此,一半的土地也有800多亩,也价值60多万元。这个数字显然是无法隐瞒的。假如法库县土地局在村、乡两级组织不知情的情况下秘密地将土地暗中送给了被告人,被告人还会具有以行贿手段骗取土地的可能性。但是,这种假设并不存在。这就充分排除了造地款变成行贿款的客观可能性。

公诉机关将“造地款”当作“行贿款”所依据的唯一证据,是张某旭的证言。但是,这种证言又怎么能够对抗包括购地合同,付款方式及股款明细,村、乡两级组织参与谈判在内等大量的原始物证、书证呢?众所周知,在《刑事诉讼法》规定的七类证据中,实物证据的证明力明显高于证人证言,以后者(证言)对抗前者(物证)是违反证据认定原则的。

将“造地款”当成“行贿款”所带来的后果是一箭双雕,同时生出行贿与诈骗的两个罪名,这种后果是相当严重的。分明是法库县土地局和张某旭本人私自截留了被告交付的“造地款”,反而说成是被告行贿。这就形同于抢了人家的钱,还逼着人家承认是主动拱手相送。这种逻辑显然是违反常理的。

最后,辩护人还要请法庭注意另一个同样值得注意的问题:如果能够认定被告单位以向县土地局行贿的手段取得造假的土地,又将此假地出售给国家,因而构成诈骗罪。那么,法库县土地局就应当成为诈骗罪的共犯。然而,在本案中法库县土地局却仅仅成为单位受贿的对象。这个问题是无法作出解释的。

关于本案中的其他问题,因另一辩护人已经做过全面陈述,本人不予重复。

希望法庭对以上辩护意见予以重视。

谢谢!

被告人杨某辩护人:

北京市京都律师事务所律师　田文昌

2003年6月13日

辩护词(二审)

审判长、合议庭:

受本案被告人杨某的委托,北京市京都律师事务所指派田文昌、曹树昌两位律师担任其涉嫌虚报注册资本等罪名的二审辩护人,依法参与本案的审理。本案通过一审的法庭调查,特别是通过今天二审中进一步的法庭调查,案件的基本事实已经查清。现依法发表辩护意见如下:

一、关于虚报注册资本罪

一审判决将公诉机关指控荷兰欧亚国际贸易公司虚假出资的罪名改变为虚报注册资本罪。根据《刑法》第158条的规定,虚报注册资本罪是指"申请公司登记使用虚假证明文件或者采取其他欺诈手段虚报注册资本,欺骗公司登记主管部门,取得公司登记,虚报注册资本数额巨大、后果严重或者有其他严重情节"的行为。

庭审调查表明:

(一)关于法庭审理针对本项指控所查明的相关事实

1. 沈阳欧亚实业有限公司与广东英豪科技教育投资股份有限公司的"走账"资金被沈阳欧亚实业有限公司记入"资本金"。辩护人对该事实不持异议。但欧亚实业公司用于注册的7480万元货币资金与广东英豪科技教育投资股份有限公司"走账"的7150万元的差额——330万元的来源及所有者,一审及今天的庭审证据都未予证明。我们有理由认为,这330万元资金是荷兰欧亚国际贸易公司在设立沈阳欧亚实业有限公司时的合法投入。此乃基本事实之一。

2. 注册沈阳海牙大酒店有限公司、沈阳荷兰村房产开发有限公司、沈阳欧亚温室有限公司和沈阳国际咨询有限公司四个公司的资本金为1.255亿港元,注册后数日转入沈阳欧亚农业公司的银行账户，至今仍在“荷兰村”的建设运营之中。

3. 2001 年 7～12 月，进入“荷兰村”的资金约 5.85 亿港元、230 万欧元；2002 年 1～9 月，进入“荷兰村”的资金约 6900 万港元。合计约折合人民币 7.17 亿元。这些资金至今仍在“荷兰村”的项目之中，用于“荷兰村”建设、经营。

4. 一审判决认定荷兰欧亚国际贸易公司在“荷兰村”各公司的“虚报注册资本”额约 2 亿元，而实际在“荷兰村”项目中运营的资金却是超过 7 亿元。

5. 一审判决认定虚报注册资本的沈阳欧亚国际咨询等公司并没有实际经营。实际在运营之中的公司只有沈阳欧亚实业有限公司。

6. 没有证据证明相关虚假文件系杨某指使或是杨某所为。

（二）关于本罪名的法律分析

1. 关于主观故意的分析。

辩护人在此仅根据庭审查明的相关事实提出两个与指控本罪相悖的问题，请二审法院在合议本案时予以考虑：

（1）在“荷兰村”项目中实际运营的资金远远多于“虚报”注册资本的资金额，杨某为什么还要虚报？此不合乎情理。

（2）没有实际经营或者根本没想经营的公司为什么还要设立、还要虚报注册资本？

关于本罪的主观故意，辩护人在一审辩护词中已经做了较为详细的论述：被告人杨某作为一个商人，实实在在地把资金投入了“荷兰村”的项目之中，没有想虚报注册资本，也没有必要虚报注册资本。客观上产生了“虚报”事实的原因之一是财务操作问题，另外也有为了帮助某些政府部门完成“招商引资”的资金额，被告人杨某不具有虚报注册资本罪的犯罪故意。

2. 关于危害后果的分析。

根据我国《刑法》第158条的规定,构成虚报注册资本罪在客观方面有两个要件必具其一:(1)虚报注册资本数额巨大、后果严重;(2)有其他严重情节。社会危害性是一切犯罪都必须具有的本质特征。本案中荷兰欧亚国际贸易公司"虚报注册资本"行为的危害后果是什么呢?又具有什么样的严重情节呢?全部庭审证据对此均无反映。相反,经过几年的投资建设,"荷兰村"已经拔地而起,屹立在辽宁省城的西北端,其资产远远大于尚未清偿的债务。对此行为的社会效果应给予客观、公正的评价。

综上,现有证据尚不能证明荷兰欧亚国际贸易公司"虚报注册资本"的行为后果严重或有其他严重情节;也无法解释被告人杨某为什么要虚报注册资本。因此,认定该罪名并无确切的事实根据和法律依据。

二、关于非法占用农用地罪

根据我国《刑法》规定,非法占用农用地罪的本质特征是,未依法申请并获得批准而大量占用农用地改作他用。下面,辩护人根据本案的基本事实做以下具体分析:

(一)基本事实

1. 住宅建设的全部房地产相关证照都已经取得,它们的主要瑕疵只是没有缴纳费用。

2. 欧亚实业公司与政府有关部门确实存在欠账关系。

3. 有证据表明欧亚实业有限公司想抵顶相关费用。

(二)法律分析

1. 现有证据尚不能证明沈阳欧亚实业有限公司具有非法占用农用地的主观故意,更不应无依据地否定原各种证件的合法性。

庭审调查表明:沈阳欧亚实业有限公司的住宅建设曾经取得过

《土地使用证》《建设规划许可证》《建设施工许可证》《房屋销售许可证》等全部证件(案发后有些被相关部门收回)。这些证件全部为国家相关部门颁发,这些证件本身的合法性毋庸置疑,这些证件的瑕疵只是沈阳欧亚实业有限公司没有按时缴纳相关费用。辩护人认为:这些证件所具有的瑕疵不能否定它们的合法性和效力,更不应依此来推定犯罪。一审判决置当时政府有关"边施工,边办手续"的做法于不顾,置这些住宅曾经取得全部相关证件的事实于不顾,认定"该公司在明知未依法取得农业用地转建设用地审批手续的情况下就开工建设,表明了该公司具有非法占用农用地的主观故意"。这种认定是不客观的,是牵强附会的。

一审判决以"停车场是该公司建成后才交与沈阳客运集团使用的",认定沈阳欧亚实业有限公司构成非法占用农用地罪,同样是不客观的。该公司建停车场并交给沈阳客运集团使用是公益行为,不具有社会危害性,不符合犯罪本质特征。

2. 有证据可以证明"边施工,边办手续"的政策和有关领导类似的表态。这是"荷兰村"项目的有些手续不完备的重要原因。此可以否定被告人非法占用农用地的主观故意。

一审判决关于"'先施工后办手续'的政策是对修建沈阳市高速公路'荷兰村'出口至'荷兰村'的公路这些市政设施而言的"的认定,不符合客观事实。

(检卷 12.0037 – 0040)沈阳市于洪区物价局局长(原于洪区土地局长)万某海(02.12.26)笔录证实:

"……

"问:会议(1999 年 7 月小韩村现场办公会)的主要内容是什么?

"答:是给'荷兰村'项目开绿灯,可以先施工,后补手续。李某华还说,杨某的用地、征地,请区土地部门、建委、交通等部门协调支持。(杨某)他们用地就叫他们用,土地局就不要管了,于洪区的土地可以叫(杨某)他们先用,后办手续。涉及需要市里权限的,再协调……”

(检卷12.0059－0061)沈阳市于洪区北陵乡小韩村支部书记王某智(02.12.26)笔录证实:

“……

“问:你讲一下会议的内容。

“答:会议由李某华主持……李某华讲于洪区要给‘荷兰村’项目一切开绿灯,谁不支持、阻挠,于洪区不缺少局长,可以到区委报到。现在杨某要用(199.63亩,位于‘荷兰村’西江街以西,黑山路以南)这块地,小韩村先给腾地,叫杨某先用,以后办手续。征地费、村民的补偿费以后再说。先开工后办手续……

“……

“问:李某华讲的‘先施工,后办手续’指的‘荷兰村’的哪个项目?

“答:李某华讲的项目是‘荷兰村’的所有项目。”

上述证据表明,“先施工,后办手续”是政府在特定时期的特殊政策,并非杨某非法所为,正是由于这些政策导致有些手续不够完备。

3.有证据证明沈阳欧亚实业有限公司并非拒绝缴纳各项费用,延迟缴纳亦有其原因。

当庭出示的,有省领导批示的、沈阳欧亚实业有限公司《关于暂缓缴纳省国土资源厅新征建设用地有偿使用费、耕地占补平衡费的请示》(沈欧字〔2001〕638号),表明了沈阳欧亚实业有限公司没有缴纳相关费用的原因(资金紧张、政府欠款)及其主观态度(非拒绝缴纳而是申请暂缓交纳);沈阳市人民政府办综二字〔2001〕101号《市长办公会议纪要》表明:初步认定沈阳欧亚实业有限公司代建工程的

7942万元的工程费由市里承担。此《市长办公会议纪要》可以印证前述请示中“政府欠款”的真实性。债务关系不清(沈阳市政府与沈阳欧亚实业有限公司之间互有欠款。沈阳欧亚实业有限公司一直存有“抵顶”的想法),这也是该公司没有缴纳各项费用的重要原因之一。

我们可以再换一个角度看。如果沈阳欧亚实业有限公司想非法占地则这些住宅必定被认定为非法,沈阳欧亚实业有限公司将无法销售这些房屋,将无法获得利润,这肯定不是该公司的初衷。此也可以否定该公司具有非法占地的主观故意。

4. 庭审调查表明,“荷兰村”房地产项目手续的瑕疵仅仅是有些费用没有及时缴纳。

没有及时缴纳费用,所产生的是债权债务关系。拖欠费用与非法占用并非同一概念和同一性质,更何况,拖欠费用是事出有因且原因并非只在杨某一方。因此,不能依此来否定各种手续的合法性,更不能依此来推定犯罪。

三、关于合同诈骗罪、对单位行贿罪、单位行贿罪

一审判决认定“沈阳欧亚实业有限公司在明知其未实际开发耕地的情况下,由被告人杨某代表公司同辽宁省土地整理中心签订收购储备耕地协议,骗取该中心支付的耕地开垦费人民币300万余元”,构成合同诈骗罪。这是一个不客观的认定。

依照我国《刑法》第224条的规定,有下列情形之一,以非法占有为目的,在签订、履行合同过程中,骗取对方当事人财物,数额较大的行为构成合同诈骗罪:(1)以虚构的单位或者冒用他人名义签订合同的;(2)以伪造、变造、作废的票据或者其他虚假的产权证明做担保的;(3)没有实际履行能力,以先履行小额合同或者部分履行合同的方法,诱骗对方当事人继续签订和履行合同的;(4)收受对方当事人给付的货物、货款、预付款或者担保财产后逃匿的;(5)以其他方法骗取对方当事人财物的。据此规定,构成合同诈骗罪必须是:主观上具有非法占有合同对方当事人财物的目的,客观上实施了《刑法》第224条规定的五种虚构事实、隐瞒真相的行为。但法庭审理所查明的事实却完全可以否定一审的上述认定。这些查明的事实表明:

1. 沈阳欧亚实业有限公司造地(买指标)的初衷是继续开发建设的土地的“占补平衡”,而不是要欺骗任何人。

2. 造地(买指标)的具体做法,是国家土地部门的领导(李某)及工作人员(张某旭)等人出的主意。

3. 由于杨某及公司人员不懂得该项政策也不会操作,所以委托国家土地部门的工作人员张某旭具体操作。

上述有证据支持的相关事实在一审辩护词中均有详细论述。这些事实表明沈阳欧亚实业有限公司主观上没有利用经济合同进行诈骗的故意,客观上也没有诈骗的行为,依法不能够构成合同诈骗罪。

一审判决又认定“被告单位为达到弄虚作假规避国家有关土地政策的目的,给予国家机关和国家机关工作人员财物……构成对单位行贿罪、单位行贿罪”。该认定同样不符合客观事实。

上述认定中“对单位行贿”的金额包含在沈阳欧亚实业有限公司造地(买指标)的120万元之中(98万元)。庭审查明的下述事实是正确认定本项指控时应当予以充分考虑的:有证据表明:(1)沈阳欧亚实业有限公司造地(买指标)是为了继续开发建设;(2)该公司付出120万元后取得了1600亩土地指标用于继续开发;(3)该公司付出此120万元后索要并取得了“造地费”的发票;(4)全部操作过程均是该公司委托国家土地部门干部张某旭所为,该公司的人员包括杨某均没有实际操作甚至没有去过卧牛石乡苇子沟村。

上述事实表明,沈阳欧亚实业有限公司付出的120万元是为了造地(买指标)而并非要对单位行贿。该单位实际取得了1600亩土地指标及“造地费”发票的事实,以及张某旭当庭证实的“买指标是当时惯用的形式之一”“造地(买指标)的价格是其和张某跟当时的法库县土地局局长胡某广、地政科长孙某春协商确定”的事实,进一步印证了沈阳欧亚实业有限公司付出此120万元的主观目的。因此,该项“对单位行贿”的指控不能成立。

关于沈阳欧亚实业有限公司向原省国土资源厅副厅长李某行贿2万美元的事实,被告人杨某没有进行辩解,辩护人亦不持异议。

但是,张某旭所得到的25万元人民币,辩护人认为应结合沈阳欧亚实业有限公司造地(买指标)的事实,结合该过程均是张某旭来具体操作的事实予以客观认定。张某旭私自截留的钱不应认定为被告单位行贿。

四、关于伪造金融票证罪

一审判决认定“沈阳欧亚实业发展有限公司为虚增公司业绩,财务人员按照杨某的授意,采取伪造金融票证等手段造假账……构成伪造金融票证罪”。辩护人认为,一审判决的认定存在下述问题:(1)对于该行为的定性错误;(2)对承担责任的自然人主体认定有误。

关于该行为的定性问题辩护人在一审辩护词中已经做了详细论述。我们认为,沈阳欧亚实业发展有限公司只是为了虚增公司业绩而伪造了金融票证,其行为没有危害金融管理秩序。

法庭审理所查明的事实表明,沈阳欧亚实业发展有限公司所伪造的金融票证并没有一张作为常规的金融票证用途(如质押、兑现)使用,而是与假合同、假财物单据一起用于虚增公司业绩。对此,检察机关的指控及一审判决都予以认定。此表明,此行为的目的是虚增公司业绩,行为的结果并没有扰乱金融秩序。其行为不应以伪造金融票证罪定性。在此仅强调一点,请二审法院在合议时予以关注。

关于沈阳欧亚实业发展有限公司的前述行为是否应当由被告人杨某承担刑事责任的问题,根据我国《刑法》第31条的规定,应当由“直接负责的主管人员”和“其他直接责任人员”来承担刑事责任。但是,一审及今天的法庭审理所查明的事实表明,沈阳欧亚实业发展有限公司是上市公司,其管理相对规范,分工相对明确;公司负责财务工作的是财务总监,而该公司财务总监是没有到案的犯罪嫌疑人阎某。不能因实际“直接负责的主管人员”阎某没有到案就要杨某来承担此刑事责任。

综上所述,辩护人仍然坚持一审的基本辩护意见,我们认为:本案中关于虚假出资罪、非法占用农用地罪的证据不足;对“合同诈骗罪”“对单位行贿罪”“伪造金融票证罪”的认定定性错误。并且在所认定的“伪造金融票证罪”中对承担责任的自然人主体认定有误。

请合议庭在合议本案时对辩护人的上述辩护观点予以充分考虑。

此致

辽宁省高级人民法院

被告人杨某辩护人:
北京市京都律师事务所律师　田文昌　曹树昌
2003年9月6日

补充辩护词(二审第二轮法庭辩论)

结合庭审查明的事实,辩护人发表如下补充意见:

一、关于合同诈骗罪

关于本案中杨某及其单位能否构成合同诈骗罪,辩护人简要补充发表以下辩护意见：

首先看事实层面，从庭审调查和法庭辩论看，无论是买指标也好，假造地也好，合同倒签也好，对于这些情况，很难得出杨某知情的结论。张某旭当庭的证言清楚地表明，杨某对这些事实根本就不清楚。这些情况希望法庭予以重视。

从法律层面来看，即使杨某什么都清楚，或者相反，杨某什么都不清楚，那么，在这两种情形下能不能构成合同诈骗？下面我们结合一审判决书的认定加以具体分析。

1. 一审判决认定"经查……早已是耕地"（第50页），既然判决认定早已是耕地，这就出现一个问题，既然它确实是耕地，那么在出让时把耕地当作耕地来卖，是不是骗？我们认为，是耕地就谈不到骗，不是耕地才能涉及骗，这是一个核心的问题。

2. "（1600亩土地）有一半属于尖山子水库所有"（第50页）。这就有一个问题，土地不全是苇子沟村的，至少是一半真、一半假，这里确实存在一个虚假成分。但是，这种虚假来自何方？究竟谁骗谁？我在一审辩护时已经提到，在这种买卖关系中，只有卖方骗买方，没有买方骗卖方，这是常规，也是常识。而此时杨某的公司是卖方，如果土地一半真、一半假的事实存在，那么，骗人者只能是苇子沟村，或者是法库县土地局，因为只有他们才了解土地的权属关系。不可能是杨某或者杨某的公司，杨某或欧亚实业公司只能是被骗者。

3. "骗取该中心土地开垦费300万余元"（第50页）。我们来探究这个结论是如何得出来的。一审时我们谈到，诈骗必须有标的物和诈骗对象。那么我们来看看标的物是什么？诈骗对象又是谁？

一审判决已经认定"是耕地"。既然是耕地，至于是谁耕的地，跟骗有没有关系，这是问题的关键。一审时我举过一个亲生女和养女的例子：亲生女是孩子，养女同样是孩子，亲生女出嫁与养女出嫁同样是嫁女,不能说嫁亲生女才是嫁女,嫁养女就是骗人。现在我再举一个更明显的例子,比如钓鱼,甲的钓鱼技术很高,钓到了十斤鱼,十斤鱼都拿到市场去卖;乙钓鱼技术差,一条鱼都没钓着,但是为了争面子就从别人钓的鱼里买来十斤,也拿到市场去卖。如此,能说因为乙卖出的十斤鱼不是自己钓的,而是别人钓的,就认定乙卖的是"假鱼",就是诈骗吗?

那么,同样的道理,买一块别人造好的地,与自己开发造地,在本质上有什么区别吗?我想说明的是,这只是一种价值交换方式,是一种取得标的物的过程,所以,只要卖出去的是真的耕地,就不是骗;如果杨某卖出去的是一块荒地,是一块假耕地,又将假耕地当作真耕地去出卖而获取利益,那样才符合诈骗的特征。而本案的事实却并非如此。我想,这是控辩双方包括法庭都应当引起重视的一个问题。这个罪名涉及的证据很多,涉及的问题也很多,但是,关键的问题还是被告卖出去的土地是否是耕地。如果检察员能够用证据证实这块地是假的,并非耕地,那么,辩护人无可辩驳,完全同意一审判决的意见。

4."根据《处理意见》,证实辽宁省土地整理中心将该宗土地用于其他单位作占补平衡是在受骗的情况下实施的……损失了人民币300万元"(第50~51页)。辩护人反复分析,看不出"损失"在何处,又是何人造成的。辩护人想象了几种可能性:

一是这块地是假耕地,可能导致损失,但一审判决已经认定地是真耕地。

二是因为这块地的权属不完全是苇子沟村的,一半是苇子沟村的,一半是尖山子水库的,那么是谁在骗?作为全程操作该宗土地交易的张某旭来说,也是直到9月6日的法庭上才知道这一事实。除非杨某能越过张某旭先知先觉,否则他不可能知道1600亩土地权属的真相。无论是从常理还是从证人证言分析，只能是卖方骗买方，不可能是买方骗卖方。所以，骗人的一方只能是苇子沟村或者法库县土地局，怎么也轮不到杨某或者杨某的公司。

三是如果这块地在地籍图上已经有标记，是本来已经在册的地，所以根本就不符合占补平衡的条件，那还有骗的可能性；但恰恰这块地在地籍图上没有标记，就是一块提前一两年造好的地，所以这种问题同样不存在。

辩护人注意到检察员发言时谈到违法性问题，我们认为这个问题并不重要，因为违法或合法与诈骗关系都不大。退一步来讲，就算违法，那也得看它违什么法，只要不是诈骗就不具有刑事违法性。

辩护人还注意到法庭出示的辽宁省国土资源厅所作的《情况说明》，辩护人认为这个《情况说明》至少存在两方面的问题：一个是其本身不能说明确定的事实，而只说明事物的发展还处于不确定状态，“由于……数量不足，尚未完成置换”不能说明什么问题；另一个更为重要的问题是，这个《情况说明》证明作用倒置，犯了循环印证的错误，先引用“8·03”专案组认定“非法用地”，再接着用这个认定来证明其损失，这种前提与结果倒置的“证明”，显然是不具有证明力的。

在谈到损失时，辩护人还注意到检察员讲：“不能用于占补平衡，才需要置换。”那么，为什么不能用于占补平衡？又回到原来的问题上去了，我们还需要把问题分析透彻一些。如果是造好的地，就不存在不能用于占补平衡的问题；其他原因如果是因为地籍问题，那么连张某旭都不知道，和杨某也没有关系。所以，不能用于占补平衡这个“因”，与杨某及其公司买地卖地这个“果”，两者之间没有任何必然联系。

总体来讲，关于合同诈骗罪谈了这么多，主要围绕两个问题，一是对事实的认识，二是对法律的认识。通过详细分析可见，事实的认识已经显得不太重要,因为对事实认定的分歧主要在于杨某知不知道是买了造好的地。更为重要的是法律层面的问题:即使杨某知道买来的是已经造好的地,也不能认定是合同诈骗,因为在第一个环节当中,杨某或杨某的公司只有被骗的可能,没有骗人的可能;在第二个环节当中,杨某或其公司卖出的土地是真实的,是拿耕地当耕地卖,没有卖假地,没有"把骡子当马卖",至于价格,是双方协商确定的。

所以,无论从任何角度都无法认定被告构成合同诈骗罪。

二、关于行贿罪

一审判决认定"欧亚实业公司应将土地开垦费给合同的另一方……却将人民币98万元支付给法库县规划土地管理局"(一审判决书第51页)。在法庭上,张某旭在接受辩护人发问时回答,把钱给土地局而不直接给村里是通行做法。

姑且先将张某旭证言放到一边不谈,我们先看案件事实,庭审调查表明,合同是卧牛石乡乡长、苇子沟村书记在场的情况下与苇子沟村签订的,不是单独与法库县土地局签订的,这一事实表明,欧亚实业公司与法库县土地局相勾结欺骗苇子沟村暗中交易的可能性并不存在。如果欧亚实业公司与法库县土地管理局之间关起门来签订合同,那么,这双方联合起来瞒骗苇子沟村的可能性还存在。但是,合同是公开签订的,一方主体是乡与村,土地每亩多少钱,合同上写得清清楚楚。农民对合同上写明的钱数不可能视而不见,眼睁睁地看着杨某将自己应得的卖地款送到土地局去行贿,将土地拱手相送。这种情况下,认定杨某或他的公司用买地款去行贿,在现实当中能不能行得通,我希望二审法庭能够予以重视。

一审判决还认定张某旭、胡某广证实98万元是给法库县土地管理局的好处费。而张某旭当庭陈述讲,这些钱县土地局留下一部分,另一部分给农民作为补偿。我们暂且不说张某旭出庭作证的证词是否真实。我还是用前面的理由否定这个认定:如果从98万元中拿出一半或1/3给法库土地局作好处费,尚能说得过去,如果把98万元全部都给法库县土地管理局,那么,让农民当傻瓜,从常理上就说不过去。

一审判决还认定"25万元从转款的过程及张某旭的证言可以证实这是给张某旭本人的行贿款"(第51页)。同样的道理,合同是公开签订的,造地费在合同上写得清清楚楚,村里知道,乡里也知道,土地局也知道。合同上明面写着的钱谁敢贪污,那是他们自己的责任。如果杨某另外拿出25万元给张某旭,那又是另一种说法,但是事实不是那样。因为杨某的公司支付出去的都是造地费,要回的发票记载的金额与支出的金额一分钱不差。这种情形下认定行贿在逻辑上是不是说得过去?

对于这些特点及冲突,辩护人希望法庭予以充分重视。

三、关于伪造金融票证罪

关于伪造金融票证罪的问题,争议的焦点集中体现在两个方面,一是如何认定罪名,二是如何认定直接负责的主管人员。

(一)关于行为的定性

一审判决认定,"只要实施了伪造汇款凭证等其他银行结算凭证的行为,伪造金融票证罪即告成立"(第62页)。这个表述如何理解?光从字面理解似乎没错误,但是我们不能仅从字面上去理解立法意图。比如,财产犯罪以非法占有为目的,有些条文就没有描述;以侵害他人健康为目的的侵犯人身权利犯罪,社会危害极其严重的故意杀人罪,条文中也没有对犯罪目的的具体描述。这种处理,在立法上叫作简单罪状的表述方式,不是叙明表述方式,因为犯罪意图太明确了。例如,故意杀人罪的目的就是剥夺他人生命权,用不着再写明。

我要说的是,单从条文字面上理解伪造金融票证这个罪名并不完全准确,因为任何一个犯罪必须侵犯一种客体,对于没有侵犯作为社会关系内容之一的犯罪客体的行为,由于它没有侵犯法律所规定的、受刑法保护的社会秩序,那么,法律就没有必要规定其为犯罪,这是一个基本的犯罪构成理论问题。那么,法律规定的伪造金融票证犯罪所侵犯的客体是什么?刑法将它放在破坏金融管理秩序一节,就指明它侵犯的是金融管理秩序。前面另一位辩护人讲到,行为人做了一张假金融票证,但是没使用,只是自己把玩,这种情形能不能定罪?辩护人认为,自己用,就不是犯罪。比如说,在课堂上搞教学,做了一张假的金融票证,给同学们示范,就不构成犯罪。所以,必须有侵犯的客体,才能构成犯罪。如果确有制作假票证的行为,又确定没有侵犯金融管理秩序,就不应以该罪名定罪。

接下来,一审判决认定,"即使按照牵连犯原则适用法律,亦应择一重罪以伪造金融票证罪定罪处罚"(第62页)。这种表述缺乏法律依据。一审法庭辩论时我们已经谈到,从一重罪处罚只是牵连犯的处罚原则之一,除此之外,牵连犯中的关系很多。例如,还有手段行为与目的行为的关系,主行为与从行为的关系,目的行为与结果行为的关系等。正因如此,到目前为止,牵连犯问题在理论上还是一个盲区,在牵连犯的定罪处罚问题上众说纷纭。正因如此,刑法对牵连犯的问题没有规定,所以,一审判决书的"亦应择一重罪定罪处罚"只是一种理解,没有法律依据。

一审判决还说"上述辩护和辩解意见于法无据"(第62页第3行),怎么理解?究竟是辩护和辩解意见于法无据呢,还是一审法院的判决于法无据呢?牵连犯处罚原则的法律依据在哪里?只要实施了伪造金融票据的行为就能定罪的法律根据在哪里?退一步讲,即使辩护和辩解没有法律依据,法院的判决却不能没有法律依据,这是一个重大区别。况且,辩护意见并非于法无据。刑法规定的提供虚假财会报表本身就包含了伪造金融票证行为,而本案中伪造金融票证的行为因为其未追求和实现该票证本身的价值,因而也并未侵犯金融票证的管理秩序。所以,其所侵犯的直接客体恰恰是财务管理秩序,其行为只是提供虚假财会报告的具体手段。更何况,对于同类案例如东方电子公司案,已有青岛法院的判例在先。因此,究竟哪一方面的意见更显得于法有据,希望二审法院能慎重考虑。

(二)关于杨某个人的责任

在讨论完行为的性质之后,接下来还有一个重要的问题,就是谁是事件的责任承担者。一审判决第 62 页认定,“证人证言证实该公司伪造金融票证的行为是杨某指使的”。通过严谨细致的质证,我们可以负责任地对法庭讲,在仔细审查一审判决所列明的这些证据之后,我们可以看到,不管这些证人证言的真实性和可靠程度如何,即使它是基本真实的,但是这些证言谈到的也无非是杨某“可能知道”“应该知道”“肯定知道”,如此而已。那么,这样的证人证言应该怎样理解?从法律角度讲,证人证言只能是、应当是、也必须是证人对亲自感知的事物发展过程的描述。那么,带有主观判断性的言辞是不是可以作为证据使用?比如说“我认为他是一个小偷”“我认为他杀了人”等,很显然,这样的“证言”是不可能作为证据使用的。而这种说法与说杨某“应当知道”“肯定知道”“可能知道”是同一个道理。所以,其效力可想而知。这样的证言绝不能称为一种确实充分的证据,它只是一种主观判断,主观认定。这一点,辩护人特别提请法庭予以重视。

一审判决还讲这些证据“相互印证,足以采信”(第 63 页第 13 行),也就是说这些证明“可能知道”“应当知道”“肯定知道”的证据还可以与其他证据相互印证而得到补强。问题在于跟什么证据印证。跟李某刻章的证言印证吗?那就麻烦了,李某当庭作证时对其以前的刻章的事情全部都否定了。以前证实杨某指使李某刻章,而李某出庭作证时予以否认。那么,这所谓的"印证"从何谈起呢?用本案正确的内容与后来又被否定的内容去印证,其结论不是只能适得其反吗?而且,辩护人特别还注意到这些不确定的证据的指向,它们所指向的恰恰是虚假财会报告问题,而并不是指向杨某知道制作假金融票证的问题。

接下来还有一个重要问题,即杨某是否知道制作假金融票证与杨某是否知道做假账的关系问题。因为做假账不一定必须使用虚假金融票据,即使没有伪造金融票据,用别的方式照样能够做假账。所以说,即使杨某知道做假账也不等于杨某知道伪造金融凭证,或者说,如果杨某连做假账的事情都不知道,那就更谈不上知道伪造金融凭证了。

对于李某证言出现反复的问题,检察员通过分析发现李某与杨某有亲属关系,接下来以有亲属关系为由认为庭审中这个证言不可采信。这个理由确实有些道理。但是辩护人还想提出一个相反的道理,既然他们有亲属关系,这个证言不可信,那么原来的证言为什么就可信呢?既然有亲属关系,他在预审中就不能出卖这个亲属,那他为什么又供认杨某知道呢?由此可见,在两种分析都有道理的情况下,将亲属关系作为证言采信障碍的理由恐怕就可以排除了。我们进一步分析,法庭是一个没有压力的环境,以前的作证环境有没有逼供我们且不谈,但是,至少当时的环境与法庭相比肯定不会比法庭还宽松,这点大家都不会有异议。那么,我们有什么理由否定证人出庭所作的证言呢。检察员还提到,杨某作为公司的主要领导应该知道。这个观点辩护人也表示赞同,他不应该不知道。但是,在法律上应该知道与事实上知道毕竟有一定的差别。因此,"应当知道"仍然还是一种可能性。

前述对证人证言的分析表明,目前为止并没有确凿的证据证明杨某在什么时间、什么地点,知道伪造金融票据和做假账的情况,因为事物的发生和发展是需要时间和空间的。缺乏时间、空间和行为方式描述的言词证据是不能作为定案依据的。

再接下来检察员还讲到一个利益关系问题,即伪造金融票证的行为一旦实施了以后对杨某的公司肯定有利益,对此观点辩护人也想强调两点:第一,什么叫有利益?第二,正如杨某所说,是大利还是小利?如讲到大利,这么做影响杨某的声誉;如讲小利,为了圈点儿钱这么做很不值。我们暂且把两种理解抛开不谈,就假定他确实有利,那么,即使确实有利,如果缺乏主观上的犯罪故意,也还是客观归罪,不能要求犯罪行为的受益者就当然地承担刑事责任,这种客观归罪不符合我国刑法的规定。

四、关于虚报注册资本罪

关于虚报注册资本罪,其他辩护人都已经谈了很多了,辩护人只想强调两点:(1)杨某刚才谈到的外资企业缓交注册资本金的问题,这在一审当中我们已经提到,二审不再重复,请法庭注意到这个问题。(2)杨某表示注册时打进来的钱他都知道,但是钱打出去时他都不知道。这就涉及责任人的问题,如果虚报注册资本的罪名成立,那么,杨某是不是责任人?检察机关的证据提到"走走账"的问题,但是这些证据能否就表明杨某知道?能否认为杨某就是责任人?

辩护人希望法庭仔细慎重地研究这些证据以后再作出认定。

五、关于非法占用农用地罪

非法占用农用地的问题我想简单地补充几句,总体来说,通过法庭调查,辩护人发现这里边应该注意两个最重要的问题:

第一,对高科技农业示范区如何理解。杨某本人一再解释,什么叫作现代高科技农业,什么叫作观光旅游高科技农业。在这类大概念下,办理某些手续是否必须?是不是必备的要件?不办理这些手续是不是就符合现代农业的发展方向?这个方面至少反映出其主观心理态度。

第二,事实方面。除了第一个概念之外,反映的另一个事实是各种手续在办理当中,对杨某的公司来说,不管认识上如何,只要是政府要求办的手续都办了,没有不办理的行为,没有不听招呼的行为。恰恰相反,是在各种优惠政策、特殊政策的支持下办理了各种手续。

我们原来一直强调"手续在办理当中",辩护人注意到检察员刚才提到了这个问题,表达这样一个观点,即使手续在补办,在补办之前仍然是违法的,因为你没有补办之前就先干了,先违法了,后期弥补过错仍然是违法。这个说法辩护人不反对,从一般常理来讲确实如此,但是辩护人要提出的是,补办手续情况的出现不是没有原因的,而是事出有因。为什么补办?因为政府允许这么干。你已经有了各种政策让人家这么干,同时政府已经明确如何办理。那么,为什么迟迟没有办好?是因为土地出让金问题,是因为政府欠荷兰村的钱迟迟不给,政府欠荷兰村的钱比荷兰村应交的土地出让金还多,是大于或小于的关系。所以,在这个问题上,政府政策的允许和不交土地出让金事出有因,这两个条件足以成为阻却违法性的理由。就如现实生活当中,买了别人的东西不给钱,这是违法,但是,如果事先商定先拿货后给钱,则不当场付款即无违法性可言。国土资源部文件也认为"荷兰村"的项目违法,至少是形式上违法。不错,只要没有取得完备的手续,那么,在某种意义上说该项目就还是处在违法状态之中。但是重要的是违反什么法?违反的是行政法律法规,而不是违反《刑法》。因为只有具备了《刑法》规定的全部犯罪构成条件才是违反《刑法》。在政府允许的前提之下,"荷兰村"项目的手续正在办理之中。这一事实表明,行为人不具有违法占地的主观故意。这一点必须明确,否则就会导致客观归罪。

六、关于出庭证人证言的效力问题

如何认定、分析出庭证人的证言发生改变的问题?刚才法庭调查中提到了刑讯逼供,施加压力等问题,我不想谈那么多,因为这个问题目前还缺乏证据。我只想从程序方面分析一下哪一种证人证言的效力更高。

检察员谈到一个观点,侦查阶段所录取的证人证言都是在合法的程序下进行的,所以,原来的证言更真实可信。我们暂且相信或者承认原来的证人证言是在合法的程序下取得的,那么我们来对比一下,证人当庭陈述时,严肃的场面使人敬畏,签字,保证,宣读保证书,面对庄严的国徽接受控、辩、审三方当面质证,也包括接受被告人的反复质证,对于在这种情况下作出的证言其效力应如何看待?再与另一种情形比较,与庭前的供述相比,尤其是这三个证人,他们都是在失去人身自由,被羁押的情况下仅仅面对侦查人员作证,没有法官,没有律师,也没有检察官,更没有面对令人敬畏的国徽。在这种情况下所作的证词,与在法庭所作证词相比较,哪个更为可信,是显而易见的。如果证人出庭作证的证言还不如以前所作的证言真实可信的话,那么,证人出庭作证还有什么意义?法律强调证人出庭作证就是要使证人在法庭上接受各方质证以查明证人证言的真实性。刑诉法明确规定一切证人证言必须经法庭质证才能作为定案的依据。那么,没出庭的证人的证言显然没有经过法庭质证。原来作过证言的证人现在出庭了,前后两份证言应当以哪个为准?显然应当以当庭所作证言为准!我想这是无可争议的事实,不是我们应当讨论的问题,而是法律规定的问题。希望这个问题能引起法庭高度重视。

值得注意的是,今天庭审中出庭证人的情况表明,三个证人中就有两个证人的证言发生了明显的改变,另一个证人的证言也发生了部分变化。暂且把这个证人排除在外,那么,出庭作证的证人证词发生改变的比例也达到了2/3,按申请出庭作证20人的证人总人数算,按2/3的比例,至少有十几个人的证言会有发生改变的可能性。据此可以认为,大部分出庭证人证言内容发生明显改变这个事实,向法庭提出了一个问题,即对未到庭证人证言内容的真实性,我们有理由予以重新审视。

辩护人在此也提请法院对此问题予以高度重视。

谢谢法庭!

被告人杨某辩护人:

北京市京都律师事务所律师　田文昌

2003年9月7日

陈某某被控受贿罪案

案情简介

被告人陈某某在任广东某市海关调查局的副局长、局长期间，某公司人员唐某某于2000年下半年的一天，与陈某、林某某将一台松下牌42寸等离子彩电(价值人民币68,000元)及一台配套接收信号使用的录像机(价值人民币1800元)，送到陈某某的住处(当时陈某某不在家)，安装后离开。一段时间过后，陈某某告诉唐某某该彩电质量有问题，于是，唐某某又派陈某、林某某等人将另一台同品牌、型号的彩电送至陈某某家，换走了该台有质量问题的彩电。据陈某某本人陈述，一个多月后，陈某某又要求唐某某叫人将该彩电搬走。

1999年唐某某曾将一部宝马车交给陈某某使用，前后共使用了三次，最后一次使用后至案发时，因唐某某不知去向，该车一直被放在车库内，其间未年检也未过户。

关于起诉意见书对受贿宝马车的指控，在审查起诉阶段，律师提出辩护意见，指出受贿行为的特征是取得所有权，而此车并未办理过户,亦未年检而一直放在车库中,所有权仍为唐某某所有,应为借用和保管性质,故不能认定为受贿。检察院接受了上述律师意见,在向法院提起公诉时,将此项指控撤销。

广东省惠州市人民检察院2004年1月2日提起公诉,指控陈某某收受行贿人唐某某彩电及录像机,构成受贿罪。将在唐某某所在公司找到的第一次送给被告因质量有问题而取回的那一台彩电作为指控陈某某受贿的物证,没有找到第二次送去的彩电。

对于公诉机关对陈某某受贿彩电的指控,律师作无罪辩护。

法院依法审理查明,采纳了律师的辩护意见,认为公诉机关指控被告人陈某某受贿罪的证据不足,判决被告人陈某某无罪。

辩护思路

关于本案,在充分调查取证等一系列前期准备工作的基础上,着重提出以下焦点问题:

1. 本案取证程序缺乏合法性。经过调查核实,对于公诉机关提交的证据,主要是证人证言,大部分直接采用了监察机关的讯问笔录,有违法律规定。此外,连续长时间违法讯问取得的证据也无法体现其真实性和客观性。

2. 证据内容缺乏可信性。从林某某和陈某两位证人的证言来看,对于送电视机及换电视机的时间间隔,去陈某某家的次数以及更换的电视部件,两位证人的说法存在很大差别。并且其证言只是证实送电视及换电视的事实,并不能否定退还电视机的事实。

3. 未找到赃物,缺乏定罪的基本依据。公诉机关一直未找到指控受贿的赃物即等离子彩电,提供的只是已被换回去的有问题的彩电,这成为本案的关键。

4. 没有证据支持被告人为“行贿人”谋取利益的事实。这将瓦解构成受贿罪的基本条件,起诉书中的“讨好”一词与受贿罪中的请托行为及谋取利益行为并无必然联系,应分清动机与行为的界限,因此,公诉机关适用法律不当。

上述成为本案辩护中重点攻破的核心问题,辩护紧紧围绕证据这个关键问题展开。

辩护词(一审)

审判长、合议庭:

北京市京都律师事务所律师田文昌、蔡景丽受被告人陈某某委托,担任陈某某受贿案一审辩护人。现根据庭审举证、质证的具体情况,提出如下辩护意见:

辩护人认为,本案案情并不复杂,控辩双方争议的焦点,在于如何认定控方证据的效力和如何把握现行法律对受贿罪构成条件的具体规定。

一、关于本案的证据问题

庭审质证表明,控方指控的证据在取证程序和内容上存在以下问题:

1. 取证程序缺乏合法性。

首先,公诉机关提交证据的主要内容是被告人供述和证人证言,其中大部分是直接采用了监察机关即“八·一五工作组”的讯问笔录。依据法律规定,作为指控证据的讯问笔录只能由侦查机关依法取得。由监察机关、纪检部门调查取得的证据(包括证人证言),必须经过侦查机关重新核实之后,才能具备合法性而作为指控证据在法庭上予以使用。但是,公诉机关在庭审举证中提出的两位重要证人林某某、陈某的证词,却大部分是在监察部门调查期间作出的。例如,林某某2002年3月23日(案卷第63~64页)的证言、2002年5月14日(案卷第61页)证言、2002年6月15日(案卷第59页)证言;在陈某的证言中,有3份也是在监察部门调查期间做的笔录。例如,2002年3月18日(案卷第95页)证言、2002年4月1日(案卷第89页)证言、2002年5月15日(案卷第87页)证言。这些调查笔录在法庭上直接使用显然是违反法律规定的,更不能作为定案的证据。

其次,监察机关调取的证据,本身也存在违法性问题。据被告人陈某某讲,在他被"两规"后,曾于2002年4月8日至4月11日,被调查组连续讯问80小时;于5月13日至5月25日,又被连续讯问达300小时,不让其睡觉和休息,并要求他必须说明电视机的去处。因唐某某不在案,无法证明其取走电视的事实,在这种情况下,陈某某才被迫承认电视被他自己扔掉了。但后来陈某某对此说法进行了多次纠正。这种取证的违法性是显而易见的。

以上情况表明,公诉机关的取证程序明显缺乏合法性,因而也难以保证其证据内容的客观真实性。

2. 证人证言内容自相矛盾且不稳定,缺乏可信性。

公诉机关用以指控陈某某受贿一台电视机的主要证据就是林某某和陈某的证言,但是二人的证言不仅存在取证程序的违法性,同时,证言本身也存在诸多矛盾。例如,两人的证言在送电视机及换电视机的时间间隔上说法差别甚大,一人讲是相隔两个月左右,另一人讲是相隔半年左右,其时间差距竟长达四个月之久;在去陈某某家的次数上说法也不一致,陈某开始说只去过一次,之后又说去了两次;在换电视的部件上也存在差异,有时说只换了显示屏,有时又说换了显示屏和音箱。

更使人难以理解的是,在林某某2002年9月9日的证词中,有一段证词与陈某2002年9月24日的证词几乎完全一致,连标点符号都没有差别,请看林某某的证词(案卷第50～51页):“我们从公司(和发公司)拉了一台新的电视过去,把第一次安装的电视的显示器、音箱拆下来,换上新的显示器、音箱,然后我们把换下来的显示器、音箱带走了。”再看陈某的证词(案卷第72～74页):“我们从和发公司拉了一台新的电视过去,把第一次安装的电视的显示屏、音箱拆下来,换上新的显示屏、音箱,然后把换下来的显示屏、音箱带走了。”这种证言是如何取得的?明眼人一看便知,很显然,它不可能完全是证人自己真实的意思表示。公诉机关将这样的证人证言作为指控犯罪的主要证据,其证明效力显然是极不充分的。

3. 证人证言无法否定退还电视机的事实确实存在。

值得注意的是,两位证人所证实的只是送电视及换电视的事实,而陈某某对此事实并不否认,关键问题是陈某某坚持的另一个事实,即事后又通知唐某某取回了电视机。而两位证人对此并不知情,其证言中也没有否定这一事实。

本案中存在一个值得重视的关键问题,即在陈某某的住所并未找到作为受贿赃物的电视机,这一事实在客观上有力地支持了陈某某关于唐某某取回电视机的供述。在此事实的基础上,由于两位证人的证言只能证明送彩电、换彩电的事实而不能否认陈某某退回彩电的事实。因此,即使其内容属实,也不能成为证明被告有罪的直接证据。

4. 未找到赃物,缺乏定罪的基本依据。

在本案中,指控受贿的是一台等离子彩电,但从案发至今,侦查机关并没有查获该赃物。公诉机关提供的《缴赃说明》和《检查记录》只能说明公诉机关找到的是已被换回去的有毛病的彩电,并不意味着查获了陈某某受贿的赃物,因为公诉机关指控被告人陈某某受贿的彩电应该是指第二次送去的彩电,而不是《缴赃说明》中所言缴获的那台彩电。

值得指出的是,在“行贿人”处查获“受贿人”的赃物,在司法实践中是前所未有的“发明”! 这种做法事实上等于公诉机关否定了自身的指控理由。众所周知,在经济犯罪案件中,赃款赃物是认定犯罪不可缺少的重要证据,如果连这个原则都可以放弃,就意味着任何人都可以被随意指控和被随意定罪。而本案所指控的正是一种没有受贿赃物的受贿犯罪。

综上所述,公诉机关对陈某某构成受贿罪的指控证据,取证程序缺乏合法性,证据内容缺乏可信性与关联性。并且,公诉机关未能提供作为受贿赃物的基本物证。因此,其指控被告有罪的证据明显不足。

二、关于法律适用问题

受贿罪的本质特性是权钱交易,即收受他人财物,为他人谋利益是体现权钱交易而构成受贿罪的基本条件。然而,在本案中却找不到任何证据可以证明被告人为“行贿人”谋取利益的事实。我们注意到控方在起诉书中使用了“讨好”一词,但必须指出“讨好”与请托他人谋取利益是两个完全不同的概念,“讨好”只是一种单方面的意向,且属于主观认识的范畴,“讨好”与受贿罪中的请托行为及谋利益行为并无必然联系,在法律上动机与行为的界限必须加以严格划分。法律规定的谋取利益的行为体现的是一种具有实质内容的权钱交易,并不是一种没有具体内容的抽象的感情投资。所以,我国《刑法》明确规定,只有利用职务便利为他人谋取利益而收受他人财物的行为才能构成受贿罪。但是,在本案中既无证据证明一方有请托的表示,也无证据证明另一方有谋取利益的承诺,更无证据证明有任何谋取利益的具体事实。在此种情况下,即使存在被告人收受电视机的事实,也不能认定其构成受贿犯罪。更何况,在案发前唐某某公司的背景是打着公安部企业的旗号,并没有暴露任何走私犯罪的迹象,因而也没有表现出请托被告帮助的需求。值得强调的是,在2001年6月,由被告人亲自指挥调查,破获了一起价值1000万元的走私医疗器械的案件,经查正是唐某某的货物。这一事实恰恰从相反的一面印证了被告人对唐某某公司秉公执法的正当行为。

辩护人认为,为他人谋利益行为是构成受贿罪的法定条件,而公诉机关在没有提供该项证据的情况下,对被告人陈某某以受贿罪提出指控,显属适用法律不当。

综上所述,辩护人认为,公诉机关指控被告人陈某某构成受贿罪证据明显不足,适用法律不当,被告人陈某某不构成犯罪。

同时,辩护人还认为,陈某某作为海关部门打私战线的一个成绩卓著的年轻局级干部,多年来曾荣获多项奖励和荣誉称号。在涉嫌本案后,历经近两年的全面侦查,并未发现任何违法、违纪和犯罪行为,足见其面对各种利益诱惑而能够坚持原则的品质。其曾经毅然拒收数万港元并坚决予以退还的行为事实,足以印证其退还涉案电视机行为的可信性。因此,辩护人希望法庭在注重证据的基础上,对被告人的行为作出全面客观的分析与评价。陈某某的最后陈述令人感慨,因为他面对法庭诚恳地表示,希望尽快洗清罪名后,再为国家继续工作。在此,辩护人在尽到辩护职责的同时,更希望在法庭作出公正的判决之后,陈某某能够早日获释去实现他的愿望。

谢谢法庭!

被告人陈某某辩护人:

北京市京都律师事务所律师　田文昌　蔡景丽

2004年1月18日

崔某被控职务侵占罪、虚开增值税专用发票罪案*

案情简介

本案被告人崔某系大连普兰店一农村妇女，早年与其夫承包工程，后由工程队发展成房地产公司。后因二人感情破裂崔某提出离婚诉讼。2001 年 3 月 20 日，在离婚诉讼的法庭上，崔某突然被普兰店公安局带走，先说其贪污，又说其挪用，最后以职务侵占罪起诉，指控理由是其占有了其夫滕某玉公司的资金，而该公司是集体企业性质。

一审以职务侵占罪于 2002 年 8 月 21 日判处崔某有期徒刑 15 年。崔某不服，提出上诉。

田文昌、曹树昌二律师在二审期间接受崔某家属委托担任其辩护人，二审未开庭而采取书面审理方式，律师提出辩护观点后，2002

* 本案有过多处报道，如《英才》杂志 2004 年 11 月报道“豪门离婚的代价　谁把董事长夫人整进监狱”；中国刑辩网刊登了此案的二审辩护词，被多次转载；等等。

年11月14日,二审裁定发回普兰店市人民法院重新审理。现发表的辩护词系重审以后的辩护词。

重审期间,突然有一名叫李某东的原在税务机关帮过忙的人(系崔某丈夫滕某玉的老乡)到公安局自首,称曾受崔某指使为其七次虚开增值税专用发票。于是检察院补充指控崔某犯有虚开增值税发票罪。

普兰店市人民法院针对这两个罪名于2003年4月16日开庭审理后,撤销了第一次审理时认定并判处15年有期徒刑的职务侵占罪,又认定崔某构成虚开增值税发票罪,判处有期徒刑5年。

崔某不服又提出上诉,大连市中级人民法院于2003年10月28日再次发回重审。

普兰店市人民法院于2004年1月15日第三次开庭重新审理该案后,不仅坚持认定崔某构成虚开增值税专用发票罪,而且将原来判处的有期徒刑5年改判为10年(上诉加刑!)。

崔某不服,第三次上诉后,大连市中级人民法院在第三次二审程序中,于2004年3月11日开庭审理此案,后于2004年7月13日作出终审裁决,宣告崔某无罪。

辩护思路

关于职务侵占罪,一审判决作了有罪认定。有证据证明,本案被告人确实将第十八工程处账上的款项打入自己的信用卡账户及个人特户账上。但是由于本案被告人同普兰店市校办建筑工程公司第十八工程处的拥有者系夫妻关系,这一点引起我们的高度重视。我们认为,本案被告人是否构成“职务侵占罪”的关键是其所“侵占”资金的性质,由于夫妻之间不能构成侵占罪,普兰店市校办建筑工程公司第十八工程处的所有制性质就成了认定该资金性质的重要依据。因此,必须紧紧围绕该企业的性质进行调查取证。

关于“虚开增值税专用发票罪”,控方的证据确实,能够证明有该犯罪事实的发生。但我们同时注意到,控方的证据不能证明此犯罪行为系本案被告人崔某所为。

突破本项指控的主要证据之一是作案时间问题,据投案的开票人供述,在持续进行的多次虚开发票过程中,最后两次是发生在崔某已与其夫闹翻且已离家出走之后,而此时崔某并未去过所谓的合谋开票的犯罪现场,更不可能唆使他人为其夫开具假发票。我们因抓住这个时间差的漏洞,揭穿了伪证者的谎言,最终突破了这一人为造成的证据难关。

辩护词(第一次发回重审)(一审)

审判长、合议庭:

受本案被告人崔某的委托,北京市京都律师事务所指派田文昌、曹树昌两位律师担任其涉嫌职务侵占罪、虚开增值税发票罪一案一审(发还重审)的辩护人,依法参与本案的审理。介入本案后,我们查阅了案卷材料,多次会见了被告人,并参加了今天的庭审调查。我们认为,综合全案证据可以反映以下两个方面的问题:(1)不能证明被告有职务侵占犯罪事实的发生;(2)可以证明确有“虚开增值税专用发票”(偷税)的事实,但不能证明此罪与本案被告人崔某有关。现依法发表辩护意见如下:

一、关于职务侵占罪

根据我国《刑法》第271条的规定,职务侵占罪,是指公司、企业或者其他单位的人员,利用职务上的便利,将本单位财物非法占为己

有,数额较大的行为。关于本案被告人崔某的行为是否符合该条规定的犯罪构成要件,下述已经查清的事实是据以认定的依据:

1. 关于普兰店市校办建筑工程公司第十八工程处的企业性质。

起诉书认为第十八工程处确系集体企业,辩护人认为,这样的认识缺乏事实依据和法律依据。

根据国有资产管理局《关于〈企业国有资产所有权界定的暂行规定〉的说明》的规定:"不应以企业法人登记的企业性质来界定资产的性质,而要追溯企业初始投资的资金的来源,按各种经济成分'谁投资、谁所有、谁受益'的原则确定。"这是界定企业真实性质的法律依据。

在控方出具的相关证据中,仅仅证明了普兰店市校办建筑工程公司是集体企业,而对第十八工程处的企业性质却没有任何书证加以证明,即并不能证明其也是集体企业。那么,根据"谁投资,谁所有,谁受益"的法律原则,控方指控本案被告人崔某犯有职务侵占罪,就应当也必须证明有集体企业向第十八工程处投资的事实,从而证明第十八工程处确属集体企业。而如果集体企业向第十八工程处有投资,则相关财务资料(书证)必定能够予以证明。但是本案已经经过两年多的时间,经过侦查、一审、二审,现又发回重审,控方却仍不能证明集体企业向第十八工程处确有投资。因此应当判定,第十八工程处并非真正的集体企业。

由此可见,起诉书指控职务侵占罪的客体是不存在的。

2. 关于第十八工程处依约定向校办建筑工程公司缴纳了管理费,并依法缴纳税金后的剩余资金性质问题。

现有证据显示,第十八工程处同校办建筑工程公司的关系,实际上是一种承包关系。辩护人介入本案后,在被告人崔某的材料中查找到的一份原始书证(普兰店市校办建筑工程公司法定代表人高某满的“证明”。原件已经提交法庭)进一步证明了这种关系。由高某满亲笔签字的该“证明”表述:“普兰市校办建筑工程公司第十八工程(滕某玉)截至1999年12月30日上交公司所有管理费用以及税款(含营业税、城建税、教育费附加、个人所得税、人民教育基金)全部缴清。”该企业的法定代表人认定“管理费”及“税款”已经全部缴清,那么,除此之外的剩余资金的性质又是什么呢?它既不属于单位(集体),又不属于国家,应该也只能属于私人。客观地讲,第十八工程处(滕某玉)向校办建筑工程公司缴纳了管理费和相关税款后即履行了自己的全部义务。

关于上述资金的性质问题,公诉人在庭审辩论中也作出了客观的表述:校办建筑工程公司确实是只关心管理费和税金是否缴纳,对剩余的钱并不关心。由此可见,公诉人的这种观点事实上已经自行否定了对职务侵占罪的指控。辩护人在此特别提请法庭注意,请法庭对控辩双方依据相关证据已经达成共识的这一观点予以充分重视。

但是,与此同时控方又提出崔某犯有普通侵占罪——意思是崔某侵占了滕某玉的个人财产。由此不难看出,公诉人在纠正了一种错误的同时犯了另一种错误。

崔某与滕某玉至今仍是合法夫妻。庭审调查否定了第十八工程处集体企业的性质,卷宗材料中的相关证据又可以证明第十八工程处系滕某玉和本案被告人崔某共同经营的事实。例如,起诉书认定崔某是第十八工程处的出纳员;滕某玉亦称(2001年3月9日公安询问笔录)崔某“负责十八工程处的现金出纳,每一笔工程款的进出账由她办理。因为她是我的妻子,所以我把公司所有的印章,包括财务、法人等印章都交给她……”这是典型的夫妻共同经营方式。依照我国法律规定,其收入属于家庭共有财产。崔某即使“侵占”了这些资金,其行为也没有触犯刑事法律而应当是民法调整的范畴。因此,崔某的普通侵占罪名同样不能成立。

3. 被告人不具有非法占有本单位财物的主观故意。

非法占有本单位财物的目的是职务侵占罪的主观特征。起诉书指控:"被告人崔某……私自开设了一个个人特户和一个信用卡账户。从1998年9月到2000年3月……擅自将本公司资金……转入这两个账户……全部被其非法占有。"事实是否如此呢?辩护人在庭前提交法庭的"进账单"否定了上述指控。(1)这些进账单否定了"私自"和"擅自"的指控,因为"私自"和"擅自"中隐含着背着他人的隐蔽性,而这些进账单证明了被告人行为的公开性;(2)这些进账单否定了被告具有"非法占有"的主观故意。这些进账单的出票人是被告人崔某,而持票人分别为普兰店市校办建筑工程公司第十八工程处和普兰店市机电设备安装公司,也就是说,崔某在被指控实施职务侵占行为期间又公然地将自己账户上的资金以支票的形式打回被侵占单位。这是不合常理的。可以依此否定被告人具有"非法占有"的主观故意。事实上,崔某是在利用其个人的账户管理公司的财产。

综上,法庭审理所查明的事实表明:(1)集体企业没有向第十八工程处投资(滕某玉在卷宗中也明确表示,签订合同后对方给预付款,所以不需要投资);(2)滕某玉及被告人崔某个人有投资(做工程必定要有相应的机械设备),第十八工程处的财产实际上是滕某玉及崔某的家庭财产;(3)第十八工程处(滕某玉)同校办建筑工程公司的经济关系清楚,不存在债权、债务关系;(4)被告人崔某没有非法占有财物的主观故意。因此,起诉书指控的职务侵占罪依法不能成立。

二、关于虚开增值税专用发票罪

起诉书因普兰店市机电设备安装公司同大连造船新厂在结算劳务时使用了李某东提供的其他厂的空白增值税专用发票,而以虚开

增值税专用发票罪对被告人崔某提起公诉。关于本项指控,辩护人提出如下意见:

(一)关于行为性质的认定

所谓虚开增值税专用发票,是指没有交易事实而开具虚假发票或者开具与营业收入不相符的虚假增值税专用发票的行为。就本案而言,有客观的交易事实(劳务)存在,"虚开"行为的实质是企业逃避缴纳税款的一种手段。起诉书对此行为的定性应进一步研究。

(二)关于行为主体及责任承担者

1. 关于行为主体。

辩护人认为,起诉书的此项指控是模糊、混乱的。如果指控崔某、李某东个人犯罪,应当证明他们的犯罪目的。此类经济犯罪必须具有获取非法利益的犯罪目的,这是构成犯罪所必备的要件。庭审调查(法庭讯问)中,也仅仅证明了李某东每次往返200多里地(7次应当是1400多里),提供虚假发票并且亲自送上门只是为了吃一顿饭。对崔某的犯罪目的却没有一点儿证明材料;如果指控的是单位犯罪,却没有要求该单位的法定代表人出庭受审。

卷宗材料表明,全部开票款240万余元都进到普兰店市机电设备安装公司的单位账户;35万余元的非法利益被该单位享有;被追缴的税款也是该单位缴纳。可见,该犯罪的主体应为普兰店市机电设备安装公司这个单位而非崔某、李某东个人。

2. 关于责任承担者。

本项指控所涉及的基本事实有:(1)普兰店市机电设备安装公司1993年成立(注册为集体所有制)滕某玉为经理,承担法人代表所承担的职责(见卷宗第103页普兰店市个体劳动者协会出具的《法人代表委托(招聘)书》);1998年11月滕某玉签字、经手注销,并且缴回全部公司印鉴。(2)"虚开"行为发生在1998年9月至2000年5月,

“作案”时间长达1年零8个月,“虚开”了7次。(3)普兰店市机电设备安装公司所逃税款已被全部追缴,缴款单位为滕某玉的普兰店市长城船舶修造厂(原为普兰店市机电设备安装公司)。

对上述事实进行合理的分析、判断,不难认定本案的责任承担者。但是无论如何,现有证据不能证明被告人崔某犯有此罪。

(三)相关证据分析

1. 本案现有证据不能证明“虚开”行为与被告人崔某有关。

依照起诉书,此项指控的证据有:滕某玉、滕某林、沙某华、王某成证言笔录;增值税专用发票、税收通用缴款书、普兰店市机电设备安装公司档案材料;公安机关说明材料;被告人崔某、李某东供述笔录等。

起诉书所罗列的这些证据,通过庭审调查可以做出下述客观评价:涉案的虚假增值税专用发票证明了确有“虚开”事实发生,同时卷宗材料证明,这些发票是李某东提供并亲笔填写;税收通用缴款书证明了税务机关向滕某玉的普兰店市长城船舶修造厂追缴所逃税款的事实;普兰店市机电设备安装公司档案材料证明了240万余元全部进入该公司账户;公安机关说明材料说明了案件来源及本案另一被告李某东的“自首”情况;被告人崔某没有作任何供述。

通过分析可以看到,在上述这些“证据”中,除李某东的供述和相关证人证言外,无一书证可以证明被告人崔某参与了此“虚开”行为。而在所谓的证人中,滕某玉应当列为本案犯罪嫌疑人;滕某林是滕某玉的哥哥,与本案有极大的利害关系;沙某华、王某成都是滕某玉的员工,他们的证言又有多大的证明力和可信性?而李某东不能自圆其说的供述纯系伪证。

2. 关于被告人崔某的身份问题。

起诉书认定崔某是普兰店市机电设备安装公司的财务主管,所依据的“证据”同样是上述的证人证言。然而关于这一身份的认定完全可以通过书证予以证明。如税务机关的纳税申报表中必定要填写财务负责人是谁。由于辩护人调查手段的限制,虽亲自到税务局调查亦没有得到相关证据(庭前已经申请法庭依法调取),对于侦查机关而言此项调查极为容易,控方为什么不去调取该书证而要用证明力极差的证人证言来证明呢?

3. 有证据可以否定对"崔某伙同李某东虚开"的指控。

(1)根据原普兰店机电设备安装公司员工杨某证实:"1999年年末、2000年年初崔某夫妇两个为了保险的问题吵得很厉害,崔某在这个时候就离开公司了……"

(2)根据侦查人员对普兰店市机电设备安装公司法定代表人滕某玉的询问笔录(2001年1月3日第5、6页):"问:崔某在几年前做过现金出纳员工作,什么时间不干了?答:她是1994年春天在我公司第十八工程处做现金出纳员工作,1999年年底她与我分居,她就提出不做现金出纳员工作,离家出走。并带走第十八工程处的财务印章等。"

上述证据表明本案被告人崔某1999年年底就已离开公司并且离家出走,而指控"虚开"的时间是延续到2000年5月的。这一重要事实应当引起法庭的高度重视:

首先,被告人已经同滕某玉分居并且离家出走,她为什么还要为本单位或者说为滕某玉开具假发票呢?"分居""离家出走"说明了崔某同滕某玉的感情危机的程度,庭审证据表明,开票款全部进入滕某玉公司的账户,全部非法利益被该公司所占有。客观地分析可以得出肯定的结论:崔某主观上不应当具有"虚开"的故意。

其次,被告人崔某已经离家出走,她又是如何伙同李某东开具假发票的呢?庭审中辩护人多次向亲笔开具发票的另一被告人李某东发问:是否每一次开发票都是崔某找的他?是否每一次开票都是只有他和崔某两个人？被告人李某东虽然吞吞吐吐，但最后还是都给予了肯定的回答；问他是否同崔某有什么特殊关系，回答是没有；问他得到了什么好处，回答只是吃了点儿饭。重要的是，在指控"虚开"的七张发票中，有两张是1999年12月末开出的、有一张开出的时间是2000年5月。按照李某东的说法，既然每次开票都是崔某找的他，既然每次开票都是只有他和崔某两个人，那么，对于崔某已经离家出走之后的三次开票行为又做何解释呢？很明显，控方的有罪证据（"李某东的供述"和"证人证言"）同客观事实之间出现了重大矛盾。对此加以客观分析又可以得出另一结论：客观上崔某不具有伙同李某东开具假发票的条件。

综上，相关证据可以证明"虚开"（偷税）的事实，但不能证明此行为系本案被告崔某所为。相反，却有证据可以否定崔某参与了"虚开"增值税发票的行为。因此，对被告人崔某虚开增值税发票罪的指控同样不能成立。

三、本案存在的问题

本案的侦查、审理，自2001年3月始，至今已经过了两年多的时间。但通过庭审看，本案又并非十分复杂。为什么一个简单的案件会经过如此长的时间，经过如此多的程序呢？这些引起了辩护人的注意。介入本案后，根据种种迹象和证据，辩护人认为本案确实存在一些问题。现向法庭禀明，供法庭合议时参考：

1. 案件来源的疑点。

本案起源于"一个有良知的人"的匿名举报。这个有良知的人是谁？他是否真的是一个有良知的人？他同本案被告崔某又是什么关系？他同"被害单位"——普兰店市校办建筑工程公司第十八工程处又是什么关系？据被告讲，抓她的人开始说她是贪污，后又说她挪用资金，最后以职务侵占被起诉。据此看来，办案人员当时也并不能确定有何种犯罪事实发生,而是仅凭“一个有良知的人”的匿名举报就盲目抓人,并且是在本案被告人崔某同其丈夫(“职务侵占罪”的重要“证人”,“偷税罪”的犯罪嫌疑人)滕某玉的离婚诉讼的法庭上将人抓走。

2.诉讼过程中存在的问题。

本案的第一次起诉是2001年10月,指控本案被告人崔某犯有职务侵占罪,一审予以认定。但是二审法院通过对该案的审查,支持了辩护律师的意见,否定了一审判决,明确指出“普兰店市校办建筑工程公司第十八工程处是否为挂靠企业,该处的资产属何种性质事实不清,证据不足”,发回重新审判。1年半后,普检刑诉〔2003〕52号起诉书重新起诉,仍以“职务侵占罪”诉至法院。而且辩护人注意到,通过法庭审理控方仍没有拿出能够解决二审法院所提出的问题的证据。更值得注意的是,在重审的辩论中,公诉人也表明了“本案的‘被害单位’——普兰店市校办建筑工程公司所关心的只是管理费和税款是否足额上缴,对其他的钱并不关心,因而崔某可能犯有普通侵占罪”的观点。

如果说1年半以前的第一次起诉是认识水平问题的话,那么在1年半以后,在二审法院已经明确指出了问题,在滕某玉已经以10万元的出售金买断了至少尚有340万余元的债权的普兰店市校办建筑工程公司的情况下,新的起诉又将作何解释呢?

起诉书的第二项指控也是十分混乱的(前面已有说明)。值得关注、耐人寻味的是,对有确凿证据(本人亦供认不讳)证明其参与了“虚开”增值税专用发票的人(李某东),可以以没有现实社会危险性为由取保候审,而不能证明其参与犯罪,甚至庭审证据已经否定了其参与犯罪的人(被告人崔某)却一直身陷囹圄,一关就是两年。

3.关于本案证据问题。

客观、全面、充分的证据,是正确定案的保障。根据本案的庭审情况,辩护人认为在证据方面至少存在如下问题,提请法庭给予重视:

根据法律规定,侦查人员应当全面收集能够证实犯罪嫌疑人、被告人有罪或者无罪、罪轻的各种证据。从本案所侦查、指控的证据来看,凡是能够证明被告人无罪的证据都被忽略甚至有被隐匿之嫌。例如,(1)关于职务侵占罪,普兰店市校办建筑工程公司第十八工程处的真实的企业性质及第十八工程处依约定向校办建筑工程公司缴纳了管理费、依法缴纳税金后的剩余资金的性质等方面的证据,侦查人员都没有客观收集,并且在二审法院已经指出这一问题后仍没有去收集。(2)关于普兰店市校办建筑工程公司同十八工程处的关系。卷宗第一卷第147页有一份普兰店市校办建筑工程公司法定代表人高某满为甲方,滕某玉为乙方的文件的尾部(辩护人推测它是一份确定承包关系的协议书),辩护人当庭要求公诉人出示该文件全文而公诉人没能出示。这份重要的文件哪里去了?(3)关于被告人崔某的身份。公诉方出示的是一份1996年的、有崔某签字的工资表,而需要证明的却是被告人1998年至2000年的身份。1998年至2000年的工资表又到哪去了?(4)关于“虚开”罪中被告人崔某的身份,起诉书认定她为财务主管。对此,纳税申报表及企业税务报表必定能够予以证明或否定,但对这些证据却没有收集、提取。

全部庭审调查表明:控方意图证明被告人崔某有罪的(包括身份、行为等)主要是“证人证言”,而这些“证人证言”中有些“证人”与本案有重大利害关系,有些“证言”所证明的同庭审查明的客观事实相互冲突,明显系伪证;甚至有的“证人”本身就涉嫌犯罪。用这样的“证人证言”来证明一个人犯罪,实有欲加之罪之嫌。

综上所述,现有证据不能证明普兰店市校办建筑工程公司第十八工程处系真正的集体企业,不能证明所指控的被崔某"侵占"的340万余元系集体资金,亦不能证明这些资金为滕某玉个人所有,故被告人崔某的职务侵占罪或侵占罪均不能成立;现有证据虽可以证明有"虚开"增值税专用发票行为的发生,却不能证明这一行为系被告人崔某所为或与崔某有关,其虚开增值税专用发票罪名同样不能成立。

此致

普兰店市人民法院

被告人崔某辩护人:

北京市京都律师事务所律师　田文昌　曹树昌

2003年4月16日

辩护词(第二次发回重审)(一审)

审判长、合议庭:

受本案被告人崔某的委托,北京市京都律师事务所指派田文昌、曹树昌两位律师担任其涉嫌职务侵占、虚开增值税发票一案再次发还重审(一审)的辩护人,依法参与本案的审理。本案已经经过了一审、二审、发回重审、再二审、再发回重审的多次审理。辩护人认为,依据控方提出的全部证据不能证明本案被告人崔某犯有职务侵占罪和虚开增值税专用发票罪。本次庭审控方仍然没有提出任何新的证据。因此,辩护人坚持原来向法庭递交的辩护意见,同时特别强调以下几点,供法庭合议时参考:

一、关于职务侵占罪

该项指控能否成立的关键是其所"侵占"的资金的性质。如果不能证明这些资金属国家或集体所有,其他的一切证明则均无意义。

而直至本次开庭，控方所出示的全部证据仍不能否定下述事实：

1. 没有任何国有或集体资金向普兰店市校办建筑工程公司第十八工程处投入。根据“谁投资，谁受益，谁拥有”的实事求是的认定原则，第十八工程处实质上是一个挂靠企业、一个“夫妻店”——纯属私营性质。

2. 起诉书指控的被告人崔某所“侵占”的资金属其家庭所有。(1)辩护人已经提交法庭的、原普兰店市校办建筑工程公司法定代表人——高某满的《证明》证明了这种关系；(2)2001年11月15日滕某玉以10万元出售金买断普兰店市校办建筑工程公司的事实，证明了崔某所“侵占”的340万余元资金非普兰店市校办建筑工程公司所有。这就又从另一个角度否定了涉案资金的“公有”性质。

关于上述资金性质的问题，上一次在本院开庭审理时，公诉人在庭审辩论中也作出了客观的表述：校办建筑工程公司确实是只关心管理费和税金是否缴纳，对剩余的钱并不关心。公诉人的客观表述事实上已经自行否定了其指控职务侵占罪的基础。辩护人在此特别提请法庭，对依据客观证据控辩双方已经达成共识的观点予以充分重视。

二、关于虚开增值税专用发票罪

根据我国法律规定，虚开增值税专用发票罪，是指违反国家发票管理法规，为他人虚开、为自己虚开、让他人为自己虚开、介绍他人虚开增值税专用发票的行为。关于对本项指控的系统辩护观点，辩护人在前一次开庭后提交给法院的辩护词中已经做了客观充分的阐述，希望能够引起合议庭的重视。辩护人在此仅补充强调以下几点：

1. 指控崔某犯有本罪的直接证据仅有另一被告人李某东的供述，而该被告人对自己行为的目的、动机等不能自圆其说，并且与客观事实具有重大矛盾。

2. 其余的相关证人证言则因其身份特殊而缺乏证明力。其中:(1)对于滕某玉、滕某林与本案被告人崔某的特殊关系望能引起法庭的注意;(2)沙某华、王某成都是滕某玉的员工并且是使用非法发票的人,从严格意义上讲也是本案的犯罪嫌疑人。应将他们与本案被告的利害关系因素考虑在内来认定他们证言的效力。

此致

普兰店市人民法院

被告人崔某辩护人:

北京市京都律师事务所律师　田文昌　曹树昌

2004 年 1 月 13 日

辩护词(第三次二审开庭)

审判长、合议庭:

受本案被告人崔某的委托,北京市京都律师事务所指派田文昌、曹树昌两位律师担任其涉嫌职务侵占罪、虚开增值税专用发票罪一案第三次二审的辩护人,依法参与本案的审理。介入本案后,通过几上几下的多次开庭审理,本案的事实更加清楚,脉络更加清晰,辩护人更加坚定地认为崔某无罪。普兰店市人民法院虽然撤销了对崔某职务侵占罪的判断,却仍然认定其构成虚开增值税专用发票罪,并且公然违反上诉不加刑原则,将原来的 5 年有期徒刑又加重到 10 年。辩护人认为,普兰店市人民法院的这种做法不仅是错误的,而且十分具有典型性。辩护人在坚持已经提交给法庭的原辩护意见的基础上,根据今天的庭审调查,仅针对普兰店市人民法院(2004)普刑重字第 9 号刑事判决书关于“虚开增值税专用发票”的认定,依法发表辩

护意见如下:

一、关于行为性质的认定

所谓虚开增值税专用发票,是指没有交易事实而开具发票或者开具与营业收入不相符的增值税专用发票的行为,其基本特征是应该体现一个“虚”字。而本案的客观事实是,普兰店市机电设备安装公司同大连造船新厂有客观的交易事实(劳务)的存在。就大连造船新厂而言,其所接受的发票数额反映了真实的交易关系,其实实在在地应当,也必须支付发票的票面金额(劳务费),该发票并非虚开。造船新厂也没有因为接受该发票而少向国家缴纳一分钱的税款,对普兰店市机电设备安装公司而言也没有“虚开”。它的违法之处在于使用了其他单位的发票,从而逃避了自己的纳税义务。因此,一审判决所认定的“虚开”行为,实质上是普兰店市机电设备安装公司逃避纳税义务,是不缴纳税款的一种手段,是一种偷税行为。该判决的认定定性错误,依法应当予以纠正。

二、关于犯罪主体

辩护人认为,一审判决关于该犯罪行为主体的认定也是错误的。判决书认定:此行为系被告人崔某、李某东的个人犯罪。

而案卷材料所反映的事实以及通过庭审调查所查明的事实却是:(1)普兰店市机电设备安装公司 1993 年成立(注册为集体所有制),滕某玉为经理,承担法人代表所承担的职责(见卷宗第 103 页普兰店市个体劳动者协会出具的《法人代表委托(招聘)书》);1998 年 11 月滕某玉签字、经手将该公司注销,并且缴回全部公司印鉴。(2)1998 年 9 月至 2000 年 5 月,行为人“作案”时间长达 1 年零 8 个月,“虚开”了 7 组增值税专用发票,金额高达 240 万余元的资金全部进入该公司账户,企业获取非法利益(逃避纳税义务)35 万余元。(3)普兰店市机电设备安装公司所逃税款已全部被追缴,缴款单位为滕某玉为法定代表人的普兰店市长城船舶修造厂(原普兰店市机电设备安装公司)。

对上述这些事实进行客观、合理的分析,不难作出判断:(1)此"虚开"行为的受益人是普兰店市长城船舶修造厂(原普兰店市机电设备安装公司),是单位而不是个人;从该"虚开"行为的发生直至案发,经过了两年多的时间,但是,现在没有任何证据证明崔某、李某东个人从中获得一分钱的利益。(2)此"虚开"行为的过程长达1年零8个月时间,其间必定经过一个年度会计核算。崔某不是会计、不懂报表;李某东不是该单位的人,而会计报表上必有该单位法定代表人的签字,其没有理由说不知道此事。由此可见,将此"虚开"行为认定为崔某、李某东在个人意志支配下的个人行为,显然不符合客观事实。

综上,无论是从单位意志还是从单位利益角度分析,都会得出此"虚开"行为(实质是偷税)是单位行为的客观结论。一审法院不以单位犯罪来追究是错误的,而这种错误认定的危害后果是显而易见的:使不应被追究的作为自然人的本案被告人崔某枉担了罪名;同时,又庇护了犯罪单位的责任人员,使其逃避了应受的法律制裁。

三、相关证据分析

1. 本案现有证据不能证明"虚开"行为与被告人崔某有关。

一审判决书认定崔某犯有虚开增值税专用发票罪的全部证据包括:滕某玉、滕某林、沙某华、王某成的"证言"笔录;"虚开"的增值税专用发票复印件;税收通用缴款书;普兰店市机电设备安装公司档案材料;公安机关说明材料;被告人李某东供述笔录等。

这些证据能够证明什么呢?它们可以证明:(1)增值税专用发票证明了有"虚开"事实的发生,同时这些发票又确切证明,该发票是李某东提供并亲笔填写的。此可以证明李某东参与了此"虚开"行为的事实。(2)税收通用缴款书,证明了税务机关向滕某玉的普兰店市长城船舶修造厂追缴所逃税款的事实。(3)普兰店市机电设备安装公司档案材料证明了240万余元全部进入该公司账户,35万余元的非法利益(偷逃的税款)也被该公司占有。(4)公安机关《说明材料》说明了案件来源及本案另一被告人李某东的"自首"情况。

通过对上述"证据"的评价、分析可以得出:在认定犯罪的全部"证据"中,只有李某东的"供述"能够"证明"崔某参与了此"虚开"行为。但李某东不能自圆其说的庭审供述又表明此系伪证(后面将进一步分析);相关证人证言只是间接地证明崔某可能参与了此"虚开"行为。而在这些证人中,滕某玉是该单位的法定代表人,与本案有极大的利害关系;滕某林与滕某玉是兄弟,沙某华、王某成都是滕某玉的员工并且是非法发票的使用人,不排除也是此"虚开"行为的参与者,他们的证言又有多大的证明力和可信度呢?

可见,这些证据仅能证明有"虚开"的犯罪事实发生,但不能证明此行为系本案被告人崔某所为。

2. 有证据可以否定对"崔某伙同李某东虚开"的指控。

(1)原普兰店机电设备安装公司员工杨某证实:"1999年年末崔某夫妇两个为了保险的问题吵得很厉害,崔某在这个时候就离开公司了……"(2)侦查人员在查处"职务侵占罪"时,对滕某玉的询问笔录(2001年1月3日第5~6页)记载:"问:崔某在几年前做过现金出纳员工作,什么时间不干了?答:她是1994年春天在我公司第十八工程处做现金出纳员工作,1999年年底她与我分居,她就提出不做现金出纳员工作,离家出走。并带走第十八工程处的财务印章等。"(滕某玉的这份"证言"是在没有追究虚开增值税专用发票案时作出的)此外,崔某的家人也都可以证明崔某与滕某玉的关系以及崔某离家出走的事实。

上述证据表明本案被告人崔某1999年年底就已经同滕某玉分居、离开公司(滕某玉指的是离开第十八工程处)并且离家出走。辩护人提请二审法院对这一事实以及它可以证明的问题予以高度重视:

首先,被告人崔某已经同滕某玉分居并且离家出走,她主观上不应当具有此"虚开"行为的故意。"分居""离家出走"的事实,说明了崔某同滕某玉感情危机的严重程度。庭审证据表明,开票款全部进入滕某玉公司的账户,全部非法利益被滕某玉的公司所占有。也就是说,此"虚开"行为的受益者是滕某玉所控制的公司而并不是崔某和李某东。崔某在与滕某玉感情出现严重危机甚至已经破裂的情况下,崔某为什么还要为该单位或者更确切地说为滕某玉开具假发票呢?此事实应当引起重视。

其次,被告人崔某已经离家出走,她客观上不可能与李某东共同开具假发票。庭审中,辩护人和合议庭法官多次向李某东发问并得到其确认:每一次开发票都是崔某找的他,每一次开票都是只有他和崔某两个人,无一次例外;当问他是否同崔某有什么特殊关系时,回答是没有;问他得到了什么好处时,回答只是吃了点儿饭。今天庭审中,李某东又进一步"证明"每一次从普兰店到大连开具假发票时都是先到造船厂的办公室去找崔某,然后再去饭店。但是,在指控"虚开"的七组发票中,有两组是1999年年末开具的,有一组开具的时间更是在2000年5月,而此时崔某已经同滕某玉分居并且离家出走。既然她与李某东没有特殊关系,她与李某东都没有得到任何好处,又怎么能够在离家出走后又特地回到公司,同滕某玉的老乡——李某东在造船厂的办公室约会,开具假发票,为滕某玉谋利呢?显而易见,李某东的此项"供述"同客观事实之间具有重大矛盾。

最后,庭审中,被告人崔某理直气壮、义正词严地质问李某东,与其对质，而李某东却一直低头不语，无法作答。此可以进一步印证李某东"供述"的虚假性。

综上，现有证据可以证明"虚开"(偷税)事实的存在，但不能证明此行为系本案被告崔某所为，相反却可以否定对崔某参与"虚开"(偷税)的指控。

3. 一审判决书的认定具有常识性的错误。

普兰店市人民法院(2004)普刑重字第9号刑事判决书认定，"被告人崔某的辩护人提供的进账单系崔某所填制，上面盖有椭圆形的普兰店市机电设备安装公司的财务专用章，说明被告人崔某正在使用冠以'普兰店市机电设备安装公司'名称的印章"。这一认定的用意十分明显：进账单是你辩方提供的，你无法否定；进账单是崔某填制的且上面盖有椭圆形印章，说明印章在你崔某手里，说明增值税专用发票上的印章是你崔某所盖。因此，已经形成完整的证据链。

上述认定的推理成分自不必说，辩护人仅指出该认定的常识性错误：虽然同是"普兰店市机电设备安装公司"名称的椭圆形印章，但是应当看到，更应当知道(常识)它们一个是财务专用章，另一个是发票专用章；一个是红色的而另一个是蓝色的。它们是两个并且是两个颜色不同、性质不同的印章。由此可见，这种认定的作用只能是混淆视听！

4. 出庭证人杨某当庭证明。

出庭证人杨某当庭证明：发票专用章一直由其亲自保管，崔某从来没有用过该印章。大约1999年年末在滕某玉办公室李某东开了一次发票，当时在场的有滕某玉。

四、本案存在的问题

本案的侦查、审理，自2001年3月始，至今已经近3年的时间。但通过庭审可以看出，即使是加上原来曾被判处15年有期徒刑后又改判无罪的"职务侵占罪",本案也并不复杂。为什么一个简单的案件会经过如此漫长的时间、经过如此复杂的程序呢?这个问题应当引起二审法院及相关领导的高度重视。

1. 关于案件来源。

卷宗材料表明,本案起源于"一个有良知的人"的匿名举报。这个有良知的人是谁?他是否真的是一个有良知的人?他同本案被告人崔某又是什么关系?他同"被害单位"——普兰店市校办建筑工程公司第十八工程处,同犯罪单位——普兰店市长城船舶修造厂(原普兰店市机电设备安装公司)又是什么关系?他的匿名举报又是出于什么目的?据被告人讲,她同丈夫滕某玉闹离婚时,滕某玉就威胁过自己"如果想和他离婚,就把她送进监狱";而抓她的人开始说她是贪污,后又说她挪用资金,最后以职务侵占被起诉。由此看来,办案人员抓人时并不能确定有何种犯罪事实发生,仅凭"一个有良知的人"的匿名举报就盲目抓人,并且是在本案被告人崔某同其丈夫——滕某玉离婚诉讼的法庭上将人抓走,一关就是3年。办案人员同这个"有良知的人"又是什么关系?所起的作用又是什么呢?耐人寻味啊!

2. 关于诉讼程序。

本案原一审判决被二审法院以"事实不清,证据不足"为由发回重审后,按普兰店市人民法院的惯例应当由审判监督庭审理。事实上,该案卷已经到了该院审判监督庭某法官的手里,开始了正常的审理活动。但是,就在辩护人同该法官约好阅卷时间并到达普兰店市时,此案又被无端要回刑事审判庭。是什么人对审判监督庭如此地不信任?又是什么人对此案如此地关心?

综上所述,现有证据证明不了崔某参与了"虚开"行为,普兰店市人民法院(2004)普刑重字第9号刑事判决书关于崔某犯有"虚开增值税专用发票罪”的认定是错误的，辩护人恳请二审法院查清事实、依法改判，维护法律的尊严与公正。同时提请二审法院及相关领导对本案所反映出的一些耐人寻味的问题予以高度关注。

此致

大连市中级人民法院

崔某辩护人：

北京市京都律师事务所律师　田文昌　曹树昌

2004年3月11日

张某某被控诈骗罪案

案情简介

张某某,西安康德公司法定代表人。2001 年 7 月,张某某与青岛浩中公司商定,由西安康德公司为浩中公司联系购买国债。7 月 31 日,康德公司与陕西开源公司签订了 6600 万元《2001 年记账式(七期)国债分销协议》(其中 3000 万元国债与本案无关)。8 月 2 日,康德公司将 2000 万元“划款通知书”传真给浩中公司,要求浩中公司将款项于 8 月 4 日前汇到开源公司方为有效。同日,浩中公司仅汇款 1600 万元到开源公司。8 月 4 日,康德公司向开源公司借款 2000 万元将剩余 2000 万元国债买下。8 月 17 日,开源公司将 1600 万元国债过户到浩中公司上交所股票账户。至此,此 1600 万元国债正常交易完毕。

2001 年 8 月 17 日及 9 月 3 日,浩中公司又分别汇给开源公司 400 万元及 2000 万元人民币。因这两笔款已超过“划款通知书”规定的有效时间,康德公司将其中 400 万元于 9 月 11 日退回给了浩中公司。另2000万元被开源公司抵作了康德公司8月4日的借款，开源公司没有交付给浩中公司相应国债，也没有将此2000万元退还浩中公司。本案中，张某某涉嫌诈骗的即是这2000万元。

2001年10月9日，康德公司向浩中公司出具《情况说明及还款计划》，承诺以“康德大厦”为保证，于2001年12月31日前还清欠款2000万元，并于10月15日及10月22日分两次共还款150万元。浩中公司于2001年10月30日报案，之后不再与康德公司谈判。康德公司后多次通过报纸公告希望与浩中公司协商，浩中公司不予理睬。后浩中公司民事起诉开源证券公司，青岛市南区人民法院于2003年2月判决开源公司返还浩中公司2000万元并承担利息。

本案由青岛市公安局侦查，青岛市人民检察院指控，青岛市中级人民法院一审，山东省高级人民法院二审。

辩护思路

分析张某某是否构成诈骗罪，主要从如何认定康德公司、浩中公司、开源公司三家公司之间的关系入手，其中问题的关键，是浩中公司付给开源公司的2000万元的性质，到底是浩中公司与康德公司之间的继续合作而成为借款，还是张某某谎称为浩中公司购买国债而诈骗？根据案件相关证据，辩护人论证了案件实际情况应是康德公司与浩中公司合作购买国债，后因康德公司经营过程中出现周转问题而无法及时归还浩中公司资金，此案显系民事纠纷而非刑事诈骗，因此，为被告人张某某作了无罪辩护。

辩护词(一审)

审判长、合议庭:

北京市京都律师事务所田文昌律师、朱勇辉律师接受被告人张某某的委托,担任其涉嫌诈骗一案的辩护人,依法维护其合法权益。综合今天庭审举证、质证的情况,辩护人认为:被告人张某某不构成诈骗罪。具体理由如下:

综观本案,原本是一起简单的民事纠纷案件,却人为地复杂化,演变成了刑事案件。控方的主要观点是:(1)张某某未经浩中公司同意,私自动用浩中公司的资金;(2)张某某将私自动用的资金用于个人挥霍。因此,张某某构成诈骗。控方的这种推论表面上似乎合乎逻辑。但是,辩护人认为,首先,本案的事实并非如此;其次,即使如此,张某某也不构成诈骗罪。

一、关于本案的事实问题

1. 指控张某某私自动用浩中公司的资金,证据不足。

关于康德公司是否与浩中公司合作购买国债。控方认为,浩中公司与康德公司没有合作关系,但控方的证据只有浩中公司纪某的笔录。张某某辩称,与浩中公司纪某是合作关系,借用2000万元是纪某知道且同意的。

辩方认为,虽然浩中公司否认这一事实,但从以下几点可以证明康德公司与浩中公司存在合作关系:

(1)康德公司张某某供述及当庭陈述。

(2)浩中公司纪某的询问笔录(2P82):"后我公司催促张某某将我公司名下的2000万元国债上市交易,张称先放一下,这批国债要升值,不要急于上市交易。后我公司又打过好几个电话催促张某某。"这段话证明浩中公司是通过康德公司进行交易,浩中公司虽然付了款,但想交易也无法完成,只能通过康德公司进行。否则浩中公司完全没有必要一再催促张某某,自己向开源公司下指令不就行了?纪某的这一段笔录与张某某的陈述相互印证,充分证明二者之间的合作关系。

(3)开源公司总经理高某询问笔录(2P97)、副总经理王某询问笔录(2P93)及开源公司在民事诉讼《代理词》中的陈述,均明确讲未与浩中公司发生任何业务关系,所有交易均要由康德公司授权进行。

(4)浩中公司将股票账户、交易卡、营业执照均传真给康德公司,并授权康德公司工作人员李某为"代理人"(见3P38《开户申请表》"代理人"栏、3P41《资金账户凭条》"客户签章"栏)。

(5)浩中公司第一笔1600万元国债的购入,事实上即是由康德公司授权开源公司办理(相关证据见康德公司2001年8月14日《授权书》及开源公司在民事诉讼中的陈述,以及纪某笔录"当日他把我们1600万元办理了国债非交易过户手续")。浩中公司并未提出异议,而是接受了交易的结果。

通过上述列举的证据情况可以看出,控方指控张某某私自动用浩中公司资金的证据只有浩中公司纪某的证言笔录,但对此张某某予以否认。因此,在证据上形成一对一,控方证据并不充分。相反,除了张某某否认纪某的说法之外,辩方还在前述证据中证明了浩中公司对康德公司授权的基本事实。

控方认为张某某没有书面合同,所以其辩解不可信。控方这种观点是一种推理,但事实是,现实生活中口头交易比比皆是,几千万元的资金往来在一些人眼中看来可能根本没有必要签什么合同。通过庭审查明,张某某一贯的做法就是口头交易,多少年来就是这么过来的,且数千万元的生意也就是这样做成的。如张某某在本案中向开源公司借款2000万元购买国债,也是没有书面合同,事后算利息就行了;与徐某多年的水产生意往来也从没书面合同。这证明张某某这种口头交易习惯属实,印证了张某某与浩中公司这种口头合作关系、口头借款并非空穴来风。况且两公司之间第一笔1600万元国债的买卖就是口头约定完成的,也没出现问题,这证明张某某的辩解是可信的。值得注意的是,这种不规范的交易方式并非张某某、纪某等人所独创,而是在现实生活中普遍存在的现象。这些做法形式上虽然有悖于法治经济的正常运作方式,但是,这些事实却是客观存在而无法否认的。而作为法律评价的标准,所依据的只能是客观事实,而并不是其行为的合理性与逻辑性。

2. 指控张某某将资金用于个人挥霍,证据不足。

关于康德公司将2000万元国债交易后,将资金用于公司经营活动还是偿还张某某赌债。控方认为,张某某将资金大部分用于偿还个人赌债。主要证据是张某某供述、张某某出入澳门特区记录、转款记录及谭某和徐某的证言。

张某某辩称,将资金用于了公司经营活动:汇给深圳市衡运昌贸易发展公司300万元,是还张某某原任法人代表的陕西省农业发展中心对深圳衡运昌公司的欠款;汇给广东中山恒丰贸易行共1200万元,是与徐某做鲍鱼水产生意,以及通过徐某介绍,购买五粮液专卖权的预付款。因徐某说通过他能买到更便宜的五粮液系列产品,故张某某将付给四川省宜宾五粮液供销公司的货款,按徐某指定账号汇到了广东中山恒丰贸易行,张某某并不认识谭某;汇给陕西投资顾问有限公司共计120余万元、陕西商邦蜀粮醇营销有限公司150万元及其他各处付款均属于公司正常支出。

根据康德公司控股公司与四川省宜宾五粮液供销公司的《五粮液系列产品经销协议书》第5条,康德公司须“确保年销售额捌千万元”,且“首次进货款为2000万元,最迟不超过2001年11月30日”

(见辩护人证据第14页)。数额、时间与本案中张某某转款吻合。

辩护人认为,首先,控方并无任何证据证明康德公司转往深圳市衡运昌贸易发展公司的300万元被张某某用于赌博;其次,控方指控张某某将转给广东中山恒丰贸易行的1200万元用于赌博证据不足:

(1)张某某否认赌博。张某某在侦查阶段的供述也讲是用于公司经营活动,虽然也曾有赌博的供述,但当庭则坚持是用于公司经营,且解释了在侦查阶段因受到胁迫"为了活下去"而违心供述赌博情况,明确表示以当庭供述为准。

(2)出入澳门特区记录只能证明张某某出境,但张某某出境并不一定赌博,更何况张某某常年频繁出境。

(3)转款证据中,缺乏从谭某转给徐某这一关键环节的银行转账凭证的相关书证。

(4)谭某的询问笔录中关于张某某赌博的事都是听徐某说的,属传闻证据,她承认根本没见过张某某,又如何证明张某某赌博?

(5)徐某的证据,根本不能采用:

第一,没有徐某身份的相关证据,无法确认其身份真实性。

第二,取证程序违法,徐某是澳门人,其证言应经公证或认证才有效。

第三,徐某出具的"情况说明"既非询问笔录,也非亲笔自书材料,且没有指纹手印和侦查人员签字,这份材料违反了《公安机关办理刑事案件程序规定》第191条、第184条、第185条之规定,不符合刑事诉讼证据的形式要件。

第四,由于缺乏谭某转款给徐某这一关键环节的银行转账凭证,故无法确认徐某转出的钱就是张某某的钱。

第五,徐某转款的本票只是复印件,侦查人员并非从银行取得这些复印件,无法认定真实性。控方也未提供证据证明该本票上的收款单位“S. T. ×. ×”就是澳门特区某娱乐公司的英文简称。

第六,徐某虽称张某某赌博,但并未目睹,充其量也属传闻证据,也无法证明张某某赌博。

第七,徐某拖欠张某某巨额欠款,是本案的利害关系证人。

从上可见,控方的证据链在谭某与徐某之间断裂,不能证明谭某将钱转给了徐某。退一步说,即使谭某有转款给徐某的事实,但这钱是不是就是张某某的钱?如果是,是谁发指令转给徐某的?徐某又是听谁的指令转给澳门娱乐公司的?转给澳门娱乐公司是还赌债还是其他用途?如果是还赌债,是还谁的赌债,是张某某还是徐某的等这一系列问题,在资金链条断裂、没有书面转款委托书、没有张某某参与赌博的直接证据的情况下,根本无法认定是张某某用于偿还个人赌债。

控方认为,既然张某某与徐某相交多年,且到了几千万元的生意往来也不需要书面合同的程度,徐某不可能陷害张某某。对此,辩护人认为,这种推断不能成立。因为在生意场上由于利益关系,什么事都可能发生。徐某拖欠张某某巨额欠款,若该欠款被认定为张某某偿还赌债,徐某的利益不言而喻。而更具说服力的事实恰恰已经摆在了我们的面前:纪某与张某某同样是相交甚好,同样几千万元的国债买卖也没有书面合同,不也是反目成仇,对簿公堂,这又做何解释呢?究竟是纪某不可能坑害张某某呢?还是张某某不可能坑害纪某呢?显然,二者必居其一。

综上,从控辩双方证据看,关于张某某是否私自动用浩中公司的资金,张某某与纪某各执一词,在一对一的情况下,我们可以不认定张某某的说法,但也无法认定纪某的说法;关于资金的用途,张某某与控方各有证据且控方证据具有明显瑕疵,而控方显然负有严格的举证责任。这就涉及客观真实与法律真实(证据真实)的关系问题,在无法认定客观真实的情况下,只能追求法律真实,即只能以充分的证据为依据。在控方证据明显不足的情况下,既无法认定张某某动用浩中公司资金确属未经对方认可的单方行为,也无法认定张某某将资金用于偿还个人赌债。

二、关于本案的定性问题

根据《刑法》的规定,诈骗罪,是指以非法占有为目的,用隐瞒真相、虚构事实的方法,骗取数额较大的公私财物的行为。本案中,张某某既无骗取财物的行为,也无非法占有他人财物的主观目的,其行为不符合诈骗罪的基本特征。

1. 张某某没有隐瞒真相和虚构事实的行为。

(1)根据康德公司与开源公司于2001年7月31日签订的两份《2001年记账式(七期)国债分销协议》,张某某真实拥有6600万元国债份额,没有虚假成分,浩中公司的资金汇到开源公司确有国债可买。在发生争议的2000万元汇到之前,浩中公司1600万元国债买卖也真实地完成。

(2)发生争议的2000万元是浩中公司自己打入开源公司的,并非张某某指令。且浩中公司明知8月20日国债上市,已不能非交易过户,还将2000万元打入开源公司,证明浩中公司并非受到张某某欺骗而主动交付财物。[见纪某笔录2第82页:"当时这批国债面临上市(8月20日),而上市后就只能在大盘交易,而不能非交易过户,我公司提出考虑一下。"]

(3)康德公司向开源公司借款2000万元,已将剩余2000万元国债买下。

对此,控方承认康德公司有6600万元国债份额,但认为康德公司对剩余2000万元国债并未实际付款。

辩方认为,虽然康德公司向开源公司借款2000万元买国债只是

口头借款,没有书面合同,但从以下事实可以证实:

第一,张某某供述及当庭陈述。

第二,高某笔录(2P97):“但5000万元的国债已经转给他们了,尚欠我公司2000万元。”

第三,王某笔录(2P91):“康德公司在国债上市前,尚欠我公司人民币2000万元,但我公司名下的2000万元国债是康德公司的。”

第四,开源公司向康德公司收取了该2000万元借款的利息。

根据开源公司2001年9月12日给康德公司的《康德实业公司在我公司自营户上国债交易收入及资金清算单》及其附件《康德实业公司欠资利息计算表》,开源公司就该2000万元借款向康德公司收取了利息。收取利息的天数(恰恰是从8月5日至9月3日)和数额证明确实是8月4日借款2000万元,与张某某供述一致。且《康德实业公司在我公司自营户上国债交易收入及资金清算单》上载明,扣除利息后,康德公司可转走资金为81,376.35元,该数额与开源公司2001年9月12日实际转给康德公司的数额分厘不差(见3P29划款委托书、3P30中国建设银行转账支票存根、3P54往来户明细表),证明《康德实业公司在我公司自营户上国债交易收入及资金清算单》及其附件《康德实业公司欠资利息计算表》是真实无疑的。

第五,根据开源公司与康德公司2001年9月6日《协议书》,开源公司认可了康德公司以1000万元国债质押融资的行为,证明康德公司确实已将国债买在其名下。

第六,开源公司在民事诉讼中出具的《公司与西安康德实业有限公司010107券面值1600万元及融资1000万元相关情况》,也证明了上述内容。

从上述基本事实看,张某某确有6600万元国债份额可买,也确实卖给浩中公司1600万元国债。张某某确实向开源公司借款,买下了剩余的2000万元国债。故张某某向纪某借2000万元有事实基础,这与起诉书说的康德公司“没有资金打入开源公司”的情形完全不同。因此,张某某没有隐瞒真相和虚构事实行为。

2. 张某某主观上没有将浩中公司款项据为己有的犯罪故意。

诈骗罪是侵犯财产类犯罪,行为人的目的是将所骗财产据为己有。审查行为人是否有非法占有的犯罪故意,应当以其客观行为印证主观心态,注意考察其客观行为能不能实现主观目的。如果根本没有诈骗的客观可能性,则行为人主观上也不可能产生诈骗的犯罪故意。因此,在诈骗犯罪中,如果行为人没有还款能力,则资金的去向对于判断其主观心态有重要的作用。而本案的情形却并非如此:

(1)不能证明涉案资金去向非法。理由如上,不再重复。

(2)张某某有还款能力。

张某某的康德公司拥有固定资产康德大厦。根据西安银信房地产评估有限公司的《房地产估价报告书》,其价值4958万元。在“跑了和尚跑不了庙”的情况下,张某某根本不可能诈骗。虽然康德大厦被法院查封,但根据西安中院(2001)西经初字第81号《民事裁定书》及《协助执行通知书》,只是查封1400万元财产。虽然康德大厦为陕西省农业发展中心的三笔贷款提供抵押,共1800万元,但康德公司因此拥有陕西省农业发展中心1800万元债权,所以抵押并不影响康德公司的偿还能力。康德大厦4958万元总价值减去1400万元查封资产,尚余3558万元,远远超出临时借用浩中公司的2000万元。

从上面两点看,首先,控方不能证明张某某将资金用于非法活动,则无法认定其是否有占为己有的主观故意。退一步说,即使用于赌博,但从康德大厦的价值以及该大厦属固定资产无法转移的特性看,在张某某承认债务且没有转移和隐匿财产的情况下,其不可能实现诈骗的目的。

况且,辩方有相反证据证明张某某没有占有浩中公司财产的犯罪故意:

(1)张某某于2001年9月11日从康德公司账户上退款400万元给浩中公司。

如果张某某真的是在诈骗,他一定会尽量诈骗更多的资金。而本案事实却是,张某某在2400万元到手后,却退给浩中公司400万元,只"诈骗"了2000万元。试问,有哪一个诈骗犯会把已经诈骗到手的钱又主动送回去呢(而且是在被骗人不知被骗的情况下)?起诉书对此无法解释,竟然认为是"被告人张某某为掩盖前笔骗取400万元的事实"。但是,如果是诈骗,早晚都会被发现,根本没有必要"掩盖"。而关键是,在张某某2001年9月11日退款400万元之前,浩中公司的2000万元于2001年9月3日已经转过来。这说明张某某并非在浩中公司的2000万元未转过来时,为了掩盖400万元一事而让浩中公司消除戒心继续付款。那张某某"掩盖"还有必要吗?控方的观点显然不符合逻辑和常理。

需要注意的是,张某某使用的2000万元,数额与剩余国债份额对应,与借开源公司资金数额对应,这并非巧合。说明张某某只是想先借浩中公司2000万元,还开源公司欠款。从这里看出张某某是在履行国债分销协议,并无诈骗企图。

(2)张某某事后在承认欠款的情况下,积极与浩中公司协商,并有还款行为。

张某某在不能及时还款的情况下,向浩中公司出具了《确认书》和《情况说明及还款计划》,浩中公司也收下《确认书》和《情况说明及还款计划》(这两份文件均由侦查人员从浩中公司调取),这一情节与借款相互印证。起诉书认为"虚假""无法兑现",但是如果仔细阅读,就会发现这两份文件对汇款时间、汇款数额、交易日、交易价格、资金用途等内容都交代得非常清楚,并非虚假。而如前所述,康德公司有足够的资产履行还款计划,怎么是“无法兑现”呢?即使由于康德大厦因诉讼临时被查封而需要一定时间和手续,这和“虚假”“无法兑现”也完全是两回事。

而且,在签订还款计划后至案发前,张某某已实际履行还款计划,还了浩中公司150万元。

(3)有证据证明,是浩中公司单方停止了《情况说明及还款计划》的履行。

张某某与纪某于2001年10月9日达成《情况说明及还款计划》,约定康德公司于2001年12月31日前还清本息。之后张某某于10月15日还了100万元、10月22日还了50万元,已开始履行该还款计划。但浩中公司在还款期未到的情况下,却于2001年10月30日向青岛市公安局报案(见2P1~2浩中公司报案书面材料),称张某某诈骗。浩中公司同时又从民事角度起诉了开源公司,要求开源公司承担侵权责任,返还2000万元本息。从浩中公司上述行为看,是“一石二鸟”之计,其急于拿回款项而不择手段,甚至不惜用刑事案件逼迫张某某。浩中公司起诉开源公司并举报张某某诈骗后,为避免涉嫌欺骗司法机关,不敢再与康德公司接触,出现了看似奇怪的债权人躲债务人现象。而康德公司毫不知情,在无法与浩中公司联系上的情况下,康德公司于2001年12月14日、16日等时间多次邮寄送达、公证送达、报纸公告,要求浩中公司明示还款事宜。浩中公司却拒收相关文件,不予理睬,致使康德公司无法继续履行还款计划。最终,张某某在不知情的情况下,在西安的医院住院治病时被逮捕,双方反目成仇,还款计划彻底破灭。

从这个过程看出,是浩中公司的原因致使张某某无法履行还款计划,导致今天的局面。则张某某何来诈骗故意?世上难道还有不遗余力地以各种方式寻找债权人去主动履行还款计划的诈骗犯吗?

从上面几点可以看出,即使浩中公司否认同意张某某使用浩中公司的资金,但张某某主观上并无据为己有的犯罪故意,其行为充其量也只是挪用他人资金,而不符合诈骗罪以非法占有为目的的主观要件。

3. 即使本案涉嫌诈骗,也是康德公司的单位行为,而单位不能以诈骗罪论处。

根据我国《刑法》第30条的规定,“公司、企业、事业单位、机关、团体实施的危害社会的行为,法律规定为单位犯罪的,应当负刑事责任”。而在《刑法》第266条诈骗罪中,并未规定单位可以构成诈骗罪的犯罪主体。所以,依照罪刑法定原则,对于单位所实施的行为,即使具有诈骗性质也不应以诈骗罪论处。

根据最高人民法院《关于审理单位犯罪案件具体应用法律有关问题的解释》(法释〔1999〕第14号),《刑法》第30条规定的“公司、企业、事业单位”包括依法成立的独资、私营公司等公司。在本案中,所有行为均是康德公司单位的行为,也是单位使用了涉案款项。而康德公司并非张某某为犯罪而设立,故不能以自然人犯罪追究。

在新《刑法》实施前,最高人民法院于1996年发布的司法解释中曾有过关于对单位实施的诈骗行为可以追究有关个人刑事责任的规定,但这一解释是在原《刑法》中没有规定单位犯罪的情况下作出并且适用的。因此,在新《刑法》明确规定了单位犯罪的情况下,应当遵循罪刑法定原则,依照刑法分则关于单位犯罪的明文规定去处罚单位行为,不应适用过去的司法解释。并且,关于司法解释的效力问题,最高人民法院已有具体规定。最高人民法院、最高人民检察院于2001年12月17日发布的《关于适用刑事司法解释时间效力问题的规定》中指出:司法解释是最高人民法院对审判工作中具体应用法律问题和最高人民检察院对检察工作中具体应用法律问题所作的具有法律效力的解释,自发布或者规定之日起施行,效力适用于法律的施行期间。根据这一规定,最高人民法院在1996年关于对单位实施的诈骗行为可追究有关个人刑事责任的规定的司法解释应当视为失效。

三、本案的真相与实质

通过前述分析,我们可以看出本案的真相:

康德公司有国债份额,浩中公司有资金。康德公司与浩中公司合作购买国债,共分利润。以浩中公司名义买了1600万元国债后,浩中公司在认购期限前暂无资金继续认购。康德公司尚余2000万元国债份额,不愿丧失商机,便向开源公司借款将此2000万元国债买在自己名下。浩中公司筹集到资金后,为了取得自身无法取得而康德公司已经先行取得的国债利润,主动提出用筹集到的资金先替康德公司偿还借开源公司的2000万元,并要求事后分割利润。张某某同意,与纪某达成口头协议。后康德公司经营过程中出现资金周转问题,无法及时返还浩中公司的钱,但与浩中公司达成还款计划,双方认可并开始履行。在康德公司还款期内,浩中公司因担心康德公司不能及时偿还,举报张某某诈骗,同时民事起诉了开源公司。

从事实上看,张某某买国债经历了几个阶段:第一阶段,与纪某合作,买了1600万元。第二阶段,在纪某没有资金的情况下,自行向开源公司借款,买了2000万元,这时候开源公司是张某某的债权人。第三阶段,纪某筹集到资金后,应纪某的请求,再度与纪某合作,纪某将筹集到的2000万元替张某某还了开源公司,这时张某某的债权人就由开源公司置换成了浩中公司。

但是,由于浩中公司否认将该2000万元替康德公司偿还开源公司的事实,导致本案的发生。其实,即使按照浩中公司的说法,本案也是开源公司"私自"将浩中公司的2000万元"借"给了康德公司而已。因此,在法律关系上,从民事角度分析,本案系开源公司违规操作将资金借给了康德公司,开源公司存在过错,需对浩中公司承担该2000万元本息的民事责任。这在青岛市南区人民法院(2003)南民初字第30017号民事判决书中已得到认定。其实,在康德公司主动承担开源公司民事责任的情况下,本案原本可以顺利解决。但是,在浩中公司举报张某某诈骗后,此案转入了刑事程序,开源公司的民事侵权行为变成了张某某的个人诈骗行为,则开源公司显然没有义务承担张某某对浩中公司的诈骗责任。浩中公司为了讨债,一方面民事起诉开源公司,另一方面又刑事举报康德公司张某某,本以为“一石二鸟”可以增加保险系数,却没想到,如此一来,开源公司已不用再承担民事责任,而张某某如果不具备还款能力,浩中公司的这个“一石二鸟”之计很可能“鸡飞蛋打”,什么也得不到了。

从上面的分析清楚地看出,这是一起简单的、典型的民事纠纷案件,却因为债权人讨债方式不当,人为地复杂化,演变成了刑事案件。辩护人认为,浩中公司意图尽快追回欠款,保护自身经济利益,其目的是正当的。但是,债权人应当注意追债方式的合法性与可行性。浩中公司这种随意启动刑事程序追讨民事欠款的行为,严重侵害了被告人张某某的合法权益,更无视司法的严肃性。如果任由类似行为蔓延,将对经济生活以致整个社会带来极大的危害!

综上,辩护人认为,被告人张某某不构成诈骗罪。

以上辩护意见,请合议庭参考采纳。

张某某辩护人:

北京市京都律师事务所律师　田文昌　朱勇辉

2004年4月27日

(二审辩护词与一审辩护词雷同,略)

审理结果

青岛市中级人民法院一审判决被告人张某某构成诈骗罪，判处无期徒刑，山东省高级人民法院二审维持原判。

张某鹏等被控诈骗罪案*

案情简介

深圳市彩世塔投资发展有限公司（以下简称彩世塔公司）于2000年成立，主营福利彩票的发行、销售业务，张某鹏任董事长。因公司经营不善，且彩票发行成本巨大，张某鹏遂与他人商议，采用多种形式的作弊手段，安排公司内部指定人员摸回大奖，减少经营损失，同时带动彩票销售氛围，增加彩票销售数量。在2001年12月至2002年11月不到一年的时间中，彩世塔公司利用承销彩票之机，违规操作，先后在广东、浙江、上海、重庆、甘肃、辽宁、江苏等省市17个城市作弊20起，共获得大奖数额总计5806万元。非法摸回的大奖资金最终转入彩世塔公司，以弥补经营亏损。2003年9月，江苏省扬州市人民检察院以诈骗罪对张某鹏等15名被告人提起公诉。辩护

---

* 本案因被称为“中国彩票第一案”而广受媒体关注，《中国新闻周刊》2004年6月21日报道《“彩票狂人”梦破彩世塔》。

律师提出被告人张某鹏等人的行为属单位行为，其行为性质属行业违规舞弊性质，不符合诈骗罪的构成条件。因现行《刑法》对此类行为尚无明文规定，依照罪刑法定原则不应对其定罪处罚。一审法院予以采纳，但改变罪名，以非法经营罪定罪量刑。张某鹏等被告人不服，提出上诉。律师则提出二审法庭应开庭审理此案，就认定被告犯非法经营罪展开法庭调查与辩论，同时指出一审法院直接将起诉书中认定的诈骗金额转化为非法经营的收入额的事实不清。二审法院未经开庭审理，维持原判。

辩护思路

彩票的发行、销售在我国行政及刑事立法上基本处于空白状况，仅有个别行政规章对彩票行业有规范、监督和管理，因此对本案行为性质在认定上存在一定难度。本案被告在发行彩票过程中作弊的行为事实确实存在，而现行《刑法》对于行业舞弊行为却没有明确规定。客观地分析本案的性质，确有一定的社会危害性，但这种行为确实不符合诈骗罪的特征。本案的发生，反映我国现行刑事法律规范的缺失现象，提出了补充立法的客观需求。但是，在法律尚无明文规定之前，依照罪刑法定原则，是不应该定罪的。因此，辩护人在充分掌握行业状况与立法现状的基础上，针对对被告人涉嫌诈骗罪的指控，紧紧围绕诈骗罪的犯罪构成要件提出辩护意见，指出被告人的行为不符合诈骗罪的特征，不构成诈骗罪。同时，提出并论证被告行为系单位行为而非个人行为的观点。

一审判决采纳了辩护律师的意见，但是改变了起诉书指控的罪名，认定被告构成非法经营罪。二审辩护时则针对一审在事实认定、法律适用上存在的问题，提出被告等人亦不构成非法经营罪的辩护理由。

鉴于该案涉案数额巨大,影响重大,在现实条件下求得无罪的判决结果难度可想而知,所以,改变对诈骗罪的定性就显得尤为重要。

辩护词(一审)

审判长、合议庭:

北京市京都律师事务所接受被告人张某鹏的委托,指派田文昌、韩嘉毅律师担任张某鹏涉嫌诈骗案的辩护人。接受委托后,辩护人依法进行了阅卷、会见、充分地调查取证和认真参加庭审活动,辩护人认为,扬州市人民检察院指控被告人犯诈骗罪不能成立。现根据本案的基本情况,提出具体辩护意见如下:

一、张某鹏等各被告人的行为属于彩世塔公司的单位行为,不应视为自然人之间的共同行为

(一)彩世塔公司的舞弊行为具有明显的单位意志

1. 庭审调查表明,本案中几个主要被告人分别承认,在起意操控大奖之前,由于浙江市场的决策失误导致公司亏损严重,已到了"倾家荡产"的状况,于是产生了操控大奖、减少亏损的想法。这一想法首先在公司决策层形成,而其他参与者的行为均属服从公司指派,即使在实施具体行为时,其也并不了解决策层的全部意图,因此并未在主观上与公司主要负责人形成共同故意。这一特征体现本案行为与自然人共同犯罪的明显区别。

2. 被告行为的动机和目的表明,操控大奖的想法是因经营亏损而引发,其主要目的是求得公司的生存与发展。这种主观愿望中体现的是公司决策层的整体意志,并非作为自然人的本案全体被告的个人意志。庭审调查表明,取得大奖本身并不是他们的主要目的,而只是培育市场和控制风险的一种手段，具体表现为：在每次摸奖时，并不是在刚开始销售的时候就把大奖摸出来，而是根据市场销售情况，为了刺激彩民购买，在达到一定购买额度时才设法抽取大奖，这样做，既可以保证彩票的购买量从而满足向国家上缴公益金的需要，又可以达到避免公司亏损的目的。这种做法与彩世塔公司的主观动机是相吻合的，同时体现单位行为的基本特征。

3. 缺少正式的书面决议，并不影响其单位行为的基本特征。彩世塔公司是一个具有家族公司性质的民营企业，在这样的企业中往往没有严格的董事会议程，也没有明确的会议纪要，常常会表现出一种极不规范的运转模式，但不能因此而否定其作为公司的法人主体性质。重要的是，只要在决策者的意志与单位的意志相一致的情况下，就没有理由否定其对单位的代表权，更没有理由将其与单位的意志相分离。更何况，在本案中全体被告人都一致认为张某鹏等人的决策完全可以代表彩世塔公司，这种一致的认同已经有力地证明了其单位行为的真实性。

（二）彩世塔公司的舞弊行为追求的是其单位的整体利益

庭审过程中各被告人都承认如下事实：(1)前期投入的包括保证金、广告费等各项资金，均由公司承担；(2)请人摸奖时，差旅费等费用均由公司统一支付；(3)购买彩票刮取入围奖所用的资金均由公司支付；(4)风险责任均由公司承担，即买了彩票刮不到入围奖时，个人不承担责任；有了入围奖摸不到大奖时，个人也不承担责任，其资金一概由公司支付；(5)摸到大奖后，摸奖者既不分赃也不分红，只是取得相对固定的报酬。以上这些做法十分清楚地表明，本案全体被告以及没有被列入被告的其他众多参与者，均在公司统一安排的内部分工范围内，各自按照公司的指派去实施不同的行为。在该行为的整体运作中，彩世塔公司既是成本与风险的承担者，也是最终利益的获得者,公司员工与股东之间是雇佣关系,而公司的利益则与全体员工的利益紧密相关。这些特征所反映的,正是一种典型的单位行为。

(三)以个人账户走账的表面形式不能改变公司行为的性质

辩护人注意到,控方否定单位行为的重要理由就是摸取大奖后的回款进入了裴某萍的个人账户。而辩护人要强调的是:账户的名称与资金的归属不应混为一谈。认定犯罪的重要前提是以事实和证据为依据,而绝不能将形式与内容相混淆。事实上,辩护人向法庭提交的证据已经表明,裴某萍作为彩世塔公司的财务总监,其个人账户本身即是彩世塔公司的隐蔽账户(如公司投入浙江市场的大约2300万元资金中,就有大约1100万元是从裴某萍的个人账户直接转到浙江市场的)。辩护人向法院提出申请,请求调查裴某萍信用卡银行结算单也能证明这一事实;还有,辩护人注意到,庭审过程中,所有知情被告人均表示裴某萍个人账户的资金即为公司的钱,该部分证言的供述完全一致;辩护人通过庭审质证还查实,如果不计算大奖收入,彩世塔公司从深圳开始到扬州案发,共计亏损1500万元左右。这种情况下,如果大奖的回款不回到公司账户上,彩世塔公司早已无法生存。

这些事实和证据均表明,该账户的资金完全是在张某鹏的控制下支配,并且在接收回款后又以各种渠道陆续转出,用于彩世塔公司的经营活动中。之所以将摸取大奖的回款存入裴某萍个人名义的账户,理由十分明显:是为了掩人耳目,以免暴露出大奖资金又回到了彩世塔公司的真实情况。在现实生活中,公款私存的现象比比皆是,在民营企业中更是屡见不鲜。因此,存款的名义与资金的所有权并不具有必然的等同关系。本案中,大量证据已经表明,裴某萍个人账户中的资金确属于彩世塔公司所有,由彩世塔公司支配并为彩世塔公司所用。所以,控方以此为由指控该资金为裴某萍个人占有,显然是缺乏依据的。

根据我国《刑法》的规定,单位犯罪的基本特征主要体现在实施行为时的单位意志与该行为所追求的是单位利益两个方面。而本案被告人的行为完全符合前述两个特征,属于典型的单位行为。因此,起诉书以自然人共同犯罪形式对本案被告人提出指控,明显缺乏法律依据。

二、根据我国《刑法》的规定,单位行为不能构成诈骗罪

我国《刑法》第 30 条规定:"公司、企业、事业单位、机关、团体实施的危害社会的行为,法律规定为单位犯罪的,应当负刑事责任。"

而在《刑法》第 266 条中,并未规定单位可以构成诈骗罪的犯罪主体。所以,依照罪刑法定原则,对于单位所实施的行为,即使具有诈骗性质也不应以诈骗罪论处。

在新《刑法》实施前,最高人民法院于 1996 年发布的司法解释中曾有过关于对单位实施的诈骗行为可以追究有关个人刑事责任的规定,但这一解释是在原《刑法》中没有规定单位犯罪的情况下作出并且适用的。因此,在新《刑法》明确规定了单位犯罪的情况下,应当遵循罪刑法定原则,依照《刑法》分则关于单位犯罪的明文规定去处罚单位行为,不应适用过去的司法解释。并且,关于司法解释的效力问题,最高人民法院已有具体规定。最高人民法院、最高人民检察院于 2001 年 12 月 17 日发布的《关于适用刑事司法解释时间效力问题的规定》指出:司法解释是最高人民法院对审判工作中具体应用法律问题和最高人民检察院对检察工作中具体应用法律问题所作的具有法律效力的解释,自发布或者规定之日起施行,效力适用于法律的施行期间。根据这一规定,最高人民法院在 1996 年关于对单位实施的诈骗行为可追究有关个人刑事责任的规定的司法解释应当视为失效。

三、彩世塔公司操纵大奖的行为与诈骗罪的特征有所不同

诈骗罪的基本特征是以虚构事实或者隐瞒真相的方法,使被害人自愿交出财物,而这种行为方式则又决定了被害对象也是明确和特定的。但是,本案中的情况却并非如此。

(一)彩世塔公司发行彩票的活动是真实的

彩世塔公司依法设立,国家政策允许其发行彩票,彩世塔公司协助发行彩票是经过有关部门批准并签订了合法有效的协议之后,开展经营活动的。在该公司参与发行销售的十几亿元彩票过程中,严格依照政策法规的规定,如数按销售额的35%上缴公益金,如数按50%的返奖率设定奖金,这些方面均真实存在且不违反任何政策法规规定。分析整个销售活动,对彩民而言也不存在虚构事实。虽然彩世塔公司指派人员对大奖做了记号,知道大奖的确定位号,但在彩世塔公司派人摸走大奖之前,任何彩民的机会都是均等的,任何事实都是真实存在的。在彩世塔公司派人摸走大奖之后,任何彩民也都清楚地知道,该奖组已没有大奖,之所以去购买该奖组的彩票,是因为彩民期待着除大奖之外的奖金。不仅如此,彩世塔公司也不是在每次销售的一开始就把大奖摸走,而是在销售到一定程度时,根据现场彩民的多少等诸多因素决定是否摸奖。在每次发行时,均按发行总额的50%设奖,但由于彩民摸取入围奖概率不同,"超奖"现象经常会发生。例如,因彩票发行总体状况不好,即会出现亏损。如果入围奖出现较早,大奖很快被摸走了,剩下的彩票就不好发行,即会出现"超奖"现象。此时彩世塔公司就会进一步加剧亏损。所以,彩世塔公司一般是根据现场彩票发行数量和入围奖出现的状况去把握摘取大奖的时机,目的是减少因"超奖"而造成的亏损。可以说,在发行过程中,国家的利益(公益金)没有受到任何侵犯,彩民也没有得到任何虚假的信息。这种情况类似于现实经营活动中具有真实贸易背

景,但以次充好、以假充真、以少充多的行为性质。即其民事行为本身具有真实性。

(二)彩世塔公司以作弊摸奖方式取得大奖不符合被害人自愿交出财物的特征

彩世塔公司以作弊方法取得的财物是大奖,而并非全部彩票款,这是必须加以明确的重要问题。因为在本案中众多彩民以购买彩票的方式“自愿”交出的是购买彩票的全部资金,且彩世塔公司也并未占有这些资金,而是按照规定上缴了公益金和设定了大奖奖金。彩世塔公司在发售彩票过程中获取的违法利益只是大奖奖金中的一部分,而这些奖金恰恰是在彩民不知情的情况下以作弊方法自行取得的,并非由彩民自愿交出的。如果将彩民购买彩票行为视为自愿交出财物,就会把购买彩票的全部资金与被告从大奖份额中作弊取得的非法利益相混淆,这种认识是不符合本案基本事实的。

(三)本案中没有特定的被害对象,且被害人受侵害的利益也具有不确定性

本案中,发行彩票是面向全社会的行为,任何人都可以无条件参与,彩民是一种完全不特定的社会群体。所以,被告的行为没有明确的指向性。公诉人认为,只要骗取大奖的结果发生,其侵害对象即具有特定性。这种观点混淆了“对象”与“特定对象”两个不同概念。正如作用力与反作用力一样,任何行为都必有相应的对象,但这种对象只是针对结果而言,与行为的指向并无必然联系。实践中最形象的例子莫过于“指哪儿打哪儿”与“打哪儿指哪儿”的关系。“指哪儿打哪儿”表明了一种行为的指向具有明确的目标性,其对象显然是特定的。而“打哪儿指哪儿”表明的则是一种行为指向的模糊性,其对象是不特定的。本案中,彩世塔公司舞弊摸奖的行为正如同“打哪儿指哪儿”一样,由于彩民群体自身即具有不特定性,且彩民中奖的主

体也具有不特定性,所以,彩世塔公司行为所侵害的利益对象也是不特定的。与此相联系,也进一步印证了不可能发生由特定的被害对象向被告自愿交出财物的情况。

值得注意的是,本案中被害人受侵害的利益也是不确定的。因为,购买彩票本身具有投机性,具有博彩性质,中奖只是一种期待性利益。所以,对于彩民个体而言,任何人都没有中奖的必然性。在此情况下,既不存在明确、具体的被害对象,又不可能区分具体对象所受侵害的程度。针对这种情况,就我国现行《刑法》对诈骗犯罪的规定来看,尚无法找到明确依据。

四、彩世塔公司以舞弊方法取得大奖行为的性质属于行业舞弊

关于行业舞弊的概念,在我国法律中目前尚无明确规定,其基本定义应该是:一个民事行为主体在进行一种具体行为过程中,违反相关行业规定或法规,通过不正当操作方式而谋取非法利益的行为。行业舞弊与普通诈骗行为在主观目的上都是获取非法利益,但在表现形式上却有所不同,二者的区别主要在于其民事行为有无真实性。诈骗罪是以虚构事实为前提,交易行为本身即具虚假性;而行业舞弊行为则以真实的民事行为为基础,在交易活动过程中以某种不正当手段获取非法利益。行业舞弊行为所侵犯的首先是行业规则,从而侵犯相应的管理秩序。

我国现行刑法对行业舞弊行为的规范目前尚不完善,但有些条文对于分析本案行为性质具有参考价值。例如,《刑法》第160条规定的欺诈发行股票、债券罪,第161条规定的提供虚假财会报告罪,第180条规定的内幕交易、泄露内幕信息罪,均与本案情况有类似之处。尤其是第180条规定的内幕交易、泄露内幕信息罪,与本案情况非常相似。彩世塔公司在发行彩票的过程中,从宣传促销、发售彩票直到按照法定比例设置大奖,均是在合法的状态中进行,只是在摸奖球的时候做了手脚,其唯一的条件就是他们知道奖球的位置而别人不可能知道,即他们是利用了掌握内部情况的特殊条件而达到摘取大奖的目的。这种行为的基本特征与内幕交易、泄露内幕信息的行为有较大的相似性。

从行政法规规定的角度来看,1998年《中国福利彩票发行与销售管理暂行办法》第19条规定:“从事福利彩票发行、销售以及参与彩票规则设计和生产的人员,必须保守相关秘密,且不得直接或间接购买福利彩票。”该办法第33条则规定:“违反本办法第十九条规定,泄露福利彩票秘密的,视情节轻重,对当事人予以相应的行政处罚;造成严重后果的,提请司法机关追究其刑事责任。”本案中,彩世塔公司的行为正是违反了该项行政法规的两项禁止性规定,即泄露了福利彩票的秘密,且利用其掌握的秘密信息违规购买彩票。对照该办法的规定可见,彩世塔公司的行为确属违反行政法规的行业舞弊性质,应当依照该法规予以行政处罚。即使造成了严重后果,也应当追究其泄密的责任,而不应以诈骗罪论处。

五、彩世塔公司行为侵害客体的主要方面是彩票发行管理秩序

由于侵害对象的不特定性和被侵害利益的不确定性,彩世塔公司以舞弊方法取得大奖的行为虽然取得了财产性利益,但对财产的所属关系缺乏明确的指向性。正如上市公司以虚增资本、虚假财会报告、内幕交易等各种违法手段获取非法利益一样,都是通过破坏相关市场秩序的途径去达到获取非法利益的目的。彩世塔公司行为所侵害客体的主要方面则是彩票发行市场的管理秩序。虽然这些行为中都带有欺诈性,但《刑法》却对此作出专条规定,将其与普通诈骗犯罪予以严格区别,其主要原因就在于其侵犯客体的主要方面与诈骗罪有所不同。

由于彩票发行在我国尚属新兴行业,到目前为止相应的法律、法规尚不健全,这种现状对于规范与处罚该行业中的违法、违规行为造成一定困难。但是,这种现状所提出的问题应当是完善法律的客观要求,而不应导致对类似行为处罚的随意性。事实上,本案中的行业作弊行为与前述列举的几种破坏证券交易的犯罪相比较,后者获取非法利益的空间更大,危害性更明显。如果由于缺乏明确的法律规定就对本案行为以诈骗罪论处,不仅违背罪刑法定原则,也违背了法律的公正性原则。

六、关于非法获利的数额认定

起诉书认定被告非法获利并占为已有的资金数额为5801万元,减去已缴税金还有4000多万元,这种计算方法是将每次获取大奖奖金的数额简单相加而得出的。辩护人认为,如果以非法占有为前提,这种计算方法明显缺乏客观性。

作为一种公司经营行为,彩世塔公司虽然多次从设置的大奖中获取了非法利益,但这些利益既未进入个人腰包也未形成公司的可分配利润,而是基于培育市场和发展市场的需要,继续不断地使用于公司的同一种业务即发行彩票的运作当中,其主要作用是弥补亏损,形同于“拆东墙补西墙”,被告人张某鹏的陈述则是“取之于民,用之于民”。从彩世塔公司几年来经营的全过程来看,在发行彩票前公司家底还有几千万元,至案发时被扣押的全部资金也只有2000多万元,由此可见,其总体状况还只是处于持平甚至亏损状态。

还有一个事实辩护人在庭审过程中已经强调指出,彩世塔公司为了经营浙江市场,借款280万元,到目前为止,还在支付利息。这一事实表明,公司的经营活动一直受到资金紧张的困扰。这些事实可以反映两个问题:一是其非法获取大奖的目的是维持公司的经营运作而不是个人占有,即没有非法占有的目的。二是没有非法占有的结果,即事实上没有得到现实的利益。在此情况下,如果只重形式而忽视本质,以简单相加的方法将获取资金的总额统统视为被告的非法所得并以此认定其诈骗数额,应当说是有失公正的。

值得注意的是,诈骗罪中的"非法占有"与经济活动中的"获取非法利益"在性质上是有重大区别的。彩世塔公司发行彩票的经营活动作为一个行为整体,虽然在其经营过程中实施了违法行为并取得一定的非法利益,但其将此利益仍然用于该经营活动而最终并未"取得"这种利益。这种情况与占有财产后又将之挥霍的情况在性质上并不相同。

综上所述,辩护人认为,被告张某鹏等人以舞弊方法获取大奖的行为属于彩世塔公司的单位行为,其行为的基本特征表现为行业舞弊性质而不符合诈骗罪的构成要件。该行为确实违反了有关彩票发行的行政法规,且侵害了彩票市场发行销售的管理秩序,应当依照彩票管理行政法规的规定受到相应处罚,起诉书将此行为认定为被告个人犯罪并以诈骗罪定性缺乏法律依据。

还需强调指出的是:必须全面客观地评价彩世塔公司及各被告人行为的危害性,必须认识到对此行为的法律适用将会对中国彩票市场的培育与发展产生深远的影响。综观本案,确实反映出现实社会中的一些新情况、新问题。辩护人认为:任何新生事物的产生必定存在合理性,一定会有利于社会的发展、进步,但在该事物的发展过程中,也同时会伴随无序和混乱,而这种无序和混乱很大程度上是诸多客观原因所致的。结合本案来看,以各被告人为主的彩世塔公司成立的几年时间内,先后为国家销售彩票十几亿元(庭审过程中,作为总经理的裴某胜曾认真计算过其所能记忆的数字,明确知道的如兰州市场、浙江市场等,除他参加公司以前所做的彩票销售无法计算之外,其所参与的彩票销售总额为十二亿八千万元,为国家创造福利金四亿六千万元),但随着国家政策的调整,销售费用降到15%,而实际到协助销售的公司手中只有8% ~10%;随着市场无序竞争的激烈,各发行中心纷纷将销售风险转嫁到协助销售的公司身上,如前期投入的风险,超兑奖金的风险(返还彩民的奖金超过销售额50%的部分)等,诸多客观因素导致像彩世塔公司这样的企业,从几千万元的家底亏损到“倾家荡产”的状况。正是这些原因迫使这些被告人铤而走险,操控大奖,以维持公司的生存和发展。诚然,彩世塔公司及各被告人行为对社会有一定的危害性,这一点不能否认。但作为彩票行业的知名企业,其为中国彩票市场的建立、探索、培育和发展所做的贡献也应当被社会承认。

承办此案后,辩护人在了解了彩票市场对国家财政、社会公益事业至关重要的影响的同时,也为彩票销售市场中协助销售的公司苦苦支撑、艰难生存的现状所忧虑。任何领域的立法,都要滞后于社会经济活动的发展,这是人类社会法制发展过程中的普遍规律。因此在新生事物产生、发展的初期,对伴随而来的无序与混乱应该给予更多的宽容和理解,积极予以规范、指导,才有利社会的发展和进步,这同样是人类社会几千年发展历史中得出的普遍真理。从个案的角度,破坏彩票市场的发行、销售秩序应当予以惩罚,但从国家利益的角度,不遵守罪刑法定原则,不严格依法办案,破坏法律尊严,给国家法治建设带来的消极影响也是不可忽视的。

为此,辩护人再一次恳请法庭在依法查清事实的基础上,严格、正确适用法律,对本案予以慎重处理。

被告人张某鹏辩护人:

北京市京都律师事务所律师　田文昌　韩嘉毅

2003年11月27日

辩护词（二审）

审判长、合议庭：

北京市京都律师事务所接受被告人张某鹏的委托，指派本所田文昌、韩嘉毅律师担任张某鹏涉嫌诈骗案二审辩护人。接受委托后，辩护人依法进行了阅卷、会见，现根据本案的基本情况，发表辩护意见如下：

一、一审判决改变起诉书指控的罪名，二审应当开庭审理

根据《刑事诉讼法》第11条、第187条之规定，对上诉案件开庭审理是原则，书面审理是例外。第187条规定："合议庭经过阅卷，询问被告人、听取其他当事人、辩护人、诉讼代理人的意见，对事实清楚的，可以不开庭审理。"这样的法律规定表明：即使合议庭在事实清楚的情况下，要进行不开庭审理，也必须充分尊重被告人、辩护人等诉讼活动参加人对程序权利的处理意见。在本案中，就目前辩护人了解的情况，无论是张某鹏还是其他被告人，无论是第一被告人的辩护人还是其他被告人的辩护人，都要求本案二审能够开庭审理。此种情况下，二审法院应当尊重各方当事人的意愿，根据法律规定开庭审理本案。

从保护被告人诉讼权利的角度，二审法院也应当开庭审理本案。根据本案现状，在本案一审时，公诉机关指控的罪名是诈骗罪，公诉机关所有证据都是围绕着被告人的行为是否符合诈骗罪的构成要件而组织的；相应地，被告人和辩护人也都是围绕诈骗罪而调查取证和进行辩护。但是，由于一审判决直接改变了被告人的罪名，客观上导致了被告人、辩护人在一审期间根本没有针对"非法经营罪"进行辩护。所以，我们认为一审认定的事实和罪名，是没有经过依法辩护而得出的结论。由于非法经营罪与诈骗罪在犯罪构成要件上存在较大不同,如果二审法院仍然不开庭审理此案,不仅是辩护权被剥夺,而且,被告人、辩护人欲在二审期间提出申请的诸如要求证人出庭权、申请鉴定权、申请回避权等诸项诉讼权利均无法得以实现。

二、一审判决认定事实不清

根据本案的情况,一审改变罪名判决,必然导致认定事实的重点在改变,也必然导致了一审认定事实不清。最为严重的就是,一审法院将起诉书指控的诈骗金额,直接认定为“非法经营”的所得额,这很显然是错误的。正如对于非法经营专卖商品的销售收入,不能直接认定成“非法经营”的所得额一样,必须考虑经营成本、销售成本等合理支出,只有抵减了全部合理支出后的纯利,才是非法经营的所得额。本案一审判决在认定“非法经营”所得数额时,只考虑到了税金,这种计算方法是不正确的,完全混淆了“经营额”与“所得额”的概念。事实上,除税金之外,在计算其所得额时,还应当从全部经营额中扣除以下部分:

1. 超兑奖金的损失:即指按承销协议的约定,在一个大奖组中,兑奖奖金大于销售总额50%时,由彩世塔公司承担的损失。理论上讲,可能存在一个奖组全部彩票均被售出,刚好50%的资金用于返还彩民的情况。但在实际操作中,这几乎是不可能的,经常出现返奖金额大于销售金额50%的情况。事实上,彩世塔公司很多时候,都严格按照协议约定承担这部分损失。如果以非法经营罪认定被告人有罪,就必须将此部分予以扣除,客观地认定被告人非法所得数额。

2. 经营性的支出:众所周知,无论是体彩还是福彩都不可能垫付前期投入费用。通常情况下,承销公司都会按预计销售总额的5%到8%支付广告费、场地费、卫生费、保安费等前期投入费。只要承销公司开展销售活动,不管销售结果如何,这些费用都会必然发生。同样,如果以非法经营罪认定被告人有罪,在认定其非法所得额时,也应将此部分支出予以扣除。

3. 非经营性支出：此部分支出是指用于购买入围彩票的资金投入、请人赶赴现场摸取大奖的差旅费和支付给他们的报酬（侦查机关已将能够找到的所有人员的报酬收缴，但未被羁押人员的所得报酬虽已收缴，至今没有列到收缴清单上）。

由于控方没有指控被告人犯非法经营罪，所以控方没有针对上述三个方面收集证据、组织证据，一审判决更没有对此事实予以清查。然而，此部分的事实对认定被告人的行为是否达到情节严重的法定标准至关重要。辩护人恳请二审法院依法查清事实，以便正确适用法律。

此外，辩护人还不得不以此形式，书面提出要求鉴定的申请。辩护人认为，销售100次有一次操控大奖，和有99次操控大奖，情况不同；销售一个亿彩票操控了5000万元奖金，与销售十个亿、一百个亿操控了5000万元奖金，情况不同；违法经营活动所得是不是能够达到5000万元，还是反而亏损几千万元，情况不同。所有这些问题都必须依靠具有专业知识的财务人士，对彩世塔公司的整体经营状况进行审计，才能被司法人员认知。为此，辩护人再一次恳请法庭对辩护人提出的《鉴定申请》予以考虑，只有这样才能做到事实清楚，才能正确适用法律。

三、适用法律不当

1. 定性错误。辩护人认为：非法经营罪的前提是经营活动非法，而合法经营过程中的违法与根本就不具合法性的非法经营是性质完全不同的两种行为。一审判决认为："深圳市彩世塔投资发展有限公司通过与彩票管理部门合作取得经销彩票的资格。"（一审判决书第34页第二段第一行至第二行）这说明一审判决在事实上已经认定彩世塔公司经营活动合法，然而，在定性上却混淆了非法经营与经营中的违法这两种完全不同性质的行为。若以此理论,凡是存在于合法经营过程中的违法现象,如欠负债务、违反劳动法、缺斤少两等,都可归属于非法经营罪。显然,这种解释违背了立法的原意,使《刑法》第225条第3款成为无所不包的条款。综观目前为止的全部案卷材料,没有任何控方证据指控彩世塔公司以及各被告人的经营行为是非法经营,一审判决的认定显然没有任何根据。

2. 一个案件双重标准适用法律。一审控方虽然没有起诉非法经营罪,但一审法院认为:被告人的行为"侵犯的客体是彩票市场经营管理秩序和彩民公平获得中奖机会的权利","因此,公诉机关指控的诈骗罪罪名不当,本院予以纠正"。(一审判决第36页第一段)这里姑且不论认定非法经营是否正确,一审判决至少是根据已查明的事实适用法律,没有尊重控方起诉的意见作出判决。然而,在被告人的行为是否具有单位行为性质的问题上,虽然一审法院依法查明被告人的行为具有单位行为的性质,"但鉴于公诉机关未对单位犯罪起诉指控,本院不宜对单位犯罪进行处罚"。(一审判决第36页第二段)这里却又尊重起诉意见,而不尊重事实,没有认定单位犯有非法经营罪。就是一个案件,就在一纸判决中(第36页第一、二两段),遵循双重标准判案,这实在是令人费解的。辩护人认为:无论是认定事实,还是适用法律,都应该遵循统一的法律和统一的原则,否则就是凌驾于法律之上,就是目无法律。

综上所述,我们认为一审判决既没有查清事实,又不能正确适用法律,无论是程序上,还是实体上,都存在严重违反法律规定的情况。鉴于一审判决存在的诸多问题,辩护人在此之前已经书面提出《请求二审法院开庭审理彩票案的申请》,在本辩护词中又向贵院提出技术鉴定的申请,所有这些都是为了能够查清案情。

彩票行业在我国是新兴行业,对其活动规律和立法的研究都还不成熟，尤其是近一时期以来，彩票行业的问题层出不穷，已经引起了立法机关以至全社会的普遍关注。面对个案，我们不仅担负着保护艰难培育起的中国彩票市场的重任，而且担负着通过对新类型违法案件的深入研究，为行政机关加强管理提供依据，为立法机关的立法活动提供借鉴的历史重任。辩护人希望法庭能够充分考虑本辩护意见。

被告人张某鹏辩护人：
北京市京都律师事务所律师　田文昌　韩嘉毅
2004年5月31日

审理结果

一审判决以被告人犯非法经营罪定罪量刑。二审维持原判。

中国××外轮代理公司被控单位走私罪案

案情简介

杨某清为广东省深圳惠威工贸有限公司（以下简称惠威公司）法定代表人；刘某任副总经理，由其主管进出口贸易业务。其间，杨某清与香港荣兴贸易公司（以下简称荣兴公司）卢某球等人负责在境外组织货源、发货，杨某清以惠威公司名义负责在境内购买进口食用油的许可证和登记证明等手续，向荣兴公司进口食用油。

在进口过程中，杨某清指使其下属公司经理刘某与另一下属公司经理温某东到中国××外轮代理公司，与该公司经理尤某某、船务部经理董某某见面，并委托中国某某外轮代理公司代理货物进口报关、报检等事宜。代理过程中，卢某球等人多次要求中国某某外轮代理公司的调度员将收到的进口食用油舱单、提单分解成大小舱单、提单。尔后，由刘某负责将其中一部分保单、提单用于正常报关并进口相应的货物；而将另一部分保单、提单项下的货物存放于公共保税仓，再由温某东伺机走私进口。因中国某某外轮代理公司尤某某等人同意帮助分解仓单，在按合同约定正常收取的代理费之外，报关后每一船货物又额外收取报酬3000元。

深圳市人民检察院2002年6月5日以深检刑三诉字（2002）第86号起诉书向深圳市中级人民法院提起公诉，指控被告人刘某和被告单位中国××外轮代理公司及被告人尤某某等人犯走私普通货物罪（杨某清另案处理，温某东在逃）。一审法院判决认定罪名成立且前述诸被告人为共同主犯。

被告人及被告单位不服一审判决，遂向广东省高级人民法院提出上诉。田文昌、蔡景丽律师受被告单位中国××外轮代理公司的委托作为其二审辩护人，提出辩护意见认为，中国某某外轮代理公司不构成单位犯罪，并且认为一审判决中对单位判处的罚金明显不当，对于尤某某等人主犯的犯罪地位确定不当。二审法院采纳了律师的辩护意见，判决中国××外轮代理公司无罪，并对尤某某等人以从犯论处，依法从轻、减轻了处罚。

辩护思路

本案的关键问题有三点：一是关于单位犯罪问题，即被告单位能否构成犯罪。二是关于被告单位涉案人员的犯罪地位问题，即这些人究竟是主犯还是从犯。三是关于罚金刑的适用原则问题，即应否对被告单位判处金额罚金。因此，辩护思路和调查取证的方向均围绕三个问题而展开。

其一，从单位意志和单位获利的角度，分析并证明被告单位不构成单位犯罪。其二，从参与走私的程度和获取违法利益的数额和比例的角度，论证被告单位中涉案的诸被告应处于从犯地位。其三，根据《刑法》和相关司法解释，论证判决由被告单位单方承担全额罚金属于适用法律不当。

辩护词(二审)

审判长、合议庭:

北京市京都律师事务所接受被告单位中国××外轮代理公司的委托,指派田文昌、蔡景丽律师担任本案被告单位的二审辩护人。现辩护人根据本案证据及相关法律规定提出具体辩护意见如下:

辩护人认为,从总体上看,一审判决认定本案已构成走私普通货物罪并无不当。但是,一审判决在具体适用法律上却存在诸多偏差,而这些偏差直接涉及对本案部分被告的定罪与量刑。一审判决适用法律的偏差主要反映在以下几个方面:

(1)一审判决认定被告单位中国××外轮代理公司构成单位犯罪适用法律不当;

(2)一审判决对本案诸被告人在共同犯罪中地位与作用的认定适用法律不当;

(3)一审判决对罚金刑的适用违反《刑法》和有关司法解释的规定。

一、关于单位犯罪问题

最高人民法院、最高人民检察院、海关总署《办理走私刑事案件适用法律若干问题的意见》(法〔2002〕139号)第18条指出:"具备下列特征的,可以认定为单位走私犯罪:(1)以单位的名义实施走私犯罪,即由单位集体研究决定,或者由单位的负责人或者被授权的其他人员决定、同意;(2)为单位谋取不正当利益或者违法所得大部分归单位所有。"

根据我国《刑法》和前述司法解释,单位犯罪应当具备两个最基本的特征:一是犯罪行为是由单位的意志所支配;二是犯罪所得为单位所占有。在本案中,被告人尤某某等人所实施的行为并不具备以上两个特征。

1. 关于单位意志问题

证据材料和庭审笔录均显示,尤某某等人所实施的行为既无单位领导层的集体决定,也无该单位法人代表的授权,其帮助他人走私并获取利益的行为属于超出正常代理关系的违法性行为。依照法律规定,本案被告单位中国××外轮代理公司具有外轮代理的合法经营权,其代理活动本属于正常经营的范围。但是,由于尤某某等人在代理活动过程中与被代理方相配合,为对方实施犯罪提供了便利条件,并为此而收取了额外的报酬,才形成了共同犯罪的行为事实。可见,这种行为与被告单位中国××外轮代理公司所实施的正常代理行为具有完全不同的性质。

辩护人需要强调指出的是,作为一种单位经营活动的整体行为与单个个人的行为并不相同,后者只受到一种意志的支配,而前者却可以受到多种意志的支配,即行为人的个人意志可以与单位意志相违背并对其行为起到支配作用,也可以因此而导致在行为过程中改变其行为的性质。本案中,被告单位的正常代理活动本身既合法又符合其单位章程的规定,该行为与其单位意志并无冲突。但是,其帮助被代理人走私犯罪的行为不仅违反了单位章程,而且既未取得其法人代表同意或授权,也未向法人代表汇报。因此,其完全属于超出单位意志之外的个人行为,不应将其与单位行为混为一谈。实践中,以单位名义实施违法犯罪活动的例子不在少数,但违背单位意志的活动却只能由个人承担刑事责任,这是认定单位犯罪时应当严格遵循的一项法律原则。

2. 关于单位利益问题

一审判决认为,尤某某等人获取的额外报酬虽然没入单位正常账目,却进了单位的小金库,用这些所得为单位职工买房,因而认定这些非法所得是为单位所取得,辩护人认为,这种认定是缺乏依据的。

首先,这种认定与基本事实不符,因为一审判决混淆了部分职工利益与单位利益的界限。

证据表明,在涉案期间包括法人代表在内,中国××外轮代理公司共有职工27名,其中从中得到好处的只有10人,仅占职工总数的30%左右,且都是参与该项代理活动的人,而其余17人并未从中得到利益。一审判决认定,"当时的员工除法定代表人未获利之外,包括未参与犯罪的肖某某等四名员工均有分配"。该认定与事实不符。这有当时的员工名单为证。至于肖某某等虽未被起诉,但因其帮助做账,所以也分到了钱。一审判决认定,"该小金库除这次分配外,还有为公司买车和报销接待费等用途"。该认定也与事实不符。尤某某等人确用此款买了一辆奥拓汽车,但该车只是用于他们代理此项业务的专项活动,且根本没入公司账目也未入公司资产登记;至于接待费也属同样性质,而用于公司的接待费均是有账可查的,并未在这笔款项中报销,与一审判决所称接待费完全是两回事。这一事实表明,从本案中受益的只是被告单位中参与帮助走私活动的部分职工,而这些部分职工的利益并不等同于其单位的整体利益。

证据还表明,在涉及走私的全部活动中,其收入是分为两个部分计算和入账的。一部分是按照正常代理费标准收取并记入单位的账目的,共有143万余元。而另一部分则按每条船另加3000元的标准另行收取,且并未记入单位账目之中而完全由个人私自保存。这种收费及记账方式明显地反映出,行为人的前述行为是在向单位隐瞒真相的情况下实施的。理由很简单,如果是受单位意志支配并为单位谋取利益,那么,作为单位利益在单位内部就应当是公开的,并且是由单位职工所共享的,就没有必要以两种收费方式收费且隐瞒其中的一部分资金,而这些资金最终又被少数人所占有。本案事实恰恰说明,被告单位的行为人是利用其单位具有外代权限的合法身份,在代理活动过程中去帮助他人走私,并且向单位隐瞒了额外取得的非法收益分给个人使用。这种行为的性质是不符合单位犯罪的特征的。

其次,这种认定缺乏法律依据,因为一审判决混淆了单位小金库与"个人"小金库的概念。

单位小金库的基本特征是:单位为了规避国家财务制度的监管而私设的账外财产,其目的是用于违反财务制度的单位开支,其前提是所有权仍然属于单位而不能为任何个人所占有或使用。正因如此,私自占有小金库财物者也构成贪污罪,而私设小金库这种行为本身并不构成犯罪。这说明小金库的财产仍属于公共财产而并非个人财产,在国有企业中,小金库的财产则具有国有资产的性质。

本案中,尤某某等人参与走私犯罪所收取的非法收入既未入单位正常账目,也没有向法人代表汇报,更没有用于单位的正常和非正常开支,而是仅仅用到了参与走私活动的部分职工的个人身上。因此,这些资金的性质与单位小金库的性质具有明显区别,因为这些资金从来就不具有公共财产的性质,更不具有国有资产的性质,因而也不能将其视为单位的财产。如果说这些资金的存储也是小金库的话,那只能视为个人的小金库或者部分人的小金库。如果将这种"小金库"与单位的小金库相提并论,就会严重混淆私人财产与公共财产的界限。

由此可见,一审判决首先将尤某某等人的非法收入视为进入了单位小金库,进而又以此认定其行为是为单位谋取不正当利益,该项认定的偏差正是建立在一个错误的前提之上,即将单位的小金库与个人的"小金库"混为一谈。

综上,辩护人认为,通过对本案证据的全面分析,则有充分理由认为,尤某某等人的行为既未受单位意志的支配,也没有为单位谋取不正当利益。所以,其行为不符合单位犯罪的基本特征,最高人民法院《关于审理单位犯罪案件具体应用法律有关问题的解释》第3条明确指出:"盗用单位名义实施犯罪,违法所得由实施犯罪的个人私分的,依照刑法有关自然人犯罪的规定定罪处罚。"根据该解释,对被告单位不应以犯罪论处。

二、关于尤某某等人的犯罪地位

本案中,实施走私行为的实行犯是第一被告人刘某所在的惠威工贸公司,其走私犯罪的方式是:在具有真实进口贸易活动的情况下,与境外发货人相勾结,采取多进少报的手段而达到偷逃关税的目的。辩护人认为,认真分析本案犯罪人实施犯罪的前述具体行为方式,对于区分共同犯罪人的构成及其地位与作用具有重要意义。

首先,具有真实进口贸易活动这一事实表明,被告人尤某某等人并非一开始就参与了走私犯罪活动,而被告单位的代理行为则并不具有违法性。

实践中,走私犯罪的表现方式各有不同,许多情况下,行为人均是以没有任何合法手续或完全采用虚假手续的方式进行走私活动。对此类走私犯罪而言,共同犯罪人自始至终都无法回避其刑事责任。在本案中,情况却有所不同。由于本案是在具有真实合法进口贸易活动的前提下所实施,所以,其贸易活动可分为合法与犯罪的两个不同部分。即未经报关而非法通关那部分性质属于走私犯罪无疑,但是,其正常报关的一部分却仍然具有合法性。正因如此,法律上并不认为这些货物进口也构成犯罪,而一审判决也确已将此部分排除于犯罪数额之外。

前述事实表明,无论是被告单位还是尤某某等人,在为惠威工贸公司进行代理业务之初,都不具有参与走私的共同故意。

对于被告单位中国××外轮代理公司而言,由于其自身具有外轮代理的合法身份并且所代理的业务具有合法性的前提,所以,其代理活动本身并不具有违法性。同时,也不能由于其公司职工后来参与犯罪的行为而改变其公司行为的合法性。

对于尤某某等人而言,在实施代理活动之初也并不了解被代理人的走私事实,是在合作一段时间之后才发现问题继而又被动参与的。这种参与过程则表明,被告人既是被动参与犯罪又与实行犯之间没有预先共谋。因而,其主观罪过程度与作为实行犯的惠威工贸公司刘某等人具有明显区别。

其次,本案走私犯罪的具体方式表明,走私活动的整体方案及实施均在境内外走私行为人的配合下形成和有步骤地进行,而尤某某等人只是在代理过程中,根据货主的要求违反规定,在分仓单时起到了一定的配合作用。

本案走私的具体方法是:货主在货物到港后采取分解仓单的方式,将其中一部分仓单用于报关,而隐匿另一部分仓单未报关。而后,再通过海关等其他人员的配合将存放在公共保税仓中未报关的货物非法通关,以此种多进少报的方式达到走私的目的。在这种走私方式中,走私犯罪的实行行为是发生在分解仓单之后,具体表现为将分仓单后未报关的另一部分货物非法通关,而分仓单的行为只是为此提供了便利条件。本案中,尤某某等人的行为只是发生在分解仓单这一环节,并未参与将未报关的另一部分货物非法通关的过程。而事实上,如果另一部分货物继续存放在公共保税仓中而不入关,或者事后以正常报关方式再行通关,则不会发生走私犯罪问题。

所以,在本案的走私犯罪中,尤某某等人的行为虽然对于货主的走私行为具有一定的帮助作用,但并未参与《刑法》规定的走私犯罪的实行行为。这种作用与货主所实施的非法通关行为在作用上具有明显区别,在共同犯罪中属于典型的"帮助犯",只能视为一种辅助作用。

此外,辩护人提请法庭注意,在区分共同犯罪人的主从关系时,其犯罪所得仍是一个不可忽视的重要因素。本案是一桩特大走私案,一审判决认定的偷税额即达24亿元之巨,均为货主单位惠威工贸公司所占有,而被告人尤某某等人所得到的好处仅为150万元,相当于对方的0.06%,在如此悬殊的分配之下,双方在犯罪中的地位和作用何以相提并论呢?如果对这样的情况仍以共同主犯论处,在法律上是无论如何难以作出解释的。

综上,综合分析尤某某等人的犯意形成的时间、在共同犯罪中所处的地位和所起的作用,以及取得违法所得份额等多种因素,辩护人有充分理由认为,尤某某等人以被告单位名义参与的共同走私食用油的行为,其行为方式属于帮助犯,在共同犯罪中明显处于次要地位。根据我国《刑法》第27条的规定,应当以从犯论处。一审对其以共同主犯论处,显属量刑不当。

三、关于罚金刑的适用问题

一审判决在认定单位犯罪并将单位及其参与人员一概以主犯论处的基础上,对被告单位判处罚金24亿元。辩护人认为,首先,由于对被告单位以单位犯罪论处缺乏法律依据,所以,对单位判处罚金本身即缺乏法律依据。其次,即使认定了单位犯罪,在多人实施的共同犯罪中,也不应仅仅由被告单位单方承担罚金的全部后果。

最高人民法院《关于适用财产刑若干问题的规定》第2条明确规定,"人民法院应当根据犯罪情节,如违法所得数额、造成损失的大小等,并综合考虑犯罪分子缴纳罚金的能力,依法判处罚金"。

最高人民法院、最高人民检察院、海关总署《办理走私刑事案件适用法律若干问题的意见》第20条第3款规定:“单位和个人共同走私偷逃应缴税额超过25万元且能区分主、从犯的,应当按照刑法关于主、从犯的有关规定,对从犯从轻、减轻或者免除处罚。”第22条规定:“关于共同走私犯罪案件如何判处罚金刑问题审理共同走私犯罪案件时,对各共同犯罪人判处罚金的总额应掌握在共同走私行为偷逃应缴税额的一倍以上五倍以下。”

前述司法解释集中体现了判处罚金刑的以下几项重要原则:

(1)应当考虑犯罪情节并综合考虑缴纳罚金的能力;

(2)应当区分主犯与从犯并对从犯从轻、减轻或者免除处罚;

(3)判处罚金的总额应掌握在共同走私行为偷税额的1倍以上、5倍以下。

根据前述司法解释不难看出:

(1)即使认定了单位犯罪,根据尤某某等人在本案中所处的地位和作用,至少也属于情节较轻的一类,且以偷税总额24亿元计算,其违法所得仅占偷税总额的0.06%。在此情况下,绝无理由替获取非法所得占99.94%的实行犯承担全部罚金后果。罚金刑的目的在于严厉惩戒经济犯罪中的非法获利者,而一审判决却将非法获利者应得的惩罚转嫁到其他被告身上,显然违反了罚金刑的立法原意和最高人民法院前述司法解释的具体规定。

(2)从缴纳罚金的能力来看,作为实行犯的货主单位在本案中获取了24亿元的非法收入,而尤某某等人仅从中取得了150万元的报酬,即使对被告单位而言其注册资金也只有500万元,其现有资产更是微不足道。作为一个独立的法人单位,在并未获取非法利益的情况下,被告单位显然不具备承担如此巨额罚金后果的能力。

(3)从前述对尤某某等人在本案中所起作用的分析可以看出,无论是从个人犯罪还是从单位犯罪的角度,尤某某等人的行为都不应处于本案中共同主犯的地位。所以,在判处罚金时也应当依照《刑法》关于主、从犯的有关规定,对其予以从轻、减轻或者免除处罚。根据前述司法解释关于“对各共同犯罪人判处罚金的总额应掌握在共同走私行为偷逃应缴税额的一倍以上五倍以下”的规定,退一步讲,即使不考虑对从犯“从轻、减轻或者免除处罚”的情节,也没有任何理由更无法律依据将“判处罚金的总额”加到诸多共同犯罪人之一的其中一个被告的身上。

再者,在此同一起犯罪事实中,还有一些被告如杨某清、温某东等多人被作为另案处理,这些被告人也应对该项罚金总额承担责任。因此,在本案判决中也应当予以综合考虑。否则就会出现处罚不公正或重复处罚问题。换一个角度讲,即使在共同犯罪中,有被告人被判处死刑或者因被判处没收财产而无力缴纳罚金,也应当从罚金总额中扣除其依法应当承担罚金的数额后,再根据其他被告在共同犯罪中所起的作用决定其应当承担罚金的数额。否则,即违反了罪责自负原则和对共同犯罪的处罚原则。

综上,辩护人认为,一审判决对罚金刑的适用既违反了《刑法》和最高人民法院司法解释的规定,也超出了被告人实际的缴纳能力,同时,也违背了对真正的以走私犯罪而非法获利者的惩戒目的,其适用法律显属不当。

通过对以上三方面问题的认真分析,辩护人认为,被告单位中国××外轮代理公司在本案中不构成单位犯罪,其单位职工尤某某等人所实施的行为,既非单位意志所支配,又非为单位谋取不正当利益,一切责任应由其个人承担。同时,尤某某等人在本案共同犯罪中处于帮助犯的次要地位,应以从犯论处。一审判决在本案共同犯罪人之间明显存在主、从地位区别的情况下,对尤某某、董某某及被告单位一概以主犯论处，并将应处罚金的总额判处由被告单位承担，不符合最高人民法院关于共同走私犯罪案件中对罚金刑的适用原则。

因此，一审判决认定被告单位构成犯罪且处以巨额罚金，无论从定罪的角度还是从量刑的角度，均缺乏充分的法律依据。

据此，辩护人请求二审法院撤销一审法院对被告单位中国××外轮代理公司的有罪判决，对本案各共同犯罪人合理适用刑罚。

以上辩护意见，请予采纳。

中国××外轮代理公司辩护人：

北京市京都律师事务所律师　田文昌　蔡景丽

2004年7月12日

与法治同行

辩护词代理词精选

辩护词二

田文昌　著

法律出版社
LAW PRESS · CHINA
—— 北京 ——

作者简介

田文昌，现为中华全国律师协会刑事专业委员会顾问，中国刑法学研究会名誉顾问，西北政法大学刑事辩护高级研究院名誉院长、博士生导师，中国政法大学、国家检察官学院等多所高校客座教授。

1983年，田文昌从西北政法大学硕士毕业后到中国政法大学任教；1995年，辞职创办北京市京都律师事务所，由教授兼律师转为律师兼教授。

田文昌曾获评北京市首届十佳律师，“CCTV2013年度十大法治人物”，2013年度《亚洲法律评论》中国十佳诉讼律师，香港卫视2015全球华人影响力盛典“最具影响力华人大律师”，美国刑事辩护律师协会“终身荣誉会员”。中央电视台“东方之子”“实话实说”“三百六十行”“面对面”“人物”等栏目先后对田文昌进行了多次专访报道。

田文昌以擅长办理各类典型疑难诉讼案件而著称，并坚持不懈从事理论研究，为推动立法、司法改革和律师制度的建设而不断探索，以各种形式提出关于国家法治建设、法学理论研究、法律实务研究及法学教育改革的理论观点和探索性建议。

多年来，田文昌曾出版《刑罚目的论》（专著）、《律师与法治》（专著）、《中国大律师辩护词精选——田文昌专辑》（一、二、三辑，专著）、《田文昌谈律师》（专著）、《田文昌谈刑辩》（专著）、《与法治同行》（个人论文选集）、《刑事辩护的中国经验》（合著）、《控辩审三人谈》（合著）、《新控辩审三人谈》（合著）、《刑事辩护学》（主编）、《刑事诉讼法再修改律师建议稿》（主编）、《律师制度》（主编）、《刑事辩护教程》（理论篇、实务篇、实训篇，主编）等著作和论文数百万字。

增补修订版前言

我的《中国名律师辩护词代理词精选:田文昌专辑》自 1998 年由法律出版社发行以后,又陆续出版了第二辑和第三辑,并经过几次再版。此次整理辩护词、代理词出版成书,作为继已出版第一、二、三辑的后续之作,即第四辑,在收入近几年新发表的辩护词的同时,特将前三辑的内容进行适当调整,统一出版一套完整版。此次收录辩护词和代理词共 100 篇。

为使本书的内容和时间脉络更加清晰,调整方式如下:

1. 将辩护词与代理词一起出版,共 4 册,分别为辩护词一、辩护词二、辩护词三、代理词。

2. 由于在新收入的辩护词中有一些原来没收入的早期辩护词,为了理顺时间顺序,全书均按辩护词发表的时间先后重新排序,调整后每一册的内容会有一些变化。

此次出版只有一本代理词专辑,都是我早期代理一些民商诉讼和行政诉讼案件时发表过的代理词。后来,由于专业化的需要我就基本上只做刑事案件了。所以,再版时增加的内容只有辩护词。

无论过去还是现在,我收录辩护词的标准都是以典型性、代表性

为原则,并未兼顾胜诉率。因为,我一直强调:律师不以输赢论英雄。辩护词的价值,在于其论据扎实,说理充分,策略得当。

我将100篇辩护词和代理词*呈现给大家,目的只有一个:分享体会,共同切磋,为中国律师辩护水平不断提升尽一份绵薄之力。

* 对案例评述和辩护词、代理词,保留案件发生时适用的法律法规、机构名称等,不再对其时效性进行特别标注。——编者注

1998年版序*

我和文昌认识有十多年了。那时,我在中国政法大学担任主管教学的副校长,他刚刚从西北政法学院获得刑法学硕士来中政大工作。我和他的专业不同,但这丝毫不影响我对这位新来的教师的注意,因为反馈来的信息使我深知,这位新来教师的讲课倍受学生的欢迎。在一个尚受人际关系影响的环境里,作为一个与中国政法大学及其前身北京政法学院毫无学缘关系、靠山关系的纯“外来户”,他在短短时间内所取得的成就,应该说,全凭着他个人的聪明才华和勤奋努力。

后来,他又担任了法律系的一些领导工作,我又被他的组织才能、工作魄力及思想解放所吸引。在传统观念还比较严重的环境里,他的作风和一些措施、办法当然也招引了一些“非议”。某种特定的环境可以使一个人的才华能力充分得到显现,从而造就了一位人才;某种特定的环境也可以使同样一个人的才华被湮没,从而埋葬了一

* 本篇内容为《中国名律师辩护词代理词精选 - 田文昌专辑》(法律出版社1998年版)江平教授所作序。

位人才,田文昌也是这样。在中国政法大学不大不小的“旋涡”中,他也被卷入了。他并不惮于在这样的“旋涡”中搏击,然而另一片激流更吸引他,于是他毅然跳进了另一个大海——作专业律师的大海。

在律师的工作中,我始终把他看作一位学者型的律师。这不仅因为他具有硕士的学历以及他有较长的法律高校执教的教历,更重要的是他学者的气质和风度,善于在办案中从学理的角度去分析问题并不断在工作中学习、研究,乃至著书立说,把实践升华为理论,又以理论指导其实践。他办案非常忙碌,但我觉得他不是一个“办案机器”,这本书就是一个明证,体现了他用知识和智慧去办案,用理性和思维去办案的经验总结。

在律师的工作中,我始终把他看作一位有理想型的律师。在办案过程中他不是只为当事人提供应有的法律服务,而是抱着强烈的匡复法律尊严和神圣的信念和勇气。有了这种信念和勇气他就常常出于一颗赤子之心,同情弱者或者叫童心未泯,良知未泯,不是一个“律师油子”。有了这种信念和勇气他就敢于为弱小的受害者打抱不平,向手持权鼎者挑战。虽然在律师工作中他的名气越来越大,物质生活也比在高校当“穷教师”时不知高出了多少倍,但我始终不把他看作终日为金钱而奋斗的人。这本书就是一个明证,体现他办案中的“正气歌”。只有具有为捍卫法律的理想,辩护词和代理词才能有振撼力,光靠华丽的辞藻是写不出好的辩护词和代理词来的!

在律师工作中,我始终把他看作一位多面手的律师。他本身的专业是刑法,办刑事案件自然是他的特长,本书中的十篇辩护词当然精彩。他对民商法经济法原本很少接触,但他从很早开始就不断在这些领域内学习、研究、请教。很快地,他就深入到这些领域之中。本书中他的十篇代理词也毫不逊色。他还努力学习,参加了证券律师资格的考试,还准备向更高的层次、更艰难的领域进军。我始终不

把他看作那种安于现状、不求进取的律师,“人无远虑,必有近忧”,文昌是一位胸有大志、胸有远虑的律师。

一篇优秀的律师辩护词、代理词不亚于一篇优秀的学术论文,这二十篇辩护词、代理词,就是一本二十篇优秀的论文集。希望从田文昌这本书的出版可以看到更多的这类作品问世。

是为序。

江　平

1997 年 6 月北京

1998年版引言*

中华全国律师协会和法律出版社向我约稿，要我出版一本辩护词与代理词专辑。并且，还要陆续出版一批这样的专辑。我想，出版的目的是在于推动律师的工作，加强律师的责任感，也是为了使人们进一步了解律师的作用和意义。所以，我挑选的内容并不是以取得胜诉的结果为标准，而是更多地考虑到案件的典型性和代表性。我一向认为，律师不是单纯以胜败论英雄，因为影响胜负的因素实在太多。律师办案子，赢，要赢得光彩；输，要输得潇洒。重要的是你是否真正尽到了律师的职责，发挥真正的水平。

在诉讼业务中，辩护词与代理词是律师水平与成果的结晶，应当由律师的心血来完成。当一个律师将自己的辩护词与代理词公诸于众的时候，他必须有勇气迎接众多的批评与挑战，进而在批评中检讨和提高自己，以求得到不断进取。

每一次出庭后，我都会发现自己有不同程度的失误或遗憾，总会

---

* 本篇内容为《中国名律师辩护词代理词精选－田文昌专辑》（法律出版社 1998年版）引言。

感到遗漏了一些内容或者换一种说法会更好,即使再精彩的辩论之后也不无这种感觉,完美无缺的情况几乎没有过。所以,尽善尽美的辩护词与代理词并不存在。

正因为如此,我愿呈此拙作,以求在公众和同行面前得到批评与指教。

田文昌

1997 年 6 月 25 日

2008年版引言*

律师不是天使也不是魔鬼

律师不是天使也不是魔鬼,律师既不代表正义也不代表邪恶,而是通过参与司法活动的整体过程去实现并体现正义。简言之,律师就是以依法维护委托人合法权益的方式去实现维护正义的目标。

人们有时将律师视为正义的化身,似乎律师自身就可以代表正义;有时又将律师视为邪恶的代表,似乎律师天生就是亵渎正义的恶魔。其实,这两种认识都不正确。道理很简单:正义的概念是抽象的,人人都可以自以为代表正义和维护正义,而对于正义的价值观却会因人而异,各不相同。更何况,在不同的时空中评价正义的社会标准也会发生变化。如此,便出现了评价正义的法律标准。

作为法律评价体系中的一个必要环节,律师的职责就是为形成这种最终评价提供必要的事实和法律依据,具体表现为依法最大限

---

* 本篇内容为《中国名律师辩护词代理词精选－第二辑－田文昌专辑》(法律出版社2008年版)引言之二。

度地维护一方当事人的合法权益。律师可以有自己的价值观,但是,由于律师的活动发生于法律评价形成之前,所以,他不能以个人评价取代法律评价,更不能因此而作出损害委托人利益的行为。这就是律师基本的职业道德。

从表面形式上看,律师的职业道德有时会与社会道德发生冲突,但是,从本质上看,两者之间却具有高度的一致性,因为律师的职责正是维护社会公平正义统一评价体系的重要组成部分。一个重要岗位的哨兵不能擅离职守,对眼前发生的其他事件去见义勇为;从表面上看,他似乎麻木不仁,违背了社会道德。但是,如若不然,却很可能由于顾此失彼而损害了全社会的更高利益。

所以,严守职业道德,依法最大限度地维护委托人的合法权益,正是律师以法律手段维护社会公平正义的特定方式。

在第一本《辩护词代理词专辑》问世十年后的今天,法治在进步,律师事业在发展。但是,人们对于律师职责的认识仍然不尽一致,其偏见与误解之深,足以说明作为舶来品的律师制度至今尚未在国人的观念中扎下根基。这也是我国律师制度发展举步维艰的根源所在。

十年后的今天,在出版《辩护词代理词专辑》第二辑之际,附上前面的感想,作为对律师职责定位的思考而奉献给读者,期望能够借此抛砖引玉,引起人们对律师更多的关注,激发起更多的思考……

田文昌

2007 年 11 月 11 日于北京

2013 年版前言*

我的《辩护词、代理词专辑》(一、二)两辑出版以来,受到社会各界尤其是律师界同行的广泛关注,曾经加印过几次。目前,由于书店里又脱销,出版社准备再次加印,并同我商议,为方便读者,希望于此次加印时将一、二两辑合在一起作为合订本发行。我欣然同意。感谢出版社,更感谢读者的厚爱,同时,也为我的书能够具有一定的参考价值而自感欣慰。

由于律师制度在我国历史上出现的时间很晚,经验很少,成果亦不多,迄今为止,律师的法庭活动仍处在一种不断探索,逐渐成熟的过程之中。所以,同行之间沟通与交流的作用则显得更为重要。我认为,辩护词、代理词的作用不仅仅关系某一件个案的成败,而且也是一种理论和能力的提升。同时,还会起到推动立法与司法改革的作用。一篇有水平、有见地的辩护词、代理词,同时也是一篇有价值的学术论文,或者会成为具有创见性的立法建议,甚至会成为引领司

---

* 本篇内容为《中国大律师辩护词代理词精选 - 田文昌专辑》(法律出版社 2013 年版)再版前言。

法制度变革的号角。

因此,一定不要忽视辩护词、代理词的作用和价值,而且还要善于发现和利用它的价值。

值得强调的是,目前在法学理论界和法律实务界,理论与实务相脱节和相关学科之间相脱节的现象已经十分严重。在此情况下,以辩护词、代理词形式出现的律师的论证观点更容易弥补这种缺憾。因为律师的辩护词、代理词形成于错综复杂的真实案例和控辩双方激烈交锋的基础之上,这种不断面对新问题的有的放矢的思考和论证,更具有提升理论和指导实务的综合价值。所以,每一个律师都应当重视这种价值,并意识到自己在实现这种价值过程中的历史责任。

正因如此,我希望每一位律师都能够高度重视并认真对待自己的每一篇辩护词和代理词,并通过与同行和对手的相互切磋使自己得到提高。为此,我也愿意将自己的拙作与大家分享,供大家参考并希望得到指正。

我一直认为,辩护词、代理词的水平虽有高低,但是,世上没有完美无瑕的辩护词与代理词。能够在一篇堪称精彩的辩护词、代理词中发现不足和提出高见者,才更有机会提升自己和接近完美。

我希望自己的辩护词、代理词专辑继续发挥抛砖引玉之功,也希望有更多的“砖”和更多的“玉”不断地出版面世。

田文昌

2012 年 7 月 1 日于北京

2015年版前言*

1998年，我整理出版了我的《辩护词代理词专辑》第一辑，2007年又整理出版了第二辑，因为很多读者反映前两辑由于出版时间的问题，虽经再版，但市面上也已经不好买到。因此，在2013年，经出版社和我商量，将我的《辩护词代理词专辑》第一、二辑做成了合辑再出版。很感激该书受到读者们的肯定，也让我看到法律同行们之间的这种交流是必要且必需的。

随着我国法治建设的发展和完善，律师行业分工也越来越专业化、精细化。以我所在的京都律师事务所为例，随着综合化律师事务所的建立，我们已经将业务团队细分到包括刑事诉讼、民商诉讼、企业风险防控、金融、证券、房地产与基础设施、公司、破产重整、知识产权、能源与环保、信息技术、国际、海商海事等13个业务领域，各个部门的律师都力求在本领域内深耕细作，成为专家型律师。我本人也在近些年更加专注于刑事案件和相关的法律研究，代理其他领域的

---

* 本篇内容为《中国大律师辩护词精选－第三辑－文昌专辑》（法律出版社2015年版）前言。

案件相对少了。

此次我将近些年来办理的具有典型意义的部分刑事案件辩护词整理出来,希望能够给年轻同行一些启发。每个律师都有自己的辩护风格,我的辩护词一定不是最好的,但我一直认为,我们老一代的律师,有责任也有义务将我们的经验和体会毫无保留的展示出来,和大家分享,无论案件结果如何,律师本不是以个案成败论英雄的职业,重要的是对法律的理解以及对个案的逻辑思维方式。

需要指出的是,本书收录的近十余年的案件判决结果很好的很少,无罪判决只有一个:广东省佛山市南海区人民法院对程某某职务侵占罪一审判决无罪,检察院抗诉,佛山市中级人民法院二审维持原判。有些明显无罪的案件仍然被判有罪甚至被科以重刑。

2014 年,党的十八届四中全会通过了《中共中央关于全面推进依法治国若干重大问题的决定》,确定了以审判为中心的诉讼制度改革方向,可以预见,随着规则的逐步完善,将来的法庭审理将越来越具有实质意义,律师的有效辩护也将越来越发挥实质性的作用。新的机遇也向律师行业提出了新的挑战,如何完善知识结构,加强技能培训,迎接挑战,是我们每一个法律人,尤其是从事刑事辩护的律师应该思考的问题。希望借由此书的出版,抛砖引玉,引起同行们的共同交流思考,共同迎接新挑战,抓住新机遇。

目 录

刑事辩护律师执业技能

（2012年5月30日在全国律协刑事辩护律师执业技能培训班的演讲）

一、接谈案件和会见

（一）接谈案件

在接谈案件当中，我想谈三个方面的问题。

第一，耐心倾听而不轻信。在接谈案件的时候，当事人的家属、朋友或者相关的人来谈委托，他们既不懂法又心情急切，感到无依无靠，很惶恐。所以，我们可能面临各种各样的很难应付的情况，他们可能说了一些没有意义的话，甚至挺不着边际的话。但是，我的一个体会——不管什么样的话，都要耐心倾听，就像一个医生面对一个患者。找我们办案的人有时候比求医的人更可怜，他们更需要帮助、同情和理解，所以千万不要对他们表现出厌烦、不耐心、居高临下、不屑一顾。

当然，我们和国外不一样，国外按小时收费，把表一按，说话的人就发慌，尽量少说。我们没有计时收费，他们就放开了说。我遇见有人几个小时都说不完，我们可以适当地引导一下，但是不要粗暴地打断对方。

为什么要不轻信?因为你没有理由轻信。他可能不了解情况,可能只是分析判断,还可能说假话或者出于各种目的来和你谈一些他的想法。我有一条体会:我谁都不信——当事人不信,亲友不信,警察不信,检察官不信,连法官、判决书都未必信。为什么?都可能有假,都可能有错,都可能有各种问题。信什么?信证据。

我说不信不是太自信,而是一切都要从证据出发。我们办案,查明真相,查清事实,根据是证据,别的都不能作为根据。这就涉及法律真实和客观真实的冲突问题。在现有条件下,当前条件下,我们所依据的只能是法律真实——证据真实。

不要期望相信当事人都说真话,未必如此。换一个角度,即使他和你讲真话,如果没有任何证据,你也束手无策。在当前情况下,从法律角度最公平的认定依据是什么?就是证据,别的都没有意义。

有一年,我到德国去考察,德国一个教授讲,按照德国的理论体系,庭审的目的就是查明事实真相。但我对这个观点是有保留的,我认为把查明真相作为目的不对。我的观点是:查明真相是手段,目的是维护司法公正,司法公正的基础是证据真实。有的时候,真相未必查明,但是让人家感到公正了,达到这个目的就行了。

我所强调的就是,我们依靠的是证据。但话说回来,谁说的你都得听,你不能拒绝别人说,也不能不听就简单地相信你自己。什么都要听,但什么都不要信,听是判断的参考,但不是判断的依据。最后看材料,看证据,重调查,重研究,这才是办案子最坚实的基础。

第二,客观分析而不承诺。中国现在有些当事人层次还比较低,一找到你就像抱着一棵大树找到了救星,最爱听的就是你的一个承诺——你能够办到什么程度,对这个案子给他一个结果。这是最普通也是最可怕的问题。我遇到好多次,我不敢给他承诺,我说我们既没有承诺的水平,也没有承诺的条件等。他说人家某某律师都能够答应做到什么程度,你怎么做不到?我只能说人家比我强。但是我告诫大家:千万不要做这样的承诺。而且,你承诺之后会出现副作用,会让人抓住把柄很难交代。所以,绝不能讲大话,最多可以客观分析——根据我们掌握的材料,根据法律的相关规定,我们认为应当达到什么样的水平。但是不能说能够保证或者预测到是一种什么样的结果。

第三,告知权利、防范在先。为了保护我们自己,也为了给当事人一个比较稳妥的说法,我们要做到告知权利、防范在先。就是口头说还不够,最好签约时还有一个权利告知的回执,如律师不能够承诺,不能够讲大话,不能私自收费等。这一点我也体会很深。从我做律师以及第一次给律师们讲课起,我从来都坚决告诫大家不要讲大话,不要给承诺。但是有的当事人就投诉过我讲大话,承诺了肯定能办到什么程度。我是有苦说不出。什么样的当事人都有,你防不胜防。所以我们要搞一个东西,让他签一个字,这也是自我保护的一种方法。

(二)会见

会见当事人时要注意以下几个方面的问题:

第一,摆正关系。要明确我们的权利来源——受委托而形成,我们是委托人的代言人。为什么我要讲这个话?到今天为止,还有的律师正襟危坐、煞有介事地去训斥当事人,“我是代表公正、代表法律的”。不是,你收了人家的律师费,接受人家的委托,人家随时可以撤换你,可以解除这个委托,你只是私权利的代言人。你不是代表法律,也不能代表法律,而只能是依照法律为委托人提供法律服务。一定要摆正这个位置,这样你才能放下身段,放下架子。依照法律是前提,为委托人服务才是目的。

第二,端正态度,要有亲和力、信任感。你会见当事人,他见了你像见了亲人,像找到救命稻草一样,不管这个人罪轻罪重、官大官小、是好还是坏。当他落入这个境地的时候,他肯定拿你当一个救星。当你了解到这样一种状态,理解对方这样一种心态,就一定要给他一种亲和力,让他如见到亲人的感觉,让他信任你,这样他才能把他想说的话都告诉你。

有的当事人不信任你,当然有各种各样的理由和原因,你很难和他沟通,你会觉得他眼睛背后藏着一种东西。这种情况有两种原因:一是当事人本人太狡诈,顾虑太多,城府太深;二是律师没有给人家亲和的感觉。

第三,耐心倾听而不轻信。你与当事人会见的时候,当事人的话可能很乱。有的说得很不着边际,有的滔滔不绝,我们可以适当地引导,但前提是耐心倾听,后话是不能轻信。

第四,不能训斥、贬低当事人。这一条很重要。我经常遇到律师训斥当事人,有时候不耐烦地教训一番,这是非常忌讳的问题。法官、检察官可以教训他,律师只可以帮助他,委婉地说服他。他拿我们当成依靠,你若摆出一副教训的架势、贬低的态度,让他对你根本就没有信任感,你怎么能和他配合好?再说,有些当事人的身份比你高,知识比你多,智商比你高,甚至素质也比你强,他落到这个境地本来就非常不平衡,你再训斥他,会对他有非常大的打击,对你办案子也不利,更不要说我们要尊重人家的人格。

有一次模拟法庭培训,律师说话还以训斥的方式,在场的检察长都和我说:“这是律师,还是检察官?这个角色演的就不对。”这说明我们从根本上没有搞清自己的角色定位。中国的某些律师,有些时候把自己打扮成和官员差不多的角色——官本位的理念太深。律师就是律师,一定要注意到这一点,否则当事人不会真正相信你,也不会很好地配合你。

第五，依法行事、遵守规则。有些情况下，当事人家属对我们寄托厚望，同时由于不懂法律、不懂规矩，经常要求我们做一些违反规则的事。我们如果动了感情又忘了规则，在会见时做了一些不该做的事情，这是非常可怕的。最近，全国律协刑委会结合《刑事诉讼法》的修改，正在搞一个新的《会见规则》，到时候大家再按照规则来分析、行事就可以了。

第六，谨言慎行，自我保护。主要包括三个方面：提问、解答问题和解释法律。

首先，要注意提问的方式。谈话的时候，问话的学问很大，可以利用问话首先引出问题，引起互动，进尔发展为更深入的交流。

其次，在交流当中会涉及解答疑问和解释法律的问题。比如对于经济犯罪来说，如讲到贪污受贿，什么叫贪污？什么叫受贿？——包括问话、解答、解释法律的时候，都会有很多这样的问题。比如受贿，谋取不正当利益是受贿，没有谋取不正当利益就不是受贿。这个解答没有问题，再进一步说一点——具体的事怎么办，你给他做了什么，如果你没有做会怎么样——可能越来越接近禁区了。律师怎么办？可以接近，但是不能踏到线上，你可以把法律规定解释得很清楚，很具体，但是你不能告诉他如何去说假话。这就是能力——做到在解释法和解答问题这个范围内来说清楚问题。

像这类问题，我建议将来应当有专门的具体培训，一个一个细抠，模拟一些案例，问问题的时候怎么问，回答问题的时候怎么答，解释法律的时候怎么说。这样才能真正提高我们谈话的能力。

二、调查取证和阅卷

（一）调查取证

调查取证，这次《刑事诉讼法》没有作出修改是一个很重大的遗憾。说是有进步，把侦查阶段律师的辩护人地位明确了，原来侦查阶段律师没有辩护人身份,所以不能调查取证,这次有了辩护人身份可以调查取证。但是我认为这只不过是一个纠正、一个反省。1996年《刑事诉讼法》在这个问题上表述就是错的。辩护律师从接受委托那天起,他所做的一切工作都是围绕辩护的,就是辩护活动的开始,居然还能够搞出一个侦查阶段没有辩护人身份的“提供法律帮助的人”,这本身就是一个错误。

但是,更遗憾的事在后面。我们一再提出来,要和《律师法》接轨——关于调查权的问题,尤其是向被害方的证人和被害人调查的时候,不应当经过法院或者检察院的允许。但是这一条没有改。既然没有改,那么我们就要注意这些问题。在现有的规定下怎么做?我讲三点。

1. 调查取证的作用不容忽视

为什么特别强调这一点?由于我们消极辩护的效果有限,所以取证更加重要。辩护有积极辩护、消极辩护两种。在一个法治发达、程序法受重视的国家或者环境下,律师主要是进行消极辩护,因为举证责任在控方,打破控方的证据链,攻破了控方证据,辩护就会获得成功。可是在我们现有的体制和法治水平下,这种消极辩护的作用很有限,仅靠打破证据链根本不行,往往要你提出反证来,甚至判决书都经常出现“律师……理由没有证据支持”。所以在这种环境下,积极辩护的作用就更加重要。什么叫积极辩护?就是要有调查取证,举出有利被告人的证据。

在立法过程中,我和有关领导反复地强调这个问题。有些人认为,我总是强调调查权,没有必要,国外律师也没有那么多调查。我说他不了解中国的现状,国外律师本来就不需要那么多调查,在确实需要调查时,人家还可以专门找私人侦探调查,我们没有。人家不用调查就可以否定指控,而我们否定不了,我们的司法环境摆在这。

所以,我特别强调争取调查权,尽管现在调查面临着很多风险,但调查取证的作用不能忽视。

2. 知难而上,不能因噎废食

由于调查取证有这么多风险,很多人都不去调查。据我了解,很多省市的很多律师由于《刑法》第306条的威胁都不敢调查。这个状况我非常理解,每个人都很担心遇到这样的问题,这也正是我们呼吁废除《刑法》第306条和《刑事诉讼法》原第38条最重要的原因。我曾经有一次说过,“不管你取消不取消,我喊到死也要喊,绝对不允许有这样的法条存在,这是为我们律师执业的安全”。

这次应当说有很大进步,对《刑事诉讼法》第38条做了重大修改,这些修改很艰难,我们一而再,再而三坚持提出来,最后总算有了程序上和内容上的修改。但是还没有达到我们希求的目标,没有彻底废除,还是保留了。尽管如此,我们不能因噎废食,要对案件和当事人负责,不能因为担心有风险就不去调查了。很遗憾,很多地方律协规定不准调查,虽然都是出于好意和对律师的保护,与此同时,我们能不能放弃对委托人利益的维护,眼睁睁地看着应当获取的有利证据而不去获取?这一点我觉得非常重要。

说到这里,我原来谈过一个辩方证据合法性的问题。我们经常在法庭上遭遇被控方质问证据来源,说不清楚或者来源不合法时,我们无言以对。所以这几年来我一直在提出并想解决这个问题——辩方证据合法性问题。原来没有非法证据排除,这个问题还比较受到漠视;现在排除非法证据的程序已经入了法条,这个问题必须解决。

排除非法证据是否包括辩方证据?绝大多数人,甚至绝大多数的法学专家,都认为是包括的。我是1980年刑法硕士研究生,从我开始学习《刑事诉讼法》那天起,我就知道证据有“三性”——合法性、真实性、关联性,从来没有对控辩双方证据做区分。直到今天,很多大学生、研究生、博士生,包括其导师,也都认为证据的"三性"是不分控辩双方的。

现在我可以非常自信地告诉大家,这是完全错误的一种认识。因为对辩方证据不可能要求合法性。非常简单的例子:假如我们都知道,有一个证据可以证明被告人罪轻或者无罪,能不能因为证据的来源不清或者不合法就仍然判他有罪?一个人不是杀人犯,控方指控他,我们辩方拿出一个反证证明他不是杀人犯,但由于这个反证来源不合法,能不能也仍然认定他是杀人犯,把他枪毙掉,谁会这样做?可能没有人说应该这样做。那为什么在理论上没有解决?没有人思考和论证过。

大家都会遇到过一些案件,有的当事人的亲属或者朋友提供一个证据,不敢说是谁给的,还有的甚至是被通缉的人出了一个证据,不敢露面,但是这个证据确实被证明是属实的。这种情况下,非法证据的不利后果不能由被告人和嫌疑人承担。这就涉及法律的价值取向问题,作为公权力一方,控方举证不合法,虽然能够证明被告人有罪或者罪重,但是由于它取证手段不合法,不利后果应当由公权力方承担。这是为了维护法律的公正性,为了普遍正义而牺牲个别正义。而对于被告方作为一种私权利的主体来说,则完全不一样,不能由于律师取证的不合法,而把不利后果加到委托人头上,这是个原则。

我专门到国外做了一些考察,也查了一些资料,我还请陈瑞华教授帮我找理论依据。他找到美国和欧洲的相关法律都有规定——应当排除的非法证据根本不包括辩方证据。这个问题在一个法治发达国家已经成为常识,在我们国家,由于没有人去认识它、思考它、论证它,而变成一个大家统统误解的问题。所以,辩护律师一定要搞清楚,而且要在理论上澄清它,否则我们很被动。我希望大家都关注这个问题,能够在教科书上、课堂上堂堂正正地讲,证据的"三性"是指控方证据而言，是指定罪的证据而言，辩方证据不要求合法性。当然，这不意味着鼓励律师非法取证，那是两回事情，一定要分开。假如律师非法取证，甚至从最坏的角度讲，律师可以承担非法取证的法律后果，但是不能让当事人来承担不利后果。

我这里讲的是两个方面：一方面要讲清楚证据合法性的问题；另一方面律师取证时要注意，不能够因为取证危险就不取了。

3. 运用智慧加强自我保护

在了解证据合法性这个概念的同时，我们还要注意取证要合法。我们遇到困难问题的时候可以采取各种方式，运用智慧，还要注意自我保护。

我们一方面要对当事人负责，如果不对当事人负责，就称不上一个律师，我一直这样坚信。有人批判、攻击我——就知道当事人而不注意原则，甚至有人说我为了当事人而不顾法律。当然，我并不这样认为。前提是依照法律维护当事人的利益，我从来没有号召大家去践踏法律，这不是律师应该做的。但是律师的第一目标是为当事人服务。可以这样说，我们是依照法律为当事人服务，不是为了维护法律才去帮助当事人。通过维护当事人合法权益的方式，最终达到了维护司法公正的目的——这是一个辩证关系，一定要搞清楚，绝对不能本末倒置。

既然有这样认识上的误区，有这么多的风险，我们一定要注意，在取证当中要充分运用智慧加强自我防范、自我保护。比如两个人以上去取证。我们十几年前第一次搞《律师办理刑事案件规范》的时候，法庭没有要求必须两人调查，但我们要求最好这样做。这又涉及一个权利性质的混淆，很多文件和规章里面，要求律师调查取证必须两个人以上，这都是公权力的做法。律师是私权利，根本没有任何依据和理由要求必须是两个人或一个人。但是为了自我保护，我们应当尽量用两个人,尽量录音录像。

在《刑事诉讼法》修改的时候,我们一再强调另一个问题,希望明确规定律师会见有录音录像权利,至少被告人、嫌疑人同意就可以。但这一条没有被采纳。看守所等可以录音录像,律师更可以录。我们录音录像是为了保护自己,避免《刑法》第306条规定的这种问题。但是现在没有被写进来,当然也没有否定,将来我们争取在实施细则里面写上去。

还要注意谈话方式问题。和被告人、嫌疑人谈话,在调查取证的时候也是一样,谈话方式更重要,和证人谈话时也需要注意方式保护自己。取证涉及《刑法》第306条,说实在的,稍不注意就容易陷进去。

(学员互动:如果向证人取证或者发问的时候,你的方式不同,可能导致认定事实的结果是不同的。比如,在向一个证人询问被告人是否实施了伤害犯罪,你如果问那个证人:"你看到被告人某某对受害人进行伤害了吗?"他的回答肯定是没有,公诉人就会说:"他没有看到不等于被告人没有实施犯罪。"另一种问话的是直接问证人,"被告人是否实施了伤害犯罪?"他的回答也是没有,这个时候的回答就是正面的。我指的是两种问话方式导致的结果对辩护律师是不同的。)很好,这就是一个比较典型的例子,相关的案例大家都可以举出很多。但是,稍不注意可能就陷入诱导式问话的误区中,甚至自己的一个口头语或习惯说法都可能引发意想不到的后果。

除此之外,我们可以采用调取书面自书材料的办法,还可以申请出庭作证,当然最后的办法也可以申请法庭去调取证据。这些情况都有。

我前几年办了一个南方的案子,证人是受贿案件的突破口,证明被告人接受了他的贿赂,后来证人在住院期间谈到完全是被逼的。

那个案子非常恐怖,我采取了一个办法,通过另外一个人给证人传递我的想法:如果他愿意作证,可以把材料寄给我。他先录了音,做了一个光盘,然后又整理成书面的材料,从浙江寄到了我的律所,我把这个完全相反的内容拿到法庭上了。到今天,我也没有见过这个证人的面。首先我做到了保护自己,就是接收了寄过来的特快专递,我连封皮全都留着。但遗憾的是,案子还是没有解决,后来又把证人抓起来逼供,证人又承认了;那当然是另外的问题。

取证这个问题,可以采取各种方式来做,虽然很艰难,但是我们要充分运用智慧,要想办法,不能不做。几年前,我在北京办过一个敏感的案子,引起了有关部门的重视。我调查了十几份证据,并做好了周密的防范措施,当时有人查我但没有找到任何借口。这个问题短时间恐怕很难解决,但是我们要注意采取更好的策略保护自己。

(二)阅卷

阅卷的重要性是和国外对比来谈的。案卷的数量之多,我国是超出一切国家的,国外没有这么多案卷。为什么?很简单,因为证人出庭,一切都真真正正在法庭上举证、质证,当面解决,所以不会有那么多卷宗。我们由于证人不出庭,所以有时候一个证人就问十遍八遍,几百个证人就问了上千遍,依此定案。我经历过最多的是700多本卷,这说明我们是靠案卷来定罪的,所以案卷就非常重要。这一点一定要注意,这是我们国家的一种特色。阅卷的方法,我个人总结要注意这样几条:

1. 全面细致通览

要全面细致,要通览,不管你认为有用没用。几百本卷,咱们没有那么多精力细看,时间也不够,但是得先看一遍是什么东西。很多案件有很多本卷是没用的,但是你不看怎么知道它没用?先粗看一遍,然后抓重点。

2. 抓住重点

前一段,我在广东办了一个中国远洋公司广东某外代公司走私食用油的案子,走私偷税额25亿元,单位犯罪,一审还判了十几个自然人的刑罚。案情是:一个集团公司让它两个分公司走私食用油,走私手段很高明,每一船油都是手续健全的,到了海关以后,把舱单一分为二,一部分正常进关完全合法,另一部分放到保税仓里伺机走私进来。案发以后,走私这一部分的偷税额被认定是25亿元,判处第一被告单位的当事人死刑,其他几个人是无期徒刑、有期徒刑,该外代公司单位犯罪,十几个责任人都被判为共同主犯,判外代公司罚金25亿元。

后来外代公司聘请我时,希望能够做到罚金少一点就行了。我这个案子做得比较成功,我把单位犯罪打掉了,因为它不能代表单位的利益和单位的意志。同时,又把单位十几个所谓的责任人由共同主犯变成了从犯,刑期减少了一半左右。我只是受单位的委托,那十几个人不是我的委托人。

另外,该案的卷宗是370多本,我在卷宗里发现了半页纸中反映出来的重要问题。被判死刑的第一被告人讲:"我们是两个公司,上面有一个总公司。总公司老总给我的任务是把船到港后分舱单,一部分进关,另一部分放到保税区,放保税区以后再怎么进关是另一个分公司的事,我不知道。"我对法官分析说保税区是关外,还没有进关,你根据什么定这个被告走私?这个案子问题在哪?总公司老总和负责保税区公司的老总全跑了,证据链是断的。如果证明这个被告与他们有共谋,可以定走私罪没问题;如果不能证明有共谋,你连定他走私罪都有问题,怎么还可以判死刑?就这样,把这个人的死刑改了。说实话,这十几个人和第一被告人都不知道是我把他们给救了。

这个案子我主要想说的就是这一点,这么多卷宗里面,这半页纸反映了一个很关键的问题——没有证据证明他和别人有共谋,实施了走私的行为。后来这个问题完全是我和法官做了交流以后把它改过来了。这么多卷宗,如果不细看可能就发现不了这个问题,你要在粗看当中善于找到哪些是有用的,筛选之后再细看。

还有一个例子,广东珠海的是另外一个走私案。走私手机案,号称是新中国成立以来第三大走私案,走私金额78亿元。走私的事实是有的,当场抓获。怎么走私的? 腰里捆绑的,衣服兜里放的,还有在香港与深圳之间的铁丝网下面挖了一个洞,用塑料口袋往这边拽的,都是一些低级、原始的走私方式。当时截获的走私金额有几十万元是真的。但是,海关侦查时候扩大了战果,在一个走私行为人的家中查到了一个复制的电脑移动硬盘,里面有一百多个没名没姓的账套。他们从这一百多个账套里面挑出了十几个账套,掐头去尾,改头换面连起来变成一个总账,就认定78亿元的总数额。

我们一看,整个证据是复制件本身就不对,掐头去尾更不对,数额也完全对不上。这个案子的法庭质证非常典型。在法庭质证的时候,幸好有一个律师电脑玩得很好,当场演示电脑里这个账套怎么可以改动,并要求鉴定人也出庭,把他质问得无言以对。这个数字完全可以否定,我和法官讲:“走私确实有,有多少定多少就可以了。怎么可以凭空搞出78个亿?”当然,这个案子最后还是照此判了,这另当别论。还有一个,就是第一被告把公司卖给另外一个人,我们有大量证据证明他与本案无关,可还是判了刑。买他公司这个人当时跑到国外去了,但是现在回来自首了,案子依然没改。

我要说明的是,这一系列问题都是在阅卷时发现的。所以,一定要善于在卷宗中发现问题,要找出重点。

3. 善于厘清线索

有一个的案子,非常典型,现在还在申诉。一个国企公司的老板,一分钱没出,把一个国企一而再,再而三地改制,股东变更先后不下十几次,最后搞成了一个多亿的资产。指控他的罪名是贪污,数额是一亿一千六百万元,当地律师跟我讲怎么样做罪轻辩护。刚看这个案卷的时候,我第一感觉是这个人太厉害了,完全是空手套白狼,把国有资产全变到个人头上了。

但是我提醒大家,不要轻信别人,也不要轻信自己的第一感觉,一定要对当事人负责。我经过反复地琢磨,我和我的助手光画图就做了两个礼拜,反反复复地研究、修改。当我把整个资金流向、公司股东变化走向图画出来以后,我的结论是无罪。为什么?一团乱麻在你手里的时候,你怎么理也理不清,一旦厘清了就是一根绳,非常清晰。案子也是这样,把整个纷繁复杂的线索厘清了,其实就会变得很简单。所以我说分析案件的时候画图做表是非常重要的。

我曾经带过几个年轻的教授去办案,包括刑事案件和民事案件。他们都是顶尖的学科带头人,专业水平是没有问题的,但是分析案子的时候,他就理不清楚,越理越糊涂,越理越乱。所以我说,学者的本事是把简单问题复杂化,律师的能力是把复杂问题简单化,否则你做不了律师。当然,前提是你先得把简单问题复杂化,然后再简单化。要“钻进去”还得“爬出来”,钻不进去读不懂,爬不出来就中毒,就陷进去了。我们研究案子,先要把它复杂化,不把它复杂化,你就吃不透这个案子。然后一定要简单化,理清楚,理不清楚你就陷进去了。画图做表就是把一个案子简化的过程,就达到了厘清线索的目的。

阅卷的时候不能厘清线索,可能会白阅,也可能误入歧途。这一点非常重要。大家可能都有体会,现在的卷宗整理水平有时候低得可怜,字看不懂、话说不通,这是次要的,更可怕的是,它会绕来绕去把你绕糊涂了。多年前，黑龙江一个死罪变无罪的案子就是如此。二审期间，庭长和我说："我们承办法官看不明白这个案卷。"后来我说："我帮你看。不是我水平高，是因为我看熟了，看多了，所以帮你去摘一摘。"确实有的案卷看不明白，稍不慎重就把你绕糊涂了。所以看案卷也得"钻进去"和"爬出来"，这样才能看明白。

4. 不要先入为主

分析案卷内容的思路要注意做到客观超脱，不能先入为主，更不能盲目乐观，一定要先从最坏处考虑。为什么？我们是为被告人辩护，但不是凭主观愿望给他辩护，要在事实、证据的基础上进行辩护。这一点请大家注意，一定要从最坏处着眼，多找找自己一方的毛病。有很多律师只愿意报喜不愿意报忧，而当事人就喜欢这样的律师。有些律师总是说得头头是道、天花乱坠，动辄就肯定没有罪。还有的律师，一问他就说人家不对，你要是法官，说不对可以驳回，你是律师，光说不对有用吗？千万要注意。

我有几次开论证会，请专家论证疑难案子。承办律师介绍案情时，我一再强调千万要客观介绍，不能加入自己的认识，那样的话就说不清楚。结果我怎么说都没有用，他一定要加进自己的观点，而且慷慨陈词，非常激昂，这个没有，那个不对。我问有证据吗？他说有，结果什么都拿不出来，都是他想象或者分析的。无论你怎么要求，他说的都带他自己的认识，一听就听出来不是客观的东西。这种做法一定会自欺欺人，把自己也照样骗了。你在这个基础上去思考问题，怎么能客观准确？

所以，这是基本功，要锻炼自己在分析案子的时候把一切偏颇的想法抛开，客观冷静地去分析到底是有利还是不利，而且要先从最坏处着想。当你对一个案子从最坏处分析已经很充分的时候，就有了充分的心理准备，只能越走越好。当你把这种可能性告知当事人和他亲友的时候,他们也只能是越走越好。否则你说得天花乱坠、充满信心,一旦事实不如此,从天上掉到地下,就全都崩溃了,你自己也不知所措。

当然,我不是说特别悲观,是一定要从最坏处着想,客观、冷静地来分析案件。这一点,说起来容易,做起来不那么容易。一个人最大的弱点就是摆不平自己,上了自己的当。我们成功与否就在于不管做什么具体的事都能超脱出来,战胜自己,任何事都不例外。

5. 案卷摘录要认真、准确

摘录案卷内容的原则是,一定要认真、准确、忠于原文。不能摘录大意,更不能夹带个人的观点。

我要求我们律所的律师,包括听我讲课的律师,摘录案卷内容一定要加引号,一定要忠于原文,错别字、标点符号都不能改,你可以加注解,但是不能改。你如果改了一点点,法官或者谁看了都会不相信,到底是人家说的还是你说的? 就像复印、照相一样,一定要忠于原文,然后再加你的评说和解释都可以。这一点非常重要。这样会使你自己分析问题的时候避免失误——因为卷宗多,如果不严谨,你看后就可能自欺欺人了,还有一个是避免别人对你没有信任感。

6. 重视制表、画图

我刚才说那个案子,那个图我就画了两个礼拜,画出来把走向弄清楚以后,我豁然开朗,证明他是没有罪的。但是这个图画得准确、科学与否很重要。我画了三个大图,最后把它们拼起来。

还有一个,做表。广东陈某某被控受贿的一个案子,几乎是没有任何有利证据,言词证据完全对得严丝合缝,但是被告人坚决否认。原来的律师找到我,我们详细地研究以后,我和我的助理说,“仔细阅卷,一个字都不要漏掉,仔细地分析”(我就不信找不出问题来)。最后做表对比,把所有人前后的供述和证人证言、若干笔工程的受贿时间全部核对并制表对比以后，再做分析评论，结果暴露出了一系列问题——口供、证言的相互矛盾和自相矛盾，工程时间和受贿时间的矛盾等。对这个案子，我的体会是：如果不做到最细的程度，就很难发现这些问题，但是做细了以后，问题超乎你的想象，这个指控完全不能自圆其说。

回到刚才说的中国特色——只有中国才有这么多卷宗，才能仅凭案卷就给人家定罪，所以办案子就必须重视案卷，对案卷做全面、仔细的地毯式梳理和分析，有时候鸡蛋里面挑骨头也能挑出很多骨头来。所以，中国律师的难点也是亮点，做好了也很有成就感，通过阅卷确实能发现一些非常重大的、关键性的、意想不到的问题。所以我再次提醒大家，对复杂的案子，制表画图非常重要。

1985 年，做一个多起盗窃的案子，死刑改成死缓，那是我做律师以来救过的第一条命。那个时候连电脑都没有，我第一次做表，拿一张大纸贴来贴去，画了一张大表，把时间、地点、次数做出来以后，拿给二审法官。这个法官很认真，他也拿出一个表，几乎和我差不多，我俩对表格，案子就明白了。

我经常会在法庭辩论的时候，和搭档两人，一个人拿着表格，另一个人根据这个表格来讲，很直观，很感性，比单纯的表述说得更明白。

7. 帮助法官看卷

我们做的表和图可以提供给合议庭，帮助法官看卷。我有时候把阅卷时制作的图表交给法官作参考，他们说，“没想到你们这么认真，还没看过你这么办案子的”。

有时候复杂的案件，我们做的表非常厚，要下大功夫才能做得好。我们想一想，哪个法官可以像我们这么细致地看卷？法官也承认，他们案件的压力很大，连夜工作也没有那么多时间。所以我们把卷看完后做了摘录和表格或者画图交给他，作为辩护意见的附件给他参考。他们非常高兴,看了这个材料以后可以去查找、去核对。为什么说摘卷时一定要忠于原文?因为加上自己的观点,人家看了就没有可信度。如果完全是原文,再引上页码,他一看重点,一找就找到了。帮助法官看卷不是瞧不起法官,反而正是尊重法官,是律师认真履职的一种表现。

我多年前在加拿大考察,和加拿大大法官有一次对话,感触很深。当时,三个加拿大最高法院的大法官接待我们,我问他们一个问题:“在中国,法院都是分业务庭的,因为法官的专长不同,可是你们九个大法官同时出庭,平等表决。你们也不会是全才,怎么来解决这个问题?”法官说:“你这个问题提得很好,也很对。我是搞刑事的,他是搞民事的,他是搞知识产权的,我们专业都不同,但是有一点,我们依靠律师。在重大案件里,那个案件的律师都是这个领域的专家,我们的能力和责任就是认真倾听、分析、判断律师提出来的证据和理由。”

在法治发达的国家,律师是法官的朋友和助手,法官的层次很高,虽然不一定是某一方面的专家,但他是法学大家,有能力通过倾听律师的辩护和代理来判断你的理由和证据,所以法官是离不开律师的。在同样的案子里面,如果双方律师强弱不一样,有时候弱势一方的当事人是有可能要吃亏的。所以律师的作用是非常重要的。我们有的法官和律师对立起来,这是不正常的现象。我举这个例子是想进一步地说明,我们应当真正起到法官朋友和助手的作用,真正尽力把案卷里的问题、证据、观点、矛盾、冲突研究透、列出来,再加上我们的意见交给法官,会很有说服力的,是利用证据去说服法官。

三、形成辩护思路

(一)对案件事实的分析

要形成辩护思路,首先要对案件事实进行充分分析,实体和程序两个方面都不可以忽视。当我们阅卷、取证以后,所有材料都准备得差不多了,就开始分析。当然这不是绝对的,阅卷、收集证据也是一个分析过程,最后要进行综合分析。我要强调的是,不仅对实体问题进行分析,对程序问题也要进行分析。

我非常提倡集体研究论证案件。简单案件不一定都要这么做,复杂一点的案件集体研究还是有作用的。我们律所经常集体研究案件,大家都各有自己的长处,没准研究的时候就会提出一个很有启发性的观点。

包括请专家论证,可以说,在中国请专家论证案件,我是发起人,从 20 世纪 90 年代初期就开始了。前些年有些人批判专家论证,说“拿专家压人”“收买专家”,真是毫无根据!我们自己论证不清楚,请专家来帮助研究法律问题,有什么问题?说句难听的话,专家在中国值几个钱?谁把专家放在眼里?靠行政干预、靠权力干预才能起到“压人”那种副作用。专家论证案件我认为是非常正常的,北京的法院、检察院,各省的法院、检察院,包括中纪委都找我论证过案件,他们找我论证就可以,我找别人论证就不可以了?我要强调:一个人的智慧是有限的,集体智慧、专家智慧,我们充分发挥起来,是为了对当事人、对案件、对法律负责,是对司法公正负责,这是很有必要的。

在论证、研究案件的时候,注意吃透法律原理和条文表述非常重要,我举几个例子。

例如,虚开增值税发票罪,上次搞《刑法修正案》时,我针对修改此罪的问题发表了专题论文,并且提了修法建议到人大常委会法工委,由于时间来不及,没有改。这个问题请大家注意,一定要改。

虚开增值税发票罪是在朱镕基当总理时,因为出台增值税发票退 17% 税款这个政策,就出现一些人伪造虚假的增值税发票骗钱,确实很恶劣。后来立法修改时就增加了这一条,法定最高刑为死刑。

但是,后来实践当中大量的现象发生了变化,有些人确实虚开了增值税发票,但是没有骗税的故意,也没有骗税的行为。最典型的一个是上市公司为增加业绩虚开增值税发票,还有就是张三供货、李四开票。

我办过一个虚开增值税发票8个多亿的案子,钢铁公司需要大量废钢,但大部分卖废钢的公司没有票,结果只好从那里买了废钢后,又去找别人开票。也就是从张三那买了货,又找李四开票。每吨货都是过秤的,只是换了开票主体,一分钱便宜也没占,国家也没受损失。可是按照现在的规定和最高人民法院原来的解释——“给他人虚开”“接受他人虚开”,无论发票项下有没有真实交易,都可以定罪。

这个问题我和最高人民法院、最高人民检察院、立法机关的有关领导都探讨过,大家都认为应当理解为有骗税目的和骗税结果才能定罪。但是由于立法表述不清楚,司法解释更有问题,所以在实践当中就变成了客观归罪的一种做法。甚至有些学者把虚开增值税发票论证为行为犯。理论和实务脱节太可怕了!

我举个例子来对比一下。偷税罪是结果犯,而且数额较大才能构成犯罪,法定刑是3年以下,最高档才3~7年,也就是说有最严重结果才可以判7年。按照最新的修正,如果补税就可以不是罪,基本就不追究了。可是虚开增值税发票罪,如果按照行为犯解释,一分钱税没骗,一点损失结果没有,就可以判死刑;虽然这次修正案把死刑取消了,还可以判无期。这样一对比就可以看出,所谓虚开增值税发票是行为犯的说法,完全是错误的解读,如果不搞清楚,问题就太大了。

我多年前在北京办过一个虚开增值税发票的案件,虚开的目的就是公司虚增业绩。被告人被判了8年,后来最高人民法院过问,宣告无罪了。这说明什么问题?有些情况下,立法表述有问题,理论解释也有限,我们一定要下功夫把它搞清楚;有些情况下,立法上没有问题,理论上也没有问题,我们同样也需要搞清楚,因为有些人理解上有问题。对律师来讲,对犯罪构成的认识首先要搞清楚,搞错了后果不堪设想。

(学员互动:你刚才讲到的集体论证案件这个事,其实我 2010 年已经非常注意。《律师办理刑事业务规范》有一条:“案卷材料不能给无关人阅卷,包括被告人亲属、同所律师及其任何第三人。”其实我们律所也一直坚持重大案件统一开会讨论一下,但是我在考虑,执业规范中排除“同所律师”参与阅卷这个规定,怎么认识?)

《律师办理刑事业务规范》准备在《刑事诉讼法》修改细则出来以后做彻底的修改和完善。我个人主张,律师没有必要回避。律师都有保密义务,出了问题律师要负责任。我遇到这样的问题,有的案子办完了,其他律师办理相关案件需要看,我让他打一个收条,可以给他。作为一个执业律师应当有这个权利,不给别人看主要是为了避免风险。但是,为论证案件给专家看应当是可以的,给嫌疑人、被告人看也是没有问题的。

关于被告阅卷权问题,由于有几个律师在看守所会见时给被告人、嫌疑人看卷宗被抓了,后来,我提出了被告人、嫌疑人对案卷的知情权问题,也发表了论文。这次《刑事诉讼法修正案》规定“可以向被告人、嫌疑人核对证据”,应当说是重大的突破,是我们很多年来呼吁、争取得来的成果。为了保护律师,我当时还要求加上一句应当明确规定“可以向嫌疑人、被告人出示案卷内容”,但是后来没有加上,仅把“核对证据”四个字写上了。但这样规定也就意味着当事人有知情权、阅卷权了。关于家属和其他人能否接触案卷材料,在国外没有限制,在中国,我们还是不要出示,容易有麻烦。仅就嫌疑人、被告人的知情权,我几乎喊了 10 年,终于在理论上和立法上得到认可,很不容易。

对案件的理论问题一定要吃透。像金融诈骗,票据诈骗、信用证诈骗、贷款诈骗,除贷款诈骗罪之外,法定最高刑都有死刑。“以非法占有为目的”是诈骗罪的基本特征,但是实践当中出现了一系列问题:在贷款或者取得票证的过程完全正常的情况下出不了案子,出了案子的都是在取得贷款、票据的过程上有瑕疵,一旦还不了了,怎么样判断有没有非法占有目的?有时候完全是人为判断。有的法官、法院、地区比较宽松、比较慎重,就不定罪或者不起诉;有的不够慎重或者认识上比较“左”一点就会定罪,而且常常会是死罪。

这个问题在理解上偏差很大,后来我写了一篇论文,也提了增加过渡性罪名的立法建议。你们看到《刑法修正案(六)》第10条,增加了三个新罪名:骗取贷款、票据承兑、金融票证罪——就是指在确实用不正当手段取得贷款和票证,又无法确认有没有非法占有目的的情况下,加一个过渡性罪名,作为轻罪处理,缓解司法的不均衡。从另一个角度来看,这些行为也确实有社会危害性,因为至少他们是把经营风险转嫁给了金融机构,以一种相对较轻的犯罪论处也有一定理由,同时也会有一定的警示作用。有些人胆大妄为,把钱弄来投资,赢了,就成了大亨;输了,责任就推给金融机构。这样也有一定的危害性,由于他不负责任,转嫁风险,因此定一个轻罪,可以缓解很多矛盾。这些现象都是立法不成熟的表现,也是立法不断修正、完善的必要性所在。我们做律师首先要把它搞清楚,同时,根据具体案件所暴露出的问题,提出修法建议,也体现出个案推动立法的作用。

再说说吴英案,现在能够取得把吴英的命保住这样的结果已经来之不易。但是从专业角度,我坚持并且坚定地认为,吴英是无罪的。这不只是为了吴英,更是为了千千万万的类似吴英的人,法律上必须搞清楚。为什么?从三个层次上分析:

第一个层次,最高层次——诈骗。诈骗罪以非法占有为目的,目的罪必须是直接故意，这没有争议。吴英没有非法占有的直接故意，按照最高人民法院的相关解释，认定非法占有目的，是要把集资来的款多数或者主要用于挥霍。如果她都用于经营，那就不能说是以非法占有为目的。

吴英案当中，按照检察机关的指控，没有还上3.8亿元，总数是近7亿元，有400万元挥霍了，有600万元购置了豪华汽车、珠宝。她自己的解释是为了经营。退一步讲，假定检察机关指控这1000万元确实都用于个人挥霍了，它也只占这7个亿的不到1.5%。我们客观冷静地分析分析，在这7个亿的巨额数目当中，被指控为挥霍的只有1.5%，能说她具有非法占有的目的吗？说不通。既然如此，没有这个依据，你怎么能说她是诈骗？

第二个层次，非法吸收公众存款。立法过程和原意很清楚，集资诈骗罪的前提是构成非法吸收公众存款罪。如果没有非法占有的目的，就只是非法吸收公众存款罪；如果又有了非法占有的目的，才构成集资诈骗罪。非法吸收公众存款罪的立法原意很清楚：是指非金融机构的单位或个人向社会上不特定多数人许以高额回报的方式集资。中国非法集资案第一例沈太福，第二例邓斌，都是典型的案例。中国的语言再复杂、再微妙，什么叫"不特定多数"，大家都能说清楚。吴英向她认识的和不认识的11个放高利贷的地下钱庄的人借款，那是特定的少数还是不特定多数？能说11个人是多数吗？能说有一多半认识的人是不特定的吗？

分析一个案子要拿事实、证据和法律依据来说话。我说的每一句话都有法律、司法解释为基础。我认为向不特定多数人集资和向特定少数人借债是两个概念。有很多企业家和我讲，"我们借的钱和借贷的人比吴英还多。吴英要被判死刑，我们都该死，没有办法做了"。有人甚至主动和我说，"你要开吴英案研讨会，我们出钱，多少都行”。所以吴英案反响才这么大。

第三个层次,因果关系问题。吴英借钱的那 11 个人,多数人也被判了非法吸收公众存款罪。一种理论观点说,虽然吴英的借款人是特定的,但她的债权人是向社会集资的。我认为持这种观点的人犯了一个最基本的常识性错误,混淆了两个不同的法律关系。《刑法》上的因果关系怎么来划定?整个物质世界都是一个因果链条无限循环的过程,人从生到死无不处在无限循环的因果链条当中。所以,《刑法》上有一个基本原则——刑法的因果关系不能往复循环,必须在一个链条上截取,就是在一个链条之内,截取一因一果。

我常给学生讲一个例子,一个人不小心出了交通事故,撞伤了另一个人。伤者妈妈一着急眼睛瞎了,伤者儿子有病没人管死了,伤者老婆得了精神病。那这个人就可以构成交通肇事罪、伤害罪、杀人罪,都有了,可能吗?不可能的事情。所以,任何学过《刑法》的人都知道,因果链条的关系不能往复循环、无限延伸。

从这个原则出发,借给吴英钱这些人的集资行为和吴英是一回事吗?每个人向银行借贷的时候,银行的钱都是从数亿的储户那儿吸收来的,我们的借款人能直接对储户负责吗?储户对银行,银行对借款人,这是铁的逻辑。所以,应当是那些存款人对地下钱庄的人,地下钱庄的人对吴英,所发生的法律关系是两个完全不同的因果链条。现在却隔山打炮,把吴英和那些人联系起来了,因为那些人是多数,所以吴英集资的对象就是多数,这个逻辑明显说不通。

这里有一个前提,如果吴英和这 11 个人有共谋,那另说。如果有这样的证据,吴英是非法吸收公众存款罪的共犯,甚至主谋,都没有问题,但是证据显示没有共谋。对这个事实,我有发言权,因为吴英案子找到我,我安排和两个律师办理,在整个 5 年多过程当中我都参与了,所有证据材料我都了解,我还亲自会见了吴英,考察了吴英投资的那些店铺和公司。别人可以有不同观点，但是要有证据和法律依据，这很重要。不管结果怎么样，最后怎么判，作为律师，我们要负责任，道理要讲清楚。

（二）律师办案的策略

律师办案还有策略问题。比如，涉及地方上的各种因素，迫于无奈，有些时候本来无罪的当事人一定要认罪。我们会采取一些非常尴尬的做法——当事人认罪我不否认，但我从律师角度进行法律上的分析，认为它不构成犯罪。这是中国律师另一种尴尬。但是无论如何，首先我们一定要把案件的性质搞清楚，不能自欺欺人，不能自己糊涂也让别人糊涂，更不能被别人弄糊涂。

与当事人打交道也同样要谨慎。前些年办过一个包庇案。一个刑法教授办一个死刑案，二审时，那个被告人没有从轻的余地，被告人哥哥问怎么办，他说唯有立功。被告人哥哥说有一个举报线索需要传给被告人，然后律师就给人家传了一张纸条，一查属实，二审就改判了。后来，检察院逼问这哥俩，他们全承认了，被告人哥哥居然还给律师录音了，交给检察院，结果把律师抓了。我提醒大家，一定要小心，有时候你的当事人就是你的敌人，真是这样。

律师的这个行为确实有问题，但是构不构成犯罪？

我请了专家们反复研究，大家都认为确实是冤，不该定罪，但是又找不出合适的理由来。因为包庇罪就是让被告人逃避惩罚，而这个案子由死刑改成了无期，确实起到了这种作用，而且他又确实给人传纸条了。在论证这个案子的时候，我也陷入了一种困惑。最后我自己找到了答案，就是回到法条上来。《刑法》关于包庇罪的规定——“做假证明包庇”，这六个字让我找到了问题的关键所在：律师没有做假证明的犯罪手段。在法庭上，公诉人提出，“律师采取移花接木的方法做假证明包庇”，因为我已经弄清楚了，我就可以应对了。

什么是立功的证明?一要有线索,二要查证属实。查线索不是证明,查证属实才是证明。那么,只有公安机关才能查证属实,所以,提供证明的只有公安机关,不可能是律师。所以,律师不仅没有提供假证明,而且连证明也没有提供,因为他没有条件和权力提供证明。律师的做法不对,但是按照法律规定,他没有提供假证明包庇。说他移花接木也不对,他没有移花接木,因为他提供的线索是真的,通过提供线索,被告人本人写了揭发材料也是真的,揭发的内容经过查证属实更是真的。所以"移花接木做假证明"的说法违背了基本事实,混淆了基本概念,如果纠正一下,应当是"借花献佛","花"是指犯罪的线索,"佛"是指公权力机关被告人把别人的"花"借过来献给公权力机关,律师只是起到了是传"花"的作用,而传花没有罪。

这个案子,大家仔细分析一下,我说的有没有错?我找到这个答案确实很费劲,绞尽脑汁、挖空心思,最后终于找到了突破点,如果我们不去找它,可能就发现不了。这个案子最后宣告无罪了。

所以,这些机会和理由存在于法律规定的条文当中,同时也存在于法理之中,我们要吃透它,还要下功夫。我拿这几个案例简单做一个说明,不是讨论哪一个具体案子,而是要说明如何分析、如何寻找依据。

除此之外还有一个中国特色问题,我们还要研究案件背景。在国外不需要这个东西,但中国的很多案件是有背景的,不了解背景有时候我们就上当,所以要适当地、有条件地了解一下案件背景。

四、庭前会见和庭前准备

(一)庭前会见

庭前会见与前面的会见在目的和重点上有所不同。

1. 交换辩护思路

交换辩护思路,征求意见,取得共识。在开庭前应当与被告统一认识,这一点很重要。我几次在法庭上见识到,被告人坚决不认罪,律师坚持做罪轻辩护,两个人吵起来了,律师振振有词,“我律师依法独立行使辩护权”,太悲哀了!

这就涉及另外一个问题。从我读刑法研究生第一天起,到现在为止,课堂上、教科书上都在讲律师独立行使辩护权,此说法完全正确,但是理解完全错误。为什么这样讲?我们理解成了律师独立于当事人行使辩护权。我们想一想,律师的权利来源是什么?律师的辩护权是基于当事人的委托而形成的。律师接受人家委托,收了人家的钱,还要独立于人家的意志行使辩护权,有这种逻辑吗?

为了弄清这个问题,我做了详细的国内外资料考察和实地考察。我终于弄明白了,美国律师协会的规章规定,律师独立行使辩护权的真正含义是“独立于法律之外和当事人意志之外的其他一切因素的干扰”。相反意思是,绝对忠实于当事人,与当事人要保持一致。人家还向我举例说明:亲属、父母出钱给当事人请律师,如果当事人的意见和他们相左,听谁的?听当事人的。老板出钱请律师,要求你达到有利于老板的目的,但你的职责和职业道德必须忠实于你的当事人,不能忠于出钱的老板。更普遍的是,在美国,90%甚至95%以上的律师是国家提供的政府律师,政府出钱,你还得替当事人讲话。

结果我们照葫芦画瓢给画错了,完全给弄拧了。很多人都解释成律师可以独立于当事人的意志去行使辩护权,这是一个严重的误区。这个问题我到处在讲,一定要把它纠正过来。律师制度本来就是从西方学来的,可是到了我们这儿却给弄错了,弄反了。所以这个问题我们律师一定要弄明白,在教科书上、理论上、课堂上也要弄明白,不能继续错误下去了,这是非常可怕的。

那么,怎么样跟被告人沟通?首先要和他达到一致,实在不一致的争取一致,仍然不一致,你可以拒绝辩护,但是你不能和他对着来。

2. 解释庭审程序

解释庭审程序，指导庭审的应对。在美国律师工会的规定中，这样做对于律师不只是一种权利，还是一种义务、责任，甚至要和当事人在会见的时候搞模拟审判，每一个细节都要教他怎么做。但是这又提到一个理念问题，这一次修法也提出来了，虽然我知道做不到。在英美国家的法庭上，被告人都是和律师坐在一起的，每一个问题都是在律师指导下应对。而我们在法庭上与被告话都说不成，有时候被告人给你递了一个求助的眼光，都会被公诉人和法官指责为暗示。

我在加拿大观摩一个比较简单的法庭，为了节省资源，被告人在看守所不到庭，控、辩、审三方在法庭上，面前各放一个电视屏。开庭一会儿，被告人说："等一下，有个问题，我不知道如何回答，要问我的律师。"法官马上宣布休庭，法庭角落上有一个封闭的电话亭，律师关上门和被告人密谈，谈话以后再开庭。这是被告人和律师当然的权利，是法律赋予的堂堂正正的权利。而我们连对一下眼都不行，这是很可笑的问题。所以我们提出来，要像英美法系那样，当事人和律师坐在一起，控辩双方坐在一面，都面向法庭，也免得你去对立。但是没有解决，但这是我们要坚持的一个想法、一个要求。

尽管我们理念上还有一些问题，制度上还有一些缺陷，但是我们应当知道律师在做什么，在为谁服务。99%的被告人都是头一次上法庭，可我们有些律师"站着说话不腰疼"，指责被告人说："你怎么什么都不懂？"他怎么不想想他在法庭上晃了多少遍，第一次上法庭的时候，腿肚子都发颤，说话舌头还抖，却要求当事人什么都知道，可能吗？所以，一定不要强人所难。律师的责任是指导被告人怎么开庭。开庭前的会见主要起到这样一种作用。

（二）庭前准备

庭前准备有这样几个问题大家要注意。

第一点很重要，是要做好举证的充分准备。对本方需要出示的证据进行整理、分类，准备证据清单和目录。我们必须承认，律师的举证能力不如公诉人，因为他们的主要责任就是举证，有这样的训练和经验，而我们没有。既然不如人家，我们更要有充分的准备。我见过很多律师在法庭上举证杂乱无章、不知所措，被人问得张口结舌，很被动。

在举证环节，我要强调的另外一个问题更重要，可能有些律师不注意这一点。举证包括两部分，一个是自行调取的证据，另一个是案卷中有利于被告的证据。一般第一个方面我们都知道，但是第二个方面就忽略了。有的法庭也不让你举证，理由是卷宗里有就不必举证了。

按照真正的庭审规则来看，《刑事诉讼法》明确规定，一切证据都要经过当庭质证，才能作为定案的依据。控方举证常常是只说有利于他本方而不利于被告的证据，断章取义的做法是很普遍的。那么，如果法官较真，他可以认为虽然是卷宗有的证据，但是你没有在法庭上出示，没有质证，当然可以不认。虽然实际上多数情况下法官也没想那么多，他往往把卷宗里有的证据都认为可以使用，但严格说这是有问题的，因为这些证据毕竟没有经过当庭质证。所以，我们应当周全，避免失误。

怎么办？第一，要准备好；第二，要把有利的证据摘出来，最好单独装订在一起并做好证据目录；第三，向法官指出，这些证据是卷宗当中已经有的有利于被告的证据，但是由于控方没有出示，辩护律师向法庭要求出示。如果法庭认为可以不出示，请记录在案，庭后交给法庭。做到这样，就不出遗漏，不会失误，不会被人家利用、钻空子。严格说是应该这样做的。

第二点是要做好关于证人出庭过的准备。如果有出庭证人的话,要提交申请出庭证人的名单,还要通知证人做准备。

第三点就是要准备好三个提纲。一个是准备法庭询问的提纲,另一个是质证提纲,还有一个是草拟辩护思路的提纲。我说的这个准备是指心理准备和书面准备两个方面。你没有把握就要书面准备,把握性很大的人要有心理准备。法庭询问问什么,质证的目标和方式是什么,辩护思路是什么。最重要的不是准备自己一方的问题,而是如何应对控方的问题。就是不仅要研究你问的时候,对方会怎么答,更要研究对方问的时候,你该怎么答,要知己知彼。

五、庭审技能

庭审中的技能其实问题很多,我简单地总结出这几个方面,供大家参考。

(一)讯问被告人

讯问被告人要注意这四个方面的问题:

一是在控方讯问的时候要注意分析控方意图,这非常重要。每一方在讯问的时候都有他的意图,都要达到一种目的。聪明的人就是通过对方的问话来摸清他的意图,好来应对。不要以为有的时候讯问是没有意义的,就不听了。法庭上控方讯问的时候虽然有时候废话比较多,没有用处的话占绝大多数,但是即使如此也不能懈怠,万一哪一句话有用了怎么办?所以你必须认真听每一句问话内容,更重要的是分析他问话的意图。

二是对控方的不当讯问方式及时提出反对,这一点也非常重要。控辩双方在讯问当中,诱导式讯问是一种必然倾向。主观上,谁都想通过诱导发问的方式来得到自己需要的内容,客观上,你不由自主都会有诱导的倾向。聪明的做法是,你自己的问话诱导绝不能过限,或者刚说一句马上收住,他反对的时候你已经问完了,一啰嗦就不行,就会被打断。另外,对对方的发问,一定要高度警惕,随时发现问题,及时提出反对,问完了再反对就没有意义了。

多年前在山东有一个案子,当地法院的领导请我现场指导,结果看到热闹了。法庭上,控辩双方都和法官打起来了。为什么?控辩双方都在诱导,而对方都提反对。法官急了,要求双方一定要举手经过允许才能发言。我写了一个条子告诉法官,双方反对时得允许他先提出反对意见,不要等举手,不能不让他及时发言,要不然反对就没有意义了,然后你的权力是裁判反对有效或者无效。院长把我的条子亲自递给审判长,审判长一看条子就不再制止双方提反对意见了。但是,由于他弄不清楚诱导与否的界限,所以凡是反对的,他都认定有效。结果,又乱了。

更可悲的是,我在珠海参加的走私手机案的庭审,控方充满了诱导式发问,我反对几次,都不起作用。公诉人是一个副检察长,居然在法庭上质问法官:“我告诉你,这是中国的法庭,不是西方的法庭,怎么能允许律师这么样反对?”后来我说:“我告诉你,这是中国的法庭,根据中国的法律,开庭时律师有权提出反对。”他根本就不懂。但是不管他懂不懂,如果我们不能及时提出反对,他诱导的效果已经发生了,你就被动了。所以一定要注意。

很多律师和公诉人问问题诱导太明显。有一次我开庭就遇到过这种情况,每问必诱。我提了几次反对后,都不好意思再提了,但是我又不能不提。那个法官特尊敬我,说:“田律师,先休庭一下,你给说说什么是诱,什么不是诱?”那个公诉人实在是不明白,不是有意地诱导,但事实上诱导十分明显。现在检察官这方面水平也在不断提高,我们也同样存在这样的问题,也需要不断提高。自己不要过分诱导,而且要善于发现对方的问题并及时提出来。

三是要把握询问的技巧。提问要简单明确,一次只问一个问题,这是非常重要的。很多法庭上控辩双方都有这个问题,问了一大串,自己都糊涂了,被问的人更听不明白,没法回答。公诉人更是往往自问自答了,律师不能这样做。问话的作用是要问明白,答明白,更主要是让听的人明白。一个最基本的原则是,一次只能问一个问题,越简单越好,不可能再分拆才好。我在美国培训的时候,讲课的培训者从上衣兜里拿出一支钢笔,再把它扔在桌子上。就针对这一个动作,让学员至少提出20个问题来。看这支钢笔什么颜色,钢笔或是圆珠笔,多粗或者多细,怎么拿出来,轨迹怎么走……换了第二个人不能比你问得更细致,你就算成功了。

为什么这样做?首先,清晰、明确、没有歧义,细问以后这些具体的动作都固定了。其次,现场再现。如果有录音录像,就没有必要问了。由于没有录音录像,就用语言表达的方式再现这个场景。通过你的问话,别人一听就相当于他看见了当时现场的影像,留下印象。最后,固定证据。这么细致的提问,大家都听明白了,都记录在案了,就不可改变了。如果漫无边际地问了一大堆,说完你都忘了就没有意义了,只能是把水搅浑,混淆视听。一定要注意这一点。

另外,还要注意一个问题,刚才讲在对方讯问的时候要善于发现他的意图,但是,你在发问的时候,要善于掩盖意图,不要让人家发现。这也很重要。

多年前,我在广东办一个海关扣押走私船的行政诉讼案件,我代理被扣船的一方起诉海关。其中有一个关键问题,海关认定走私的主要证据是三份未发出的电报底稿。但是,据我了解,根据案卷中记载的电报底稿的起草时间,是在该船遇到十二级强台风抛锚避险以后,而且当时船上的发报机天线已经被风刮断,不能收发电报了。在那种情况下,还连续起草不可能发出的电报底稿是不合乎逻辑的。更重要的是,我隐约觉得这个电报底稿起草的时间是船被扣的第二天。但我没有机会找证据,就想当庭问清楚电报底稿的起草时间是在扣船之前还是扣船之后。如果是在扣船之后,人都被抓了,不可能再去起草证明自己走私的电报底稿,显然就是假的。

开了两天庭,我怕对方发现我的意图就不给我提供了,就在对方不注意的时候突然发问。对方律师比较蛮横、浅薄,嘲笑我这是不贴边的问题,我故意装傻。可是审判长当时就打断了,说:"这个问题先不要回答,一会儿专门安排时间调查。"之前我已经清楚,这个审判长是有倾向的,而且他比对方律师更清醒。我怕给绕过去,就在纸上写一个大字提醒自己。过了几个小时我又间或地提出两次,都被审判长打断。这时,我心里就有八分谱了,肯定有诈。

后来,直到宣布法庭调查结束时也没提这个事,我就向审判长提出:"我三次提出调查扣船时间和限制船员自由的时间,三次被你制止,告诉我专门安排时间进行调查,现在宣布法庭调查结束,什么意思?是忘了,还是不让调查?"法庭几百人都听着,他没有办法,说可以调查。对方律师这时还没有反应过来,理直气壮宣读办案记录,表明头一天下午两点钟公安和海关已经上船控制了所有船员,并将他们单独关押起来做了笔录,而证明走私的电报底稿起草时间是第二天早上八点。这时候,另一个代理人急了,不让念了,可惜主要内容已经念完。

抛开法官不讲,如果我们过早暴露这个意图,对方就可能警觉,会找借口不和你说了。因为那是特殊情况,没有时间和条件取证,让他自己暴露这个问题。这就有一些技巧在里面。

双方都有各自的意图,我们要善于摸清对方的意图,同时不要轻易暴露自己的意图。

四是在现在的法庭上,我主张对被告人应当少问为佳,主要是纠正对方问话的偏差,澄清事实。如果没有必要,有时候真的可以不询问被告人,控方问完就可以了,律师拿证据讲话,尽量少问。这是关于询问被告人的问题。

(二)庭审质证

庭审质证往往是法庭审理中最重要的环节,目前律师的质证水平亟待提高。在庭审质证中应当特别重视以下几个方面的问题:

第一,质证成功的前提,是熟悉控方证据。尤其是在目前控方长时间连续举证的情况下更重要。按照新《刑事诉讼法》的规定,“一证一质一辩”,现在我们根本做不到。我在珠海开庭遇到了连续举证四个半小时,还扣除中午休息,然后让你质证,完全是走过场。

这种情况下,只有你充分熟悉控方证据,才不用只凭借现场去听他说什么,而是可以根据准备好的提纲来应对。这是不得已而为之的办法,要是不是非常熟悉,就会陷入极大的被动。

第二,质证成功的基础,是理论功底的深厚。质证随时会涉及法理问题。你没有功底,一句话说错,就像泼出去的水一样收不回来,对方会抓住你就没完。

第三,质证成功的保证,是精力高度集中。我们在法庭上一定要处于高度戒备状态,甚至闭着眼睛的时候思维也不能停止。有时候我给律师培训时说,律师在法庭上就像一只警犬,蹲在那里伸着舌头喘着气,一旦对方有情况,马上跳出来猛咬一口。再熟悉案情,再懂法理,如果懈怠了,被人家钻了空子,也会很被动。

第四,质证成功的技巧,是才思敏捷、及时应对。质证应对必须是及时的,事后诸葛亮是没有用的。庭审律师这种反应敏捷的训练,一定要有。律师庭下可以深思熟虑,在法庭上必须反应敏捷。

第五,质证的重要性及与辩论的区别。在抗辩式的审判方式当中,一定要处理好辩论和质证的关系;在纠问式的庭审当中,质证时只让你说真实性、合法性和关联性,不能展开辩论。按照现行《刑事诉讼法》对庭审方式的要求,法庭质证的重要性越来越高,有时候比辩论还重要。很多问题要在质证当中解决,“一证一质一辩”,这样才有针对性。但是,质证的辩论不宜展开,不能长篇大论,只能就一个问题点对点进行论证。过去就听精彩的法庭辩论,质证没人听,现在如果质证不好,辩论的意义就会减弱很多。有些问题在质证当中已经解决,记录在案,所以质证绝不能忽视。辩论是一个总结陈词,有些写在辩护词里面,但庭上发言时不一定面面俱到,质证提到了,你再强调一下就可以了。但辩护词必须是一个完整的内容。

质证与辩论的作用差别很大。前几年陈瑞华教授搞了一个排除非法证据的模拟法庭项目,由内地和香港特区两拨真律师、真公诉人、真法官,用同样的案例来搞排除非法证据的模拟审判,请我做点评。我发现一个非常严重也非常明显的问题。香港特区的法庭,控辩双方打破砂锅问到底,问得特别细。问完了,旁听者也基本听明白了,然后是简短的总结陈词。内地的法庭,没话找话,问不到点上,三言两语问完了,谁都听不明白问的是什么,答的是什么,然后双方拿出来事先写好的几页纸念辩论词。

香港特区的法庭是以问为主,以论为辅;内地的法庭是以论为主,以问为辅。前者是在交叉质证,针锋相对把问题搞清楚;后者是平行的论证,两股道跑的车,各执一词,找不到交叉点。

这就暴露出一个非常重要而且非常基本的问题——我们不会交叉讯问。很简单,我们没有这个条件、经验和训练,证人都不出庭,我们问谁去?将来证人出庭的人数会逐渐增多。关于证人出庭问题,这次《刑事诉讼法》修改也强调了,但是,没有救济性条款和保障措施。我当时在会上提出来,应当写上一句话——“关键证人不出庭,证言不能做定案依据”。但是这个建议通不过,因为很多情况不是证人不出庭,而是公诉人不让他出庭,甚至法官也不让。直接言词原则在立法上就没有明确,这是最大的问题。

但这个问题肯定是要逐步解决的。这次制定细则,我们坚决要求对证人出庭问题至少应当明确有适当的法律后果。不管怎么说,证人出庭的趋势是肯定的。所以律师必须有这样的训练,要学会交叉质证。和人家一比,我才知道其实我也不会,我能看出问题,但是让我演示我也不会,这是一个训练与经验的问题。俗话讲,会说的不如会听的,你问到位了,连旁听的人都能听明白了,比什么都重要,单靠自己论证是没有太大意义的。

(三)辩方举证

辩方举证方面,主要应当注意这样的问题:

第一,这是我们的弱项,要充分准备。

第二,要有应对的预案。举证不是举完证就结束,还要回应对方的质证。举证可以事先准备好,对质证的回应却可能会措手不及。所以在举证的时候我们想到的主要不是举证,更重要的是回应。

第三,就是一定不要忘记,对案卷中有利于被告人的证据要申请单独出示。

还有一个问题,就是我们要注意坚持辩方在法庭上的平等质证权。有很多法院把举证质证搞成"一轮半"——控方举证,辩方质证,控方回应,完了就不让辩方说了。这种做法是违背控辩平等原则的。其实质证和辩论是一样的,应当是你先我后,你回应后我再回应,开始于控方的要结束于辩方。我和最高人民法院的人就这个问题达成了共识,但是下面很多人就不知道。我们给最高人民法院起草的《庭审规则建议稿》也把这个问题写上了,希望能引起他们重视。但是至今这个问题还是没有得到解决。但无论如何,我们要坚持平等的质证权,不应放弃这个权利。

(四)询问出庭证人

1. 向出庭证人质证

交叉质证主要是指对出庭证人面对面的质证。这种能力非常重要,将来一定更会有很多证人出庭,那时就动真格的了,证人证言会退居次要地位,主要是在法庭上面对面地问明白。过去有体会,但经验还是少。我们应该多有这样的训练才可以。

有一个贪污案,认定被告人从他的朋友手里面拿了几千美元出国考察。朋友的证言承认"他从我这拿了几千美元出国考察",但被告坚持是借款关系。后来我找证人了解,发现他们是从小长大的朋友。我要求证人出庭。在质证中我问他:"在你们之间,拿的概念是什么? 是借,还是要?"他说:"少了就是要,多了就是借。因为我们的关系到那了。"我问:"多少算借? 多少算要?""几百、几千块钱根本就谈不上借了,我也拿过他的,他也拿过我的,上万元就是借,谁的心里都有数,那就得还。因为我们的经济条件也没有那么好。"经过这样一步一步地追问,就把这几千美元的事情弄清楚了,至少不能排除是借款的关系,而且证人已经明确就是借款关系。像这种问题,如果证人不出庭根本弄不清楚,要是没有策略可能也问不清楚。

还有一个受贿案。出纳员证明,每次都是在被告人授意下,给他取上几千块钱单独送去,加起来有几万块钱。后来我发现,这里面有两个疑点:一个是卷宗里面讲到,这个证人说,有一次送钱,"他告诉我坐几路车在哪个站下车,再拐几个弯到哪个房子"。后来我一调查,这个房子是这个女孩(证人)男朋友家,怎么还用被告人告诉她坐几路车拐几个弯? 还有一个疑点,最后一次取钱时间已经是在被告人被关起来以后了。

我就要求她出庭。就针对这两点我仔细地追问她,特别是最后一次取钱时间。首先问:"每一次你取钱有没有根据?""有,但是都扔了。”“为什么扔了?”“我怕他事后不认账,所以我把票根都扔了。”慢慢问题都出来了,最后步步紧逼问她:“最后一次取钱的时间准确吗?肯定吗?”她回答非常肯定,而且银行也查到了,时间全固定了。我又问她:“最后一次取钱的时候,你送到哪了?”她回答:“是送到他家了。”“最后一次他是在看守所里面,你怎么送进去的?”她当场就哭了。开完庭这个出纳员就被抓了,实际上钱都被她自己留下了,侦查人员再往被告身上一引,她就顺水推舟推给被告人了。

像这样的问题,证人出庭是非常重要的,律师质证水平也非常重要。将来随着证人出庭规定的落实和进一步实现,我们事先要有这种训练才行。

2. 交叉询问技巧

交叉询问,一般就是指开放式讯问和诱导式询问两种情况。开放式讯问就是询问本方证人,这种询问一般事前是有沟通的,你给起个头,让他在法庭上陈述,主要是正面的提问和回答。诱导式发问就是反问,是问对方证人,这种询问要求技巧性很高,最基本的要求是一次只提一个问题,步步紧逼对方证人,挑对方的毛病。

一般情况下,对方证人先前已经有过对开放式询问的回答。比如,他说某年某月某日到某一个大楼,穿着黑色西装、红色皮鞋,拎着黄色提包,8点钟到。那么,你质疑、核实或者要固定证据,主要问某年某月某日你到了什么地方?或者问到了这个大楼吗?你是穿着黑色西装吗?你是穿红色皮鞋吗?你平时的穿戴都喜欢用红色皮鞋与黑色西装搭配吗?你是拎着黄色皮包吗?皮包是深黄色的还是浅黄色的?你是8点钟准时到的吗?8点钟大楼开门了吗?如果他错了就会暴露。还有的律师或者控方会反诱导,就越界了,比如问,你穿着黄色的皮鞋吗?你穿着白色的西装吗?你是到了5层吗?有时候不注意,你可以要点小计谋,他如果有假的话可能上当。当然主要技巧是在正面询问的基础上找出对方的漏洞,前面对那个女出纳员的询问就属于这种情况。整个询问就是开放式询问和诱导式询问这两种方式,必须要熟练掌握。交叉询问的技巧是大有学问的,既要训练有素,也要有经验积累,并非一日之功。

3. 向鉴定人质证

按照新《刑事诉讼法》的规定,要求鉴定人出庭。这里面又有一个问题,司法鉴定,控方有单方起动权,辩方没有启动权。这次修法时我一再提出来,但没有被重视。

十年前我和张军、姜伟搞了《控辩审三人谈》的一本书,这次随着《刑事诉讼法》的再修改,我们准备搞一个“再谈”,现在正在谈。当中也涉及很多问题,其中我又提到辩方对司法鉴定的启动权,我认为,需要在实施细则上把它明确下来(现在没有规定)。前几年我在珠海的一个案子搞了一个鉴定,当场被控方否定,法官最后也没有办法,但同意我作为质证意见提出。控辩双方平等的鉴定启动权是理所当然的问题,但是现在就没有解决。

2010 年我们全国律协刑委会出了一本《刑事诉讼法再修改律师建议稿与论证》,这次又把《刑事诉讼法》修改最后阶段增加的几部分内容,包括后来搞的《最高人民法院庭审规则建议稿》《律师会见规则建议稿》,作为增补内容全写入新的建议稿,又出版了建议稿的增补版。这是全国刑辩律师的集体成果,希望大家能够密切关注,认真研究。

在建议稿中也明确提出了鉴定启动权问题。我们要争取把鉴定权的问题解决。因为法律没有禁止,也没有规定。我考察过的大陆法系和英美法系国家,都是控辩双方具有平等的鉴定启动权,然后双方的鉴定意见都拿到法庭去质证,最后由法庭认定哪个有效和哪个没效。如果都不能认定,法庭有权再委托鉴定机构进行重新鉴定,这是正当的程序。

放下鉴定启动权问题不说,鉴定人出庭已经被法定化。所以,我们首先要能够适应鉴定人出庭的质证方式,这个问题很有难度。增加专家证人可以出庭参与质证很有意义,一个是我们可以向专家请教,另一个是法律允许可以请专家出庭协助质证。这样我们就可以借助专家的力量帮助我们质证,但无论如何,我们自身首先要具有这种质证能力。

多年前我办过一个案子,对鉴定质证就起了作用。一帮小青年和一帮警察(互不认识)同时在一个饭馆喝酒,都喝多了,一个无意碰撞引起了一场命案,最后交警队副队长倒地而死,小青年作鸟兽散。过了几年,把小青年的头目抓到了。证据是一个人证和一个物证。人证是饭馆操作音响的女服务员,距离斗殴现场八米远,又隔着两米的玻璃隔墙,她证明看见一个高个子向另一个高个子的左太阳穴打了一拳。还有一个法医鉴定,结论是死者是外伤性脑出血死亡,可是在尸检报告里却没有一点点外伤的描述。

看了这个结论以后,我在北京请了最高检、最高法、公安部五个权威的法医专家论证,论证结果是不可能有这样的事,即没有任何外伤的外伤性脑出血。于是,我提出疑问,强烈要求鉴定人出庭。当时不允许专家出庭,出庭质证时,我根据专家事前的指点,步步紧逼,最后达成一个一致的认识:一般情况下不可能造成没有外伤的外伤性脑出血,但是只有一种例外——在包着厚厚的柔软物质的情况下才有可能出现这种情况。当我说到这种例外并不存在的时候,公诉人说:“你没有到过现场,没有调查。”我说:“我到现场亲自勘察过。”公诉人说:“既然你到过现场,你有没有看到现场铺着厚厚的地毯?”我说:“我看见了厚厚的地毯是铺在地上的,既没有包在手上,也没有包在头上。”这个质证解决问题了。后来,无期徒刑改成七年(实际上是无罪的)。

这种专业性问题我们不可能是专家,所以要学会:第一,请教专家;第二,可以请专家到庭质证。但是质证时,专业问题和法律问题要结合起来,这样才能真正发挥作用。

(五)排除非法证据

排除非法证据是比较难的一个问题。

第一,对出庭侦查人员的质证,基本上是一个自欺欺人的做法。等于我们规定了不得自证其罪,却要求警察出庭自证其罪,这可能吗?

我最近遇到了一个珠海的发回重审案。八个警察出庭,都背好词了,说的完全一样,基本上没有用,但是当然有的时候不排除也会出现破绽,你也得质证。

这有一个理念问题——就是要强调两个方面的无罪推定原则,这很重要。一般来说,如果警察真是那么干了,那就不会承认,若真想承认就不会那么干了。更重要的是,他有顾虑,承认了,追究他刑讯逼供的刑事责任怎么办?所以,在分析这个问题的时候,我们也应当注意强调两个方面的无罪推定原则:我们在排除非法证据的时候,只要有这种可能性,就应当排除,这是一个原则。但是反过来,排除了非法证据,能不能肯定它就是刑讯逼供?这也只是一种可能性。所以,如果给侦查人员定刑讯逼供罪也得按照无罪推定原则,如果只有可能性,但又不能证明他确有非法取证行为也不能定罪。也就是说,非法取证的可能性可以成为排除非法证据的根据。但是,这种可能性却不能成为给侦查人员定罪的根据。对这两个原则,不仅从原理上要有这样的认识,在法律解释上也要落实,更重要的是,在质证时也要特别强调。这样也可能会促使警察出庭时的回答相对客观一些。

第二,要特别注意排除非法证据中对录音录像的质证。这是一个很难的问题。从“两高三部”的两个证据规则出台以后,在我经办的一系列案件当中,没有一次出示了全程同步录音录像,几乎根本就做不到。所以首先我们要强调,对全程同步不间断的录音录像才有质证意义,对现在截取式的播放必须坚决抵制。有一种说法是没时间全程播放,这根本不是理由。我们可以庭下看,看完和被告人商量哪一段需要播就可以。但控方根本就拿不出来,要不就是没有录,要不就是录而不交,要不就是播而不全,断章取义,根本没法质证。所以我们必须要求纠正,这一点一定要坚持。

第三,排除后再供述的重复性内容必须排除。北京有一个案子,我们冒着风险调取了十几份证据,证明确实有明显的刑讯逼供。法官当庭宣布对这部分内容予以排除,但是对下一次的重复供述内容却不排除——理由是这次没有逼供。这种做法其实和截取播放如出一辙。如果允许这样的情况可以不排除的话,那所有的排除都没有意义。

还有一种情况,对言词证据合法性质证的时候,证明主体必须到庭。我在北京办一个案子,证人否认当时的证言,强调是被逼供形成的,法庭允许证人出庭,但是在进入排除非法证据程序时,我一再要求播放证人庭前取证录像时证人应当在场观看,结果却被法官明令制止了,说是排除非法证据只能对被告而不能对证人,并告诉我这是常识。大家想一想,在观看对证人庭前取证的录像时不让他本人在场,怎么排除?连北京都尚且如此,这非常可悲。但是我们一定要坚持证明主体出庭参与非法证据排除程序,否则就纯属自欺欺人。

按照《刑事诉讼法修正案》的现有规定,这一系列问题如果不能有效解决,排除非法证据还是会流于形式、做不到,最基本的全程不间断录音录像都没有解决,而警察出庭之类都解决不了根本问题。

看看实施细则能落实到什么程度吧,也正因为这个问题是关键,所以在讨论时的阻力也是最大的,很难通过。

我办过佛山的一个案子,可能是排除非法证据成功的第一例,但是也并没有按照“两个证据规则”的程序走。比如,提出逼供的线索后应该走排除程序,在法院没有认定之前不能再往下宣读被告人庭前供述,但是公诉人坚持宣读,法庭也不予制止,这明显就是违法。那个案子之所以非法证据最终能够被排除是各种因素的综合作用。最后做了一个法医鉴定——被告人被逼供时,脚上大拇指的指甲被鞋跟踩掉了,一年后的鉴定证明有这个痕迹。

具体案情是:被控侵占罪。表舅和表外甥两个人都是我国台湾地区居民,在佛山都有公司,互相打了五年民事官司。开始表舅占上风,后来进入了再审程序,表舅处于下风,就举报表外甥侵占。公安局抓了表外甥后,通过刑讯逼供不仅使他认了罪,还写了悔过书和道歉信,很完整。后来我发现,表舅举报侵占的理由是:表外甥(被告人)是他在我国台湾地区公司的中层干部,被他派到佛山来设立公司,替他服务的,所以表外甥在佛山公司的所有财产都是侵占的。

但是,证据是什么?佛山的公司注册的所有手续都显示是表外甥(被告人)所有。表舅说是他授意的,但被告人说和表舅是合作关系。在没有雇佣合同等任何直接证据条件下,表舅找了两个所谓的我国台湾地区居民,证明被告人是我国台湾地区某公司的员工。这个证明是很荒唐的,我当时在法庭上说,这就好比一个男人在大街上看到一个女人,说她是我老婆,虽然没有结婚证,但找两个人证明她是,她就是。更荒唐之处还在于,我国台湾地区居民,在我国台湾地区的公司以及他们之间的劳务关系拿到大陆来审,这就好像欧洲美洲所有的员工关系都可以到佛山来审,你能审得了、管得着吗?后来我国台湾地区“法务部”给最高人民法院、最高人民检察院都来过几次函质疑。佛山那边依然指控人家侵占,关了一年多。

这个案子,后来通过法医鉴定排除了非法证据,最后终于翻案,但是其中的奥妙和难度太多了。春节前一天,一审宣告无罪,春节后上班第一天,检察院抗诉,被告人连家都不敢回了,又拖了好几个月,终于二审维持原判。

另外,现在大家提出,排除非法证据能不能设计一个庭前程序,这个问题在讨论当中。因为我们庭前程序没有先例,可以考虑尝试一下。但是,无论采取何种程序,排除非法证据时,对前面提到的几个问题必须高度重视并且坚持原则,据理力争,否则排除非法证据就会流于形式,失去意义。

(六)法庭辩论

法庭辩论涉及的内容比较多,前些年我曾经做过一个关于法庭辩论技巧的专题演讲,内容大家应当已经看过了,这次就不再重复。时间关系,只是重点讲几个在法庭辩论中应当注意的基本问题。

第一,在对抗式的庭审方式中,法庭辩论只是总结陈词,要和前面的质证有机结合起来。这是因为在法庭质证中已经包含了一些辩论观点。

第二,辩论理由要对公诉人有针对性。但有的时候,法官能动性太强,参与意识太强,经常越俎代庖,变成辩护人的对立面,我们却无可奈何。这种情况下,就要注意策略。比如,有时候法官暴露他的观点,我们可以把它假设成公诉人的观点来反驳,争取能够说服法官。这是一种策略方法,即以控方作为假定目标。另外,对法官的说服要委婉地表达。法官再不对,但他是主持法庭的,律师可以和控方对抗,但法官不是对抗目标。所以我们很难,但还要委曲求全、尽量委婉地解决问题。有些时候,甚至法官也不是有意的,怎么办?我给大家举个例子。

多年前我在黑龙江有一个防卫过当的案子。被告人带着老婆、孩子和一帮同学20多人在饭馆楼上吃饭,时间是冬天晚上8点多。楼下有两伙人吃饭打起架来,很激烈。打完后,被打的一方回家取一根粗木棒回来报复。可是打他那帮人已经散了,正好赶上被告人一伙人下楼,黑乎乎的,目标错误,一棒子就把被告人打倒。被告人以为是抢劫犯,当然就反抗,被告人朋友也争抢棒子,在抢棒子的过程当中没有停止侵害。被告人晕倒起来后发现还在争抢,拿出随身带的一把水果刀,一刀捅上去就把被害人捅死了。

当时能不能成立正当防卫,前提就是搞清是否正在发生不法侵害。抢棒子过程当中,棒子有没有停止动作,有没有搂住那个被害人?有没有制止住他的侵害行为?证据表明,当时被害人正在抡棒子,没有搂住。可是法官在问话时总是带着一种习惯的语气,每一次都说,"你把他搂在怀里了""他在你怀里头你怎么样?"这就有问题了,搂在怀里,这就难说是不是已经搂住了,是不是还在抡棒子。证人没意识到这一点,也不纠正,我又没有办法反驳法官。后来,我提出一个请求,说为了说明当时的真实情景,要求和证人现场演示一下。法官允许了。这样我就模拟被害人,让证人搂住我——怎么搂,怎么个方向,有没有搂住,怎么拿棒子,是不是还在抡,搂了多长时间。通过当场演示把这个问题澄清了。说明当时根本就没有搂住被害人,没能够制止住他的侵害行为。

所以,法官不能太能动是有道理的,法官参与容易先入为主。国外的法官没有那么主动、积极的,中国法官参与性太强。针对这种情况我们得有策略,慢慢把这个问题化解掉。

第三,辩论的理由一定要全面、周延、不留余地。我们辩论当中所提出的有针对性的观点,绝不仅仅是控方已经提出或者坚持的观点,而是控方和审方都可能会想到的观点。这一点很重要。我们的法庭不是当庭宣判,事后的事还很多。当庭可能控方和审方都想不了那么多,你好像赢了,事后一琢磨,他又想出几个理由,你就弥补不了了。所以,我们的一种做法是,要想的更多、更远、更全面。虽然他没有提出来,但是我想到他可能会提,最好也在辩护词中给堵严了,没有任何余地,这样才能减少遗漏,减少遗憾。

第四,二审辩护要注意两条。

一是二审的开庭顺序是颠倒的。谁主张,谁先说。我们有人认识不到,不注意。但有些法庭就不颠倒,法官的水平是随意发挥的,我们得适应人家的方式。他怎么安排你都能应对就可以了。

二是繁简也不定,我们也要适应。有的法官按照一审程序走,当然多数情况下简化了,一审举过的证就不重复说了。但是由于不同法庭的做法不一样,我们就必须做好两手准备,这样才能灵活应对。这都是对应变能力的一种检验。

犯罪嫌疑人、被告人对证据享有知情权

我国《刑事诉讼法》第47条规定:“证人证言必须在法庭上经过公诉人、被害人和被告人、辩护人双方讯问、质证,听取各方证人的证言并且经过查实以后,才能作为定案的依据。”《关于执行〈中华人民共和国刑事诉讼法〉若干问题的解释》第58条规定:“证据必须经过当庭出示、辨认、质证等法庭调查程序查证属实,否则不能作为定案的依据。”

上述规定体现了嫌疑人、被告人对指控证据的知情权,即嫌疑人、被告人有权知悉被指控犯罪的一切证据,并对证据发表质证意见。但是,这项权利如何得以有效实现,在认识上却存在分歧,虽然这种分歧是不该发生的。

有观点认为,该项权利只能在庭审当中才能行使,在开庭之前,犯罪嫌疑人、被告人是无权知悉案卷中证据内容的,进而将此视为对犯罪嫌疑人、被告人的秘密。更有甚者,有律师因会见中与犯罪嫌疑人、被告人核对案卷证据而被视为串供、泄密,追究刑事责任。这种认识和做法事实上严重侵犯甚至剥夺了嫌疑人、被告人对证据的知情权。

众所周知，虚设的权利等于没有权利。

质证权行使的前提是对证据的知情权，而这种知情权的意义则在于能够对质证活动进行有效准备。所以，嫌疑人、被告人在庭前应当具有知悉指控自己证据的权利，这不仅源于他们是诉讼的主体，更是因为他们是享有质证权的权利主体。赋予嫌疑人、被告人庭审前对案卷材料的知悉权，是确保其有效准备庭审，充分行使自己辩护权的前提和基础。

最简单的道理表明：作为法律专业人士的控辩双方，在长时间研究、消化全部案卷材料的基础上，还要经过反复研究和充分准备，甚至事先列出详细的质证提纲，才能参与庭审质证活动。那么，对于非法律专业人士的被告人来说，又如何能在毫无准备的前提下，当庭进行有效的质证呢？

在我国的刑事诉讼中，案卷数量之多，内容之复杂远远超出其他国家，一个案子案卷多达几十本、几百本的情况经常可见。面对大量言词证据和实物证据的相关内容，由于内容的庞杂和时间的久远，往往需要经过仔细的回忆和思考才能提出质证意见。尤其是在经济犯罪中，经常会有大量的账目，单据和数字需要计算、核对。对于如此复杂的问题，控辩双方各自经过长时间准备之后才能做好开庭的准备，如果要求被告人在庭审中只要一听、一看就当即作出回答和提出质证意见，显然是不现实的，其结果只能是流于形式，走过场。目前的庭审中许多被告人都是在毫无准备和无暇思考的情况下，极其被动甚至是被迫地应付质证，几十页的账目和单据一翻而过，几十份的证人证言一并宣读（有一个案件庭审中一次连续宣读证言长达四个多小时）。这样的质证实际是剥夺了被告的质证权。而在刑事诉讼中，如果被告方没有质证权，就意味着单方指控也可以入罪，无异于缺席审判。

可现实的权利必有相应的正当程序加以保障。由于在缺乏准备的情况下被告人的庭审质证权无法有效行使,所以,保障这项权利的正当程序在庭审之前就应当得到体现,这种方式是由刑事诉讼的规律所决定的,并不取决于任何人的主观意愿。

在保障被告人庭审质证权的问题上,国际上通行的做法主要有两种:一种是庭前证据开示,另一种是律师向犯罪嫌疑人、被告人告知并核对案卷中的证据内容。

在证据开示方式中,在开庭前,控方向犯罪嫌疑人、被告人出示全部指控证据,在开示中,一方面可排除双方无异议的证据以节省庭审时间,另一方面可以使嫌疑人、被告人有充分准备后再去行使庭审质证权。

在没有庭前证据开示的情况下,就是由律师在会见过程中向犯罪嫌疑人、被告人告知并核对案卷中的证据内容,一方面了解其对相关证据的态度,另一方面则是便于其对庭审中的质证进行准备。

由此可见,律师在会见过程中向犯罪嫌疑人、被告人告知并核对案卷中的证据内容,不仅是一项正当权利,也是一种责任。因为从本质上讲,对案卷中证据的知情权,是犯罪嫌疑人、被告人的权利,而这项权利又需要在律师帮助下才可以实现。在欧盟国家,立法或判例均有一个确立的原则:在没有律师的情况下,犯罪嫌疑人、被告人可以从检察官处获得案卷材料的副本;在有律师的情况下,犯罪嫌疑人、被告人可以从律师处获得案卷材料的副本。美国律师协会制定的《律师职业行为守则》以及《刑事司法工作标准》规定,律师有义务与犯罪嫌疑人、被告人就如何辩护进行充分的协商。这些国际上通行的原则均表明:获得全部案卷材料的副本,知悉指控的证据,是犯罪嫌疑人、被告人的一项当然的权利,而这项权利必须是在庭审活动之前实现的。在有律师的情况下,这项权利应当在律师帮助下实现,即使在没有律师的情况下,也可以直接从检察官处得以实现。

由此可见,无论是从保障犯罪嫌疑人、被告人基本人权的角度,还是从保障庭审质证活动有效顺利进行的角度,抑或从借鉴各国立法例和通行做法的角度,都可以得出一个明确的结论:在开庭审理之前,犯罪嫌疑人、被告人就享有对案卷材料的知悉权,律师有权向其告知、宣示案卷材料并与之核对证据。这应当是一个无可争议的问题。

遗憾的是,目前我国《刑事诉讼法》对律师能否在开庭审理之前向犯罪嫌疑人、被告人开示证据规定不明确,不仅给律师执业带来风险,更重要的是侵犯了犯罪嫌疑人、被告人的权利,因此,建议在《刑事诉讼法》再修改中,明确规定:“自审查起诉之日起,会见时,辩护律师可以向犯罪嫌疑人、被告人宣读、出示案卷材料,核实证据,与犯罪嫌疑人、被告人讨论辩护意见。”

在庭审前,律师向嫌疑人、被告人宣读、出示案卷材料并与之核对证据,可以达到以下几个方面的积极效果:

其一,如果控方证据扎实,有助于说服嫌疑人、被告人正视现实,放弃对抗,主动认罪以争取从宽处罚,也可以节省大量的诉讼资源。

其二,在核对证据过程中,有利于及早发现控方证据中的重大缺陷,便于律师及时向控方指出,既维护了当事人的权利,也减少了控方的指控失误。

其三,有利于庭审活动有序、连贯、高效地进行。在庭前不知悉案卷内容的情况下,如果被告坚持要求对控方证据当庭一一进行查阅、核对、辨认,不仅会导致庭审的混乱和中断,严重影响庭审的效率,甚至会使整个庭审活动陷入停滞状态。这种案例已经发生过。

有观点认为,允许犯罪嫌疑人、被告人庭审前知悉案卷内容,容易导致其翻供串供，律师甚至会诱导其翻供。这种认识不仅是违反诉讼原则的，也是脱离实际情况的。

首先，指控证据迟早都是要向被告公开并接受其质证的，影响被告翻供的只是证据内容本身而并不在于时间的早晚，如果以担心被告人翻供为由而对其封锁证据，那只能解释为对被告搞突然袭击，导致其在当庭质证时措手不及，这恰恰是对被告人辩护权的侵犯。

其次，经得起检验的指控证据并不受被告人翻供的影响，且口供并非定案的主要依据。

最后，依照我国《刑事诉讼法》的规定，律师只有在审查起诉阶段才能阅卷，那么，被告人也只能在此阶段了解案卷内容，而在此阶段，侦查活动已告结束，证据已经固定，如果已取得的指控证据确实客观真实，是不易发生变化的。

至于担心律师以泄露证据内容的方式帮助或者唆使被告人与证人串供，那就更是毫无理由的。因为在侦查、起诉及审判活动的每一个阶段中，每一个接触案件、了解案情的相关人员都有这样的机会和嫌疑。现实中公、检机关的办案人员涉嫌违法的不乏其例，而相较之下，律师的这种机会却是最少的，因为律师既无公权力的便利，知悉案卷内容的时间又最晚。

所以，如果以此为由对被告封锁证据，无异于因噎废食，从而也在根本上否定了刑事辩护制度，背离了刑事诉讼的正当性原则。

辩方违法证据之证据能力

田文昌　陈　虎*

真实性、关联性、合法性是刑事证据的基本特征，这是中国法学理论界和实务界的通说。然而，长期以来，由于这种“三性”说并没有将控方证据与辩方证据加以区分，致使这三个特征成为控方证据与辩方证据的共同特征。多年来，这种认识已经深入人心，无论是在教科书中，还是在司法实践中，很少有人质疑。在这种认识的基础上，排除非法证据的原则，理所当然地被认为可以适用于辩方证据。以致在法庭上律师经常会遇到十分尴尬的局面：在举证质证过程中，控方常常会以证据不具有合法性或者证据来源不明为由，质疑辩方证据，并要求法庭对该证据予以排除。而辩方律师则会陷入被动，甚至法庭也会轻易地支持控方的质疑。

自律师制度恢复三十余年来，由于在刑事诉讼程序中非法证据

* 田文昌(1947～)，中华全国律师协会刑事辩护委员会主任，北京京都律师事务所主任。

陈虎(1979～)，中南民族大学法学院副教授，法学博士后。

排除的规则并未得到有效确立，所以，对刑事证据“三性”论的解析尚不足以引起关注。但是，随着《刑事诉讼法修正案》中排除非法证据原则的初步确立，这个问题则成为亟待解决的一个重要课题。

从最高人民法院、最高人民检察院、公安部、国家安全部、司法部联合出台，2010 年 7 月 1 日实施的《关于办理刑事案件排除非法证据若干问题的规定》，到 2012 年《刑事诉讼法修正案》的正式出台，对于非法证据排除的范围，排除程序的启动，证明责任的分配等一系列问题有了初步明确的规定，中国式的非法证据排除规则终于得到了体系性的初步建立。这种排除规则的建立，意味着非法证据排除的问题可以堂堂正正地进入诉讼程序，并可以基本上做到有章可循。

但是，由于在排除非法证据的规定中并没有将辩方证据与控方证据加以明确区分，或者说并未明确涉及辩方证据的合法性问题。所以，在启动非法证据排除程序的过程中，势必会涉及辩方证据应否予以排除的问题。由此可见，在目前非法证据排除规则已经得到初步确立，非法证据排除程序已经得以逐步实现的情况下，对刑事证据“三性”论的明确解读，对于辩方违法证据之证据能力的认可，已经成为一个不容回避的重要问题。

提出这一问题并非空穴来风，事实上，在司法实践中，已经出现大量相关案例。比如，十几年前有一起投机倒把案，被告人被指控倒卖汽车和摩托车。众所周知，按照当时的规定，只有具备相关批文才是合法买卖，否则就构成投机倒把。而被告人明明有合法手续，却由于这些文件被办案机关收集后未提交法庭，辩护律师也没有正常途径可以获取，结果一审判处被告人罪名成立。二审期间，被告人的一位朋友从公安局内部将藏到卷柜中的这些文件偷了出来并转交律师，二审才改判被告人无罪。类似的情况还有很多，比如，被告人家属为辩护律师提供了一份关键物证，其客观性和真实性都没有任何疑问,但家属却不敢公开该物证的来源,也不敢公开提供者的身份;再如,一通缉犯向法院寄送了一份能够证明被告人无罪的关键证据,但该通缉犯又无法出庭作证……尽管上述证据都有机会呈交法庭,但却面临一个法律上的尴尬:由于辩方的确是通过一种非正常的途径和方式获取了该证据,在上述情形下,我们能否仅仅由于证据本身收集程序违法或者来源不清,就在该证据的真实性没有疑问的情况下,拒绝采纳能够证明被告人无罪或者罪轻的证据?能否让被告人承担证据来源违法或者律师违法取证的不利后果?能否由于辩方证据不具有合法性而放任无辜的被告人被错误地定罪?

若回答这个问题,我们首先必须正视一个不容回避的简单话题:在有证据表明一个人无罪的情况下,能否仅仅由于该无罪证据来源不明或者系非法取得,而仍然判决其有罪?如果可以这样做,那么,公平与道义何在?如果不可以,那么,要求辩方证据合法性的理由又何在?

如果说,在过去非法证据排除问题尚未得到真正实现的情况下,关于辩方证据合法性的问题也常常被忽略,因而难以引起重视。但是,在如今关于控方非法证据排除的问题已经进入审判程序的情况下,这个问题就再也不能避而不谈了。

一、辩方违法证据应当排除吗?

辩方证据是否也要求具有合法性?通过违法方法收集的辩方证据是否应该加以排除?如前所述,从常理上讲,这个问题其实不难回答。而真正容易引起人们困惑的,却是问题的另一个方面:既然对控方的非法证据必须排除,为什么对辩方的非法证据却不能排除?这样做是否也会有失公平?

要从理论上解答这些问题,首先必须准确认识非法证据排除规则的性质和功能。

非法证据排除规则从其诞生的那天起，就与宪法权利有极为密切的联系。作为现代非法证据排除规则发源地的美国，一直都将该规则视为宪法权利的救济手段。根据英美法“救济先于权利”“没有救济的权利无法实现”的普通法理念，虽然排除规则没有被明确写在美国联邦宪法之中，但经过美国联邦最高法院判例的解释，却日益成为宪法权利的必要组成部分。① 在1961年的马普一案的裁决中，大法官克拉克代表美国联邦最高法院发表了该案的判决意见，他指出：“坚定不移地把排除规则作为沃尔夫案所承认的那一权利的基本要素之一，既是逻辑上的必然结论，也是宪法的客观要求。”如果不把排除规则作为宪法权利的必要组成部分，就必然造成这样的后果：“尽管法律赋予了公民不受不合理搜查和扣押的宪法权利，但是，在实践中，却在抑制该权利的兑现和行使。”②长此以往，美国宪法第四修正案将会沦为一纸空文。③

既然非法证据排除规则是宪法权利的救济手段，那么，其所矫正的对象也就只能是那些宪法性的侵权行为，而非公民之间实施的私人侵权行为。根据程序性制裁理论，程序性违法主要可以分为两个层次：公益性违法和侵权性违法，后者又可细分为一般性侵权和宪法性侵权两种。其中，宪法性侵权所侵犯的就是犯罪嫌疑人、被告人的

---

① 根据美国联邦最高法院的解释，能够作为排除规则救济对象的主要是以下四项宪法权利：(1)宪法第四修正案关于不受无理搜查扣押的权利；(2)第五修正案关于不被强迫自证其罪的权利；(3)第六修正案关于被告人获得律师帮助的权利；(4)第五和第十四修正案关于未经正当法律程序不得被剥夺自由、财产和生命的权利。

② [美]约书亚·德雷斯勒、艾伦·迈克尔斯：《美国刑事诉讼法精解》，吴宏耀译，北京大学出版社2009年版，第375页。

③ 正如美国联邦最高法院在Weeks v. United States一案中指出的那样：“如果信件和私人文件能够……被警察扣押，占有并采用为对被告人不利的证据，那么，第四修正案所宣告的他所享有的不受任意搜查和扣押的权利就将毫无意义。”参见陈瑞华：《问题与主义之间——刑事诉讼基本问题研究》，中国人民公安大学出版社2003年版，第53页。

宪法权利。而根据宪法理论,宪法属于公法范畴,承担宪法义务的主体只能是国家与政府机构,而不可能是公民个人或私人机构。虽然宪法中也规定了诸如公民隐私权等私领域的权利,但其针对的义务对象仍然是公权力。换句话说,以私人身份出现的公民只可能违反普通法律,但不可能违反宪法,因而不可能构成宪法性侵权。既然只有政府才可能构成侵犯宪法权利的主体,而排除规则作为宪法权利的救济手段,自然只能针对政府的违法取证行为,而不适用于私人违法取证行为,后者只能通过其他途径加以制裁。

可见,非法证据排除规则主要是为了抑制国家公权力而设置的,正如美国联邦最高法院于 1921 年 Burdeau v. McDowell 案中明确指出的那样:"第四修正案条款乃意图对统治权力活动的抑制,并非意图对公务员以外者加以限制。"

正是由于以上原因,英美法系国家的非法证据排除规则才将私人违法获取的证据作为排除规则的例外不予排除。比如,1921 年,美国联邦最高法院在 Buedeau v. McDowell 一案的裁决中就对这一问题首次表明立场。该案的被告人是一家公司的经理人,公司派人以强制手段在被告办公室获取文件并将文件作为证据交给警方,被告主张这些文件为失窃之赃物,法院不得将其作为证据,并要求返还。[①]美国联邦最高法院认为,本案不适用非法证据排除规则,理由是私人非法取得的证据不应被排除。"第四修正案保护公民不受非法的搜查和扣押,正如先前判例所示,这种保护适用于政府的行为。它的起源和历史清楚地表明,修正案的目的在于抑制主权行为,而非限制其他非政府机构的行为。"[②]

---

① 高咏:《刑事诉讼中私人违法取得证据之证据能力评析》,载《证据科学》2011 年第 1 期。

② 256 U. S. 465(1921).

由此可见，在刑事诉讼中，证据合法性原则并非平等地适用于控辩双方。

我国民事诉讼中也有非法证据排除规则，最高人民法院在2002年正式实施的《关于民事诉讼证据的规定》里明文规定，以侵犯他人利益、违反法律禁止性规定取得的证据不得作为定案的根据。这是因为，民事诉讼有一个基本的特征：它是平等的法律主体之间平等的讼争。双方的取证手段和取证机会是均等的，所以对原告和被告不做区分，证据都应具有合法性。

但刑事诉讼却不相同，辩方的取证手段和取证机会与控方远远不可同日而语，因此在合法性的要求上，自然应该有所区分。刑事诉讼中公诉方的力量太过强大，双方无法势均力敌，天平理应倒向弱者，让控方承担更多的义务，这就是所谓的诉讼关照，要在制度设计上给予辩护方特殊的权利保障，所以非法证据排除规则不应适用于辩方。

更重要的是，排除控方非法证据的价值在于捍卫人权，维护法治，防止冤假错案的发生。所以，即使这种排除以放纵个别罪犯为代价，也应当在所不辞。而排除辩方非法证据的代价，却可能会践踏人权，制造冤假错案。这两种代价，一种是国家来承担，另一种则是由无辜的个人来承担，显然不能一视同仁。

其实，不仅排除规则是为了防止公权力的滥用而存在，其他一系列证据规则都具有类似的目的。以无罪推定为龙头而建立起来的现代证据规则体系，几乎无一例外，都是以防止公权力滥用定罪权而设置起来的。正如陈瑞华教授所指出的那样："传统证据法从其理论根基到制度安排都将定罪权的滥用视为主要的假想敌，证据规则在不同程度上被塑造成防止法院任意定罪的制度保障。”①既然其设置的目的就是防止滥用定罪权,该规则针对的对象仅限于控方证据也就不难理解了。

二、律师违法取证的后果应当由被告人承担吗?

辩护律师通过非法手段取得的证据究竟可否采纳,还可以从辩护律师与被追诉人责任分担的角度加以论证。

众所周知,在公权力违法的场合下,必须由违法主体的雇主(政府)承担替代责任(vicarious liability,罗马法谚:respondeat superior,指的就是雇主责任的不可脱免)。而与公权力违法不同的是,在私权契约关系中,代理人超出代理权限的行为以及一切违法行为,其后果都应由代理人本人承担,而不应由被代理人承担,否则就会对被告人产生极不公平的结果。辩护律师和被告人之间是一种委托代理的契约关系,具有私法属性。辩护律师的辩护活动应当以获得被告人的授权或同意为前提,以维护其最大利益为目标。在刑事诉讼中,被追诉人由于缺乏相关的专业法律知识,人身自由处于被限制或剥夺的状态,无法收集相关证据和有效地组织辩护活动,因而聘请辩护人对自己提供法律帮助,协助其完成辩护职能。辩护人基于当事人的委托而取得法律上的地位,从事诉讼活动,其目的是达成委托人的诉讼目标,实现委托人利益的最大化。就这个角度而言,辩护人与诉讼代理人并无本质上的不同,都是基于委托人委托和授权而产生,并因为委托人的聘请而实际上处于被雇佣的地位,“严格说来,被告人才是辩护权的行使者,辩护律师不过是协助被告人行使辩护权的法律代理人”②。尽管由于刑事诉讼事涉国家和社会利益,因而必须考虑公

① 陈瑞华:《量刑程序中的理论问题》,北京大学出版社 2011 年版,第 76 页。

② 陈瑞华:《律师辩护能完全独立吗?》,载 http://www.148com.com/html/3/474484_2.html,2010 年 10 月 22 日最后访问。

共利益,但其与委托人关系的本质仍然是一种委托代理关系。所以,委托人不应当承担因代理人行为而产生的不利后果。在刑事案件中,辩方违法获得的往往都是有利于被告人的无罪或罪轻证据,一旦排除该证据,就会让无辜之人蒙受不白之冤。因而,正是为了让无辜的人不致承担被冤枉的不利后果,对辩方的非法证据才可以更加宽容而不予排除。美国对待私人非法证据的不予排除模式体现的就是这样一种理念:宁愿放过十个坏人,也不冤枉一个好人。基于这一原则,即使采取了非法的方式,只要收集的证据有利于被告人,证据就可以作为认定无罪或罪轻的根据。

这一对待有利于被告人的程序事项放宽要求的做法在各国再审程序理由设置中体现得尤为明显。以日本为例,日本于"二战"之后公布了《日本刑事诉讼应急措施法》(见昭和二十二年法律第 76 号),依照这一法律,旧刑事诉讼法中对被告人不利的再审制度被停止适用。[①] 现行《日本刑事诉讼法》不仅没有采用根据实体真实主义设定的不利于被告人的再审理由,甚至连根据程序合理主义设定的不利于被告人的再审理由也被彻底抛弃。根据这一理念,对已经确定无罪的判决改判为有罪,或是对已经确定有罪的判决改处较重的刑罚的再审行为,都是对《日本宪法》第 39 条的违反,理应被视为无效。现行法律只承认有利于被告人的再审理由,如根据新发现的确凿证据,应当对受有罪判决的人宣告无罪或免诉,应当对被判处刑罚的人宣告免除刑罚,或者应当对原判决认定的罪宣告较轻的刑罚。[②] 只承认有利于被告人再审的国家还有法国;即使是保留了不利被告

① 这一规定的法律依据是《日本宪法》第 39 条的规定:"凡是属于行为时符合法律的行为或是已经视为无罪的行为,不负刑事上的责任。对同一犯罪不得重复追究其刑事责任。"

② [日]田口守一:《刑事诉讼法》,张凌、于秀峰译,中国政法大学出版社 2010 年版,第 362 页。

人再审制度的德国,也对其提起条件进行了严格的限制:“如果要提起对被告人不利的再审,除了依据被告人的自白之外,只能以程序上的问题,即诉讼参与人等有重大的职务上违反义务的行为为理由方可进行,至于实体上的有关案件新证据的发现则不能引起这类再审。”①

由此可见,无论诉讼程序或实体审理发生了什么错误,被告人不受错误定罪的实体权利都具有价值上的优先性,应当首先保障不会冤枉无辜。既然会造成更大损害的公权力违法都无法否定有利于被告人的裁判结果,辩护律师的违法行为就更不应阻碍被告人不受错误定罪的实体权利的实现。换言之,即使辩护律师通过违法手段获取被告人无罪或罪轻的证据,只要该证据是真实的,就应采纳该证据,作出对其有利的裁决。

综上所述,准确地讲,真实性、关联性、合法性应当是控方证据的基本特征,或者说是定罪证据的基本特征,合法性并非辩方证据的基本特征。因此,辩方证据不适用排除非法证据规则。

---

① 《德国刑事诉讼法典》第359条和第362条。

辩护权独立性内涵辨析

田文昌　邹佳铭

在我国的刑事审判法庭上不止一次地发生过这样尴尬的场景：被告人坚决不承认自己有罪，辩护律师却坚持对其做以有罪为前提的罪轻辩护，律师坚持的理由是依法“独立行使辩护权”。或者相反，被告人承认自己有罪，律师却坚持无罪辩护，其理由还是依法“独立行使辩护权”。多年来，上述场景时常发生，但是这个问题却没有引起足够的重视。在一些人看来，律师“独立行使辩护权”似乎已成为定论，却很少有人去深究它的真正内涵。今天，在人权保障、程序正当已成为刑事诉讼基本原则的背景下，如何正确解读“辩护权独立性”的内涵，是一个值得深思且无可回避的问题。

一、传统独立辩护论之存在根据

独立辩护论最初源自德国的辩护理论，其产生的理论基础主要有三个方面：“首先，在职权主义的诉讼构造之下，对客观真实的追求和检察官所具有的客观公正的义务决定了辩护律师应有独立的辩护地位；其次，辩护律师与被告人之间的关系兼具公法和私法双重性质，辩护律师对法院的真实义务应当优先于对当事人的忠诚义务；最后,辩护律师基于专业法律素养做出的独立判断有利于维护被告人的最大利益。”

由此可见,支撑独立辩护论的基本前提是:刑事诉讼以发现真相为目的,在这个目的之下,控辩双方都负有发现真相的义务,并且辩护人的这一公法义务优先于辩护人忠诚于被告人的私法义务。其实,辩护权独立性问题不是一个孤立的关于如何辩护的问题,涉及的也不仅是当事人与辩护人观点不一致时如何协调以及不能协调时法官如何采信的问题,而是我们如何处理辩护人在刑事诉讼中与国家和当事人两者关系的问题。所以,这直接关系辩护制度的价值根基。

二、“发现真相”不是刑事诉讼的最终目的

古往今来,发现真相历来是刑事诉讼追求的主要目的。这是因为,人们一直以为,只有发现真相也就是查明事实,才能准确、公平地认定和惩罚犯罪,实现公平、正义。为了发现真相,不同的历史时期人们尝试过各种手段。从早期的“神断”(神明裁判)到后来的“大刑伺候”(刑讯逼供),直到现代不断创新的技术侦查措施,都是对发现真相手段的不断尝试。毋庸置疑,随着科学技术的进步,现代社会人类发现真相的能力在不断增强。但是,这种能力迄今还无法保证我们能够确凿无误地在所有个案中发现真相,并且也缺乏一个客观可行的标准去判断是否发现了真相。

正是基于发现真相理论在实践中遭遇的困惑,现代刑事诉讼已走出客观真实的幻影。发现真相并不是刑事诉讼的最终目的,这一点已在国内外刑诉法学界达成了广泛的共识。日本松尾浩也教授认为:“实体真实主义这一概念并不是支持美国刑事秩序的积极的构成要素。依照正当程序得出的裁判结果当然被看作正确的结果,其重点是程序的正当性。发现案件的真相只不过是在一般情况下人们所期待的可能结果。”这说明现代刑事诉讼对于客观真实只具有可期待性，裁判结果的正确性是建立在程序正当性上的。

“事实真相，如同其他好的事物一样，可能会受到不明智的热爱——可能会被过于热烈地追逐——因而可能需要付出太大的代价。”这是因为在探求真相的过程中，有时候出于强烈的定罪动机，往往会以刑讯逼供等侵犯人权的方式追查事实。这就是说，在刑事诉讼中，一方面发现真相往往是不可求的，另一方面侵犯人权的危险却无时不在。在这种情况下，我们的选择是不言而喻的，不可能为了不可求的目标冒切实可能的危险。

“在自由社会的国家，国家的利益不是绝对的，即使实施了令人痛恨的犯罪，也要尊重个人的尊严，辩护权、正当程序、自己负罪拒绝特权等权利是为了防止在追求真实时发生错误所设计的程序上的安全措施。我们所关心的是超过追求真实以上的东西，这是司法体系所赋予我们的宪法权利，这是独立于追求真实的价值。”美国学者将刑事诉讼的目的分为 11 个项目，除“发现真相”之外，还包括“最大限度地防止错误的有罪判决”和“重视尊重个人的权利”等。“发现真相”当然可以惩罚犯罪，但是这并不意味着为了发现真相可以不择手段；尊重和保障被告人的人权，避免冤及无辜等也是不能摒弃的价值，刑事诉讼中的其他目的正是这一价值的体现。

其实，刑事诉讼以发现真相为目的，是建立在发现真相与司法公正同一化的认识之上的，这种认识实际上是将手段和目的混为一谈。实际上我们真正追求的并不仅仅是发现真相，而是为了公正审判寻求真相。无论是在欧美国家，还是在日本，已经有越来越多的学者指出，刑事司法制度不应当仅仅着眼于发现事实真相。德国学者魏根特教授则认为，“查明真实本身并不是目的，而必须以恢复社会平和这一刑事秩序的机能来理解诉讼目的，查明实体真实只不过是诉讼的中间目的而已”。应该认为，以上观点既明确了发现真相与恢复社会平和的关系,即发现真相是为恢复社会平和这一基本的刑法功能服务的,从而把刑事诉讼的目的与刑法的功能结合起来;又厘清了发现真相与刑事诉讼目的之间的层次关系,即查明客观真实只是刑事诉讼的中间目的。还有一点必须强调的是,恢复社会平和不仅需要惩治犯罪,还需要通过正当程序惩治犯罪。否则,不仅恢复不了原有的社会平和,还会引发新的社会矛盾。

三、辩护人不负有发现真相的义务

在以发现真相为目的的刑事诉讼中,必会形成一种控、辩、审三方共同为发现真相服务的诉讼结构。例如,我国1979年《刑事诉讼法》确立的是典型的职权主义诉讼模式,各种诉讼角色都被赋予了发现真相的不同功能:检察官应当承担客观公正义务,对有利于和不利于被告的各种证据和线索都应加以关注和收集;法官不再消极中立,必须依职权调查核实证据,积极发现案件真相;辩护律师同样服务于发现真相的目的,其履行辩护职责必须依据事实和法律进行,而非被告人的意志,只不过其对发现真相的作用体现在对检察官、法官工作的监督、补充和引导方面。既然检察官和法官都负有客观公正的义务,必须收集对被告人有利和不利的证据,至少在理论上,就不需要为被告人增设一个代理人专门维护其利益,所以辩护人难以成为被告人的完全利益代言人,而是更接近于准司法官员。我国1979年《刑事诉讼法》把律师定位为“国家法律工作者”,他与其他诉讼主体一样承担发现真相的义务,由此在一定程度上可以脱离被告人,具有一定意义上的独立性。

由此可见,职权主义诉讼模式中,为达到发现真相的目的,控、辩、审三方实际上都模糊了其本来的定位,看似组成一个多方位的发现真相的共同体,实际上只有理论上的圆满,而不具有实践上的可行性。首先,不可否认的一点,检察官的职责是指控犯罪,要其同时承担客观义务,积极主动地收集有利被告的证据,是与其职责相冲突的。德国学者在对客观义务探讨多年之后也承认:“赋予检察官客观义务,从心理学的角度来看,与其控诉职能是冲突的。”其次,该义务只是一种应然的义务,并不代表司法实践中的实然状态。即使检察官不有意疏忽或隐瞒对被告人有利的证据,但是在积极追诉的动机之下,也难以对所有的证据予以同样的关注度。如果我们仅赖此防范司法错误,保护无辜,很可能就是“竹篮打水一场空”。然而,最值得担忧的是,这种思路以检察官虚无的客观真实义务,置换辩护人的真相发现义务,更加拉开了原本悬殊的控辩力量,与辩护制度设置之初衷背道而驰。

按照制约与平衡理论,“社会系统规划或者明智的立法能够减轻对个人良知的一些束缚。在一个设计得很好的制约和平衡系统中的参与者只需要大胆向前履行他的职责,因为他确信他在履行职责的过程中有可能造成的错误或者带来的损害将会被该系统的其他部分矫正”。这就是说,在一个设计科学的诉讼模式中,控、辩、审三方各司其职,自然可以矫正或者防范任何一方可能带来的危险。现代刑事诉讼实际上就是一场控方为有罪进攻,辩方为无罪或罪轻防守,审判方居中裁判的活动。给控方施加公正客观的义务和给辩方施加发现真相的负担一样,不仅在现实中是行不通的,也完全打乱了整个刑事诉讼的基本架构,使其偏离诉讼的基本目的,变得不伦不类。

当然这并不代表控辩双方为达到胜诉的目的可以不择手段,他们都有自己行为的边界,如控方不得隐瞒对被告人有利的证据,辩方不得伪造或销毁证据。也就是说,控辩双方都有不干扰真相发现的消极义务。控方是“勿纵”,辩方则是“勿枉”,而不是在诉讼中背离其角色的积极作为。重要的是,无论是何种诉讼模式,模糊各个诉讼主体之间的分工是极其有害的。把律师定位为发现真相的独立的诉讼角色,将直接摧毁当事人对辩护人的信任,并进而摧毁整个辩护制度。正如美国学者所言:“如果律师成为一名真相发现者,而非委托人的斗士,从经济动机上和职业组织方面来看,可能会导致客户和律师的早期冲突:委托人如何以及为何需要对破碎的忠诚(律师要对事实和他两者忠诚)付费?我们要求律师对他从事的案件真实性负责是否会造成他们对辩护失去动力和不愿投入?我们能否让一名律师英勇地保护他的委托人并对抗全世界——不只是对抗国家。同时,要求他将追求模糊不清、需要深入调查才能发现的事实真相作为自己的崇高目标?总之,这充满争议,单纯追求真相可能与我们那些更基本的理念不一致——尤其是将普遍尊崇个人自由和尊严置于政府的秩序和效率之下的理念。”

辩护权设置的初衷,就是通过对抗公权力,最大限度地维护当事人的合法权益。辩护权的产生,源于当事人的自愿授权。如果我们置这两个基本命题而不顾,在当事人和辩护人的私权关系中镶嵌任何与此相悖的义务,或者将辩护权作为实现其他价值的目的,都将直接动摇辩护乃至整个刑事诉讼制度。所以,辩护权是从属于当事人的私权利的本质是不容撼动的。

四、被告人是其最大利益之最佳判断者

“在职权主义诉讼模式之下,以当事人为中心的诉讼理念不被强调,相反,却更为强调法律专业人士对诉讼进程和结局的操控权,认为辩护律师基于专业法律素养做出的独立判断有利于维护被告人的最大利益。虽然被告人在事实问题上是当然的最佳辩护者,但在更多案件的审理中,都牵涉大量复杂的法律适用问题,法律的技术性、复杂性以及难以理解性决定了被告人不可能作出正确的法律决定。只有受过专业训练、拥有特殊技能的辩护律师才知道如何最大限度地维护被告的利益。”以上观点以辩护人具有法律专业知识和技能为由,认为他是被告人最大利益的最佳判断者,并以此作为辩护权独立性的又一根据。这种认识不仅忽略了被告人的主体性,也将实践中的问题简单化了。

首先,我们需要明确的是,什么是被告人的最大利益?所有的被告人都希望自己无罪或罪轻,这也是辩护人的职责,在这一根本利益上两者应该没有冲突,发生分歧的往往是在这一根本利益与其他利益不可兼得情况下的选择。我国台湾地区学者林钰雄教授举了一个例子:涉嫌杀人的被告,案发当晚与情妇在外过夜,有不在犯罪现场的证据。但因顾虑外遇曝光,对声誉带来负面影响,而不愿辩护人出示该证据。这就关乎在人身权和名誉之间,何者是被告人的最大利益?也许对律师和一般人而言,当然是人身权最重要。但是我们不能否认,对不同的人而言,看重的东西是完全不同的。毕竟,所谓的最大利益,没有标准答案,只有个人权衡。更何况,不论如何选择,最终的结果都需被告人承担。如果没有选择的权利为何要承担选择的后果?只有把选择的权利交给被告人,才能体现权利与义务的一致性,这也是一个文明国家应该给予个人的尊重。当然,辩护人在被告人面临选择时提供充分的法律咨询和意见也是完全必要和必需的,这才能避免被告人由于对法律的误解或无法理解辩护人的策略而做出无法反映其真实意愿的选择,但这种建议与选择权不应混为一谈。

其次,所有被告人与辩护人的分歧,都存在目标和路径的区别。什么是被告人的最大利益,这是一个个人决定的目标,应该把权利交给被告人。如何达到这个目标,这是一个路径的选择,需要依仗辩护人的专业法律知识和技能做出选择,决定权可以交给辩护人。我们可以借鉴美国比较成熟的做法:美国律师必须忠实地执行被告人的意见,在所有重大实体问题上必须听从被告的意见(如是否做有罪辩护、不在场辩护、精神病辩护——除非明显症状由法官判断等),而在具体的辩护中技巧性的做法,如质证、收集证据、反驳等一般由律师自己掌握。如果被告人不满意律师,有权利随时解除委托关系。判例一般认为:“属于当事人支配范围内的决策权应当被描述为是涉及‘基本权利’的,而属于律师支配范围内的决策权则被认为主要是那些需要‘一名经验丰富的律师所具有的超强能力’来处理的事项,并以此来评价律师的‘辩护策略’。”最重要的是,一部尊重个人尊严的法律,应该承认被告人才是其最大利益的最佳判断者。

五、辩护权独立性之应然内涵

研究辩护权的独立性,必须解决两个问题:一个是辩护权与当事人之间的内部关系,另一个是辩护权与当事人之外的其他外部因素的关系。简言之,辩护权独立性的含义,究竟是独立于当事人的意志,还是独立于当事人意志之外的其他因素,或者是两者兼而有之?

不同的诉讼目标必然形成不同的诉讼结构。当律师辩护的主要职责是服务于发现真相时,为践行该职责,他可以独立于当事人的意志而坚持自己的主张。然而,当我们承认发现真相只是刑事诉讼的中间目的,衡量司法公正的标准已经不单单是难以确定甚至无法查明的案件真相,而是兼顾人权保障、程序正当等多重价值时,辩护人的职责就不是与控审双方共同配合去发现真相,而是在制约与对抗的关系中,从维护当事人利益的角度体现程序的正当性。因此,辩护权独立性的意义不能体现为独立于当事人,而只能是独立于当事人意志之外的其他因素。

(一)辩护权独立性的指向是当事人意志之外的因素

在以制约和对抗求公正的司法结构中,各司其职,独立行使职权是实现公正的前提。任何干扰和干预都会导致司法天平的倾斜。为充分保障当事人的诉讼权利,辩护权必须在可能影响当事人权利的各种因素面前保持充分的独立性。

在现实生活中,影响和干扰辩护权的因素表现在很多方面,例如,有时候公权力机关或当权者会对辩护活动提出要求或施加压力;有时候当事人的亲属、朋友或者上司会向辩护律师提出违背当事人意愿的要求;有时候委托律师的出资人会向辩护律师提出违背当事人意愿的要求等。根据辩护权的从属性和刑事诉讼中控辩抗衡的特性,凡是与当事人意志相违背和影响公正的任何因素,辩护权都应保持对它们的独立性,包括政府和政党的权力在内。正如美国学者 Lieberman 所言:"只有辩护律师独立于国家或执政党,并且他们被允许甚至鼓励不遗余力地、有偏向性地为当事人辩护,我们才能确保国家不会指控那些无辜的人。"尤其在我国律师还没有完全走向市场,容易受到外部力量影响和牵制的情况下,强调辩护权外部独立性的意义更加重大。简言之,辩护权的外部独立性,才是辩护权独立性的真正所指。

(二)辩护权独立性的例外

辩护权独立性的例外,是指辩护权从属于当事人的例外情形。这种例外的前提是保障人权和不得故意妨害司法公正的法律底线。

(1)独立保障被告人人权。刑事诉讼区别于民事诉讼的最主要一点是,诉讼的一方主体是代表国家权力的公诉方,所以刑事诉讼中常态性的危险是国家权力越过界限侵犯个人权利。"刑事辩护只是整个法律体系当中很特殊的一个部分,其目的是保护人们免受国家的侵害,而不是讲求准确的判决结果。""刑事辩护中的勤勉代理的目的是要限制国家对其公民的权力。我们要对国家的权力甚至是合法惩罚我们的权力进行限制,是因为我们相信,根据政治理论和历史经验,如果国家没有被事先限制或者约束住,我们的政治自由和公民自由都会受到侵犯。"现代刑事诉讼的无罪推定、疑罪从无原则、沉默权制度、非法证据排除规则等都是基于以上考虑的设计。作为被告人权利的最重要维护者,辩护人更应该积极防御国家权力的侵犯,保障被告人人权,即使在被告人怠于行使的情况下,辩护人也可以不经过被告人同意独立行使。比如,被告人畏惧公权的强大,不敢在庭审时提出排除被刑讯逼供取得的证据,辩护人应独立向法庭提出。因为国家对公民人权的侵犯,不仅影响个案的公正,还会从源头上污染一个国家的法治河流。辩护人独立行使保障人权的职责,不仅是对被告人个人权益的维护,更是对法治国家基本原则的捍卫。

(2)通过其法律技能帮助被告人达成其最大利益。被告人和辩护人在诉讼中就有罪或无罪辩护以及辩护策略等问题发生分歧时,决定权在谁,是一个很具体的问题。在辩护制度十分完善的美国,通常认为:“根据第六修正案的规定,律师的作用是通过帮助参加审判的人做出应当由自己决定的事项这一方式来维护其尊严和自主权,而不是代替被告人做出决定,即使律师可能更善于决定何种策略会更有效。在实际可行的情况下,进行辩护的权利如果没有被剥掉其被法莱塔一案所承认的‘个人特征’的话,那么最终的决定应当由被告人做出。”美国还通过判例确立了如下基本原则:与法律相关的策略性的或战术性的事项,属于律师的排他性决定权范围之内。与被告人“个人选择”相关的事项,辩护人应尊重其自由选择权,由被告人自主决定。这些规则也可以为我们所借鉴,即在与法律相关的策略性或战术性的事项上,辩护人可以有独立的决策权。

例如,在我国司法实践中,时常发生被告人在无罪情况下坚持认罪以期望从宽处罚,或者由于不懂法律而对无罪行为自认有罪等。在此情况下,辩护人如果无法与被告人达成共识,从原则上来讲,自然应该尊重被告人本人的选择。但是,在不妨碍被告人认罪表示的同时,如果辩护人在被告人认可的情况下,从法律上做无罪的分析和论证,也不失为一种可行的策略。

(3)消极地不阻碍真相发现。前文已经阐述,由于认识的有限性和侦查的滞后性,我们不可能发现所有的真相,也不存在一个客观的标准来检验真相。同时,基于辩护人在诉讼中的职责,他不负有发现真相的义务。但是,不可否认的是,刑事诉讼还是一个朝着真相迈进的程序,也许它无法抵达,但方向是不可更改的。在这场游戏中,即使攻守双方各尽其职,也必须存在基本的竞技规则,否则游戏将无法进行。辩方消极地不阻碍真相发现,控方消极地不隐瞒真相,都是这场游戏的基本规则,也是得到各国法律承认的律师职业准则。所以,辩护人可以拒绝被告人提出的伪造或毁灭证据的要求,也可以在得知被告人隐瞒重要事实的情况下,辞去委托。

六、结语

律师辩护权是因当事人的委托而产生的,因此,其本质上从属于当事人。只有在保障人权和违法性限制的特定情形下,存在例外。辩护人的职责是在控辩对抗中充分维护当事人的合法权益,因此他不受当事人意志以外的任何其他因素的干扰和影响。辩护权独立性的内涵,应当是独立于当事人意志以外的其他因素,而不是独立于当事人本人的意志。相反,与当事人的意志保持一致,才是辩护权的基本属性。

王某石被控受贿罪*

案情简介

王某石原系中国证券监督委员会(以下简称证监会)发行监管部发审委工作处助理调研员,2000 年 10 月被派往深交所工作。2002 年王某石受时任东北证券有限责任公司(以下简称东北证券公司)工作人员林某之托,介绍凤竹公司的董事长与证监会发行部审核一处和审核二处的两个人各吃了一顿饭,其间收取了林某给付的若干费用。检察机关指控王某石与林某构成共同受贿,理由是:王某石利用证监会发行监管部发审委工作处助理调研员的便利条件,接受同案被告人林某的请托,通过证监会发行监管部其他工作人员职务上的行为,为凤竹公司在申请首次发行股票的过程中谋取不正当利益,为此王某石收受请托人通过林某给予的贿赂款人民币 72.6 万元,构成(斡旋)受贿罪。

---

* 本案有多处报道,如《经济观察报》报道《王某石牵扯出涉案人员 20 人　关键人物浮出水面》,《北京晨报》报道《涉嫌受贿 140 万　原证监会官员王某石被公诉》,新浪网设专题栏目“王某石背后的发行潜规则”跟踪报道此案。

辩护思路

本案的基本事实清楚,争议焦点是对被告行为的定性问题及王某石、林某二被告人是否构成共同犯罪。因此,辩护思路和调查取证的方向均围绕这两个方向展开。关于对行为的定性,主要是从王某石是否利用了其职权或地位上的便利条件和是否为他人谋取了不正当利益的角度,分析其不构成斡旋受贿;关于共犯问题,主要是从王某石与同案被告人林某是否存在共谋和两人之间的关系,论证该二人不可能构成受贿罪的共犯,并应分别确定其收受好处的数额。在此基础上,强调指出王某石的行为确有违法性,但依照罪刑法定原则,不应定罪。

辩护词(一审)

审判长、合议庭:

我们受王某石家属的委托和北京市京都律师事务所指派,担任王某石的辩护律师。接受委托后,我们进行了会见和阅卷,参加了庭审,现依据事实和法律发表如下辩护意见,请法庭考虑。

辩护人认为,虽然王某石的行为是错误的,但其被指控受贿罪的罪名并不能成立。

通过法庭调查,本案的事实已经十分清楚,而且案情也比较简单,对本案事实控辩双方也没有太大争议,即王某石受林某之托,介绍凤竹公司的董事长与证监会发行部审核一处和审核二处的两个人各吃了一顿饭,并收受了若干费用。本案争议的焦点在于王某石的以上行为是否属于《刑法》第 388 条所规定的斡旋受贿,让我们先来看《刑法》第 388 条的具体规定:

“国家工作人员利用本人职权或者地位形成的便利条件,通过其他国家工作人员职务上的行为,为请托人谋取不正当利益,索取请托人财物或者收受请托人财物的,以受贿论处。"

由以上规定可知,斡旋受贿必须同时具备如下要件:(1)"国家工作人员";(2)"利用本人职权或地位形成的便利条件";(3)"通过其他国家工作人员职务上的行为,为请托人谋取不正当利益";(4)"索取请托人财物或者收受请托人财物"。以上四个要件必须同时具备,才构成受贿罪。

斡旋受贿与一般受贿不同,一般受贿是利用本人的职权直接为他人谋利,而斡旋受贿是利用本人职权或地位形成的便利条件,通过其他国家工作人员职务上的行为,为他人谋利;一般受贿所谋利益不分正当与不正当,只要谋利,即构成犯罪。而斡旋受贿则要求所谋取的必须是不正当利益,如果谋取的是正当利益,即不认为是犯罪。

而在本案中,王某石的行为恰恰不符合斡旋受贿区别于一般受贿的两个基本特征,也就是说,他除了在身份上属于国家工作人员和实施了收受财物的行为,并不具备斡旋受贿其他两个要件。

一、王某石没有利用职权或地位形成的便利条件为他人谋利益

1. 利用职权或地位形成的便利条件的法律规定和内涵

根据《全国法院审理经济犯罪案件工作座谈会纪要》的规定,"'利用本人职权或者地位形成的便利条件',是指行为人与被其利用的国家工作人员之间,在职务上虽然没有隶属、制约关系,但是行为人利用了本人职权或者地位产生的影响和一定的工作联系,如单位内不同部门的国家工作人员之间、上下级单位没有职务上隶属、制约关系的国家工作人员之间、有工作联系的不同单位的国家工作人员之间等"。

上述法律规定体现了一个重要的法律内涵,即构成斡旋贿赂必须要求行为人与被其利用的国家机关工作人员,即请托人和被请托

人之间存在纵向或者横向的某种特殊的有约束力的关系。

纵向的制约关系是指一种特殊的上下级关系；简言之，就是请托人提出一件事，被请托人就会去做，如果不做就可能会有某种后果的产生。也就是说，请托人对于被请托人有影响，这种影响与一般的亲情，友情和交情所产生的影响是不同的。

横向的制约关系是请托人与被请托人之间有交易或者业务上的往来，基于这种往来而产生了有约束力的关系。简言之，就是你帮我，我就帮你；你不帮我，我就不帮你。

而只有请托人利用自己的职权和地位对于被请托人形成了纵向或者横向有约束力的关系进行谋利，才可以构成斡旋贿赂，这种制约关系与利用朋友、个人交情、亲近关系以及财物的交换去请托有着重大的区别。

2. 王某石没有利用自己职权或地位形成的便利条件

首先，本案指控行为发生之时，王某石并不在证监会工作。证监会发行监管部《关于王某石情况说明》（证据卷第4页）中指出："王某石……2000年10月被派往深圳证券交易所，参与创业板的筹备工作。其在深交所期间，不担任我部的工作，不参与部内的考核，工资在深交所领取。"该部《关于王某石2000年至2003年期间工作的说明》（卷二第22页）的证明内容亦与此相同。

其次，对于王某石在深交所的工作内容，发行监管部在《证监会驻深交所工作小组的情况说明》（卷二第26页）指出："王某石为（深交所创业板）发审委工作组的组长，负责创业板发审委内部工作程序的起草工作，与主板发审委（证监会发审委）工作无关。"由此可见，以王某石当时在深交所工作的职权和地位，并不能对以后其约出来吃饭的中国证监会发行部的楼某和齐某产生影响，他们之间也并没有一定的工作联系。对照前面引述的座谈会纪要所列举的三种情况:证监会和深交所不是同一单位,所以他们之间的关系不是同一单位内不同部门的国家工作人员的关系;深交所作为不以营利为目的,实行自律性管理的会员制法人单位,与证监会也并非上下级关系,深交所只是受证监会监督管理而已,所以他们之间没有职务上的隶属、制约关系;深交所创业板发审委工作组与主板发审委(证监会发审委)工作无关,所以他们之间也不是有工作联系的不同单位的国家工作人员之间的关系。

结合以上事实,可以看出,王某石利用自己的职权和地位不能对楼某和齐某形成一种特殊影响,他们之间不存在纵向或横向的某种特殊的有约束力的关系。王某石请楼某和齐某吃饭,没有也不可能利用其职权或地位形成的便利条件。

那么,王某石请楼某和齐某吃饭究竟利用了什么条件?通过楼某和齐某的询问笔录可以看出,王某石请楼某是利用原来的师徒之谊,请齐某更是原来根本就不认识,是通过证监会二处的肖某介绍认识再请吃饭。无论是师徒之谊,还是熟人介绍,这跟他当时在深交所的职权或地位都并无关系。

应该指出,法律之所以把"利用本人职权或地位形成的便利条件"作为斡旋受贿罪的构成要件之一,是基于受贿罪侵犯的客体是国家工作人员公职行为的廉洁性,如果将利用"职权或地位"之外的便利条件也认作受贿,显然抹杀了受贿罪以权谋私、权钱交易的本质特征,混淆了罪与非罪的界限。

当然,也许有人会说,王某石利用了原来在证监会时的职权或地位。其一,本罪立法本意并不包括过去的职权或地位。其二,王某石过去在证监会时的职权或地位,也不能对楼某和齐某构成制约和影响。因为王某石过去的单位是证监会发审委工作处,而楼某是审核二处、齐某是审核一处。从证监会发行监管部出具的《发行监管部发审委工作处与审核一、二处的关系》(证据卷第9页)的内容可以看出,发审委工作处只是负责发审委会议的组织工作,而审核一处负责审核凤竹公司材料的法律部分,审核二处负责审核凤竹公司材料的财务部分,“发审委工作处与审核一、二处的工作没有直接联系,相互不能影响”。所以,说王某石利用原来的职权或地位,这种说法既与法律规定不符,在客观上也不可能成立。

公诉人在法庭调查阶段曾经举证证明了一个事实,就是王某石曾经想要给楼某送一台电脑,而楼某没有收。这个事实恰恰是对于制约关系的否定。试想,如果说他们之间有制约关系,有着制约的能力和影响,还需要送电脑吗?正因为没有这种有约束力的制约关系,没有这种能力和影响,才需要送电脑。所以说,需要送电脑恰恰证明了没有制约关系,没有可以形成制约关系的能力和影响。

综上,被告人王某石的行为并不符合法律规定的“利用本人职权或地位形成的便利条件”这一斡旋受贿的构成要件。

二、王某石未通过其他国家工作人员职务上的行为,为请托人谋取不正当利益。这也是我们认为王某石行为不构成受贿罪的最重要的一点理由

1.本案中不存在任何的不正当利益

根据1999年3月14日最高法、最高检《关于在办理受贿犯罪大要案的同时要严肃查处严重行贿犯罪分子的通知》的规定:“‘谋取不正当利益’,是指谋取违反法律、法规、国家政策和国务院各部门规章规定的利益,以及要求国家工作人员或有关单位提供违反法律、法规、国家政策和国务院各部门规章规定的帮助或方便条件。”由此可以看出,所谓不正当利益即是指违法利益,是通过合法手段不能取得的利益。“谋取不正当利益”包括两种情况:一是谋取的实体利益违法或违规,即实体违法;二是要求国家工作人员工作程序违法或违规,即程序违法。

而公诉人在法庭辩论当中提出了“可得利益”和“应得利益”的概念,试图说明本案当中存在不正当利益。依据上述关于“不正当利益”的司法解释,辩护人认为在受贿罪当中不存在“可得利益”和“应得利益”的问题,这只是一个民事法律概念。从刑法角度考虑,不能用“可得利益”和“应得利益”来区分行为的合法性和违法性以及利益的正当或者是不正当,只能严格依据司法解释中关于“不正当利益”的规定来进行判断,具体讲就是只能依据有没有违法性,即根据实体和程序是否违法来分析所谋取的利益是否正当。

具体到本案当中,凤竹公司所谋取的利益就是成功上市,而区分凤竹公司所谋取的利益属于正当利益还是不正当利益,要看凤竹公司的上市是否具有违法性,以及凤竹公司上市的程序有没有违法,也就是上述司法解释所规定的实体和程序是否违法。

众所周知,凤竹公司上市是正常的,其本身是没有违法性的,则实体没有违法;本案中的凤竹公司经过初审、复审,合法地履行了公司上市的所有程序,并最终成功上市,也没有体现任何程序违法。凤竹公司所谋取的利益在实体和程序上均没有违法,可以证明凤竹公司所谋取的利益不是不正当利益。凤竹公司最终的成功上市也证明了凤竹公司所获取的利益不是不正当利益。

退一步讲,假设王某石受贿罪成立,那么依据法律的规定,本案当中肯定存在不正当的利益,就是说王某石通过请托他人为凤竹公司谋取了不正当的利益,那么依据《刑法》第393条的规定,凤竹公司及其主管人员应该也同时因为谋取不正当的利益而送钱成为行贿人,被追究刑事责任,但是公诉机关并没有把凤竹公司作为行贿人予以追究,这也从另外一个侧面反映了该案当中没有不正当利益的存在。

结合以上分析,辩护人认为本案当中根本就不存在不正当的利益。

2. 王某石不是谋取不正当利益的主体,王某石的行为不能构成斡旋受贿的谋利行为

法律明确规定,只有行为人通过其他国家工作人员的职务行为为请托人谋取不正当利益,才构成斡旋受贿,具体在本案中也就只能是楼某和齐某实施谋利行为,王某石的行为才构成斡旋受贿,但王某石本身不是本案当中谋利的主体。

公诉人称,王某石承诺了约证监会的人出来吃饭,王某石实际上也请证监会的人和凤竹公司的人一起吃了饭,这本身就是一种谋利行为。辩护人并不否认上述事实,在本案中王某石确实请他人吃了饭,王某石请吃饭也确实有谋利的意思,但是基于法律对于谋利主体的特殊限定,王某石本身是谋不了利的。他也只能通过转请托行为由他人谋利,所以王某石的承诺以及请吃饭的行为和谋利没有关系,因为王某石的承诺并不是被请托人也就是楼某和齐某的承诺,王某石请吃饭的行为也并不是楼某和齐某谋利的行为。

3. 王某石没有通过其他国家工作人员为他人谋取不正当利益的主观故意

首先,根据王某石2005年2月7日口供,林某找他帮忙的事情就是把经办审核员约出来吃个饭;他认为吃饭的目的是沟通方便,使凤竹公司心里踏实;在与凤竹公司董事长陈某清见面时,陈亦表示,只是约出来认识认识,“该怎么审核怎么审核,不会添什么麻烦”,即“不会通过吃饭提出一些非法要求”。可见,王某石并未被要求为他人谋取程序违法的不正当利益,王某石亦不认为林某或凤竹公司要谋取程序违法的不正当利益。

其次,根据林某2005年2月5日口供,在他问王某石能否帮助协

调证监会人员关系时,王某石并未马上答应,而是先要求和凤竹公司的人见面,在凤竹公司将情况向王某石介绍后,王某石认为凤竹公司的情况可以上市,特别是见面后,王某石还单独跟林某说,这个凤竹公司过会的可能性较大,这才答应帮忙沟通的。可见,王某石是先确定了凤竹公司可以上市,即先确定了凤竹公司谋求的是实体上的正当利益,才答应帮忙的。而以后凤竹公司经过正常审核最终上市,亦说明当时王某石判断的正确。

所以,在本案中,王某石应允帮助凤竹公司约楼某和齐某吃饭是有前提的,一是他未被要求为凤竹公司谋求程序上的不正当利益;二是他经过了解主观上认为凤竹公司确实具备了上市的条件,所以其谋求的实体利益也并非不当。所以说,他并没有通过其他国家工作人员为他人谋取不正当利益的主观故意。

4. 王某石没有实施通过楼某和齐某职务上的行为,为凤竹公司谋取不正当利益的客观行为

首先,可以明确,和楼某、齐某各吃一顿饭这一行为本身,并不能视为为凤竹公司谋利益。当然在吃饭过程中,凤竹公司介绍了公司情况,但楼某、齐某也只是听着,没说什么。吃饭对楼某、齐某来讲,并非职务行为,听凤竹公司介绍情况,也并非就是为凤竹公司谋取了不正当利益。所以,就吃饭这一事实而言,并不属于法律规定的“通过其他国家工作人员职务上的行为,为请托人谋取不正当利益”的行为,关键在于其后有无谋利益的具体内容。

其次,从王某石对楼某和齐某职务上的行为提出的要求看,也没有为凤竹公司谋求不正当利益。根据楼某的证言,王某石带凤竹公司人员请他吃饭的目的就是希望程序上快一点。齐某的证言也证明,王某石就是请她在审核时尽量快一点,有什么问题及时和凤竹公司沟通。希望提高工作效率、及时沟通,无论如何也不能算是不正当

利益。

最后,从本案的后果来看,楼某和齐某也没有为凤竹公司谋取不正当利益。控方提供的大量证据均可证明,楼某负责的审核二处和齐某在审核凤竹公司上市申请过程中,均认真细致地进行了工作,尽到了应尽的职责,并未为凤竹公司谋取任何不正当利益。

综上,本案根本就不存在所谓的不正当利益,被告人王某石也不可能成为实际谋利的主体,王某石本人既无为他人谋求不正当利益的主观故意,亦未实施通过其他国家工作人员的职务行为,为他人谋求不正当利益的客观行为。而且,凤竹公司也从未提出过获得不正当利益的要求,这也从另一个侧面说明王某石不可能会去为其谋取了不正当利益。所以,王某石的行为并不符合法律规定的"通过其他国家工作人员职务上的行为,为请托人谋取不正当利益"这一斡旋受贿的构成要件。

要认定被告人的行为构成犯罪,其行为必须完全符合法律对该种犯罪构成要件的规定,缺一不可,否则即不能认定为犯罪。通过以上分析,王某石的行为至少与控方指控的斡旋受贿的两个构成要件不符,所以,控方指控的罪名不能成立。

三、本案不构成共同犯罪

如上所述,由于王某石的行为不能构成犯罪,当然就更不存在所谓"共同犯罪"问题。但鉴于控方以共同犯罪提起公诉,辩护人在此对该问题进行简单说明。

1. 本案证据不能证明王某石与林某经过共谋,并对贿赂款进行伙分

首先,对此王某石予以否认。其次,林某的两次口供相互矛盾。林某2005年2月5日口供称,他和凤竹公司陈某清、陈某1到深圳见过王某石回到北京后,陈某1说凤竹公司可出费用不超过150万元,

林某打电话告诉王某石,王某石说要80万元,剩下的给林某。在这里似乎有共谋和伙分的意思。但在林某2004年11月4日的口供中,林某却称,是凤竹公司先提出愿出140万元做沟通协调工作,林某提出找王某石,凤竹公司同意后,林某才打电话给王某石,然后林某与凤竹公司人员去深圳见王某石,林某回京后,打电话告诉王某石可以给他80万元。在这里,就完全没有了共谋和伙分的意思,而是林某把一切都办好才通知的王某石,而且王某石根本就不知道林某收了多少钱及要和他分钱的事。

特别是在今天的庭审中,林某更是承认,在给王某石钱之前,从未跟王某石谈过收钱的事,在给王钱时也没告诉王他收了多少钱,这与王某石的口供一致,证明他们没有共谋、伙分的故意。所以,在没有其他证据证明王某石与林某有共同犯罪故意的情况下,不能将本案作为共同犯罪来指控。

2. 王某石与林某之间的关系体现出本案不可能构成共同犯罪

在法庭调查公诉人举证的过程当中,辩护人曾经提请法庭特别予以重视王某石和林某之间的关系问题:林某到底是站在王某石一边向凤竹公司索取或者收受贿赂,还是站在凤竹公司一边找王某石,通过王某石再转请托谋取利益。下面结合法庭调查已经查明的四点事实予以具体分析:

(1)是凤竹公司给了林某公关费用,让林某使用,是凤竹公司提出来要林某找证监会的人。

(2)林某没有告知王某石自己留了多少钱,王某石也不知道林某收了凤竹公司多少钱,只知道自己收了林某的钱。

(3)林某代表凤竹公司找王某石,林某作为券商的一方,有帮助凤竹公司上市的义务,凤竹公司与券商之间是一种以合同为基础的有偿服务关系,券商和凤竹公司的利益是一致的,林某帮助凤竹公司活动关系也是在帮助券商,同时也是帮助自己获得良好的业绩。也就是说,林某帮助凤竹公司活动关系对于其本身也是有好处的。

(4)如果说林某与王某石是受贿罪的共犯,那么凤竹公司就是行贿人,而现在公诉机关并没有把凤竹公司作为行贿人予以追究。

通过以上四个方面的分析,可以很明确地得出一个结论:林某自始至终并不是站在王某石一边,而是与凤竹公司有着一致的利益,是凤竹公司提出让林某找证监会的人,然后给林某钱让他代表凤竹公司进行公关,而林某本人也确实代表凤竹公司找到了王某石并给付王某石一定数额的金钱。如果说本案构成受贿罪并同时成立共同犯罪,那么也只能是林某和凤竹公司构成共犯,即在凤竹公司的授意下,林某具体实施了向国家机关工作人员行贿的行为。

所以,对在本案中决不能理解为王某石和林某两人共同向凤竹公司索贿或者受贿,二人之间并不是如公诉人指控的共犯关系,二人之间实质上只是一种请托与转请托的关系,二人不构成受贿罪的共犯。

3. 关于受贿数额的问题

既然不能将王某石与林某作为共同犯罪来指控,因此就不能将林某所收数额作为王某石涉嫌犯罪数额来指控。另外,根据凤竹公司董事长陈某清、凤竹公司总经理李某春的证言,他们付钱给林某的目的除为上市做工作外,还有一个目的是感谢林某为凤竹公司上市提供通道。不论感谢费在全部140余万元中占多少比例,这笔感谢费肯定与请托王某石的事情无关。所以,起诉书将全部140万余元均作为王某石受贿数额来指控也是不能成立的。

四、对于王某石收受林某给付钱财行为性质的认识

本案中王某石拿了凤竹公司通过林某给付的钱肯定是错误的,这对于王某石本人是一个严重的错误,但是严重的错误并不等于构成犯罪,我们只能依据罪刑法定的原则来衡量一个行为是否构成犯罪。

尽管存在凤竹公司出钱、王某石收钱的行为,但对于王某石来讲,没有通过他人为凤竹公司谋取不正当的利益,凤竹公司也从来没有要求王某石请托他人为自己谋取不正当利益。该公司只是希望通过这些行为使企业顺顺当当地上市,使企业的正当利益不要被不正当的原因和因素所妨碍而已。当然,我们并不同意这样的做法,我们也不应回避这样的问题。但是同时,我们也不能将这种社会上的不正常现象等同于犯罪行为。判断一个行为是否构成犯罪,只能严格按照法律的相关规定来认定。综上,既然《刑法》第388条已经明确规定了斡旋贿赂罪的构成条件,就不应超越法定的界限去适用法律,这是罪刑法定原则的基本要求。

鉴于王某石的行为不符合《刑法》关于斡旋受贿罪的规定,依照罪刑法定的原则,起诉书对其犯罪指控不能成立。

被告人王某石辩护人:

北京市京都律师事务所律师　田文昌　孟冰

2005年11月9日

辩护词(二审)

审判长、合议庭:

我们受王某石家属的委托和北京市京都律师事务所指派,担任上诉人王某石的二审辩护人。现依据事实和法律发表辩护意见,请法庭考虑。

我们认为,一审法院判决认定王某石构成受贿罪属于认定事实错误、适用法律不当。

综观一审判决,其认定王某石行为构成斡旋受贿罪的理由,总体来说分为两点：一是请托时王某石仍是证监会发行监管部工作人员，且其利用了这一便利条件；二是在“不能证明在该企业的上市审批过程中有被延误的情形”的情况下，凤竹公司要求尽快办理，即属不正当利益。

对于这两点理由，我们认为，它们无论是在事实上、逻辑上、法律上，甚至情理上均不能成立！特别是第二点，因为构成斡旋受贿必须以谋取不正当利益为前提，而对于这样一个区分罪与非罪的关键问题，一审判决所给出的认定请托事项属于不正当利益的理由实在过于牵强，无论如何不能使人信服。

下面，我们将就这两点进行具体分析。

一、王某石没有利用职权或地位形成的便利条件

一审判决认为：“2002 年 3 月至 9 月，王某石虽由证监会派往深交所从事创业板的筹备工作，但其干部人事关系仍在证监会，仍属证监会工作人员，并于 2003 年 4 月回到证监会发行监管部。因此……利用了其为证监会发行监管部工作人员所形成的便利条件。”（见一审判决书第 10 页）这段话包含三层意思：一是王某石仍属证监会工作人员；二是发行监管部工作人员有便利条件；三是王某石利用了其便利条件。这些认定是没有事实依据的。

1. 案发时王某石不属于证监会工作人员

证监会发行监管部《关于王某石情况说明》（证据卷第 4 页）中指出：“王某石……2000 年 10 月被派往深圳证券交易所，参与创业板的筹备工作。其在深交所期间，不担任我部的工作，不参与部内的考核，工资在深交所领取。”该部《关于王某石 2000 年至 2003 年期间工作的说明》（卷二第 22 页）的证明内容亦与此相同。

由此可见，虽然王某石的人事关系仍在证监会，但由于工作单位已经变更为深交所，他已实际成为深交所的工作人员，且并不担任证监会发行监管部的工作。正所谓“不在其位,不谋其政”,所以在其并不担任该部工作的情况下,仍认定其仍属于该部工作人员,明显于理不通,于事实不符。

另外,从法律规定的角度讲,王某石也不会仍属于证监会工作人员,因为证监会工作人员不得在证券交易所任职。《证券法》第174条(2005年修订稿为第187条)规定:“国务院证券监督管理机构的人员不得在被监管的机构中任职。”所以,既然王某石已在证券交易所任职,其就依法不可能再是证监会的工作人员。

所以,基于当时的实际情况及法律的相关规定,王某石当时并不是证监会的工作人员,一审判决的此项认定错误。

2. 发行监管部工作人员要请托审核处人员,并无便利条件

退一步讲,假设王某石仍属于证监会工作人员,那么其所在的证监会发审委工作处对楼某和齐某所在的审核处来说也不具有“职权或地位形成的便利条件”。从证监会发行监管部出具的《发行监管部发审委工作处与审核一、二处的关系》(证据卷第9页)的内容可以看出,发审委工作处只是负责发审委会议的组织工作,而审核一处负责审核凤竹公司材料的法律部分,审核二处负责审核凤竹公司材料的财务部分,“发审委工作处与审核一、二处的工作没有直接联系,相互不能影响”。

由于王某石原来所在发审委工作处与审核一、二处的工作没有直接联系,相互不能影响,所以根本不具备《刑法》第388条规定的“本人职权或地位形成的便利条件”。

3. 王某石未利用所谓工作人员的便利条件

首先,上文已经谈到,王某石原来所在的发审委工作处对楼某和齐某所在的审核处来说并无便利条件,而案发时其实际所在的深交所对审核处来说更无便利条件,所以根本谈不上“利用本人职权或地

位形成的便利条件”。

其次，王某石请楼某和齐某吃饭完全是依靠工作之外的关系。通过楼某和齐某的询问笔录可以看出，王某石请楼某是利用原来的师徒之谊，请齐某是通过证监会二处的肖某介绍认识的，原来根本就不认识。所以，无论是师徒之谊，还是熟人介绍，这跟其当时在深交所的职权或地位以及原来在发审委工作处的职权或地位都毫不相干。

综上，一审判决认定请托时王某石仍是证监会发行监管部工作人员，且其利用了这一便利条件，与事实不符，与在案证据不符，与法律规定不符，该项认定不能成立。

二、王某石未通过其他国家工作人员职务上的行为，为请托人谋取不正当利益

一审判决称：“对于凤竹公司要求对上市申请尽快审批的请求，通过在案证据不能证明在该企业的上市审批过程中有被延误的情形，在对其申请按照正当工作程序进行审批的情况下，凤竹公司的此种请托属不正当利益……”（见一审判决书第11页）这段话的意思是，由于凤竹公司在上市审批过程中没有被延误的情形，所以其要求尽快审批即属不正当利益，或称非法要求。这是一审判决让人最不能信服之处，对此我们有两点意见：

1. 在事实上，该企业在上市审批过程中确有严重的“被延误的情形”

《证券法》第16条规定：“国务院证券监督管理机构或者国务院授权的部门应当自受理证券发行申请文件之日起3个月内作出决定……”《中国证监会股票发行核准程序》（证监发〔2000〕16号）第4条也规定：“中国证监会自受理申请文件到作出决定的期限为3个月。”可事实上，证监会受理凤竹公司申请文件的时间是2002年3月

11日,审核通过的时间是2002年12月30日(见证监会发行监管部、证监会纪检委《关于王某石情况说明》),整整用了9个多月!这已大大超过了法律规定的审核时间,怎么能说没有被延误呢?证监会的证据就明明白白摆在控方的证据卷里,并在开庭时进行了质证,怎么能说“通过在案证据不能证明在该企业的上市审批过程中有被延误的情形”呢?

3个月和9个月,两个时间段在这儿明摆着,而控方并没有举出任何中间这被延误的6个月有什么合理、合法、合规的理由。所以,通过在案证据和法律规定,恰恰能证明“在该企业的上市审批过程中有被延误的情形”。一审判决这一无延误情形的认定,明显与事实、证据、法律不符。

2. 退一步来讲,假设没有“被延误的情形”,要求尽快审批也并非不正当,也不违法,所以判决所言也是错误的

(1)在未被延误的情况下要求尽快办理,并不被法律所禁止。行为的违法性是指:行为人行为违背了法律的禁止性规定,禁止性规定通常在法律条文里表述为“禁止”“不得”“不应”等,但一审判决没有举出、实际上也根本就不存在这么一个法律条文,规定在没有被延误的情况下,企业不得要求政府机关尽快办理。所以一审判决认定在没有被延误的情况下要求尽快审批即属非法要求(谋求不正当利益),根本就没有任何法律依据。

(2)凤竹公司并没有要求证监会工作人员违反法律规定“尽快”审批,而是在法律规定允许的范围内“尽快”审批,是“该怎么审核怎么审核,不会添什么麻烦”,即“不会通过吃饭提出一些非法要求”。“尽快审批”的意思无非是提高点效率,快一些办理,或者说希望能够顺顺当当地上市,使企业的正当利益不被不正当的原因或因素所妨碍,而并非要求省略审批环节和内容,也不是要求“加塞”,排在其他

企业前边。这一切已被在案证据所证实。而一审判决置这些事实于不顾,还认定要求尽快办理即属于谋求不正当利益,这一认定也明显与事实不符。

(3)如果说,未被延误就不能要求尽快办理,否则就是谋求不正当利益,这种说法显然于理不通,也不符合我们国家政府机关的职能要求和"为人民服务"的宗旨。试想,如果一个公民或公司的办事人员,到政府机关办事,在把材料递进去的时候,他的申请当然还没被延误,他也不知道以后会不会被延误,他只是对承办人员提出要求希望尽快办理,他就是在谋求不正当利益了?这种说法老百姓能不能接受?我们的政府能不能答应?

综上,一审判决作出的在"不能证明在该企业的上市审批过程中有被延误的情形的情况下,凤竹公司要求尽快办理,即属不正当利益"这一认定,与事实不符、于法无据、于理不通,这一认定是错误的。

三、王某石的行为不构成斡旋受贿罪

前面指出了一审判决的错误,下面从正面论述王某石未通过其他国家工作人员职务上的行为,为请托人谋取不正当利益的问题。

1.本案中不存在任何不正当利益

根据1999年3月14日最高法、最高检《关于在办理受贿犯罪大要案的同时要严肃查处严重行贿犯罪分子的通知》的规定:"'谋取不正当利益',是指谋取违反法律、法规、国家政策和国务院各部门规章规定的利益,以及要求国家工作人员或有关单位提供违反法律、法规、国家政策和国务院各部门规章规定的帮助或方便条件。"由此可以看出,所谓"不正当利益"即是指违法利益,是通过合法手段不能取得的利益。"谋取不正当利益"包括两种情况:一是谋取的实体利益违法或违规,即实体违法;二是要求国家工作人员工作程序违法或违规,即程序违法。

具体到本案,凤竹公司所谋取的利益就是成功上市,而区分凤竹公司所谋取的利益属于正当利益还是不正当利益,要看凤竹公司的上市是否具有违法性,以及凤竹公司上市的程序有没有违法。也就是说,上述司法解释所规定的实体和程序是否违法。

众所周知,凤竹公司的上市要求是正常的,其本身是没有违法性的。本案中的凤竹公司经过初审、复审,合法地履行了公司上市的所有程序,并最终成功上市,也没有体现出任何程序违法。凤竹公司所谋取的利益在实体和程序上均没有违法,其所谋取的利益并不是不正当利益。凤竹公司最终的成功上市也证明了凤竹公司所获取的利益不是不正当利益。

从另一方面讲,假设王某石受贿罪成立,那么依据法律的规定,本案当中肯定存在不正当的利益,就是说王某石通过请托他人为凤竹公司谋取了不正当的利益,那么依据《刑法》第393条的规定,凤竹公司及其主管人员应该也同时因为谋取不正当的利益而送钱成为行贿人,被追究刑事责任。但是公诉机关并没有把凤竹公司作为行贿人予以追究,这也从另外一个侧面反映了该案当中没有不正当利益的存在。

结合以上分析,辩护人认为本案当中根本就不存在不正当的利益。

2. 王某石没有通过其他国家工作人员为他人谋取不正当利益的主观故意

首先,根据王某石2005年2月7日口供,林某找他帮忙的事情就是把经办审核员约出来吃个饭;他认为吃饭的目的是沟通方便,使凤竹公司心里踏实;在与凤竹公司董事长陈某清见面时,陈亦表示,只是约出认识认识,“该怎么审核怎么审核,不会添什么麻烦”,即“不会通过吃饭提出一些非法要求”。可见,王某石并未被要求为他人谋取程序违法的不正当利益，王某石亦不认为林某或凤竹公司要谋取程序违法不正当利益。

其次，根据林某2005年2月5日口供，在他问王某石能否帮助协调证监会人员关系时，王某石并未马上答应，而是先要求和凤竹公司负责人见面，在凤竹公司将情况向王某石介绍后，王认为凤竹公司的情况可以上市，特别是见面后，王还单独跟林某说，这个凤竹公司上市的可能性较大，这才答应帮忙沟通的。可见，王某石是先确定了凤竹公司可以上市，即先确定了凤竹公司谋求的是实体上的正当利益，才答应帮忙的。而以后凤竹公司经过正常审核最终上市，亦说明当时王某石判断的正确。

所以说，在主观方面，他并没有通过其他国家工作人员为他人谋取不正当利益的主观故意。

3. 王某石没有实施通过楼某和齐某职务上的行为，为凤竹公司谋取不正当利益的客观行为

首先，从王某石对楼某和齐某职务上的行为提出的要求看，其没有为凤竹公司谋求不正当利益。根据楼某的证言，王某石带凤竹公司人员请他吃饭的目的就是希望程序上快一点。齐某的证言也证明，王某石就是请她在审核时尽量快一点，有什么问题及时和凤竹公司沟通。希望提高工作效率、及时沟通，并不能算是不正当利益，这在前文已有详细论述。

其次，从本案的后果来看，楼某和齐某也没有为凤竹公司谋取不正当利益。控方提供的大量证据均可证明，楼某负责的审核二处和齐某在审核凤竹公司上市申请过程中，均认真细致地进行了工作，尽到了应尽的职责，并未为凤竹公司谋取任何不正当利益。

综上，本案根本就不存在所谓的“不正当利益”，王某石本人既无为他人谋求不正当利益的主观故意，亦未实施通过其他国家工作人

员的职务行为、为他人谋求不正当利益的客观行为。而且,凤竹公司也从未提出过获得不正当利益的要求,这也从另一个侧面说明王某石不可能会去为其谋取不正当利益。所以,王某石的行为并不符合法律规定的“通过其他国家工作人员职务上的行为,为请托人谋取不正当利益”这一斡旋受贿的构成要件。

4. 关于王某石收受林某给付钱财行为的性质

本案中王某石收受凤竹公司通过林某给付的金钱肯定是错误的,甚至说是严重的错误,但是严重的错误并不等于构成犯罪,我们只能依据罪刑法定的原则来衡量一个行为是否构成犯罪。

尽管存在凤竹公司出钱、王某石收钱的行为,但对于王某石来讲,没有“利用本人职权或地位形成的便利条件”通过他人职务上的行为为凤竹公司谋取不正当利益,凤竹公司也从未要求王某石请托他人为自己谋取不正当利益。所以王某石的行为不符合《刑法》关于斡旋受贿罪的规定,依照罪刑法定原则,不能构成受贿罪。

综上所述,辩护人认为,一审判决认定事实错误,适用法律不当。所以恳请二审法院查明事实,正确适用法律,依法改判上诉人王某石无罪。

被告人王某石辩护人:

北京市京都律师事务所律师　田文昌　孟冰

2006 年 2 月 28 日

审理结果

一审判决认定王某石有罪。被告人王某石、林某不服一审判决,提出上诉。二审人民法院驳回上诉,维持原判。

国某起被控合同诈骗罪和虚报注册资本罪案

案情简介

国某起,系北京赛某科技投资有限公司(以下简称赛某公司)、山东九某公司等多家公司的股东和实际控制人。

从 20 世纪 90 年代开始,国某起长期在证券和投融资领域从事股票和期货交易,被称为玩股票国债的"大亨",在金融资本界享有盛名,是一个天方夜谭式的神秘人物。根据相关材料显示,国某起当时在国内拥有数十家公司,所掌控的资产在 80 亿元以上。2004 年 1 月 6 日,国某起因涉嫌合同诈骗罪被侦查机关立案侦查,并采取强制措施。2005 年,江苏省无锡市人民检察院以涉嫌合同诈骗罪、虚报注册资本罪提起公诉。

公诉机关指控:国某起结识了时任广东证券股份有限公司(以下简称广证公司)西华路营业部负责人的吴某某。两人经事先商量,通过向南京禄口国际机场投资管理有限公司(以下简称宁某投资公司)出具虚假的 3 亿元资金的转入凭证及资金对账单,骗取了宁某投资公司委托赛某公司买卖国债理财的资产。2003 年 2 月,国某起在山东九某有限公司增加注册资本的过程中,采取欺诈手段虚报注册资本,欺骗公司登记主管部门,取得公司登记,虚报注册资本 2 亿元。

辩护思路

国某起的辩护思路共有四条:

其一,其主观上没有合同诈骗的故意。

其二,认定其与吴某某事先商量,但对事先预谋无证据证实。

其三,国某起客观上有履约行为。对西华路营业部开设或代管的账户由交易员代为操作;对交易员误解其意而直接在宁某投资公司加钱还钱以及做国债回购其均不知情,其和广证公司有融资、融券的约定,因此即便是上述操作,3 亿元资金亦为其向广证公司的融资,宁某投资公司享有相应权利。

其四,九某公司为了增加注册资本实际注入了资金,并非虚假注资,不构成虚报注册资本罪。

辩护词(一审)

审判长、审判员:

接受本案被告人国某起的委托,北京市京都律师事务所及北京市证泰律师事务所分别指派我们担任国某起的一审辩护人。根据庭审质证的情况,我们现发表如下辩护意见。

一、关于合同诈骗罪

辩护人认为涉案合同——《资产委托管理协议》(以下简称理财合同)不仅具有履行的现实可能性,而且已经得到实际履行;赛某公司不仅具有履约诚意,并且实施了履约行为;赛某公司的履约行为不仅不属于虚构事实或者隐瞒真相的诈骗行为，更没有也不可能造成侵害宁某投资公司财产所有权的诈骗后果。因此，被告人国某起与被告人单位赛某公司和被告人吴某某均不构成合同诈骗罪。起诉书的指控证据不足、定性错误。

（一）理财合同的起因、形成过程及其约定的内容，均表明理财合同具有履行的现实可能性，从而表明赛某公司具有履约诚意

公诉人认为，理财合同的起因，是被告人国某起包藏了诈骗的祸心，设计了一个圈套，布下了诱饵，把所谓的被害人宁某投资公司吸引到圈套里来，理财合同是所谓免费的午餐，不具有现实可能性。但是，法庭调查中出示的理财合同以及国某起的供述和宁某投资公司有关证人的陈述等大量证据则表明：

1. 合同的起因，是宁某投资公司为了弥补其买卖股票的亏损而向国某起寻求帮助。

2. 合同约定的理财方式，是宁某投资公司为满足其保障委托资产的安全等特殊需要设计的，并不是国某起设计的。

3. 合同约定的理财期限，是参照国某起之前在证券市场进行交易的平均收益率即国某起的既往业绩，围绕宁某投资公司弥补亏损的理财目标，反复、细致地测算出来的。其间，经历过将理财期限由1年半延长到3年，3年再延长到3年零3个月的谈判过程，最后约定的理财期限是3年零3个月。也就是说，合同的实际收益率，是参照国某起的既往业绩确定的，是有依据的，既不是宁某投资公司的一厢情愿，也不是任由国某起信口开河。

4. 合同约定，实际收益超过保底收益的部分，归赛某公司所有。因此，如果合同履行顺利，赛某公司通过全面履行合同能够获得一定的收益，并不是义务劳动、一无所获。

由此可见，理财合同的现实可能性不仅经过了各方当事人基于

当时证券市场交易行情的理智权衡,并且可以得到国某起既往业绩的佐证,赛某公司履行合同是有利益驱动的,因而具有履约的诚意。国某起既不是雷锋,也不是傻瓜,虽然签约有特定的背景,但还是因为自信仍有利润空间才签订合同。公诉人没有任何反证足以推翻上述事实进而证明理财合同是一个诱饵或陷阱,同样不能证明国某起就是一个骗子。

在分析理财合同的实际收益率即合同的现实可能性时,我们还有必要了解赛某公司依据合同所取得的可以实际用于理财的资产,既不只是宁某投资公司市值2.9亿余元的股票和1亿余元的资金,也不只是所谓置换这些资产的3亿元资金,而是这两部分资产的总和。合同写得非常清楚,宁某投资公司市值2.9亿余元的股票和1亿余元资金交付给赛某公司以后,所谓置换的3亿元资金,虽然要存放到宁某投资公司在西华路营业部开设的14943号资金账户(以下简称委托账户)里,但是仍然要委托赛某公司代为理财。3亿元资金的所有权虽然交付了,但使用权即交易操作权仍然属于赛某公司,赛某公司在交付这笔资金的同时又接受了理财的委托,这就使国某起可以实际用于证券交易的资产总量达到了6亿多元,而并不仅仅是3亿元,从而增强了他进行资本运作的实力和盈利能力。这同时也说明了国某起把这两部分资产与他控制的其他在西华路营业部开设的资金账户项下的资产视为一体进行证券交易的合理性和必然性。

(二)赛某公司履行了协议期满以前的主要义务,其履约行为也不属于构成合同诈骗罪客观要件的虚构事实或者隐瞒真相的诈骗行为,在履约过程中没有诈骗手段

1.赛某公司通过融资的方式,履行了向委托账户存入3亿元资金的合同义务。

委托账户的交割单证明,广东证券股份有限公司(以下简称广证

公司)的计算机信息系统显示:2001年10月9日13:34:48,委托账户里存入了3亿元资金。西华路营业部于2001年10月9日向宁某投资公司出具的《保证金转入凭证》和《资金对账单》(以下简称3亿元权利凭证)等原始书证,也确认了委托账户当天存入3亿元资金的基本事实。

辩护人认为,起诉书称3亿元权利凭证为虚假凭证,不仅证据不足,并且自相矛盾,理由如下:

(1)3亿元权利凭证是真实、有效而非虚假的凭证。

①3亿元权利凭证的样式,与西华路营业部向其他客户出具的同类凭证的样式没有差异;印鉴与西华路营业部向其他客户出具的同类凭证的印鉴一致;记载事项也没有涂改痕迹,形式上没有瑕疵。没有任何证据表明3亿元权利凭证是伪造或变造的虚假凭证。

②生成3亿元权利凭证,不仅经过了西华路营业部负责人吴某某的同意,并且按照该单位的业务流程,由单位客户服务部经理周某某、员工张某及保证金柜台电脑操作员刘某某共同经手完成。况且,3亿元权利凭证还是由单位员工张某,在单位的营业时间和营业场所交付给宁某投资公司的。因此,3亿元权利凭证的生成和交付都不是吴某某背着单位与宁某投资公司私相授受的个人行为,而是西华路营业部的单位行为。

③西华路营业部将3亿元权利凭证所记载的资金支付事项,办理了会计手续。除审计报告证实这一事实以外,公诉人在法庭调查中也确认了西华路营业部将3亿元权利凭证作为原始记账凭证记账的事实。

(2)赛某公司通过向广证公司融资的方式,帮助宁某投资公司取得了3亿元权利凭证。

①法庭调查中出示的国某起及吴某某的供述等证据充分表明,

国某起与广证公司之间长期存在融资融券的合作关系,这是一个无可置疑的事实。

②委托账户存入的3亿元资金,属于赛某公司向广证公司的借款。吴某某在其2004年8月25日的供述中就明确表示,宁某投资公司的3亿元资金,属于国某起向广证公司的融资即借款。

③公诉人提出,赛某公司没有实际交付资金,因而3亿元权利凭证为虚假凭证。但是,这一命题是以赛某公司与广证公司之间不存在融资融券关系为基本前提的。而事实上,赛某公司与广证公司之间根本不是不存在而是大量存在融资融券的关系。既然广证公司接受了赛某公司借款3亿元的融资请求,那么,广证公司就有义务代赛某公司向委托账户存入3亿元资金,而没有理由再要求赛某公司实际交付资金,否则,还怎么叫作融资呢?

④公诉人根据广证公司和西华路营业部的所有银行账户,在2001年10月9日这一天都没有发生过3亿元资金实际流动的情况,主张赛某公司没有向广证公司融资3亿元,其理由也是不能成立的。因为:

A.赛某公司当天的融资已于当天内归还,况且没有用于买卖证券,按照交易所的交易规则,根本不需要广证公司发生实际的资金流动。

B.按照广证公司自己的资金管理办法和证券交易资金清算管理办法的规定,广证公司同一个营业部内不同账户之间的资金划转,更不可能在广证公司或其有关营业部的银行账户内发生实际的资金流动。

C.3亿元权利凭证的记账和交付,本身就是足以在赛某公司与广证公司和宁某投资公司之间成立、变更和终止相应民事法律关系的法律行为,而广证公司银行账户内的资金的实际流动,则并非成立、变更和终止相应民事法律关系的必要条件。广证公司的3亿元资金虽然一直没有发生物理位移,但是已在法律关系上实际进行过多次流转。银行的异地汇兑尚且不需要资金的实际流动,广证公司同一个营业部内不同账户之间的资金转账,岂能由于没有资金的实际流动,就否定这种转账的真实性呢?现代经济是虚拟经济、信用经济,我们刚刚看过的电视剧《乔家大院》里面,那种整车拉银子的时代早已一去不复返了。

(3)3亿元权利凭证赋予宁某投资公司的财产权利,与理财合同的约定完全相符。

①理财合同约定所谓3亿元置换资金的目的,一方面是解决宁某投资公司市值2.9亿余元的股票不便计算固定收益的问题,另一方面也是满足宁某投资公司做账等方面的特殊需要,这笔资金实际上属于提前存入委托账户的到期本金和部分收益。由于委托赛某公司管理,在理财期限内,宁某投资公司对这笔资金享有的所有权是受到限制的,即属于让渡了使用权和部分收益权的所有权。理财合同约定的这笔资金的权利内容如下:

A. 在理财合同有效期内,宁某投资公司能够通过赛某公司在委托账户内进行不超过3亿元限额的国债交易;

B. 在理财合同期限届满以后,宁某投资公司能够从委托账户中如数取回该笔资金。

②按照交易所的交易规则,委托账户属于保证金账户,并不直接与交易所和登记结算公司发生清算关系,而只与证券公司发生清算关系。委托账户内存放的客户交易结算资金,又叫客户交易保证金,是为向证券公司保证足额交收而存放的资金。从证券交易的角度看,委托账户内存放的保证金数额,其实是限定客户证券交易数量的最高限额。

此外,《证券法》第139条规定:“证券公司客户的交易结算资金……以每个客户的名义单独立户管理……证券公司不得将客户的交易结算资金和证券归入其自有财产。禁止任何单位或者个人以任何形式挪用客户的交易结算资金和证券。证券公司破产或者清算时,客户的交易结算资金和证券不属于其破产财产或者清算财产。非因客户本身的债务或者法律规定的其他情形,不得查封、冻结、扣划或者强制执行客户的交易结算资金和证券。”

鉴于此,西华路营业部向宁某投资公司出具3亿元权利凭证的行为,产生的法律后果如下:

第一,确认委托账户存入了3亿元资金的事实;

第二,类似于银行的授信行为,确认在理财合同有效期内,委托账户能够进行不超过3亿元限额的证券交易,即确认委托账户有3亿元额度的资金使用权;

第三,确认宁某投资公司对3亿元资金享有最终的所有权,即在理财合同期限届满以后,有权从委托账户中如数取回该笔资金。

两者相比较,3亿元权利凭证为西华路营业部与宁某投资公司之间设立的民事法律关系,与理财合同的约定是完全相符的。

(4)起诉书自相矛盾。

起诉书一方面称3亿元权利凭证是虚假凭证,另一方面却又指控被告人“吴某某根据被告人国某起的要求指使西华路营业部的工作人员……在宁某投资公司的有关人员离开西华路营业部以后,再将转入宁某投资公司账户内的3亿元资金转出”,这显然是自相矛盾的。因为,只有在3亿元权利凭证真实、有效的前提下,才可能发生3亿元资金转入委托账户后又被转出的问题。如果3亿元权利凭证确属虚假,就不可能发生“转出”的事实,而如果“转出”属实,则3亿元权利凭证就不可能虚假。

2. 在委托账户中买卖和回购国债的行为,都是履行理财合同的行为。

(1)回购国债的行为,同样属于买卖国债的行为。

国债交易按交易的形式可分为国债现券交易、国债回购交易和国债期货交易。国债回购也是一种债券买卖方式,是国债交易的形式之一,只不过是即期的一笔现货交易与未来的一笔远期交易共同构成一笔完整交易的方式而已。由此,它不仅具有融资功能,更有融券与套期保值的功能,是一种以即期现货交易为基础的远期交易方式,因相比纯粹的远期交易与期货交易更加安全方便而受到相当一部分投资者的重视与使用,也因而成为与其他债券交易方式互补的交易机制。

现实中客观存在债券回购与现货交易套做放大仓量的操作模式,即在债券现货与回购之间多次反复交替操作,形成"回购—买券—再回购—再买券"的滚动放大。从理论上讲,通过这种模式所能购入的最大现券数量,相对于初始投入的资金,可以放大数十倍,因而在看准行情的情况下,可以实现数十倍的盈利。谁又能说这种国债回购交易模式不属于理财合同约定的国债买卖形式呢?

那种认为理财合同只约定了买卖国债而没有同时约定回购国债,因此就是限制进行国债回购的观点,显然是违反国债交易常识的。

(2)合同约定国债不得质押,不等于约定国债不得回购。

法庭调查证实,国债质押的形式既有现券的质押,又有实质上属于质押的国债回购。由于国债回购同时又属于国债买卖的形式之一,并且理财合同只约定了国债不得质押而没有特别约定国债不得回购,在这种情况下,不应将回购国债的行为视为违反合同约定的诈骗行为。

(3)委托账户里购买国债的资金,是向广证公司的融资;委托账户里回购的标准券,也是向广证公司透支的标准券。

委托账户里所有已被用于购买国债的资金,都是充分实现了货币支付功能的资金,因而应当视为真实的资金。起诉书所谓虚增资金,实际是向广证公司融资。

委托账户里所有已被用于买入融资即正回购的标准券,也都是充分实现了回购功能的标准券,因而应当视为真实的标准券。起诉书所谓虚增标准券,正如审计报告所说,是占用了广证公司席位上其他客户的标准券,即向广证公司融标准券或透支标准券。这种做法本身并不侵犯宁某投资公司的利益。

这些融资融券行为固然违反了广证公司的有关规章制度以及当时的有关行业规范,但不能因为这些行为的违规性,就试图否认这些行为的真实性。

(4)委托账户里存有市值在3亿元上下波动的国债,这也是事实而非假象。

委托账户的对账单、交割单,以及广证公司关于处置委托账户里的国债并将处置所得资金转入广证公司的决议等原始书证,均足以证明,自2001年10月25日起至案发时止,委托账户里确实一直存有市值在3亿元上下波动的国债。

(5)在委托账户里融资融券买卖和回购国债以及持续进行滚动回购的行为,都是广证公司履行监管义务的单位行为。

公诉人的举证证明,在2001年10月24日和25日两天内,西华路营业部曾经分两笔转给委托账户合计201,350,000元资金,为宁某投资公司陆续购买了市值299,249,550元的21国债(10)2,991,000张,并分两次存入委托账户合计2,991,000张标准券用于正回购。以后直到案发时止,委托账户内一直持续进行滚动回购业务的操作。

根据广证公司有关规章制度的规定,并且根据吴某某的当庭供述,由于西华路营业部每个交易日都必须向广证公司提交国债回购的日报表,因此,上述一系列与委托账户有关的融资融券以及国债买卖和回购行为,显然都是经过广证公司授权的行为,因而也是吴某某代表西华路营业部和广证公司履行监管义务的职务行为,属于广证公司的单位行为而不是吴某某的个人行为。所以,起诉书指控国某起与吴某某共同诈骗,更是一个奇怪的逻辑。整整两天的法庭审理中,没有任何一个证据表明吴某某个人有任何诈骗故意。所谓国某起与吴某某共同诈骗,根本就是空穴来风。

(6)国某起没有隐瞒委托账户里国债回购交易情况的行为。

法庭调查证实,委托账户的交割单能够清晰地反映出委托账户里每一笔资金的进出情况和每一笔证券交易的情况,并且,宁某投资公司完全可以使用西华路营业部内的任意一台操作终端,甚至可以随时随地通过网上交易系统,自由地查询到委托账户的交割单。因此,委托账户里的国债回购交易情况,实际上是不可能向宁某投资公司隐瞒的公开的事实。国某起也始终表示自己从来没有试图向宁某投资公司隐瞒这些公开的事实。

公诉人说,宁某投资公司直到案发前才得知委托账户里发生了国债回购。但是,即便如此,宁某投资公司的这种错误认识也是由于自己的疏忽而并不是由于别人的欺骗形成的,因而不能倒置因果,因为宁某投资公司一直存在错误认识,就推定国某起实施了诈骗宁某投资公司的行为。

(7)国某起也没有向宁某投资公司隐瞒委托账户里国债回购情况的诈骗动机。

法庭调查证实,委托账户持续进行滚动回购业务操作的期限长达两年多,滚动回购的资金成本累计高达数千万元。而在这期间,宁某投资公司应当交付的资产早已交付完毕,理财合同只剩下赛某公司单方的履行义务。因此,即使能够并且企图隐瞒委托账户里的国债回购交易情况,所能换取的机会显然也只有一个,那就是使赛某公司继续履行合同直至将合同履行完毕。以数千万元的资金成本维持自己继续履行合同义务的机会,出于这种动机实施的任何行为,显然都与合同诈骗毫不相干。

3. 赛某公司还履行了理财合同期满以前的下列支付义务。

(1)2001 年 10 月 18 日,支付给宁某投资公司 672.76 万元所谓期前收益。

(2)自 2001 年 12 月 28 日起至 2003 年年底,让宁某投资公司按季度从委托账户中自行提取了 8 期约定收益,详见下表:

序号	提取收益的时间	金额
1	2001 年 12 月 28 日	675 万元
2	2002 年 4 月 1 日	675 万元
3	2002 年 6 月 28 日	675 万元
4	2002 年 10 月 8 日	675 万元
5	2003 年 1 月 3 日	675 万元
6	2003 年 4 月 18 日	675 万元
7	2003 年 7 月 29 日	675 万元
8	2003 年 11 月 18 日	675 万元
合计	5400 万元	

(3)代宁某投资公司清偿了 14,700 万元债务。

以上三项合计金额为 20,772.76 万元。

4. 赛某公司具有履约能力和偿还能力。

赛某公司的辩护人所提交的卷内辩护证据,足以证明赛某公司本来具有偿付到期债务，全面履行理财合同的能力，只是由于广证公司突然终止与国某起的融资融券关系，进而冻结与国某起有关的所有资金账户这一意志以外的客观原因，而被迫中断了合同的履行，并不是不愿意继续全面履行合同；在纠纷发生以后，赛某公司也向宁某投资公司作出了偿还委托资产的积极表示，采取了解决纠纷的积极行动；赛某公司至今没有全部归还宁某投资公司委托资产的原因，是因为自己实际控制的资产均被刑事扣押，而非不愿或无力归还。

（三）宁某投资公司的财产所有权没有实际遭受侵害，也不可能发生遭受侵害的现实危险

1. 双保险的安全机制，有效保障了宁某投资公司的财产所有权。

理财合同约定了广证公司的监管义务，3 亿元权利凭证又进一步确认了广证公司如数偿付凭证记载的资金的义务，这就使广证公司负有了向宁某投资公司如数赔偿 3 亿元资金损失的约定和法定义务，从而组合成了对宁某投资公司 3 亿元委托理财资金的双重保险，充分保障了宁某投资公司财产权利的安全。

2. 起诉书指控的所有行为，都没有也不可能导致宁某投资公司财产权利的灭失。

(1) 上述双重保险机制所关注的问题，其实不是委托账户里是否发生以及发生了多少国债回购的问题，而是委托账户里 3 亿元资金的转出条件问题。而根据理财合同的约定，凡是未经宁某投资公司书面同意就被转出委托账户的资金，广证公司都负有向宁某投资公司如数赔偿的不可推卸的义务。

(2) 在委托账户里进行的转出资金以外的其他所有行为，也都丝毫没有减少广证公司向宁某投资公司如数赔偿资金损失的义务。在 3 亿元权利凭证合法有效的前提下，宁某投资公司持有该权利凭证，就可以在任何时候向广证公司主张自己的财产权利。即使在履行理

财合同的过程中出现了资金进出的虚实之争,以及有没有权利回购国债等争议,但不管这些争议的结论如何,客观上都没有发生侵害宁某投资公司这一利益的作用,也不可能发生这样的作用。在法律上,宁某投资公司至今仍对广证公司享有追索3亿元委托理财资金的损失的权利。

(3)宁某投资公司之所以至今尚未实现对广证公司享有的3亿元资金损失的追索权,是由于发生了广证公司被行政关闭这一理财合同各方当事人当时不能预见也不能阻止的事由,而不是因为这一权利在法律上不能成立。

辩护人注意到,公诉人混淆了对权利的实现以及权利的合法有效性的认识。公诉人认为宁某投资公司的权利尚未实现,就说明其权利没有得到保障。但是,权利的实现与权利的合法性其实是两个概念,不能混为一谈。权利实现的障碍,并不能改变权利的合法性。如果凡是权利就都可以实现的话,也就没有阻碍权利实现的任何障碍了,那么,民事诉讼从何而来?

3. 没有发生侵害财产所有权危险的行为,不可能构成诈骗行为。

合同诈骗罪是典型的目的犯,发生侵害财产所有权的现实危险,是成立该项犯罪的基本前提。既然如前所述,宁某投资公司3亿元委托理财资金的权利并没有面临遭受侵害的现实危险,也就是根本找不到这一合同诈骗罪的法定要件,那么,本案也就不能构成合同诈骗罪。

(四)分析控辩双方对本案产生悬殊分歧的根源,值得注意公诉人在举证、质证和法庭辩论当中存在的以下错误

1. 公诉人违反了证据规则。

根据《刑事诉讼法》以及最高人民法院的有关司法解释,原始书证的效力远远高于证人证言。但是,在法庭调查质证当中,公诉人却

经常试图以证人证言否定原始书证的效力，并且以违反专业常识的思维来分析论证专业性问题。比如3亿元资金的虚实问题，本来已经得到了3亿元权利凭证等原始书证的证实，但是，公诉人却仍然通过大量证人的推测和认识，试图否定3亿元资金的真实性，这种做法违反基本的证据规则。

2. 公诉人混淆了犯罪概念。

在法庭调查质证当中，公诉人在讯问国某起时问道："3亿元资金的转出你知不知道？"国某起说当初不知道。公诉人于是一直逼问道："你应当知道！"辩护人要指出的是，在讨论合同诈骗罪的时候，所谓应当知道与否这样的概念，根本就不应当出现。应当知道与否，是过失犯罪的主观罪过内容，而非合同诈骗罪的主观罪过内容。合同诈骗罪的主观罪过不仅是故意，而且是直接故意，连间接故意都不能包含，怎么能够出现应当知道与否这样的问题呢？这是一个很严重的问题，如果有这样的概念，如果认为应当知道也可以构成合同诈骗罪的话，合同诈骗罪的概念就被改变了。

3. 公诉人混淆了罪与非罪的界限。

在法庭质证与辩论当中，公诉人还时常混淆违规、违法与犯罪的界限，因而混淆了罪与非罪的界限。

比如在法庭调查质证当中，公诉人用大量证据试图说明国某起通过国债回购等违规手段擅自动用了宁某投资公司的资金。但是，这种证明有什么意义呢？既然委托理财是由合同约定的一种法律关系，是一种合同关系，那么，在这种合同关系形成以后，就要看最后的结果——能不能履约，能不能承担法律支持的合同义务，所追究的就应当是违约责任而不是侵权责任，中间的行为并不发生侵权的问题，更不能发生因此而导致犯罪的问题。公诉人抛开合同谈侵权，将违规与犯罪混为一谈，完全混淆了罪与非罪的界限。

4. 由于偏离法律关系,公诉方陷入了以情代法的思维误区。

分析全案过程脉络,公诉方在举证过程中以一种蓄意的诈骗手段为主线,紧紧围绕3亿元资金的进出,集中抓住当事人在证券业务操作中可能发生违规操作的细节问题,推理构建出一个诈骗犯罪的完整故事。这个诈骗手段向前延伸,展示一个蓄意诈骗的置换资产的委托理财合同,用高额回报引诱他人上当;向后延伸,则将意外的原因,即由于广证公司出现了问题,由于广证公司冻结了国某起的资产这种意外的原因,推演成一个不想归还与不能归还理财资金的当然的后果。

如果抛开证券交易的业务规则,抛开法律关系和法律规定看待这个问题,这个故事听起来确有一定的合理性。但是经过分析和辩论,如果将其纳入证券市场的交易规则和法律框架之中,就会得出一个完全相反的结论:这个看似合理的故事,在法律的框架下不能自圆其说。

比如本案的核心问题是3亿元权利凭证的法律效力问题,公诉人论证了那么多所谓违规操作的问题,却回避3亿元权利凭证的合法有效性,回避由于3亿元权利凭证的合法有效性加上合同约定的广证公司的监管义务,从而对宁某投资公司的财产利益形成了双重保险这样一个最重要的法律事实,而这个事实恰恰是揭示前面的诈骗故事不能自圆其说的根本依据。正是由于放弃核心问题而去纠缠一些不值得也不应该纠缠的枝节问题,结果导致了认识的偏移。

5. 由于纠缠手段,忽略了目的与结果,公诉方陷入了逻辑矛盾的思维误区。

国某起在本案中的所有行为,主观上没有非法占有目的,客观上没有非法占有的结果,也不可能产生这种结果。但是,公诉人的指控却掐头去尾,既忽视目的,又忽视结果,仅仅以中间的所谓犯罪手段试图对国某起定罪,这是对行为犯的定罪模式。而诈骗罪是典型的目的犯,不仅要有结果,而且必须要有非法占有的目的。最高人民法院有关司法解释明确规定了认定非法占有目的的七种具体表现,但是,公诉人却不能举证本案存在其中任何一种情形。对于目的犯而言,只有当其手段为犯罪目的服务且与该目的相对一致时,该手段才具有犯罪的性质,并被称为犯罪手段。公诉人割裂了目的犯中手段与目的的内在联系,从而也混淆了目的犯与行为犯的界限。

二、关于虚报注册资本罪

辩护人同意被告人单位九某公司辩护人的辩护意见,认为被告人国某起与被告人单位九某公司均不构成虚报注册资本罪,并且在维护其辩护意见的基础上,提出以下补充辩护意见。

1. 九某公司的总资产大于其增资后的注册资本,因而不可能构成虚报注册资本罪。

2. 九某公司用自有资金偿还自己的债务系合法的经营活动,属于正常的经济往来,连抽逃资金的行为都算不上,更不可能构成虚报注册资本罪。

如果按照公诉人的说法,九某公司是把自己的资金绕了几道弯之后才又回到公司,羊毛出在羊身上,变相地实现了虚报注册资本的结果,那么,前提就必须是九某公司先抽逃资金,然后才能绕回来虚报注册资本。因此,即使按照公诉人的说法,本案的性质也不是虚报注册资本。

3. 资本实缴指的是股东必须如实交付认缴的出资,而绝不是指必须用净资产出资。贷款同样有所有权,同样可以用于出资。即使用盗窃的钱出资,只要出资确实交付,也只可以追究盗窃的责任,而不能追究虚报注册资本的责任。

4. 修改后的《公司法》已经改资本实缴制为授权资本制,追究本案虚报注册资本罪的法律环境已经发生了重大变化。

综上所述,辩护人认为,起诉书指控国某起犯合同诈骗罪和虚报注册资本罪的证据不足、定性错误,请合议庭依法宣告国某起不构成合同诈骗罪和虚报注册资本罪。

谢谢!

北京市京都律师事务所律师　田文昌

北京市证泰律师事务所律师　王碧青

二〇〇六年三月十五日

审理结果

2006年6月22日,江苏省无锡市中级人民法院作出一审判决:被告人国某起犯合同诈骗罪,诈骗数额达1.8亿余元;认定九某公司在国某起的直接负责下,以其贷款1.5亿元作为新增股东的出资取得公司登记,九某公司和国某起的行为均已构成虚报注册资本罪,判决国某起犯合同诈骗罪、虚报注册资本罪,数罪并罚决定执行有期徒刑15年,剥夺政治权利5年,并处罚金人民币100万元。同案另一被告人吴某某犯合同诈骗罪,判处有期徒刑10年并处罚金人民币50万元。

江苏省高级人民法院二审改判国某起犯合同诈骗罪,判处有期徒刑5年,并处罚人民币100万元;犯虚报注册资本罪,判处有期徒刑1年,决定执行有期徒刑5年。吴某某犯合同诈骗罪,改判有期徒刑4年6个月,并处罚人民币50万元。

赵某被控贪污罪和隐匿会计凭证、会计账簿罪案

案情简介

赵某，男，1952年出生，四川省南充市南部县人。案发前系四川省南充市、南部县两级人大代表，南充市人大委员、南部县人大常委，原四川省南部县房地产综合开发公司（以下简称南部开发公司）经理。

20世纪90年代，赵某所在的南部县是个有名的破旧县城。赵某认为南部县的城市建设有广阔的前景，经过反复思考，构思出一套在南部县进行房地产开发的思路。赵某向南部县领导提出了自己设立房地产综合开发公司的想法，并保证不让县政府出一分钱，不让县政府承担经营风险，完成县城的旧城改造，改善县城的交通及市容环境。赵某的方案获得了政府的支持。但因当时国家不允许个人开办房地产开发企业，开发公司只能戴上“国有企业”的“红帽子”。1991年11月，南部县批准成立了南部开发公司，但登记为全民所有制企业，由当时的南部县建委副主任挂名兼任经理，南部开发公司实际经

营管理都由赵某具体负责。开发公司历经了多年的经营和发展,后改制成为民营企业。

在开发公司"改制"过程中,赵某认为开发公司本质上属于自己的民营企业,因此对公司财产作了一定处理。四川省内江市人民检察院指控赵某利用担任南部开发公司经理的职务便利,在南部开发公司改制过程中,通过安排他人做假账等方法,侵吞公款1115万余元,构成贪污罪,同时涉及隐匿会计凭证、会计账簿犯罪行为。案件由内江市中级人民法院审理。

辩护思路

本案的焦点是南部开发公司的性质,也即赵某所在的南部开发公司到底是真正的国有企业,还是表面戴着"红帽子"而实质是民营企业。因此,辩护人全面考察分析了开发公司投资及管理情况。根据相关证据,513万元注册资本为政府的虚假出资,借给南部开发公司的5万元开办资金政府已收回本息,提供给南部开发公司的8间房屋也已被政府收回转卖,而赵某本人则对南部开发公司进行了实际投资。且公司的人力、财力、物力也由赵某自己负责,公司自负盈亏,政府不承担风险。

辩护人认为,赵某系自筹资金开办公司,按照以投资界定产权的原则,南部开发公司实际应归赵某所有。因此,在公司改制过程中,赵某为了拿回自己应得的利益,通过一定方式将公司的部分资金转走,这实际是从自己的私营公司转走资金,其行为根本谈不上贪污的问题。

据此,辩护人从定性角度就贪污罪为被告人赵某作了无罪辩护。而对隐匿会计凭证、会计账簿罪,则从情节角度作了无罪辩护。

辩护词(一审)

尊敬的审判长、审判员:

北京市京都律师事务所田文昌律师、四川汇韬律师事务所魏东律师接受被告人亲属的委托,担任被告人赵某涉嫌贪污罪及隐匿会计凭证、会计账簿罪一案的辩护人。接受委托后,辩护律师依法会见了被告人,查阅、复制了有关证据材料,并依法进行了调查取证,研究了有关案情与法律问题,出庭参加了整个庭审过程。现根据本案的事实情况、当庭查明的证据以及相关法律法规和司法解释,针对公诉机关起诉书关于本案被告人赵某涉嫌贪污罪及隐匿会计凭证、会计账簿罪的指控,提出以下辩护意见。

辩护人认为:南部县房地产综合开发公司(以下简称南部开发公司)是名为全民所有制企业而实为被告人赵某个人投资经营管理的民营企业,被告人赵某的行为没有侵犯公共财产的所有权,不具有社会危害性,依法不构成贪污罪,指控赵某贪污1115万余元不成立;被告人赵某隐匿会计凭证、会计账簿的行为发生在南部开发公司企业改制完成并转让个人所有股权之后,属于事出有因,尚未达到情节严重,其行为依法不构成隐匿会计凭证、会计账簿罪。具体辩护意见如下:

一、南部开发公司是名为全民所有制企业而实为赵某个人投资经营管理的民营企业,赵某的行为没有侵犯公共财产的所有权,不符合贪污罪的构成要件,关于被告人赵某贪污1115万余元的指控不能成立

(一)南部开发公司是名为全民所有制企业而实为赵某个人投资经营管理的民营企业

辩护人认为,正确认定本案被告人赵某的行为是否构成贪污罪,其关键在于对南部开发公司的企业性质作出实事求是的认定;如果南部开发公司实际上不是国家投资的国有企业,就不能认定被告人赵某处置和管理南部开发公司资产的行为构成贪污罪。关于南部开发公司是不是国有企业性质这个问题,通过今天庭审中的当庭质证应当说已经得到了有效澄清,即只能得出这样一个结论:南部开发公司不是国家投资的国有企业,而是被告人赵某私人投资设立的、戴上国有企业"红帽子"的私营企业。具体理由和依据如下:

1. 从南部开发公司资金的来源分析,南部县政府并未向南部开发公司投入过任何资金,南部开发公司的成立、运作所需的资金完全是被告人赵某个人投入和筹措的。

如何合理地界定企业财产的所有权性质是一个十分严肃重大的政策法律问题,国务院有关部门为此先后下发了多个规范性指导文件进行明确规定。1991 年国家国有资产管理局、财政部、国家工商行政管理局公布的《关于企业国有资产所有权界定的暂行规定》规定:"所有权的界定不应以企业法人登记的经济性质界定资产性质,而要追溯企业初始及整个投资的资金来源,按各种经济成分,谁出资、谁所有、谁收益的原则。"1993 年 12 月 21 日国有资产管理局发布的《国有资产产权界定和产权纠纷处理暂行办法》也再次确认了这一原则,其中第 4 条规定:产权界定应遵循"谁投资,谁拥有产权"的原则进行,在界定过程中,既要维护国有资产所有者及经营使用者的合法权益,又不得侵犯其他财产所有者的合法权益。由以上规定可知,"谁投资,产权归谁"已经成为确定企业产权归属的基本原则。从本案庭审质证的相关证据材料所证实的真实情况来看,南部县政府并未向南部开发公司投入过任何资金,而被告人赵某个人向南部开发公司实际投入了 2 万元左右的资金,公司的成立、运作所需的资金也完全是赵某个人投入和筹措的。

第一,赵某个人向南部开发公司实际投入了2万元左右资金。南部开发公司在成立过程中,赵某本人先后出资2万元左右,尽管无法从账面上得到证实,但当时参加公司成立筹备的所有相关人员均证实了在南部开发公司成立过程中赵某私人出资的事实。以下证人的证言证实了这一事实:(1)原永定小学教导主任柯某证实:“第一次给了我6000元,时间大概是91年农历三四月,说是给我儿子的报告费,我没有出收据给他。”“有些茶水钱、开办费都是他出的。”“1991年年底赵某给了我5000元,说是上次的报告费没给够;赵某给的这两笔钱都是他自己的钱。”(见2006年6月27日上午四川汇韬律师事务所对柯某的讯问笔录第3~4页)(2)调查报告的主要起草人北京某建筑设计院工作的柯某某证实:“听我父亲说赵某给了他1万多元,是给我起草报告的报酬。”(见2006年6月28日上午四川汇韬律师事务所对柯某某的讯问笔录第2页)(3)开发公司财务经理李某证实:“赵经理还花了一些钱,听赵经理说有一两万。”(见2006年7月8日上午四川汇韬律师事务所对李某的讯问笔录第2页)(4)原南部建设银行行长张某证实:“前期,像购置办公用品等,赵某本人还出了钱。”(见2006年7月6日四川汇韬律师事务所对张某的讯问笔录第4页)

第二,南部开发公司设立时,南部县政府没有给予任何投资。南部开发公司工商登记档案的验资证明中虽记载有“自有资金450万元、上级拨款63万元,总计513万元注册资金”,但政府实际上根本没有任何投资。以下证人的证言可以证实这一事实:(1)时任南部县县长的白某证实:“当时政府没有投资,也没有划拨办公用房,没有给公司拨付开办费,也没有给流动资金,没有给公司和赵某定级别和政治经济待遇,我记得当时其他企业是定了级别的。”“赵某确实做到了不要政府投一分钱,把南部建设好。”(见2006年6月27日上午四川汇韬律师事务所对白某的讯问笔录第3页)(2)时任南部县财政局预算股股长现任该局局长的王某某证实:“南部县是一个赤字财政县,连干部、教师的工资都发不出来,财政无钱向企业投入,南部县政府、县财政从未向开发公司投入过一分钱。”“开发公司的经营完全是自负盈亏的,县财政没有给过开发公司任何款项。”(见2006年7月6日四川汇韬律师事务所对王某某的讯问笔录第2页)(3)时任南部县政府法制科科长的杨某证实:“当时南部县财政困难,工资都拖欠,哪来的钱投资,当时政府只是下了文件成立了开发公司,没投一分钱,仅给了点政策,开发公司的运作完全靠赵某自己想办法。”(见2006年7月7日四川汇韬律师事务所对杨某的讯问笔录第2页)(4)南部开发公司技术负责人米某证实:“政府没有投入注册资本,当时南部县是国家贫困县,县财政很穷,根本没有任何投入给开发公司,在开发公司运营过程中政府也没有投入,资金都是赵某去建行贷的款。”(见2006年7月6日四川汇韬律师事务所对米某的讯问笔录第2页)(5)开发公司财务经理李某证实:“公司成立之初没有什么资产。公司在经营期间政府没有注入资金。”(见2006年7月8日四川汇韬律师事务所对李某的讯问笔录第1~2页)(6)原南部县建设银行行长张某证实:“开发公司是1991年年底成立的,当时由于政府没有投钱,前期没有开展业务。”(见2006年7月6日四川汇韬律师事务所对张某的讯问笔录第2页)(7)南部开发公司出纳张某某证实:“开发公司成立之初,政府没有投资。”(见2006年7月8日四川汇韬律师事务所对张某某的讯问笔录第2页)(8)原南部县房管所副所长现房管局工会主席赵某证实:“人员工资、经费自己解决。”(见2006年7月7日四川汇韬律师事务所对赵某的讯问笔录第2页)所有这些最了解事实真相的证人提供的证言相互一致,均证实:在南部开发公司设立时,南部县政府财政上没有能力进行投资,事实上也没有对南部开发公司进行任何投资。因此,不能根据南部开发公司工商登记档案的验资证明中记载有“自有资金450万元、上级拨款63万元,总计513万元注册资金”,就主观臆想地认定国家对南部开发公司投了资。

第三,南部县政府客观上没有给南部开发公司划拨8间房屋作固定资产。虽然南部县建委于1991年11月22日给南部县工商行政管理局的公函显示:房管所直管的振兴街6号公房8间,面积300平方米划拨给该公司使用,并列为该公司的固定资产。但是客观真实情况并非如此,以下一系列证据都足以证实:南部县政府实际上没有给南部开发公司划拨8间房屋作固定资产。(1)振兴街房屋的转让手续证实:房屋产权也从未变更到南部开发公司名下,目前该房产已经三次转卖给他人。(2)时任南部县房地产管理所副所长的赵某证实:“房管所将振兴街的8间房借给了开发公司,是为了支持开发公司便于他们办公。”“开发公司为了办公方便,自费进行了装修,并在内改装了厕所一座。实际上用了不到半年,就还给了房管所,房管所将装修抵扣了房租,就没有再收房租了。后来,房子就被卖了。房管所后来办理了产权证,按照县委支持残联的要求,这个房子就卖给残联了。”(2006年7月7日四川汇韬律师事务所对赵某的讯问笔录第2~3页)(3)开发公司财务经理李某提供的证言印证了这八间房屋系借给开发公司的事实:“当时借了房管所在振兴街一幢房子的二楼来作临时办公场所。后来用了半年左右就还给房管所了。”(见四川汇韬律师事务所2006年7月8日对李某的讯问笔录第2页)(4)原南部县县长白某证实:“政府也没有划拨办公用房。”(见2006年6月27日上午四川汇韬律师事务所对白某的讯问笔录第3页)(5)从南部开发公司对这八间房屋使用的时间长短、抵扣租金以及后来房管所把它多次转卖的事实看,将这几间房屋列为开发公司的固定资产是明显不符合客观真实情况的。而且事实上,南部县建委向该县工商行政管理局出具公函的时间(1991年11月22日)与《企业法人申请开业登记注册书》所载明的审批日期是相同的,南部县建委的公函只是为了方便南部开发公司进行注册登记而出具的内容并不真实的书面材料。对此,时任南部县房地产管理所副所长的赵某也证实:关于南部县建委1991年11月向工商局出具的公函,“当时我不知道,这个本应通过房管所,可能是他们为了便于登记注册才这么做的”。(见2006年7月7日四川汇韬律师事务所对赵某的讯问笔录第3页)综上所述,以上证据足以证明南部县政府实际上没有给南部开发公司划拨八间房屋作固定资产。

第四,南部开发公司成立之初曾向南部县房管所借了5万元运转资金(而不是注册资金),并且两年后已还本付息,这说明该5万元只是双方的债权债务关系,而根本不是政府对该公司的投资。时任南部县房地产管理所副所长的赵某也证实:“开办费是从房管所借了5万元的,大概于1993年年底不但还清了5万元钱还付了利息,这都是有账可查的。”(见2006年7月7日四川汇韬律师事务所对赵某的讯问笔录第2页)

第五,南部开发公司成立后,南部县政府没有为其投资,也没有任何全民所有制企业和行政事业单位为开发公司的贷款作过任何担保,根本不能将南部开发公司的资产和收益界定为国有资产。因为,《国有资产产权界定和产权纠纷处理暂行办法》第8条第3项规定:“以全民所有制企业和行政事业单位(以下统称全民单位)担保,完全用国内外借入资金投资创办的或完全由其他单位借款创办的全民所有制企业,其收益积累的净资产,界定为国有资产。”根据这个规定,如果政府没有投资或者没有全民单位为南部开发公司提供担保借贷款,是不能将南部开发公司的资产和收益界定为国有资产的。

而本案的真实情况是:1992 年年初,南部开发公司成立后,由于没有资金长达半年无法经营;后来,是被告人赵某个人出面,反复多次找到原南部县建设银行的相关领导沟通、汇报,并且基于赵某的勤奋干实事、新颖可行的开发思路,才赢得了建设银行领导的信任,建设银行才最后决定给予南部开发公司以尝试性贷款,从而开始南部县旧城改造工作,以后才建立了良好的信贷关系。以下证人的证言可以证实这一事实:(1)原南部县建设银行行长张某证实:“南部县房地产综合开发公司成立之前,南部县就曾经成立过类似的开发公司,南部县政府办公室副主任王某任总经理。由于政府没钱投资,开发公司没有资金,没有开展业务,后来就开办不下去了。赵某所在的南部开发公司是在 1991 年年底成立的,当时由于政府没有投钱,前期没有开展业务。开始,赵某想向工商银行贷款,请求资金支持,但当时房地产是新生事物,大家还持观望态度,赵某一直没在工商银行贷到款。”“南部开发公司由于没有政府投资,又没有争取到工商银行的贷款,所以成立之初是无米之炊,无法经营。在这种情况下,赵某在 1992 年下半年多次到建行与我和相关负责人汇报工作,争取贷款。赵某一是向我们介绍他个人人品和经历,二是他个人对开发公司的经营理念和发展方向。经过多次接触,我们建行的相关负责人认为赵某勤奋、干实事,刚好房地产项目是我们建行的主投方向。因此,我们建行决定对赵某做尝试性贷款,第一次贷给了 30 万元,后来就建立了良好的信贷关系。”在贷款时,“没有担保,也没有人打招呼或下文件要求建行给开发公司贷款”。我们建行的放贷标准是“一是得有真实的项目,项目有发展前景;二是看贷款的单位实际负责人的个人信誉,那时对贷款单位本身反而不是特别看重”。(见四川汇韬律师事务所 2006 年 7 月 6 日对张某的讯问笔录第 2 页)(2)时任南部县县长的白某证实:登记为全民所有制企业,这个身份当时对这个企业的贷款"没有帮助,反而不利于贷款。由于在当时的背景下,国有企业亏损得厉害,银行贷给国有企业的款往往收不回来,因此在当时银行更乐愿贷款给民营企业和个体户"。"没有政府的哪个行政事业单位或国有企业为这个企业做过担保贷款。""赵某是南部县第一个提出通过旧城改造,积累资金滚动发展而不要政府投资的发展模式的人。"(见2006年6月27日上午四川汇韬律师事务所对白某的讯问笔录第4~5页)(3)开发公司财务经理李某证实:"贷款主要靠赵某的个人信誉和草市街的那个项目。"(见四川汇韬律师事务所2006年7月8日对李某的讯问笔录第2页)可见,以上这些证据充分证实了这样一个事实:南部开发公司成立后,南部县政府没有为其投资,也没有任何全民所有制企业和行政事业单位为南部开发公司的贷款作过任何担保,根本不能将南部开发公司的资产和收益界定为国有资产。

2. 从南部开发公司的风险承担、经营管理模式上分析,南部开发公司的运作模式与全民所有制企业截然不同,是非常典型的民营企业的运作模式。

南部开发公司实行的是自主经营、自负盈亏、自行处理公司财务、人事上具有自主权的运作模式。这种运作模式与全民所有制企业截然不同,是非常典型的民营企业的运作模式。

第一,南部县政府明确声明不承担开发公司的经营亏损责任,开发公司也不向国家财政上缴利润,而是自收自支,自行承担经营中出现的一切风险。以下证人的证言可以证实这一事实:(1)时任南部县县长的白某证实:"国家没有投钱,也不要求他们上缴利润。"(见2006年6月27日上午四川汇韬律师事务所对白某的讯问笔录第4页)(2)时任南部县财政局预算股股长现任该局局长的王某某证实:"开发公司的经营管理完全是由赵某在负责,政府没有管过。开发公司的人、财、物，政府都没有管过，政府从来没有把开发公司当国有企业来看待，有关国有企业的政策从来没有在开发公司实施过，开发公司完全是按照私营公司在运作。”“开发公司的投入和经营风险都是赵某在负责，开发公司的利润没有向县财政上缴过。开发公司的财务都是由他们自己在安排。一般的国有企业，人、财、物都是要向政府来审批的，而开发公司不是这样的，赵某无论是购车还是捐款修学校做善事，都是他自己拿主意，跟政府没有关系。他从来没有向政府请示过，政府也没有管过。”(见2006年7月6日四川汇韬律师事务所对王某某的讯问笔录第2页)(3)原南部县建设银行行长张某证实:“公司的人事、财务都是赵某负责，比如项目经理、财务主管等相关负责人都由赵某自己选拔任用，不用向政府部门报批；同样，在财务上，也是如此，比如赵某出资办了许多公益事业，修学校、修桥、修路等，花了开发公司大量的钱，也不用向上级部门履行报批手续，都是赵某决定即可。”“开发公司与其他国有企业相比有很多不同，比如，一是政府没有投资；二是人事上都是由赵某本人说得算，不用政府批准；三是开发公司也不上缴利润，财务上，赵某自己处理，像捐款几百万元做公益事业，政府不但不过问，而且还赞扬其行为；四是像购置固定资产等，也不用相政府部门报批，等等。”(见四川汇韬律师事务所2006年7月6日对张某的讯问笔录第3页)(4)时任南部县政府法制科科长的杨某证实:“国家没有对开发公司管理，开发公司的人、财、物都是赵某在决定，完全是私营企业的模式在运作，比如赵某做了许多公益事业，大小捐款很多，资金分配都是赵某个人说得算。”(见2006年7月7日四川汇韬律师事务所对杨某的讯问笔录第2页)(5)南部开发公司出纳张某某证实:“在我经手的账目中，没有向政府交过利润。”(见2006年7月8日四川汇韬律师事务所对张某某的讯问笔录第2页)(6)南部开发公司技术负责人米某证实:“没听说过政府承担风险,分配利润。”“财务都是赵某来安排,政府没有管过。例如当时修希望小学就是赵某自己做主的。”(见2006年7月6日四川汇韬律师事务所对米某的讯问笔录第2页)(7)南部开发公司副经理张某证实:“开发公司除依法纳税外,没有上缴过利润什么的,国有资产管理部门也从来没有管理过,也没有向公司投资,公司也不交什么国有资产占用费等。”(见2006年7月6日四川汇韬律师事务所对张某的讯问笔录第2页)(8)南部开发公司总经理助理李某某证实:南部开发公司的“人事任免、工资核算、经营决策、财务管理、大小捐赠等都由赵某个人做主,完全是按照私有企业的模式在运作”。(2006年7月6日四川汇韬律师事务所对李某某的讯问笔录第2页)

事实上,赵某在担任开发公司经理期间先后全额投资或辅助投资希望小学和资助困难学校10多所,如南部的永定一小、二小,新疆的哈萨克族、蒙古族、汉族三所小学等,总共投资300多万元。其先后出资救助多名贫困小学生、中学生、大学生;先后投入扶贫性公益性事业资金上百万元,其中为南部县永定乡修桥修路投入就30多万元,解决了村民运输和学生上学等难题。赵某个人自行经营决策,包括自行进行各种大小规模的捐赠活动、自行处理财务开支的这种事实,也能够有力说明,南部开发公司实质上是被告人赵某个人自行决策、自主经营、自负盈亏的民营公司,而非全民所有制企业。

第二,开发公司实行的是民营企业的人事制度,与国有企业人事制度有显著不同。尽管在公司成立阶段,主要管理人员都是政府任命的,但原因是当时南部县还没有私营房地产公司的概念,赵某为了能说服政府让其成立开发公司和达到改造建设南部县的目的,只能采取“红帽子”企业的变通做法,而这也正是中国当时“红帽子”企业萌芽发展的一个缩影。在1991年年底南部开发公司成立时,赵某本人还是工人身份(原南部县毛纺厂工人,以工代干,任经营副厂长),无法担任开发公司中高层管理人员,1992年12月31日的转干也是为了在形式上符合要求,所以才经历了先出任开发公司副经理后转干担任经理的过程。

但实际上,政府任命的主要管理人员除赵某外,其他人都是兼职和挂名,并未实际参与公司的经营管理,开发公司的经营、决策、内部管理以及人事任免等也全部由赵某自行决定,而不需要报国家人事部门批准。从这一点说,开发公司事实上也不符合国有企业中高层管理人员应由有关管理机关负责任免的基本特点。对此,(1)时任南部县政府法制科科长杨某证实说:"国家没有对开发公司管理,开发公司的人、财、物都是赵某在决定,完全是私营企业的模式在运作。"(见四川汇韬律师事务所2006年7月7日对杨某的讯问笔录第2页)(2)原南部县县长白某也证实:"公司成立后,政府没有再指派和任命公司人员。"(见四川汇韬律师事务所2006年6月27日对白某的讯问笔录第3~4页)(3)南部开发公司技术负责人米某证实:"开发公司的人员安排,政府不管,是赵某做主。"(见2006年7月6日四川汇韬律师事务所对米某的讯问笔录第2页)(4)南部开发公司副经理张某证实:"人事方面都是公司直接聘用,不用经过劳动、人事部门。"(见2006年7月6日四川汇韬律师事务所对张某的讯问笔录第2页)(5)南部开发公司总经理助理李某某证实:"到1995年从事会计工作后,是由赵某直接任命的,没有通过任何政府机关批准、任命,1998年10月又被赵某直接任命为总经理助理,同样没有经过任何政府机关审查、批准程序。"(见2006年7月6日四川汇韬律师事务所对李某某的讯问笔录第1~2页)

综上所述,从南部开发公司的实际投资情况、资金来源、风险承担、经营管理模式以及人事制度等各方面客观情况看,南部开发公司只是一个名义上为全民所有制企业而实际上为赵某个人投资经营管理的典型的“红帽子”私有企业。

(二)赵某的行为在客观上没有社会危害性,按照《刑法》的规定,其行为根本就不构成犯罪

任何犯罪都必须是具有相当严重程度的社会危害性行为,如果行为没有社会危害性或者行为的社会危害性没有达到相当严重的程度,就不能认定该行为构成犯罪。因此,就本案而言,必须依法理性地、实事求是地评价犯罪嫌疑人赵某的行为是否具有社会危害性问题。在本案中,赵某成立的南部开发公司没有要国家一分钱的投资,而且在公司成立时当地政府明确提出对该公司的亏损不负任何责任,公司也无须向政府上缴利润;在企业运作过程中,政府对企业重大事项的决策从来不予过问或者干预,即便像赵某用大笔资金捐资助学、任命公司高层管理人员等这样重大的事项,也是由被告人赵某个人自主决定,无须政府审批,政府也从来不加干涉。这种经营管理的模式不但与国有企业有明显不同,而且恰恰是私营企业的投资管理和经营模式。显然,即使在当地政府的心目中,南部开发公司也不是全民性质的企业,而是名为全民所有制而实为私人所有的民营企业。对于民营企业,其财产不是国有财产;作为民营企业负责人的赵某完全有权对企业之具体经营、资金运作、企业财产等进行自主处置,这正是民营企业正常运作的必要条件。所以,赵某的行为并没有侵犯公共财产的所有权,根本不符合《刑法》第382条规定的贪污罪的构成要件。

(三)应全面客观、公平公正地看待南部开发公司在当地经济发展中的作用,从尊重历史和有利于经济发展的角度出发,对赵某的行为给予合理而又合法的认定

1. 从尊重历史的角度出发,客观公正地看待“红帽子”企业这种

特殊的现象。应当说,“红帽子”企业这种特殊现象的产生,政府也有相当的历史责任,而不能把这种历史局限性所导致的责任都推到“红帽子”企业以及相关当事人个人身上。因此,在对“红帽子”企业进行产权界定的过程中,应该本着“立足今后加强管理,历史问题处理适度”的原则,应该严格执行“投资者享有产权”的规定,实事求是、公平公正地进行产权界定。我们今天在这里对十多年前的“红帽子”企业问题和对被告人赵某的个人行为“算旧账”,确实需要本着我党一贯主张和坚持的“实事求是原则”和“尊重历史,对历史负责任”的原则来合理解决问题,不能动辄以简单草率认定企业性质为国有的方式,以简单粗暴地追究被告人刑事责任的方式来解决历史遗留问题!

2. 应全面客观地看待南部开发公司在当地经济发展中的重大贡献,真正从有利于市场经济发展、有利于公正解决历史遗留问题的政治高度出发,对被告人赵某的行为作出合理而又合法的认定。本案被告人赵某在没有要国家一分钱投资、不让国家承担任何经营风险的情况下,率南部开发公司和其他房地产开发企业,共同使一个国家级贫困县破旧的市容市貌焕然一新,城市建设搞得现代而又科学,使南部县成为四川省的城市建设示范县,从而为地方的经济发展做出了突出的贡献。尽管在该公司初创之时,有关政府部门为其发展提供了某些方面的支持,如提供借款和临时办公用房,但这无法改变南部开发公司系全部由被告人赵某个人投资和运作资金而建立起来的民营公司的实际性质。

所以,不能仅以工商登记将南部开发公司登记为全民所有制企业为由,就简单草率地把南部开发公司资产界定为国有资产。这种做法是对私权利的侵犯,也是我国有关政策法律所反对的。例如,最高人民法院《关于贯彻执行〈中华人民共和国民法通则〉若干问题的意见(试行)》第49条规定:“个人合伙,或者个体工商户,虽经工商行政管理部门错误地登记为集体所有制的企业,但实际为个人合伙或者个体工商户的,应当按个人合伙或个体工商户对待。”该司法解释的这一规定虽未直接针对类似本案的情况,但其蕴含的精神却是明确的,即工商行政管理部门的登记不能作为认定企业性质的唯一根据,重要的是要努力查清企业的所有制性质,按其本来面目加以认定。所以,仅仅以工商登记为由而简单草率地、违背客观真实情况地将南部开发公司认定国有企业的做法,不仅严重违反了国务院关于“谁投资,谁拥有产权”的产权界定基本原则,而且最终会挫伤民营企业家开拓创新的主观能动性,并必将影响社会经济健康、持续和稳定地发展。

3. 从我国宪法及其他法律的规定看,改革开放近30年来,国家对民营企业的态度经历了从不认可到认可、从认可到支持、从支持到将其明确规定为国民经济的重要组成部分。这说明国家的大政方针也在随着市场经济的发展而调整和发展。司法机关应该站在依法维护民营企业的宪法权利的高度,坚持企业财产权性质界定之基本原则,对南部开发公司的性质予以合理而又合法的认定,依法还被告人赵某以清白。

综上所述,南部开发公司是典型的名为全民所有制企业而实为赵某个人投资、自主经营管理的民营企业,其财产性质依法不能认定为国有财产,被告人赵某的行为不构成贪污罪。

我们在坚持认为本案被告人赵某的行为不构成贪污罪的同时,还要严肃地向法庭指出:公诉机关指控被告人赵某贪污的事实不清,尤其是数额认定无据。公诉机关委托成都精至诚司法鉴定所对赵某涉嫌贪污案的蜀北宾馆的市场价格评估,其评估蜀北宾馆的市场价格11,867,292.00元过分高于估价时点的实际市场价格,不符合实际情况,不具有合理性,应当重新鉴定。公诉机关对被告人赵某的第一笔指控数额显然是错误的。

同时,关于本案的相关事实和情节问题,我们还要向法庭特别强调以下几点:(1)本案被告人赵某正因为始终认为南部开发公司是其个人所有的私营公司,所以其对个人实施的处置公司资产和财务资金往来的行为十分坦然和诚恳,积极配合有关办案机关的调查案件真实情况,在纪委和有关办案机关人员向其调查情况时,被告人赵某能够主动向纪委和有关办案机关陈述成都三鹏公司分享李家沱项目55%的利润资金的真实情况,对此事实和态度,起诉意见书和起诉书都明确予以了肯定,法庭当然也应当予以充分关注。(2)被告人赵某在整个案件的调查、侦查、审查起诉以及今天的庭审过程中,始终态度端正,始终诚恳地向办案机关人员和法庭客观地陈述案件真实情况,从来没有隐瞒任何案件真实情况,并且能够诚恳地承认自己在公司财务管理、处理会计凭证等方面存在的错误,被告人这种对案件事实和法律认真负责的诚恳态度应当得到法庭的充分肯定。至于在办案过程中和庭审中,赵某认为有关机关对"红帽子"私有企业的产权界定不公,由于事实上这也是一个当前在理论上和实践中本身都存在重大争议的疑难问题,我们的有关国家机关和专家人员都对这个问题有争议,只有小学学历的被告人赵某有自己不同的看法就是十分正常的现象。赵某认为有关机关对"红帽子"私有企业的产权界定不公的辩解,这是被告人赵某依照法庭当庭宣布的被告人权利而依法行使的自行辩护权,但是这丝毫不能否定被告人这种对案件事实和法律认真负责的诚恳态度,也丝毫不能否定被告人对自己所犯错误的真诚认错和悔过态度。(3)被告人赵某怀着十分善良的感情和美好的愿望,始终如一地要求其家属积极配合纪委、检察机关和人民法院的工作,其中特别突出的是多次主动要求其家属向检察机关和人民法院交存涉案资金、变卖蜀北宾馆和春来宾馆以将变卖所得交存司法机关,而且被告人家属根据被告人的要求已经向内江市人民检察院实际交存了现金630万余元,这种诚恳态度和客观行为应当得到法庭的特别关注。(4)被告人赵某对南部县的城市建设作出了突出贡献,对新疆部分贫困地区以及南部县的希望工程贡献了很大力量,为社会做了很多修桥补路之类的善事,尤其赢得了家乡人民的广泛爱戴和支持。许多单位、贫困地区的群众还联名请求对被告人赵某从宽处理,这些客观真实的情况也需要法庭在对被告人进行公正裁决时予以充分考虑。

二、被告人赵某的行为不构成隐匿会计凭证、会计账簿罪

被告人赵某隐匿会计凭证、会计账簿的行为发生在南部开发公司企业改制完成并转让个人所有股权之后,属于事出有因,尚未达到情节严重,其行为不符合隐匿会计凭证、会计账簿罪的法定构成要件,依法不构成隐匿会计凭证、会计账簿罪。

三、全案辩护意见结论

南部开发公司是典型的名为全民所有制企业而实为赵某个人投资、经营管理的民营企业,其财产性质不能认定为国有财产,从而被告人赵某对其个人所有的民营企业依法独立进行经营管理并对其企业财产依法进行处置的行为没有社会危害性,更没有直接侵犯国有产权和国家公职人员的职务廉洁性,不符合贪污罪的构成要件,不构成贪污罪;被告人赵某隐匿会计凭证、会计账簿的行为发生在南部开发公司企业改制完成并转让个人所有股权之后,属于事出有因,尚未达到情节严重,其行为依法不构成隐匿会计凭证、会计账簿罪。

因此,希望法庭在准确认定被告人赵某行为性质的基础上,结合其在案件审理过程中的真诚态度和本案发生的历史背景,从尊重历史和有利于经济发展的大局出发,从切实维护民营企业的宪法权利的政治高度出发,依法对被告人赵某的行为作出公正合理的判决。

以上辩护意见,请法庭予以参考、采纳。

北京京都律师事务所律师　田文昌

四川汇韬律师事务所律师　魏　东

二〇〇六年七月十三日

补充辩护词(第二轮法庭辩论发言)

审判长、合议庭:

综合今天庭审举证、质证和第一轮法庭辩论中争议的焦点问题,辩护人补充发表以下意见,请合议庭参考:

一、关于“红帽子”企业形成的历史原因和处理相关问题的基本原则

辩护人认为,本案争议的焦点问题,就是南部开发公司的企业性质:到底是一个戴“红帽子”的假全民、真个体的民营企业,还是一个真正的全民所有制企业?本案最核心的问题就在于此。

回顾历史可以知道,“红帽子”企业作为一种特定的历史现象,是我国改革开放初期形成的、一种特定历史条件下的企业“怪胎”。形成这种“怪胎”的原因是多方面的,比如当时《公司法》还没有制定,私营企业的生存受到很大程度的排斥,经营活动范围过于狭窄;工商注册登记受到限制;等等。这些情况在我们今天回头来看,甚至觉得很可笑。但当时没有什么规范,很多做法不符合市场经济规律,人为制造出一些很不规范的概念和名称,那是历史原因造成的。

本案涉及的房地产开发业务,就是当时私营企业经营范围受到限制的典型表现。十几年前,虽然可以设立民营企业,但民营企业不

允许开发房地产。由于这个原因,全国范围内有很多从事房地产开发业务的民营企业被迫戴上了“红帽子”,登记注册成了全民企业。所以说“红帽子”企业的产生,主要是政策上的原因,主要是我们政府的原因,而不在于个人。这是一个有共识的前提。

“红帽子”企业这种“怪胎”在当时具有普遍性,而且,这种情况存在了若干年。经过十几年甚至二十年后,带来了一系列的后遗症,包括我们今天开庭审理的案件,就是“红帽子”企业后遗症的一种表现。正因如此,这种现象引起了各级政府包括中央人民政府的高度重视。国资委、财政部、国家工商总局在当时和事后都出台了一系列的法律、法规和指导性的文件。最高人民法院针对解决“红帽子”企业的一系列问题,专门发布了针对性很强的司法解释。这些法律、法规和司法解释,确立了在行政和司法环节处理这些历史遗留问题的一个基本原则,那就是从实际情况出发,以投资来界定产权。这是非常明确而且没有争议的。

因此,我们在处理此类问题的时候,必须注意到以下两个基本的前提:第一,要正确面对、正视“红帽子”企业这样一种历史现象和历史事实;第二,更重要的是,必须遵循从实际情况出发,以投资确定产权的基本原则。这两点不应该发生争议。

二、本案在认定南部开发公司的企业性质时应澄清的几个问题

本案中,控辩双方之所以在南部开发公司的企业性质这个问题上发生尖锐的争论,原因在于我们在认识这个原则,适用这个原则的时候,有不同的看法和认识。为了解决这个问题,辩护人认为,必须澄清以下几个认识上的误区(问题),而这些误区,正是公诉方在举证和法庭辩论中所表达出来的观点。总结如下:

第一,银行贷款算不算向企业的投资?

公诉人在举证和法庭辩论中,一再表示出这样一种意思,虽然政府没有对南部开发公司投资,但是有银行的贷款。事实上,首先辩护人有证据证明,政府没有对公司从银行贷款进行过支持。即使我们假定公司从银行贷款有政府的支持(担保除外,本案中,政府无担保行为这一事实控辩双方无争议),那么,这种政府支持的借贷,能不能算作政府的投资?按照最基本的经济学的概念,也是民事法律关系的基本概念,借贷绝不是投资。投资是有风险的,是利益共享,风险共担。借贷则是没有风险的。借贷关系和投资关系完全是两种不同的法律关系。所以说,银行不能变成放贷对象的股东。反之,如果把借贷和投资等同起来,那么所有银行都有成为放贷对象的股东的可能性,这是违背民法规定的。

第二,政府的扶持、优惠政策,等不等于政府对企业的投资?

控方在很多观点的表达上,强调了政府对南部开发公司的扶持和优惠政策,意在说明没有政府的扶持、支持和优惠政策,企业搞不起来。所以扶持、优惠政策也是一种投资,直接涉及南部开发公司是全民还是民营的性质问题。辩护人认为,显然,政府的扶持、优惠政策不能等于投资。如果把政府的扶持和优惠政策等同于投资,无异于把政府变成企业股东,同银行变为企业股东一样,这种逻辑是很危险的。因为无论是我们国内的企业,还是外商,在设立企业、发展企业的过程中,都有寻求地方政府支持和扶持的过程。如果按控方的逻辑,这些企业在寻求政府支持、扶持的过程中,无异于将企业的产权拱手相让。如果因为国家对企业进行了政策扶持,国家就变成企业的股东了,这是民事法律原则绝对不能允许的。

第三,政府对公司工作人员的任命,能否决定公司的企业性质?

公诉人强调了政府部门对南部开发公司工作人员的任命问题,认为政府的任命行为体现了企业的全民性质,决定了被告人的主体身份。辩护人认为,任命绝不等于投资,任命更不能代替投资,任何一个任命都不能成为确权的必要条件。这个问题很普遍,实践中经常遇到因为政府任命某人为国家干部,就认定被任命人只能是一个有经营权的管理者,进而间接推定国家是投资者,企业性质就是全民了。如果这样简单的认定,国家为什么还要强调谁投资谁拥有产权?其实,任命只是一纸形式,这种形式别说有真有假,有虚有实,即使任命是事实,这种违反规定的任命不仅不能代替投资,而且也是不合法的。

第四,以政府的"名义"出资,等不等于政府实际出资?

关于南部开发公司注册成立时,政府是否出资的问题,公诉人讲到一个观点,认为"并不因为政府出资不到位而改变政府出资的性质"。关于这个问题,在法庭调查中,公诉方明确承认,政府的513万元注册资金没有到位,但是公诉人又认为,虽然政府没有出资,但是政府名义上出资到位,承担了出资的名义,就相当于出资了。辩护人在此想提请公诉人和法庭注意一个相当重要的问题,虚假出资是虚报注册资本罪的犯罪构成条件,其本身是一种非法的、犯罪的行为。法庭调查已经证实,政府的513万元注册资金是虚假出资。那么,这种非法的、构成犯罪的虚假出资行为所形成的这种非法状态,能不能转化为合法的产权?这是一个十分重要的原则性问题。如果我们敢于把这种违法犯罪行为所形成的非法状态认定为其拥有产权的根据,那么我们将创造出司法史上的先例!试想,这已经是构成犯罪的行为,还能不能说虽然出资不真实、不到位但不改变出资的性质?还要享有民事上的权益?我们的法律,我们的政策规定得非常清楚,谁投资,谁受益,谁拥有产权,而绝没有承认"谁虚假出资谁拥有产权"!这是一个原则性问题。这个问题不是危言耸听,很重要,辩护人必须提出来,如果不提出来,就失去了一个辩护人对法庭的责任。

综合以上四个问题,辩护人认为,正确理解和适用产权界定的原则和标准,准确认定南部开发公司的企业性质,是我们在分析本案时,应当充分重视的问题。

三、关于如何认定赵某在南部开发公司的投资情况

庭审中,公诉人认为虽然国家没有对南部开发公司投资,但被告人也没有投资,双方都没有投资。怎么来理解和认识这个问题?

辩护人认为,本案不是一个产权不清的问题,南部开发公司的产权当时是清楚的,被告人是有投资的。

首先,辩方在法庭上提出了充分的证据证明被告人有投资,而公诉人在法庭上也承认国家没有投资。根据辩方的证据,当时的县长白某以及财政局、房管局相关政府工作人员的证言都证实,南部开发公司成立时,政府没有投资的意向,也根本没有投资的能力,没有对公司做任何的投资,完全是由被告人自己筹备资金来解决的。也就是说,一开始大家就心知肚明,南部开发公司就是一个"红帽子"企业,这一点在最初的认识上是没有争议的。

其次,公诉人没有证据来否认被告人有投资。本来举证责任在控方,在辩方已经举出了很充分的证据证明被告人有投资的情况下,如果公诉人没有证据来否定被告人的投资,那么,就不能说是双方无投资。

可能公诉人还会认为,被告人投资的证据很勉强,或者投资不多。辩护人认为,根据民法原则,一两万元钱不多,但是哪怕投了一分钱,那它与没投资也是质的界限,而不是量的区别。大家都知道,没有免费的午餐,天上不会掉馅饼。一个鸡蛋的家当仍然是家当。很多企业的发展就是从一个鸡蛋的家当发展起来的,鸡生蛋,蛋生鸡,如此往复循环,最后从一个鸡蛋的家当发展成为大企业、大公司。这说明出资不在多与少,而在有与无,这是市场经济一条铁的规律和原则。不管多少,但必须出资,才能拥有产权;不出资,就没有产权。

而本案中,不容否认的是,被告人有出资。

投资的问题,还涉及证人的出庭和否定证人证明内容的问题。值得特别强调的是,在我国审判实践中95%以上证人都不出庭的情况下,本案证人柯某出庭作证,而且证明得非常清楚、明确,这样的证人证言难道我们能否定吗?难道因为他儿子柯某某含混不清的证人证言,就能对这个出庭证人的证言予以否定吗?事实上,柯某的儿子柯某某的证言明确肯定了其帮助被告人制定设立方案的这个基本事实,而这个事实恰恰与柯某出庭的证言相互印证,起到了证据补强作用。而关于有没有收到被告人付给的报酬的问题,他并不知情也没有任何肯定或否定的说法,因为报酬是付给柯某的而并不是付给柯某某的。因此,柯某某的证言只能起到补强柯某证言效力的作用,而并无任何否定的作用。可见,公诉人出具柯某某证言的实际效果与其举证的目的恰好适得其反。

当然,辩护人并不排除政府的扶持、支持,政府出资的名义,毕竟可以给企业带来一定的帮助,这个事实和作用辩护人并不想否认,也不能否认,也没有必要否认,问题在于我们要客观看待它的作用。按照这些年来处理类似问题的一些做法,按照公平、合理的原则,如果政府或者某个机构当初帮了企业的忙,或者扶持企业了,从民事法律关系上来讲,它应当享有一部分利益,这是正常的,并不过分。那么这个问题怎么解决?应当采取民事法律关系的手段,以产权界定的方式加以明确。比如,在南部开发公司改制的时候,根据当时南部县有关部门对南部开发公司的帮助和扶持,做相应的回报。甚至如果在改制时回报还没有做到彻底公平,那么在我们今天提起这个案子的时候,我们仍然可以做相应评估,企业应该回报给政府多少利益,可以从被告人现在的公司里拿出一部分利益来,回报当时政府的这种帮助,这是完全可以的。但是,辩护人需要提请法庭注意的是,这毕竟是一个民事法律关系问题,不是刑事问题。在这个问题上,之所以出现这样的争议,关键就是完全混淆了这两种不同性质的法律关系,从而混淆了罪与非罪这个重大的法律界限。这就涉及辩护人下面要谈的被告人的主观故意问题。

四、在南部开发公司的产权关系至今仍存在争议的情况下,赵某不具备贪污罪的主观故意要件

对南部开发公司的投资,决定公司的产权归属。而对南部开发公司的投资,无外乎三种可能的情况:第一种可能,国家无投资,被告人有投资;第二种可能,国家无投资,但不能否认被告人有投资;第三种可能,国家和被告人双方均无投资。

现在我们来逐一分析在此三种情况下,南部开发公司的产权归属问题。辩护人认为,在第一种情况,即国家没有投资而被告人有投资的情况下,南部开发公司的产权显然应归属于被告人赵某。在第二种情况,即国家没有投资而被告人可能有投资或者不能否认被告人有投资的情况下,南部开发公司的产权也应归属于被告人赵某。因为,在控辩双方均认可国家没有投资而辩方已经举出了很充分的证据证明被告人有投资的情况下,控方如否定被告人有投资即对此负有举证责任。因此,当控方无法否定被告人有投资的情况下,只能推定为被告人有投资。那么,在第三种情况,即在政府和被告人双方均无投资的情况下,如何认定南部开发公司的企业性质和被告人的行为性质呢?

辩护人认为,在这种假定的情况下,我们必须注意到一个十分重要的问题,那就是我们是在事后来界定南部开发公司的产权关系,而不是在当时。我们必须认识到,事后界定产权关系只能导致对一种民事法律关系的事后确认,并不能导致追溯到将先前行为追认为犯罪;这是一个重要的原则。

假定政府和被告人双方均无投资,南部开发公司当时的产权关系不清楚(当然,其实本案当时的产权关系是清楚的,在这里我们退两步,假定公司的产权关系不清楚,需要现在来确定清楚),那么假定现在将南部开发公司界定为国有公司,能不能就据此而认定被告人是故意地侵吞了国家的公共财产呢?这就涉及辩护人要谈的被告人的主观故意问题。

贪污罪是目的罪,主观方面必须是直接故意,而且是确定的故意。任何不确定的故意,如概括的故意、模糊的故意,都不可能构成贪污罪。具体地说,就是行为人明知道是公共财产而故意地侵吞或窃取,才构成贪污罪。当财产处于争议的状态的时候,我们则应当以民事法律关系来调整。南部开发公司成立和发展过程中,国家确实没投一分钱,也一直没有把南部开发公司当作国有企业来管理,被告人赵某自筹资金发展企业,自始至终都是把公司当作自己的企业来处理,从来没想过公司是国家的。十几年过去了,关于企业的产权到今天我们都争议不清。那么,对于这种一直没有争议清楚、没有解决的问题,你能让被告人赵某先知先觉,认识到公司就是国家财产吗?根据从何而来呢?显然是没有理由的。到今天为止,南部开发公司的产权尚有争议,要解决这个问题,首先是要确权。确权的后果,假如当时政府的一些优惠条件应当得到一部分利益的话,顶多也是民事上补偿政府利益,而绝不可能导致犯罪。

通过我们对南部开发公司初始投资情况的前述分析,可以得出如下结论。

针对控辩双方有争议的南部开发公司初始投资可能存在的三种不同情况:

首先,在前两种情况下,产权应归属于被告人赵某,因此当然不存在贪污的问题。

其次,即使在第三种情况下,如果应当将产权归属于国有,因被告人赵某不具有侵吞国有财产的主观故意,也不构成贪污罪。

因此,无论在何种情况下,都没有理由认定被告人赵某构成贪污罪。更何况,事实上第三种情况并不存在,而已经有证据证明被告人赵某确有投资。

关于被告人的主观故意,公诉人还提出了这样的疑问:既然被告人认为企业是自己的,那为什么还要改制?言外之意,这不是此地无银三百两吗?实际上,这种情况正符合“红帽子”企业发展的真实过程。当初不得已而为之,登记为全民所有制企业,所以更需要改制把它弄清楚,改制正是解决这个问题有效方式。本案中,南部县政府在1999年和2000年有两次发文,文件原文讲到“凡是国营、集体牌子以及‘红帽子’企业都必须转制,并作为政治任务来完成,纳入政府工作进行考核”。这两份文件充分说明,这不是赵某一个人的问题,也不是南部开发公司一个企业的问题,政府发文证明了在当时“红帽子”企业现象是多么严重!我想,这完全能够回答公诉人刚才提出的疑问。

综上所述,辩护人认为,本案是一个典型的刑、民法律关系交叉的案子。作为参加审理本案的法官、公诉人和律师,在出现这种刑、民法律关系交叉的时候,一定不要忘了,很多情况下,民事法律关系的性质,是决定刑事法律关系性质的前提和基础。如果离开这个前提和基础,就会犯原则性的混淆罪与非罪界限的定性错误。所以,辩护人诚恳地希望法庭能够对这个问题加以全面的分析和研究,对本案作出客观的认定。

最后,关于隐匿会计凭证罪,辩护人认为,虽然被告人隐匿会计凭证、账簿的有关事实存在,但是必须认识到,每个罪名的设定都有明确的立法意图的,被告人的行为并不符合《刑法》第162条明确规定的“情节严重”的基本前提。《刑法》设立隐匿会计凭证罪,主要是为了打击逃避偷税的刑事责任或者掩盖一些相应的犯罪的行为,隐匿会计凭证行为人在追求这样的目的,达到这样的后果的情况下,才构成情节严重。本案中,被告人赵某两次隐匿会计凭证、账簿的行为都是在公司易主之后发生的,而这两次公司易主,不管是改制也好,股权转让也好,都经过了清算、核对、交接的必经程序。赵某是在公司易主完成之后,在不可能发生任何法律后果的情况下,实施的隐匿会计凭证的行为。该行为虽然违规、违法,但是不属于《刑法》第162条规定的“情节严重”的行为,请法庭予以充分考虑。

以上补充辩护意见,请合议庭参考采纳。

被告人赵某辩护人:

北京市京都律师事务所律师　田文昌

2006年7月13日

审理结果

内江市中级人民法院审理后,未采纳律师意见,以贪污罪判处被告人赵某死刑,缓期两年执行。二审中,四川省高级人民法院维持原判。

山西宇某公司被控虚开增值税专用发票罪案

案情简介

山西宇某公司是生产销售钢坯、高线和普线等钢铁产品的大型钢铁公司，生产所需的原材料主要有生铁、铁水、废旧钢铁及辅助材料。

在全国钢铁产品十分紧俏、原材料供应普遍吃紧、卖方市场已然形成的背景下，自2003年2月至2004年12月，宇某公司不得不接受原材料供应企业提出的对其所购进的原材料部分不提供增值税专用发票的要求，对此部分原材料宇某公司接收了废旧物资公司开出的“废旧物资发票”。核实的所有证据证明，该废旧物资发票项下的所有原材料，除品名不符外，其他如单价、数量、质量均与发票一致，且购买上述原材料均有过磅单。山西宇某公司既无骗税的目的，也无骗取税款的结果，只是在不得已的情况下采取了“张三供货，李四开票”的变通做法。

公诉机关指控认为，被告单位山西宇某公司在购进生铁和铁水过程中,为抵扣税款,在收购废旧物资公司提供的生铁并接受其开具的废旧物资销售发票的同时,也从周边铁厂采购不带增值税发票的生铁而要求废旧物资公司为其开具废旧物资发票。该行为构成虚开增值税专用发票罪和偷税罪。但起诉书亦认定,山西宇某公司涉嫌虚开用于抵扣税款的发票除品名不符外,金额是真实的。

辩护思路

《刑法》第 205 条规定的"虚开增值税专用发票罪",是指违反增值税发票管理规定,为他人虚开、为自己虚开、让他人为自己虚开、介绍他人为自己虚开增值税专用发票的行为。该罪的基本特征是以虚开增值税发票的手段骗取国家税款。

1997 年《刑法》实施以来,司法实践中遇到了一些新问题,即有的人在形式上确有"虚开"行为,但实际上并未骗取国家税款。例如,有人在经营过程中虚增销售环节,将本应一次开具的增值税发票分成两次开具,但并未增加发票总额亦未多抵扣税款。有人在购置原材料时因卖方不出具发票而另找他人开具增值税发票,用于抵扣其本应抵扣的税款,等等。对这种案例应如何定性? 实践中做法不一,这是一个值得研究的问题。

我们认为,对此类问题,应当从分析犯罪的基本特征入手,在深刻理解立法原意的基础上去把握其犯罪构成的具体条件。

从立法表述来看,该罪打击的对象是以虚开增值税发票为手段,骗取国家税款的行为。无论是"为他人虚开""为自己虚开""让他人为自己虚开",还是"介绍他人虚开",其目的都是以虚假发票抵扣税款的手段骗取国家税款,即最基本的特征是"骗取税款"。正因如此,这种行为的社会危害性非常严重,所以《刑法》对此规定了最严厉的处罚，当时是可以处死刑的犯罪。根据罪刑相适应的立法原则，刑的轻重与罪的性质是不可分割的，即刑期的设立是与犯罪构成条件相联系、相适应的。

在此基础上，将该罪与逃税罪相比较即不难看出，逃税罪与该罪侵犯的是同类客体，只是手段不同，但逃税罪不仅是结果犯（逃税达到一定数额才可定罪），而且最高刑才为7年有期徒刑。二者之所以在处罚严厉程度上差别如此悬殊（最高刑7年与死刑之差），主要在于该罪的手段恶劣与骗取税款的后果严重。逃税行为的前提是有真实经营活动的基础上（无经营活动即不发生税款而不可能偷税），其所侵犯的只能是国家应收税款的利益，即逃避税款。而该罪即虚开增值税发票罪却是在没有真实交易的基础上以开具虚假发票的手段，凭空骗取国家税款，甚至完全可能以此作为一种生财之道。这种犯罪显然比逃税罪具有更严重的社会危害性。

经此比较便会发现，虚开增值税专用发票罪的构成应以骗取国家税款为前提。否则，便与其刑期的设定相冲突。因为，既然逃税罪作为一种结果犯其最高刑才定为7年有期徒刑，那么，有什么理由对于只有虚开发票而没有骗取国家税款的行为设定死刑条款呢？

通过以上分析与比较可见，根据立法原则和立法原意，虚开增值税专用发票罪的成立应以骗取国家税款为前提，即出于骗取国家税款的目的，实施了骗取国家税款的行为。对于在司法实践中遇到的一些形式上有虚开表现，而事实上并未骗取国家税款的行为，虽然其具有一定程度的违法性，但由于其社会危害性明显低于《刑法》第205条所规定的严重程度，也低于《刑法》第201条逃税罪的严重程度，不应以虚开增值税专用发票罪论处。

审查起诉阶段法律意见书

山西临汾检察院:

我们接受委托,就山西宇某公司及犯罪嫌疑人王某某等个人涉嫌的虚开增值税专用发票罪和偷税罪一案自刑事侦查阶段介入,并担任他们的辩护人参与整个刑事诉讼过程。在对案件事实多方面了解,会见犯罪嫌疑人之后,我们得出如下观点,意在与检察机关共同探讨。

一、案件基本事实

从本案起诉意见及补充起诉意见书中所列事实来看,宇某公司涉嫌两个罪名:虚开增值税专用发票罪和偷税罪。由于本案涉及数额大,环节多,在接到起诉意见书后,针对涉案期间的财务状况和纳税情况,我们聘请了具有审计资格的山西德某昌会计师事务所进行了专项审计。目的在于还原事实真相,全面了解宇某公司的生产销售过程和纳税过程。

首先,针对起诉意见书称,“宇某公司在没有购进废钢铁的情况下,接受废旧物资(废旧钢铁)销售发票,用于抵扣增值税进项税”的事实,我们经了解发现,宇某公司组织货源和销售的情形可分为如下两种:

一种情形是在全国钢铁产品十分紧俏,原材料供应普遍吃紧并成为卖方市场的情形之下,为满足生产需求,宇某公司不得不接受原材料供应企业提出的要求,所购进的原材料仅有部分是具有增值税专用发票,而一大部分则不提供专用发票,或由其另行组织和提供其他企业的发票。

作为消耗生铁、铁水大户的宇某公司,如果没有增值税专用发票抵扣进项税,那么宇某公司所销售的产成品则要缴纳全部销项税,意味着宇某公司要为原材料供应商承担本应该由它们承担的税负，也意味着宇某公司与其他同类钢铁企业不是站在同一竞争的平台上。所以宇某公司在这样的大环境下也只能接受原材料供应商提供的其他物资公司的发票。

另一种情形同时也是起诉意见书里罗列的，至少有几家物资公司或其他联系人如孟某某、许某某，主动找上门，甚至自带资金为宇某公司组织生铁货源并提供废旧物资发票。虽然发票上的品名不符，但数量和金额则是一致的。

由上述两种情形可见：依照正常生产和销售环节，宇某公司对其购进的生产原材料本应获得增值税专用发票，享受17%的进项税抵扣，当然也毫无疑问地承担对产成品增值部分的税负。但是，由于市场上的客观情况，宇某公司购进大量的生铁和铁水，但无法获得正常的专用发票而无法抵扣进项税，数额大到宇某公司自身无法解决和承受的地步，即便是被迫接受或获取物资公司的废旧物资发票的办法，也仅能用于抵扣10%的进项税额（这部分原本应由供货商承担的税负）。与它应当正常抵扣的17%相比，甚至少抵扣7%的数额。而这种不正常的现象当地政府、税务机关当然知情，却并没有积极追究铁厂等原材料供应单位纳税的责任。

审计单位对宇某公司在涉嫌犯罪期间从购进生产资料到销售产成品的收入进行了全面的统计和测算。初步发现：宇某公司在涉案的两年间实际向国家交缴纳税款约6406万元，如果根据钢铁企业正常的生产工艺流程测算，包括宇某公司A、B账目数额在内，宇某公司合计只应缴纳税款约5126万元；如果抛开钢铁企业另购废钢为必要的辅助原料的情形，宇某公司也最多应该缴纳税款7265万元。由此可见，宇某公司并不像起诉意见书上所说的有如此巨额少缴税款的情形。

二、对虚开增值税专用发票罪的构成要件的法律分析

我们认为,从刑法对追究虚开用于抵扣税款发票罪的犯罪本质特征看,打击的目标是针对那些犯罪嫌疑人本身并没有真实交易,仅仅是为了获取非法利益,而以虚开或接受他人虚开增值税专用发票的手段来骗取国家税款的行为。因此,所谓"虚开",法律上也应严格区分"有无真实交易背景"。当企业有真实交易背景,为了获得本应当抵扣的税款,而被迫接受所谓形式上的"虚开"发票时,这种情形以及所导致的结果并不符合《刑法》第205条的立法本意,因为这种行为只是在形式上违反了税法的相关规定,客观上却并没有向国家骗取税款的行为,以及使国家遭受损失的危害后果,所以,这种情形并不符合"虚开增值税专用发票罪"的本质特征。

其次,我们还应该看到,宇某公司这样的抵扣本身,是否必然造成国家税收上的损失。事实上,宇某公司抵扣的这部分税款税务机关完全有权利和责任从供应铁水和生铁的单位里追缴回来。恰恰是它们在应纳税环节里偷逃了应缴的税款,反而没有受到应有的追究和处罚,相反宇某公司则代人受过地既补缴税款,又承担犯罪的责任。

本着对法律负责和对被告人负责的原则,我们愿意就此问题与公诉机关共同探讨,建议撤销对宇某公司"虚开增值税专用发票罪"的指控。

北京市京都律师事务所律师　田文昌　陆　琦

辩护词(一审)

尊敬的审判长、审判员:

北京市京都律师事务所接受被告人山西宇某钢铁有限公司(以

下简称宇某公司)的委托,指派田文昌、陆琦律师担任宇某公司被控虚开用于抵扣税款罪、偷税罪一案的辩护律师。现提出如下辩护意见:

一、起诉书指控宇某公司涉嫌的犯罪事实不清,认定构成虚开用于抵扣税款发票罪的定性错误

起诉书指控被告人宇某公司在2003年2月至2004年12月先后从17家废旧物资公司取得废旧物资销售发票4274份,其中,(1)接受虚开,即由废旧物资公司组织生铁、铁水给宇某公司并开具品名为“废钢铁”的废旧物资发票1132份。(2)让他人为自己虚开,即宇某公司自己组织生铁、铁水而让废旧物资公司为其开具品名为“废钢铁”的废旧物资发票3142份;上述价税合计952,434,158.85元,共抵扣税款95,243,416.40元。我们认为:

1.公诉机关对有真实货物交易的开票行为认定为“接受虚开”,并构成犯罪,其指控违反了我国《刑法》的罪刑法定原则。

首先,虚开增值税专用发票、用于骗取出口退税、抵扣税款发票罪,是指行为人违反国家税收征管和发票管理规定,以虚开增值税专用发票的行为,达到骗取出口退税、抵扣税款的结果。在如何正确理解和认定“虚开行为”上,相关司法解释对《刑法》第205条第4款规定的内容给予了明确的界定,即“虚开增值税专用发票或者虚开用于骗取出口退税、抵扣税款的其他发票,是指有为他人虚开、为自己虚开、让他人为自己虚开、介绍他人虚开行为之一的”。

我们看到,在前述内容中并没有所谓起诉书中的“接受虚开”的定义。然而起诉书指控“虚开”罪行的第3、4、5、6、7、10、11项犯罪事实,均为物资公司主动上门联系业务,并自筹资金组织货源供给宇某公司。事实上,公诉机关也承认这部分有1132份发票(指控的价税金额为405,907,922.32元;抵扣税款40,590,792.23元,但实际数额超过这个数字)。但是公诉机关并未指出前述交易和所开具的发票在“数量和金额”上存在任何不实,而是指物资公司把供应的生铁、铁水开成“废钢铁”的品名不符。由此看来,至少公诉机关对该部分供销双方交易的真实性及数量和金额的属实是并不质疑的。

那么根据最高人民法院的司法解释,在有货物交易的情形下,只有开具了数量或金额不实的增值税专用发票方构成《刑法》第205条规定的犯罪。我们对此理解,在有真实的货物交易下,强调数量或金额的真实性,在于能够按销售发票上的数额计算出正确的进项税额或销项税额。如果不实夸大,对夸大部分就有可能造成多抵扣税款的后果。因此法律上要对不实部分进行定罪追究。本案该部分交易,无论是宇某公司还是物资公司,对上述的数量和金额均没有作出任何的串改和虚假夸大,因此公诉机关没有理由认定该部分行为为“接受虚开”,并将之定性为构成虚开用于抵扣税款罪。

其次,在品名不符的问题上,我们也不同意公诉机关的意见。司法机关对犯罪的认定,要以事实为根据,以法律为准绳,不能以涉案的个别当事人的理解和一面之词为依据。我们在阅卷及庭审中发现,在物资公司与宇某公司、宇某公司与铁厂签订的供需合同中,对产品的质量检验标准的要求是不一致的。正常的生铁、铁水合同的检验指标是五项,碳(C)、硫(S)、磷(P)、硒(Si)、锰(Mn),而废钢铁合同的检验指标则只有三项,硫(S)、磷(P)、硒(Si),他们之间的区别是显然的。事实上,周边的小铁厂经过简单加工,能真正供应符合国家标准的生铁、铁水是不多的。更不要说他们设备落后工艺简单,所以大量的所谓生铁、铁水均为“三高”的超标产品。而公诉人在法庭质证时说,物资公司从周边较大的铁厂采购全是合格生铁,并认为无论是否合格都不能开具废旧物资发票,这显然是以偏概全的论断。即使是大型钢铁厂,在其生产流程中也一定会有不合格产品、废钢铁产生。而物资公司收购了这些铁厂的废钢铁、再卖出给宇某公司的事实是存在的。它对这部分货物销售开具废旧物资发票并没有不妥。

说得更具体些,在宁陕天某公司与宇某公司的交易中,从合同签订、履行供货、结算和发票开具一律为废钢铁,整个交易过程都是围绕着供应“三高”废钢铁进行的。对此,供货的组织者赵某某、吉某某、裴某某,负责开票的杨某某也都在法庭上予以证实。然而控方却根据宇某公司化验单写的是生铁、铁水就将前述交易过程全部否定,认为供货的“品名不符”,而公诉方恰恰没有举证证明宇某公司的化验指标就是执行国家生铁、铁水的合格指标而不是宇某公司自己的内部指标。此外,卷宗第15本有三张“宇某公司外购生铁检验通知单”,我们注意到该检验单的格式,其中有一栏为“判定结果”,有三个选择:合格、利用和退货。其中有一张的填写为“利用”,但这张单据最底端有“S高14个点”的字样。由此可以认为,“利用”的判定符合诸多被告人在法庭上的证言,是属“三高”的生铁、铁水,也意味着货物虽不属合格的生铁、铁水但仍为公司利用,它与公诉方所指称的“合格生铁、铁水”是截然不同的。所以我们说,公诉方起诉书的指控显然是主观臆断,不能成立的。

最后,在案发期间全国的钢铁产品供不应求,原材料的供应也随之紧俏。对于生产企业来说,不甚合格的原材料也比没有而停工要好,所以宇某公司在采购的时候也只能随着市场原材料的供不应求而不断调整要求,包括检验指标、单价和是否开具发票等因素。而社会收购人员及废旧物资公司在采购和供货的时候,生铁、铁水及废钢铁的供应是交错进行的。对于物资公司而言,他们本身就是提供废旧物资发票,所以,只要宇某公司能够按双方谈妥的单价支付货款,废旧物资公司在组织货源时是可以不考虑生铁、铁水的合格程度。

在发票上之所以写“废钢铁”的品名,本身也符合其真实的采购目的和开票行为。

根据国家质量监督检验检疫总局、国家标准化管理委员会发布2004年12月1日实施的新的《废钢铁》国家标准(GB4223-2004),对废钢铁的界定范围予以了扩大。因此,涉案的物资公司对不符合国家标准的生铁、铁水指标,超磷、超硫、超硒的生铁、铁水以“废钢铁”为品名开具发票,并没有本质的错误。因此,我们认为公诉机关对此项“品名不符”的指控缺乏证据支持。

鉴于前述证据不足,公诉机关由此将废旧物资公司组织的货物并开具品名为“废钢铁”的发票定性为“虚开”,将宇某公司获得该类发票认定为“接受虚开”并予以定罪,起诉书的该指控背离了事实和法律的规定。

无论是在法律条文,还是最高人民法院的司法解释中,都没有以“接受虚开”的表述和定义来作为追究刑责的依据,根据我国《刑法》第3条的“罪刑法定原则”,“法律明文规定为犯罪行为的,依照法律定罪处刑;法律没有明文规定为犯罪行为的,不得定罪处刑”。由此可见,公诉机关的指控明显于法无据。

2.针对起诉书“让他人为自己虚开”部分,我们认为,宇某公司主观上并没有实施“虚开”的故意。

庭审中我们了解到,公诉机关指控宇某公司涉嫌抵扣的95,243,416.4元进项税的货物交易都是真实的。除“接受虚开”部分,按照公诉机关所称,还有“让他人为自己虚开”的部分,涉及抵税金额54,652,623.6元。我们认为:“虚开”之说不能成立。

在正常情形下,宇某公司采购原材料理应获得增值税专用发票,其中支付货款金额的17%是可以作为增值税进项税在宇某公司卖出成品的销项税额中抵减的。如果宇某公司只抵扣10%的进项税,则势必少抵扣7%,意味着宇某公司在成本核算中要多承担这7%的负担,当然企业也因此少获利润。一个理性的生产企业只有降低成本方能使其利益最大化。那么宇某公司有什么动机要多承担这部分负担呢?即便公诉机关或者宇某公司个别销售人员、个别犯罪嫌疑人证言称,不要票的价格会比要票的价格低些,但这只能是个别人的一厢情愿,事实是怎样的呢?

《审计报告》显示,比较宇某公司在2003年2月至2004年度的生铁、铁水、废钢铁的采购发票,其中23个月中有18个月开具的废旧物资发票上的单价高于开具增值税专用发票上的价格。这说明了一个客观存在的事实是,宇某公司是在原材料货源紧俏且价格节节攀升的情形之下,被迫无奈接受部分小铁厂不给开票供货的事实,转由废旧物资公司组织货源并开出发票。

值得注意的是:所有废旧物资发票上的货物购进其总吨数都源于实际的磅单数,支付的总金额都是依照合同的单价乘以总吨数计算出来的。如果以相同的采购数额和单价,按照每一笔都能获得正常增值税发票的17%进项税额抵扣,那么宇某公司可抵扣的进项税额要远大于今天起诉书指控的9500余万元的数额。那么,宇某公司根本不需要冒偷逃税款的风险,乃至今天被追究刑事责任。因此我们认为:宇某公司在公诉机关所指控的交易中客观上不存在"虚开"的直接故意。

根据国家税务总局《关于纳税人取得虚开的增值税专用发票处理问题的通知》(国税发〔1997〕134号)的规定,"受票方利用他人虚开的专用发票,向税务机关申报抵扣税款进行偷税的,应当依照《中华人民共和国税收征收管理法》及有关规定追缴税款,处以偷税数额五倍以下的罚款;二、在货物交易中,购货方从销售方取得第三方开具的专用发票,或者从销货地以外的地区取得专用发票,向税务机关申报抵扣税款或者申请出口退税的,应当按偷税、骗取出口退税处理,依照《中华人民共和国税收征收管理法》及有关规定追缴税款,处以偷税、骗税数额五倍以下的罚款”。从前述税务行政机关的政策性规定看,对本案的交易行为并不以“虚开”定性。

另外,国家税务总局在2002年10月10日又以国税函〔2002〕893号《关于废旧物资回收经营业务有关税收问题的批复》指出,“废旧物资收购人员(非本单位人员)在社会上收购废旧物资,直接运送到购货方(生产厂家),废旧物资经营单位根据上述双方实际发生的业务,向废旧物资收购人员开具废旧物资收购凭证,在财务上作购进处理,同时向购货方开具增值税专用发票或普通发票……且废旧物资经营单位在开具增值税专用发票时确实收取了同等金额的货款,并确有同等数量的货物销售,因此,废旧物资经营单位开具的增值税专用发票的行为不违背有关税收规定,不应定性为虚开”。

该文所提到的情形符合本案的交易和结算的情形。我们注意到,起诉书在“虚开罪行”的指控中有7项均写明,废旧物资公司首先主动找上门与宇某公司商谈原材料供应事宜,并在合同签订后由相关人员出资合作,并组织货源,如孟某某、王某某、陈某某、李某某及张某等人员组织货源上到废旧物资公司名下。起诉书第9页甚至也还提道,“王某某自筹300万元资金大量购进生铁上到‘荆门海某’的户名之下,并以每吨10元的价格支付给许某某开票费”。在结算方面,宇某公司并不直接与废旧物资公司之外的社会人员结算,而是与宁陕天某、沙洋再某、荆门海某、肥城广某等废旧物资公司结算,随后由这些物资公司与相关人员结算。至于废旧物资公司如何在其财务上反映这些交易,这不是宇某公司可以掌控的事。而事实上,在案发前的两年多的时间里,宇某公司在每月用上述废旧物资发票办理抵扣税款时,地方税务专管员、税务行政机关一次都没有指出其错误而不予抵扣的。而开票方杨某某在法庭上还证实,在交还所开出的废旧物资发票的存根联时,他所在的地方税务主管机关也没有提出存在违法行为的质疑。这至少说明一点,在本案发生前,受票方所在的曲沃国税局、开票方宁陕天某所在的西安国税局都没有认定前述交易构成"虚开"、是违法行为。

综观前述内容,无论是法条规定上,还是税务行政机关在当时税收征收的执行、监管上,都排除了宇某公司前述行为的"虚开"性质。

3. 宇某公司客观上没有多抵扣国家税款的行为。

不可否认,宇某公司在整个交易过程中接受或让他人为自己"真实购进的原材料"开具数额相符的发票存在一定的违规操作情形,但是他们在主观上并不是为了偷逃国家税款或多抵扣国家税款,而是为了减轻企业在卖方市场的情形之下,因得不到发票抵扣而造成的本不应属于它承受的巨额经济负担所做出的下策之举。

从客观结果看,亦如《审计报告》中的结论,如果按照宇某公司采购的原材料全都有增值税发票即17%计算可抵扣进项税额,在起诉书指控的期间不仅不需要缴纳增值税,还有952万余元的进项税余额可以用来下期抵扣。实际的情形是,宇某公司在2003年度、2004年度实缴了增值税税款共计64,607,440.60元。也就是说,宇某公司本身并没有以多抵扣税款的形式造成国家税款流失,占国家税款的便宜,而是多缴了6460万余元的税款。

为什么会造成如此"多缴"税款的情形?一方面,这印证了宇某公司没有得到正常的进项税额抵扣的事实确实存在。另一方面,退一步说,即便依照公诉机关指控,宇某公司主观上想通过不带票的原材料低价购进以达到减少成本支出、占国家税款便宜的目的,但与不能取得数额较大的进项税抵扣的结果相比,既达不到减少成本的目的,也不能实现偷逃或多抵扣税款的目的。这与《刑法》对"虚开用于抵扣税款”的行为予以定罪在于打击“骗取国家税款”的目相背离。

更何况,按照钢铁企业的正常生产工艺流程,即炼钢后期过程中必须放入一定的废钢铁作炉内降温的辅助原材料(见中国冶金建设协会编写的《钢铁企业原料准备设计手册》P38 -40),否则难以生产钢坯形状。也就是说,如果宇某公司自产废钢不足的话,就必须外购废钢来满足生产需要,否则就成了“巧妇难为无米之炊”。审计资料显示:宇某公司自产废钢量75,912.428吨,仅能满足其一半的需求,如果按照起诉书将废旧物资公司开出发票的货物全部认定是“合格生铁和铁水”的话,那么实际购进的就只有4983.28吨来自河南新安某公司的废钢铁。那么还缺口69,653.562吨的废钢,它们从何而来?在此必须指出的是:废钢铁作为炼钢的原材料其需要量是按照企业消耗的最低比率8%来计算的,事实上同类钢铁企业的废钢需求量已超过15%的比率。如果以该比率计算废钢,宇某公司外购的需求量则更大。

由此可见,从犯罪构成要件来看本案,宇某公司在主观上既没有骗取或多抵扣税款非法获利的直接故意,客观上也并没有造成国家税款流失的结果。即宇某公司只是在依法可以抵扣的范围之内进行进项税抵扣,并没有虚假或超额抵扣而造成国家税款损失的结果。

根据2000年12月28日上海高级人民法院组织的司法审判会议并印发的《关于审理经济犯罪案件具体应用法律若干问题的意见》,认定虚开增值税专用发票罪,“还必须查明或证实虚开行为在实质上具有偷逃国家税款的实际危害性或者造成该种危害的现实可能性……如果缺少这一实质特征(虚开以后如实申报缴税),则意味着行为人在主观上并没有通过虚开增值税专用发票的手段达到偷逃国家税款的非法目的,客观上也没有实际侵害国家税收管理制度。因为主观和客观要件均有欠缺,故单纯具有形式上的虚开行为,不能认定虚开增值税专用发票罪”。该意见的第14页还对几种不宜认定为虚开增值税发票罪的行为进行了列举。上海市高级法院会议在如何正确审理和认定“虚开”问题上强调指出了构成刑法第205条虚开罪与偷税罪的界限——必须具有骗取国家税款的目的和主观故意。

二、关于《刑法》第205条虚开增值税专用发票罪和虚开用于抵扣税款罪构成要件的法理分析

(一)如何正确理解“虚开”的概念

从字面上理解,“虚开”即开具虚假的发票。相对于真实而言,“虚开”的含义无非包括:(1)全部虚假;(2)部分虚假(半真半假)。

具体到本案而言,全部虚假,是指全无真实交易,纯属无中生有,凭空开具假发票的行为。本案的情况不属于此。部分虚假,是指虽有交易,但发票的金额高于实际金额。这里包括,品名不符、数量不符、质量不符等。由此导致金额不符。在此情形之下,超出部分的金额就属于“虚开”。

我们看到,本案有真实的货物交易,且交易的实际价格和金额与发票上的价格和金额相符。这种情况与前述两种情况均不相符,不能列在“虚开”的范围之内。由此可见,发票是否为“虚开”,关键在于看发票项下有无真实货物交易。

(二)如何理解“有无真实货物交易”

实践中,反映货物交易真实与否有四种情况:

1. 抵扣税款的行为人与任何人都没有发生过货物交易,以凭空开具的假发票(包括自己开具或他人开具)去抵扣税款,这种行为显然属于没有真实货物交易。

2. 抵扣税款的行为人用于抵扣税款的发票虽有真实的货物交易背景,但发票的价格和金额高于实际价格和金额,其“超出部分”属于没有真实货物交易。

3. 抵扣税款的行为人(受票方)与开票方之间有真实的货物交易,且票与货价格和金额相符,受票方与开票方之间的货物交易具有直接的对应关系。这种情况被公认为有真实货物交易。

4. 抵扣税款的行为人(受票方)与他人之间有真实货物交易,且票与货的价格和金额相符,但受票方与开票方之间无对应关系,也就是说,张三供货,李四开票。这种情况下,如何界定货物交易的真实性,正是本案争议的焦点所在。

第一种观点认为,真实交易仅指受票人与开票人之间而言,不考虑第三方的存在,即不考虑货物交易事实的客观真实性,而只注重受票方和开票方之间的货物交易的对应性。只要无此对应性存在,即视为无真实货物交易,进尔视为“虚开”。

第二种观点认为,货物交易的真实性体现于其交易事实本身的客观存在性,这种真实性并不以交易主体的不同身份而发生变化。因此,不能简单地以受票方与开票方之间有无相对应的货物交易事实为标准来确定货物交易的真实性,而应该以发票项下有无货物交易事实为标准来确定货物交易的真实性。

辩护人认为,第二种观点的正确性是显而易见的。因为,发票是用于抵扣税款的唯一凭证,只有发票项下所列的货物交易价格和金额具有虚假性才能导致骗取税款的后果,而开票人的主体身份与骗税的后果并无必然联系。即如发票项下货物交易虚假,则会发生骗税结果;反之,如发票项下货物交易真实,则无骗税的后果。更进一步说,实际供货人也可以开出假发票,即超出实际交易数量的发票;而非实际供货人同样可以开出真发票,即发票中的价格和金额与实际交易相符。由此可见,只要发票项下所列的交易是真实的,就不会造成骗税的后果,即属于有真实货物交易;而有真实货物交易,就不构成“虚开”。第一种观点的问题在于:只注重事物的表面形式,而忽略了事物的本质。

(三)如何理解虚开增值税专用发票和抵扣税款的其他发票罪的基本特征

因《刑法》第205条的立法表述不够明确,致使司法实践中直至理论界对该罪的犯罪构成的理解也发生一些歧义;概括起来,主要体现在对“虚开”概念的理解不同和对该罪的基本特征的认识不一致。在立法不明确的情形下,这种认识的歧义具有必然性。

辩护人认为,虚开增值税专用发票和虚开用于抵扣税款发票罪的基本特征是:行为人虚开前述发票的目的在于骗取国家税款,其侵害的客体是国家税收征收管理制度,其犯罪的形态是结果犯。

1. 从犯罪客体来看该罪的基本特征。

该罪是1997年新《刑法》增设的新罪名,源于1995年全国人大常委会对打击虚开增值税发票犯罪的补充规定。其立法背景是:1994年实行新税制改革后,出现了个人和单位利用开具增值税专用发票骗取国家税款的行为。即在无真实货物交易的情况下,开具或者利用虚构的假发票来向国家税务机关抵扣税款,或者开具和利用票面价格超出实际交易价格的发票去向国家税务机关抵扣税款。仅凭一纸虚假发票即可向国家骗取巨额税款,这种行为不同于原来意义上的偷税犯罪。偷税罪表现为在经营活动过程中逃避纳税义务,而本罪则在没有任何经营活动的情况下造成国家税款的严重损失。1995年全国人大常委会以补充罪名的方式针对这种犯罪现象出台了专门的规定,其目的在于打击以采取虚开增值税专用发票的方法骗取国家税款的行为。

有人认为,该罪客体仅仅是指国家对发票的监管制度。这不免失之偏颇。该认识不符合当时对本罪的立法本意。值得注意的是:

违法开具发票与用虚假发票去骗取国家税款所侵犯的客体和社会危害性是截然不同的。

例如,代替他人开具有真实交易的发票,侵犯的是国家的发票管理制度,却未侵犯税收征收管理制度,也不可能造成税款流失的后果。所以,这种行为与“骗取”行为在性质上具有重大的差别。

2. 从罪与刑之间的关系来看本罪的基本特征。

《刑法》第205条规定,本罪有四个刑罚幅度,即3年以下有期徒刑、10年以下有期徒刑、无期徒刑、死刑,属于可判死刑的最严重的犯罪之一。根据罪刑相适应的原则,这种重罪必以相应的犯罪后果为构成条件。

在如何认识本罪构成要件的问题上,将本罪与偷税罪作比较分析是最有说服力的。《刑法》第201条规定的偷税罪侵害的客体是国家税收征管制度,且以数额较大和情节严重的犯罪后果为构成条件。而对偷税罪的处罚只有两个刑罚幅度,最高刑期为7年有期徒刑。

前述两个罪名相比较可以看出,如果以犯罪的客体为税收征管制度的偷税罪最高刑罚才规定为7年有期徒刑,那么,对于犯罪客体为税收发票管理制度的虚开罪而言,其最高刑罚就不可能为死刑。其理由十分明显:

犯罪客体的重要程度是反映犯罪社会危害程度和决定刑罚尺度的最重要依据。然而,税收征收管理制度与发票管理制度相比,前者造成了税收损失;后者只造成发票管理混乱,并不必然导致税款流失的后果。所以,如果认为“虚开”罪的犯罪客体是发票监管制度,因而其基本特征仅仅是违反发票监管制度的实施虚开发票的行为本身,那么,这种认识显然是违背罪刑相适应的立法原则的。

由此得出的结论是:由于“虚开”罪的刑罚远远高于偷税罪,所以,“虚开”罪的客体是税收征收管理制度而不可能是发票监管制度,

“虚开”罪的基本特征是骗取国家税款而不可能仅仅是违规、违法的开具发票的行为本身,“虚开”罪的构成必然具有骗取国家税款的目的和结果。“虚开”罪只能是结果犯,而不可能是行为犯。

在理论和实践中,确有人将该罪理解为行为犯。这种认识事实上形成了“以行为犯定罪,以结果犯量刑”的冲突。所以,这种认识是违背罪刑相适应的立法原则和司法原则的。

通过前述分析,我们可以得出如下结论:本罪的基本特征是,“以虚开前述发票的手段骗取国家税款”而并非仅仅是“虚开前述发票的行为本身”。而正确认识本罪基本特征的意义非常重大,因为它直接关系本罪犯罪构成的具体要件。

(四)本罪的基本特征决定本罪的构成条件

当明确“虚开”罪的基本特征为“骗取国家税款”之后,再分析其犯罪构成条件,问题就迎刃而解了。

“虚开”罪的构成条件应是:(1)有虚开发票的行为;(2)具有骗取税款的目的;(3)有骗取并抵扣国家税款的行为;(4)有骗取国家税款的结果。前述行为的目的和结果都是围绕着“骗取国家税款”的基本特征而存在的。

至此,我们回过头来再分析本罪的相关概念,就会更加清晰、更加透彻。

1.关于“虚开”的概念。本罪中的“虚开”,是针对发票项下有无真实货物交易而言,而与开票方的主体身份并无必然联系。因为只有发票项下所列的货物交易价格虚假,才能造成骗取税款的结果。否则,即使开票主体身份不实,也不应视为“虚开”。

2.关于“货物交易的真实性”概念。本罪的“真实货物交易”体现于交易事实本身的客观性、真实性,不因交易主体的不同身份而发生变化。因为只有交易事实本身的虚假性,才能造成骗取国家税款的后果。只要交易事实存在且与发票价格相符,就不可能造成骗取国家税款的结果。所以,开票人主体身份不重要。

3. 关于本罪犯罪形态的界定。本罪只能是结果犯,而不可能是行为犯。因为,开具发票的行为人本身并不必然造成骗取国家税款的结果。以行为犯论,违背了罪刑相适应的原则。

可见,对上述三个概念的理解,都是与本罪"骗取国家税款"的基本特征相联系的。综上所述,犯罪基本特征与犯罪具体构成条件之关系不可分割,与犯罪构成要件中相关的具体概念的关系不可分割。只有遵循立法的原意,从犯罪基本特征出发去分析、理解犯罪构成的具体条件及其相关概念,才能避免认识理解上的偏差,走出误区,得出符合立法原意和立法原则的正确结论。

(五)本案"虚开"事实的界定和法律适用

首先,起诉书对认定的事实表述称,"济宁鲁某公司根据宇某公司结算单、过磅单记录的数量、价格在倪某武的安排下为宇某公司开具其公司的货物名称为'废钢铁'的废旧物资销售发票"。"许某某大量购买生铁上到宇某公司的'荆门金某'户上,并给宇某公司提供荆门金某公司的废旧物资销售发票"。

其次,起诉书总结称,宇某公司涉嫌"虚开"有两种情形:(1)接受虚开,即由废旧物资公司组织生铁、铁水给宇某公司并开具品名为"废钢铁""废钢"的废旧物资发票;(2)让他人为自己虚开,即宇某公司自己组织生铁、铁水而让废旧物资公司为其开具品名为"废钢铁""废钢"的废旧物资发票。

起诉书表述的前述事实表明:全部发票项下的货物交易不仅真实存在,而且与实际的交易数量能够一一对应。关于起诉书提到前述交易中存在品名不符的情况,退一步说,假定废钢与生铁存在不符,那么废钢发票可以抵扣的税款税率为10%;生铁发票可抵扣的税款税率为17%。可见,如果上述假定成立,实际抵扣的数额仍然低于应当抵扣的数额。这更说明没有发生骗取税款的动机和事实的存在。

最后,《审计报告》的结论进一步证明了本案有真实货物交易和没有发生骗取国家税款的基本事实。对此,前述辩护意见已经提到,在此不再重述。

综观全案事实,辩护人认为:只要发票项下所列货物交易真实,且交易价格与发票价格相符,就没有造成骗取税款的结果,就不构成"虚开";而未造成税款流失,就不构成犯罪。而且开票方和受票方双方都不构成犯罪。由此,起诉书关于宇某公司构成虚开用于抵扣税款罪的指控不能成立。

三、本案指控虚开用于抵扣税款罪的证据存在的错误问题

首先,我们认为:错误明显的司法鉴定报告不能作为本案涉嫌"虚开"数额的确定依据。

1. 起诉书中指控的虚开增值税专用发票的数额来源为临汾市公安局委托山西家某司法鉴定中心所作的《司法鉴定报告书》。经仔细审查和核对,我们认为:该司法鉴定报告本身存在诸多的错误和问题。

2. 发票在定性上不准确。司法鉴定报告书称,"宇某公司在2003年至2004年期间接受济宁鲁某等17家单位开具的废旧物资发票共计4274份"。事实上,4000余份发票并非全部是废旧物资专用发票,其中有410份为其他行业的发票。

3. 发票数量不正确。经我方聘请的山西德某昌会计师事务所的严格、逐一核对,宇某公司从涉案的17家废旧物资公司取得抵扣税款的发票数共计4194份,其中3784份为废旧物资专用发票,410份为其他行业的发票。为什么会有80份的误差?经查,山西家某司法鉴定中心并没有全面核对发票凭证,同时对重复多计的92份发票并随后被以红字冲退的凭证未仔细检查,另有12份漏记算在内所导致的。

4. 发票金额和抵扣税款数额错误。由于发票总数错误,有重复计算的现象,自然依照发票所计算出来的金额和抵扣税款的数额也相应扩大,其数字是错误。

应当指出的是,我们在介入本案后,为了实事求是地全面了解本案的事实和数据,特此聘请了有专业资格的会计师事务所对宇某公司的生产状况和涉案的数额进行全面的清查、统计,最后得出我方向法庭递交的《审计报告》并附有具体的资料来源。我们认为,审计报告系在公司的财务凭证和销售公司的记账凭证的基础上得出的数据,它客观地反映了宇某公司涉案阶段发生的真实交易。而且从另一个方面说,审计报告对涉案发票数量在统计上,与公诉机关向法庭提交在卷宗第16本里“税务稽查报告”中的数字是吻合的,均为4194份,但与起诉书的4274份总数不符。另外,审计报告中统计的进项税税额为94,462,922.68元,与“税务稽查报告”中的数字94,462,919.89元,两个数字相差2.79元,但金额十分接近,而与起诉书的95,243,416.40元相差甚大。可见,宇某公司提交的审计报告的结果更符合客观事实。

其次,认定“虚开”事实的证据也不充分。

起诉书指控“虚开”的第八、九点中,称“王某某大量组织生铁、铁水”上到蒲城某产公司、安阳龙某公司户上。但我们知道,王某某并不是宇某公司的人员,他在社会上与物资公司合作收购原材料供给宇某公司符合国家税务总局的〔2002〕893号文件精神。但是公诉机关认为宇某公司接受所提供的废钢铁和废旧物资发票的行为为“虚开”,可见公诉机关所认定的证据其可信度是值得质疑。

综上所述,基于司法鉴定报告在其定性、计算上的错误,其当然也导致起诉书所依据的数字错误。同时案卷中的证据模糊,并不足以证实公诉机关的指控。因此我们认为,起诉书所指控的事实不清、证据不足是明显的。

四、关于偷税罪的主观故意和数额认定

起诉书指控宇某公司涉嫌偷税罪的依据有:(1)采取预收货款方式销售,货物发出不确认;(2)采取账外核算,即设置"账外账",隐瞒销售收入。我们认为,有必要分析宇某公司的主观故意程度和起诉书认定偷税数额所存在的具体问题。

1. 关于如何分析宇某公司偷逃税款的主观故意。

我们知道,宇某公司 2001 年 12 月在山西曲沃设立,并边建厂边生产。随着国际、国内市场对钢铁成品需求的扩大,企业的生产需求也不断扩大,而原材料供应日趋紧张并形成卖方市场的情形更为严重。宇某公司和其他很多同类行业一样,不得不为了满足市场需求而向供应原材料的厂家妥协,并接受由物资公司开具的发票。但是,钢铁厂的原材料购进与一般塑料行业或成本低廉的日用成品行业不一样,前者其购进的数额不仅是成千上万元,而是上千万元甚至上亿元的购进支付,如果没有进项税抵扣,其生产的成品销售在缴纳增值税销项税额之后,几乎没有利润,甚至会亏损。正如前述我们提到的审计报告的结论显示,经全面核算得出,从 2002 年宇某公司开始生产到 2005 年 3 月,宇某公司如果按全部购进的原材料都带有增值税专用发票、卖出也都开具增值税发票的话,宇某公司不仅不需要缴纳增值税,而且还有多达 905 万余元的进项税的税额用于下期抵扣。由此可见,宇某公司根本不需要用设置账外账或预收货款的方式来偷逃国家税款。事实上,截至案发当时 2005 年 4 月底,宇某公司不仅主动缴纳税款,且实际累计向国家缴纳 81,714,604.55 元的增值税税款,如果包括企业所得税、个人所得税、城建税及资源税等十项税目共计缴纳税款99,807,516.28元。

在两年半不到的时间里,宇某公司缴纳近亿元的税款,这与公诉机关"故意偷逃国家税款"的指控,显然是难以相吻合的。

2.关于如何分析宇某公司偷逃税款的犯罪手段。

刑法上对偷税罪的认定是指,纳税人违反国家税收法规,采取伪造、变造、隐匿、擅自销毁账簿、记账凭证,在账簿上多列支出或不列、少列收入,经税务机关通知申报而拒不申报或者进行虚假的纳税申报的手段,不缴或者少缴应纳的税款,情节严重的行为。

在此,对照本案我们看到,宇某公司并不具有上述伪造、变造、擅自销毁账簿、记账凭证,在账簿上多列支出或不列、少列收入,也不具有经税务机关通知申报而拒不申报或者进行虚假的纳税申报的手段,不缴或者少缴应纳税款的情形。至于公诉机关指控"采取预收货款方式销售货物,货物发出后不确认",以及"设置'账外账',采取账外核算"以达到通过隐匿收入的方式偷逃税款。辩护人认为,上述的"手段"事出有因。究其原因都在于无票供应造成的一系列违规行为。但其主观上并不是故意逃避纳税,而是延迟确认收入,延迟申报缴税。

退一步说,如果宇某公司故意偷逃国家税款,即便其设置"账外账"的方式,按常理,也不会将"账外账"一笔笔真实记录,并将所有的账簿和资料全部以毫无掩饰的公开方式挂在墙上,以至于税务机关和公安机关在查案时,将全部所有账簿资料收罗作为其偷税的证据。

所谓"偷",其本意是通过"隐匿的手段"达到目的,而宇某公司这种公开记账和悬挂在墙上的方式恰恰证明其不是刻意隐瞒,只是因为没有及时获得原材料供货方提供的进项发票抵扣,所以也不能对销售部分及时作开票处理，从而客观上造成了“账外账”的存在。但是，一旦获得进项发票，则将B户账中的数额转出到财会账中。这在庭审中我们也从王某某和霍某某等人的证言中得到印证。也正如被告人张某某在法庭上说的，以预收货款的方式销售目的并不是偷逃税款，而是延迟实现收入，延迟申报税款。事实上，宇某公司在2005年6月6日的纳税申报表中就一次性主动申报了52,853,883.88元（见证据1）。

不可否认，宇某公司这种违法行为不值得提倡，也应当予以纠正，但是宇某公司并没有刻意偷逃税款。

3. 起诉书对偷税罪的数额认定不实，且没有足够证据支持。

起诉书对偷税罪的具体数额认定所依据的是《司法鉴定报告书》，但是该报告在数量和金额上存在诸多的错误，不应采信。而且我们也发现，起诉书的数额既与“税务稽查报告”中的数额不一致，也与税务行政机关的“处罚决定书”中的数额不符，更没有其他有资格的审计或鉴定部门的相关报告支持其认定的数额。由此我们说，起诉书指控的“发出货物不确认收入、少计收入”的数字没有足够的证据支持。

公诉机关指控的任何犯罪事实都必须以证据确实、充分为认定的依据。数额本身也是犯罪事实的一个部分，无论大小，都应该体现公诉机关代表国家行驶职责、实事求是的严谨作风。同时也应该知道，税务稽查报告或税务行政处罚决定书中的数额是针对违反行政法规的行为所认定的数额，它也并不必然是追究刑事犯罪的数额依据。因此我们认为，在本案查处期间，宇某公司主动申报、并与地方税务行政机关达成清欠的税款数额57,358,977.99元（见证据2“清欠目标责任书”），这一数额就不应该包括在追究刑事偷税罪的数额里。因为从刑法追究偷税罪的角度来说，只有经税务机关对该部分欠税通知其申报而拒不申报,方可认定构成偷税罪。

除考虑宇某公司设置“账外账”的本意如前述观点所述之外,我们认为,任何生产和销售的数额统计都不能单一割裂开来认定。对该部分“账外账”的收入,不应该仅仅看其销售的数额,还应该看到其支出的数额。我们知道,增值税属于流转税,只有真实地对生产、流通环节中“增值部分”进行核算和征税,才体现国家税法设置“增值税”的征税目的,也才能真实地计算企业应纳的增值税额。针对“账外账”的购进和销售,我方提交的《审计报告》对此做了全面的核查和统计,并显示:(1)承认10%的废旧物资公司的专用发票计算进项税;(2)全部以购进支出的17%计算进项税。上述两种方式的核算都表明,宇某公司对该“账外账”部分不需要缴纳增值税。

当然,对于宇某公司违反财会管理制度和税法法规设置“账外账”的行为法律早已作出了界定,但在认定偷税罪的主观故意和客观造成的社会危害上,《审计报告》的数字本身也说明了一定的客观事实。

尽管从最终结果来看,在性质上可以认定宇某公司构成偷税罪,但我们希望审判机关在正确认定犯罪与责任处罚之间应当综合考虑辩护人的上述意见。

五、本案发生的外部环境背景、形成原因和税务行政机关依法行政的责任

在本案的审理方面,我们还请审判机关认真考虑案件发生的客观背景,并正确分析造成本案的地方税务行政机关未依法履行职责所应承担的责任。只有对单位或个人被告人采取客观公正地判决和处罚,才能体现刑法教育惩罚的原则,也才能达到警示社会和制止犯罪的审判目的。

任何犯罪的发生都有其客观存在的背景。在起诉书指控事实发生的2003年、2004年，正是国内、国际钢铁产品需求市场短缺的时期，与钢铁生产相关的原材料购进市场的竞争也十分激烈。无票供应生产资料的情形十分普遍。作为生产企业，为了生存，宇某公司不可能拒绝和改变这种无票情况，更何况周边的小铁厂本身也都是不规范经营，他们自身也无力提供足额的发票，从而造成了产、供、销流通恶性循环的状况。同时，也随着原材料价格不断上涨，即便产成品的价格上升，销售得再多，其所获利润也难以抵销因为没有17%的进项税的抵扣而产生的负担。这种不规范的行为应该说与政府对生产资料市场监督机制的薄弱和缺失完全分不开的。

其次，我们在此必须指出，在起诉书指控涉案的两年间，宇某公司用于抵扣的废旧物资公司发票共计4194份，平均每月用于抵扣的份数接近182份，最多的一个月用于抵扣的废旧物资发票的份数高达598份，而两年时间同一家公司开出的发票最高达到2455份。4194份的废旧物资发票作为宇某公司的进项税额抵扣，地方税务机关完全没有发现这种异常行为，且允许其进行抵扣，无论如何是说不过去的。

依照税法规定，企业增值税缴纳和抵扣是逐月进行申报的，而进项税额都是在税务专管员的监督、核准并签字之后方能抵扣的。依照《税收征收管理法》第7条、第8条的规定，税务机关负有义务宣传税法、行政法规，无偿为纳税人提供税务咨询。而纳税人有权向税务机关了解税收法规和程序。也就是说，纳税环节、纳税数额的多少离不开税务机关的指导和认可。

具体到本案，在案卷第16本的“税务稽查报告”中提到，临汾国税局在2004年7月6～18日对宇某公司在2002年度、2003年度的增值税情况进行检查，并于2005年2月作出补税、罚款的处罚决定。但是该决定书所提及的只有两个问题，就是：(1)“预收货款、少计收入";(2)对外购已税动力用于在建工程,以及在建工程领用已税原材料等未作进项税转出问题。也就是说,在2004年税务检查中并没有发现巨额"虚开"问题。这说明什么?至少可以说明地方国税局本身对宇某公司与废旧物资公司的交易行为在违法的性质上是持否定的态度。我们知道,税法法规本身相当复杂,纳税和征税的环节在操作上也技术性极强,既然税法的执行机关地方国税局都不能确定该种行为为法律所禁止,那么企业怎能知道自己的行为就一定违反了法律的规定呢?而在该决定书发出不到两个月后本案就由公安部门和国税总局进驻企业查处,随后才认为2003年、2004年涉嫌"虚开增值税发票用于抵扣"。综观前述的情形,我们说,也正是由于地方税务主管机关对宇某公司在纳税行为上的不严格依法指导和纠正,使得本案一旦被查处,其数额极大。应该指出的是,税务行政机关在企业纳税的法律监督和现实征收中对宇某公司的行为采取的是"放任"态度,才使得宇某公司认为这样的票据抵扣是为税务行政机关所认可的,从而导致行为持续两年之久。

第三个原因还在于,作为民营企业,宇某公司在其经济快速发展中,经营管理者的文化水平有限,在财务和销售上的管理混乱,相关采购人员认识水平较低。我们注意到,涉案的人员中,除王某灿、马某是大学毕业(所学专业是计算机),其他人员中有4人为小学文化、3人为初中、3人为高中文化,这些人对钢铁生产的工艺流程、对生产钢铁的原材料的技术指标的要求是不清楚的。加之整个交易流程和纳税过程没有得到税务行政机关的正确指导和及时纠正,方使得公司没有及早发现问题,并及时制止违规、违法行为。甚至我们也不得不提到的事实是,宇某公司曾经还获得县政府在纳税方面的表彰——8万元现金和一台手提电脑,并被评为地方纳税大户。这也更进一步说明,宇某公司在案发前的纳税行为是为当地政府和税务部门所肯定的。

因此，我们认为：宇某公司固然应对其偷税的违法行为承担责任，但是地方税务行政机关由于在税务管理、税款征收、税务稽查等环节中的“不作为”“误导”，也应对本案的发生承担不可推卸的责任。这虽不是宇某公司减轻罪责的法定理由，但不可否认它客观上构成为本案发生，并造成数额巨大的一个重要因素之一。

六、关于本案偷税罪的处罚情节

在对本案定罪处罚的过程中，希望审判机关注意到：在2005年4月公安、税务机关进驻查处期间，宇某公司并未逃避、隐匿或销毁证据，反而积极配合相关部门的调查、取证。同时，在税务机关尚未最终定论的时候，宇某公司也申报了多笔税款，并与地方税务主管机构签订了“清欠目标责任书”（见公司提交的证据2）以积极努力地清缴税款。我们认为，在此期间双方文字达成清欠的数额57,358,977.99元不应认定为构成偷税罪。它应该从起诉书对宇某公司偷税罪的数额中剔除。

此外，从2005年8月至今的一年里，宇某公司共计补缴欠税款超过3000万元，其中，2005年1509.34万元，2006年1～8月15,834,484.56元，这在宇某公司提交的证据6至证据9中得以体现。同时，我们也看到，宇某公司因本案的发生，税务行政机关对其进行了巨额处罚，不仅要补缴税款，还要承担1.99亿元的罚款（见证据10）。宇某公司也以积极态度并书面承诺在5年之内全部结清所欠税款。宇某公司事实上也是这样做的，在2005年、2006年上半年已补缴税款2509万余元。

今天，宇某公司也应该感谢地方政府的关怀，生产依旧正常运转，并努力创造利润以归还欠税款。同时它作为曲沃县招商引资的企业，实际上并没有真正享受到地方政府最初承诺的税收优惠政策。

但是即使在偷、漏税的情形下,宇某公司对地方财政也作出了不小的贡献。2003年所纳增值税税款占曲沃国税局征税总额接近19%;2004年达到32%;2005年为16%。前述三年共计缴纳国税过亿元。另外,宇某公司还承担着地方5000多人的就业安置,为贫困小学捐资助学近200万元,为地方安定、和谐、为政府和社会分担了责任。当然宇某公司也应当对它的违规、违法行为承担法律责任。

综上,公诉机关关于宇某公司虚开增值税专用发票罪的指控不能成立。辩护人不否认宇某公司构成偷税罪,但指控的部分事实有误。希望审判机关在辩护人前述辩护意见的基础上,充分考虑宇某公司在本案中的实际状况和案件发生时的现实环境,依法作出公正判决。

谢谢!

北京市京都律师事务所律师　田文昌　陆　琦

二〇〇六年九月八日

一审判决错误简析

山西省临汾市中级人民法院一审判决[(2006)临刑二初字第00006号]山西宇某钢铁有限公司(以下简称宇某公司)构成虚开用于抵扣税款发票罪,就一审判决认定事实上存在的主要错误简析如下。

一、一审判决认定"没有实际发生废钢铁供销业务"(判决书第59页第17行)系混淆概念,属于认定事实和适用法律错误

从一审法院查明的表面事实来看,宇某公司与废旧物资公司之间确实没有实际发生废钢铁供销业务,判决认定的犯罪行为表现好像是正确的，但是，该认定与法律规定的虚开用于抵扣税款发票罪行为的表现有本质的不同。

根据《全国人民代表大会常务委员会关于惩治虚开、伪造和非法出售增值税专用发票犯罪的决定》以及《最高人民法院关于适用〈全国人民代表大会常务委员会关于惩治虚开、伪造和非法出售增值税专用发票犯罪的决定〉的若干问题的解释》的规定：构成虚开是指没有货物交易或者是有货物交易但数量或金额不实的情形，这里规定的"没有货物交易"的法律含义是指没有发生任何的货物交易，货物交易是不存在的。

而宇某公司在取得废旧物资发票时是有真实货物交易的。根据一审法院对所有虚开行为的认定，宇某公司在取得废旧物资发票时确实购进了生铁（实际发生了货物交易），且存在两种情形。

其一，一审查明"宇某公司投产后，在购进生铁及铁水的过程中……让他人为自己虚开用于抵扣税款的废旧物资抵扣凭证"（见判决书第20页第18行），此种情形属于宇某公司自己购进生铁或铁水；其二，一审查明"废旧物资经营企业提供生铁并负责提供废旧物资抵扣凭证"（见判决书第21页第9行），此种情形属于他人提供生铁或铁水。显然，宇某公司在取得废旧物资发票时要么是自己购进生铁或铁水，要么是废旧物资企业供应生铁或铁水，即宇某公司在取得废旧物资发票时存在真实的货物交易。

即使在上述真实货物交易中，起诉书也没有关于交易数量或交易金额不实的指控，一审开庭查明的所有证据也排除了交易数量或交易金额不实的情况。根据起诉书的认定，宇某公司涉嫌虚开用于抵扣税款的发票金额是真实的。

"济宁鲁某公司根据宇某公司结算单、过磅单记录的数量、价格在倪某武的安排下为宇某公司开具其公司的货物名称为'废钢铁'的

废旧物资销售发票(发票票面货物单价为实际生铁单价与开票费单价之和)。”(见起诉书第6页第7~10行)

“由舞钢亚联公司根据过磅单、结算单为宇某公司提供货物名称为‘废钢铁’的废旧物资销售发票。”(见起诉书第6页倒数第4~2行)

“被告人王某涛根据过磅单、结算单位宇某公司开局宁陕天某公司的废旧物资销售发票。”(见起诉书第7页第13~14行)

“由赵某某、裴某某根据宇某公司提供的过磅单开具宁陕天某公司的废旧物资销售发票。”(见起诉书第7页第19~20行)

“在被告人赵某某的安排下吉某某根据过磅单、结算单为宇某公司开具宁陕天某公司的货物名称为‘废钢铁’的废旧物资销售发票。”(见起诉书第7页倒数第6~5行)

“孟某某根据宇某公司提供的过磅单提供肥城广某公司的废旧物资发票。”(见起诉书第8页第14~15行)

上述事实反映了,宇某公司取得的所有废旧物资发票都是基于过磅单、结算单所开具的,其数量、金额都是真实的。

另外,根据宇某公司会计凭证以及山西德某昌会计师事务所有限公司(2005)第0017号审计报告,案发期间(2003年1月至2004年12月):宇某公司共购进生铁、铁水等原材料共计2,986,073,901.12元,增值税进项税额408,363,871.40元,其中购进生铁、铁水1,206,879.255吨,购进金额2,124,698,953.22元,增值税进项税额294,744,776.86元;购进钢坯23,351.92吨购进金额35,740,461.48元,增值税进项税额6,075,878.52元;购进辅助材料825,634,486.42元,增值税进项税额107,543,216.02元(见审计报告第16页)。

根据以上事实,宇某公司所有的生铁和铁水交易中,交易数量和交易金额都是真实的。所以,一审判决将“没有实际发生废钢铁供销业务”等同于“没有货物交易”属于混淆概念，是错误的。

二、一审判决认定“宇某公司以低于取得增值税专用发票的价格从附近铁厂购进不带增值税的生铁或铁水”（判决书第20页第20～21行）与事实相悖

根据宇某公司会计凭证以及前述审计报告（审计报告第33～34页），通过对利用废旧物资发票购进生铁（实际供货方无票）和取得增值税发票正常购进生铁时的货物价格进行比较和计算：

1.2003年度共计11个月（2月至12月），其间有9个月宇某公司利用废旧物资发票购进生铁（实际供货方无票）的货物单价高于宇某公司取得增值税发票时正常购进生铁的货物单价。2003年全年，宇某公司利用废旧物资发票购进生铁（实际供货方无票）262,946.590吨，取得增值税发票正常购进生铁247,230.065吨；利用废旧物资发票购进生铁的货物平均单价比取得增值税发票正常购进生铁的货物平均单价还高出18.8元/吨。

2.2004年度共计12个月，其间有9个月宇某公司利用废旧物资发票购进生铁（实际供货方无票）的货物单价高于宇某公司取得增值税发票正常购进生铁的货物单价。2004年全年，宇某公司利用废旧物资发票购进生铁（实际供货方无票）276,379.590吨，取得增值税发票正常购进生铁276,489.250吨；利用废旧物资发票购进生铁的货物平均单价比取得增值税发票正常购进生铁的货物平均单价还高出30.23元/吨。

显然，一审判决认定“宇某公司以低于取得增值税专用发票的价格从附近铁厂购进不带增值税的生铁或铁水”是与客观事实相悖的。

三、宇某公司没有骗取国家税款的犯罪目的

宇某公司2003年、2004年所面临的现实是：国内、国际钢铁产品供不应求，与钢铁生产相关的原材料购进市场的竞争十分激烈，原材料货源紧俏,原材料价格节节攀升;无票供应生产资料的情形十分普遍,周边铁厂不规范经营,在供应生铁时不能提供增值税发票;而宇某公司生产工艺和生产量确需大量的生铁,在这一系列客观情况下,宇某公司在购进生铁时才不得不接受废旧物资发票。

根据前述审计报告(见审计报告第33~34页),2003年2月至2004年12月共计23个月中有18个月中,宇某公司利用废旧物资发票购进生铁(实际供货方无票)的货物单价远远高于宇某公司取得增值税发票时正常购进生铁的货物单价,且从全年平均价格来看,2003年宇某公司利用废旧物资发票购进生铁(实际供货方无票)的货物单价比取得增值税发票时正常购进生铁的货物单价高18.8元/吨,2004年宇某公司利用废旧物资发票购进生铁的货物单价比使用增值税发票购进生铁的货物单价高30.23元/吨。

前述审计报告同时说明,“宇某公司截至2005年3月购进生铁、铁水,若全部取得税率为17%的增值税专用发票,则增值税进项税额为267,729,244.81元”(见审计报告第29页),根据此种情况,经计算,“宇某公司在2002年5月-2005年3月期间不需要缴纳增值税,且宇某公司尚余90,766,223.39元供下期抵扣”(见审计报告第30页);其中,“宇某公司在2003年-2004年期间,不需要缴纳增值税,且宇某公司尚余进项税额74,135,807.03元供下期抵扣”。

基于宇某公司利用废旧物资发票购进生铁(实际供货方无票)的货物单价高于同时期取得增值税发票正常购进生铁的货物单价的客观事实,以及宇某公司客观上如取得增值税专用发票则不需要缴纳增值税尚余进项税额74,135,807.03元供下期抵扣的情况,说明宇某公司取得废旧物资发票并不时为了骗取国家税款,实属不得已而为之,宇某公司没有骗取国家税款的犯罪目的。

四、宇某公司涉嫌虚开用于抵扣税款发票罪的事实与宇某公司涉嫌偷税的事实是两个互不关联的事实

本案宇某公司涉嫌的偷税犯罪事实,根据起诉书指控和一审判决认定,是指宇某公司“在生产经营过程中采取预收货款的方式销售货物,货物发出后不确认收入以及设置账外账,采取账外结算,隐匿销售收入”(判决书第59页第19~21行)的偷税行为;而宇某公司涉嫌虚开用于抵扣税款发票罪的行为是宇某公司在购进生铁时发生的,两者有本质的不同。

二审辩护人:

北京市京都律师事务所律师　田文昌

2007年3月5日

审理结果

一审判决认为,宇某公司在没有实际发生钢铁供销业务的情况下,接受或让他人为自己虚开废旧物资销售发票,其行为已构成虚开用于抵扣税款发票罪,判处被告单位宇某公司犯虚开用于抵扣税款发票罪,判处罚金300万元;犯偷税罪,判处罚金18,210.2064元,数罪并罚,决定执行罚金18,510.2064万元(其中,税务机关罚款12,366.6782万元予以折抵)。

徐某被控操纵证券交易价格罪案

案情简介

被告人徐某,男,1964 年 11 月 28 日出生,大鹏证券公司党委书记、董事长、法定代表人。2005 年 8 月 13 日,其因涉嫌操纵证券交易价格罪被深圳市公安局刑事拘留,同年 9 月 21 日经深圳市人民检察院批准逮捕。

同案被起诉的被告人还有曾某(2000 年 8 月至 2002 年 1 月任大鹏证券公司证券投资部总经理)、马某(2002 年 6 月至 2003 年 5 月任大鹏证券公司证券投资部副总经理)、吴某(2004 年 4 月始任大鹏证券公司证券投资部总经理)、尤某(大鹏证券公司证券投资部经理兼首席风险评估师)、林某(大鹏证券公司风险评估师)、易某(大鹏证券公司证券投资部交易员)、许某(大鹏证券公司证券投资部交易员)。

2006 年 9 月 18 日,深圳市罗湖区人民检察院以上述八名被告人涉嫌操纵证券交易价格罪向深圳市罗湖区人民法院提起公诉。公诉机关指控主要内容为:1998 年 9 月 16 日,大鹏证券公司作为“五矿发展”股票(以下简称“五矿发展”)配股的主承销商,负责承销“五矿发展”。1999年,被告人徐某、曾某等大鹏证券公司高层人员对“五矿发展”公司进行了考察,由被告人曾某出具相关分析报告提出自营“五矿发展”的意见,报被告人徐某、犯罪嫌疑人陈某(大鹏证券公司副总经理,在逃)同意后,大鹏证券公司陆续加大投资“五矿发展”,持仓量逐步增大。在此过程中,大鹏证券公司在其“五矿发展”持有量超过此股流通量的5%后未依法予以公示,且违反《证券法》关于禁止法人以个人名义开立账户交易证券的规定,陆续在深圳、北京、上海等17个城市的相关证券营业部开设资金账户348个,其中个人账户288个,用于分仓交易“五矿发展”。1998年9月21日至2004年12月31日,按公司高层人员部署,大鹏证券公司证券投资部负责“五矿发展”的投资操作,被告人曾某、马某、吴某先后担任大鹏证券公司证券投资部总经理并作为投资“五矿发展”项目的负责人向证券投资部的投资人员(包括被告人林某、尤某、易某、许某)下达交易此股的指令或通过上述被告人相互转达交易此股的指令,采用集中资金优势、持股优势连续买卖、自卖自买、相对委托等非法手段操纵“五矿发展”交易价格,造成了“五矿发展”价格的异常波动。被告人徐某作为直接负责的主管人员,其行为构成了操纵证券交易价格罪。

辩护思路

本案中,公诉机关指控被告人徐某的主要犯罪事实为:徐某曾带队考察并同意大鹏证券公司自营“五矿发展”;初期徐某曾组织协调各部门关系并调拨了部分资金用于操纵“五矿发展”,并且在一定阶段曾分管具体负责“五矿发展”自营项目的证券投资部。

辩护人通过会见被告人、详细查阅案卷和调查取证,发现公诉机关提交的证据并不能证明被告人徐某参与操纵“五矿发展”,并且从徐某任职情况来看,在公诉机关指控的犯罪行为期间,徐某担任大鹏证券公司董事长。而根据公司章程、有关法律规定及公司实际经营管理情况,徐某作为董事长,并不具体管理公司经营工作。基于以上两点,辩护人为被告人做无罪辩护。庭审中,辩护人通过对现有证据合法性、有效性、关联性的分析对比,针对“五矿发展”项目考察、决策、资金调拨、指令操作整个过程中的一系列行为,从主客观两方面全面分析了被告人徐某既未参与投资“五矿发展”及操纵“五矿发展”的决策,对公司的操纵行为也不知情,更没有调拨资金、指令操纵等实施操纵“五矿发展”的客观行为。因而不应被认定为本案直接负责的主管人员,不应被追究刑事责任。其中,辩护人通过罗列有关事实证据,特别强调:不能把徐某知道公司投资“五矿发展”等同于徐某决策操纵“五矿发展”,也不能把徐某履行董事长职责的一些正常工作行为等同于实施操纵“五矿发展”。据此,辩护人指出被告人徐某不构成操纵证券交易价格罪。法院判决虽认定被告人构成操纵证券交易价格罪,但从量刑看,徐某于宣判后2个月即刑满释放。

辩护词(一审)

审判长、合议庭:

北京市京都律师事务所田文昌律师、朱勇辉律师接受被告人徐某亲属的委托,担任其涉嫌操纵证券交易价格一案的一审辩护人。开庭前,辩护人会见了被告人,详细查阅了案卷,并做了调查取证。通过今天庭审举证、质证,综合本案的全部案情,根据相关法律规定,辩护人认为,被告人徐某不构成操纵证券交易价格罪。具体理由如下:

一、大鹏证券有限责任公司领导人员任职情况

根据起诉书,大鹏证券有限责任公司操纵"五矿发展"股票价格的行为由证券投资部完成,行为时间段为:1998年9月21日至2004年12月31日。而在此期间,徐某并非直接负责证券投资部的主管领导。

1. 证券投资部历任经理人员情况:

1998年9月~1999年12月,徐某某。

2000年8月~2002年1月,曾某。

2002年6月~2003年5月,马某。

2003年5月~2003年8月,徐某某。

2003年9月~2004年4月,谷某。

2004年4月案发,吴某。

2. 总经理历任人员情况:

1995~1998年,徐某。

1998~2000年11月,陈某某。

2000年11月~2002年9月,张某。

2003年年初~2003年9月,王某。

2003年9月~2004年9月,陈某。

2005年,徐某。

3. 主要领导任职时间:

徐某:1995~1998年,任公司总经理,法定代表人。

1998~2005年,任公司董事长,党委书记,法定代表人。

(2005年兼任公司总经理)

张某:1998年下半年任公司副总裁。

2000年11月~2002年9月,任公司总裁。

2002年9月~2003年10月,任公司副董事长。

2003 年 10 月 ~2004 年 9 月,到美国学习。

2004 年 9 月回国后,任副董事长,主持公司工作。

《2002 年 11 月 18 日执行委员会会议纪要》明确张某为投资决策委员会主任。

陈某:1998 年 5 月 ~2002 年 4 月,任公司财务总监。

2000 年 6 月,任公司副总裁。

2000 年 12 月 ~2001 年 6 月,任公司执行副总裁。

2002 年 3 月 ~2004 年 2 月,资产管理公司总经理。

2003 年 2 月 ~2003 年 9 月,公司副总经理、副董事长。

2003 年 9 月 ~2004 年 9 月,公司总经理兼首席运营官。

曾某:2000 年 8 月 ~2002 年 1 月,任证券投资部经理。

2002 年 1 月 ~2003 年 4 月,任证券投资部首席投资经理。

2004 年 6 月 ~2004 年 12 月,任公司副总裁。

张某某:1997 年 12 月 ~2000 年 8 月,任公司财务部经理。

2000 年 8 月 ~2002 年 4 月,任公司资金结算部经理。

2002 年 4 月 ~2004 年 2 月,任公司财务总监。

2004 年 2 月 ~2005 年 1 月,任公司副总经理。

从上可以看出,徐某仅仅于 1998 年之前任公司总经理,1998 之后任公司董事长。1998 年 9 月 21 日 ~2004 年 12 月 31 日案发期间,徐某均未担任总经理职务。

根据大鹏证券有限责任公司章程,董事长的职权是"召集主持股东会会议,检查股东会会议和董事会会议的落实情况",总经理的职权是"主持公司的经营管理工作,组织实施公司年度经营计划"。徐某作为董事长,并不具体管理公司经营工作,公司的经营管理由总经理负责。

二、徐某不是本案直接负责的主管人员,不应被追究刑事责任

起诉书将徐某认定为大鹏证券公司单位犯罪的直接负责的主管人员。何为“直接负责的主管人员”?根据《公安部关于如何理解走私罪中直接负责的主管人员和直接责任人员的答复》的规定,其是指对本单位实施犯罪“起决定作用的、负有组织、决策、指挥责任的领导人员”。辩护人认为,本案中,被告人徐某没有参与操纵“五矿发展”股价的决策,对公司的操纵行为也不知情,更没有实施操纵行为,不具备构成操纵证券交易价格罪的主客观要件。

(一)徐某不具备操纵“五矿发展”股价的主观故意

1. 徐某没有参与投资“五矿发展”以及操纵“五矿发展”的决策

(1)关于大鹏公司决策投资“五矿发展”的经过,事实不清。

徐某供述自己没有参与投资“五矿发展”的决策,他说自营“五矿发展”股票是“由证券投资部经理曾某考察并提出自营‘五矿发展’这只股票,由曾某向陈某、张某、徐某某汇报后,做出决策”;“是由投资管理委员会决策的,但最后还是由大鹏证券总经理张某决定”。

张某称听曾某讲是“徐某觉得该公司前景不错,就叫曾某建仓买入五矿发展股票”。对此,辩护人认为,首先,该内容是张某听曾某讲的,属于传闻证据,而曾某在庭上对此进行了否认,因此张某的说法自然也就不能成立。其次,张某作为证人的身份值得质疑。张某历任公司副总裁、总裁、副董事长,曾因本案被刑事拘留,后取保候审。需要注意的是,张某1998年下半年开始任公司副总裁,2000年11月至2003年年初任公司总裁(该时间段占指控操纵股票的绝大部分),2003年10月至2004年9月到美国学习回国后,任副董事长,主持公司工作。辩护人认为,张某长时间担任公司总裁,作为经营班子的“一把手”,其对公司犯罪有最直接的责任,存在重大犯罪嫌疑,与被告人徐某存在明显的利害关系,因此他的说法存在推卸责任的重大

嫌疑,不足采信。

曾某对于最初买入"五矿发展"的情况在供述中说"2000年我任命证券投资部经理后,公司分管领导陈某叫我所在的投资部写出调研'五矿发展'这只股票的报告"(补充侦查卷5第84页);"大约在2000年下半年陈某在办公室指示我,让证券投资部负责买入'五矿发展'"(补充侦查卷5第71页)。从中看出是陈某指示曾某买入的。

陈某则在所谓的"电子邮件"中将自己的责任推得一干二净。

上述四位公司高层领导对公司投资"五矿发展"到底是如何决策的,说法不一。该情节事实不清。

(2)没有证据证明公司曾经决策操纵"五矿发展",更没有任何证据证明徐某参与了操纵股票价格的决策。

从卷宗中所有证据看,没有任何证据证明大鹏公司有过操纵"五矿发展"的决策行为。如果是公司决策,公司是在什么时间、什么地点、由什么人员参加、如何决策的?如果不是集体行为,又是谁决定了操纵"五矿发展"价格的行为?徐某本人的供述一直很稳定,坚称他对公司操纵"五矿发展"股票交易价格一事不知情,而曾某、马某等部门经理均一致供述是陈某向他们发出的操纵指令。曾某当庭明确表示:投资"五矿发展"分两个阶段,初期是正常运作,后来股票下跌,为了挽回损失才开始产生操纵行为,操纵的决策人是陈某。

因此,从现有证据看,只能认定是陈某个人作出了操纵"五矿发展"的决定。现陈某在逃,无法证实其下达操纵"五矿发展"股票价格的行为是否另有原因。因此,证据链在陈某这个环节断裂,无法证实徐某参与了公司操纵股票价格的决策。

2. 徐某知道公司在投资"五矿发展"股票,不等于徐某知道公司在操纵"五矿发展"股价

徐某承认自己每年年底从财务报告中了解公司持有"五矿发展"

股票的情况,对公司自营“五矿发展”股票一事知情。但是,“证券自营买卖”是公司营业执照核定的业务范围,自营“五矿发展”完全是合法的业务,至于公司经营中采取了何种手段自营“五矿发展”,徐某并不知情,也不在他的管理范围。不能因为徐某知道公司投资“五矿发展”,就认定他决策操纵“五矿发展”股价。

3. 徐某知道公司重仓持股“五矿发展”,等待股票升值,没有操纵股价的故意

徐某通过年度董事会和年底的财务报表知道公司重仓持股“五矿发展”,但辩护人认为,不能据此认定徐某有操纵股价的故意,因为囤积股票待其升值与操纵股价是两回事。囤积股票待其升值主观上是一种被动的等待状态,也是任何股票投资者的正常投资行为;而操纵股价主观上则是主动地、人为地控制股票价格,两者具有本质的区别。因此,经营班子决策投资“五矿发展”待其升值,不是操纵股价的故意。徐某即使知道公司大量囤积“五矿发展”,与徐某知道公司人员操纵“五矿发展”也是两回事。

4. 不能因为大鹏公司存在动用大量资金长时间操纵“五矿发展”股票交易价格的行为,就反推徐某明知此事

公诉人认为,大鹏公司在长达几年的时间内,动用数亿元资金操纵“五矿发展”股票交易价格,对此,董事长徐某不可能不知道。辩护人认为,这是一种推测而已,在法庭上,一切必须以证据来说话。事实上,徐某仅仅在每年的董事会上听经营班子的汇报,看相关财务报表,虽然他了解公司经营的总体状况,甚至知道公司重仓持有“五矿发展”股票,但这和他知道经营中具体有无操纵股票价格的行为显然不能画等号,更不能将公司经营过程中的操纵行为归咎于徐某的决策或授意。

(二)徐某没有实施操纵"五矿发展"股价的客观行为

1. 大鹏公司在承销"五矿发展"中将剩余1000万余股股票购入,符合法律规定

根据《证券法》的规定,证券承销有代销和包销两种方式。代销的发行期满时如有剩余,代销人应交付发行人;包销则是承销人在发行时一次性将发行人的上市股票买入再分销出去,发行期满如有剩余必须由包销人买入,当然如果比例超过5%应报告证监会。

根据本案中《五矿发展公司与大鹏证券公司关于1998年配股主承销协议》第2条,大鹏公司"对公共流通股配股部分实行余股全额包销",因此,大鹏公司持有剩余1000万余股"五矿发展"股票,符合法律规定。

2. 所谓徐某带队"考察"五矿发展公司,不属实,也与操纵股价无关

关于曾某供述徐某曾带队去五矿公司考察,辩护人认为,首先,徐某和曾某在庭上进行了否认;其次,即使"考察"属实,也是正常的工作行为,不能与操纵股票价格联系在一起。作为证券公司的董事长,对自营股票的发行公司作一些了解,完全是正常的,也是应该的。关键的问题是,曾某明确证实:投资"五矿发展"分两个阶段,初期是正常运作,后来股票下跌,分管领导陈某为了挽回损失才开始指令操纵行为。因此,考察无论是否属实,与操纵行为都没有关系。

3. 所谓徐某在"五矿发展"建仓初期协调各部门关系的事实不能成立

曾某在2006年2月20日的讯问笔录中曾讲"当时董事长徐某、副总裁陈某协调了财务部、稽核部、法律部、资产管理部为我的部门准备了相应的资金和股东账户"(补充侦查卷1第39页)。对此,辩护人在法庭上对曾某作了询问,曾某当庭对所谓徐某协调各部门关

系一事明确进行了否认。辩护人认为,应以被告人曾某当庭证实的内容为准。并且,所谓“协调”并无书面协调会议记录,也无被协调部门经理的笔录辅证,这也印证了曾某在法庭上的陈述属实。

4. 徐某没有调拨资金用于操纵“五矿发展”

关于大鹏公司资金的调拨程序,张某某证实“日常运作的资金由部门分管领导审批就可以了,而投资自营业务所涉及的资金则需总经理(先是张某,后来是陈某)审批”。资金调拨程序是“由投资部门提出意见,报部门分管领导审批,接着由总经理审批,再由财务总监审批”。

张某某称“由徐某或张某定下来要调拨用于操作‘五矿发展’项目的资金后,就把指令下给证券投资部,再由具体经办人填写资金调拨单,在部门经理(曾某、徐某某)审批,交分管领导(陈某)审批,有一些资金的调拨还得经过徐某,具体哪些调拨单需要徐某批我就不知道了”(补充侦查卷5第50页)。但张某某又说“在自营方面,由大鹏公司证券投资部提出申请,由分管证券投资部的领导陈某审批,我只认陈某的签字,如果他审批同意,我则安排调拨资金。徐某和张某在资金调拨单上也有签过字,至于调拨的资金是否用于投资‘五矿发展’,我则不清楚”(补充侦查卷5第59页)。从张某某的笔录看,证明调拨资金是陈某负责,他“只认陈某的签字”,有关书证也显示陈某是资金调拨的批准人。

辩护人注意到,张某某关于徐某参与调拨资金一事的说法,与书证证实的内容相反:

卷宗中《公司投资部自营业务存入资金申请单》(补充侦查卷8第103~166页),批准人签名为陈某和曾某,没有一张申请单有徐某的签字。

卷宗中《关于五矿发展、广电网络、国投资源投资的情况说明》

(补充侦查卷17第1~5页)中“五矿发展等三只股票投资的资金来源和调拨情况”表格显示,资金批准人为陈某和张某某。

卷宗中《三只重仓股资金投入情况》(补充侦查卷8第55~57页)中“五矿发展项目资金投入审批情况表”显示,资金批准人为陈某和张某某。

卷宗中《关于大鹏证券有限责任公司原总经理陈某同志离任审计报告》(补充侦查卷8第87~102页)记载“造成该项目(五矿发展)失败的主要操作阶段的新增资金绝大部分经过陈某审批”(补充侦查卷8第94页),“五矿发展项目资金投入审批情况”显示,资金批准人为陈某和张某某(补充侦查卷8第95页)。

综上书证,辩护人认为,关于张某某谈及徐某参与调拨资金一事,与书证证实的内容相反,应以书证证实的内容为准。且张某某也说对徐某调拨的资金是否用于“五矿发展”并不清楚。因此,辩护人认为,张某某的笔录无法证实徐某参与了操纵“五矿发展”的资金调拨。

5. 徐某也没有指令过“五矿发展”的具体交易工作

(1)被告人曾某当庭推翻了自己原先在笔录中关于徐某向其下达交易指令的供述,并明确证实徐某没有向其发过任何交易“五矿发展”的指令。

曾某在2005年8月归案后最初的供述中,供述向其发出交易指令的是陈某,不是徐某。曾某同时还证实他没有向徐某汇报过“五矿发展”的具体情况。曾某供述当时证券投资部的“公司分管领导是陈某”;“当资金用完了以后,我就向陈某汇报,陈某又指示我继续买入,并让财务部另外开设账户存入资金,有时股价到了高位,陈某也会指示我卖出”(补充侦查卷5第71~72页);“是陈某具体指示我买入或卖出”(补充侦查卷5第73页);曾某“只是接受陈某指示”(补充侦查卷5第76页)。关于"有无向徐某汇报过五矿发展情况",曾某回答"记不清楚,我可能在徐某问我时讲过,但都是应付式的,没说什么实际内容"(补充侦查卷5第78页)。

曾某于2006年2月20日的笔录中指证徐某有部分指令行为,其中说到"公司领导徐某、陈某为了让我们坐庄的五矿发展显得活跃些,要求我们对敲","董事长徐某也常要求我们不要让股价跌下来"。对此,辩护人在法庭上对曾某作了询问,曾某当庭对所谓徐某上述行为进行了明确否认,并确定向其发出交易指令的人是陈某,不是徐某。

辩护人认为,曾某当庭的供述与其归案后的供述相印证,也与徐某的供述一致,应予以确认。因此,应当认定被告人徐某没有下达过交易指令。

(2)证券投资部历任经理都供述下达交易指令的是总裁陈某,不是徐某。其他被告人没有供述徐某有指令行为。

第一任主管"五矿发展"的证券投资部经理曾某证实是陈某向他下达交易指令,具体内容上文已详述,不再重复。

第二任主管"五矿发展"的证券投资部经理马某在笔录中证实:"陈某是证券投资部的分管领导","操作的大方向由陈某定"(补充侦查卷5第89页)。马某向陈某和曾某汇报工作,没有向徐某汇报过。[见笔录"你有没有向徐某汇报过'五矿发展'的情况?没有,那时候证投部的直接领导是陈某"(补充侦查卷5第95页)]马某在讯问笔录中回答"大鹏证券操纵'五矿发展'这只股票是谁指挥"时供述,"据我所知,在我任证券投资部总经理的这段时间,是由陈某指挥决策的,然后把指令传达给曾某,曾某再具体安排前台工作人员来实施"(补充侦查卷1第47~48页)。

最后一任主管"五矿发展"的证券投资部经理吴某在笔录中称是

曾某向其下达减仓任务,“大鹏证券投资股票的程序是由大鹏证券总裁陈某和大鹏资产管理公司的执行董事谷某负责”(补充侦查卷5第98页)。

本案其他被告人尤某、林某、易某、许某的供述均未涉及徐某。

从上述同案被告人的供述看,可以证明徐某未参与“五矿发展”股票的具体操作工作。

(3)陈某的电子邮件不足采信。

陈某在所谓发给张某的电子邮件中称:股东会和董事会基本上是徐某董事长把持;在经营管理层面,也是徐某董事长一人说了算;徐某不但是公司的董事长,也是公司的总经理;2000年是由徐某亲自分管证券投资部等直接投资业务,至2001年2月陈某分管时,“五矿发展”已于2000年下半年在徐某指挥下由曾某操作,达到了仓位最高值;公司的证券投资始终是徐某亲自掌控负责,陈某所谓分管只是摆设,陈某自己从来没有见过投资方案,也无法了解其具体操作情况。

辩护人认为,首先,该材料是一篇打印稿,无法考证其出处,无法证实该电子邮件来源的真实性;该材料也没有陈某的亲笔签名,不能证明该电子邮件确是陈某所发。张某在笔录中回答侦查人员提问“有陈某的名字(指打印的名字——辩护人注)就一定是陈某发给你的吗”时也承认“这我不知道”(补充侦查卷5第39页)。

其次,陈某是本案利害关系证人。陈某于2000年6月至2004年年底历任公司副总裁、执行副总裁、总经理等职,一直分管证券投资部,是本案在逃犯罪嫌疑人。根据卷宗中《关于大鹏证券有限责任公司原总经理陈某同志离任审计报告》记载,陈某是“公司自营业务的主要决策者、执行者和监督者”,“造成该项目(‘五矿发展’)失败的主要操作阶段的新增资金绝大部分经过陈某审批”(补充侦查卷8第

94页);“在公司证券投资等重大决策问题当中负有责任,是造成目前公司经营情况恶化的主要原因”(补充侦查卷8第101页)。因此,陈某作为公司经营班子的主要负责人,在这起单位犯罪中与被告人徐某存在明显的利害关系,存在推卸责任的重大嫌疑,该电子邮件不足为信。

最后,证人汪某(大鹏公司独立董事)证实大鹏公司“有较健全的现代企业法人治理结构及分工明确、各司其职的管理体系,是一个非常规范的公司”,“徐董事长主要负责董事会的工作,不参与经营班子的具体工作”,“外界传言大鹏公司是徐某一人把持,所有事情都听徐某的这种说法是站不住脚的,不真实的”。从汪某的证言看出,陈某的说法也与事实不符。

综上几方面分析,辩护人认为,徐某没有指令操纵“五矿发展”的指令行为。辩护人注意到,实际上起诉书也仅仅称操纵行为是“按公司高层人员的部署”,没有指控徐某有具体的部署行为。

6. 徐某也没有纵容单位犯罪的行为

《全国法院审理金融犯罪案件工作座谈会议纪要》将单位犯罪直接负责的主管人员界定为“在单位实施的犯罪中起决定、批准、授意、纵容、指挥等作用的人员”,其中讲到的“纵容”应该建立在知道单位存在犯罪行为的前提下。本案中被告人徐某仅仅知道公司在自营“五矿发展”,但并不知道公司有“连续买卖、自买自卖”等操纵股票价格的犯罪行为,因此,在徐某对单位犯罪不知情的情况下,不能认定徐某“纵容”单位犯罪。

至于公司持有“五矿发展”股票占流通股5%以上后,没有按规定报告上市公司和证监会的行为,属于违反收购上市公司的法定程序。1998年《证券法》第195条对此情形规定的法律责任仅仅是“责令改正,没收违法所得,并处以违法所得一倍以上五倍以下的罚款”,

没有规定刑事责任。而《证券法》对其他禁止性行为需要追究刑事责任的,都在该条款后特别加注“构成犯罪的,依法追究刑事责任”。从《证券法》的规定看,显然违反收购上市公司的法定程序没有刑事责任。同时,我国《刑法》及其修正案,没有将“违反收购程序”或“重仓持股”规定为操纵证券交易价格罪。因此,按照法无明文规定不为罪的原则,大鹏公司违反收购程序重仓持股的行为属于违反证券行政管理部门规定的违规行为,不是犯罪行为。既然不是犯罪行为,那么,徐某没有按规定要求公司报告证监会或行使董事会的权力制止经营班子也就谈不上“纵容”单位犯罪的问题。

通过如上分析,辩护人认为,被告人徐某不具备构成操纵证券交易价格罪的主客观要件,不是本案的直接负责的主管人员。《公安部关于如何理解走私罪中直接负责的主管人员和直接责任人员的答复》也规定:“单位的领导人如果没有参与单位走私的组织、决策、指挥,或者仅是一般参与,并不是起决定作用的,则不应对单位的走私犯罪负刑事责任。”最高人民法院《经济犯罪审判指导与参考》(2003年第3卷)发布的典型案例王璐林(偷税)无罪案的“裁判要旨”也认为:“单位的法定代表人是否应承担刑事责任,需视其是否具体介入了单位犯罪行为,本人并不知情的情况下,不应以单位犯罪直接负责的主管人员追究其刑事责任。”

最后,辩护人特别提请法庭注意的是,在本案中应注意严格区分两个概念:一是把徐某知道公司投资“五矿发展”股票,与徐某决策操纵“五矿发展”股票价格严格区别;二是把徐某履行董事长职责的一些正常工作行为,与实施操纵“五矿发展”股价的行为严格区别。如果将徐某正常的工作行为与公司操纵股票价格的行为混为一谈,根据一些表面现象,想当然地推定徐某明知并参与了有关操纵股票价格的行为,是明显站不住脚的。

综上所述,辩护人认为,徐某作为董事长,在这起单位犯罪案中,不是本案直接负责的主管人员,不应追究徐某个人的刑事责任。请人民法院查明事实,依法判决被告人徐某无罪。

以上辩护意见,请合议庭参考采纳。

被告人徐某辩护人:

北京市京都律师事务所律师　田文昌　朱勇辉

2006 年 11 月 3 日

审理结果

2006 年 12 月 14 日,深圳市罗湖区人民法院判决认定徐某等八名被告人犯操纵证券交易价格罪,分别被判处 1 年零 6 个月以下有期徒刑不等或免予刑事处罚。

余某某被控贪污罪案

案情简介

1994年8月，国有独资温州城市建设开发公司（以下简称城开公司）发起组建温州市诚达房地产开发有限公司（以下简称诚达公司）；注册资金500万元，城开公司占42%，配套公司占10%，乐清市温雁房地产有限公司（以下简称温雁公司）挂名占48%。余某某任法定代表人。

公司成立后500万元被城开公司、配套公司抽回。

公司成立后效益不好，1996年年底亏损100多万元，上级领导要求关闭，员工则要求保留。为此，余某某请民营的金田公司挂名收购国有股260万元股份，资金挂诚达公司“其他应收款——金田公司”账后付给金田公司再投回诚达公司，1997年3月作了股权变更工商登记。

此后，诚达公司经过数次股权变更及增资，股东变为一些个人和民营公司。

2003年11月底，余某某被审查，经审计，诚达公司所有者权益

7548 万元,加上公司原董事长黄某君分走 4089 万余元,检察机关指控余某某利用职务上的便利,采取虚假出资、虚假变更股东、虚构法定代表人的方式,通过变更公司股权的手段,侵吞以上 1.16 亿余元的公共财物。

辩护思路

要构成贪污罪,在主观上行为人必须具有非法占有公共财物的故意;客观上必须具有利用职务上的便利、非法占有公共财物的行为。

本案的事实表明,诚达公司的资产性质经历了两个不同的阶段,自公司成立到 1997 年 3 月,股东中包括国有企业城开公司;1997 年 3 月,工商登记变更后,金田公司代替了城开公司和配套公司的股东地位,诚达公司中已不含有国有股份。因此,自 1997 年 3 月以后,被告人接手诚达公司时,在不存在贪污对象(公共财物)且诚达公司资产当时为负数的情况下,则不可能存在贪污罪的问题。而且金田公司收购城开公司、配套公司股权的行为,实际上使已贬值的国有资产实现了保值。

至此,无论是从主观方面还是客观方面看,余某某的行为都不具备贪污罪的要件,不构成贪污罪。

辩护词(一审)

尊敬的审判长、审判员:

我们接受本案被告人余某某及其家属的委托,担任被告人余某某的辩护人。接受委托后,我们会见了被告人,进行了阅卷和调查取证,参加了法庭调查,现提供如下辩护意见,请法庭考虑。

起诉书认定的事实为:被告人余某某身为国家工作人员,利用职务上的便利,采取虚假出资、虚假变更股东、虚构法定代表人的方式,通过变更公司股权的手段,侵吞1.16亿余元的公共财物。

综合本案情况,我们认为,本案被告人余某某的行为,不符合《刑法》关于贪污罪的规定,起诉书指控余某某犯贪污罪的罪名不能成立。

其理由如下:

一、起诉书指控余某某贪污的是诚达公司的全部净资产,但诚达公司资产的性质不是国有资产

首先,从诚达公司的投资看,公司成立时,城开公司投入了210万元,配套公司投入了50万元,温雁公司投入了240万元,其中温雁公司的投资由城开公司提供,挂城开公司应收账款。公司成立后,诚达公司将城开公司、温雁公司投资全部返还给城开公司,把配套公司投资亦向其返还。这样,城开公司已收回了其提供给温雁公司的应收账款,形成了三个股东均对诚达公司负有资本填充责任的局面,但其对外的股东身份依然合法有效。所以,诚达公司的资产中仍含有国有资产[详见附表(一):诚达公司设立及资金流向图]。对此事实,辩护人不持异议。

后来,1997年3月,金田公司收购城开公司和配套公司股份,其投资款来自诚达公司,挂诚达公司应收账款。金田公司本应将股权收购款付予出让股权的股东,即城开公司与配套公司,但因两公司对诚达公司负有与股权收购款等额的资本填充义务,所以金田公司将投资款直接付予了诚达公司,实际上是代城开公司和配套公司向诚达公司履行了资本填充义务。由此可见,金田公司受让股权是支付了对价的,该股权转让是真实发生并有效的。至于金田公司的投资款来自诚达公司,因诚达公司将此款挂为应收账款,只不过是在诚达公司和金田公司之间形成了债权债务关系,并不影响金田公司股东身份的成立。

所以,自1997年3月起,诚达公司的投资主体变为温雁公司和金田公司,只不过是温雁公司对诚达公司负有资本填充义务,而金田公司对诚达公司负有偿还260万元债务的义务。但就像当初城开公司、配套公司抽走注册资金并不影响其股东身份一样,以上情况也不影响温雁公司和金田公司投资主体身份的成立。此时诚达公司中已没有国有企业投资,所以,自此诚达公司资产中并不再含有国有资产[详见附表(二):诚达公司资金来源及国有股权退出图]。

其次,从诚达公司的股东变更情况看,诚达公司的资产性质经历了两个不同的阶段,即股东中有国有企业的阶段和股东中没有国有企业的阶段。从公司成立到1997年3月,股东中包括国有企业城开公司,至1997年3月工商登记变更后,金田公司代替了城开公司和配套公司的股东地位,诚达公司中已不含有国有股份。股东是公司权益的享有者,城开公司从诚达公司退出后,其在法律上已对诚达公司不享有权益,所以诚达公司的资产性质,也从含有国有资产,变为不含国有资产[详见附表(三):诚达公司后期股权变更图]。

当然,我们也注意到,城开公司与配套公司在转让股份时,确未进行评估和审批,但其一,股权变更采用无因性、独立性原则,工商登记是认定股东身份唯一合法有效的依据。城开公司与配套公司在工商登记中一经金田公司取代,他们无须再对诚达公司的债权债务承担任何法律责任,而其责任即由金田公司承受,所以该转让一经工商登记即已成立和生效。其二,浙江省政府于1997年9月4日才发布了《浙江省企业国有产权转让管理暂行办法》,提出资产评估的手续问题(见证据卷11第3页),现并无证据证明该转让在1997年3月肯定属于违规行为。而且,更重要的是,转让之前国有资金的投入已经全部得到返还。所以,并不能因为当时转让未经评估与审批,即认为转让无效。

综上,诚达公司的资产性质分为两个阶段,因为1997年3月之后诚达公司已无国有资产,1997年3月之后,诚达公司的资产不属于贪污罪的犯罪对象。

二、被告人余某某的行为不构成贪污罪

1. 余某某在客观上无贪污行为。

首先,自诚达公司成立,至城开公司、配套公司退出前,诚达公司中的国有资产在内容和形式上未发生变化,但此期间,余某某未被指控有贪污行为。

其次,金田公司收购城开公司、配套公司股份时,余某某无公共财物可贪。根据温州会计师事务所[1997]温会内字354号《企业工商年检专项审计报告》(见卷5第43~44页),截至1996年12月31日,诚达公司所有者权益合计3,713,586.08元,其中实收资本500万元,未分配利润-1,286,413.92元,即当时诚达公司处于亏损状态。而实收资本500万元实际上已被城开公司和配套公司全部收回,所以当时诚达公司除了负利润外,无任何净资产,所以余某某根本无钱可贪。

最后,即使把挂在诚达公司应收账款上、被股东抽逃的500万元作为诚达公司的资产,则对于减去负利润后的净资产3,713,586.08元,余某某仍是无钱可贪。因为,如果说金田公司是余某某找来的,是它代替余某某持有诚达公司52%的股份,则因为金田公司对诚达公司有260万元的负债,则余某某就应还给诚达公司260万元。即使余某某把温雁公司的240万元应收账款全部要回,他还亏了20万元(城开公司与配套公司抽走的注册资金已由金田公司交回,不能再追)。如果说温雁公司和金田公司都是余某某的代言人,则余某某就对诚达公司负有500万元的债务;相对于3,713,586.08元的净资产,他亏得更多。

一个人不可能在贪污之后,自己的财物却因之更少。所以余某某在客观上根本不可能贪污。

2. 余某某在主观上无贪污的故意。

首先,在组建诚达公司的过程中,余某某没有侵吞公共财产的故意。

成立诚达公司的主要目的是改革国有企业,增强企业活力,调动干部职工积极性,探索国有房地产公司求发展求生存的路子。组建诚达公司经过了当时城开公司领导班子讨论研究(见余某某供述:证据卷2第5、6~8、28页,李某湖证言:证据卷3第6页,梁某证言:证据卷3第57页)。公司成立后,确实吸收了职工的集资款30万余元(见余某某供述:证据卷2第10页;南某长证言:证据卷3第21页;胡某锦证言:证据卷3第30页;吴某证言:证据卷3第54页;梁某证言:证据卷3第58页),这也证明了诚达公司的成立是为了调动职工积极性,搞活国有企业的初衷。

结合当时历史背景,诚达公司的成立,在时间上距离1993年11月14日中共十四届三中全会召开并通过《关于建立社会主义市场经济体制若干问题的决定》不久,而《公司法》也在同年12月29日第八届全国人大常委会第五次会议上获得通过,改革开放的新高潮正在全国兴起。余某某在城开公司做这样的改制试验是正常的,余某某设立运作诚达公司,想摸索和掌握将来国有企业改制为投资主体多元化的股份有限公司或有限责任公司的规律,这种想法合情合理,根本谈不上他当时有侵吞公共财产的故意。

其次,找金田公司收购城开公司、配套公司的股份,余某某也没有侵吞公共财产的故意。

诚达公司运作1年后,企业没有见到效益,处于亏损状态。上级公司温州建设集团公司领导在城开公司组建诚达公司之初即不支持,后又给余某某施加压力让其解散诚达公司;社会上负面舆论很多,甚至以匿名信等方式向上级公司反映情况;职工因没拿到红利意见纷纷。余某某迫于以上种种内外压力,一度决定要解散诚达公司,并就此事召开诚达公司经理会议。会上,林某勋等人认为,“公司解散了太可惜,办个公司不容易。别人议论是怕国有资产流失,把公司中国有资产退出,我们这班人自己搞,更有利于诚达公司的发展”。针对大家的意见,余某某决定把诚达公司继续办下去,并实际运作把诚达公司中城开公司及配套公司的股份转让给金田公司。所以,余某某以金田公司置换国有股份的转让行为是一种无奈的举措,是为了缓解与上级公司的矛盾和避免城开公司的经营风险,并不存在侵吞公共财产的故意(见余某某供述,证据卷2第8页;林某勋证言,证据卷3第49页;陈某贵证言,证据卷3第38页;黄某君证言,证据卷3第70页)。

3. 从金田公司收购城开公司、配套公司股份的结果看,该行为使已贬值的国有资产实现了保值,更证明余某某的行为不构成贪污罪。

如上所述,截至1996年12月31日,诚达公司所有者权益合计为3,713,586.08元,相对于实收资本500万元,诚达公司股东的投资已贬值和缩水,即城开公司、配套公司的260万元股权对应的净资产已少于260万元,而金田公司收购城开公司、配套公司的股份,是按照其注册资金等额收购的。所以从金田公司收购城开公司、配套公司的股份的结果看,该行为不但未造成国有资产的流失,反而使国有资产实现了保值。在此点上,余某某有功无过,更谈不上贪污犯罪的问题。

4. 至于金田公司收购城开公司、配套公司的股份以后,诚达公司股权的多次变更,如前所述,此时诚达公司已无国有资产,所以余某某的行为并不涉及贪污犯罪。

综上,被告人余某某在客观上未实施贪污行为,因当时诚达公司的资产状况,他也不可能进行贪污。余某某在主观上没有贪污公共财物的故意,金田公司收购城开公司、配套公司的股份的结果,使国有资产实现了保值。金田公司收购城开公司、配套公司的股份以后,余某某的行为不涉及贪污犯罪。所以,余某某的行为不构成贪污罪。

三、针对起诉书的指控,辩护人提请合议庭注意的几个问题

1. 关于诚达公司开发的几个项目的情况

(1)梧田龙霞生活区24—B地块。

该项目为诚达公司成立后,由城开公司转让给诚达公司,是项目与资金、权利与义务、收益与风险同时转出,决策和手续并不违反法律(见《地块转让合同》:证据卷10第49~50页;辩方证据第3组)。因为是开发项目整体转让,取得项目后还要进行开发,诚达公司虽获得了800万元预收楼款,但同时承接了继续投入3000万余元的义务(见瓯海区计委《关于开发梧田龙霞生活区24－B地块商品房项目建议书的批复》:证据卷10第44页),将来项目盈亏处于未定状态。对此,温州市审计师事务所(温审所字[1995]01号)审计查证报告特别说明,购房预收款不作经济效益核算依据(见证据卷10第59页)。而且,该项目转让发生于国有法人股退出之前,所以无论转让时该项目资产状况如何,均与侵吞、窃取、骗取等非法占有行为无涉。至于转让的原因,“一是诚达公司需要项目支持,二是城开公司集中精力搞好小南门开发,三是利润低于3%,不怎么好,只可以持平”(见余某某供述,证据卷2第18页),为此城开公司领导班子开会研究决定予以转让(见李某湖证言:证据卷3第8页;胡某锦证言:证据卷3第29页)。

(2)车站大道16-2地块及解放南路1号地块两个项目,是国有法人股退出诚达公司后,诚达公司开发的项目与贪污犯罪无关。且无论诚达公司当时如何取得以上项目,只要是开发行为,即是风险与利益同时存在,其盈亏处于不确定状态,故其不可能成为贪污对象。

2. 关于余某某的职务问题

余某某任职的基本情况如下:

1993~2001年,任城开公司总经理;

1994年12月~1998年4月,兼任诚达公司总经理;

1996年起,任温州建设集团副总经理、党委书记、总经理。

起诉书指控余某某的贪污行为一直持续至案发之时,但通过以上情况可以看出,余某某在诚达公司任职的时间至1998年4月止,其后余某某在诚达公司并无职务,其行为并非职务行为,如果对此后余某某的行为按职务犯罪论,并无法律依据。

另外,如果以余某某为城开公司总经理为由,指控其利用城开公司经理职务之便贪污的话,则城开公司的国有法人股已于1997年3月退出诚达公司,余某某作为城开公司委派到诚达公司从事公务的身份也同时失去了前提条件和基础。余某某此后在诚达公司担任职务已经不具有公职身份的性质,与从事公务无关,所以指控其利用职务上的便利侵吞公共财物亦不能成立。

所以无论从哪方面讲,指控余某某至其案发时止的行为均为职务犯罪,并不符合事实和相关法律规定。

3. 关于起诉书指控余某某贪污的数额问题

首先,暂且不谈1997年3月以后,余某某的行为是否属于职务行为,也不谈之后是否还存在贪污的客体,仅就起诉书将余某某案发时诚达公司的净资产数额作为余某某的贪污数额来讲,这种认定亦缺乏法律依据。诚达公司作为一个正在经营的企业,其资产状况是在不断变化的,我们今天开庭时诚达公司的净资产可能与余某某案发的数额已有所不同;如果增加了,是否还要增加对余某某贪污数额的指控?如果不增加指控的数额,那这部分多出来的资产,又与余某某案发时的资产在性质上有何区别?

其次,现在诚达公司的净资产是正值,就把净资产作为余某某的贪污对象,净资产越多,余某某的罪就越大。那么,如果诚达公司经营不好,现在是负资产呢?负数肯定是无法贪污的,那余某某是不是就无罪了呢?!刑法处罚的是犯罪行为,一个行为一经发生,其是否属于犯罪的性质就已确定。而如果余某某的行为没有任何变化,只是因为诚达公司的资产情况不同,其行为是否属于犯罪的性质就随之变化,这不但在法律上,就是在道理上也是根本讲不通的。

最后,辩护人要指出,即使按照起诉书的计算方法,起诉书指控余某某贪污1.16亿余元,数额依然不对,起诉书犯了重复计算的错误。

起诉书指控的1.16亿余元,为诚达公司的净资产7548万余元,再加上黄某某分走的4089万余元。但根据温州市人民检察院委托温州市审计局作出的《温州市审计局关于温州诚达房地产开发有限公司审计调查情况的报告》(温审投[2004]108号)显示,黄某某分得的信合大厦B1901、1902、401~406及二、三层办公用房,购房款12,703,452元已挂在诚达公司的"应收账款"上(见证据卷1第8~9页)。以上科目属于公司的资产科目,公司的净资产为资产减负债,所以诚达公司的净资产7548万余元中,至少已包括了黄某某分走的12,703,452余元。现起诉书把这些资产再加一次,实际上是犯了重复计算的错误,此点提请法庭予以注意。

综上,恳请合议庭在查清事实的基础上,正确适用法律,判决被告人余某某无罪。

辩护人：

北京市京都律师事务所律师　田文昌　孟　冰

2005 年 5 月 19 日

附：

（一）诚达公司设立及资金流向图

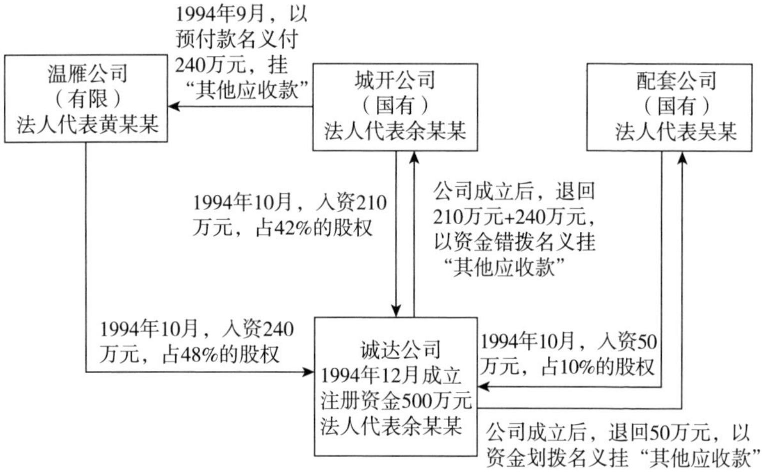

(二)诚达公司资金来源及国有股权退出图

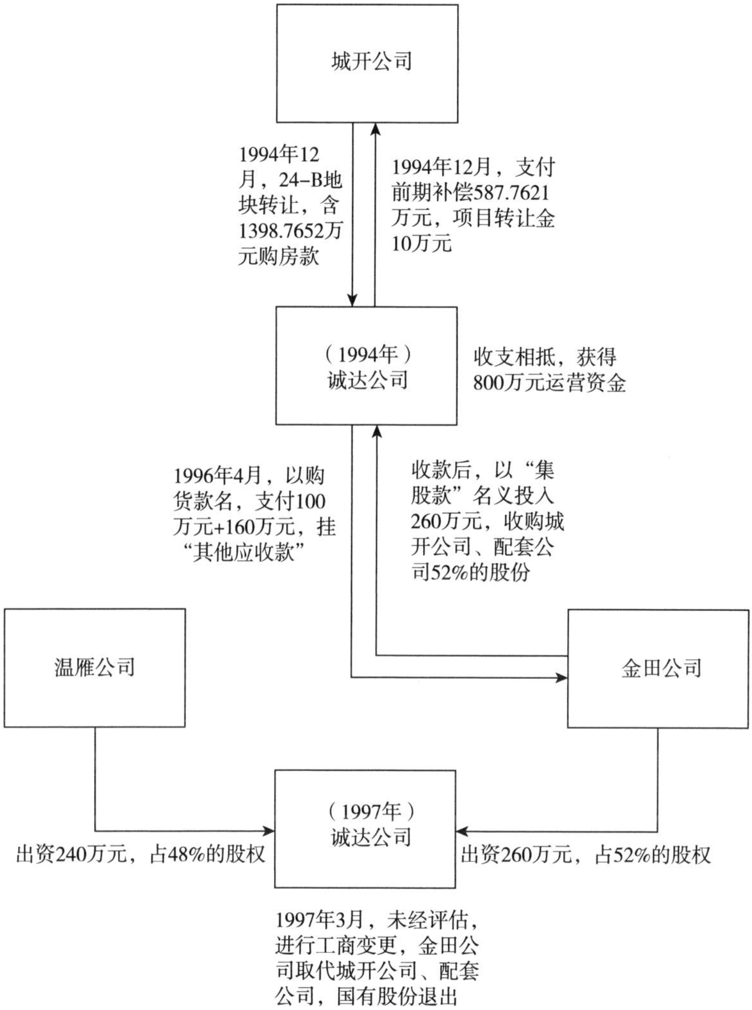

(三)诚达公司后期股权变更图

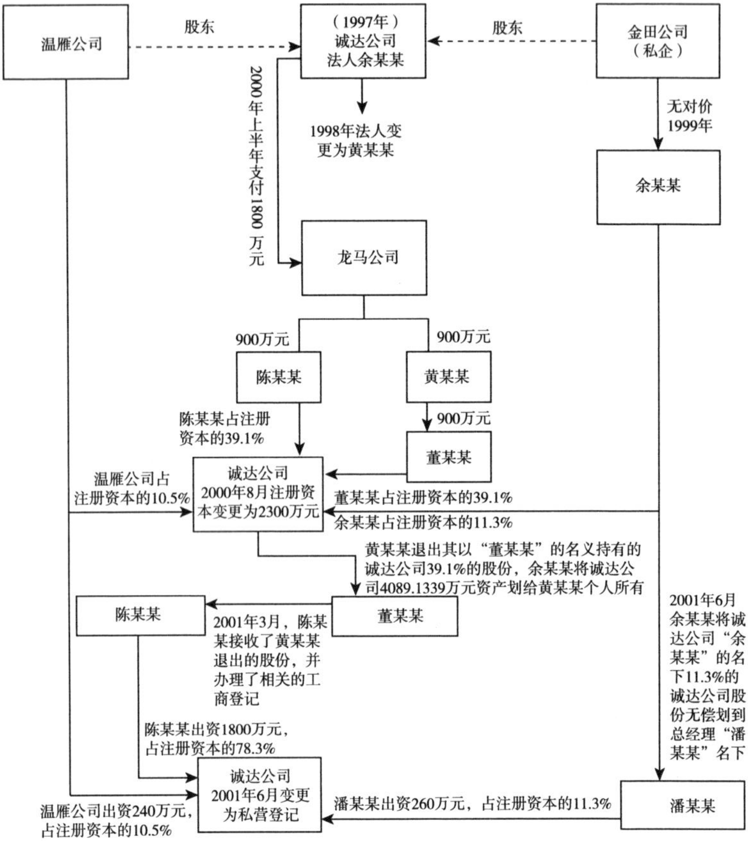

辩护词(第二轮法庭辩论发言)

辩护人针对公诉人的辩论发言,发表几点简要的补充辩护意见。辩护人认为,通过法庭调查和法庭辩论可以看出,本案中控辩双方观点的差异悬殊。尽管如此,辩护人仍然认为,虽然由于控辩双方的职能不同、角度不同,所形成的观点也因此有所不同。但是,控辩双方都是基于本案同一个法律事实,都在遵循同一部法律。所以辩护人非常希望双方能够诚恳地,以讨论的方式,尽可能把本案当中的具体案情和法律依据论证清楚,为法庭的公正判决提供一个更加坚实的基础。基于这样的认识,辩护人客观地、诚恳地提出如下补充辩论观点。

一、指控被告人余某某以变更国有股权的方式实施贪污的前提并不存在

公诉人在公诉意见中首先提出,公诉方举出的大量证据已经形成了一个完整的证明体系,证明被告人有罪。辩护人要指出的是,暂且不说这些证据能否自成体系,重要的是,这种体系究竟证明了什么?公诉人接下来讲,证明了被告人余某某以变更国有股权的方式实施贪污行为。对此,辩护人必须指出的一点就是:

如果像公诉人所认识的那样,被告人余某某确实以变更股权的方式实施了侵吞国有资产的行为,那么根据《刑法》的规定,余某某的行为也只是符合《刑法》第169条规定的"徇私舞弊低价折股、出售国有资产"的罪名,而不是贪污犯罪。这种结论是在公诉人的假定前提成立的基础之上。而问题在于,这个前提并不能成立。因为事实证明,在公司股权变更而国有股退出的时候,诚达公司所有者权益合计3,713,586.08元,相对于实收资本500万元,诚达公司股东的投资已贬值和缩水,即城开公司、配套公司的260万元股权对应的净资产已少于260万元,而金田公司收购城开公司、配套公司的股份,是按照其注册资金等额收购的,所以从金田公司收购城开公司、配套公司的股份的价格看,该价格不但不是低价折股,反而是高于该股权本身价值。所以,本案被告的行为也并不符合《刑法》第169条规定的罪名。可见,公诉人所提出的"证明体系"并不能证明被告有罪。

二、关于对本案性质的深入分析

辩护人认为,关于本案事实的争议并不是决定本案性质的焦点问题。本案争议的核心是法律依据和法律适用问题,能否正确理解法律的相关规定,才是区分本案中罪与非罪界限的关键所在。对此,辩护人不得不诚恳而坦率地指出,在本案的指控中,公诉机关出现了一个原则性的认识错误。而在这种错误认识的前提之下,形成了一起没有贪污对象的贪污犯罪。所以辩护人非常遗憾地认为,本案是一项不该发生的指控!为了全方位地深入分析本案的性质,辩护人愿意以换位思考的方式,从控辩双方的不同角度,对本案发生与发展过程的整体脉络加以慎重分析。下面我们先来分析控方的思路,接下来再分析辩方的思路。如果在分析控方思路时有不准确之处,请公诉人谅解与指正。

1. 关于公诉机关指控的思路

从法庭调查、质证和辩论的脉络来看,公诉人指控的思路是,余某某作为一个国企的老总,以采取不正当手段变更国有股权的方式,侵吞了国有资产。具体表现为:

(1)在本案中以作为国企的城开公司的资金去注册公司,以城开公司的名义去承担股东责任,以城开公司的名义去取得项目,在这个过程当中又有抽逃资金的手段,又有挂名股东的方式,如此等等。通过这样一系列的手段,达到了第一个目的,就是把诚达公司建立起来,把项目拿到手。

(2)接下来,正如法庭调查当中有的证人证言所说的,也像公诉人在法庭调查中所强调的那样,当时机成熟了,有钱可赚了,于是再进一步把城开公司和配套公司的股份退出,用金田公司的名义把国有股权排挤出去。

(3)再接下来,当国有股权退出之后,公司逐步盈利了,又通过增资扩股和再次变更股东的手段,将公司彻底变成了私有性质。从而完成了将大量的国有资产转到私人股东名下的这样一种侵吞过程,最终达到了彻底侵吞国有资产的目的,形成了贪污犯罪的既遂。

不知道我的描述是否准确,我想大致如此。如果以这个思路来分析的话,余某某罪不可赦。那么,事实是否如此呢?下面,我们再来分析辩方的观点。

2. 关于被告方的辩护思路

(1)国有股退出的原因和过程,并非像公诉人上述指控的那样。法庭调查当中余某某讲得很清楚,当时设立诚达公司的原因是多方面的,如为了尝试企业改制,为了调动职工的积极性,为了退出风险和困境,为了求发展,为了让职工参股等,才成立了诚达公司。而这些原因得到了一部分证人的证实,而且很多证人证言也表明,在成立的当初有分歧;成立了过后有很多人,包括上级领导和群众都有反映,不同意诚达公司继续搞下去。在这种情况下诚达公司的职工又希望保留诚达公司,才发生了退出国有股份,加入私营股份的情况。

至于证人证言中提到,说对成立诚达公司的问题不知情,对国有公司退股的问题不知情。辩护人在法庭调查质证当中已经指出了,这些证人证言的内容显然是不真实的。为什么可以这样讲呢?道理很简单,因为诚达公司不是秘密成立的,更不是秘密运作的;更何况几十名职工入股是出了钱的,退股以后他们又是收回了钱的。在这种情况下居然可以说一问三不知,都不知道。这种说法是没有可信性的。我们暂且不去分析这种证人证言在何种特定条件下所形成,我们只说它违背了基本的认识逻辑,也违背基本事实,这是不可信的证据。更何况在很多证人当中都自己申明,与余某某有这个矛盾那个矛盾受到余某某的排挤等。这种与被告人具有明显利益冲突的证人证言的真实性本身就值得怀疑,当它与其他证据发生冲突的时候,当然不具备证据效力。这是一个认定证据的原则,不是个理论问题。

因此,整个转股的事实过程与公诉人的指控是有区别的。但正如我在前面所强调的那样,这个过程对于认定本案的性质其实并不重要。

(2)我所强调的更重要的一点是,即使公诉人所说的这样一个过程存在,我们暂且不争论究竟在什么背景下、什么原因之中实现了转股,就假定是余某某出于某种说不清的目的来实现转股,也同样不存在贪污犯罪的问题。理由非常简单,也就是说,1997 年 3 月诚达公司的股东置换发生之前,诚达公司的资产在实际上是处于负一百多万元的状态。这是个非常重要的事实。法庭调查当中也有涉及,我在此进一步澄清一下这个问题。

当时的情况,根据审计报告、财务报表和年检报告,诚达公司的所有者权益合计 3,713,586.08 元,其中实收资本 500 万元,以所有者权益减实收资本,未分配利润为 -1,286,413.92 元,即当时诚达公司亏损一百多万元。但这里的实收资本 500 万元也是虚的,实际上已被城开公司和配套公司全部收回去了,所以当时诚达公司的资产状况实际上是除了一百多万元的负利润外,无任何净资产,它的资产状况实际上就是负债一百多万元。

下面讲一讲负利润怎么理解。因为有一部分房子没卖出去,公诉人理解为当时利润没有显示出来。这个理解是不对的。利润没有显示出来,意思是说存在利润,只是没有显示出来。而事实上是并没有发生利润。所以利润的未显示和利润的未发生是具有本质区别的完全不同的两种概念,千万不能混为一谈。这个问题不用我来说,也不用公诉人来说,审计报告和年检报告是不可改变的原始证据。诚达公司当时的财务报表“资产负债表”中资产项下,已明确包含了尚未卖出的房子的成本价值和公司的所有资产,这些全部资产与全部负债相抵,相对于实收资本,其利润就是负数。这是一个不可改变的事实。

那么,在这个事实成立的前提之下,在诚达公司实际上根本没有净资产,利润又是负数的前提之下,我们设想怎么会出现贪污的问题呢?能不能说余某某预谋或者预计有可能取得多少利益?他贪污的是这种可能发生的或者预计发生的与风险相伴随的某种不确定的利益吗?如果真亏了呢?余某某贪污什么呢?贪污负资产吗?任何一个国家的刑法都没有规定贪污负资产是犯罪的,因为贪污负资产实际上就是除了承担债务外一无所获。所以一开始我就说,本案形成了一个非常可怕的没有贪污对象的贪污犯罪。众所周知,任何一个贪污行为都必须有贪污的对象,这个对象就是法律明确规定的公共财物。那么当这个公共财物实际上并不存在并且成为负数的情况下,贪污罪从何而来呢?我想这是个非常值得重视的问题。

(3)公司设立及股权转让过程中出现的违规操作问题,与贪污罪并无内在联系。为了证明余某某构成犯罪,公诉人列举了在诚达公司设立及股权转让过程中所存在的一些违规操作问题,并认为这些问题已经形成了认定余某某犯罪的证明体系。对此,辩护人要强调的是,我们现在所讨论是余某某能否构成贪污犯罪的问题。那么,按照法律的规定,认定余某某能否构成犯罪关键在于,要弄清楚他侵犯了谁的利益。确切地说,我们应当换一个角度来思考,不要只看被告人行为如何不规范,重要的是看被告人的行为究竟侵犯了什么样的权益,有没有这样的事实。如果确有侵犯国有资产的事实,那就具备了贪污犯罪的客体,否则,就不可能存在贪污犯罪的问题。现在我们来具体分析一下。

法庭审理中出现一系列的听起来让人觉得与犯罪似乎有关的问题。比如说抽逃资金,打入500万元就抽走了。那么我们说抽逃资金侵犯了谁的利益?事实是抽逃资金没有侵犯城开公司的利益,而是保护了城开公司的利益;是城开公司把资金抽逃走了。当然,抽逃资金情节严重可以构成犯罪。但是本案的抽逃资金没有造成法律规定的后果,所以说这是违法但不犯罪。重要的是,因为他没有侵犯城开公司的利益,因而与贪污罪无关。

又如挂名股东,无论是陈某升的个人股东也好,还是温雁公司、金田公司挂名股东也好,都没有侵害城开公司的利益,与构成贪污罪也没有关系。

接下来,公诉人还强调,在国有股退出的时候,金田公司进入时并未注入资金,进而就形成了一种借用金田公司的名义以股权置换的手段侵吞国有资产的逻辑推断。这种推断的确具有很大的误导性。从形式上看,从诚达公司支出260万元又打进来,金田公司确实没有出资。但是,首先,根据民事法律的规定金田公司有偿债义务,它对诚达公司欠债,对此有账可查;其次,它有资本填充义务,实际上是在公司负债的情况下替城开公司、配套公司承担了资本填充义务,承担了民事法律关系上不可推卸的、对外无法对抗的一种民事责任。那么它是帮了忙,还是占了便宜?很显然金田公司一点便宜没占,余某某本人更没占便宜。因此,也没有侵犯城开公司的利益。

至于后面说到的诚达公司增资扩股问题以及余某某对诚达公司的控制权问题,统统与贪污犯罪问题没有任何联系。1997年以后的增资扩股是发生在国有股退出之后,而在没有侵犯国有财产利益的前提下,余某某对诚达公司的控制权究竟如何也并不重要。

综上可见,公诉人所强调的前述种种违规操作问题并不能成为支持其指控罪名的证据。但是,这些问题却可以形成一种误导,既可以误导公诉人自身,也可以误导他人,使人们感觉到余某某干了一系列的、不规范的违法的事情,所以他就是个坏人,就是个贪污犯。但是,辩护人在此要特别强调的是,在司法活动中,我们万万不可如此简单化、表面化地认识问题,我们的结论只能建立在事实证据和法律规定的基础之上。既然前述列举的种种违规操作都没有侵犯国有资产的利益,就不能以此作为指控被告犯有贪污罪的理由。

(4)公诉人关于诚达公司项目“稳赚不亏”的假设有对被告人“欲加之罪”之嫌。刚才公诉人还提到一个观点,即国有股退出的前提是这个项目“稳赚不亏”。这是公诉人的原话。辩护人认为,公诉人的这种定论式的推断,是违背常理的,也是不负责任的。这是一种料事如神的判断,也是不可能成立的判断。我们知道在市场经济中,每一个经营活动都是利润与风险并存,谁敢说某个项目就“稳赚不亏”呢?不存在这样的事实。如果这个推定可以成立的话,那么世界上就没有赔本的生意。为什么我说这个问题,我不是吹毛求疵,因为它很重要。因为正是建立在这个推断之上,才认为余某某当时虽然在亏了100多万元的情况下让国有股退出,但是他已经料定了实施这个项目“稳赚不亏”,因此他借此机会把国有股挤出去,好占国家的便宜。但是这个推断的前提并不存在,由于“稳赚不亏”的这种假定不可能存在,所以不可能以此假定为前提来认定余某某的主观犯罪故意,这是法律上不允许的。更何况法律上注重的是事实,没有行为的事实,任何动机都不可能构成犯罪。所以,这种观点的唯一作用就是误导,是以此方式来描绘出余某某的贪污动机。

通过以上分析不难看出,当我们对控辩双方各自的思路进行深入比较之后,本案的性质已经十分清晰了。但是为了更加透彻地理清本案中交叉存在的各种不同法律关系,辩护人还要重点说明一下本案中刑、民两种法律关系的联系与区别问题。

三、正确区分和把握刑、民两种法律关系交叉存在的界限以及相互关系,是正确分析本案性质的认识基础

辩护人所强调的第三点补充意见就是,本案之所以出现认识上的巨大分歧,其根源是公诉机关在指控中混淆了民事法律关系与刑事法律关系的界限。本案中处处体现了刑、民两种法律关系交叉存在的问题,两种法律关系有些时候相互联系又有区别,有些时候又互为前提和基础。因此,只有在透彻分析这两种法律关系之关系的基础之上,才能得出关于本案性质的正确答案。根据公诉机关指控的思路,概括起来,辩护人重点说明如下几个问题:

1. 关于如何界定股份公司的经济性质问题

本案发生的主要事实是股权转让。按照公诉人的思路,第一步是转让使国有股退出;在国有股退出之后,又一步一步地把它变成了私营登记。公诉人认为前一阶段中虽然国有股退出了,但还没有变成私营登记,因此还没有改变国有性质,直到后来诚达公司完全把股东变为私营登记的性质为止,这时公司性质才发生变化,才转为私营。

首先,这一认识是完全错误的。为什么这样讲?很清楚,私营登记是一种表述,这没错,私营登记肯定是私营性质。但是在1997年3月的时候,当国有股已经退出,诚达公司唯一的两个股东都是私营企业的时候,那么它不是私有吗?至少可以是非国有吧?那么在非国有的前提存在之下,它能说是国有吗?在非国有公司里难道还存在国有资产吗?所以说从1997年3月开始,诚达公司的基本性质已经由公变为私,其“公”与“私”性质的转变已经完成了。

至于后来又如何继续演变,完全与本案没有关系,与贪污犯罪没有任何联系。公司的性质已经完全变为私有了,我们何必去分析它是“大私有”还是“小私有”?是私有企业为股东,还是私人个人为股东?因为这二者没有本质区别。所以,辩护人始终认为,从1997年3月的股权转让之后,诚达公司的任何一种变化,与本案都没有任何关系。我们没有必要去研究它。我们所研究的就是1997年3月以前这一段时间里余某某的行为能不能构成犯罪。换句话说,余某某如果构成犯罪,其犯罪也只能发生在1997年3月之前。

2. 关于股权转让的效力问题

公诉人强调,由于股权转让的时候没有做评估,所以当时的转让是无效的。首先,我们已经宣读了证据,当时并没有必须作评估的硬性法律要求。其次,退一步讲,即使在当时的转让手续中确有瑕疵,但是在工商登记已经变更的情况下,民事法律关系已经确立了,这是不可否认的事实。而一旦民事法律关系确立之后,城开公司对外就不再承担任何责任,对内也不享有任何权利。如果后来诚达公司对外发生了经济纠纷,法律上不可能以当时的转让有瑕疵为由要求城开公司替诚达公司承担经济责任。这是民事法律关系中的一个基本原则问题。正因为有这样的原则,我们暂且不谈它的转股是否有问题,只要证明工商登记变更了,民事法律上就生效了。所以,在民法意义上,国有股退出时股权转让的效力是不可否认的。

3. 关于股权转让效力的前后一致性问题

在说到股权转让的效力时,公诉人的观点又出现了一个难以自圆其说的矛盾。公诉人认为,1997年国有股退出时的股权转让是无效的,后来增资扩股时也是无效的,而直到最后转变为私营登记时才是有效的。对此,辩护人必须指出,公诉人又犯了一个逻辑错误,因为即使是无效的,那么前边无效,后边也依然无效,怎么可能前边无效后边又突然变成有效呢?会有这样的事情吗?这是一个明显的逻辑矛盾。前提不存在,后果又如何发生呢?试想,如果按照公诉人的“瑕疵”理由可以否定1997年股权转让的效力的话,那么,按照同样的理由则更足以否定最终转让为私营登记的效力。在这个问题上是不可以采用双重标准的。

所以,如果按照公诉人转让无效的观点,诚达公司的股权转让则自始至终必然统统无效,那么,到今天为止,这些财产还在公司的账上,余某某并没有拿到家里一分钱,又如何去认定余某某构成贪污犯罪呢?这显然是一个不可解决的逻辑矛盾。辩护人之所以强调说明这个问题,目的并不是有意渲染公诉人的逻辑错误,更不是玩文字游戏,而是为了进一步说明,即使变换一个角度,公诉人的指控理由也仍然是无法成立的。

以上观点仅是辩护人针对公诉人的辩论观点所发表的补充辩护意见,与第一轮发表的辩护意见相结合而形成完整的辩护意见。辩护人认为,对被告人负责,更要对法律负责,这是每一个法律工作者应当遵循的基本原则,对本案的定性非同小可。因此,希望法庭能够高度重视,慎重考虑辩护人的辩护观点,依法对被告作出公正判决。

谢谢!

辩护人:

北京市京都律师事务所律师　田文昌

2005年5月19日

辩护词(二审)

尊敬的审判长、审判员:

北京市京都律师事务所田文昌、孟冰律师受本案上诉人余某某及其家属的委托,担任余某某的二审辩护人,依法参加本案的审理。

在本案进入二审程序后,我们本已向贵院提交了辩护词,但由于浙江省人民检察院又向贵院提供了新证据,并在开庭时提出了不同于一审的检察意见,故我们将分三个部分论述我们的辩护意见,请合议庭考虑。

第一部分　关于一审判决

通过对本案一审证据和判决的认真分析,我们认为,虽然本案的基本事实本来是清楚的,但是一审判决却刻意回避了对部分决定案件性质的关键事实的认定,致使一审判决缺乏事实基础,成为一份事实不清、证据不足的判决。因此,我们认为目前本案的焦点在于通过对案件证据的细致分析以全面认定本案事实,并通过对案件事实的法律分析,正确理解、适用法律的相关规定。在事实清楚、证据充分的基础上对案件进行客观认定,这才是区分本案中罪与非罪界限的关键所在。

为了全面、准确、清晰地表达观点,辩护人在坚持一审辩护意见的基础上,针对一审判决书的问题发表如下辩护意见,以求二审法院能够客观认定本案事实、正确适用法律,保护公民和企业的合法利益。

一、一审判决故意回避了对1997年3月股权变更行为性质及由此引起的诚达公司资产性质变化的分析和认定,这是一审判决错判余某某行为构成贪污罪的关键所在

就本案而言,对于1997年3月股权变更行为性质及由此引起的诚达公司资产性质变化的分析和认定,对于余某某在1997年3月之后的行为是否可能构成贪污罪具有决定性意义。如果1997年3月股权变更后,诚达公司已经成为民营公司,由于缺乏贪污罪的客观要件,则余某某在1997年3月之后的行为在任何意义上都不可能构成贪污罪;只有在认定1997年3月股权变更后的诚达公司资产仍为国有资产的前提下,才存在余某某可能构成贪污罪的客观条件。但是,我们惊讶地发现:对于这样一个具有前提性重要意义的案件事实,一审判决居然刻意回避,未作出明确认定。

在一审判决对诚达公司资产性质认定的表述中(见一审判决第21页),其仅对1997年3月股权变更之前诚达公司的性质进行了分析,认为虽然城开公司和配套公司抽回了注册资金,但诚达公司性质仍为国有,对此辩护人并无异议。但城开公司和配套公司并非仅仅是抽回了注册资金而已,它们还于1997年3月进行了股权转让。而一审判决却对此次股权变更,及由此引起的诚达公司资产性质变化只字未提,而是从城开公司和配套公司抽回注册资金,直接跳到了余某某行为构成贪污的认定。这样的认定是不全面、不客观的,因而也是不公正的。

我们认为,正是1997年3月的股权变更,使诚达公司的股东构成发生了变化,从而引致诚达公司的资产性质随之发生了变化,对这个问题绝不能避而不谈,只有对这个问题进行了清晰、明确的分析,才能得出余某某的行为是否构成犯罪的正确结论。

鉴于我们在一审辩护词中已对此问题进行了详细说明,在此我们仅简述如下:

1.1997年3月股权变更的原因和背景是:诚达公司成立后效益不好,处于亏损状态;上级公司不支持,要求解散公司;社会上负面舆论很多,议论纷纷。余某某迫于压力,一度决定解散公司,但公司员工要求继续办下去,于是余某某找来金田公司受让城开公司及配套公司的股份。在此,余某某并无侵吞公共财产的故意。

2.股权变更对国有资产的影响是:金田公司替国有公司承担了资本填充义务,使国有公司在抽逃注册资金后全身而退,在投资缩水的情况下,实现了国有资产的保值。

3.股权变更的结果是:城开公司及配套公司退出了诚达公司,公司的股东变为了金田公司和温雁公司,因国有股份的退出,公司资产的性质也由国有资产变为非国有资产。

所以,1997 年 3 月的股权变更,并非余某某有明确贪污故意的犯罪行为,该行为并未给国有资产造成损失。变更后公司资产性质发生了变化,变为非国有资产,因为失去了贪污的犯罪对象。所以,股权变更后余某某的行为并不构成贪污犯罪。

二、一审判决还故意回避了对 1997 年 3 月股权变更之前诚达公司资产状况的认定,而当时的资产状况决定了,无论对股权变更行为的性质如何认定,均因不存在贪污对象,而不能认定余某某行为构成贪污罪

对于 1997 年 3 月余某某是否有可能构成贪污罪,关键在于判断 1997 年 3 月股权变更前诚达公司的资产状况。具体来说,如果当时诚达公司处于负资产状态,则根本不存在贪污对象,余某某也就更不可能构成贪污。

根据一审时控方提供的温州会计师事务所[1997]温会内字 354 号《企业工商年检专项审计报告》(见证据卷 5 第 43 ~ 44 页),截至 1996 年 12 月 31 日,诚达公司所有者权益合计 3,713,586.08 元,其中实收资本 500 万元,未分配利润 -1,286,413.92元,即当时诚达公司处于亏损状态。而实收资本 500 万元实际上已被城开公司和配套公司全部收回,所以当时诚达公司除负利润外,无任何净资产,所以余某某根本无钱可贪。

余某某上诉后,温州市人民检察院委托温州市华欣资产评估有限公司对诚达公司 1997 年 3 月末、1999 年 11 月末和 2000 年 8 月末三个时点的资产状况进行了资产评估;华欣公司出具的《评估咨询报告》称 1997 年 3 月末诚达公司的评估咨询值为 11,626,222.35 元,其中含实收资本为 5,000,000.00 元和未分配利润 6,626,222.35 元,开庭前又调整评估咨询值为 11,065,186.38 元。

这份评估报告正如我们提交的北京世纪智源资产评估有限公司

出具的《审阅意见》、中华财务会计咨询有限公司出具的《审核意见》以及我们开庭时对该报告发表的质证意见说明的那样:该《评估咨询报告》评估方法错误,评估依据不充分、不可靠,存在大量的事实错误或遗漏,不能提供准确的评估结论;格式上极不规范,甚至没有评估机构法定代表人和注册资产评估师(评估人)的签名,完全不符合法定要求,特别是不符合《刑事诉讼法》第120条对鉴定结论应当签名的要求,所以不具有作为证据使用的必备形式要件。

正因为存在这些无法掩饰的根本缺陷,温州华欣资产评估有限公司对其本身出具的评估咨询报告的效力和时效问题根本就无法作出承诺,在出具该报告时即已限定了使用范围——仅限于委托方温州市人民检察院内部参考之用,而且“材料的全部或部分内容不得提供给其他任何单位和个人”。请合议庭注意,相对于委托人温州市人民检察院,贵院和被告人余某某均属于其他单位和个人,也就是说,这份评估咨询报告是不能在今天的庭审中使用的。这样一份只有“内部参考”作用的鉴定结论,特别是这样一份其鉴定人已明确申明不得提供给除温州市人民检察院以外的任何单位和个人的鉴定结论,怎么能够作为定罪量刑的依据呢?!

对于这份《评估咨询报告》,我们将在辩护词的第二部分再详细进行质证。

1997年3月诚达公司股权变更前的亏损状态本是非常明显的事实,一审开庭时也对相关证据进行了非常充分的质证,但一审判决对此竟还是一字不提,进而作出了这项没有贪污对象的贪污的判决。这只能证明一审判决并非根据事实而得出结论,而是先有结论再对事实进行选择和取舍。而温州市人民检察院更是在没有任何理由,也未提供任何理由证明其原来提交的证据——[1997]温会内字354号《企业工商年检专项审计报告》具有违法性和虚假性的情况下,又以此缺乏事实依据和法律依据的事后“评估”来否定自己提交的原始证据。其目的显而易见——就是刻意要将诚达公司1997年3月以前的负资产的事实以事后评估的方式“变”为正资产，为余某某构成贪污罪“创造”出莫须有的犯罪对象。

对此我们不得不提出，温州市中级人民法院和温州市人民检察院这种先入为主的做法在司法实践中是极端错误的，是必须予以纠正的。

三、一审判决认定的余某某的三起具体的贪污行为，亦缺乏充分的证据支持，经不起认真推敲，因而均不能成立

一审判决认定的余某某的三起具体的贪污行为见一审判决书第23页，现分述如下：

1. 关于“被告人余某某在没有出资的情况下，将城开公司的260万元注册资金转至自己名下予以侵吞”

(1)凭什么要出资？

诚达公司已经成立，原始股东的出资义务已经完成，股权受让人并无对公司出资的义务，仅有向转让方支付股权转让对价的义务，所以根本不存在除原始股东以外的其他人再对公司出资的问题。

(2)凭什么要余某某出资（支付对价）？

股权受让人是金田公司，它是支付对价的义务人，余某某不是。退一步讲，即使金田公司是代为持股，但并没有一份证据证明它是代余某某持股。通观全案证据，只能证明找民营公司接替国有公司是诚达公司员工会议上的决定，余某某只是经手联系了金田公司，该股权虽然后来一段时间内转到过余某某名下，但不久又转到了潘某新名下，没有任何一个人证明该股权是属于余某某个人的。所以对此只能理解为金田公司是代诚达公司全体员工持股，根本不存在要余某某出资（支付对价）的问题。

(3)到底有没有出资(支付对价)?

不管金田公司是代谁持股,事实是金田公司确实将260万元支付给了诚达公司,金田公司本应将该款支付给城开公司与配套公司,但因两公司对诚达公司负有与该款等额的资本填充义务,所以金田公司将该款直接付予了诚达公司,实际上是代城开公司和配套公司向诚达公司履行了资本填充义务。由此可见,金田公司受让股权是支付了对价的。至于金田公司的投资款来自诚达公司,因诚达公司将此款挂为应收账款,只不过是在诚达公司和金田公司之间形成了债权债务关系,而法律并不禁止借钱投资。所以并不能因为金田公司的付款来自诚达公司,就认为金田公司没有付款。

(4)是否侵吞了注册资金?

首先,股东的注册资金一旦投入设立的公司,即成为属于公司所有的实收资本,变为公司的财产,故只有在被股东抽逃时,才使用注册资金的概念,其他任何侵占行为,只能定义为侵占公司财产,不可能存在侵吞注册资金的概念。

其次,一审判决之所以发明了这一“侵吞注册资金”的概念,其原因无外乎是:如果说余某某侵吞了公司财产,他实在是一分钱也没拿到手里,而且根据当时诚达公司的资产状况,他也实在是无钱可贪;如果说余某某贪污了260万元对应的股权,则他对公司的贪污行为即已完成,那么就像我们一审时提出的:“一个人偷了一只鸡,这鸡下了一百只蛋,又孵出了一百只鸡,那他的罪名也只是偷了一只鸡,而不是偷了一百零一只鸡。”余某某既已完成对股权的贪污,则对该股权衍生出的资产,余某某不可能再贪污一次。所以如果判决余某某贪污了股权,就会使后面的两项贪污判决无法成立,因此一审判决才发明了“侵吞注册资金”这一概念,而这种定罪方式是不能成立的。

(5)余某某是否贪污了股权?

既然注册资金不可能被贪污,而余某某又没有实际占有作为公司财产的260万元中的一分钱,那么他是不是贪污了260万元对应的股权呢?答案也是否定的。因为,正像前面及一审时我们分析过的,股权转让是诚达公司员工的要求,股权受让人是金田公司,没有证据证明金田公司是代余某某个人持股,股权转让支付了260万元对价,股权转让没有给国有资产造成损失。所以说余某某贪污了股权亦与事实不符,不能成立。

综上,“侵吞注册资金”这项判决,是一项缺乏公司法基本常识的判决,是一项缺乏证据支持的判决,是一项与已查明事实不符的判决,因而是一项错误的判决。

2. 关于“与黄某某以他人名义共同将诚达公司的财产增资1800万元至自己名下予以侵吞”

(1)“以他人名义”与“至自己名下”的说法,本身就自相矛盾,1800万元中的900万元明明是至陈某升名下,怎能说是至余某某自己名下呢?

(2)没有任何一个证据证明陈某升是代余某某个人持股,对此只能理解为该股份属于诚达全体员工所有,判决余某某贪污没有证据支持。

(3)增资发生在2000年,而余某某自1998年4月已不在诚达公司担任任何职务。其虽任城开公司经理,但城开公司1997年3月已退出诚达公司,余某某在城开公司的职务根本与诚达公司无关。他怎么利用职务之便,实施职务犯罪?

(4)最重要的是,增资发生在国有股退出以后,当时诚达公司资产已非国有资产,无论增资方式有何问题,均与以国有资产为犯罪对象的贪污罪无关。

3. 关于"与黄某某共同侵吞公共财物4000多万元"

(1)分走财物的是黄某某,余某某分文未得,指控其侵吞与事实不符。

(2)当时担任诚达公司法定代表人的是黄某某,余某某在公司无任何职务,职务犯罪无从谈起。

(3)如上所述,黄某君分走财产也是发生在国有股退出以后,当时诚达公司资产已非国有资产,无论余某某在此事上发挥了什么作用,同样与以国有资产为犯罪对象的贪污罪无关。

综上,一审判决在本案基本事实通过庭审质证已基本明晰的情况下,强行认定的余某某的三项贪污罪行均缺乏事实基础和证据支持,因而不能成立;一审判决之所以是一份事实不清、证据不足的判决,不是问题没有查清楚,而是为了达到既定目的而把可以说清楚的问题故意不说清楚,是先定罪而后再拼凑理由。这种做法不仅对被告人余某某极其不公正,也丧失了刑事诉讼应有的客观公正性,是错误的。

第二部分　对《评估咨询报告》的质证意见

应温州市人民检察院的委托,温州华欣资产评估有限公司于2006年7月10日向其出具了《温华资评报字(2006)第060号〈评估咨询报告〉》(以下简称《报告》),并由温州市人民检察院作为被告人余某某贪污(上诉)一案之证据向法庭提交。我们认为,由于《报告》在内容与格式上存在诸多严重错误,不符合国家有关法律法规的规定及行业规范的要求,不是有效的鉴定结论,不具备对外法律效力,不应作为证据采纳。

一、通过我们对鉴定人的当庭询问,《报告》存在严重问题

1.《报告》第1页称,其根据了一审判决认定的事实,而一审判决

并未生效,根据其进行评估显属不当。如果一审判决认定的事实可以作为二审时评估报告的依据,那么,评估报告和二审程序就失去了公正的基础而没有意义。

2.《报告》第2页称,在材料、人员缺失的情况,直接影响了评估结论的准确性。鉴定人当庭承认,其只能保证工作态度是公允的,但并不能肯定其得出的三个评估值是准确的。

3.《报告》第3页称,委托方(即温州市人民检察院)未明确评估范围。鉴定人当庭承认,其并未按惯例要求委托方明确,而是自行确定了评估范围。

4.《报告》第4页称,其法规依据包括财政部财评字〔1999〕91号文《资产评估报告基本内容与格式的暂行规定》,但《报告》并未按该规定要求由评估方法定代表人及评估师签名。鉴定人当庭承认,其既把该规定列为法规依据,又未按该规定执行。

5.《报告》第4页称,在报告撰写后、定稿前,鉴定人征求了有关方面意见,但鉴定人当庭又称未征求任何方面意见。由此可见,或者鉴定人征求了其不便指明的有关方面的意见,因此有违《报告》第三面声明的独立性、客观性及不受外界干扰和影响的原则,所以其不敢承认;或者其实际进行的工作与其在《报告》中表述的不符,使人不得不怀疑《报告》的真实性。

6. 重要的是:《报告》第8页,在其计算出的1997年3月诚达公司唯一项目龙霞生活区营业收入中,其称数据来源于附表7。但让鉴定人自己核对结论数据和附表7数据,其亦承认根本不符。如果附表7是真实的,则《报告》的结论就是错误的;如果附表7是错误的,《报告》的结论数据又从何而来?

7. 更重要的是:《报告》附表7在计算商品房单价时存在严重问题,其把营业用房的售价,混入商品房的售价中去平均(见附表7第2

页之郭某英、朱某平、胡某贤、徐某生,这些人及所购房同样可在附表7第1页营业房明细中找到),因营业房单价一般高于商品房1500元,这样做,其结果就是人为地提高了商品房的平均单价,又因该项目商品房面积大大多于营业房,所以这种混同就增加了整个项目的评估值。

对于鉴定人这一自称有十几年工作经验的专业人员,以及由五人组成的评估小组而言,辩护人认为,以上错误已不能仅仅用工作不认真、不负责来解释了。

8. 最重要的是:在检察员询问鉴定人时,其一再提示鉴定人评估结论虽然不准确,但只是评低了,而不是评高了,鉴定人开始拒绝对评估值高低进行评价,后在检察员反复提示下,才承认是按低的评的。

辩护人必须指出,首先,检察员这种诱导性发问是极为不妥的。其次,根据实际情况,说评估值评低了,也是根本站不住脚的。其理由是:

鉴定人在庭上承认,1997年温州房地产市场不好,是从1998年好起来的。根据一审时温州市人民检察院提供的温州市审计局〔2004〕108号审计调查报告(见该报告第6、7页),从1994年12月8日诚达公司取得该项目,到1996年6月金田公司受让城开公司、配套公司股权,在一年半的时间里,诚达公司仅售出9套房,这印证了鉴定人、被告人所称当时温州房地产市场不好的说法确是事实。按照鉴定人关于市场从1998年开始好起来的说法,到2003年项目结束时,市场肯定是好于1997年的。但温州市审计局审计的结果是,项目结束时,该项目一共才赢利552万余元。

在项目已建成并基本售出,且2003年市场已明显好于1997年的情况下,才盈利552万余元。在项目尚未完工、一年半仅卖出9

套、市场明显不好的情况下，却评出项目值为606万余元(《报告》评估值11,065,186.38减去500万元实收资本)，怎么还能说是评低了呢?!

所以，《报告》的评估结论以及评估值就低的说法，根本是不能成立的。对于诚达公司1997年3月的资产情况，只能按照已被一审质证的证据来认定，即当时亏损128万元，在城开公司、配套公司将实收资本500万元全部抽出的情况下，诚达公司实质上就是处于负资产状态。

9. 此外，经我们庭后查证，出庭的鉴定人根本就没有注册资产评估师资格。根据有关规定，资产评估应由注册资产评估师进行，所以，《报告》就更不能作为证据使用了。

二、《报告》属于咨询类报告，未能满足评估目的

温州市人民检察院在致温州华欣资产评估有限公司的温检经诉〔2004〕7－1号函中明确表明是为被告人余某某贪污(上诉)一案而委托华欣公司对三个时点的“诚达公司的资产状况进行评估”。

但《报告》的名称却表明本报告为“评估咨询报告”而非“评估报告”;《报告》第1页第1段写明“对被告人余某某一案中……三个时点的资产状况进行了评估咨询工作”“现将评估咨询情况及评估咨询结果报告如下”……一再表明该《报告》性质为“评估咨询报告”。

温州市人民检察院在委托中要求进行的是“资产评估”，但是温州华欣公司提供的却仅仅是“资产评估咨询”，根本未能满足委托方对评估目的的要求，不能作为诚达公司三个时点资产状况的鉴定结论使用。

三、《报告》仅起内部参考作用，不具有对外法律效力

财政部财评字〔1999〕91号文《资产评估报告基本内容与格式的暂行规定》规定:“四、资产评估报告书正文　(一)评估报告书正文应按照以下基本内容和格式撰写:……14. 评估报告法律效力……(十五)评估报告法律效力 1. 具体写明评估报告成立的前提条件和假设条件;2. 写明评估报告的作用依照法律法规的有关规定发生法律效力;3. 写明评估结论的有效使用期限。"

依据以上规定,我们发现《报告》在法律效力方面存在以下问题:

1. 只有按照财评字〔1999〕91 号文进行资产评估并出具的《资产评估报告书》,才能根据法律法规的有关规定发生法律效力,而没有任何法律法规明确规定《评估咨询报告》具有法律效力。也就是说,《评估咨询报告》这种形式本身即不具有法定效力,不能作为鉴定结论在刑事诉讼中使用。

2.《报告》不仅没有依照《暂行规定》的要求对法律效力进行说明,更在第 11 页"十一、需要说明的问题"中明确表明,"本评估咨询报告受上述诸多因素的限制,其结果仅供委托方内部参考使用,材料的全部或部分内容不得提供给其他任何单位和个人"。也就是说,温州华欣对其本身出具的评估咨询报告的效力和时效问题根本就无法作出承诺,更在出具时即已限定了该报告的使用范围——仅限于委托方温州市人民检察院内部参考之用。应该指出,相对于委托人温州市人民检察院,贵院和被告人余某某均属于其他单位和个人,也就是说评估人已明确说明,这份评估咨询报告是不能在今天的庭审中使用的。

综上所述,我们认为《报告》缺乏作为证据使用的对外的法律效力,根本就不应作为鉴定结论向法院提交。

四、《报告》缺乏必备形式要件,不具有合法性

1.《刑事诉讼法》第 120 条规定:"鉴定人进行鉴定后,应当写出鉴定结论,并且签名。"

财政部财评字〔1999〕91 号文《资产评估报告基本内容与格式的

暂行规定》规定:"……(十七)尾部 1. 写明出具评估报告的评估机构名称,并盖章;2. 写明评估机构法定代表人姓名并签名;3. 至少由两名注册资产评估师盖章并签名。"

无论是作为资产评估报告还是作为鉴定结论而言,《报告》都缺少评估机构法定代表人、注册资产评估师(评估人)的签名这一必要的形式要件,并由此导致《报告》不能作为合格的证据来使用。

2.《报告》在格式上极不规范,不符合法定要求。

财政部财评字〔1999〕91 号文《资产评估报告基本内容与格式的暂行规定》规定:"……(七)评估基准日 3. 须对确定评估基准日对评估结果影响程度作出明确揭示;4. 申明评估中所采用的价格是否是评估基准日的标准,如不是则说明原因。"

而《报告》违反上述规定,没有对确定评估基准日对评估结果影响程度作出明确揭示,也没有申明评估中所采用的价格是否是评估基准日的标准或者对此说明原因。这不仅不规范,更可能影响评估结论的可信度。

财政部财评字〔1999〕91 号文《资产评估报告基本内容与格式的暂行规定》规定:"……五、备查文件　资产评估报告书的附报文件至少包括如下基本内容:1. 有关经济行为文件;2. 资产评估立项批准文件;3. 被评估企业前 3 年会计报表(至少包括企业资产负债表、损益表);4. 委托方与资产占有方营业执照复印件;5. 产权证明文件复印件;6. 委托方、资产占有方的承诺函;7. 资产评估人员和评估机构的承诺函;8. 资产评估机构资格证书复印件;9. 评估机构营业执照复印件;10. 参加本评估项目的人员名单及其资格证书复印件;11. 资产评估业务约定合同;12. 重要合同;13. 其他文件。"

《报告》备查文件存在遗漏,缺少资产占有方营业执照复印件、产权证明文件复印件、资产占有方承诺函、资产评估人员和评估机构的承诺函、参加本评估项目的人员名单及其资格证书复印件等文件,不符合相关规定的要求,至少是极其不严谨的。

五、《报告》不能提供准确的评估结论,缺乏作为鉴定结论使用的必要的可信度,不具有客观真实性

1.《报告》本身即已反复表明无法保证评估咨询结论的准确性。

《报告》第2页"三、评估咨询范围和对象"说明:"委托评估咨询的资料受客观条件限制较大,将直接影响到评估咨询结果的准确性。""我们将本次评估咨询范围仅限于温州诚达房地产开发公司资产中的开发成本、开发产品与代摊费用项目,以及相应的负债项目。除上述项目外,资产占有方温州诚达房地产开发公司账面反映的其他项目均不作评估;而以原账面值列入评估咨询值。"

《报告》第5页第1段称:"本次评估在资产清查核实时,无法联系有关经办人、无法函证应收应付款项,无法盘点低值易耗品等存货……本次清查仅对涉及'代摊费用'的资产项目做清查调整。"

《报告》第6页"九、评估方法和技术说明(一)、总体说明"第二段注明:"由于缺乏各阶段的实际建筑工程量资料,开发工程项目的完工程度不详,开发成本与开发产品的资产增值无法准确计算。"

温州华欣正是因为知道无法保证自己出具的《报告》的准确性而反复申明《报告》仅供"参考使用"。由于准确性是鉴定结论具有刑事诉讼意义上的证明效力的前提条件,因此,《报告》不应作为证明诚达公司三个时点资产状况的鉴定结论来予以采信。

2.《报告》评估方法错误、评估依据不充分、不可靠,导致评估结论不准确,缺乏可信度。

《报告》的评估范围、商品房可销售面积的确定方法、确定工程项目约当完工程度、工程总成本的方法、商品房未售部分销售均价的确定方法都存在严重错误,评估依据亦不充分、不准确。这些问题在我方提供的由中华财务会计咨询有限公司出具的《关于温州诚达房地产开发公司评估咨询报告审核意见》和北京市世纪智源资产评估有限责任公司出具的世纪智源审函字〔2006〕1101号《对温州华欣资产评估有限公司温华评资报字(2006)第060号〈评估咨询报告〉的审阅意见》中都有详细说明。

由于《报告》评估方法错误、评估依据严重不足且缺乏必要的可靠性,由此得出的评估结论当然不具备作为刑事证据使用的必要的可信度。

3.《报告》中存在大量的事实错误或遗漏,缺乏必要的严谨与准确。

(1)《报告》中多处出现"车站大道19-2地块",如第1页倒数第5行,事实上诚达公司开发的是车站大道16-2地块。

(2)《报告》正文及附表中使用的是"营业房""商品房"的说法,实际上诚达公司开发的房产只分为住宅、非住宅两类,概念运用上存在错误。

(3)《报告》正文第7页倒数第3段"其中商品房1845平方米……营业房10,277平方米",数据记载颠倒错误,实际应为营业房1845平方米,商品房10,277平方米。

(4)《报告》正文第8页倒数第5行将"详见附表9"记为"详见附件6"。

(5)备查文件提供错误。《报告》正文引用的备查文件5为1999年1月30日签订的"购房补充协议"(第14页倒数第4段),而实际提供的却是1998年2月18日签订的"购房协议书"。

(6)《报告》之九"评估方法和技术说明"之(二)中,累计平均单价数据单位错误记为"1,478.66平方米/元"(第8页第6段2行),应为"元/平方米"。

(7)《报告》之九“评估方法和技术说明”之(二)中,累计平均单价中有关面积、单价、总价款数据与附表7所列数据前后不符。《报告》数据为商品房5348.248平方米,平均单价为1478.66元/米,总价款7,908,264.70元,营业房576.335平方米,平均单价为3181.47元/平方米,总价款1,833,590.20元(第8页顺数6段);而附表7数据为商品房5281.995平方米,平均单价为1463.37元/米,总价款7,729,516.06元(附表7第2页),营业房642.588平方米,平均单价为3131.62元/平方米,总价款2,012,338.84元(附表7第1页)。

(8)“购房协议书”规定诚达公司出售给温州市郊区信用合作联社的车站大道16-2地块A幢房屋为非住宅房(营业、办公楼),《报告》附表8第1页日期2000年12月31日凭证字号转-1却错误作为住宅房记为商品房收入。

(9)“诚达·信合大厦价目表”记载诚达公司销售车站大道16-2地块B幢房屋二、三层为非住宅房(酒店),面积均为1479.68平方米,但《报告》附表8第2页日期2001年6月29日凭证字号转-1却错误作为住宅房记为商品房收入,并且面积、单价、金额均不同于“诚达·信合大厦价目表”之数据。

(10)《报告》附表7第3页日期1997年12月21日凭证字号转-1错误将会计账目上调整科目转账作为住宅房记为商品房经营销售收入。相同错误还有本页日期1998年2月1日凭证字号转-3。

(11)《报告》附表7第6页日期2000年7月19日凭证字号现-60错误将营业房收入记为住宅(商品房)收入(单价2590.04元/平方米)。相同错误还有第5页日期1999年12月1日凭证字号银-36(单价2559.99元/平方米)。

(12)《报告》附表7第5页日期1999年6月1日凭证字号现-44面积、单价和金额均异常,但《报告》中无任何说明。

《报告》中存在的诸多这样的事实错误或遗漏,不仅严重影响了《报告》的准确性,更充分说明《报告》是极其不严谨的,是与严肃的刑事诉讼活动不相符的,不应在本案中作为证据被采信。

六、《报告》的评估依据错误,与本案定罪的事实缺乏关联性

最后,我们一定要特别指出的一点是:诚达公司在1997年3月股权变更后,公司性质变更为私营企业,也就是说,在1997年3月之前才存在余某某贪污诚达公司国有资产的可能性。温州市人民检察院为说明诚达公司的资产状况一审时已经向法庭提交过温州会计师事务所出具的〔1997〕温会内字354号《企业工商年检专项审计报告》,这才应是证明诚达公司在1997年3月前资产状况的最为合法有效的证明,而该审计报告明确表明截至1996年12月31日,诚达公司仍是处于严重亏损状态的。

值得注意的是:该审计报告是温州市人民检察院在一审开庭前向法庭提供并经过庭审质证得到法庭确认的。〔1997〕温会内字354号《企业工商年检专项审计报告》是当时出具并以诚达公司当时的资产状况为依据,且该审计报告的结论与温州市人民检察院提交的另一份证据——诚达公司财务报表记载的内容相互吻合、相互印证。

此两份证据不仅具有财务依据,而且真实体现了当时当地房地产市场状况,又不带有任何主观倾向性。因此,这属于客观记载诚达公司当时实际财务状况的、真实有效的原始书证。

温州市人民检察院在已存在前述已经庭审质证确认的合法有效证据的前提下,在时过境迁10年后的今天,以事后追溯的方式,脱离当时的实际情况,抛开诚达公司当时的财务账目,又取得了这份《报告》。这种做法违反了获取证据客观真实的原则。

如果说,在缺乏原始证据的情况下,事后的评估还具有一定的参考作用。那么,在原始证据明确、具体的情况下,事后的评估不仅没有意义,而且没有法律依据。除非能够证明原始证据的形成是非法的,或者其内容是虚假的。

然而,温州市人民检察院在没有任何理由,也未提供任何理由证明其原来提交的证据具有违法性和虚假性的情况下,又以此缺乏事实依据和法律依据的事后"评估"来否定自己提交的原始证据,其目的显而易见——就是刻意要将诚达公司1997年3月以前的负资产的事实以事后评估的方式"变"为正资产,为余某某构成贪污罪"创造"出莫须有的犯罪对象。因此,该份试图用以否定原始证据的《资产评估咨询报告书》不能反映诚达公司当时的资产状况,与本案所要证明的事实缺乏关联性。

综上所述,《温华资评报字(2006)第060号〈评估咨询报告〉》形式与内容上均不具备刑事诉讼证据的基本要素,不具有法定证据效力,不能作为定案的依据。

第三部分　关于指控被告人1997年3月贪污1100万余元

首先,辩护人对检察员当庭表述的,同意把1997年3月国有股退出诚达公司的时间作为认定本案被告人是否犯罪的唯一时点的观点,表示认可,这正是我们在本案一审、二审过程中一直坚持的观点。

但是,辩护人认为,检察员关于在此时点上被告人余某某的行为构成贪污罪,贪污数额即为《报告》所称的1100万元的观点,缺乏证据支持和法律依据。

鉴于我们前面已详细论述了余某某行为不构成贪污罪的辩护理由,并对《报告》发表了充分的质证意见,在此不再赘述。现仅针对检察员在庭上发表的公诉意见,提出几点针对性意见,供合议庭考虑。

一、关于主观故意

检察员称,余某某当初提议组建诚达公司时即动机不纯。但我们在检察员此后的表述中，却并没听到对动机怎么不纯的具体解释，反而检察员也说是为了调动职工积极性，让职工在企业发展中受益；这怎么算是动机不纯呢？而且就算是职工积极性调动起来了，企业效益好了，职工也因此得了实惠，就算这就是动机不纯，但这又与贪污的主观故意有什么关系呢？重要的是，动机并非犯罪的构成要件，关键是要表明有无犯罪的事实。

二、关于是否入资

这一问题我们在第一部分已针对一审判决进行了详细说明，即在实际操作中，金田公司是入了资的（应为支付了股权转让款），只不过该款是从诚达公司借的，但法律并不禁止借钱投资，就更谈不上贪污犯罪。

此外，值得强调指出的是，金田公司以借款260万元的方式出资收购股权实际上本来就是多余之举。理由很简单：金田公司的收购方式其实是一种承债式收购，即以承担股权持有人的对外负债及投资亏损作为对价，来收购股权持有人的股权。这种收购方式在日常经济活动中屡见不鲜。根据股权持有人负债及亏损数额相对于其投资额的大小，经常出现零对价甚至负对价的情况。

对照本案当时情况，金田公司对诚达公司入资，其实是在替城开公司、配套公司承担资本填充义务。城开公司和配套公司抽回了260万元投资后，即形成了对诚达公司的负债260万元，此外其投资企业还存在128万元亏损，即使不考虑亏损，金田公司只要承担其对诚达公司260万元负债，即已与其投资数额相等。从公平角度讲，对此金田公司即可以零对价收购城开与配套公司股权，更别说金田公司进入诚达公司后，还要承担原股东的经营亏损了，若将此计算在内，则金田公司的投资款应当是负对价。因此，即使金田公司不投入资金，只要它承担了城开公司、配套公司对诚达公司的负债，就应视为其是支付了股权转让对价的,该股权转让行为一样是合法有效的。

鉴于实际上金田公司替城开公司、配套公司承担了资本填充义务,再反复地对金田公司从诚达公司借款再投回诚达公司这一行为进行分析,无论得出什么结果,也否定不了金田公司受让城开公司、配套公司股权成为诚达公司股东的合法性。

三、关于诚达公司股权的归属

检察员在反驳辩护人关于诚达公司的股权是属于全体职工的观点的时候,其反驳的证据是现有工商登记显示,没有任何一个员工是公司的股东。对此我们认为,首先,诚达公司11.3%的股权在潘某新的名下,潘即公司总经理,属于公司员工,所以检察员的说法与事实不符。

其次,按照检察员的逻辑,如果工商登记没有谁的名字、谁就不是股东的话,现在工商登记也没有余某某的名字,又凭什么认定余某某是实际的股东呢?对同一性质事实的认定,不能使用两套不同的证明标准,否则就是自相矛盾。

对于这一问题需要反复强调的是,在本案中,没有任何一份证据证明金田公司是替余某某个人持股,按余某某的说法,诚达公司是属于公司全体员工的。金田公司到底是在替谁持股,在这个问题上,不能因为公司其他人都说不是自己的,就认定是余某某的,这是不符合《刑事诉讼法》关于证明标准的要求的。而如果这个问题还没有得到充分证据证明,指控余某某犯贪污罪,根本就无从谈起。

四、关于余某某是否侵吞了公司利润

余某某侵吞了公司利润,这是检察员在论述余某某行为构成贪污罪时提出的观点,辩护人认为,此点与事实不符。首先,余某某没有从诚达公司拿走一分钱,这是客观事实,现在也没有任何证据证明余某某侵吞了公司财产或利润。

其次,在1997年3月,诚达公司根本就没有利润,这也为本案已经质证的审计报告及诚达公司当时财务报表所确认。鉴于此问题又涉及《报告》,辩护人在此再针对检察员就该报告发表的意见提出几点补充意见。

五、关于《报告》的几点补充意见

1. 利润的有无,到底是不是做账的问题?

检方一再强调:诚达公司之所以在财务账面上呈现亏损状态,是因为当时诚达公司在为购房人开具发票前,将其向购房人收取的售楼款放在预收款项下,而未记为收入。所以,诚达公司财务账面上呈现的亏损状态完全是做账的问题,实际上诚达公司不仅没有亏损,还取得了至少600万余元的利润。

值得注意的是,在控辩双方就这一问题向鉴定人发问时,鉴定人的回答是不一样的:他对辩护人讲不是做账问题,是他接受委托后测算的。但在检察员反复提示后,鉴定人又称利润的有无是做账的问题。对此,我们且不说鉴定人这种前后矛盾的证词能否采信,仅就当时亏损是财务做账的结果这一说法而言,其本身也是站不住脚的。

根据财务做账的基本常识,预收款在开具发票前,确实必须记在流动负债中,但是,检察员和鉴定人对另一相应事实却故意未提,即预收款在计入流动负债的同时,该笔钱同样体现在资产项下的货币资金内,即公司资产在资产负债表中也做了相应增加。所以,诚达公司在每收一笔售房款时,在资产负债表的资产和负债项下,均同时增加了该笔款项。而公司的净资产等于资产减负债,所以,无论当时诚达公司有多少预收楼款,因其在资产和负债中同时有所体现,故并不能改变其净资产只有371万元、未分配利润为-129万元、在实收资本500万元已被全部抽走的情况下诚达公司就是负资产的基本事实。此外,因在建建筑物及未售出楼房作为存货,仍为资产科目,所以在审查诚达公司的资产状况时也不会存在漏记问题。辩护人要特别指出的是,诚达公司当时的资产负债表和财务账目曾经经过1997年的年检审计和温州市审计局2004年受温州市人民检察院委托进行的审计两次严格、正规的审查,这两次审查对诚达公司将售楼款作为预收款记入账目的做法和诚达公司的亏损状态都予以了确认。而《报告》怎么就能仅仅通过调账就为诚达公司凭空做出600万余元的利润来呢?!

在庭审时,辩护人当庭向鉴定人指出,其出具的《报告》中明确写道,经其调账后诚达公司的亏损数额更大了(见《报告》第6页),鉴定人对这一事实也并不否认。这更充分说明,利润的有无根本不是做账的问题,不是本来就有利润,只是经过账务处理才变成亏损的,而是诚达公司当时实际情况就是亏损!

2.《报告》是否仅仅存在笔误的问题?

这本来根本就不是问题!辩护人除在向鉴定人发问时提出的问题外,在辩论时至少还提出了该报告存在的七大问题。但检察员避重就轻,试图以笔误一点以避之,是行不通的。辩护人所强调的是,笔误并非问题的全部,更非问题的关键。

3.数额谁都查不清,应该怎么办?

检察员在庭上反复强调,由于原始资料和人员的缺失以及年代久远,对1997年3月诚达公司当时的资产数额谁都查不清;就是让辩护人查,我们也不会查清。

对此,我们认为,首先,诚达公司当时的资产情况是清楚的,本案有效证据均表明,当时诚达公司亏损129万元,在城开公司和配套公司抽走全部注册资金的情况下,诚达公司实质上就是处于负资产状态。而且这些证据就是公诉机关提供的。

其次,就算是诚达公司当时的资产数额谁都查不清楚,应该怎么办?《刑事诉讼法》第162条第3项说得很清楚,应该按照疑罪从无的原则,显然不能对被告人余某某作出有罪认定,而应宣告被告人无罪。

综上,控方关于余某某1997年3月贪污诚达公司1100万元财产的指控不能成立。

以上就是我们针对本案事实、一审判决及检察员二审指控所发表的辩护意见,请合议庭考虑。应该指出,正是由于一审判决及二审检察员指控在事实认定及法律适用上存在上述诸多问题,才导致了本案在罪与非罪的判断上产生了重大偏差。最主要的是,以10年后的市场状况为基础倒推计算10年前的利润,并以据此推断出的资产评估数值去否定当时已经作过审计的合法有效的原始证据,这种做法在刑事诉讼程序中是不能允许的。这是对原始证据的破坏。故请二审法院查明事实,正确适用法律,改判余某某无罪,以保护公民和企业的合法权益。

辩护人:
北京市京都律师事务所律师　田文昌　孟　冰
2006年12月6日

审理结果

本案经过一审、二审,均认定余某某贪污罪名成立,一审判处死缓,二审改判为无期徒刑。目前本案处于申诉阶段。

赵某先被控国有公司人员滥用职权罪案*

案情简介

被告人赵某先，三九企业集团原总经理、党委书记。

1999年年底，赵某先看中了香港昌腾公司在深圳龙岗区的梅沙海景高尔夫项目，决定通过收购香港昌腾公司股权的方式，控股并投资该高尔夫项目。

根据三九企业集团下属的香港三九公司董事会决议，2000年2月25日，赵某先代表香港三九公司与香港昌腾公司董事长林某渠签订《股权收购协议》，以4.7亿港元的价格收购林某渠持有的香港昌腾公司80%的股权。

收购协议签署后，三九药业公司通过香港三九公司支付给林某渠2亿港元。此外，三九药业公司通过向香港三九公司分配红利的方式，由香港三九公司支付给林某渠2.7亿港元。

---

* 本案广受关注，新浪网财经人物频道自2006年年初起发布新闻数十篇报道此案，《法制日报》2007年8月9日发表文章《原三九企业集团总经理赵某先等四人滥用职权获刑》等。

股权收购完成后,因三九企业集团占用上市公司资金一事被证监会披露,多家银行同时停止了对三九企业集团的贷款,导致该高尔夫项目资金出现困难,开发工作陷入停滞状态。

2004 年,赵某先被国资委免去三九企业集团总经理、党委书记职务。2005 年 11 月 21 日,赵某先因涉嫌国有公司人员滥用职权罪被刑事拘留,同年 12 月 23 日被逮捕。

2006 年 12 月 8 日,深圳市罗湖区人民检察院以国有公司人员滥用职权罪起诉赵某先。指控主要内容为:赵某先在未经正式评估,未经三九企业集团党委研究,也未按规定上报国家计委会同有关部门审批的情况下,擅自签订《股权收购协议》,事后,赵某先等人伪造同意收购该股权的董事会记录,并伪造分红决议以支付收购款,造成 4.7 亿港元损失,构成国有公司人员滥用职权罪。同案被起诉的还有原香港三九公司员工陈某成、张某戎、荣某章,该三人还被指控构成骗购外汇罪。

辩护思路

本案发生时,舆论较大,普遍认为赵某先等人涉嫌贪污、受贿等重大渎职犯罪。其中,收购梅沙海景高尔夫项目的差价是引发本案的主要起因。所以,律师介入案件后所着眼的不仅是滥用职权罪本身,更主要的是关注并调查赵某先是否涉嫌其他经济犯罪。在全面掌握案情的基础上,律师依法向办案机关提出了排除其他犯罪嫌疑的充分理由。最终,在公诉机关起诉时,赵某先的罪名仍然确定为国有公司人员滥用职权罪,并且,在同案其他三被告人被增加骗购外汇罪的情况下,也未起诉赵某先骗购外汇罪。

庭审中,辩护人为被告人作了无罪辩护。在事实部分,针对起诉书在项目评估、党委研究和上报审批三个环节上的指控逐一反驳,指出被告人的行为不是滥用职权,并论述了董事会记录和分红决议的合法性,驳斥了关于赵某先等人伪造同意收购该股权的董事会记录、伪造分红决议的指控。同时,从国有公司企业人员滥用职权罪必须造成重大损失的构成要件入手,紧紧围绕本案的股权收购行为是否造成损失进行全面的分析,指出项目停滞系银行停贷的突发事件造成,而非被告人在收购决策中滥用职权导致,因而收购行为与项目停滞之间没有因果关系,并且,根据调查的证据得出项目虽然停滞但并未产生损失的结论,因此,被告人赵某先不构成滥用职权罪。

法院判决虽认定被告人构成滥用职权罪,但从量刑看,赵某先于宣判后2个月便刑满到期,其他三被告人则在宣判时已刑满释放,体现出辩护人的观点实际被司法机关采纳的事实。

辩护词(一审)

审判长、合议庭:

北京市京都律师事务所接受被告人赵某先委托,指派田文昌律师、朱勇辉律师担任其涉嫌国有公司人员滥用职权罪一案的辩护人。开庭前,辩护人会见了被告人,详细查阅了案卷,并做了调查取证。通过今天庭审调查质证,综合本案的全部案情,辩护人认为,被告人赵某先不构成国有公司人员滥用职权罪。具体理由如下:

一、被告人赵某先决策收购香港昌腾公司股权,其主观动机是为了三九企业集团的发展

辩护人认为,如何认定和评价被告人赵某先在本案中的行为,首先有必要对被告人赵某先决策收购香港昌腾公司股权的行为动机进行客观的分析。

根据被告人赵某先的历次供述和当庭陈述，其决策收购香港昌腾公司股权，进而控股位于深圳龙岗区的梅沙海景高尔夫项目，是为了三九企业集团的发展，为了解决三九企业集团2万多名职工的出路和生存问题。1998年年末三九企业集团从军队移交地方后，集团一直没有好的发展项目。集团的优势企业上市后，母公司三九企业集团则面临比较大的困难，一直在寻找好的项目以摆脱困境。在这种情况下，正好陈某成介绍了香港昌腾公司的梅沙海景高尔夫项目。因该项目条件极其优越，被告人赵某先看中了该项目的巨大发展前景，认为这是集团二次发展的绝好机会，才发生了后来收购香港昌腾公司股权，控股并投资三九大龙健康城的事件。

从这个过程看出，这是一起纯粹的商业投资行为。在整个收购过程中，本案的四位被告人为了公司的发展，都在尽心尽力地为公司工作，经手数亿元资金，没有发现任何个人有经济问题。这是分析本案时一个值得注意的重要的事实基础。

辩护人不否认，良好的动机并不能当然地免除被告人应有的责任。但是，辩护人强调的是，我们在今天回头来审理本案时，应当充分注意到，被告人的所有行为都是为了企业的发展，这是我们客观评价被告人在本案中行为的基础和出发点。

二、三九企业集团收购香港昌腾公司股权的决策程序虽然存在一定瑕疵，但被告人的行为不符合滥用职权罪的行为特征

起诉书指控："2000年2月25日在收购项目未经正式评估，未经三九企业集团党委研究，也未按规定上报国家计委会同有关部门审批的情况下，被告人赵某先擅自代表香港三九公司与林某渠在香港梁达坚律师楼签订了《股权收购协议》。"

对上述指控，辩护人认为，首先，认定被告人的行为是否属于滥用职权，必须明确一个标准，没有标准就无法确定被告人的行为是否属于滥用职权。辩护人注意到,在整个法庭调查和法庭辩论的过程当中,公诉人只是在讲被告人如何滥用职权,但没有讲出滥用职权的标准到底是什么。

根据《刑法》第168条的规定,滥用职权罪的行为要件,是以积极作为的越权行为为主要特征,而越权行为的标志是其违规性,即违反了规则、规定,超越权力范围,一意孤行,坚持错误的决策,强行、擅自地作出违反规定或者违反章程的行为。

辩护人认为,滥用职权的标准是违规性,无违规即无越权,更谈不上滥用,这个前提必须明确。因此,没有违规性,就不能认定其滥用职权。如果我们可以随意地说某人的工作若有失误就是滥用职权,仅仅凭着主观认识去判断是否滥用职权进而去认定滥用职权罪,就很容易混淆一般性的决策失误与滥用职权罪的界限,就失去了区分罪与非罪界限的法定标准。

那么,本案被告人的行为是否符合滥用职权罪的上述特征呢?

辩护人认为,在起诉书列举的项目评估、集团党委研究和报批手续三个环节上,被告人赵某先已经尽到了相关的注意义务,尽管在决策过程中的一些程序不是很严格,但并没有违反规定,超越职权。

1. 虽然没有正式评估报告,但尽到了相应的评估责任。

事实上,收购前,林某渠委托评估公司对梅沙海景高尔夫项目进行了评估。根据毕马威华振会计师事务所1997年6月出具的评估报告,“深圳梅沙海景高尔夫球度假村有限公司之净现值为1,938,023,000港元”。正是因为已经有了评估报告,而且是在业界非常权威的毕马威华振会计师事务所的评估报告,出于节约成本的考虑,为了节省巨额评估费用,香港三九公司才没有再行委托出具正式的评估报告。

辩护人认为,评估和鉴定是为了给正确判断创造条件。本案有了初步的评估,已经为决策创造了条件。有没有正式的评估报告,并非构成滥用职权罪的法定要件。

辩护人注意到,除了评估机构的初步评估外,香港三九公司还根据深圳市和龙岗区的相关审批文件,对该高尔夫项目进行了预期价值测算,收购价格也是以测算数据为依据的。此外,收购前被告人与陈某成、荣某章等人还到项目实地进行考察了解,到龙岗区区政府核实相关情况,确认了提供的材料的真实性,获得了龙岗区领导的支持。

从这些过程看,尽管没有评估机构的再行正式评估报告,但被告人对项目价值和可行性进行了充分的测算和论证。这仅仅是评估的方式不同而已,不能武断地说成是没有评估。

2.“未经三九企业集团党委研究”的指控不属实。

首先,党委研究决策的规定本身就不是法律的规定。正由于如此,正如被告人所说,经营问题并不包括在党委研究的“重大事项”之内。

其次,三九企业集团章程虽然有“重大事项党委研究”的规定,但并未要求一定要通过开党委会的方式研究。因此,是否开过党委会并不重要,主要应看被告人是否与党委委员研究过此事。

被告人供述虽然没有开过专门的党委会讨论,但其通过不同方式征求了班子成员意见。

三九企业集团当时共有五位党委委员。根据卷宗第10卷的相关“情况说明”,仅韩某恒和申某称未就此事开过党委会,对项目也不知情;李某平则证明赵某先“在2000年前后曾多次主持召开集团大、小会议研究”;王某祯仅仅说“没有参加过党委会讨论这个事”,但并未否定通过其他方式研究过。而根据陈某成的笔录(卷2第111页),在收购前赵某先请林某渠吃饭商谈收购事项时,王某祯在场,故赵某先显然征求了王某祯的意见。那么,在五位党委委员中,至少有三位委员证实在收购前知情、研究过,这能说是收购"未经三九企业集团党委研究"吗?

此外,根据张某戎的笔录(卷3第4、8、10、15页等多处都有陈述),在收购前,香港三九公司多次在集团中高层领导的会议上讨论收购事项;根据于某武的笔录(补充侦查卷1第17页),在收购前,被告人赵某先在公开场合多次谈到收购计划,"准备搞一个大项目,有上万亩地,能修建90个洞的高尔夫球场,能挣100多个亿"。

因此,我们暂且不说党委研究是不是法律规定的,辩护人想强调的是,被告人赵某先征求党委委员意见本身,就是党委讨论研究的一种方式。在通讯方式日益发达的今天,多种沟通渠道都能达到传统意义上的会议效果,并无必要拘泥于思想沟通的形式,关键是要看有没有沟通的效果。

本案中,尽管没有开党委会,但很显然三九企业集团高层人员包括大多数党委委员对收购一事是知情的,也参与了研究讨论,或者参加了谈判。这种沟通与研究的方式,与传统意义上的开会研究并无本质上的差别。因此,所谓"未经三九企业集团党委研究"的指控显然是不客观的。

3. 未按规定上报国家计委会同有关部门审批有其客观的原因。

三九企业集团原先作为军队直属企业时,总后勤部对三九企业集团就是粗放型管理,强调放权,实行首长负责制,在报批问题上要求不是很严格,强调工作的高效性(总后内部称为"三九机制")。有关情况总后勤部原生产管理部的两位副部长和一位局长都作了证实。

1998年三九企业集团从总后勤部移交地方。2000年三九企业集团收购该高尔夫球项目时,中央企业工委尚未成立,三九企业集团执行的还是在军队时的管理机制，出于一贯的做法，在决策时没有报批。而且，在军队管理的体制下，并未向三九企业集团下发过有关项目报批的文件，致使赵某先并不了解关于报批的规定。在此情况下，虽然赵某先也曾问过陈某成收购是否需要上报中央，但因陈某成说在香港特区的国企收购香港公司不需要上报中央，这才形成三九企业集团未按规定上报国家计委会同有关部门审批的事实。从中我们应该看到，并非被告人赵某先不想报批或者忽略了报批手续，而是因为他并不知道有此规定，其主要是管理体制所致。

综上，关于三九企业集团收购香港昌腾公司股份的决策问题，在存在原有评估报告的情况下，在与大多数党委委员沟通过的情况下，虽然存在未按规定上报国家计委会同有关部门审批的程序瑕疵，但鉴于未报批是被告人执行部队企业“三九机制”和不知晓相关规定的客观原因，被告人的这种决策行为不符合滥用职权罪的行为特征。

辩护人注意到，法庭辩论当中，在辩护人谈到“三九机制”的时候，公诉人认为，不管有没有“三九机制”，不管有没有部队企业的特点，本案都构成滥用职权罪。公诉人的理由是，如果没有“三九机制”，被告人的行为就失去依据，就是越权；如果有“三九机制”，那也是企业内部的，要法律授权才行，没有法律授权该机制也是违背法律的，则被告人执行“三九机制”就是“长期越权”或者“向来越权”。对这个问题我们又怎么来看？

首先，辩护人已经提交证据，包括解放军总后勤部的三位领导出具的证言，证实确实有“三九机制”这样的规定。

其次，公诉人关于法律授权的说法，混淆了刑事法律关系与民事法律关系的界限，在认识上是有问题的。我们说，公司、企业对外的民事责任需要法律授权，如果没有法律授权，对外无法承担民事责任。但对其内部管理的职权问题，并无规定必须要有法律授权，职权主要是由公司章程来规定的。值得注意的是,公诉人一方面认为公司内部机制不能对抗法律授权,另一方面又将《公司法》没有规定的"党委研究"程序当成指控被告人越权的理由,岂不是自相矛盾吗?

最后,如果说"三九机制"有问题,充其量说它是公司运作不规范的表现,其责任并不在被告人而在于其体制本身。从深层次来讲,辩护人非常希望法庭能够注意到,本案一个很重要的原因,是由于三九企业集团是来自部队的企业,部队在办企业的过程中,把部队一些内部的规则和作风带到了甚至强加到企业之中,这是部队办企业形成的一种后果。我们在审理此案时,不能把部队办企业带来的苦果,强加给被告人来承担。被告人执行部队的规定,却要承担滥用职权的责任,这是不公平的。

通过上述分析,辩护人再回头谈谈滥用职权的标准问题。当我们脱离标准的时候,我们对本案可以得出不同的甚至相反的结论。当我们明确了标准之后,通过前面的分析,我们就会发现,被告人没有违背这个标准,即没有违反公司的规定和上级授权的规则,一意孤行地作出错误的决策。因此说,本案不存在越权的问题。如果离开滥用职权的标准,那就很容易把一般性的决策失误或经营中的亏损问题,与滥用职权的犯罪行为相混淆。

三、起诉书关于诸被告人"伪造、虚构"两个会议纪要的指控不成立

起诉书指控:"赵某先等人伪造了《香港三九实业有限公司于2000年2月16日在其注册地址召开董事会的会议记录》,由时任香港三九公司董事的被告人赵某先、荣某章及时任三九药业公司财务部长、总会计师的被告人张某戎等在该会议记录上签名确认,虚构董事会议讨论通过了上述收购事宜。""被告人赵某先指示被告人陈某成、张某戎、荣某章等人采取虚增分红数额的手段,并伪造《深圳三九药业有限公司董事会关于1999年滚存利润分配的决议》,由被告人赵某先、张某戎、荣某章等人签名确认,虚构以分红名义向香港三九公司支付2.926亿元人民币"。

辩护人认为,起诉书关于这两份会议记录属伪造、虚构的指控是站不住脚的。

1. 两份文件中的签名均真实,是签名人的真实意思表示。

卷宗材料证实,所有签名均是本人所签,并非伪造。这一点,起诉书也作了认定,称该两份决议由各被告人"签名确认"。辩护人认为,既然是被告人自己已经"确认",就不是虚构和伪造。这些签名应当认为是本人的真实意思表示,就是说,签名人对会议决议内容是赞成的。在今天的庭审中,各位被告人也均未否认过其意思表示的真实性。

2. 两份文件中的签名人数均符合法律规定。

(1)关于《香港三九实业有限公司于2000年2月16日在其注册地址召开董事会的会议记录》。

根据补充侦查卷1第48页记载,2000年香港三九公司董事有三人:赵某先、荣某章和于某武。按照公司章程,2/3以上董事通过即有效。所以,从人数看,赵某先、荣某章签名后,该董事会决议即有效。

(2)关于《深圳三九药业有限公司董事会关于1999年滚存利润分配的决议》。

根据补充侦查卷1第49页记载,1999年深圳三九药业有限公司董事有五人:赵某先、于某武、荣某章、刘某晖和张某戎。五位董事均在决议上签名,该董事会议决当然有效。

3. 事后签名不影响决议的效力。

控方认为,事后签名就是伪造。这种认定显然是错误的,也不符合法律的规定。本案中,两个会议确实没有采用坐在一起开会的方式进行,是按照三九企业集团一贯的做法,由会议成员轮流阅读决议后,通过自己的判断,在同意决议内容的情况下签署的。按照民法的相关原理和规定,当事人这种事后追认行为是有效的。

辩护人认为,不管用什么方式汇签,用什么方式沟通,只要不违背董事会成员的本意,就不能称为伪造。伪造与否,不在于形式,不在于程序,而在于内容。公诉人的观点混淆了形式与内容相区别的本质界限。

公诉人还认为,其他签名人对具体事项不知情,所以是违背董事会成员的本意的。辩护人认为,公诉人的理由缺乏证据且过于武断,因为,即使在对具体事项不知情的情况下签名,也并非必然是违背本意的,而是存在多种可能性。比如出于对领导的信任而没有看决议具体内容;比如对事情不够关心而放任收购行为等。但是,这些情况都不等同于持反对意见。如果说是违背签字人的意志,那只有一种情形,即签字人签名时是持反对意见的,却又不得不签。但在整个法庭调查过程中,没有一个人表示当时是明确反对的。既然不反对,就是没有违背本意,从而也就不是虚假的签名。

从上面的分析可以看出,两份决议是真实有效的,并非虚构,也不是伪造。

四、三九大龙健康城高尔夫球场项目后来陷入停滞状态,是突发事件引发的资金问题所致,与收购决策行为之间没有因果关系

起诉书认为,项目收购完成后,至今仍处于停滞状态的原因,是"由于收购前后均未取得土地使用权证,项目收购前取得的政府审批文件均属计划、规划性质,尚不具备开发、经营的条件"。

对此,辩护人认为:起诉书所认定的项目停顿原因不属实。

1. 项目事实上已经获得地方政府部门的支持和批准文件。

从卷宗中政府批文可看出,深圳市、龙岗区相关政府部门对该项目是认可和支持的。被告人也有理由相信这些批文的真实性。

公诉人在庭上讲到,广东省在1995年发布过一份从严控制高尔夫项目的文件,并据此认为三九大龙健康城高尔夫球场项目“不太可能”最终取得许可证。对此,辩护人认为:

首先,广东省1995年发布文件说要审批,即使项目还要审批,不获批准的情况也是不确定的,不确定就不能作为依据。况且,本案项目是在此之后,在2000年前后取得相关批文,这证明地方政府对项目是支持的,不确定性已经不存在了,这就更不能说项目不能获得批准了。

其次,公诉人当庭也承认仅仅是推测“不太可能”最终取得许可证,也不能断定就“一定不能”最终取得许可证。

最后,而且根据卷宗第12卷第143~157页深圳市人民政府和深圳市计划局的相关文件,三九大龙健康城高尔夫球场项目一直是深圳市固定资产投资计划内的在建和续建项目,这证明项目是获得了相关部门批准的。

2. 已经开发的事实证明了项目的合法性。

香港三九公司收购后已经投入了8000万元进行开发,并且已经基本建成了一个18洞的高尔夫球场。在开发的过程中,没有任何的政府部门对该项目提出异议。如果没有相关许可,这些开发工作也不可能顺利进行。辩护人认为,已经开发的事实是项目具备开发条件最直接的证据。

3. 项目停顿是因为资金问题。

根据被告人陈述,项目停顿的真正原因是资金问题,是证监会披露三九企业集团挪用上市公司资金的突发事件导致多家银行停止向三九企业集团贷款,并引发多家银行挤兑三九企业集团的资金危机,并最终影响三九大龙健康城的建设,使其陷入停滞状态。

综上,项目本身合法,其停顿的原因并非由于收购该项目的决策不够严谨,即收购行为与项目停顿之间没有因果关系。

五、关于三九大龙健康城高尔夫球场项目是否存在损失,事实不清,建议通过评估予以客观的认定

根据《刑法》第168条之规定,国有公司人员滥用职权罪是结果犯,以"造成国有公司、企业破产或者损失,致使国家利益遭受重大损失"为构成要件。而本案公诉方提供的现有证据中,损失是否存在以及损失具体数额,尚不清楚。

1.本案是否存在损失,事实不清。

(1)起诉书并未认定本案损失的具体数额。

三九企业集团为收购香港昌腾公司80%股权,共支付了林某渠4.7亿港元。起诉书虽然在"经依法审查查明"中称"三九企业集团2004年清产核资时,已对该笔用于收购香港昌腾投资公司80%股权的4.7亿港元报国资委批准作为损失核销"。但起诉书在"本院认为"中只是认定被告人赵某先等人滥用职权"致使三九集团遭受特别重大损失",但具体是多少数额的损失,并未直接认定。但从中看出,起码起诉书并未将三九企业集团2004年清产核资时核销的4.7亿港元作为本案的损失来予以认定。

(2)国资委并未认定已发生了4.7亿港元的损失。

根据卷宗第十一卷第96页记载,国务院国有资产管理委员会国资清办(2005)264号《关于三九企业集团清产核资结果及执行企业会计制度的批复》文件第五点,国资委在同意核销4.7亿港元的同时明确"对批准核销的不良投资要建立'账销案存'制度,组织力量继续追索和处理,避免国有资产流失"。

辩护人认为,从该批复内容中看出,国资委要求对核销的4.7亿港元资产继续追索处理,避免流失。既然是"避免流失",也就是说国资委认为目前尚未流失,不然何谈“避免”?因此,国资委同意核销该4.7亿港元资产的实质含义,是同意香港三九公司在财务账目上将该4.7亿港元计提“坏账准备”,而不是同意香港三九公司将该4.7亿港元作为“坏账损失”。

在会计制度上,“坏账准备”与“坏账损失”是两个有本质区别的概念。“坏账准备”是企业根据会计稳健原则,把将来可能损失的高风险资产进行预提,暂不计入公司净资产的一种会计处理方式。如果计入坏账准备的资产以后确实完全损失,再从公司净资产中减除;如果计入坏账准备的资产以后全部或部分收回,则在公司净资产中全部或部分增加。从中看出,资产被计入坏账准备,只是表明该资产存在较大损失的风险,但该损失并未实际发生,至于以后能否实际发生该损失,并不确定。而坏账损失,顾名思义,是指由于坏账而实际已经产生的损失。

因此,从国资委同意香港三九公司将该4.7亿港元计提坏账准备而不是计入坏账损失的表述看,显然国资委并未认定该4.7亿港元已经损失。

(3)三九企业集团也没有认为4.7亿港元长期投资已经损失。

根据卷宗第十一卷第95页,在审计署移交司法机关的《审计证明材料》“审计情况说明”中记载:“三九企业集团亦根据以上批复精神,在2004年合并报表中,调整了年初数,将对昌腾投资(中国)有限公司的长期股权投资,全额计提减值准备500,879,000元(即4.7亿港元)。”

辩护人在此提请法庭高度重视:三九企业集团在财务处理上仅仅是“减值准备”,而不是直接冲减公司资产!也就是说,香港三九公司也没有认为4.7亿港元长期投资已经损失掉,而只是将其计入坏账准备而已。这与国资委的批复精神也是一致的。香港三九公司的财务行为也证明了一个事实:4.7亿港元不是本案的损失。

上述三方面均证实4.7亿港元不是本案的损失。公诉人当庭虽然坚持本案"应当属于特别重大损失",但公诉人也明确承认4.7亿港元的投资款不是本案认定的损失。那么,本案诸被告人决策收购香港昌腾投资公司80%股权的行为到底有无造成损失?如有损失,造成了多少数额的损失?事实显然是不清楚的。

2. 公诉人以或然性确定本案损失,于法无据。

在起诉书没有确定损失数额的情况下,公诉人在法庭上竟然以多个可能的情形来认定本案的损失,这是明显错误的。

(1)公诉人认为,项目"不太可能"最终取得高尔夫经营许可证。

这个问题辩护人在前面已经有过阐述,首先,即使项目的高尔夫经营许可证还要审批,不获批准的情况也是不确定的,不确定就不能作为依据。况且,本案项目在2000年前后取得相关批文,证明不确定性已经发生变化了,这种变化了的不确定性就更不能作为依据了。

(2)公诉人认为,项目的土地可能被收回。

公诉人讲,土地有可能被收回,并且讲,两年没开发的就应当要收回。但是辩护人注意到,事实是,按照公诉人的说法几年前就应当被收回的土地,到今天也没有收回。这恰恰说明,所谓土地可能或者应当或者必然被收回的说法都是没有依据的。

(3)公诉人认为,项目极大地存在由潜在风险转化为损失现实的可能性。

公诉人在庭上讲,项目的损失,已经体现为由风险转化为现实的极大的可能性。辩护人在此要指出一个非常重要的问题,滥用职权罪最基本的特征是严重损失的现实性,而不是可能性。该罪是过失犯罪,而过失犯罪必须以已经发生的、既成事实的危害结果为必备构成要件。在本案这种情况下,我们怎么能把可能性当成犯罪构成的条件来看待呢?

(4)公诉人认为,项目收购明显不公平,存在恶劣社会影响。

公诉人认为,林某渠只花几百万元买来的项目,香港三九公司却花了几个亿收购,因此这种收购是不公平的。辩护人认为,公诉人混淆了法律公平与经营公平两种不同概念的界限。在市场经济下,经营的概念是什么?不管别人买入的价格是多少,商家以自己赢利为唯一的目的。对于香港三九公司来说,不管花了多少代价收购,只要以后赚了钱,收购就是公平的,更不存在社会影响恶劣的问题。

3.三九大龙健康城项目到底价值多少,建议人民法院通过评估予以查明。

三九企业集团通过收购香港昌腾公司股权,控股深圳海景高尔夫度假村有限公司,将其更名为三九大龙健康城有限公司。这样,三九企业集团获得了深圳龙岗区坪山镇马峦村的高尔夫项目的建设开发经营权和收益权。虽然此项目现处于停滞状态,但事实上该项目和三九大龙健康城有限公司依然存在,其价值依然存在,并且已经增值。

(1)土地价值剧增。

三九企业集团收购前,地方政府相关部门已对该项目进行了审批,且承诺了非常优惠的条件。其中,高尔夫球场土地价格每平方米仅10元,别墅用地价格每平方米仅300元等。根据辩护人调取的深圳市国土资源和房产管理局2006年5月公告的《龙岗区坪山街道商业用地公告基准地价图》,三九大龙健康城项目所在地段价格已飙升至每平方米780元,涨了78倍!根据这个价格,项目已经取得的1980亩土地的市场价值已达10亿元,而当初三九公司根据每平方米10元的价格只支付了1300万土地出让金。那么,仅凭已经取得的第一期土地,香港三九公司已经赚了9个多亿!

(2)无形价值巨大。

三九企业集团收购该高尔夫项目时,国家对高尔夫项目的政策虽然也比较严格,但毕竟还可以按规定审批,本案项目就已经获得了相关批文。如今,时过7年,国家政策已经"一刀切",明确规定不再批准开发新的高尔夫项目,不再批准新的别墅用地。这使市场供求关系发生了巨大变化,导致已经取得一定批文的本案项目市场无形价值大大升值。辩护人认为,应当通过评估,对三九大龙健康城高尔夫项目的建设开发经营权和收益权进行客观认定。

(3)本案现有的三份相关评估报告之间存在差异,不能完全体现项目价值。

根据卷宗第五卷第6页记载,1997年6月毕马威华振会计师事务所出具报告认为"深圳梅沙海景高尔夫球度假村有限公司之净现值为港币19.38亿元"。

根据卷宗补查卷第十二卷第3页《深圳市罗湖区人民检察院退回补充侦查提纲》记载,2001年三九企业集团委托北京六合正旭资产评估有限责任公司对该项目进行了资产评估,结果是该项目价值15.8亿元。

根据卷宗补查卷第十二卷第15页记载,2003年12月深圳市国众联评估咨询有限公司的《深圳三九大龙健康城有限公司部分资产的评估报告书》显示,大龙健康城有限公司部分资产价值为1.078亿元。

辩护人认为,上述三份报告中,毕马威华振会计师事务所和北京六合正旭资产评估有限责任公司的报告有较大参考价值。深圳市国众联评估咨询有限公司的《深圳三九大龙健康城有限公司部分资产的评估报告书》只对公司的部分资产进行了评估,且其对部分资产的评估也仅仅是依据投入时的价值计算,未反映项目的市场价值,加之该报告未对公司全部有形资产及项目的无形资产进行评估,不能反映项目的全面价值,故该报告不足以采信。

公诉人认为,评估的依据应当是土地等有关资产,并解释说,深圳市国众联评估咨询有限公司的《深圳三九大龙健康城有限公司部分资产的评估报告书》之所以只值1个亿,与其他报告值10多亿元的区别,是因为对没交付的土地不能进行评估,评估不包括这部分。

辩护人认为,公诉人的说法是站不住脚的。第一,本案评估的对象理所当然应当是项目,因为收购的是项目,不是土地。在项目中,没交付的部分并不是没有价值,没评估并不等于评估的对象不存在,可以再评估。第二,目前光土地价格就已经涨了78倍,土地价值已经超过了项目收购价格。那么,关于评估依据问题的分歧还有多大的意义呢?

综上,辩护人认为,本案项目极具升值空间。当初赵某先等被告人正是看中了这一点,才不惜重金进行收购。因此,有必要对三九大龙健康城有限公司名下的高尔夫和别墅项目的有形和无形资产价值进行评估。根据评估价值,认定收购行为是否产生损失,从而合理评价、认定赵某先等被告人的收购决策行为是否构成滥用职权罪。

最后,综观本案,辩护人认为:

本案是在企业经营过程中发生的投资决策问题。被告人作出收购香港昌腾公司股权的决策,主观上是为了三九企业集团公司的发展,客观上尽到了相应的注意义务。虽然被告人在收购的决策过程中存在一定的程序瑕疵,但其行为不符合滥用职权罪的特征。三九大龙健康城项目停顿的原因并非收购决策行为本身造成,也没有证据证明收购行为对公司造成了损失。

2006年1月11日最高人民检察院在珠海召开的"检察机关集中查办破坏社会主义市场经济秩序渎职犯罪专项工作现场会"上,公布了掌握相关政策需要注意的15条指导性意见,其中第4条提出:"对在改革开放、招商引资、企业改制过程中出现的失误或者失败,要慎重对待,严格区分罪与非罪界限,只要是从有利于发展出发,总体上符合中央精神和改革方向,没有徇私舞弊、中饱私囊,没有严重侵害群众利益,不要轻易立案。”

鉴于此,辩护人认为,结合本案情况,对被告人赵某先的行为不应认定为犯罪。

最后,辩护人特别提请法庭注意:滥用职权罪以造成严重损失的结果为其必备构成要件。所以,是否发生严重损失的实际后果是区分罪与非罪界限的基本标志。本案被告人决策收购的项目除非人为撤销,否则迟早有一天是要全面开发的,而开发后项目的价值是必然要面世的。那么,我们每个人都应该关注这样一个问题:如果有一天该项目的价值得到印证,或者升值或者至少没有造成损失,而本案的被告人却已经被判决有罪,我们的司法机关将如何面对这种情况?这个问题应当引起高度重视。因为,从法律意义上来讲,这种情况与佘祥林故意杀人案中被害人“死而复出”的荒唐现象没有本质的区别! 因此,辩护人希望司法机关高度重视这一点,使本案的判决经得起历史的检验。

以上辩护意见,请合议庭参考采纳。

被告人赵某先辩护人:

北京市京都律师事务所律师　田文昌　朱勇辉

2007 年 2 月 14 日

审理结果

2007 年 6 月 21 日,深圳市罗湖区人民法院判决认定赵某先、陈某成、张某戎、荣某章四被告人构成国有公司人员滥用职权罪，分别判处1年10个月以下有期徒刑不等，未认定陈某成、张某戎、荣某章三被告人构成骗购外汇罪。

一审宣判后，赵某先等四被告人均未提出上诉。

高某被控贷款诈骗罪案*

案情简介

被告人高某，男，1967年12月28日出生，中国长城葡萄酒有限公司（以下简称长城公司）副总经理兼营销总监。2006年3月24日由深圳市公安局逮捕。

被告人何某，男，1970年6月25日出生，深圳市摩登实业有限公司（以下简称摩登公司）法定代表人、总经理。2006年2月13日被深圳市公安局刑事拘留，同年3月24日由深圳市公安局逮捕。

2006年6月20日，广东省深圳市人民检察院以被告人何某、高某涉嫌贷款诈骗罪向深圳市中级人民法院提起公诉。公诉机关指控主要内容为：2004年5月，被告人何某为了向中信银行深圳分行申请办理保兑仓业务，陪同银行工作人员到中国长城葡萄酒有限公司考察。被告人高某以公司名义接待何某及银行工作人员。在未获得长

---

* 本案有多处报道，如《新闻晚报》2007年2月28日报道《私刻萝卜章骗贷2000万元　长城葡萄酒原副总受审》，北京娱乐信报2007年2月28日报道《长城葡萄酒副总高某涉嫌诈骗27日在深圳中院受审》，新浪网等网站均有转载。

城公司法定代表人授权的情况下,被告人高某在《保兑仓合作协议书》《核保书》《法人授权委托书》上签字,制造长城公司同意为摩登公司担保的假象。之后被告人何某利用其私刻的长城公司公章及法定代表人私章,在上述协议上盖章,由此骗取了银行2000万元授信额度。2004年6月至2005年6月,被告人何某陆续向银行申请开具承兑汇票。其间,被告人高某在长城公司对该保兑仓业务并不知情的情况下,在银行寄来的第一份《提货确认通知单》上签字,帮助被告人何某进一步骗取银行信任。之后被告人何某采取伪造长城公司的证明文件,指使他人冒充长城公司员工直接到银行领取银行承兑汇票,私刻长城公司财务专用章和财务负责人私章,将获取的银行承兑汇票背书转让给其他公司后贴现,将款项非法占为己有。至2005年8月案发,被告人何某共非法占有银行贷款1365万元。

辩护思路

根据保兑仓业务和贷款诈骗罪的特点,综合案件事实,为被告人高某作无罪辩护。

辩护人首先从犯罪构成的主观方面入手,强调了高某与何某主观故意的不同。本案中被告人何某主观上诈骗的故意比较明显,如高某与何某系共同犯罪,要求两被告人之间在主观上必须存在共同的犯罪故意。而辩护人通过对案件的分析,发现被告人高某主观上没有诈骗的故意,两个人也没有诈骗的共谋,实际上高某是被何某利用,高某对何某的诈骗故意并不知情。

在客观方面,通过仔细研究保兑仓业务的特点,辩护人发现保兑仓业务实质上是一种营销行为,高某作为主管营销的副总经理,接待银行工作人员、签署保兑仓合同意向书均属于其职权范围,且高某并未对银行人员进行虚假陈述,因此,高某没有欺骗银行工作人员而使其产生错误判断的行为。综观本案可以发现两个重要事实,一是导致保兑仓协议"生效"的原因并非高某接待和签署意向书,而是何某私刻长城公司相关印章,伪造了保兑仓协议;二是银行受损1365万元与高某签署合作意向书的行为并无因果关系,而是何某的诈骗行为所致,因为如果保兑仓协议真的生效,在严格按照保兑仓协议履行合同的情况下,何某根本拿不到任何资金,而正因为如此,被告人何某才采取私刻长城公司财务印章的手段,冒领长城公司承兑汇票,最终将资金占为己有。而高某对何某这一系列行为,既未参与,也不知情。

据此,辩护人指出被告人高某不构成贷款诈骗罪。公诉机关在开庭后主动撤回对高某的起诉,并最终对高某作出不起诉决定,印证了辩护人的辩护意见被司法机关采纳的事实。

辩护词(一审)

审判长、合议庭:

北京市京都律师事务所接受被告人高某家属的委托,指派田文昌律师、朱勇辉律师担任高某涉嫌贷款诈骗罪一案的一审辩护人。开庭前,辩护人会见了被告人,详细查阅了案卷,并进行了调查取证。通过今天庭审调查质证,综合本案的全部案情,辩护人认为:被告人高某不构成贷款诈骗罪。具体理由如下:

一、被告人高某主观上没有贷款诈骗的故意

《刑法》第193条规定,以非法占有为目的,诈骗银行或者其他金融机构的贷款的行为,构成贷款诈骗罪。从该条款看出,贷款诈骗罪主观上必须以非法占有为目的。

本案被告人高某主观上没有非法占有的犯罪故意：

1. 被告人高某自身没有非法占有贷款的主观故意。

高某本人在历次笔录和当庭陈述中从未有过想非法占有银行贷款的供述，且事实上高某也没有非法获得中信深圳分行的贷款。何某也没有给过高某任何好处。

2. 被告人高某也没有帮助被告人何某非法占有贷款的主观故意。

何某没有其要高某帮助他骗取银行贷款的供述，高某也没有其帮助何某骗取银行贷款的供述。

起诉书对高某帮助何某诈骗银行贷款的主观状态是一种推断，无证据支持。

3. 根据本案证据，我们必须注意到一个重要的事实基础，在本案中，被告人何某与被告人高某在主观目的上并不相同。

何某在向中信深圳分行申请办理保兑仓业务过程中，在高某不知情的情况下，通过造假行为与中信深圳分行签约，取得了中信深圳分行2000万元的授信额度。其后何某又冒用长城公司名义领取承兑汇票，并通过造假进行背书后将汇票贴现，造成中信深圳分行贷款损失。从这个过程中看，何某造假骗取银行贷款的意图非常明显。

反观高某，之所以介入此事，其主观上是从工作角度出发，一方面他作为长城公司主管营销的副总经理，要扩大公司销售规模；另一方面也是为了使公司的经销商摩登公司更多地经销长城葡萄酒。因此，高某个人对摩登公司向银行申请保兑仓业务是支持的。但是，高某支持何某向银行申请保兑仓业务，并不等于高某支持何某造假。事实上，高某对何某的造假行为事前事后都不知情，高某主观上仅仅是出于工作职责和业务需要的考虑而已。

根据《刑法》第25条，“共同犯罪是指二人以上共同故意犯罪”。

因此,认定共同犯罪,要求犯罪参与人在主观故意上是一致的,即在追求一个共同犯罪目的的前提下,实施共同的犯罪行为,在这种情形下,才构成共同犯罪。

本案中,二被告人的想法各不相同,何某主观上有造假的故意,而高某主观上则是从正常工作角度出发,二被告人没有共同的故意,不是共同犯罪。

二、被告人高某客观上没有虚构事实或隐瞒真相的行为,也没有帮助何某实施诈骗的行为

(一)起诉书指控:"被告人高某以长城公司名义接待了深圳中信银行的工作人员,并在未获得该公司法人代表授权的情况下,在《保兑仓合作协议书》《核保书》《法人授权委托书》上签字,制造长城公司同意为深圳市摩登实业有限公司担保的假象。"

辩护人认为,上述指控不能成立。

1. 高某以长城公司名义接待银行工作人员是其职责范围内的正常工作行为。

对高某行为的认识应以正确理解保兑仓合作协议的特点为前提。

保兑仓业务是银行针对生产商、经销商之间的买卖关系推出的一种金融产品,是生产商、经销商和银行三方的合作协议。在此业务中,银行可以获得资金流,生产商可以提前收回资金,经销商可以享受用少量资金大量进货的优惠。具体做法是,由经销商向银行申请贷款授信额度,专项用于经销生产商的商品。银行根据经销商交付的少量保证金,向经销商发放贷款(承兑汇票),将承兑汇票直接交给生产商。生产商对经销商的贷款向银行提供商品回购担保,即如果经销商卖不出承兑汇票下的商品,生产商将商品买回,将承兑汇票中的差额货款退给银行。

根据案卷中《保兑仓业务合作协议书》第2条第4点以及第6条第3点，我们看到本案保兑仓业务的特点是：长城公司并不是直接替摩登公司承担银行贷款还款的担保责任，长城公司仅仅是对货物回购担保。所谓货物回购担保，其责任仅限于在已经提前收到全部货款的情况下，对自己仓库里未卖出的货物向银行承担相应货款的退款责任而已。因此，虽然在保兑仓协议中长城公司有一定担保的义务，但仅仅是货物回购担保，不是贷款担保行为。保兑仓协议本质上是一个三方之间相互制约的营销协议。

既然保兑仓业务是营销行为，而高某是长城公司主管营销的副总经理，因此，保兑仓业务属于高某主管的业务范围，是其职权范围内的工作。

摩登公司向深圳中信银行申请保兑仓业务，按照协议，该保兑仓业务申请到的贷款额度必须专项用于摩登公司经销长城公司的葡萄酒。按照银行的签约程序，银行工作人员需要到生产商长城公司实地考察生产商的能力。在此情况下，何某打电话要高某接待。在高某看来，该业务能扩大长城公司的销售规模，对长城公司有利，故高某同意接待。从这个过程我们看出，高某作为长城公司主管营销的副总经理，接待经销商带来的银行放贷人员到长城公司考察，完全是其职责范围内的正常工作，其以长城公司名义接待银行放贷人员，与银行放贷人员洽谈有关业务也没有任何问题。

2. 高某在三份保兑仓文书样本上签字，只代表个人职权范围内的合作意向，该签字行为不需要法人代表授权。

高某作为长城公司主管营销的副总经理，对于业务范围内的合作关系，可以依职权发表自己的意见。在银行人员解释保兑仓业务特点后，高某了解到该业务对长城公司有利且没有风险，故高某从个人角度同意三方合作开展保兑仓业务。高某在银行提供的《保兑仓协议》《核保书》《授权委托书》样本上签字并无不当,因为,高某是在空白的样本上签字,并非正式签约。高某签字仅仅是表达合作意向,表明高某作为长城公司分管销售的领导的意见,高某签字后告诉了银行人员要等星期一长城公司法人代表确认后才能办理正式手续。因此,在长城公司法人代表确认签字、盖章之前该“协议”无效,这一点不论高某、何某还是银行人员都是清楚的。既然高某的签字并不是真正的签约行为,故高某签字也不需要事先获得公司法人代表的授权。

3. 高某的签字行为并未造成长城公司同意为摩登公司担保的假象。

高某签字后,按正常程序也是常识,《保兑仓协议》必须由法人代表面签并加盖公司公章;如高某代为签约,必须有《法人代表授权委托书》。在此情况下,高某并未欺骗银行人员说自己有法人授权,也未跟银行人员说法人代表已经同意该业务,而是告诉银行人员需要等周一(当天是周六)跟法人代表请示,并且,也未在协议上加盖公司公章。

辩护人认为,高某的上述行为完全是正当的。公司中的决策操作无非两种模式:一种做法是自上而下,即先由法人代表拍板,再传达给下面人员具体执行操作;另一种做法是自下而上,即主管人员先拿出意见,层层报批,最后由法人代表决定。本案中,高某的做法是自下而上,由主管人员接待,洽谈后同意并签署意书,最后由领导拍板和签字、盖章。关键是,高某在整个过程中既没有冒充法人代表行事,也没有越权签约,完全是正当的经营行为和管理行为。

因此,银行人员明知作为副总经理的高某没有法人代表授权,其签字不代表长城公司而不能导致协议生效,那么高某签字的行为就不可能造成长城公司已经同意为摩登公司担保的假象,事实上银行工作人员也从未产生这种错误的认识和判断。

(二)起诉书指控:“其间,被告人高某在长城公司对该保兑仓业务实际并不知情的情况下,仍然在深圳中信银行寄来的第一份《提货确认通知单》上签字,帮助被告人何某进一步骗取银行的信任。”

辩护人认为,起诉书关于高某帮助何某进一步骗取银行的信任的指控不能成立。

1. 被告人将《提货确认通知单》混同于一般汇票业务签字,签署该提货通知单是一种误解。

被告人当庭解释,因为通常经销商从银行取得汇票,银行都会要生产商确认,被告人高某每年经手这样的票据发货签字金额高达几亿元之多,而且摩登公司本来就是长城公司的经销商,所以高某在签这张提货单时没有特别留意,不知道是摩登公司和中信银行的保兑仓业务提货单,故高某签字是一种疏忽和误解,谈不上帮助何某进一步骗取银行信任的问题。被告人对这种疏忽和误解不应承担刑事责任。

2. 即使推定被告人知道《提货确认通知单》是保兑仓业务而签字,也不能认定高某故意欺骗银行。

退一步来讲,即使我们推定被告人知道《提货确认通知单》是保兑仓业务,辩护人认为,这种情况下也不能认定高某签字的行为是故意欺骗银行。

因为,我们必须注意到,该《提货确认通知单》对应的汇票已经送到长城公司,高某在《提货确认通知单》上签字只是对提货真实性负责,而事实是高某签字后长城公司确实发了货,履行了提货单的义务,不存在欺骗银行的行为。

值得注意的是,审查保兑仓合同真实性的责任和义务显然应该在作为放贷单位的中信银行。既然中信银行已经发出提货通知,说明保兑仓合同已经签署并生效。因为高某没有与曲某沟通过此事,而何某与曲某本人又很熟悉,高某有理由认为:既然合同生效,而且银行的签约程序又非常严格,反过来说明何某事后是取得了长城公司法人代表曲某的同意的。高某作为副总,没有权力和责任去跟法人代表核实。况且,卷宗中曲某的笔录也证实,曲某与高某之间确实没有沟通过此事,因此,高某有理由误以为何某后来取得了长城公司法定代表人曲某的认可而正式签了约。

3. 无论高某于何种情况下在《提货确认通知单》签字都不重要;重要的是,高某签字的行为不会造成银行损失的风险,更不存在欺骗银行的问题。

高某签字时长城公司已经收到了中信银行开出的承兑汇票。对于高某来讲,何某怎么取得银行的汇票并不重要;重要的是,高某知道,汇票在长城公司,不可能对银行造成损失。因为如果何某到期还不上钱,长城公司将余额补上,则银行不会产生损失;而长城公司补上余额并不会导致长城公司损失,因为余额对应的货物本身还在长城公司仓库里。因此,高某是在银行零风险的情况下签字,其签字行为在主观上不可能有帮助何某骗取银行贷款的故意,事实上该张汇票客观上也没有造成银行损失。

三、高某的行为与何某同银行签约之间、与银行贷款损失之间没有因果关系,其行为不符合贷款诈骗罪的客观要件

1. 高某的行为不是何某与银行签约的原因,其原因是何某的造假行为。

高某接待深圳中信银行的工作人员,并在《保兑仓合作协议书》《核保书》《法人授权委托书》样本上签字的行为,并不是真正的签约行为,也未产生何某与银行签订保兑仓协议的结果。三方其实都明白,没有长城公司法人代表曲某的签字盖章,高某签署的样本不过是几张废纸。高某的行为并未造成长城公司同意签约的假象,也未使银行工作人员产生错误的判断。洽谈之后,关于何某和银行怎么运作的,高某没有参与,也不知情。

按照银行的规则,签订保兑仓协议应当要求长城公司提供加盖公章的营业执照副本,应当由法人代表曲某当面签署核保书,如果法人代表曲某授权他人代签除要提供授权委托书之外,还应当提供由曲某亲笔签名的身份证复印件,等等。而银行工作人员未按照规定的程序办理,没有尽到审查义务,致使何某有机可乘,通过造假达到与银行签署虚假的保兑仓协议的目的。

从这里我们看出,何某签约成功的原因是其造假行为,高某只是被利用的一个环节,顶多算一个条件,不是原因。辩护人注意到,银行工作人员的失职也是被何某利用的一个条件,为什么银行工作人员不是共犯?可见控方对高某是何某共犯的认定显然是错误的。

2. 签订和履行《保兑仓业务合作协议书》不是银行造成损失的原因,其原因是何某骗取承兑汇票的造假行为。

辩护人在此特别提请法庭注意到一个十分重要的问题:由于对保兑仓业务操作模式的误解,公诉机关对高某的犯罪指控,出现了行为和结果之间因果关系错位的问题,而这种错位的认识形成了认定犯罪性质的错误前提。

在讨论这个问题之前,辩护人有必要在此介绍一下保兑仓业务的流程。结合案卷中《保兑仓业务合作协议书》第3条,保兑仓业务中"三方合作"具体操作流程是:

摩登公司先向中信银行交付一定比例(不低于30%)保证金(如30万元),则中信银行开具收票人为长城公司的、票面为100万元的承兑汇票并直接交付给长城公司,其意义为:摩登公司支付30万元,再贷款70万元买了长城公司100万元的货。

长城公司收到这100万元承兑汇票后,是否向摩登公司发货以及发多少货,由中信银行通知。中信银行只会在摩登公司已经交付的30万元保证金范围内向长城公司发提货通知。待摩登公司将该30万元的货卖出回款后,将货款(如35万元)交给银行,银行再向长城公司发出35万元的提货通知。如此循环,直至摩登公司交给银行的款总共达到100万元,该笔承兑汇票业务终结。

如果摩登公司最终不能卖出100万元的货(如总共只回款80万元,则摩登公司交给银行的款尚差20万元),则由长城公司将该部分款项对应的20万元货物"回购",将20万元货款退回给银行。从而该笔保兑仓汇票业务终结。

辩护人提请法庭注意的是,银行虽然授予摩登公司2000万元贷款额度,但银行是把承兑汇票直接交付给长城公司而不是交给摩登公司,承兑汇票金额中超出保证金的部分即为银行对摩登公司的放贷。因此,如果按照保兑仓业务的流程操作,何某虽然获得授信额度但根本不能占有授信额度下实际发生的贷款。相反,摩登公司在整个交易过程中都是先付款再拿货,即摩登公司每交一笔保证金,中信银行通知长城公司发一笔货。

因此,根据保兑仓业务特点和《保兑仓业务合作协议书》条文的约定,本案中三方开展该业务不可能形成何某贷款诈骗的结果。也就是说,骗取贷款的事实不可能发生在签订保兑仓协议的过程中。本案中何某的犯罪手段正是发生在汇票贴现过程中,不是也不可能发生在签订保兑仓业务合作协议的环节。签约环节是个正常的、正当的行为。简言之,签订保兑仓协议的行为本身在法律上根本就不可能成为构成贷款诈骗的客观要件。

因此,由于何某与长城公司、中信银行三方签署的保兑仓合作协议客观上不可能使银行产生损失,则签约行为与本案损失后果之间没有因果关系。那么,无论高某对何某与银行签订保兑仓协议是否有帮助,高某的行为都不构成犯罪。

事实上,正因为按照保兑仓业务操作流程无法拿到承兑汇票,何某才采取了私刻长城公司公章等造假手段,将银行本应该交给长城公司的承兑汇票拿到何某自己手里,通过造假进行背书然后贴现,挪作他用,造成了银行贷款的损失。这才是银行贷款损失的真正的、唯一的原因。

而何某实施上述一系列造假行为事前未与高某共谋,实施过程中高某也未参与,事后高某直到案发才知情,这一点在何某的书面证明材料中讲得非常清楚,所有行为与高某无关。控方仅仅以高某接待考察、签署合作意向书样本,签署提货确认通知单这些问题来认定高某与何某存在共同犯罪,证据是非常不充分的。退一步讲,即使高某的行为在客观上为何某后来造假的行为所利用,也不能对高某以共犯论处,因为我国《刑法》对共同犯罪规定很明确,必须有共同故意和共同行为,我国《刑法》从未规定存在"片面共犯"。

综上所述,辩护人认为,被告人高某与本案被告人何某之间既无骗取贷款的共同故意,也无骗取贷款的共同行为;并且,银行资金损失发生在何某以造假手段冒用长城公司名义取得承兑汇票的环节,与三方签订及履行《保兑仓业务合作协议书》的行为之间没有因果关系。因此,无论在主观认识上还是在客观行为上,高某的行为都不符合贷款诈骗罪的特征,更不可能与何某构成共犯。请求法庭在查明事实的基础上,正确适用法律,依法判决被告人高某无罪。

以上辩护意见,请合议庭参考采纳。

被告人高某的辩护人:
北京市京都律师事务所律师　田文昌　朱勇辉
2007 年 2 月 27 日

审理结果

开庭后,公诉机关申请撤回对高某的起诉。2007 年 7 月 19 日,深圳市中级人民法院裁定准许深圳市人民检察院撤回对高某的起诉。同年 7 月 23 日,深圳市人民检察院认定高某涉嫌贷款诈骗犯罪的事实不清、证据不足,对被告人高某作出《不起诉决定书》。同日,高某被释放。而被告人何某则因犯贷款诈骗罪,被依法判处无期徒刑。

李某田、王某琴被控受贿罪案

案情简介

李某田，大学文化水平，1967 年大连铁道学院毕业后由齐齐哈尔铁路分局一名普通铁路工人起步，1992 年前后任哈尔滨铁路局局长，1998 年由原哈尔滨铁路局局长调任北京铁路局局长，直至 2005 年离任。

王某琴，系李某田妻子，1999 年 9 月退休于北京铁路局。

公诉机关河北省承德市人民检察院指控：被告人李某田在任北京铁路局局长期间，于 2000 年 3 月接受北某公司董事长兼总经理刘某某的请求，帮助北某公司增发股票，李某田利用职务之便，违规同意其任董事长的北京某多元经贸发展中心将人民币 2000 万元拆借给北某公司控股子公司北京北亚某信科技有限责任公司（以下简称北亚华信公司）。据此，北亚华信公司与北京某多元经贸发展中心签订虚假合作协议，北京某多元经贸发展中心将人民币 2000 万元打到北亚华信公司，数月后，北亚华信公司又将人民币 2000 万元打回北京某多元经贸发展中心。北某公司将借款包装成与北京铁路局合作的利润,用于增发股票审批。

2000 年 9 月 5 日,被告人李某田又利用职务之便,代表北京铁路局与北某公司签订了关于北亚实业(集团)股份有限公司在北京铁路局辖区内实施数字铁路客运系统的合作协议书(后被铁道部否定),并越权出具了关于北亚实业(集团)股份有限公司(北京铁路局辖区数字铁路客运系统项目)行业审查意见的函。2001 年 1 月 16 日,李某田利用职务之便,代表北京铁路局与北某公司签订了合作经营新型铁路客运系统协议。北某公司利用两份协议及"行业审查意见的函"等材料,向国家有关部委、证监部门申请增发股票,并得到批准,2001 年 12 月增发股票 15,000 万股,募集资金人民币 9 亿元。

2002 年 9 月,刘某某为欺骗股民及证监部门,决定搞虚增利润过关,再次请求被告人李某田帮忙。刘某某委托北京天意某某房地产开发有限公司将人民币 3510 万元打到北京某多元经贸发展中心的下属公司北京某多经工贸公司。数日后,北京某多经工贸公司又将人民币 3510 万元打回北某公司,北某公司作为与北京铁路局合作的收入,完成了虚假利润。

为了答谢被告人李某田,2000 年 11 月的一天,刘某某到被告人李某田家中,要求为李某田的妻子王某琴重新开立个人股票资金账户进行炒股,王某琴明知刘某某有求于李某田而予以同意。后刘某某委托他人在广发证券北京朝阳门北大街证券营业部为被告人王某琴重新开立股票资金账户,并于 2000 年 11 月 17 日存入人民币 100 万元,供被告人王某琴进行个人炒股。李某田对此事实予以认同。

公诉机关据此指控:被告人李某田、王某琴的行为,均已构成受贿罪,提起公诉,请承德市中级人民法院依法判处。

辩护思路

1. 关于涉案 100 万元的性质问题。

(1)王某琴是向刘某某借钱而不是受贿;

(2)"借款"之初李某田确实不知道此事;

(3)不能否定李某田知道该事后还钱的真实意思表示。

2. 关于李某田是否利用职务之便为刘某某谋取利益的问题。

(1)关于 2000 万元借款的问题。

关于此 2000 万元企业之间拆借问题,指证李某田知道此事的证人证言相互冲突、充满矛盾。而《北京铁路局签报用纸》确切证明了此 2000 万元企业拆借与李某田没有任何关系。

(2)关于三份协议。

李某田是在正常地履行局长的职务而并没有利用职务之便为他人谋取利益。"行贿人"刘某某更清楚地证明了,这件事与行贿、受贿无关。

(3)关于 3510 万元虚假利润的问题。

3510 万元的纸浆购销合同,是刘某某以帮助北京局发展外经的名义欺骗了北京局,而并非李某田利用职务之便为刘某某谋取利益。

辩护词(一审)

审判长、合议庭:

受本案被告人李某田的委托,北京市京都律师事务所指派我们担任其涉嫌受贿一案的一审辩护人,依法参与本案的审理。介入本案后,辩护人依法多次会见了李某田,听取了其对所涉嫌罪名的辩解意见,并详细审阅了相关卷宗材料。特别是通过两天(2007 年 7 月 5 日、6 日)的庭审调查,辩护人认为,本案的基本事实是清楚的,但庭

审查明的相关事实并不能支持起诉书对被告人李某田所指控的罪名,现依法发表辩护意见如下:

我国《刑法》第385条规定,国家工作人员利用职务上的便利,索取他人财物的,或者非法收受他人财物,为他人谋取利益的,是受贿罪。根据该条规定,受贿犯罪在主观方面表现为故意,客观方面表现为索取他人财物或者非法收受他人财物,为他人谋取利益。起诉书指控:"刘某某为了表达对李某田在北某公司增发股票过程提供帮助的感谢之情以及以后的利益而产生向李某田行贿的故意。为让李某田能够接受100万元人民币的贿赂,2000年11月的一天,刘某某来到李某田家中,要求王某琴将其原股票资金账户迁至广发证券北京朝阳门北大街营业部,为王某琴重新开立个人股票资金账户,被告人王某琴明知刘某某有求于李某田而向刘某某提供用于股票证券开户的个人资料。2000年11月17日,刘某某委托北京华联地盛科贸公司经理张某华将100万元人民币存入刘某某为王某琴重新开立的广发证券北京朝阳门北大街营业部的股票资金账户,王某琴用此款进行个人炒股。李某田对此事予以默认。"即公诉机关没有指控李某田利用职务之便索取他人财物,而认为是行贿人刘某某为了表达感谢之情通过王某琴(李某田之妻)向李某田行贿。

因此,李某田是否真的对此事予以默认、是否利用职务之便为刘某某谋取了利益、是否明知自己利用职务之便为其谋取利益,是换取100万元贿赂的交换条件就成为正确认定本案时应当客观认定的问题。

一、关于李某田被指控的行为性质分析

公诉机关为了证明刘某某向王某琴股票账户中打入的100万元是向李某田行贿,列举了三起事实。这些事实能否被认定,我们应当也必须通过相关证据进行分析、判断:

（一）关于2000万元资金拆借的问题

起诉书指控：2000年3月，李某田"利用职务之便利，同意将北京某多元经贸发展中心的2000万元人民币拆借给北亚某信科技有限责任公司（系北某公司控股子公司）"。针对该起事实，被告人李某田无论是在预审期间还是当庭都坚决予以否认，"根本就不知道这件事"。辩护人认为，根据相关证据，李某田的辩解应予认定，此项指控不能成立：

相关证据一：刘某某2006年9月12日15时55分至13日2时30分，讯问笔录证实：

"问：讲一下借2000万元的经过。

"答：（先和杨某说，后正赶上李某田要去开会时找到李某田）……这时，李局长的秘书来了，找李局长去开会，李局长一边站起身一边说：'既然你和杨某都说好了，你们就去办吧，这事我知道了'。"

相关证据二：杨某2006年8月22日13时22分，衡阳铁路公安处看守所，讯问笔录证实：

"答：大约在2000年4～5月，北京铁路局主管多经的邓某某找我说北亚集团总经理刘某某已经找过北京铁路局的李某田局长，李局长同意由北亚集团与京某多元中心合作，让我们中心借款2000万给北亚……

"……

"问：关于借款2000万元给北亚，你亲自问过李局长（李某田）吗？

"答：我没有亲自请示过李某田局长，只是邓某某局长和刘某某与我说李某田局长已经同意了。"

相关证据三：邓某某2006年8月25日在石家庄铁路分局所作的笔录，没有谈及该项事实；庭审中，公诉人又出示了其在同一日所作

的另一份笔录(注:该两份笔录均没有讯问时间)。该份笔录证实:

"(看协议)我记得是京某多元中心的经理杨某跟我说,北亚要借2000万元资金,从北京铁路局多元中心借。李某田局长已经答应了,我说那你就打报告吧……"

相关证据四:2000年3月21日,北京北亚某信科技有限责任公司与北京某多元经贸发展中心的《合作协议》《北京铁路局签报用纸》。该签报用纸上有分管副局长邓某某的亲笔签名和"同意。请保证资金安全"的批准意见;有多经中心的总经理杨某的亲笔签名和"请曹总阅,财务部办理支付"的意见;此外还有"曹某东"的签字,而并没有本案被告人李某田的签字。

对上述证据进行简要分析便可以得出指控不能成立的结论:

首先,多经中心总经理杨某说,(此事)没有亲自请示李某田局长,是分管副局长邓某某告诉自己的。分管副局长邓某某的证言与杨某的恰恰相反,说是杨某和自己说的。而刘某某的证言则表明,他和李某田说这件事的时候正好李某田要去开会,李某田表示"既然你和杨某都说好了,你们就去办吧"。杨某和邓某某的证言相互矛盾,并且都没有直接证明李某田知道此事,依法不能采信;刘某某的说法和李某田的辩解形成一对一的证据状况,不能证实。退一步讲,即使刘某某真的和李某田说了,也是在匆忙中说的,李某田未必清楚此事;即使李某田说了"既然你和杨某都说好了,你们就去办吧",也不能证明李某田利用职务便利为刘某某谋取利益。

其次,在相关证人证言相互冲突、矛盾,无法采信的情况下,原始书证就更加显示出其真实性、稳定性的特征。上述原始书证表明,此2000万元是主管副局长邓某某批准、多经总经理杨某安排操作的,而与李某田无关或无法证实与李某田有关。

(二)关于三份协议

起诉书指控:北某公司据以上三份文件[(1)《关于北亚实业(集团)股份有限公司在北京铁路局辖区内实施数字铁路客运系统的合作协议书》;(2)《关于北亚实业(集团)股份有限公司(北京铁路局辖区数字铁路客运系统项目)行业审查意见函》;(3)《合作经营新型铁路客运系统协议》],向国家有关部委申请增发股票,并得到批准,于2001年12月增发股票15,000万股,募集到资金9亿元人民币。

辩护人认为,此项指控本身就不能自圆其说,有些问题无法作出合理的解释。起诉书所提到的《关于北亚实业(集团)股份有限公司在北京铁路局辖区内实施数字铁路客运系统的合作协议书》及《关于北亚实业(集团)股份有限公司(北京铁路局辖区数字铁路客运系统项目)行业审查意见函》,在2000年11月2日,就被中华人民共和国铁道部《关于对北亚实业(集团)股份有限公司实施数字铁路客运系统意见的函》(卷宗材料)所否定,它与时隔一年之后,即2001年12月北亚集团增发股票是一种什么关系?如果刘某某利用这些已经作废的文件,来蒙骗有关部门,是否应当由李某田来承担责任呢?

另外,本项指控的相关证据也否定了李某田利用职务便利为刘某某谋取利益收受财物:

相关证据一:2006年9月12日15时55分至13日2时30分,刘某某讯问笔录证实:

"问:关于'数字铁路'的项目,除李某田外,和北京路局其他人又谈过吗?

"答:(经仔细回忆)谈过,2000年八九月,大概就是我和李局长签订数字铁路合作协议的前一两天,我和北京路局的邓某某副局长、总经济师陈某某也谈过。和他们谈是李局长让我去和他们见面的,地点是在北京路局的会议室,参加的北亚方面就是我和王某;北京路局方面是邓某某和陈某某,有没有杨某我记不清了。我记得当时我是把通过项目合作来帮助北亚实现股票增发,然后再投资北京路局的计划都说了……

"……

"问:越权出具'行业审查意见'这意味着很大的政治风险,那为什么李某田还要在你们北亚起草的'行业审查意见'上盖章?

"答:我觉得他也没太重视这件事。当时我并没有和李局长说过或流露过要对他感谢的意思。"

相关证据二:2006年8月23日,北京铁路局办公室,陈某某(原京铁总经济师)调查笔录证实:

"问:请你介绍一下关于开办动车组业务的前后情况。

"答:我记忆中是2000年年初,我们局要上'动车组'系统(这个系统就是新型列车业务),我们局长李某田让我和当时主管多营的邓某某副局长负责这件事,有一次,李某田局长跟我说,北亚集团也要参与这件事,具体事宜你跟他们谈一下。"

相关证据三:2006年8月25日,石家庄铁路分局,邓某某(副局长)询问笔录证实:

"答:……这样与北亚就没有谈成(动车组)。我或者陈某某把没谈成的事跟李某田局长讲了。李局长说不行就算了。以后再也没有谈这件事……

"……

"问:你还有什么补充的吗?

"答:没有了。我记得动车组的事许某某副局长,耿某某副局长也参与了。上述证据表明,2000年北京铁路局要上动车组,李某田作为一局之长,安排总经济师陈某某和主管多经的副局长邓某某负责这件事,并且许某峰副局长、耿某某副局长也参与了这件事。这些事实表明,李某田是在正常地履行局长的职务而并没有利用职务之便为他人谋取利益。另外,行贿人刘某某更清楚地证明了,这件事与行贿、受贿无关。”

(三)关于3510万元虚假利润的问题

起诉书指控:2002年9月,刘某某为应付股民及证监部门,决定搞虚增利润过关。再次找到李某田帮忙,李某田利用职务之便,代表北京铁路局与北某公司签订了《合作经营新型铁路客运系统的补充协议》,刘某某据此协议通过北京某多元经贸发展中心总经理杨某,使北某公司与北京京铁多经工贸公司签订虚假《纸浆购销合同》等一系列虚假协议(合同)。刘某某让北京天意某某房地产开发有限公司将3510万元贷款打入北京某多经工贸公司,北京某多经工贸公司又将3510万元打到北某公司,北某公司把3510万元作为与北京铁路局合作的收入,完成了虚假利润。

关于此项指控,李某田当庭辩解,因北京铁路局的外经工作一直不好,其为了发展外经曾经带着领导班子到北亚集团参观过,并请刘某某帮助北京局发展外经。关于“纸浆购销”合同,刘某某是以帮助北京局的名义和李某田谈的;他询问了杨某说能做、能挣钱,才同意由多元经贸公司做纸浆生意的,完全是为了本单位的利益而没有想为他人谋取什么利益。并且,李某田的说法与杨某的交代可以相互印证,依法应予认定:

2006年8月22日13时22分,衡阳铁路公安处看守所,杨某讯问笔录证实:“2001年9月,北京铁路局的李某田局长给我打电话问我你们能不能做纸浆生意,我说可以做但没有资金和市场。李局长说,‘北亚有资金、有市场,你可以跟刘某某谈’。过了一两天,刘某某拿一份与北京铁路局李某田局长签好的补充协议及纸浆协议到我办公室,刘某某跟我说,现在纸浆生意很好,李某田局长一直想让我帮你们,原来想让外经做,但他和外经人不熟,正好你在这,就让你做,李局长也同意了。”

(四)关于100万元受贿的分析

针对此项指控,李某田当庭辩解,其开始并不知道其妻王某琴向刘某某借钱炒股,直到2002年下半年,妻子王某琴才告诉自己并告诉炒股赔了的情况,为此老两口还吵了一架;之后其便找刘某某商量还款,而刘某某却说,股票涨跌是常事,我现在也不等钱用,等股票涨起来再说,那样你们就不赔了。

李某田的辩解是否是事实,是正确认定本案的关键。然而,判断李某田的辩解应当依照其他相关证据予以客观分析、判断:

1. 李某田是何时知道刘某某向王某琴股票账户打入100万元的问题。

相关证据第一组:李某田写给专案组和部纪委安书记的两封信,以及李某田的预审笔录和当庭辩解。上述两封信和其预审笔录及当庭辩解是相互冲突的。在其两封信中表明借钱时李某田是知道的,但之后无论是笔录还是庭审中都非常稳定地表明自己不知道,并对那两封信做出了合理的解释。即当刘某某被通缉后,李某田和老伴王某琴都很担心(因当时李某田已经知道了借款炒股的事情),特别是王某琴担心借刘某某的钱是公款。因王某琴的身体原因,李某田就说如果有什么事自己就把责任担过来。因此当王某琴被“双规”后,自己就写了那两封信,意图尽快使王某琴得到解脱。也正因如此,才有王某琴说借款是和李某田商量的之说。

相关证据第二组:王某琴的供述和辩解。预审中,王某琴曾经有过是和李某田商量后向刘某某借钱炒股的供述。但其2006年11月22日的笔录中以及庭审中均否认了这件事,并且也作出了解释,因为自己娘家很穷,几十年都拖累李某田,退休后就想偷偷赚点钱贴补家里,因此借钱炒股的事情没有告诉李某田和儿子。其在2006年11月22日的笔录中证实:“……当时我们(和刘某某商量后)就这样定下来了。我们说完这事,我老伴李某田和我儿子李某某前后脚地回来了,回来以后,我挺含蓄地说,我找刘某某帮我炒股票,详细情况我没和我老伴和儿子说,他俩也没有问……”

相关证据第三组:刘某某的相关交代。公诉机关庭前提交法庭的,刘某某2006年9月12日的讯问笔录证实:

“问:为什么要给李某田的夫人,而且选择股票这种方式?

“问:为了给李局长送这100万元钱,我想了很多方案。在以前到李局长家去的时候,和他老伴闲聊时无意中问道每天都干什么,他老伴说就两件事,炒股票和看孩子,我就记住她炒股票的事了,就打算以股票方式办。之所以给他夫人,我是怕如果把钱给李局长本人需要我们面对面,不好意思,一旦李局长拒绝我,以后就不好办了;给他夫人也算到了他家,他也会明白我感谢他的意思的。

“……

“问:讲一下你给李某田夫人送钱的过程。

“答:那是2000年11月的一天晚上,我到李局长家去,目的就是要给李局长夫人去送钱。当天晚上李局长有应酬不在家。他老伴王某琴和儿子、女儿都在家,但没和我们待在一起……我说我们公司是上市公司,有操盘手,你把账户转到我们公司去,我给你存百八十万元,再找人给你看着,很快就能翻番。正说到这,李某田回来了,好像喝了酒,脸红扑扑的,听我说要给他老伴存百八十万元这事,就笑了,说她哪会炒啊!李局长老伴就推辞,说不行……我那天到李局长家去的目的就是送钱,如果送不出去,以后就没法办了,所以我就跟他俩说:‘不行就算我借给你们的还不行吗!’听我这么说,李局长的老伴就同意了,说:‘那还差不多。’李局长听我这么讲也没反对。”

上述笔录似乎是说,刘某某给王某琴送钱或王某琴借钱,李某田知道,但辩护人注意到,也提请法庭注意,刘某某是在推断。如“之所以给他夫人,我是怕如果把钱给李局长本人需要我们面对面,不好意思,一旦李局长拒绝我,以后就不好办了;给他夫人也算到了他家,他也会明白我感谢他的意思的”。“李局长听我这么讲也没反对。”但这时李某田是有应酬“李某田回来了,好像喝了酒,脸红扑扑的”的情况下。李某田对王某琴借钱炒股是否明知并不确定。但是,公诉机关当庭出示的刘某某,2006 年 8 月 18 日 17 时 30 分至 19 日 2 时 30 分,在总政军事看守所所做的笔录却可以明确证实:刘某某在事前、事中、事后都没有告诉李某田。该份笔录证实:

“问:你让张某华将王某琴的卡和户都退给她后,与王某琴和李某田有过交谈此事吗?与李某田见过面没有?

“答:没有和他们说过这件事。

“……

“问:你送礼前不好意思明示,存到股户上为什么不告诉李某田?

“答:我真心感谢他的帮助。只要……

“……

“问:为什么不直接给现金送去?

“答:一是数额 100 万元量大不好带,二是怕她拒绝我不好下台阶。打听到她炒股,调她的户过来不显山、不露水就办了。这样我说明天就办,她就没再说什么。过一会李某田回来了,没说股票的事,说了一会糖尿病的事我就走了。我没告诉李某田,意思是让王某琴告诉他,我要告诉李某田显得太俗了。这样,第二天……”

上述三组证据表明:(1)行贿人刘某某在事前、事中、事后都没有亲自告诉被告人李某田,自己借给其妻子王某琴 100 万元炒股的事。(2)当王某琴被“双规”后,李某田考虑自己老伴身体不好想把责任揽到自己身上而写的信,与其被采取强制措施后极其稳定的"借钱时自己不知道,是股票赔了,即2002年下半年才知道此事"的辩解形成对照。究竟应采信哪种说法,应结合其他证据。但是即使是在其写的信中,时间也是用的2003年而不是2000年,与实际情况是不相符的。(3)王某琴有过两人商量后借钱,也有过背着李某田借钱的交代。结合其想"挣点钱贴补娘家"的说法,不告诉李某田的可能性更大。特别是其"……当时我们(和刘某某商量后)就这样定下来了。我们说完这事,我老伴李某田和我儿子李某某前后脚地回来了,回来以后,我挺含蓄地说,我找刘某某帮我炒股票,详细情况我没和我老伴和儿子说,他俩也没有问……"的说法可以和刘某某"过一会李某田回来了,没说股票的事,说了一会糖尿病的事我就走了。我没告诉李某田,意思是让王某琴告诉他"的说法相互印证,依法应当予以认定。

综上,被告人李某田"王某琴向刘某某借钱炒股时自己不知道,一直到炒股赔了,即2002年下半年才知道"的说法应当被认定。

2. 刘某某向王某琴股票账户中打入100万元的性质认定。

相关证据一:王某琴的供述与辩解。预审阶段,王某琴曾经做过有罪供述。但是,即使是有罪供述时,其表述也是向刘某某借钱;在此之后,其表述就十分稳定,一直到庭审都坚持是"自己向刘某某借钱炒股"。

相关证据二:行贿人刘某某的交代。刘某某的交代中虽然表达了自己想感激、想送钱的意思,但其谈到具体情况时也都表述为"借"。如"不行就算我借给你们的还不行吗!""说完后我告诉她,那100万元给你存好了啊,她没说话,我又重复了一遍,她听完后反应了半天,才跟我强调说那钱算我借的"。也就是说刘某某想的是送,而王某琴则认为是借。当然,王某琴想转移风险,想借上市公司总经理刘某某之力炒股赚钱的贪利意思也是明显的。但她想贪的不是此100万元,而是此100万元经过炒作所赚的钱。

相关证据三:被告人李某田还钱的意思表示。辩护人在会见李某田时,其告诉辩护人,至少可以回忆起5次向刘某某还钱的意思表示。其中,比较清楚、具体的有三次,一次是在2002年年底或2003年年初,家人和刘某某一起吃饭,因儿子的同学来京办事也在场。席间,其明确向刘某某表达了还钱的意思;再一次是刘某某在英国看病回来后,其明确向刘某某谈了还钱的事。但每次刘某某都表示,自己不等钱用、股票涨跌是常事,等股市涨起来再说;还有一次是2004年其回哈尔滨时,求高长友帮助找刘某某还钱,因自己从领导岗位退下来后刘不接自己的电话,后来又换了号码。

针对上述情况,辩护人找到了王某和高某友(无法见到刘某某),他们分别证实了李某田所讲的情况,并同意出庭作证。法庭上他们明确证明了李某田还钱的真实意思。依法应当被认定。

上述相关证据表明:(1)刘某某通过王某琴向李某田行贿的过程中,一直表述为“借”,也正是由于“借”字,王某琴才接受;(2)李某田知道后有还钱的真实意思表示和努力还钱的行为事实。没有还成的主要原因是,想等股市好起来,避免损失或少损失,也由于后期很难找到刘某某。

二、关于客观方面分析

1. 受贿所收受的贿赂,是权钱交易的目的追求,也是权钱交易的结果,这些贿赂是无须返还的。但是,有证据证明李某田知道王某琴借钱炒股赔了之后多次找刘某某谈还钱的事。此不符合受贿犯罪的特征。

2. 随着对贿赂犯罪的打击,该犯罪变得越来越隐蔽。但有证据证明王某琴或李某田并没有进行隐瞒,此不符合受贿犯罪隐蔽性特征。如通过第三者(张某华)转款,会留下人证及相关财务凭证;款项转入股市进行操作会留下原始书证;到处喊“老伴借钱炒股赔了”,更是极易暴露的(原北京铁路局干部霍某贵、王某政向法庭出具证明,都明确证明了,本来不炒股的李某田关系股市,并告诉他们“老伴借钱炒股赔了”)。

三、对本案证据情况的看法

1. 刘某某没能出庭接受质证,是本案证据的重大缺陷。

本案中,能够证明涉案100万元资金性质的只有,刘某某、王某琴和李某田三人。而王某琴和李某田又都是本案被指控的被告人,他们的辩解只有经过刘某某的证实才会令人信服。介入本案之初,李某田就向辩护人提出,坚决要求和刘某某质证。他相信,通过当庭对质,刘某某会说出事实真相。辩护人根据李某田的要求,也在庭前向法庭提出了申请。本案刘某某没有出庭,是本案证据的缺陷,也可能会成为错案的隐患。法庭应当予以高度重视。

2. 对本案关键证人,刘某某交代的质疑。

法庭审理情况表明,本案的办案人员有时不能客观、全面地反映案件的本来面目。如出庭作证的高某友证实,办案人员找自己时并没有问有关股票的事,只是问了和李某田有无经济往来、李某田家有无买卖……证人霍某贵、王某政也作了类似的证实,并明确了“这个问题,承德检察院来问我的时候,我也说过,但他们没有记”;被告人王某琴更是对自己的笔录提出了质疑。所有这些,有办案人员的思想问题,也有询问方式、理解等多种问题。因此对于关键证据就应当引起我们及法庭的高度重视。特别让人怀疑的是,在刘某某的笔录中,办案人员明确问道“你以前的交代和这次不一致,什么原因?”此说明刘某某有过多种说法。到底真实情况怎样,他应当出庭接受控辩双方的质证,才能使法庭有一个客观、公正地判断的条件。

3. 关于2万多美元存折的问题。

庭审中,被告人王某琴坚持说在将股票手续还给刘某某的时在候,还同时给了其一个2万多美元的存折。卷宗材料表明,此2万多美元存款确实存在(已被查封);在对李某田、王某琴的相关场所进行搜查时,没有搜查到该存折。目前尚不能排除此存折在刘某某手中。果真如此,案件的性质则会完全不同,应当进一步查明。

综上所述,现有证据不能证明被告人李某田利用职务上的便利,非法收受刘某某的100万元资金,其也不能为刘某某谋取利益。因此指控不能成立。

此致

承德市中级人民法院

北京市京都律师事务所律师　田文昌　曹树昌

二〇〇七年七月十日

辩护词(第二轮法庭辩论发言)

审判长、合议庭:

两天的法庭审理可以看出,显然控辩双方所处的角度不同,但在总的方向上目标应当是一致的,都希望通过庭审活动,帮助法庭理清案件的基本事实,给法庭最终作出公正的判决提供坚实的基础。但是在大方向一致的前提下,控辩双方又出现了一些冲突,甚至在观点上相差如此悬殊,原因是什么呢?

从案情来看,本案争议的焦点主要集中在以下三个方面:

1. 被告人李某田、王某琴是向刘某某“借钱”,还是实际上是“收钱”?

2. 王某琴向刘某某“借钱”或“收钱”时，被告人李某田事先是否明知？

3. 被告人李某田知道“借钱”或“收钱”的事情之后，是否作出过还款的意思表示和努力还款的行为？

辩护人认为，就这三个关键问题，控辩双方之所以存有争议，主要是因为在对问题的认识和分析方式上，控辩双方存在巨大的差异，直接影响对案件性质的认识和判断，甚至最后得出完全不同的结论。针对这一问题，辩护人向法庭和控方谈谈以下几点补充意见，旨在探讨，希望引起法庭的重视并认真地予以考虑。

一、我们分析判断问题的思维方式应当建立在以证据为依据的基础之上，而不是建立在以逻辑推理方式分析被告人心理活动的基础之上

综观控方在庭审中的表达，无论从举证、质证、法庭讯问还是法庭辩论，所体现出来的突出的思维方式是，以逻辑推理的方式从各种角度去分析探求被告人的心理活动，诸如他到底想做什么？到底是想借还是想收？到底是知道不知道？到底想还不想还？等等。这样的探求并没有错，问题在于发生的阶段不对，具体来讲，这种分析应当存在于对犯罪的侦查阶段。在侦查犯罪的时候，寻找犯罪线索，不放过任何疑点和可能性，无一遗漏地从各个方面，包括从嫌疑人的心理活动去寻找和厘清侦查线索，这不仅是必要的而且是必需的。但是现在，当案件已经进入庭审阶段，我们则应当抛开这些从心理活动出发的推理认识方式，而应当从证据出发，着眼于对证据的认识和判断。

1. 关于“谋利益”的问题，控方简单地从行为人的职务与身份关系出发，而不以证据为基础分析判断，就认定被告人为他人谋取利益的结论是错误的。

受贿罪的基本前提是收受贿赂为他人谋取利益。按照公诉人的分析,李某田是一个职位较高的领导,具有较大的权力,北亚集团是个大公司,刘某某是大公司的领导,李某田与刘某某之间有长久的个人关系等,根据这一系列表面上的职务关系即推断出似乎合乎情理的二人之间请托与被请托的一种必然性的"谋利益"关系。但值得注意的是,《刑法》规定的"为他人谋取利益"的行为是有特殊前提条件的,首先就是要利用职权,谋利人是被请托人,受益人是请托人,谋取的利益是请托事项所指向的利益。这不是简单地仅仅以主体身份就可以认定的模糊概念,更不能简单地因为某人是局长、厅长,另一人是他的下级、合作商,就认定他们之间必然存在谋利益的关系。基于此,在"谋利益"的问题上,绝不能简单地仅着眼于表面上的职务和身份,而是要重证据,依据相关证据来证明有无谋取利益的事实。另外,要正确区分"谋利"与"互利"。任何的经济往来都是互利的,这是常识问题,在正常的以互利为前提的经济往来中,能否认定就必然存在谁官大谁就是谋利益者,谁没有官职谁就是请托人,显然不能这样简单地分析与理解。实际情况是,在双方互利的经济关系中,北京市铁路局得到了利益,这就不能说因为李某田和刘某某的职务差别,就认定李某田必然是在为刘某某谋取利益。

控方在指控中更多的是从行为人身份关系角度去分析和判断出李某田为刘某某谋取利益的结论,继而试图说明这种判断是如何地合乎逻辑,而并没有举出充分的证据来证明这一点,这种缺乏证据支持的指控是难以成立的。

2. 李某田有没有具体审查合同,或者合同是否由北亚集团起草,都不能成为认定"谋利益"的理由。

公诉人认为李某田没有仔细审查合同是为对方"谋利益"的表现之一。众所周知,在实践中,不管是法律规定还是实际操作,都没有要求领导亲自逐字逐句地审查合同,在领导工作繁重的情况下,这不现实也不可行,领导应当审查的只是合同的基本内容。所以,没有仔细审查绝不能成为有意帮助对方的证据。公诉人还认为合同是由北亚集团起草而不是北京铁路局起草,这也是"谋利益"的一种表现。同样,不管是法律规定还是实际操作,都没有规定合同必须由本方起草,合同只要经过本方审查,对本方没有不利并经本方认可就是合法的,由谁起草并不重要。这是常识。

以上引用控方对部分问题的认识,旨在说明,用一些枝节问题来判断认定事实的基本性质的方法,是不可行的,也是不符合法律规定的。反映出控方在思维方式上的偏颇。

二、对被告人是"收受"财物还是"借款"问题的分析和证据运用

(一)对被告人是"收受"财物还是"借款"问题的事实分析

公诉人认为,从被告人的家庭条件,对炒股的认识和经验,至今尚未归还款项以及和刘某某的关系等一些实际情况,推断被告人是收受财物,具有一定的合理性。那么,相反,辩方的理由同样也具有合理性,在第一轮法庭辩论中,另外的三位律师对二被告人"借款"性质的论证已经很充分,对他们论证的合理性我不予重复。而且,被告人本人对于未能及时还款理由的陈述也同样具有合理性。为什么当时没还?在股市中100万元变成了三四十万元,正是因为李某田舍不得赔那么大的本,才没有赔本还债。这不仅是李某田的弱点,这是人性的弱点,正好刘某某也一再地推却说自己不着急用钱,股市涨跌是常事,等涨一涨再还。于是李某田就想等股票涨一涨,少赔一点,可是股票在很长一段时间一直低迷,就是这样的心态和实际情况,导致了迟迟未归还的结果。这种解释难道不合理吗?

那么,在控辩双方的说法和推断都具有合理性的情况下,法庭靠什么来定罪呢?古往今来,正是由于主观推断的认识方式,导致出现了很多问题,证明了这种推断方式的不合理、不公平、不准确。所以逐渐发展形成了证据化的程序规则,我国正在修改的《刑事诉讼法》特别强调对证据的规定和运用。所以,在控、辩、审三方都不了解被告人真正的内心活动的情况下,对问题的分析判断必须从推理转到证据上,才能有利于作出对案情的公正、合理的分析判断。

接下来,我们结合具体证据情况,对被告人究竟是“收受”财物还是“借款”这一基本事实再作进一步分析。

1. 股票账户开立后一直没有脱离刘某某的控制,证明了是借钱炒股而不是收受财物。

代持股票账户的问题。法庭调查中已提出,当时的所有权没有转移。首先,从法律关系上看,在开始阶段所有权没有转移。当时,刘某某委托的人完全可以控制这个账户和股票,而被告人王某琴却控制不了。其次,这一过程确实符合借钱炒股的实际情况。如果是给钱,刘某某也没有必要帮忙炒了,直接给钱就已经达到刘某某的目的,之后收受人如何利用就与己无关了。而现在的实际情况是,钱依然控制在刘某某的手中,他委托人帮忙炒股的一年半的时间,王某琴对该账户的情况一点都不知道,甚至不知道账户号码和密码,这恰恰符合了借钱炒股的特征。

2. 关于“借”与“还”的问题,关键在于“还”;而在“还”的问题上,控方证据相互矛盾,缺乏有罪证明力。

“借”的事实没有争议,尽管二被告人和刘某某的说法有些变化和矛盾,但从始至终,在“借”的问题上都是一致的,这一点无可争议。

对“还”的分析,到底是以“借”为名行受贿之实,还是有借有还,或者有借想还。二被告人的口供和刘某某的证言都有变化,有自相矛盾,也有相互矛盾。但是,在有其他证据可以印证有还款努力的情况下,“还”的证据显然处于优势地位。

3. 关于“还钱”的意思表示和行为,辩方占有绝对的证据优势。

关于“还”钱的事实,刘某某的证言与二被告人的供述相互冲突。针对这一事实,辩方出示了四份证据(包括两份证人证言,两位出庭证人),都证明了确实存在还款的意思表示并且曾经做出过还款的努力。可见,证据在数量上的差别显而易见,辩方和控方出示证据之比达到6:1,六份证据和一份证据,还不足以看出哪方有证据优势吗?显然,“还”的证据远远高于“不还”的证据。

4. 现有证据不能认定“美元折子”在王某琴处。

“美元折子”的问题,公诉人认为从刘某某处没有搜出来,就肯定在王某琴处。辩护人强调,这个“美元折子”是被告人王某琴主动交代出来的,经过侦查机关查证属实并冻结,被告人家中也没有发现。从这一细节分析,不能简单地推断刘某某那里没有就一定在王某琴处,且不论对刘某某的搜查是如何进行的、是否有遗漏,即使刘某某那里确实没有,王某琴家也搜不到,也不能得出“美元折子”必然在李某田家的结论。

5. 关于李某田是否“明知”借钱的事实,否定的证据优于肯定的证据,不能认定李某田“明知”。

对李某田是否“明知”的问题,王某琴的供述前后有些不一致,庭审中王某琴做出了合理解释。被告人李某田始终都说得很清楚,他并不知道王某琴向刘某某借钱炒股。刘某某的证言,刚开始明确地说李某田不清楚,而在后来的讯问中,讯问人问他为什么以前说的和这次不一样时,他的证言发生了一些变化,但即使是变化之后的证言,刘某某也没有明确说李某田知道借钱的事,而只是推断,他认为李某田笑了笑,就是知道了。在是否“明知”这一事实上,李某田明确说不知道,刘某某说李某田可能知道,而最后控方得出的结论却是:不知道+可能知道=知道,显然这是不符合逻辑的推理。很显然,在李某田当时是否“明知”的问题上,否定的证据优于肯定的证据。而后来一再发生的归还的意思表示和行动,又印证了他当时不知道借钱的这一基本事实。客观地说,从证据上分析,没有理由断定李某田对借钱一事是明知的。

(二)法庭调查中反映出控方存在一系列对证据运用的错误认识,导致对证据的错误判断甚至得出错误结论

1. 用言词证据否定原始书证。

关于2000万元拆借资金的问题,明明不是被告人签的字,控方却举出杨某、刘某某和邓某某的证言证明是李某田同意这笔钱拆借给北亚某信科技有限责任公司。尽管三人的证言并不一致,控方却硬是用对接的手法将三人不一致的证言对接起来,强加到李某田身上。这三个人的证言能否代替书证?在法律规定的证据种类中,实物证据的证明效力是高于言词证据的,明明没有李某田的签字,凭几个人的口供就认定是李某田批准了的,这无异于“文化大革命”时期“背靠背”的揭发检举。历史已经否定了这种错误做法,回到了法制的轨道上来,就是要防止由此引发的错案。必须用程序来保障公正,重视证据的运用,否则人人都有可能被定罪。《刑事诉讼法》规定的七类证据,顺序明确。其中的言词证据既不稳定也不可靠,而原始书证具有不可改变性,证明效力不一样,怎么能用极不稳定也不可靠的言词证据来否定不可改变的原始书证?这显然不符合证据原则。

2. 取证方式错误。

关于本案的取证方式的问题,被告人王某琴在庭上撕心裂肺地讲了很多,六十多岁的老人,连续高强度的审讯,污辱人格,威逼利诱,这种情况下取得的证据如何看待?每个人心里都应该明白。

在关于李某田是否提到过老伴借钱炒股赔了的这一事实调查取证时,对证人的问话方式空洞抽象,与所调查的内容风马牛不相及,

在抽象的问话中却得出对具体问题的否定结论。这究竟是一种什么样的调查取证呢?例如,没有任何一份笔录中明确问道“李某田向你提到过老伴借钱炒股赔了的事吗?”最后却得出了被调查人否定知道此事的结论。这不是答非所问,而是问非所答,然后又用回答的结果得出否定的结论。这种结论根本不是证人的回答,而是由控方自己作出的,这是违反证据原则的。

对辩护人提供的证人证言,公诉人一概加以否定,其中理由之一是控方也找过同一证人,控方在先,辩方在后,按照记忆的顺序应当是前面的记忆更准确,而后面的不准,所以辩方的证据就不真实。能这样推理吗?若以此逻辑,控方取得那么多次的被告人的口供和证人证言(特别是刘某某的证言),在前面的说法有利于被告人而后面的说法不利于被告人的情况下,为什么又只取后面的而不取前面的呢?显然这样的推理是没有道理的,从这样的角度分析证据很难避免得出错误的结论,只能反映出控方认识问题的主观随意性。

公诉人还提出证人的“利害关系”的问题,包括出庭证人和被告人的利害关系。这里,公诉人混淆了“亲密关系”和“利害关系”的概念。李某田和证人高某友很早就认识,并一直保持联系,他们之间的关系是朋友关系,是亲密关系,但并不具有利害关系。什么是“利害关系”?或者是利害冲突,或者是利益一致,这才可以称作利害关系,不能把情感上比较亲密的关系一概说成是利害关系,并以此否定证据的效力。

公诉人还认为其中一个出庭证人的证词说得很流利,推断是他先前背好的,因此就一定是伪证,并以此认定其无效。这种推断未免太简单化了。法律上判定一个证据的真伪,不在于证人的表达方式,而在于证人陈述的事实是否真实。辩方事先已经向证人取证,证人了解取证的内容,而证人从未上过法庭,害怕在庄严的法庭上说不好,说错了,事先做好充分准备,这是很正常的。换一种情况,即使证人将证言写在纸上念出来,也不能说明他说的一定是假话,只要证人陈述的事实是真实的,就不能否定证言的效力。

我们不能从这些枝节问题上提出否定的理由,这根本就不构成理由,更不能改变证据的基本性质。辩护人提请法庭能够注意到这些问题,也希望公诉人能够考虑这些意见,对证据的认识如果背离法律原则,就会得出完全错误的结论,判决就有可能出现错误,导致错案的发生。

三、当口供和证据发生冲突时,要尊重证据原则,用证据来判定法律事实

被告人的口供说是“借”,尽管有部分口供存在问题,但二被告人始终不承认是“受贿”。从现有的证据分析,显然不能完全排除是“收”钱,但更不能排除是“借”钱。口供没有承认,证据证明又不充分,依靠什么定性呢?如果不调整思维方式,就可能误入歧途,那就是想方设法创造条件获取口供和旁证,迫使被告人认罪。最后被告人还是不认罪,怎么办呢?就推断被告人有罪,靠推断定罪。在现有的科技条件下,犯罪情景不可再现,控、辩、审三方都不是当事人本身,也不是在场证人,没有亲见就没有理由仅靠自己的推断来判定被告人的心理状态,否则也没有了庭审的必要性。既然不能依靠推断,我们必须面对这些错综复杂的证据,就必须依靠证据,尊重证据原则,用证据来判定法律事实,这是法治社会发展的必然结果。

那证据不充分时怎么办?这就涉及证据运用原则的问题,法律规定是要用证据来证明被告人有罪,而不是用证据来证明被告人无罪,如果现有证据不能证明被告人有罪,按照“无罪推定”的原则,被告人就应被视为无罪,而绝不是只要不能排除被告人有罪,他就必然有罪。这是最关键的问题,是刑事诉讼的价值取向问题。

两天的开庭，控辩双方各执一词，各有自己对案件事实和性质的认识，如果靠推断定罪，无疑是说谁的表达能力好，谁能煽动情绪，谁能推断得说服人，法庭就相信谁，那就回到了几千年前的法律。我们必须明确到底是“有罪推定”还是“无罪推定”，现在看来，很多证据都是不扎实的，无论是证明是否“谋利益”的问题，是“借”还是“收”的问题，李某田事先是否“明知”的问题，还是事后到底有没有还款的表现和努力还款的行为问题，指控的证据都是极不充分的。在这种证据不充分的情况下，退一万步讲，即使不能排除被告人无罪，也同样不能证明被告人有罪。那么，结论就非常清楚，根据现行法律，本案只能得出证据不足、不能认定被告人有罪的结论。

辩护人：

北京市京都律师事务所律师　田文昌

二〇〇七年七月六日

审理结果

承德市中级人民法院2008年1月15日作出一审判决：被告人李某田犯受贿罪，判处有期徒刑13年，剥夺政治权利2年，并处没收个人全部财产；被告人王某琴犯受贿罪，判处有期徒刑5年；对广发证券北京朝阳门北大街证券营业部户名王某琴股票账户资金予以追缴。

姜某被控贪污罪案

案情简介

被告人姜某,原系新疆某集团建设工程公司董事长、总经理,新疆某商贸城有限责任公司董事长、总经理;2006 年 5 月因涉嫌贪污被逮捕。

新疆乌鲁木齐市人民检察院指控:2002 年 9 月至 2006 年 3 月,被告人姜某在任职期间,以联系工程为由,利用职务之便,安排建设公司副总会计师李某及项目经理吴某等人,在建设公司承建的子午轮胎项目、若羌项目、科技馆项目等工程项目上,从各工程项目部先后提取现金共计 319 万余元。同时,其安排财务人员及相关的项目经理,以虚列成本的方式冲销账目,进行虚假账务处理,将 319 万余元公款非法占有。

辩护思路

建设公司承包项目是以大包干式的“死包”方式进行的,在这种承包方式中,承包方自负盈亏,上缴利润的数额是固定的。

按照承包合同上缴利润之后,其余资金均归承包方自主支配,不具有公款性质。因此,在这种承包方式中,不存在贪污犯罪的可能性。

辩护词(一审第二轮)

审判长、合议庭:

根据法庭调查和第一轮法庭辩论中控辩双方争议的焦点问题,辩护人简要补充以下几点意见。

一、关于公诉人的证明目标问题

辩护人认为,本案涉及一个很重要也是最基本的问题,就是控方在指控姜某犯罪的过程中,证明的目标是什么?本案的基本事实是,被告人累计从7个项目上拿了300余万元,被告人承认这一事实。关于这些钱用在了什么地方,被告人姜某已经向法庭说清楚了钱的用途,是为了跑公司承接的建设项目花掉了。而公诉人只能证明钱的来源,却没有查明钱的去向。公诉机关要指控被告人有罪就需要证明这些钱为被告人非法占有,因为在指控一个财产犯罪案件时,证明资金来源只是一个前提,没有这个前提就没有这类案件的发生,但更重要的是要证明被告人具有占有这些资金的事实。本案中,公诉机关指控的案件形成的前提是被告人姜某拿了公司的3,197,400元,但是,仅仅证明这3,197,400元的来源只是一个前提,还需要进一步证明这3,197,400元被姜某非法占有了。而事实上被告人姜某已经说明这些钱跑项目花掉了,并没有非法占为己有,他只是这几笔钱的经手人而已。辩护人在此提请法庭注意:"占有"与"经手"是两个完全不同的概念,公诉人要证明一个财产犯罪,必须要证明被告人具有非法占有的事实,而不是经手的事实,希望法庭对这个问题引起足够的重视。

刚才公诉人提到一个问题,辩护人很吃惊,公诉人说钱的去向并不重要,只要你拿到了钱,贪污罪就已经既遂了,不管你是干什么用。即使你是用之于公,也只是从轻量刑的问题。这个问题我们要好好地研究一下,这是一个原则性的问题,对这种原则性的错误是不能含糊的。如果按照公诉人这样的理解,那么,任何一个企业管理人员经手的资金小到千元、万元大到亿元、几十亿元、百亿元,就统统都构成贪污罪了。而且按照公诉人的理解贪污罪就既遂了,也就是说所有的企业的董事长、经理等高管人员在支配资金的过程中都毫不例外地构成了贪污罪的既遂。辩护人在此特别强调,我们千万不能这么理解《刑法》第 382 条的规定,这样的理解是对法律的严重曲解。法律规定得非常明确,贪污也好侵占也好,必须是非法占有公共财物,前提是个人拿了公司的钱,结果如果是为了私用当然就是贪污,但是为了公用就不是贪污。所以控方必须解决证明目标的问题,也就是说指控构成贪污犯罪,控方必须能够证明被告人占有了公共财物,而不是证明被告人经手了公共财物。本案中公诉人只能证明 3, 197, 400 元的来源,却不能排除这些钱的合理去向,更不能证明姜某个人占有了这些钱。姜某从项目上拿了这笔钱去跑项目接工程,不等于姜某就贪污了这笔钱。

所以,辩护人认为,公诉人在本案证据运用上存在问题,即发生了证明目标错误,混淆了“占有”与“经手”的概念,曲解了法律对贪污罪的规定。

二、关于被告人有无占有 3, 197, 400 元的证据问题

我们来看几个具体的问题:

第一,公诉人强调被告人采取做假账的不正当手段来取钱,所以就是贪污。

对此,辩护人要向法庭说明的是,采用不正当的手段并不等于就是犯罪,这两者之间并不存在必然的联系。反之,正当的手段也可以实现犯罪的目的,法律上所说的以合法手段掩盖非法的目的,就属于这样的情况。举个简单的例子,杀人的手段肯定是非法的且是犯罪的,属于使用非法的手段追求犯罪的目的。可是执行死刑呢?同样是杀人,但是其目的却是合法的,所以,还是要看目的。即被告人姜某把3,197,400元是用之于公了还是用之于私了?如果用之于私,当然是贪污;如果用之于公,就不能构成贪污。做假账拿钱用之于公的行为违反财务制度,这是毫无疑问的,但是贪污犯罪完全不能成立,因为国有财产没有受到侵害。在法庭调查的时候辩护人对被告人讲,建设公司本身在管理上的确存在问题,比如说公司发包给下面工程项目,所发生的费用按理说根本没有必要由公司来统一管账,完全可以将分配给项目经理的利润拿出来使用。因为你们之间有合同,制度规定也很明确。可是,公司非要统一管理,这样一来反而形成了错觉。事实上,公司管理的并不是自己的钱,而是项目的钱。弄清楚这点非常重要!因为“谁管账”与“管谁的账”完全不是一回事。在法庭调查中公诉人一再强调说,财务是公司统一管理的,钱是从公司账上拿走的,所以就是贪污了公司的公款。这只是一种表面化的认识。当然这种认识的形成是有原因的,因为公司的管理确实存在一定的问题,根本没有必要这样管理。所以,我说这是用计划经济的思维方式来管理市场经济的财务,而这种管理的失误又导致了公诉人认识上的误解。但是这种误解是可以澄清的。本案中的7个项目已经承包给项目经理,项目上的钱本身就是属于项目经理的。姜某跑项目所花的钱也都是从各个项目中通过借款的方式提出来的,然后再把账做平。正由于是由公司统一管账,而跑项目的花销又无法正常报销,所以就出现了用其他的发票冲账的问题,但这种手段却并不必然构成犯罪。其实,我们还可以看到许多用不正当的手段追求正当目的的案例。我们很多私营企业由于不懂法律,采取做假账方法拿走本来属于他自己的钱,即用非法的手段取得了合法的收入。这种情况经常会发生的,但这显然不是犯罪。

因此,辩护人认为,在不能证明被告人非法占有公款的情况下,仅证明其违反财务制度的做假账手段就认定被告人贪污,这种结论显然不能成立。

第二,有多项证据证明姜某跑项目的事实确实存在,而且与姜某的说法互相印证。

例如,证人陈某在2006年8月2日的笔录中有这样的一段话"若羌项目工程的承接具体事宜是由建设公司法人代表姜某具体操办的,我只是为姜某准备了竞标的标书"(见检察卷第9号第2页);吕某某在2006年11月3日的笔录里也讲道"在此之前郑某辰老总与姜某也找过他联系工程"(检察卷第9号第209页);唐某某在2006年10月7日的证人笔录里面也有这么一句话"姜某也来过一次就是洽谈业务"(检察卷第201~202页);而且在陈某的笔录里面还有这样一句话,(也是2006年8月2日的笔录)"我也和姜某谈过并向姜某谈过此项目的承接所需费用我可以承担,于是我就干上了此工程"(检察卷第9号第2页)。

以上陈某、吕某某、唐某某等人的证言相互印证,证实了一个客观的事实,就是被告人姜某不但与项目经理有约定负责跑项目,而且事实上也一直在跑项目。

公诉人指出,自治区政府办公厅曾经下发过一份新政办(2000)174号文件《关于新疆建工集团有限责任公司实施建设工程项目总承包有关问题的通知》,以此证明姜某没有跑项目的必要性,即不用姜某跑业务。

辩护人认为,公诉人的这一认识和说法是不能成立的。因为任何一个省级的政府,都不可能发这样的文件,要求所有的部门所有的工程都由某一家建设单位来垄断承包。这是不符合市场经济的基本原则的,更不可能针对一个需要招投标才可能获得的建设工程通过一个政府文件强行摊派,下硬性指标,这不符合市场经济的基本原则。这样的理解是有原则性错误的,该文件真正的意思只是给予建工集团一些政策性的倾斜,但是并不是说建工集团就不需要跑项目,可以坐等天上掉馅饼了,公诉人更不能依据这样一个文件就武断地否定姜某跑项目的客观事实。

第三,控方指控被告人非法占有公款证据不足的第三点理由是:被告人关于资金去向的陈述具有合理性,而控方却无法排除这种合理性。

现在我们来逐一分析被告人关于资金去向的具体陈述。

关于10万元。姜某为了跑项目给疾控中心的吐书记送过10万元钱,吐书记对此认可,已经证实。值得强调的是,这10万元钱去向的真实性很重要,它说明姜某的确在跑项目而且为了承接项目的确花了钱。

关于50万元。这50万元收钱的人已经去世,形成了死无对证的局面。死无对证很简单,那就是疑案,而疑案就不能够定案。

关于250多万元。这笔钱姜某已向法院说明去向,且说明调查方向,希望法院查证。

此外,需要特别提请法院注意的一个问题是,案件审到现在,公诉机关连被告人动用公款的具体数额都不是十分清楚,这样的指控如何能令人信服呢?公诉机关向法庭提交了司法会计报告,而指控的数额却又与该报告的结论不一致,那么这种报告又有什么意义呢?

公诉机关的指控又有什么依据呢?但是从另一个角度来看,公诉机关指控数额之所以不准确也是有一定的理由的,正像姜某本人对这几笔钱的准确数额也说不清楚一样。如果今天姜某在法庭能够清清楚楚地把这几笔钱的来龙去脉说得清清楚楚,我倒说他是瞎话,经过这几年的运作,为了拿项目,为客户买玉石,买烟买酒请吃饭,进行各种不同的消费,难道姜某的脑子是计算机吗?所以,关于花的这些钱的数额只能够是一个大概的数字,不可能严丝合缝地对号入座。而公诉机关却在对司法会计鉴定报告都不敢相信的情况下,凭借一个拼凑的数字来认定被告人犯罪的数额,显然是不负责任的,这样的证据在法庭上很难得到支持,也不应该得到支持。

根据这样一系列的理由我们可以说,至少我们在证据上不能排除资金去向的合理性。在此我想申明一个观点,无论是公诉人还是辩护人,在审查案件的时候我们都不是当事人,也不是证人,我们没有权利和理由来肯定或者否定某一项事实。所以,我没有理由说姜某确实就一分钱没有拿。但是,我有理由说,根据法律和现有的证据,公诉机关没有理由,也没有充分的证据证明姜某占有了公司的财产。在这种情况下,公诉人就不能够认定姜某个人占有了这笔钱,所以就不能够定罪。因此辩护人一直在说,希望法院对250万元的去向进行查实。

退一步讲,就本案而言,即使我们不做调查,即使我们查不明白,就现在的情况,也没有证据证实这些钱就是被姜某个人占有了,更何况项目运作的事实是不容否认的,7个项目统统做起来,那么他姜某有多么大的面子?自治区政府的文件又真的可以否定市场经济吗?任何一个项目都不可能是无中生有的,但是这种情况下钱又是从哪里来的?这是一个非常重要的问题。假如我们认为这些钱都被姜某个人占有了,那么跑项目所花的这些钱又是哪里来的?难道真如公诉人所说,跑项目根本就不用花钱吗?

刚才公诉人又说到了"潜规则"的问题,公诉人说法律不承认"潜规则"。公诉人的这个说法本身并没有错,但是得出的结论却是错误的。因为法律不承认潜规则是法律不承认潜规则的合法性,但是法律却并不能抹杀潜规则所造成的某些客观事实。在本案中一个最关键的问题恰恰是,本案中影响案件定性的并不是"潜规则"本身,而是被告人有没有非法占有公款的事实。正是由于"潜规则"的客观存在,造成被告人经手并且花费涉案资金的结果,同时从另外一个角度印证了被告人没有非法占有这些钱的事实。所以说,法律是否承认"潜规则"与"潜规则"是否客观存在完全是两回事。

三、关于本案300多万元涉案资金的性质问题

现在我们换一个角度分析,抛开被告人是否非法占有这个前提,假定钱的去向是假的,假定被告人确实占有了这些钱,那么被告人的行为是不是贪污呢?

我们知道,法律明文规定贪污罪的构成条件,是指国家工作人员利用职务上的便利,侵吞、窃取、骗取或者以其他的手段非法占有国有财产的行为。根据法律的明确规定我们不难发现,在提起公诉的时候,公诉机关忽视了一个最基本也是最重要的问题,本案当中的涉案资金根本就不具有公款的性质。我们来具体分析一下,建设公司的经营方式是承包的方式,而且是"大包",或者叫"死包"。陈某的笔录里面说得很清楚,2006年8月2日的笔录里面开头就这样说,"采用大包的形式承包的项目工程,也就是说我要按照要求向建设公司上缴管理费以及建设公司若干项目税之外,剩余的工程或赢利或亏损都有我一个人承担,我与建设公司有承包合同"。

建设公司实行的《内部经济责任承包管理制度》第13条规定,"项目经理部的承包公司作为发包方,项目部作为承包方必须签订承包合同。总经理代表公司签约,项目经理作为承包第一责任人代表项目部签约。实施集体承包,个人负责”。第14条规定,“承包方式,实行核定费率、确保上缴、细化管理、责任到人、分项考核、按章奖惩、亏损自负、审计兑现的方式”。第15条规定:“按产值上缴管理费率核定。由公司承揽分配给(项目部)承包的工程以总造价作为计算基数,按工程类别确定相应费率。1. 一类工程上缴13%;2. 二类工程上缴11%;3. 三类工程上缴8%;4. 四类工程上缴5%。”第20条规定,承包指标完成,上交后亏损的必须以承包风险抵押金进行弥补,不足部分以责任岗薪补足。这个制度非常清楚而且具体地说明了关于承包的方案,包括具体内容和分配比例,以及风险和亏损的问题。

我们根据公司的这项规定,根据前面列举的证人证言,可以看出,这一系列证据完全一致地清楚地反映出,公司承包的性质是一种“死包”的性质,即承包人盈亏自负,成本及利润自行解决,自主分配,上缴给公司的管理费以工程总造价为基数按照固定的比例计算,承接项目所需费用由承包人承担。那么在这种情况下,我们说这300多万元是谁的钱,是公司的钱吗?不是,显然不是!不管是这些钱从公司的账上拿出来,还是下了公司的账,这些钱统统是“羊毛出在羊身上”,全部都是承包人的钱,与公司收取的管理费毫无关系。所以,姜某所运用的这些跑项目的钱与公司的公款丝毫无关。这是一个非常重要的事实。

公诉人在法庭调查和法庭辩论中都一再强调以谁的名义收款问题,认为工程款是以公司名义收的,而姜某又是将钱从公司的账上提出来的,所以这些钱就一定是公款。这是一种形式主义的认识论,不能这样看问题。资金的性质是由它的所有权关系决定的,无论是以谁的名义收款,还是从谁的账上提款,关键还是要看最终账是算在谁的头上,要看最终是谁来为这些钱埋单。只要这笔账最后算到承包人头上,与公司没有关系,它就不可能具有公款的性质。因此,有充分的证据表明,本案中的涉案资金并不具有公款的性质。那么,在没有公款存在的情况下,贪污罪的犯罪对象都没有了,显然就不可能存在构成贪污罪的问题。

综上,辩护人认为,综观本案的全部事实和证据,无论从任何角度,都没有理由认为被告人构成贪污罪。

首先,从行为性质来看,被告人将涉案资金用于承接项目而并未占为己有,该行为显然不构成贪污罪。

其次,从证据规则来看,指控证据既不能证明涉案资金为被告人个人非法占有,也不能排除其被用于承接项目。因此,认定被告人占有该笔资金证据明显不足,不能认定被告人有罪。

最后,从资金性质来看,因涉案资金不是公款而不存在贪污犯罪的对象,因此,被告人不可能构成贪污罪。

据此,辩护人认为被告人姜某无罪,希望法庭在查清事实的基础上,依法作出公正的判决。

辩护人:

北京市京都律师事务所律师　田文昌

二〇〇七年八月十三日

辩护词(一审第二次开庭补充)

2007 年 9 月 26 日,姜某被指控涉嫌贪污一案再次开庭。控辩双方向法庭补充提交新证据并有四位证人到庭作证。现辩护人仅针对本次开庭质证情况发表以下补充辩护意见:

一、在建设公司建账不等于账上的资金都是公款

辩护人向法庭提交的建设公司管理制度及几位到庭证人证言均表明,建设公司对工程承包采取大包干("死包")方式,每次工程除按总造价的固定比例上缴管理费外,其余部分均归承包方(项目经理)自主支配。因此,这些资金不具有"公款"的性质。

公诉人以建设公司统一建账为理由认为账上资金即是公款,这种观点混淆了所有权与管理权的界限。简言之,"谁管账"与"管谁的账"不是同一个概念。工程项目部将其自己支配的资金存到建设公司账上,由公司统一监督管理,并不等于该资金就改变了其所有权性质。因为,按照公司规定及承包合同约定,除按固定比例上缴给公司的管理费外,其余资金均归项目部支配并归其所有。

公诉人的另一个理由是,在项目工程决算之前,账上的资金显然是公款。这种观点同样不能成立。因为,文件中关于"欠交自补"的规定十分明确,在不少缴公司一分钱的前提下,无论盈亏,均由项目部自行处理和解决资金问题。项目部在公司账上的资金只是一种暂存关系,且该资金的支出由项目经理掌握,即被告人从其中支取的资金是经过项目经理同意的,即使亏损了,建设公司对其也不承担赔偿责任。因此,这些资金并不因其暂存在建设公司账上便具有了公款的性质;还是同样的道理,管理权不等于所有权。所以,决算与否,并不影响这些资金的所有权关系。

二、四位出庭证人的证言进一步证明了项目资金使用的自主权及其私有性质

建设公司财务人员李某及三位项目承包人当庭均证实了几项重要的基本事实:接工程需要花钱;而工程大部分是姜某跑下来的;支取资金是经过项目经理(承包人)同意的;因承接工程中有交叉,在不同项目资金中也会拆借使用,即资金会处于一种滚动使用状态。

以上这些证言所证明的内容不仅是相互一致的，而且是与公司的管理办法及承包协议向一致的，充分体现出其客观真实性。

三、证人陈某的证言证明了乌某某收到了佣金的事实

证人陈某当庭陈述，乌某某亲口对他讲，本应给他的佣金是80多万元，但他只收到一半，希望其余部分尽快兑现。陈某答应给他时他又讲只对姜某，所以，陈某即告知姜某要其向乌某某兑现承诺。陈某的这一证言是证明乌某某收到钱的直接证据；其与姜某的陈述相互印证，具有充分的证明效力。

四、吴某当庭的陈述与其庭前陈述并无冲突，其证言具有可信性

证人吴某当庭陈述表示，他认为付给姜某的钱是接工程用了，因为接工程确实要花钱，这是惯例。公诉人认为，吴某庭前在检察机关所做的调查笔录中曾讲过他不知道姜某把钱给谁了，而庭上又讲是接工程用了，所以其前后陈述有矛盾。辩护人认为，公诉人的这种说法没有道理。刚刚进行过的庭审质证表明，无论是面对辩护人还是公诉人的询问，吴某在回答时都讲过，他并不知道姜某把钱给谁了；但是当公诉人一再追问时，他又讲，他认为应当是接工程用了。由此可见，这两种回答之间并不矛盾。准确地说，这两种回答之间是一种全面与不全面的关系，而并非矛盾关系。因为，他“不知道”用途，所表明的是他并不确定资金实际使用的具体情况，而他“认为应当”的用途，所表明的是他的主观判断。所以，公诉人指责其陈述前后矛盾是没有道理的。

就此问题，辩护人特别提请法庭注意的是，公诉人在庭审质证时以训斥的口气压制证人回答问题，致使其在接受公诉人质证时根本就无法讲完一句完整的话，每说一半就被粗暴打断并横加训斥。公诉人的这种质证作风不仅是错误的，而且造成了歪曲事实的后果。证人连在法庭上都不能完整地表述自己的意思，在其庭前所形成的

调查笔录中能否客观全面地记录其所作证言,就更加令人质疑了。辩护人请求法庭重视这个问题。

综上所述,辩护人认为,此次开庭法庭调查中所补充质证的诸项事实进一步表明,本案涉案资金属承包工程的项目经理支配及所有,其并不具有公款性质。

同时,证人陈某当庭陈述亦证明了姜某已付给乌某某佣金的事实。

以上事实进一步表明。姜某不构成贪污罪。

辩护人:

北京市京都律师事务所律师　田文昌

新疆亚新律师事务所律师　邓朝辉

二〇〇七年九月二十六日

审理结果

2007 年 11 月 7 日,新疆维吾尔自治区乌鲁木齐市中级人民法院以贪污罪判处被告人姜某无期徒刑,剥夺政治权利终身,没收个人全部财产。

张某被控受贿罪案

案情简介

2007年10月,天津市人民检察院第一分院向法院提起公诉,指控西藏自治区工商局原副局长张某涉嫌受贿,具体涉嫌事实如下:

张某自2004年8月任西藏工商局副局长,主管该局“金信”一期信息建设工程。2005年2月,张某利用职务之便,通过银行卡接受“金信”一期工程投标单位北京天财圣峰软件有限公司(以下简称天财圣峰公司)董事长田某的好处费1万元,用于个人消费。同年12月,西藏工商局与天财圣峰公司签订《“金信”工程集成合同》。2006年2月,张某利用职务之便,收受田某送与的银行卡两张,共计8万元,用于个人消费。

2007年12月,天津市人民检察院第一分院作出补充起诉,指控张某于2006年5月,利用职务之便,向田某索要20万元,归个人所有;同年8月,天财圣峰公司涉嫌行贿案案发后,张某为逃避法律追究,指使其妻肖某将20万元退还田某之妻刘某。

辩护思路

此案辩护是典型的"证据辩"。这里有三个值得关注的问题:刑讯逼供、律师取证和双方对证据的争议。

从本案来看,只就刑讯逼供简单提出申诉不会引起重视,应尽可能提供线索和证据。结合被告人自己对接受讯问过程的陈述,辩护人在阅卷中发现能够证明刑讯逼供的证据,证实这些指控证据。于是辩护人就讯问笔录记载的时间、地点、人员、内容,结合提讯记录的时间等内容及被告人申诉书内容,制作侦查机关对嫌疑人讯问的比照表,在庭中提交法庭,以证实在31次提讯中发生的许多非法讯问行为。为此,检察机关曾派人到被告人被羁押的有关看守所进行调查,而这些调查材料无法否定辩护人指出的事实。

关于本案的律师取证,辩护人承担了不小的风险。辩护人几经努力,无法找到所谓的"行贿人",但找到多位其他证人,取得证言,同时取到部分书证和物证,于第一次开庭前提交。这些证据具有较强的证明力。在开庭前法院突然通知取消开庭,退回补充侦查。不久后,被告人被转移至其他看守所,致使辩护人一时无法查找被告人的下落,无法会见。随后,辩护人被检察机关约谈。四级检察机关对此案先后给予关注。律师依法认真取证的行为,被视为不正常,被怀疑作伪证,不能不令辩护人感到气愤。

就本案证据而言,既有法庭上的辩论,也有约谈中的交锋。辩护人一面指出侦查机关的刑讯逼供的事实,一面说明辩方取得证据的合法性、真实性,同时逐一指出控方对证据的错误理解。涉及的几个争议要点包括:辩护人调查取得的证人证言是传来证据还是原始证据,银行卡账目变动是否等于钱被使用,"防火墙"的买卖证据能否表明权钱交易,收条时间有误是否表明伪造,以及鉴定结论的合法性等。另外，对所谓行贿人的证言，辩方主要通过其前后证言内容的比对、与其他证据的比对，论证该证言不足采信的理由。

辩护词(一审法庭辩论第一轮)

审判长、审判员：

北京市京都律师事务所田文昌律师、王九川律师接受被告人张某亲属的委托，担任其涉嫌受贿一案的辩护人。开庭前，辩护人曾多次查阅本案起诉卷宗材料、会见被告人，并进行了调查取证工作。现发表以下辩护意见：

辩护人认为，公诉机关对被告人张某的指控事实不清、证据不足，指控罪名不能成立。

下面，我们对控方的全部指控证据加以具体分析：

从法庭调查的情况来看，公诉人出示的证据主要涉及以下几个方面：(1)被告人身份、职务和职权范围；(2)“金信”工程招投标的经过；(3)被告人涉嫌受贿的4笔共29万元款项的流转过程；(4)被告人收取该29万元的原因、理由；(5)有关被告人提出的被刑讯逼供的事实；(6)本案的诉讼进程。法庭调查表明，控辩双方发生的主要争议在于第(4)(5)两个部分，对这些证据的认定直接关系对以下基本事实的认定：

被告人曾收取过的中标单位法人代表田某的29万元，是利用职权收取的“好处费”，还是被告人与田某之间的个人往来？

从相关证据来看，被告人分四次收取田某交付的共29万元钱(一次1万元，两次各4万元，一次20万元)，对收取、退回这四笔钱的经过作出证明的控方证人有：天财圣峰公司的两位主要负责人田某、于某，被告人的妻子肖某和田某的妻子刘某。

其中,于某关于三笔钱(一笔1万元、两笔4万元)的证言表明:他和被告人没有直接谈过这几笔"好处费",也没有亲手交给被告人钱,更没有看到被告人收取这几笔钱,他完全是听田某讲要给被告人"好处费"。至于田某有没有把这几笔钱交给被告人,他不清楚。在最后一次证言中,他还表示田某不会跟他"打埋伏",会把钱给被告人。这几笔钱是不是好处费,以及钱有没有给被告人,是两个关键事实。于某所作的表述属于"听说"和"推测",并不能排除田某没有讲明实情的可能。所以于某的证言是传来证据,不能作为认定事实的依据。

证人刘某的证言,主要是对收取肖某退回的20万元的过程作出证明,至于该20万元与给孩子办转学转户口有无关系,她只是表示"不知道有这件事",并没有否定这一事实存在的可能。从这份2006年10月26日的证言来看,该笔录记录不完整,不具有合法性。侦查机关应当还留有该证人的其他《询问笔录》,辩护人在法庭调查阶段已经提请法庭调取侦查机关对刘某的全部《询问笔录》,这样才能够对该证人证言作出判断。

从田某的证言看,对同一指控事实,曾给出完全不同的证明。如关于20万元这一笔,在侦查阶段最初的证言中,田某讲明是他求肖某给孩子办理转学转户口用的赞助费,一个多月后又讲是给被告人的"好处费"。在这一个多月的时间里,田某以行贿嫌疑人的身份被讯问多次,其中在2006年8月28日的《讯问笔录》中,田某表示:"我感觉我会死在看守所。"这表明,该证人正在受到压力,此后他的证明被告人受贿事实的证言,可能是在受到压力后作出的。所以,田某的证言自相矛盾,该证人有受到逼迫出具违心证言的可能。作为本案的关键证人,其证言至关重要,在不能排除上述疑点的情况下,不能将其作为认定指控事实的依据。

证人肖某在侦查机关接受询问时，曾经承认被告人收取田某的20万元是“好处费”，此后又向审查起诉机关出具新的证言予以否认，证明这笔钱是帮田某的孩子转学转户口需要的赞助费。在审判阶段，其还通过辩护人再次提交该证言，同时还对被告人代买藏红花和虫草的事实作出证明。对比这些证言可以看出，肖某就20万元这一笔的来龙去脉，前后给出完全相互矛盾的说法，在侦查阶段以后的证言却没有出现反复。

为什么肖某的证言出现这样大的反复？在2007年9月26日的证言中，她对此前接受侦查机关询问的过程作出了详细的说明：侦查机关的办案人员曾两次把她从单位带到天津办案机关，对她进行了超长时间扣押，在询问中一再威胁和利诱，直到签字后才让她离开。这份证言曾被提交给审查起诉机关，但在起诉卷宗材料中没有看到。

以上表明，于某的证言为传来证据；田某、肖某对同一事实的证明内容前后自相矛盾；控方提交的刘某证言不完整（侦查机关应持有该证人的其他询问笔录）；侦查机关办案人员对上述证人有违法取证的重大嫌疑。因此，公诉人出示的上述证人证言在其真实性、合法性、与被指控事实的关联性上都存在很多严重问题，根本无法证明被告人收取“好处费”的所谓受贿事实。

除此之外，被用于认定受贿事实成立的主要证据只有被告人的“认罪”口供了。公诉人出示了被告人在侦查阶段的几份承认受贿事实的《讯问笔录》，这些只是被告人全部口供的一小部分。通过查阅起诉卷宗材料中对被告人的全部《讯问笔录》，对比有关《提讯证》上的提讯记录，辩护人发现：在580余天的羁押中，侦查机关曾先后将被告人张某羁押于天津市与河北省的5个看守所（使用化名）；先后对张某提讯29次（张某讲为31次，起诉材料中提讯记录应不全），起诉卷宗中只有14次提讯的《讯问笔录》，其中张某4次作出有罪供述

(2次记录涉嫌事实,2次为表示“不翻供”的内容);侦查机关的讯问经常在夜里长时间进行,最长一次时间达14小时55分,4次有罪供述全部在夜里产生;有罪供述全部发生在河北省的看守所;部分《讯问笔录》中记录的讯问时间比《提讯证》记录时间少记数小时;《讯问笔录》中有明显带有威胁、利诱性质的问话(见附表)。

张某曾多次申诉:他在河北省的两个看守所内曾先后遭受挨饿、挨打、断药、超负荷劳动等不法侵害,2007年1月10日至11日的认罪口供是讯问人员“使用号内调对(打人)和号外审讯威胁的手段获取”的,2007年1月15日至16日的认罪口供是讯问人员“以改变强制措施和改善拘押环境即换押为诱饵‘骗取’的”,2007年2月8日的认罪口供是讯问人员“通过控制钱、断药等手段”“逼迫获取”的;在河北省被羁押期间,包括以后每次改变羁押地点后,长期与家属、律师失去联系,律师无法会见。

令人震惊的是,在本案审理阶段的最后一次退补中,在有关方面正在调查核实被告人申诉的同时,侦查机关在今年1月底2月初的几次提讯中仍继续使用这些违法讯问手段。根据张某的申诉,讯问人员曾多次威胁他,多次拒绝他修改笔录的要求,并举拳殴打(被拦下),张某因此身心受到严重伤害、发高烧数日后被送入院治疗。从补充侦查的相关材料来看,讯问人员继续大量使用威胁性的问话,其中2008年1月29日的提讯自晚8时至第二天早5时30分,长达9个半小时,还是使用彻夜讯问的手段,而这份《讯问笔录》在时间上比《提讯证》少记达2个半小时,还是同样的作假。

尽管公诉人以相关调查材料否认张某关于刑讯逼供的申诉事实,但是本案起诉卷宗中的证据材料已经证实了他遭受超长时间讯问、被威胁、利诱的事实,这些行为本身已经构成刑讯逼供。所以,这几份承认有罪的《讯问笔录》是在非法讯问的情况下获得的,不是合法证据。

由此可见，所谓张某构成受贿的事实，已经失去了合法的被告人口供以及证人证言这些最基本证据的支持。

现在，我们再来分析辩方证据。

从辩护人提交的十几份证言、书证和照片来看，已进一步证明以下事实：

1. 证人程某证实被告人曾委托他在西藏帮助天津的朋友代买藏红花1斤，证人任某青、肖某证明他们曾当面看到被告人把从西藏带回的一纸袋1斤左右的藏红花直接交给田某，这都印证了1万元用于代买藏红花，张某与田某之间货款两清的事实。

2. 证人程某还证实被告人曾委托他在西藏帮助天津朋友代买虫草1.2斤，证人高某证明被告人曾在西藏打电话通知田某已买到虫草，证人肖某讲明被告人从西藏带回虫草放在家中冰箱里，等田某来取。后来侦查机关在来家里搜查时曾经对这些虫草录像，法庭上辩方出示的取自被告人家中的虫草实物印证了这一事实。所以被告人所说的4万元用于代买虫草，田某因故没有取货的事实是成立的。

3. 证人高某的证言印证了被告人准备把卖“防火墙”的4万元还给天融信公司的事实。

4. 证人王某证明肖某曾要他帮助给田某孩子办北京户口和转学并提供20万元赞助费，证人席某胜的证言也证明了肖某帮助办理孩子转学转户口事实的存在，证人高某的证言印证了证人肖某所讲的因这件事办不成把20万元如数退回的事实。

以上除证人肖某外，其他5位证人均为第一次提供证言（其中4人为亲笔书写）；这些证人证言的内容与其他书证、照片、实物，与被告人的供述相吻合，证据之间不存在矛盾，证据真实、合法，证明了被告人所讲的事实。公诉人在质证中曾表示，辩护人提交的证据有可能使“控方的证据体系崩溃”。现在来看,不仅是辩方的证据能够导致这种“崩溃”的发生,更准确地讲,公诉人出示的有罪证据自身存在的种种问题表明,控方证据根本就无法形成一个完整的“证据体系”。

通过对控辩双方证据的对比分析,我们就不难看出,被告人张某与田某之间的经济往来纯属个人之间的委托关系,与被告人的职务行为没有任何联系。并且在这些委托关系中,张某并没有获取任何不当利益,不存在单方接受财物的行为。

在此,辩护人还要着重分析一下有关“防火墙”的事实。关于“防火墙”的流转过程应该是没有争议的,相关事实本应该是本案中法律关系最为清楚的部分,但对被告人在其中实施行为的性质,控辩双方却有不同的理解。从流转过程来看,最初是首创网络公司的业务员王某从天融信公司的业务员缪某新那里借来这台“防火墙”,以所在公司名义交国家工商局试用。在国家工商局没有试用的情况下,转由张某个人试用,而他并没有试用,后张某与天融信公司联系,准备把“防火墙”还给对方。两位业务员也和张某联系过,双方相互确认张某欠天融信公司一台“防火墙”这一事实(这一点双方从来没有异议)。后来双方又失去联系,这时田某因为工程需要让张某帮忙找“防火墙”。于是经过协商,张某将这台保管了近三年的“防火墙”以合理的价格(4 万元,原价 5 万元)卖给田某,彼此货款两清。此后,田某将这台“防火墙”以天财圣峰公司的名义用于西藏工商局“金信”工程(张某在事后得知)。所以,天财圣峰公司实际是欠付田某个人“防火墙”款,两者之间形成债权债务关系。而西藏工商局与天财圣峰公司之间还没有就“金信”工程进行结算(尚余 70 万余元尾款),两家单位间的债权债务没有了结,所以这台“防火墙”的所有权并没有明确。后来这台“防火墙”因为技术故障被送回生产厂家天融信公司退换,但天融信公司发现这台“防火墙”就是当年借出的那一台,该事实也进一步印证了这台“防火墙”已被田某使用。

以上过程清楚表明,因为“防火墙”而发生的试用、买卖、退换等行为,都是普通的民事法律行为,其间相关个人、单位之间的种种关系,全部都是民事法律关系。而在张某与田某买卖“防火墙”以后发生的行为,是另外几个民事主体之间的行为,已经与张某无关,也与天融信公司无关。就天融信公司来看,他有权向张某主张要求返还“防火墙”,或要求以等价现金等方式偿还(他也有权放弃这些要求),即使考虑触犯刑事法律的可能,也只能从天融信公司的角度来分析是否存在侵占或行贿受贿的问题。但由于张某始终承认这一事实,并做好偿还现金的准备,所以这一债权债务关系的存在,已经排除了刑事犯罪的可能。但无论这种可能是否存在,都与田某、天财圣峰公司无关;在“防火墙”的全部流转过程中,也没有哪一个行为与所谓张某的受贿有关系。

审判长、审判员:刚才通过对控辩双方证据的比较,对本案争议事实的分析,已经证明:公诉人出示的证据不仅没有证明被告人的受贿事实,反而证明了侦查机关一系列严重违法办案行为的存在;而辩护人提交的证据进一步证明:被告人被迫作出 4 次有罪供述以外的其他无罪口供是可信的,部分证人在受到侦查机关压力后出具不真实证言的事实也是完全可能的。

正像有些办案人员所讲,这起涉嫌受贿 29 万元的案件,从涉案金额来看,并不算大案,但案件诉讼进程艰难,程序越来越复杂,仅在侦查阶段就有四级检察机关参与,此后的两个阶段中多次被退补。在进入法院审理阶段,辩护人提交新的证据之后,本已定下的开庭被突然取消,随后被告人受到几个办案机关连续多次提讯,再次受到侦查机关的逼供,而辩护律师也遭受压力,被迫接受调查。案件的复杂性同样体现在开庭过程中,被告人在法庭上的发言还多次受到公诉方的打断,在法庭上控、辩、审三方在场的情况下被告人还难以行使辩护权利,那么在侦查阶段的权利又怎么能够得到保障?

不仅是被告人,连辩护人也还在继续受到来自检察机关的压力。公诉人反复强调:被告人在进入审理阶段后,突然提供很多证据线索,辩护人在本案即将开庭前不久突然提交很多证明被告人无罪的证据,这些行为“反常”,希望辩护人承担起法律责任。从今年1月初提交新的证据以来,辩护人已经不止一次听到来自检察机关的这种“忠告”。辩护人希望,这些“忠告”是善意的。对于提交的证据,辩护人是依法取得的,作为辩护律师,既然有勇气在这样的案件里调查取证,也就有勇气敢于承担法律责任。

辩护人也希望,这起案件的每一个办案机关、每一个办案人员也都能够对自己的言行负责,对自己的执法行为有承担法律责任的勇气。

公诉人认为律师提交证据“反常”的主要理由,是指在提交的时间上太晚,我们且不说这种说法在法律上没有依据,从辩护人在被告人那里获得证据线索这一事实上,却可以看到本案存在的另一种“反常”行为:为什么被告人在长时间的侦查中、在几十次的提讯中不提供这些证据线索,而在进入审判阶段、开庭前不久才向律师提供呢?被告人自己讲得很明白,也很坦率:一是不敢讲,怕连累证人,怕证人不敢说真情讲实话,因为侦查机关提讯人员曾明确警告:你有哪个证人,我们就去找哪个证人,我们有办法“证死你”;二是没有机会讲,在侦查阶段没有机会和上级检察机关领导多讲话,在审查起诉阶段也没有机会谈案情;三是寄希望于田某讲出实情。被告人反复强调,最主要原因是担心证人因为本案受到牵连,出具违心证言。被告人在侦查阶段遭受的非法侵害,尤其是刑讯逼供的事实,使我们有理由相信他的这种担心是真实可信的。在孤立无援的情况下,在律师都无法会见他的情况下，他采取这种“反常”的做法是迫不得已，是在合法权益得不到维护时的一种自我保护。

所以，我们希望，在以后的诉讼过程中，被告人的合法权益能够得到充分的维护，律师的辩护权利也能得到尊重，有关办案机关的违法行为应该受到彻底调查。辩护人希望，今后对本案的审理，能够尊重事实，能够严格审查证据，能够准确适用法律，排除非法干扰，给被告人张某一个公正的结论，我们相信这个结论应该是无罪。

谢谢。

被告人张某辩护人：

北京市京都律师事务所律师　田文昌　王九川

2008年3月4日

辩护词（一审法庭辩论第二轮）

审判长、审判员：

根据法庭调查和第一轮法庭辩论中涉及的问题，简要补充说明几个问题。

首先，辩护人表示同意公诉人刚刚提到的一个观点：控辩双方虽然分工不同，角色不同，但是原则应当是一致的，就是态度一定要端正，必须客观公正地履行自己的职责。这也是控辩双方，包括控、辩、审三方在审理案件过程中应当遵循的最基本的原则。

辩护人先声明一个问题，刚才公诉人讲到对证人肖某取证的问题，认为是律师告知被告侦查机关对肖某取证时采取了强制手段，并据此对律师提出指责。辩护人要向法庭说明的是：第一，这件事不是我们今天开庭在座的律师所为，与我们无关；第二，这样的做法并没有违背律师的职责。《刑事诉讼法》明确规定,律师有权利也有义务为犯罪嫌疑人和被告人提供法律帮助,包括代理控告和申诉。违法取证行为侵犯了被告权益,律师既有权利也有义务告知被告和提出控告。基于此,如果有哪位律师这么做了,也是正当履行职责的行为,无可指责。

下面,针对公诉人提出的问题,谈一下有关本案的几个实质性的问题。

第一,辩护人后来取得的证据具有真实性与合法性。

本案的基本事实比较简单,争论的主要焦点在于29万元的性质,到底是贿赂款,还是代买东西、代办事项的钱?说到底,就是对证据认定的问题。

控方指控张某收取的这四笔款系贿赂款的证据是:以田某的证言为基础,以张某在某种特定情况下的有罪供述为佐证。

辩方证据包括张某对这几笔钱的用途、性质的明确说明,以及否认其为贿赂款的明确态度。这是一直以来张某的主要供述,也是其在法庭上坚持的说法。除此之外,辩护人调取的多项证据,可以对张某的前述说法给予充分的佐证。

从证据内容上看,显然是辩方证据远远优于控方证据。从举证责任上看,证明被告有罪的举证责任在控方,即使辩方不举出相反证据,只要能够提出对控方证据的疑点,打破控方证据的链条,控方证据就已经不能作为定案的依据了。更何况,辩方取得的大量能够直接否定控方的证据,而且这些证据能够印证被告人的说法,可以反映出辩方证据的充分性和有效性。

关于辩方证据,公诉人刚才谈到的一个重要的问题,也是公诉人最重视的问题,就是辩方后取得的证据的真实性与合法性的问题。公诉人很严厉,当然也很中肯地提出了这个问题,比如说这些证据原来都没有，而是在审查起诉之后快开庭的时候突然出现的，继而对此提出疑问。辩护人不清楚公诉人这种怀疑的理由是什么？辩护人清楚地记得，在昨天的法庭调查阶段，公诉人还曾经指责过辩护人，说法律规定侦查阶段律师不能调查，只有在审查起诉阶段才能调查，所以认为，在退侦阶段律师所做的调查无效。可是今天，其却又提出来，为什么在审查起诉阶段会出现那么多证据。这种自相矛盾的说法怎么经得起推敲？这显然不能成为怀疑辩方证据真实性与合法性的理由。

众所周知，无论是先取证还是后取证，即使在法庭审理当中，刑诉法也明确规定了被告人、辩护人可以提出新的证据，申请新的证人出庭作证。难道后取得的证据就不合法吗？这种推断是不对的。又如，公诉人说辩护人取得的证据和被告人的说法太一致了，太吻合了，并就此怀疑其真实性。辩护人要说的是，吻合才正好是佐证啊，不吻合的证据辩护人取来干什么呢？辩护人的职责就是提出证明被告人无罪和罪轻的证据，当然要吻合的可以佐证的证据我们才去取啊。不仅如此，对被告人不利的证据律师可以不取，这也是律师的职责所在。所以，不能说吻合就是疑点，高度吻合就更有疑点。

公诉人有权利怀疑辩方提出的证据，但是这种怀疑显然是不能成立的。从这些证据形成至今，张某始终是在被羁押的状态，而证人都远在外地，完全可以排除张某串供的可能。包括收条的问题，公诉机关怀疑收条是从看守所里传出来的，但是没有证据支持这种怀疑。既然如此，那么关于串供的疑点只能集中到律师身上了。事实上，律师在办案的过程中也受到了一些怀疑，也有一些压力。但是我们今天可以负责任地在法庭上说，律师经得起调查，如果有证据能够证明，律师在调查过程中有任何涉嫌唆使伪证的问题，律师愿意承担法律责任。但是如果没有怎么办？仅仅因为怀疑，就可以给律师加上一顶帽子吗？回过头来看，既然张某没有串供的可能性，律师也坦诚可以经得起各种形式的调查，那么，在不能查明具有串供事实的情况下，在不能确认律师唆使伪证的前提下，就没有任何理由否定这些证据的效力，更不能说它就是不合法的。如果仅以推定的方式就否定辩方的证据，如果因为辩方证据足以导致控方证据体系的“崩溃”，就武断地否定辩方证据的合法性，那是不负责任的。

辩护人希望法庭能够重视这个问题，也希望公诉人能够重视端正态度的问题。认定当事人有罪或者无罪，都必须建立在证据的基础之上，建立在法律之上，任何人都不能违反这个原则，否则就要为自己的行为承担必要的后果。

第二，控方证据形成过程中存在思路的偏差，导致对案件的错误定性。

法庭调查中，公诉人用了很长的时间讯问涉案的几张银行卡的使用问题，即张某如何动了卡里的钱，如何转存，有一部分又为何换成了外汇。辩护人理解公诉人的思路是：只要动了卡里的钱，就可以认定这些钱是属于他自己的了，就可以定性为受贿。

但是，需要说明的是，钱是种类物而非特定物，左兜右兜都是钱，卡里卡外都是钱，这里并不是几百万元的巨额款项，动用之后就无法偿还，而是卡里只有几万元钱，一般人家里都有。如果今天这个卡在口袋里，用了几万元，然后再用自己的钱补上，这是日常生活中极为正常的行为，怎么能算受贿呢？关键的问题是，张某承认拿了田某的钱，田某也没有否认给张某这些钱，因此，张某怎么动了这笔钱能说明什么问题呢？这与张某是否受贿没有任何直接关系。公诉人在分析这个问题的时候思路发生了偏差，以这种思路推定张某受贿是不正确的，会得出错误的结论。

第三，在“防火墙”的问题上，张某与田某之间是一种买卖关系，与受贿无关。

关于"防火墙"的问题,双方一直无法达成共识。辩护人在此要说明的是,"防火墙"是一个特定物,从张某处到田某处,是物的转移,是等价交换,田某给了张某钱,而张某并没有白拿田某的4万元,是用"防火墙"交换的,这个流转过程非常清楚。在这个问题上,公诉人又有一个认识上的偏差,认为这是天融信公司的钱,为什么长期不还?辩护人在法庭调查阶段反复强调了,张某与天融信之间的关系和张某与田某之间的关系是两个完全不同的法律关系。首先,张某和天融信公司之间有债务关系,他欠了天融信一个"防火墙";其次,"防火墙"的所有权不属于西藏工商局。如果"防火墙"属于西藏工商局,张某卖给了田某,那就有问题,但也不是受贿,而只能构成贪污。本案中,田某从张某手里买了"防火墙",并且事实上用上了这个"防火墙",而且支付了张某4万元,这个清楚的事实怎么能和受贿沾上边呢?和受贿罪没有任何关系。在买卖关系之中,就算买卖有不合法的地方,但是只要存在物与钱的公平交换,就不是受贿。这是不容争辩的。

第四,关于收条时间的笔误问题。

由于有一张收条在落款时间上有几天误差,公诉人就认定该收条有假。其实,究竟是伪造还是笔误?事实是非常清楚的。值得注意的是,出现笔误的收条恰恰是在"防火墙"的这一笔上,而关于"防火墙"的情况在法庭调查中已经非常清楚,田某从被告手中取得了"防火墙"并且已经使用在工程项目上,这个事实是不可否认的。所以,这个收条充其量只是起到一种证据补强的作用,并没有关键性的作用,即使没有这张收条,也不会对整个事实造成任何影响。可见,如果说这样的问题出现了笔误,不仅不能印证控方观点,恰恰反过来印证了被告笔误的真实性。因为虽然有笔误,但是关于"防火墙"的事实是存在的,“防火墙”这一原始物证的证明效力远远大过收条。在这一问题上不应当再存有争议;退一步讲,即使就是打条时故意提前了时间,也不能说明任何的问题,因为交换“防火墙”的事实是无法否认的。

第五,田某公司账目上的记载不能成为认定犯罪的依据。

公诉人谈到了田某行贿的条件和动因,并且以田某公司的账上有这几笔钱的记载为依据认定被告受贿。

首先,即使账上有记载,也只是一个线索,而不是定案的依据。道理很简单,拿了钱,记了账,却干别的去了,这种事情经常会发生。甚至两个人去行贿,一个人在楼下等,另一个上去转了一圈,把钱揣在自己的口袋了,却说已经把钱给了对方,这种情况在现实生活中也是存在的。所以,这种单方面的证据不能作为定罪的依据。侦查线索与定罪依据是完全不同的两种概念,必须严格区分,绝不能混为一谈。

其次,田某的公司是一个民营企业,他是该企业的大股东。在实践中,民营企业的老板们与公司之间根本不分你我,把企业财产当成自己家财产的情况司空见惯。可见,一个私营企业账上记载的用途并不一定能完全符合实际情况。所以,也就不能断言,反映在公司账面上的资金就一定不是被田某私人使用。

第六,在刑讯逼供情况下取得的证据,不能作为认定犯罪的依据。

在法庭调查中,公诉人对刑讯逼供问题予以明确的否定,并且出示一部分证据加以说明。对此,辩护人请法庭注意,即使退一步,如果我们不能查明或者尚未查明被告人列举的这些逼供的事实,那么对于已经证实的事实应当如何看待呢? 先后转了五个看守所是什么问题? 数十个小时的连续审讯是什么问题? 被告身上的伤痕又是什么问题？辩护人从检察院提供的卷宗里摘录了一部分内容做了一个表格，可以清楚地表明每一次长时间连续审讯的时间和地点，在这样铁一样的事实面前，怎么还能否认刑讯逼供呢？另外，将证人强迫带到检察机关进行长时间的连续询问，这能说没有问题吗？再者，张某身上的累累伤痕从何而来？至于在法庭调查中公诉人提出的几份证据，试图证明不可能存在刑讯逼供，辩护人已经在质证阶段指出，在视线以外可以进行刑讯逼供。当事人也陈述了在去厕所时遭受殴打的情况，还有用棍子捅、勒手指，更有不能否定的连续讯问，先提审后入监等一系列问题。张某在几次所谓的认罪口供的时间上，非常明确地都是在转监的前后，其中的问题明眼人一看就明白。我想，只要我们本着一个公正的态度、公正的立场来分析这些问题，是不会得出另外的结论的。在这种情况下取得的供述怎么看，不必多说。

第七，鉴定结论不能支持控方观点。

关于公诉人提供的鉴定结论，辩护人强调指出，首先，复印件就不能作为鉴定的检材，不能得出准确的鉴定结论。其次，这样的鉴定结论并不能证明收条是从看守所里递出来的。昨天律师向法庭出示了四张从张某家取得的稿纸，今天提交给法庭。辩护人取证时从当事人家中随手就找到了四种同类的稿纸，而这些稿纸与原来带进看守所的稿纸又似是而非，并不完全一致。这个事实不仅推翻了控方关于收条是从看守所里递出来的推断，而且证明了一个对被告有利的事实，即被告写收条的纸是取自其自己的家中。可见，这个鉴定结论不能说明任何问题，更不能用来支持控方的观点。

综上所述，辩护人认为，公诉机关指控被告张某犯有受贿罪证据明显不足，请求法庭依法作出公正判决，宣告被告张某无罪。

被告人张某辩护人：

北京市京都律师事务所律师　田文昌

2008年3月4日

辩护词(二审法庭辩论第一轮)

审判长、审判员:

北京市京都律师事务所田文昌律师、王九川律师接受上诉人张某的委托,担任其涉嫌受贿一案的二审辩护人,现发表以下辩护意见:

一、一审判决对本案基本事实的认定证据不足

1. 认定张某"推荐天财圣峰公司参与投标"证据不足。

张某在何时、何地以何种方式"推荐"田某所在的天财圣峰公司参与"金信"工程邀标,一审判决并没有明确的认定。一审判决采信的个别证人的证言,也没有证明张某"推荐"的过程。

本案中,"金信"工程是采取邀标的方式参与投标,田某所在的天财圣峰公司在受邀之前,其公司资质是经过招标方按相关既定程序考核的,符合要求才能获得邀标,并不是有人"推荐",该公司就能够"参与投标"。一审判决忽略了在邀标前"金信"工程的招投标专家小组进行考核的这一环节,夸大了张某"推荐"的作用,使人误以为天财圣峰公司被邀标是上诉人张某"推荐"的直接结果,张某是在利用职务便利帮助田某的公司以谋取私利,甚至同时认定其他十个单位也是经张某推荐获得邀标的(见一审判决书第6页)。一审的这些结论本应在所谓"推荐"事实得到充分证明的情况下得出,但是,"推荐"的事实并没有查清。

综上所述,一审的认定既忽略了对专家小组进行邀标前考核这部分事实的审查,也对"推荐"这部分事实作出了错误认定。所以,对张某上述相关行为事实、行为性质的认定必然是错误的。

2. 一审判决认定，张某在中标通知书下发前，提前打电话告诉田某。该认定证据不足。

这部分事实的认定依据仅仅是对田某的讯问笔录中的一两句话，缺乏其他证据佐证。而田某的证言不仅前后矛盾，且其中的诸多虚假成分已被证实。

3. 一审判决认定张某在一次宴请中同时接受田某的两张储蓄卡(8万元)证据不足。

有关收条书证和任某、肖某、程某等证人证言证明：张某是在2006年1月和2月，分别在不同场合，因为个人往来的不同理由(代买虫草、卖“防火墙”)接到两张储蓄卡。一审判决在张某被逼迫作出的有罪供述和利害关系人田某的部分证言基础上，得出张某一次接受两张卡的结论。对上述其他相关证言、书证的效力只字未提，这样的事实认定结论不能成立，而且进一步印证了张某有罪供述及田某证言的不真实性。

4. 一审判决认定张某向田某“索要”钱款证据不足。

这一认定，除利害关系人田某的说法外，没有其他证据支持，而田某的证言又是前后矛盾的。

5. 一审判决认定，张某“为逃避法律追究”，与田某商议，“订立攻守同盟”，掩盖收取20万元的真相。该认定证据不足。

证人肖某、席某、高某的证言和原始收条已经可以证实：收取20万元属于张某和田某两家之间的私人往来，因委托事项无法实现(为田某孩子转学转户口)，张某在收卡后曾6次要求田某将钱取回，而且事实上后来田某已经将钱取回了。既然20万元是受贿款的事实还不能得到证明，那当然不存在“为逃避法律追究”“订立攻守同盟”的问题。

现有证据并不能证明:张某是在得知田某因为“金信”工程问题被调查后,立即安排退回20万元;而是在田某被羁押前,张某就已多次通知田某退回这20万元。

二、一审判决对涉案29万元资金的性质认定错误

本案中,上诉人张某确曾收取过田某的钱款总计29万元,对此事实张某并不否认,但这29万元是个人往来,而不是受贿款。对此,辩护人已经向法庭提交了11份证据(包括证人证言和实物证据),这些证据可以证实:张某收取田某的1万元是为其代买藏红花款;收取田某4万元是转卖“防火墙”款;而收取田某20万元是为其孩子办理转学和户口所需赞助等费用(后因未能办成而已经退还)。

在前述每一笔款项的来龙去脉都十分清楚并且能够相互对应的情况下,辩方提交的证明其是个人往来款的证据已经是很充分了。这些证据既有证人证言,又有实物证据,既有明确时间,又有具体地点,且内容指向十分清楚。而一审判决似乎无视这些证据的存在。这样的判决是无法向社会交代的。

相反地,一审法院仅凭非法取得的上诉人认罪口供和个别利害关系证人的前后矛盾的孤证,却可以武断地将正常的个人往来款定性为受贿款。这样的认定是违反证据规则的,而且是明显有失公正的。

三、一审判决回避本案在控方证据合法性上的争议

一审法院认为,本案的主要争议焦点是上诉人收取的钱是个人往来还是受贿款,但是一审判决只采信和引用了有罪证据,对于在一审期间辩护人出示的有利于上诉人的证据只字不提,对于辩护人在法庭上花费大量时间提出的控方证据的合法性问题没有表明任何观点。

从一审公诉机关的指控证据看,关于收取四笔钱计29万元的真

实原因，主要依据上诉人张某口供、证人田某、肖某和刘某的证言。这些人的讯问笔录、询问笔录和亲笔供词与证言，在有关这29万元的基本事实上，出现了自相矛盾、彼此矛盾的说法，其内容均出现反复，有关收条等书证出现矛盾。

为什么会出现这些变化？分析控方证据，可以看出，证人田某、肖某和刘某在被调查过程中遭受来自侦查机关的不合法压力，而通过对上诉人张某的21份口供、6个看守所的29次提讯记录（张某讲为31次，起诉材料中提讯记录应不全）和张某本人的申诉材料的对比，已经充分证明了该上诉人长期遭受刑讯逼供被迫认罪的事实。

在一审法庭上，公诉人也对辩护人取得的证据提出自己的看法。控辩双方在庭审中就对方证据的取得程序、证据内容的真实性曾进行过长时间的争辩。认定上诉人收取钱款是个人往来还是受贿，要明确的首要问题是支持双方各自认定事实的证据的是否合法取得；从举证责任来看，控方当然有责任证明所指控犯罪有充分的证据支持，并有责任证明这些证据是合法取得的。

所以说，关于上诉人张某口供和几位证人证言的合法性问题，关于刑讯逼供和违法取证是否存在的问题，才是本案的争议焦点。

一审过程中，上诉人向法庭陈述了其受到刑讯和违心被迫认罪的情况，辩护人也一再提出这个问题及田某证言的真实性与合法性问题，并向法庭提交了诸多相关证据。这些证据已经可以证明存在刑讯逼供的基本事实。如身体的伤痕，频繁更换看守所达6次之多，多次夜间审讯和多次超过12小时的连续审讯等。而一审判决却完全回避了这些证据，仅仅用“经查缺乏依据”“经查与事实证据相悖”，便否定了辩护人的主张。但是，仅起诉卷宗里大量的材料就已经足以证实刑讯逼供行为和违法取证行为的存在，而这些事实是任何人在任何情况下都无法回避的。在今天的二审法庭调查阶段，在辩护人的申请下,对这些相关起诉材料已经进行质证(包括一审中没有质证的部分)。所以,请二审法院能够对此进行严格审查,在裁决中给出公正的认定结论。

四、一审判决错误适用法律

我国刑法关于受贿罪的量刑规定中,并没有规定可以适用罚金刑,但是一审判决却判处上诉人张某罚金3万元,对这一错误请二审法院也一并予以纠正。

综合以上意见,请改判上诉人张某无罪。

上诉人张某辩护人:

北京市京都律师事务所律师　田文昌　王九川

2008年9月22日

辩护词(二审法庭辩论第二轮)

审判长、审判员:

针对检察员在第一轮法庭辩论中发表的主要观点,现做几点简要的补充说明。

辩护人认为,这个案件其实并不复杂,但是从一审到二审,经过了那么长的时间,却似乎变得越来越复杂了。原因何在?这个案件如何能够发生并且形成了一审的有罪判决,辩护人认为,简要分析本案形成的过程和其中一些相关因素,对于正确认定本案的性质是很重要的。现在,辩护人简要分析形成本案的几个基本情况,请法庭予以考虑。

本案的形成过程,主要涉及以下三个因素:

第一,田某的公司和西藏工商局之间确实存在业务上的关系,有项目存在。如果没有业务上的关系,也就不会产生这个案件。

第二,田某给张某的29万元是记在了公司的账上。这一点引起侦查机关、指控机关的怀疑是很正常的,因为是把公款给了一个国家干部。

第三,在侦查过程中使用了包括刑讯在内的违法取证方式,形成了上诉人的认罪供述和田某等人的证言。

由于有了以上三种因素,才导致了案件的发生。

辩护人要强调的是,当我们没有人为地把这些因素联系起来之前,这些现象是孤立的。比如,田某公司的账与其和西藏工商局的业务往来之间是没有必然联系的。随着侦查的介入和不断深入,将这些孤立的现象对接起来,就形成了对这29万元性质的一种指控——构成了受贿款。

如果是在侦查过程中形成这种指控理由,辩护人没有理由加以质疑,但是辩护人提请法庭注意,侦查线索和定案依据具有截然不同的性质。侦查阶段应当合理、大胆地怀疑一切可能构成犯罪的因素,不能放过可能形成犯罪疑点的一切线索,这是侦查机关的职责所在。但是,在定罪的时候则必须本着认定证据的法定原则来分析侦查和指控证据,最终才能正确认定行为的性质。因此,根据前面的几项因素所得出的犯罪结论,只是一种推测,而推测并不能成为认定犯罪的依据。

现在,辩护人从以下几个方面对此加以具体分析:

第一,张某对经济往来的基本事实没有否认,没有掩盖收钱的基本事实。

自始至终,张某从来没有否认过29万元往来款的事实,并且坦承是在什么情况下,分几笔收到了这些钱。这表明其没有回避事实和掩盖事实。

第二,往来款的过程和用途,每笔都有直接证据予以证明。

一审中,辩护人向法庭提交了11份证据。通常情况下,举证责任并不在辩方,辩方只要有理由说明控方指控证据的不充分,就足以否定指控的理由。而具体到这个案件,一审中辩方就调取了11份证据,这11份证据明确说明了这四笔款的来龙去脉。辩方能够举出如此充分的无罪证据,在实践中并不多见。

检察员刚才指出,辩护人提供的证据是传来证据,这种说法是错误的,应当予以纠正。所谓传来证据,是指那些道听途说的证据,正如于某的证言,那才是典型的传来证据:他是听田某说如何如何,即他所证实的内容是经过田某的转述而形成的。而辩护人向法庭提交的这11份证据不属于这种情况,证人不是听张某对其讲"我如何如何",而是张某和田某在打电话通话的时候,证人坐在其旁边亲耳听见的,是证人对亲耳所闻、亲眼所见的客观事实的直接描述。这不是传来证据,而是原始证据。他证明了一个基本事实:是张某在和田某的通话中,告诉田某"帮他买的东西买好了";还有一种情况是受张某委托去给田某买冬虫夏草。这种情况并不等同于听张某自己说我给田某买了什么东西,而是直接听到了张某与田某通话的内容。转述他人的陈述与陈述本人亲身感知的客观情况,这是区分传来证据与原始证据的基本界限。可见,辩方提交的11份证据在性质上不属于传来证据,是证人对亲身感知的事实的客观描述,是原始证据。

张某一再强调收条的问题,而检察员质疑,在一审时甚至怀疑是不是律师所为。这个问题,一审已经调查清楚,收条是真实的,律师也向法庭提供了从张某家里取得的同收条纸张相一致的信纸。在这种情况下,至少指控机关没有任何理由否定这个收条的真实性。

不仅控方的证据不能充分证明四笔钱的性质是受贿款,相反,辩方的11份证据能够件件吻合、每笔有据地证明钱的来龙去脉。在这种情况下,辩方的证据还能说是不充分吗?难道还有什么理由认定这几笔钱属于受贿性质吗?

第三,田某的证言是孤证,而且前后矛盾,不足采信。

首先,田某的证言是孤证。因为于某的证言是纯粹的传来证据,都是听田某说的。田某也可以和100个人讲,但是在一传十、十传百的情况下,一百个与一个并没有质的区别。因为后者都是传来证据,所以数量的多少并没有实际意义,还只是相当于田某的一个证言。

其次,田某的证言前后矛盾。一审时控方只提供了田某后来承认行贿的笔录,而对于其前面不承认行贿的更多的笔录却没有出示。二审时在辩护人坚持下出示了案卷中原来就有的这些证言,充分暴露了田某证言前后的冲突。检察员说其证言的变化是合乎常理的,这种说法既武断又空洞,不能说明问题。辩护人强调指出,法律上注重的是事实,而不是所谓的常理,违背常理的事实仍然是事实,常理不等于事实,非常理也不等于不是事实。

一审中控方利用了田某和张某有罪的证言和供述,对于没有认罪的供述和证言却一概不予出示质证。这是违反质证原则、违反程序法规定的,也是不合乎常理的。刑诉法明确规定检察机关要充分全面收集有利于被告和不利于被告的、证明被告有罪或者无罪的证据,要客观、真实、全面地反映案件的情况。很遗憾,本案的指控机关在一审当中没有这样做。事实上,前述证言的前后变化并不合理,而是前后相互矛盾,漏洞百出,这样的取证和利用证据的方式是断章取义,不能够真实全面地反映案件事实。

第四,“防火墙”问题印证了田某证言的虚假性。

在法庭调查阶段,辩护人已经论证了“防火墙”的问题。在法庭审理之前,法庭依照合法程序找田某取证时,田某仍然否定有4万元是“防火墙”的价款。但是,这个问题能够否定得了吗?一开始田某是承认过“防火墙”一事的,后来又否认了。但就在田某否认的情况下,“防火墙”的事实早已被查明。“防火墙”是一个有形物体,已经被田某取得并加以使用。物证与言词证据的最大区别就在于物证的不可改变性,在有“防火墙”真实存在并已被其使用的情况下,田某还咬紧牙关口口声声予以否认,这样的证言也能够采信并被运用来给被告人定罪吗?

按照检察机关指控的逻辑,张某收了田某的钱就是受贿,而给了田某物就是活该,这样的逻辑公理何在?行贿受贿,是典型的权钱交易。为了证明上诉人构成犯罪,就抹杀对上诉人有利的事实,任意割裂客观存在的钱与物相交换的内在联系,这样的逻辑思维方式难道能够出现在庄严的法庭上吗?这是对法律的严重亵渎!按照检察机关的逻辑,田某给张某钱就是为了利用张某的权利,巴结张某,而在田某给张某钱之后,张某又反过来给了他一台与其收钱价格相当的“防火墙”,只能算是另外一种赠与行为,而不是买卖性质,这种逻辑合理吗?

显而易见,仅“防火墙”这一件事实,就可以充分反映田某的证言是不真实的。

第五,田某的证言因与其本人有利害关系,其不真实性有因可循。

导致田某证言失实的原因至少有两点:一方面,有外部的压力;另一方面,如果田某承认29万元是给张某代买东西的钱,那无疑就是公款私用,就是侵占了公司的财物;所以在两难之际,宁可出卖别人也要保全自己,趋利避害,这样的选择对很多人来说都是一种心理常态。这样的理由,难道还不算是合乎常理吗?事实上,许多虚假证言和虚假供述正是这样形成的。

第六,刑讯逼供取得的口供不具有合法性,不能作为定案的依据。

法庭调查中上诉人多次谈到刑讯逼供的问题,却受到了阻碍,检察员也一再否定刑讯逼供的存在。辩护人向法庭强调指出,刑讯逼供的问题在本案中是无法否定的。频繁地变换看守所达到了五六个之多,这正常吗?侦查机关、办案机关应当很清楚这到底是怎么回事,出于什么目的?夜间讯问正常吗?检察员说正常,如果一次、两次还情有可原,那么经常性的夜间讯问也是正常吗?显然不能这样说。检察员说,没有连续讯问超过12小时的,然而,辩护人一审时就已经向法庭提交了在控方卷宗中摘录出来的记录,办案机关不止一次地连续讯问超过了12小时,这样违法取证的方式难道还不能说明问题吗?在刑讯逼供问题上,被告方处于举证不利、举证不能的被动状态,但就是在这种情况下,辩护人还是取得了足以证明刑讯逼供事实存在的证据,请法庭对此记录在案,对这一问题予以高度的重视。

综合以上理由,我们姑且不说辩护人的证据有多么充分,但在控辩双方各自具有不同证据,特别是辩方取得了那么多证据,能够件件吻合,清楚明确地证明指控受贿的四笔款项的来龙去脉的情况下,至少指控机关不能否定辩方理由的合理性。在此种证据条件下,认定上诉人张某构成受贿罪显然证据不足。

辩护人本着对法律负责,对上诉人负责,对一个援藏干部负责的态度,诚恳地请求法庭在认真查明事实的基础上,依法对上诉人作出公正的判决。

上诉人张某辩护人:

北京市京都律师事务所律师　田文昌

2008年9月22日

审理结果

经过审理,天津市第一中级人民法院于2008年3月作出判决,认定指控事实成立,张某犯受贿罪,判处有期徒刑11年,并处罚金3万元。张某随后提出上诉。经过开庭审理,天津市高级人民法院于2009年作出判决,除撤销原判中的附加刑外,维持一审判决其他认定和判处结果。

陈某某被控贪污罪、行贿罪、挪用公款罪、偷税罪案

案情简介

陈某某，原为镇远县单采血浆站站长。

镇远血站成立于1995年，血站的投入资金大约在100万元。镇远县医院打入6万元，性质不明确。上海中心血站打入25万元，根据双方的借款协议，该笔款项系血浆预付款，将来以血浆款抵扣。剩余投资款由被告人陈某某自筹资金投入。血站挂靠在卫生局名下。2002年血站进行了改制，“恢复原投资者资产所有权”。

贵州省黔东南苗族侗族自治州人民检察院认为，2002年的血站改制系错误的、非法的，基于此认识，指控被告人陈某某在任镇远县单采血浆站站长期间，利用职务之便，与被告人任某某（镇远县单采血浆站会计）、陈某建（陈某某之弟）相互勾结，伙同陈某建相互勾结，采取开设其他账户、隐瞒真实财务资料、隐匿资产、虚增债务及行贿的手段，侵吞、骗取血浆站国有资产965.8134万元。构成贪污罪。2011年，陈某某指使任某某用镇远血站的资金归还了黔东冶炼厂的

借款及利息1,525,133.33元,构成挪用公款罪。

此外,为感谢时任镇远县委书记黄某某在镇远县单采血浆站改制过程中提供的帮助,陈某某先后送给黄某某、王某某夫妇人民币46万元,构成行贿罪。

1996年至2006年,被告人陈某某为规避上级的监督检查,同时达到偷逃国家税款的目的,授意任某某在血浆站基本账户外,设立多个银行收款账户和私人收款账户,隐匿镇远县单采血浆站的销售收入,共计未将73,324,918.47元销售收入登记入账,在账外直接使用。经黔东南州国家税务局稽查,血浆站共计偷逃增值税4,150,467.09元,构成偷税罪。

辩护思路

本案的核心问题在于对镇远单采血浆站性质的认定。如果血站为私人所有而并非国家所有,那么,指控贪污罪与挪用公款罪的前提基础即不复存在。律师的辩护着重围绕这一核心问题展开。

关于血站的性质。本着"谁投资,谁所有,谁受益"的原则,根据本案的相关证据,从三个问题来分析血站的归属:

其一,政府对血站有无投资?

关于镇远县医院的6万元,没有证据证明6万元是投资款,无法排除是借款或者其他性质款项的可能性。

关于上海中心血站打给镇远血站的25万元,证据显示,是上海中心血站给镇远血站的血浆预付款,不是投资款,将来是要用血浆款抵扣的。

其二,陈某某个人有无出资?

根据书证,建立血站,投资至少需要100万元。客观事实是,除了上述6万元和25万元借款,剩余部分均为陈某某个人出资。

其三,如何看待2002年的血站改制?

公诉人通过否定2002年的血站改制,而力图证明血站是国有资产。但2002年的改制过程公开、透明、合法,没有任何理由怀疑和否定改制的合法性和有效性。

因此,我们可以得出结论,镇远血站的真实面目,是陈某某个人投资筹建,指控其贪污、挪用公款的前提不存在。

除此之外,辩护人还从事实和证据角度对各罪的指控事实进行了论证,证明各罪事实不清、证据不足,指控不能成立。

辩护词(一审)

审判长、合议庭:

北京市京都律师事务所田文昌律师、柳波律师接受被告人陈某某亲属的委托,担任其一审辩护人。庭前我们多次会见了被告人,细致、深入地分析了案卷材料,进行了调查取证,参与了法庭调查。在此基础上,发表如下辩护意见。

一、镇远单采血浆站(以下简称镇远血站)为陈某某个人投资筹建,属私人所有,并非国有。起诉书认定镇远血站为国家完额出资的事实不清,证据不足

综观本案指控的事实和罪名,镇远血站的性质到底是国有还是私有,是必须查清楚的前提。所以,辩护人先就血站的性质加以分析和阐述。

根据"谁投资,谁所有(谁拥有产权),谁受益"的原则,界定企业的性质就要看谁是投资人,要分析、认定镇远血站的性质,必须要弄清政府有没有出资?陈某某有没有出资?是政府单独出资?还是陈某某单独出资？还是二者均有投资？通过法庭调查,根据本案的相关证据,我们必须客观地说:镇远血站为陈某某所有。

(一)政府对镇远血站并无投资

首先,控方认为:政府对镇远血站曾有6万元投资。但是:

1. 关于镇远血站的投资问题,控方的主要依据是1995年10月10日黔东南卫生局和财政局给镇远县卫生局及财政局下发的通知,但从该文件的内容来看,是给镇远县医院下拨"设备购置资金6万元专项资金",且明确为"补助"性质。很明显,该款项是财政下拨的作为补助性质的专项资金,并非国家作为股本金正式投资给血站的投资款。

2. 在血站成立之初,由于政策和相关法律规定,血站不能以个人名义申请,因此,当时血站申请之初是以县医院的血站来申请的,当时确实准备将血站建在县医院。但后来县医院没有参与办血站,而是由陈某某在县医院外另行成立了单采血浆站。镇远血站成立后,县卫生局确曾将县医院汇来的暂存在其账上的6万元打给了镇远血站,但并没有明确是作为投资款给镇远血站,而且此款在财务凭证上记载的名目也不尽相同,有付血站款、拨血站款、血站专款等多种说法,但均未明确标明是投资款。由此可见,当时,无论县卫生局也好,县医院也好,对6万元款项的性质和用途都极不明确,当时各方也并没有明确将6万元的性质定性为投资款。

3. 对于控方认定的这笔所谓6万元的投资款,被告人陈某某对这笔款的性质更是无从知晓,不知道也从没有认识到这笔款是投资款,甚至在庭审时,陈某某表示直到专案组找到他时,他才知道有6万元的事。陈某某这一说法的真实性,可以从当时卫生局局长罗某某、党委书记刘某某的证言中得到证实。这两个人也都不清楚这6万元的性质,甚至直到专案组查账时,才知道这6万元的存在,而且此二人均表示当时政府对血站无任何投资。

在此,辩护人提请法庭高度重视这样一个问题,血站作为进款方在收到这6万元时,对6万元的性质是如何认识的,是认为是投资款呢,还是认为是借款,这一主观认识对6万元的性质定位非常关键。而判断血站当时的主观认识就必须以血站当时给付款方卫生局出示的收款收据为依据,以县卫生局给县医院出具的收款收据为准。但是,时任县卫生局会计的焦某某在2006年9月27日出具的情况说明(卷3第77页)中明确表示:血站收款收据未见。而且,公诉方提供给法庭的两张县卫生局与县医院之间的两站收款收据(1995年10月26日NO.2001577,11月21日3035136,卷3第135页)不是原件,是复印件。这一点律师在向县医院调查确证时已得到确认,而且复印件也只是在账册中夹着,并没有像其他凭证一样订入账册。到底有没有原件,如果有原件为什么在原始凭证中找不到原件?为什么复印件又只是散夹在账册中?复印件是不是所谓案发后造出来的?辩护人不想做这样的推断,但又不得不做这样的推断。然而,无论如何,只有复印件是不能作为证据使用的,这一点是不容置疑的。

现在,在公诉人没有提供收款收据原件的情况下,最起码我们无法排除血站、县卫生局从未认为6万元是投资款,而是借款或其他性质的款项,这种理由具有充分的合理性。

此外,控方还将上海方面的25万元借款也视为政府投资。

对于该款的性质辩护人不想多说,只想强调指出:25万元是上海中心血站给镇远血站的血浆预付款,不是什么投资款,以后是要以血浆款抵扣的。这一点无论是从双方的借款协议(卷3第82页),还是公诉方提供的建行转账支票(卷3第101页,1995年11月22日县人民医院给县卫生局转账25万元,付血站血浆款)、建行汇票委托书(存根)(卷3第108页,1995年11月17日付款人镇远县人民医院血站,收款人上海中心血站,汇25万元,用途:付退血浆款)都可以得到充分证实。预付款和投资款显然是两回事,这一点无须赘述。

辩护人注意到,公诉人为了证实血站为国有,甚至花费了大量的时间,出示镇远县医院为了筹办血站进行房屋装修、人员培训产生的费用方面的证据。但是,我们不能无视这样一个事实:血站并没有建在县医院,血站没有使用县医院的房屋,县医院的培训人员也没用派上用场。因此,公诉人出示的所谓的这些费用与血站的成立无关,更不能证明血站是国有。

不过,从这里倒可以看出,公诉人也承认“无论谁出资,建血站都需要房屋、也需要维修,都需要费用”这样的客观事实。而这个事实则恰恰印证了陈某某个人出资的事实。

另外,公诉人还出示了大量的如血站工作人员工资方面的材料,但这些材料并无法证实血站的性质。因为不仅在血站改制时这些工资款已全部返还给了财政,而且当时发工资也并不是无偿的,血站每年都上缴财政巨额款项,这从“责任状”可以得到证实。上缴的款项部分已经包含了工资款,不然血站为什么要上缴财政款呢?

综上可见,控方所说政府对血站有投资款并无证据支持。

(二)镇远血站由陈某某个人投资

1. 成立一个血站需要大量的资金,根据《关于在镇远县人民医院组建血站的可行性报告》的测算,至少得100万元(卷3第1~4页)。

2. 根据律师调取的郭某某、欧某某、杨某某、吴某某、蔡某某等人的证言,血站用车抵水费协议、公证书等书证事实,镇远血站成立时,陈某某个人投入了大量资金和物品。这些投入包括价值15万元左右的房屋装修工程费、材料费等(这是公诉人也认可的必须支出的费用);价值10万元的一辆五十铃双牌汽车;还有辩护人提供证据证明的租房费,离心泵等机器设备费、献血营养费,还包括后来买土地等多项支出。对其中的献血营养费，陈某某是必须预先支付的，因为血浆是1吨起卖，但是在卖出之前，必须先支付给献血人员营养费，这项费用也是陈某某投资的重要组成部分。虽然辩护人难以统计出陈某某投入的确切数额，但可以肯定陈某某的投入至少在100万元以上。一个重要的客观事实是陈某某把血站建起来了，而且运行得还不错，而这种运行是区区6万元所远远不可能做到的。

3. 根据辩护人调取的证据显示，2008年7月31日杨某帮（时任副县长，分管交通、经委、工业、质监等方面）证言证实陈某某花钱买了土地，并不是国家无偿划拨。律师也向法庭出示了两张银行付款票据，证实了陈某某为取得车厂的用地花费27万元，这和杨某帮的证言可以相互印证，两者都证实了土地是陈某某花费了巨额资金才取得的，不是无偿划拨的。

经过上述分析，我们可以清楚地看到，血站确属陈某某个人投资。即使州卫生局确实拨付了6万元经费，也不能否定陈某某出资远远大于6万元的这样一个客观事实。或者说，如果因此说血站有国有成分，那陈某某的股份也是占绝对优势，也不能因此说血站全属国有。更何况，该6万元并不是政府的投资款。公诉方对此不作认真分析和客观认定，简单地将镇远血站定位为国有，与事实相悖，与法律相左。

（三）正确分析和认定2002年血站的改制

1. 为什么改制——原因

2002年镇远血站改制的原因是“恢复原投资者资产所有权”，这一点既可以从2001年11月26日镇远县县长办公会议纪要（卷4第3～6页）、中共镇远县委常委会议纪要（卷4第12～13页）、镇远县单采血浆站产权改制办法（卷4第14～16页）、镇远县改革开放试验区办公室镇试验（2002）1号文等政府文件中得到证实，也可以从时任县委副书记、改制组组长的刘某安证言得到证实(卷50第23~24页)。他的原话是,“大概是1998年至1999年初的时候,我兼任国企改革领导小组组长,陈某某来找我说血站是自己1995年投资办的,要改制,我让办公室人员了解情况,和陈某某说的基本一样。作为我个人意见我同意改制。但后来我调走了,就不清楚了”。刘某安是很负责任的,他还让工作人员去了解了,证实血站确实是陈某某个人投资办的,他才同意改制。这难道还不足以说明改制的真实原因吗?

2. 改制如何进行——过程

那么改制又是如何进行的呢?改制是经过镇远县委、县政府、县卫生局、县试验改革办公室、县国有资产营运公司、县人事劳动和社会保障局等多家政府机关依照程序开会研究,集体讨论,层层把关;也经过了职工开会协商;改制的过程公开、透明,改制的文件也是公开、透明的,且抄送给县人大、县政协、县法院、县检察院等公检法机关。改制过程不是哪一个人说了算的,也不是哪一个人具体办的,县里还专门成立了由副县长潘某任组长的改制小组。辩护人这么说绝不是信口胡说、不负责任,而是有确实、充分的证据作依据的,2001年11月26日镇远县县长办公室会议纪要(卷4第12~13页)、镇远县单采血浆站产权改制办法(卷4第14~16页)、镇远县改革开放试验区办公室镇试验(2002)1号文3件、镇远县国有资产营运公司(2002)第1号关于血站产权改革变动产权登记的通知(卷4第22~24页)等,这一系列政府文件还不能说明改制过程的合法与公开吗?

3. 改制的效力——合法性

大量数据显示,改制过程是合法、公开、透明的,它是严肃的政府行为,不是儿戏。绝不能像公诉人那样简单地以所谓的某一个领导人被查出了受贿(是否受贿辩护人后面也会提到),就否定整个一级政府的行为。一个重要的事实是,当时改制小组的组长是潘某,黄某某连小组成员都不是;改制文件上潘某、戚某某也签过字(卷4第28页),改制文件连法院、检察院都抄送了。改制不是秘密进行的,在镇远县是公开的。难道镇远县检察院、法院都不懂法?难道全县人就没有一个像安徒生童话“皇帝的新装”故事中敢于说出真相的孩子吗?答案当然是否定的。所以,我们没有任何理由怀疑和否定改制的合法有效。

刚才公诉人讲,控方已经提供了潘某、袁某某、石某某等人证言来说明这一问题了。辩护人对此只说三点,第一,能够说明当时研究决策的真实情况的证据只能是当时的会议记录、工作记录、形成的对外文件这三类,绝不是事隔多年以后的某个人的证言;第二,当时有二十多人参加的多次会议,现在仅仅有几个人在事后证言中表达了不同意见,并不能否定当时会议的真实性和有效性;第三,对于袁某某、杨某培等人记录当时部分开会情形的工作日记、会议记录,公诉人已经调取到,在卷4第44~53页,公诉人没有向法庭出示,为什么不出示呢?

辩护人尤其注意到,公诉人为了否定改制,特地向法庭出示了《镇远县单采血浆站产权改制办法》(卷4第14~16页),以黄某某2002年4月16日已经受贿而且先于卫生局签字就同意改制,来证实自己的推理正确。先不说公诉人这种推理是否正确,那么对于以下事实公诉人又做何解释呢?即在2002年4月12日镇远县委常委会议纪要就一致同意“县政府收回96万元财政工资拨款后,退出该企业,恢复原投资者资产所有权”,而且早在2001年11月26日就形成了一致同意县单采血浆站改制的镇远县县长办公会议纪要(卷4第3~6页),这些可都没有黄某某先于卫生局签字,也早于黄某某受贿,这些决策难道也可以与黄某某受贿联系在一起吗?

另外,公诉人为了证实改制是错误的,还向法庭出示了黔东南州人民政府关于撤销《镇远县人民政府关于对镇远单采血浆站产权改制办法的批复》的通知，辩护人先不说州政府有没有权力直接撤销下一级政府的行政行为，也不说它是否合法，但我们一定要注意到在这份通知中，撤销的理由是“未报州人民政府及州卫生局批准”，“违反了血液制品条例第五条、第七条”规定，即只是因为没报批而已，没报批所涉及的只是形式要件，而并没有否定改制的必要性，也没有否定血站是陈某某投资的基本事实。

(四)镇远血站的真实面目

镇远血站成立时，按照当时国家有关规定，血站是不能以个人名义申请的，在这种情况下，血站当初确实是以县医院血站名义申请的。但后来，陈某某和院长田某某不和，搬出医院，自己筹资，1995 年另行投资成立单采血浆站，挂靠在卫生局名下。当时卫生局也明确了不承担任何风险，他只是自筹资金，自担风险的个人投资企业，是特定历史时期的产物，也就是我们通常所说的“戴红帽子”的企业。辩护人向法庭提交的付某某证言也印证了这一事实。1997 年为了应对 1996 年 12 月 30 日国务院颁发施行的《血液制品管理条例》，血站进行了形式上的国有化，才有了公诉人所说的 1997 年 5 月“国有资产登记”事宜。当时因为只是一种形式，所以没有对资产进行评估。1995 年、1996 年没有“国有资产登记”，1997 年 5 月才有登记，就足以说明问题。2002 年为了恢复所有者权益，调动投资者的积极性，才由县委县政府组织改制，但改制后血站仍由县卫生局负责监督管理(卷 4 第 29 页)。

综上所述，镇远血站为陈某某个人投资筹建，属私人所有，并非国有；起诉书认定血站为国家出资显属事实不清、证据不足，公诉方指控被告人贪污、挪用公款的前提就不存在，贪污、挪用公款罪无法成立。

二、起诉书指控被告人陈某某贪污隐匿和骗取财物无事实和法律依据

退一步讲,即使抛开血站所有制性质不谈,或者说假定以血站是国有为前提,公诉人指控陈某某隐匿和骗取财富的贪污事实也是无法成立的。

下面,辩护人从另一个角度对公诉机关指控陈某某贪污的几项犯罪事实逐一进行具体分析。

(一)公诉方关于陈某某“转移、隐匿销售收入170万元”的指控无事实依据

1. 一个不争的事实是:2011－18账户并不是陈某某的私人账户,170万元转移到该账户不等于转移到陈某某名下,不等于陈某某占有,更不等于陈某某贪污了;2011－18账户是二院的账户,二院是血站出资参股成立的,170万元到该账户等于是到了血站账户;并且,该170万元在改制前已用于二院或血站支出了,陈某某并没有占有、占用一分钱。信用社2011－18账户明细账、会计任某某、出纳苟某某的证词均能证实这一事实。公诉机关简单而武断地认定170万元转到了2011－18账户就是陈某某贪污了,毫无事实依据。

2. 没有提供该170万元的账户给黔元会计师事务所进行评估,并不是陈某某为了贪污而故意不提供。其一,陈某某对财务的具体事情并不清楚,他也不可能对每一笔收入的进账完全知情。其二,开庭时陈某某也多次强调了评估是为了“摸清家底”,评估报告上写明的目的(卷45第4、5页)和会计任某某的当庭陈述也印证陈某某的这一说法,他不可能也没有必要隐匿收入不提供,因为他不具有这样的动机。其三,我们在质证中也多次指出,根据资产评估报告书第四项,评估基准日是2001年10月31日。而对于第十一项评估基准日后重大事项说得非常清楚,评估基准日至评估报告提出日期之间发

生的经济事项不纳入本项目评估范围。而170万元收入恰恰发生在评估基准日后,这个收入本来就不会纳入评估范围,无论陈某某是否提供均不会影响评估的结果。其四,这170万元钱在改制前已经用完,提供不提供给会计师事务所已没有意义,如果说陈某某隐匿,那只能说是隐匿支出,而不是隐匿收入。因此,根本就不存在隐匿财产的问题。

分析到此,辩护人不得不说,公诉方认为陈某某为了贪污而故意隐匿170万元收入,不提供该账户给会计师事务所,这种指控思路和逻辑与事实完全不符,是明显错误的。

(二)公诉方关于陈某某"隐匿财务资料,虚增债务1,645,334.10元"的指控,事实不清,证据不足

首先,关于血站是否隐匿资料、虚增债务,事实不清。

1. 记账凭证上列明的已付工程款379,445元是否包含了所谓的"白条子款"?事实不清。根据公诉方提供证据来看,至少是无法排除"白条子款"部分已经被计算并记载在已付工程款中了,无法排除公诉方将同一笔付款数额进行了重复计算。

2. 所谓"白条子款"部分究竟是在血站改制前发生还是在血站改制后才发生,事实不清。公诉方提供的陈某建所写的"收条"(卷43第20页)书写时间是2004年2月14日,而且,陈某建借款清单(卷43第22~52页),不知是复印的原因还是其他原因没有看到。因此,即使说白条子款没有被包含在已付款中,也无法排除"白条子款"是在改制后发生的可能。这一事实根本就没有查清。

3. 指控虚增债务1,645,334.10元数额错误。即使说血站虚增债务到12,183,437.91元,用其减去588,103.81元,那么剩余数额也是1,595,334.90元,而不是控方指控的数额。控方以会计事务所确认的该项数额进行指控是错误的。这个数额究竟从何而来?辩方不

得而知,控方也无法解释清楚。

4. 关于黔检铜分会鉴(2007)08号司法会计鉴定(卷43第1~3页),辩护人在质证时已经指出,该鉴定主体不合格、不中立,铜仁分院技术鉴定中心无鉴定权;并且,还存在检材不全面、不客观,鉴定过程不严谨等诸多问题,不能作为定罪的证据。而除了该鉴定结论外,控方就再没有其他可以证明所谓隐匿财务资料、虚增债务的相关证据了。由此可见,该项指控的证据明显不足。

其次,陈某某是否明知付工程款的情况,事实不清,证据不足。

陈某某开庭时多次强调,自己对财务不懂,不知道付款的情况,不知道已付多少,没付多少。而陈某某并不具体过问财务情况则确属事实。公诉方也没有提供确实、充分的证据证实陈某某知道付工程款的情况。

最后,公诉方没有提供有效证据证实陈某某故意不提供财务资料,也没有证据证实陈某某指使他人不提供。这点陈某某在以前的口供中也提到过,评估是由任某某负责提供财务资料,需要什么任某某就负责提供,任某某也没有向他讲过怎样提供会计资料(卷2第55~57页)。尽管公诉方出示了任某某的口供以证实陈某某安排其不提供,但这份证据仅仅是任某某一个人的说法,属于孤证且并无任何其他证据予以佐证,不能作为定罪的依据。关于询证函的问题,也只有侦查阶段所取得的不仅自相矛盾而且也和其他证据相互矛盾的陈某建的口供,而陈某建当庭又推翻了这种口供。这种口供不能作为定罪的证据。

(三)公诉方关于陈某某"隐瞒事实真相,虚增债务6,312,799.90元"的指控,事实不清,证据不足

因为这起指控涉及陈某某、陈某建、边某某、伟业公司分别与血站之间的借款及是否虚增问题,为了便于把事实理清楚,辩护人逐一

进行分析。

1. 指控虚增陈某某名下借款事实不清,证据不足。

首先,陈某某与血站之间确实存在真实的借贷关系,无论是陈某某还是任某某,在侦查期间的口供都一致坚持这一事实。另外,根据记账凭证(1997 年到 2002 年其他应付款——陈某某)的记载一直是连续的,截至 2000 年年底欠陈某某 4,877,500 元,到 2001 年 10 月 31 日欠陈某某 2,765,700 元(卷 33 第 1 ~6 页)。而因为 1995 ~1997 年的财务资料无法找到了,所以无法否定陈某某借款给血站是真实的,也无法认定 2,765,700 元是挂在陈某某名下的血站款。原因不明,如何能够得出“虚假”结款的结果呢?

其次,这里同样涉及(2007)13 号司法会计鉴定,这份鉴定不能作为定罪依据,具体理由不再重复。

此外,即使如鉴定所说 260 万元借款是假的,但 4,877,500 元减去 260 万元,还有 2,277,500 元是真实的。何况血站还虚还陈某某 210 万元(2001/8/31:60 万元,2001/9/30:150 万元,卷 33 第 5 页),那么,虚借与虚还相抵,至少也还有 50 万元 +2,277,500 元是真实的欠款。由此可见,公诉机关的该项指控又犯了与前一次指控相同的错误,连自己对其所指控的数额都无法说清楚。

2. 指控虚增挂在边某某名下的债务也是事实不清,证据不足。

虽然公诉方出示了司法会计鉴定结论来证实自己的指控成立,但是辩护人已多次指出,这种鉴定结论不能作为证据使用。而且并无其他证据可以否定边某某确实借钱给过血站的事实。这种指控证据明显不足。

3. 关于隐瞒挂在陈某建名下应付款实为血站款的指控,也同样事实不清。

书证的效力高于证人证言。在其他应付款——陈某建账中,记载是连续的，这55万元并没有虚增，而且还有借条予以佐证，陈某某、任某某、陈某建也都陈述过陈某建确实借过款给血站。同时需要说明一点，财务账上显示有多笔数额相同的记载，如100万元、50万元这些数额，这些整数经常出现，但并不是数额相同的就是同一笔钱，那是此钱与彼钱的关系，不能混为一谈，更不能作为指控证据。

4. 关于通过伟业公司虚增债务的指控，辩护人除了强调鉴定结论（卷42 第64～65页）不能作为定罪证据外，还向法庭出示了检察50卷第88页的借款协议，证实血站确实从伟业公司借款70万元。庭审举证时，陈某建的辩护人也向法庭出示了血站共从伟业公司借款50万元的证据，这都说明二者之间存在真实的借款关系。同时，我们还注意到，至2001年1月1日时血站应付伟业公司1,905,696.81元，即使如鉴定书所说150万元借款虚假，那么至少还有40多万元是真实的，与指控的数额也是相去甚远。客观地讲，本案涉及的账目比较多，财务资料也很乱，一定不能把伟业公司混同于陈某建，也不能把借款混同于工程款进行重复指控，这点请法庭能够予以甄别、核实并准确定性。公诉机关在连账目都理不清楚的情况下，就武断地指控犯罪是不负责任的。

另外，关于上诉虚挂虚增的指控，公诉方均没有任何证据证实陈某某明知且具有贪污的故意。陈某某对财务不懂，不清楚财务的真实情况，公诉方也没有提供确实、充分的证据证实陈某某知道财务情况。尤其是会计师事务所给陈某某所发的询证函（卷45 第129页）上并没有陈某某本人的签字，这既不能证明陈某某有虚增的故意，也不能证明其有虚增的行为。

在此，辩护人需要特别强调的是，关于被公诉人作为证明被告人具有贪污故意主要证据的所谓“账外账”，其实并不存在。法庭调查阶段任某某明确向法庭陈述了根本就没有“账外账”。所谓的“账外账”只是公诉人提出的一个说法而已,这些基本账户以外的一些账户根本就没有账册资料,没有记过账,客观上根本就无法提供。在此情况下,也就根本不存在故意隐匿而不予提供的问题。

三、公诉方关于陈某某挪用公款罪的指控亦不能成立

1. 辩护人刚才已经说明了血站本身就是陈某某个人所有,不是国有的,陈某某对自己的钱款不管如何支配,都与挪用公款罪无关。

2. 血站提供担保本身并不是挪用公款,而且无论是担保也好还是后期的代还也好,都是血站的单位行为,而不是陈某某的个人行为。

3. 担保行为与挪用公款具有完全不同的两种性质,这是区分罪与非罪界限的重要依据。本案的事实是,血站给黔东冶炼厂提供了担保,期限届满后,黔东冶炼厂无力还钱,血站才代为还款。血站还款只是在履行担保人的合同义务而已,它是担保产生的法律后果,不是挪用公款。换一个角度来分析,如果血站不予代还,县财政局向法院起诉了,法院判决血站承担担保责任,代为偿还借款,还能指控陈某某挪用公款吗?

基于担保责任的还款不等于挪用,担保是一种企业决策行为,无论正确或失误,都是一种企业行为,和挪用是两个概念。如果把担保之后基于担保责任的还款当成挪用,那岂不是所有基于担保责任而代为还款单位的责任人都成了挪用公款的罪犯?

四、公诉方对陈某某行贿的指控,事实不清,证据不足

1. 陈某某当庭否认给黄某某行过贿,并合理解释了侦查阶段口供形成的真实原因,应以当庭供述为准。而且,根据《刑事诉讼法》重证据、不轻信口供、只有被告人口供不得定罪和处罚的规定,侦查阶段的口供也不能作为定罪的依据。

2. 辩护人注意到,公诉人指控行贿的六起事实都是在一对一的情况下发生的,即黄某某与陈某某、王某某与陈某某。现在被告人陈某某否认了以前的口供。而且,侦查阶段的黄某某口供、王某某口供、陈某某口供本身也都存在自相矛盾、互相矛盾之处,同时也不稳定。仅凭这样的一些口供认定其构成行贿罪,证据并不充分。

3. 关于王某某、黄某某受贿案判决书对本案的证明力问题。尽管王某某、黄某某受贿罪的判决已经生效,但并不能想当然地认为,这两份判决书可以作为证据直接认定陈某某构成犯罪。证据是对事实的客观描述和反映,而判决书是一种主观上的认定,不能作为证据使用。客观事实是不可变的,判决书却是可以改变的。正如我们在质证时指出的一样:只能以本案的事实来印证生效的判决书是否正确,而不是以判决书来证明本案的事实,在这一点上公诉机关犯了本末倒置的错误。若按照公诉人的逻辑,既然有前一个判决书为证,今天的法庭审判就没有意义了。反之,我国每年都有一些生效判决被撤销又做何解释,审判监督制度还有什么意义呢?佘祥林、杜培武、李久明等所谓"铁案"的改判,最能充分说明公诉人的举证逻辑是多么错误!

五、公诉方关于陈某某偷税罪的指控事实不清、证据不足,无法律依据

(一)指控罪名无法律依据

在举证、质证阶段,辩护人特地问公诉人指控陈某某偷的是什么税,公诉人再次明确是增值税。而根据财政部、国家税务总局财税〔1999〕264号《关于血站有关税收问题的通知》第2条,对血站供应的用血免征增值税,以及第4条"本通知自1999年11月1日起执行。在此之前已征收入库的税款也不再征缴"的规定,血站属于免征增值税的范畴之列。公诉机关的这一指控无法律依据。

也许公诉人会说,财政部、国家税务总局〔1999〕264号通知中的血站是指属于财政拨补事业费的单位,只有国有血站才免征增值税。

那么根据公诉人的这一逻辑,公诉人若认可血站是私人所有的,就不应该指控贪污;反之,公诉方既然认为涉案血站属于国有,指控陈某某贪污,那就不能再指控陈某某偷税;这两个指控本身就自相矛盾。

(二)指控事实不清,证据不足

公诉方指控陈某某在1996～2006年任站长期间,设立多个账户,隐匿收入,以偷逃增值税,2002～2006年7月偷逃4,150,467.09元税款,公诉方的依据主要是税务稽查报告。但是正如辩护人在质证时指出的一样,这份稽查报告存在很多问题,不能作为定罪证据。第一,该份稽查报告只列明了2002～2005年度的账外收入情况,并不涉及2006年度,指控2006年度偷税无任何依据。第二,增值税的计算关键取决于三个因素:应税销售额的确定、税率的高低和进项税额的确定,即增值税应纳税额 = 销售额 × 税率 − 进项税额。但该份报告没有列明进项税额,也没有列明增值税率,无法说明所谓的增值税额是如何计算出来的。如果没有减去进项税额,偷逃税额就无法认定清楚。这是一份稀里糊涂的报告。第三,税务稽查报告的依据是黔东南州检察院的所谓"证据",主要是司法鉴定报告,而这些所谓的"证据"只有在法院依法认定后才能作为依据使用。税务机关以公诉机关的司法鉴定报告为依据,出具税务稽查报告,而公诉机关又以此税务稽查报告作为指控偷税的依据,这种做法纯属互为依据的循环印证,根本就不具有证明力。第四,司法鉴定报告存在鉴定主体不合法,检材不准确、不全面,鉴定过程不科学、不严谨,结论错误等问题,依据存在这么多问题的鉴定结论,稽查报告也不可能准确。第五,税务稽查报告的主体——州国家税务局是具有税收查处职能的行政机关,立场不中立,带有行政处罚倾向性,报告不客观、不真实。

公诉人依据这样的稽查报告指控陈某某偷税,结论只能是事实不清、证据不足。

（三）与贪污罪属重复指控

很简单的道理，如果公诉方指控一个人盗窃了财物，构成盗窃罪，公诉方还能以这个小偷不申报盗窃来的财产，又指控小偷构成偷税罪吗？很显然，答案是否定的，对小偷纳税不具有期待可能性。本案中公诉方已经指控陈某某2002年改制时，利用职务便利，将血站所有的财产贪污，暂且不说贪污能否成立，现在又指控偷税罪，难道不是典型的重复指控吗？

六、关于公诉方几种错误观点的具体剖析

在法庭辩论中，公诉人在坚持已见的同时却暴露了一系列明显违背事实和法律的错误观点，这些观点也正是公诉机关形成错误指控的前提和基础。辩护人在此仅针对其中一些典型问题做简要分析，以便向法庭澄清这些错误观点。

（一）对“红帽子”现象的正确分析和认识，是正确认定本案性质的前提和基础

陈某某对血站的建立有投资，政府的扶持款不是投资款，即便是牵强地将其视为投资款，也只占投资款的极小部分，不能否定血站的私有性质

1. 本案的提起，究其根本原因是“红帽子”现象惹的祸。本案的提起和被告人犯罪事实的成立与否，关键在于对“红帽子”现象的认识。公诉人在法庭质证时指出“红帽子”现象的用语是“辩护人的语言”。辩护人在此严肃地指出，“红帽子”现象是在改革开放过程中出现的一种普遍社会现象，在相关的政府文件中多次提出并使用这一表述，而绝不是辩护人的创造发明。正因为“红帽子”现象在一段时间内普遍存在，才使得产权界定不清引发了一系列法律问题，甚至出现了一些由此产生的冤假错案。

就本案而言，如果没有“红帽子”戴在头上，陈某某一开始没有借

用政府的名义设立血站,就不会提起这个案件。在举证、质证和法庭辩论中,控方一直是在从根本上否定“红帽子”现象存在的前提之下,去强调自己的观点,无视这种现象的客观存在,无视最高人民法院确定的基本事实。这种先入为主的武断态度,不是查明事实真相应有的正确态度。

2. 控方强调副站长的政府任命,员工的政府派遣,强调企业的组织形式是决定企业性质的关键问题,以此从形式上证明血站系国有。而控方强调的这些问题事实上并不能决定企业的所有制性质。在当时的情况下,公职人员下海经商,停薪留职,带职创业,带职承包经营的种种现象普遍存在,大多保持着公职人员身份。所以,公职人员可能成为贪污罪的主体,但并不必然等于贪污罪的主体,关键要看其有没有侵吞国有资产的行为和后果。本案中,即使陈某某确确实实是政府任命,具有国家公职人员的身份,还要具体分析他所从事的是不是以公职人员身份而进行的与公职有关的活动。所以,对于一个企业的性质,不能单单从企业的组织形式上加以认定,关键是看投资的事实。在政府没有投资的情况下,人员任免、注册登记等贴着国有标签的形式要件再充分,也只能说明其“红帽子”戴得更严实而已,但并不能否认“红帽子”的存在。

3. 本案中到底有没有“红帽子”存在的事实?关键问题是要弄清楚谁是血站真正的出资者。

公诉人认为“责任状”是国有性质的重要证明,而辩护人却要指出:“责任状”不仅不能证明血站是国有的,反而更加突出地证明了其私有的性质。控方认为“责任状”写明了血站属于“国有资产”。但辩护人注意到,“责任状”同时又写得很清楚,血站的经营实行“自负盈亏”,而且“如有流失,负责赔偿”。在国有企业中,存在“自负盈亏”的说法吗?在国有企业中,是否存在损失由法定代表人负责赔偿的情况？事实上，“责任状”的表述恰恰说明了一个重要问题，突出体现了企业的“红帽子”性质，表面上写的是国有，但实际的经营形式和分配方式却是私有。

公诉人坚持认为国家有投资，一笔6万元，另一笔25万元。那么这两笔钱到底是不是投资款？

辩护人指出，25万元是预付款。而公诉人认为，无论是什么款，一旦出了问题就得由政府埋单，所以就应视为是政府出资。这种认识是没有依据的。最高人民法院在若干年前就已经出台了针对“红帽子”现象的司法解释，对名为集体或国有实为个人的企业，不能简单地根据工商登记来确定其企业性质，而要根据实际的投资情况来确认。根据这一司法解释，具体到“红帽子”企业，只要戴上了“红帽子”，都会有政府埋单的可能性，但是政府买单并不必然决定就是政府的企业。这是当时特定历史条件下形成的特殊问题。最高人民法院的司法解释就是为了正确处理这些历史遗留问题，还事实以本来面目。6万元不是投资，而是政府扶持款。对此辩护人已向法庭提交多项证据予以证实。退一步讲，即使一定要将此6万元说成是政府投资，那么，陈某某的投资以达到十几万元甚至上百万元，远远大于6万元，怎么能用用区区6万元否定建血站的其他投资呢。打一个比方，如果陈某某的投资是一筐鸡蛋，那么6万元不过是一个鸡蛋，公诉人将一个鸡蛋的作用无限放大，而对一筐鸡蛋却视而不见，避而不谈。这显然不是正确认定事实的态度！

公诉人还认为，如果没有政府的扶持血站就没有后来的发展，这个说法本身没有错误，但不能以此来混淆支持和投资的界限。政府的支持和政府投资是两个不同的概念，国家政策对民营企业是持扶持态度的，各级政府对其所有的民营企业也都是扶持的，但是扶持不等于投入，绝不能说政府支持了哪家企业就是哪家企业的所有人，这种逻辑是错误的。

4. 公诉人认为"人"是财富的创造者,所以,政府向血站安排了员工就意味着政府的投入。这种观点大错特错,与法律的原则大相背离。辩护人认可"人"是创造财富的主体,但"人"绝不是出资形式。法律上有投资的规定,却从未有"投人"的规定。新《公司法》明确规定:"股东可以以货币出资,也可以以实物、知识产权、土地使用权等可以用货币估价并可以已依法转让的非货币财产作价出资",显然法律规定的出资形式里不包括"人"。

(二)个别政府官员犯罪不能也不应该必然导致政府行为无效,黄某某的受贿行为不能否定改制的合法性与真实性

公诉人否认血站私有性质的重要理由之一是黄某某的受贿行为,进而否定改制行为的有效性。辩护人强调,个别政府官员犯罪不能也不应该必然导致政府行为无效。且不谈黄某某的犯罪事实如何,即使假定对黄某某的判决是正确的,那么每1年我国都有一些官员因为受贿罪被判处刑罚,如果凡属于这种情况就认定相关政府行为统统无效,岂不天下大乱?当时的文件是经过党委政府多次会议讨论,有多达二十余人参加形成的决议。对于这样的政府文件现在仅凭几个人的证言就予以否定,认定无效,这种做法是不严肃的,更是没有法律根据的。

(三)公诉机关的指控逻辑混乱,不能证明被告人存在犯罪行为

辩护人提请法庭注意,公诉人一再强调他们指控犯罪的逻辑是十分清晰的,现在,辩护人针对公诉人的指控逻辑,仅提几个具体问题加以分析。

且不说血站本身就是私有性质,不存在贪污的基本前提。换一个角度,仅就公诉机关指控陈某某隐匿财产的几项具体事实而言,其指控本身就违背了正常的逻辑,不能自圆其说。

1. 比如170万元贪污款的问题。就因为这些钱转到了基本账户之外的另一个账户上,公诉人就指控为贪污。而事实上,这个账户也是血站的账户,钱只是从血站的甲账户转到血站的乙账户,并不是陈某某的个人账户。而且这个账户上的钱在改制的时候就已经基本花完了,这170万元怎么能够落到陈某某个人的头上呢?两个账户都是血站的账户,陈某某没有自己占有这笔钱,连如此清楚的事实也可以指控为贪污,这样的逻辑难道也是十分清晰吗?

2. 再如,在指控的四笔贪污中,公诉人认为,除了前三笔,第四笔改制过程中评估认定的企业资产400万余元是采取欺骗方法得到的,也是贪污。辩护人对公诉人的指控理由百思不得其解:按照公诉人的逻辑,隐匿的是贪污,没隐匿的也是贪污,就好比一筐萝卜,先拿走半筐藏起来是贪污,没有拿走留下的半筐还是贪污,既然都是贪污,那么何必还要分成好几份来分别认定和论证呢?将血站全部资产统统认定为贪污岂不更简单、明确?又何故分成四笔,分别认定呢?岂非多此一举吗?对于这种逻辑,公诉人又能做何解释呢?

再者,这400万余元的资产是通过政府文件确定的,且不论政府文件正确与否,仅从贪污罪的犯罪构成分析,贪污罪是职务犯罪,是行为人利用本人职务上的便利取得国有资产的行为。本案中,陈某某没有自行确认血站资产的职务便利,而是绕了一个大弯,通过政府文件认定后才取得这些资产的。如果这样也能构成贪污罪,那便是政府帮助其贪污,因为没有政府行为,陈某某是不可能实行贪污目的的。

这个事实再清晰不过地说明,公诉机关的指控完全背离了《刑法》对贪污罪构成要件的明确规定,混淆了政府行为和个人职务便利的界限。

（四）公诉机关的指控偷换概念，血站根本就没有所谓的“账外账”存在

公诉人声称，陈某某隐匿财产的方式就是通过设立“账外账”和隐匿“账外账”而实现的。但是，在今天的庭审中，辩护人在询问血站会计任某某时了解到，根本就没有“账外账”。公诉人所指的“账外账”就是除了基本账户之外的另一个账户，这和基本“账簿”之后另有一本“账簿”并不是一个概念。不入账不等于设立了“账外账”，银行账户上的记录也不等于“账外账”。本案中的所谓账，是账簿、账册，而本案中根本就不存在两本账，有什么可以隐匿的呢？这一事实至少首先就证明了，陈某某和任某某根本就没有隐匿账簿不提供给会计师事务所的故意，根本就不存在的账如何提供？公诉人以故意隐匿所谓的账外账为切入点，指控被告人犯罪。可是结果却证明，指控的基础纯属子虚乌有，这样的指控难道没有欲加之罪之嫌吗？

（五）检察机关自行出具鉴定报告，违反法律规定，不能作为证据使用

关于鉴定报告的效力问题，公诉人强调最高人民检察院有文件规定，并强调辩护人要尊重法律。辩护人要说明的是，最高检的文件不是法律，充其量是个内部解释。辩护人否认最高检文件的效力绝不是不尊重法律，而恰恰是基于对法律的尊重，是基于对全国人大通过的法律的尊重。公诉人公然以检察院的内部解释来对抗全国人大通过的法律，这才是不尊重法律！

综上所述，辩护人不得不指出，在本案中，公诉人是在用一条有罪推定的主线将一些分散、孤立的现象串起来，再根据主观臆断将其描述成一个完整的犯罪过程。而这种描述却缺乏基本的证据支持。这样的指控既经不起推敲，也是对当事人、对法律的不负责任，违背了公诉机关应当遵循的客观、公正的指控原则。

请法庭审慎查明本案事实,依法公正判决此案。

被告人陈某某辩护人:

北京市京都律师事务所律师　田文昌　柳　波

2008 年 10 月 8 日

审理结果

经过审理,一审法院判决被告人陈某某犯贪污罪、行贿罪、挪用公款罪、偷税罪,数罪并罚,决定执行无期徒刑,剥夺政治权利终身,并处没收个人全部财产。被告人不服判决,提出上诉。二审法院经过审理,裁定驳回上诉,维持原判。

尹某被控贪污罪案

案情简介

2002年，潍坊新立克集团的改制列入潍坊市政府日程，改制模式是“职工集资参股成立民营公司，接收国企资产、职工和债务”。当时由于职工集资不到位，尹某向朋友吴某借款2000万元成立北京百利通公司作为前期的改制平台；后来职工集资2000万元成立了山东宝瑞公司；山东宝瑞公司控股的民营企业富威塑胶公司，接收了国有企业新立克塑胶公司的资产、职工和债务；又通过资本重组成功在纳斯达克上市募集资金，偿还了新立克塑胶公司的债务。客观地讲，这是一个“职工集资成立民企—接收国有资产和债务—海外上市募集资金”的成功改制案例。

2005年，中国银行对新立克集团已经列入不良资产的11亿余元的打包债权进行拍卖，信达资产管理公司以3亿元价格拍得该债权，长城资产管理公司又以5.3亿元的价格从信达资产管理公司购得了该债权。后来，长城公司要求新立克集团以8亿元现金回购该债权，新立克集团无力满足其要求，长城公司未能实现购买该债权的商业目的。长城资产公司就搜集罗织材料，向公安部等部门控告新立克集团管理人员逃废金融债务、侵占国有资产、票据诈骗等五项罪名。审计署审计企业资产，出具“逃废金融债务 38 亿元”的报告，时任总理温家宝签署意见，形成“4 · 27 专案”，尹某、王某等四位新立克集团原高管随即被捕。

专案组经过近一年调查，没有发现“逃废金融债务、诈骗”等事实，以“挪用公款、低价出售国有资产”移送审查。济南检察院审查认为这两罪名均不成立，向上级汇报请示，最后以“贪污罪”提起控告。

我们作为被告人尹某的辩护人，参与了一审、二审的诉讼过程。（鉴于二审的辩护观点和理由与一审的类似，不再附录二审辩护词）

辩护思路

检察院指控尹某构成贪污罪的思路是：民营企业世维通公司和宝瑞公司低价购买了国有资产、占有了资产评估价和拍卖价的差价 9700 万元；两家公司是尹某等企业高管所有，故尹某等人占有了这个差价，构成贪污罪。至于民营企业富维塑胶公司最后接收改制资产、债务、职工等基本事实，检察院视而不见。辩护人从“改制资产落谁家”的事实角度和贪污罪要件“职务便利”“贪污对象”等角度作不构成贪污罪辩护。

一、从事实上讲，改制资产最后由职工成立的山东宝瑞公司控股的富威塑胶公司接收；民营企业百利通公司及其控股的世维通公司、山东宝瑞公司不是尹某等人所有

涉案改制资产，第一期资产是法院执行银行抵押资产而进行评估、拍卖，最后由民营企业北京世维通有限公司竞得；第二期资产，经过法院破产程序拍卖资产，由民营企业北京宝瑞公司竞得。两家公司买得资产后,都转让给了新立克集团职工集资成立的民营公司山东宝瑞公司控股的富维塑胶公司。所以,改制资产经过一系列合法程序,最后落到了职工集资成立的民营企业,而不是尹某等被告人占有。

本案另一个事实是:当初尹某向吴某借款2000万元注册百利通公司,借款协议约定"两年内不能还款则百利通的资产、股权、收益归澳门新建业公司"。时至案发,该借款未予偿还。从该协议约定讲,百利通公司及百利通控股的北京宝瑞公司、世维通公司都归澳门新建业公司所有。

故不管是从改制资产最后落到职工成立的民营公司的客观结果,还是从竞买资产的民营公司不是尹某所有的事实讲,指控尹某等个人占有了国资产,都明显违背客观事实。

二、从法律角度讲,尹某等人对于法院执行的资产无职务便利

资产处置过程中,尹某等人失去对资产的管理权,无"职务便利"。

"职务便利",是指"管理、控制"公司或资产的便利,没有管理权处置权,就没有职务便利,就没有贪污。本案的资产处置,是通过法院拍卖抵押物还债及破产还债的法定程序进行的。"资产进入法院执行、破产程序后,原企业负责人失去资产的处置权,在评估、拍卖过程中,决策和实施主体不是尹某等被告,被告没有国企负责人的职务便利。"这是我国刑法专家张泗汉、陈兴良等《专家论证意见》中的基本意见。

三、从贪污对象讲,本案也不存在国有资产被侵占9700万元

拍卖价高于或低于评估价实属正常,拍卖价才是资产的市场价值。也就是说,本案中资产拍卖价与评估价相差9700万元,属正常的市场交易结果,并不存在国有资产的损失,不存在贪污的对象。

辩护词(一审)

审判长、审判员:

北京市京都律师事务所田文昌律师、公丕国律师接受被告人亲属的委托,担任被告人尹某贪污案的辩护人。庭前我们多次会见了被告人,细致深入地分析了案卷材料,进行了调查取证,参与了法庭调查。在此基础上,根据本案事实、证据,结合相关法律规定,发表如下辩护意见,供合议庭参考。

贪污罪,是指国家工作人员利用职务上的便利,侵吞、窃取、骗取或者以其他手段非法占有国有财物的行为。根据本案的事实和证据,辩护人认为,起诉书中涉及的两笔资产的处置,只是新立克塑胶公司改制重组的一个环节,被告人尹某主观上没有贪污的故意,客观上没有贪污的行为,结果上也没有把国有资产据为己有,对尹某犯贪污罪的指控不成立。

一、在企业改制、资产处置过程中,尹某没有侵吞、窃取、骗取国有资产的行为,其行为不符合贪污罪的客观要件

鉴于控方对一期资产评估价没有异议,辩护人仅就二期资产的评估和两期资产的拍卖两个方面的问题,来分析控方关于尹某等被告人利用职务便利"操纵评估、假拍卖"的指控能否成立。

(一)关于二期资产评估,与被告人无关:评估是评估所的工作,提供虚假资料是清算组所为,无证据证明被告人知道或指使;该期资产被评估为5288万元与虚假资料没有关联;该评估价值经过国资委认可

1. 提前设备使用时间的材料是破产清算组提供的,没有证据证明尹某知道或指使他人向评估机构提供虚假资料。

《企业破产法(试行)》规定:"人民法院应当自宣告企业破产之

日起十五日内成立清算组,接管破产企业。清算组负责破产财产的保管、清理、估价、处理和分配。”从该法律规定看,破产清算组是一个独立的法定主体,独立承担法律责任,本案中设备使用期限提前一年的虚假资料来源于破产清算小组无可争议。破产清算组作为独立的法定主体,应该对此行为承担责任。

对被告人尹某是否知道提供虚假资料的情节,尹某本人否认,王某、周某某二人的供述也相互矛盾。对尹某知道或指使他人提供该虚假资料的指控证据不足。

2. 5288 万元的评估价值与虚假资料没有因果关系。

潍坊正元评估事务所评估师张某、高某军的证言陈述:在有虚假资料的情况下,他们的评估价值是 8000 万元,徐某要求再低,他们用提高变现率的方式从 8000 万元降低为 5288 万元。该证言明确证明了 8000 万元到 5288 万元的差距是以提高折现率的方法导致的。因此,辩护人强调:5288 万元的所谓低评价格与提供设备使用期提前一年的因素没有因果关系。

3. 该评估报告的评估价值已经经过国资委的认可。

国有资产的所有权归国家,其具体的代表人是国资委。本案中,潍坊正元评估所的评估报告经过国资委的认可是不争的事实,国资委作为资产的所有人已认可了该评估报告的价值。

案发后,公安厅委托山东新联谊会计所做的评估报告。从内容上讲,该报告所采用 2005 年度、2006 年度、2007 年度的现金流数据在破产评估时并不存在,以此数据为基础所做评估报告否决当时的评估报告于理不通;从程序上讲,该评估报告没有经过《国有资产评估管理办法》所规定的“申请立项、验证确认”等法定程序,未经国资委的审核确认。依此评估报告确定该笔国有资产的价值进而作为犯罪数额的计算基础,于法不合。

（二）关于两期资产的拍卖，与被告人个人无关：一期资产的定价决策人是银行，二期资产的定价决策人是破产清算组；拍卖行为是拍卖行独立的职权。尹某等被告人参与竞拍的行为是资产购买方正常的市场行为，与国有企业负责人的职权无关

涉案公司的资产，分两期处置。一期资产是抵押给银行的资产，是银行起诉后申请法院执行，法院委托拍卖行进行拍卖还债；二期资产是一期资产被处置后剩余的公司资产，是法院按照破产清算程序成立破产清算组，破产清算组委托拍卖行进行拍卖还债。控方认为，尹某等被告人协调银行确定一期资产的清偿数额而影响拍卖价，在两期资产的拍卖中有操纵拍卖的行为，这些认定与相关证据矛盾，也与事实不符。

1. 指控尹某协调银行确定清偿数额为 1.06 亿元而影响拍卖价，系主观臆断，与相关证据矛盾。

一期资产的清偿数额确定为 1 亿元左右，是在该资产的抵押权人中国银行山东分行和潍坊支行行长办公会上确定的。潍坊中行《关于依法处置山东新立克公司资产的报告》（〔2003〕58 号）明确记载底价定为 1 亿～1.1 亿元；潍坊中行行长会议纪要也明确记载底价 1 亿元左右；证人孙某勇陈述 1 亿～1.1 亿元的价格是行长办公会商量的，部分中层干部商量的，并且说明 1 亿元比总行聘请的杜某提出的 9000 万元要高；证人郭某也证实价格是中行自己确定的，没有协调。上述书证和证言相互印证，足以证实该资产的清偿低价 1 亿元左右是银行确定的，并不是起诉书中指控的尹某等人与银行协商确定的。

2. 拍卖是拍卖行的独立职权，指控被告人操纵拍卖、人为流拍，证据不足。

《拍卖法》对于拍卖行的工作进行了明确的规定，本案中的拍卖

行应当依据拍卖法的规定行使拍卖职责,承担相应的责任。起诉书中指控尹某等被告人在两期资产的拍卖中有“模糊公告内容、提高保证金数额”、人为流拍等行为,辩护人认为控方指控的理由不成立,退一步讲,即使这些行为存在,也应该由拍卖行承担相关的责任,而不应该由被告人承担法律责任。

(1)所谓“模糊公告内容、提高保证金数额”的问题。《拍卖法》第46条对拍卖公告内容有明确界定:拍卖时间、地点、标的物、展示时间等,综观本案中的几个拍卖公告,都具备上述要素;而保证金数额,《拍卖法》无硬性标准规定,也就无所谓提高或降低。因此,“模糊公告内容、提高保证金数额”只是控方根据个别证人证言得出的无法律根据的结论。

(2)所谓“人为流拍”的问题。流拍是拍卖业务中正常的现象,是指无人参加竞拍或竞买价达不到预期价格时拍卖行停止拍卖的一种行为。几次流拍的原因,拍卖公司明确写明是“鉴于标的物资产数额较大和其特殊性”,建议再次降价拍卖,但是截至拍卖会前均无人办理竞价登记手续;潍坊中行《关于依法处置山东新立克公司资产的报告》认定流拍是由于塑胶设备是专业设备、国际市场价格下降导致的。所以,流拍的原因并不在于公告内容是否明确、保证金高低等所谓“人为”原因,主要是标的额较大、设备专用性等客观原因导致无人参与竞拍。被告代表的民营公司因价格高不参与竞拍导致流拍,这是正常的市场现象。

(3)拍卖过程中被告人的“职权死亡”。企业的资产进入法院执行、破产等司法程序后,企业管理人就丧失了资产的控制权、管理权。被告人作为资产买方代表,询问价格、想低价购买是正常的商业行为。在竞买过程中,被告人并不是拍卖行领导,如何拍卖、如何公告是拍卖行的问题,被告人并无职权可言。

从现有证据来看，控方也没有证据证明被告人利用国企老总的职权干预、威逼拍卖行如何拍卖。

所以，对于两期资产的拍卖，被告人没有操控也无职权操控。相关的拍卖行为，是拍卖行的独立工作，独立承担责任。至于拍卖行是否迎合委托人的意思的行为，不能由委托人承担责任。

二、综合分析本案两笔资产的走向和所谓差价的控制权，结论是尹某等被告没有将国有资产据为己有，该结果不符合贪污罪的客体要件

贪污罪所侵犯的客体是国有财产的所有权，简言之，就是把国有资产据为己有。起诉书指控尹某等人将国有资产9700万余元据为己有，这个数字是两期资产的评估价与拍卖成交价的价差。公诉机关采用“评估价减掉拍卖价等于贪污数额”的计算方式，辩护人认为这种方式不具有科学性和客观性；而所谓差价即便存在，归根结底也是被民营公司的母公司——山东宝瑞控制占有，并没有被被告人占有。

1. 评估价减拍卖价等于国有资产减值进而认定为贪污数额的计算方式，不具有科学性和客观性。

所谓评估，顾名思义，即评定和估算。评估价值是一个经济概念，是指根据特定的价值含义（价值类型），在特定的时间内，按一定评估方法对最可能形成价格的估计值，它并不是一种事实。影响评估价值的因素主要是评估目的、评估方法、评估师的执业水平及执业环境等；评估价值反映的是在模拟市场环境下资产的交易价格，是一个主观的评定环境值。而交易价格的影响因素主要涉及双方当事人的经济实力、知识水平、市场条件和供求关系等，交易价格是资产的实际成交价格，是一个现实存在的客观数据。因此，以评估价值作为资产的实际价值，并强求评估价值与交易价格绝对的一致是不科学的,在实践中也不可能存在。在国企改制过程中,尤其是在法院执行变现还债和破产还债的特殊状况中,拍卖价远远低于评估价,是普遍存在的客观现实。其中的国有资产减值部分,正是国企改制追求更长远的经济利益和社会利益应付出的代价。

特别指出的是,以案发后的新联谊会计所的评估价值替代当时经过国资委核准的评估价值为计算基数,更不具有科学性和合法性。

按照控方的计算思维,国有资产的拍卖价只能等于或高于评估价,否则就要承担国资流失的法律责任。如此,辩护人相信,任何单位和个人都不敢和不愿参与国有资产的收购工作,国企改制、“国退民进”的政策只能流于空谈。

顺便一提,单纯从数字计算的角度,尹某等被告参股的民营公司在花巨资拍得两笔国有资产的同时,还承担了原企业的5300万元债务(新立克集团后来又偿还富维塑胶,款项来源于北京宝瑞)、近200万美元设备欠款、安置了数百名职工(两期资产评估价2.1亿~2.3亿元,而购买价约1.4亿元+代还款5300万元+140万美元=2.05亿元)。

2.北京世维通、北京宝瑞的资产权益最终归属山东宝瑞。所谓9000万余元的差价,被告人没有据为己有。

首先明确,企业改制包括资产重组、债权债务重组、职工安置等相互关联的几个内容,是一个由多家公司的一系列行为组合的复杂过程。两期资产的处置,是在企业改制重组的大背景下进行的。

(1)起诉书指控一期资产评估价和拍卖价的价差5400万余元被世维通占有,进而被被告人据为己有。事实上,从世维通股权控制关系看,世维通的控股股东是百利通,百利通最后被新力凯替代,世维通的人事、财务、经营也被新力凯控制,而新力凯是山东宝瑞投资成立的(辩方证据第三组)。也就是说,世维通的资产所有权益,包括所

谓的差价5400万元,资产权益都归属于新立克高管和职工实际出资成立的民营公司——山东宝瑞。见下图:

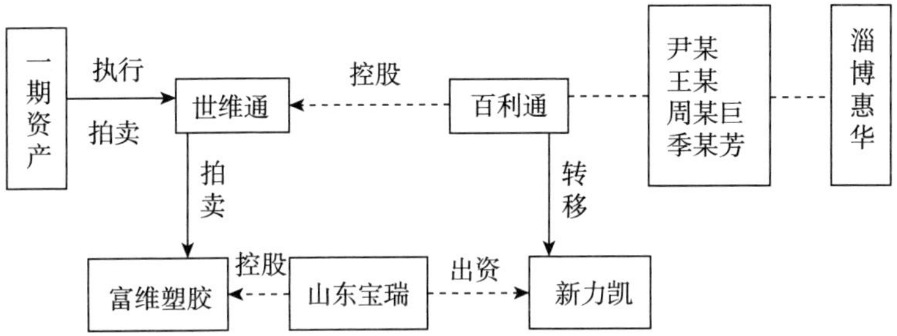

一期资产处置公司关联图

(2)起诉书指控二期资产所谓差价被北京宝瑞占有,四被告人通过控股百利通控股北京宝瑞将所谓差价据为己有。而事实上,北京宝瑞的原控股股东中煤信托(代世维通持股)在2004年10月已经把股份全部转让给了山东宝瑞,而北京宝瑞拍卖该资产是2004年11月。也就是说,北京宝瑞在买得该资产时,其实际股东是山东宝瑞,而不是世维通、百利通,更不是四被告人,相关的资产权益归属山东宝瑞。即使从世维通控股山东宝瑞的角度讲,世维通被百利通控股,而百利通最后被山东宝瑞的子公司——新力凯实际控制,世维通本身的人财物最后也被新力凯控制。故无论是从北京宝瑞的股份直接转让给山东宝瑞的角度,还是北京宝瑞的实际股东世维通最后被新力凯控制的角度,结论都是北京宝瑞的资产权益(包括所谓差价)都由山东宝瑞控制占有,没有也不可能被四被告人瓜分。见下图:

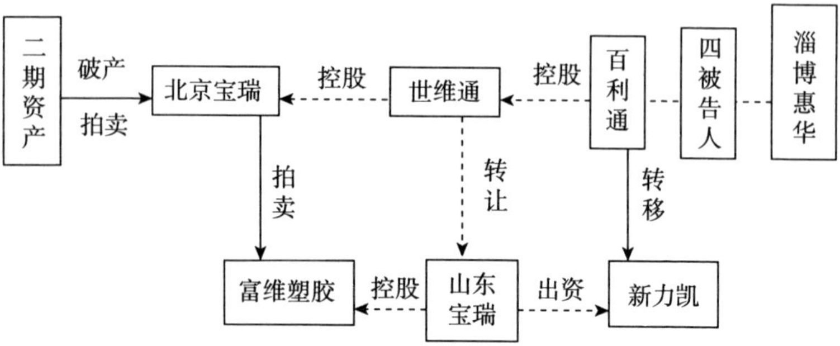

二期资产公司关联图

需要强调两点:第一,百利通是改制过程中的平台公司,四被告人是百利通的名义股东。百利通本来应由职工集资而成,但由于职工集资不到位,为完成改制任务,尹某个人借款2000万元成立百利通。百利通的股东从季某芳、黄某余开始多次在新立克高管之间变来变去最后四被告人挂名,所有的股东没有出资、没有受益,没有支付股份转让对价,是公司法意义上的典型的显名股东(名义股东)。改制理顺后,山东宝瑞成立了(北京)新力凯控股公司,百利通的人、财、物全部转移至新力凯,新力凯实际控制、管理百里通、世维通等所有民营公司。各股东包括四被告人没有从百利通取得分文财产,这是本案不争的事实。

第二,北京宝瑞的股份转让与百利通的股份转让有质的区别。北京宝瑞原股东中煤信托代世维通持股,另一股东世维通工会未实际出资,北京宝瑞的注册资金5000万元是世维通实际出资的。世维通的北京宝瑞股份转让给山东宝瑞时没有收取转让对价,从理论上讲存在股权零对价转让,从实际讲这是民营系公司控股权的流转,有关资金存在不对应的流转实属正常。而百利通的股权转让,原股东就没有实际出资(个别被告供述“打借条”,该借条只是形式上的,至今未还,也无须还款),股东之间的变更也只是形式上的变更,无须支付实际对价。淄博惠华更是百利通的名义股东,对百里通没有实际出资,没有实际权力,也没有实际义务。

上述分析及图说明,北京世维通和北京宝瑞的控股权归属山东宝瑞,其资产权益(包括所谓的数千万元差价)最终归属于山东宝瑞;四被告人只是改制平台百利通的名义股东,没有从世维通和北京宝瑞分得分文。被告人没有占有国有资产的客观结果,不符合贪污罪的客体要件。

三、被告人尹某等不具备贪污的主观故意

贪污罪要求行为人主观上是直接故意,以非法占有公共财物为行为目的。本案中,尹某等被告是按照市政府对国企改制的要求,克服重重困难,完成企业改制工作。

国企改制是政府的政治任务。新力克集团是潍坊市重点国有国企,首批政府确立的改制重点企业。从1999年开始,潍坊市政府根据党中央、国务院的国企改制的政策要求,下发了一系列的国企改制文件,包括对新立克集团、新立克塑胶改制的专题会议文件,明确要求成立"法定代表人持大股、管理层控股、职工参股"的民营公司对国有企业改制重组。2002年至2004年,新立克集团的负责人尹某等人根据潍坊市政府关于国有企业改制的要求,部署、落实新立克塑胶公司的企业改制工作,成立了公司管理层控股、职工参股的民营公司,接收了新立克塑胶的资产、债务及职工,完成了塑胶公司的改制重组工作。被告人的一系列行为,其出发点和目的都是完成政府的改制要求,为了重组资不抵债经营困难的国有企业。具体的重组行为,也是在政府批准、国资委审核、法院主导、评估所拍卖所参与下进行的。具体的改制过程,程序公开,账目公开。被告人没有侵吞国有资产的故意,其客观行为也不符合贪污罪的隐秘性特征。

四、被告人尹某组织并完成了企业改制重组工作,其行为不具有社会危害性

综观本案事实,研究控方证据,尹某本人在本案中的行为可以概括为两点:一是组织会议、分配工作、传达上级精神、督促下级落实,这是企业负责人的本职工作;二是为完成改制任务,以个人名义借款7000万元组建民营公司。没有证据证明尹某参与或指使他人参与提供假材料、干预评估、人为流拍等行为,没有证据证明尹某从世维通、北京宝瑞、百利通拿一分钱!

而改制重组新立克塑胶公司的结果是:潍坊中行的不良债务超额变现,有关领导受到上级表彰;富维塑胶在美国上市,募集海外资金3000万美元,银行债务逐步归还;产品结构进一步调整,企业年交税收逾千万元;数百职工全部接收,生活安定安居乐业!尹某及各被告的行为,完成了政府要求的企业改制工作,使一个资不抵债、经营困难的企业焕发了生机,达到了国企改制利国利民的目的。被告人的行为,不具有社会危害性,如何会被指控为贪污犯罪?!

综上所述,被告人尹某主观上没有贪污的故意,客观上没有利用职务便利骗取、侵吞国有资产的行为,结果上也没有将国有资产据为己有,其行为不符合贪污罪的构成要件。控方不顾企业改制重组的客观过程,仅仅截取资产买卖的部分环节指控被告人犯有贪污罪,违背事实,于法无据!

最后,辩护人向合议庭报告:由于尹某等被告被指控涉嫌犯罪,富维薄膜(富维塑胶)的美国股民以“欺诈上市”为由对上市公司及实际控制人尹某等人提起诉讼,该案已在美国纽约州法院立案现处于听证阶段。本案的不审慎处理,极可能导致美国股民的胜诉,几千万乃至上亿元的赔偿会把整个企业赔掉。更严重的是,深受金融风暴之害、损失惨重的其他股民,可能受此案启发,对中国在纳斯达克上市的其他公司产生信任危机而纷纷提起索赔诉讼。为维护中国纳斯达克上市企业的信誉，避免巨额中国资产赔偿美国股民，辩护人请求合议庭更加审慎、公允地研究审理此案。

辩护人：

北京市京都律师事务所律师　田文昌　公丕国

2008年10月27日

辩护词（一审第二轮）

系统的辩护观点在第一轮法庭辩论中已经具体阐述。现在，辩护人针对控方提出的几个具体问题和本案中比较重要的几个法律问题，予以补充说明，希望与控方展开讨论。

控方指控四被告人犯罪的两个大前提：

其一，是一夜之间企业从国有变成私有。那么，这样一个大前提、大帽子能不能必然导致贪污罪的发生？国退民进，是改制的其中应有之义，国有变私有，是改制的一个正常方向。“一夜之间国有变私有”的提法听起来很吓人，容易给人一种误解。但事实上，国有变私有并不必然等于国有资产流失。

其二，在指控尹某等人犯罪的事实上，控方使用了“精心设计”“精心伪装”“天衣无缝”等一系列形容词证明犯罪行为存在。辩护人强调，国有资产流失不是一个空泛的概念，不是一顶空帽子，从一个大概念的角度出发不能揭示本案的基本事实，不能还具体事实以本来面目。是否构成犯罪，要证明国有资产是否流失、如何流失、流向何处？要抛开形容、联想和推断，要严格地从犯罪构成角度加以论证。这才是控辩双方都应该遵循的正确态度。

下面,辩护人就本案中的几个具体问题加以分析。

一、在国企改制过程中被告人双重身份的责任分析

在庭审调查和辩论阶段,公诉人一再地讯问被告人:作为国企负责人,职责是什么?如何做到使国有资产保值增值?这样的问题很尖锐,很难回答,因为它涉及在国企改制过程中被告人双重身份的责任分析。

国企负责人与民企承接方(重组方)双重身份的存在,置被告人于尴尬的两难境地。如何理解和对待这个问题,要有一个正确的态度。

必须面对的事实是:在国有改制与重组的特定环境中,政策规定:"国退民进,职工持股,高管控股。"这种模式直接导致了国企高管在改制过程中双重身份的产生。因为改制了,国退民进,企业性质改变了,但还要原来的国企高管控股,那么其身份必然发生双重性。政策决定的模式本身产生了双重身份,如何解决?双重身份产生的后果和责任应当由谁来承担?如何承担?这是值得我们研究的问题,否则问题得不到解决。作为国企的负责人要保证国企保值增值,而作为民企的承接方,在市场经济环境下,怎么可能故意花高价来买一个企业呢?否则不是疯子就是傻子。在市场规律之下,都是卖的人越高越好,买的人越低越好。那么,在一个人既是卖方又是买方的情况之下,谁来处理这一问题呢?就如同控方和辩方,如果既是控方又是辩方,既控又辩,还怎么开庭呢?

要分析这个问题,就要研究改制重组的具体程序。正是为了解决这种双重身份问题的存在,对改制重组应该有法定程序的约束,即由评估、拍卖等中介机构作为第三方介入,他们正是解决这一两难问题的基本方式,也是法定方式。评估拍卖程序正是为了防止在改制过程中发生国有资产流失而设置的机制。只有这样,才能使被告人从国企负责人到民企承接方之间,发生身份转化。

那么,四被告人由国企负责人到民企重组方,在改制过程中身份变化的转折点的认定就尤为重要,否则,身份无法转换,就根本没有办法不犯罪,就导致强加之罪。这个转折点是什么?就是从评估拍卖程序开始。在进入评估拍卖程序之时,他即不再是有权决定国企资产的国企负责人了。

二、如何看待本案当中的“操纵评估,假拍卖”

控方认为:本案中不仅仅存在操纵评估,还有其他一系列问题是相互关联的。辩护人强调,起诉书中指控犯罪的唯一手段就是“操纵评估,假拍卖”。

那么,在评估拍卖过程中如何出现国有资产流失?

第一道程序:评估。评估导致国有资产流失的情况包括以下几种:

1. 不经评估私自改制。一旦评估程序缺失,改制即没有了控制,容易发生问题。

2. 在评估程序中作假。

(1)利用国企负责人的身份便利影响评估人,表现有两种:或共谋,或瞒报。在影响评估人的情况下,即使有共谋有瞒报,也并不是操纵。如为操纵,评估机构必为共犯,否则就是完全没有意志的木偶,既不是木偶又不是共犯,不可能发生单方有罪的问题。

(2)低评的结果与作假行为之间有因果关系,低评的主观意图不足以影响评估机构,评估结果与主观意图之间没有因果关系,不可能构成犯罪。

第二道程序:拍卖。

在拍卖过程中不能排除国有资产流失的可能性,比如在拍卖程序中作假。但是辩护人强调,在拍卖过程中作假,原国企负责人的身份已无作用。拍卖程序是一个独立的程序,同时也是第二道程序,在这一程序中,任何人都不可能利用国企负责人的身份作假。拍卖是严格公开的、独立的经济活动,任何一个竞买者都可能影响拍卖程序的进行,绝不能认为四被告人因为有国企负责人的身份就可以影响拍卖程序。

退一步讲,如果拍卖环节出了问题,构成假拍卖,拍卖方必为共犯。无论采取何种手段,如串通、影响,形成假拍卖,主要责任都是拍卖行,而不是其他人,因为拍卖行是拍卖行为的主要实施者,除非是没有意志的木偶,否则不可能委托方构成犯罪而拍卖行却不是共犯,这是特殊身份特殊地位的犯罪。就如同非国家工作人员和国家工作人员共同贪污或挪用公款,二者必为共同犯罪,而且国家工作人员必为主犯,这是法律原则。控方认为存在假拍卖,而评估机构和拍卖机构没有责任,完全是因为四被告人太狡猾;这在逻辑上无法解释清楚。

分析本案行为的具体性质,不能仅凭被告原来的国企负责人的身份,重要的是分析评估拍卖程序,以及由此程序引发的相关问题。

回到起诉书指控的"操纵评估、假拍卖",何为"操纵"?操纵就是意志的控制。那么,具体到本案,有没有操纵情形的存在?被告人能不能操纵评估拍卖呢?不可能。除非被告人取而代之评估拍卖机构,或者将其变成"木偶",否则怎么可能操纵呢?如果没有,便是串通,那么又必为共犯了。

退一步讲,即使存在对拍卖行的"影响操纵",那么被告人又是以何身份影响操纵?如上分析,被告人此时已经不能以国企负责人的身份影响操纵了,他对国有企业财产已无决定权,在这一环节中,其主体身份已经转为民企承接方,即使能够影响,也绝不是利用国企负责人的特殊身份去控制拍卖行。所以,可以得出的明确结论是,在拍卖过程中,如果没有拍卖方共同犯罪,竞买人不可能单独构成犯罪,因此,控方指控的要求、希望低评低卖的一切行为和目的的实现都和操纵没有关系,充其量只是一种影响,而这种影响和职务毫无关系。所以,通过操纵拍卖实现贪污目的,单独构成犯罪,这样的犯罪不存在;如果构成犯罪,那么将成立贪污犯罪的新形态,这应当是立法解决的问题了。但是,在现行的法律规定中,不存在操纵拍卖单独构成贪污犯罪的行为。

更何况,现有的证据不能充分证明拍卖程序不合法。法庭质证阶段,控方列举了一系列不相干的证据,实际上并不能证明犯罪存在。退一步讲,即使假设控方所举事实都存在,也并不能证明贪污犯罪的存在,只是客观上起到了一种混淆视听的误导作用,如对拍卖物价值的分析判断,谁才是真正的购买者,是否知道谁是真买主,被告人对拍卖的一些请求等,这些都与操纵和非法性没有直接关系,不是本案的关键性问题。本案的关键在于是否有控方所说的利用国企负责人的职务便利去操纵评估拍卖的行为,如果不能证明有这一事实的存在,其他的所有问题都没有意义。

三、两期资产处置都经过了法定程序,被告人不是资产处置主体,没有职务便利,不可能单独构成贪污罪

本案涉及改制重组问题的特殊性。这种特殊性体现在非自行重组,正如法庭调查显示,两次资产处置都经过了司法程序。

第一期资产,银行抵押拍卖。处置权人是银行,即只有银行对被抵押财产有处置权,新立克集团对抵押财产已经没有处置权了,不是卖方。在第一期资产处置中,很明确,银行是卖方,新立克集团是抵押方,其财产是被抵押物,是被拍卖的客体,百利通是竞买方。

退一步讲,无论谁是卖方,看卖了钱最终归谁。新立克集团欠银行2亿多元贷款,一期资产卖了1.06亿元,远远没达到欠款数额,拍卖得到的钱全都得归银行,卖多卖少和新立克集团根本就没有任何关系。

再退一步讲,无论卖多少,都得归银行,与新立克集团无关,那么四被告人贪污的是谁的钱呢?很显然,即使四被告人占有了财产,占有的也是银行的财产,而不是新立克的财产。贪污罪的应有之义是国家工作人员和企业中具有国家工作人员关联职权的人,利用职务上的便利侵吞占有本单位的国有资产,法律上不可能存在新立克的老总去贪污"旧力克"的财产,本单位的老总贪污别的单位的财产,如果存在,是"骗"而不是贪污,因为它完全不符合贪污罪的构成要件。这是两种不同的法律关系。认定贪污犯罪,要遵循刑法对贪污罪犯罪构成要件的规定,一期资产的拍卖从任何一个方面都不符合贪污罪的构成要件,不成立贪污犯罪。

第二期资产,破产拍卖,由破产清算小组主持。

在破产程序中即使出现问题,也只能是"影响"而不是"操纵",因为没有直接的职务便利。破产拍卖同样经过了评估、拍卖两道程序,并且在法律上都由破产清算小组主持,虽然不排除在破产拍卖过程中受到影响的可能,但是破产拍卖的主体是清算小组,只可能"影响"而不可能取代,充其量也只是利用他人权力谋利。如果有"操纵"情形,即通过买通、行贿清算小组的人实施犯罪,必为共犯,如前述分析,无共犯不能单独成罪,此处不再赘述。

在破产拍卖程序中,破产偿债,卖得资金是用于偿债,不归新立克集团,与新立克集团无关,未侵犯集团利益。不可能存在贪污他人财产的情形,也不可能存在被破产企业负责人贪污债权人财产的情形。如果未进入破产清算程序之前,可能利用职务便利实现贪污,但是进入了破产清算程序,就要利用清算小组人员的职务便利,才可能实现犯罪目的,自己不能单独成罪。而且,破产拍卖是一种市场行为，卖方都想高卖，买方都想低买。如前分析的，在进入破产程序时，其身份已经转化，已经是买方身份，想买的便宜有什么可以指责呢？退一步，即使在这一环节中做了一些手脚，充其量也只是民事欺诈行为。因为它存在于市场的真实交易之中。

总而言之，在评估、拍卖过程中，决策人不是被告人，没有职务便利。在此程序中，侵犯的对象不是新立克集团的财产。没有职务便利，也没有贪污的对象，怎么能构成贪污罪。

四、资产归属的结果印证了改制过程的真实性，被告人没有侵占本单位的财产

事实上，在改制的过程中，四被告人均是名义持股，即代持股。在改制过程中，存在不规范的做法，不明确的做法，甚至也有违规的操作，多处无对价的股权转让，包括公司和个人之间的转让，5300万元不分彼此的代为偿还，为新立克担保等问题。公诉人认为这些都是狡猾的手段，但辩护人认为这恰恰证明了代持股的存在，否则就无法解释多处无对价的股权转让。而无论股权如何变化，如何实现改制的过程已经不重要，因为最终结果是财产的所有权益都归于山东宝瑞，很显然，结果已经印证了过程的真实性。这么多年，股权的不断变更，最终权益归于山东宝瑞，而山东宝瑞的职工持股占了50%以上，被告人等八高管持股不到50%，四被告人并没有个人占有。

公诉人提到吴某胜的借款问题，这和贪污没有关系，当时企业没有钱，为了经营发展向吴某胜借了2000万元，借钱当然要还，还要支付利息，这和是否构成犯罪没有必然联系，只是在企业经营过程中不得已的借贷行为。

即使抛开是否操纵评估拍卖程序不谈，仅从财产的最终归属来看，没有个人占有，而是由民营企业共同占有，也不存在犯罪。

综上所述，指控被告人操纵评估与拍卖的手段不成立，没有职务上的便利;被告人没有侵犯原国企的资产;被告人也没有个人占有财产,资产最终归入民企山东宝瑞。以上三个方面,任何一个方面存在都不可能构成贪污,更何况这三个方面同时存在,这样的事实怎么可能构成贪污犯罪?辩护人诚恳地希望公诉人认真思考这些问题,对法律负责,对被告人负责,对案件的最终结果负责,也希望法庭对上述辩护观点予以重视。

辩护人:

北京市京都律师事务所律师　田文昌

2008年10月27日

审理结果

济南市中级人民法院判决尹某构成贪污罪,判处死刑,缓期两年执行,并处罚没个人全部财产;尹某等人提起上诉,山东省高级人民法院二审维持原判。

卢某被控贪污罪、挪用公款罪、合同诈骗罪、单位行贿罪申诉案

案情简介

卢某，原为河北省福某公司董事长。河北省廊坊市人民检察院指控福某公司犯单位行贿、合同诈骗，卢某犯单位行贿、合同诈骗、贪污、挪用公款罪，向河北省廊坊市中级人民法院提起公诉。

河北省廊坊市中级人民法院于2003年1月24日作出(2002)廊刑初字第52号刑事判决：被告人卢某犯贪污罪，判处死刑，缓期2年执行，剥夺政治权利终身，并处没收个人所有的全部财产；犯挪用公款罪，判处有期徒刑15年，剥夺政治权利5年；犯合同诈骗罪，判处有期徒刑10年，剥夺政治权利3年，并处罚金人民币5万元；犯单位行贿罪，判处有期徒刑3年。决定对被告人卢某执行死刑，缓期2年执行，剥夺政治权利终身，并处没收个人所有的全部财产。

宣判后，福某公司及卢某均不服，提出上诉。二审河北省高级人民法院经审理认为，原判决认定事实清楚，证据确实、充分，适用法律正确，量刑适当，审判程序合法，于2003年6月29日作出(2003)冀

刑二终字第27号刑事裁定:驳回上诉,维持原判。

福某公司、卢某均又不服,提出申诉。最高人民法院于2008年3月21日以(2006)刑监字第201-1号指令再审决定书,指令河北省高级人民法院对本案进行再审。

辩护思路

本案主要有以下几个争议焦点问题:

一、关于对卢某掌控企业“黑某日化”公司和“高某微机”公司(后更名为中某公司)企业性质的认定

所谓借款出资也不应认定为民营的说法,其前提是以国企或集体企业名义借款或担保借款来出资。从实质上讲这种借款出资还应视为国企或集体企业出资。

但是,本案中是卢某个人向其亲友借钱出资,由个人偿还,与企业毫无关系。

二、关于对“死承包”性质的理解

1. 协议未履行完毕不等于协议无效。

2. 因承包协议而形成的债权债务关系是一种民事法律关系。

3. 该债权债务关系存在恰恰印证了不存在贪污、挪用问题。

三、关于联营中国企某房公司退出事实的理解

涉案期间,某房公司是否已退出联营的某帝公司成为争议焦点之一。

1. 有证人证言证明1994年退出事实。

2. 1999年协议退出时返还了某房公司出资本金及利息110万元,但在1994年至1999年公司一直亏损,而亏损即不可能分利。所以,该事实印证了1994年已经退出,股权已变债权的事实。

所以,某帝公司在涉案期是卢某个人投资的民营企业。

四、关于卢某的主体身份问题

1991 年 9 月卢某调入中华某时报时,没有履行正式的调转手续。卢某在 1991 年 10 月就不具有公职身份。

五、关于"真""假"现金账目的问题

1. 公司性质为民营,且均由卢某个人出资,无论有无假账,都不存在贪污问题。

2. 案发时,卢某把一真一假两本现金账一起交出,而没有销毁真账,也说明他没有隐匿此 210 万元人民币的主观故意。

六、关于诈骗问题

卢某具备偿还能力:他的公司和公司的固定资产都在,同时也有偿还的具体行为,并且在案发前后都在陆续地偿还。这些事实都说明他就不存在不想偿还的问题,也不存在不能偿还的问题。

辩护词(再审)

审判长、审判员:

北京市京都律事务所受卢某委托,指派田文昌、何忠义律师为其申诉辩护。

卢某案业经河北省廊坊市中级人民法院于 2003 年 1 月 24 日一审判决,认定其犯有贪污罪、挪用公款罪、合同诈骗罪和单位行贿罪,判处死刑,缓期 2 年执行,并处没收个人全部财产。被告人对一审判决不服提出上诉后,此案已由河北省高级人民法院于 2003 年 6 月 29 日作出终审裁定,维持一审判决。当事人仍然不服终审裁定,提出申诉。该院于 2006 年 9 月 25 日驳回其申诉,现经最高人民法院指定再审。

庭前,律师审阅了本案的有关材料,会见了申诉人卢某,并调取了新的证据。

通过刚才的法庭调查,律师向法庭出示了新的证据,并针对一审开庭审理时检察机关所出示的一些证据质疑,特别是对河北省高级人民法院审监庭庭前所调取的证据当庭均进行了质证,使本案的事实更加清晰、明了。我们更加坚信:原审判决认定卢某犯有贪污罪、挪用公款罪、合同诈骗罪,事实不清,证据不足,适用法律不当,对其犯有单位行贿罪量刑畸重。现发表如下辩护意见,请法庭予以采纳。

一、卢某不能成为贪污罪和挪用公款罪的犯罪主体

本案认定卢某的主罪是贪污和挪用公款。依据《刑法》规定,贪污罪和挪用公款罪的犯罪主体必须是国家工作人员,或者是受国家机关、国有公司、企业、事业单位、人民团体委托管理、经营国有财产的人员。而被告人卢某不符合这一主体身份条件。

1. 庭审中,河北省高级人民法院调取的证据证明:卢某 1991 年从中国青年报调出,以个人的名义挂靠到全国工商联下属单位中华某时报,档案由其代管。其行政关系、工资关系、党组织关系均未办理,这种情形根据国家人事部有关规定属自动脱离公职。卢某为其经商便利,将其所创办的公司挂靠到中华某时报,因此,其到中华某时报不占其行政编制,不享受工资待遇。所以,卢某从 1991 年 9 月自中青报调出起,就丧失了原来的公职身份,这一事实还有《中华某时报》原社长富某的证实,亦得到了《中华某时报》现任人事处长刘某的证实。所以,卢某不具备公职人员身份。

2. 卢某是由某帝公司委派到福某公司的董事。因此,对其身份的确定,关键要看“某帝公司”的所有制性质。

某帝公司是由福州房地产开发总公司和中华某时报南方实业发

展总公司(以下简称中某公司)合资成立的公司。其股东之一中某公司是由黑某日化厂出资创办的福州高某微机公司。福州高某微机公司于1993年1月更名为福州高德实业发展公司,1993年6月又更名为中华某时报南方实业发展总公司(中某公司)。而黑某日化厂又是卢某及其同事个人出资及向亲友借款创办的一家民营公司。在当时的情况下,为了给自己戴上一顶“红帽子”,便在注册时填报“中国某报社南方办事处”为开办单位,所谓“中国某报社南方办事处”只是一个空名,它从未出过资,也不承担该企业的债权债务。根据1991年3月26日《国家国有资产管理局、财政部、国家工商行政总局关于发布〈企业国有资产所有权界定的暂行规定〉的通知》中附件2《关于〈企业国有资产所有权界定的暂行规定〉的说明》中明确指出:“……进行国有资金的所有权界定的原则。在所有权界定中,不应以企业法人登记的经济性质来界定资产的性质,而要追溯企业初始投资的资金来源,按各种经济成分‘谁投资,谁所有,谁收益’的原则来确定。”

由此我们可以看出:虽然中某公司在其工商注册是全民性质,但是根据“谁投资,谁所有,谁收益”的原则,其性质应该界定为民营企业。财政部(1998年3月24日财清字〔1998〕9号)关于《清理甄别“挂靠”集体企业工作意见》第2条规定:根据全国城镇集体企业清产核资的有关规定,凡在各级工商行政管理部门登记注册为城镇集体企业,但资本来源主要为个人……其现有财产构成不属于集体性质为主,采取上交一定管理费(挂靠费)名义上由有关主管部门、企业(单位)、社会团体临时管理、委托管理或“挂靠”管理等企业,均属此次清理甄别工作的范围。其包括:登记注册为集体但实际为私营(或个体)的企业。该文件进一步明确了甄别、界定企业所有制性质的政策性原则。

上述情况,律师又经调查,取得了中国某报社和中华某时报社分别于2005年9月13日和2005年6月23日提供的新证据:

中国某报社的证明是:"经查我社财务账目及相关档案,未有对福州技术开发区黑某日用化工品总厂(后更名为金庄园日化总厂)和福州高某微机公司投入注册资金的记录"(见证据1-2)。

中华中商时报社的证明是:"中华商时报社曾于1991年8月至1995年4月作为中华某时报南方实业发展总公司的挂靠单位。中华某时报社从未向该公司有过任何投资。中华某时报社已于1995年初下发正式文件与其解除挂靠关系,同意其变更企业注册性质,进入民营化进程"(证据2)。

更为重要的是:我们于2007年10月23日从中国某报社档案室查阅了该社原总会计师、财务处长范某某同志于1994年4月以中国某社的名义发给福建省国有资产管理局的公函称:"贵省福州经济技术开发区黑某日化总厂(后更名为金庄园日化总厂)和福州高某微机公司自1998年10月至1991年8月系我社所属企业,资金自筹。1991年8月上述两企业转由中华某时报社管理时,我社未留给该企业固定资产和流动资金。根据协议,上述两个企业一切债权债务及企业事务与我社无关。特此说明(见证据1-1)。"

此公函确凿地证明了黑某日用化工品总厂和高某微机公司的资金属于自筹。本证据进一步印证了前述两份证据证明的事项。

根据上述情况,某帝公司虽然戴了一顶"红帽子",实际上是由卢某为主创办的民营企业中某公司与福州市房地产开发总公司这个国有企业合资成立的股份有限公司。准确地讲,是公私合伙经营的公司。某帝公司不是国有公司,所以,由某帝公司把卢某派到福某公司任董事,也就不能被认定是"国有公司委派到合资企业从事公务的人员"。早在1987年12月18日,经最高人民法院办公厅转发的《国家工商行政管理局关于处理个体、合伙经营及私营企业领有集体企业〈营业执照〉问题的通知》中，就要求工商行政管理机关对领有集团企业执照，实际为个体经营、合伙经营、私营企业的，应该根据有关规定予以纠正，强调“是什么所有制性质就按什么所有制性质对待”。

另，最高人民法院2003年11月13日印发的《全国法院审理经济犯罪案件工作座谈会纪要》中，对于贪污贿赂犯罪和渎职犯罪主体有具体的解释：“国有公司、企业改制为股份有限公司后，原国有公司、企业的工作人员和股份有限公司新任命的人员中，除代表国有投资主体行使监督、管理职权之外，不以国家工作人员论。”同时卢某又于1995年8月辞去公职（见证据3、证据14）。据此，不能认定卢某是国有企业派出管理的管理人员，因而不能成为贪污罪和挪用公款罪的主体。

二、从承包方式和资金运作过程来看：卢某在主观上没有必要产生“非法占有”公司财产的故意；客观上根本不存在贪污和挪用的条件

1. 从《合营企业承包经营合同》（见证据5－1）的签订、形式及发承包方权利、义务来看：

（1）《承包合同》签订的背景：1994年10月8日，福某公司第一届董事会第五次会议，原则上同意由福某公司发包，由某帝公司承包经营（见证据10）。

（2）《承包合同》的形式及权利义务：《承包合同》第六条表明，承包经营形式：承包方独立核算、自主经营，回报率不足自补，超收自留。具体地讲：福某公司由承包方某帝公司经营管理。

《承包合同》第七条表明，承包的主要内容是，投资项目回报率按发包方之合营各方实际投入的注册金总额计算，年回报率25%，每满一年结付一次。

《承包合同》第九条第一款明确规定了承包方在承包期间的主要权利:承包方有权统筹使用注册资金;承包方有权在发包方授权售楼范围内,依法组织宣传,销售活动。

《承包合同》第九条第二款明确了承包方在承包期间内应尽的主要义务:承担以发包方名义发生的一切债务;按期缴纳各种税费和统筹基金;接受发包方原授权中某公司售楼活动发生的债权、债务,作为承包方售楼活动的一部分;承担发包方所有债权、债务,继续履行发包方与其他单位签订的一切有效合同;承包方应当在承包合同期满时如数退还发包方合营各方缴付使用的注册资金。

综上所述,从承包方式可以明确看出:福某公司实际上是由某帝公司经营管理,某帝公司有权统筹使用注册资金;承担一切费用;合同期满后全额退回合营各方所缴纳的注册资金。由于香港远某公司实际上没有投入注册资金,所以合同期满后只退还桥某公司投入的注册资金。因此,这种承包方式对于桥某公司这个投资方而言实际上是一个保底收益的投资方式,桥某公司不仅没有在财产上遭受损失,反而在第一年的合同履行中,某帝公司按照合同约定给付桥某公司845万元人民币。而对于承包方某帝公司来说,就等同于向桥某公司高息借款。所以,在这种承包方式中,申诉人卢某在主观上不会也没有必要产生“非法占有”企业财产故意;在客观上更不存在贪污和挪用公款的条件。

2. 从项目投资的重组情况来看:

福某公司由三家公司联营所组成,某帝公司、桥某公司和香港远某公司。此三家公司的具体情况分别是:

(1)某帝公司是由中某公司与福州房地产开发总公司(某房公司)投资设立。某房公司即某帝公司股东之一是国营企业,但其于1994年就提出退资退股,不再参与公司运作和分红。经与中某公司协商:某房公司除已投入的700万元人民币注册资金外,不再投入任何项目建设资金,不再要求按股分成,把该公司投入到某帝公司中的股份转为债权,即彻底退出。

具体情况是:福某公司是1994年11月正式成立的,而在1994年11月之前福州房地产开发总公司总经理翁某某口头上对林某和卢某提出:“撤资、撤股,不再参加公司的运作和分红。”翁某某证言表明:“……过多的我也不参与了。我们曾经提出撤资……到最后也只是给我们几套铺位。”(南三条市场项目的铺位)(见补充证据1)

林某2008年8月6日的证言证实:“……1994年福州市房地产开发总公司不再看好这个投资项目,提出撤资、撤股,不再参加公司的运作和分红,这个项目是亏、是赢,与福州市房地产开发总公司没有关系。同时,把派来的一个姓李的工作人员撤回福州……由于在项目开发建楼期间无钱可退,又因为石家庄市桥某房地产公司是以土地入股,没有资金投入,因此无钱可退,所以,在此情况下,当时双方约定:把福州房地产开发总公司投入到某帝公司中的股权转为债权,等‘南三条’项目完成以后,以项目的铺位进行清算。在此情况下,一拖再拖,拖到了1999年5月,双方签订了正式退股协议,形成了债权债务关系。实际上,早在1994年双方口头就已经约定了,就已经形成了债权债务关系,不过是因为种种原因,1999年5月,双方以书面形式加以确认,并经石家庄市公证处公证。”(见补充证据2)

由此可见,某帝公司实际股东只剩下中某公司一家,无论盈亏都与某房公司没有关系了。

(2)香港远某有限公司从未实际投入任何资金,只是名义股东。

(3)桥某公司亦是国营企业,但其除以项目的8.73亩土地使用权折合240万美元(1440万元人民币)外,没有投入任何资金。1995年某帝公司按合同要求,给付桥某公司承包款845万元人民币(见证据5-4)。1999年某帝公司与桥某公司按《承包合同》的约定原则,协商一致,达成新的书面协议《股权转让协议书》(见证据6),桥某公司将其全部股权转让给福地公司。同日,桥某公司与某帝公司又签署了《土地转让协议书》(见证据7),即桥某公司将8.73亩土地转让给某帝公司。至此,桥某公司彻底退出福某公司,双方债权债务关系明确,整个过程都有合同约定。

在桥某公司退出前,也就是在涉案行为发生期间内,福某公司由承包方某帝公司经营管理,而因某房公司已经退股某帝公司,某帝公司只剩下中某公司一家股东,所以,福某公司实际上是由中某公司在承包、经营。

中某公司(见证据2、3、11)这家私有企业是项目的承包方即实际经营管理方,而中某公司又是由卢某个人出资设立的,根据《承包合同》第九条关于享有权利的条款规定,卢某可以统筹调配相关项目资金。更为重要的是,某帝公司即中某公司与福某公司合营各方(实际上就是桥某公司一方)签订的是一次包干定死的承包合同:《承包合同》第七条规定;年回报率25%,及《承包合同》第九条规定的应尽义务规定:承包合同期满后如数退还所缴付的注册资金。所以,某帝公司即中某公司自身无论盈亏,都必须对合营各方(实际上就是桥某公司)偿付承包合同规定的固定回报。而且合同期满后退还注册资金。在这一经营模式中,真正承担经营责任和风险的只有中某公司一家,而对于投资方桥某公司来说稳赢不亏(前面我已叙述过即对桥某来说是保底收益的投资方式)。况且,1999年桥某公司退出福某公司,双方签订了明确债权债务的协议。

在此情况下,由于作为国有企业的某房公司在某帝公司退股,其利益不可能受到侵害;而由于某帝公司承包经营,作为另一国企的桥某公司的利益也不可能受到侵害。因该两个国有公司即“某房”公司和“桥某”公司的利益都不可能受到侵害，所以，卢某在客观上不存在贪污和挪用公款的条件，因为贪污和挪用公款的犯罪构成要件之一是：侵害的对象是国有财产。

综上所述：申诉人卢某不符合贪污、挪用罪的主体身份；在客观上根本不存在贪污和挪用公款的条件；其主观上更没有必要产生“非法占有”公司财产的故意。因此，其动用和调配公司资金的行为属于私营公司中正常的经营活动，没有也不可能侵犯国有资产的所有权与使用权。其不构成贪污罪和挪用公款罪。

三、卢某的行为不构成合同诈骗罪

根据《刑法》第224条的规定，合同诈骗罪必须具有非法占有的目的，并且具有以下四种具体表现形式：

第一，以虚构的单位或者冒用他人名义签订合同的。

“虚构的单位”是指以根本不存在的单位的名义订立合同。我们在原廊坊市检察院移送到廊坊市中级人民法院的卷宗第八册第47页协议书中可以看到，该协议中没有虚构单位。

“冒用他人名义”是指未经他人允许而采用他人的名义。本案中，福某公司在经营过程中出现了资金周转困难，因此利用了银行新推出的“可以用商铺使用权这一品种进行抵押贷款”的政策，由于这种方式只针对个人不针对单位，所以，于某伦、白某峰等14人，接受了福某公司的委托去办理贷款。虽然关于商铺租赁合同等是假的。但是，借款合同中的人是真实的，不存在“冒用他人名义”。

第二，以伪造、变造、作废的票据或者其他虚假的产权证明作担保的。即虚假担保。

在本案的协议书和房屋使用权转让协议书中，福某公司均作了担保，是以南三条超级市场的铺位使用权作担保的。虽然，当时法院在受理福某公司与其他当事人经济纠纷时，对一层铺位的产权实行了查封。但是我们要特别注意的是,南三条超级市场一层铺位被查封,仅仅是查封不得转让、买卖。可是一层铺位的产权仍然属于福某公司,没有变更,商铺使用权是真实存在的。而银行这次新贷款品种的抵押是商铺使用权,不是产权。

卷宗第八册第31页载明"房屋使用权转让协议书中,甲方:银行;乙方:李欣;丙方:福某公司"。协议书第一条载明:乙方将承租丙方×××经营用铺位使用权作为清偿向甲方借款的担保。这里清楚写明担保是铺位的使用权。所以,福某公司没有"虚假担保"。

第三,关于"没有实际履行能力"。

福某公司完全有实际履行能力。首先,当时福某公司正在开展二期工程的启动,当时评估企业的固定资产有几个亿。只是当时遇到暂时的困难,资金周转不灵才申请贷款。最简单的实例是:检察机关扣押的产值600多万元的财产就足以偿还。况且,刚才在庭上举证的"石家庄市新华区人民法院(2005)新民二初字第156号民事判决书中第5页下数11-12行的表述中,清楚无误地写道:原告(即石家庄市商业银行新华东路支行)已提交2002年6月20日被告人偿还贷款的有效凭证",说明被告人一直在偿还中,只是由于卢某这个福某公司的法人代表因2000年3月被刑拘这个出于意志以外的原因而没有偿还完。何况,在这里我们要特别提请法庭注意的是,马某超、马某欣、但某、崔某海、刘某军5笔贷款的到期日是2000年3月13日和3月17日(二笔),在卢某被刑拘时还没有到期,共74万元。那么,对于还未到期的贷款又何谈没有偿还能力呢?值得强调的是,检察机关在扣押卢某所属公司价值600余万元的资产后,又在起诉书中表述"其没有履约能力",不知是何用意?如果将扣押物依卢某所愿偿还银行贷款也就不会有此案的发生。

第四,"收受对方当事人给付的货物、贷款逃匿的"。但是本案在起诉书、判决书中都明确的阐明:所得贷款用于被告人单位的运营和开支。

由此可见,依据《刑法》第224条规定的四个方面来分析本案,可以得出一个明确的结论,那就是:被告人在客观上不具有诈骗罪的行为,在主观上更不具有非法占有的目的。因此,被告人的行为特征不符合合同诈骗罪的犯罪构成要件。

综上所述,辩护人认为,原审判决认定被告人卢某构成贪污罪、挪用公款罪和合同诈骗罪事实不清,证据不足,适用法律不当,请求法庭依法予以改判。

被告人卢某辩护人:

北京市京都律师事务所律师　田文昌　何忠义

2008年11月14日

审理结果

河北省高级人民法院另行组成合议庭,公开开庭审理了本案,于2011年3月4日作出再审判决:撤销对被告人卢某贪污罪、挪用公款罪的判决,以侵占罪、挪用资金罪、单位行贿罪、合同诈骗罪数罪并罚,改判被告人卢某有期徒刑18年,剥夺政治权利3年。

再审宣判后,卢某即被假释,2年后突发心脏病去世。

林某被控受贿罪案

案情简介

被告人林某，医学博士。原系浙江省第十一届人大代表、台州市第三届人大代表，温岭市第十四届人大代表及常委会委员。

温岭市人民检察院指控，1993年至2008年，林某在任温岭市第一人民医院党委书记，并于1995年开始兼任人民医院院长，负责人民医院的全面工作期间，利用职务之便，在基建、药品采购、人事安排等方面，先后多次收受他人贿赂，共计49.48万元。

其中，在基建方面，承包人民医院食堂、行政综合楼、科技楼土建工程的丁某某和元某某送给其2万元；承包人民医院食堂装饰工程、行政综合楼、会议室和贵宾接待室装修、大会议厅舞台装修、音响设备的承包商陈某某给予的7万元；人民医院食堂、行政综合楼的石材供应商刘某某给予的5万元；新病房大楼、综合楼的家具供应商陈某某给予的2万元，共计16万元。

在药品采购方面，温岭市医药药材有限公司总经理陈某国与医药公司太平分公司经理洪某某，以发票报销的名义先后给予林某5.9

万元;汤某某为了使其代理的药品能够进入人民医院销售,通过陈某国送给林某2万元;陈某国为自己成立的公司药品业务给予林某的1.8万元;药品经销商李某为感谢林某对其业务照顾给予的5.6万元,价值8000元的玉佩,衣服8600元,并且以发票报销的名义给予的5.72万元;台州医药有限公司沈某以发票报销名义给予的1.2万元。

在人事安排方面,林某帮助江某某、潘某进入人民医院工作,通过蔡某某收受其家人分别给予的1万元和6000元。

一审判决被告人林某构成受贿罪,受贿金额442,800元,判处有期徒刑13年。

被告人林某不服,提起上诉,并委托北京市京都律师事务所田文昌、蔡景丽律师作为其二审辩护人。

律师会见林某时,林某表示,他的有罪供述,是在侦查人员违法审讯,对其进行长时间的连续特审,指控、逼供之下的违心供述,是不真实的。

丁某某的7万元、陈某的4万元、刘某某的5万元、陈某某的2万元、汤某某的2万元、陈某国为了自己公司的2万元与事实不符,不存在;陈某国、洪某某的4.5万元是被告人投资医药公司获得的利息回报;李某的5.6万元和5.72万元实际上是同一笔钱,且用于医院申报课题项目的开销了;洪某某1.4万元是正常的餐费报销。

辩护思路

本案涉及一个重要前提是,被告人的有罪供述是否真实。为此,辩护人着重从笔录内容中找问题,找矛盾。

第一,被告人受到了严重不合法的长时间的连续讯问,这无疑是刑讯逼供,由此取得的被告人口供合法性、真实性都无法保证。第二,被告人在一审和二审中一再要求出示侦查阶段被讯问时的录音录像,但公诉机关拒不提供播放,两次开庭都不予当庭播放录音录像,违反了最高人民检察院的规定,足以说明侦查程序不具合法性,这样违反规定的做法以及由此得出的结果,即上诉人口供,不能作为定案依据。第三,行贿人的证人证言自相矛盾,真实性值得怀疑,且"行贿人"的证言与被告人的口供是在讯问过程中逐渐趋于一致的,因此证人证言的自愿性和独立性也值得怀疑。

据此,在被告人有罪供述的真实性无法得到确认的前提下,辩护人认为,一审判决认定林某收受丁某某、陈某、刘某某、陈某某、陈某国个人及陈某国代汤某某给付的款项共计 246,000 元,事实不清,证据不足;蔡某某代江某某、潘某贿送的 16,000 元和收受李某的 56,000 元,事实不清,定性有误,该两笔款项在案发 5 年前已经退还,林某当时退还这两笔钱,与 5 年后发生的本案没有因果关系,不应以受贿罪论处;认定林某收受陈某国、洪某某 45,000 元款项为受贿款,事实不清,证据不足,该笔款属于林某应得的利息而不是贿赂款;认定林某收受洪某某 14,000 元及李某 57,200 元为受贿款,定性有误,因该款为跑科研项目而花销,既不是林某个人占有,也不是其个人使用。

辩护人还注意到,被告人有两笔款项是提供发票报销的,林某为了搞科研项目而以发票报销的方式收了一笔钱,这笔钱的用途确实是用于科研经费的,这样确实是违纪,但是否犯罪却是值得考量的。

除此之外,被告人在关押期间继续完成重大科研项目,并在羁押期间抢救同监室陶某某生命,一审法院否定被告人符合立功条件的认定,理由不充分。

这起案件的被告人是一位医学博士,在其所在的小儿呼吸道疾病领域有过突出的贡献，在业界具有权威性。我们提出在在案证据存在明显问题的情况下，对于这种人才的判决更应持慎重态度。但二审法院在开庭审理后，作出了维持一审判决的裁定。

辩护词（二审）

审判长、审判员：

北京市京都律师事务所田文昌律师、蔡景丽律师接受被告人家属的委托，担任被告人林某的二审辩护人。接受委托后，我们细致、深入了地分析了案卷材料，并进行了调查取证。辩护人认为，一审法院认定事实不清，证据不足，判决错误。现辩护人针对一审判决的问题提出二审辩护意见如下：

一、一审法院认定林某受贿事实不清、证据不足

（一）一审法院关于否认林某退回曾收受的两笔款共16,000元的认定，事实不清、证据不足

1. 林某坚称蔡某某经手的两笔钱已于2003年退还给蔡某某，而蔡某某的证言称此两笔款送给林某后一直未退还给他，一审法院也以“对此，也与被告人林某在侦查期间所做的供述相符”，来否定林某庭审时讲的已经退还此款的说法。辩护人认为，一审法院认定的依据不充分。因为，林某退款一事不仅其早有交代，而且有同类事实佐证。首先，事实上是林某并非在庭审时才讲退还的事实，而是早在侦查期间的2008年7月10日的那次讯问中，就明确说明了已经将两笔钱共16,000元退还给了蔡某某（见检卷2第75页）：“2003年下半年……在国庆节前后我将蔡某某叫到我家中，说：‘我们医院医生出了事，我担心检察机关可能冲着我来，你把这16,000元钱拿回去。’蔡某某说行，我就分别将一个装有10,000元人民币的信封和一个装

有6000元人民币的信封交给了蔡某某。”

其次,根据一审法院已经认定的另一笔林某退还李某56,000元的事实(见检卷2第75页),无论在时间上还是原因上都是一致的,这就进一步印证了林某退16,000元给蔡某某的供述的真实性。一审法院认定林某退给李某的56,000元的事实成立,却对其退蔡某某的16,000元不予认可,明显存在认定标准不统一的问题。

同时,还有另一个不容忽视的情节是:一审法院认定蔡某某送钱的数额是6000元而不是其一直声称的10,000元,是因为已查明蔡某某私自扣下了4000元。可见,一审法院也认为蔡某某的证言存在不准确和不真实性。这更说明蔡某某否认退款的证言没有可信性。

一审判决书所表述的认定理由是:“经查,证人蔡某某的证言,证明林某收受10,000元、6000元就未予退还,这与证人江某某、潘某荣、潘某的证言相印证。”而事实上,据江、潘的证言所述(见检卷9第78、83页),江某某、潘某荣两人只是把钱给蔡,让蔡为他儿子进人民医院工作打通关系,而江的证言甚至说“具体蔡某某怎么用这笔钱帮我打的关系我不是很清楚”。可见,他们的证言无法印证上述16,000元是否退还给蔡的事实(钱是否退还,蔡也没有必要告知他们的,因为事情已经办完)。

综上所述,辩护人认为一审法院关于林某受贿蔡某某16,000元的认定证据不足。一审判决的“相互印证”的表述是没有依据的,请求二审法院予以纠正。

2. 关于一审判决中认定林某已于2003年将56,000元退还给李某,但只将此作为量刑时酌情予以从轻考虑的情节,辩护人认为,此笔款项早在案发的5年前就已经退还,不应计算在本案受贿数额内,请二审法院予以纠正。

（二）一审法院关于林某收受四笔涉及基建方面的受贿款21万元以及汤某某、陈某国受贿款36,000元的认定，事实不清，证据不足

1.一审法院对林某在其医院的建筑承包工程过程中存在受贿21万元事实的认定，事实不清、证据不足。

一审判决中认定的几笔行贿事实均存在严重的问题，辩护人再次重申：林某在2008年7月10日，本案侦查期间的供述就已经推翻了其之前的供词，称“在基建方面除了钱某某有次代陈某某送过我一次现金，我记得不清楚，其他我没有收过别人的贿赂”。（见检卷2第75页）可见，事实并不像一审判决中一再提到的林某是在当庭进行的翻供，而是在侦查期间就已经推翻了前面的供述，这其中的主要原因是侦查机关采取了非正常的取证方式，在后面我们会就此详细论述。

下面分析一下一审判决认定的几项具体事实：

（1）关于对丁某某行贿7万元的认定。尽管林某在侦查期间就否认了他在基建方面的受贿事实，但遗憾的是我们并没有看到检察机关对相关的其他证人进行过进一步核查，如对丁某某行贿的讯问就只有过一次。但一审法院却仅凭丁某某单方的供述就认定此项犯罪成立，这种认定明显证据不足。

（2）关于对刘某某行贿林某50,000元的认定。这笔受贿事实同样已经在侦查阶段就被林某否认了，但检察机关同样也没有进行过核查和讯问。不仅如此，在对刘某某行贿林某的问题上，其认定明显缺乏行贿罪构成要素。先抛开林某翻供的事实不说，林某在笔录中说“我记得在行政楼石材项目结算之后不久，大概是2002年上半年，刘某某到我办公室跟我讲‘花岗岩项目完成了，感谢你对我的支持’”（见检卷2第15页），刘某某所说的送钱时间也是在工程结算之后。但是刘所讲的送钱的动机却是：一是感谢采购了他的石材，二是

希望及时付他货款。这里明显存在一个时间倒置的问题。刘某某送钱是在工程结算之后,并且,对于刘某某做的这个工程,是经过医院考察小组的考察然后在院会议上“经讨论形成一致意见”最后选择他们公司的,《会议纪要》(见检卷5第44页)上没有林某的签字,只有公章。另外,刘某某的供述中也说“后来货款他们也基本上按合同及时支付了”,可见,林某并没有为其谋私利,而刘某某行贿的动机却发生在工程结算之后?其行为与动机之间的时间倒置的关系,足以说明刘某某的证言并不真实。故一审法院认定林某收受刘某某5万元明显证据不足。

(3)关于对陈某某行贿70,000元的认定。同样的道理,一审法院不顾林某的否认,未经核查仅依据陈某某的单方面供述就认定林某收受其贿赂70,000元,存在明显的证据不足问题。更令人无法理解的是,一审法院一方面以“证人陈某某先后三次的言词证据证明自己在人民医院食堂工程结束后向被告人林某行贿,在所送的财物、人员、时间等方面的内容前后矛盾不稳定”为理由,对陈某某供述的行贿30,000元的事实未予认定。另一方面,又依据同样的证据认定陈某某贿赂林某的另外70,000元成立。既然陈某某的证言存在如此严重的问题,一审法院为什么只否定了其中的一部分?而又依据其认定了另一部分呢?事实上,陈某某关于行贿7万元的证言也同样前后矛盾,完全不能自圆其说,且与林某供述也是相互矛盾。这样的证言又怎么能作为对林某定罪的依据呢?

(4)关于对陈某某行贿林某的认定也存在和上述几人同样的问题,即在7月10日林某翻供后,一审法院在没有核实的情况下以陈某某一人的证言来认定林某受贿罪成立。侦查期间林某和陈某某的证言也存在多处问题,如林某在2008年4月7日的笔录供述中说“行政楼起用之后龙达家具厂的老板(名字我不晓得)……”(检卷2

第8页)，证明林某连其名字都不知道，根本不认识陈某某这个人，何来收钱一说？又如，陈某某笔录称给钱时行政楼已经启用，且根据龙达家具厂给医院开具的发票，卷中的书证可以认定医院在2002年4月9日已经将家具款全部支付家具厂。2003年下半年，陈某某给钱的时候，项目已经完全结束，林某2008年7月10日口供和一审法庭上都说陈某某没有给他钱。从行贿的逻辑上分析，项目都已经结束，行贿人主观上也不可能再存在行贿的故意，受贿人客观上也不可能再为其谋取什么利益。辩护人仔细分析了林某的几份笔录，在2008年4月7日和2008年5月21日两次讯问中，林某重复了三次，强调“最后由我拍板决定”，目的在于刻意强调谋利益的事实。但实际上，林、陈二人陈述的送钱时间却都是在工程结束之后，而在行政楼项目之前没有找过林某。由此可见，送钱与“拍板决定”之间并没有因果关系，林某在笔录中刻意强调“拍板”的供述显然并非自愿。

鉴于林某、陈某某供、证相互矛盾，自相矛盾，林某的口供中存在明显的指供、诱供，无法证实其笔录的真实性。从送钱的时间点上，行贿人也没有行贿动机，相关笔录和书证也印证了购买家具的程序上林某并没有为陈某某谋取利益。认定林某受贿陈某某2万元明显事实不清，证据不足。

2. 一审法院关于汤某某通过陈某国三次送18,000元给林某的认定，事实不清、证据不足。

对这一事实，林某一审开庭时当庭翻供，称其并没有收受陈某国代汤某某给的18,000元钱，原来的口供是在特殊环境下形成。而陈某国的证言，不仅自相矛盾，而且和汤某某证言相互矛盾。如在其证言中，先说他次次都去林某家，后来又说其有两次没去；又如汤某某说“具体陈某国送钱给谁，我不清楚”(2008年6月3日笔录，检卷9第56页)，陈某国却说“让我找林某帮忙”(2008年6月5日笔录，检卷9第38页)。而且,辩护人注意到,供、证讲到的第三次送钱的时间都在2003年下半年。事实是,在2003年下半年,检察院正在查医院医生受贿的事情,林某也是在这一时间段将原来收到的蔡某某、李某的钱退回去了。在这样的风口浪尖上,只有傻子才会顶风作案,收受财物。这个事实可以印证,林某在侦查阶段形成的口供是不真实的。而仅凭汤某某一人的证言,无法认定林某收受陈某国代其给林某18,000元贿赂款的事实。

3. 认定陈某国另外先后三次送给林某18,000元事实不清,证据不足。

如前分析,陈某国的证言和洪某某、汤某某证言都存在相互矛盾,陈某国证言的真实性无法证实。需要强调的是,被告人林某在一审开庭时不仅坚决否认收到这笔钱,并提出侦查阶段口供系在特殊情况下形成。而一审法庭却在公诉机关拒绝播放录音录像,又未予核实被告口供真实性的情况下,仅以侦查阶段林某的口供与陈某国相符为由,认定受贿事实,显然证据不足。

(三)一审法院认定林某收受陈某国、洪某某1996年至2002年春节前送给林某的共计45,000元,证人证言相互矛盾,缺乏行贿动机,没有请托事项,45,000元应是利息款而非受贿款

第一,一审判决认定逻辑错误。一审判决中称"经本院审查,在送钱的客观行为上,证人陈某国和洪某某的证言一致证明是他们先后七次均在每年的春节前送给林某人民币,每次所送金额均是5000元或10,000元,对此被告人林某并无异议"。我们从上述判决表述中看到明显的逻辑错误:既然是一致证明,后面的数额就应是一致的,而不应是"每次所送的均是5000元或10,000元"。而且陈某国一直说的是送的6000元至9000元,具体数额不清楚。

第二,陈某国的证言前后矛盾,陈某国、洪某某、林某供、证相互

矛盾。

如林某说他们有时一起，有时陈一个人，有时洪一个人；洪的证言说他自己每次都去；而陈某国3月25日笔录说自己每次都去，6月5日笔录（在林和洪之后）又说自己有两次没去。

又如关于钱的数额，在两人的证言中我们还看到，有多处关键点不一致：陈某国自始至终称其每年送林某的钱在6000～9000元，具体数额他不知道，是由洪某某具体操作的；而洪某某称每次送钱的金额都和陈某国商量好，后他从财务领取，数额除了1998年那次是10,000元，其他每年都是5000元。可见，他们一个说数额是商量好的，一个说由另一个人具体操作，自己不知道。而他们两个又都说除了有两次是洪某某一人去的，其他时候都是两人一起去的。试想，如果多数是两人一起送的，陈某国怎么会不知道具体数额？洪某某竟然会不和他说？而每次都是5000元，很容易记啊？很明显，两人的供词并非一审判决称的“一致”，而是出入很大。

关于钱的来源，陈某国说钱是太平公司的，而洪某某又说钱是以陈某国名义从医药公司账上取的，又是矛盾。

第三，陈某国、洪某某送的45,000元，除了1996年的一笔10,000元，其他35,000元送钱供、证都没有体现出有具体的请托事项，相反，时间上都是春节前，陈、洪都说是“以拜年为名”。相应的书证也体现不出林某在药品的采购中显示出来的作用，一方面，没有请托人的具体请托事项；另一方面，人证、书证都不能证明谋利事实，说明缺乏行贿动机。

第四，到底是行贿款还是利息款。现有证据不能排除是利息款的可能。在缺乏行贿动机的情况下，借款的存在却是事实，有票据为证，借款有利息也是事实，利息洪某某取走了，没有书证证实，只有证人证言。利息洪某某取走之后有没有给林某，洪某某说给了，林某的笔录没有显示,现有证据不能证明林某收到了利息款,显然不能排除春节前送的就是利息款。

此外,如果是行贿款,按照相关证人的说法,也要到公司报账的,那也应该有账可查,既然控方无法举证医药公司确实除了利息款外额外支付有其他款项给林某的账面凭证,仅凭几个人的证言,显然不能认定行贿的存在以及被告人受贿。

总之,对于陈某国、洪某某的这笔45,000元款项,缺乏行贿动机,证人证言冲突,借款付利息已被证实,应排除行贿而认定为利息。

(四)一审法院关于收受洪某某14,000元以及李某57,200元为受贿款的认定,事实不清,证据不足。林某确实收受了这两笔款,但其以赞助款形式用于医院跑项目而花销,没有个人占有

林某、洪某某、李某的供、证相互印证,对于这些钱(除了李某的20,000元没给发票),林某都有拿发票给他们的事实。林某供述这些钱他都用于到北京为第一人民医院跑项目课题,辩护人向法庭提交的中国军事医学科学院的王某某教授的证明以及一审时杨某某的调查笔录均能够证明,此笔款项林某并没有占为己有,而是用于课题申请的咨询费、劳务费、礼品费等等,不应认定为受贿。

综上所述,一审判决认定林某收受丁某某、陈某、刘某某、陈某某、陈某国个人以及陈某国代汤某某给付的款项共计246,000元,事实不清,证据不足;认定林某收受蔡某某代江某某、潘某款项16,000元和收受李某的56,000元事实不清,定性有误,该两笔款在案发5年前已经退还;认定林某收受陈某国、洪某某45,000元款项为受贿款,事实不清,证据不足,该笔款属于林某应得的利息而不是贿赂款;认定林某收受洪某某14,000元及李某57,200元为受贿款,定性有误,因该款为跑科研项目而花销,既不是林某个人占有,也不是其个人使用。据此,辩护人认为,一审判决认定林某构成受贿罪,事实不

清，证据不足。

二、关于被告口供及证人证言真实性与合法性问题

本案在一审中，被告坚决否认受贿事实，而证人无一到庭作证，尽管被告强烈要求播放录音录像以证明其当时供述的真实情况，公诉机关却拒不出示。这些现象反映出来的问题，值得引起二审法院重视。

第一，被告口供形成的合法真实性值得质疑。被告一再强调，其在纪委连续六天六夜被审查，当时他自己主动交代的受贿数额高达300多万元，后因实在无法查实，在移送检察院时减到了70多万元。这种状况反映被告在特殊情况下所做的口供明显是不真实的。

案件移送至检察机关后，自2008年5月19日至25日，被告又被连续讯问达七天七夜。根据看守所的提讯记录，在7天中提讯时间总计达86小时58分钟，而中间间隔时间仅为2小时、3小时、4小时、6小时或11小时不等，在间隔时间中还包括被告吃饭的时间。按此时间计算，被告在连续七天七夜的提讯中每次只有2~3个小时的睡眠时间。而事实还并非如此，据了解，玉环看守所规定只是在21时至早上6时时间段内是睡觉时间，白天是不准睡觉的。而被告被提讯绝大部分都是在夜间，这表明，在此七天七夜中，被告基本上是无法睡觉的。

毋庸置疑，任何正常人在这种被连续讯问的情况下都是无法承受的，他不可能进行正常的思维活动，不可能真实地表达自己的想法。这种讯问方式显属变相刑讯逼供。

正由于如此，被告在侦查期间即7月10日的供述中已经否认了原来的供述，在开庭审理时又再一次否认原来的口供。

更值得重视的是，被告最初供述的受贿额是300多万元，移送检察院时为70多万元，检察院起诉的是将近50万元，而最终一审认定

的是42万元。这种一再的否认,以及事实上已经排除了绝大部分被告主动供述过数额的现象,已经印证了被告原供述的不真实性。

第二,被告在一审和二审中一再要求出示侦查阶段被讯问时的录音录像,但公诉机关却拒不提供播放。公诉机关这种做法公然违反了最高人民检察院的明确规定,只能说明其讯问不具合法性。因此,被告在侦查阶段的口供不能作为定案的依据。

第三,本案认定受贿事实的绝大部分内容,都是在被告主动供述之后再去找行贿人调查取证的,"行贿人"证言与被告的口供是在讯问过程中逐渐趋于一致的。这种情况表明,与口供相对应的行贿人的证言是在口供的基础上形成的,而"行贿人"有几人(陈某某、刘某某、钱某某)又是在被关押中接受讯问取证的。很显然,这样形成的证人证言的独立性和自愿性很值得怀疑,在前面对证人证言的分析中,已经指出这些证人证言自身的矛盾之处,足以说明这些证人证言的真实性是难以确认的。

综上所述,辩护人认为,由于侦查机关在获取被告人口供时存在刑讯逼供问题,且拒不向法庭提供讯问时的录音录像,其取证过程不合法。本案被告在侦查阶段的供述不具有合法性与真实性,不能作为定案的依据。

三、一审法院否定被告符合立功条件的认定,理由不充分

(一)林某在关押期间继续完成重大科研项目的情况说明

我国在2003年经历过"非典"后,科学家发现新的呼吸道病毒七种,由林某领导的课题组发现了三种:人博卡病毒、WU多瘤病毒、KI病毒。以上三种病毒被国际权威机构美国国际基因数据库(Genbank)收录。

林某在以上三种病毒的重大科学发现为小儿下呼吸道感染的病因快速诊断提供了可靠的技术手段,在国际上都处于领先地位。这些科研成果大大拓宽了对儿科感染的新认识，在国际病毒学研究方面具有重要贡献，对儿科感染的防治及促进保护儿童健康具有重要意义。

国家科技部认为林某的研究成果处于国际前沿，故分别批准林某参加国家“863 计划”和国家自然科学基金项目，在此“863 计划”中，林某任副组长的课题组承担了6种小儿呼吸道感染病病原检测技术平台的建立及其应用研究，该研究成果将提高我国对6种常见小儿呼吸道病毒感染的诊断、预防和控制的综合能力。

林某参加的国家“863 计划”课题任务和国家自然科学基金项目是台州解放以后第一个有关医学的国家“863 计划”和国家自然科学基金决定资助的项目。

重要的是，为了彻底完成这个重要课题，使其尽早得到临床应用，林某在被捕关押期间，在看守所以资料传递方式，继续主持该项目研究，并在国内外杂志上连续发表三篇学术论文，为推动该科研项目完成发挥了不可替代的重要作用。

根据《最高人民法院关于处理自首和立功具体应用法律若干问题的解释》第5条之规定：具有其他有利于国家和社会的突出表现的，应当认定为有立功表现。二审法院应当认定林某有立功表现。

（二）关于林某羁押期间抢救同监室陶某某生命的情况说明

同监室嫌疑人陶某某突发癫痫病，林某作为医学专家对其采取了及时有效的抢救措施，使得陶某某避免了可能死亡的严重后果。

癫痫病是一种神智异常病症，重者突然倒地、四肢抽搐、角弓反张、不省人事，甚至窒息死亡。陶某某发病时，已经没有了呼吸，说明其属于严重的癫痫病，不及时抢救就会导致窒息死亡。

林某在陶某某突发严重的癫痫病过程中，把陶某某从窒息死亡的危险中抢救过来，根据《最高人民法院关于处理自首和立功具体应用法律若干问题的解释》,林某在危急时刻抢救了一条生命,应当认定为立功。

综上所述,辩护人认为,一审判决认定林某构成受贿罪,事实不清,证据不足;否认林某符合立功条件,适用法律不当。

林某辩护人:

北京市京都律师事务所律师　田文昌　蔡景丽

2009 年 2 月 17 日

辩护词(二审第二轮法庭辩论发言)

审判长、审判员:

由于控辩双方的职责不同,角度不同,可能会对同一问题在理解上有所不同。但辩护人认为,我们任何一方都应当本着对法律负责,对事实负责,对当事人负责的态度,通过庭审活动,帮助法庭理清案件的基本事实,给法庭最终作出公正的判决提供坚实的基础。所以辩护人认为有必要就本案的一些具体事实和法律依据,针对检察员的观点发表一点补充意见:

一、关于受贿罪的既遂与未遂的标准问题

关于对林某在案发前已经退回几笔款的行为应否定罪的问题,检察员认为林某收了钱就已经构成受贿罪,钱后来是否退回了不影响受贿罪的构成并且是犯罪既遂。辩护人认为,检察员的观点是错误的。最简单而且普遍存在的例子是,实践中很多人收受了钱财又退回去了,不仅不认为是犯罪,而且还成为拒腐蚀的典型,怎么能简单认定只要收了钱就是受贿既遂呢?在这个问题上,检察员混淆了受贿罪与盗窃罪的既遂标准,在盗窃罪中,毫无疑问,拿了钱就构成盗窃既遂，因为盗窃罪是单方行为，是在对方不知道的情况下偷了别人的钱。在盗窃罪中，如果偷了钱又还回去了，不影响盗窃罪既遂。而受贿罪是双方行为，是对合犯，是一种在双方自愿基础上的权钱交易关系，如果钱退回去，就等于权钱交易的性质改变了。所以，贿赂关系中的退款与盗窃罪的返还财物是不同的两个概念，二者犯罪构成的条件是有区别的。因此，在一般情况下，只要在案发前行为人主动退还了所收受的财物，就不应认定为犯罪。至于有些人由于得知犯罪事实已经败露或行将败露，为了掩盖受贿事实在案发前被迫退还财物的，并不影响其构成犯罪。这两种情况不能混为一谈。需要明确的是，本案中，林某退回的72,000元钱（蔡某某16,000元，李某56,000元）并不是在本案发生时才退还，而是早在案发前5年就已经退还了，尽管当时医院也被调查，但与本案并无直接关系。简言之，林某当时退还这两笔钱，与5年后发生的本案并没有因果关系。所以，不应以受贿罪论处。

二、关于提供发票报销是否影响定罪的问题

针对林某以报销发票方式收钱的问题，检察员提出了两个观点：一是以报销发票方式收钱不影响成立受贿罪；二是只要是收受了财物，不论其如何使用都不影响成立受贿罪。

辩护人认为，检察员的这种观点形式上并没有错，但是，却歪曲了本案的具体事实。本案中，提供发票只是一种手段，关键是钱用在什么地方了？辩护人并不认为只要提供了发票就不构成受贿，而是说上诉人是将报发票的钱用于跑科研项目了，这与单纯提供发票换钱的性质不一样。接下来，检察员认为只要收了钱，至于收了的钱无论是用于跑项目了或者施舍了都不影响犯罪成立。但关键问题是，检察员所说的情况是收了钱之后再给谁，都不影响成立受贿罪。而本案中的实际情况是，林某是为了搞科研项目而收钱。应当明确，收了钱之后再去做什么,与为了做什么才去收钱,是不同的两种逻辑。林某是因为没有钱跑项目,为了能够拿下项目,而想方设法地筹钱,以赞助费方式筹钱跑项目。在这种情况下,能不能认定上诉人林某报票的行为构成犯罪呢?辩护人认为,林某本人说得很客观,他认为自己这种行为是违纪,但是违纪和犯罪是性质不同的。本案证据已经证明,这笔钱的用途确实是用于科研经费的。我们都知道,在当前现实条件下,搞科研的难度是人所共知的,有多少人为了筹措科研经费而求告无门,又有多少科研项目由于缺少经费而无法进行或半途而废,更何况是搞这样重要的科研项目!为了研究如此重要科研项目的顶尖人才,由于筹措一笔项目经费而被判刑入狱,这样做的社会效果会如何?请法庭予以高度重视。

三、对本案证据情况的具体分析

在第一轮法庭辩论中,辩护人已经就本案基本事实作出了一审判决事实不清、证据不足的系统论述,在此不加赘述。辩护人需要强调指出的是,对于本案基本事实的认定,关键涉及上诉人口供和相关证人证言的真实性、合法性问题。本案在上诉人口供和证人证言之间存在自相矛盾和相互矛盾的问题,辩护人从案卷中整理出来将近30页的表格,详细摘录了每一个相关证人的证言以及与之相对应的上诉人的口供,这个对比表中充分暴露了证人证言之间的矛盾,证言本身的自相矛盾,上诉人口供的自身矛盾,以及口供与证言之间的相互矛盾。从案卷中摘录的这个表格,充分反映案卷中存在的问题,一方面证明了这些证言是不真实的,另一方面也证明了口供的不真实性。在贿赂犯罪中,定罪的主要依据就是行、受贿人的供、证,那么当口供和证言既不稳定又有冲突的时候,这样的证据能不能作为定案的依据?法律对此的规定十分明确。希望法庭充分重视这一问题。

关于口供和证言的真实性、合法性问题,我们还有另外两张表格提供法庭参考。这两张表格也是从案卷中摘录出来的。

第一张表格显示提讯证上和讯问笔录上签名人员的不一致。在多次讯问当中,提讯和记录的人员存在很多的不一致。有些人在提讯的记录当中根本没有,而在笔录记录人当中出现,这种情况不仅仅是一次、两次,而是多次,这样的讯问笔录真实性如何?请法庭予以仔细研究。

第二张表格是显示从5月19日至25日连续七天七夜的讯问情况。

刚才检察员讲了许多理由,简单地用7乘以24小时得出的总讯问时间,进而得出对上诉人的讯问时间和间隔时间差不多的结论,试图否定刑讯逼供存在的事实。

辩护人根据看守所的记录,对检察院的提讯时间做了一个统计表格,表格中清楚地体现出来几个数据:总讯问时间是86小时58分钟,间隔时间56小时42分钟,而不是检察员随便一算的结论。更重要的是,我们再看具体的每一次讯问间隔时间,分别为:4小时11分,4小时30分,3小时47分,2小时40分,4小时35分,4小时22分,4小时26分,10小时26分,3小时55分,最长一次,11小时20分。其间,有多次是两次提讯的间隔时间仅为2小时、3小时、4小时,这中间还包括上诉人的吃饭时间,上厕所时间。不仅如此,据了解,玉环看守所规定的睡觉时间是21时至早上6时,白天是不准睡觉的。而这七天七夜中,上诉人绝大部分时间都是在夜间提审,也就是说,在这七天七夜中,上诉人基本上就没有睡觉的时间。这种提讯方式无论拿到任何一个地方,能够说它是合法的吗?见得了阳光的吗?七天七夜不睡觉已经超过了人的生理极限,可以使人进入精神恍惚状态而失去自我控制,任何人在这种状态下都是无法承受的。这样的提讯难道可以说是合法的吗?就凭着一个司法工作人员的良知和党性,我们能说它是合法的提讯吗?辩护人认为,这是严重的不合法的讯问方式。《刑事诉讼法》明确规定了拘传时间,连续讯问不得超过12小时,不得以连续拘传方式变相拘禁。什么叫作“连续拘传”?就是拘传不到12小时,放了几分钟、十几分钟再次拘传。这种自欺欺人的把戏早已有人做过,所以刑诉法才明确规定不得以连续拘传方式变相拘禁。本案中的提讯方式与连续拘传的做法如出一辙,这种长时间连续讯问,不容争议,就是刑讯逼供。希望法庭严肃慎重地对待这一问题,这样的情况下作出的口供难道还能认定其真实合法有效吗?难道还能成为认定犯罪的依据吗?

四、关于播放录音录像的问题

一审期间检察院没有在法庭上播放录音录像,二审期间,辩护人已经在开庭前向法庭提出了书面申请,要求当庭播放录音录像,仍然没能播放。根据最高人民检察院《关于印发〈人民检察院讯问职务犯罪嫌疑人实行全程同步录音录像的规定(试行)〉的通知》(高检发反贪字〔2005〕43号),“从2007年10月1日开始,全国检察机关办理职务犯罪案件讯问犯罪嫌疑人必须实行全程同步录音、录像……对没有严格执行《规定》,或者在执行中弄虚作假,给办案工作造成不良后果的,要依照有关规定追究主要责任者和其他直接责任人员的责任”。最高人民检察院《人民检察院讯问职务犯罪嫌疑人实行全程同步录音、录像的规定(试行)》第15条规定:“案件审查过程中,人民法院、被告人或者辩护人对讯问活动提出异议的,或者被告人翻供的,或者被告人辩解因受到刑讯逼供、威胁、引诱、欺骗等而供述的,公诉人应当提请审判长当庭播放讯问全程同步录音、录像资料,对有关异议或者事实进行质证。”在台州的检察机关,为什么最高人民检察院的规定就得不到实施?辩护人已经将此问题向最高人民检察院书面反映,希望这一问题能够得到合理的解释和结果。如果这样的问题得不到解决,我们的法庭还有什么意义?这不是理论问题,而是涉及在中国的法庭上要不要和能不能实施最高人民检察院规定的问题。

辩护人强调指出的是,既然两次开庭都不予当庭播放录音录像,违反了最高人民检察院的规定,足以说明侦查程序不具合法性,这样违反规定的做法,以及这样违反规定做法所得出的结果,即上诉人口供不能作为定案的依据。

五、关于立功问题

针对检察员的观点,辩护人首先要澄清两个问题:第一个问题,三大病毒的发现,并不是一般的论文。检察员混淆了自然科学和社会科学的区别,自然科学中的重大发现不是简单地如检察员说的发表了几篇论文而已,自然科学的发现,特别是三大病毒的发现,直接涉及临床应用的问题,直接涉及挽救无数生命的问题,这一问题希望得到法庭的重视。

第二个问题,检察员指出辩护人在法庭调查中并没有说到一审判决不认定立功是错误的,因此,既然没错就不用改判。检察员曲解了辩护人的意思。辩护人强调的是,对被告人是否立功的认定,无论是一审还是二审,只要是在生效判决作出之前查证属实了,就应当认定,甚至在今天开庭之后,但只要在判决之前,如果查实了,也应当认定为立功。

关于重大立功的法律规定问题,检察员认为,法律没有明确规定发表论文为立功。辩护人认为,这种理由实在太过牵强。任何法律也不可能具体到规定发表论文是不是立功,但是,司法解释已经明确地规定“有利于国家和社会的突出表现”可以认定为立功。所以,问题的关键并不在于发表论文是否属于立功,而是在于发表什么样的论文才可以算是立功。因为三大病毒的发现确属有利于国家和社会的突出表现,所以依法应当视为立功。

关于抢救病人的问题,一审判决中认定是“协助”抢救,这种认定并不准确。辩护人向法院提交的从案卷中整理出来的证据显示,有同监室的其他犯罪嫌疑人的证言证明,上诉人是凭借其个人的医学知识和公德心,亲自独立地将一个濒临死亡的病人抢救回来,其过程中是他人协助上诉人抢救,而不是上诉人协助抢救。一审判决的认定用“协助抢救”来否定立功,与事实不符。

关于立功问题,辩护人在此特别提请法庭注意,上诉人在关押期间,用他自己的行动,直接挽救了一条生命。同时,又以继续完成病毒研究项目成果的行动,间接地挽救了无数个生命。这种行为和其所带来的成果,不仅是有利于国家和社会的突出表现,而且是有利于全人类的突出表现!

综上所述,辩护人希望法庭重视本案中存在的问题,希望法庭对这样一个确实对社会有过重大贡献,并且在关押期间仍在不遗余力地为社会做贡献的人,给予一个公正的判决。辩护人从不认为过去的功可抵现在的过,但辩护人希望,对这样一个曾经有并且将来还能够继续为国家做出重大贡献的人,更应当公平、善待,更应当慎重地适用法律。

上诉人林某辩护人:

北京市京都律师事务所律师　田文昌

2009 年 2 月 17 日

审理结果

二审裁定维持原判。

张某某被控贪污罪、受贿罪案

案情简介

一、贪污罪

被告人张某某在任吉林省信托投资公司(以下简称信投公司)总经理期间,于2001年,将信托公司借给陈某某的2000万元资金从信托公司账上用潜盈资金做了平账处理;2005年,又将信托公司作为暗股放在吉林麦达斯铝业的1000万元资金从信托公司账上用潜盈资金做了平账处理。此3000万元资金的平账处理都是与信托公司主管财务的副总姜某某商议,并由姜某某安排信托公司财务办公室人员具体实施,从公司的潜盈资金账户上经过多次走账后做的平账处理。做了平账处理后,在信投公司的自营账户上体现,信投公司与陈某某公司之间的账已经平了;在陈某某公司账上,仍体现应付信托款。

二、受贿罪

1. 2004年,张某某将自己的一套长春维多利亚庄园的房子以60万元的价格卖给了陈某某,陈某某将此房分给了当时在其单位任职的张某某的哥哥张某荣,后张某荣将此房以56万元的价格卖掉。

2.2004年,张某某受聘担任新加坡麦达斯公司独立董事,公司要求其认购10万股麦达斯股票,因张某某没有新币,股票认购款系陈某某代为支付,张某某承诺用独立董事酬金偿还。至案发时,因张某某本人并未取得股票的交易密码,也未偿还该笔钱款。

3.2006年,陈某某以张某某妻子刘某的名义购买了50万股美国莱克森公司的股票,价值人民币7,863,700.00元,股票买回来后,股权证书一直在陈某某手中,陈某某及陈某某单位的人均没有通知张某某或者刘某。至案发时,张某某没有股权证书,亦不清楚交易密码。一审判决后,陈某某已将刘某股权证上的股权转让他人。

4.2006年,张某某受郭某邀请,和家人一起到香港特区游玩。其间,郭某的妻子刘某菲借给张某某的妻子刘某10万港元,后归还。

5.张某某在北京住院期间,郭某到医院看望,给了5000美元。

辩护思路

通过阅卷,辩护人注意到,证据材料中存在被告人的有罪供述,包括部分证人也有关于被告人有罪的证言。在会见张某某时,张某某称,其受到了刑讯逼供,如先后换押了若干个看守所、牙被打掉。他的有罪供述是不真实的。

为了从案卷中发现问题,辩护人对笔录证据着重关注,结果发现,案卷中存在这样几份口供证据:

1.吉林省人民检察院讯问发犯罪嫌疑人姜某某的一份笔录,时间是2007年8月23日8时50分至26日12时30分,连续讯问共计75小时40分。

2.吉林省人民检察院讯问犯罪嫌疑人张某某的一份笔录,时间是2007年9月5日13时55分至9日15时50分,连续讯问共计97小时35分钟。

3. 吉林省人民检察院讯问犯罪嫌疑人张某某的一份笔录,时间是2007年9月5日9时20分至21日12时40分。这份笔录时间跨度长达16天零3个小时20分钟,连续讯问共计387个小时还多。

这些笔录均来源于检察院的卷宗,如果说第一次是笔误,第二次还是笔误,但事不过三;三次以上,如还用笔误来解释就显然过于牵强。违法取证的事实无可否认。

在被告人的有罪供述不真实,证人证言的真实性、客观性受到质疑的基础上,再回到案件本身进行分析。

首先,关于贪污3000万元,存在陈某某公司账上的客观事实无可否认,但这一事实并不足以达到认定构成犯罪的证明标准。据张某某和姜某某解释:平账处理是为了维护公司业绩,应付检查,表明公司可以按时收回到期贷款。而且,信托公司的总账并未做平是可以查到、不可能隐匿的。所谓被告人具有贪污的主观故意,依据的恰是被告人自己的有罪供述,但被告人的供述存在反复且相互矛盾,仅凭被告人一人的不稳定、前后矛盾的主观证据无法认定被告人具有贪污的主观故意,另外,也不能证明被告人在客观上实施了贪污的行为。在3000万元被冲销的整个过程中,原始书证表明被告人既无签字也无授权,认定被告人指使该行为证据不足;现有证据显示,该款仍然在陈某某公司账上,且显示债权人仍然是信托公司,被告人张某某对此3000万元没有控制权;张某某一人不能独立完成贪污3000万元的犯罪行为,如果可以认定为贪污,张某某、姜某某、陈某某三人必为共犯,指控张某某一人贪污犯罪无法成立;认罪的口供及证言之间存在大量相互冲突和自相矛盾的情况,不足采信。

其次,关于受贿800多万元。

1."维多利亚房屋"是正常分配,张某某卖房给陈某某与陈某某将该房分给张某荣是两个不同的法律关系,不能因为张某某卖给陈某某和陈某某分给张某荣的恰好是同一套房,就认定张某某受贿。

2.关于麦达斯股票,被告人是麦达斯铝业的独立董事,持有公司股份,享有独立董事酬金。但被告人无新加坡币,因此麦达斯股票实际系陈某某垫付新加坡币替被告人购买,认定张某某受贿证据不足。

3.认定被告人受贿50万股莱克森股票证据不足,被告人对该股票没有控制权。

4.指控被告人收受郭某10万港元、5000美元和海南别墅证据不足。

辩护词(一审)

审判长、审判员:

北京市京都律师事务所田文昌律师、吉林同信法大律师事务所金永祚律师接受被告人亲属的委托,担任被告人张某某的辩护人出庭参与庭审活动。庭前,我们会见了被告人,认真、仔细研究了公诉方提交的证据,并向法庭递交了我们依法取得的证据。

辩护人认为,由于控辩双方的职责和角度不同,在对本案的认识上出现不同看法是不可避免的,但在总体诉讼目标上应当是一致的,即都希望通过法庭审理活动,帮助法庭厘清案件的基本事实,给法庭最终作出公正的判决提供坚实的基础。更重要的是,控辩双方所围绕的是同样的事实,所依照的是同样的证据和同样的法律。所以,辩护人希望,控辩双方在辩论中能够以讨论的方式,将案件涉及的问题探讨清楚,给法庭提供一个兼听则明的基础。

现依据相关法律并结合本案事实和证据,发表如下辩护意见,请法庭采纳：

一、起诉书指控被告人张某某贪污信托公司3000万元，事实不清，证据不足

本案指控被告人张某某贪污的基本事实是，将涉嫌贪污吉林省信托公司的3000万元作为欠款存于陈某某公司账上，而在信托公司账上该款项已经被冲销。但这一事实并不足以成为认定被告人贪污的依据。

（一）现有证据不能证明被告人张某某具有贪污的主观故意

首先，被告人对于3000万元从信托公司平账有合理解释，并且该解释得到姜某某口供的印证。在被告人意识中确有将陈某某公司欠信托公司的1000万元和售楼款2000万元作为信托公司弥补证券经营可能出现亏损的准备金的想法。庭审中，被告人也是如此交代，姜某某的证言也证明了这一点。但是，被告人并不知道姜某某在未经其同意的情况下如何擅自冲销了该款项，庭审中被告人也没有承认其要贪污这笔钱。

虽然在被告人讯问笔录中曾有记载：被告人起初没有贪污意识，而后来想要贪污，最后又不想贪污。但是，这种供述是在违法取证的情况下作出的，不足为信。况且，即便如此，仅凭这种意识活动也不能确定被告人具有贪污的主观动机和目的。例如，某人起初不想杀人，后来想杀人，最后又不想杀人。这种意识活动常常存在于人们意识之中。那么，能够因为某人有了这种意识活动就确认该人具有杀人的主观故意吗？显而易见，不能仅凭此得出这样的结论。

那么，本案中被告人所实施的行为能否体现出其具有贪污的目的呢？法庭调查显示，关于1000万元，信托公司是向国资委打过报告的，国资委清楚。那么，要想贪污就不应该打报告，向上级打了报告还怎么贪污呢？关于2000万元，公诉人认为是被告人利用已被财政厅遗忘的机会而隐匿了。辩护人认为,首先,这样的判断太武断,2000万元的巨额资金能被财政厅遗忘吗?如果真被遗忘了,财政厅就一定有人会被追究责任;其次,即使是遗忘了2000万元,那么还有1000万元没有遗忘啊,被告人又如何能够贪污3000万元呢?这样的理由岂不是恰恰反过来印证了被告人不能贪污3000万元吗?

分析问题只有全面、细致,才有可能得出客观、公正的结论。作为辩护人,我们不想也没有理由去排除张某某在主观上确无任何非分之想,因为我们不是当事人,我们难以确知张某某内心的意识活动。那么,在同样的条件下,公诉人更没有理由凭推测而确信张某某具有贪污的主观故意。分析、判断被告人主观心理态度的唯一根据,只能是认真考察其具体的行为方式和相关的证据内容。然而,现有的证据显然不能证明张某某具有贪污的主观故意。

(二)现有证据不能证明被告人张某某在客观上实施了贪污行为

1. 在3000万元被冲销的整个过程中,原始书证表明被告人既无签字也无授权,认定被告人指使该行为证据不足

庭审过程中公诉方举证的主要内容是姜某某的证言。即姜某某声称其平账行为系被告人指使。而关于此问题辩护方掌握三项原始书证:

一是吉林省信托投资有限公司规章《成本、费用开支管理办法》第四大点成本费用支出审批权限第四小点,“公司成本费用支出在10,000元以上的,由经手人签字,经部(室)经理审核,并由主管副总经理和主管财务的副总经理签署意见后,报公司总经理审批”。

二是辩护人查明了所有关于3000万元的支配过程的文件,统统没有张某某的签字。

三是冲账过程由姜某某经手。该书证并有陈某某、姜某某多份证言相互印证。如陈某某多份证言均确认是姜某某在具体运作冲销账目工作,包括与陈联系、与陈下属联系、调动资金等,而并无关于被

告人在冲销账目过程中的任何陈述；姜某某亦承认是其向公司有关人员下达指令，与陈及其下属联系有关事宜，并签字划款，调动资金；而被告人则没有任何关于冲销账目的交待。

此三项证据表明：第一，按规定，该3000万元平账时必应有总经理张某某的签字；第二，事实上在该3000万元平账过程中从来就没有过张某某的签字；第三，冲账的全过程系姜某某所为。在这些书证十分明确的情况下，仅有姜某某口供说是受张某某指使所为，这种言词证据显然不能对抗明确清楚的原始书证。《刑事诉讼法》规定的七类证据，证明效力顺序明确。相对于原始书证而言，言词证据既不稳定也不可靠，原始书证的证明效力显然高于言词证据。如果可以用既不稳定也不可靠的言词证据来随意否定原始书证，那么法律将没有证据规则可循。若如此推演，任何一个借据、一个合同、一个会议纪要等，都可以轻易地被某个人或者某几个人的口供或证言所否定。那么，法律上的物证还有什么意义呢？

公诉人还认为，这么大的一笔钱都由张某某个人决定，说明他是独断专行的。但是公诉人忽视了这样的说法根据何在？公诉人在此强调的只有结论却没有证据的支持。相反地，就这一问题，辩护人倒有充分的理由认为，这么大的一笔钱，在没有总经理张某某任何签字的情况下，别人却可以擅自地支配，究竟是谁在独断专行？重要的是，一个公司的负责人或许可以独断专行，但是法律绝对不可以独断专行，如果仅凭几个人的证言就可以否定有效的书证，则意味着司法在独断专行，将会带来严重的后果。辩护人希望公诉人认识到这一点，更希望法庭注意到对这些证据的使用问题。

2. 现有证据显示，该款仍然在陈某某公司账上，且显示债权人仍然是信托公司，被告人张某某对此3000万元没有控制权

首先，3000万元并没有被隐匿。

其中的1000万元,依据2002年9月29日省信托公司向省企业工委“关于申请张某某同志出国出任独立董事的报告”,省信托公司、省企业工委均掌握该款情况,庭审中张某某也说,该款项向国资委做过汇报。已经向上级汇报过的款项如何能够被贪污呢?

另外的2000万元,起诉书指控是信托公司售楼所得利润款,卷宗显示此款已经信托公司领导班子会议研究知晓,再由姜某某以省财政厅下拨的专项资金冲抵,除非省财政厅不要,否则信托公司无论何时都要偿还。公诉人关于这笔钱被省财政厅忘记的说法,没有任何根据,只是一种推测而已。

其次,3000万元至今仍在陈某某公司账上。陈笔录中对此曾予以肯定,辩护人提交法庭的取自陈公司会计王某某的证明亦证实了这一事实。陈的公司系债务人,债权人则是省信托公司。从民法上说,该法律关系除非发生变化,否则表明的仅是两个公司间的债权债务关系,而非公司与个人间的关系。如果变化,仅凭公司所有人的意思表示亦不足以产生,而必须是更换公司账上的债权人。进一步说,如果债权人改变为被告人,那么陈公司账上的债权人亦应调整为被告人,否则,陈个人的说法不足以对抗法律对信托公司是债权人的认定。

最后,陈某某从未承诺过该3000万元给张某某,被告人张某某对这笔钱没有控制权。

姜某某、陈某某以及被告人的笔录中多次提到,在张某某让陈某某出资在北京成立公司的时候,陈某某多次说到“没钱”“现在不行”“我现在没钱”之类明确拒绝的话。对这一问题三人的供述可以相互印证,足以证明被告人对这笔资金能否从陈某某处拿到是不能肯定的。

另外,在所有的卷宗材料中,陈某某从未对被告人说过“我给你养老钱”“我给你开公司”之类的话，即从未给过被告人任何的承诺。公诉人认为迫于被告人的权力压力，虽然没有承诺，但是他会这样做。且不说公诉人的这种分析系主观臆断，没有根据，即使如公诉人所说，充其量也只是一种可能性而已。因为，虽然账在信托投资公司平了，但是3000万元仍然在陈某某公司的账上，并没有转移到张某某的控制之中。退一步讲，即使陈某某答应过把这3000万元给张某某，在这种情况下，他也随时可以变卦，随时可以不给，只要张某某没有拿到这笔钱，在最后一天他也可能落空。

由此可见，该3000万元被平账的事实，即使在他人并不知晓的情况下，充其量也只能体现为一种信托公司的失控状态，而张某某对其并无控制权。

3. 张某某一人不能独立完成贪污3000万元的犯罪行为，如果可以认定为贪污，张某某、姜某某、陈某某三人必为共犯，指控张某某一人贪污犯罪无法成立

信托公司账上的3000万元是否平账与张某某对陈某某公司账上的3000万元能否占有没有必然联系，除非张某某、姜某某、陈某某三人有共谋，有实施贪污犯罪的具体行为。证据已经表明，在信托公司平账的具体行为由姜某某实施，而3000万元资金一直在陈某某公司的账上，唯有张某某没有参与到具体的行为之中。如果姜某某冲销3000万元是受被告人指使一说成立，那么，姜某某作为直接进行资金冲销的操作人且明知道被告人将资金存放于陈某某公司处，其行为应当是贪污共犯；如果此3000万元资金要回到被告人和姜某某手中，则必须得到陈某某的支持和配合，那么，陈某某也属共犯。

但是现有证据表明三人之间没有共谋。那么，退一步讲，如果认为张某某确有贪污的动机，充其量也只是一种意思表示，并不构成犯

罪,因为他并没有着手实施贪污犯罪具体构成要件的行为。正如前面所强调的,由于在信托公司平账与占有挂在陈某某公司账上的3000万元欠款之间没有必然联系,因此,平账行为不是贪污罪的实行行为。由于陈某某公司账上此3000万元的债务关系并未改变且没有转移至张某某控制之下,张、陈之间没有共谋而且陈对张亦无承诺,因此,张、陈均未实施贪污犯罪的具体行为。

由此可以认为,从三个人的行为来看,因没有共谋而不构成犯罪;如果构成犯罪,则必是共犯,因为张某某个人无法单独完成该贪污犯罪行为。所以,既不为共犯,又没有其他依据,单单把张某某一个人指控为贪污犯罪,显然是无法成立的。

4. 认罪的口供及证言之间存在大量相互冲突和自相矛盾的情况,不足采信

本案指控被告人张某某贪污犯罪的主要证据是张某某本人口供和姜某某、陈某某的证言。然而,此三人的陈述中却存在大量冲突,且供、证极不稳定,难以自圆其说。

例如,对于2000万元的性质,其说法含混不清,且相互矛盾。

姜某某2007年6月1日22时30分至23时50分笔录:"我一听张某某说的话想应该是指这两笔钱""2001年五六月的时候,张某某让深圳会计李某某汇到香港一家公司的2000万元。今天我仔细回忆了一下这件事,李某某将这笔钱汇走之后两个多月,张某某和我在15楼吸烟时说'把深圳的2000万元借给老陈了'。"

姜某某2007年8月23日8时50分至26日12时30分笔录:"但当时张某某说只是让我告诉财务把钱退回去"

陈某某2007年3月30日12时10分至20分笔录:"张某某还有一笔2000万元隐匿在我这里,这笔钱可能是购楼款";"所以我想一定就是这2000万元,还有信托公司在麦达斯的1000万元。"

在此三份笔录中,姜某某用了“想应该”的表述,陈某某用了“可能是”“我想一定就是”的表述,显属个人主观推测。姜某某本人对其中2000万元的来龙去脉,则先说是“借”,又说是“退”,前后自相矛盾。而姜某某作为处理这笔资金的直接经手人,却连其性质都说不清楚,令人难以置信。

又如,对“养老钱”的问题,陈某某的证言前后不一致,不足为信。

陈某某在2007年4月22日19时26分至21时36分讯问笔录中讲:“大约在2005年的时候,张某某跟我说:‘你欠信托的那1000万元借款的账我给平上了,钱先放在你那儿,那可是我的养老钱啊!’”

而陈某某在2007年6月4日20时20分至55分笔录中的说法却完全不同:“大约2005年的时候,张某某跟我说‘你欠信托的那1000万元借款的账我给平上了,钱先放在你那儿,用的时候再告诉你’”;问:“张某某跟你说过这1000万元他个人的用途吗?”答:“没说。”

这样的证言,显然不足为信。

再如,对“承诺函”及“回报”的问题,姜某某的供述前后矛盾。

姜某某2007年5月31日笔录:“我没听说过有承诺函,我也没有保管过承诺函。问:信托对麦达斯的1000万元投资是否有回报?当时是怎么商谈回报?答:没有回报,我没听谁说过有回报,也没听谁和陈某某谈过投资回报的事。”

姜某某2007年6月1日笔录:“问:你与张某某是否和陈某某谈过承诺函、回报的事?答:谈过两三次。”

先是“没听说过”,后又说“谈过两三次”,差别之大,显而易见。

接下来,对“在北京注册投资公司”的问题,陈某某说法前后矛盾,陈某某与姜某某间的说法也相互矛盾。

陈某某2007年6月4日20:20至20:55笔录:“他们所说的意思就是改制后就不想干了,让我帮他们在北京成立个投资公司……”问:“张某某、姜某某的意思让你帮忙在北京注册一个投资公司,投资公司的注册资金和流动资金谁给出呢?”答:“就是让我出一部分,他们的意思不是都让我拿,但也没说谁拿。”问:“他们是否谈到用存在你公司的钱用于作为成立北京公司的注册资金?”答:“我没有印象了。”

陈某某2007年6月27日12:10至12:20笔录:“张某某又曾经和我说过让我拿这笔钱在北京给他注册一个投资公司。”

陈某某2007年8月17日11:30至12:50笔录:“吃饭时,张某某说北京市场好,你出个一两千万在北京注册个投资公司。”

姜某某2007年8月31日笔录:“在今年春节前……吃饭的过程中张某某就和陈某某说‘你用那笔钱在北京给我们注册个公司’。”

虽经反复讯问,却仍然无法取得一致,这种证言的可信度何在?

由于这样的口供不一致的情况太多,辩护人在此不予一一列举,辩护人根据卷宗材料整理了一个表格,相互对照后对其中的冲突与疑点即可一目了然,庭后结合辩护词一并提交法庭,供法庭参考。

辩护人认为,作为本案指控被告有罪的关键性证据,相互之间存在如此明显而且众多的冲突与疑点,其可信度可想而知,显然不能作为定案的依据。

二、起诉书指控被告人受贿八百多万元,事实不清,证据不足

(一)“维多利亚房屋”是正常分配,张某某卖房给陈某某与陈某某将该房分给张某荣是两个不同的法律关系,不能因为张某某卖给陈某某和陈某某分给张某荣的恰好是同一套房,就认定张某某受贿

1. 张某某从未明示或暗示陈某某将维多利亚的房子分给张某荣,且陈某某也未表现出向被告人行贿的意思。在陈某某的笔录中,

没有关于被告人将房屋卖给陈某某,又让其分配给张某荣的记载,被告人在笔录及庭审中也从未表示让陈某某买房后分配给张某荣。陈某某通过被告人向省信托公司购买房屋的过程正常,而且购得房屋后,还将房屋落在其司机名下,甚至还曾向魏某某提出想把房子转卖给他。可见,陈某某买房、落籍均未体现出向被告人行贿的意思。

2. 张某荣获得该房屋的原因,系因其原住房屋无法办理产权。此事实有陈某某、张某荣以及公司法定代表人于某某三人口供证实。

陈某某在2007年8月30日笔录中说:“有一次我和张某某在一起闲谈时张某某说维多利亚的房子分给了职工,单位有不少职工在维多利亚住,我说不行就让二哥住吧,张某某也没说什么。”在2008年1月18日笔录中说:“我答应过把富苑花园的房子给张某荣,张没要。他要的是维多利亚的房子,这套面积大。”

张某荣2007年3月31日笔录:“我住的外贸楼让陈某某问一下能不能办产权,他说办不了,我说那怎么办,他等了一会说:‘把维多利亚的房子给你吧’”。

经辩护人依法取证,陈某某投资的天信经贸公司法定代表人于某某证实:其单位包括普通职工在内都从公司分得了住房;张某荣原分得的房屋无法办理产权证,公司便又分给了其维多利亚房屋,原房屋交回。

3. 退一步讲,假如张某某确有这种想法,想通过这种方式给他哥哥分一套好一点的房子,性质上也是利用权力为亲属谋私利,仅是属于违纪行为,无论如何也不符合受贿罪的构成要件。因为张某荣是陈某某公司的职工,有权享受分房的待遇。

(二)麦达斯股票系陈某某垫付新加坡币替被告人购买,认定张某某受贿证据不足

被告人交代说:陈某某告知其担任独立董事,应当持有公司10

万股份。但被告人无新加坡货币,陈某某先为其垫付,被告人表示以后用独立董事酬金偿还。陈某某在其笔录中称该10万股系其赠送给被告人的,但仅是其一人证言。张某某讲他要用2006年独立董事酬金偿还该股票款,而2006年独立董事酬金直至目前被告人并未获得,仍属麦达斯公司欠款。

公诉人强调,在2005年以前张某某已领取过独立董事酬金,却并未抵顶该股票款,说明其主观上并无偿还的意思。但张某某在法庭调查时已经作出解释,股权证也没有,密码也没有,他还什么都不知道呢,如何还?辩护人认为这样的解释至少有一定的合理性。客观地讲,在这个问题上公诉人可以怀疑张某某有什么想法或企图,甚至有不还钱的打算。但怀疑未经证实的时候,就只能成为疑点而不能成为定罪的依据。而张某某的解释却不无道理:因为事情的过程还没有结束,他既没看见股权证,也不知道密码,也就是说事实上他还并不能确认自己名下得到了10万股,他怎么能去偿还股票款呢?退一步讲,如果再晚一点抓张某某的话,等股票真正属于张某某控制之后,他仍未偿还,也许能够人赃俱获。但现在就认定张某某受贿这10万股麦达斯股票,证据并不充分,这样的认定显然是有缺陷的。

此外,需要强调的是,担任麦达斯独立董事是经过上级批准的公开行为,持股及领取酬金也是公开的。所以,偿付10万股价款的过程是无法隐匿的。由此可见,事实上在此10万股的问题上,张某某并不具备受贿的客观条件,除非他敢于明目张胆地去以身试法。

(三)认定被告人受贿50万股莱克森股票证据不足,被告人对该股票没有控制权

第一,张某某不知道,也没有授意陈某某为他买50万股莱克森股票。印证其是否知道此事的关键证据,是其妻刘某的护照复印件是如何交给陈某某的。对这一问题存在两种说法:一是刘某曾经去

新加坡,陈某某帮忙办手续时留下的;二是张某某通过其二哥张某荣转交的。去新加坡时办手续的事实成立,没有争议。但是对张某荣转交的说法存在争议,陈某某和张某荣的笔录存在矛盾,只有陈某某一人说是张某荣转交的。在这样的情况下,至少不能排除是去新加坡时办手续时留下的可能性。既然无法排除这种可能性,我们又有什么理由认定张某某一定知道,或者是他授意呢?

第二,股权证从美国取回来后长达半年时间,陈某某本人以及陈某某公司的人都没有告知张某某或刘某去领取,张某某有理由说事前并不知道这50万股的存在。

第三,股权证没有经过确认托管程序,张某某对其没有控制权。张某某一再地讲,陈某某确曾跟他讲过可帮他买点美国股票的事,但后来才告诉他买了50万股,他明确表示不要,陈说已记在其妻刘某名下,张某某则要求陈找律师办理委托手续,意在明确该股票所有权仍归陈某某所有且陈有权支配。可是陈某某一直拖着没办,而张某某的妻子刘某也没到香港办理确认、托管手续,这说明他拒绝接受该股票。事实上该股权证也一直在陈某某处,张某某至今也没有收到该股权证。

辩护人经调查确认,托管程序确实存在。莱克森股票在美国市场上是以OTCBB(场外交易)的形式存在,其并不等同于陈某某向大家宣传的上市公司。在此种交易形式中,投资者即股权持有人不能直接进入OTCBB的服务,必须联系经纪人和交易商才能买卖OTCBB股票,否则,该股票则不能交易,即没有交易价值。张某某强调他既没有拿到股权证,也没有去确认托管,而且经过了那么长的时间,足以表示他主观上并不想接受这些股票。

公诉人认为,股权证的名字写在刘某名下就属于她了,即使张某某不接受也是他的;辩护人对此观点表示遗憾。如果公诉人的说法成立,拒绝贿赂的行为就不会存在了。例如,将钱打入某人的账号里了,或者通过邮寄汇到某人的名字下了,因为某人不在或不知或没有途径及时退还,就可以认定该人构成受贿吗?显然不能。现实中毕竟还有拒收贿赂的现象存在,如果抛开行为人的主观故意而不问,那就是客观归罪。

第四,不能排除陈某某借用刘某名字代持股的可能性。陈某某在他的笔录中讲得很清楚,因为涉及关联交易中的身份限制问题,陈某某不能以其个人名义持有莱克森股票,事实上他也因此利用了高某、孙某等多人的名字持股。因此,至少不能排除陈某某利用别人包括张某某夫人刘某的名字代为持有莱克森股票的可能性,在此可能性存在的前提下认定张某某受贿过于牵强。

第五,股价的计算缺乏依据。陈某某说是2美元每股,公诉机关也取了大量口供说是2美元。但是本案中存在两个重要的书证,一是卷宗中莱克森公司从美国传真过来的股东明细表,其中反映的是每股1元人民币;二是卷宗中他人持有的莱克森股权证的复印件(辩护人一直提出要看股权证的原件,公诉人当庭告知不知道原件在哪里),股权证复印件上所反映的股值是0.001美元每股。关于股价的这三个数字,两个出自书证,一个来自证人证言,哪一个的证明效力更高?究竟应该以哪一个为准?

陈某某的一次证言说"我为张某某买了50万股股票,每股2美元",如果这样的说法成立,即陈某某花了100万美元买了50万股股票,不管值不值,但如果是通过市场买的,就应认可其对价。而在后一份的笔录中陈某某又说"辽源信用社购买的股份实际是我的股份,在我的股份份额内,我愿意把我的股份记到谁的名下都可以,我将我拥有的该部分股份对外转让所得的钱,钱款自然归我支配了,我有权支配属于我股份内的莱克森股票款,不管用谁的名字办理股权证,只要不超过我应出资的1600万股就行”。陈某某的上述笔录,至少可以说明这1600万股不是在股票市场上销售的,说穿了就是陈某某自己在卖这些股权,他说多少就是多少。可见,他说的每股2美元的价格不足为据,他说卖多少钱一股是不能成为法律上的定价标准的。而唯一的标准就是书证中体现出来的,或者是每股0.001美元,或者是每股1元人民币。在两个书证存在的前提下仅凭口供认定其价值,是不负责任的,也是没有依据的。

综上可见,起诉书指控张某某收受莱克森股票证据明显不足。且不论陈某某的目的何在,重要的是被告张某某根本就没有接受这50万股权。因为客观上张某某确实没有实施过接受该股权的任何具体行为,他既没有获得股权证,也没有认证,没有托管,迄今为止,他和他的家属也没有支配这所谓的100万美元的权利和能力,甚至也没有见到过这个股权证。此外,起诉书对该股值的计算也缺乏依据。

(四)指控被告人收受郭某10万港元、5000美元和海南别墅证据不足

第一,10万港元已经退还,不能认定为受贿。

张某某并不否认其收到过10万港元,但其坚称已经退还。关于10万港元是否退还,被告人庭审供述称,其从香港返回三亚时,由于其持有的是旅游签证不能多带港元,所以在入关前已将10万港元退还给了郭某。这一供述有郭某的妻子刘某菲证言相印证:“后来我老公和我说张某某把这10万港元还给他了。”(刘某菲2007年7月6日笔录)对这一事实只有郭某一人的证言说没有退还,在还与未还的说法上是二比一。

此外,值得注意的是,刘某菲在证言中还说过“老公对我说张某某他们没带钱,让我把我们带的10万港元借给他们”。而郭某在证言中却说“我和我爱人在到酒店之前,我就告诉我爱人把我们带的

10万港元给张某某,我爱人还说,她没有用的了,我说香港有朋友可以上朋友那借点钱……”同时又说“在去之前我到他办公室问他我带10万港元够不够,就是想给他10万港元”。

仔细分析此三段证言可以发现:

其一,关于10万港元的交付,刘某菲说是“借”,而郭某说是“给”,一字之差,性质大不相同。

其二,如按照郭某所说,既然在去香港之前就想给张某某10万港元,那么,为什么自己及爱人刘某菲总共就带了10万港元在身上,以至于自己都没有钱用了,还得找香港的朋友借钱?此说有违常理。

由此可见,此三段证言中的漏洞十分明显,郭某的证言不能自圆其说。相反,张某某关于临时借用的说法却更加符合情理。

综上所述,辩护人认为,现有证据至少不能否定张某某已经将10万元港元退还。

公诉人认为收到后又退还并不影响受贿的成立,辩护人认为这种观点不正确。对于受贿罪而言,只要案发前确属主动退还,就不能予以认定,更何况张某某是在当时就退还的。

第二,郭某送给被告人5000美元,属中国民间风俗中的礼尚往来。

被告人因病住院,郭某探望送5000美元;而在2006年春节时,被告人曾送给郭某6瓶茅台酒,价值不菲;郭某的女儿过生日时,被告人也给她打了万元的大红包。如此小数额的相互送礼,属于两人间正常的交往,不能反映权钱交易的性质。至于郭某在其证言中曾说过,其送美元是为了解开二道区被信托公司请求查封的土地,但事实上该地块并未解封。这一事实恰恰印证了被告人主观上没有受贿的故意,权钱交易的事实并不存在。

第三,郭某送给被告人一栋海南别墅的说法不构成犯罪。

1. 海南18栋别墅的所有权归省信托公司,郭某并无所有权。郭某拿不属于自己的财产送给他人在法律逻辑上不成立。而且该别墅还未建好,也未取得预售许可证,根本就无法销售过户,如何能发生行贿与受贿的结果?

2. 被告人开发海南别墅项目完全是为了省信托公司的利益,并无为他人谋取利益的想法和行为。在别墅项目进行过程中,信托借给郭某的每笔款项均履行了严格的风险防范程序,均有担保。而且,郭某还出具了承诺函,承诺售房款直接汇入省信托下属公司;还承诺如半年内不能偿还1150万元本金及利润230万元,郭某将用150亩别墅或售房款项补偿,以及用二道区棚户改造项目收益偿还并加罚利息30%。为了控制郭某、减少风险,被告人还将18栋别墅过户到省信托海南公司名下。从被告人的一系列行为可以看出,被告人借钱给郭某开发别墅项目,完全是为了省信托公司的利益,为了收回郭某的欠信托公司的款项。

3. 张某某的行为既不构成受贿既遂,也不构成受贿未遂。

对海南别墅暂且不说张某某是否有受贿的想法,即使是有,也只是一种意思表示。而对于郭某来讲,房子还没有盖好,还没有取得预售许可证,产权将属于谁还不确定,即使有行贿的打算,充其量也只能是一种行贿的意思表示而已,是一种空头支票。没有实施具体行为的空头支票不能形成行贿事实,更不能形成受贿事实。

退一步讲,即使张某某给了郭某相关的证件,准备了办房产证的手续,但是在房子还没有盖好且没有开始销售的情况下,行贿人随时都有可能变卦。既然行贿人有随时变卦的可能性,并且他还没有实施具体的行贿行为,就表明其没有进入行贿的实施状态。所以,这种情况不仅不构成受贿既遂,也不可能构成受贿未遂。

受贿罪只有在极特殊的情况下才可能出现未遂,比如在索贿的情况下,一方索取贿赂但是对方不给,由于这种意志以外的原因而未能得逞,才有可能认定其索贿未遂。但实践中因为难以取证,所以认定索贿未遂的案件也很少见。而在被动收受财物的情况下,则并不存在受贿未遂的问题。如果按照公诉人的说法,是因为张某某被捕而导致了未遂,辩护人只能说这种说法完全曲解了犯罪未遂的概念。很显然,被捕的结果绝非受贿未遂的"意志以外的原因"。假如某人因被捕而未能来得及收受贿赂,就不能认定其构成受贿罪。

三、本案的取证程序和案件来源存在严重问题

第一,本案的证据取得存具有明显的违法性。

有关被告的有罪供述,包括部分证人关于被告有罪证言的取得,明显带有违法取证的性质。不仅被告当庭讲到了在侦查机关受到了不平等的待遇,如先后换押了若干个看守所,牙被打掉等。除这些问题之外,辩护人还提请法庭能够注意到在检察机关提供的案卷中有证可查的几份证据:

1. 吉林省人民检察院讯问发犯罪嫌疑人姜某某的一份笔录,时间是2007年8月23日8时50分至26日12时30分,连续讯问共计75小时40分。

2. 吉林省人民检察院讯问犯罪嫌疑人张某某的一份笔录,时间是2007年9月5日13时55分至9日15时50分,连续讯问共计97小时35分钟。

3. 吉林省人民检察院讯问犯罪嫌疑人张某某的一份笔录,时间是2007年9月5日9时20分至21日12时40分。这份笔录时间跨度长达16天零3个小时20分钟,连续讯问共计387个小时还多。

这些笔录均源于检察院的卷宗,如果说第一次是笔误,第二次还是笔误,但事不过三,三次以上,如还用笔误来解释就显然过于牵强。如果按照公诉人在举证质证阶段所解释,是在那么长的一段时间内分次讯问。辩护人明确指出,此种说法不能成立,因为它明显违反法律。这三份讯问笔录的时间跨度分别是75小时11页、97小时11页和387小时12页,这么长时间的讯问就做出来十几页纸的笔录,如何解释?这么长的时间可以合并为一次讯问,法律依据又何在?很明显,这是谁都无法解释清楚的,而且谁也不会接受这样的解释。辩护人请法庭注意,这样的取证是明显违法的。

第二,案件来源存在严重问题。

本案的来源系陈某某的揭发,辩护人摘录陈某某的这份揭发的笔录向法庭出示。

吉林省人民检察院询问笔录,2007年3月30日12时10分至12时20分:

问:"我们是吉林省人民检察院反贪局工作人员,今天找你了解情况,希望你能如实回答,作伪证或者隐匿证据是要负法律责任的,你听清楚了吗?"

答:"我听清楚了。"

问:"今天你有什么要和检察机关说的?"

答:"我向检察机关举报吉林省信托投资有限公司张某某贪占信托公司3000万元的事。"

辩护人提请法庭注意,这样的揭发检举材料是否正常?检察机关先把揭发检举人找来问话,告知其作伪证的法律责任,再问陈某某今天有什么要说的,接下来陈某某说我要揭发检举。这样的揭发检举材料是在什么样的情况下做出的?其合法性、自愿性存在重大问题,请法庭对此情况予以重视。同时,也就是这份笔录,在讯问人和记录人栏目中显示的是空白,从形式上,也是一份不合法的笔录。

审判长、审判员：

本案关键证人的多份证言间存在自相矛盾，且多个证人的证言间均存在明显冲突，被告人的供述前后也存在诸多不同之处。更重要的是，已有证据表明在侦查过程中存在违法取证问题。以如此混乱且具有违法性的证据指控被告有罪，显然有失公正性与合法性。据此，结合本案在实体上存在的诸多问题，辩护人认为，公诉机关指控被告人张某某犯贪污罪和受贿罪，事实不清，证据不足。希望法庭采纳辩护人的辩护意见，综合评判全案证据，做出令人信服的公正判决。

辩护人：

北京市京都律师所律师　田文昌

吉林同信法大律师所律师　金永祚

2008年5月22日

辩护词(二审)

审判长、审判员：

北京市京都律师事务所田文昌律师，吉林法大同信律师事务所金永祚律师接受被告人亲属的委托，担任被告人张某某贪污、受贿案的二审辩护人。我们认为，一审判决认定事实不清，证据不足，在关键证人没有出庭的前提下，对证据随意取舍，对同一事实的前后矛盾的证言，仅采信对被告不利的证言，缺乏公允的认定证据的标准。为了进一步查清事实，对案件和被告人负责，更为了对法律负责，一审判决后，律师向本案的关键证人姜某某进行了调查取证，以帮助二审法庭查清事实。现针对一审判决并结合新证据，发表如下辩护意见。

一、关于贪污罪

一审判决认定张某某利用将公司自营账户上的往来款用潜盈资金平账的方式，将一笔2000万元和一笔1000万元资金隐匿于陈某某公司账上，从而达到贪污的目的。该认定事实错误，这3000万元不是贪污款。

1. 张某某确没有贪污3000万元的主观故意。

一审判决根据张某某供述，姜某某、陈某某三人关于“养老钱”“注册公司”的供、证，认定张某某具有贪污主观故意，证据明显不足。

首先，判决书对该证据的认定，前后矛盾。

一方面，判决书根据该证据认定被告人具有贪污的主观故意；另一方面，判决书又否定三人为贪污罪共犯。然而，在本案中若存在该三人为共犯的前提，张某某则不能单独构成贪污罪。因为他本人不可能单独完成贪污行为。可见，一审判决对证据的认定标准，明显自相矛盾，不具有说服力。

其次，侦查阶段形成的认罪口供及证言之间，存在大量的相互冲突，口供和证言自身，也存在前后陈述不一致的自相矛盾。

张某某在一审庭审中反复强调侦查阶段其认罪口供是在办案机关的违法取证下形成；辩护人在一审开庭时向法院提出的案卷材料中几份讯问笔录，反映出确实存在多次连续讯问，最长一次竟达16天3小时20分钟。遗憾的是，一审法院对如此明显存在的违法取证事实视而不见，不予调查，在一审判决书中更是只字不提。对自相矛盾、相互矛盾的证人证言，一审法庭没有要求证人出庭质证，而是随意取舍，只认定对被告人不利的证人证言，对有利于被告的证言视而不见。这样的判决让人难以信服，这样的证据显然不能成为定罪依据。

例如，对“养老钱”的认定，一审判决认定，“证人陈某某证言……

张某某告诉他,这2000万元购楼款是张某某存在其处的养老钱”(见一审判决书第5页),“证人陈某某证言,证实张某某说过对麦达斯公司的1000万元投资不用还了,作为张的养老钱放在陈处”(见一审判决书第11页)。

然而,对“养老钱”的说法,陈某某的多次证言前后矛盾,在2007年4月22日19时26分至21时36分笔录中说张某某对其说过“那可是我的养老钱啊”,而在陈某某2007年6月4日20时20分至20时55分的证言中又明确说了,张某某没有告诉他钱的个人用途。证人证言前后矛盾如此明显,却仅采信对被告人不利的前一份证言,依据何在?

又如,对“在北京注册一个投资公司”的认定,一审判决认定“后来张让其用这笔钱在北京为张注册个投资公司”(见一审判决书第5页),“后期张某某曾表示,要用放在其处的3000万元在北京注册一个投资公司”(见一审判决书第11页)。

而对到底给谁注册,陈某某的说法前后矛盾,一会说“让我帮他们在北京成立个投资公司”(见2007年6月4日笔录),后来又说“给他注册”(见2007年6月27日笔录),最后又说是张某某让他在北京注册公司“你出个一两千万在北京注册个投资公司”(见2007年8月17日笔录);对注册资金的说法,一会说“就是让我出一部分……但也没说谁拿”(见2007年6月4日笔录),一会说“让我拿这笔钱在北京给他注册”(见2007年6月27日笔录),后来说是让他本人出“你出个一两千万在北京注册”(见2007年8月17日笔录),最后又说“你用那笔钱在北京给我们注册个公司”(见2007年8月31日笔录)。就这一事实,虽经反复询问,却次次都不一致,可信度显而易见。而一审判决在证人没有到庭接受当庭质证的情况下,认定是要用这3000万元在北京给张某某注册公司,依据何在?

再如，对"承诺函及回报"的认定，一审判决认定"证人姜某某证言……因为本金和利息到现在也没有收到"（见一审判决书第11页）"证人陈某某证言……证实欠信托这笔贷款没付过任何利息或股息"（见一审判决书第11页）。

一审判决的这种认定，偷换概念，混淆事实，"没有付过"和"没有谈过"是两回事，辩护人强调的是，张某某和陈某某谈过关于这笔钱要支付利息的事情。而这一事实，张某某、姜某某、陈某某三人的供证相互印证，确实存在。一审判决却回避这一事实，只字不提，用"没有付过"掩盖"谈过"的客观事实，以此认定张某某具有贪污的主观故意，是欲加之罪。

最后，对于该3000万元的借贷与还款过程，张某某与姜某某均有合理解释，且二者相互印证，张某某确实没有贪污3000万元的主观故意。

（1）关于占用潜盈资金的说法，张某某有合理解释，是作为股票资金的跌价准备金。而姜某某在调查笔录中的说法是"这3000万元是潜盈资金……作用是为了保证利润不足时稳定补足利润或冲抵不良资产，比如股票市场，如果有潜亏，就会用潜赢来补潜亏"。两者相互印证。

（2）关于"养老钱"的说法，如上，陈某某证言前后矛盾。而姜某某调查笔录中明确"从来也没有谈过'养老钱'的事"。无法证明张某某是将这3000万元作为"养老钱"放在陈某某公司。

（3）关于在北京注册公司的事实，如上，陈某某证言前后矛盾。姜某某原来的证言没有张某某要在北京成立一个自己的公司的陈述，二审时在律师的调查笔录中说"我们仨原来在吃饭的时候，在酒桌上开玩笑的说过办公司的事，因为我们问陈某某要欠的钱，但是陈总是说没现钱，所以张某某说办个公司，其实这个公司就是办给信投的,不是个人的,就是想借机把陈欠的钱要回来”。张某某没有关于在北京给自己成立个人公司的供述。现有证据无法证明张某某有让陈某某用这3000万元给他在北京注册个人公司的想法。

(4)关于承诺函及利息,张某某的供述称有20%的利息,并且让陈某某写了承诺函;姜某某证言证实曾经就承诺函及回报的事情谈过两三次,张某某让陈某某出承诺函,挣了钱给20%的利息,不挣钱给15%,在律师的调查笔录中姜某某再次证实,确实有承诺函和回报,但不记得是否单独就3000万元出过承诺函;陈某某证言中讲,张某某和他说过20%利息的事情,但记不清楚是否有承诺函。此供、证一致,印证了张某某和陈某某确实谈过20%利息的事实,并且,现有证据也不能排除承诺函存在的事实。张某某如果要贪污,就不会谈利息,更不会要求陈某某出承诺函,因为这笔钱在陈某某的公司账上,一直都还是挂着是欠信投的债,利息也还是归属信投公司的。恰恰相反,利息和承诺函存在的事实,证明了张某某没有贪污的故意,正是因为是欠信投的钱,正是为了信投公司的利益,才谈利息的。

(5)占用潜盈资金先平自营账户上到期贷款,再由借贷人偿还贷款的操作方式,在信投和陈某某公司的经济往来中有先例可循,是为了企业的经营利益,而不是为了据为己有。

姜某某证言“我们公司借钱给陈从1998年就开始了,有近十年的时间,借了很多钱给陈公司,到期还不了一般就用这种方式,目的也是让陈公司周转,盘活陈的公司,不让陈公司因为没钱而倒闭,还不起更多的钱。”“以前我们借过陈某某有6147万元,也是用这种方式先还的公司账,这笔钱后来陈还了。”姜某某的证言证明,用潜盈资金的钱先还公司自营账上的到期贷款,是一种为了公司利益而为的经营行为,也是一种惯常做法,是信投公司处理不能按期偿还贷款的一种方式,一直都存在,并不是仅有这两笔3000万元。更多的贷款,采取这种方式处理,也已经偿还,怎么能因为案发时这3000万元尚没有偿还,就不问缘由,简单地认定实施了贪污行为呢?

同时,张某某、姜某某的供证还一致表明,陈某某欠信投公司的贷款,还有相应价值的股权凭证做质押,而质押的事实也确实存在。这一供、证的内容及其相应的确有质押的客观事实,充分表明信投公司对陈某某公司的债权具有控制力。

综上,现有证据无法证明涉案的3000万元是张某某放在陈某某处的"养老钱",也无法证明张某某让陈某某用这笔钱在北京给他自己注册一个个人公司,相反,对占用潜盈资金偿还自营账户上到期贷款的真实目的,被告人有合理的解释,并且得到姜某某证言的证实,且在操作上有先例可循,同时又有承诺函及利息的相互印证。此足以印证,张某某供述的真实性,即用潜盈资金偿还自营账户上到期贷款是为了公司经营的利益,而并不是为了个人贪污。

2. 张某某没有实施将3000万元据为己有的客观行为。

一审判决认定,张某某"将卖楼收入款人民币2000万元退还该公司,并通过用其下属公司潜盈资金冲抵该款,在与其下属公司核销潜盈资金的方式,将2000万元隐匿于陈的公司"(见判决书第3页),"并通过吉林信投下属公司与陈某某所属公司之间多次往复款的手段,用本单位的潜盈资金冲抵该款,致使1000万元隐匿于陈某某的公司,据为己有"(见一审判决第9页)。一审判决的这种认定,是基于对潜盈资金真实性质以及管理、转账的错误认识,及对有关证据的片面理解,与事实不符。

对3000万元的性质以及所谓的"平账"过程,在律师的调查取证中请姜某某进行了详细的介绍。姜某某是信投公司的财务经理,也是财务方面的专家,信投公司的资金的运作,都是张某某和姜某某商量,张某某做出大决策,姜某某具体策划,再由其交代财务部门具体操作的。可以说,姜某某对这些账目的处理过程和最终结果是了解也是最有发言权的。经姜某某介绍,具体事实与一审判决认定事实大相径庭。

首先,一审判决认定的“平账”的过程与事实不符。

如前所述,“平账”在信投公司和陈某某公司经济往来中有先例可循,是经营过程中为了企业利益而为的一种惯常做法,虽然在自营资金账户上显示为已“平账”,但是依然存在于信投公司的总账上,同时也依然在陈某某公司账上体现为应付款。

其次,潜盈资金在事实上为信托公司财务统一管理,走账的程序是财务工作人员依职能按照公司转账程序做的,走账行为的依职权性和公开性,决定了张某某不具有采取隐秘的手段将这笔钱据为已有的客观条件。

吉林信托投资公司(以下简称信投公司)共有四个账户,其中一般管理账户为信投公司自营账户,和陈某某公司之间正常的经济往来款就是挂在自营账户上。潜盈资金是信投公司在其他经营中赚的钱,为了保证公司利润稳定增长,在利润不足时补足利润,或者出现不良资产时冲抵不良资产,或者在股票市场上出现潜亏时用潜盈弥补潜亏,也为了达到在不违法前提下避税的目的,而暂不入账的公司资产。潜盈资金在公司上海金路达公司的代管账户上。信投公司财务部对四个账户进行统筹管理。姜某某证言“划款都是经过了财务,财务滕某某等人都知道,包括潜盈的钱”,其证言证明,潜盈资金的管理是由信投财务部统一管理的,每一笔划款都是财务部工作人员依职权具体操作的,并且这些划款都是有证可查的。这些事实,从一审判决认定的财务部姜某某、滕某某、娄某某、王某玲、曾某等人的证言都可以证明,潜盈资金的运作都是姜某某交代,然后由他们具体操作的。潜盈资金的这种归总公司统一管理的模式,以及这3000万元资金的走账过程都是有关工作人员依职能操作的事实,说明走账程序具有依职权性、公开性,多人参与和知晓。被告人在客观上不具备将这些钱占为己有的条件,除非这些人都是他的共犯。

3.3000万元尚在信投公司的控制之中,张某某个人根本不可能控制这3000万元资金。一审判决认定张某某将这3000万元"隐匿"于陈某某公司,即实现了"据为己有",没有事实依据。

首先,3000万元还在信投公司的总账之中,即还在信投公司的控制之中。姜某某证言"划款(就是这3000万元的划款),这个资金链条是可以查出来的","查总账,一定要看长时间的总账,从表面几张看是没有了,但看账上的总数是可以看出来的,这3000万根本丢不了,张某某个人也控制不了"。姜某某的证言证实,这3000万元欠款实际上还是能在账上体现出来的,由于潜盈资金的存在本身违规,所以在账的处理上有一些技术手段,很难一目了然地看出来,但是并不等于这3000万元资产已经灭失,对账目最了解最有发言权的姜某某表示,他能说得清楚,3000万元这么大的数目不可能不翼而飞。

其次,如上所述,账的流转是公开的,财务部的工作人员姜某某、滕某某、娄某某、曾某等都知道,显而易见,任何人都不可能在大家都知道的情况下,公然地贪污。

再次,陈某某并不知道信投公司自营账户显示他已经还款了,该欠款仍然在陈某某公司账上显示为应付信投公司款。姜某某表示,账的处理是信投公司内部的事情,与陈没有关系,陈也根本不知道这些账在信投公司自营账户上显示为已归还,他始终是承认欠信投公司这3000万元欠款的。这从以前已归还的6147万元,后来张某某和他谈利息,以及要求写承诺函的事实中也可以得到印证。

最后,张某某对3000万元没有实际控制权。退一步讲,假定张某某具有贪污此3000万元的主观动机。那么,钱在陈某某的手里,在没有任何凭据和相应制约手段的情况下,张某某不可能控制陈某某手里的钱。在贪污犯罪中的“实际控制说”,是指行为人对其欲占有的财物具有实际控制能力,即指虽然尚未将财物的所有权转至其名下或已经实际占有,但其已经实际控制了该财物并随时可以无障碍地据为己有。但是,案中的该3000万元并未在张某某与陈某某之间形成债权债务关系,亦无任何凭据。更重要的是,事实上,陈某某对该3000万元也没有实际控制权。一审判决认定该3000万元隐匿于“陈的公司”,这种表述并不准确,混淆了法人财产和股东个人财产的区别。

本案中,涉案钱款在吉林麦达斯公司的账上挂应付款,吉林麦达斯公司是股份制有限责任公司,陈某某只是该公司的股东之一。也就是说,即使麦达斯公司控制了该3000万元,也并不等于陈某某个人控制了该3000万元。对于公司的财产,陈某某本人并没有完全的控制权,他个人是取不出来,除非他采取犯罪的手段。

而且,根据公司财务管理制度,每一次账目必有相应的财务凭证为依据。依照“账表一致”“账证一致”原则,事实上,吉林麦达斯公司也不能违背财务凭证上的记载随意处置该3000万元。

再退一步,即使陈某某决定采取非法的手段将这3000万元从公司取出来,他就一定能给张某某吗?一审判决已经认定陈某某、姜某某均与张某某不是共犯,而只是张某某利用其实施贪污。在此情况下,张某某有何理由可以实际或者有效地控制在法律上属于他人所有的财物呢?事实上,陈某某能否将其送给张某某个人则完全取决于他个人的意志,而张某某则无任何控制力。假使他们之间有过“留作养老钱”的说法,这种口头约定对于3000万元巨款而言也显然不具有“实际控制”力。

因此,即使关于张某某具有贪污主观故意的假定可以成立,在客观上也只是存在一种贪污犯罪的可能性。“失去控制”与“实际控制”是两个阶段中的两种不同状态。即使一方已经“失去控制”，也并不等于另一方已经“实际控制”，因为，中间还会存在一种“失控”状态。

一审判决以所谓的信投公司“平账”为由认定张某某贪污，其所依据的理由也只能是认定该3000万元“失控”状态。因此，即使该理由可以成立，也不能证明张某某已实际控制方式占有了该3000万元。更何况，其认定该3000万元“失控”的理由也并不充分。

综上，可以看出，关于这一笔2000万元和一笔1000万元的真实情况并不如一审判决认定，张某某主观上确实没有贪污的故意，客观上也没有实施贪污的行为，3000万元并没有脱离信托公司的控制，张某某对其更没有实际控制的能力。一审判决违背事实真相，明显证据不足。

二、关于受贿罪

(一)关于维多利亚(F6－402)住房

一审判决认定维多利亚的住房系被告人张某某利用职务便利，以为其兄张某荣解决住房为由，将自己所属的维多利亚住房一套以60万元的价格卖给陈某某，后又将该房占为已有。该认定事实错误，将两个实际上毫无关联的民事法律行为认定为一个刑事犯罪行为，是欲加之罪。

1. 一审判决认定“证人陈某某证言……后授意其将此房分给张某某的二哥张某荣”(见一审判决第15页)。该认定与事实不符。

现有证据从未显示出被告人张某某“授意”过陈某某将此房分给张某荣。张某某供述其从未向陈某某提出过把这套房子分给张某荣(见张某某2007年6月5日讯问笔录)；陈某某也证实，张某某没有让他把维多利亚的房子分给张某荣(见陈某某2008年1月18日笔录),陈自己曾经和张某某说过,“不行就让二哥住吧”(见陈某某2007年8月30日笔录);同时,张某荣说,维多利亚的房子分给他是陈某某主动提出来的(见张某荣2007年3月31日询问笔录)。前述供、证一致证实,根本就没有所谓的“授意”行为。一审判决引用的陈某某的证言,在内容上只能证明陈某某主观上认为,张某某把房子卖给他是想找借口要钱,却不能证明其和张某某的房屋买卖关系发生之后还有所谓的“授意”行为。退一步讲,即使张某某有让陈某某将维多利亚的房子分给其兄的想法,那也只是一种想法而已,他并没有向陈某某表达出来,也没有通过其兄或者其他人向陈某某提出来过。

2. 一审判决认定,张某某“以为其兄张某荣解决住房为由,将自己长春市维多利亚庄园住房一套以60万元的价格卖给陈某某”的认定(见一审判决书第14页),事实错误。

天信公司后来将此房分给张某荣,并不是行贿张某某,而是因为张某荣是天信公司职工,分房是员工福利。这一事实,有陈某某自己亲口证实,公司有给其他职工分房(见陈某某2007年4月9日笔录);天信公司法定代表人于某某证言证实,天信公司普通职工在内都从公司分得了住房。也有可能因为张某某的职务的原因,在分房的过程中,更多地照顾了张某荣,比如给他分地段更好的、面积更大的,甚至挑他自己喜欢的,但是,这都不能否定了分得的房子是公司福利的性质。

一审判决认为因为已经分给过张某荣一套房子了,再分一套就是行贿,分房只是为了掩盖张某某和陈某某之间权钱交易的本质(见一审判决书第35页),并以此认定否定了辩护人意见,这一认定是没有依据的。陈某某、于某某、张某荣三个人对这一事实的解释都是一致的:因为原来分给张某荣的房屋办不了产权证,所以才又分了一套。而且张某荣已经向单位出纳李某萍缴纳了3万元的集资款,单位于情于理都应该分给他一套真正拥有产权的房子,这也是每一个职工都享有的福利。至于房子分给张某荣了,他本人怎么处置,都与天信公司无关,更与其兄弟张某某没有任何关系了。

3. 一审判决关于"后又将该房占为己有"的认定,事实不清。

张某某与陈某某的房屋买卖关系,手续齐全,合乎法律程序,并且最终该房按照陈某某要求落在了陈某某司机高某名下,陈甚至还曾经想把房子卖给魏某某。

一审判决认为,张某某一直未将房子的手续和钥匙交给陈某某,是据为己有的一种表现。但事实上,根据陈某某2007年4月29日笔录和张某荣2007年3月31日笔录,都证实了张某荣负责天信公司的后勤工作,公司的房产证都由张某荣统一管理。张某某将手续和钥匙交给张某荣并无非议,因为张某荣此时代表的就是天信公司,交给张某荣就等同于已经交给了天信公司,而不是非要交到陈某某的手中的。

(二)关于麦达斯10万股股票

首先,一审判决对被告人"利用其担任吉林信投董事长的职务便利,为陈某某的吉林莱佛士教育管理有限公司等多家公司贷款提供便利之机"(见一审判决书第17页)的认定,事实错误。

张某某持有这10万股麦达斯股票,并不是基于一审判决所说的职务便利,一审认定的相关证言及书证清楚表明,张某某经过上级主管机关批准,担任新加坡麦达斯控股有限公司独立董事。正是基于这一公开的职务行为,张某某按照麦达斯公司要求,持有了10万股该公司股票。也正是因为这一职务行为的公开性,被告人不存在受贿的主观故意和客观条件。

其次,一审判决对被告人"收受陈某某给予的新加坡麦达斯股票10万股"(见一审判决书第17页)的认定,事实不清,证据不足。

麦达斯股票系陈某某垫付新加坡币替张某某购买,张某某并没有不支付对价的表示,案发时没有支付对价不等于不支付对价。判断被告人到底有没有支付对价的真实想法,要结合具体的客观事实。

张某某的供述中说,让陈某某垫付新加坡币买股票的原因是没有新加坡币,这一说法,有陈某某、周某某证言相互印证。

张某某还供述,其向陈某某表示以后用独立董事酬金偿还,而因为一直没有拿到股权证,所以没有支付对价。被告人的辩解不无道理,一手交钱一手交货,是再正常不过的市场交易行为。况且,这一说法有客观事实相印证,到案发时股权证、密码等都还未给张某某,2006 年的独立董事的酬金也没有给张某某。

以上客观事实印证了,张某某不是不支付对价款,而是因为尚未得到股票的控制权,交易行为还在进行中,还未结束,所以还没有支付。

(三)关于 50 万股莱克森股票

一审判决对被告人"以其妻刘某名义收受陈某某给予的美国莱克森股票 50 万股"(见一审判决书第 20 页)的认定,事实不清,证据不足。

关于这 50 万股莱克森股票,辩护人在一审中提出,系陈某某公司工作人员利用刘某的身份证复印件购买了股票,并办理了股权证,股权证拿回来之后,陈本人及公司工作人员都没有告知过刘某或张某某来取,股权证一直在陈某某手中,张某某从未见过该股权证,不知晓密码,也未办理过托管手续。根据证券交易规则,事实上,陈某某完全可以通过在合同上设立报单人、转款人等操作手段,实际上控制该股票交易、划款、转让等权益。在股价的计算上,指控的 2 美元每股也没有依据。具体辩护意见不再赘述。辩护人要强调的是,在一审判决书中据以证实被告人受贿罪成立的 11 项经过庭审质证的证据(见一审判决书第20~22页),恰恰证实了辩护人在一审中提出的这些辩护观点。

但一审判决无视这些事实的存在,认为50万股股权证上显示的是刘某的名字,不管股权证在谁手上,张某某都已经实际控制了这50万股股票。

对这一认定,一审庭审后发生的客观事实,证实了判决的错误。据辩护人了解,陈某某已经将这张刘某名下的股权证上记载的股权转给了他人,股权证上的股东已经不再是刘某了。这一事件的发生,铁一般地证明了,陈某某对这50万股股票有绝对的控制权,因为股权证和密码在他的手中,而张某某及其妻,因为根本没有股权证,又不知晓密码,更没有办理过托管手续,对这些股票没有控制的能力。

据此,没有理由认定张某某收受了这50万股股票。

(四)关于5000美元

一审判决认为该5000美元"明显超出正常礼尚往来",而否认其礼金性质,据此认定为受贿。该认定事实不清。

5000美元有没有超出正常礼尚往来,其判断标准,要结合双方平时礼尚往来的数额综合认定,而不能完全凭借普通工薪阶层的标准主观推断。这就跟有钱人一顿饭吃几万块,没钱人一顿饭吃几十块是一样的道理。郭某女儿过生日时,被告人张某某一个红包上万元,过年往来时,被告人给郭某茅台酒一给就是六瓶,价值不菲。可见,被告人和郭某之间平时私下里往来,礼品和金钱数额就是比较大的。结合这样的事实,客观地评价,5000美元并没有超出其二人之间正常的礼尚往来标准。

更何况,一审辩护观点中也已经提出,郭某关于送这5000美元的证言与客观事实不符,他说送钱是为了解开法院扣押八里堡土地的事,而事实上,送钱是在被告人生病住院期间,也没有证据显示,郭某提出过任何请托事项,更重要的是,郭某所说的请托事项,最终也未能实现,印证了被告人张某某根本就没有受贿的主观故意,权钱交易的事实并不存在。

(五)关于10万港元

一审判决对被告人张某某收受郭某10万港元的认定,事实不清,证据不足。

首先,该10万元是"借"不是"给",一审辩护词对此已有详细论述,二审不再赘述。

其次,该10万元被告人已经归还郭某。关于这一事实有被告人的当庭已退还的供述,刘某菲证实郭某和她说张某某已经归还,同时还有海关相关规定和被告人已归还的说法相印证,旅游签证过关不能多带港元。而未归还,只有郭某一人的说法,这样明显的证据对比之下,怎么还可以认定没有归还?定案的证据应当具有排他性、唯一性,显然,现有证据至少不能排除已经归还的事实客观存在。

(六)一审判决对违法取证、案件来源问题,只字不提

一审程序中,辩护律师提出了对被告人的违法取证问题,并应用卷宗材料中的体现的数据,证明了违法取证的真实存在。三次连续讯问,时间跨度分别是75小时做笔录11页、97小时做笔录11页和387小时做笔录12页。长时间的连续讯问,却只形成十几页纸的笔录,问题显而易见。被告人在开庭时也提出对其的违法取证问题。先后换押了若干个看守所,牙被打掉。在案件来源上,也存在明显问题,案卷笔录显示,检举揭发人被检察院找去了解情况,告知其作伪证的责任,然后再由其检举揭发,这种检举揭发是否基于检举人自愿?其内容是否真实?一审律师提出来了,而一审法庭对这些问题视而不见,不予核实,在一审判决书中更是只字不提。

综上,一审判决对张某某犯贪污、受贿犯罪的认定,事实不清,证

据不足。辩护人仍然坚持一审辩护意见,张某某不构成贪污罪、受贿罪。请二审法院查清事实真相,给被告人以公正判决。

此致

吉林省高级人民法院

被告人张某某辩护人:

北京市京都律师所律师　田文昌

吉林同信法大律师所律师　金永祚

2009 年 5 月 15 日

审理结果

2008 年 12 月,吉林市中级人民法院依法判处张某某犯贪污罪,判处死刑,缓期两年执行,剥夺政治权利终身,并处没收个人全部财产;犯受贿罪,判处无期徒刑,剥夺政治权利终身,并处没收个人全部财产。数罪并罚,决定执行死刑,缓期两年执行,剥夺政治权利终身,并处没收个人全部财产。

一审判决后,张某某上诉,吉林省高级人民法院作出终审裁定:驳回上诉,维持原判。

王某被控贪污罪、国有公司人员滥用职权罪案

案情简介

王某系原中国铁通集团有限公司天津分公司(以下简称天津分公司)第一任总经理,该公司主要组建人,本案案发时调任中国铁通集团有限公司物资采购部总经理。在离任审计和公司重组审计中,王某被举报有经济问题,因此审计范围被扩大至天津分公司,后审计部门将此案移交天津市检察机关处理。

天津市河东区人民检察院于2008年10月对王某提起诉讼,天津分公司财务总监黄某也被作为共犯同案起诉。公诉机关在《起诉书》中认为:2005年至2007年,被告人王某、黄某利用职务便利采取多支付工程款返现金及虚列工程合同倒现金的手段,套取公司现金21.8万元,以清算奖、慰问金等名义在公司领导班子成员中分发,其中王某个人非法占有现金3万元、购物卡6000元。2004年至2007年,王某和黄某利用职务便利,采取订立虚假合同,从对方业务单位套取现金,回公司账务上虚列收入1亿多元的手段完成工作任务,造

成公司直接经济损失1280万余元,致使国家利益遭受巨大损失。上述两项分别构成贪污罪、国有公司人员滥用职权罪,其中王某系主犯。

辩护思路

在本案辩护中,关于贪污一项,着重从决策过程来提出意见,即指出将集体决定发放的21.8万元当作二被告人的个人贪污款,是由个人承担集体决策的后果,明显不能成立,此观点亦得到一审法院支持。

关于奖金的发放目的,主要通过调取新的证据来证明该行为符合公司有关规定,表明发放时并非虚构名义,而是有具体依据。关于奖金的获取手段和来源,则从证据不足的角度来加以分析。

关于滥用职权一项,主要从证据角度来分析"授意"和"经济损失"的事实是否成立。另外,还从相关法条阐释和被告人行为发生背景的角度加以论述。

本案中,关于违规与犯罪行为的界限、直接责任和领导责任的区别,容易发生混淆。所以在研究证据的同时,要做法理分析,同时也不能忽视对本案行为发生时企业和行业的背景进行说明,强调被告人的行为不具有严重的社会危害性。

辩护词(一审)

审判长、审判员:

北京市京都律师事务所田文昌律师、王九川律师接受被告人王某亲属的委托,担任其一审辩护人。从介入本案以来,在一年多的时间内,我们先后多次会见王某,多次进行调查取证,阅读案卷材料,依据这些工作的结果和法庭调查的情况,现提出以下辩护意见。

辩护人认为,公诉机关指控被告人王某犯有贪污罪、国有公司人员滥用职权罪事实不清、证据不足,罪名不成立。

一、关于贪污一项

1. 公诉机关在《起诉书》中指控发放奖金的行为系被告人王某和黄某的个人行为,与事实不符。

从法庭调查的情况来看,被告人供述及其他几名公司班子成员的证言已经证明这一事实:关于2005年到2007年五次发放清算奖和家属慰问奖金,经过了会前沟通、会上集体商议等决策过程,没有任何一位公司决策层成员表示反对。这些决定是公司领导班子成员集体作出的,不是王某和黄某的个人行为。王某和黄某只是负责执行这一决定,在执行中也没有采取侵吞、窃取、骗取等非法手段去处理公司财产,其行为不符合贪污的客观要件。

《起诉书》中认定:"王某、黄某分别利用担任中国铁通公司天津分公司总经理和财务总监的职务便利"发放奖金,这一结论回避了本案指控证据证明的这一事实——集体研究决定发放奖金——这是本案的关键事实,是所有参与决定并领取奖金的七个人直接证明的事实。《起诉书》也写明,这些奖金是"在公司领导班子成员中分发"。可见,公诉机关对接受奖金的行为事实是认可的,决策层成员接受奖金本身就是同意发放奖金的表示,所以这样的片面认定仍不能改变集体决定的行为事实。

如果认定以上行为构成贪污,那么应一并追究其他班子成员的法律责任。这些人参与做出决定,所分得奖金数额与二被告人相近(在21.8万元奖金中,王某仅分得3.6万元,黄某分得2万元),从行为和后果看,没有理由不承担法律责任。

在《起诉书》中,把集体决定发放的行为变成其中两个人的个人行为,把集体领取的21.8万元完全当作其中两个人的贪污款,让个人承担决策班子的行为后果。这种做法表明,公诉机关是在有选择地认定事实,有选择地指控被告人。

2.《起诉书》中指控被告人采取多支付工程款返现金及虚列工程合同倒现金的手段套取公司现金用于发奖金,其证据不足。

(1)被告人王某讲,没有指示黄某找下属要钱,自己也不知道钱的来源;其他班子成员在证言中,有的表示不清楚,有的说这些奖金来源应该是"倒账",这种说法明显是在推测,不可信;目前只有黄某明确说明是王某指令她采用上述方式,但因为她和王某存在利害关系,在没有旁证的情况下,其说法也不能得到确认。

(2)从下属公司有关证人的证言看,根本没有提到王某,不能证明王某授意黄某去下属公司要钱发奖金的事实,只是说黄某让他们"弄钱",具体的用途不清楚(唯一提到用途的证人只有杨某,他讲黄某说过是"领导外联"需要,但看不出和指控事实的关系)。所以这些证人提到的"现金",是不是用于发放这些奖金的现金,无法证实。

(3)关于这些现金的流转手续,仅凭黄某的口供和一些表述不清的证言,而没有任何相关书证,无法证实奖金的真实来源。

所以,不能证明王某有亲自指使安排套取现金的行为,他对这些奖金的来源不知情。

需要强调的是,事实上,奖金的来源并不重要,内部资金流动是企业经营管理的正常活动,企业经营者有权调配内部资金。这里问题的关键在于奖金该不该发,发放的目的是否违法。

3.《起诉书》中对发放奖金的目的的认定与事实有出入。

(1)从相关证据材料来看,给长期居住外地的公司班子成员家属发放慰问金,目的是感谢并希望家属继续支持工作,促进公司发展,是为了公司的利益,具有合理性。

(2)清算奖的发放,目的在于奖励完成清算任务的相关人员,符合总公司关于清算奖发放的规定。

根据《中国铁通铁路清算收入回款考核办法(试行)》的规定,铁路中心清算奖是用于奖励铁路清算收入回款的相关人员,只是"应避免将奖金集中发放给省分公司及跨省铁道通信事业部领导班子成员的现象"。这说明清算奖是客观存在的,并不是虚构的名义。

对分公司领导班子成员清算奖的发放,要求清算奖的发放和"回款考核与其绩效工资及年度业绩薪酬挂钩"。该规定强调的是"避免""集中发放"给各级领导班子成员的"现象",并没有取消包括天津分公司在内的领导班子成员因铁路清算回款收入获得奖励的权利,只是对于考核和发放的方式有要求。

退一步讲,即使能够认定通过套取现金的形式发放,也只是一种违反财务制度的行为,不能仅因其发放的现金系套取就认定构成贪污罪。

(3)尽管铁通总公司在2004年发布了年薪制的有关规定,但实际执行时间为2005年年初,这里的清算奖属于2004年奖金,不受年薪制规定的约束。

所以奖金发放的理由是客观存在、合理合法的,其名义是真实的,而不是编造的,发放奖金的目的并不是非法占有。

4.《起诉书》中指控发放奖金用于个人消费,与事实不符。

在奖金的使用上,被告人王某在书面口供中曾承认这些钱用于个人日常消费,但他解释,这样的供述是在侦查机关的压力下为求得一个"好态度"作出的。在侦查阶段过后他讲明,自己得到的这3.6万元是用于公司事务。

辩护人提交的6份证人证言已经证实王某的这一说法,他领取的3.6万元奖金,从来没有交给亲属,也没有自己消费,而是全部用于这几个事项：宴请单位客户、慰问员工住院家属和给司机发放补贴，这些当然不是个人消费。

5.《起诉书》中忽略了案发前王某已全数退回该3.6万元，其他奖金领取人也全部退回的事实。

退一步讲，即使抛开行为性质不谈，仅从后果来看，发放奖金的行为没有造成实际损失，再结合奖金数额不大，已按违纪记过处理这些情节判断，这些行为也没有达到刑法所要求的严重的社会危害程度，没有追诉的必要。

二、关于涉嫌国有公司人员滥用职权一项

（一）国有公司人员滥用职权罪，属于妨害对公司、企业的管理秩序罪一类。按照《刑事诉讼法》的规定，这类罪名应由公安机关立案管辖，在履行必要的法律手续后，可以交由检察机关的反贪部门侦查。本案涉嫌这一罪名的事实，由检察机关的反贪部门立案侦查，并没有发现相应的手续。所以关于该事实的侦查和审查起诉等诉讼活动，从开始就没有合法依据，公诉机关应依法撤回起诉。

（二）关于该项指控内容，辩护人有以下几点意见：

1. 现有证据不能证明王某明确授意他人，采取多支付工程款返现金及虚列工程合同倒现金的手段虚报业绩。

除黄某供述外，只有庞某桐和张某宾两位公司副总有所提及，但证言内容明显相互矛盾，无法印证事实。而其他公司相关部门和各下属公司负责人的证言都证明，王某从来没有让他们去订立虚假合同，套取现金倒收入，都是财务总监黄某直接向他们安排。

王某本人讲，他在察觉做假账的行为后，多次在有关会议上批评警告，并进行检查，还对相关责任人做出处理，部分证人已给予证实。但有的证人在陈述事实后，又提出了自己的理解，认为王某是在提醒大家防止假账被查。这样的说法是证人自己的理解和认识，并不等于事实本身。

2. 认定所谓“1280万余元”的经济损失,证据不足。

从有关书证材料来看,对数十家企业之间近三年内大量资金流动的事实,也仅有部分相关证人对部分事实作出简要的说明。侦查机关认定公司“经济损失”的主要依据是天津分公司提供的《虚列工程虚列成本明细表》、相关财务凭证、合同、收条等材料,并没有司法鉴定材料。而仅根据财务列支方式认定公司一定遭受损失,过于简单化。

这些证据材料数量很大,达四十几本,但问题很多:(1)关于订立假合同事实的证据:缺乏每一份合同订立者的证言,以证明合同产生的过程,包括签订合同的目的、授意人和有关的分工等。(2)有关项目流程事实的证据:缺乏相关证言,现仅有部分合同会签单、费用申请联签单等材料,从这些有限的书证材料看,问题也不少,比如每份评审签字的人数为4~10人不等,有些会签单没有总经理签字,有些费用数额与相关账目不符等,都是没有查明的事实。(3)有关“倒账”事实的证据:缺乏有关经手人提取现金、收取现金、现有收条的形成过程的说明等,就现有的收条看,其中不少签字人的身份都没有查明。(4)有关汇总数字的证据:虚列成本明细表与原始转账记录的数额不符,并且缺少这些记录的经手人的证言,相关的计算方式也不明确。(5)对相关书证材料缺乏必要的说明:如代理业务费用清算表、成本统计表、缴款单、日报表等在相关流程中的作用,与虚假合同、倒账的关系等。(6)上述证据材料中,有部分材料来源不清。

在以上相关事实没有被查明的情况下,依据一部分表述不清的证言和有限的书证材料,无法证明众多企业之间近3年内大量资金流动的相关事实,更不能证明所谓“从公司支出1.6亿余元”“套取现金1.48亿余元”“造成直接经济损失1280万余元”的事实。如果所谓的“1280万余元”是以1.6亿元乘以8%的税率得出的,这是非常荒唐的计算方式。现有部分证据已经表明,扣税、手续费的比率至少有四五种,并没有统一的8%,而且还有部分费用被追回。用简单的主观臆测代替严格的证明,得出的结论是不能成立的。

国有公司人员滥用职权罪属于结果犯,以造成实际的严重损失后果为定罪的必要条件,在公司直接经济损失未能得到证实的情况下,即使存在订立虚假合同的行为,也不能够定罪。

3.依据现有的证据能不能对所谓的“损失”作一次“估算”?辩护人提出几个简单的参考标准:

(1)有关证人在证言中提到的作假合同倒账事实;

(2)这些事实涉及的部分合同在指控材料中;

(3)这些合同有被告人王某的签字;

(4)这些合同涉及款项的流动有相应的财务资料。

假设以上证据材料得到核实,其中符合(1)、(2)、(4)三个条件的,用于“倒款”的合同的金额总计近500万元,符合(1)、(2)、(3)、(4)四个条件的,用于“倒款”的合同的金额总计约为200万元;因为被告人王某曾亲自追回136万元,减去这一部分后只有几十万元。如果再扣除缴纳的税金,剩下的数额就很小了。这样小的数额,当然达不到“严重损失”的定罪标准。

(三)国有公司人员滥用职权罪是刑法修正案增加的一个罪名,在司法实践中相关的案例也较为少见,在认定上应当严格按照《刑法》的规定,慎重对待。

我国《刑法》第168条规定了国有公司人员滥用职权罪,但对滥用职权的行为本身没有作出具体规定,对于这里的滥用职权可以参照关于滥用职权罪的司法解释。根据有关司法解释的规定,滥用职权是指超越职权与违反程序行使职权。本案中,主要是被告人所在公司的下属单位,虚构工程套取工程款,然后以经营收入的名义上缴给总公司。但这种行为能否认定为滥用职权,还需要查清被告人王某在这一行为中有没有直接的指使行为。如果不能证明有直接指使行为,那么只能考虑被告人是否要负领导责任,而领导责任是不是要通过刑事责任来承担,需要慎重考虑。

(四)对国有公司人员涉嫌滥用职权的行为应结合行为发生时企业和行业的背景进行分析,不能简单化处理。

本案发生后不久,中国铁通集团有限公司就有关背景情况已向办案机关作出说明,强调铁通集团是成立较晚、基础薄弱的通信企业,在经营方式上还不能适应市场竞争的需要,近年来面临巨大的生存压力,各地分公司对上级公司下达的任务指标承受着巨大压力。在这样的背景下出现不少企业为完成下达任务指标虚增营业收入的现象,被告人所在的天津分公司正属于这类情况。

中国铁通集团有限公司认为这是企业“经营管理上出现的问题,属于企业经营管理上的重大错误”。为此,该公司对王某等相关领导作出了严厉的行政处分。作为上级公司的这一态度表明,对涉嫌滥用职权的行为应考虑其发生的深层原因,不应简单地仅从个人行为的角度理解,并不应轻易追究刑事法律责任。

审判长、审判员:辩护人发现,指控的两个罪名涉及的事实,没有一起是被告人的“个人行为”,也不是被告人为了谋取私利而实施的。在这样复杂的环境中,经营这样大的国有企业,被告人王某为公司的发展投入很多心血。本案指控他的行为,其动机是为发展企业,其目的也不具有非法性,其行为手段可能不符合某些制度和纪律,他也因此承担了行政法律责任,但其行为并没有触犯《刑法》的有关规定。

这起案件经过一年多的诉讼,各方都付出了很多心血,仅在审判阶段的半年多时间里,就有六次庭审,这说明司法机关对本案的办理是严谨的。辩护人对此深表感谢！同时，也恳请合议庭严格审查证据，理解本案的特殊背景，理解被告人行为的特殊性，慎重处理，依法判决被告人王某无罪。

谢谢！

被告人王某辩护人：

北京市京都律师事务所律师　田文昌　王九川

2009年6月15日

审理结果

2008年12月至2009年7月，天津市河东区人民法院先后7次开庭审理此案。2009年8月，一审法院宣判，其中除认定“套取公司现金21.8万元”一项不成立，并认定“直接经济损失1280万余元”计算数字有误（认定为214万余元）外，判决其他指控事实和贪污、国有公司人员滥用职权两项罪名成立，被告人王某被处有期徒刑2年6个月，缓刑3年。

郭某某被控行贿罪案

案情简介

郭某某，系吉林市名门实业有限公司总经理，因涉嫌行贿罪，经敦化市检察院决定，于2008年4月4日被刑事拘留，历经4次延长羁押期限，直至2009年4月10日移送审查起诉。2009年8月4日，2009年8月24日经敦化市人民法院两次开庭审理。2010年11月8日，敦化市检察院变更起诉为单位行贿罪。2010年12月15日敦化市人民法院再次开庭审理该案。开庭后直至2011年年底始下判决。法院判决被告人郭某某构成单位行贿罪，判处有期徒刑3年半。判决生效后郭某某即被释放，没有上诉。

起诉书指控：

1. 2000年，郭某某为了以中建公司名义与吉林市铁合金公司、吉林市供电公司、吉林市西关电厂进行500万元的抹账行为；2001年，为了将其在信达公司所购买的桦甸市油页岩示范电厂9890万元债权中的3500万元债权转让给吉林市铁合金公司，于2001年分两次送给铁合金公司郭某诚人民币80万元。

2. 为了在信达公司债权购买中获得利益，如2002年，为了以2300万元的价格购买信达公司长春办事处的9800万元桦甸油页岩电厂债权；以300万元购买创伤医院债权；分两次送给信达公司长春办事处主任顾某某5万元人民币，长春办事处负责处理债权的主管领导郑某某27.7万元人民币、1.2万美元，项目组负责人刘某某10万元人民币。

3. 2001年，为了用房产置换牛马行农贸市场，送给工商银行孟某举10万元人民币。

4. 2002年，为在桦甸电厂改制过程中谋取不正当利益，行贿于某某3万美元。

辩护思路

这本是一起简单的行贿案件，但侦查期限长达1年之久，4次延长羁押期限，2008年7月最后一次外提之后，长达10个月的时间，郭某某的办案人没有就行贿事实及所谓新发现的罪名提审过他，显属毫无理由的久拖不诉。

经律师会见郭某某，以及其他涉案受贿人案件的陆续开庭审理，我们了解到，办案机关在侦查过程中，存在监所外提审，刑讯逼供等严重违法行为，制造口供，人为地制造出行贿事实，是对被告人的欲加之罪。

因此，首先，辩护人在阅卷时着重审查证据，特别是口供的真实性、客观性问题，发现被告人2008年4月4日被立案侦查，14日才被送至看守所，其间11天时间，被关押在延边州检察院；2008年5月23日至6月2日，第二次被提审到延边州人民检察院提审室；2008年7月9日至11日，被第三次外提。与此对应地，卷宗材料中郭某某的有罪供述均是在此期间形成。令人费解的是,除了这三次外提之外,郭某某的办案人没有在看守所内提审过郭某某。同时,值得注意的是,监外提审的问题不仅体现在郭某某身上,受贿人孟某某、郑某某、刘某某、郭某诚的有罪供述,形成的地点也都是在监所外检察院的提审室里。而供、证最终形成一致的笔录,恰恰都是在这些外提中形成的。

在4月3日和5月23日,被告人两次被外提回监后,律师立刻多次要求会见,但均被拒绝。直至6月11日才安排会见,此时律师还能看到郭某某被打后鼻子流血、嘴巴上伤痕未愈。郭某某向律师反映受到严重刑讯逼供。律师及时向省检反映刑讯逼供问题,但更为严重的是,就在省检已经过问之后,7月9日上午,延边州检察院又一次将郭某某从监所提出,直至12日才送回监所,回监所时头部、脸部又带重伤,脑袋上缝了八针。直至辩护律师向最高人民检察院反映情况,最高人民检察院直接派员查处此事后,才有所缓解。

因此,本案中刑讯逼供问题无可置疑,确实存在。

其次,对刑讯逼供的供述,如何证明其不真实性也是律师在阅卷时着重关注的问题。经过仔细阅卷,制作对比表格,辩护律师发现,本案中表面上供、证一致的笔录实际上与事实不符。比如:

1. 律师在会见郭某某时,郭某某反复提及其在被监所外提审的时候,被办案人员殴打,强迫其在事先写好的笔录上签字,郭某某不得不在不真实的笔录上签字。但出于自保,他在写他自己名字的时候,都是胡乱地写下与平时完全不一致的签名,以此证明笔录并非其本人的真实描述。

2. 笔录内容疑点重重,破绽百出,从供、证的大不一致到逐渐趋同,都印证了是刑讯逼供的产物。

由此,辩护律师以非法证据为切入点,指出具体供证的自相矛盾、相互矛盾、与客观事实的矛盾，提出了指控事实不清，证据不足的辩护意见。

此外，在开庭审理时辩护人还指出，公诉人认可郭某某的几个公司都是合法设立的有限责任公司，并且认可其指控行为都是以公司名义为了公司利益所实施的，且最终利益也都是归属于公司。即使构成犯罪，也是单位行为。但公诉人却提出应当适用最高人民法院《关于审理单位犯罪案件具体应用法律有关问题的解释》，不应以单位犯罪论处。

基于律师的辩护理由充分，休庭后检方撤回起诉，变更单位主体重新起诉。

律师认为，本案体现出来以下几个重要的法律问题：

一是选择性执法问题，如对于某华行贿的指控，37 个行贿人无一受到刑事追究，唯独郭某某被指控。如对牛马行市场的指控，对别的单位适用国家政策减免了利息 1700 多万元，而对名门公司却一分钱也不能减免，而且当作犯罪追究责任。同样的行为，甚至是相比之下更轻微的行为，法律却不同对待。

二是民事问题刑事化的问题，如本案中的几家公司 500 万元抹账协议，是典型的民事行为。如果说协议由于不可抗力最终没有履行完成，通过民事的手段，完全可以追回损失，却用刑事的手段强行介入。

三是关于非法证据的排除问题。此案发生之际，“两高三部”刚刚颁布《关于办理刑事案件排除非法证据若干问题的规定》，其中第 11 条明确规定：“对被告人审判前供述的合法性，公诉人不提供证据加以证明，或者已提供的证据不够确实、充分的，该供述不能作为定案的根据。”按照此规定，控方就应当提供确实充分的证据证明不存在违法取证的问题，而本案中证明违法取证的证据确实充分，相反证明不存在违法取证的证据却极不充分,甚至可以说是根本没有。在这种情况下,依据被告人在庭前违法取证作出的不真实供述认定案件事实,是违反法律规定的,也是极不慎重的。

辩护词(一审)

审判长、审判员:

北京市京都律师事务所田文昌律师、徐莹律师接受被告人郭某某亲属的委托,担任其一审辩护人。开庭前,辩护人曾多次查阅本案起诉卷宗材料、会见被告人,并进行了调查取证工作,了解了本案的基本事实。经过两天的法庭调查以及24日的补充质证,本案的基本事实已经查清。现发表辩护意见如下:

一、在分析论证本案指控的七笔行贿事实之前,先分析有关影响本案事实认定的几个相关问题

(一)本案侦查阶段存在刑讯逼供,被告人的所有认罪供述和部分证言均形成于监所外提审,对违法取得的口供和证言依法应予以排除。

公诉人认为不存在违法取证,并提供了办案机关的证明及办案人的证言。

关于这一问题,在质证时已经调查清楚:

第一,被告人郭某某当庭出示的血衣和头上的伤痕,证明被告人的人身确实受过严重的伤害。

第二,检察院提供的否定非法取证的证据都是办案机关和办案人员自己出具的,这种自证的证据没有证明力。如果这样的证据也可以用来否定刑讯逼供的事实,那么法庭调查中被告人说他根本没有行贿的陈述也可以直接成为认定事实的依据,被告人就应当被宣告无罪当庭释放了。显然这样自证的证据不应被采信。

第三,最高人民检察院明确规定对经济犯罪的侦查要全程录音录像,而检察机关没有提供。

第四,监所外提审的违法事实毋庸置疑。法律明确规定提审讯问要在看守所内进行,但办案机关对被告人多次外提,2008 年 4 月 4 日被刑拘,4 月 13 日才送到看守所,提解证上 2008 年 5 月 8 日被外提,6 月 2 日才被还押,两次外提时间长达 35 天。外提行为本身违法,外提中形成的口供就更加违法,不能成为定案的依据。更严重的是,本案不仅认定被告人行贿的供述无一例外都是在监所外提审时形成,且证人即所谓受贿人郑某某、郭某诚等的供述也都是在监所外提审时形成。这样明显严重违反法定程序取得的证据依法应当予以排除,不能成为定案依据。

第五,刑讯引起了最高人民检察院的重视,已派专案组调查,公诉人的否认已无任何意义。

依据以上事实,结论十分明显,本案在侦查阶段刑讯逼供的事实不仅不可否认,而且十分严重。辩护人强调指出这一问题的主要目的不是在于追究某些人的责任,而是向法庭强调,在刑讯逼供违法取证的前提下取得的证据不能成为定案的依据。

(二)本案指控行贿事实的证据,即郭某某的供述和其他证言,自相冲突,相互冲突、存在明显的矛盾和瑕疵。

公诉人认为有瑕疵的证据也可以成为认定事实的依据,这种认识是错误的。我国的法律明确规定了认定犯罪的证据要确实充分,如果可以忽视证据中的瑕疵,用有瑕疵的证据认定犯罪,那是对立法的严重曲解。我国《刑事诉讼法》虽然不够完善,但也不至于不完善到这种程度,可以允许用有明显瑕疵的证据定罪。

(三)被告人当庭陈述的客观真实,对指控的诸项事实的说明有根有据,合乎情理。被告人除对于一切强加的事实坚决否认外,并没有一概否认指控的全部事实。例如,在承认的事实中,有属于人情往来到医院探病的,有借钱给付利息的,也有确实为公司经营活动的。这种态度表明被告人是在向法庭客观地陈述事实,而并不是所谓的"当庭翻供"。

二、指控被告人实施的七笔行贿,基本事实不清,证据不足

下面具体分析指控的每一笔行贿事实。

(一)关于指控行贿顾某某5万元人民币、郭某诚80万元人民币、于某某3万美元中的1.5万美元、孟某某10万元人民币,该四项指控证据不足。

指控给顾某某、郭某诚、于某某、孟某某行贿事实的供述均形成于监所外提审,且供证相互矛盾、自相矛盾,不能认定行贿事实存在。

1. 行贿顾某某的5万元人民币。郭某某的两次供述均是在延边州检察院提审室,而且互不一致,如2008年4月12日的供述说,2001年和2002年的春节分两次在顾的办公室给了5万元,2008年5月28日的供述又说在2002年元旦、五一、春节分三次给了5万元。并且郭某某的供述和顾某某的证言也不一致。起诉书指控所依据的只有顾某某一人的证言,显然不足以认定行贿事实存在。

2. 行贿郭某诚的80万元人民币,郭某某的三次供述互不一致,从50万元到200万元,再到80万元,而郭某诚说是180万元。郭某某的供述和郭某诚的证言在时间、地点、钱数、送钱的细节、是否存在第三人等问题上,全部都不一致。这样冲突明显的供证,显然不能成为认定事实的依据。

更重要的是,针对郭某诚的证言中所陈述的,分三次行贿180万元的具体事实,一个关键细节是:每一次均有第三人曲某某在场,一起吃饭并且曲某某开奥迪车将钱给他送到家里面。而曲某某出庭作证,证实其根本就没有和郭某诚、郭某某三人一起吃过饭,也没有和郭某某一起,或者受郭某某指派给郭某诚送过任何东西,他至今也根本不知道郭某诚的家住在哪里。最重要的是,根据郭某诚所述的送钱的时间,曲某某连驾照都没有,根本不会开车,也从未开过车,怎么可能开车去送钱?

曲某某的证言澄清了本案的一个基本事实。贿赂案件的发生,最基本的事实就是送钱与收钱的过程,本案中无论是对郭某诚受贿罪的定罪还是对郭某某行贿罪的指控,都是基于双方关于收受钱财过程的供证。而现在,曲某某的当庭证言已经充分证明了其双方供证的虚假性,从而在根本上推翻据以指控成立贿赂犯罪的基本事实。据此,辩护人有充分的理由认为,指控郭某某行贿郭某诚 80 万元的事实并不存在。

3. 行贿于某某 3 万美元中的 1.5 万美元。起诉书指控 2002 年 5 月、8 月、9 月郭某某分三次行贿于某某依据的是于某某 2007 年 12 月 30 日的笔录,而这份笔录在时间、地点、数额上都无法得到其他证据的印证。

4. 行贿孟某某的 10 万元。在该项事实中,郭某某的多次供述更是明显矛盾,疑点重重。前两次供述都说是在孟某某的索贿下一次给了 9 万元,最后在 2008 年 7 月 10 日的供述中,在给钱的次数和数额上虽然能与孟的说法对得上,又变成了两次各送 5 万元,但是在关键细节上却相互矛盾。

例如,第一次给 5 万元,郭某某供述:“我从档案袋里把 5 万元拿出来,放到了孟某某的办公桌上,说大哥,你看这事给你添麻烦了,就这点意思。孟某某把钱拿到手里看了看,说这阵我还真的挺困难,孟某某又把钱装在档案袋里,并放在了他办公桌底下的小柜里。”

孟某某证言:“他当时什么也没有说,直接在他的绿色皮包里拿出5万元现金……没有用东西包。郭某某把钱放到我的办公桌上,说了声谢谢就走了,我说不能这样,我出去追郭某某……他也没说什么直接就走了。"

在送另一笔5万元的描述中,郭、孟二人的供证与证人杨某的证言也是相互矛盾。如杨某说送东西的时候郭某某进屋了,并且杨某介绍他与孟二人认识,而郭、孟都说郭没有进屋;孟又说杨某根本没和他说是谁送的,是他自己估计是郭送的。供证之间相互矛盾,逻辑混乱。

值得注意的是,先供的9万元如何又变成了后供的10万元?对于这样的数字难道也会发生记忆错误吗?或者难道也有必要故意说假话吗?

(二)指控行贿刘某某10万元人民币,行贿于某某3万美元中的另外1.5万美元,已经早在2002年、2003年就退还或上交,不应认定为行贿。

刘某某装修房子时,郭某某给了其10万元人民币的事实确实存在,但郭某某说是"借"的。关键事实是,这笔钱在2002年3月刘某某就已经退还给了郭某某。这一事实,郭某某、刘某某的供证一致,并且有郑某林、曲某某的证言相互印证。依据最高人民法院、最高人民检察院《关于办理受贿刑事案件适用法律若干问题的意见》:国家工作人员收受请托人财物后及时退还或者上交的,不是受贿。连受贿罪都够不上,还怎么可能存在行贿罪呢?

于某某出国前郭某某以赞助费的名义给了其1.5万美元,郭某某说是于某某以赞助费的名义索要的,因为他的企业在当地经营,所以不得不给。更重要的是,这笔钱于某某后来已上交了政府廉政办。同样地,依据上述法律规定,不应认定为行贿。

（三）指控行贿郑某某27.7万元人民币、1.2万美元，定性错误，这笔钱属于利息款。

法庭调查已经查清的事实是：2001年郭某某分两次向郑某某个人借款190万元，并讲过是5分利。按此计算，年息为114万元人民币。郭某某已经偿还了30万元人民币。且不说对前述指控的数额郭某某并不完全认可，即使该数额属实，也应当属于偿付利息的范围之内。因为，扣除郭某某已偿付的30万元，郭某某至今仍然还欠郑某某几十万元利息款。怎么能不顾这一事实的存在，仅依据郭某某、郑某某在监所外刑讯时的不实供述，就强行将利息认定为行贿款呢？

三、关于有无谋取不正当利益的问题

辩护人认为，在起诉书指控的每一笔具体事实中，被告人均没有获取不正当利益，依法不构成行贿犯罪。

（一）对“不正当利益”的理解

公诉人和辩护人对“不正当利益”的理解依据的是同一部司法解释，即最高人民法院、最高人民检察院《关于在办理受贿犯罪大要案的同时要严肃查处严重行贿犯罪分子的通知》的规定：“‘谋取不正当利益’是指谋取违反法律、法规、国家政策和国务院各部门规章规定的利益，以及要求国家工作人员或者有关单位提供违反法律、法规、国家政策和国务院各部门规章规定的帮助或者方便条件。”但是，控辩双方对该规定的认识却存在重大分歧。

公诉人在庭审中一再强调，因为受贿方有违法、违规、违纪行为，所以被告人就是谋取了不正当利益。这样的指控思路与法律规定的本意并不相符。辩护人要指出的是，前述司法解释对不正当利益是有明确的界定标准的，是指行贿人谋取的利益本身的不正当性。简言之，就是必须是违反法律规定的违法违规的利益，包括利益的结果本身和取得利益过程的不正当。即只有结果与过程的违法、违规性才能构成法律上的不正当利益。而公诉人的观点,恰恰反映对不正当利益认识上的误解。

比如,法庭调查中公诉人反复强调信达公司的几个人在会上没有回避的问题,但这一事实的存在只是判断是否构成受贿犯罪的依据之一。因为在认定受贿犯罪时,并不考虑为他人谋取的利益是否正当,只要谋取了利益,就可以构成犯罪,但是行贿罪则不一样。例如,在招投标过程中,如果受贿方在某个程序中应当回避而没有回避,行贿的一方最终中标了,其是否就一定构成行贿罪呢?并非如此,因为只要这个中标结果得来的合法正当,没有违法性,就还是属于正当利益。如果经过重新评估审核,查出问题了,他确实不符合中标的条件而中标了,那么可以说他当时谋取了不正当利益。但如果查不出问题,那毫无疑问,就是正当利益。在此情况下,受贿方可以构成犯罪,而行贿方则不构成犯罪。所以,谋取利益的正当与否,是决定于该利益本身的性质,而并不单纯取决于所谓受贿方的行为性质。

又如,公诉人说,(关于电厂的债权)卖给谁都可以,但最终卖给了郭某某。"卖给谁都可以"的观点很重要,既然"卖给谁都可以",那就是说卖给张三或者李四都是正当的。反过来,如果不是卖给谁都可以,而是卖给张三可以,但是卖李四不可以,那么李四得到的就是不正当利益。公诉人对这一问题的认识,恰恰反映其对于不正当利益的理解是不准确的。

本案中指控的七项具体谋利事实都是属于这样的问题。公诉人在法庭调查中出示的大量书证,也已经证明了评估的过程、收购的过程并没有作假,其程序正当合法,即证明了正如公诉人所说的"卖给谁都可以"的基本事实。而这个基本事实才是衡量其结果正当性的根本依据,至于这些程序中存在的一些瑕疵,如应当回避而没有回避,又如在处置形式上违反了总公司的批复等,只是某些个别人的行为瑕疵。而这些瑕疵并不足以影响整个结果的正当性,不能导致最终谋取的利益的不正当性。

(二)对具体指控事实的分析

1. 关于将信达公司9890万元债权拆分处置的问题,实质上是名业公司先从信达公司整体购买,再将3500万元转让给铁合金公司,并非信达公司分拆转让。同时,被告人没有谋取不正当利益。

首先,该9890万元债权实际上是被告人郭某某先从信达公司购买,然后再转卖给铁合金公司的,信达公司只是协助其出了相关手续。辩护人在举证时出示了早在信达与铁合金公司签订合同之前,名业公司给信达公司的保证还款的承诺,以及名业公司与信达公司之间的往来函件,都足以证明这一事实。

其次,从受贿人的角度看,确实存在一些瑕疵,如审核委人数没有按照奇数设置,刘某某、郑某某违反规定投票,违反了总公司关于全部债权转让给名业公司的批复。但如上所述,这些瑕疵不能导致最终谋取的利益的不正当性。因为,债权转让行为是经总公司批准的,而且,违反总公司批复,也只是违反了公司的内部规定,而公司的内部规定,显然不是法律规定的违规对象。更何况,信达长春办也对违反批复做出了合理解释,是因为该方案比前面的更好,他们有权处置,并经审核委讨论一致通过了。

最后,更重要的是,价款是总公司确定的。而在债权转让过程中,最终价款没有变,付款方式没有变,担保方式没有变。变化的只是一种资产出卖的方式,没有侵犯信达公司的任何利益,信达公司没有受到任何损失。

退一步讲,即使是信达长春办拆分转让了,也不构成利益本身的不正当性。如果信达总公司说2300万元卖,结果被告人用1300万元就买到了,那可能会存在不正当利益。但是,既然“卖给谁都可以”,而且事实上,名业公司仍然是用2300万元总价购买,信达公司没有损失,就没有理由认定被告人谋取了不正当利益。

2. 九站土地评估程序合法合规,不存在不正当利益。

起诉书指控九站土地违反规定一年内两次评估,并且差额较大,所以郭某某是谋取了不正当利益。

首先,指控的主体就不对。根据吉林市双正拍卖有限公司05001号《委托拍卖合同》和《拍卖成交确认书》,九站土地的最终竞买人是宝亿利公司,而该公司并不是被告人的公司。买受的主体根本就不是郭某某,如何指控郭某某谋取不正当利益?

其次,退一步讲,即使是郭某某买的,也不存在不正当利益。

(1)关于一年内两次评估的问题。公诉人认为违反了财政部《金融资产管理公司资产处置管理办法》和《中国信达资产管理公司资产处置管理细则》。辩护人仔细查阅了财政部的规定,可以肯定,在财政部的《管理办法》中并没有对评估有此规定。而后者只是信达公司的内部规定,不是行贿罪违规的对象。

更何况,信达总公司的《调查报告》中明确指出了:“经办人……没有重大违法违规行为。”此证明连违反内部规定的行为都不存在。

同时,辩护人强调,买与卖是两种不同性质的行为,作为市场交易的一方主体,且交易的对象为实物资产而非债权,买方即被告人当然有要求评估的权利,因为市场在变化。所以,对于实物资产的交易是不可能在评估的次数上加以严格限制的。

(2)关于评估价值的差额问题。评估程序合法合规,没有作假,即使两次评估价值相差较大,也是正当的,不存在不正当利益。更何况,信达总公司的批复和调查报告中都认可了378万元的评估价值,也不存在损失。

值得提出的一个细节是,在第二次评估拍卖过程中,并不是一开始就是378万元起拍的，而是540万元起拍价。由于无人竞买的市场原因，才最终以378万元成交。既然评估、拍卖程序都合法合规，也不可能存在不正当利益。

3. 创伤医院债权300万元卖给郭某某，信达公司没有损失，郭某某没有获取不正当利益。

300万元没有按照总公司批复的拍卖方式处置，只是一个具体操作的问题，即使在形式上违反了总公司的批复，也不是法律上规定的违法违规。更为关键的是，“卖谁都可以”，而且300万元的价款没有低于总公司要求的底价，信达公司没有损失，即不存在被告人获取了不正当利益问题。

4. 关于500万元的抹账协议，铁合金公司和供电公司已经实际履行，被告人没有获取不正当利益。

首先，该500万元的抹账协议在铁合金公司和供电公司之间已经履行了。这一事实，在法庭调查中公诉人也认可。

在已经生效的袁某某受贿罪的判决书中[(2004)吉刑初字第71号]，刘某某的证言(检卷5第77~110页)证实“2002年5月22日扣桦甸电厂3,299,000元，2002年8月22日扣85万元，后来，由于工人闹事返给100万元……我们之所以执行，是因为我们得听省电力公司的指示，袁某某没有让我们不扣，我们就参照了抹账协议，扣了”。

供电公司营销部证明(检卷5第112页)证实：2004年12月，供电公司从源源热电扣了500万元中的160万元。

其次，辩护人强调，即使抛开生效不生效，履行没履行的问题，关于500万元抹账的关键问题在于被告人获取的是不是不正当利益，而判断利益正不正当的根据是铁合金公司是否遭受了这500万元的损失。现在的实际情况是，四家抹账的结果是“双双赢”，即四家都得到了好处，都没有损失。既然如此，又是哪来的不正当利益？

5. 关于涉及铁合金公司的3500万元桦甸债权转让,是正当的商业行为。

这一笔和500万元的抹账协议道理是一样的,被告人郭某某是否获得了不正当利益,根据的是铁合金公司是否遭受了损失。从铁合金公司方面来看,如果不抹账,铁合金公司要偿还3500万元现金。通过抹账,铁合金公司虽然还是支付3500万元,但实际上,抹账后,铁合金公司只用支付1700万元的现金,其他用房产抵债。这样,其一方面解决了现金流问题,另一方面也解决了陈欠电费问题。这3500万元对铁合金公司来说,不仅没有受到损失,还节省了1800万元的现金,双方各得其所。

公诉人认为郭某某在其中占了便宜,而郭某某还很委屈,因为实际上控股经营电厂后,郭某某替电厂偿还了大量债务。根据吉市信会专审字〔2007〕第004号《审计报告》,名业商贸公司通过购买债权,代为履行贷款担保责任、债务清偿、支付陈欠款项、经营投入、固定资产增加及大修技改支出等方式,替桦甸油页岩示范电厂承担债务共计本金240,337,208.70元,利息62,189,030.76元。郭某某购买债权在先,转让债权也是事实,后来又替电厂还债,最终还是郭某某自己承担了债务,“羊毛出在羊身上”,实际上郭某某根本没有得到任何利益。

退一步,即使郭某某确实占了便宜,也是正常的商业利润。哪一个商人不以营利为目的呢?君子爱财,取之有道,只要是没有违法违规,何错之有呢?问题的焦点在于到底存不存在违法违规的不正当利益,没有违法违规就没有不正当性,而没有不正当性,就不是行贿罪。

6. 关于涉及行贿于某某,在桦甸电厂改制中谋取不正当利益的问题。

公诉人反复提出在收购该债权时郭某某的报告有虚假,所以利益不正当。

辩护人认为，第一，这个所谓的虚假报告根本就不是郭某某做的。第二，如果公诉人说这个报告是根据郭某某的原始报告而来的，那就得举证郭某某的原始报告，证明郭某某到底有没有造假，在哪里造假。公诉人提出虚假报告问题的责任承担的主体指向就不对。第三，于某某的调查笔录证明，写报告的人对报告的基本事实是做过调查的，指控报告虚假没有事实依据。因此，岳某兴写的报告是否内容虚假与本案指控的行贿谋取不正当利益没有任何的关联。

更重要的是，律师向法庭举出的两份证据：于某某案件法院的退补提纲和省检察院的补充侦查报告。这是吉林省检察院反贪局给法院出具的报告，其中写道："本案涉及的行贿人是否构成行贿罪的问题，侦查机关在侦查过程中未发现有明显的牟利事项。"该证据表明，省检已经明确下了结论，涉及行贿的38个人，包括郭某某，都没有谋取不正当利益。而现在省检的报告却被敦化检察院否定了，到底是什么原因？是省检的侦查有问题了吗？省检已经下了定论，我们今天还在这辩论到底有没有不正当利益的存在，有价值吗？

更不要说，其他37个人无一被追究刑事责任，而其中有些人的行贿数额却远远大于指控郭某某所谓行贿的数额。那么，法律的公正性从何谈起？希望法庭对此问题予以高度重视。

7. 关于在交通银行的两笔贷款。

公诉人认为当时的名门公司有虚假出资，被告人用有虚假出资的企业贷款是谋取了不正当利益。

辩护人强调，注册资金本身是否虚假与贷款没有关系，因为这两笔贷款都是超值抵押贷款，而不是信用贷款。贷款的程序合法合规，超值抵押，而且本息都已归还，根本就不存在不正当利益。

8. 关于指控的置换牛马行市场的问题。在该项抵押过程中，工商银行没有受到损失,被告人郭某某没有谋取不正当利益。

首先,被告人一再强调,不是“置换”,是因为他收购了工商局的债权,同时承担了工商局欠工行的债务。后来工行起诉工商局,执行过程中,用四处房产偿还了所欠债务,并不是指控所说的要执行牛马行,后来用四处房产“置换”了。被告人的这一说法,也得到了相关证据的确认。吉林市工商行政管理局和吉林市名门实业有限责任公司《买卖协议书》及《补充协议》、名门公司给吉林市工商局“结账单”以及“对账单”,和法院的执行文书,证明当2001年12月工行诉工商局偿还债务时,名门公司按照协议约定,用四处房产承担了该笔债务的偿还义务。并不是“置换”牛马行市场,而是按照协议,承担偿还债务的义务。

其次,用四处房产抵债的过程中没有违法违规行为。因“菜篮子”工程需要而不便执行牛马行市场的客观社会原因是前提,经过了法院的评估、执行程序是过程,工行收回部分债权并按照相关政策减免利息是结果。任何一个步骤中都没有违法违规行为存在,不存在不正当利益。

最后,按照法院判决[吉林市中法民事判决(2002)吉经初字第16号、第17号],工商局欠工行40,132,818元。该欠款在法院执行过程中,用四处房产抵债,评估价值为3662万元,工行拟将这些房产以2600万元卖给义德源钢材销售公司,并向省行打了报告;后工行信贷审查委员会根据工银发〔2001〕382号文件精神,减免了表外利息17,014,417元。工行的损失从何而来?没有损失,郭某某的所谓的谋取不正当利益又从何而来?

综上,指控被告人在前述事项中谋取了不正当利益没有事实和法律依据,被告人没有谋取不正当利益,依法不构成行贿犯罪。

四、关于行为主体问题

公诉人认可郭某某的几家公司都是合法设立的有限责任公司，并且认可其指控行为都是以公司名义为了公司利益所实施的，且最终利益也都是归属于公司。但同时，公诉人却提出应当适用最高人民法院《关于审理单位犯罪案件具体应用法律有关问题的解释》，不以单位犯罪论处。

辩护人认为，公诉人对该司法解释作出了错误的理解。该司法解释形成的背景是针对当时出现的以设立公司为幌子专门从事诈骗、洗钱等犯罪活动的特定现象，如以公司为幌子，与他人签订合同实施诈骗，或者为了洗钱犯罪而专门设立公司等；针对这样一些特定现象，出台了这个司法解释。该解释所指的是，以公司的名义专门从事某种犯罪活动而并无其他正常经营活动的情况。但是，本案的情况与这个解释完全不一样，郭某某涉案的三家公司哪一个是为了实施犯罪而设立的？或者设立后是以实施犯罪为主要活动的？都没有。如果有，那么说明检察机关有失职，因为公诉机关除指控其行贿外，并未指控其在经营中有任何其他违法犯罪活动。既然如此，就没有任何根据和理由认定其是为实施犯罪而设立或者以实施犯罪为主要活动。事实上，这三个公司都在一直进行着正常的经营活动。否则，公诉机关指控其前述七项谋取不正当利益的罪状岂不是空穴来风？既然涉案公司具有正常的经营活动，而公诉机关指控的又只是与这些经营活动相关联的行贿犯罪，那就不可能适用该解释。该司法解释指向的犯罪显然是以营利为目的的，而行贿是专门给人送钱的。试问，有没有人会为了行贿而专门设立公司？或者说专门为了给人送钱而设立公司且无其他商业目的？如果有，那这个人不是傻瓜就是活雷锋，这种事根本就不可能存在！如果说郭某某在抹账的过程当中，或者在签订合同的过程中，在收购债权或租赁房产的多项经营活动当中实施了一系列具体的犯罪行为,那么还有可能适用此司法解释。但是本案中完全不存在这种情况。

综上可见,既然公诉机关已经承认或者说没法否认郭某某的几个公司都是合法设立的有限责任公司,所有涉案行为都是以公司名义而且是为了公司利益实施,最后利益都归属于公司,那么,就没有任何理由曲解法律和司法解释,牵强附会地将典型的单位行为指控为个人行为。

综上所述,辩护人认为,公诉机关指控郭某某对他人行贿基本事实不清,证据不足;且其在涉案的各项活动中没有谋取不正当利益。另外,郭某某被指控的诸项行为均属单位行为,公诉机关指控郭某某个人犯罪亦没有法律依据。

被告人郭某某辩护人:

北京市京都律师事务所律师　田文昌　徐　莹

2009 年 8 月 5 日

审理结果

法院判决被告人郭某某构成单位行贿罪,判处有期徒刑 3 年 6 个月。

王某洋被控贪污罪、挪用公款罪案

案情简介

王某洋系某大学计算机科学与技术学院副院长、山东地某计算机软件有限公司(以下简称地某公司)法定代表人。

1992年11月,某大学科技开发总公司和香港华某发展有限公司(以下简称华某公司)合资成立了地某公司。公司注册资本10万美元,合作期限11年,某大学科技开发总公司总投资7.5万美元,占75%的股权;华某公司投资2.5万美元,占25%的股权。1993年4月华某公司将2.5万美元汇入地某公司,同年5月28日以购买设备款的形式将该笔资金抽回。2002年,王某洋提议并经其他董事同意,将华某公司在地某公司25%的股权变更为王某洋名下,并在工商机关办理了股东变更登记。后因分红和借给某公司钱款,被指控构成贪污罪和挪用公款罪。

本案由最高人民检察院指定河北省人民检察院,河北省人民检察院指定保定市人民检察院管辖。控方认为,在股权转让过程中,王某洋等人在未出资的情况下,以王某洋为代表的地某公司管理层持有了地某公司25%的股份，价值174余万元，属于侵吞公共财物，构成贪污罪；自己决定借款给某公司，构成挪用公款罪。

被告人辩解称，地某公司虽然名义上是某大学科技开发总公司与华某公司合资成立的，但学校只是挂名，既不出资也不参与管理。以学校名义投入的注册资金系王某洋等教师在教学、科研之余，响应学校号召走出校园服务社会取得的收入。

辩护思路

涉案公司是典型的"红帽子"企业，即个人开办的企业使用了学校的名义，学校既未出资也未参与经营管理。按照最高人民法院和国资委的相关规定，"谁投资，谁所有""谁投资，谁拥有产权"。辩护人主要从这个角度提出王某洋不符合贪污罪和挪用公款罪的客体要件；而且出借款项经过集体研究，并非王的个人行为，也不符合挪用公款罪的客观要件。

辩护词

尊敬的审判长、审判员：

我们受王某洋家属的委托和北京市京都律师事务所指派，担任王某洋的辩护人。现依据事实、证据和法律发表辩护意见，请法庭参考。

一、辩护人基本观点及本案基本事实

辩护人认为，王某洋的行为不能构成贪污罪和挪用公款罪，理由很简单，山东地某计算机软件有限公司（以下简称地某公司）并无国有资产成分，所以不具备构成贪污罪和挪用公款罪的前提。

通过庭审，有一个事实已经非常清楚，那就是地某公司是一个典型的、地地道道的“红帽子”企业。所谓“红帽子”企业,是指由私人资本投资设立,但以公有制企业的名义进行注册登记的企业,或者挂靠在公有制企业之下的企业,即名为公有制企业实为私有制企业。并且,王某洋已经支付了25%股权转让对价款;借款给徐某某亦经过集体研究,也不符合贪污和挪用公款罪的行为要件。

本案基本事实:

20世纪90年代初,王某洋(指王某洋等数名数据库教研室的教师——下同)在教学、科研之余,响应学校号召走出校园服务社会,为一些单位开发软件。为了方便,而且正值“公司热”的时期,几个年轻人便商量成立一家公司。但是找到学校有关领导之后,却遭到拒绝,因为当时学校的一位离任领导已经注册了一家计算机软件公司。因此学校领导建议王某洋自己注册一个公司,并把香港华某公司介绍给他。最后商定王某洋以某大学的名义和香港华某公司合资注册一个公司,学校只是挂名,既不出资也不参与管理。

1992年11月19日地某公司注册成立,除华某公司外的注册资本全部由王某洋缴纳,由于个人不是一级单位不能出面,所以借用自己所在的计算机系的名义,在验资时改为以某大学科技开发总公司的名义。

1993年6月23日港方将出资撤回,1999年12月28日王某洋用自己业余劳动所得报酬142,550元人民币填补了港方撤回的出资,即用等额资金完成了事实上的股权转让。至此,王某洋拥有了地某公司100%股权。2002年11月19日,合资经营到期,双方办理了股权转让手续,虽然股权转让款早已支付,但由于工商部门需要,双方只得再办理一次支付转让费的虚假手续。其实,因对价款已先行支付,其真正性质属于事后补办手续。

企业改制后发展迅猛,为提高资质,2003年12月,经董事会研究,决定增资至1000万元。操作方式是王某洋等将公司未分配的利润划到某大学科技开发总公司账上,然后再划回地某公司,其中部分资金算作学校的增资款,部分资金算作借给王某洋的个人增资款。

这就是公司的发展历程。公司的私有制特征决定了王某洋不可能构成贪污罪和挪用公款罪。

二、王某洋不构成贪污罪

按照《刑法》第382条的规定,贪污罪指"国家工作人员利用职务上的便利,侵吞、窃取、骗取或者以其他手段非法占有公共财物"。按照刑法理论,每个犯罪必须同时具备客体、客观、主体、主观四个要件,缺一不可。贪污罪侵犯的客体是公共财物的所有权和国家机关、国有企业事业单位的正常活动以及职务的廉洁性;客观方面表现为利用职务之便,侵吞、窃取、骗取或者以其他手段非法占有公共财物;主体是国家工作人员;主观方面是直接故意,并具有非法占有公共财物的目的。

贪污罪的四个要件王某洋一个都不具备,为了节省时间,辩护人不准备对四个要件进行全面分析论述,只谈其中一个要件——客体要件。

王某洋不具备构成贪污罪的客体要件根本原因是地某公司名为国有实为私营,即王某洋是地某公司的真正所有人!关于这一点无论从公诉机关提交的证据看,还是从辩护人提交的证据看,都不能不说事实简单明了,证据确实充分。下面我们让证据说话。

1. 王某洋是地某公司的所有人(学校并未出资、并未参与经营管理,王某洋是实际出资人和经营管理者)

先看公诉机关提交的证据:

卷次、时间	页码、证据内容
王某洋案主要证据复印件(下简称王卷)一	P0446－0474 记账凭证、收款收据等(证明地某公司成立时出资者为计算机系,即王某洋。其中: P0447《记账凭证》、P0448《济南市统一收款收据》:计算机系投入软件4套作价32.5485万元,证明语句软件等无形资产所有人为王某洋等个人。 P0459 地某公司《记账说明》证明用于出资的计算机等设备所有者为计算机系,即王某洋)
王卷二 08.11.20, 19:25	P0148 王某洋:有了想法之后,我们就去问某大主管科技开发的副校长梅某起和科技开发处的处长曲某某,说想注册成立计算机软件公司,但他们都不同意,因为当时已有某大的副校长陈某行注册了一家计算机软件公司,他们便建议我们自己办一个公司,并把香港华某……介绍给了我。我还说挂着某大的名义和香港华某公司合资注册一个公司,他们都很同意,但又说学校什么也不管,什么也不出……这个公司名称是我起的……注册资本、出资比例等一些具体问题都是我和华某公司的人谈妥的……某大出的钱我记得都是我们交到科技开发处的钱,然后打到注册公司的账号上的。这些钱都是我们挣的,学校一分钱也没出,只是挂了个名。 P0148 某大也没派人参与公司管理。
王卷二 09.2.13, 17:10	P0182 韩某某(时任某大学副校长、某大学产业集团有限公司董事长):(25%变为个人股份有人向你汇报过吗?)没有人向我汇报过……
王卷二 08.11.25, 13:30	P0198 曲某某(时任某大学科技开发总公司总经理):华某公司出资2.5万美元,某大学(科技开发总公司)没有出资。工商登记上的应该是某大计算机系以机器、设备出资,各占多少比例我记不清楚了。 P0199 你参加过地某公司的董事会吗?我参加过一次……除此之外再没参加过地某公司的董事会,也不过问地某公司的事情。如果地某公司要办公司变更需要我签字时我就给他们签字。 我们没有大股东的概念。我们只是挂着大股东的名,不出钱,不参加经营管理,到时候收取一些声誉费或名誉费。地某公司实际上是计算机系或计算机系教研室办的。如果我们直接投资的公司、企业,我应该出任董事长。

续表

卷次、时间	页码、证据内容
王卷二 09.2.13, 10:30	P0202 曲某某:(75 %的股份注册资金是怎么出的?)开发公司没出钱,出资的钱应该是计算机系或课题组的,包括设备和资金。 计算机系或课题组的钱是什么钱?应该是他们搞项目挣来的钱…… 到了课题组的钱是谁的钱?应该就是他们个人的钱了。
王卷二 09.2.16, 10:10	P0205 侯某某(时任某大科技产业处开发部经理):成立后的地某公司实际由计算机系具体经营,地某公司按照学校规定每年向科技开发总公司上交利润,实际华某公司和科技开发总公司都没派人参与经营管理……P0206 科技开发总公司的出资的钱是计算机系的钱,科技开发总公司没有出钱。
王卷二 08.12.10, 15:10	P0208 马某某(时任某大计算机系主任):你在地某公司任职了吗?因为我是计算机系主任,王某洋就安排我当董事长。我没参与过地某公司的经营管理。 P0209(地纬成立时的注册资金?)用的某大学计算机系数据库教研室的人员、设备、项目费用。
王卷二 08.12.10, 15:40	P0211 董某某(某大计算机学院教授):(成立地某公司时,某大学出资了吗?)用的都是计算机系教研室的人员、设备、资金。
王卷二 08.12.9, 9:30	P0214 李某某(某大计算机学院教授):某大也没实际出资,是我们计算机系应用软件教研室的钱和办公设备……

再看辩护人提交的证据:

名称	来源	页码	证据内容
证明	山东某大科技开发总公司	1	某大学科技开发总公司没有对地纬……公司进行各种形式出资。
验资报告书	山东会计师事务所	2－21	投入地某公司的实收资本款收据都写的计算机系。

续表

名称	来源	页码	证据内容
曲某某调查笔录	律师	22－23	计算机系没有钱……用计算机系的名义……钱是……以王某洋为首的几个老师的。
马某某调查笔录	律师	24－25	计算机系没有钱，钱是……王某洋等几个老师个人的。
侯某某调查笔录	律师	26－27	科技开发总公司没有派人参与经营管理……经营管理人是……王某洋。
证明	地某公司	28	公司……实际经营管理人为王某洋及数据库教研室若干名教师。
董某某调查笔录	律师	29－30	(出资用的设备、项目费用等)所有权是这些老师的。
协议	王某洋家属	31	王某洋是地某公司的实际创办者，其经营地某公司未侵犯学校利益。
王某某调查笔录	律师	32	计算机系……没有财务……也没有自己的财产。
证明	某大学计算机学院	33	以计算机系名义所出资金实为……王某洋等课题组成员。
证明	某大学科技处	34	作为投资的4个软件所有权人为王某洋等。
证明	山东某大科技开发总公司	44	某大学科技开发总公司没有参与过地某公司的经营管理……实际管理决策团队是由王某洋、李某某、王某某、张某某、郑某某等人组成。
致中级法院函	某大学	45－48	学校(科技开发总公司)并未实际出资……以计算机科学系名义的现金投资和仪器设备投资，也是……王某洋等……所获得报酬款及采购的设备。……学校并未实际参与公司的经营管理。

某大学科技开发总公司未出资,未参与经营管理这个问题通过庭审已经没有争议,争议焦点变为"计算机系出资"究竟属于学校的钱还是王某洋等个人的钱。对此问题公诉人并无证据,而辩护人却出示了充足的证据:(1)曲某某、马某某、董某某等证人证实以计算机系名义出的钱实际是王某洋等个人的钱;某大学计财处副处长王某莲证明计算机系没有自己的财务和财产;(2)计算机学院证明以计算机系名义出的钱实际是王某洋等个人的钱;(3)某大学红头文件也证明以计算机系名义出的钱实际是王某洋等个人的钱。其实这里是一个"名"与"实"的问题,出资者名义上是计算机系,实际上是王某洋。至于公诉人称侦查机关做的笔录中证人未提到以计算机系名义出的钱是王某洋个人的钱,只能说明那些笔录内容不全面、不完整,只有前半部分,没有后半部分,而辩护人的证据补充了后半部分。即证人证言明确地表述了计算机系只是名义上的出资人,而实际出资人是王某洋等人。

需要提请法庭注意的是,某大学以及计算机系自己都承认自己没有出资,出资人是王某洋,公诉人却执意认定出资人就是某大学,这种行为不可思议。

由于某大学对地某公司既未出资也未参与管理,实际出资人和经营管理者都是王某洋,所以公司的所有人应当认定为王某洋。法律依据如下——

最高人民法院《行政审判庭关于"红帽子"企业产权纠纷处理有关问题的意见》(2004年1月16日):"基于20世纪80年代和90年代初的政策背景,企业"红帽子"现象比较普遍……人民法院在审理这类行政案件时,对实体问题应当尊重'谁投资谁所有'的原则……"

国家国有资产管理局《关于国有资产产权纠纷调处工作有关政策问题的通知》(国资法规发〔1998〕1号):"确认产权要坚持'谁投

资,谁拥有产权'的原则。在明确投资关系时,要查清争议各方的实际投资……"

最高人民法院《关于审理公司纠纷案件若干问题的规定(一)(征求意见稿)》(2003 年 11 月 4 日)第 19 条:"出资人与他人约定以该他人名义出资的,其约定不得对抗公司。但有限责任公司半数以上的其他股东明知实际出资人的出资,且公司已经认可以其以股东身份行使权利的,如无违反法律强制性规定的情节,人民法院可以认定实际出资人对公司享有股权。"

既然地某公司为王某洋所有,那么王某洋就不可能构成贪污罪。

2. 王某洋支付了华某公司 25 %股权的转让款

公诉机关指控王某洋涉嫌贪污犯罪的主要事实是"王某洋等人在一分钱未出的情况下……实际持有了山东地某公司 25 %的股份",那么果真如此吗? 我们且不说学校的出资实际就是王某洋的出资,单说转让款一事,也根本不是"一分钱未出",而是"一分钱不少"! 刚才辩护人提交的 12 - 14 号证据已经充分证明了这一点(见下表)。

名称	来源	页码	证明内容
证明	地纬数码公司	35	王某洋以自己的酬金支付了 25 %股权的转让款(142,550 元人民币)。
记账凭证	地某公司	36 - 40	同上。
转账支票、账页等	工商银行	41 - 42	同上(款项来源为王某洋等为计算机研究所开发软件所得酬金)。

遗憾的是侦查机关没有深入全面客观细致地调查,而是"浅尝辄止",只看到 1993 年外方撤回出资的相关手续和 2003 年的一张虚假收据便妄下结论,认定王某洋没有出资;岂不知王某洋早于 1999 年就已经用自己的业余劳动所得支付了该笔转让款。

对该笔转让款的问题,公诉人主要提出三点异议:一是当时王某洋是地某公司总经理,所以其对外提供劳务应当算作职务行为,所得酬金应归公司所有;二是款项直接打给的是公司,而非其个人;三是转让款是按照投资时的数额支付的,明显偏低。辩护人认为这种说法没有任何事实依据和法律依据。因为:(1)正如王某洋自己在庭上所说,其并没有卖给公司,不能说因为是公司总经理就认定每天24小时所作所为都是职务行为。(2)劳务费是付给王某洋课题组的,这点并无争议。至于钱打给谁跟所有权无关,个人的钱可以打到单位,单位的钱可以打到个人,甲单位的钱可以打到乙单位,而且《证明》里明确表示是应王某洋的要求打到地某公司的。(3)购买25%的股权究竟应当支付多少对价款,这是转让双方之间的事,跟公司无关,公诉人在这里混淆了两个不同的概念。

三、王某洋不构成挪用公款罪

按照《刑法》第384条的规定,挪用公款罪指"国家工作人员利用职务上的便利,挪用公款归个人使用,进行非法活动的,或者挪用公款数额较大、进行营利活动的,或者挪用公款数额较大、超过三个月未还的"。挪用公款罪的客体是公共财产的所有权以及国家财经管理制度;客观方面为利用职务之便,未经批准和许可,以个人名义或为谋取个人利益而个人决定以单位名义,擅自将数额较大的公款挪归个人使用;主体是国家工作人员;主观是直接故意。

按照法律规定、司法解释以及权威判例,可以认定挪用公款罪具有三个突出特征:

一是利用职务上的便利。即行为人利用自己主管、经手或保管公款的方便条件。

二是归个人使用。即行为人"以个人名义将公款借给其他自然人或者不具有法人资格的私营独资企业、私营合伙企业等使用""以个人名义将公款借给其他单位使用”(见最高人民法院《关于如何认定挪用公款归个人使用有关问题的解释》),以公司名义借给公司钱款不构成挪用公款罪。

三是擅自性。即行为人挪用公款,未经有关负责人批准和许可,也未经领导集体研究、决定,系行为人擅自而为,手法上具有一定的隐蔽性和违法性。《全国法院审理经济犯罪案件工作座谈会纪要》(2003年11月13日)规定:“经单位领导集体研究决定将公款给个人使用,或者单位负责人为了单位的利益,决定将公款给个人使用的,不以挪用公款罪定罪处罚。上述行为致使单位遭受重大损失,构成其他犯罪的,依照刑法的有关规定对责任人员定罪处罚。”

挪用公款罪的以上四个要件和三个特征王某洋一个都不具备。这里就公诉机关指控的两起事实分别进行论述。

1. 关于增资款问题

首先,如前所述,地某公司的出资人是王某洋,而不是某大学,所以从根本上说不存在挪用公款的客体。

其次,增资问题经过学校研究同意(如胡某某证言)、股东集体研究,并非王某洋的个人行为,见郑某某、李某某、王某洋等人证言,所以不符合挪用公款罪的行为要件。

最后,无论将某大学科技开发总公司的款项划到地某公司还是向开发总公司借款,王某洋均不属于“挪用”者,而是使用者。挪用公款属于职务犯罪,使用人不能单独成罪。如果这种行为也要追究的话,纯属曲解法律! 换句话说,如果该行为属于挪用,那么首先应当认定将该款借给王某洋的科技开发总公司的人员属于挪用。出借人没有认定挪用犯罪,借款人怎能认定挪用犯罪呢?

2. 关于徐某某借款问题

首先,如前所述,地某公司的出资人是王某洋,而不是某大学,所以不存在挪用公款的客体。

其次,借款问题同样经过集体研究,并非王某洋的个人行为,见郑某某、李某某、张某某等人证言。庭审中公诉人称王某洋当初并未征求大家意见,只是事后告知,这是在篡改证言内容,属于歪曲事实,混淆视听。如张某某称:“王某洋跟我们商量过,我们都同意。”(见辩护人证据之15),郑某某称:“2002年五六月,具体时间我记不清了……王某洋说……徐某某要我们借给她钱……我听了之后……没什么意见。”如此清楚、明确、不容置疑的表述,难道还会有被歪曲的余地吗?这怎么能说成是事后告知呢?

一个细节问题有必要提及。法庭辩论阶段公诉人称张某某证言表明是事后告知而不是事前商量,无奈辩护人只得再次宣读证言原文。可是当辩论阶段临近结束时一位公诉人突然说道他们所提到的张某某证言不是律师所做的笔录,而是侦查机关所做的笔录。庭后辩护人再次翻阅从法院复制的全部卷宗(法院卷宗已全部复制),根本没有侦查机关对张某某所做的关于这个问题的笔录。这也正是辩护人为什么对此问题只取了张某某一人的笔录的原因,因为其他人的笔录在卷宗中都有,唯独没有张某某的笔录。公诉人这种“无中生有”的做法很不光彩,或者说很恶劣,对刑事诉讼是非常有害的。当然,从法律角度讲,公诉人的这种做法并不能影响事实的认定,因为:(1)公诉人的证据中确实没有这样的话;(2)即使有,由于公诉人没有出示,没有经过质证,也不能作为定案的根据;(3)即使张某某确实称事后告知也无关紧要,因为其他人员全都是事前商量,只对一人事后告知并不影响集体决定的性质。

最后,该笔款项的借出方和借入方都是单位,按照最高人民法院《关于如何认定挪用公款归个人使用有关问题的解释》(法释〔2001〕29号),不属于“挪用公款归个人使用”,而是一种企业拆借行为。公诉人称虽然开始是以公司名义借款,但后来打到了个人账户,所以应当认定归个人使用,这种说法是没有法律依据的。因为借给单位还是借给个人只能看最初的主体,不能无限延伸。法律上的因果关系是不能无限循环的,这是基本原则！否则,如果按照公诉人的逻辑,单位借款给职工发奖金,谋福利,岂不是可以解释成归个人使用吗?国家财产“取之于民,用之于民”,那岂不是都属于“归个人使用”了吗?

关于公诉人所谓徐某某借款是用于出资,而出资就是个人使用同样没有法律依据。因为首先,王某洋等并不知道徐某某借款是用于出资;其次,借款用于出资未必属于个人使用,因为公司也可以出资做股东。

综上所述,由于地某公司是一个名为某大学的公有制企业实为王某洋的私有制企业,所以不存在构成贪污罪和挪用公款罪的前提,即所谓“皮之不存,毛将焉附”。

而且,退一步讲,假设地某公司确为公有制企业,王某洋同样不构成犯罪,因为购买外方 25 % 股权一事其确实支付了 14 万余元的转让款;增资一事和向徐某某贷款一事都经过集体研究,并非个人行为。因此,公诉机关指控王某洋前述两项犯罪均不成立!

综观本案全部事实与证据,辩护人注意到,与其他众多案件相比较,本案具有一个十分鲜明的特点,那就是定罪证据明显不足,而无罪证据确实充分。所以,请求法院严格依法办案,对王某洋做出无罪判决。

谢谢!

辩护人:

北京市京都律师事务所律师　田文昌　张雁峰

二〇〇九年十月九日

审理结果

一审保定市中级人民法院认定,地某公司属于国有企业,王某洋利用职务便利侵吞公共财物 174 万余元,构成贪污罪,判处有期徒刑 5 年;王某洋作为地某公司主要经营管理者,出借款项时虽与公司其他人员进行了沟通,但并非事前的集体研究,应属于个人决定,构成挪用公款罪,判处有期徒刑 3 年,数罪并罚决定执行有期徒刑 6 年。

王某洋提起上诉,二审河北省高级人民法院维持原判。

范某某被控虚报注册资本罪、逃税罪、行贿罪、单位行贿罪案

案情简介

范某某系河南省周口市汇林置业有限公司（以下简称汇林公司）的法定代表人和董事长，汇林公司是一家主营房地产开发的企业。起诉书指控范某某涉嫌四项罪名：

一、虚报注册资本罪

2001 年，汇林公司成立，注册资本金 1120 万元。6 月 1 日验资日，有四笔资金汇入公司账户，分别是：通过李某账户打入 50 万元，周口林茂实业有限公司（以下简称林茂公司）转账 580 万元和 440 万元，范某某现金缴存 80 万元，共计 1150 万元，差 50 万元。

指控认为，除了 80 万元，其他 1070 万元“不能证明为范某某出资”（鉴定结论称），故不是被告人的出资款。加上 50 万元未到账资金，范某某共计虚报注册资本金 1120 万元。

关于 1070 万元的资金性质是：50 万元李某汇款系李某归还被告人的借款，林茂公司是被告人完全控股的公司，林茂公司的资金即是

被告人的资金。

二、逃税罪

2006 年,根据市政府《常务会议纪要(2006)第 12 号》记载:市政府决定“由汇林置业有限公司负责大闸路南段建设工程的投资”,并且“汇林置业有限公司和周口万基房地产开发有限公司的投资从各自应交税款中逐步偿还”。此后,汇林公司因修路而为市政府垫付资金约 2400 万元,经汇林公司向政府多次索要,未果。

2008 年 11 月 28 日至 2009 年 3 月 30 日,周口市地方税务局稽查局对汇林公司 2000 年 6 月 19 日至 2008 年 12 月 31 日的纳税情况进行依法检查的时候,发现该公司在此时间段内,未缴应纳税款 20,008,346.6 元。周口市地方税务局稽查局据此对汇林公司作出了行政处罚决定,处罚汇林公司应缴罚款共计 70,932,807.46 元。

据此,检察机关认为,范某某在担任法定代表人期间采取欺骗、隐瞒手段进行虚假纳税申报或者不申报,逃税额占到同期应缴纳税款的 28% 以上,涉嫌构成逃税罪。

而汇林公司及范某某则认为,其没有逃税的故意,2006 年汇林公司与周口市人民政府之间达成了“以债抵税”的协议,未缴税款其以债抵税了。

三、行贿罪

范某某被刑事拘留后,其朋友王某某让范某利向管号民警丁某某送了烟酒等财物,向刘某某送烟酒等财物。指控认为,王某某、范某利给丁某某、刘某某送财物系受范某某指使。

四、单位行贿罪

此外,指控还认为,2001 年 8 月至 2003 年春节,范某某作为汇林公司的法定代表人,先后五次送给原周口市市长张某某 32 万元人民币和 2 万美元,涉嫌构成单位行贿。

辩护思路

一、关于虚报注册资本罪

注册资金的来源、性质是不是虚报注册资本罪的构成要件之一?辩护人认为指控观点对此存在认识上的误区。作为对企业的投资款,只要资金汇入了验资账户,对于钱的性质、来路,与是否虚报都没有关系。钱是如何来的,是另外一种法律关系所调整的事实。更何况,1070 万元都能够被证明是范某某的资金。

二、关于逃税罪

第一,本案是《刑法修正案(七)》颁布之后发生的案件,根据《刑法修正案(七)》对已经补缴全部税款和滞纳金,并缴纳一定的罚款保证金的,应当不予追究刑事责任。但是,公诉机关认为,汇林公司是“强制”执行,因为没有积极主动地补缴,所以不使用《刑法修正案(七)》的规定。

辩护人认为,公诉机关的认识是对《刑法修正案(七)》的误读。《刑法修正案(七)》强调的是“补缴”,而并无“积极”和“主动”补缴的要求,这表明,法律规定所强调的是补缴的基本事实,而非补缴的态度。

第二,本案的客观事实是,汇林公司确实存在没有缴纳应缴税款的欠税事实。但是,任何事情都不能割裂看待,而要综合、整体、全面地分析。欠税事实发生的前提是:汇林公司与政府之间存在“以债抵税”的协议,其实质是一种经政府承诺的税务之债与政府之债之间的抵销行为。为了证明债的性质和抵销的可行性,辩护人从税收关系在本质上是一种债的关系,工程款所具有的政府之债的性质使其与税收之债的抵销具有了可能性,政府的承诺使得政府之债与税收之债的抵销具有了现实可行性几方面进行了具体论述。

那么,在这种债的抵销的关系中,范某某及汇林公司都不存在逃税罪主观方面的认识因素和意识因素。政府承诺在先,汇林公司纳税零申报在后,不存在隐瞒或欺骗的问题。在政府违约之后,汇林公司多次提交了《缓交税收的申请》和《延期申报申请核准表》,由于政府欠款等各种各样的原因,申请缓申报,都明说了,这和"隐瞒、欺骗"的不申报、假申报行为是完全不同的,具有本质的界限区别。并且,抵销行为也不具有社会危害性。

第三,除了从主观意识形态角度分析了被告人不具有逃税罪的主观故意之外,辩护人还从税法专业角度详细分析了被告单位不存在不申报或虚假申报的客观表现形式。

三、关于行贿罪

公诉方指控范某某行贿丁某某,是在范某某已经被采取强制措施之后,通过用管号民警丁某某的小灵通给王某某打电话联系,指使其送财物。给刘某某写纸条,安排王某某给刘某某送烟酒。但从证据角度,公诉方既无法证明通话事实,也无法提供纸条,证据明显不充分。

四、关于单位行贿罪

辩护人主要从利益的正当性的角度,分析范某某主观上没有从张某某处谋取不正当利益的想法,客观上也没有谋取不正当利益,指控犯罪不能成立。

辩护词(一审)

尊敬的审判长、审判员:

北京市京都律师事务所田文昌律师、北京市君泽君律师事务所李荣法律师接受被告人亲属的委托,担任被告人范某某涉嫌虚报注册资本罪、逃税罪、行贿罪、单位行贿罪的辩护人，辩护人开庭前会见了被告人，查阅了公诉机关的证据，并参加了本案的开庭。现根据庭审调查、对公诉人证据的质证意见以及辩护人出示的有关证据，特向法庭提出以下辩护意见，恳望合议庭予以评议并采纳。

一、关于虚报注册资本罪

（一）被告人范某某不存在虚报注册资本1120万元的事实，公诉机关对被告人虚报注册资本数额巨大的指控不能成立。

第一，被告人已经于2001年6月1日验资日缴纳了1150万元出资款。

辩护人认为，公诉机关指控观点存在一个认识上的误区，即认为只有明确标注为范某某的投资款的，才是投资款，否则就都不是范某某的钱。对此，辩护人要指出的是，作为对企业的投资款，只要是范某某出的钱，不管钱的来历如何，都没有关系。钱的来源如何，是另外一种法律关系所调整的事由。但针对注册资本而言，只要是范某某汇来的钱，并且打到了他公司的账上，就是他的投资款，这一点不应当存在争议。怎么能人为地把这些钱分开，说只有80万元是他的投资款，其他的就不属于他的投资款呢？

根据今天的法庭调查，对被告人、鉴定人的当庭询问，结合公诉机关起诉书的认定以及案卷其他材料，在2001年6月1日当天即有四笔资金汇入汇林公司的账户。分别为李某归还被告人借款50万元、周口林茂实业有限公司转账两笔分别为580万元和440万元、被告人现金缴存80万元，共计1150万元。此1150万元即为被告人的出资款，不存在虚假性。首先，被告人当庭陈述李某归还的是借被告人的款项；其次，周口林茂实业有限公司是被告人完全控股的公司，其资金即是被告人的资金。至于公诉机关引用河南华颖会计师事务所的司法会计鉴定报告，称其中580万元系汇林公司住房基金户汇入,经当庭询问鉴定人,其依据的银行进账单并未注明是汇林公司住房基金户汇入。相反,根据张某军和杨某均的口供,均认为该笔款系周口林茂实业有限公司汇入。而鉴定人仅仅“听说”是汇林公司住房基金户汇入的,这显然不能作为其出具司法鉴定报告的依据。

通过对鉴定人的当庭询问,辩护人注意到,鉴定人的鉴定结论做出了一个表面上看似巧妙的设计,企图掩饰鉴定结论的基本逻辑错误。鉴定材料是这样写的:那些钱“不能证明为范某某出资”。这里,鉴定人犯了一个举证倒置的逻辑错误。本案的事实是,钱已经打到范某某公司的账上。在此前提下,鉴定人怎么还能说“不能证明为范某某出资”呢?难道已经入到范某某公司账的钱,还需要证明是否属于范某某所有吗?这种逻辑岂不同某人存折里的钱还需要证明是否归其所有一样荒谬吗?很简单的道理是,钱入到范某某公司账上的事实已经体现出范某某对该笔资金的所有权,除非能够证明其不属于范某某所有;否则就没有任何理由否定范某某对该资金的所有权。所以,鉴定人在这种逻辑颠倒的基础之上做出的鉴定结论,是完全错误的。请法庭对此予以高度重视。

法庭调查时辩护人问鉴定人,你有没有考虑到账上这些钱是从哪来的?钱的所有权是谁的?辩护人的意思是希望鉴定人注意到汇钱的另外那几个公司也是范某某的,股东和法定代表人也是范某某。辩护人还问鉴定人:范某某的汇林公司有几个股东?鉴定人同样没有注意到这个问题。实际上汇林公司只有三个股东,范某某和他的妻子苑某某以及大哥范某仁,范某仁只占20%的股份。实际上汇林有80%的股权是属于范某某夫妻共有,现在既然其他股东都没有提出异议,有什么理由说从范某某所有的林茂公司打到汇林公司账上的钱不是范某某的呢?所以,本案中没有任何理由可以证明这1150万元不是范某某的钱,这一事实就足以说明范某某没有虚报注册资本。鉴定人怎么能说“不能证明是他的钱”呢?

鉴于此,辩护人认为,此1150万元是为被告人所拥有或控制的款项,以此作为被告人的出资是完全合法的。而河南华颖会计师事务所在没有查清该等款项所有权归属的情况下,擅自作出“其余1120万元为范某某虚假出资”的结论是完全错误的,当然不能作为指控被告人构成虚报注册资本罪的依据。

第二,注册资金即使缺少50万元,也不在追究的范围之内。

根据最高人民检察院、公安部《关于经济犯罪案件追诉标准的规定》第2条规定,“虚报注册资本案,申请公司登记使用虚假证明文件或者采取其他欺诈手段虚报注册资本,欺骗公司登记主管部门,取得公司登记,涉嫌下列情形之一的,应予追诉:……2、实缴注册资本达到法定最低限额,但仍虚报注册资本,有限责任公司虚报数额在一百万元以上,股份有限公司虚报数额在一千万元以上的……”而在本案中,被告人根本就不存在虚报注册资本100万元以上的情形。即使按照增资1200万元计算,其与被告人已经缴存的1150万元相比也仅仅存在50万元的差距。

第三,公司增资后的两年内,范某某对公司的出资远远超过了其注册资金2000万元的数额,完全符合公司法规定的出资条件,依法不应追究。

根据公诉机关提供的证据卷7第7页的“资产负债表”显示,汇林公司在2002年年底其资产总额已达到7240多万元,说明在这期间被告人早已以其他方式补缴了上述50万元出资。新《公司法》对注册资金的规定非常明确,无论新注册公司还是公司增资,都明确规定首次出资达到20%,两年之内补足即可。现在的事实是,公司在增资后的两年内资产大大超过了2000万元,怎么还能说是虚报注册资本呢?

公诉人可能又会说：投资款是投资款，公司资产不等于投资款。这个说法并不是完全没有道理的。但是，民事法律关系和刑事法律关系所要求的条件是不一样的。为什么立法要规定虚报注册资本罪，目的很明确，是为了保护债权人的利益，为了打击在改革开放初期出现的皮包公司现象。是因为有的人以虚假注册手段虚夸公司实力，出现亏损后却无力偿还债务，致使债权人遭受重大损失。在此情况下，《刑法》才规定了虚报注册资本罪。这是在中国改革开放特定历史条件下的特定产物，在不久的将来，这一罪名应当被取消。但现在这一罪名依然存在的情况下应当如何认识？关键是要看其会否损害到债权人的利益。只要其公司有远远超过2000万元的资金实力，不可能造成对债权人的任何伤害，那么，就没有社会危害性，追究刑事责任的理由就不存在。

(二)被告人不应是公诉机关指控虚报注册资本罪的犯罪主体，被告人没有实施起诉书第7页指控的“使用虚假证明文件和其他欺诈手段虚报注册资本”，并且对有关虚假《现金存款凭证》毫不知情。

第一，起诉书第2页第一行“申请人为周口汇林置业有限公司法人代表范某某”的表述以及第7页的“本院认为，被告人范某某使用……”的指控均属错误。根据公诉机关提供的侦查卷11第47页的“公司变更登记申请书”，该证据明确显示，向工商机关申请变更登记的不是范某某而是汇林公司，被告人仅仅是以法定代表人身份签字而已，公诉机关却指称其是申请人，这完全属于张冠李戴。

第二，公诉机关指控被告人“使用虚假证明文件和其他欺骗手段虚报注册资本”，没有任何事实依据。

首先，根据公诉机关提供的原工商银行川汇支行员工许某某、张某军以及杨某均等人的证言，公诉书所称的两张金额分别为920万元和200万元的《现金存款凭证》，完全是银行工作人员“为拉住大客户”而自作主张的结果,而不是被告人范某某实施的行为。以上证人证言均明确表示不认识被告人范某某,被告人范某某也当庭表示不认识他们中的任何人。因此,此两张虚假的《现金存款凭证》既不是被告人实施的行为,也不是被告人授意或安排实施的行为。公诉机关在法庭上一再声称此行为系被告人授意所为,这完全是无中生有,没有任何事实依据。

其次,起诉书认为被告人提供的资产负债表不属实,其中应收账款640万元中的600万元应包含在银行存款中,理由是2001年5月28日该600万元已经从周口军分区营房办公室汇回到汇林公司。对此,根据公诉机关提供的侦查卷8第58页银行对账单显示,汇林公司确实在5月28日收到一笔600.66万元的款项,但是,该对账单也清楚地显示,5月29日、31日分别汇出30万元、5万元和580万元,共计615万元。截至5月31日,汇林公司的银行账户余额为6892.88元,而在6月1日当天该银行账户仅仅发生四笔业务,共计汇入1150万元。所以,这1150万元中肯定不包括5月28日汇入的580万元。当然,由于5月29日和5月31日汇出615万元,导致6月1日的应收账款余额为640万元也就完全是合理的了。起诉书仅根据5月28日汇入600万元就断然认为6月1日的银行存款中必然包含此款项,这是违反事实情况的,也有违基本的会计常识。

(三)退一万步来看,即使被告人或被告单位存在虚报注册资本,其行为也已超过追诉时效。

根据《刑法》第87条的规定,“犯罪经过下列期限不再追诉:(一)法定最高刑为不满五年有期徒刑的,经过五年……”而根据《刑法》第158条的规定,虚报注册资本罪的最高刑期为三年以下有期徒刑,因此,辩护人认为,退一万步来看,即使被告人或被告单位存在虚报注册资本行为,由于该行为发生于2001年6月1日,按照《刑法》

第87条的规定,该行为也早已于2006年6月2日超过了刑法上的追诉时效,不能再追究行为人的刑事责任。

综上,辩护人认为,公诉机关指控被告人范某某虚报注册资本事实不清,证据不足。

二、关于逃税罪

(一)被告人及被告单位主观上不存在"隐瞒、欺骗"的意识,更没有逃税的主观故意。起诉书第5页第7行关于"汇林置业有限公司在被告人范某某担任法定代表人期间采取欺骗、隐瞒手段进行虚假纳税申报或者不申报,逃避缴纳税款为……"的指控是不属实的

第一,主管税务机关对被告单位纳税情况的评价与公诉机关的指控自相矛盾。根据公诉机关提供的侦查卷4第1038页证据:《周口市地方税务局直属分局关于周口汇林置业有限公司纳税情况的说明》,落款为周口市地方税务局直属分局,落款时间为2009年2月,公诉机关对被告单位所谓"隐瞒、欺骗"的指控与此证据自相矛盾。周口市地方税务局直属分局作为被告单位的主管税务机关,就被告单位2003年至2008年的申报纳税作如下表述:"在纳税方面,周口汇林置业有限公司基本上能够按时申报、依法纳税,并按要求报送有关报表和资料。其具体纳税情况如下:……"该直属分局是被告单位的主管税务机关,对被告单位的纳税情况最为清楚和了解,其给予的"基本上能够按时申报、依法纳税"的评价与公诉机关指控的"隐瞒、欺骗"相差何其远矣,公诉机关对主管税务机关的说明难道就视而不见吗?公诉机关试图以乔某的个人证言来证明被告单位未按时申报缴纳税收,其证明目的是无法达到的,因为一个纳税人是否依法纳税只能由税务机关来书面认定,而不是任何个人凭主观记忆来认定的。

第二,政府违反承诺在先,被告单位纳税零申报在后,不存在隐瞒或欺骗的问题。根据辩护人提交的《周口市人民政府常务会议纪

要》(〔2006〕12号),该会议纪要决定,“由周口汇林置业有限公司负责大闸路南段建设工程的投资……周口汇林置业有限公司的投资从应交税款中逐步予以偿还”。周口市政府的此决定即意味着被告单位失去了隐瞒和欺骗的前提,由于市政府承诺被告单位垫资修路,该垫资款从应交税金中逐步偿还,而汇林公司在垫资后却迟迟得不到政府偿还税金承诺的兑现,于是经主管税务机关同意进行零申报,该零申报正是被迫要求政府兑现其承诺,而不存在任何的隐瞒或欺骗。

第三,被告单位缓交申请以及李某刚和苑某良等人证言证明,被告单位不存在“隐瞒、欺骗”。缓申报不等于不申报,关于缓缴税款,汇林公司写了文件,打了报告,由于政府欠款等各种各样的原因申请缓申报,都明说了。这和“隐瞒、欺骗”的不申报、假申报行为是完全不同的,具有本质的界限区别,请法庭予以注意。根据公诉机关提供的侦查卷4第1033页至第1035页的《周口汇林置业有限公司关于缓交税收的申请》和《延期申报申请核准表》,被告单位向主管税务机关直属分局明确提出因修建莲花路和大闸路南段共垫付资金2400万元,而市政府一直未兑现从应缴税款中予以偿还的承诺。故被告单位无资金缴纳税款,特申请领导批准同意缓交各税。随后,主管税务机关及专管员均书面批准同意缓交。此证据充分证明被告单位的“缓交”行为不是“隐瞒或欺骗”行为。同时从主管税务机关专管员李某刚的证言(见侦查卷2第42页)看,被告单位作零申报完全是在他的指导下完成的(卷2第50页“你们公司2008年全年没有申报缴纳营业税,应该做零申报”),甚至其还承认连纳税报表内容都是其“亲自填写的”(卷2第50页)。苑某良的讯问笔录(侦查卷2第32页至第41页)也证明,“我公司曾垫资修路,当时市政府承诺用税款返还,但后来没有返还给我们,我公司一直向市政府要账……市政府欠我们两千多万元修路款没有还给我们,我就去要过两次,但都没有能要回来”。被告人范某某在《讯问笔录》(2009年2月6日)中表示,“只要公司现在账上有钱,我愿意积极缴纳税款”,而在《陈述申辩笔录》(2009年3月8日)中也提道,“我从来没有想到过偷税”。实际上,被告单位非但没有偷税的前科,还在2007年度还因缴纳税款超过1000万元而受到市政府表彰,并奖励3万元。

以上行为及证言充分证明,无论被告单位还是被告人范某某主观上根本就不存在隐瞒或欺骗税务机关而逃避缴纳税款的意图,公诉机关的指控缺乏事实依据,确有强加之嫌。

(二)被告单位不存在不申报或虚假申报的客观表现形式

第一,起诉书第4页指控被告单位“汇林置业有限公司采取不进行纳税申报手段少缴以下税款:……”不属实。根据公诉机关侦查卷4第1038页证据:《周口市地方税务局直属分局关于周口汇林置业有限公司纳税情况的说明》,周口市地方税务局直属分局作为被告单位的主管税务机关,就被告单位2003年至2008年的申报纳税作出的表述是“在纳税方面,周口汇林置业有限公司基本上能够按时申报、依法纳税,并按要求报送有关报表和资料。其具体纳税情况如下:……”该直属分局是被告单位的主管税务机关,对被告单位的纳税情况最为清楚和了解,其给予的“基本上能够按时申报、依法纳税”的评价是公正的、真实的,公诉机关指控的不进行纳税申报是不成立的;同时,该说明还详细列举了被告单位2003年至2008年的具体申报纳税情况,并包括纳税金额,根本就不是公诉机关指称的“不进行纳税申报”,此证据是对起诉书有关不进行纳税申报的直接反驳。

第二,起诉书第4页对被告单位“分别采取隐匿账簿、记账凭证和虚假纳税申报手段逃避以下税款……”的指控事实不清、证据不足,且无法律依据。首先,起诉书就指控被告单位虚假纳税申报没有提供相应证据予以证实,同时也没有证据证明虚假纳税申报的具体金额是多少。其次，根据《刑法修正案(七)》的规定，逃税罪是指"纳税人采取欺骗、隐瞒手段进行虚假纳税申报或者不申报，逃避缴纳税款数额较大并且占应纳税额百分之十以上的"行为，而并没有包括隐匿账簿、记账凭证的行为。因此，公诉机关对被告单位"隐匿账簿、记账凭证"的指控无法律依据。此指控当属事实不清、证据不足，不能成立。

(三)起诉书指控的逃税金额计算存在明显错误，逃税比例更是错误且明显违反法律规定，无法律依据

第一，辩护人认为，税务机关的税务稽查结论在税款的计算中存在很多错误，辩护人仅仅列举了其中部分问题，即在法庭调查和辩论时辩护人向公诉人提出的计算逃税金额错误的三个问题，公诉人对此均称无法回答。起诉书有关逃税金额的计算存在错误的具体表现如下：

一是侦查卷 3 第 13 页《税务稽查报告》称，该税务稽查"以该企业 2005 年度总账'预收账款'科目期初数，扣除 2003 年度资产负债表中'预收账款'年末数，确认为 2004 年度应税收入"，辩护人认为，此确认方法没有任何法律依据，且存在明显错误。预收账款科目是不断变动的数额，其期初数和期末数的相减不能得出任何收入数据来。此做法不仅没有任何会计或税务规定为依据，也是十分荒唐可笑的。

二是侦查卷 3 第 13 页《税务稽查报告》称，该稽查报告，"核实 2007 年房地产税收专项检查该企业的检查资料，以该企业 2005 年 1 月 1 日至 2007 年 5 月 31 日的收入证据作为 2005 年 1 月 1 日至 2007 年 5 月 31 日的应税收入"。并且，在其后计算被告单位的营业税、土地增值税等各项税种时均以此作为计税依据。辩护人认为，此做法也是完全错误的，没有任何法律依据。该期间的收入只能确定企业

所得税的计税依据,而不可能作为营业税和土地增值税的计税依据。至少,营业税中存在预收账款的计税问题,土地增值税存在汇算问题等,因此绝不能简单地以所得税的收入来作为其他税种的计税依据。

三是侦查卷3第15页第三段称,汇林公司已缴纳的2007年6月1日至2008年12月31日销售不动产营业税为752,303.20元,城建税为66,681.22元(此两笔税款在计算逃税金额时予以扣除)。但是,根据侦查卷4第1013页的《营业税纳税申报表》,2007年11月申报营业税金额为203,703.70元,城建税10,185.19元,此笔申报为何不做扣除呢?这也是明显的计算错误。

第二,起诉书指控被告单位逃税占应纳税的比例完全错误,没有法律依据。最高人民法院《关于审理偷税抗税刑事案件具体应用法律若干问题的解释》(法释〔2002〕33号)第3条规定,"偷税数额,是指在确定的纳税期间,不缴或者少缴各税种税款的总额。偷税数额占应纳税额的百分比,是指一个纳税年度中的各税种偷税总额与该纳税年度应纳税总额的比例"。而起诉书第5页所指控的被告单位"逃避缴纳税款为:2000年至2008年12月,逃税11,341,833.27元,逃税占同期应纳税款的28%以上;2007年6月1日至2008年12月31日,逃税10,484,194.11元,逃税占同期应纳税款的89%以上"。此计算方法完全违反了最高人民法院的规定,无任何法律依据,不能作为指控被告单位或被告人犯罪的依据。虽然,在法庭调查中,公诉机关试图以税务机关工作人员作为证人的方式来证明此逃税比例,但辩护人认为,首先,按照《刑事诉讼法》的规定,该证人证言只能是证人的证明,不能代表任何行政机关或司法机关的正式意见;其次,经辩护人发问,该证人也无法当庭提供计算被告单位逃税比例的具体方法和依据。

鉴于此,辩护人认为,应当视为公诉机关对逃税比例举证不能,指控不能成立。

(四)被告单位已经补缴全部税款和滞纳金,并缴纳一定的罚款保证金,根据《刑法修正案(七)》的规定,应当对被告单位和被告人不予追究刑事责任

公诉机关认为:汇林公司是“强制”执行的,因为没有积极主动地补缴,所以不适用《刑法修正案(七)》不追究刑事责任的规定。

《刑法修正案(七)》规定:“纳税人采取欺骗、隐瞒手段进行虚假纳税申报或者不申报,逃避缴纳税款数额较大并且占应纳税额百分之十以上的,处三年以下有期徒刑或者拘役,并处罚金;数额巨大并且占应纳税额百分之三十以上的,处三年以上七年以下有期徒刑,并处罚金。”“有第一款行为,经税务机关依法下达追缴通知后,补缴应纳税款,缴纳滞纳金,已受行政处罚的,不予追究刑事责任;但是,五年内因逃避缴纳税款受过刑事处罚或者被税务机关给予二次以上行政处罚的除外。”辩护人提请法庭注意该条规定中所强调的是“补缴”,而并无“积极”和“主动”补缴的要求。这表明,法律规定所强调的是补缴的基本事实,而现在,这一基本事实已经发生了,有什么理由说没有达到这一条件呢?至本案开庭前,被告单位虽然已经处于停业状态,无现金收入,但是仍然克服困难,多方采取措施,补缴了《税务处理决定书》规定的全部税款2208多万元及滞纳金676万元(见辩护人提交的证据:《税收通用缴款书》及《补缴税款统计表》),公诉机关对此也在起诉书中予以确认。对于税务机关给予的7093万元行政处罚,由于金额巨大,一时无法缴纳,被告单位及被告人已向税务机关申请拍卖197亩土地使用权,以拍卖价款缴纳该罚款(见辩护人提交的证据:《周口汇林置业有限公司关于拍卖土地使用权抵缴税款和罚款的申请》),为此已经预先缴纳了30万元的罚款保证金。对照此情况,辩护人认为,即使被告单位和被告人存在逃税行为

也不应当因此被追究刑事责任。至于公诉机关提出的所谓被告单位应“积极主动”补缴税款及滞纳金才能不予追究刑事责任,辩护人认为是没有法律依据的。该《刑法修正案(七)》规定的仅仅是补缴完成的事实状态,即只要补缴了税款及滞纳金,就不应被追究刑事责任,而绝无“积极主动”的任何强制性规定。

至于对行政处罚结果不服提起行政复议的问题,并不能改变或者否定行为人接受处罚的基本事实。这就与接受处罚和行使辩解权并无冲突的道理是一样的,被告人今天在法庭上对自己的行为作出辩解,能说是他不接受审判吗?这个逻辑是不能成立的。在行政复议结果作出之后,被告单位也已经接受了处罚,补缴了全部税款和滞纳金,这已是不争事实。所以,即使是对其中有一部分进行了强制执行,也并不能否定其缴纳了税款和滞纳金的基本事实。

(五)范某某不应是指控该罪的自然人主体

指控该罪的自然人主体应当是谁?范某某对整个过程都不清楚,既没指使也没参与,都是其他人做的。那么在这种情况下,即使构成逃税罪,也没有理由要范某某承担责任。刑法明确规定,对单位犯罪追究的承担责任的自然人主体是直接负责的主管人员和直接责任人员。范某某既不是直接负责的主管人员也不是其他直接责任人员,他根本就不知道这回事。所以,范某某不应当是承担该罪的自然人主体。

综上,辩护人认为,公诉机关指控被告人犯逃税罪事实不清、证据不足,且适用法律明显错误。因此,该逃税罪的指控显然不能成立。

三、关于行贿罪

(一)指控被告人范某某授意或安排他人给予丁某某和刘某某以财物,证据不足

第一,根据庭审调查,被告人范某某作为犯罪嫌疑人从2009年1

月7日起即被刑事拘留,至今仍处于被羁押状态,其不可能直接实施任何给予国家工作人员财物的行为。起诉书指控其用管号民警丁某某的小灵通给王某某打电话联系,让其给丁某某送两件12瓶装茅台酒和12条中华烟。但被告人范某某当庭否认,其从未用丁某某的小灵通给王某某打电话,其与王某某也仅仅是一般朋友关系。对于王某某让范某利向丁某某送烟酒等财物的行为一概不知。公诉机关并无其他证据证明范某某指示王某某给丁某某送财物。鉴于此,辩护人认为,公诉机关在没有其他证据印证的情况下,仅凭王某某和丁某某的证言来证明范某某用小灵通指示王某某和范某利向丁某某送烟酒财物是不能成立的,显然属证据不足。

第二,法庭调查中,范某某当庭否认写过纸条一事,认为其从未给刘某某写纸条安排王某某送烟和酒,而公诉机关亦不能向法庭提交该纸条或其他证据。因此,辩护人认为,起诉书对范某某写纸条给刘某某让王某某给刘某某送烟送酒的指控不能成立。至于王某某和范某利向刘某某送烟送酒的行为,被告人范某某一概不知,范某某对此未做任何安排或指示,此事与范某某无关。范某某当庭请求对所谓的纸条进行笔迹鉴定,而公诉机关却以纸条被销毁为由不能提供该纸条。对此,公诉机关只能承担举证不足的责任,其指控显然无法成立。

第三,被告人范某某没有意图从丁某某、刘某某或张某某处谋取不正当利益,更无谋利的事实发生。根据丁某某、刘某某和张某某的证言以及法庭调查,范某某从未向丁某某、刘某某和张某某要求给予不正当利益也从未实际得到任何不正当利益。丁某某和刘某某作为管号民警,并没有为被告人范某某谋取任何不正当利益,丁某某只是让范某某干活时“能干多少就干多少”,这肯定不是不正当利益。根据范某某的当庭陈述,刘某某给予的食品是范某某作为嫌犯劳动的应得食品,包括方便面等,是每个参加劳动的嫌犯都有的,并不是刘某某额外送给被告人范某某的食品。当然,公诉机关也没有刘某某额外送给范某某其他物品的证据。至于范某某请求张某某为梁某某安排工作,这也完全是正当请求,梁某某是大学毕业生,找工作是正常行为,不是任何非法或违规行为。即使如此,张某某也是当场拒绝了范某某的请求,根本未予考虑,且事后张某某也确实没有任何帮助行为。根据最高人民法院、最高人民检察院《关于在办理受贿犯罪大要案的同时要严肃查处严重行贿犯罪分子的通知》的规定:"谋取不正当利益",是指谋取违反法律、法规、国家政策和国务院各部门规章规定的利益,以及要求国家工作人员或者有关单位提供违反法律、法规、国家政策和国务院各部门规章规定的帮助或方便条件。鉴于此,辩护人认为,范某某根本就没有从丁某某、刘某某和张某某处谋取任何不正当利益。

(二)关于指控行贿罪证据的合法性与真实性问题

第一,关于证据合法性问题。

指控行贿5000美元和打电话、写纸条让外面的人送烟酒的问题,范某某在询问笔录中曾有过供认而当庭却一概否认。那么,根据最高人民检察院明文规定,对其讯问应当有同步录音录像,并且应当在庭上播放,以证明被告供述真实性及取证的合法性。公诉人提出,对其是以证人身份调查取证,所以不用录音录像。那么照此逻辑,这些询问笔录就应当只能作为指控受贿人犯罪的证据使用,而不能成为本案指控被告人犯罪的证据。现在公诉机关把它拿到法庭上当作指控被告人犯罪的证据,却用对证人取证的方式,这能解释得通吗?这和最高人民检察院的规定是明显抵触的。这个证据显然是不能作为定案依据的。

第二,关于证据真实性问题。

指控被告人打电话了，但没有充分证据证明。指控被告人写纸条，被告人说他没有写，那就应当拿出纸条来鉴定。现在利用证人证言说纸条"毁了""撕了"，所以就认为有。这个逻辑太荒唐了！如果说证据毁了就可以认定其事实存在，那就意味着彻底否定了证据规则，就意味着对一切莫须有的事实都可以用证据被毁掉的理由来认定其确实存在。辩护人实在无法想象，这样的证人证言是如何做出来的？又如何能用来成为定罪的依据呢？请法庭予以重视。

综上，辩护人认为，被告人范某某没有实施或安排实施给予国家工作人员财物的行为，也没有向他们谋取任何不正当利益，故此，公诉机关对范某某构成行贿罪的指控不能成立。

四、关于单位行贿罪

（一）2008 年 5 月 13 日河南省人民检察院对范某某以证人身份所作的"询问笔录"不能作为本案的定案依据

该询问笔录是本案被告人范某某作为张某某受贿案的证人时所作的询问笔录，而不是以本案被告人身份所作的讯问笔录，其在刑事诉讼法上的证据性质是完全不一样的。询问笔录是证人证言，而讯问笔录则是犯罪嫌疑人的供述和辩解。范某某是本案的被告人而不是证人，其权利义务是完全不同的，因此所作的讯问和询问结果也是会不同的。同时，根据最高人民检察院《关于经济犯罪案件讯问环节全程录音录像的规定》，河南省人民检察院在做询问笔录时并未采取录音录像措施。因此该证据存在明显瑕疵和违法性，不能作为本案定罪的证据使用。

（二）鹤壁市中级人民法院《关于范某某向张某某行贿的事实认定及相关情况说明》，不具有证据能力，不能作为本案的证据使用

首先，鹤壁市中级人民法院作为一级审判机关，其主要职能是对其管辖的案件依法进行审判并作出判决或裁定，其判决文书或裁定

文书等是具有法律效力的文件。除此之外,该法院不能对外出具证明他人犯罪或不犯罪的任何文书。

其次,鹤壁市中级人民法院出具的此《情况说明》既非判决书也不是裁定书,其出具这份《情况说明》没有任何法律依据。因此不具有合法性,当然不能作为本刑事案件的证据使用。公诉机关认为此情况说明系作为本案的书证,其理由不能成立。如果按公诉人的说法,只要写在纸上的东西都是书证,那书证就没有界限了。书证的基本特征是它的原始性和不可再生性,它所反映的只是对已经发生的原始情况的描述和记载,而绝不可能是根据取证者的要求所做的情况说明。如果根据取证者的要求所做出的对某种情况的说明,那就属于证人证言的范畴,而证人证言则必须有证明人的签字才有效。可见,鹤壁市中级人民法院的《情况说明》,既非原始书证,也非证人证言。因而其并不具有证据资格,其所表达的内容不能对本案事实有任何证明作用。

(三)被告人范某某没有从张某某处谋取任何不正当利益

首先,根据被告人范某某在法庭上的陈述,其主观上从来没有向张某某谋取不正当利益的想法。在与张某某的交往中,主要是向其请教学习经营活动的有关知识,同时使得公司的项目能够正常进行,仅此而已,并无企图谋取其他不正当利益的想法。

其次,从张某某在2001年4月至11月给土地部门所作批示的内容看,均为督促加快办理征地审批手续。其中第一个批示为:"请薛某某、李某某同志抓紧时间协调解决,结果向我汇报。"第二个批示为:"李某某同志,手续按土地有关法规办理,投资政策按市政府常务会议委员会研究的办,按前二十名给予优惠,要加快进行,提高办事效率。"第三个批示为:"李某某同志,上海锦元实业有限公司项目用地是一个项目整体,享受我市前二十名优越政策,我已批过,照此办理就是了。”从这三个批示内容上看，都是要求提高相关部门的办事效率，不存在违反规定为范某某谋取不正当利益的意思表示。此外，根据李某某的《询问笔录》，当时主抓土地工作的副市长薛某某在张某某批示之后，也作出批示：“李某某同志，按程序速办。”这也进一步印证张某某批示内容的合法性和正当性，不存在谋取不正当利益的可能性。

综上，辩护人认为，虽然范某某本人并不否认曾经给张某某送钱的事实，但是，范某某不仅主观上没有从张某某处谋取不正当利益的想法，客观上也确实没有谋取任何不正当利益。鉴于此，辩护人认为公诉机关关于范某某犯单位行贿罪的指控不能成立。

以上是辩护人就公诉机关指控被告人范某某犯虚报注册资本罪、逃税罪、行贿罪和单位行贿罪的辩护意见，望合议庭评议此案时予以考虑并采纳。谢谢！

被告人范某某辩护人：

北京市京都律师事务所律师　田文昌

北京市君泽君律师事务所律师　李荣法

二〇一〇年一月十二日

审理结果

一审判决被告人范某某成立逃税罪，判处有期徒刑 3 年；单位行贿罪，判处有期徒刑 4 年；行贿罪，判处有期徒刑 3 年。总和刑期 10 年，数罪并罚执行有期徒刑 9 年。关于虚报注册资本罪，一审判决认为没有证据证明范某某虚报注册资本，亦没有证据证明造成严重后果和有关的严重情节，采纳了辩护人的辩护意见。

谢某被控贪污罪、行贿罪、诈骗罪、虚报注册资本罪、职务侵占罪案

案情简介

2009年4月22日，辽宁省本溪市人民检察院（本检刑诉〔2009〕15号起诉书）以被告人谢某犯贪污罪、行贿罪对谢某提起诉讼；2009年7月30日，又以谢某犯诈骗罪、虚报注册资本罪、职务侵占罪对谢某补充起诉。

关于贪污罪指控的历史背景是，1999年7月，因国家政策，本溪煤炭实业有限公司被宣告破产。其下属的30多个企业都宣布要“关门走人”，即企业关闭，员工回家。当然国家要给予员工一定的安置补偿。指控的“犯罪事实”即发生在宣告企业破产之后。

一、关于贪污罪的指控

本案被告人谢某是上述30多个企业之一，本溪煤炭集团房地产开发公司（以下简称本煤公司）的总经理。宣告破产时，该公司尚有一个在建工程——宾西小区二期工程。当时，由于破产清算组欲将房地产开发公司连同该在建工程交与本溪市房产局，但房产局不接

受,后让谢某重组一个公司完成该在建工程。谢某认为该在建工程存在严重亏损,与清算组商谈接受该工程的条件。经交涉清算组同意补偿给拟组建的新公司两处房产,并于 1999 年 12 月 29 日双方签订了《产权转让合同》。该新组建的公司经过近十年的经营,至 2008 年已经发展为集房地产、刀片制造、绢纺等行业的集团公司,良性资产超亿元。

起诉书认为,(1)在上述在建工程中,前期国有投入 1100 万余元,收回 600 万余元,剩余的 480 万余元被谢某隐匿、占有;(2)上述在建工程不存在亏损问题,经审核盈利 280 万余元。谢某编造亏损事实,骗取清算组二处房产,价值人民币 490 万余元,被谢某占有。

起诉书另一项贪污罪的指控是:企业破产前,本煤公司同自己的员工郭某某及其子女签订了给他们新房、还回旧房的协议。新房已给了郭某某及其子女,但郭某某的三个子女以新房漏雨、面积不足为由拒绝交回旧房。企业破产,新组建的公司成立两年后,郭某某的三个子女又陆续交回的他们的旧房。

起诉书认为,谢某利用房地产开发公司总经理的职务便利,隐匿了前述三套住宅,后该三套住宅中的两处被谢某贪污。

二、关于行贿罪的指控

此项指控的事实发生在谢某被羁押期间。起诉书认为,谢某被采取强制措施后,为逃避处罚,通过司法机关聘用制法警李某与其公司人员吕某某等人互相传递信息,经谢某授意,吕某某等人向李某行贿人民币 4 万元,构成行贿罪。谢某本人承认曾经通过李某带过自己的头发,并传递了一些口信,但否认授意吕某某等人向李某行贿,也没有条件授意。

三、关于诈骗罪的指控

2004 年,重组后的公司(后更名为锦程集团公司,以下简称锦程公司)收购了本溪市刀片厂,并更名为锦程(集团)刀片制造有限公司(以下简称刀片公司)。2006年,辽宁省政府为支持企业技术改造,对企业符合要求的技术改造项目贷款给予贴息。锦程公司也将刀片公司搬迁改造项目上报。起诉书认为,谢某为了达到骗取财政贴息的目的,安排刀片公司制作了"刀片公司生产线扩产改造项目可研报告",安排赵某某和白某某对1600万元贷款合同中不符合刀片公司申请贷款贴息要求的内容进行涂改,同时又指使赵某某、白某某在本溪市市区农村信用合作联社营业部办理了虚假的900万元贷款合同,而后将上述2500万元贷款合同复印后上报,在刀片公司没有进行技术改造的情况下,骗取了省贷款财政贴息资金153万元。

四、关于虚报注册资本罪的指控

2004年,本溪市天龙房地产开发公司(以下简称天龙公司)承接了市政府一棚户区改造项目。该公司欲与锦程公司下属的锦程(集团)房地产开发公司合作该项目。经双方协商,决定两公司各取一字,成立一新公司,即天程房地产开发公司(以下简称天程公司)。于是,被告人谢某安排公司人员注册该公司。后,天龙公司退出该项目,经市政府同意由锦程(集团)房地产开发公司承接了该项目。但天程公司已经注册,并且公司的注册资本金是公司财务总监在银行贷款解决的。起诉书认为该行为构成虚报注册资本罪。

五、关于职务侵占罪的指控

起诉书关于职务侵占罪的指控有两项:一是2003年,锦程公司将其所属的锦程(集团)塑制品有限公司作价20万元抵顶给公司股东王某刚,收购了王某刚的股份;二是2005年5月,用公司的资金90万元收购了要求退股的于某某、张某某、刘某的股份。这些股份在2007年公司登记时登记在谢某的名下。起诉书认为这些股份或是用公司资产抵顶,或是用公司资金收购,登记在被告人谢某名下,即被谢某所占有,构成职务侵占罪。

辩护思路

这是一起十分复杂的案件,不但涉及多个罪名、多起犯罪事实,而且人为因素也十分明显。例如,律师依法接受委托后便与办案单位申请会见事宜,但在十个多月之后方获准会见。其间,检察机关在律师依法力争而无奈的情况下,公然以“本案涉及国家秘密”为由向律师出具《不批准会见在押犯罪嫌疑人决定书》[本检反贪不准见(2008)1号]。当地一离退休的当年的主管副市长知道后气愤地说“就连我这样级别的国家干部也涉及不到国家秘密,谢某她一个企业经理,后来的私企老板能接触到什么国家秘密?这就是在整人!”律师获准会见后得知,在这十多个月的时间里,谢某受着非人的折磨。例如,谢某向律师和法庭倾诉,用电警棍戳其身体,甚至嘴;三伏天给其长时间裹上棉被;由于疾病其经常呕吐,可办案人却将这些呕吐物塞回其嘴里,逼其吃下;说某些领导对她好,逼她承认给××、××、×××领导行过贿等;本案指控谢某犯有贪污、职务侵占等,无疑企业的财务账是本案的重要证据。但令人无法接受的是被“依法”扣押的企业完整的财务账直至庭审结束也没有露面。

上述情况表明本案存在较为严重的人为因素。根据本案的特殊情况我们确定的辩护思路是:

1. 一如既往地把握好案件事实,该取证的取证,该计算的计算,该分析的分析,力争将每一个事实及其相应的证据,客观、充分地呈现给法庭并充分注意各个事实之间逻辑关系的论证(详见辩护词)。

2. 对相关违法情况依法予以充分地揭露。办案过程中,办案单位违法阻止律师会见,我们依法力争,检察机关被迫出具了《不批准会见在押犯罪嫌疑人决定书》,理由是"案件涉及国家秘密",但开庭审理以及庭审中的全部事实均没有什么秘密,而给人们提供了深入思考的素材;关于"刑讯逼供"问题,开庭前,法官同我们商量,要求我们"这个问题就不要问了"。我们强调,这是影响定罪量刑的重要问题,必须问,而且还要问清楚。最后达成妥协——在我们问这个问题时法官可以制止,而我们不听从法官的制止,继续问。庭审过程中,对违法办案的情况进行了较为充分的揭露;关于隐匿企业财务账的问题,在庭前我们就一直坚持调取,在开庭过程中我们仍一而再、再而三地要求出示。公诉人最后也无奈地说:"原始的、完整的财务账我们也没有看到。"这一事实我们事先即已知晓,但在法庭上由公诉人之口说出可以产生更好的效果。人们不禁要想,被"依法"扣押的证据,法院没有,检察机关没有,律师手里没有,到底去了哪里?这些证据被何人隐匿了起来?这样的庭审是为了查清案件事实还是为了整人?

本案的最终结果虽然不尽如人意,但按照我们的思路将案件的事实客观、充分地呈现给了法庭及社会,对办案机关的相关违法行为给予了无情地揭露。

辩护词(一审)

审判长、审判员:

北京市京都律师事务所田文昌律师、曹树昌律师接受被告人家属的委托,担任被告人谢某涉嫌贪污、行贿、诈骗、虚报注册资本以及职务侵占罪的一审辩护人。自2008年6月17日接受委托后,历经8个多月我们方获准与被告人会见。通过会见被告人,审阅卷宗材料,特别是通过两天的法庭审理,我们认为:(1)本案并未涉及国家秘密,且侦查活动存在违法性;(2)重要证据——公司的财务账及相关原始凭证没有到案,必定影响本案的正确认定;(3)根据现有全部证据,对谢某的5项指控均不能成立,现发表辩护意见如下:

一、关于贪污罪的指控

起诉书关于贪污罪的指控有三项,分别为:

1.1999年7月,本溪煤炭集团房地产开发公司(以下简称本煤公司)政策性破产。"……谢某授意公司人员编造账外欠外单位(个人款项)统计表,以宾西二期在建工程是由预收房款、外欠款及外欠工程材料形成为由,向本煤破产清算组虚构该在建工程没有评估价值的事实……致使该在建工程前期国有资产投入的资金被隐匿,并被谢某等人重组的本溪经济开发区创佳房地产开发有限公司占有(4,801,258.16元人民币)。"

2."1999年本煤房地产开发公司破产从组过程中,时任该公司总经理的被告人谢某利用职务之便,指使公司财务及工程人员采取增加成本、降低收入等手段,编造了宾西二期在建工程严重亏损的事实,并以本溪会计师事务所的名义伪造了宾西二期商品房效益预测,骗取本煤破产清算组将国有二处房产无偿补偿给谢某等人重组的本溪市三维房地产开发公司,后更名为本溪市经济开发区创佳房地产有限公司、本溪锦程(集团)房地产开发有限公司。此二处房产经评估价值人民币4,950,153.00元,扣除职工安置费634,000.00元,谢某等人重组的公司实际占有4,316,153.00元。"

3."……破产重组过程中。时任该公司总经理的被告人谢某利用职务之便,隐匿该公司的三处房产不进行破产审计评估。公司破产重组后,谢某将三处房产中的二处房产占有,作为重组的本溪经济开发区创佳房地产开发有限公司的资产,并无偿借谢某某使用及李某某所有。此二处房产经评估价值人民币169,912元。"

(一)关于贪污罪指控的整体分析

起诉书关于贪污罪的指控可以分为两部分,一为涉及宾西二期在建工程的部分;二为二处住宅房产的部分。现分述如下:

关于涉及宾西二期在建工程的部分。这部分包含两项指控,即起诉书的第一项、第二项。

1. 关于第一项指控。起诉书认为,宾西二期在建工程有国有资金投入,扣除已经收回部分,尚有4,801,258.16元人民币被谢某等人重组的本溪经济开发区创佳房地产开发有限公司占有。

针对此项指控,辩护人认为,正确认定的前提需解决好两个问题:

第一个应当解决的问题是国有投资在企业破产重组时的状况。既然是投资就存在盈亏的问题,如果国有投资是盈利的,创佳房地产开发有限公司占有的就不只是480万余元而可能会更多。如果该投资已经亏损,成为负数,则不存在谁贪污的问题。但是,即使根据检察机关委托辽宁立信达会计司法鉴定所所做的对《宾西小区商品房效益预测》进行账目审核鉴定的《审核报告》,该项目也仅仅盈利280万余元(当然被告人及辩护人是不能同意该审核结果的),可是,起诉书却认定创佳房地产开发有限公司占有了480万余元。难道创佳房地产开发有限公司还占有了200万元的亏损吗?该项指控本身是不能自圆其说的。

第二个应当解决的问题是贪污的主体问题。起诉书表述为480余万元被谢某等人重组的本溪经济开发区创佳房地产开发有限公司占有而并没有说是谢某本人占有。根据我国《刑法》第382条的规定,贪污罪的主体为“国家工作人员”或者为“受国家机关、国有公司、企业、事业单位、人民团体委托管理、经营国有财产的人员”,都是自然人,公司不能成为本罪的主体。因此,起诉书的指控不符合我国法律的规定。

2. 关于第二项指控。起诉书认为谢某利用职务之便……编造了宾西二期在建工程严重亏损的事实,并以本溪会计师事务所的名义伪造了宾西二期商品房效益预测,骗取本煤破产清算组将国有二处房产无偿补偿给谢某等人重组的本溪市三维房地产开发公司。此项指控同样存在指控不明,即到底是谢某贪污还是三维房地产开发公司贪污的问题。

(二)对上述两项贪污罪指控的具体分析

宾西二期在建工程到底是亏损还是盈利?如果该项工程确实是亏损的,前期投入已成为负数,就不存在隐匿国有前期投入的问题,贪污的对象就不存在,也就无所谓谁贪污了。其实,宾西二期在建工程,在本煤公司破产前,无论是以什么样的方式投入、无论投资的状况如何,都是国家的,都应当由国家来承担或享有。这是一个无须争论的事实,是谢某无法隐瞒、任何人也都无法隐瞒的事实,绝不是不进行评估的理由。但是为了弄清在企业重组过程中,谢某等人重组的公司是否占了国家的便宜,我们还是要依据相关证据做一计算:

1. 该项目商品房销售收入的问题。检察机关委托辽宁立信达会计司法鉴定所所做的,对《宾西小区商品房效益预测》进行账目审核鉴定的《审核报告》(2009 年 3 月 3 日出具,以下简称《审核报告》),售出的商品房单价是按照 2720 元/平方米计算的,这与《效益预测》的数据基本相同。但实际情况是怎样的呢?

由于公司账目我们没能调到,通过向法院申请我们至今也未能拿到该账目,无法查阅原始凭证。无奈之下,我们只好向本溪市产权处调取相关商品房销售情况的材料。我们共调取了全部 40 户(庭前已提交法庭)房屋销售情况的材料,其中李某的《商品房销售结算通知单》上没有销售面积,另一户都某华的《职工个人出资解决住房确

权审核表》上没有购房资金金额,故我们无法纳入计算范围。我们对另外38户房屋销售材料进行了计算:

计算方法一:38户销售金额总和4,340,992.35元÷38户面积总和3346.64平方米=1297.12元/平方米,可供销售面积为6932.13平方米,因此销售实际收入为8,991,804.47元。比《效益预测》的21,930,000元尚少了12,938,195.53元。这一数据被谢某本人所否定,她指出"这其中低于100平方米的不是商品房"。

计算方法二:在38户房屋销售资料中我们选取了《销售一览表》(第9卷第36~37页)上有的,即真正的商品房共计14户。这14户商品房面积总和是1598.39平方米,销售金额总和为3,043,711元,销售单价为1904.24元/平方米。实际销售收入为6932.13平方米×1904.24=13,200,439.23元,比《效益预测》还少了8,729,560.77元(数据1)。

我们并不认为我们的上述计算与实际情况完全相符,但根据现有的材料,我们的计算是科学的,是有依据的计算。

"秋后算账"不符合我国的立法精神,但即使是秋后算账也要把账算清楚。你说得多了,我就按你的算,你说得少了,我就按实际算的做法,不客观、不公正,是错误的。

2. 根据《审核报告》,"前期工程费预测金额为3,012,745.94元,审核结果为2,087,333.28元。多预测了925,412.66元"。这92万余元中大头的是"宾西1号、彩北小区、红光小区、立矿小区等880,412.66元(数据2)的开发费用结转到宾西二期的成本中"。通过庭审调查,辩护人注意到控方并未证明该88万余元是假账,当然实际也不是假账。辩护人要问,这88万余元如果不结转到宾西二期工程之中,应当由谁来承担呢?重组后的创佳房地产有限公司没有向清算组、向国家要这88万余元。辩护人不懂财务,不知道财务上这样处理是否得当，但这88万余元客观上已经用掉了，并且企业重组前，没有人支付此笔款项。客观上，这88万余元只能由新接手的企业承担，辩护人认为，将其列入成本并无不当。

同理，《审核报告》中成本情况的3，即基础设施费的47万余元(数据3)也是这种情况。

3. 关于建筑安装工程费问题。这部分《审核报告》认定《效益预测》多预测了3,247,705.83元。关于这部分《审核报告》主要是根据辽宁志诚工程造价有限公司出具的辽志审字(2009)第008号《宾西小区二期2#、3#、4#楼项目工程结算审核报告书》多预测3,022,083.03元。因此，我们有必要对该《工程结算审核报告书》做一分析：

辩护人注意到，在《宾西小区二期2#、3#、4#楼项目工程结算审核报告书》中有两项，即土建主体和水、暖、电经审核都是增加的，共计增加了1,610,116.97元。此既表明了审核人员的客观公正性，也否定了创佳房地产有限公司"贪污"的主观故意，因这部分成本不但没有加大反而是少预测了。但是，关于《宾西小区二期2#、3#、4#楼项目工程结算审核报告书》还存在如下问题，需要解决：

(1)为什么2#楼、2#楼拐角、4#楼报审签证及变更没有被审核认定？这三部分报审签证及变更费用为1,222,000.00元(512,000元，202,000元，508,000元)；还有屋面防水70,000元没有被审定；外网煤气及24#、25#煤气改线220,000元，没被审定；供暖接点费1,080,000元仅审定380,000元。这些没有被审定的合计2,212,000元(1222000.00元+70000元+220000元+700000元)(数据4)。这些实际已经发生的费用为什么没有被审定，应当说明理由，对此公诉人没有做出说明，被告人及辩护人申请鉴定人到庭予以说明也未能如愿。

(2)宾西二期工程因遮光问题，老百姓上访告状，工程拖延近二年的时间,所产生的费用应当计入审核范围。

(3)由于上述原因,原工程队不干了,要另请工程队,甚至要高价聘请工程队。这些必定要发生,而且是已经发生的额外费用同样应当计入审核范围。

(4)由于要完成《产权交易合同》约定的保证进户的义务,必须要抢工程进度而进行的冬季施工(如给沙子加热、烧热水、添加早凝剂等)要额外发生费用。这部分费用也应当纳入审核范围。

4. 关于"采光补偿费"到底支付了多少的问题。

《审核报告》认定:该在建工程实际支付采光补偿费524,100元。针对此问题,公司股东丁某某曾向本律师介绍,为了平息民怨加快施工进度,对许多人都要多给补偿款,对个别的组织者还要私下里多给,即实际上"采光补偿费"远远高于《审核报告》认定的数额。

针对此问题,辩护人也专程到沈阳监狱找丁某某欲调查取证,但因甲型H1N1流感而未能取得该证据。这些情况,辩护人开庭前已向法庭做了反映,并提出延期审理的申请。

上述未被审核、审计认定,但却是实实在在发生的费用共计人民币12,291,973.43元(8729560.77元+880412.66元+470000元+2212000元,工程拖延+更换工程队+冬季施工+遮光补偿等模糊的、不易计算的费用我们没有计算在内),与认定的盈利280余万元比较,宾西二期工程实际是亏损的,亏损额为9,444,797.47元。此表明《效益预测》并非编造,并没有加大成本减少收入,是基本符合实际的。

(1)《效益预测》与审核结果的关系问题。

起诉书指控的基本思路是,谢某等人重组的公司为了贪污国有资产对宾西小区二期在建工程采取了增加成本、降低收入的手段,并且伪造了《效益预测》,隐匿了前期国有480万余元的投入,还骗得了价值490万余元的两处房产。但是通过前面对审核结果的分析,我们看到《效益预测》与实际的差距并非很大,该项目亏损应当是客观的,此可以从根本上否定起诉书关于贪污罪的前两项的指控。

对《效益预测》的态度,标志着我们是否客观、公正、实事求是地评价历史的问题。既然叫预测,本身就具有极大的不确定性,它是对尚未发生事项的一种判断。我这样判断,你也可以那样判断。值得注意的是,根据破产清算组成员韩某某的证言(第3卷第24页),《效益预测》是怎样产生的,打算怎样处理,实际怎样处理,谢某都和韩某某做了如实地说明。谢某没有隐瞒,起诉书关于谢某用《效益预测》骗取本煤清算组两处房产没有事实依据。

(2)关于《产权转让合同》的分析。

《产权转让合同》的甲方是本溪煤炭实业有限公司破产清算组(代表:张某泉签字,清算组盖章),乙方是原本煤房地产开发公司拟组建有限责任公司发起人(代表:谢某签字)。此合同表明了两个问题:

第一,此时谢某已经不是本煤房地产开发公司的总经理了,她是拟组建新公司的34名员工的代表人,代表着34名员工同破产清算组谈交易条件,并且取得了一致才签订了该合同;

第二,此合同体现了讨价还价,最后协商一致的交易关系。你预测亏损是730万元,想向我要730万元,但是我只给你286.6万元(两处房产350万元,34名员工安置费63.4万元),即使按照现在评估的490万余元,也是远远少于你的要价的。在这种完全公开的、估堆式的交易关系中,不存在贪污的问题。

另外,该合同还告诉我们,此《产权转让合同》不仅是价值的交易,乙方(谢某等34名员工)还要承担一个重要义务—确保宾西二期在建工程“2000年3月底前进户”。每一个本溪人都知道,当年该工程由于遮光问题同附近居民发生了尖锐矛盾。工程一拖再拖,被遮光的居民、不能按期回迁的居民纷纷到政府上访告状。要解决这些问题,不仅要付出艰辛的努力,还要付出金钱的代价。比如,为了平息被遮光户的愤怒只好多给补偿。为了少花钱对个别捣乱的人还要私下多给;为了保证按期进户采取冬季施工措施;有的工程队因施工艰难或无法施工而退出后再高价请工程队等。

1999年12月27日,本煤公司清算组第20次会议的《会议记录》关于"房地产交给市房产局基本不可能"的证实,也从另一个角度证明了宾西二期工程不但亏损,而且还是一个非常棘手的烂摊子,否则房产局也不会不接手该在建工程。经双方协商一致,谢某等34名员工承接了一个谁都不愿意接手的烂摊子,为政府解决了难题,为社会稳定做出了贡献,现在又要受刑事追究,不但没有事实、法律依据,情理也是难容的。

综上,我们对起诉书的前两项指控做如下归纳,以便法庭清楚地了解我们的辩护观点及根据:

(1)被告人谢某不具有此项指控的主体资格。本煤公司的破产属于政策性破产,在全国还是首例,因此同一般的破产有所不同。本煤公司的所有员工都知道,此次破产的原则是"关门、走人"。从1999年7月6日宣告破产之日起,处理企业的一切权利转归破产清算组,而谢某并非清算组成员;从宣告破产之日起,谢某的一切活动都要听命于清算组的安排,失去了国家工作人员的身份。

(2)被告人谢某主观上没有隐匿、贪污国有资产的故意。通过算账可以证明,宾西二期在建工程的亏损是客观存在的、《效益预测》是基本符合客观事实的,不存在谢某伪造的问题也就谈不上隐匿前期国有投入了。在此基础上,在该在建工程存在许多非常棘手的问题的情况下,谢某代表34名拟组建新公司的员工同清算组谈接手该在建工程的条件也就在情理之中了。谢某将《效益预测》的产生、使用,都如实报告给清算组成员韩某某的事实以及签订《产权转让合同》的公开性都表明,谢某没有贪污的主观故意。

(3)被告人谢某客观上没有贪污的事实。通过算账可以证明,宾西二期在建工程的亏损是客观存在的。在该事实的基础上,就不可能贪污前期国有投入;关于起诉书指控的第二项,即两处房产的问题,是谢某代表34名员工,在工程亏损的情况下同清算组进行的交易行为,并且是综合性的(附有其他义务)、估堆式的交易行为。在这种公开的交易过程中,不存在贪污两处房产的问题。

(三)关于贪污两处住宅的指控(起诉书指控贪污的第三项)

起诉书认定,在破产重组过程中,谢某利用总经理的职务便利隐匿了三处房产。公司破产重组后,谢某将三处住房中的二处占有,作为重组的本溪经济开发区创佳房地产开发公司的资产,并无偿借谢某某使用和李某某所有。

上述指控同样存在指控不明的问题。谢某是否占有了此二处住房没有证据;谢某占有二处住房,同作为重组的本溪经济开发区创佳房地产开发公司的资产是什么关系,起诉书也没有表述清楚。

关于此二处住房,经评估合计贪污人民币169,912元的指控,辩护人提请法庭注意以下五个基本事实:

1.1999年本煤公司破产以及后来企业重组时,该二处住房尚在个人手中,郭某某的子女拒绝交回这二处房产。他们不交房的原因是,新房漏雨、面积不足。就是说在企业重组时该二处房产尚属私产,最终能否收回处于不确定状态。

2.交回房子的时间是在企业重组的两年以后,此时谢某的身份并非什么国家工作人员,而是一个个体户。

3.本溪经济开发区创佳房地产开发公司对取得该房产的处理(无偿借谢某某使用和李某某所有)是谢某同公司班子成员、大股东杨某某商量定的(见杨某某2008年9月25日9时55分至10时30分的询问笔录),是完全公开进行的。

4. 给郭某某子女新房还回旧房的约定,在本煤公司是一个公知的事实,并非谢某隐瞒,事实上谁也无法隐瞒。

5. 房子交回后并非被谢某所占有。正像起诉书表述的那样,是"作为重组的本溪经济开发区创佳房地产开发公司的资产"。

上述五个事实清楚地表明,谢某没有贪污这二处房产。首先,这二处房产没有被谢某占有而是公司的资产,此表明谢某没有非法占有的故意;公司取得该二处房产后的处理,是谢某同公司领导班子成员杨某某商量定的,谢某没有隐匿。此进一步证明谢某没有占有该房产的主观故意。其次,本溪经济开发区创佳房地产开发公司取得这二处房产时,谢某已经不具有国家工作人员的身份,其不具有贪污犯罪的主体资格。最后,企业重组时这二处房产的所有权归郭某某的子女,能否收回处于不确定状态,根本无法入公司固定资产账,没有入固定资产账不是贪污的手段。其实,由于这二处房产在本煤公司是一个公知的事实,任何人也都是无法隐匿的。

我们也注意到,本溪经济开发区创佳房地产开发公司取得这二处房产没有法律依据。创佳房地产开发公司的行为应当如何定性呢?我们认为,如果此二处房产的所有者主张权利而本溪经济开发区创佳房地产开发公司拒不退还,则是一种侵占行为。但是无论如何,将本溪经济开发区创佳房地产开发公司得到的两处房产算在谢某的头上,认定其贪污于情理不合,也没有法律根据和事实根据。

综上,根据客观存在的事实及我国现行的法律,对谢某贪污罪名的指控不能成立。

二、关于行贿罪的指控

起诉书认为:谢某被采取强制措施后,为逃避处罚,通过司法机关聘用制法警李某与其公司人员吕某某等人互相传递信息，经谢某授意，吕某某等人向李某行贿人民币4万元，构成行贿罪。辩护人认为，此项指控同样不能成立，合议庭对下述事实应当给予关注：

1. 是给还是索的问题。根据卷宗材料第4卷(2008年7月2日23时28分至23时40分)，对吕某某的讯问笔录，问：讲一下第五次见面的情况吧。答：大约是在五月末六月初。他给我打电话说谢某可能转到桓仁，我问为什么，他说不清楚，他说"如果转到桓仁，我需要钱"。我问他多少，他说三万元到五万元……李某的笔录与吕某某的基本相同。根据吕某某的笔录，在到银行取钱时其又一次问李某到底需要多少钱，李某提出需要4万元，于是提取了4万元给了李某。此表明，这4万元并非吕某某等人主动给李某的，而是李某索要的。

2. 谢某没有行贿的条件和能力。谢某自2008年4月15日，在沈阳某医院看病时，被本溪市纪委、本溪市检察院联合专案组带走，失去人身自由后，就被严格羁押看管。就连律师要求会见(2008年6月17日开始)，甚至提出"不谈论案情""在监视器中看一下"等多种变通方式，都未被允许。一直到2009年2月24日15时，才被获准会见。因此我们认为谢某没有行贿的条件。

3. 目前卷宗中没有谢某授意行贿的证据。起诉书表述的是"经谢某授意，吕某某等人……"谢某是如何授意的呢？全部卷宗材料中只有一个已经"毁灭"了的纸条。公诉机关意图以该纸条作为谢某授意行贿的证据。该纸条是否真的曾经存在过，目前尚存在疑点。李某、吕某某在笔录中说有这么一个纸条，而谢某却坚决否定，并且否定得有道理，她说"如果写了纸条，我就没有必要给他拿头发了，正是因为没有条件写字，才拿的头发"。我们认为，如果确有该纸条，因现在无法进行技术鉴定，无法确认是谢某所写。因此，不能排除该纸条是李某为了向吕某某索要钱财而伪造的。

我们姑且不论该纸条真实与否,现在假设该纸条存在,假设李某和吕某某说的都是真实的情况下,来分析谢某是否授意行贿了。李某的笔录说纸条的内容是:“请相信这个人,他能帮我,他需要什么就给他什么,不要怀疑”;吕某某的笔录说:“要相信这个老弟,他能帮助我,老弟需要什么你就给什么,千万不要再怀疑。”两个人的笔录极为相似,其中重要的一句话是,“他需要什么就给他什么”或“老弟需要什么你就给什么”。我们认真分析一下这句话便会发现一个问题,这里给的前提是需要,而需要什么、需要多少只有李某知道,李某不提出吕某某是不会知道他需要什么的,也就谈不上给了。李某、吕某某的笔录也证实了这一点:需要钱是李某提出的、数额3万元到5万元是李某提出的、最后给4万元也是李某定的。也就是说,案中提到的4万元不是给的而是李某索要的。

谢某没有否认,当李某向自己示好(两个人以前不认识)后,让其带过话。求人办事给予一点答谢,至少不能让人家垫钱也是人之常情。假设纸条存在、假设谢某写了“他需要什么就给他什么”这句话,也不能证明谢某有授意行贿的意图,客观上谢某也没有行贿的行为。给是以需要为前提的,李某为传话而打电话一定会发生电话费,打车一定会发生交通费,李某如果提出就给他,怎么能叫行贿呢?

4. 谢某没有谋取任何不正当利益,不符合我国《刑法》关于行贿罪的条件。

根据李某和吕某某的交代,李某传话的内容有:给自己的母亲带平安消息;让吕某某找二院大夫,想办法办理保外;转告吕某某何处是桓仁县人,是办案人,让她想办法找其说情……打听税务局聂局长上班了没有。

从上述传话的全部内容中,我们没有看到谢某要谋取什么不正当利益。给自己母亲带平安消息不是不正当利益;找大夫客观诊断病情,办理取保不是不正当利益;找办案人说情,不要再折磨自己同样不是不正当利益;打听朋友的消息还不是不正当利益。

需要特别指出的是,所有这些都是办案人员违法在先而导致的。法庭审理已经结束,全部庭审活动表明,本案案情并未涉及国家秘密,并且案件是公开审理的,进一步证明本案没有涉及国家秘密。因此,办案人以此为由剥夺谢某会见律师的权利就是违法的。如果律师能够依法会见则不会出现上述事情。更不要说,在刑讯之下为了减少折磨而求情,怎么也不能说成是谋求不正当利益!

根据我国《刑法》第389条第3款之规定,“因被勒索给予国家工作人员以财物,没有获得不正当利益的,不是行贿”,谢某不能构成行贿犯罪。

三、关于诈骗罪的指控

起诉书认定,谢某为了达到骗取财政贴息的目的,安排刀片公司制作了“刀片公司生产线扩产改造项目可研报告”……安排赵某某和白某某对1600万元贷款合同中不符合刀片公司申请贷款贴息要求的内容进行涂改,同时又指使赵某某、白某某在本溪市市区农村信用合作联社营业部办理了虚假的900万元贷款合同,而后将上述2500万元贷款合同复印后上报,在刀片公司没有进行技术改造的情况下,骗取了省贷款财政贴息资金153万元。

通过两天的法庭审理,大量的证据所证明的事实表明,起诉书指控谢某、赵某某等人诈骗犯罪不能成立,现分析如下:

(一)关于刀片公司的搬迁改造是否真实存在的问题

起诉书认为刀片公司没有进行技术改造,但大量的证据证明,刀片公司技术改造是真实的,起诉书的认定是严重违背客观事实的。相关证据如下:

证据1,谢某本人的辩解,略。

证据2,同案被告赵某某的当庭辩解。在法庭上其明确证实刀片公司进行了技术改造,其虽然不懂技术,但也听到什么“塑料涂敷、金属涂敷”等技改术语。

证据3,刀片公司经理许某的证明。许某在律师调查笔录中明确证实,刀片公司一直在进行技术改造,并且解释道“我们这种类型的企业,如果不进行技术改造与更新是很难生存的”。

证据4,刀片公司有关技术改造计划及完成情况的文字记载(律师调取)。这些记载表明:(1)2006年计划完成14项技术改造项目,实际完成了9项;(2)2007年计划完成9项技术改造项目,实际完成了12项;(3)刀片公司成立技术研究开发中心。

证据5,锦程公司的文件。包括2006年8月5日《锦程集团工作会议纪要》(第1卷)。该会议纪要第九部分是刀片公司8月主要工作。其中,(二)明确要求:“确保本年十四项技改任务的完成。”2006年9月2日《锦程集团工作会议纪要》(第1卷)明确了刀片公司“成立新产品研发中心”,并要求“组织、研究有特色的,符合市场要求的双层和三层须刨刀柄的设计方案和实施进度”;9月29日《锦程集团工作会议纪要》(第1卷)要求“本月完成新产品吸塑设备的安装、调试、生产;金属涂敷设备形成单机________万片的生产能力”,“对耙式组装机的改造和新购置进行经济分析,并做好调研”。

证据6,相关证人证言。包括:本溪市经委干部付某2009年5月23日9时10分至11时22分的询问笔录。付某证实:“根据投资处现场及有关材料初审,该项目形象进度已达90%……我们经委认为基本具备立项条件。”本溪市财政局干部李某某2009年1月14日10时40分至12时10分的询问笔录证实:“当时省经委技改项目推进组和市经委到位于高台子的锦程(集团)刀片制造公司新址进行了考察。”

上述证据可以确切地证明，刀片公司的技术改造工作是客观地、实实在在地进行着的。起诉书关于“刀片公司没有进行技术改造”的认定与客观事实不符。

（二）关于2500万元贷款的问题

关于此问题，有一个形式和内容关系的问题应引起法庭的注意。以谁的名义、向谁贷的款是形式，谁使用了这些贷款才是内容。我们结合相关证据做如下分析：

1. 关于1600万元贷款形式与内容的分析

对1600万元的贷款合同中不符合刀片公司申请贷款贴息要求的内容进行涂改，无论有无人指使、是谁指使、谁操作都是违法的，都是刀片公司申请贴息行为的瑕疵。但是这1600万元贷款是否用于刀片公司的搬迁改造才是问题的本质。对于刀片公司搬迁改造使用了这1600万元贷款，起诉书并没有否认。根据公诉机关委托辽宁立信达会计师事务所有限责任公司所做的《司法鉴定审核报告》[辽宁立信达司鉴字(2009)第B－05－31－01号]，锦程对刀片公司资金投入有19,405,200.39元。需要指出的是该审核报告也存在明显的遗漏，如刀片公司一直使用着的三辆小汽车没有计算在内；虽是锦程集团购买，但一直在刀片公司使用着的一辆大巴也没有计算在内……

2. 关于900万元贷款形式与内容的分析

起诉书指控谢某指使赵某某、白某某在本溪市市区农村信用合作联社营业部办理了虚假的900万元贷款合同。对于指使问题，谢某一直予以否认：“自己因为工作太忙没有时间顾及这些细节，没有指使。”但是，无论有无指使，这900万元贷款仍然是形式，刀片公司使用了多少贷款才是内容、是问题的本质所在。

两天的法庭审理可以不确切地证实,刀片公司所使用的贷款额,要高于2500万元。相关证据有:

(1)谢某的辩解。谢某一直强调,刀片公司所使用的贷款要高于2500万元,记得当时财务人员告诉自己,贷款有3000多万元。

(2)赵某某当庭的辩解。赵某某当庭讲,除了这1600万元贷款外,集团还在担保公司贷款大概有五六百万元;民间借款还有五六百万元。并且证实,这些贷款绝大部分都用在刀片公司了。

(3)企业财务账及相关凭证。这些是证实此问题最过硬、最权威的原始书证。但是非常遗憾的是,辩护人庭前就要求调取这些账目及凭证,但至今这些证据仍未能到案,辩护人请法庭对此给予高度关注!

综上,锦程集团自收购刀片公司后,便不断地进行着搬迁改造,是有证据证明的事实,甚至在锦程集团这也是一个公知的事实;刀片公司的搬迁改造过程中使用了超过2500万元的贷款。法庭审理的相关证据表明,刀片公司在申请政府贴息的过程中虽然行为有瑕疵,但并没有虚构事实,也没有隐瞒真相,不符合诈骗罪的行为特征。

3. 谢某没有占有贴息资金的主观故意

诈骗犯罪的主观要件是行为人具有非法占有的目的。但就本案而言,153万元政府贴息没有被谢某占有是不容置疑的事实,也没有证据证明谢某有占有这些政府贴息的主观故意。相反地,谢某要把这些资金全部用于刀片公司的技术改造上却有证据支持:如2007年4月6日锦程集团工作会议纪要(律师提取)。该会议纪要明确了:“今年技术改造项目的贴息,将全部用于刀片公司的设备更新改造上。”公司的财务账及凭证等原始书证也会证实这一点。谢某当庭也辩解:“我们在棚户区改造过程中,让利于百姓1000多万元。为什么这边让利1000多万元,那边又骗取100多万元?”谢某的辩解在公司财务账上也会有所反映。上述没有查清,但可以查清的事实可以否定谢某占有贴息资金的主观故意。

综上,谢某主观上没有占有政府贴息的故意,实际也没有占有政府贴息;客观上刀片公司的搬迁改造项目并非虚构,该项目使用了大量贷款也是事实;企业所得到的153万元政府贴息资金的使用,符合政府为支持企业技术改造给予贴息的宗旨。因此,指控谢某诈骗罪名不能成立。

四、关于职务侵占罪的指控

起诉书关于职务侵占罪的指控有两项:一是2003年锦程房地产公司将其所有的锦程(集团)塑制品有限公司作价20万元抵顶给公司股东王某刚,收购了王某刚的股份;二是2005年5月用公司的资金90万元收购了要求退股的于某某、张某某、刘某的股份。这些股份在2007年公司登记时登记在谢某的名下,被谢某占有。

上述指控同样不能成立。现论证如下:

(一)关于王某刚的股份问题

关于此项指控,起诉书认为:"谢某在未经公司董事会、监事会及行政班子会研究的情况下……"此认定是严重违背客观事实的:

卷宗材料客观地证明了在收购王某刚的股份时,是经公司董事会、监事会开会研究决定的,相关人员也都知晓,是公开进行的。此事实的证据有:(1)被告人谢某的辩解;(2)公司股东、监事会成员杨某某的证明;(3)公司董事会成员张某某、于某某,公司监事会成员刘某的证明。需要说明的是,上述这些人是公司董事会、监事会的全体成员。上述这些证据证明了在收购王某刚股份时,谢某主持召开了会议,是公司董事会、监事会研究决定的。此确切表明,谢某没有要占有此股份的故意,起诉书的指控没有事实根据。

(二)关于于某某、张某某、刘某的股份问题

2005年5月,由于经营上的矛盾,公司股东、董事会成员张某某、于某某,监事会成员刘某集体要求退股,公司的生存面临危机。面对公司生死存亡的局面,公司董事长谢某决定用公司的资金收购了这些股份,并且没有召开股东大会。后来公司不断发展的客观事实,证明了谢某的这一决定是正确的。这能否说明谢某想要非法占有于某某等人的股份呢?相关证据的回答同样是否定的。相关证据有:

1. 被告人谢某关于此问题的辩解意见,略。

2. 公司监事会成员杨某某的证言。杨某某在2009年1月16日8时2分至9时36分的询问笔录中,在证实了收购王某刚的股份是经公司董事会、监事会研究决定的基础上又证实。问:"关于于某某、张某某、刘某三人的股权呢?"其回答:"谢某在2007年左右曾说到过要将这部分股权暂放公司,作为将来的激励措施,是在全体职工大会上说的……"需要强调的是,由于于某某、张某某、刘某集体退股,当时公司董事会、监事会仅剩谢某和杨某某二人了。杨某某知道此收购事情,同样可以证明谢某没有隐匿,主观上没有非法占有的故意。

3. 公司股东丁某某的证言。公司股东、后来经股东大会选举为公司董事会成员的丁某某,在本律师刚刚介入本案时曾向本律师介绍了公司这些股份是公司所有,由谢某代持的情况。本律师就此问题专程到沈阳监狱进行调查取证,但因甲型H1N1流感未果。开庭前,我们也将此情况向法庭做了说明。丁某某可以证明的事项同样可以证明关于于某某等三人的股份在董事会、监事会是公开的,同样可以否定谢某要占有这些股份的主观故意。

(三)关于谢某主观上有无非法占有目的的问题

上述依照相关证据,对用公司资产、资金收购王某刚、于某某、张某某、刘某股份公开性的论证,可以证实谢某没有想占有这些股份的

主观故意。下述证据能够进一步予以证明：

1. 公司股东曾某2009年5月23日15时15分至55分的询问笔录、公司股东王某2009年5月23日14时26分至55分的询问笔录。他们均证实："在2007年年末，公司全体表彰大会上，谢某讲话时提到过一句，打算用公司的股权作为激励先进人才的事……"这里需要特别关注的是，谢某是在公司全体表彰大会上讲的这个事情，完全是公开的。而公司不能持股是个常识，因此，合理地推断，谢某只能用其代持的股份进行该项激励措施。

2. 锦程集团文件——谢某在锦程集团2007年度总结表彰大会上的工作报告（律师提取）。该报告明确记载："在机制上，集团将实施期权激励办法，将短期激励与长期激励相结合，使企业发展目标和员工个人目标紧密结合，使员工具有归属感。"该公司文件同公司股东曾某、王某的证言相互印证。需要说明的是，该文件中使用的是"期权"。但是曾某和王某明确证实，谢某的讲话是"打算用公司的股权作为激励先进人才的事"。此表明谢某当时的讲话并没有引起与会人员的误解，也表明谢某对法律的无知，她并不知晓股权和期权的区别。

3. 锦程集团文件——锦程集团五年发展规划纲要（律师提取）。该文件明确记载："激励机制要采取期权方式奖励和其他激励机制相结合的方式，实现多劳多得。"

4. 公司文件——锦程集团股权期权激励方案（讨论稿）（律师提取）。该方案同样可以证明，锦程集团要实施股权、期权激励措施，并且已经进入预实施阶段。

5. 锦程集团刀片制造公司经理许某的《调查笔录》（律师提取）。许某的笔录明确证实：见过《锦程集团股权期权激励方案（讨论稿）》，且证明该文件"我们曾经传阅过"。

6. 辽宁湘辉律师事务所起草的《股权期权激励方案》(律师提取)。辽宁湘辉律师事务所是锦程集团的法律顾问,作为法律顾问帮助企业起草该文件的事实,从另一个侧面证实了锦程集团打算实施该激励措施。

需要特别说明的问题一:公诉人在法庭辩论时,针对此问题曾说,谢某是"天桥的把式,光说不练"。此表明,公诉人也承认了谢某想用其所持有的股份实行股权激励措施的公开性,即"光说",但并没有实施——"不练"。需要说明的问题是,每一个经营管理者都会知道,一项措施的实施需要一定的条件,否则不会产生好的效果。但是,在如此公开(光说)的情况下,谢某能否实现个人占有?谢某如果想个人占有,会不会如此公开?

需要特别说明的问题二:在全部庭审证据中,没有一个证据证明谢某通过占有(持有)上述股份,个人得到任何利益。职务侵占罪的本质是"利用职务上的便利,将本单位的财物非法占为已有",损害其他公司成员的利益。因公司年检注册的要求,谢某将上述股份挂在自己名下,但没有从中得到任何利益。我们应当,也必须透过问题的现象看问题的本质。

综上,谢某持有上述股份,在锦程集团是完全公开的;欲用这些股份实行激励机制也是公开的,并且在一步步地进行当中;谢某没有想、事实上也没有从持有这些股份中得到任何利益,公司其他股东也没有因此受到任何损害,因此职务侵占罪的指控不能成立。

五、关于虚报注册资本罪的指控

关于起诉书的此项指控,辩护人认为事实较为清楚,相关证据也较为确实充分,存在的问题仅仅是一个法律评价问题。根据我国法律结合卷宗中的相关证据,辩护人同样不能认同谢某的行为构成虚报注册资本罪。分析如下:

犯罪的本质特征,是行为人的行为具有社会危害性并且达到了一定的程度。锦程集团注册成立天程房地产开发公司的目的非常清楚,即是承接唐家棚户区改造工程。关于此问题,谢某的讯问笔录及2009年1月13日9时40分至11时10分王某新的询问笔录证实得非常清楚:为了合作开发该项目,经建委协调成立天程房地产开发公司。此表明,成立该公司并无任何犯罪意图。后来,由于天龙公司从该项目中撤出,经市政府同意,该项目由锦程房地产承接了,故而天程房地产开发公司并未进行任何项目的经营,没有对社会产生任何现实的危害后果。因此,注册成立天程房地产开发公司的行为不应作为犯罪处理。

根据我国现行法律,构成该罪在客观方面有两种情况。一是数额巨大、后果严重;二是有其他严重情节。锦程集团注册成立天程房地产开发公司的行为并不具备上述哪一个条件,不应作为犯罪来追究刑事责任。如果对这样的行为进行刑事追究,不符合我国刑法维护社会稳定、促进经济发展的宗旨。另外,本溪市东兴信用社主任宓某某,在2009年1月8日9时30分至11时30分的询问笔录中讲到,类似的事情,"我社经常办"。"经常办"表明这种情况具有一定的普遍性,其他人或单位这样办没有事,而仅仅追究谢某的刑事责任,也存在一个执法是否公平的问题。

总之,锦程集团注册成立天程房地产开发公司的行为,主观上并无犯罪目的,客观上没有进行任何经营活动,并未产生实际的危害后果。且在案发前,即2007年2月15日已经注销,属于"情节显著轻微,危害不大"的情况,依照我国《刑法》第13条的规定,不应作为犯罪处理。

六、关于本案的程序问题

诉讼程序问题必将影响对案件实体问题的认定,这在我国法律

界已经达成共识。就本案而言,所存在的程序性问题应当引起法庭的重视:

问题一:本案案情并未涉及国家秘密,谢某获得法律帮助的权利应当得到保障。谢某自2008年4月15日,被本溪市纪委、本溪市人民检察院联合专案组带走后,在失去人身自由的同时也失去了获得律师提供法律帮助的权利,一直到2009年2月24日方获准同律师见面。其间,经辩护人多次交涉,本溪市检察院以案件涉及国家秘密为由,于2008年7月1日下达了《不批准会见在押犯罪嫌疑人决定书》[本检反贪不准见(2008)1号]。但是,本案公开开庭审理的事实,以及法庭调查所出示的全部证据表明,本案案情并未涉及国家秘密。因此,本案侦察活动的违法性毋庸置疑。

问题二:重要证据没有到案,案件审理并未结束。根据我国《刑事诉讼法》第159条"法庭审理过程中,当事人和辩护人、诉讼代理人有权申请通知新的证人到庭,调取新的物证,申请重新鉴定或者勘验"的规定,辩护人庭前及法庭审理过程中一再提出调取锦程集团以及刀片制造公司的财务账及相关凭证,被告人谢某在法庭审理中也提出这些问题,并且申请对辽宁立信达会计司法鉴定所出具的《审核报告》、辽宁志诚工程造价有限公司出具的《宾西小区二期2#、3#、4#楼项目工程结算审核报告书》进行重新鉴定。我们认为,为保证案件的正确认定,上述尚未解决的问题应当引起法庭的关注。关键证据不到案,如何定罪?

问题三:法庭审理情况表明,不能排除本案的侦查活动存在刑讯逼供情形,侦查阶段不利于被告人的口供应予排除。法庭审理过程中,被告人谢某不断提出,自己在侦查阶段受到了刑讯逼供,办案人对其进行了肉体折磨和精神摧残。例如,用电警棍戳自己的身子,甚至嘴;三伏天给自己长时间裹上棉被;由于疾病自己经常呕吐,可办案人却将这些呕吐物塞回自己的嘴里,逼自己吃下;说某些领导对自己好,逼自己承认给××、××、×××领导行过贿等。

我们并不否认,谢某对这些行为提供不出证据(事实上谁处于那种情况也都是提不出的)。但是,有两个问题应当引起法庭的注意:(1)为什么长时间不准许律师会见,甚至律师提出在监视器中看一眼都不行?(2)法庭审理中,被告人及辩护人均要求播放被告人审讯时的同步录音录像,而公诉人却拒绝播放。卷宗材料显示,检察机关是做了同步录音录像的,而根据最高人民检察院《人民检察院讯问职务犯罪嫌疑人实行全程同步录音录像的规定(试行)》第15条"案件审查过程中,人民法院、被告人或者辩护人对讯问活动提出异议的,或者被告人翻供的,或者被告人辩解因受刑讯逼供、威胁、引诱、欺骗等而供述的,公诉人应当提请审判长当庭播放全程同步录音、录像资料,对有关异议或者事实进行质证"的规定,公诉人应当播放相关录音录像。上述两个问题是否可以印证被告人谢某关于刑讯的说法呢?我们提请法庭予以关注。

综上所述,根据现有证据对谢某五项罪名的指控均不能成立。

此致

本溪市中级人民法院

北京市京都律师事务所律师　田文昌　曹树昌

2009年10月13日

辩护词(补充辩护意见)

审判长、审判员:

谢某涉嫌贪污等罪名的案件,于2009年12月29日、2010年1

月15日,进行了第四次、第五次公开开庭审理。我们认为,公诉人针对2009年3月3日辽宁立信达会计司法鉴定所对《宾西小区商品房效益预测》进行账目审核鉴定的《审核报告》、2009年2月27日辽宁志诚工程造价咨询有限公司出具的《宾西小区二期2#、3#、4#楼项目工程结算审核报告书》补充出示的13组"证据",不具备质证条件,没有质证意义,指控谢某贪污的罪名不能成立。我们在坚持已经提交给法庭的《一审辩护词》的基础上,发表补充辩护意见如下:

一、13组"证据",不具备质证条件,没有质证意义

13组"证据"意在证明前述两个报告的正确,但是通过前三次的开庭,我们已经依据相关事实指出了报告所存在的严重问题。皮之不存、毛将焉附?报告本身存在十分明显的错误,针对报告的补充"证据"则无意义。现分述如下:

1.《审核报告》违反会计准则,会计信息口径不一致,不具有客观性。《审核报告》的结论是涉案工程最终盈利了280万余元。但是,该报告的收入项是以《销售一览表》为依据,而销售一览表仅是当年的预测,而成本项则多是以实际发生数为依据。这种方式是违法的,其结论必然失去客观性,不能作为定案的依据。

2.《审核报告》存在漏项,不能客观反映宾西二期工程实际情况。我们认真审阅了《审核报告》,发现其存在诸多漏项的情况。例如,该工程进行了在本溪众所周知的冬季施工,必定增加成本,但《审核报告》中没有丝毫体现;该工程的2#楼、2#楼拐角、4#楼必定存在现场签证的情况,但《审核报告》审核数为0。这些都表明《审核报告》没有忠实于事实,不能作为定案的依据。

3.《审核报告》在计算上存在明显问题。例如,动迁增室收入通过审核,增加了165万元。这些增室不会凭空产生,必定要占用商品房的面积,但商品房的收入并没有因此而有一分钱的减少。再如,6

户安置动迁户的房产作为商品房销售和公司自用，因此审核认定，其收入增加了85万余元。动迁户的房子作为商品房销售和公司自用了，动迁户给什么房子呢？动迁户的房子是一寸也不能少给的，他们必定要占用商品房。但《审核报告》中，商品房销售收入没有任何改变。

4. 重要的基础数据都不能确定，无法相信《审核报告》的客观公正性。全部卷宗材料均显示，该工程建筑总面积为18,981.17平方米，但在辽宁志诚工程造价咨询有限公司为审核工程造价而出具的《宾西小区二期工程2#、3#、4#楼项目工程结算审核报告书》中（补侦第四卷第78页），建筑面积却变成了18,164.92平方米，少了816.25平方米。在计算收入时是18,981.17平方米，在计算成本时却少了800多平方米。到底哪一个是真的，我们无法得知。公诉人当庭表示，18,164.92平方米是真实的。如果18,164.92平方米是真实的，商品房的面积必定因此而减少，销售收入必定因此而减少，但是我们同样没有看到商品房销售收入因此而减少。

5.《审核报告》对相关问题应进行必要的说明，否则会误导审判。例如，《审核报告》调减土地及拆迁补偿费68,200元；调减前期工程费925,412.66元；调减基础设施费472,298.83元。《审核报告》只告诉了我们，这些不属于宾西二期的工程成本，但是这些费用应当调到哪里。庭审调查表明，上述这些被调减的费用不是假账，都是实实在在发生的费用，庭审调查还告诉我们，国家并没有为上述费用埋单，事实上这些费用都是被告人谢某及34名破产企业的员工重组的公司承担的。

综上，我们再次申请调取锦程公司完整的财务账，特别是该工程商品房销售账及凭证，或对涉案工程，即宾西二期工程的盈亏进行重新鉴定。

二、对被告人谢某贪污罪的指控不能成立

1. 关于客观方面的分析

该项指控的核心问题,是谢某等人重组的公司从本煤房地产公司手中接过来的,是亏损还是盈利(除清算组补给的两处房产外)。如果是亏损,就不存在隐匿前期国有企业对宾西二期的480万余元的净投入,就不存在贪污问题;如果是亏损,清算组补给的两处房产就是一个民事问题,也不涉及犯罪。通过我们对前述两个报告的分析,加之我们通过法院向本溪市产权处调取的宾西二期工程的商品房销售资料,可以证明谢某等人所接过来的是亏损。不存在隐匿已经物化为砖瓦、水泥等并且因各种原因已经亏损的480万元的净投入的问题。在此基础上,同清算组谈接手宾西二期这个矛盾尖锐并且已经亏损的工程的条件,从而得到清算组两处房产的补偿就不是贪污。

2. 关于主观方面的分析

庭审中,控方出示的相关财务资料,虽不一定全面,但却反映了一个重要问题——关于隐匿480万元国有投入的问题,无论是控方也好、审核部门也罢,所依据的都是这些财务资料。这些财务资料清晰地反映了原国有企业对宾西二期工程1100万余元的投入和600万余元的收回,公诉方正是依据这些,指控谢某隐匿了480万余元的前期投入。应当引起特别关注的是,所有这些财务资料正是1999年,即企业被宣告破产时,谢某主持工作的本煤公司向本煤公司破产清算组提供的。上缴清算组的财务账一清二楚,何谈隐匿?

3. 关于主体资格的分析

庭审中,公诉人口称依据《企业破产法》,谢某作为本煤公司的总经理,履行总经理的职责应至破产程序终结之日,因此其具有贪污罪的主体资格。但是,1986年《企业破产法》第27条并没有规定,破产企业的法定代表人向清算组办理移交手续之后,还有管理国有资产的职责。公诉人的说法没有法律依据。应特别指出的是，本煤公司当年的破产原则是“关门、走人”，全体员工都失去了国有企业职工的身份，任何人都只能按照清算组的要求进行工作，而不具有管理国有资产的职责，谢某不符合贪污罪的主体资格。

三、关于与诈骗罪指控有关的问题的说明

自2009年9月初，即本案第一次开庭前，我们为了查清相关事实就以口头、书面的形式多次向法庭提出调取锦程集团、锦程房地产开发公司、刀片公司的财务账及相关凭证的申请，直至2009年12月22日，我们才在法庭的安排下，在本溪市建工综合开发公司看到了刀片公司2004年、2005年、2006年的财务账和凭证。但是，这些财务资料尚不能全面反映锦程集团对刀片公司的投资情况。如：(1)锦程集团财务总监赵某某当庭明确证实，锦程集团的资金是系统运作，除公诉机关查明的在信用社贷款1600万元外，锦程集团还在担保公司贷款五六百万元，还向民间个人借款五六百万元；这些款项绝大部分都用在刀片公司了；锦程集团的财务制度比较健全，所有这些在财务账上都可以查得到。(2)公诉机关委托辽宁立信达会计师事务所有限责任公司审核认定，锦程房地产公司对刀片公司共投入资金19,405,200.39元。但是，非常明显的遗漏是锦程集团为刀片公司购买的大客车，从购买的第一天起就由刀片公司使用至今，但该大客车却没有在刀片公司的财务账上。

上述情况表明，刀片公司的财务账并不能客观、全面地反映锦程集团对刀片公司的真实投资情况，因此我们无法仅就刀片公司2004年、2005年、2006年的财务账发表意见。

四、特别提请法庭注意的问题

1. 是什么人在隐匿本案的证据

在本案开庭前，即2009年9月，辩护人就向法庭提出调取全部财务账的申请,直至12月22日,我们才看到了部分财务账。今天开庭时,辩护人提出了公诉人提供的财务账存在问题时,公诉人居然解释:这些财务账不是他们提供的。我们相信公诉人当庭的说法,但这却给我们提出了一个非常严重的问题:这些被“依法”扣押的案件证据材料,掌握在何人之手?为什么至今不提交法庭?请法庭对此给以关注,我们也保留向有关部门控告的权利。

在此我们郑重指出,案件审理至今已经经过了五次开庭审理,我们仍然没有看到完整的公司财务资料,这样的审理活动极易产生冤假错案。

2. 鉴定人员为什么不出庭

同样是在本案开庭前,我们就口头、书面向法庭提出鉴定人出庭接受询问的申请,几次开庭中被告人亦强烈要求鉴定人出庭,但在五次开庭审理中,四个鉴定人竟无一人出庭。

最高人民检察院《人民检察院鉴定规则》第24条明确规定:“鉴定人接到人民法院的出庭通知后,应当出庭。”最高人民法院《人民法院统一证据规定(司法解释建议稿)》第105条也明确规定:“鉴定人应当出庭作证,不得以书面鉴定意见代替出庭作证……”根据上述司法解释的规定,鉴定人应当出庭作证。然而,四名鉴定人、五次开庭竟无一人出庭,难道他们四人在五次开庭时都有“特殊情况”?这不得不让人们怀疑,他们是不是不敢出庭。对此法庭亦应给予关注。

3. 公诉人为什么拒不播放审讯被告人时的同步录音录像

法庭审理中,被告人多次提到自己在侦查阶段受到了刑讯逼供,辩护人在第三次开庭时提出强烈要求,要求公诉人播放审讯的同步录音录像,但公诉人却置之不理,直到今天第五次开庭结束,该录音录像仍未在法庭播放。

根据最高人民检察院《人民检察院讯问职务犯罪嫌疑人实行全

程同步录音录像的规定(试行)》第15条,“案件审查过程中,人民法院、被告人或者辩护人对讯问活动提出异议的,或者被告人翻供的,或者被告人辩解因受刑讯逼供、威胁、引诱、欺骗等而供述的,公诉人应当提请审判长当庭播放全程同步录音、录像资料,对有关异议或者事实进行质证”。特别需要强调的是,该规定为“公诉人应当”而不是可以。请求法庭在合议本案时对这些情况予以充分考虑。

此致

本溪市中级人民法院

北京市京都律师事务所律师　田文昌　曹树昌

2010年1月19日

颜某某被控挪用资金罪、合同诈骗罪案

案情简介

颜某某与爱建公司的合作关系早在20世纪80年代末即已经开始，其合作对象包括爱建信托、爱建房产、爱建证券公司，合作内容涉及房产、证券、借贷等，双方的友好合作关系维持了十多年。双方的矛盾爆发于哈爱达公司开发的爱建新城项目。

颜某某的上海达德公司于2002年设立哈爱达公司，公司成立后，开发了哈尔滨爱建新城项目。

2003年至2005年，应爱建信托的请求，哈爱达公司两次利用爱建新城项目为爱建信托消化总额17亿余元人民币的不良债权。过程中，为了明确双方债权债务关系，双方签订了大量的合同。2005年9月30日，为了进一步明确权利义务关系，双方将之前签订的所有合同整合，签订了一份《最终处置协议》。该协议得到了部分履行，但由于哈爱达与爱建信托因商铺装修费用发生纠纷，案发前，协议尚未履行完毕。

2008年，爱建信托更换了新的领导班子。颜某某写了一份最终处置情况，要求对两公司多年来发生的经济往来进行核账清算，双方就有关问题进行了谈判。

10 月，谈判失败。

12 月，爱建信托向公安机关举报。

之后，颜某某被立案侦查，2010 年 1 月开庭审理。

开庭后，双方仍在继续谈判，可谓边打边谈，边谈边打。

此案反映出来司法实践当中的一个可怕倾向，在“民事纠纷刑事化”案件中，地方保护主义、部门保护主义往往如影随形。要改变这一状况，有待于程序法的完善。

一、挪用资金罪

为实现爱建集团提出的爱建信托与爱建证券业务“联动”的要求，为规避信托资金不能直接用于证券投资的内部规定，这两家公司遂利用颜某某的公司作为平台进行转移和调动资金。具体方法是，爱建证券通过为颜某某投资设立的公司出具质押证明，由颜某某投资的公司向爱建信托进行贷款并支付利息。同时，颜某某的公司再将所贷款项委托爱建证券进行理财，由爱建证券操作进行境外炒股，颜某某收取委托理财的收益。由于爱建证券操作不当，造成严重亏损，爱建信托因爱建证券境外炒股亏损无法收回资金，各方遂于 2001 年 11 月签订“三国四方协议”，确认颜某某的公司对爱建信托未到期债务合计为 12.6866 亿元，颜某某委托爱建证券的资金共计 13.7 亿元。债权债务相抵后，颜某某公司欠付爱建信托的未到期款项由爱建证券公司承担。且因爱建证券的亏损，颜某某未收到爱建证券支付的投资收益，但承担了爱建信托贷款利息。据此，颜某某与爱建信托、爱建证券之间存在的债权债务关系完全终止。后来，爱建证券将持有的香港公司的股票质押给爱建信托，当时，市值高于所欠债务。

检察机关将这一过程定性为挪用资金，且起诉书将时任爱建信托的总经理马某、爱建证券的董事长刘某、总经理陈某以及颜某某定为涉案人员。

二、合同诈骗罪

为消化爱建证券炒股造成的巨额亏损,爱建信托曾多次向颜某某的哈爱达公司购买其开发的哈尔滨爱建新城地下商铺。

2003 年 1 月,爱建信托为掩饰 6.87 亿元的亏损,向哈爱达公司购买爱建新城 10 万平方米地下商铺,而当时爱建信托明知该地下商铺尚未建造。双方同意作价为 20 亿元,其中 13.13 亿元为现金,6.87 亿元为不良债权。对这一交易,爱建信托董事会通过决议认可,但是,为应付 2002 年上市公司年报审计的需要,日期倒签为 2002 年 12 月 25 日。同时,爱建信托与哈爱达公司的交易协议日期也倒签为 2002 年 12 月 25 日。实际上,该协议明为购买而实为融资协议,因为哈爱达公司还须向爱建信托支付 13.13 亿元的现金利息,并且约定了哈爱达公司应于两年后优先回购;2004 年 5 月 8 日经双方补充协议,约定哈爱达公司必须回购。

爱建信托第二次向哈爱达公司购买的是爱建新城 3.5 万平方米地下商铺,以及 6.5 万平方米待开发地下商铺(后置换为爱建新城 16.4 万平方米地上商铺),购买该资产的对价为爱建信托的 11.017 亿元不良债权和 8.74 亿元现金。

后因爱建信托欠付社保资金等,颜某某代爱建信托偿还相关债务 10 亿元。为厘清相关债权债务关系,哈爱达公司、爱建信托以及爱建股份就哈尔滨地下商铺的相关事宜于 2005 年 9 月 30 日签署《最终处置协议》,将爱建信托购买的爱建新城地上物 16.4 万平方米与颜某某代爱建信托偿还的 10 亿元资金相抵;另外将原先的具有融资性质的协议变更为资产购买协议,即取消了双方原本约定的回购;确认爱建信托向哈爱达购买 13.5 万平方米地下商铺,如哈爱达公司交付地下商铺面积不足,应以2万元每平方米价格予以补偿。在该最终处置协议履行过程中,哈爱达与爱建信托因商铺装修费用发生纠纷,未能完全履行,但该协议并未被终止或解除。

根据双方约定,爱建信托购买的13.5万平方米地下商铺,哈爱达公司实际建造并交付13.0013万平方米,爱建信托也于2004年12月获得《房屋所有权证》。其中8.3995万平方米的人防工程,目前尚未办理土地证。根据哈尔滨市人防办、黑龙江省人防办相关回复,确认8.3995万平方米中有5.2982万平方米系单建式人防工程,却错报成结建式人防工程,应可以申请办理产权证明。剩余的约3.1万平方米因属于结建式人防工程,将无法办理土地使用权证,确实存在瑕疵。

就是因为哈爱达公司最终未能全部交付地下商铺,检察机关就视作合同诈骗罪而起诉颜某某,并认定颜某某合同诈骗17.11亿元。

辩护思路

一、关于挪用资金罪

辩护律师经过研究案情,认为公诉方的指控首先违背了事实本质,即爱建信托与爱建证券为了实现业务"联动"而通过前述模式的资金运作,是为了实现企业利益更大化,而非为了将资金挪用给某人进行使用;其次,颜某某的公司是通过贷款合同等一系列合法文件,向作为金融机构的爱建信托进行贷款,金融机构贷出款项不可能存在挪用资金的行为;最后,前述贷款行为以及委托理财行为均是以公司作为主体进行操作,这些公司都是依据规定合法设立的,是单位行为而非个人行为。基于此,律师形成主要辩护观点:

(1)颜某某与爱建信托之间签订有正式的贷款合同,属贷款行为。

(2)本案的事实是,爱建信托因不能直接放贷给爱建证券,所以找一个企业做平台接受贷款,再转给爱建证券使用(炒股),所谓“共谋”纯属推断,商量放贷不等于“共谋”。此是事实,但不是犯罪。

(3)借款资金给爱建证券炒股是事实(但谁使用并不重要),因颜某某借款,且颜并不否认。所以,何人用款与犯罪无关。

(4)“三国四方协议”真实有效,因爱建证券与爱建信托是母子关系(实为一家),“证券”用款再还给“信托”实属正常,实与颜某某公司无关。

(5)在该罪名中,最重要的问题是颜某某所做的是向金融机构贷款,依据《刑法》的规定,向金融机构贷款行为中不存在挪用问题,只有发放贷款合法性问题。而即使属于违法放贷,用款人也不能成为“共犯”。所以,无论从任何角度,颜也不构成挪用资金罪或者其他犯罪。

(6)关于虚假质押担保问题。

首先,此事与颜某某无关,颜某某根本不知情。

其次,虚假质押只是手段,最终还款及具有还款能力是关键。颜某某已经还款且具有足够还款能力,所以,也不构成骗取贷款罪。

二、关于合同诈骗

1.根据爱建股份的董事会纪要和决议,及双方所签合同,合作开发合同实际是变相融资行为,爱建要消化坏账,颜某某的公司也要用资金。

(1)爱建要求哈爱达公司回购项目,证明了购买是假;

(2)对预付收购款颜某某还要付利息,证明了实际上的借贷关系。

所以,对于所开发的项目本身来讲,并无隐瞒或欺骗的必要性。

2. 在合同履行过程中,逐步发现取得土地证有障碍,但最终也无不可跨越的障碍。根据省、市人防办复函,经过一定程序还是可以办土地证的。

3. 在哈爱达项目中,实际操作者王某经理及公司主要班底均是爱建派出的人员(哈爱达公司是颜某某公司与爱建合股组建),一切开发及报批程序均是由王某等人操作的。所以不存在被骗问题,除非自己骗自己。

4. 最重要的是,不仅在履行过程中数次承诺过回购项目,而且在2005年9月30日"最终处置协议"中,明确约定对不足部分(指未办土地证部分),哈爱达公司全部以2万元/平方米价格现金返还。此协议表明,爱建愿买就买,不愿买可退,这就与地下商铺能否办理土地证问题无任何关系,即爱建不会有任何损失可言,且颜某某的公司至今仍有足够资金实力收购全部项目。在此情况下,诈骗目的何在?诈骗对象和后果何在?

对爱建来讲,在购买20万平方米地下商城项目的交易中,不仅消化了17亿多元的坏账,而且买到了预期的商城,不足部分又可以被全额现金返还,有百利而无一害。爱建信托完全可以通过违约赔偿的方式向哈爱达公司进行索偿,遗憾的是,爱建信托最终选择了刑事举报的方式,试图通过刑事司法干预,来处理其与颜某某之间的一系列商业纠纷。

辩护词(一审第二轮)

审判长、审判员:

通过两天的法庭审理,控、辩双方对被告人是否构成犯罪的认识分歧巨大,但辩护人仍然期望控辩双方通过对事实、证据和本案性质

的充分分析,给法庭提供一个兼听则明的基础。现针对第一轮法庭辩论的几个焦点问题,发表补充意见如下:

一、关于挪用资金罪

(一)颜某某与爱建信托签订了正式的贷款合同,贷款过程合法、正当,属公司的正常贷款行为

1. 指控密谋的证据不足。公诉人所指控的所谓"密谋",只不过是指本案几位被告人曾一起商量过贷款事宜,但商议并不等于"密谋"。公诉人所指"密谋"是指对犯罪的谋划,但本案中颜某某等人所进行的是正常的贷款活动,并不存在"密谋"的必要性。

2. 从贷款主体来看,签约的主体双方均为法人单位,资金的进出亦都是单位走账,是从爱建信托公司到颜某某所在的公司,所以,均不是自然人的个人行为。

3. 颜某某所在公司从金融机构贷出款项后再委托爱建证券公司理财,不具有犯罪性。

4. 关于贷款时质押证明是否虚假的问题。

(1)质押究竟是真是假,至今控、辩双方还有争议。

(2)不管质押是真是假,颜某某对质押一事是不知情的。

(3)质押是没有风险的。根据马某的陈述,颜某某公司贷出的资金又回到爱建证券,并且后来这些贷款也归还了,而事实确实如此。

(4)即使质押有假,也不构成挪用资金罪,因本案的事实与法律规定的挪用资金罪性质不符。挪用资金与否与质押无关,质押真假与否也与挪用资金无关。

至于公诉人说马某分散放贷,这只是操作方式,与犯罪无关。这种渲染式的描述只能起到混淆视听的作用,并不能证明被告有罪。

(二)关于使用资金的主体及后果

1. 是谁使用了6.87亿元资金?通过庭审来看有两种说法。根

据辩护人在法庭调查中出示的书证显示,该资金是爱建证券使用的。包括爱建证券出具的多份公函及其向爱建信托出具的还款承诺函,均表明从付款指令到还款承诺都是由爱建证券授权并且承担责任。即资金使用去向是颜某某所在的公司贷出款项后,根据爱建证券的要求打入爱建证券或打给香港的张某。

2."三国四方协议"签订后,该笔贷款的归还义务最终又回到了爱建证券,即由爱建证券承担由其操作的该项贷款资金的归还义务,其中包括交给张某操作的6.87亿元在内。刘某在当庭陈述时表示,"三国四方协议"签订时,该股票的市值高于6.87亿元。

因此,辩护人认为,实际上,在"三国四方协议"签订前,究竟是谁使用了该笔资金的争议并不重要,因为至"三国四方协议"签订时,该笔贷款资金已全部回到了爱建证券账上,且因6.87亿元股票的价值并未贬值,爱建一方并无损失。

至此,该笔贷款已经全部归还。

此后,有了哈尔滨的项目时,由于爱建一方此前未将6.87亿元股票变现而遭遇贬值风险,为避免信息披露困境而找到颜某某寻求支持,要求在项目合作中消化该笔坏账。在此情况下,才以不平等的交换为条件,在颜某某同意为其消化6.87亿元坏账的前提下,将6.87亿元股票的债权又转让给颜某某。实际上,这已经是一种风险的"转嫁",因此时该股票已经贬值。

需要强调的是,从事实的角度来说,此时贷款的过程已经终结,此次6.87亿元债权的转让已属于另一个独立的行为。从法律的角度来说,则已经形成了另一种法律关系,与前面的贷款行为没有关系了。后来,直到2007年颜某某去香港找张某讨回4.2亿元资金,算是实现了6.87亿元的部分债权。这一结果可以印证该债权第二次转让的事实。这也是哈尔滨爱达公司(以下简称哈爱达公司)与爱建合作的起因,接下来,6.87亿元已被哈爱达公司所消化。

(三)关于起诉书所指控的贷款性质的认定

1.资金使用主体及使用过程并不重要。因为从贷款属性来讲,此种贷款行为就不可能构成挪用资金罪。《刑法》规定挪用资金罪是利用职务便利,私自挪用本单位资金,归个人使用,这是挪用资金罪的基本特征。本案中,如果视马某为挪用人的话,其并不是以个人名义,而是以公司的名义,并且是公开的使用,利益更是归公司所有。控方讲是马某欺骗了董事会,所以其是个人行为,这种说法毫无根据。且不说欺骗的事实并不存在,假设是马某欺骗了董事会,那么由董事会做出决议并由公司签约后,也不能认为是个人行为。关于挪用资金借贷给他人使用的理解,最高人民法院有明确具体的司法解释,即必须是以个人的名义借贷给他人使用。

公诉人还说由于贷款的风险大,也可视为马某具有个人利益。如果这种说法可以成立的话,那么私利与公利就没有界限了。

2.贷款的使用人是公司而并非个人。无论颜某某还是刘某,他们的行为都是代表公司。

控方引用最高人民法院司法解释,依法成立的才是公司。辩护人对这一点是认同的。但控方说颜某某的公司成立时是虚假出资,系欺骗行政单位而成立的,所以就不是依法成立了,这是偷换概念。如果颜某某的公司在设立时有问题,那应当由工商行政部门来认定,但前提是,既然其已经取得了营业执照而并非私自伪造营业执照,那就是依法成立,就具有合法性。例如,用伪造的驾照驾车,可以视为无证驾驶,但如果所使用的驾照确属真实而只是在取得驾照的过程中存在问题,就不能定性为无证驾驶。既然已经取得了驾照,你能说是无证驾驶吗?这是完全不同的两个概念。所以,没有任何理由否认颜某某所在公司是依法设立的公司,更无理由否认其“公司”的属性。按公诉人的逻辑,难道私生子就不是人吗?如果用这样的逻辑来处理法律上的问题,于情于法都是无可容忍的。

公诉人还谈到颜某某的俊乐公司、达德公司是零资本、零收益、零纳税,并以此为依据得出结论,因此这两个公司就不是有限责任公司,就是无限责任公司。而且,公诉人又进一步以这两个公司都是"颜某某一个人说了算"为由,将其定性为颜某某的一人公司。且不说公诉人的上述说法并不属实,值得注意和令人瞠目的是,公诉人的解释竟然超越了《公司法》,难道《公司法》所规定的有限责任公司和无限责任公司的区别可以被今天公诉人的解释所取代吗?仅仅因为一个公司的零资本、零收益就变成无限责任了吗?仅仅因为是"一个人说了算"就变成了一人公司了吗?辩护人还是第一次听到这种理论!辩护人请公诉人注意:法律概念是不能随意表述的,否则后果不堪设想。

(四)指控颜某某构成挪用资金罪,不仅没有事实依据,在适用法律上也存在严重错误

金融机构的职责之一就是发放贷款,在发放贷款和取得贷款的活动中并不存在挪用资金罪。这正是辩护人在指控挪用资金罪的辩护中所要强调的一个最重要、最关键的问题。

法律规定的挪用资金罪,除私自挪用和归个人使用外,还有一个很重要的基本特征,那就是改变了资金的基本用途。那么,对于金融机构而言其本身的职责就是放贷,其区别无非是贷给张三或者贷给李四,但是无论贷给谁,资金用途都没有改变。所以,在这一过程中,根本不可能存在挪用资金罪。

《刑法》修改时之所以将发放贷款过程中的几类行为单独增设罪名,就在于区分其与挪用资金罪的界限,因为过去在司法实践中有时会把金融机构贷款的行为与挪用资金罪相混同,出现了一些错案。

所以《刑法》修改时增设了有关贷款犯罪的专条规定。挪用资金罪所侵犯的是本单位资金的使用权,而在发放和取得贷款中所发生的违法犯罪行为所侵犯的则是金融机构对贷款的管理秩序。两类行为所侵犯的客体具有重大区别,所以不能混为一谈。

基于此,辩护人认为,在金融机构发放贷款和用款人取得贷款的行为中,根本不存在挪用资金罪的问题。这个界限本来是十分明确的,必须严格加以区分。

辩护人注意到,公诉人对指控挪用资金罪的思路有一个总体的设计,从举证、质证、辩论的整个过程可见,公诉人指控本案构成挪用资金罪,那么,首先马某必须是个人行为,颜某某也必须是个人使用,接下来颜某某与马某是共犯,而共犯就得有共谋,否则就无法追究颜某某的责任。似乎这样一来就完全符合了挪用资金罪的构成条件了。

但是辩护人要指出的是,以上几点,不仅在事实上哪一点都不成立,而且即使全都成立,也还是不能构成挪用资金罪。因为这种发放贷款和取得贷款的行为根本就与挪用资金罪不搭界。依据特别法优于普通法的原则,在法律对于金融机构的贷款行为已经有明确规定的情况下,没有任何理由认定颜某某公司的贷款行为构成挪用资金罪。

辩护人实在无法理解,怎么样能够形成这样的指控?如此明显的错误实在是不应该发生的!希望这一问题能够引起法庭的高度重视。

二、关于合同诈骗罪

(一)签约时,爱建信托和哈爱达公司合作的实质内容是融资,并不存在虚构项目的必要性

签订合同的原因是:由于质押的6.87亿元股票贬值,爱建6.87

亿元的债权出现问题,所以找颜某某接过来帮忙。目标是,爱建消化了6.87亿元的坏账,颜某某所在公司也可以获取资金。

辩护人提请法庭注意的是,经过法庭举证质证,可以证明该融资关系的,有两类关键证据,一类是约定回购的相关证据,另一类是颜某某公司支付利息的相关证据。这是本案融资关系的两个标志性的特征。约定回购的证据中,有两份董事会纪要,三份董事会决议,还有多份回购合同。支付利息的证据中,有约定利息的合同,还有"利息支付统计表"证明已经支付。

以上证据充分表明了双方合作实属融资的本意。因此,也就完全没有必要对项目作假了。这是一个值得重视的问题,也是分析、认定指控行为性质的一个重要前提。

(二)行为主体是单位

本案中贷款合同双方均是法人单位,并且资金往来也都是进入单位账户。所以,双方均属单位行为确定无疑。如果按照公诉人前面所坚持的逻辑,任何单位都可以被认定为个人,但这种逻辑显然无法成立。有关个人与单位的区别,前面已经充分论证过,不予重复。

(三)本案所涉事项根本不存在诈骗的事实

1. 人防工程办土地证的障碍,是在履行合同过程中才发现的。而对此事爱建公司是清楚的。当时直接负责该项目的负责人是哈爱达公司总经理王某,而王某正是爱建总公司的总经理助理,是爱建总公司派驻哈爱达公司的总代表,其级别还高于爱建信托的马某。并且,哈爱达公司的经营班子,不仅是王某,包括其他的主要经营管理人员都是爱建公司派去的,而且爱建公司在哈爱达还持有股份。由此可见,该项目实际上是控制在爱建公司手里。

2. 法庭调查中已查明,土地证并非绝对不能取得。辩护人提供给法庭的(在公诉机关提交的书证中查到的)《哈尔滨城乡规划局给予经侦总队的复函》、《黑龙江省人防办公室给予经侦总队的复函》以及《黑龙江省人防办公室给予中茂律师事务所的复函》,已经充分显示,该人防项目中有些部分本来应当是单建式,但是误报成结建式,如若改回单建式,则需要经过一定的审批程序,而改回单建式之后即可以取得土地使用证。这表明领取土地证并无绝对障碍。此事实说明公诉机关所指控的虚构项目的问题并不存在。

3. 履行合同的过程中曾经签订过几次回购协议,印证了融资的真实性质。既然有回购的约定和行动,就没有对项目内容隐瞒和欺骗的任何必要性。因为既然要回购,欺骗的结果就只能是自己骗自己。

4. 2005 年 9 月 30 日双方签订的《最终处置协议》,印证了回购的真实性。马某在任时,2004 年 5 月 8 日、17 日曾经有过两份回购协议,2005 年 9 月 30 日的"一揽子"处置协议即《最终处置协议》又再次明确了回购问题,而且是约定以每平方米 2 万元的原出售价格回购。至此,双方已经确认了整个合作过程中所发生的所有的权利义务关系。那么,在此之后,为什么还会出现诈骗的指控?其理由和依据从何而来?辩护人实在无法理解!

5. 公诉人一直没有明确回答的一个问题是,究竟是以哪一份合同认定合同诈骗?用回购合同?还是用优先回购的合同?还是用最终处置协议?法庭进行到最后的辩论阶段了,经过多名辩护人反复询问,依然没有弄清楚。而公诉人竟然会讲,没有必要说是哪一份合同。这种回答实在使辩护人感到吃惊!辩护人不知道公诉人引用的是哪一部法律,居然可以说不问是哪一份合同,反正说你骗你就是骗,那岂不是等于说你有罪就有罪,说你没罪就没罪吗?如此随意地解释法律,实在是太不严肃了!

且不论公诉人怎么说,让我们从事实来加以分析:

如果说，与爱建签订收购合同是骗，那么，之后的回购协议签订时已经失去了骗的条件。

如果说，由回购又变成优先回购是骗，那么，后来的几份回购协议直到2005年的《最终处置协议》签订后，不仅再次失去了骗的条件，而且已经终结了双方合作的整个过程，双方达成了新的合意，更不存在诈骗的任何可能性。

再接下来，如果说《最终处置协议》是骗，那么，在签订《最终处置协议》的时候，直至在今天的法庭上，任何人也没有说《最终处置协议》签订的过程中，颜某某的公司存在有任何虚构事实、隐瞒真相的欺骗行为。既然没有，那么又能在哪一份合同中找到一点点诈骗的证据甚至疑点呢？

按照公诉人的说法，《最终处置协议》签订后，2006年又有了争议，如哈爱达公司擅自处置了资产等。但是，正像公诉人举证时所表述的，认为这些做法是颜某某的公司"缺乏履约诚意"。这种表述恰恰是一语道破了真相，正好说明这是一种事后才出现的履行合同的纠纷而已。

辩护人再次要强调指出的是，指控合同诈骗的根据在哪里？公诉人必须给法庭一个交代，既然是合同诈骗，那么，利用哪一份合同？骗了谁？又骗到了什么？这是最基本的问题，因为任何犯罪都要有犯罪的手段，都要有被害方，还要有犯罪的对象，要有侵犯的客体。骗了爱建吗？如何体现呢？既可以卖给你，也可以收回来，在这种合作中，哪里有诈骗的痕迹和影子呢？根本就找不出来。

爱建究竟受了什么损失？公诉人说有几十个亿。辩护人要强调的是，损失不是说出来的，而是在真实的数据基础上通过科学计算得出来的。颜某某认为，到目前为止，爱建还欠哈爱达公司的钱呢。所以，既然有分歧有纠纷，就要算账，就要协商，还可以打官司，而不是凭借强力就一定能解决的。

辩护人认为,公诉人凭空说来的损失,只能是一种渲染而并不能代替事实。值得注意的是,究竟是谁造成了现在的后果,颜某某在法庭上说得很清楚,正是因为爱建方面的诸多原因,造成了今天这样的后果。

三、公诉机关在本案指控犯罪中,背离了运用证据的基本规则,有明显的欲加之罪倾向

理由如下:

在法庭举证质证的过程中,公诉人置大量的证明被告无罪的原始书证于不顾,而是以一些既不真实又不稳定,并且相互矛盾,支离破碎的言词证据来否定原始证据。

例如:贷审会开过了,也白开,因为它不真实,所以没有用;

划款指令出示了,而被告人讯问笔录说它是假的;

“三国四方协议”签订了,也履行了,却说它是无效的;

回购协议有好几份,却视而不见;

五份董事会的纪要、决议,都有明确记载,却说它不真实;

公诉人说谁是挂名股东,谁就是挂名股东,只是由于证人向公诉人承认自己是挂名股东;

而以挂名股东为由,即可将有限责任公司说成是个体户;

更有甚者,公诉人在法庭上竟然说,董事会决议是可以改的,所以董事会决议就被认定是不真实的。

如此等等。

辩护人认为,公诉机关竟然用其自行取得的一些证人证言将一系列有利于被告人的原始书证统统否定,说无即无,说假即假。其随意性达到了为所欲为的程度!《刑事诉讼法》规定的七类证据中,相对于言词证据而言,书证更具有可信性和不可改变性,而言词证据则既不可靠也不稳定,其证明效力明显低于原始书证。而在本案中,公诉人却利用大量的言词证据否定原始书证,这种做法违背了证据运用的基本规则,不利于审判的公正。若按公诉人的逻辑,承诺函可以否定,合同可以否定,决议可以否定,所有的原始证据都可以否定。那么就意味着一切原始证据都可以弃之不顾,说谁有罪都可以,要定什么罪名都可以,只要找来几个“证人”一证明,就可以做成铁案了!

如此下去,哪里还有什么证据规则可言?哪里还有什么法治可言?这种运用证据的方式是不严肃的,更是极其危险的,请法庭予以重视。

四、关于本案在办案过程中存在的程序性违法问题

刘某的辩护人讲到,本案在侦查中以涉密案件为由不准律师会见。但是在本庭开庭审理过程中,却并未发现任何涉密内容,而且是公开审理。对这一问题,辩护人认为公诉机关应当作出解释,而且应承担责任。这是有违法律的明确规定的,请法庭予以重视,辩护人保留将这一问题向有关机关作出反映的权利。

综上,辩护人认为,本案本来是一起普通的民事纠纷,而且是本可以妥善解决的民事纠纷,却以刑代民,把民事问题刑事化,简单问题复杂化,这是在滥用公权力干预民事主体的利益纠纷。双方的债权债务关系有纠纷,为什么不采取民事诉讼的方式加以解决?尤其是本案是发生在双方具有足够经济实力的基础上,并不存在执行力方面的障碍。颜某某当庭还一再表示,他既可以协商,也可以服从法院的民事裁判,更具有执行法院判决的经济实力,连他自己也实在无法理解为何竟然被指控为犯罪!更重要的是,指控其犯罪的理由却根本不能成立!

辩护人认为,这种以刑代民的倾向现阶段带有一定的普遍性,这种倾向性是不健康的,更是有危害的,应当引起法庭的重视,并且加以纠正。同时,辩护人也认为,这种不恰当的做法,并不利于爱建集团重组。为什么会出现这样的情况? 值得深思!

被告人颜某某辩护人:

北京市京都律师事务所律师　田文昌

2010年2月4日

审理结果

2011年6月,距离开庭一年半之后,上海市第一中级人民法院判决颜某某违法发放贷款罪,判处有期徒刑3年,缓刑5年。

潘某某被控贪污罪、挪用公款罪案

案情简介

被告人潘某某,原韶关市公安局副局长。

韶关市武江区检察院起诉指控:2004 年上半年,潘某某向时任韶关市公安局局长的叶某某提议,用韶关市公安局“小金库”的公款购买理财产品,将购买理财产品的收益作为福利发放给潘某某主管的市公安局装备财务科财务二室的财务人员。叶某某同意,但要求一定要保本。

1.2004 年 5 月 14 日,财务二室出纳员杨某某按照潘某某的指示,在市公安局交通警察支队考场餐厅(以下简称考场餐厅)账户上,以收购农副产品的名义提取现金 35 万元。5 月 19 日,杨某某与张某斌(财务二室会计)将此 35 万元及市公安局库存现金 5 万元,共计 40 万元存入张某斌、张某玲(财务二室会计)名下各 20 万元,购买了 40 万元的理财产品(“长城理财”,一年期)。事后,张某斌按照潘某某的指示,让周某某(张某斌的朋友)在潘某某提供的三联收据上填写了“考场交来烟酒茶一批,金额 350,900 元”。张某斌持这张经过潘某某签字的收据,采取虚假票据平账的方式,在考场餐厅账户报销了本次购买理财产品的35万元。

2.2005年11月2日,张某斌、杨某某按照潘某某的指示,从市公安局库存现金中借出40万元,存入张某斌名下。次日,张某斌将已到期的前次购买理财产品返回的40万元一并存入自己账户,购买了80万元的理财产品("易初莲花",二年期)。11月8日,张某斌、杨某某从考场餐厅账户提取现金40万元,归还了之前借用的市公安局40万元库存现金。事后,张某斌让周某某在潘某某提供的三联收据上填写了"考场交来烟酒茶结算,金额400,316元"。张某斌持这张经过潘某某签字的收据,再次采取虚假票据平账的方式,在考场餐厅账户报销了本次购买理财产品的40万元。

3.2007年12月21日,张某斌按照潘某某的指示,将购买"易初莲花"产品到期后返回的80万元本金转到张某斌的账户上。同日,张某斌用这80万元购买了"稳健理财"(半年期)产品。2008年7月5日,该理财产品到期后,张某斌用返回的80万元本金购买了"非凡理财"(半年期)产品。

4.2008年4月7日,张某斌、杨某某按照潘某某的指示,在考场餐厅账户以备用金的名义提取40万元,从市公安局库存现金中借出50万元。次日,张某斌、杨某某、张某玲将此90万元存入张某斌名下。4月23日、30日,张某斌用这90万元购买了理财产品。4月15日,杨某某从市公安局支队餐厅(以下简称支队餐厅)账户提取40万元,归还了2008年4月7日从考场餐厅提取的40万元。2008年5月14日,张某玲从市公安局交通警察支队检考场(以下简称检考场)账户中转到市公安局交警支队(以下简称交警支队)账户40万元,转到考场餐厅账户50万元。之后,杨某某、张某斌先后从"交警支队"和"考场餐厅"账户共提取90万元,用于归还此次购买理财产品时借用的市公安局库存现金50万元及从支队餐厅账户提取的40万元。

前述理财产品共收益120,600元,其中114,600元被潘某某、张某斌、杨某某、张某玲四人分得。

武江区检察院认为,潘某某的行为构成贪污罪(80万元,未遂)、挪用公款罪(90万元)。

辩护思路

一、关于挪用公款罪

首先,用“小金库”的公款购买理财产品,所得收益为干警搞福利,是由作为副局长的潘某某提议,由局长叶某某最终决定的。因此,该行为并不是潘某某个人的行为,而是韶关市公安局的单位行为。

其次,鉴于单位不能购买理财产品,所以涉案的理财产品都是以张某斌等个人名义购买的。从本质上说,购买理财产品的主体仍然是单位,不是张某斌等个人。单位购买理财产品,因此这笔钱是韶关公安局使用了,并不是“归个人使用”。

综上两点,潘某某的行为不具备挪用公款罪的要件,不构成本罪。

二、关于贪污罪

公诉机关认定贪污罪的依据是潘某某指使张某斌平账。但是,在全案证据中,只有张某斌供称是潘某某让他平账,杨某某证实只是听张某斌说过是潘某某让他平账,潘某某则辩称给张某斌提供三联单是为了从小钱柜中提取现金,并没有让其平账。书证三联单上未见潘某某的签字。显然,张某斌的证言是孤证,不具备相应的证明力。至此,没有证据能够证明潘某某指使张某斌平账。从客观方面来说,潘某某没有实施占有公款的行为。

关于购买理财产品的本金将如何处理,张某斌、杨某某、张某玲都在不同程度上证实了,潘某某明确交代这些本金返回来后仍然作为公安局的“小金库”。这表明,潘某某主观上没有占有这笔钱的目的。在整个理财过程中,潘某某明确要求杨某某、张某斌、张某玲分别负责现金提取、购买产品、保管理财产品,三人之间相互制约。这一做法也表明了潘某某只是意在用公款理财,没有最终占有的想法。

至此,无论是从主观方面还是客观方面看,潘某某的行为都不具备贪污罪的要件,不构成贪污罪。

辩护词

审判长、审判员:

北京市京都律师事务所田文昌律师、杨照东律师接受被告人潘某某的委托,担任其辩护人。通过法庭的调查和质证,本案的基本事实已经非常清楚。被告人潘某某究竟做了什么?对他的行为究竟应该做如何评价?在这个问题上,控辩双方有着根本的分歧。我们认为,潘某某没有犯贪污罪,也没有犯挪用公款罪,公诉机关指控罪名不能成立。

一、关于贪污罪

(一)关于客观行为

公诉人认为,潘某某指使张某斌用虚假的三联收据平账,并亲自在该三联收据上签了字,使自筹现金账上的80万元公款脱离了韶关公安局的控制,因此潘某某的行为构成贪污罪。

在这个问题上,控辩双方争议焦点有两个:一是潘某某是否指使张某斌用三联收据平账;二是平账后80万元是否失控。

第一,潘某某是否在三联收据上签字并指使张某斌用其平账。控方据以指控的证据主要是张某斌的证言和书证三联收据。

关于张某斌的证言。我们认为张某斌的证言没有任何的证明力。首先,在潘是否指使张某斌作虚假平账的问题上,张与潘是相互对立的,他们之间有着根本的利害冲突。如果是潘指使,作为下属的张可能不会承担或承担很小的责任;如果潘没有指使,使用三联收据只是张自己的行为,情况则大不相同。在这种非你即我的情况下,张完全可能为了摘脱自己而嫁祸于潘。因此,作为有严重利益冲突的一方,张的证言的可信度是极低的。其次,侦查机关向张取证时采取的是粘贴笔录的方式,而且是将他人的证言内容粘贴到张某斌的证言笔录中。这样的做法是严重的错误,不仅表明了本案侦查机关的严重不负责任,也使我们有理由对张某斌的全部证言的真实性产生怀疑,更重要的是这样的取证直接导致证据合法性存在重大缺陷。虽然张某斌在这份笔录上签了字,但他竟然对该笔录中“我和张某斌、张某玲……”如此明显的错误都未能发现未能纠正。这说明张某斌根本就没有或没能看到这份笔录的详细内容,这样的证言显然缺乏可信性。

张某斌的证言在可信度、合法性、真实性上存在重大瑕疵,该份证据依法应予排除。

关于三联收据。我们都已清清楚楚地看到,公诉机关出示给法庭的三联收据上没有潘某某的签字。既然没有潘的签字,如何以此证明潘在上面签了字?对此公诉机关的解释是潘某某在另外的第二联上签了字,但第二联被销毁了,侦查机关未能提取。那么,既然未能提取,既然侦查机关及公诉机关都没有见到这第二联,公诉人又凭什么说这第二联上有潘某某的签字呢?公诉人出示的三联收据不仅不能证明潘某某在上面签了字,相反却证明了潘某某没有在上面签字。在这种情况下,公诉人又试图以张某斌的证言来否定这一书证的效力,此做法违反了基本的证据规则。《刑事诉讼法》规定的七类证据中,与言词证据相比原始书证更具有可靠性、稳定性,而言词证据则既不可靠又不稳定。如果按照公诉人的这种可以随意否定书证的证明逻辑,原始书证就失去了证据的基本能力。例如,本来就没有借据,可以说成借据丢了;没有合同,可以说成合同毁了;有账目,又可以说账目是假的。一句话就可以否定一切原始书证!如此下去,岂非天下大乱?还有什么证据规则可言?还有什么法治可说?

公诉人认为,除了张某斌的证言,还有杨某某、周某标的证言可以证实潘指使张用三联收据平账。但是,杨某某的证言只是"曾经听张某斌说是潘某某让他用三联收据平账",杨某某并没有亲耳听到潘某某说过让张某斌用三联收据平账的话,在张某斌的证言尚且缺乏可信度、缺乏真实性的情况下,作为传闻证据的杨某某的证言又能具备什么样的证明力呢?周某标只是证明了是张某斌让他在三联单上签字,其证言中没有一个字提及潘某某,这样的证言显然不能证明公诉人的主张。

综上,我们认为,潘某某没有指使张某斌用三联收据平账。平账只是张某斌个人的行为。

第二,用虚假三联收据记账是否导致80万元失控。

我们必须承认这样的事实:韶关市公安局的考场餐厅账、自筹现金账上的钱多用于购买穿山甲招待相关部门及送礼等不能正常入账的支出。既然是不能按照正常的用途记账,就必须虚拟一个正常的用途,就只能使用虚假的记账凭证,也就是假发票或假收据。这是大多数单位的无奈之举。根据张某斌、杨某某等人的证实,韶关公安局以往经常用这种虚假的三联收据以购买农副产品、烟酒糖茶的名义从考场餐厅账上套取现金,放在自筹现金账上,以备前述之用途。从考场餐厅账到自筹现金账,犹如从左口袋到右口袋,款仍然存在,只是场所的不同;从现金到烟酒糖茶,资金还在,只是形式的不同。就本案而言,80万元公款,从考场餐厅到自筹现金,从真实地购买理财产品到虚假地购买烟酒糖茶,归根结底都只是资金存放地点的改变,都只是资金形式的改变。买理财产品是真实的,且证明理财产品权属的相关资料仍在韶关公安局的掌管之中;买烟酒糖茶是虚假的,但在账上这些物品都还存在。正如张某斌所说"理财产品所有资料保管在杨某某处,就是证明现金去处",也正如杨某某所说"将理财产品的手续放在保险柜中,即为现金"。80万元公款无论是变成了理财产品也好,变成了烟酒糖茶也好,它始终都没有脱离韶关公安的财务领域。而购买理财产品过程中的决策者(潘某某)、购买者(会计张某斌、张某玲)、保管者(出纳员杨某某)分属不同的人,每个人之间相互制约、相互控制,这样的模式更加表明80万元虽然用于购买理财产品,虽然三联收据掩盖了真实用途,但该80万元仍处于韶关市公安局的占有、控制之中。不仅80万元的占有权没有改变,它的使用权、处分权也没有改变,甚至收益权也没有改变,因为虽然理财收益最终分给了个人,但这些收益首先是韶关市公安局的收益,是韶关市公安局取得收益后分给了干警个人。占有、使用、收益、处分四项权利没有发生改变,那么,80万元的所有权就没有发生改变,更没有受到任何的侵犯。

在这里我们要强调的是,本案中潘某某、张某斌、张某玲、杨某某等四人从来没有合谋将80万元据为己有,因此四人之间不存在贪污的共同故意。在这个前提下,我们必须清楚地认识到,80万元理财产品的权属资料放在出纳员杨某某的手中,就等同于放在韶关公安局。这是我们讨论80万元是否失控的基础。

第三,虚假平账不一定就是贪污的手段。

退一步讲,本案中即使确有虚假平账的行为,也不能认定虚假平账就一定是贪污的手段。

其一,以假单据平账有两种情况,一种是名称不符,另一种是数额不符。在数额不符的情况下,才有可能侵吞财物,而如果仅仅是名称不符而数额一致,则并不必然会侵吞财物。不同的平账方式会影响财物失控与否。所以,虚假手段与犯罪的目的不能混为一谈,不能得出有虚假平账就一定有贪污的必然结论。

其二,本案中潘某某等人动用涉案资金的目的很明确,就是用于理财,而该资金始终没有脱离韶关市公安局的大账,即并未脱离公安局的控制。所以,其根本就不具备被被告人等侵吞的客观条件。因此,即使本案中确有虚假平账,甚至认定被告人参与了虚假平账,也没有理由认定被告人构成贪污犯罪。

其三,以个人名义理财并不等于个人占有。理财不允许以单位名义做,说明以个人名义理财事出有因。更重要的是,个人名义与个人所有不能混为一谈,例如实践中出于各种原因的公款私存的现象时有发生,但却不能简单地认为公款私存就构成犯罪,关键是要看资金的所有权有没有改变。

第四,涉案账户是否为“小金库”。

公诉人坚持认为本案中所涉及的考场餐厅账、自筹现金账等不是“小金库”,理由是在这些账户的设立资料中都盖有韶关市公安局的公章。什么是“小金库”? 是不是设立资料中盖有单位的公章就不是“小金库”? 实事求是地讲,作为非会计专业的辩护人对此并不十分清楚,但经过咨询我们得知,“小金库”与正规财务账的区别在于是否置于财政监管之下,是否编制财务报表,是则为正规账,否则为“小金库”。广州玮铭会计师事务所在调查了解了韶关市公安局有关会计控制和会计核算情况、审核了有关会计凭证的基础上,认为韶关市公安局在正常经费账之外设立的“自筹现金”“考场餐厅”“交警支队餐厅”等账没有并入统一的行政经费账编制会计报表，是“账外账”。我想在没有权威的司法会计鉴定机构作出不同结论的情况下，这一咨询意见应该成为法庭的重要参考。辩护人在坚持认为相关账户是“小金库”的同时还想指出，在本案中，这些账户是不是“小金库”并不是十分重要的问题。是“小金库”，如果被告人将其资金非法占有同样构成贪污罪；不是“小金库”，如果被告人没有非法占有的行为，也没有非法占有的故意，同样不构成贪污罪。

（二）关于主观故意

我们非常赞同公诉人关于应该依据客观上的行为表现综合判断行为人主观故意内容的说法。正是基于这样的判断，我们得出了潘某某没有贪污故意的论断。

首先，潘某某等四人之间没有商量过要占有80万元理财本金，也就是说，潘某某的言语之中没有贪污的故意。

其次，(1)张某斌证实潘某某对其说过以后考场餐厅的钱越来越少，这些钱（理财本金）回来后放到自筹账上当现金使用，因为以后要用现金的地方很多；(2)杨某某证实听张某斌说过（理财本金）以后入自筹账；(3)理财产品的决策、购买、保管分属不同的人，且相互制约、相互控制。

无须多言，我们都可以也都应该从这些客观言、行上看出潘某某主观上没有贪污的故意。

公诉人认为，从本案的证据上看，不能排除潘某某不想占有。辩护人认为，公诉人的如此认识完全是有罪推定的思想体现，完全背离了公诉机关担负的举证责任和证明标准，这样的一种认识不仅是完全错误的，也是十分危险的。虽然我国《刑事诉讼法》在文字上没有无罪推定的明确规定，但《刑事诉讼法》第12条、第162条第3项都涵盖了这一原则的思想。作为指控犯罪的一方,公诉机关必须要有充分的证据证明被告人有罪,而不是可能有罪。控方的证据要具有唯一性和排他性,要排除一切合理性怀疑,这里的合理性怀疑是指被告人无罪的情形。只有排除了被告人无罪的全部可能,方可定罪。公诉人的话绕了很大的一个圈子,不想占有=没有贪污故意,"不能排除潘某某不想占有"=不能排除潘某某没有贪污故意。但是,不能排除没有贪污故意=可能有贪污故意。也就是说,公诉人认为潘某某"可能有贪污的故意"。"可能有贪污的故意"竟然成为控方指控犯罪的理由!这可能就是控辩双方分歧的根本原因所在。

潘某某主观上没有贪污的故意,客观上没有指使张某斌作虚假平账,80 万元公款从未脱离本单位的控制,因此,潘某某的行为不构成贪污罪。

二、关于挪用公款罪

1. 本案中的理财决策经过了集体研究

法律规定得很明确,挪用公款必须是利用职权私自所为,经过研究的决策显然不符合该罪的特征。公诉人引证了最高人民法院的司法解释,但却对解释做了错误的理解,认为没经过公安局党委研究就不是集体研究。这种理由显然是不能成立的。党委研究并非集体研究的唯一标准。集体研究的意义在于排除个别人的私自所为而体现出程序的公开性。本案中,涉案资金动用的程序既是公开的也是正当的。在最高层面经过了局长叶某某批准,中间层面有主管局长,即被告人,具体经办的是财务二室,有杨某某、张某斌、张某玲三人知情,并且每笔支出在账上均有记载。对于这样逐级批准、公开进行的操作程序,无论如何也不能认为是私自进行的。因此,完全符合最高人民法院司法解释中关于集体研究的界定。

2. 本案中的理财行为不是被告人潘某某的个人行为,而是留关

市公安局的单位行为

首先，我们认为公诉人对“单位行为”的认识过于狭窄。我们都知道单位行为的本质在于“单位意志”和“单位利益”。为了单位的利益，基于单位的意志而实施的行为一定是单位行为。如前所述，尽管没有经过韶关市公安局党委研究，但本案中的理财决策仍然是经集体研究决定的。更何况叶某某是依职权通过对潘某某的授权后，由潘某某依照正常程序办理的。叶某某作为韶关市公安局的局长，他有权决定干警福利问题，也有权决定一些资金的使用，他对潘某某的授权等同于韶关市公安局对潘某某的授权，他的批准即为韶关公安局的批准。我们不能无视叶某某公安局局长的身份，无视叶某某同意批准的事实，而强行认定本案中购买理财产品是潘某某的个人行为。潘某某在请示了叶某某并获批准的情况下购买理财产品，该行为无疑是韶关市公安局的单位行为。而单位行为无论如何不构成挪用公款罪。

其次，潘某某等人购买理财产品不是挪用公款归个人使用。公诉机关认为虽然叶某某同意购买理财产品，但其不知道是以个人名义购买，因此潘某某让张某斌、张某玲以个人名义购买，即为挪用公款归个人使用。辩护人认为，单位领导决定以公款理财获利为干警谋福利，而理财产品又必须以个人名义购买，在这种情况下，不管叶某某是否知道，以个人名义购买都已经是必然的。这不是潘某某、张某斌等人可以选择的，要贯彻落实叶某某的指示，只能这样做。关键是理财的获利确实用于了为干警谋福利，而并非被潘某某个人私自占有。

本案中判断公款是否归个人使用，不能仅看以谁的名义购买，最重要的是要看是谁在购买，也就是要看是谁在使用这些公款。如前所述，购买理财产品是单位决定的，目的是为单位干警搞福利，那么，很显然是单位要购买这些理财产品,而不是潘某某个人购买。是单位购买,当然款的使用人就是单位。实践中,很多单位在使用公款时是以个人名义,比如说韶关公安局以个人名义为单位买车。虽然名义上是个人,但这些款在本质上仍然是单位使用而非个人使用。

有一个问题值得说明一下,最终的受益者不等同于公款的使用者。本案中尽管理财收益最终分给了潘某某、张某斌等四个人,但这些收益首先是韶关市公安局的收益,是韶关市公安局取得收益后分给了干警个人,不是潘某某个人取得收益后分给干警。因此,不能以潘等个人最终受益认定该等公款归个人使用。

综上,我们认为被告人潘某某没有犯贪污罪,也没有犯挪用公款罪。

审判长、审判员,我们注意到,本案侦查机关在相当大的范围内对潘某某进行了刑事侦查。但是经过如此大量的、细致的侦查,仍然没有发现潘某某有任何的以权谋私,有任何的中饱私囊,而公诉机关指控的这两起犯罪又很明显缺乏充分的事实证据和法律依据。这一切足以说明,为官几十年的潘某某是廉洁的。我们可能不需为他歌功颂德,但无论如何不能把他工作中的违纪行为以犯罪论。如果这样,损害的不仅是潘某某的合法权益,不仅是韶关干警的工作热情,更将是司法的公正,是法律在百姓心中的尊严。我们恳请武江区人民法院能够明辨是非,在准确认定事实、正确适用法律的基础上,为被告人潘某某主持公道,依法还他一个清白。谢谢!

辩护人:

北京市京都律师事务所律师　田文昌　杨照东

二〇一〇年二月八日

审理结果

武江区人民法院判决，被告人潘某某构成贪污罪（80 万元，未遂），判处有期徒刑 3 年，缓刑 5 年。挪用公款罪不成立。

刘某林被控合同诈骗罪、职务侵占罪案

案情简介

刘某林，被捕前系深圳市某某实业有限公司（以下简称深圳某某公司）、A材料（湘潭）有限公司（以下简称A公司）法定代表人、董事长。

因涉嫌犯合同诈骗罪，刘某林2008年11月3日被湘潭市公安局刑事拘留，同年12月9日被依法逮捕。公诉机关指控刘某林主要涉及如下罪名：

一、合同诈骗

2003年，深圳某某公司（法定代表人为刘某林）与北京航空航天大学材料学院教授张某合作，由深圳某某公司提供资金与设备支持，张某教授提供技术支持，开始研发非晶合金材料技术。至2005年，"含有相似元素的非晶态合金及其制备和使用方法"（以下简称"非晶项目"）技术研究成功，该技术成果是张某的非职务发明，知识产权归张某与深圳某某共同拥有。

2006年年初，深圳某某以"非晶项目"等技术在湖南投资成立了湘潭某某创业投资有限公司(以下简称湘潭某某公司),进行进一步的产业化工作。后来,美国沃某财务集团(以下简称美国沃某公司)上海代表处首席代表张某某看中了“非晶项目”的巨大商业前景,答应为深圳某某提供国际融资服务。

2007 年 1 月 5 日,深圳某某公司与美国沃某公司签订了《财务顾问协议》,约定由美国沃某公司为深圳某某公司以及深圳某某公司设立的“离岸公司”提供融资 1200 万美元的中介服务,为此,深圳某某公司向美国沃某公司支付融资金额 7% 及离岸公司 10% 股权作为美国沃某的中介报酬。

2007 年 2 月,刘某林委托香港的注册公司在英属维尔京群岛注册了名称为“United Liguid Alloysco, Ltd.”的离岸公司(以下简称 ULA 公司),准备以该公司收购国内的湘潭某某。ULA 公司设立登记时的原始股东为 8 个:深圳某某公司指定的代表人刘某林、张某、邵某、沈某某 4 个股东共占 90% 股份,美国沃某公司及其代表人张某某、陈某某、陈某 4 个股东共占 10% 股份。

ULA 公司成立后,在国内进行投资运作时,由于其股东中刘某林等人均为中国籍,被国内商务局等职能部门认定为“特殊目的公司”,特殊目的公司在境内的投资需要经过国家商务部审批,且审批难度很大。

张某某提出,为了简化公司审批程序,由他来代替刘某林等中国籍股东持有 ULA 公司的股份(因张某某是加拿大籍),就可以规避这个问题,并且便于 ULA 公司日后在美国上市。2007 年 7 月,将 ULA 公司在英属维尔京群岛登记的股东变更为两个:美国沃某公司持 7.1%,张某某持 92.9%(但 ULA 公司的股东实际上仍然是之前的 8 个)。

然而,当他们按照事先的约定,将美国沃某公司起草交给他们的代持协议单方签署交给张某某后,张某某却以各种理由拖延,拒不签署代持协议,最终否认了代持协议的存在,并且在否认代持股份事实的基础上,怂恿其朋友马某以张某某是 ULA 公司登记的 92.9% 的股东、刘某林不持有 ULA 公司股权为由,控告刘某林以虚构其系 ULA 公司实际控制人的手段对马某实施了合同诈骗。

二、职务侵占

根据刘某林与 13 个境外投资人签署的投资协议等法律文件,ULA 公司如果成功上市并达到约定的经济目标,13 个投资人的 1200 万美元债券可转换成 ULA 公司 33% 的股权,不再偿还所借之债;如果没有完成约定的经济目标,则按照未完成率和固定计算公式补偿股份给 13 个投资人;如果 ULA 公司未成功上市,则需按 4% 的年息还本付息。

这是一种目前国际融资领域常用的通过对赌形式分配上市股权的融资方式。达到约定经济目标,投资人就按约定比例获得股权,达不到约定经济目标,项目发起人就要补偿股份给投资人,投资人的股权份额就会加大。这种融资方式所导致的境外投资人利用对赌协议侵吞境内企业资产和股份的情况已经引起了有关人士的高度重视。

张某某作为 13 个投资人中的一员,为了达到扩大债转股比例进而侵吞刘某林股份的目的,其利用其具有资金监管权的便利条件,于 2008 年下半年开始拒绝支付公司应支付款项,导致公司无法正常经营。

为了保证公司的正常经营及资金安全,2008 年 9 月 18 日,刘某林与张某在通知张某某但张某某无故未到会的情况下,召开了临时董事会,以 2/3 比例通过临时董事会决议,变更了公司银行印鉴并支付了公司合同项下款项共计 2267 万元。

张某某以刘某林、张某违法变更银行印鉴、划转公司款项以及刘某林不履行董事会作出的取消合同的决议为由举报刘某林职务侵占。

2009 年 12 月 28 日，湖南省湘潭市岳塘区人民检察院起诉指控刘某林涉嫌合同诈骗及职务侵占。

2010 年 3 月，一审开庭前，在检察院的组织与法院的主持下，辩护人代表被告人与所谓的被害人马某及沃特公司代表进行了和解谈判，试图通过经济补偿的方式化解刑事案件矛盾，但最终因为张某某一方提出的诸多无理赔偿要求而未能达成一致意见。

辩护思路

一审辩护人为被告人做无罪辩护，主要理由是：

1. 本案侦查程序严重违法，所有不利于刘某林的言证均应作为非法证据予以排除。

2. 从现有证据来看，本案实系民事合同纠纷。

(1)原审已查明 ULA 公司的股权转让是出于规避公司海外上市融资中相关部门审查之累而采取的变通手段，但判决却得出刘某林实际丧失 ULA 公司股东地位的结论，其间因果关系显然不能成立。(2)原审将 ULA 公司 149.36 万美元收购湘潭某某公司的行为视为无意义的形式，忽略了湘潭某某公司的实际价值以及在该涉案融资计划中的核心地位，在此错误认识下判定刘某林没有实际出资，与事实不符。(3)原审忽略了张某某所代表的境外投资者的真正身份，误将债权人当作股东，颠倒了 ULA 公司实际的主宾关系。(4)原审对张某某前后矛盾的孤证予以采信，继而认定刘某林不具有对马某的履行能力而构成犯罪，却置案中诸事实与张某、邵某某等人的证言于不顾，有失公允。

3. 刘某林是以 ULA 公司名义购买设备,所得资金全部归 ULA 公司使用,刘某林不构成职务侵占罪。

辩护词(一审)

审判长、审判员:

北京市京都律师事务所接受被告人刘某林家属委托,指派田文昌、朱勇辉律师担任刘某林涉嫌合同诈骗、职务侵占一案的一审辩护人。通过会见被告人、阅卷、调查取证以及参加法庭审理,结合相关法律规定,辩护人认为,刘某林不构成合同诈骗罪和职务侵占罪,具体发表如下辩护意见。

一、刘某林不构成合同诈骗罪

合同诈骗罪在客观方面表现为在签订、履行合同过程中,以虚构事实或者隐瞒真相的方法,骗取对方当事人财物,数额较大的行为。

本案中,公诉机关指控刘某林通过谎称其系 ULA 公司的实际控制人并以代持方式实际持有 ULA 公司 100% 股份,虚构其具备增加发行可转股债券的交付能力的方式,使得被害人马某与其签订 ULA 公司 3% 股权转让协议,骗取马某人民币 300 万元,符合《刑法》第二百二十四条第(三)项之规定,即没有实际履行能力,以先履行小额合同或部分履行合同的方法,诱骗对方当事人继续签订和履行合同的情形。

辩护人认为,无论从整个事件过程中参与各方之间的法律关系看,还是从刘某林实际出资 149 万美元的事实看,都证明刘某林实际持有 ULA 公司股份,故刘某林与马某的交易行为不构成合同诈骗。以下分几个角度来分析:

(一)从整个过程中参与各方的身份法律关系看,刘某林确实是

ULA 公司的实际控制人,因此,刘某林不存在起诉书指控的所谓虚构事实的情况。

1. 非晶合金材料的技术持有人、项目发起人是刘某林(和张某)。

从起诉书以及案卷中相关证据可以看出,本案的前提事实是:非晶材料技术是由刘某林(深圳某某公司)与张某合作,由刘某林出资,张某研发而成。刘某林为了使该技术产业化,在深圳某某公司的基础上,设立湘潭某某,启动了本案这个项目。在这个前提事实下,才出现了后来为寻求融资而设立 ULA 公司等过程。因此,从这个项目最初的起源看,权益人显然是刘某林。

2. 设立 ULA 公司并拟在海外融资上市的行为主体,是刘某林(深圳某某公司)。

2007 年 1 月,刘某林与美国沃某公司签署《财务顾问协议》。从该协议看出,刘某林是融资主体,而张某某(美国沃某公司)只是为刘某林(深圳某某公司)提供融资及海外上市的中介服务而已。

(1)从《财务顾问协议》的签约主体看,深圳某某公司是聘用方,美国沃某公司是受聘方。

(2)从《财务顾问协议》的内容看,原文表述"鉴于公司(深圳某某公司)拟聘用 HFG(美国沃某公司)为其因公司重组而设立的离岸公司(ULA 公司)提供特定的融资及在美国上市的顾问和咨询服务、HFG 将协助离岸公司进行融资额为 1200 万美元的交易并对相关事宜进行规定"。可以看出,设立离岸公司 ULA 公司的主体是深圳某某公司,深圳某某公司设立 ULA 公司是因其重组及在海外融资上市的需要,美国沃某公司与 ULA 公司的关系只是"协助"ULA 公司的融资工作。

(3)从《财务顾问协议》约定的报酬看,该协议一旦开始实施,深圳某某公司就将自己 10% 的股票支付给美国沃某公司,当 ULA 公司建立时,美国沃某公司持有的深圳某某公司的这10%股权转换为ULA公司10%的权益(见合同第6条)。此外,融资完成后,美国沃某公司将获得融资总额的7%的佣金。因此,从美国沃某公司收取佣金报酬的约定看,说明美国沃某公司只是在完成一项有偿融资服务,不可能是ULA公司的真实股东;并且,从美国沃某公司收取的报酬中深圳某某公司10%股权转换为ULA公司10%股权的约定,进一步证实了ULA公司是深圳某某公司设立的(而不是其他公司或个人设立的)公司的事实。

(4)从《财务顾问协议》约定的责任主体看,深圳某某公司是赔偿责任人。合同约定"如果离岸公司没有实现债券相应的偿还义务,公司(深圳某某公司)或离岸公司(ULA公司)的某项资产,将会抵押给参加融资的投资人。"可见,在该融资项目中,深圳某某公司是风险承担人,从权利义务相对等的原则角度来理解,这充分说明该项目的融资主体是深圳某某公司(也就是刘某林,而不是美国沃某公司或其他人)。

3. ULA公司的股份实际归刘某林持有。

2007年2月,ULA公司设立,并于同年7月进行了股东变更。ULA公司现在的登记材料中虽然显示股东为美国沃某公司和张某某,但有证据和事实证明,美国沃某公司和张某某并非ULA公司的真实股东,其只是代表刘某林持有ULA公司的股份而已,刘某林才是ULA公司的真正股东。关于这一点,从以下四个方面论述:

(1)ULA公司最初注册登记时,股份由刘某林持有。

2007年1月与美国沃某公司签署《财务顾问协议》后,刘某林(代表深圳某某公司)于2007年2月委托中介机构在英属维尔京群岛设立了ULA公司(美国沃某公司只是作为融资服务方配合深圳某某公司而已)。ULA公司最初设立时登记的股东为刘某林及其合作人张某、邵某、沈某某四人占90%，美国沃某公司及其三个代表人共10%（这10%是依据《财务顾问协议》而来）。这个股份比例与《财务顾问协议》约定的比例相印证，是真实的比例，反映出刘某林是ULA公司控制人。

（2）ULA公司的股东登记后来发生变化，事出有因，是为了规避政策，并非真实变更。

2007年7月，ULA公司的股东变更为美国沃某公司和张某某两个股东，是因为ULA公司涉嫌“特殊目的公司”，很难通过商务部审批，而如果ULA公司由境外法人或境外自然人持股，则无须经过商务部审批的程序，在这种情况下，为推进项目进程，ULA公司的股东才在名义上变更为美国沃某公司和加拿大籍张某某。对这一原因，张某某在笔录中予以确认，起诉书也做了表述。

因此，这也解释了为什么刘某林在外管局的“申明”中讲自己没有以任何方式持有境外公司股份的原因了。也就是说，变更股东也好，外管局的声明也好，都是表面的东西，都是为了规避政策而已。

（3）诸多证据和事实证明，张某某代持刘某林股份一事确实存在。

①刘某林自始至终辩解，基于上述政策原因自己不便直接持有ULA公司股份，便与张某某商定并签署了股份代持协议交给张某某，而张某某一直没有返还代持协议。刘某林的这一说法不但符合变更登记的原因情况，且有其已签署的代持协议留底复印件为证。

②出庭证人张某、邵某某，在法庭上充分证明了股份代持的商量、决定、签署过程！（见庭审笔录，在此不再重复）

③张某、罗某某、李某某、张某某、邵某某、樊某某、于某某等人的笔录均证实确实签订过代持协议，或确实有代持协议的存在，或确实听到刘某林与张某某之间就代持协议一事讨论过。其中尤其是张某在其2008年10月16日的笔录（第四卷P4）中提到，张某某还曾经说

如果他不拿出代持协议的话,整个ULA公司以后就都是他的了,这充分说明张某某具有不拿出代持协议的动机。

④邵某某、邵某已经持有的经张某某签字的代持协议的书证,在事实上证明了本案确实存在代持的情况,推翻了张某某“股份是虚的,不可能代持”等推脱的理由。

⑤张某某虽然否认代持协议的存在,但其否认的理由与诸多事实以及绝大多数人的笔录相矛盾,不足为信。并且,张某某当庭回答提问时也明确表示:他是名义上有90%股份,是表面上的大老板,表面上是ULA公司与外方对赌,实际是刘某林与外方对赌,等等。张某某的这些当庭陈述,实际承认了他不是真正股东。那么,代持是显而易见的事。

⑥从ULA公司的实际出资情况看,刘某林是目前唯一对ULA公司履行了出资义务的人,刘某林当然应当是ULA公司的实际控制人(此节下文论述),从而“代持”也就存在合理性。并且,也只有“代持”,才能解释目前实际出资人和登记注册股东不一致这一矛盾的现状。

(4)关于代持,除张某、邵某某出庭证明外,卷宗中以下证据也可予以证实:

①李某某2009年2月26日询问笔录。

第二卷P135第1行:“在2007年上半年的时候刘某林和沃特上海代表处都提出过这个事情(代持一事),具体时间记不太清了。当时我根据客户(刘某林和沃特)的要求起草了一份‘信托声明’草稿……但当时是否签署了这份声明我就不知道了。‘信托声明’我交给美国沃某公司上海代表处了。”

李某某2009年8月24日询问笔录。

补充卷P15第7行:“这个代持股份的事情,美国沃某公司上海代表处肯定是知道的,因为其中信息的传述都是通过美国沃某公司上海代表处……我个人理解,代持股份的提出,就是为了回避特殊目的公司……”

②罗某某笔录2008年12月15日询问笔录。

第二卷P115:“代持问题,我曾听说过刘某林、张某某之间进行过讨论。”

③张某思2008年11月26日询问笔录。

第二卷P164:投资协议的内容及含义以及托管协议一事。确有托管协议,主要内容是很多人占有ULA公司的股份,数额不同,但是总计有57%。张某思整理后交张某某审批,但张某某未签,原因不明。

④邵某某(海富通基金董事长)2009年2月24日询问笔录。

第二卷P178:“成立ULA公司后,由于我帮刘某林介绍给了张某某,张某某为了以示感谢,将ULA公司0.5%的股权给了我,同时将认定该0.5%合同的文件给了我。后来刘某林也为了以示感谢也给我5%的股权给我(这5%和0.5%都是ULA公司的股权),这两份股权文件都是我在美国沃某公司上海代表处张某某的办公室给我的……这两份股权是股权代持文件,由张某某代持股权。”

邵某某2009年8月21日笔录。

补充卷P10:“这个代持的事情是发生在ULA公司股东变更为美国沃某公司和张某某之前。因为A开发项目的融投资,有一个环节就是境外公司收购境内企业,而这根据国家五部委的75号文件,境内人士持有境外公司的股份,再收购境内企业的属特殊目的公司,需国家商务部审批,程序很严格,当时为收购的顺利进行,刘某林、张某某就在美国沃某公司上海代表处金茂大厦的办公室里商议,干脆由张某某代持刘某林一方的股份……”

⑤樊某某(湘潭变压器董事长)2008年11月13日询问笔录。

第二卷P210第7行:“刘某林对我说,他融到外资,是一个叫什么ULA的公司,外方投资代表人是张某某,湘潭某某创投公司有发展了,到时还可以在境外上市。后来他们便成立了A公司,具体情况我不清楚,只知道刘某林叫我让我的20%的股份代持给张某某,后来我确实也与张某某就我的湘潭某某创投公司20%的股份与张某某签订了代持协议,但具体是刘某林帮我去搞的,操作的程度怎么样我也不知道。”

⑥张某2008年10月16日询问笔录。

第四卷P3:“刘某林与张某某之间有一份协议(股份代持协议),因刘某林将协议拿给张某某签字时张某某一直没有拿出来,有次开股东会时,张某某还开玩笑说,如果他不拿出这份协议出来,今后整个公司都是他的了……这个协议具体内容应该是海外ULA公司刘某林占90%的股份,顾问手续费给予张某某10%的股份,实际股份其实全部是刘某林的。”

⑦于某某2009年3月2日询问笔录。

第四卷P95:ULA公司收购湘潭某某的1100余万元付到深圳华盛达公司账户后,刘某林提供两个方案给于某某和樊某某选择,一是将1100万元按比例分摊;二是按比例在新成立的A公司中占有相应的股份。于某某和樊某某均选择了第二种方案,刘某林按要求与于某某和樊某某签订了股权代持协议且把代持协议交给陈某某转张某某签字,并将1100余万元返还给张某某。

⑧张某某2009年8月21日询问笔录。

补充卷P4第8行:“2007年年底的时候,刘某林确实向我送达了十多份信托声明的法律文件要我签署……”

4. ULA公司股份对公司引入资金后的权益归属意义重大,代持符合情理和本案事实。

根据当地法律，在英属维尔京群岛注册公司无须注册资金。张某某便以此辩解ULA公司只是一个空壳公司，所谓股东没有实际意义，企图搪塞代持一事。而事实上，无论是否是空壳公司，谁是股东谁就对公司有话语权。而实践中这种所谓“空壳”公司不可能永远空壳，之所以设立这个公司，最终都是要进行实质性运作的，因此登记的股东非常重要。一旦公司投入资金开始运作，原先所谓“虚”的股份在经营中就相应地变成了实际权益。本案中，ULA公司在2007年7月变更股东后，马上于10月即开始了实质性经营活动，由刘某林投入149万美元收购了湘潭某某公司100%的股份，“虚”已经成了“实”。因此，ULA公司在进行实际经营活动前“变更”股东时，显然已经有了经营的计划和安排，而划分清楚各自的股份和商业利益就相当必要！因此，股份在“变更”时必定在内部有一个约定，这是毋庸置疑的！

所以，ULA公司的股东从原先登记的8个变更为后来的2个股东，这其中的权益必须有一个合理解释！张某某却恰恰无法给出这个解释，那么他是凭什么从10%股份变为100%股份的呢？辩护人认为，既然张某某、刘某林都承认变更是为了规避特殊目的公司，那么以代持方式让张某某持有刘某林原来的股份，就是唯一合理可信的解释（在商言商，刘某林不可能白白将股份送给张某某）！相反，张某某所谓ULA公司股东是谁没有实际意义的说法是完全站不住脚的，其目的就是否认代持一事。其实，此时张某某在心里已经准备浑水摸鱼，假戏真做，通过隐瞒代持事实，从代持人而成为登记上的真正权益人，坐等刘某林创业带来的巨大收益！

辩护人在此请法庭对张某某这一动机予以高度关注！

综上，从身份法律关系看，刘某林确实是ULA公司的实际控制人，因此，刘某林不存在起诉书指控的所谓虚构事实的情况。

下面辩护人再从出资角度来分析。

(二)从ULA的实际出资人角度看,对ULA公司唯一的资本性投入是ULA公司收购湘潭某某公司时刘某林投入的149万美元,因此,刘某林确实享有ULA公司100%的股权,不存在起诉书指控的所谓虚构事实的情况。

“谁投资,谁受益”,是国际通行原则(在补充卷第27页中,李某某律师也介绍了在境外注册公司的规定,登记时不需实缴注册资本金,登记的股东是“权利受限制的股东”,“只有投入认缴股本金的,才是该公司的完整权利的股东”)。那么,我们暂且抛开ULA公司股东变更登记时有无代持的争议,来看看ULA公司的实际出资情况,以确定到底谁是ULA公司真正的“主人”。

纵观全案,只有两笔资金:一是刘某林注入ULA公司(用于收购湘潭某某的)149万美元;二是张某某等13人注入ULA公司的1200万美元(根据卷宗材料及张某某当庭陈述,该1200万美元扣除中介费用后,实际到位1050万美元,为方便论述,以下以1200万美元统称)。下面我们对这两笔资金性质进行分析:

1. 刘某林注入ULA公司的149万美元属于资本性出资,张某某等人的1200万美元是借款,故刘某林拥有ULA公司100%的股权,刘某林对马某不构成诈骗。

2007年10月,ULA公司全资收购湘潭某某公司100%股份,开始了实质性的经营运作。按照刘某林、樊某某、于某某以及张某某本人的笔录,ULA公司收购湘潭某某公司是刘某林操作并支付的股价款,所用的149万美元是刘某林向张某某的借款,事后全额还给了张某某(并且,根据刘某林笔录,刘某林还张某某这149万美元时,还支付了2%的利息)。

2008年2月,ULA公司通过签订融资协议等文件,于3月获得张某某等13人注入的1200万美元。

辩护人认为,从上述两笔资金的性质看,唯一作为ULA公司资本投入的,是2007年10月ULA公司收购湘潭某某公司股份时刘某林注入ULA公司的149万美元(收购的股份归属于ULA公司,且ULA公司无须偿还刘某林该149万美元)。至于ULA公司与张某某等13人之间,则是等价交换的借款关系:张某某等13人于2008年3月注入ULA公司1200万美元,同时获得ULA公司发行的可转股债券(注意:是债权而不是股权)。在债转股事实发生之前,这13人在法律上并非“投资人”而只是“债权人”,而其1200万美元也不是对ULA公司的投资而只是借款,因为ULA公司对这1200万美元负有偿还的义务(并且按合同约定还有年4%的高额利息)。

至于刘某林的这149万美元是否在ULA公司登记机构(英属维尔京群岛)作为认缴股本金登记的问题,这是形式要件,不影响刘某林事实上出资的性质。在认定是否出资的问题上,公司需否偿还是标志,即公司如果需偿还就是借款,不需偿还当然是投资资本。

正确认定了刘某林投入ULA公司149万美元的资本性质后,我们再来分析:从ULA公司与湘潭某某公司的关系看,湘潭某某公司是ULA公司的全资子公司,也是ULA公司唯一的资产,因此,湘潭某某公司这149万美元的资产权益对应于ULA公司的全部股份权益。那么,既然ULA公司收购湘潭某某股份的149万美元的出资人是刘某林,则刘某林享有ULA公司和湘潭某某公司的全部权益,也就实际拥有其100%股份。其后,刘某林(通过ULA公司)融资借来1200万美元,以注册资本形式注入湘潭某某公司(即后来的A公司),刘某林仍然是ULA公司以及A公司的实际控制人和100%股权的持有人,只是此时ULA公司对外增加了1200万美元债务而已。

所以,在2007年10月,刘某林即通过投资实际拥有ULA公司

100%的股权(并非刘个人全部持有,但除樊某某的股权外,刘拥有控制分配权),因此,刘某林于同年11月在与马某的合同中,称自己系ULA公司的实际控制人并以代持方式实际持有ULA公司100%的股份的情况属实,不存在起诉书所指控的所谓“虚构”。

在此,辩护人郑重指出:在ULA公司后来实际由刘某林投资并进行经营的情况下,ULA公司的所有权益显然应当归属于刘某林。如果说刘某林投资以前,张某某还可以以“股份是虚的”为由搪塞的话,刘某林投资后,ULA公司的股份就已经是“实”的了。但是,张某某至今仍然隐瞒股份代持的事实,其行为导致的结果是张某某成了ULA公司全部股份的所有人,也即非法占有了ULA公司股份对应的149万美元的资产,而这些资产清清楚楚、明明白白是刘某林的!因此,本案中张某某隐瞒股份代持的行为已经涉嫌构成诈骗罪,请合议庭对此予以高度重视!

主要证据:

(1)刘某林2008年10月16日讯问笔录。

第三卷P11:ULA公司收购湘潭某某的资金是刘某林借张某某的,并承诺2%的利息,后刘分多次还给了张某某。

(2)刘某林2008年12月1日讯问笔录。

第一卷P73倒数第7行:“我当时向张某某借的这149万美元,因为收购湘潭某某公司进行工商变更为外商投资企业时需要资金注入,所以我才向张某某借的这149万美元,后来我又将这1100万元人民币(即149万美元)于2007年11月份还给了张某某。”

(3)张某某2008年7月17日询问笔录。

第二卷P84倒数第3行:“ULA公司收购湘潭某某公司,具体指150亩土地,那么刘某林应该拿出149万美元作为‘过桥资金’打入湘潭某某公司,这实际上就是收购湘潭某某公司的一种形式而言,证明刘某林将这150亩地的价值注入ULA公司了,而刘某林当时拿不出这笔资金,所以刘某林是跟我借款完成这项工作的……事后刘某林分期将借款还给了我。”

(4)张某某2008年10月14日询问笔录。

第二卷P76第1行:

问:“那后来这149万美元还给你了吗?是什么时候,谁还给你的?”

答:“还了,大约是在今年2月左右,刘某林将149万美元归还给我了。”

因此,辩护人认为,刘某林出资的资本性质,决定了刘某林是ULA公司的全部权益人。

2. 退一步讲,即使按照张某某所说,刘某林的149万美元是作为对赌条件与1200万美元(外方实际到位1050万美元,)共同投资到ULA公司的话,在此情况下,刘某林也拥有ULA公司4.09%份额的股权,具备与马某交易的条件,则刘某林对马某也不构成诈骗。

张某某在法庭上承认,外方实际投入湘潭某某公司仅1050万美元,与刘某林的原资产149万余美元共同构成全部1200万美元注册资金。如果如张某某所说,刘某林在湘潭某某公司的149万美元资产是作为出资与外方的1200万美元(扣除费用实际到位1050万美元)共同投入ULA公司进行对赌的话,在此情况下,辩护人且不论双方的“投资”的性质(前文已述,1200万美元只是债权不是投资),即使我们不争议ULA公司其余67%股份是否归属于刘某林,我们仅按照1200万美元兑换33%股权的比例计算来看,刘某林的149万美元也占ULA公司4.09%的股权份额,则刘某林仍然具备与马某交易而出让其实际享有的3%股份的条件,也就未对马某形成欺骗。在此种情况下,至于刘某林是否是公司100%股权持有人或控制人,已经不重要了,因为即使不是,也谈不上诈骗。

相关事实见张某某笔录2008年7月17日询问笔录(第二卷P82倒数第8行):“因为这个项目我们与刘某林合作,为了让刘某林也承担风险责任,我让刘某林以他的土地款入ULA公司的股份,因此刘某林于2008年1月将这149万美元分几次折合人民币打到我当时在安徽芜湖中人科技公司账号上和上海代表处我个人的私人账号了。这就表明刘某林以这笔资金作为他的投资了,实际是某某公司的这块地作为合作资金了。”

(三)刘某林不但未虚构事实,从刘某林、马某之间交易的对象和支付条件看,刘某林也根本谈不上有任何诈骗犯罪的行为。

前面论述了刘某林的身份以及ULA公司股份及权益的归属,证明了此案的前提是,刘某林没有虚构事实(或至少具备交易条件)。下面我们再来仔细分析刘某林与马某的交易本身,以证明刘某林不构成合同诈骗:

1. 刘某林出让的是其在ULA公司中的现有股权(支付方式则以出让的股份占将来ULA公司上市后相应股份比例来计算),如前所述,此交易并无不当。

刘某林卖给马某的到底是什么股权?辩护人同意被告人的解释,卖的是其在ULA公司的现有股份。

让我们看合同中的支付条款(第1.1条):刘某林支付“相当于BVI公司原始股份的百分之一(1%)的BVI公司股权”。而根据合同条款中“鉴于(4)”的约定,“原始股份”指1200万美元债券转股后,BVI公司全部已发行股份。而债转股的前提事实是公司上市。

从上看出,刘某林支付合同对价的载体是“BVI公司股权”,合同签订于2007年11月,而此时的BVI公司(即ULA公司)尚未上市,这是大家明知的事实,而买卖双方关注的是这些现在的BVI公司股份将来在上市公司中能占多少股份,因此双方约定,这些现在出让的BVI公司股份将来“相当于”上市后公司债转股增资扩股后总发行股份的1%。

所以,刘某林卖的不是将来上市后的ULA公司的股份,而是其在ULA公司的现有股份,只是以将来占公司股份份额来计算而已(关于刘某林在ULA公司的现有股份,前文已论述,是100%,至少也不低于3%)。

至于合同中约定的可转股债券的支付方式,只是选择性条款,且不具备合同约定的生效条件,刘某林不能交付债券(而采用交付股权方式)不构成违约,更不是诈骗。起诉书指控被告人刘某林“虚构其具备增加发行可转股债券的交付能力”,依据的是合同中“或支付一百万元人民币的可转股债券”的表述,而张某某否认ULA公司有增发债券的计划,因此控方认为被告人虚构事实。然而根据合同第1.6条第2项,在刘某林、马某没有与其他“投资人”签署BVI公司章程修正案之前,“任何一方均无须履行其在本协议项下的义务”。所以,刘某林不能交付债券并不构成什么“虚构交付能力”。

2. 退一步说,即使认定刘某林出让的是ULA公司上市后的股份(或奖励的期权),刘某林也不构成合同诈骗罪。

本案中,刘某林卖给马某的股权将来有如下可能:

ULA公司若成功上市,如1200万美元债务转股,则除去作为顾问费用给予美国沃某公司的10%股权外,刘某林将持有ULA公司24%~57%的股权(视上市前三年利润目标完成情况而定)。虽然刘某林出让其中的3%股权违反了融资协议中的禁止性约定,但这仅仅是民事上的违约,侵犯了其他股东(或潜在股东)的优先购买权或其他民事权益,顶多是无效的民事行为,但不可能构成刑事上的合同诈骗罪。

若ULA公司不能上市,则马某购买的ULA公司股份还在,只是无法以上市后的ULA公司股份量化。而这也是马某面临的正常商业风险,马某可以依据合同的约定向刘某林主张民事权益,但显然不是什么刑事问题。

或者,非要认为刘某林出让的是所谓公司高管在公司上市后获得的奖励性“期权”(为行文方便,下文以期权表述和讨论),那么,如公司不能上市,则马某不能获得实际的股权。

辩护人认为,无论是哪种情况,刘某林都不构成诈骗,理由如下:

第一,该“期权”具有实现的可能性,且刘某林一直致力于这种可能性的实现。

本案中所谓的“期权”意思是刘某林现在拥有ULA公司的股权(按控方的说法,是部分股权,甚至只是一种承诺),待ULA公司成功上市才能予以兑现。辩护人认为,这种期权显然也是一种民事权利,不但具有真实性,还具有显而易见的经济价值,因而具有可交易性。

从本案的基本事实看出,这种“期权”并非空穴来风,其实现是可能的,美国沃某公司在决定为刘某林融资之前,对这种可能性进行了充分论证和多次的尽职调查。另外,出让该期权以融资1200万美元到位为条件,则实现这种可能性的条件完全具备。且刘某林其后的行为都始终在致力于整个项目的成功,这一点从后来项目的开发事实过程即可看出。因此,本案这种带有或然性的“期权”是真实的,对其进行交易也就不存在什么诈骗的问题。

主要证据:

①甘某某(沃某财务集团上海代表处项目经理)2009年2月23日询问笔录。

第二卷P174倒数第1行:美国沃某对“非晶项目”尽职调查认为,虽然深圳某某公司的经营状况不是很满意,但最终结论认为块状非晶合金材料技术具有一定的可操作性。

②张某2008年10月24日询问笔录。

第四卷P18倒数第5行：

问："非真空大块非晶材料生产技术的研发目前处于什么状态？"

答："目前我们所掌握的该生产技术已经基本具备批量生产的能力，已经生产出了表壳、手机壳、摩托车链条、防弹板等多种产品样品，但技术与产品还需要进一步精雕细琢。"

第二，马某对购买该期权的风险完全知晓。

马某是张某某的朋友，其充分了解这个项目的来龙去脉，刘某林认识马某还是通过张某某介绍的。马某参与了非晶合金材料项目的融资路演，并亲自对湘潭某某公司、深圳某某公司的经营状况进行了实地考察，且其在购买股份之前，算了账，咨询了律师，请律师修改了合同，还征求了张某某的意见，张某某并没有反对（马某在第一卷P51第3行："我曾打过电话给张某某告诉过转让刘某林股份一事，他没说什么。"张某某在2009年8月21日笔录中也曾承认，刘某林将马某的代持协议送给张某某后，张某某"我同意也没签署马某的这份信托声明"，相关内容见补充卷P8第15行。后来马某、张某某都否认此事，显然别有用心）。

也就是说，马某对于自己所购ULA公司股权的状态（尚未上市，以后能否上市目前尚不确定）、将来实现的可能性程度有多大、是否有损失的风险，以及可能产生的收益都有明确的认知。

第三，马某之所以购买该期权，并非受所谓的刘某林虚构的事实的误导。

本案中，刘某林是不是ULA公司控制人以及是否以代持方式实际持有ULA公司100%股权的问题，我们先搁置在一边，我们仅分析马某是因为什么才购买的这3%的股权。

实际上,马某购买的不是ULA公司100%而只是3%的股权,因此,他关心的只是3%股权可能带来的收益,故刘某林是否是ULA公司控制人以及是否以代持方式实际持有ULA公司100%股权的问题,对于马某判断是否购买3%股权并无实质性的影响。只要刘某林确实有3%的股权(如前所述,实际股权也好,期权也好,刘某林有3%以上股权是真实的),刘某林与马某的交易就真实,刘某林就不存在诈骗行为。

事实上,马某之所以会购买刘某林的股权,不是因为刘某林什么虚构代持的事实从而错误处分了财产,而完全是自己受利益驱使,在未受干扰、充分自主地分析判断后做出的决定。马某购买的主要原因,是“非晶项目”确实有很好的商业前景,且刘某林卖给马某的股权价格低于13个投资人购买的可转股债券的价格,马某认为有巨大的利益可图,因为按照1200万美元占33%的比例计算,1%的股价应为36万余美元,折合人民币247万余元,而马某只花100万元人民币就可以买到,可见价格非常优惠。

所以,项目如果上市,马某将获得巨大的投资回报;相反,如果项目失败,马某没有如愿获得3%的股权,这也是正常的商业风险,是与其可能获得的巨大利益相对等的。且如果不能获得上市后的公司股权,马某仍然有通过对A公司或ULA公司的资产进行追偿的方式取回出资及利息的权利。纵观整个过程,就是一个真实的风险投资交易,不是合同诈骗。

(四)最后,从刘某林履行交付义务的行为和事实看,刘某林对马某也不构成合同诈骗。

与马某签署合同并收取马某300万元后,刘某林积极展开了交付义务,包括计算股份数量,签署代持(股份信托)协议交给张某某签署等,这些事实充分证明刘某林具有履行合同义务的行为。至于因为刘某林与张某某的上述纠纷,导致刘某林未能交付股权凭证,这是民事纠纷,而显然不是合同诈骗犯罪。

综上,辩护人认为,无论刘某林是否是ULA公司的实际控制人,刘某林对ULA公司有149万美元的投入是基本事实;无论刘某林是否实际持有ULA公司100%的股权,刘某林至少持有3%以上实际股权(或57%期权)是基本事实。可见,刘某林是在有股权的事实基础上出让股权,既然有股权,则不存在诈骗的情形,至于能不能卖、因其他原因未能交付,都是民事问题,与合同诈骗无关。

二、刘某林不构成职务侵占罪

职务侵占,是指公司、企业人员利用职务之便,将本单位财物据为己有的行为。辩护人认为,根据卷宗材料以及辩护人举证材料,尤其结合证人张某出庭陈述,本案中指控被告人刘某林的两件事,均属公司经营行为,不构成职务侵占。

(一)转款1800万元一事,不构成侵占。

1. 从决定过程看,该1800万元划转是公司董事会决定的,且商讨划转过程有公司其他人员及律师的参与,充分说明该行为不是刘某林利用职务便利的个人行为。

在A公司经营过程中,刘某林、张某与张某某三个董事之间矛盾渐深。2008年8月,张某某委派的原公司财务总监王某某被辞退后,将财务章和审批权上交张某某,导致公司资金无法调动,经营活动难以为继。9月18日,刘某林和张某被迫召开临时董事会,作出决议,更换财务印鉴,支付应支付款项。2267万元都是刘某林、张某根据公司各部门的合同进行审批支出的。

从上述过程看出,所有转款都是董事会决议下的正常行为。

2. 从该笔款项的支付依据看,是正常履行合同的行为。

根据董事会决议,刘某林、张某履行A公司与深圳世某非晶公司之间3300万元的设备采购合同,将1800万元转到深圳世某非晶公司,这一行为是公司正常的经营行为。

3. 从进一步转款的原因看,无个人占有的目的。

该笔款项从深圳世某非晶公司再转到兴天翔公司,是为了保障该资金的安全(不受张某某的干扰,以免造成影响A公司与深圳世某非晶公司之间合同的下一步履行),而不是刘某林个人想据为己有。

4. 从最终的结果看,A公司并未丧失对该笔款项的控制。

该1800万元产生争议后,在案发前由公司董事张某安排转回A账户,说明A公司对该笔款项自始至终有控制权,不能认定是被刘某林侵占。

上述事实见张某当庭陈述及2008年11月18日询问笔录(第四卷P50):案发后,我只打了电话给于某某,要她将钱打回A公司的账号上,是谁具体办理的我也不知道。

(二)204万元购买七台设备一事,也不构成职务侵占。

1. 从设备购买程序来看,购买设备是张某的职责,由张某决定并签约,不是刘某林的个人行为。

(1)刘某林2008年11月12日讯问笔录(第三卷P87):七台设备是2005年由深圳某某公司从不同的厂家购买由张某负责技术指导组装而成的,且样品试制成功,后刘、张某决定另外成立一家公司专门做块状非晶材料,遂王某文在刘和张某的同意下成立了世某非晶公司,七台设备剥离至世某非晶公司。2008年5月,经张某同意,A花204万元从世某非晶购买这七台设备并付款。

(2)张某2008年12月17日询问笔录(第四卷P52):“在此之前(签订合同前),刘某林跟我说过:原深圳某某公司有七台做金刚石膜用的设备,问我是否可以改造做非晶材料用,我当时说试一试。”

2. 未按照董事会决议退回该设备款,是因为其后刘某林、张某决定继续履行该协议,刘某林执行董事会新的决议的行为,不能认定为职务侵占。

刘某林供述,刘某林和张某原准备把非晶材料技术从深圳某某公司剥离到深圳世某非晶公司去运作,首先剥离了深圳某某公司制造的每台成本约20余万元的七台非晶材料熔炼设备,后来由于该项目注入湘潭某某公司,这些设备就闲置了。由于投资人要求在2008年9月投产,设备要尽快到位,刘某林和张某商量决定由A公司将这七台设备作价204万元从深圳世某非晶公司收购。后来董事会虽决定取消这笔交易,退回货款,但刘某林、张某认为可以继续履行,故刘某林后来继续供货的行为并无不当。

3. 从设备本身状况和价值看,起诉书指控的设备陈旧、不完整的状况不能作为指控刘某林职务侵占的理由。

根据张某笔录,A公司向世纪非晶公司购买的本身就是不完整的设备,成套设备价格远远高于本案合同价格。且刘某林对设备外壳的翻新及对名称的更改也是完全合理的,因为合同所列设备需要研发人员研发试制,名字可以由研发人员确定。

至于卷宗中的鉴定结论认为该七台设备仅值68,000余元,其签订方法仅为“成本法”,显然没有考虑这些设备的技术含量,不足采信。且即使A认为这些设备不能接受,也属经济纠纷,应当通过民事诉讼的程序解决争议,而不能认为刘某林没有退回货款继续供货就是职务侵占的犯罪行为。

上述重要事实见张某当庭陈述及2008年12月17日询问笔录(第四卷P53):

答:“深圳某某公司的这些设备只能说是整个设备当中的一部分,因为这几台设备只是一个外壳,设备的中心部分还要从其他地方购买回来进行组合,这样才能说是一个完整的设备了。”

问:“你们要购买的设备名称是什么?价格是多少?主要用途是什么?”

答:“是非晶合金原料熔炼设备。实际上目前能满足A公司合金材料生产方式的设备目前市场上是没有的,需要研发试制才行,所以说设备的名称、代号等都是研发试制者自己取名确定而已,按改进好的设备的功能,一套完整设备应该要100万元左右,其用途应是非晶合金的熔炼和生产制作。”

4. 从“侵占”的对象看,刘某林作为A公司的实际权益人,其行为无论如何也不存在侵占的问题。

如前所述,刘某林拥有ULA公司以及A公司100%股权,而外方的1200万美元是刘某林对外的债务,在这些“债”转股之前,外方显然不是公司的股东(事实是,至今没有发生债转股的情况)。因此,1200万美元的债务和自身的149万美元,构成刘某林资产的全部。那么,我们且不论刘某林由于何种原因转走上述204万元人民币,单看他拿走的对象是什么?拿的都是自己的资产!债务人拿走自己对外举的债的行为,显然不可能对债权人构成侵占!(前述1800万元设备款同样如此)。

综上所述,本案指控被告人刘某林的两件事情都不构成职务侵占。

最后,辩护人认为,本案的实质是:一个被聘请来提供中介服务的“跑腿的”,取代了公司老板而成了“掌柜的”;一个没有实际投资一分钱的人,却取得了价值149万美元的资产的所有权;而一个民事权益受到巨大侵害的人,今天却坐在被告人席上接受刑事审判!

孰是孰非,请人民法院公断!

辩护人：

北京市京都律师事务所律师　田文昌　朱勇辉

二〇一〇年四月十二日

辩护词(一审第二轮)

审判长、审判员：

刘某林涉嫌合同诈骗、职务侵占一案，辩护人针对公诉人提出的观点发表如下补充辩护意见。

本案是一起境内企业通过对赌方式在境外融资上市而引发的案件，全案过程看似复杂，其实很简单，只要把其中各方当事人的法律关系弄清楚了，全案的是是非非、曲曲折折以及刘某林是否构成合同诈骗、职务侵占等法律后果也就都清楚了。

一、关于合同诈骗的问题

本案刘某林是否构成合同诈骗罪的一个最基本的事实前提是境外公司ULA公司真实的股权关系结构是什么，而这一基本前提我们通过分析案件事实的整个发展过程便一目了然，那就是刘某林才是ULA公司的真正股东，张某某以及13个投资人均是ULA公司的债权人或者说是未来可能的股东。

本案的最初起因是刘某林为了简化成立境外公司ULA公司在境外融资上市的过程，需要规避商务部75号文件，为了规避75号文件，从而出现了假收购，由于出现了假收购才发生了代持股的问题，由于代持股问题的争议，又出现了作为本案公诉人指控依据的一系列虚假的法律文件。按照公诉人庭上指控，一切要以生效的法律文件为准，法律文件似乎就不能错，正是由于这样的逻辑，最后导致的结果是张某某侵占了本来应当属于刘某林所有的ULA公司股权。

辩护人之所以得出这样的结论,有着充分的事实与法律依据:

(一)本案中所有ULA公司股东变更后的登记文件均是虚假的法律文件,不能作为指控刘某林合同诈骗的依据。

判断ULA公司股东变更后的工商登记等一系列法律文件(所有载明张某某为ULA公司92%股东的文件)到底假不假,有没有法律效力,方法很简单,那就是看辩方所说的虚假收购(表面为ULA公司收购湘潭某某公司,实质为刘某林自己出资收购自己的公司)是否属实。从整个法庭调查过程不难看出,虚假收购情况确实属实。为什么呢?因为ULA公司是刘某林投资的,这点张某某从来没有否认过,在法庭询问时,张某某不得不承认是刘某林向他借钱以ULA公司的名义收购湘潭某某公司,后又将149万美元收购款(包括2%的利息)还给了他。

由此可见,149万美元是刘某林从张某某那借来,又还给了张某某,等于张某某没出资,是刘某林左兜放右兜,自己买自己,这个事实张某某当庭多次予以承认。那么既然如此,ULA公司的投资人是谁,无可争议,是刘某林而不是张某某。

既然法律文件与客观事实相违背,确实虚假,那么其效力如何,能否作为指控刘某林合同诈骗的依据呢?按照公诉人的逻辑,不管事实过程怎样,一切都应当以法律文件为准,是否果真如此,这一点最高人民法院已有明确司法解释。改革开放初期,中国整个社会、经济大环境下盛行“红帽子”企业现象,出现了一大批假集体、真个人,假国有、真个人的“红帽子”企业,这些企业的注册形式全都是国有或集体。

针对这个情况,为了还投资人的真实身份,还投资者公司的本来面目,最高人民法院作了明确的司法解释(1988年最高人民法院《关于贯彻执行〈中华人民共和国民法通则〉若干问题的意见(试行)》第

49条),国家国有资产管理局、财政部、国家工商总局等也都发了正式的文件(国家国有资产管理局、财政部、国家工商总局1993年11月21日颁布的《国有资产产权界定和产权纠纷处理暂行办法》第4条,1994年12月25日颁布的《集体企业国有资产产权界定暂行办法》第4条,财政部、国家经济贸易委员会、国家税务总局1996年颁布的《城镇集体所有制企业、单位清产核资暂行办法》),明确规定对这种投资情况有误的、注册资本有虚假的情况,不能以注册资本的形式要件为根据,应当根据"谁投资谁拥有产权"的原则,从根本上查清投资的主体是谁,以确定真正的投资关系。

最高人民法院的司法解释是有权解释是不容争议的,它已经明确告诉我们,违背客观事实的虚假法律文件,即使具备所有形式要件,也不能够作为认定犯罪的依据。

(二)起诉书的指控本身严重违背了基本事实,且其指控事实与指控依据本身自相矛盾,已陷入悖论。

首先,起诉书第3页第1行表述:"2008年2月,ULA公司的股东即美国沃某公司、张某某,管理层人员刘某林、张某与13名投资人签署投资协议等法律文件,并于3月以购买可转股债券的方式共计将1200万美元全部转入ULA公司的账户,再注入A公司,完成融投资。"起诉书表述的这13个投资人是包括张某某在内的1200万美元的投资人,然而这个表述违背了一个基本的事实,那就是抹杀了刘某林的149万美元。法庭调查已经非常清楚地表明,投入到湘潭某某公司的1200万美元里包含刘某林的149万美元,张某某当庭也明确承认他们投入的只是1050万美元,明明还有刘某林的149万美元,去向如何,起诉书却未做任何表述,这显然是违背基本事实的。

其次,起诉书第3页第3自然段表述:"投资协议等投资法律文件约定:13个投资人的1200万美元三年(或同意的推迟期限)到期如成功上市并达到约定的经济目标:第一个财务年度净利润达到1000万美元,第二个财务年度净利润达到2000万美元,则债券可转换成ULA公司33%的股份,不再偿还所借之债。”这是债转股的完成,说明两个问题:一是当达到目标之后,是债转股,不是股转债,本质上是债;二是债转股有前提条件,只有约定的两个目标的条件成就的时候1200万美元的债权才能转换成33%的股份,这已经很明确地表明了融资协议所约定的最主要的内容。再接下来“如果没有完成目标,则按未完成率及固定计算公式补偿股份给13个投资人。如果未成功上市,则需按4%的年息还本付息”。这更进一步说明该1200万美元是一个债,最终债务人是刘某林。既然如此,刘某林当然就是ULA公司的真实股东,其处分自己的股权何来合同诈骗?

(三)刘某林出资149万美元入ULA公司的事实,导致刘某林不可能构成合同诈骗罪。

通过整个法庭调查,全案事实已经非常清楚,是刘某林借张某某149万美元以ULA公司的名义收购了其境内企业湘潭某某公司,后又以ULA公司的名义向包括张某某在内的13个投资人融资。在这种情况下,各方当事人之间的法律关系已经非常清楚,刘某林是ULA公司的股东,本来就有股权,公诉人讲刘某林的149万美元后来还给了张某某,这恰恰是说到了问题的本质,正因为刘某林将ULA公司收购湘潭某某公司的149万美元还给了张某某,所以张某某一分钱也没有出(债权除外),纯属“空手套白狼”。ULA公司的所有资本金完全是刘某林出的,这个事实是不可否认的。在这种情况下,无论张某某如何否认代持股的情况,代持股的事实已经不言自明了。因为张某某一分钱没出,刘某林注入149万美元,而张某某却凭空持有了ULA公司92%的股份。任何一个股份不会从天而降,也不会拔地而起,必须真金白银投入,而真金白银恰恰刘某林注入了,这个事实谁也否认不了,这种情况还有什么理由说刘某林诈骗?

即使再退一步讲,前一辩护人已经充分论证,无论如何认定刘某林投入的149万美元的性质,刘某林在ULA公司的股份也超过3%,难道他没有权利处分吗?无论是期权也好,现实权利也好,原来最基本的ULA公司股份应当是有主人的,辩护人认为就是刘某林。退一步讲即使刘某林不是100%股权持有人,也还有57%,最少也有4.09%,那么刘某林处分其中的3%有什么不可以?何谈合同诈骗?至于公诉人所说的刘某林把300万元用于个人使用了,这话毫无意义,既然是刘某林个人出让股权,其个人使用理所当然,谁能管得着他卖了股权的钱自己还不能用呢,这与本案根本就没有关系。在这种情况下怎么诈骗?起诉书又说刘某林谎称拥有100%股权,谎称是实际控制人,而辩护人认为,这些完全都是实际存在的,没有任何虚假成分。

二、关于职务侵占的问题

辩护人强调以下几点:

(一)动用资金程序如何理解。

在法庭调查中已经明确,起诉书指控的1800万元的侵占资金是经过2/3董事通过董事会决议而支出的合同款项,204万元的已支出合同款项也是经过2/3董事共同决定而没有退回公司,但公诉人说该2/3董事通过的程序不合法,因为另一董事张某某没有同意。那么按照公诉人的观点,是少数服从多数还是多数服从少数呢。2/3董事能够通过董事会决议是公司法的明确规定,也是本案A公司章程的明确规定,到底是依照公司法行事,还是依照公诉人的逻辑行事,我想这个问题不用多讲,任何一个程序都没有多数服从少数的规定。

(二)动用两笔资金的程序均是公开正当,并非个人秘密的操作。

职务侵占罪是公司企业人员利用职务上的便利私自动用资金并

且占为己有。上述两个职务侵占罪的客观表现形式本案一个都没有,程序公开正当,谈不上侵占的手段,又何谈侵占?

(三)从被告人刘某林与本案指控的侵占客体的关系来看,不可能构成职务侵占。

本案指控的侵占罪实际上是动用资金的运作方式,根本和侵占罪毫无关联。因为投资协议等一系列法律文件均明确规定,起诉书也已经明确表述,本案当中的投资协议实际是一个项目发起人刘某林与投资人之间对赌的融资合同,这里我们且不说两笔款项支出均系事出有因(经过集体研究决定,系公司经营需要),我们从本质上来分析一下被告人与这两笔款项的关系就能清楚看出,刘某林不可能构成职务侵占。

投资协议等一系列法律文件的约定非常明确,13个投资人所投入的1200万美元最终可能有两种归属,一是达到约定条件,债券转换为ULA公司33%股权;二是达不到约定的债转股条件,刘某林归还13个投资人1200万美元外加年4%的利息。那么这种合同的关系是什么,合同标题明确写着是“可转换债券的购买协议”,这种协议的本质是一种融资协议,最终形成的是债权债务的法律关系,也就是说,根据这个协议,实际是刘某林欠了13个投资人的债,最终这个债要么转换成股份,要么还本付息。由此,辩护人不禁要问,债务人动用借来的钱还能算侵占吗?欠债还钱,天经地义,合同是有约定的,但不能说借了钱还不能乱动,乱动就是侵占。我们如果搞清楚刘某林与这1200万美元之间这种债权债务关系根本就想不到会有侵占罪发生,这是排除的问题,有了前面的前提,法律上就完全排除侵占这种关系。也许公诉人会说这1200万美元不是债,但张某某出庭时已经多次明确表述,是刘某林跟13个投资人对赌,既然投资人跟刘某林对赌,刘某林就是投资人的债务人,刘某林赌输了刘某林还债,而不是张某某。既然如此，如果还是按照公诉人的逻辑，就形成了一个公诉人自己都无法解释的怪圈：公司是张某某占有92%的股份，刘某林擅自动用公司款项是侵占，然而公司最后欠的债却要刘某林来还，天下哪有这样的逻辑。如果从这个角度分析，前面所有的问题根本都不用谈，因为在这种融资关系情况下，刘某林的身份根本不可能存在侵占的问题，只存在欠债能不能还债的问题。

综上，辩护人认为，刘某林不构成合同诈骗罪和职务侵占罪。但在此，辩护人借本案想提请合议庭高度注意一个问题，那就是当前在中国境内发生了大批对冲资金的陷阱，这种现象非常严重，而且越来越普遍，目前的问题已经表现得非常明显。投资人故意设置障碍，利用监管资金的约定，阻止项目发起人实现约定的利益，以扩大债转股的份额直至吞掉对方。本案中刘某林也多次讲到一个非常重要的问题，“我要快，张某某要慢”。为什么？因为慢就达不到约定的经济目标，达不到目标就要加大债转股的比例，最后达到侵吞项目发起人股权的目的，这已经成为对冲资金投资人采用的惯用手段。不仅如此，辩护人认为，在本案中，张某某在这个基础上又花样翻新，设置了另一个陷阱，那就是以假收购的手段侵吞项目发起人公司的全部资产。法庭调查中，我们已经发现，本案中，张某某以规避商务部75号文件为由，通过变更股东和假收购，先侵吞本应当属于刘某林的公司，后又取代刘某林对赌主体的身份，变成了投资协议中所说的张某某和13个投资人对赌，最终导致的结果是张某某自己作为股东和同样是投资人的自己赌上了。所以，张某某一直强调其和刘某林之间是对赌不是代持完全是在偷换概念，混淆视听。对赌确实不是代持，但张某某是先用代持的方法侵吞了刘某林的资产，又自己取代刘某林和投资方对赌，他既欺骗了刘某林，又欺骗了投资人，这是在利用对冲资金骗取中国企业家股权的基础上又花样翻新，创造了一种更新型的侵占财产的方式。究竟是刘某林在骗,还是张某某在贼喊捉贼,经过法庭调查,已经真相大白。

最后,辩护人认为,我们下一步的责任非常明确,就是要还刘某林清白,追究真正的罪犯!

被告人刘某林的辩护人:

北京市京都律师事务所律师 田文昌

二〇一〇年四月十二日

审理结果

2010年8月3日湘潭市岳塘区人民法院一审以被告人刘某林犯合同诈骗罪、职务侵占罪,判处有期徒刑15年,并处没收财产60万元。

宣判后,被告人刘某林不服提出上诉,湖南省湘潭市中级人民法院于2010年10月23日作出裁定:驳回上诉,维持原判。

上述裁判发生法律效力后,刘某林依然不服,不断提出申诉。湖南省高级人民法院后决定提审本案,并以原判决认定的部分事实不清为由,于2013年10月30日作出(2013)湘高法刑再终字第1号刑事裁定:(1)撤销湖南省湘潭市岳塘区人民法院(2010)岳刑初字第1号刑事判决和湖南省湘潭市中级人民法院(2010)潭中刑终字第202号刑事裁定;(2)发回湖南省湘潭市岳塘区人民法院重新审判。

湖南省湘潭市岳塘区人民法院于2014年5月26日作出(2013)岳刑再字第1号刑事判决,维持原判。刘某林仍不服,再次上诉,湖南省湘潭市中级人民法院于2014年10月15日再次作出裁定:驳回上诉,维持原判。

2019 年 8 月 5 日，广东省深圳市中级人民法院裁定：刘某林符合全国人民代表大会常务委员会《关于在中华人民共和国成立七十周年之际对部分服刑罪犯予以特赦的决定》第 3 条的情形，对刘某林予以特赦。

黄某某被控非法经营罪，内幕交易、泄露内幕信息罪，单位行贿罪案

案情简介

2008年年底，在原公安部部长助理郑某某落马后不久，同为广东潮汕人的黄某某被立案侦查并被采取强制措施。

检察机关以非法经营罪，内幕交易、泄露内幕信息罪，单位行贿罪三项罪名对黄某某提起公诉。

关于非法经营罪，公诉机关指控：黄某某于2007年9月至11月，违反国家规定，采用人民币结算在境内、港元结算在境外的非法外汇交易方式，将人民币8亿元直接或通过北京某商业咨询公司转入深圳市某实业公司等单位；通过郑某某等人私自兑购并在香港特区得到8.22亿余港元。

关于内幕交易、泄露内幕信息罪，公诉机关指控：

1. 黄某某利用职务之便，在拟将某上市公司与黄某某经营管理的北京某投资公司进行资产置换事项中，决定并指令他人于2007年4月27日至6月27日，使用其实际控制交易的龙某、王某某等6人

的股票账户，累计购入某股票976万余股，成交额共计人民币9310万元，至6月28日公告时，6个股票账户的账面收益额为人民币348万余元。

2. 黄某某在拟以某上市公司收购北京某地产公司全部股权进行重组事项中，决定并指令他人于2007年8月13日至9月28日，使用其实际控制交易的曹某某、林某某等79人的股票账户，累计购入某股票1.04亿余股，成交额共计人民币13.22亿余元，至2008年5月7日公告日时，79个股票账户的账面收益额为人民币3.06亿余元。

关于单位行贿罪，公诉机关指控：

1. 黄某某作为鹏投公司的主管人员，指使许某某于2006年至2008年，向某公安机关的相某某提出请托，要求相某某在对某甲公司、某乙公司有关案件办理中提供违法违规的帮助，并先后两次单独或指使许某某给予相某某款、物共计人民币106万元。

2. 黄某某作为国美公司的主管人员，指使许某某于2006年至2008年，通过原北京市公安局的靳某某分别向原国家税务局的孙某某及北京市国税局的梁某某、凌某提出请托，要求上述人员在某乙公司涉税案件调查中提供违法违规的帮助，并先后单独或指使许某某给靳某某共计人民币105万元，给孙某某共计人民币100万元，给梁某某、凌某各人民币50万元。

辩护思路

一、关于非法经营罪

换汇中的非法经营罪最本质的要件是行为人实施了在非指定场所买卖外汇即场外换汇的行为。如果行为人没有实施场外换汇，则不能构成本罪。本案中黄某某只是按照赌场的要求，将人民币付到赌场指定的账号,以人民币偿还赌债。是赌场指定的“地下钱庄”将收到的人民币在场外换成了港元。赌场允许以人民币还债,黄某不需要把人民币换成港元。事实上,他没有去换汇,也没有指使他人去换汇。

鉴于公诉人强调黄某某对他人进行场外换汇是明知的,并以此主张黄某某构成本罪,辩护人结合本案的证据提出两点意见:一是没有证据证明黄某某明知他人场外换汇;二是现行法律并没有规定明知他人场外换汇即构成本罪。公诉人的观点与事实不符,于法无据。

从另一个角度看,非法经营罪,顾名思义,首先应该是一种经营行为,如果不是经营行为,则不存在构成本罪的前提。本案中,即使黄某某进行了场外换汇,他的行为也与赌场、地下钱庄、黄牛有所不同,其个人的还债行为并非经营。

综上,辩护人认为黄某某的行为不构成非法经营罪。

二、关于内幕交易、泄露内幕信息罪

在本罪是否以行为人“利用”内幕信息买卖股票为构成要件的问题上,控辩双方持有不同观点。公诉人认为《刑法》第 180 条关于幕交易罪的罪状描述中没有“利用”二字,因此,只要行为人知道内幕信息并且在内幕信息期间买卖股票,不管是否利用该内幕信息,都构成本罪。辩护人则从法理上以及相关法律法规在界定内幕交易行为时均要求行为人必须是利用了该信息的规定上,阐述了“利用”内幕信息是本罪的构成要件。内幕信息的知情人虽进行了股票的买卖,但如果有证据证明他没有利用这一内幕信息,则不构成本罪。

本案中有大量的证据能够证明,黄某某所进行的股票交易与内幕信息没有关联,其不是在利用该信息,因此,其股票交易行为不构成本罪。

鉴于黄某某身为进行股票交易的相关公司的实际控制人,进行股票交易的资金来源于公司，所得利益也归属于公司，辩护人主张本案中的股票交易行为是相关公司的单位行为。

同时，鉴于内幕信息价格敏感期的认定关系内幕交易数额的认定，甚至关系股票买卖是否为内幕交易的定性，辩护人结合本案事实及相关的法律规定，明确提出本案中的价格敏感期应该从 2007 年 9 月 28 日开始计算，进而主张黄某某于此前买入的股票不属于内幕交易。

三、关于单位行贿罪

在公安机关查办某甲公司的案件中，某甲公司确实给了相某某 100 万元，但是，某甲公司并没有向相某某请托任何事项。案中证据能够证明，某甲公司是基于“公安机关在查办案件过程中，出入公司时不开警车，不着警服，避免了给公司造成不良的影响”而表示感谢。案件的侦查结果是无罪撤案。可见，公安机关避免给企业造成影响的做法是正确的。某甲公司感谢公安机关的正义之举，没有谋取任何“不正当利益”，其行为不构成行贿罪。

在税务机关查办某乙公司涉税案件的过程中，靳某某向某乙公司明确提出要通过自己给相关人员送钱，并明确要求了数额。据此，辩护人提出此笔系受贿人索贿的观点。

辩护词

审判长、审判员：

北京市京都律师事务所田文昌律师、杨照东律师接受被告人黄某某亲属的委托，担任其辩护人。经过庭前示证和今天的法庭调查，本案的事实已经很清楚。鉴于被告人黄某某对起诉指控的基本事实均予认可，在事实的认定上，控辩双方应该不会有太多的分歧，争议

的焦点更多在于认识的层面。就定性而言,对起诉指控的几项犯罪,我们均有不同的意见:

一、关于非法经营罪

1. 黄某某没有实施换汇行为

我们都知道,换汇中的非法经营罪最本质的要件是行为人实施了在非指定场所买卖外汇即场外换汇的行为。如果行为人没有实施场外换汇,则无论如何不能构成本罪。我们不否认黄某某往深圳账户转入的人民币最终兑换成港元支付给了澳门的赌场,也不否认其中的换汇是在场外进行的,但问题是这里的换汇行为是谁实施的?是不是黄某某在换汇?

证人伍某某说得非常清楚:"深圳的账号收到黄某某的人民币后通知赌场就算收了相关的赌债,至于这些账号的人民币如何转换成港元换赌债的过程我并不清楚。"黄某某只是把人民币打入深圳的账号,他并没有亲自去换汇,不仅他没有换汇,作为他的代理人的伍某某也没有去换汇,换汇的事显然与黄无关。

赌场的经营者证人连某某证实:"如果客人是内地人,又没有港元可以还时,我会安排一些香港的外币找换店来帮我们接收赌账。""黄某某来找我,告诉我他们会以人民币的形式来还,这样我就会联系一些经常和我们合作的地下钱庄,由地下钱庄将在内地接收人民币的账户告诉郑某某,郑将账户交给我公司的陈小姐,由陈小姐告诉伍某某……"连某某在这里证明了三个事实:(1)黄某某要求用人民币还赌债,连同意;(2)赌场提供地下钱庄的账号;(3)地下钱庄帮赌场接收赌债。那么,既然赌场同意黄某某用人民币还赌债,就意味着黄某某不需要自己去把人民币换成港元,只要支付人民币就可以了。更重要的是,地下钱庄是在帮赌场接收赌债而不是帮黄某某还赌债。如果是帮黄某某还赌债,钱庄将人民币换成港元付到赌场才算完成还债，此时钱庄是在帮黄某某换汇，黄要对换汇的行为负责，但事实恰恰相反，本案中钱庄是在帮赌场接收赌债，既然是接收赌债，那么钱庄收到黄某某的人民币之时，赌债就算还了，后面的换汇是在帮赌场换而不是帮黄某某换，因此，赌场应该对换汇的行为负责。

至此，我们可以得出这样的结论：地下钱庄收到了黄某某的人民币，相应的赌债就算归还了，后面的换汇、付款等就不再是黄某某要做的事。正如地下钱庄的经营者证人钟某某说的那样："赌场会从地下钱庄那里要来内地接收人民币的账户提供给客人，客人会把钱打入这个账户，然后地下钱庄就会将相对应的港元在香港支付给赌场，客人就不用管了。"

公诉人认为，赌场是以港元结算的，收到港元并以港元核销之后才算收到了赌债，进而认为黄某某支付人民币的时候不算是完成还债，意在说明钱庄是在帮黄换汇。公诉人的这一理解显然不能成立。赌场最终以什么币种核销与什么时候算是还了债，这完全是不同的两回事。你赌场同意我以人民币还债，那么你收了我的人民币当然就算我还了债，不用说你以港元核销，你就是不核销，我也是还了债。现实生活中有很多以物抵债的事例，我欠你钱，你同意我用车来抵债，你收了我的车，哪怕没有过户登记，我的债也是还完了。道理就这么简单。

公诉人又认为，黄某某知道赌场从中加收了手续费，并且承担了这部分的换汇成本，因此是黄某某在换汇。这一观点更不能成立。赌场通常情况下接受港元，现在黄某某以人民币还债，赌场就需要将人民币换成港元，而换汇是需要人力、需要成本的，这部分成本的支出是黄某某造成的，因此理应由黄某某承担。赌场换汇，黄某某多拿些手续费，天经地义。换汇的成本不必然由换汇的人承担，承担成本的人也不必然就是换汇的人。谁承担成本谁就是换汇人，这样的逻辑是错误的。

公诉人还认为,地下钱庄工作人员郑某某换汇接单工作的笔记本上写有伍某某的名字,因此换汇的主体是伍某某,伍某某是黄某某的代理人,因此是黄某某换汇。我们的认识是:郑某某的笔记本上并没有写明是伍某某换汇,她只是在记下收到多少人民币的同时记下了伍某某的名字,这一记载只表明郑某某收到了伍某某的人民币及数额,不代表其他任何意思,更不代表伍某某在换汇。

从伍某某提供给公安机关的偿还赌债的流水账上看,赌场接收黄某某的还债有两种方式:一是收到黄某某的人民币后,经地下钱庄兑换成港元全部入账收债;二是由黄某某的香港公司先行以港元垫付偿还,赌场收到黄某某的还款后,将香港公司垫付的港元转回该公司。我们认为,无论哪种方式,黄某某都是以人民币还债,并且是在深圳还债。两者之间并无区别。

黄某某只是以人民币还债,他没有实施换汇的行为,这是本案中一个基本的事实,希望法庭对此予以认可。

2. 即使黄某某明知场外换汇也不构成本罪

公诉人强调,即使黄某某自己没有换汇,但黄某某对场外换汇是明知的。黄某某明知场外换汇,其行为就构成本罪。我们认为这一观点仍然不能成立。

现有证据尚不能证明黄对"场外换汇"是明知的。伍某某证实:"我当时并不知道是地下钱庄账号,所以我通知黄某某时只是告诉他往这些账号里打人民币,因此我想黄某某应该也不知道这些账号是地下钱庄的账号。"账号是伍提供给黄某某的,伍没有告诉黄这是地下钱庄的账号,也没有其他任何证据表明黄在往深圳账户支付人民币时已经知道这些账户是地下钱庄的账户,如此,认定黄某某明知场外换汇未免过于武断。

公诉人又强调黄某某在侦查阶段的供述中讲到了是通过地下钱庄将人民币换成港元还赌债的，因此黄对通过地下钱庄换汇是明知的。对此，我们认为，首先，在任何案件中，侦查阶段的被告人供述在经当庭质证之前都不能当然地作为定案的依据，忽视其他证据包括当庭的证据，简单强调侦查阶段的供述是不正确的，否则可能就不需要开庭审理，直接以侦查阶段的供述定案就可以了。其次，对于侦查阶段的这份供述，黄某某在过去及今天的法庭上均作了解释和说明：审讯时侦查人员告诉他深圳的这些账户是地下钱庄的账户，因此他在下面的供述中就表述为钱是通过地下钱庄换成港元的，此前他并不知道这些账户是钱庄的账户。黄某某的这一解释与此前的供述并不矛盾，且合乎情理，具有可信性。

退一步讲，即使黄某某明知场外换汇，也不构成本罪。就法律的规定来说，全国人大常委会《关于惩治骗购外汇、逃汇和非法买卖外汇犯罪的决定》强调的也只是行为人场外换汇，而不是行为人知道他人场外换汇。如前所述，黄某某没有实施场外换汇的行为，将人民币换成港元是别人干的事。他只是支付人民币还债，他所追求的只是债务的偿还，在意的只是赌场不再讨债，享受的只是债务消灭后的那一份轻松。不管赌场是要港元还是要美元，只要是你同意我以人民币还债，只要是你接受了我的人民币就算接受了我的还债，只要是你来我的家门口收人民币而不是我到你的家门口送上港元，这就足够了，至于以后谁来兑换，兑换什么币种那是赌场的事情，一切与我无关。

从另一个角度看，赌场有赌场的目的，黄某某有黄某某的想法，各有各的利益，各有各的追求。赌场也好，地下钱庄也好，都是在经营，而黄某某只是在还债，在这个过程中，他没有任何的经营行为。没有经营，也就不可能扰乱市场，没有扰乱市场，就不能构成非法经营罪。

二、关于内幕交易罪

1. 股票交易是鹏投公司的单位行为

公诉机关起诉认定黄某某购买中关村股票的行为构成内幕交易罪。在此我们暂且不论该行为是否构成犯罪,首先我们来看看这一行为究竟是黄某某个人行为还是单位行为。

我们都知道,单位行为与个人行为的本质区别在于意志和利益归属两个方面。基于单位的意志而为,并且行为所得利益归单位的就是单位行为。在本案中,作为鹏投公司的法定代表人,黄某某有权代表该公司做出一定的意思表示,从事一定的民事行为。因此,我们没有理由否定黄某某关于股票交易的意思表示就是该公司的意志体现。公诉人认为黄某某代表的是单位意志还是个人意志难以区分,我们认为,即便像公诉人说的那样两者之间难以区分,按照有利于被告人的刑事诉讼原则,也应该作单位意志的理解,何况从利益归属的角度上看,单位意志是非常明显的。我们看一看利益的归属如何。

我注意到,在是否为单位行为的问题上,控辩双方争议的焦点问题有二:一是买股票的钱是谁的;二是卖股票的钱去了哪里。

(1)钱的来源。

无论是周某某、曹某某等人的证言,还是鹏投公司通过国美公司换现金的书证,都表明了这样一个事实:打入79个股东账户的钱是从位于鹏润大厦21层鹏投公司的金库中拿出来的。公诉人认为,这些来自鹏投公司金库中的钱并不是鹏投公司的,理由是鹏投公司的账上没有记载。我们认为,判断一笔钱的所有权属有两个标准:一是凭证,二是占有。凭证上记载是谁的,它就是谁的;没有凭证记载,谁占有它,它就是谁的。在没有其他证据能够排除的情况下,100元钱,放在公诉人的口袋里,就是公诉人的;放在辩护人的口袋里,那就是辩护人的。这一点恐怕没有人会怀疑。账目的记载不是作为种类物的货币权属的唯一证明。账上有记载，钱是鹏投公司的，账上没有记载，钱也可能是鹏投公司的。现在有若干证据证明现金是鹏投公司拿支票换的，换来的现金放在了金库中，金库又是鹏投公司的。至此，完全可以认定这些现金就是鹏投公司的。

公诉人又强调，来自鹏投公司的钱只是一小部分，绝大部分的炒股资金是从香港来的，而香港来的钱是黄某某个人的钱。公诉人的这一论断与事实相悖。相关证据已经清楚地表明，来自香港的钱是由香港耀冠公司减持其在香港国美电器控股有限公司的股份而来，虽然耀冠公司是黄某某个人的全资公司，但作为一个独立的企业法人，其减持股份所得款毫无疑问是公司的法人财产，而绝不是黄某某的个人财产。

至此，我们应该客观地认定，本案中用于购买股票的钱来自鹏投公司及香港耀冠公司。

(2)钱的去向。

根据中国证监会“关于北京鹏润投资涉嫌‘中关村’股票内幕交易犯罪线索的移送函”中的记载，2007年9月，各股东账户的资金转入陈某某的账户，10月至11月，从陈某某账户转入杜某账户，2008年3月22日，从杜某账户转入鹏投公司民生银行账户，金额为23,500万元。周某某、曹某某证实：转回来的这些钱用于公司经营了。

公诉人认为，证监会的“移送函”只是其向公安机关的举报线索，不能作为认定股票款去向的证据。我们认为，“移送函”中明确表述了股东账户资金的流转过程，时间、金额、账户等都非常具体明确，这说明证监会依据的是相关的财务及银行凭证，绝非凭空杜撰。现侦查机关已将相关账目扣押，公诉人如果不能拿出相反证据否定“移送函”,就应该依据该函认定股票款的去向。

公诉人又认为,证人杜某曾证实23,500万元中有一部分是其用于理财的钱,因此不能认定此款全部是涉案股东账户资金。我们认为,杜某证言存在这样几个疑问:23,500万元中有多少是她自己的理财款?她的理财款来自哪里?为什么她会将自己的理财款转入鹏投公司?在这些疑问不能解决的情况下,其证言尚不足以认定23,500万元中有她的钱。退一步讲,即使其中有一部分款是杜某的,其余的款仍然是股东账户上的资金,仍然可以认定股票款最终回到了鹏投公司。

在不能否认买股票的钱来自鹏投公司和香港耀冠公司的情况下,公诉人质问辩护人本案中买卖股票的行为是哪个公司的行为。对此,辩护人的回答是:买股票的钱来自鹏投公司和香港耀冠公司,卖股票的钱回到了鹏投公司,且用于鹏投公司,因此应该认定本案中的股票交易是鹏投公司的行为。

2. 关于价格敏感期的认定

起诉书认为2007年8月13日至2008年5月7日为中关村收购鹏润地产股权这一内幕信息的价格敏感期,依据之一是公安部关于敏感期的认定意见及证监会的认同意见。我们认为,在价格敏感期的认定上,现行法律没有授权任何单位为鉴定机构。无论是公安部还是证监会,它们都不是敏感期的鉴定机关,这也就决定着它们所作出的认定意见仅仅是它们自己的一种观点,只能是法院定案的一种参考,不能直接作为定案的依据。对价格敏感期的认定还须人民法院根据具体情况作出判断。

那么,价格敏感期究竟应该从什么时间开始计算?

我们的理解是,有了内幕信息才有价格敏感期,如果内幕信息尚未形成,则不存在价格敏感期。因此,价格敏感期应该从内幕信息形成之日计算。那么,内幕信息又是从什么时间开始形成的呢?

根据《证券法》第62条、第69条的规定,对于尚未实施的意向性行为而言,内幕信息包括:公司的重大投资行为和重大的购置财产的决定;公司减资、合并、分立、解散及申请破产的决定;公司订立重要合同。从这里的"决定、订立合同"的文字表述中我们可以看出,内幕信息必须是上市公司内部已经决定了的事情。如果只是在酝酿、讨论中,尚未决定下来的事情,则不是内幕信息。酝酿讨论之时,内幕信息尚没有形成。

内幕信息是已经决定的事情,内幕信息的形成就应该始于上市公司对相关事项做出决定之日。

这里的逻辑关系是:价格敏感期始于内幕信息形成之日,内幕信息始于公司决定之日,价格敏感期始于"决定"之日。辩护人相信,这样的推理是成立的。本案中公安机关、证监会对第一个内幕信息(资产置换)的价格敏感期是从中关村与观韬律师事务所就代理资产置换事宜签订委托合同即决定资产置换之日起计算,而不是从资产置换这一想法尚在酝酿中、与观韬律师事务所的委托合同尚在起草中开始计算,似乎也说明了这样的逻辑。

那么,本案中的鹏润地产置入中关村是什么时间决定的呢?

公诉人认为,黄某某在2007年8月12日签署了一份文件(报告),该文件中写明了鹏润地产要进行"重组上市",这里的"重组上市"即指"地产置入中关村",此份文件表明鹏润地产在此时已经决定将旗下地产置入中关村。真的是这样吗?这里"重组上市"四个字真的就是指"地产置入"吗?我们向法庭提交的北京国美置业有限公司的一系列重组文件资料已经非常清楚地告诉我们,"重组上市"是先对鹏润地产内部进行重组,然后上市,具体的做法是对北京国美置业公司进行股权调整,将鹏润旗下的各地产项目整合到该公司名下,然后以某种方式上市。事实上,在2007年9月29日,北京国美置业完成了内部重组,2007年11月26日更名为北京鹏润地产控股有限公司。这就是"报告"中的"重组上市",与"地产置入中关村"完全是两回事。

2007年8月12日,黄某某签发"报告"的时候,还提出了重组后的公司未来上市的三种方案。周某某在2009年2月17日的证言中证实:"黄某某当时提了三个方向,分别是境外上市、国内A股独立上市,或者是借壳上市,一般的上市也就这三种情况,需要对鹏润地产的内部结构进行调整、重组和上市的方案匹配……"在这一时间,借壳上市还只是备选方案之一,至于借谁的壳更没有确定,中关村仅仅是在考虑之列而已。一切都在讨论、考虑、酝酿中,一切都还没有确定。对此,为鹏润提供中介服务的中国国际金融有限公司的杨某、王某证实得十分清楚,自中金公司2007年9月6日介入鹏润地产上市业务之后,各方一直在就鹏润地产以哪种方式上市进行论证、研究,在同年9月28日的中介机构见面会上,杜某某宣布将鹏润地产注入中关村,9月30日,鹏投公司才与中金公司签订"业务合作协议"。

由此可见,2007年8月12日黄某某签署这份文件时,关于鹏润地产置入中关村的事情还没有决定下来,最终的决定时间是2007年9月28日(中介机构见面会)。

公诉人认为,自2007年8月13日起,黄某某大量买进中关村股票,这一行为也表明此时黄某某已经决定将地产置入中关村。公诉人的这种推论是不周延的。是否买入股票有诸多参考因素,决定地产置入了可以买,未决定地产置入,只要大盘走势良好、资金充足也可以买,甚至大盘走势一般但企业具有发展的潜力仍然可以买。在逻辑上,决定地产置入者必然买入股票,买入股票者未必已经决定地产置入。在没有其他证据的情况下，仅凭大量买入股票，即判定黄某某已经决定地产置入是没有道理的。

地产置入是2007年9月28日决定的，相关的价格敏感期应该从这一时间开始计算。如是，此前买入的股票因不在价格敏感期内，就不是内幕交易。

3. 关于本罪的构成

《刑法》第180条的内幕交易罪是否以知情人员利用内幕信息买卖股票为构成要件？这是控辩双方争议的焦点问题。公诉人认为《刑法》第180条关于内幕交易罪的罪状描述中没有“利用”二字，因此，只要行为人是知情人员，在内幕信息期间购买股票即构成本罪，而不问是否利用内幕信息。从文字的表面上看，这种理解没有问题，但深入研究后，我们发现并非如此。

在罪状的描述上，尽管《刑法》第180条对内幕交易罪进行了一定的描述，但由于其中没有揭示“知情人员”“内幕信息”“内幕交易”等定罪所需要的概念，因此仍属于简单罪状。在简单罪状及空白罪状的情况下，不能仅凭罪状本身的文字表述对罪的构成作片面的机械的理解，而应该借助于相关法律法规全面把握本罪的构成要件。比如诈骗类的犯罪都要求行为人以非法占有为目的，但除了合同诈骗罪、贷款诈骗罪、集资诈骗罪外，刑法在其他各种诈骗犯罪的罪状中，都没有“以非法占有为目的”的表述，但我们不能因此就认为其他的诈骗犯罪不需行为人以非法占有为目的。可见，仅凭法律条文文字表述的本身判断罪的构成是远远不够的，否则就是望文生义。

在我们注意到的范围内，几乎所有的《刑法》条文释义中对内幕交易罪的解释均为“利用内幕信息买卖证券”，均明确本罪中的股票买卖是知情人员利用所掌握的内幕信息进行的。不仅刑法上有此学理解释，更重要的是《证券法》等相关证券方面的法律法规也都将内幕交易明确为是行为人利用内幕信息进行的行为。

《证券法》第73条在关于内幕交易的禁止上规定为:“禁止证券交易内幕信息的知情人和非法获取内幕信息的人利用内幕信息从事证券交易活动。”

《禁止证券欺诈行为暂行办法》第4条规定:“本办法所称内幕交易包括下列行为:(一)内幕人员利用内幕信息买卖证券或者根据内幕信息建议他人买卖证券……”

《上市公司信息披露管理办法》第4条规定:“在内幕信息依法披露前,任何知情人不得公开或者泄露该信息,不得利用该信息进行内幕交易。”

《关于规范上市公司信息披露及相关各方行为的通知》第3条规定:“……在上市公司股价敏感重大信息依法披露前,任何内幕信息知情人不得公开或泄露该信息,不得利用该信息进行内幕交易。”

《证券市场内幕交易行为认定指引(试行)》第20条规定:“有下列情形之一的,行为人的证券交易活动不构成内幕交易行为:(一)证券买卖行为与内幕信息无关……”

可见,内幕交易行为是指知情人利用内幕信息进行交易,如果行为人没有利用内幕信息买卖股票,而是基于对企业发展前景及对证券市场的判断分析进行买卖股票,则不是内幕交易。

证券法上要求内幕交易必须是“利用”,《刑法》上没有这样的表述,对此我们应如何看待?

从另一个角度分析,在所有的法律救济手段中,刑法是终极的,是最高层面的,只有当某一违法行为的社会危害程度严重到民法、行政法等法律不足以惩治的时候,才会由刑法来调整。可见,刑法救济的是严重的违法,其他法律救济的是轻微的违法。如果一个行为在相关的其他法律上不构成违法,在刑法上就一定不构成犯罪。比如说,税法上不认为是逃税的行为一定不是逃税罪,海关法上不认为是走私的行为一定不是走私罪。同样的道理,在证券法上,没有利用内幕信息买卖股票的行为不构成内幕交易,那么在刑法上该行为就不构成内幕交易罪。

“利用内幕信息进行证券交易”,是本罪行为的本质特征。没有“利用”,则不构成本罪,这是我们基本的辩护观点。

4. 黄某某及鹏投公司没有“利用”内幕信息进行股票交易

我们不否认黄某某是相关内幕信息的知情人,也不否认鹏投公司在相关信息未公开前进行过股票的交易,我们强调的是他们没有利用这些内幕信息。

任何一个知情人进行内幕交易都无外乎两个目的:一是获利,二是避损。利好的信息会带来股价的上扬,利空的信息则会导致股价的下跌。根据这一规律,任何一个思维健全的人,如果是为了获利,一定是在利好的内幕信息尚未公布之前买入股票,待该信息公布后股价上扬时卖出股票,从而获利;如果是为了避损,一定是在利空的内幕信息尚未公布前卖出股票,以避免公布后股价下跌造成损失。本案中的资产置换和地产置入两个信息对中关村公司来说无疑都是利好信息,这一信息一经公布,将可能使股价上涨。这一点,黄某某十分清楚。因此,如果黄某某要利用这两个利好信息买卖股票从中获利的话,他一定是在信息未公布的时候,即在价格敏感期内买入股票,并且一定会在信息公布后股价上涨的时候卖出股票。如果他不这样做,我们就有理由认为他不是在利用该等内幕信息。那么,黄某某是如何操作股票的呢?根据侦查机关提供的各股东账户交易情况,我们统计出这样一组数据:

第一个敏感期共买入中关村股票 9,764,936 股,其中在该敏感期内以低于买入价卖出 972,600 股,亏损 408,492 元;在信息公布后

(第二个敏感期内)低价卖出137,700股,亏损564,866元,高价卖出5,082,552股,盈利2,116,848元;剩余3,572,084股一直持有到案发。

第二个敏感期共买入股票104,071,167股,在该敏感其内低价卖出803,800股,亏损1,200,244元;高价卖出41,944,652股,盈利82,211,517元;剩余61,322,715股一直持有到案发。

概括起来看,本案所涉股票的操作有四种情况:一是敏感期内卖出;二是信息公布后低价卖出;三是信息公布后(第二个敏感期内)高价卖出;四是一直持有。

第一种情况(敏感期内卖出),由于内幕信息还没有公布,无论股价是涨是跌,完全是市场因素所致,均与内幕信息无关,黄某某在此时卖出股票而没有等到信息公布后股价上扬再卖出股票,这说明他不是要利用内幕信息。

第二种情况(信息公布后低价卖出),内幕信息公布后,中关村股价确实有所上涨,但是黄某某却没有在股价上涨的时候卖出股票获利,而是在涨期过后股票下跌的情况下卖出股票,这说明他不是要利用内幕信息。

第三种情况(一直持有57%),两个内幕信息相继公布后,股价几经上扬,黄某某完全可以在这几个上扬之中卖出股票获利,但是他没有这样做,他没有趁机获利,而是一直持有,这说明他不是要利用内幕信息。

第四种情况(信息公布后高价卖出),此种敏感期内低价买入,信息公布后高价卖出的情况,看上去似乎符合利用内幕信息交易获利的特征。但值得注意的是,此卖出股票之时恰好是在第二个敏感期内,如果黄某某要利用内幕信息获利,他完全可以再等一等,等到第二个内幕信息公布后,股价更加上涨的时候卖出股票,以求更高的利润。但他没有等,这似乎也说明他不是要利用这些内幕信息。在这种情况下,认定他利用内幕信息,进而认定内幕交易的理由并不充分。

辩护人认为,黄某某的前述行为表明他没有利用内幕信息(至少在第一、二、四种情况下,他没有利用内幕信息进行股票交易)。这也表明他买中关村的股票是基于对企业未来发展前景的判断,意在长期持有而非短线炒作。

综上,本案中的股票交易是鹏投公司的单位行为,该公司买入股票后一直持有及敏感期内卖出股票、信息公布后低价卖出股票的行为均不是利用内幕信息而为,因此不构成内幕交易罪。

三、关于单位行贿罪

1. 鹏某公司的行为不构成单位行贿罪

我们不否认在公安机关调查鹏某公司贷款的事情上,鹏某公司给了相某某100万元。但我们要请法庭注意的是,在整个过程中,鹏某公司并没有谋取任何不当利益。关于为什么要给相某某送钱,黄某某的说法是“相在我们的事情上非常关心,给予我们关照,尽可能减少对企业的不利影响,我非常感谢他”。在查办案件中,尤其是涉及上市公司的案件中,尽量减少对企业不必要的负面影响是侦查机关的一项义务,本来就应该这么做,黄某某的这一请求并无不当。

即使是按照相某某的说法,黄某某的请托事项也只是“在积极配合的前提下,不采取强制措施”。那么,黄某某请求不采取强制措施是不是“谋取不正当利益”呢?同样不是。在刑事诉讼中,对于涉嫌犯罪轻微,嫌疑人积极配合,不存在逃逸可能的案件,多数情况下都不对嫌疑人采取强制措施。鹏某公司贷款案件中,鹏某公司只是将房屋卖给了冯某,并依据合同配合冯某办理贷款,具体实施贷款行为的是冯某,即使冯的行为构成了犯罪,恐怕也和鹏某公司无关,何况在冯某未到案的情况下,鹏某公司主动还贷,积极避免银行损失。在这种情况下,案件的本身就不具备对黄某某采取强制措施的条件。换句话说,本来就不应该对黄采取强制措施,那么黄即使提出了这样的请求,也不是"谋取不当利益"。

经过公安机关、检察机关的侦查和审查,此案最终做无罪撤案处理。如果黄某某当初被采取了强制措施,势必出现错拘错捕,势必产生国家赔偿。可见,黄某某的这一请求客观上避免了一起错案的发生,那么,又何谈"谋取不正当利益"呢?

公诉人认为,鹏某公司约请办案人员私下见面并宴请的行为违反相关规定,是谋取不正当利益。对此,我们请公诉人注意两个问题:第一,根据"两高"《关于在办理受贿犯罪大要案的同时要严肃查处严重行贿犯罪分子的通知》的规定,谋取不正当利益是指谋取违反法律、法规、国家政策和国务院各部门规章规定的利益,以及要求国家工作人员或者有关单位提供违反法律、法规、国家政策和国务院各部门规章规定的帮助或者方便条件。也就是说,行为人谋取的是某种具体的利益,或者是帮助,或者是方便条件。无论是哪种,都不是指"约见"或"宴请",见面也好,吃饭也好,都不属于"不正当利益"。第二,从因果关系上说,行贿人的行贿与其请托事项是有关联的,之所以行贿,是因为受贿人满足了或将满足其某种请托。按照公诉人的说法,鹏某公司约见办案人员即为谋取不正当利益,那么鹏某公司给相某某送钱就应该是因为相的赴约或与之吃上一顿饭。事实显然不是这样。鹏某公司给相某某送钱绝不是因为相的赴约,而是基于对相在查办贷款案件中能够实事求是依法撤销案件,没有给企业造成负面影响的感谢。行贿与约见没有关系,不能以约见认定行贿。

综上,我们认为,鹏某公司没有谋取任何不正当利益,其送给相某某100万元的行为不构成单位行贿罪。

2. 国美公司送给靳某某120万元现金是因靳的索贿而为

许某在侦查阶段供述："靳某某把卡(30万元)收下后，显得很不高兴，说所有的人都是他介绍的，给的钱都应该由他处理，至少也应该有两三百万元去答谢。"黄某某在侦查阶段及今天法庭上均印证了许的供述。对此，公诉认为靳只是不满意，不是索贿。靳某某是公安局经侦处的人，与税务机关查办国美公司税案的人关系密切，将来还有可能经手此案。国美公司是被查办的单位，可以说靳某某掌握着国美公司的命运。在这种情况下，靳的一个不满意表情都足以使国美公司心中生畏进而唯命是从，何况靳某某的话说得又是如此地清楚，不仅告诉国美公司给钱要通过他，而且要两三百万元。

靳某某是在索贿，对这个问题控辩双方应该达成共识，法庭应予认定。

审判长、审判员，黄某某是否实施了换汇？在境内以人民币还境外之债的行为是否构成非法经营罪？利用内幕信息是否为内幕交易罪的构成要件？价格敏感期从何时起算？这一系列问题都是本案关键性的问题，都是关乎被告人黄某某人身自由的问题，也都是值得作深入研究的问题。我们希望法庭能认真听取并采纳辩护人的意见，给黄某某一个客观公正的裁判。

我们还注意到，起诉书中并没有认定单位行贿罪中的自首，但经过庭前示证后，公诉人在今天的法庭上明确认定自首的成立，在此，我们代表黄某某对公诉人这种实事求是的工作作风表示衷心的感谢！

辩护人：

北京市京都律师事务所律师　田文昌　杨照东

二〇一〇年四月二十二日

补充辩护词(第二轮)

根据控辩双方争议的焦点问题,简单补充以下几点意见:

关于本案的基本事实,前面已经说过,没有太大的争议,看来控辩双方主要的争议焦点还是对于具体的犯罪构成条件的认识不同。这种分歧,可能基于控辩双方的角度不同,也可能由于控辩双方对某一法律规定的理解有较大的差异。但无论如何,我想针对公诉人刚才谈到的几个重点主要问题再做一些进一步的分析,这样做,希望有助于法庭对本案做出一个正确的认定,也有助于维护我们司法的公正性。我只重点谈几个方面的问题。

一、关于非法经营罪

概括一下,刚才公诉人的观点主要包括以下几个方面。

公诉人第一点谈到,伍某某的证言的出现,导致了本案事实的变化。辩护人认为这种观点不准确。事实上,并不仅仅是伍某某的证言,关于换汇的情况,在法庭调查当中已经提到的很多证人证言都表达得很明确。如郑某微的证言明确讲到了"接单"。"接单"是什么意思?很明显,在深圳"接单"的概念非常清楚。

公诉人的第二个观点是郑某微的笔录中提到了伍某某,所以,就说明是为伍某某换汇。辩护人认为,提到伍某某并不见得就是为伍某某换汇,只能说明此事与伍某某有关系。"接单"就不是这样,"接单"就是"接受这个单",就是"接受"。这个问题应该搞清楚。

那么这个行为性质应当如何认定?首先,要搞清楚的一个非常关键的问题,就是谁换的汇,到底是黄某某换的汇,还是其他人换汇,或者赌场等其他的公司换的汇。其他人谁换汇,这个问题我们先不必关注,本案关注的焦点应当是被告人黄某某是不是亲自换汇或者参与了换汇。刚才公诉人也提到的一个事实前提是,赌场是用港元结算。辩护人强调,用港元结算是事实,但这一事实并不必然等于赌客必须交付港元,并不等于赌客必须将人民币换成港元才能交赌债。这个事实在法庭调查中已经查明,为了收债,赌场也有变通方式,赌场可以接收人民币。“接单”就是这样一种行为,“接单”行为的存在,就是这一事实存在的最明确的证据。赌场可以派人在深圳“接单”,这就意味着赌场可以收人民币。辩护人从来没有否定过赌场是用港元结算,今天的法庭上也没有发表过赌场有公开规定可以用人民币和港元两种币种结算的观点,但这并不排除赌场可以接受人民币的实际做法。

公诉人的第三个观点,是关于伍某某和黄某某的关系问题,认为伍某某只是黄的一个代表、代理,不能做黄某某的主,所以,黄某某说他是按照伍某某的告知去汇款的说法不可靠。辩护人认为,公诉人的这种理解是不正确的。伍某某与黄某某的关系不是谁做谁的主的问题,而是基于一种代理关系所产生的行为。比如,伍某某可以代表黄某某去算账,还可以代表黄某某在赌场下注,黄某某可以电话指示伍某某下注。至于下注之后,赢了输了?赢多少输多少?赌场是先告知黄某某呢,还是只能先告知伍某某呢?伍某某还证明了,在赌场里就是以伍某某本人的名义在赌,因为黄某某是公知人员,赌场知道伍某某代表黄某某,但是并不出现黄某某的名字,出现的是伍某某的名字。所以,从形式上看,赌场只能跟伍某某算账,通过伍某某来找黄某某还债,因为赌场知道伍某某后面真正的债务人是黄某某。这一事实是清楚的。在这种情况下,伍某某把赌场告知他的欠债的数额通报给黄某某,这谈不上谁做谁的主的问题。除非黄某某不相信伍某某,那他可以到赌场去查实。只要他相信了伍某某报的数,他就按照伍某某告知的数去还债,这是很正常的。而且因为他已经跟赌场之间建立了一种信任关系,据了解,赌场给了他大概三亿元的额度,欠债达到三亿元以上才会催还赌债。这些都是赌场里面惯用的通行的做法。所以,黄某某与伍某某的关系到底是什么样的,这要看伍某某证言里是怎么说的,而不是凭推断。

公诉人的第四个观点,是关于手续费,认为只要黄知道有手续费,就应当知道是非法换汇,就是犯罪。这种结论也不能成立,因为手续费有各种各样的情节,有各种各样的解释。用人民币还赌债,违反了用港元结算赌债的要求,付出代价,即支付手续费,很正常。至于代价怎么付,付多少,以何种形式付,黄某某不知道,也没有必要知道,他只要按照告知他的总数给钱就可以。所以,不管黄某某是知道还是不知道有没有代价,多少代价,是叫"手续费",还是叫"差价"、"管理费"或者其他种种名目,都不重要。关键问题还是谁在换汇?如前所述,有很多证据证明,不是黄某某在换汇,而是赌场派人到深圳"接单",黄某某的钱汇到了赌场在深圳指定的账户就已经偿还了赌债。这是问题的根本所在,请法庭予以高度重视。

接下来,本案涉及一个更深层次的问题是:换汇是不是一定有罪。

公诉人引证了一些法律规定,并理解为只要是在指定交易场所之外的场所换汇的,就是犯罪。辩护人认为公诉人对法律规定的理解未必全面、准确。对换汇行为是否构成犯罪,全国人大常委会1998年12月29日颁布的《关于惩治骗购外汇、逃汇和非法买卖外汇犯罪的决定》第4条规定:"在国家规定的交易场所以外非法买卖外汇,扰乱市场秩序,情节严重的,依照刑法第二百二十五条的规定定罪处罚。"如果我们仔细地分析一下这个规定,就不像公诉人认为的那样简单了。

依照《刑法》第225条的规定,在国家规定的交易场所以外换汇是否构成犯罪要具备两个条件,一是扰乱市场秩序;二是情节严重。我们首先是说黄某某并没有换汇,那么,如果退一步,假定黄某某知道换汇、参与换汇,是不是就一定构成犯罪呢?

首先要明确,换汇的人和经营换汇的人是完全不同的两类人,是两种主体。如果是经营换汇的人,如地下钱庄,毫无疑问,是犯罪主体,因为他是在扰乱市场秩序并且情节严重。但是对于换汇自用的人,能不能将其看作扰乱市场秩序的主体?毫无疑义,他违反了金融法规定,扰乱了金融秩序,但这是不是扰乱市场秩序呢?再退一步讲,即使可以算是扰乱市场秩序,能不能说是情节严重呢?道理很简单,比如一个非法经营的店铺,他是非法的或称为黑店,扰乱了市场秩序。但是能不能把到这个店里来买东西的顾客也统统抓起来,当作犯罪来处理呢?能不能都视为扰乱市场秩序,情节严重的行为?这个问题很值得研究。虽然法律规定把换汇中存在的问题纳入非法经营罪之中,但是毕竟罪名是称之为"非法经营罪","非法经营"是一个商业性的行为,而换汇自用者既不经营也不盈利,有没有商业性?能不能把它归结为经营行为呢?辩护人认为,这个界限应当划分清楚,换汇自用与买卖外汇谋利,两者不能混为一谈。

对此,公诉人谈到了一个标准的问题,即有规定数额达到 20 万美元就是非法经营。这个标准没有错,但是辩护人想强调的是,这样理解是不是片面呢?为什么这样讲,因为法律规定的非法经营达到 20 万美元或获利达到 5 万元人民币,这个标准所针对的是倒卖外汇的行为。否则,就不必包含有获利的数额。针对倒卖获利的行为并不等于包括换汇自用的行为。重要的是,对换汇自用者定罪科刑,打击面过宽,也是不符合刑法原则的。

所以,辩护人想要强调的是,即使被告人被认定有私自换汇的行为,或者明知道别人帮他换汇了,也并不必然能够按照《刑法》第 225 条非法经营罪追究其责任。因为他不是地下钱庄的经营者,不是倒卖外汇的非法经营者。这一点非常重要,希望法庭能够予以重视。

更何况,事实上黄某某并没有实施换汇行为。

二、关于内幕交易罪

重点谈两个核心问题。

(一)是单位行为还是个人行为

首先,强调几个问题。

1.关于证监会函的效力问题。公诉人以证监会的函来证明其指控观点,即关于信息敏感期的确定是以该函为依据的。那么,在资金性质这个问题上,证监会的函为什么就不能作为有利于被告人的证据呢?(在该函中明确表述有两亿多元资金回到了鹏投公司)对于同一个文件的效力难道可以采用双重标准吗?

2.关于炒股的钱返回公司的问题。公诉人说,是"还回公司了",因为黄某某个人供述过钱"还回公司了"。所以,可以解释为黄某某个人借款炒股。但是辩护人要强调的是,"还回公司"并不等于就是个人借款,从财务角度上说,公款公用也是可以借支的。

3.关于行为主体究竟是哪个公司。这个问题其实辩护人在第一轮法庭辩论和法庭调查当中都已经说得很清楚了,是鹏投公司,有一部分钱是从鹏投公司出的,更多的是后来又回到鹏投公司。这不是辩护人的推测,是有证据证明的事实。公诉人也承认有一部分钱进到了鹏投公司,但是认为数量少。这个逻辑很有意思。数量少,至少证明是有。关于内幕交易行为,控辩双方都一致认为它不是两个主体,不是既有公司又有个人,而是或者是公司,或者是个人,二者必居其一。既然是这样,能不能认为回到公司的钱少了,就认为不是公司行为呢?显然不能。实际上只是有相当一部分钱还没有回到鹏投公司账上。众所周知,因为这种操作方式,是利用个人名义来炒股,为了规避有关部门的监察,这是在证券市场所通行惯用的一种违规操作的方式。而且用于炒股的资金是处于运作的过程之中的,不可能一下子统统回笼。那么,既然公诉人承认有一部分钱回到了鹏投公司,就更没有理由来否定这是属于公司的行为。

这里还要澄清一个基本事实,公诉人说这些资金是案发以后回笼的。需要说明的是,事实是我们所说的这些情况并不是在案发以后,而就是指在案发前回到鹏投公司的资金。

接下来我们再进一步分析一下双方对此问题争议的原因是什么。辩护人认为,公诉人之所以将炒股资金定位为个人资金,这种认识是源于混淆了公司资产和个人资产两者之间的界限。比如,关于公司保险柜的属性,到底是什么?公诉人一再强调,它只是一种保管作用,并做了举例说明,说开庭前保管在法庭的手机还是属于我们个人的。辩护人认为,这是个不恰当的例子。临时的寄放和把钱放到公司的保险柜里,不是一个概念。寄存是有前提的,是要有依据的。而放在公司保险柜里的钱,如果要否定是公司的财产,就产生一个举证责任的问题,就要证明是寄存的才行。这就好比在任何一个家庭的保险柜里的钱,如果说不是他家的,谁应当承担举证责任呢?如果按照公诉人的逻辑,任何人家里的钱都需要证明是他自己的,否则就不是他自己的,而是别人的,这不是举证责任的颠倒吗?既然两个多亿元的资金绕了几个圈之后都回到了鹏投公司的保险柜了,怎么能够轻易地否定这是公司行为呢?关于这笔资金的操作,程序是公开的,很多公司员工都参与了,钱放到保险柜里也是公开的,并且是经过财务部门放到保险柜里的。个人的钱还用经过公司的财务吗?

公诉人提出,公司就是黄某某的,黄是最大的股东,所以公司与黄某某是一回事。这就提出了一个问题:公司财产与个人财产究竟应当如何界定?依照公司法的规定,无论对于什么性质的公司来讲,公司财产与个人财产都是不能混淆的两个概念。所以,无论黄某某在公司有多少股份、有多大权力,公司财产毕竟不是他自己的个人财产,性质是不一样的,二者不能混淆。这点非常重要。

(二)关于对利用内幕信息的理解问题

关于“利用内幕信息”是不是内幕交易罪的必备条件,公诉人讲到学理解释只能是学理解释,并没有法律效力。这个观点辩护人赞同。那么,现在我们抛开学理解释,来看看法律条文的规定。

关于此项规定,辩护人查询到的相关规定至少有四个。

《证券法》第73条规定:“禁止证券交易内幕信息的知情人和非法获取内幕信息的人利用内幕信息从事证券交易活动。”

《禁止证券欺诈行为暂行办法》第4条规定:“本办法所称内幕交易包括下列行为:(一)内幕人员利用内幕信息买卖证券或者根据内幕信息建议他人买卖证券;(二)内幕人员向他人泄露内幕信息,使他人利用该信息进行内幕交易……”

《上市公司信息披露管理办法》第4条规定:“在内幕信息依法披露前,任何知情人不得公开或者泄露该信息,不得利用该信息进行内幕交易。”

《关于规范上市公司信息披露及相关各方行为的通知》第3条规定:“……在上市公司股价敏感重大信息依法披露前,任何内幕信息知情人不得公开或者泄露该信息,不得利用该信息进行内幕交易。”

上述规定已经很充分地体现了法律关于利用内幕信息的规定。刑法对于这种证券、金融等专业领域的犯罪采取的是一种简单的描述方式,具体的理解要结合相关的法律法规。这样的规定刚才辩护人已经列举了四个,这就不仅仅是学理解释了。如果学理解释能够和法律规定相一致,那么它也就是有法律依据的。

(三)有没有利用内幕信息

关于黄某某在股票交易中究竟有没有利用内幕信息,控辩双方也有争议,现在我们抛开被告人的供述,仅从本案的其他证据事实来加以分析。第一轮法庭辩论中辩护人列举了当时买卖股票的五种表现形式,用来说明黄在敏感期内炒股是没有赚钱的,或者是长期持有的。公诉人认为,不能以结果论,不能说是炒亏了就是没有利用内幕信息。这里,公诉人曲解了辩护人的意思。辩护人并不是要以结果论,而是要以结果来分析行为的动机。我们看到,这个亏损的结果与黄某某自己说的他是利用这个期间来调仓,来调动资金的说法是相印证的,他本来就没想以此获取利益,而只是为了达到他自己的另外的目的,而实施了炒股的行为。黄某某自己也无奈地说,"是巧合吧",是在这个期间做了另外的一件事而已。所以,黄某某本人的陈述,交易的具体方式以及交易的最终结果,可以相互印证地一致表明,黄某某并没有利用内幕信息交易股票。这一点,是无法予以否认的。

(四)关于敏感期的认定问题

如何理解内幕信息的"开始形成",这是控辩双方争议的焦点之一。公诉人提到,"开始形成"应该是指"开始讨论",是一个过程。辩护人强调,"形成"是一种抉择,是个结论,而绝不仅仅是一个过程。"开始形成"既不等于"开始讨论",也不等于"开始商议",更不等于开始了"过程",这几个概念不能混淆。事实上,在商议中提到有三种方案,既然是三种方案就不是一个结论。辩护人提出一个法规中表述的"开始形成"是指形成了一个"决定",公诉人也提出一个法规中表述的"开始形成"是指"形成了一个方案"。即便是按照公诉人的说法,那么,如果是多种方案,能称之为是形成决策的方案吗?我们说,如果是仅有一种方案,或许可以等同于决定。可现在的前提是,这件事在8月10日至9月28日,讨论的一直是三种方案,一直到9月28日才公布了最终方案。所以,决策形成之日,也就不能定在9月28日之前。虽然在9月28日之前搞不清楚到底是在哪一天形成的决策,有一个多月的时间一直是在讨论三种方案,也可能在这个讨论的过程中的某一天形成了一个方案,但是,既然现在没有任何证据能够证实到底是哪一天形成的,那么,按照有利于被告的原则,这个时间点就只能推后而不能移前,否则就是不利于被告的有罪推定原则了。

关于证监会的函对敏感期认定的效力问题。第一,证监会的函不是法定的证据,没有必须采信的依据。况且,即使是司法鉴定结论也不是必须要被采信的,同样要经过法庭质证得到法庭的认可,而且还可以提出复验、复检。第二,要弄清证监会出函的依据是什么?辩护人认为,在侦查阶段证监会出函依据的基础是不准确的。辩护人在开庭前几天向法庭提交了几份证据,这些原始书证显示了当时讨论中有三种方案的存在,而当时证监会出函的时候,还不知道有着这三种方案。既然得出结论的依据发生了变化,那么结论的正确性就更无从谈起了。

三、关于行贿罪

关于对不正当利益的解释,公诉人谈到一个非常重要的观点:"认定不正当利益不能以结果来倒推。"辩护人希望公诉人考虑一下这个观点,并且向法庭指出这个观点是错误的。辩护人认为,认定不正当利益,必须倒推,而且只能倒推,这是毫无疑义的问题。如果不倒推,利益是否正当就没有标准了。利益指向的是一种结果,没有结果怎么能知道利益是否正当?很多情况下,有很多正当合理的要求因为通过正当合理的方式无法达到,所以只有委曲求全,通过给人家送礼的方式才能实现正当要求。正因为实践中有大量的这种现象的存在,立法时才在行贿罪构成要件中要求必须要以谋取不正当利益为前提。

公诉人提出法律解释中还存在实体性的不正当利益和程序性的不正当利益,这个概念没错,但是公诉人举例认为,请出来吃饭,也是取得了程序性的违法利益，这种说法恐怕既不严谨也不正确。司法解释中所指的程序性不正当利益是指对法律规定程序的违反，例如，违反正当程序的司法活动，违反正当程序的拍卖活动等，请求并获得这种违法程序本身也是不正当利益。但这种情况与请客吃饭显然不能相提并论，更不要说，为了正当利益而送钱都不是犯罪，吃个饭怎么能是犯罪呢？

结合本案的具体情况，在审查鹏投公司贷款诈骗罪的问题上，鹏投公司所谋取的利益是否正当，与其能否构成犯罪的结果是密切相关的。实践中，很多情况下有可能当事人开始追求的目标并不明确，他也许并不完全清楚所追求的利益是否正当。所以，这时候只能以结果来认定利益的性质。而本案中，不仅这个罪名已经撤案了，而且在实体上看，也确实根本不可能构成贷款诈骗罪。鹏投公司只是作为担保方，而且已经还了钱，从任何角度分析都不构成贷款诈骗罪。既然贷款诈骗罪不能构成，那么就肯定不存在不正当利益的问题，因为已经查清没有罪了，说明他们所请求帮助获得的利益也是正当的。辩护人认为，对不正当利益的问题千万不能做任意解释，一定要有法律依据。

关于索贿问题，对此辩护人只想强调一点，如果说靳某某那么明确地表示还不算索贿的话，那么只有强行去抢才能构成索贿了。作为权力者一方，只要有了索要的表示，就是索贿，这一点应当是没有争议的。

谢谢法庭！

辩护人：

北京市京都律师事务所律师　田文昌

二〇一〇年四月二十二日

审理结果

北京市第二中级人民法院认定黄某某犯非法经营罪,判处有期徒刑 8 年;犯内幕交易、泄露内幕信息罪,判处有期徒刑 9 年;犯单位行贿罪,判处有期徒刑 2 年;合并执行 14 年,并处罚金人民币 6 亿元,没收个人财产人民币 2 亿元。

陈某某被控受贿罪案

案情简介

陈某某原任深圳市宝安区石岩街道办的副主任，主管城建工作。

起诉书指控，陈某某在任期间，利用工作便利，通过要求工作人员在石岩街道市政工程招投标时仅通知其指定的一家承包商，然后采取围标方式，使指定承包商中标的方式，擅自决定将石岩街道的市政工程发包给指定的承包商黄某文、汤某某、庄某某、张某某、黄某某、刘某某、廖某某、张某凯八人承包。因此先后收取该八名承包商的感谢费，共计65笔，合人民币369万元、20万港元。

为了证明指控事实，办案机关对八名行贿人进行了多次讯问，八名行贿人均详细地交代了从2006年至2009年每一笔行贿的具体时间、地点、项目名称、行贿动机、数额、情节、行贿目的等内容。被告人陈某某的讯问笔录中也有相应供述。

供证相互对应，具体到每一笔行受贿事实，看似严丝合缝、无懈可击。但在律师会见陈某某的时候，陈明确地表示，这些所谓的行贿人和行贿数额都是不真实的，他并没有受贿。在侦查阶段的多次有罪供述,是因为办案机关刑讯逼供、不让睡觉,引诱、欺骗下所形成。办案人员告诉他只要编造一些事实,就可以出去陪他儿子高考,有罪供述是在此情况下作出的不真实的供述。

辩护思路

正如案情简介中所述,本案行受贿双方的供证十分具体,65 笔送钱的事实,一一描述,相互对应。我们都知道,行受贿案件,因为具有高度的隐秘性,通常是依靠行受贿人双方的供证来认定犯罪,其他旁证很少。本案中,乍一看,行受贿人的供证完全对应,很难找到突破点,辩护空间十分有限。

律师到看守所会见被告人陈某某时,陈某某非常坚定地向律师表示,他的供述都是不真实的,并具体描述了他在侦查阶段做出的有罪供述,是在监所外提审,6 天 5 夜不让睡觉,在非正常环境下被连续审讯,并且拿他即将高考的孩子来欺骗他的情况下作出的。

根据会见时陈某某反映的情况,承办律师仔细分析了案卷材料,发现被告人陈某某的有罪供述确实是在监所外提审时作出的,印证了陈某某所言刑讯逼供、诱供、骗供事实确有属实的可能性,陈某某的有罪供述极有可能是不真实的。为了进一步论证陈某某供述的不真实性,承办律师将全部案卷材料拆分重组,对每一份笔录的形成时间和地点进行分析,对每一个人的多份笔录的变化矛盾进行分析,对每一份笔录所涉及的客观事实进行核对,对行贿人和受贿人对同一事实的陈述进行比对,并制作了多份比对表格,结果从细微处发现了本案指控证据存在的诸多重大瑕疵。具体体现在以下几个方面:

第一,辩护人发现,起诉书指控的有一些所谓的谋取利益的事项,行贿人说向被告人行贿是为了让他帮忙获得一些工程项目,但是这些工程项目是否存在却没有任何证据能够证明。

第二,通过列表比对,辩护人发现行贿人所陈述的行贿时间与行贿目的与实际工程发生时间有矛盾。比如,行贿人供称,由于拿到了某个工程,出于感激的目的,给了被告人酬谢。但相关书证证明,实际工程发生的时间远远晚于行贿的时间,有的甚至相差两年之久,出于事后感激而酬谢的说法显然与客观事实相矛盾,证明证言内容的虚假。

第三,证人证言的前后自相矛盾和相互矛盾。

第四,证人证言与客观事实的矛盾。

第五,被告人供述与证人证言之间的矛盾。

第六,被告人供述与证人证言之间从相互矛盾到高度一致的变化过程,高度一致到连错别字、标点符号都一模一样。

第七,行贿数额与工程利润的矛盾。为了证明这一矛盾,律师进行了积极的调查取证,证明:按照通常的市场行情来看,一般工程的利润点数有多少。那么,按照通常的利润计算,指控的行贿数额远远高于利润数额,不符合常理和逻辑。

第八,笔录的时间与笔录内容的矛盾。为了证明这一矛盾,辩护人进行了实验,找若干的人按照正常语速朗读笔录或者向电脑打字输入笔录,发现在笔录记载的时间内根本不可能完成那么多内容字数的笔录。

以上矛盾基本都是在控方卷宗里找出来的,以其人之矛攻其人之盾,通过对笔录的认真、细致、不厌其烦的阅读、摘录、比对、重组,辩护思路确实有从“山穷水尽”到“柳暗花明”的感觉。

此案虽然最终仍然做出了有罪判决,但阅卷的方式和技巧具有参考价值。其最重要的提示是,不要轻易放弃在案卷中发现问题的努力。

辩护词(一审)

审判长、审判员:

北京市京都律师事务所田文昌律师、徐莹律师接受被告人陈某某家属委托,担任陈某某的辩护人。庭前,辩护人认真全面地阅读了案卷材料,进行了必要的调查取证。现根据本案事实,依据法律规定,发表辩护意见如下:

在对本案指控的事实是否构成犯罪进行论证之前,辩护人首先对起诉书涉及的基本事实提出几点质疑:

第一,指控的部分工程项目没有证据证明其存在。

起诉书指控被告人接受行贿,而利用职权给予行贿人接收工程中的照顾,有关工程项目的证据主要是卷三、卷四中涉及工程项目的书证。但辩护人经过对卷宗中工程项目书证和起诉书指控工程项目进行逐项比对,发现起诉书中指控的某些工程项目在起诉卷宗中无法找到对应项(详见附表一)。也就是说,没有证据可以证明起诉指控的工程项目存在。这让辩护人感到很困惑,如果连工程项目都不存在,那么指控被告人受贿进而在工程项目中为他人谋利的依据何在呢? 皮之不存,毛将焉附?

第二,起诉书指控被告人接受贿赂的时间与行贿人实际接收工程的时间存在明显的冲突(详见附表二)。

从起诉书的指控看,对于行贿人汤某某、庄某某、刘某某、张某某、黄某某等,指控他们的行贿时间均在他们接收工程之前。而值得我们关注的是,这些人在他们在笔录中都说,是做了工程后为了感激而给钱。如刘某某,书证显示他是2008年8月接下的第一个工程,而起诉书指控他“2006年下半年的一天”就开始行贿,并且不止一笔,而刘某某在笔录中说得很清楚:送钱是为了感谢给他工程做。这样的矛盾如何解释？行贿人所称的做了工程后为了感激而给钱的行为，居然早于工程半年、一年甚至两年前就发生了。这样的矛盾如何解释？一般情况下，权钱交易的顺序并不影响构成贿赂犯罪，先给钱与后给钱并不重要。但本案的情况却不同，因为本案中多笔行贿的动机都是十分清楚地说明是为了事后感激才送钱，因果顺序非常明确。正确的逻辑思维应该是：若行贿人为了获取工程项目而行贿，在这种逻辑关系之下，行贿时间才可能早于接收工程之前。而为了感激给他工程做，给钱的时间只可能在接收工程之后。时间不能倒置，因果不能倒置，这样的供证真实性何在？这样的指控能不能成立呢？这是第二个质疑。

第三，在起诉书指控的收钱时间中，有些时候被告人不在现场。

起诉书指控的行贿事实中，有几笔指控收钱的时间，都说是在春节的前一天，而被告人当时根本不在深圳，如何能在深圳收受贿赂？（庄某某第15笔，张某某第2笔，张某某第8笔，黄某某第8笔）。

法庭调查中针对辩护人的质疑，公诉人解释说，不是春节前一天，而是春节前的一天。辩护人提请法庭注意，对这个问题我们不能够把它变成一种文字逻辑游戏，而应当按照通常的表达方式来理解。如果说是春节前的一天，能不能提前到一年去，2008年1月1日也可以说成是2009年春节前的一天，语言习惯有没有这样表达的？特别是我们在法律上能不能用这样一个模糊的表述来指控一个人犯罪？辩护人提交的证据，证明被告人在春节前的四天、五天，甚至更长时间都不在深圳，难道这还是前的一天吗？那么公诉人所说的“春节前的一天”到底是哪一天呢？这样的表述难道不能令人生疑吗？辩护人没有理由质疑吗？这样的证据还有多少可靠性呢？

第四，起诉书表述的收钱情节没有证据证实。

起诉书表述共有65笔行贿行为，每一次陈某某都是“当场收下了”。而事实上,在卷宗中,大部分的供证笔录里,行贿人和受贿人双方都没有说到当场收下,甚至有一些,行贿人说被告人当场表达“他还说不要”(汤某某第4笔),或者被告人供述是借款并且已经归还(黄某文第10笔)。那么,起诉书表述的65笔受贿均“当场收下了”的依据又在哪里?

第五,起诉书指控的65笔具体行受贿事实,除了6笔有具体工程项目相互对应之外,其余59笔均没有具体工程项目可以相互对应,无法体现受贿与谋取利益的对应关系。

辩护人首先指出起诉书表述内容中的这几个明显的错误,是希望提请法庭也提请控方注意并重视到这个问题。起诉书代表了控方指控被告人犯罪的最核心的观点,起诉书的每一个事实、每一个表述、每一句话都要有充分的证据作为依据。起诉书表述中存在这样多的问题,体现出控方对本案指控的证据并没有达到确实、充分的程度。那么,在这样的基础之上提出指控,辩护人认为至少是不够慎重的,是对案件、对当事人的不负责任,更是对法律的不负责任。

下面具体分析本案在事实和法律上存在的问题。

一、对证人证言的分析

1. 黄某文、汤某某的证言在形成时间上与被告人供述相互交叉,笔录内容自相矛盾,与被告人供述相互矛盾,与客观事实相互矛盾,存在诸多疑点。上述证言不具备证据的客观性和真实性,不能作为定案依据。

(1)对黄某文的证言分析。

首先,看黄某文笔录的自相矛盾之处:(详见附表三)

例如,黄某文在6月3日一天之中形成了4份自我交代,4日、5日又陆续形成了2份自书和1份笔录,三天之内形成的多份供述中所陈述的行贿次数、时间、数额各不相同,最终又与起诉书指控的数额不一致。

6月3日第一份自我交代,行贿2笔共计50万元;

6月3日第二份自我交代,行贿2笔共计50万元;

6月3日第三份自我交代,行贿3笔共计23万元;

6月3日第四份自我交代,行贿1笔计10万元;

6月4日第五份自我交代,行贿1笔计1万元;

6月? 日(具体日期笔录上缺失),行贿4笔共计23万元;

6月5日调查笔录,行贿11笔共计117万元人民币+10万港元;

起诉书指控:行贿11笔共计107万元人民币+10万港元。

又如,具体到每一笔行贿的前后笔录之间的不一致:

第二笔,黄某文6月5日调查笔录中陈述"2007年6月的时候,我做完了料坑新村整改工程,拿到全部工程款后,陈某某约我到石岩大道接近如意路的地方见面,在陈某某的雅阁车上,我送给他人民币现金20万元,用塑料袋装好……当场收下",而此笔行贿款,黄某文在6月3日、4日形成的多达6份的自我交代中都没有提及,在5日的笔录中突然出现。值得我们关注的巧合是,在6月5日,陈某某的自述材料中提到了这20万元(对此供述,陈某某提出存在刑讯逼供、引诱、欺骗,并且当庭翻供)。我们有理由质疑,这一笔行贿款是客观存在的,还是人为创造出来的? 在陈某某被刑讯逼供做出供述的当天,行贿人恰巧也回忆起了这一笔款项。这种巧合难道不值得我们怀疑吗?

第三笔,自我交代在2008年春节,笔录中变成在2007年12月,时间误差相差两个月之久。

第六笔,自我交代是"借",笔录中说是"给"。

第七笔,自我交代中2008年在餐厅吃饭后给20万元,2008年年底在陈家楼下又给20万元。笔录中两笔变一笔,变成2008年年底在陈家楼下给20万元。

第八笔,自我交代是2008年在餐厅吃饭后给20万元。笔录中是2008年年底在陈家楼下给20万元。地点发生变化。

第九笔,数额上一会是5万元,一会是10万元,地点时而在东凤酒家,时而在龙眼山庄。

辩护人对黄某文自我交代和笔录前后的多处矛盾特意列表指出,目的是想说明,虽然人的记忆确实会随着时间的推移而逐渐减弱,但是,减弱并不等于记忆的错误。比如一年前的某一天在哪里发生了一件事,随着时间推移,可能很难想起来是一年前的哪一天,但是在哪里,发生了什么事情,这个记忆的框架是不应该减弱的。而黄某文的记忆,恰恰就是这样,不仅是大跨度的时间误差,而且对发生事情的地点或者事件内容的回忆不断地在变化。这种情况下,我们难道没有理由对事情的客观性、真实性质疑吗?

其次,黄某文的笔录和陈某某的供述存在多处不一致以及矛盾(详见附表六)。

第三笔,两个人的供证,涉及三个时间,2008年春节(在2月),2007年12月,2007年年底的一天。始终无法统一。

第四笔,谁先约的谁?两个人的说法相互矛盾。

第五笔,双方交代的时间相差两个月。

第六笔,谁约谁的说法相互矛盾,为什么约的说法互不一致。

第八笔,供证时间上的矛盾,黄自我交代2008年春节,陈供2009年春节。数额上黄说是40万元,陈供30万元。

第十笔,在什么情况下告知要港元,是电话中,还是当面?两人的说法相互矛盾。是"借"还是"给"?有没有退还?两人的说法也相互矛盾。

再次,黄某文笔录与客观事实的矛盾(详见附表四)。

例如,黄某文在笔录中反复提到石岩公学教学楼工程,而检察卷宗中没有证据证明该工程的存在。

又如,黄的“在项目中给6% ~10%作为支持”的说法也与客观事实有矛盾。

黄某文在2009年6月5日的笔录中说“在项目中给6% ~10%作为支持”。而事实上,在黄的同一份笔录中,交代“由于我在陈某某的帮助下于当年11月连续接了三个工程,为表示感谢,我请陈某某在石岩的千富酒店吃饭,饭后我到他的车上,在车上我给了他一个装茶叶的袋子,内装人民币现金8万元”。这三个工程总造价578万元,而黄给了8万元,行贿数额仅约项目造价的1%;同时,相关书证显示,2007年至2009年黄某文共接石岩工程19个,总造价2799.2361万元,那么,按照起诉书指控的行贿107万元人民币,10万港元,行贿数额仅约工程总造价4%。都与黄某文所说的“在项目中给6% ~10%”不相符合。

最后,对黄某文与陈某某部分往来款项定性错误。

比如,第五笔,在其父亲去世的时候给的1万元。对这笔钱陈某某并不否认,但是陈的父亲是离休老干部,有专门的治丧小组,这1万元交给的是治丧小组,而并不是给陈某某的钱。表达的也是对故去的人的追思,而不是为了谋取不正当利益。在钱的数额上也符合当地习俗,并非明显超出习俗。这个事实很清楚。

又如第11笔,3万元实际上是黄某文入股花果园餐厅的股金。

显而易见,通过比对,黄某文的自书材料与笔录前后存在诸多矛盾,与被告人的供述之间也有很多矛盾冲突,有些陈述更是与客观事实不相符合。这样的笔录的客观性、真实性显然是存在重大问题的,不能成为定案的依据。

(2)对汤某某笔录的分析。

首先,汤某某的笔录及其自我交代存在多处前后不一致以及矛盾之处(详见附表三)。

例如,第二笔,6月4日自书是放在“办公桌”上,6月10日笔录中变成了放在“车”上。

第三笔,6月4日自书是“档案袋”,6月10日笔录中变成了“大信封”。

第六笔,6月3日笔录称送钱的时间是“2007年12月”,6月4日自书材料中变成“2007年约10月”,6月10日笔录又变成“2007年11、12月间”。

第八笔,6月2日笔录称把钱放在“办公桌上”,6月3日两份笔录,一份说放在“车尾部”,一份说放在“办公室”,6月20日笔录又变成先放“办公桌上”,后又放到“车上”。

第十一笔,6月3日两份自书,一份称把钱“放车里”,一份又称“放在办公桌上”,6月10日笔录称放在“办公室”。

第十二笔,6月3日自书是把钱放在“办公室”,6月10日笔录又变成“放到他车上”。

第十三笔,6月3日两份自书,一份说给了“10万元”,而同一天形成的另一份又说给了“3万元”;关于给钱的细节,6月3日称“放到办公台上就走了”,6月10日又变成“我对陈说这是一点钱,看你自己安排一下,出去玩一下”。

第十四笔,6月3日称给了“30万元”,6月10日又变成“现金10万元”。

可见,在汤某某的陈述中,对给钱的时间、钱数、细节一直都在不断地发生变化,甚至同一天,前后几天形成的笔录,都相互矛盾,无法一致。这样不断变化的陈述是否达到了定罪的证据要求呢?是否具备真实性、客观性呢？至少我们在将其作为定罪证据时，要格外的慎重！

又如，汤某某6月2日自我交代，行贿三笔，共16万元；6月3日形成两份自书交代，一份行贿10笔，101万元，一份行贿11笔，123.8万元；6月4日还有一份自我交代，行贿6笔，49万元；6月14日的笔录为14笔，137万元；指控的是14笔，134万元。每一次都不一样。

其次，汤某某的笔录和陈某某的供述存在多处不一致以及矛盾（详见附表六）。

例如，第二笔，汤说是5万元，陈供是2万元；汤说放到车上，陈说在办公室；汤说还有二条中华、一瓶酒、一包茶叶、二盒月饼，陈只说了钱。

第十二笔，送钱是在“车上”还是“办公室”，两人陈述不一致。

第十三笔，关于该笔款项，被告人供述前后自相矛盾，刚开始5万元后来变成3万元。证人笔录前后也有矛盾，从10万元变为3万元。值得我们关注的是，行贿人和受贿人的供述有一个明显的从自相矛盾、相互矛盾到逐渐趋同的过程。

再次，汤某某的证言与客观事实的矛盾（详见附表四）。

例如，汤某某的证言显示，他从2006年5月开始向陈行贿，第一笔、第二笔、第三笔行贿事实均发生在2006年。他为了对陈表示感谢，送钱给陈。

而事实上，相关书证显示，汤某某做的第一个工程是2007年1月的石岩宏柏家电制造厂东北侧边坡工程（卷3第76～78页）。也就是说，汤在2006年根本就没有开始接工程，那么，汤某某怎么能够在2006年为了表示感谢而给陈某某送钱呢？

又如，汤某某的证言中说到了几个工程，石岩湖种植生态林工程项目（第一笔）、石龙仔边坡整治工程（第三笔）、石岩街道北环路边垃圾转运站工程(第五笔)、罗租村线路改造工程(第十一笔),然而,在检卷中并没有证据能够证明这几个工程的真实存在。那么,汤某某证言的真实性何在呢?

再如,汤某某笔录中说,石岩湖种植生态林工程量约25万元,行贿10万元(第一笔),石龙仔边坡工程量大概30万元,行贿5万元(第三笔)。第一笔行贿数额达到工程造价的40%,第三笔行贿数额达到工程造价的17%,这个比例远远高于工程的利润空间,在现实中根本不可能出现。除非汤某某是傻子,自己不赚钱也要给别人送钱。

又如,汤的证言中陈述,田心村围合式改造工程(第十一笔)和罗租村线路改造两个工程造价180多万元,为了感谢拿到这两个工程,2008年12月行贿20万元。

而实际上,单田心村改造工程一个工程造价就已经达到240多万元,汤说两个工程造价总共才180万元与事实不符,这是其一;其二,田心村改造工程发生在2007年上半年,汤说的行贿时间是2008年12月,在一年半之后为项目表示感谢,行贿行为与对应利益存在明显矛盾。

最后,汤某某笔录与陈某某供述还有一个突出特点,就是具有“特别”的一致性(详见表七)。

例如,指控的汤某某行贿的14笔具体事实中,有4笔汤某某提到了有具体工程相对应,值得关注的是,在被告人的供述中,同样也只有这4笔提到了具体工程,它们分别是第一笔、第二笔、第八笔和第九笔。值得特别注意的还有一个重要的细节:这4笔中提到的工程项目,又是检卷中没有证据能够证明存在的工程项目。

又如,第六笔,时间上的说法,双方一直不一致,最后却达成一种“特别”的一致。被告先说12月,最后变成“11、12月间”。汤先说12月,后改口说10月,最终和陈的说法一致,变成“11、12月间”。

第八笔,两个人同时强调,时间在“2008年7月左右,中秋节前一段时间”(被告人6月8日供述和证人6月10日笔录,一模一样,一字不差),7月此时距离中秋节还有两个多月,为什么两人都不约而同地以两个多月后的“中秋节”为参照,用了在中秋节前一段时间这个说法。而在6月2日、3日证人的两份自我交代中并没有提到这个细节。我们难道没有理由质疑这是人为诱导形成的笔录吗?

第十四笔,6月3日时,证人的自我交代与被告人供述,在数额上还相差20万元之多。可是后来却在时间、地点、数额、细节各方面说得几乎一字不差。

经过逐笔比对,汤某某证言中的问题昭然若揭,前后之间自相矛盾,相互之间也矛盾,与客观事实之间也矛盾。更重要的是,初期形成的自书材料与被告人的供述虽多有矛盾,但最终的笔录与被告人的最终的供述却又达成了一致,并且还是一些引人关注的“特别”一致。这些问题无法得到合理的解释,笔录的真实性就无法确定,更不能成为定案的依据。

2. 庄某某、黄某某、张某凯、张某某、刘某某、廖某某的证言酷似被告人之前已经形成的供述,犹如是一种照本宣科式的复制,指证、诱证的嫌疑明显(详见附表七)。

辩护人得出这个结论的基础,源于辩护人对庄某某、黄某某、张某凯、张某某、刘某某、廖某某六名行贿人的全部40笔行贿事实供证的对比分析,可以说,辩护人这个结论是负责任的,是有充分依据的。

(1)从客观上看,在笔录形成的时间上,被告人供述在2009年6月8日和9日,该六名行贿人的询问笔录形成在后。

(2)供证的陈述具有“惊人”的一致性。

首先声明,辩护人认为,内容一致的供证是指控犯罪的重要证据之一,但是,本案中的供证内容的一致性,具有一种无法用常理解释、令人费解的特性。一致性的产生有两种前提:其一是双方陈述的都是事实,因为是客观事实,所以基本一致;其二就是根本不存在的事实,但是有一个范本,依据范本来描述,所以能达到一致。前一种情况当然可以是指控犯罪成立的证据,对于后者却要慎重认定。而本案中的供证内容的一致性,恰恰属于这后一种的让人费解的一致性。

①供证表述形式、表达顺序的一致。

比如,部分供证都是按照时间、数额、地点的顺序,另一部分供证又都是按照时间、地点、数额的顺序,而部分供述除了时间地点数额外还有情节描述,比如"用什么装的""一共几叠""当场收下",值得注意的是,供有证就有,供没有证也没有。

语言表述的顺序通常基于一个人语言的表达习惯以及其对过去发生事件的情节回忆,除非背诵,否则一个人对同一件事情的两次描述通常都是不一样的。如果说有一笔两笔相同相似,或者是与一个行贿人的表述相同相似,解释为巧合倒也有可能。但是相对于六个行贿人,40 笔行贿事实,全部都相同相似,如何解释?

②供证表述内容的一致性。

第一,对行受贿时间"特别"的表述方式及内容上的一致性。

例如,刘某某的第二笔,黄某某的第一、三笔,当不记得具体时间的时候,贿赂双方共同不记得具体时间,都说"具体时间不记得了",或者一字不差地表述为"2006 年的一天""2007 年的一天"。

又如,对张某某的行贿时间表述,陈某某供述"2006 年、2007 年、2008 年的中秋节前……"这种将三年连续表达本是一种个人的特殊的表达方式,而恰恰张某某也说"2006 年、2007 年、2008 年的中秋节前"。而张某某行贿的其他几笔具体时间都在春节前一天,陈是分开供的,恰恰张的证言也是分开来表述。

对黄某某的行贿时间表述,陈某某供"2007 年、2008 年、2009 年的每个春节前……”黄某某也说“2007年、2008年、2009年的每个春节前……”陈某某供“2007年、2008年、2006年的每个中秋节前……”黄也说“2007年、2008年、2006年的每个中秋节前……”特别值得注意的是，这里的2006年原来陈某某笔录中写的是2009年，后来改成了2006年，而黄某某的笔录也出现了一模一样的错误，由2009年改为2006年，一字不差。

所以，结论很明显，这不仅是供证双方思维方式、表达方式的复制，更是侦查机关在笔录上的剪切和复制。这样的笔录有何客观真实性可言呢？

第二，对地点记忆的“特别”一致性。

例如，陈在供述中说到对庄某某的第四、六、十笔受贿行贿，“具体地点记不得了”，而庄某某也恰恰是这三笔“具体地点我记不得了”。

又如，陈在供述中对刘某某的第一、三笔“具体地点我现在记不得了”，刘某某也恰恰是这两笔地点记不得了。

第三，对具体细节描述的“特别”一致性。

例如，对刘某某的6笔行受贿款中，被告人供述中提到某笔“用袋子装”“当场收下”等具体细节时，刘的笔录中也有；反之，陈供述中没有提到的，刘亦没有。

又如，陈供张某某六笔中仅有一笔（第四笔）提到“一共五沓”，张也恰恰仅在这一笔中提到“一共五沓”；第二、六笔中提到“当场收下”，张也在这两笔中提到“当场收下”。

第四，最需要着重强调的“特别”一致之处是，供证中有多笔除了主谓语的变化之外，其他几乎一字不差。

例如，张某某的第六笔，庄某某的第三、四、六、七、八、十一、十二、十四、十五笔。

(3)证人证言之间的“特别”一致性(详见附表五)。

刘某某(卷2第111~114页)、张某某(卷2第108~110页)、张某凯(卷2第126~128页)关于行贿目的的说法几乎一字不差。

“他是石岩街道办的副主任,主管城建工作,送钱给他一是感谢他在工程方面的关照和帮助,另外还希望他以后能继续帮助(关照)我。”

以上几点表述内容上的“特别”一致,如何解释?如果是少数几笔在语言陈述、表达上出现了一致,可以说是巧合,但是那么多的“巧合”,不得不让人怀疑“巧合”的真实性。上述供证都是对2006年至2009年的事实的回忆和陈述,且不论行受贿双方的记忆力有多么的惊人,对时间过去那么多年,具体笔数和数额多且繁乱的事实,记得多么清楚。更重要的是,他们的这种对记忆的表述竟然几乎完全相同。如何解释?只有一种解释:就是后形成的笔录内容来源于前形成的笔录内容。

公诉人在法庭上打断了辩护人的辩论发言,说辩护人发表上述辩护意见的时候靠推断下了结论,而且认为辩护人虽然举出了矛盾,但是没有对公诉人的证据提出相反的证据。辩护人认为,公诉人的这一说法实际上是混淆了控辩双方的关系,颠倒了举证责任。一方面,毫无疑义,控方指控犯罪和法院认定犯罪,是绝不允许靠推断的,而是要靠事实、靠证据,而辩方对指控证据质疑和反对,为什么不可以推断不可以质疑呢?什么叫排除合理怀疑呢?辩方可以通过任何对证据的怀疑和推断指出控方指控证据的问题,这是辩方的职责和权利,控方不能推断,而辩方可以推断,这正是控辩双方角色的差别。另一方面,辩护人的职责主要是对控方证据质疑,辩方能够提出控方证据不足的理由,控方的指控就不能成立。如果认为辩护人一定要提出相反的证据才能证明被告无罪的话,那就是典型的有罪推定,就意味着任何人一旦被推到法庭上，只要不能证明自己无罪就是有罪。这种逻辑显然不能成立！

二、起诉书指控被告人采取帮助他人通过“围标”方式获取工程缺乏依据

1. 指控“围标”的证据不充分。

起诉书指控“围标”的证据有：(1)陈某某供述，他“同意”围标；(2)黄某文笔录，“把邀标变成围标”；(3)8名行贿人说是围标。

证明不是围标的证据有：卷三、卷四中几十份投标申报书和中标通知书证明了在招投标程序中，拟选参加投标的企业达到招投标法规定的数量要求，并且经建设单位主管部门负责人签字同意，又经组织招标单位城建科负责人同意，最后由陈某某签字批准。

现在，控方用言词证据否定书证记载的内容，即用几个行贿人在投标申报书上写下的“以上投标公司都是我挂靠用来投标的，我与这些公司没有签订挂靠合同，只有口头协议”的证言和其他言词证据来否定书证。

首先，辩护人要提出的疑问是，这句话是如何形成的？内容又是否真实呢？8名行贿人何以说得一字不差？其次，就是按照简单的常识，8个人都没有合同，只有口头协议，有多大的可信度呢？众所周知，在挂靠关系下，投标方是用被挂靠方的名义投标，被挂靠方也不是白让其挂靠的，是要收取费用的，工程款的支付是先打到被挂靠方账户，然后扣除其费用，再将钱支付挂靠方。本案涉及几十家被挂靠方，几十笔工程，都没有合同，都是口头约定，也没有其他任何旁证证明，显然无法让人信服。

可见，起诉书指控被告人采取帮助他人通过“围标”方式获取工程，是缺乏证据支持的。

2. 指控被告人有帮助围标的谋利行为，事实不清，证据不足（详见表十)。

首先,认定陈直接指示包工头或指示黄某文告知包工头采取围标方式获取工程证据不足。

被告人供述经他同意围标,现在陈当庭翻供,其供述不具备真实性、合法性。

黄某文证言:都是陈叫他打电话告知包工头工程具体情况。

行贿人证言分两种情况:

(1)陈先打电话告知有项目,然后陈交代黄某文打电话告知具体情况。这样说的有:黄某文、庄某某。

(2)陈没打电话,黄某文打电话说陈交代他打电话。这样说的有:汤某某、刘某某、张某某、廖某某、张某凯。

还有一个行贿人黄某某没说具体操作,只说了“经同意”。

在第一种情况下,进一步看陈打电话告知了什么?笔录显示,陈告知的是有项目,而不是围标;那么,陈交代黄某文打电话告知什么?黄某文的证言说得很清楚,“(陈)然后交代我按照规定,处理邀标事宜”。

即从行贿人的证言看,陈从来没有明确地和他们说过要采取围标的方式,只是告诉他们有工程。黄某文说陈告诉他包工头会挂靠几个单位投标的说法,没有其他证据可以印证。黄某文的证言同时证明,陈交代黄按照规定办理,并没有明确指示黄告知包工头围标。从现有口供看,所有包工头关于邀标的具体事实都是黄某文电话告知的。

在第二种情况下:因为陈没有和包工头联系过,所有的包工头都是听黄某文说的,更不足以认定被告人存在帮助围标的行为。

所以,认定陈直接指示包工头或指示黄某文告知包工头采取围标方式获取工程证据不足。

其次,被告人陈某某也没有可能明知包工头采取围标方式获取工程而默许同意。

前面已经分析过,卷三中所有的证人都一致手写道:“以上投标公司都是我挂靠用来投标的,我与这些公司没有签订挂靠合同,只有口头协议。”也就是说,控方只是用证人自己的说明来证明证人与公司之间的挂靠关系。除了证人的一句话之外,没有其他任何证据能够证明挂靠关系,没有签订书面挂靠合同,也没有挂靠另一方的证明,从招标申报表和中标通知书上,也看不出投标单位与行贿人有任何的关系。仅凭一句话,就断定行贿人与这些单位之间是挂靠关系,显然是用孤证定罪,而且是用最不稳定的言辞性的孤证定罪,这样的指控是极不负责任的。

那么,如果在陈没有指示黄某文或包工头们围标的前提下,黄某文又没有反过来向陈某某汇报围标的情况,单看这些招标申报表,每一份都符合招投标法关于投标单位的数量规定,陈某某如何能知道这些参与投标的单位其实都是被同一个包工头挂靠来参与投标的呢?更何况,招标申报表在陈某某签字之前,还要经过城建科科长的审核签字。

所以,指控陈某某在明知黄某文或者包工头采取围标方式获取工程而默许同意,显然证据不足。

三、关于行贿数额与工程利润比例的明显矛盾(详见附表八)

辩护人发现,起诉书指控的某些受贿数额占对应工程总造价或者该包工头承接工程总造价的比例十分之高。如汤某某的石岩湖种植生态林工程项目(第一笔),造价25万元,行贿10万元,占到40%;刘某某的总工程造价115.24万元,行贿14万元人民币、10万港元,占到21%,等等。

经过辩护人的调查,市场上建筑工程行业的工程利润最高在工程造价的10%左右。一个25万元的工程，行贿10万元，可能吗？高达40%、20%，可能吗？如果说是严重的“豆腐渣”工程，以极低的成本建造，利润可能比较高。但是这些工程都经过了相关部门的验收合格，证明不是“豆腐渣”工程。除非这些行贿人是傻子或者活雷锋，否则怎么可能出现这种行贿的做法？自己不赚钱，掏自己腰包也要给陈某某钱。这样高比例的行贿额证明了行贿行为的不真实性。

四、关于赃款去向的问题

赃款去向，是贿赂犯罪中最基本的一项重要物证。然而，本案中却无法找到这一证据。

陈某某说，收的钱都放在家里，不在银行，有多少他不清楚。

其妻汤某坚6月15日笔录中说，有40多万元。

现在，汤某坚证明6月15日的笔录是在受到威胁的情况下做出的，并出示了证据证明退赃的40余万元所谓赃款实际上是东拼西凑借来的。更重要的是办案机关也并未从陈某某家中或所谓的赃款转移地找到赃款。

那么大的一笔钱，总是要有个去处，现金也好，存款也好，购物也好，总不可能凭空消失。办案机关在无法证实存在赃款以及赃款去向的前提下，指控受贿，是其指控事实不清、证据不足的另一种体现。

五、本案中存在的程序违法问题

1. 笔录中除了上述已经指出的诸多疑点之外，还存在笔录时间与内容在数量上的矛盾，以及笔录形式上的瑕疵（详见附表九）。

第一，笔录时间和内容的问题。

一种情况是：按照审讯时间与笔录字数计算出来的每分钟打字速度超出正常水平。

为了了解一般人的正常打字速度，辩护人请三个人对照笔录文本打字，以5分钟为限，计算其平均每分钟的打字速度。经试验，一般人打字的速度为60~70字每分钟,较快的达到80字左右每分钟。也就是说,未经过专业训练的人打字速度极少能超过每分钟100字。

而卷宗中的25份笔录,有8份打字速度在每分钟100字以上,最快的达到每分钟186字。希望法庭对此予以核实,笔录记录人员的打字速度能否达到如此之快,并且这还不是照着文本打字,而是记录被告人在思考、停顿状态下的言语。

第二种情况是:在笔录中体现出来的审讯时间与笔录内容不成比例。

在阅卷过程中,辩护人发现,本案涉及的25份笔录中,很多份审讯时间都比较短,而内容比较多。辩护人做了一组实验,即按照正常语速朗读笔录,结果发现,有部分笔录,审讯时间仅仅只够朗读而已。如陈某某2009年6月8日3:40~4:18的笔录,审讯时间38分钟,而仅仅朗读一遍这份笔录就需要将近35分钟,这还不算讯问人、被告人思考的时间,停顿的时间。也就是说,在询(讯)问人、被询(讯)问人还要思考、休息,语句中还有停顿,记录人还要记录的情况下,根本不可能在笔录中所体现的审讯时间内完成那么多内容的询(讯)问笔录。可见,这样的笔录不具备真实性。

同时,还有部分笔录,在很长的审讯时间内只形成了很少内容的笔录。如陈某某2009年9月14日10:00~11:30讯问笔录,讯问时间90分钟,笔录内容只有2分钟左右,汤某坚2009年6月15日18:00~20:20询问笔录,询问时间140分钟,笔录内容只有5分钟左右。那么长的时间都发生了什么事情,为什么笔录内容如此之少?这样的笔录其真实性又何在?

第二,笔录形式上的问题。

例如,附卷的是黄某文2009年6月4日的笔录,是第二次询问的笔录。为什么没有第一次?

又如,廖某某2009年6月29日笔录,没有开始时间和结束时间。这样在形式上存在瑕疵的笔录也是不能作为定案依据的。

2. 用言词证据否定原始书证的问题。

针对辩护人对本案供、证真实性的质疑,公诉人强调说,并不是只有书证才能证明犯罪,其他证据也能够证明犯罪。辩护人需要指出的是,公诉人的这种说法本身并没有错,但是本案的问题在于,控方的指控是建立在以言词证据否定原始书证的基础之上。基于此,本案中控方用大量的言词证据来否定原始书证的内容。在刑事诉讼法规定的七个证据种类中,原始书证的证明力远远高于既不稳定又不可靠的言词证据。而在本案具有大量书证的前提下,控方却仅仅凭借各种证人证言来否定原始书证,显然是违背证据使用原则的。更何况,这些证人证言的取得是否合法还存有质疑。辩护人认为,在本案中用大量言词证据否定原始书证的做法会导致对案件认定的错误。

3. 不出示全程同步录音录像的问题。

庭前,辩护人已经向法庭提交了出示全程同步录音录像的申请。

最高人民检察院发布《人民检察院讯问职务犯罪嫌疑人实行全程同步录音录像的规定(试行)》。从2007年10月1日开始,全国检察机关办理职务犯罪案件讯问犯罪嫌疑人必须实行全程同步录音、录像……对没有严格执行该规定,或者在执行中弄虚作假,给办案工作造成不良后果的,要依照有关规定追究主要责任者和其他直接责任人员的责任。

最高人民检察院《人民检察院讯问职务犯罪嫌疑人实行全程同步录音录像的规定(试行)》第2条规定:"人民检察院讯问职务犯罪嫌疑人实行全程同步录音、录像,是指人民检察院办理直接受理侦查的职务犯罪案件,每次讯问犯罪嫌疑人时,应当对讯问全过程实施不间断的录音、录像”；第 15 条还规定：“在案件审查过程中，人民法院、被告人或者辩护人对讯问活动提出异议的，或者被告人翻供的，或者被告人辩解因受到刑讯逼供、威胁、引诱、欺骗等而供述的，公诉人应当提请审判长当庭播放讯问全程同步录音、录像资料，对有关异议或者事实进行质证。”

辩护人在会见被告人时，以及今天的庭审中，被告人都对讯问活动提出了异议，指出其受到刑讯逼供、引诱、欺骗，并且当庭翻供。辩护人认为，既然法律有明确的规定，检察机关就应当出示全程的同步录音录像，以证明审讯活动的合法性。

关于出示全程同步录音录像的问题，公诉人刚才在法庭上讲是辩护人表示过不需要出示。辩护人需要向法庭郑重说明，公诉人在庭前与辩护人通过电话，说到此问题，辩护人向公诉人明确表示，要求出示、播放全程同步的录音录像。如果仅仅是拿出其中的一段，没有证明价值。为此，辩护人在庭前以及庭审过程中，都向法庭提出了正式的申请，要求出示全程同步录音录像。但是，检察机关至今没有出示。既然如此，就必然存在控方对证据合法性的证明问题。

被告人当庭提出了 6 天 5 夜不让睡觉、在非正常环境下被连续审讯的问题，辩护人在此向法庭郑重地提出，虽然 6 天 5 夜违法取证情节是被告人自己讲出来的，但是不可否认的是，这 6 天 5 夜被告人不是在看守所关押的，而是在看守所之外的羁押场所被羁押、提讯，这一行为本身就违法。《中华人民共和国看守所条例》和《中华人民共和国看守所条例实施办法》明确规定，提讯人犯，除人民法院开庭审理或者宣判外，一般应当在看守所讯问室。在看守所之外的地方连续提讯，本身就违法。那么在这种情况下，如果公诉机关不能出示全程同步录音录像，不能提出充分的证据证明没有存在违法取证，就可以推定为有违法取证的问题，得出来的供述就必然不能作为定案的依据。特别是现在“两高三部”关于非法证据排除规则的规定已经出台，在这样的背景之下，法庭认定证据就应当采取更为审慎的态度。

4. 证人出庭的问题。

本案中的八名行贿人都是直接涉及能否对被告人定罪的关键证人，迄今为止均没有出庭。本案指控主要依据是被告人供述和证人证言等言词证据，现在被告人否认其供述内容，指出这都是在刑讯逼供、诱供之下形成的不真实的供述，那么，证人证言就尤显重要。而虽经辩护人庭前申请证人出庭，遗憾的是，今天的庭审还是没有证人出庭。如前所述，证人证言前后自相矛盾，和被告人供述相互矛盾，与客观事实矛盾，相互之间也有“特别蹊跷”的一致。在这么多的矛盾、质疑都存在的情况下，控方证据的排他性在哪里？是否具有排他性？能不能成为指控犯罪的证据？这是很重要的问题。

综上，辩护人认为，本案被告人供述和证人证言之间存在供证自相矛盾、相互矛盾，与客观事实矛盾，供证的特殊一致性等诸多无法解释的疑点，不能成为定罪依据。并且，认定被告人为他人谋取利益的证据不充分，受贿款项去向无法查实。在如此大量的证据瑕疵和不能排除取证合法性的前提之下，指控被告人构成受贿罪事实不清，证据明显不足，不应予以定罪。

陈某某辩护人：

北京市京都律师事务所律师　田文昌　徐　莹

二〇一〇年六月十日

附表目录

表一　起诉书指控的某些工程在卷宗的书证中无法找到对应项

表二 起诉书指控行贿时间与实际工程发生时间比对

表三 证人证言自相矛盾比对情况

表四 证人证言与客观事实矛盾比对

表五 证人证言相互对比情况

表六 供证矛盾比对

表七 供证一致比对

表八 行受贿数额与工程利润比对表

表九 笔录时间与内容比对表

表十 谋取利益供证比对表

附表

表一 起诉书指控的某些工程在卷宗的书证中无法找到对应项

汤某某	第1项石岩街道石岩湖生态林种植工程(起诉书第4页第11行)
	第2项石龙仔边坡治理工程(起诉书第4页第11行)
	第8项官田垃圾中转站工程(起诉书第4页第14行)
	第9项下排村户外管线整治工程(起诉书第4页第14行)
张某某	第5项田心社区户外管线整改工程(起诉书第8页第21行)

表二 起诉书指控行贿时间与实际工程发生时间比对

	起诉书指控行贿时间	工程实际发生时间(此时间为承接的第一个工程时间)	比对
汤某某	1.2006年6月,10万元 2.2006年中秋节前一天,2万元 3.2006年11月的一天,5万元	石岩宏柏家电制造厂东北侧边坡工程,招标申报时间:2007.1.25,中标时间:2007.1.26,工期:2007.3.1~5.1(卷3第76~78页)	最早工程发生在2007年1月,和行贿行为相差半年之久

续表

	起诉书指控行贿时间	工程实际发生时间(此时间为承接的第一个工程时间)	比对
庄某某	1. 2006年中秋节前夕,2万元 2. 2006年12月的一天,2万元 3. 2007年春节前夕,3万元	石岩街道老街排水管改造工程,招标申报时间:2007.4.11,中标时间:2007.4.12,工期:2007.4.30~6.30(卷3第124~126页)	2007年4月开始承接工程,和第一笔行贿行为相差将近8个月
刘某某	1. 2006年下半年的一天,3万元 2. 2007年的一天,3万元 3. 2008年春节前夕,3万元	石岩街道石龙仔社区工作站装修工程,招标申报时间:2008.7.30,中标时间:2008.7.31,工期:2008.8.15~10.1(卷3第94~96页)	2008年8月开始接工程,和第一笔行贿行为相差将近2年
张某某	1. 2006年中秋节前夕,1万元 2. 2007年春节前夕,8万元 3. 2007年中秋节前夕,1万元	石岩街道黎园工业区整治工程,招标申报时间:2008.5.20,中标时间:2008.5.21,工期:2008.5.25~6.24(卷3第145~147页)	2008年5月开始接工程,和第一笔行贿相差将近2年
黄某某	1. 2006年的一天,3万元 2. 2006年中秋节前夕,1万元	石岩龙眼山垃圾中转站及公共厕所工程,招标申报时间:2006.12.7,中标时间:2006.12.11,工期:2006.12.20~2007.2.20(卷3第169~171页)	2006年12月开始接工程,和第一笔行贿时间不一致
结论:行贿时间比工程实际发生时间早很多,既然根本还没有工程发生,行贿人所说的为了感谢被告人的帮助给钱就是没有依据的。			

表三　证人证言自相矛盾比对情况

证人	序号		证言前后自相矛盾的地方(证言前后有矛盾的,全部出现在黄某文和汤某某两人的笔录之中。其他人的,只有一份证言,无前后对比性。)	分析
黄某文	1	第2笔	卷2第84~89页,调查笔2009.6.5.19:00~19:55 “2007年6月的时候,我做完了料坑新村整改工程,拿到全部工程款后,陈某某约我到石岩大道接近如意路的地方见面,在陈某某的雅阁车上,我送个他人民币现金20万元,用塑料袋装好……当场收下”	在黄6月3日、4日形成的多达6份的自我交代中都没有提及这一笔行贿款,在5日的笔录中突然出现
黄某文	2	第3笔	卷2第84~89页,调查笔录,宝安区检审讯室,2009.6.5.19:00~19:55,王某某,陆某 “2007年12月,由于我在陈某某的帮助下于当年11月连续接了三个工程,为表示感谢,我请陈某某在石岩的千富酒店吃饭,饭后我到他的车上,在车上我给了他一个装茶叶的袋子,内装人民币现金8万元。” 卷2第932页,009.6.?自我交代 2008年春节拿了8万元,也同样在餐厅吃饭后在车上给的	自我交代在2008年春节,笔录中变成在2007年12月,之间相差2个月之久
黄某文	3	第6笔	卷2第84~89页,调查笔录,宝安区检审讯室,2009.6.5.19:00~19:55,王某某,陆某 “2008年中秋节前夕,陈某某打电话给我,说要办事,让我准备10万元钱给他。我们约在石岩影剧院广场,我坐上他的车,拿了人民币现金10万元给他,是用一个装烟的纸袋装好的。” 卷2第95页,2009.6.3自我交代 “2008年石岩公学宿舍公开招后,过了一段时陈某某叫我准备10万块先借他用……他就叫我拿到石岩大道路他车去,他收下钱。”	自我交代是“借”,笔录中说是“给”

续表

证人	序号	证言前后自相矛盾的地方(证言前后有矛盾的,全部出现在黄某文和汤某某两人的笔录之中。其他人的,只有一份证言,无前后对比性。)		分析
	4	第7笔	卷2第84~89页,调查笔录,宝安区检审讯室,2009.6.5.19:00~19:55,王某某,陆某 “2008年年底,我完成了几个工程,工程款也结算了,为表示感谢,我打电话给陈某某,陈告诉我他在家里,我就开车来到宝安区新安街道御景台小区后门,我用一个装酒的纸袋装好人民币现金20万元,上面放置了两条中华香烟。” 卷2第94页,2009.6.3自我交代 “2008年给陈某某送20万元,在餐厅吃饭后给(车上),2008年年底借点钱用又拿20万元,在宝安陈楼下附近。”	起诉书指控黄某文只涉及一笔20万元,关于此笔,黄某文前后表述矛盾。 自我交代是2008年在餐厅吃饭后给20万元。笔录中是2008年年底在陈家楼下给20万元
	5	第8笔	卷2第84~89页,调查笔录,宝安区检审讯室,2009.6.5.19:00~19:55,王某某,陆某 “2009年春节前,大约是1月,我有几个工程结算完毕,就打电话给陈某某表示感谢,我们约在御景台小区后门处见面,我用一个装酒的纸袋装好人民币现金40万元,上面放置了一张报纸盖住,我把袋子递给他,他当场收下。” 卷2第90页,2009.6.3自我交代 “2008年春节给他送40万元,在宝安区他家楼下。” 卷2第92页,2009.6.3自我交代 2008年春节给陈某某40万元,在宝安他家楼下他车上给的	自我交代时间是2008年春节,笔录中又变成2009年春节。地点一会是小区后门,一会又变成家楼下车里

续表

证人	序号		证言前后自相矛盾的地方(证言前后有矛盾的,全部出现在黄某文和汤某某两人的笔录之中。其他人的,只有一份证言,无前后对比性。)	分析
	6	第9笔	卷2第84~89页,调查笔录,宝安区检审讯室,2009.6.5.19:00~19:55,王某某,陆某 “2009年3月,我和陈某某在龙眼山庄吃饭后,我在陈某某的车上给了他人民币5万元……用报纸包好的,都是一百面额的。” 卷2第90页,2009.6.3自我交代 2009年3月送10万元,在石岩东凤酒家。 卷2第92页,2009.6.3自我交代 2009年3月陈某某打电话要10万元,在石岩东凤酒家吃完饭在车上给的。 卷2第93页,2009.6.3自我交代 2009年3月在一次吃饭中他要5万元	数额上一会是5万元,一会是10万元,地点时而在东凤酒家,时而在龙眼山庄
汤某某	7	第2笔	卷2第96~102页,审讯笔录,宝安市检308室,2009.6.10.15:22~16:30,吴某某、马某某 “2006年9月左右,在中秋节前,我用档案袋装好的现金人民币5万元,带到陈某某办公室跟他一起坐着喝茶……把这个档案袋放到他办公桌上……这次我还带了两条中华烟、一瓶XO酒,一包茶叶,两盒月饼,找陈某某要了钥匙后放到他车上。” 卷2第107页,2009.6.4自书补充交代 2006年约9月中秋节前我送了5万元红包用档案袋装着,送到陈某某办公室台面上	6月4日自书放在办公桌上,6月10日变成了放在车上
汤某某	8	第3笔	卷2第96~102页,审讯笔录,宝安市检308室,2009.6.10.15:22~16:30,吴某某、马某某 “2006年我做了一个石岩石龙仔边坡整治工程,工程量大概在30万元人民币左右……在做这个工程期间,我在石岩街道办陈某某办公室送给他现金人民币3万元(数额记得不是很清楚了,也可能是5万元,但最少也有3万元)……用一个大信封装着。” 卷2第107页,2009.6.4自书补充交代 2006年约11月……我将3万元或5万元用档案袋送到……办公室……我坐了一阵子,喝了茶,无碰到任何人	6月4日自书“档案袋”,6月10日变成了“大信封”

续表

证人	序号		证言前后自相矛盾的地方(证言前后有矛盾的,全部出现在黄某文和汤某某两人的笔录之中。其他人的,只有一份证言,无前后对比性。)	分析
	9	第6笔	卷2第96~102页,审讯笔录,宝安市检308室,2009.6.10.15:22~16:30,吴某某、马某某 “2007年11月、12月间,陈某某打电话让我去他办公室。我到后,陈某某跟我说要点钱用,让我安排一下。过了两天,我用档案袋装了现金人民币15万元,均是面额100元,在陈某某办公室给了他。” 卷2第104~105页,2009.6.3自我交代 “2007年12月……陈某某办公室,当时我提着档案袋装着一十五万元现金放在办公桌面上。” 卷2第106页,2009.6.3自我交代 2007年12月到石岩街道办公室用档案袋装15万元正拿给陈某某。 卷2第107页,2009.6.4自书补充交代 2007年约10月……办公室当时大约用档案袋封了15万元现金,放到他办公台面,当时无其他人,我喝了一杯茶有事先走了……是陈某某打电话给我送过去	6月3日“2007年12月”,6月4日变成“2007年约10月”,6月10日又变成“2007年11月、12月间”
	10	第8笔	卷2第96~102页,审讯笔录,宝安市检308室,2009.6.10.15:22~16:30,吴某某、马某某 “2008年7月左右,中秋节前一段时间……陈某某办公室坐,当时办公室里还有一个姓黄的老板……没有其他人了,我就把用档案袋装好的现金5万元放到陈某某办公桌上……后来我找陈某某要了钥匙把一些烟酒茶叶放到他车上。” 卷2第103页,2009.6.2自我交代 2008年7月到石岩街道办公楼二楼陈某某办公室用文件袋装着5万元现金放到办公台面上。 卷2第104~105页,2009.6.3自我交代 “2008年7月我到石岩街道办楼下停车场,把装着五万元现金的档案袋放到车尾部,然后把车钥匙拿回办公室还给陈。” 卷2第106页,2009.6.3自我交代 2008年7月到石岩街道办公室用档案袋装5万元给陈某某	6月2日放在“办公台面上”,6月3日两份笔录,一份放在“车尾部”,一份放在“办公室”,6月20日先放“办公桌上”,后又放到“车上”

续表

证人	序号		证言前后自相矛盾的地方(证言前后有矛盾的,全部出现在黄某文和汤某某两人的笔录之中。其他人的,只有一份证言,无前后对比性。)	分析
	11	第11笔	卷2第96~102页,审讯笔录,宝安市检308室,2009.6.10.15:22~16:30,吴某某、马某某 “2008年11月左右……田心村围合式改造和罗租村线路改造工程,总造价约180多万元。2008年12月……陈某某办公室送给他现金20万元,均是面额100元的,用档案袋装着。” 卷2第104~105页,2009.6.3自我交代 “2008年12月……办公室,装着20万元正档案袋拿到办公室,同他讲明这个钱是田心村市政改造及罗租村低压线改造的费用……放在办公台面上。” 卷2第106页,2009.6.3自我交代 2008年约12月到石岩街道办停车场放车里边,档案袋装20万元给陈某某	6月3日两份自书,一份“放车里”,一份“放在办公台面上”,6月10日“办公室”
	12	第12笔	卷2第96~102页,审讯笔录,宝安市检308室,2009.6.10.15:22~16:30,吴某某、马某某 “2009年1月春节前,我在陈某某办公室送给他现金1万元,均是面额100元的,用信封装着……我还找陈某某要了钥匙把一些烟酒茶放到他车上。” 卷2第104~105页,2009.6.3自我交代 “2009年春节送红包1万元,在街道办办公室给他。”	6月3日“办公室”,6月10日“放到他车上”

续表

证人	序号	证言前后自相矛盾的地方(证言前后有矛盾的,全部出现在黄某文和汤某某两人的笔录之中。其他人的,只有一份证言,无前后对比性。)		分析
	13	第13笔	卷2第96~102页,审讯笔录,宝安市检308室,2009.6.10.15:22~16:30,吴某某、马某某 “2009年3月底……陈某某办公室……现金3万元和一些我从我国台湾地区买回来的特产。我对陈说这是一点钱,看你自己安排一下,出去玩一下……” 卷2第104~105页,2009.6.3自我交代 “2009年3月……档案袋装着3万元现金,问他其他做完的工程款有没有支付……我把档案袋放到办公台上就走了。” 卷2第106页,2009.6.3自我交代 2009年3月到石岩街道办公楼用档案袋装10万元整	6月3日两份自书,一份“10万”,一份“3万”;关于给钱的细节,6月3日“放到办公台面上就走了”,6月10日“我对陈说这是一点钱,看你自己安排一下,出去玩一下”
	14	第14笔	卷2第96~102页,审讯笔录,宝安市检308室,2009.6.10.15:22~16:30,吴某某、马某某 “2009年5月15日左右……陈某某办公室……现金10万元,均是面额100元的,用一个档案袋装好的……我送钱给陈某某是想请他帮忙去催一下我的工程款。” 卷2第106页,2009.6.3自我交代 2009年5月份到石岩街道办公室档案袋装30万元	6月3日“30万元”,6月10日“现金10万元”
指控黄某文、汤某某共11+14=25笔,其中14笔,证言前后存在矛盾				

表四　证人证言与客观事实矛盾比对

	证言	书证	比对
黄某文	卷2第93页,2009.6.？自我交代 2008年公学宿舍及在垃圾站工程他拿人民币5万元,在石岩道路车里给他		检卷中无公学宿舍工程
	卷2第95页,2009.6.3自我交代 “2008年石岩公学宿舍公开招后,过了一段时陈某某叫我准备10万元先借他用……他就叫我拿到石岩大道路他车去,他收下钱。”		
汤某某	卷2第96~102页,审讯笔录,宝安市检308室,2009.6.10.15:22~16:30,吴某某、马某某 “2008年11月左右……田心村围合式改造和罗租村线路改造工程,总造价约180多万元。2008年12月……陈某某办公室送给他现金20万元,均是面额100元的,用档案袋装着。”	上屋社区田心村整改工程,240.4238万元,工期:2007.4.30~6.30,卷3第64~66页	田心村改造工程一个工程造价就已经达到240多万元,汤说两个工程180万元与事实不符。 还有一个重要的细节是,这个工程发生在2007年上半年。汤说的行贿时间是2008年12月,在一年半之后为这之前的项目表示感谢,无法自圆其说
	卷2第96~102页,审讯笔录,宝安市检308室,2009.6.10.15:22~16:30,吴某某、马某某 “2006年5月,陈某某让我去参加招投标……石岩湖种植生态林的工程……工程量大约是25万元人民币。在陈某某的关照下,我分别挂靠几家公司以不同的名义参加投标……”		书证未见相关工程

续表

	证言	书证	比对
	卷2第96~102页,审讯笔录,宝安市检308室,2009.6.10.15:22~16:30,吴某某、马某某 “2006年我做了一个石岩石龙仔边坡整治工程,工程量大概在30万元人民币左右……”		
	卷2第96~102页,审讯笔录,宝安市检308室,2009.6.10.15:22~16:30,吴某某、马某某 “2007年……石岩街道北环路边垃圾转运站……工程量大概有140万元左右……”		
	卷2第96~102页,审讯笔录,宝安市检308室,2009.6.10.15:22~16:30,吴某某、马某某 “2008年11月左右……田心村围合式改造和罗租村线路改造工程,总造价约180多万元。”		

表五　证人证言相互对比情况

张某某	卷2第108~110页,询问笔录,区检讯问室,2009.7.21.16:40~17:00,王某某、潘某某 “他是石岩街道办的副主任,主管城建工作,送钱给他一是感谢他在工程方面的关照和帮助,另外还希望他以后能继续帮助我。”	几乎一字不差
刘某某	卷2第111~114页,询问笔录,区检讯问室,2009.6.23.15:30~15:50,潘某某,王某某 “他是石岩街道办的副主任,主管城建工作,送钱给他一是感谢他在工程方面的关照和帮助,另外还希望他以后能继续帮助我。”	
张某凯	卷2第126~128页,询问笔录,区检办公室,2009.9.2.15:50~16:30,潘某某,赵某某 “他是石岩街道办的副主任,主管城建工作,送钱给他一是感谢他在工程方面的关照和帮助,另外还希望他以后能继续关照我。”	

表六　供证矛盾对比

证人	序号	笔数	供	证	分析
黄某文	1	第3笔	卷2第4~19页,调查笔录,2009.6.8.00:00~3:05,潘某某、陆某 “2007年年底的一天,黄某文请我到石岩千富酒店吃饭。饭后黄某文在我的车上给了我一个袋子,里面装着人民币8万元,我当场收下了这笔钱。” 卷2第77~78页,2009.6.5,自书材料 2007年12月,收现金8万元	卷2第84~89页,调查笔录,宝安区检审讯室,2009.6.5.19:00~19:55,王某某,陆某 “2007年12月,由于我在陈某某的帮助下于当年11月连续接了三个工程,为表示感谢,我请陈某某在石岩的千富酒店吃饭,饭后我到他的车上,在车上我给了他一个装茶叶的袋子,内装人民币现金8万元。” 卷2第93页,2009.6.3自我交代 2008年春节拿了8万元,也同样在餐厅吃饭后在车上给的	两个人的供证,涉及三个时间,2008年春节(在2月),2007年12月,2007年底的一天。始终无法统一
	2	第4笔	卷2第4~19页,调查笔录, 2009.6.8.00:00~3:05,潘某某、陆某 “2008年4月的一天,黄某文约我在石岩龙眼山路见面,在我的车上给我一包报纸包好的人民币现金5万元,我当场收下了。”	卷2第84~89页,调查笔录,宝安区检审讯室,2009.6.5.19:00~19:55,王某某,陆某 “2008年4月,陈某某说要买东西,约我到石岩龙眼山路,我在陈某某的车上给他一包报纸包好的人民币现金5万元。”	谁先约的谁?两个人的说法相互矛盾

续表

证人	序号	笔数	供	证	分析
	3	第5笔	卷2第4～19页,调查笔录, 2009.6.8.00:00～3:05,潘某某、陆某 “2008年4月底,我父亲过世,黄某文到五华我的家里吊唁我的父亲,在我家里给了我人民币现金1万元。”	卷2第84～89页,调查笔录,宝安区检审讯室,2009.6.5.19:00～19:55,王某某,陆某 “2008年6月,陈某某的父亲过世,为表示尊重,我与黄某荣一起开车到五华去,在他家里,我包了人民币现金1万元给他,说吊唁一下。”	双方交代的时间相差两个月
	4	第6笔	卷2第4～19页,调查笔录, 2009.6.8.00:00～3:05,潘某某、陆某 “2008年中秋节前夕,黄某文约我在石岩影剧院路边见面。见面后他到我的车上,拿出了人民币现金10万元给我,说是感谢我对他的关照。我当场收下了。这笔钱也是用袋子装好的。都是面额一百元的。” 卷2第77～78页,2009.6.5,自书材料 2008年中秋送现金10万元	卷2第84～89页,调查笔录,宝安区检审讯室,2009.6.5.19:00～19:55,王某某,陆某 2008年中秋节前夕,陈某某打电话给我,说要办事,让我准备10万元钱给他。我们约在石岩影剧院广场,我坐上他的车,拿了人民币现金10万元给他,是用一个装烟的纸袋装好的。” 卷2第95页,2009.6.3自我交代 “2008年石岩公学宿舍公开招后,过了一段时陈某某叫我准备10万元先借他用……他就叫我拿到石岩大道路他车去,他收下钱。”	谁约谁的说法相互矛盾,为什么约的说法互不一致

续表

证人	序号	笔数	供	证	分析
	5	第8笔	卷2第4~19页,调查笔录, 2009.6.8.00:00~3:05,潘某某、陆某 “2009年春节前的一天晚上,黄某文打电话给我约我在宝安区新安街道御景台小区后门处见面。见面时黄某文递给我一个装有人民币现金30万元的袋子,他说是春节到了,这些钱给我用。我当场收下了这笔钱。” 卷2第79~82页,2009.6.6,自书材料 2009年春节前以支持我家乡校舍维修为名送现金30万元	卷2第84~89页,调查笔录,宝安区检审讯室,2009.6.5.19:00~19:55,王某某,陆某 “2009年春节前,大约是1月,我有几个工程结算完毕,就打电话给陈某某表示感谢,我们约在御景台小区后门处见面,我用一个装酒的纸袋装好人民币现金40万元,上面放置了一张报纸盖住,我把袋子递给他,他当场收下。” 卷2第90页,2009.6.3自我交代 “2008年春节给他送40万元,在宝安区他家楼下。” 卷2第92页,2009.6.3自我交代 2008年春节给陈某某40万元,在宝安他家楼下他车上给的	供证时间上的矛盾,黄自我交代2008年春节,陈供2009年春节。数额上黄说是40万元,陈供30万元

续表

证人	序号	笔数	供	证	分析
	6	第10笔	卷2第4~19页，调查笔录， 2009.6.8.00:00~3:05，潘某某、陆某 “2009年4月的时候，我要托人去香港买东西，因为没有港元我就打电话告诉黄某文拿10万港元给我。黄某文把钱送到我办公室，把这10万港元给了我。我当场收下了。给我钱后我委托的那个人又不去香港了，我就又把钱退还给黄某文。这笔钱都是1000元面额的。” 卷2第79~82页，2009.6.6，自书材料 2009年5月借其10万港元，但因不用，当时已退回	卷2第84~89页，调查笔录，宝安区检审讯室，2009.6.5.19:00~19:55，王某某，陆某 “2009年4月，我去陈某某办公室喝茶。在喝茶的时候陈某某要我准备10万港元，他要用。两天之后，我拿了这10万港元到陈某某的办公室，在办公室里只有我们两个人在场时把这10万港元拿出来……都是1000元面额的。” 问：“你送他的上述的钱他有没有还给你？” 答：“没有。”	在什么情况下告知要港元？是电话中，还是当面？两人的说法相互矛盾。是“借”还是“给”，有没有退还，两人的说法也相互矛盾
汤某某	7	第2笔	卷2第4~19页，调查笔录， 2009.6.8.00:00~3:05，潘某某、陆某 “2006年中秋前的一天，汤某某到我办公室给我送现金人民币2万元，都是面值100元的，用一个档案袋装着，我当场收下了。” 卷2第79~82页，2009.6.6，自书材料 2006年中秋2万元	卷2第96~102页，审讯笔录，宝安市检308室，2009.6.10.15:22~16:30，吴某某、马某某 “2006年9月左右，在中秋节前，我用档案袋装好的现金人民币5万元，带到陈某某办公室跟他一起坐着喝茶……把这个档案袋放到他办公桌上……这次我还带了两条中华烟、一瓶XO酒，一包茶叶，两盒月饼，找陈某某要了钥匙后放到他车上。”	汤说是5万元，陈说2万元；汤说放到车上，陈说在办公室；汤说还有两条中华、一瓶酒、一包茶叶、两盒月饼，陈只说了钱

续表

证人	序号	笔数	供	证	分析
	8	第12笔	卷2第4~19页,调查笔录, 2009.6.8.00:00~3:05,潘某某、陆某 “2009年1月春节前,汤某某在我办公室送给我现金人民币1万元,均是面额100元,用信封装着,我当场收下了。”	卷2第96~102页,审讯笔录,宝安市检308室,2009.6.10.15:22~16:30,吴某某、马某某 “2009年1月春节前,我在陈某某办公室送给他现金1万元,均是面额100元的,用信封装着……我还找陈某某要了钥匙把一些烟酒茶放到他车上。”	送钱是在“车上”还是“办公室”?
	9	第13笔	卷2第4~19页,调查笔录, 2009.6.8.00:00~3:05,潘某某、陆某 “2009年3月底,汤某某在我办公室送给我现金人民币3万元和一些从我国台湾地区买回来的特产,我当场收下了。” 卷2第79~82页,2009.6.6,自书材料 2009年3月送现金5万元	卷2第96~102页,审讯笔录,宝安市检308室,2009.6.10.15:22~16:30,吴某某、马某某 “2009年3月底……陈某某办公室……现金3万元和一些我从我国台湾地区买回来的特产。我对陈说这是一点钱,看你自己安排一下,出去玩一下……” 卷2第104~105页,2009.6.3自我交代 “2009年3月……档案袋装着3万元现金,问他其他做完的工程款有没有支付……我把档案袋放到办公台上就走了。” 卷2第106页,2009.6.3自我交代 2009年3月到石岩街道办公楼用档案袋装10万元整	关于这笔款项,被告人供述前后有矛盾,从5万元变成3万元。证人笔录前后也有矛盾,从10万元变为3万元。供证之间也有矛盾,开始一个说10万元,一个说5万元,但是最后在陈某某供述变成3万元之后,汤某某的笔录也变成了3万元

续表

证人	序号	笔数	供	证	分析
张某凯	10		卷2第79~82页,2009.6.6,自书材料 2008年春节送现金8万元。 2009年春节送现金8万元。 卷2第4~19页,调查笔录, 2009.6.8.00:00~3:05,潘某某、陆某 “他为了感谢我在工程方面对他的关照,在2008年和2009年春节各送了人民币8万元给我,总共是人民币16万元。这两次送钱都是张某凯到石岩街道办的牌坊边上等我,我开车到了之后,他就打开我的车门,把装有现金的袋子放在我的车上。”	卷2第126~128页,询问笔录,区检办公室,2009.9.2.15:50~16:30,潘某某,赵某某 “我一共送过两次钱给他。分别是2008年春节送了人民币8万元,2008年中秋节送了人民币2万元,总共是人民币10万元。这两次送钱都是在石岩街道办的牌坊边上送的,现金都是用袋子装着,是我把袋子放在他车上的。”	供证一笔能够对应,另一笔时间数额上都无法对应。起诉书指控了第一笔,到底几笔,数额?
供证矛盾主要集中在黄某文和汤某某两人身上					

表七　供证一致比对

证人	供	证	比对
汤某某	卷2第4~19页，调查笔录， 2009.6.8.00:00~3:05，潘某某、陆某 “2006年上半年，我让汤某某做了石岩湖种植生态林的工程。”	卷2第96~102页，审讯笔录，宝安市检308室，2009.6.10.15:22~16:30，吴某某、马某某 “2006年5月，陈某某让我去参加招投标……石岩湖种植生态林的工程……”	指控的汤某某行贿的14笔具体事实中，有4笔汤某某提到了有具体工程相对应，蹊跷的是，在被告人的供述中，同样说到了这4笔，它们分别是第一笔、第三笔、第五笔和第十一笔。还有一个重要的细节是，这4笔中提到的工程，是书证中都没有的，而双方对工程名称却说得一字不差
	卷2第4~19页，调查笔录， 2009.6.8.00:00~3:05，潘某某、陆某 “2006年下半年我安排汤某某做了石龙仔边坡整治工程。”	卷2第96~102页，审讯笔录，宝安市检308室，2009.6.10.15:22~16:30，吴某某、马某某 “2006年我做了一个石岩石龙仔边坡整治工程。”	
	卷2第4~19页，调查笔录， 2009.6.8.00:00~3:05，潘某某、陆某 “2007年，我安排汤某某城建了石岩街道北环路变垃圾转运站工程。”	卷2第96~102页，审讯笔录，宝安市检308室，2009.6.10.15:22~16:30，吴某某、马某某 “2007年……石岩街道北环路边垃圾转运站……”	
	卷2第4~19页，调查笔录， 2009.6.8.00:00~3:05，潘某某、陆某 “2008年11月左右，我安排汤某某做了田心村围合式改造和罗租村线路改造工程。”	卷2第96~102页，审讯笔录，宝安市检308室，2009.6.10.15:22~16:30，吴某某、马某某 “2008年11月左右……田心村围合式改造和罗租村线路改造工程。”	

续表

证人	供	证	比对
	卷2第4~19页,调查笔录, 2009.6.8.00:00~3:05,潘某某、陆某 “2007年11、12月间,汤某某到我办公室坐,送给我现金人民币15万元,均是面额100元的,我当场收下了。” 卷2第79~82页,2009.6.6,自书材料 2007年12月送现金15万元	卷2第96~102页,审讯笔录,宝安市检308室,2009.6.10.15:22~16:30,吴某某、马某某 “2007年11月、12月间,陈某某打电话让我去他办公室。我到后,陈某某跟我说要点钱用,让我安排一下。过了二天,我用档案袋装了现金人民币15万元,均是面额100元,在陈某某办公室给了他。” 卷2第104~105页,2009.6.3自我交代 “2007年12月……陈某某办公室,当我面提着档案袋装着15万元现金放在办公桌面上。” 卷2第106页,2009.6.3自我交代 2007年12月到石岩街道办公室用档案袋装一十五万元正拿给陈某某。 卷2第107页,2009.6.4自书补充交代 2007年约10月……办公室当时大约用档案袋封了15万元现金,放到他办公台面,当时无其他人,我喝了一杯茶有事先走了……是陈某某打电话给我送过去	时间上的矛盾,一直不一致,最后却一致了。被告说12月,最后变成“11月、12月间”。汤说12月,后说10月,后又和陈一致说“11月、12月间”

续表

证人	供	证	比对
	卷2第4～19页，调查笔录， 2009.6.8.00:00～3:05，潘某某、陆某 “2008年7月左右，中秋节前一段时间。汤某某到我办公室坐，送给我现金人民币5万元，我当场收下了。”	卷2第96～102页，审讯笔录，宝安市检308室，2009.6.10.15:22～16:30，吴某某、马某某 “2008年7月左右，中秋节前一段时间……陈某某办公室坐，当时办公室里还有一个姓黄的老板……没有其他人了，我就把用档案袋装好的现金5万元放到陈某某办公桌上……后来我找陈某某要了钥匙把一些烟酒茶叶放到他车上。”	两个人同时强调，时间在“2008年7月左右，中秋节前一段时间”（被告人6月8日供述和证人6月10日笔录，一模一样，一字不差），7月此时距离中秋节还有两个多月，为什么两人都强调在中秋节前这个细节。而在6月2日、3日证人的两份自我交代中并没有提到这个细节
	卷2第4～19页，调查笔录， 2009.6.8.00:00～3:05，潘某某、陆某 “2009年5月15日左右，汤某某到我办公室送给我现金人民币10万元，均是面额100元的，用一个档案袋装好，他说请我帮忙去催一下工程款，我答应帮他去催一催。”	卷2第96～102页，审讯笔录，宝安市检308室，2009.6.10.15:22～16:30，吴某某、马某某 “2009年5月15日左右……陈某某办公室……现金10万元，均是面额100元的，用一个档案袋装好的……我送钱给陈某某是想请他帮忙去催一下我的工程款。” 卷2第106页，2009.6.3自我交代 2009年5月到石岩街道办公室档案袋装30万元	6月3日证人自我交代与被告人供述存在矛盾，数额上相差20万元之多。后来却在时间、地点、数额、细节各方面说得几乎一字不差

续表

证人	供	证	比对
庄某某	卷2第4~19页,调查笔录,2009.6.8.00:00~3:05,潘某某、陆某 “2007年4月的一天,庄某某送给我现金人民币5万元。具体地点我不记得了。”	卷2第118~122页,调查笔录,区检第2询问室,2009.6.25.15:10~15:40,潘某某、赵某某 “2007年4月的一天,我送给陈某某现金人民币5万元,具体地点我不记得了。”	庄某某的15笔中有3笔说到“具体地点我不记得了”,分别是第四笔、第六笔、第十笔,相同,陈某某的供述中也分别是这几笔说到,具体地点不记得了
	卷2第4~19页,调查笔录,2009.6.8.00:00~3:05,潘某某、陆某 “2007年7月的一天,庄某某送了现金人民币3万元给我。具体地点我不记得了。”	卷2第118~122页,调查笔录,区检第2询问室,2009.6.25.15:10~15:40,潘某某、赵某某 “2007年7月的一天,我送给陈某某现金人民币3万元,具体地点我不记得了。”	
	卷2第4~19页,调查笔录,2009.6.8.00:00~3:05,潘某某、陆某 “2008年5月左右的一天,庄某某送了现金人民币4万元给我。具体地点我忘记了。这笔钱也是用袋子装好的。”	卷2第118~122页,调查笔录,区检第2询问室,2009.6.25.15:10~15:40,潘某某、赵某某 “2008年5月左右的一天,我送了现金人民币4万元给陈某某。具体地点我记不清了。”	

续表

证人	供	证	比对
	卷2第4～19页,调查笔录,2009.6.8.00:00～3:05,潘某某、陆某 2007年春节前的一天,庄某某在我的车上送给我现金人民币3万元	卷2第118～122页,调查笔录,区检第2询问室,2009.6.25.15:10～15:40,潘某某、赵某某 “2007年春节前,我在陈某某的车上送给他现金人民币3万元。”	15笔中共有9笔,即第三、四、六、七、八、十一、十二、十四、十五笔供证,除了主谓语的变化,其他基本上一字不差
	卷2第4～19页,调查笔录,2009.6.8.00:00～3:05,潘某某、陆某 “2007年4月的一天,庄某某送给我现金人民币5万元。具体地点我不记得了。”	卷2第118～122页,调查笔录,区检第2询问室,2009.6.25.15:10～15:40,潘某某、赵某某 “2007年4月的一天,我送给陈某某现金人民币5万元,具体地点我不记得了。”	
	卷2第4～19页,调查笔录, 2009.6.8.00:00～3:05,潘某某、陆某 “2007年7月的一天,庄某某送了现金人民币3万元给我。具体地点我不记得了。”	卷2第118～122页。调查笔录,区检第2询问室,2009.6.25.15:10～15:40,潘某某、赵某某 “2007年7月的一天,我送给陈某某现金人民币3万元,具体地点我不记得了。”	
	卷2第4～19页,调查笔录,2009.6.8.00:00～3:05,潘某某、陆某 “2007年中秋前庄某某在我的办公室送给我现金人民币2万元,面额都是100元的,这笔钱是用大信封装好的。” 卷2第79～82页,2009.6.6自书材料 2007年中秋送现金2万元。	卷2第118～122页,调查笔录,区检第2询问室,2009.6.25.15:10～15:40,潘某某、赵某某 “2007年中秋前,我在陈某某的办公室送给他现金人民币2万元。面额都是100元的,这笔钱是用大信封装好的。”	

续表

证人	供	证	比对
	卷2第4～19页,调查笔录, 2009.6.8.00:00～3:05,潘某某、陆某 “2007年12月,在我的车上庄某某送给我现金人民币5万元。这笔钱是用塑料袋装好的。面额都是100元的。”	卷2第118～122页,调查笔录,区检第2询问室,2009.6.25.15:10～15:40,潘某某、赵某某 “2007年12月的一天,我在石岩陈某某的车上送给他现金人民币5万元。这笔钱是用塑料袋装好的,面额都是100元的。”	
	卷2第4～19页,调查笔录,2009.6.8.00:00～3:05,潘某某、陆某: “2008年7到8月期间的一天,庄某某送给我现金人民币5万元,这笔钱是用袋子装的,一共五沓,都是100元面额的。”	卷2第118～122页,调查笔录,区检第2询问室,2009.6.25.15:10～15:40,潘某某、赵某某 “2008年7到8月的一天,我送给陈某某现金人民币5万元。这笔钱是用袋子装的,一共五沓,都是100元面额的。”	
	卷2第4～19页,调查笔录,2009.6.8.00:00～3:05,潘某某、陆某 “2008年中秋前的一天,庄某某送给我人民币2万元。我印象中他是去我的办公室把这笔钱给我的。”	卷2第118～122页调查笔录,区检第2询问室,2009.6.25.15:10～15:40,潘某某、赵某某 “2008年中秋前的一天,我送给陈某某现金人民币2万元。”	
	卷2第4～19页,调查笔录 2009.6.8.00:00～3:05,潘某某、陆某 “2008年12月的一天,在我的车上庄某某送了现金人民币5万元给我。这笔钱是用袋子装好的。”	卷2第118～122页调查笔录,区检第2询问室,2009.6.25.15:10～15:40,潘某某、赵某某 “2008年12月的一天,我在陈某某的车上送了现金人民币5万元给陈某某,这笔钱是用袋子装好的。”	

续表

证人	供	证	比对
	卷2第4~19页,调查笔录, 2009.6.8.00:00~3:05,潘某某、陆某 “2009年春节前的一天,在我的车上庄某某送给我现金人民币10万元,这10万元一共十沓,装在塑料袋子里面。”	卷2第118~122页调查笔录,区检第2询问室,2009.6.25.15:10~15:40,潘某某、赵某某 “2009年春节前的一天,我在陈某某的车上送给陈某某现金人民币10万元,这10万元一共十沓,装在塑料袋子里面。”	
刘某某	卷2第4~19页,调查笔录, 2009.6.8.00:00~3:05,潘某某、陆某 “2006年下半年的一天,刘某某送了现金人民币3万元给我。具体地点我现在记不得了。”	卷2第111~114页,询问笔录,区检讯问室,2009.6.23.15:30~15:50,潘某某,王某某 “2006年下半年的一天,我送了现金人民币3万元给陈某某,具体地点我现在记不得了。”	1.表达方式,语句,语顺几乎完全一样。 2.当记不得地点的时候两个人都记不得地点,如第一、二笔。 3.当记不得时间的时候,两个人同时记不得时间,如第二笔。 4.提到用袋子装、当场收下等具体细节时,要不同时都说到,要不都没有说到
	卷2第4~19页,调查笔录, 2009.6.8.00:00~3:05,潘某某、陆某 “2007年的一天(具体时间记不得了),刘某某送了现金人民币3万元给我,具体地点我现在记不得了。”	卷2第111~114页,询问笔录,区检讯问室,2009.6.23.15:30~15:50,潘某某,王某某 “2007年的一天,具体时间记不得了,我送了现金人民币3万元给陈某某,具体地点我现在记不得了。”	

续表

证人	供	证	比对
	卷2第4～19页，调查笔录， 2009.6.8.00:00～3:05，潘某某、陆某 “2008年（和2009年）春节前，刘某某以拜年为名，各送了人民币3万元给我……这两次送钱的地点都是他约我去石岩某个地方见面（具体地点不记得了），刘某某到我的车上给我的。我当场收下了。这两笔钱我印象中是用袋子装好的。”	卷2第111～114页，询问笔录，区检讯问室， 2009.6.23.15:30～15:50，潘某某，王某某 2008年春节前，我送了人民币3万元给陈某某，在陈某某的车上给他的。钱是用袋子装的，他当场收下了	
	卷2第4～19页，调查笔录， 2009.6.8.00:00～3:05，潘某某、陆某 “2008年中秋前，在我的办公室里，刘某某送了现金人民币2万元给我。这笔钱都是100元面额的。我当场收下了。”	卷2第111～114页，询问笔录，区检讯问室， 2009.6.23.15:30～15:50，潘某某，王某某 2008年中秋前，我到陈某某的办公室，送给他现金人民币2万元，都是100元面额的，他当场收下了	
	卷2第4～19页，调查笔录，2009.6.8.00:00～3:05，潘某某、陆某 “（2008年）和2009年春节前，刘某某以拜年为名，各送了人民币3万元给我……这两次送钱的地点都是他约我去石岩某个地方见面（具体地点不记得了），刘某某到我的车上给我的。我当场收下了。这两笔钱我印象中是用袋子装好的。”	卷2第111～114页，询问笔录，区检讯问室， 2009.6.23.15:30～15:50，潘某某，王某某 “2009年春节前，我送了人民币3万元给陈某某，和2008年春节前一样，也是在陈某某的车上给他的。钱是有袋子装的，他当场收下了。”	

续表

证人	供	证	比对
	卷2第4~19页,调查笔录,2009.6.8.00:00~3:05,潘某某、陆某 “2009年5月的一天,在我的办公室,刘某某送了现金10万港元给我。这笔钱是用信封装好的。开始我还不知道这是10万港元,还以为是1万人民币。当我打开信封后我发现是10万港元。后来我还打电话给刘某某,说不要送这么多钱给我,并要他回来拿走。至今他都没有来我办公室。”	卷2第111~114页,询问笔录,区检讯问室,2009.6.23.15:30~15:50,潘某某,王某某 “2009年5月的一天,我到陈某某的办公室,送了现金10万港元给他。这笔钱是用信封装好的。他当场收下了。”	
张某某	卷2第4~19页,调查笔录, 2009.6.8.00:00~3:05,潘某某、陆某 “2006年、2007年、2008年的中秋节前,张某某以过节为名,各送了人民币1万元给我……我印象中是在我的办公室送的。”	卷2第108~110页,询问笔录,区检讯问室,2009.7.21.16:40~17:00,王某某、潘某某 “2006年、2007年、2008年的中秋节前,我各送了人民币1万元给陈某某,总共是人民币3万元,是在陈某某的办公室送的。”	1.时间的表述的一致性:“2006年、2007年、2008年的中秋节前”,供证一字不差,三年连着说。另外几笔关于时间的表述“2007年春节前一天”“2008年春节前一天”“2009年春节前一天”,供证一字不差,三年分开说。
	卷2第4~19页,调查笔录, 2009.6.8.00:00~3:05,潘某某、陆某 “2007年春节前的一天,在松柏路边,张某某在我的车上送给我现金人民币8万元。这笔钱是用袋子装的,我当场收下了。”	卷2第108~110页,询问笔录,区检讯问室,2009.7.21.16:40~17:00,王某某、潘某某 2007年春节前一天,我送给他现金人民币8万元,是在松柏路边陈某某的车上送的,他当场收下了	

续表

证人	供	证	比对
	卷2第4～19页，调查笔录，2009.6.8.00:00～3:05，潘某某、陆某 “2008年春节前的一天，张某某在宝石路口边等我，然后上了我的车，在车上送给我现金人民币5万元，我当场收下了，这笔钱是用袋子装的，一共五叠……”	卷2第108～110页，询问笔录，区检讯问室，2009.7.21.16:40～17:00，王某某、潘某某 还有就是2008年春节前的一天，我送给他现金人民币5万元，我记得是在宝石路口边他的车上送的，这笔钱是用袋子装的，一共五沓	2. 六笔中有一笔在细节上说到“一共五叠”（第四笔），供证一字不差，同时出现。 3. 6笔中有两笔在细节上说到“当场收下了”（第二、六笔），供证一字不差，同时出现。 4. 第六笔，除了主谓语的变化，供证一字不差
	卷2第4～19页，调查笔录，2009.6.8.00:00～3:05，潘某某、陆某 “2009年春节前的一天，也是在宝石路口，张某某在我的车上送给我现金人民币5万元。这笔钱也是用袋子装的，我当场收下了。”	卷2第108～110页，询问笔录，区检讯问室，2009.7.21.16:40～17:00，王某某、潘某某 2009年春节前的一天，也是在宝石路口，我在他的车上送给他现金人民币5万元。这笔钱也是用袋子装的，他当场收下了	
黄某某	卷2第4～19页，调查笔录， 2009.6.8.00:00～3:05，潘某某、陆某 “2006年的一天（具体时间记不住了），黄某某到我的办公室，送了人民币3万元给我，我当场收下了。”	卷2第123～125页，调查笔录，区检讯问室，2009.8.31.10:50～11:05，潘某某，陆某 其他的还有2006年的一天，在做工程的过程中我到陈某某的办公室，送给他人民币3万元	1. 供证中存在一字不差的错误。 6月8日陈某某的供述中说道：“2007年、2008年、2006年（原写的2009年，后改成2006年）的每个中秋节前，黄某某都会到我的办公室……”

续表

证人	供	证	比对
	卷2第4～19页,调查笔录,2009.6.8.00:00～3:05,潘某某、陆某 2007年、2008年、2006年(原写2009年)的每个中秋节前,黄某某都会到我的办公室,每次都是匆匆地来,进了我的办公室后就从包里掏出了现金递给我,并说过节了,祝我节日快乐。给钱后马上就离开我的办公室走了。这三个中秋节,每次给现金1万元,总共是人民币3万元	卷2第123～125页,调查笔录,区检讯问室,2009.8.31.10:50～11:05,潘某某,陆某 在2007年、2008年、2006年(原写2009年后改动)的每一个中秋节,都给陈某某现金1万元,总共是人民币3万元。地点都是在陈某某的办公室。钱都没有包装,只是说中秋快乐,就递给他。给钱后我都是很快就离开他的办公室	8月31日黄某某笔录写道:“在2007年、2008年、2006年(原写2009年后改动)的每一个中秋节……” 2. 当具体时间记不清楚的时候,被告人和证人同时记不清楚。 如第一笔:2006年的一天。
	卷2第4～19页,调查笔录,2009.6.8.00:00～3:05,潘某某、陆某 “2007年的一天(具体时间我记不得了),黄某某在我的办公室送了5万港元给我。这5万港元都是1000元面额的。这笔钱没有包装。”	卷2第123～125页,调查笔录,区检讯问室,2009.8.31.10:50～11:05,潘某某,陆某 2007年的一天,也是在陈某某的办公室,我为了感谢陈某某在工程方面的关照送了5万港元给他,这5万港元都是1000元面额的,也没有包装	第三笔:2007年的一天。 3. 时间表述方式的一致性

续表

证人	供	证	比对
	卷2第4～19页,调查笔录,2009.6.8.00:00～3:05,潘某某、陆某 “2007年、2008年、2009年的每个春节前,黄某某也都是到我的办公室,以拜年为名,每个春节送2万元人民币给我,总共是人民币6万元。这些钱我都当场收下了。”	卷2第123～125页,调查笔录,区检讯问室,2009.8.31.10:50～11:05,潘某某,陆某 2007年、2008年、2009年的每个春节,在陈某某的办公室,我以拜年为名,每一个春节都送2万元人民币给他,总共是人民币6万元	
	卷2第66～73页,审讯笔录,2009.6.9.16:20～17:00,宝安区看守所,潘某某、黄某青 2009年5月的一天,黄某某送给我人民币5万元	卷2第123～125页,调查笔录,区检讯问室,2009.8.31.10:50～11:05,潘某某,陆某 2009年5月在陈某某办公室我送给陈某某人民币3万元	

表八　行受贿数额与工程利润比对表

证人	供证内容	分析
黄某文	总工程造价2799.2361万元,行贿107万元人民币、10万元港元	4%
	1.料坑新村改造工程　造价288.6769万元,行贿25万元	8.7%
	2.龙仔新村整改工程(199万元)、官田新村整改工程(177万元)料坑垃圾转运站工程(202万元)工程总造价578万元,行贿8万元	1%

续表

证人	供证内容	分析
汤某某	总工程造价 1068.5477 万元，行贿 134 万元人民币	约 13%
	1. 石岩湖种植生态林工程项目（第一笔）造价 25 万元，行贿 10 万元	40%
	2. 石龙仔边坡整治工程（第三笔），造价 30 万元，行贿 5 万元	17%
	3. 北环路边垃圾转运站（第五笔），造价 140 万元，行贿 8 万元	6%
	4. 田心村围合式改造和罗租村线路改造工程（第十一笔），总造价 180 多万元，行贿 20 万元	11%
庄某某	总工程造价 1029.1661 万元，行贿 59 万元	5.7%
刘某某	总工程造价 115.24 万元，行贿 14 万元人民币、10 万元港元	21%
张某某	总工程造价 278.729 万元，行贿 21 万元	约 8%
黄某某	总工程造价 1328.3338 万元，行贿 15 万元人民币、5 万元港元	不到 2%
廖某某	总工程造价 214.4834 万元，行贿 11 万元	约 5%
张某凯	总工程造价 472.207 万元，行贿 8 万元	1.6%
注：有关工程总造价计算依据来源于检卷三、四中所有工程书证记载中标价格		

表九　笔录时间与内容比对表

姓名	笔录日期	笔录时间（分）	笔录字数	打字数/分钟	演示朗读时间(分)	分析
陈某某	2009.6.8 00:00～3:05	185	7336	39.6	33.95	
	2009.6.8 5:10～5:30	20	2400	120	10.9	
	2009.6.8 5:30～5:50	20	2017	100.85	8.9	
	2009.6.8 5:50～6:00	10	1427	142.7	6.3	
	2009.6.8 4:20～4:40	20	1858	92.9	8.75	
	2009.6.8 4:40～4:50	10	1064	106.4	4.8	
	2009.6.8 4:50～5:10	20	1441	72	6.3	
	2009.6.8 6:00～6:10	10	1316	131.6	5.8	

续表

姓名	笔录日期	笔录时间（分）	笔录字数	打字数/分钟	演示朗读时间(分)	分析
陈某某	2009.6.8 6:10～6:20	10	1344	134.4	5.6	
	2009.6.8 3:40～4:18	38	7060	185.789	34.6	
	2009.6.19 10:30～11:00	30	532	17.73	2	
	2009.6.9 16:20～17:00	40	4143	103.5	18.5	
	2009.6.10 17:50～18:10	20	1064	53.2	4.4	
	2009.9.14 10:00～11:30	90	588	6.5	2.1	
廖某某	2009.6.29					无时间记录
庄某某	2009.6.25 15:10～15:40	30	1596	53.2	2.96	

续表

姓名	笔录日期	笔录时间（分）	笔录字数	打字数/分钟	演示朗读时间(分)	分析
黄某某	2009.8.31 10:50~11:05	15	1158	77.2	5.28	
张某凯	2009.9.2 15:50~16:30	40	924	23.1	3.95	
黄某文	2009.6.4 16:35~16:50	15	2776	185	12.38	
黄某文	2009.6.4 16:55~17:30	35	2800	80	12.96	
黄某文	2009.6.5 19:00~19:55	55	3360	61	15.5	
汤某某	2009.6.10 15:22~16:30	68	3172	46.6	14.7	
张某某	2009.7.21 16:40~17:00	20	1204	60.2	17.4	

续表

姓名	笔录日期	笔录时间（分）	笔录字数	打字数/分钟	演示朗读时间(分)	分析
刘某某	2009.6.23 15:30~15:50	20	1316	65.8	3.18	
汤某坚	2009.6.15 18:00~20:20	140	938	6.7	4.5	
实验朗读时间为连续朗读笔录时间,不包括被讯问人的思考时间,不包括询问人、记录人的思考时间和休息时间						

表十　谋取利益供证比对表

谋利行为		
陈供	行贿人证言	第三人证言
第4~19页调查笔录 2009.6.8.00:00~3:05 “我在任职石岩街道办副主任期间,利用主管城建、工务的职权,同意包工头通过‘围标’的形式拿到工程,在做工程过程中收受了包工头给的工程感谢费。” “我是石岩街道主管工程建设的	黄某文:卷2第84~89页,调查笔录,宝安区检审讯室,2009.6.5.19:00~19:55,王某某、陆某问:“你是如何拿到这些工程的?” 答:“都是陈某某的关照,因为陈某某是石岩街道主管工程建设的副主任,所有工程都要经过他的同意,我才能拿到这些工程。一般是由陈某某打电话告诉我有什么工程,并说把该工程给我做。陈某某交待石岩街道城建办负责招标	第129~134页,黄某文询问笔录,2009.6.4.16:35~16:50,区检讯问室,陆某、许某某 “进行邀标的工程程序是立项申报批准后,我就拿着工程项目名称到陈某某主任办公室。陈主任会直接指明该项目由哪个包工头来做,然后交代我按照规定,处理邀标事宜。

续表

谋利行为		
陈供	行贿人证言	第三人证言
副主任,主管建设工程,在经过我的同意下,黄某文自己找了多家建筑公司,用挂靠多家建筑公司的方式,通过‘围标’的方法拿到了工程。” “在经过我的同意下,汤某某自己找了多家建筑公司来投标,通过‘围标’的方法拿到了工程。” “他是感谢我在工程上对他的关照。因为他(黄某某)城建的工程都是我同意给他做的。” “在我的同意下,刘某某通过围标的方式拿到了这几个工程,他为了感谢我给他工程做,他总共送了人民币29万元给我。” “在我的同意下,庄某某的部分工程是通过‘围标’的方式拿到的。他为了感谢我对他的关照,分多次送钱给我。”	的黄某文与我联系,告诉我投的该工程的具体方法。比如公开邀标的需要多少个投标的单位(由我自己找工程队来投标)、准备什么资料等……除了石岩街道景观街工程、石岩公学教学楼工程和水田排洪沟工程这三个工程属于公开招投标外,其余的工程都是我用挂靠多家建筑公司的方式,通过‘围标’的手段中标的。” 问:“你把‘围标’的具体操作方法说一下。” 答:“陈某某先打电话告诉我有个工程项目要邀标,让我准备一下,陈某某又同时交代城建办的黄某文,说这个项目给我做,让黄某文与我联系。我就按照黄某文的要求找好几个挂靠的建筑公司,并准备齐全资料,在规定的时间内交到城建办黄某文手中。”	他说那个包工头会挂靠3到5家公司来参与投标……也就是说,陈主任其实和那个包工头已经商量好了,把邀标变成了‘围标’……” “之后,每个工程我都会按照陈某某主任的交代,打电话通知指定好的某个老板,由该老板找几家挂靠公司过来进行邀标……” “除了上面提到的这些包工头,其他人基本上是拿不到工程来做的。反正在石岩街道办要想拿到工程来做,都是要陈主任同意的。” “每个工程他都是跳过科长、副科长,直接交代我这么做的。科长、副科长知道这么做是违规的,但是不愿意参与其中,也就没有过问。” 在陈主管城建工作前不是这样的,基本都是公开招投标

续表

谋利行为		
陈供	行贿人证言	第三人证言
"这些工程也是我给他(张某某)做的,他找了几个工程队,通过围标的方式拿到了这些工程。为了感谢我的帮忙,也为了拿到更多的工程,他分多次送给我人民币21万元现金。" "因为我是石岩街道办主管工程的领导,廖某某做这些工程是我同意给他做的。" "因为我是石岩街道办主管工程的领导,张某凯做这些工程是我同意给他做的。"	汤某某:卷2第96~102页,审讯笔录,宝安市检308室,2009.6.10.15:22~16:30,吴某某、马某某 "陈某某知道有工程做后,就让城建办通知我,告诉我项目的具体情况。我分别挂靠几家公司以不同的名义参加投标,这样就能保证我肯定能中标。"	
	庄某某:卷2第118~122页调查笔录,区检第2询问室,2009.6.25.15:10~15:40,潘某某、赵某某 "我在做工程的过程中,因为与石岩街道办副主任陈某某的关系较好,通过'围标'的形式拿到石岩街道的一些工程,并多次送钱给陈某某。他有时候打电话给我,有时打给我给哥,告诉我们有工程要做,让我们去做,具体情况让我们与石岩街道城建办的黄某文联系。"	

续表

谋利行为		
陈供	行贿人证言	第三人证言
	刘某某:卷2第111~114页,询问笔录,区检讯问室,2009.6.23.15:30~15:50,潘某某、王某某 “那些小的修修补补的工程陈某某提供了一些帮助,也不需要进行招投标……财政所大楼的室内装修工程是陈某某帮助我,通过围标的方式拿到的。” “今年年初,街道城建办的黄某文打电话给我,说陈某某让我做财政所大楼的室内装修工程,让我找几家公司来招投标……最后不管哪家中标,都是我中标。”	
	张某某:卷2第108~110页,询问笔录,区检讯问室,2009.7.21.16:40~17:00,王某某、潘某某 “一般情况下,街道城建办的黄某文会先打电话给我,说陈某某让我做这项工程,让我找几家公司来招投标,我就让手下的项目经理去找几家公司来挂靠,去参加投标,最后不管哪家中标,都是我中标。”	

续表

谋利行为		
陈供	行贿人证言	第三人证言
	黄某某:卷2第123~125页,调查笔录,区检讯问室,2009.8.31.10:50~11:05,潘某某、陆某 “是在陈某某的关照下拿到这些工程的。在他的同意下我找了几家工程队通过围标拿到工程。”	
	廖某某:卷2第115~117页,调查笔录,2009.6.29(没有开始和结束时间),市检讯问室,张某某、潘某某 “2008年9月,陈某某安排我做了实验劳动办办公楼装修工程。当时黄某文打电话通知我,叫我组织几个工程队去参加这个工程的招投标……” “(2009年4月之后,第二次行贿) 过了没多久,他就叫黄某文给我打电话,安排我去围标应人石河塘头段河堤修复工程。”	

续表

<table>
<tr><td colspan="3">谋利行为</td></tr>
<tr><td>陈供</td><td>行贿人证言</td><td>第三人证言</td></tr>
<tr><td></td><td>张某凯:卷 2 第 126 ~ 128 页,询问笔录,区检办公室,2009.9.2.15:50 ~ 16:30,潘某某、赵某某
“这些工程都是在陈某某的帮助下通过‘围标’的方式拿到的……一般情况下,陈某某决定把工程给我做之后,就让石岩城建办的黄某文通知我,告诉我工程项目的具体情况,我分别挂靠几家不同的建筑公司参加投标……”</td><td></td></tr>
<tr><td colspan="3">陈供:经他同意——陈翻供,供述不具备真实性、合法性。
行贿人证言分两种情况:
1. 陈先打电话告知有项目,然后陈交代黄某文打电话告知具体情况。
有:黄某文、庄某某。
2. 陈没打电话,黄某文打电话说陈交代他打电话。
有:汤某某、刘某某、张某某、廖某某、张某凯。
注:黄某某没说具体操作,只说了“经同意”。
黄某文证言:都是陈叫他打。
在第一种情况下,主要是陈打电话告知了什么?——有项目,而不是围标。
陈交代黄打电话告知什么?——黄某文说“然后交代我按照规定,处理邀标事宜。”
即从行贿人的证言看,陈从来没有明确地和他们说过要采取围标的方式,只是告诉他们有工程。黄某文说陈告诉他包工头会挂靠几个单位投标的说法,没有其他证据可以印证。陈交代黄按照规定办理,并没有明确指示黄告知包工头围标从</td></tr>
</table>

续表

现有口供看,所有包工头关于邀标的具体事实都是黄某文电话告知的。黄与本案事实有直接的关系,其证言的可信度存疑。 在第二种情况下:陈没有和包工头联系过,都是听黄某文说的,不足以认定。 所以,认为陈直接指示包工头或指示黄某文告知包工头采取围标方式获取工程证据不足。 那么,陈有没有可能明知包工头采取围标方式获取工程而默许同意? 看卷三、卷四检方提供的书证,主要用来证明指控涉及的工程项目的具体情况。卷三中所有的证人都一致手写道:“以上投标公司都是我挂靠用来投标的,我与这些公司没有签订挂靠合同,只有口头协议。”也就是说,指控用证人自己的说明来证明证人与公司之间的挂靠关系。除了证人的一句话之外,没有其他任何证据能够证明挂靠关系,没有签订书面挂靠合同,从招标申报表和中标通知书上,也看不出投标单位与行贿人有任何的关系。仅凭一句话,就断定行贿人与这些单位之间是挂靠关系,是用孤证定罪,而且是使用最不稳定的言词证据的孤证定罪,这样的指控是极不负责任的。 那么,如果在陈没有指示黄某文或包工头们围标的前提下,黄某文又没有反过来向陈某某汇报围标的情况,单看这些招标申报表,陈某某如何能知道这些投标单位其实都被同一个人挂靠了呢,更何况,招标申报表在陈某某签字之前,还要经过城建科科长的审核签字。所以,要证明陈某某在明知黄某文或者包工头采取围标方式获取工程而默许同意的证据,不仅是证据不足,而是根本就没有。陈某某也没有默许同意。 结论:陈某某既没有指使黄某文或包工头采取围标方式获取工程,也没有默许同意他们采取围标方式获取工程。采取邀标是按照相关文件规定进行的,没有为任何人谋取利益

与法治同行

辩护词代理词精选

辩护词三

田文昌 著

法律出版社
LAW PRESS·CHINA
—— 北京 ——

作者简介

田文昌，现为中华全国律师协会刑事专业委员会顾问，中国刑法学研究会名誉顾问，西北政法大学刑事辩护高级研究院名誉院长、博士生导师，中国政法大学、国家检察官学院等多所高校客座教授。

1983年，田文昌从西北政法大学硕士毕业后到中国政法大学任教；1995年，辞职创办北京市京都律师事务所，由教授兼律师转为律师兼教授。

田文昌曾获评北京市首届十佳律师，“CCTV2013年度十大法治人物”，2013年度《亚洲法律评论》中国十佳诉讼律师，香港卫视2015全球华人影响力盛典“最具影响力华人大律师”，美国刑事辩护律师协会“终身荣誉会员”。中央电视台“东方之子”“实话实说”“三百六十行”“面对面”“人物”等栏目先后对田文昌进行了多次专访报道。

田文昌以擅长办理各类典型疑难诉讼案件而著称，并坚持不懈从事理论研究，为推动立法、司法改革和律师制度的建设而不断探索，以各种形式提出关于国家法治建设、法学理论研究、法律实务研究及法学教育改革的理论观点和探索性建议。

多年来，田文昌曾出版《刑罚目的论》（专著）、《律师与法治》（专著）、《中国大律师辩护词精选——田文昌专辑》（一、二、三辑，专著）、《田文昌谈律师》（专著）、《田文昌谈刑辩》（专著）、《与法治同行》（个人论文选集）、《刑事辩护的中国经验》（合著）、《控辩审三人谈》（合著）、《新控辩审三人谈》（合著）、《刑事辩护学》（主编）、《刑事诉讼法再修改律师建议稿》（主编）、《律师制度》（主编）、《刑事辩护教程》（理论篇、实务篇、实训篇，主编）等著作和论文数百万字。

增补修订版前言

我的《中国名律师辩护词代理词精选:田文昌专辑》自1998年由法律出版社发行以后,又陆续出版了第二辑和第三辑,并经过几次再版。此次整理辩护词、代理词出版成书,作为继已出版第一、二、三辑的后续之作,即第四辑,在收入近几年新发表的辩护词的同时,特将前三辑的内容进行适当调整,统一出版一套完整版。此次收录辩护词和代理词共100篇。

为使本书的内容和时间脉络更加清晰,调整方式如下:

1. 将辩护词与代理词一起出版,共4册,分别为辩护词一、辩护词二、辩护词三、代理词。

2. 由于在新收入的辩护词中有一些原来没收入的早期辩护词,为了理顺时间顺序,全书均按辩护词发表的时间先后重新排序,调整后每一册的内容会有一些变化。

此次出版只有一本代理词专辑,都是我早期代理一些民商诉讼和行政诉讼案件时发表过的代理词。后来,由于专业化的需要我就基本上只做刑事案件了。所以,再版时增加的内容只有辩护词。

无论过去还是现在,我收录辩护词的标准都是以典型性、代表性

为原则,并未兼顾胜诉率。因为,我一直强调:律师不以输赢论英雄。辩护词的价值,在于其论据扎实,说理充分,策略得当。

我将 100 篇辩护词和代理词* 呈现给大家,目的只有一个:分享体会,共同切磋,为中国律师辩护水平不断提升尽一份绵薄之力。

---

* 对案例评述和辩护词、代理词,保留案件发生时适用的法律法规、机构名称等,不再对其时效性进行特别标注。——编者注

1998 年版序*

我和文昌认识有十多年了。那时,我在中国政法大学担任主管教学的副校长,他刚刚从西北政法学院获得刑法学硕士来中政大工作。我和他的专业不同,但这丝毫不影响我对这位新来的教师的注意,因为反馈来的信息使我深知,这位新来教师的讲课倍受学生的欢迎。在一个尚受人际关系影响的环境里,作为一个与中国政法大学及其前身北京政法学院毫无学缘关系、靠山关系的纯“外来户”,他在短短时间内所取得的成就,应该说,全凭着他个人的聪明才华和勤奋努力。

后来,他又担任了法律系的一些领导工作,我又被他的组织才能、工作魄力及思想解放所吸引。在传统观念还比较严重的环境里,他的作风和一些措施、办法当然也招引了一些“非议”。某种特定的环境可以使一个人的才华能力充分得到显现,从而造就了一位人才;某种特定的环境也可以使同样一个人的才华被湮没,从而埋葬了一

* 本篇内容为《中国名律师辩护词代理词精选－田文昌专辑》(法律出版社 1998 年版)江平教授所作序。

位人才,田文昌也是这样。在中国政法大学不大不小的“旋涡”中,他也被卷入了。他并不惮于在这样的“旋涡”中搏击,然而另一片激流更吸引他,于是他毅然跳进了另一个大海——作专业律师的大海。

在律师的工作中,我始终把他看作一位学者型的律师。这不仅因为他具有硕士的学历以及他有较长的法律高校执教的教历,更重要的是他学者的气质和风度,善于在办案中从学理的角度去分析问题并不断在工作中学习、研究,乃至著书立说,把实践升华为理论,又以理论指导其实践。他办案非常忙碌,但我觉得他不是一个“办案机器”,这本书就是一个明证,体现了他用知识和智慧去办案,用理性和思维去办案的经验总结。

在律师的工作中,我始终把他看作一位有理想型的律师。在办案过程中他不是只为当事人提供应有的法律服务,而是抱着强烈的匡复法律尊严和神圣的信念和勇气。有了这种信念和勇气他就常常出于一颗赤子之心,同情弱者或者叫童心未泯,良知未泯,不是一个“律师油子”。有了这种信念和勇气他就敢于为弱小的受害者打抱不平,向手持权鼎者挑战。虽然在律师工作中他的名气越来越大,物质生活也比在高校当“穷教师”时不知高出了多少倍,但我始终不把他看作终日为金钱而奋斗的人。这本书就是一个明证,体现他办案中的“正气歌”。只有具有为捍卫法律的理想,辩护词和代理词才能有振撼力,光靠华丽的辞藻是写不出好的辩护词和代理词来的!

在律师工作中,我始终把他看作一位多面手的律师。他本身的专业是刑法,办刑事案件自然是他的特长,本书中的十篇辩护词当然精彩。他对民商法经济法原本很少接触,但他从很早开始就不断在这些领域内学习、研究、请教。很快地,他就深入到这些领域之中。本书中他的十篇代理词也毫不逊色。他还努力学习,参加了证券律师资格的考试,还准备向更高的层次、更艰难的领域进军。我始终不

把他看作那种安于现状、不求进取的律师，"人无远虑，必有近忧"，文昌是一位胸有大志、胸有远虑的律师。

一篇优秀的律师辩护词、代理词不亚于一篇优秀的学术论文，这二十篇辩护词、代理词，就是一本二十篇优秀的论文集。希望从田文昌这本书的出版可以看到更多的这类作品问世。

是为序。

江　平

1997 年 6 月北京

1998 年版引言*

中华全国律师协会和法律出版社向我约稿，要我出版一本辩护词与代理词专辑。并且，还要陆续出版一批这样的专辑。我想，出版的目的是在于推动律师的工作，加强律师的责任感，也是为了使人们进一步了解律师的作用和意义。所以，我挑选的内容并不是以取得胜诉的结果为标准，而是更多地考虑到案件的典型性和代表性。我一向认为，律师不是单纯以胜败论英雄，因为影响胜负的因素实在太多。律师办案子，赢，要赢得光彩；输，要输得潇洒。重要的是你是否真正尽到了律师的职责，发挥真正的水平。

在诉讼业务中，辩护词与代理词是律师水平与成果的结晶，应当由律师的心血来完成。当一个律师将自己的辩护词与代理词公诸于众的时候，他必须有勇气迎接众多的批评与挑战，进而在批评中检讨和提高自己，以求得到不断进取。

每一次出庭后，我都会发现自己有不同程度的失误或遗憾，总会

---

* 本篇内容为《中国名律师辩护词代理词精选 - 田文昌专辑》（法律出版社 1998 年版）引言。

感到遗漏了一些内容或者换一种说法会更好,即使再精彩的辩论之后也不无这种感觉,完美无缺的情况几乎没有过。所以,尽善尽美的辩护词与代理词并不存在。

正因为如此,我愿呈此拙作,以求在公众和同行面前得到批评与指教。

田文昌

1997 年 6 月 25 日

2008 年版引言*

律师不是天使也不是魔鬼

律师不是天使也不是魔鬼,律师既不代表正义也不代表邪恶,而是通过参与司法活动的整体过程去实现并体现正义。简言之,律师就是以依法维护委托人合法权益的方式去实现维护正义的目标。

人们有时将律师视为正义的化身,似乎律师自身就可以代表正义;有时又将律师视为邪恶的代表,似乎律师天生就是亵渎正义的恶魔。其实,这两种认识都不正确。道理很简单:正义的概念是抽象的,人人都可以自以为代表正义和维护正义,而对于正义的价值观却会因人而异,各不相同。更何况,在不同的时空中评价正义的社会标准也会发生变化。如此,便出现了评价正义的法律标准。

作为法律评价体系中的一个必要环节,律师的职责就是为形成这种最终评价提供必要的事实和法律依据,具体表现为依法最大限

---

* 本篇内容为《中国名律师辩护词代理词精选－第二辑－田文昌专辑》(法律出版社 2008 年版)引言之二。

度地维护一方当事人的合法权益。律师可以有自己的价值观,但是,由于律师的活动发生于法律评价形成之前,所以,他不能以个人评价取代法律评价,更不能因此而作出损害委托人利益的行为。这就是律师基本的职业道德。

从表面形式上看,律师的职业道德有时会与社会道德发生冲突,但是,从本质上看,两者之间却具有高度的一致性,因为律师的职责正是维护社会公平正义统一评价体系的重要组成部分。一个重要岗位的哨兵不能擅离职守,对眼前发生的其他事件去见义勇为;从表面上看,他似乎麻木不仁,违背了社会道德。但是,如若不然,却很可能由于顾此失彼而损害了全社会的更高利益。

所以,严守职业道德,依法最大限度地维护委托人的合法权益,正是律师以法律手段维护社会公平正义的特定方式。

在第一本《辩护词代理词专辑》问世十年后的今天,法治在进步,律师事业在发展。但是,人们对于律师职责的认识仍然不尽一致,其偏见与误解之深,足以说明作为舶来品的律师制度至今尚未在国人的观念中扎下根基。这也是我国律师制度发展举步维艰的根源所在。

十年后的今天,在出版《辩护词代理词专辑》第二辑之际,附上前面的感想,作为对律师职责定位的思考而奉献给读者,期望能够借此抛砖引玉,引起人们对律师更多的关注,激发起更多的思考……

田文昌

2007 年 11 月 11 日于北京

2013年版前言*

我的《辩护词、代理词专辑》(一、二)两辑出版以来,受到社会各界尤其是律师界同行的广泛关注,曾经加印过几次。目前,由于书店里又脱销,出版社准备再次加印,并同我商议,为方便读者,希望于此次加印时将一、二两辑合在一起作为合订本发行。我欣然同意。感谢出版社,更感谢读者的厚爱,同时,也为我的书能够具有一定的参考价值而自感欣慰。

由于律师制度在我国历史上出现的时间很晚,经验很少,成果亦不多,迄今为止,律师的法庭活动仍处在一种不断探索,逐渐成熟的过程之中。所以,同行之间沟通与交流的作用则显得更为重要。我认为,辩护词、代理词的作用不仅仅关系某一件个案的成败,而且也是一种理论和能力的提升。同时,还会起到推动立法与司法改革的作用。一篇有水平、有见地的辩护词、代理词,同时也是一篇有价值的学术论文,或者会成为具有创见性的立法建议,甚至会成为引领司

---

* 本篇内容为《中国大律师辩护词代理词精选－田文昌专辑》(法律出版社2013年版)再版前言。

法制度变革的号角。

因此,一定不要忽视辩护词、代理词的作用和价值,而且还要善于发现和利用它的价值。

值得强调的是,目前在法学理论界和法律实务界,理论与实务相脱节和相关学科之间相脱节的现象已经十分严重。在此情况下,以辩护词、代理词形式出现的律师的论证观点更容易弥补这种缺憾。因为律师的辩护词、代理词形成于错综复杂的真实案例和控辩双方激烈交锋的基础之上,这种不断面对新问题的有的放矢的思考和论证,更具有提升理论和指导实务的综合价值。所以,每一个律师都应当重视这种价值,并意识到自己在实现这种价值过程中的历史责任。

正因如此,我希望每一位律师都能够高度重视并认真对待自己的每一篇辩护词和代理词,并通过与同行和对手的相互切磋使自己得到提高。为此,我也愿意将自己的拙作与大家分享,供大家参考并希望得到指正。

我一直认为,辩护词、代理词的水平虽有高低,但是,世上没有完美无瑕的辩护词与代理词。能够在一篇堪称精彩的辩护词、代理词中发现不足和提出高见者,才更有机会提升自己和接近完美。

我希望自己的辩护词、代理词专辑继续发挥抛砖引玉之功,也希望有更多的"砖"和更多的"玉"不断地出版面世。

田文昌

2012 年 7 月 1 日于北京

2015 年版前言*

1998 年，我整理出版了我的《辩护词代理词专辑》第一辑，2007 年又整理出版了第二辑，因为很多读者反映前两辑由于出版时间的问题，虽经再版，但市面上也已经不好买到。因此，在 2013 年，经出版社和我商量，将我的《辩护词代理词专辑》第一、二辑做成了合辑再出版。很感激该书受到读者们的肯定，也让我看到法律同行们之间的这种交流是必要且必需的。

随着我国法治建设的发展和完善，律师行业分工也越来越专业化、精细化。以我所在的京都律师事务所为例，随着综合化律师事务所的建立，我们已经将业务团队细分到包括刑事诉讼、民商诉讼、企业风险防控、金融、证券、房地产与基础设施、公司、破产重整、知识产权、能源与环保、信息技术、国际、海商海事等 13 个业务领域，各个部门的律师都力求在本领域内深耕细作，成为专家型律师。我本人也在近些年更加专注于刑事案件和相关的法律研究，代理其他领域的

---

* 本篇内容为《中国大律师辩护词精选－第三辑－文昌专辑》（法律出版社 2015 年版）前言。

案件相对少了。

此次我将近些年来办理的具有典型意义的部分刑事案件辩护词整理出来,希望能够给年轻同行一些启发。每个律师都有自己的辩护风格,我的辩护词一定不是最好的,但我一直认为,我们老一代的律师,有责任也有义务将我们的经验和体会毫无保留的展示出来,和大家分享,无论案件结果如何,律师本不是以个案成败论英雄的职业,重要的是对法律的理解以及对个案的逻辑思维方式。

需要指出的是,本书收录的近十余年的案件判决结果很好的很少,无罪判决只有一个:广东省佛山市南海区人民法院对程某某职务侵占罪一审判决无罪,检察院抗诉,佛山市中级人民法院二审维持原判。有些明显无罪的案件仍然被判有罪甚至被科以重刑。

2014 年,党的十八届四中全会通过了《中共中央关于全面推进依法治国若干重大问题的决定》,确定了以审判为中心的诉讼制度改革方向,可以预见,随着规则的逐步完善,将来的法庭审理将越来越具有实质意义,律师的有效辩护也将越来越发挥实质性的作用。新的机遇也向律师行业提出了新的挑战,如何完善知识结构,加强技能培训,迎接挑战,是我们每一个法律人,尤其是从事刑事辩护的律师应该思考的问题。希望借由此书的出版,抛砖引玉,引起同行们的共同交流思考,共同迎接新挑战,抓住新机遇。

目　录

蓄志养技，做合格的专业型律师

中国的律师制度有一种非常独特的现象，就是中国律师制度形成的历史过于短暂，以至于直到今天，律师在中国甚至还形同于一种新生事物，没有得到社会公众的充分理解和认同。而且，律师自身的职业规范和业务能力还处于不断修正和提升的过程之中。可以说，这也正是我们中国律师地位卑微的一种历史性原因。在世界历史上，律师制度发展了上千年，最早的雏形可追溯到古罗马时期。到了资本主义社会，达到了发展的高峰，律师和律师制度成了人类文明史上不可缺少的一个重要部分。而在中国的历史上，非常遗憾，律师制度却只有100年出头的历史，这是非常独特的现象。

中国几千年的古代史中，没有律师，只有讼师。有人管律师叫“大状”，其实这个说法并不准确。“大状”是指过去的讼师，没有正当的地位，不能在法庭上发言，只能在街头支个桌子，铺几张纸，帮人家代写诉状，俗称“刀笔吏”。用现在的话来说是“非法经营”，没有任何官方认可的身份，所以中国几千年的历史上从来没有真正的律师。

直到“辛亥革命”以后，孙中山任临时大总统的时候，起草了一个

“中华民国律师暂行条例”,这个条例起草完了还没来得及发布,袁世凯就篡权了。袁世凯在1912年颁发了孙中山主持起草的这个暂行条例。也就是说在中国历史上,直到1912年才有了政府认可的律师制度出现,实在是太晚了。然而,1912年以后,由于内忧外患、军阀混战,我们的律师制度没有得到健康的发展,虽然出现了施洋、史良、章士钊等几位著名的大律师,但是时间很短,到了1949年,民国时期的律师制度就随着旧的法统一道被废除了,这是第一个阶段。

从1949年到1954年,中国是没有律师的时期,直到1954年才开始筹划学习苏联模式建立中国的律师制度。大家都知道,我们的前辈张思之老先生就是1954年在北京受命组建第一个法律顾问处的奠基人之一。到1957年之前,据不完全统计,当时全国范围内已经有了2000名左右的律师。但是1957年一个“反右”风暴,律师全部被打成“右派”分子,律师制度也同时取消。理由很明确,给坏人辩护的人也是坏人。因此,从1957年开始,律师制度又没有了。又过了20多年,一直到1979年,国家恢复法治建设,才开始提出恢复组建律师队伍。从1979年到现在已经走过了40年,所以说,这在中国的历史长河当中,这40年的分量很重,这是中国历史上律师制度得到正常发展的最长时间。

如果说1979年到现在的前40年是中国律师的生成期,那么,从今往后应该说进入了中国律师的发展期。发展期的律师应该怎么做?这正是我们所要面对和思考的课题。

生成期的律师是各领风骚、各显其能,不知道怎么干,摸着石头过河。但是,他们有不可磨灭的贡献,他们步履蹒跚、披荆斩棘,为中国律师制度的发展铺垫了道路。

那么,发展期的律师应当怎么做?1996年,《刑事诉讼法》第一次修改的时候,司法部办了几期全国刑辩律师高级培训班,我去讲课。我跟当时的司法部的主管副部长提了一个建议，我说现在我们律师培训不能还停留在单纯讲授知识的这个层面，我们要有技能性的培训，要告诉大家怎么做律师。部长说那你就给大家讲吧。我苦笑了一声，我说谁又给我讲过啊？技能培训，这是中国律师的一个空白。

我们过去有一种误解，以为大学毕业了，法律课程学完了，就可以做律师、做法官、做检察官了。实际上，那只是基础理论的学习，远不能适应实际工作的需要，无论是做律师，还是做法官、检察官，都需要进行相应的职业培训。但是，直到今天我们都没有解决这个问题。所以，直到今天，还经常能在我们的法庭上看到五花八门的乱象。我也很理解，这不怨我们的律师，是因为没有这种历史、没有这种经验、没有系统训练，不是我们个人的责任，是历史的原因。

但是，下一步怎么走？回到今天的题目上，怎样才能做一个合格的专业型律师？经过几十年的体验和思考，根据我个人的体会，有 8 个字与大家分享，这就是：功底、能力、智慧、责任。我想，只要做好了这 8 个字，我们就可以成为一个比较合格的专业型律师。特别是对刑辩律师而言，这 8 个字更为重要。

一、功底

什么叫功底？对“功底”两个字也有各种各样的解读。我前几年写过几篇文章，批评现在的大学教育。因为我是搞教育出身的，我太了解中国教育制度的失败之处了，尤其是法学教育。我们在学校里到底学了什么？大家每个人都可以自省一下，我们在学校读本科、读硕士、读博士，学了什么？我一再告诫我的学生，学习法律要掌握的是它的精髓、本质，或者说原理和原则，这才是最关键的。我们绝不能停留在一些皮毛的认识上，只是机械地熟练掌握法条，那是没有用的。

实践证明,到今天为止,我们很多控辩审三方面的专业人士,在最基本的原理、原则上还是经常犯错误。比如说举证责任是最基本的原则,“谁主张,谁举证”,这个道理谁都懂,这个概念谁都会说,但是在许多具体案件当中还是会经常出现低级错误。

比如,大家都知道的“彭宇案”,这是民事案件。在“彭宇案”出现的前10年,同样也在南京出现了一个跟“彭宇案”类似的案件。当时中央电视台请我去做点评,事先没有告诉我案情,到了演播室了,跟我说案情,叫我点评。幸好我很慎重,我说在中央台做点评我得负责任,能不能放一放庭审的录像?我看了一下录像,基本情节是:一个中年妇女是案件的原告,她起诉的理由是,她在一个闹市区看到了一个摔倒在地的老太太,她用自行车把她驮到医院,帮她挂号,还办理了住院手续,预付了2000元。费用办好以后老太太的子女都来了,结果老太太和子女们都一口咬定是她撞倒了老太太。经过了半年多的争执,老太太病也好了,花了2万多元的治疗费。其间,她跟老太太子女要求返还垫付的2000元住院费,而老太太则要她赔付2万元的治疗费。后来,这个妇女把老太太告上法庭,要求退还垫付的2000元。法庭根据“谁主张,谁举证”原则,让原告举证没有撞倒老太太,原告找了三个证人也没说清楚到底撞没撞到,然后再让老太太举证证明她被这个妇女撞到,老太太也找了三个证人也说不清楚,最后以原告证据不足为由驳回原告起诉。

当时,中央台想让我作为专家点评,批评这位妇女撞倒人了不给钱,而且还耍赖。大家想想,这是典型的举证责任倒置。错在什么地方?这个法官只知道“谁主张,谁举证”,他不知道主张什么、举什么证。后来这个低级错误10多年以后在“彭宇案”中又犯了。在“彭宇案”正在讨论得如火如荼的时候,在最高院审判理论研究会的年会上,一些法官还在为“彭宇案”的法官叫屈。当时我很气愤,我就跟他们讲，我说你们用一个错误的判决导致了全国公众道德的沦丧，“雷锋”没有了，做好事没有了，人摔倒了都不敢扶了，多负面的社会效应啊！记得当时参会的王利明、张卫平等几位学者与我的观点一致，但很多法官却不理解。接下来，经过全国讨论以后，深圳市率先立法，明确规定凡是发生这种情况时由被救助方举证。应该说这是一个重大的进步。

但是，不久后，江西又发生了一个同类案件。三个中学生扶一个老太太，又被老太太给赖上了，结果法院判决三个中学生不负责任。这个判决没有错，但是，反过来，却把老太太的儿子抓起来拘留了，说他与老太太一起敲诈勒索。大家想想，这里又犯了另一个错误：你认定这三个小孩撞倒老太太证据不足，不能承担民事责任，这是没有问题的。可是你认定这个老太太和她儿子讹诈，证据就足了吗？大家注意到没有，前几年春晚有一个很有名的节目，是一个骑自行车的人和倒地的老太太发生纠纷。这个节目我一直认为设计得非常好，把整个场景描绘到最后谁都是好人。老太太先是咬定骑车人撞倒了自己，后来明白过来了就认错了。这说明，有的时候人会发生某种幻觉的，老太太未必就是坏人，她受到猛烈刺激后可能会误认为你把她怎么着了，明白过来以后有可能就好了。那么，这就不能排除老太太对小孩产生误解，而并非成心讹诈的可能性。在这种情况下有什么理由在证据不充分的情况下又把老人的儿子抓起来？一定要非此即彼吗？

同理，现在我们排除非法证据为什么这么难？因为你要排除非法证据，侦查机关的办案人员就有可能面临承担刑讯逼供责任的风险。但是实际上，排除非法证据的原则是认为有非法取证的可能性就要排除。那么可能性能等于必然性吗？能否依据可能性就给办案人员定罪呢？如果只有可能性，即使排除了非法证据，也不应给办案人员定罪。因为追究刑讯逼供罪的责任也同样要依据无罪推定、疑罪从无的原则。如果认识到这一点,是不是就能减少很多排除非法证据的障碍呢?

这些都是常识性的问题,是基本的原理、原则,但是很多人很多时候却不明白。我特别希望大家能回过头,重温一下法理学,注重掌握法律的原理、原则,包括部门法的原理、原则。去年我们京都所专门请了社科院的法理学专家李步云老先生给我们讲了一次法理课,目的就是要回过头来学学这些基本的原理、原则,深入理解一下法律的精髓。法律条文谁都会背,现在信息这么发达,现翻也来得及,但是法律原理必须搞清楚,这就是功底。没有这个功底,你读了多少本书都没有意义。

所以,我们要把律师做好,首先要把法理学好,要把原理、原则学好,照葫芦画瓢、照猫画虎永远画不像,越描还越黑。很多冤假错案的出现,与对法律原则的错误理解有很大的关系。做律师也同样不能犯这种错误,而且我们还要善于帮助其他人纠正这种错误。

我一再强调,一定要有深厚的理论功底,否则成不了一个好律师。

二、能力

能力是什么?是做律师的技能。学了法律不等于就会当律师、当法官、当检察官,还要有专门的培训。我们现在中国律师最缺少的就是技能培训,我们有几个人真正会开庭的?我们会法庭交叉询问、会质证吗?没有几个真正会的,我也一样,大家彼此彼此。怨谁?不怨我们,证人出庭机会都没有,怎么练啊?

我曾经参加过两个项目的模拟法庭,都是关于交叉询问的。其中有一个是几年以前在南京搞的。美国,以及我国内地、香港特区分别组成了三个法庭,对一个很简单的案件进行交叉询问。美国和我国香港特区的法庭都问了两个多小时，问得不厌其烦，但总是有话说，问完了之后基本不用辩论，会说的不如会听的，大家都听清楚了，所以总结陈词也很简练。而我们内地的法庭却是没话找话，问了半个小时，就实在没得问了。然后控辩双方各拿出一打纸，都是事先写好的辩论意见，各执一词，开始打口水仗。我后来点评，我说人家是以问为主、以论为辅；我们是以论为主、以问为辅，我们不会问。

我们的法庭，大家都知道，自问自答的、自说自话的，问题一大串，自己都忘了什么内容却让人家回答的，这些情况经常发生，这就是因为缺乏训练。

技能培训仅靠讲课是不行的，别人给你讲得再多，你没有练的机会，你还是学不会。比如，交叉询问中一个最基本的技巧，是怎么拆分提问。我在美国参加过一个培训，训练者从兜里掏出一支笔看了一眼扔在桌子上，就这个动作让大家提问，最多提出了 24 个问题，就针对这一个动作提了 24 个问题。那么，就这个简单动作，要把它拆分到不能再拆分的程度，为什么？第一，固定了证据，使他人没有产生异议的余地了；第二，再现了当时的行动轨迹，相当于录像回放，通过问话把这个行为过程都再现了。这就是询问的技巧和它的作用。

至于阅卷、调查、会见当事人、法庭辩论等一系列实务问题，我们都缺乏这样的训练。去年，西北政法大学成立了刑辩高级研究院，请我去主持。我们现在搞了一个项目，结合美国诊所式的培训，加以细化、改造，做了一个从第一次会见委托人开始一直到整个审判过程的实务培训。每一期只有二三十个人参加，每一个专题都是人人参与其中，完全采用头脑风暴式的培训，效果很好。我们希望学员经过这种培训以后，就能够直接上场、直接操作。但是问题在于，这种培训的人数不能多，多了没法参与，就只能是二三十个人。所以，我也一直在考虑将来怎么把这种培训放大，一个地区接着一个地区地搞了以后,由培训者再培训培训者,一步一步地往下推。这个问题必须解决,国外有,而我们中国没有,这是不行的。律师业务的种类很多,诉讼是一种专门的技能,而刑事诉讼对这种能力的要求更高,并不是只要懂法律就可以做一个合格的辩护律师。

前面说了我们的律师制度现在已经进入发展期了,我们的实务培训必须要落实、加强,只有这样,中国的律师才能真正地成长起来。

三、智慧

再接下来,讲讲智慧。尤其对刑辩律师来讲,智慧太重要了。非诉律师业务上有点小毛病还有修正的机会,刑辩律师在法庭上说出去的话就像泼出去的水,收不回来了,没有修正的机会。所以,智慧非常重要,因为我们经常要在法庭上斗智斗勇,这样的例子很多。

《三国演义》里头有一句话,孔明说张昭没有应变能力,说他“坐谈立议,无人可及,临机应变,百无一能”。也就是说,像他这种能力的人只能做谋士,不能做律师。

刑辩律师的智慧,最主要的是体现在法庭上的应变能力。有的人虽然法律功底很深厚,也很敬业,但如果缺乏应变能力,不能驾驭多变的庭审形势,照样不能成为优秀的刑辩律师。因为法庭既不同于课堂,也不同于演讲,更不同于学术研讨,而是每时每刻都处于控辩双方的较量之中。律师在法庭上,随时都处于高度戒备的竞技状态之中,准备及时应对各种状况,如果不具备快速反应的应变能力,随时都可能陷入被动,尤其值得注意的是,法庭上的特殊环境,不会容许你像讲课和开研讨会那样从容不迫地辨法析理,而是需要用智慧的方法去反驳对方和说服法庭。

多年前,我曾经讲过一个“私生子不是假孩子”的例子,那是我亲身经历的一个案件。在一个指控重大贪污和诈骗案件开庭的时候,控方抓住两个假文件的事紧追不放。具体情况是,被告人曾经安排公司办公室印发了两份文件，说是按照公司总经理要求起草的。但是，档案室找不到总经理的批示，而总经理又去世了，死无对证。据此，控方就坚持是被告人冒用总经理的名义伪造假文件实施诈骗。但是，事实上，虽然是否有总经理的批示已经死无对证了，可文件的内容却是真实的，并不存在造假的事实。我当时一再强调两个文件内容的真实性，力图说明程序上的瑕疵，并不等同于文件内容的虚假。可是辩来辩去就是无法说服对方，甚至法官也参与进来，坚持认为假文件的性质不容否定。无奈之下，我绞尽脑汁，急中生智，提出一个"私生子不是假孩子"的比喻："私生子虽然出生时程序不合法，但你不能说他是个假孩子，除非是狸猫换太子，只要孩子是真的，就不能以程序不合法来否定孩子本身的真实性。"所以，在本案中即使被告人无法证明是否受命于总经理起草了这份文件，或者即使他假借总经理的名义起草了这两份文件，但只要文件的内容是真实的，就不能认为他制造了假文件。

出乎意料的是，辩了半天争执不下的这个难题，通过这个比喻一下子就解决了，公诉人和法官当场都表示接受了我的观点。这个例子很生动地说明了应变能力的重要性：在法庭辩论中，控辩双方在各执己见的思维定式中有时候会陷入僵局，以至于很难跳出既定的观点和思维方式。这时候如果能适时地灵活机动，变换一种更易于接受的表达方式，或许会产生奇效。无论是对方对你的观点是真心地认同，还是由于猝不及防而无言以对，你都会取得成功。

我自身尝试过的类似例子有很多，比如我过去讲过的"鸡生蛋"的例子、"贼进屋"的例子以及"移花接木与借花献佛"的例子等，由于时间关系，不能一一列举，大家有时间可以在我的《法庭辩论技巧》的演讲中去翻阅一下，那些内容收录在《田文昌谈律师》一书及《中国大律师辩护词代理词精选：田文昌专辑》中。

总之,我举几个例子想要说明的就是法庭应变能力的重要性,如果缺乏这种能力,就像三国中的张昭,只能当谋士而不能做律师,尤其是不能做刑辩律师。

可是话又说回来,如果单有能力和智慧行不行?这里又要引出一个话题,在我们律师制度发展的初期,在我所处的那个时代,中国有一些很有名的律师,他们很有智慧,他们的语言很犀利,他们的思维很敏捷,他们的逻辑很严谨,他们经常在法庭上叱咤风云。但是非常遗憾,他们中有些人由于不是学法律出身,经常在法理上犯低级错误,犯原则性错误。在中国律师发展的初级阶段,在人们对律师的作用还缺乏了解的时候,这些人确实一度占据了法庭的高端,外行看热闹,受到了很多当事人的追捧,可是他们的问题也是确确实实存在的。以后,随着法治建设的发展,随着人们对律师要求的不断提升,再这样下去就不行了。我已经听说很多新生代律师对某些大腕质疑了,这很正常,因为他们生长在那个时代,他们没有经过理论的系统培训,他们用他们的能力和智慧赢得了一些人的认可,他们的贡献也是不可否认的,但是却不能长久。所以没有功底,再有能力、再有智慧也不行,时代已经不同了。

我曾经说过,一篇好的论文不一定是一篇好的辩护词,但一篇好的辩护词应当同时是一篇好的论文。所以律师不好做,又得有理论功底,又得有能力,又得有智慧,不是那么简单的。

四、责任

除了以上三点,我还要讲第四个问题——责任。做律师必须要有责任心,律师绝不是简单的熟练工,绝不是挣钱混饭吃的人。不是所有人都是高大上,都是“活雷锋”,但是律师一定要有责任心,这是律师最起码的职业道德。一个负责任的律师,应当用心去办案子,就是要有全身心地投入,而不是简单地例行公事。简言之,在你承办一个案件的过程中，如果已经忘记了功利，忘记了辛苦，甚至忘记了风险，而只是一心一意地想把它做到最好，就像在精心打造一个完美的作品一样的专心致志，精益求精，那你就真正达到了一种出神入化的境界，就会把案子做到极致。真正成功的案例，都是在这种境界中完成的。

所以，高度的责任心，是对委托人的义务，也是律师事业成功的前提。

责任心还包括律师的立场性和原则性。律师的首要责任是依法维护委托人的利益，这也是律师的行为准则。所以，律师必须坚持为委托人负责的立场并始终坚持这一原则。在任何情况下，律师都不能出卖委托人的利益，即使与委托人发生意见分歧而又无法取得共识的情况下，也不能违背委托人的意愿而提出不利于委托人的辩护意见。现实中，有的律师在被告人坚持不承认有罪的情况下，却以律师可以独立行使辩护权为由而坚持为其做罪轻辩护，以至于在法庭上与被告人发生冲突。这种做法是对律师辩护权独立性内涵的误解。律师独立行使辩护权的含义应该是独立于法律之外的其他各种因素的影响和干预，而不是独立于委托人的意志之外。相反，律师的行为必须与委托人的意志保持一致，因为律师的权利来自当事人的委托，而不是国家的授权。

那么，如果委托人的要求超出了法律的范围怎么办？例如，如果在有罪证据确凿的情况下，坚持要求律师做无罪辩护，甚至公然要求律师帮助其伪造证据或者诬陷他人，律师应当如何应对？在这种情况下，律师首先应当以法律人的专业能力去影响和说服对方，力求与对方达成共识。在最终无法取得共识的情况下，律师则应当遵守三个原则：

一是可以与其解除委托关系放弃辩护，但不可以违背其意愿提出对其不利的辩护意见。

二是律师不能提出不利于被告人的证据,因为律师负有对委托人隐私的保密义务,这种义务也是免作证权。

三是在任何情况下,律师都不得帮助委托人伪造证据,这是律师职业道德的底线。

广义地说,律师的责任不仅包括对委托人的责任,还包括对社会的责任,因为律师职业所面对的各种权利义务关系涉及全社会政治生活和经济生活的各个方面。律师的执业活动不仅关系委托人的权利和义务,也关系相对人的权利和义务。同时,律师的执业活动又与全社会的法治大环境紧密相关。可以说,与某些单纯的技术性工作不同,律师的每一项执业活动乃至律师的自身权利都与社会生活中的各种权利义务关系相关联。正是律师职业的这种特殊的社会属性,决定了律师所承载的社会责任更重要、更广泛。所以,律师的职业责任与社会责任具有十分密切的内在联系。

一个没有社会责任感的人,是不可能对自己的当事人高度负责的。一个对当事人没有责任心的人,更不可能有社会责任感。而一个没有责任感的人,能力再强,本事再大,也不是一个合格的好律师。美国总统有一半左右都是律师出身,为什么?如果他没有社会责任感,能成为总统吗?所以,“律师是政治家的摇篮”,因为律师面对的事务最复杂、面对的群体最广泛,承担的责任很重大。有一句名言说“不想当将军的士兵不是好士兵”,我也可以说“不想当总统的律师不是好律师”。

其实,我提出这个比喻的主要目的还是强调说明律师的社会责任感,并不是鼓励律师们都去从政,而从政也并非律师履行社会责任的唯一途径。律师履行社会责任的最普遍方式,就是将职业责任与社会责任结合起来,在做好本职业务的同时,密切关注国家的法治建设，为改善国家的法治大环境建言献策，做自己力所能及的贡献。

当然，律师还应该有相当的尊严和地位，这是律师履行社会责任的前提和基础。而这一点却是我们所缺乏和需要不断争取的。但是，即便如此，我们也要时刻坚守自己的职业理念。任何时候都不能为了苟且偷生而趋炎附势，放弃原则。律师永远要做法治社会的脊梁，这不仅是委托人的托付，更是时代赋予的使命！

以上就是我总结的 8 个字：功底、能力、智慧、责任。只要做好这 8 个字，相信大家都会成为一个合格的专业型律师。一点个人体会与大家分享，也与大家共勉。

走出刑事诉讼理念的误区

误区一:以实事求是否定无罪推定

误区二:以不枉不纵否定疑罪从无

误区三:法律真实与客观真实并重

误区四:打击犯罪与保障人权并重

误区五:犯罪嫌疑人、被告人没有阅卷权

误区六:辩方证据也需要具有合法性

误区七:律师可以违背当事人的意愿独立行使辩护权

误区八:律师保密义务不能对抗侦查权

误区九:举证责任倒置的思维惯性根深蒂固

误区十:控、辩、审三方职责定位混乱

在中国再度强调依法治国、奋力推进司法改革的大环境下,近年来陆续暴露出来的一系列冤假错案,带给人们太多的思考和困惑。而最重要的,应当是对深层原因的探究。法治建设40年来,发生冤假错案的原因有很多种,诸如权力干预、地方保护、刑讯逼供、办案人员素质、司法不公开、监督不力……如此等等。问题在于,这些原因虽然已经引起人们的关注,但迄今为止,对于消除这些原因的努力和方式,却仍然阻力重重、争论不休。这种现状,似乎已经成为一种难以解决的困扰,形成了阻碍法治化进程的羁绊。

那么,形成这种现状的根源又是什么?法治化进程中的阻力究竟来自何方?追根溯源,我们还是应当回到观念的自省上。从历史的角度来看,任何事物的发展都无法超越其必经的历史阶段,而在每一个阶段的提升和跨越过程中,都必然要面对理念的更新。一种滞后的理念无法适应新的机制;反之,一个新的机制也无法在旧理念的围困中正常运行。我们目前正是处于这种痛苦挣扎的尴尬境况之中,而这正是困扰我们推进法治化进程的根源所在。

回顾和反思40年来法治化的发展进程,可以发现一个十分令人困惑的问题:我们关于刑事诉讼的诸多理念至今还没有走出认识的误区。这些错误的认识,既束缚了我们的思想,也束缚了我们的行为。深入梳理和分析这些理念发展演变的过程和现状,冲破思维方式的桎梏,会有助于我们排除前行中的困扰。

误区一:以实事求是否定无罪推定

无罪推定原则是以保障人权为宗旨的现代法治文明的体现,也是国际社会普遍遵行的诉讼原则。无罪推定与有罪推定的根本区别在于,对犯罪嫌疑人、被告人的身份定位。如果以无罪推定为原则,那么,在法律的判决生效之前,犯罪嫌疑人、被告人就被假定为无罪,他就应当以无罪之身而享有与其他公民同等的各项权利。如果以有罪推定为原则,那么,在法律的判决生效之前,犯罪嫌疑人、被告人就已经被假定为有罪,他就会被当作罪犯对待,至少也是一种准罪犯的待遇。由此,无罪推定与有罪推定两种不同的诉讼原则又形成了举证责任分配的不同依据。根据无罪推定原则,指控方当然负有证明嫌疑人、被告人有罪的举证责任,后者并没有义务自证无罪。而根据有罪推定原则,一个人一旦涉嫌犯罪,就失去了自身清白而陷入需要自证无罪的被动境地。简言之,在无罪推定原则之下,刑事诉讼活动是一个证明犯罪的过程;在有罪推定原则之下,刑事诉讼活动则是一个洗清罪名的过程。实践中,在对于犯罪嫌疑人、被告人身份定位的问题上,只能有两种选择,要么按无罪的人对待,不得剥夺或限制其权利;要么按有罪的人对待,可以剥夺或限制其权利。除此之外,别无选择。很显然,无罪推定和有罪推定是两种既不可能同时存在,也不可能同时不存在的原则。如果同时存在,那么,犯罪嫌疑人、被告人的身份就会因既是罪人又非罪人而无法定位。如果同时不存在,那么对犯罪嫌疑人、被告人的身份也同样无法定位。所以,事实上,在古今中外的刑事诉讼模式中,无罪推定与有罪推定从来都是两种既不能共存、又无法超越的原则,因为除此之外不可能做出第三种选择,只不过是伴随法治文明的进步,实现了从有罪推定向无罪推定的转变而已。

然而,十分遗憾的是,这种"超越"的观点在我们国家却持续了相当长的一段时间。直至今天,无罪推定原则在我国推行起来仍然阻力重重。其根本原因,是我们依然没有彻底走出以实事求是否定无罪推定的理念误区。

几十年来,无罪推定原则在我国经历了一个由彻底否定到逐步接受的漫长而艰难的过程。20 世纪 50 年代就有一批法律人因主张无罪推定原则被打成"右派"分子而遭到迫害。直至 20 世纪 80 年代初期,无罪推定原则在我国还被视为反动理论而继续遭到批判,而批判无罪推定原则最自信的理由也是最响亮的口号就是"实事求是",声称我们"既不要无罪推定,也不要有罪推定,只坚持实事求是"。但是,批判者却没有认真地思考过,这种"既不要无罪推定,也不要有罪推定"的观点在逻辑上却是一种冲突,而这种在否定无罪推定基础上所形成的冲突，所导致的后果却是有罪推定。因为，在无罪推定与有罪推定之间并没有中间道路可走，这种“超越”论只能是一种脱离实际的愿望而已。而司法实践中的无数事实已经不断地证明，有罪推定的倾向之所以长期以来在我国占据主导地位，正是我们否定和批判无罪推定原则所带来的直接后果。

以实事求是的抽象目标去否定无罪推定原则，所导致的后果不仅仅是走向了事实上的有罪推定；更可怕的，还在于因失去准则而放任了主观随意性。

就自身含义而言，实事求是作为一种追求真实的价值目标，其正确性和正当性显然是无可置疑的。然而，如果这种目标抽掉了方法论的支撑却会变得虚幻莫测。因为，一旦脱离“求”的方法和“是”的标准，实事求是就可以成为被任何人利用和歪曲的空话。关于实事求是被滥用的最典型例证莫过于“文化大革命”中的大批判、大辩论。当时，在轰轰烈烈、乐此不疲的大批判、大辩论中，对立的两派都打着实事求是的旗号背诵着关于实事求是的毛泽东语录，声称自己是实事求是。然而，这种延续了十年的论争却最终也无法达成共识，仍然是各执一词、自以为是。由此，在缺乏作为方法论的具体原则和明确标准的情况下，实事求是只不过是一句可以被随意解读的可望而不可即的空话。而更可怕的是，在实践中，当人们对“是”与“非”的标准莫衷一是，而又都以“实事求是者”自居的时候，最终的结局往往就只能以话语权来决定胜负。在权力面前，既可以做到“是也不是”，也可以做到“不是也是”。

同理，在认定犯罪事实的问题上，如果抽掉了无罪推定和有罪推定的具体原则，而只是以实事求是的抽象标准为依据，那么，就同样会导致对“求是”标准的主观随意性。

虽然，随着法治建设的发展和诉讼理念的提升，目前无罪推定的理念已经被我国社会主流观点所接受,并且已经在《刑事诉讼法》条文中有所体现。但遗憾的是,我们仍然没有做到将无罪推定作为一种明确的原则堂堂正正地规定在《刑事诉讼法》中。这也就意味着,迄今为止,无罪推定与实事求是的关系仍然没有彻底厘清,以至于包括一些法律人在内的很多人还不能摆脱以实事求是否定无罪推定的思维模式,动辄以实事求是的抽象概念取代无罪推定的具体原则。这种状况严重困扰着人们对无罪推定原则的正确理解,致使无罪推定原则在推行过程中阻力重重。

误区二:以不枉不纵否定疑罪从无

多年以来,我们一直在坚守并宣传着一种原则,那就是在打击犯罪的时候,要坚持做到既不冤枉一个好人,也不放过一个坏人,即"不枉不纵"。然而,我们却似乎从来都没有认真地思考过这种口号的可行性。毫无疑问,这种不枉不纵的原则,从理论上讲并无不当,从理想上说更是一种最高境界。但是,当枉与纵二者之间发生冲突时,不枉不纵就难以两全了。重要的是,在难以两全而无法兼顾时,我们应当如何做出选择?这才是我们必须面对且无法回避的问题。美好的愿望与严酷的现实是不容易相提并论的,法律的原则更不能建立在脱离实际的理想主义基础之上。

近年来,一桩桩冤假错案接连不断地暴露出来并引起全社会广泛关注的严酷事实,再一次对"不枉不纵"论提出了不容回避的拷问:在"枉"与"纵"二者之间发生冲突而难以两全时,还能否做到既不冤枉一个好人,也不放过一个坏人?

无可否认的是,在当代科学技术条件下,侦破案件是不可能完全准确无误的。只要证据的指向不具有排他性,对"是"与"不是"的疑点无法充分排除,就不可能达到既不冤枉也不放纵的理想目标。正因如此,才出现了"疑罪从无"和"疑罪从有"两种反映不同价值观的定罪原则。简言之,即是“宁可错放,也不能错判”还是“宁可错判,也不能错放”? 这是一种不得已的选择,二者必居其一。从社会效果而言,对于前者,“不能错判”所导致的后果是:有可能放过了真正的罪犯,却避免了冤枉好人,同时维护了司法程序的正当性。对于后者,“不能错放”所导致的后果是:有可能惩罚了真正的罪犯,同时也有可能冤枉了好人并污染了司法环境;而更大的危害还在于,一旦铸成冤案,就会使真正的罪犯因被他人替罪而彻底逍遥法外,甚至客观上还会鼓励其增强继续作恶、危害社会的信心。所以,“疑罪从无”显然是权衡利弊之后的科学选择。

在确立法律原则时,一个需要遵循的前提是:法律作为一种治国方略是一门科学,而绝不是一种理想化的口号,更不能意气用事。“既不冤枉一个好人,也不放过一个坏人”,作为一种理想化的目标是无可非议的。但是,由于其在现实条件下的不可操作性,在逻辑上却形成了无解的冲突。

在定罪原则上的“不枉不纵”论与“实事求是”论一样,由于抽掉了以方法论为支撑的具体操作原则,最终必然会导致以话语权为中心的主观随意性。所以,我们应当在理性思考中摒弃那些响亮的空洞口号,回到切实可行的现实中来。只有不折不扣地坚守无罪推定原则和疑罪从无原则,才能夯实司法公正的坚实基础。

为了公正,为了人权,为了社会和谐,“宁可错放,也不能错判!”“宁可放过坏人,也不能冤枉好人!”应当成为我们坚决奉行的司法原则。

误区三:法律真实与客观真实并重

重实体、轻程序,是我国自古以来的传统观念,也是导致司法不公正的重要原因。近十几年来,随着法治化水平的提高,刑事程序法在我国已经受到空前重视,对于程序公正的重要意义,理论界和实务界已经达成共识。但是,令人遗憾的是,关于证据标准的争议却至今也没有尘埃落定。这就是法律真实与客观真实之争。

法律真实也叫证据真实,是以法定的证明标准作为认定犯罪的依据,其所证明的事实只能做到相对真实,而并不追求绝对真实。客观真实则是要求以客观存在的事实真相作为认定犯罪的依据,其所反映的事实应当是绝对的真实。这两种证据标准相比较,就概念本身而言,客观真实论的主张显然更具有合理性。之所以发生两种证据观之争,原因显然并不在于其合理性而是在于其现实性。

事实上,追求客观真实的证据标准,一直是人们有史以来自始不渝的理想目标。无论是古代社会中的神明裁判,还是一直延续至今的刑讯逼供,也都不过是寻求客观真实的不同方式。但是,直到今天,在人类社会的科学技术水平已经十分发达的情况下,还是无法做到以绝对可靠的技术手段来寻求所有犯罪的事实真相。所以,对客观真实的认定,至今仍然是一道未解的难题,同时也成为铸成错案的重要原因,因为对无解答案的解释权只能出自法官内心确信的主观判断。而法律真实的证据标准,正是在这种困惑中出现的。

法律真实所追求的结果虽然只能做到相对真实,却由于其证据规则的确定性而避免了主观判断的随意性。同时,由于法律真实的证据标准以有利于被告原则为前提,即使在待证事实不确定的情况下也有利于防止错判。所以,在客观真实的证据标准还不能充分实现的情况下,法律真实的证据标准显然更具有合理性与可行性。由客观真实走向法律真实,既是认识水平的提升,也是理念的转变,可以说是实现了由盲目走向理性的重要转变。

值得庆幸的是,经过论争之后,法律真实的主张终于得到认同。但遗憾的是,客观真实的标准却并没有被法律真实所取代。于是,又出现了法律真实与客观真实并重的主张。坚持“并重”的主张其实也不无道理,其强调即便以法律真实为标准,也不能忽视对客观真实的考虑,意在坚持对真相的探究。然而,“并重”说最大的误区就是发生了两难选择的冲突。因为,它无法解决客观真实与法律真实的冲突。当两者一旦发生冲突时,首先,人们主观上一定会倾向于追求客观真实,因为它正是人们所希望得到的事实真相。其次,权衡两种标准的选择权由于失去了法定依据而只能取决于人的主观意志。于是,以话语权为主导的主观随意性又不可避免。

历史和现实一再地证明,标准的唯一性才是公正的前提,双重标准就等于没有标准。“并重”说出自全面、慎重的良好愿望,却因其标准的多元性而陷入了逻辑上的混乱。更危险的是,这为认定证据的主观随意性留下了空间。

误区四:打击犯罪与保障人权并重

自 1979 年我国第一部《刑事诉讼法》问世以来,一直将打击犯罪作为刑事诉讼活动的首要任务。直至 2012 年出台的《刑事诉讼法》修正案,才首次将尊重和保障人权写入《刑事诉讼法》的条文之中。

在刑事诉讼活动中如何体现保障人权的价值观,在我国一直是一个充满争议的话题,而以打击犯罪为主旨则表现为主流观点。保障人权的理念之所以在刑事诉讼活动中长期受到漠视,除了社会公众的报应刑观念比较强烈之外,还有一个重要原因,就是出于抚慰被害方的考量。当一个犯罪行为发生尤其是暴力型犯罪发生后,人们出于对被害方的同情,往往会将所有的愤怒都指向犯罪嫌疑人、被告人,甚至会忽略这个人的罪行能否被证实。司法实践中,在一些暴力犯罪尤其是杀人犯罪的诉讼过程中,即使在犯罪证据不足的情况下,被害方亲属也会不依不饶,甚至以死相逼地坚持要求严惩“罪犯”。因为他们已经把犯罪嫌疑人、被告人当成了侵害其亲人的真正罪犯,并且,他们认为如果这个人不是罪犯他们的亲人就无法得到慰藉。

在这种情绪之下,就容易将疑似的罪犯甚至假定的罪犯当成真正的罪犯。

值得关注的是,这种情绪普遍地存在于众多人群之中。在讨论保障人权和刑事辩护的很多场合,都会有人提出一种很强烈的质疑:“当你为罪犯辩护,强调保障犯罪嫌疑人、被告人的人权的时候,你有没有考虑到被害方的感受?”这种质疑在情理上是无可指责的。但是,质疑者却忽略了问题的另一方面,那就是当我们还没有充分证据确认犯罪行为人时,不能用一个无辜者的生命或自由去平复被害方和社会公众的悲情。

近几年陆续暴露出来的一系列冤假错案都表明,在以无辜的替罪者的生命去平息了当时的悲情和义愤之后,个人和社会将会背负多么巨大的代价!如此惨痛的教训表明,刑事诉讼活动中保障犯罪嫌疑人、被告人的人权,既不是对罪犯的仁慈,也不是对被害人的伤害,而是对无辜者的保护,更是对全社会的保护。

近年来,随着全社会人权保障意识的增强和国际社会对人权保障问题的关注,我们终于将保障人权写进了《刑事诉讼法》条文之中,表明我国已经在立法上明确规定了保障人权的诉讼理念。但是,由于前面所提及的原因,我们仍然未能将保障人权作为刑事诉讼的主要目标,而是提出了打击犯罪与保障人权“并重”的原则。

于是,又一次出现了两难选择的尴尬。有观点认为,“并重”说更全面,并无不当。也有观点认为,“并重”说是一种缓冲、过渡,可以给人们留出更多思考的空间,还能减少争议。可问题在于,有些冲突是无法绕过的,回避矛盾并不是解决问题的有效方式。

例如,在刑事诉讼过程中,严厉打击、从重从快、平息民愤与无罪推定、疑罪从无、排除非法证据,显然是矛盾冲突的两个方面。是强调在确保打击犯罪的前提下,有效地保障犯罪嫌疑人、被告人的人权？还是强调在确保犯罪嫌疑人、被告人人权的前提下有效地打击犯罪？这是两种不同的价值选择，是不可能并重的。若选择前者，就只能以打击犯罪为主；若选择后者，就只能以保障人权为主。二者不能两全，这是一个无法回避的现实。因此，只有正视现实、明确选择，才是解决问题的有效方式。而回避现实的“并重”说，则只能导致双重标准的混乱局面，当两种价值观发生冲突时，或忽左忽右，或无所适从。

误区五：犯罪嫌疑人、被告人没有阅卷权

关于犯罪嫌疑人、被告人的阅卷权，在我国是一个长期被忽略和否定的问题，无论是理论界还是实务界，对此问题一直都讳莫如深，甚至发生过律师在会见中向被告人出示案卷材料被追究刑责的情况。2012 年《刑事诉讼法》修改时，虽然增设了第 37 条“自案件移送审查起诉之日起，可以向犯罪嫌疑人、被告人核实有关证据”的条款，但该条款不仅来之不易，在修法过程中就颇有争议，且一出台就遭到非议和抵制。直至目前，对该条款的设置和解读仍然争执不断。仍有观点坚持认为，犯罪嫌疑人、被告人对案卷没有知情权，更谈不上阅卷权。为此，律师会见核实证据时仍然阻力不断、顾虑重重。

在现代诉讼理念和诉讼规则中，阅卷权本应是被告人固有的权利。被告人是刑事制裁结果的直接承担者，其具有参与刑事裁判形成过程的听审权，而阅卷权则是其实现听审权的基本保障。

至于一直存在的一种辩护律师可以代行阅卷权的观点，不仅实质上侵犯了被告人自身的辩护权，而且颠倒了辩护人与委托人的相互关系。辩护权来自被告人的授权，经被告人授权，辩护人才可以帮助被告人行使包括阅卷权在内的辩护权，而帮助的前提是被告人本人享有阅卷权。如果否认被告人的阅卷权，则意味着：作为派生权利主体的帮助被告人行使辩护权的辩护人享有阅卷权，而作为权利主体的被告人本人却只享有辩护权而没有阅卷权,岂不形成了一种悖论?事实上,辩护人的阅卷权,本身就是被告人的阅卷权。如果否认被告人的阅卷权,辩护人的阅卷权也就失去了存在的基础。

阅卷权是犯罪嫌疑人、被告人有效行使辩论权和质证权的基本保障。如果被追诉者对指控的证据不知情,就相当于被蒙着眼睛挨打,无从寻找辩解的理由;而如果其只能在庭审质证过程中才可以知道相关证据内容,则无异于遭到证据突袭。在我国当前的庭审质证方式中,公诉人经常会以长时间连续宣读证据的方式举证,连辩护人经过长时间的阅卷准备和摘录要点都会精疲力尽、难以应对。这种情况下要被告人不经阅卷而当场即席发表质证意见,纯属是自欺欺人的走过场。最简单的道理是,被告人在没有充分准备的情况下不可能有效行使质证权。

有观点以防止串供为由否定犯罪嫌疑人、被告人的阅卷权,这种理由并不成立。首先,经得起检验的证据不受被告翻供的影响,且口供并非定案的主要依据。其次,依据现行法律规定,律师只能在审查起诉阶段才能看到案卷和向嫌疑人、被告人核实证据。而此时侦查活动已经终结,证据已经固定,不会发生妨碍侦查的问题。

至于有人以律师会以泄露证据内容的方式帮助串供为由否定嫌疑人、被告人的阅卷权,更是毫无道理的。首先,就了解案卷的机会而言,在侦查、起诉和审判环节中,每一个接触案件的相关人员都具备这种条件,侦查、起诉环节中办案人员违规、违法的案例并不鲜见。而相比之下,律师的这种机会却是最少的,因为律师没有公权力的便利条件,知悉案卷内容的时间又最短。其次,律师办案也有自身的职业道德和职业规范。如同任何一种职业群体中都有个别人会违规、违法一样,律师中如果有此现象,对违反者依法查处就是了。但绝不能以此为由即因噎废食,剥夺了被追诉人的阅卷权,更不能以歧视的心态,将律师打入另册。

需要强调说明的是,关于嫌疑人、被告人阅卷权的问题,在国际社会中早已成为共识和常识,且各国和地区的法律中都有明确规定。

美国《联邦政府刑事诉讼规则》第16条(a)规定:由政府向被追诉人透漏证据的范围,包括(1)被告人陈述;(2)被告人先前记录;(3)文件和有形物品;(4)检查、试验报告,共四个类别所囊括全部案卷材料。而被追诉人与辩护人在证据开示的时间、内容上都没有差异。

英国《刑事诉讼法》第35条规定“1.被告人和辩护人在诉讼过程中可以阅览或复印有关材料……”

《俄罗斯联邦刑事诉讼法典》第201条规定:“刑事被告人有权亲自或由辩护人帮助了解全部案件材料,以及提出补充侦查的申请。如果刑事被告人没有申请辩护人,将全部案件材料提供给他阅读……”

《德国刑事诉讼法典》第114b条第2项第7款(向被逮捕之被告进行告知)规定:“……被告无辩护人时,得依照第147条第7项之规定申请获得案卷讯信及案卷副本。”

《奥地利刑事诉讼法》第45条第2款规定:“阅卷权仅能由被告之辩护律师行使,但依法而无辩护律师之被告,得由被告人行使。”

以上例证表明,无论是普通法系还是大陆法系的国家和地区,都无争议地明确规定被追诉人享有阅卷权,具体方式无非有两种:一种是被追诉人与辩护人同时享有阅卷权;另一种是被追诉人通过辩护人了解案卷情况,在其没有辩护人的情况下,可以直接行使阅卷权。

在两种方式中,虽然被告人了解案卷内容的途径有所差别,但前提都是被告人享有阅卷权。

由此可见,否定辩护人、被告人享有阅卷权,既无法理依据,也违背国际惯例。其直接后果就是侵犯犯罪嫌疑人、被告人的辩护权,影响司法公正。

误区六:辩方证据也需要具有合法性

真实性、关联性、合法性是刑事证据的基本特征,这是法学理论界和实务界的通说。然而,长期以来,由于这种“三性”说并没有将控方证据与辩方证据加以区分,致使这三个特征成了控方证据与辩方证据的共同特征。多年来,这种认识已经深入人心,无论是在教科书中,还是在司法实践中,都很少有人质疑。虽然《刑事诉讼法》关于排除非法证据的规定并没有指向辩方证据,但是,也没有明确规定辩方证据不在排除之列。以至于在庭审质证过程中,控方常常会以证据不具有合法性或者证据来源不明为由,质疑辩方证据,而法庭也经常会支持控方的质疑,致使辩方律师陷入被动。

究竟应当如何评价对辩方证据合法性的质疑?辩方证据是否应当以合法性为必要条件?辩方以违法方法收集的证据是否具有证据能力?回答这些问题,必须面对现实。

多年来,辩方证据获取途径违法或者无法说明来源的现象时有发生。多年前有一桩投机倒把案,被告人被指控倒卖汽车和摩托车。按照当时的规定,只有具备相关批准文件才是合法经营,否则就构成投机倒把罪。该案中,被告人明明有合法手续,可这些文件却被办案机关隐匿了,而律师也没有正常途径可以获取。结果是被告人有口难辩,一审判处被告人罪名成立。但是在二审期间,被告人的一位朋友从公安局内部将放在卷柜中的这些文件偷出来并转交给律师,二审才改判无罪。

类似的情况还有很多,例如,被告人家属为辩护律师提供了一份关键性证据,其真实性和关联性都没有疑问,但家属却不敢公开该证据的来源,也不敢公开提供者的身份。又如,一个通缉犯向法院寄送了一份能够证明被告人无罪的关键证据,但该通缉犯又无法出庭作证……

尽管上述证据都有机会递交法庭,却面临一个法律上的尴尬:辩方的确是通过一种非正常的途径和方式获取了该证据,那么,在这种情况下,我们能否仅仅由于这些证据收集程序违法或者来源不清,就在该证据真实性无疑问的情况下以其不具有合法性为由拒绝采信?也就是说,能否让被告人承担证据来源违法或者律师违法取证的不利后果?或者说,能否由于辩方证据不具有合法性而放任无辜的被告人蒙受冤狱?如果遇到一种更极端的情况:在一桩杀人案中被告的律师以违法方法收集到了一项足以证明被告无罪的证据,法官能否因该证据不合法而仍然判决被告有罪并处以极刑?实践中应当没有法官会这样做。但是,这个法官在判词中又该如何解释?

面对这些问题,我们必须正视一个不容回避的简单话题:在有证据证明一个人无罪的情况下,能否仅仅由于该无罪证据来源不明或者系非法取得,而仍然判决其有罪?如果可以这样做,那么,公平与道义何在?如果不可以,那么,要求辩方证据合法性的理由又何在?

这种充满矛盾的现实,似乎提出了一个两难选择的问题,这正是导致此题难解的症结所在。但是,这却是每一个法律人必须面对的课题。

如果按照以往教科书式的理解,似乎这是一个不值一驳的伪命题。很多人会认为,与控方证据一样,辩方证据的合法性同样是不容置疑的。然而,如果我们正视现实,回归法治理念和现行诉讼规则的层面来深入思考,答案却应当是否定的。

首先,从理论层面来看,非法证据排除规则是宪法的救济手段,所面对的是宪法性的侵权行为,而只有政府才可能构成侵犯宪法性权利的主体。所以,排除规则作为宪法权利的救济手段自然只能针对政府的违法取证行为,而不适用于私人违法取证行为,后者只能通过其他途径加以制裁。

正是基于这种理由,国外立法例在排除非法证据的规定中都不包括辩方获取的违法证据。美国联邦最高法院在1921年Burdeau v. MeDowell案中明确指出:"第四修正案包括乃意图对统治权力活动的抑制;并非意图对公务员以外者加以限制。""第四修正案保护公民不受非法的搜查和扣押,正如先前判例所示,这种保护适用于政府的行为。它的起源和历史清楚地表明,修正案的目的在于抑制主权行为,而并非限制其他非政府机构的行为。"

在大陆法系国家,也没有立法例将辩方证据包含在排除非法证据的范围之内。

其次,从保障人权的角度来看,排除非法证据的价值在于捍卫人权,维护法治,防止冤假错案。所以,即使这种排除以放纵个别罪犯为代价,也有利于维护司法公信力,符合法治社会的整体利益。而排除辩方非法证据的代价,却可能会践踏人权,铸成冤假错案。这两种代价,一种是由国家承担,另一种则是由无辜的个人来承担,显然不能一视同仁。

基于以上理由可见,辩方证据的能力不应以合法性为前提,其法理依据充分,社会效果明显。然而,遗憾的是,这个在国际社会已成共识的原则在我国却至今未能明确,致使对辩方证据合法性的苛求成为实现被告人辩护权的严重障碍。

误区七:律师可以违背当事人的意愿独立行使辩护权

在我国的法庭上不止一次地发生过这样一种尴尬的场景:被告人坚决不承认自己有罪,而辩护律师却坚持对其做以有罪为前提的罪轻辩护。律师坚持的理由是依法"独立行使辩护权"。多年来,这种场景时常发生,但这个问题却没有引起足够的重视。在一些人看来,这种认识似乎是律师辩护权独立性的应有之义,却很少有人去探究它的真正内涵。

律师辩护权独立性的含义究竟是什么?律师可以违背当事人的意愿去独立行使辩护权吗?这个问题,既涉及刑事诉讼的目的性,又涉及辩护律师的职责定位。

从刑事诉讼目的的角度来看,独立辩护论最初源于德国的辩护理论。在职权主义的诉讼构造下,由于将发现真相作为刑事诉讼的最终目的,则认为控辩双方都负有协助法院查明真相的义务,所以律师对法院的真实义务应当优先于对当事人的忠诚义务,赋予律师独立的辩护地位是为发现真相的目的服务的。

然而,事实却一再表明,将发现真相作为刑事诉讼目的的理论忽视了一个无法回避的现实:有些真相终究是无法发现的。而一旦如此,往往就会有一些假设的真相被制造出来填补空白,以求实现发现真相的诉讼目标。只是因为,如果没有真相就无法完成事先预设的诉讼目标。

发现真相的理论不仅脱离现实,而且也与刑法的基本功能相背离。作为国家机器的组成部分,刑法的功能是维护社会的整体秩序,而并非局限于对个案的是非评价。刑事诉讼活动的价值,则是以追求司法公正的方式去实现恢复社会秩序的总体目标。而在这种目标之下,发现真相仅仅是追求司法公正的一种必要手段。而且,由于当今社会还无法做到对所有案件都能够查明真相,所以,体现为客观真实的实体公正,并不是实现司法公正的唯一手段。与此同时,体现为证据真实的程序公正则对于实现司法公正具有不可替代的独立价值。

由此可见,发现真相与司法公正并不具有同质性。将发现真相作为刑事诉讼目的的理论,既背离了刑法的基本功能,也混淆了目的与手段的逻辑关系。

由于发现真相的理论在实践中屡遭困惑,现代刑事诉讼走出了客观真实的幻影,程序公正理论在现代诉讼理念中已经成为共识。近年来,无论是在欧美国家,还是在日本,已经有越来越多的学者提出,刑事司法制度不应当仅仅着眼于发现事实真相。德国本土学者魏根特教授也指出:"查明真实本身并不是目的,而必须以恢复社会平和这一刑事秩序的机能来理解诉讼目的,查明实体真实只不过是诉讼的中间目的而已。"显而易见,在以恢复社会秩序作为刑事诉讼的最终目的,查明真相只是一种手段即中间目的的现代诉讼理念中,辩护律师的职责是通过维护程序公正进而实现维护被告人合法权益的方式,实现恢复社会秩序的目的,并不负有发现真相的义务。

从辩护律师职责定位的角度来看,辩护权设置的初衷,即是通过对抗公权力,最大限度地维护当事人的合法权益。辩护权源于当事人的自愿授权,因当事人的委托而产生。因此,辩护权的本质是从属于当事人的私权利。正如美国学者弗兰克尔所言:"如果律师成为一名真相发现者,而非委托人的斗士,从经济动机上和职业组织方面来看,可能会导致客户与律师的早期冲突:委托人如何以及为何需要对破碎的忠诚(律师要对事实和委托人两者忠诚)付费?我们要求律师对他从事的案件真实性负责是否会造成他们对辩护失去动力和不愿投入?我们能否让一名律师英勇地保护他的委托人并对抗全世界——不只是对抗国家。同时,要求他将追求模糊不清、需要深入调查才能发现的事实真相作为自己的崇高目标?"

由此可见,在现代刑事诉讼理念中,辩护律师应当以维护程序正义为目标,以坚持对当事人的忠诚义务为宗旨,依法最大限度地维护当事人的合法权益。而与这种辩护权的职责定位相一致,辩护权的行使则应当与当事人的意志保持一致,辩护权的独立性不应违反对当事人的忠诚义务。

那么,究竟什么是辩护权独立性的应然内涵?或者说,辩护权独立性的含义,究竟是独立于当事人的意志?还是独立于当事人意志之外的其他因素?或者是两者兼而有之?

简言之,不同的诉讼目标必然形成不同的诉讼结构。当律师的主要职责是服务于发现真相,为践行该职责,他可以独立于当事人的意志而坚持自己的主张。然而,在现代刑事诉讼理念中,当司法公正的标准已经不单单是难以确定甚至无法查明的案件真相,而是兼顾人权保障、程序正当等多重价值,发现真相仅仅成为刑事诉讼的一种手段即中间目的时,辩护人的职责就不是与控审双方共同配合去发现真相,而是在制约与对抗的关系中,从维护当事人的角度去实现程序的正当性。因此,辩护权独立性的意义不能体现为独立于当事人,而只能是独立于当事人意志以外的其他因素。

现实生活中,影响和干扰辩护权的因素表现在很多方面,例如,来自权力的干预或影响;来自当事人亲属、上司或者帮助当事人委托律师的出资人提出的违背当事人意愿的要求;以及社会上的各种舆论干扰和压力;等等。根据辩护权的从属性和刑事诉讼中控辩抗衡的特性,这些与当事人意志相违背的其他外部因素,才是辩护权独立性的指向所在。概言之,辩护权的外部独立性,才是辩护权独立性的真正所指。中华全国律师协会2017年发布的修改后的《律师办理刑事案件规范》第5条明确规定:“律师在辩护活动中,应当在法律和事实的基础上尊重当事人意见,按照有利于当事人的原则开展工作,不得违背当事人的意愿提出不利于当事人的辩护意见。”这一规定集中表达了两层含义:一是律师提出辩护意见不得违背当事人的意愿;二是律师提出的辩护意见不得不利于当事人。

在辩护过程中,律师与当事人的意见分歧主要有两种情形:一种是被告人坚持无罪,而律师认为其有罪;另一种是被告人坚持认罪,而律师认为无罪。当律师与当事人发生意见分歧时,首先应当通过沟通、交流争取达成共识和理解。在最终无法取得一致的情况下,或选择顺应当事人的意愿提出辩护意见,或选择退出辩护。但须遵守一个重要原则:不得帮助当事人伪造或毁灭证据。

在我国司法实践中有一种特殊现象:有时候当事人出于各种难言之隐,为了自保而坚持违心认罪。在此情况下,如果律师确有认为其无罪的充分理由,可以在不影响其认罪态度的前提下提出有利于被告人的法律上无罪的辩护意见。这种做法不违背律师对当事人的忠诚原则,而且恪守了对当事人负责的职业道德,不失为辩护权独立性的一种合理表达方式。

误区八:律师保密义务不能对抗侦查权

我国《律师法》第 38 条规定:“律师应当保守在执业活动中知悉的国家秘密、商业秘密,不得泄露当事人的隐私。律师对在执业活动中知悉的委托人和其他人不愿泄露的情况和信息,应当予以保密。但是,委托人或者其他人准备或者正在实施的危害国家安全、公共安全以及其他严重危害他人人身、财产安全的犯罪事实和信息除外。”《刑事诉讼法》第 48 条规定:“辩护律师对在执业活动中知悉的委托人的有关情况和信息,有权予以保密。但是,辩护律师在执业活动中知悉委托人或者其他人,准备或者正在实施危害国家安全、公共安全以及严重危害他人人身安全的犯罪的,应当及时告知司法机关。”

《律师法》和《刑事诉讼法》关于律师保密义务的规定可以说是明确、具体且具有一致性。但是,司法实践中办案机关主要是公安机关找到律师和律师事务所强行调查取证的情况却时有发生,或者向律师调取其曾经代理过案件的卷宗或相关证据材料,或者直接让律师做调查笔录,还有的要求调取律师事务所与客户的委托合同及律师费发票,甚至会以追缴赃款的名义冻结律师事务所的账号或者直接扣划律师费。当律师和律师事务所以保密义务为根据拒绝配合时,办案机关却提出了另一种理由:“律师保密义务不能对抗侦查权”。

在这种情况下,多数的律师和律师事务所都只好迫于压力而予以配合。而律师的这种无奈之举,不仅侵犯了委托人的隐私权,也触犯了律师职业道德的底线。

律师对委托人的保密义务能否对抗侦查权?这本来是一个不言而喻的问题。因为,保密义务对于委托人而言是一种义务,对于公权力而言就是作证豁免权即免作证权,如果没有后者的免作证权也就无法履行前者的保密义务。所以,对抗侦查权的免作证权本身就是保密义务的题中应有之义,律师对委托人负有保密义务,对侦查机关即享有免作证权,保密义务的主要指向就是对抗公权力。

律师保密义务发生于执业活动中,需要保密的内容是其在执业活动中基于委托人的信赖关系而获取的。如果律师违背这种保密义务,就会失去委托人的信赖而不愿向律师披露真情,甚至不敢再委托律师。所以,律师对委托人的保密义务是律师与当事人之间互信原则的集中体现,而这种互信原则是律师制度赖以存在的根基。律师对委托人保密义务的理论基础是利益均衡原则,根据利益均衡原则,当我们维护一项社会正义的时候,还应当考虑其可能会造成的另一种不公正。而当其他社会价值大于追究某一特定犯罪人的刑事责任时,法律就会选择保护更重要的利益。在因律师免作证权而影响一个特定的个案与维护律师制度根基这两种利益之间权衡利弊时,以维护律师制度为重,当然是不容置疑的选择。所以,律师保密义务同时也是对司法机关的免作证权,早已成为国际社会的通行原则。

1990 年 9 月 7 日第八届联合国预防犯罪和罪犯待遇大会上通过

的《关于律师制度的基本原则》第22条规定:“各国政府应确认和尊重律师及其委托人之间在其职业关系内的所有联络和磋商均属保密性的。”

世界刑法学协会第十五届代表大会《关于刑事诉讼法中人权问题的决议》第14条规定:“一切证据调查必须尊重职业作证豁免权。”

同时,在美国专门有《律师作证特免权保护法案》,英国、德国、日本多数国家的刑事诉讼法中都明确规定了律师作证豁免权。

在国际社会通行的作证豁免原则中,还包括神职人员和医生在内。因为,如果一个神父可以对于忏悔者披露的罪行向司法机关作证,一个心理医生可以对于患者披露的罪行向司法机关作证,也同样会毁掉这两种职业的根基。可见,以免作证的特权履行对客户的保密义务是律师、神职人员和医生这三种职业中不可逾越的道德底线。

从理论上划分,律师保密义务分为绝对保密义务和相对保密义务。二者的区别主要在于律师对于其知悉的尚未发生的危害行为是否承担保密义务。按照绝对保密原则,律师对于在职业活动知悉的委托人的一切信息都应当保密,也包括其准备和正在实施的危害行为在内。而按照相对保密原则,律师则只应对其知悉的已然(已经实施)的危害行为承担保密义务,对于未然(尚未发生或正在实施)的危害行为不承担保密义务。

从既维护律师制度又兼顾保卫社会安全的角度出发,国际社会中绝大多数国家的立法普遍采取相对保密原则,我国也不例外。为此,我国《律师法》第38条和《刑事诉讼法》第48条均规定,将“准备实施或者正在实施的”危害行为排除在保密义务之外。

需要特别强调的是:《刑事诉讼法》第48条的表述是“辩护律师对在执业活动中知悉的委托人的有关情况和信息,有权予以保密”,这一表述恰恰明确了保密义务本身的权利属性。也就是说,它对委托人而言是一种保守秘密的义务,对公权力而言则是一种免作证的权利。二者之间是一种对应关系,即这种保密义务正是通过作证权的豁免来实现的,而且也只能通过这种权利豁免才能实现。

接下来在第48条后面的"但书"部分又规定:"辩护律师在执业活动中知悉委托人或者其他人,准备或者正在实施危害国家安全、公共安全以及严重危害他人人身安全的犯罪的,应当及时告知司法机关。"这一规定又表明:只有对于排除在律师保密义务之外的那些未然的、危害国家、公共及他人人身安全的重大犯罪行为,律师才具有作证义务。反之,对于保密义务范围之内的其他信息,律师当然没有作证义务。从而,法律进一步明确了律师保密义务的免作证权性质。

"律师保密义务不能对抗侦查权",是对律师保密义务性质的误读,也是对立法本意的曲解。由于实践中办案机关强制律师违反保密义务的现象时有发生,不仅使委托人的隐私权屡遭侵犯,而且也破坏了律师与委托人之间的互信原则,动摇了律师制度的根基。

鉴于这种现象导致后果的严重性,希望能够在理论上进一步厘清认识、走出谬误的同时,能够在立法上对律师的免作证权作出更直接、更明确的规定,以杜绝实践中以公权力强制律师违反保密义务的乱象。

误区九:举证责任倒置的思维惯性根深蒂固

刑事诉讼中的举证责任,是指公诉方和辩护方在审判中向法庭提供证据证明其主张案件事实的责任。举证责任又称证明责任,虽理论上对二者内涵有不同解读,但没有实质性分歧。在现代诉讼制度中,举证责任分配的规则以无罪推定理论为基础。

首先,无罪推定理论决定了刑事诉讼中举证责任应当由控方承担。因为被告在被证明有罪前被推定为无罪,没有证明自己无罪的责任。因此,举证责任首先应该由控方承担。

其次,无罪推定理论解决了举证责任的转移问题。在诉讼过程中,如果控方举证的事实已经被辩方认同而辩方又提出了一项具体的事实主张,如不在现场的事实主张,正当防卫的事实主张等,举证责任会因此发生转移。

最后,无罪推定理论决定了控辩双方承担举证责任需要达到的证明程度不同。根据无罪推定原则,当控方举证证据不足时,法庭应当作出有利于被告的判决,因为控方的证明责任需要达到确实、充分,可以排除一切合理怀疑的程度。而辩方的证明责任只需要达到存在合理怀疑的程度。

值得重视的是,举证责任制度先于无罪推定理论而出现,但无罪推定理论却奠定了现代举证责任制度的基础。也就是说,正确理解和适用现代刑事诉讼中的举证责任分配规则,首先必须正确理解和适用无罪推定原则。

在现代诉讼理念中,以无罪推定理论为基础的举证责任规则已经成为法治国家立法和司法中的共识。但是,这个问题在我国却成为至今尚未解决的一种困惑,有很多人仍然陷入举证责任倒置的误区之中。

导致这种现象的原因主要有两个方面:一是立法本身的问题,二是司法理念的问题。

在立法层面上,《刑事诉讼法》第51条规定,"公诉案件中被告人有罪的举证责任由人民检察院承担",明确了控方的举证责任。同时,法律又在其他条款中体现了辩方也有举证责任的内容。例如,对照1997年《刑事诉讼法》和2012年《刑事诉讼法》可见:(1)1997年《刑事诉讼法》第35条规定:"辩护人的责任是根据事实和法律,提出证明犯罪嫌疑人、被告人无罪、罪轻或者减轻、免除其刑事责任的材料和意见……"2012年《刑事诉讼法》的同一条款则删除了"证明"二字。(2)1997 年《刑事诉讼法》第 93 条和 2012 年《刑事诉讼法》第 118 条都规定:“犯罪嫌疑人对侦查人员的提问,应当如实回答。”但在 2012 年《刑事诉讼法》第 50 条又规定“不得强迫任何人证实自己有罪”。

立法中这两处修改表明:

(1)1997 年《刑事诉讼法》规定要求辩护人提出证明犯罪嫌疑人、被告人无罪、罪轻或者免除刑事责任的材料和意见,实际上是要求辩方承担一定的证明责任,这一规定与无罪推定原则是相违背的,反映与有罪推定理念相吻合的举证责任倒置的思维方式。

2012 年《刑事诉讼法》修改时取消了“证明”二字,即是取消了辩方的举证责任,应该说是体现了立法理念的进步。但同时也说明,我们在立法上向无罪推定原则迈进的时间很晚且并不彻底。直到今天,无罪推定原则也还没有明确写进《刑事诉讼法》的条文,只是在《刑事诉讼法》第 12 条中规定:“未经人民法院判决,对任何人都不得确定有罪。”而这种中国特色的委婉表述形式却难以确证为明确的无罪推定原则,留下了可以见仁见智的解读空间。正因如此,无罪推定的理念仍然难以深入人心,相应之下,举证责任倒置的思维惯性依然难以遏制。

(2)《刑事诉讼法》中关于犯罪嫌疑人对侦查人员的提问,应当如实回答的规定,是对犯罪嫌疑人自证其罪的要求。虽然 2012 年修法时,增加了关于“不得强迫任何人证实自己有罪”的规定,却又仍然在第 118 条中保留了“应当如实回答”的规定,因而又形成了这两个条款的冲突关系。这种冲突事实上也给以无罪推定为基础的举证责任制度的贯彻留下了隐患。

应该说,《刑事诉讼法》在立法中这种对无罪推定原则规定的滞后性和不彻底性,与人们对举证责任规则认识混乱的现象不无联系。

在司法理念层面,由于多年来有罪推定思维习惯的普遍性,以及立法中对无罪推定原则贯彻的不彻底性,以有罪推定为基础的举证责任倒置的滞后理念并未彻底革除,使要求被追诉者“自证无罪”的举证逻辑仍然随处可见。在司法实践中,有些法律人常常会在办案过程中不自觉地表现出举证责任倒置的习惯性的思维方式,而且这种思维方式甚至会占据上风。

例如,在法庭上控方经常会以辩方证据不足为由反驳辩方的主张,而这种理由有时还会得到法庭的支持。

更典型的范例,莫过于法院判决书中以证据不足为由驳回辩护理由的表述方式。诸如“辩护理由缺乏证据支持”“该辩解缺乏证据支持”“辩护意见缺乏事实依据和证据支持”等。实践中,具有这种同类表述的判决书并非罕见!应该说,这种判决书反映的理念与1997年《刑事诉讼法》中关于辩方具有证明责任的规定一脉相承。但是,在2012年《刑事诉讼法》已经修改多年以后,仍然还会出现这样的判决理由,足见司法现状的尴尬和理念转变的艰难。在这种以“自证无罪”为前提的“洗白式”的司法理念支配下,出罪难于入罪,岂不是欲加之罪,何患无辞吗?

举证责任倒置的思维方式所导致的消极后果,在排除非法证据的程序中反映得更为突出。在对控方证据合法性的审查上,由于被告处于无力取证、举证的被动地位,《刑事诉讼法》第59条规定:“在对证据收集的合法性进行法庭调查的过程中,人民检察院应当对证据收集的合法性加以证明。”同时第58条又规定:“当事人及其辩护人、诉讼代理人有权申请人民法院对以非法方法收集的证据依法予以排除。申请排除以非法方法收集的证据的,应当提供相关线索或者材料。”《关于适用〈中华人民共和国刑事诉讼法〉的解释》第96条进一步细化为:“当事人及其辩护人、诉讼代理人申请人民法院排除以非法方法收集的证据的，应当提供涉嫌非法取证的人员、时间、地点、方式、内容等相关线索或者材料。”

以上规定明确了两条原则：一是明确在排除非法证据程序中由控方承担举证责任；二是要求辩方只负责提供相关线索或者材料。应当说，对于被告人而言，提供线索和材料已经是勉为其难了。但现实中，即使提供了相关线索和材料也很难进入排除程序，被告人方往往会面临更为苛刻的条件。绝大多数情况下，“线索和材料”都变成了证据的代名词，以至于排除非法证据的程序基本上流于形式，真正得以排除的案例极为少见。

排除非法证据程序的障碍背后，还隐藏着另一个原因，而这个原因也与举证责任倒置的偏见密切相关。排除非法证据阻力巨大的重要原因之一，是办案人员因担心承担刑讯逼供的刑事责任而顾虑重重，而产生这种顾虑的原因恰恰也是出自对举证责任规则的错误认识。根据法律规定，需要排除的是非法取证的可能性，并不是实然性。所以，即使证据被排除了，办案人员也并不必然构成刑讯逼供罪，二者之间并无必然联系。因为根据无罪推定原则，不可能仅以“可能性”为由追究刑讯逼供的责任。然而，正是由于有些人陷入以有罪推定为基础的举证责任倒置的偏见之中，才一方面在指控被告人有罪时要求被告人自证无罪，另一方面在承担合法取证的举证责任时又试图将举证责任转移给被告人。而一旦“排非”成立，又会从刑讯逼供犯罪嫌疑人的角度换位思考，把非法取证的可能性当成刑讯逼供的必然性，从而将自己置于自辩无门的境地。

其实，这一切不正常现象背后的深层原因，都源于举证责任倒置的偏见。因为以有罪推定为基础的举证责任倒置的思维方式，总是从要求被指控者自证清白的角度去分配举证责任。

举证责任倒置的思维习惯与人治的理念一脉相承，因为在人治社会中,代表权力的主观判断比证据更重要,证据意识淡薄已成为社会常态。过去存在的先抓人后找证据,让嫌疑人自证清白的做法司空见惯、习以为常,很多人已经接受和习惯于这种思维方式。这应该是在我国形成举证责任倒置思维习惯的历史原因。

值得警惕的是,这种举证责任倒置的思维习惯不只体现在刑事诉讼中,在民事诉讼中也不乏其例。前些年引发举国关注的“彭宇案”,就是举证责任倒置的典型案例。在救助者与被救助者发生责任纠纷,原被告双方对撞与没撞的基本事实各执一词,而被救助者指责救助者并向其索赔的情况下,法院竟然要求救助者举证证明其没有撞倒对方的事实,并且因其举证不能而判决其败诉。该案虽然在舆论谴责之下终于得到纠正,但深刻地反映出这种举证责任倒置的错误观念在我国社会中的顽固性和普遍性。

举证责任倒置的思维方式,是有罪推定理念的延伸,是司法公正的天敌。在刑事诉讼中,这则是铸成冤假错案的认识根源。

误区十:控、辩、审三方职责定位混乱

法治建设40年过去了,关于控、辩、审三方的职责定位问题至今未能厘清。由于辩护权被漠视,律师地位低下,控辩冲突一直难以缓解。同时,辩审双方、控审双方也时常发生冲突。前些年,辩审冲突曾经一度升温,法庭训斥律师、驱逐律师的现象时有发生。后来,控审冲突又日渐公开化。一方面,公诉机关因片面追求起诉成功率而时常发生以诉代审的倾向,加之检察机关对职务犯罪自侦自诉一体化的结构设计,使诉权的地位不断提升,致使法院处于自嘲为弱势群体的尴尬境地。另一方面,实行以审判为中心的制度改革以来,法院一方又时常会以不适当的方式来表现出自己的强势地位,如可以超越公诉请求的内容作出判决。

这一系列冲突之所以此伏彼起,难以平复,其根本原因是对控辩审三方职责定位的认识误区。

律师之所以被边缘化而成为弱势群体,根本原因是对辩护律师职责定位的认识错误。长期以来,人们始终未能真正认识到律师对维护司法公正不可替代的制约作用,而将其视为干扰、对抗公权力的消极力量。之所以如此,就在于大家对刑事诉讼活动的规律和结构设计缺乏正确认识。而再究其根源,则是尚未走出漠视嫌疑人、被告人权利保障的滞后观念。在我国历史上嫌疑人、被告人一直被当作诉讼活动的客体对待,成为单纯的打击对象。2012 年修改《刑事诉讼法》时,虽然在条文中强调了保障犯罪嫌疑人、被告人权利的重要性,但由于理念的滞后,这个原则却无法得到有效贯彻。刑辩律师的职责就是帮助犯罪嫌疑人、被告人维护权利,而在犯罪嫌疑人、被告人的权利被漠视的情况下,律师的权利必然会被漠视,二者具有不可分割的必然联系。与此相适应,律师被视为司法活动中的异己力量也就不足为怪了。

由于中国社会中律师制度的历史过于短暂又几次中断这一特殊的历史现象,人们对律师的了解十分缺乏。就控辩关系而言,在一个正常、合理的诉讼结构中,控辩双方本应是一种以制约求公正的理性对抗关系,但是法治建设 40 年来,中国社会中的控辩关系却经历了一段由形式性对抗转向冲突性对抗的矫枉过正的弯路。在律师制度恢复初期,表面上处于对抗地位的控辩双方实质上却是在共同配合法庭办案,并没有形成真正的对抗关系。因为根据当时《律师法》的规定,律师的首要职责是维护法律的正确实施。后来,随着《律师法》的修改和律师管理体制的改革,控辩双方的关系又转向了冲突性对抗的另一个极端。控辩关系由形式性对抗转向冲突性对抗,从一种误区走向了另一种误区。直至今天,这种冲突性对抗的僵局仍然没有完全打破,控辩双方理性对抗的正常化关系仍然难以实现。现实中,有两句常见的抱怨:某公诉人说“诉了半天,白诉了”;某辩护人说“辩了半天,白辩了”。这种感受,恰恰是冲突性对抗的认识根源。

检察机关之所以在面对控辩冲突的同时,又发生控审冲突,其根源同样出自其对自身职责定位的认识误区。检察机关的基本职责是指控犯罪,追求超越职能的权力和目标则是其与辩审两方发生冲突的主要原因。

首先,检察机关对职务犯罪的自侦权不仅存在侦诉一体化的弊端,而且还延伸出对审判机关的威慑,致使法院和法官在裁判时不得不顾及公诉人的观点和态度。从而,因诉权过于强势而导致控审关系失衡。这种状况虽然随着其自侦权的分流而改善,但这种冲突的阴影却难以完全消散。

其次,检察机关监督权的扩张违反诉讼规律。司法监督属于检察机关的部分职能,但这种监督权如果运用失当就会适得其反。直至今天,在法庭上还经常听到公诉人当庭宣称“公诉人在法庭上依法行使监督权”。这种宣言是十足的角色错位,是宣称原告方有权监督裁判者,无异于给法官戴上手铐。遵循诉讼原理,检察机关的监督权不应行使在审判阶段,而应当前移至侦查阶段,侦查监督才是检察机关亟待强化的重要职能。

最后,对起诉成功率的过度追求,导致公诉权对辩护权和审判权的双面冲击。在曾经坚持99%以上起诉成功率的目标下,检察机关为实现有诉必判的结果,一方面会导致与辩方的冲突加剧;另一方面也会产生公诉权冲击审判权的越权趋势,引发控审冲突。而更为尴尬的是,还会在检察机关内部造成进退两难的自身冲突。根据诉讼规则,侦、控、审三个阶段的价值目标和证据标准应当各有不同,侦查活动的价值目标应当是怀疑一切,而裁判活动的价值目标则应当是排除一切合理怀疑。公诉机关有诉必判的目标追求,不仅违背诉讼规则,而且又给公诉人压上了有进无退的后果责任,迫使其陷入为定罪而不遗余力,不判有罪不罢休的尴尬境地。

法院作为裁判者本应处于相对超脱并至高无上的地位,但在我国却不断发生与控辩两方面的冲突,这种反常现象同样是源于控、辩、审三方职责定位的认识误区。

长期以来,由于检察机关的强势地位和实质上以侦查为中心的诉讼模式,公、检、法三机关似同一条击鼓传花的流水线,法院少有拒绝接受的主动权。再加之权力干预屡禁不止的复杂情势,法院一度处于难以自主的弱势地位。在这种情况下,法院中立性的弱化和偏移具有一定的必然性。而这种中立性的弱化和偏移,又形成了控、辩、审三方发生冲突的潜在因素。

前几年几度发生辩审冲突不断升级的现象,凸显了职责定位误区所产生的后果。在一个正常的诉讼架构中,控辩冲突具有常态性,只是冲突的性质和程度会有所不同。但如果发生辩审冲突,却是一种反常。因为辩方没有理由和能力去挑战具有中立性和权威性的裁判方。如果在庭审活动中法庭能够严守程序规则并坚持中立性和被动性,这种冲突应该不会发生。即使有个别律师真的是无理取闹也会处置有据,绝不会发展为一种引起广泛关注的辩审冲突的社会现象。

以审判为中心的司法制度改革为庭审实质化铺平了道路,也提升了审判机关的权威性。然而,一方面,庭审实质化的推进仍然一波三折。另一方面,在法院试图强调审判权威性的同时,控审冲突又掀起新的波澜。诸如,认罪认罚案件中检法两方权力分配的纠葛,以及二审法院对抗诉案件裁判原则等一系列问题,又成了控审冲突的起因,不久前发生的二审法院对检察院求轻抗诉案件加重处罚的案例,进一步反映控审冲突的升级。

长期以来,控、辩、审三方之所以冲突频发、是非难辨,根本原因就在于三者的职责定位混乱。作为司法结构中的三个不可或缺的独立主体,在各自定位不明确的情况下,冲突就具有不可避免性。而多年来人们千呼万唤的法律职业共同体之所以难以形成,也是出于同样的原因。法律职业共同体是在顺应诉讼规律的前提下因需求而产生的,当控、辩、审三方职责定位合理、明确,在各司其职的前提下形成任何一方都不可或缺的真正的制约关系;当公诉人就是公诉人,律师就是律师,法官就是法官,每一方都能找到自己的准确定位,每一方又都能在不出偏差、恪守职责的基础上,感受到任何一方都缺一不可的时候,法律职业共同体就会自然形成。

控、辩、审三方职责定位问题,是司法活动正常运行、健康发展的前提和基础,也是考量一个社会法治化程度的标志。法治建设40年过去了,控、辩、审三者关系至今还没有理顺。这种局面的形成,既涉及理念问题,也涉及机制设计问题,但归根结底还是理念问题。只有在理念的自省中不断地发现问题,走出误区,才能冲出这种困局。

中国的法治之路已经走过了40年,成就的背后更暴露出法治化进程中的种种困扰。而其中亟待突破也是最难突破的,就是理念的滞后。因此,我们必须正视现实,冷静、理性、旗帜鲜明地走出理念的误区,才能摆脱思想的桎梏而转向真正的法治思维。

2020年5月3日定稿于海南

辩护词的基本要素

辩护词的风格，因人而异，见仁见智。辩护词的内容，也会因案而异，各有不同。而不同的受众，对辩护词的评价也会各取所需，各有所好。所以，辩护词不会有一个统一的模式和标准。

尽管如此，辩护词应当具备的一些基本要素，还是具有共性并且值得研究的。当然，这些要素包括哪些内容，也同样是见仁见智，没有标准答案。本文只是以经验之谈，一己之见，与大家分享。希望作为引玉之砖，能唤起大家对辩护词质量的关注。

辩护词的内容、风格、表达方式等诸多要素体现了辩护词的整体水平。归纳起来，主要有以下几个方面：

一、内容全面，重点突出

辩护词的目的是反驳控方的指控理由，博取法庭的采纳。内容全面、重点突出是实现这一目的的基本前提。

内容全面，是指辩护词的论点全面，论据充实，不能遗漏需要坚持和强调的主要观点，更不能留给对方易于攻破的契机。一个案件会涉及定罪与量刑的一系列问题，凡是存有争议需要反驳的内容，都必须在辩护词中充分体现而不可有任何疏漏。因为在控辩博弈的过程中,攻其一点不及其余的做法时有发生,一旦在观点上有所疏漏,就会陷入被动。所以,在构思辩护词的时候,首先要搭建好辩护观点的整体框架,之后再去充实需要论证的具体内容,不要随心所欲地任意发挥,以防止思维失控,顾此失彼,遗漏了重要的辩护观点。

论点与论据的关系,犹如骨骼与肌肉一般,二者相互依存而作用不同。如果肌肉不发达则会软弱无力;若是骨骼有缺陷就变成了残疾。论点全面,又如同考试答卷中的要点覆盖。在一份答卷中如果覆盖了全部要点,即使论述不够充分,至少也可以获得基本分数,而如果遗漏了一个要点,就会丢掉几分之一的分数。所以,论据不充实的辩护词只是会缺乏力度,而论点缺失的辩护词就成了残缺不全的辩护词,就失去了辩护理由的根基,甚至会全盘皆输。简言之,一篇合格的辩护词首先要做到论点全面,论据充实,二者缺一不可;而论点全面,更是重中之重。

重点突出,是在全面系统表述辩护观点的基础上对关键问题要有所侧重,不能平铺直叙、面面俱到地论述所有问题。如果辩护词过于烦琐而没有侧重点,就会使一些重要的观点和理由湮没在无关紧要的内容之中被淡化,甚至会喧宾夺主,误导法庭。

20 世纪 90 年代初曾经轰动全国的大兴安岭朱某金案件在此问题上就很典型,这是一件因承包经营被指控贪污犯罪欲判死刑而最终判决无罪的案件。朱某金被羁押长达 5 年,人为地罗织了多个罪名,证据材料十分混乱而庞杂。这个案件在法庭辩论中,辩护人牢牢抓住了一个重点,就是承包合同的性质和方式。在辩护词中,辩护人强调:“首先,朱某金与林产公司之间,是一种合法的合同关系。其次,在起诉书指控被告人朱某金贪污两笔木材款的事实中,决定被告人是否构成贪污罪的关键并不在于合同是属于集体承包还是个人承包的性质,而是在于合同所约定的内容。‘定销承包合同书’约定的是按固定数额返利的‘死包’方式，并不涉及承包方实际获利的多少。在这种方式的承包合同中，只会存在是否履约的问题，不可能发生贪污犯罪的问题。”仅此两点，便足以否定对贪污罪的指控。

法庭上常见一种盲目应对的被动防御式辩护，辩方出于慎重的考虑，对于控方每一个观点都不放过，有来必往，甚至对那些逻辑混乱、啰唆重复的理由也要逐一应对。这种辩护看似严防死守，滴水不漏，实际上，却因失去重点而苍白无力。而且，由于盲目地跟随控方去被动防控，而被带进了与控方同样的逻辑混乱之中。这种辩护思路陷入了控方有意无意地误导，是一种自我迷失。

重点突出的目的在于将辩护的锋芒直指主题，击中要害，同时也是为了避开控方的误导。所以，必须心有定力而不能盲目应对。对于控方的各种观点和理由，无论其如何繁杂和混乱，都不宜简单回应，而要将其归纳总结和提炼之后，形成自己的论证体系，理性而有序地加以反驳。而且，反驳的理由和依据一定要和辩护总体思路保持一致，不能在点对点地应对中顾此失彼、自相矛盾。重点突出，既可防守，也可进攻。可以坚守对本方有利的理由和证据据理力争，一辩到底，致使对方没有反驳的余地。对于关键问题，要不吝笔墨，必须说深说透。

内容全面，重点突出，二者缺一不可，相辅相成。但是，在个案当中如何把握适度，运用得当，则是一个没有最好、只有更好的永久话题。

二、立论明确，针锋相对

辩护词的生命力在于它的说服力，而鲜明的立论则是说服力的前提。模棱两可、不知所云是辩护词最大的败笔。

作为法庭审理中辩护活动的总结陈词，法庭辩论是控辩博弈的最后阶段，也是全面、完整论述辩护观点的阶段。发表辩护词的目的在于说服法庭,所以,辩护词决不能闪烁其词,顾左右而言他,而应当开门见山,直奔主题,开宗明义地亮明观点。而且,表达辩护观点时应当有的放矢,直接反驳控方的观点,没有必要也不应该含糊其词。发表辩护词不同于宣讲学术论文,不能自说自话,也不必面面俱到,侧重点和针对性才是第一要义。立论不明确,辩点就不突出,听者就难得要领。而针对性不强,就难以与控方观点形成明显对照,从而降低反驳的力度。

立论明确,简言之,就是首先要亮明观点,如无罪辩,罪轻辩,还是量刑辩?例如,在李某某被控包庇罪一案的辩护词中,辩护人开宗明义:“我们认为,起诉书对李某某犯有包庇罪的指控是不能成立的。李某某的行为仅仅是违反律师执业纪律的行为,不构成犯罪,不应受到刑事追诉。”接下来的辩护均围绕着无罪的理由展开。

实践中,有的律师发表辩护词的时候口若悬河,洋洋洒洒,可听者却不知其所云,连法庭都听不出他究竟想表达什么意思。甚至会当场打断,要求他首先表明自己的观点,场面非常尴尬。这种情况就属于典型的立论不清。

针锋相对,就是辩护意见必须是针对控方的指控内容而展开,不能无的放矢地自说自话。如果不能驳倒控方观点,即使辩方观点看似有理,充其量也只能达到一种见仁见智的效果,并不能真正实现法庭辩论的目的。因为,既然是辩论,就是以驳倒对方为目标的。而最有力的反驳,就是一语中的,直击要害。

仍以李某某被控包庇罪一案为例:李某某作为高某某的二审辩护人,受高某某兄长之托在会见时向高某某传递了他人知悉的一个犯罪线索。高某某借此犯罪线索向司法机关举报,经办案机关查证属实后认定其构成立功,二审法院为此将高某某由死刑改判为死缓。在法庭辩论中,公诉人义正词严地强调,李某某向高某某传递他人知悉的犯罪线索,是以“移花接木”的手段为高某某提供假证明,帮助其逃避惩罚,显然构成包庇罪。

为了更有针对性地回应公诉人的观点,辩护人直接对应地借用“借花献佛”的比喻来反驳“移花接木”之说,指出:公诉人的“移花接木”一说混淆了事实,偷换了概念。因为,本案中成就高某某构成立功的原因行为并不是李某某“移花接木”,而是高某某“借花献佛”。本案中律师李某某将他人知悉的犯罪线索传递给高某某的行为,并没有也不可能成就高某某构成立功的条件,只有当高某某亲自将该犯罪线索向司法机关举报并经办案机关查证属实后,才能构成立功。而对于高某某的这种行为,借用公诉人的比喻倒可以说成是“借花献佛”。本案中的“花”即是他人知悉的犯罪线索,而“佛”即是指司法机关。正是高某某借用他人知悉的犯罪线索向司法机关举报的这种“借花献佛”行为才成就了其立功的条件,而李某某向高某某传递犯罪线索的所谓“移花接木”行为与包庇罪并无关联。包庇罪以提供虚假证明为要件,但在本案中律师李某某既没有提供高某某构成立功的虚假证明,也不可能提供这样的虚假证明。因为,对于立功线索查证属实的证明只能由办案机关提供。

运用“借花献佛”之喻直接对应地反驳“移花接木”之说,法庭效果立竿见影,得到了法庭上下的一致赞同。

实践中,在中国的法庭上有一种常见的现象:控辩双方各执一词,自说自话。控方按照预先准备好的公诉词照本宣科,无论辩方提出什么样的理由和论据,都会听而不闻,无动于衷。什么“抽丝剥茧”“由表及里”“透过现象看本质”“程序合法,证据确实充分”等,成为不变的套路。而辩方也不去深入分析控方观点的具体指向、证据基础和法律依据,只是局限在自己思维逻辑的框架之内,引经据典,振振有词地论证自己的观点。如此一场辩论下来,双方慷慨陈词,理直气壮,甚至有些人还会情不自禁地沉浸在自己雄辩成功的感受之中。但是,在外人看来,双方的观点却好似处在一对永不交汇的平行线上,互不交锋。这种缺乏对抗性的辩论,无法实现辩论的效果,也不能称为辩论。

值得注意的是,由于辩方处于被动反击的地位,有针对性的辩护就更加重要。如果辩方在辩论中不能做到与控方针锋相对、直击要害,无异于空喊口号,无的放矢,就失去了辩护的意义。

三、主题清晰,贯彻始终

在立论明确之后,清晰的主题就成为辩护词的重中之重。所谓主题,就是为了支持立论观点而展开论证的内容主线。在论证过程中,无论如何旁征博引还是临场发挥,都不能偏离这条主线。有时候,出于反驳对方观点的需要,可能会超越主题而引申出一些新的论点或涉及一些相关联的其他内容。但是,最后还是要回到主题上来,不能出现"下笔千言,离题万里"的"跑偏"现象。这就是所谓的"万变不离其宗"。

主题清晰的辩护词才能使人听得清楚,看得明白,并且留下深刻的印象,领会到其中的价值。这种效果就如同文学作品和音乐作品一样。一篇好的文章,读起来轻松易懂而不烦不累,既容易理解,又令人印象深刻。一首成功的乐曲,主旋律会贯穿始终而使人难以忘怀。比如歌剧《白毛女》的乐曲,无论如何变奏,一首《北风吹》都会贯穿始终,看过《白毛女》的人,无人不记得《北风吹》的曲调。而《梁山伯与祝英台小提琴协奏曲》中,《化蝶》更是贯穿始终、百听不厌的主旋律。人们说起"梁祝"时,没有人会记起历时三十多分钟的全部曲调,却人人都会哼几句《化蝶》的乐句。但有些乐曲,虽然听起来也很美,却很快会被遗忘,就是因为它缺乏一个清晰而贯穿始终的主旋律。

每个人都有过听课的感受,有的教师讲课照本宣科,少有发挥,听起来信息量少且很乏味,所以,学生们都喜欢旁征博引、即兴发挥的授课方式。但是,这种发挥和扩展应当有限度并且不能跑题。有些教师随性发挥,引出一个话题就无限延伸以至于离题万里"跑偏了",俗称为"沾边儿就跑",而忘记了归途。结果,主题被冲淡甚至忘记了。这种现象在课堂上时有发生,结果是一堂课下来,学生们只是听了个热闹,对于主题内容却模糊不清、印象不深。导致这种效果的原因并不是错在老师对于授课内容的发挥和扩展,而是在于其没有把握好发挥的限度和没有及时地回归主题,就如同不能回归主题的变奏会冲淡主旋律效果的道理一样。

法庭上也时常会有一些语出惊人却不得要领的辩护发言,发言者义愤填膺,慷慨陈词,旁征博引,滔滔不绝。听起来振奋人心,甚至会博得喝彩,但事后回味起来却无法归纳出其中的要点,不知道他想说明的究竟是什么问题。尤其是将这篇发言整理成文字的时候,甚至连基本的逻辑层次都找不到。这即是典型的"内行看门道,外行看热闹"的渲染式演讲,或者叫"忽悠式"演讲。这种辩护词不仅对于法庭分析判断案情没有参考价值,甚至会适得其反。

在主题清晰的前提下,为了加强辩护词的说服力,在内容上可以有所发挥和适当延展,但不能不着边际,并且一定注意要适时拉回主题,做到万"辩"不离其宗。

四、分析证据,辨析法理

辩护词的根基是证据和法律,其他内容都只能起到辅助和补强的作用。

分析证据,主要是指反驳控方证据。辩护词以反驳控方证据为己任。在现代诉讼理念中,证据真实已经被视为认定事实的法定标准。所谓"以事实为依据",在法律层面上也就是以证据为依据。控辩双方的博弈始终都是围绕证据而展开的,都是一场关于证据的论争。所以,用尽可能充分的理由反驳控方证据是辩护词的第一要务。在构思和撰写辩护词时,首先要全面梳理控方证据,根据法律对证据“三性”的规定和对八类证据的具体分类,以及认定证据的基本原则,有主有次,有繁有简,对控方证据进行深入具体的分析和论证。对于无效证据和瑕疵证据等逐一进行反驳,指出其中不具备证据资格和缺乏证明力的理由和依据,打破其证明体系。例如,在一起受贿案件中,涉及 8 个行贿人,65 笔受贿事实,仅从案卷笔录的字面上看,行受贿双方的供述十分一致,且描述具体,相互印证。但被告人却坚称自己无罪,并陈述了非法取证的详细情节和供述内容的不实之处。在无法排除非法证据的情况下,为了论证被告人供述的不真实性,律师花了大量的工夫,将全部案卷内容重新拆分、组合,对每一份笔录形成的时间、地点、内容逐一比对分析,发现矛盾,研究变化,从不同维度制作了多份比对表格。通过对比分析,终于冲破谜团,找出了控方证据中自相矛盾、相互冲突和内容重复、时空错位等一系列无法破解的疑点和无法弥补的漏洞;以彼之矛,攻彼之盾,打破了指控的证据体系。

在刑事辩护中,以反驳控方证据打破其证据体系为目标的辩护方式,被称为消极防控的辩护方式,这是辩方首选的也是常见的辩护方式。但是,在有条件的情况下,利用有利于被告的证据去对抗和破解控方证据会更有说服力,这就是以攻为守式的积极辩护。由于在刑事诉讼中辩方没有举证义务,这种辩护方式并非必要方式,而且这种机会也不是很多。但是,辩方虽然没有举证的义务却有举证的权利,为了辩护成功律师应当重视这种积极辩护的方式,并且不应该放过这样的机会。尤其在中国现阶段有罪推定理念尚难消退的诉讼环境下,这种积极辩护的方式绝非自作多情,更需要高度重视,充分运用。

需要注意的是,辩方举证的内容包括两种情况:

一种情况是指辩方自行调取的证据,这些证据辩护人已经提交给法庭,在质证环节不会被忽略。

另一种情况则是虽已入卷但控方没有向法庭出示或者被忽视的有利于被告的证据,这些证据由于散见于案卷之中,是常常会遭到忽视的重要内容。在法庭调查中,公诉人选择性举证,不足为怪,但辩护人忽略了其中有利被告的证据则实属不该。尤其是在公诉人选择性宣读言词证据的内容时,辩护人应当及时、敏锐地发现其中有利被告的内容,或作为质证的理由从质证角度即时向法庭出示,或作为辩方证据适时向法庭出示。因为,依照法律规定,经过当庭质证的证据才能作为定案的依据。严格意义上说,有些案卷里的证据没有经过法庭质证,也是不能作为定案依据的。所以,作为辩护律师一定不能忽略对这些证据的质证。一是在庭审中应当向法庭申请出示这些证据并进行质证,如果法庭表示不需出示则应当提请法庭记录在案,表明辩方已经当庭提出了这些证据。二是应当将这些证据体现在辩护词的内容之中。

有一个被告人因故意杀人被判处死刑立即执行的案件,案件事实清楚,证据确凿,被告人供认不讳。在最高人民法院死刑复核程序中,辩护律师阅卷时发现,弹道检验报告中显示:一枪致命的子弹是由被告人的腰间射入后从锁骨穿出的。带着这个疑问,辩护人在会见被告时了解到,被告人是在与被害人夫妇二人抢夺枪支的厮打过程中摔倒在地后,子弹走火射出枪膛的。当问及被告为何不向法庭说明这个过程时,被告人说:“反正人已经杀了,怎么杀都一样,说什么都没有用。”辩护人根据这一情节向最高人民法院提出了不宜核准死刑的辩护意见。

如此重要的情节,在案卷中已有明确记载,只是由于被告人没有说起,居然在两审程序中都没有引起重视。尤其就律师而言,竟然忽略了如此重要的有利证据,实属重大失误!

辨析法理,是指对于证据认定和案件定性的法理分析。具体包括两个方面的内容。

一方面,是充分阐述法律依据,即有针对性地找出相关的立法和法律解释的具体规定,依照这些规定提出对控方证据和案件定罪量刑观点的反驳意见。另一方面,是深入阐述法理依据,即从立法原意,学理解释的角度,分析、论证对法律条文的正确解读。

寻找法律依据的功夫在于熟知法律规定和工作细致入微,只要努力、认真即不难做到,但现实中却仍有很多人连这一点都做不到。在许多庭审中,控辩双方或其中一方只顾一厢情愿地坚持本方观点,却提不出可以支持本方观点的法律依据,或者提出了一些针对性不强甚至毫不相干的法律依据,而这种依据并不能支持自己的主张,甚至反会为对方所用,这是对法律规范不熟悉和理解肤浅的具体表现。而在司法审判活动中,离开法律依据的单纯说理,显然是苍白无力的,这样的辩护只能给人一种强词夺理的感觉。

寻找法理依据的功夫则在于深厚的理论功底和对法治理念的融会贯通。在我国法治历史短暂、法治理念相对滞后的现状下,许多案件中的认识分歧是源于对立法原意的误读和法治理念的误区。例如,有的辩护人连对举证责任、证据能力等一些最基本的原则和概念的理解都常常会发生偏离,更不要说无罪推定、疑罪从无、排除合理怀疑等一些与入罪、出罪密切相关的理念问题。尤其需要重视的是,关于对案件定性问题的分析和论证,在我国的刑事辩护中占有很重的分量。诸如在经济犯罪、职务犯罪、金融犯罪等许多领域的案件中,控辩双方会在同一种事实的基础上对案件的定性和罪名争执不休,甚至会坚持罪与非罪的相反观点。这种争议主要是基于双方对适用法律的认识分歧和理念的差异。所以,更需要在法理层面上进行深入的分析论证。

在某钢铁公司被控虚开增值税专用发票罪案中,该公司需要大量废钢,因供货方没有发票,只好找其他废品公司代开增值税发票,数额达8亿元之多。但其所开发票与购买废钢的吨数是对应的,即发票项下确有真实交易,且票与货数量相符,并未骗取税款。直白地说,就是张三供货,李四开票。对于此类问题,因过去曾有司法解释认为有无真实交易并不影响入罪,所以,实践中有大量没有骗税目的和结果的虚开增值税发票行为被定罪重罚。在该罪有死刑的时候,甚至对于同一种事实在不同的判决中会出现无罪与死罪的反差。更有甚者,理论界还有人将该罪论证为行为犯,认识十分混乱!针对这种认识误区,律师在法庭辩论时对虚开增值税专用发票的特征进行了深入的法理分析,指出该罪的本质特征是以虚开增值税专用发票的手段骗取国家税款,而并非仅仅是虚开增值税专用发票的行为本身。其侵害的客体是国家税务征收管理制度,其犯罪形态是结果犯。在深入分析论证的基础上,再结合本案只有“虚开”行为而没有骗税的目的和结果的具体事实,得出不构成犯罪的结论。

案件过后,辩护人又针对此类问题,在《民主与法制》杂志发表了《对虚开增值税发票罪构成要件的表述亟待修改》的文章,并在《刑法修正案(八)》草案讨论期间,向全国人大常委会法工委提交了修法建议稿;2014年,又继续发表了《再论对虚开增值税发票罪构成要件的表述亟待修改》的论文。通过个案的法理分析推动立法和修法,也是对个案进行法理分析的重要作用。

在法庭辩论中对案件定性问题进行深层次法理分析的情况在国外的刑事辩护中并不多见,而在我国却经常发生。究其原因,一方面是因立法表述不够明确而形成了较大的争议空间,另一方面则与司法理念和认识水平有关。这种中国刑事辩护中所特有的现象,加大了刑事辩护的难度,同时也保留了更多的辩护空间。而且事实证明,在很多情况下,这种法理分析的效果明显,是很有必要的。

但需要注意,这种分析和论证的目的只是从法理和理念上澄清对这些问题的认识误区,为辩方的观点提出更深层的理论依据。所以,这种分析和论证应当有的放矢,简明扼要,具有明确的针对性。切不可长篇大论、泛泛而谈。否则,不仅于事无补,而且会画蛇添足,甚至事与愿违。

五、逻辑严谨,层次分明

诗歌的魅力在于意境,散文的魅力在于辞藻,小说的魅力在于情节,音乐的魅力在于旋律,而辩护词的魅力在于严谨而强劲的逻辑。逻辑是辩护词的灵魂,没有逻辑,辩护词就没有生命力,更不可能有雄辩的说服力。鼓动人心、文采飞扬,固然可以为辩护词添彩,却不能形成辩护词特有的内在动力。实践中,有的辩护词文采很好,读起来也很顺畅,但就是缺乏雄辩的力量,既看不出反驳对方的充分理由,也缺乏坚守己见的力度。究其原因,就是由于缺少逻辑的力量。

在辩护词中,逻辑的作用无处不在,贯穿始终。以下几点尤为重要:

1. 观点要贯穿一致,不能相互冲突

一个复杂的案件,争议的焦点不止一处,如果是数罪的案件,争议会更多。所以,在构思整理辩护思路时,要形成贯彻始终,统一不变的辩护观点。在争辩任何问题时都必须遵循同一种理念和同一个原则,要对自己的观点能够自圆其说。不能在针对不同问题的争辩时,仅仅为了驳倒对方而顾此失彼地仓促应对,使自己的观点自相矛盾。值得注意的是,这种现象在实践中并不鲜见。法庭辩论中,控辩双方时常会有人为了反驳对方而随时变换观点，失去了固守的底线，以至于陷入自相矛盾的局面。这种只顾眼前而不顾全局、只逞一时之快的狡辩式应对，也许会一时占据上风，却无法赢得全局。辩护词一旦陷入这种混乱逻辑，无异于设置了一个自毁机制，辩护理由会不攻自破。但现实中有些人对这种逻辑混乱的危害却不以为意；有的人事后察觉到了而悔之莫及；而有的人则自始至终都不知不觉；可更可悲的是，有些人面对批评却执迷不悟。

2. 内容要层次分明，不能模糊不清

辩护词的目的是反驳对方，所以内容必须要层次分明，不能逻辑混乱、含混不清。辩护词的内容就好比一批配置好的基础材料，若组合得当，就会搭建成宏伟的建筑；若组合失当，就会大大降低其利用价值；而如果将其杂乱无章地随意堆放，就只能是一堆等待加工的材料而已。所以，辩护词逻辑层次的合理安排非常重要。有的辩护词观点正确，内容也全面，只因逻辑关系缺乏条理，各种观点和理由零乱分散，使人读起来如览天书、不知其所云。这样的表述会使人越听越糊涂、越看越困惑，很容易将人带入误区。

在轰动一时的沈阳市刘某被控组织领导黑社会性质犯罪案中，起诉书指控的犯罪事实多达 53 起，从 1989 年 9 月至 2000 年 8 月跨度长达 10 多年，且其中多起事实与黑社会性质犯罪无关。该案当时社会影响巨大，关注度极高且争议激烈。在法庭辩论的有限时间里，如何将起诉书指控的 53 起事实逐一论述清楚确实难度很大。针对这种情况，律师辩护时并没有简单地按照起诉书指控的顺序逐一加以反驳，而是根据指控内容所涉及的行为性质，对涉案的 53 起事实进行全面梳理，在合理分类和归纳后指出：起诉书指控的 53 起犯罪事实中，涉及黑社会性质犯罪的只有 24 起，其余 29 起或与黑社会性质犯罪无关或并不构成犯罪。而在“涉黑”的 24 起中，又具体分为三类:指控刘某直接参与犯罪的;指控刘某指使但并未直接参与犯罪的;还有并未涉及刘某的。此外,在53起指控事实中,只有一桩命案,而这桩命案刘某既未参与,也不知情。接下来以此分类为基础,根据不同层次对53起事实分别论述。

在指控的犯罪事实数量繁多且类别混杂的情况下,通过这样的分类与归纳,再针对各种不同情况分别发表辩护意见,既可以避免辩护词逻辑混乱,又可以破解被误导的谜团,使辩护思路更加明确、逻辑层次更加清晰。在此情况下,如果对公诉意见不加以分类归纳,而只是顺应其指控的逻辑关系被动应对,势必会陷入连自己都难以厘清的混乱之中,越说越乱。

辩护词的逻辑混乱往往有两种情况:一种是自身表达的混乱,另一种是被对方带入了混乱,后者更值得警惕。

3. 说理要环环相扣,不能相互脱节

说理是针对观点的论证,有力的说理应当使各种理由形成一个闭环,环环相扣,相互印证,不能相互脱节、支离破碎。

例如,在陈某某被控利用经营管理某血站的职务便利贪污、挪用等犯罪案中,争议的核心问题是对血站经济性质的认定。如果血站属于私人所有而非国有性质,指控的基础就不复存在。

对此,辩护律师首先对该血站的出资情况进行了环环相扣的分析、论证。一是建设血站所用资金至少100万元;二是政府无投资;三是陈某某个人有出资;四是陈某某个人出资与建设血站的资金相对应;五是除陈某某外并无任何其他人出资。接下来,再结合当时全国上下“名为国有,实为私有”的“红帽子”企业现象盛行的特定社会环境,根据“谁投资,谁拥有产权”的民法原则,指出该血站名为国有实为私有的真实经济性质。在此基础上,又通过该血站改制的原因、过程及合法性等各方面的证据相互印证,进一步否定其国有性质。

这样的论证方式,逻辑清晰、环环相扣,说服力可想而知。

一系列环环相扣的理由,会形成一种由简到繁、由浅入深、由远及近、由弱到强的层层递进的增量效应,从而产生出难以反驳的力量。这正是逻辑的力量所蕴含的内在动力。反之,如果对于辩护理由缺乏合理的逻辑安排,只是就事论事地分散运用,针对不同争点东一榔头,西一棒子地单打独斗,被动招架,就如同组合拳被拆了招数,很容易被各个击破。

实践中,有的辩护词观点虽然有理有据,但是看起来却似一盘散沙,软弱无力,原因就在于此。

4. 论据要扎实可靠,做到无懈可击

论据是观点的基础,论据失守,观点自破。论据与观点不同,观点可以争论,可以各执己见而互不相让。而论据是一种客观实在,只有真伪之分,二者不能并存。所以,论据必须扎实可靠,无懈可击。在前述列举的陈某某贪污案中,为了支持血站是陈某某个人投资的观点,律师提出了大量论据,包括:《组建血站的可行性报告》,证明经测算成立血站需要资金至少100万元;调取了多名证人证言和书证,证明陈某某个人投资财物累计在100万元以上;调取了多名证人证言和银行票据,证明陈某某花钱购买了土地;等等。通过大量扎实的论据,证明血站确属陈某某个人投资。

只有以扎实的论据为支撑,论点才能底气充足而无可辩驳,仅凭高谈阔论而缺乏证据支持的辩护词是没有说服力的。而且,必须谨记,论据是为整体的辩护观点服务的,使用论据不能随心所欲、顾此失彼。在构思辩护观点和撰写辩护词时,有人为了支持自己的观点而随意寻找论据,甚至针对不同问题使用相互冲突的论据。这种有失严谨、自欺欺人的思维方式,是逻辑运用中的大忌。

合乎逻辑的思维方式是分析和判断问题的方法论基础,而运用逻辑的论证方式是赢得辩论的有力武器。学习逻辑,运用逻辑,是辩护律师的基本功和必修课。

六、以法为据,动之以情

关于在辩护词中能否加入情理的因素,人们会有不同的理解和认识。也许有人会不假思索地认为,法律无情,所以司法与情理无关。但如果深入思考,就会发现,法律并不排斥情理,法律无情亦有情。所谓的无情,指的是个别人的感情,因为任何时候法律都不能迁就个别人的情理,更不应为个别人的感情所左右。而所谓的有情,指的是社会公众普遍的情理,因为法律是人民整体意志的体现,应当服从于整体的民意。所谓天理、国法、人情三者关系的统一性,正体现了法律无情亦有情的辩证关系。

所以,在辩护词中加入情理的因素,不仅是可以的,而且是必要的。问题是应当如何处理好情理与法律的关系?

以法为据,动之以情,就是要以法律规范为依据,在法律规范的框架之内来论证天理与人情。坚持法律规定不可动摇的原则,正是法律无情的体现;而在此前提下对情理的深刻剖析,则正是法律有情的体现。

实践中,这样情与法交织的案例时有发生,2014 年河南某大学生掏鸟窝案就很有典型性。2014 年 7 月 14 日,未满 20 岁的大学生闫某某和朋友王某某在老家土楼村的一个树林里掏了两个鸟窝,一共得了 12 只燕隼,其中一只出逃,一只死亡,后来他们就将剩下的 10 只卖了出去。7 月 28 日两人在树林里又捕获了两只燕隼和其他同类型鸟两只。因这些鸟属于国家二级保护动物,闫某某被判处有期徒刑 10 年 6 个月,王某某被判处有期徒刑 10 年。此案曝光后,舆论大哗。两个青年大学生,因掏了 16 只鸟而被判刑 10 余年,于法、于理、于情应当如何评价?

单纯从法律的角度,此案的定罪量刑并没有错。但是,如果从情理上去分析,问题就不那么简单。从立法规定本身考量:原来《刑法》规定贪污、受贿犯罪10万元以上可以判处10年有期徒刑,后来已经修改为300万元以上才处10年以上有期徒刑,而掏了十几只属于二级保护动物的小鸟,就判10年有期徒刑。二者有没有可比性?如此比较至少可以提出两个拷问:一是贪污受贿300万元与掏十几只小鸟的社会危害性相比,能否相提并论?法律的公平性何在?二是人权与"鸟权"孰大孰小?掏了十几只小鸟换来10年有期徒刑,对于人权与鸟权的关系应当如何摆放?如此量刑能否为天理、国法、人情所接受?

还有一个更为典型的案例就是2016年山东发生的轰动全国的"于欢案"。于欢母子被讨债者非法拘禁且遭受污辱,为逃离险境,于欢情急之下持刀反抗,致侵害者一死三伤。一审以故意伤害罪判处于欢无期徒刑;二审认定防卫过当,改判为有期徒刑5年。在"于欢案"之前的司法实践中,我国关于正当防卫的认定标准一直过于严苛,这种司法裁判的价值观限制了被侵害者防卫权的行使,也在一定程度上放任了不法侵害行为的肆意横行。而"于欢案"在各界舆论的呼吁下,不仅纠正了法庭的不当判决,而且从整体上转变了对正当防卫标准认定的价值取向,促进了司法水平的提升,以至于"于欢案"以后陆续发生的几起正当防卫案件都得到了法律与情理相得益彰的判决结果。为此,"于欢案"件成为2018年推动法治进程的十大案件之一。

"小鸟案"和"于欢案"具有情理之辩空间的典型意义在于:法律与情理之间虽有差别却没有根本冲突,而如何正确处理二者关系,则是律师进行情理之辩的合理空间。

在"小鸟案"中,形式上看,根据《刑法》第341条的规定依法判处10年以上有期徒刑并不算错。但是,根据该案的特殊性和社会舆论的导向,在大学生掏鸟窝与官员贪腐对比之下,在人权与“鸟权”的权衡之下,如果能够提出说服力强烈的情理之辩,是有理由要求适用《刑法》第63条规定的特殊减轻处罚条款的。试想,如果从亲情的角度换位思考,以长辈之心来审视此案,会不会出于怜悯之心而在法律允许的限度之内竭力地寻求尽可能宽容的处罚方式?而适用《刑法》第63条则正是实现情理与法律相统一的合理选择。再试想,如果法院适用了《刑法》第63条规定而作出了减轻处罚的判决,是否会收到更符合天理、国法、人情相一致的积极的社会效果?而这种可能性,正是律师进行情理之辩的合理空间。在“于欢案”中,形式上看,是否认定正当防卫,都没有突破法律的规定,但由于司法价值观的不同,对于正当防卫的标准却会因人而异。

司法实践中,与“小鸟案”“于欢案”类似的案件其实并不鲜见,尤其在我国法治社会的初级阶段更会如此。所以,在司法实践中,情理之辩的必要性与重要性是值得重视的。而且,这种辩护的成功也具有以个案推动法治的重要意义。

但需要注意的是,情理之辩的底线是不能超越法律,这也是处理民意与法律关系的基本原则。法律应当体现民意,但这种民意应当是整体的民意而不是个别人或部分人的意志。整体的民意已经体现在立法之中,所以,如果突破法律的底线就违背了整体民意。而“小鸟案”和“于欢案”,既有情理之辩的合理空间,又不必突破法律的底线。在此类案件的辩护中加入情理的因素,不仅无可厚非,而且很有必要。所以,以法为据、动之以情,不失为辩护的一种必要方式。关键是要运用适度,恰到好处。

但是,情理之辩不同于某些煽情式辩护。实践中有的辩护词形似一种文学作品,感人肺腑,扣人心弦,甚至催人泪下。这种辩护词如果建立在证据和法律的基础之上而且运用得当,就会是一种锦上添花。而如果缺少了证据和法律这两项最基本的要素,就只能是哗众取宠了。有些听起来振振有词,甚至博得了掌声的辩护词,认真分析起来竟然逻辑混乱,不知所云。这种辩护词起不到辩护的作用,甚至会引起法庭反感。

情理之辩与游离于法律之外的纯粹的煽情式辩护并不能同日而语。简言之,以法为据,是情理之辩的前提和基础。

七、态度诚恳,语气平和

辩护词的说服力,源自理由的充分而不在于语态的强势。平和理性的表达方式更容易使人接受,而措辞严厉的强势表达却并非最佳方式。在有些文学作品中,对辩护词的渲染会把人们带入一种亢奋的境界,诸如口若悬河、唇枪舌剑、气势如虹、无地自容等。有些时候,法庭上确实也会有此类场面,但那都是在一些特殊的案件和特殊的氛围之下才发生的情景,并非法庭辩论的常态。

辩护词的表达风格,与辩护词的目的密切相关。

首先,辩护的目的是说理而不仅仅在于输赢。所以,法庭辩论的风格不同于辩论比赛。在辩论赛中,正反两方抽签选题,论题的结论没有对错之分。辩论比赛中可以强词夺理,狡辩巧胜,胜负之分主要看点是思辨和口才的能力,无理狡辩者也可以获胜。而法庭辩论则不同,法庭辩论中控辩双方的立场分明而不可互换,双方争执的目的只在于观点的对错而不在于能力的表演。法庭辩论与辩论比赛的最大区别在于:在辩论比赛中,只要思辨和口才占上风即可获胜,观点对错并不重要。而法庭辩论却相反,与口才相比,观点正确更重要。即使庭上的辩论咄咄逼人,如果观点不能成立,同样达不到辩护的作用。实践中此类例子并不少见,有些律师的辩护发言态度强势,语言尖刻,气场强大,或有一种替当事人出气的感觉,一时会博得当事人的认同和旁听者的喝彩,甚至会以与控方形成非理性的冲突而自诩。但反思下来,却会发现这种逞一时之快的辩护风格所带来的却是更多的负面效应:因加剧了控辩双方的对抗情绪而使双方都进入了超乎理性的激辩境界之中,法庭辩论成了一场闹剧,以至于使法庭失去了可以辨别是非的环境基础。这样的辩护甚至会帮倒忙。

其次,法庭辩论的对象是控方,但辩护效果的实现却取决于法庭而并非控方本身。击败控方并不必然取胜,只有被法庭采纳才能发挥作用。所以,诚恳的态度与平和的语气,主要为了有利于说服法庭。当控辩双方截然对立的意见呈现给法庭时,法庭更容易接受的显然是诚恳和理性的意见。在法庭辩论中时常会发生两种不同的场景:有时候,当控辩双方或其中的一方态度失控、言辞过激时,不仅会遭到法庭的一再制止,而且,法庭也会由于反感而对于其发言的内容不屑一顾。这种辩论发言只会起到相反的作用。与此相反,当控辩双方或其中的一方以诚恳的态度、平和的语言娓娓道来地陈述观点时,法庭上下都会全神贯注,目不转睛地认真倾听,生怕漏掉其中内容。有时候,整个法庭竟然如空气被凝固般寂静,真是静到了银针落地而有声的程度,甚至直到发言结束后还不能立刻打破沉静,似乎人们还想继续倾听。这种效果的辩论发言除了说理充分外,都会伴随诚恳、平和的语言风格。而正是这种打动人心的辩护词,才更能引起法官的重视和思考。

态度诚恳、语气平和与坚持原则、不卑不亢并无冲突。前者是律师辩护的风格,后者是律师辩护的底线。在立场问题、原则问题、涉及被告人权益的问题上,律师必须坚守底线,不能提出任何不利于当事人的辩护意见。

态度诚恳、语言平和并不意味着忍让与迁就。有些情况下,犀利的语言和必要的反击当然很有必要,但必须保持用语文明不失风度,而柔中有刚的策略表述,往往会更有杀伤力。发表辩护词与宣讲学术论文的不同之处在于:辩护词需要在与对方激辩的状态下把握语态和坚持理性,这种分寸把握起来并非易事。这也正是成功辩护词的魅力所在。

八、语言简练,惜字如金

语言简练是任何文章都应该遵循的行文风格,辩护词更是如此。文章是写给别人看的,应该以简明易懂为原则,而辩护词是为了说服法庭的,具有十分明确的目的性和目标性,更需要用最简明的语言把辩护的理由表达清楚。现实中,无论是学术论文还是辩护词,表达的方式虽然各有千秋,但简练与烦琐的效果却是明显不同的。

简言之,呈现给法庭的语言和文字,每句话都应当是有价值的,都应当与案件的定罪量刑具有紧密的关联性。多余的表达不仅没有必要,而且会冲淡主题。法庭在听取或者阅读辩护词的时候,既无兴致去品味写作的技巧和文字的美妙,也无精力去接受那些与案件无关的内容,更没有耐性去研究那些画蛇添足的解释和铺垫。

目前的学术文章有一种常见的通病:晦涩加烦琐,或者叫造词加堆砌。有些文章常常会充满一些晦涩难懂或者自己创造出来的词汇,使人难以琢磨,似乎会令他人越读越感到自己的知识太浅而对作者心生敬畏。然而,这种文章读起来却很累。这样难为读者的文章即或真有深度,也会因门槛过高而贬值。因为很多人会望而却步,失去了阅读的兴趣。还有些文章常常会旁征博引、漫无边际,使人似乎越读越感到作者的知识渊博而自己相形见绌。然而,这种文章读起来却很烦。这种堆砌知识的文章即便信息量再大,也会因水分过多而失色,因为很多人并不想去关注那些与主题无关的内容而浪费自己的时间。出现这种弊端应当与信息的发达有关,因为在信息高度发达的当下,获取信息太容易、太便捷。但是这种以粘贴信息来充数的文章,只会自欺欺人、害人害己。因为这种文章在浪费别人时间的同时,也贬低了自身的价值。

可叹的是,这两种弊端如果同时出现在一篇文章中,后果就可想而知了。而如果同时出现在一篇辩护词中,后果就不堪设想了!

从说理的角度来说,一篇好的论文,不一定会成为一篇好的辩护词,但一篇好的辩护词,同时也应当是一篇好的论文。因为,论文不必兼顾辩护词的论证方式,而辩护词则应当兼具论文的理论水平。重要的是,学术论文的这些弊端如果出现在辩护词当中,后果就会非常严重。试想,如果一篇辩护词让法庭感到又累又烦,又如何能够被接受并采纳其中的观点呢?

实践中,有人为了充分表达辩护观点,不吝笔墨、不厌其烦地将辩护词写得很长,不仅语言烦琐,生怕挂一漏万,而且旁征博引,尽情发挥,以为越是全面细致就越能说清楚问题。有的辩护词长达数万字,有的甚至成了一本书。这种认识值得商榷。

辩护词究竟是越长越好,还是越短越好?当然是越短越好。准确地说,应当是在能够说清观点的前提下,越短越好,这个道理很简单。但是,难点在于对能够说清楚问题标准的理解是因人而异的。正是由于有人认为只有长篇大论才能说清楚问题,所以才会写出长篇大论的辩护词。但是,这种认识忽略了两个重要的问题:一是精练的文字才更有分量。一篇水分很大的辩护词,不仅洋洋洒洒却不得要领,而且会由于废话过多而稀释了主要观点。只有榨干了水分的辩护词才会重点突出,更有分量。二是观点明确、表达清晰的辩护词才能吸引读者。一篇枯燥无味的辩护词,会使法官由听觉疲劳进而转向情绪抵触,这种抵触在屏蔽了那些无价值信息的同时,也可能会屏蔽掉其中有价值的内容。

曾有律师在法庭上喋喋不休、不厌其烦地长时间宣读空洞无物的辩护词,任凭法庭上下都被他带进了瞌睡状态,仍然旁若无人,无动于衷,继续振振有词。这种辩护如同梦呓,毫无价值。

辩护词不仅是为了表达自己的观点,不是为了自我欣赏,而是为了反驳对方并期待法庭认可。所以,辩护词必须超越自我,换位思考,以期望能够最大限度地获得认同为原则。语言简练,惜字如金,则是实现这一原则的要素之一。简言之,在一篇辩护词构思完成之后,要反复阅读,字斟句酌,不惜删除每一句多余的话和每一个多余的字。当精练到无可挑剔的时候,才能得到最有分量的辩护词。

九、通俗易懂,深入浅出

辩护词是法律人说给法律人的专业之作,必须善用法言法语而不失水准。但是,辩护词毕竟不是切磋观点的学术论文。辩护词应当以更直观、更明确、更无可争议的方式表达自己的观点,这种观点应当使人易于接受且不易产生歧义,应当一语中的、一针见血而不留回旋余地。所以,辩护词的语言应当通俗易懂,深入浅出,而不能晦涩难懂、高深莫测,更不能去炫耀知识、故弄玄虚。

在法庭上有时候会看到两种极端的场景:

一种是置法律原则和法言法语于不顾,白话连篇,高调不断,仿佛是在演讲,在宣传,而且津津乐道。另一种则是动辄犯罪构成理论,动辄学者观点,将实务问题学术化,将简单问题复杂化,到头来对于真正的辩护观点却说得不清不楚。

辩护词的语言之所以应该通俗易懂,深入浅出,是由法庭审判的环境所决定的。

法庭辩论的环境是对抗,是控辩双方在对抗的状态中当庭博弈,力图用本方的观点驳倒对方。在这种环境下,双方都面临三个方面需要应对的因素:

一是对方。在法庭辩论的对抗气氛中,控辩双方都处于精神高度紧张、思维高速运转的亢奋状态中,无暇去思考深层次的学理问题,都希望以最直接的方式表达自己的观点和反驳对方的观点。这时候若只是无的放矢去论证学理,而不能直指对方要害,无异于在实战中纸上谈兵。而且,有时双方思维不在同一个频道之中,常常会形成鸡同鸭讲、答非所问的错位式对抗。这种对抗中的辩护只能是白费口舌。而如果能将复杂而深刻的法学原理和法律原则简化成通俗易懂的语言,深入浅出地表达出来,关键时恰到好处地引入一个典故、巧用一个比喻,则会收到意想不到的效果。对于击败对手而言,通俗的语言远胜于枯燥的说教。

二是法庭。法官是凭借法庭辩论来判断案情的,法官需要倾听的是最有价值的内容,是控辩双方关于案件定罪量刑问题的明确理由和充分依据。而在双方激辩的状态下,哪一方的表达更恰当、更中肯、更生动,就会更有说服力,更容易被接受。辩护词是经过深思熟虑才形成的,而别人却是第一次聆听你的观点,需要有一个接受和消化的时间差。所以,当你滔滔不绝地论证自己观点的时候,不要期望别人会与你同步思维。在法庭辩论的有限时间和特殊语境中,人们无暇对那些高深的概念追根溯源,细嚼慢咽,而更注重的是生动形象、一语中的的直观感受。要善于将复杂的问题简单化,将深刻的问题浅显化,用生动、易懂的语言和最短的时间直击问题要害,将复杂而深刻的问题说清楚。

三是旁听公众。发表辩护词的目标主要是针对法庭,辩护成功的标志是辩护理由被法庭采纳。但同时,旁听公众的感受也不可忽视。既然是公开审理,旁听公众的感受就有独立的价值,而在现场直播的情况下,这种价值就更加重要。相比于法庭和控方而言,旁听公众有两个明显区别:一是不懂法律,二是不了解案情。所以,旁听公众对辩护词语言的接受度就更加苛刻。

在针对法庭又兼顾旁听公众的情况下，如何做到将深刻的法理与大众的认知完美融合，既能博得法庭对辩护观点的采纳，又能让既不懂法也不知情的旁听公众听明白，这才是辩护词应当达到的最佳效果。在前面提到的朱某金被控贪污、诈骗、行贿罪案中，起诉书指控被告人以私自制造两份假文件的手段实施诈骗，这个问题的辩论难度很大。因为该两份文件确系经朱某金之手起草并打印下发的，虽然文件内容合法有效，且朱某金坚称是奉总经理之命行事，但案发时总经理已经离世，又无其他旁证，朱某金有口难辩。为此，辩护人先是从理论上一再说明：既然已经查明文件的内容完全属实并且合法，那么，真与假的界限关键在于文件的内容，不能因为发文的程序查不清楚就认定是假文件。但是，公诉人却一直抓住这个问题紧追不放。法官也一再追问，似乎只要说不清楚就一定有鬼而难脱诈骗之嫌。可以理解的是，在法庭辩论的特殊气氛下，纯学术化的理性论证往往会受到抵触而难以被接受。情急之下，辩护人提出了一个通俗而浅显的设问："私生子是不是假孩子？"继而指出："私生子虽然出生的程序不合法，但不能据此认定他是假孩子，程序不合法不等于内容不合法，更不等于内容也一定是虚假的。"这个浅显易懂的比喻不仅驳倒了公诉人，而且也说服了合议庭。事后，合议庭成员和高级、中级两级法院的负责人都对这个比喻深表赞同，认为确有说服力。也可以说，是这个比喻赢得了最终的无罪判决。

所以，语言艺术也是辩护律师的基本功。

十、首尾呼应，画龙点睛

画龙点睛，是辩护词的收官之笔。这一点做起来并不难，但却常被忽视，因为很多人并没有意识到首尾呼应的重要性。许多辩护词内容全面，论证有力，只是由于缺少收官之笔而失去了根基，淡化了辩护观点和主题。犹如一首乐曲加入了多次华彩的变奏之后却迷失了方向,没有回到主旋律。这样的乐曲虽然美妙却由于主题分散而难以打动人心,更不容易留下深刻的记忆。

在控辩式审判方式下,辩护活动贯穿庭审的全部过程,法庭质证阶段,辩论就已经开始了,法庭辩论阶段的辩护内容应该是对庭审全过程辩护理由的总结陈词。而画龙点睛的收官之笔,则是对总结陈词的总结陈词。与包括学术论文在内的其他文章相比,辩护词的收官之笔更加重要,因为辩护词以驳倒控方和说服法庭为目的,必须在论证的最后明确和重申自己的诉求,用简明的语言提炼出辩护理由的核心内容。这种收尾的内容很简单,其实就是把辩护词的主要观点用最简明的语言归纳一下,使之与辩护词的主题相呼应,强调观点,加深印象。这种收尾的文字尽可能要言简意赅,切忌烦琐。而对一些影响重大、背景特殊的案件,也不妨有所针对地适当加以高屋建瓴的分析论证。如在朱某金案件中,在辩护词的最后,律师就跳出案件本身,站在更宏观的层面对案件的处理提出建议。辩护人指出:“综观全案,辩护人认为本案具有十分突出的典型性。因为,在当前形势下,司法机关如何正确理解立法精神,准确运用法律,如何贯彻邓小平同志南方谈话的精神实质,如何以‘三个有利于’为出发点,充分发挥为改革开放保驾护航的作用,是评价司法机关工作的一项重要标准,也是对每一个司法工作者的重大考验。对于承包经营中所发生的有关问题如何正确处理,更是涉及国家经济腾飞和改革开放的基本政策和方向问题,尤其应当持以格外慎重的态度。本案被告人朱某金在几年前就能够在公司亏损、木材滞销的形势下,勇于探索,担起了个人承包的重担,虽然在工作中难免出现一些错误和失误,但不可否认地为改革开放的深化做了一定的贡献。对于这样的人,究竟是捕风捉影地兴师问罪,还是在客观、公正地评价是非的前提下,促使其扬长避短,为改革开放发挥更大的作用,无疑是个十分重大的原则问题。为此,辩护人希望法庭对本案予以高度重视,辩护人也诚恳地愿意为司法机关提供尽可能的协助,尽到一个法律工作者应尽的职责。最后,希望本案能够得到公正的裁判。”

同样内容的辩护词,有或没有画龙点睛的收官之笔,效果会大相径庭。究其原因还是要换位思考:主讲者与听众的思维进度是有时间差的,听众的思维进度不可能与深思熟虑的主讲者保持同步。所以,即使你辩护的理由头头是道、雄辩有力,也不要指望他人就能轻而易举地理解清楚。而辩护词最后点回主题的归纳总结,则是将他人的思维拉回主题和加深印象的重要方式。这也正是点睛之笔的意义所在。

辩护词的风格千姿百态,辩护词的水平各领风骚,成功的辩护词不乏其例,但辩护词却没有最好只有更好。辩护词的学问高深莫测,是摆在辩护律师面前的一个学无止境的永久课题。没有人可以单独做好这个题目,只有经过律师群体的共同努力,不断探索,才能把这个题目越做越好。

2021 年 11 月 11 日初稿于北京

2022 年 2 月 20 日定稿于海南

黄某某被控走私普通货物罪案

案情简介

2008年7月3日,一批与黄某某无关的"水客"在珠海市拱北海关携带手机主机入境时被现场查获,海关对此立案侦查,称为"8703"专案。

2008年12月26日,拱北海关缉私局对黄某某以涉嫌走私普通货物罪刑事拘留;2008年12月27日对其取保候审;2009年2月10日对其监视居住;2009年3月18日对其再次刑事拘留。

2010年4月,珠海市检察院以走私普通货物罪对黄某某提起公诉。该案涉及走私入境手机共计5,261,960部,价值人民币7,841,563,920.56元,偷逃应缴税额人民币1,139,374,554.45元,号称全国涉案金额最大的手机走私案件;从涉案总金额来看,仅次于此前的湛江、远华走私案,是全国第三大走私案。此案经检察院披露,被众多媒体报道和关注。

田文昌律师接受被告人黄某某的委托,作为其一审、二审的辩护人。

辩护思路

本案争议的焦点是:

一、关于走私数额

辩方认为:所谓本案走私的数额的证据存在重大问题,不能作为定罪量刑的依据。

1. 关于从王某某家中搜到的移动硬盘内账套的统计部分。

第一,移动硬盘本身的来源不明,硬盘内容来源不明。涉案的主服务器,即被告人王某某所说的拷贝原件不在案,硬盘内容充其量是个复制件,无法做到和原件核对。同案人王某某在凯奇公司工作的时间是2006年2月至2007年8月,在工作期间只是负责录入销售这一块,其他两块由另外两人或多人录入,客观上不能核实和确认硬盘内账套是凯奇公司账套、数据真实无误。

第二,金算盘软件公司出具的检测报告和补充说明,是由利害关系方出具的,不严谨,不客观,不真实,自相矛盾,相互矛盾,检测报告和补充说明超出了其专业范围,操作超出了其专业范围,不能证实其选中的20个账套就为凯奇公司真实的记账,不能排除账套被修改的可能。辩护律师当庭演示无须安装正版软件,无须加密狗,可以随意修改账套,且不留痕迹。

另外,金算盘软件公司的工程师是按照自己的理解和认识对硬盘内账套进行了改动、取舍,不是单纯地、客观地提取。按照工程师王某清当庭的认识逻辑,我们发现13个账套中存在前后账套期末和期初数不一致,存在很大差异额的情况。这说明,这些账套根本不属于同一个会计主体。

第三,仅从"中拓正泰〔2009〕会鉴字第003A号"鉴定结论本身看,该账套不符合走私获利的本质特征,说明该账套不是凯奇公司真实的账套凭证。

003A 号鉴定意见书记载的黄某某团伙涉嫌走私手机案产生的现金流量净额为人民币 -10,495,459.32 元,是亏损的。冒这么大的风险干个亏本生意,无法解释偷逃 10 多亿元税收的问题,而走私获利的最主要途径就来自偷逃税款。这也和该会计师事务所出具的毛利率 4.80% 的说明不符。

为了说明该鉴定结论和金算盘软件公司的检测报告和补充说明的问题,辩方委托广东广深司法会计鉴定所作了司法会计鉴定意见书。辩方所作的司法会计鉴定书充分说明了金算盘软件公司的检测报告、补充说明的不客观,充分说明了中拓正泰〔2009〕会鉴字第 003A 号鉴定书的检材不真实、不合法,鉴定过程不严谨,不合法鉴定结论不客观、不真实。

第四,至于海关 260 号核定证明书,针对同一移动硬盘中统计部分、同一内容的计核,同一海关却出具了两份不同的核定书。这一铁的事实,已可充分证实涉案移动硬盘内容不稳定、不真实、不客观,不能作为定案证据。

2. 关于蔡某某签字确认的 2008 年 5 月 31 日至 6 月 27 日的存货进销存汇总表统计部分。

海关的扣押清单没有存货进销存汇总表的明确、详细记载,无法证明从名坷坊扣押,无法证明来源。且蔡某某当庭说了,自己随打随撕,海关让自己确认,自己只是看表格类似就签字确认了。且没有任何原始凭证印证,不能认定。

二、关于黄某某是否为"老板""首要分子"

辩方认为:黄某某不是走私集团的首要分子,不是凯奇公司的老板。

1. 无论黄某某还是其他同案人都提到了黄某某将生意转让给了

陈某某。

2. 控方大量的证人证言,实质都是被告人口供,且要么是自己的主观判断,要么是道听途说,"听说是""大家都知道",属传来证据,且找不到源头印证。在缺乏其他证据相佐证的情况下,不能据此认定黄某某转让后仍以老板身份从事走私行为。

3. 黄某某将生意给陈某某前,从事炒货生意,不是走私,其不是走私集团的首要分子。

4. 对邮箱、转账、招生等证据,黄某某有自己的合理解释。

辩护词(一审)

审判长、审判员:

北京市京都律师事务所田文昌律师、柳波律师接受被告人黄某某亲属的委托,担任其辩护人。庭前我们多次会见了被告人,细致、深入地分析了案卷材料,进行了调查取证,参与了法庭调查,在此基础上,发表以下辩护意见,供法庭参考。

第一部分　关于走私普通货物罪

一、控方据以指控本案走私数额的证据存在重大问题,不能作为定罪量刑的依据,其指控黄某某走私的数额不能成立

因为控方把指控黄某某走私总额分为五部分,即《中华人民共和国拱北海关涉嫌走私的货物、物品偷逃税款海关核定证明书》拱税核字(2009)260号、(2008)165号、(2008)148号、(06-06)270号、(08-02)0694-695号。为了把问题阐述清楚,现将五部分数额分为三类:移动硬盘部分、2008年5月31日至6月27日部分、三次被抓现行部分,分别发表具体意见。

(一)控方关于2006年2月至2008年1月走私数额的拱税核字(2009)260号证明书,存在计算依据不真实、过程不严谨、结论不客观、不可信等问题,不应被采信

仔细分析拱税核字(2009)260号证明书,它的计算依据就是源于移动硬盘的统计部分,即"中拓正泰〔2009〕会鉴字第003A号"司法鉴定意见书,而鉴定意见书的鉴定检材来自移动硬盘和《金算盘软件用户数据检测报告》。那么,移动硬盘的来源如何?内容是否真实?有无旁证印证?能否作为记账凭证?能否作为走私入境的记账凭证?《金算盘软件用户数据检测报告》是否客观、真实、合法、有效?"中拓正泰〔2009〕会鉴字第003A号"司法鉴定意见书是否客观、真实、合法、有效?都将直接影响拱税核字(2009)260号的证据效力。上述证据材料的真实情况到底怎么样呢?

第一,我们从移动硬盘说起。根据公诉人指控,该移动硬盘由被告人王某某自己购买,里面的内容是2008年1月10日应黄某某要求,从存放在自己家的主服务器上拷贝的,后被海关扣押移送在案。但是,辩护人通过反复查阅被告人王某某的全部口供以及本案其他证据材料,不得不指出,被告人王某某的说法无论是在关于移动硬盘本身的来源、硬盘内容的来源、复制的时间过程、主服务器的存放地点,还是其能否确认硬盘内容的真实性等方面,都是既自相矛盾,也与其他证据相互矛盾,且无任何旁证能够印证。因此,移动硬盘不能作为统计的依据。

1. 关于硬盘本身的来源:在第5卷第27~28页,王某某明确说"不是我的,是陈某某2008年年初交给我保管的";而5卷第45页又说"2008年年初,陈某某交给我保管,是陈某某让我在公司期间买的";在第5卷第50~51页又说"2008年年初我让公司一姓陈的人去买的";又在第5卷第57页说,根据公安出示的付款单,是"2007年8

月2日让一陈小弟去买的”。在第5卷第123页说“2008年1月10日,黄让我将公司服务器数据拷贝到他让电脑兄(姓陈)交给我的硬盘里”。而公诉人当庭出示的1.5小时移动硬盘打印录像显示,王某某明确说是2007年年底或2008年年初陈某某给自己的,从没打开过。

根据被告人王某某自己的供述,该硬盘的来源存在:2008年陈某某交给王某保管,2008年年初让陈姓小弟购买,2007年8月2日让陈姓小弟购买,2008年1月10日黄某某让陈小弟交给自己,自己购买,以及当庭供述的2007年8月前陈某某让自己购买,共有六种不同的说法。这六种说法无论在时间、购买人、交付人等方面均存在明显的矛盾之处,对于这些矛盾王某某无法给出合理的解释;且无论哪一种说法,都只是王某某一人在说,无其他证据印证,这属于典型的孤证。根据孤证不得定罪的法律原则,我们仅仅以被告人王某某的矛盾重重、无法印证的口供给同案12名被告定罪,没有任何事实根据和法律依据。

2.关于硬盘内容的来源:在第5卷第27~28页、第45~46页,王某某明确说“不是我的,是陈某某2008年年初交给我保管的,我没有打开过”。在第5卷第50页又说“2008年年初黄打电话让我从主服务器拷贝的。我就用这个硬盘直接连接公司做账用的电脑服务器主机,将金算盘软件生成的记录有公司当时所有账目的账套数据资料拷贝到这个硬盘上”。在第5卷第68页又说“2008年1月左右,接黄电话让做备份。当时将主机上所有的数据分两次拷贝到硬盘的两个分区中,这之后就没动过这个硬盘”。在第5卷第123页又供述:“2008年1月10日黄打电话让我将数据拷贝到硬盘,把硬盘连到服务器,把软件生成的GDB复制粘贴到硬盘,在硬盘里建了一个目录20080110,GDB文件都是我拷贝到这个目录下的。建文件路径时间就是用当时日期。肯定是2008年1月10日。”而在第5卷第147页又变成“2008年1月接黄电话让我复制到硬盘。我将金算盘软件所生成的全部GDB文件都复制到硬盘”。

根据其供述,关于拷贝人,存在陈某某和王某某两种说法;关于拷贝时间,存在2008年年初、2008年1月左右、2008年1月10日三种不断变化和矛盾的说法;关于拷贝的过程,存在“两次拷贝到硬盘的两个分区中”“在硬盘里建了一个目录20080110,GDB文件都是我拷贝到这个目录下”两种说法。矛盾之处我们不再分析,但要说明的是,无论哪一种说法,都只是王某某一人在说,尤其是说黄某某电话安排他拷贝,更是无其他证据印证,亦属于典型的孤证。

在此同时强调,王某某说黄某某因为怕病毒而要求备份,不符合逻辑。正如公诉人法庭调查时所说,从常识上来讲,如果黄某某知道有这个硬盘存在,肯定不会保留它。辩护人非常同意公诉人的说法,的确,如果黄某某走私,账套就是其犯罪的证据,销毁还来不及呢,怎么还要备份?更何况基本是当天结账,根本不需要保留几年以来的账套。

3. 关于被告人王某某2008年1月10日是否有条件从主服务器上复制,即主服务器当时的存放地点存疑。

根据其在第5卷第9页的交代:“2005年年底至2006年年底,服务器放我住的314房间。2006年年底,交给财务黄某某保管。再后来就是在2008年7月,你们查了公司后,陈又打电话找我说,公司出事了,让我教魏和潘。”在第5卷第17页交代:“2005年至2006年年底,服务器在314,2006年年底移交给黄某某,之后两年就没见到过,在你们查公司前几天,陈打电话给我,让我同魏联系并由魏背服务器去陈一陈姓朋友家教魏、潘使用。”这两次口供都说得很明确,2008年1月也好,1月10日也好,主服务器不在他家。

但是,根据其在第5卷第24页的交代:"服务器放在金算盘公司,2007年搬到314,2008年上半年,黄某某搬走。后黄某某打电话让我找地方暂存服务器,我找一陈姓朋友家放,与潘、魏、林一块搬去的。"在第5卷第52页说:"2004~2006年年底放金算盘公司,2007年年初才搬到我住314,我现在记不清是我亲自从我家搬服务器到外面,教魏他们录入后就将服务器给他们拿走了。"在第5卷第144页说:"2007年五六月,黄打电话给我,让我把主机拆下来交给一小弟放到香港。两三个月后又拿回深圳,具体什么时间放到我家记不清了,反正是服务器后来放在我家。"在这几次交代中,主服务器又在他家。

那么,其供述中存在"在"和"不在"两种截然相反的说法。到底怎么回事,也只是王某某一个人在说而已,无任何证据印证。

4. 关于硬盘内容能否与原件核实:其一,硬盘内容充其量只是复制件,不是原件,也不能代替原件。在法庭调查阶段,公诉人是将其作为书证出示的,而根据《刑事诉讼法》的规定,书证必须是原件或与原件核对无误后,才能作为定案的依据。可能有人会说,移动硬盘属于视听资料。不管把它看作书证还是视听资料,最高人民法院、最高人民检察院、公安部、国家安全部、司法部关于办理死刑案件审查判断证据若干问题的规定(其他案件,可以参照执行,2010年7月1日施行)对此规定得非常明确:必须是原件或与原件核对无误,否则不得作为定案的根据。刚才公诉人又称其是电子证据,这与公诉人在举证时将移动硬盘明确作为书证出示前后矛盾;且将移动硬盘视为电子证据没有任何法律依据。其二,涉案的主服务器,即被告人王某某所说的拷贝原件不在案,硬盘内容充其量是个复制件,无法做到和原件核对。其三,被告人王某某在第5卷第27~28页中供述"是陈某某2008年年初交给我保管的,我没有打开过"。那么,王某某当时没有去核实,现在也无法核实。即使根据被告人王某某自己拷贝的说法分析,他只是拷贝,拷贝后没有打开过,原件现在不在案,也没法核实。

5. 关于被告人王某某能否确认复制的账套内容真实无误:根据他自己(庭前和当庭)的供述和起诉书指控,其在凯奇公司工作的时间是2006年2月到2007年8月;在其工作期间,只是负责录入销售这一块,其他两块由另两人或多人录入。如果说王某某确认,他也只是能确认自己录入的那一部分是否真实,他无法确认其他部分。但是,根据本案材料,王某某确认了整个硬盘内容的真实无误,这也和他自己的供述矛盾,也不符合认识的科学规律和经验常识。不过,对此,公诉人昨天开庭时明确表示,王某某所写内容真实数据无误,也只是确认打印属实而已。那么,此种说法更说明王某某的确无法确认硬盘内容是凯奇真实的记账凭证,不能将其作为计算走私数额的依据。

如前所述,根据案卷材料,被告人王某某上述供述很混乱。但是,根据公诉人当庭选择播放的一个半小时有关移动硬盘提取录像却直观地表明,王某某的供述并不乱,是很明确的,那就是"移动硬盘是2007年年底或2008年年初给我的,我把它交给妈妈存放,从没有打开过"。但后来为什么又乱了呢?从被告人王某某供述变化的轨迹和供述内容可以看出,王某某后期关于自己拷贝的供述是在受到外界的影响后作出的,而且这样的情况不止发生在王某某一人的言词证据中,请合议庭高度重视。

对于这种无原件且无法印证的硬盘,谁能确认它的真实性?谁又能确认它就是凯奇公司的账套?它能作为统计的依据吗?答案已经再清楚不过了。

第二,再看金算盘软件公司检测报告的真实性。金算盘软件公司出具的检测报告和补充说明，是由利害关系方出具，不客观，不真实，自相矛盾，相互矛盾，而且操作超出了其专业范围。其不能证实其选中的20个账套就是凯奇公司真实的记账，不能排除账套被修改的可能。

1. 金算盘软件公司作为财务软件的提供者，与该软件能否被修改存在经济上的利害关系，其作为检测报告的出具方已为不妥。在其2009年3月12日出具检测报告后，再由其2010年1月27日自行出具《金算盘软件技术说明报告——关于用户数据修改的补充说明》，来证明自己2009年3月12日没有对数据进行修改。自己既是运动员，又是裁判员，立场无法中立，其已丧失作为出具检测报告和补充说明的主体资格。

2. 检测报告和补充说明不客观，不真实，自相矛盾，相互矛盾。检测报告和补充说明超出了其专业范围，这部分结论应属无效。

软件公司只是作为软件的专业机构，不是会计专业机构，工程师也不是录入和复制系统的人员，只能就软件的技术方面提出意见，无权也无法就账套发表其他意见。但根据检测报告第2页检测报告及操作过程(3)和过程(5)的表述，其自行对账套进行了筛选，自行对筛选出来的数据进行了确认。因此，《补充说明》中“数据严谨合理，并且前后一致，准确无误”(第2页倒10行)和“库存期初、库存余额等期初、期末数据对比证实，数据严谨合理，并且前后一致，准确无误”的表述均属越俎代庖，该结论无效。证人王某清当庭演示也充分说明该表述超出了送检要求和他们的专业范围。

3. 检测报告和补充说明，内容不严谨，程序违法，足以使人怀疑其真实性、合法性。

如检测报告中称有附件一、附件二和附件三，但在第三页相关附件中只有附件一和附件二，出现低级错误。审核人由谢某某签字，但没提供其相关身份证明。没有王某某作为参检人员一直在场的任何凭据,相反,讯问笔录显示,17日和19日硬盘持有人王某某是在被海关缉私局的朱某某、吴某某讯问,不可能同时参加检测;根据公诉人提供的录像,王某某顶多在场1.5小时,也只是见证打印而已;证人王某清当庭表示,王某某不是一直在,只是需要时才叫他来,而且他当庭也辨认不出王某某。如按公诉人所说,王某某一直在场,那么王某清与王某某连续待在一起的时间至少6天(按王某清证言)或8天(按检测报告3月12~19日)以上,可当庭却无法认出王某某,此事显然说不通。可见,检测报告说王某某一直在场,明显虚假。

4.《补充说明》关于硬盘内容没被修改且不可能被修改的说法不真实。其一,根据辩护人向法庭提交的广东安证鉴定意见书,操作日志不能反映数据的增删改情况,金算盘补充说明以操作日志说明没有修改不能成立,其排除不了数据被修改的可能(该广东安证鉴定意见书已作为辩护人的质证意见组成部分提交法庭)。其二,另一辩护律师当庭演示表明:使用演示版软件,不用加密狗等都可以打开、修改、删除金算盘文件,且不留痕迹。

5.反观证人王某清当庭作证和演示表明:硬盘中的数据已被修改。第一,王某清是按照自己的理解和认识对硬盘内账套进行了改动、取舍,不是单纯的提取。第二,按照他当庭表达的认识逻辑,他是先认定账套为同一会计主体,然后再进行修改、截取、确认,这是一种倒推,是典型的逻辑颠倒。第三,必须说明,根据他的逻辑,2006年2月2日~2006年3月28日和2006年3月28日~2006年5月25日的账套,因为其中的3月28日重复了,把第一个账套期末日期提前到3月27日,期末数和期初数就会一致了,而只要一致就是同一会计主体。如果此逻辑成立,那么,我们把后一个账套的起始日推迟到3月29日,两个账套的期末和期初数就应该是一致的,否则,就不是同一个会计主体。但是,如果把后一个账套的起始日推迟到3月29日,无论数量还是金额期末和期初均不一致,存在很大差异额。2006年12月28日~2007年3月6日和2007年3月6日~7月31日两个账套同样存在类似问题。这说明,这些账套根本不属于同一个会计主体。第四,就其演示将第一个账套期末日期提前到3月27日而言,也只是两个账套的数量相符,但金额明显不符;演示时王某清只读了数量,没提及金额,请法庭高度注意。第五,辩护方当庭演示表明,演示版可以打开硬盘,不需要加密狗。对此事实,虽然王某清认为"这是很奇怪的事情",却无法否认硬盘被打开的事实。

6. 结论:如果按照控方的指控,按检测报告所说,正式版不能被轻易打开,被轻易打开的就不是正式版软件。而按照指控的表述,黄某某买的是正式版软件,可是移动硬盘却能被演示版打开,而且不需要加密狗,这是不争的事实;而且公诉人出示的侦查卷宗第82卷、第8卷又明确显示是金算盘软件演示版,这又说明什么呢?这又怎么解释呢?这只能说明要么移动硬盘中的账套不是凯奇公司的账套,要么检测报告、补充说明虚假,两者情况必居其一,不可能同时存在。

以上6点充分说明,检测报告和补充说明没有解决移动硬盘内容的问题,不能说明硬盘内账套是同一个会计主体,也不能说明是凯奇公司的账套。

第三,中拓正泰〔2009〕会鉴字第003A号司法鉴定意见书不客观、不合法、不具有法律效力,不能作为计税的依据,更不能作为定罪的依据。

1. 检材不真实、不合法。

合法、有效的原始凭证是会计核算的基础,也是计税依据的基础。如果没有合法、有效的原始凭证,就不可能产生会计账簿、会计报表及纳税申报表,更没有办法保证会计账簿、会计报表及纳税申报的真实性、完整性。刚才已经分析了硬盘和检测报告存在的诸多问题,账套只是未经核实确认的记账凭证,属于辅助性账本,不一定真实,而且不是原件。如果对走私情况鉴定,必须结合原始凭证进行,否则就是检材不适格。

根据最高人民法院、最高人民检察院、海关总署《关于办理走私刑事案件适用法律若干问题的意见》规定"二、关于电子数据证据的收集、保全问题":"走私犯罪侦查机关对于能够证明走私犯罪案件真实情况的电子邮件、电子合同、电子帐册、单位内部的电子信息资料等电子数据应当作为刑事证据予以收集、保全。侦查人员应当对提取、复制电子数据的过程制作有关文字说明,记明案由、对象、内容,提取、复制的时间、地点,电子数据的规格、类别、文件格式等,并由提取、复制电子数据的制作人、电子数据的持有人和能够证明提取、复制过程的见证人签名或者盖章,附所提取、复制的电子数据一并随案移送。电子数据的持有人不在案或者拒绝签字的,侦查人员应当记明情况;有条件的可将提取、复制有关电子数据的过程拍照或者录像。"依照该规定,鉴定结论所依据的检材不合法。

2. 鉴定过程不严谨、不合法。

鉴定人胡某出庭时明确表示,只是根据委托书中拱北海关提供的13个账套核算出涉案金额,对于来自移动硬盘的13个账套和数据的原件、真实性、会计主体、原始凭证均没有核实。其对于第6页第9行"对于列支的负数金额的管理费用可以理解为将现金收入不作为收入入账,而直接作为管理费用以负数列支"也表示是自己的一种理解,不是客观事实。

鉴定人在没有复核硬盘所有账套的前提下,没有对移动硬盘金算盘账套数据的原始凭证进行审核,仅根据缺乏数据证明而只有文字描述的检测报告和补充说明对13个账套进行鉴定,既不严谨,也违背会计法。

3. 鉴定结论不客观、不真实。

金算盘软件用户数据检测报告和003A号鉴定意见书13个账套同一会计期间采购数据比较，有4个账套数据完全相符，其他9个账套不相符。该不相符情况表明互有关联数据存在矛盾。《库存进销存汇总表》8个会计期间的库存数量及金额上期期末数与下期期初数比较，数量相符3次，不相符5次，金额全部8次不相符。该不相符情况与“13个账套同属一个连续、完整的会计主体”的结论相矛盾。

4. 从鉴定结论本身看，该账套不符合走私获利的本质特征，说明该账套不是凯奇公司真实的账套凭证。003A号鉴定意见书记载的黄某某团伙涉嫌走私手机案产生的现金流量净额为人民币-10,495,459.32元，是亏损的。我们根据13个账套计算发现，13个账套中的8个账套的销售毛利亏损笔数93,249笔，现金亏损金额59,955,118.77元。冒这么大的风险，却干个亏本生意，这又怎么解释偷逃10多亿元税收的问题，要知道，走私获利的最主要途径就来自偷逃关税。此外，还存在会计期间重合的问题。公诉人认为，把前期账目先备份再做账，所以重叠，是会计师做账的通常做法，但这一说法就本案而言并没有得到鉴定人胡某的认可。胡某当庭原话是“无法确定”。但试想，如果真如公诉机关指控的那样，组织严密、架构完整，被告人等共同录入、核对，那就只能在同一个账套内进行，怎么会出现同一期间重叠的账套，而且有的账套数据还矛盾呢？

5. 广东广深司法会计鉴定所司法会计鉴定意见书已作为辩护人质证意见组成部分提交法庭，具体内容在此不予赘述，它也充分详细地阐述了中拓正泰鉴定意见书存在的种种问题。现仅针对公诉人关于“司法会计鉴定，不适用会计法、税收征收法律法规”的这一错误说法,做一纠正。很简单的道理,司法会计鉴定是会计师作出的,会计师的行为必须受会计法的调整,怎么能不适用会计法呢?况且,《海关稽查条例实施办法》(海关总署令第79号)第5条规定,被稽查人适用会计法。另外,海关核定的税额11亿多元全部都是增值税,增值税暂行条例第26条明确规定了增值税的征收管理适用《税收征收管理法》(国务院令第538号)。

结论:根据《刑事诉讼法》和最高人民法院、最高人民检察院、公安部、国家安全部、司法部《关于办理死刑案件审查判断证据若干问题的规定》(其他案件,可以参照执行,2010年7月1日起施行)第23条、第24条规定,存在送检材料来源不明、鉴定程序、方法有错误等诸多问题的"中拓正泰〔2009〕会鉴字第003A号"司法鉴定意见书,不能作为计税的依据,更不能作为定罪的依据。

第四,拱税核字(2009)260号核定证明书(2006年2月2日至2008年1月10日)以中拓正泰鉴定意见书为基础,计算前提不真实,无证明力,不能作为定案依据。

1. 出庭计核人贝某某称,其计税依据来自侦查机关移送的移动硬盘金算盘账套数据,依据中拓正泰003A号鉴定意见书,自己没有核实它们真实与否,也没有其他合法、有效的原始凭证。此充分说明稽核证明书的计税依据没有合法、有效的原始凭证支持,前提错误,结论错误。

2.《260号海关核定证明书》的计税价格为7,453,563,439.16港元,但其自身没有说明其核定依据的数据来源。而且还是由对案件结果具有利害关系的海关出具,不符合《海关计核涉嫌走私的货物、物品偷逃税款暂行办法》(2002年10月8日海关总署令第97号发布自2002年11月10日起施行)"第二章　计核程序","第三章　计核方法"的法律规定;拱税核字(2009)260号不属于任何一种证据形式。该证明书无证明力，不能作为定案依据。

3. 另外说明的是，虽然辩护人没有看到作废的拱税核字(2009)038号证明书，但其存在的本身就说明海关自己在数额的计算上也存在不同的结论，且没有说明作废的理由。凭什么认定本次的结论是正确的呢？当然，辩护人也注意到，贝某某当庭说了是因为送核数量又变化了，但其所说的作废理由不能成立。因为计核事项都是对移动硬盘中统计部分和硬盘内容的计核。然而，硬盘应该是固定不变的，怎么会出现数量变化的情况？难道移动硬盘内的统计数量不定、在变化？难道有两个移动硬盘？

综上所述，硬盘内容无原件，无人也无法确认与原件无误，无人能核实和确认是凯奇公司账套，检测报告不真实，鉴定结论不能作为计算依据，稽核证明书有误。显然，公诉人指控的这部分走私数额不能成立。

(二)拱税核字(2008)165号证明书(2008年5月31日至6月27日部分)不能作为定案依据

1. 其不符合证据形式。

2. 扣押清单就这部分计核所依据的书证无明确、详细记载，无法证明从名坷坊扣押。且蔡某某当庭说了，自己随打随撕，海关让自己确认，自己只是看表格类似就签字确认了。在没有任何原始凭证印证的情况下，以来源不明的进销存汇总表作为计税依据，属无源之水、无本之木。

3. 利害关系方出具，无证明力。

(三)拱税核字(2008)148号、(06-06)270号、(08-02)0694-695号证明书也不能作为证据使用

1. 其不符合证据形式。

2. 与黄某某无关。

3. 利害关系方出具,无证明力。

(四)上述三类数额认定共同存在的问题

1. 配件合法入境,没有扣除。

2. 即使数据真实,但在控方没有提供逃避关税进口证据的情况下,不能排除在香港出售、合法入境、在境内采购三种可能性,控方就此部分的举证没能达到确实充分的标准。

二、本案证据不能证实被告人黄某某是走私集团的首要分子,控方的这一指控不能成立

(一)黄某某将生意转让给陈某某后,所发生的任何事情均与其无关,不能要求黄某某为他人的行为承担责任

1. 黄某某将生意转让给陈某某,是不争的事实。

无论是被告人黄某某,还是其他被告人的供述,都提到了黄某某将生意转让给了陈某某。尽管被告人黄某某和其他同案被告人在转让的方式和时间上的供述有些出入(如黄某某说是2006年年底,其他被告人说是2007年2月;黄某某说没开会,其他人说开会),但就实质问题的说法是一致的,黄某某的确将生意转让给了陈某某,且其他被告知晓。

2. 黄某某将生意转让给陈某某后,不再参与生意上的任何事情,这也是不争的事实。

即使根据本案存在问题的被告人口供、证人证言,也能证实开会(转让)后,安排工作、发工资的是陈某某,不是黄某某,见不到黄某某了。这样的证据在本案中大量存在,如本案绝大部分被告人和凯奇公司人员都认可,转让之后是陈某某安排工作、发工资。

3. 控方的证据不能证实转让后,黄某某以“老板”身份从事走私行为。

当然,辩护人也注意到,控方对于开会转让的事实并不否认。但

是，控方认为，转让只是形式，黄某某仍然是幕后老板。为了证明这种说法，公诉人举了被告人王某某、黄某群等人的口供和一些证人证言。对此，辩护人必须强调以下几点：第一，转让后的真正情况只有转让的双方当事人黄某某、陈某某最清楚，其他人无从知晓。现在，陈某某不在案，公诉方没有也不可能提供陈某某关于这方面的任何说法；而黄某某明确说了，转让后老板是陈某某。这是最有发言权的人的说法，我们有什么理由否认呢？如果否定黄某某所说，将其定罪量刑了，而后假设陈某某又出现了，承认自己是老板，那又怎么处理？第二，辩护人在质证时已经说了，公诉方对此所举的被告人口供、所谓的证人证言，其实质都是被告人口供，还是有利害关系的被告人口供，且要么是自己的主观判断，要么是道听途说，“应该是”“听说是”“大家都知道”，均属主观推测和传来证据，且找不到源头印证。根据我国刑事诉讼法律的规定，证人只能就其知道的事实进行陈述，不能进行分析、判断，分析判断的内容不能作为证据使用；传来证据必须找到原始证据或其他证据印证，否则不能作为定罪依据。从这个角度来讲，这些材料不足为据。第三，既然这些证言都是实质上的被告人口供，根据《刑事诉讼法》第 46 条，“对一切案件的判处都要重证据，重调查研究，不轻信口供。只有被告人供述，没有其他证据的，不能认定被告人有罪和处以刑罚”。故虽然口供也可作为证据使用，但由于这些口供具有利害关系冲突，其证据效力受到限制，在缺乏其他证据相佐证的情况下，不能据此认定被告人黄某某以老板身份从事走私行为。

4. 对老板和首要分子的正确理解。

什么是老板呢？根据最朴实的理解，那就是对人、财物具有控制权的人。具体就本案而言，就是谁安排工作、谁发工资、所得由谁支配。关于什么是首要分子，法律规定得很明确：是组织、领导犯罪集团的人。可是结合本案来看,黄某某转让生意后,公司安排工作、发工资、所得支配问题都与黄某某无关。

结合上述分析,我们很自然地得出一个结论:黄某某转让后不管凯奇公司有无走私行为的存在,均与黄某某无关,根据罪责自负原则,不能要求黄某某替他人埋单,不能让其为他人的行为承担责任。

(二)黄某某将生意给陈某某前,从事炒货生意,不是走私,其不是走私集团的首要分子

1. 根据黄某某的供述,黄某某将生意转给陈某某前,从事炒货生意,是香港买、香港卖,深圳买、深圳卖;这个"炒货"本身是中性词,不是走私。可能公诉人会说,辩护人这么说有证据吗?根据《刑事诉讼法》的规定,公诉方对指控犯罪成立负有举证责任,必须提供确实充分的证据证明犯罪的存在,必须排除一切合理怀疑。目前,控方证据显然排除不了这一合理怀疑。怎么办?应当按"无罪推定"的原则办。换句通俗的话说,如果在控辩双方所说的都可能是假设的情况下,也不能凭控方的假设定罪,而是只能根据辩方的假设不定罪。

2. 从黄某某与同案被告的关系看,众被告不属于犯罪集团,黄某某不是首要分子。11 个同案被告中,吕某某没有见过黄,蔡某某关于见没见过黄某某有矛盾的供述,其他人绝大部分也只是在开会转让时见过黄某某,这样的关系能说黄某某是首要分子吗?

(三)至于邮箱、转账、招生等证据,黄某某对这些问题均有合理解释,不能证实黄某某是走私集团的首要分子

在此需要澄清的是:庭审时公诉人提供了邮箱、转账、招生等证据,意图证实黄某某是首要分子。这些材料正如辩护人在庭审时指出的一样,侦查一处提取 yestt@789@163.com 邮箱来源不明,所谓网络公司提取的光盘不能证实其合法真实,更无从证实是黄某某在用,黄某某也解释了自己不懂电脑,只是用陈某某的信箱,就此黄某

某也向法庭作出了合理的解释。在笔记本电脑中恢复的电子邮件涉及的时间是2007年2月前,而且涉及的内容与本案无关。转账问题黄某某也做了解释,是为了将现金转换为转账的方式投资地产,而将现金交给陈某某存进银行转账的,陈用谁的账户名,黄某某不知情。更为关键的是,公诉方没有证据证明以他人名义转到黄名下的钱来自走私犯罪所得。

至于招聘,无论在庭审时,还是在侦查阶段,黄某某都对此并不否认,实事求是地说了。那只是因为黄某某回家时,因与陈关系很好,受陈某某之托,顺路替陈某某招工而已。而且,到现在他也不知道陈某某是否走私。而且,这些材料本来也只是间接证据,必须有其他证据来印证,否则不能证明任何问题。但是目前,控方没有证据印证,而黄某某本人又作了合理的解释。根据无罪推定原则,不能认定黄某某是首要分子。

三、关于本节指控存在的五个方面的主要问题

1. 移动硬盘内容无原件、取证不合法。

2. 大量关键事实的证明上只有王某某一人孤证。

3. 以大量的传来证据和孤证作为指控依据。尽管公诉人发表公诉词时说本案有120本卷宗,有120多个证言,但我们不能只看数字,更应该看到数字背后的实质。证据的作用在于其证明力,而不仅仅是数量。

4. 证据链断裂的问题:(1)关于黄某某是否为老板的关键证人陈某某不在案;(2)关于收入所得走向的关键证人陈某某、黄某某不在案;(3)吴某作没有证实黄某某是老板;(4)说用信箱给刘某发信,却不清楚刘某是谁;(5)银行开户资料没有提供;等等。

5. 关键事实存疑无法认定:开会后老板是否为黄某某存疑,开会前黄某某是否走私存疑;走私数额尤其是移动硬盘部分和2008年5

月31日至6月27日部分,无实物和原始记账凭证印证;控方的鉴定结论和检测报告存在重大问题。

以上问题充分表明,本案关于走私数额的认定和对黄某某是走私集团首要分子的指控,证据明显不足。

第二部分 关于偷越国(边)境罪

对于本节指控,就事实部分尊重被告人本人的意见,辩护人不予赘述。就法律问题,辩护人提出两点意见。

1. 偷越国(边)境罪属选择性罪名,到底是指控偷越国境还是边境,因为本案只涉及一种“境”,到底是国境还是边境,请公诉人明确。

2. 被告人黄某某只有2008年12月一次从香港特区屯门乘小艇回深圳蛇口属无证入境,其他数次均是持相关部门核发的有效证件出入。至于黄某某以另外名字办理港澳通行证,因其通行证与户口相符,不能认为通行证虚假,其违法行为只是发生在办理户口的环节。所以,对其持有与户口一致的通行证出入边境的行为,不能视为偷越。结合《刑法》第13条的规定,1次显属情节显著轻微,从这个意义讲,也不应作为犯罪处理。

综上所述,本案中走私手机的基本事实存在,但公诉机关对走私数额的指控事实不清、证据不足,与事实出入太大。指控黄某某系走私犯罪的首要分子证据明显不足,不能成立。

北京市京都律师事务所律师 田文昌 柳 波

二〇一〇年八月六日

辩护词(一审第二轮法庭辩论)

审判长、审判员:

这个案子控辩双方争议很大,差距悬殊!

但是,尽管如此,双方所要遵循的原则应当是明确的和一致的,那就是,我们都要对法律负责、对当事人负责。当我们在分析和认定犯罪的时候,要慎重掂量手中权力的分量。“两高三部”刚刚发布实施的两个证据规则,是对司法公正化的重大推进。在此形势下,我们更应当严格把握证据规则,在存有重大争议的情况下,对此案持以慎重态度。

现辩护人仅就双方争议的焦点问题,简要补充说明以下四个问题:

一、关于黄某某与本案的关系

辩护人认为,在对此问题的认识上,控辩双方各执一词且分歧巨大的认识根源是值得引起法庭重视的重要问题,这也正是辩护人在此要补充说明的重要内容。

辩护人认为,关于对举证责任分配的不同理解,是导致这种分歧的主要原因。

法庭调查及案卷证据表明,2006年年底黄某某已将凯奇铺面有偿转让给陈某某,其转让过程公开进行,众人证实,已属公知的事实。对此事实公诉人也十分清楚。

那么,在此事实存在的情况下,公诉机关若否认这一事实的真实性,则必须承担举证责任,即充分举证以足够理由证明其转让的虚假性。而辩方则无义务再次证明这种转让的真实性。这才是举证责任分配的正当原则。

那么,在明确这个原则的前提下,我们再来分析控方的证据内容即可看出,控方所提出的各项证据,并不足以推翻黄某某已经转让铺面的基本事实。

控方证据主要包括以下几个方面:

1. 同案被告的供述和一些证人证言。但是这些言词证据均系传闻证据或推测性的模糊表述,反复多变,既不稳定也不真实。例如,其中王某某的供述最为典型,庭审中控方播放的录像表明,在打开移动硬盘的时间王某某即明确回答,该硬盘是陈某某交给其保管,且采购和财务都是由陈某某负责。然而,在其后的笔录中却变成是黄某某将硬盘交其保管,接下来在后来的多次供述中更是多次反复,说法各异,明显反映出其口供形成的不自愿性和不真实性。而庭审中王某某多次向法庭声明,庭前有些供述并非出自本意。

因此,这些言词证据缺乏证明力,不足以推翻黄某某转让铺面的事实。

2. 以电子邮箱说明黄某某操控凯奇铺面经营活动。但是,黄某某庭前庭后均多次一致地说明,其不懂电脑,是与陈某某共同使用邮箱,只会简单操作,其邮箱内容大部分是陈接收的;并且,来件中与凯奇铺面相关的内容并无一件明确显示是发给黄某某的,而黄某某也从来没有回复过一封邮件。

因此,关于该电子邮箱的证据也不足以推翻黄某某转让铺面的事实。

3. 关于资金往来的证据。控方认为,同案被告中有人曾数次提取资金转给黄某某或其指定的账户,说明黄某某仍在凯奇公司走私活动中提取利润。但是,黄多次陈述这些资金一部分是陈某某支付给他的转让费数百万元,另一部分是其代他人投资房地产时委托陈某某代其将现金陆续转换成银行走账的过程。而针对该笔资金,控方证据只能显示资金去向,却不能显示资金来自凯奇公司。

因此,关于资金往来的证据,不足以推翻黄某某转让铺面的事实。

4. 关于黄某某委托王某某代为保存移动硬盘的证言,已被控方当庭播放的录像资料否定。

综上可见,控方提供的诸项证据并不能推翻黄某某已向陈某某转让铺面的基本事实,因此,无法证明黄某某与该案走私行为之间的联系。并且,该案发生后,黄某某主动投案说明情况,可以印证其相信自己与本案无涉。尤其是在取保期间,其曾多次往返香港特区却没有携款外逃,仍与海关侦查机关保持联系,如果黄某某确系一个重大走私集团的首要分子,案发后能有如此表现,于情于理是难以解释的。

辩护人认为,指控犯罪需要有确实、充分的足够证据,描述和论证并不是认定犯罪的理由。但是,在本案法庭调查和法庭辩论中,控方在证据不足的情况下,反复以描述和论证的方式说明被告有罪,这种指控方式是不具有说服力的,也是违背证据原则的。

在谈及黄某某与本案关系时,公诉人提出辩护人的观点出现了几个错误。

其错误之一,是辩护人指出证明黄某某是老板的证言中有一些是孤证,而公诉人认为根本不存在孤证,因为全案的证据之间是普遍联系的,因此,公诉人认为辩护人关于孤证的说法是错误的。

辩护人认为,何为孤证?孤证是指证明某一具体事实仅有一个孤立证据,一事一证即为孤证。如果按照公诉人的所谓所有证据之间都有普遍联系的“全案普遍联系”说,那就不存在孤证的概念了。

公诉人提出的辩护人的错误之二,是辩护人以偏概全,即指黄某某关于其在香港特区改机在香港特区销售的说法没有其他证据印证,辩护人就轻信这一说法是以偏概全。

辩护人认为,公诉人的这一指责恰恰又反映其对定罪原则的曲解,是典型的有罪推定,举证责任倒置的思维方式。道理很简单,黄某某自称其在香港特区改机是在香港特区销售是无须印证的,相反地,公诉人指控其走私则必须举出否定的证据,即举出黄某某将改装后的手机走私入境的事实。

二、关于移动硬盘中账套的真实性

移动硬盘中的13个账套是否真实、有效?首先要分析该账套提取和形成的过程是否具有合法性。为了进一步说明这个问题,现在我们将其提取和鉴定的过程倒过来分析,追根溯源,即可以清楚地展现出程序违法导致实体结果错误的整体脉络。

1.首先,我们来分析审计报告的合法性和有效性。

出庭接受质证的鉴定人已承认:其鉴定时的检材既非原件,也无原始凭证,更未对会计主体进行审查,只是对委托人提供的13个账套(复制件)所反映的信息进行鉴定。明确表示,其实就是"对这些信息的汇总"。

由此可见,该鉴定报告的基础就不可靠,其鉴定既不合法,也不客观。

2.接下来,我们再来分析公诉人当庭演示的硬盘数据的提取过程。众目睽睽之下,该提取过程表明:

王某某不能证明硬盘内容的真实准确,而只是见证该提取过程。对此,公诉人已当庭认可,明确解释为:王某某签字确认的"真实、准确"仅是指提取过程而不包括硬盘内容,且王某某当庭一再表示其对此过程也并未全程参与。

可见,王某某不能证明硬盘内容的真实性。

3.再接下来,我们再看辩方当庭对打开和修改硬盘过程的演示。

该演示表明:该账套可以在无加密狗情况下打开、修改且不留痕迹。

可见，金算盘软件公司关于该硬盘不能打开、不可修改的说明不真实，账套可以随时打开并可修改。

4. 最后，再看控方证人金算盘软件工程师王某清的当庭演示。

演示中，经辩方质证后该证人承认：

(1) 他在打开移动硬盘后选择账套时，对账套中的期初数和期末数进行过改动、取舍；

(2) 在无加密狗情况下他人可以打开该硬盘和进行修改，也无法排除他人改动的情况；

(3) 在质证时王某某说，在制作录像前该移动硬盘早已被打开过，曾在看守所提讯时给他看过。王某某的当庭陈述与王某清当庭承认的前述事实可以相互印证。

可见，在100多个账套中经过改动、取舍后选定的13个账套，不能确认为凯奇公司使用于记账的账套。

由此可见，在账套可以随时打开、修改的情况下，存在任何时候被修改的可能性。并且，侦查机关在提取过程中确实已经做过了修改、取舍。值得注意的是，操作人员王某清是在100多个没有联系、主体不明的账套中选择的13个账套，其判断哪些账套属于同一会计主体的理由之一，即是以该账套之期初与期末数之间首尾能否衔接为依据。但是，他却是在有些账套首尾不一致的情况下，通过改动日期，取舍数字的方法来制造一致性。他声称是“原来的账是人为地做错了”，而他又将其“人为地改过来了”。

辩护人在此特别提请法庭注意，这种提取方式严重违反了取证原则，在100多个不同账套中寻找属于同一主体的账套，只能并且必须在不做任何改动的情况下，根据原记账内容、数据、特点等诸多因素，经缜密分析后找出其账套之间的内在联系，才能判断其是否属于同一主体,而其期初数与期末数能否一致正是主要的依据之一。如果可以通过改动日期和数字的方式来做到一致,那么任何内容相近的账套都可以经改造后被视为属于同一会计主体。这样的做法完全失去了客观真实性,其后果是非常严重的。

通过以上对审计报告、硬盘提取过程、辩方当庭演示和控方证人当庭演示及接受质证的全部内容和过程的深入分析,已经充分地、无可辩驳地显示了程序违法导致实体结果错误的脉络。毫无疑问,自硬盘提取之时直至在此基础上形成的审计报告,在程序上明显违法,在内容上完全失去了真实性。

不仅如此,更为严重的是,该移动硬盘本身即是复制件。也就是说,该项证据根本就没有原件,从根本上就不具有合法性!在本是复制件的基础上再改来改去,这样的“证据”难道还能够称为证据吗?

在此,辩护人还要提请法庭注意一个难以解释的情况:按照控方13个账套的记载,算账的最终结果,是总体亏损5900多万元。也就是说,在如此巨大的走私活动活动中,最后竟成了亏本生意。那么,走私的目的何在?各被告的生计从何而来?控方指控黄某某动用的几千万元资金又从何而来?岂不是自相矛盾吗?很显然,这个计算结果又进一步印证了该13个账套并非凯奇公司用于记账的账套。

公诉人为了坚持移动硬盘的证明效力,在第二轮辩论中滔滔不绝地论证复制件与原件的一致性,甚至提出由于当今是“充满复制的世界”,复制件的效力不应当低于原件。辩护人认为,这种辩解没有任何意义,即使是在“充满复制的世界”里,复制件仍然不能等同于原件,法律关于只有原件才具有证明效力的明确规定仍然是不能改变的。

三、关于其他4个具体公诉意见的错误

1. 对于侦查卷第8卷打印出来的账套明确显示为金算盘软件演示版这一事实,公诉人仍然认为120本卷宗证据是真实、合法的,并认为偶尔断电等原因会造成这个情况。但是,这样的情况不止一处,侦查卷宗第8卷也存在同样的问题。这是偶尔断电能够解释的吗?对此,辩护人没有孤立地看待这些打印件,而是结合金算盘软件公司的检测报告和补充说明、证人王某清的证言等证据,进行了全面分析,才得出移动硬盘内账套不是真实的账套、不是凯奇公司的账套的结论。相反地,公诉人所说"演示版打印不影响被打印文件的真实性"的观点,恰恰是孤立看待该打印件的体现。事实上,该演示版打印账套的事实不仅影响文件内容的真实性,以及硬盘内容是否真实,更影响能否确认账套是凯奇公司的账套。但对这一有关案情的重要内容,公诉人避而不谈。

2. 移动硬盘确实涉及了陈某旭证言,对此,辩护人在法庭调查阶段已经指出。陈某旭的证言及所附材料显示,移动硬盘被物理打开过,而且上面所显示的序列号码和陈所说的并不一致(辩护人看的是复印件,数字不太清楚)。而且所谓买硬盘的记账凭证又是由硬盘打印出来的材料,这是循环论证。在辩论阶段,辩护人遵照合议庭"不要和质证重复,简明扼要"的辩论要求,集中焦点问题,节省开庭时间,因此没有就此赘述。辩护人关注了王某某口供之外的其他证据,而并不是公诉人所说的没有关注。

3. 公诉人提供的所谓从电子信箱里打印出来的工资表等文件,无证据证实来源合法、内容真实,不能作为定罪依据。

所谓从电子信箱里打印出来的工资表等文件,尤其是工资表都只有打印件,没有电子文本形式提交法庭。且没有任何证据证实其来源合法、内容真实。不能作为定罪依据。有被告人当庭指出,工资

表上的内容根本就不是他们的实际工资数额，他们领取工资时在工资表上都是有签名的，而公诉人并没有在法庭上出示有被告人签字的工资表原件。这一点请法庭高度重视。

4. 公诉人刚才提到，对本案书证的扣押程序都有录像光盘证实合法。这一说法与事实不符，公诉人根本就没有向法庭出示这样的录像光盘。辩护人再一次指出，所有的扣押清单均记载扣押"文件一批"，文件名称和具体数量根本没有提及。

四、对本案依法正确处理的建议

客观地讲，本案本是一起层次不高的普通走私案，办案机关查获之后深挖犯罪，这种做法应当予以肯定。但是，后来发生的问题在于：

1. 在收集证据的过程中，由于违背了法定的取证、认证规则，而导致了大部分证据因缺乏合法性与真实性而无法认定。

2. 在主犯在逃、证据链断裂的情况下，为了证明共同犯罪的有组织性和犯罪组织的完整性，在缺乏证据支持的情况下，牵强附会地将黄某某列为走私集团的首要分子。

辩护人认为，在刑事诉讼活动中，严格区分侦查原则与定罪原则是一个需要高度重视的问题。侦查中，要怀疑一切，穷追不舍，不放过一切可疑线索，扩大战果，这是完全正确且非常必要的。但在指控与定罪环节中，严格依法取舍证据，排除一切合理怀疑，追究定罪依据真正确实充分，则是必须遵循且不可动摇的原则。将侦查原则与定罪原则相混淆，往往是形成错案的重要原因。

为此，辩护人诚恳地希望，每一位诉讼参与人都能够在充分理解、严格把握定罪原则的前提下，全面、客观地审视本案；在严格把握证据规则并在有确凿证据支持的基础上，正确认定本案的犯罪事实和犯罪主体，以确保本案处理的公正性。

被告人黄某某辩护人:
北京市京都律师事务所律师　田文昌
二〇一〇年八月六日

辩护词(二审)

因二审辩护词内容与一审相似,故未收入。

审理结果

2010年5月、8月,珠海市中级人民法院两次开庭审理本案,并于2010年12月14日宣判,认定黄某某组织、领导凯奇公司,自2006年2月至2008年7月,共计走私手机5,261,960部及手机配件一批,货物价值人民币7,841,563,920.56元,偷逃应缴税额人民币1,139,374,554.45元,以走私普通货物罪判处黄某某死刑缓期执行。黄某某上诉。

2011年2月,广东省高级人民法院二审立案。其后,辩护律师对本案提出开庭审理、对涉案证据进行鉴定、要求调取新的证据等申请,均未获回应。二审维持原判。

程某某被控职务侵占罪案

案情简介

在广东佛山经营鞋材厂的我国台湾地区商人程某某,2009 年 5 月 13 日下午在高尔夫球厂被神秘带走,不知所踪。直到 5 月 20 日,其家属经过辗转查访,得知其被广东省佛山市南海区分局平洲派出所拘留,原因是:程某某的舅公,另一位我国台湾地区人士、我国台湾地区飞将实业有限公司(以下简称飞将公司)老板李某重向该派出所报警称程某某职务侵占飞将公司财物。

随后,南海区检察院以涉嫌侵占公司财物为由向南海区人民法院提起公诉,指控程某某身为飞将公司的雇员,将飞将公司在大陆成立的 4 家公司共计人民币 2000 多万元的资产据为己有。

该案的起因其实是一起民事纠纷:

程某某 1992 年到大陆经商,很大一部分业务是经销飞将公司的制鞋材料,飞将公司在大陆的销售市场主要也是靠他打开。

飞将公司的一个重要的业务就是与这个远房外甥配合做生意。飞将公司与程某某约定,每年年底按照一定比例分配销售利润。

外甥相信舅公，程某某有时把当年该结算的利润推到下年，有时把结算到手的利润投入自己在大陆所办公司的再经营发展。被抓之前，除了每月给妻子的家庭基本生活开支，程某某已经整整8年未从飞将公司分配利润。

除了飞将公司的生意，程某某还做着多家供应商的生意。在珠江三角洲几个城镇，他还自己投资兴办了几个实体企业，其中程某某的胞弟程某城在南海桂城街中区南村注册的一家公司取名也叫飞将。为了区别于飞将公司，这家公司叫南海飞将公司。

2004年，程某某因为生意需要，将已付租金的街中区南村村民小组的楼房退租和转租。李某重此时开始介入，声称南海飞将公司约430万元退租款项属于飞将公司。2004年年底至今，双方开始了长达6年的民事确权诉讼官司。

在广东省佛山市南海区人民法院受理的一审和佛山市中级人民法院受理的二审中，程某某均败诉。但是，程某某提出申诉后，2010年9月10日，广东省高级人民法院裁定原判决事实认定不清，证据不足，撤销原判，发回重审。

然而，就在民事确权官司还在审理、尚无定论之时，李某重向南海警方报案。于是，发生了对程某某的抓捕和指控，发生了长达1年零6个月的超期羁押，发生了对程某某个人资产的剥夺……

南海区法院于2010年8月至9月三次公开开庭审理此案。一审判决程某某无罪，当庭释放。检察院提起抗诉，二审法院维持了一审无罪判决。

本案是在《关于办理死刑案件审查判断证据若干问题的规定》和《关于办理刑事案件排除非法证据若干问题的规定》出台后，首例运用两个证据规则排除非法证据的案例，具有较大意义。

辩护思路

本案指控被告人利用职务之便侵占企业财产的前提,是要证明两个实体上的关键问题:其一,被告人是不是飞将公司的员工?其二,指控的侵占的大陆企业财产是不是飞将公司的财产?辩护律师紧紧围绕这两个关键问题展开论述。

一、关于被告人是不是飞将公司的员工

指控观点认为:被告人系飞将公司员工,飞将公司指派其到大陆工作。为了证明这一观点,控方出示了一些言词证据,包括被告人在侦查阶段所作的有罪供述,报案人的主观性极强的报案书、报案笔录,大陆一些公安机关调查的自称是来自我国台湾地区的证人的证言。还出示了很多飞将公司自己出具的说明等书证。

辩方认为:第一,证明这一事实的最直接、最关键的证据应当是双方之间签订的劳动合同或者其他雇佣协议,而本案中恰恰没有这样的关键直接证据,相反地,都是一些间接证据,这些证据或取证方式不合法,或内容本身不真实,或意思表示不确定,无法得出唯一排他的结论。

第二,被告的有罪供述是在刑讯逼供、诱供的情况下作出的,不具有真实性,法院为被告人所作的伤情鉴定已经充分证实了这一问题。

第三,关于公诉机关出具的几个我国台湾地区人士的证明,一方面,证人身份未经合法程序得到认证,只凭证人自己说自己的身份是什么便是什么,极不严谨。另一方面,证人证言的内容均为主观推测或自我判断,而无其他书证可以印证。

第四,公诉机关用飞将公司自己的说明证明本案事实,无异于让飞将公司成为对自己案件的法官,随意言辞,指鹿为马。更重要的是,飞将公司出具的大量证据,不但未经我国台湾地区公证机关公证及海基会、海协会确认,在内容上更无法直接证明双方的劳动合同关系。

二、关于涉案财产是不是飞将公司的财产问题即飞将公司有没有出资设立涉案的几家企业

指控观点认为:飞将公司出资成立了这些企业。指控依据被告人的有罪供述以及报案人的报案材料,除此之外再无其他证据印证。

辩方认为:第一,公诉机关的证据远远没有达到确实充分,如能够证明飞将公司出资的工商登记、出资数额、出资方式、验资文件或者相关协议、章程等,一份都没有。相反地,几个涉案企业的工商登记均明确记载了这些公司与飞将公司没有任何的关系。

第二,这几个涉案公司的挂名法定代表人的证言,印证了几家公司的老板都是被告人。

因此,控方因为被告人系飞将公司的员工,故被告人在大陆设立的企业均为飞将公司的财产的指控思路,没有充分的证据可以支持。在此两个基本事实前提无法确证的基础之上,所谓的具体侵占行为都是空中楼阁,没有事实基础,是无源之水。

另外,本案在程序上也存在明显问题:

第一,本案应不应该由大陆司法机关进行管辖。报案人飞将公司是我国台湾地区公司,被告人是我国台湾地区人士,指控的身份关系也发生在我国台湾地区。辩护人认为,这样的案件理应由我国台湾地区的司法机关依据我国台湾地区相关规定进行处理,更有利于查清事实。大陆公安机关不具备处理此类案件的条件和能力。本案中,控方出示的所有飞将公司的材料以及所谓的我国台湾地区证人的证言都没有经过法律规定的司法互助途径取证的事实已经充分证明了这一点。

第二,本案侦查程序不合法,以刑事手段插手民事纠纷。飞将公司与被告人之间关于涉案企业的民事确权案件尚在审理过程中,从2004年开始,双方进行了长达6年的民事确权诉讼,目前确权诉讼在重审程序中。而公安机关此时对诉讼过程中的一方当事人立案侦查并逮捕,以强制手段强迫其放弃自己的民事权利,显而易见是公安机关非法越权插手经济纠纷,否定法院的审判活动。

第三,本案中无法排除对被告人的刑讯逼供的存在。公诉人为了否定存在刑讯逼供,出示了部分审讯录像,并出示了办案人员自己写的证明,证实办案过程没有刑讯。辩方认为,办案人员自证其行为的说明没有意义,部分的审讯录像不能证明全部的审讯过程,多次监所外提审的事实客观存在。经申请,法庭对被告人的伤情进行了鉴定,被告人的脚趾有伤,无法排除刑讯逼供的可能性。基于此,一审法院排除了被告人的有罪供述。

辩护词(第一轮法庭辩论)

审判长、审判员:

北京市京都律师事务所田文昌律师、广东千度律师事务所汪新明律师接受被告人亲属的委托,担任被告人程某某的辩护人,依法为被告人涉嫌职务侵占罪进行辩护。

通过庭前查阅公诉机关提供的案卷材料,会见在押被告人,进行必要的调查,经过长达4日半的开庭审理后,我们认为:起诉书指控程某某犯职务侵占罪,缺乏事实和法律依据,不能成立。恰恰相反,公诉人及辩护人所出示的证据,充分证明了被告人程某某与飞将实业有限公司(以下简称飞将公司)的纠纷系因合作关系而发生的民事纠纷。被告人程某某处理奥迪汽车、收回押金、收取货款、收取铺位转让费等行为，均系其依据我国法律行使其应享有权利，公诉机关将其按犯罪起诉，与法相悖。具体意见如下：

一、指控被告人程某某构成职务侵占罪的前提条件不存在

公诉机关无充分有效的证据证明被告人程某某是飞将公司的员工，亦无充分有效的证据证明飞将公司出资设立了佛山市南海区平洲飞将鞋材厂（以下简称平洲飞将鞋材厂）、南海区平洲铨达鞋材有限公司（以下简称铨达公司）、佛山市南海平洲和欣鞋材有限公司（以下简称和欣公司）、广州市白云矿泉东达鞋材商行（以下简称东达商行）。

（一）公诉机关所提供的证据不能证明被告人程某某系飞将公司的员工

公诉机关认为程某某系飞将公司员工，但没有提出任何直接证据证明他们之间有签订劳动合同或其他雇佣协议。公诉机关所出示的多组间接证据，或因证据取得的非法性，或因证据内容本身的不真实性，或因证据意思表示的不确定性，或因证据证明对象的非唯一性，亦不能证明被告人与飞将公司形成了劳动合同或雇佣关系。简述如下：

1. 公诉机关出示的被告人程某某在侦查阶段所作的供述，系为逼供、诱供所取得，属非法言词证据，依法应予排除。

早在审查起诉阶段，被告人即已对侦查人员的刑讯逼供进行了检举控告，但未得到公诉机关的重视，公诉机关也未对此作任何调查，甚至对被告人都无进一步的详细询问。庭审时，在法庭的要求下，公诉机关才在庭后进行了所谓的调查，并出示了看守所出具的无任何人签名的证明文件，来证明被告人身体无不适、健康状况良好，据此认为刑讯逼供不存在。而这些证明与后来被告人申请法庭所做的伤情鉴定不符。这表明被告人提出存在刑讯逼供，确凿可信。被告人前后十九次被侦查人员提审讯问(其中有三次非法的外提讯问),而公诉机关只能出示四次(或五次?)的审讯录像资料,不但不合规定,无法证明刑讯逼供的不存在,反而是欲盖弥彰。

另外,公诉机关卷宗里的书证和被告人的庭上陈述表明,侦查人员与报案人李某重共同对被告人进行了诱供骗供。2009年5月15日被告人程某某写给李某重的信里,提到在被告人被拘押后,李某重亲手交给他300元,并许诺原谅被告人,愿意撤诉,愿为被告人找人帮忙(卷二第154页)。

这充分证明侦查人员违反规定,让报案人参与办案,让报案人利用被告人为求尽快获释心理,以撤诉、原谅、找人说情等许诺诱骗被告人作认罪供述。

在如此环境下,被告人所作的庭前供述,可信吗?对比2004年9月至2009年5月被拘押前被告人与飞将公司民事诉讼期间所主张的内容(请法庭祥阅民事卷),谁还有理由说被告人不是屈打成招,被骗认罪?

2. 飞将公司的报案书,报案人石某卿、李某重的报案笔录毫无依据而且不具可信性。

飞将公司、石某卿、李某重与被告人双方之间存在巨大的利益冲突,他们为了实现打击竞争对手的不正当目的,取得在民事上无法取得的非法利益,将被告人程某某说成是其公司员工,已是不争的假话。因此,飞将公司的报案书,报案人石某卿、李某重的报案笔录不具有可信性,不应作为证据采纳。

至于其内容方面的不真实,将在提请法庭注意的几个问题里加以分析。

3. 公诉机关出示的凃某章、邱某贤、林某郎、萧某明等人的证言根本不具有可信性。因为这些证言所表明的,仅仅是他们对被告人是否为飞将公司员工的主观猜测或者自我判断。

这些证人关于被告人是飞将公司员工的证言,只是表达了一种主观判断,没有任何客观依据,纯属意见证据,不具可信性。

更何况,这些来自我国台湾地区的证人所证明的是公司的内部关系,而且连这些证人自身的身份都无法确认。

即使在市场经济起步稍晚的大陆,签订书面的劳动合同也是法律强制性的规定。劳动者要证明与某企业存在劳动合同关系,首先要拿书面合同。虽然司法解释出于保护弱者,认可两个工友可以证明劳动合同关系,但前提是本人要先承认他与企业的劳动合同关系,即以劳动者本人主张劳动合同关系为前提,他人的证明才有作用。本案中,被告人认为他与飞将公司没有劳动关系,他人的证言就失去了前提,显然不能起到任何证明作用。

4. 公诉机关为证明被告人是飞将公司的员工,还出示了很多飞将公司提供的书证。其中有任职说明、劳动保险、南山人寿保险、所得税扣减单、汇款证明、报销单据、会议照片、会议记录。这些证据不但不具备形式的合法性(如报案人单方提供,未经我国台湾地区公证机关公证及海基会、海协会确认),其内容亦无法证明双方存在劳动合同关系,相反却能证明双方有生意合作关系。

先说任职证明,这是飞将公司自己出具的一份说明,并无被告人的任何签名,什么也说明不了。这种单方证明飞将公司随时都可以出具,出多少份也没问题。这有价值吗?

再说劳动保险,别说在我国台湾地区,就是在现在的大陆,劳动者在某企业(如村股份合作社或亲属朋友开办的企业)买社保,而在其他企业工作,或做生意,或做自由职业者,比比皆是。这在大陆叫挂靠,在台湾地区叫寄存。在本人不认可劳动关系的前提下,社保如何能作劳动关系的证明依据?谁能否定不存在挂靠或寄存情况?

飞将公司为被告人购买劳保、人寿保险,有被告人的书面同意或有被告人签订的保险协议吗?公诉机关没有出示一份被告人对保险的认可证明。无被告人签名,受益人不清,无法证明系被告人真实意思的投保。再说,谁又能否定这不是飞将公司的单方行为?若一个企业单方为他人购买了相关保险,就可以认为该人是该企业员工吗?显然不能成立。

公诉机关凭借飞将公司提供的被告人的飞机票等,就认为被告人是飞将公司员工,显然依据不足。一个企业保管有他人的费用单据,原因有多种:(1)可能该人为其员工报销费用;(2)可能双方有合作的生意需要共同分担成本;(3)可能该企业为冲销税务,拿他人票据加大成本数;(4)还有可能是企业外人士受企业委托为企业完成某项事务而支出的费用;等等。将其中一种可能视为唯一事实,显然错误。

而结合廖某荣作中间人的协议(被告人与李某重关于利润分配的协议)、被告人庭上关于合作的供述、被告人与飞将公司的民事纠纷等借款事实,却可以证明双方是生意上合作关系。

公诉机关出示的飞将公司提供所得税扣减单、汇款单据等,完全是飞将公司内部记账而形成的资料,不能作为证明被告人领取薪水的依据。若认为是薪水,就应出示被告人签名的工资单。另外,这些证据显示的金额与林某章的证言结合起来看,更印证被告人的庭上陈述真实可信:即这些款项是合作生意的预支利润(证言说自己薪水每月8万元新台币,而按其证言他的职务显然比被告人低很多)。若是薪水,被告人的薪水不可能如此之低。45,000元新台币这个数额及收款人为被告人妻子蔡某桂,更能证明款项是预支给被告人家用的合作生意利润。

在没有直接证据的情况下,我们不否定间接证据的证明力,但前提是这些间接证据应具有合法性、真实性和排他性(唯一性)。不具备此前提条件的间接证据,似是而非,不具有证明的效力,不能作为定案依据。所以,公诉机关出示的这些证据不能证明被告人是飞将公司的员工。

(二)公诉机关所提供的证据不能证明飞将公司出资设立了涉案企业,也没有证据证明飞将公司将自己的资金交给被告人成立企业

本案涉及的企业有平洲飞将鞋材厂、铨达公司、和欣公司、广州东达商行。这四家企业没有一家的工商登记资料显示其与飞将公司有联系。

公诉机关认为飞将公司有出资成立这些企业,就应当出示飞将公司成立这些企业的出资数额、出资方式、验资证明、批准文件或者相关的协议、章程等证据。

1. 公诉机关出示的证据不能证明平洲飞将鞋材厂是由飞将公司出资设立的。

(1)陈某球的证言前后矛盾,不具有可信性。

2007年12月11日,平洲飞将鞋材厂的挂名人陈某球与飞将公司签订(2006)佛中法民四初字第72-3号民事调解书时,曾经表示过是飞将公司设立平洲飞将鞋材厂。但因该份调解书存在程序违法、内容违法的情况,已经被省高级人民法院裁定指令再审。至今,该案仍在审理之中。

除调解外,陈某球在之前之后所作的证言里都没有认为飞将公司设立平洲飞将鞋材厂,相反一直坚持认为:他的身份证是借给程某城,为程某城挂名设立平洲飞将鞋材厂的。

陈某球在2009年7月16日的笔录(第6页第3~4行)称:他原来没有听说过(飞将公司),直到将程某某、程某城和飞将打官司才知道有这样的一家公司。2008年3月11日陈某球在平洲派出所调查

周某涉嫌非法处置查封财产罪时所作的笔录第2页称:是程某城来他们村投资办厂,用他的身份证帮程某城申请营业执照。说他只知道这厂一直都是程某城在负责,具体谁是老板他不清楚。到2004年他听说程某城不是飞将厂的老板,真的老板是他的舅舅。

从调解书的内容亦可以很明显看出:飞将公司是在用金钱收买陈某球证言。它不但放弃要求陈某球赔偿损失的诉讼请求,反而在被告陈某球没有反诉的情况下给被告陈某球5万元人民币。所以,陈某球此次调解中证明飞将公司设立平洲飞将鞋材厂的证言,因存在巨大的利益交换,显然不真实,甚至违法,不具证明效力。

(2)公诉机关出示的海关资料和证人证言,不能证实平洲飞将鞋材厂的权属问题。

其一,公诉机关出示的海关资料,只能作为进出海关货物名称、数量、应税情况的证明,不能证明这些货物的最终所有权人,更不能证明进口这些货物的平洲飞将鞋材厂企业所有权及企业出资情况。

其二,作为非企业法定代表人、非企业法定代表人挂名人的自然人,也即是局外人的所谓证人,有什么资格,又有什么权力来证明他人企业所有权的归属?如果能证明,企业注册登记的法律法规还有何用?注册登记的行政部门还有何用?

以上所述至少表明:①平洲飞将鞋材厂是独立的企业,其产权归属问题尚在争议之中,在最终判决未出来前,谁也无权确认该厂归属。②陈某球有利于飞将公司的证言从不具有可信性。③飞将公司与被告人程某某、程某城涉及平洲飞将鞋材的纠纷属于民事纠纷。

特别是对平洲飞将鞋材厂的权属问题,飞将公司与程某城至今仍在诉讼过程之中,公诉机关在民事审判未有最终结论之前,无权取代审判机关断定权利归属。

2. 本案中,铨达公司、和欣公司、东达商行的出资人和实际所有者、经营者毫无争议地应当是被告人程某某。

这些企业的挂名人和开办经手人都无一例外地承认老板是被告人程某某。而且,开办的经费都是程某某支付的。

(1)铨达公司是依中华人民共和国法律注册登记成立的企业,是独立的法人。该公司与飞将公司毫无法律上的联系。公诉机关凭什么混淆这两个独立民事主体?铨达公司设立时的具体经办人郑某榕证实,郑某榕受程某某指派,并由程某某出资,是用钟某洋、钟某金的身份资料开办铨达公司的。铨达公司的企业所有权当然属被告人程某某所有。

公诉机关在既没有合法有效登记资料证明,又没有经过民事审判确权的情况下,就将铨达公司说成是飞将公司设立的外资全资企业。依据何在?是哪条法律赋予了公诉机关(以及侦查机关)此种确认企业所有权的权力?

(2)和欣公司的工商登记资料显示:法人代表为梁某锋,投资者为梁某锋和梁某辉。东达商行的工商登记资料显示:商行为个体工商户,业主前为郑某榕、后为郑某炫。没有一点信息显示飞将公司对该两企业享有所有权或有部分投资。

与铨达公司一样,这两家企业也是程某某找人挂名成立的,是由程某某出资、实际所有并经营的企业。两家企业的挂名人及企业设立的经办人梁某锋、梁某辉、郑某榕、郑某炫都认为这两家企业是程某某的。道理和法理与铨达公司一样,在此不作赘述。

侦查机关、公诉机关在既无合法登记资料证明,又没有经过民事确权审判的情况下,又将和欣公司、东达商行说成飞将公司设立的全资外资企业,于事实不符,于法无据。

所以,公诉机关认定这些企业的出资人或所有人是飞将公司,毫无事实和法律依据。

令人费解的是,公诉机关没有出示过一份,哪怕是与这四家企业有一点牵强联系的出资证明资料,仅凭报案人的一面之词和逼供取得的被告人庭前供述,就否定企业注册登记等一切原始书证,且无视正在审理中的民事审判程序,强行剥夺被告人正在行使中的正当民事权利。这种以刑代民的指控方式,已经远远超越了公诉机关的限权范围!

二、指控被告人的7项职务侵占行为全部不能成立

(一)关于处理粤YG67××奥迪车的行为

公诉机关认为粤YG67××奥迪车由铨达公司购买,但却指控被告人处理汽车系侵占了飞将公司财产。飞将公司等同于铨达公司?

被告人程某某处理自己开办的企业铨达公司的汽车,完全是其依法应享有的民事权利,何罪之有?该指控完全不能成立!

(二)关于收取南村退还的厂房保证金的行为

被告人程某某与佛山市南海平洲中区南村村民小组(以下简称南村)签订厂房租赁合同,是两个独立民事主体之间的合法行为。被告人与南村都只承认对方为合同的签订主体。飞将公司在既与被告人无委托代理协议,又与南村之间没有任何书面约定的情况下,凭什么说被告人是飞将公司的代理人?凭什么否定被告人作为合同一方的主体?

飞将公司称430万元的保证金系其所出,却没有任何证据反映飞将公司有将此笔款项汇给过被告人程某某或交付给南村,也没有任何凭证反映被告人程某某或南村从飞将公司取得如此大笔资金。难道信口开河也能当作证据?

公诉机关将被告人从自己开办的铨达公司、和欣公司、安超公司(公诉机关承认该公司归被告人所有)、东达商行等企业支出的现金证明单、收款收据等视为飞将公司的出款单据，显然是指鹿为马，故意歪曲事实。

公诉机关的逻辑：谁（如飞将公司）拿到了其他企业（如铨达公司等）的支出证明单、收款收据，就认定谁是这些支出证明单、收款收据的款项给付者、所有者。

这显然很荒唐。不但无法律依据，且有违常识。

很多企业在注销，或歇业时，或因其他原因，往往有大量的支出证明单、收款收据遗留或散落到其他地方，是否拾到者均可向款项的支取者（或收取者）主张权利？若如此，窃贼也可以变成失主，因为其一旦盗窃得逞，即可主张权利。

被告人用自己开办的企业的款项作为保证金交给南村，南村退还部分保证金给被告人，双方都无异议，飞将公司有何权利来主张退还的此笔保证金属于它所有？

被告人收取保证金是合法的民事行为，何谈涉嫌职务侵占？

（三）关于被告人收取江苏森达集团公司货款的行为

被告人收取江苏森达集团公司的货款，完全是其正当合法经营行为。和欣公司、东达商行销售货物给江苏森达集团公司，若该两企业实际所有人即被告人无权收款，谁有权收款？被告人的行为根本不涉及侵占他人财物问题。此项指控，根本不能成立。

（四）关于被告人收取高要市中杰鞋业有限公司（以下简称中杰公司）东莞市兴昂国际有限公司（以下简称兴昂公司）货款的行为

起诉书指控：2004 年 9 月始，被告人程某某伙同程某城利用职务上的便利，未经飞将公司的授权，私自以平洲飞将鞋材厂的名义书面通知客户高要市中杰鞋业有限公司，要求其将飞将公司应收的货款 1,013,492.94 美元汇到程某某所有的 WEALTH TAKEN CO.，LTD 和关联客户 SURE－VOVERSEAS LIMITED 的账户内，并将货款占为己有。2004年10月至2008年4月,被告人程某某以上述方法收取客户广东东莞市兴昂国际有限公司的货款1,199,064美元后占为己有。

且不说时间上的问题(2004年9月底被告人与飞将公司合作破裂,双方发生多宗诉讼案件),单从这两段指控的内容来看,被告人就不构成任何犯罪。

为方便理解,姑且将飞将公司称作甲,将平洲飞将鞋材厂称作乙。

那么,如按公诉人的逻辑,以乙的名义发出通知,居然要甲的授权。即一个独立的民事主体以自己的名义而为的民事行为,居然要另一个独立的民事主体来授权,否则就构成犯罪。在我国法律上没有这样的规定,全世界的法律也没有这样的规定。退一步讲,即使这些货款是甲所有,那么,在乙没有以甲的名义通知他人汇款,而是以乙自己的名义通知他人汇款而成功的情况下,甲也只能通过民事途径找汇款人(买受人)追收,而无权向乙(或收款账户户主)主张。

很显然,平洲飞将鞋材厂以自己的名义发出通知,要求客户将其应收货款汇到某个账号,无须他人授权。这是企业自主经营依法应享有的权利,也是合法的行为。

所以,被告人程某某开办的公司作为账户户主,即使有收款事实,也无须对此承担任何法律责任。更别说账户户主是被告人的关联客户了。

在法庭上,针对辩护人和审判长关于依《刑法》第271条的规定,提出要公诉人明确本案中"本单位"是指谁的问题。公诉人反复思量后明确表示"本单位"是指大陆的企业,即铨达公司、和欣公司、东达商行、平洲飞将鞋材厂。也就是说,飞将公司不在"本单位"之列。而依起诉书指控,被告人侵占的中杰公司、兴昂公司的货款为飞将公司应收的货款。那么,既然被告人账户上收取的是非“本单位”的货款,又如何能构成职务侵占罪?

公诉机关依据海关资料认为货款是飞将公司的,此说法不能成立。海关的资料,不能证明香港飞将公司对出口到内地的机器、设备、原材料仍享有所有权。亦不能证明原材料进入进口企业平洲飞将鞋材厂以后被加工成了哪些成品,更不能证明这些成品被平洲飞将鞋材厂卖出以后货款的所有权仍归香港飞将公司。公诉机关认为香港飞将公司将机器、设备、原材料等货物出口到平洲飞将鞋材厂后,平洲飞将鞋材厂的企业所有权就是飞将公司的,平洲飞将鞋材厂对货物(及用原材料生产出的产品)的所有权也是飞将公司的。这是将销售等同于出资,将债权等同于所有权,显然错误。另,公诉机关将香港飞将公司等同于飞将公司,亦属错误。

公诉机关以海关没有查处平洲飞将鞋材厂的内销货物,就认为平洲飞将鞋材厂销给中杰公司、兴昂公司的产品所有权、货款收取权归香港飞将公司,实属缺乏逻辑。因为平洲飞将鞋材厂并非只与一家外资公司(香港飞将公司)合作,也不只做香港飞将公司的几单生意,它与其他企业亦有合作。海关的未查处恰恰印证了被告人的法庭陈述:平洲飞将鞋材厂也为大陆的企业(如和欣公司)加工产品并销售。海关只要你进出平衡,就进行税务核销,不会一一对应地跟踪(也无法跟踪)货物、产品。

(五)被告人转让东达商行 A46 铺位所得转让费为其合法所得

东达商行是程某某委托郑某榕、郑某炫,并以郑某榕、郑某炫的名义承租铺位,设立的个体工商户性质企业。无论是从工商登记,还是郑某榕、郑某炫的证言,均证实东达商行的实际出资人、所有人、经营人即老板是程某某。

公诉机关仅以不了解实情的证人证言和飞将公司提供的一些东

达商行的财务单据就认为东达商行是飞将公司设立的全资外资企业,毫无法律依据(即使某人能提供某企业的全部财务单据,亦不能证明该人拥有某企业)。

诚如铨达公司一样,侦查机关、公诉机关无权更改、认定东达商行的性质、投资者、所有者。因为侦查机关和公诉机关无此权力。在此不赘述。

东达商行的铺位租赁关系是纯粹的民事法律关系,承租方郑某榕、郑某炫承认实际租赁人是被告人程某某,则转让铺位所得的转让费(实为顶手费)就是被告人应得的合法收益。

飞将公司曾在广州市越秀区法院起诉郑某榕、郑某炫,后又撤诉,放弃诉讼请求。这至少说明飞将公司亦无法否认这属于民事范畴法律关系,更无法否认其因无权主张而撤诉的事实。侦查机关、公诉机关将之定性为刑事案件,实属定性错误。

(六)起诉书第7项指控被告人通知他人将信用证的款项改付到自己公司账户完全是子虚乌有、无法实现的事情

国际贸易中信用证分可撤销和不可撤销两种,绝大部分为不可撤销的。信用证是不可以改付的。

如果印度联合鞋业有限公司(以下简称联合公司)出具信用证给飞将公司,飞将公司又按订单出货给联合公司,则飞将公司可以凭出货提单、信用证到议付行议付,收取款项。若单、证符合,收不到款项则可以直接向议付行主张。请法庭注意,本案中只看到信用证的复印件,没有看到飞将公司履行订单的出货提单。飞将公司没有履行订单义务,它有什么权利主张货款?

昱信欣业有限公司若收到同样金额的联合公司的信用证,并已议付成功,只能说明昱信欣业有限公司出货提单与联合公司信用证议条件相符,成功议付收款。

一个企业因没有履行订单义务、未收到货款,却向另一个履行了订单义务并收取货款的企业进行主张,这毫无法律依据。

公诉机关有什么依据认为被告人向昱信欣业有限公司收取的货款就是飞将公司应收的货款?公诉机关又有什么理由相信信用证可以改付?哪条法律、哪个国际条约对信用证有这样的规定?

该项指控,不但无法律依据,且有违常识、常理,根本不能成立。

三、本案须提请法庭予以充分注意的其他几个问题

(一)报案人陈述的损失标的、数额及被侵占财物主体(《刑法》第271条的"本单位")问题

飞将公司及其代理人李某重、石某卿先后六次报案、六次陈述的损失标的完全不同、数额相差悬殊。

1. 2008年4月12日,飞将公司给南海区公安局的报案书第4页第2行称"程某某、程某城公然侵占飞将公司的资产达四千多万元人民币"。

此处"本单位"是飞将公司,侵占标的是资产,数额是4000多万元人民币。

2. 2008年11月4日,石某卿在南海区平洲派出所的笔录第3页第2~6行称"飞将实业公司属下的佛山市南海区平洲飞将鞋材厂程某某、程某城利用职务上的便利将南海区平洲飞将鞋材厂的资产非法占有,当中包括机械设备、原材料、应收款等项目共计人民币2000多万元"。

此处"本单位"是平洲飞将鞋材厂,侵占的标的是机械设备、原材料、应收款等,数额是人民币2000多万元。

3. 2008年11月12日,李某重在平洲派出所的笔录称:"平洲飞将鞋材厂的流动资金是180多万元(第3页第9行)";"平洲飞将鞋材厂的机械设备我们共花了人民币2,341,604.61元购买(第5页倒

数第4行)”;第6页提到程某某、程某城“走时还带走了现金人民币462,434.24元和该厂(平洲飞将鞋材厂)银行存款人民币928,411.85元”,“把平洲飞将鞋材厂搬走后还把该厂的部分货款收走”,“把我们工厂的原材料也搬走,这原材料主要是有人民币1300多万元的皮料”。而第7页第4行李某重称“每年这家工厂都亏损”。

此处“本单位”是平洲飞将鞋材厂,侵占标的是机械设备180多万元,现金及存款1,390,846.09元,皮料1300多万元,货款部分没有提供数额(姑且按侦查机关提供的数据,即1,013,492.94美元及1,199,064美元,按1美元兑6.8元人民币换算后为人民币15,045,387.19元),总数额超过3000多万元人民币。

另2008年9月,飞将公司起诉称被告人程某某、程某城、陈某球,要求他们返还飞将鞋材厂财物共人民币21,197,542.5元。

以上陈述、诉讼请求标的均在程某某未被拘押之前报称,与起诉书指控的侵占标的差别极大、数额也悬殊。

4. 2009年5月31日,石某卿在广州市公安局经济犯罪侦查支队所作报案笔录称:“程某某、程某城及大陆的潮安人郑某榕、郑某炫利用职务之便侵占公司(飞将公司)资产,侵占数额大约6500多万元”(第1页倒数4~2行)。

此处“本单位”为飞将公司,侵占标的为含南海平南华隆鞋材厂在内的五家企业,数额为6500多万元。

5. 2009年6月1日,李某重在平洲刑警中队笔录称“截至2004年8月底,飞将公司对和欣等公司失去控制时,程某某侵占的办公场所及相关物品价值约143,650元,现金116,113.2元,未卖出的货物价值约26,353,968.15元”,“还有东达商行转让的费用约有400万元”。

此处“本单位”为和欣公司、东达商行,标的为人民币3060多万元。

该次笔录还请法庭特别注意的内容有：

第2页倒数第2行开始："成立铨达公司在20世纪90年代末"（与实际不符，实际为2001年），"当时成立公司要的钱并不多，有一些是向朋友和客户借的"（注意无具体人物和数额）。

6. 2009年9月29日，李某重在平洲刑警中队的笔录称被侵占的财产为粤YG6788奥迪A6轿车、和欣公司库存鞋材2000多万元和欣公司的资金固定资产、东达商行档口转让费300万元和厂房保证金30万元，还有平洲飞将鞋材厂的实体和其所有的财物。

此处"本单位"为李某重（或飞将公司），侵占标的为两个企业的实体（资金、固定资产）、原料、转让费、保证金、奥迪车共2300多万元。

此次笔录须注意第3页第2~4行，李某重承认被告人程某某不单从香港特区进货，有时也在内地购买货物，双方之间进出口贸易、合作性质很明显。

第14~17行"问：飞将公司和程某某进行民事官司时有否针对和欣及其货物进行诉讼？答：也没有特别针对，那是在报案之前的事了，那时就是没有特别充分的材料证明和欣公司同飞将公司的关系。"

该段文字表明在报案之后，才在侦查人员的帮助下取得证明和欣公司同飞将公司关系的材料。该处亦表明公安机关立本宗刑事案件是先做结论、后找证据，其立案时尚无证据。

请法庭注意：这次报案的时间是在被告人被拘押4个多月后，所谓的刑事侦查已近尾声。因前五次报案的侵占标的、数额出入太大，漏洞过于明显，为能达到追究被告人所谓职务侵占罪的目的，印证侦查机关侦查的内容，才在快结案时，再来次报案。报案及侦查的正当性让人疑惑。

从以上六次报案资料及笔录中至少可以看出以下问题：

(1)受害单位(本单位)反复变换,不能确定到底谁是受害单位(谁是本单位)。(2)报案人对所谓被侵占的财物不但标的不清,数额更悬殊。连被害人自己对被侵占了什么财物、侵占了多少财物(哪怕是大概,总得有个准)都无法说清楚的案件,侦查机关、公诉机关却能言之凿凿、替其说清,依据何在?(3)报案人陈述的标的、数额都是随口乱说的,根本未提供相应证据支持,居然也能刑事立案,令人匪夷所思!

(二)侦查程序中的违法性问题

1. 被告人提出存在刑讯逼供,公诉机关未能证明刑讯逼供不存在,而司法鉴定已经证明被刑讯的伤势属实。所以,法庭在未排除刑讯逼供存在的情况下,对被告人的庭前供述不应作有效证据使用。

2. 侦查机关和报案人对被告人进行诱供、骗供。前面已作论述,此处只作归类和提醒。

3. “退赃”问题。

本案尚未依法审判,侦查机关即办理所谓的退赃手续。这表明侦查机关完全是在有罪推定的原则下办案,违反法律规定。

被告人庭上陈述,所谓的“退赃说明”“委托书”“悔过书”均是办案人员事先拟好,要求被告人抄写的。结合落款日期、所用纸张以及被告人被拘押之前的真实意思和被告人被刑讯的事实,被告人的陈述有依据。

庭审中公诉机关明确“飞将公司”不是“本案被害单位”,所以这些退给“飞将公司”的所谓赃款、赃物,飞将公司无权收取。故请法庭依法责令侦查机关将款、物收回,交给法院依法处理。

(三)公诉机关所提供证据真实性、合法性的问题

1. 被告人的庭前供述不真实。

理由如下:被告人多次提出侦查人员对其刑讯逼供,法庭委托的

伤情鉴定与被告人反映一致。从公诉机关的案卷材料也反映出报案人李某重参与诱供、骗供,案卷中被告人供述笔录记载多达3次违法的外提审讯。被告人的庭前供述与其处于人身自由环境下、在民事诉讼过程中所表达的意思完全不一致。

被告人庭前供述内容是在违背自己真实的意思情况下作出的。所以属于非法取得,应予排除。

2. 证人证言。

本案多达几十个证人,证言相当之多。但真正能对案件有实质证明作用的只有郑某榕、郑某炫、梁某锋和梁某辉的证言。因为他们或是涉案企业的法定代表人,或是设立企业时的经办人。其他人(陈某球的已论述过,此处不重复)的证言要么是道听途说、要么是自己的主观猜测,无法起到证明作用。

3. 所谓被害人的陈述。

除了陈述的不真实、相互矛盾之外,结合其他证据,却反衬出被告人在法庭上供述的真实性。例如,是劳动关系还是合作关系,涉案企业是谁出资设立的,等等。其他不一一列举。

4. 书证。

(1)公诉人出示很多书证,其中财务资料既零散也不完整,既凌乱又无秩序,且核实原件与复印件一致的主体是飞将公司,盖的章也是飞将公司印章。

公诉机关既无法证实原件是否存在,更无法证明原件取得方式途径是否合法。既未出示我国台湾地区公证机关对于证据的公证,又无海基会、海协会的确认。显然不具备真实性、合法性。

(2)公诉机关出具的审计报告系飞将公司单方委托所作,不具证明效力。这也是一份违法的报告。报告的出具者所依据的基本资料不属实、不合法。如一开始即认定平洲飞将鞋材厂为飞将公司的合资子公司。注册登记、批准的资料何在?

(3)公诉机关出示照片、会议记录、廖某荣做中间人的协议、程某城的悔过书。这些证据恰恰证明被告人与飞将公司的所属关系。

照片、会议记录不能反映所有权归属问题,也无法反映人身隶属关系。因为生意上的合作,双方开会、拍照、作记录符合常理。相反,若同一单位内部开会还拍照,就显得不那么合情合理了。作为合作双方,开会作记录更有必要。

廖某荣作为中间人所促成的协议,明确记载利润的分配,表明被告人与飞将公司之间具有真实的合作关系,而非雇佣或劳动关系。

程某城的悔过书并无内容表明平洲飞将鞋材厂的产权归属问题,只是说自己赶走长辈不礼貌,有自责之意,为修复合作关系所作的自省文书。

综上所述,被告人没有侵占他人的财产,起诉书的各项指控均不能成立,被告人无罪!

北京市京都律师事务所律师　田文昌

广东千度律师事务所律师　汪新明

二〇一〇年八月三十一日

辩护词(第二轮法庭辩论)

一、公诉机关关于被告人程某某犯职务侵占罪的指控,对象不清,证据混乱

依据《刑法》第271条的规定,职务侵占罪是指公司、企业或者其他单位的人员,利用职务上的便利,将本单位财物非法占为己有,数额较大的行为。本案中,从起诉书及公诉机关出示的证据来看,看不

出“本单位”到底是哪个单位,反映不出被告人侵犯的是哪个单位的财物。公诉机关既有将“本单位”指向中国大陆企业(如平洲飞将鞋材厂、铨达公司、和欣公司、广州东达商行)的意思,又有将“本单位”定为飞将公司的意思。无论是公诉机关想要表达的侵占对象,还是出示的证据所要指控被告人侵害的对象,均模棱两可,无明确具体指向。既想指控被告人侵占了财产,又说不清楚到底侵占了谁的财产,搞不清侵占事实是否存在,甚至在法庭辩论过程中,公诉人仍然没有弄清楚侵占的对象究竟是哪个公司,足见其指控的基础是何等的薄弱。

二、本案中无任何直接证据证明被告人程某某系飞将公司的员工

公诉机关指控被告人程某某系飞将公司的员工,但没有证据证明被告人与飞将公司签订过劳动合同或雇佣合同。公诉机关出示的劳保资料、扣税证明、报销单据、开会记录、证人证言等证据,仅能表明被告人与飞将公司之间有某种关系或某种联系,完全不能证明被告人与飞将公司之间的身份关系。因存在某种关系或某种联系,就断定他们之间存在雇佣关系,是极其不负责任的。恰恰相反,被告人与飞将公司之间的合作关系,在本案证据中随处可见,不但充分,而且非常肯定地证明了这是合作关系而不是隶属关系。

既然是合作关系而非隶属关系,就不存在被告人侵占飞将公司财产的问题。

值得注意的是,飞将公司是在我国台湾地区注册的企业,被告人程某某也是我国台湾地区人士,两者因身份关系发生的纠纷,理应由我国台湾地区的司法机关依据我国台湾地区相关规定进行处理,而飞将公司却舍近求远,来大陆进行指控,要求大陆的司法机关按大陆的法律来处理两个台湾地区主体之间发生的涉及身份问题的纠纷。

岂不是咄咄怪事!

在无任何直接证据证明飞将公司与被告人之间存在劳动关系或雇佣关系的情况下,大陆的司法机关又如何能调查清楚我国台湾地区企业和员工之间的人身关系?且不说是否有这个权限,大陆的司法机关何以亲自去查清楚?难道仅凭两个我国台湾地区人士出具证言称被告是飞将公司的员工,就可以认定这种关系吗?那么,如果相反,又有几个我国台湾地区人士出具证言称飞将公司属于被告所有,又应当如何认定?

本案作为我国台湾地区企业与其员工之间发生的纠纷,大陆司法机关本不应当涉足其中,更不能让某些人利用大陆司法机关介入案件来达到不正当或非法的目的。否则势必会给两岸关系的正常发展造成损害。据闻,我国台湾地区当局对此已有所反映。辩护人提请法庭对此给予充分重视。

三、公诉机关指控被告人利用职务之便侵占大陆企业财产的前提不存在

本案所涉及的被告人所经营的大陆的几个企业,无论是从其合法的工商登记资料,还是从实际的投资、出资情况来看,均无一涉及飞将公司。谁投资,谁受益,谁就拥有企业的所有权。这是不可改变的民法的基本原则。从铨达公司、和欣公司、东达商行到平洲飞将鞋材厂,飞将公司投资了哪家企业?出资了多少?出资证明在哪儿?至今没有任何有效证据可以证明。相反地,却有大量证据一致充分地表明,被告程某某才是这些公司的实际投资人。公诉机关在没有搞清楚企业所有权、没有明确企业财产关系之前,凭什么指控被告人侵占了他人的财产?依据何在?

四、本案侦查程序不合法

本案中,被告人与飞将公司的民事诉讼案件尚在进行当中,公安机关居然能以职务侵占罪对诉讼过程中一方当事人进行立案侦查并逮捕关押,以强制手段逼迫其放弃自己的民事权利,这种做法严重侵犯了民事诉讼中当事人的诉讼权利,不但违反了公安部多次强调严禁公安机关非法越权插手经济纠纷的禁令,更是在公然干扰人民法院的正常审判活动,使法院的审判归于无效。这是严重践踏法律的行为! 辩护人对此表示极大的愤慨!

五、本案中被告人的庭前供述属非法言词证据,应当予以排除,不能作为定案依据

本案中,被告人提出在侦查过程中存在刑讯逼供问题,法庭对被告人损伤的鉴定调查印证了被告人的说法属实。

公诉机关仅凭部分的、片段的审讯录像,就认为不存在刑讯逼供,显然不能起到任何的证明作用。要提供审讯录像,就得依规定提供全程、同步审讯录像。否则,不能证明不存在刑讯逼供。

相反地,不仅有法院委托进行的伤情鉴定可以证明暴力审讯的事实,公诉机关提供给法院的材料显示,侦查人员多次对被告人进行监所外提审讯问,这种不容置疑的违法提讯进一步印证了非法取证的事实。

值得注意的是,在本案中,唯一能反映被告人有侵占故意的证据,就是被告人的庭前供述,而恰恰就是这种供述既不合法也不真实。依照“两院三部”颁布实施的证据规则,无可争议地应当予以排除,不能作为本案定案的依据。

综上所述,公诉机关指控被告人犯职务侵占罪事实不清,证据不足。相反地,有证据证明被告人处理的是自己的财产,其行为属民法上行使自己应享有的权利,没有损害他人权益。

所以,本案不仅是指控被告有罪证据不足,而且是证明被告无罪证据充分!

在此,辩护人提请法庭注意以下情况:当前,全国范围内存在一种民事纠纷刑事化的不良倾向,具体表现为,一些民事纠纷的主体为了实现其不正当的利益诉求,绕开或者超越民事诉讼程序,以虚假报案方式将民事纠纷刑事化,欺骗并利用司法机关帮助其谋取不正当的经济利益。这种现象具有很大的社会危害性,不仅扰乱了经济秩序,破坏了司法公正,而且也腐蚀了司法机关,损害了司法机关的形象。如果任由势态发展,必将引发群起而效之的恶果,势必使国家的法治环境遭到破坏!这是很严肃的问题,希望法庭予以高度重视!

北京市京都律师事务所律师　田文昌

二〇一〇年八月三十一日

审理结果

一审判决程某某无罪;二审法院维持了一审判决。

涂某被控职务侵占罪案

案情简介

涂某原为德国美沙集团有限公司北京代表处负责人霍某的私人秘书。2005年,霍某决定以德国REC公司的名义、委托京华房地产有限公司代购四合院。涂某负责协助跟进有关交易手续,并为霍某保管所需购房资金和其他项目资金。

自2005年12月至2006年5月,德国REC公司先后与京华房地产有限公司签订三份房产代购协议,购买北京市东城区东四四条62号院、西城区簸箩仓胡同11号院和西城区西海西沿8号院,并与北京世纪鸿远置业顾问有限公司签订两份《住户腾退、安置和补偿代理协议》,委托后者负责该三处四合院搬迁事宜。后京华房地产有限公司收到德国REC公司支付的三处购房款计2150万元。德国REC公司另支付940万元拆迁补偿费至涂某指定账户(包括为霍某保管资金账户)。

在上述交易期间,霍某与涂某的丈夫李某曾共同投资其他项目,霍某曾将自己由涂某保管的资金转给李某作为投资资金使用。后霍某和李某结束合作,双方形成书面协议,对彼此的债权债务做一次性了结,李某认为该协议内容包括妻子涂某与霍某的债权债务关系。霍某不承认该协议的真实性,并认为与北京世纪鸿远置业顾问有限公司签订的两份协议也为虚假协议,按该两份协议支付的 940 万元已被涂某私自占有。涂某称自己未制作假协议,而是应霍某要求使用快递公司送来的协议交由霍某确认、签署。

霍某因此向公安机关报案。2010 年 6 月,北京市西城区人民检察院以涉嫌职务侵占罪对被告人涂某提起公诉,指控涂某在担任霍某私人秘书期间,接受霍某的委托,在为其购买上述四合院过程中,伪造《住户腾退、安置和补偿代理协议》,将德国 REC 公司为此交纳的所谓住户腾退、安置补偿费用 920 万元据为己有(另 20 万元未占有)。

辩护思路

指控职务侵占罪,首先要明确被告人的身份,而关于被告人的身份、职责的说法含混不清,是本案指控出现的一个突出问题。辩护人抓住这一点,提出要辨明被告人劳动合同关系中的身份和协助公司购房时的身份,同时通过对举报人与两家公司的法律关系的分析,指出起诉的自相矛盾之处,强调指控被告人主体身份不明,职务便利便无从谈起。

本案的另一特点体现在证据上。辩方发现控方在证据上有两个突出弱点:重要指控证据补偿协议无原件且复印件来源不清;关于 920 万元被挪用款的计算依据不足,对此控方在庭审中未能作出合理解释。

在诉讼中,控、辩双方都提交了新的证据材料,并提请证人出庭,使案件审理一再延期。辩方经过努力,先后调取包括《备忘录》《确认函》《批准书》在内的90余份书证、证言,提交80余份,并提出鉴定申请。辩方有7名证人出庭作证,控方则有2名。如此多的新证据和出庭证人,在刑事诉讼案件中并不常见。在本案证据上,辩方获得明显优势。最终,公诉方提出撤诉,已在意料之中。

辩护词(一审)

审判长、陪审员:

北京市京都律师事务所田文昌律师、王九川律师接受被告人涂某亲属的委托,担任其辩护人。庭前,我们曾多次查阅、研究本案卷宗,会见被告人,并调查取得大量证据材料,在三次法庭审理中,我们对本案事实和全部证据作出进一步的了解。根据上述工作,辩护人认为,本案的指控事实不能成立,被告人涂某的行为不构成职务侵占罪。

一、被告人涂某不具有实施职务侵占的职务便利

(一)涂某不具备占有购房补偿款的职务便利

关于涂某的身份、职责,法庭调查已经查明三个方面的事实:

1. 涂某的职务为霍某的私人秘书,负责协助处理霍某的部分工作及个人事务;

2. 涂某的人事档案在外企服务公司,名义上的劳动合同关系在德国美沙集团驻北京代表处(为霍某个人的公司),事实上她并不在该单位上班,而是跟随霍某处理他交办的有关事务;

3. 关于62号院、11号院和8号院的购买,是以德国REC公司的名义进行的,涂某受霍某的委托协助办理有关购房的手续,这是她作为霍某的私人秘书工作的一部分。

所谓职务侵占,行为人必须有单位上的"职务",行为人须利用其职务便利。这里涉及两个单位:德国美沙集团驻北京代表处和德国REC公司。

就职务侵占罪要求的"公司、企业或者其他单位"来看,涂某在名义上是德国美沙集团驻北京代表处的员工,但并没有实际职务、职责,其工作职责并不来自该单位指派,而是受霍某个人委托,直接对霍某个人负责。本案中购买四合院的并不是德国美沙集团驻北京代表处,而是REC公司,而被告人涂某在REC公司没有任何职务,不具备占有REC公司购房补偿款的职务便利。

(二)指控涂某涉嫌职务侵占的职务身份事实不清

《起诉书》中关于被告人主体身份的事实认定只有这样一句:"被告人涂某于2005年12月至2007年12月在德国美沙集团有限公司北京代表处担任公司执行总裁霍某的私人秘书期间,接受霍某的委托,为其在北京购置四合院房产。"但在定性上,《起诉书》认为"涂某利用职务上的便利,将本单位财物非法占为己有",这种说法自相矛盾。

在事实认定上,《起诉书》中已经明确涂某为"霍某的私人秘书",且参与购买四合院的行为也是受霍某个人委托。那么,这个能够产生职务便利的"公司、企业"或"其他单位"是哪一个?如果侵占的资金属于霍某,那与职务侵占有何关系?

归纳公诉人在法庭上的意见,包含这样的逻辑:德国美沙集团驻北京代表处和德国REC公司有"关系",霍某为德国美沙集团驻北京代表处的唯一股东、负责人,同时以德国REC公司名义办理购买四合院的手续,所以涂某受霍某委托办理购房手续的行为即属于为德国REC公司工作的职务行为。

需要明确的是,德国美沙集团驻北京代表处和德国REC公司是完全独立的两家企业。没有证据表明,他们之间有股权上的关联关系。即使有,也不能因此将一家公司的员工视为另一家公司的员工,将两家公司的职务、职责混同,这是常识。

涂某参与购买四合院的行为,包括本案中签订有关购买四合院的文件、支付相关款项,都是基于霍某对她的授权。本案相关书证等证据已经证实,德国 REC 公司也没有给涂某办理购买四合院手续的授权,她和这家公司的关系,不过是基于协助霍某办理有关购房手续时而进行的一些通信联络,这些当然不能被视为她在德国 REC 公司拥有职务。

需要明确的是,涂某作为私人秘书协助处理霍某参与购买四合院的行为,是霍某的个人授权,并不能导致她的职务身份发生变化。私人秘书与公司职员、个人授权行为和公司职务行为、公司关联关系同公司员工职责关系,有严格的界限,对此必须有明确的认识。在法庭调查和辩论中,公诉人一直没有说清楚这些问题,更没有对《起诉书》的自相矛盾的指控作出合理解释。因此,仅就主体身份这一点看,被告人涂某就不具有利用职务便利实施犯罪的条件,指控罪名不能成立。

二、涂某不具有职务侵占的主观故意

首先,涂某在办理购买四合院的过程中,从信函往来到账户转款,都是公开进行(其中涉案补偿款经过杨某账户)的。

其次,从权限、责任看,她本人对于补偿款的真实来源、真实用途没有过问的义务,她只是协助老板办理相关手续的秘书,对资金的性质没有过问的必要,只当作霍某让她保管的钱,对这些资金的处理,只要霍某的同意、认可。

最后,就三个四合院的补偿款协议的签订来说,她本人没有决定权,只有协助办理相关手续的责任。

所以,这些事实都与认定她具有职务侵占的动机和目的相矛盾。

从本案的相关证据来看,也没有能够证明她在主观方面具有侵占的主观故意。

三、被告人涂某没有实际占有该920万元

(一)有关补偿协议的来源事实没有查清

关于三个四合院的两份补偿协议和收据,公诉人认为系被告人伪造,伪造是实施侵占的主要手段。但是,公诉人也表示,没有发现所谓伪造协议、收据的原件和协议上伪造的公章原件。关于补偿协议和收据的来源,霍某和涂某的说法相互矛盾,且缺乏旁证。在真实性、合法性不能得到证实的情况下,这些非原件证据不能作为定案的依据。

对比霍某的书面证言和法庭作证的内容,可以发现他曾明确向涂某表示同意签订这两份补偿协议,由德国汇出920多万元补偿款,并亲自在其中一份协议上签字——霍某在书证中和涂某的说法基本一致(除协议来源外)。而在法庭上,霍某表示当时同意协议内容是被被告人所欺骗,不承认签字一事。但至少霍某没有否认被告人转款得到他批准的事实。

霍某自己在法庭上也承认,被告人没有决定选择交易对象的权力,他亲自参与谈判、选择交易对象,包括购买四合院,给被告人的授权也只是办理有关手续。那么,在没有见到补偿协议另一方的情况下,便同意签订涉及近千万元金额的补偿协议,这种说法自相矛盾。而本案中伪造的两份补偿协议和收据正是来自这位举报人。由此来看,所谓被告人提供伪造的两份补偿协议和收据的说法不可信,而提供这些复印件的这位举报人非常可疑。

(二)关于920万元款项的来源、流转方向事实不清

本案证据中,有涉及涂某、霍某、杨某、李某等多人在多家国内外

银行的众多账户，其中不仅有购买四合院的资金包括补偿款，也有他们个人的资金和涉及其他公司事务的资金。这里既包含有关购买四合院的资金的债权债务关系，也包括霍某、李某之间复杂的个人债权债务关系，还包括相关公司之间的债权债务关系。如果做一个比喻，这些账户上大量的资金流转是一锅“乱炖”，仅从这些书证里不能理出真实的债权债务关系。

公诉人在没有查明上述相关事实的情况下，选用其中若干次资金流转记录，采用了简单的加减计算的方法，计算出920万元，即认为是被侵占的款项，这种思路是错误的。仅就杨某的涉案账户来看，剩余款项也并不是20万元，而是28万元，那么指控的920万元就是错误的，至少应改为912万元。公诉人对此并没有作出合理解释。这不单是一个几万元的差距问题，而是对证据的使用标准、对事实的认定方法的问题。从本案来看，类似的问题很多，这些导致了对被告人行为事实的错误认定。

（三）关于920万元事项得到霍某确认的事实已得到充分证明

关于920万元的形成，因为涉及上述账户资金的复杂的流转过程，涉及多个公司、个人之间的关系，甚至被告人涂某和证人霍某、杨某、李某都表示无法一笔笔说清，公诉人也认同这一事实。但有一点事实是明确的，即霍某与涂某就双方之间彼此多年的合作涉及的债权债务关系做一次了结，达成协议。其中李某也代妻子涂某就920万元一事与霍某作出了结，霍某以《备忘录》和《确认函》的书面手续给予确认。

对于本案争议事实，如果从财务角度难以得到确认，举报一方和被告人一方存在矛盾的说法，那么，可将这些证据排除，而有关原始书证就成为判断的关键。辩护人曾在法庭上出示81份书证、证人证言，并有8位证人出庭，其中多数证据都与该920万元已经得到霍某确认、被告人没有侵占这一事实有关。

在这些证据中,《备忘录》和《确认函》最为关键,其中霍某的签名章的真伪成为争议的焦点。大量证据足以证实:霍某拥有该签名章,他在《备忘录》和《确认函》上签章,另外,他在同意借给大禹时代公司40万欧元(包括在人民币920万元中)的《备忘录》和《批准书》上也有签章。

鉴于公诉人多次否认签名章的真实性,随后又承认签名章的存在,但又认为签名章是盗用。关于签名章的存在和霍某使用、保管的习惯,已有多位证人、书证证实,如果认为《备忘录》和《确认函》上的印章为盗用,其举证责任应在控方。

考虑到公诉意见的反复,为进一步查明事实,辩护人已请求法庭对《备忘录》、《确认函》和《批准书》上签名章的真实性进行鉴定。有关大禹时代公司李成某涉嫌挪用公款案,因涉及该40万欧元被挪用的事实,与本案有关联,需要进行鉴定,北京市人民检察院第一分院已向本辩护人调取上述相关书证,如该鉴定已经完成,请法庭向该办案单位调取,并进行质证。辩护人相信会得出公正的结论。

因此,辩护人认为,公诉人出示的大量证据不能证明被告人利用职务便利实际占有920万元补偿款,所谓侵占的事实不成立。

四、关于本案部分证据的合法性、真实性的认定

本案涉及的证据中,争议最大的有两类:一类为涂某口供、霍某证言,另一类为《备忘录》、《确认函》和《批准书》。

辩护人提出以下补充意见:

1. 涂某在侦查阶段的供述大多不真实。

如她亲笔写下的“赃款去向”(买基金、投资项目和个人消费),这些经侦查机关调查与事实不符,其中买基金和投资某项目是在2004年、2005年,而购买四合院是在2006年。

涂某讲明了这些认罪口供形成的原因:霍某在出事前,多次找到她,说国外股东追账,如果出事,让涂某帮忙扛一下;在侦查期间,杨某和侦查人员告诫她只要承认,可以协商解决。她认为,自己以秘书的身份把所有事情揽下来,既可帮助老板霍某,也不必牵扯到丈夫李某。由此,她完全配合审讯工作,甚至配合"过度"。

另外,关于涂某是否知道《确认函》一事,辩护人认为,这不是关键。事实上,她已经知道920万元已经由李某、霍某作出了结的事实;即使不知道,由于没有侵占结果,也不影响无罪这一结论。

2. 霍某的证言不可信。

其一,他在法庭上否认自己在侦查阶段的部分证言,否认与大禹时代公司有业务往来,否认认识证人储洁,否认签名章的真实性,否认补偿协议上的亲笔签字,这些说法的不真实都被大量书证、证人证言所证明。

其二,他本人也正在受到德国国内股东追究其法律责任的压力,有让被告人作"替罪羊"的重大嫌疑。

其三,他和被告人的丈夫李某有较为复杂的纠葛,在诉讼期间,仍在继续违法举报,影响案件审理。

上述言行足以证明这位证人的不诚信。如果本案举报方、关键证据提供者的证言在真实性上有严重的问题,指控事实就很难成立了。

3. 关于《确认函》的真实性。

辩护人了解到,在侦查期间,办案人员在搜查时即发现该证据,但没有提取。此后在预审期间,当时的律师多次要求提交这份证据,均被拒绝。直到2个月后,才同意接收这份证据,最终到9月底才正式收取《确认函》。当时,由涂某的母亲黄某作为涂某律师的委托人和律师一起提交《确认函》等相关证据原件,并作有笔录。所以,并非持有者在案件发生后3个月才提交。请法庭核实。

通过多次法庭调查,对上述口供、证言和书证的真实性、合法性,辩护人相信各方已经心中有数,在排除不具有合法性、真实性的被告人有罪口供和举报方证人证言后,依据大量原始书证和有关证据,辩护人相信法庭会得出公正的结论。

综上所述,辩护人认为指控被告人涂某犯有职务侵占罪事实不清、证据不足,罪名不能成立;现有证据已经证实:被告人不具有职务侵占的主体身份、不具有侵占的便利,也没有实施侵占行为和造成侵占后果。该案中的争议事实属于民事纠纷,应通过民事途径解决。对于举报人的非法举报行为,也请法庭给予关注。

请依法判决被告人涂某无罪。

谢谢。

被告人涂某辩护人:
北京市京都律师事务所律师　田文昌　王九川
二〇一〇年九月六日

审理结果

北京市西城区人民法院在立案后先后5次开庭审理此案。2011年4月,公诉机关以“事实、证据有变化”为由,申请撤诉,法院随后裁定准许撤回起诉。

郭某被控虚开增值税专用发票罪案

案情简介

2007年6月,某热电公司(金山公司)面临电厂的认证、基本建设竣工的验收等项工作,有关费用需要变通处理。为了取得国家电力部门对脱硫工程的认证,保住脱硫电价,热电公司通过增加消耗石灰石粉的数量来取得认证。为此,公司总经理被告人郭某与班子成员,在班子会上经过商量决定,通过多开石灰石粉购物发票的方法变通处理,以此来取得认证。会上决定由公司副总被告人陈某具体负责办理。此后,陈某找到四海公司总经理李某,先后从四海公司和鑫茂源公司,开具了62组增值税专用发票,价税合计620万元,税额49.1万元,入账并抵扣税款。金山公司与四海公司签订了620万元的购买石灰石粉的合同,支付给四海公司620万元。之后,金山公司又提回400万元用于工作。四海公司和鑫茂源公司分别按照税率为13%、税额27.6万元(22组)以及税率为6%、税额21.5万元(40组)缴纳了税款。

为了弥补620万元的石灰石粉合同,金山公司开具620万元增值税发票后,又于2008年10月,经被告人郭某同意,与四海公司撤销后新设立的鑫晨公司签订了608万元的石灰石粉购销合同,作为620万元合同的补充和延续。2008年7月,在有关领导的重视下,公安机关对此事进行了妥善处理:一是要求及时补缴税款和罚金580多万元;二是罚没了剩余的84.5万元;三是责令下不为例。鉴于当时620万元增值税专用发票的事情已经处理完毕,金山公司与鑫晨公司的608万元的石灰石粉合同才进行了单独结算。

公诉机关认为,金山公司在没有任何实际业务情况下,为自己虚开增值税专用发票62组,价税合计620万元,税额49.1万元,已入账并抵扣税款。四海公司在没有任何业务往来的情况下,虚开22组增值税发票,税率为13%,税额27.6万元,价税合计240万元,已入账并抵扣税款。鑫茂源公司在没有任何业务往来的情况下,虚开40组增值税发票,税率为6%,税额21.5万元,价税合计380万元,已入账并抵扣税款。被告单位金山公司及主要责任者郭某等四人在没有实际业务发生的情况下,虚开增值税专用发票,触犯了《刑法》第205条之规定,其行为构成虚开增值税专用发票罪,向人民法院提起公诉。

辩护思路

本案围绕有罪还是无罪的问题,诉辩双方分歧较大,辩护人围绕三个关键问题展开辩护。第一,是虚假交易,还是真实交易?第二,是为了骗税,还是为了业绩?第三,是立法缺陷,还是适用的误区?辩护人紧紧抓住构成本罪必须具有骗取国家税款的目的和主观故意的重点,有理有据地阐述了观点,强调认定犯罪必须坚持主客观相一致的定罪原则。本案就只有“虚开”行为,没有骗税的故意和结果,不构成虚开增值税专用发票罪。

尽管本案没有宣告无罪,但辩护意见很大程度上影响了法院的判决,最终法院没有判实刑,而是判处缓刑。

辩护词(一审)

审判长、审判员:

北京市京都律师事务所田文昌律师、金杰律师接受被告人家属的委托,担任被告人郭某的一审辩护人,为郭某涉嫌虚开增值税专用发票罪辩护。现就本案的定性问题,发表如下辩护意见,请合议庭予以采纳。

辩护人认为,公诉机关指控被告人郭某构成虚开增值税专用发票罪,缺少事实和法律依据。

一、公诉机关指控被告人郭某构成虚开增值税发票罪事实不清,证据不足

辩护人认为,有以下三个事实请法庭查清予以认定:

1. 公诉机关指控被告人郭某与公司班子成员决定虚开发票的事实不清。

金山公司班子在研究虚开发票时,按照金山公司的内部请示要求,郭某专门请示了上级公司即沈阳金山能源有限责任公司的领导。在得到上级公司领导同意后,金山公司才安排人员实施的。这说明,没有上级公司的同意,金山公司是不能自行决定此事的。公诉机关认定郭某对此承担全部责任,缺少事实和法律依据。

2. 本案曾经于2008年7月作出过处理,不应当再提起诉讼。

对于涉及本案的开发票问题,当时在阜新市政府有关领导的重视下,公安机关已经进行了妥善处理,作出三项处理:一是要求及时补缴税款和罚金58多万元;二是罚没了84.5万元;三是责令下不为例。阜新市政府有关领导在全市中层以上干部大会上也公开做了说明。鉴于当时620万元增值税专用发票的事情已经处理完了,金山公司与鑫晨公司的608万元的石灰石粉合同才进行了单独结算。但2010年3月,又重新提起此案、进入审判程序并不妥当,这一点法庭应当予以认定。

3. 金山公司和被告人郭某所开增值税发票项下事后发生了真实货物交易。

根据法庭调查和质证,金山热电公司开具620万元增值税发票后,于2008年10月,经被告人郭某同意,为了弥补620万元的石灰石粉合同,又与鑫晨公司签订了608万元的石灰石粉购销合同,这是前述620万元合同的延续,并且已经实际履行。对此,法庭调查中已经得到证实。

一是鑫晨公司是原四海公司法定代表人李某海重新设立的公司。李某海是因为原来与金山公司签订合同的四海公司名称不妥,才撤销了四海公司,重新设立了鑫晨公司,与原来的四海公司完全具有承继性和关联性。没有四海公司的注销,也没有鑫晨公司的设立。对此,李某海、苗某在法庭上供述完全一致,应当予以认定。

二是李某海设立鑫晨公司就是为了继续与金山公司履行石灰石粉合同,对此,李某海和苗某在法庭上供述也完全一致。

三是金山公司与鑫晨公司签订的608万元石灰石粉合同的目的,就是要履行620万元的合同,该合同是620万元合同的延续,并且合同已经实际履行。

四是关于608万元石灰石粉合同的履行时间,是合同双方约定的事项,法律没有限制性规定。《合同法》明确规定,签订合同和履行合同的时间,遵循当事人意思自治的原则。对此,公诉机关提供的证据中苗某证实,陈某峰答应开完发票就让我们给金山供应石灰石粉;

马某某也证实,签订620万元合同是为了以后让四海公司为金山公司供应石灰石粉。

由此可见,该石灰石粉收购合同延续履行的事实表明,该发票项下实际上后来已经发生了真实的货物交易。即在先前实施了虚开行为后,又实际履行了与该发票相关的货物交易。

二、被告人郭某主观上不具有骗取国家税款的故意和目的

被告人郭某在公司班子会上同意虚开增值税专用发票具有以下两个目的:

第一个目的是增加营业额,取得国家电力部门对脱硫工程的认证,达到购买石灰石粉的数量认证要求,保住脱硫电价。

第二个目的是提出400万元现金,用于迎来送往工作中不好处理的账目费用。

对以上两个目的,公诉机关在公诉词中也已经予以认定。除此之外,没有其他目的。

因此,从事实和证据上完全能够证明,被告人郭某在公司班子会上同意以出钱缴纳税款的方式开具增值税发票,主观目的并不是骗取国家税款。这样做完全是为了保住企业的正常运营,挽救金山公司。所以,认定被告人郭某构成虚开增值税专用发票罪,缺少构成本罪的主观要件。

三、本案客观上没有给国家造成实际税款损失

被告金山公司虚开增值税发票后,于2008年7月,在市政府有关领导的重视下进行了妥善处理,及时补交了税款和罚金,合计5,842,273.27元。由于得到了脱硫工程的认证,保住了脱硫电价,使其上缴税收增加了近千万元。因此,从实际处理的情况看,客观上不仅没有给国家造成实际税款损失,而且多缴税金千万元。

四、正确理解虚开增值税专用发票罪的基本特征,依法妥善处理好本案,有利于企业和阜新经济的发展

由于《刑法》第205条的立法表述不够明确,致使司法实践中直至理论界对该罪的犯罪构成的理解也发生一些歧义。概括起来,主要体现在对“虚开”概念的理解不同和对该罪的基本特征认识不一致。在立法不明确的情形下,这种认识的歧义具有必然性。

辩护人认为,虚开增值税专用发票和虚开用于抵扣税款发票罪的基本特征是:行为人虚开增值税专用发票的目的在于骗取国家税款,其侵害的客体是国家税收征收管理制度,其犯罪的形态是结果犯。

“虚开”罪的客体是税收征收管理制度而不可能是发票监管制度,“虚开”罪的基本特征是骗取国家税款而不可能仅仅是违规、违法地开具发票的行为本身,“虚开”罪的构成必然具有骗取国家税款的目的和结果。“虚开”罪只能是结果犯,而不可能是行为犯。在理论和实践中,确曾有人将该罪理解为行为犯。这种认识事实上形成了“以行为犯定罪,以结果犯量刑”的冲突。所以,这种认识是违背罪刑相适应的立法原则和司法原则的。

通过分析,我们可以得出如下结论:本罪的基本特征是,“以虚开增值税专用发票的手段骗取国家税款”而并非仅仅是“虚开增值税专用发票的行为本身”。正确认识本罪基本特征的意义非常重大,因为它直接关系本罪犯罪构成的具体要件。

最高人民法院于2004年11月24日至27日,在苏州召开了全国部分法院经济犯罪案件审判工作座谈会,会议形成了《全国部分法院“经济犯罪案件审判工作座谈会”综述》,在关于虚开增值税专用发票犯罪的认定中明确:虚开增值税专用发票犯罪侵犯的是复杂客体,一是增值税专用发票管理秩序,二是国家税收征管制度,二者缺一不

可。其中,根据《刑法》第3章第6节的规定,国家税收征管制度应当属于主要客体。侵犯国家税收征管制度的客体要求,客观上决定了该罪的目的犯性质。这次会议明确否定了虚开增值税专用发票罪是行为犯的观点。

2002年6月4日,最高人民法院副院长刘家琛在重庆召开的全国法院审理经济犯罪案件工作座谈会上的讲话中指出:《刑法》第205条虽然没有规定目的犯的要件,但虚开增值税专用发票罪规定在危害税收征管罪中,根据立法原意,应当具备偷骗税款的目的。

2000年12月28日,上海市高级人民法院组织的司法审判会议并印发的《关于审理经济犯罪案件具体应用法律若干问题的意见》中指出,认定虚开增值税专用发票罪,"还必须查明或证实虚开行为在实质上具有偷逃国家税款的实际危害性或者造成该种危害的现实可能性……如果缺少这一实质特征,则意味着行为人在主观上并没有通过虚开增值税专用发票的手段达到偷逃国家税款的非法目的,客观上也没有实际侵害国家税收管理制度。因为主观和客观要件均有欠缺,故单纯具有形式上的虚开行为,不能认定虚开增值税专用发票罪"。上海市高级法院会议在如何正确审理和认定"虚开"问题上强调构成《刑法》第205条罪与偷税罪的界限即必须具有骗取国家税款的目的和主观故意。

因此,即使立法表述上有缺陷,即使理论上有不同认识,但在最高人民法院已有明确解释意见的情况下,应当作为本案的依据。

综上所述,辩护人认为,认定被告人郭某构成本罪,必须坚持主客观相一致的定罪原则。否则,本案就只有行为,没有故意。而在本案中,即使抛开延续合同履行的事实不论,仅就开具发票当时的情况而言,金山公司和郭某等人以先交付税金的方式开具发票的行为,并未使国家税收受到损失,被告人郭某主观上恰恰不具有骗取国家税款的目的和主观故意。金山公司是阜新市的纳税大户,请合议庭根据本案的事实和证据以及本案发生的特殊性,依法妥善处理此案,对被告人郭某不认定为犯罪和处以刑罚,这样有利于企业的发展和阜新市的经济建设。辩护人也诚恳地建议,公诉机关从本案的事实和证据出发,撤回起诉,以使本案经得起历史的检验。

被告人郭某辩护人:

北京市京都律师事务所律师　田文昌　金　杰

二〇一〇年九月七日

华某君被控受贿罪案

案情简介

华某君原系浙江省慈溪市古塘街道办事处调研员，曾任慈溪市胜山镇副镇长。因被涉嫌受贿于2009年10月26日被慈溪市公安局刑事拘留，经宁波市检察院决定，于同年11月9日被依法逮捕。

慈溪市人民检察院于2009年11月25日以被告人华某君涉嫌受贿向慈溪市人民法院提起公诉，指控华某君分别收受周某灿21万元、岑某富10万元和周某荫等香烟钱1.27万元。该案于2009年12月24日公开开庭审理，案件在法院合议待判阶段，检察院以“在法院审理期间证据发生重大变化”为由，于2010年3月23日撤回起诉。2010年6月7日，慈溪市人民检察院再次以前述三个事实为主要内容，对被告人华某君以涉嫌受贿再次向慈溪市人民法院提起公诉。该案于2010年6月24日第二次公开开庭。华某君不服一审判决，遂向浙江省宁波市中级人民法院上诉。二审撤销一审判决，对华某君刑期作出改判。

辩护思路

律师接受委托后进行了大量细致的阅卷及调查工作,发现起诉书指控的三起事实有严重出入。该案于2009年12月24日第一次公开开庭审理,律师出示了全部调查取得的证据,将案件事实还原于真相并进行了无罪辩护。案件在法院合议待判阶段,检察院以“在法院审理期间证据发生重大变化”为由,撤回起诉。重新侦查之后,仅仅补充了被告人改变了其已经过法庭质证、无罪陈述内容的认罪口供以及原证人周某灿、岑某富二人在重新侦查过程中变身为犯罪嫌疑人之后一反常态的有罪供述。2010年6月7日,慈溪市人民检察院再次就第一次指控的事实为主要内容,对被告人华某君以涉嫌受贿再次向慈溪市人民法院再次提起公诉。除了在庭审中已经质证过的原供、证的内容又发生改变之外,没有任何新的证据。支持指控的证据仍然是第一次起诉时提供的全部材料,甚至于原卷宗原封不动地使用。该案于2010年6月24日第二次公开开庭,庭审中,被告人华某君详细陈述了检察机关通过重新侦查逼取口供的过程,并提供证据线索。

一审法院并未对非法证据进行排除,在检察机关对其取证的合法性拒不提供证据加以证明的情况下,以“现有证据不能证明侦查机关有违法取证的行为存在”(判决书第13页第19行)为由,对华某君作出有罪判决。华某君不服一审判决,遂向浙江省宁波市中级人民法院上诉。

二审法院分别于2010年10月15日、11月15日两次开庭审理,关于非法证据排除仍然是本案二审及两次庭审的焦点。为便于法庭查明事实、排除非法证据,辩护律师多次申请相关证人出庭接受质询、调取华某君审讯的全程同步录音录像,但宁波市人民检察院竟然没有针对华某君遭受刑讯逼供这一问题进行任何调查、未收集任何证据，始终拒不出示华某君讯问的全程不间断的同步录音录像，更未提请法庭通知讯问人员出庭作证。

尽管在宁波市中级人民法院的要求下，相关办案机关出具了“情况说明”。但从其内容、字数、排版甚至标点符号均完全一致的办案“情况说明”，使本该进行的非法证据排除程序完全流于形式。

本案的关键问题有三点：第一，关于言词证据审查问题，行贿人的证言及受贿人的口供来源是否合法、内容是否真实及与指控事实是否具有关联性。第二，关于重复指控的问题，检察院撤回起诉后，没有新的事实或者新的证据该不该再行起诉。第三，关于非法证据排除的问题，排除非法证据中的举证责任如何分配，重复自白该不该排除。因此，律师的辩护思路及调查取证方向均围绕上述焦点进行。

其一，从言词证据的核实中发现，貌似十分吻合的供证中，出现行贿地点、房屋座向及间数明显错误，行贿资金来源不明，进而就言词证据形成的合法性进行核实。

其二，根据《人民检察院刑事诉讼规则》，撤回起诉后，没有新的事实或者新的证据不得再行起诉。重新侦查阶段形成的被告人的口供以及行贿人的口供，纯属同一人就同一事实通过重新侦查、重新制作形成的仅仅改变说法的材料，不属新的证据。

其三，2010 年 7 月 1 日，最高人民法院、最高人民检察院、公安部、国家安全部和司法部联合发布的《关于办理刑事案件排除非法证据若干问题的规定》实施。根据最高人民法院、最高人民检察院、公安部、国家安全部和司法部《关于办理刑事案件排除非法证据若干问题的规定》第 12 条的规定，第二审人民法院应当对被告人审判前供述取得的合法性进行审查。检察人员不提供证据加以证明，或者已提供的证据不够确实、充分的，被告人该供述不能作为定案的根据。

显然,对于口供来源是否合法,一审公诉机关、二审的检察机关负有不可推卸的举证责任。刑讯逼供、威胁、引诱、欺骗等非法手段给被讯问人供述施加了巨大的压力,这些压力会改变被讯问人对事实的如实陈述,使供述不具备基本的可靠性。如果排除初次非法供述基于其可能虚假,则重复供述因为其与初次供述在内容上有诸多相同之处,或者受到非法取证的持续压力,同样存在虚假的可能,自然也应当排除。

辩护词(一审第二次指控)

审判长、陪审员:

北京市京都律师事务所田文昌律师、梁雅丽律师接受被告人亲属的委托,担任被告人华某君的辩护人出庭为其辩护。

辩护人参加了第一次指控起诉被告人华某君涉嫌受贿案的全部审理过程,今天又参加了针对同一被告华某君涉嫌同一罪名、三起相同事实的第二次指控起诉的庭审,对本案的基本事实及证据,不仅辩护人十分清楚,今天在座的法官、公诉人及旁听人员,也应该同样清楚。

辩护人认为:公诉机关在没有合法有效新证据的情况下,对被告人华某君就同一罪名、基于相同事实,在撤诉后又第二次提起公诉,严重违反法定程序。对其所做的重复指控,辩护人在完全坚持第一次指控开庭辩护意见的基础上,对第一次开庭没涉及的问题做说明及补充。下面本着以事实为依据,以法律为准绳的原则,发表如下辩护意见:

第一部分　起诉书指控的事实及证据

起诉书指控被告人利用工作之便,非法收受他人钱财计 39.52

万元,与事实不符。针对起诉书指控事实和证据,具体分析如下:

一、关于起诉书指控的第一起事实

起诉书指控"被告人利用担任慈溪市胜山镇副镇长的职务便利,分别于2001年为慈溪市建筑构件有限公司原厂址拆迁补偿提供帮助,周某灿以明显低于市场的价格向被告人出售两间店面地基,被告人从中收受人民币28万元"。

(一)第一次起诉指控被告人"从中收受人民币28万元"不能成立

为支持该指控,公诉机关第一次指控时提供了被告人的供述、周某灿的证言、应某广的证言及两间店面地基的评估报告。

辩护人认为:上述证据均不能够证实被告人收受周某灿28万元人民币的事实。理由简要陈述如下:

1. 起诉书所指控"周某灿向被告人出售两间店面"的事实,辩护人认为不能成立。

第一次起诉指控时,公诉机关出示的被告人供述、周某灿的证言、应某广的证言均一致地证明:涉案的两间店面最终交易是建立在周某灿与应某广两人之间,是他们两人之间的买卖行为。这两间地基是以38万元买卖,由周某灿卖给应某广的。这个买卖事实,在辩护人2007年12月17日对周某灿的调查录音里面反复出现。周某灿反复强调说:"后来呢,华某君说不要了,那是应某广向我买的,我给应某广打了收条是38万元"。虽然此前被告人曾经以10万元的价格购买这两块店面地基,也支付了10万元。但被告人最终没有使用这两块地,那么在应某广与周某灿的地基买卖过程中,华某君仅起一个居间介绍的作用。不容忽视的一个客观事实是,涉案地基已于2001年由实际买受人应某广占有、使用、收益,周某灿与被告人的地基买卖关系已不复存在,被告人并未取得该地基。

2. 起诉书认定“地基明显低于市场的价格”,辩护人认为不能成立。

根据周某灿提供的厂址迁移协议书以及补充协议,周某灿的构建公司留用店面地基的成本仅是原始土地出让成本,也就是按镇政府征收土地成本价计算,每间地基的成本价仅是1.4万元。如果按照镇政府征收之后再出售时这个地基的征收成本来计算,除了补偿给周某灿的全部费用包括土地补偿费、地上建筑物费以及附属设置、停产等多项补偿,再加上镇政府为筹建农贸市场投入的其他成本,这块地征收的成本总共计算每亩也仅是31万元。每间地基仅0.1亩。可见,每间地基镇政府征收成本仅为3.1万元。那么当初周某灿以每间5万元的价格卖给华某君,是完全超出地基成本价的。况且,我们很清楚,周某灿的建筑构建公司留用的这块地是工业用地,不是宅基地,也不是商品房开发用地,因此工业用地的价格不能与镇政府征用后出售的商业用地性质相提并论。显然,以镇政府确定的商业用地基准价格作为涉案地基的交易价格标准,严重违背了两个基本客观事实:第一,周某灿留用的地基是工业用地,不能上市交易;第二,用地性质不同,工业用地与商业用地价格不具可比性。显然,以镇政府对外出售的土地价格来衡量涉案地基“是否明显低于市场价格”,纯属混淆视听。

3. 起诉书认定“被告人从中收受人民币28万元”,辩护人认为不能成立。

公诉人出示的周某灿、华某军在第一次侦查阶段的证言,均一致证明:出售地基所得的38万元当中,除归还华某君已经支付的10万元之外,剩余的28万元是由华某君担保,周某灿出借给华某君的哥哥华某军的,是民间借贷性质。这个借贷关系中,华某君仅是作为居间介绍人和担保人。自2001年至2009年8年间,华某军由于经济原因暂时还不出上述借款时,周某灿也曾多次表示“还不出来,慢慢来好了”。关键是,对于该借款华某君于2009年9月已代华某军向周某灿还本付息,周某灿并出具了还款收条。

据此,辩护人认为:被告人既没有取得地基,也没有获得差价。公诉机关第一次起诉所指控的第一件事实是根本不能成立的。

(二)第二次起诉指控被告人“以借款方式受贿28万元”明显不能成立

第二次起诉时,支持指控的证据仍然是第一次起诉时提供的证据,仅补充了被告人在重新侦查阶段的口供和原证人周某灿以犯罪嫌疑人身份所做的改变了第一次审理阶段说法的口供。

被告人华某君庭审中对其在重新侦查阶段口供的真实性作出了否定。尽管公诉机关补充出示了周某灿于重新侦查阶段在看守所形成的口供,但是没有提供证据证明周某灿口供来源和取得过程的合法性。关键是周某灿原来没有指认被告人华某君有罪,而撤回起诉以后,在重新侦查阶段一切都变了。其身份从之前的证人转换为涉嫌行贿的犯罪嫌疑人,其证言由之前的证人证言转变为口供,其所作证的内容,从之前的没有变成了有。且在自由状态下做的是无罪的证言,在失去自由的状态下却变成了有罪的内容。这足以使我们严重质疑周某灿在重新侦查阶段所形成口供的合法性、真实性!

即使证人周某灿在重新侦查阶段的身份转换为涉嫌行贿的犯罪嫌疑人后,其证言对于28万元借款华某军“还不出来,慢慢来好了”的说法,改变为“随他好了”。但是辩护人认为:这种说法的变化并不能改变其将28万元出借给华某军,最终由华某君代华某军还本付息的这一客观事实。由此可见,公诉人称“华某君以借款方式收受周某灿28万元”无任何事实依据。

无论是地基的买卖还是民间借贷,都是正常的民事行为。无论是华某君在周某灿与应某广的地基买卖中居间,还是在周某灿与华某军的借款过程中的担保,都仅是普通的民事行为,不能够随意地以刑法来考量,更不能科以刑罚。

二、关于起诉书指控的第二起事实

起诉书指控“岑某富于2002年送给被告人5万元人民币,2003年送给被告人2万元人民币,2004年送给被告人3万元人民币,被告人三次累计收受人民币10万元,并利用其作为胜山镇副镇长的工作之便,为岑某富承揽胜山镇绿化工程提供便利”。

(一)第一次起诉指控“被告人收受岑某富人民币10万元”不能成立

为支持该指控,公诉机关第一次起诉时提供了被告人供述、岑某富供述以及岑某富承揽胜山镇绿化工程相关资料。那么就第一次起诉时公诉机关所出示的证据,我们简要作如下分析:

1. 被告人华某君原口供来源不合法、内容不真实,不能作为相关事实的依据,更不能作为本案被告人华某君有罪的证据。

首先,被告人的供述来源不合法。从卷二、卷三所反映的证据情况来看,华某君的供述除了11月9日取得的笔录中有提讯证和提讯时间基本吻合之外,其余的提讯均出现了各种问题,有连续超过12小时的提讯。例如,10月26日华某君讯问笔录时间显示记录时间为7:25~8:55,然而10月26日提押证显示当日最早一次将华某君提出审讯的时间为11:00,也就是说讯问笔录时间不在提押时间以内;还有的提讯证显示10月29日提审从当日9:50一直持续到10月30日8:00,持续22个多小时,违反了《人民检察院刑事诉讼规则》第138条“一次传唤持续的时间最长不得超过十二小时。不得以连续传唤的形式变相拘禁犯罪嫌疑人”的规定。但是,让辩护人不理解的是,10月29日长达22多个小时的提审讯问,全天没有形成一份讯问笔录;10月30日凌晨0:05~3:30的口供是在超时审讯期间取得的。

再就11月9日形成的笔录来看,提讯证记载显示:提讯时间从下午6:25开始,到晚上8:55换押,也就是在两个半小时的时间段,形成了四份笔录:18:25~19:05的口供(针对周某灿地基的事实)、19:05~19:30的口供(针对周某荫等八户人家香烟的事实)、20:05~20:35的口供(针对收受岑某富10万元的事实),都作了有罪供述;20:37~20:55口供是宣布逮捕的笔录。引人深思的是,每半个小时分别针对三起指控事实各自形成一份长达五六页甚至更多的有罪供述,可想而知其内容的客观性、真实性从何而来?

值得法庭注意的是,第一次起诉开庭审理过程中,华某君多次提出其口供形成过程的违法性,其自书材料也反复强调其供述不是客观的、不是真实的。尽管辩护人在第一次起诉审理过程中及今天的庭审中,均多次申请公诉机关提供并当庭播放华某君2009年从第一次被审讯到最后一次被审讯的全程录音录像,公诉机关至今拒不提供,更无从谈及当庭播放。

其次,被告人原口供中与岑某富相关的内容,有明显的不真实性,具体表现为:

(1)对三次受贿过程的描述,时间、地点、过程出奇地一致。时间只有年,没有具体月份,每次都是大清早,七点钟左右,华某君未起床。华某君则供述岑某富每次都是骑摩托车来,每次都说坐在那聊了一会,但是两人的口供中均不涉及谈话内容等细节。

(2)对于贿赂款的描述,钱都是装在一个深色塑料袋里,打开以后里面是几刀几刀的钱,整打的。第一次是五刀的,第二次是两刀的,第三次是三刀的,也就是整打的钱都是从银行提出来的。但是,无论是华某君的口供还是岑某富的口供,却从不涉及钱的来源和去向。尽管重新侦查阶段,岑某富在德清看守所形成的口供称:“行贿的钱是承包的工程款,是从别人那拿到的。”但并无其他任何证据印证岑某富的这一说法。

因此,辩护人认为被告人华某君的全部有罪供述不具有真实性。

2. 岑某富原口供不具有真实性,具体表现为:

第一,岑某富的口供中显示他在2002年送第一笔5万元时,将钱“放在睡觉房间的西间,放衣服和被子的好像是桶一样的地方”。而当时华某君所住的商宇客房为坐东朝西,其卧室与外间在最北端,是南北相临,西侧是马路,并没有房间。如果公诉人一定要坚持岑某富原口供是真实的,那么唯一的结论是岑将行贿的5万元放在了西边的马路上。

第二,岑某富讯问笔录中后两次送钱的描述里提到“送到3间高平房里”。而事实上,岑某富口供多次提到的行贿地点——“高平房”是明显的4间,这在被告人邻居的婚礼摄像中清晰可见(该两张光盘已于2009年12月25日提交法庭)。

第三,在所有岑某富的口供中对于三次送钱的具体情节均没有涉及,每次都说“聊了一会”但均是一笔带过,没有涉及聊天的具体内容和时间。

第四,岑某富在自述证言和口述录音中,多次均明确表示三次送华某君钱的事实是捏造的(详见岑某富2009年12月14日《我的真实证词》)。

3. 公诉机关出示的岑某富承揽胜山镇绿化工程相关资料仅能证明相关工程确实存在,但不能证明这些工程的立项、审批、施工、审计和结算环节中存在华某君为岑某富谋求不当利益的事实。

综上所述,辩护人认为,公诉人现有证据不能证明如下事实:“岑某富于2002年送给被告人5万元人民币,2003年送给被告人2万元人民币,2004年送给被告人3万元人民币,被告人三次累计收受人民币10万元。并利用其作为胜山镇副镇长的工作之便,为岑某富承揽胜山镇绿化工程提供便利”,不能证明华某君与岑某富之间存在权钱的交易。

(二)公诉机关重新起诉指控“被告人收受岑某富人民币10万元”仍然证据明显不足、事实不清

在第二次起诉时,补充了重新侦查阶段从2010年4月8日至28日被告人在浙江省德清县看守所的讯问口供、行贿人岑某富于2010年4月在浙江省德清县看守所的讯问口供。辩护人认为:重新侦查阶段形成的被告人的口供以及岑某富的口供,纯属同一人就同一事实通过重新侦查、重新制作形成的仅能改变说法的材料,不属新的证据。

1. 被告人重新侦查阶段的口供因取得程序不合法、内容不真实,不能作为认定相关事实的依据。

被告人华某君当庭再三辩称重新侦查阶段形成的供述,均属被逼无奈情况下所做的虚假供述。

本案定罪的依据主要是被告人的供述和相关几个人的证人证言,而问题就恰恰出现在他们陈述的内容都是多次反复。被告人供述到了侦查人员的面前就认,到了法庭就变,重新侦查时又认,重新起诉以后到了法庭又变。其原因被告人已经向法庭做了充分说明,取证手段不合法!关于非法取证的问题,被告人已经向法庭讲了具体刑讯的事实,并讲了相关的线索。那么怎么办?辩护人再次强调,很简单,依据最高人民检察院的规定,当庭出示全程同步录音录像。只有这样解决,也必须这样解决,不这样解决这个证据根本就无效。公诉人刚才讲到关于应否出示录音录像问题是由于控辩双方对法律的理解不同。不对!这不是理解问题,是拒不执行!最高人民检察院的规定非常明确,容不得半点质疑。辩护人明确地郑重地说,这是

慈溪市人民检察院对最高人民检察院的明确规定公然对抗,拒不执行!这个问题是要承担责任的。更重要的是,这个程序不走,被告人的供述就不能作为定案的依据,它的真实性与合法性均不能认可。根据最高人民法院、最高人民检察院、公安部、国家安全部和司法部《关于办理刑事案件非法证据排除若干问题的规定》第11条的规定:对被告人审判前供述的合法性,公诉人不提供证据加以证明,或者已提供的证据不够确实、充分的,该供述不能作为定案的根据。

2. 证人重新侦查阶段的口供因取得程序不合法、内容不真实,不能作为认定相关事实的依据。

本案关键证人,岑某富的证言都是在看守所形成的,而且都有反复。岑某富原来被关押时曾承认过对被告行贿,后来在第一次开庭前就明确而坚决地否定了,撤回起诉再次被收监以后又变了。一个重要情况是,这两个证人都是在自由的状态下做无罪的陈述,在失去自由的状态下做有罪的陈述。说明什么?其实很简单,根据"两高三部"刚刚发布的证据规则,应当进行全面彻底的调查,否则这个案子谈不上任何的公正性和程序的正当性。

据此,辩护人认为,对于重新侦查阶段形成的被告人的口供以及岑某富的口供,由于公诉机关始终没有提供证据证明上述口供取得程序的合法性,且不能排除其内容虚假的可能性,不能作为认定相关事实的根据。

辩护人认为:第一次起诉明显证据不足,在没有新证据、新事实的前提下,第二次就该节事实再次起诉,显属不当。起诉书指控的第二起事实不能成立。

三、关于指控的第三起事实

起诉书指控:2003年,华某君利用担任慈溪市胜山镇副镇长的职务之便,为余某表私人住宅用地审批提供帮助,为表示感谢,余某表在商宇客房里送华某君数码相机一部,价值2500元。

为支持该起指控,公诉机关出示了被告人华某君的供述、余某表的证言、岑某芬的证言、照相机盒子照片及价格鉴定报告。

1. 被告人华某君在纪委和以前的供述中均明确:余某表及其家人在镇政府拆迁过程中,给予了很大支持。被告人和余某表是在工作过程中建立的友谊,余某表送他一部相机,他送余某表一部手机,属正常的礼尚往来。对此,公诉机关在第一次起诉时,并未作有罪指控。

2. 证人余某表第一次证言称送给华某君一部250万像素的索尼数码相机。时隔几天,当公诉人向他出示一个200万像素的索尼照相机盒子时,证人立即改变第一次的证言,称送给华某君的是盒子上的照相机;这是典型的指证。至于证人余某表送给华某君的究竟是什么样的照相机,既没有相机购买发票证明,也得不到华某君的印证,更得不到证人岑某芬的印证。

3. 公诉人当庭宣读的岑某芬的证言清楚地讲道:"没见过余某表来家送过照相机,家里买过两个相机,现在家里只剩一个相机盒子",这个盒子也就是公诉人出示的照片里所呈现的索尼照相机盒子。岑某芬并没有证实这个相机盒子就是余某表送的照相机的盒子。

4. 到目前为止,华某君并没见过所谓受贿的相机,而鉴定部门更没有看到作为鉴定对象的那个照相机,只是根据公诉机关提供的盒子进行鉴定。因此,鉴定部门作出的2500元的鉴定结论,纯属无源之水、无本之木。

5. 至于公诉方出示的余某表宅基地申请表,申请时间为2003年8月,办证时间为2003年12月,从时间上看与送相机没有直接的关联性。

更有意思的是,关于相机的问题,辩护人听到公诉人当庭举了一个非常生动的棺材与尸体的例子,即尸体腐烂了棺材即可以为证。但是这个例子是极其错误的。按照公诉人的逻辑,找不到棺材里的尸体,就可以拿棺材当成尸体来对待吗?公诉人居然能提出来找不到尸体也能定案,这种逻辑比河南赵作海的冤案更胜一筹,这是非常危险、非常可怕的观点。

公诉人还讲,虽然说不清,但是找到了盒子,盒子肯定是有人送去的。这个结论是怎么得出来的?盒子肯定是有人送去的?就不能是自己买的?你怎么知道肯定是有人送去的呢?再说,此盒子非彼盒子,照相机盒子有的是,在行贿人和受贿人都不能说清楚相机型号的情况下,怎么能认定这个盒子就是行贿受贿那个相机的盒子呢?怎么就能拿这么一个莫须有的盒子来作价呢?

所以辩护人认为,这个案子不仅仅是一个案件本身能不能定罪的问题。这是一个小案子,太小了。但案子背后所反映的问题足以发人深省、引人深思,我想这个问题会受到各方面的关注。

据上,辩护人认为:起诉书指控的第三起事实不能成立。

四、关于指控的第四起事实

起诉书指控"被告人利用职务便利为周某荫等九户人家租用原停车场地基提供帮助,收受周某荫等九户人家赠送的人民币1.27万元"。

(一)第一次起诉指控"被告人收受周某荫等九户人家赠送的人民币1.27万元"不能成立

为支持该起指控,公诉机关第一次起诉时出示了被告人2009年的供述、华某芬证言、周某荫证言,以及沈某纹、史某飞、潘某君、洪某树、陈某权、史某章、何某南等土地承租人证言和相关手续资料。

1.被告人口供取得程序不合法、内容不真实,不能作为认定相关事实的依据,这里不再赘述。况且,被告人在当庭中均多次明确其以往的供述不真实，华某芬没有给过他钱，也没有告诉他关于这笔钱的事。

2.根据对周某荫、洪某树的调查询问笔录，周某荫等人赠送被告人钱物的行为没有行贿的主观意图，仅出于民间风俗礼节。且周某荫只是将钱交给华某芬，让她转交被告人，对于华某芬是否转交并不知情。

3.根据对华某芬的调查询问笔录，华某芬把从周某荫处拿到的钱用于偿还个人债务，并没有转交给被告人，也没有告知被告人。这里要强调的是，华某君和华某芬虽然是姐弟关系，但既非共同生活也非近邻，平时往来较少，不具有共同经济利益关系，不属于“特定关系”范畴，不适用最高人民法院、最高人民检察院《关于办理受贿刑事案件适用法律若干问题意见》的相关规定。

4.被告人在第一次起诉审理过程中，当庭供述：相关土地出租手续从审批到执行都是按照正规流程操作，不存在权钱交易的问题。公诉机关出示的相关证据材料并不能证明华某君利用职务之便为周某荫等八人谋取利益。

（二）公诉机关重新起诉指控“被告人收受周某荫等九户人家赠送的人民币1.27万元”仍然不能成立

第二次起诉时，仅补充了重新侦查阶段华某君从2010年4月8日至28日在浙江省德清县看守所的讯问口供。

被告人华某君当庭再三辩称，重新侦查阶段形成的供述，均属被逼无奈情况下所做的虚假供述。而公诉机关并未提供全程录音录像或其他证据，证明被告人口供来源的合法性。根据最高人民法院、最高人民检察院、公安部、国家安全部和司法部《关于办理刑事案件非法证据排除若干问题的规定》第11条的规定：对被告人审判前供述的合法性，公诉人不提供证据加以证明，或者已提供的证据不够确实、充分的,该供述不能作为定案的根据。

辩护人认为,第一次起诉明显证据不足,在没有新证据、新事实的前提下,第二次就该节事实再次起诉,显属不当。起诉书指控的第四起事实不能成立。

第二部分　关于重复指控问题

本案不争的事实是:慈检刑诉(2010)第562号起诉书指控的第一起、第二起、第四起事实,公诉机关于2009年11月25日以被告人华某君涉嫌受贿向慈溪市人民法院提起公诉,法院已于2009年12月24日公开开庭审理,全案证据均经庭审质证、辩论、被告人最后陈述。案件在法院合议待判阶段,检察院以"在法院审理期间证据发生重大变化"为由,于2010年3月23日撤回起诉。2010年6月7日,慈溪市人民检察院再次就前述三个事实为主要内容,以被告人华某君涉嫌受贿向慈溪市人民法院提起公诉。而提供的证据,仅仅补充了被告人在重新侦查过程中,改变了其已经过法庭质证的无罪陈述内容的认罪口供以及原证人周某灿、岑某富二人在重新侦查过程中变身为犯罪嫌疑人之后一反常态的有罪供述。除了在庭审中已经质证过的原供、证的内容又发生改变之外,没有任何新的证据。支持指控的证据仍然是第一次起诉时提供的全部材料,甚至于原卷宗原封不动地使用。

根据最高人民检察院《人民检察院刑事诉讼规则》第351条之规定:在人民法院宣告判决前,人民检察院发现不存在犯罪事实、犯罪事实并非被告人所为或者不应当追究被告人刑事责任的,可以要求撤回起诉。根据该规则第353条的规定:撤回起诉后,没有新的事实或者新的证据不得再行起诉。

而原供、证内容发生改变并非新的事实和新的证据,显然,本次指控属于违法重复指控。

公诉人关于本案是否属于重复指控做了一个辩解,说这是公诉机关调整了起诉角度,这是公诉人的原话。对此,辩护人要说明的是,调整起诉角度只是改变理由,而改变理由并不是改变事实。事实和理由是两个概念,改变理由只是改变一个说法而已,与改变事实完全是两回事。问题很清楚,这次起诉书中公诉机关并没有改变任何事实。必须指出的是,新的事实和新的证据是另行起诉的基本条件,所谓"调整角度"的辩解完全不能成立。若如此,就意味着一旦在庭审中发现指控不能成立时,就可以先行撤诉,改变证据内容后以调整角度为由再行起诉。如果允许那样做,就是公诉权冲击了审判权,中国的法治就会遭到彻底的践踏和亵渎。

现在,我们再回过头看看调整起诉角度的理由能不能成立。公诉人只是以分析、推断的方式来对借钱的真实性提出质疑,甚至说什么被告人没有钱而周某灿有钱,穷人不可能向富人借钱,等等。问题在于,且不提公诉人的这些理由毫无任何合理性,换一个角度来讲,难道仅凭这样的分析就可以否定大量存在的一系列证据吗?我们看,借款事实有,收条有,借条有,偿还的事实还有,相关的证人也有。当这些证据都摆在面前的时候,公诉人还说不能仅靠这些,还要凭分析去定罪。试图凭一纸用限制人身自由方式取得的、后来又改变了的证言,就可以否定前述一系列原始证据。这种思维方式只能是欲加之罪!怎么能否定这么明显的无罪证据呢?这么多的事实都存在,凭你一分析就说没有、就说是假的,那岂不是打乱了所有的证据规则吗?"两高三部"刚刚颁布的证据规则还有什么意义呢?

辩护人认为,本案公诉机关撤回起诉后,没有新的事实,没有新的证据,再次就相同事实起诉,无法律依据,显属程序违法。

第三部分　本案的担忧

本案不可也不能回避的一个关于华某君遭受非人虐待的残酷事实，请法庭予以高度重视。

辩护人想提请法庭注意一个严重的问题：因为被告人提出来，其在检察院撤诉以后，在看守所受到了非人的虐待。对此，辩护人所担忧的是，今天开完庭，被告人再回到看守所之后，会受到什么样的虐待，会不会出现“躲猫猫死”“洗脸死”，会不会出现各种难以预料的问题？辩护人郑重提出，希望能够引起法庭的高度重视。辩护人对被告人今后的安全表示担忧，并提请法庭对此予以高度关注。同时，辩护人郑重地希望，我们今天对这个案子的每一个诉讼参与人，都能够对得起自己的职业道德，对得起良心，对得起历史，经得起历史的检验。谢谢法庭！

以上辩护意见请法庭予以慎重考虑并采纳。

辩护人：

北京市京都律师事务所律师　田文昌　梁雅丽

二〇一〇年六月二十四日

辩护词(二审)

审判长、审判员：

北京市京都律师事务所田文昌律师、梁雅丽律师接受上诉人华某君的委托，担任其二审辩护人出庭为其辩护。

辩护人参加了华某君涉嫌受贿案一审的全部审理过程，今天又参加了二审的庭审，对本案的基本事实及证据，本案在座的诉讼参与人,都应该是十分清楚的。

辩护人认为:公诉机关在没有合法有效新证据的情况下,对被告人华某君就同一罪名、基于相同事实,两次提起公诉,严重违反法定程序,属重复指控。一审判决关于华某君犯受贿罪的认定事实不清、证据不足,依法不能成立。现辩护人在完全坚持一审辩护意见的基础上,本着以事实为依据、以法律为准绳的原则,发表如下辩护意见:

第一部分　本案存在严重的程序违法问题

我国《刑事诉讼法》第2条规定,中华人民共和国刑事诉讼法的任务,是保证准确、及时地查明犯罪事实,正确应用法律,惩罚犯罪分子,保障无罪的人不受刑事追究。

因此,只有严格执行、遵守刑事诉讼程序,才能真正做到在打击犯罪的同时,保障无罪的人不受刑事追究。反之,则可能使无罪的人蒙受不白之冤。令人遗憾的是,本案就存在严重的程序违法问题。

一、慈溪市人民法院裁定准许慈溪市人民检察院撤回起诉程序违法

本案不争的事实是,慈检刑诉(2010)第562号起诉书指控的第一起、第二起、第四起事实,公诉机关于2009年11月25日以被告人华某君涉嫌受贿向慈溪市人民法院提起公诉,法院已于2009年12月24日公开开庭审理完毕,全案证据均经庭审质证、辩论,被告人亦进行了最后陈述。案件在法院合议待判阶段,检察院以"在法院审理期间证据发生重大变化"为由,于2010年3月23日撤回起诉。一审法院以(2009)甬慈刑初字第1738号刑事裁定书裁定予以准许。辩护人认为,慈溪市人民法院裁定准许慈溪市人民检察院撤回起诉程序违法,理由如下:

1.慈溪市人民检察院撤回起诉的理由并非法定事由,依法不能成立。

根据《人民检察院刑事诉讼规则》第351条之规定,在人民法院宣告判决前,人民检察院发现被告人的真实身份或犯罪事实与起诉书中叙述的身份或者指控犯罪事实不符的,可以要求变更起诉;发现遗漏的同案犯罪嫌疑人或者罪行可以一并起诉和审理的,可以要求追加起诉;发现不存在犯罪事实,犯罪事实并非被告人所为或者不应当追究被告人刑事责任的,可以要求撤回起诉。

据此,人民检察院在法院宣告判决前撤回起诉的法定事由如下:

(1)发现不存在犯罪事实;

(2)犯罪事实并非被告人所为;

(3)不应当追究被告人刑事责任的。

由此可见,慈溪市人民检察院提出所谓"本案事实、证据有变化"绝非撤回起诉的法定事由,该理由依法不能成立。

2.慈溪市人民检察院所谓的"撤回起诉的理由"客观上不能成立。

如前所述,慈溪市人民检察院在法院开庭审理后撤回起诉的理由是"本案事实、证据有变化"。这里的"变化"实际是指辩护人一审期间向法庭递交的"新证据"(包括辩护人依法调取的证人证言以及华某君、岑某富自书的陈述材料)。

事实上,一审开庭18天前,辩护人向法庭申请通知周某灿、华某军、岑某富、华某芬、周某荫、洪某树六位控方关键证人出庭接受质证,一审法官要求律师向周某灿、华某军、岑某富、华某芬、周某荫、洪某树调查取证。律师调查后,将上述证人的调查笔录及华某军提供的自书证言、周某灿出具的还款收据,一并提交法庭。在一审第一次开庭审理之前,公诉人已经查阅了辩护人向法庭递交的证据。

因此,早在第一次开庭审理之前,公诉人对于所谓的“新证据”已经不再“陌生”。即使慈溪市人民检察院认为“本案事实、证据有变化”,完全可以在开庭审理之前提出。大可不必等到全案证据均经庭审质证、辩论,被告人亦进行了最后陈述,案件在法院合议待判阶段,再以“在法院审理期间证据发生重大变化”为由撤回起诉。这不得不让人深思检察机关撤回起诉的真正原因何在?

3. 慈溪市人民法院在没有法定事由的情况下,裁定准许慈溪市人民检察院撤回起诉程序违法。

根据最高人民法院《关于执行〈中华人民共和国刑事诉讼法〉若干问题的解释》第177条之规定,在宣告判决前,人民检察院要求撤回起诉的,人民法院应当审查人民检察院撤回起诉的理由,并作出是否准许的裁定。

如前所述,慈溪市人民检察院所谓的“撤回起诉的理由”并非法定事由,慈溪市人民法院在审查该理由后居然裁定准许撤回起诉,明显程序违法。

二、慈溪市人民检察院“撤回起诉”后再次提起公诉并无新的事实和证据,该起诉依法不能成立

根据《人民检察院刑事诉讼规则》第353条第4款之规定,人民检察院撤回起诉后,没有新的事实或者新的证据不得再行起诉。

在第一次起诉撤回之后,慈溪市人民检察院又于2010年6月7日以(2010)562号起诉书再次就本案向慈溪市人民法院提起公诉(以下简称第二次起诉),慈溪市人民法院认为,该起诉书的指控既有原起诉书中未指控的犯罪事实即新的事实,又有撤回起诉后收集、调取的足以证明原指控犯罪事实能够认定的证据即新的证据,故不存在程序违法问题。辩护人认为,该裁判理由不能成立,第二次起诉并不存在所谓的“新事实”“新证据”。具体意见如下:

1. 第二次起诉“追加指控”的“犯罪事实”,并非“新的犯罪事实”。

根据第二次起诉的起诉书[(2010)562号起诉书],所谓“新的犯罪事实”是该起诉书第2页提到的“华某君收受余某表送其数码相机”一事。虽然该“事实”并未出现在第一次起诉的起诉书[(2009)1598号起诉书]中,但绝非“新的犯罪事实”。早在第一次起诉之前,华某君在慈溪市人民检察院制作的2009年10月25日接待笔录(卷2第12~16页)中就提到了“余某表送其数码相机”一事,并在此后的数次讯问笔录中对该起事实进行了陈述。因此,对于慈溪市人民检察院来说,该事实既不是“新掌握的犯罪事实”,也不在其“撤回起诉理由”中提到的“案件事实、证据发生变化”之列。另外,虽然一审判决称该事实是“新的犯罪事实”,但对该事实并未予以认定。这充分说明了慈溪市人民检察院将早已掌握的情况“重新包装”追加起诉的目的只有一个,就是使其第二次起诉“貌似合法”。

退一步讲,即使将该起事实当作新的犯罪事实对待,那么,第一次起诉过的三起事实也不是新的犯罪事实,并不能因其与该起事实“打包”或“搭配”在一起之后就变成新的事实。简言之,即使确有新的事实,也只能仅就新事实另行起诉,而不存在可以以新带旧的问题。这种混淆视听的做法纯属自欺欺人。

综上所述,第二次起诉“追加指控”的内容不仅不是“新的犯罪事实”,也不是“客观事实”,一审判决关于第二次起诉存在“新的犯罪事实”的结论不能成立。

2. 慈溪市人民检察院撤回起诉后“收集”“调取”的证据并非“足以证明原指控犯罪事实能够认定”的“新的证据”。

在第二次起诉之前,慈溪市人民检察院移送了撤回起诉后“收集”“调取”的证据(第4卷所列证据)。但这些证据实不能称为“新的证据”。理由如下：

(1)证据种类“不新”：慈溪市人民检察院撤回起诉后“收集”“调取”的证据仍然是本案被告人的供述及相关证人的证言。对于这些人的言词证据，慈溪市人民检察院早在第一次起诉之前就已经进行了“收集”“调取”。

(2)证据内容“不新”：慈溪市人民检察院撤回起诉后“收集”“调取”的证据与第一次起诉之前“收集”“调取”的证据，是基于同一事实、针对同一内容、出自同一证明主体，这样的证据不属于新证据。

事实上，在所谓“新的证据”中唯一增加的内容就是被告人华某君、证人岑某富对于翻供原因的解释。但这种解释只不过是一种反复，又翻回到第一次庭前供述的内容而已，绝不能称为“新的证据”，而且，二人解释的真实性无法印证。

一方面，本案不能排除以刑讯逼供等非法手段取得被告人供述及证人证言的问题，华某君及岑某富对于翻供原因的解释极有可能是在违背真实意思的情况下作出的(该部分意见将在后面的专题中具体阐述)。

另一方面，华某君、岑某富对于翻供原因的解释客观上也不能成立：

第一，华某君在讯问笔录中对于翻供原因的解释客观上不能成立。

根据华某君在慈溪市人民检察院撤回起诉后所作的供述(卷4第10、17、21页)，其在法庭审理阶段翻供的原因是“心存侥幸、想逃避法律处罚”。

对此，辩护人要强调的是，第一次庭审的法庭调查充分证明，华某君不仅当庭推翻了庭前所做的有罪供述，而且相关证据表明，其曾经认罪的有罪供述与基本事实并不相符，说明其认罪的供述是不真实的。因此,在庭审后的重新侦查阶段又再一次做出的认罪供述自然不可能真实。更何况,在第二次起诉后的法庭审理阶段,华某君再次当庭推翻此前的有罪供述,并提出侦查机关对其逼供、诱供的详细情况及大量有证可查的线索。

难道华某君两次开庭时的当庭陈述都不足为信?只有在庭外的供述才可信吗?这是什么逻辑?究竟是法庭审判合法还是庭外讯问合法?

第二,岑某富在讯问笔录中对于翻供原因的解释客观上不能成立。

根据证人岑某富在慈溪市人民检察院撤回起诉后所作的“供述”(卷4第36~37、40、42~43页),其写给法院的自书材料中提到检察机关对其体罚逼供、诱供等违法办案行为是“因为自己法律意识淡薄,到后来想想,最好弄得自己一点事情都没有,法律责任不用被追究,人也不用得罪,这样就最好了”。

对此,辩护人要强调的是,岑某富虽然在本案中是证人身份,但其却与华某君具有同样遭遇。第一次关押中承认行贿,脱离关押后即主动出证言否定行贿。当该案重新侦查阶段,又将其再次关押后,又出现了翻回到第一次供述的情况。这样的反复及出现反复的背景难道不令人质疑吗?为什么不允许其出庭接受质证呢?

更何况,岑某富如果想实现上述翻供的目的,其应对自己被调查的全部“行贿”事实进行翻供。但岑某富却是在承认向他人“送钱”的同时,唯独推翻其关于“向华某君行贿”的供述。由此可见,岑某富翻供的真实原因绝非“法律责任不用追究”,其后来对于翻供原因的解释客观上显然不能成立。

综上所述,慈溪市人民检察院撤回起诉后“收集”“调取”的证据无论是形式上还是内容上均不属于“新的证据”。华某君、岑某富关于翻供原因的解释难以成立，两名当事人提出的遭受逼供、诱供情况及查证线索有待法庭核实。所谓“新的证据”，根本不能起到“足以证明原指控犯罪事实能够认定”的证明作用。一审判决关于第二次起诉存在“新的证据”的结论不能成立。

三、本案不能排除侦查机关以刑讯逼供等非法手段取得被告人供述及证人证言的问题

根据《刑事诉讼法》第43条之规定，审判人员、检察人员、侦查人员必须依照法定程序，收集能够证实犯罪嫌疑人、被告人有罪或者无罪、犯罪情节轻重的各种证据。严禁刑讯逼供和以威胁、引诱、欺骗以及其他非法的方法收集证据。

根据《关于办理刑事案件排除非法证据若干问题的规定》第1条、第2条之规定，采用刑讯逼供等非法手段取得的犯罪嫌疑人、被告人供述和采用暴力、威胁等非法手段取得的证人证言、被害人陈述，属于非法言词证据。经依法确认的非法言词证据，应当予以排除，不能作为定案的根据。

据此，以刑讯逼供等非法手段取得的被告人供述、证人证言等言词证据不仅侵害相关当事人的合法权益，而且极易引发冤假错案，依法应当排除。

现有诸多情况表明，本案存在侦查机关以刑讯逼供等非法手段逼取被告人供述及证人证言的问题。具体表现如下：

1. 慈溪市人民检察院在提讯华某君时所填写的“提押证”反映办案机关在对华某君的实际讯问中存在严重不正常的情况。

如前所述，慈溪市人民检察院两次对本案提起公诉，以起诉的次数为标准，可以将侦查机关对华某君的提讯划分为两个阶段，两个阶段均存在提押证不能如实反映实际讯问情况的问题。具体内容如表1、表2所示：

表 1　第一次起诉期间“提押证”与“讯问笔录”的比对分析情况

<table>
<tr><th>序</th><th>日期</th><th>提解时间</th><th>还押时间</th><th>检察人员
签名或者盖章</th><th>看守所</th><th>页码</th></tr>
<tr><td rowspan="3">1</td><td rowspan="2">2009 年 10 月 26 日</td><td>11 时 00 分</td><td>时　分</td><td rowspan="2">吴某鸿、李某元</td><td rowspan="2">慈溪市</td><td rowspan="2">卷 1
第 12 页</td></tr>
<tr><td>16 时 20 分</td><td>21 时 25 分</td></tr>
<tr><td colspan="6">分析：提押证记载的时间内仅有一份20 时 00 分至 20 时 15 分的讯问笔录(卷 2 第 24 ~ 25 页)，办案机关提解华某君的其他时间做过什么，无从体现。</td></tr>
<tr><td rowspan="3">2</td><td>2009 年 10 月 29 日</td><td>09 时 50 分</td><td></td><td rowspan="2">吴某鸿、李某元</td><td rowspan="2">镇海区</td><td rowspan="2">卷 1
第 13 页</td></tr>
<tr><td>2009 年 10 月 30 日</td><td></td><td>08 时　分</td></tr>
<tr><td colspan="6">分析：在长达近 24 小时的“提解”过程中，办案机关仅形成了2009 年 10 月 30 日 0 时 5 分至 3 时 30 分 1 份讯问笔录(卷 2 第 26 ~ 32 页)，在其余近 20 小时的提解时间内对华某君做过什么，无从体现。另外，本次“提解”从时间上已经构成“疲劳审讯”。</td></tr>
<tr><td rowspan="2">3</td><td>2009 年 10 月 30 日</td><td>16 时　分</td><td>21 时 05 分</td><td>孙某泽、叶某勇</td><td>镇海区</td><td>卷 1
第 14 页</td></tr>
<tr><td colspan="6">分析：在 5 个小时的“提解”过程中，办案机关自 16 时 0 分至 18 时 37 分形成了 3 份讯问笔录(卷 2 第 33 ~ 42 页)，在余下近 2.5 小时的提解时间内对华某君做过什么，无从体现。</td></tr>
</table>

续表

<table>
<tr><th>序</th><th>日期</th><th>提解时间</th><th>还押时间</th><th>检察人员
签名或者盖章</th><th>看守所</th><th>页码</th></tr>
<tr><td rowspan="2">4</td><td>2009 年 11 月 2 日</td><td>15 时 55 分</td><td>19 时 40 分</td><td>孙某泽、叶某勇</td><td>湖州市</td><td>卷 1
第 15 页</td></tr>
<tr><td colspan="6">分析:在 4 小时 45 分钟的“提解”过程中,办案机关自 16 时 05 分至 18 时 40 分形成了 3 份讯问笔录(卷 2 第 43 ~ 53 页),在余下 1 小时的提解时间内对华某君做过什么,无从体现。</td></tr>
<tr><td rowspan="3">5</td><td>2009 年 11 月 5 日</td><td>16 时 分</td><td>20 时 50 分</td><td>孙某泽、叶某勇</td><td rowspan="2">湖州市</td><td rowspan="2">卷 1
第 16 页</td></tr>
<tr><td>2009 年 11 月 6 日</td><td>8 时 分</td><td>12 时 分</td><td>孙某泽、叶某勇</td></tr>
<tr><td colspan="6">分析:(1)11 月 5 日办案机关对华某君“提解”4 小时 50 分钟,自 16 时 38 分至 19 时 28 分形成了 3 份讯问笔录(卷 2 第 1 ~ 11 页),在余下的 1 小时 22 分钟的提解时间内对华某君做过什么,无从体现。
(2)11 月 6 日办案机关对华某君“提解”的 4 小时中,自 8 时 10 分至 11 时 05 分形成了 3 份讯问笔录(卷 2 第 54 ~ 66 页),在余下的近 1 小时的提解时间内对华某君做过什么,无从体现。</td></tr>
<tr><td rowspan="2">6</td><td>2009 年 11 月 9 日</td><td>18 时 10 分</td><td>21 时 15 分</td><td>孙某泽、叶某勇</td><td>湖州市</td><td>卷 1
第 17 页</td></tr>
<tr><td colspan="6">分析:在 3 小时 5 分钟的“提解”过程中,办案机关自 18 时 25 分至 20 时 55 分形成了 4 份讯问笔录(卷 2 第 67 ~ 82 页),在讯问开始前的 15 分钟及结束后的 20 分钟的时间内对华某君做过什么,无从体现。</td></tr>
</table>

续表

序	日期	提解时间	还押时间	检察人员 签名或者盖章	看守所	页码
7	2009 年 11 月 17 日	12 时 55 分	18 时　分	孙某泽、叶某勇	湖州市	卷 1 第 18 页
	分析:在 5 小时 5 分钟的“提解”过程中,办案机关自 13 时 15 分至 16 时 0 分形成了 4 份讯问笔录(卷 2 第 83 ~ 97 页),但在余下的 2 小时 2 分钟内对华某君做过什么,无从体现。					

表 2　第二次起诉期间“提押证”与“讯问笔录”的比对分析情况

序	日期	提解时间	还押时间	检察人员 签名或者盖章	看守所	页码
1	2010 年 4 月 7 日	14 时 00 分	22 时 06 分	吴某鸿、叶某勇	德清县	卷 4 第 1 页
	2010 年 4 月 8 日	9 时 35 分	19 时 00 分			
	分析:(1)在 4 月 7 日长达 8 小时的提解时间内没有形成任何的书面材料,办案机关对华某君“提而不审”,实际的讯问情况无从得知。 (2)在 4 月 8 日长达 9 小时 25 分钟的提解过程中,自 13 时 10 分至 16 时 15 分仅形成了 1 份讯问笔录(卷 4 第 6 ~ 11 页),余下的 6 小时 20 分钟内,办案机关对华某君做过什么,无从得知。					

续表

序	日期	提解时间	还押时间	检察人员 签名或者盖章	看守所	页码
2	2010 年 4 月 10 日	13 时 45 分	18 时 40 分	吴某鸿、叶某勇	德清县	卷 4 第 2 页
	分析:在长达 4 小时 55 分钟的提解时间内,自 14 时 10 分至 17 时 10 分仅形成了 1 份讯问笔录(卷 4 第 12~18 页),余下的 1 小时 55 分钟内,办案机关对华某君做过什么,无从得知。					
3	2010 年 4 月 12 日	9 时 25 分	15 时 05 分	戴某国、张某松	德清县	卷 4 第 3 页
	分析:在长达 5 小时 40 分钟的提解时间内,自 12 时 55 分至 14 时 52 分仅形成了一份讯问笔录(卷 4 第 19~21 页),余下的 3 小时 43 分钟内,办案机关对华某君做过什么,无从得知。					
4	2010 年 4 月 16 日	8 时 44 分	14 时 20 分	吴某鸿、孙某泽	德清县	卷 4 第 4 页
	2010 年 4 月 22 日	9 时 30 分	10 时 10 分	吴某鸿、叶某勇		
	分析:(1)在 4 月 16 日长达 5 小时 36 分中的提解时间内没有形成任何的书面材料,办案机关对华某君“提而不审”,实际的讯问情况无从得知。 (2)在 40 分钟的提解时间中,办案机关自 9 时 30 分至 9 时 50 分仅形成 1 页笔录(卷 4 第 22 页),实际书写内容不足半页,20 分钟只记录半页纸,显然是不合常理的。					

续表

<table>
<tr><th>序</th><th>日期</th><th>提解时间</th><th>还押时间</th><th>检察人员
签名或者盖章</th><th>看守所</th><th>页码</th></tr>
<tr><td rowspan="3">5</td><td>2010 年 4 月 28 日</td><td>17 时　分</td><td>21 时 20 分</td><td>孙某泽、叶某勇</td><td rowspan="2">德清县</td><td rowspan="2">卷 4
第 5 页</td></tr>
<tr><td>2010 年 5 月 14 日</td><td>12 时 0 分</td><td>13 时 0 分</td><td>向某、李某</td></tr>
<tr><td colspan="6">分析:4 月 28 日 4 小时 20 分钟的提解过程中,<u>自 17 时 20 分至 20 时 35 分形成 1 份笔录(卷 4 第 23～28 页)</u>,余下的 1 小时 5 分钟内,办案机关对华某君做过什么,无从得知。
5 月 14 日系本案公诉人对华某君提审,该份笔录未入卷。</td></tr>
</table>

综上所述,将侦查机关对华某君进行提审的"提押证"与实际形成的"讯问笔录"进行比对可以发现,存在"提而不审"、"讯问时间"与"提审时间"不一致、"疲劳审讯"等一系列问题。结合华某君提出侦查机关对其逼供、诱供,并提供相关线索的情况,不能排除本案存在逼供、诱供等非法取证手段的问题,而超过12小时的连续审讯显然已经违法。

2. 慈溪市人民检察院在撤回起诉后,通过对证人违法采取强制措施的手段,逼取有利于指控的"证言"。

早在立案侦查(2009年10月25日)之前,慈溪市人民检察院就于2009年10月22日对周某灿进行了调查询问,并制作了询问笔录(卷2第108~112页),直至2010年3月23日撤回起诉始终未对周某灿采取任何强制措施,期间长达5个月。但在撤回起诉后第9日(2010年4月2日)0时49分,慈溪市人民检察院"突然"以涉嫌行贿犯罪为由对周某灿采取刑事拘留的强制措施,并对其补充"讯问",在4天时间内形成了6份笔录。然而,无论是慈溪市人民检察院撤回起诉后重新提起公诉的指控内容,还是撤回起诉期间"讯问"华某君与周某灿形成的笔录内容,与第一次起诉的指控内容及调取的言词证据并没有本质变化。

据此,在指控事实和证据均未发生变化的情况下,周某灿却从证人"变成"犯罪嫌疑人。对此,不排除办案人员意图通过对证人违法采取强制措施的手段,逼取有利于指控的"证言"的问题。

3. 一审公诉机关拒不出示、播放讯问华某君的同步录音录像,不能排除本案存在以刑讯逼供等非法手段取得被告人供述及证人证言的明显违法问题。

根据最高人民检察院《人民检察院讯问职务犯罪嫌疑人实行全程同步录音录像的规定(试行)》第15条之规定,案件审查过程中,人民法院、被告人或者辩护人对讯问活动提出异议的，或者被告人翻供的，或者被告人辩解因受刑讯逼供、威胁、引诱、欺骗等而供述的，公诉人应当提请审判长当庭播放讯问全程同步录音、录像资料，对有关异议或者事实进行质证。①

本案一审两次起诉的开庭，华某君曾多次强调其庭前供述是虚假的，是在逼迫的情况下做的虚假陈述，并当庭申请播放同步录音录像。对此，辩护人分别于第一次庭审中、庭审后及第二次庭审前、庭审中多次向法庭申请慈溪市检察院出示、播放华某君审讯的同步录音录像，公诉人都拒不出示。无论是作为公诉机关的慈溪市人民检察院，还是作为审判机关的慈溪市人民法院，对于被告人、辩护人反映的逼供、诱供情况及查证属实的线索均"视而不见"。既没有出示讯问的录音录像资料，也未对被告人提供的实施刑讯逼供的行为人及相关线索进行调查核实。显然，一审判决仅以"现有证据不能证明侦查机关有违法取证的行为存在"(判决书13页19行)为由，对华某君及其辩护人的辩护意见不予采纳，不仅颠倒举证责任，而且有失公正、公允。

四、二审法院应当对非法证据进行审查、排除

2010年7月1日实施的最高人民法院、最高人民检察院、公安部、国家安全部和司法部《关于办理刑事案件排除非法证据若干问题的规定》第12条规定，"对于被告人及其辩护人提出的被告人审判前供述是非法取得的意见，第一审人民法院没有审查，并以被告人审判前供述作为定案根据的，第二审人民法院应当对被告人审判前供述

① 对于同步录音录像证据资格的审查应当依照《人民检察院讯问职务犯罪嫌疑人实行全程同步录音录像的规定(试行)》《人民检察院讯问职务犯罪嫌疑人实行全程同步录音录像技术工作流程(试行)》《人民检察院讯问职务犯罪嫌疑人实行全程同步录音录像系统建设规范(试行)》的相关规定进行。

取得的合法性进行审查。检察人员不提供证据加以证明,或者已提供的证据不够确实、充分的,被告人该供述不能作为定案的根据”。第13条规定,“庭审中,检察人员、被告人及其辩护人提出未到庭证人的书面证言、未到庭被害人的书面陈述是非法取得的,举证方应当对其取证的合法性予以证明。对前款所述证据,法庭应当参照本规定有关规定进行调查”。

辩护人提请法庭高度重视,刚刚颁布的这个规定是“两高三部”具有法律效力的明确的法规,是我们审判工作必须遵循的原则。辩护人非常遗憾地指出,在今天的法庭上,居然不能按照“两高三部”的规定来主持法庭!检察人员居然可以断然拒绝出示证据和出示录音录像!

因此,二审人民法院应当对华某君审判前供述取得的合法性进行审查。在检察人员不提供证据加以证明的情况下,华某君该供述不能作为定案的根据。

综上所述,辩护人坚持认为,慈溪市人民法院裁定准许慈溪市人民检察院撤回起诉程序违法;慈溪市人民检察院“撤回起诉”后并无新的事实和证据再次提起公诉,属重复起诉,该起诉依法不能成立。本案不能排除侦查机关以刑讯逼供等非法手段取得华某君口供、岑某富口供、周某灿口供的问题;二审人民法院应当当庭对上述口供的合法性进行审查而没有审查,而且,检察人员对其取证的合法性拒不提供证据加以证明。因此,对于在庭外获取的华某君口供、岑某富口供、周某灿口供、华某芬证言及其他可能是通过非法手段取得的证据,不能作为认定华某君有罪的证据。

第二部分　关于一审判决认定的事实及证据

一审判决关于华某君犯受贿罪的认定事实不清、证据不足,不符合受贿犯罪“权钱交易”的本质特征,依法不能成立。理由与一审辩护意见一致,这里不再赘述。

第三部分　本案庭审后的担忧

本案不可也不能回避的一个关于华某君遭受非人虐待的残酷事实,请法庭予以高度重视。

辩护人认为,这个案子不仅仅涉及一个案件本身能不能定罪的问题。这只是一个小案子,但本案背后所反映的问题却足以发人深省!我想这个问题会受到各方面的关注。

为此,辩护人郑重地希望,我们每一位诉讼参与人,所作所为要能够对得起自己的职业道德!对得起法律!对得起良心!尽管我们的诉讼当中还有这样或那样的困难,我们的司法环境还有一定的问题,但作为一个法律人来讲,要有起码的职业道德、职业良心!我们的所作所为要对得起历史,要经得起历史的检验。

以上辩护意见请法庭予以慎重考虑并采纳。

辩护人:

北京市京都律师事务所律师　田文昌　梁雅丽

二〇一〇年十月十五日

辩护词(二审第二次开庭)

审判长、审判员:

北京市京都律师事务所田文昌律师、梁雅丽律师接受上诉人华某君的委托,担任其二审辩护人,现结合法庭调查情况,在上次庭审发表辩护意见的基础上,针对本案是否存在刑讯逼供及非法证据的问题发表如下辩护意见：

辩护人认为，检察人员所出示的证明华某君审判前供述取得的合法性证据不确实、充分，华某君审判前供述不能作为定案的根据。

一、华某君审判前供述取得的合法性存在疑问是本案不争的事实

毋庸置疑，刑讯逼供、非法证据是实现司法公正的严重阻碍，排除非法证据乃是规范司法行为、促进司法公正不能忽视、不容回避的问题。正是出于这种考虑，在部分个案的推动下，最高人民法院、最高人民检察院、公安部、国家安全部和司法部委结合办理刑事案件工作实际，制定并颁布了《关于办理刑事案件排除非法证据若干问题的规定》（以下简称《规定》）。

根据《规定》的相关内容，排除非法证据不仅是司法机关的权力更是司法机关的不可推卸的责任和义务，在该项司法活动中，人民法院被赋予决定是否对被告人（上诉人）审判前供述合法性进行审查以及如何审查的权力。如果人民法院认为被告人（上诉人）审判前供述取得的合法性有疑问，公诉人（检察人员）就应当向法庭提供讯问笔录、原始的讯问过程录音录像或者其他证据，直至提请法庭通知讯问人员出庭作证（见《规定》第7条）；反之，即使是被告人及其辩护人已提供非法取证的相关线索或者证据，被告人审判前供述仍可以当庭宣读、质证（见《规定》第10条第2项）。可见，在排除非法证据活动中，人民法院无疑处于决定、主导地位。

本案二审法院（宁波市中级人民法院）在第一次庭审结束后，围绕华某君审判前供述取得的合法性问题，（于2010年10月22日、2010年11月2日、2010年11月10日）三度调取、收集证据，甚至因此重新调整开庭日期，充分表明法庭对华某君审判前供述取得的合法性不仅存在疑问，并且非常重视，希望通过一系列的调查取证工作及庭审活动将该问题查清、查实。否则,法庭根本不需要恢复法庭调查,今天我们根本不需要在这里再次开庭。

辩护人认为,华某君审判前供述取得的合法性存在疑问是本案不争的事实,也是本次庭审所要查明的核心问题。根据《规定》,向法庭提供讯问笔录、同步录音录像、提请通知讯问人员出庭作证是检察机关的举证义务,法院有义务责令检察机关提供上述证据,检察机关拒不提供的,相关存疑证据不能作为定案根据。

二、宁波市人民检察院作为慈溪市人民检察院的上级领导机关没有真正履行法律赋予检察机关监督、审查证据合法性的职责是本案另一项不争的事实

最高人民法院、最高人民检察院、公安部、国家安全部和司法部《规定》第7条规定,经审查,法庭对被告人审判前供述取得的合法性有疑问的,公诉人应当向法庭提供讯问笔录、原始的讯问过程录音录像或者其他证据,提请法庭通知讯问时其他在场人员或者其他证人出庭作证,仍不能排除刑讯逼供嫌疑的,提请法庭通知讯问人员出庭作证,对该供述取得的合法性予以证明。

本案中,华某君的当庭陈述及其提供的关于刑讯逼供等非法取证问题的证据线索,慈溪市人民检察院的部分讯问人员涉嫌对其进行刑讯逼供,并在撤诉期间直接或间接指使德清县看守所某些管教人员及羁押于此的个别犯罪嫌疑人对华某君进行体罚、虐待,迫使华某君承认对其无法成立的指控。

对此,华某君早在上一次庭审,甚至早在一审开庭审理期间就向法庭和检察机关进行过反映。

而宁波市人民检察院作为慈溪市人民检察院的上级领导机关,作为能够对刑讯逼供案件行使侦查权的职能机关,竟然没有针对华某君遭受刑讯逼供这一问题进行任何调查,未收集任何证据,始终拒不出示讯问华某君的全程不间断的同步录音录像，更未提请法庭通知讯问人员出庭作证，甚至连其下级单位慈溪市人民检察院出具的“情况说明”都是在宁波市中级人民法院的要求下出具的。

如前所述，排除非法证据不仅是司法机关的权力，更是其不可推卸的责任，而宁波市人民检察院显然没有正确认识并真正履行法律赋予的职责，甚至连对下级机关的“过问”都没有。这也是本案另一个不争的事实。

为便于法庭查明事实、排除非法证据，开庭前，辩护人于2010年11月10日向法庭书面申请通知吴某鸿、叶某勇、李某元、孙某淑、侯某、曹某、金某雨、余某强、颜某宁出庭作证（接受质证），并于次日向法庭书面申请调取华某君审讯的全程同步录音录像、德清看守所401监室自2010年3月31日至4月23日的监控录像。法庭调查中，上诉人华某君及辩护人多次重申上述请求，但均未有结果，法庭也没有给出合法解释。

三、庭审中检察人员、法院所出示的证据不够确实、充分，仍然不能排除华某君审判前供述非法取证问题，华某君审判前供述不能作为定案的根据

根据《规定》第12条的内容，对于被告人及其辩护人提出的被告人审判前供述是非法取得的意见，第一审人民法院没有审查，并以被告人审判前供述作为定案根据的，第二审人民法院应当对被告人审判前供述取得的合法性进行审查。检察人员不提供证据加以证明，或者已提供的证据不够确实、充分的，被告人该供述不能作为定案根据。

本案中，宁波市人民检察院未就华某君审判前供述取得的合法性调查、收集任何证据，始终未出示华某君讯问的全程不间断的同步录音录像，更谈不上对此提供证据加以证明。庭审中，检察人员所出

示的"书面材料"及法院出示的调查笔录、情况说明均不能证明华某君审判前供述取得的合法性,具体内容如下:

1. 出具"情况说明"的单位及个人与华某君审判前供述取得的合法性问题存在利害关系,其"说明材料"客观性先天不足。

根据华某君的指证,对其进行刑讯逼供的人员分别是慈溪市人民检察院的讯问人员和德清县看守所的管教民警及被羁押的犯罪嫌疑人。如果华某君的指证成立,两个单位及相关人员必然要承受相应的法律责任,而出示"情况说明"的恰恰就是这两个单位及被指证的人员。

让可能承担法律责任的潜在责任人出具"说明材料"来证明没有对华某君进行刑讯逼供,无异于犯罪嫌疑人"自证无罪"的辩解,其客观性先天不足。

令人费解的是,一审的公诉人、二审的检察人员为何要舍近求远,对于完全能够清楚证明华某君之前口供取得真实过程的全程同步录音录像,拒不出示,而出具内容、排版甚至标点符号均完全一致的"情况说明"?这充分说明了慈溪市人民检察院所谓的调查根本不具有独立性和公正性,而是走形式、走过场。

2. 慈溪市检察院出具的"情况说明"缺乏相应的客观证据支持,试图以说明代替调查本身,不具备客观真实性,不具有排除非法取证的证明能力。

(1)该"情况说明"不具备证据资格。

慈溪市人民检察院出具的"情况说明"仅是单方做出的调查说明,不能代替调查本身,慈溪市人民检察院监察室是否对取证合法问题进行调查、调查情况如何,均没有调查过程中形成的客观证据来支持,一纸"说明"不能证明其内容的真实性。

(2)该"情况说明"不具有排除非法取证的证明能力。

其一,该"情况说明"仅强调华某君在德清看守所羁押期间是否遭受刑讯的问题,对华某君羁押于慈溪市看守所、镇海区看守所、湖州市看守所的情况"避而不谈"。

其二,该"情况说明"根本不能解释《提讯证》与口供所载提审时间存在的严重出入,不能排除侦查人员提审活动所存在的非法取证问题(见附表1、附表2)。

3. 四名讯问人员出具的"情况说明",不具备真实性,不能排除侦查人员对华某君、岑某富、周某灿、华某芬、华某军非法取证的问题。

首先强调的是,根据最高人民法院、最高人民检察院、公安部、国家安全部和司法部《规定》第7条的规定的内容,如果人民法院认为被告人(上诉人)审判前供述取得的合法性有疑问,公诉人(检察人员)就应当向法庭提供讯问笔录、原始的讯问过程录音录像或者其他证据,直至提请法庭通知讯问人员出庭作证,而绝不是由四名讯问人员出具内容、排版甚至标点符号均完全一致且无任何客观证据证明其内容真实性的"情况说明"敷衍了事。

华某君的《提讯证》与讯问笔录记载时间对比明确反映讯问人员在对华某君提审过程中,存在"提而不审""疲劳审讯""提审时间与讯问时间严重不一致""提审人员与实际讯问人员不一致"等严重违法事实。本案一审的两次起诉开庭,华某君多次强调其庭前供述是虚假的,是在被逼迫的情况下做的虚假陈述,并当庭申请播放同步录音录像。对此,辩护人分别于第一次庭审中、庭审后及第二次庭审前、庭审中多次向法庭申请慈溪市检察院出示、播放华某君审讯的同步录音录像,公诉人都拒不出示。二审中,华某君及辩护人多次要求检察机关出示、播放审讯的同步录音录像,此次开庭前,辩护人书面申请法庭调取华某君审讯的同步录音录像,并当庭播放接受质证。但直至二审庭审结束,检察机关并未提供。而4名讯问人员出具的

“情况说明”并不能排除非法取证,理由如下:

(1)吴某鸿、叶某勇、李某元、孙某淑4名讯问人员出具的“情况说明”,无异于“自证无罪”的辩解。

讯问人员涉嫌刑讯逼供,其在事后以“情况说明”形式所做的辩解无异于犯罪嫌疑人的无罪辩解。况且,4人出具的4份“情况说明”,除署名外,无论是在内容上、排版上甚至在标点符号上都“一模一样”,分明就是同一份电子文档打印形成的,其真实性首先值得质疑。

(2)吴某鸿、叶某勇、李某元、孙某淑4名讯问人员出具的“情况说明”内容,不能排除其对华某君非法取证。

在卷的《提讯证》反映:讯问人员在对华某君提审过程中,存在“提而不审”“疲劳审讯”“提审时间与讯问时间严重不一致”“提审人员与实际讯问人员不一致”等严重违法问题(见附表1、附表2)。对此,4名讯问人员出具的“情况说明”没有作出任何解释,更谈不上排除对华某君非法取证。

华某君被控受贿一案,先后有13名侦查人员参与了讯问、询问取证工作,除了出具“情况说明”的吴某鸿、叶某勇、李某元、孙某淑4人之外,其余9名侦查人员(陶某军、李某、张某松、代某波、胡某庭、周某君、张某伟、陈某、戴某国)是否依法取证,没有任何证据证明。

事实上,在卷的周某灿的口供、岑某富的口供均无提讯手续,华某芬的证言并无传唤手续。况且,岑某富在其自书材料就其被逼供的过程做了详细描述,华某芬在律师的调查中明确其是在被逼、诱的情况下做的虚假证言(有调查笔录及录像为据)。对于周某灿的口供、岑某富的口供、华某芬证言来源的合法性,检察机关并未提供任何证据证明。

4. 德清看守所出具的“情况说明”缺乏相应的客观证据支持,试图以说明代替调查本身,其内容不具备客观真实性。

(1)该“情况说明”不具备证据资格。

《规定》第7条规定,公诉人提交加盖公章的说明材料,未经有关讯问人员签名或者盖章的,不能作为证明取证合法性的证据。《规定》第31条规定,对侦查机关出具的破案经过等材料,应当审查是否有出具该说明材料的办案人、办案机关的签字或者盖章。

而本案中,德清看守所出具的“情况说明”,既没有具体经办人员的签名,也没有经办人员出庭作证,仅盖有看守印章。该“情况说明”既不是形成于案件发生之前的书证(书证的一个重要特征是书证一般形成于案件发生之前,它是在诉讼开始以前或至少是在其被着手收集之前就已形成的),也不是侦查人员在侦查活动终结以后针对涉案相关问题作出的特定说明,更不是鉴定结论。其不能证明案件事实,更不能代替调查本身。看守所是否对与华某君同期羁押的人员、管教民警进行调查,住所检察室是如何查证,至于是否对茅某昌进行了电话询问,均没有相关证据证明,显然该一纸“说明”不能证明其内容的真实性。

(2)该“情况说明”不具有真实性,不能排除华某君被牢头狱霸体罚、逼供的事实。

据华某君本人反映,401监室内有监控录像,最能够客观、直接呈现华某君从2010年3月31日至4月23日在401监室生活的情况,然而德清县看守所并没有提供。

对于德清看守401监室(从2010年3月31日至4月23日)的监控录像,华某君本人庭审中多次申请法院调取,辩护人已在庭前向法庭书面申请调取并当庭播放,但并未果。

自称与华某君羁押于401监室的金某雨、余某强,在其笔录内均证实:存在华某君归余某强管、余某强打华某君耳光的事实。由此可见,在德清看守所的确存在违反《看守所条例实施办法》禁令,“动用人犯管理人犯、体罚人犯”之规定的客观事实(根据《看守所条例实施办法》第3章第19条,严禁使用人犯管理人犯)。

显然,德清看守所的“情况说明”称“我所管教正常、华某君没有受到欺负和虐待”,严重与事实不符。

另外,华某君从未指证曾在205监室遭受同监室人员的体罚及虐待,因此,对于曾与华某君羁押在205监室的茅某昌,因其与401监室不具关联性,其不能证明华某君在德清看守所401监室羁押期间的生活状态。显然,在德清看守所出具的该“情况说明”中称“茅某昌曾表示在监室内没有任何人对华某君曾欺负或虐待过”,既不真实也不客观,更不能以此排除华某君在德清县看守所401室关押期间遭受体罚、虐待、被逼供的客观事实。

5. 由宁波市中级人民法院调取的三份笔录,金某雨、余某强的笔录存在被调查人是否具备作证资格、被调查人作证内容与客观实际不符等问题,颜某宁的笔录不具关联性,均不能排除非法取证。

(1)对颜某宁调查笔录的关联性有异议。

证人颜某宁曾与华某君共同羁押于德清县看守所205监室,而华某君从未提到其曾遭受过205监室人员体罚、虐待的情况。因此,颜某宁在其调查笔录中所提到的内容与华某君是否遭受401监室人员体罚、虐待的事实不具有关联性。

(2)对金某雨、余某强调查笔录内容的客观性有异议。

第一,金某雨、余某强二人不具备证人资格。

虽然余某强、金某雨自称曾与华某君共同羁押于德清县看守所401监室,但在法庭出示的证据中并没有相关证据证明上述事实,华某君本人当庭陈述:自2010年3月31日至4月23日20多天里,与其同期羁押于401监室人员中并没有叫余某强、金某雨的两个人。

因此,在没有得到相关证据证实以及未经华某君本人辨认、核实的情况下,余某强、金某雨不具备证人资格。

第二,金、余二人作证内容不具客观真实性。

首先,华某君指证其在德清看守所401监室羁押期间,管教配合慈溪市检察院办案人员动用牢头狱霸对其体罚、逼供。而金、余二人现羁押在德清看守所,不排除看守所对其实施了逼迫、引诱、干扰等非法手段,更不能排除金、余二人出于自我保护的本能,趋利避害地作出与客观事实相反的陈述。

其次,金某雨、余某强在各自笔录中陈述的内容前后自相矛盾。两人均称"没有人欺负华某君",但两人的笔录中均证实"华某君被人犯管理、被人犯打耳光"的事实。华某君多次陈述其仅向一叫老鞠的人偷偷讲过几句案件事实,未向任何人讲过"检察院存心搞他,翻供过几次,检察院很恼火"之类的言语,更不存向任何人讲述冤屈直至流泪的情景。而金某雨在2010年11月2日的笔录(第2页)中,称华某君曾对其讲"他是因为受贿进来的,因为检察院的人是存心搞他的,他翻供过几次,检察院很恼火"。显然,金某雨凭空捏造事实。根据余某强笔录,其自称管理华某君、打过华某君,不能排除其出于自我保护的本能,趋利避害地作出与客观事实相反的陈述。

况且,据华某君反映,与其共同羁押于401监室的人员总数保持在16~17人,每周都要调换五六人。那么在华某君羁押于401监室的24天里,先后至少有36~37人曾与其同室羁押过,即使有证据证明金、余二人曾与华某君同室羁押过,如果仅金、余二人的证言认定不存在虐待、体罚的话,显属以点概面、仅以5%比例的少数推定全部,是极不负责任的。因为,办理刑事案件毕竟不是搞抽样调查。

第三,另提请法庭注意的是,德清看守所无视《看守所条例实施办法》严禁使用人犯管理人犯的禁令,动用人犯对华某君进行专人管理、人犯对华某君进行体罚,其真正用意不言而喻。

据此,辩护人认为,在缺乏相关重要证据支持的情况下,仅凭被调查人身份不明的两份“抽样调查”式的调查笔录,不足以证实华某君审判前供述取得的合法性。

6. 关于由“曲某”出具的“关于华某君在德清看守所情况”,没有证据证明其合法来源,不能证明华某君审判前供述取得的合法性。

(1)对该份书面材料来源不明的异议。

如前所述,司法机关应当依照法定程序收集、调取与案件事实有关的各种证据。然而,该份书面材料并没有附上调取、收集证据的通知及相关手续,材料本身也没有调取、收集机关或办案人员的盖章及签名,甚至连该份材料由何人、何单位以何种方式交给宁波市中级人民法院都没有证据证实。该份书面材料明显属于来源不明。根据《关于办理死刑案件审查判断证据若干问题的规定》第 9 条之规定,不能证明物证、书证来源的,不能作为定案的根据。

(2)对该份书面材料内容的客观性、真实性的异议。

一是对于材料出具人身份的异议。

该份书面材料是以自称曾与华某君共同羁押于德清县看守所 401 监室的“曲某”个人名义出具的,但是该“曲某”是谁、其与 401 监室是否有关联、其与华某君是否存在关联,均没有相关证据证明。庭审中,华某君及辩护人均要求该“曲某”出庭接受质证,以便华某君对其身份的辨认、核实。

该份材料称“华某君是 4 月 23 日上午调离 401 监室的,我于当天下午押回安吉看守所”,显然与华某君向法庭提供的“半个月之后才离开的老鞠”并非同一人。到底这位“曲某”是谁,其与华某君是否同室关押,均无证据证明。因此,华某君及辩护人对于该份材料出具人员身份的真实性、其与 401 监室的关联性、与华某君的关联性、材料内容的真实性均提出质疑。

二是对于该份材料形成过程的合法性提出质疑。

从法庭描述的该材料的取得过程来看，该材料并非法官直接向“曲某”收集取得。唯一能够确定的是，从“用纸”“捺手印”的情况来看，“曲某”作为仍处于羁押状态中的人员，是不可能独自完成该份书面材料的。至于，该材料是否出自“曲某”之手，“曲某”究竟是在什么状态下书写该“书面材料”的，均没有任何证据能够证实。因而，不能排除“协助”其完成该材料的单位或人员对其实施了逼迫、引诱、干扰等非法手段，更不能排除“曲某”出于自我保护的本能，趋利避害，作出与客观事实相反的证明。

三是该材料内容并不能排除华某君在401监室遭受体罚、虐待的事实。

第一，该份材料称“未发现有人欺压华某君”，并不必然得出不存在体罚、虐待的结论。

第二，该份材料中提到的“管教所长对我们(其和华某君)在生活上比较关心，也照关(关照)同监室的人，对我们俩(其和华某君)年纪较大的人，照顾一些”得不到任何证据(包括宁波中院对金某雨、余某强调取证言)的印证。

第三，该份材料称“其和华某君晚上睡觉前聊天”，但并未涉及聊天的具体内容。根据华某君的陈述，其在401监室羁押期间，被孤立、被管制，没有人跟其说话，其仅偷偷地向“老鞠”说过几句自己的案情。显然，该“曲某”并非华某君在401监室唯一向其倾诉过案件事实真实情况的“老鞠”。

第四，该份材料中保证华某君在德清看守所401监室没有受到任何欺压、虐待，也没有发生任何故意殴打等情况的说法，与金某雨、余某强二人在接受宁波中院笔录中证实的华某君被人犯管理、被人犯打耳光的事实严重矛盾。

据上,这份“关于华某君在德清看守所情况”,与余某强、金某雨的调查笔录存在同样的问题,即出具人身份不明、内容不客观。更值得注意的是,该份“说明材料”来源不清、形成过程不明,无法排除逼迫、引诱、干扰的嫌疑,不符合《刑事诉讼法》规定的证据形式。因此,其本身都难以称为证据,更谈不上能够证明华某君审判前供述取得的合法性。

综上所述,在华某君审判前供述取得的合法性存在疑问的情况下,检察机关没有依法履行调查、取证的职责,检察人员所出示的由他人提供、调取的证据及“书面材料”也不够确实、充分,不能证实华某君审判前供述取得的合法性。根据《规定》第12条的规定,华某君审判前的供述均不能作为定案的根据,更不能作为认定华某君有罪的依据。

以上辩护意见,请合议庭予以采纳。请合议庭依法严格审查华某君审判前供述的合法性,依法排除非法的证据,把本案办成一个经得起“法律检验和时间检验的”铁案,避免以非法取得口供定案而导致无法挽回的错误!

辩护人:

北京市京都律师事务所律师　田文昌　梁雅丽

二〇一〇年十一月十五日

附表1　第一次起诉期间“提押证”与“讯问笔录”的比对分析情况

<table>
<tr><th>序</th><th>日期</th><th>提解时间</th><th>还押时间</th><th>检察人员
签名或者盖章</th><th>看守所</th><th>页码</th></tr>
<tr><td rowspan="3">1</td><td rowspan="2">2009年10月26日</td><td>11时00分</td><td>时　分</td><td rowspan="2">吴某鸿、李某元</td><td rowspan="2">慈溪市</td><td rowspan="2">卷1
第12页</td></tr>
<tr><td>16时20分</td><td>21时25分</td></tr>
<tr><td colspan="6">分析:提押证记载的时间内仅有一份20时00分至20时15分的讯问笔录(卷2第24~25页),办案机关提解华某君的其他时间做过什么,无从体现。</td></tr>
<tr><td rowspan="3">2</td><td>2009年10月29日</td><td>9时50分</td><td></td><td rowspan="2">吴某鸿、李某元</td><td rowspan="2">镇海区</td><td rowspan="2">卷1
第13页</td></tr>
<tr><td>2009年10月30日</td><td></td><td>8时　分</td></tr>
<tr><td colspan="6">分析:在长达近24小时的“提解”过程中,办案机关仅形成了2009年10月30日0时5分至3时30分1份讯问笔录(卷2第26~32页),在其余近20小时的提解时间内对华某君做过什么,无从体现。另外,本次“提解”从时间上已经构成“疲劳审讯”。</td></tr>
<tr><td rowspan="2">3</td><td>2009年10月30日</td><td>16时　分</td><td>21时5分</td><td>孙某泽、叶某勇</td><td>镇海区</td><td>卷1
第14页</td></tr>
<tr><td colspan="6">分析:在5个小时的“提解”过程中,办案机关自16时0分至18时37分形成了3份讯问笔录(卷2第33~42页),在余下近2.5小时的提解时间内对华某君做过什么,无从体现。</td></tr>
</table>

续表

序	日期	提解时间	还押时间	检察人员签名或者盖章	看守所	页码
4	2009年11月2日	15时55分	19时40分	孙某泽、叶某勇	湖州市	卷1 第15页
	分析：在4小时45分钟的“提解”过程中，办案机关自16时05分至18时40分形成了3份讯问笔录（卷2第43～53页），在余下1小时的提解时间内对华某君做过什么，无从体现。					
5	2009年11月5日	16时　分	20时50分	孙某泽、叶某勇	湖州市	卷1 第16页
	2009年11月6日	8时　分	12时　分	孙某泽、叶某勇		
	分析：（1）11月5日办案机关对华某君“提解”4小时50分钟，自16时38分至19时28分形成了3份讯问笔录（卷2第1～11页），在余下的1小时22分钟的提解时间内对华某君做过什么，无从体现。 （2）11月6日办案机关对华某君“提解”的4小时中，自8时10分至11时05分形成了3份讯问笔录（卷2第54～66页），在余下的近1小时的提解时间内对华某君做过什么，无从体现。					
6	2009年11月9日	18时10分	21时15分	孙某泽、叶某勇	湖州市	卷1 第17页
	分析：在3小时5分钟的“提解”过程中，办案机关自18时25分至20时55分形成了4份讯问笔录（卷2第67～82页），在讯问开始前的15分钟及结束后的20分钟的时间内对华某君做过什么，无从体现。					

续表

序	日期	提解时间	还押时间	检察人员 签名或者盖章	看守所	页码
7	2009 年 11 月 17 日	12 时 55 分	18 时　分	孙某泽、叶某勇	湖州市	卷 1 第 18 页
	分析：在 5 小时 5 分钟的“提解”过程中，办案机关自 13 时 15 分至 16 时 0 分形成了 4 份讯问笔录（卷 2 第 83～97 页），但在余下的 2 小时 2 分钟内对华某君做过什么，无从体现。					

注：2009 年 10 月 30 日《提讯证》中，提审华某君的侦查人员是孙某泽和叶某勇，而 2010 年 4 月 12 日讯问笔录（卷 2 第 26～32 页）的讯问人员却是孙某泽、李某。

附表 2　第二次起诉期间“提押证”与“讯问笔录”的比对分析情况

序	日期	提解时间	还押时间	检察人员 签名或者盖章	看守所	页码
1	2010 年 4 月 7 日	14 时 0 分	22 时 6 分	吴某鸿、叶某勇	德清县	卷 4 第 1 页
	2010 年 4 月 8 日	9 时 35 分	19 时 0 分			
	分析：(1)在 4 月 7 日长达 8 小时的提解时间内没有形成任何的书面材料，办案机关对华某君“提而不审”，实际的讯问情况无从得知。 (2)在 4 月 8 日长达 9 小时 25 分钟的提解过程中，自 13 时 10 分至 16 时 15 分仅形成了 1 份讯问笔录（卷 4 第 6～11 页），余下的 6 小时 20 分钟内，办案机关对华某君做过什么，无从得知。					

续表

<table>
<tr><th>序</th><th>日期</th><th>提解时间</th><th>还押时间</th><th>检察人员
签名或者盖章</th><th>看守所</th><th>页码</th></tr>
<tr><td rowspan="2">2</td><td>2010 年 4 月 10 日</td><td>13 时 45 分</td><td>18 时 40 分</td><td>吴某鸿、叶某勇</td><td>德清县</td><td>卷 4
第 2 页</td></tr>
<tr><td colspan="6">分析:在长达 4 小时 55 分钟的提解时间内,自 14 时 10 分至 17 时 10 分仅形成了 1 份讯问笔录(卷 4 第 12～18 页),余下的 1 小时 55 分钟内,办案机关对华某君做过什么,无从得知。</td></tr>
<tr><td rowspan="2">3</td><td>2010 年 4 月 12 日</td><td>9 时 25 分</td><td>15 时 5 分</td><td>戴某国、张某松</td><td>德清县</td><td>卷 4
第 3 页</td></tr>
<tr><td colspan="6">分析:在长达 5 小时 40 分钟的提解时间内,自 12 时 55 分至 14 时 52 分仅形成了一份讯问笔录(卷 4 第 19～21 页),余下的 3 小时 43 分钟内,办案机关对华某君做过什么,无从得知。</td></tr>
<tr><td rowspan="3">4</td><td>2010 年 4 月 16 日</td><td>8 时 44 分</td><td>14 时 20 分</td><td>吴某鸿、孙某泽</td><td rowspan="2">德清县</td><td rowspan="2">卷 4
第 4 页</td></tr>
<tr><td>2010 年 4 月 22 日</td><td>9 时 30 分</td><td>10 时 10 分</td><td>吴某鸿、叶某勇</td></tr>
<tr><td colspan="6">分析:(1)在 4 月 16 日长达 5 小时 36 分中的提解时间内没有形成任何的书面材料,办案机关对华某君“提而不审”,实际的讯问情况无从得知。
(2)在 40 分钟的提解时间中,办案机关自 9 时 30 分至 9 时 50 分仅形成 1 页笔录(卷 4 第 22 页),实际书写内容不足半页,20 分钟只记录半页纸,显然是不合常理的。</td></tr>
</table>

续表

序	日期	提解时间	还押时间	检察人员签名或者盖章	看守所	页码
5	2010年4月28日	17时　分	21时20分	孙某泽、叶某勇	德清县	卷4 第5页
	2010年5月14日	12时0分	13时0分	向某、李某		
	分析:4月28日4小时20分钟的提解过程中,自17时20分至20时35分形成1份笔录(卷4第23~28页),余下的1小时5分钟内,办案机关对华某君做过什么,无从得知。 5月14日系本案公诉人对华某君提审,该份笔录未入卷。					

注:2010年4月12日《提讯证》中,提审华某君的侦查人员是戴某国和张某松,而2010年4月12日讯问笔录(卷4第19~21页)的讯问人员却是吴某鸿、叶某勇、张某松。

郭某安被控故意杀人罪、敲诈勒索罪案

案情简介

郭某安,系陕西某州能源有限公司(以下简称某州公司)总经理。

2008年3月28日,某州公司与朱某某(本案被害人)的某煤矿签订《合作协议》,双方决定共同开发某煤矿。协议签订后,郭某安按约支付定金1000万元。郭某安准备支付剩余的合同款的时候,朱某某不接电话也不回信息,消失不见。2008年5月8日,郭某安通过朱某某找的中间人王某国了解到,朱某某以郭某安的公司没有经济实力,存在欺诈行为等理由要求解约。双方经过中间人王某国的调解,于2008年5月23日签订《解除协议》,朱某某退还郭某安1000万元定金,另赔偿郭某安3050万元损失。合同签订后,2008年6月11日,朱某某按约支付了1500万元的赔偿款,尚余2550万元没有支付。6月15日,朱某某被害身亡。

警方认为郭某安与朱某某在生意往来中存在重大矛盾,将郭某安逮捕。警方查明,朱某某被赫某某等杀害,赫某某供认其受白某红指使,而白某红又供认其受郭某安指使。

辩护思路

本案在一审判决死刑立即执行后,二审阶段被告人家属辗转找到京都律师事务所,委托田文昌律师和西北政法大学刑事法学院教授张处社担任郭某安的二审辩护人。后案件进入死刑复核程序,家属继续委托田文昌、徐莹律师担任郭某安死刑复核阶段的辩护人。

一审定案的主要依据是:郭某安曾经有两份有罪的供述和第二被告人白某红的供述。(白某红是郭某安雇请的矿长,也是本案的直接雇凶人,本案中正是白某红一口咬死他是受郭某安的指使雇凶杀人。)

而通过阅卷分析,本案中存在几个问题:

1. 本案中不能排除刑讯逼供的问题。

2. 定罪证据存在重大的问题,仅凭两个人的口供就予以定罪。

3. 本案中对于被告人郭某安的杀人动机,以及杀人后白某红与郭某安的沟通等问题上疑点重重。

针对这些问题,结合争议焦点,律师形成辩护的两条主线:

1. 非法证据排除。

本案故意杀人的事实很清楚,白某红指使赫某某实施杀人行为事实清楚,证据充分。争议的焦点在于,白某红杀人是否受到了郭某安的指使,认定这一事实的证据主要依赖于口供。经过对在案口供和相关证据的比对分析,辩护人发现,在本案的侦查过程中,其他被告人都指证白某红是直接雇凶者,仅白某红一口咬定郭某安系雇凶杀人指使者。对是否雇凶杀人,郭某安有多份供述,且供述并不稳定,仅有两次认罪口供,之后翻供。而郭某安称,有罪供述不真实,侦查人员对其刑讯逼供,并形成伤害。

根据郭某安的辩解,辩护人着重对郭某安的两次有罪供述进行了分析,发现两次有罪供述均在监所外提审、存在长时间连续审讯、被告人签字疑点重重等问题。结合郭某安本人对刑讯逼供的时间、地点、情节、具体伤害部位和程度的陈述,以及其手肘部存在的伤势,辩护人向法庭提出了非法证据排除。

2. 指控郭某安雇凶杀人的证据尚未达到事实清楚,证据确实、充分,能够排除一切合理怀疑的程度。根据一系列重大疑点,辩护人坚持认为,对郭某安行为性质的认定,不是罪轻罪重的问题,而是罪与非罪的问题。

在死刑复核程序中,辩护人根据在案证据,又提出了 12 个疑点,如郭某安是否存在杀人动机? 白某红是否具有单独杀害被害人的动机? 白某红在被害人遇害前后可疑的电话记录未予查实? 另有他人授意白某红指使赫某某杀害被害人的可能性? 白某红在案发一天后才告知郭某安,而郭某安知情后十分惊讶的表现如何理解? 白某红事后向郭某安索要的 180 万元是否一定就是雇凶费? 等等。在 12 个重大疑点不能排除的情况下,仅凭白某红在杀人之后向郭某安索要了 180 万元这一项尚不能确定缘由的事实,不能充分证明郭某安系杀人案件指使者。

辩护词(二审第一轮)

尊敬的审判长、审判员:

依据《刑事诉讼法》《律师法》的有关规定,北京市京都律师事务所接受上诉人郭某安女儿郭某的委托、陕西法智律师事务所接受上诉人郭某安妻子吴某霞的委托,分别指派田文昌律师和张处社律师担任上诉人郭某安的二审辩护人,依法参加本案的诉讼活动,为上诉人郭某安辩护。

我们接受委托后，通过会见上诉人，认真查阅相关案卷，昨天及今天又参加了庭审活动，对本案有了较为清晰的认识。现结合本案事实、证据及相关法律规定发表如下辩护意见。

辩护人认为：陕西省咸阳市中级人民法院（2009）咸刑初字第00087号刑事附带民事判决书（以下简称《判决书》），认定郭某安同意白某红杀害朱某某，独占某煤矿，郭某安与白某红预谋杀害朱某某、敲诈勒索朱某某，对郭某安故意杀人罪、敲诈勒索罪判处死刑，剥夺政治权利终身，这一判决证据不足、适用法律错误。要求高级人民法院查清案件事实，撤销该判决书，宣告上诉人无罪。

一、关于郭某安涉嫌故意杀人罪的问题

（一）关于本案中刑讯逼供的问题

1. 郭某安的个人陈述。

郭某安于2009年3月22日递交咸阳市公安局秦都公安分局的材料中控诉办案人员对其有刑讯逼供的行为，郭某安称："2008年11月15～18日，我在秦都公安局受讯，办案单位用强硬的手段对我进行审讯，致使我脑晕耳鸣，右胳膊严重扭错位变形，使现在听觉严重下降，胳膊变形生活也无法处理，后看守所给我安排就诊。在强硬的手段审讯下我全身崩溃，我当时有死的想法，他们拿出白某红的谈话笔录对我进行讯问。2008年11月16日、17日、18日晚，讯问笔录结果让我在笔录上签字，我坚决不签，我说：'这都是在你们强硬的逼迫下我胡乱编造的，是自己在欺骗自己，你们为什么这样对待我，我死不瞑目'。第二天早上他们又强行让我鉴字，我含着冤屈和痛苦、绝望的泪水签了字。"

由于上诉人郭某安称于2009年3月22日向咸阳市公安局秦都分局提交的材料中称，办案单位用强硬手段对其审讯，使其身体受损，后看守所给其安排就诊，辩护人建议人民法院依法核实咸阳市秦都看守所是否给郭某安安排就诊,就诊的是什么病症,得出了什么结论,使用了什么药物等,以确定公安机关对郭某安审讯时是否有不当行为。

2. 郭某安的两次有罪供述均在监所外提审。

秦都公安分局于2008年11月15日对郭某安刑事拘留,2008年11月19日将其送往秦都看守所。在外羁押期间对郭某安制作了三份讯问笔录,第一份讯问笔录(2008年11月16日)在陈佛刑警中队制作,第二份、第三份讯问笔录(2008年11月17日、18日)在西兰路刑警中队制作,正是在这三份笔录中,郭某安作了两次有罪供述。

值得关注的是,郭某安第六次讯问笔录(见卷三p.52~59,2008.12.7 14:23~18:32),郭某安第七次讯问笔录(见卷三p.60~68,2008.12.7 18:50~19.0:30)这两份笔录系相同的侦查人员在同一天对郭某安的讯问笔录,不同的是讯问地点。

郭某安在前一份讯问笔录中推翻了原来在刑讯逼供之下所做的有罪供述,间隔18分钟后,就被侦查人员从看守所带回刑警中队进行第二次讯问,这种侦查讯问方式严重违反了法律规定,如何能保障上诉人的人身权利,如何能否定刑讯逼供存在的可能性。

3. 郭某安供述与白某红相近似的仅有两次。

上诉人白某红从案发后被公安机关抓获的2008年6月15日开始,基本上一直供述他曾在郭某安所在的办公室院子里提出要杀死朱某某。郭某安没有接话,扭头就走。白某红供述他还在郭某安的办公室对郭某安说:“找人把朱某某找到处理掉,你看南家咀的矿是不是就成你的了。”郭某安笑道:“不好说,也不一定。”郭某安接着说:“你有没有合适的人?”白某红说:“这事你不要管,做这事得花100万~200万元。”郭某安说:“你看着去办,要注意一点。”白某红又供述她给郭某安讲找到老朱时,郭某安说:“这事儿就这样办,行了。”

其间，白某红即找到赫某某，赫某某安排白某合在咸阳寻找朱某某，最后白某红、赫某某和白某合在咸阳市咸通北路温泉小区发现朱某某。白某红、赫某某和白某合3人于2008年6月15日零时20分将朱某某残忍杀害。白某红在本案中的供述至少有15次，供述此情形的有十次左右（见卷二、卷7及王某国案件卷宗中公安机关讯问白某红的讯问笔录）。

本案涉嫌杀人罪的上诉人郭某安在本案中也有供述，其供述也有10余次，郭某安供述与白某红相近似的仅有两次，分别是：

2008年11月17日16时5分至2008年11月18日3时10分，公安机关对郭某安的此次审讯长达11小时以上，形成17页的讯问笔录；

2008年11月18日12时58分至19时26分的讯问，形成7页的讯问笔录（见卷三、卷七及王某国案件卷宗中公安机关讯问郭某安的讯问笔录）。

公安机关讯问赫某某的讯问笔录，赫某某没有直接供述是郭某安让白某红杀害朱某某，郭某安是否要杀害朱某某他不明确。赫某某供述，赫某某对白某红曾在郭某安的办公室院子里提出要杀死朱某某时，郭某安没有接话，只是笑了笑的情形分析认为：这和电视上、电影上的惯常情节是一样的，老板不直接表态是否同意杀害他人，只是笑了笑，那就是老板同意手下杀人了。（见卷二、卷七及王某国案件卷宗中公安机关讯问白某红的讯问笔录）

辩护人认为：共同上诉人的口供具有言词证据的特征，其主观性极强，在认定时须审慎对待，一般不宜单独依靠共同上诉人的口供认定犯罪成立，必须有其他证据加以印证。

4.2008年11月17日，公安机关讯问郭某安的情况及讯问笔录值得提请合议庭充分的注意。

其一,这次讯问郭某安的讯问的时间过长。

这次讯问郭某安的讯问的时间从2007年11月17日16时5分一直讯问到18日凌晨3时10分,讯问时间长达11个多小时。

其二,有罪供述中郭某安特别的签字方式。

本次讯问笔录的最后一页(该讯问笔录的第17页)郭某安签署的:"已上笔录看过有些说的一样"中有三处改动:第一,将"已经"的"已"改为"以上"的"以";第二,圈掉了"有些";第三,添加上"和我",这样的连续的多处改动,最后形成:"以上笔录看过和我说过的一样"。这两句话是有本质的区别的。印证了郭某安自己陈述的受到刑讯逼供不得已而签字的情况。

综上所述,公安机关于2008年11月17日对郭某安讯问过程的合法性以及获取讯问笔录的真实性值得怀疑。

5. 郭某安反映右手肘有伤,卷中附有看守所说明,但未见医院的诊断证明。

2010年2月5日秦都区看守所出具《证明》(卷p.79):"犯罪嫌疑人郭某安,2008年11月18日因涉嫌故意杀人罪被我局刑事拘留,关押于秦都看守所603号舍,在押期间,郭某安提出右肘部不适,经所医生检查,未见明显异常。后郭某安提出去医院检查,2009年1月4日经主管领导批准,带其到咸阳市第一人民医院就诊,经检查未发现明显异常。"该份《证明》为看守所出具,只有公章没有签名。同时,卷中未见医院诊断证明。

以上五点,证明此案无法排除刑讯逼供的可能性。

(二)同案共同上诉人的口供作为定案的唯一证据时一定要慎重

同案共同上诉人的口供作为定案的唯一证据时,一般应符合下列条件:其一,各同案共同上诉人必须分别关押,没有串供的可能性;其二,对各同案共同上诉人取得口供的程序必须合法,不得违背《刑事诉讼法》第43条的规定，严禁刑讯逼供和以威胁、引诱、欺骗以及其他非法的方法收集证据；其三，各同案共同上诉人的口供对基本事实供述一致，尤其是对次要情节也要供述一致；其四，各同案共同上诉人的口供得出的结论是唯一的和排他的，绝对排除其他的可能性。

在本案件的侦查过程中，本案涉嫌杀人罪的上诉人白某红供述后，上诉人郭某安于2008年11月17日16时5分至18日3时10分（审讯时间长达11个小时以上）、2008年11月18日12时58分至19时26分有两次供述，这两份供述与白某红的供述相近似。

上诉人郭某安于2008年12月7日开始翻供，在公安机关当日对其连续讯问过程中，郭某安供述：2008年4月的一天上午，郭某安与白某红闲聊时，白某红对郭某安说："要不叫老朱死了去。"郭某安说："你咋要这样想？"白某红没吭气。郭某安供述称：其记得白某红就给我说过这一次提议杀朱某某的话，后来再没说过，郭某安此后的十多次供述基本上与此是一致的。郭某安于2009年3月22日向咸阳市公安局秦都分局提交的材料中重申了此事的全部过程，并提及办案单位用强硬手段对其审讯。公安机关用强硬手段审讯，致使其脑晕耳鸣，右胳膊严重反扭、错位、变形、使现在听觉严重下降，胳膊变形，生活也无法自理，后看守所给其安排了就诊。

辩护人认为，上诉人白某红屡次供述他提出杀害朱某某，郭某安同意后他和赫某某、白某合就杀害了朱某某。而上诉人郭某安也曾有两次供述与白某红的供述相似，但郭某安后来的十几次供述中均不予承认，并同意一再声明杀朱某某是在公安机关采用强硬手段对其审讯时不得已而交代的，在不排除公安机关对郭某安在审讯时使用了不当手段的前提下，仅凭白某红的数次供述和郭某安的两次供认就认定：白某红提议杀害朱某某，郭某安同意，是极不慎重的，不符合运用同案犯口供定案的一般规则。

在法庭审理中,出庭支持公诉的公诉人也曾提供本案的侦查人员郑某、张某、杨某等公安干警的证言,以证明他们没有对郭某安使用不当的方式进行讯问。辩护人认为,以这种证据形式、证明方法以及由此得出的结论均是错误的。至于公诉人当庭提出的郭某安入住看守所时的《健康证》,这只能证明郭某安当时外表并没有伤,但不排除郭某安因刑讯而致的体内伤情。

(三)咸阳市中级人民法院认定,"……郭某安看合作无望,遂起杀人动机,上诉人白某红亦向郭某安提出杀害朱某某,独占某煤矿,郭某安同意,两人预谋杀害朱某某……"辩护人对此持有异议

本案的证据证明的事实表明,2008 年 3 月 28 日,朱某某所经营的子长县某煤矿与郭某安注册的陕西某州能源实业发展有限公司签订了合作开发某煤矿的《合作合同》,后朱某某认为郭某安没有合作实力与其合作,遂躲着不见郭某安时,郭某安是有些生气。但是当朱某某委托王某国协调解除与郭某安的合作合同,在王某国协调下,朱某某和郭某安达成"解除《合作合同》的协议书",朱某某同意给郭某安赔偿 3050 万元并返还 1000 万元定金,而朱某某已支付 1000 万元定金、500 万元赔偿金,拟继续支付下余 2550 万元赔偿金的情况下,郭某安仍然产生杀朱某某的动机就没有任何根据,因为这时杀害朱某某则很可能使郭某安当时尚未获取的 2550 万元赔偿金无法得到及时、足额的实现。

公诉机关的上述指控来源于郭某安被刑讯之下的供述,即从 2007 年 11 月 17 日 16 时 5 分一直到 18 日凌晨 3 时 10 分,讯问时间长达 11 个多小时的讯问笔录,并由此推断出结论:郭某安拟杀害朱某某,杀害朱某某后南家咀的煤矿就是郭某安的了,即使郭某安已经收到朱某某支付的 1000 万元定金及 500 万元赔偿款,又即将收到朱某某支付的 2550 万元赔偿款的情况下依然要杀害朱某某,杀了朱某

某，朱某某就无法向郭某安偿还2550万元赔偿款，本案中的某煤矿就是郭某安的……

辩护人认为：这一推论无论从法理上讲，还是从情理上讲都是行不通的。

其一，即使郭某安安排他人杀害朱某某，按照朱某某所经营的子长县某煤矿与郭某安注册的陕西某州能源实业发展有限公司签订了合作开发某煤矿的《合作合同》的约定，郭某安也只能占有该煤矿50%的股份。

其二，在朱某某委托王某国协调解除与郭某安的合作合同，在王某国协调下，朱某某与郭某安达成“解除《合作合同》的协议书”的情况下，郭某安安排人杀害朱某某，某煤矿也不可能是郭某安的。因为无论朱某某被杀一案是否被公安机关侦破，朱某某的妻子白某英、女儿朱某、儿子朱某峰均可以介入某煤矿的后期经营活动，郭某安无法独占某煤矿。

其三，在朱某某委托王某国协调解除与郭某安的合作合同，在王某国协调下，朱某某与郭某安达成“解除《合作合同》的协议书”的情况下，即使郭某安已经收到朱某某支付的1000万元定金及500万元赔偿款，又即将收到朱某某支付的2550万元赔偿款的情况下依然要杀害朱某某，遂安排他人杀害朱某某，朱某某就无法向郭某安偿还2550万元赔偿款，本案中的某煤矿就是郭某安的……这也是没有任何根据的猜测。因为在此情况下，朱某某的妻子、儿子及女儿完全可以向他人借得款项，以便向郭某安偿还2550万元赔偿款，而不致某煤矿落入郭某安之手。即使在无法借到款项的情况下，朱某某的妻子、女儿及儿子完全可以将煤矿出卖给他人，以便及时向郭某安偿还2550万元赔偿款，也不致某煤矿落入郭某安之手。

其四，特别值得提请合议庭注意的是：土地他项权利证的抵押不是郭某安取得矿权的必要条件。

2007年1月30日,根据该土地使用权的他项权利证,某煤矿的土地使用权已经抵押给农行延安小东门支行。2008年3月26日,农行延安分行营业部已向子长县土地资源局出具抵押贷款已还清的证明,同意办理抵押登记解除手续(未见有已解除抵押的证明文件)。后来因郭某安代朱某某偿还了500万元贷款,银行便将该权利证交给了郭某安。2008年5月30日,子长某煤矿与某州能源公司的《解除合作合同协议书》第5条约定"甲方愿以其所拥有的子长某煤矿的土地证,予以担保;甲方如不能在本协议签订之日起两个月内支付全部款项,甲方愿将该矿土地(所有权)转让给乙方。"

检察人员认为,郭某安可以用朱某某抵押的他项权利证书占有某煤矿,因而形成了杀人动机。这种推论是完全没有法律依据的。因为,抵押权人依法享有的只是抵押财产的优先受偿权,抵押权人不当然享有抵押财产的所有权。

根据《物权法》第179条的规定,"为担保债务的履行,债务人或者第三人不转移财产的占有,将该财产抵押给债权人的,债务人不履行到期债务或者发生当事人约定的实现抵押权的情形,债权人有权就该财产优先受偿"。《物权法》第186条规定:"抵押权人在债务履行期届满前,不得与抵押人约定债务人不履行到期债务时抵押财产归债权人所有。"而且,抵押权依法定程序才能实现,《物权法》第195条规定:"债务人不履行到期债务或者发生当事人约定的实现抵押权的情形,抵押权人可以与抵押人协议以抵押财产折价或者以拍卖、变卖该抵押财产所得的价款优先受偿。协议损害其他债权人利益的,其他债权人可以在知道或者应当知道撤销事由之日起一年内请求人民法院撤销该协议。抵押权人与抵押人未就抵押权实现方式达成协议的,抵押权人可以请求人民法院拍卖、变卖抵押财产。"抵押财产折价或者变卖的,应当参照市场价格。

由此可见,根据上述法律规定,甲乙双方签署《解除协议》时,“甲方如不能在本协议签订之日起两个月内支付全部款项,甲方愿将该矿土地(所有权)转让给乙方”的约定,是在债务履行期届满前,抵押人债务人不履行到期债务时抵押财产归债权人所有的约定,不符合法律规定,抵押权人不能因此约定就当然享有抵押财产的所有权;而且债务到期时(2个月),抵押权人与抵押人没有达成协议,同意以抵押财产折价或者以拍卖、变卖该抵押财产所得的价款优先受偿,抵押权人只能请求人民法院拍卖、变卖抵押财产。抵押人死亡了,抵押权人也只有通过人民法院救济,实现对抵押物的优先受偿权。

而事实上,本案中朱某某被害死亡后的实际情况已经充分证明了:即使郭某安以各种理由安排他人杀害朱某某,也无法独占某煤矿。由此可见,检察机关指控郭某安的作案动机无论从情理上还是从法律上都根本无法成立。

(四)咸阳市中级人民法院判决书认定,2008年6月16日,白某红告知郭某安,已将朱某某杀害,并说杀人费用180万元。经郭某安安排,支付给白某红180万元。辩护人对此也持有异议

辩护人认为,白某红在杀害朱某某之后,向郭某安要钱,郭某安当时出于害怕,也顾及他与白某红之间的关系而没有报警,丧失原则错误地给了白某红180万元,白某红自己留下90万元,给赫某某82万元、白某合8万元。

辩护人还认为,在白某红自作主张杀害朱某某以后,郭某安即使给白某红180万元的费用,也不能直接证明是郭某安指使或者同意白某红杀害朱某某的。因为事后帮助与事前共谋在性质上完全不同,不能混为一谈。

《刑事诉讼法》规定的证明标准是:案件事实清楚,证据确实、充

分。一般认为,对“案件事实清楚,证据确实、充分”可以作以下理解:(1)据以定案的证据均已查证属实。这是指作为定案根据的每一个证据都具有证据的本质属性,即客观性、关联性和合法性。(2)案件事实均有必要的证据予以证明。这是指司法机关所认定的对解决争议有意义的事实均有证据作根据,没有证据证明的事实不得认定。(3)证据之间、证据与案件事实之间的矛盾得到合理的排除。办案中收集到的证据可能与其他证据或案件事实有矛盾时,必须进一步补充证据,有根据地排除矛盾,查明事实真相,否则,不得认定有关的事实。(4)对案件事实的证明结论是唯一的,排除了其他的可能性。以上四点必须同时具备,才能认为是达到了“案件事实清楚,证据确实、充分”的标准。

就本案而言,单纯以白某红数次供称郭某安同意其杀害朱某某和郭某安两次有瑕疵的口供,就认定白某红和郭某安两人预谋杀害朱某某,证据明显不足。

在本庭审中,公诉人及附带民事诉讼代理人特别强调:2008年6月15日上午11时40分左右,王某国给郭某安通过移动电话通话,王某国告诉郭某安朱某某被害后,郭某安在与王某国通话结束后的两分钟之内马上与白某红通话,拟据此证明郭某安知道白某红前往西安杀害朱某某,并询问情况。

辩护人对此持有异议。一般情况下,当人们知道特别重大的信息时,一般首先告诉自己熟知的人,郭某安在电话里听王某国说朱某某被害,立即打电话给白某红,这是很正常的心理反应,据此来证明郭某安安排白某红杀害朱某某是没有任何根据的。

如果按反向思维,这一推论也不能成立。2008年6月15日上午11时40分左右,王某国给郭某安通过移动电话通话,郭某安才知道朱某某被害。而按照公诉机关的指控,白某红是按照郭某安的安排前往西安、咸阳杀害朱某某的,白某红、赫某某及白某合于2008年6月15日0时20分左右杀害朱某某之后,没有急于向郭某安请功,也没有及时告诉郭某安他们已经成功将朱某某杀害的信息,而是不漏声色地从西安市返回子长县,其间与郭某安简单通话,几乎没有说些什么内容。白某红和赫某某分手后,白某红在子长县的明星麻将馆打了两圈麻将,也没有向郭某安具体汇报情况。当天晚上,白某红和其他人重新上某煤矿时也没有向郭某安通报杀害朱某某的情况。白某红供述称:"回到子长县过了两天,我早上一个人到郭某安办公室(药材公司),就我们两人,我给郭某安说:'把老朱收拾掉了。'郭某安说:'这下把娄子捅大了。'我说:'你怕什么。'郭某安说:'给人家多少钱(指给杀朱某某的人)。'我说:'180万元……'"(见卷二p.35)。此节事实以及对事实的合理分析只能说明,2008年6月15日11时40分左右,王某国与郭某安通过移动电话通话,王某国告诉郭某安朱某某被害后,郭某安与王某国结束通话后的两分钟之内马上与白某红通话,只是他们之间的正常通话,公诉机关拟据此证明郭某安知道白某红前往西安杀害朱某某并询问有关情况是没有任何根据的。

(五)本案的疑点太多

一审判决已经下达且判处被告人郭某安死刑,但本案却有一系列太多的疑点无法解释和排除,这是本案一审判决所存在的致命问题。诸如:

第一,郭某安杀害朱某某的动机到底是什么,本案无法证明,公诉机关的结论有悖常理。

第二,郭某安明确同意白某红杀害朱某某的意思表示没法得到明确的证实。

第三,郭某安同意白某红杀害朱某某而不先期支付寻找朱某某的费用,不支付前期行动费用,有悖常理。

第四,白某红、赫某某及白某合于2008年6月15日零时20分杀害朱某某之后,不及时告知指使、同意其杀害朱某某的郭某安,而是先打几圈麻将,后上某煤矿,一直不及时告诉郭某安,直到2008年6月16日上午才告诉郭某安,不合常理。

第五,朱某某被白某红杀害后,是郭某安与王某国通话时才最先知道朱某某被害的。

第六,白某红杀害朱某某的前后,并不知道在朱某某委托王某国协调解除与郭某安的合作合同,也不知道在王某国协调下,朱某某与郭某安已达成"解除《合作合同》的协议书",而且郭某安已经收到朱某某支付的1000万元定金及500万元赔偿款,又即将收到朱某某支付的2550万元赔偿款。

第七,白某红供述的郭某安听到白某红杀害朱某某后的第一反应十分极端,有悖常理。

第八,杀害朱某某的前后,郭某安没有与白某红商议如何对付公安机关的侦查,有悖常理。

第九,白某红、赫某某及白某合杀害朱某某后,分别获得巨额的不法利益180万元(白某红获得90万元、赫某某获得82万元、白某合获得8万元),而郭某安只是依法分数次获取朱某某与郭某安达成"解除《合作合同》的协议书"约定的1000万元定金及3050万元赔偿款,子长县的某煤矿也没有被郭某安独占。

第十,在一审法庭审理中,赫某某当庭称要是郭某安给他1000万元他也不去杀人,主要是为了白某红才去的,这是为什么?

第十一,赫某某在一审庭审中供称:白某红要赌一把。白某红到底是在赌什么?

第十二,白某红明明自行安排赫某某与白某合杀害朱某某,为什么却对郭某安讲是雇请的青海人杀害的朱某某?

第十三,白某红为什么对郭某安讲是南某功、李某岩让他杀害朱某某的?

关于本案的疑点总结下来主要有以下几个方面:

1. 关于郭某安要杀死朱某某的动机问题。

(1)郭某安无犯罪动机。

①2008 年 5 月 23 日签订解除协议,2008 年 6 月 11 日朱某某支付第一笔解除款 1500 万元,合同约定剩余的 2550 万元在 2 个月内支付。2008 年 6 月 13 日晚郭某安的人撤矿。还有 2550 万元余款尚未支付,如果郭某安安排他人杀死朱某某,他将落得人财两空。

②指控方的一种观点:郭某安没有能力开发煤矿,而故意以诈骗的手段签订合同,之后被朱某某识破,不能合作,遂生杀心。

这种指控观点不能成立。从现有证据来看,虽然某州公司确实不是天津惠阳公司的子公司,但是郭某安的背后还是有薛某强和杜某京两个有实力的出资人的。况且合作合同尚未履行完毕,郭某安已经按照合同约定支付了首款,剩余的未能支付,是因为朱某某避而不见,仅凭某州公司的账上没有那么多钱,就得出无法支付的观点,是没有依据的。

③朱某某死了,郭某安是不是最大的受益人?

郭某安在第二次讯问笔录中说"按理说朱某某死了我受益……矿上的事就由我说了算。""我想杀朱某某一个是因为西安受了气,朱连面都不见,另外一个,我想朱某某死后,就可以想办法将他的那 50% 的股份慢慢弄到手,就是这两个原因让我真正想杀朱某某。"(卷三 p. 19 ~ 35,2008. 11. 17　16:5 ~ 11. 18. 3:10)

仔细分析一下,假设朱某某被害死亡了,郭某安可以得到什么?

其一,2550 万元的剩余解约金可能拿不到。因为当时朱某某欠很多人的钱,外债有将近两个亿,其资产很可能还不够还债。

其二,关于郭某安有没有可能拿到那50%的股份,实现对某煤矿的占有。此事无须论证,因为到郭某安被捕之时,那50%的股份并没有被郭某安占有,连占有的迹象都没有发生过。

其三,指控思路中有一种观点,就是在签订解除合同时,郭某安当时就已经暗含祸心,所以在合同中加了一条"如果余款两个月不能归还,土地所有权转让给乙方",因此认为郭想朱还不了钱就可以把矿占为己有,为了让朱还不了钱就杀了他。

这种怀疑根本没有逻辑依据:一方面郭某安的解释合情合理,这一条款是为了制约朱某某还款;另一方面,如果照此合同,郭某安根本不用杀人拿地,如果赔款拿不到,就可以得地。

所以,对于郭某安来说,朱某某被害了,他非但不是最大的受益者,而且还要承担很大的风险。

④本案同时指控郭某安敲诈勒索罪,敲诈勒索的目的是钱,如果郭某安为了敲诈勒索朱某某的钱,那么他就更没有理由杀死朱某某。这一点从郭某红的证言可以得到印证,郭某红说郭知道朱死讯的时候说"郭某安当时说:哎呀,老朱咋死了,不是说得好好的要打钱嘛。"(卷四 p. 151 ~ 156,郭某红询问笔录,2008. 11. 22　13:10 ~ 15:20)

⑤指控的依据还有王某国的证言,王某国的证言中说:"他说过过激的话,郭曾说他如果和我不合作,我就收拾他。"(卷四 p. 73 ~ 76,2008. 12. 20　18:20 ~ 19:00)"郭某安说过,'朱某某为什么不合作了,他敢撕毁合同我就做他。'(做他是方言,我认为意思就是揍他)"(卷四 p. 81 ~ 85,2009. 1. 7　13:58 ~ 16:37)。为了证明"做了"的意思,控方又问了白某红、白某合、赫某某,他们说就是"杀的意思"。

其一,白某红、白某合、赫某某三人的说法只是他们自己的个人理解,他们并非当时谈话的双方当事人,凭他们的个人理解就认定当时说这话的人是什么意思,极不慎重。

其二,谈话的双方(郭某安和王某国)均多次明确表示做了就是揍的意思。

⑥朱某某死后郭某安的行为已经证明了他没有杀害朱某某的动机。朱被害后,郭某安没有想方设法地霸占煤矿,而是在履行合同。控方曾强调以下两个理由说明郭某安具有杀人的动机:一是郭某安的人在朱某某死后进矿了。对此,郭某安有合理解释,担心朱某某死了,没有人还钱了。事实已印证,朱的家属将余款打给郭某安后,郭的人便撤出了。二是郭某安没有立即把土地使用证等证件给朱家。对此,郭某安、王某国也有合理解释,这个东西很重要,不敢随便给谁的,一定要亲手交到继承人手里。

(2)不能排除白某红自己单独具有杀害朱某某的动机。

①白某红多次说了,朱某某如果死了,他一能讨好郭某安,二能在郭某安的矿上干活赚钱,三能靠杀人赚钱。

②白某红问郭某安要钱不果后,郭某安的手机上曾经收到过一条恐吓的短信,对此,郭某安提出了,但是办案机关却未予调取。

③本案可以查清的事实是,白某红在郭某安不知情的情况下联系工商局的朋友和白某合寻找朱某某的下落。而此时恰恰是在白某红自己交代的第二次向郭某安提议杀朱某某的时间之前,也就是说,不管白某红交代的第二次、第三次提议是不是真实存在的客观事实(郭某安否认后两次提议),至少不容忽视的一个客观事实是,白某红私自打听朱某某的下落了,不能排除白某红此时已起意杀人。

(3)不能排除有别人要杀朱某某。

①朱某某欠外债甚多。

②法医鉴定,朱某某身受5刀,而杀手赫某某坚持他只捅了2刀。

③杀人的刀在哪里购买的?去哪了?杀人时穿的衣服这些关键

物证都没有找到。

2. 关于6月11日至15日郭某安和白某红之间的通话问题。

(1)白某红的反侦查能力很强,他和白某合、赫某某之间都为了作案买了新的手机和新的号码,假设郭某安和他们是一伙的,一起预谋杀人的,那么,为什么独独郭某安一人还用原来的手机和白某红通话?

(2)关于通话内容,只有白某红和郭某安二人的供述,现郭某安翻供,仅白某红的内容前后矛盾的供述,不能成为认定事实的依据。

(3)郭某安关于通话内容的合理解释——给孩子联系高考,这个解释无法排除。

3. 关于事后的汇报。

(1)2008年6月15日事发后,白某红没有给郭某安主动打过一个电话汇报情况。如果郭某安是指使者,并且在事前又打过那么多个电话催问,甚至责怪白某红办事不力(见白某红的供述),那么白某红事成之后怎么会连电话都不打给郭某安?甚至在15日下午,白某红已经回到子长县,双方又有过两次通话的情况下,白也未向郭汇报?反过来可以印证之前的通话内容也非沟通杀人之事。

(2)2008年6月15日晚上白某红等人再次入矿,郭某安也在,白某红依然没有向郭某安汇报,两人甚至连秘密的眼神交汇也没有。郭某安到此时虽知朱某某已死(是王某国告知郭某安的),但还不知道是白某红杀了朱某某。

(3)2008年6月16日白某红到郭某安的办公室,第一句话就是告诉郭某安她把老朱杀掉了。此时,郭某安方知白某红杀死了朱某某。既然两人早有预谋,中间通过那么多次话中有话的电话,郭某安还用得着白某红告诉?

(4)听到白某红的说法后,郭某安的反应是:“这事搞大了”(郭某安供),郭某安听后很生气,说:“我不管”,扭头就走了。(白某红口供),郭某安说,这下把娄子捅大了(白某红口供),他说你给我弄下这下难子了(白某红口供)。郭某安的这些反应,说明了他根本就不知道白某红杀死了朱某某,对此事感到非常惊诧和麻烦。

4. 关于给钱。

有以下疑点:

(1)郭某安是否受到白某红的敲诈?

(2)郭某安是否有包庇白某红的想法?

(3)为什么分两笔给钱,又从单位走账?没有合理解释。

(4)贷款收据:郭某安曾经以白某红名义为公司贷款150万元,贷款收据是何时开的?为什么在白某红处?谢某梅又说到这150万元有27万元的利息,是怎么回事?

针对本案存在的诸多疑点,辩护人有如此怀疑:本案中的白某红指使赫某某杀害朱某某,或自有动机,或另有他人指使。而前面所列举的种种事实表明,辩护人的这种怀疑是合理的,是不可排除的。

二、上诉人郭某安不构成敲诈勒索罪

根据我国《刑法》第274条的规定,敲诈勒索罪是指行为人以非法占有为目的,以威胁、要挟等方式,强索公私财物数额较大的行为。构成本罪要求:(1)行为人在主观上必须具有非法占有的目的;(2)客观上必须采取威胁、要挟等方法,违背财产所有人、保管人等其他控制人的意志,强行索取公私财物且数额较大。

本案中,上诉人郭某安的行为不符合本罪的构成要件,其所获得的3050万元赔偿是公司的合法收入。具体理由如下:

(一)上诉人郭某安不具有非法占有的目的

法庭调查表明,上诉人郭某安与被害人朱某某经他人介绍,在公平、自愿、互利的基础上,于2008年3月28日,以子长某煤矿和某州公司之名签订了《合作合同》,合同中明确规定了双方的权利和义务。根据《民法通则》第3条、第4条和《合同法》第4条的规定,民事活动应当遵循自愿、公平、等价有偿、诚实信用的原则。当事人依法享有自愿订立合同的权利,任何个人和单位不得非法干预。该合同的订立没有违背意思自治这一根本原则。合同生效后,上诉人郭某安以合同的约定向朱某某支付了1000万元人民币。再继续支付其他出资款时,由于无法联系到朱某某本人致合同无法继续履行。而合同的相对人朱某某,因担心某州公司并非天津惠阳的子公司,没有经济实力;郭某安是子长本地人;郭某安、陈某杰等没有煤矿生产和管理经验;因此朱某某故意躲避,并暗中与山西大土河公司等单位联系合作,单方违约,意欲撕毁合同。虽然从公司发展及最终利益来说,朱某某的动机和目的无可厚非,但是,作为合同一方的当事人,在不通知他方且未解除合同前与他方合作,明显是违反民事和经济法律规定的。赔偿因此给合同相对人某州公司造成的损失也是合法、合理的。也就是说,根据《民法通则》和《合同法》的规定,违约一方应当承担相应的违约责任。在合同解除时,上诉人郭某安提出赔偿损失的请求合理、合法,是法律赋予他们的权利,实质和形式都是合乎法律的,不属于刑法意义上的非法占有目的。

(二)上诉人郭某安没有实施威胁、要挟的行为

1.《合作合同》生效后,上诉人郭某安始终坚持要履行合同,虽然派人到某煤矿的方式欠妥,但其目的并不是非法占有该矿,而是按照合同的约定进行,同时,以这种方式迫使朱某某出面履行《合作合同》,意在各自按照合同约定承担自己的义务和享受权利。

2.解除合同是被害人朱某某提出的,他甚至拒绝了律师李某挺提出用诉讼解决的建议(见李某挺2009年2月25日自书证言),其调解人——上诉人王某国也是被害人朱某某自己自愿选定的。事实

表明,王某国是在接受了朱某某的委托后,以朱某某代理人的身份从中调解,并非上诉人郭某安或王某国以威胁、要挟等方法强制被害人进行调解。

3. 上诉人郭某安在接到王某国电话,知晓朱某某决议解除合同,愿意调解并赔偿损失的意图后,只是鉴于王某国德高望重,让王某国根据实际情况协调,愿意接受他的调解结果。并没有要求王某国在调解时采取威胁、要挟或逼迫的手段。事实上,上诉人王某国也没有采取威胁、逼迫手段,最终达成的协议也是“双方自愿达成”的(见《解除合作合同协议书》)。

4. 上诉人郭某安持有某煤矿的《土地他项权利证明书》,是在双方签订《合作合同》前,郭某安替被害人支付银行贷款时获得的,是担保对朱某某债权实现的一种形式,是原来合作合同签订的前提。不是在解除《合作合同》时才持有,更没有把此证归还与否作为合同解除与否的条件。郭某安不是,也没有以此不归还来要挟被害人朱某某高额赔偿损失。至于朱某某生前没有收回,不是“郭某安没归还”,而是上诉人王某国暂时未来得及交付。

5. 上诉人王某国在与朱某某协商的过程中,虽然曾提到过原双方在签订《合作合同》时有虚列 6500 万元且朱某某在郭某安写的收据上签字的情况,但朱某某明知无论合同解除与否,郭某安都无法从他处得到这笔钱,此收据不会对朱某某造成任何威胁,王某国在协调时提及此收据,也只是想表明如朱解除合同,郭某安和朱某某都无法得到薛某强、杜某京的这笔投资款,并不是以此作为要挟的依据。

6. 最终达成 3050 万元赔偿款,是上诉人王某国与朱某某充分协商后确定的,整个谈判过程郭某安都没有参与,只是最后签字时到场。双方是在友好的气氛中进行的。郭某安没有任何威胁、逼迫的行为表现。

7. 协议达成后,在3050万元的支付过程中,都是朱某某及其继承人在自觉、自愿的基础上以协议进行的,郭某安无任何威胁、逼迫的行为。

(三)赔偿的意向及最终确定为3050万元的标准,并不违背朱某某本人的意志

1. 朱某某鉴于前述三个担忧,以解除合同为终极目的。因为在此前他已经与山西大土河公司签订了合作合同,对方经了解后得知,他尚未与某州公司解除合作,鉴于山西大土河有雄厚的资金和技术实力,在充分权衡利弊后,他自愿接受了3050万元的赔偿标准。

2. 从朱某某与王某国及律师李某挺的交谈可以看出,他认为随着煤炭价格上涨,某煤矿价值已不止2.2亿元或2.8亿元,而是值"四五亿元"(朱某某与王某国电话录音、律师李某挺的自书证言可以证明),解除与某州公司的合作合同再与他人合作,他所得到的利益会远远超过这笔赔偿款,再加之山西大土河公司资金及技术力量雄厚,会很快恢复生产,生产3个月利润就可以补足这笔赔偿数额(见与王某国的通话记录、律师李某挺的自书证言可以证明)。

3. 协议的主要条款是被害人朱某某经与王某国多次协商后,由其律师李某挺起草了解除合同的主要条款,然后自愿赴延安签约,不存在郭某安或王某国威胁、逼迫的情况。当律师抱怨赔偿额太高时,朱某某还是执意坚持。

4.《解除合作合同协议》达成后,朱某某表现得十分高兴,据律师李某挺2009年2月25日《关于和朱某某交往有关情况的补充材料》证明,朱某某认为,解除与某州公司的合作后,"可以向山西多要点款或山西再多给点","朱认为断其合作关系即为赢","除过我看到他签完解除合同出楼时行色匆匆外,总的来说,他挺高兴","等到6月13日我给他打电话问情况时,他说第一笔款已到,又说有什么好消息

再告诉我。当时我感到他很高兴,情绪很好”。朱某某是一个十分精明的生意人,如果在解除合同时朱某某是被逼迫的、违心的,他还会如此高兴吗?

综上所述,陕西省咸阳市中级人民法院(2009)咸刑初字第00087号刑事附带民事判决书,判定郭某安敲诈勒索朱某某,构成敲诈勒索罪,这一判决适用法律错误。

基于上述理由,辩护人恳请合议庭成员充分考虑本律师的辩护意见,以《刑事诉讼法》第162条明确规定的事实清楚,证据确实、充分的证明标准,结合最高人民法院、最高人民检察院、公安部、国家安全部、司法部《规定》以及最高人民法院、最高人民检察院、公安部、国家安全部、司法部《关于死刑案件审查判断证据若干问题的规定》,严格审查此案,以实现刑事诉讼惩罚犯罪、保障人权的目的。

辩护人认为,陕西省咸阳市中级人民法院(2009)咸刑初字第00087号刑事附带民事判决书,郭某安同意白某红杀害朱某某,独占某煤矿,郭某安与白某红预谋杀害朱某某、敲诈勒索朱某某,判处郭某安故意杀人罪、敲诈勒索罪判处死刑,剥夺政治权利终身。该判决证据不足、适用法律错误。要求高级人民法院查清案件事实,撤销该判决书,宣告上诉人无罪。

谢谢审判长及合议庭各位法官!

被告人郭某安辩护人:

北京市京都律师事务所律师　田文昌

陕西法智律师事务所律师　张处社

二〇一〇年十一月十八日

辩护词(二审第二轮)

审判长、审判员:

发表具体的辩护意见之前,辩护人首先向被害人家属表示真诚的同情和慰问。这是一个重大的、恶性的、令人痛心的案件,在这个案件发生之后,被害人及其家属理应受到慰藉,犯罪人理应依法受到惩罚,这是天经地义的。正因如此,今天的法庭就是要在尊重证据和法律的基础上,依法查明事实真相,以便使犯罪人受到公正的惩罚,同时也要做到司法的准确性。辩护人所指的公正的惩罚,就是对每一个犯罪人做到罚当其罪;司法的准确性,就是要争取做到法律的不纵不枉,即要使每一个犯罪人必受惩罚,同时也做到无辜者不被冤枉。正因如此,辩护人认为,无论是控辩双方还是每一个诉讼参与人,尽管我们的职责不同,角度不同,但是我们所遵循的目标应当是一致的,那就是依照事实和法律,协助法庭查清事实,给法庭提供一个兼听则明的基础,以便最后作出一个准确公正的判决。

本着这个原则,辩护人在第一轮法庭辩论观点的基础上,补充发表以下几点辩护意见。

一、关于故意杀人罪

本案中,关于故意杀人的基本犯罪事实是清楚的,即白某红指示赫某某去实施了杀人犯罪行为,对这一基本事实几个被告人都不否认。鉴于此,本案争议的最关键的问题就在于郭某安有没有授意杀人的行为?

关于这一问题,从目前案卷材料和庭审调查的证据看,仅有白某红一个人的说法,也就是说,关于郭某安有没有授意白某红雇凶杀人的问题,白某红与郭某安之间是一对一的供证。控方及被害人代理人可能会反对这个观点,认为不是一对一。但辩护人强调,确实是一对一,因为本案已经查明,除了白某红之外,没有另外任何一个人关于杀害朱某某的问题与郭某安有过直接对话,所有的信息都是来自白某红。也就是说,除白某红外,没有任何人直接指证郭某安授意雇凶杀人。所以,一对一供证的问题是无可争辩的。那么在这种情况下,如何认定郭某安到底有没有授意行为?他到底是不是杀人犯罪的授意者?在这样的重大案件中,对案件的关键问题,我们应该本着严肃、认真、客观、冷静,甚至是一种克制的态度,从证据入手,逐步深入地去分析整个案件。简言之,我们要慎重地分析一审判决认定的事实和证据有没有疑点?能不能做到定罪证据确实、充分?如果能够排除所有的疑点,对郭某安定罪即没有问题。反过来,如果不能排除这些疑点,那就必须重新审视一审判决的认定结论。

现在,我们就冷静客观地来分析一下,关于本案定罪的这一关键问题有没有疑点?

(一)关于本案中是否存在非法证据问题的分析

这一问题在法庭调查和质证阶段都提到了,控辩双方有争议,公诉人和被害人代理人不承认存在非法证据。那么,事实究竟如何?让我们结合以下证据做以具体分析:

第一,对于刑讯逼供的问题,郭某安提供了线索,辩护人也提供了相应的证据。医院诊断拍的X光片的结论,是没有明显异常,但还是明确了有一定的异常。按照公诉人和被害人代理人的说法,没有明显异常就是没有问题,这种结论显然是不能成立的。辩护人要强调的是,辩护人在这里提出这个证据的目的不在于通过这个证据追究某个人的责任,而是在于说明到底存不存在刑讯逼供的问题,所以与严重不严重的关系并不重要,重要的是这样的事实是否存在。只要有变化,有异常,哪怕是不明显的变化和异常,也足以说明确有其事,而只要确有其事,刑讯逼供就不能排除。更何况,排除刑讯逼供是控方的责任,“两高三部”的规定很明确,当控方不能充分排除刑讯逼供的疑点的时候,就不能否认刑讯逼供的存在,就不能排除证据的非法性。

第二,辩护人提请法庭注意,“两高三部”的规定是《关于办理刑事案件排除非法证据若干问题的规定》,而不仅仅是排除刑讯逼供证据的规定,非法证据包括刑讯逼供的证据和刑讯逼供证据以外的其他非法证据。那么,其他非法证据是指什么呢?刚才谈到这个问题时,辩护人已经指出,监所外提审就是非法的,而检察人员认为不非法,并且引证了《公安机关办理刑事案件程序规定》第176条:“提讯在押的犯罪嫌疑人,应当填写《提讯证》,在看守所或者公安机关的工作场所进行讯问。”试图以此证明监所外提审并不违法。但是,辩护人要说明的是,《看守所条例实施办法(试行)》第23条明确规定:“提讯人犯,除人民法院开庭审理或者宣判外,一般应当在看守所讯问室。提讯人员不得少于二人。因侦查工作需要,提人犯出所辨认罪犯、罪证或者起赃的,必须持有县级以上公安机关、国家安全机关或者人民检察院领导的批示,凭加盖看守所公章的《提讯证》或者《提票》,由二名以上办案人员提解。不符合上述两款规定的,看守所应当拒绝提出人犯。”这两个文件都是行政法规,而且规定的内容一个粗一个细,《公安机关办理刑事案件规程》第176条是原则性的规定,《看守所条例实施办法》是具体的操作规定,明确了在什么情况下才可以在公安机关的工作场所实施讯问。所以,不容置疑,在不符合《看守所条例实施办法》规定的情况下在看守所外提讯,就是非法。

不仅如此,《公安机关办理刑事案件程序规定》第145条还规定:“对被拘留、逮捕的犯罪嫌疑人、被告人应当立即送看守所羁押。”本案中,郭某安15日被刑拘后经过4天,即19日才被送到看守所,这种长时间的监所外关押,显属违法,而郭某安的二次有罪供述恰恰是在此期间形成的。既然郭某安庭前仅有的两次有罪供述都是在非法关押状态中形成,其供述来源当然是非法的。

据此,辩护人有理由认为,尽管检察人员否认刑讯逼供的存在,但是,即使仅凭不立即送往看守所羁押和监所外提讯这两项事实,就已经证明了郭某安庭前供述的非法性,依照"两高三部"证据规则的明确规定,理应予以排除。更何况,辩护人已经提供了刑讯逼供的证据。辩护人想提请检察员以及各位诉讼参与人重视并思考的是,我们是在依法办案,是在查清事实,不是在较劲,不是在抬杠。根据法律规定,这样明显的非法取得的证据为什么就不排除呢?我们不排除难道到了最高人民法院也不排除吗?法律制定了总是要执行的。所以,辩护人希望大家能够客观冷静地来分析和对待这个问题。

(二)关于郭某安庭前供述不真实性的具体分析

1. 郭某安的两次有罪供述都是在监所外做的,值得关注的是,这两次认罪供述,在同一份笔录当中,前面讲到有明确的授意,后面讲到事后的态度时却表现出并不知情,前后的说法明显矛盾。例如,前面承认其授意白某红杀人,后面当白某红告诉他杀了人以后,却表现得非常吃惊,"我说这事搞大了"(卷三 p. 19 ~ 35),"我就问他,'老朱是你杀的?你为什么要杀老朱?'"(卷三 p. 11 ~ 18)。辩护人认为,郭某安供述中反映出来的这种前后矛盾不只是一个法律问题,而且是一个常识问题,用我们的经验和常识来分析,任何一个正常的清醒的人,会不会有这样的反应?他指示某人去杀人,事办成了回来给他汇报时,他却大吃一惊,说:"你为什么杀老朱?""你怎么把事搞大了。""捅下大娄子了"。这种矛盾是一种十分明显的自我冲突,为什么会形成这样的冲突难道不应该引起我们的思考吗?如果我们进一步把这种矛盾冲突和监所外非法提讯的事实联系起来,难道不能得出一种结论吗?难道不会认为那确实是郭某安一种言不由衷的说法吗?辩护人对此不下结论,但至少可以提出这样的合理怀疑。那么,在存在这样疑点的前提下,能不能在死刑案件中对被告人草率定罪呢?

2. 监所外讯问形成的有罪供述笔录签字的改动内容值得引起重视。郭某安的第二次讯问笔录(卷三 p.19~35)把"有些说的一样"改成了"和我说的一样",我们冷静客观地想一想为什么会有这样的改动?郭某安说是被逼迫改动的,而检察人员认为这样的改动是正常的,辩护人认为不正常。这两个字的内涵大不一样,郭某安是大学文化水平,他先前的写法显然是留有余地,是为了自保。这种改动,可以明显反映出他在笔录上签字的非自愿性。

3. 听到被害人被杀以后郭某安的反应十分惊讶的事实,在白某红供述中得到多次印证。白某红有三次,郭某安有四次供述,两人总共有七次关于此事的描述基本一致,同时还有郭某红证言的印证。

白某红供述:"郭某安听后很生气,说:'我不管'扭头就走了。"(白某红讯问笔录,卷二 p.13~22)"郭某安说,这下把娄子捅大了。"(白某红讯问笔录,卷二p.23~39),"他说你给我弄下这下难子了"。(白某红讯问笔录,卷二 p.57~80)

郭某安供述:"我就问他,'老朱是你杀的?你为什么要杀老朱?'"(郭某安讯问笔录,卷三 p.11~18),"我说'这事搞大了'。"(郭某安讯问笔录,卷三 p.19~35)"我说:你为什么要杀老朱,老朱跟你有什么关系,你就不想后果。"(郭某安讯问笔录,卷三 p.52~59,卷三 p.70~77)

郭某红证言:郭某安知道朱某某死讯的时候"郭某安当时说:哎呀,老朱咋死了,不是说得好好的要打钱嘛。"(卷四 p.151~156)

特别是白某红有三次供述也是这样描述郭某安知道后的惊讶表现,与郭某安本人的供述相一致,这一点非常重要。分析犯罪人主观心理态度的一个重要的依据就是对犯罪结果发生后的反应。关于郭某安事后表现出惊讶的反应，郭某安、白某红的多次供证的表述都是那么明确，那么一致，而且还有郭某红的证言可以印证。那么，可不可以说他对杀人的事情确实不知情呢？退一步说，至少是不是没有理由断定他一定知情呢？

（三）关于白某红供述不真实性的具体分析

1. 白某红寻找朱某某踪迹的时间在前，而其供述向郭某安提议杀害朱某某的时间却在后，此事实与白某红的说法相冲突。白某红寻找被害人朱某某是在2008年5月5日，那时他就已经开始给工商局的朋友打电话，查朱某某的住址。而在供述中他自称给郭某安第二次提议的时间是郭某安从西安回来之后，至少在5月12日之后。这个时间点很重要，因为按照白某红自己的这个说法，在他向郭某安第二次提议要杀人之前，他就已经开始行动了。行动在先，提议在后，说明了什么？杀人到底是他自己的想法，还是郭某安授意这么做的？这个问题具有重大疑点！

2. 白某红在二审庭审法庭调查中陈述的变化不能自圆其说。辩护人在法庭调查中一再地追问，白某红原来说是他提议杀人，这种说法直至一审庭审中也没有改变，但在二审庭审中却变成了说他没有提议，全是受郭某安的指使。这两种说法何真何假？为什么会不一致？白某红对此的解释是，原来是为了包庇郭某安，所以才那么说。这种解释显然不能成立，如果他说郭某安没有让他杀人才可以说是包庇，而白某红只不过是把他提议，郭同意，变成了他没提议，而是郭指使。这种解释与包庇的目的并不相符合，连检察人员也认为白某红的这个理由说不通。既然说不通，白某红供述的真实性就更值得怀疑。

3. 白某红在庭审中供认的杀人动机与郭某安授意的说法相矛盾。庭审调查的时候白某红说，他去找朱的时候已经解除了合同，但是他不知道,所以他说,他不知道郭已经与朱解除了合同,要知道了的话,他们肯定不会干。赫某某在庭审中也有同样的说法。两个人一致的供述是,杀人动机是以没解除合同为前提产生的,合同解除了动机就没了,也就没有必要杀害朱某某了。这恰恰说明了他们的想法与郭某安不一致。合同是郭某安解除的,郭某安肯定不会不知道,按照这个逻辑,如果解除合同就没必要再杀朱某某了。那么既然如此,郭某安授意又从何谈起?

4. 白某红曾经说过授意杀人者另有其人,这种说法应当引起重视。白某红对郭某安说是南某某和李某某授意其杀人,且其二人确实存在。不管这个说法是不是空穴来风,但值得思考的是,如果真的一开始就是郭某安授意,那他还有必要向郭某安编造这两个人授意的谎言吗?岂不是自欺欺人吗?这符合逻辑吗?这是不是也是一个重大的疑点呢?

5. 6月14日晚上关于老板电话的谎言是一个重大疑点。关于这个问题,法庭调查中辩护人一再追问被告人赫某某,虽然赫某某后来说辩护人是诱导他的,但庭审中大家都听见了,辩护人是怎么问的?辩护人的发问非常平和,非常明确,也非常简单。先问他接电话是什么时间?他说是晚上。又问他晚上是指什么时候?他思考以后说是8时以后,说是当时白某红接了一个电话后,随即对他说,是老板的电话,并说老板很着急,很生气,这个老板就是指郭某安。针对这一情节,辩护人当庭反复询问他,而赫某某对电话内容和时间、地点回答得十分确定。但是,辩护人随后向法庭出示的案卷中白某红与郭某安的通话记录清单显示,从14日11时4分至15日11时47分,整整超过了24个小时,郭某安没有和白某红通过电话。特别是赫某某甚至连他们通话用哪一个手机都说得很清楚,而这个手机却根本没有此时刻的通话记录。那么,“老板很着急很生气”的这个老板是谁？也可能有这个老板，但这个老板就是郭某安吗？还是另有其人？这是不是个疑点，而且是重大疑点呢？

6. 白某合笔录中讲到还有人要杀朱某某，庭审中辩护人通过对白某合的询问已经证实了这一点。他说朱某某欠别的老板五六百万元，可能别人要杀他。白某合是听谁说的呢？说是听赫某某说的。白某合的这个说法究竟是空穴来风，还是编瞎话，还是确有其事。这至少也是个疑点。

7. 白某红对郭某安事后反应的供述，进一步印证了白某红供述的不真实。前面已经列举过，白某红一方面强调郭某安指使授意的同时，又在三次笔录中反复说到郭某安听了之后很吃惊的表示。白某红供述的这种前后矛盾是不是又反过来印证了他自己的供述是有问题的呢？

仅对白某红笔录真实性的问题辩护人至少可以说出有以上七个方面的疑点，对这些疑点，难道可以视而不见吗？辩护人认为不应该。

（四）根据“两高三部”《关于办理死刑案件审查判断证据若干问题的规定》的相关规定，郭某安的庭前供述不能成为定案的依据

“两高三部”《关于办理死刑案件审查判断证据若干问题的规定》第22条规定：“对被告人供述和辩解的审查，应当结合控辩双方提供的所有证据以及被告人本人的全部供述和辩解进行。被告人庭前供述一致，庭审中翻供，但被告人不能合理说明翻供理由或者其辩解与全案证据相矛盾，而庭前供述与其他证据能够相互印证的，可以采信被告人庭前供述。被告人庭前供述和辩解出现反复，但庭审中供认的，且庭审中的供述与其他证据能够印证的，可以采信庭审中的供述；被告人庭前供述和辩解出现反复，庭审中不供认，且无其他证据与庭前供述印证的，不能采信庭前供述。”

这个规定非常明确地规定了什么情况下应当采信当庭的供述。而且,本案中没有理由说有任何其他证据可以与郭某安的庭前有罪供述相印证,仅凭利害关系人白某红一个人的供词这样单薄的证据,绝不具备印证的条件。所以,根据"两高三部"的规定,即使抛开非法证据排除的问题不谈,郭某安庭前的有罪供述也不能作为定案的依据。

(五)关于郭某安犯罪动机的分析

接下来从事实和逻辑的角度,具体分析一下郭某安的犯罪动机问题。

辩护人认为,不解除合同郭某安才有可能取得煤矿,而解除了合同就无法得到煤矿,因为解除合同后就失去了取得煤矿权的合法理由,这个道理是非常明确的。关于法庭调查和辩论中涉及的土地他项权利证书的作用,另一位辩护人在之前已经论证过了,不予重复。在此只想强调指出,根据他项权利证书的法定权利和抵押的法定后果:其一,本案中,银行得到了郭某安替朱某某偿还的贷款,所以把抵押在银行的土地他项权利证书交给了郭某安,但是他项权利证书的抵押权人名字没有变更,还是银行;其二,根据《物权法》对抵押权的相关规定(《物权法》第179、186、195条),不管这个证书上抵押权人是谁的名字,抵押权人依据他项权利证书根本不可能取得矿权,而只能得到优先受偿权。简言之,当郭某安握有某煤矿他项权利证书的时候,正像他自己说的,只能是拿着证书,迫使朱某某履约把违约金还给他。如果朱某某不给怎么办?法律有规定,最多是通过拍卖、变卖程序实现对抵押物的优先受偿权。所以,依照法律的规定,郭某安根本不可能依据这个抵押合同把矿权拿到手。这个基本事实说明,不存在控方指控的郭某安先是握有某煤矿他项权利证书,尔后再把朱某某杀害,继而又夺得矿权的所谓顺理成章的如意算盘。

所以，如果要杀人夺矿，郭某安就不会同意解除合同，如果要解除合同，郭某安就没有必要再去杀人。而这种逻辑恰恰又与白某红、赫某某两个人的表达是一致的。

辩护人注意到，白某红的辩护人以及被害人代理人都讲了这样一个观点，说郭某安因为履行合同无望，没面子而杀人。这个说法能不能成立？我们无意加以彻底的否定，不错，现实中有人为了一根香烟也可以杀人，但这是不是普遍的现象和普遍的逻辑？郭某安就为了一个“没面子”就杀人？值得吗？他还是个大学生吧？他也知道杀人的法律后果。如果因为一个面子就可以铤而走险，冒着死刑的风险去杀人，这种推断可不可信？我们冷静地分析一下，至少也不能得出唯一性的结论吧？

再者，白某红、赫某某都明确表示过，因为不解除合同才杀人，解除了就不必杀人了。由此看来，白某红辩护人的说法与白某红等的说法本身就冲突。到底以谁的为准？对此我不想评价对错，但至少是有冲突，有疑点。那么，在这种情况下能不能就断定郭某安具有杀人动机？辩护人认为，证据明显是不充分的。

通过以上几个方面的分析，辩护人认为，既然本案中有如此众多的疑点，如果不能充分排除，那么在这么重大的涉及死刑的案件当中，又是在“两高三部”的两个证据规则刚刚出台不久的情势下，我们能不能这样轻率地定罪并且对被告人判处极刑？这样做合适不合适？值得深思！

白某红的律师和被害人代理人在辩论发言中对于郭某安的犯罪动机做了非常详细的分析，似乎很深刻。但辩护人很遗憾地认为，这种分析、论证、描述、推理却并不可靠，它或许可以启发思路，可以渲染气氛，但是能不能当作证据使用？答案是很明确的，不能。如果在侦查阶段，这种分析、论证、推理是非常重要的，因为侦查思路需要开阔,需要联想,需要怀疑一切。但是在法庭审理阶段,尤其是在二审定案的时候,我们必须换一种思路,绝不能靠分析、论证、描述、推理来渲染气氛,那样做只能造成一种感觉,一种联想,会混淆视听。法律绝不能靠感觉和推断来定案,绝不能靠讲故事来定案。法律的原则非常明确:排除一切合理怀疑,是定罪的一个最重要的法定原则,尤其在涉及死刑的案件当中,更是要极其慎重的。简言之,侦查阶段的思维方式应当是怀疑一切,而审判阶段的思维方式则应当是排除一切可能是无罪的合理怀疑。所以,证据是定罪的最基本的前提,如果我们抛开证据,仅凭分析、论证、描述去认定犯罪,是非常危险的。

再一次提醒各位,也提请法庭注意这个问题,因为我们面对的不是一个小案件。所以辩护人诚恳的希望我们每一个诉讼参与人,在分析和处理这个案子的时候,应该考虑到我们每个人肩负责任的重大。杀人是令人深恶痛绝的犯罪行为,那么,反过来,当我们依照法律为了维护正义而不得不杀人的时候,难道不应该特别的慎重吗?

二、关于敲诈勒索罪

下面结合敲诈勒索罪的犯罪构成要件,对指控事实是否构成该罪做一点具体的分析。

构成敲诈勒索罪的前提是什么?其与民事行为区别的界限是什么?简言之,敲诈勒索是利用别人的短处或者弱点来实施威胁,使对方不敢、不能而不得不去违心地接受敲诈者要求的条件。所以,不是任何人都可以被敲诈,而必须是在自身有短处或者弱点,又不能寻求救济的条件下才可能被敲诈。如果任何人在主张权利或索取利益时凡是施加压力就一概认定为敲诈,那敲诈勒索犯罪和一般民事行为的界限就无法区分了。比如近几年出现过向开发商高额索赔被抓起来定为敲诈勒索罪的案件,还有前些时候有一个女大学生因买电脑向卖方高额索赔也被定为敲诈勒索罪的案件。这些案例遭到了全社会的严厉批评,因为它无限扩大了敲诈勒索罪的范围,混淆了敲诈勒索与正当、正常的民事行为的界限。

所以,辩护人提请法庭一定要关注这个问题,敲诈勒索罪并不是把威胁作为唯一特征的。敲诈勒索的重要特征之一是以对方畏惧威胁的弱点为前提,使其因此被要挟而不能或不敢寻求正当救济途径。所以,在可以寻求正当救济途径,不具备要挟条件的前提下,应当不存在敲诈勒索的问题。

现在,结合本案的具体案情,让我们来分析一下,在郭某安和被害人解除协议的过程中,被害人受到了什么威胁?

事实上,如果说有威胁,那么只能是郭某安因坚持继续履行协议而形成的威胁,因为郭某安的要求很明确,你若不赔钱,我就不与你解约;不解约,你与山西公司就不能正式签约。某种意义上,这也许确实是个威胁。但关键问题是,这个威胁的存在是正当的还是不正当的?是正常的还是不正常的?如果把这个问题弄混淆了,我们就混淆了敲诈勒索罪与民事行为的基本界限。

首先,本案发生的前提是郭某安与朱某某的两个公司之间正常的经营活动,起因是因违约而产生的合同纠纷,事实是朱某某单方违约在先。这几个基本事实不存在争议。在这种情况下,郭某安索取违约赔偿具有事实和法律依据。

其次,朱某某可以寻求正当救济程序,他可以拒绝赔偿,也可以提起诉讼,而不存在妨害救济的障碍。

最后,郭某安没有施加不正当手段。协议生效期间,他按照协议约定进驻矿山的行为有什么不正当?关于这一问题,前面已经讲得很清楚,不再重复。

那么,在这种情况下,如果说朱某某果真是违心地承担赔偿责任的话,真正的顾虑或者也可以说成是威胁,并非来自郭某安,而是来自另外一方,也就是他后来找的另一个合作伙伴——山西大土河公司。因为朱某某是“一女二嫁”,违约在先,如果朱某某不能解除与郭某安的合作协议,山西大土河公司就不与他正式签合同。所以,郭某安的要求并不存在要挟的条件,即使索赔数额过分了也绝不是敲诈。试想,实践中如果凡是要求索赔过分了就是敲诈,那我们的民事审判还有什么意义?现实中许多民事赔偿都是要天价的,甚至有的杀人损害还提出过上亿元的赔偿,如果按照本案指控的逻辑,难道那不是敲诈勒索吗?应当明确的是,通过正当程序提出来的索求,是一种诉求,也会有一个讨价还价的过程。把所有的诉求都当成敲诈勒索,是没有法律依据的。所以,实际上,由于朱某某“一女二嫁”,由于朱某某欲通过利益的置换而追求更大的利益,导致了其与郭某安解约是与山西大土河公司签约的前提。这其中,朱某某显然有其自己的利弊权衡的问题,在这种利弊权衡中,使朱某某受制约的是山西方而不是郭某安,因为朱某某觉得赔偿比不解除合同对其更有利。在通话录音中朱某某说的一句话很重要:“三千万元是底线,超过三千万元打官司。”这句话很重要,其一,说明朱某某有自己的底线,其二,说明朱某某有救济途径,他完全可以打官司。所以,根本不存在敲诈勒索的问题。

至于王某国,王某国是中间调解人而不是代理人,法庭调查中问王某国:“你了解他们的真实情况吗?”王某国说我不需要了解。王某国说得一点没错,作为一个中间协调人,他有什么必要非得了解对方的底细呢?条件是双方各自提出的,调解结果以双方接受为原则,调解就是这样一种作用。所以,王某国的行为就更不涉及犯罪问题。可以很明确地讲,在这个案子里,双方最后和解成功,没有被害人,朱某某事后还向王某国表示感谢。那么,郭某安以谈判方式协议索赔,何罪之有?王某国化解矛盾,减少诉讼,促进社会和谐,何罪之有?

所以,辩护人认为,对于这个罪的认定也应当引起深刻的思考,在指控的两个罪中这个罪名是个小罪,但是如果就把这个案件可以当作敲诈勒索罪来处理,那么,所有民事纠纷,包括涉诉的索赔,协议的索赔等情况,还会有哪些不是敲诈勒索?可能至少大部分的此类案件都会变成敲诈勒索。难道法律是这么不严肃的一件事情吗?所以,辩护人提请法庭高度重视:此罪虽小,但是涉及法律原则问题,也是不容轻视的。

综上所述,辩护人认为,一审认定郭某安构成雇凶杀人罪的共犯,尤其是指使者,证据明显不充分;认定郭某安构成敲诈勒索罪,不能成立。辩护人希望法庭慎重研究这些证据,严格依照《刑事诉讼法》和“两高三部”《关于办理死刑案件审查判断证据若干问题的规定》《关于办理刑事案件排除非法证据若干问题的规定》,依法对郭某安作出公正判决。

被告人郭某安辩护人:

北京市京都律师事务所律师　田文昌

二〇一〇年十一月十九日

辩护词(死刑复核)

审判长、审判员:

北京市京都律师事务所田文昌律师、徐莹律师接受被告人郭某安亲属的委托,担任其在死刑复核阶段的辩护人。接受委托之后,我们仔细分析研究了一审判决书及二审裁定书,会见了被告人郭某安,查看了本案的案卷材料。辩护人认为,本案一审、二审认定郭某安成立雇凶杀人罪并判处死刑,判决存在重大问题,本案事实认定上存在诸多重大疑点无法排除,郭某安是否系故意杀人案件的雇凶者,无法得出唯一排他的结论。判决其极刑极有可能酿成无法挽回的冤假错案。一审、二审认定郭某安敲诈勒索罪,事实不清,证据不足,定性错误。现针对两起认定事实,结合二审裁定,分别发表辩护意见如下:

一、关于故意杀人罪

(一)证据认定问题

二审裁定关于不存在非法证据的认定(二审裁定 p. 55),说理极不充分,颠倒举证责任,在没有充分事实和证据支持下,认定没有刑讯逼供,不存在非法取证,进而用非法证据作为定罪依据,在不合法、不真实的证据基础上得出了不真实的错误结论。

首先,二审裁定认为公安机关的讯问并不违反《公安机关办理刑事案件程序规定》。(二审裁定 p. 55)

《公安机关办理刑事案件程序规定》第 145 条规定:"对被拘留、逮捕的犯罪嫌疑人、被告人应当立即送看守所羁押。"第 176 条规定:"提讯在押的犯罪嫌疑人,应当填写《提讯证》,在看守所或者公安机关的工作场所进行讯问。"《看守所条例实施办法》第 23 条规定:"提讯人犯,除人民法院开庭审理或者宣判外,一般应当在看守所讯问室。提讯人员不得少于二人。因侦查工作需要,提人犯出所辨认罪犯、罪证或者起赃的,必须持有县级以上公安机关、国家安全机关或者人民检察院领导的批示,凭加盖看守所公章的《提讯证》或者《提票》,由二名以上办案人员提解。不符合上述两款规定的,看守所应当拒绝提出人犯。"

本案事实是:咸阳市公安局秦都分局拘留证(咸公秦刑拘字[2008]663 号)记载,郭某安于 2008 年 11 月 15 日被刑拘,11 月 19 日被送到秦都看守所收押;全部卷宗未见《提讯证》;郭某安两次有罪供述分别是在 2008 年 11 月 17 日 16 时 5 分至 11 月 18 日 3 时 10 分与

2008年11月18日12时58分至18日19时26分,地点在西兰刑警中队。

将上述事实结合相关规定,公安机关的讯问存不存在程序违法问题,显而易见,任何语言和辩解在事实面前都显得苍白无力。

其次,二审裁定一方面无法否认“有罪供述的最后内容中虽有改动”,另一方面认为有罪供述笔录“经过了本人签字,捺印确认,没有证据证明郭某安的签字是非自愿的。”(二审裁定 p.55)

在原一审、二审辩护中,辩护人已经强调指出了郭某安在讯问笔录的最后一页的“以上笔录看过和我说过的一样”的签字是在原“已上笔录看过有些说的一样”的表述上,经过三处改动:第一,将“已经”的“已”改为“以上”的“以”;第二,圈掉了“有些”;第三,添加上“和我”,最后形成。郭某安本人在控诉中说:“他们又强行让我鉴字,我含着冤屈和痛苦、绝望的泪水签了字。”辩护人不明白,这样难道还是“没有证据证明非自愿”吗?被告人在被刑讯的情况下,冒着被更严重刑讯的危险,写下“以上笔录看过有些说的一样”,最终在我们不得而知的强压下,不得已含着冤屈、痛苦、绝望的泪水签了字,这样的签字,难道能被视为是自愿的吗?任何一个有判断力而又有良知的人,都不能眼睁睁地说这是自愿的签字。

最后,二审裁定在肯定伤情的情况下,同时认为“没有证据证明此伤是在被关押期间形成,更没有证据证明系侦查人员所致”。(二审裁定 p.55)

客观事实是:一审期间,控方针对刑讯问题,出示了2010年2月5日秦都区看守所出具《证明》:“在押期间,郭某安提出右肘部不适,经所医生检查,未见明显异常。2009年1月4日经主管领导批准,带到咸阳市第一人民医院就诊,经检查未发现明显异常。”一审期间,辩护人屡次申请,但控方始终未出示咸阳市第一人民医院诊断记录。

二审期间,辩护人调取到了郭某安在咸阳市第一人民医院的诊断报告:"诊断意见:右肘骨质未见明显异化,内上髁周围软组织内钙化,考虑为血肿机化。"

"血肿机化",是由于骨折等强烈外伤后,因骨折本身及邻近组织的血管断裂、出血,在骨折部形成血肿的一种纤维愈合。存在这种状态,说明了其右肘部曾经经受了骨折等强烈外伤。

辩护人认为,在被告人方举证条件如此困难的情况下,尚有如此明显的证据能够证明被告人在监所期间身体带伤。控方如果要排除该证据,应当承担举证责任,证明该伤不是其刑讯逼供所致。二审裁定武断地认定没有证据证明伤情形成时间,就排除非法取证的可能性是不慎重的。因为同样,控方也没有提出任何证据证明伤情不是在关押期间形成的。

同时,辩护人强调,根据"两高三部"《关于办理死刑案件审查判断证据若干问题的规定》第22条:"对被告人供述和辩解的审查,应当结合控辩双方提供的所有证据以及被告人本人的全部供述和辩解进行……被告人庭前供述和辩解出现反复,庭审中不供认,且无其他证据与庭前供述印证的,不能采信庭前供述。"根据该规定,本案中没有任何其他证据可以与郭某安的庭前有罪供述相印证,仅凭利害关系人白某红一个人的供词这样单薄的证据,绝不具备印证的条件。所以,根据"两高三部"的非法证据排除规则,郭某安的庭前有罪供述也不能作为定案依据,应予排除。

因此,在不能排除非法取证可能性的前提下,根据"两高三部"证据规则相关规定,郭某安的两次有罪供述应当予以排除,不能作为定案依据。那么,综观本案证据情况,对关键事实,即白某红到底是不是在郭某安指使下实施杀人行为的指控证据,只有白某红与郭某安之间一对一的供证,其他证人证言,均不能指证郭某安与此事有关,虽然赫某某的证言中涉及郭某安,但其一,赫某某的证言不具有真实性,他在2008年11月15日的笔录中说道:有一次碰面,郭某安也在。但这一说法,不仅与郭供述不能印证,而且就连想把雇凶行为完全推到郭某安身上的白某红对此事实都未提及,可见,赫某某的证言不真实,不客观;其二,赫某某所知道的都不是直接源于郭某安,他从未与郭某安直接对话,都是听白某红说的,其本人也受白某红指使;其三,赫某某关于是郭某安雇凶的说法均是其个人主观判断。如果郭某安的口供存在非法证据形态予以排除,那么,指控郭某安指使白某红雇凶杀人证据严重缺失,无法形成完整的证据链条,无法得出确实、充分、唯一、排他的结论。

(二)事实认定问题

一审、二审认定基本事实部分错误,指控郭某安雇凶杀人的事实尚存在大量疑点,没有得到合理排除。

1. 二审裁定根据郭某安的有罪供述与白某红证言以及解除合同的协议约定,认定郭某安杀人动机及目的是“占有某煤矿”。该认定既不符合情理,也与客观事实相悖,更没有法律依据。

于情:犯罪显然是为了谋取更大的利益,按照二审裁定,这个更大的利益就是占有某煤矿(二审裁定 p. 55 – 56)。但是,这个认定,有几点无法解释的疑问:

(1)郭某安与被害人在2008年5月23日签订解除协议,2008年6月11日朱某某支付第一笔解除款1500万元,还有2550万元余款尚未支付,郭某安为什么要为了一个不可能的利益(已经解除协议,郭要占有煤矿没有法律保护),而放弃一个必然可以获取的巨大利益(解约款)呢?

(2)郭某安的目标如果是某煤矿,可以坚持不解除合同,为什么要采取解除合同又杀人的办法,给自己占有煤矿增加难度呢?

(3)即使杀死朱某某,郭某安也并非最大的利益人,郭某安在煤矿仅占有20%的股份,从利益角度分析,推断郭某安具有犯罪动机,存在重大疑点。

于客观事实:朱某某2008年6月15日凌晨被害,郭某安2008年11月15日被刑拘,期间长达5个月,如果按照二审裁定认定,郭某安此时应当积极实施占有煤矿的行为了,而客观事实是,郭某安并没有如判决认定的在被害人死后,想方设法地霸占煤矿。事实上,也没有任何条件和手段可以占有煤矿,被害人有继承人,也有已经找好的合作伙伴。

控方曾强调以下两个理由说明郭某安实施了占有行为,印证其杀人动机:其一,郭某安的人在朱某某死后进矿了。对此,郭某安有合理解释,担心朱某某死了,没有人还钱了。事实印证,朱的家属将余款打给郭某安后,郭某安便撤出了煤矿。其二,是郭某安没有立即把土地使用证等证件给朱家。对此,郭某安、王某国也有合理解释,这个东西很重要,不敢随便给谁的,一定要亲手交到继承人手里。从这个角度来看,控方抓人抓早了,既然郭某安冒了那么大的风险要占有煤矿,何不等到郭某安开始实施占有煤矿的行为再一举抓获,主观客观相互印证,犯罪的人必然受到严惩。而现在,仅有被告人在被逼供情况下作出的关于犯罪故意的供述,却与客观事实相互矛盾,认定犯罪动机的证据显然不充分。

于法:二审裁定认定,解除合同是郭某安占有煤矿的一种手段,因为郭颇费心机地在"解除合同的协议上有'如果付款不清,就把煤矿土地证过户到郭的名下'的约定"。

对此,一方面,郭某安的解释合情合理,这一条款是为了制约朱某某还款;另一方面,该条约定只是保证郭某安依法享有了抵押财产的优先受偿权,而非所有权。这也与郭辩解的签约目的是保证还款相一致。而且事实上朱也已经实施了付款行为,郭某安不可能根据这一约定占有煤矿。这一点在二审辩护词中已经有详细论述,此不再赘述。因此,二审裁定的认定是没有法律依据的,歪曲了郭某安与朱某某签订解除合同条款的本意。

2. 真正的雇凶者到底是谁存在重大疑点。二审裁定关于"白某红、赫某某证明,6 月 14 日郭某安电话催促白某红杀害朱某某,与郭某安供述的上述内容前后连贯吻合"的认定与事实严重不符。

在二审庭审过程中,赫某某当庭供述,6 月 14 日晚上 8 点多钟,他和白某红一起在宾馆里,白某红接了一个电话,挂了电话后,白某红告诉赫某某说他们一直没有实施杀人行为,老板很生气。辩护人针对这一供述,当庭反复向赫某某核实电话时间和内容,赫某某明确肯定,同时,赫某某还在庭审中还向辩护人明确了一个事实,就是白某红是用哪一个电话号码和郭某安联系。对与老板通话的事实,白某红在庭上予以回避,不敢谈及。但随后,辩护人向法庭出示了控方卷宗中白某红与郭某安电话通话记录清单(白某红电话号码与赫某某确认的相一致),清单上记载得清清楚楚,14 日中午 11 点到 15 日中午 11 点,郭某安与白某红没有通过电话。辩护人当庭提出,这个打电话的"老板"是谁?这个电话证明了,白某红的背后确有指使者,但是,这个老板就是郭某安吗?遗憾的是,二审裁定不顾客观证据情况,将这个老板认定为郭某安。二审裁定认定的依据到底是什么呢?令人百思不得其解。

3. 白某红杀人后为何没有向所谓的雇主郭某安及时汇报?郭某安知道朱某某是白某红杀害的之后为何表现得如此惊讶?都不符合雇凶杀人的情理。

按照通常的情理和逻辑,被雇者在实施行为之后,应当第一时间向雇佣者汇报"业绩",以实现褒奖。而本案中,白某红 15 日凌晨杀人,16 日中午才到郭某安办公室告知其自己杀了朱某某。这期间,15 日中午,郭某安从王某国处听说朱某某遇害后,还打电话给白某红,白某红也没有告诉他。15 日下午,白某红已经回到子长县,双方又有过两次通话的情况下,白也未向郭汇报。15 日晚上白某红等人再次入矿,郭某安也在,白某红依然没有向郭某安汇报。郭某安到此时虽知朱某某已死(是王某国告知郭某安的),但还不知道白某红杀了朱某某。这明显不符合情理。

按照通常逻辑,白某红实施杀人行为后,第一个打出的电话的机主应是雇凶的第一嫌疑人,而通过查看白某红的通话记录,6 月 15 日上午,第一个电话是打给 138 × × × ×2181,并且连续和该号码通了四个电话,对这一重大疑点,一审、二审法院都未予以核实。

更重要的是,已查清事实是,白某红 16 日中午到郭某安办公室,第一句话就是告诉郭“我把老朱杀掉了”,而郭某安表示十分惊讶:“这事搞大了“(郭某安供),“郭某安听后很生气,说:‘我不管’扭头就走了。”(白某红口供),“郭某安说,这下把娄子捅大了”(白某红口供),“他说你给我弄下这下难子了”(白某红口供)。双方的交谈,表现,都不符合一个雇凶者和被雇者的正常反应,既然两人早有预谋,中间通过那么多次话中有话的电话,郭某安还用得着白某红告诉他“我把老朱杀掉了”,郭某安也更不会对此事感到惊讶了。

这些重大矛盾和疑点,一审、二审法院未予查实和排除合理怀疑。

辩护人同时提请最高人民法院重视,郭某安笔录前面承认明确授意,后面表示十分惊讶的供述,自相矛盾十分明显,为何会产生这样的矛盾冲突?与监所外提审刑讯逼供是否有关联?这种合理怀疑能否得到排除?

4. 郭某安、白某合提出的其他重大雇凶嫌疑人线索尚未查实,雇凶者是否为其他人疑点不能排除。

郭某安在会见和庭审时,反复提出,白某红曾向其提出南某功(县委办公室主任)、李某岩(统计局局长)让他去杀朱某某。当然不排除郭某安有栽赃的可能,但是,也存在确有其事的可能,可无论是哪一种可能,一审、二审法院都未予以查实。

白某合也在笔录和庭审中都说到,他听赫某某说,朱欠别的老板五六百万元,可能别人要杀他。白某合的说法到底是空穴来风,还是编瞎话,还是确有其事。同样,这个疑点也未能得到查实。

白某红本人雇凶杀人又找郭某安做替罪羊的合理怀疑也不能排除。白某红自己多次说过,朱某某如果死了,她一能讨好郭某安,二能在郭某安的矿上干活赚钱,三能靠杀人赚钱。而且事实上也是白某红找朱某某在先,向郭某安提议在后。

5. 对事后支付的180万元的行为,在存在合理怀疑无法排除的情况下,不能得出事前雇凶的唯一、肯定结论。

(1)为什么郭某安要用两种方式,分两笔支付所谓的雇凶款。他完全可以从某州公司账上一次性支付。还可以通过隐蔽的方式,现金支付。为什么要留下这么明显的付钱的痕迹。郭某安解释说,他这么做是有想法的,白某红逼迫其出钱,他为了自保,也为了家人的安危,迫不得已给钱,但为了事后有一个说法,证明自己是清白的,采取了这样的方式。郭某安的辩解存在一定的合理性。

(2)150万元是不是支付白某红在公司的贷款?

(3)到底存不存在郭某安所说的白某红对其敲诈勒索的说法尚未查实?郭某安一再强调,白某红6月16日向他要钱他没答应,大约在2008年6月19日,他曾经收到一条恐吓短信,正是在这条短信内容的影响下,他不得已而给了白某红180万元。一审、二审阶段被告人本人、律师反复申请有关机关依法调取该短信。从技术手段上是完全没有问题的,曾经被列为怀疑对象的陈某杰,在接受讯问的时候就看到了其本人的短信清单。可是,这一重要线索,同样未能得到一审、二审法院重视,被置之不理,直至现在,可能因为电信机关短信留存时间问题而失去了调取条件。

本案除了上述主要疑点之外,尚存在诸多无法排除的合理怀疑,如白某红笔录和当庭供述的多处矛盾,白某红本人是否存在杀人动机,白某红、赫某某、白某合之间为了杀人购买了专门的联络工具,而为什么郭某安却没有等,在原审辩护词中已经详细阐述了,在此不再赘述。

刑事案件的证据要求的排除一切合理怀疑,能够得出唯一、排他的结论,特别是对死刑案件而言,相关法律法规规定了更为严格的证据要求。而综观本案已查明事实以及证据情况,必须面对的问题是,尚有诸多疑点没有得到查实、排除。在此事实和证据基础上,辩护人认为,二审裁定认定郭某安雇凶杀人的事实、证据均存在重大问题。二审裁定认定其构成故意杀人罪,事实不清,证据不足。

(三)量刑问题

退一步看,即使假定郭某安就是雇凶者,也不应据此判处其死刑。理由有二:

其一,根据多次庭审,已经查明的事实是,本案杀人的犯意是白某红提出的,也是白某红教唆、指使赫某某等人具体实施杀人行为的。即使按照白某红的供述,事实也很清楚,在白某红教唆郭某安之前,她已经开始打探被害人的住址,然后,她开始多次教唆郭某安出钱杀害朱某某。如果是郭某安两次不同意,之后默许,也表明,白某红是犯意的发起者,在共同犯罪中起到了指使、教唆的主要作用,即使认定郭某安默许,也只是一个被动的行为,其作用和地位与白某红相比要轻得多,白才是雇凶杀人最积极的策划之、实施者、获益者。

其二，从我国当前“保留死刑，严格控制和慎重使用死刑”的刑事政策角度衡量，也不应对郭某安判处极刑。本案被害人是一个人，而一审、二审判决了三个死刑立即执行，即使充分考虑被害人家属要求严惩凶手的要求，让三个人为其赔命，特别是在极有可能存在冤假错案的情况下，为了照顾部分人的情绪，放松法律定罪的原则，武断定罪，其危害后果不言而喻。本案中，第二被告人是犯意提出者和直接雇凶，积极参与者，第三被告人是直接实施杀人行为的人，在事实认定和证据上都十分清楚，没有异议。但第一被告人郭某安的雇凶行为在事实认定和证据上尚有诸多疑点无法排除。而且，其行为消极被动，作用相对第二、三被告人明显较小，情节较轻，应当将其与第二、三被告人区别对待。

综上所述，辩护人建议，即使认定第一被告人郭某安有雇凶行为，也应综合考虑我国的刑事政策，区分其在犯罪中的作用和情节，在判决上留有余地。

二、关于敲诈勒索罪

二审裁定将郭某安向王某国提出调解诉求的表达和沟通行为错误地理解为敲诈勒索的故意，将正当的民事调解行为错误地认定为勒索行为，混淆了敲诈勒索与正常的民事行为的界限。

本案已经查清的事实是，朱某某因为找到了新的合作方，提出解约，找王某国居间调解，调解行为的提起人使朱某某。朱某某的目的是尽快解除合同，他有自己的底线，在谈话录音中他说过“底线是三千万元，超过三千万元就打官司”。郭某安的目标是，继续履行合同，实在不行，就要求赔偿四五千万元，至少2000万~4000万元。居间调解人王某国的作用是，双方沟通，劝解，最终满足了达到了朱某某与郭某安都能够接受的目标，合同解除，郭某安获得3000万元赔偿。最终结果显示，这是一个接近于双方最初要求的中间数，赔偿数额并没有超出朱某某的底线,解除合同的条款是朱某某的律师拟定的,谈判录音记录了谈判过程的和谐氛围。可见这个过程是一个典型的民事调解的过程。

但是二审裁定却认为,“朱某某在郭、王二人所施加的压力下产生了恐惧心理,并最终不得已处分了自己的财产”。该认定将正常的调解方式,视为敲诈勒索的“威胁”行为,无限扩大了敲诈勒索的范围。

辩护人认为,调解人的居间沟通、劝解甚至一定程度的施压行为是调解的应有内容,实践中,调解人大多是通过这样的方式进行调解,特别是现在我国的法律政策是鼓励调解,居委会调解和大多数民事案件的法官也是通过这样的方式进行调解,通过向双方一定程度的施压,使双方各让一步,将争议解决在诉讼前阶段,可以极大地节省诉讼资源。

区分调解手段的“施压”和敲诈勒索“威胁”的关键点就在于,敲诈勒索是以对方畏惧的弱点为前提实施威胁,使对方被要挟而不能或不敢寻求正当救济途径。反之,在虽被施压,但随时可以寻求正当救济途径,不具备要挟条件的情况下,就不是敲诈勒索。这一点,在二审辩护词中已经详细论述了。在整个调解过程中,郭某安根本没有提出不正当的要求,其要求继续履行合同,后要求解约赔偿,完全是依据双方之前签订的合作协议,具有事实和法律依据。朱某某也从来没有被要挟,如果他不想赔偿或不愿赔那么多,他可以拒绝赔偿,随时提起诉讼,要求解约。自始至终,朱某某根本就没有因为郭某安的要求产生过所谓的“恐惧心理”。

综上所述,辩护人认为,一审、二审认定被告人构成敲诈勒索罪,适用法律错误。认定被告人第一被告人郭某安构成故意杀人罪事实不清,存在诸多合理怀疑无法排除,证据不足,无法得出唯一、排他的结论，恳请最高人民法院依法查清事实，严格依据“两高三部”的两个证据规则，公正裁定。

被告人郭某安辩护律师：
北京市京都律师事务所律师　田文昌
北京市京都律师事务所律师　徐　莹
二〇一二年三月三十一日

审理结果

本案2010年1月由咸阳市中级人民法院一审开庭审理，被告人郭某安等三名被告人被判死刑立即执行。陕西省高级人民法院二审维持原判。2014年，最高人民法院核准对被告人郭某安执行死刑。

施某某被控组织、领导传销活动罪案

案情简介

施某某（又名戴某），男，1970年5月8日出生于江苏省南京市，汉族，中专文化水平。施某某于2007年至2009年在香港特区、海南、长春、深圳等地设立公司，原是世界通国际科技有限公司（以下简称世界通公司）总裁、海南世纪通网络信息科技有限公司法定代表人、世界通信息科技长春有限公司总经理、深圳索诺琪科技有限公司法定代表人。

2009年9月10日，施某某因涉嫌犯组织、领导传销活动罪被江苏省镇江市公安局执行逮捕。2010年6月2日，镇江市京口区人民检察院以施某某和另外四位企业高管共同犯有组织领导传销活动罪，向京口区人民法院提起公诉。

辩护思路

辩护律师通过阅卷、会见，进行必要的调查取证，了解到案件的基本事实:第一,世界通公司及关联公司的设立都是合法的;第二,施某某对于软件的研发有人员和资金的实际投入;第三,研发出的 Link - World 软件卡确实具有即时通信、压缩传输、语音对讲、播放视频广告等功能。

基于以上事实,该软件具有实实在在的使用价值。因产品要销售,故设定了在不同区域,有计划、有步骤、有数量限制的招聘代理商,并采用"协同分销代理制"与代理商进行合作,设立销售体制,并对售出产品采用会员制的方式,对软件产品后期的维护和升级也做了相应的投入和准备,签订了服务器的托管协议。为了培育市场,对使用软件卡的用户和代理商设有不同形式的奖励机制。世界通公司在不到 2 年的时间里迅速发展 13 万多人的代理商,取得了较好的销售业绩。

判断一个企业关键要看企业利润是如何产生的?如果产生于产品或服务,即服从于价值规律,对社会有益,则不构成传销。而传销之利润不是源于产品或服务,不服从价值规律,而是来自"数人头",即通过对一个产品夸大其价值,由上线不断往下线传递,盲目发展下线,形成一个"金字塔"的销售模式,而不考虑企业实际的经营风险与利润亏损。换言之,企业利润来源是否合法,其经营业绩是否可持续发展是判断其经营活动是否为传销之要害点。那么,该企业所做的行为是否属于传销?世界通公司无论从产品经销范围、市场开发的阶段性、未来经营业绩预期等各方面考察,均可充分说明其利润来源之合法性,经研讨发现其利润大部分来自其软件之销售活动。据世界通公司介绍,该公司确实是在销售一个产品(一个软件卡),这个卡确实能增加手机上的功能,代理商卖出去多少数量的卡就享受什么级别的待遇,用户点击广告还可以赚到一部分钱,这部分钱是厂家支付的,并不是世界通公司支付的。这显然都是企业正常的经营活动,不应被片面武断地视为传销活动。

市场经济条件下,企业就是独立的商品生产者或服务提供者,只要符合社会的公序良俗就是正当的经营行为。世界通公司营销模式所含营销原则符合市场经济要求,实践证实,世界通公司的营销模式是可行的,产品研发也是先进的,是属于高新科技的新产品,其生产销售活动不存在非法的迹象。

世界通公司所发展的代理商都是有合同约束的法人组织或者个体工商户,双方遵循民法最基本的原则即合同自由、合同自愿,针对双方的权利义务约定清晰,权利与义务是相互对应的。有解约和退货机制,合作与否取决于签约双方。总之,世界通公司的产品代理合同符合民法的要求,让代理商招商符合民法的要求,也符合"契约自由、意思自治"的民商法原则。从法理上分析,只要合同内容不违背法律强制性规定,履行合同就是企业有效的经营行为,这一点和传销也存在区别。

世界通公司的经营对社会是有益的,产品销售给用户以后,用户可以获得很多效益,使用上有一点像3G手机。给每一个手机用户带来收益,对社会当然是有意义的经营活动,这方面和传销完全一样,和现在着重打击的非法传销之间存在较为明显区别。世界通公司的营销模式不属于非法传销活动。据此,决定做出无罪辩护。

辩护词(一审)

尊敬的审判长、审判员:

北京市京都律师事务所田文昌律师、相愫晶律师接受被告人施某某亲属的委托担任其辩护人,依法出庭参与本案的诉讼活动,履行辩护人的职责。

开庭前,辩护人仔细地查阅了卷宗,会见了被告人。在两天的庭审中,又认真参与了法庭调查,全面听取了公诉人的公诉意见。

辩护人认为:本案公诉机关对施某某等各被告人犯有组织领导传销活动罪的指控事实不清,证据不够确实、充分,且对被告人施某某为迅速建立 Link - World 即时通信软件(又称世界通软件)的销售渠道所创新的"协同分销代理制"的营销模式,存在诸多错误理解和认识。对这种营销模式是否构成组织领导传销活动罪,在适用法律方面亦有待商榷。因此,辩护人认为,应本着"宽严相济"的刑事政策及"疑罪从无"的原则,对世界通公司、施某某等人不予追究刑事责任。

辩护人依据本案具体事实和证据,发表以下辩护意见,恳请合议庭慎重考虑并采纳。

第一部分　对于起诉书指控的事实的意见

起诉书指控施某某构成传销犯罪的事实主要体现在以下 7 个方面:

一、关于"被告人施某某于 2006 年起在深圳招募软件研发人员研发一款能够接收广告的即时通信软件"的指控与事实有些出入

1. 关于世界通公司手机通信软件的功能:根据被告人的陈述及控方提供的上海盘石司鉴〔2009〕物鉴字第 59 号鉴定意见书,世界通公司研发的手机通信软件提供了"文字聊天、语音对讲、语音呼叫、拍照上传、录像上传、文件传送、删除好友、好友详细资料、系统设置、帮助等功能,世界通手机通信软件实现了基本的即时通信功能;世界通公司 PC 客户端软件实现了登录、文字聊天、文件传输、语音对讲、语音视频、好友管理、查看广告等功能"。辩护人想提请法庭注意的是,现有证据已证明该软件不仅仅是一款能够接收广告的即时通信软件,起诉书的指控,显然弱化了该软件的多项功能,是片面的。

2. 关于世界通公司手机通信软件的开发时间:施某某是从2005年年底,就自行投入数百万元,聘请软件研发人员,历时2年多的时间,才自主研发出来世界通软件的。而不是于2006年起才开始研发软件的。

3. 关于世界通公司手机通信软件的销售时间:施某某为了研发、销售世界通软件,于2007年1月12日在香港特区注册了世界通国际科技有限公司,取得《公司注册证书》《商业登记证》,并于2007年11月13日成立香港世界通国际科技有限公司深圳代表处,取得《外国(地区)企业常驻代表机构登记证》《税务登记证》。为了迅速建立销售Link - World软件的渠道,创建了"协同分销代理制"营销模式,开始招聘代理商,销售这款即时通信软件。

综上所述,公诉机关指控"被告人施某某于2006年起在深圳招募软件研发人员研发一款能够接收广告的即时通信软件"与客观事实不完全相符。

二、关于"被告人施某某谎称Link - World软件具有高倍压缩功能并由美国投资公司加盟开发的高科技产品,不仅具有通信功能,还可以通过点广告赚钱,并宣称引入广告发布商共同承担经营成本"的指控缺乏证据支持

1. 现有证据不能证明施某某是明知而又故意"谎称":世界通软件是施某某自己投资数百万元并自主研发出来的高科技软件产品,具有价值和使用功能,是完全可以上市销售的实实在在的商品。虽然被告人施某某承认世界通公司在网站宣传上,确有带有广告性质的夸大宣传,但该软件当时是否"具有高倍压缩功能"、是不是由"美国投资公司加盟开发的高科技产品",并不影响亦不能否定该软件本身所具有的实际使用功能,更不可能因此否定该软件应有的价值。

2. 该软件确实具有即时通信功能并可以通过点广告赚钱：控方提供的上海盘石数码信息技术有限公司司法鉴定意见书《(2009)物鉴字第59号鉴定意见书》足以证明，世界通公司的Link - World通信软件具即时通信功能；盘石司鉴《(2010)物鉴字第003号鉴定意见书》亦可以证明该软件有看广告赚钱的功能，有给看广告回复的人回馈款项总额的支出。这是本案不争的客观事实，而非施某某“谎称”。

3. “引入广告发布商共同承担经营成本”的平台正在培育建设中：施某某并不否认截至案发前，还没有广告发布商来与其共同承担经营成本，看广告回复就给付的回馈款项，直到案发前都是由世界通公司支付的事实。

在这里，辩护人需要说明的是：引入第三方埋单并非只是“宣称”。既然是“引入”，那么就必然存在如何“引”的问题。常言道：“没有梧桐树，引不来金凤凰。”要想让第三方来埋单，就要解决第三方凭什么埋单的问题。要想引入广告发布商来共同承担经营成本，首先必须要搭建好播放广告的平台。只有吸引众多的看广告和接收广告的人群，才能引进广告商愿意出钱来发布广告。而要想掌握大量的、稳定的、看广告的人群，就要通过出售能够看广告的即时通信软件，并为使用软件的终端客户提供优质的服务，才能建立起良好的商业平台。在平台还没有完全建立起来时，是引不进广告商来投钱发布广告的。

正是基于这样的考虑，世界通公司才自行支付看广告的回馈款，才从由发布无主广告，到发布有主广告；由签订免费试播广告的合同，再到未来有广告商愿意支付广告费用的有偿合同；最终实现第三方埋单。这是必然要经历的一个由市场培育，到逐步建立，再到成熟、优化和不断发展的过程。案发前已有广告商支付1万元的优惠代金券，就证明已有了一个好的开端。

4. 世界通软件正在逐步取得合法的市场准入条件:在未来"引进广告发布商共同承担经营成本"并不是神话,也不仅仅是"宣称",世界通公司已付诸了实际行动。2008年4月30日成立的海南世纪通网络信息科技有限公司,取得了《营业执照》《税务登记证》。该公司主要就是负责拓展广告业务,侦查机关扣押的上百份广告合同足以证明已有广告商愿意参与免费试播。2008年7月2日取得的海南省通信管理局颁发的《增值电信业务经营许可证》,2009年1月4日所取得的海南省文化广电出版体育厅颁发的《广播电视节目制作经营许可证》,都是"世界通"为了出售软件、发展客户终端、建立发布广告的平台、引进广告发布商所做的具体推进工作,市场已在不断建立和规范。

综上所述,公诉机关指控"被告人施某某谎称 Link - World 软件具有高倍压缩功能并由美国投资公司加盟开发的高科技产品,不仅具有通信功能,还可以通过点广告赚钱,并宣称引入广告发布商共同承担经营成本",事实依据明显不足。

三、关于"被告人施某某等人以招商名义发展代理商"的指控与事实不符

1. 世界通公司进行的是实实在在的招商:现有证据证明,发展代理商只是世界通公司实施的具体招商举措。其发展代理商并不是"名义"上的"招商",而是实实在在的招商,目的就是向终端用户销售自己投资并研发出来的即时通信软件。并且为了迅速建立销售渠道,世界通公司设定了协助招商的各项奖励和折扣等优惠条件,并采用了"协同分销代理制"的营销模式。

2. 世界通公司依法设立了经营实体:到2009年6月,世界通公司、施某某已相继设立了以销售软件、研发软件、提供软件生产和软件售后服务、拓展广告业务为经营内容的6家公司,其中还有一家房地产公司,并且在海南还做了地产项目,前期已投资2000万元,不断努力优化并发展壮大公司的商业运作模式。

3. 世界通公司搭建了网络服务平台:为保证向代理商和终端用户提供服务,香港世界通国际科技有限公司深圳代表处与广东广信通信服务有限公司(该公司部分服务器间接托管于电信佛山分公司),分别于2008年10月31日、2009年2月19日、2009年4月17日、2009年5月26日签订《IDC业务协议书》,合同金额共计91.5万元。世界通网络科技有限公司(公司名称有待核实)与中通信息服务有限公司于2009年5月14日签订《IDC业务租用协议书》,合同金额为托管年租费27,000元/年/3台服务器。香港世界通国际科技有限公司深圳代表处与中国联合网络通信有限公司东莞市分公司于2009年5月11日签订《IDC主机托管合同》,合同金额为30万元/年。海南世纪通网络信息科技有限公司与厦门蓝芒科技有限公司于2009年6月28日签订《服务器托管合同》,合同价款共29,000元。依据上述合同,世界通公司每年至少应支出共计127.1万元,而且还需要不断地投入人力、物力、财力等实实在在的经营成本来提供服务支持。

综上所述,现有证据证明施某某等人既不是"名义"上的招商,亦不是"以招商名义发展代理商"。公诉机关指控"被告人施某某等人以招商名义发展代理商",与客观事实不符。

四、关于"按照购买软件卡数量和发展人员数量将代理商从低到高分为零售、三级、二级、一级、县级、市级代理商六个级别"的指控不成立

本案中,世界通公司的代理商由高到低共有六个级别,对应的评级、晋升标准如图1所示,各级别代理商拥有与级别对应的购卡优惠,级别越高,优惠越大。

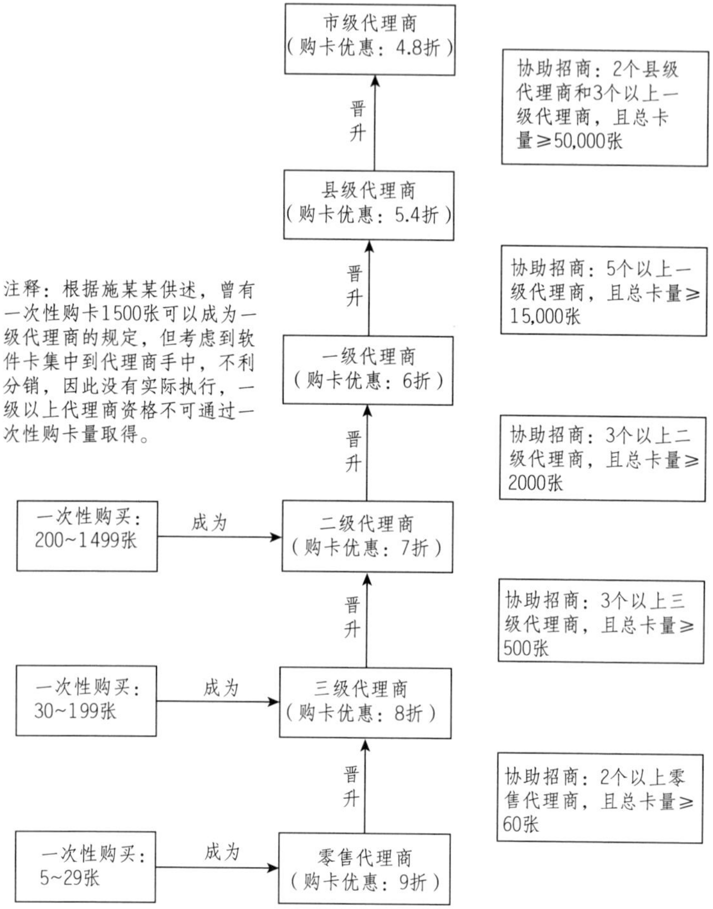

图1　各级别代理商的购卡优惠

根据图1可以看出,代理商级别的取得有两种方式:

第一种:购买取得。通过一次性购买一定数量的软件卡,取得相应的级别。该种方式适用于零售代理商、三级代理商、二级代理商三种级别。

第二种:协助招商晋升。下一级代理商通过协助招商,达到一定的总卡量和招商数量后,晋升到上一级别。该种方式适用于三级代理商至市级代理商五种级别。

因此,世界通公司虽将代理商设置为六个级别,但这六个级别的设置并不完全是按照购卡数量和发展人员数量从低到高分为六个层级的。

综上所述,公诉机关关于“按照购买软件卡数量和发展人员数量将代理商从低到高分为零售、三级、二级、一级、县级、市级代理商六个级别”的指控不能成立。

五、关于“同时规定必须要有已加入代理商介绍且至少一次性购买5张Link - Word软件卡(又名激动365注册卡),交纳人民币4496元才能成为代理商”的指控与事实不符

1. 并非“必须要有已加入代理商介绍”才能成为代理商:在世界通公司代理商的网上注册申请资料中,申请人确实必须填写“介绍商家”的资料,但该“介绍商家”既可以填写“世界通”已有的代理商,也可以填写世界通公司。如果申请人不是由已加入的代理商介绍,则“介绍商家”处填写世界通公司。以谢某某和陈某某为例,谢某某由邵某某引荐成为“世界通”的代理商,陈某某由姜某某引荐成为“世界通”的代理商,而邵某某与姜某某均不是世界通公司的代理商,仅是世界通公司的管理人员。世界通公司明确规定管理人员不得参与代理和销售。

2. “至少一次性购买5张Link - Word软件卡,交纳人民币4496元”不是入门费:世界通公司要求“至少一次性购买5张Link - Word软件卡,交纳人民币4496元才能成为代理商”,这是由于世界通公司采取的是代理商分销模式,而这种分销模式也是现行生产企业惯常采取的主要销售模式。世界通公司的软件卡不零售,而是面向代理商批发销售(5张以上),再由代理商进行分销,并不是收取“入门费”。

综上,关于“同时规定必须要有已加入代理商介绍且至少一次性购买5张Link - Word软件卡(又名激动365注册卡),交纳人民币4496元才能成为代理商”的指控,与事实不符。

六、关于“代理商根据直接或间接发展的下线代理商的数量及售卡总量晋升级别,并可获得直接或间接发展的代理商所购买软件卡金额6%到42%的提成”的指控缺乏证据支持

1. 间接发展的代理商不计入协助招商数量:如图1所示,代理商晋升须同时满足协助招商的代理商数量和总卡量两个条件。其中,总卡量是指代理商名下的购卡总量,包括代理商自己及其直接发展的代理商的售卡数量和间接发展的代理商的售卡数量;但协助招商的代理商数量仅指直接发展的代理商数量,并不包含间接发展的代理商数量。

2. 间接发展的代理商奖励提成不能当然获得:根据代理商协助招商的奖励制度,代理商虽可以获得直接发展的代理商所购买软件卡金额6%到42%的提成,但并非在任何情况下都能获得间接发展的代理商所购买软件卡金额6%到42%的提成。

本案证据证明,代理商与其间接发展的所有代理商中的“最高级代理商”相比,其级别高于“最高级代理商”的,可以按照其与“最高级代理商”的折扣差额获得招商奖励,但当该代理商的级别低于“最高级代理商”或与“最高级代理商”同级别时,则该代理商无法获得间接招商奖励。

3. 协助招商奖励是世界通公司给予代理商的让利行为:根据本案证据,可以证明世界通公司鼓励代理商协助招商、发展更多的代理商,并根据发展的情况给予一定的奖励。具体分两种情况:

第一,级差奖。当所谓的“上线”代理商发展“下线”代理商时,被发展的“下线”代理商的级别如果低于“上线”代理商时,则“上线”

代理商就可以获得他与“下线”级差的奖金。这里的“级差”是不同级别代理商从“世界通公司”购买软件卡时的“优惠差”。例如,市级代理商的在购卡时可以享受4.8折的优惠,而零售代理商则只有9折的优惠,市级代理商的折扣比零售及代理商的折扣要低4.2折即“软件卡”定价的42%,而这42%就是这两个级别代理商之间的“级差”。

具有发展与被发展关系的各代理商之间的级差情况如表1所示:

表1 各代理商之间的级差系数

上线＼下线	零售代理商	三级代理商	二级代理商	一级代理商	县级代理商	市级代理商
零售代理商	0	0	0	0	0	0
三级代理商	0.1	0	0	0	0	0
二级代理商	0.2	0.1	0	0	0	0
一级代理商	0.3	0.2	0.1	0	0	0
县级代理商	0.36	0.26	0.16	0.06	0	0
市级代理商	0.42	0.32	0.22	0.12	0.06	0

如表1所示,纵向的代理商系作为“上线”的代理商,横向的代理商系作为“下线”的代理商,当两者对应的数据发生交集时,其中的数据就是“上线”与“下线”之间的级差。在“上线”的级别高于“下线”时,“上线”就根据该“级差系数”取得“下线”购卡金额的相应比例作为奖励。例如,当作为“上线”的市级代理商发展了一名“零售代理商”后,该“上线”即可根据其与“下线”的级差系数,取得“下线”购买软件卡的金额的42%作为级差奖励。

如前所述,“级差系数”是由代理商的级别优惠差决定的,与代理商之间的发展与被发展关系及被发展的“下线”代理商的销售情况无关,并且任何一条发展线上的代理商的累积奖金总额不超过50%,剩余的则是公司的利润。

第二,招商鼓励奖。当所谓的“上线”代理商发展“下线”代理商时,被发展的“下线”代理商的级别如果等于或者高于“上线”代理商,则“上线”代理商仅能获得被发展的“下线”代理商所购卡金额的8%。此后再发展多少“下线”,所购软件卡的销售情况与其“上线”均无任何关联。

4.协助招商奖励不是复式计酬:无论是“级差奖”还是“招商鼓励奖”,实质上都是世界通公司基于代理商之间的发展与被发展关系,将其销售软件卡的利润按照代理商之间的“级差系数”或者8%(小于最低“级差系数”10%),给予作为发展者的“上线”代理商的让利行为。

这种让利行为与作为被发展者的“下线”代理商的“销售业绩”无关,作为被发展者的“下线”代理商的购卡优惠及销售收入,不会因为其发展者“上线代理商”获得“级差奖”或者“招商鼓励奖”而受到影响。

因此,本案中,世界通公司的代理商基于发展与被发展关系取得奖励的情况,亦不属于《禁止传销条例》第7条第3项所规定的“组织者或者经营者通过发展人员,要求被发展人员发展其他人员加入,形成上下线关系,并以下线的销售业绩为依据计算和给付上线报酬,牟取非法利益”的“复式计酬式”的传销类型。

综上所述,公诉机关关于“代理商根据直接或间接发展的下线代理商的数量及售卡总量晋升级别,并可获得直接或间接发展的代理商所购买软件卡金额6%到42%的提成”的指控,缺乏证据支持。

七、关于“从而刺激代理商不断发展下线，以引诱和继续发展他人参加”的指控与事实不符

1. 关于“刺激代理商不断发展下线”：从世界通公司对代理商的发展规划来看，代理商作为世界通的产品分销渠道，其分布和数量是有规划的，而且实践中已有世界通公司在部分地区停止招商的事实。因此，刺激代理商“不断”发展下线的情况未有证据证明。

2. 关于“引诱和继续发展他人参加”：世界通公司采取的是法人对法人的招商形式，须由合法、合格的经营主体与世界通公司在平等自愿的基础上签订《产品代理合同》和《委托招商协议》。代理商除招商奖励外，还存在批零差价等其他获利途径。其批零差价的利润空间也高于协助招商奖励，且招商奖励属于正常的激励机制，是市场培育和开拓发展初期中的惯常的做法，此类例证不胜枚举。因此，不能将招商奖励的设置武断地认为是引诱被发展人员再行发展他人的手段。

综上所述，公诉机关对于“从而刺激代理商不断发展下线，以引诱和继续发展他人参加”的指控，与客观事实不符。

第二部分　《刑法修正案（七）》组织、领导传销活动罪的规定与世界通公司营销模式之比对

组织、领导传销活动罪为《刑法修正案（七）》的新增罪名，规定为：“组织、领导以推销商品、提供服务等经营活动为名，要求参加者以缴纳费用或者购买商品、服务等方式获得加入资格，并按照一定顺序组成层级，直接或者间接以发展人员的数量作为计酬或者返利依据，引诱、胁迫参加者继续发展他人参加，骗取财物，扰乱经济社会秩序的传销活动的，处五年以下有期徒刑或者拘役，并处罚金；情节严重的，处五年以上有期徒刑，并处罚金。”

由上可见,《刑法》条文关于本罪罪状的规定为叙明罪状,而未直接引用行政法规、规章中“传销”的概念。因此,在我国行政处罚与刑事处罚二元化的立法模式下,对于本罪刑事责任的追究,只能严格遵循罪刑法定原则,依据刑法条文对组织、领导传销活动罪中的传销活动予以界定。

一、组织、领导传销活动罪中传销活动的基本特征

对比《刑法》条文与《禁止传销条例》中关于传销活动的界定,可知,《刑法修正案(七)》对传销的认定条件较《禁止传销条例》更为严格,其将“骗取财物”作为传销活动的必要条件,并以发展人员的数量作为计酬或者返利依据,且将团队计酬型的传销排除在本罪的成立范围之外。具体来说,组织、领导传销活动罪中传销活动必须同时具备以下基本特征:

1. 手段特征——“以推销商品、提供服务等经营活动为名”。

这是传销组织惯用的手法,引诱不明真相的群众加入成为传销组织成员。这里所谓的商品、服务只是一种象征性的道具,有没有无所谓,就算有也是一种价值低廉的物品或者服务。

2. 加入特征——“要求参加者以缴纳费用或者购买商品、服务等方式获得加入资格”。

这反映了传销组织的欺骗实质就是收取入门费,进而可以发展下线,使传销网络越滚越大。通过缴纳入门费或以认购商品等变相缴纳入门费的方式,取得加入、介绍或发展他人的资格,并以此获得回报。

3. 结构特征——“按照一定顺序组成层级”。

所谓层级就像金字塔结构,每一个人都有一定的级别,只有发展一定数量的下线以后才能升级。以拉人头来实现获取收益的非法传销公司,在销售人员的结构上往往呈现为“金字塔”式,谁先进来谁在上。先参加者从发展下线成员所缴纳的入门费中获取收益,且收益数额由其加入的先后顺序决定。先加入者永远领先于后来者,等级森严,具有不可超越性。

4. 计酬特征——“直接或者间接以发展人员的数量作为计酬或者返利依据”。

参加者通过发展人员,再要求被发展者不断发展其他人员加入。形成上下线关系,并须以下线发展的人数多少为依据计算和给付上线报酬。

5. 运营特征——“引诱、胁迫参加者继续发展他人参加”。

实践中,典型的传销组织一般采取精神控制、人身控制、扣留证件、暴力威胁等手段发展人员,发展对象多为农民工、学生等弱势群体。

二、世界通公司的营销模式与组织、领导传销活动罪的比对

1. 世界通公司及其下属机构均取得营业执照、税务登记证等合格的主体资格,具备合法经营的前提条件。且其营销模式在现阶段并不能被证明是不可行的,不宜当然地认定为“以推销商品、提供服务等经营活动为名”。

依据世界通公司网站等相关介绍,世界通公司主要经营 Link - World 软件卡,其销售渠道采取代理商分销机制。且为了加快销售渠道建设引进了代理商协助招商机制,即代理商为世界通公司引荐新的代理商的,公司将给予招商奖励。该招商奖励及给予代理商的折扣优惠之和平摊于每张软件卡之中最多不超过每张软件卡价格的 60%。

此外,依据世界通公司的规划,世界通公司除售卡收入之外还有广告运营收入。其 Link - World 软件卡的主要卖点是“看广告返利”,依据其设想,世界通在搭建好终端平台后可以为广告主发布广

告。终端客户每点击并回复一次广告,广告主就须支付0.2元,其中0.1元为对终端客户的奖励,另外0.1元则为广告运营商——世界通公司的收入。

上述营销模式理论上具有可行性,且能够反映世界通是具有从经营中盈利的正当经营意图。

2. 世界通公司的产品本身具有一定价值,并不能想当然地将销售产品的行为视为变相收取入门费的行为。

世界通公司所销售的Link-World软件卡确实具有即时通信、压缩传输、语音对讲、广告返利等功能。且据施某某本人供述,软件的研发投入600万元,软件系统的运营和维护也需成本,产品本身具有一定价值。“世界通”与中国联通等企业签订了服务器托管合同等协议,搭建网络平台,并办理了网站的备案手续,具备进行实际经营的基础条件。“世界通”要求一次性购买5张以上软件卡才能成为代理商的规定,是出于公司只批发不零售的经营策略考虑。世界通为购买软件卡的会员提供长达五年的服务、保障会员账号的安全性,产品本身具有价值,物有所值。软件卡并不是象征性道具,且“第三方埋单”的机制在当前阶段无法证明是不可行的。

此外,软件卡可以在市场上流通,并且世界通公司设置了退货机制,代理商在一定时间内无法将软件卡分销出去的,在扣除15%手续费后,可以退货。

因此,不能想当然地将代理商购买软件卡的行为视为变相交纳“入门费”的行为。

3. 世界通公司的代理商虽然按照一定顺序组成层级,但其结构特征并不同于一般传销的基本特征。

其一,世界通公司采取的是代理商协助招商机制,新进的代理商直接与世界通公司签订合同,发展者仅从中获得招商奖励。其与被发展者并不存在法律关系，并不存在“世界通→代理商，代理商→终端客户”的层级关系。

其二，一般而言，在传销组织中，以加入的顺序、发展人员的多少或者“业绩”的大小分成不同的层级。每一个人都有一定的级别，只有发展一定数量的下线以后才能升级，下级必须服从上级，等级森严。但世界通公司的代理商群体并不具备上述特征。

代理商的上下线和上下级的概念并不是一致的，代理商依据一次性购卡的数量设置了不同的级别，根据购卡的数量确定代理商的级别，这就完全存在下线代理商比上线代理商级别高、收入高的情形。以谢某某为例，谢某某本身为一级代理商，但其“下线”中有市级代理商 18 个、县级代理商 85 个。因此，不存在“不可超越”的层级关系。

4. 世界通公司给予代理商协助招商奖奖励，并非以发展人员数量作为计酬依据。

其一，世界通公司是以代理商的协助招商金额即新进代理商的购卡金额为基数，按一定比例提取招商奖励的，且该奖励的获得是有限制的。某一“下线”的所有“上线”中不论人数多少，仅有 5 人能够以该下线的购卡金额为基数获得奖励，并非“直接或者间接以发展人员的数量作为计酬或者返利依据”，不符合组织、领导传销活动罪的计酬依据。

其二，不能得出“以代理商购卡金额为计酬依据就是间接以发展代理商的数量为计酬或返利依据”的结论。例如，在代理商直接协助招商的情况下，代理商甲发展了 10 位零售代理商，该 10 位零售代理商的购卡金额最低为 5 张卡 ×10 位 ×999 元 =49,950 元，则甲以 49,950 元以上的金额为基数计提招商奖励；而代理商乙仅发展了 1 位二级代理商，该 1 位二级代理商的购卡金额最低为 200 张卡 ×

1位×999元=199,800元,则乙以199,800元以上的金额为基数计提招商奖励。可见,上述情况下,发展10位代理商的计酬基数小于发展1位代理商的计酬基数。因此,不能认为“以代理商购卡金额为计酬依据就是间接以发展代理商的数量为计酬或返利依据”。

5. 世界通公司招商奖励的设置,并不能当然地视为“引诱参加者继续发展他人参加”。

世界通公司采取法人对法人的形式,由合格的经营主体与世界通公司在平等自愿的基础上签订产品代理合同和委托招商协议。协助招商是代理商的权利而非义务,协议条款中并无任何关于代理商不予协助招商时追究违约责任的约定。代理商除招商奖励外还存在广告返利和批零差价等其他获利途径,且招商奖励属于正常的激励机制,是市场发展中的常见手段。因此,不能将招商奖励的设置当然地视为引诱被发展人员再行发展他人的手段。

此外,世界通公司在经营过程中并不存在精神控制、人身控制、扣留证件、暴力威胁等现象,且其发展对象多为具备一定资金实力的企业法人和商业人士,而非农民工、学生等弱势群体。

6. 行为人施某某并不具备“骗取财物”的行为和意图。

综观“世界通”案,行为人施某某等多被告人并不具备“骗取财物”的行为和意图,且世界通公司照章纳税、捐款灾区和扶贫基金,无扰乱经济社会秩序的行为。例如,2008年9月山东莘县警方对“世界通”展开调查后,世界通公司组织法律论证等相关活动,以求证明其经营模式经营行为的合法性,且行为人施某某并无转移资金等行为。2009年3月前,世界通公司主要运用香港账户收取代理商的购卡费用,而在2009年3月世界通长春公司成立后,则主要运用长春账户收取购卡费用,所得销售资金反倒由香港特区转到内地。案发前,“世界通”账户中资金约有8亿元人民币,其售卡收入也主要用于公司运营。

第三部分 对本案的分析和论证

一、被告人施某某没有组织领导传销活动罪的主观犯意

本案中，被告人施某某在确立销售 Link－World 软件的营销模式采用“协同分销代理制”并付诸实践之后，当有人对他的营销模式质疑时，对于该营销模式是否属于“传销活动”并不确定。为此，施某某向律师、法官、警官、法学专家、经济学专家及学者等都进行过多次求证，并且还在上述人员的建议下不断改进该“营销模式”，加强对代理商的规范和管理。同时，其申请办理了完善行业准入的审批及取得相关合法手续。自始至终，施某某既不明知，也不希望自己的行为是在“组织、领导传销活动”。客观上的诸多事实也使得施某某自己无法判断其营销模式是所谓的“组织、领导传销活动”。

1. 从现有卷宗材料来看，“世界通”及其关联公司是合法成立的经营主体。

2007 年 1 月 12 日，施某某投资 10,000 港元在香港注册了世界通国际科技有限公司，取得《公司注册证书》《商业登记证》。

2007 年 11 月 13 日，成立香港世界通国际科技有限公司深圳代表处，取得《外国(地区)企业常驻代表机构登记证》《税务登记证》，代表香港世界通负责接待代理商签订合同等业务联络活动。

2008 年 4 月 30 日，投资 1000 万元成立海南世纪通网络信息科技有限公司，取得《营业执照》《税务登记证》，负责拓展广告业务，签订了 1000 多份广告试播合同，2009 年 6 月 18 日，海南世纪通公司在深圳设立分公司。

2009 年 3 月 19 日，投资 3000 万元成立世界通信息科技(长春)有限公司，取得《营业执照》《税务登记证》，建立北方市场，承接深圳

代表处业务,负责接待代理商,开拓软件销售研发及售后服务市场。

2009年3月左右,在海南儋州市设立海南世界通信息科技投资有限公司,拟承担世界通公司南方市场业务。

2009年4月,设立世和旺房地产开发有限公司,拟从事房地产开发业务,曾向海南交纳2000万元土地预定金。

2009年6月10日,投资50万元,成立深圳市索喏琪科技有限公司,负责世界通软件系统的运营和维护。

2."世界通"及关联公司获取了行业准入许可,具备合法经营的行业特许。

2008年7月2日,海南世纪通网络信息科技有限公司取得海南省通信管理局颁发的《增值电信业务经营许可证》;

2009年1月4日,海南世纪通网络信息科技有限公司取得海南省文化广电出版体育厅颁发的《广播电视节目制作经营许可证》;

2009年3月25日,世界通信息科技(长春)有限公司取得吉林省颁发的《增值电信业务经营许可证》。

3."世界通"及关联公司与中国电信、中国联通建立了托管,搭建了合法的网络平台。

香港世界通国际科技有限公司深圳代表处与广信公司、中通信息公司、中国联通签订了服务器托管协议,海南世纪通公司与蓝芒科技签订了服务器托管协议。依据上述合同,"世界通"每年至少应支出共计127.1万元人民币。

4.世界通公司的软件具备商品的基本属性即价值和使用价值,是真实的商品。

Link - World软件即"世界通"即时通信软件的主要功能(文字信息传输、语音通信功能)及广告的发布、回复统计、计费功能均已研发成功且在不断完善,视频通话功能也正在研发当中。

Link - World 软件,世界通公司的自主单张定价为人民币999元,每张卡可以使用5年,提供5年的维护和升级等服务,折算到每天约为0.55元。

2009年5月7日,吉林省价格认证中心出具吉省价证认字(2009)2号《价格认证结论书》,认定Link - World软件市场零售价格为1119元/套(含税)。

5. 山东警方未按传销查处。

2008年9月,山东聊城莘县公安局曾以世界通公司涉嫌非法经营立案调查。从那以后,一张营业执照只允许一个代理商使用。2008年10月,代理商增多,业务量增大,施某某被取保候审。此后,警方并未按传销查处。

6. 法律专家论证的支持。

根据施某某的讯问笔录(证据卷第51卷第41页),曾有2008年年底和2009年年初两次法律论证,第二次结论为世界通公司不是传销。

2009年2月13日《香港世界通国际科技有限公司营销模式专家法律论证》(证据卷第9卷第142~151页)中的论证结论为:香港世界通国际科技有限公司营销模式不构成传销,也不存在违法问题。

7. 广西玉林法院一审的胜诉判决。

2008年9月9日,广西玉林市工商局认定世界通的代理商黄某某交纳费用,加入销售世界通产品的行为构成参加传销的行为,并予以行政处罚。黄某某不服,提起行政诉讼。

2008年12月15日,广西玉林市玉州区人民法院作出一审判决,认定原告(黄某某)经人介绍购买世界通公司的产品后,又介绍他人购买的行为不具备参加传销行为的特征,并作出撤销《行政处罚决定书》的生效判决。

8. 省级政府的招商承诺函。

世界通公司在长春双阳区政府洽谈招商投资事宜时，介绍了有人对世界通公司营销模式提出的质疑，并介绍了山东警方查处的情况，让政府考察、论证、咨询后，出具承诺函方可投资。为此，长春市政府出具了《承诺函》后，世界通已确定自己不是传销才进行投资的。

9. 合法性批文正在申报和办理中。

根据施某某的讯问笔录(证据卷第51卷第41页)：合法性批文由黄某京介绍的湖南发展研究中心的王某帮忙办理，曾以中国生产力学会名义向国家工商总局和商务部提出申请，但未批下来，国家工商总局局长周某某曾对法律论证有批示。

10. 媒体上的正面宣传。

2009年4月17日，《人民日报》刊登了题为《“世界通”创意时代的高科技产业》的文章，是对“世界通”的又一正面报道。

以上种种客观事件，使得施某某有理由判断自己公司的营销模式不是传销。尽管案发后有些机关及人员又做了相反回应，但无论言词证据发生了怎样的改变，都不能证明施某某是在明知是传销的情况下故意组织、领导传销活动，故意实施犯罪行为。

因此，无论施某某被控行为本身是否属于“传销活动”、是否符合“组织领导传销活动罪”的概念和特征，施某某认识上都没有组织、领导“传销活动”的主观故意。

二、世界通公司对代理商主体资格的限定并非“形式上规避传销”

根据世界通公司《代理合同书》第1条关于“代理条件”的规定，乙方(代理商)必须是依法设立的企业或者其他经济组织。而在传销行为中，被招募加入传销的对象应是自然人。由此，对于代理商主体资格的限定是“世界通”区别于传销行为的重要特征之一。

然而,在案诸多证据显示,世界通公司对于代理商申请过程中申请方提交材料(如企业法人营业执照及法定代理人相关信息证件等)的审查仅仅是“形式审查”,并且世界通公司允许自然人通过得到企业或其他经济组织委托的方式申请代理商。对作为委托方的企业资质不做实质审查,允许同一企业多次委托不同的自然人。这会导致如下两种情况:

第一,部分自然人以虚假的申请材料(如假营业执照)申请代理商;

第二,同一个营业执照被不同的自然人利用申请代理商。

本案一部分当事人据此得出,世界通公司对代理商主体资格的限定仅在形式上规避传销,本质仍是以自然人为加入对象的传销行为。

对于上述说法,我们认为不能成立。理由如下:

1. 对于自然人利用虚假的或他人的营业执照申请成为世界通公司代理商的数量,事实不清。

本案中,侦查机关调取了数百名购买世界通 Link - World 软件卡证人的证言,其中绝大多数证人都是使用他人的营业执照或者临时办理营业执照(没有实际的经营活动)申请成为“世界通”代理商的。

但根据上海盘石数码信息科技有限公司出具的盘石司鉴《(2009)物鉴字第 58 号司法鉴定意见书》,根据对送检硬盘 2009058HD01 内数据库 agent 中的数据表 TLwllAgent 的分析得出:“世界通”整个代理商体系中的有效代理商总数为 135,539(13 万多)名。目前所调取的“代理商”证言的数量仅有 200 多名。

即便侦查机关调取的数百名证人证言均客观、合法、有效,也仅能证实这200多人申请成为“世界通”代理商的情况,不能代表或证明余下的135,000余名代理商的申请情况。因此,自然人利用虚假的或他人的营业执照申请成为“世界通”代理商的数量并未查清,“规避之说”无证据支持,不能以偏概全。

2.“世界通”对于申请代理商材料是否应当进行“实质审查”有待商榷。

第一,要求“世界通”对申请代理商材料进行“实质审查”有失公允。

目前,政府主管部门对申请文件的审查还只是“形式审查”,比如工商行政管理局对于企业的注册登记所提供的材料就是进行“形式审查”。即使在本案中,“形式审查”的情况也比比皆是:

(1)《人民日报》作为中国共产党中央委员会的机关报,在其2009年4月17日第16版上刊载了《“世界通”——创意时代的高科技产业》一文,该报的相关人员在案发后接受侦查机关询问时,表示在刊载文章时并未对文章内容的真实性进行“实质审查”。

(2)2009年2月,京鼎律师事务所邀请各路专家学者对“世界通”营销模式进行专家论证。案发后,与会的部分专家及京鼎律师事务所的负责人张某某表示,论证当时对作为论证根据的材料并未进行“实质审查”。

(3)根据海南省通信管理局网络建设处副处长刘某的证言(证据卷第21卷第80~81页),该处在没有对海南世纪通公司申请材料进行“实质审查”的情况下就为该公司颁发了增值电信业务许可证。

(4)根据中国生产力学会秘书长陈某昌的证言(证据卷第51卷第151~152页),该会对于王某(湖南省发展研究中心副主任)整理的分析报告,没有进行“实际审查”就盖章呈交给国家工商总局和商务部。

由此可以看出,政府机关对于各自监管领域可以搞“形式审查”,专家学者可以在论证时对基础材料搞“形式审查”。新闻媒体可以在刊载宣传文章时搞“形式审查”。在这种情况下,凭什么要求一个市场经营主体对其招商对象递交的材料进行实质审查,让卖方对买方进行申请文件的实质审查,有悖常理,更有失公允。

第二,世界通公司既不可能也没有必要对申请代理商的材料进行“实质审查”。

与部分招商企业相类似,“世界通”是面向全国(大部分地区)招商的,如果对于每一个招商对象都进行实质审查、实地考察,无疑将耗费大量的成本,不仅实质审查难以实现,恐怕连基本的经营活动都无法开展。

对市场主体行为的规范和引导不能妨碍自由交易的安全与效率,既然“世界通”已经对代理商资格做出了明确的要求,那么申请成为代理商的一方即应当本着诚实信用原则申请注册。对于那些不如实提交申请材料“骗取”代理商资格的行为,“世界通”完全可以依据《代理合同》条款及《合同法》的相关规定进行处理,没有必要在事前搞“实质审查”。

3. 世界通公司逐步调整代理商申请制度,尽可能保证招收代理商系依法设立的企业或合法经济组织。

本案中,有相当一部分证据证实,“世界通”已经重视到前述“形式审查”可能导致的问题,并且逐步限制营业执照的使用次数,避免出现代理商实际是自然人的情况。相关证据包括(见表2):

表 2 相关证据

序号	证人	位置	内容
1	施某某	证据卷第 1 卷第 87 页	我公司只对合同的资料进行书面审核,不进行实地调查核实,如果出现问题,代理商自己负责任。一张营业执照只能跟我公司签订一次合同,这个规定在我公司的网站上有明确的通知,这个通知的发布和制定是邵某某负责的
		证据卷第 1 卷第 170 页	代理商级别的确定和升级模式没有变化过,变化比较大的就是,我公司在 2008 年 9 月被山东警方立案调查后,我公司将以前多人可以共用一张营业执照的制度作了一个变化,变为一张营业执照只允许一个人使用
		证据卷第 2 卷第 82 页	在世界通公司经营初期,多个个人可以使用同一个单位的营业执照和世界通公司签订产品代理商合同。后来这种情况被我的一个律师朋友指出可能涉嫌传销,为了规避传销嫌疑,我就把这种一份营业执照可以和世界通公司多次签约改为一份营业执照只能和世界通公司签订一份产品代理合同
2	邵某某	证据卷第 4 卷第 155 ~ 156 页	公司就是这么规定的,其中在 2008 年 7 月之前,身份上要是法人资格的经验单位或是受法人单位委托的受托人。大约 2008 年 7 月之后,受托人就不可以了,只能是具有法人资格的经营单位。我觉得设置法人才能购卡的目的是规避传销,但施某某并没有亲口这样对我说过,这只是我的推测
3	何某其	证据卷第 23 卷第 71 页	都是有委托代理的,一开始公司没有规定,所以我们可以用一个单位名义委托多个人加入,后来在 2008 年 9 月中旬或是 10 月就有规定了,说是一个单位下面只能挂 4 个人,到今年 3 月开始是一个单位下面只能是一个人了

续表

序号	证人	位置	内容
4	李某	证据卷第24卷第17页	购买卡必须有工商营业执照,且要以这个工商登记的单位名义去购买,现在要求在购买时必须提供营业执照及营业执照上的投资人或法定代表人的身份证,以前是可以由其他个人挂在这个单位里
		证据卷第24卷第30页	世界通规定一个人你只能购买一次世界通产品,一开始还可以用一个营业执照下面委托二到三人分别购买产品,到后来必须要求是一个营业执照上只能购买一次
5	陆某某	证据卷第25卷第53页	当时我记得一张营业执照可以借给十几个人用的,后来只能借给五个人用,到目前一张营业执照只能用一次,具体原因我不清楚,这是公司的规定

如表2所示,"世界通"针对审查代理商材料可能导致的问题,对代理商资格限定制度不断进行了修正:将原来的一个营业执照可以申请多次修改变为一个营业执照只能申请一次;将原来的申请人可以是法人单位委托的人修改为申请人只能是具有营业执照的法人单位;将原来一个单位下可以挂很多人修改为一个单位下面只能挂一个人,而且还要提供营业执照及营业执照上的投资人或法定代表人的身份证。

这种调整就是为了保证招收的代理商是名副其实的依法成立的企业或合法经济组织,而非"形式上规避"。

综上所述,世界通公司始终致力于创建由企业进行代理销售的销售渠道,并且在实际经营过程中针对发生的问题不断调整代理招商机制,以保证该目的的实现。所谓"世界通"对代理商主体资格的限定仅是为了在形式上规避传销的说法不能成立。

三、关于世界通公司销售的 Link - World 软件卡是否存在终端用户的问题

1. 世界通公司并未在创建营销渠道的过程中禁止代理商将购得

的“软件卡”销售给终端客户。

虽然部分代理商曾在其证言中提到世界通的发展规划是先发展代理商、后发展终端客户,但该说法无法得到印证。事实上,根据“世界通”的《代理合同》第9条乙方的权利义务部分明确约定,乙方(代理商)在代理经营服务期内,须自觉维护终端用户的利益,按照每人一号的原则协助甲方为终端用户提供消费增值服务。

因此,世界通公司不仅没有禁止代理商发展终端,而是明确要求代理商要在经营服务期内自觉维护终端用户的利益。

2. 在案证据表明,世界通公司销售的Link－World软件卡存在终端用户。

第一,有证据显示世界通公司销售的Link－World软件卡存在终端用户。

本案的起诉书指控称,2007年11月至2009年6月,销售Link－World软件卡(365激动卡)480余万张。根据Link－World软件系统研发及维护技术人员何某(证据卷第7卷第23～24、52页)、尚某某(证据卷第7卷第92页、证据卷第20卷第80页)的证言,“世界通”的运营系统中具有“会员数据库”和“代理商数据库”。其中:

“会员数据库”是指:世界通公司通过销售“365激动卡”出让Link－World软件的使用权。该卡包含账号和密码,每张卡销售出去后,通过自带的账号和密码,登录公司网站会员登录页面进行激活,程序便会自动生成对应的一个会员账号和登录密码。这个会员账号即构成会员数据库里的数据,该数据库可以说明公司销售的已激活卡的数量,就是代理商将购得的软件卡销售或以其他方式分配给终端消费者后,由终端消费者激活形成的数据库。目前会员数据库中有400多万名会员。

“代理商数据库”是指:申请成为世界通公司的代理商们需要先

登录公司网站代理商登录页面申请,形成一个代理商的账号和有关信息,在经过公司相关部门对其真实性的审核后,产生一个与代理商账号相对应的密码,以供给该代理商自行使用。这个账号信息和密码即构成代理商数据库的数据。该数据库显示目前全国已有13万多名代理商。

"会员数据库"与"代理商数据库"存在对应关系,每个会员的账号都会对应一个代理商,也就是每个代理商下面有多少激活的会员账号在数据库里都能反映出来。

第二,所谓的"会员数据库"显示同一人购买多张卡,缺乏明确具体的事实和确实充分的证据。虽然尚某某(证据卷第7卷第52页)在其证言中提到,"会员数据库"中存在每个会员号所显示的个人信息不是一一对应的,可能存在不同的会员号只对应同一个身份证号(说明同一个人购买了多张卡),但这不能否定Link – World软件卡存在终端用户的基本事实。

第三,关于世界通公司销售的Link – World软件卡不存在终端用户的说法,无证据支持。本案部分被告人(如强某某等人)提到Link – World软件卡没有终端用户,侦查机关也调取了数百名"代理商"的证言,以证实这些"代理商"在购买Link – World软件卡后,使用软件卡点击广告赚钱而没有将软件卡推广给终端用户。

但这些证据并不能证实"世界通"销售的Link – World软件卡没有终端用户。理由在于:

根据上海盘石数码信息科技有限公司作出的《盘石司鉴(2009)物鉴字第58号司法鉴定意见书》,对送检硬盘2009058HD01内数据库agent中的数据表TLwllAgent的分析表明世界通公司整个代理商体系中的有效代理商总数为135,539(13万多)个。而目前所调取的代理商证言的数量连总数的零头(539个)都不到。即便侦查机关调取的200名证人证言均客观、合法、有效,也仅能证实这200多人没有将购得的软件卡推广至终端用户,不能代表余下的13.5万余名代理商销售软件卡的情况,更何况还忽略了代理商中,负责人自身就是终端用户的客观事实。

3. 有证据表明世界通公司销售的Link-World软件卡的终端用户群将日益发展壮大。

根据施某某等人的供述,世界通公司代理商获得利润的途径有3种:

(1)将软件卡销售给终端用户,根据各自代理级别的折扣优惠赚取差价;

(2)协助"世界通"招收代理商,获得招商奖励("级差奖"或"招商鼓励奖");

(3)自己点击Link-World软件卡,获取广告回馈奖励。

目前,由于获利途径的多元化,部分代理商往往更愿意通过"协助招商"或"点击广告"获取收入,从而忽视对终端用户的开发和维护。然而,根据在案相关证据,伴随"世界通"运营的逐步发展,代理商的获利途径将从多元走向单一,即开发、维护终端用户。具体理由如下:

第一,世界通公司不是无限制地发展代理商,当代理商的发展达到一定规模后,将停招代理商。所谓的"招商奖励"将不复存在,代理商不能再通过协助招商来获取收入。

根据强某某的供述(证据卷第2卷第43页、证据卷第51卷第64页),施某某曾表示当软件卡售出量达1000万张时便开始分流限制代理商;施某某供述(证据卷第2卷第81页)、书证(《停止招商通知》,证据卷第18卷第67页)表明,公司规划在2009年年底发展到50万个代理商便停止招商。目前广西、湖北、云南部分地区已经停招代理商了。

这充分说明协助招商奖励只是大家常见的商家传销阶段性的折扣和让利,完全是一种促销手段而已。

第二,世界通公司的《代理合同》确立的相关制度,旨在杜绝代理商通过大量把持软件卡点击广告获利,并且该制度在技术上具有可实现性。

如果代理商把持大量软件卡点击广告获利,对于“世界通”的经营具有危害性,使软件卡不能推向终端用户,预期的广告效应无法实现,从而影响“世界通”从广告发布商处获取广告收入的构想的实现。

为了防止这种情况,世界通公司的《代理合同》第9条第7项规定,乙方(代理商)在代理经营服务期内,须自觉维护终端用户的利益,按照每人一号的原则协助甲方为终端用户提供消费增值服务。该条款表明,世界通公司要求代理商要将软件卡普及到终端,并且实现“每人1号”,从而杜绝代理商/个别人把持软件卡点击广告获利现象的出现。完善、规范“会员数据库”的信息管理,落实、查证“每人1号”的技术保障,这在技术上是具有可实现性的。

根据“世界通”的《代理合同》第9条第3项的规定,甲方(“世界通”)保障乙方各项权益,实行透明化管理。同时要求看广告用户在线时间每天不得少于4小时。该条款表明,若想通过收看、点击广告得到回馈,需要每天在线4小时。该约定不仅对代理商通过点击广告获利增加了限制条件,而且对于某些只为点击广告赚取回馈的用户也起到了一定的限制作用。

事实上,每天在线4小时点广告只赚3元,并不是所有人都能做到和都愿意做到的,时间成本不是所有人都能付得起的。

第三,根据《代理合同》及《补充条款》(证据卷第18卷第45页)的约定,甲方(“世界通”)与乙方(代理商)的《代理合同》每年续签一次。在乙方正常经营的情况下，并未给甲方造成重大经营损失时，由乙方提出申请，与甲方续签合同。

该续约条款的确立能够得到两个效果：(1)代理周期短(仅1年)，避免代理商在较长的合同期限内，因长期的不正当经营给"世界通"造成严重的损失；(2)世界通公司有续约的主动权和决定权，对于没有正常经营、造成重大经济损失的代理商，世界通可以拒绝续约。

这样一来，不仅杜绝部分代理商长期把持大量软件卡点击广告所带来的持续危害，对于合同尚未到期的代理商也能起到一定的警示和威慑作用。代理合同每年一签，主控权完全掌握在世界通公司一方，其对代理商的发展是可控的。

综上所述，随着协助招商的停止以及代理合同制度的完善和落实，代理商的获利途径必将从多元走向一元，即代理商只能将软件卡推向终端用户，从而使世界通公司的终端用户群发展壮大。

四、关于世界通公司资金链断裂说的论证

在"世界通"案的侦查案卷中，存在世界通公司资金链断裂说。其主要理由为：截至案发前，世界通公司售卡480多万张，以一张卡每月90元的广告返利费用计算，世界通公司1个月须支付广告返利4.32多亿元，1年须支付51.8多亿元。如此高额的费用，世界通公司无力承担。世界通公司虽然宣传第三方埋单，并成立海南世纪通网络信息科技有限公司以拓展广告业务，但截至案发前，"海南世纪通"仅与企业签订3个月的免费试播协议，没有广告收入。世界通公司支付其会员的广告返利费用和代理商的协助招商奖励主要源于售卡收入，即新进代理商的购卡资金。而代理商不可能无限发展下去，当世界通公司无新的代理商加入、没有售卡收入时，公司就必然出现资金链断裂。

应当说,这种说法失之偏颇,是一种主观臆测而非客观事实。判断资金链是否会发生断裂,应比较世界通公司的收入和支出,依据其收支和经营情况确定。

1. 世界通公司资金链断裂说不符合客观情况。

根据盘石司鉴《(2010)物鉴字第003号鉴定意见书》(证据卷第22卷第4~5页),"世界通"总经营额(购卡总额,包括现金充值,购卡;奖金返利转通币,购卡)约为25.8亿元,其中现金购卡总额约为9.9亿元;招商奖金、广告回馈、积分总额约为18.5亿元,其中招商奖金11.6亿元,广告回馈6.9亿元,已兑换积分0.02亿元;兑现总额约为6381万元,其中,招商奖金兑现约为635万元,广告回馈兑现约为3934万元,通币兑现为1812万元;仍在代理商账户中的招商奖金总额约为2901万元,通币总额约为1.78亿元。

根据镇江市京口区人民检察院起诉书,目前公安机关扣押的资金合计6.5亿元人民币左右。

依据上述事实,可知:

第一,在"世界通"已销售的480万张卡中,并非所有会员都按照每天30条点击广告,世界通公司实际须支付的广告回馈与理论上的推算结果并不相符。

尽管从理论上讲,按世界通公司售卡480万张,一张卡每月90元(按每天30条广告,每条0.1元计算)的广告返利费用计算,世界通公司1个月须支付广告返利4.32亿元,1年须支付51.8亿元。但上述鉴定意见书中的数据表明,自2007年年底至2009年6月近1年半的时间内,世界通公司须支付的广告回馈总额仅为6.9亿元。而且,这6.9亿元广告回馈中的实际兑现金额仅为3934万元(其他广告回馈可能由代理商转换为通币,用于购买软件卡),即"世界通"实际支付的广告回馈资金仅为3934万元。

事实上,点击广告也是需要付出时间等成本的,况且,世界通公司在点击广告方面也设置了一些限制条件。例如,何某在其第9次讯问笔录(证据卷第7卷第54页)提及,世界通公司每天向会员发送30条广告,当天没有发放的改天补发,如果会员在广告发送后第三天还没有点击广告,则不再计酬。因此,完全存在部分会员未点击广告或未如数点击广告的情形。

第二,从现有的事实情况来看,"世界通"的售卡收入足以支付招商奖励和广告回馈,且其具备雄厚的资金储备,具有在未来一定时期内支付招商奖励和广告回馈的能力。

依据上述鉴定意见书中的相关数据,从世界通公司的总经营额和奖金、回馈、积分总额来看,自2007年年底至2009年6月近1年半的时间内,世界通公司的全部售卡收入(包含通币购卡的情况)约为25.8亿元,而其需要支付的招商奖金、广告回馈总额约为18.5亿元;从现金情况来看,自2007年年底至2009年6月近1年半的时间内,世界通公司的现金售卡收入约为9.9亿元,而其实际支付的现金(招商奖金和广告回馈兑现总额)仅为6381万元;可见,世界通的售卡收入足以支付招商奖励和广告回馈,且有9.3亿元左右的结余。

此外,截至案发前,会员广告返利的支付方面一直处于正常状态。从公安机关已扣押的6.5亿元资金来看,"世界通"具备雄厚的资金储备,具有在未来一定时期内支付招商奖励和广告回馈的能力。即使将仍在代理商账户中的招商奖金总额2901万元、"通币"总额1.78亿元全部兑现,也尚有4.5亿元左右的结余。

2. 世界通公司的资金支出额度可控。

依据案卷资料,世界通公司的主要支出为代理商的协助招商奖励和广告回馈。在招商奖励方面,世界通公司设置了计提招商奖励的比例限制;而在广告回馈方面,其支出额度在一定程度上来讲也是可控的。世界通在收入确定的情况下,可以通过控制其支出规模来预防资金链的断裂。

第一,协助招商奖励方面。

根据盘石司鉴《(2009)物鉴字第43号鉴定意见书》(证据卷第17卷)得知,代理商奖励由软件程序自行计算,以999×fee(奖励系数)计提奖励。此外,"世界通"代理商奖励计算程序编程人员何某、尚某某在其讯问笔录(证据卷第7卷第40~41、79~80页)中提及:单个代理商最低获得6%的奖金,最高获得42%的奖金,一条最多只有5人可以拿到奖,累计奖金总额不会超过50%。

据此,就单张软件卡而言,世界通公司给予代理商的招商奖励不会超过其售卡金额999元的50%。其招商奖励的支出是可控的,且"世界通"可以通过控制售卡数量来控制其支付的招商奖励总额。

第二,广告回馈方面。

世界通公司作为软件卡的销售机构,其拥有每张卡发送广告数量和售卡量的主控权,也就使广告回馈的支出金额在一定程度上是可控的。

在发送广告数量方面,世界通公司《产品代理合同》中有相关约定,世界通公司可以通过变更合同的相关条款来控制发送广告数量。例如,世界通公司长春版合同(证据卷第24卷,《戚加言产品代理合同》)对深圳版合同(证据卷第9卷第163~168页)中的广告发布量等内容进行了变更,并在回馈金额方面增加了限制性条件:深圳版的合同约定,"世界通WORLD软件增值服务卡每天发放广告不少于三十条,每条广告回馈金额不少于0.1元",而长春版的合同约定,"甲方每天按量向乙方所服务的终端用户发布有偿广告","甲方对于收看广告参加市场调查并及时回复,且每天在线登录时间不少于4个小时的终端客户,给予每条广告不少于0.1元的奖励金额"。此外,根据施某某的供述(证据卷第20卷第23页),广告的分区播放技术正在研发过程中,该技术研发成功后,一条广告可在指定的会员范围内进行播放,从而使每条广告应支付的广告回馈额度得到进一步限制。

在售卡量方面,“世界通”可以通过限制代理商的发展来实现。而实际上,世界通在代理商的分布范围和数量上是有规划的。2008年10月12日,世界通公司曾发布《关于部分地区停止招商的通知》(证据卷第18卷第67页),在广西、海南、湖北部分地区停招二级及以上区域代理商。

3. 世界通公司的经营收入渠道不断拓宽。

尽管截至案发前,“世界通”的主要收入为销售软件卡的收入,但“世界通”一直在积极拓展广告业务、建立房地产等其他收入渠道,以保障广告回馈等费用的支付。

2008年4月30日,施某某成立海南世纪通网络信息科技有限公司。该公司组织员工业务培训,设立丰厚的广告代理奖励机制,以拓展广告业务,并与一千多家企业签订了广告发布试播协议。

2009年三四月,施某某先后在海南儋州市设立海南世界通信息科技投资有限公司和世和旺房地产开发公司。2009年5月13日,海南世界通信息科技投资有限公司与儋州那大镇政府签订土地出让合同,购买了400多亩土地,拟从事房地产开发业务,并交纳2000万元土地预定金(证据卷第51卷第6页)。

此外,施某某还有建立网上商城、旅游网站及从事相关业务的构想和具体举措也都在逐步建设之中。

综上所述,从案件客观情况来看,并无世界通公司资金链断裂的征兆和迹象可寻,因此,公诉机关主观臆测世界通公司资金链会产生断裂的说法是没有依据的。

五、起诉书关于被告人施某某非法获利9.9亿元的指控是不能成立的

1. 该指控混淆了"法人财产"和"个人财产"的界限。

销售Link－World软件卡的主体是世界通公司。该集团公司是由若干具有法人资格的公司组成的,因此软件卡的销售所得是公司财产而不是施某某个人财产。

2. 本案没有证据证实被告人施某某等被告人将售卡收入非法占有。

第一,没有证据证实施某某等多被告人存在非法侵吞、挥霍、擅自使用售卡收入的事实。

第二,"控制"并不等同于"非法占有"。

虽然涉案资金在案发前由施某某"控制"(施某某与其妻子高某某把持世界通公司的收入支出),但是"控制"不同于"非法占有"。控制首先是体现为一种管理权而不等同于所有权。"控制"是"非法占有"的必要前提,而"非法占有"并非"控制"的必然结果。二者区分的关键,在于行为人是否具有"据为己有"的主观故意和行为事实。

综上所述,辩护人通过对本案事实、证据及如何适用法律的分析,认为公诉机关对施某某犯有组织、领导传销活动罪的指控事实不清、证据存在诸多问题且适用法律界限不清。希望法庭在充分分析本案证据的基础上,严格遵循刑法关于组织、领导传销活动罪的具体规定,准确认定本案被告人的行为性质。由于本罪属新增设罪名,即使在法律界限难以把握的情况下也应当本着疑罪从无的原则,作出有利于被告的判决,不应当追究被告人的刑事责任。

辩护人:

北京市京都律师事务所律师　田文昌　相愫晶

二〇一〇年七月三十日

辩护词(二轮法庭辩论意见)

第一轮法庭辩论发言已经比较全面了,现针对双方争论的焦点作一点简要补充说明,主要包含三个方面。

第一个方面,简单地强调一下施某某的主观心态问题。

今天,法庭给了很多机会让施某某陈述这个问题,施某某说得很多也很激动。这个问题虽然啰唆一点,但我觉得,在座的每一位也应当客观分析他的心态到底是怎样的。施某某说了很多,但其实还远远不够,他在开庭时提交了一份材料给法庭,写了11页纸,希望法庭在庭后能看一下。我看了一下,感到陈述得比较实在,也很坦诚。他把他在创业的过程中遇到的困难和心情都讲到了,比他在法庭讲到的要多很多,这反映了他在主观上的心理到底想干什么,是个骗子?还是一个事业追求者?这个问题与定罪量刑也是有关系的。

他提出来,在国内发展50万代理商、3亿终端客户,全球发展200万代理商、10亿终端客户的宏伟规划,这并不是空穴来风,这应该引起重视。另外,他积极探索寻求1P理论,尝试第三方埋单的营销策略,他出资开发了这样一个产品,而且产品也确实具备一定的使用功能。同时,他试图努力排除这种营销方式是不是具有传销性质的疑问,取得了相关部门的合法性批文,寻求专家论证,等等。在此基础上,他有一定的排除这种营销方式具有传销性质的信心。比如说,政府的许可证有好几个,专家也出具了论证意见,广西的行政案件判决胜诉。先不评价政府行为、专家意见及法庭判决正确与否,起码确实是有政府的批文、专家的论证、法院判决的认可。再加上媒体连续的大量正面宣传报道,这就足以让被告人产生一种自信,相信自己的行为不是传销。

所以,辩护人必须强调,在前述因素存在的情况下,要求施某某对他的行为的法律界限有足够清楚的准确判断确实是不现实的;政府、专家、司法机关、媒体,哪一个不比他强?当然,可能公诉人会有另外一种分析,说他在寻求“保护伞”,他在为自己拉大旗做虎皮,这种分析也不是没有道理。但是,客观地看,从施某某的反复表述和他做出的一系列具体行为来看,更可信的,是他在寻找正确答案。他希望自己的行为是以合法性为前提的,因为他想干事业。再加上他在海南购置土地,寻求资金,建立资金保障的体系。

通过这些例子,辩护人认为,有充分的理由表明,施某某的主观上确实不存在传销骗财的故意。

第二个方面,谈谈世界通公司营销模式。

法庭调查当中,包括控方举证的时候,我就讲,对于世界通公司的基本营销模式内容,是不存在太多争议的,有书面的证据,有合同,有公司内部的规程,这个都很清楚。所以,辩护人认为,去找那么多证人证言、供述,实际上并没有太大意义。因为,根据这种营销模式,辩方有理由依据法律规定的具体界限来加以分析、判断,其到底是不是属于传销的模式。在第一轮辩论中,已经根据各方面资料,有数据、有分析、有法律依据地对其营销模式进行了交流论证,具体的我不重复了。现只根据双方争论的焦点问题,补充谈几个观点。

其一,本案中比较突出、敏感的问题是第三方埋单的问题。

我只想强调一下,第三方埋单的广告平台建立有一个过程,培养市场是任何广告平台建立的前提条件。所以这不只是被告人说出来的,这是市场规律,有大量先例可循。只要平台建立起来,这个广告市场肯定会有,数量大小不好讲,但如果说没有,那是不可能的,那是违反市场规律的。而且他们已经做出行动,已经建立了这样一个专门的公司。在这种情况下,如果因为还没有建立起来广告市场就否定他,显然是武断的。在市场条件下,在广告横飞的年代,任何一个平台都会有广告,这个手机的平台也肯定会有,所以这并不是空话。而且他并没有开空头支票,他有资金投入。所以,第三方埋单的可行性不能说是不存在的,也没有理由否定,因为否定一个事实要有证据。

另外,软件的本身是有独立的价值的,5年服务中,有可实现的功能,不点广告也不会损失什么。而且还有明确提示,你可以点广告,也可以不点广告,完全由用户自己选择。这里很明确,也很规范,说明他没有任何欺骗的意思。如果说有拿“下线”的钱来补给“上线”的钱这一问题,这种说法并不成立。世界通的所谓奖励,是一种让利的销售,是以销售产品为前提的,下线买了卡也不亏本;并且,托管协议表明提供服务是有保障的。这些事实表明,不仅第三方埋单具有可行性,而且第三方埋单并非软件的唯一价值,所以不存在以虚构点击广告的功能欺骗客户的问题。

其二,关于终端客户的问题。是不是传销,有没有终端客户是很重要的。

法庭调查已经表明,这个卡注册激活后才视为销售。注册激活这个要求本身,就体现终端客户的存在。我绝不相信,就没有一个真正终端客户出现,所有的卡都是被代理商囤积在自己手中。这种说法是绝对不能成立的。就像我在法庭调查中提到的,在13万多个代理商范围内,拿几百个代理商说事,那不是法律上的取证方式。我再强调一下,这不是在做抽样调查,我们必须要用真真切切、实实在在的证据来说话,两百个代理商的证言,是不能证明任何问题的。还有,有的地方代理商已经饱和,已经停止发展,那么是因为什么饱和的,如果不存在终端客户,那就不存在代理商饱和的问题。代理商和终端客户是有一定比例的,终端客户的数量超出比例了,代理商才会饱和。所以,饱和的事实本身,也印证了终端客户的存在。再有,会员数据库就是终端客户，这几种情况都可以表明，终端客户的存在是一种事实。

其三，关于资金链断裂的问题。

怀疑资金链断裂并不等于会断裂。我们已经做了大量的数据对比，现在至少没有理由认为资金链会断裂。并且，销售收入并没有被个人占有，案发前代理商没有任何损失，代理商也没有感受到被骗。

公诉人讲，没有感到受骗并不等于事实上没有受骗。辩护人认为，其一，没有被害人的诈骗从何而来？其二，没有损失发生，诈骗又从何而来？辩护人认为，资金链断裂之所以不存在必然性，不仅在于广告招商的可行性，而且还在于手机软件自身的独立价值。价格为999元、服务期为5年的手机卡，其自身功能也可以物有所值。

其四，我想简单谈一下被告态度和事实上有罪与无罪的关系。

我注意到，五个被告人在刚开庭时，都表示服判，认罪服法，但同时在庭审中又就法庭事实的调查做了很多辩解和澄清。

辩护人认为，任何人对他所实施行为的澄清和辩解都是根据他所认为的事实情况而说明的，但是与他如何认识自己行为的性质是两回事。他们表示对这个犯罪的规定不了解，这是很正常的，但是，他们服判，法院怎么认定他都承认这个判决。他们说到现在都不知道自己的行为到底是怎么回事，但他们并不否认自己所作出的行为事实。这说明他们态度诚恳，他们对事实的澄清和辩解，并不能说明态度不好。

重要的是，被告人认罪，与本案事实上能否定罪，并不是一回事。他们可能认为自己有罪，但事实上能否构成犯罪，须依照法律规定来评判。这是行为人的主观认识与法律规定之间的关系，不能等同起来。被告人的态度令人感动，他们都想做一番事业，还担心自己的行为是否合法，他们也愿意接受法庭的审判，这毫无疑问可以表明他们的态度都是非常诚恳的。但是我们依然应该依据事实和证据,依照法律规定,对他们行为的性质作出确认。

辩护人认为,这个案子,敏感性很强,影响很大,而且非常具有复杂性,犯罪构成的界限不清。我们这些法律界的人,包括在座的各位未必都搞得很清楚,更没有理由要求被告人会有先见之明。所以,我们要慎重对待。

辩护人不否认“世界通”经营当中,确实存在一些问题,比如说,夸大宣传的问题。但是,夸大宣传与传销罪的构成并没有必然的联系。二者之间是一种包容关系,并不是等同关系,传销罪也可以包括夸大宣传,但夸大宣传并不等于构成传销罪。

辩护人已经充分注意到,“世界通”的营销方式,在经营行为的表现形式上,确实在有些方面与传销的方式有相似之处,这一点辩护人并不否认。所以,辩护人认为,根据这样的情况与社会上的反响,公安机关对其侦查是有理由、有必要的。问题在于,经过侦查之后,今天在法庭上,我们通过客观、全面、深入地分析,可以认为,至少所有的辩护人都认为,“世界通”并不符合传销罪的基本特征,充其量只能算是一种似是而非;像,但不能说是。为什么这样讲,我不多重复,只是从这个犯罪最具实质性的特征出发,做一点简要分析。

我们知道,法律对任何一个罪名的规定都是有特定的目标指向的。那么,为什么我们国家要打击传销,而且单列一个罪名出来?理由很清楚,简言之,就是传销是在骗钱,而且会引发混乱。所以,立法予以打击。《刑法修正案(七)》针对的就是这种情况。既然这个目标很清楚,是为了打击骗钱行为避免引发混乱这样的后果,那么围绕这个目标,才能把传销罪的特征弄清楚。传销罪最本质的特征是,层级严格、拆墙补墙、上线吃下线、收人头费,没有实体发展,只是为了积累资金,没有实际的利润增值。其结果是,资金链必然断裂,引起社会混乱。这些表现和后果,可以说是传销罪本质的特征,也正是应当予以限制和打击的理由所在。

但是,本案中"世界通"的情况却并非如此。简单地说,"世界通"的层级不严格,可以越级;其奖励机制是以销售为前提的,而不是无中生有的白送钱。任何持卡者,都可以使用两种功能,可以点广告,可以使用这个卡的通信功能,因为这个卡具有独立的使用价值。需要强调的是,有价值就与没有价值的变相的入门费是有本质差别的。并且,世界通公司还有实体业务的发展,有实际利润的产生,看不出资金链断裂的必然性。退一步讲,即使资金链断裂,也和传销不一样。为什么呢?最后买卡的人他还可以使用这个卡,5年的服务期999元,并不亏本。所以,我们从最基本的立法原意来分析,从最本质的特征来分析,两者只能是似是而非,并不能混为一谈。

既然如此,辩护人非常想说明一个问题。辩护人认为,法庭审理过程中应注意区分两个不同的原则:侦查的原则和定罪的原则。侦查的原则是不能放过一切线索,不能漏掉一切怀疑,侦查人员的眼睛要怀疑一切,否则就不是侦查人员,也就查不清案子,这是没有错的。但是,到了法庭审理阶段,定罪的原则就完全不一样了。定罪的原则是证据必须确实充分,必须排除一切合理怀疑。如果说侦查要怀疑一切,那么定罪就要排除一切合理怀疑。这就是两个阶段中应遵循的两种不同原则和应当采取的两种不同思维方式。只有这样我们才能把握好定罪的界限,准确地适用法律。

那么,根据这一情况,在这个案子证据不足、界限不清的情况下,应该如何对待?辩护人非常诚恳地请求法庭,根据宽严相济的刑事政策,依照疑罪从无的原则,在深入改革的大环境下,对这种在探索中、尝试中出现的问题,不应当追究刑事责任。采取非刑罚方法、非刑事化的方式,依法规范和处理这种问题,既符合我们基本的定罪原则,也符合当前的刑事政策,有利于构建和谐社会的大形势。

更何况,对于这种模式,在未来,一年以后、两年以后……究竟该当如何评价?也许还会有新的认识。希望大家能够认识到,在改革开放的大环境下,在深入发展的探索中,我们需要采取刑罚手段予以打击的,只能是确实有依据、有必要打击的危害社会的行为。对那些具有探索性质的经营方式,在处理时应当尽可能采取慎重态度。希望法庭对此予以充分考虑。

第三个方面,本案中程序上的两个问题。

法庭调查中提出来的非法证据问题,涉及被告人庭前供述有没有合法性、软件功能鉴定结论是否合法有效。前面的辩护观点我不再重复,只是再次强调应依据相关规定予以处理。关于鉴定结论,没有提供原件是绝对不行的。而且鉴定意见并不是鉴定结论,提请法庭予以注意。

最后说一句,本案"世界通"的营销是一种单位行为,不是个人行为,请法庭对行为主体的认定予以注意。

谢谢法庭!

辩护人:

北京市京都律师事务所律师　田文昌

二〇一〇年七月三十日

补充辩护意见

尊敬的审判长、合议庭:

作为施某某被控组织领导传销活动罪一案施某某的辩护人,尽管对于该案已于2010年7月开庭审理后,因贵院做出"中止审理"至今也已历时半之久仍未能作出判决而心存疑虑,但我们还是愿意相信贵院对此案是高度重视、认真负责和审慎对待的,并对此心存敬意和感激。为了利于案件事实的查明和定性、适用法律的准确,辩护人想补充和强调一点辩护意见,即根据案件相关证据材料,现就世界通公司“协同分销代理制”营销模式中的奖励计提问题作一强调和补充说明:

盘石司鉴〔2009〕物鉴字第43号鉴定意见书(详见证据卷第17卷)及何某等人的证人证言(详见证据卷第7卷)表明:代理商的奖励金额由电脑系统自行计算,以999×fee(奖励系数)计提奖励,即以软件卡原价为基数计提,而非以新进代理商享受折扣后的购卡金额计提;且电脑系统只有在软件卡被激活,也就是被代理商销售到会员手中以后才开始计提代理商的奖励金额。

由此可见,在世界通公司“协同分销代理制”营销模式中,代理商级别晋升的条件与获得奖励的条件是分别设置的。代理商级别的确定和晋升与其购卡数量相关,而代理商要获得奖励,则不仅需要发展代理商,还需要发展的代理商将其购买的软件卡销售出去。即只有软件卡被销售到会员手中,代理商才能够获得奖励。新进代理商的购卡量及购卡金额只影响代理商级别的晋升,而对招商奖励没有任何影响。世界通公司“协同分销代理制”营销模式关于代理商奖励计提制度的设置说明了以下几点:

1. 公诉机关指控“代理商根据直接或间接发展的下线代理商的数量及售卡总量晋升级别,并可获得直接或间接发展的代理商所购买软件卡金额6%到42%的提成”与事实不符。

关于该项指控的不同意见,我们已在辩护词中予以详细说明,不再赘述。在此强调的是,鉴于电脑系统只有在软件卡被激活也就是被代理商销售到会员手中以后才开始计提代理商的奖励金额,且给予代理商的奖励是以软件卡原价为基数计提而非以新进代理商享受折扣后的购卡金额计提,则公诉机关指控的“并可获得直接或间接发展的代理商所购买软件卡金额6%到42%的提成”与事实严重不符,世界通公司是以代理商的售卡金额而非代理商的购卡金额计算奖励的。

2. 世界通公司给予代理商的奖励,并非以发展人员数量作为计酬或者返利依据,因此不符合组织、领导传销活动罪的构成要件。

如上所述,“世界通”是以代理商的售卡金额而非代理商的购卡金额为基数,按一定比例提取招商奖励的,且该奖励的获得是有限制的,某一“下线”的所有“上线”中不论人数多少,仅有5人能够以该“下线”的售卡金额为基数获得奖励,并非“直接或者间接以发展人员的数量作为计酬或者返利依据”,因此,完全不符合组织、领导传销活动罪的计酬依据。

需要说明的是:不能得出“以代理商售卡金额为计酬依据,就是间接以发展代理商的数量为计酬、或返利依据”的结论。因为发展代理商数量的多少,并不能影响代理商获取的奖励金额。主要是由于只有“下线”代理商将其购买的软件卡销售出去,“上线”代理商才能获得奖励。另外,无论“上线”代理商发展的代理商数量如何,只要“下线”代理商未将软件卡销售出去,“上线”代理商均无法获得奖励。所以,本案并不存在以发展“下线”并以发展“下线”的数量作为计酬或返利依据的。

3. 世界通公司关于代理商奖励计提制度的设置是为了激励代理商将软件卡销售到会员即终端用户手中,世界通公司采用“协同分销代理制”确实是为了建立软件卡的销售渠道,而不具有“骗取财物”“引诱参加者继续发展他人参加”的行为和意图,不能构成组织、领导传销活动罪。

世界通公司关于代理商奖励计提的制度,实际上为代理商获得招商奖励设置了种种条件,即代理商要获得奖励,不仅需要发展代理商,还需要所发展的代理商将其购买的软件卡销售出去。这充分说明了世界通公司采用“协同分销代理制”确实是为了迅速建立软件卡的销售渠道。如果仅为“骗取财物”“引诱参加者继续发展他人参加”,则不会在代理商奖励制度方面设置真实的“销售”和“级差”等重重障碍。因此,世界通公司的“协同分销代理制”是一种正当的营销模式,其采用这种营销模式属于正常的市场激励行为,而不具有“骗取财物”和“引诱参加者继续发展他人参加”的行为和意图,所以,施某某等多被告企业高管不能构成组织、领导传销活动罪。

4. 基于只有软件卡被销售到会员即终端用户手中,代理商才能够获得奖励,则代理商获得奖励的事实证明了终端用户的存在。

世界通公司的电脑系统中设定,只有软件卡售出给会员并激活后,系统才会计算和分配招商奖励。也就是说,世界通公司软件卡实实在在有终端用户,只有软件卡销售到终端用户手中,“世界通”才会支付招商奖励。案件证据材料中证明代理商获得奖励的事实也证明了终端用户的存在。实践中存在代理商用他人名义激活软件卡或一人多卡的行为,是代理商操作中的问题,而非世界通公司的本意,世界通公司在案发前也一直致力于对运作中的不规范行为进行制度和技术上的限制。

5. 世界通公司并非用新进代理商的购卡资金来支付招商奖励,而是以公司的销售利润作为支付来源。

《代理产品合同书》(证据卷第9卷第158、166页)第13条第8、9项约定,自合同签订之日起7日内为合同生效确认期,在此期间内代理商要求退出代理的,世界通扣除10%手续费后退还剩余购买产品费用;超过7日后要求退出代理的,扣除已交代理费用的15%,已使用的不予退款。据此,代理商未将软件卡销售到会员手中或会员未激活使用软件卡的,代理商可以随时要求退货。而世界通公司在软件卡未售出给会员并激活使用前,对于代理商交付的购卡资金是不予分配的。只有在软件卡售出给会员并激活使用、代理商的购卡资金转变为世界通公司软件卡的销售收入之后,世界通公司才支付招商奖励和广告回馈。因此,世界通公司并没有用新进代理商的购卡资金来支付招商奖励和广告回馈。世界通公司支付招商奖励和广告回馈的资金来源是软件卡的销售利润,而非新进代理商的购卡资金。

所以,世界通"协同分销代理制"营销模式中的奖励计提问题更进一步证明,公诉机关指控被告人施某某犯有组织领导传销活动罪与客观事实不符,系适用法律错误。辩护人请求法院依法查明,并作出公正判决。

辩护人:

北京市京都律师事务所律师　田文昌　相愫晶

二〇一一年一月二十八日

审理结果

2011 年 3 月 28 日,法院作出一审刑事判决,以施某某犯有组织领导传销活动罪,判处 9 年有期徒刑,并处 1000 万元的罚金。同案四名企业高管也都分别被判处了 4 年、3 年和 2 年有期徒刑。

施某某对一审判决不服,提出上诉。2011 年 9 月,镇江市中级人民法院作出终审刑事判决,对原判予以维持,驳回施某某的上诉请求。2011 年 10 月,施某某被其送至溧阳监狱服刑。此后,施某某的母亲不断向江苏省高级人民法院和最高人民法院提出申诉。

张某某被控贪污罪、职务侵占罪、挪用资金罪、行贿罪案

案情简介

张某某,1960年出生,19岁开始担任乡女干部,2001年5月起担任安徽阜阳地方铁路管理局局长。为扭转阜阳地方铁路管理局(以下简称地铁局)经营困难状态,2003年10月阜阳市政府成立由各政府主管部门领导组成的地铁局改制工作领导小组,张某某是成员之一。2004年6月25日市经委负责起草的,市经委、体改委审定的改制方案经市政府常委会审议通过。2004年7月地铁局正式改制为民营性质的安徽漯阜铁路有限公司(以下简称漯阜公司),股东全部为原地铁局相关人员,张某某担任公司董事长、总经理,持有公司51%股权,其出资中500万元为银行贷款。张某某后又设立了上海徽凰公司等。

2007年6月,因其他案件牵连,张某某被安徽省纪委"双规"。"双规"期间,阜阳市检察院和阜阳市公安局同时介入调查。2007年12月26日,张某某因涉嫌改制期间贪污国有资产被刑事拘留,2008

年1月8日被批准逮捕。2008年10月,阜阳市检察院以贪污罪、职务侵占罪、挪用资金罪、行贿罪提起公诉,涉案金额8000余万元。

阜阳市人民检察院指控:

1. 贪污罪

(1)2004年年初,时任地铁局局长的被告人张某某,乘该局改制之机,安排工作人员虚报职工人数和补偿金以及截留补偿金计人民币386.9万元。

(2)2004年3月,被告人张某某得知郑州铁路局代地铁局收取的运费比该局所计的运费多时,安排财务人员将多出部分暂不确认为收入。2005年9月,被告人张某某安排财务人员将2004年1月至7月郑州等地地方铁路管理局代为收取的运费多出的1422余万元调整为漯阜公司的收入入账。

(3)地铁局改制时,被告人张某某安排财务人员隐瞒地铁局下属的客货服务公司资产204.3余万元不参与评估。2004年7月,张某某又安排将该资金转到漯阜公司账上。

2. 职务侵占罪

(1)2006年3月,会计张某按照被告人张某某的安排,让漯阜公司财务人员从该公司转款1500万元用于成立徽凰公司验资使用,后漯阜公司将该款予以平账。

(2)2006年5月,在被告人张某某安排下,徽凰公司、漯阜公司、某电力公司相互签署铁路运输代理协议,徽凰公司在没有为漯阜公司开拓承揽业务的情况下,收取某电力公司费用1235万元。

(3)2006年10月,被告人张某某安排漯阜公司财务总监等人,将漯阜公司的收入挂账款2531.8余万元转到铁龙公司账户,后又安排将其中的2500万元转到徽凰公司。

(4)2006年10月,漯阜公司与某资产公司达成以900万元清偿

3000余万元的债务协议。同年被告人张某某安排漯阜公司与徽凰公司签订虚假的《债务转让协议》,并以利息名义支付徽凰公司231.4万元。

(5)2006年9月至2007年4月,在被告人张某某安排下,铁龙公司会计以徽凰公司名义开出449.3万元收取代理费发票,从漯阜公司转款444.3万元至徽凰公司。

(6)2006年8月,漯阜公司利辛售票处成立,被告人张某某安排其丈夫的哥哥负责经营,并将售票款直接交其本人,后又安排漯阜公司会计汇款至火车站,为售票处代缴预付票款110万元,并以支付该公司管理费用的名义入账。

(7)2006年4月至2007年3月,被告人张某某安排漯阜公司账务人员开出周口公司的运杂费收据入账后,办理金额为714.7万元的汇票背书到铁龙公司。

(8)2006年12月上海铁路局先后汇给漯阜公司保价款51.2万元、11.8万元,被告人张某某安排财务员未入账,而是开具同等金额的汇票背书转到铁龙公司。

(9)2005年8月至2007年6月,被告人张某某安排漯阜公司会计制作虚假的多地办事处人员工资单,经其签批后以支付管理费平账,共计231.9万元,由其司机取出后交被告人。

(10)2006年1月至10月,被告人张某某安排财务人员用漯阜公司小金库款项为其支付500万元贷款的利息24.09万元、19,890元。

上述各项累计人民币7093余万元,扣除张某某贪污所涉款项及其用于漯阜公司垫付的费用,张某某共计非法占有漯阜公司4756.7万元。

3. 挪用资金罪

(1)2006年7月,被告人张某某从漯阜公司挪用100万元,替其丈夫交纳违纪款,至案发时仍未归还。

(2)2006 年 3 月,在被告人张某某安排下,漯阜公司转款 1300 万元到铁龙公司,后将该笔款中的 1238.2 万元转到上海某置业公司,用于徽凰公司购买房产。

(3)2005 年 8 月至 2006 年,被告人张某某安排漯阜公司工作人员以董某、武某名义出具上海办事处经费申请报告,经其签批后,由其司机等人将 105 万元取出后交被告人使用。

(4)2004 年 7 月,被告人张某某为了交纳漯阜公司出资款,向信用社贷款 500 万元,后安排财务人员挪用 500 万元用于归还贷款。

4. 行贿罪

从 1997 年春节至 2004 年 10 月,被告人张某某通过王某某妻子 14 次送给王某某人民币 15 万元。

对于上述指控,张某某始终未认罪,坚称存在刑讯逼供。

辩护思路

张某某当年曾被媒体称为"安徽第一女贪",在当地是一个轰动一时的大案,受到各级领导、媒体的关注。其在省纪委"双规"时间长达 140 多天。

本案证据有 80 多本,主要证据都是证人证言。我们对所有证人证言、财务凭证均进行了数据表格的阅卷和对比分析,充分揭示了证据的矛盾,证明公诉机关指控的事实均不能成立。特别是本案公诉机关出示的 2007 年 11 月 25 日张某某的 1 份情况说明,张某某说明是照抄 2007 年 11 月 23 日、24 日的调查笔录,而且张某某已在不真实的调查笔录写上了"以上笔录我不看过";张某某还向法庭提供了同监室人员的证言,证实刑讯逼供的存在。

2007年12月26日阜阳市检察院正式立案后，对张某某进行的讯问均有同步录音录像资料。安徽省检察院公诉人员在两次提讯张某某时，也明确告知其已调阅了同步录音录像资料，并向张某某核实了同步录音录像中的相关细节并记录，张某某也在讯问笔录上签字确认。

我们坚持要求公诉机关出示同步录音录像，但在长达4年时间里，本案两次发回重审，公诉机关始终也没有出示同步录音录像。在2010年6月24日最高人民法院、最高人民检察院等五部委颁布《关于办理刑事案件排除非法证据若干问题的规定》《关于办理死刑案件审查判断证据若干问题的规定》的相关规定后，本案再次被发回重审时，公诉机关仍未能出示同步录音录像。

2009年1月24日，阜阳市人民法院一审判决认定张某某构成贪污罪、职务侵占罪、挪用资金罪、行贿罪，判处死刑，缓期2年执行，没收全部财产。张某某提出上诉，2009年5月安徽省高级人民法院二审开庭审理，认为原判决认定张某某贪污罪、职务侵占罪、挪用资金罪的部分事实不清、证据不足，裁定撤销原审判决，发回重审。2009年12月第二次一审开庭审理，仍判决死刑，缓期2年执行，没收全部财产。2010年3月第二次上诉被发回重审，2010年10月第三次一审开庭审理，认定张某某贪污罪、职务侵占罪、挪用资金罪、行贿罪，改判为无期徒刑、没收全部财产。2011年2月第三次上诉，2011年6月最终二审维持原判。

本案前后历时近4年时间，律师赴安徽阜阳、合肥50余次，经过了三次一审公开开庭审理，一次二审公开开庭审理，两次二审书面审理，辩护意见仍未能被采纳。其间，张某某因改制持有的漯阜公司的51%股权已被要求转让给政府，公司与铁道部再次重组。所有涉案款物均被省纪委查扣，没有进行司法鉴定评估，没有移送法院。

本案应该是国企改制过程中发生的一个代表性案件。改制前，公司欠债多,管理乱,职工发不到工资,运量100万吨徘徊,铁路无钱修,路基坍塌、铁轨断裂、桥梁滑坡,银行账户被查封。改制后,张某某努力领导经营,公司有了运量、计划和接车,公司投资进行了技改,运营状况完全改观。值得一提的是,张某某管理的地铁局及改制后的公司没有再贷款。当年公司购买的上海、合肥、海南等地的房产应已升值。本案判决能否经得起历史的检验,确实值得深刻分析与思考。

由于律师的辩护意见较多,本次只选取了第一次一审的辩护意见(第一、二轮)、第二次一审的辩护意见(第二轮)和第三次二审的辩护意见。

辩护词(第一次一审的第一轮)

尊敬的审判长、审判员:

北京市京都律师事务所田文昌律师、秦庆芳律师接受被告人张某某亲属的委托,担任其辩护人。庭前我们多次会见了被告人,细致、深入地分析了案卷材料,进行了调查取证,参与了法庭调查。在此基础上,根据案件事实、依据法律,发表以下辩护意见。

第一部分　关于贪污罪

公诉机关指控的贪污罪,没有事实和法律依据,指控不能成立。

一、指控张某某虚报、截留职工身份置换金386.9万元没有事实根据

(一)被告人张某某没有虚报也没有指使他人虚报职工身份置换金的故意和行为

1. 被告人张某某没有虚报的故意

第一,从证据上来看,无合法、有效的证据证实张某某主观上有虚报的故意。

公诉人既然指控被告人张某某以虚报的方式贪污,就必须向法庭提供确实、充分的证据证明张某某主观上有虚报的故意。但公诉人向法庭提供的被告人张某某的口供以及赵某某、慕某某等人的证言,其证据的真实性、合法性都存在明显问题,均不能作为认定张某某主观上有虚报故意的证据。并且,公诉人亦无其他有效证据证明张某某有虚报的故意。

被告人张某某的口供,应当以当庭供述为准。辩护人见到的对被告人张某某的调查笔录、情况说明、讯问笔录等有10份之多。为了全面分析本案的证据存在的问题,辩护人对这10份证据的真实性、合法性、证明力一并向法庭进行说明:

(1)这其中的7份口供形成于2007年12月25日阜阳市检察院立案之前,讯问地点是位于合肥的解放军电子工程学院招待所。讯问方式是限制人身自由、高压式的连续讯问,强行要求被告人签字确认。被告人被迫无奈又为自我保护,而悄悄地在有的口供上标明"以上笔录我不看过"(检察卷第2卷,2007年11月23日、2007年11月24日调查笔录)。而公诉人在法庭上出示的并认为是被告人亲笔所写的2007年11月25日的长达13页的"情况说明"和2007年11月26日共7页的"情况说明",却是在2007年11月25日对张某某做了两次长达22页的调查笔录后,强迫被告人抄写的(检察卷第2卷,2007年11月25日两次调查笔录、一份情况说明;2007年11月26日情况说明),明显系非法取得。

(2)虽然另外三份口供是在2007年12月26日后形成的,但是,首先,其中2007年12月26日的口供讯问地点是阜阳市人民检察院警务区,未在看守所进行,违反了《人民检察院讯问职务犯罪嫌疑人实行全程同步录音录像的规定(试行)》第5条"讯问在押犯罪嫌疑人,除法定情形外,应当在看守所进行”的规定。

其次,这些口供内容不真实,存在虚假的部分。至于为什么虚假,法庭调查时,被告人已向法庭作了说明,是因为办案人员的逼供、骗供、威胁行为导致。对此,张某某在法庭上说起来时,其情也切,其言也悲,而且还提供了同监室人员的证言,证实了刑讯逼供的存在。

尤其是公诉人直到现在都没有向法庭提供讯问张某某时的同步录音录像。为什么讯问笔录中明确说有同步录音录像却不提供,甚至连同步录音录像时所做的讯问笔录也不作为证据当庭出示。公诉人是不能提供?还是不想提供?不得而知。那么,我们就没有任何理由去怀疑张某某在这点上说了假话,或是在诬蔑办案人员。

既然被告人庭前的有罪口供都不能排除非法取得,在庭审口供与庭前口供不一致的情况下,应以当庭口供为准。因为当庭口供是在控辩审三方在场,被告人张某某面对庄严的法庭自愿作出的。

关于关键证人赵某某、慕某某的证言,因为该等证人与本案存在直接的利害关系,为了趋利避害,本能地保护自己,推卸责任,其证言明显不真实。

辩护人在质证时也提请法庭关注,慕某某的两份询问笔录和两份情况说明(检察卷第3卷),长达31页,均形成于2007年11月19日。慕某某还于2007年11月20日写下了“我保证在2007年11月30日之前把从地铁局领的30万元报酬全部退出,否则愿意承担一切责任”的保证书。

第二,现有证据不能证明张某某有非法占有职工身份置换金的主观故意。

本案即使根据公诉人提供的被告人口供、赵某某的证言,也只是能证实张某某曾经说过,“我让赵某某安排劳资部门测算一下单位的人数,能计算上的人员都计算上,尽可能把人数做多,标准做高。不要少人、漏人”。(检察卷第2卷第16页,张某某2007年11月24日口供)但这些安排的话本身就证明张某某没有非法占有的主观故意。

更重要的是张某某同时还说了“不要让国有资产流失”“国家允许的补偿”的话,如(检察卷第2卷第12页,张某某2007年11月23日口供)“看把政府允许补偿的职工身份置换金、预留金、养老保险金、失业金等所有费用加起来,能不能冲抵应缴纳的土地出让金”。

赵某某(检察卷第3卷第8、9页2007年11月15日)的证言证实:“张某某安排我召集潘某某、王某等算账,看看是否能把政府允许补偿的身份置换金、预留金、养老保险金、失业金等费用加起来,争取冲抵应缴纳的土地出让金。”“张某某讲计算身份置换金尽可能把标准做高……我多次把市社保局的卢某接到我办公室咨询并让他进行政策指导。”

该卷中潘某某、王某的证言中也明确证实“赵某某讲张某某安排……把政府允许补偿的职工身份置换金、预留金、养老保险金、失业金算算,看看能冲抵应缴纳的土地出让金”。

对于张某某的这些安排的话,绝对不能带着有罪推定、客观归罪的眼光进行分析和判断,必须要客观分析、正确理解,不能断章取义。即使张某某说了不要少人、漏人、标准做高的这些话,但她只是要求在法律允许的范围内,在政策允许的界限内,合法地多算,并没有要求进行任何违法犯罪行为;要求不要少人漏人,并不等于要求虚报、多报,不能因此证明张某某有犯罪的主观故意。

第三,张某某也没有和他人形成贪污的犯意联络。

刚才已经分析了张某某本人不存在贪污故意,那么被告人是否和他人存在共同犯意的联络呢?很显然,本案不是共同犯罪,公诉机关仅指控被告人张某某一人贪污,被告人张某某不可能和他人存在共同贪污的故意。

对此,也请法庭关注,赵某某于2004年10月24日即在本案中的第一个时间点第一次形成的证言(公安卷中侵占投资上海徽凰第1卷,第85、87、88页):“地铁局改制时,市里成立了一个领导小组,我是领导小组下面的办公室成员,具体负责些日常事务,情况比较清楚……主要事务是我在抓。”(第85页)

职工安置方案是如何出台的?

“原则性的东西是由社保局提供的,具体由卢某(改制领导小组办公室成员)负责,包括哪些人要置换,哪些人可不置换以及哪些人可预留资金等,他们主要是向我们提供政策依据,具体数字是由我们企业组织人员测算的。(公安卷中侵占投资上海徽凰第1卷,第87页)……各类人员的具体测算标准,除在职职工1088元/年外,其余的记不清了,但总额有2300多万元。”(公安卷中侵占投资上海徽凰第1卷,第87页至第88页)

这充分证明了张某某本人根本没有虚报的主观故意,更没有与他人共同贪污的犯罪故意。

2. 被告人没有实施任何虚报身份置换金的行为

第一,张某某本人没有实施任何虚报的行为,这是不争的事实。

第二,张某某没有安排任何人实施虚报的行为。

身份置换金的测算和上报,都是具体办事人员根据程序并上报相关职能部门依法审批的。这一工作首先是由当时的地铁局改制工作的具体负责人赵某某带领、安排人力资源部门的工作人员进行测算后,上报阜阳市社保局审核、市经贸委、市政府批准同意的。如果这其中有人有虚报行为,与张某某无关,更不是公诉人所说的“按照张某某安排”。刚才辩护人也已经说明张某某没有要求任何人虚报。

第三,张某某只是履行局长在最终上报的职工安置方案上签字的要求而已,她对地铁局的人员的情况并不了解。

根据赵某某个人工作笔记,2003年10月底的交班会上,对改制工作明确提出"摸清家底、摸清人员,财账、入账"(检察卷第17卷第9页),这表明别说张某某不了解地铁局人员情况,可能地铁局人员情况从来就没有厘清过,我们就没有任何理由只要求张某某能发现问题,被告人的签字行为只是履行正常的职务行为而已,而不是实施虚报行为。

3. 职工安置方案上报人数、金额即使有出入也属于工作疏忽,但疏忽绝不等于虚报

第一,转警人员25人在测算上报时并未正式转警,应上报。

辩护人也注意到2004年年初有可能转警人员25人,在测算补偿金时作为在岗人员上报了,但2005年7月市政府人事部门才有文件批准确定19人正式转为警察并办理行政手续,后来还有6人仍退回改制后的漯阜公司,其中2人又参与了身份置换,领取了身份置换金。

这充分说明,当时上报的这25人虽然依据2003年7月23日的文件可能转为警察,但仅仅只是一种可能,并不等于已经转警。因为要经过1年的试用期,试用期结束考核不合格的报市人事局批准,还要取消其录用人民警察的资格,并且后来还确实有6人被退回。

既然测算身份置换金时,这些待转警人员的身份隶属关系仍然属于地方铁路局在岗人员,测算身份置换金时就应该计算在内。因为当时谁也无法确定25人能否转警成功,当时能够确定的是这25人仍是地方铁路局的在岗人员。我们不能以现在确切知道的转警人员情况去要求2004年年初测算时就确切无误地知道能转警人员19人,那是事后诸葛亮,也是强人所难。如果25人转警全部不成功,那么公诉人是否就认为这19人不是虚报了呢?

当然,公诉人可能会说,这些人当时可以办手续,是地方铁路局

故意拖延不让办。辩护人也注意到,对此检察院调取了一份阜阳市人事局说明(检察卷第9卷,第229页),意图证明地铁局要求暂缓办理,刘某某市长指示人事局暂缓办理。我们认为这份说明属于孤证,无其他证据可以印证,既没有地铁局的暂缓办理申请,也没有提供刘某某的指示和证言佐证,而且这种事后出具的情况说明并不具有证据能力,显然不具有证明力。

第二,客货服务公司7人纯属工作疏忽而被重复上报。

阜阳地铁局具体承办身份置换金测算的工作人员官某明(检察卷第6卷2007年10月26日询问笔录)、魏某(检察卷第6卷第39页)明确承认"没有认真审查,多报了客服公司的孙某、乔某某、李某某、孙某某、叶某、殷某、马某某7人,这7人已经在在职在岗人员公示名单中,属于重复上报"。改制负责人赵某某在《情况说明》(检察卷第3卷第45页)也明确说了"转警人员19人属重复多算,应及时退还财政;其他8人因工作人员工作不细心被重复上报"。

这里要特别提醒法庭关注一个细节,前述赵某某说了"其他8人因工作人员工作不细心被重复上报"。而在起诉书中却指控"虚报其他人员7人",对此,公诉人质证时也认可指控是将少报的一个刘某某和多报的一个李某直接冲抵为零了(检察卷第6卷第23~25页),余下的7人就是指控虚报的7人。

对此,辩护人认为对于重复上报的7人与其他少报的人都是一样的工作结果,是由于工作人员没有认真审查,属于工作的疏忽,如有责任也是具办人的责任,却不是犯罪行为。现在连具办人员都主动承担自己工作不细心的责任的情况下,公诉人却在简单地将一少一多冲抵后,认为是张某某安排实施了虚报7个人的贪污行为,实在是"欲加之罪"。疏忽多报了就是犯罪,而疏忽少报了就活该。这是什么逻辑?

第三,农民工和临时工的人数是按2003年12月工资表上反映的人数上报的,没有虚报。

按照规定,农民工和临时工都是应该补偿的,不能因为发放存在障碍,就认定为虚报。怎么发放是一回事,该不该发放是另一回事,只要该发放,就不是虚报。而且,阜阳地方铁路局自成立以来一直就使用农民工和临时工,这是不争的事实。

且本案中赵某某等所有证人都称"方案中的农民工、临时工的补偿金40.95万元没有发,这部分钱多是从国家套取的"。但起诉书中公诉人却指控虚报了229,600元,截留部分又没有单独列出,岂不是自相矛盾?公诉人当庭也没有出示相关指控金额的计算依据。对此,除非有相应书面证据予以证实,否则本案中相关的言词证据没有采信的理由。

辩护人在质证时也指出,赵某某、杨某某(见公安卷2007年10月24日)先证实不记得身份置换金的标准,其后证言中又把虚报的各类人员的相关金额精准到小数点后两位,如此矛盾的证言,只能是如公诉人质证所述,是让证人依据侦查人员出示的书证去回忆而得出。该证言不真实,更不合法。

第四,关于内退人员的工资和"三金",辩护人必须强调以下四点:

(1)内退人员的工资和"三金"属于预留资金,本身就属于预期估算,不可能一定准确,不准确属于正常。因为内退人员的工资和"三金"都处于不确定状态,还可能再涨。而现在改制后的漯阜公司人员工资确实涨了很多。

(2)没有证据证实公诉人所指控的虚报的工资数额。根据公诉人提供的证据,仅是依据邹某某等人的证言简单地以方案中测算的预留金(包括工资和三金两项)总额531.65万元减去实际预留的

2,896,692 元,得出指控的虚报工资数额 2,419,808 元,却忽略了这个数字中还包括内退人员的每个月 200 元的“三金”呢!公诉人也并没有提供该实际预留金金额的书面证据。相反,却有下述相关证据表明预留金是不确定的,起诉书中指控的虚报内退人员工资 2,419,808 元计算方法和依据都不存在:(检察卷第 9 卷第 98 页)《阜阳地铁局部分身份置换人员名单》记载:内退人员 2,261,899.20 + 901,056 = 3,162,955.20 元;(该卷第 214 页)漯阜公司人力资源部《关于内退人员预留金的情况说明》记载:“65 人内退人员平均工龄为 5.23 年,实际内退人员的内退工资需预留 2,050,572 元,三金 200 × 12 × 5.23 × 65 = 815,880 元,合计预留资金 286.65 万元,改制方案中内退人员预留金为 531.65 万元,比实际多算 531.65 - 286.65 = 245 万元。预留年限从 2003 年算起”;(检察卷第 10 卷第 94 ~ 96 页)《内退人员花名册》记载:“共 65 人 2,080,812 元。”

以上几组数据都与指控的数额根本对不上!且正泰会计师事务所的审计报告(第 41 页)又记载安置费计算清单没提供也没有从金阳会计事务所审计资料中查找到,不知道公诉人的指控从何而来?

对此,公诉人当庭质证时称证据与指控的金额“基本吻合”,充分表明该项指控没有确实充分的证据予以证实。

(3)公诉人未提供内退人员预留金的已发放情况的证据。根据(检察卷第 3 卷赵某某的“情况说明”第 46 页)记载:“我们是按照改制方案的要求发给内退人员的内退工资并向社保局缴纳内退人员的‘三金’。”但公诉人却未提供任何自改制以来关于内退人员工资和“三金”的发放情况的原始凭证,而改制后漯阜公司确实已发放了近 200 万元的预留金,还有近 30 人没有退休还要继续发放。不知道公诉人是否也对没发放完未来还要发放的内退人员预留金无法准确认定而故意“偷换概念”。

(4)减少内退人员的预留金，应由职代会决议通过并经过政府批准。本案中的预留金数额是职工安置方案中的重要部分，关乎职工的切身利益，因此，预留金的标准与在职职工的补偿金标准如1088元/月等，都是经过职代会职工代表表决通过政府批准后才实施的。况且在职在岗人员都已按1088元/月获得了补偿金。又怎么能单独否定内退人员的预留金的标准呢？如此指控，是否已领取了补偿金的人员都应退回来呢？

因此，内退人员的工资及“三金”都只是测算的预留金，不能简单地相减就认定张某某虚报并贪污，只有内退人员的全部工资、“三金”发放完成后，才能确定是否有余额。但即使有余额，也不能证明张某某贪污了现在不知道的、未来不确定有没有的一个数字。更何况随着工资的上涨，预留金还有可能不足，政府还会再另行拨款吗？卷中也没有现在的发放数字的证据，是否在回避对被告有利的证据呢？而赵某某又证实是按改制方案发放的内退人员工资和缴纳保险金的，已充分表明被告人张某某没有实施安排虚报的贪污行为。

第五，重复报和遗漏同时存在，不能客观归罪。

对于身份置换金，重复报和遗漏是同时存在的，不能只看到有重复报、多报的一面，也要看到有遗漏、少报的一面，如少报了刘某某等。对此，算经济账可以重复和遗漏相互抵销。但判断是否构成犯罪，不能把重复和遗漏抵销，对遗漏视而不见。因为遗漏事实本身，恰恰反证出是工作失误。正如各职能部门的相关领导评价地铁局改制时所说的，工作紧、任务重、时间短。因此，工作疏忽是在所难免的。如有多报，该退还就退还。

如果将工作疏忽指控为犯罪故意支配下的虚报，未及时退还财政指控为贪污，那是典型的客观归罪和有罪推定，都是违背法律规定的。

更何况,政府部门未能有效履行监督使用义务,也没有要求及时返还财政,并不能就认定是张某某贪污了。

(二)被告人张某某没有截留身份置换金的犯罪故意和客观行为

为了便于把事实阐述清楚,辩护人认为有如下四个"不等于":

1. 现在没发完不等于截留

虽然有些职工的身份置换金没有发放到位,但现在没有发放到位,并不等于永远不发,也不是截留。因为发放工作一直在持续,并没有终止。发放没到位的原因多种多样,其中有的员工多次通知了本人不愿意领取。邹某某等人的证言证实,方某某是2007年10月才领取的身份置换金。漯阜公司的财务部门提供的证据也表明身份置换金2004年、2005年、2006年、2007年一直在发放过程中(检察卷第9卷第162页)。

2. 漯阜公司占用不等于漯阜公司占有

虽然现在有些身份置换金还没有发放完毕,但漯阜公司一直承认这个事实,记账科目明确为应付款,漯阜公司的股东权益并未有任何增加,如果确有应返还财政的而未及时返还,那仅仅是被漯阜公司占用了,而不是被漯阜公司占有了。

3. 剩余钱款在漯阜公司不等于张某某占有

张某某是个人,漯阜公司是公司法人,两者属于不同的主体,钱款在漯阜公司不等于钱款被张某某个人非法占有。

4. 集体决定不等于被告人张某某个人决定

漯阜公司对置换金的发放的步骤、阶段、范围都是集体决定的,不是张某某个人决定的。正如财务人员的证言证实未有任何人安排不发放指控截留的那部分身份置换金。

综上所述,辩护人认为,公诉人指控张某某虚报、截留身份置换金不能成立。

二、指控被告人隐瞒运费收入14,227,869.55元无事实根据

(一)没有证据证实被告人张某某安排财务人员实施了隐瞒行为

从法庭审理来看,公诉人据以指控被告人此项事实的证据只有两类:一是被告人张某某的口供,二是有利害关系的证人慕某某、吴某某的证言。刚才辩护人已经充分说明了张某某以前口供不真实。慕某某、吴某某因为与案件存在直接利害关系,两个人的证言相互矛盾,客观上也确实和事实不相符。

且这两类证据均属于言词证据,据以定罪时必须慎之又慎,尤其是在关键证人慕某某不出庭质证时,其证言只是简单提及一句张某某安排,并没有说明张某某何时、何地、以何种方式安排。

因此,在证人证言和张某某的当庭供述和辩解存在重大矛盾的情况下,公诉人的证据,从量上说不充分,从质上说不确实。指控被告人张某某安排财务人员实施了隐瞒行为没有证据能够证实。

(二)必须澄清和说明的八个事实

1. 被告人张某某本人不懂财务,不懂做账

这一点在法庭调查时张某某也明确说了,正因为自己不懂财务,所以她才请了很多财务总监,让他们来把关,如何做账不需要向她汇报。

2. 如何挂账没有直接证据证明

即使根据公诉人证据,张某某说了"先挂账",那公诉人必须提供怎么挂的、挂在哪、挂了多少的证据,但是本案没有这些证据。

3. 阜阳地方铁路局(漯阜公司)记账有多的情况

根据证人白某某向侦查机关提供的结算对照表(检察卷第13卷第1页),阜阳地方铁路局(漯阜公司)的记账收入比武汉铁路局的代收收入和实付款数额还要多。这能是意图以隐瞒收入的方式实施贪污吗?

4. 与周口地铁局确认不能作为指控的前提

现有证据表明,张某某并不知道武汉、太原、上海、郑州四个铁路局的收入差是否确认。即使如公诉人指控2004年3月确认了有差异,但现有证据只能证明,这个确认是和周口局(检察卷第3卷第63页)确认差异引起的原因,是由于扩大分流的政策。但确认的对方地铁局并不涉及本案的武汉、太原、上海、郑州四个铁路局的收入差。更没有证据证明确认了这四个铁路局的差异额是多出来多少?确认了哪几个月的差异额?怎么就能认定张某某具有了贪污的主观故意呢?

5. 指控少记的收入差是倒算出来的

阜阳地铁局改制期间审计自2004年1月1日至5月31日,在审计截止时点,5~7月3个月的账没有做,而5~7月3个月如何做账、做多少账均不影响期间审计的结果。况且在5月31日前阜阳地铁局既未收到收入也没有收到各铁路局发来的结算清单,指控隐瞒的那部分收入客观上无法计算,也无法显示。

公诉人指控的各铁路局前4个月分流收入,也是在改制后结算支付的。如北京铁路局太原分局2004年8月13日才支付2004年1~6月的运费(检察卷第13卷第98页);上海铁路局2004年6月16日、17日才支付2004年1~6月的运费(检察卷第13卷第125、126、133页);郑州铁路局直到2004年6月1日才支付1~3月的运费(检察卷第13卷第114、115页),2004年8月10日才支付4~6月的运费(检察卷第13卷第93、116、117页),2004年10月1日才支付7月的运费(检察卷第13卷第118、119页)。

2004年5月31日,阜阳地铁局根本不知道各局代收运费多少。怎么做账?怎么反映?巧妇也难为无米之炊。

6. 改制完成当月的收入不可能隐瞒

漯阜公司于2004年7月23日正式取得营业执照,标志着改制完成。但截至2004年7月23日,7月的账还没有做,也不可能做。公诉人出示的证据也证实,漯阜公司和各地铁局的收入都是下个月才做上个月的账,7月的运费在7月23日不可能汇到阜阳地方铁路局。

改制当月的账还没有做,张某某如何隐瞒收入呢?

7. 2004年1月1日后的收入仅是一种可能的收入,本身具有不确定性

扩大分流政策是一项扶持政策,北京铁路局、上海铁路局也是2004年才开始与阜阳地方铁路局发生分流业务。再加上阜阳地方铁路局与武汉局、周口局还存在争议扯皮的问题(检察卷第13卷第23页,2004年12月2日才签署的《货物分流补偿协议》)。正是因为和武汉局扯皮,2004年5月12日阜阳地铁局还曾把武汉局汇来的3月运费退了回去,直到2004年12月15日才在双方签署补偿协议确定的收费标准等双方权利义务后,结算了2004年1~11月的收入(检察卷第13卷第141页)。

到底什么时候能收到分流收入?能收到多少?期间审计时均无法确定。分流收入不确定和不能确定是客观事实。

8. 收入能可靠计量时才可确认

根据《企业会计准则》第31条的规定,"收入"只有在经济利益很可能流入从而导致企业资产增加或者负债减少,且经济利益的流入额能够可靠计量时才能予以确认。这说明会计做账确认收入以可靠、确定为原则,只有当收入处于确定、定量、可靠时,才能确认为收入,否则是违规的。这一点基本的财务知识,就连证言存在虚假性的慕某某(检察卷第4卷第63页,2007年11月19日)也坦承:"汇来的钱都应该是确认收入。"言下之意,没汇来的钱不能确认。

根据公诉人提供的证据(检察院第23卷第7页),上海沪博会计师事务所有限公司《上海辉凰国际货物运输代理有限公司审计报告》

记载的关于收入确认的原则:“二、(九)收入确认原则:本公司已将产品所有权上的主要风险和报酬转移给购货方,并不再对产品实施继续管理权和实际控制权,相关的收入已收到或取得收款凭证,并且与销售产品有关的成本能够可靠地计量时,确认营业收入实现。本公司对他人使用公司资产取得的收入满足以下条件时予以确认:1.公司已收到相关收入;2.取得收款的证据,收入的金额能够可靠地计量。”也证实了财务收入的记账原则以可靠计量为前提。

(三)暂不确认为收入是正当的、正常的会计记账行为,并不是指控的隐瞒行为

根据上述8个事实,可以还原的事实真相是:虽然扩大分流,但当时因为分流收入不确定、不可靠,阜阳地铁局不知道会收到多少钱,能收到多少钱,甚至都不知道北京铁路局应该和哪个分局结算分流收入。

根据会计准则,财务人员出于谨慎性,只能沿袭以前的会计核算方法记账,没有必要给张某某汇报。这本身就是一个很简单、很正常的会计记账问题。

其实,如果慕某某能够实事求是、说真话,谁都不用承担任何责任。但是,因为慕某某怕承担所谓的责任,说了谎话,张某某本人被逼供,违心承认了所谓“安排”的事实,才使得简单问题复杂化,正当、合规的问题被犯罪化、刑事化。

(四)提请法庭注意的几个问题

1.公诉人指控被告人张某某安排隐瞒收入属客观归罪

如果说是隐瞒,必须知道一个确切的大数,隐瞒一部分,显示一个小数,这才是隐瞒。而本案指控的数字,都是按公诉人要求倒算出来的2004年1~7月的收入,甚至有的收入都分不出每个月金额是多少。连对方各个地铁局都分不出每个月的收入情况,公诉人却指

控张某某安排每个月将多收入的部分隐瞒不确认收入，显属客观归罪。

辩护人想提个问题，与公诉人探讨。假设在2004年7月23日，阜阳市检察院接办该“隐瞒收入”案，在2004年1月至7月23日运费没有实际算出来、没有汇到的情况下，公诉人指控隐瞒的数额怎么计算？能精确计算吗？会不会也有出入？有出入能否说公诉人隐瞒了指控数额？答案是否定的。同样的道理，也不能指控张某某隐瞒收入。

2. 审计机构未询证和披露不是张某某的责任

根据公诉人委托的安徽正泰会计师事务所出具的审计报告，第一册第18页记载，“漯阜公司按照铁道部运电〔2003〕号《关于漯阜线扩大分流运输货物计费范围和通过运价等事项的通知》，由于结算方式发生变化，会计核算未随之变化，导致部分收入未及时入账……2004年1~7月少计运输收入1247.30万元……审计认为，上述少记的运输收入为评估日后发生的事项，但安徽金阳会计师事务所出具的会审字〔2004〕319号审计报告对上述事项未进行询证和披露，实质影响净资产1247.40万元”。

那么，由于审计机构未询证和披露而导致少计的收入，如果说确有收入因此被隐瞒了，这个责任是审计机构的责任，而不能客观归罪由张某某承担责任。

3. 公诉人指控的14,227,869.55元挂账就不存在

即使根据安徽正泰会计师事务所的审计报告第18页的上述记载，只是认为阜阳地铁局少计了收入，没有说“挂账”，其中的少计收入也没有涉及武汉局，少计数额共为1247.40多万元，但检察院指控的“挂账”，数额是14,227,869.55元，证据在哪里？

期间审计只涉及5月31日，无论地铁局5~7月如何记账，均不

会影响期间审计的结果。即使指控属实,5~7月收入不应计入指控的数额。

如果指控成立,指控数额也应该精确到2004年7月23日,后面的8天运费收入不能指控,否则这8天就属于多指控的。

4. 涉案钱款均在改制后的漯阜公司,并没有被张某某个人非法占有

公诉人未出示任何证据证明该项指控的款项被张某某个人非法占有,而这些款项均在漯阜公司。

综上所述,辩护人认为,公诉人指控张某某安排隐瞒运输收入不能成立。

三、指控隐瞒客服公司资产2,043,498.88元与事实不符,不能成立

(一)被告人张某某没有隐瞒客服公司资产的故意

阜阳地方铁路局客服公司自1993年成立,有独立的财务人员,长期以来都由宁某担任负责人进行管理。客服公司的经营状况,宁某最知道,张某某并不知道。张某某更不可能知道客服公司只是盈利。从常理和逻辑来说,张某某根本不可能产生以不提供财务资料的方法进行贪污的故意。

法庭质证时,公诉人提供了宁某等人的证人证言,力图证实客服公司是盈利的、无任何债务,而且张某某也知道客货公司盈利无债务有存款,并为贪污这些存款,故意安排财务人员不提供财务资料给审计人员。但这些证人证言明显不真实,且相互矛盾。

宁某(检察卷第4卷第43~45项)的证言指出"客货公司经营状况良好,没有任何债务。离任时没有办理交接手续,账上还有210多万元资金,但是基本上都在外周转";但根据客货公司出纳马某某的证言(检察卷第5卷第56~59页)"问:改制前客服公司已经停止经

营,此时该公司账上是否仍有剩余资金?答:有,该公司银行账户上仍有结余资金200余万元。问:此笔款项存在哪个银行账户?答:账号记不清了,两个账号里一个有存款203万余元人民币,另一个账号有8000余元人民币,两个账号的银行存款合计有204余万元人民币”。

这两个人的证言,明显相互矛盾。宁某说的210万元应收款是账面资金,马某某说的204万元存款是实有资金。而马某某说改制前客货公司有204余万元存款,却又与原始书证(检察卷第14卷银行对账单)“账号:1311036309004506418,户名:阜阳地方铁路客货服务公司,截至2004年6月30日账户余额:5366.81元;账号:1311036309022107932,户名:安徽省阜阳地区铁路管理局客货服务公司截至2004年6月30日账户余额:7744.82元”的记载明显不符,根本无法采信。

而且,审计报告又显示客货公司的账面资金为负资产,其净资产为负183万元(安徽正泰审计报告第一册第16页)。书证效力明显应高于言词证据。

那么,侦查机关、公诉人为什么煞有介事地提供了这些与事实不符的言词证据呢?就是带着有罪推定的思路看问题,是“真作假时假亦真,假作真时真亦假”。

这些证据,反而证实了张某某根本就没有隐瞒客货公司资产的主观故意。

(二)被告人没有实施安排财务人员不提供客服公司的财务资料的行为

1. 在地铁局改制过程中,张某某不负责具体的改制工作,更不负责客货公司财务资料的提供工作

当时是赵某某具体负责改制工作(检察卷第3、4卷杨某某等数

人的证言),慕某某负责配合金阳会计师事务所做好资产评估工作,这是连存在虚假性的慕某某证言(检察卷第4卷第56页,2007年11月19日)都承认的事实。

2. 如果财务资料没有提供的话,责任人是慕某某

正因为慕某某负责配合金阳会计师事务所资产评估工作,其应负责财务资料的提供。正如辩护人反复说明的一样,利害关系人慕某某的证言不真实,且是孤证,不足采信。张某某以前的口供也不真实。

那么,公诉人现有证据不能证实指控的事实。

3. 王某某、马某某均证实客服公司在改制期间财务资料提供给局里了

(检察卷第5卷第57页)马某某证实"改制期间王某某通知局里要对客服公司的账目进行审计,后来我和她就把客服公司的账送至局里,直接交给负责审计的人了"。

这说明,已有人安排将客货公司的财务资料交给局里了,这一点是明确的。但为什么没有提交金阳会计师事务所的审计人员,因为没有证据证实,事实不清。

(三)安排要款并转到漯阜公司是基于客服公司改制的原因,不是不提供客服公司的财务资料的结果

1. 安排转款是基于客服公司完成改制

张某某没有安排不提供财务资料,在客服公司改制后的2004年11月,安排转款至漯阜公司,与指控不提供客货公司财务资料的事实无关。

2. 客服公司改制必然产生资产纳入漯阜的结果,款转到漯阜公司是客服公司改制的必然结果

因为客服人员都参加改制了,张某某没有理由认为资产没参与

改制。既然地铁局整体改制了,客服公司的资产肯定要转入漯阜公司,这才是转款的真正原因。

(四)不容忽视的几点事实

1. 漯阜公司享有客服资产的同时,承担了债务。根据审计报告客服公司净资产为 -183 万元。如果说隐瞒,那也是隐瞒了债务,而不是隐瞒债权(或资产)。

2. 加上指控的2,043,498.88 元,根据金阳评估报告地铁局净资产为负3,054,469.01 元,两者相减后,阜阳地铁局的净资产仍为 -100 多万元。按此负资产额进行改制,股东将少承担地铁局改制前的债务,实收注册资本会增加204 万元。对股东权益增加是有利而无害的,张某某为何要贪污?

3. 财务人员将款转入漯阜公司,只是暂收下来,且漯阜公司记账为"其他应付款"。张某某并没有安排财务人员掩盖该笔款项的来源,漯阜公司的股东权益并没有增加。这笔款项没有也不可能被张某某个人非法占有。

4. 公诉机关指控款项转入徽凰公司,既没有证据证实,也与指控的事实和罪名无关。

综上所述,辩护人认为,指控张某某隐瞒客服公司资产不能成立。

四、本案证据不能证明张某某非法占有了指控的全部款项

(一)本案现有证据证明,被告人张某某没有将指控的钱款非法占为己有,贪污罪要求的这一客观要素缺失

根据庭审,可以清楚看到的事实是,指控涉及的钱款全部在漯阜公司。张某某个人并没有非法占为己有,漯阜公司占用不等于被张某某个人非法占有。

公诉机关的指控,存在双重标准。公诉机关一方面认为,漯阜公司等于张某某,漯阜公司占有等于张某某占有,所以把所有进入漯阜

公司账上的财产数额全部指控为张某某贪污数额;另一方面认为,漯阜公司不等于张某某,漯阜公司占有不等于张某某所有,又指控被告人职务侵占、挪用资金。

这两个逻辑本身就是矛盾的,典型的双重判断标准。怎么对被告不利,就怎么认定。这明显是违法和错误的。

(二)起诉书指控的事实,缺乏证据支持,没有达到证明标准

起诉书作为非常严肃的法律文书,必须以有证据支持的事实为根据,不能主观臆断,更不能视同儿戏。

但是本案起诉书指控的第1页贪污罪至第2页的上方的第2行的内容,也就是张某某要求政府改制,并有步骤、有计划地实施贪污的事实,完全没有证据证实,纯粹是公诉人的联想、推断和形容。

但又为什么要写入起诉书而加以指控呢?是公诉人为了让指控贪污的这个故事,听起来合情合理,听起来更像真的。但无论指控、辩论和审判,都只能靠证据,而不是讲故事。

因此,本案指控张某某贪污,没有事实依据,不符合贪污罪的构成要件,不能成立。

第二部分　职务侵占罪

公诉人关于职务侵占的10起指控,要么无事实根据,要么事实不清、证据不足,指控无法成立。

具体理由如下:

一、第1~5起涉及徽凰公司的5起指控无事实和法律依据

(一)从事实上来说,徽凰公司性质同铁龙公司一样,同属漯阜公司的子公司

1.铁龙公司是漯阜公司的子公司

公诉人出示的证据,可以证实一个基本的事实,即漯阜公司的股

东都认同铁龙公司是漯阜公司的子公司,现在铁龙公司的业务、人员都由漯阜公司管理。但公诉人却认为,铁龙公司的注册资金不是漯阜公司出的,所以铁龙公司不是漯阜公司的子公司,但却忽略了铁龙公司大部分股东的注册资金都来自漯阜公司借款,且铁龙公司的分红也分给了漯阜公司的股东这一事实。

2. 成立徽凰公司的目的和原因是漯阜公司为了躲债、合理避税

徽凰公司成立的背景,是由于漯阜公司改制前欠账太多,债主追债太紧,漯阜公司的账户都被法院查封了,影响了漯阜公司的正常经营。为了保障资金安全,同时为了享受上海的优惠政策,增大成本,减少利润,合理避税,出于这些原因和目的,张某某才决定在上海成立徽凰公司。

这一事实,既有张某证言(公安卷“挪用资金交赵某某违纪资金卷”,第20页),证实欠债太多,法院经常查封的背景。又有我们向法庭提交的,原漯阜公司财务总监孙某某的证言(辩方证据),证实成立徽凰公司的动因。还有张某某本人的供述和辩解(公安卷投资徽凰公司第1卷,2008年4月26日的口供、当庭辩解)和前二者的证言相互吻合和印证,足以证实。

赵某某、马某某等人在公司登记时,均提供了身份证、印章。如果真如他们所言,不知道干什么,其他股东不知道具体情况,恰恰和成立徽凰公司的原因印证,是因为怕债主知道。而事实上他们不可能不知道。

另外,徽凰公司的资金来源只有两类:代理费和借款。徽凰公司财务人员所说徽凰公司就是做账的事实,也充分印证了张某某、孙某某等人的说法,徽凰公司的成立目的是合理避税。

3. 徽凰公司2006年可分配利润分给了漯阜公司股东

徽凰公司的会计徐某、出纳包某某均证实,徽凰公司2007年年

初进行了一次分红。那么,这笔分红款流向何处了呢?

一个客观事实是,这笔分红款从上海到了阜阳,由张某某发给了漯阜公司的股东,而且这些股东还打了收条。对于收到钱的事实,漯阜公司的所有股东均无异议,无论赵某某、杨某某、宁某,还是其他股东都认可该事实。只是股东对于钱款的名目说法不一,有的说是分红(如赵某某、张某某、楚某某等,见检察卷第3卷),有的说是当时没说是分红,以为是奖金。

但无论是以什么名义发的,分红也好、奖金也好,这笔利润分给了漯阜公司股东,这是不争的事实。这笔钱不是漯阜公司出的,更不是张某某变戏法变出来的,它就是徽凰公司的2006年可分配利润。

而且,当时这笔分红是和铁龙公司的可分利润一起分给漯阜公司的股东了(公安卷2007年11月25日)。这也从侧面说明,徽凰公司和铁龙公司性质一样,都是漯阜公司的子公司,不然为何拿过来一起分红呢?

在此,强调两个问题:其一,漯阜公司的其他股东都分红了(或者领钱了),张某某本人没分红、没领钱,而是放在徽凰公司备用了(赵某某证言、张某某口供);其二,提供的证据要包括有利于被告的、不利于被告的,以证实所指控的事实清楚。排除一切合理怀疑,得出唯一结论,是公诉人的责任。

但公诉机关为何不向法庭提供能证实从徽凰分红事实的收条呢?

4. 武某某、王某等人没从徽凰公司分红

武某某、王某等人,虽然在工商登记上显示为徽凰公司的股东,但却没从徽凰公司分过红,没从徽凰公司拿走过1分2006年的利润(见三人证言)。

因为这些人不是漯阜公司的股东,这恰恰证明了徽凰公司与漯阜公司的母子公司关系。

5. 徽凰公司购买的房产也分给了漯阜公司股东

徽凰公司曾以自己名义出资,和漯阜公司一起在海南水云天购买了三套房屋;这三套房屋张某某既没有据为已有,也没有分给徽凰公司工商登记的股东武某某、王某、赵某。而是和漯阜公司购买的房屋一起分给了赵某某、宁某、杨某某等漯阜公司股东。公安卷马某某2007年10月25日证言、赵某某2007年11月6日证言和赵某某、宁某、杨某某的证言,均相互印证了这一事实。

6. 漯阜公司上海办事处的房屋装修款是徽凰公司承担的

根据赵某某的证言,漯阜公司的财务上确实没有支付这笔其上海办事处房屋的装修款。

(二)从法律上来说,铁龙公司、徽凰公司都是漯阜公司的子公司,两(三)者之间的转款行为与指控的职务侵占无关

1. 根据《公司法》的规定,有实际股东和名义股东之分

如欲揭开公司的面纱、看公司归谁所有,不能仅凭公司章程、股东名册、出资证明书、工商登记等形式文件。关键要看谁投资,谁实际出资,谁管理和控制,谁享有收益,谁分配利润。而根据上述分析,铁龙公司、徽凰公司是漯阜公司的子公司就一目了然了。

2. 从民商法律关系分析,漯阜公司与徽凰公司、铁龙公司作为母子公司,相互之间转款是合法的

相互转款是正常的民商法律关系,正如存在问题的安徽正泰会计师事务所审计报告所称,属于关联公司的关联交易。

3. 根据刑事法律,职务侵占要求行为人有非法占有的故意

被告人张某某从始至终为了漯阜公司躲债、避税,相继成立了子公司铁龙公司、徽凰公司等公司。她从来都认为铁龙公司、徽凰公司就是漯阜公司的,从来都认为铁龙公司、徽凰公司和漯阜公司相互转

款就是左手倒右手。从没有认为铁龙公司、徽凰公司是属于自己所有的,客观上也是这么运作的。张某某不存在设立铁龙公司、徽凰公司以侵占漯阜公司资产的故意。

事实最能说明被告人的主观上有没有犯罪的故意。如果被告人主观上要以设立公司这种方式实现职务侵占的目的,为什么还要找赵某某、李某、马某某、杨某某家属付某某这些漯阜公司股东或股东家属作为股东呢?她直接找与漯阜公司股东无任何牵连的人做股东不就更简单、不更方便了吗?如果想侵占,为什么还要把徽凰公司和铁龙公司的利润、徽凰公司的房子分给漯阜公司股东或用于漯阜公司的开支呢?

4. 转款行为发生在母子公司之间,而且有合同依据,被告人没有利用职务便利的行为

第一,仅以第2起、第5起两起指控中提及的《运输代理协议书》等合同文件,能够证实漯阜公司、华润电力、徽凰公司签署过运输代理协议等协议。这些协议并不是张某某自己私下决定的,关某某已证实了漯阜公司的赵某某、方某某、徐某某、毛某某等均参与了该等协议的签署。而且华润电力也没有否认这份协议的效力并已依约履行。

故徽凰公司所收取的第2起、第5起涉及的代理费确是以协议为依据的履约行为,与张某某的职务便利无关。

第二,关于第4起所收利息,有漯阜公司与徽凰公司间的《债务转让协议》作为依据。当然,公诉人可能会说,未经债权人同意,该协议无效。但就算它无效,我们无论辩方、公诉人、法庭都必须高度重视的一个事实是,根据公诉人提供的严某证言,漯阜公司用于归还星河投资公司的款项,恰恰来自徽凰公司。换句话说,即使该协议无效,但确确实实是由徽凰公司替漯阜公司归还了欠款。徽凰公司收

取利息是有事实依据的,收取利息与张某某的职务便利无关。

5. 张某某客观上没有非法占有财物的行为

起诉书指控的转款,要么在子公司账上,要么由子公司投资了。所有款项均不在被告人张某某及任何自然人手里。那么,被告人非法占有财物的客观行为又在哪里呢?

其实,只要我们不带着有罪推定的思维看问题,而是客观地、实事求是地看问题的话,公诉人指控的第1~5起所谓职务侵占,纯属母子公司之间的民商法律关系。即使子公司的设立手续在形式上可能不够规范,那也与犯罪无关。

二、第6起涉及利辛售票点的指控事实不清,证据不足

(一)关于预付110万元到阜阳火车站,属正当行为

1. 利辛售票点是漯阜公司下属单位,漯阜公司代其付款属正常业务行为

正如起诉书认定的一样,利辛售票点是漯阜公司成立的下属单位。垫付的票款的这笔钱确实支出了,而不是虚列支出。漯阜公司代付票款亦属正当,这一行为不属职务侵占。

2. 110万元预付款只是未及时结算

漯阜公司完全可以从售票点收回垫付的票款,但因售票点未能与漯阜公司结算而未及时收回。虽未收回,漯阜公司对售票点享有110万元的权利不会丧失,可以随时结算。

3. 为何以管理费入账事实不清

垫付的票款为何以管理费入账,说是张某某安排的直接证据只有严某的证言,除此之外,均为间接证据。前面我们也说了张某某本身不懂财务,不懂如何做账,不可能安排以管理费入账。到底为什么以管理费入账,事实不清,不排除因为售票点是漯阜公司下属单位,误列为管理费用的可能性。

4. 以管理费入账并不等于张某某侵占

公诉人的思路是,以管理费名义入账,就是平账了,账上显示不出这笔钱,就是张某某侵占了。这是典型的有罪推定。如何入账,仅是一种财务行为。即使以管理费名义入账,还有其他单据呢,仍然可以显示出钱款去向。

是不是职务侵占,关键还是要看这些款项是否被张某某据为己有了。

5. 张某某没有侵占这110万元

现有证据均证实,张某某并未占有这110万元。110万元确实是转到了阜阳火车站,作了预付的票款。

(二)赵某某给张某某100余万元事实不清,证据不足

1. 被告人从没实施2007年年初安排赵某庆将售票款直接交给自己的行为

公诉人指控张某某实施“2007年年初安排赵某庆将售票款直接交给自己”的证据,只有赵某庆一人的2008年1月14日的一次证言。从量上属于孤证,从质上属于利害关系人证言。孤证尤其是具有利害关系的孤证不应作为定罪依据。

2. 张某某从赵某庆处收到100余万元的事实不清,证据不足

公诉人提供的证明张某某从赵某庆处收到100余万元的证据,有赵某庆证言、赵某某证言、武某某证言。质证时我们已经说了,赵某庆具有利害关系,其同一份证言及不同证言在时间、地点、次数、人物等要素上既自相矛盾,又相互矛盾,不能自圆其说。赵某某证言也存在上述问题。武某某证言不合逻辑、不真实。且上述证据间相互矛盾。

反观张某某本人对此的供述,一直很稳定,从没有收到这笔钱。现有证据不足,无法得出张某某收了这100余万元的唯一结论。且

100余万元与指控的110万元数额不一致。

(三)对公诉机关指控的四个环节的分析

①张某某告知赵某庆由其代付→②漯阜公司代付→③张某某安排管理费入账→④赵某庆给张某某款。

这四个环节中除了②代付环节外,其他三个环节都事实不清、证据不足,是典型的有罪推定和主观臆断,该起指控无法成立。

三、公诉机关第7、8起指控事实不清,证据不足,无法成立

1. 铁龙公司是漯阜公司的子公司

铁龙公司是漯阜为了躲债、避税成立的子公司。汇票背书到铁龙公司属于母子公司的资金往来,与张某某个人无关。

2007年3月8日的2,044,000元,至今还在铁龙公司的账上。背书到铁龙公司,不能由此得出,张某某个人占有的结论。

2. 是套取还是为了躲债、避税事实不清

因为铁龙公司的成立目的和徽凰公司一样,为了躲债、避税。不排除背书到铁龙公司是为了实现设立目的,不能证明是套取现金后而非法占有。

3. 没有证据证明张某某公款私用

公诉人指控也只是说,将涉案款项以汇票背书到了铁龙公司,但没有提供证据证实,是张某某个人占有了涉案款项,更没有证据证明张某某公款私用。职务侵占罪不成立。

4. 公诉人对待铁龙公司和徽凰公司与漯阜公司的关系采用不同的标准

公诉人认为铁龙公司不是漯阜公司出资设立的,铁龙公司不是漯阜公司的子公司;认为徽凰公司的股东与漯阜公司不一致,就认定徽凰公司不是漯阜的子公司。

可事实上,这两个公司都是漯阜公司在实际控制,即使有形式上的不规范,但也正是为了实现避债、避税的目的,如有中规中矩的体现为公诉人所指的母子公司,其设立的目的和作用也就失去了。

四、公诉机关第9起指控事实不清,证据不足

1. 上海办事处确实有人工作,关于工资虚假的事实不清,证据不足

2005年漯阜公司上海办事处成立后,虽然漯阜公司没有从阜阳派人到上海工作,但在上海招了些人员,还买了房子,必然要产生人员工资支出。

指控工资全部虚假,事实不清,证据不足。

2. 因董某某没有查找到,关于经费被侵占的指控事实不清,证据不足

辩护人在会见张某某时以及庭审过程中,包括对以前的办案机关,被告人张某某都说过上海办事处由董某某负责,自己把钱款给了董某某。现在因董某某没有查找到,具体的事实和数额无法一一核对。但漯阜公司来沪人员确实受到过上海办事处的接待,买了房子要装修,经费支出也是事实。

指控申请的经费全部被张某某个人侵占,事实不清,证据不足。

3. 经费申请事先履行了财务审核手续

上海办事处的经费申请由财务总监孙某某、慕某某、田某某等事先审核签字后,才由张某某签批支付,故不能证实为张某某个人侵占。

五、公诉机关第10起指控事实不清,证据不足

先说明一点,阜阳市银河信用社已退回多收的利息19,890元,这笔钱漯阜公司没有损失。

对于该起事实,辩护人不否认张某某安排过慕某某代付利息。但漯阜公司里既有张某某的工资,也有张某某的应分利润,张某某是

让慕某某从这些钱里付利息。张某某并没有让慕某某从小金库里拿钱去付利息,慕某某自己从小金库拿钱,张某某不知情。

当然,公诉人会说从常理上讲张某某不安排,慕某某不会去支付其利息。但指控犯罪要靠证据,不能靠推测和主观臆断。慕某某怎么想的,公诉人可以推测,但据以指控犯罪不妥。

在公诉人只有慕某某证言这一孤证、张某某当庭否认的情况下,公诉人的第10起指控,显属事实不清,证据不足。

六、与指控职务侵占有关的几个问题,提请法庭核实(即其他可以说明指控事实不清的几个问题)

1. 起诉书第7页的“垫付的费用”,性质是否和指控钱款性质一样? 数额公诉人是如何计算出来的?

2. 涉及徽凰公司的款项,有的以徽凰公司名义购房,有的发了工资,这部分数额是多少?

3. 给方某某等四名外聘人员的工资是否包含在指控的款项中? 如包含,数额是多少?

根据2008年6月11日16时至17时赵某某证言,“方总年薪50万元,漯阜每个月支付他17,000元;其他三人是年薪,每月应1万多元,但漯阜公司实际每月支付他三人六七千元;其他钱从哪来给没给他我也不清楚”,这个其他的钱是否包含在该指控中?

且赵某某也证实,支付过方总等人的工资30多万元,并交给了慕某某近60万元。

4. 为了让香港公司进入漯阜公司,张某某退还了一些股东的股本金,这些钱的来源是什么? 数额又是多少?

5. 成立香港浩海公司和蓝日公司的钱款来自徽凰公司和铁龙公司,怎么看待这些款项的性质?

综上所述,由于上述这些款项都应来自指控侵占所涉及的款项,如不查实清楚,全部一概认定为张某某个人侵占了,必将会失去法律的严谨和公正。

第三部分 挪用资金罪

本案指控的被告人挪用资金罪不能成立。

一、第1起指控被告人挪用100万元无事实根据和法律依据

1. 张某某主观上只有借用、预支的想法,没有挪用的故意

被告人张某某当时所写的借条已载明:"我家有急事,急需借款100万元,待下次董事会研究,是否可以从年终红利中连利息、税收一并扣除。申请人张某某。"

该借条内容清楚地表明,被告人只有借的想法,并有预支红利的想法,但绝无挪用的故意。对此,判断被告人的主观认识,必须以被告人当时的想法为准,不能以他人当时或事前、事后的想法来判断。

被告人当时的想法在借条中已经说得非常明确了:一个字——借。

2. 张某某没有实施利用职务便利挪用的行为

对该笔借款,张某某是履行了合法的财务借款手续后才借用的,被告人张某某根本没有实施利用职务便利进行挪用的客观行为。

该100万元是张某某向财务人员张某申请,张某要求其出具借条,并经请示财务总监孙某某同意后,才支付的现金,是借用,不是挪用。且在借款过程中,张某某没有自批自借,没有自己决定,而是财务部门在忠实地履行自己的职责,张某某没有利用自己的职务便利。

这是程序正当的借款行为,而不是利用职权私自所为的挪用。

3. 不能以未开董事会就否认借款的性质

被告人张某某借这100万元时,是因当时事发突然,不能仅以借款时未开董事会,也不能因该借款至今未还,来否定借款的性质,更

不能将此上升为挪用资金罪。

如果这样,那不仅是苛求,也是置张某某多年没有分红的事实于不见,更是欲加之罪。

二、指控挪用1238.2万元购买徽凰公司办公用房,不能成立

在职务侵占的辩护意见中,我们已经说明徽凰公司是漯阜公司的子公司,这笔款项虽用于徽凰公司购房,但因漯阜公司是母公司,最终所有权还是属于漯阜公司的。

此次转款系徽凰公司经营所需,没有损害资金的使用权;且有借款协议,属公司间的借款,张某某没有因此谋取任何个人利益,指控挪用资金不能成立。

三、第3起指控事实不清,证据不足

在前面的辩护意见中已经说明,漯阜公司上海办事处成立后,有员工,需要支出工资和经费,漯阜公司应该承担此笔费用。这笔费用只是因为目前董某某没有查找到,未经核实,但不能因此否定有经费支出的事实。

在无法排除董某某的存在、无法得出挪用这唯一结论的前提下,该起指控事实不清,证据不足。

四、第4起指控无证据支持,依法不能成立

1. 2006年8月25日,以漯阜公司在阜阳银行支行的530万元定期存单作为质押,因该行为是经董事会同意后实施的,与犯罪无关,与挪用资金无关。且也没有证据证明,2006年8月1日张某某安排用阜阳运输代理公司的款项代为归还贷款。张某某是“借款还旧”归还了2005年8月1日的贷款,并有银行存折为证。

2. 2005年8月1日,张某某以自己的股权为贷款质押担保,属处分自己的财产权利,其从银行“借新还旧”,归还2004年7月22日的贷款,不存在挪用单位资金归还个人借款的情形。

3. 被告人张某某2004年7月22日至2005年7月30日,没有挪用资金的行为:

第一,公诉人指控被告人月初贷月底还即2004年7月1日贷款、7月30日公司支出500万元归还,8月1日再贷500万元的事实不存在。(检察卷第24卷第18页)阜阳运输代理公司的银行信用明细账显示,7月30日和8月1日根本没有一分钱进出。

第二,公诉人提供的银行贷款合同共有两种:一种是张某某2004年7月22日亲自申请、签字的1年期借款合同,且其贷款的发放时间确实是2004年7月22日,直接缴付至漯阜公司的验资账户上;另一种是2004年7月1日起非张某某签字的一月期借款合同(共12份)。

第三,张某某解释此为银行为做业绩,要求走下手续,虚贷虚还,每月办下手续,实际上没有资金流动。

第四,银行的"情况说明"不能否定1年期贷款的真实存在。1年期、1月期借款合同同时存在的事实,恰恰印证张某某的说法真实。很简单的道理,如果月初贷月底还,就没有必要再签订一份一年期借款合同,只签月贷合同就行了;如果要为增长业绩,虚贷虚还,则恰恰需要签两种协议。

第五,至于漯阜公司以阜阳运输代理公司名义与银行产生的资金关系,与张某某贷款无关,也不是替张某某还贷,两者不是一回事,不能混为一谈。

辩护人这么说既有证据支持,又符合逻辑,也符合贷款通则规定的流程。言词证据不能否定书证:

其一,出票人为阜阳运输代理公司出具的现金支票用途明确写的是——工资,贷入时又为营业收入,工资和营业收入与张某某贷款无关。

其二,一年期贷款合同,是在2014年7月22日由张某某本人亲自签署的,贷款500万元已支付至漯阜公司账户,并有验资报告。

其三,(检察卷第24卷第18页)阜阳运输代理公司的银行信用明细账显示,阜阳运输代理公司在2007年7月1日进500万元,8月31日出500万元,7月1日张某某还没贷款呢,这恰恰说明与张某某的贷款无关,更不是挪用。

按正常的贷款规程,如果漯阜公司替张某某还贷,那就应该是公司先把款划到张某某个人的贷款账户(或存折)内,再从张某某的账户划款还给银行,银行再贷款给张某某,张某某再还给公司,而不是抛开借款人张某某,银行和公司之间直接还贷。

第六,没有代办人的委托书、进账凭证等证实资金真实流动的证据。

公诉人出示的12份月初贷月底还的借款合同,只有张某某的名章及洪某的签名,但未见有其委托书,也没有资金流动的原始凭证的任何证据,真实性和合法性都不能证实。

第七,如果非要让漯阜公司以阜阳运输代理公司名义与银行产生的资金往来和张某某扯上关系,我们倒可以看看2004年7月22日银行的会议记录,"张某某在我社申请500万元贷款,承诺将漯阜铁路有限公司或铁路运输代理公司账户存在我社,并保证账面余额不低于2000万元",这可能就是阜阳运输代理公司账户存在该社的原因。

另外,有一个不正常的现象提请法庭关注,公诉人提供的12份月初贷月底还的借款合同中,签署日期均为每月1日,但2004年8月1日为星期日、10月1日为法定假日,2005年1月1日、5月1日为法定假日,这些时间银行应不办理贷款业务。

第四部分　关于行贿罪

对指控的事实不持异议,但应减轻或免除处罚。

被告人张某某对指控事实不持异议,但张某某具有以下情节,应减轻、免除处罚。

一、《刑法》第390条第2款规定,行贿人在被追诉前主动交待行贿行为的,可减轻或免除处罚

根据公诉人提供的证据,张某某早在2007年12月25日因本罪被立案的2年零1个月前,即2005年11月25日就如实交代了自己的行为,这一如实交待时间也比受贿人王某某2005年11月26日的交代早了一天。因此,被告人张某某的行为符合《刑法》第390条第2款的规定,可减轻或免除处罚。

二、减轻或免除处罚符合国家政策规定

根据2007年5月30日中共中央纪委《关于严格禁止利用职务上的便利谋取不正当利益的若干规定》,"本规定发布后三十日(2007年6月30日前)内主动说清问题的可考虑从宽处理;对拒不纠正或者本规定发布后违反本规定的,要发现一起,查处一起,严肃处理,绝不姑息"。因此,对张某某减轻、免除处罚具有政策依据。

三、仅处罚张某某有失党的政策的威严

张某某已于2005年向组织如实反映了相关事实,并向市委、市政府领导如实报告。当时市纪委已作出了内部处理意见,并没有进行刑事追诉。而事过两年多后,如果不顾忌负面影响和大局再行追诉,势必会影响党的政策的权威。

四、对张某某的处理应体现一视同仁的原则

2005年在阜阳市与张某某具有同种性质问题的人员众多,具体数字都可查询出来。现在只追究张某某一人的责任,那就是对同种性质的事件进行了不同的处理,与法律所追求的公平适用原则相冲突,将违背法律的公平原则。

综合上述情节,请求法庭就行贿罪对被告人减轻、免除处罚。

第五部分　本案的问题

针对全案,必须指出的几大问题:

一、关于本案的有罪证据

本案的有罪证据大致可以分为两类:被告人口供和存在利害关系的证人证言,除此无他。鉴于这些证据都是言词证据,在对其进行审查和认定时,不能只看到对被告人不利之处,更要看到对被告人有利之处,一定不能断章取义、做有罪推定。

二、正确理解和运用无罪推定原则及“确实、充分”的证明标准

1. 刑事案件的证明标准包括两方面,即案件事实清楚,证据确实、充分。

证据确实、充分具体包括:(1)据以定案的证据均已查证属实。(2)案件事实均有必要的证据予以证明。(3)证据之间、证据与案件事实之间的矛盾得到合理排除。(4)得出的结论是唯一的,排除了其他可能性。

根据法律规定,据以定罪的证据必须确实、充分,定罪的前提是案件事实清楚,而且案件事实必须是确实充分的证据证明的事实,不能是推定的事实。推定的事实不能作为定罪的根据,但可以作为宣告被告人无罪的依据。如果依靠推定的事实来认定犯罪,必然导致主观随意性。

2. 无罪推定,就是证据不足就不能认定犯罪,而不是证据不足就不能否定犯罪。

如果证据不足就不能否定犯罪、就是有罪,是典型的有罪推定。所以认定被告人是否有罪,不能依靠推定的事实,必须依靠确实、充分的证据,必须适用无罪推定。

三、两个耐人寻味的问题

1.本案卷中有多人多份手写的“情况说明”,赵某某、慕某某、杨某某、潘某某、张某某,甚至信达公司的陈某某都写了“情况说明”,有的人甚至写了多份,涉及人员之多,数量之大,相当不正常。

同一天做了询录笔录,还要手写“情况说明”,且没有一份“情况说明”是在侦查笔录之前形成的。而公诉人却认为后形成的“情况说明”是真实的,这种现象本身就极为反常,是想证明什么,还是想隐瞒什么?

2.如果说被告人张某某真的构成了贪污罪,那么根据指控的三项隐瞒、虚报行为,本案必然要存在具体实施犯罪行为的共犯。如果张某某不构成贪污罪,则没有具体实施犯罪行为的共犯。

现在阜阳地铁局改制后,张某某作为漯阜公司的股东,既没有从公司分红,又没有从公司拿走一分钱的奖金,却被指控犯罪;而改制后的其他股东,尤其是具体负责改制工作的股东,既分了红又拿了奖金,却安然无恙,实在耐人寻味。

四、涉案钱款物均在案

公诉人指控的所有涉案款物均已被安徽省纪委从徽凰公司、铁龙公司、蓝日公司等处查扣(检察卷第8卷)。张某某两手空空,其个人没有非法占有任何财物。无论贪污罪也好,职务侵占罪也好,都得以非法占有财物为前提,而公司财产并非个人财产,张某某并非公司唯一股东。这一点恳请合议庭给予高度重视。

综上所述,请法庭审慎查明本案事实,依法作出公正判决。

北京市京都律师事务所律师　田文昌　秦庆芳

二〇〇八年十二月三十一日

补充辩护意见（第一次一审的第二轮）

系统的辩护观点在第一轮法庭辩论中已经具体阐述，现在，针对法庭第一轮辩论发言和公诉人的答辩，辩护人做一点补充。

首先强调，控辩双方的职责不同，角色和角度不同，必然会出现对同一问题的理解上的不同。但在总的方向上目标应当是一致的，都希望通过庭审活动，帮助法庭理清案件的基本事实、给法庭最终作出公正的判决提供坚实的基础。更重要的是，我们都围绕同样的事实，同一些证据和同样的法律根据。所以我非常希望在庭审当中，控辩双方能够以讨论的方式，将案件涉及的问题探讨清楚，给法庭提供一个兼听则明的基础。

下面针对公诉人指控观点，针对性地发表以下意见。

一、关于侦查思路和定罪证据的区别

公诉人在法庭调查和辩论阶段，对一系列证据的分析和认定，反映出认识思路上的偏差，即混淆了侦查思路和定罪证据的区别。公诉人试图通过分析改制的过程、轨迹，推断、演绎出一个犯罪的故事。公诉人的思路是：张某某主动提出改制，一开始就想改成个人控股的企业，进而操纵改制，在改制中又如何隐瞒收入，改制完成后相继成立铁龙公司、徽凰公司，实现其转移侵吞财产的目的。辩护人认为，改制的存在是客观事实，但是，本案的事实并非如公诉人推断的那么简单，对改制的认识更不能脱离当时的历史背景。改革开放30年来，一段时间内，改制在全国普遍推行，各地有要求、有指标，也有政策性的规定。改制的政策明确规定："国退民进，职工持股，高管控股。"并不是张某某一厢情愿想把企业改成其个人控股，占多少股份也不是张某某一个人说了算的，而是政策的明确要求。这一点在庭审上张某某也反复强调了，她只是"服从"。其实，张某某个人也不可

能操纵改制,改制时政府成立了专门的改制领导小组,每个阶段都有政府的正式文件,张某某个人根本没有能力操纵改制的结果。辩护人认为,公诉人的这种指控思路,只是在挖掘一种犯罪动机,而不是依据证据在认定犯罪,混淆了侦查思路和定罪依据的界限。在侦查过程中,为了发现犯罪事实,必须发掘每一个线索,不排斥想象力,甚至想象力越丰富越有利于侦破案件。但是在法庭上,作为指控犯罪的证据,特别是经过法庭审理要作为定罪依据,则要靠扎实的证据,必须形成真实、客观且完整的证据链条。故事可以讲出来,但是案子绝不能编出来,这是重要的原则问题。公诉人在法庭上分析问题时,认为这样分析就合乎逻辑、那样就不合乎逻辑,是用逻辑在演绎一个事件。辩护人再次强调,法律讲的是证据,而不是逻辑。只有依据证据指控的犯罪,才有可能被认定,简单的逻辑推断不能成为指控犯罪的依据。公诉人的这种指控思路是不利于对案件作出正确的认识的,辩护人在此诚恳地提出这一问题,希望引起法庭的注意。

二、时间倒置、倒推犯罪故意的指控思路不能成立

辩护人发现,在多项指控事实中,公诉人是在事件发生之后,用倒推的逻辑认为事件发生之前张某某就具有了虚报、隐瞒的犯罪故意。难道会先知先觉吗?张某某是什么人能够在事件发生之前,就预见到将来会发生的事情呢?张某某显然没有这种能力。这种倒推犯罪的定罪思路是没有依据的,是欲加之罪。比如指控的隐瞒1400余万元的溢收款,根本就没有任何证据证明在5月31日之前的任何时间有任何一笔溢收款到账。相反地,辩护人从纷繁的案卷中摘抄出的原始书证显示,这些款项都是在期间审计基准日即2004年5月31日之后到账的。那么在期间审计之时,张某某怎么可能对还没有到账的这几笔溢收款隐瞒不报呢?起诉书指控张某某指使挂账处理,还没有账呢,往哪儿挂!这纯属莫须有的罪名,对还没有发生的事情,怎么能指控张某某贪污呢?又如25名转警人员的问题,公诉人认为,当时报了25个人,比后来实际确定的人数多了,就是虚报。实际上呢,是否转警当时还没有确定,1年后才确定下来。既然当时还不确定转警的确切人数,怎么能说是虚报人数呢?换了我们每一个人,谁能在一年前就确定一年后将会发生的事情?再如身份置换金的问题,现在都一直还在发放,并且还没有发完,指控却认定虚报、截留,依据何在?辩护人需要强调说明,时间不能倒置,犯罪故意不能倒推。

三、关于证人证言与原始书证的效力问题

公诉人的指控依据大量的证人证言,证明张某某有贪污、侵占、挪用的犯罪事实。而这些证人证言与大量原始书证却有明显冲突。《刑事诉讼法》规定的七类证据,证明效力顺序明确。相对于书证而言,言词证据既不稳定也不可靠,而原始书证具有不可改变性,其证明效力远远高于言词证据。然而,公诉人却一再采取以言词证据否定原始书证的方式去指控被告人犯罪。在本案中,注册徽凰公司时有多人的身份证用于股东登记,而公诉人却用证人证言证明他们都不知道有这回事。难以解释的是作为公司股东,他们都是具有完全民事行为能力的人,且都是企业的高管人员,对于把自己的身份证借出去干什么用,可能一点防范意识都没有吗?对于这样一个事实,难道是仅仅用一句话"不知道"就可以加以否定的吗?又如张某某在银行贷款500万元的事实,有两套合同,其中一套是张某某本人签名的一年期的借款合同,另一套是"月初贷、月底还"的合同,却没有张某某的本人签名,也没有相关的委托办理手续。公诉人却认定没有张某某本人签名的合同为真,依据何在?再如张某某借款100万元,有财务人员的签字审批,公诉人却也用证言否定了白纸黑字客观存在的借款手续。支付上海办事处的费用,也是先后有数名财务主管人员的签批,这也可以用证言来否定,而认定是张某某个人所为吗?

1400余万元的铁路运输分流收入溢收款,原始书证记载的到账日期清清楚楚,却硬是用证言证明张某某先知先觉而隐瞒不报。

按公诉人的说法,公司持股49%的其他股东,对与公司经营管理密切相关的事实,说不知道就不知道,统统是一问三不知。然而,在现实社会条件下,在市场经济条件下,他们还要养家糊口,能够这样对与自己切身利益息息相关的事情不闻不问,这所有的一切都归张某某个人实际控制,可能吗?法庭调查时,辩护人已经向法庭出示了这些证人证言的内容,这些证言前后矛盾,自相矛盾,更重要的是这些证言的内容与相关的原始书证具有明显冲突。用这样的证言否定原始书证的做法值得思考。这样的证言是如何取得的,辩护人不得而知。这样的认定证据的方式是什么?是指鹿为马?还是欲加之罪?

庭审过程中,凡辩方提出异议的证言,公诉人贯穿始终的理由是张某某一贯以来"独断专行,说一不二"。按照这种指控逻辑,是因为张某某"独断专行,说一不二",所以占公司49%股权的其他股东就可以任其宰割,身份证拿去干什么了也不问,对自己的股东权益不管了,财务制度也不顾了。照此逻辑,无论公司里的任何人去贪污、侵占、挪用,甚至去杀人、放火,都可以推到张某某身上,可以说贪污、侵占、挪用的钱都给了张某某,可以说杀人、放火都是受张某某一人指使。难道就因为张某某"独断专行,说一不二",仅此一点就可以把一切都推卸干净吗?难道仅凭"独断专行,说一不二"就可以给张某某定罪吗?若如此,法律规定的证据规则还有什么用呢?到底是"法治"?还是"人治"?开庭审理的意义又何在呢?辩护人希望法庭对此予以重视。

四、关于贪污、侵占罪的非法占有问题

首先,被指控贪污、侵占的钱一直在公司的账上,而不是被张某某据为己有。即使张某某就是“独断专行,说一不二”,公司也还有49%的股权属于其他股东,这些人作为公司的实际股东而不是挂名股东,总不可能完全不关心自身的经济利益,都交由张某某控制吧?

其次,资金转到另一公司,也不是被张某某个人占有。漯阜公司和铁龙公司一样,均为张某某控股,但是控股绝不等于个人所有。公诉人仅以“说一不二”即把公司与张某某个人混为一谈,没有法律依据。

最后,公诉人引用最高人民法院的司法解释,认为张某某实际控制了其所在公司的资产的支配权,已经构成犯罪既遂,并以此作为支持其将张某某个人与公司混为一谈的理由。这种说法是对最高人民法院司法解释的曲解。需要明确的是,支配权与所有权并非同一概念。张某某作为公司大股东和董事长,可以有权支配公司的资产,但她并不能实际控制公司的全部资产即不可能将公司的全部资产据为己有,因为其他股东49%的股权是公开、明确的。

所以,没有任何理由和依据认为张某某控制了公司的全部资产,因此,也就不能说张某某非法占有了公司的全部资产。

五、关于铁龙公司、徽凰公司和漯阜公司母子公司的关系

公诉人认为铁龙公司不是漯阜公司出资设立的,徽凰公司的股东不是漯阜公司的股东,所以铁龙公司和徽凰公司与漯阜公司没有关系,是张某某个人的公司。指控思路简单地通过外在形式去判断内在实质,这种认识事物的方式是不客观的。铁龙公司实际是漯阜公司股东出资,徽凰公司也实际上是漯阜公司出资,徽凰公司的利润也给漯阜公司的股东分红了。这一事实反映了三个公司的母子关系。关于公诉人强调说为什么在注册登记中漯阜公司不是徽凰公司和铁龙公司的股东,这个道理其实很简单。因为,既然设立铁龙公司和徽凰公司是为了避债、避税,当然就不能暴露它们与漯阜公司的关联关系,否则,岂不成了此地无银、不打自招吗?需要强调的是,我们现在所研究和关注的,并不是这三个公司之间关系外在的表现形式,而是它们之间相互关系的真实情况,并依此来确认三个公司之间的资产所属关系,从这个角度来讲,公司注册的外在形式中的瑕疵并不能改变其母子公司关系的客观事实。庭审中张某某也反复讲了,也有证人证言相互印证,设立这两个公司的目的就是合理避税、避债。如若形式上完全合法,还谈何避税、避债?

六、关于对徽凰公司资金用于潔阜公司这一事实的解释

公诉人认为钱张某某已经占有了指控其贪污侵占的资金,又拿出来用于潔阜公司,这种情况已经构成犯罪。就是说在贪污、侵占之后,即使再将其犯罪所得用之于公,也并不影响犯罪成立。公诉人对犯罪构成的这种理解没有错,但是本案的情况并非如此,公诉人在此混淆了一个重要的概念。辩护人在此提请法庭注意的是,提出徽凰公司资金用于潔阜公司这一事实的目的是证明由于徽凰公司是潔阜公司的子公司,所以徽凰公司的资金及利润才可以用于潔阜公司;并不是徽凰公司先占有了潔阜公司的钱,然后再拿占有的钱去为潔阜公司付出。这完全是性质不同的两种事实,不能混为一谈。辩护人在法庭上举出了一系列证据证明徽凰公司的利润为潔阜公司股东分红了,徽凰公司出钱给潔阜公司装修了等。徽凰公司为潔阜公司付出资金的事实客观存在,这正是因为徽凰公司的资金本来就是属于潔阜公司的。所以,公诉人的解释是在规避事实、混淆概念。

七、关于主观故意中认识因素的"模糊认识"说

在谈到张某某有无犯罪的主观故意时,公诉人坚持说犯罪故意中的认识因素可以是模糊的。所以,即使张某某并不明确知道自己行为所发生的后果,也同样可以构成犯罪。其意在说明其在指控中倒推犯罪故意的正确性。在此,辩护人必须指出,公诉人的这种观点是错误的。法律规定的贪污罪是直接故意,故意的认识因素必须是明确的,就是一种明知会发生危害社会的结果并且希望这种结果发生的心理态度。比如,分流运费收入即溢收款,如果按照指控的思路,这笔钱可能到也可能不到,到了就是贪污,不到就不是贪污,那么贪污的手段又从何谈起呢?又如,尚不确定转警有多少人、向内退人员发多少钱,就可以确定其具有虚报的主观故意。难道这就是公诉人所主张的认识因素中的“模糊认识”吗?公诉人的这种观点,完全曲解了《刑法》关于犯罪故意概念的明确规定。

八、关于“挪用”与“借用”的认定问题

首先,挪用犯罪成立的关键,其一在于利用职务,其二在于私自挪用,不是简单地认为挪了个地方就构成挪用犯罪。“借用”与“挪用”是两个概念,有正当程序的就不能构成挪用,即使是使用了,也是正当的借用,而不是挪用犯罪。

其次,最高人民法院司法解释明确规定,“挪用”公款或资金是挪用的资金归本人或其他自然人使用,而铁龙公司和徽凰公司都是依法注册成立的有限责任公司,不是个人,不符合挪用资金罪的犯罪构成要件。

最后,公诉人认为实际上归张某某个人使用的说法不能成立。因为,因果关系不能无限推延,只能在一个链条之内。例如,挪给公司使用,与挪给公司以后公司又给职工发工资,归职工个人使用了,在性质上是一样的。不能认为公司又用于个人了,就可以视为是归个人使用。关键要看挪用的直接对象是公司还是个人。

九、关于刑讯逼供问题

被告人张某某在法庭上反复提出其受到刑讯逼供。而对于刑讯逼供的事实,公诉人让辩方举证。其一,被告自己在庭审中讲得很清楚,有名有姓,有时间有地点,有具体的动作描述和演示。这难道不是证据吗?其二,被告人当庭出示了由其同监号人出示的证人证言,足以证明刑讯逼供行为对其身体产生的严重伤害。其三,现有证据已经证明,在检察院立案前至少有七份笔录,在非羁押场所长时间连续讯问,这明显是违法取证。其四,退一步讲,对这种事实的举证责任应当在公诉人而不是被告,至少应该提供同步录音录像。最高人民检察院为什么要规定职务犯罪的同步录像问题,就是为了便于举证,在被告和辩方举证如此困难的情况下,依然举出了大量的证据证明存在刑讯逼供的事实,那么,公诉人在明明进行了同步录像的情况下,有什么理由不向法庭出示同步录像呢?非常遗憾的是,虽然辩护人一再请求出示同步录像,公诉人却没有出示。公诉人没有尽到应尽的举证责任,而且是在最高人民检察院已经有了明确规定的情况之下,公然拒绝提供。希望法庭对这一问题予以高度的重视。

辩护人诚恳希望,在客观分析本案事实、证据和相关法律规定的基础上,控辩双方都能够站在客观、公正的立场上,依照法律规定的原则去审视本案;希望法庭在依法严格审查证据的基础上,对本案作出公正的判决;更希望本案的判决能经得起法律和历史的检验!

北京市京都律师事务所律师　田文昌

二〇〇八年十二月三十一日

辩护词(第二次一审的第二轮)

审判长、审判员:

因时间关系,仅针对公诉人刚才谈到的几个问题做一点简单的回应。

一、没有当庭播放录音录像违反法律规定

关于播放录音录像的问题，公诉人认为当庭不提供、不播放的行为不违法。

根据最高人民检察院《人民检察院讯问职务犯罪嫌疑人实行全程同步录音录像的规定（试行）》第2条的规定："人民检察院讯问职务犯罪嫌疑人实行全程同步录音、录像，是指人民检察院办理直接受理侦查的职务犯罪案件，每次讯问犯罪嫌疑人时，应当对讯问全过程实施不间断的录音、录像。"所以，无论有还是没有，都是违法的。如果有，但不提供，是违法的。如果没有，那就更违法。

该规定第15条规定："案件审查过程中，人民法院、被告人或者辩护人对讯问活动提出异议的，或者被告人翻供的，或者被告人辩解因受刑讯逼供、威胁、引诱、欺骗等而供述的，公诉人应当提请审判长当庭播放讯问全程同步录音、录像资料，对有关异议或者事实进行质证。"

公诉人认为这一条"隐含"一种意思，即不向法庭提供笔录的录音录像可以不提供。公诉人歪曲了这条规定的内容。最高人民检察院的规定已经十分明确了，十分具体了，不存在什么可以隐含的意思。

至于安徽省检察院有什么规定，或者是公诉人有什么理解，无论是安徽省检察院还是公诉人，只要与最高人民检察院的规定不一致，那都是凌驾于最高人民检察院的明文规定之上，是绝对不能允许的，更不用说在法庭上当作申辩的理由，说了也没有用，因为它是明显违法的。

二、在看守所外提审违反法律规定，取得的口供不能成为定案依据

第一，有被告人本人的控诉，存在刑讯逼供。第二，同监所的证

人提供了证言。关于这份证据的取证权问题不再重复论证,因为这是证人亲笔写的证言,交给谁都可以,不存在取证权的问题。第三,检察院在纪委提审同样违反法律规定。最高人民检察院明确规定了"讯问犯罪嫌疑人,除法定情形外应当在看守所进行"。这和纪委办案不一样,纪委办案和检察院办案是两回事,辩护人不是否定纪委办案,而是强调本案是检察院办案,检察院办案就得在看守所讯问,这是法律明确规定的。

三、关于证据采信的原则问题

公诉人的意思是,不能以当庭陈述为准。

首先,如果不以当庭为准,那么我们开庭还有什么用?已经有那么多的证人证言,侦查阶段、审查起诉阶段,各个阶段都有了,如果按照公诉人的观点,开庭就可以废除。显而易见,这种观点根本无法成立。

其次,全案分析,全案审查原则,没有错。但是如何分析,如何审查,证据之间怎么印证?这个问题涉及言词证据与原始书证的冲突问题。简单地举例,比如赵某某的证言,有会议记录在,赵却否认说不知道。记录可靠还是赵某某的证言可靠?又如会计马某某的证言,与财务账不符,那么财务账是假的还是真的,这种证据效力显而易见;更不用说董某某的收条的问题,公诉人竟然以否认董某某收条的真实性为由而否认董某某其人的存在。而否认的根据又是王某某的证言,即王某某承认董某某的收条是由其冒名书写。现在,经过司法鉴定已经证明董某某的收条并非王某某所写,即王某某的证言是虚假的。这么明显的假证都能作出来,而且还能做到让王某某承认明明不是他自己写的东西就是他自己写的。可想而知,我们这个案子中会有多少这样的假证存在。这个问题很严重,希望引起法庭高度重视。

辩护人强调,这个案子中的很多证人证言都存在问题,这样证据所形成的证据链条能够成立吗?这样的言词证据还可以用来否定原始的书证吗?答案毋庸置疑。这些问题足以反映出侦查机关、公诉机关在办理张某某案件过程中的一系列不符合法律规定的问题,以致这些问题可以直接导致案件证据的不真实。

四、"实际控制说"是对所有权的控制而不是支配权,公诉人曲解了"实际控制说"

公诉人谈到了实际控制的问题,以所谓实际控制为由,把所有的漯阜公司的钱和其他两个公司的钱都指控为张某某占有了,理由是引证最高人民法院会议纪要的"实际控制说"。这是对"实际控制说"的曲解。最高人民法院的"实际控制说"指的是控制所有权而不是支配权。如果是指支配权,那么任何一个公司的老板都能够控制本公司的成千上万元甚至上亿元的资金,难道都是贪污既遂吗?使用权和所有权是完全不同的两个概念,《刑法》所规定的非法占有,是指所有权而不是民事法律规定中物的四项权能之一的"占有权"。所以,按照最高人民法院座谈会纪要的精神,无论如何不能认为张某某占有了漯服公司的所有财产。如果按照这样的逻辑,漯阜公司其他员工占有的49%的股份,张某某有没有可能公然地夺过来呢?那是大家的股权,她能公然控制在法律上归他人所有的股权而占为己有吗?如果这样,那也不是贪污,那就是抢劫。这不是理论问题,这是法律原则问题。所以,无论怎么说,也不能说张某某控制了漯阜公司和其他两个公司的全部财产。

五、关于重复指控的问题

说到贪污罪的问题,就必然涉及另外一个问题,一个很可笑的简单、低级错误。既然公诉机关依据"实际控制说"指控张某某贪污了公司的所有财产。那么又回过头说她侵占和挪用了这几个公司的资金,那不是重复定罪是什么呢?最简单的道理,按照公诉人的逻辑,就好比这一筐萝卜都被张某某贪污,拿到自己家里了,然后她从这筐里又拿出两个萝卜就变成侵占了;按照同样的道理,还可以说张某某又挪用了这些钱,诈骗了这些钱,又盗窃了这些钱,怎么说都可以,同一筐萝卜就可以给张某某定出十个八个不同的罪名。这是算术题,不算是个法律问题。公诉人的观点是按照“实际控制说”,张某某已经实际控制了这个公司的全部财产,所以指控张某某贪污了公司的全部财产,回过头来怎么又从这同一筐萝卜里指控他侵占、挪用呢?这种逻辑实在说不过去。请法庭予以重视。

六、1400万元分流款的问题

第一,款没有到;第二,清算单也没有到,这一点法庭调查已经证实了。什么都没到,就是一个模糊的概念,即可能有分流款,就指控张某某唆使挂账。辩护人要强调说明的是,公诉人指控的是张某某指使挂账,但是,没有数字又如何挂账?公诉人说的“模糊故意说”,是公诉人的发挥创造,中外刑法,理论和实践中都没有公诉人所解释的所谓的“模糊故意说”。在什么都不知道的情况下,连清算单都没有到,只是可能要有这笔钱,张某某就得做账,不做账就是隐匿,隐匿了什么?隐匿了一种莫须有的可能性的利益?法律上能这样认定吗?显然是错误的。有这么明显的事实存在,其他口供都没有意义。明明钱没有到,数字也没有到,硬是制造一些口供和证言来证明张某某有意隐瞒,这种做法是欲加之罪。

关于后八天的算法,公诉人说辩护人观点自相矛盾。其实不矛盾,辩护人说的是账没有算好,就算是按照指控的算法,后八天也不能算到里面去。辩护人的这一说法并不矛盾,只是想说明公诉人是为了达到欲加之罪的目的而不遗余力,只能这样理解。

七、关于身份置换金的问题(这些置换金尚在发放过程中,不存在贪污的问题)

辩护人强调的是,置换金没有发放完,尚在发放过程当中,这是一个尚未完成的动态的过程,公诉人把这个动态过程静止化,什么意思?还是欲加之罪。任何犯罪都会有一个过程,无论是贪污也好、盗窃也好,在还没有暴露出贪污的目的之前,怎么能说是贪污呢?置换金还在发放,没发完呢,就武断地认定贪污根据何在?本案案发后置换金还在发放,却强行指控这些尚在发放中的置换金已经被张某某贪污,这难道不是强加于人吗?除此之外还能作何解释呢?

八、关于客货公司是负资产的问题

在辩护人根据审计报告指出客货公司改制前是负资产时,公诉人说负资产不能只看账面的反映。公诉机关提出了审计报告,回头又说自己的审计报告不全面,不能只根据账面反映。那么财务问题如果不根据账面反映,还能根据什么呢?根据主观推定、主观想象吗?说到底,还是欲加之罪。如果没有提供审计报告还另说,审计报告已经拿出来了,你又说不能仅根据账面反映,难道审计报告在账面之外还要搜集其他的因素来形成吗?这符合做审计报告的法律规定吗?

九、关于改制问题

上次开庭也提到了,公诉人引证了很多证人证言,说张某某有目的、有预谋、有计划地一步步实施改制,导致最终其个人非法享有了改制的成果。事实呢?卷宗中有大量的证据证明改制的每一步都是在市政府的直接领导下进行的,每一步都有文件为依据。如果对这么清楚的事实还把它强行说成在张某某个人的操纵之下进行的,那是对阜阳市政府改制工作的一种贬低和歪曲,那是意味着张某某个人可以凌驾于阜阳市政府之上,那应该受到指责的不是张某某而是阜阳市政府。

辩护人负责任地讲,因为已经有大量的文件能够证明改制是在政府领导下进行,如果张某某个人能够叱咤风云,左右整个阜阳市政府的国企改制,那么阜阳市政府将处于什么样的地位?阜阳市政府当时的行为,现在是否值得回过头来进行反思和检查?事实是不是这样,请法庭予以重视。

十、漯阜公司和徽凰公司、铁龙公司母子公司关系的问题

形式上是不是母子公司?辩护人不否认,形式上有瑕疵,但是本质上是,毫无疑义,因为民事法律原则很清楚,谁投资、谁拥有产权。这两个公司事实上是漯阜公司投的钱,这一基本事实足以认定其性质。最高人民法院曾有司法解释,国家工商总局也有解释,针对一些企业带“红帽子”现象、名不副实的公司登记状况,强调指出要以真实的投资情况为准,按照谁投资谁拥有产权的原则,不能简单按照工商登记来认定企业性质。

辩护人指出,徽凰公司、铁龙公司与漯阜公司之间的母子公司关系不仅体现在投资主体方面,还反映在资金互用方面,即徽凰公司和铁龙公司的资金也用于漯阜公司。对此,公诉人认为,徽凰公司和铁龙公司的资金用于漯阜公司并不等于这几个公司之间有关联关系,而可能是被告人悔过或者为了案发后有好的态度,这种说法完全是偷换概念。

证据证明,这两个公司的钱是在和漯阜公司的互用互补当中所进行的,这种行为是公司之间所进行的正当的经济往来行为,而不是公诉人所说的是张某某先把钱拿到个人口袋里,再去施舍给漯阜公司,这样曲解三个公司之间的经济往来关系是没有根据的。

辩护人提请法庭注意,此案已经是第二次开庭审理,希望法庭能够在充分研究大量事实和证据的基础上,排除法律之外的不必要、不

应当的因素的干扰,对本案作出公正的判决。

谢谢!

北京市京都律师事务所律师　田文昌

二〇〇九年十月三十日

辩护词(第三次二审)

尊敬的审判长、审判员:

北京市京都律师事务所田文昌律师、秦庆芳律师接受被告人张某某的委托,担任其辩护人。本案经过了一审、二审,第一次发回重审的一审、二审、第二次发回重审的一审,已历时近4年的时间。作为张某某的辩护人,对本案的事实已重复陈述了五次,这次将是第六次。但我们始终期望并相信本案经过反复的审查、审理,最终能够真正本着“以事实为根据,以法律为准绳”的原则,依法作出公正的判决。

由于本案虽经五次审理,但对事实的认定、证据采信等均没有改变,故辩护人对本案再次重申、发表辩护意见如下。

第一部分　关于贪污罪

一、阜阳市地方铁路管理局改制合法有效,张某某控股漯阜公司并非其个人行为

本案的现有证据充分证实了阜阳地方铁路管理局改制合法有效。阜阳市人民政府是根据国务院国有资产监督管理委员会《关于规范国有企业改制工作的意见》及阜阳市政府阜政发〔2002〕75号《关于进一步深化国有中小工业企业产权制度改革若干问题的实施

意见》,于2004年3月20日批准决定阜阳市地方铁路管理局改制的。根据该意见中“国有中小企业改制时一般不设国有股,鼓励外来资本和民间资本参与国有企业改制重组,鼓励经营者持大股及经营层控股”等国有企业改制的相关规定,由市领导、相关主管部门领导组成了改制工作领导小组,市经委起草、修改改制方案,并经过市委常委会等会议14次的讨论,于2004年7月23日经市政府批准实施。这个改制方案中就包含了资产评估、职工安置方案、持股方案等,证明阜阳市地方铁路管理局改制都是在阜阳市政府的领导下依法进行的。张某某控股漯阜公司是合法改制的结果,并不是张某某个人的犯罪行为。

二、张某某在改制过程中没有贪污的主观故意和客观行为

(一)关于身份置换金的认定

第一,张某某没有虚报身份置换金的主观故意。

现有证据只能证明是张某某安排的合法测算,无证据证明张某某有安排虚报的主观故意。赵某某的个人工作笔记(卷十七:个人工作笔记第15~16、33~34、36页)等书证已证实:张某某要求“摸清家底”“干部职工身份置换一个价,公平、公正、公开”“安置方案达到职工利益最大化”。而已经主管部门审核的在职职工1088元的补偿金标准、内退人员8年的平均内退时间等最终体现的确实是职工利益的最大化。假使赵某某后来证言中的“张某某让其安排人员尽可能把人数做多、标准做高的”证言真实,也不能从这个安排的话中得出这个测算工作安排就是要虚报的主观故意。假使赵某某证明(卷三第11页)“我把测算结果向张某某做了汇报”,张某某因此知道的也只是身份置换金测算后的总金额,不能据此推断张某某认识到了赵某某安排虚报的行为,更不能因此证明张某某具有贪污的主观故意。

第二,张某某没有安排虚报在职在岗人数的客观行为。

1. 是赵某某具体负责安排测算工作。官某某、魏某(卷六)证实:是赵某某安排他们进行摸底测算工作(当时社保局的卢跃也在场),赵某某对各类人员的有关情况都做了具体安排,包括转警人员、农民工和临时工的平均工龄、内退人员平均内退时间等。赵某某(卷三第9页)证实:阜阳地方铁路管理局的改制工作由其具体负责,由其安排劳资科长魏某、副科长官某某摸底测算工作。魏某(卷六情况说明第45页)还证实赵某某安排时要求“不能把人遗漏,标准就高不就低”。

因此,现有证据均不能证明张某某有安排虚报的客观行为。

2. 赵某某安排上报的转警人员改制时未被录用。(卷九第214页)阜人干2005第16号批复已证明:改制时上报的25名转警人员在职工身份置换当时并没有正式转警,2005年7月市政府人事部门才有文件批准确定,其中的19人正式转为警察并办理行政手续,后来还有6人仍退回改制后的漯阜公司,其中2人又参与了身份置换,领取了身份置换金,另4个人待转警。且官某某、魏某均证实了赵某某要求上报25名转警人员。

客观事实是,2004年这25人仍属于地铁局的人员,还没有转警,正式批准录用的转警人数还不能确定,制定改制方案时只能作为在职人员上报。认定张某某安排2004年改制时将已被录用为人民警察19人作为在职在岗人员进行身份置换,明显与客观事实不符。这只能证明如果25人都未被批准转警,就不存在多报,虚报也就不存在了!

3. 具体工作人员的工作疏忽绝不等于虚报。在身份置换金的测算工作中,遗漏和重复是同时存在的,对于这些工作中的疏忽,正如各职能部门的相关领导评价地铁局改制时所说的工作紧、任务重、时间短等,工作疏忽在所难免。如有责任也是具办人的责任,而不是张某某安排虚报。

关于客服公司的7人,宫某某、魏某(卷六第39页)明确承认"没有认真审查,多报了客服公司的7人"。

关于在职人员的1人,(卷六第23~25页)证明的事实是,多报的是2人,多报了一个王某生和一个李某,同时还少报一个刘某洲。

公诉机关的指控和一审判决的认定是将多报的一个李某和少报的刘某洲直接冲抵为零后,认为多报一个在职在岗人员。对于改制方案中上报的上述人员,赵某某(卷三第45页《情况说明》)明确证实"转警人员19人属重复多算,应及时退还财政;其他8人因工作人员工作不细心被重复上报"。在算经济账时可以将重复和遗漏相互抵消,但判断是否构成犯罪绝不能把重复和遗漏抵消,不能对遗漏视而不见。将工作疏忽等同于虚报的犯罪行为,显然是客观归罪和有罪推定。

第三,张某某没有安排虚报农民工和临时工的补偿金和内退人员的预留金的行为。

1. 职工安置方案经过审核批准。在阜阳市政府已批准实施的阜阳市地方铁路管理局改制方案中,就职工安置方案(卷九第22页)阜阳市劳动和社会保障局盖章并批示:"该方案中有关职工劳动关系处理的内容(第五'安置职工'部分),符合国家及省市有关国企改制的政策规定,补偿的标准已审查核实,预留的资金均有政策依据,批准实施。"

2. 是赵某某安排农民工和临时工的上报工龄。阜阳地方铁路局自成立以来一直就使用农民工和临时工,农民工和临时工的人数是按2003年12月工资表上反映的人数上报的。赵某某(卷三第10页)证实"我让魏某、宫某某按照1990年铁路正式运营开始到2003年12月31日计算工龄"。魏某、宫某某也证明是"根据赵某某安排上报的农民工和临时工名单”。没有证据证明是张某某安排虚报农民工和临时工的补偿金。且一审认定的农民工和临时工的补偿金虚报22.96万元、截留17.79万元,合计40.75万元,与改制方案中的40.95万元亦不符。

3. 内退人员的工资及三金都只是测算的预留金,不能简单地相减、指控为虚报。(卷九第162、163页说明)漯阜公司的财务部门和漯阜公司人力资源部证实:内退人员预留金、离退休人员医保金等多项费用均没有从身份置换金的科目支出。一审认定的241.9808万元内退人员预留金尚无证据证明多报。本案历经三次一审都没有提供能够证实内退人员预留金的实际发放情况的原始财务凭证。本次一审补充提交的《检验鉴定文书》中,对身份置换金根本就没提及,明显是在回避对张某某有利的证据。但客观事实是,内退人员的工资和三金标准是一个动态的、发展上升的过程,所以只能是测算预留。而方案中批准的531.65万元内退人员预留金还在发放过程中,还没有发完。只有内退人员的全部工资、三金发放完成后,才能确定是否有余额。但即使有余额,也不能证明张某某安排虚报了现在不知道的、未来不确定有没有的一个数字!

第四,张某某本人没有实施任何虚报职工身份置换金的行为。

张某某本人没有实施任何虚报职工身份置换金的行为是不争的事实。张某某在上报的职工安置方案上的签字行为,只是履行正常的职务行为的程序要求,绝非实施虚报行为。

第五,张某某没有截留身份置换金的主观故意和客观行为。

1. 身份置换金的发放是集体决定的。赵某某、杨某某的证言及“阜阳地方铁路管理局改制职工安置规定的说明”(卷九第124～127页)证实:漯阜公司对身份置换金发放是分两步走,首先置换在职在岗人员,其他人员在第二步解决,发放的步骤、阶段、范围都是集体决定的,并不是张某某个人决定的。赵某某、杨某某也都证实,由他们负责身份置换金的发放工作。

2. 身份置换金一直在发放过程中。漯阜公司的财务部门提供的证据(卷十一其他应付款明细第40~43页)证明:职工身份置换金2004年、2005年、2006年、2007年一直在发放过程中,没有发放完毕,是动态的过程。保留关系的人员方某某的证言证实其于2007年8月领取身份置换金,进一步证明身份置换金还在发放过程中,即使在张某某被双规后也仍在发放。但一审判决将动态过程静止化,认定张某某个人安排不发放、截留其他人员及农民工和临时工的补偿金。更何况阜阳市社保部门也未能有效履行监督使用义务,未要求及时返还财政。

综上所述,现有证据不能证明张某某实施了安排截留身份置换金的贪污行为。

第六,张某某个人没有非法占有身份置换金。

根据2004年7月23日阜阳市人民政府印发的《阜阳地铁局改制方案》,是"委托新成立的漯阜公司负责职工安置费用的具体支付兑现"。因此,受委托发放身份置换金的是改制后的漯阜公司,不是张某某个人。且张某桂证实了阜阳市政府将土地出让金直接返还到漯阜公司账上,该款项一直都在漯阜公司的账上,记载为"其他应付款";审计报告第一册第24页载明:审计时,账面仍挂职工身份置换金1932万元。客观事实是,返还的土地出让金已用于支付身份置换金,未发放完的款项也被漯阜公司占用,张某某个人并没有非法占有。

我们已获悉:在本案上次重审一审开庭后,经阜阳市政府、国资委批准,漯阜公司已将公司账上的身份置换金全部发给了公司的全体职工,标准为每人1.5万元人民币。但一审法庭却还是不予查实。

(二)关于隐瞒运费溢收款的认定

第一,现有证据不能证明张某某有安排财务人员隐瞒不存在的运费溢收款的主观故意。

1. 武汉铁路局1月、2月实际代收的运费比记账收入还要少,其他铁路局1月、2月没有结算过。

根据付款凭证及卷十三的运费收入对比表、审计报告第二册中2004年1月至7月的对照表等原始证据,2004年1月、2月只有武汉铁路局曾支付过分流收入款。其中2004年2月25日支付627,799.1万元(但阜阳地铁局记账1,004,840.28万元)、2004年3月19日支付495,065万元(但阜阳地铁局记账511,598.3万元)。原始证据证明武汉铁路局实付款数额比漯阜公司2004年1月、2月的记账收入还要少,一审判决却认定有多出来的差异。而郑州铁路局、上海铁路局、太原铁路局在2004年1月、2月根本就没结算过,亦没有原始证据证明郑州铁路局在2004年1月、2月寄过结算单。所谓2004年3月左右确认的多出来的"溢收款"根本就不存在!

2. 没有证据证明已确认四个铁路局有多出来的溢收款。

如果与本案有利害关系的吴某某(卷三第63页)的证人证言是真实的,也只是证明2004年2月、3月,吴某某和周口地铁分局确认过差异引起的原因是扩大分流的政策。但不能证明其向本案涉及的武汉、北京、上海、郑州四个铁路局确认过有多出来的溢收款,更不能证明确认了哪几个月的溢收款和这四个铁路局的溢收款金额分别多出来多少!

3. 公诉人所谓隐瞒不存在的溢收款的模糊故意之说于法无据。

2004年3月左右还没有溢收款,一审判决却认定张某某安排财务人员将武汉、郑州、上海、北京等铁路局代收的多出来的溢收款隐瞒。那么,张某某为非法占有而隐瞒不存在的分流收入溢收款的主观故意从何而生呢?没有支付的溢收款怎么挂在“车站在途款”?“应记入当期”的每个月都有的溢收款各挂了多少?没有直接证据予以证实。公诉人对此认为是明知而不是确知的“模糊故意”,于法无据。

第二,认定张某某隐瞒的溢收款都是事后倒算出来的。

原始书证(卷十三第98、125、126、133、114、115、93、116、117、118、119页内容等)均已证实:2004年5月31日(期间审计)前,根本就没有郑州铁路局、北京铁路局太原分局、上海铁路局等铁路局的运费到账,武汉铁路局到账的还很少。审计报告第二册的第215~217页证明清算表发来的时间都在2004年6月以后。公诉机关的《检验鉴定文书》故意忽略了每个铁路局代收运费的实际时间和金额,但其中所称的“未记入当期单位账的分流收入14,227,869.54元”计算过程,反而进一步证实了认定被张某某隐瞒的溢收款的倒算过程。

1. 关于武汉铁路局运费的实际支付情况。

2004年2月25日支付627,799.1元(比阜阳地铁局记账的1,004,840.28元还少);2004年3月19日支付495,065元(比阜阳地铁局记账的511,598.3元还少);2004年4月27日支付1,840,604.65元(退回);2004年7月20日预付2004年4~7月的运费5,000,000元;2004年10~12月也有部分预付;2005年7月6日,武汉铁路局才付清了2004年度的全部运费。

对于上述实际支付的事实经过,2007年11月1日武汉局出具的《关于2004年度与安徽阜阳地铁局(现安徽漯阜铁路公司)运费结算的情况说明》证实:“我局出具的2004年1~3月的分月运费结算清单,是按2003年的计费依据计算出来的,单子是在次月制出后由阜阳地铁局派人来取的(可能姓李)。因计费补偿标准原因,阜阳地铁局有意见,不同意按原来的计费方式清算,我局也就无法再继续编制月运费清算单了。只是在2004年12月时,根据2004年计费标准和原郑州铁路局会议纪要以及周口阜阳清算协议,集中清算了2004年1~11月的运费……2004年7月预付了500万元……根据最后清算结果,我局2004年应付安徽漯阜铁路公司1~7月运费8,012,794.10元,2004年实付(12,222,845.10)元,余款2,283,681.96元于2005年7月一次付清。”这充分证明了武汉地铁局2004年1月和2月实际代收的运费很少,其他月份因双方对计费标准有争议而未能支付运费。

且根据《漯阜公司运输进款收支报告汇总表》的原始记账收入统计,2004年1月至7月是6,801,533.73元,证据(8)即案发后制作的卷十三中的武汉铁路局《实结运费与应结运费对照表》中2004年1月至7月漯阜公司总收入金额却是6,590,407.77元。另外,补查卷(第21~22页)漯阜公司收入汇总表中2004年5月的记账收入从1,085,472.21元改写为756,595.41元,改后数额明显减少。如不做如此改动,指控多出来的武汉局的1,422,386.33元就无法倒算出来!如不能查明由谁、为何改动了原始记录,那么,该证据就根本不能采信!

2.关于北京铁路局太原分局运费的实际支付情况。

2004年8月19日一次性支付2004年1月至6月的运费,总计1,794,906.5万元;2004年10月27日支付2004年7月至9月运费804,087.02元。

根本不是每个月支付。1月至4月的支付金额,连公诉人委托的审计人员也分不出每个月是多少。而且,补查卷(第21~22页)漯阜公司收支汇总表上的2004年5月的记账收入从133,780.06万元改动减少为106,267.42元。《漯阜公司运输进款收支报告汇总表》上2004年4月的记账收入是212,522.88元,审计报告中的对照表中收入金额减少为209,335.04元。公诉机关在《检验鉴定文书》第9页补充提供了据《漯阜公司进款收支报告汇总表》制作的第38号转账凭证却附了另一份金额为209,335.04元的《漯阜公司进款收支报告汇总表》。同样没有证据能够证明这种改动的合法性和有效性。事实上,北京铁路局太原分局是2004年才开始与阜阳地铁局发生代收运费的业务,也根本不是每个月结算运费。如不做如此"改动",指控每个月都少记的1,232,528.32元溢收款也计算不出来!

3. 关于郑州铁路局运费的实际支付情况。

2004年6月1日支付1~3月的运费7,086,670.4元;2004年8月10日支付4~6月的运费2,000,000元;2004年10月15日才支付7月的运费3,465,450.73元。而且,补查卷(第21~22页)《漯阜公司进款收支报告汇总表》上的2004年5月的记账收入从507,332.40元改动减少为415,563.12元。漯阜公司提供的《漯阜公司运输进款收支报告汇总表》上2004年1月至7月每个月的记账收入与公诉机关提供的审计报告中《2004年1月至7月郑州铁路局实结运费与应结运费对照表》中漯阜公司的收入金额竟都完全对不上。仅从总额上的记载对比,前表中是2,236,748.21元,后表中却是10,583,770.5元,相差达8,347,022.29元。公诉机关在《检验鉴定文书》中补充提供了另外的《漯阜公司运输进款收支报告汇总表》,力图证明有少记的9,950,024.23元。但产生如此大的差额的原因,没有任何证据证明!

4. 上海铁路局运费的实际支付情况。

2004年6月16日、17日才支付2004年1月至5月的运费;2004年12月24日、27日支付2004年6月至11月的运费。而且,补查卷(第21~22页)《漯阜公司运输进款收支报告汇总表》上的2004年5月的收入从232,464元改动减少为183,596.64元。审计报告中的

《2004年1月至7月上海铁路局实结运费与应结运费对照表》中根本就没有2004年6月和7月的收入情况。事实上，上海铁路局也是2004年才开始与阜阳地铁局发生代收运费的业务，半年才支付一次运费(还只是前五个月的运费)，根本不是每个月结算运费，指控每月少记的1,622,930.66元也只能是倒算出来的！

综上所述，一审判决认定张某某隐瞒贪污分流收入溢收款，是不顾各铁路局的运费实际支付情况的客观事实，错误地将时间倒置，截取式地采用证据。其目的无非是力图证明对溢收款金额的指控成立，但却忽略了实结运费与应结运费对照表是在案发后才做出来的，只能反映溢收款的倒算方式或方法，而且为了证明有溢收款，还一再改动减少了漯阜公司的记账收入。因为若不改动减少漯阜公司的记账收入，一审认定的溢收款数额根本就计算不出来。可见，这些证据只能进一步证明溢收款不存在，2004年1月至7月每个月都有的溢收款，确确实实是倒算出来的。因此，指控张某某隐瞒贪污14,227,869.55元的溢收款显然不能成立。

第三，审计机构未询证和披露不是张某某的责任。

根据安徽正泰会计师事务所出具的审计报告第一册第18页内容"漯阜公司按照铁道部运电〔2003〕号《关于漯阜线扩大分流运输货物计费范围和通过运价等事项的通知》，由于结算方式发生变化，会计核算未随之变化，导致部分收入未及时入账……2004年1~7月少计运输收入1247.30万元……审计认为，上述少记的运输收入为评估日后发生的事项。但安徽金阳会计师事务所出具的会审字〔2004〕319号审计报告对上述事项未进行询证和披露，实质影响净资产1247.40万元"。审计机构对上述事项未进行询证和披露，不是张某某的隐瞒行为。其中审计报告中少计的收入也没有涉及武汉局，与一审认定的武汉局有溢收款完全不符。更何况在期间审计

2004年5月31日前,阜阳地方铁路管理局既未收到各铁路局代收的运费收入,也没有各铁路局发来的结算清单。现有证据也证实漯阜公司和各地铁局的收入都是下个月才做上个月的账,7月的运费在7月也不可能汇到阜阳地方铁路局。公诉机关补充提交的《检验鉴定文书》中依据《漯阜公司运输进款收支报告汇总表》制作的转账凭证的制作时间反而都在汇总表之前,只能证明是事后补记账!

第四,张某某没有非法占有"溢收款"。

2005年7月,武汉地铁局才结清2004年度的全部代收运费。漯阜公司财务人员根据会计准则,将对方铁路局已全部支付给漯阜公司的上一年度运费收入确认为收入,是正常的财务记账行为。张某某不懂财务,如何记账根本不需要向张某某汇报。根据《企业会计准则》第31条的规定,"收入"只有在经济利益很可能流入从而导致企业资产增加或者负债减少,且经济利益的流入额能够可靠计量时才能予以确认。(卷二十三第7页)上海沪博会计师事务所有限公司《上海辉凰国际货物运输代理有限公司审计报告》中"二、(九)收入确认原则:本公司已将产品所有权上的主要风险和报酬转移给购货方,并不再对产品实施继续管理权和实际控制权,相关的收入已收到或取得收款凭证,并且与销售产品有关的成本能够可靠地计量时,确认营业收入实现"证实了财务收入的记账原则以能够可靠计量为前提。(卷四第63页)慕某某也坦承:"汇来的钱都应该是确认收入","2005年9月,别个铁路局把款都付给我们了……"言下之意,没汇来的钱不能确认收入。事实上,在运费还没有到账也没有收到结算清单的情况下,根本就不存在已确认的、多出来的"差异",更不可能存在张某某在3月就安排财务人员记账时"暂不确认为收入"的事实。没有"记账"也就没有"调账"。公诉机关的《检验鉴定文书》中第17页中补充的2005年"车站在途款"明细账,力图证明有

20,228,110.43元分流收入挂在“车站在途款”上,但却既不能证明每个月的溢收款是多少,也与李某某的证人证言相矛盾。在原始证据面前,所谓张某某安排“暂不确认为收入”的证人证言的虚假性已经不攻自破。

一审判决是不顾时间倒置的逻辑错误,硬将改制后收入的溢收款前移至改制完成之前确认,认定了一起“预先贪污未来可能进账的资金”的犯罪事实,形成了一种没有犯罪对象的贪污罪。这样的判决是无法向法律作出交代的!况且所有款项均在漯阜公司账上,由漯阜公司占用,没有任何证据证明被张某某个人非法占有。认定张某某将倒算出来的溢收款调整为漯阜公司收入入账构成贪污,是强加之罪!

(三)关于张某某隐瞒客服公司资产2,043,498.88元的认定

本案一审判决认定“阜阳地铁局改制时,张某某安排财务人员不要把该局下属的客货服务公司(以下简称客服公司)的相关资料提供给审计人员,使客服公司资产在评估报告中没有体现……2004年7月安排宁某将客服公司煤炭款要回……”该认定中所指张某某隐瞒贪污的客服公司的资产是负资产(债务)。

第一,张某某没有实施安排财务人员不提供客服公司的财务资料的行为。

在阜阳地方铁路管理局改制过程中的财务工作,由慕某某负责。赵某某、慕某某、宁某等人的证言已证实了这一事实。赵某某否认“客服公司不参加改制,是张某某安排其和慕某某的”。慕某某所称“张某某讲客服公司不参加改制,没有让其给会计师事务所提供该公司财务资料”只是孤证。而马某某(卷五第57页)证实“改制期间王某荣通知局里要对客服公司的账目进行审计,后来我和她就把客服公司的账送至局里,直接交给负责审计的人了”。因此,客服公司的

财务资料若没有提供,责任人应是慕某某。一审指控张某某安排财务人员不提供客服公司的财务资料无事实依据。

第二,张某某没有隐瞒客服公司资产的主观故意。

现有证据不能证明张某某在改制前就知道客服公司的资产和经营状况,并安排隐瞒客服公司的资产。事实上,宁某是客服公司的法定代表人,自1993年就开始负责客服公司的工作,直到2004年上半年。客服公司也有其独立的财务人员。也只有宁某证实客服公司有210多万元资金在外周转。

现有证据显示,2004年6月30日前,客服公司的存款对账单(卷十四第7页)显示,客服公司一个账户上只有5366.81元现金,另一个账户上只有7744.82元;直到2004年8月31日,客服公司的204.349888万元结余款,才在田某某的督促下,由宁某和王某陆续追回来。

而且,需要特别强调指出的是,公诉机关已对客服公司的资产状况进行了评估。由公诉机关委托的安徽正泰会计师事务所出具的皖正泰财字(2008)26号审计报告第一册第16页已证实:阜阳地铁局改制时,客服公司是负资产(-183万元)。这也充分证明宁某、赵某某等数人的所谓"客服公司经营状况良好,没有任何债务"的证人证言明显虚假!

重要的是,《企业国有资产监督管理暂行条例》第3条规定:"本条例所称企业国有资产,是指国家对企业各种形式的投资和投资所形成的权益,以及依法认定为国家所有的权益。"(卷七第34~42页)国资委负责人就规范国企改制通知答记者问中也明确了"国有企业总资产是由权益加负债构成的,负债是要还给债权人的,所以只有权益即净资产才是大家通常讲的国有资产"。

因此,认定张某某主观上具有隐瞒客服公司资产的贪污故意,纯粹是主观臆断！张某某根本没有必要安排隐瞒客服公司的负资产，如有隐瞒，也只能是隐瞒了债务！

第三，张某某没有非法占有客服公司资产的客观事实。

阜阳地方铁路管理局改制时，其下属的客服公司的所有人员都参加了改制并进行了身份置换。2004年11月张某某安排将追回的204.349888万元转到漯阜公司，是基于其认为客服公司已经改制的原因，改制后的漯阜公司必须要承担全部债权债务。张某桂等人的证言也证实了转款的原因是为了避免被法院查封，是慕某某安排暂收下来，财务上记账为"其他应付款"，并未安排隐瞒款项的来源，漯阜公司的股东权益并没有也不可能因此增加。

一审判决认定客服公司的银行存款204.349888万元转入铁龙公司、徽凰公司，但并没有原始证据证实，亦没有证据证明张某某非法占有了客服公司的资产204.349888万元。

三、张某某没有非法占有款项，"实际控制"不能成立

1. 漯阜公司占用全部款项，不等于张某某个人非法占有。

根据现有证据证实：认定张某某个人贪污的三项款项全部在漯阜公司账上，均是被漯阜公司占用了，并没有被张某某个人非法占为己有。亦无证据证明张某某为非法占有而安排将该等款项先转入漯阜公司，再转入铁龙公司、徽凰公司。张某某个人作为漯阜公司的法定代表人或控股股东，对公司经营活动的决策权和管理权，所控制的只是资金的使用权，不是所有权。这与刑法上认定贪污罪既遂和未遂的"实际控制"说是两个完全不同的概念。刑法上的"实际控制"，必须要以行为人实现了非法占有的目的为前提，即公共财产已发生事实上转移，从而排除所有权人对财物行使所有权，行为人对公共财产的所有权造成实质上的损害，即所有权人失控，而由侵害人实际控制。

2. 认定张某某"绝对控制"漯阜公司而构成贪污罪,不能成立。

2003 年 11 月《全国法院审理经济犯罪案件工作座谈会纪要》规定,"贪污罪是一种以非法占有为目的的财产性职务犯罪,与盗窃、诈骗、抢夺等侵犯财产罪一样,应当以行为人是否实际控制财物作为区分贪污罪既遂与未遂的标准。对于行为人利用职务上的便利,实施了虚假平账等贪污行为,但公共财物尚未实际转移,或者尚未被行为人控制就被查获的,应当认定为贪污未遂。行为人控制公共财物后,是否将财物据为己有,不影响贪污既遂的认定"。这一规定的实质是指行为人如果只是采取了"虚假平账"等贪污手段,但尚未控制财物,构成贪污未遂;而当行为人控制公共财物后,无论其是否将财物据为己有,都构成贪污既遂。该规定中所强调的是贪污罪未遂与既遂的界限。

而在本案中,张某某虽然是漯阜公司的大股东和董事长,但其他股东持有的 46% 的股权却是公开、明确的。张某某作为公司的法定代表人,虽可依职权支配公司资产的使用权,但其个人并不能因此控制公共财产的所有权,也不能控制其他股东的股权。一审认定张某某贪污的所有款项并没有被张某某采取"虚假平账"或其他方式而"实际控制",而是全部公开明确地体现在漯阜公司的财务账上,一直是属于漯阜公司全体股东的财产。所以,根本就不构成贪污犯罪,就更谈不上既遂与未遂的问题。一审认定所有被张某某贪污了的款项都在公司账上,没有被张某某个人据为己有,但因张某某持有公司 54% 的股权,所以张某某实际控制了认定的款项而构成贪污。该认定混淆了财产所有权与使用权的两种不同概念。构成贪污罪的"实际控制"所指的是财产所有权,而对公司财产具有支配权并不构成贪污罪。

综上所述,张某某主观上没有非法占有的故意,客观上未实施利用职务便利非法占有国有资产的贪污行为。在涉案的款项均被漯阜公司占有的前提下,即使构成贪污,也只能是贪污了其所持股份的那一部分,不可能是被漯阜公司占有的全部资产。

第二部分 关于职务侵占罪

一、对张某某职务侵占罪第1~5起的认定不符合《刑法》规定的职务侵占罪的构成要件,无事实和法律依据,不能成立

一审认定张某某第1~5起职务侵占罪包括:第1起是以支付天津地方铁路工程公司工程款侵占1500万元;第2起是通过代理合同方式收取阜阳华润电力本应支付给漯阜公司的运费1235.2991万元;第3起是侵占由漯阜公司转铁龙公司,铁龙公司转徽凰公司的2500万元;第4起是以先由徽凰公司代偿还星河投资公司的债务,漯阜公司支付徽凰相应利息方式侵占231.4667万元;第5起是以收取代理费方式侵占444.390886万元。由于这5笔钱款最后都转入徽凰公司,故认定张某某构成职务侵占罪。该认定是混淆了铁龙公司、徽凰公司与张某某个人之间的法律界限。

1.徽凰公司和铁龙公司一样,都是漯阜公司的子公司,其相互之间的转款行为,是正常的民事法律关系。

本次一审判决已认定铁龙公司是漯阜公司的子公司,马某华、张某桂、白某某、赵某欢的证人证言也均证实,成立铁龙公司与成立徽凰公司的目的是一样的,都是为了漯阜公司躲债、免税、不被法院查封、合理避税并享受优惠政策。对此也有辩护人向法庭提交的原漯阜公司财务总监孙某某的关于证实成立徽凰公司动因的证言,这些证言与张某某的供述和辩解亦相互吻合和印证。

徽凰公司2006年可分配利润和铁龙公司的分红一起都分给了漯阜公司的股东,徽凰公司也出资用于装修漯阜公司的房屋、上海办

事处以及徽凰公司支付900万元给漯阜公司归还星河投资公司的债务等事实,亦足以证实徽凰公司和铁龙公司一样,都是漯阜公司的子公司。故三方相互的转款行为的性质应是民事法律关系。正如安徽正泰会计师事务所审计报告所称,该行为属于关联公司的关联交易。

2. 张某某个人主观上不存在设立徽凰公司去非法占有漯阜公司资产的故意。

如前所述,张某某是为了漯阜公司躲债、避税等目的,相继成立了铁龙公司、徽凰公司等子公司。如果被告人主观上意图以其"绝对控制"而设立公司这种方式去实现职务侵占的犯罪目的,就应该直接找与漯阜公司股东无任何牵连的人作股东,根本就不可能用漯阜公司的股东或亲属作徽凰公司的股东。否则,张某某永远无法实现非法占有的目的,这充分证明张某某没有非法占有公司财产的主观故意。

3. 张某某客观上也没有实施利用职务便利,非法侵占公司资产的行为。

根据最高人民法院《关于办理违反公司法受贿、侵占、挪用等刑事案件适用法律若干问题的解释》的规定:职务侵占罪中的"侵占"是指"行为人以侵吞、盗窃、骗取或者以其他手段非法占有本公司、企业财物的行为"。本案认定的第1~5起职务侵占,证据证实每笔转款均真实有效并以实际履行的商务合同为依据,所有的转款都是由公司的财务人员公开进行的,款项均显示在公司的账上,是公司开展的正常经营行为。这些资金并没有被张某某个人非法占有,也不可能被张某某个人占有。一审判决试图用证人证言去证明,因为张某某绝对控制徽凰公司,就等于控制了公司的财产即构成侵占,但却忽视了上述款项的流动,是公司法人主体之间履行合同的行为,最终形成的是公司的财产,而不是张某某个人财产的这一客观事实。

二、认定张某某第6、9、10起职务侵占罪，事实不清，证据不足

1. 关于第6起张某某侵占利辛售票款100余万元。

认定张某某让赵某庆将售票款直接交给其本人的证据只有赵某庆一人的证言，从量上属于孤证，从质上属于利害关系人证言。正如辩护人反复强调的，孤证尤其是具有利害关系的孤证不应作为定罪依据，而且该孤证还与其他证据冲突。赵某庆不仅与其同一份证言及不同证言在时间、地点、次数、人物等要素上自相矛盾，而且也与赵某欢证言相互矛盾。赵某庆证言称"其（赵某庆）将售票款分四至五次120万～140万元交给张某某"，而赵某欢证言是"赵某庆四次给其（赵某欢）送140余万元"。同时，赵某庆交给赵某欢、武某某售票款，是否根据张某某安排？亦事实不清，证据不足。

利辛售票点是漯阜公司下属单位，漯阜公司代其付款属正常业务行为。售票点未能与漯阜公司结算而未及时收回，但仍可以随时结算，漯阜公司对售票点享有110万元的权利不会丧失。关于垫付的票款为何以管理费入账，指控张某某安排的直接证据只有严侠的证言，除此均为间接证据。到底为什么以管理费入账，事实不清，而且以管理费入账并不等于张某某侵占。

2. 关于第9起支付上海办事处费用名义侵占231.94万元。

2005年漯阜公司上海办事处成立后，虽然漯阜公司没有从阜阳派人到上海工作，但在上海招了些人员，还买了房子，必然要产生人员工资支出。经费申请事先履行了财务审核手续，经费申请由财务总监孙某某、慕某某、田某某等事先审核签字后，才由张某某签批支付。因董某某没有查找到，认定张某某以支付上海办事处工资和经费方式侵占231.94万元，事实不清，证据不足。

3. 关于第10起用小金库的资金支付贷款500万元产生的利息26.079万元。

漯阜公司里既有张某某的工资,也有张某某的应分利润,张某某是让慕某某从这些钱里付利息,张某某并没有让慕某某从小金库里拿钱去付利息。对于该起认定只有慕某某的证言这一孤证,在张某某当庭否认的情况下,该项认定事实不清,证据不足。

综上所述,张某某主观上没有侵占公司财产的故意,客观未实施利用职务便利非法占有公司财产的行为,全部款物均在公司账上,张某某个人没有非法占有。一审判决认定张某某构成职务侵占罪,没有事实和法律依据。

第三部分　挪用资金罪

挪用资金罪是指利用职务便利,挪用本单位资金,归个使用的行为。但本案认定的四起犯罪事实,均不能证明张某某具有挪用的主观故意和利用职务便利的挪用行为。

一、第1起认定的挪用100万元代赵某欢交违纪款

对于该100万元,张某某个人履行了借款100万元的手续。张某某当时所写的借条已载明:“我家有急事,急需借款100万元,待下次董事会研究,是否可以从年终红利中连利息、税收一并扣除。申请人张某某。”借款经财务人员张某桂提出申请,并向财务总监申请批准,履行了正常的财务借款手续。并且,张某某在公司中有个人资金,其总数高于100万元,没有侵犯公司资金的使用权,既无挪用的主观故意,也没有利用职务便利的客观行为,属于程序正当的借款行为。

二、第2起认定的张某某挪用1238.2万元购买徽凰公司办公用房

徽凰公司向漯阜公司借款并签署借款协议,款项用于徽凰公司购买办公用房,没有侵犯漯阜公司的资金使用权,属公司间拆借资金。且徽凰公司是漯阜公司的子公司，漯阜公司是母公司，资产的最终所有权还是属于漯阜公司的，张某某没有因此谋取任何个人利益，不符合挪用资金罪的构成要件。

三、第3起认定张某某以支付上海办事处经费、工程款名义，挪用55万元

上海办事处确实已成立。漯阜公司上海办事处成立后，有员工，需要支出工资和经费，漯阜公司应该承担此笔费用。这笔费用只是因为目前董某某没有查找到，而难以核实，但不能因此否定经费支出的事实。值得强调的是，原指控由王某庆冒董某某之名签署的收条，虽然王某庆已承认过是其冒用名签署，但经鉴定并不是王某庆所写，足见证据存在虚假性。在无法排除董某某存在的前提下，不能直接认定是张某某挪用资金。

四、第4起认定张某某挪用500万元偿还银行贷款

张某某2004年7月22日的借款500万元是一年期贷款，是由张某某于2004年7月22日亲自申请、签字的一年期借款合同，且其贷款的发放时间确实是2004年7月22日，直接缴付至漯阜公司的验资账户上；2005年8月1日，张某某以自己的股权为担保贷款，从银行“借新还旧”，归还2004年7月22日的贷款；2006年8月25日，经董事会同意以漯阜公司在阜阳银河支行530万元定期存单作为质押，“借新还旧”归还了2005年8月1日的贷款，并有银行存折为证。2007年8月贷款到期，银行划款是履行质押担保责任的要求。该借款手续合法、完备。

而一审认定的却是非张某某本人签字的12份借款合同，这些合同是银行为做业绩、虚贷虚还的假合同。该12份借款合同自2004年7月1日起，借款期限一个月，每月办下手续，没有资金流动。阜阳运输代理公司的银行信用明细账已显示2004年7月30日和8月

1日根本没有一分钱进出。且12份借款合同的签署日期均为每月1日,但2004年8月1日为星期日、10月1日为法定假日,2005年1月1日、5月1日为法定假日,这些时间银行应不办理贷款业务。一审判决置手续合法完备的真合同于不顾,硬是以假乱真,以手续不全并无张某某签字的假合同和证人证言为据,认定张某某挪用资金,纯属欲加之罪!

第四部分 本案的法律适用问题

一、一审判决存在重复认定

8起侵占的金额,一审判决认定各项累计为62,841,756.86元,其中包括张某某为漯阜公司的支付费用和贪污的钱款,扣除该两项后,张某某非法占有漯阜公司财产42,043,562.64元。其中,认定为张某某个人垫付资金657,825.79元:"2006年年底、2007年年初,张某某曾用徽凰公司、铁龙公司资金给漯阜公司的股东及员工发放过现金,并使用铁龙公司资金100万元为漯阜公司的房产进行装修,该两部分款项共计314万元,其中铁龙公司2,482,174.21元,徽凰公司657,825.79元。"该徽凰公司的资金657,825.79元被认定为张某某为漯阜公司的支付费用。但却没有明确从认定的8起侵占的款项中的哪一项中扣除贪污的款项金额。例如,对于职务侵占的第3起2500万元,慕某某、张某桂等人证实,是包括在2006年10月30日连同客服公司的204.349888万元一并转入铁龙公司的2531.892667万元款项金额中。一审也认定了该款项中的2500万元于同年12月27日被转入了徽凰公司的,构成职务侵占(如此,金额相差应为31.892667万元),却同时认定张某某贪污了客服公司的204.349888万元。一审认定是涉案金额的简单加减,纯属自欺欺人,存在重复认定。

二、一审认定混淆了罪与非罪的界限

一审判决认定有657,825.79元是张某某个人为漯阜公司支出，应从侵占的款项中扣除。这实际上混淆了张某某个人和公司的关系，张某某个人没有任何义务为公司支出费用，只能证明徽凰公司和铁龙公司一样，都是漯阜公司子公司。

现有证据已充分证实赵某某、宁某等股东领取的分红款来自徽凰公司和铁龙公司，徽凰公司和铁龙公司的资金一样用于漯阜公司海南、上海的房屋装修支出。正是由于前述无可否定的事实证明了徽凰公司、铁龙公司与漯阜公司的母子公司关系，一审判决是为了否定这种关系，硬是人为地将母子公司之间的资金调用认定为是张某某的个人出资垫付。既然张某某侵占了漯阜公司的资金，又为何替漯阜公司支出费用？若如此，张某某究竟是罪犯？还是雷锋？

三、一审判决存在双重标准

一审判决一方面认为漯阜公司等于张某某个人，漯阜公司占用等于张某某个人占有，所以把进入漯阜公司账上的财产数额全部认定为张某某个人的贪污数额；另一方面认为漯阜公司不等于张某某个人，漯阜公司占有不等于张某某所有，所以又认定张某某动用漯阜公司资金构成职务侵占、挪用资金罪。这两种逻辑本身就是矛盾的，是典型的双重判断标准，怎么对张某某不利就怎么认定。且双重标准又导致重复认定，只能理解为张某某实施贪污犯罪后又侵占、挪用了已经被自己贪污过的财物。

第五部分　行 贿 罪

关于该项事实，张某某已于2005年向组织如实反映了相关事实，并向市委、市政府领导如实报告。当时市纪委已作出了内部处理意见，并没有进行刑事追诉。且2005年在阜阳市与张某某具有同种性质问题的人员众多,而事过两年多后,只追究张某某一人的责任,与法律所追求的公平适用原则相冲突,也违背了法律面前人人平等原则。

第六部分 本案程序中存在的问题

一、公诉机关拒不出示全程同步录音录像资料,证明张某某的当庭口供真实,足以采信

根据最高人民检察院《关于印发〈人民检察院讯问职务犯罪嫌疑人实行全程同步录音录像的规定(试行)〉的通知》(高检发反贪字〔2005〕43号),从2007年10月1日开始,全国检察机关办理职务犯罪案件讯问犯罪嫌疑人必须实行全程同步录音录像……对没有严格执行规定,或者在执行中弄虚作假,给办案工作造成不良后果的,要依照有关规定追究主要责任者和其他直接责任人员的责任。

最高人民检察院《人民检察院讯问职务犯罪嫌疑人实行全程同步录音录像的规定(试行)》第2条规定:"人民检察院讯问职务犯罪嫌疑人实行全程同步录音、录像,是指人民检察院办理直接受理侦查的职务犯罪案件,每次讯问犯罪嫌疑人时,应当对讯问全过程实施不间断的录音、录像";第15条还规定:"案件审查过程中,人民法院、被告人或者辩护人对讯问活动提出异议的,或者被告人翻供的,或者被告人辩解因受刑讯逼供、威胁、引诱、欺骗等而供述的,公诉人应当提请审判长当庭播放讯问全程同步录音、录像资料,对有关异议或者事实进行质证。"

张某某确认且公诉人未出示的讯问笔录也有记载,2007年12月25日阜阳市人民检察院正式立案后,对张某某进行的讯问均有同步录音录像资料。且安徽省人民检察院公诉人员在两次提讯张某某时,均明确告知其已调阅了同步录音录像资料,并向张某某核实了同

步录音录像中的相关细节并记录，张某某也在讯问笔录上签字确认。

对于公诉机关出示的2007年11月25日张某某的1份《情况说明》，张某某当庭已坚决否认其真实性，并说明是照抄2007年11月23日、24日的《调查笔录》，而张某某已在不真实的《调查笔录》写上了“以上笔录我没看过”；张某某还向法庭提供了同监室人员的证言，证实刑讯逼供的存在。

根据最高人民法院、最高人民检察院、公安部、国家安全部和司法部《关于办理刑事案件排除非法证据若干问题的规定》第1条“采用刑讯逼供等非法手段取得的犯罪嫌疑人、被告人供述和采用暴力、威胁等非法手段取得的证人证言、被害人陈述，属于非法言词证据”的规定及第10条“经法庭审查，具有下列情形之一的，被告人审判前供述可以当庭宣读、质证：（一）被告人及其辩护人未提供非法取证的相关线索或者证据的；（二）被告人及其辩护人已提供非法取证的相关线索或者证据，法庭对被告人审判前供述取得的合法性没有疑问的；（三）公诉人提供的证据确实、充分，能够排除被告人审判前供述属非法取得的。对于当庭宣读的被告人审判前供述，应当结合被告人当庭供述以及其他证据确定能否作为定案的根据”的规定，公诉机关出示的张某某的《调查笔录》明显属非法证据，不应当庭宣读、质证。

而且根据《刑事诉讼法》第89条的规定，“公安机关对已经立案的刑事案件，应当进行侦查，收集、调取犯罪嫌疑人有罪或者无罪、罪轻或者罪重的证据材料”。但检察机关为了回避其不出示侦查阶段的同步录音录像的违规行为，故意将立案后的讯问笔录不提交法庭质证，还竟然以初查阶段尚未确定张某某是犯罪嫌疑人，要求出示同步录音录像是举证不能来搪塞。对于本案据以指控张某某贪污罪的重要证据，如果检察机关在侦查阶段不进行全程同步录音录像，是故意违反最高人民检察院的规定;而进行了全程同步录音录像却不予当庭出示质证,足以说明公诉机关对自身侦查阶段证据合法性的否认和不自信。为了证实自己当庭口供的真实性,张某某和辩护人也数次提出出示同步录音录像资料的请求,但本案历经三次一审、两次二审,同步录音录像一直没有能够出示。这已足以证明张某某当庭口供是真实的,应当采信张某某的当庭口供。

二、关键证人均未出庭接受质证,且证人证言矛盾百出,不足采信

《刑事诉讼法》第47条规定,"证人证言必须在法庭上经过公诉人、被害人或者被告人、辩护人双方讯问、质证,听取各方证人的证言并查实以后,才能作为定案的根据",而本案三次一审开庭审理中均没有一个证人出庭质证。

赵某某具体负责地铁局的改制工作,赵某某是指控张某某指使其安排虚报职工身份置换金的关键证人;慕某某负责配合改制资产评估等财务工作,慕某某是证明张某某安排客服公司不能参加改制的唯一证人。慕某某还于2007年11月20日写下了"我保证在2007年11月30日之前把从地铁局领的30万元报酬全部退出,否则愿意承担一切责任"的保证书。李某文称2004年3月、4月,上海铁路局、郑州铁路局、北京铁路局分别给单位寄运费清算单显示2004年1月应结算数额大于单位账面金额(一审判决第18页);但李某文、吴某某的起诉意见书又证实2004年12月15日李某文将从武汉铁路局取回的运费溢收款60万元与吴某某共同侵占。

可见,这些关键证人均与本案有利害关系,为保护其自身利益,可能会作出对张某某不利的虚假证言;而且,这些证人证言相互之间矛盾重重,有的证人证言则自相矛盾。只有证人本人亲自出庭接受质证,才能够甄别其证言的真实性、合法性。如赵某某、杨某某(公安卷2007年10月24日)先证实不记得身份置换金的标准,其后的证言中又把虚报的各类人员的相关金额精准到了小数点后两位。赵某某先证实转警人员上报了25人，后又证明19人是虚报的。慕某某与吴某某、白某某、李某文等对于分流收入是谁何时发现有溢收款、谁向张某某汇报、如何挂账处理等的证言相互矛盾。如李某文称"慕某某安排先在其记的分流运输清算表上滚着，账上暂时不记做收入"。吴某某却称"张某某和慕某某当时安排其先挂着账。2005年9月调减负债增加收入"。宁某证言为"客货公司经营状况良好，没有任何债务。离任时没有办理交接手续，账上还有210多万元资金"；出纳马某某的证言却是"改制前客服公司已经停止经营，此时该公司银行账户上仍有结余资金200余万元。两个账号里一个有存款203万余元人民币。另一个账号有8000余元人民币，两个账号的银行存款合计有204余万元人民币"。两人证言明显相互矛盾，宁某说的210万元应收款是账面资金，马某某说的204万元存款是实有资金。也与田某某（卷三，田某某证言第112页）"2004年7月该公司（客服公司）有应收款，也欠别人的款"的证言相互矛盾。对于这么多内容相互冲突且极其混乱的证人证言，只有在证人出庭接受质证且当庭对质的情况下，才能辨别真伪，否则根本不足采信。

三、未全面引用证据

1. 截取式引用证据

如关于内退人员的预留金：一审认定的虚报工资数额2,419,808元，是依据邹某某等人的证言简单地以方案中测算的预留金（包括工资和"三金"两项）总额531.65万元减去实际预留的2,896,692元而得出。但漯阜公司人力资源部《关于内退人员预留金的情况说明》（卷九第214页）记载："65名内退人员平均工龄为5.23年，实际内退人员的内退工资需预留2,050,572元，三金$200\times12\times5.23\times65=815880$元，合计预留资金286.65万元，改制方案中内退人员预留金为531.65万元,比实际多算531.65-286.65=245万元。预留年限从2003年算起。”另《内退人员花名册》(卷十第94~96页)记载:“共65人,金额:2,080,812元。”一审认定却故意忽略了这个数字中还包括内退人员的每个月200元的“三金”,也根本没有认定实际预留金金额的书面证据。

2. 以证人证言否定原始书证

如客服公司原始书证银行对账单证明,“账号:1311036309004506418,户名:阜阳地方铁路客货服务公司,截至2004年6月30日账户余额:5366.81元;账号:1311036309022107932,户名:安徽省阜阳地区铁路管理局客货服务公司,截至2004年6月30日账户余额:7744.82元”,而公诉机关采信证人证言指控客服公司改制时有银行存款204余万元。本案中从1993年就执管客服公司的宁某及其财务人员等证人证言,均众口一词地证明客服公司经营状况好,没有任何债权债务。但是根据检察院提供的正泰会计师事务所的审计报告,却证实客服公司改制前净资产为负183万元!

又如关于500万元贷款,明明有张某某2004年7月22日亲自签署了500万元的真实借款合同和申请书、信用社的会议记录等原始证据,却反以詹某某等证人证言否认了真实借款合同的效力,以虚假的月初贷、月底还,非张某某本人签署也没有委托书的借款合同,认定张某某挪用资金。

3. 一审判决对上诉人、辩护人提交的证据没有提及

上诉人张某某本人向法庭出示了一份书证,辩护人提交的孙某某、张某新等证人证言、载明有同步录音录像的讯问笔录,均已当庭质证。但一审判决书中却根本没有提及,亦没有说明原因。

四、未对在案物品进行价值鉴定

卷八中仅列示了漯阜公司名下合肥、上海的房产等办案机关查

扣的款物明细清单,缺失了海口水云天13套商品房买卖合同13本及认购书13份,三亚亚太国际会议中心三期主楼6套商品房买卖合同6本等内容,亦没有对相关房产、玉器、手表等物品的价值进行鉴定的证据,而这些均关系对本案的定性和量刑。

综上,对于本案证据中存在的诸多问题,相信二审法庭能够根据最高人民法院、最高人民检察院等五部委于2010年6月24日颁布的《关于办理刑事案件排除非法证据若干问题的规定》《关于办理死刑案件审查判断证据若干问题的规定》的相关规定,进行全面、慎重审查,排除非法证据。

作为辩护人,还想向法庭再一次说明的是,我们都应该正确认识国有企业改制,正确评价经营者的功过是非。国有企业改制的决定者历来都是各级人民政府,张某某为了企业的生存和发展,她服从政府的安排,参与了阜阳地铁局的改制,她能控制的只是自己持有的漯阜公司的股份。一审法院认定的都在漯阜公司账上并没有被张某某个人占有的全部款项,随着漯阜公司的重组,早已被阜阳市政府悉数收回处置。所有涉案款物均已被安徽省纪委从徽凰公司、铁龙公司、蓝日公司等处查扣(检察卷第八卷),其个人没有非法占有。这个客观事实是不能回避也无法回避的!

无论贪污罪也好,职务侵占罪也好,依法都得占有财物。对此,恳请二审合议庭给予高度重视,审慎查明本案事实,真正做到本案的事实确实清楚,证据确实充分,最终依法对张某某作出公正的、经得起历史检验的判决!

北京市京都律师事务所律师　田文昌　秦庆芳

二〇一一年二月十八日

张某某被控故意杀人罪案

案情简介

2008年6月23日,广东省珠海市中级人民法院对该案作出一审判决。对被告人张某某以故意杀人罪判处无期徒刑,以非法持有枪支、弹药罪判处有期徒刑6年;决定执行无期徒刑,剥夺政治权利终身。

判决书认定:2002年至2005年,被告人张某某与被害人颜某某在澳门赌场合伙做"叠码"生意发生矛盾而产生报复的念头。为此,被告人张某某于2005年五六月购买了一批枪支、弹药存放在珠海市水松花园12栋201房。

2007年2月27日,被告人张某某接到"阿勇"(在逃)电话,说颜某某想通过王某某约见"阿勇",被告人张某某认为可以利用这个机会除掉颜某某。28日晚,张某某与同案被告朱某某、崔某某在水湾头红火湘菜馆吃饭商量,决定让"阿勇"与颜某某见面,谈不好便打死颜某某。3月1日下午,被告人张某某乘坐飞机离开珠海前往北京。18时许,"阿勇"到珠海后与被告人朱某某取得联系,并暂住在水松花园

12 栋 201 房。随后被告人崔某某将一支“五九”制式手枪、一部手机和一张电话卡以及被告人张某某留下的人民币 1 万元交给被告人朱某某，由朱某某转交给“阿勇”。

3 月 2 日晚 6 时许，被告人崔某某驾车在被害人颜某某居住的夏湾春泽名园附近踩点，被告人朱某某和“阿勇”则在该小区对面的巴蜀老川坊菜馆等候颜某某。其间，被告人张某某让崔某某通知朱某某和“阿勇”停止动手，因“阿勇”不同意，被告人张某某便同意让“阿勇”继续与颜某某见面。晚上 8 时 20 分，当颜某某驾车回到春泽名园 12 栋楼下时，被跟踪而来的“阿勇”用枪近距离击中头部，经抢救无效死亡。朱某某将 8000 多元人民币交给“阿勇”，“阿勇”卸下手枪里的子弹和弹夹，空枪由被告人朱某某放回捷达车尾厢。后该批枪支被公安机关查获。

辩护思路

我们依法接受委托后详细审阅了一审判决书，多次会见被告人。通过会见被告人了解到，一审判决所描绘的情节大多源自三被告的供述，而三被告在预审期间受到严重的刑讯逼供。因此，因刑讯逼供导致的虚假供述的问题是我们的辩护不可逾越的问题，应当给予适度的关注。

根据判决书我们注意到几个重要事实：(1)本案的实行犯(凶手)没有到案，这就必然导致凶手和本案被告人张某某之间的联系链条缺失，只有被告人的供述，尤其可能是通过刑讯逼供取得的口供不能证明相关事实；(2)本案的凶器没有到案，虽然控方一直回避这一事实而隐匿了珠公刑技痕鉴字〔2007〕96 号《枪弹检验意见书》，但在律师的一再坚持下，公诉方才不得不出示了早已存在但没有入卷的该《意见书》,在法庭上草草质证;(3)案发前,被告人张某某曾和崔某某通了一个电话,判决书认定这是"被告人张某某让崔某某通知朱某某和'阿勇'停止动手,因'阿勇'不同意,被告人张某某便同意让'阿勇'继续与颜某某见面"。事实上,当天张某某确实和崔某某通过一个电话,因张某某离开珠海前知道"阿勇"此次来是颜某某通过王某某约"阿勇"见面,同崔某某通电话时又了解到,颜某某不接"阿勇"的电话,"阿勇"很生气,而且同崔某某通电话时得知"阿勇"在喝酒。张某某知道"阿勇"酒后的德行,怕出事才让崔某某告诉朱某某不让"阿勇"去和颜某某见面。

通过上述分析我们确立的辩护思路是:以刑讯逼供为突破口,通过对刑讯逼供的揭露动摇法庭对三被告人口供的信心;以凶手没有到案、凶器没有找到为主要支撑,结合案件的其他有力证据论证现有证据不能证明张某某等三被告人故意杀人的罪名成立。

辩护词(第一次发回重审)

审判长、审判员:

北京市京都律师事务所田文昌律师、曹树昌律师接受被告人张某某的委托,担任其涉嫌故意杀人、非法持有枪支弹药罪一案发回重审的一审辩护人。在担任其二审辩护人期间,我们通过会见被告人、审阅卷宗材料后发现本案存在较为严重的问题,特别是在故意杀人罪的认定上证据严重不足,现有证据之间、现有证据与客观事实之间存在诸多矛盾,而本次庭审中控方亦没有补充任何新的证据。据此,我们认为该罪名依法不能成立,辩护意见如下:

一、关于故意杀人罪的指控

(一)起诉书的指控或不符合逻辑,或与相关证据不符

1. 关于"张某某因生意矛盾起意报复"的认定牵强附会,证据不够确实、充分

经庭审质证的证据中,证人颜某鑫、寇某某、颜某、周某、陈某某、乔某某、田某分别从各自的角度说"被害人与被告人张某某二人有矛盾"。但对他们的笔录稍加分析便会发现,他们或是从电话里听到过二人争吵,并没有看见争吵的对方是谁、为什么争吵;或听说二人有矛盾,却均无法证实二人有什么矛盾、矛盾到什么程度。周某虽然讲了一些产生矛盾的原因,但这些矛盾与故意杀人并没有切实的联系。

起诉书指控:"张某某因与被害人颜某某在澳门赌场合伙做'叠码'生意期间发生矛盾而产生报复的念头。"对此,生意的另一个合作伙伴王某发最有发言权,而王某发在其笔录中证实:(1)散伙的原因是"2004年9月,放出去的1000多万元收不回来,谁都不想再拿钱出来,所以就散伙了",而并非被害人同张某某之间产生了不可调和的矛盾。(2)2006年2月大家对过一次账,对账时没有争吵:"我、张某某、颜某某、张某某老婆周某、妻弟周某某一起对账。对账时没有产生矛盾。对账地点是在珠海市夏湾春泽名园12栋901房(被害人颜某某的家),对账时有100多万元对不清楚,周某某说颜某某拿走了,颜某某就说拿回去了,后来这件事不了了之了。当时也没有争吵。"此证言说明他们虽然终止了合伙做生意,但尚有未完结的事项需要合作处理并且至今尚未完成。(3)"我们三人合伙做叠码生意不至于发生这么大的仇怨,我认为是他(颜某某)个人和朋友的问题,但具体什么问题我不知道。"(4)2005年夏天、2005年12月以及2006年12月三次到唐山追"欠数"。2006年12月9日,到唐山又追回140万元"欠数",这些钱都是王某发和被告人张某某的。此说明"欠数"

并非死债,被告人张某某尚有重大可能实现的利益。因此,“张某某因生意矛盾起意报复”的认定,显然缺乏充分依据。

2. 被害人颜某某死亡后相关人员利益得失的分析

卷宗材料反映,张某某、颜某某、王某发三人合伙做生意过程中,经颜某某之手借出资金上千万元,而追这些“欠数”主要依靠的是颜某某,因为追款的对象是个人对个人,颜某某一死追回这些资金的可能性几乎等于零。因此,颜某某一死造成重大经济损失的是被告人张某某和王某发。所以,从利益角度分析,张某某不应当希望颜某某死。事实上在2006年12月通过颜某某还追回了140万元,此表明那些“欠数”尚有追回的可能,即使张某某恨颜某某也不会在追回这些“欠数”前希望他死。

而被害人之妻寇某某虽然同被害人同居多年,但却是在案发前1个月(2007年1月29日结婚,3月2日案发)正式登记结婚的,被害人一死其不但可以得到其他被害人的家人不知道的财产,还可以通过合法的继承得到巨额财产。可见,从受益人的角度来看,张某某亦并不是最主要的嫌疑人。

3. 被害人仇家分析

起诉书仅依靠并不确实充分的证据认定张某某与颜某某有矛盾,但卷宗材料显示,与被害人颜某某有矛盾、有利益冲突甚至要杀死颜某某的人还有多人。此亦应当引起合议庭的关注:

(1)被害人的现任妻子寇某某同被害人有矛盾及利益关系。乔某某(被害人女儿的男友,唐山市公安局工作人员)对被害人现任妻子寇某某的怀疑提出了11条理由;寇某某的笔录中也提到了她与被害人的矛盾,因被害人吸毒后有些变态,多疑,总是怀疑她外面有男人,吵得厉害时其还离家出走。

(2)被公诉机关及原审判决认定为“凶手”的“阿勇”与被害人也

有矛盾,并扬言要杀死被害人。2007 年 3 月 7 日 6 时 0 分至 9 时 10 分,在珠海市公安局刑警支队,王某某的询问笔录证实:2007 年 3 月 2 日中午(案发当天),其请“阿勇”(凶手)吃饭,席间,阿勇就发牢骚说,“阿伟”(被告人)及“颜三”(被害人)不是东西,现在打电话也不接,面也不见。以前兄弟一场,搞得心都凉了……这帮人现在有钱买车了,看不起以前的兄弟了。还说道“要让他们后悔,让他们以后有钱没处花”。我就劝他想开点,不要干这种蠢事,他说他过年从家里带来了三个兄弟一直在找“阿伟”及“颜三”准备拿枪干掉他俩。我劝他不要这样做,他说他们不让我好好活着,我也不会让他们好。此证言表明“阿勇”有杀害被害人的想法并且已经做了准备。

需要强调的是:①王某某证实“阿勇”不但要杀死颜某某而且要杀死被告人张某某。被告人张某某同“阿勇”之间的矛盾或“阿勇”对自己的怨气张某某不会一点儿不知道,他怎么会指使这样一个人去作案?②王某某的证言还表明“阿勇”讲要杀死颜某某的理由是个人原因,而并非受什么人指使或雇佣,更没有说是受张某某指使、雇佣。③王某某关于“阿勇”说“他过年从家里带来了三个兄弟一直在找‘阿伟’及‘颜三’准备拿枪干掉他俩”的证实,说明实际作案者可能并非“阿勇”一人,而是还有三个“兄弟”。如果案发当天这三个兄弟也在现场的话,则可以解释为什么“阿勇”的枪支不是杀害被害人的枪支、为什么被害人伤口没有近距离遭枪击的特征、为什么现场没有找到弹壳等。

(3)2008 年 5 月 8 日,珠海市第一看守所服刑人员匡某某在其写给法官的举报材料中说:2006 年年初,河北唐山人大代表李某某因老婆和“颜三”(颜某某)有不正当关系,叫其帮忙杀死“颜三”,并答应事后给其一笔钱。“2007 年 3 月的一天,在珠海市海湾酒店我和‘二哥’(李某某)在一起时,‘二哥’问我知不知道春泽名园枪击案死的人是谁?我说不知道,结果‘二哥’说了一句‘都没好下场’。”上述是可以查清的事实,如果属实则表明在河北唐山也有人要杀死颜某某。

综合全案分析,希望颜某某死亡的不应当是张某某等被告人,而更应当是那些欠下赌债的人(颜某某一死他们就容易躲避这些债务了)以及前述的有各种有利益冲突、有仇怨的人。

4. 现有证据不能证明是“阿勇”将颜某某杀害

卷宗材料表明:“凶手”“阿勇”至今没有归案,甚至连身份都无法查清、无法进行通缉,公诉机关及原审判决认定“阿勇”为凶手的证据不够确实充分。

(1)珠公刑技痕鉴字〔2007〕96 号《枪弹检验意见书》证实:“死者体内的弹头与送检的 2 支 9 毫米手枪发射的弹头膛线痕迹特征不吻合。”此否定了“阿勇”用此两支手枪杀死颜某某。在凶手没有归案、作案凶器没有找到的情况下,仅凭三被告人在预审阶段的、明显存在不规范审讯情况下的有罪供述定案是十分危险的,也是不合法的。

(2)起诉书认定,杀害被害人的枪支是三被告提供的,作案后“阿勇”(凶手)把空枪(弹夹也被卸掉)还给朱某某,后把该枪放回到车的后尾厢里,最后被公安机关起获。但此枪为什么会不是杀害被害人的枪支呢?这是本案的一个重大疑点。如果“阿勇”手里已经有了一支 9 毫米口径的枪,为什么还要从朱某某手里拿枪?既然从朱某某手里拿了枪,为什么不使用而使用自己的枪而更容易暴露自己?这些都是解释不通的问题。根据目前的证据,“阿勇”是不是杀害被害人的凶手是无法认定的,更谈不上三被告人伙同“阿勇”杀害被害人的认定。

(3)现场唯一的目击“证人”、同被害人同居多年但刚办理了结婚手续 1 个月的寇某某证实:“我看到了这名男子走到我老公边上,我当时根本没有想到有意外发生,还以为那名男子要向我老公问路,这个时候就有一声好像是放鞭炮的声音……这一声响后我见那个人快步往出口方向走去不见了。”

此证人的“证言”证实:

①“凶手”是近距离枪杀被害人的,但科学鉴定结论却否定了这一“证言”。2007年3月10日,珠公拱刑技法尸鉴字〔2007〕66号《法医学尸体检验鉴定书》显示:“检验所见:左颞部有一个直径为0.7cm的圆形创口,创口边缘有挫伤轮,宽0.3cm,创口中央组织缺损,创口无法合拢,创口周围可见环形散在点状皮下出血,范围为6.0cm×5.0cm,未见烟晕。创口周围头发未见烧灼痕”。该结论否定了近距离射击的事实,因为近距离射击在创口边缘必定会留下烟晕、烧灼痕。

②寇某某的“证言”还证实:凶手是步行来到被害人的车旁,射击行凶后又步行逃跑的,行凶后并没有从地上捡起什么。因案发时间是在晚上,且现场立即被保护,因此,如果是该人枪杀被害人,弹壳必定留在现场。但根据《现场勘验检查报告》,现场并没有发现此弹壳。

结合前面关于寇某某与被害人利害关系的分析,我们有理由怀疑该“证人”证言的真实性。值得特别指出的是,寇某某与“阿勇”非常熟悉,原来“阿勇”跟着被害人时,经常是“阿勇”接送寇某某,而当晚寇某某是在为被害人摆车,距离不会太远,小区内的灯光也不会太暗,因此寇某某应当认出凶手是否是“阿勇”,但在寇某某的笔录中没有提到此问题。客观分析只能有两种情况:其一,凶手是“阿勇”而寇某某隐瞒了这一事实;其二,凶手根本不是“阿勇”。

综上,现有证据不能证明杀害被害人颜某某的凶手就是“阿勇”,推定张某某等三被告伙同“阿勇”杀人就更为荒唐。

(二)三被告人的口供存在问题的分析

1.三被告人的庭前口供不具有合法性

三被告人有罪供述的笔录全部是在公安局刑警队审讯室作出

的,这些讯问笔录的制作,违反了公安部关于《公安机关办理刑事案件程序规定》第145条关于“对被拘留、逮捕的犯罪嫌疑人、被告人应当立即送看守所羁押”的规定(张某某2007年3月5日被抓获至3月10日6天后送往看守所;崔某某3月6日被抓获至3月10日5天后送往看守所;朱某某3月13日被抓获至3月19日7天后送往看守所)。我们有理由对这些讯问笔录的合法性质疑。

2. 讯问口供同相关证据的矛盾问题

卷宗材料表明,三被告人侦查阶段的供述在诸多重要细节上存在或不能相互印证或与客观事实不符的情况:

(1)三被告人在笔录中均供述:2月28日晚,张某某打电话给朱某某,让朱某某叫上崔某某一起去水湾头火红湘菜馆见面商量事情。三被告关于此细节的供述非常一致,此似乎可以证明是张某某纠集另两名被告预谋犯罪。但三被告人非常一致的供述却与客观事实相矛盾。根据公安机关调取的通话记录,该电话并非张某某打给朱某某,相反是朱某某打给张某某的(朱某某在法庭上解释,是因张某某要去北京陪孩子考试,约其吃饭给其送行)。若事实一致则合情合理,而谎言一致则令人深思!

(2)关于案发前通电话的情况。崔某某供述:“……我打电话给朱某某叫他出来,朱某某出来上了我的车,这时张某某打我的电话,我就把(电话)给朱某某叫(他)来跟张某某说,朱某某跟张某某说‘阿勇’不同意,还是要杀掉‘三哥’,朱某某和张某某通完电话后告诉我说张某某在电话里再没说什么了,看来已经默认……”朱某某供述:“……后来崔某某打我的电话叫我出去,我当时知道他就在门口附近,我走出饭店找到崔某某上了他的车,崔某某说,张某某打电话给他说‘阿勇’一定要去见‘颜三’就让他去……”而根据张某某的电话清单,18时14分之后,张某某和朱某某通过3个电话,和崔某某根本就没有通过电话。显而易见,崔某某所供述的最后一个张某某打给他、他转交给朱某某、朱某某说张某某看来已经默认的那个电话,根本就是子虚乌有。

起诉书意图用上述通话情况证明张某某默认了“阿勇”去杀害颜某某。但认真分析一下便会发现这样的证明是根本不能成立的。首先,二人的供述并不一致。崔某某说是朱某某告诉他“张某某默认了”。而朱某某又说是崔某某转告张某某“‘阿勇’一定要去见‘颜三’就让他去”。他们都说是对方告诉自己张某某的意思。更重要的是,最后这个张某某默认让“阿勇”去见“颜三”的电话根本不存在,可以断定朱某某和崔某某的口供至少存在不真实的地方。

(3)依据三被告人侦查阶段的供述,也不能证明张某某有杀害颜某某的故意,不能证明其参与了杀害颜某某的行为。

2007年3月19日2时30分至5时40分,珠海市公安局刑警支队,朱某某(第六次)讯问笔录交代:“到了下午六点多钟(3月2日案发当天)……吃了一会儿我到店门口打电话给张某某,说‘阿勇’要去见‘颜三’,张某某说这样不好,最好‘阿东’在场,之后我回到饭店跟‘阿勇’说了,‘阿勇’说不要我管了……”

辩护人在第一次会见张某某时其也讲述了这一情节:“阿勇”的脾气不好,喝了酒德行更差。而颜某某约人见面又不和人见面,怕激怒“阿勇”,搞出事端。既然“阿勇”电话里告诉自己是“阿东”传的话,说被害人颜某某约见“阿勇”,因此对朱某某说“最好‘阿东’在场”。这样即使“阿勇”喝了酒,“阿东”在场也可以控制局面。

张某某说“最好‘阿东’在场”这一情节,在今天的法庭审理中,通过对张某某、朱某某的单独发问也得到了证实,希望合议庭给以特别关注。此情节足以表明张某某没有指使“阿勇”去杀害颜某某,也足以表明张某某并不知道“阿勇”见颜某某就是要杀害他:①从一般的犯罪心理分析,如果是张某某指使“阿勇”去杀颜某某,不会希望有其他人在场而更容易暴露自己。②“阿东”是“阿勇”(被认定的凶手)和被害人颜某某见面的“中介人”,是颜某某想通过“阿东”约见“阿勇”。此可以说明“阿东”和颜某某的关系较好,如果张某某要“阿勇”去杀害颜某某,又怎么会希望和被害人关系要好的“阿东”在场呢?③既然不是张某某指使“阿勇”去杀害颜某某,也就谈不上什么默认了。

(三)本案在程序上存在的问题

1. 侦查中的相关疑点没有得到合理排除

根据侦查机关提取的通话记录,被起诉书认定为凶手的“阿勇”,在案发前同号码为136××××0677的机主通话三次;更应引起注意的是在刚刚作案后(20时36分及20时45分),“凶手”“阿勇”又主叫该电话两次。136××××0677的机主同“阿勇”是怎样的关系、同本案什么关系都没有查清。在今天的法庭审理中,公诉人突然说此号码是“阿勇”女朋友的。果真如此的话,就又引出两个应当回答清楚的问题:(1)既然“阿勇”的女朋友都找到了,为什么不能确认“阿勇”的身份进行通缉?(2)卷宗材料为什么没有这些材料?公诉机关到底有多少材料没有向法庭、律师提供(律师法明确规定:辩护律师“有权查阅、摘抄和复制与案件有关的所有材料”)?

2. 证据出示问题

前面的问题已经反映了公诉机关证据出示的问题,但不止如此。根据卷宗材料,公安机关已于2007年3月22日作出珠公刑技痕鉴字〔2007〕96号《枪弹检验意见书》,证明了杀人凶器没有归案的客观事实。但此重要证据在原审的法庭审理时并没有提供给辩护人,也没有在法庭上出示,而是被隐匿了起来。在辩护律师多次要求对该问题予以鉴定的情况下,在原审的第三次开庭审理时(2008年4月10

日，即取得该证据的1年以后)才不得已拿出来草草质证。此表明了某些人的入罪倾向，即在明知其证据有问题的情况下，却隐匿证据，执意指控被告有罪。刑事诉讼的任务不仅要惩罚犯罪分子，还要保证无罪的人不受刑事追究，因此必须客观、全面地收集证据、审查证据。公诉机关不客观提供证据的问题，请合议庭给予必要的关注。

3. 关于对三被告人庭前口供的认定问题

最高人民法院、最高人民检察院、公安部、国家安全部、司法部《关于办理刑事案件排除非法证据若干问题的规定》第1条明确规定，“采用刑讯逼供等非法手段取得的犯罪嫌疑人、被告人供述……属于非法言词证据”，应当依法排除。三被告人的庭前口供是否属于非法言词证据呢？

首先，三被告人不但在律师会见、检察机关提讯时提出曾受到刑讯逼供的问题并要求验伤，而且在原审的法庭审理中也多次要求验伤以证实他们受到了严重的刑讯逼供，被迫作出了不真实的供述。

其次，各被告人敢于向检察机关，甚至当庭要求验伤，说明他们当时确实身上有伤。并且三被告人的自述材料，将刑讯逼供描述得非常细致、具体，表明他们受到刑讯逼供的可能性是有的，因此应当予以查清。

关于各被告人是否受到刑讯逼供而作出了不真实供述的问题，公诉人在今天的法庭审理中出示了四组证据，意图证实刑讯逼供是不存在的。但是，我们对这些证据稍加分析便会发现，它们不能否定刑讯逼供：

(1)关于三被告人的口供及办案人员签名的办案说明(公诉人出示的第一组和第四组证据)

公诉人意图用三被告人的口供在诸多细节上都非常一致、办案人员证明没有刑讯逼供来否定刑讯逼供。辩护人认为,这些细节一致的口供以及办案说明并不能否定刑讯逼供。首先,这些笔录均是办案人员所做,办案人员主动承认自己非法取证的可能性不大,我们应当也必须结合其他证据来予以认定;其次,法庭审理中,朱某某明确证实,在审讯他时办案人员是拿着别人(不知道是谁的)的笔录进行的,说得不对就要挨打,这样的审讯笔录当然可以做到细节一致。因此口供一致并不能否定刑讯逼供。

需要特别指出的是,关于“2月28日,张某某打电话给朱某某,让朱某某叫上崔某某一起去水湾头火红湘菜馆见面商量事情”的情节,三被告的供述非常一致。但是,根据公安机关提取的电话清单,以及朱某某当庭证实,实际情况是因张某某要去北京陪儿子考试,朱某某给张某某打电话吃饭给其送行。辩护人还要重复前面的话,多人对同一事实的描述一致是合情合理的,但歪曲事实的描述也一致的话,只能是讯问人或记录人出了问题。因此,细节一致的口供不能否定刑讯逼供的存在。

需要特别指出的还有,公诉机关出示的这些细节一致的口供均是在合法羁押场所——看守所以外的地点进行的,这一重要事实法庭应当给予高度关注。公安部《公安机关办理刑事案件程序规定》第145条明确规定:“对被拘留、逮捕的犯罪嫌疑人、被告人应当立即送看守所羁押。”本案的办案人员将三被告人抓获后,没有依法将其送往法定羁押场所,而是在看守所外的刑警队审讯室进行审讯,此行为本身就是违法的,取得的口供当然属于非法言词证据。

(2)关于入所体检表

辩护人认为,入所体检表同样不能否定刑讯逼供。体检人员记录的是否真实,要结合其他证据予以认定。法庭审理中,辩护人提供了万某某的证言和阎某某的调查笔录,他们均证实了崔某某当时的伤情;崔某某当庭要求法庭调取其入所时的照片,证实其伤情;张某某当庭要求向当时和他关在同一个仓(33仓)的人员了解其当时的伤情。上述这些可以查清的事实都与入所体检表相互矛盾,但限于辩护人的调查权,辩护人只能请法庭予以核查。还有一个事实辩护人提请法庭给以重视,即在原审开庭过程中,三被告人均当庭提出验伤以证实他们曾受到刑讯逼供。虽然当时的法庭没有为他们验伤,但他们敢于当庭要求验伤说明他们当时身上确实有伤,怎么能够用几张疑点重重的体检表来予以否定呢?

(3)关于审讯录像资料

公诉人当庭出示了公安机关庭前讯问的部分录像资料。辩护人认为这些录像资料同样不能否定刑讯逼供的存在。因为对张某某审讯录像的起始时间是3月9日21时,对崔某某审讯录像的起始时间是3月9日22时,而张某某是3月5日被刑事拘留、崔某某是3月6日被刑事拘留的。就是说,张某某、崔某某都至少是在被抓获4天以后才进行录像,前4天他们受到了什么待遇?是如何进行审讯的?公诉机关没有提供证据予以证明。辩护人认为,公诉机关没有向法庭提供或不能向法庭提供“原始的讯问过程录音录像”,现在所出示的无头无尾的部分录像资料不能排除刑讯逼供。

二、关于非法持有其枪支、弹药罪

本项指控,辩护人同意被告人张某某关于不知情的自我辩护意见,不做补充。

综上所述,本案关于“故意杀人罪”的指控确实证据明显不足,依法不能成立。

最后,辩护人需要强调指出并提请法庭特别予以注意,本案中,凶手没有到案,凶器没有到案,连指认犯罪主体的目击证人也没有。在故意杀人案件中,凶手、凶器、目击证人应当是三项最基本的定案依据。然而,在基本证据严重缺失的“三无”状况之下,本案居然能够提起公诉并且能够作出有罪判决,实在令人难以置信。

更何况,本案中三被告庭前供述的非法性已经无法否认,且刑讯逼供问题亦无法排除。

法律明确规定,只有被告人供述,没有其他证据印证的,不能认定有罪。因此,在凶手、凶器、目击证人“三无”状态之下,即使被告供认有罪,依法也不能定罪。

依照最高人民法院、最高人民检察院、公安部、国家安全部和司法部《关于办理刑事案件排除非法证据若干问题的规定》第 11 条之规定:“对被告人审判前供述的合法性,公诉人不提供证据加以证明,或者已提供的证据不够确实、充分的,该供述不能作为定案的根据。”因此,三被告庭前供述均应予以排除,不能作为定罪的依据。

依照最高人民法院、最高人民检察院、公安部、国家安全部和司法部《关于办理死刑案件审查判断证据若干问题的规定》第 22 条之规定:“对被告人供述和辩解的审查,应当结合控辩双方提供的所有证据以及被告人本人的全部供述和辩解进行……被告人庭前供述和辩解出现反复,但庭审中供认的,且庭审中的供述与其他证据能够印证的,可以采信庭审中的供述;被告人庭前供述和辩解出现反复,庭审中不供认,且无其他证据与庭前供述印证的,不能采信庭前供述。”本案中,三被告庭前供述均出现反复,且庭审中均坚持无罪陈述。因此,更无任何理由采信其庭前的有罪供述。

综上可见,无论是从口供与物证关系的角度,还是从非法证据排除的角度,抑或是从庭前供述与当庭供述可信度的角度,依照法律的明确规定,都没有任何理由认定本案被告构成故意杀人罪。原审判决在基本证据如此严重缺失状况下作出的有罪认定,实属罕见!

为此,请法庭依法对被告张某某故意杀人罪的指控作出无罪判决。

此致

珠海市中级人民法院

北京市京都律师事务所律师 田文昌 曹树昌

二〇〇九年八月十日

辩护词(第二次发回重审)

审判长、审判员:

北京市京都律师事务所田文昌律师、曹树昌律师接受被告人张某某的委托,担任其涉嫌故意杀人、非法持有枪支弹药罪一案二审辩护人。在发回重审一审判决之后,我们会见了被告人,对重审一审判决书及相关案卷材料进行了进一步的分析研究,认为重审一审判决虽然纠正了原一审判决对案件事实的部分错误认定,但在对本案的证据认定以及事实认定上仍存在问题,特别是认定被告人构成故意杀人罪(未遂)的事实不清,证据不足。现针对重审一审判决,提出二审辩护观点如下。

一、关于本案在侦查阶段被告人的有罪供述能否作为定案依据的问题

这个问题是本案的核心问题,因为本案认定被告人构成犯罪的直接证据就是三名被告人在侦查阶段的有罪供述,除此之外,没有其他直接证据。如果三被告人的有罪供述被认定为非法证据予以排除,本案的证据体系就将完全瓦解。重审一审判决从是否存在刑讯逼供、口供是否真实、是否存在非法取证程序三个角度对此问题进行了认定。现结合判决书发表辩护观点如下:

(一)关于本案在侦查阶段是否存在刑讯逼供问题

重审一审判决关于"在三被告人极其辩护人均未提供足以证明三被告人在侦查阶段被公安人员刑讯逼供线索或者证据的情况下,结合审讯录像和入所体检表,应当认定三被告人在侦查阶段未被公安人员刑讯逼供"(判决书第37页)的认定,是在没有查清事实的基础上,对控方证据偏听偏信,而作出的片面的、错误的判定。

第一,三被告人均多次向法庭提供有关刑讯线索。

三被告人的有罪供述都是违反规定在监所外作出的。之后,三被告人在律师会见、检察机关提讯时多次提出曾受到刑讯的问题并要求验伤,又都通过书写自述材料、当庭陈述等形式向有关机关反映被刑讯的情况,对刑讯细节进行了详尽具体的描述,在多次庭审中,又反复要求对他们进行验伤。但遗憾的是,被告人的请求均未得到有关机关的及时重视,错过了最佳的取证时机。尽管取证困难重重,被告人还是提供了其他的证据和线索。崔某某当庭提交了署名为"万某某""阎某某"的证人证言,出于证人的自我保护等复杂原因,无法提供证人身份信息,但至少提出来刑讯存在的可能性。同时,崔某某又向法庭申请调取其入所时的照片,张某某也要求法庭向当时和他同仓的关押人员了解伤情。而法庭对被告人提出的线索均未予以重视和认真调查核实,却以看守所的一纸回函"三被告人检查结果均属正常,由于时间较长,我所无法提供上述三在押人员入所身体检查照片及相关医生记录"认定入所时无伤。对这纸回函应当如何看待?且不论其是否符合看守所对在押人员相关资料的保管规定,也不去质疑有关机关是真的没有还是有但说没有了,仅从法律上举证责任的角度分析,被告人因为是被羁押而失去人身自由的状态,其几乎完全丧失了调查取证的能力,也正因如此,为了保证被告人的合法权益,法律规定其只要提供有关被刑讯的线索即可。本案中,被告人提供了线索,而一审法庭或者未予调查核实、置之不理,或者采信有关机关自己出具的没有正当理由的函件,即推定没有刑讯逼供存在,这种认定实在无法让人信服。看守所无法提供入所体检照片及医生记录的不利后果,有什么理由让被告人来承担呢?排除刑讯逼供是控方的责任,“两高三部”明确规定,当控方不能充分排除刑讯逼供的疑点的时候,就不能否认刑讯逼供的存在,就不能排除证据的非法性。

第二,当庭播放的部分审讯录像,不能证明被告没有被刑讯逼供。

关于当庭播放的部分录像资料内容不能否定刑讯逼供的辩护观点,在重审一审辩护中已经详细阐述,此不再赘述。辩护人在此强调指出,播放部分的录音录像对于正确判定是否存在刑讯逼供问题没有任何意义,要播放,就要播放全程的,现在播放的都是被告人被抓后在非法定地点羁押至少 4 天之后的录像,如何能排除是在刑讯存在的情况下不得已进行录像的可能性?截取某一时段的录像内容对审讯的全程有何证明效力?

第三,入所体检表疑点重重,不能否定刑讯逼供。有关此辩护意见,重审一审中已经详细论述,此不再赘述。

因此,本案没有充分证据能够证明在侦查阶段不存在刑讯逼供,现有证据也不足以排除存在刑讯逼供的可能性,在被告人已经提供详细线索并提供相关证据的情况下,认定侦查阶段不存在刑讯逼供事实不清、证据不足。

(二)关于被告人在侦查阶段有罪供述是否具备真实性的问题

重审一审认为“三被告人在侦查阶段的有罪供述能够相互印证,且有证言、书证等证据予以佐证”。因此三被告在侦查阶段的“有罪供述真实、可靠”(判决书第 38 页),该认定是基于对相关证据的错误分析得出的错误结论。

第一,关于三被告人侦查阶段有罪供述是否能够相互印证并最终得出其供述真实、可靠结论的问题。

1. 重审一审中,辩护人已经对三被告人在侦查阶段有罪供述的合法性问题质疑,三被告人的有罪供述无一例外全部都是在侦查机关违反《公安机关办理刑事案件程序规定》第 145 条规定的前提下,在公安局刑警队审讯室作出的,既不具备取证形式的合法性,又无法证明取证内容的真实性。

2. 被告人对口供的一致有解释,朱某某在庭审中说了,审讯他时办案人员是拿着别人的笔录进行的,说不对就要挨打。

3. 过分的、不符合客观事实的高度印证恰恰证明了三被告人供述的不真实性。如 2 月 28 日在湘菜馆见面的供述,三人在供述中都说是张某某打电话给朱某某,让朱某某叫上崔某某。而当庭出示的电话清单及朱某某的当庭供述,证明了实际上是朱某某给张某某打电话,要给其送行。这种对不符合客观事实的高度一致的供述,难道不应该引起我们的充分重视吗?它充分证明了供述的不真实性。

4. 一审判决强调供述的相互印证内容,而对三被告人供述中的相互矛盾、不相印证及与客观事实不符的内容予以忽视。有关三被告人的讯问口供同相关证据的矛盾问题,在一审辩护词中已经详细论述,此处不再赘述(详见一审辩护词第 6 页)。

因此,三被告人在侦查阶段看似能够相互印证的有罪供述,不具备证据的真实性、合法性,内容不真实也不可靠,不能作为定案的依据。

第二,关于三被告人在侦查阶段的有罪供述能否得到其他间接证据印证的问题。

1. 一审判决认定张某某在侦查阶段关于与颜某某矛盾的供述有

寇某某、王某某、王某发、田某等证人证言可以印证。

其一，有关张某某在侦查阶段供述的不真实性已经充分论述，不再赘述。其二，寇某某等人的证言，均是证人自己的推测，听到一方打电话，推测和通话的另一方有矛盾，对于通话的对象，矛盾的内容、程度均无法得到证实。其三，对证人王某发的证言，一审片面采信其证明张某某与颜某某有矛盾的内容，而忽视了王某发证言中的其他内容，王某发明确说了"我们三人合伙做'叠码'生意不至于发生这么大的恩怨，我认为是他个人私人朋友的问题"（王某发2007年3月3日询问笔录第5页）因为王某发是张、颜二人"叠码"生意的合伙人，他的证言具有关键作用，其证言内容不仅证明了三人合伙生意不至于有这么大的恩怨，同时证明了颜某某的死对于其和张某某都会造成生意上利益的巨大损失，导致巨额的债务无法收回。有矛盾与矛盾极大甚至产生报复杀人故意有本质区别，一审判决强调双方矛盾，而对张某某是否因与颜的矛盾起意报复杀人的主观故意只字不提，对此，辩护人在一审时也已经详细论述了颜某某死后相关人员利益得失的分析以及颜某某的仇家分析（详见一审辩护词第2~4页），从事实逻辑角度分析，张某某即使和颜某某有小矛盾，也远远没有达到产生报复杀人动机的程度。

因此，一审判决认定寇某某、王某某、王某发、田某等人的证言能够印证张某某关于与颜某某有矛盾的供述，并作为认定本案张某某雇凶杀人事实的证据，是对证据的片面认定，导致对案件事实的错误认定。

2. 关于红火湘菜馆服务员王某金证言与三被告人在该地点吃饭密谋的供述相互印证的问题。

首先，王某金的证言只能证明三被告人某年某月某日到某地吃饭的事实，对这一事实，三被告人均不否认。但王某金的证言并不能印证三被告人密谋杀害颜某某的内容。其次,三被告人之间的通话清单以及朱某某的当庭陈述,证明了三被告人的有罪供述的不真实。

3. 关于吉大东方饺子王员工曾某某、侯某某的证言能够与张某某将2万元交崔某某给“阿勇”作为杀掉颜某某的费用相互印证的问题。

首先,曾某某、侯某某的证言只能证明三被告人2007年3月1日到吉大东方饺子王饭店吃饭、张某某给崔某某钱的事实,不能证明三人谈话内容,更不能证明这个钱是给崔某某给“阿勇”的。其次,三被告人关于此2万元钱的供述相互矛盾,前后自相矛盾,崔某某在3月8日的笔录中说张某某交代这钱是给“阿勇”杀掉颜某某之后的费用,3月9日又说张某某没说怎么用,他个人认为是拿给“阿勇”的。张某某却说,2万元中,1万元给“阿勇”,1万元给朱某某。并且在庭审时三被告人又都翻供。最后,对于翻供,三被告人有合理解释并且提交了证据。钱是给朱某某的,因为朱某某的姐姐和外甥犯了事,需要用钱,这是客观事实。朱某某的辩护人也向法庭提交了证据,为了处理这件事,朱某某早在2月28日便定好了3月4日回老家的机票。更重要的是,这些钱最终有没有给“阿勇”也尚未查清。因此,仅仅凭三被告人在侦查阶段在不合法取证形式下做出的不真实供述认定钱的性质,证据不确实、充分。

4. 巴蜀老川坊饭店刘某某、朱某平证言与朱某某供述与“阿勇”在该处吃饭等候颜某某供述相互印证的问题。

同样,刘、朱的证言仅能证明两人在老川坊吃饭,朱某某在几次庭审中都说了,是“阿勇”约他在这里吃饭的,吃饭途中“阿勇”出去了一趟,他不知道“阿勇”干什么去了。从逻辑上分析,如果“阿勇”和朱某某是在一起的,那么阿勇杀人之后,怎么会自己上了出租车就跑,朱某某在后面怎么追怎么打电话也不停下来呢?

综上可以看出,有关三被告人供述,关键内容均无其他证据能够相互印证,仅有吃饭的事实有人看见,但是与案件的核心内容没有关联,因此,认为三被告人的有罪供述有其他间接证据印证因此就是真实的结论不仅不客观,也不正确。

(三)关于本案中存在的程序问题

辩护人在一审时提出一个观点,即三被告人被采取强制措施后,公安机关违反《公安机关办理刑事案件程序规定》第145条,未将其送往法定羁押场所,行为的违法性导致取得的口供应系非法言词证据。对此辩护观点,重审一审认为:"经查,被告人在侦查阶段的有罪供述,具备未被刑讯逼供和有罪供述真实两个要件时,应认定公安人员的取证程序存在瑕疵,而不应认定为取证程序违法,如果公安机关能够说明正当理由修正程序上存在的瑕疵,被告人真实的有罪供述可作为定案的证据予以采信。"(判决书第9页)

重审一审法院在此问题上犯了一个颠倒逻辑关系的错误。辩护人强调是,本案因为存在刑讯逼供、未及时送往看守所关押等非法取证方式和程序,在这种情况下获取的被告人口供不具备真实性,应予排除。而一审判决颠倒了这种逻辑关系,说因为没有刑讯逼供和口供真实,所以不是取证程序违法而只是有瑕疵。这种逻辑关系说不通,本案中无论存不存在刑讯逼供问题,办案机关的取证程序违法都是既成事实。

对于被拘留、逮捕的犯罪嫌疑人应当如何羁押,法律有明确规定,现在公安机关没有按照法律的规定办理,在审判程序中自己出具说明,给一个理由说不能按照法律的规定办。那么,法律还有什么用呢?只要有理由就可以随便违反吗?显然不可以。既然法律已经明确规定了,并且没有例外性规定,就应当严格地遵照法律行事。

一审法院认为办案机关程序有瑕疵,只要有正当理由修正就可以。“两高三部”《关于办理死刑案件审查判定证据的若干规定》第14条有相关规定,如果询问证人的地点不符合规定的,可以用合理解释补正。但是这是针对证人证言而不是被告人供述的,因为对于被告人的讯问笔录而言,在非法定讯问地点提审就是非法,非法证据就不能成为定案的依据,更何况本案还有严重的刑讯逼供等情况存在。

二、一审判决关于“三被告人为枪杀被害人颜某某准备枪支、雇请‘阿勇’、购买作案工具手机和手机卡、支付作案费用的证据确实、充分,三被告人属于为杀人而准备作案工作、制造作案条件的犯罪预备,应当以故意杀人罪(预备)追究刑事责任”的认定事实不清、证据不足

(一)三被告人并没有为枪杀被害人准备枪支

1. 首先,本案中证明给“阿勇”提供枪支只有三被告人的供述,而有关三被告人有罪供述的不真实、不合法性已经充分论述,此处不再赘述。除此之外,本案中没有任何其他证据证明珠海市水松花园12栋201房间内的枪支以及朱某某的两支手枪的购买和保管与杀害颜某某有关系。而且试想如果是要杀害一个人,用得着买那么多的枪吗?从逻辑上也无法理解。

2. 本案的结果证明了三被告人并没有为杀害颜某某准备枪支,因为杀死颜某某的作案枪支,经过弹痕鉴定,并不是指控三被告所有或保管的枪支中的任何一支。

(二)三被告也没有雇请所谓的杀手“阿勇”实施杀害行为

首先,现有证据不能证明是“阿勇”杀害了颜某某。所谓的被雇者“阿勇”至今没有归案,甚至其身份都尚未查清,能够证明是“阿勇”杀害颜某某的证据也不确实充分。关于此问题,辩护人在一审辩护词中已经详细阐述,不再赘述(一审辩护词第4~5页)。

接下来分析本案指控并认定三被告人雇凶杀人的基本前提是什

么？就是“雇凶”，三被告人雇请了“阿勇”作为凶手。可是，本案的重要事实是，“阿勇”的身份没有查实，“阿勇”是不是凶手不能确定，一审判决也明确认定“本案现有证据不能认定‘阿勇’枪杀了颜某某”（判决书第42页），指控和判决认定的基本前提就不存在，“皮之不存，毛将焉附”。这样的指控和判决岂不荒谬？

退一步看，假使确有凶手“阿勇”，本案中也没有任何证据证明三被告人与“阿勇”之间有雇佣关系。第一，“阿勇”和张某某的关系是两人有矛盾，“阿勇”对张某某是有很大的成见的，张某某即使要杀颜某某“阿勇”显然也不是合适人选。第二，“阿勇”来珠海是受王某某的邀请，是颜某某找他，与张某某没有关系。第三，“阿勇”与三被告人之间，从来没有几个人一起或者两两之间就故意杀人一事如何实施进行预谋，特别是“阿勇”在珠海时张某某在北京，这么大的事情，雇凶者与被雇者居然没有沟通，既没安排如何实施也没安排实施完成后怎么善后，显然是不符合逻辑的。第四，三被告人与“阿勇”之间没有雇请关系。对张某某出的2万元钱，前面已经论证过，事实上是给朱某某的钱，三被告人有罪供述中的内容不真实。而且，怎么可能雇凶杀人才出2万元，其中按照被告人说法只有不到1万元给了“阿勇”，这根本不符合常理。

因此，一审认定三被告人雇请凶手“阿勇”没有证据支持，不符合客观事实。

（三）关于“购买作案工具手机和手机卡”的手机和手机卡不是作案工具

关于购买了手机和手机卡的事实，几名被告均不否认，表明了他们认真客观的态度，关键问题是购买的手机与手机卡在性质上是否是作案工具。

首先，购买手机和手机卡的时间，有销售凭证，在2月13日，是朱某某买的。所谓的第一次“密谋”的时间是2月28日,3月1日“阿勇”到珠海。从时间点上看,朱某某买手机和手机卡的时候,杀人的主观想法都还没有形成,因此,显然,购买手机和手机卡并不是用于作案,而更符合其本人的说法,是自己用的。

其次,没有证据证明购买手机和手机卡的费用与本案的作案费用有关系。因为购买的时间远远早于指控的预谋杀人开始时间,购买的时间点都在张某某给钱之前,是朱某某自己购买使用,同时关于张某某在饭店给2万元钱的定性、使用方式、去向等都尚未查清,没有任何证据能够显示购买手机和手机卡的费用是该2万元中的一部分。

最后,对于几个手机之间的相互联络,本案中还有一个无法合理排除的疑点,既然是为了作案专门准备的手机和手机卡,为什么本案中两个最重要的人物,即所谓的主犯张某某和直接行凶的凶手“阿勇”没有用? 毫无疑问,他们俩才是最需要秘密地单线联络的人,而本案中张某某考虑到给朱、崔二人用专门的手机和手机卡,自己和阿勇却仍用自己的旧手机号频频联络,合理吗? 如何解释这一疑点呢?

综合以上几点,在没有充分证据证明手机与手机卡是作案工具,又无法排除合理怀疑的情况下,认定手机与手机卡即是购买来的作案工具,实在是“欲加之罪”!

(四)一审判决关于“支付作案费用”的认定事实不清、证据不足

一审关于此认定主要是依据三被告人的供述以及吉大东方饺子王员工曾某某、侯某某的证言。

第一,三被告人供述的不真实、不合法,不能作为定案依据。

第二,三被告人关于此2万元钱的供述相互矛盾,前后自相矛盾,崔某某在3月8日的笔录中说张某某交代这钱是给“阿勇”杀掉颜之后的费用,3月9日又说张没说怎么用,他个人认为是拿给“阿

勇”的。张某某却说,2万元中,1万元给“阿勇”,1万元给朱某某。并且在庭审时三被告人又都翻供。

第三,对于翻供,三被告人有合理解释并且提交了证据。钱是给朱某某的,因为家里有事。也有朱某某为了解决家事早早定好的机票相印证。

第四,吉大东方饺子王员工曾某某、侯某某的证言只能证明三被告人2007年3月1日到吉大东方饺子王饭店吃饭、张某某给崔某某钱的事实,不能证明三人谈话内容,更不能证明这个钱是给崔某某给“阿勇”的。

因此,仅凭三被告人在侦查阶段在不合法取证形式下作出的不真实供述认定钱的性质,证据不确实、充分。

(五)三被告人也没有为了犯罪准备其他的犯罪工作,制造犯罪条件

一审判决关于“同年10月,被告人张某某还购买了一辆捷达车给被告人朱某某、崔某某用于作案,崔某某将车套上粤CL2679的假牌”(判决书第10页)的认定,事实不清。

这辆车是朱某某早在2006年10月就已经购买,并以其女友祝某某的名义上牌,显然并非买来作案,而且事实上,该车买了之后也是一直用于朱某某自己拉私活使用。

三、一审关于“被告人张某某是犯意提起者、策划者,其提供作案费用并遥控指挥……在共同犯罪中均系主犯,但被告人张某某是主谋……”的认定事实不清、证据不足

首先,在前面的辩护观点中已经详细论证三被告人由于受到非法取证其有罪供述不真实、不可靠,而本案中的犯意提起、策划、提供作案费用、指挥等问题均来自三被告人在侦查阶段的有罪供述,没有其他证据可以印证。其次,辩护人已经多次从利益角度、仇家角度分

析被告人张某某并没有杀害颜某某的主观故意。更重要的是,“阿勇”来珠海杀害颜某某的整个过程,张某某都不在珠海,虽然有几次通话,但是没有充分的证据能够证明通话内容是在遥控指挥。

四、关于非法持有枪支弹药罪

一审认定的证据同样是依据三被告人的有罪供述,而三被告人的有罪供述不真实、不可靠,系非法证据应予排除,同时关于到横琴试枪的枪支数量几名被告的说法相互矛盾,更印证了口供的不真实性,因此,一审判决认定被告人张某某私藏枪支弹药事实不清、证据不足。

综上所述,本案中不能排除存在刑讯逼供的可能性,因此被告人在侦查阶段做的有罪供述不应作为定案依据,应予排除。重审一审判决依据非法证据认定被告人张某某构成故意杀人罪(未遂)事实不清、证据不足,违反了法律的证据认定原则。提请二审法院认真审查证据合法性,严格证据采信原则,对被告人做出无罪判决。

此致

广东省高级人民法院

被告人张某某辩护人:

北京市京都律师事务所律师　田文昌　曹树昌

二〇一一年三月二十五日

肖某被控受贿罪、内幕交易罪案

案情简介

被告人肖某在案发前先后任中国证监会上市公司监管部副主任、并购重组审核委员会委员、中国银河证券股份有限公司总经理等职。2010年，河南省郑州市人民检察院指控肖某犯受贿罪、内幕交易罪，具体事实如下：

1. 2006年，青岛金王集团有限公司为谋求某下属公司公开发行股票，委托天津某公司帮助运作，该公司负责人王某得知中国证监会发行审核委员会委员马某反对某下属公司上市，即请肖某提供帮助。肖某联系具有多年工作关系的马某，使得某下属公司顺利通过审核，挂牌上市。后王某送给肖某20万元作为酬谢。

2. 肖某在证监会、东方证券有限责任公司任职期间曾对涌金集团控股的株洲千金药业有限公司、湖南九芝堂股份有限公司提供帮助。2006年，涌金集团实际控制人魏某出于感谢，并欲使肖某利用职务便利为涌金集团控股的国金证券股份有限公司借壳上市提供帮助，为肖某提供其控股的云南国际信托投资有限公司发行的瑞兴财产信托理财产品。肖某收受魏某委托雷某转交的15万元本金,以他人名义签订资金委托协议。该理财产品到期后,肖某妻子周某账户内收到本金及收益共6,157,797.96元。

3. 2006年至2007年,中国银河证券股份有限公司为亿城集团股份有限公司增发股份担任保荐人和主承销商,为该公司募集资金近12亿元。亿城公司董事周某某为感谢肖某的支持,向其低价销售商品房一套,合同价格为715.843万元。经国家发改委价格认证中心鉴定,购买时市场价格应为1626.43万元。

4. 2004年,肖某在证监会任职期间得知中石化拟对下属上市子公司进行整合试点,探索整体上市。2006年,肖某利用中国银河证券股份有限公司担任中石化下属上市公司财务顾问的机会,获得中石化即将启动第二批下属上市公司的股改和重组工作的信息。2006年9月,肖某从光大证券胡某处获知光大证券正在与中石化就借壳事宜进行谈判的信息后,指使其亲属利用控制的多个账户购入北京化二股票。中石化后与国元证券有限公司就让壳重组达成协议,北京化二股票更名为国元证券。2007年10月,国元证券复牌后,肖某指使亲属将该股票抛出,后全部清仓。经司法会计鉴定,肖某共计从中获利103,901,338.92元。

此案影响较大,曾经媒体多次报道。

辩护思路

本案控辩双方既有事实与证据上的争议,也有对适用法律的不同理解。

通过阅卷,辩护人发现第1起指控事实的证据较为薄弱,关于接受请托的事实、谋取不正当利益的事实和收受20万元的事实均未能查清,辩护中就此提出具体意见。另外,从受贿罪所要求的权力制约关系角度看,无法认定被告人具有受贿的动机、目的。在主体身份方面,则强调被告人的职务是在提名后由公司董事会聘用,并非受国有公司委派任职。

在第 2 起事实上,几份缺乏关联性的书证被作为被告人为两个项目“曾提供帮助”的主要证据,但缺乏必要的证言支持。在指出这一问题后,辩护人着重强调对适用最高人民法院、最高人民检察院《关于办理受贿刑事案件适用法律若干问题的意见》要有正确的理解,对于已经收取钱财后再去委托理财,同未收取钱财而只以委托理财为名接受贿赂,在数额认定上要加以区别。

从第 3 起指控看,一个争议在于如何理解“特定人”身份,辩方认为最高人民法院、最高人民检察院解释中的“特定人”应具有国家工作人员身份。另一个争议在房屋价格上,辩方对控方鉴定结论的合法性质疑,并通过提交房屋销售台账、销售合同等证据证明被告人所购房屋价格在正常优惠范围之内。

关于第 4 起指控,主要的争议在于被告人是否了解内幕信息和利用内幕信息获利。辩护人强调不能忽视交易行为与内幕信息之间的因果关系,不能将因果关系倒置,对内幕交易的认定应依法定程序进行。

本案的另一个重要争议是刑讯逼供问题,在被告人提供刑讯逼供证据线索后,辩护人特别用指控证据制作比照表格,证明 21 次有据可查的提讯的合法性均不能得到证实,请求对庭前非法供述予以排除。但两审裁决对此均未提及。

辩护词(一审)

审判长、审判员:

北京市京都律师事务所田文昌律师、王九川律师接受被告人肖某的委托,担任其辩护人。作为被告人肖某的辩护人,根据我们阅卷、会见、调查取证和参加法庭调查所了解的案情,现发表以下辩护意见:

辩护人认为,公诉机关指控被告人肖某犯有受贿罪、内幕交易罪事实不清、证据不足。

一、关于受贿第1起

1.公诉机关在《起诉书》中指控肖某受王某之托、让马某支持青岛金王公司通过上市审核,证据不足。

(1)马某受肖某请求提供帮助的事实没有得到证实。

尽管肖某承认过他给马某打过电话,但马某并没有明确这一事实。在证言中,马某表示:“记不清了”“说情的较多,这类电话我并不在意,该怎么办就怎么办,因此确实难以记住肖某是否就青岛金王上市给我打电话。很可能打过”。显然,这是一种推测性的说法,不能印证被告人的供述。

就本案的其他两名证人证言来看,王某在询问笔录中也只是讲肖某让他放心,事情已经解决,并没有说明被告人究竟为此作出哪些具体的工作。而陈某在证言里连肖某的名字都没有提到,他们都没能证明肖某和马某通电话的事实。此外,没有任何其他证据可以证实被告人与马某有电话沟通,或有其他方式的沟通。那么,马某是否受肖某请托、与王某对肖某的要求有无直接联系,都是没有被查明的事实。

(2)马某对青岛金王公司首发上市的态度是否因为被告人的行

为而发生改变,这一事实也没有查清。

关于这位发审委委员反对青岛金王公司首发上市的说法,来自证人王某,他讲自己接到一个电话(陈某也讲听到有这样一个电话),说马某跑到证监会去声明反对这家公司上市。但是,王某接到的电话是哪个人打来的,马某到证监会是由哪些人接待,都没有得到查证。王某、陈某的说法属于传闻证据,应给予排除。而马某自己在证言里对投票的情况也没有明确的陈述,只是讲该公司获得审核通过。

查阅本案其他证据材料,关于马某对青岛金王公司上市审核的看法、投票情况,没有任何直接证据。

根据《中国证券监督管理委员会发行审核委员会办法》的规定,对股票发行审核不需要全票通过,青岛金王公司首次公开发行股票适用普通程序,按规定参加发审委会议的发审委委员为7人,表决票数达到5票即可通过。青岛金王公司上市获得核准,并不能表明其获得全票通过,不排除马某投反对票的可能。所以,关于马某对该公司上市审核的态度前后有无发生变化,根据现有证据,无法给出明确的结论,而《起诉书》中对此也没有作出认定。

(3)现有证据表明,青岛金王公司上市审核程序合法,认定请托人获取不正当利益证据不足。

公诉机关已将有关青岛金王公司首发上市行政许可的原始书证移送法院,但没有作为指控犯罪的证据在法庭上出示,辩护人已将这些材料作为辩方证据出示。这些原始书证证实,青岛金王公司首发上市申请的受理、审查、核准和公告,符合有关程序规定,该公司符合上市条件,并没有受到特别照顾。

为请托人谋取不正当利益是《刑法》第388条规定的斡旋贿赂的基本特征,公诉机关认定肖某从中斡旋,有哪些后果,为青岛金王公司谋取哪些不正当利益,没有提供任何证据给以证实。因此,对这一起指控适用该条规定,缺乏事实依据。

2. 公诉机关指控肖某接受王某20万元事实不清、证据不足。

公诉机关认定这一事实成立的依据只有肖某的口供和王某的证言。

对肖某全部审判前口供来源的合法性,辩护人持有异议,这些口供经当庭审查,其合法性不能得到证实。撇开口供的合法性不谈,仅从口供的内容分析,这些讯问笔录、自书供述对相关事实也没有给出一致的证明。

关于接受20万元的地点,在供述中就有多种矛盾的说法:在停车场(车门外);在被告人车内;在回家途中;在家门口等。对于这些矛盾,公诉人没有给出合理的解释。关于20万元的用途,被告人的供述也是前后矛盾:前面讲自己用于年底至春节期间打牌等个人消费,最后一次则改称送给范某某,但指控证据里并没有范某某的证言。侦查机关是否依法向范某某调查核实?如果调查核实,应将调查材料移送审查;如果没有调查,那么这些自相矛盾的供述应该被依法排除。

《起诉书》中对20万元的用途并没有作出认定,这也表明,公诉机关对这些矛盾的说法实难作出选择。那么,将这些非法的庭前供述给予排除,应该是正确的选择。因此,在排除庭前供述后,仅凭有争议的王某的书面证言(被告人认为是伪证),不能认定接受20万元的事实成立。

3. 认定肖某具有受贿的主观故意证据不足。

肖某讲,王某是他的上级领导王某的弟弟,他是看在领导情面上帮助王某,自己不可能收他的钱,王某也正是利用这一点来达到为自己节省费用的目的。从肖某和王某的职务关系看,前者受制于后者,前者接受后者亲属的贿赂,不符合受贿罪所要求的权力制约关系,由此无法认定被告人具有受贿的动机、目的。

4. 对肖某的职务身份是否构成受贿罪的犯罪主体，须慎重考虑。

肖某当时任银河证券股份公司总经理，从任职程序看，是依照公司章程进行聘用，如果把他视为受国家机关、国有公司委派到股份公司中从事公务的人员，不符合《公司法》《刑法》的立法本意。指控证据显示，被告人的任职是在被提名后由公司董事会聘用，并不是受委派去任职，因提名而被聘用与受委派任职不能混为一谈。

二、关于受贿第2起

1.《起诉书》中认定肖某对杭州千金药业、湖南九芝堂两家公司"曾提供帮助"证据不足。

(1)在起诉卷宗中，并没有看到与"杭州千金药业有限公司"有关的任何证据材料，没有证据表明有这家公司的存在，对证据材料中涉及的"株洲千金药业"与"杭州千金药业"两家公司是何关系、与涌金集团存在什么联系，公诉人始终没有给出解释。

有关株洲千金药业收购的书证证实，该公司的收购方式为国有股划转，程序并不复杂，其相关手续合法、有效。肖某利用职务便利从中给予哪些帮助，在全部证据材料中没有发现相关的具体事实。如果说肖某作为项目的负责人提供了帮助，那就是和其他委员共同履行依法核准的职责，同时履行监管职责，肖某任职的上市监管部对该企业的后续监管函足以证明这一点。

(2)起诉卷宗中的《九芝堂增发招股意向书》属"封卷稿"，《九芝堂增发招股说明书》为"送审稿"，并不是最终定稿。而且这些书证来源不清，也没有看到其他相关报送审核的文件，无法证实该公司招股项目报送审核的真实过程，从中更没有发现肖某"提供帮助"的证据。

在"封卷稿"中有主承销商为东方证券股份有限公司的文字记载，这算是该项目可能与肖某有关的唯一的证据线索。那么东方证券股份有限公司究竟有无参加这次增发,肖某当时是否参与相关工作,以何身份给予哪些"帮助",却没有任何其他相关的证据材料。对此,公诉人没有作出明确的说明。

在这样的证据基础上,认定肖某对这两个项目"曾提供帮助",显然不能成立。而对被告人接受魏某贿赂和这两个项目的关系,公诉人也没有出示其他证据给予具体的说明。《起诉书》中明确认定,魏某给肖某理财产品,是为感谢其在成都证券公司借壳上市中给予的"支持",对和前面这两个项目有无关系,并没有表态。事实上,依据现有证据,也不可能给出清楚、明白的结论。

2. 认定魏某因涌金集团控股的成都证券公司借壳上市一事感谢肖某事实不清、证据不足。

(1)有关书证证实,成都证券公司借壳上市申请符合相关规定。在这个项目的行政许可过程中,肖某没有投反对票的理由,"支持"是其应履行的职责,"提供支持"并不表明是在为对方谋取不正当利益。所谓魏某"感谢"被告人、送给理财产品的说法,来自证人雷某;很明显,他在证言里的陈述是猜测性的,并不是对事实的陈述。

从瑞兴理财产品自身的特点看,该产品是经过审批的合法的信托理财产品,该产品没有对购买者身份的限制性要求,被告人当时也认为自己有资格购买。

被告人购买的品种属于其中的激进型产品,具有高风险、高收益的特点,无固定收益,很可能血本无归。在产品推出时,证券市场整体形势看好,股市暴涨,投资踊跃,获得高额投资收益并不是新闻。就整体行情和该产品自身的特点来说,很多投资者看好这个产品,以被告人在金融证券领域的专业程度,根据自己的知识、经验进行风险判断,作出购买的选择,不是什么难题。被告人和其他产品投资者获得收益,是由市场行情、产品特点、投资者和托管人的判断等因素决定的。

之所以获得高额收益,与当时证券市场的大行情有直接关系,出现高额收益的后果并不能表明产品发行方的负责人具有行贿的目的。

(2)关于购买瑞兴理财产品的15万元本金的来源,雷某的证言与周某的证言相互矛盾。前者讲是魏某托他带给肖某的,后者说这些是自己家里的钱,雷某的说法没有魏某的证言给以印证,被告人也声明雷某的证言虚假,而周某的陈述则有她在银行的取款凭证这些原始书证给以印证,所以更为可信。

辩护人要强调一点,在这起指控事实中,关于魏某与上述三家公司及与被告人的关系,关于理财产品本金的来源,其他证人都没能证明这些有争议的关键事实。其中最关键的证人是魏某,由于这位证人已经死亡,所以认定这起事实需要更多的证据,在不能获得有说服力的新证据的情况下,指控事实仍是疑点重重,无法得出公诉人坚持的结论。

3.关于受贿数额的认定,辩护人认为,退一步讲,即便认定被告人接受魏某贿赂的事实成立,也只能将这15万元本金作为受贿款。

即使15万元本金真的是来自“行贿人”,但由于该15万元已经交付给受贿人,表明受贿行为已经完成。当受贿人又将该15万元交付给“行贿人”委托理财时,已经是另一个不同的法律行为。无论该15万元最终获得多少收益,还是该15万元最终血本无归,受贿的数额都只能是15万元,既不能多,也不能少。这就是刑法上的“当时当地”原则。已经收取了钱财后再去委托理财,与并未收取钱财而只是以委托理财为名去接受贿赂,不应该混为一谈。前者在收取钱财时受贿行为已经完成,而后者在理财过程中受贿行为并未完成,数额也无法确定,只有在理财后将最终收益交付时,才视为完成贿赂行为并以实际交付数额计算贿赂数额。所以,本案情况不应适用最高人民法院、最高人民检察院《关于办理受贿刑事案件适用法律若干问题的意见》规定的情形,以该规定认定受贿数额,属适用法律错误。

三、关于受贿第3起

1.《起诉书》中认定周某某低价销售商品房是为感谢肖某的支持,缺乏事实依据。

指控证据中有关亿城股份公司增发项目的书证和相关证人证言,以及辩护人提交的亿城股份公司的证明这些证据足以证实:银河证券股份公司作为券商,参与竞标,为亿城股份公司提供服务,是有求于亿城股份公司,选择权在甲方亿城股份公司。肖某是提供服务、参与竞标的乙方的负责人,是有求于对方。事实上,乙方已完成委托事项,从甲方赚取3000多万元的承销费用。作为接受服务者的董事,还要用本单位的财产(商品房)向提供服务的乙方负责人送礼,表示感谢,这种做法违反市场交易规则、违背常理,这样的受贿讲不通。

2. 在本起涉嫌事实中,肖某也不具有受贿的主体身份。

公诉人将被告人归入最高人民法院、最高人民检察院《关于办理受贿刑事案件适用法律若干问题的意见》中的"特定人",是以特定人的身份享受低价,缺乏事实依据,也是对该规定的曲解。

亿城股份公司在销售该项目时有无安排特定人,肖某是否名列其中,公诉人只作口头解释,并无证据支持。按照被告人的说法,他和周某某是朋友关系,购买房屋,也是基于这种关系给予的优惠。亿城股份公司在《情况说明》以及该公司负责人官某等证人在证言中也证实,周某某作为公司董事有给予买方优惠价格的权力。在购买时,双方协商价格,最终成交价格明显高于许多房屋的售价,更说明他不具有特定人的身份。

就最高人民法院、最高人民检察院这一解释的本意看,所谓商品经营者事先设定的特定人可能包括国家工作人员,也可能包括非国家工作人员,构成受贿的特定人当然要具有国家工作人员的主体身份。即使属于特定人,如果不是国家工作人员,也不构成受贿主体。肖某所在的股份制证券公司,为亿城股份公司提供承销、保荐服务,是正常的企业经营行为。他本人在这些服务中并不具有履行公务职责的身份。所以,即便他为特定人,也不能把他当作受贿主体。

3. 肖某购买的房屋价格属于正常的优惠价格。

(1)被告人所购房屋价格不属于"明显低于市场的价格"。

本案的有关证据证明,万城华府项目初期销售形势不利,后来价格上涨,有两个因素:房地产市场好转,以及该项目自身建设更加完善。这时,公司在决策会议上决定对市场不利时期的预留房屋按照原价销售,这是给予老客户的另一项优惠。所以对被告人购买房屋价格高低的判断,应结合销售行情的变化,以销售初期、2006 年预留期、2008 年买卖签约期的该项目的整体销售价格作为依据。

辩护人提交的房屋销售台账、销售合同证实:与在同一栋楼内房屋的销售价格相比,被告人所购房屋价格居中偏上;与被告人同一签约时期内该项目各个地段的多套销售房屋比,其价格也属于中等偏上。所以从影响房屋价格的两个重要要素(坐落位置、销售时间)进行比较,被告人购买房屋价格并没有享受到很大的优惠,被告人及其妻子、有关证人的说法符合实际情况。

(2)指控认定房屋价格的重要依据就是房屋价格鉴定结论,辩护人认为,这一鉴定结论依据不足,鉴定程序、方法错误,不能作为定案的依据。

该鉴定书中明确写明依据"案例 A""案例 B""案例 C"进行价格比对,但是没有关于这三个案例的任何具体材料,连案例的名称也无从查起。这种鉴定的比准价格来自何处,依照哪些程序取得,鉴定书中不见明确说明,不见依据材料,公诉人也没有提供相应证据。

从鉴定结论看,该鉴定价格单价 42,722 元,几乎是被告人所购买房屋价格的两倍,也与该项目当时整体实际销售价格有极大差异。需要强调指出的是,同类、同期房屋已经发生的实际价格是最有说服力的证据,辩护人提供的已经履行的多项售房合同,已充分表明被告人的购房价格与这些合同上房屋的价格不相上下。在此情况下,却以事后的鉴定为依据来否定已经发生过的实际价格,既无法律依据,也无事实依据。

按照该鉴定,被告人仅此一项,受贿即达900多万元。从一起正常的房屋交易,到受贿数额巨大,这样的跨度,与价格鉴定有极大的关系。建议合议庭以合法有效的原始合同记载的价格为认定依据,或者委托价格鉴定机构依法重新进行鉴定。

四、关于内幕交易

辩护人认为,应从两个角度来分析这一争议事实:有关内幕交易信息的特点及交易信息对被告人交易行为的影响;对内幕信息、内幕交易的认定程序。

1. 肖某委托他人购买北京化二股票没有利用内幕交易信息。

内幕交易信息的基本特点是:真实性、重要性和未公开性。本案涉及的交易信息包括三种:

(1)中石化对下属上市子公司开始整合试点,谋求整体上市,以及准备启动第二批下属上市公司股改、重组;(2)中石化与光大证券就借壳北京化二上市事项进行谈判,未达成协议;(3)中石化与国元证券就北京化二让壳重组事项进行谈判,达成协议。

其中第1种信息:在肖某等人建仓北京化二之前,已属于公开的信息,辩护人提交的有关报道已证实这一点,所以不具有“未公开性”的特点。第2种信息:因为谈判失败,没有达成协议,所以对市场不会产生重大影响,也不属于必须披露的信息。只有对必须披露的信息,才有设定价格敏感期的必要,才会考虑是否保密,所以该信息不具有真实性、重要性和未公开性的特点。第3种信息:具有内幕信息的特征,但当被告人得知这一信息时,北京化二已经停盘。

需要强调指出的是:在分析本案被告人购买股票是否利用内幕信息进行交易时,不应忽视其交易行为与内幕信息之间的因果关系。

公诉机关认为,被告人利用了中石化与光大证券谈判的信息。但事实上该谈判因失败而并未成功,不可能因此产生收益。另外,中石化与国元证券谈判成功,该信息属内幕信息,可以产生收益。但被告人的交易行为却发生在得知该信息之前,不可能利用该信息。所以,被告人所说根据第1种信息进行分析,作出购买的决定是可信的。

法律规定内幕交易罪的目的在于,打击那些利用内幕信息进行交易而获取不正当利益的行为。所以,了解内幕信息和利用内幕信息获利是该罪的基本特征。但是,本案的指控是将发生在不同阶段的几种不同信息混淆起来,张冠李戴,割裂了交易行为与内幕信息之间的因果关系,进而又将被告人因个人判断所进行的交易与其交易之后才发生的内幕信息联系起来,形成了因果关系倒置的认定。事实上,被告人并没有也不可能利用这种内幕信息。辩护人提请合议庭对这一重要事实给予重视。

2. 对内幕交易的认定应依照法定程序进行。

认定内幕交易是一项非常专业的工作,在证据的取得和认定上有严格的标准。中国证监会已经制定并实施《内幕交易认定办法(试行)》,规定细化了内幕人的认定标准,明确了内幕人、内幕信息的范围,对各类内幕人和其他途径获取内幕信息者的举证责任作出划分等,是具有明确操作程序的、适用于内幕交易认定的规范性文件。对于内幕交易,无疑应以该文件和其他相关规定为依据,由证券监管机构进行调查,这样的调查结论才可以作为证据使用。

本案中证监会出具的两份回函,一份为证监会纪委对中纪委的回函,这属于党内程序文件;另一份为证监会稽查局给公安部的回函,这不属于依照上述行政程序作出的认定结论,只是对侦查机关意见的一种回复性意见。给公安部回函的内容有几个特点:一是声明该意见是依据公安机关侦查获取的证据作出;二是只对中石化与光大证券谈判这一信息表态,认为属于内幕信息,同时明确了价格敏感期和内幕人(对公安部意见的重述),对肖某的行为是否属内幕交易并未表态。这些都说明这只是一份意见,并不是证券监管机关依法独立调查得出的结论,不属于专业机构的鉴定意见,不该被当作认定犯罪的依据。

鉴于本案涉及交易金额巨大,在事实、证据和法律适用上争议较多,建议合议庭考虑请中国证监会启动正式的行政调查程序。

3. 被告人购买股票违规,但未构成犯罪。

辩护人认为,被告人作为证券监管机构的兼职工作人员(并购重组审核委员会委员),通过亲属买卖股票,违背了有关行政法的规定,对此应依照有关规定作出处理。但该行为并没有触犯《刑法》规定,不能因为违规购买股票,获取巨大收益,而使用刑事处罚手段。

五、关于庭前非法供述排除

就被告人肖某提出的受到刑讯逼供问题,辩护人特别制作了一份比照表格,对起诉卷宗证据材料中所有的讯问笔录和提讯证进行归纳比较。这些证据材料显示,对被告人肖某有记录的讯问为21次(被告人称事实上无法计算讯问次数,因为有长期的连续讯问的情况,包括一次连续28天的讯问和一次连续50天的讯问)。

被告人多次申明,自己曾遭受上吊、捆绑、躬腰、脚踢、不许睡觉等多种刑讯,还受到其他威胁利诱,包括拘捕亲属、认罪放人等。尽管这些说法还没有得到全面的查证,但上述21次提讯的有关证据材料已证明以下事实:有19次提讯无具体提押、还押时间,另两次记载有提押、还押时间的提审，一次为宣布逮捕，只有27分钟，另一次显示提讯长达42小时40分钟；有18次讯问没有同期录音录像；3次讯问录像光盘中有2次的光盘没有密封，且光盘显示时间与外包封面记录时间不符；提讯证记录提讯人员姓名不全，提讯人所在单位与提讯证盖章显示单位不符；有10次提讯无讯问笔录等。

从部分讯问人员就2次讯问提供的证言看，其中关于羁押场所特征的陈述，关于被告人与讯问人身体不可能，也无法接触的说法不可信。3次讯问录像显示，在看守所内讯问时，被告人与讯问人之间的铁门没有上锁，讯问人曾经走到被告人身边；在侦查机关内讯问室里，讯问人和被告人之间没有任何屏障。

可见，上述21次有据可查的提讯，没有一次是完全符合法律规定的，被告人审判前供述的合法性，也没有一次得到公诉人的证实。

根据最高人民检察院《人民检察院讯问职务犯罪嫌疑人实行全程同步录音录像的规定（试行）》和最高人民法院、最高人民检察院、公安部、国家安全部和司法部《关于办理刑事案件排除非法证据若干问题的规定》等规定，辩护人有充分理由认为，被告人的庭前供述不能成为认定犯罪的依据：

其一，在被告人提供刑讯逼供证据线索的情况下，公诉机关不能当庭播放全程同步录音录像，显属违反法律规定，公诉人表示只能播放部分录音录像的做法于法无据。公诉人已出示的3次讯问录音录像也违背上述基本规定，同时不符合最高人民检察院对讯问录音录像技术工作流程、技术规范作出的规定。因此，无法排除被告人庭前供述的非法性和不真实性。

其二，非法证据既包括因刑讯逼供取得的证据，也包括用其他非法方式取得的证据。辩护人前面列举的长时间连续讯问及监所外提讯等多种已经被记录的事实，其非法性是无法否认的。所以，仅从这一角度,被告人庭前供述的非法性也是不能排除的。

其三,根据最高人民法院、最高人民检察院、公安部、国家安全部和司法部《关于办理死刑案件审查判断证据若干问题的规定》(据最高人民法院、最高人民检察院、公安部、国家安全部和司法部通知,办理其他刑事案件,参照该规定执行)的规定:“对被告人供述和辩解的审查,应当结合控辩双方提供的所有证据以及被告人本人的全部供述和辩解进行。”“被告人庭前供述和辩解出现反复,庭审中不供认,且无其他证据与庭前供述印证的,不能采信庭前供述。”

本案被告人庭前供述出现多次反复,所以,即使抛开非法证据不谈,依据该条规定,也应当采信被告人的当庭供述,而不应以其庭前供述作为定罪的依据。

因此,请合议庭将上述审判前供述依法给予排除。

综合以上意见,辩护人认为,公诉机关对被告人肖某的指控事实不清、证据不足,适用法律不当。鉴于本案涉及受贿中的新情形、涉及内幕交易这样的新型犯罪,较为复杂,而控、辩双方在事实、证据和法律适用方面又存在较多争议,请合议庭严格慎重审查,依法作出公正裁决。

被告人肖某辩护人:

北京市京都律师事务所律师　田文昌　王九川

二〇一〇年十二月十三日

辩护词(二审)

审判长、审判员:

北京市京都律师事务所田文昌律师、王九川律师接受上诉人肖

某的委托,担任其二审辩护人。作为上诉人肖某的辩护人,现对一审法院的有关认定和判决结果提出以下辩护意见:

一、关于受贿罪

(一)关于接受王某20万元

1. 一审判决认定肖某接受王某20万元证据不足。

判决中认定肖某接受王某20万元事实成立,认为"供证之间在接送财物的时间、地点、数额、缘由等方面均相一致",该判决所指的口供系上诉人审判前接受讯问的笔录。

关于这些审判前口供的合法性,在一审期间辩护人已质疑,认为其合法性不能得到证明,应依法给予排除。一审判决中对这些意见没有给以具体的回应,而是直接否认肖某的辩解,认定这些审判前口供为真实、合法的证据。

就这些庭前口供的内容来看,有关20万元的接送时间、地点和用途,前后供述就存在明显的矛盾。另外,上诉人提出的并无王某所讲的帕萨特小汽车(接送财物时驾驶)的意见、辩护人提出的20万元去向等问题,都是事关供、证内容真实性的关键问题。一审判决中对这些也没有作出回应。那么,一审法院认为供证"均相一致"的依据何在?

2. 一审判决认定马某接受请托提供关照证据不足。

马某并没有证明肖某为青岛金王公司上市一事给他打过电话,除肖某供述外,没有任何其他证据证实肖某与马某就这件事有过联系;所谓马某提供关照的事实,也没有任何证据。

一审判决中认定"证人马某的证言与肖某的供述相印证,证实肖某为青岛金王公司上市之事请托马某予以关照",显然是对这些供证内容的曲解。该判决中认定:"马某的证词尽管含糊,但对此并未否认。""并未否认"只是证人的一种态度,不等于同意肖某的说法,在承认“证词”“含糊”的基础上,认定“供述相印证”,显然自相矛盾。

3. 一审判决认定肖某谋取不正当利益依据不足。

判决中认定肖某和马某“二人长期存在横向的工作联系”,符合《刑法》规定的“利用本人职权及地位形成的便利条件”的情形,“可以认定肖某利用了本人职权及地位形成的便利条件对马某的职务行为产生影响”。

这是非常明显的逻辑错误,有便利条件,不等于利用了这种便利条件,不等于接受请托行为的发生。该判决把便利条件存在的事实等同于利用便利条件实施行为并产生影响的事实,这属于客观归罪。

判决中认为“肖某通过马某的职务行为”,已经违反有关法律规定,属于手段不正当,所以谋取的利益也具有不正当性。辩护人认为,这是对有关司法解释的误解,“手段不正当”不等于“为请托人谋取了不正当利益”。在认定中,应判断发生结果与不正当手段之间的因果关系,在因果关系成立的情况下,才能确认不正当利益的发生。从本案来看,即使肖某与马某联络的事实成立,即使该行为违反有关行政法律规定,但现有证据证实,青岛金王公司获准上市并无违法之处(判决中也认定这一事实)。上市这一结果和马某、肖某的行为之间有无因果关联,未能得到证明,所以不能确认肖某谋取了不正当利益。公诉机关认为,“以行为人谋利手段的不正当性确认利益的不正当”,但是,应有一个必要条件,就是确认因果关系;一审法院对这一观点的认同不能成立。

4. 一审判决对肖某是否具有受贿的主观故意无明确认定。

在一审阶段,辩护人提出:从肖某和王某的职务关系看,前者受制于后者,前者接受后者亲属的贿赂,不符合受贿罪所要求的权力制约关系,由此无法认定被告人具有受贿的动机、目的。该判决对此没有作出评判,由此认定肖某具有受贿的主观故意,不能令人信服。

(二)关于购买瑞兴理财产品

1. 一审判决认定肖某为魏某相关公司谋取利益证据不足。

该判决认定肖某参与“千金药业”公司的行政许可,但对魏某的具体相关行为只字未提;关于“国金证券”上市审核的事实,判决认定“魏某曾向肖某寻求帮助”,其证据主要是雷某的证言,而没有关键证人魏某的证言。可见,所谓的请托行为无法得到证实。

受贿中的“为他人谋取利益”,包括承诺、实施、实现等行为,其中要有具体的请托事项。在具体请托事实没有查明,是否存在承诺、实施和实现行为不明的情况下,把上诉人肖某正常的履行职务行为视为实施具体请托事项的行为,属于客观归罪。

2. 一审判决认定肖某接受雷某交付15万元系魏某给予的感谢费证据不足。

按照雷某的说法,该15万元为魏某托付转交,但没有魏某的证言给予印证;雷某还认为这是给肖某的感谢费,这仅仅是推测,并没有具体的事实依据,也同样没有魏某的证言印证。仅仅根据雷某含混的陈述和肖某的不具有合法性的审判前口供来认定这一事实,结论当然不可信。

3. 一审判决认定购买瑞兴理财产品本金来源事实不清。

判决中明确认定周某关于购买理财产品本金来源的证言和相关书证真实、合法,可见,上诉人自己出钱15万元购买的事实已得到一审法院的确认。

但该判决中还认定:“先行接受请托人魏某所送用于购买理财产品的15万元,其购买理财产品时是否用该15万元,并不影响对其未实际出资而以委托理财的方式接受贿赂的认定。”既然认定15万元本金是上诉人自己的钱,那么何以得出“未实际出资”这一自相矛盾的结论?

判决中认定:“被告人肖某的供述与本案查明的此前肖某为魏某相关公司谋取利益及之后魏某为肖某提供收益机会的事实相印证,足以证实肖某接受魏某该15万元的用途指向明确,即用于购买瑞兴理财产品。公诉机关举证的证据,足以证明肖某购买理财产品的本金来源系受贿所得。”所谓的“指向明确”,显然是一种推断。接受15万元(如果该事实成立)和用15万元购买是两个各自独立的行为,并无必然联系。即使认定受贿,也只能认定前一个行为,将15万元视为受贿数额。

辩护人仍然认为,已收取钱财后再去委托理财,同未收取钱财而只以委托理财名义接受贿赂,这两种情况不能混为一谈。前一行为受贿已经完成,而后一行为尚在理财过程中,受贿并未完成,也无法确定数额,只有在理财后将最终收益交付时,才视为完成贿赂行为并以实际交付数额计算贿赂数额。所以,本案情况不应适用最高人民法院、最高人民检察院《关于办理受贿刑事案件适用法律若干问题的意见》规定的情形。

4. 一审判决认定肖某具有受贿故意依据不足。

该判决认定:“肖某对魏某欲以此使肖某获得明显受益作为酬谢的用意亦应明知。”受贿罪属于故意犯罪,应该明知属于主观方面的过失情形,且应该明知不等于事实上的明知,只有证明事实上明知,才能认定这种故意的成立。可见,这种推断不符合受贿罪的主观要件。

(三)关于购买亿城公司房屋

1. 一审判决错误认定房屋价格认定的证据。

关于辩护人提交的有关房屋价格证据材料,该判决中认定其具有真实性、合法性,辩护人对这一认定非常赞同。

该判决认为辩方未能证明该价格是“经营者面向社会公众事先

设定的价格”,未能证明“证据所指的购房者是非不特定人员”,所以不能证明待证事实。辩护人认为,肖某不属于“特定人”,没有就购买房屋行为把他与特定人进行比较的必要;辩方所提交的大量原始购房合同等证据,都是正常的原始交易材料,不该对这些证据设置不必要的假定条件。这些原始交易合同中的价格、购房人的身份是否具有特殊性,无须另行举证。控方对此曾质疑,那么应由控方提出证据;在没有提交新证据的情况下,依据辩方提交的证据足以否定指控事实。

控方提交的价格鉴定结论,其鉴定依据内容不明,未见具体相关原始材料,结论不可信,该证据缺乏真实性、合法性。在认定辩方证据的真实性、合法性后,一审法院并没有把这些证据作为否认指控事实的依据。在控方与辩方证据明显矛盾的情况下,也没有依法委托有关机构重新作出鉴定,而是直接认定控方提交的鉴定结论“合法、客观、科学”。辩护人希望二审法院对此给予重视,重新作出认定。

2. 一审判决认定上诉人利用职务之便为亿城公司谋取利益,没有事实和法律依据。

本案事实已经表明,肖某所在的证券公司为股份制企业,其本人不具有履行公职的身份,其所在的企业为亿城公司提供市场化服务,不存在亿城公司向其请托的可能,当然与受贿无关。

所谓周某某与亿城公司存在“一致利益”的认定,也是根据一纸证明进行的推断,这里并没有关键证人周某某的证言。关于这种“一致利益”如何界定,究竟和本案有何关联,无法得出如此肯定的结论。一审判决认为“虽无周某某证言,但本案的间接证据指向性一致且与肖某庭前供述相印证”。辩护人认为,这些间接证据与这些口供并不相符,而是“指向”另一个方向:无罪。

一审判决认定上诉人“为亿城公司的谋利行为与其受财行为之

间具有因果关系,明显具有权钱交易的性质”,既无事实依据,也无法律依据。

二、关于内幕交易

1. 一审判决认定内幕交易缺乏合法依据。

一审法院将中国证监会给公安部的《回函》作为定案依据,辩护人认为,该回函只是一种回复意见,并不是正式的调查结论。既然一审法院认为“中国证监会对上市公司涉及内幕信息有关问题进行认定属于其法定职责范围”,那么这种调查应该依照依据《内幕交易认定办法(试行)》等有关程序性行政规定独立进行,所得出的结论才能作为认定本案的依据。

2. 一审判决对内幕信息的认定与事实不符。

本案中存在三种相关信息:(1)中石化对下属上市子公司开始整合试点,谋求整体上市,准备启动第二批下属上市公司股改、重组;(2)中石化与光大证券就借壳北京化二上市事项进行谈判,没有达成协议;(3)中石化与国元证券就北京化二让壳重组事项进行谈判,最终达成协议。

其中只有第三种信息具有内幕信息的特征,而上诉人是在获得这一信息前安排购买北京化二股票,该交易行为和该内幕信息之间没有因果关系。

一审判决中没有全面分析、辩明这三种信息,仅就第二种信息进行分析认定,忽略了有关三种信息的全部事实;没有对上诉人购买股票的所有行为作出完整的认定,找出其中的因果关系;其结论是依据片面的事实得出的,所以不能成立。

三、关于口供的合法性

在各个有争议事实的认定中,一审法院在判决中否定审判阶段的无罪口供,对于审判前口供,忽略其中的违法之处、自相矛盾之处,而选择其中对肖某不利的口供作为定罪的依据。

公诉机关出示的否认刑讯逼供的证据材料,根本不能否定辩护人根据指控证据材料提出的意见。辩护人指出的有记录的21次讯问的相关材料已经足以证实这些口供的非法性。一审法院对辩方提出的上述具体问题没有给出具体回应,所作出的排除非法取证的结论违背事实,不符合有关非法证据排除的相关法律规定。

因此,请二审法院对这些口供的合法性重新进行审查。

综合以上意见,辩护人认为,一审法院在判决中对本案主要事实的认定证据不足,对部分关键证据的评判理由不能成立,对有关法律适用不当。请二审法院对本案的全部事实、证据进行严格审查,严格适用有关法律规定,改判上诉人肖某无罪。

谢谢。

上诉人肖某辩护人:

北京市京都律师事务所律师　田文昌　王九川

二〇一一年四月十一日

审理结果

2011年3月,河南省郑州市中级人民法院对此案作出一审判决,认定指控事实和罪名成立,判处肖某死刑,缓期2年执行,剥夺政治权利终身,并处没收个人全部财产。肖某随后提出上诉。同年4月,二审法院裁定驳回上诉,维持原判。

王某才被控聚众淫乱罪

案情简介

王某才，系内蒙古某医院原副院长。

王某才与单某风系朋友关系。单某风与某职业学院在校女生王某艳系情人关系，因王某艳怀孕，单某风带其找到王某才求其帮助联系无痛人流手术。手术完成后，王某艳联系职业学院女同学吴某琳（未成年人），表示让吴某琳陪陪王某才，吴某琳同意了。

某天中午，单某风、王某才、王某艳、吴某琳四人一起吃饭、喝酒。席间，单某风对吴某琳说："饭后陪王院长好好玩玩，咱们同吃、同喝、同睡。"单某风和王某才还摸了吴某琳的胸部。饭后，单某风提出到一家招待所休息，四人到某招待所，单某风、王某才同时与吴某琳进行了淫乱活动。

内蒙古自治区通辽市科尔沁区法院判决单某风犯强奸罪（跟王某才无关的另一起事实），判处有期徒刑 5 年；犯引诱未成年人聚众淫乱罪，判处有期徒刑 3 年。决定执行有期徒刑 7 年 6 个月。王某才和单某风犯引诱未成年人聚众淫乱罪，均判处有期徒刑 3 年。三人不服一审判决,均提起上诉。

辩护思路

本案争议焦点:是否存在聚众的性质,是否存在引诱的事实,是否明知吴某琳属于未成年人。

构成引诱未成年人聚众淫乱罪必须具备四个要件,一是“引诱”,二是“未成年人”,三是“聚众”,四是“淫乱活动”。由于第四点没有争议,所以辩护人主要从是否存在“引诱”行为,是否构成“聚众”行为,是否明知女生属于“未成年人”几个问题进行辩护。

辩护词(二审)

尊敬的审判长、审判员:

我们受王某才家属的委托,担任王某才被控引诱未成年人聚众淫乱罪二审辩护人,现依据事实和法律发表如下辩护意见,请法庭参考并希望采纳。

辩护人认为,王某才不具备引诱未成年人聚众淫乱罪的法定犯罪构成要件,所以不能构成引诱未成年人聚众淫乱罪。

一、一审判决存在的问题

一审判决最突出的问题是判决缺乏事实依据和法律依据。具体讲,在事实认定方面基本属实,即没有认定王某才有“引诱”行为和“聚众”行为(见判决书第3至4页,未出现一个“引诱”的字眼和“聚众”的字眼),但是判决主文却认定被告人构成引诱未成年人聚众淫乱罪。从形式逻辑角度讲属于违反矛盾律,即前提和结论互相矛盾,前提是王某才不具有引诱未成年人聚众淫乱罪的行为(法庭查明的事实),结论是王某才构成引诱未成年人聚众淫乱罪。

此外,一审判决在采信证言方面也存在诸多问题,其中最为突出的是李某的证言。李某共出具过三份证言,并明确声明第一次(编造强奸情节)因受到吴某琳干扰陈述不真实。公安机关办案人员陈某、安某欣于2010年9月17日出具的《情况说明》称,办案人员向李某核实时李某称第一份证言确实受到了吴某琳的指使干扰,不真实,第二份和第三份真实;向吴某琳核实时吴某琳"拒绝回答问题,表示记不清楚",即吴某琳并未否定李某的说法,从而印证了李某第一份证言受到干扰的事实。而且从与其他证据相印证的角度看,后两份与事实相符。但是,一审法院却毫无理由地采信了第一份证言。

二、王某才不构成引诱未成年人聚众淫乱罪

《刑法》第301条规定:"聚众进行淫乱活动的,对首要分子或者多次参加的,处五年以下有期徒刑、拘役或者管制。引诱未成年人参加聚众淫乱活动的,依照前款的规定从重处罚。"由此可见,构成引诱未成年人聚众淫乱罪必须具备四个要件,一是"引诱",二是"未成年人",三是"聚众",四是"淫乱活动",由于第四点没有争议,所以本案的关键在于上诉人是否存在"引诱"行为,是否存在"聚众"行为,是否明知吴某琳属于"未成年人"。

(一)王某才没有引诱行为

关于何为"引诱",法律和司法解释并无具体规定,但是在学理解释上却有详细说明,而且没有争议。按照周道鸾、张军主编的《刑法罪名精释》,"'引诱'是指通过语言、表演、示范、观看录像等手段,诱惑未成年的男女参加淫乱活动的行为。在司法实践中,往往是通过传播淫秽物品、宣讲性体验、性感受甚至直接进行性表演等方法进行拉拢、腐蚀、引诱未成年人参加淫乱活动"。胡康生、郎胜主编的《中华人民共和国刑法释义》论述与此相同;高铭暄、马克昌主编的统编教材《刑法学》(北大出版社、高教出版社,2007年1月第三版,P619)

论述与此基本相同。

检察员在答辩时提到以上学理解释没有法律效力，但是，检察员却不能提供与此相悖的任何其他解释，那么检察机关又是根据什么来认定引诱行为的呢?

综观全案，对照以上学理解释，得出的结论是王某才没有引诱行为。关于这一点，一审判决采信的证据就能够充分说明。

首先，王某才在聚众淫乱时完全处于被动地位，既无主观故意，更无引诱行为。下面是辩护人对侦查人员所做笔录的摘抄与分析:

姓名、时间(次数)、页码、内容	证明内容
吴某琳 2010.5.11,15:10~16:20(1) P4~5 过了一会儿，所谓王院长的人来了，先吃的饭，吃饭中，那个三哥提酒时说我们要和王院长同吃、同喝、同睡，他说了好几遍，我也明白什么意思了，就同意了。	同吃、同喝、同睡是单某风提出来的
单某风 2010.5.13,14:30~17:30(1) P6 我们到招待所后老板娘要给我们开两个房间，我说不用，开一个房就行。	单某风提出开一个房间
单某风 2010.5.17,16:45~17:20(4) P4 问:你和这些女孩在一起答应她们什么条件了吗?答:我和她们说过我认识王院长，以后她们要是去医院实习、找工作我可以帮忙…… 问:你为什么要把她们介绍给王院长?答:一是想和王院长把关系处得更好;二是让她俩有机会认识王院长，今后有什么事情和王院长联系，进一步拉近关系。	(1)王某才并非聚众淫乱的提出者、引诱者，无任何引诱的故意和行为;(2)王某才是被动者，被单某风等拉下了水
单某风 2010.5.13,22:30~23:58(2) P8 就是在吃饭中，我和吴某琳说一会儿吃完饭后找个地方好好陪陪王院长、好好玩玩，吴某琳说，“行”。	同上

续表

姓名、时间(次数)、页码、内容	证明内容
王某艳 2010.5.12,21:40~23:00(3) P4~5 5月10日上午单某风开车拉我到附属医院说找他的好朋友王某才副院长帮忙做人流,等我们到他办公室聊了会儿天,王某才说附属医院做不了,先去吃饭完再说吧,我当时说我再把我班同学叫来一起吃饭吧,当时我还怀疑是吴某琳偷我钱的事,我就想把吴某琳发给王院长(让他们有性关系),这样既可以解气,还可以感谢王院长帮我找人做人流……当时我单舅提出有点喝多了想找个地方休息一下,这样我们四个人就到了职业学院北边的鑫鑫招待所开了一间房,那房间里就一张床,我进去时王院长和吴某琳去厕所了,不一会儿他俩搂搂抱抱进房间了,单某风、王院长还有吴某琳先上床了……	同上
王某才 2010.5.14,14:30~15:50(4) P2 我现在想起来我应该也是一个受害者,为什么这样说呢,一是单某风知道我现在的工作,手中有权力,我们单位的停车场是我承包给他管理的,而且,最近我们单位要在河北建筑大楼,要有不少工程,这个单某风知道,他想通过介绍女孩拉拢我,通过拍照的手段威胁我,好让我给他点活干…… P3 问:单某风还给你介绍过别的女生吗?答:介绍过……刘某……	同上
单某风 2010.6.7,15:22~16:25(5) P3 问:2010年5月10日,在开发区吃饭时,王某才是什么时间到的饭店?答:10时50分左右,我们三人先到的。 问:在去之前,王某才知道将要和女孩发生性关系这样的事情吗?答:他不知道。 P3~4 问:在吃饭的过程中,王某才讲过什么有关性的话题吗?答:没有。	王某才事前不知聚众淫乱之事,更无引诱行为

续表

姓名、时间(次数)、页码、内容	证明内容
王某才 2010.6.7,16:54~17:20(7) P2 问:吃饭的过程中,都说过或做过什么?答:就说一些相关生活中的事情,然后单某风就开始摸吴某琳的胸,我也跟着摸了,其他什么也没有说,也没有做。 问:你说过引诱吴某琳发生性关系的话题吗?答:没有。 问:你是什么时候知道要和吴某琳发生两性关系的?答:吃完饭,到旅馆以后,单某风说:"脱了、脱了,休息。"我这时才明白要发生这样的事情。	同上

其次,客观地讲,不只是王某才没有引诱行为,整个淫乱过程也根本不存在引诱行为,见下表侦查人员所做笔录。

姓名、时间(次数)、页码、内容	证明内容
吴某琳 2010.5.11,15:10—16:20(1) P3~4 问:你为什么要和他(指单某风)发生关系啊?答:我也没想那么多,没办法。问:怎么没办法,为什么对方领的是你而不是李某?答:我也不知道。 P4~5 2010年5月10日上午第二节课下来之后,王某艳打电话到我对象手机里找我,说是她做阑尾手术让我去陪她,我就下楼了,她和那个三哥在一起,开的还是那辆车,然后我们去了附近一家饭店,说是要等附属医院的王院长,通过他给王某艳做手术……过了一会儿,所谓王院长的人来了,先吃的饭,吃饭中,那个三哥提酒时说我们要和王院长同吃、同喝、同睡,他说了好几遍,我也明白什么意思了,就同意了。 问:什么意思?答:就是要和他俩一起发生关系。 …… 吃完饭,我们就去了那家鑫鑫招待所,到那以后,我们四人开的房间,是南面的一个房间,进屋以后,王某艳说上网,然后就坐电脑前了,三哥和那个人就开始脱衣服,然后又让我脱衣服,我就同意了,就开始脱衣服,我们脱好都躺下了,他俩开始相互让,说是你先来,接着王就上来和我发生关系,王某艳这时说出去上厕所,就走了……做了一会儿,王射了,接着三哥又上来了……	吴某琳在聚众淫乱中完全自愿,不存在违背意志和被他人引诱情形

续表

姓名、时间(次数)、页码、内容	证明内容
吴某琳 2010.5.11,19:30~21:20(2) P2~3 上车后三哥就开车拉着我俩去了我们学校附近的一家叫乡村菜馆的饭店了,那个叫三哥的说咱们等等院长……过了一会儿,来了一个五十来岁的男的,我们就开始吃饭,那个叫三哥的这次又叫我喝酒我开始说不喝,喝完难受,三哥说我不喝不够意思,然后我就喝了大半杯白酒,吃完后我们就去了附近的一家叫鑫鑫的招待所,到房间后我说去厕所……我们回屋后过了一会儿这两个男的就脱光了躺在床上,叫我和王某艳也脱了,王某艳说等会儿我上趟厕所,说完就出屋了,然后我们三个在房间时三哥说的一会儿让王某艳先和院长,然后咱们再换过来……当时我喝多了他俩谁先上的我记不清了……	同上
吴某琳 2010.5.18,9:30~11:20(4) P4 问:5 月 10 日那天你和单某风、王院长吃饭时他们还对你有什么举动吗?答:有,当时单某风摸我胸部了,还让王院长摸了我的胸部……问:那你当时反抗了吗?答:我没反抗,当时单说要摸我胸部,我坐的和他有点距离,单说:“听话啊!”……我就过去了。	聚众淫乱前没有引诱行为(摸胸部不属于引诱,顶多属于猥亵);吴某琳完全自愿
王某艳 2010.5.13,8:20~10:20(4) P4 在吃饭时,单某风提酒时说既然是朋友,咱们就同吃、同喝、同睡,行不行?吴某琳就说行,然后单提出要看她的胸,吴某琳同意了当着我们面就把胸露出来了,这样,吃完饭就去了招待所,都知道要发生什么事,到那以后,我就回避了,我当天不想,因为我怀孕了。	同上
单某风 2010.5.13,14:30~17:30(1) P9 问:进招待所后是谁先提出来发生性关系的?没有人提出来,进屋后王某艳坐在电脑前玩电脑,吴某琳脱光衣服就钻被窝了,王某才躺在床上后是吴某琳帮助脱的鞋。	同上

续表

姓名、时间(次数)、页码、内容	证明内容
单某风 2010.7.9,15:30~16:20(7) P3(2010 年 5 月 8 日单某风与吴某琳发生性关系后)当时吴某琳还说:“你给我买个手机,再买件衣服行吗?”我说:“我没带那些钱,以后给你买吧。”她说:“行,啥时都行。”	吴某琳与他人发生性关系出于自愿,且有获利目的(获利目的与引诱明显矛盾,更接近卖淫嫖娼)
吴某琳 2010.5.11,15:10~16:20(1) P3 他(单某风)最后把精液射在外面了……当时他就答应给我买手机……	同上
李某(吴某琳同学)2010.7.5,10:40~11:45(3) P3 我们去孝庄园回来后,吴某琳单独和我说姓单的答应给她买个手机,而且吴某琳还和我说:“我想管他要点钱,你说他能给吗?”我说:“我不知道啊,你问问吧。”	同上
李某 2010.6.7,9:30~10:30(2) P5 我在公安机关说谎了…… 就是在 5 月 13 日上午 9 点多钟,我和我母亲去公安机关在门口遇见吴某琳的,吴某琳把我叫到办公楼前面东侧铁栅栏附近说的,当时她说:“他们(指警察)要是问你怎么了,你就说我被强奸了,问你在鹏通花园门口时是他拽着我不让我下车的……”当时她还告诉我千万别和警察说我要钱和手机的事。	同上

根据全案证据,本案按照时间顺序可以分为四个阶段:一是单某风和王某艳去附属医院找王某才;二是在饭店就餐;三是饭后去旅馆;四是在旅馆休息。以上证据清楚地说明,任何一个阶段王某才都属于被动者,没有主动行为,更没有引诱行为。具体来讲,没有语言诱惑,没有表演,没有示范,没有观看录像,没有传播淫秽物品,没有宣讲性体验、性感受……既然如此,引诱从何谈起呢?整个过程存在一言一行、一举一动、一字一句、一丝一毫的引诱行为吗?没有!而

且被害人跟单某风在5月8日已经发生性关系,5月10日又跟单某风谈好“吃完饭后好好陪陪王院长”,这难道是王某才引诱的结果吗?事实如此清楚,证据如此充分,道理如此简单,一审法院根据什么认定存在引诱行为呢?又是如何体现“以事实为根据”的刑事诉讼原则的呢?

此外,从吴某琳的性格、品行、生活习惯、变态心理等方面分析,参加淫乱并非缘于他人引诱。侦查人员所作的以下笔录即可证明。

姓名、时间(次数)、页码、内容	证明内容
孔某伟(吴某琳班主任)2010.5.1217:30~17:59(1) P3 她(吴某琳)表现一般,有同学反映她常在宿舍抽烟还用针头抽血,事后再喝掉……	经常抽烟、喝血
吴某琳 2010.5.18,9:30~11:20(4) P3 当时我用注射器抽的我自己的血兑到酒里了,我和单某风、李某都喝了这酒,后来李某告诉我说她只是放在嘴边没有喝。	主动喝血酒
李某然(吴某琳男朋友)2010.5.15:20~16:20(2) P2 问:当晚(2010年5月8日)你俩发生性关系了吗?答:发生了,那天一共发生了4次,晚间3次,早上1次……	经常和男友发生性关系
吴某琳 2010.5.12,10:30~11:20(3) P2 问:你在被强奸之前是处女吗?答:我在出事之前就不是处女,在今年3月我和我男朋友李某然发生过性行为,李某然是我同班同学,我们先后发生过七八次性行为。	同上
王某艳 2010.5.13,21:10~22:20(5) P4 吴某琳和我、李某都说过需要男的,挺想做爱的。	同上,且有性亢进特征
单某风 2010.5.13,14:30~17:30(1) P5-6 因为当时还早我们就把车停在学校东边的路上,吴某琳躺在车的后座要睡觉,我就问吴某琳昨天没睡呀,吴某琳说昨天她和男朋友一起住的,一晚上发生四次关系,根本就没睡。	随意跟他人讲与男友发生性关系之事

续表

姓名、时间(次数)、页码、内容	证明内容
李某然 2010.5.15,15:20~16:20(2) P2 问:当晚(2010 年 5 月 8 日)你俩发生性关系了吗?答:发生了,那天一共发生了 4 次,晚间 3 次,早上 1 次……	单某风供述属实
李某(吴某琳同学)2010.6.7,9:30~10:30(2) P3 问:(2010 年 5 月 8 日)你们在吃饭的过程中,那个男的在劝酒时有什么关于性引诱或性侵犯的行为吗?答:没有,就是在吃完饭以后,那个男的说溜达一会儿,在溜达时那个男的用双手搂我们两个人,我躲开了,吴某琳没躲,那个男的就搂着吴某琳走,边走边摸吴某琳的胸,开始在外面摸后来伸到衣服里面摸了,吴某琳也没有拒绝。	对待性行为很随意
单某风 2010.6.7,15:22~16:25(5) P2 李某躲开了,我就搂住吴某琳了,吴某琳也没有反对,我就开始隔着衣服摸她的胸,她也没有反对,我就又伸到衣服里面摸,她还配合地把衣服掀起了让我摸了。 问:当时谁看见了?答:李某在场,她看见了。	同上

辩护人二审提交的证据也充分证明吴某琳属于心理变态和性亢进的人,如经常露宿,乱交男友,对两性之事十分随意;而王某才平时却是生活作风比较严谨、生活举止端正的人,称王某才引诱吴某琳不合常理。

(二)本案不存在聚众淫乱行为,王某才更不是首要分子

聚众淫乱罪顾名思义必须具有"聚众"行为,而聚众的意思是"聚集多人",如聚众哄抢、聚众扰乱社会秩序、聚众冲击国家机关、聚众斗殴等,都指的是"聚集多人"。

首先,何为"众"?虽然民间有三人为众的说法,但立法上所指聚众犯罪是指多人参加,司法实践中还没有将三人行为认定为聚众犯罪的做法。本案中,连王某艳算一起总共四人,而王某艳躲了出去并未参与,所以参与淫乱的只有三人。将此视为聚众淫乱显然不符合

立法本意。更为无法解释的是,《刑法》明确规定,该罪只有首要分子和多次参加者才构成犯罪。而在本案中参与者总共才有四人,除了被引诱者外,余下三人全部被定为犯罪,难道三人都是首要分子?这岂不十分荒唐吗?

其次,何为"聚众"?在"聚众"的概念中,"众"是指人数,是一种存在状态;而"聚"是一种动作,是一种动态过程,其表现为一种召集他人的行为。而本案事实上是一种自然组合,并无明确的召集人,所以并不属于"聚众"。退一步讲,即使视为聚众的话,由于王某才完全是被动参与,他无论如何也不能成为聚众者。

(三)王某才并非明知吴某琳是未成年人

构成本罪必须明知被害人是未成年人。关于这一点,可以从两个方面分析。第一,从法理上讲,按照主客观相统一的原则,行为人应当明知被害人是未成年人;而且,由于本罪具有教唆的性质,所以在主观方面要求行为人必须认识到自己在实施引诱行为,且明知犯罪对象为未成年人。第二,按照司法解释,行为人也必须对未成年人这一事实有所认识。最高人民法院《关于行为人不明知不满十四周岁的幼女自愿发生性关系是否构成强奸罪问题的批复》指出,行为人确实不知对方是不满14周岁的幼女,双方自愿发生性关系,未造成严重后果,情节显著轻微的,不认为是犯罪。该批复虽然是对于强奸犯罪的批复,但由于本案与强奸罪都属于性行为犯罪,行为对象均为未成年人,而且都是故意犯罪,所以同样适用于本案。

本案中,王某才并不知道吴某琳是未成年人,因为其长得很成熟,而且自称已经年满18岁,所以一般人不会想到其属于未成年人。以下侦查人员所作笔录即能充分说明这一点。

姓名、时间(次数)、页码、内容	证明内容
李某凤(宾馆服务员)2010.5.12,15:05~15:40 P2 二男二女,男的都有50多岁,每人开了一辆车,女的都20岁左右。	宾馆服务员认为吴某琳为成年人
王某艳 2010.5.15,13:30~14:30(6) P2 问:你同学吴某琳今年多大年龄?答:她长得挺成熟的,我们在一起的时候也没有唠过年龄的事,估计能有十八九岁吧。	王某艳认为吴某琳属于成年人
王某才 2010.5.14,14:30~15:50(4) P5 问:你知道吴某琳的年龄吗?答:不知道,她长得很成熟看样子有20岁左右吧。	王某才认为吴某琳属于成年人
单某凤 2010.6.7,15:22~16:25(5) P3 问:吴某琳多大你知道吗?答:知道。在刚上我车时,我问王某艳他俩都多大,然后,我听她俩说一个18岁的,一个19岁的,我当时正在开车,没往后看确定她俩谁18、谁19。	吴某琳自称属于成年人
李某(吴某琳同学)2010.6.7,9:30~10:30(2) P4 问:你们在与那个男的接触过程中,是否谈及年龄的问题了?答:说了,去孝庄园的路上,刚一上车这个男的就问了,我说我18岁,吴某琳就说和我同岁,也18岁。	同上(同时证明单某凤供述属实)

综上,辩护人有充分理由认为,本案既不存在聚众的性质,也不存在引诱的事实。换一个角度来讲,即使聚众与引诱都是事实,无论如何王某才也不能称为首要分子。所以,无论从任何角度王某才都不能构成本罪。据此,一审判决认定王某才构成引诱未成年人聚众淫乱罪完全没有法律依据,显属错判!

辩护人注意到,本案有一个非常突出的特点,那就是有罪证据明显不足,而无罪证据确实充分——一审判决采信的证据均能证明王某才没有引诱行为。二审庭审时检查员也没有指出哪些行为属于引诱,没有指出王某才明知吴某琳属于未成年人,而只是称“被告人采用巧妙手段"等进行推断猜测。要知道,法庭阐述和判决认定必须依靠证据,而不能仅仅依靠所谓推理。那么,一审法院为什么作出了这样的判决呢?据了解,该案在办理过程中是存在较大争议的,作出有罪判决原因之一是吴某琳家长给政府和法院施加压力,从刚才吴某琳的父亲在法庭上无理取闹、咆哮公堂就可见一斑;原因之二是相关领导得知单某风和王某才作为国家干部与未成年人一起聚众淫乱感到十分愤慨,强烈要求严惩,但其并不知道本罪的构成要件或者说并未更多考虑法律问题。正是这种种法外因素,造成了一审的错判。

综上,请求二审法院排除干扰,严格依法办案,对王某才作出公正的判决。

谢谢!

辩护人:

北京市京都律师事务所律师　田文昌　张雁峰

二〇一一年四月二十九日

审理结果

二审通辽市中级人民法院判决驳回上诉,维持原判。

王某峰被控受贿罪案

案情简介

被告人王某峰,大同市原市委常委、大同市原副市长。

起诉书指控,2007 年 7 月,被告人王某峰通过北京某农业生态有限公司经理金某某收受大同市南郊区高山镇段家小村东梁煤矿、大同市南郊区云岗镇窨顶沟联营煤矿矿主李某某 1000 万元,被告人王某峰利用其担任大同市副市长的职务便利,于 2007 年 8 月同意将大同市政府已报请山西省安委会关停的东梁煤矿予以置换保留,2007 年 9 月同意将大同市政府已报请山西省安委会关停的窨顶沟煤矿予以置换保留。

2002 年,被告人王某峰在担任大同市副市长期间,大同某耐火材料有限公司董事长刘某为其装修住房,王某峰未支付装修款。2006 年,刘某向王某峰提出让其帮忙将其公司租赁用地转为政府奖励用地,被告人王某峰予以承诺。

被告人王某峰对起诉书指控事实予以否认,称其没有收受李某某委托金某康送给的 1000 万元,这 1000 万元是为了帮助企业发展,在中间起了介绍作用,而且该1000万元从始至终也没有经过王某峰的手。关于煤矿置换问题,都是由县区政府先报市政府,再由省安委会最后批准,其并没有最终决定权;刘某装修住房问题,只是好朋友之间的帮忙,当时约定装修工程结束之后再做结算,确实未支付装修款,但王某峰并没有承诺或帮助刘某办理过任何事情。王某峰表示在讯问过程中其曾受到办案人员的言语威胁,其审判前供述是非法取得的。

辩护思路

经过反复阅卷,辩护人发现指控王某峰收受1000万元的事实与客观事实不符,紧紧围绕1000万元的来龙去脉对本案事实进行梳理。通过案卷中的原始书证向法庭证明,被告人王某峰没有收受1000万元,被告人的行为是介绍金某康向李某某借款给其下属企业解决资金困难的正当行为,而且后来该款已经归还。控方指控的基础仅凭借款双方的言词证据和被告人审判前被诱供和被逼取的有罪供述。因此,辩护人向法庭申请启动非法证据排除程序,同时要求控方出示本案全程同步录音录像,对被告人审判前的有罪供述进行排除,并且强调这是查明案件事实的前提,进而向法庭说明,本案资金往来的银行凭证和借款双方书面沟通的函件内容其证明力应当远远高于言词证据,更具有真实性和可信性,更能够证明本案的客观事实。针对这些原始书证,结合本案的具体情况,层层分析论述。

对于第二项指控内容,辩护人依然紧紧围绕事实和证据展开,向法庭强调,装修款的具体金额没有任何证据支持,而且被告人王某峰为刘某没有谋取任何利益,不符合受贿罪的犯罪构成要件。

辩护词(一审第一轮)

审判长、合议庭:

北京市京都律师事务所接受被告人王某峰亲属的委托,指派田文昌、杨大民二律师担任被告人王某峰的辩护人,参与太原市人民检察院指控王某峰受贿罪一案的第一审诉讼,依法为被告人进行辩护。

开庭前,我们查阅了公诉机关移送的部分案卷材料,多次会见了被告人王某峰,进行了必要的调查取证。

经过今天一整天法庭调查,通过对控、辩双方证据的充分质证,辩护人认为,起诉书对王某峰受贿罪的指控,事实不清,证据不足,指控罪名依法不能成立。

现发表辩护意见如下:

一、第一项指控:被告人王某峰收受李某伟1000万元,事实不清,证据不足

根据公诉机关提交的证据和庭审调查的情况表明:被告人王某峰既没有收受李某伟1000万元的主观故意,也没有收受这1000万元的客观行为。现有证据所显示的,只是一个市级主管领导通过自己的关系"穿针引线"为帮助其下属企业解决资金困难所为的正当行为。

首先,辩护人根据卷宗材料,结合相关证人证言将本案的发生发展过程依序归纳为5个阶段,向法庭阐明本案的基本事实,并说明涉案1000万元的来龙去脉。

1. 金某康因为李某伟煤矿关闭置换一事第一次找王某峰。

王某峰供述(2卷P5):"大概2007年六七月(具体日期我记不清了)一天早上,金某康到我家,对我说:李某伟南郊区高山镇的东梁煤矿要关闭,你能不能帮忙保住他的煤矿。我说:……李某伟这个人爱记黑账,你不要管他的事。金某康说:那哪行,人家正在给我公司投资呢,这事你得帮忙,我再去跟他说说,这次让他拿上1000万元。我说:要帮忙可以,这事不是钱不钱的事,关键是必须要南郊区政府出文件报到市政府,找一个煤矿替换李某伟的东梁煤矿。"

被告人审判前的供述可以证实如下两个方面:(1)王某峰知道李某伟爱记黑账;(2)被告人已经非常明确地向金某康表明:这事不是钱不钱的事,而是要符合政策要求,具体来说必须要南郊区出文件。

2. 金某康因为李某伟煤矿关闭置换的事第二次找王某峰。

王某峰供述(2卷P5):"过了一两天,金某康又来了我家,金说:李某伟给你拿了1000万元钱,钱存在了卡上。金边说边掏卡,把卡放到我家的茶几上。我说:你先拿着吧。"(王坚持说"先"字是办案人员加上的)

金某康证言(2卷P39):"到了王某峰家,我告诉王某峰:人家(李某伟)给了1000万元,存在我卡上了,我给你留下吧,顺手我将卡放到了王某峰家的茶几上。这个卡是用纸包着的,纸上印有我的身份证复印件,我还告他说:密码是六个'0'。王某峰说:你先拿着吧。"

王某峰的审判前供述和金某康的证言相互印证了一个基本事实:李某伟因煤矿关闭置换一事托金某康给王某峰1000万元,被王某峰拒绝。

3. 王某峰为李某南解决企业资金困难,找金某康帮忙,金某康把1000万元打给李公司。

李某南证言(2卷P63~64):"我担任众某建安公司经理期间开始和他有所接触。王副市长分管工业,我公司是他分管的下属企业,由于工作关系,我和王某峰副市长比较熟悉。"

"……到了2007年四五月,我回大同参加手管局的经济工作会议,会前,在会议室旁边的一个办公室,我向王某峰副市长汇报了呼和浩特市项目进展情况,我对他说,草原明珠项目进展顺利,但后续要征地,几百职工需要开资,困难很多,希望领导帮助解决部分资金,王某峰当时对我说,等等看吧。"

王某峰供述(2卷P6):"也就是金某康在我家要送我1000万元银行卡的几天后,我给李某南打电话问:你要的资金我给你联系好了,你还要不要? 李某南说:我还需要资金。我说:我让那边给你准备好资金,你把你公司的账号给我。"后李安排人送来公司账号。王将此账号交给金某康。

李某南证言与王某峰供述相互吻合,均证实李某南是因为企业资金困难曾经向主管副市长王某峰提出希望领导帮助解决。

辩护人认为,这一事实是金某康将1000万元汇入李某南公司的重要原因和基本前提。如果没有李某南请求领导帮助解决企业资金困难的前提,王某峰让金某康汇款1000万元反而令人质疑,有了这一前提,1000万元的汇款就顺理成章,符合事物发展的基本逻辑。

4. 李某南分期分批将1000万元还给金某康。

李某南证言(2卷P68):"2009年金某康又打电话告诉我说:中纪委查李某伟的问题,把我公司账给封了。我现在没有周转资金,我已请示过王某峰,王某峰同意先把1000万元打到我的公司,我先用一下。这样我分期分批将这1000万元打到了他个人的银行卡上。"对这一事实控辩双方均无异议。

5. 金某康将李某南分期分批还回的1000万元用于公司运转。

金某康证言(2卷P44~45):"后来,这1000万元陆续打到了我个人的银行卡上,我将这1000万元基本上都用到了公司的运转上。"对该事实也是没有异议的。

依据上述五个步骤反映的内容和相关证据,表明涉案1000万元的来龙去脉已经非常清晰,足以说明被告人主观上没有收受李某伟

1000万元的故意。客观上也没有收受李某伟1000万元的行为,金某康拿出的1000万元的银行卡,王某峰根本就没有收受过,也没有使用过。这笔钱始终是在金某康控制之中。

2007年8月金某康给李某南公司汇入1000万元,原因是李某南之前请求主管领导帮助解决企业资金困难,王某峰就介绍金某康借钱给李某南。1000万元是李某南借用金某康的钱,最后又还给了金某康,不但还了本金而且还了利息。对这一事实,呼和浩特市大通众某房地产开发有限责任公司2010年8月汇入山西省监察委员会审计中心100万元的银行凭证及众某公司《关于我公司向山西省纪委账户打款100万元的说明》已经予以证实。

金某康将还回的1000万元最终用到了公司经营,而证据显示该公司又属于金某康与李某伟两人为共同股东的公司,且李某伟拥有公司80%的股份。

所以,辩护人认为,控辩双方的所有证据均表明被告人王某峰没有收受1000万元贿赂。被告人王某峰介绍金某康借款给其下属企业解决资金困难的行为是正当的。

其次,辩护人向法庭指出指控王某峰受贿1000万元的证据存在如下问题。

公诉方指控王某峰受贿1000万元的主要理由和依据是:

(1)被告人王某峰本人在审判前供述曾经承认将1000万元转给李某南是为了避开金某康的视线,脱离金某康的控制。

(2)金某康和李某南的证言可以证实1000万元是王某峰的钱。

(3)金某康与李某南利用"虚假协议"为王某峰掩盖收受李某伟1000万元的事实。

对此,辩护人认为,庭审质证已经表明,控方所依据的上述证据在取证程序和内容上存在以下问题。

(1)被告人王某峰审判前的供述是侦查机关以威胁、引诱、欺骗的非法方法取得的。

庭审中,被告人当庭已经向法庭说明:侦查人员让其背诵已经打印好的口供。由于内容太多,被告人年纪大了实在记不住,于是办案人员将笔录从18页减到13页,最后又减到7页。并且侦查人员以“整死你,让你生不如死”或以“株连家人”的非法方法威胁、引诱和欺骗被告人。被告人在这种精神暴力的威胁之下,被迫在笔录上签的字。而且,被告人还多次向法庭说明,侦查机关在让被告人背诵笔录时还对其进行了录音录像。但是,在强迫其背诵笔录的审讯过程中却均无录像,有录音录像这一次讯问已经是对被告人第四次讯问,即背好了之后才进行录音录像。而且,关于这个问题在开庭前王某峰已向公诉人和有关部门多次提出并提交过书面的控告材料,但至今却既无回音也没有见到这些材料。

根据“两高三部”《关于办理刑事案件排除非法证据若干问题的规定》第1条:采用刑讯逼供等非法手段取得的犯罪嫌疑人、被告人供述和采取暴力、威胁等非法手段取得的证人证言、被害人陈述,属于非法言词证据。第11条规定:对被告人审判前供述的合法性,公诉人不提供证据加以证明,或者已提供的证据不够确实、充分的,该供述不能作为定案的根据。《人民检察院讯问职务犯罪嫌疑人实行全程同步录音录像的规定(试行)》第2条规定:人民检察院讯问职务犯罪嫌疑人实行全程同步录音、录像,是指人民检察院办理直接受理侦查的职务犯罪案件,每次讯问犯罪嫌疑人时,应当对讯问全过程实施不间断的录音、录像。第15条规定:“案件审查过程中,人民法院、被告人或者辩护人对讯问活动提出异议的,或者被告人翻供的,或者被告人辩解因受刑讯逼供、威胁、引诱、欺骗等而供述的,公诉人应当提请审判长当庭播放讯问全程同步录音录像资料,对有关异议或者事实进行质证。”

据此,辩护人要求公诉机关向法庭出示每一次讯问被告人王某峰的全程录音录像,以证明被告人审判前供述的合法性。但是,直至法庭调查结束,公诉机关也没有出示上述全程录音录像。

因此,辩护人认为,依据上述相关规定和刑事诉讼法的基本原则,本案中被告人审判前的供述不能作为证据使用,更不能作为定案的根据。

(2)证人金某康也是其在被羁押的状态下作的证,证人处于高压之下,难以如实作证。

(3)证人李某南也存在被诱供、威胁的嫌疑。

因为其本人的说法就前后矛盾,不能自圆其说。

举例言之,关于1000万元借款的问题。李某南证实,在2007年四五月回大同参加手管局的会议,会前向王某峰汇报了呼和浩特市项目进展情况,说“草原明珠项目进展顺利,但后续要征地,几百职工需要开资,困难很多,希望领导帮助解决部分资金,王某峰当时对我说,等等看吧”。

侦查人员问:“这笔1000万元的款属于什么性质的款?”李答:“属于借款。”

又问:“是你向谁借的款?”李答:“是我向王某峰借的。”

再问:“是谁借给你的?”答:“王某峰借给我的。”

这样的回答能让人相信吗?既不符合实际也不符合情理。你让主管领导帮助解决企业资金困难,领导通过朋友给你解决了。并且这1000万元是通过金某康的账户上打到了你公司的账户上。怎么能说是借王某峰的个人的钱呢?暂且不说王某峰个人有没有1000万元这么多的钱,即使有,也不可能用个人的钱为你的企业(而且是集体所有制的企业)解决资金困难的问题。非常明显,李某南的这种说法违反常理,更不符合实际。

相反地,辩护人向法庭提交的大同市第八运输公司经理费某平《证明材料》和大同市城市建设开发公司与蔚某喜《借款合同》等证据,从另一个角度印证了被告人王某峰帮助企业解决资金困难的事实是真实可信的,而且类似这样"穿针引线"为企业解决困难的事情,作为主管领导的被告人王某峰曾经做过很多次。而李某南请被告人解决企业资金困难就自己认为是向被告人个人借款的说法,显然违背常理,是虚假的。

李某南证言与呼和浩特市大通众某房地产开发有限责任公司《关于我公司向山西省纪委账户打款100万元的说明》也互相矛盾。

该说明证实:1000万元是借用,李某南打给纪委的100万元是1000万元的利息,金某康在此前也向李某南要过利息。

因此,辩护人认为,控方依据的上述证据因其取证程序违法,内容自相矛盾,依法不能作为证据使用,更不能作为定案的根据。如果以如此明显的、互相矛盾的,既不符合情理,又不符合实际,更不符合当时的语境和条件的证人证言和非法取得的被告人供述来为被告人定罪,对被告人王某峰是非常不公平的。

(4)关于所谓虚假协议。

截至法庭辩论,辩护人在卷宗材料中没有看到,公诉机关也没有提供一份金某康与李某南为了掩盖王某峰收受李某伟1000万元事实的所谓虚假协议。不要说虚假协议,连一份有关这方面内容的协议都没有,谈何虚假?

在法庭质证阶段,辩护人已经讲过,控方所出示的三份函告是单方意思表示,而不是协议。质证已经表明:三份函告的内容是真实的,与记账凭证和其他书证相互印证,足以证实1000万元的往来情况,使用情况,充分说明该1000万元属于金某康与李某南之间或借款或投资的客观真实情况。

公诉人根据其指控的需要,仅通过备受质疑的金某康与李某伟的证人证言试图来推翻这三份函告的真实性,显然难以令人信服。从证据的证明力来讲,书证的证明力应该远远大于证人证言。更何况,三份函告所记载的内容是客观真实的,是已经发生的客观事实,任何人也不能对此予以否定。

据此,辩护人认为,控方所谓金某康与李某南利用"虚假协议"掩盖王某峰收受李某伟1000万元的事实的说法,没有事实基础和证据支持。

很显然,控方指控被告人受贿1000万元的理由所依据的上述证据存在以上诸多问题,不能作为证据使用。

综上所述,辩护人认为,根据现有证据,起诉书对被告人王某峰受贿1000万元的指控,基本事实不清、证据不足。依法不能认定被告人王某峰有罪。

二、第二项指控:被告人受贿刘某装修款,事实不清,定性错误

1. 指控王某峰未支付刘某房屋装修款是受贿行为,事实不清,定性错误。该款不能排除是王某峰委托刘某帮忙装修房屋的垫付款。

庭审已经表明:王某峰与刘某是朋友关系,是在2000年开会的时候认识的,从此之后互有往来,每年的节假日刘某都去王某峰家中串门走动。

正是基于这种朋友关系,2002年王某峰家分了新房之后,在一次聊天的时候,说到装修房子的问题,刘某说其认识装修人员,王便委托其给以办理,人员及材料由刘某先垫付。按照王某峰2010年10月21日的自书材料及当庭陈述,当时王某峰问过装修费用多少,并说先付一部分,但刘某说整体还没有结算,因此才没有偿清装修款。可见,王某峰在主观上从来都是认为这笔钱只是刘某垫付,他是要偿还的,尽管至今尚未偿还,但不等于不偿还,不能因此得出是受贿款的结论。

2. 装修款的具体数额缺乏证据支持。

起诉书指控被告人受贿装修款的具体数额不具体,且没有证据支持。

虽然刘某说装修款花了十四五万元,他是准备送给王某峰的,并且在公司例会上说过,卷中也附了王某和刘某红的证明材料。但该证据材料存在如下问题:其一,这笔钱在公司财务账上并没有记载;其二,王某和刘某红的证明材料证据形式不合法,不能成为定案依据,这两份材料从何而来无法证明,王某和刘某红是何身份无法证明,因此他们出示的证明材料不可采信;其三,刘某主观上要送这笔钱并不等于被告人王某峰就一定会收这笔钱,两者没有关联性。而且,刘某的说法和王某峰 2010 年 10 月 21 日的自书材料及当庭陈述相矛盾,也没有其他证据能够印证,只是一家之言。

15 万元左右的装修款数额是如何计算出来的呢?依据是什么?证据在哪里?

公诉人仅凭刘某的回忆及王某、刘某红的证明就得出房屋装修款的具体数额。没有发票,没有收据,没有价格评估报告。

据此,辩护人认为,起诉书指控被告人受贿装修款的具体数额不清,且证据不足。

3. 王某峰没有为刘某谋取任何利益。

指控认为,2006 年刘某向王某峰提出让其帮忙将硅铝公司租赁用地转为政府奖励用地时,王某峰予以了允诺。即是为刘某谋取了利益。

辩护人认为,该项指控不符合客观事实。

被告人王某峰并未对刘某有过任何允诺。刘某 2010 年 10 月 22

日笔录(卷2P78~83)和王某峰2010年11月2日笔录(卷2P84~88)均证实,在刘某向其提出将硅铝公司租赁用地转为政府奖励用地时,王某峰是这么对他说的:"你得和红旗水泥厂谈,把这块地买过来。并对我说,你先跟他们谈。"可见,王某峰并没有按照刘某对他的请求行事,而是让刘某和红旗水泥厂谈判,面对刘某的请求,王某峰并没有答应或允诺刘某的请求。

更重要的是,本案中因为该块土地有历史遗留问题,刘某和红旗水泥厂的谈判就一直没有进展,更谈不上取得什么利益了。

值得注意的是,在没有谋取利益且也不可能谋取利益的结果已成定局的情况下,表明已经不存在向王某峰行贿的必要性,而装修款当时还处于尚未结算的状态之中。所以,对该款的性质只能做出两种可能性的解释:一是将来还要结算;二是纯属于个人交往。因为它并不具有权钱交易的基本特征。

因此,辩护人认为,被告人王某峰既未收受刘某的任何财物,更未帮刘某谋取任何利益。该项指控证据不足,定性错误。

三、本案事实不清,证据不足

本案在审查起诉阶段,起诉部门认为本案事实不清,证据不足,曾将本案退回侦查机关补充侦查。

但辩护人从移送到法院的案卷材料看,没有发现侦查机关提交的补充证据。据此说明,本案证据内容仍然处于起诉部门退回补充侦查前的事实不清、证据不足状态。这一问题在刚刚的庭审中已经非常明显地体现出来。具体理由前面已经阐述,在此不予赘述。

最后,综合以上事实与理由,辩护人认为,本案事实不清,证据不足,希望人民法院依据事实和证据,给被告人王某峰一个公正的判决。

谢谢!

王某峰辩护人：

北京市京都律师事务所律师　田文昌　杨大民

二〇一一年五月十二日

辩护词(一审第二轮)

审判长、审判员：

经过一天的庭审，对这个案情并不复杂的案件，控辩双方却反映很大的分歧。为了分析控辩双方分歧的根源所在，也为了进一步理清案件的具体情况，以便通过控辩双方充分的论辩给法庭的最终认定提供一个兼听则明的基础，辩护人在此希望通过对以下几个问题更深一步客观冷静的分析论证，与公诉方共同探讨。对于在第一轮法庭辩论中已经发表的辩护观点不再赘述，主要补充发表以下几方面的辩护观点。

一、关于指控的第一起受贿事实

(一)关于被告人庭前供述和当庭供述的采信问题

在庭审过程中，辩护人反复提到了被告人口供的可采性问题，即被告人庭前供述与当庭供述到底应该采信哪一个？

在法庭调查的举证质证阶段，公诉人谈到，被告人讲的那种威胁不是刑讯逼供，被告人也承认了没有刑讯逼供。对此问题，辩护人只强调两点：首先，刑讯逼供的概念有宽有窄，辩护人认为公诉人说得太窄了，刑讯逼供并不仅仅是指直接暴力，以暴力相威胁也在其列。被告人并不懂什么叫刑讯逼供，但他讲出了一个事实，这个事实就属于刑讯逼供，因为有威胁在其中。其次，退一步讲，我们可以不争论刑讯逼供的概念，先不管这个事实算不算刑讯逼供，需要说明的是，“两高三部”的规定是《关于办理刑事案件排除非法证据若干问题的规定》,标题就很清楚,排除的是非法证据,而不仅仅是刑讯逼供的证据,非法证据的范围远远大于刑讯逼供的范围。所以,我们可以不争论是不是刑讯逼供,只要分析它是不是非法证据就可以了。无可争议的是,只要违背被告人的主观意愿而以法律禁止的威胁手段获取的口供就是非法的,就应该属于“两高三部”的排除非法证据的规则之内。

说明这两点之后,接下来分析,究竟本案被告人庭前供述的取得是否具有非法性。

第一,场所非法。

本案在被告人2010年12月6日被逮捕之前的若干次提讯都不是在看守所提审室。关于提讯的地点,最高人民检察院和公安部都有明确的规定,讯问必须在看守所进行,个别情况下,法律有特殊规定的,也要在检察院的提讯室进行。可是王某峰在哪被提讯的呢?不是法律规定的地方,而是在三宜宾馆,按照法律规定,提讯场所明显非法。

第二,提讯方式非法。

即王某峰向法庭描述的讯问过程中采取了威胁的方式,在此不再展开论述。

第三,没有录音录像即非法。

根据最高人民检察院《关于印发〈人民检察院讯问职务犯罪嫌疑人实行全程同步录音录像的规定(试行)〉的通知》(高检发反贪字〔2005〕43号),从2007年10月1日开始,全国检察机关办理职务犯罪案件讯问犯罪嫌疑人必须实行全程同步录音、录像……对没有严格执行《规定》,或者在执行中弄虚作假,给办案工作造成不良后果的,要依照有关规定追究主要责任者和其他直接责任人员的责任。《规定》第2条规定:“人民检察院讯问职务犯罪嫌疑人实行全程同步录音、录像，是指人民检察院办理直接受理侦查的职务犯罪案件，每次讯问犯罪嫌疑人时，应当对讯问全过程实施不间断的录音、录像。”第15条还规定：“在案件审查过程中，人民法院、被告人或者辩护人对讯问活动提出异议的，或者被告人翻供的，或者被告人辩解因受到刑讯逼供、威胁、引诱、欺骗等而供述的，公诉人应当提请审判长当庭播放讯问全程同步录音、录像资料，对有关异议或者事实进行质证。”

对于最高人民检察院的明确规定，为什么太原市人民检察院和山西省人民检察院竟然明目张胆地违背，不录像或者录了但拒不提供，谁敢说这不违法？无可争议，就是违法。那么，为什么最高人民检察院规定一定要有录音录像呢？就是为了证明提讯方式是否非法，即王某峰说的威胁的问题到底存不存在。《规定》已经明确，把排除非法证据的举证责任归属于公诉机关，因此公诉机关有义务对讯问过程实施全程同步录音录像，这不仅保护了被告人，更重要的是保护公诉机关自己，如果被告人对讯问过程提出异议，把全程同步录音录像当庭播放，即可一目了然，就可以排除其非法性。可是本案的情况是没有录制，或者虽然录制了但经辩护人当庭多次要求而拒不提供。这说明什么？说明其非法。

公诉人解释说只是在立案前的审讯没录制，立案后有录制。这种解释显然不成立，因为最高检的规定很明确，是要求每次讯问都录制，与立案前后没有关系。

所以，本案对被告人的讯问过程从场所到方式，再到录音录像，一而再、再而三地连续违法，这样的庭前口供难道还没有非法性吗？

根据上述庭前供述形成的具体情况，再依据“两高三部”《关于办理死刑案件审查判断证据若干的问题规定》第22条第3款：“被告人庭前供述和辩解出现反复，但庭审中供认的，且庭审中的供述与其他证据能够印证的，可以采信庭审中的供述；被告人庭前供述和辩解出现反复,庭审中不供认,且无其他证据与庭前供述印证的,不能采信庭前供述”,可以得出结论,由于在本案中,不仅没有其他证据与被告人庭前供述相印证,相反,除了辩方举证之外还有大量的书证可以与被告人当庭供述相印证,如钱的来龙去脉问题,等等。在这种情况下,辩护人认为,被告人的庭前供述无可争议地理应在排除之列,不能作为定案依据,应当采信当庭陈述。

(二)关于被告人能否构成受贿罪的问题

本案最关键的问题在于,在控辩双方共知、共识被告人没有接受这1000万元(银行卡)的前提之下,能不能够给他定罪?

现在让我们来客观、冷静、全面地分析一下案情:庭审过程表明,控辩双方对整个案情过程的描述,共有三个版本:

第一个版本,是王某峰本人对送卡,拒收卡,借款,还款过程的叙述。暂且不说他的陈述一定真实,但至少也不能说他的叙述没有合理性,或者说至少存在一定的合理性,能够自圆其说。

第二个版本,是公诉机关也有一个完整的描述,在此不重复公诉人描述的过程,但同样可以认为,公诉人的描述并非一点根据没有,也有一定的合理性,在逻辑关系上也是可以讲出一些道理的。

第三个版本,辩护方也向法庭做了一个描述,也有合理性,我们甚至认为更有合理性,因为辩方依据的证据更多,陈述得更具体。

现在来具体分析这三种版本的三种描述,假定这三种描述的合理性在一个同等的基础之上,那么根据定罪原则,应当怎么分析认定?

第一,公诉机关的描述或推断能不能或者有没有理由否定被告人或辩护人的描述。从定罪原则上讲,公诉方的说法得否定被告人方的说法,才可被采信。

第二,否定的理由即使存在,还要看能不能达到排除合理怀疑的程度。因为定罪证据必须排除一切合理怀疑,具有唯一性,即除此之外不可能有第二种情况。简单地说,就是公诉方必须把被告人的描述和辩护人的描述充分否定,达到排除合理怀疑的标准,否则,指控犯罪的理由就不充分。

第三,王某峰没有收受这笔钱,这是一个共知的事实。那么,在这种情况下,依据什么理由才可以指控他有罪。公诉人认为他实际控制了这笔钱,这个理由能否成立?

现在我们再来做进一步的具体分析:

公诉方引用了最高人民法院《全国法院审理经济犯罪案件工作座谈会纪要》的实际控制说,认定王某峰实际控制了这笔钱。辩护人认为,首先,实际控制说是判断犯罪既未遂时适用的,在受贿罪中很少套用这个观点,因为在收受贿赂行为中是不存在未遂的。其次,不管能不能套用,必须正确理解什么叫实际控制。就本案来讲,这1000万元的卡里的钱一直是在金某康手中,先是借给了李某南公司使用,最终又还给了金某康,这个事实无可争议。提请法庭重视的是,李某南的公司是一个集体企业,并不是李某南个人的公司,公司借款的行为并不是李某南的个人行为,也不是李某南个人完全可以决定和控制的。更何况,在李某南公司使用期间,钱的所有权还是金某康的,因为他们是一种借贷关系,资金是由金某康汇出并经银行走账且公司账目上也有记载。这个基本事实是清楚的。

公诉人认为没有借贷合同就证明了是假借贷关系,王某峰这样做实际上就是为了转移视线占有这笔钱。这种分析似乎有合理性,也确实有一定的逻辑依据。但是从另一个角度分析,被告人与李某南之间也没有合同,那他为什么没有任何凭据就把自己的钱借给企业用呢?这也同样是难以解释的。实际上现实当中由于法律意识淡薄等种种原因,借贷几个亿的资金没有借贷合同的情况比比皆是。

所以,是否有借贷合同不是关键问题,只是个枝节问题。重要的是,无论是从法律关系上看,从实际占有的角度上看,还是从实际使用的过程来看,无论哪个环节上这笔钱都是在金某康的控制之下,从来没有在被告人王某峰的控制之下。

退一步讲,可能公诉人会认为,因为金某康和王某峰关系非常好,所以在金某康控制之下就可以视为实际上是王某峰已经控制了。如果这样推断的话,问题就更大了。为什么呢?因为如果将金某康控制视为或者等同于王某峰控制,那么公诉方推断王某峰以借款方式转移1000万元的做法就是完全没有道理的。因为既然他俩那么好,金控制就相当于王控制了,王某峰为什么还要采取把钱借给李某南的方式来转移视线呢?他和金某康从小一块儿长大,比和李某南的关系不知道要好多少倍,却放着关系好的人不信任,而找一个关系一般的人转移财产,这不符合逻辑。

再退一步看,如果可以将金控制就视为王控制,那么当金从李某伟那拿到了1000万元时,就可以视为王某峰已经受贿了。能这样推断吗?显然不能。

所以,当我们客观冷静地仔细想一想,翻过来调过去反反复复地分析一下,就不难得出这样的结论:无法认定王某峰收受了贿赂。

客观地说,无论是控辩审任何一方,我们谁都不是王某峰,都不是当事人。作为辩护人,我也没有理由肯定或保证王某峰连这种想法都没有。但是,我却有理由认为,控方更没有理由肯定和证明王某峰确实已经实际控制了这笔钱。控方的理由不足以否定辩方的理由,更不能排除王某峰没有收受该1000万元的合理怀疑。这就是本案问题的关键所在。所以,运用证据规则来分析本案,就不能认定王某峰收受了贿赂。本案只能说是一个疑案,可以怀疑王某峰可能有过这样的想法,甚至也可能是有贼心、没贼胆,但不管怎么说,收受的事实没有发生,所以我们只能说这是一个疑案。

(三)对控辩双方观点分歧原因的分析

经过对案件的整体分析,可以看出,本案案情本身并不复杂,但控辩双方的观点却分歧很大。辩护人认为,控辩双方发生分歧的主要原因涉及以下几个方面的问题。

第一,关于言词证据与原始书证的关系问题。

法庭辩论中控辩双方暴露出来的观点分歧,其中一个原因在于对言词证据和原始书证的证据效力的分析和认识有很大的不同。辩护人要说明的是,在《刑事诉讼法》规定的七类证据当中,原始书证的证明效力明显高于言词证据,因为原始书证是客观的且不可改变的,而言词证据既不可靠也不稳定,随时具有可变性,而且还可能具有违背自愿性。因此,在两者发生冲突的时候,应当优先认定原始书证而不是言词证据。而本案中公诉方恰恰试图用大量的言词证据来否定原始书证。

本案当中的原始书证显示,汇款人是金某康,使用人是李某南的公司,最后又回到金某康的公司,而且更重要的是,它是金某康和李某伟共设的李某伟占80%股份的公司。这就意味着,这笔钱最终又回到了李某伟的手中,这是无可否认、不可变更的基本事实,都是有证可查的。而且,在长达两年左右的时间里,王某峰没有拿过这笔钱,也没有用过这笔钱,这同样是有证可查的。还有三份函告,公诉人称三份函告是假的,是后补的,但这都是证言反映的,可是书证摆在那里,白纸黑字,盖有公章,明明白白,转款的时间、用途,都与本案客观事实能够相互对应。对这样明确、清楚的证据,公诉人用几句话就否定了,这样认定证据是很不严肃的。如果可以随意地用言词证据否定原始书证,就等于法律规定的一系列实物证据都失去了证明效力,其结果是全面彻底地否定了证据规则,这是严重的也是严肃的问题,提请法庭予以重视。

正是由于对言词证据和原始书证效力的认识不同,才出现了双方的分歧,如果公诉方能够正确处理这两种证据的关系,能够更深刻地理解证据规则,我想对这个问题的认识应当有所转变。

第二,关于定罪证据与侦查线索的关系问题。

本案的指控和法庭辩论中都反映出一个问题,即公诉人总是以各种不同的怀疑和推断去论证被告人有罪。辩护人要向法庭着重说明的一点是,在办案当中,我们必须注意区分定罪依据与侦查线索的界限和与之相对应的两种不同的思维方式。在侦查过程中,侦查机关应当怀疑一切,不放过一切疑点,这样才能破案,否则就破不了案,可能会漏掉很多罪案。但是在起诉和定罪的环节,则恰恰相反,必须做到证据确实充分,要做到排除一切合理怀疑。所以,侦查机关的大胆怀疑、大胆推测都是正确的而且是必需的。但是,在定罪阶段,则必须转变思维方式,必须做到指控证据确实充分、定罪证据准确无误。这两种不同的思维方式在刑事侦查与诉讼的不同阶段中发挥不同的作用,运用不当就会发生错误。

辩护人提出这个问题是要向公诉人说明,由于我们现在所研究的是定罪的证据,因此必须跳出依赖分析与推断的思维模式,而转向一切以证据为基础。也希望法庭对此予以重视。

第三,对“实际控制说”理解的分析。

为什么本案在被告人没有收受存有1000万元银行卡的事实前提下,公诉人依然指控其犯罪,这又要回到对“实际控制”的理解上来。对“实际控制”究竟应当如何理解?绝不能简单地望文生义,更不能随心所欲。首先,司法解释中所讲的“实际控制”应是指控制财产的所有权,而不是使用权。其次,“实际控制”所体现的应是一种完全的、不受限制的支配权和处分权。

如果说实际控制是一种占有财物的特殊方式，那么，这种控制权必须通过以下过程才能实现：

首先，该财物要脱离原物主的控制；

之后，该财物才能被新物主控制；

在脱离控制与被重新控制之间，还有可能出于失控的状态。

由此可见，脱离控制并不等于一定被重新控制，因为还可能处于失控的无主状态；但重新控制却必须以脱离控制为前提，因为在脱离原物主控制之前，新物主不可能实现实际控制权。

那么，就本案而言，如果王某峰要取得对涉案1000万元的实际控制权，其前提是该1000万元首先要脱离金某康的控制。也就是说，只有当该1000万元已经脱离原物主而出于失控状态的情况下，王某峰才有可能具有实际控制权。否则，这种权利至少是无法确定和无法保证的。因此也就不可能具有实际控制的能力。

由此可见，在本案大量证据已经充分表明该1000万元不仅仍在金某康名下，而且还在金某康控制和使用之中的情况下，王某峰就不可能具有实际控制权，因为金某康随时都可以改变主意，而这笔钱也随时都有灭失的可能性。所以，“实际控制”必须体现为一种可以确保实现的权利，而并不仅仅是一种主观上的愿望或者承诺。

本案中，王某峰在金某康送卡时说“你拿着”，笔录上被改成“你（先）拿着”，退一步说，即使王某峰就是说的“你先拿着”，也不能证明就是一种接受的表示。在现实生活中，对别人给的东西不想要，又碍于情面而不便断然回绝时，人们时常会采取“你先拿着吧”或者“你拿着以后再说吧”之类的推托之词，这是一种婉拒的方式。中国语言表达的方式太丰富了，拒绝贿赂会有各种各样的方式，如果将此类说法简单地视同收受行为，就会失去认定受贿行为的客观标准。

由此可见，由于王某峰并不具备实际控制该1000万元的客观条件,所以,无论是他本人如何供认,还是他人在证言中如何证实,都不能认定他对这笔钱具有实际控制权。正因为如此,法律规定不能以主观动机来定罪,如果承认了就可以定罪,那完全就是动机犯,是主观归罪,但是受贿罪是结果犯,必须以收受钱财的结果为依据才能定罪,而且还有具体数额的规定。

综上,辩护人通过这样几个不同的角度进一步向法庭说明,在王某峰没有收受这笔钱的情况下,尽管可能存在这样、那样的种种怀疑,尽管可以提出各种的质问,但是仍然没有理由认定他构成受贿犯罪。

二、关于指控得第二笔事实

(一)该笔指控事实不清

整个装修的事是一个模糊状态,指控的数额无法确定,连一张发票、凭证都没有,也没有评估。公诉人认为数额不重要,坚称数额不清只要有事实也可以定罪。这种指控观点不正确。受贿罪是有数额标准的,以数额为定罪标准的犯罪能说数额搞不清楚并不重要吗?这不是个小罪,一旦定罪,量刑就在10年以上,是个重罪,必须慎重对待。

(二)王某峰没有为刘某谋取任何利益

王某峰供述和刘某证言证明,刘某帮他装修房屋充其量也只是一种感情投资,是为了搞好关系,这和权钱交易不一样。受贿罪是权钱交易的犯罪,必须有对应的请托事实和谋利事实,不能没有对应关系就定罪。公诉人引用《全国法院审理经济犯罪案件工作座谈会纪要》相关规定,但是理解错误,我们应当正确解读司法解释,不能简单地认为没有发生任何对应的权钱交易事实,就可以认定受贿。“查查文件”“找找政策”“将来再说”等,这不是明确的承诺。现实中,不想给某人办事,推托“以后再说吧”的情况比比皆是,如果说“以后再说吧”都可以构成谋利事实,那将无限扩大受贿罪的范围。

基于以上理由,辩护人进一步强调,指控王某峰受贿事实不清,证据不足,请法庭考虑,也请公诉人参考。有不妥之处,希望批评指正。

北京市京都律师事务所律师　田文昌

二〇一一年五月十二日

审理结果

2011 年 8 月,太原市中级人民法院作出一审判决,认定公诉机关指控的罪名成立,判处被告人王某峰无期徒刑,剥夺政治权利终身。被告人王某峰不服,提出上诉。

山西省高级人民法院终审裁定:驳回上诉,维持原判。

潘某等人制造毒品罪死刑复核案

案情简介

潘某等人被控制造毒品罪案，一审、二审法院判决潘某死刑立即执行。二审判决后，潘某的亲属委托田文昌、徐莹律师担任被告人潘某死刑复核阶段的辩护人。

本案涉及第一被告潘某、第二被告张某，两人均被认定为主犯，其他参与制毒人员包括：李某、余某、马某、李某建。本案中还有一名主要人员，雷某在逃未归案，根据在案证据显示，雷某系制毒行为的主要组织者、策划者，出资人之一。

本案中，潘某对指控其制造毒品罪始终不予认可，第二被告张某一口咬定潘某是其老板，具体参与制度的人员均不能直接证明潘某是大老板，他们的所有行为均是听从张某的安排。

辩护思路

根据被告人本人的辩解，辩护人接受委托之后，对案卷材料进行了全面的梳理，认为在卷证据认定潘某参与制毒并系主犯的证据是不充分的，一审、二审认定潘某参与制毒并认定其为主犯的唯一证据就是张某一人的供述，是典型的依据孤证定罪。本案大量证据指向是整个制毒过程中张某起到了策划、安排、指挥、操控等重要作用，直接实施了付钱、制造、运输等全部制毒环节的行为，而声称这些都是潘某安排的却只有张某一人的供述。为了论证辩护观点，辩护人对整个制毒流程的关键节点进行了逐一的证据分析：

1. 制毒原料盐酸羟亚胺到底是谁购买的？

2. 制毒场所是谁租赁的？

3. 制毒工具是谁购买的？毒资是谁支付的？

4. 人员组织和召集？

5. 制毒过程中的具体事实是否真实客观？

6. 制造好的毒品的联系运输和买卖？

除此之外，辩护人还将本案中存在的一些疑点问题进行罗列，如交通工具从何而来的问题、整个团伙唯独潘某没有专用手机号的问题等，指出本案尚存诸多疑点未能查清和排除。

辩护词

审判长、审判员：

北京市京都律师事务所田文昌、徐莹律师接受被告人潘某的委托，担任其在死刑复核阶段的辩护人。接受委托之后，我们仔细分析研究了一审判决书及二审裁定书，会见了被告人潘某，查看了本案的部分案卷材料，进行了必要的调查取证。辩护人认为，本案一审、二审认定潘某参与制毒，并且认定其为主犯，该事实认定存在重大问题，对于定罪的诸多重要事实尚未查清，定罪证据明显不足，证据认

定严重违反法律规定。现发表辩护意见如下:

一、本案关于制毒原材料由谁购买的问题尚未查清

一审、二审法院认为"潘某联系购买盐酸羟亚胺的事实不仅有出售原材料的证人仇某的证言和辨认笔录予以证实,同案人张某、余某均供述是由潘某安排张某支付货款、运输原材料的"(二审裁定书P15),由此认定是潘某购买原材料。一审、二审判决对证据的认定显属错误,在对证据的错误认定基础上得出的事实也是不客观、不真实的。

1. 关于2006年潘某洽谈购买盐酸羟亚胺的问题。2006年购买是事实,但这一事件与2007年购买盐酸羟亚胺之间并没有任何关系,与本案定罪更没有任何的关联性。

首先,潘某说了,他在2006年购买盐酸羟亚胺的目的是倒卖赚取差价。后来是因为盐酸羟亚胺的价格提高,倒卖赚取不到利润了,所以他便不再倒卖了。潘某的司机李某均的证言也证实了,2006年潘某做过这方面的生意,当时他还帮潘某看过货。

其次,2006年7、8月购买过与2007年7、8月又联系购买,两个事件没有任何关联性。

2. 一审判决和二审裁定认定2007年潘某的电话号码多次与仇某联系,得出潘某联系购买制毒原料的结论。得出这一结论的证据不充分。

首先,潘某对他和仇某联系购买的事实并没有否认,体现了潘某在供述其行为时的态度是端正和客观的,并没有企图掩饰其行为。但是应该区分购买盐酸羟亚胺行为与购买盐酸羟亚胺用于制毒行为的不同性质,前者并不是犯罪。

其次,潘某对此有合理解释,仇某打电话让他帮忙联系销售,于是他问了一些朋友,恰巧张某要买,于是他就联系仇某买,实际上是

帮张某买的。这个解释是有合理性的,因为后来确实经张某的手支付了全部的货款。

最后,一审、二审依据仇某的证言和辨认笔录,张某和余某的证言认定是潘某购买,证据显属不充分。

(1)仇某的证言仅能证明潘某和他联系购买盐酸羟亚胺,而不能证明潘某购买该原料的用途。必须明确的是,购买人和使用人是两个不同的概念,购买人不一定就是使用人。对此,潘某有解释,他就是帮张某购买的。

(2)仇某的辨认笔录,只能证明2006年和他见面交易的是潘某,不能证明2007年的交易对象是谁。

(3)张某的证言因为他是本案的被告人,证言可信度极低,不排除是推卸责任。

(4)余某的证言不能证明指控事实。余某是9月第一次参与到这一事件中,对8月第一次购买盐酸羟亚胺没有发言权。第二次余某在9月4日与张某一起去汇了25万元。余某在一审庭审中说"张某接到电话,谁叫他去打款,张某说是勇儿"。也就是说,余某并不知道是谁叫张某去汇款的,他是听张某说的。

综合分析以上四份证据,只有张某一人一口咬定是潘某买的。其他证据或是无法证明是不是潘某买的,是不是潘买来自己制毒用的。或是来自张某,均无法得出是潘某购买制毒原料准备用于制毒的结论。即使确实是潘某购买的原材料,但是现有证据并无法证实潘某就是买来制毒的,更无法排除潘某帮张某购买的可能性,因为本案的大量证据都证明了交钱取货的人不是潘某,而是张某。

二、本案没有证据证明制毒场所的租赁事宜与被告人潘某有任何关系

一审判决、二审裁定均认定"2007年7月初,被告人李某租赁位于广汉市北外乡新沟村6组项流美的旧厂房”。

租赁厂房是制毒行为的准备工作,应当说,从此开始,该制毒团伙已经开始着手实施制毒的行为了。而一审判决及二审裁定都对此节事实一笔带过。

租赁厂房的事实,根据李某的笔录,从最初商量、到谈合同、付钱,参与的人始终只有三个,即张某、雷某、李某,李某是跑腿,主要确定租房及出钱的是张某和雷某,李某无法确定到底是张某和雷某之中的谁,但至少可以确定的是,潘某没有参与其中,因为在这整个过程中,没有任何一项证据能够指向潘某。所以,在着手准备制毒的环节上,有确切证据证明潘某没有参与。

三、本案的毒资由谁支付尚未查清。一审判决及二审裁定认定“张某受潘某安排负责制毒原料的汇款及运输,筹集毒资”,证据明显不足,事实不清

毒资问题,是本案的关键问题之一。

本案已经查清的事实是,所有的毒资都是经由张某之手,或是以现金形式或是汇款方式支付,包括8月15日汇款1万元,8月15日现金支付30万元左右,9月14日汇款25万元,共计56万余元用于购买盐酸羟亚胺;9月12日3.3万元购买制毒工具。本案的争议点在于这些钱到底是张某还是潘某出的。接下来对这几笔款逐笔分析:

(一)第一次购买原材料的31万元

1. 8月15日张某汇给仇某1万元,账号由潘某发到张某的手机上。印证了潘某之前的解释,他帮张某购买,联系用的是潘的手机,所以相关信息由潘转告张。

2. 8月15日30万元左右,仇某的货送到后,张某支付货款给送货人。

关于上述31万元的组成，张某说20万元是从潘父亲处拿的；11万元是在雷某处拿的。

关于20万元，张某在亲笔供述中说："8月15日一早在广汉宾馆房间里，潘某叫我开他的奥迪帮他到什邡他家里去拿20万元到广汉来，我开车到他家里他父亲手里拿了20万元（他父亲用银行袋子装的钱），我给潘某带回广汉宾馆，到了宾馆，潘某叫我到广汉宾馆对面的建行去帮他打下款，一笔款是10万元零点（赌球），还有一笔款是1万元的，是他用他的手机转发到我的手机上的账户和户名，这笔款我不清楚是做什么的……潘某说现在张某锐在雷某家里等雷某给他拿钱……上了货后叫我付对方31万元（其中去他家里拿的20万元和张某锐去雷某那里拿的11万元）。"

张某的上述亲笔供述显然前后自相矛盾，不真实。首先，关于装钱的袋子，张某说是银行袋子，潘某的父亲在证言中说是塑料袋，但潘父不知道其中有多少钱。二审时潘父出庭作证从袋子的重量上看不可能有20万元。其次，张某自己说的账对不上，前面说了20万元，其中10万多元还赌球款了，又汇走1万元，那么应该还剩下9万元左右；后面又说支付的31万元现金中，又包含了这20万元，钱数根本对不上，显然不能自圆其说。

（二）第二次购买原材料的25万元

9月4日张某汇款25万元给高某亮。关于该25万元的来源，张某说是9月3日他帮潘某从陈某处借了30万元；9月4日上午，潘某就将这30万元还给了他，当天下午，潘某又问他借其中的25万元让他汇给高某亮，同日下午，潘某告诉他要去收账，收完账之后在金地茶楼楼下交给他25万元，当时还有李某均在场。对此事实，潘某在办案阶段及庭审调查中都予以否认。李某均的证言证实，9月4日下午他和潘某确实去找一个叫韩某金的人收过款，收了2万元，收完款之后就回什邡了,并没有再见张某,也没有给张某钱。那么,关于该25万元的来源问题,只有张某一人的说法,不仅没有其他证据可以印证,是典型的孤证,相反还和其他证人的证言相互矛盾,这样的证据显然不能作为定案的依据。而且,张某的说法也不符合常理,如果是潘某联系购买使用,他完全可以自己去汇款,何必要把30万元倒来倒去的给张某,最后又拿25万元给张某?一审、二审法院凭借这样既不符合常理、违背逻辑,又与其他证人证言相互矛盾的孤证认定毒资是潘某出的,依据何在?让人难以理解。

更重要的是,张某亲笔供述中关于9月4日下午的相关事项的陈述和其他证人的供述相互矛盾,如张某说他当天下午多次到了金地茶楼,而其他多名证人的证言均明确,他们并没有多次到金地茶楼。这进一步证明了张某亲笔供述的不真实性。

(三)购买制毒工具的3.3万元来源不清

9月3日张某现金支付3.3万元左右购买制毒工具。该笔款项是张某直接将现金交给送货人,而张某说这是9月3日晚上潘给他4万元,支付了3.3万元的余款之后,又按照潘的要求给了华儿1000元。这一说法只有张某一人的供述,是孤证,不能作为定案依据。

关于本案中购买制毒工具,谁购买、谁出资、工具来源均未查清。

综上,本案所有钱的来源及支付方式,均没有充分的证据能够证明钱的来源是潘某处,一审、二审仅凭张某一人自相矛盾、同时又与其他证人证言相互矛盾的供述,就认定是潘某支付毒资证据显然极不充分。

四、一审判决关于"潘某组织、召集制毒人员"的认定,没有证据支持,与客观事实不符

关于相关人员的召集,马某是李某带来的,余某是张某带来的,争议的焦点是李某和李某建是谁召集的。

1. 关于李某，一审、二审庭审查清，潘某并没有叫李某来广汉制毒，而是让李某到广汉来“耍”。

2007 年 6 月，潘某打电话喊李某到广汉是事实，对这一事实潘某、李某均承认。关键是这个电话的内容是什么？与制毒是否有关？对于此问题，李在一审庭审中表述得十分明确：“2007 年潘某喊我去什邡耍，认识张某，张某喊我去他加工厂做。”公诉人问：“你最初是谁叫你去广汉制毒厂的？”答：“张某。”问：“最初是谁联系的？”答：“张某。”可见，李某已经很明确潘某给他打电话的内容，是让他去什邡“耍”，而没有让他来制毒。而他到什邡后，张某喊他去制毒厂。

一审、二审采纳了李某在侦查阶段的供述，说潘某打电话让他跟着张某做点事，等着张某给他打电话。这一说法一方面，没有其他的证据可以印证，是孤证；另一方面，按照“两高三部”《关于办理死刑案件审查判断证据若干问题的规定》第 15 条的明确规定：证人在法庭上的证言与其庭前证言相互矛盾，如果证人当庭能够对其翻证作出合理解释，并有相关证据印证的，应当采信庭审证言。也应当采信李某在一审庭审中的说法，潘某只是让他到广汉来“耍”，他到广汉之后，张某让他去制毒。

2. 关于李某建，本案证明李某建系潘某召集的证据不足，事实不清。

对 8 月 17 日和 9 月 1 日被召集参与制毒，李某建在 9 月 25 日的笔录中说，是潘某打电话叫他下山并和雷某联系。

首先，了解李某建和潘某之间的关系，是正确分析潘给李打电话行为内容和性质的前提。李某建是潘的表哥，李某建在庭审中也说到，潘某是做工程的，他给潘打过工。也就是说，李与潘之间通电话，潘喊李到所在地，这是他们之间惯常有的行为。

其次，进一步分析潘与李之间电话的内容，潘有没有叫李参与制毒?李某建在9月25日的笔录中说,潘让他下山,第一次让他和雷某联系,第二次让他和张某联系。在一审庭审笔录中,李某建对为什么给雷某、张某打电话做出了明确解释:

公诉人问:“潘某叫你去做什么?”

答:“他只是给我找事情做,到什邡,雷某叫我去做食品添加剂的。”

问:“你为什么要给雷某打电话?”

答:“潘某叫我给雷某打电话。”

问:“是谁叫你去制添加剂的?”

答:“雷某叫我去做,是帮雷某打工。”

问:“第二次怎么样去的?”

答:“张某接我去的。”

辩护人问:“潘某给你找的什么工作?”

答:“他给我找的收废铁,但要等几天。”

审判员问:“那为什么你要给雷某打电话?”

答:“潘某说那个工作要等几天,叫我到广汉去耍,后来潘某走了,雷某就叫我去。”“打电话只是叫我跟雷某到广汉去耍。”

可见,在法庭的一再询问之下,李某建明确表述了,潘某让他到广汉,是给他找工作,收废铁,因为暂时没有工作安排,就让他在广汉玩两天,这时雷某便让其去做“添加剂”。而第二次是张某接他去制毒的。可见,潘某让他到广汉的事情与雷某、张某让他干的事情并不是同一件事情。

最后,一审、二审判决认定8月17日李某建第一次参与制毒,是潘某送其到工厂,由此不仅推出是潘某召集李某建参与制毒的结论,还推出潘某“多次到制毒现场指挥”的结论。

关于这一点,李某建在一审庭审中也明确表明了,潘某没有送他到工厂,在广汉火车站接到他之后,潘某就走了,是张某和雷某带他到工厂的。辩护人强调指出,在一审、二审庭审中,除了张某之外的其他被告人均明确表述,潘某从来没有到过制毒现场,也就根本不存在送李某建到现场的事实,所以,以此来推论潘召集李入伙没有依据。

结合以上几点分析,第一次李某建被召集,不能排除潘某打电话给李某建只是让其到广汉帮自己做废旧钢铁回收,因暂时没有工作,安排他在广汉玩几天,这时候,雷某让李某建参与制毒的可能性。李某建第二次被带到制毒现场的事实,现有证据只能证明是张某带李某建到工厂,而没有任何证据可以证明是潘某让李某建去的。认定李某建是潘某召集的证据不足、事实不清。

五、一审判决及二审裁定中关于"潘某多次到制毒现场指挥""组织、安排他人制造毒品的事实"的认定,证据不足

一审、二审认定潘某两次到现场:一次是8月17日潘某送李某建到工厂,并安排李某修墙;另一次是8月18日制毒人员发生中毒后到和雷某到厂里查看中毒原因,安排马某拆掉一堵墙。认定上述事实的主要依据是:(1)张某多次稳定供述;(2)同案被告人供述。

一审、二审的上述认定显属证据不足。关于潘某是否到厂里,李某、李某建、马某在一审、二审庭审中均明确表述他们在办案阶段的供述是错误的,潘某从来没有到过厂里面,李某说他"没见过他本人",李某建说"潘某没去""没见到过",马某还对其在侦查机关的笔录进行了解释,他说"公安机关给我说明要我指的"。对谁叫拆墙,马某说"当时雷某叫拆墙"。按照"两高三部"《关于办理死刑案件审查判断证据若干问题的规定》第15条:证人在法庭上的证言与其庭前证言相互矛盾,如果证人当庭能够对其翻证作出合理解释,并有相关证据印证的,应当采信庭审证言。三名关键证人庭审时改变证言,相互印证,并且有合理解释,有什么理由采信张某一个人的孤证,而否定三名证人的当庭证言呢?一审、二审判决忽视关键证人在庭审中所作的可以相互印证的证言,依据孤证认定事实,违反了证据认定原则,显属错误。

关于潘某是否在制毒过程中进行了组织、安排等行为,即8月17日是否安排李某安门,8月18日是否安排马某拆墙,安排中毒人员医治。前两项事实,因为李某、马某在一审、二审庭审中已经推翻了他们在侦查阶段的供述,既然不存在潘某到过工厂的事实,更不可能存在安排其二人工作的事实了。

关于相关人员中毒后,潘某是否安排了治疗。认定这一事实的证据是张某的证词以及李某在侦查阶段的证言。从证据的真实性角度分析,李某当时是中毒的状态,在庭审中他也说,他当时昏倒了,更何况,李某在一审、二审庭审中改变了他在侦查阶段的证词,说他到广汉宾馆看见了张某和雷某,他们二人把他送到医院。李某在庭审中的陈述,不仅印证了潘某的说法,也可以和证人曾某的证言相互应征。按照"两高三部"的规定及证据的采信原则,应当采信李某在庭审中的证词。而因为张某的证言与本案的事实有重要的利害关系,认定其证言的真实性并采信作为定案依据,应当尤其慎重,更重要的是,在李某改变证言后,张某的说法变成了孤证,没有其他证据可以印证,不能成为认定案件事实的依据。基于此,认定潘某安排中毒人员到医院治疗的情节,没有证据支持。

六、一审、二审关于潘某"将制造出的毒品联系运输和购买"的认定,事实不清,完全没有证据支持

第一,潘某没有安排张某联系毒品保管地。

本案中制好的毒品由张某运出,存放到了案外人卢某位于火车站附近的一所闲置的房子里。关于为什么存放在这个房子里,张某的说法是潘某叫卢某把房子的钥匙给张某,并交代张某把货存放在那里。对于张某的这个说法,卷宗中没有其他的证据能够印证,是一个孤证。相反,本案的重要事实是,张某也不得不承认,这个房子除了他谁也没去过,房子有两把钥匙,都在他自己手上。从逻辑上分析,辩护人有理由对张某关于潘某安排毒品保管地供述的真实性质疑,如果潘某是张某的"老大",他怎么会从来没去过这个房子,手中甚至连一把钥匙都没有,张某又怎么会不主动把钥匙,至少其中的一把交给潘某呢?

第二,潘某没有安排张某将制造好的毒品从工厂运输出来。

对于毒品从厂里运输出来的情节,首先,每一次取货都是李某的特殊的手机号和张某的特殊手机号的通话,虽然张某说这个手机号是潘某的,但是其他证人证言均证实,该手机号一直是张某在使用,并且李某的手机号也是张某给他的。现有证据无法证明该两个电话和潘某有任何关系。其次,每一次取货的都是张某,将取出的货放到出租房里的也是张某。

因此,说都是潘某的安排的只有张某一人的供述,没有其他证据可以印证。

第三,潘某没有安排张某联系买家并送货。

张某本人也承认的事实是,每一次给买家送货的都是他本人。

张某说这都是潘某安排的,只有他本人的供述,对张某供述的不真实性,前面已经多次分析,不再赘述,是典型的孤证。

牟某的证言,不仅证实潘某从未让他帮忙找K粉的销路,更明确地证实了办案人员如何主观定罪,诱导他说出对潘某不利的不真实的证言。如果以这种主观定罪的思路去侦查犯罪,那么得出的结论的客观真实性就会大打折扣。

由以上三点可见,毒品制成之后,潘某根本就没有安排张某运输和购买,一审、二审认定的事实根本就没有任何的证据依据,认定事实显属错误。

七、本案尚有多处关键事实未能查清,认定潘某参与制毒并且认定其为主犯的证据严重缺失

结合以上六点分析,本案中认定潘某参与制毒并且认定其为主犯的证据显然严重不足;更重要的是,本案中还有很多关键事实尚未查清,疑点尚未排除。

1. 关于制毒过程中使用的专用手机号的问题。一审、二审裁判中均为对此予以明确表述。本案中涉及的两个专门用于制毒人员相互联系的手机号码,一个是张某在使用,另一个是李某在使用。张某说是潘某的,但实际上这个号一直是张某本人在使用,张某说每一次都是潘让他带着这个手机,用这个手机和其他人联系的说法既不符合逻辑,也没有其他证据印证。试想,潘某既然能想到给张某配专用的手机,自己怎么还一直用他的常用手机号呢?而李某的证言更证明了,他的手机号码是张某给他的,并且告诉李用这个手机号和他联系。显而易见,犯罪专用的通讯工具是张某准备和使用的结论更符合逻辑。

2. 关于为了防止泄露消息,没收制毒人员手机的事实。只有张某一人说是潘某让他没收其他人的手机,“我就按潘某的话对李某娃、余某儿说:勇哥叫你们把电话放在车上”(张某亲笔供述)。而李某建、余某儿的证言均明确,是张某让他们把手机交出来。显然,张某的供述是不真实的,是在推卸责任。

3. 关于付工钱的事实。客观事实是,前后两次的工钱都是张某支付的,而张某说是潘某让他给的,这一说法没有任何证据可以支持。

4. 关于作案使用的川 AW58 × × 汉江牌面包车,川 AMH5 × × 白色福田货车谁提供的尚未查清。这两辆车是运输制毒原料，制毒工具，直接制毒人员使用的交通工具，而这两辆车到底从何而来、属于谁，至今尚未查清。

八、关于本案证据适用中存在的问题

如上所述，本案尚存诸多疑点未能查清和排除，而一审、二审认定潘某参与制毒并认定其为主犯的唯一证据就是张某一人的供述，这是典型的依据孤证定罪，而且违反了举证责任的原则，是举证责任倒置。本案大量的证据指向是整个制毒过程中张某起到了策划、安排、指挥、操控等重要作用，直接实施了付钱、制造、运输等全部制毒环节的行为，而声称这些都是潘某安排的却只有张某一人的供述。在这种情况之下，张某应当承担举证责任，用证据证明他所做的事情都是潘某安排的，而不能只是空口无凭地就将责任全部推到潘某身上。简言之，在大量事实已经证明张某是主犯的前提下，张某又声称受潘某指使，在性质上属于张对潘的指证，所以张某只能在有其他充分证据佐证自己说法的情况下，其证言才有效。否则，张的证言不仅只是一份孤证，而且是一种利害关系人转嫁责任的孤证。这种孤证与案外人的孤证是有重大区别的。若依照原审判决的逻辑，这种孤证也可以作为定案的依据，其导致的直接后果是任何一个犯罪人只要一口咬定他人为指使者或受益者，就可以轻易摆脱或者转嫁责任，而无须提供其他证据。这种后果是不堪设想的，既可以冤枉无辜，也可以放纵真凶。

因此，在本案中，在没有其他证据支持的情况下，张某一个人对潘某的指证不能作为定案依据，而潘则无义务甚或也无能力举证去否定张的指证，在不能举证证明潘某指使的情况下，不利后果只能由张某承担。

更何况，张某的供述的真实性也无法得到证实，具体体现在：首先,张某有长期的精神病史。这一事实张某本人认可,并且二审中律师出具了张某的病例。其次,张某在本案中有直接利害关系。最后,张某的供述不真实,不仅体现在张某供述多处关键事实的描述上前后自相矛盾,更与其他证人的证言相互矛盾。

张某供述的自相矛盾体现在:

如对张某自己本人何时第一次到厂,张某一会儿说是17日,一会儿又是12日左右,而李某的证词证明张某早在6月即在安排他租厂房并亲自和房东联系。

又如支付工钱的陈述,谁打电话来要钱,张某在讯问时是李某,亲笔供述又变成张某锐。

给钱的时候潘某在不在茶楼?讯问时说潘不在,亲笔供述又变成潘在。

潘是如何交代他给钱的?讯问时说是电话,亲笔供述又变成当面交代。

张某供述与其他证人的相关证言相互矛盾体现在:

8月19日钱给谁了,张某说是给张某锐。李某和马某说是雷某。

又如上交手机的事实,张某的证言与其他人的说法也不一致。张某说他对其他人说:"勇儿叫你们……"而其李某、李某建的证言均证明,是张某叫他们把电话放车上。

其他还有诸多细节,张某的供述都与其他证人的相关证言明显矛盾,充分证明了张某供述的不真实、不客观。而仔细分析其供述的变化,显示他辩解思路的形成,就是将该事情往潘某身上推,减轻自己的责任。

因此,本案中原一审、二审裁判仅仅依据张某不客观、不真实的供述给潘某定罪,并且处以极刑,是极不慎重的。

九、本案中潘某有重大立功行为

潘某在关押期间，积极协助狱侦工作，反映了其掌握的叶某某故意杀人案相关情况，使该案得以破获。

死刑复核期间，律师会见潘某时，潘某向律师反映了他掌握一起重大杀人犯罪的具体线索，愿意向司法机关举报以协助破案。但是，他认为该案幕后背景复杂，又担心举报后会发生不可预料的危险后果，遂犹豫不决，故迟迟不敢付诸行动。现在，他希望能够直接向最高人民法院的法官举报，并由上级公安机关进行调查。该案是一起多年未能查破的故意杀人案件，潘某提供的线索十分明确，请求最高人民法院高度重视，予以查实。

综上，本案一审、二审认定在毒资尚未查清，制毒工具、通讯工具、交通工具尚未查清，毒品去向尚未查清，主从犯关系尚未查清的基础上，认定潘某为制造毒品犯罪的主犯，并且判以极刑，证据显属不足。

同时，就本案全案情节而言，因为本案早在制毒之前就已经被公安监控，并没有流向市场造成社会危害，同案被告均有从轻处罚的酌定条件。

判决后，潘某居住地的近百名居民联名上书原审法院，为其请命。他年近七旬的老父母在汶川地震中侥幸活命，却无法接受这个事实，多次试图自杀，幸被邻居挽救。

辩护人提请合议庭特别注意的是，本案的疑点不仅是潘某是否为主犯的问题，而且有潘某是否故意参与了制毒犯罪的问题，希望合议庭对此予以高度重视。

因此，辩护人请求最高人民法院能够高度重视此案，进一步查清事实，依法做出公正的判决。

此致

最高人民法院

辩护人:

北京市京都律师事务所律师　田文昌　徐　莹

二〇一一年七月十九日

审理结果

经最高人民法院复核,准予对潘某执行死刑。

李某明被控故意杀人罪案

案情简介

李某明与赵某是男女朋友关系，李某明与张某是表兄弟关系，三人一起在加拿大留学，案发前共同租房居住。2002 年 10 月 9 日赵某外出购物失踪，李某明寻找未果向警方报案。2002 年 10 月 20 日，在离他们居住地很远的郊外发现赵某尸体。

在加拿大警方调查期间，李某明不堪媒体骚扰回国，后张某在加拿大被起诉。2002 年 2 月，李某明回国后因涉嫌故意杀人罪被采取强制措施。2004 年 4 月，加拿大法院裁决相关证据为非法证据，宣告张某无罪。2005 年 3 月，因证据不足，李某明被解除强制措施。

2009 年，张某回国，被中国警方以涉嫌毁灭证据罪采取强制措施，并将李某明羁押归案；2010 年对两人以故意杀人罪提起公诉。

某市人民检察院起诉书指控："被告人李某明于 2002 年 10 月 9 日晚，在加拿大某市某大街 × × 号其租住处，采用扼压颈部的方式，致其女友赵某机械性窒息死亡。后李某明与张某（另案处理）驾车将赵某的尸体丢弃。"

辩护思路

这是一起典型的事实争议的案件,整个辩护的观点是"事实不清、证据不足"。围绕这个观点,重点论述如下问题:

1. 李某明和张某涉嫌非法取证的证据应当排除,尤其是重复供述也不应当采信。

2. 涉案的证据来源实际上都是张某在加拿大警方的供述,这些供述被加拿大法院认定为非法的情况下,我国法院不应采信。建立在此基础上的所有证据都存在合法性和真实性的怀疑。

3. 没有查清被告人的犯罪动机和目的。

4. 李某明和张某关于案发经过存在诸多矛盾,且无法得到合理解释。

5. 李某明关于杀人行为的供述与本案的鉴定结论不吻合。

6. 被害人手中握的一缕头发没有查清来源,不能排除他人作案的合理怀疑。

疑点问题

1. 案卷中没有任何证据证明李某明有杀害赵某的动机和目的。多人证明两人感情很好,并有结婚的打算。

2. 张某说李某明因为赵某做梦,梦到李某明不爱她了,发生争吵,从而李某明掐死赵某的说法不仅是荒唐的,也是不合常理的。

3. 加拿大皇家哥伦比亚医院 02 - 214 - 0315 解剖报告以及北京市公安局(2009)115 号鉴定结论通知书都没有关于被害人死亡时间的鉴定结论。

4. 根据加拿大 2002 - 48353 持续鉴定报告中的"现场情况说明:侦查人员没有在吸尘器废物袋中找到赵某的隐形眼镜和戒指,房间的勘验情况也无法证明赵某是在其租住地遇害的”。

5. 根据加拿大 2002 - 14551 法医实验室检查报告,在行李箱的两侧拉链头、箱子带扣、箱子带以及中间把手上没有提取出人类 DNA,不能证明李某明和张某曾接触过此行李箱。

6. 根据加拿大 2002 - 14551 法医实验室检查报告,在行李箱和行李箱胶带粘取物上未发现与汽车备胎套、汽车后备厢内衬以及厨房、起居室、卧室织物相似的织物,不能证明该行李箱是从租住地搬运到汽车上,并被抛弃在尸体发现现场。这说明行李箱中的纤维物另有来源。

7. 张某在加拿大一直坚持说是李某明一人将行李箱从房间抬到汽车后备厢的,他没有给予帮助。但是行李箱的把手已坏,又很沉,一个人很难将行李箱抬出来放到汽车后备厢里。

8. 根据加拿大高原调查事务所的调查报告,“未在涉案路段发现实物(照片或录像)证据,表明李先生的车辆在案发时段曾经过该路段”。

9. 案发当晚 11 时 30 分左右,李某明接到朋友的电话,根据他们的供述,这个时间正在去抛尸现场的路上。对这个电话进行技术分析,可以判断被告人接听电话所在的位置,从而判断他是否在抛尸线路。但是根据加拿大高原调查事务所关于移动电话的补充报告,不能证实李某明在案发当晚接听的电话是在抛尸路上。

10. 根据加拿大皇家骑警丹尼斯 · 杜兰德对行李箱的调查报告,基于行李箱不可能是滚落或者是扔在路边的,只可能是由人抬着步行一段距离到达弃尸地点。但是李某明和张某都说下车后,行李箱是从路旁直接扔到弃尸地点的,没有步行,这与现场的地理环境不符。

11. 装尸体的行李箱很沉,而且把手损坏,李某明不可能一个人搬到现场。但是张某一直说没有给他帮助,这不符合常理。

12. 根据张某2002年12月1日与加拿大皇家骑警的谈话中,案发当晚达到弃尸地点后,李某明一个人用了大概3分钟的时间把装尸体的行李箱从后备厢内取出扔到现场。这存在以下疑问:第一,在短短3分钟左右的时间内是否能够完成这些动作?第二,李某明是否有如此大的臂力,将行李箱从路上抛出去20米远的距离后稳稳地落在地面上,没有任何翻滚?第三,行李箱从上面抛出去后,如何避开灌木丛直接落在地面上?

13. 根据加拿大法医分析,"在此次调查中,调查人员将一切可能属于赵某的物品进行化验,但是并没有发现任何可以帮助警方判断谋杀凶手的证据和信息"。

14. 根据加拿大法医的分析,李某明应该正面对着赵某施力,从而造成她背部的挫伤。如果李某明是面对面地向赵某的颈部施力,在被外力强制窒息的情况下,被害人本能都会进行反抗,造成犯罪人身体表面的伤害。但是加拿大骑警询问张某李某明是否流血时,他说没有;这不符合常情。

15. 根据加拿大皇家哥伦比亚医院尸体解剖报告,除了机械性窒息死亡的典型特征,被害人"左顶部头皮可见皮下出血1处,骨膜出血面积为1厘米×2.5厘米""左肩胛可见新鲜挫伤,大小为9厘米×5厘米""解剖发现背部有挫伤和其他一些特征"。该鉴定结论是:"赵某的损伤特征是典型的机械性窒息死亡的征象。其颈部没有明显的索沟,但这不排除死者被人用宽而软的带子勒颈。这些特征符合被害人被他人徒手扼压颈部所致。"

根据李某明的供述,他是用枕头放在被害人的脸部和胸部之间,向后用力造成的损害结果,与鉴定结论中认为被害人是"被他人徒手扼压颈部所致"的结论不符。

16. 枕头与带子留在被害人身体上的受力面积和强度完全不同，会造成不同的身体损害结果，所以被告人口供中供述的行为也不符合尸体解剖报告中“死者被人用宽而软的带子勒颈”的结论。

17. 尸检照片中，被害人颈部有明显的被掐痕迹，用枕头放在被害人颈部位置向后勒，不可能造成这些损害特征。

18. 根据被告人9月4日和9月8日的口供，在枕头大战时，被告人与被害人是同一方向侧躺着或者坐着，在这种情况下，被害人的背部都没有支撑面，被告人从背后用枕头勒被害人，并不会对被害人背部造成伤害，这与补充报告中所述的情形完全不同，也没有其他理由可以解释被害人背部的瘀伤。

19. 被告人供述的犯罪行为，也无法解释被害人左顶部头皮出血以及左肩胛挫伤，无法证明被告人实施了本案的犯罪行为并造成被害人的损害后果。

20. 根据李某峰的证词，他没有带过涉案的行李箱给李某明和张某，这与张某的证词不符。

21. 梁某、杨某龙、孟某福的证词表明，李某明和张某出国时带的行李箱都是新的，这说明装尸体的行李箱不可能是他们从国内带过去的，这与他们证言和供述不符。

22. 案发后加拿大皇家骑警在他们租住的房间拍摄的照片表明，他们从国内带过去的行李箱都在，全部是新款式的，比较新的。没有证据表明涉案的行李箱是他们的或为他们所用。

23. 被害人手中发现的一缕头发没有鉴定结论，不能排除他人作案可能。

24. 被害人身体中部发现一缕头发不适合做 DNA 鉴定，也说明他人有作案嫌疑。

辩护词

尊敬的审判长、审判员：

北京市京都律师事务所接受本案被告人李某明家属的委托，指派我们担任李某明的辩护人。接受委托后，我们认真地查阅了本案案卷，会见了被告人，并且依法调取了相关证据。在此基础上，发表如下辩护意见，请合议庭采纳。

首先，请允许我们以辩护人的身份对被害人的死亡表示沉痛的哀悼，也对被害人的家属表示深深的同情，毕竟一个像花朵一样美丽的生命在这个世界凋零了，这是我们每一个人都不愿意看到的。但是，感情毕竟不能取代法律的裁判。站在这个神圣的法律殿堂，我们不应该用任何感情和猜测主导今天的审判，而始终应该坚持证据裁判原则。既尊重一个逝去的生命，尽量查清案件事实，也要尊重证据和被告人的人权，不能因为一个不可更改的错误导致另一个错误的判决。毕竟被告人也和我们在座的每一个人一样，是有尊严的生命，在他们的背后也有父母、妻儿。我们不能挽回一个逝去的生命，但是我们可以用理性阻止一个由感情主导的错误判决。为此，我们恳请法庭根据证据查明事实，依法作出公正判决，我们的辩护意见如下：

一、关于本案证据合法性问题

根据《关于办理刑事案件排除非法证据若干问题的规定》第11条："对被告人审判前供述的合法性，公诉人不提供证据加以证明，或者已提供的证据不够确实、充分的，该供述不能作为定案的根据。"这说明庭前证据合法性的证明责任在公诉人，如果公诉人不能举证或者所举证据不能达到法律规定的"确实、充分"的标准，公诉人就必须承担举证不能的后果，即被告人和证人的庭前供述和证言应当作为非法证据予以排除，不能作为定案的根据。根据庭审质证情况，辩护

人认为以下问题必须予以重视:

1. 关于李某明被刑讯逼供的情况

(1)庞某在控辩双方的证词都肯定了一个基本事实:李某明在通州看守所被戴狗链,而且该戒具在通州看守所无法打开。

(2)对李某明使用戒具不符合《公安部关于看守所使用戒具问题的通知》的要求,实际上是刑讯和体罚的手段。

(3)控方提供的视频和体检证明,没有涵盖所有的提讯,不能排除刑讯逼供的情况。

(4)李某明关于张某悔过书内容的供述与张某信的内容相符,可以证明侦查人员把张某的证词给李某明看,以此获得"一致"口供。

2. 关于张某在海军监狱被非法取证的情况

(1)关于监室中是否有其他两个人。这一问题得到所有被调查人员在控辩双方调查中的肯定,没有任何疑问。而且辩方关于崔某波和王某宇的证词以及张某本人的情况反映表明,这两个人有警察或受警察指示对张某实施暴力取证的嫌疑,辩护人在庭前已提出要求该两人出庭的申请。如果两人不出庭,就无法排除证人和辩护人的合理怀疑,控方对合法性的证明没有达到确实充分的标准。

(2)关于夜间提讯的事实,被调查人员都没有否定,而且提讯证足以证明这一事实。至于张某在被夜提后是否能够白天补充休息,牛某没有否定张某白天在监室被殴打和干扰休息的事实,而且这些事实与王某宇说的情况基本吻合,崔某波的证词也说明这点。控方其他证人的证言只能证明他们值班时张某可以补休,不能排除其他时间张某被干扰不能休息。

(3)张某被殴打的情况发生在牛某值班时,应以其证词为准。王某宇和杨某军都参与处理这件事,并且都肯定了事件的存在,这一事实可以认定。

(4)张某被指示特殊对待的问题,崔某波和牛某在辩方调取的证词中是可以相互印证的,虽然控方的其他证据否定了这一情况,但是不能排除怀疑。

3. 关于张某在加拿大的供述和其他证据

(1)张某在加拿大伯纳比分局2002年11月30日的有罪供述,存在如下问题:

从程序上,在张某未被合法拘留的情况下,警方强制其不得离开。并且法律援助律师没有给其有效建议,他要求说中文律师的请求一直没有被满足,说明他没有获得加拿大法律规定的权利。

加拿大警察多次实施欺骗、引诱、威胁等非法手段取证。比如,欺骗张某说警察在箱子上发现了他们的指纹,威胁张某如果不供述李某明杀人,他就是杀人嫌疑犯,并且涉嫌三个罪名,现在不说,以后就永远没有机会说。引诱张某将事情推到已经回国的李某明身上,并且说如果他与警方合作,就会没事。

张某在庭上证明,在此有罪供述之前,加拿大警方找过他多次,很多次都没有录音录像,法庭播放张某此次供述的录像是截取性的,不能排除在此之外警方非法取证的情况。

张某在庭上对此供述作出解释:该供述是警方告诉他相关细节的情况下,他"编"的。辩护人认为,一个19岁、初到异国他乡、没有获得加拿大法律提供的有效帮助的孩子,在强大的心理压力和误导下,出于自保心理,违背事实作出虚假供述是完全有可能的。尤其在加拿大法院已对此作出非法证据裁定的情况下,法庭对该证据的采信应该慎之又慎。

(2)张某在加拿大指认现场活动,有如下非法嫌疑和重大疑点:

张某有连续四次明确表示不愿意去和不知道地点,说明该次行动他是不自愿的。

在指认活动中,当被问到具体方向、前后左右位置时,张某都是不清楚的。其回答要么是不知道,要么是含糊其词,要么是反问警察怎么走。

张某整个指认活动中,回答清楚的只有两个问题,一是标示物,如七号公路、米申市、石头桥以及小房子,这些都是媒体报道过,而且也能被事先告知的。二是从石头桥到抛尸地点的行车时间正好是20分钟。他在整个指认过程中对其他问题一直含糊其词,只有对这一时间的回答干脆、准确,这恰好说明这一时间是被事先告知的,因为假设他们从租住地出发,也只可能注意全程的时间,而不可能特别留意中间某个点到终点的时间。

在整个过程中,警官约瑟夫·李对具体目标、路线、方向的指引、指供、诱供不少于27次,其中5次诱供、22次直接指供,或者代替张某自问自答。

根据以上分析,该次活动不仅是在证人不自愿的情况下进行的,而且完全是在警方的指供和诱供下进行的。这一事实表明,此次指认活动并不是张某带领警察去指认,而是警察带领张某去指认。这样的证据不仅在加拿大法院被认定为非法,在任何国家的法律中都应该被排除,在中国当然不能例外,不可能有第二种结论。

加拿大警方这次指认现场活动的目的是印证张某第一次有罪供述的真实性,但是结果恰恰相反,由于张某根本无法指认和找到他自己曾经供述过的抛尸地点和行车路线,所以,证明张某之前的有罪供述是不真实的。由此可见,该指认现场的录像资料对于正确分析本案证据具有至关重要的意义,因为它不仅证明了指认现场过程的虚假性,而且印证了张某之前有罪供述的虚假性,从而在根本上否定了张某的有罪供述。

(3)张某写给赵某母亲的信,是被警察告知这封信可以被提交法庭,作为其轻判的理由的情况下写的,并要求这封信要有很强的目的性,它必须倾注感情,取得赵某母亲的谅解,才可能获得法官的同情,从而被轻判,所以其真实性值得怀疑。

(4)张某写给桑迪的信,是张某被秘密逮捕,无法与外界联系,而且警方一直不给其提供会中文的律师的情况下,被准许的。张某当庭解释道在这样的绝境中,他必须在信中透露出警方需要的信息,该信才能被传递出去,从而联系上家人,获得急需的法律帮助,因而该信的内容也是不真实的。

4. 本案证据的关联性问题

本案控方实际上只向法庭提交了两种证据,即张某的证人证言以及李某明的被告人供述,这两种证据表现为四份言词证据,即张某在加拿大伯纳比分局、海军监狱以及北京市看守所的证言,还有李某明的供述。所有的这些证据其实都只有一个来源,即张某在加拿大伯纳比分局的供述。分析如下:

张某在法庭证实,首先,他在海军监狱期间,不仅遭到严重的刑讯逼供,侦查人员还多次让他看他在加拿大供述的录像,以“加深印象”,并要他照着录像的内容供述,这说明张某在海军监狱的证言来自在加拿大的供述。

其次,张某还说道,因为在海军监狱受到严重的刑讯逼供,他对此产生了严重的恐惧心理,在被转到北京市看守所后,又被威胁如果翻供就要再送回到海军监狱。为不再被送到海军监狱,他不得不在北京市看守所重复在海军监狱的供述。这说明两份证言之间存在直接的因果关系,在北京看守所的供述来自对海军监狱供述的重复,法庭当庭认定了海军监狱证言的非法性,很显然张某在北京市看守所的证言作为前者的重复和延续也是非法证据。

最后,李某明庭审时说在通州看守所,侦查人员将张某要他供述的信以及张某的悔过书给他看,要他照着张某悔过书中描述的犯罪过程供述,以获得"一致"口供。庭审已证实,李某明陈述的信的内容与张某写的内容一致,相互吻合,这不仅说明以上情况属实,也说明李某明的供述也是张某证言的复制。

以上分析表明,本案的四份言词证据是紧密联系、互为因果的,都源于张某在加拿大的供述。在该供述已被加拿大法院认定为非法证据并排除,而且根据我国《刑事诉讼法》第 43 条以及《关于办理刑事案件排除非法证据若干问题的规定》也应当排除,同时,在法庭已经当庭认定张某在海军监狱的证言非法的情况下,张某在加拿大的有罪供述、张某在北京市看守所的证言以及李某明的供述都应该作为非法证据予以排除。

还需说明的是,庭审中辩护人对被告人供述以及证人证言的质证表明,被告人供述和证人证言之间不仅相互矛盾,而且与本案物证、鉴定结论和勘验现场不能吻合,这也说明以上言词证据是不真实的。值得强调的是,首先,这些证据是通过国际刑事司法协助移交的证据,它的合法性源于加拿大法律的规定,作为接受证据的请求国法院,对于这些证据的采纳标准只能高于被请求国法院,否则其合法性就没有根据。其次,在我国法庭上,加拿大警方调取的言词证据从根本上来说都是传闻证据,在证人张某到庭的情况下,应该优先采纳其庭审证词。如果我们置张某当庭证词于不顾,舍近求远采纳其在加拿大的非法证词,今天的庭审就成为摆设,也是对我国司法权的放弃。最后,非法证据排除的意义是该证据不能作为对被告人不利的证据使用,这一规则不应因为案件判决的国家不同而有所区别。否则就意味着该证据在加拿大法庭认定是非法,在中国法庭认定就是合法。所以,本案的被告人供述和证人证言都应该作为非法证据排除,不能作为定案的根据。

在承办本案的过程中,我们深切地感受到了律师取证的艰难,尤其是关于刑讯逼供方面的证据。在刑事诉讼中,被告人面对的是强大的国家机器,当一切侦查行为都是以公权力的名义做出的时候,它往往难以得到有效的制约。当被告人受到刑讯逼供时,他只能求助于律师。但是整个侦查活动都是在侦查机关控制下进行的,没有第三方参与。即使有机会了解情况的人员迫于公权力的压力,也往往三缄其口。本案辩方关于刑讯逼供的调查也遭遇了同样的困难,这就导致我们只能通过退役的看守调取张某在海军监狱被非法取证的情况,而无法获得其他证据。我们恳请法院就以上证据的采信,充分考虑到控辩双方取证的不平等性以及法律规定由控方负证明责任的规定,对本案的刑讯逼供问题作出客观公正的认定。同时,我们还必须强调的是,对于非法证据的排除,不仅因为这种取证手段严重地侵犯了被告人和证人的人权,直接违反了《刑事诉讼法》的规定,破坏了法治的尊严,而且这些以刑讯逼供手段获取的口供和相关言词证据违背了案件基本事实,无法反映案件的真实情况。根据调查,被告人口供是导致刑事错案的首要原因,而造成被告人虚假口供的主要原因是刑讯逼供。如果本案的非法证据不能排除,本案被告人也许就是下一个"赵作海""杜培武",无法经得起法律和历史的考验,请合议庭慎重采纳以上证据。

二、本案基本事实不清、证据不足

根据起诉书的指控,公诉人认为本案发生的时间是2002年10月9日晚,地点是加拿大温哥华本拿比市舍洛克大街1384号其租住处,犯罪的手段是"采用扼压颈部的方式",后果是"致其女友赵某机械性窒息死亡",其他情节是"李某明与张某驾车将赵某的尸体丢弃"。但是根据庭审质证情况,我们发现本案以上基本事实都没有证据支持:

1. 关于被告人实施犯罪行为的动机和目的。案卷中没有任何证据可以证明李某明具备杀害赵某的动机和目的。相反,无论是房东还是李某明打工的老板以及李某明的朋友都证明两人十分相爱。李某明的朋友娄某证明李某明在2002年9月特殊的日子为两人买了情侣戒指,并送赵某蛋糕。李某明打工店老板方某迪证实他们有结婚的打算。即使在起诉书指控犯罪的前一天两人还因为一起看喜剧笑出大声,遭到房东老太太的责备。作为一个出身良好家境,受过良好教育,并且初涉爱河的年轻人,我们无法从常理上分析其杀害女友的动机和目的。张某在证词中说李某明是因为赵某做梦梦到李某明不爱她了,发生争吵,从而将她掐死了,这种说法不仅荒谬,而且不符合常理,不能采纳。

2. 关于犯罪时间。加拿大皇家哥伦比亚医院02-214-0315解剖报告以及北京市公安局(2009)115号鉴定结论通知书都没有关于本案被害人死亡时间的鉴定结果。

3. 关于犯罪地点。被害人的尸体是在离其住处遥远的十分偏僻的郊外发现的,公诉人认为被害人是在其租住地遇害,尸体被李某明、张某搬运到汽车上被抛到尸体发现现场。但是这些猜测仍旧无根无据:

(1)根据加拿大2002-48353持续鉴定报告中的"现场情况说明:侦查人员没有在吸尘器废物袋中找到赵某的隐形眼镜和戒指",房间的勘验情况也无法证明赵某是在其租住地遇害的。

(2)"2002年12月5日,皇家骑警温哥华物证鉴定实验室官员表示,在盛装赵某尸体的箱子中发现的一些不属于该箱本身面料的纤维物。基于这些纤维物可能来自李某明的住所的考虑,塔克警官提交了对李某明居住的夏洛克大道1384号房屋的搜查呈请。"根据加拿大2002-14551法医实验室检查报告,在行李箱和行李箱胶带粘取物上未发现与汽车备胎套、汽车后备厢内衬以及厨房、起居室、卧室织物相似的织物,不能证明该行李箱是从租住地搬运到汽车上,并被抛弃在尸体发现现场。这说明行李箱中的纤维物另有来源。

(3)张某在加拿大一直坚持说是李某明一人将行李箱从房间抬到汽车后备厢的,他没有给予帮助。但是行李箱的把手已坏,又很沉,一个人很难将行李箱抬出来放到汽车后备厢里。

4. 关于抛尸过程。

(1)根据加拿大高原调查事务所的调查报告,“未在涉案路段发现实物(照片或录像)证据,表明李先生的车辆在案发时段曾经过该路段”。

(2)根据罗某的证词,在2002年10月9日晚,他打电话给李某明,李某明说他正在找女朋友。显示号码是李某的手机号604-931-8259,通话时间是23时20分,通话持续了47秒。在张某的证词中这个时间点他们正在去往所谓“抛尸”线路的路上。如果张某的证词属实,对这个电话进行技术分析,可以判断被告人接听电话所在的位置,从而判断他是否在抛尸线路。但是根据加拿大高原调查事务所关于移动电话的补充报告,不能证实李某明在案发当晚接听的电话是在抛尸路上。

(3)据加拿大皇家骑警丹尼斯·杜兰德对行李箱的调查报告,行李箱不可能是滚落或者是扔在路边的,只可能是由人抬着步行一段距离到达弃尸地点,而且行李箱的把手是陈旧性损坏,所以李某明不可能一个人拎着行李箱到达。但是李某明和张某都说下车后,行李箱是从路旁直接扔到弃尸地点的,没有步行,张某也没有帮助李某明。两人的供述与现场情况不符。

(4)张某2002年12月1日与加拿大皇家骑警的谈话中有这样一段对话:“警察:你呢?你跟他在车里面坐?张某:对。然后他下去。警察:他下去?张某:对。警察:然后呢?张某:嗯?警察:然后呢?张某:又过了一会儿他又上来。警察:过了多少时间?张某:我在里面看也就三分钟吧。警察:你没有去帮忙?张某:没有。警察:为什么不去?张某:我们已经提前说好了。”根据这段对话,李某明是一个人用了大概3分钟的时间把装尸体的行李箱从后备厢内取出扔到弃尸地点的。这存在以下疑问:第一,在短短3分钟左右的时间内是否能够完成这些动作?第二,李某明是否有如此大的臂力,将行李箱从路上抛出去20多米的距离后稳稳地落在地面上,没有任何翻滚?第三,行李箱从上面抛出去后,如何避开灌木丛直接落在地面上?

5. 关于犯罪行为人。

(1)根据加拿大法医分析,“在此次调查中,调查人员将一切可能属于赵某的物品进行化验,但是并没有发现任何可以帮助警方判断谋杀凶手的证据和信息”。

(2)根据加拿大2002-14551法医实验室检查报告,在行李箱的两侧拉链头、箱子带扣、箱子带以及中间把手上没有提取出人类DNA,不能证明李某明和张某曾接触过此行李箱。

(3)根据加拿大法医的分析,李某明应该正面对着赵某施力,从而造赵某背部的挫伤。如果这样,赵某在被外力强制窒息的情况下,会本能地进行反抗,造成犯罪人身体表面的伤害。但是加拿大骑警询问张某李某明是否流血时,他说没有;这不符合常情。

(4)现场发现的行李箱是本案唯一的关键物证,控方没有证据证明该行李箱是李某明或者张某的,箱子上也没有其二人的指纹。所以,该唯一物证不能建立与被告人的唯一联系。不能证明被告人就是凶手。

6. 关于犯罪行为及其后果。

根据加拿大皇家哥伦比亚医院尸体解剖报告,除了机械性窒息死亡的典型特征,被害人“左顶部头皮可见皮下出血1处,骨膜出血面积为1厘米×2.5厘米”“左肩胛可见新鲜挫伤,大小为9厘米×5厘米”“解剖发现背部有挫伤和其他一些特征”。同时根据皇家骑警对公诉人的补充报告,法医查尔斯沃斯检查了受害人的背肌,“发现在该部位有很明显的一块瘀伤,据该伤可以断定,很可能是有人在受害人的前面使劲向受害人的喉部施压,导致受害人向后靠,由于受力过大,背部出现瘀伤。”该鉴定结论是:“赵某的损伤特征包括背部挫伤、面部出血点、颈部条形肌肉出血、舌骨骨折、喉室黏膜出血点,这些是典型的机械性窒息死亡的征象。其颈部没有明显的索沟,但这不排除死者被人用宽而软的带子勒颈。这些特征符合被害人被他人徒手扼压颈部所致。”但是这些结论无法与被告人供述吻合:

(1)根据李某明的供述,被告人是用枕头放在被害人的脸部和胸部之间,向后用力造成的损害结果,与鉴定结论中认为被害人是“被他人徒手扼压颈部所致”的结论不符。

(2)枕头与带子留在被害人身体上的受力面积和强度完全不同,会造成不同的身体损害结果,所以被告人口供中供述的行为也不符合尸体解剖报告中“死者被人用宽而软的带子勒颈”的结论。

(3)尸检照片中,被害人颈部有明显的被掐痕迹,用枕头放在被害人颈部位置向后勒不可能造成这些特征,因为枕头不可能像手指或细带子那样在颈部形成多处条状接触面。

(4)根据被告人9月4日和9月8日的口供,被告人与被害人是侧躺着或者坐着,在这种情况下,被害人的背部没有支撑面,被告人从背后用枕头勒被害人,并不会对被害人背部造成伤害,这与补充报告中所述的情形完全不同,也没有其他理由可以解释被害人背部的瘀伤。

(5)被告人供述的犯罪行为也无法解释被害人左顶部头皮出血

以及左肩胛挫伤，无法证明被告人实施了本案的犯罪行为并造成被害人的损害后果。

《关于办理死刑案件审查判断证据若干问题的规定》第5条规定："办理死刑案件，对被告人犯罪事实的认定，必须达到证据确实、充分。证据确实、充分是指：（一）定罪量刑的事实都有证据证明；（二）每一个定案的证据均已经法定程序查证属实；（三）证据与证据之间、证据与案件事实之间不存在矛盾或者矛盾得以合理排除……（五）根据证据认定案件事实的过程符合逻辑和经验规则，由证据得出的结论为唯一结论。办理死刑案件，对于以下事实的证明必须达到证据确实、充分：（一）被指控的犯罪事实的发生；（二）被告人实施了犯罪行为与被告人实施犯罪行为的时间、地点、手段、后果以及其他情节……（五）被告人的罪过。"

综合以上分析，辩护人认为本案定罪量刑的基本事实——时间、地点、犯罪行为、犯罪的动机和目的都没有证据证明，被告人的有罪供述和证人证言的合法性无法得到确实充分地证明，被告人供述与证人证言之间互相矛盾，公诉人向法庭出示的鉴定笔录与被告人供述也相互矛盾，并且矛盾得不到合理排除。抛尸现场的关键物证——行李箱，不能与被告人建立联系，无法从控方证据得出唯一结论，公诉人指控李某明故意杀人的证据达不到法律要求的"确实、充分"的标准，不能认定李某明有罪。

三、本案不能排除他人作案可能

1. 装尸体的行李箱可能是他人的。

装尸体的行李箱是抛尸现场发现的唯一有价值的物证，查清行李箱的来源是侦破本案的关键。张某在加拿大供述箱子是李某峰从国内带过去的，后在中国供述又说箱子是从国内带过去的或是李某峰叔叔从国内带过去的。李某明一直供述箱子是从国内带过去的。

但是根据李某明母亲张某萍的询问笔录,他们从国内带过去的箱子都是新买的,不可能有破损。而且加拿大皇家骑警在案发之后到张某的房间查看,发现房间有6个箱子(李某明母亲的询问笔录证明他们出国一共带了6个箱子,这与张某的讯问笔录以及国际航班的规定是一致的),并没有缺少。更关键的是,李某峰证明他没有带这样一个行李箱给他们,而且张某的母亲以及梁某、孟某福和杨某农都证明他们出国带的行李箱都是新的,不可能有破损。从常理分析,这样一个把手和拉链都损坏了的行李箱不可能顺利地将物品通过国际航班运输,而且李某明家境优越,为他留学准备一个如此破旧的行李箱是不符合常情的。所以,辩护人认为此行李箱不能排除是他人所有或为他人所用。

2. 犯罪现场发现的头发没有鉴定结论。

根据加拿大皇家骑警"对犯罪现场采取的首次行动",办案骑警"仔细检查了箱子里面,只发现了死者手中攥着一缕头发,警官将头发放到专用纸袋中",同时加拿大2002-14551法医实验室检查报告的物证1是在被害人腰部发现的黑色头发,但是这两处头发都没有或无法作出DNA鉴定。中国公安部公物证鉴字(2011)3944号报告不能证明被检材料是赵某手中的头发,而且在加拿大警方移交的物证清单中没有发现该头发,说明该证据没有被移送给中国警方。公物证鉴字(2011)3944号报告不能排除赵某手中的头发是第三人的,鉴于赵某主要的社会关系都是华人,这两处黑发说明有第三人作案的可能。

根据《关于办理死刑案件审查判断证据若干问题的规定》第5条第1款第5项的规定:根据证据认定案件事实的过程符合逻辑和经验规则,由证据得出的结论为唯一结论。但是本案中在抛尸现场发现的物证都不能建立与李某明和张某的联系,更无法得出唯一结论,所以本案不能排除有他人作案的可能。

四、本案证据存在严重漏洞

综合全案的证据,可以说除言词证据以外,没有任何物证。但是这并不意味着本案本身就是一个没有留下任何痕迹的疑案。如果犯罪过程如控方所述,本案有如下物证是可被固定的:

1. 警方在现场被害人的手中提取了一缕头发,这缕头发为发现凶手提供了十分重要的线索。但是,该重要证据没有法医实验室的检验报告,也没有移交给中国警方。

2. 根据被害人胃中食物的残迹量及消化程度,能够检测出死亡的大概时间,但是尸检报告没有死亡时间的鉴定。

3. 抛尸现场距离被告人租住地100多公里,土壤、空气中微尘物质等都大不相同,如果车辆去过抛尸现场,轮胎即使被清洗,也会有残留物质。汽车发动机扇叶、冷凝器上的附着物以及尘土中的微量都可以鉴定出汽车是否去过抛尸现场。

4. 证人罗某证实被害人失踪当晚,他给被告人打过电话,被告人对他说自己在找女朋友。而且通讯记录也显示有这个电话。现代的技术手段已经能够通过电话确定通话人所在位置,从而证实被告人当晚是否在抛尸路线。

5. 抛尸线路沿线的录像设施为证实被告人到过抛尸现场提供了可能性。

本案物证的缺失不仅成为证实犯罪不可逾越的障碍,也促使我们思考一个这样的问题:如果是一个没有任何社会阅历的19岁的孩子作案,是什么使得他可以做得如此天衣无缝?我想我们任何人都不能排除这样的答案:他们根本就没作案。在这样的答案面前,我们能否心安理得地作出有罪判决呢?另一个值得我们考虑的问题是:本案证据漏洞的根本责任在加拿大警方,但是加拿大法院的无罪判决已经杜绝了由此可能造成的任何后果。如果我国法院采纳加拿大已被排除的非法证据定案,实际上就是为他国警方的错误买单,这样的判决只能成为国际社会的笑柄。

本案作为一个重大的杀人案件,它的特殊性在于这是一个没有任何直接物证的案件,控方提供的诸如头发、装尸体的行李箱、汽车上张某的指纹、加拿大法医实验室报告等一系列证据都不能直接指向李某明杀人,只能指向本案赵某被杀害的事实,与本案被告人之间没有直接的因果联系。在没有物证的前提下,本案的言词证据也存在严重问题,且不论它的合法性,在逻辑上这些证据就无法得出有效结论。因为从表面上说,这些证据虽然表现为张某的证人证言以及李某明的被告人供述,但实际上都是一个来源,即张某在加拿大的供述。这在逻辑上就存在一个问题,即李某明的供述来自张某证言,控方又用张某证言印证李某明的供述,这种循环印证不能得出任何合法结论。

另外,即使李某明的供述不能被排除,在没有任何物证,并且他庭前供述出现多次反复,当庭又否认之前供述的情况下,根据《关于办理死刑案件审查判断证据若干问题的规定》第22条之规定:“被告人庭前供述和辩解出现反复,庭审中不供认,且无其他证据与庭前供述印证的,不能采信庭前供述。”该供述不能作为定案根据。同时,根据《刑事诉讼法》第46条之规定,只有被告人供述,没有其他证据的,不能认定被告人有罪。

最后,辩护人提醒法庭慎重考虑的是,在只有被告人关于犯罪行为供述的情况下,法庭能否得出“李某明是凶手”的唯一结论?辩护人在庭审质证中已指出:李某明关于犯罪行为的描述是前后矛盾的,有时候说两人都侧躺在床上,有时候又说两人都坐在床上,但不论案发时两人是何种位置,都不可能造成被害人背部的挫伤以及其他损害。而且用枕头捂死的行为也与尸检报告中“被他人徒手扼压颈部所致”的结论不符。连公诉人也承认李某明关于杀人过程的供述得不到科学鉴定的认同,但令人遗憾的是,公诉人却就此认为,由于李某明关于过失致人死亡的供述与科学鉴定结论不符,所以应当认定为属于故意杀人。辩护人认为,在被告人对犯罪行为的供述得不到科学认同的情况下,被告人到底是应当被认定为无罪还是重罪,实际上涉及的就是疑罪从无还是从重的问题,可以说在任何一个国家的法律中都不会得出推定为重罪的结论。

值得特别注意的是,关于李某明杀人过程的唯一证据就只有李某明本人的供述,而其供述的内容又与鉴定结论的死因不符,那么就表明,关于故意杀人的行为事实是没有任何证据可以证明的,因为即使在李某明被迫作出的供述中也只能是一种过失行为。

这一情况充分表明:本案中关于直接指向李某明实施故意杀人行为的指控,事实上既无物证,也无言词证据,而且连被告人的口供都没有。这是一宗没有任何证据的指控！这样的指控如何能够成立？难道不值得引起高度重视吗？

根据辩护人统计,对本案定罪至少存在26处重大疑点,特别是在不能排除第三人作案的情况下,由以上缺乏关联性的间接证据如何能得出唯一结论？公诉人认为本案证据有些遗憾,但是辩护人认为这不仅是遗憾,更是责任,并且是历史的责任！近年来,这样的教训太多了,这样定罪能否经得起检验？辩护人恳请法庭慎重、慎重、再慎重！

最后,我们仅以一个普通律师的身份发出最后一点呼吁,当被告人的人权受到侵犯时,请法律给被告人一点尊严和申诉的权利。刑讯逼供是万恶之源,如果我们没有证据裁判的意识,仅仅从主观臆断和猜想出发,通过刑讯逼供获取的非法证据定案,我们每一个人就都有可能仅仅因为是被害人的恋人、配偶或者其他关系的身份,就成为被告人,而并不是因为他确实实施了犯罪行为才成为被告人。今天我们在这庄严的法庭为被告人辩护,实际上也是为我们,还有每一个普通的公民辩护。我们恳请法庭严格依照两个证据规则和其他相关法律规定裁判本案,在本案证据没有达到"案件事实清楚,证据确凿充分"的情况下,依法宣告被告人无罪。

谢谢!

北京市京都律师事务所律师　田文昌　邹佳铭

2011年9月21日

质证意见

对张某在加拿大指认抛尸现场录像视频的质证意见

说明:▲该"录像视频语音材料翻译"资料是由控方提供,为标注质证意见而重新打印。

▲在整理过程中:

1. 张某4次明确表示"不想去""不知道(地方)";
2. 22次指供或警察自说自话;
3. 5次诱供;
4. 几乎所有的回答都是含糊的,犹豫不决;
5. 只有一次对中途至抛尸地点的行车时间说得很肯定——20分钟,而此次回答却暴露更大疑点。

▲以下标注(1)~(22)的是指供处。标注①~⑤的是诱供处。

尼尔森:我是加拿大皇家骑警伯纳比分局法医鉴定科的菲利

斯·尼尔森警官。现在是2001年12月1日星期天,现在时间为11时50分。本次录像是关于赵某女士谋杀案现场重现,伯纳比档案号为2002-48353。本次现场重现开始位置为伯纳比分局后部,然后一直到发现她尸体的史戴夫湖(Stave Lake)。现在录像时间是14时05分,位置为伯纳比分局后部停车场6650号。由约瑟夫·李警官开展此次询问工作,约瑟夫·李警官将介绍其他参与此次录像的人员。

约瑟夫·李:参与本次录像的人员有张某先生,艾德·普雷托警士(Ed Preto)和沃伦·泰森警官(Warren Tyson)。

尼尔森:录像在14时07分暂停。录像在14时09分重新开始。

约瑟夫·李:张某,我这里有一张地图,你可以看一看,告诉我们怎么去好不好?你也可以用这个笔啊,写下这个路线。

沃伦·泰森警官:乔,怎么走?

约瑟夫·李:现在你先告诉我们怎么样子去好吧?

张某:我们现在在哪儿?

(质证意见:张某的问话表现出他的茫然状态。)

约瑟夫·李:我们现在在伯纳比。

沃伦·泰森警官:从他家开始吗?

约瑟夫·李:是不是从你家里房子好走一点?

约瑟夫·李:是的,从他家开始。

沃伦·泰森警官:那么走哪边?

约瑟夫·李:嗯,可以从这里左边往上沿着小路开。

约瑟夫·李:那待会怎么样子走,你带我们去好不好?等一下讲话的时候请大声一点哈。

约瑟夫·李:向上走基齐纳街(Kitchener)。

沃伦·泰森警官:右转?

约瑟夫·李:是的,基齐纳街。是的。继续走。看到"出售"的标志就停。那天你们是否从后面出来的？走后门？继续走,直走,直走。

沃伦·泰森警官:直走。

约瑟夫·李:第一个路口左转,左转。

约瑟夫·李:停车。这一间是不是你们的屋子啊?

张某:是。

约瑟夫·李:这是案发的屋子。啊,那一天你们出来的时候是什么样子啊？你可以告诉我吗?

张某:啊……

(质证意见:张某犹豫。)

约瑟夫·李:你可以先从屋子里头,谁跟你一起出来啊？有没有拿什么东西啊?

张某:就是他先把包给运出来了,就是李某明先把那个箱子给运出来了。

(质证意见:疑点:李某明一个人拿得动箱子吗？箱子很沉,而且提手是坏的。)

约瑟夫·李:李某明先将这个箱子拿出来放到哪儿去啊?

张某:放到车里。

约瑟夫·李:哪一部车?

张某:就他那一部车。

约瑟夫·李:是李某明的车？是放在车的什么地方啊?

张某:就后备厢里。

约瑟夫·李:然后呢?

张某:嗯?

约瑟夫·李:然后呢?

张某:然后我们就一起出来上车。

约瑟夫·李:哦,你们上车之后是谁开车的?

张某:他开车。

约瑟夫·李:开车的时候李某明是向哪一个方向走的啊?

张某:从后面。

约瑟夫·李:从后面走。好的,首先,李某明将箱子拿出来,放在了车后备厢里。然后张某出来的,李某开车向咱们后面的方向走了。

沃伦·泰森警官:知道了。好的。我们掉头,李。

张某:因为他看的地图,我也不清楚他具体走的哪条路。

(质证意见:张某不知道路。)

约瑟夫·李:啊,等一下你尽量记起来告诉我们好不好?

张某:好。

约瑟夫·李:尽你的办法,好不好?你告诉我们怎么走就怎么走。好,现在是向左还是向右?

张某:就是到拉希德(Lougheed)。

(质证意见:地名是可以事先被告人知的。)

约瑟夫·李:怎么样子走到拉希德?

张某:对,就那么走。

约瑟夫·李:是……

张某:应该是往这边走吧。

(质证意见:猜测的语气。)

约瑟夫·李:他说可能从左边走到拉德高速公路。是这一边还是这一边?

张某:左边。

约瑟夫·李:走左边。左边。

张某:1. 那个,我可以选择不去吗?因为我不知道具体在哪儿。

约瑟夫·李:尽你的可能啦,好不好?

张某:2. 那我可以选择不带你们去吗?

约瑟夫·李:嗯?

张某:3. 我可以选择不带你们去吗?

约瑟夫·李:他说我可以选择不带你们去吗?为什么呢?

张某:4. 因为我真的不知道它确切的位置是哪儿,我不知道确切的位置是哪儿。

(质证意见:连续4次表示不想去,不愿去,不知道。)

约瑟夫·李:他说因为他不知道确切的位置是哪儿。但是你可以告诉我们你们从拉希德高速公路经过哪些城市啊,有没有。

(1)(质证意见:指供、诱供。)

张某:就走7号路啊。然后我就不知道怎么走,我就知道走到7号路。

(质证意见:拉希德高速,7号路,这些地名是可以被事先告知的。)

约瑟夫·李:他就记得走到7号路。是不是从这个还是从……

沃伦·泰森警官:哪条街?

约瑟夫·李:是不是从这个……还是从这个轻轨站线的。

(2)(质证意见:指供。)

张某:对,对!

约瑟夫·李:好的,他说从轻轨站线走。不用怕啊,这个就是尽你最好的记忆就可以啦,啊,这个没有问题啊。如果记不得的就告诉我,这一段记不得,但是你记得是什么,因为如果你就说啊,只是因为你记得不太清楚,啊,我们只是要你就是这样记得的,告诉我们啊,就可以,好不好?带我们去好不好?好吧。

(3)(质证意见:怎么走?谁说的?不是张某说的,是约瑟夫·李说的。)

张某:我只是记得走,但怎么走我也不太清楚。

(质证意见:张某再次表示不知道怎么走。)

约瑟夫·李:哦,等一下到的时候告诉我们好吧?7号公路我们知道,我们知道在什么地方来,先是跟这个轻轨站线是不是?

(4)(质证意见:指供。)

张某:对。

约瑟夫·李:向前走到洛希德高速公路7号路。你知道啊,如果你记得的要告诉我们,这样子知道怎么走了啊。比如说你刚说的拉希德高速公路,轻轨站线,我们知道在什么地方。好不好?如果只是因为你有一点的记不起来,哈。

①(质证意见:诱导!)

张某:嗯。

沃伦·泰森警官:那么我们是在达西街?

艾德·普雷托警士:是的。

约瑟夫·李:那天晚上是不是从这里走出去的啊?

张某:记不太清楚了。

(质证意见:张某不知道。)

约瑟夫·李:他说他记得不太清楚了,可能是达西街。

(5)(质证意见:约瑟夫·李说的达西街,典型的指供。)

沃伦·泰森警官:乔,左边吗?

约瑟夫·李:左边还是右边?

张某:哪边能到?哪边能到?

(质证意见:张某根本不知道路,在问警察。)

约瑟夫·李:还是不太清楚哈。他不清楚是左边还是右边。

沃伦·泰森警官:我们走左边,那边是百老汇街。

(6)(质证意见:百老汇街,又不是张某说的,又是指供,而且前面的“轻轨路线”“达西街”也不是张某说出来的,都是警察说出来的。)

约瑟夫·李:他只记得从轻轨站线到7号公路。

沃伦·泰森警官:好的。就是这儿。

约瑟夫·李:你们走这个7号公路的时候有没有经过这个中心?有没有记得?

张某:我也忘了。

(质证意见:张某不知道路。)

约瑟夫·李:也忘了。只是你晓得……(商场)

(7)(质证意见:又是指供。)

张某:我知道,我知道。

约瑟夫·李:知道啊。就是有没有经过就是这个有镶墙(音,港普)的地方还是公从(音,港普)的地方?这一条是7号公路啦,对不对?就是这一条?

(8)(质证意见:还是指供、诱供。)

张某:对。

约瑟夫·李:是的,这是7号公路。你们有没有经过这一个,这一个……

张某:就是走这一条路。

约瑟夫·李:就是走这一条路。

张某:对,就是走7号。

(质证意见:张某还是只知道7号公路。)

约瑟夫·李:他说他们就是沿着7号公路走,是这条路,对不对?是这样?

张某:应该是。

(质证意见:推测,含糊不清,不确定。)

约瑟夫·李:就是有没有买过这个汽油,有没有?有没有加油这样?

张某:我忘了有没有加油。

约瑟夫·李:你忘了哈。他说他忘了有没有加油了。

沃伦·泰森警官:加油的途径,乔。他们平时怎么加油的?用信用卡、现金还是支票?

约瑟夫·李:你们平常呢?买油用的是你的信用卡呢,还是……

张某:用的那个,就是那个小的玩意儿,你知道吧。

约瑟夫·李:小的玩意儿?是不是李某的,他要的是上面挂的这个?

张某:是的。

约瑟夫·李:他们用挂在钥匙上的这个汽油卡。是不是就是埃索的还是 PETROL CAN 的?

张某:埃索。

约瑟夫·李:这个东西来自埃索。这一个埃索的小玩意儿,是李某自己交的钱还是用……

张某:是用他的信用卡。

(质证意见:由有没有加过油的问话转到了加油的付款方式,混淆视听。这样一来就把加油变成了事实。这是因为张某曾供述过有加油一事,但事后经加拿大警方调查却并没有加油的记录。)

约瑟夫·李:是用他的信用卡。你们怎么知道可以这样去。

张某:他看了地图。

约瑟夫·李:是他看的还是你看的?

张某:他看的。

约瑟夫·李:是不是这样一直走啊?有没有过这个桥?有没有到这边去?

张某:李某看的地图。

约瑟夫·李:他说李某看的地图。没有向这一边?你们来到这一边的时候怎么样子走啊?

张某:就走7号公路。

约瑟夫·李:7号公路。7号公路。他说他们走7号公路旧路。当时你觉得紧张吗?这边有没有记得走?还走前面有一条桥啊,你看看。是不是这一条桥?这一条河。

(9)(质证意见:①还只是7号公路;②"旧路"是约瑟夫·李说的。如前边一样,警官在一步步地指示、诱导。)

张某:应该有。

(质证意见:回答含糊。)

约瑟夫·李:应该有啊。他说这应该是正确的路。你们当时用的地图现在放在什么地方?

张某:放在车上。

约瑟夫·李:是不是放在这边?还是在车上?地图应该还在车里。

沃伦·泰森警官:他有没有解释为什么他们走这条路?

约瑟夫·李:李某明有没有告诉你为什么要走这边?要找这个地方?

张某:没有。

约瑟夫·李:你没有问他?

张某:就晓得……就找一个很偏僻的地方。

(质证意见:既然事前没有目标,为什么还要按地图走?)

约瑟夫·李:但是你有没有跟他谈过要到哪儿去啊?要怎么去啊?

张某:当时我就坐在车上,就在车上。

（质证意见：既然就坐在车上，如果有目标，怎么可能没有商量过。）

约瑟夫·李：他说他就跟着李某明走的这条路，他坐在车上。有没有见过这个？这边。这有一个商场。

沃伦·泰森警官：乔。

约瑟夫·李：嗯？

沃伦·泰森警官：我想买杯咖啡，你们想喝咖啡吗？

约瑟夫·李：你想喝点什么啊？咖啡？说说说。汽水好不好？好不好？喝一点啊。行吗？请给他买杯可乐。

沃伦·泰森警官：好的。

张某：冰茶。

约瑟夫·李：冰茶。

沃伦·泰森警官：冰茶？

约瑟夫·李：是的。

沃伦·泰森警官：菲利斯，你想喝点什么？

尼尔森：本次录像在15时05分暂停。

约瑟夫·李：觉得怎么样？还好？还行？你试试，用这个，这个好用。你试试。这一条就是旧公路啦，我们刚才走的是沿这一个，这一条细的，这一座桥啊，对，这个7号公路啊，这一座桥啊，是不是？从桥开始怎么样子走啊？

（10）（质证意见：诱供、指供！）

张某：就还是沿着这桥走。

约瑟夫·李：就一直走。你记得你们是去哪一个城市吗？

张某：应该是这个城市吧。

约瑟夫·李：哦，就是米申市，是不是？

张某：对，对，米申市。

(质证意见:对公路名称,城市名称都记得,但是对具体方位、位置都不知道,而这些名称可以在审讯中得知,因为其认罪在先,而且加拿大媒体也多次报道过。)

约瑟夫·李:等一下我们走的时候慢慢看啊。

张某:嗯。

约瑟夫·李:现在是2001年12月1日15时10分,我们继续开始录像。现在到达了枫叶岭。现在是2002年12月1日15时12分,我们完成了第一部分录像。现在在枫叶岭。我是约瑟夫·李警官,和我在一起的是张某,沃伦·泰森警官和尼尔森警官,还有艾德·普雷托警士。

沃伦·泰森:那么现在是几点?15时13分还是15时11分?

约瑟夫·李:看,在这一边有一个放咖啡的地方,看没看到?可以打开来,打开来,如果要放下去的时候。

张某:谢谢。

约瑟夫·李:哦,好。还是在7号路。是不是一直走?有没有转这一面去?

张某:没有。

约瑟夫·李:他说他们没有掉头就是沿着公路走。有经过这些商店,有没有啊?这个大的商场啊。

张某:但我记得好像没有那个,没有见过那个。

约瑟夫·李:他没有见过这个。

张某:不是,不是,没见过那个。

约瑟夫·李:哦,是圣诞的这个挂饰是不是啊?他说他没见过灯柱上的挂饰。这个因为是圣诞才挂的。当时是不是很黑啊?有没有见到灯啊?这一个加油站啊,是不是啊?要喝水,要喝水自己拿。要不要这个?是不是穿过这一边?他不记得有没有见过这些了。李某明有没有停在什么地方看地图？在什么地方？知不知道？李某明停在路中间的某个地方看了地图。从前有没有来过这边？李某明？你不知道他有没有来过。他以前没有来过这里，但他不知道李某明以前又没有来过。觉得怎么样？记得这个湖叫什么名字？很大的湖是不是？是不是在路上的时候看到这个湖啊？是不是？有一条桥在公路上面，是不是？在公路上应该有条桥。想一想。

②（质证意见：警官对张某进行不断的诱导，自说自话，张某只能根据诱导点头或者摇头。）［录像视频中张某有点头和摇头的动作表示。］

张某：很高的桥。

约瑟夫·李：很高的桥啊？很高的桥，很高。（用手比划）

张某：不是。

张某：大石头柱子。

（质证意见："很高的桥""大石头柱子"这些特征都是可以事先告知的，与"7号公路"和各城市名称一样。而只有具体路线是不容易说清楚的，所以张某一再地说他不清楚具体路线。）

约瑟夫·李：大石头柱子。桥有大石头柱子。

尼尔森：15时37分重新开始录像。

约瑟夫·李：看着一边，觉得怎么样啊？

张某：没印象。

约瑟夫·李：没印象？他对这一区域没有什么印象。

沃伦·泰森：对这一区域没印象？

约瑟夫·李：是的。

沃伦·泰森：他们有没有在某一段离开公路去别的地方？

约瑟夫·李：你们有没有在途中的时候离开这一条公路啦？

张某：我记得好像就是走这个7号路。

(质证意见:张某一再重复几个地理名词,但对具体路线却没印象。)

约瑟夫·李:这个宾馆啊。

沃伦·泰森:这是米申市了。

约瑟夫·李:这是米申市了。他只记得沿着7号路走。

沃伦·泰森:好的。他们从哪条路离开7号路的?这条还是那条?

约瑟夫·李:那你……

张某:应该往左拐,那条路。

(质证意见:回答含糊。)

约瑟夫·李:左,左。

艾伦·普雷托:你能在地图上指出来我们要去哪儿吗?我们好找。

约瑟夫·李:在地图上面,告诉我大概在什么地方。

艾德·普雷托:标注出来。

约瑟夫·李:圈圈,画个圈。你记得去这个地方叫什么名字?是不是?在地图上画出来,刚才我们经过这个米申市,这个就是米申市的市中心。有没有经过?你是向左拐,是不是?他说是向左。

(11)(质证意见:又是明显的指供,警官又是在自说自话,而视频中张某并没有在地图上画出来。)

艾德·普雷托:我拿一个大点的地图。

约瑟夫·李:好的。现在我们拿一个好点的地图,好不好?让你看一看,好吧?

艾德·普雷托:这个地图太大了。

约瑟夫·李:太大了?

艾德·普雷托:是的。

约瑟夫·李:找到米申市了吗? 可以让他看一看。

艾德·普雷托:这个地图……我们也许可以去米申市分局找张地图。

沃伦·泰森:当然。

艾德·普雷托:那我去了。

约瑟夫·李:我们现在去米申市警察局看一看这个地图。

艾德·普雷托:我想他没见过这一地区。

约瑟夫·李:有没有见过这一片的商场啊,这个洛希德中心啊,有没有见过? 是不是可能已经在,还是在到中心以前啊,已经向左拐了? 你看有没有这个? 你就是觉得没有到过这个中心? 市中心?

张某:到过我也记不太清楚了。

(质证意见:对具体目标、环境无印象。)

约瑟夫·李:李某明有没有停下来再转左啊?

张某:嗯?

约瑟夫·李:李某明啊,在左拐之前有没有停车?

张某:停车干吗?

③(质证意见:又在诱导,而张某茫然。)

约瑟夫·李:看看怎么样子去有没有? 还是他一直走走到这个路口向左拐。

(质证意见:诱供、指供。)

张某:就是左拐。就是到那口走到前面。然后后来转过去……

约瑟夫·李:先转左,再转右,再转左,是不是这个样子? 是不是这一边。他说李某左转,然后转回来然后又左转了。他可能有点迷路了。

(12)(质证意见:请注意:此处张某只说了一个左拐,“然后后来转过去”。即一左一右。而约瑟夫·李警官却说了左、右、再左,完全篡改了张的回答,又是指供。)

约瑟夫·李:太好了。看一看。7 号公路,我们来的时候就是走这一条。

艾德·普雷托:我几点回到车上的?

沃伦·泰森:15 时 51 分。

约瑟夫·李:这是我们刚才去过的地方。

艾德·普雷托:他去过米申市吗?

约瑟夫·李:有没有到过市里头啊,你觉得?晚上,有街灯的?有没有啦?

张某:我记得那晚是特别暗的路,有时候就亮,有灯就亮一些。

约瑟夫·李:但是到这一个,向左拐的时候是亮的还是暗的?

张某:左拐的时候不是很亮。

约瑟夫·李:他确定在左拐时没在市里面,没在市中心。

(13)(质证意见:诱供、指供,替张某回答。)

艾德·普雷托:那是不是那边那条道?

约瑟夫·李:是不是还未到,未到市中心之前已经往左拐了?

艾德·普雷托:我们刚谈到了一条大桥,经过了一条大桥还有大石头墩子之类的对吧?

(14)(质证意见:再次提示大桥和石头墩子。)

约瑟夫·李:是的。

艾德·普雷托:那是在 7 号公路上还是离开了 7 号路?这个大桥?

张某:我觉得是在7 号公路上。

(质证意见:但张某还只是说 7 号公路,并不知道其他目标。)

约瑟夫·李:他觉得是在 7 号……

张某:因为我们都这么走,顺着那条路走,顺着那条路走。

约瑟夫·李:刚才顺路走来的。那条桥是在左拐之前还是左拐以后啊?

张某:左拐之前。

约瑟夫·李:那条桥应该在左拐之前的路上。

艾德·普雷托:离开拉希德高速公路以后?

约瑟夫·李:他觉得还在公路上。

艾德·普雷托:我不记得拉希德高速公路上有什么大桥。没有什么大桥。再穿过那边的河上有座大桥。我可以指给他。

约瑟夫·李:我们就是说,在这个7号公路上面没有一条桥是你刚才说的,但是有一条桥在另外的一面。我们可以让你看一看。要不要看?

张某:好。

④(质证意见:诱供。)

约瑟夫·李:好的,请去那边。

艾德·普雷托:我让他看一看我觉得他说的那座桥,但是没有描述中的大石头墩子。只是公路。

约瑟夫·李:你刚才说的很大的石头啊。

张某:对。

约瑟夫·李:是不是。但是这边的桥没有大的石头啊。是不是已经离开7号公路了啊?你记得你们来的时候有没有经过什么城市?

张某:不记得。

约瑟夫·李:不知道。

艾德·普雷托:乔,请他再描述一下那个地方,是在郊区,树林里,公园里,还是在哪个房子边上?

约瑟夫·李:这一个地方啊,是不是有很多房子啊,还是没有房子的?

张某:是的,没有房子。

(质证意见:后边又说有房子。)

约瑟夫·李:有没有树?很多的树?(录像中显示张摇头)不知道啊?很空旷的还是像这一个样子?在左手边还是右手面?来的时候,没有房子。

艾德·普雷托:那座桥是2层的,1层的还是4层的?

约瑟夫·李:在桥上面还是……

张某:在桥,然后就没有过那个桥,然后直接就到了。就没有过那个桥。

约瑟夫·李:你们没有过?只是看见?

张某:对,对。

约瑟夫·李:在左手面还是右手?

张某:就是前面路上。

约瑟夫·李:在前面路上,没有过,没有过,你们怎么样子走?

张某:没有过而且左转了。

约瑟夫·李:他说他们看见桥后就左转了。

艾德·普雷托:好的。

约瑟夫·李:他们没有过桥。

艾德·普雷托:他们没有过桥?

约瑟夫·李:是的。

艾德·普雷托:这个就是有大石头墩子的桥?

约瑟夫·李:这个就是有大石头的……

张某:是的。

(质证意见:石头墩子在哪里?前面说是没有的。)

约瑟夫·李:是的。

艾德·普雷托:他看见的桥是大的、窄的、高的、宽的?

约瑟夫·李:你看见这一条桥的时候是宽的,还是有一条行车线的还是四条的?

张某:那我就不知道了。

约瑟夫·李:他不记得有多长了。

艾德·普雷托:看那个灯那边的桥,那是公路上唯一的大桥,在河上。

约瑟夫·李:前面这一条啊,见不见,很大的桥啊,像不像?

艾德·普雷托:这是那座桥吗?是?不是?

张某:不是那么着看的桥。不是说前面过一个。不是那么着,这条路就是桥。

约瑟夫·李:就有一条瞧这个样子走的桥。

张某:对,这条路这样,不是说这样。

约瑟夫·李:就是这个样子。

张某:对,就是说这边走一条路。

约瑟夫·李:只是一条小桥。

艾德·普雷托:好的。

约瑟夫·李:只是一条小桥,没那么大,他说就在路前面,往上开然后往下,然后他们就左转了。

(15)(质证意见:对于桥的样子,张某说不清楚,但张某从没有说过"小桥",又是约瑟夫·李自己在说。)

艾德·普雷托:我知道这条小桥在哪。离开公路了。在到米申市前有好几条这种小桥。

约瑟夫·李:就是在到米申市前就有很多桥,跟你说的桥差不多的。

张某:不是那种桥。

约瑟夫·李:不是那种啊,是不是很小,小小的。

张某:旁边有那种大的石头的桥。

约瑟夫·李:在旁边,在山边,还是桥上。

张某:在桥头。

约瑟夫·李:在桥头啊。在桥的上面还是在桥的前面,还是已经到桥的上面才有这种大石头啊。

张某:就是桥头有点。

艾德·普雷托:乔,我觉得不是这座大桥的问题,他们没到米申市,他们在米申市前就掉头往北了。

约瑟夫·李:就是米申市啊,你看啊,这个就是他的中心啊,你看起来就是没有来过是不是? 没有印象来过。

张某:没有。

约瑟夫·李:好的,他没有来过的印象。

艾德·普雷托:好的。那我在米申市前往北开,也许会找到你说的桥,也许不会。

约瑟夫·李:我们试着去走一走。有大石头,有没有过桥,有没有? 怎么样子走? 他说路上有条桥,桥两边都有 2 个大石头,他们开上去然后向左了。

艾德·普雷托:好的,我们去看看。我想我知道在哪了。

张某:星期一……

约瑟夫·李:明天,明天是最初的,明天见你的律师时可以跟他讲,好不好? 问你的律师有关这个过程。你看有没有印象?

艾德·普雷托:我觉得这里应该有座桥。

约瑟夫·李:有没有经过这边?

张某:没有。

约瑟夫·李:对这座桥没有印象。

艾德·普雷托:对这座桥没有印象?

约瑟夫·李:是的。

艾德·普雷托:那我还知道另一座桥。

约瑟夫·李:这一边有没有印象?这是消防局。好像有啊?他说在路上好像看见了这些房子。是不是这一条?

张某:好像是。

⑮(质证意见:警官的发问又提示。张某的回答还是含糊的。)

约瑟夫·李:再看清楚。在这儿停车。让他看看,他说好像是这条。能往前开一点吗?让他好好看看。

艾德·普雷托:好的。

张某:好像是这儿。

约瑟夫·李:他说这应该是那座桥了。

张某:前面有两个大石头。

约瑟夫·李:他说看见两个大石头。我们转一个圈回来。

(16)(质证意见:张某又是在找两个大石头。而约瑟夫·李的话改变了张某回答的内容,说他看见了大石头。)

张某:好。

约瑟夫·李:有没有知道这一边啊?

艾德·普雷托:他认出那座桥了吗?乔?

约瑟夫·李:他来过这边。

(17)(质证意见:又是约瑟夫·李在回答,指供。)

艾德·普雷托:你们穿过大桥了还是路过?

张某:就是走到一半然后回来。

艾德·普雷托:好的,他们返回来后走的哪条道?

约瑟夫·李:左边。

(18)(质证意见:又是约瑟夫·李在回答,指供。)

艾德·普雷托:左边?退后时?

约瑟夫·李:是的。(向张)你们就是开车没有掉头就是直接退后?

张某:是的。

(19)(质证意见:约瑟夫·李先回答"是的",之后张某再说"是的",指供。)

约瑟夫·李:他们没有掉头,直接退后了。

尼尔森:乔,能把车灯开打吗,为了摄像?

约瑟夫·李:这个吗?

尼尔森:不错。

约瑟夫·李:可以看得清楚一点,再来一次。

艾德·普雷托:我们做的是掉头开回来,再开过桥一次。

约瑟夫·李:掀开过桥,然后再来一次,让你看一看,就是在桥上面,就是跟你说的一样往后退,让你看看是不是。

张某:应该是这儿。

(质证意见:回答含糊。)

约瑟夫·李:就是这里。

艾德·普雷托:这里?他怎么知道的?

约瑟夫·李:你怎么样子知道是这一边?

张某:因为那儿有一小房子我记得。

(质证意见:"小房子"又是一个可以事前记忆的既定目标。)

约瑟夫·李:因为那边有一个小房子。

艾德·普雷托:小房子?

约瑟夫·李:是的。

艾德·普雷托:好的。

约瑟夫·李:现在是16时25分。

艾德·普雷托:那么你们退回来这里,然后转向。

约瑟夫·李:就是这个样子退后,然后转。是的。

(20)(质证意见:又是约瑟夫·李在回答。)

艾德·普雷托:好的。

约瑟夫·李:然后怎么样子走啊?是不是开进去还是怎么样子停下来有没有?

张某:没有。

艾德·普雷托:这就是那个小房子?

约瑟夫·李:你认得这个?

张某:是。

约瑟夫·李:是的,他认出了这个小房子。

艾德·普雷托:当时里面有灯光吗?

约瑟夫·李:当时有没有人在里头?有没有光啊?

张某:没有:

约瑟夫·李:当时没人在里面。

艾德·普雷托:没人?

约瑟夫·李:没人。

艾德·普雷托:他们走了多久?走了很长时间还是一会儿?

约瑟夫·李:挺长啊?挺长时间。

(21)(质证意见:又是约瑟夫·李在回答。)

艾德·普雷托:好的。我将一直沿着这条路开。

约瑟夫·李:我们现在看,让你看。

张某:反正挺长,走到一个小桥。

(质证意见:张某在约瑟夫·李说过之后,才说"反正挺长"。)

约瑟夫·李:他说他们经过了一个桥。

艾德·普雷托:好的。

约瑟夫·李:路是不是这样颠簸的? 好的,当时路面情况和现在一样,非常颠簸。

艾德·普雷托:乔,通过窗户清楚吗?

约瑟夫·李:现在你看清楚。是的。

艾德·普雷托:没问题吗?

约瑟夫·李:没问题。

艾德·普雷托:好的。

张某:我就记得开了挺长时间,然后……我也不记得……

(质证意见:张某只是按照约瑟夫·李的提示说记得开了“挺长时间”,其他却不记得。)

约瑟夫·李:你也不记得? 如果你再看见这个地方试试可不可认出来,好吧? 他说他们开了挺长时间然后停了下来,他不确定能不能确切认出那个地方,但我们沿着路开,看看他能不能认出来。

艾德·普雷托:他说的很长时间是多长?

约瑟夫·李:你觉得啊,你说很长啦,是十多分钟啊还是三十分钟啊,半点钟啊?

张某:二十分钟。

(质证意见:约瑟夫·李先提示说出十分钟至三十分钟的范围,之后张某又很明确、肯定地说是二十分钟。张某为什么这么肯定时间? 移尸当时看表了吗?)

约瑟夫·李:二十分钟车程。

艾德·普雷托:好的,我们开始时是……

约瑟夫·李:在小房子那里时是25分。

艾德·普雷托:你们当时车速快还是慢?

约瑟夫·李:你们开车的时候是快还是缓慢地走?

张某:和现在车速差不多。

艾德·普雷托:好的,那我们保持同一车速,看看到哪儿?

约瑟夫·李:这就是那条桥啦。

艾德·普雷托:现在车速大概是40公里/小时,或45,路很颠簸,没法开快。

约瑟夫·李:在夜里也是这车速。

艾德·普雷托:是的。我们刚已经经过了一座桥。

约瑟夫·李:我们刚刚过了一条桥。

艾德·普雷托:这是第二座桥。

张某:过了好几条。

约瑟夫·李:好几条啊。三条还是五条?他说很可能过了不止三座桥。

艾德·普雷托:他们开过来时,看见了路上有别的卡车或轿车吗?

约瑟夫·李:有没有啊?他说看了有一种有巨大轮子的车。

(质证意见:张何时说过看见巨大轮子的车?)

艾德·普雷托:第三条桥。

约瑟夫·李:第三条啦。

张某:嗯。

艾德·普雷托:第四条桥。

约瑟夫·李:第四条啦。是的,我们是要去的,这个是要认的。

艾德·普雷托:箱子扔在了路的哪一边?

约瑟夫·李:你记得在……

张某:应该是右边。

约瑟夫·李:应该是右边。

艾德·普雷托:右边?

约瑟夫·李:右边。

艾德·普雷托:这是第五座桥。

约瑟夫·李:有一条岔路啊。走哪一边?左边还是右边?

艾德·普雷托:这条向下走。

约瑟夫·李:一条向下走,另一条向山上去的。应该走哪一条?

张某:应该往下走。

(质证意见:因为箱子在坡下面,只可能往下走。)

约瑟夫·李:往下。

艾德·普雷托:往下?

约瑟夫·李:他说他记得这个右岔口,应该往下。没有往上走的路。

艾德·普雷托:右岔口。

约瑟夫·李:看看有没有像的。

张某:看起来都一样。

(质证意见:茫然。)

约瑟夫·李:他说看起来都一样。

艾德·普雷托:好的。

约瑟夫·李:有没有这么晃?还是响?

张某:就像这样。

约瑟夫·李:当时两旁有没有……

艾德·普雷托:现在几点?

约瑟夫·李:20。

艾德·普雷托:20 分。

[质证意见:从有两个大石头的桥到目标地,正好是 20 分钟。这两个目标,桥和抛尸目标地是明确的,行车时间也是明确的,20 分钟。而张某的回答又从来没有这么肯定过,令人费解,生疑!怎么就那么精确呢?他们慌忙移尸时能在这两个目标之间(注意这两个目标并

非起点与终点,而只是途中与终点),刻意看表计算时间吗?]

约瑟夫·李:是的。

艾德·普雷托:他们看见了这个湖了吗?

约瑟夫·李:在晚上又没有看到这个湖?好像现在这样?

张某:没有。

约瑟夫·李:没有。

艾德·普雷托:没有。

约瑟夫·李:是不是有树啊?(张点头)是的,有树。

艾德·普雷托:那这就是他们抛尸的地方。路两边都有树还是有岩石、有树?

张某:这边是山,这边是树。

约瑟夫·李:这边是山,这边是树。

艾德·普雷托:好的。他说的山是全是石头的山还是长树的山?

约瑟夫·李:你说的山啦……

张某:就是这样的。

艾德·普雷托:这看起来是有20英尺高的岩石,上面有树。

约瑟夫·李:就是有石头咯,也有树咯,对不对?(张点头)

艾德·普雷托:我们掉头前下去看看。

约瑟夫·李:等一下,等一下,让他们开啦,我也开不了。

艾德·普雷托:话筒在录音机上?

尼尔森:是的。

艾德·普雷托:能拿出来?

尼尔森:好的。能转一下录像机吗?

艾德·普雷托:当然。

约瑟夫·李:树在这边吗?

艾德·普雷托:把话筒拿出来这样我们可以录音。别在这里。

尼尔森:现在是16时50分,我们停在湖边。下了车,用话筒进行录音。

约瑟夫·李:我拿就可以了。

艾德·普雷托:我不敢相信这里有人活动。

尼尔森:现在是钓鱼季节,对吧?

艾德·普雷托:现在是2002年12月1日16时52分。艾德·普雷托、约瑟夫·李、张某、沃伦·泰森进行录像,菲利斯·尼尔森拿着录像机。我们希望再次确认,我不知道开车时录像机的声音怎么样。我将再问你一遍问题,那么,尸体在哪儿?尸体从哪边扔下去的?

张某:这边。

艾德·普雷托:这边?

张某:是的。

艾德·普雷托:那就是湖岸的右边。你能再描述一下案发地点吗?就像我们停在路边时案发地点看起来是什么样的。

(质证意见:扔在湖岸的右边,张某前面为何说当时没看到湖?)

约瑟夫·李:当你停下来的时候啊,这个路旁……

尼尔森:这是菲利斯·尼尔森正在签字。现在是2002年12月1日16时52分,我们在史戴夫湖旁,做赵某女士谋杀案的现场重现。我们将往下走一点,因为外面的声音和别的车的噪声影响了录音效果。

艾德·普雷托:好的,现在是什么时间,乔?

约瑟夫·李:现在是16时58分。

艾德·普雷托:2001年12月1日,艾德·普雷托,约瑟夫·李,张某,尼尔森拿着摄像机,沃伦·泰森现在在打灯光。我们不得不停止,然后换了地点,因为那里太吵了。换到这里,这里稍微安静点。我们想弄清楚你们停车的地点,谁把行李箱扔到路边的。

约瑟夫·李:想问你的是谁把行李箱拿出来扔掉的。

张某:李某明。

(质证意见:一个人拿得动吗?)

约瑟夫·李:李某明。

艾德·普雷托:李某明。我知道我们之前问过你了,你们是从哪一边把行李箱扔下来的,这边还是那边?(指两边)

张某:这边。

艾德·普雷托:这边。右边。你能再描述一下你们停车的地方吗?

约瑟夫·李:可不可以再形容一下你们停车的地方是什么样子的?

张某:树在右边,岩石山在左边。

艾德·普雷托:好的,你说树在右边,岩石山在左边,你之前说沿着路开20分钟,经过那个小房子。

(质证意见:警官在固定口供。)

张某:是的。

艾德·普雷托:你们当时看到多少辆卡车和轿车?

张某:一辆卡车。

艾德·普雷托:一辆卡车。

张某:有很大轮子那种。

艾德·普雷托:很大轮子。你当时和李某开过了多少座桥?

张某:超过三座。

艾德·普雷托:超过三座?

张某:是的。

艾德·普雷托:你记得当时天气怎么样吗?

张某:天气?

约瑟夫·李:是啊,这个天气。

张某:像今天的天气。

约瑟夫·李:好像今天一样。

张某:是的。

约瑟夫·李:跟今天一样。

艾德·普雷托:你们开过来时很黑还是……

约瑟夫·李:是不是很黑啊?

张某:是的。很黑。

艾德·普雷托:我们开过来的路上有个岔口,你记得那个岔口吗?

约瑟夫·李:你知不知道我们刚刚上来的这一条路开岔啦?知不知道这一条路?

张某:是的,但是我不记得我们通过那个。

艾德·普雷托:你们没经过那个岔路口?

张某:不是,我不记得有那个岔路口。

约瑟夫·李:你不知道有岔,不是记得有岔路口。就是没有看到这个岔口。他不记得辨认时经过了岔路口。

艾德·普雷托:好的。李某当时开车车速多少?

约瑟夫·李:开车有多快啊?

张某:和这辆车一样。

艾德·普雷托:和这辆车一样?好的,乔你有别的问题吗?

约瑟夫·李:我有一个问题。在树中间看没看到湖啊?

张某:我没注意。

(质证意见:还是没有看见湖。)

约瑟夫·李:在路旁有没有什么特别的地方?有没有?

张某:没什么特别的。就跟平时这条路上的状况一样。

约瑟夫·李:好的。他说当时没注意树中间的湖,路两边也没有什么特别的地方。

艾德·普雷托:好的。今天有没有人向你承诺来这里辨认现场会给你好处?

约瑟夫·李:今天有没有人啊曾经向你保证过还是想你提议过如果你跟我们来就给你好处?

张某:没有。

约瑟夫·李:没有。

艾德·普雷托:从你昨天被捕以后警方怎么对待你的?你对警方的对待有什么评价?

张某:还不坏。

艾德·普雷托:还不坏?

约瑟夫·李:是的。

艾德·普雷托:好的。如果没有别的问题的话,我觉得我们将停止这个问答环节,开车回伯纳比。你确定这是你们来时的路吗?

约瑟夫·李:你觉得就是这一条路你们上来扔掉箱子的地方,是不是,行李的地方?

张某:哪条路啊?

(质证意见:茫然。)

约瑟夫·李:刚才我们走的这一条,我们走的这一条。

张某:就是这个口往这里,往北这边是吧。

约瑟夫·李:对。

张某:应该是。

(质证意见:模糊。)

约瑟夫·李:是的,从小房子往北。

(质证意见:小房子是既定目标。)

艾德·普雷托:太好了,现在几点,乔?

约瑟夫·李:17 时 04 分。

艾德·普雷托:好的,我们回到车上,回伯纳比。

约瑟夫·李:好的。小心,小心。

张某:用不用他们先上?

约瑟夫·李:没问题,小心一点哦。

尼尔森:我们继续录像还是回伯纳比再说?

约瑟夫·李:我开着录音机。

尼尔森:那你可以录音。

约瑟夫·李:觉得怎么样? 没问题啊?

尼尔森:那我们回去的路上不用录像了?

艾德·普雷托:我不这么认为。

尼尔森:我还有大容量电池,如果继续录像的话我们有足够的电源。

艾德·普雷托:回去路上还要录像吗?

尼尔森:乔可以录音。

艾德·普雷托:我觉得这里太黑了。

尼尔森:在车里这么暗录像机没用。我将关机。

艾德·普雷托:你要去洗手间吗? 不用? 乔。你的录像机还在工作吗?

约瑟夫·李:是的。

艾德·普雷托:我们将关了录像机。

艾德·普雷托:现在几点?

尼尔森:现在是 17 时 08 分,我们将完成这次录像。我是加拿大皇家骑警伯纳比分局法医鉴定科的菲利斯·尼尔森警官。

审理结果

一审法院认定被告人李某明构成故意杀人罪,判处无期徒刑。被告人上诉后,二审法院改判为过失致人死亡罪,判处有期徒刑7年。

被告人不服,仍在继续申诉。

罗某故意杀人罪案

案情简介

罗某,男,原重庆市公安局禁毒总队副总队长,二级警督。曾多次受到公安部、重庆市公安局嘉奖表彰,被评为"全国优秀人民警察""重庆市十佳民警",荣获"全国五一劳动奖章"。

重庆市第一中级人民法院于2011年1月27日作出(2010)渝一中法刑初字第138号刑事附带民事判决。被告人罗某犯故意杀人罪,判处死刑,剥夺政治权利终身;犯受贿罪,判处有期徒刑15年,并处没收财产人民币100万元;犯行贿罪,判处有期徒刑2年;犯徇私枉法罪,判处有期徒刑11年;犯帮助犯罪分子逃避处罚罪,判处有期徒刑7年,决定执行死刑,剥夺政治权利终身,并处没收财产人民币100万元。

判处罗某死刑的故意杀人事实是,2000年肖某远安排刘某元将一支口径为9毫米的华尔特手枪及子弹交给被告人周某某。2001年8月,被告人罗某因张某(本案死者)威胁要告发其违法犯罪行为,授意敖某满报复张某。2002年7月初,敖某满找到被告人许某贵,要许某贵找人枪杀张某,许某贵同意。敖某满、许某贵及赵某某(已死亡)、刘某共谋枪杀张某后,敖某满将从周某奎处索要的华尔特手枪及子弹提供给许某贵、赵某奇,并带赵某奇对张某进行了指认。2002年7月13日凌晨,刘某驾车送赵某奇来到重庆市渝北区金岛花园张某住家附近守候。当张某回家路径龙溪镇松石大道62号人行道外时,赵某奇朝张某胸部、腹部等处连开三枪,致张某当场死亡。经法医鉴定,张某系因被枪弹类火器击伤造成失血性休克死亡。刘某驾车接应赵某奇逃离现场。事后,敖某满将杀害张某一事告诉了罗某。

罗某不服一审死刑判决,上诉至重庆市高级人民法院,二审法院于2011年8月3日作出(2011)渝高法刑终字第83号刑事裁定书,驳回上诉维持原判,并报请最高人民法院核准。

2011年10月,在死刑复核阶段,罗某家属找到京都律师,做最后的努力,田文昌律师和杨大民律师介入此案,由于该案系重庆"打黑"期间的特殊案件,极其敏感,又关涉生死,两位律师高度重视,多次飞往重庆会见罗某,反复沟通案情,研究定罪证据,寻找保命的关键证据和事实理由。

辩护思路

死刑复核阶段,辩护律师的核心工作就是给最高人民法院复核死刑的法官找出一个不杀的理由。

一审法院和二审法院判处罗某五项罪名成立,以故意杀人罪判处死刑。所以辩护律师放弃其他四个罪名的研究和论述,只针对故意杀人罪的事实和证据进行细致的再梳理、再研究,从梳理的证据材料中发现定罪量刑存在的问题,找出不杀的理由。

"魔鬼藏在细节中。"辩护律师将罗某的笔录和其他被告人、证人笔录,辨认枪支笔录和《刑事技术鉴定书》等证据材料反复比对、经过比较发现两个重大疑点:第一,罗某授意敖某满教育一下张某的意思表示被告人各方说法不一,对"教育"的理解不一致,有误解或曲解之疑,也不能排除有人利用此"教育"之机,另报私仇。第二,对涉嫌枪支的来源和去向对比,发现鉴定的华尔特手枪不是被告人敖某满给许某贵等人的勃朗宁手枪。作案凶器不符,导致本案存疑,不能证明被害人之死与罗某的授意之间存在因果关系。

所以,辩护律师在死刑复核阶段仅仅围绕上述两大疑点展开具体论述,认为对于故意杀人罪的案件事实一审和二审判决认定不清,定罪量刑的证据不够确实充分,不能排除合理怀疑,得不出唯一结论。根据刑事诉讼证据规则和《关于办理死刑案件审查判断证据若干问题的规定》,不应当判处罗某死刑立即执行。同时,辩护律师帮助罗某向最高人民法院提交举报材料,希望获得重大立功,争取生的希望。

辩护词(死刑复核)

审判长、合议庭:

北京市京都律师事务所接受罗某妻子的委托,指派田文昌、杨大民律师作为罗某因犯有故意杀人罪被判死刑、立即执行一案死刑复核程序的辩护人。

辩护人认为:原一审、二审法院对于罗某犯有故意杀人罪认定事实的证据存疑,不够确实、充分,且量刑畸重。即使认定罗某犯有故意杀人罪,依法也不应被判处死刑立即执行。现提出如下辩护意见,恳请贵院予以慎重考虑:

第一部分:关于定罪的辩护意见

一、罗某庭前供述的非法性不能排除,缺乏合法性与真实性

1. 罗某羁押处所严重违法,且受到了刑讯逼供。罗某2009年9月24日被刑事拘留后,不是被送往看守所羁押,而是被送到重庆公安局"7·30"专案组的"某基地"。罗某被绳子捆绑在审讯椅上,审讯人员采用不让其睡觉、往头上罩黑袋子,致使其呼吸困难和不间断地轮番审讯等手段,并以抓其家人相要挟,在被违法羁押和刑讯逼供了16天后,才于10月9日23时许被送往看守所。法院认定罗某犯有故意杀人罪的三份供述分别是:2009年10月2日;10月3日;10月9日14时53分,即送往看守所之前,全部是采用在"基地"提取的罗某《讯问笔录》作为定罪依据的。

根据《公安机关办理刑事案件程序规定》第145条:"对被拘留、逮捕的犯罪嫌疑人、被告人应当立即送看守所羁押。"第176条规定:"提讯在押的犯罪嫌疑人,应当填写《提讯证》,在看守所或者公安机关的工作场所进行讯问。"

根据《中华人民共和国刑事诉讼法》第43条之规定,审判人员、检察人员、侦查人员必须依照法定程序,收集能够证实犯罪嫌疑人,被告人有罪或者无罪、犯罪情节轻重的各种证据。严禁刑讯逼供和以威胁、引诱、欺骗以及其他非法的方法收集证据。

根据"两高三部"《关于办理刑事案件排除非法证据若干问题的规定》第1条、第2条之规定,采用刑讯逼供等非法手段取得的犯罪嫌疑人、被告人供述和采用暴力、威胁等非法手段取得的证人证言、被害人陈述,属于非法言词证据。经依法确认的非法言词证据,应当予以排除,不能作为定案的根据。

据此,以刑讯逼供等非法手段取得的被告人供述、证人证言等言

词证据不仅侵害相关当事人的合法权益,而且极易引发冤假错案,依法应当排除。

2. 公诉机关未能举证证明其取得的口供、证言合法,因此,本案不能排除这些言词证据的非法性。

现有证据表明:本案一个非常显著的特征就是所有的“被告人供述”和“证人证言”均没有《提讯证》和《传唤证》,那么,所谓“被告人供述”及“证人证言”笔录的获取及来源的合法性缺乏证据,公诉机关未能提供与被告人供述相对应的《提讯证》,这就印证了罗某所称的侦查机关在对其审讯中存在严重违法羁押、刑讯逼供的情况属实。至少本案仍不能排除在侦查机关以刑讯逼供、指供、诱供等非法手段逼取罗某供述及同案供述的问题。

3. 终审裁定认为罗某未能证明存在刑讯逼供是错误的。对于刑讯逼供等非法取证问题,罗某虽不能明确说出非法取证人的姓名,但已经提出羁押处所不合法,并且提供了获取《讯问笔录》的时间、地点和施暴方式等主要证据线索。因此,公诉机关对此就负有举证责任。根据公诉人截止到目前都无法举证证明“口供”“证言”是合法取得的情况下,希望合议庭能够严格贯彻和执行“两高三部”《关于办理刑事案件排除非法证据若干问题的规定》中“对于本案侦查机关违法获取的被告人讯问笔录予以排除,不再用作认定案件事实和对本案定性的证据予以采信”的规定,不宜核准罗某犯有故意杀人罪,判处死刑并立即执行。

4. 罗某庭前供述与当庭供述不一致,依法不能采信庭前供述。

罗某2009年10月2日的庭前供述称其“对敖某满说找几个人‘收拾’一下张某,收拾就是教育张某一下,张某喳喳哇哇的,让敖某满找几个人打他一顿,让张某知道罗某也不是好惹的,出口气”。

根据罗某2009年10月3日庭前供述:“问:你是否问过敖某满

怎样收拾张某,收拾到什么程度?为什么?答:没问过他准备怎样收拾张某,也没想过、也没给敖某满说过要把张某收拾到什么程度。因为我当时确实对张某多次威胁我要检举揭发我、要伤害我和我的家人的事感到非常担心和害怕,我只想通过敖某满收拾了张某,达到不再让张某在威胁我、骚扰我的目的。”

一审、二审开庭时,罗某当庭对指控其授意敖某满杀害张某的事实予以否认。并向法庭供述:其只是想让敖某满向张某做一个解释,打张某一顿,出口气,让张不要在外面瞎说。根本没有授意敖某满去杀害张某。而且敖某满也已证实罗某并没有明确告诉他怎么收拾张某,也没说收拾到什么程度。

经过对比分析,辩护人发现罗某一会称“教育张某一下”一会又称“收拾张某”庭前供述出现反复。开庭时又称“打张某一顿”。其庭前供述与当庭供述不一致,对庭前供述当庭又不予供认。根据《关于办理死刑案件审查判断证据若干问题的规定》第22条规定:“被告人庭前供述和辩解出现反复,但庭审中供认的,且庭审中的供述与其他证据能够印证,可以采信庭审中的供述;被告人庭前供述和辩解出现反复,庭审中不供认,且无其他证据与庭前供述印证的,不能采信庭前供述。”

综上,辩护人认为,罗某庭前供述的非法性不能排除,缺乏合法性和真实性。其庭前供述出现反复,且其庭前供述与当庭供述不一致,依法不能采信其庭前供述。

二、罗某庭前供述与相关证人证言有冲突,不能相互印证,却印证了罗某庭前供述的不真实性和相关证人证言的不可靠性,进一步证明本案证据存疑,认定罗某犯有故意杀人罪的事实不清,证据不够确实、充分

本案一审、二审法院认定罗某故意杀人罪的证据,即便是在“基地”这般非法羁押、刑讯逼供下获取的“供述”“供证”也是矛盾百出,众多疑点均无法排除。

1. 罗某供述证明他没有“为了掩盖其违法犯罪行为,授意敖某满杀害张某”的犯罪故意和客观行为。这从罗某的三次供述中可以得到证实:

罗某2009年10月2日《讯问笔录》原文载录如下:“问:‘罗某如何授意敖某满的?’答:‘我告诉了敖某满说,我把夏某平抓了,张某怪我安套筒,还叽叽歪歪地到处去说要把我的事情到处摆,并让敖某满也去做张某工作。我只是想找人去把不是我故意整张某的事情给张某说清楚,不要让张某到处去说我的事。让敖某满找几个人收拾一下张某。’问:‘你对敖某满说找几个人“收拾”一下张某,这个收拾是什么意思?’答:‘是教育张某一下,张某喳喳哇哇的,让敖某满找几个人打他一顿,让张某知道我罗某也不是好惹的,出口气。’问:‘你是否明确告诉敖某满怎么收拾张某?收拾到什么程度?’答:‘没有明确告诉敖某满怎么收拾张某,也没说收拾到什么程度。’问:‘你是否问过敖某满是怎样收拾的张某,收拾到什么程度?’答:‘我问过,敖某满说:“这个事情你不要管,我办好了就行了,知道多了对你也不好。”于是我就没有问了。’问:‘张某被枪杀可能对哪些人有利?为什么?’答:‘对我、周某奎、敖某满和其贩毒分子都有利。对敖某满来说他作为贩毒分子少了一个竞争对手。’”

罗某2009年10月3日讯问笔录第3页:“问:‘你是否问过敖某满怎样收拾张某,收拾到什么程度?为什么?’答:‘没问过他准备怎样收拾张某,也没想过、也没给敖某满说过要把张某收拾到什么程度。因为我当时确实对张某多次威胁我要检举揭发我、要伤害我和我的家人的事感到非常担心和害怕,我只想通过敖某满收拾了张某,达到不再让张某在威胁我、骚扰我的目的。’问:‘在你得知张某被枪杀的结果后,你是否追问过敖某满是怎么收拾的张某?’答:‘我问了敖某满,他只让我不要管,知道多了对我不好。’”

罗某 2009 年 10 月 9 日讯问笔录第 3 页:“问:‘敖某满告诉你张某死了,张某是怎么死的,你知道吗?’答:‘后来我在报纸上看到登的是,张某在江北区回家的路上被枪打死的。’问:‘敖某满给你讲过是谁把张某打死的没有?’答:‘没有给我讲过。’问:‘你问过敖某满没有?’答:‘我问了,敖某满叫我不要管这些事情。’”

由此可见,罗某主观上没有为了掩盖其违法犯罪行为,授意敖某满或让敖某满安排人去杀害被害人张某的主观故意和客观行为。至少可以证明罗某“授意”不明确,并不能排除敖某满存有实行行为过限的问题。刑法中的“实行过限”是指共同犯罪人实施了超出共同犯罪故意的行为。如果某一行为属于实行过限行为,实行过限犯罪人应当对其犯罪行为引起的后果承担刑事责任,而其他共同犯罪人则一般不对过限行为引起的后果承担责任。

2. 敖某满口供印证了罗某不存在“为了掩盖其违法犯罪行为,授意敖某满杀害张某”的犯罪故意和客观行为。

敖某满于 2009 年 9 月 3 日供述:“问:‘我们将对你本次讯问情况进行同步录音录像你有什么异议?’答:‘我没有异议。我愿意配合公安机关取证调查。我想检举张某被枪杀的事实真相:那一年,张某手下夏某平因贩毒被禁毒总队抓了,张怀疑是二支队的队长罗某故意整他抓他的人,他给罗某打电话要罗某放了他的手下。罗某去精神病医院看完张某的当天傍晚,罗某给我打电话约我到江北洋河体育场附近的一个海鲜酒楼外见面,我一个人过去后见的罗某。我坐在罗某的车上,罗某就把有天晚上张某打电话威胁他和当天下午张某把他和甘某权和禁毒总队一个姓张的三个人约到医院的事情告诉我。对我说:“张某那个人装疯,喳喳哇哇的,早晚是个祸害,你找个适当的机会把张某收拾了。"我答应后就各自离开了。'问:'罗某叫你怎么收拾?'答:'罗某到底叫我收拾到什么程度他不会给我说,因为他是警察,我也不便多问。过了几天,我到云南嵩明监狱去见肖某远,我把张某威胁罗某的事情给肖某远说了,说要找人收拾张某。肖某远就说:"我问一下周六(周某全)和肖某余他们看他们是什么态度。"过一个月,我又去看肖某远,问他们(指周某全和肖某余是肖某远手下的)态度……我听肖某远说就知道再找他们办这事已经不行了。'问:'罗某当时要你找人收拾张某给你说过要收拾到什么程度没有?'答:'他没有说收拾到什么程度,他就说把张某收拾了,我们听得懂他的意思,说白了就是要把张某灭了。但我还是把罗某这个话照样给许某贵说的。'问:'你和张某关系怎么样?'答:'我与张某没有任何过节,关系很好。'"

敖某满于2009年9月4日在自书的《检举材料》中写道:"(罗某)他给我说了张某的事,最后叫我有机会找人收拾他一下。我答应了。"

敖某满与2009年9月20日18时30分~19时50分在重庆市公安局"7·30"专案组办公室的《讯问笔录》:"问:'当时张某和你都是在肖某远处拿毒品吗?'答:'对的。'问:'当时张某的手下出事后,罗某找你是怎么给你说的?'答:'罗某给我说,张某现在装疯卖傻的,你去找两个人收拾一下他?'问:'罗某明确给你说要求你把张某杀死没有?'答:'没有。'问:'那你当时怎么给许某贵说张某的事情?'答:'我还是说张某在外面喳喳哇哇的,你找两个人收拾一下他。'问:'你当时为什么要帮罗某去收拾张某?'答:'一方面是我和罗某关系好,帮兄弟伙的忙,另一方面我收拾了张后,自己业务也可以开展得更好一些。'"

敖某满2009年9月20日供述:"当时张某的手下出事后,罗某给我说，张某现在装疯卖傻的，你去找两个人收拾一下他。罗某没有明确给我说要求把张某杀死。”敖某满2009年9月24日供述：“我对许某贵说，我认识一个叫张某的崽儿，平时喳喳哇哇的，你找两个人收拾他一下。许某贵说，要得，这是小事一件。我没有告诉许某贵是罗某叫收拾张某的。我当时也没给许某贵说收拾张某到什么程度。”

由此可以得出：敖某满三次口供印证了罗某不存在“为了掩盖其违法犯罪行为”，“授意敖某满杀害张某”的犯罪故意和客观行为。同时，还反映出：敖某满是检举揭发罗某目的是想要立功以保全性命。敖某满的笔录在先，罗某笔录在后，罗某口供有诱供问题；敖某满口供有录像未出示；敖某满最初的检举揭发有罗某故意杀人罪的讯问笔录有同步录音录像但没有作为证据提交法院，律师未能看到。同一案件举报人敖某满有录像，而罗某的供述却缺乏同步录音录像，而且罗某又属于国家公职人员犯罪，不作同步录音录像极不正常，有悖法律相关规定；敖某满与张某有矛盾、有同业竞争的利害关系，因为张某和敖某满均从肖某远处拿毒品来贩卖。事实上，关于是否杀害张某，从敖某满的口供中可以看出：他特意前往监狱两次征求肖某远对于杀张某的意见。因此，敖某满杀张某并不是取决于罗某的所谓的“授意”。

3. 罗某与敖某满二人间的供述存在矛盾，不能证实罗某“授意”敖某满故意杀害张某。

从罗某和敖某满的供述对比分析可知：首先，在“故意内容”上，罗某供述说，他是要敖某满去教育张某，打他一顿，出口气；而敖某满则供述说，罗某说把张某收拾了，我听懂他说的意思，说白了就是要把张某灭了。转而又供述说，罗某没有明确要求把张某杀死。其次，在张某死亡后敖某满是否告知罗某的问题上，罗某供述说，敖某满打电话说收拾张某的事他办好了，转而又说我是看报纸、媒体报道张某是在他家附近被人开枪打死了。敖某满则供述说,张某被枪杀后,我给罗某打了个电话说事情解决了。我说事情办好了,没有多说,罗某听了就知道意思了。

4.被告人罗某没有参与实施故意杀害张某的犯罪行为。

本案毋庸争议的事实是:无论是实施杀害张某时间的确定、犯罪人员的选派,还是杀人工具的提供与选择,以及对被害人的指认、具体实施杀人行为的地点,都不是被告人罗某所为。这有敖某满、许某贵、刘某等人的供述在卷为证。

通过以上对比分析,辩护人认为:罗某庭前供述与相关证人证言有冲突,不能相互印证,却印证了罗某庭前供述的不真实性和相关证人证言的不可靠性。进一步证明本案证据存疑,认定罗某犯有故意杀人罪的事实不清,证据不够确实、充分。

三、所谓罗某“授意”后,相隔一年的时间,被害人才死亡,违反逻辑

辩护人认为,罗某“授意收拾张某”的所谓“授意”在时间上与被害人张某死亡时间相隔近一年,不符合逻辑和经验规则。公诉机关所指控被告人罗某所说的要“收拾”张某的时间是在2001年8月,而被害人张某的死亡时间是2002年7月13日凌晨,时间相隔近一年,“授意”和实施“故意杀人罪”之间缺乏合理性和关联性,也不符合逻辑和经验规则。如果真是罗某授意杀害张某而且杀害的理由是害怕其告发自己,就不应该是一年之久才动手实施。因为太久动手就失去了灭口的意义,而如果一年之久对方也没有加害自己,则又失去了灭口的理由。同时,在这些毒贩之间相互残杀的现象比较常见,也不存在长时间难以得手的障碍。所以,所谓的“授意”与杀害行为之间缺乏必然联系。在此期间,作为贩毒人员的张某是否与他人产生的过节,是否与他人存在着矛盾与仇恨,导致其死亡的原因是否就是因为罗某所谓说要“收拾”或者“打一顿”一句话所致,现有证据不能排除这些合理的怀疑。而且有证据表明被害人确实与周某奎存在矛盾,与敖某满存在贩毒供货的竞争关系。客观地说,按照当时所谓罗某“授意”的时间和客观条件看,均有条件杀害张某,但是,有条件杀,为什么当时没有杀,而为何一年之久才杀?这些问题均违背所谓“授意”的逻辑。

四、本案被害人张某系毒贩,毒贩之间个人矛盾错综复杂,与多人有仇,不能排除本案系另有他人所为

现有证据证明被害人张某与周某奎等人多有矛盾,存在杀害张某的可能性。如夏某平 2009 年 8 月 27 日证词证实:“我被抓可能是被周某奎整的我。我当时听张某给我说过,周某奎与他老婆沈某有不正当的关系。正因为这个事情,我被抓之前,他们两人之间就闹得很凶。我当时认为一是因为张某在缅甸去赌博,欠了巨大的高利贷,没有及时归还,是放水的人追杀的。第二种原因可能是周某奎对他下的手,因为只有周某奎与张某有矛盾,到底是什么原因我的确不很清楚。”

肖某远 2009 年 7 月 29 日供述证实:“大约到 2001 年 9 月,张某和周某奎发生矛盾,他们两人分别给我打电话,我在中间进行过调解。随后敖某满就打电话给我说,张某对禁毒总队这些人喳喳哇哇的,你帮忙找人把张某打掉。我当时在电话里面答应了帮他找个人来办这件事,于是我就去问了肖某余。肖某余说,‘这个命案犯不着我们来做’。我就回复了敖某满。张某也先后多次给我打电话,给我解释他同周某奎之间的矛盾。周某奎以前是张某的马仔,后来同张某产生了矛盾。我还对双方进行过劝解。张某被杀一事,周某奎应该是清楚的。”

又如殷某 2009 年 8 月 4 日供述证实:“听说张某与李(礼)某两

个在钱上的事情搞得很毛。张某要杀李某,李某要杀张某。敖某满和许某也讲过张某的,说张某疯了,老子要收拾他。那段时间(2002年)李某、敖某满、许某贵他们经常提到张某这个人。我感觉张某与他们之间的矛盾有点大。"

任某科2009年8月5日供述证实:"肖某远是个'大毒',他当时拿的毒品的下家有两条线,一条是给张某,另一条是给敖某满。后来敖某满不晓得在肖某远那里做了什么手脚,肖某远就断了张某的货(指毒品海洛因),因为我和肖某远关系非常好,张某的货断后,肖某远就只供货给敖某满。张某原先不知道肖某远也在供货给他货的同时,也在供货给敖某满。张某就怀疑是我在中间做了手脚才导致肖某远对张某不供货而只供给敖某满。张某那段时间对我极为不满,当然他对敖某满夺了他的货、断了他的财路肯定也是怀恨在心。张某疯了后就到处摆,敖某满在贩毒,被枪毙的贩毒人员周某就是敖某满的手下,就是在替敖某满有一批吃'血饭'的人。敖某满这个人心很毒,和我发生矛盾后,也就对我表弟说了'君子报仇,十年不晚'的话。另外我还补充一点,敖某满之所以阴险,他打死张某是很好地利用了张某认为周某奎与张某老婆不正当男女关系,双方发展到互相找人要弄死对方的地步,敖某满这时打死张某,很多人都怀疑是周某奎干的,而不会怀疑到敖某满。"

上列证人证言证实了一个最基本的事实,就是周某奎、敖某满有因与张某之间的矛盾而杀害张某的可能性,而公诉机关的现有证据不能排除这种可能性的存在。

五、作案凶器不符,进一步显露出被害人被他人所杀的疑点

希望合议庭引起重视的是本案直接开枪射杀被害人的赵某奇已经死亡,枪杀的过程死无对证,无法还原,而且也没有任何人目击,指认杀害张某的人就是赵某奇。所以,本案不能排除另有他人在此期间杀害被害人。这种合理怀疑的另一重大依据便是本案的作案凶器不符。

起获的作案凶器——枪支存疑。按照公诉机关的指控思路及本案卷中材料反映出的内容来看:杀害被害人张某的凶器是敖某满从周某全处取得的一把“勃朗宁”手枪,敖将该枪交给许某贵,许某贵又将该枪交给赵某奇,赵某奇使用该枪射杀被害人。但是侦查机关起获的枪支却是一把“华尔特”手枪。也就是说本案中敖某满等人预谋杀害被害人的手枪与被害人被枪杀致死的手枪不一致。作案凶器不符,如果被害人是华尔特手枪致死的,那么就排除了敖某满给许某贵的勃朗宁手枪所杀。这一重大疑点,希望引起合议庭足够的重视。

(1)开枪射杀张某的赵某奇已死亡,枪是怎么到了驾车送赵接应赵逃离现场司机刘某手里的?

(2)枪又是怎么到的刘某彪的手里?刘某彪说是刘某于2003年3月中旬给的,他还有该枪20发子弹。而刘某的供述中是否有对此种说法的供证?辩护人没有看到。

(3)“勃朗宁”手枪与“华尔特”手枪难道是同一种手枪?

(4)《刑事科学鉴定书》是否有提取的杀害张某的子弹的弹壳?且该弹壳与从刘某彪处起获的枪子的子弹弹壳相同?

(5)杀害张某的枪支是否有枪支膛线弹痕鉴定?如果该案没有枪支膛线弹痕鉴定,便不能得出起获的枪支就是作案枪支的唯一性判断。法院认定杀害张某作案凶器是:“一支口径为9毫米华尔特手枪。”而肖某远证实:“1999年左右他的贩毒伙伴阎某芒从境外购买了5支手枪(阎某芒称其中2支勃朗宁手枪,3支白纳塔手枪他不知实际枪名)2000年左右,他叫刘某元将一支勃朗宁手枪交给的周某全,2003年12月,周某全、敖某满到云南嵩明监狱看望他时,周某全悄悄说一把勃朗宁手枪给了敖某满。”事实上,不仅华尔特 PSK\9mm

手枪发射9毫米子弹,还有很多种枪如CZ75捷克枪也发射9毫米子弹。张某身上的子弹究竟是哪一支枪发射应该有膛线弹痕鉴定。否则,无法确定杀人枪支的唯一性。

(6)周某全上诉称:杀害张某的枪支与查获的枪支型号不一致是否同一不能确定,二审法院裁定周某全上诉理由不能成立的证据是什么?

(7)刘某彪亦证实"2002年10月,他看到刘(即刘某)有一支手枪,刘说是勃朗宁手枪"。但为什么起获的却是一把华尔特手枪?

(8)卷宗有什么确凿的证据证明从刘某彪处起获的枪弹就是杀害张某的作案枪支?

对前述问题一审、二审法院均没有给出令人信服的解释和说明。本案证据与案件事实之间存在明显的矛盾,这些矛盾又未能得以合理排除。

根据最高人民法院、最高人民检察院等颁布、2010年7月1日生效的《关于办理刑事案件排除非法证据若干问题的规定》(以下简称《刑事诉讼证据规则》)和《关于办理死刑案件审查判断证据若干问题的规定》第5条的规定,"办理死刑案件,对被告人犯罪事实的认定,必须达到证据确实、充分。证据确实、充分是指:(一)定罪量刑的事实都有证据证明;(二)每一个定案的证据均已经法定程序查证属实;(三)证据与证据之间、证据与案件事实之间不存在矛盾或者矛盾得以合理排除;(四)共同犯罪案件中,被告人的地位、作用均已查清;(五)根据证据认定案件事实的过程符合逻辑和经验规则,由证据得出的结论为唯一结论"。

而就本案而言,罗某是否有杀害张某的动机和目的?被害人张某到底是因为何种原因死亡?究竟是因被告人罗某"授意""故意杀害"而死亡,还是因为其他原因而被杀害?从刘某彪处起获的枪弹是否就是作案凶器的枪弹？本案证据是否符合“三性”？是否排除了非法证据？现有定罪的证据是否形成了完整的证据链？

以上诸多疑点以及对于罗某“授意”敖某满的行为如何正确定性的问题应当引起合议庭的高度重视！

通过以上五个方面的分析，辩护人认为：一审、二审法院据此认定被告人罗某指使敖某满杀害被害人张某，诸多疑点无法排除，证据明显不足。对上述问题和疑点，希望最高人民法院合议庭予以重视，依法查清。

第二部分：关于量刑的辩护

一、在假定罗某确有授意敖某满杀人行为的前提下，根据案卷中相关供证的具体内容，该授意行为也不足以判处死刑，立即执行

罗某对敖某满收拾被害人的授意不明确，其行为充其量属于间接故意而并非直接故意。所以，即使认定罗某犯有故意杀人罪，也不应认定罗某的犯罪行为属于“情节特别恶劣，罪行特别严重”，不宜核准罗某死刑立刻执行。一审、二审人民法院之所以认定被告人罗某故意杀人罪成立，就在于罗某对敖某满说“把张某收拾了”一句话，且在事后敖某满告诉罗某已经把事情办好了。辩护人认为，即使如此，也不应认定罗某的犯罪行为属于“情节特别恶劣，罪行特别严重”，也不应当处以死刑。理由一是：罗某所说“收拾”一词，从刑法理论上讲，由于没有限定“收拾”的内容与方式，其应对相应的法律后果承担责任，但即使如此其行为也属于间接故意的心理状态，只能以间接故意杀人定罪处罚，其相对于直接故意杀人，其社会危害性较低。理由二是：现有证据表明，具体组织、实施他人杀害张某是由敖某满去组织的，且杀人工具（如枪支）是由敖某满寻找并提供的。杀人的具体过程是由许某贵、赵某奇、刘某等人去商议、实施完成的。较之直接实施故意杀人,或者积极参与故意杀人行为的实施,其参与程度社会危害性较低,不同于雇凶杀人案。

二、罗某为重庆的禁毒工作出生入死,屡次立功受奖,个人表现非常突出

该起故意杀人罪涉案共计五人,除赵某奇(守候、开枪射杀张某)一人因案外已死亡外,目前涉案四人,两人被判处死刑、一人被判死缓。尤其对罗某判处死刑,没有考虑案件存疑可从轻的因素,也没有考虑罗某奋战在公安禁毒战线上20余载,出生入死,屡立战功的个人良好表现。

辩护人了解到罗某从一名足球主力运动员、普通反扒民警到禁毒副总队长,立功受奖无数,共计8次二等功、11次三等功、6次嘉奖、6次公务员年度考核优秀。其还曾多次荣获全国优秀人民警察、全国特级优秀人民警察荣誉称号、全国五一劳动奖章获得者、中国优秀青年卫士称号、重庆直辖十年建设功臣。其工作成绩卓著,一贯表现良好,为重庆的公安事业和禁毒工作做出过一定的贡献。

姜武主演的电视连续剧《警察故事》就是以他为原型拍摄的。

所以辩护人认为,应根据最高人民法院有关刑事量刑规范和重庆市高级人民法院有关刑事量刑的具体实施细则的规定,“对于过去表现较好,没有犯罪前科或者犯罪劣迹的被告人,在裁量刑罚时也应给予相应的从轻处罚”。不宜核准罗某死刑立刻执行,从而体现惩罚与宽大相结合的刑事政策。

三、罗某有检举揭发他人犯罪的表现,表明了被告人积极悔罪的认罪态度,依法仍可酌情从轻处罚,不宜核准死刑立即执行

尽管截至目前罗某还有部分检举、揭发没有得以及时查明,但根据《刑事诉讼证据规则》第39条有关“被告人有检举揭发他人犯罪情形的,应当审查是否已经查证属实;尚未查证的,应当及时查证”的规定,建议相关部门及时给予查证。

即使不能查证属实,辩护人仍认为,其检举他人犯罪的行为,也是说明其有积极悔罪的认罪态度依法仍可酌情从轻处罚,不宜核准死刑立刻执行,以切实贯彻最高人民法院数次提出:要充分发挥死缓制度,“既能依法严厉惩罚犯罪,又能有效减少死刑执行”的作用;“凡是符合法定条件,不需判处死刑立即执行的,就应当适用死缓刑罚;可杀可不杀的,一律不杀”的政策精神。

四、罗某家属及其亲朋愿意代其积极赔偿被害人张某亲属的经济损失,以获得被害人亲属的谅解

罗某家属特意委托辩护人向最高人民法院表明:愿意代罗某向被害人家属赔偿,并恳望贵院合议庭能够组织双方做赔偿调解工作,以取得被害人家属的谅解,不予核准罗某死刑立刻执行。贵院的张军副院长多次提道:“如果被告人积极履行赔偿义务,或者被告人亲属、朋友代为赔偿,获得被害人及其家属的谅解,都可以不判处死刑。”

五、对罗某不宜核准死刑、立即执行,能体现“少杀慎杀”的刑事司法原则

如前所述该起故意杀人罪涉案共计五人,除赵某奇(守候、开枪射杀张某)一人因案外已死亡外,目前涉案四人,两人被判处死刑、一人被判死缓。一案三死,量刑畸重,偏离了“少杀慎杀”的刑事司法原则。

据罗某家属介绍,罗某的父亲现年69岁,是重庆市毛纺厂退休工人;母亲现年66岁,是重庆水轮机器厂子弟校退休教师。二人现在基本不出门,断绝和外界联系,深居简出,少言寡语。家里只有两兄妹,妹妹现年40岁,生下来就是个智障儿,哭声像猫一样小,1岁还不能坐,3岁才能慢慢行走,读书在水轮厂子弟校是编外学生(不参加任何考试),现在的智商相当于5岁的孩子,父母和哥哥从未嫌弃过这个妹妹。目前父母年老多病,需要罗某照顾之外,还要照顾智障的女儿;罗某的儿子现年15岁上初中三年级,正值青春叛逆期,上小学的时候,老师叫全班同学向他的爸爸学习,因为他爸爸是英雄,刚进初中爸爸就出事了,对他的打击非常大,一度有轻生的言行。原本一个开朗阳光健康的孩子,现在成绩一落千丈,无心读书,沉迷网络游戏,情绪低落,暴躁易怒,时有自残倾向,心理存在严重障碍。面对沉重的家庭负担和社会压力,罗某的妻子目前在自己身患疾病的现状下,不得不艰难地撑起一个家。

鉴于此,辩护人认为,如果罗某不被核准死刑立刻执行,至少也会给其全家老小留下了希望和祈盼。严格控制和慎重适用死刑,也是最高人民法院对死刑适用的方针。

希望贵院能在死刑复核中充分考虑罗某家属"老弱病残"的实际情况,给罗某一个生的机会。

综上所述,辩护人认为原一审、二审法院对于罗某犯有故意杀人罪认定事实的证据存疑,不够确实、充分,适用法律不当。即使认定罗某犯有故意杀人罪,也属量刑畸重,依法也不应判处死刑立即执行。

希望合议庭充分考虑本案事实和相关情节,依法不予核准对罗某的死刑判决,以彰显法律的人性光辉。

此致

中华人民共和国最高人民法院

辩护人:

北京市京都律师事务所律师　田文昌　杨大民

二〇一一年十一月十一日

审理结果

最高人民法院核准死刑,2012 年 1 月 6 日,罗某被执行死刑。

徐某江被控诈骗罪案

案情简介

徐某江，福建至某律师事务所律师，长期担任厦门某联公司(以下简称厦门某联公司)法律顾问。

某城资产管理公司2006年2月就与厦门某联公司债务纠纷案上诉至最高人民法院后，被告人徐某江就与厦门某联公司法人代表陈某某商谈二审代理事宜。鉴于厦门某联公司已资不抵债，无力支付二审律师费，双方商定二审由被告人徐某江代理，二审律师费为200万元人民币，待二审胜诉后支付，以让被告人徐某江参与厦门某联公司支付大厦拍卖款分配的方式来支付200万元人民币的二审律师费。

被告人徐某江为了能分得厦门某联大厦的拍卖款，争取优先受偿权，想尽快通过法院生效的法律文书查封厦门某联大厦，参与厦门某联大厦拍卖款的分配。于是，被告人徐某江指使被告人林某与厦门某联公司签订了一系列的代理合同：

1. 采取倒签时间的手段，虚构了2004年9月7日厦门某联公司与某洋律师事务所(以下简称某洋所)关于工行营业部诉某龙公司、厦门某联公司借款合同纠纷一案的(2004)京洋经字第126号一审委托代理合向。该合同约定,如本案一审判决确定某龙公司、厦门某联公司与工行营业部签订的抵押合同无效,厦门某联公司支付律师费人民币200万元;还约定,如果发生争议,双方同意提交福州市鼓楼区人民法院审理。

2. 2006年6月9日,厦门某联公司与至某所签订(2006)闽理民字第182号的二审委托代理合同。合同约定,至某所委派徐某江、林某作为本案的承办人,二审胜诉后,厦门某联公司支付律师费人民币1万元,无须支付二审前期律师费。

3. 2006年6月9日,厦门某联公司与某洋所签订"京洋经字第号"(无文号——笔者注)二审委托代理合同。合同约定,鉴于一审也由某洋所代理,且双方予2004年9月7日签订了(2004)京洋经字第126号一审委托代理合同,厦门某联公司根据一审委托代理合同向某洋所支付人民币200万元的律师费。因此,在二审阶段厦门某联公司无须向某洋所支付律师费;还约定,如果二审败诉,某洋所要将已收取的一审律师费人民币200万元退还厦门某联公司。

上述三份委托代理合同没有厦门某联公司法人代表陈某某的签字,只有厦门某联公司盖章。

在虚构了此案的一审委托代理合同后,被告人徐某江指使被告人林某以某洋所职员的身份,诉请福州市鼓楼区人民法院要求厦门某联公司偿还一审律师代理人民币200万元。与此同时,被告人徐某江指使被告人柯某某(系以被告人徐某江的母亲名义注册的福建某文拍卖有限公司的职员)以虚假的厦门某联公司代理人身份应诉。同年7月11日通过福州市鼓楼区人民法院立案庭的调解,柯某某代表厦门某联公司与代表某洋所的林某达成支付一审律师费人民币

200 万元的民事调解协议,2006 年7 月 19 日,某洋所向福州市鼓楼区人民法院申请强制执行厦门某联公司的财产,同年 8 月 7 日福州市鼓楼区人民法院执行庭先行查封了厦门某联大厦,某洋所获得了优先受偿权。

2008 年3 月 11 日,为便于执行涉及以厦门某联公司为被执行人的一系列案件,统一处置被执行人的财产,福建省高级人民法院将该一系列案件提级执行。在厦门某联大厦被拍卖成交后,根据福建省高级人民法院的分配方案,某洋所获得全额受偿,而处于下一受偿顺序的江西某丰管委会、某城资产管理公司仅按 64.84% 比例受偿。

由于厦门某联大厦拍卖款中的 780 万人民币暂存于厦门中级人民法院,暂时无法分配,某洋所分配到 180 万元人民币。

辩护思路

本案的法律关系非常复杂,案中有案,案外有案,案案关联,刑事案件中又涉及许多民事法律问题,如委托代理关系、抵押关系、抵押合同的有效无效、民事调解书的法律效力、执行中的受偿权、优先受偿权以及拍卖款的分配原则等,都需要刑辩律师对这些民事法律问题熟悉,且理解准确。而且本案起诉书的指控事实与客观事实存在很多矛盾,需要辩护人去辨别、去判断、去伪存真哪一个是真实的,把有利于被告人的案件事实理解清楚表达清楚。

经过细致反复的阅卷和分析,我们认为徐某江是否为厦门某联公司抵押纠纷案提供法律服务是本案的重要事实基础。分析论证法律服务的方式和模式是一个突破口。围绕两个真实性进行事实和证据的梳理。一是通过分析三份《委托代理合同》是一个整体,不可断章取义来否定一审代理合同的真实性。二是通过分析诉讼案调解的程序和代理行为均具有合法性而论证诉讼案调解的真实性。

此外,辩护人详细研究了本案中关于“优先受偿权”的问题,争取“优先受偿权”与“受偿权”不同。“受偿权”代表一种对财物的权利,而“优先受偿权”的所谓“优先”只是一种顺序,不是财物本身,这是两者本质的差别。所以骗取“优先受偿权”不可能构成诈骗犯罪。如果把“优先”二字拿掉,骗取了“受偿权”,还有可能构成犯罪,因为本没有“受偿权”,但采取欺骗手段获得了“受偿权”,是属于无中生有。而“优先受偿权”是在本来就有受偿权的前提下,只是争取了一个顺序上的“优先”,这不是无中生有,更不是诈骗罪的犯罪对象。

二审主要针对一审直接判处帮助伪造证据罪的犯罪构成是否成立进行论述。其前提依然以一审中关于委托代理合同的真实性和诉讼案调解的真实性为基础展开。并且指出一审判决直接以帮助伪造证据罪判处徐某江有期徒刑 2 年,剥夺了徐某江的辩护权,而且徐某江系执业律师,但执业律师依据有关规定不属于司法工作人员,一审判决以此为由从重处罚的认定于法无据,应当予以改判。

辩护词(一审第一轮)

审判长、合议庭:

北京市京都律师事务所接受福州市鼓楼区人民检察院指控徐某江涉嫌诈骗罪一案被告人徐某江的委托,指派田文昌、杨大民两位律师担任被告人徐某江的一审辩护人,依法参与本案的审理。接受委托后,我们会见了被告人,查阅了全部卷宗材料,调取了部分证据。特别是通过今天的法庭调查和举证质证,结合本案的全部案情,辩护人认为:被告人徐某江不构成诈骗罪。具体理由如下:

一、某洋律师事务所与厦门某联公司之间存在真实的委托代理关系。补签一审委托代理合同不等于虚构了一审委托代理合同。徐某江以不出庭的方式为厦门某联公司提供了一审二审的法律服务

(一)厦门某联公司抵押纠纷案一审、二审委托代理行为的特征及其形成原因

庭审证据表明:厦门某联公司抵押纠纷案一审、二审均是由徐某江提供整体的诉讼策略和律师意见,从而导致该案一审胜诉和二审维持一审判决的圆满结果。由于徐某江本人及其所执业的至某律师事务所(至某所)与某洋律师事务所(某洋所)有长期的业务合作关系,以及徐某江本人及前述两家律师事务所也与厦门某联公司又存在长期的法律服务关系,所以,在该案的具体代理方式、法律服务的形式和内容,包括律师费的收取等方面,均根据代理该案的客观要求和实际需要进行了灵活且合理合法的约定。具体表现为:(1)代理该案的方式采用了某洋所和至某所共同代理相互配合的方式。(2)法律服务的形式及内容采取了诉讼与非诉讼以及出庭代理与不出庭代理相结合的形式。(3)律师费用的收取则按照风险代理的约定,达到预期的判决结果方可收取。

厦门某联公司抵押纠纷案一审、二审委托代理行为的上述特征及其形成原因有如下证据予以证实。

1. 叶某某证实:由于厦门某联公司系陈某某两兄弟下属企业,是本人合作伙伴和同班同学徐某江律师(执业于至某所)的客户,故诉讼发生后陈氏兄弟找到徐某江律师谈代理事宜。由于该案涉及在福建省高院的一审和在最高人民法院的二审,徐某江律师提出由某洋所和至某所一起来做这个案件。根据两所惯常的合作方式,关于具体如何代理以及委托代理合同的内容全部交由徐某江律师出面与客户接洽和谈判。最后敲定由两所共同配合代理该案一审、二审,其中

一审先由某洋所出面签订委托代理合同(按照惯常的做法都是以邮寄的方式签订合同),二审由至某所到时候再出面签订委托代理合同,某洋所的委托代理合同约定一审胜诉(确认抵押无效即视为胜诉)则收取律师费200万元,该律师费一方面作为律师的一审代理成果;另一方面也将用于律师在二审代理事务中的费用支出。对于徐某江律师的客户陈氏兄弟,某洋所也曾与至某所合作代理过他们下属的其他企业涉及的案件。(见证据:2008年2月2日叶某某《情况汇报》)

2. 徐某江在2010年12月26日亲笔书写的《关于某联案一二审代理情况及相关事宜的自述报告》以及当庭向法庭的供述,均与叶某某的证明内容相互印证,尤其徐某江为福某案一审提供过法律服务的事实已经得以证实。(1)徐某江与陈某某不断的咨询不断的沟通,通过口头的、非诉讼的方式提供服务。(2)姚某某和黄某某均不懂法律,其出庭发表的代理意见均是徐某江所提供,也就是向陈某某提供的具体法律意见。(3)某联公司与某洋律所的《二审委托合同》,追认了一审期间存在法律服务的事实。

3. 陈某某证实:“在一审时与徐某江沟通过这起案件但没有支付给他费用。”

“一审某城公司上诉后,我依据惯例找徐某江代理最高人民法院二审,我和徐某江最后谈好二审的代理费是200万元,但代理合同是与某洋所签订的,因为徐某江说是他的分所。以前也有这样类似的情况,所以徐某江提出来以某洋所的名义与福某公司签订合同,我也就同意了。”(见证据:陈某某2011年1月5日笔录)

4. 林某证实:“在厦门某联公司借款纠纷案的一审代理中某洋律师事务所属于风险代理。”(见林某第1次笔录第5页)

“厦门某联公司借款纠纷案件的一审实际代理人是徐某江,他只

不过是用某洋律师事务所的名义与厦门某联公司签订一审委托代理合同。”(见林某第1次笔录第7页)

5. 书证:某洋所与福某公司一审、二审委托代理合同,至某所与福某公司二审委托代理合同。

6. 鼓楼法院(2006)鼓民初字第2061号民事调解书。

上述被告人供述、证人证言与原始的书证(三份《委托代理合同》)内容一致,共同印证了一个基本的事实,即厦门某联公司抵押纠纷案一审、二审委托代理行为的特征:该案法律服务工作由两家律师事务所合作,律师代理系风险代理,代理费用依合同约定根据达到的诉讼结果进行收取。两家律师事务所根据案件进展和需要以诉讼或非诉讼的方式提供法律服务。由徐某江律师具体接洽和谈判,统一部署和统筹。形成上述代理模式主要有两个原因:一个是本案的特殊性,即案件审理涉及福建省高院一审和最高人民法院二审。另一个是徐某江与陈氏兄弟的企业是长期的法律服务关系,与某洋所又是长期的业务合作关系。

(二)厦门某联公司抵押纠纷案的委托代理关系是由三份委托代理合同共同组成。三份合同约定的内容是陈某某、徐某江、叶某某三方针对代理“抵押纠纷案”所作出的真实的意思表示,该约定真实合法有效

基于上述特征和原因,厦门某联公司抵押纠纷案的委托代理关系,必然需要北京、福建两家律师事务所与厦门某联公司签订三份委托代理合同,约定共同完成该案一审、二审的代理事宜。这也正是起诉书认为的“被告人徐某江指使被告人林某与厦门某联签订了一系列的代理合同”的由来。但是,辩护人要说明的是:“徐某江指使林某与厦门某联签订了一系列的代理合同”是徐某江作为一名职业律师给助理安排正常工作的正当行为并无不妥,而林某按照徐某江的工

作安排起草相关协议也是履行其作为一名律师助理的正当职责。起诉书所称“一系列的代理合同”的签订并不是厦门某联公司与林某签订,而是厦门某联公司法定代表人陈某某与徐某江就该案的具体代理事宜协商一致之后,由某洋律师事务所和福建至某律师事务所分别签订的。是陈某某、徐某江、叶某某等人针对代理该案的相关事宜所作出的真实的意思表示,该约定事实合法。

以下证据对此事实均可以证实。

(1)徐某江《关于某联案一二审代理情况及相关事宜的自述报告》。

(2)叶某某《情况汇报》。

(3)陈某某证实:

“与徐某江签订的代理合同内容当时肯定看过,也要经过我同意。”

“二审代理合同是徐某江安排人去制作的,然后由他的助手送到我在航空大厦的办公室审核,双方同意后送交双方盖章。”

“我确定与徐某江签订的200万元的代理合同是厦门某联公司与某洋所签订的二审200万元代理合同。”(以上证言内容见2011年1月5日陈某某第3次笔录第1~2页)

“因为当时我已经没有现金给徐某江了,我和徐某江约定如果达到支付条件,让他去分厦门某联大饭店的财产,某联大饭店是厦门某联公司唯一的财产。”

“按合同,后来达到支付200万元的条件。”

“我之前有跟徐某江说好徐某江的律师费从某联大饭店的拍卖款里拿。所以徐某江只有去法院起诉厦门某联公司,执行某联大饭店的财产。”(见陈某某2011年1月5日笔录)

(4)林某证实:“厦门某联公司借款纠纷案一审阶段的委托代理

合同是在2006年6月左右,也就是在二审阶段拿到福州市鼓楼区中航技11楼或13楼某龙公司盖的……当时厦门某联公司的公章放在神某公司,这两家公司实际老板是陈某恩和陈某某。"(见林某2010年9月21日第2次笔录)

(5)三份委托代理合同。

请法庭特别注意的是北京某洋所与厦门某联公司签订的《二审委托代理合同》。该合同第四项约定:"根据本案的具体情况,甲乙双方对本案有关律师费问题协商约定如下:1.鉴于本案一审亦由乙方代理,且双方曾于2004年9月7日签订【2004】京洋经字第126号《委托代理合同》,甲方根据前述委托代理合同向乙方支付人民币200万元整的律师费,故双方确定本案二审阶段甲方无须再向乙方支付律师费……"

上述证人证言及书证的内容相互印证了如下事实:《二审委托代理合同》是厦门某联公司与某洋所签订的。代理费约定为200万元,而且该合同是徐某江安排人去制作的,然后由徐的助手林某送到在航空大厦陈某某的办公室审核,陈承认当时肯定看过,双方同意后送交双方盖章。

既然陈某某认可与某洋所《二审委托代理合同》签订的事实和合同约定的内容,那么《二审委托代理合同》中所确认的"1.鉴于本案一审亦由乙方(某洋所)代理,且双方曾于2004年9月7日签订【2004】京洋经字第126号《委托代理合同》"的事实就是陈某某的书面确认。而不能简单地以上述三份委托代理合同没有厦门某联公司法定代表人陈某某的签字就予以否认。更何况,上述三份合同已经经当事三方盖章确认,并且三方已依约定实际履行完毕。

据此,辩护人认为:厦门某联公司抵押纠纷案的委托代理关系是由三份委托代理合同共同组成的。三份合同约定的内容是陈某某、徐某江、叶某某三方针对代理"抵押纠纷案"所作出的真实的意思表示，该约定真实合法有效。

（三）公诉方孤立地看待《一审委托代理合同》，导致其错误地认为补签一审委托代理合同就等于虚构一审委托代理合同

庭审已经表明《一审委托代理合同》是在二审时补签的一份书面合同，而且该合同与《二审委托代理合同》及《至某委托代理合同》是一个整体。三份合同约定的内容相互联系彼此配合共同约定了一项法律服务，即厦门某联公司抵押纠纷案一审、二审诉讼。整体上看，本案根本不存在任何问题。各方当事人均是在合同约定的范围内履行各自的合同义务。

但是，起诉书却将该合同割裂开来，孤立地看待《一审委托代理合同》并认为该合同是徐某江指使林某采取倒签时间的手段虚构的一份合同。

辩护人认为，起诉书对《一审委托代理合同》的虚构之说是"断章取义"。

什么是虚构？《现代汉语词典》（商务印书馆2001年版，第1419页）对"虚构"一词的解释是：凭想象造出来。

可是，本案中《一审委托代理合同》约定的内容并不是凭想象造出来的，而是与厦门某联公司抵押纠纷案一审、二审诉讼存在直接的关联。叶某某的《情况汇报》、徐某江的《自述报告》以及林某的第1次笔录中均证实《一审委托代理合同》约定的工作内容是客观存在的。陈某某本人在2011年1月5日和1月6日的笔录中也承认在与徐某江聊天时与徐沟通过意见。而且《一审委托代理合同》与《二审委托代理合同》以及《至某委托代理合同》是一个整体。如前所述，陈某某认可《二审委托代理合同》的签订事实和约定内容，就不能否认在《二审委托代理合同》中确认的一审存在代理的事实。

一审委托代理合同在二审期间盖章,是合同当事人双方对一审代理事实的确认和对一审委托代理合同的补签。补签《一审委托代理合同》不等于虚构《一审委托代理合同》。

公诉人称,徐某江在一审没有代理事实,因为出庭的是姚某某和黄某某,一审判决书列明的代理人也是这两个人。对此,徐某江并没有否认,辩护人也没有否认。但是,不出庭不等于没有提供法律服务,判决书不写代理人名字不等于没有代理的作用。如果按照公诉人的说法,辩护人也可以"孤立"地依据一审判决书和二审判决书按照公诉人的逻辑做一个推理:从表面的形式来看,由于该案中一审判决书没有徐某江的名字,二审判决书也没有徐某江的名字,甚至该案中的所有表面的法律文书中均没有徐某江的签字。我们是不是也可以认为,厦门某联公司抵押纠纷案因为在法律文书中没有体现徐某江的名字,而与徐某江就没有任何关系呢?接下来既然与徐某江没有任何关系,那么,在律师费调解案的调解书上也没有徐某江的名字,公诉人又凭什么指控徐某江呢?于是,就可以断言,该项指控就是虚构的!凭想象造出来的!如果按照公诉人的逻辑,就可以这样讲。但是,本辩护人却不能这样讲。这样讲就是"割裂、孤立",就是"断章取义"。是不客观的,更不会令人信服。

换一个角度,辩护人从"割裂、孤立"或者"断章取义"的视角再来分析一下三份委托代理合同的具体内容。

如果一审委托代理合同按照起诉书的指控认定为是"虚构",那么,二审委托代理合同所约定的内容将如何履行?又如何实现?显然,这是违反逻辑的。再看第三个合同《至某委托代理合同》,约定了支付律师费人民币1万元。本案的诉讼标的额是5600万元,又是在最高人民法院打二审,仅收取了1万元的律师费,有合理性吗?符合情理吗?又该如何解释?

很显然,如果将上述三份委托代理合同割裂开来孤立对待,对于上述问题将无法作出解释。公诉人能解释清楚吗?很显然,不仅公诉人解释不清楚,其他人也解释不清楚。只有三份委托代理合同的当事人能够解释清楚:即以某洋所名义签订"一审代理合同",约定厦门某联公司在一审判决后支付200万元律师费;"二审代理合同"则约定如果"抵押纠纷案"二审胜诉,则不再另行收费,如果二审败诉,已收的200万元律师费应当退还。因此,200万元律师费是一审不出庭法律服务和二审出庭应诉的律师费用。厦门某联公司与至某所签订的收费仅为1万元(并未实际收取)的委托代理合同,是为了办理林某律师二审开庭手续。

所以,辩护人认为,我们必须综合全案事实与证据进行实事求是的理性分析,而不能"割裂、孤立"地认识问题,也不能"断章取义"地将补签《一审委托代理合同》认定为虚构一审委托代理合同。更不能认定徐某江在该起案件中没有代理一审。

综上,辩护人认为:在抵押纠纷案件一审、二审中某洋所与厦门某联公司之间存在真实的委托代理关系,补签一审委托代理合同不等于虚构了一审委托代理合同。徐某江以不出庭的方式为厦门某联公司提供了真实的一审、二审法律服务。

二、鼓楼法院律师费调解案原告诉请事实客观真实,原被告人双方代理人身份合法有效,达成的和解是双方认可的事实。该法院作出的(2006)鼓民初字第2061号民事调解书是合法有效的裁判文书

某洋所与厦门某联公司补签的《一审委托代理合同》和《二审委托代理合同》约定:某联公司抵押纠纷案一审判决如确定《抵押合同》无效,判决作出后3日内,向某洋所支付律师费人民币200万元。如二审败诉(即判决确认《抵押合同》有效),某洋所则在二审判决作出7日内,将已收取的一审律师费人民币200万元退还给厦门某联公司。

上述合同约定的内容陈某某本人也予以认可。陈在其证言中明确表示:“我之前有跟徐某江说好徐某江的律师费从某联大饭店的拍卖款里拿,所以徐某江只有去法院起诉厦门某联公司。2006年的时候,我听刘某某讲某洋所200万元律师费已经起诉到法院了,我当时说不要管它,反正200万元律师费都要付给他的。”(见2010年12月5日陈某某第2次笔录)某洋律师事务所依据上述约定内容依法提起诉讼,鼓楼法院依法调解此案,确认厦门某联公司的付款义务,是符合《民事诉讼法》的规定的。因为200万元的债权是客观真实的,陈某某不但予以认可,而且也认为200万元律师费都要付给徐某江或某洋所。

但是,起诉书却认为,在该起律师费调解案中,由于林某以某洋所职员身份起诉,柯某某以厦门某联公司代理人身份虚假应诉,上述原被告人代理人均是受徐某江的指使。所以达成的民事调解协议违法。

对此,辩护人需要向法庭说明的是,在这起律师费调解纠纷案中,无论是代表某洋所的林某律师还是代表厦门某联公司的柯某某,只要其持有合法有效的授权委托书,双方达成的调解协议又经各自的委托人盖章确认,其代理行为就具有法律效力。代理人的职业身份不影响其代理人身份的合法性亦不影响其以代理人身份所达成的由真实的债权债务关系所形成的和解协议的有效性。

庭审中,林某已经向法庭说明,律师费调解案中柯某某的代理手续即《授权委托书》《法定代表人身份证明》《和解协议书》,是其到航空大厦找陈某某盖的章。

柯某某在庭审中也向法庭说明他拿到律师费调解案中的《授权委托书》时,该《授权委托书》委托人处已经盖了厦门某联公司的公章。代理事项和权限也已经列明,只是代理人名字是空白的,是后来添上去的。

林某、柯某某庭审中关于柯某某代理手续的盖公章过程的供述相互印证，进一步证实律师费调解案中厦门某联公司的意见是厦门某联公司自己的真实意思表示，柯某某的代理行为是基于厦门某联公司的真实授权。而且，该案在鼓楼法院主持调解之前，已经形成了书面的《和解协议》，双方盖章确认。在鼓楼法院开庭主持调解后，双方代理人分别在调解笔录上签字。依据最高人民法院《关于民事调解工作若干问题的规定》（法释〔2004〕12号）第13条："根据民事诉讼法第九十条第一款第（四）项规定，当事人各方同意在调解协议上签名或者盖章后生效，经人民法院审查确认后，应当记入笔录或者将协议附卷，并由当事人、审判人员、书记员签名或者盖章后即具有法律效力。当事人请求制作调解书的，人民法院应当制作调解书送交当事人。"鼓楼法院（2006）鼓民初字第2061号民事调解书，在林某、柯某某两位代理人签字之时就已经具有法律效力，柯某某也签收了该民事调解书的送达回证。更何况，厦门某联公司在该案进入执行程序法院依法查封厦门某联大厦时，对本案的和解与调解也没有提出过任何异议。

据此，辩护人认为，鼓楼法院调解律师费纠纷案原告诉请事实客观真实，双方代理人身份合法有效，达成的和解是双方认可的事实。该法院作出的（2006）鼓民初字第2061号民事调解书是合法有效的裁判文书。

三、北京某洋律师事务所依法起诉并申请查封厦门某联大厦是通过司法途径实现其真实债权的合法行为。该行为没有侵害江西某丰管委会、某城资产管理公司等债权人的合法财产

起诉书认为：在虚构了此案的一审委托代理合同后，被告人徐某江指使林某以某洋所职员的身份，诉请福州市鼓楼区人民法院要求厦门某联公司偿还一审代理费人民币200万元。与此同时,其又指使被告人柯某某以虚假的厦门某联公司代理人身份应诉,通过鼓楼区人民法院立案庭调解。2006年7月19日,某洋所向福州市鼓楼区人民法院申请强制执行厦门某联的财产,同年8月7日鼓楼区人民法院执行庭先行查封了厦门某联大厦,某洋所获得了优先受偿权。在厦门某联大厦被拍卖成交后,某洋所获得全额赔偿,而处于下一受偿顺序的江西某丰管委会、某城资产管理公司仅按64.84%比例受偿,江西某丰管委会、某城资产管理公司等债权人的合法权益受到侵害。

辩护人认为,北京某洋律师事务所依法起诉并申请查封厦门某联大厦,是通过司法途径实现其真实债权的合法行为。

首先,200万元的律师代理费是某洋所与厦门某联公司委托代理合同中约定的数额,真实、合法、有效。

其次,关于200万元的代理费的支付条件,由于当时已经没有现金给徐某江,陈某某与徐某江约定,同意徐某江去分厦门某联大厦的财产。

最后,北京某洋律师事务所依据生效的民事调解书申请查封厦门某联大厦没有获得"优先受偿权"。

某洋所依据生效的民事调解书申请查封厦门某联大厦并没有获得"优先受偿权",只是获得了一名债权人参与分配的权利,即某洋所对于厦门某联公司因拖欠律师费而产生的债权的"受偿权"。

查封厦门某联大厦之后某洋所能否分配到拍卖款?能分配到多少拍卖款?当时仍然是一个未知数,因为分配的具体方案依然取决于法院的分配方案,而厦门某联大厦被拍卖成交后的分配方案是根据江西南丰县人民法院向福建省高级人民法院提出的参与分配方案进行分配的。某洋所律师费的最终取得并非按照查封顺序先后取得的,而是根据"小额债权全额受偿,大额债权按比例受偿"的分配方案取得的。

据此，辩护人认为，某洋所依法起诉并申请查封厦门某联大厦，是通过司法途径实现其真实债权的合法行为。该行为没有侵害江西某丰管委会、某城资产管理公司等债权人的合法财产。

四、200 万元律师费是律师的劳动报酬，及时获得参与执行分配的资格不是财物，更不是诈骗罪的犯罪对象；本案没有诈骗罪的被害人

依照法律，在发生执行分配的情况下，只有经过生效的民事判决书或者民事调解书确认的债权才有参加执行分配的资格。通过及时向法院起诉，积极争取获得参加执行分配的资格，是债权人的合法权利。参加执行分配的资格不是财物，更不是诈骗罪的犯罪对象。

诈骗罪侵犯的对象，仅限于国家、集体或者个人的财物而不是骗取其他非法利益。具体讲，既包括金钱和实物，也包括可以用金钱计算数额的财产性利益，比如提供房屋装修、含有金额的会员卡、代币卡、旅游费用等。而本案中的参加执行分配的资格，不可以用金钱计算数额，也不是财产性利益。

庭审证据已经表明：徐某江所做的一切，包括签订三份委托合同，包括补签一审委托代理合同，包括提起律师费调解案、申请查封厦门某联大厦等行为，均是基于完成“抵押无效纠纷案”的一审、二审法律服务，履行与陈某某的合同约定及与叶某某的业务合作。徐某江的行为既有合同基础，又符合法律规定。厦门某联公司支付 200 万元（实际 80 万元）律师费也是某洋所经过合同约定、通过法律诉讼而最终实现的。这笔钱根本不存在因受骗而支付的问题。所以，厦门某联公司更不存在什么财产损失。因此，厦门某联公司不是诈骗案中的被害人。

但是，起诉书认为：厦门某联公司的其他债权人江西某丰管委会、某城资产管理公司的合法权益受到侵害，继而认为，厦门某联公司的其他债权人是本案的被害人。

辩护人认为,公诉人的这种认识是错误的。

虽然按照公诉人的逻辑,由于徐某江先行通过诉讼取得了法院调解书,并以此先行查封而取得优先于江西某丰和某城公司的参与分配的顺位,从而会使上述两位债权人在分配顺位上从表面看似乎处于相对不利的地位。但事实上,这种逻辑只是一种推断,并没有事实依据。因为,徐某江即使在二审诉讼期间没有提起律师费调解案,等“某联案”在最高人民法院二审判决之后(即2006年8月3日后)再提起诉讼进行调解并申请法院查封厦门某联大厦,也能够取得参与分配的权利,同样可以在江西某丰和某城公司查封之前进行查封。从时间上看是来得及的。

辩护人将某洋律师所起诉、调解、查封的时间与江西南丰长城公司两家大债权人的查封时间做了一个比较和计算。

某洋所在“某联案”二审判决作出后(最高法二审判决时间是2006年8月3日)再提起律师费的诉讼,按照某洋所在“某联案”二审期间的起诉、调解、查封的时间(起诉:2006年6月20日,鼓楼法院调解书日期:2006年7月11日,鼓楼法院查封:2006年8月7日,累计时间合计48天)计算,如果某洋所在“某联案”最高人民法院二审判决后一周内(即2006年8月10日前)起诉,用同样的时间,即也在48天内,开始启动从起诉、调解、查封的所有司法程序,最迟也会在2006年9月18日之前完成对厦门某联大厦的查封。这个时间点依然会赶在江西某丰(查封时间:2006年10月19日)和某城公司(查封时间:2006年11月7日)两个债权人查封某联大厦之前。而且,从查封的时间上还会比上述两家债权人提前一个多月。这一事实说明,徐某江有足够的时间来完成诉讼并依法查封。

退一步讲,本案中,无论如何,即使我们假定公诉机关指控所依据的事实可以成立,即徐某江的一审代理合同确实虚假,律师费诉讼的调解案也确实虚假,那么徐某江也没有从上述这些债权人那里获得任何财产。即使按照控方的逻辑,债权人受到影响的,也只能是执行分配上的先后顺序,但分配顺序并不是“财物”。根据《刑法》第266条的规定,使用欺骗方法损害其他债权人债务清偿顺序的,根本不符合诈骗罪的构成要件。而且,庭审已经查明导致参加分配顺序先后的原因也与徐某江没有任何关系。厦门某联大厦的分配执行最终也不是按照查封顺序先后进行的分配。

在前述基础之上,我们再退一步,即使其他债权人由于分配顺序的原因而无法立即分配到应得的全部财产,但是其剩余的债权并没有消失,在法律上仍然具有效力。厦门某联公司依然存在,依然在进行经营,依然具有偿付能力,上述债权人仍然能够随时主张并实现其债权。所以,厦门某联公司的上述债权人也不是本案的被害人。

综上所述,辩护人认为,本案中徐某江与厦门某联公司存在真实有效的一审、二审代理关系,且实际履行了合同约定的代理义务,并达到了约定支付代理费的条件。徐某江有权利、厦门某联公司也有义务支付代理费200万元。因此,徐某江通过诉讼主张权利,取得这些律师费,主观上没有非法占有目的,客观上也没有非法占有他人财产的行为,完全是实现自己的真实债权的合法行为。起诉书对徐某江诈骗犯罪的指控依法不能成立。

请合议庭充分考虑辩护人的意见对徐某江作出无罪的判决。

徐某江辩护人:

北京市京都律师事务所律师　田文昌　杨大民

2011年12月13日

辩护词(一审第二轮)

审判长、合议庭:

开了一天多的庭,感触很深,这本是一起不该发生的案子,但既然已经发生了,借开庭这个机会就要把它说清楚。无论是控方,还是辩方,都应该遵循一个共同的原则,冷静客观地分析案件事实,提出控辩观点,给合议庭提供一个兼听则明的基础,促进案件得到一个圆满公正的解决。

一、按照公诉方的观点,本案的主要争议问题是"两个真实性":一是一审代理合同的真实性;二是律师费及诉讼案调解的真实性。通过一天多的庭审,有关这两个问题的基本事实已经得以查清,辩护人想与控方探讨的一个问题是:如何理解、证明或者否定它的真实性

(一)第一个真实性:一审代理合同的真实性

比如说公诉方强调,一审代理合同时间倒签的问题。那么,倒签是不是可以成为否定真实性的理由?辩护人认为不是。倒签只是一种补签的方式,日期的倒签不仅不具有违法性,连违规性都没有,不能否定内容的真实性。按照意思自治的原则,只要当事人意思表示真实,合同就是真实的。

又如公诉方提到,从服务内容上看,徐某江没有出庭,没有提供法律服务。辩护人在法庭调查和第一轮法庭辩论的时候都说过了,律师提供法律服务的方式具有多样性,不出庭幕后提供法律服务也是一种服务方式,关键在于有没有提供服务的事实,所以,没有出庭也不能否定代理合同的真实性。

再如公诉方提出,从代理合同的形式上看,只有盖章没有签字,因此合同不具有真实性。这个问题在法庭调查阶段辩护人也反复强调了,有没有签字根本不重要,不能影响合同的真实性。我说一个自身体会。我们的律师事务所一年签订的合同有上千份,我是律所的法定负责人,但我从来也不签字。一方面,因为我经常在外出差,如果要求必须负责人签字,事实上不可行;另一方面,也没有这个必要。只盖章不签字在中国的法律上是允许的,在实践中也是通例,这与国外比较认签字的习惯不同。所以辩护人强调,除非公诉方能证明代理合同上的公章是假的,是伪造的,或者是偷盖的,否则仅以没有签字就否定合同的真实性没有任何依据。而且法庭调查的时候提到有一份合同是家属后来向办案机关提供的,这就更不能造假了,因为此时几个被告人已经被采取强制措施了,没有了造假的机会和条件。

公诉方还提出了200万元的代理费只是针对一审的,而徐某江自己讲得很清楚,合同内容也写得很清楚,200万元是一审、二审的全程代理费。事实上这种风险代理无论是在中国还是外国的法律服务中都是通例,没有任何问题。

所以,以上这些都不是最主要的问题,最关键的问题是,合同是在当事人意思自治的原则下形成的,只要双方当事人意思表示真实,就没有理由否定它的真实性。

那么,我们应当如何认定合同的真假?辩护人想提请法庭高度重视一个基本原则,即举证责任原则:被告人方拿出了双方签订的加盖双方公章的代理合同,谁要说它是假的,就要承担举证责任,证明它是假的。怎么证明?是靠证据而不能靠怀疑。怀疑可以提出来,但是不能成为证据,证明它是假的证据就是要证明公章为假。否则,就像被告人徐某江所说,如果所有的文书、合同等书面证据谁说假就假,证据规则还有什么用?法律还有什么用?

更重要的是,在本案当中,不仅控方没有证据证明合同是假的,而且被告人方还列举了一系列证据能够证明它就是真的,甚至陈某某在言不由衷的证词里面也不能否认他在一审时找过徐某江帮忙和徐某江帮过忙,这些都是无可否认的基本事实。所以,在这些事实基础上,一审代理合同的真实性是无可否认的。

(二)第二个真实性:律师费及诉讼案调解的真实性

公诉人方从一些细节上否定200万元律师费诉讼和调解的真实性,比如代理人的员工身份问题、徐某江安排代理人的问题、法官的熟悉关系问题等。同第一个真实性一样,这些都只是提出的怀疑,而不是否定诉讼案调解真实性的法律上的依据。辩护人不否定公诉方质疑的理由,任何怀疑都可以提出来,但是辩护人再次强调,怀疑不是证据。事实已经证明,不仅公章是真的,而且提交法院的厦门某联公司所有营业执照等相关证照都是真的,哪来的?是不是徐某江等人偷出来的?如果不是偷出来的,公司的相关证照怎么会出现在调解案的法庭上呢?这一点恰恰印证了公司对调解案件的事是很清楚的。更重要的是后来的执行查封,直到根据法院调解书该公司财产被执行查封的时候,公司都没有提出异议。这时候还能说公司不知道调解的事实吗?这显然是不可能的事情。

所以,不仅控方不能证明诉讼案调解是假的,而且被告人方提出了一系列的证据证明它是真的,也就是不仅没有证据证明它是假的,还有反证证明它是真的。在这种情况下,有什么理由否定其真实性呢?

为什么控辩双方会在这两个真实性问题上产生那么大的分歧?辩护人认为,这是公诉方犯了一个在一些错案中普遍存在的易犯的错误,就是违反了适用证据的基本规则,在证据认定问题上用言词证据否定原始书证。

众所周知,在《刑事诉讼法》规定的七类证据当中,在证据顺序上,实物证据的证明力应当高于言词证据,这是因为言词证据既不可信也不可靠，而且随着时间的推移、个人的记忆能力、外部因素的影响等原因，还随时可能发生变化。所以，当言词证据和实物证据发生冲突的时候，应当以实物证据为主；这是一个重要原则。可是本案中，有这么多实物证据，合同、相关书证都摆在这里，公诉人却硬是充耳不闻，视而不见，用言词证据否定实物证据，这是违反证据认定规则的。

公诉人有一个观点，说由于徐某江等被告人是法律人，因此办事很严谨，言外之意就是诈骗的手段很高明，不容易找出问题来。事实并不是这样；更重要的是，找不出问题就不能强加于人。公诉方对这么严谨的客观事实提出了一大堆怀疑，根据怀疑编造了一个故事，认为这样就可以否定了原来的事实。这种说法不仅是毫无根据的，而且这种指控思路和方法是非常危险的。

辩护人再次强调，一审律师代理合同的真实性和律师费调解案的真实性事实清楚，不能简单地用言词证据予以否定。如果撇开本案中大量的实物证据而不顾，仅用言词证据来简单否定其真实性，是一件很不严肃的事情。

二、撇开两个真实性问题来分析本案是否构成犯罪

公诉人反复强调两个真实性的问题，并认为这是本案的焦点。但辩护人认为，虽然这两个真实性的问题必须要谈，要说明它是真而不是假，要正本清源，说清事实，但其实这两个真实性都并不重要。这并不是本案最重要的争议焦点，因为，即使完全撇开这两个真实性问题不谈，本案也不构成犯罪。

辩护人注意到，起诉书指控徐某江构成诈骗罪的理由是："被告人徐某江为了能分得厦门某联大厦的拍卖款，争取优先受偿权……"在此，辩护人提请法庭注意，起诉书所表述的是"争取优先受偿权"，而不是"受偿权"，这一点非常重要。现在，我们来具体分析一下这样的指控理由能否成立。结合本案的全部事实,我们可以从五个不同层面对起诉书的指控理由逐一的进行剖析,看本案的焦点问题究竟是什么。

第一,关于一审代理服务的事实问题,是真实的,前面已经分析过了,不再赘述。

第二,关于调解书的形成,也是真实的,前面也分析过了。

第三,退一步讲,假定按照公诉方指控的事实,一审没有提供服务,调解书形成也不真实。那么,在此前提下,是不是就构成犯罪?如果没有调解书,是不是会影响债权人实现债权的顺位关系?

本案中有一个很重要的事实是,最高人民法院二审判决时间早于后面两个债权人进入的时间两三个月,这是有证可查的。这就意味着,即使被告人不提起诉讼而获得调解书,而是等到二审判决下来之后再去提起诉讼,也完全来得及。这说明,提起诉讼时间的提前或延后,与取得债权顺位没有因果关系,即其他债权人的"损失"与该份调解书没有关系。由此可见,在这一客观事实存在的情况下,一审提供法律服务是否真实,调解过程是否真实,就都与是否构成犯罪没有关系了。所以,前面所说的两个事实是否真实并不重要,因为它与起诉书指控所强调的"优先受偿权"没有因果关系。

第四,从另一个客观事实来看,法院实际的执行方案和最后已经既成事实的执行结果,并不是按照先后顺序来划分的,而是按照"小债权全额支付、大额债权按比例分配"的方式执行,打破了公诉方关于顺位的说法。对此,公诉人在法庭上宣读了最高人民法院的相关解释,但是,辩护人强调的重要事实是,最高人民法院的解释并不是不可以变通的。客观事实是,福建省高级人民法院已经生效的法律文书确定的执行方案,打破了顺位的说法。事实已经摆在这里,证明徐某江等人的所有行为与最后分配债权的结果没有因果联系。这又进一步印证了,前面所说的两个事实真实与否与起诉书指控所强调的“优先受偿权”没有因果关系。

第五,再退一步,假定以上第一到第四的问题都存在,假定公诉方指控的一系列事实都存在,假定也因此有的债权人没有分到钱或少分了钱。那么,在此前提下,本案是否构成犯罪?这又回到了起诉书表述的“争取优先受偿权”的问题。

辩护人在此先说明一点,本案中实际上不存在“优先受偿权”。接下来我们只能在假定存在“优先受偿权”的情况下,分析被告人有没有构成诈骗犯罪。

辩护人认为,争取“优先受偿权”不可能构成诈骗犯罪。“优先受偿权”与“受偿权”不同,“受偿权”代表一种对财物的权利。而“优先受偿权”的所谓“优先”只是一种顺序,不是财物本身,这是两者本质的差别。所以骗取“优先受偿权”不可能构成诈骗犯罪。如果把“优先”二字拿掉,骗取了“受偿权”,还有可能构成犯罪,因为本没有“受偿权”,但采取欺骗手段获得了“受偿权”,是属于无中生有。而“优先受偿权”是在本来就有受偿权的前提下,只是争取了一个顺序上的“优先”,这不是无中生有。

回到本案,结合具体事实来分析:首先,被告人徐某江的目的是什么?是取得合法代理费的受偿权。在此,辩护人再次强调指出,首先,200 万元代理费是一审、二审的全案代理费用,200 万元代理费本身是真实的,是合法的,而对这个事实控辩双方是没有争议的。其次,债务人所剩的固定资产在当时还处于一个未定的状态,可能狼多肉少,也可能狼多肉不少,有多少只狼、多少肉都是未定状态。也就是说,当时的财产是模糊不确定的,债权人也是模糊不确定的。因此,徐某江所追求的完全是一种对有偿服务费的善意取得。实践当中,有许多债权人为实现债权而采取各种策略、手段、方法争取顺位,这是随时都在发生的再正常不过、再普通不过的民事行为。古今中外,莫不如此,从来也没有因争取“优先受偿权”顺位的问题被当成诈骗来处理的。诈骗罪的特征是:以非法占有为目的,隐瞒真相,虚构事实,使被害人自动交出财物。而在本案中,徐某江的目的是实现自身的合法债权,而不是非法占有他人财物;由于200万元债权属实,他并没有隐瞒真相,虚构事实的欺骗手段;而且,200万元也不是被害人自动交出;关于被害人,按公诉人的说法是不确定的其他债权人,但是其他债权人也不是自动交出财产,而是假设别人抢先了,自己拿不到或者拿少了。所以,所谓骗取“优先受偿权”的行为,完全不符合诈骗罪的基本特征。

公诉人在法庭调查阶段讲了一个理由,听起来似乎有理,说其他债权人虽然没有直接交出财物,但在事实背后体现了财物关系,所以应当“透过现象看本质”。这个哲学上的方法论是完全正确的。但是,辩护人要强调的是,我们可以透过现象看本质,却不能超越法律去制造犯罪。我们为什么要制定法律?为什么要罪刑法定?如果都可以用公诉人的方法去透过现象看本质,用超越法律的方法去制造犯罪、认定犯罪,那么就可以增加无数个罪名,这是非常可怕的一种思维方式。

打一个简单的比喻,就好像领东西插队,假如我们很多人都交了钱拿到了取货单,然后凭取货单排队取货。由于来排队的人很多,有一个人插到前面去了,结果后面的人交了钱却没领到货,能不能把这个插队的人定成诈骗呢?显然不能。本案中公诉人的逻辑就是如此:后面的人因为他人插队而没领到货,就要去抓插队的人,“螳螂捕蝉、黄雀在后”,他作了黄雀把螳螂给举报了,把插队的人抓起来说骗了他的钱。这个理由能够成立吗?在这个例子中我之所以用排队“领货”而不是用排队“买货”,就是因为买货的人没有付钱,而领货的人是已经交付了货款的。但是,虽然他交付了货款而没有领到货物,也不能说插队的人是诈骗。因为插队的人也同样交付了货款,他所领取的也是应当属于他的货物。这个例子很能说明问题,用这种插队行为取得优先受偿权的现象现实中很普遍,如果把这种行为都当成诈骗定罪确实很难说得过去,完全没有法律依据。

所以,辩护人认为,本案最关键的问题是200万元全程服务的律师代理费是真实的,其他的如一审代理服务是否真实、调解书是否真实等都是次要问题。在此基础上,被告人拿回其赚取的合法的200万元的代理费就不是诈骗,其他都是手段、方法问题,和诈骗罪没有关系。我们可以理解提出控告的其他债权人,因为他既不是法律专业人士,又有自己的利益在其中,但是,司法机关要认定犯罪就应当格外慎重。

同时,辩护人还要强调指出,起诉书"为争取优先受偿权,而骗取200万元"的命题本身就不成立。

起诉书指控,被告人的目的是"争取优先受偿权",而结果却是"骗取人民币200万元",目的与结果是不一致的。权利与财物并非同一概念,从"优先受偿权"到"人民币200万元",经历了一个从权利到财物的演变过程,将二者混为一谈,是对因果关系链条的无限延伸。简单地说,就是起诉书本身即犯了一个对法律理解的基本错误。为什么会出现这个错误?因为公诉方混淆了定罪思路和侦查思路的界限。公诉方认为要用透过现象看本质的方法来分析案件,从侦查思路来讲,这个方法论没错。在侦查过程中,要用怀疑一切的方法去查明真相,没有大胆怀疑就没有侦查的结果,这不仅是允许的,而且是完全必要的。但是辩护人要强调的是,我们一定要区分侦查思路和定罪思路的界限,侦查思路是要怀疑一切,但定罪思路恰恰是要排除一切合理怀疑,决不能将两种思路混为一谈。也正因为这两种思路的重大差别,所以侦查机关和公诉、审判机关才要分工独立,相互制约。辩护人很诚恳地提出这个问题,希望我们都来反思一下,我们侦查阶段这样怀疑是有道理的,但是我们在起诉和定罪的时候就必要慎重、再慎重,这样才能保证不出错案。

三、起诉书将指控诈骗200万元的一个行为分成180万元犯罪既遂和20万元犯罪未遂,没有法律依据

起诉书的这种指控让人十分吃惊。20万元未遂的指控是怎么来的?公诉方认为,被告人徐某江的目的是得到200万元,但最后只得到了180万元,还有20万元没拿到。于是起诉书中出现了诈骗200万元,其中180万元既遂、20万元未遂。对此,辩护人感到十分吃惊,对于同一个主观目的下的同一个行为,怎么能分成两个犯罪形态存在,既有既遂,又有未遂?对此,可能公诉机关有自己的理由,目的指向是200万元,但有20万元由于意志以外的原因没拿到。如果按照这个指控逻辑,那么在诈骗犯罪当中将有相当一部分都存在未遂的问题,比如一个人骗了一辆汽车,到手后发现这辆汽车少了一个车轮子,能不能说这一辆汽车到手了是既遂,那一个没到手的轮子是未遂呢?结论是他骗到了一辆少了一个轮子的汽车呢,还是骗了一辆汽车既遂又外加一个轮子未遂呢?辩护人很严肃地指出,这样的指控令人遗憾!这样做的目的也很清楚,数罪并罚可以高于诈骗200万元的量刑。这样的指控到底是法律游戏还是文字游戏?希望合议庭对此问题予以高度重视。

综上,首先,辩护人强调,一审代理合同和调解书的真实性是不能否认的;其次,经过严谨的层层剖析,即使对于前面的事实都不考虑,起诉书指控的诈骗犯罪也不能成立,根本就不存在骗取优先受偿权的诈骗犯罪。起诉书的指控自身就存在两点重大缺陷:一是"为争取优先受偿权"骗取200万元的诈骗命题不成立;二是针对一个目的、一个行为,把200万元分成既遂和未遂两个犯罪形态指控,没有法律根据。

所以,即使抛开所有的事实而不论,仅凭起诉书的表述,就可以完全作出无罪的辩护。

辩护人提出以上补充辩护意见,有表达不当之处希望得到公诉方的谅解,也希望公诉方提出批评。希望我的理由和论证能给合议庭最后作出合理公正的判决提供参考。

北京市京都律师事务所律师　田文昌

二〇一一年十二月十三日

辩护词(二审)

审判长、合议庭:

北京市京都律师事务所接受被告人徐某江的委托,指派田文昌、杨大民两位律师担任徐某江被判帮助伪造证据罪一案的二审辩护人,依法为徐某江提供辩护。作为辩护人,我们和徐某江一起经历了一审开庭,经过共同的努力,一审判决否定了鼓楼区检察院对徐某江涉嫌诈骗罪的指控。

但是,遗憾的是一审法院却直接判决徐某江构成帮助伪造证据罪。

作为徐某江的二审辩护人,我们认为,徐某江的行为依法不构成帮助伪造证据罪。

关于本案事实部分的辩护意见我们依然坚持一审的辩护意见。在此基础之上,现在仅针对一审判决书和帮助伪造证据罪的判决发表如下具体辩护意见。

一、一审判决徐某江犯帮助伪造证据罪既无事实根据又不符合法定的犯罪构成要件,徐某江的行为依法不构成帮助伪造证据罪

(一)某洋所提起诉讼的合同是真实有效的

一审法院认为,“被告人徐某江为帮助某洋所获取优先受偿权而倒签合同,并向法院提起诉讼,法院因为其提供的伪造的合同作出错误的裁判,其行为妨害了法院的正常诉讼活动,构成帮助伪造证据罪”。(见一审判决书第30页倒数第1自然段)

辩护人认为,一审法院上述判决的基本思路是:因为某洋所向法院提起诉讼的合同是伪造的,导致法院作出错误的裁判,所以,徐某江的行为妨害了法院的正常诉讼活动,就构成帮助伪造证据罪。

鉴于此,一审法院必须要查清北京市某洋律师事务所(以下简称某洋所)向鼓楼法院提起诉讼的“合同是伪造的”这一最基本的事实。

如果经法院审理查明“合同是伪造的”,那么徐某江可能涉嫌犯罪;如果经法院审理查明“合同是真实的”,那么徐某江何罪之有呢?

本案中的合同是不是伪造?辩护人认为需要从两个方面来判断:第一,从合同的形式上来判断,即签订合同所盖的公章是真还是假。第二,从合同约定的内容真实性来判断,即合同约定的内容是否客观存在。如果签订合同所盖的公章是私刻的,或者合同里约定的内容是虚构的、不真实的,二者只要存在一项,那么,此合同必然是“伪造的”。

但是,一审法院“审理查明”的事实却恰恰相反,不仅不能证明“合同是伪造的”,反而进一步证明“合同是真实的”。

辩护人从一审判决书中摘录一审法院“审理查明”的部分证据来进行论证。

1.福建省公安厅物证鉴定中心闽公鉴(文)字(2010)第025号

《文件检验鉴定书》,鉴定结论为:(2004)京洋经字第126号《委托代理合同》上“厦门某联有限公司”印文与样本印文是同一枚印章所盖,但该印文不是签订时间“二零零四年九月七日”盖印的,是2006年5月17日以后盖印的。(见一审判决书第28页第1自然段)

该份证据足以证明,合同上的印章不是任何人私刻伪造的,更不是徐某江个人私刻伪造的,而是签订合同双方当事人各自的印章。从合同的形式要件上来判断,该份合同是真实有效的。

在此,辩护人需要向二审合议庭特别说明的是,合同盖章的时间与合同内容的真伪是性质不同的两回事。二者不能混为一谈。

2. 一审判决书在“审理查明”中证实,“厦门某联担保案一审期间,陈某某就案情与被告人徐某江进行过沟通。某城公司提出上诉后,陈某某与被告人徐某江商谈了二审委托代理事宜。后厦门某联公司与被告人徐某江代表的北京某洋律师事务所(以下简称某洋所)、至某所签订了三份委托代理合同。具体内容如下:……”(见一审判决书第13、14页)

厦门某联公司陈某某在“证人证言”中证实:“我和徐某江最后谈好二审代理费是200万元,但代理合同是与某洋所签订的。”(见一审判决书第22页倒数第5行、第6行)

“2006年八九月的时候,我听刘某某讲某洋所200万元律师费已经起诉到法院了,我当时说不要管它,反正200万元律师费都要付给他的,后来我也没有再指派人去负责这件事了。”(见一审判决书第23页第8行至第11行)

上述证据,仅是辩护人从一审判决书中摘选的一小部分内容,均与上诉人徐某江本人在一审期间的当庭供述及《书面说明》相互印证,证实这样一个最基本的事实:抵押纠纷案的委托代理合同是与某洋所签订的,律师费是200万元,这些内容厦门某联公司的陈某某均是认可的。更重要的是,直至今天,陈某某对200万元律师费的事实和某洋所起诉的事实也予以认可,没有提出过任何异议。合同内容是真实的。

签订合同的公章是真实的,合同约定的内容双方当事人也均予以认可。无论从合同的形式要件看,还是从合同约定的具体代理内容看均是真实的、有效的。那么此合同假在何处?

请问一审法院,如何认定徐某江向法院提供了“伪造的合同”?很显然,一审判决表述中已经查明的事实与其由此得出的“伪造的合同”这一结论自相矛盾,不能自圆其说。

辩护人认为,本案一审判决对“提供伪造的合同”这一结论没有任何论述和说理,仅有论点而没有论据,其结论与其采信的证据相冲突,显然不能令人信服。希望二审法院依法予以纠正。

(二)某洋律师事务所向法院提起追索律师费诉讼依法有据

厦门某联公司抵押纠纷案件的委托代理关系是由某洋所和至某所与厦门某联公司通过签订三份委托代理合同共同约定的一项具体的法律服务(即该案一审、二审的代理及非诉讼法律服务事项),徐某江、某洋所、至某所依法依约履行了上述约定。

徐某江、某洋所、至某所依据上述三份合同约定的内容,依法履约并且达到了合同约定的条件,帮助厦门某联公司在该案一审、二审中均获胜诉,实现了厦门某联公司诉讼的目的。但是,厦门某联公司并没有向合同相对方支付所约定的律师费。某洋所遂依据合同约定提起追索律师费的诉讼。该诉讼既有事实基础,又有法律依据。

对于上述事实,一审判决书“审理查明”中的大量证据均已证实。更重要的是,一审判决书认定“某洋所确实有代理二审诉讼,代理费为200万元”。(见一审判决书第31页第6行至第7行)

既然一审判决认定了某洋所二审代理的事实和200万元律师费

的事实,那么就不能否认至某所和某洋所共同代理此案的事实。更不能否认一审时提供法律服务的事实。因为,三份委托代理合同约定的是同一项法律服务的内容,是互相联系、相互认可的事实。三份委托代理合同是一个整体。

换一个角度讲,厦门某联公司抵押纠纷案件的委托代理关系是由某洋所和至某所与厦门某联公司通过签订三份委托代理合同共同约定的一项具体的法律服务,即该案一审、二审的代理及非诉讼事宜。

辩护人认为,三份《委托代理合同》对同一法律服务事项的约定真实、合法、有效。徐某江、某洋所、至某所履行了上述约定,并且依据上述约定提起追索律师费的诉讼,依法应当受到法律的保护。

(三)鼓楼法院对于某洋所起诉律师费的裁判没有任何错误

一审法院"审理查明":"鼓楼法院根据厦门某联与某洋所就本案所签订的《调解协议》对双方主持了调解,被告人林某、柯某某分别作为原、被告人双方代理人在法院调解协议上签字,7月11日鼓楼区人民法院出具(2006)鼓民初字第2061号民事调解书,确认厦门某联同意偿还某洋所(2004)闽民初字第40号借款合同纠纷案律师代理费200万元人民币。"(见一审判决书第14页倒数第8至14行)

根据上述内容,辩护人认为,鼓楼法院在调解某洋所诉厦门某联公司200万元律师费的案件中没有任何问题,当事人双方的委托手续齐全,委托内容真实、合法、有效,而且鼓楼法院是根据厦门某联与某洋所就本案所签订的《调解协议》对双方主持的调解。

在此,辩护人也需要向二审合议庭说明的是,在这起律师费调解纠纷案件中,无论是代表某洋律所的林某律师,还是代表厦门某联公司的柯某某,只要其持有合法有效的授权委托书,双方达成的调解协议又是经各自的委托人盖章确认,其代理行为就具有法律效力。

更何况,在案件调解之后,当事人双方对此调解均无异议,再后来该案进入法院强制执行阶段,无论在查封财产,还是在分配财产之时,原被告人双方当事人也没有对鼓楼法院的调解案件提出过任何异议。直至今天,被告人某联公司的陈某某依然认可200万元律师费的事实和某洋所起诉的事实。因为,调解的内容和调解的意愿均是双方的真实意思表示,所以,鼓楼法院的裁判并不存在错误。

辩护人还需要强调的是,代理人的真实职业身份与委托书上的职业身份不符,不影响其代理人身份的合法性,亦不会影响其以代理人身份所达成的由真实的债权债务关系所形成的和解协议的有效性。

据此,辩护人认为,鼓楼法院作出的(2006)鼓民初字第2061号民事调解书是合法有效的裁判文书。

(四)徐某江的行为不符合帮助伪造证据罪的构成要件,也没有妨害法院的正常诉讼活动

根据我国《刑法》第307条帮助伪造证据罪之规定,所谓伪造证据,是指制造虚假的证据,对证据内容进行篡改,使其与事实不符。

本案中,某洋所诉厦门某联公司200万元律师费所依据的是合同约定。而该合同义务也由某洋所与徐某江及至某所共同提供法律服务而完成的。徐某江是该团队的核心成员,介入处理该案是其分内的工作。

本案在一审审理中已经查明的不争事实是,委托代理合同形式要件是真实的,委托代理合同中约定的法律服务内容是真实的,某洋所依据合同约定维护合法权益是真实的。对以上“三个事实”的真实性,厦门某联公司至今均予以承认。在这些事实存在的基础之上,根本就不存在任何所谓“伪造”的证据。那么,徐某江又如何实施他的“帮助”行为呢?一审判决认定徐某江构成帮助伪造证据罪,岂不是

纯属空穴来风?

一审法院居然无视这些基本事实而滥用《刑法》第307条的规定,给徐某江定罪判刑。这样的定罪,显然是欲加之罪。

辩护人认为,一审判决徐某江犯帮助伪造证据罪毫无事实与法律依据,明显错误!

希望二审法院依法予以纠正。

二、一审判决直接以帮助伪造证据罪判处徐某江有期徒刑2年,剥夺了徐某江的辩护权,且严重超出审限,程序违法

本案自2011年9月28日由福州市鼓楼区人民检察院以徐某江涉嫌诈骗罪向鼓楼区人民法院提起公诉,至2012年10月17日一审判决作出之日止,一审审判期限长达1年零20天,严重超出了《刑事诉讼法》规定的最长审限。而且,一审法院在否定诈骗罪指控的同时,直接以帮助伪造证据罪判处上诉人有期徒刑2年。关于帮助伪造证据的犯罪事实、证据和法律适用,没有给上诉人任何辩护的机会,剥夺了上诉人的辩护权。

辩护人认为,一审判决程序违法,希望二审法院予以纠正。

三、徐某江系执业律师,但不属于司法工作人员,一审判决以此为由从重处罚的认定于法无据

一审判决认为,被告人徐某江作为司法工作人员犯本罪,应从重处罚。(见一审判决书第31页第10行)

辩护人认为,徐某江本人系执业律师,但不属于司法工作人员。《刑法》第94条规定:司法工作人员,是指有侦查、检察、审判、监管职责的工作人员。根据该规定,对于司法工作人员的法律界定非常清晰,只有担负《刑法》规定的侦查、检察、审判、监管四种职责之一的,才是司法工作人员。才适用法律所规定的"作为司法工作人员犯本罪,应从重处罚"。

据此,辩护人认为,一审判决以此为由对徐某江从重处罚,于法无据。

综合以上三方面理由,辩护人认为,一审判决徐某江犯帮助伪造证据罪既无事实根据,又无法律依据,徐某江的行为依法不构成帮助伪造证据罪。一审判决严重超出审限,且直接判处徐某江犯帮助伪造证据罪,剥夺了徐某江的辩护权,程序违法。对徐某江从重处罚于法无据。

希望二审人民法院依据事实和法律,依法宣告徐某江无罪。

谢谢!

徐某江辩护人:

北京市京都律师事务所律师　田文昌　杨大民

二〇一二年十一月十二日

审理结果

2012年10月17日鼓楼区人民法院一审作出判决认为,福州市鼓楼区检察院指控林某、柯某某犯帮助伪造证据罪的罪名成立,但认定徐某江犯诈骗罪有误。某洋所确实有代理二审诉讼,代理费为200万元,被告人徐某江为帮助某洋所获取优先受偿权而倒签合同并进行诉讼,其主观上不具有非法占有他人财产的目的,不符合诈骗罪的构成要件,公诉机关指控的罪名应予纠正。所以一审判决徐某江犯帮助伪造证据罪,判处有期徒刑2年;林某和柯某某分别犯伪造证据罪,判处有期徒刑1年,缓刑2年。

一审判决后,徐某江等三人不服一审判决向福州市中级人民法院提起上诉。

二审法院认为,原公诉机关并未提供充分证据证实2006年代理费诉讼中存在虚假调解。因此,原公诉机关据以指控徐某江构成诈骗罪的事实不清、证据不足。根据三上诉人犯罪的事实、性质、情节和对社会的危害程度,法院判决三人犯帮助伪造证据罪,免于刑事处罚。

李某被控挪用资金罪案

案情简介

李某,著名企业家、航空管理专家,深圳×有限公司(以下简称深×公司)原总经理。

深×公司原为一家国有企业,后于2005年改制,成为一家民营控股企业,李某受邀担任总经理。

2011年1月,经过近两年的侦查,北京市公安局将深×公司实际控制人李某源、董事长赵某、总经理李某等10人涉嫌犯罪案件移送审查起诉。在起诉意见书中,侦查机关认为上述犯罪嫌疑人分别涉嫌合同诈骗等共五项罪名,涉嫌犯罪事实22起。其中李某源、赵某、李某等人涉嫌伙同他人以"欺诈手段"取得深×公司65%股权,后通过签订虚假经济合同、虚增利润分红等手段骗取深×公司22.85亿元,用于偿还收购深×公司股权过程中形成的借款等,并以获取土地的名义骗取深×公司14.5亿元,其中李某涉嫌犯罪事实9起。

2011年8月,北京市人民检察院第二分院将该案移送起诉至审判机关,在起诉书中,公诉机关认为李某源、赵某、李某等5人的行为分别涉嫌构成挪用资金罪等两项罪名，涉嫌犯罪事实8起（不包括收购深×公司事实），其中李某被指控涉嫌挪用资金罪的事实为：同其他公司成员预谋，利用职务上的便利，在2006年挪用深×公司预付租赁飞机资金10.2亿元，用于李某源个人控制的深圳市汇某投资有限公司、刘某个人控制的西某租赁有限公司偿还债务。2008年11月，深圳市汇某投资有限公司归还深×公司10.2亿元。

2013年2月，北京市第二中级人民法院决定立案受理，于同年4月至6月先后三次公开开庭审理此案。

辩护思路

公诉机关认为，本案被告人属于“个人决定以单位名义挪用归个人使用”的情形。辩护人认为，被告人李某无罪，主要理由如下：

1. 没有归个人使用：飞机租赁业务是真实的，是有关企业的公司行为，汇某公司、西某租赁公司不属于个人控制，亦不等同于个人公司。

2. 不符合挪用资金罪的构成要件：案涉10.2亿元是以深×公司名义决策后，进入西某租赁公司账户，此后就不再归深×公司所有，处分权系由西某租赁公司享有，也不是归个人使用。

3. 没有主观故意：李某的行为系维护深×公司的利益，其签字亦属于履行职责的正常行为。

4. 李某到案后实事求是，没有隐瞒任何情况。

辩护词（一审第一轮）

审判长、审判员：

北京市京都律师事务所受被告人李某的委托，指派我们作为他的辩护人出庭辩护,现在发表以下辩护意见。

辩护人认为,公诉机关就李某参与飞机租赁这起涉嫌事实的指控与事实不符,法律适用不当,该挪用资金罪不能成立。下面从三个方面来阐明具体理由。

第一,公诉机关的指控认定了哪些具体事实?

这里主要从《起诉书》和公诉意见两个方面来谈。

《起诉书》中对这起事实的认定非常简单:"被告人李某源、赵某、李某、刘某彪、谢某双经预谋,利用职务上的便利,于2006年6月至7月挪用深圳×有限责任公司预付租赁飞机的资金人民币10.2亿元,用于李某源个人控制的深圳汇某投资有限公司、刘某彪个人控制的西某租赁有限公司偿还债务。2008年11月,深圳市汇某投资有限公司已归还深×公司有限责任公司人民币10.2亿元。"

归纳起来,这段认定包括四个方面:(1)本案五名被告人有个人共同预谋挪用的行为;(2)使用资金者为其中两名被告人个人分别控制的两家有限公司,用途为偿还债务;(3)该资金已由汇某公司归还深×公司;(4)被挪用的10.2亿元资金为深×公司所有。第1、2点这样高度概括的事实认定,带有明显的性质判断,从中看不到被"查明"的具体事实,第3点里关于归还债务的认定回避了汇某公司代西某租赁还款的基本事实,而第4点"预付租赁飞机的资金"这样的说法显得自相矛盾,深×公司的资金预付给谁,是哪一家公司收取租赁费用?既然付给对方,资金的所有权是深×公司的,还是对方的?这是本案事实的关键部分,是不能回避的事实,模糊的事实认定并不能解决资金的归属问题,后面辩护人还要继续谈这一点。

就辩论阶段具体的公诉意见来看,除法律适用外,公诉人主要强调两个问题:

一是有关犯罪动机,认为被告人在利用汇某公司收购深×公司股权后没有履行原来的协议，其行为就是为了挪用深×公司资金，来还收购中形成的债务。这种说法无视李某等被告人在收购完成后为深×公司经营而履行职责的行为事实，无视深×公司业绩得以快速提升的事实，实际是把汇某公司筹款还债的行为同各被告人参与经营深×公司的行为混为一谈。

二是对包括李某在内的各被告人在本案中的行为事实，只是作出结论，表明他们在“不同层面”起到“不同程度”的作用，但没有具体的认定，这些人各自的分工、地位和作用如何，行为和所谓危害后果有怎样的关联，都没有给予明确。

所以，从公诉意见看，对本案的基本事实，同样是高度概括的结论性意见。到现在我们看不到公诉机关对全案基本事实、对各被告人的行为事实有一个全面、明确、清晰的说法，那么，对被告人有罪认定的基础何在？

第二，指控证据材料能够证明哪些事实？

本案从立案侦查至今有3年半时间，相关起诉卷宗640多本，其中和“西某租赁”这起事实相关的有几十本，这里涉及大量的原始书证材料，对这些书证的真实性，控、辩双方并没有多少争议，而关于被告人审判前供述和十几位证人证言，从法庭调查的情况来看，有不少分歧。辩护人认为，这些口供和证言存在以下问题：

首先是被告人的供述，审判前供述和当庭供述有许多矛盾的地方，产生的主要问题在于审判前供述是否合法取得。其中，徐某伟、谢某双提出受到刑讯逼供，法庭已启动非法证据排除程序，现在还没有最后的结论；李某源在庭审中多次提出受到逼供和刑讯威胁的具体事实，还提供刘某彪也曾受到刑讯逼供的线索；李某对自己在监视居住期间专案组所作两份讯问笔录部分内容的真实性质疑；而另一位被告人（也是本案举报人）赵某对指控的基本事实没有意见。对于已经启动非法证据排除程序的两位被告人审判前供述,在其合法性、真实性没有得到证实的情况下,当然不能作为证据使用;对于没有启动非法证据排除程序的其他被告人审判前供述,在被告人提出具有违法取证事实的情况下,公诉方也有责任提供其合法取得的证明材料,否则依法不能作为定案的依据。

从各被告人供述的内容看,对有关深×公司股权收购过程、租赁飞机过程的许多事实陈述和个人认识,庭前和当庭有明显的不同,而且包括赵某在内的很多书面供述,还有不少猜测性、评价性的内容,根据证据审查的原则,这样的供述也不能作为定案的依据。

即使是被告人的当庭供述,他们提供的事实也不尽相同,比如李某源和赵某谁在哪个阶段成为公司的实际控制人,还有飞机租赁谈判的分工这一类事实。公诉人讲尽管这些被告人推翻了侦查阶段的不少供述,但他们当庭的供述还是"客观描述",能够完整地印证本案指控的事实。在辩护人看,完整的事实还谈不上,但就案件的几个基本关键事实倒是说清楚了,也能够吻合(除认罪的举报人赵某外),这些事实包括:公司对重大事项的决策方式、几位被告人的职责分工、飞机租赁项目的真实性、飞机租赁项目的决策过程和有关该项目中几家公司债权债务的处理过程;结合本案的大量原始书证判断,这些供述是可信的,但是问题恰恰在于,这些供述的事实与《起诉书》认定的事实完全不同。

其次,从相关的十几位主要证人证言来看,大多是就飞机租赁项目合作过程特别是决策事实作证,所陈述的内容比较简略。这些证人可分为三类:

一类是参与飞机谈判或资金转账的经办人员,包括陈某、李某、周某舒、孙某民等,从他们的身份和证言内容看,这些人并没有参加飞机租赁、债权债务处理等重要决策,他们负责完成公司交办的技术性工作,关于项目的真实性、有关决策人行为的说法明显是猜测性的,属于典型的意见证据。

另一类证人为西某租赁方面,主要是李某(本案没有关键证人刘某的证言),她是该公司后来的负责人,没有参加飞机租赁项目的决策,只能说明项目结束时的部分事实,这不是本案争议的部分;从刘某彪的供述等证据来看,西某租赁公司对于该项目的各项进展有过公司决策。

还有一类是深×公司的董事,包括李某强、赵某荣、李某虎、刘某、李某、王某武等,他们谈到两个问题:一是传签董事会决议是公司决策的常用方式,符合公司章程规定。二是对于“西某租赁”这一项的决策也采用这一方式,其中有的董事证人对于决策过程有明确的陈述,肯定了决策的真实性,有的讲尽管对飞机租赁项目了解有限,但也明确表示同意这个项目。

这些签字的董事包括内部董事、外部董事,有熟悉飞机租赁业务的,也有不熟悉的;有事前知道该项目的,也有在项目开始筹划后知道的。分工不同、对项目的了解程度不同并不影响董事意思表达的真实性和自愿性,不影响他们正常履行参与决策的职责,项目决策在程序上符合公司章程,这样形成的董事会决议就是合法有效的。

最后,从相关书证材料分析,关于“西某租赁”这起事实的书证有60多种,包括有关决议、合同和财务资料。这些原始书证当庭得到查证,真实且合法,能够客观、全面地证实飞机租赁项目从谈判、达成协议到执行再到协商终止的过程。这里比较重要的证据有关于深×公司同意与西某租赁公司进行租赁飞机业务的董事会决议、深×公司对2006年财务决算及2007年财务预算方案(包括飞机租赁)的董事会决议,证实该项目始终是深×公司的公司行为;有关汇某公司、西某租赁公司等相关公司的工商登记资料再次证明这两家公司是由多名股东组成的股份制公司,并不是由哪个人一手控制的公司;西某租赁公司与汇某公司的借款协议、有关律师函及后来五家公司的协议,足以证实西某租赁公司与汇某公司之间形成10.2亿元借款关系。涉嫌被挪用的10.2亿元资金,每一次流转的背后都能看见相关几家公司之间的有关合同、决议和财务手续,资金流转的后面是公司之间清晰的民事法律关系,这里有融资租赁关系、企业借贷关系、债权转股权关系等,在当今的商业经营中并不稀奇;没有证据表明这些商业行为是由哪一个或几个个人密谋操纵完成的个人行为。

总之,通过梳理本案有关的大量证据材料,不难看出,尽管这些证据庞杂,就部分争议事实难以得出明确的证明结论,但就飞机租赁这起事实能否被定罪来说,已经够用了。辩护人认为,现有证据所能证实的几个基本关键事实包括:

1. 飞机租赁项目是真实的。从深×公司与西某租赁公司的业务状况看,两家企业都迫切需要这个项目,在操作上,有谈判,有考察,有上报,有融资安排,有协议的签订和履行。这里有两点值得注意:一是由于该项目具有融资租赁的特点,西某租赁公司的现金流多少、飞机是否已经生产这两点不能被当作判断项目真假的依据;二是这个租赁协议是在执行中由于市场变动等客观因素由各方协商解除的。

2. 飞机租赁项目自始至终都是有关企业的公司行为。这些公司包括深×公司、西某租赁公司、西北爱尔兰和汇某公司等。这里发生的租赁、融资、借贷、担保、股权变更等行为,是有关参与企业的正常经营行为,关于这10.2亿元的流转有完整的法律手续和财务手续,是相关公司法人意志的体现。

3. 汇某公司和西某租赁公司分别是由多名股东组成的有限公司,不属于哪一个被告人实际控制,更不能等同于个人公司。

4. 这10.2亿元资金在依租赁协议被付给西某租赁公司后,其所有权已由深×公司转为西某租赁公司所有,该资金由西某租赁公司依照借款协议付给汇某公司,属于企业间借贷行为,与深×公司无关。

辩护人还注意到,在以上行为事实中,涉及李某的并不多,因为他没有参与对深×公司股权的收购行为,也不在汇某公司担任任何职务、有任何职责,更没有参与汇某公司与西某租赁公司的借款行为,这些事实经过法庭调查,没有争议。作为主管飞行安全的职业经理人、董事,李某负有维护深×公司利益的职责,对于可能影响深×公司资金安全的行为,他采取了适当的方式给以回绝。在10.2亿元债权发生后,他和其他公司同事一同全力追讨,最终收回资金,为深×公司挽回损失,这些事实也得到查证。

因此,可以得出这样的结论:关于飞机租赁这一起,公诉机关的证据并不能证明指控的四点事实,法庭调查查明的事实与指控的指向是相反的。

第三,指控的法律依据能否适用本案?

关于李某涉嫌的挪用资金罪,公诉机关适用《刑法》第272条第1款的规定:"公司、企业或者其他单位的工作人员,利用职务上的便利,挪用本单位资金归个人使用或者借贷给他人,数额较大、超过三个月未还的,或者虽未超过三个月,但数额较大、进行营利活动的,或者进行非法活动的,处三年以下有期徒刑或者拘役;挪用本单位资金数额巨大的,或者数额较大不退还的,处三年以上十年以下有期徒刑。"

公诉意见中结合包括挪用公款罪在内的司法解释进一步明确本案被告人的情形属于:个人决定以单位名义挪用归个人使用。

辩护人认为,挪用资金里的资金是指本单位的钱,所以应该首先明确钱的归属,先确认资金的所有者是否为本单位。前面分析论证的事实非常清楚,这10.2亿元在依照协议被转入西某租赁公司后就不再归深×公司所有,深×公司已失去对这笔钱的控制权,尽管有所谓的“共管账号”,那也和深×公司无关,这是汇某公司和西某租赁公司之间为完成借款协议而采取的临时措施,如果西某租赁公司不同意,汇某公司不可能得到这笔钱;西某租赁公司多次发出催款函,正是其行使债权人权利的表现,西某租赁公司和汇某公司的债务抵销协议也再次证实10.2亿元的所有者为西某租赁公司。钱的性质清楚了,罪名能不能成立就很简单了。

再看被告人的行为特点,是不是个人决定?关于飞机租赁项目,决策和执行的行为,都是以公司名义、由相关公司成员按照各自职责分工去实施。还有一点值得注意,就是对资金的风险控制,除项目决策程序和严格的财务流程外,在合同里都有相应的担保条款和救济措施,项目后期的债权债务处理能够顺利进行和这些约定有关,而这些风险防控措施,都是公司之间的约定。

最后,这笔钱是不是归个人使用?公诉方的基本逻辑是:李某源控制汇某公司,所以汇某公司是他个人的,所以公司得到的利益就是他个人的利益。事实上,汇某公司不是个人控制公司,即使其的确为李某源控股,也不能说有限责任公司等同于个人公司,更不能把公司获得的收益同某个股东的收益画等号,这些说法没有法律依据。

所以,从“决定”和“使用”两个方面讲,在飞机租赁这起事实里,单位决定并执行、单位使用资金和承担风险的事实是不能被否认的。

可见,关于挪用资金罪的三个基本特征,被告人的行为都不符合,在法律适用上也只能得出无罪的结论。有关涉嫌罪名的法律问题,另一位辩护人会作更深入的论证。

由于本案涉嫌共同犯罪,而李某个人涉入本案的行为事实有限、也非常清楚，所以辩护人着重对全部被告人行为的共同特征进行分析，这对深入、准确地理解指控事实非常必要。辩护人也一直认为，李某被立案侦查、被起诉，是超出预料的情况，包括他本人。正如他本人所讲，他在民航业工作30多年，兢兢业业，成绩有目共睹，他经得起调查。

辩护人也了解到，李某是一个口碑极好的职业经理人、航空业不可多得的管理专家、有理论创新的国内外知名的企业家，在深×公司案件发生后临危受命，仅仅3个月后突然被拘捕，至今3年多，这足以表明这起案件的复杂性。对于民航界，这是一个损失；对于一个认真做事的企业家，是一个不小的打击。我们希望他能早日回归社会。

辩护人注意到，这起案件的定性从最初的合同诈骗到今天的挪用资金，从涉嫌二十几起事实减少到今天的八起事实，这个漫长的过程表明审查起诉机关对案件事实和证据曾经严格的审查，这种依法处理的慎重态度，辩护人非常欢迎。辩护人请求审判机关继续严格执法，独立审判，作出公正结论，判决被告人李某无罪。

谢谢。

辩护人：

北京市京都律师事务所律师　田文昌　王九川

二〇一三年六月五日

辩护词（一审第二轮）

审判长、审判员：

辩护人针对公诉方发表的第二轮公诉意见，补充谈两个问题。

一、辩护人结合本案的具体情况,从挪用资金罪的三个基本特征来分析一下被告人行为是否构成挪用资金罪。挪用资金罪有三个基本特征:第一,私自挪用;第二,挪用本单位资金;第三,挪用资金归个人使用或者借贷给他人使用

(一)是不是私自挪用?

首先,我们来分析一下本案中动用资金的主体是谁。法庭调查已经查清楚的一个基本事实是,动用资金的决策人,包括今天在座的被告人,还有不在座的其他人,他们分别是公司的董事长、总经理、高级顾问、总会计师、董事,决策经过了董事会决议,有逐级签字的决议和纪要。这明显是集体决策。

其次,动用资金的方式如何?有合同,公开进行,通过财务公开走账。

再次,集体决策的真实性如何?法庭调查和前面的法庭辩论中都谈到的情况是,合同经过了会签、补签,还有其他一些方式。需要注意的是,这些方式与决策内容的真假都没有直接关系,关键在于签字人的意思表示是否真实。无论在什么时候,包括事前不知道但事后认可的情况,只要没有违背行为人的本意,不是被胁迫的、被欺骗的,他的意思表示就应当是真实的。所以,辩护人发现,对本案的证据尽管控辩双方有一些小的分歧和争议,但是,没有证据显示这些意思表示是不真实的,是假的,至少在座的这些被告人都不认为是假的。因此,本案中,集体决策的意思表示的真实性是不好否认的。至于决策内容合不合理那是另一个层面的问题。

那么,现在我们再来分析决策内容的合理性。

最后,决策内容是否合理?谈到决策内容的合理性,就涉及公诉人一直谈到的一个观点,即使决策是集体作出的,意思表示也真实,但是他们是在共谋一个虚假的内容,是根本就不存在的“莫须有”的事实,这就是本案中涉及的租赁飞机的事实。

关于租赁飞机的真实性问题,辩护人在此想强调一个非常重要却被大家忽略了的问题,也是这几个被告人感到特别委屈的问题,可能也是公诉人没有意识到的问题。这个问题希望能够引起法庭的高度重视。刘某彪讲得很清楚,如果用这种形式租赁飞机是假的,那么国航、南航,所有的其他航空公司租赁飞机的行为都是假的。这句话讲得非常正确。为什么这么说?因为这种租飞机的方式是融资租赁。据辩护人了解,因为飞机的造价非常高,所以目前国内几乎所有的航空公司租赁飞机都是采取这种融资租赁的方式。

那么,融资租赁的特征是什么呢?第一,它不是单纯的租赁,而是以融资为目的的,是融资和租赁两个手段的合一。第二,租赁公司赚取的是什么?是劳务费,它根本不需要巨额的自有资金,而是向银行贷款来买飞机,这就是融资租赁的基本运作方式。如果租赁公司要完全靠花自己的钱去买飞机再租给别人,那其就不是租赁公司,而是金融机构了。第三,承租人的义务是支付租金,租金中包括贷款利息和租赁公司的劳务费。第四,租赁标的物由承租人选择确定。承租人要负责租赁标的物的选择,包括直接去洽谈、订货,但是由出租人进行租赁。使用若干年限后,承租人愿意购买就可以优先购买;不愿意买的,租赁物还归属租赁公司所有。这是融资租赁中各方的特殊关系。第五,承租人有交付定金的义务。弄清了融资租赁的这些基本特征,关于本案中深×公司向西某租赁公司租赁飞机的真实性问题就很容易解释了。诸如本案中控方谈到的李某为什么要到西北航空去?李某为什么要去爱尔兰考察?去民航总局洽谈飞机指标?美国西北航空的飞机还在生产线上怎么就会先付定金?西某租赁公司自己没有那么多资金拿什么买19架飞机?等等一系列问题,就很容易理解了。这就是融资租赁的题中应有之义啊!很正常。公诉人抛开了融资租赁这种特殊方式,用另一种思维来分析,飞机都还没有生产出来呢,怎么就能租赁?所以就是假的。而融资租赁恰恰就是可以在还没有生产的时候,通过融资租赁公司来订购,需要什么就生产什么。

还有公诉人谈到的从发指令到汇款之间不到10天时间,太短,不正常。辩护人认为,利用别人的钱去办事,是市场经济的题中应有之义,这不能说是不正常的。

所以,辩护人特别希望大家能够从客观事实的角度,从合同性质的角度来把问题分析清楚。请法庭特别注意,本案中的深×公司和西某租赁公司租用19架飞机的融资租赁事实,不仅不是如公诉人所说的真实性的证据不足而可以否定它的真实性,而正相反,是事实清楚,证据充分,足以证明它的真实性。

综上可见,该10.2亿元资金不仅不是个人私自挪用,反而是集体决策,并且决策交付租赁飞机定金的内容真实可信。

(二)是不是挪用本单位资金?

挪用的资金是深×公司的,还是西某租赁公司的?这个问题直接关系挪用的是谁的钱,必须搞清楚。

起诉书第4页明确表述:"挪用深×公司有限公司的预付租赁飞机的资金10.2亿元。"按照起诉书的表述,挪用的是深×公司的预付定金,是深×公司的钱。那么,如果这样理解,就只能是这笔资金还没到西某租赁公司账户之前,把深×公司准备预付给西某租赁公司的款项挪走了。而本案的事实是,这笔资金已经打到了西某租赁公司的账户上,是以合法的定金形式汇入的,而定金是融资租赁的必要条件。那么,从法律关系上看,这笔资金只要是进了西某租赁公司的账,哪怕是一分钟也好,它就已经属于西某租赁公司所有。而且还有另一个重要事实,就是事后也是通过汇某公司公司以西某租赁公司的名义退还给深×公司的。这个法律关系清楚地表明,这笔资金所体现的债权债务关系是西某租赁公司和深×公司之间的。所以说,作为定金支付给西某租赁公司的这笔钱是西某租赁公司的而不是深×公司的;所以,李某源等人根本不存在挪用本单位的资金的行为。那么,如果按照这个事实来分析,就会得出一个奇怪的结论:深×公司董事会集体决策挪用了西某租赁公司的资金。

辩护人认为,这实际上就是企业之间以互利为基础的拆借行为。前面讲了,合同各方都有利益需要,要把这个生意做成。西某租赁公司借出去为什么?是为了把租赁飞机的生意做成,既有利于深×公司,也是为了本公司的利益,而不是为了刘某彪的个人利益,所以和汇某公司公司进行了资金拆借的行为。

(三)是不是归个人使用?

从法律关系主体上看,使用人显然是汇某公司。那么,为什么控方理解成是为个人使用呢?公诉人刚才讲到了几个理由,引证了相关司法解释。辩护人也注意到,关于挪用资金的使用主体,1998年、1999年、2001年、2002年、2003年最高人民法院的司法解释、会议纪要和全国人大的立法解释都谈到了相关问题。但是,辩护人认为,所有这些问题都不能像公诉人所解释的那样去理解,那是错误的,没有根据的。

1998年最高人民法院曾发布过一个司法解释的表述是:“挪用公款给私有公司、私有企业使用,属于挪用公款归个人使用。”但是,1999年最高人民法院关于单位犯罪的解释是,既包括国有、集体企业,也包括依法设立的合资经营、合作经营和具有法人资格的独资和合营等公司。依照此解释,只有没有法人资格的私营企业才能算作个人。

需要强调的是,1999年最高人民法院关于单位犯罪的司法解释的出台是有《宪法》修改背景的。在1999年以前,《宪法》对民营经济、私有经济的定位是“对社会主义公有制经济的补充”。而1999年《宪法》将此项内容修改为“在法律规定范围内的个体经济、私营经济等非公有制经济,是社会主义市场经济的重要组成部分”。这一修改的重大意义在于,将非公有制经济与公有制经济在法律上置于平等地位。所以,司法解释明确规定,将具有法人资格的独资和私营公司也作为单位对待。这就表明,凡是挪用公款给具有法人资格的私有公司使用的,应当视为归单位使用。

根据2002年全国人大常委会的立法解释第3条,“归个人使用”是指个人决定以单位名义将公款供其他单位使用谋取个人利益。按照这条规定,一是个人决定。前面我们讲到了,本案不是个人决定而是集体决定。二是谋取个人利益。李某源控制的公司能不能叫谋取个人利益?这个我们后面具体论述。

2003年全国人大法工委会议纪要,公诉人念了几条,说是该纪要解释了“什么是个人利益”,其实不对。这个纪要关于挪用公款供其他单位使用行为认定的解释是“以个人名义将公款供其他单位使用的”和“个人决定以单位名义将公款供其他单位使用谋取个人利益的”。这个解释的前提是,“以个人名义”和“个人决定”。而本案中既不存在“以个人名义”,也不存在“个人决定”的情况。关于什么是“谋取个人利益”,该解释则只是说明了利益的性质和获取方式,即无论利益是否正当和如何获取都不影响定罪,但并没有涉及什么是个人利益、什么是单位利益。所以,公诉人以这个纪要作为依据,支持其本案中的拆借行为是“谋取个人利益”的观点是不能成立的。

通过对前述几个法律解释的演变过程和内容的深入分析,可以不容置疑地认为,将本案中资金由汇某公司公司使用认定为是归个人使用,是完全没有法律依据的。尤其是在1999年《宪法》修改以后,法律解释中绝对不可能出现将合营公司与自然人相混淆的内容。而更何况,汇某公司还是有限责任公司。

起诉书上好像也注意到了这个问题,用了一个表述,叫作“被李某源个人控制的公司”“被刘某彪个人控制的公司”。辩护人强调的是,暂且不论是否为个人控制,即使是个人控制,也不能改变公司的财产性质,即使是个人控制,他控制的也只可能是经营权,不可能是所有权。只要不是一人公司,任何一个大老板、大股东都不可能控制公司的所有权。所以说个人控制并不等于个人公司,也不等于个人财产,个人控制一说即使成立也不能改变归单位使用的基本性质。

公诉人还提到一个观点,李某源是汇某公司的唯一实际出资人,这就涉及真股东、假股东的问题了。辩护人强调,汇某公司的相关工商登记、公司章程等证据显示,李某源不是唯一出资人,有好几个出资人。公诉人也可能会说,其他的股东可能没有实际出资,或借钱出资,或李某源替他出资等。辩护人要强调的是,无论谁实际出资谁没实际出资,是否是公司股东,要看他的股东权益是否真实存在,哪怕李某源送给几个人股份,只要股东权益在,就不可否认其他人的股东身份。

所以说,汇某公司的工商登记、公司章程,所有的证据充分显示汇某公司不是个人出资,哪怕只有两个股东,有限责任公司就是有限责任公司,公司财产就不是个人财产,这一法律关系必须弄清楚。所以,不管谁出资、真出资还是假出资,只要股东身份、股东权益是真的,它就不是个人的。因此,挪用资金归个人使用的说法成立不了。

根据上面的分析可以看到,围绕着挪用资金罪的三个特征来分析本案的具体事实,就很清楚了。前面公诉人说的最高人民法院的司法解释和全国人大的立法解释中对挪用公款罪的规定同样适用于挪用资金罪的,这一点辩护人也同意,正因为同样适用,所以更不能理解为借给汇某公司的资金是归个人使用。

根据这样的分析,我们可以得出非常清晰、明确的结论,本案的这种资金拆借行为与《刑法》第272条的挪用资金罪的三个特征都不能相符合。所以这个案件在定性上要非常慎重,否则可能会得出一个可笑的结论:各被告人集体决策,挪用非本单位的资金(即用其他单位的钱),归另一单位使用。

辩护人认为,客观地、实事求是地说,这是典型的企业之间资金拆借的行为,这种拆借行为本身是不是合法,另当别论,但是可以明确的是,它没有触犯刑律的任何表现,这一点必须引起高度重视,必须从整个犯罪的构成条件上去看。所以,即使指控的事实都成立,也不构成挪用资金罪,这种指控完全没有法律根据。

二、辩护人从另一个角度分析一下李某个人的责任

退一步讲,无论这个拆借行为是不是构成犯罪,从李某的角度来看,李某都没有责任,不构成共犯。

李某的主观态度很明确,在法庭调查中也说得很清楚,他为了维护深×公司的利益,不主张动用深×公司的资金。就凭这一条,李某就没有主观故意;至于签字,李某的签字属于履行职责的正常行为,是依照审批程序公开正当进行的职务行为。而实际上动用的也确实是西某租赁公司的资金,我想谁也没有理由说这10.2亿元是深×公司的钱;而且李某也没有任何个人利益所图。所以,从李某的角度来讲,与指控的所谓的预谋、所谓的知情没有任何关系。

在如此清楚的事实面前,硬是把李某牵扯到这个案件中来,实在是毫无道理,令人匪夷所思!

我们提出这些问题,一方面和公诉人进行探讨,另一方面更希望法庭能够重视,能够查清事实,正确定性,给李某及各被告人一个公正的判决。

辩护人：

北京市京都律师事务所律师　田文昌

二〇一三年六月五日

审理结果

2014年1月，北京市第二中级人民法院作出(2013)二中刑初字第583号一审判决，判决被告人李某犯挪用资金罪，判处有期徒刑3年8个月(刑罚已执行完毕)。

李某等被告人随后提起上诉。后北京市高级人民法院裁定对该案维持原判。

欧某华被控非法采矿罪、重大责任事故罪、开设赌场罪案

案情简介

欧某华，广西壮族自治区苍梧县某小额贷款公司负责人。

公诉机关指控：欧某华的行为构成开设赌场罪。主要理由：(1)“五金梦幻乐园”电子游戏机室的《资格审核表》证明欧某华是该机室的副总经理；(2)证人周某岚、纪某弟、许某明、肖某妮、卢某玲的证言证明欧某华是该机室的真正老板；(3)周某岚指证该游戏机室带有赌博性质的收入是按照欧某华、欧某雲的要求转账或者给付现金，肖某妮指证欧某华会找周某岚取走机室收入；(4)2011年后银行汇款记录，证明经周某岚辨认，周某岚将带有赌博性质的游戏机室收入汇入了欧某华的账户；(5)欧某华的有罪供述，供述欧某华于2009年至2011年12月曾收到周某岚将该机室的收入汇入欧某华账户的事实。

公诉机关指控：欧某华的行为构成非法采矿罪和重大责任事故罪。公诉机关认为，虽然欧某华没有在《开采矿山合作协议书》上签

名,但是根据欧某华将款项转账到黄某明的账单,同案人黄某明供述了欧某华参与协商开矿和黄某明是受欧某华指派工作,同案人邹某仲、肖某龙供述欧某华参与协商开矿;证人曹某辉、董某芳、刘某证言证明欧某华就购买硫酸铵的事宜与曹某辉进行洽谈,还有欧某华的有罪供述及其他证据相互印证,从而认定欧某华的行为构成非法采矿罪和重大责任事故罪。

辩护思路

关于开设赌场罪:"五金梦幻乐园"电子游戏机室的法人代表是欧某环,欧某华只是副总经理,2008 年后欧某华已离开该游戏机室到梧州市区设立梧州鼎晟集团投资公司,从事小额贷款和房地产业务,不再管理该游戏机室;另外,该游戏机室涉赌是发生在欧某华不再管理机室后,甚至是欧某华被刑事拘留后,因此欧某华行为不构成开设赌场罪。

关于非法采矿罪和重大责任事故罪:一审裁判依据间接性证据、推测性证据,在证据不具有排他性的情况下认定欧某华的行为构成非法采矿罪和重大责任事故罪不当,欧某华从事民间贷款业务,将资金借给黄某明,并作为出借人进行一些涉及贷款工作的活动符合情理,欧某华行为不构成非法采矿罪和重大责任事故罪。

辩护词(二审第一轮)

审判长、审判员:

北京市京都律师事务所接受欧某华的委托,指派田文昌、杨大民二位律师担任欧某华被控非法采矿罪、重大责任事故罪和开设赌场罪一案的二审辩护人,今天依法出席二审开庭审理的全部诉讼活动。

现针对一审判决存在的问题发表如下具体辩护意见,供二审合议庭合议本案时参考。

第一部分:关于非法采矿罪和重大责任事故罪

一、原审判决事实认定不清,证据不足

1. 一审判决关于“2011年6月至11月,被告人欧某华、黄某明、邹某仲、肖某龙、张某清、张某崽伙同莫某熙、池某旭经合谋后,在未取得采矿许可证的情况下,由被告人黄某明、邹某仲分别为甲、乙方的代表签订《开采矿山合作协议书》约定以黄某明为代表的甲方出资40%,以邹某仲为代表的乙方出资60%,共同开采稀土矿……被告人欧某华个人作为甲方投入230多万元,该资金用于购买硫酸铵及通过银行转账形式,陆续转入黄某明的账户中用于继续购买硫酸铵、租用山地、用水开支等。欧某华直接参与购买非法采矿所需的硫酸铵,同时委托了黄某明出面代其进行管理非法采矿的事务。黄某明亦随时将开采情况、工作进度、资金使用情况等矿山事务向欧某华报告”(一审判决第6页)的认定,事实不清,证据不足。事实是:欧某华并非开采矿山的投资人,更没有直接参与购买硫酸铵和委托黄某明管理采矿实务,欧某华与黄某明之间是借款关系。

第一,欧某华并非开采矿山的投资人,认定230万元为投资款事实不清,证据不足。

首先,本案书证材料证明,承包和开采矿山的投资主体都不是欧某华。

《开采矿山合作协议书》签约的甲、乙双方分别是黄某明与邹某仲;稀土矿开采《承包协议》签约的甲、乙双方分别是邹某仲和张某崽。无论是“合作协议”“承包协议”约定的内容,还是甲、乙双方签约的任何主体均与欧某华没有丝毫关系。开采稀土矿山的“合作协

议书”和“承包协议”均属原始书证，其证明力远远大于在本案发生后同案其他被告人和证人所做的言词证据。

其次，一审判决忽视了欧某华的特殊职业身份以及欧某华与黄某明长期存在多笔借款关系的背景，片面采信证据，得出错误的结论。

欧某华是从事小额贷款公司的老板，这是谁也不能否认的事实。欧某华在借给黄某明资金的同时，也采用了同样的办法，借给了其他需要资金的人，有欧某华卡上大笔借出资金支出的统计为证。欧某华自己开小额贷款公司“欧总”的身份及借款的操作习惯和模式，更进一步证实本案中“黄某明向欧某华借款开矿之说”的合理性与客观真实性。

欧某华与黄某明存在长期的债权债务往来，不仅仅230万元这一笔。欧某华借款给黄某明的证据，一方面有欧某华的审判前供述、一审开庭的供述、二审开庭的供述，另一方面有黄某明在2011年11月30日、12月1日、12月3日、12月4日，12月10日的笔录和其“自书”及二审的当庭供述。仅前从黄某明5月24日开始投资稀土矿始，到11月26日稀土矿发生塌方后，黄某明向梧州市鼎盛小额贷款有限公司的总经理欧某华借钱总额为356万元。其中黄自用75万元；黄的佛子矿用了50万元；黄投到稀土矿的资金230多万元人民币。一审将230万元从356万元中抽出，认定是欧某华的“投资”，而对余下的125万元却避而不谈。

每次黄向欧提出借款需要资金时，就打电话给欧某华，欧某华就叫黄发个账号给他。黄的卡收到钱后，就打电话给欧，说钱已经到手了。借贷双方一个是开采稀土矿和有其他资金需要的借款人黄某明，另一个是经营小额贷款公司的债权人欧某华。银行汇款凭证、两个人银行卡的往来、可以互相印证二人的供述，足以证明借款事实的成立。

而一审判决从双方的借款总额356万元中剥离出其中的230多万元,不顾双方的职业身份以及多次借款关系存在的前提,仅仅依据黄某明一人的供述,就给欧某华冠上了非法开采稀土矿的“投资人”“老板”“股东”的身份,进而又将欧某华先期配合政府解决社会矛盾,支付给死者家属的所谓“补偿款”“抚慰金”的做法视为对投资人身份的印证。令上诉人欧某华感到无比的冤枉和对法律的失望,也感到被愚弄和欺骗而追悔莫及。

根据我国《刑事诉讼法》的规定,认定被告人有罪和处以刑罚,证据必须达到确实、充分的证明标准。《刑事诉讼法》第53条规定,“证据确实、充分,应当符合如下条件:(一)定罪量刑的事实都有证据证明;(二)据以定案的证据均经法定程序查证属实;(三)综合全案证据,对所认定的事实已排除合理怀疑”。即放贷人认定上诉人欧某华有罪的证据要具有唯一性和排他性。而本案中,在欧某华放贷人的职业身份明确以及他与黄某明长此以往的债权债务往来关系的事实存在的前提下,仅凭黄某明一人前后矛盾的供述,至少不能排除230万元是借款的可能性,认定欧某华构成非法采矿罪和重大责任事故罪的证据显然不够确实充分。

第二,欧某华并未“直接参与购买非法采矿所需的硫酸铵”。

上诉人欧某华的梧州市鼎晟集团准备新开一家农资公司,新公司要取得一般纳税人资格,必须要先有一定的业务量。当上诉人欧某华得知黄某明向其借钱是为了购买农资即涉案的硫酸铵时,欧某华遂寄希望于黄某明能以其农资公司的名义购买,好将发票开给农资公司,以便农资公司可以尽快取得一般纳税人资格。上诉人欧某华在想法征得黄某明同意后,才让其公司会计董某芳直接与化肥商曹某辉咨询开发票的事宜。只是后来欧的农资公司因为工商营业执照一时办不下来,而黄某明又急着要买化肥,打电话多次催促,并认可该笔款项算在其借款总额之内,上诉人才让其姐欧某云于2011年8月20日汇款给化肥商。此事实有刘某的证言证实,是黄某明买化肥,而非欧某华购买化肥。汇款方式依然如之前和之后的借款方式一样,由黄某明提供账户,然后欧某华安排汇款。黄在其所指定的银行账户收到汇款,经其确认后告知欧某华。

上诉人仅仅根据黄某明指定的账户,安排姐姐欧某云汇了一次款,此行为就被一审判决认定为是欧某华"直接参与购买非法采矿所需的硫酸铵"的"罪证",不知其依据何在?

庭审证据已经表明,购买硫酸铵的需方是黄某明和肖某龙,联系化肥商曹某辉的是"池"老板,池称有一个江西朋友想买些化肥。过了几天,江西人肖某龙就联系到曹某辉,商谈购买化肥事宜并先后于7月27日、28日两次汇款给曹购买化肥。之后,曹某辉才到梧州与肖某龙和黄某明见面。曹某辉的询问笔录、自述材料以及昆明田上田农资有限公司出具的《硫酸铵化肥流向情况说明》均证实,发往梧州的硫酸铵,收货人一次是肖某龙,另外两次是黄某明,与欧某华及其所属公司无关。

而曹某辉与欧某华的见面更是在曹某辉与肖某龙已经买卖完两次硫酸铵之后,当黄某明再次购买时,曹到梧州与黄某明、肖某龙谈完事,吃完饭之后,在喝茶的时候与欧某华见的面。见面时,双方闲聊了一些生意上的事情。即使聊到了化肥买卖,聊到了农机公司开发票的事宜,也是符合常理的。不能说聊到这些内容就认定欧某华"直接参与购买非法采矿所需的硫酸铵"。一审判决这样的认定,显然太过牵强。

第三,欧某华没有委托黄某明出面代其进行管理非法采矿的事务。本案中更没有证据能够证明黄某明就开采情况、工作进度和具体的资金使用情况等矿山事务向欧某华汇报。

现有案卷中的证据证明:上诉人欧某华与黄某明之间在本案中的法律关系只是债权人与债务人的借贷关系。上诉人从来没有参与过稀土矿山的管理和开采,更没有所谓的委托过黄某明出面代其进行管理采矿的事务。

从法律上讲,委托关系的成立,需要具备相应的要件。即委托人和被委托人、委托事项、授权委托书、委托协议等书面或者口头的证据,抑或是委托人的默认,以及事后对委托事项的追认等确凿证据。同时,委托人也要给被委托人一定的报酬和对委托事项的适时跟进和监管。然而,在本案中,既没有欧某华与黄某明的委托协议,也没有欧某华的委托书,更没有欧某华对"委托"事宜的追认和委托事务的督导及资金使用情况的监管。恰恰相反,欧某华坚决否认有委托的事实存在。一审判决书所罗列的证据无一能够证明黄某明作为"被委托人"向"委托人"欧某华作过任何"开采情况、工作进度"和具体的"资金使用情况等矿山事务"的"报告"或汇报。鉴于此,辩护人认为,一审判决的上述认定缺乏证据支持。

一审因黄与欧存在较频繁的通讯往来,便认定是黄某明所谓的"向欧某华报告",明显是对事实的曲解和毫无根据的推断。欧某华是借款给黄某明,因此,黄某明每次向欧某华借钱,均是用发短信或打电话的方式联系。黄以矿上资金不足为理由来提出借款,而欧某华仅有的两次也好,三次也罢去稀土矿看看,也是为了确认黄某明借款到底有没有可能还款、其借款理由是否正当和属实。这是符合考察借贷行为能够实施的惯常做法。

而一审判决书却把欧某华曾到过矿山看过,以及未经当庭举证质证的黄某明向欧某华借钱短信信息往来和电话沟通,都认定为"黄某明亦随时将开采情况、工作进度、资金使用情况等矿山事务向欧某华报告”,这是违背常识和缺乏法律依据的。

欧某华的审判前供述与黄某明在2011年11月30日、12月1日、12月3日、12月4日,12月10日,2012年2月21日的讯问笔录,均可证实并相互印证了一审认定的“委托”和“报告”是不能成立的。黄某明二审当庭陈述后时表示:之所以原来在自诉材料中写的与欧某华之间是借贷关系,后来又改口说欧某华是合伙,是因侦查机关给其看了欧某华自己承认是股东,是老板的笔录后,认为“一个人也是背,两个人也是背”才顺着欧的说法说欧某华是稀土矿老板的。

2. 一审判决关于欧某华在“非法……开采稀土矿过程中,违反安全管理规定……”,导致矿难发生的事实认定是错误的,一审判决书所认定的案件事实本身前后矛盾。

一审法院“经审理查明”(见判决书第7页第一自然段和第二自然段)关于欧某华是“负责矿山管理、生产”和“直接指挥组织工人实施开采作业”的人员,“在非法开采稀土矿过程中,违反安全管理规定等”的认定,与事实严重不符。

只要稍加对比,就不难发现,前面认定:“黄某明、邹某仲、肖某龙作为投资方代表,负责矿山管理、生产;张某清、张某崽作为技术人员直接指挥、组织工人实施开采作业。黄某明指派黄某某、莫某全代其参与管理,协调矿区与当地农民的关系,并将矿山进度情况及时向其汇报。”而后面又认定上诉人“欧某华在苍梧县大坡镇马王村替示组旧屋背山非法开采稀土矿过程中,违反安全管理规定,在未制定……未采取任何安全措施……情况下”,出现致9人死亡的重大责任事故。据此可以看出:欧某华既不负责矿山管理、生产,也不负责组织、指挥、实施开采,又不负责参与管理和协调各方,他怎么就在后面参与了“苍梧县大坡镇马王村替示组旧屋背山非法开采稀土矿过程中”,成了“违反安全管理规定”的主体了呢?显然,一审判决书本身前后两段的表述和对于上述案件事实的认定明显自相矛盾、难圆其说。

二、关于一审判决采信证据错误和程序违法的问题

1. 一审判决将鉴定人拒不出庭作证的鉴定意见作为定案依据,程序违法。

上诉人的一审辩护人对本案相关矿产组员破坏价值41,284,600元的鉴定报告有异议,依法提出申请鉴定人出庭作证。一审法院同意了申请并且向鉴定人发出了出庭作证通知。可是,鉴定人在本案庭审过程中自始至终没有履行出庭作证义务。

依据最高人民法院《关于适用〈中华人民共和国刑事诉讼法〉的解释》第86条第1款之规定,“经人民法院通知,鉴定人拒不出庭作证的,鉴定意见不得作为定案的根据”。据此,辩护人认为,一审法院依然将该鉴定意见作为定案依据,程序严重违法。

2. 关于上诉人欧某华与黄某明之间的短信记录内容,公诉机关将其作为视听资料欲证实欧某华与黄某明之间短信联系的情况。可是,在一审庭审时,公诉机关以该证据“是证据,无法出示”为由,拒绝出示。对于该份证据,上诉人及其辩护人均看不到具体内容,无法辨认,更无法质证。

依据最高人民法院《关于适用〈中华人民共和国刑事诉讼法〉的解释》第63条之规定,“证据未经当庭出示、辨认、质证等法庭调查程序查证属实,不得作为定案的根据”。据此,辩护人认为,一审法院将该份证据作为定案的根据,程序违法。

3. 一审判决仅凭黄某明的单方口供,即没有任何证据支持的“欧某华委托黄某明管理矿山”之说,错误认定欧某华是稀土矿投资人,违背了我国《刑事诉讼法》认定案件事实,必须以证据为依据的基本规定。

《刑事诉讼法》第53条规定:对一切案件的判处都要重证据,重调查研究,不轻信口供。只有被告人供述,没有其他证据的,不能认定被告人有罪和处以刑罚。该法解释第61条规定:认定案件事实,必须以证据为依据。本案中,一审判决仅凭黄某明单方口供即没有任何证据支持的"欧某华委托黄某明管理矿山"之说,错误地认定欧某华是稀土矿投资人,进而判处其构成非法采矿罪和重大责任事故罪。

辩护人认为,这样的认定违背了刑事司法的基本原则,是导致欧某华蒙冤的重要因素,也导致本案存在很多不能解释的疑问,为了二审合议庭依法查明此案,辩护人有必要逐一指出。

如果欧某华是矿山投资人,为什么不在合作协议上签字?为什么不派一个会计或者出纳去管账,监督开采稀土矿山的支出?矿山开工仪式,欧某华为什么没有出席?该矿山承包给肖某龙经营,欧某华为什么不知道?如果按照一审判决认定的欧某华委托黄某明管理矿山,欧某华更应当多去几趟自己投资的矿山,更应当派个会计记账,监督费用支出,更应当出席一下如此重要的开工仪式。对矿山被承包出去的事实至少也要知情吧?很显然,对这些疑问没有人能做出合理的解释。

欧某华是不是矿山的投资人是本案的核心问题。如何认定?从一审判决来看,最重要的而且也是唯一的证据就是黄某明的口供,并且黄的口供与其他证据是相冲突的。而邹某仲、肖某龙的口供均系传来证据,系个人猜测性的主观判断。

更需要强调指出的是,辩护人认真阅卷,详细梳理黄某明40次讯问笔录和1次黄某明本人亲笔书写的《自述材料》后,发现黄某明的审判前供述多次反复,前后矛盾。

主要可以归纳出如下四种供述。

(1)黄某明称他在矿上没股份,稀土矿是其哥黄某某和江西人开的。(见黄某明2011年11月27日笔录)

(2)黄某明称开采大坡镇这个稀土矿,黄代表本地人一方,其中我方股东有三个,黄本人是其中之一,黄大哥是一个,组长莫某全是另外一个股东。黄某明个人占1成股份,黄某某占2成,畚示组组长莫某全占2成。(见黄某明2011年11月30日笔录)

(3)黄某明承认在非法开采稀土矿的过程中向欧某华借钱,至塌方事故发生时陆续借240多万元。利息按30万元计算,也可以用果场担保。3个月后,欧某华问黄借款的事:"你的矿怎么样了?不见你还钱。是否还在做矿山?"黄某明答矿山出不了矿,看来还需要点时间。(见黄某明2011年11月30日、12月1日、12月3日、12月4日、12月10日笔录,黄某明2011年11月30日的自述材料)

(4)欧某华投资开采稀土矿授权黄某明处理,黄某明受欧某华委托管理矿山。其和黄某某、莫某全帮助欧某华工作会得到好处。江西方股东有邹某仲、肖某龙、池某旭,莫某熙是中介。(见黄某明2012年2月19日、20日笔录,一审判决书第15页。此次供述系一审判决认定的内容)

黄某明供述的四种说法哪一种是真实的?其真实性应当如何认定?哪个更具有真实性和合理性。我们再逐一进行分析。

第一种说法,黄否认自己有股份,其大哥黄某某和江西人开办的矿。如果黄某明没有股份,那么黄某某有股份就更没有依据了,因为《开采矿山合作协议书》白字黑字签着黄某明的名字,还有江西人邹某仲的名字,显然第一种说法黄否认自己有股份,不符合情理,更不符合事实。

第二种说法,黄承认开采稀土矿,其本人是股东。只占一成,其大哥黄某某占两成,莫某全占两成。3个人分掉了矿山50%的股份。

此说法中,里面没有提到欧某华有股份。

第三种说法,黄某明承认向欧某华借钱开采稀土矿。此说法可以与其在侦查机关的口供及其亲笔书写的《自述材料》相互印证,也与欧某华的审判前供述和当庭供述彼此吻合相互印证,具有合理性和客观性。

第四种说法,即“欧某华投资开采稀土矿授权黄某明处理,黄某明受欧某华委托管理矿山”。也就是一审判决认定的这一说法。对此,在全部案卷内包括一审庭审笔录中没有其他任何一个人的口供和其他证据可以与之相印证。而且黄某明的这一单方说法与其自己的前三次供述存在反复,前后矛盾,与本案中的其他被告人的供述也存在矛盾。

经过以上分析,辩护人认为:对黄某明的供述如何判断?如何认定?应当严格依据《刑事诉讼法》和最高人民法院《关于适用〈中华人民共和国刑事诉讼法〉的解释》第80条第7项“被告人的供述和辩解与同案被告人的供述和辩解以及其他证据能否相互印证,有无矛盾”之规定的标准来审查与认定。

据此,辩护人认为,黄某明的“委托管理”之说,因无其他证据相互印证,且存在矛盾,不能作为定案的依据。

而黄某明的第3种说法,即“黄某明向欧某华借钱开矿”之说,因与欧某华的供述及其他证据能够相互印证,形成完整的证据链,确实充分,具有合理性和客观性,反映了案件的真实情况。

综上,辩护人认为,一审判决认定欧某华有罪的证据没有达到确实、充分的证明标准。现有证据不能认定欧某华构成非法采矿罪和重大责任事故罪。

第二部分:关于开设赌场罪

一、一审判认定欧某华"从2010年6月至案发时,伙同欧某环以经营龙于镇'五金梦幻乐园'游戏机室的名义开设赌场,利用国家禁止的赌博游戏机组织人员进行聚众赌博,24小时营业,每日参赌人数达10人以上,累计参赌人数达120人以上",该认定事实错误

1."五金梦幻乐园"游戏机室是经工商、公安、文化、消防等政府审批部门依法审批成立的合法文化娱乐场所,依法经营,依法纳税,每年都要接受上述各主管部门的检查与验收,年年合格。其显然并非一审判决认定的赌场,更不存在一审判决所认定的"24小时营业,每日参赌人数达10人以上"的情况。一审判决认定与事实不符。

2.抛开"五金梦幻乐园"游戏机室是否涉赌的问题,仅就一审判决认定"五金梦幻乐园"游戏机室涉赌5次,涉赌人员120人以上这一事实。即使按照一审判决所采纳的证据计算(一审判决书第19页),辩护人也只能计算出涉赌人员83人。不知一审判决认定的"累计参赌人数达120人以上"是如何计算的?依据何在?

3."五金梦幻乐园"游戏机室确有违规现象,也曾被公安机关给予行政处罚,但与开设赌场罪无关。从2004年该游戏机室开业经营到上诉人2011年12月2日被采取强制措施,长达8年的时间里,也只有过3次违规行为。其中,2010年6月23日,4人;2011年9月26日,10人;2011年11月22日,2人。以上三次每次均少于10人涉赌,且均是在欧某华退出经营该游戏机室后发生的。违规人员也已经被公安机关依法给予了行政处罚。

4.一审判决认定的2012年2月6日,3人参赌被行政处罚,以及2012年2月16日,64人参赌的违法事实与上诉人欧某华没有任何关联。因为2011年12月2日上诉人欧某华已经被采取强制措施,羁押在看守所。一审判决的上述认定违背最基本的常识与逻辑。希望二审法院对此认定依法给予纠正。

二、会计周某岚、肖某妮的证人证言以及周某岚三次汇款给欧某华的转账凭证不能作为认定欧某华是“五金梦幻乐园”游戏机室老板的证据

庭审证据已经表明,“五金梦幻乐园”游戏机室的法定代表人是欧某环。欧某华在该游戏机室的经营之初是股东之一,但是后来与欧某环、黄某畔等人解散了合作关系。重新装修再次开业的时候该游戏机室已经由欧某环独自经营,欧某环与欧某华的供述印证了上述事实。纪某弟、欧某棠、李某柱、高某玲、卢某玲等员工的证人证言也佐证了这一事实。他们均证实五金机室的老板是欧某环。

但是,一审判决却依据会计周某岚、肖某妮的证人证言以及周某岚三次汇款给欧某华的转账凭证就认定欧某华是“五金梦幻乐园”游戏机室的老板,进而判处欧某华构成开设赌场罪。

欧某华2008年之后还是不是“五金梦幻乐园”游戏机室老板,不是凭会计一人或员工某人的证言就可以认定的。需要根据全案证据来进行分析审查。

首先,会计周某岚与肖某妮的证人证言与纪某弟、欧某棠、李某柱、高某玲、卢某玲等员工的证人证言存在矛盾,不能相互印证。

其次,前述证人证言之间存在的矛盾一审判决无法排除。

最后,本案中,最关键的两个人欧某华与欧某环对于该事实的供述是一致的。

据此,辩护人认为会计周某岚与肖某妮的证人证言不具有真实性,不能作为定案的根据。

三、即使欧某华是“五金梦幻乐园”的老板,也不构成开设赌场罪

退一步讲,即使按照一审判决认定的事实,欧某华是“五金梦幻乐园"游戏机室副总经理。或者,假定会计周某岚的证言是真实的,即欧某华是"五金梦幻乐园"游戏机室的老板。那么,欧某华也只能对经营"五金梦幻乐园"游戏机室期间所发生的前3次、已被行政处罚的违规行为承担相应的监管失职责任。更何况,"五金梦幻乐园"游戏机室发生3次违规行为时,该机室的真正经营者根本就不是欧某华。

据此,一审判决认定欧某华构成开设赌场罪依法不能成立。

综上,辩护人认为,一审判决认定上诉人欧某华构成非法采矿、重大责任事故和开设赌场的三个罪名均不成立。

希望二审法院能够以事实为依据,以法律为准绳。坚持排除干扰,秉公办案,判决上诉人欧某华无罪。

谢谢!

辩护人:

北京市京都律师事务所律师　田文昌　杨大民

二〇一三年七月十五日

辩护词(二审第二轮)

审判长、审判员:

系统的辩护意见在第一轮法庭辩论时已经发表过了,不再赘述。现针对检察员提到的一些问题和庭审中双方争议比较大的几个问题做几点补充说明,供法庭参考。

一、关于欧某华能否构成非法采矿罪

认定欧某华是否构成此罪的核心问题很简单,即欧某华是不是投资人;这是构成非法采矿罪的前提。下面,辩护人从本案的证据、适用法律等几个方面来分析一下,也与检察员共同探讨一下,认定被告人构成非法采矿罪能否成立。

1. 现有书证材料能否证明欧某华是投资人,是股东?

本案案卷中所有的书证材料,没有任何一份可以证明欧某华是投资人。投资合同,没有;股东登记,没有;公司章程,没有。检察员可能会说,因为他们经营得很不规范,所以没有书面的材料。这是一种可能存在的现实,他们可能确实经营很不规范。但是,无论是否规范,我们在指控犯罪的时候毕竟要有证据,不能说因为不规范就不需要证据了,这不是法律的标准。那么,在没有书证材料显示欧某华是投资人,是股东的情况下,凭什么来认定他构成犯罪呢?

2. 证人证言能否证明欧某华是投资人,是股东?

一审认定欧某华是投资人的唯一依据是同案被告人黄某明的供述:"广西方由欧某华出资大约230万元。"

辩护人提请法庭注意:

首先,黄某明的供述与欧某华的供述是一对一的关系。

其次,黄某明的供述是非法取得的。法庭调查的时候,黄某明对此问题虽然不愿意说,但是在控辩双方的追问下还是说得非常清楚了,原来他写的自述材料中不是这样说的,后来是因为在讯问时讯问人给他看了欧某华承认自己是投资人的笔录,他才说的。而且他把当时的想法说得很清楚:"一个人也是背,两个人也是背,所以才承认了。"

显而易见,这种证据的取得方式显然是违法的。检察员刚才说了一个观点:没有暴力取证,所以不是非法取证。

这个问题,无须多辩,《刑事诉讼法》第50条规定:"严禁刑讯逼供和以威胁、引诱、欺骗以及其他非法方法收集证据。""两高三部"《关于办理刑事案件排除非法证据若干问题的规定》第1条规定:"采用刑讯逼供等非法手段取得的犯罪嫌疑人、被告人供述和采用暴力、威胁等非法手段取得的证人证言、被害人陈述,属于非法言词证据。”立法和司法解释也规定得非常清楚:“经依法确认的非法言词证据,应当予以排除,不能作为定案的根据。”

法律规定的是排除非法言词证据,而不是排除刑讯逼供证据和暴力取证证据,非法言词证据包括暴力取得的证据,但不仅仅包括暴力取得的证据,这一点是无可争议的。所以,黄某明的供述毋庸置疑是非法证据,应当予以排除,不能作为定案依据。

再次,欧某华庭前所谓的承认自己是股东的供述不能采信。

欧某华的供述是非法取证,且当庭翻供,应当如何认定?按照“两高三部”证据规则和刑诉法规定,对欧某华出现反复的供述应当以当庭供述为准;欧某华的供述,先供后翻,欧某华明确讲他的有罪供述是在被欺骗的情况下作出的,而且欧某华在庭审前就翻供了。“两高三部”《关于办理死刑案件审查判断证据若干问题的规定》第22条明确规定:“被告人庭前供述和辩解出现反复,但庭审中供认的,且庭审中的供述与其他证据能够印证的,可以采信庭审中的供述;被告人庭前供述和辩解出现反复,庭审中不供认,且无其他证据与庭前供述印证的,不能采信庭前供述。”所以,欧某华所谓的承认自己是股东的庭前供述更不能采信。

最后,黄某明供述中关于欧某华到底是投资人还是债权人的表述本身就是含糊不清的。

检辩双方对黄某明的当庭询问很充分,黄某明当庭表述得也很清楚:“我们没有说是借还是投资,就是这么做了,也没有说利息,也没有说股份,都没说。”即使我们就按照黄某明当庭的这种模棱两可的说法,也还是没能说清到底是投资还是借款。

所以,仅凭黄某明和欧某华一对一的言词证据,不能认定欧某华就是投资人。而且,第一,黄某明的庭前供述是非法取得的;第二,欧某华庭前关于自己是投资人的供述,按照刑诉法和相关司法解释规定也应予排除;第三,黄某明当庭的供述也不清楚。在此情况下,我们如何认定犯罪?有罪推定和疑罪从有吗?这显然是不对的。

3. 不仅言词证据相互矛盾,而且这些言词证据与本案其他证据之间也是相互矛盾,具有明显冲突。

比如说股权比例的问题。退一步说,我们假定就是欧某华投资,假定两被告人认罪的供述能够成立,那么,300多万元,至少也是200多万元的投资款几乎占到了总投资额的一半,怎么能只占10%的股份呢?欧某华是何许人?他是小额贷款公司的老板,是专门玩资金玩贷款的人,他会傻到把占一半投资的资金当成10%的股金吗?这是任何一个正常思维的人都不会干的傻事。直到今天的开庭,我们看到欧某华的表达也是很清楚的,他并没有失去正常的思维。

那么,这个问题要怎么解释?这10%的股份是怎么算出来的?这是一个很奇怪的、违反常理、无法解释的问题。所以,在前面的证人证言和供述存在那么多问题的情况下,再来分析一下欧某华所谓的10%股权比例与实际占用资金数额之间的明显冲突,将这两方面的问题加以对比,更可以进一步印证,关于股东的说法是子虚乌有的。

4. 一审法院没有进行法定的非法证据排除程序,存在程序违法问题。

欧某华在一审中已经提到了非法取证的问题,但是,一审法院没有根据《刑事诉讼法》和最高人民法院相关解释的明确规定,进行非法证据的排除程序。我们认为,能不能排除是一方面,但不进行排除显然是违反法定程序的,一审法院的审理程序明显违法。

5. 举证责任的问题。

指控某人犯罪,指控方具有不可推卸的举证责任,这是法律明确规定的。本案中,在欧某华到底是债权人还是投资人、股东的问题上,控方理应承担举证责任。退一步讲,即使控辩双方的证据各半,我们假定黄某明的说法也有一定的道理,欧某华的说法也有一定的道理,谁都无法说服谁的情况下,那也不能认定欧某华有罪。

因为,此时的举证责任在控方,要认定欧某华犯罪就要承担举证责任。也就是说,回到最前面说的问题,要认定欧某华是投资人、控方就必须拿出充分的证据证明欧某华就是投资人、是股东,如果不能拿出足以证明该事实的证据,只能拿出一些零星证据的拼接再加上主观推测、怀疑,那么尽管现实中有这种可能性,但是仍然不能排除欧某华不是股东的合理怀疑。

在这种情况下,仍然不能认定欧某华就是股东,进而认定他构成非法采矿罪的共犯。一审的指控和判决完全忽略了控方的举证责任,好像是即使各有各的道理,也可以认定。这种认识违反了法定的定罪原则。

6. 欧某华的身份问题。

法庭调查和辩方举证都说明欧某华的身份是小额贷款公司的人,这一点没有争议。小额贷款公司的主要经营业务就是放贷。辩护人并不是说欧某华是小额贷款公司的人就不可能成为股东,但结合前面的一系列证据,我们至少可以认为,小额贷款公司人员的身份与前面的证据相互印证,可以进一步证明欧某华是借贷人而不是投资人。除非能够拿出足够的证据证明他不是放贷,而确实就是投资。

检察员有一个理由,认为如果说欧某华仅仅是借款人,那么为什么出了事还要陪上几百万元,不符合逻辑。这个问题在庭审的时候,几个被告人包括欧某华都讲得非常清楚,出了那么大的事,在上面追责、老百姓闹事的情况下,市领导多次和他们谈话,希望他们协助、配合政府,消除化解矛盾,解决冲突。在这种情况下,他们本着配合政府工作的想法,才赔了钱。难道能因为赔了钱就变成了有罪?那纯属是赔了夫人又折兵,自讨无趣、自作多情地获得了一个不该获得的罪名。所以,检察员的这个理由恐怕是很难成立的。

所以,根据前面的几项理由来分析,可以明确地说,当我们仔细审慎地分析本案的全部证据的时候,可以看出,认定欧某华是投资人的证据明显不足,没有理由可以认定他构成非法采矿罪。

二、关于重大责任事故罪

构成重大责任事故罪的前提是欧某华必须是责任人。《刑法》第134条规定得很清楚,重大责任事故罪的两个基本要件:第一个是"在生产作业中",第二个是"违反有关安全管理的规定"。

第一,"在生产作业中",表明了这是一个过程,是一个特定的时空环境,就是此罪不能脱离了生产作业当中这一特定的时空环境。那么,即使欧某华是投资人,现在我们假定他确实就是投资人,但他有没有参加生产作业活动呢?没有。关于这一点,一审判决也明确认定了他不是直接参与人。因此,他没有身处在"生产作业"的过程和环境当中,他就不可能成为重大责任事故罪的主体。

第二,"违反有关安全管理的规定",表明重大责任事故罪客观要件的前提就是存在违规行为,如果行为人没有违规,即使发生事故了,也不构成此罪。那么,既然欧某华没有参与生产作业,他怎么能违反有关管理的规定呢?他的违规行为何在?当然,还存在一种例外情况,如果欧某华在幕后遥控指挥,强令、唆使生产作业人员实施违反有关安全管理规定的行为,那么,即使他不在现场也可以构成此罪。但本案中,没有任何证据显示欧某华有遥控指挥的行为,所以他没有违反安全管理规定的具体行为。

可见,重大责任事故罪的两个基本要件,欧某华都不具备。

检察员提到了"两高"2007年《关于办理危害矿山生产安全刑事

案件具体应用法律若干问题的解释》,一审判决书中也援引了这个解释。该解释规定,《刑法》第134条第1款规定的犯罪主体,包括对矿山生产、作业负有责任、指挥或者管理职责的负责人、管理人员、实际控制人、投资人等人员,以及直接从事矿山生产、作业的人员。

辩护人认为,指控和一审判决完全曲解了"两高"的解释。"两高"的解释规定了重大责任事故罪主体的具体身份,表明此罪是特殊主体,只有这些人才能构成,除了这些人,其他人不能构成此罪,但是绝不是说只要是这些人就一定构成此罪。构成犯罪不仅要有主体身份,而且要有犯罪行为,犯罪结果。前面分析了,欧某华没有在犯罪现场,也没有遥控指挥,他哪来的犯罪行为?他的行为与造成责任事故的结果之间哪来的因果关系?没有违规行为,没有因果关系,即使他符合犯罪主体的身份要件,也不可能构成犯罪。

如果我们用指控和一审判决那么简单的思维来理解犯罪主体,后果会十分可怕。我们在座的每一个人都可以成为杀人罪的主体,也就是说14周岁以上没有精神病的每一个人都可以成为杀人罪的主体,但是我们能够得出结论说所有符合杀人罪主体身份的人都构成杀人罪吗?当然不行,必须还得有杀人的行为。

反过来,如果一个6岁的小孩实施了杀人行为,但因为他不符合杀人罪的主体身份要件,他也不能构成犯罪。主体与行为之间是这样的一种关系:绝不能说按照"两高"的解释,因为欧某华符合重大责任事故罪的主体的范围,他就一定是此罪的犯罪主体。所以,"两高"的这个解释并不能成为本案中认定欧某华构成犯罪的依据。

按照指控和一审判决的逻辑,如果说因为欧某华是投资人、是股东,就当然地构成重大责任事故罪,那么,所有的公司出了责任事故,股东都可以构成犯罪。如果是一个上市公司出了责任事故,那么所有的持有该公司股票的股民都可以构成犯罪。如果以这样的逻辑来认定重大责任事故罪,结果将会是很荒谬的。

所以,综合以上分析,无论欧某华是不是投资人、是不是股东,他都不可能构成重大责任事故罪。

三、关于开设赌场罪的问题

针对检察员的理由只补充说明两点:

第一,即使欧某华是股东也并不必然有罪。因为本案的情况是利用游戏机来赌博,游戏机既可以用来游戏,也可以用来赌博。它不像国外赌场的赌博机,除了赌博不能进行其他活动。如果是专门的赌博机,作为股东,明知是进行赌博,那么构成犯罪没有争议。但是游戏机既可游戏,也可赌博,所以股东并不必然有罪。

第二,开设赌场罪必须有开设赌场进行赌博的行为。这里面有几个很重要的时间点。首先,检察员提到,2004 年查到欧某华是股东;其次,2008 年股份转让出去了;最后,赌博行为的发生是在 2010 年。时间不可能倒转,这是自然规律,不可否定。那么,2004 年是股东,而 2004 年并未发现有赌博行为,2008 年转让了股份,而在 2 年后的 2010 年才有赌博行为。也就是说,2004 年至 2008 年的行为与 2010 年之后的赌博行为没有关系。那么,在这种情况下,认定欧某华构成开设赌场罪依据何在?

综上所述,辩护人认为,一审判决认定欧某华构成的三个罪名,都无法成立,证据明显不足,而且一审没有进行非法证据排除程序,审判程序具有违法性,请求二审法院予以慎重考虑。

被告人欧某华辩护人:

北京市京都律师事务所律师　田文昌

二〇一三年七月十五日

审理结果

广西壮族自治区苍梧县人民法院于2013年4月28日作出了(2012)苍刑初字第212号刑事判决,以被告人欧某华犯非法采矿罪、重大责任事故罪、开设赌场罪,判处有期徒刑12年,并处罚金人民币230万元。

被告人欧某华不服,提出上诉。广西壮族自治区梧州市中级人民法院于2013年10月8日作出的(2013)梧刑一终字第60号刑事裁定,驳回上诉,维持原判。

房某瑜被控行贿罪案

案情简介

房某瑜，系原广东某园建筑集团有限公司董事长、法定代表人。

2013年7月6日，房某瑜作为证人被广东省纪委“4·09”专案梅州组带至办案点协助调查。原因是怀疑被告在土地开发过程中，与梅县建设主管部门有经济问题。在隔离调查期间，被告人主动陈述了他在危某峰案中介绍一宗土地买卖，并获得165万元的事实情况。(最终该土地中介活动没有被定性为违法行为)

专案组成员、被告人的主谈人吴某林在谈话过程中，多次向被告表示，要收缴其违法所得165万元并处以5倍的罚款，否则专案组就要将被告的行为认定为商业贿赂。2012年7月27日，梅州市纪委“暂时扣押”了被告165万元，并开具了《广东省暂时扣押、冻结财物收据》。

在梅州市纪委暂扣165万元后，吴某林以定重罪为由，多次欺骗、恐吓被告向其提供的所谓纪委“秘密账户”缴纳罚款作为“纪委办案经费”。在吴某林的欺骗和恐吓之下，被告向吴某林提供的该“秘密账户”(实际上是吴某林找来的私人账户)先后存入了1025万元“纪委办案经费”。2012 年 8 月 22 日被告人被解除“双规”措施。吴某林欺骗、威胁被告人,缴纳罚款的事情不能告诉任何人,否则纪委将再次对其采取强制措施。

2012 年 8 月 23 日,被告人被解除隔离调查措施第二天晚上,吴某林以在 KTV 招待省领导,没带烟和酒为由,要求房某瑜将 20 万港元带到 KTV 附近交给吴某林。2012 年 9 月 2 日,吴某林以带其女朋友去见领导需要准备见面礼为由,向房某瑜索要了 2 万港元。

2012 年 10 月,吴某林案发。随后,房某瑜被纪委调查组从广州带回梅州,要求其协助调查吴某林的经济问题。此时,房某瑜才发现其缴纳的罚款实际上被吴某林个人非法占有。房某瑜即刻举报吴某林诈骗自己 1000 多万元的犯罪事实。后吴某林被检察院以受贿罪立案侦查并提起公诉,2013 年 10 月 23 日,广东省韶关市中级人民法院以受贿罪判处吴某林无期徒刑。韶关市中级人民法院认定了吴某林的受贿罪,但是没有强调其中有索贿情节。

2013 年 9 月 19 日,吴某林被广东省梅州市人民检察院以行贿罪立案侦查。2013 年 11 月 26 日,梅州市人民检察院将案件移送大埔县人民检察院反贪局审查起诉。公诉机关指控该人民币 1025 万元和 22 万港元为行贿款,房某瑜构成行贿罪。

本案原定于 2014 年 1 月 16 日开庭审理,后大埔县人民检察院突然以案情发生变化、有新行贿事实为由撤回起诉。检察院在补充了新的行贿事实后(房某瑜向饶某昌)又重新起诉到法院。2014 年 1 月 29 日,因被告人患严重肾病,法院批准其取保候审。2014 年 3 月 20 日,被告人行贿吴某林和饶某昌案件在大埔县人民法院开庭审理。

辩护思路

本案焦点问题,一是被告人给予吴某林人民币 1025 万元、22 万港元的行为是否构成行贿罪;二是韶关市中级人民法院的判决是否影响本案的事实认定。

关于房某瑜给予吴某林款项行为的定性:根据本案现有证据材料,房某瑜属于因被勒索给予吴某林巨额款项,房某瑜没有谋取不正当利益,因此辩护人认为,房某瑜给予吴某林人民币 1025 万元和 22 万港元的行为,完全符合《刑法》第 389 条第 3 款之规定即"因被勒索给予国家工作人员以财物,没有获得不正当利益的,不是行贿"。

关于韶关市中级人民法院的判决是否影响本案的事实认定:辩护人认为,韶关市中级人民法院关于吴某林受贿案的判决虽然没有认定吴某林具有索贿情节,但对于认定房某瑜被勒索财物这一事实不会产生实质性的影响。首先,受贿罪的成立并不意味着行贿人的行为一定构成行贿罪。受贿罪以为他人谋取利益为成立条件,而行贿罪则是以谋取不正当利益为成立条件。如果行贿人意图谋取的利益并非不正当利益,那么,不论受贿者是否构成受贿罪,都不影响行贿人无罪的认定。同时,索贿不是一个独立的罪名,只是受贿罪的一个情节,无论是非法收受贿赂还是索贿,均不影响受贿罪的成立。其次,在吴某林受贿案中,是否认定索贿情节,仅仅涉及量刑问题,并不影响受贿罪的定性;而在房某瑜行贿案中,能否认定被勒索财物则关乎罪与非罪这一原则性问题。最后,吴某林案件的判决与本案认定被告人被勒索财物之间并不存在冲突。

辩护词(一审第一轮)

尊敬的审判长、审判员:

我们作为本案被告人房某瑜的辩护律师,根据庭审调查情况,针对《起诉书》及公诉意见,向合议庭发表如下辩护意见。

综合庭审对全案证据材料的调查质证,我们认为,控方关于被告人房某瑜构成行贿罪的指控无法成立。主要理由概括如下:(1)基本事实不清、证据不足;(2)吴某林言辞的客观性不能确认,房某瑜供词的客观性不可置疑;(3)根据现有证据材料足以认定如下事实:涉案的人民币1025万元和20万港元系吴某林利用职权以欺骗手段勒索取得所得,房某瑜属于被吴某林勒索的被害人。具体辩护理由如下:

一、房某瑜行贿的基本事实不清、证据不足

(一)指控房某瑜行贿的基本事实不清

在控方的《起诉书》中,仅仅查明了如下事实:2012年7月至9月,房某瑜先后7次给吴某林共计人民币1025万元、22万港元。但是,控方对于成立行贿罪需要具备的基本要件事实,却未予查实,具体包括三个方面的事实:(1)上述款项究竟是房某瑜给予吴某林的个人好处还是他按照吴某林要求被迫缴交的罚款。如果上述款项是房某瑜按照吴某林的要求缴交的罚款,就足以导致控方的指控不能成立。因为该述款项属于吴某林以欺骗手段勒索取得所得,房某瑜给予吴某林钱财的行为不具备行贿罪的法定要件。(2)上述款项究竟是房某瑜主动给的还是吴某林索取的。如果是吴某林索要的,那么,即使认定上述款项系房某瑜给予吴某林的个人好处,也不能据此认定房某瑜的行为构成行贿罪。因为,根据控方证据材料,房某瑜并没有获得任何不正当利益。(3)《起诉书》所认定的房某瑜"为谋取不正当利益"这一事实是否存在。如果房某瑜意图谋取的利益并非不正当,或者没有获得不正当利益,同样导致控方指控的罪名不能成立。

(二)指控房某瑜行贿的证据不足

控方证据材料呈现两个基本特征:(1)直接证据有限。由于本案需要查明的基本事实均是发生在吴某林和房某瑜两人单独对话的场合,因而在控方所有证据材料中,能够成为直接证据的仅限于吴某林的言辞和房某瑜的供词。(2)直接证据对立。比对吴某林言辞和房某瑜供词,二人关于房某瑜交人民币1025万元和20万港元给吴某林的事实情节的陈述内容完全对立。按吴某林所言,房某瑜为了从办案点早点回家及不被组织处理,主动送钱给吴某林;而按房某瑜的供词,吴某林威逼其缴交违法所得5倍以上罚款并存入纪委秘密账户,迫使其向吴某林交付上述款项。仅从二人的言辞来看,房某瑜是否构成行贿罪的基本事实因证据不足而无法认定。控方指控房某瑜行贿证据不足具体表现在以下两个方面:

1.“送款”的证据不足

《起诉书》指控房某瑜“送款”,意指房某瑜给予吴某林的人民币1025万元和20万港元是房某瑜送给吴某林的个人好处。但是,上述款项是否为房某瑜给予吴某林的个人好处,控方的证据材料却无法予以证实。因为,所谓“送款”事实的证据仅限于吴某林的单方言辞,而根据房某瑜的所有供词,“送款”的事实并不存在,而是吴某林向其声称缴交违法所得5倍以上的罚款、纪委办案经费和讲课费等,并以恐吓、欺骗手段迫使房某瑜交付上述款项。因此,仅仅根据吴某林的单方言辞,无法查明“送款”事实的存在。

2.“为谋取不正当利益”的证据不足

综观控方所有证据材料,关于房某瑜“为谋取不正当利益”这一事实,仅有吴某林的言词证据中涉及这方面的事实。按照吴某林所言,房某瑜送款给他的目的是“希望早点回家”和“组织上不处理他”。首先,在房某瑜供词和控方所有证人证言中均没有涉及吴某林所说的事实情况。因此,房某瑜“为谋取不正当利益”实属吴某林单方言辞,不足以认定该事实的存在。

综上,实际上,控方指控房某瑜构成行贿罪的证据仅限于吴某林的单方言辞,除此之外,再无任何其他证据材料可以印证吴某林言辞的客观真实性。根据2013年11月21日最高人民法院发布的《关于建立健全防范刑事冤假错案工作机制的意见》第5条规定:“认定被告人有罪,应当适用证据确实、充分的证明标准。”该意见第6条规定:“定罪证据不足的案件,应当坚持疑罪从无原则,依法宣告被告人无罪,不得降格作出‘留有余地’的判决。”因此,根据“孤证不立”的证据规则和“疑罪从无”的定罪原则,基于控方指控的事实不清、证据不足,仅此一点,足以说明控方关于房某瑜构成行贿罪的指控不能成立。

二、吴某林言辞的客观性不能确认

综合全案证据材料,基于合理的逻辑分析,对比房某瑜供词与吴某林言辞,可以明显看出二人言辞的不同特征:吴某林言辞表现出明显的孤立性、矛盾性、不合理性和模糊性;相反,房某瑜供词则显示出可印证性、合理性和具体性。故吴某林言辞的客观性不能确认,不能作为证据采信;相反,房某瑜供述的内容具有无可置疑的客观性,可以作为证据采信。具体理由如下:

(一)吴某林言辞虚假性的具体表现

1.“经专案组研究决定”的虚假性

吴某林在2013年1月15日询问笔录和亲笔所写的《我的交代》《我的思想认识》等证据材料中陈述了如下事实:“房某瑜因为还有主要问题没有交代,经专案组研究决定,利用暂扣其违法所得5倍的策略对其施压。在这种策略下,房某瑜开始交代其主要问题。”吴某林的上述言辞不仅属于孤证,而且其虚假性显而易见。具体表现在以下几个方面:

第一,“经专案组研究决定”是不可能存在是事实。理由有二:(1)根据“4·09”专案组成员黎某2013年9月27日询问笔录的内容可知,“4·09”专案组不可能对各小组的办案策略作出任何决定或指示。该笔录第3页记载:“问:专案组也没有开会讨论过案件?答:专案组开全体成员的会议比较少,会议由陈某军主持,他简要听取一下各小组的办案情况汇报,然后陈某军会说‘辛苦了’‘继续加油努力’之类鼓励的话,会上不对下一步案件办理作任何指示,他主要强调办案纪律、保密问题。”上述证词表明,“4·09”专案组很少开会,即使开会也“不对下一步案件办理作任何指示”。因此,吴某林所言“经专案组研究决定”的客观性不能确认。(2)根据吴某林2013年1月15日询问笔录第3页记载:“过了几天,经专案组开会研究决定,暂扣房某瑜违法所得款165万元。”这份笔录的内容是“专案组开会研究决定”,而之前的笔录是“专案组研究决定”,这表明,对于“利用暂扣其违法所得5倍的策略对其施压”并不是经过专案组“开会研究”作出的决定。这一说法显然存在一个无法自圆其说疑问:既然上述决定不是专案组开会研究作出的,那么,又是通过何种形式作出的?是集体研究的决定还是个人作出的决定?对此,从吴某林的供词中我们无从得知。从基本的办案程序上讲,只有经过专案组开会研究才能作出决定,因此,不可能存在未经开会就能形成专案组决定的情形。由此可见,吴某林关于“经专案组研究决定”的说法难以自圆其说。

第二,由于房某瑜在梅县新县城新都豪庭地块土地交易中介中的行为是否违法,尚未定论,因此在这种情况下,专案组不可能作出“暂扣其违法所得5倍的策略”的决定。在梅州市纪委于2012年7月27日开具的《广东省暂时扣押、冻结财物收据》中清楚地注明对165万元违法款予以“暂时扣留”处理,这意味着对于该笔款项的违法性并未作出最终的定性,因此,专案组没有任何事实和法律依据对该笔涉嫌违法款的5倍予以暂扣。

第三,根据广东省人民检察院《关于饶新昌案有关情况的说明》

(粤检反贪[2013]143号):“2012年6月,省纪委办案组为调查危某峰在梅州专卖土地的问题,向梅州某园建筑设计有限公司董事长房某瑜调查取证。”根据该说明可知,房某瑜在危某峰案中是省纪委“调查取证”的对象,即证人,并非该案中涉嫌违纪违法的查处对象。因此,房某瑜在危某峰案中并不涉嫌违法事实的问题,“4·09”专案组也不可能对其作出任何处理或处罚决定。

第四,根据吴某林本人的交代,“4·09”专案组的职责范围是“查处省财政厅危某峰涉嫌职务犯罪系列案涉案人员的违法违纪事实”,可见,查处房某瑜在土地买卖中介的行为是否违法,并不属于“4·09”专案组的职责范围。况且,房某瑜在危某峰案中涉及的土地中介行为事实上并不存在违法违纪问题。因此,“4·09”专案组不可能作出暂扣违法所得5倍的策略的决定。

第五,结合其他言词证据材料,足以显示吴某林言辞的虚假性。具体表现如下:(1)控方证据材料,足以证实“5倍”的说法出自吴某林之口。房某瑜供词中的“要交至少5倍以上的罚款”与吴某林言辞中的“利用暂扣其违法所得5倍的策略对其施压”,在很大程度上能够相互印证吴某林虚构“5倍罚款”是客观存在的事实。因为,结合二人的上述言辞,足以证实“5倍”的说法出自吴某林之口,非房某瑜单方供述。(2)控方证人梁某蕾的证词,足以证实吴某林要求房某瑜交“罚款”事实是客观存在的。对比梁某蕾与吴某林关于同一案件事实经过的陈述,足以显现吴某林言辞的虚假性。在吴某林2013年1月15日询问笔录第29页记载:“我收房某瑜送的20万港元时,梁某蕾一同跟我去,我在车上跟梁某蕾说过:这纸袋里的东西是房某瑜送的。另外,我在拿人民币45万元给梁某蕾时,也跟他说过:这些钱是房某瑜送的。房某瑜送给我的其他钱,梁某蕾就不知道了。”但在梁某蕾2013年1月2日亲笔写的《关于吴某林的经济问题反映》第3

页记载:“我问房为什么会送钱给他,吴某林对我说房在办案点接受纪委调查期间,本来要对房罚款900多万元的,是他帮房把罚款数额从900多万元减少到100多万元,故房要感谢他。这些是吴某林当时对我说的。”在吴某林的笔录中完全回避了房某瑜为什么送钱给他这一关键问题,而梁某蕾的言辞却证实了房某瑜交“罚款”这一事实的存在。从本案实际情况分析,梁某蕾获悉案件相关事实情况的唯一途径是吴某林之口;同时,梁某蕾证词中的“罚款”与房某瑜供词中的“5倍罚款”之间可以相互印证。因而,梁某蕾上述证词的客观性毋庸置疑,并且可以进一步证实吴某林虚构“罚款”这一事实是客观存在的。此外,结合辩方证人沈某贞、刘某红和房某钢等人的证词,可以进一步证明吴某林虚构“罚款”事实的存在。

第六,“暂扣其违法所得5倍的策略”这一说法存在重大语病且无逻辑可言。理由如下:(1)此句话存在重大语病且无逻辑可言。所谓“暂扣”只能针对违法所得而言,对于“违法所得5倍”显然不存在“暂扣”之说;同时,“违法所得5倍”的表述在语意上明显不完整。因为“违法所得5倍”只是一个定语,后面缺少被限定的主题词——罚款。该句只有表述为“违法所得5倍罚款”,语意才完整。(2)既然是“4·09”专案组经过研究而作出的决定,就不可能出现如此低级的语句表达错误。梅州市纪委于2012年7月27日开具的《广东省暂时扣押、冻结财物收据》中清楚地注明对165万元违法款予以“暂时扣留”处理。由此可见,吴某林在其所有交代中都有意回避了“罚款”这一关键词,以试图隐瞒其虚构“违法所得5倍罚款”的事实真相。

第七,吴某林在所有交代中,始终歪曲一个重要事实情节,即将其主动打电话给沈某贞和房某瑜说成是沈某贞和房某瑜打电话给他。通话记录、梁某蕾证词和房某瑜供词可以证实,在房某瑜从办案点出来以后,都是吴某林主动打电话给房某瑜和沈某贞。吴某林之所以在这一情节上说谎,其用意在于掩盖其主动催逼房某瑜交罚款的事实真相。

综上,吴某林关于"经专案组研究决定,利用暂扣其违法所得5倍的策略对其施压"的交代,其客观性不能确认;相反,房某瑜供述中关于吴某林采取虚构"5倍罚款"的手段骗取其巨额钱财的事实,能够足以认定。

2."房某瑜主动送款"的虚假性

第一,吴某林2013年1月15日询问笔录第4页和2013年1月15日《我的交代》第2页记载:"房某瑜交款后第二天中午……房某瑜问我那天他写的收到没有。我当时会意他所指的是问我是否收到225万元人民币,我对他摇了摇头,也就没有说什么。房某瑜又说:方便时给我打电话交代一下,没有问题的。我还是没有说什么。听房某瑜这样说,我虽然犹豫了两天,但还是没有把控好自己,心里产生了贪念……2012年7月底,我打电话给陈某,让她用别人的身份证开具一张银行卡及网银。当天下午,陈某就将办好的户名为陈某渝的广发银行卡和网银拿给我。"从时间上推算,其中所谓"犹豫了两天"存在明显的漏洞,由此可以推断其言辞的虚假性。案件事实材料显示,"房某瑜交款后第二天中午"应当是2012年7月28日中午,"犹豫了两天"的时间是7月29日和30日,"7月底"即为7月31日。这样,按照吴某林的说法,陈某渝的广发银行卡开户时间应当是7月31日。但事实上,广发银行梅州公园路支行陈某渝个人账户(6225 6818 2100 ×××× 099)开户申请书复印件记录的时间为7月30日。可见,吴某林所谓"犹豫两天"的说法并非事实真相。

第二,吴某林于2013年1月15日亲笔所写《我的交代》第5页记载:"2012年8月23日,当天晚上9点钟,房某瑜又打电话给我,说一定要见我。于是,我答应了,见面地点约在梅花湾酒店门口。因为当天晚上我在办案点,我便打电话给梁某蕾,让她过来接我。过了不久,梁某蕾就开车送我到梅花湾酒店门口,梁某蕾留在车上等我……房某瑜拿给我一个红色的纸袋说:你抽烟的,这几条烟你收下。我接过红色纸袋发现里面有三条烟,另外还有一包用黑塑料袋装着的东西,我想应该是钱……然后我就回到梁某蕾的车上回江南三龙居办案点。在办案点下车时,我交代梁某蕾把纸袋拿回去,看看里面有什么东西。当天晚上,梁某蕾打电话给我,告诉我房某瑜拿来的纸袋里装有20万港元和三条烟。"上述交代与梁某蕾的证词完全不同。梁某蕾2012年12月25日询问笔录第6~7页记载:"2012年8月23日(因为当日为七夕节,吴某林约我当日见面,我记得很清楚)晚上10点左右,吴某林约我去了他小舅家里(在帝景湾)。坐了一会儿我们就离开了。在走到帝景湾门口,吴某林有点自言自语:'莫人都出来了,拿不到钱,要抓紧把钱拿到手。'这时,他用一大众卡拨打电话(151××××4065或者147××××1506),这两个电话号码都不是吴某林日常用的电话号码,是吴某林让我帮他购买的电话卡。我不知道他究竟用哪个号码,说:'房总。'因为我先上车,其他内容我没有听到,然后他就叫我开车载他到梅花湾酒店门口,他要我在车上等他。过了一会儿后,吴某林手里拿着一个塑料袋(红色礼品袋)回到车上,吴某林对我说:'里面有三条香烟和20万港元,你去把港币换成人民币'。"吴某林和梁某蕾关于当天晚上事实经过和具体情节的陈述存在诸多明显的不同,见表1:

表1 吴某林与梁某蕾关于事实经过与具体情节的陈述

事实过程与情节	吴某林交代	梁某蕾证词
吴某林与房某瑜通话的具体情节	房某瑜又打电话给我,说一定要见我	他用一大众卡拨打电话,说:"房总。"

续表

事实过程与情节	吴某林交代	梁某蕾证词
吴某林与梁某蕾去梅花湾酒店的过程	因为当天晚上我在办案点,我便打电话给梁某蕾,让她过来接我。过不久,梁某蕾就开车送我到梅花湾酒店门口	晚上10时左右,吴某林约我去了他小舅家里坐了一会我们就离开了
装香烟和20万港元的袋子	房某瑜拿给我一个红色的纸袋	吴某林手里拿着一个塑料袋(红色礼品袋)回到车上
吴某林当时是否知道袋子里装有20万港元	我接过红色纸袋发现里面有三条烟,另外还有一包用黑塑料袋装着的东西,我想应该是钱……在办案点下车时,我交代梁某蕾把纸袋拿回去,看看里面有什么东西。当天晚上,梁某蕾打电话给我,告诉我房某瑜拿来的纸袋里装有20万港元和三条烟	吴某林手里拿着一个塑料袋(红色礼品袋)回到车上,吴某林对我说:"里面有三条香烟和20万元港币,你去把港币换成人民币。"
吴某林打电话前的心理活动	无	自言自语:莫人都出来了,拿不到钱,要抓紧把钱拿到手

由表1可知,关于2012年8月23日晚上吴某林收取20万港元的事实经过和具体情节,吴某林和梁某蕾的陈述在五个方面截然相反或者有重大区别:(1)吴某林先打电话给房某瑜,还是房某瑜先打电话给他,二人说法完全对立;(2)吴某林和梁某蕾去梅花湾酒店的经过,二人说法存在重大区别;(3)装香烟和港元的袋子是塑料礼品袋还是纸袋,二人说法完全不同;(4)吴某林在接到房某瑜拿给他的袋子时是否知道里面有20万港元,二人说法完全相反;(5)关于吴某林自言自语这一情节,吴某林没有交代。上述事实经过和具体情节在很大程度上可以证实,吴某林是否具有催要款项的心理活动和行为表现。因此,查明上述事实,对于本案定性至关重要。

对比梁某蕾和吴某林二人的言辞，我们认为，梁某蕾证词的客观性毋庸置疑，可以采信。

理由有二：(1)梁某蕾关于事实经过和具体情节的陈述更为详细、连贯和完整，而吴某林的言辞非常笼统；(2)梁某蕾言辞能够与房某瑜的相关供述相互印证。房某瑜2013年9月19日讯问笔录第7页记载："晚上约10点多，吴某林用一手机打我电话。在通话中吴某林对我说：'我在梅花湾KTV房招待省领导，没有带烟和钱，你家里有无好烟和现金。'我说：'好烟有，但没有现金，但有一二十万港元。'……于是我拿三条烟和随手从我的手提袋中拿出一沓港元，共有20万港元，拿出来放入信封内，装进一红色硬塑料的礼品袋内……我和吴某林走到梅花湾酒店斜对面的拐弯处一棵大树下才停下来，我把装有三条烟和20万港元的红色硬塑料的礼品袋交给吴某林。"

房某瑜的上述供词与梁某蕾供词关于事实过程和具体情节的描述没有任何矛盾，且在以下几个方面完全一致：(1)装烟和港币的袋子是一个红色塑料的礼品袋，而不是吴某林所说的是一个红色纸袋及里面有一个黑色塑料袋；(2)吴某林先打电话给房某瑜，而不是房某瑜先打电话给吴某林；(3)吴某林在收到房某瑜交给他的红色礼品袋时已经知道里面有一二十万港元，并非吴某林所说他当时并不知道是港币及其数额。由此可见，吴某林关于上述事实情节的言辞不具客观性，同时也表明吴某林在其交代中极力隐瞒其主动催要款项的事实真相。

第三，2013年1月15日《我的交代》第5页记载："房某瑜做了个'八'的手势，我明白房某瑜是指他还在办案点时他写信给我说的事，我便说：'你方便怎样拿给我就怎样拿给我。'房某瑜说：'一下子要取800万元现金我不是很不方便。'我说：'那就开三张银行卡，把钱存到里面,要开通网银。’”吴某林的上述言辞表明:第一,吴某林主动提出并要求通过开银行卡的方式交钱,这在一定程度上反映吴某林有预先谋划的嫌疑;第二,吴某林关于房某瑜主动提出送800万元的说法不可信。因为,如果是房某瑜主动提出给800万元,那么,由于他取800万元现金不方便,因此就会主动提出开银行卡和网银,而不是由吴某林提出开卡和网银。

3. 吴某林的串供行为使其供词的真实性不能保障

2013年1月15日《我的交代》第10页记载:“2012年11月初,因为知道房某瑜被调查组叫进去了,害怕收受房某瑜大量送款的事情暴露。”

以上言辞表明,吴某林在被纪委接受调查前有充分的时间进行反侦察准备,这集中体现在他与陈某之间的串供活动。从11月初至11月底,吴某林有20多天的时间进行反侦察准备和与他人串供。

关于这一事实,在陈某的询问笔录和吴某林的讯问笔录中均有清楚的记载。陈某2012年1月8日的询问笔录第20页记载:“吴某林还对我说,如果组织找我,就向组织说我是房某瑜的女朋友,只要我这样死死咬住,我是房某瑜的女朋友,这些钱是房某瑜送给我的,吴某林和我就不会有事……当时吴某林还让我在我的手机上存入房某瑜的手机号码,姓名写上‘亲爱的’。”吴某林2013年1月24日讯问笔录第32页记载:“在2012年11月中下旬,我跟陈某说了上述所得的钱并不是做生意赚的钱,而是房某瑜送给我的钱。当天晚上,我还告诉陈某,我收受房某瑜钱的事,房某瑜已经讲出来了,组织会追查我。为了能够逃避追查,我教陈某:陈某是房某瑜的女朋友,我上述收受房某瑜送的这些钱,其实是房某瑜送给陈某的,跟我没关系。这样我和陈某就都不会出事了。陈某答应了。我之所以教她说上述话,目的是让陈某帮我说谎来应对组织对我收受房某瑜送款的追查。”根据吴某林与陈某之间的串供表现，以及吴某林拥有查办案件的丰富经验，吴某林供词的客观性无法保障。

（二）房某瑜不可能具有贿送巨额款项的主观动机

吴某林2013年1月15日询问笔录第27页和2013年1月24日讯问笔录第29页记载：“问：房某瑜为什么会送款给你？答：我是省纪委‘4·09’专案组成员，是房某瑜的主谈人，即我是负责房某瑜案件的。当时房某瑜非常想早点回家，并且担心组织会处理他……房某瑜希望我能让他早点结束调查，早点回家，并且希望我能在领导面前，为他争取不处理他的结局。”

上述言辞表明，房某瑜送人民币1025万元和20万港元给他的动机有两个：一是希望早点回家；二是希望组织上不处理他。但是，吴某林的下列言词清楚地表明，房某瑜送800万元的动机只有一个，即“明天能让其回家”。根据吴某林2013年1月15日询问笔录第10～11页、2013年1月24日讯问笔录第12页和2013年2月6日讯问笔录第12页的记载：“我回到办公室见最上面的纸是房某瑜写给我的信，主要意思是他身体不舒服，以前曾犯过肾病，希望早日能回家调理。如果明天能让其回家，他将（再）拿800万元酬谢我……我作为房某瑜案件的主办人在会上表态：房某瑜已经把问题都讲清楚了，没有留他的价值。会议决定当天下午让房某瑜回家。”

此外，在吴某林2013年1月15日《我的交代》第5页也有几乎完全相同的内容，但两份言辞中有一点明显不同，即前者是“他将再拿800万元酬谢我”，后者没有“再”字。以上言辞清楚地表明，房某瑜送800万元的动机是“明天能让其回家”。显然，仅仅为了这一目的而再增加800万元酬谢是绝不可能的。理由如下：

首先，吴某林的上述言辞无法自圆其说。在吴某林言辞中，一方面，其将房某瑜送人民币1025万元和20万港元的动机说成两个，即早点回家和不被组织处理;另一方面,其又将送800万元的动机说成一个,即"明天能让其回家"。其中的矛盾之处不言自明。

其次,吴某林的言辞违背基本的生活常理和逻辑常识。按照吴某林的说法,房某瑜为了早点回家和不被组织处理,已经给了225万元的巨额酬谢费,又怎么可能仅仅为了"明天能让其回家"而再愿意拿出800万元巨额款项作为"酬谢"。对于任何一个神智清晰和精神正常的人来说,是绝不可能产生这种令人难以理喻和置信的行为动机的。

(三)吴某林刻意隐瞒了重要案件情节

根据吴某林2013年2月6日10时20分讯问笔录第2~3页的记载:"问:你和陈某、房某瑜三人有一起在深圳见过面?答:据我回忆,我们三人没有一起在深圳见过面。我和房某瑜见面,一般都在梅城见面,其他地方我们见面与否,我真的没有印象了。问:房某瑜有无拿过钱或物给陈某?答:据我所知,没有。"实际上,本案存在确实充分的证据可以证实,吴某林与房某瑜等人在深圳见面这一事实的存在。陈某2012年1月8日询问笔录第17页陈述了如下事实经过:2012年9月1日下午3时左右,陈某和吴某林在深圳丽思卡尔顿酒店房间内与房某瑜等人见面,当时共有七人,包括陈某、吴某林、吴某林同学梁某、房某瑜、刘某红、余某杰和房某钢。当时房某瑜给了陈某一个路易威登手提袋。同时,吴某林拿给陈某2万港元,并说这是房某瑜给的。关于上述事实,在房某瑜的多次供词和2013年1月4日询问笔录第3~4页也有记录。当天见面时有多人在场,并且有人听见他向房某瑜催款。这也许是吴某林不愿意承认这一重要事实情节原因所在。正常情况下,吴某林是不可能忘记这一事实经过的,因为,他与房某瑜在深圳见面只有一次,且当时他女朋友陈某也在场。

三、房某瑜供述的客观性无可置疑

(一)房某瑜供词能与相关证人证言相互印证

对比吴某林和房某瑜关于本案基本事实的陈述,吴某林言辞不仅是孤证,且违背情理和逻辑;而房某瑜供词不仅合乎情理,而且能够与其他相关证人证言相互印证,其客观性可以确认(见表2)。

表2　控辩双方证据材料分类比较与质证

<table>
<tr><th>来源</th><th colspan="2">直接证据</th><th>证据内容</th><th>质证意见</th></tr>
<tr><td rowspan="4">控方证据</td><td>有罪证据</td><td>吴某林言辞</td><td>房某瑜希望早点回家和组织不处理而主动送钱给他</td><td rowspan="4">1. 有罪证据仅限于吴某林单方言辞。
2. 吴某林言辞与房某瑜供词完全对立。
3. 吴某林部分言辞和梁某蕾证词可以印证“罚款”之说缘于吴某林之口;可以证实吴某林催要款项。
4. 吴某林部分言辞和梁某蕾证词可以共同印证房某瑜供词的真实性</td></tr>
<tr><td rowspan="5">无罪证据</td><td>吴某林言辞</td><td>1. 暂扣其违法所得5倍的策略对其施压。
2. 我对房某瑜不论身体还是心理的要求都是严格的,一丝不苟的,作为房某瑜的主谈人,使其在一个陌生的环境下产了恐惧心理</td></tr>
<tr><td>房某瑜供词</td><td>我是被吴某林索要的,不是自己主动送给他的,是被吴某林利用我在办案地点里面精神状态差,自己对法律知识不了解,担心自己违纪违法的事情被纪委处理的心态,对我欺诈、恐吓我,我就糊涂地按他的要求给他</td></tr>
<tr><td>梁某蕾证词</td><td>1. 本来要对房罚款900多万元的,是他帮房把罚款数额从900多万元减少到100多万元。
2. 吴某林有点自言自语:“莫人都出来了,拿不到钱,要抓紧把钱拿到手。”</td></tr>
<tr><td rowspan="2">辩方证据</td><td>沈某贞证词</td><td>吴某林曾打电话要求她尽快交清房某瑜的罚款</td><td rowspan="2">三人证词可以进一步印证房某瑜供词的客观性</td></tr>
<tr><td>刘某红房某钢证词</td><td>在深圳与吴某林吃饭时听见吴某林要房某瑜抓紧交清罚款</td></tr>
</table>

续表

小结	1. 吴某林言辞属孤证,客观性不能确认;房某瑜供词能与诸多证人证言相互印证,其客观性可以确认。 2. 以上证据足以证实,吴某林虚构"5倍罚款",欺骗房某瑜巨额款项

1. 控方证据材料可以印证房某瑜供词的真实性

根据上表可知,房某瑜关于下列案件焦点事实的供述能够与其他证人证言相互印证:

第一,结合吴某林言辞和梁某蕾证词,足以印证房某瑜供词的客观性。吴某林的言辞是"暂扣其违法所得5倍的策略对其施压",房某瑜的供词是"要交至少5倍以上的罚款",其中"违法所得5倍"是二人共同的说法,可以相互印证。梁某蕾证词中的"本来要对房罚款900多万元",印证了房某瑜供词中关于吴某林要求其交"罚款"的供述。这样,吴某林言辞中的"违法所得5倍"与梁某蕾证词中的"罚款"相结合,充分地印证了房某瑜供述的真实性。

第二,"暂扣其违法所得5倍的策略对其施压"能够与房某瑜供词相互印证,并证实如下事实:(1)房某瑜交给吴某林的巨额款项并非为了"早点回家"和"组织不要处理他",而是按照吴某林要求的"违法所得5倍"缴交罚款;同时也暴露出吴某林如下言辞的虚假性,即房某瑜为了早点回家和组织不要处理他而主动送钱给他。(2)其中"施压"印证了房某瑜关于吴某林对其进行恐吓、威胁的供述的真实性。

第三,根据吴某林2013年1月20日《我的思想认识》第1页的记载:"我个人也想在事业上做出成绩,所以房某瑜在接受专案组审查前期,我对房某瑜不论是身体还是心理的要求都是严格的,一丝不苟的,作为房某瑜的主谈人,使其在一个陌生的环境下产了恐惧心理,从而动摇了其信心,使其交代了大量问题。"

此外,在吴某林2013年1月24日讯问笔录第4页也有基本相同的内容。吴某林的上述言辞，可以与房某瑜供词相互印证，并证实了如下事实：(1)“对房某瑜不论是身体还是心理的要求都是严格的，一丝不苟”可以证实，吴某林在对房某瑜进行调查过程中，采取了非正常的特殊调查手段对房某瑜进行身心折磨。(2)“使其在一个陌生的环境下产了恐惧心理”可以证实，房某瑜因吴某林采取实施的特殊调查手段，使其产生了极度恐惧心理。

第四，梁某蕾的“莫人都出来了，拿不到钱，要抓紧把钱拿到手”的证词可以与房某瑜供词相互印证，并证实在房某瑜从办案点出来后，吴某林仍然对其进行威胁和催逼罚款的事实；同时也印证了吴某林言辞的虚假性。

2. 辩方证人证言可以印证房某瑜供词的真实性

第一，沈某贞的证言可以证实如下事实：(1)房某瑜在接受纪委调查期间，曾电话通知沈某贞将165万元的款项打入市纪委指定的账户内，将225万元打入陈某渝的私人账户，并说225万元是5倍罚款的一部分，要求其不要将此事告诉任何人；(2)吴某林曾多次电话催她尽快把款打入陈某渝的账户，否则房某瑜会有麻烦；(3)沈某贞听房某瑜说，这些款是房某瑜交易土地一案的罚款。

第二，辩方提供的2014年2月20日刘某红询问笔录可证实如下事实：2012年9月1日，刘某红陪房某瑜、房某钢、余某杰一起到深圳，在丽思卡妮顿酒店见到吴某林和他的女朋友陈某。大家在一起吃晚饭的时候，刘某红听到吴某林对房某瑜说，罚款抓紧交清就没事了。此外，辩方提供的房某钢2014年2月23日询问笔录也可证实上述事实。

以上证词证实了吴某林要求房某瑜缴交罚款事实的存在，并能与房某瑜供词相互印证。

（二）房某瑜相信吴某林谎言在情理之中

房某瑜2013年9月19日8时42分讯问笔录第14页记载:“问:你为什么要给那么多钱给吴某林?答:我是被吴某林索要的,不是自己主动送给他的,是被吴某林利用我在办案地点里面精神状态差,自己对法律知识不了解,担心自己违纪违法的事情被纪委处理的心态,对我欺诈、恐吓我,我就糊涂地按他的要求给他。”此外,在房某瑜2013年9月19日讯问笔录第8页、2013年9月30日讯问笔录第8页也有大致相同的内容。房某瑜上述供述的真实性无可置疑,应当作为证据采信。主要理由是:首先,房某瑜供述中关于案件事实情节的陈述详尽、完整,合情、合理;其次,房某瑜的供述内容与其归案前的举报材料一致,其供述内容高度稳定,客观性无可置疑;最后,房某瑜的供述能够与其他证人证言相互印证,其客观性可以确认。具体理由如下:

第一,房某瑜在当时产生的恐惧心理是吴某林诈骗得逞的重要原因之一。房某瑜在长达47天的隔离调查期间,没有人身自由,对外信息断绝,在这种情况下,吴某林利用其纪委工作人员的身份、专案组办案的职权以及对房某瑜主谈的机会,对房某瑜采取了某些非正常的调查手段,进行恐吓、威逼,致使房某瑜产生了极度恐惧的心理。并且,在房某瑜从办案点出来之后,吴某林以“可以随时叫他回去”对其持续进行威胁和恐吓,从而使房某瑜的心理一直处于恐惧不安的状态。根据房某瑜2013年9月9日讯问笔录第15~16页:“问:既然是‘办案经费’为什么要存入私人名下?答:他说是给他们办案人员的办案提出,是内部使用的,至于为什么要这一操作,我就不知道了,我只是按他的要求这样做,他说他可能随时把我叫回去,把我定性为商业贿赂,判10年至15年之类的,我在纪委办案点生不如死,这恐吓再被叫回去。”可见,由于房某瑜害怕被吴某林再次叫交回调查,以及将其行为定性为商业贿赂而受重刑,导致房某瑜在极度恐惧心理之下丧失了对吴某林谎言的识别能力。

第二,吴某林与房某瑜的不同身份与地位是房某瑜受骗的又一重要原因。吴某林梅州市纪委干部,又是省纪委"4·09"专案梅州组成员之一,还是调查房某瑜的主谈人;而房某瑜则是一个商人,缺乏基本的法律常识和意识,因此,当其处于被隔离调查情况下,吴某林利用其特殊身份和职权所形成的威慑力,并采取某些特殊的调查手段,从而导致房某瑜无法判断吴某林所编造5倍罚款、办案经费及讲课费等谎言。因此,房某瑜轻信吴某林的谎言是合乎情理和无可置疑的。

第三,吴某林持续不断地恐吓、威胁与欺骗,使房某瑜难以察觉其谎言。房某瑜2013年9月19日讯问笔录第3~6页详细描述了吴某林实施欺骗、恐吓和威逼房某瑜缴交罚款的事实经过,大致内容如下:"刚开始时,吴某林经常单独一人对我谈话,并且经常是晚上。他除要我交代经济问题外,重点了解我的生意况且和资产情况。他说,'我要交165万元给纪委作为违纪款,同时要交至少五倍的罚款数额的办案经费'。'若是不交钱,可以把我的行为定性为商业贿赂,对我判处10年以上、15年徒刑。'他说,'他给我上一堂课是要200万元,帮我上了6节课,值1200万元'。7月28日,吴某林在他办公室,拿出计算机按了几下,说至少要交违纪款5倍以上的罚款作为办案经费。他说,'你既然现在没有那么多流动资金,那就先交225万元吧,剩下的就以后再交'。吴某林说,'先在陈某渝账户存入225万元,这是省纪委的不符办案经费'。'吴某林强调陈某渝这个账户是省纪委的秘密账户。'吴某林还对我说,'这件事现在不能说出去,以后也不能说出去,我们办案是有保密要求,如果你不保密,哪怕你出去以后也死定了,我们随时可以帮你叫回来,还有你出去以后必须听我的安排’。”

根据以上供词,自2012年7月5日至8月21日,他被省纪委“4·09”专案梅州组隔离调查47天。

在此期间,吴某林利用主谈人的地位和职权,采取某些特殊的调查手段,对其心理和身体进行折磨,使其产生极度的恐惧心理;同时,吴某林假借缴交罚款、办案经费和讲课费的名义,威逼其交付巨额款项。在房某瑜支付225万元并结束调查之后,吴某林仍然以“随时可以叫他回去”相威胁,迫使其继续缴交巨额罚款。截至2012年9月11日,吴某林骗取房某瑜钱款共计人民币1025万元和20万港元。因此,房某瑜会相信吴某林的谎言完全在情理之中,其供词的内容详尽具体、合情合理,客观性无可置疑。

四、房某瑜没有谋取不正当利益

根据控方证据材料,房某瑜并没有通过吴某林谋取任何不正当利益。具体理由如下:

(一)房某瑜希望“组织上不处理他”并非不正当利益

首先,根据广东省人民检察院《关于饶新昌案有关情况的说明》(粤检反贪[2013]143号)内容:2012年6月,省纪委办案组为调查危某峰在梅州专卖土地的问题,向梅州某园建筑设计有限公司董事长房某瑜调查取证。该说明表明:其一,房某瑜只是作为危某峰案的证人接受省纪委“4·09”专案梅州组的调查,而非该案中涉嫌违法违纪的被查出对象;其二,房某瑜在危某峰案中涉及的土地中介行为并不存在违法违纪问题。可见,房某瑜希望“4·09”专案组不处理他,并非不正当利益。

其次,吴某林在各次《讯问笔录》中都讲道:“房某瑜的问题已交代清楚,没有再留的价值。”可见,房某瑜已将自己的问题全部交待清楚,而专案组并没有就其所交代的问题作出任何处理,这表明,房某瑜的问题不属于“4·09”专案组应当查处的问题。因此,房某瑜要求不处理他,并非不正当利益。

(二)“希望早点回家”是房某瑜的正当要求

根据中共中央纪律检查委员会于1994年3月25日印发的《中国共产党纪律检查机关案件检查工作条例》的规定,“双规”只能适用于违纪且需要立案查处的党员。房某瑜并非党员干部,他作为证人接受专案组调查,且在危某峰案件并不存在违法犯罪事实,但却被隔离调查长达47天之久。在这种情况下,房某瑜希望早点回家纯属正当利益。

(三)吴某林索取钱财的事实足以认定

根据控方证据材料,吴某林向房某瑜索要钱财的事实足以认定,因而指控房某瑜行贿不能成立。

首先,根据《梅州市人民检察院报请逮捕书》的认定:“房某瑜在接受广东省纪委‘4·09’专案梅州组审查过程中,为谋取不正当利益,为得到吴某林的关照,并在吴某林的索要下,房某瑜先后多次通过转账、送现金等方式送款给吴某林。”可见,梅州市检察院已明确认定吴某林具有索要钱财的行为。

其次,中央纪委监察部于2013年12月25日20时30分在其官网上分发布《中央纪委通报纪检监察干部违纪违法典型案件》,其中认定:“2012年7月至11月,吴某林在协助广东省纪委专案组调查涉案人广东梅县某园建筑设计有限公司董事长、法定代表人房某过程中,利用监管漏洞,伺机与房某单独谈话,谎称自己可对其行贿他人行为不定性为商业贿赂,先后6次收受、索要房某贿赂共计人民币1025万元、20万港元。”其中“谎称自己可对其行贿他人行为不定性为商业贿赂”的内容表明,中纪委认定了吴某林在对房某瑜调查过程中进行威胁的事实;同时,明确认定了吴某林有索贿情节。由于房某瑜在接受调查期间并没有获得任何不正当利益，因此，控方指控房某瑜行贿不能成立。

最后，根据房某瑜的当庭供述，在2012年7月6日至8月21日房某瑜接受“4·09”专案组调查期间，以及在2012年10月28日至11月8日房某瑜接受梅州市纪委调查期间，在两个办案地点均有同步录音录像资料保存。这些视听资料完全可以清晰而完整地再现吴某林对房某瑜实施诈骗行为的事实经过和情节，因而是查明本案焦点事实最可靠和最充分的直接证据。为了能够彻底查清本案事实情况，并鉴别和确认吴某林和房某瑜二人言辞的真实性，从而对本案作出客观公正的判决，我们在庭前已向贵院提出调取上述视听资料的申请，望法庭能够对该项证据材料给予重视！

我们的辩护意见，恳请合议庭予以充分考虑！

辩护人：

北京市京都律师事务所律师　田文昌

广东东方星联律师事务所律师　陈建清

二〇一四年三月十一日

辩护词(一审第二轮)

审判长、审判员、人民陪审员：

通过一天的审理，我们可以发现，这个案件很奇特，具有其他案件中少见的特殊之处。辩护人注意到，本案中两项事实的指控有两个共同点：第一个共同点是，都有给钱的事实，对于这一点被告人承认，控辩双方也都不否认；第二个共同点是，被告人给钱的动机都是正当的，没有不正当利益的追求和获得。此外，还有一个不同点，就是第一笔行贿吴某林的指控中，受贿人吴某林存在明显的欺骗、勒索行为，被告人是典型的被敲诈者、实质上的被害人。

现在，辩护人就今天庭审中控辩双方争论的焦点问题，针对控方第二轮在公诉意见中提到的观点做几点简要的补充。

一、关于第一项指控，除了刚才另一位辩护人谈到的辩护观点之外，请法庭还要关注以下几个问题

第一，两个事实，四个疑问。

第一个事实：单位账户向吴某林指定的账户汇款的事实。单位财务人员通过单位账户汇款，这一事实已经经过法庭调查予以证实，不仅卷宗里有，而且出庭证人也向法庭证实了。那么，在这个事实存在的情况下，我们就需要高度注意两个问题。

其一，既然是房某瑜个人行贿，为什么由单位汇款？这样的先例有没有？在中国司法史上，个人行贿单位出钱的情况，至少辩护人没见到过，不知道在座的哪位见多识广曾经见到。这岂不是咄咄怪事！

其二，房某瑜个人行贿，却通过单位财务人员用单位账户往受贿账户里公开转账。有没有这样的行贿人？除非行贿人“脑子进水”了，否则辩护人也没见过有这样的行贿人，大张旗鼓地公开行贿。

仅这两点，就应当引起法庭对此项指控的高度重视，怎么解释？除了被敲诈、欺骗，没有别的合理解释。

第二个事实：吴某林多次直接给公司财务人员沈某珍打电话催款的事实。这其中又有两个疑问：

其一，房某瑜个人行贿，为什么受贿人可以直接找公司的财务人员催款？这样的事有没有先例？同样，咄咄怪事！

其二，吴某林曾经对财务人员沈某珍讲过，是要交罚款。这一事实当庭得到了沈某珍的确认。

以上两点，足以印证吴某林公然欺骗、勒索的极其恶劣的行为事实。

现在,其他事实我们都先放下不予争论,就这两个事实、四个疑问,谁能解释清楚?在中国,在国外,在任何一个国家的贿赂犯罪当中,居然会有这样的事实发生?除非有人能够做出合理解释,否则,只能说明是以敲诈、欺骗的方式去勒索财物,绝不存在行贿人主动给付的情况。

第二,关于韶关法院的判决。

公诉人谈到韶关法院的判决,强调在该判决中没有提到吴某林索贿。前面在法庭质证的时候,辩护人曾专门针对被告人的说法做了一个解释,这是一个认识上的误区。法律明确规定了贿赂犯罪包括行贿罪和受贿罪,索取贿赂只是受贿罪中的一个情节,而并不是一个独立的罪名。收受贿赂当然包括被动收受和主动索取两种情况,任何人都不能说受贿罪不包括索贿,任何人更不能说法院可以单独认定一个索贿罪。所以,韶关法院没有认定吴某林是索贿罪,这个认定没有问题。但是,这并不排除吴某林在受贿过程中的索取行为。那么,韶关法院的判决书表述得不够清楚,只是判决书的瑕疵;这种瑕疵不能对抗今天我们法庭对本案的事实审理。因此,韶关法院的判决并不影响吴某林索贿的性质。更不用说关于吴某林的索贿行为,中纪委监察部门已经通过官方网站公开予以通报,明确了他的索贿性质。如果说韶关法院的判决可以作为一种理由的话,那么中纪委的通报难道不比韶关法院判决更有说服力吗?这个问题请法庭一定要高度重视。

第三,吴某林的行为到底是诈骗罪还是受贿罪。

确实吴某林在索贿的过程中采取了极其恶劣的欺骗手段,如果说他诈骗,也并没有错。但是,诈骗罪和受贿罪是两个不同的罪名,按照法律从一重罪论处的原则,即使吴某林确实同时构成了两种犯罪,也应当按照处罚更重的受贿罪定罪处罚。诈骗罪最高刑是无期,而受贿罪的最高刑是死刑,因为受贿罪是职务犯罪,受贿人利用国家工作人员的身份犯罪,破坏了国家机关的声誉,构成了更严重的犯罪。所以,韶关法院判决吴某林受贿罪并无不当。但需要强调指出的是,判决受贿罪并不排除索贿的情节,也不排除他实施了恶劣的欺诈、敲诈行为。

第四,房某瑜有没有获取不正当利益?

首先,房某瑜不是党员,纪委有什么权力限制他几十天的人身自由?其次,作为一个正常经营的公司,对于经营活动中赚取的中介费,不分青红皂白说人家是违法取得的,而到现在也不能证明这中介费具有违法性。既然行为违法性的前提不存在,不正当利益从何而来?因此,辩护人认为,房某瑜提出"早点回家","不予追究",这都是房某瑜基本的正当权利,没有任何不正当的利益。

从以上四个方面理由可以说明,我们没有任何理由否定吴某林采取欺骗勒索的手段索取钱财,也没有理由认为房某瑜获取了任何不正当利益。

二、关于第二项指控行贿饶新昌的问题

第一,主体认定错误。

综合全案所有情况,单位行为的性质如此明显,在房某瑜和饶某昌的关系当中,任何一件事情都没有丝毫的个人利益参与其中,完全都是为了单位利益,单位人参与,单位出的资金,和个人行为没有任何关系。辩护人无法理解,公诉机关如何把如此明显的单位行为就变成了个人行为?

第二,没有谋取不正当利益。

关于这一点另一位辩护人已经说得很详细,起诉书指控的若干笔资金,笔笔都能说清楚理由,在此不再展开论述。

第三,容积率超标的事实不存在,对于这个问题重点做一点说明。

辩护人要强调的是,请法庭注意,追加起诉书指控被告人给饶某昌行贿谋取不正当利益的唯一理由是:"三个楼盘超容积率报建。"在庭审调查中,辩方已经向法庭提供了非常有力的客观证据,提供了一份图表可以证明三个楼盘的容积率是合格的,根本不存在超标问题。这个证据是不可否认的客观证据。那么,在根本不存在超标事实的前提下,超标的指控又从何而来呢?既然超标的事实不存在,从而不存在超标的指控理由的时候,不正当利益的基础又从何而来呢?既然没有不正当利益存在,那么房某瑜即使给饶某昌200万元又何妨呢?因为法律规定得非常清楚,必须为谋取不正当利益给受贿人钱财,才构成行贿罪。所以,辩护人在开庭的一开始就纠正了被告人回答问题的一个错误之处,审判长问被告人是否认罪,他承认有罪,但实际上他只是承认给钱的事实,而不是承认有罪。至于有没有罪,我们今天控辩双方还在法庭上各执己见,争论了一天,更何况对一个不懂法律的被告人,让他认定自己有没有罪,他怎么能够认识到自己是有罪还是无罪呢?主动承认给钱的事实,恰恰证明了被告人的诚实和坦白,但绝不因为被告人承认了自己给钱的事实,就构成了犯罪。

第四,即使容积率超标,与被告的建筑设计单位也没有关系。

首先,前提是有客观证据能够证明这三个楼盘容积率没有超标。其次,容积率与被告所在的建筑设计公司也没有任何关系。容积率指的是多大的土地空间允许开发商建多少面积的房子,有的小区容积率高,有的低一些,但是法律法规明确规定了容积率的标准,太低了是不可以的,因为我们国家的土地紧张,不允许容积率超标。这是建筑规划的问题,是开发商要解决的问题。建筑设计是指对建筑空间的研究以及对建筑物实体的研究。简言之,容积率涉及的是规划空间里房屋总面积,建筑设计是在规划的总面积里盖什么样的房子。这是一个宏观问题和微观问题的关系,容积率是一个开发中的宏观问题。由此可见,本案中不仅容积率超标的事实不存在,而且不管存在与否,与被告的设计单位也不存在直接关系。此进一步说明了起诉书指控的为解决容积率超标问题而谋取不正当利益的基本事实不存在。

三、本案一个值得深思的问题

经过今天的庭审,辩护人受到了很大的震动。为什么?因为本案引发了一个非常值得我们深思的重大原则问题。本案的被告人房某瑜本是一个被纪委工作人员利用职权敲诈勒索的受害人,在举报勒索人而且当勒索人被绳之以法之后,却站在今天的法庭上,被以向勒索人行贿的罪名提出指控,这种现象应当作何解释?

在今天反腐风暴举国关注的形势下,这种做法将会对反腐斗争产生什么样的影响?

更加令人费解的是,在上一次预计开庭的前一天(2013 年 1 月 15 日)下午,当辩护律师已经表明无罪辩护观点后,检察机关却无任何理由,突然撤回起诉,然后又追加了另外一项所谓对饶某昌的行贿事实。而这一事实却又是被告人房某瑜在纪委时主动交代的、发生在吴某林案之前的行为,并且对该项事实广东省人民检察院已经有书面文件说明,系房某瑜主动交代且积极配合办案。同时,在追究饶某昌的时候直至对饶某昌作出判决后,也没有追究房某瑜行贿的责任。那么,这一次的追加指控,目的何在?这一次的指控,似乎是一种保底性的补充指控,大有指控不成、誓不罢休之势!

通过今天的开庭审理,在大量证据面前,事实已经很清楚,被告人房某瑜是一个典型的受到党内腐败分子敲诈的受害者,当这样的一个受害人揭露了腐败分子的罪行,给市委书记写信,给省纪委副书记写信,并使之受到法律制裁之后,却反过来被以莫须有的行贿罪予以指控。那么,对于反腐败斗争而言,这种案件的发生究竟意味着什么?是否会意味着,被腐败分子所害者,只能忍气吞声,忍辱负重,既不能反抗,也不能揭露,否则,就一定不会有好下场?即使腐败分子暴露了,鱼死也得网破?那么,这种做法的后果,究竟是在震慑腐败分子,还是意在震慑受害人?其真正的作用岂不是在保护腐败分子,为腐败分子撑腰?

本案指控的背景和事实,在我国司法实践中是罕见的,其怪异程度,令人震惊!其社会效果,令人担忧!其案外的隐情,更加令人深思!

希望法庭对这些问题予以高度重视!

独立司法,是党的十八大以后提出的重大司法原则,也是维护司法公正的重要前提。希望法庭坚持原则,排除一切违反党纪、国法的各种案外因素的干扰,依法对房某瑜作出公正的判决,并向全社会做出满意的交代!

辩护人:

北京市京都律师事务所律师　田文昌

二〇一四年三月十一日

审理结果

2014 年 6 月 11 日,大埔县人民法院作出一审判决:房某瑜为谋取不正当利益,给予国家工作人员吴某林送款人民币 1025 万元、22 万港元,给予饶某送款人民币 80 万元。房某瑜构成行贿罪,判处有期徒刑 3 年,缓刑 5 年。

李某英被控骗取贷款罪、职务侵占罪、对非国家工作人员行贿罪、挪用资金罪案

案情简介

李某英，曾任辽宁省抚顺市天某房地产开发有限公司董事长。

李某英因涉嫌犯挪用资金罪于2011年12月30日被取保候审；因涉嫌犯骗取贷款罪于2013年3月20日被监视居住；因涉嫌犯职务侵占罪、挪用资金罪、骗取贷款罪于2013年10月23日被刑事拘留；因涉嫌犯骗取贷款罪于2013年11月22日被逮捕，2015年1月15日被取保候审，2017年1月19日被监视居住。

2011年12月25日，辽宁省抚顺市东洲公安分局以李某英、李某联涉嫌挪用资金罪对其立案侦查。2012年1月6日，辽宁省公安厅就本案成立了“1·06”专案组，并于同年2月21日将本案指定本溪市公安局管辖。侦查终结后，公安机关以李某英、李某联涉嫌骗取贷款罪、职务侵占罪、向非国家工作人员行贿罪、挪用资金罪，将本案移

送至本溪市明山区人民检察院审查起诉。

在审查起诉阶段,辩护人即向公诉机关提出了初步的无罪辩护意见。但公诉机关仅采纳了意见中不构成挪用资金罪部分,认为仍然构成其他犯罪,并于2014年3月13日向明山区人民法院提起公诉。

公诉机关指控:李某英、李某联等人于2011年5月至2012年8月,利用虚假的抚顺新某瑞经贸有限公司的财务资料及购货、销售合同,先后两次骗取抚顺银行新抚支行贷款共计9500万元。李某英于2009年4月至6月,在任抚顺天某房地产开发有限公司(以下简称天某公司)董事长期间,利用职务便利,以虚假支付沈阳市祺某市政工程有限公司工程款的方式,套取天某公司资金350万元,并将其中的324.5万元据为己有。此外,2011年11月,李某英还向某刑事案件的被害人代理律师请托,要求该律师在收到判决后不要提起上诉,事后指使他人支付该律师好处费5万元。

据此,公诉机关指控李某英、李某联构成骗取贷款罪、职务侵占罪、向非国家工作人员行贿罪。

辩护思路

本案明明是一起普通的经济纠纷,却被人利用司法机关的公权力强行给李某英扣上犯罪的“帽子”。从一开始的越权管辖、暴力执法,直到一审判决,滥用权力的问题始终存在。

1. 贷款连本带利已经返还,银行不仅无损失,还得到800万元利息,危害何在?

2. 申请贷款手续的瑕疵不能等同于诈骗,实践中申请贷款手续有瑕疵的现象很普遍,若如此定罪,许多贷款方都面临被定罪风险,不利于经济发展。

3. 银行方明确反对给李某英定罪，而且明确表示这种做法会妨害银行的贷款业务。连所谓的“被害方”都否认自己受害。没有被害人的诈骗犯罪，法律依据从何而来？社会效果从何谈起？法律究竟是在保护什么？打击什么？

4. 最高人民检察院、公安部关于立案标准的规定，指的是立案标准，不是定罪标准，不能作为认定犯罪的依据。

5. 湖北省高级人民法院对刘某一审被判骗取贷款罪改判无罪的判例对全国具有普遍的指导意义，是最高人民法院指导和全国关注的案例。我国虽然不是判例法的国家，但我国是全国统一立法和统一司法的国家，最高人民法院的解释和案例当然具有指导作用。

辩护人为被告人做全案无罪辩护：

其一，公诉机关的指控不符合骗取贷款罪的立法本意，虽然贷款资料中有虚假的成分，但本案中的两笔贷款已全部还清。银行没受到任何经济损失。同时，指控被告人李某英伙同他人实施了骗取贷款的行为的证据不足，也没有证据证明李某英知道贷款材料中存在虚假成分。

其二，李某英从公司拿走 300 万元得到了公司的同意，并且给公司出具了借条，李某英没有非法占有公司财物的主观目的。

其三，律师不是非国家工作人员受贿罪的犯罪主体，且李某英所支付的 5 万元是到底借还是给，事实不清，证据不足。

辩护词（一审第一轮）

审判长、审判员：

受本案被告人李某英家属的委托，北京市京都律师事务所田文昌、曹树昌两名律师担任李某英涉嫌职务侵占罪、骗取贷款罪、对非国家工作人员行贿罪的一审辩护人,依法参与本案的审理。介入本案后我们认真审阅了卷宗材料,多次会见被告人了解案件情况并进行了必要的调查取证。我们认为,本案系因股东纠纷而引起且人为的因素较大。对被告人李某英涉嫌职务侵占罪、骗取贷款罪、对非国家工作人员行贿罪的三项指控均不能成立,现发表辩护意见如下,供合议庭合议时参考。

一、关于职务侵占罪

检察机关指控:"……合作期间,被告人李某英于2009年4月至6月,利用职务便利,以虚假支付沈阳市祺某市政工程有限公司工程款的方式,套取双方合作期间的天某公司资金350万元,并将其中的324.5万元据为己有。"辩护人认为此项指控不能成立,现提出如下辩护观点:

1. 有证据证明涉案300万元是李某英向杨某明提出的借款并且经杨某明同意。

证据一:证人果某峰在2013年10月11日10时10分至11时5分,在抚顺市望花区"1·06"专案组办公地的笔录(1P26)中证实:

"问:你在以前的笔录中称李某英曾向杨某明提出借款300万元一事你在现场了?

"答:我在现场了,当时还有王某龙、杨某明、李某英,其他人我记不清了。2009年8月左右……在楼下的时候李某英又向杨某明提借款1000万元的事,之后杨某明同意借款300万元。

"问:这300万元是从公司账内还是账外支出的?如何支出的?

"答:我也不清楚,当时李某兰是出纳,李某兰应该清楚。"

证据二:证人李某在2014年3月9日的律师《调查笔录》中有与果某峰基本一致的证实。他们共同证明被告人李某英曾向杨某明借款和最后杨某明同意的过程。

需要特别提请法庭注意的是，证人果某峰系葫芦岛方派到李某英与杨某明合作项目的管理人员，他的证言更具有真实性和可信性。

2. 有证据证明李某英的300万元借款履行了借款手续。

证据一：李某兰亲笔书写的公司账外资金盘点记录(2011年5月末库存清点情况)。该记录明确记载："另：有李总借条3张，借款金额800万元整。"

天某公司只有一个"李总"即本案被告人李某英，李某兰记录中的"李总"不可能是别人。关于此证据需要向法庭强调两点：其一，李某兰虽然在案发后否认，说李某英没有给其打借条，但对案发前其亲笔书写的"李总的借条3张"却没有说明。天某公司还有哪一个李总给其打了3张借条呢？没有！因为天某公司没有第二个李总。我们有理由怀疑，李某兰是在隐匿证据。其二，李某兰是杨某明的岳母，是杨某明派驻天某公司专门管理该项目资金的人。由于是杨某明同本案被告人李某英发生了矛盾，其岳母隐匿证据诬陷被告人就很容易理解了。我们同时也提醒检察机关关注这一事实。

证据二：《报告书》(沈公咨字[2010]A329号)。该报告书证实了两个问题：(1)涉案324.5万元先是从沈阳祺某公司转入李某兰的个人存折内；(2)经审计，其中300万元借给股东李某英。

庭审中公诉人提出的两个观点与客观事实是有出入的。其一，公诉人说300万元借给李某英是一个描述，不是审计结果。我们可以看看报告书的说法。报告书第4项关于现金盘点的表述是："审计中，我们对换票、现金收付情况进行了核查，经与抚顺天某房地产开发有限公司财务部及出纳核对，盘出以下账外现金并存入企业开户银行。"就是说，"300万元借给股东李某英"是经过核查、核对的结果，不是描述。其二，公诉人说没有借条因此不是借款。不错，借条是借贷关系最有力的证据。但是，借条是在相对人手里，本案中已有证据证明借条在本案的举报人杨某明的岳母李某兰手中，难道她把借条隐匿、销毁就可以否定借款关系吗？公诉人的说法有欠考虑之处。

我们认为，李某兰的亲笔记录和报告书的记载恰恰可以相互印证，确实充分地证实李某英借款300万元并且履行了借款手续的事实。

3. 涉案300万元的去向虽不十分具体，但可以证明李某英将这些款项用于了公司经营，没有个人占有。证据包括：(1)经办案人员核算"2011年6~8月李某英共为公司支付工程款2525万元"[见挪占1卷P42(2011年8月7日10时10分至12时52分，抚顺市公安局"7·26"专案组，李某英询问笔录)]。(2)公司月报表反映李某英用自己的钱支付公司款项，从2011年2月至2013年4月多达3900多万元（注：相关原始凭证被公安机关扣押，庭前我们已经向法庭及检察机关提出调取建议）。

需要特别提请法庭注意的是，关于李某兰的身份以及她在300万元"职务侵占案"中的作用。李某兰的身份前面已经阐述，下面说说其在该案中的作用：

(1)套现300万元是李某兰亲自同沈阳祺某公司谈的，套出的款项直接打到李某兰的银行卡内（挪占2卷P8）根据万某双2011年7月29日11时10分至12时22分于沈阳市于洪区鸭绿江北街168号的询问笔录："沈阳市祺某市政工程公司法人是高某，但实际的经营者是我。(350万元的合同没有真实业务发生）当时天某房地产开发有限公司财务的一个叫李某兰的人找到我说，他们公司有些福利和资金无法解决，让我帮忙给签订一份假合同并且给开发票。于是我就答应了……""天某公司汇给我公司350万元。我们通过沈阳市于洪区农村信用合作联社汇给了李某兰个人 325.5 万元……剩余的 24.5 万元我们单位沈阳市祺某市政工程有限公司自身开票上税了。”

(2)涉嫌职务侵占的 300 万元是李某兰用她自己的银行卡直接打给李某英的。

职务侵占罪是指行为人利用职务上的便利,将本单位的财物非法占为己有。其行为须采取秘密的方式至少不能让有权利追讨的人知道,否则不可能实现非法占有的目的。但在本案中,首先,被告人公开向杨某明(最有权讨要涉案款项的人)提出借款并得到其同意。其次,由杨某明的岳母李某兰用自己的银行卡直接汇款给李某英。最后,被告人履行了借款手续。上述行为不仅否定了被告人具有非法占为己有的目的,并且由于其行为的公开性导致客观上被告人也不可能非法占有涉案款项。

最后,辩护人要强调的是,目前不仅没有证据证明被告人占有了这些款项,相反,相关证据还显示,被告人将这些钱用于了公司的生产经营。因此,关于李某英职务侵占的指控不能成立。

二、关于骗取贷款罪

检察机关指控:“被告人李某英、白某平、李某联于 2011 年 5 月至 2012 年 8 月,利用虚假的抚顺新某瑞经贸有限公司的财务资料及购货、销售合同,先后两次骗取抚顺银行新抚支行贷款共计 9500 万元。所骗贷款均已返还。”根据卷宗材料所反映的事实以及通过今天的法庭调查,我们认为该项指控同样不能成立。辩护意见如下:

(一)关于本案的相关事实

根据庭审查明的情况,控辩双方没有争议的有如下事实:

1. 新某瑞公司 2011 年 5 月 20 日贷款 5000 万元、2012 年 8 月 24 日贷款 4500 万元,现已全部还清。没有给银行造成经济损失且银行得到了高额的贷款利息。

2. 新某瑞公司是独立法人,法人代表是白某平。就是说新某瑞公司是涉案贷款行为的主体。

3. 贷款资料中有虚假的成分(钢材购销合同、财务报表),但贷款担保是真实的(抚顺富某房地产有限公司担保以及李某英在天某公司的股权进行质押),可以保证银行不会受到经济损失。

本案中可能存在争议的事实是:李某英安排李某联办理第一笔(500万元)银行贷款时是否指使其使用欺骗手段取得银行贷款以及李某英是否知道在贷款材料中有虚假的成分(第二次贷款李某英因身体原因没有参与)。然而,只要认证分析如下证据,就不难得出清晰的结论。

法庭调查过程中,李某联明确证实"李某英(第一次)、王某(第二次)安排自己办理贷款,均没有指使自己弄虚作假",并且明示"今天庭审所说的是事实,如果笔录与今天的庭审不一致,以今天的庭审说法为准"。按照公诉人的观点,贷款材料中有虚假成分李某英不知道似乎不太合乎情理。但是,辩护人要强调的是,认定被告人有罪只能依据证据而不能依照情理。庭审查明的情况不能证明被告人李某英指使李某联使用虚假手段骗取银行贷款,也没有其他证据证明李某英知道贷款材料中有虚假成分。因此我们认为就本案查明的事实而言,不能认定李某英指使或者明知以欺骗手段取得贷款。

(二)关于本案的法律适用

骗取银行贷款罪是指行为人"以欺骗手段取得银行或者其他金融机构贷款、票据承兑、信用证、保函等,给银行或者其他金融机构造成重大损失或者有其他严重情节的"的行为。前面辩护人根据庭审查明的相关事实论证了对被告人李某英骗取贷款的指控不能成立。本案的贷款主体是新某瑞公司,那么,新某瑞公司的行为能否构成此罪呢？辩护人同样持否定意见。

辩护人认为，本案不符合我国《刑法》第 175 条规定的犯罪构成条件。首先，新某瑞公司的贷款行为没有给银行造成重大损失，确切地说是没有给银行造成一分钱的损失，而且还使银行获得了高额的收益。新某瑞公司的贷款行为是否具有其他严重情节？关于骗取贷款行为中什么样的情况属于是“其他严重情节”，法律条文中没有明确的规定。最高人民检察院、公安部《关于公安机关管辖的刑事案件立案追诉标准的规定(二)》第 27 条规定的情形是否就是“其他严重情节”呢？辩护人认为该规定是立案追诉标准，而不是定罪量刑的标准。

首先，在贷款申报中存在瑕疵与用欺骗手段取得贷款不能混为一谈。其次，在已经全部归还贷款、没有给金融机构造成任何损失的情况下，对贷款主体定罪，不仅缺乏法律依据，而且违背刑法的目的性。在贷款者得到资金，金融机构获得利息这样一个双方互利共赢的贷款活动中，对贷款者追究刑事责任的社会意义是什么？这样做不符合《刑法》的立法本意。

三、关于对非国家工作人员行贿的指控

检察机关指控：“被告人李某英于 2011 年 11 月，在商某清等人聚众斗殴犯罪一案的诉讼中，通过电话联系该案被害人杨某贺等人的诉讼代理人辽宁天帮律师事务所律师井某宇(另案处理)，请托井某宇在收到该案判决后不提出上诉、抗诉，并承诺给予井某宇好处费 50 万元。2011 年 12 月 9 日李某英指使他人将 5 万元汇入井某宇提供的银行账户，而后井某宇在收到该案刑事附带民事判决书后，违背委托人意愿，未就该判决刑事部分申请抗诉。”

辩护人认为此项指控还是不能成立。理由如下：

1. 行贿“50 万元”之说，只有井某宇一人的供述，无任何证据支持。

2. 关于5万元的性质——是借还是给的问题。2011年12月9日,李某英安排公司员工李某给井某宇提供的银行卡打款5万元。此情节的证据如下:

(1)李某英的说法是:井某宇以父亲患癌症、购房等原因向天某公司借款(王某、冯某国证明李某英曾同其商量或咨询)。

(2)井某宇说是李某英给的钱,想让其对刑事案件"轻点整"(井某宇受贿案庭审笔录载明:"李某英给5万元就是让我轻点整,其当时没有谈到上诉和抗诉的问题,在判决下来之前李某英给我打电话让我别上诉、抗诉了。")

(3)关于5万元到底是借还是给的问题,我们根据李某英提供的线索向王某、冯某国进行了调查(调查笔录已提交法庭)。王某证实井某宇借款时李某英同其商量过;冯某国证实当时李某英向其咨询过这件事。他们还证实曾共同到葫芦岛想向井某宇索还该笔借款。

综上,我们认为关于5万元是"给"的证据不足。相比而言,"借"的证据更占优势。

3. 交付给井某宇5万元是李某英的个人行为还是天某公司的法人行为?关于此问题的证据有:

(1)公司财务主管刘某、会计东某证实:天某公司已支付给李某"替公司借井某宇给父亲看病款"5万元;

(2)井某宇跟李某英提出向公司借款时,李某英曾同公司主要负责人王某商量并经其同意(王某证明)、向公司法律顾问冯某国咨询(冯某国证明)。

如果是李某英的个人行为,其没有必要同他人商量、咨询,更不会由公司支付该笔款项,因此此行为显系公司行为。

4. 关于谋取不正当利益问题。所谓不正当利益是指违反法律规定的利益。辩护人认为,在商某清等人的聚众斗殴案件中不存在李某英的不正当利益。抚顺中法二审裁定(伤害案)时间是2012年3月20日,至今已经2年多,并没有提出再审。这表明案件的处理并无不当。

5. 关于井某宇作为刑事案件被害人的代理律师能否为李某英谋取不正当利益的问题。井某宇说李某英给其5万元让其“轻点整”、别“上诉、抗诉”了。事实上该刑事案件已经上诉,检察机关也对该案提起抗诉[抚顺市经济开发区检察院2011年12月16日,认为对嫌疑人张某辉(伤害案被告人之一)量刑不当提出抗诉(抚开检刑抗[2011]第1号)]。

综上,李某英在商某清等人聚众斗殴犯罪一案的诉讼中,没有谋取不正当利益,客观上在被害人代理律师那里也谋取不到不正当利益。我们都知道,在刑事公诉案件中,法院行使审判权、检察机关行使公诉权和抗诉权,被害人代理律师即使提出抗诉申请,如果判决并无不当也不会被检察机关采纳。相反,如果判决确有问题,即使被害人、被告人不提,检察机关也会依职权提起抗诉,这是检察机关的职责所在。就是说,客观上,井某宇没有利用职权为李某英谋取不正当利益的条件和能力。

关于行贿45万元未遂的指控,首先,欲行贿50万元的说法没有任何证据支持。其次,即使有此一说,也没有实施行为,以既遂加未遂两个犯罪状态追责而实行并罚,明显违背法律规定。

关于本项指控,需要特别强调的还有“井某宇受贿案生效判决”的证明力问题。井某宇受贿案确已作出生效判决,但是在本辩护人向井某宇调查取证时井某宇曾明确表示,本案的判决是错误的,一定要进行申诉。更重要的是,生效判决并不成为另案判决的当然证据。因此,辩护人提请法庭对该生效判决的证明力予以关注,真的不希望一个可能存在错误的判决影响本案的客观认定。

此致

本溪市明山区人民法院

北京市京都律师事务所律师　田文昌　曹树昌

二〇一四年五月十三日

辩护词(一审第二轮)

审判长、审判员:

关于本案的基本事实和证据,在第一轮辩护发言中,辩护人已经做了系统的阐述。现仅就本案适用法律的问题进行如下补充说明。

一、关于职务侵占罪

首先应当明确,本案中关于借条以及审计报告中所记载的借款事实,均为不容置疑的客观存在。这些证据清晰的证明这是一笔有着明确记录的债务,双方属于债权债务关系,即典型的民事法律关系。司法实践中有一个历来通行的原则,即对于敞着口的账目不能认定为贪污或者侵占。因为所谓敞着口的账,即没有做平的账,所体现的是一种债务关系,账上的资金没有发生被侵吞的事实。既然如此,怎么能说这笔款项被李某英非法占有呢?因此,指控李某英具有职务侵占行为,显然是对法律关系认识的混淆。

此外,套取现金的做法与公诉机关所指控的职务侵占无关。职务侵占是指公司、企业或者其他单位的人员利用职务上的便利,将本单位财物占为己有。至于财物的表现形式,则与是否构成犯罪没有关系。辩护人认为,公诉人多次强调套取现金的行为,实际上是曲解了侵占罪的法定构成要件。

二、关于骗取贷款罪

第一,公诉机关对骗取贷款罪的指控与事实有偏离。辩护人提请法庭注意,贷款过程存在瑕疵与骗取贷款是两个截然不同的概念。本案中的贷款具有多重保障,并且款项已如数偿还。因此,没有理由可以认定本案中的贷款行为是骗取贷款。综观现今社会上的贷款行为,只有少数案例在取得贷款的过程中不存在任何瑕疵。换言之,贷款存在瑕疵的现象相当普遍。倘若不加区别地将存在瑕疵的贷款行为简单地等同于骗取贷款,那么我相信,将会有不计其数的企业和个人会以"骗取贷款罪"被推上被告人席,后果不堪设想!

第二,本案不符合《刑法》第175条之一规定的骗取贷款罪的构成要件。根据该条规定,骗取贷款罪的构成,要求给银行或者其他金融机构造成了重大损失或者有其他严重情节。反观本案:

首先,新某瑞公司的贷款行为并未给银行造成损失。如前所述,不仅公司所贷本金已经按照银行要求如数偿还。而且,公司支付给银行800多万元的巨额贷款利息。也就是说,这一贷款行为非但没有导致银行发生任何损失,还帮助银行在经营中获得了利润。

其次,本案事实中也不存在其他严重情节。检方认定本案的贷款行为具有严重情节,无非是依据最高人民检察院、公安部《关于公安机关管辖的刑事案件立案追诉标准的规定(二)》的相关内容。但辩护人认为,这一规定与认定此罪名并无直接联系。

辩护人提请法庭注意:不能以贷款数额判断是否具有其他严重情节。应当明确,《刑法》第175条之一中所述的"重大损失"与"其他严重情节"应被视为两个问题。其中,"重大损失"是以不能归还贷款的数额进行衡量的。而"其他严重情节"作为单列的内容,是不能够以数额进行衡量的。若这两项内容都以数额作为衡量标准,那么分别列明这两者的意义何在?此观点并非辩护人一家之言,而已是法律界的共识。

最高人民法院编著的《刑法罪名精释》中明确表述:“所谓给银行或者金融机构造成重大损失,主要是指导致一定数额的金融资金无法归还。所谓有其他严重情节,是指骗用金融资金的手段十分恶劣;使巨额金融资金陷入巨大风险;多次欺骗金融机构;曾受处罚后有欺骗金融机构,等等。”辩护人认为,《刑法罪名精释》一书中对“其他严重情节”的上述表述是符合立法原意的。很显然,本案中新某瑞公司的贷款行为并不属于《刑法》第175条规定的其他严重情节。

至于最高人民检察院、公安部《关于公安机关管辖的刑事案件立案追诉标准的规定(二)》,其仅为一种立案的标准,不能作为定罪依据。该规定中100万元的数额标准只能够用于立案追诉,即满足规定中的数额要求即可以立案追诉,开展进一步的刑事调查。但这并不等同于该行为就当然具有《刑法》第175条之一中所述的“其他严重情节”,直接以其定罪是缺乏法律依据的。

综上,新某瑞公司的贷款行为既没有造成重大损失,也没有其他严重情节,不符合骗取贷款罪的犯罪构成。

第三,新某瑞公司贷款的具体行为与李某英无关。证据表明,在贷款过程中,李某英仅口头安排过第一次贷款,对于贷款究竟如何办理以及第二次贷款等具体情形,李某英并无涉及。另外,对贷款申报材料的修改、补充,是在银行审批贷款手续时提出问题后才由经办人操作的。在此情形下,更无法证明李某英对此知情,并且与此相关。

第四,改变贷款用途与认定骗取贷款无关。公诉人提出,在取得贷款后,新某瑞公司并未将所得款项如实用于申请贷款时所述的购买钢材等活动。辩护人认为,骗取贷款的行为是发生在取得贷款之前,而贷款款项用途的改变是在已经取得贷款之后,与骗取贷款的行为之间没有必然联系。因此,以改变款项用途作为认定骗取贷款罪的理由实属牵强。

第五，本案中的贷款行为属于单位行为，不是李某英等人的个人行为。根据最高人民法院的司法解释，为进行违法犯罪活动而设立的公司、企业、事业单位实施犯罪的，或者公司、企业、事业单位设立后，以实施犯罪为主要活动的，不以单位犯罪论处。辩护人认为，公诉机关以自然人犯罪对李某英等人提出指控，应该是以该司法解释为依据的。但是辩护人要强调的是，将新某瑞公司定性为是为犯罪而设立的公司是没有证据支持的。新某瑞公司作为一家新开办的公司，首次以贷款方式筹集资金，是正常的经营活动，不能被直接推定成为骗贷而设立。若如此认定，岂不是所有的新设公司都被剥夺了贷款经营的权利？没有资金便无法经营，作为融资的一种便捷手段，新设公司在开展业务之前申请贷款本在情理之中。若在成立之初尚未开展其他业务时申请贷款，就会被认定是为了骗取贷款而设立公司，这难道不是悖论吗？辩护人认为，在没有其他证据证明的情况下，武断地推定新某瑞公司设立的目的就是骗贷，这样的指控显属没有根据的主观臆断！

我们应当明确，在本案中，贷款行为由新某瑞公司作出，是典型的单位行为。即使有相关法律后果，也只应当涉及新某瑞公司直接负责的主管人员和其他直接责任人员。新某瑞公司是独立法人，法人代表是白某平，而李某英并非该单位人员，缘何要承担新某瑞公司行为的责任？其实，这种指控的目的很明显，因为指控单位犯罪无法追究李某英的责任，所以才将一个典型的不容置疑的单位行为变成了几个自然人的个人行为。辩护人认为，该项指控违背了基本的法理常识，其案外的背景更值得引起重视。

三、关于对非国家工作人员行贿罪

首先，对于这一指控，我感到十分惊讶！律师在执业过程中如何能够成为受贿罪的主体?辩护人提请法庭予以注意。

受贿罪属于职务犯罪,而作为律师,除了在律师事务所内部可能享有一定的职务权利之外,在其执业过程中,没有独立的职权,因此无法独立成为受贿主体。如果律师有收受对方当事人好处的行为,只能算作违背职业道德,不应当构成受贿罪。

并且,在我国司法实践中,也从未有过任何将律师作为受贿罪主体的先例。既然律师的行为不可能构成受贿,给钱的一方自然也就没有理由被指控为行贿罪。

其次,关于起诉书中提到李某英曾表示送给井某宇50万元,实际上只给付了5万元,还有45万元尚未给付。因此,对该45万元还构成行贿未遂的问题,辩护人需要郑重强调,一个行为绝不可能构成两个犯罪,更不用谈数罪并罚的问题。这样的指控完全违背了定罪的基本原则,使得辩护人不得不质疑检方指控态度的严谨性。不妨试想,倘若有人送出一辆汽车,但其中少了一套音响,可否指控其行贿一辆汽车既遂,同时又行贿一套音响未遂?送出一套房产,但缺了抽水马桶,可否认定缺失的抽水马桶也是犯罪未遂?这样的指控实在荒诞!

同时,辩护人不能理解,在45万元款项并没有实际给付的情况下,又如何能够证明犯罪未遂?假如确实有过给付50万元的说法,那么,尚未给付的这45万元充其量也只能算作动机,因为它还没有变成行为。

最后,辩护人还要指出,这一行为是典型的公司行为而非个人行为。在借款之前,李某英已经同公司主要负责人王某商议,还向公司法律顾问咨询过,并且,借给对方的钱是由公司支出的,作为个人,李某英当然没有被作为指控对象的理由。

综上所述,辩护人认为,此三项罪名的指控都具有明显的倾向性，适用法律明显错误。同时，这种指控的动机令人质疑，其背景更值得深思。为此，辩护人提请法庭对此予以高度重视！

辩护人：

北京市京都律师事务所律师　田文昌

二〇一四年五月十三日

审理结果

公安机关移送起诉指控四个罪名，检察院审查起诉期间，经律师辩护去掉了挪用资金罪，起诉罪名变为三项：职务侵占罪、骗取贷款罪和对非国家工作人员行贿罪。一审判决又否定了职务侵占罪，认定李某英构成骗取贷款罪和对非国家工作人员行贿罪名。二审裁定发回重审后，检察院撤回全部起诉罪名，全案无罪。

2017 年 2 月 27 日，本溪市明山区人民法院作出裁定，准许检方撤回起诉。

2017 年 3 月 3 日，本溪市明山区人民检察院作出不起诉决定书，决定对李某英、李某联作不起诉处理，本案终于尘埃落定，涉案被告人均获无罪裁判。

蒋某龙被控合同诈骗罪案

案情简介

被告人蒋某龙是上海华某兄弟投资控股有限公司(以下简称华某公司)的负责人。马鞍山马某某远物流有限公司(以下简称马某某远)为马某钢铁股份有限公司(以下简称马某公司,其前身为大型国企,现为上市公司)的全资子公司。2012 年 3 月至 9 月,华某公司与马某某远进行了一系列的业务合作。

华某公司主营业务为钢贸业务,由于 2011 年起钢材价格一路下跌,华某公司只能通过融资,以“贷新、还旧”的方式维持企业运转。因此,华某公司与具有自有资金、银行贷款、第三方(其他大企业)资金拆解优势的马某某远,以签订钢贸合同的形式进行融资,马某某远赚取息差利润。但是,双方签订的钢贸合同只是为了顺利融资,并不存在真实的钢材贸易,开具增值税发票是为了配合钢贸合同所进行的形式手段。

2012 年 8 月,银行突然不再向钢贸企业发放新贷,导致华某公司无法继续偿还马某某远贷款,故马某某远向法院提起民事诉讼的同时,以合同诈骗罪向当地公安局报案。

2013 年 11 月,马鞍山市人民检察院以蒋某龙合同诈骗 9.57 亿余元和虚开增值税专用发票 3.28 亿余元起诉至马鞍山市中级人民法院。

辩护思路

本案否定合同诈骗罪质控的关键是所谓的被害人是否被骗。如果仅从证言考察,对被告人是十分不利的。如果仅从被告人供述主张,法官又是难以采信的。基于此,我们主要从合同签订的方式、约定的内容、呈现的利润(利息)等几个客观方面,充分证明辩方的主张,即这是一起为规避国家规定的企业之间不拆借的规定,被告人与所谓被害单位共同实施的,以购销为形式、以借贷为本质的循环贸易。被告人没有被骗,这是一起民事的借款合同纠纷。

辩护词(一审第一轮)

审判长、审判员:

北京市京都律师事务所接受被告人蒋某龙家属的委托,指派我们担任本案被告蒋某龙的辩护人。接受委托后,我们多次会见被告人,也仔细地研究了本案的案卷材料,刚才又认真地听取了证人的证词和公诉人的意见。在此基础上,我们认为,本案涉案单位与马某某远公司是在双方合意的基础上,以钢材贸易的形式进行融资,并开具增值税发票,属于民事纠纷,根本不构成犯罪。事实和理由如下:

一、本案属于单位行为

本案被告黄某华和蒋某龙是涉案单位上海华程公司、华某公司、纳立浦公司以及上海泾沅公司的法定代表人或总经理,这四家公司都是在案发之前许多年在上海合法注册经营纳税的企业,并且从事钢贸经营多年。本案涉案合同都以四公司的名义签订、履行,并且所得收益也归公司所有,是典型的单位行为。

公诉人主张本案公司财产和私人财产混同,所以应戳穿公司面纱,按个人犯罪处理,这个观点不能成立。首先,对于公司财产和私人财产混同的问题,公诉人没有任何证据,不能认定。其次,公司法上所讲的戳穿公司面纱理论针对的是公司和个人的财产责任承担问题,根本不能波及刑事犯罪领域,因为犯罪是行为,罪责自负,不能因为财产混同而混淆犯罪行为的主体。本案即使存在个人和公司财产混同的事实,也不能由此事实推演到由个人取代公司的犯罪行为而单方承担责任。所以,公诉人的观点完全混淆了刑事责任和民事责任的界限,根本不能成立。

关于如何区分单位犯罪和个人犯罪的界限问题,最高人民法院《关于审理单位犯罪案件具体应用法律有关问题的解释》第2条已有明确规定:“个人为进行违法犯罪活动而设立的公司、企业、事业单位实施犯罪的,或者公司、企业、事业单位设立后,以实施犯罪为主要活动的,不以单位犯罪论处。”该条规定所列明的情形是对单位犯罪以个人犯罪论处的唯一例外,但是本案不论从证据还是事实来看,都不存在以实施犯罪为目的或主要活动而设立公司的情形,所以不存在以个人犯罪论处的法律依据;如果涉嫌犯罪,也是典型的单位犯罪。

二、关于合同诈骗罪

起诉书指控两被告,“明知没有履行能力,采用高价买进、低价销售的方式,虚构钢材循环贸易,诱骗马某某远公司与之签订合同,从中骗取资金9.57亿余元,并造成实际损失4.284亿余元”。该指控不成立。

(一)关于本案合同的本质

本案涉案单位与马鞍山马某某远物流有限公司(以下简称马某某远)以及第三方国企签订了一系列委托采购合同以及采购、销售合同,主要通过“厂商银”、“自有资金”和“外部资金”模式进行交易。但是从实质上分析,这些合同的本质都是融资。理由如下:

1. 从合同签订的内容和实际履行分析

(1)在厂商银模式中,涉案单位与马某某远一共签订了6份合同,除一份签订于2011年3月,四份都签订在2011年6月4日同一天,还有一份签订在2011年6月5日。而且购销合同的标的物都是中厚板,买入价都是4100元/吨,卖出价都是4175元/吨。这种合同在真实的贸易中是不可能存在的,它说明这些合同只是一种形式,根本不存在一个真实的磋商过程。而且这些上下游采购合同都是一个合同模板,在合同中也没有约定货物的规格和型号,说明合同双方根本不关心合同的实际履行。

(2)在厂商银模式中,马某某远都是在合同签订当日从上游公司取得货权,但是与下游公司签订的合同都是约定在取得货权后3~6个月向下游公司交货。这会导致向下游公司交货前的3~6个月,马某某远将货物空置在自己手中没有任何收益,这是违背商业利益最大化原则的。这种违反常规的做法只能解释为马某某远通过这种方式为上游企业赢得3~6个月的资金使用期,同时它也根据整个上下游的交易时间和资金数量获取利润。

(3)在外部资金模式中,有十笔已完成合同,这些合同约定的价格偏离市场价140~400元/吨,而且在所有的合同中都存在这种情况,只是价格偏离的程度不同而已。在钢贸的真实利润只有约10元/吨的微利背景下,这种交易是不可能存在的。这也可以说明本案合同的利润不是来自货物采购的真实差价,合同只是融资的工具。

(4)在“自有资金”模式中,上下游签约的时间一致,也未约定货物的规格和型号,并且不同时间和签约主体签订的同一标的物的价格完全相同,也说明它们不是一个真实的贸易合同。而且此种模式中,每笔合同马某某远都是固定出资1000万元,可以明显看出是资金的流转。

2. 从合同的利润分析

本案马某某远与上游签订合同获取的利润,并不是来自货物在购销环节的真实差价,而是根据不同的贸易模式,表现为固定的利润。根据辩护人提交的附表,我们可以看出:在厂商银模式中,马某某远的利润是其间接授信,占用银行资金量的月利率0.6%;自有资金模式中,是直接占用马某某远资金量月利率1%~2%;外部资金模式中,固定收取货物量每吨10元的利润,少数是每吨20元。这种固定利润的高低比例是有根据的,在自有资金模式中,因为马某某远公司直接融资给涉案单位,所以利润最高。厂商银模式中,银行提供资金,马某某远只是起到担保作用,所以利润其次。外部资金模式中,资金完全由第三方国企提供,所以利润最低。

由此可见,本案是根据马某某远融资给涉案单位资金的类型、风险、数量和时间来计算利润的,与货物品质、规格以及价格没有任何关系。这充分说明本案合同本质上是就是融资。

3. 从合同的交付和担保分析

首先,本案所有合同约定由马某某远指定的仓库,都指定在两被告实际控制的广纪仓储,而马某某远工作人员在前期考察中就已获悉广纪仓储是被告人实际控制的。如果从货物风险防范考虑,马某某远应指定到它能控制的仓库。

其次,在有的合同中,没有约定货物的规格、品种,也没有约定运输方或运费承担方，说明马某某远根本不关心每笔货物的实际交付。

再次，马某某远安排人员每月到广纪仓库盘库，并且十分关注广纪仓库的货物是否被重复质押。这说明合同双方真正的意图是以广纪仓库的货物作为抵押，来担保马某某远资金的安全，而不是真正履行每一笔合同。

最后，在单笔合同签订之前，上海华某公司和广信担保公司与马某某远签订了为上下游14家企业提供履约担保的协议，这种做法在真实的贸易合同中也不可能存在。因为如果是真实贸易，马某某远与上下游公司分别是两个独立的交易环节，不存在统一的担保。而且担保是针对债务而言的，从不会针对履约，尤其是针对法律上没有任何关系的上下游14家企业的履约。这实际上是通过履约担保的形式，让涉案公司为本案所有的融资提供担保，是一种变相的借款担保。

综合以上分析，马某某远和上下游公司为了规避企业间不能借贷的规定，以钢材贸易合同的形式实现融资的目的。由此也可以看出，合同双方对于本案没有实物交易而只是资金周转的本质是明知的。而且还需强调的是，这种以钢贸为形式的融资在长江三角洲钢贸领域十分盛行，圈内人称为“托盘”，这在本案的卷宗材料中也有充分反映，所以所谓被害单位马某某远辩称其不知情的说法简直就是掩耳盗铃。

（二）马某某远明知本案以贸易形式实施融资的真实性质，没有被骗

本案控辩双方争议的焦点是：马某某远是否明知上下游企业是关联公司？是否明知本案没有真实的货物交易而实为融资的真实性质？本案对于马某某远是否“明知”钢贸合同的实质是融资的问题，

涉及对行为人的主观认识如何进行认定。

在司法实践中,涉案行为人出于趋利避害的心理,往往都会作出对自己有利的陈述,而这些主观心理又不能直接显示出来,这就造成司法认知的困境。基于此,理论和实践上发展出一套比较成熟的认知体系,即通过行为人的外在行为来认定行为人的主观认识,而不是仅仅根据行为人的自白。

在本次庭审中,公诉机关申请了马某某远五名对案情比较了解的证人出庭,这些证人对是否明知上下游是关联企业,以及没有实物交易的问题都作出了完全否定的陈述。但是辩护人就合同签订和履行过程中一些违背常情常理的地方,对他们进行发问,他们对此或者回答不知道,或者都无法进行合理的解释,或者所做的解释在后面的法庭质证环节被否定,而且控方也没有提出任何证据或理由来证明他们不明知。

人的行为是其意志的外化,在一系列的行为事实已经发生且留下证据的情况下,掩耳盗铃式的矢口否认只能是自欺欺人而已,而法庭质证正是戳穿虚假证言还原事实真相的重要方式。所以,在本案一系列客观证据的基础之上,根据适用证据基本原则和相关司法解释,完全有理由认定马某某远"明知"本案交易真实性质的事实。

根据以下事实的分析,可以认定马某某远对交易实质"明知":

1. 根据合同签订和履行的情况,可以认定马某某远"明知"的事实

(1)作为采购合同的一方,根据常理马某某远应该将货物指定在它能够控制的仓库,以规避货物风险。但是在本案中,马某某远明知广纪仓库是被告人实际控制的情形下,仍旧将货物指定在此保管。说明它明知没有货物实际交易,通过指定广纪仓库可以减少成本,并通过广纪仓库的货物来为资金提供担保。

(2)本案虽然在合同中约定了交货码头或仓库,但是不论是在上游还是下游的每一笔交易中,马某某远都没有真正到现场查看验货,说明它根本就知道没有实物交易。在自有资金模式中,虽然指定在广纪仓库交货,马某某远辩称有每月查库,但是广纪仓储的情况说明表明:2012年2月以来,马某某远总计库存35,468.117吨,而广纪仓储的总库存只有28,918.105吨。考虑到还有其他货主的库存,以及其他品种的库存,仓库中无货或短货的情况是一目了然的。但是所有参加盘库人的证明只说是品种规格不对,要求"整改",而且提出整改主要是"禁止广纪仓库重复质押"。这说明他们并不关心每笔交易,而是想通过每月盘库,以货物抵押的方式保证资金安全。

(3)正常货物交付应该约定货物的规格、型号、运输方和运输费用的承担等,而在没有第三方采购方介入的自有资金和厂商银模式中,大多对此都没有约定。后来控方补充的所谓合同附件,实际上只是货权转移证明,根本不可能作为合同签订时的附件而表明双方约定货物的具体信息,这也能说明马某某远明知没有实物交易。

(4)黄某笔录和当庭证词以及蒋某龙的当庭供述都表明:本案所有转货权证明都是2012年8月以后后补的。但是徐某华当庭证实,他们去广纪仓库查库时,只按未履行合同核实货权,而在8月之前,已履行合同的货物并未转移,他们却未核实。此说明他们明知没有真实货物流转,每月盘库只是为了保证广纪仓库的货物能为借款担保。

(5)在已完成外部资金模式中,有两笔指定在广纪仓库之外交货。但是并没有货物实际交付,也没有证据证实第三方交货地提供了虚假的货权转移证明,而且马某某远对这两笔货权并未提出异议,也说明他们明知没有实物交易。

(6)在自有资金模式已完成合同中,合同单号为20120405006/

20120405010的已完成合同中,合同签订标的物是中厚板,但是提货通知单是H型钢。合同单号为20120608024/20120608025的已完成合同中,合同签订标的物是船板,提货通知单却是中板。这种明显的错误却没有在履行中发现,并且完成了合同,这只能解释为合同各方都明知没有实物履行。

(7)在所有的外部资金模式未履行合同中,只有第三方企业向马某某远要求交货的催货函,却没有马某某远向上游企业的催货函,说明马某某远明知上游企业无货可交。

(8)马某某远工作人员一致作证,2012年7月盘库时,发现上游企业履行合同存在很多问题。但是马某某远在此情况下,却仍旧与涉案单位签订合同,最后一笔合同签订于2012年8月23日,并且为涉案单位融资3400万元。这更难解释为马某某远是被骗的。

(9)以下事实说明马某某远"明知"本案上下游公司实际上都由被告人控制:①在自有资金和厂商银模式中,合同的签订都是上游公司人员将上下游合同同时交给马某某远签订的且都是同一合同模版,在同一标的物的情况下都是约定同一价格,根本没有真实的磋商过程。②广信担保公司和华某公司为本案与马某某远签约的14家企业提供履约担保,这违背了商品交易中风险自负的原则,只能解释为这14家企业就是被告人实际控制的,对此马某某远不可能不明知。

2. 马某某远在张家港地区进行的钢材贸易,明显是通过上下游为同一家的循环贸易形式融资。由此,可以进一步印证其对本案的相关事实不可能不"明知"

辩护人在本案中之所以特别将马某某远公司在张家港地区的钢材贸易来进行比对分析,是因为本案的案卷材料和闫某、黄某在庭审中的当庭证词都明确提到,马某某远在上海和张家港地区几乎同时进行相同性质的钢材贸易,而且马某某远在张家港地区的钢材贸易还略早于上海地区,马某某远的工作人员黄某还因为此贸易合同被本溪司法机关采取刑事强制措施。更重要的是,马某某远在张家港所开展的外部资金模式的钢材贸易中,与马某某远签订合同的上下游公司就是一家,其明知交易真实性质的事实是无法否定和掩饰的。所以,这一事实可以有力地戳穿本案中其否认明知交易真实性质的不实之词。

辩护人向法庭提交的相关证据表明:2012年1月6日和6月7日,马某某远分别与张家港南某钢铁进出口有限公司(以下简称南某公司)和上海灏某物质有限公司(以下简称灏某公司)签订了相同的《马某钢材直供协议》,明确了以上两公司都是马某钢材的直供单位,有效期为1年。2012年2月16日和6月7日,马某某远又分别与以上两公司以及本钢集团国际贸易有限公司(以下简称本钢国际)签订了内容完全一样的《三方协议》,该协议以《直供协议》为附件,明确约定:"第一条. 在执行《直供协议》期间,甲方(本钢国际)垫资订购2012年3-12月期货合同,且甲方只承担垫资责任和义务,丙方(南某公司和灏某公司)自愿承担订购和履行合同中的一切风险。第四条. 甲方只作为垫资方,丙方对所有甲方与乙方签订的采购合同内容及相关文书均不持异议,并自愿承担履约风险。"在此基础上,马某某远从2012年2月20日到2012年11月7日,一共与南某公司和灏某公司签订了34份合同,已完成22份,涉及的金额高达8.2亿元。

在其中的外部资金模式中,南某公司和灏某公司与马某某远以及本钢国际一共签订了17份合同,未完成6份。其中的交易流程都是:南某公司或灏某公司委托本钢国际向马某某远采购钢材,这是一个从形式上依据直供协议签订的正常的采购合同,并且到此环节合同目的完成。但是违反常理的是,马某某远又同时向上一个环节的订货方南某公司或灏某公司订货,从而将从本港国际取得的资金转移到南某公司和灏某公司,完成融资目的。与本案不同的是,这里没有下游企业介入,而是形成一个上下游明显是同一家的闭合的循环钢材贸易圈(如图1所示):

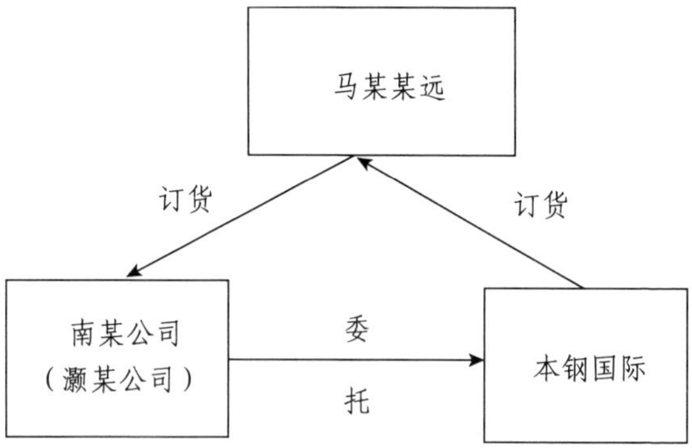

图1　钢材贸易圈

在这个交易中,南某公司或灏某公司既是最初的订货方,又是最后的被订货方,也就是既买又卖,这在真实的钢材贸易中是无法解释通的。唯一的解释就是马某某远通过这种方式帮助南某公司或灏某公司向本钢国际融资。由此可以认定,马某某远不可能不知道在同样的情形下,本案也是没有真实货物交易的融资。

就这一问题,辩护人最后想强调的是,本案不可否认的事实是:从2012年3月到2012年8月间,在短短5个月的时间内,马某某远与涉案单位一共签订了48份合同,涉案金额高达9.57亿元。而且所有的合同都是上下游单位都找好,利润都固定,这难道是天上掉馅饼吗?在合同签订和履行中一系列违反常规的情形,也说明马某某远明知是没有实物交易,各方只是为了规避企业间借贷的禁止性规定,通过贸易的形式进行融资。

(三)马某某远不仅没有被欺骗,还积极帮助涉案公司融资并借此获利

本案在卷证据充分证明了马某某远在明知没有实物交易的情况下,积极帮助涉案单位融资。

(1)在外部资金模式中,所有第三方向马某某远采购的合同都要求货物是马某某远自己生产的,马某某远主动向第三方掩盖了货物来自上游公司的情况。而且,在以中某集团上海有限公司为第三方的外部资金模式合同中,马某某远还向中某集团上海公司出具情况说明:“我司的供货单位是徽商某股份芜湖分公司、马某集团实业发展有限公司当涂钢材经营分公司、马鞍山某虹实业有限公司。”这完全是捏造货物来源,欺骗第三方。

(2)根据白某2012年10月23日的证言,在以大连天健某蓝物流有限公司为第三方的外部资金模式,即YH-MJC0327 5000吨螺纹钢合同中,在明知无货可交的情况下,黄某告知第三方企业货物在5月14日、15日、16日、18日分四船向上海发货。8月13日马某某远又以发退差价协议函、虚构停产检修的理由掩盖无法交货的事实。8月17日、20日、21日、23日马某某远还给大连天健某蓝公司传真货装船“皖南天”的出库明细和装船信息。

(3)在杭州杭某江南能源有限公司于2012年6月27日与马某某远签订的《销售合同》YY-MGC0627中,指定交付地为上海淞化码头。在根本未实际履行的情况下,马某某远于8月27、28日传3份仓单给杭州杭锅江南能源有限公司,并在8月25、26、27、28日向它出具出货明细,共计钢材6004.78吨。

(4)在2012年7月5日,上海中铁物京钢材有限公司与马某某远签订的代购代销7484吨热卷即20120705-CGYY-01合同中,在合同履行期限已过,上海中铁物京钢材有限公司多次催货的情况下,

根据施欣2012年11月8日的证言,“2012年8月14日黄某叫我们过去看货物生产情况,看到仓库内存放大量的热卷。2012年8月17日,黄某传真过来一份出货明细(2013年9月12日),告知我公司已有4472.278吨货物生产完毕,剩余的货物正在生产”。而实际上马某某远没有为该份合同做任何实际履行,以上信息都是捏造的。

在以上合同履行过程中,马某某远通过出具虚假出库清单、装船信息,货物来源,带人到生产现场参观等方式,积极向第三方企业掩盖货物不能交付的事实,帮助涉案单位拖延时间,进行融资。如果马某某远不知道上游无货可交的事实,为什么在没有向上游企业催货、又没有他人授意的情况下,积极地进行掩盖呢?这样做的目的在于马某某远在此融资交易中可以获取巨大的利润。根据已完成合同,它已获利266.014万元,而未完成合同的预期利润是910.875万元。正是在这样巨大利益的驱动下,马某某远不仅自己主动履行合同,而且还积极帮助上游企业掩盖不能交货的事实。

(四)被告人没有非法占有的目的和诈骗的行为

辩护人提请法庭注意的是,对于本案犯罪故意和行为的认定,一定要建立在合同各方是以贸易形式进行融资这一前提之下,而不能以马某某远虚假报案的事实为根据,仅从形式上做出错误的认定。

1. 被告人没有非法占有的目的

对于与马某某远通过钢材贸易的形式融资的目的,被告人的庭前供述和当庭供述一直十分稳定,即被告人是在钢贸市场低迷的情况下,想通过从马某某远融资,归还银行旧贷,从而获取新贷,盘活资金,维系经营,并积极投资,等市场好转后归还马某某远的资金。对于这一主观目的,相关证人证言以及公诉人也当庭予以认可。

本案证据还表明:从马某某远融来的资金,大部分都被被告人用来归还银行贷款,小部分用来公司正常经营周转,没有任何隐匿或挥霍的情形。同时,被告人也积极地对外投资新项目,包括大连的军产房地产和丹东的金矿项目等,都是收益十分看好的投资。但是由于被告人突然被采取刑事强制措施,所有的经营都毁于一旦。而且银行紧缩银根,停止对钢贸企业贷款,这些不可控因素导致被告人预期的回款都未能实现。所以,造成这种损失的原因,不是被告人主观上不想归还,而是因客观原因无法及时归还。

还有一个细节辩护人需要强调,在黄某华的供述中他有说到,在外部资金模式中,融资的成本都控制在月息1.8%以内,否则就不做了。辩护人提交的分析表格中,各种模式的融资成本不仅是固定的,也是相对合理的。这也印证了被告人在融资的过程中,充分地考虑了成本,这就是基于还钱的考虑,否则只要能拿到钱可以不择手段。这个事实也能反映被告人没有非法占有的目的。

公诉人在庭审发言中对于主观目的这一问题,总是强调两点:第一,被告人在与马某某远签合同之前就有大量的负债。第二,本案给马某某远造成了巨大的损失。对于这两点事实辩护人都不否认,但问题是,涉案单位与马某某远签订的本来就是融资合同,正是因为负债缺钱才向马某某远借钱。另外,在所有的诈骗罪中都会造成被害人损失,但是不能简单地通过损失的结果倒推被告人具有诈骗的主观故意,更不能因为损失巨大就将民事纠纷变性为刑事诈骗。

根据《刑法》第224条之规定,合同诈骗罪中对于“非法占有目的”的认定主要表现为“(1)以虚构的单位或者冒用他人名义签订合同的;(2)以伪造、变造、作废的票据或者其他虚假的产权证明作担保的;(3)没有实际履行能力,以先履行小额合同或者部分履行合同的方法,诱骗对方当事人继续签订和履行合同的;(4)收受对方当事人给付的货物、货款、预付款或者担保财产后逃匿的”。很明显,本案中并不存在以上情形。

对于公诉人谈到的《全国法院审理金融犯罪案件工作座谈会纪要》中关于金融诈骗罪解释,辩护人认为,根据该解释列举的关于认定“非法占有目的”的七种情形,也同样不能认定被告人具有非法占有目的。

这七种情形分别为:(1)明知没有归还能力而大量骗取资金的;(2)非法获取资金后逃跑的;(3)肆意挥霍骗取资金的;(4)使用骗取的资金进行违法犯罪活动的;(5)抽逃、转移资金、隐匿财产,以逃避返还资金的;(6)隐匿、销毁账目,或者搞假破产、假倒闭,以逃避返还资金的;(7)其他非法占有资金、拒不返还的行为。公诉人套用该解释的依据主要是指其中的第一种情形,但是,该纪要中的第一种情形是说“明知”没有归还能力,而不是公诉人强调的客观上没有归还能力。客观上不能归还只是一种客观后果,主观上明知没有归还能力才是主观认识。本案被告人在签订合同前确实在银行有大量负债,但是这样的负债对于大进大出的钢贸行业来说是比较正常的,而且当时银行也有承诺还旧款就会放新贷。所以,被告人认为从马某某远融资还贷后获得新贷还马某某远的钱并不是不可能的。公诉人以事后的客观结果来认定被告人当时的主观心态是不正确的,所以被告人并不具备该纪要规定的七种情形。据此不能认定其具有非法占有的目的。

2. 被告人没有实施诈骗行为

起诉书指控被告人以高价买进低价卖出的行为方式实施诈骗。从形式上看,本案涉案单位与马某某远的合同确实存在高价买进低价卖出的情形,但是不论是买进价还是卖出价都是完全脱离市场正常价格的。这一事实恰恰证明本案合同约定的价格没有实际意义,合同各方真正的意图是通过贸易的形式来融资。因贷方的利润只能通过采购合同和销售合同的差价来实现,所以就出现了高买低卖的情况。这并不是诈骗的行为,而是给付融资成本的方式。

综上所述,马某某远出于借贷营利的目的,与涉案单位签订了形式上为钢材贸易实为融资的合同,对于合同上下游是一家以及没有实物交易这一事实,马某某远是明知的,没有被骗,本案中也没有被害人。涉案单位也没有诈骗的故意和行为,不构成合同诈骗罪。

3. 关于虚开增值税发票罪

对于虚开增值税发票罪,针对公诉人的发言,辩护人认为首先要弄清楚两个问题:第一,该罪是否需要特定的目的?第二,该罪是行为犯,还是结果犯?

(1)虚开增值税发票罪是目的犯和结果犯

①从最高人民法院的审判宗旨来分析

最高人民法院刑二庭法官牛克乾在《最高人民法院刑事审判指导案例》中谈到《刑法》第205条法律适用的问题时指出,"对于确有证据证实行为人主观不具有偷、骗税目的,客观上也不会造成国家税款流失的虚开增值税专用发票行为,不以虚开增值税专用发票犯罪论处,构成其他犯罪的,以其他犯罪定罪处罚。以此类推,在货物销售过程中,一般纳税人为夸大销售业绩,虚增货物的销售环节,虚开进项增值税专用发票和销项增值税专用发票,但依法缴纳增值税并未造成国家税款损失的,不应以虚开增值税专用发票犯罪论处。为夸大企业经济实力,通过虚开进项增值税专用发票虚增企业的固定资产,但并未利用增值税专用发票抵扣税款,增值税款亦未受到损失的,也不应以虚开增值税专用发票罪定罚"。[中华人民共和国最高人民法院刑事审判第一、二、三、四、五庭主办《中国刑事审判指导案例》(破坏社会主义市场经济秩序罪)第693页。法律出版社2009年10月版]。这充分说明最高人民法院将此罪是作为目的犯和结果犯来认定的。

②从最高人民法院的指导案例来分析

在《中国刑事审判指导案例》第110号芦才兴虚开抵扣税款发票案中,被告人芦才兴实施了虚开用于抵扣税款的发票的行为,但是不是为了抵扣税款,而是为了逃税,浙江省高级人民法院认定其构成偷税罪,而不是虚开用于抵扣税款发票罪。最高人民法院研究室组织编写的《人民法院心思指导案例裁判要旨通纂》认为该案例裁判要旨是:“虚开可以用于抵扣税款的发票,不是为了抵扣税款,而是出于其他目的,应当结合行为人的犯罪故意和实施的客观行为择定其他罪名定罪处罚。”这就是说,《刑法》第205条规定的虚开增值税专用发票、用于骗取出口退税、抵扣税款罪必须有将该增值税发票用于抵扣税款的目的和行为。

综合以上分析,可以确切地说,构成虚开增值税发票罪需要有骗取税款的目的,并造成国家税款损失的后果,侵害的是国家的税收征管秩序,而不仅仅是发票管理制度。

(2)被告人不构成虚开增值税发票罪

①被告人没有抵扣税款的故意,也没有造成国家税款的损失

具体到本案中,被告人蒋某龙当庭供述,开具发票是为了在形式上完成一个合法的钢材贸易的交易,根本没有抵扣税款的故意,涉案公司事实上也没有用于抵扣。而且开具增值税发票是由马某某远在上下游交易完成后,统一时间要求涉案公司向马某某远以及马某某远向下游公司同时开具的。马某某远的财务总监出庭作证时也证实,是收到下游公司的货权转移凭证以及上游公司的增值税发票后,才向下游公司开具发票。这就充分说明被告人并没有抵扣税款的主观故意和行为,相反,马某某远却存在抵扣的故意,并且实际上将上游公司开具的增值税发票用于抵扣。

另外,公诉人也认可涉案公司是以高价买进低价卖出的方式进

行交易，那么很明显涉案公司在这个交易流程中并没有盈利，相反，为支付融资成本，每笔都是亏损，也就是说涉案单位并没有缴税的义务，根本没有造成国家税款的流失，反而还多缴了税款，也就是说本案涉案单位在客观上也没有造成国家税款损失的后果。依据以上最高人民法院的裁判宗旨，本案被告出具增值税发票的行为不构成犯罪。

②本案不存在虚开的情形

本案还有一个很重要的问题是，如何理解“虚开”？公诉人的观点是由于没有实物交易，开具了增值税发票就是虚开。辩护人认为这是一种形式主义的理解。现代社会商品交易形式日新月异，我们不能将该罪构成要件的“虚”停留在有无实物的问题上，从该罪要求骗税的目的和后果分析，该罪的“虚”应该是指为骗税而虚构交易。否则按照公诉人的理解，所有的期货交易都是“虚”的，开具的发票都是“虚开”。本案中，交易是客观存在的，只是交易的标的物不是合同约定的钢材，而是金钱。所以并不存在虚构交易的问题，也不属于《刑法》规定的“虚开”范畴。

4. 侦查机关和公诉机关取证明显违法

辩护人从审查起诉阶段一直到今天的庭审，多次通过书面和口头的形式，向公诉机关和审判机关申请调取马某某远开具的增值税发票。因为这关系在整个交易中，发票是在什么时间，什么情况下开具的，又怎样被抵扣，到底被谁抵扣了多少税款等定罪量刑的基本事实问题。但是侦查机关和公诉机关一直拒不调取和提供，这是一种典型的隐瞒证据行为，也是一种“选择性执法”行为。

另外，《刑法》第205条规定的虚开增值税发票罪包括“为他人虚开、为自己虚开、让他人为自己虚开、介绍他人虚开行为之一的”情形。被告人蒋某龙当庭供述本案的增值税发票都是马某某远在上下游交易全部完成后,才统一要求上游单位向它开具的,这一事实可以通过核实开票时间得到证实。这就说明马某某远要求涉案单位为自己开具增值税发票,如果涉案单位涉嫌犯罪,马某某远同样也涉嫌犯罪。对于相同情形,司法机关做出了完全不同的处理,个中缘由路人皆知。辩护人对此种明目张胆地肆意玩弄法律的行为提出强烈抗议,并提请法庭予以高度关注。

此案经过四天的庭审,隐藏在48份钢贸合同后面的真相已经昭然若揭。辩护人最后强调的是,不能因为受了损失就是被害人,也不能因为合同签订履行有瑕疵就是诈骗。本案一系列违反常规常理之处,得不到马某某远任何解释,事实只有一个,目的在于放贷营利。马某某远与涉案单位签订了一系列钢贸合同,以此规避国家禁止企业之间相互拆借的规定,亏损之后,为摆脱责任又嫁祸于人。面对此真相,难道可以置若罔闻?可以强行将其修饰成几个民营企业主诈骗,来为国有企业相关人员的过错埋单?这样的执法,职业良心何在?历史责任何在?辩护人恳请法庭严格依据事实和法律,判决被告人无罪!

北京市京都律师事务所律师　田文昌　邹佳铭

二〇一四年六月十九日

辩护词(一审第二轮)

辩护人认真的听取了公诉人的两轮公诉意见,有一个感觉,公诉人的公诉意见,特别是第一轮公诉意见,主要内容不是指控犯罪的理由和证据,而是在认定被告人有罪前提下的批判和声讨居多。辩护人认为,在我国法治化进程三十多年后的今天,这样的说法不合时

宜,也没有说服力。接下来,辩护人根据案情本身的问题,针对相应的证据,简要补充以下几个方面的问题:

一、合同诈骗罪

合同诈骗罪的基本特征:一是隐瞒真相,虚构事实;二是非法占有目的。

(一)如何理解隐瞒真相、虚构事实

本案实际上是以贸易方式进行的融资合同,那么,在此过程中被告人有没有欺骗的故意,关键问题在于“马某”是否知情。这是本案争论的最核心的问题。

公诉人一再强调说,辩方没有证据。那么,公诉人指控的证据何在呢?必须明确的是,在刑事案件当中,举证责任在控方,这一点应当没有任何争议。那么,本案中,控方指控被告人构成诈骗犯罪,证据何在呢?控方的证据是“马某”的一面之词。经过四天的庭审,我们都看到了,控方出示的指控证据只是“马某”方面的人说的不知情,“马某”方面的出庭证人否认知情。除此之外,还有其他证据能够证明“马某”是不知情的吗?能够证明被告人是欺骗吗?没有,除了“马某”的一面之词之外,没有其他的任何证据。

那么,在本案当中,“马某”是推卸责任一方的举报人,“马某”否认知情,那是理所当然的。如果让“马某”承认其明知贸易的真实性质,显然是与虎谋皮,不可能的事情。针对这个问题,两个被告人的辩护律师在法庭调查当中都出示了大量的证据,在法庭辩论当中陈述了大量的疑点,通过对合同的分析,对交易过程的分析,对市场价格的分析,等等,对“马某”称其不明知的说法提出了诸多的质疑。这些证据充分表明,“马某”在交易过程当中不可能不知道交易的真实性质。所以,公诉人关于“马某”明知该交易的真实性质证据不足的说法,不能成立。

辩护人要强调指出的是,退一步讲,即使辩方的质疑不能完全证明"马某"明知的必然性,那么,在辩方提出了那么多质疑,且控方不能排除这些合理怀疑的情况下,根据无罪推定的原则,排除合理怀疑的原则,也没有理由以"马某"不知情为由,认定被告人构成诈骗犯罪。

事实上,辩方不仅提出了大量证据,指出了诸多疑点,而且,在法庭调查的最后时刻,辩方还出示了"马某"与张家港和本溪钢铁公司进行过同类交易的证据,而且这些交易均发生在本案之前。在法庭调查中辩护人已经说过,这一事实之所以具有重大意义,是因为"马某"在那个交易当中改变了位置和身份。那一交易和本案交易的唯一区别是,"马某"的角色变化了。在本案的交易里他可以推卸责任,说他不知道,但在那个交易里,由他所处的角色所决定,他深知交易的基本性质和效果是什么,无法推脱。

那么,在交易模式完全一样,只是以另一种身份出现的时候,怎么到了本案这单交易当中就一问三不知,装傻充愣,什么都否认呢?这从逻辑上、从道理上能说得过去吗?肯定说不过去!

所以,"马某"与张家港、"本钢"的交易合同是一项有力的证据,它可以充分地证明,无论从任何角度,都没有理由否认"马某"明知这种交易的真实性质这一基本事实。显然是"马某"在交易失利后为了转嫁损失,推卸责任,把自己变成了一个所谓的受害方。但是,它声称不知情的说法和证据显示的大量事实明显冲突。辩护人请法庭高度重视,这是本案的关键问题,当双方都心知肚明的时候,不存在谁骗了谁。

(二)非法占有目的

被告人单位把涉案资金都用于公司的经营活动,包括给银行还债,也是经营活动的一部分,没有用于个人挥霍,这一点必须清楚。

辩护人还注意到,公诉人一再讲,因为被告人没有履行能力,所以就是非法占有。这个说法是典型的客观归罪。明知没有履行能力而去做,可以说是有非法占有的目的存在,但当不能证明其"明知"不能履行的时候,仅凭没有履行能力的结果就能认定具有非法占有目的吗?实践中,怀着良好愿望做生意赔本的例子很多,不计其数。

更何况,蒋某龙陈述了很多他进行努力的过程和已有的成果,这些有据可查的事实足以支持他有信心履行合同。而且这个行为的起因就是企业困难,因为缺钱才借贷,由于民间借贷有困难,没有办法,才采取这种企业之间变相融资的办法,来规避企业之间禁止借贷的不合理的政策。这是不得已而采取的一种变通的方式,这一事实是十分清楚的,而且他们一直处在履行过程当中。

关于对非法占有目的的认定,公诉人谈到了《刑法》第224条的四种表现形式,谈到了最高人民法院《审理金融犯罪案件工作座谈会纪要》(以下简称《纪要》)中列举的七种表现形式,据此认为被告人具有非法占有的目的。

辩护人要指出的是,首先,《纪要》是具有司法解释效力的会议纪要;其次,公诉人曲解了《纪要》的内容。《纪要》中七种表现形式的第一种是:"明知没有归还能力而大量骗取资金",这里"明知"是前提。至于《刑法》第224条所列举的四种表现形式,也同样都与本案中的情节不相符合。

所以,无论是《刑法》第224条的四种表现形式还是《纪要》的七种具体的表现,都套不上本案当中被告人的主观目的。因此,本案中没有理由和证据认定被告人具有非法占有的目的。

当然,辩护人不否认认定非法占有目的很困难,它是通过行为的客观外在表现来认定行为人的主观心理态度,正是由于如此,就更需要我们有确实充分的客观证据才能认定。公诉人谈到一个观点,经营得靠自己盈利,言外之意,是不应当靠贷款去赚钱。此话说得容易,但没有资金能盈利吗?正因为缺少资金,才需要借贷,这是市场经营活动的常态。而且,本案中还有开发前景,被告人谈到了企业的开发前景,谈到了矿产。辩护人曾经办理过矿产方面的案件,可以负责任地向法庭说明,开矿的利润非常高,甚至可以高达百倍也不是天方夜谭。更重要的是,被告人既没有挥霍资金,也没有否认欠款和还款,而是一直处在努力履行合同的过程之中。那么,在存在高利润回报的开发前景的情况下,或者有这种可能性存在的情况下,还是那句话,根据无罪推定原则,根据排除合理怀疑的原则,就没有充分的理由认定被告人具有非法占有的目的。这是运用证据的基本原则。辩护人把这个问题提出来,与公诉人商榷,也希望法庭重视这个问题。认定犯罪不能脱离刑法的基本原则,不能脱离证据规则。

综合以上分析,既然在隐瞒真相、虚构事实的问题上和非法占有目的上都没有确实充分的证据,而且连不充分的证据都没有,指控被告人构成诈骗显然是没有理由的。辩护人认为,本案在本质上就是一个民事法律关系中的债权债务的纠纷,而公诉方将民法与刑法两种法律关系性质相混淆,这种混淆可能会导致冤假错案的发生。

二、关于虚开增值税发票罪

对于这一项罪名的指控,辩护人在此补充说明两个方面的问题。

(一)本案不是虚开,因为无实物交易不等于虚假交易

虚假交易是纯属虚构,无中生有的交易,这个概念不容置疑。而本案中的交易不是虚构,也不是无中生有,为什么?因为有资金的流转,有利润的发生,不管利润的名目是什么,但利润确实存在。而且,无实物交易形式在当前市场环境下十分普遍,如期货交易,证券交易,等等,都是无实物交易。在当前这种交易形式非常普遍,风行世界的情况下,我们中国还能固守着清朝末期那种整车拉银子的思维方式来思考、来分析经营当中的问题吗?这是违反市场经济,违反法

律的认定原则的。所以,辩护人要指出的是,本案不是纯粹的虚假交易,而是无实物的交易,从这个角度讲,根本就不存在虚开的问题。

(二)即使是虚开,也不能定罪

虚开增值税发票罪必须以骗取税款的目的和结果为前提。公诉人认为虚开增值税专用发票罪是行为犯;这是对该罪名的误解。

辩护人理解公诉人的误解有一定的原因,可以明确说,这个罪在立法表述上有缺陷,这个事实立法机关也承认,最高人民法院对这个问题已经认识到并作出了解释。做个最简单的比较,逃税罪是结果犯,而且是必须逃税达到数额较大的结果犯。法律规定逃税罪判处3年以下徒刑,最高刑才7年,而且根据《刑法修正案(七)》,如果补税了,还不追责。

那么,如果按照公诉人作为行为犯的理解,虚开增值税发票,在没有骗取一分钱税款,没有给国家造成一分钱损失的情况下,就可以判处被告人死刑,现在改为无期徒刑了,有这样的立法吗?从立法本意上就无法解释。

逃税罪和虚开增值税专用发票罪侵犯的客体是税收征管制度,而没有骗取税款的虚开行为所侵犯的客体则是发票管理制度。这两种客体的重要性具有重大差别,从社会危害性来对比,侵犯发票管理制度行为的危害性比侵犯税收管理制度行为的危害性要小很多。

所以,对于没有骗税结果的虚开行为,不可能比对偷税的处罚更严重。用对结果犯的处罚去衡量行为犯的构成条件,哪个国家有这样的立法?这是绝对不可能的事情。所以,虚开增值税发票罪必须以骗取税款的目的和结果为前提,是结果犯。类似的案子辩护人也曾经代理过,原审判了10年,后来经最高人民法院纠正过来了。

对于辩护人提出的最高人民法院的案例,公诉人说我国不是判例法国家,这个说法没有错,但是由此得出判例没有用的结论是错的。为什么?因为这不是一般的普通案例,而是最高人民法院的刑事审判指导案例,就是指导全国刑事审判的案例,怎么能没有作用呢?最高人民法院的刑事审判指导案例具有相当于司法解释的作用。对此问题可以请示最高人民法院。

因此,结合罪名本身的表述,结合该罪侵犯的客体,结合最高人民法院的案例,无论从虚开的事实本身,还是从有没有骗取国家税款的角度,都不能定罪。

三、关于单位犯罪的问题

辩护人认为,公诉人曲解了最高人民法院的司法解释,有法人资格的独资企业,私营企业,指的是一人公司和纯私营企业。而本案中的涉案单位,首先它是有法人资格的,其次,它是有限责任公司,根本不在这个司法解释的范围之内。

如果说对被告人有可能按照个人犯罪处理,唯一的理由,只能是根据该司法解释的第3条,即公司是为了实施犯罪行为而设立的。但是本案中的涉案公司是在案发之前就设立,而且进行了多次的其他经营活动,显然不是为了这次融资行为而设立的。所以,本案中两被告人所实施的行为显然应当视为单位行为,以个人犯罪论是没有法律依据的。

通过这样的分析,回到主题上,辩护人认为,这个案子本来并不复杂,但被人为地复杂化了。它本来只是一个典型的贸易型融资,但是由于特殊的情况,特殊的市场环境和社会环境,被人为地制造成了一个刑事案件,可以说,是在钢材市场萧条,且市场环境混乱的情况下,“马某”试图以违法借贷的方式投机获利。失利后,为了转嫁损失,推卸责任,利用公权力对合作伙伴强加罪名。

辩护人认为,对这种乱象应当坚决揭露本质,严肃治理,不能纵容,任其胡为。我们都有责任纠正这个问题,否则历史责任无法摆脱。为此，辩护人也在法庭上郑重地表态，并且与大家共勉，希望我们每一个，包括辩护人本人，都能够坚守法律人良知的底线，不能愧对法律，不能愧对世人，对于本案的判决，要经得起历史的检验。

辩护人在此很坦诚、很严肃地表明这样一种态度。谢谢法庭！

辩护人：

北京市京都律师事务所律师　田文昌

二〇一四年六月十九日

审理结果

本案两被告人2012年10月10日被捕关押，2014年6月一审开庭，2017年5月被取保候审，2019年12月马鞍山中级人民法院一审判决无罪后，检察院提出抗诉。

2021年7月13日，安徽省高级人民法院二审经审理后裁定：维持原无罪判决。历时9年，被告人终获无罪判决。

宁某被控诈骗罪、销售假冒注册商标的商品罪案

案情简介

宁某、于某东在广州经商，通过朋友介绍认识贵州龚某，龚某的名片显示其是“贵州茅台技术开发公司驻广州办事处主任”。2010年，三被告人与大庆隆嘉冠明经贸有限公司(以下简称隆嘉公司)经理孙某刚相识。相识后，双方先后约定由宁某、于某东、龚某为孙某刚办理贵州茅台股份有限公司茅台系列“名将酒”黑龙江省总代理，750毫升茅台酒的黑龙江省总代理。其中办理“名将酒”代理费100万元，办理750毫升茅台酒代理费900万元，共计1000万元，孙某刚向龚某出具了办理代理的相关委托手续。

接受委托后，经被告人方工作，了解到“名将酒”由于在黑龙江2011年有代理商，需要等到2012年才能办理新代理，三被告人将此情况告知孙某刚。

2011年6月16日，龚某代表大庆隆嘉公司与广东友谊酒业公司(以下简称友谊公司)签订经销合同，友谊公司授权隆嘉公司为750

毫升茅台王子酒、茅台迎宾酒的黑龙江省总经销商，同时补充协议规定隆嘉公司在完成茅台王子酒、茅台迎宾酒销售任务的情况下搭配销售少量750毫升茅台酒。授权后，龚某将授权书亲自送到黑龙江省交给孙某刚。随后孙某刚举行了隆重的开业典礼，并从友谊公司多次进酒。

另外，2010年12月至2011年10月，孙某刚多次从三被告人处购买各种品类的茅台酒，经查，这些酒中，有部分系三被告人从第三人张某友（另案处理）处购买的假冒贵州茅台商标的酒。

公诉机关指控：三被告人以能够帮助被害人孙某刚办理黑龙江省销售名将酒、750毫升茅台酒的贵州茅台酒厂的授权为名，骗取孙某刚1000万元。2010年12月至2011年10月，三被告人从张某友处购买假冒茅台商标的酒卖给孙某刚，销售金额5,277,060元。

辩护思路

本案在一审判决后，家属多方辗转，委托京都律师事务所田文昌律师、徐莹律师担任被告人宁某的二审辩护人。通过全面的阅卷、会见，并到广州、贵州、仁怀进行了实地探访，进行了必要的调查取证，认为，该案一审认定诈骗罪属于事实不清、定性错误，将民事上的代理行为错误认定为诈骗犯罪。

关于"名将酒"的代理，接受委托后，被告人实施了积极的代理行为，由于原来的代理期限未到，暂时不能办理，需等到2012年1月1日办理。被告人了解这一情况后也如实告知了孙某刚，孙某刚未明确表示放弃办理。因此，名将酒的代理不是不能办理，而是暂时不能办理，且孙某刚明知并默认。

关于750毫升茅台酒的代理，辩护律师到广州友谊酒业公司进行了调查取证,了解到广州友谊酒业就是750毫升茅台酒的全国总代理,获取了孙某刚的委托书,孙某刚的公司直接从广州友谊进酒的明细,汇款的明细等。这些足以证明,孙某刚对于代理行为和授权结果是明知并认可的。

关于销售假冒注册商标的商品罪,辩护人主要从事实认定和证据两方面进行分析,争取将宁某参与销售的数额降下来。

一审判决认定部分(节选)①

一、诈骗罪

2010年六七月,大庆隆嘉冠明经贸有限公司(以下简称隆嘉公司)经理孙某刚在广州通过被告人于某东、宁某与龚某相识。2010年年末,孙某刚向宁某、于某东、龚某提出要办理贵州茅台酒在黑龙江省的总代理,三被告人对孙某刚谎称能够办理贵州茅台股份有限公司的茅台系列"名将酒"黑龙江省的总代理,需要100万元费用。2011年2月,孙某刚将100万元汇入宁某妻子李某账户,直到案发,三被告人没有给孙某刚办理茅台名将酒的代理权。

在茅台名将酒的授权没有办理成的情况下,三被告人又向孙某刚称能够办理750毫升茅台酒的黑龙江省总代理,需要代理费900万元。2011年6月至7月,孙某刚将900万元人民币陆续汇入宁某妻子李某账户。2011年6月16日,龚某代表大庆隆嘉公司与广东友谊酒业公司(以下简称友谊公司)签订经销合同,友谊公司授权隆嘉公司为750毫升茅台王子酒、茅台迎宾酒的黑龙江省总经销商,同时补充协议规定隆嘉公司在完成茅台王子酒、茅台迎宾酒销售任务的情况下搭配销售少量750毫升茅台酒。友谊公司在签订合同过程中

① 为方便读者更好地理解二审辩护词,引用一审判决认定部分内容。

未收取任何代理费用，龚某、宁某、于某东也未就此事向任何人支付任何费用，三被告人将900万元据为己有。案发后，侦查机关冻结赃款3,211,581.96元，扣押被告人用赃款所购车辆5辆，其余赃款未追回。

综上，被告人龚某、宁某、于某东共计诈骗人民币1000万元。

二、销售假冒注册商标的商品罪

2010年12月至2011年10月，被告人龚某、宁某、于某东从张某甲（另案处理）处购买假冒贵州茅台商标的酒销售给被害人孙某刚，其中三被告人以850元的价格销售500毫升假茅台酒3132瓶，以1600元到1650元不等的价格销售750毫升假茅台酒1338瓶、1000毫升假茅台酒300瓶，销售金额总计人民币5,277,060元。

辩护词（二审）

审判长、审判员：

北京市京都律师事务所接受被告人宁某母亲的委托，担任宁某被控诈骗罪、销售假冒注册商标的商品罪一案二审阶段的辩护人。接受委托后，辩护人详细查阅了一审的全部案卷材料，多次会见了被告人，并且赴广州、贵州等地进行了必要的调查取证，并参与了今天的法庭审理。现结合全案事实和证据，发表辩护意见如下，供合议庭参考：

所谓诈骗犯罪，有两个最为关键的要素，一是客观上要实施了隐瞒真相和虚构事实的欺骗行为，二是使财物所有人产生错误的认识，信以为真，自愿交出财物。给付财物与欺骗行为存在因果关系。那么，我们就围绕这两个关键问题，结合本案的具体案情，来分析一下三被告人是否构成诈骗犯罪。

一、关于诈骗100万元

一审判决认定宁某伙同龚某、于某东"谎称能够办理贵州茅台股份有限公司的茅台系列'名将酒'黑龙江省的总代理,并需要100万元费用"。结果"直到案发时,三被告人并没有给孙某刚办理茅台酒的代理权",构成诈骗罪。该认定事实认定不清,定性错误。

(一)宁某等人没有虚构事实,"谎称能够办理贵州茅台股份有限公司的茅台系列'名将酒'黑龙江省的总代理",也没有向孙某刚隐瞒名将酒暂时不能办理授权的事实。名将酒的办理过程中不存在隐瞒真相、虚构事实的欺骗行为

其一,法庭调查很清楚,事件的起因是孙某刚主动提出要龚某等人帮他办理"名将酒"在黑龙江省的代理。而并非龚某等人主动提出代理。

其二,接受委托后,宁某等人积极实施了受托行为。

先某某证言证明:"龚某提出让我帮忙联系茅台酒的人办理茅台名将酒在黑龙江省大庆市的代理权。我曾经找过一个在贵阳的朋友,这个朋友与茅台名将酒方面比较熟悉,贵阳的朋友曾经答应带龚某去见名将酒的领导,但后来没带龚某去。这样我爱人又找他的一个朋友,通过这个朋友向名将酒的一位付总(好像是姓贾)推荐了龚某,希望在允许的情况下,给龚某办这个事。后来听我爱人说,龚某去和名将酒的这为付总见过面了。"

贾某某证言证明:大约是2011年的中期,龚某和另外一个人来到我的办公室说是黑龙江大庆某个公司的,来到这和我谈办理名将酒在黑龙江大庆市的代理商资格。

其三,宁某等人并没有"谎称能够办理贵州茅台股份有限公司的茅台系列'名将酒'黑龙江省的总代理"。"名将酒"黑龙江代理权并非不能办理,而是因为客观原因,暂时不能办理;暂时不能办理显然

不等于不能办理。此事实,在一审庭审时三被告人反复提出,一审判决认定的“直到案发时,三被告人并没有给孙某刚办理茅台酒的代理权”也仅仅只认定了案发时没有办理下来,却并没有否定能够办理。二审期间,辩护人又进一步调查取证,贵州茅台名将酒业有限公司销售总监贾某某的证言,以及该公司提供的授权书进一步充分证明,三被告人在一审庭审时陈述的事实客观真实。即因名将酒2011年度在黑龙江省已经有代理商,该代理合同至2011年12月31日到期,要办理代理得等到2012年1月1日以后。因此,名将酒有办理的行为,有成功的可能性,只是尚未发生没办成的结果,处于办理过程当中的未完成状态,并且确实存在成功的可能性。

其四,三被告人将暂时不能办理的情况告知了孙某刚,这一点孙某刚的多次陈述也都予以认可,并不存在三被告人隐瞒孙某刚的事实。而且,孙某刚知道了暂时不能办理的情况之后,并未表示撤回委托,而是告知三被告人继续办理。并且在店面装潢上,赫然已经打上了自己是名将酒的代理,更证明了孙某刚没有撤回委托,而是要求三被告人继续为其办理的事实。

其五,本案中还有一个关键的时间点,宁某等三被告人被抓是在2011年12月3日。恰好是在前一个代理商合同届满前不足一个月的时间。这个时间点被抓,也是导致无法进一步办理名将酒代理权的客观原因之一。

综合以上五点,所谓100万元诈骗的真实过程十分清楚:孙某刚委托宁某等人办理名将酒授权,接受委托后,三被告人积极履行受托行为,多方咨询、办理,但由于客观原因,导致暂时(2011年)不能办理,该客观原因孙某刚十分清楚,并且孙从未表示撤回委托。但三被告人在2011年12月初即被大庆市公安局采取强制措施,导致再无能力办理受托事项。在该过程中,三被告人并未有任何隐瞒真相、虚构事实的欺骗行为。

(二)100万元,是在孙某刚与三被告人之间成立民事委托关系的基础上,孙支付的办理委托事项(名将酒代理权)的费用,是孙某刚在真实意思表示下支付的合同对价

通过上面的分析,本案中宁某等人并不存在隐瞒真相、虚构事实的欺骗行为。既然不存在所谓的"欺骗"行为,自然更不会产生受骗的后果。

那么,孙某刚给予100万元属于什么性质呢?辩护人认为,该100万元是在孙某刚与三被告人之间成立民事委托关系的基础上,孙支付的办理委托事项(名将酒代理权)的费用,是孙某刚在真实意思表示下支付的合同对价。而且按照三被告人陈述,这100万元只是定金,是前期的费用,双方谈好的总的价格是200万元,体现了民事主体双方议价付款的事实。至于100万元的费用是贵了还是便宜了,则完全是市场交易主体双方的议价行为,卖的人总想往高喊,买的人总想往低了算,绝不能因为后来认为买贵了,就说对方骗自己了。

更重要的是,正如被告人说的,这100万元办成了是他们的,办不成他们还要退还给孙某刚的。正因如此,三被告人在办理过程中,了解到2011年度已经有授权,得等到2012年才能办理的情况后,及时告知了孙某刚。但孙某刚知晓后,还是让三被告人等前一授权期限到了继续办理。那么,由于授权期限未到以及三被告人被抓两方面的客观原因,导致案发时未能办理下来,怎么能认定诈骗呢?

至于庭审中,检察员和被害人代理人一直究问三被告人到底有没有能力办理的问题,似乎三被告人因为没有能力,将来可能无法办理名将酒授权,所以能够得出诈骗的结论。辩护人认为,我们认定犯罪,不能以一种可能性来认定,认为可能三被告人将来不能办理成

功，所以三被告人构成犯罪，这样的定罪思维是错误的。应当反过来，恰恰因为存在将来办成的可能性，所以不能认定三被告人构成犯罪。

因此，辩护人认为，一审判决不顾客观事实，不全面审查证据，偏听偏信，将民事委托关系认定为诈骗犯罪，认定事实不清，定性错误。

退一步讲，本案中，假如办案机关晚一点抓人，等到2012年1月1日以后，事实证明三被告人无法办理授权，又携款逃匿，那个时候再抓人，认定诈骗，或许还有理由。但事实是前一个授权未到期，暂时还不能办理，到期后能不能办理也还未知，三被告人又明确告知了孙某刚暂时不能办理的事实，孙某刚也并未表示异议。怎么就变成犯罪了呢？让人百思不得其解！

二、关于指控诈骗900万元

一审判决认定："三被告人向被害人虚构龚某是贵州茅台酒厂驻广州办事处主任的身份。明知隆嘉公司要求办理贵州茅台酒在黑龙江省代理权的情况下"却办理了友谊公司的王子酒、迎宾酒的总经销和茅台酒的特约经销，并谎称办理代理需900万元，据为己有，构成诈骗罪。辩护人认为，一审判决的认定与事实和证据不符。

（一）有关是否虚构龚某的身份问题，事实认定错误

龚某2012年2月10日的笔录中说得很明确，"我当时给他（孙某刚）的名片是贵阳久景富安贸易公司及贵州茅台技术开发公司驻广州办事处主任"。"（这个身份）是真实的，到贵阳这家公司就可以查到的，授权证书在我家里。"一审庭审中，三被告人也明确了这一事实。二审庭审中，三被告人又再次确认了他们给孙某刚的龚某的名片就是这张。那么，三被告人虚构了什么身份呢？在如此清楚、明确的事实面前，如果因孙某刚由于个人认识水平的问题，对龚某的身份发生了误解，这个责任显然不应由三被告人来承担。要么，就是孙某

刚为了嫁祸三被告人而说了假话。

(二)对孙某刚是否明知办理的是友谊公司授权的事实认定与事实和证据不符

退一步讲,假使三被告人虚构龚某身份这个事实确实存在,也不是900万元是否构成诈骗犯罪的最关键事实。本案最关键的事实在于,最终是否办成了友谊公司的授权,孙某刚是否明知并确认了广州友谊公司的授权。如果该授权办成了,孙某刚对友谊公司的授权是明知且确认的,那么就不存在诈骗罪的欺骗行为。

那么,该授权是否已办成,且孙某刚是否明知并确认友谊公司的授权呢?

本案中该授权已办成的事实已经不可否认,而关于孙某刚是否明知的问题,被告人的供述和孙某刚的陈述截然相反。孙某刚一口咬定,就是要办理贵州茅台股份公司的授权,既不知晓也不认可友谊公司的授权,而且友谊公司办授权不收费,但三被告人收了他900万元。

而三被告人的一致供述是,孙某刚明知办理的是友谊公司的授权,也明知900万元是支付给三被告人办理该授权的委托费用,而不是给广州友谊的代理费。那么,孙某刚与三被告人各执一词的说法孰真孰假?请看如下事实:

宁某2012年12月20日第五次笔录中说:“他开始想要办理的是贵州茅台股份公司对他的公司直接授权。我和龚某还有于某东都对孙某刚解释过这个问题,商某也知道。并且孙某刚也同意要在友谊公司办理授权。”

龚某2012年2月10日笔录显示:“因为当时孙某刚公司的手续不全,又等了几天,孙某刚才准备好手续到达广州,当时郑某出差到香港回不来,而且孙某刚又不想等,所以他就委托我全权代理签订合同的。”

（三）重要的是，三被告人的供述有证人证言、书证以及客观事实能够相互印证

1. 证人证言证明，孙某刚事前就明知办理的是友谊公司的授权。

董某某证言："（孙某刚）非常明确是办理广州华侨友谊酒业的53度750毫升茅台酒在黑龙江的代理权……孙某刚第三次来广州的时候，是我送他去的广州白云机场，在机场吃饭的时候，在酒桌上，宁某和孙某刚还谈到了办理广州友谊酒业750毫升茅台酒授权的事，当时在场的人挺多，我记得有宁某、于某东、郎某等都在，还有张某翔，大家都应该听到孙某刚谈论办理广州友谊酒业授权的事。第四次孙某刚夫妇来广州的时候，宁某请他们在星河湾酒店吃饭，我记得在酒桌上，商某说代理茅台酒的牌子终于办下来了，大家还表示祝贺，预祝合作成功。"

邵某证人证言："2011年四五月，在广州番禺渔民新村吃饭，经于某东、宁某等介绍认识了孙某刚（他们称呼'刚子'），席间得知孙某刚正在办理广州友谊酒业的代销合同。"

简言之，上述两名证人都证实，孙某刚到广州，在一起吃饭的场合，明确谈到过办理友谊公司授权的事情，授权下来后，还一起吃饭庆祝。

2. 书证证明，孙某刚事前就明知办理的是友谊公司的授权，而且孙某刚明确委托三被告人办理的就是广州友谊的授权。

孙某刚签字、隆嘉公司盖章的《委托书》，内容非常明确："大庆隆嘉冠名经贸有限公司全权委托（龚某）全权负责代理本公司，洽谈广东省华侨友谊贸易有限公司，750毫升茅台酒、王子酒、迎宾酒黑龙江省省级代理有关事宜。"并且，孙某刚亲自飞到广州，将公司的证、章、照等都交给了龚某。

3. 书证和客观事实还证明，在广州友谊公司黑龙江特约经销商

的授权办理下来之后,孙某刚表示了接受和认可。

6月16日取得友谊公司的授权书及相关文件后,龚某将授权书和补充协议亲自送到东北交给了孙某刚本人,授权书上白纸黑字,明确记载了是友谊公司的特约经销商,并且写明了门头和广告不包括在内。按照常理和经验,除非孙某刚不识字,否则他根本不可能不知道是友谊公司授权的特约经销商。

孙某刚收到授权后,友谊公司的送货单显示,从2011年6月20日至12月2日,隆嘉公司分多次从友谊公司提取53度750毫升茅台王子酒、迎宾酒和茅台酒。其中53度750毫升茅台酒分别于2011年6月20日提10箱,8月15日提90箱,10月12日提160箱,共计260箱;货物托运凭证显示,前100箱是友谊公司直接通过广州市宏天物流有限公司发送到隆嘉公司。友谊公司提供的银行入账单显示,2011年6月20日、8月、12月12日,隆嘉公司分三次向广州友谊酒业账户打入4,424,947.00元。如果说孙某刚事前不知道办理的是友谊公司的授权,但事后,他多次定酒并汇款的行为也足以证明他知道并认可广州友谊酒业的授权。

6月16日拿到授权后,孙某刚于6月至8月,分多次向李某的账户支付了900万元代理费的余款,这一事后付款的客观事实表明,孙某刚对友谊公司特约经销商的授权是充分认可的。

8月,孙某刚指派隆嘉公司徐经理到友谊公司进行了授权查询。

8月28日,友谊公司的总经理郑某代表友谊公司参加了孙某刚公司的开业庆典。

可见,本案中有三被告人一致的供述,以及能够印证三被告人供述的证人证言、书证、客观事实,足以证明孙某刚事前即已知晓53度750毫升茅台酒是友谊公司授权,并且很明确,他委托三被告人办理的就是友谊公司的授权。而拿到授权书后,又对授权予以了充分的认可。

4. 与被告人供述得到了大量的人证、书证的印证相反，孙某刚的陈述不仅没有任何其他证据可以印证，只是孤证。而且，其陈述的虚假性矛盾百出，不良动机昭然若揭。

第一方面，孙某刚的多次陈述与书证相矛盾。孙某刚明明自己签署了授权委托书，而且还不是空白的，是已经打好内容的，授权书下来后又亲自拿到了授权书、补充协议等。前述证人证言和客观事实显示，孙某刚非常重视这个授权，并且还喝酒表示庆祝。现在，孙某刚居然表示他没看委托书，没看授权书，统统不知道，不清楚，不记得了，这符合常理吗？符合逻辑吗？符合我们的经验判断吗？委托书和授权书、补充协议都白纸黑字，而且不是密密麻麻的好多页的小字，是一页纸上总共不过一百字、三行的3号字体，只要是识字的人，几乎扫一眼就能看到大概内容的。孙某刚难道不识字吗？孙某刚现在一口咬定就是没看到，不知道，不记得，是无论如何都说不通的。

第二方面，孙某刚的陈述与客观事实矛盾。即使我们退一万步讲，假设孙某刚事前不知道办理的是友谊公司的授权，那么，6月16日拿到授权后，又于6月20日向友谊公司定购10箱750毫升飞天茅台，于8月15日定购90箱，注意，这100箱是孙某刚直接向友谊公司订购的，货运单上是友谊公司直接发到隆嘉公司唐某娜收的；8月孙某刚又派徐经理到友谊公司查询授权；8月28日开业郑某代表友谊公司参加开业庆典并致辞；6月至10月，大庆隆嘉还分三次向友谊公司支付购酒款项；6月至8月，拿到授权书之后，孙某刚又分多次向李某账户汇款，支付完900万元的代理费用。这些事实又如何解释？在如此充分的证据面前，孙某刚还能说他不知道吗？这不是纯属谎言吗？

第三方面，孙某刚是本案的利害关系人，如果三被告人诈骗罪成立,他表面上虽然是受害者,事实上却将成为最大的受益人,他不仅不会被追究无权使用茅台集团商标和买假售假的责任,而且其已经支付的办理授权的委托费用也变成了被骗款可以要求返还,更别提他已经经营一段时间的经营收益。

据此,辩护人有充分理由认为,孙某刚的陈述显然是虚假的。他不仅对不是茅台股份公司而是友谊公司授权的事实是明知的,而且也是认可的。既然孙某刚明知并认可友谊公司的授权,那么,又何来被骗一说呢?

(四)二审开庭时,检察员和被害人代理人还提出来一个观点,孙某刚要办理的是黑龙江省的总代理,可是三被告人最终给他办理的是黑龙江的特约经销商,欺骗了孙某刚

辩护人认为,一方面,孙某刚要求三被告人给他办理的是黑龙江省就他一家卖750毫升飞天茅台酒,而三被告人最终给他办理的也是黑龙江省仅有他一家卖750毫升飞天茅台酒。虽然名称不一样,但实质是一样的,三被告人达到了孙某刚提出的要求。另一方面,孙某刚拿到了授权书,授权书上白纸黑字写得明明白白,孙某刚也接受和认可。并且是认可后交足的900万元费用。因此,在这一点上,孙某刚是明知并认可的,并没有受骗,如不认可为什么会交付费用?

(五)一审判决认定友谊公司办理授权不收费,但三被告人收了孙某刚900万元,符合诈骗犯罪的主观故意和客观行为

辩护人认为,一审认定以刑代民,将民事委托关系错误定性为刑事诈骗,该900万元并非孙某刚被骗而违背其本意的交付。

办理授权需要代价,对此不仅孙某刚明白,市场行情也十分清楚。孙某刚主动提出要出高价取得授权,这才是他的目的,至于向谁交钱,并不重要,三被告人也不可能为他提供无偿服务。同时,在实现委托行为的过程中,三被告人还要支出其他的诸如交通费、招待

费、接待费、劳务报酬等大量费用,这在邵某2012年4月19日的证言中可以得到印证,这也符合我们目前的市场交易规则。更重要的是,双方还有一个议价的过程,最初报价1800万元,孙嫌贵,最后降到900万元。这900万元孙某刚都汇到了李某的个人账户,而非友谊公司的账户。

二审庭审中,检察员和被害人代理人反复询问三被告人,觉得这个授权值900万元吗?辩护人认为,这不仅混淆了民事行为和刑事犯罪的界限,而且也暴露了孙某刚举报三被告人的真实目的。授权的价值如何衡量?要依靠市场,无论是900万元,还是9000万元,只要孙某刚在合同订立时认可,是他的真实意思表示,无论是值还是不值,都只能是一种民事纠纷,与犯罪无关。而本案中,标的物(友谊公司的授权)明明白白,白纸黑字摆在这里,双方都明知,而且也认可,那么这900万元就没有任何问题。这些事实足以表明,与三被告人签约,向三被告人交费,孙某刚完全是清清楚楚。至于三被告人应当如何使用、支配这些费用,与孙某刚没有关系,与能否构成诈骗更没有关系。事后,孙某刚可以说他买贵了,但绝不能说因为买贵了对方就是诈骗。如果买贵了就是诈骗,那天下的商人无不是诈骗犯,因为作为商人,谁都希望自己的商品能卖高价。因此,辩护人认为,一审判决违背了市场交易规则,混淆了民事法律关系与刑事法律关系的界限,将民事纠纷错误定性为刑事犯罪,恳请二审法院予以纠正。

三、关于销售假冒注册商标的商品罪

一审判决认定2010年12月至2011年10月,三被告人销售500毫升假茅台酒3132瓶,750毫升茅台酒1338瓶,1000毫升茅台酒300瓶,销售金额总计5,277,060元。辩护人对一审判决认定罪名没有异议,但认为一审认定销售假冒注册商标的商品数量不准确,尤其是对宁某参与销售假冒注册商标商品数量的认定不客观、不准确。

(一)关于数量问题

通过查阅案卷材料,辩护人发现,一审判决认定销售总额的唯一依据是:隆嘉公司单方提供的“茅台酒进酒明细”“茅台产品明细表”,上面记载的隆嘉公司的不合格产品总计金额为5,277,060元(正是一审认定数额)。换言之,一审判决就是依据所谓被害人孙某刚自己的报案材料认定犯罪数额。

辩护人认为,一审仅凭被害人一方提供的进货明细认定数量的做法,缺乏证据和法律支持。

首先,本案中,三被告人卖给孙某刚的酒有真有假是事实,但数量上比较混乱。三被告人的供述互不一致,与孙某刚的陈述也不一致。那么,既然有真有假,我们就不能仅仅依据任何一方的陈述来判断假酒的数量,尤其是举报人的进酒明细,它仅仅能证明进酒的数量,绝不能证明真假的数量。仅凭举报人的进酒明细证明三被告人销售假酒的数量,至少存在以下几个方面的问题:

1. 不能排除孙某刚从其他渠道进酒的可能性。对如此关键的问题,办案机关却未予调查。案卷材料显示,只有在孙某刚在2011年11月21日的一份笔录中问到了孙某刚是否还有其他进酒渠道的问题,但恰恰这个问题却只有问话,没有回答。在全卷笔录中,这是唯一的一个只有问话却没有回答的问题。难道不应该引起我们的高度重视吗?

2. 缺乏鉴定结论的支持。卷内的四张“鉴定表”证明了经过王某某的鉴定,有110瓶1000毫升53度茅台酒,840瓶750毫升53度茅台酒,1415瓶500毫升53度茅台酒不是茅台公司生产(包装)。那么,一审认定的其他190瓶1000毫升的,498瓶750毫升的,1717瓶500毫升的都没有鉴定结论支持。既然没有鉴定结论,凭什么能够判断它的真假呢?

3. 关于鉴定人身份和鉴定意见的质疑。案卷中没有任何证据能够证明所谓鉴定人王某某的身份,唯一一份他自己陈述自己身份的言词证据还是缺乏询问人的瑕疵证据。虽然这份瑕疵证据经过了补正,但是仅凭王某某自己的陈述证明自己的身份显然证据不够充分。

4. 一审认定的销售价格 5,277,060 元,是按照孙某刚单方提供的进酒明细,但按照该明细,5,277,060 元对应的 53 度 500 毫升茅台酒是 3252 瓶,而一审认定的 500 毫升茅台酒是 3132 瓶,这个数字又是从何而来?既然数字不一样,又怎么最终得出了相同的销售价格总额呢?

5. 一审过程中,宁某还向法庭提交了 179 万余元的购酒发票,也至少证明了三被告人提供给孙的酒中有 179 万元是真酒。这一部分,在认定数量上是否应当未予排除呢?

由此可见,在存在那么多的问题和疑点的情况下,一审却仅凭孙一方提供的一份进酒明细就认定假酒的销售数量和数额,显然既不客观,也不严谨。

(二)关于被告人宁某参与的时间、数量和地位问题

在一审庭审中,宁某说:通过他卖给孙三批酒,除开张的酒是有问题的,之前那两批是没问题的。关于这一问题,于某东也说道:“宁某是在开业后参与的,之前是我单独卖 300 万元的酒。”针对这一问题,今天的庭审中,辩护人又向三被告人进一步核实,龚某和于某东均向法庭明确表述了宁某是在开业之后参与的,并且对侦查阶段不一致的笔录进行了解释。

那么,之前 300 万元的酒是如何销售出去的呢?龚某和于某东与孙某刚商谈好了酒的数量和价格,因为李某是多家银行的 VIP 用户,取现和汇款比较方便,因此商量好用李某的账户汇款,并且每瓶酒给宁某提 100 元的好处费。也就是说,虽然走账是通过李某的账

户,但是宁某不知道,也不可能知道龚某和于某东最终提供给孙某刚的酒是假酒。直到开业后,孙某刚着急要酒,找到宁某,宁某告知他没有酒,孙某刚向宁某提出来高仿的酒也可以,这时,宁某才参与了销售50箱500毫升茅台酒。

那么,宁某既然是在开业后才参与卖酒给孙,开业前他既不知道于某东、龚某卖假酒给孙,也没有参与其中,获取利益。说明他既没有共谋,也没有共同行为,他并未参与开业前的售假犯罪。因此,对宁某参与销售假冒注册商标商品的数量和数额,应当予以重新认定。

此外,对宁某参与的50箱500毫升茅台酒,宁某只是接到了孙某刚的电话,告诉孙某刚他没有酒,让孙找龚某。对于货源的准备,货物的运输,甚至货款的接收都没有参与。因此在这50箱500毫升假茅台酒的销售中,宁某也只是处于次要地位。

四、辩护人提请法庭注意一个值得重视的问题:本案中孙某刚的行为性质是什么

法庭调查中几个被告人都谈到,是孙某刚向龚某主动提出要买假酒后,才发生了售假的事实。而且龚某等提供给孙某刚的酒是没有发票,没有酒类附随单的。即使孙某刚否认其主动收购假酒的事实,那么,作为一个长期经销酒的商人,其手下也有曾经从事酒类经销的员工徐某梅,对于没有发票和酒类附随单的酒是假酒的事实不可能是不明知的。

更何况,孙某刚还曾经因为卖假酒受到过行政处罚。那么,如果孙某刚主动提出要买假酒,在本案中,他才是犯意的发起者。如果定罪,孙某刚一定是主犯。这么重要的问题,这么明显的问题,为什么没有立案?为什么没有人查?这个问题难道不应当引起我们的重视和深思吗?

同时,既然孙某刚作为售假的销售者,通过举报对方就可以把自己择得干干净净,那么,孙某刚会不会为了逃避其主动买假售假的责任,同时也为了转嫁其经营中的经济风险,通过举报控告三个被告人的手段达到一箭三雕的非法目的呢?因为本案的一系列现象,已经反映了这个问题:孙某刚既成了未被追究刑责的受害者,也获取了授权销售的利益,而且还节省了办理授权的费用,岂不是一箭三雕?所以辩护人提出这个质疑,请法庭予以重视。

今天,通过大量的证据,我们看到,本案本是一起典型的民事纠纷,却用刑事的手段予以干预,甚至将民事行为的一方主体判了无期徒刑。辩护人认为,民事纠纷刑事化是一种危险倾向,危害性很大,它不仅扰乱了正常的司法程序,而且难以排除有些机关非法越权干预经济纠纷的嫌疑,也包括当事人和权力机关进行权力寻租的嫌疑。为此,辩护人特别提请法庭,在党的十八大以后,特别是在党的四中全会来临之际,中央强调司法公正的大环境下,应当对这种现象高度重视。这不仅仅单纯是一个案件有罪无罪的问题,辩护人还担心案件背后有什么更严重的问题。

最后,希望法庭能够对本案所暴露出的一些疑点和问题予以高度重视,在进一步查清事实的基础上,对本案做出公正的,经得起历史检验的判决。

辩护人:

北京市京都律师事务所律师　田文昌　徐　莹

二〇一四年十月十六日

审理结果

一审判决三被告人构成诈骗罪、销售假冒注册商标的商品罪,数罪并罚,判处无期徒刑。二审维持原判。判决生效后,宁某不服,一直申诉。

田文昌、徐莹律师继续作为其申诉代理人。2019 年 5 月 23 日，最高人民法院(2019)最高法刑申 138 号再审决定书认定“申诉人犯诈骗罪的事实不清,适用法律错误”,指令重新审理。

另外,2017 年 4 月 14 日,上游卖家张某友被抓获,2017 年 9 月 26 日,黑龙江省大庆市高新开发区人民法院(2017)黑 0691 刑初 137 号刑事判决书判决张某友构成假冒注册商标罪,判处有期徒刑 3 年 6 个月。

2018 年 8 月 22 日,本案受害人孙某刚因犯诈骗罪、抽逃出资罪,被黑龙江省高级人民法院判处无期徒刑[(2018)黑刑终 137 号刑事裁定书]。

肖某旺被控非法买卖爆炸物罪、重大责任事故罪、逃税罪案

案情简介

肖某旺，原系福建省三鑫铅锌矿业有限公司（以下简称三鑫公司）承包经营者。

2010年3月30日，肖某旺向香港中联信矿业集团股份有限公司承包三鑫公司，与三鑫公司法定代表人李某山签订承包协议，约定经营权期限是3年，支付承包费用8000万元。

2010年7月，肖某旺（本案第一被告人）和肖某春（本案第二被告人）又将三某矿业公司矿区的矿硐承包给杨某瑞等人。2010年12月23日晚，杨某瑞在组织工人进行作业时，发生冒顶事故，导致两名工人当场死亡，直接经济损失180万元。

事故发生以后，肖某旺第一时间向有关单位汇报了整个事故情况，而且福建省尤溪县也在第一时间组成了矿难事故调查组对这次矿难进行调查，并且委托有国家资质的福建省尤溪县某安矿业技术有限公司进行技术鉴定，并且出具了《技术鉴定书》。事故调查组根

据《技术鉴定书》以及各个部门共同参与的调查,得出的结果是:此案件定性为特殊的、偶然的、具有一定自然因素的冒顶事故。于是县政府对事故责任者进行了行政和经济处罚。按照国务院发布的《生产安全事故报告和调查处理条例》规定处理完毕。

时隔3年,2013年福建省成立"5·29"专案组,以涉嫌重大安全事故罪对肖某旺两兄弟采取刑事强制措施,立案后在侦查过程中,发现三鑫公司在采矿中使用爆炸物品且有偷逃税款的行为,又追加非法买卖爆炸物品罪和偷税罪。

辩护思路

针对指控的三个罪名和事实,辩护人分别从主体、程序、因果关系、法律适用等角度提出无罪的辩护理由。

1. 非法买卖爆炸物品罪涉及的18—1矿硐开发权属于三鑫公司,杨某瑞承包该矿硐后,取得经营权。三鑫公司具有合法的火工品使用质证,其严格按流程对承包人发放火工品的行为并未超出公司开采范围使用。在购买价基础上加价也是基于公司内部成本核算,不属于刑法意义上的买卖行为,故肖某旺不构成非法买卖爆炸物品罪。

2. 重大责任事故罪中的关键证据,2013年出具的《补充调查报告》在程序和内容上均存在重大问题,因为2011年事故调查组已经对矿硐发生的事故出具了调查报告,明确本案事故发生的直接原因是自然原因,事故的发生和三鑫公司将矿硐承包给杨某瑞等人的行为之间没有必然因果关系,故肖某旺不构成重大责任事故罪。

3. 关于逃税罪,涉及两个问题。一个问题是纳税主体问题,三鑫公司是纳税单位,自然人肖某旺不是纳税主体,故不构成逃税罪。另一个问题是算账问题,即欠税是如何计算出来的。按耗电量补缴还是按技改之后多生产矿石量来计算,欠多少就补缴多少,而且肖某旺明确表示具有补税能力,愿意补缴税款。

辩护人针对三项罪名的指控,均提出有理有据的辩护意见。

辩护词(一审第一轮)

审判长、审判员:

北京市京都律师事务所接受被告人肖某旺的委托,指派田文昌、杨大民两位律师担任肖某旺被控非法买卖爆炸物罪、重大责任事故罪和逃税罪一案的一审辩护人。经过多次会见被告人肖某旺,反复研究卷宗材料,尤其经过今天的法庭调查和质证。辩护人对本案有了更深入的认识。现在根据庭审情况结合证据材料发表如下辩护意见,请合议庭采纳。

第一部分:非法买卖爆炸物罪

辩护人认为,起诉书指控肖某旺犯非法买卖爆炸物罪,事实不清,适用法律不当,依法不能成立。具体理由如下:

三鑫公司是涉案民事行为的法律主体,其为承包人杨某瑞提供爆炸物是合法的,对杨某瑞等承包人使用爆炸物加价计费是企业内部的核算行为,不是非法买卖行为。

一、三鑫公司是本案中民事行为的法律主体。

庭审证据表明,本案中福建省尤溪三某铅锌矿业有限公司(以下简称三鑫公司)是涉案民事行为的法律主体。其法定代表人是李某山,肖某旺是三鑫公司的承包人,杨某瑞则是坪仓矿区具体操作南矿井417矿硐的承包人。因此,本案中购买和使用爆炸物的主体均是三鑫公司,其目的是完成三鑫公司合法、正常的生产经营活动。

二、三鑫公司具有采矿和从事爆破作业的相关资质。

庭审中控方向法庭出示了三鑫公司的营业执照、采矿许可证、民用爆炸物品购买许可证、爆破单位作业许可证、安全生产许可证。这些资质是三鑫公司依法取得的,证明三鑫公司是合法的采矿权人,其购买民用爆炸物并在其所属矿山从事的爆破作业是合法的。

三、三鑫公司与杨某瑞负责的18—1矿硐之间是一种内部的承包经营关系。

根据起诉书的指控,杨某瑞与三鑫公司之间是承包关系。承包经营是公司内部的一种经济责任形式,承包人本身并没有资质,也不需要什么资质,而是以公司的名义,以公司的资质进行生产经营活动。就像本案中,肖某旺开采铅锌矿是以三鑫公司的名义开采的,肖某旺个人并没有采矿的资质,更没有使用火工品的资质。他使用的也是三鑫公司的资质,对于肖某旺个人来说没有必要申办什么资质。同理,杨某瑞承包了18—1矿硐,也一样不需要申办什么资质。杨某瑞与三鑫公司之间的关系就相当于车间与工厂之间的关系,是局部与整体的关系。三鑫公司为18—1矿硐提供火工品,是企业内部对生产材料的供应或分配。

根据杨某瑞与三鑫公司的结算方式,是通过开采出的矿石被三鑫公司收购的方式来结算,也就是说杨某瑞承包挖矿,是按照出矿量与三鑫公司进行结算的,并不像肖某旺是通过向李某山支付承包费来进行结算。既然杨某瑞是按照出矿量来与三鑫公司结算,那么,杨某瑞的承包活动实际上提供的主要是一种劳务。因此,也可以说杨某瑞与三鑫公司之间是一种劳务关系,或者是劳务关系与承包关系的竞合。承包关系是一种内部结算关系,劳务关系是一种雇佣关系。这两种法律关系的共同特征就是一体性,就是对外是一个整体,对内则是局部与整体的关系。

据此,辩护人认为,三鑫公司与杨某瑞负责的18—1矿硐之间是一种内部的承包经营关系或劳务关系。

四、三鑫公司给其所属的坪仓矿区南矿井18—1矿硐提供民用爆炸物供其爆破作业是合法的。在购买价基础上加价是企业内部成本核算行为,不是刑法意义上的非法买卖行为。

1. 杨某瑞等承包矿硐的承包人只是经济意义上的承包经营主体,在爆炸物购买使用上完全依附于三鑫公司的采矿资质,并且按照三鑫公司爆炸物使用管理规范进行管理、审批、使用。其与三鑫公司其他矿硐管理、使用方式完全相同,不是非法使用。

2. 三鑫公司对提供的爆炸物以高于成本价计费,属于公司内部的成本核算行为,不是买卖行为。

庭审中,肖某旺、肖某春已经把为什么要加价的原因和目的向法庭说明。且有证据表明,加价的费用主要是用于支付仓管员、爆破员、押运员、驾驶员等管理人员的工资及费用。

坪仓矿区南矿井18—1矿硐被杨某瑞等人承包后。根据其内部核算的约定,三鑫公司将爆炸物提供给此矿硐使用时,除了爆破员是各个矿硐自己安排,其他诸如火工品的审批、存储、运输的人员和设备等,都是由公司负责。所以,三鑫公司提供火工品时,在购买价的基础上要加上存储、运输等各项成本费用,这是由其内部结算方式决定的。加价并不具有盈利的性质,而是一种企业内部的成本核算方式,也是福建省包括尤溪县在内的所有矿山通行的惯例。而且,据辩护人了解,自1996年以来,三鑫公司就一直采用这种按成本加价的核算方式。因此,辩护人认为,三鑫公司对提供的爆炸物高于成本价计费,属于公司内部的成本核算行为,并非买卖行为,更不是刑法意义上的非法买卖行为。

3. 本案所谓的买卖爆炸物行为不具有社会危险性,没有侵害此罪名所保护的法益,不应受到刑事处罚。

坪仓矿区南矿井+417矿硐在使用爆炸物时,其使用的对象是特定的,唯一的,并未使爆炸物扩散或挪作他用。其使用范围仅仅限于417矿硐的探采及生产,使用均在三鑫公司的控制和管理之内:(1)是在采矿许可证的范围之内正常使用,没有越界使用,非法使用。(2)是严格遵守三鑫公司关于爆炸物领用、存储、使用等管理规范领取使用的,用不完的爆炸物依管理规范退回火工库。(3)在使用爆炸物的过程中没有出现过任何问题,发生过任何危险。

综上所述,辩护人认为,起诉书指控肖某旺犯非法买卖爆炸物品罪,依法不能成立。

第二部分:重大责任事故罪

重大责任事故是指在生产、作业中违反有关安全管理的规定,或者强令他人违章作业,而发生重大伤亡事故或其他严重后果的行为。构成重大责任事故罪应当具备以下要件:(1)行为发生在生产、作业中;(2)违反有关安全管理规定;(3)造成重大伤亡事故的后果;(4)违反安全管理规定的行为与重大伤亡事故存在因果关系。

据此,辩护人认为,起诉书对肖某旺犯重大责任事故罪的指控,依法不能成立。具体理由如下:

一、本案的事故是冒顶事故,是一般事故,不应当追究刑事责任。

本案中的事故发生后,事故调查组经调查认定本起事故是冒顶事故,是一般事故,依法对相关责任人均进行了行政和经济处罚,认为追究刑事责任无法理依据。不追究刑事责任的理由有三:

一是根据福建省尤溪县拓某矿业技术有限公司的技术鉴定,事故发生的直接原因是顶板裂隙发育加上潮湿导致堕落石块与顶板脱层突然冒落，间接原因是在处理顶板过程中，未采取临时支护措施，以及处理方法不当。因此，该事故是一起特殊的、偶然的，具有一定的自然因素影响的冒顶事故。二是企业在有效的采矿许可证范围内自行利用废弃矿硐进行生产性探矿，未上报国土等相关部门备案，存在管理上缺陷。三是三鑫公司对该矿硐有履行火工品审批手续，只是使用不够规范。

辩护人认为，尤溪县政府事故调查组的第一次事故调查报告以及不追究刑事责任三点理由是客观的，正确的。

判断一起事故是否涉嫌犯罪，需要综合多方面的考虑和因素，一般要看事故造成的后果和损失，国务院的规定也是根据事故造成的伤亡人数和经济损失来判断的。造成 3 人以下死亡，或者 10 人以下重伤，或者 1000 万元以下直接经济损失的事故属于一般事故。结合本案，“冒顶事故，导致两名工人当场死亡，直接经济损失 180 万元”的情况，该事故不属于重大事故。另外，还要看当事人的履职、尽责情况，看善后情况的处理等因素。本起事故发生后，三鑫公司都在第一时间履行了其职责，协助政府处理了善后事宜，赔偿了死者家属，不存在任何不良的社会影响。据此，辩护人认为，控方对本起事故提起犯罪指控缺乏事实基础和法律依据。

二、福建省“5·29”专案组启动对“12·23”事故进行补充调查没有法律依据。而补充调查的意见并没有否定第一次的事故调查结果。

本案是由福建省公安厅“5·29”专案组启动的刑事侦查程序，“5·29”专案组则是针对本案被告人肖某旺、肖某春成立的一个公安机关的办案小组。

本案中，这个专案组有没有权力来自行启动三鑫公司矿难事故的补充调查？它的法律依据是什么？根据国务院《生产安全事故报告和调查处理条例》的规定,处理事故的主体是政府。事故调查组由有关人民政府、安全生产监督管理部门、负有安全生产监督管理职责的有关部门、监察机关、公安机关以及工会派人组成,并应当邀请人民检察院派人参加。

既然事故调查组是一个由政府组成的多部门派人参加的针对矿难的调查机构,并且事故调查组的组成和事故处理的流程均是依照法定程序进行的。那么,其作出结论后,在没有正当、合法理由和政府授权的情况下,福建省“5·29”专案组没有权力单方启动对“12·23”事故进行补充调查,其要求三鑫公司矿难事故调查组补充调查的异议和建议没有法律依据。更何况,补充调查报告并没有否认第一次事故调查的原因、定性和结论。反而进一步补充阐明了第一次事故处理时为什么不追究刑事责任的三点理由,有理有据。

三、肖某旺在该起事故中不是直接负责的主管人员和直接责任人员,不应成为承担刑责的自然人主体。

重大责任事故罪的立法本意是对具有管理职责,违反有关安全管理的规定,导致事故发生的特定主体进行的惩处。该主体一定是特定的、与安全生产活动有直接关系的主体。

我国《安全生产法》第5条规定:生产经营单位的主要负责人对本单位的安全生产工作全面负责,而福建省安全生产监督管理局为三鑫公司坪仓铅锌矿南矿井颁发的《安全生产许可证》副本显示,坪仓铅锌矿南矿井在安全生产上的“主要负责人”是肖某尧。

事故发生后肖某尧已经被开除,接受了相应的处罚。现场的管理者杨某瑞和坪仓矿区的分管安全生产的林光佳也对该起事故负管理责任,受到了相应的处分和处罚。

《安全生产法》第91条规定:“生产经营单位的主要负责人未履

行本法规定的安全生产管理职责的,责令限期改正……有前款违法行为,导致发生生产安全事故的,给予撤职处分;构成犯罪的,依照刑法有关规定追究刑事责任。”

据此,辩护人认为,即使本起事故一定需要追究相关责任人的刑事责任,根据《安全生产法》第91条之规定也只能追究到肖某尧为止,而不能无限制地任意扩大范围。

(一)肖某旺没有管理过三鑫公司的日常生产,更不具有“违反有关安全管理的规定,或者强令他人违章作业”的行为。

庭审中控辩双方的证据均已证明肖某旺没有管理过三鑫公司的日常生产和采矿作业。杨某瑞承包的18—1矿硐,其生产与作业均是由杨某瑞指挥操作的。本起事故发生前,三鑫公司已经责令18—1矿硐停止清理巷道,并且早在事故发生的4日前已停止火工品供应。而18—1矿硐的承包人及其工作人员未经三鑫公司允许私自清渣,而且没有按照规程进行清理,最终导致事故的发生。肖某旺对此并不知情,更不存在任何故意或过失。

(二)“未经设计”不能认定为“违规”行为,因为矿硐设计不是探矿性生产的前提。

根据《矿山安全法》的规定,矿区的设计或者矿井的设计应当与工程主体的设计同时进行,即应该在生产作业前期进行。同时根据国土资源部关于采矿许可证、安全许可证审批程序规定,完成方案设计环节是申领开采许可证、安全生产许可证的前提。本案中,三鑫公司具有合法的开采、生产许可。显然,其所辖或所属的矿山生产已有设计且符合要求。因此,在对废弃矿硐进行探矿性生产时,是否需要新的设计只是具体操作问题,可根据生产作业的实际需要来确定。在此情况下,“未经设计”不能认定为“违规”行为,因为在对旧矿硐进行探矿性生产时,矿硐设计不是必要的前提。

(三)事故发生的直接原因是自然原因,间接原因是工作人员操作失误,均不能归责于肖某旺。

原事故调查报告及事故补充调查报告均显示,事故发生的直接原因是顶板裂隙发育加上潮湿导致坠落石块与顶板脱层突然冒落;间接原因是在处理顶板过程中,未采取临时支护措施以及处理方法不当。

经事故调查部门的调查,12—3 矿山冒顶事故被定性为"特殊的、偶然的、具有一定自然因素的冒顶事故",是一起事先不可预料性自然事故。自然原因不可预料,不能归责于人。

退一步分析,即使是工作人员在清理巷道的作业过程中违反了操作规程而产生的责任,也不是违反安全管理法规的管理性责任,更不能归责于承包人肖某旺。

(四)将矿硐承包给杨某瑞等人的行为,与 12—2 冒顶事故的发生不具有刑法意义上的因果关系。

按照控方的指控逻辑,因为三鑫公司将"未经设计"的矿硐承包给杨某瑞,所以才导致冒顶事故的发生。所以,承包给杨某瑞的行为与冒顶事故有因果关系,因此,就要对此负责。这种指控逻辑,乍一听,似乎有道理。但是,首先,杨某瑞造成事故的是废弃的旧矿硐,在旧矿硐中施工,设计不是先决条件;其次,本起事故发生的直接原因是自然原因,间接原因是工作人员操作失误。这两个原因是导致事故发生的真正原因。因此,冒顶事故的发生与三鑫公司将"未经设计"的矿硐承包给杨某瑞的行为之间没有必然的因果关系。

退一步讲,若本案追究安全管理方面的责任人可以无限扩大,直至追究到相应的领导责任。那么,三鑫公司应是矿业生产安全管理方面的责任人,追究安全管理方面的领导责任,也首先应该是三鑫公司的股东和法定代表人李某山。其无论如何也不应当掐头去尾,只追究处于中间环节的承包经营者的责任。

综上所述,在本案中发生的冒顶事故,有自然的因素,也有人工操作不当的原因,经事故调查被认为属于一般事故,不应追究刑事责任。并且被告人肖某旺根本就没有参与管理过公司的日常生产和现场作业;未经设计亦不属于违规行为。肖某旺在该起事故中,既不是直接负责的管理人员,也不是其他直接责任人员。因此,无论从何种角度都没有理由追究其刑事责任。

据此,辩护人认为,在重大责任事故的刑事追责上,无论是有法律依据的追究,还是无限制扩大的追究,都不能追究到肖某旺。控方对肖某旺犯重大责任事故罪的指控,依法不能成立。

第三部分:逃税罪

逃税罪是指纳税人采取欺骗、隐瞒手段进行虚假纳税申报或者不申报逃避缴纳税款数额较大的行为。

经税务机关依法下达追缴通知后,补缴应纳税款,缴纳滞纳金,已受行政处罚的,不予追究刑事责任。

辩护人认为,肖某旺少缴税款的行为性质属于欠税而并非逃税,并且,其事后愿意并积极补缴税款,依法不应追究刑事责任。

一、起诉书指控所欠的税款是三鑫公司通过技改提高生产效率多生产出的矿石出售后应缴纳的税款,未缴纳是因为承包尚未到期,没有最终结算。

庭审中肖某旺已经向法庭说明,三鑫公司根据三明市和尤溪县税务机关的要求,依据企业用电量向税务机关依法缴纳了需要缴纳的各种税款。本案中起诉书所指控的税款,是三鑫公司通过技改提高生产效率多生产出的矿石出售后应缴纳的税款。

但是,这部分税款之所以还没有缴纳,是因为肖某旺承包三鑫公司的承包期限还没有到,到期后需要减去生产成本、相关费用以及库存余量,然后才能最终确认需要缴纳多少税款。

据此,辩护人认为,三鑫公司未能及时缴纳税款的行为属于欠税,并不是逃税。而且指控肖某旺逃税的数据也不是最后的数据,只是税务机关依据陈某先的一个账本进行的计算,不全面,也不具有真实性。准确的数据需要企业承包期满进行总体结算后方可确定。

二、肖某旺愿意补缴税款,并具有补税的经济能力。

被告人肖某旺在公安的讯问笔录中多次表示,欠多少税就补缴多少税款。并且在与律师的会见中也多次表示税款和滞纳金都可以补缴,只是由于税务机关下达追缴通知时他已经被限制人身自由,客观上失去了补缴税款的条件,至今未能补缴并非他个人主观上的原因。今天在法庭上,他仍然表示可以将其在三鑫公司0.8%的股份通过拍卖变现补缴税款。

三、肖某旺不是本案的纳税主体,只是三鑫公司的承包人,纳税主体是三鑫公司,受到指控的应当是单位而非个人。

三鑫公司是依法设立的开采铅锌矿的采矿企业。三明市国税局和尤溪县地税局也是对三鑫公司下达的追缴通知和进行行政处罚。而肖某旺只是这家企业的承包人,不是本案的纳税主体。因此,本案指控的主体应当是三鑫公司而不是肖某旺个人。

而且三鑫公司有资产,承包人肖某旺在该企业又有股权。为什么不去追究单位的责任,不去查封这些资产和股权来挽回国家的税款损失,而坚持只追究承包人肖某旺个人的刑事责任?肖某旺具有足够的补税能力,补缴税款没有任何问题。如果能够补缴税款,一方面可以挽回国家税收的损失,另一方面又可以给肖某旺免于刑事追究的机会。为什么当肖某旺多次要求以变卖、拍卖其股权的方式补税时,却没有得到税务机关、侦查机关、检察机关的支持?

辩护人希望合议庭能够采纳肖某旺的意见,依法拍卖其股权补缴税款。

综上,辩护人认为,无论从欠税原因的角度,还是从补缴税款的角度,依法都不应当追究肖某旺的刑事责任。

以上综合辩护意见,希望合议庭予以采纳。

谢谢!

辩护人:

北京市京都律师事务所律师　田文昌　杨大民

2014 年 10 月 29 日

辩论词(一审第二轮)

审判长、审判员:

针对公诉人的辩论观点,我重点谈以下几点补充意见:

第一,关于非法买卖爆炸物罪。

辩护人认为,对于这个罪的认定上,公诉人混淆了一些基本概念,好像只是从文字出发在抠事实,而并没有从本质上去看问题。比如,关于承包与劳务的问题,其实概念并不重要,重要的是他们之间事实上究竟是一种什么样的分配关系。在承包模式十分混乱的状态下,作为本案的两个当事人肖某旺和肖某春根本搞不清这些概念,所以,他们怎么说并不重要。法庭要查清的,应当是杨某瑞与三鑫公司两者之间究竟是一种什么关系,这个关系的真实性质才是区分销售与成本核算界限的依据。一个很重要的事实是,不管是叫承包,还是叫劳务,都是从火工品本身价格再加上成本支出之后,收取了承包人或是提供劳务者的费用,这才是最关键的问题。

接下来,什么是买卖?买卖和销售是同一个性质的概念,但和扣除成本的核算就不是一回事。刚才公诉人讲,只要是发生了价差就是买卖,这既不是正确的定义,也不是法律的定义。买卖的核心是盈利,即在出卖的过程中赚取了一定的利润。而如果是仅仅扣除了成本进行核算,就不是因出卖而获得利润,就不成为买卖。本案当中这个问题已经十分清楚,大量的证据都表明,他们只是扣除了各种人力成本和运输成本,包括存放成本等,而并没有再额外获取利润。至于公诉人提到的一个证人证言说:"他的支出还包括别的费用",所以就不仅仅是扣除成本。

辩护人认为,这个说法并不能支持公诉人的理由。因为他把火工品给了使用方以后,他得到了成本的扣除,这个资金已经属于他们公司本身所有了。他怎么支配,那是他自己的问题,他的支出方式与他取得这个钱的性质是成本还是利润,没有任何关系。

所以,还是要回过头来分析它真正的性质,就是他是否确实是扣除了成本的支出,而并非盈利?只要这个事实成立,那么在整个火工品的供应过程中,就既没有买卖,也没有非法。所以,非法买卖爆炸物的概念就不成立。这一点,辩护人提请法庭高度重视,因为这是核心的问题。

控方在指控中有一个重点,即指控的理由主要指向是责任的分担,诸如肖某春、肖某旺他们俩应该承担责任和承担多少责任,肖某旺本身又该承担多少责任。但辩护人要强调的是,在定罪问题上,被告人个人具体的责任分担是第二位的,行为本身有没有刑事责任才是第一位的。而公诉人却是在定罪的前提之下,来大谈刑事责任的分担。这种做法只能起到混淆视听的作用,并不能作为定案的理由和根据。辩护人特别强调指出,本罪中最核心的问题,是不存在非法买卖这种行为性质,其他的都没有任何价值。

第二,关于重大责任事故罪。

这项指控也是两个层面的问题。第一,这个事故本身应不应该定罪?够不够追刑责?第二,责任主体是哪个人或那些人?关于能不能定罪的问题不再重复。重点分析一下给谁定罪的问题,就是说如果能定罪,谁该承担刑事责任。

辩护人注意到,由于法律规定的很明确,重大责任事故是在生产作业中所发生的,所以说要追责,只应当追究对生产作业的管理责任。那么,管理责任怎么追究?起诉书反映的唯一的一个理由就是"该探采工作面未经设计"。那么,怎么来理解这个未经设计?未经设计的责任究竟是什么?究竟要设计什么?由于本人曾经下过矿井,有过亲身感受,所以对这个问题还有一点发言权。让我们来分析一下本案中涉及的几个基本概念。

其一,什么是通道?通道也就是巷道,它和采矿不是一个概念,巷道是为了到达采掘面的一个通道,它和采掘面是不一样的。

其二,什么是探采?探采的概念实际上就是边探边采,边采边探。探采与清理巷道和打通巷道又不是一回事。那么,在什么情况下可以探采呢?到了采掘面,才可以采,才可以探。

搞清这个概念之后,我们就可以弄清楚一个事实:打通巷道只是探采的前期准备工作。当时他们只是利用旧的巷道往前去打,要和对面的一个巷道接通,中间还差了几十米,在打通后才能解决通道的问题,才能达可以探采的工作面。所以,当时进行的只是打通巷道的事实是非常明确、清楚的。

在这样的情况下,就引出了下一个事实,就是,18—1 矿硐还未具备探采的条件,还是在探采之前,过道还没有打通呢。这时候,怎么会存在探采的问题?所以,肖某春、肖某旺所说的边施工边设计,恰恰指的是,在打通巷道的准备工作当中是完全可以边施工、边设计的。公诉人刚才读的《安全管理法》,辩护人早都看过了,问题在于,所有的安全管理法规中,都是规定在探和采的过程当中要设计,并没有说在清理巷旧道时要设计。

至于原来有没有设计,也很重要,如果说根本就没设计过,也有问题。但这是一个旧的巷道,原来在整个矿区都是设计过了的,前期设计是有的。只有在利用旧巷道打到新的工作面开始探采的时候,才需要新的设计。而本案所涉及的问题是在这个设计的需求还没有到来之前,是在打通巷道的前期准备工作过程当中,发生了冒顶事故。这个事实非常明确。所以说,在这种情况下,未经设计和经过设计没有责任上的必然联系。

辩护人认为,公诉意见对未经设计的论证基础是建立在对行为性质认定有误的前提之下得出来的,由于把清理巷道变成了探采的行为,把行为性质弄错了,所以才提出了一个"未经设计"的责任来。辩护人想说明的主要是这个问题。因为事实表明,不存在需要设计的前提,所以也就不存在"未经设计"的责任。

我们再谈第二个层面的问题。退一步讲,假如这项指控能够成立,假如行为本身构成了重大责任事故罪,那么肖某旺有没有责任?刚才公诉人读了法条,认为有责任。那么,我们来看一下公诉人的理解有没有问题?法条很简单:"在生产、作业中",这是一种状态;"违反有关安全管理的规定",这是一种违规的行为。这个规定表明,责任事故必须有违规行为而且必须是发生在生产、作业的特定状态之下。

再结合犯罪主体进行分析,公诉人也读了"两高"的解释,"两高"是这样解释的:"第134条第1款规定犯罪主体包括对矿山生产作业负有组织、指挥或者管理职责的负责人、管理人、实际控制投资人等人员。"

请注意,公诉人在此强调的只是后面的包括投资人、管理人这种主体身份,却忽略了一个重要的前提,它包括两个内容:第一,必须要在生产、作业的状态中;第二,是要负有组织、指挥或者管理职责,才能成为该罪的犯罪主体。也就是说,无论是谁,必须得在生产、作业中负有组织、指挥或者管理职责。

那么本案的两个被告人是否是负有组织、指挥或者管理职责的人?而且是否是在生产作业状态中负有组织、指挥、管理职责的人?这是不可分割的一个语境。

我很奇怪,法庭调查中,公诉人一再问被告人肖某春的20万元是不是投资款?意在只要是投资款就有责任。其实,是投资还是借款根本与本案无关,正如肖某春说的,如果说是民事赔偿就有关系,因为他作为公司的一个发包方的股东,对人家造成了伤亡的后果,得赔钱,这是要考虑的。但对于重大责任事故罪来讲,他是不是股东并不重要,因为股东在事故中并不当然有罪,他必须负有组织、指挥、管理的责任,而且是在特定状态下的管理责任,这个解释是非常清楚的。否则,如果只要是股东就有责任,那么,上市公司中的众多股民岂不都会面临被追责的风险?

所以,从第二个层面来讲,即使这个行为本身的性质可以构成犯罪,那么两个被告人肖某旺、肖某春也不成为这个重大责任事故罪的责任主体。至于提到的防护措施不得当,恰恰是现场操作的问题。本案中,三鑫公司的规章制度、安全管理检查都存在,具体作业人员不戴安全帽,未采取必要措施,那正是导致事故发生的直接责任人员。

公诉人员还提到一个理由,说肖某旺把所有问题都推得很干净,什么都不管,那就是疏于管理,也有罪。辩护人认为,假如是疏于管理那也是玩忽职守,而不是重大责任事故。重大责任事故的行为表现是积极作为的,包括强令工人违章作业、违反安全法规等。所以,辩护人认为,无论从何种角度来说,这种指控都实在是太过牵强。

第三,关于逃税罪。

逃税罪讲了两个基本事实,很清楚。一个事实是按照耗电量计税,这是定税,用了多少一查就知道,这些都按时交了,这一点没有争议。另一个事实是通过技改以后多生产矿石的时候,多赢利了要多缴税,而这部分税款还欠着没缴。本案所指控的逃税,所指的就是后一种情况。但是正像肖某旺所说,这种情况要到最后算总账,要弄清楚,总账没算出来之前,不可能去计算。所以说从本质上来讲,这是属于欠税补交的问题。

至于公诉人讲到的有文件规定,补缴了税款也得追刑责,辩护人很遗憾,不知道这个文件是从哪来的。什么文件能高过《刑法》的明确规定?《刑法》规定非常明确,只要是补缴税款接受行政处罚的一概不追刑责。什么文件也不能大过《刑法》。

至于说纳税主体是单位还是个人,辩护人认为,纳税主体明明是单位,当然是单位犯罪,那既然是单位犯罪,肖某旺与李某山是承包关系,对外的责任就应该是三鑫公司承担,理应由三鑫公司补缴税款,然后由三鑫公司再找肖某旺个人来赔偿这个损失,这是正常的法律关系。为什么抛开公司不谈,单单对肖某旺盯着不放?这是个令人生疑的问题。至于公诉人声称有司法解释规定,以单位名义实施犯罪而为个人谋利的,应以单位犯罪论处。辩护人必须指出,这一说法纯属对司法解释的误读。司法解释所指的是"滥用"单位名义实施犯罪才以个人犯罪论处,而不是以单位名义。

而且,2001年《全国法院审理金融犯罪案件工作座谈会纪要》中关于单位犯罪问题,明确指出:"以单位的分支机构或者内设机构、部门的名义实施犯罪,违法所得亦归分支机构或者内设机构、部门所有的,应认定为单位犯罪。"根据该纪要,行为人通过签订承包协议,取得了企业的经营权,担任厂长或者经理,表明他已取得了企业主管人员的身份。他在经营活动中,不再是以个人名义从事活动,而是以承包企业的名义为该企业的利益从事活动,其行为不是个人行为,而当然是单位行为。

那么,问题在于,本案中,为什么明明是单位行为,却不顾事实而指控个人犯罪?为什么明明作为纳税主体的三鑫公司有足够的资金补缴税款,却不追究?为什么既然被告人有补缴税的能力,并愿意通过变卖股权的方法补税,却得不到支持?对这种于国于法通通有利的行为,不予支持,却只是一味强调追究被告人个人的刑事责任。这才是咄咄怪事!

辩护人认为,只要被告人有能力补交税款并愿意补交税款,就不能追究他的刑事责任,谁追究谁违反法律规定。

第四,关于主动到案的问题。

两个被告人主动到案的事实是非常明确的,连通缉令发出了逃跑以后自动归案都算主动到案,被告人的行为怎么就不算?至于说是不是如实交代问题,那要先搞清楚什么是实,什么是不实。我们现在法庭调查中有争议,辩护人和被告人认为是实,公诉人认为不实。

那么,最后要经过法庭认定其交代是不是事实,而不是因被告人辩解就不实,如果说让他承认什么就是什么,刑讯逼供也得认,否则就是不实,这是强人所难。被告人说得很清楚,“你问我什么,我说什么”,这就表明了一种非常明确的态度。而对行为性质的辩解是每个被告人的法定权利,不能影响是不是成立自首。我们是作无罪辩护的,但对于肖某旺主动到案行为的性质,也不能作出错误的认定。

几个问题说完之后,最后我想讲一点对案外因素的质疑。这么小的一个案子,小题大做,这么多办案机关,公安机关超越了调查组,越权侦查,监视居住的名义对被告人实行非法的待遇,包括对同案被告人分案处理,包括不允许专家证人出庭,包括限制旁听人数等。这些做法是有问题的,令人生疑。分案处理不算违法,这一点辩护人并不否认。

但是,同案处理有利于查清案件事实,分案处理不利于查清案件事实,为什么一定要采取不利于查清案件事实的方法去分案处理?辩护人在法庭辩论的最后,有义务有责任提出来令辩护人感到生疑的问题,也有义务向法庭指出这些问题的重要性。作为一些疑问,辩护人提出来,希望法庭予以关注。

希望我们的诉讼活动能够严格遵照党的四中全会的原则和精神来行事,希望案外因素不要成为影响公正判决的原因,也希望每一位诉讼参与人都能够对法律负责,对当事人负责,也对自身负责,使我们今天的审判活动经得起历史的检验。

谢谢大家!

辩护人:

北京市京都律师事务所律师　田文昌

二〇一四年十月二十九日

审理结果

一审判决认定肖某旺三项罪名成立,犯非法买卖爆炸物品罪,判处有期徒刑14年;犯重大责任事故罪,判处有期徒刑2年6个月;犯逃税罪,判处有期徒刑2年6个月,决定执行有期徒刑17年。

肖某旺不服提出上诉;福州市中级人民法院驳回上诉,维持原判。

范某添被控走私普通货物罪案

案情简介

范某添，广东省佛山市南海区原大沥铿利五金厂经营者。

广东省佛山市人民检察院指控：2011 年 8 月起，被告人范某添通过香港盈高集团公司的林某（另案处理），向秦某钊（另案处理）订购进口电解铜板，在明知所缴纳的“包税费用”明显低于货物应缴税额的情况下，为谋取非法利益，仍然以“货到工厂”的包税形式，由秦某钊代理进口涉案货物。秦某钊利用其掌控的贸易、航运、码头、报关等企业，将涉案货物运抵广州某翔码头有限公司，在未经海关查验的情况下，将货柜私自开封，将货柜内的涉案货物偷卸或偷换出来，交其控制的广东盈某航运有限公司的车队运抵范某添的工厂佛山市南海区大沥铿利五金厂。

货到工厂后，范某添指使范某 5 等人卸货、点数并签收走私进口的电解铜板，然后再转卖给广东某艺金属股份有限公司等客户。之后，范某添通过范某 2 等人的私人账户收取货款，再支付货款和包税费用至秦某钊走私团伙指定的账户，或者要求客户直接支付至秦某钊团伙指定的账户中抵充货款和包税费。

经统计,2011 年 8 月至 2012 年 1 月,范某添委托秦某钊以包税进口的方式,共走私进口电解铜板 9282.918 吨。经海关关税部门核定,偷逃应缴税款人民币 67,484,250.16 元。

公诉机关认为,范某添的行为已触犯《刑法》第 153 条第 1 款第 3 项的规定,构成走私普通货物、物品罪。

辩护思路

辩护人认为范某添的行为不构成走私普通货物罪,为被告人范某添作无罪辩护:

1. 被告人范某添与秦某钊犯罪集团不存在代理进口关系,而是境内货物买卖关系。

2. 对海关出具的偷逃税款核定证明书有异议,不能以境内购买价格作为核税依据,且范某添不知道应缴税额是多少,偷逃税款与范某添没有关系。

3. 辩护人向法庭提供了范某添向境内其他主体购买电解铜的相关购销合同、出仓凭证、银行业务回单、结算清单、收据等单据,拟证实范某添收购、转卖电解铜的行为符合公开市场交易,其不存在向走私集团收购电解铜的主观故意,主观上不存在明知,本案没有包税的证据,也没有通谋的证据,更没有分利的证据,且与秦某钊等人不构成走私犯罪的共犯。

辩护词

审判长、审判员:

北京市京都律师事务所接受范某城的委托,指派我们担任被告人范某添的辩护律师。律师接受委托后,依法开展了会见、阅卷等一系列辩护工作,现针对起诉书所指控的内容,结合法庭调查的相关情况,发表如下辩护意见,恳请合议庭予以采纳。

我们认为,起诉书关于范某添犯走私普通货物、物品罪的指控不能成立。

具体意见如下:

一、起诉书关于范某添就涉案电解铜板与秦某钊等人形成代理进口关系的指控不能成立,范某添与相关主体之间应系境内货物买卖关系

(一)起诉书指控范某添以"代理进口"之名,行"走私犯罪"之实,但范某添与秦某钊等人并未形成所谓的"代理进口"关系

所谓"代理进口",顾名思义即为被代理人(相关货物实际进口方)委托进口代理商帮助其完成相关货物的进口事宜。由此,双方应就代理进口事宜达成协议,并约定、履行相应的权利义务,从而形成代理与被代理这一民事合同关系。在以"代理进口"的形式实施"走私犯罪"的行为模式中,相关行为人间的关系也应具有"代理进口"这一合同关系的形式要件(合同主体、双方订立的协议及所约定的权利义务)。而在本案中,范某添与秦某钊等人之间并未形成任何意义上"代理进口"的关系。具体理由如下:

1. 起诉书关于所谓"代理进口"关系的指控缺乏明确的主体

如前所述,"代理进口"的双方主体为被代理人和进口代理商。根据起诉书的指控及在案证据,范某添在订购电解铜板过程中与林某茵、梁某晶、广州建某铜业有限公司(以下简称建某铜业)等主体均发生过联系,但对范某添而言,上述主体实际就是建某铜业和建某铜业的人员,且其与建某铜业之间只是境内货物买卖关系。

反观起诉书的指控内容,虽然起诉书认为本案存在所谓的"代理

进口”关系,但范某添究竟与哪一方或哪几方主体形成“代理进口”关系,起诉书及在案证据均未能明确。可见,起诉书的该等指控明显缺乏明确的主体,而范某添也从未与秦某钊方面的任何主体形成所谓的“代理进口”关系。

2. 在案证据表明,范某添与秦某钊等人并未签订所谓的“代理进口协议”,亦未就代理进口事宜约定并履行相应的权利义务,起诉书所谓“代理进口”的指控明显缺乏事实根据

根据最高人民法院、最高人民检察院、海关总署《关于办理走私刑事案件适用法律若干问题的意见》第5条之规定,行为人以明显低于货物正常进(出)口的应缴税额委托他人代理进(出)口业务的,行为人知道或者应当知道所从事的行为是走私行为。

据此,辩护人理解,起诉书应系据此指控范某添以“代理进口”之名,行“走私犯罪”之实。

然而,查遍在案证据,范某添(及/或其经营的铿利五金厂)并未与秦某钊一方的任何主体签订所谓的“代理进口协议”,也从未与对方就有关“代理进口”相关事宜(如办理报批手续、完成国际支付、审核外商提供的单据、对外商的索赔与理赔以及争议解决等事项)形成任何口头或书面形式的约定。

并且,范某添(及/或其经营的铿利五金厂)也从未参与任何有关涉案电解铜板的进口事宜。相反,根据针对秦某钊等人员的相关起诉书的指控内容,涉案电解铜板的境外购买、支付、运输、装卸乃至走私完成后的虚假报关等事项均由秦某钊及其控制的境内外公司及其工作人员实施完成。

由此可见,范某添与秦某钊等人并未形成任何意义上的“代理进口”关系,既无委托代理协议,也无口头协议或者行为事实上的代理关系。起诉书关于范某添通过秦某钊代理进口涉案电解铜板的方式

实施走私犯罪的指控缺乏基本的事实根据。

3. 在案证据及相关起诉书的指控内容表明，秦某钊等人员系自行将货物走私运进内地，而后再卖给内地客户，在秦某钊将货物卖给内地客户时，相关走私犯罪已经实施完毕，其与内地客户之间并不存在为实施走私犯罪的"代理进口"关系

本案中，据相关起诉书①的指控，证人梁某晶担任秦某钊实际控制的多家境外公司的董事会主席、董事，同时还担任建某铜业总经理等职务，其根据秦某钊的指示，负责秦某钊控制下多家境外公司及境内公司的财务管理，主管建某铜业的全面事务。

据证人梁某晶的多份证言（2012 年 5 月 4 日笔录 3，P3 ~ 4；2012 年 5 月 15 日笔录 3，P28），"我印象中是 2010 年下半年左右（或 2009 年 3 月），秦某钊因为走私几次被海关查处出事，一些客户就不敢把货交给他代理进口运输到内地了，生意不好，秦某钊就开始自行购买电解铜、废铜等货物自行走私运进内地，而后再卖给内地客户，也就是从那时起，我们建某铜厂的生产用电解铜也就由原来的内地购货改为直接由秦某钊安排送货了"。

另据广东省广州市人民检察院穗检公二刑诉〔2012〕258 号起诉书（补充侦查 1 卷，P40 ~ 59）关于"秦某钊等人员"涉嫌走私犯罪的指控事实，秦某钊利用其在香港特区实际控制或与他人合作的公司，将在境外购买的金属铜、铝、TDI 等货物，在香港特区内河码头交付航运，通过广东盈某航运安排船只运输入境。货物到达某翔码头后，秦某钊指示某翔码头的员工通过掏柜卸货、换道具货物等方式进行走私。为掩盖走私行为，根据秦某钊的指示，相关人员及企业为其联

① 有关梁某晶在秦某钊走私团伙的地位及作用的描述，内容来自广东省广州市人民检察院穗检公二刑诉〔2012〕258 号起诉书（补充侦查 1 卷，P40 – 59）中相关指控内容。

系购买进口废纸废五金等批文,并以相关企业及秦某钊控制的顺成公司、建某铜业作为名义上的经营单位,制作虚假报关单证,通过金时代公司进行报关。

据此,依照相关起诉书的指控,在货物到达某翔码头后,秦某钊指示某翔码头的员工通过掏柜卸货、换道具货物等方式,致使货物脱离海关监管之际,相关走私犯罪已经实施完成。至于其随后将货物卖给国内客户及所实施的虚假报关行为仅仅是为了实现非法获利及掩饰走私犯罪而实施的"事后"行为。

综合上述证据及指控事实可知,早在2010年(或2009年3月),秦某钊就已经放弃了以"代理进口"进行走私的犯罪模式,并转而通过自行购买货物、自行走私运进内地,而后再卖给内地客户牟取非法利益。

因此,如果相关起诉书的指控属实,则在本案中,涉案电解铜板应系秦某钊自行走私入境后,再转卖给包括范某添等在内的国内客户,在货物因其掏柜卸货、换道具货物而脱离海关监管之际,相关走私犯罪即已经实施完毕。故秦某钊系自行走私,其根本没有必要再与他人以"代理进口"的形式实施走私犯罪,更加不会与包括范某添在内的内地客户之间形成实施走私犯罪的"代理进口"关系。

(二)范某添就涉案电解铜板与对方形成的是境内货物买卖关系

1. 范某添就涉案电解铜板与秦某钊实际控制的建某铜业形成货物买卖关系

根据广东省广州市人民检察院穗检公二刑诉〔2012〕258号起诉书(补充侦查1卷,P40~59)的相关指控内容,建某铜业除提供名义为秦某钊走私进口金属铜等货物代理报关进口外,还提供场地用于卸货掏柜,收取走私金属铜投入生产。梁某晶作为建某铜业总经理明知上述情况,仍然积极参与公司的全面管理。

结合范某添与梁某晶的讯问笔录①可知：早在五六年前，范某添经营的铿利五金厂就与建某铜业做生意，即由铿利五金厂将其采购的电解铜卖给建某铜业。后在2009年或2010年，建某铜业不再向范某添采购电解铜。为此，范某添特地向梁某晶询问不再向其购货的原因，梁某晶的解释是，建某铜业自己的码头有电解铜，货量充足，自己用不完，可以卖给范某添。由此，双方遂商定，由建某铜业将其多余的电解铜卖给范某添，以范某添在行业里的人脉将电解铜销售出去。

至此，范某添（及铿利五金厂）与建某铜业的市场主体地位发生了转化，范某添由原来的销货方变成购货方，而建某铜业则由原来的购货方变为销货方。

但需要说明的是，虽然范某添就涉案电解铜板与秦某钊实际控制的建某铜业形成货物买卖关系，但其对秦某钊、梁某晶等人涉嫌走私的情况并不知情，梁某晶也从未告知范某添其所购买的电解铜板实际上是走私货物。

2. 范某添就涉案电解铜板的订购事宜与盈某公司及林某茵进行联系并不影响其与建某铜业之间货物买卖关系的成立

根据在案证据，在与建某铜业联系订购涉案电解铜板过程中，除与梁某晶及建某铜业联系外，在梁某晶的安排下，范某添开始与盈某公司的“林小姐”（林某茵）联系购买电解铜板事宜。但对范某添而言，联系对象的变化并不意味着其购买电解铜板的交易主体发生变化。理由如下：

根据范某添的相关供述（2013年5月23日笔录2，P17～18、18～19），“在五六年前，我们大沥铿利五金厂就与盈某公司做生意，

① 相关讯问笔录包括，范某添2013年5月23日笔录2（P18、19）、范某添2013年5月29日笔录2（P27）、梁某晶2012年5月15日笔录3（P20）。

我们采购电解铜然后卖给盈某公司的建某铜厂(建某铜业),在2009年或2010年左右,盈某公司开始做码头生意,建某铜厂就开始卖电解铜给我,我再转卖给其他客户。我和建某铜厂做生意就是和老板娘梁某晶联系的,后来梁某晶太多事,就安排她的秘书林小姐(林某茵)和我联系。之后,林小姐接替了梁某晶的事,只有价格超出原来范围时,我还是得找梁某晶”。

据此,在范某添的主观认知上,盈某公司与建某铜业实际属于一家公司,而“林小姐”(林某茵)则是建某铜业老板娘梁某晶的秘书,受梁某晶的安排,代梁某晶与范某添联系电解铜板购销事宜,但如果价格超出原来范围时,还需由梁某晶拍板决定。

由此可见,对范某添而言,与“林小姐”(林某茵)联系就是与梁某晶联系,购买盈某公司的电解铜板实际也就是购买建某铜业的电解铜板。因此,范某添就涉案电解铜板的订购事宜与盈某公司及林某茵进行联系并不影响其与建某铜业之间货物买卖关系的成立,即就涉案电解铜板与范某添发生货物买卖关系的交易主体仍然是建某铜业。

3. 范某添就涉案电解铜板与建某铜业形成的货物买卖关系应属境内货物买卖关系

根据在案证据,范某添就涉案电解铜板与建某铜业形成的买卖关系应属境内货物买卖关系,具体体现在:

(1)范某添的交易对象是境内公司,即建某铜业。

(2)双方基于境内现货市场交易价格就涉案电解铜板进行交易,而且并未偏离正常交易价格。

根据佛山灵某信息有限公司出具的“关于灵通价的情况说明”(补充侦查卷2,P4),“灵通价”(有票价和无票价)是对境内现货市场交易的客观反映。

根据范某添与林某茵联系订货的订价材料(卷18、19、22),范某添系基于灵通价这一境内现货市场价格与林某茵联系订购电解铜板。相关订购价格及与灵通价的关系情况见下表(《范某添订购货物价格信息表》):

范某添订购货物价格信息表					
序	订货日期(年-月-日)	订货单价(元/吨)	与灵通价关系(元/吨)	数量(吨)	灵通(含票/无票)价(元/吨)
1	2011-8-23	61,400	灵通中价	100	61,300-61,400
2	2011-8-29	62,100	应系灵通中价	100	62,000-62,200
3	2011-9-8	67,900	灵通低价(含票)	20	67,900-68,100(含票)
4	2011-9-8	67,900	灵通低价(含票)	30	67,900-68,100(含票)
5	2011-9-8	67,950	灵低加50(含票)	30	67,900-68,100(含票)
6	2011-9-9	67,950	灵低加50(含票)	30	67,900-68,100(含票)
7	2011-9-9	67,950	灵低加50(含票)	20	67,900-68,100(含票)
8	2011-10-11	50,300	(国)灵低减100	200/100	50,400-50,600
9	2011-10-11	50,200	(非)灵低减200	150	50,400-50,600
10	2011-10-12	50,150	(国)灵低减50	250	50,200-50,400
11	2011-10-13	50,850	(国)灵低减50	200	50,900-51,100
12	2011-10-17	52,200	灵通低价	200	52,200-52,400
13	2011-10-17	52,050	(非)灵低减150	150	52,200-54,400
14	2011-10-19	51,350	(非)灵低减150	150	51,500-51,700
15	2011-10-20	48,750	(非)灵低减150	250	48,900-49,100
16	2011-10-21	49,100	(非)灵低减100	200	49,200-49,400
17	2011-10-24	51,300	灵低减100	300	51,400-51,600
18	2011-10-27	54,000	灵通低价	250	54,000-54,200
19	2011-10-28	55,600	灵通低价	50	55,600-55,800
20	2011-11-3	53,950	灵低减50	150	54,000-54,200
21	2011-11-8	54,300	灵通低价		54,300-54,500
22	2011-11-11	52,150	灵低减50	400	52,200-52,400

续表

范某添订购货物价格信息表					
序	订货日期(年-月-日)	订货单价(元/吨)	与灵通价关系(元/吨)	数量(吨)	灵通(含票/无票)价(元/吨)
23	2011-11-16	53,600	灵通低价	200	53,600-53,800
24	2011-11-17	53,600	灵通低价	200	53,600-53,800
25	2011-11-18	52,800	灵通低价	250	52,800-53,000
26	2011-11-22	52,700	灵通低价	100	52,700-52,900
27	2011-12-13	52,600	(注)13/12 灵低减 100	250	52,700-52,900
28	2011-12-14	50,500	(非)15/12 灵低减 300	300	50,800-51,000
29	2011-12-15	50,620	(注)15/12 灵低减 180	200	50,800-51,000
30	2011-12-19	50,600	(注)19/12 灵低减 100	250	50,700-50,900
31	2011-12-19	50,400	(非)19/12 灵低减 300	700	50,700-50,900
32	2011-12-21	50,600	(注)19/12 灵低减 100	250	50,700-50,900
33	2011-12-30	51,400	(注)30/12 灵低减 100	200	51,500-51,700
34	2012-1-3	51,250	(非)30/12 灵低减 250	500	51,500-51,700
35	2012-1-5	51,900	(注)5/1 灵低减 100	250	52,000-52,200
36	2012-1-9	51,400	(注)9/1 灵低减 100	400	51,500-51,700
37	2012-1-11	51,250	(非)10/1 灵低减 250	200	51,500-51,700
38	2012-1-11	51,750	(非)11/1 灵低减 250	270	52,000-52,200
			总计	7750/7740	

如表所示,范某添与林小姐(林某茵)联系订购电解铜的价格包括以下几种情形:

情形之一:按照灵通中价(无票)成交;

情形之二:按照灵通低价(有票)成交;

情形之三:按照灵通低价(有票)每吨加价50元的价格成交;

情形之四:按照灵通低价(无票)每吨减50元或100元的价格成交;

情形之五:非注册板[1]交易中,按照灵通低价(无票)每吨减100元、150元、180元、250元或300元的价格成交。

由此可见,范某添与林某茵联系订购电解铜板的成交价格是基于电解铜的境内现货市场交易价格(灵通价)协商确定的,虽然相关成交价格有时会适当低于灵通价,但浮动幅度也仅在0.09%至0.5%之间,部分情况下的成交价格甚至高于公开市场价格。可见,相关成交价格并未偏离境内现货市场的正常交易价格。

因此,范某添系基于境内现货市场交易价格与对方确定涉案电解铜板的交易价格。这样的定价方式符合境内货物买卖关系的交易特点。

(3)货物交付及货款的支付均发生在境内,且货款支付也以人民币进行结算。

根据在案证据及广东省广州市人民检察院穗检公二刑诉〔2012〕258号起诉书(补充侦查1卷,P40~59)的指控事实,范某添向建某铜业订购的电解铜板由广东盈某航运有限公司车队从建某铜业运至范某添经营的铿利五金厂,并由铿利五金厂的工作人员接收。

由此,涉案电解铜板系由建某铜业运至范某添经营的铿利五金厂,就范某添参与的购买环节而言,相关货物的运输及交付均发生在境内。

范某添与林某茵联系订购电解铜板后,再将相关货物转卖给境内其他买家。围绕境内其他买家与范某添及建某铜业等主体之间就相关货物的收购、销售所涉及的货款均以人民币结算,并支付给建某铜业或建某铜业指定的境内相关主体。

综合上述理由,范某添是基于境内电解铜现货市场的交易价格向境内公司购买电解铜板,相关货物的接收、转卖及货款支付均发生

---

① 据范某添本人介绍,非注册板是质量没有保证的电解铜板,结合在案相关证据,辩护人认为,非注册板应指没有在伦敦金属交易所注册的品牌的铜板。

在境内,且以人民币结算付款。因此,范某添就涉案电解铜板与建某铜业形成货物买卖关系应属境内货物买卖关系。

二、起诉书指控范某添明知所缴纳的“包税费用”明显低于货物应缴税额,但却根本没有查清所谓“包税费用”及货物应缴税额等重要事实,故该等指控不能成立

(一)公诉机关实际并未查明案件所涉电解铜板交易价格的构成及相互关系

本案中,佛山灵某信息有限公司提供了“关于灵通价的情况说明”,以及“2011 年 8 月至 2012 年 1 月佛山电解铜参考价(有票及无票)”“2011 年 8 月至 2012 年 1 月 LME 铜(场外价/场内价)”等价格信息(补充侦查卷 2,P4 ~7)。

虽然侦查机关调取了上述价格信息,但无论是侦查机关,还是公诉机关实际均未查明上述价格信息的组成及相互之间关系。结合《中华人民共和国增值税暂行条例》的相关规定①,辩护人以 2011 年 9 月 1 日的最低价格信息(灵通有票价 68,500 元/吨、灵通无票价 62,700 元/吨)为例,将上述价格信息的组成及相互关系梳理如下:

1. 关于灵通有票价

根据在案证据,灵通有票价应当是指卖方在销售电解铜板时,需要向买方开具增值税专用发票时的销售价格,该价格包含货物本身的价格及 17% 的增值税。相关计算公式如下:

---

① 根据《中华人民共和国增值税暂行条例》第 2 条之规定,增值税税率:“(一)纳税人销售或者进口货物,除本条第(二)项、第(三)项规定外,税率为 17%。(二)纳税人销售或者进口下列货物,税率为 13%:1. 粮食、食用植物油;2. 自来水、暖气、冷气、热水、煤气、石油液化气、天然气、沼气、居民用煤炭制品;3. 图书、报纸、杂志;4. 饲料、化肥、农药、农机、农膜;5. 国务院规定的其他货物。(三)纳税人出口货物,税率为零;但是,国务院另有规定的除外。(四)纳税人提供加工、修理修配劳务(以下称应税劳务),税率为 17%。税率的调整,由国务院决定。”

灵通有票价 = 货物价格(不含增值税) + 货物价格(不含增值税) × 17%

货物价格(不含增值税) = 灵通有票价格 ÷ (1 + 17%) = 灵通有票价格 ÷ 1.17

据此,2011 年 9 月 1 日,电解铜的国内交易"货物价格(不含增值税)"应为:

货物价格(不含增值税) = 68500 元/吨 ÷ 1.17 = 58547 元/吨

2. 关于灵通无票价

根据在案证据,灵通无票价应当是指卖方在销售电解铜板时,不需要向买方开具增值税专用发票时的销售价格,以 2011 年 9 月 1 日的灵通价格为例,灵通无票价与灵通有票价及"货物价格(不含增值税)"的关系如下:

灵通无票价 = 货物价格(不含增值税) + 货物价格(不含增值税) × 7%

即

62700 元/吨 = 58547 元/吨 + 58547 元/吨 × 7%

由此可见,灵通无票价并非货物不含增值税的价格,而是货物不含增值税的价格再加上"7 点税"①的价格。因此,灵通无票价与货物价格(不含增值税)及灵通有票价的价格之间的关系应系:

货物价格(不含增值税) < 灵通无票价 < 灵通有票价

综上,如果将灵通无票价视为完全不包含增值税的价格,并据此计算相关货物应缴增值税额,则无疑会导致虚增增值税额的错误结果,即在 17% 增值税的基础上,又虚增了相当于货物不含增值税价格的 1.19% 的"增值税额"{灵通无票价 × 17% = [货物价格(不含增值

---

① 因此处仅以 2011 年 9 月 1 日电解铜的灵通价格进行测算,故该"7 点税"的比例并非固定比例,而是会根据所选取价格的变化而发生变化。

税)+货物价格(不含增值税)×7%]×17%=货物价格(不含增值税)×(1+7%)×17%=货物价格(不含增值税)×17%+货物价格(不含增值税)×7%×17%=货物价格(不含增值税)×17%+货物价格(不含增值税)×1.19%},从而导致每吨货物虚增增值税额696.7元。本案中,广州海关关于涉案电解铜板"应缴税额(增值税)"的认定就存在这样的错误。

(二)广州海关关于涉案电解铜板"应缴税额(增值税)"的认定不能成立

1.关于进口货物应缴增值税额的确定方式

根据《中华人民共和国增值税暂行条例》第2条、第20条之规定,纳税人销售或者进口货物,税率为17%,增值税由税务机关征收,进口货物的增值税由海关代征。

根据《中华人民共和国海关法》第55条之规定,进口货物的完税价格,由海关以该货物的成交价格①为基础审查确定。成交价格不能确定时,完税价格由海关依法估定。进口货物的完税价格包括货物的货价、货物运抵中华人民共和国境内输入地点起卸前的运输及其相关费用、保险费(但不包括进口关税、海关代征税及其他国内税②)。

---

① 根据《中华人民共和国海关审定进出口完税价格办法》(中华人民共和国海关总署令第148号,该文件有效期为2006年5月1日起至2014年2月1日止)第7条之规定:进口货物的成交价格,是指卖方向中华人民共和国境内销售该货物时买方为进口该货物向卖方实付、应付的,并且按照本章第三节的规定调整后的价款总额,包括直接支付的价款和间接支付的价款。

② 根据《中华人民共和国海关审定进出口完税价格办法》(中华人民共和国海关总署令第148号)第5条及第15条第1款第3项之规定:进口货物的完税价格,由海关以该货物的成交价格为基础审查确定,并应当包括货物运抵中华人民共和国境内输入地点起卸前的运输及其相关费用、保险费。进口货物的价款中的进口关税、进口环节海关代征税及其他国内税,不计入该货物的完税价格。

根据《中华人民共和国海关法》第65条之规定,进口环节海关代征税的征收管理,适用关税征收管理的规定。

根据《中华人民共和国进出口关税条例》第36条之规定,进出口货物关税,以从价计征方式征收的计算公式为:

应纳税额=完税价格×关税税率

综合上述规定,海关代征增值税的计算公式应为:

应纳增值税额=完税价格×增值税税率(17%)

而在本案中,广州海关关于涉案电解铜板"应缴增值税额"的认定并没有遵循这一正确的计算公式,其错误主要体现在,没有根据《中华人民共和国海关审定进出口完税价格办法》来确定涉案电解铜板的"完税价格",而是误将国内现货市场交易价格作为"完税价格"进行计算,应属计算依据选取错误。

2. 广州海关关于涉案电解铜板"应缴增值税额"的认定存在错误,不能成立

本案中,广州海关于2014年4月9日出具了《涉嫌走私的货物、物品偷逃税款海关核定证明书》(以下简称《核定证明书》)。该份材料中,海关认定范某添偷逃应缴税为增值税,其认定范某添偷逃应缴增值额的公式为:

涉案电解铜板应缴增值税额=范某添与林某茵的成交价格①(灵通有票/无票价)×17%(增值税税率)

然而,如前所述,关于进口货物应缴增值税额的正确计算方法应当是:

进口货物应缴增值税额=进口完税价格×增值税税率(17%)

由此可见,广州海关在认定涉案电解铜板"应缴税额"的认定问

---

① 具体价格数据详见前述《范某添订购货物价格信息表》。

题上,错把电解铜的"国内现货市场交易价格"(灵通价)当作"进口货物的完税价格"。

而根据前述分析及计算,灵通价不仅包含了货物本身的销售价格,而且还包含了17%(灵通有票价)或"7%"①(灵通无票价)的增值税额。因此,如果将灵通价作为"完税价格"再乘以17%的增值税率来计算"应缴增值税额"的话,则无疑会因重复计算增值税税率而导致虚增"应缴税额"的错误结果。

综合上述分析,辩护人认为,广州海关关于涉案电解铜板"应缴增值税税额"的认定应当采用当期同类产品报关进口的完税价格作为计税价格进行计算,现有《核定证明书》对涉案电解铜"应缴税额"的计算存在错误,即没有按照《中华人民共和国海关审定进出口完税价格办法》来确定涉案电解铜板的"完税价格",而是误将"国内现货市场价格"当作"完税价格"来进行计算,属于计算依据选取错误。而错误的计算依据显然无法得出正确的结论,因此,该认定结论不能成立。

(三)起诉书关于"包税费用"的数额及支付方式的指控内容事实不清、证据不足,不能成立

根据本案起诉书,公诉机关关于"包税费用"的指控内容如下:

(范某添)在明知所缴纳的"包税费用"低于货物应缴税额的情况下,为谋取非法利益,仍然以"货到工厂"的包税形式,由秦某钊代理进口涉案货物。

之后,范某添通过范某华等人的私人账户收取货款,再支付货款和包税费用至秦某钊走私团伙指定的账户,或者要求客户直接支付秦某钊团伙指定的账户中抵充货款和包税费。

---

① 因此处仅以2011年9月1日电解铜的灵通价格进行测算,故该"7点税"的比例并非固定比例,而是会根据所选取价格的变化而发生变化。

针对上述指控内容,辩护人的理解如下:

1. 公诉机关认为,范某添向秦某钊团伙支付的款项包括两部分,即一部分是货款,另一部分是包税费用;

2. 公诉机关认为,范某添向秦某钊团伙支付货款和包税费用的方式有两种:一种是范某添通过范某华等人的私人账户将货款和包税费用支付至秦某钊团伙指定的账户,另一种是要求客户直接将货款和包税费支付到秦某钊团伙的指定账户。

辩护人认为,本案实际根本就不存在所谓的"包税代理"问题,起诉书关于"包税费用"的上述指控内容存在如下问题:

1. 公诉机关实际并未查明所谓"包税费用"的数额及比例,起诉书关于"包税费用"明显低于"货物应缴税额"的指控明显缺乏事实根据,因而不能成立

如前所述,起诉书认为范某添向秦某钊团伙支付的款项包括货款和包税费用两部分,那么,范某添向秦某钊团伙支付的款项中,有多少款项是"包税费用"? 又有多少款项属于"货款"? 对此,无论是侦查机关,还是公诉机关实际均未查明。

试问,如果连"包税费用"和"货款"的比例及数额都没有查清,又如何得出"包税费用"明显低于"货物应缴税额"的指控结论?

据此,辩护人认为,公诉机关实际并未查明所谓"包税费用"的数额及比例,起诉书关于"包税费用"明显低于"货物应缴税额"的指控明显缺乏事实根据,因而不能成立。

2. 公诉机关关于"包税费用"支付方式的指控混淆了"无票销售"及"有票销售"下,相关货款的数额及支付方式

根据在案相关证据,范某添与林某茵联系订购电解铜后,会以"无票"和"有票"两种形式销售给境内其他客户。具体情况如下:

(1)关于“无票销售”

如果范某添将其订购的电解铜以“无票销售”的方式销售给境内其他客户,则双方会以“灵通无票价”作为交易价格,范某添通过范某华等人的私人账户收取货款后,再支付至建某铜业及林某茵指定的账户。

相关交易关系如图1所示:

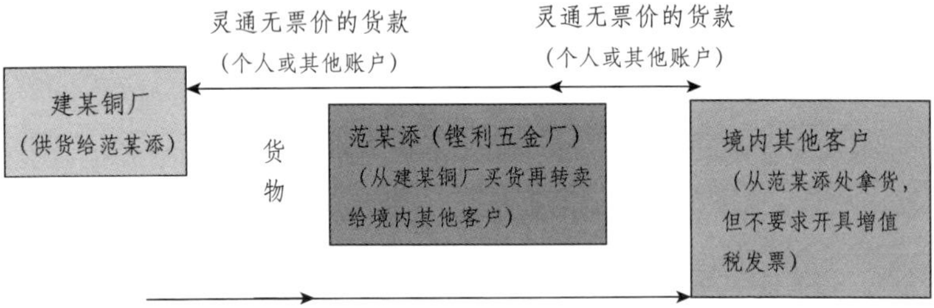

图1 无票销售交易关系

(2)关于“有票销售”

如果范某添将其订购的电解铜以“有票销售”的方式销售给境内其他客户,则双方会以“灵通有票价”(或与“灵通有票价”一致的“长江现货价”)作为交易价格,相关货款由境内其他客户直接汇至建某铜业等开票企业,由该等企业为境内其他客户开具增值税专用发票。

相关交易关系如图2所示:

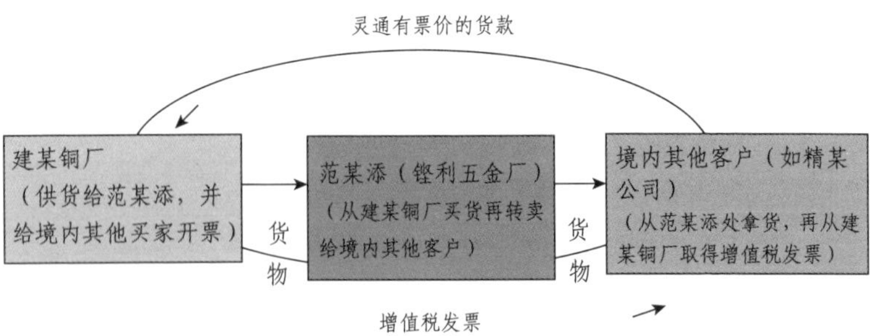

图2 有票销售交易关系

由此可见，上述两种模式下，收取款项的主体、所收取款项的数额，以及所对应的各方权利义务均存在明显的不同。然而，公诉机关却将该两种情形混为一谈，认为无论是范某添通过的私人账户支付的款项和境内其他客户向开票企业支付的款项均系货款及包税费用。

即便如此，侦查机关和公诉机关却仍未能明确，在上述两种支付模式下，哪些款项是“包税费用”，哪些款项又是“货款”。由此可见，公诉机关的该部分指控不仅混淆了应予区分的两类事实，而且仍未查明有关“包税费用”的基本事实（如相应的金额、比例、确定方式及依据等）。

由此，辩护人认为，公诉机关关于涉案“包税费用”的数额及支付方式的指控事实不清、证据不足，缺乏基本的事实根据，因而不能成立。

综上，起诉书指控称范某添明知所缴纳的“包税费用”明显低于货物应缴税额，但却根本没有查清“包税费用”、货物应缴税额的具体数额以及与之相关的重要事实。在这种情况下，根本无法得出“包税费用”明显低于应缴税额的事实结论。并且，如前所述，范某添仅就涉案电解铜板与建某铜业形成境内货物买卖关系，其没有参与涉案电解铜板的境外采购及报关进口，并不了解涉案电解铜板的成交价格及完税价格，更加不可能知道所谓货物应缴税额是多少。在这种情况下，范某添无从将所谓的“包税费用”与货物应缴税额进行比对，更不可能形成所谓的“包税费用”明显低于货物应缴税额的主观“明知”。

因此，起诉书关于范某添明知所缴纳的“包税费用”明显低于货物应缴税额的指控缺乏基本的事实根据，这更进一步证明了本案根本就不存在所谓“包税代理”的事实，故起诉书的该等指控不能成立。

三、本案侦查机关及公诉机关并未理顺涉案电解铜板的境内现货交易价格的内在联系及与增值税额间的关系,而是片面地以未能体现范某添真实意思的部分供述来指控范某添主观上“应当知道”其所购买的电解铜板可能系走私货物,这样的指控与客观事实不符,依法不能成立,更加不能成为对范某添定罪的根据和理由

(一)关于范某添的部分供述内容

本案中,范某添分别在其2013年6月5日、7日两次讯问笔录中提到,其觉得向盈某公司的林小姐购买的进口电解铜不是以正常报关进口的货物。相关供述内容如下表所示:

范某添部分讯问笔录内容摘录		
笔录	页码	内容
2013-6-5	P30~31	“一般情况下,正常从海关报关进口后的电解铜在国内所卖的价格与南海灵通所开出的低价相比,哪一个价格高?” “那肯定是正常报关进口的电解铜价格高,因为我所知海关征增值税是17%,但是按照我们国内做电解铜这一行的规矩,用灵通价如果是需要开增值税发票的话,一般只收取6%~9%的开票费,就这样比正常报关少了几点的税费了。所以灵通价一般情况下都是比正常报关价要低比较多的。”
	P31	“你觉得你以灵通低价低100元的价格向香港盈某公司的林小姐购买的进口电解铜,其来源是否合法,是否正常报关进口的?” “我也不知道其来源怎么样,反正我所报的价格是包了税的,不过也知道她若是正常的报关进口的不可能这么便宜卖给我的。我觉得她们应该是报关时可能会以废铜的名义报关进口的,因为废铜比电解铜要便宜得多,如果她们以电解铜报关,再以灵通低价低100元卖给我,那他们肯定是亏本的。”

续表

范某添部分讯问笔录内容摘录		
笔录	页码	内容
	P32	“如果客户需要发票的,香港盈某公司的林小姐会以广州建某铜业有限公司、广东盈某投资公司、南海金勃锣有限公司等公司名义出增值税发票给客户,但开票要按我向香港盈某公司的林小姐当时订电解铜的价格的6% ~9%的价钱向我收取开票费用,这部分费用我也会向客户收取。”
2013 -6 -7	P35	“你认为你向香港盈某公司林小姐所购买的进口电解铜是否经过海关合法报关进口的?” “我认为这些电解铜是经海关报关进口的,但是他们可能报的是‘废铜’而不是电解铜,因为报电解铜的价值比废铜的要高,如果他们报电解铜的话,加上要收17%的增值税及其他税费,是不可能以比南海灵通低价(不含发票)低100 ~250元人民币的价格卖给我的。”

据此,范某添上述供述内容中,有关其明知订购电解铜板可能系走私货物的主要理由如下:

1.“税点”问题:即范某添的供述认为,仅按灵通无票价加收的6% ~9%个税点会低于正常报关时缴纳的17%税点,因而相关货物可能未经正常报关进口。

2.“价格”问题:即范某添的供述认为,如果林某茵等人正常报关进口并缴纳17%的增值税,是不可能以比灵通低价(无票)低100 ~250元人民币的价格卖给其货物。

(二)范某添关于“所购买的电解铜板可能系走私货物”的供述并非范某添本人的真实意思表示,更与客观事实不符,依法不能成立

1.范某添关于“所购买的电解铜板可能系走私货物”的供述并非其真实的意思表示

经查,在案证据中,范某添共有9份询/讯问笔录,其中,仅有上

述两份2013年6月5日、7日的讯问笔录提到“所购买的电解铜板可能系走私货物”的内容,而在此之前及之后(补充侦查阶段)的笔录均稳定、一致地表示,其并不知晓所购买的电解铜板是走私货物。

对此,据范某添本人的当庭辩解,上述2013年6月的两份笔录作出之时,其知父亲刚刚去世,丧亲之痛对其精神和肉体造成了严重的打击,影响了其对客观事实的认知及表达。更重要的是,在范某添被羁押期间,有“同仓”人员反复对其说服教育,并向其灌输所谓“其购买货物可能是走私货物”的事实和理由,严重误导了范某添的主观认知。在这种内外因的双重影响下,范某添最终作出了上述两份供述。

由此可见,范某添的这两份供述并非其本人的真实意思表示,而是在他人误导下作出的错误供述,不能以此认定是其在向林某茵等人订购电解铜板当时的主观认知。更重要的是,范某添的该等供述与客观事实并不相符(详见下面辩护意见),因而不应予以采信。

2. 关于“税点”问题的分析:范某添笔录中所谓“按灵通无票价收的6% ~9%个税点的开票费会比正常报关的17%少几点税费”的供述混淆了灵通无票价、灵通有票价及不含税货物价格之间的关系,因而不能成立

假如范某添上述笔录中有关“税点”问题的供述内容成立,则意味着灵通无票价应当是完全不包含增值税的价格,该价格与包含17%增值税的灵通有票价相比,应当低17%增值税,故仅在灵通有票价的基础上加收6% ~9%的税点是无法达到包含17%增值税的价格的。

但实际情况并非如此,具体分析如下:

如前所述,灵通无票价、灵通有票价及不含税货物价格之间的关系如下:

灵通有票价＝货物价格（不含增值税）＋货物价格（不含增值税）×17%

货物价格（不含增值税）＝灵通有票价格÷（1＋17%）＝灵通有票价格÷1.17

以2011年9月1日的低价（灵通有票价68,500元/吨、灵通无票价62,700元/吨）为例，灵通有票价、灵通无票价及“货物价格（不含增值税）”的关系如下：

灵通无票价＝货物价格（不含增值税）＋货物价格（不含增值税）×7%

即

62700元/吨＝58547元/吨＋58547元/吨×7%

由此可见，灵通无票价虽然低于灵通有票价，但灵通无票价并非货物不含增值税的价格，而是货物不含税的价格再加上“7点税”①的价格。

由此，如果相关主体以灵通无票价销售电解铜后，购货方提出需要发票的话，则相关货物的销售实际就应按照灵通有票价确定价格，在这种情况下，购货方需要补齐灵通无票价与灵通有票价之间的差额部分，而该差额部分往往会占灵通无票价的6%～9%。

仍以2011年9月1日的低价（灵通有票价68,500元/吨、灵通无票价62,700元/吨）为例，在购货方以灵通无票价62,700元/吨购买货物后，又需要卖方提供增值税发票时，则其应补齐灵通无票价与灵通有票价的差额，即5800元/吨（68500元/吨－62700元/吨）。该差额相当于灵通无票价的9.2%、相当于“货物价格（不含增值税）”的10%。

相关换算关系如下：

---

① 因此处仅以2011年9月1日电解铜的灵通价格进行测算，故该“7点税”的比例并非固定比例，而是会根据所选取价格的变化而发生变化。

(1)灵通有票价=货物价格(不含增值税)+货物价格(不含增值税)×17%;

(2)灵通有票价=货物价格(不含增值税)+货物价格(不含增值税)×7%+货物价格(不含增值税)×10%。

其中,货物价格(不含增值税)+货物价格(不含增值税)×7%=灵通无票价;货物价格(不含增值税)×10%=灵通无票价×9.2%。

因此,灵通有票价=灵通无票价+灵通无票价×9.2%。

综上,由于灵通无票价本身已经包含了部分增值税额,因此,在该价格的基础上按照灵通无票价的6%~9%加收相关费用后所形成的价格实际就是补齐剩余增值税额的价格,而该价格即为包含全部17%增值税的货物销售价格,即灵通有票价。

因此,在灵通无票价的基础上,按照灵通无票价加收6%~9%的费用后形成的价格实际就是正常的含税(17%)的价格。由此可见,范某添所谓"按灵通无票价收6%~9%的开票费会比正常报关的17%少几点税费的说法"实际是基于将"灵通无票价"误以为是"货物的不含税价格"的错误认识。也正是在这种错误的理解下,范某添的供述才会认为灵通无票价加收6%~9%的税点会低于包含17%增值税的灵通有票价,然而事实恰恰相反,灵通无票价加收6%~9%的税点的价格就是包含了全部17%增值税的价格,故其该部分供述因与实际情况不符,依法不应予以采信。

3.关于"价格"问题的分析:范某添所谓"如果他们(进口时)报电解铜的话,再加上17%的增值税及其他税费,是不可能比南海灵通低价(无票)低100~250元人民币的价格卖给我"的供述不能成立

(1)范某添的该部分供述将注册板与非注册板的定价情况混为一谈

根据前述《范某添订购货物价格信息表》,范某添订购的电解铜

板包括注册板及非注册板两种，后者是品牌没有在伦敦金属交易所注册的铜板，因其质量没有保证，故该类铜板的价格相对于注册板要低一些，而范某添以比南海灵通低价(无票)低250元价格所购买的电解铜板均是非注册板。

(2)范某添并非总是以比南海灵通低价(无票)低100~250元人民币的价格向林某茵订购电解铜板

范某添除以灵通低价(无票)低100~250元人民币向林某茵订购电解铜板外，也会以灵通低价(无票)、灵通中价(无票)以及灵通低价(有票)等较高的价格与林某茵联系收购电解铜板(相关订价信息详见前述《范某添订购货物价格信息表》)。

(3)即便建某铜业以比南海灵通低价低100~250元的价格将涉案电解铜卖给范某添，也不影响他们在正常报关进口情况下的盈利

如前所述，范某添从建某铜业购买电解铜板后，可以通过“有票”和“无票”方式进行销售。其中：

在“有票销售”的模式下，范某添转卖电解铜板的境内其他客户会按照灵通有票价的价格将货款直接付给建某铜业等开票企业。在这种情况下，即使建某铜业是以灵通无票价(或比灵通无票价略低的价格)将货物卖给范某添，也可以通过从境内其他客户处收取货款的方式取得其将电解铜板卖给范某添时未收取的那部分税额(灵通无票价与灵通有票价之间的差额)，从而确保在正常报关进口情况下的销售盈利。

在这里需要说明的是，如前所述，范某添就涉案电解铜板与建某铜业形成的是独立的境内货物买卖关系，范某添在购得电解铜板后又转卖给他人亦属于范某添本人的独立销售行为。至于为什么在“有票销售”的情况下，还需要由建某铜业开具发票的问题，在法庭调查阶段，范某添已经解释得很清楚，辩护人也做了相应的调查了解，

而且庭审中公诉人出示的证据也表明,范某添经营的铿利五金厂是个体工商户,是小额纳税人,没有资格开增值税专用发票。所以范某添只能通过别的主体(如建某铜业)开票。这仅仅是一种不规范的销售方式,与是否走私没有关系,更不能以此否认范某添就涉案电解铜板与建某铜业之间形成的是独立的境内货物买卖关系。

在"无票销售"的模式下,虽然建某铜业通过其所指定的相关个人或企业的账户,从范某添处收取按照灵通无票价销售电解铜板的货款,但因建某铜业不必为相关购货方开具增值税专用发票,且相关货款的收入亦不在其公司账户上体现,故建某铜业仍可以就该批货物向其他需要增值税专用发票的主体开票,并通过收取手续费的方式收回其将电解铜板卖给范某添时未收取的那部分税额(灵通无票价与灵通有票价之间的差额),从而确保在正常报关进口情况下的销售盈利。

综上,范某添所谓"明知"与林某茵联系购买的电解铜板来源不正当的相关供述内容并非其本人的真实意思表示,更与客观事实不符,因而不能成立,依法不应予以采信。侦查机关及公诉机关在没有理顺涉案电解铜板的国内现货交易价格的内在联系及与增值税额间的关系的情况下,片面地以上述违背客观事实的部分供述来指控范某添主观上"应当知道"其所购买的电解铜板可能系走私货物,这样的指控及认定与客观事实不符,依法不能成立,更加不能成为对范某添定罪的根据和理由。

至此,起诉书以"包税代理"为由,指控范某添以"代理进口"之名,行"走私犯罪"之实,从而构成《刑法》第153条走私普通货物、物品罪因缺乏基本的事实根据(范某添与秦某钊等主体之间不存在"包税代理"关系)不能成立。

同时,辩护人注意到,在法庭辩论过程中,公诉人又提出,如果范某添与秦某钊等主体之间不存在“包税代理”关系，不属于《刑法》第153条规定之情形，那么，范某添就属于《刑法》第155条规定的间接走私，即直接向走私人非法收购走私进口的货物、物品。对此，辩护人认为，范某添主观上不存在向走私人非法收购走私进口货物的主观故意，不属于《刑法》第155条规定的间接走私情形，故公诉人的这一意见不能成立。具体内容详见以下辩护意见。

四、范某添主观上不存在向走私人非法收购走私进口货物的主观故意，不属于《刑法》第155条规定的间接走私的情形

根据《刑法》第155条之规定，直接向走私人非法收购走私进口的其他货物、物品，数额较大的，以走私罪论处。

如前所述，就涉案电解铜板，范某添与秦某钊等人之间并不存在所谓的“代理进口”关系，而是境内货物买卖关系。综合全案证据，范某添订购电解铜板的价格客观、合理，在交易过程中亦尽到应尽的注意义务，没有在涉案电解铜交易过程中谋取非法暴利，且其对秦某钊等人涉嫌走私的事实并不知情，故其主观上不具有向走私人非法收购走私进口货物的故意，不属于《刑法》第155条规定的以走私罪论处的情形。

具体辩护意见如下：

（一）在案价格鉴定存在诸多问题，不能作为本案的定案根据

围绕范某添向建某铜业采购涉案电解铜板的价格问题，辩护人已经在前面的辩护意见中进行了比较充分的说明和论证，即范某添购买涉案电解铜板的价格以境内现货市场交易价格（灵通价）为基础进行确定。而且并未偏离正常的交易价格。

值得注意的是，在案证据中，侦查机关委托广州市价格认证中心所做价格鉴定却明显高于前述境内现货市场交易价格。针对二者之间的差异，辩护人认为有必要强调的是，该价格鉴定本身存在诸多

问题,其客观性、真实性严重存疑,因而不能作为评判范某添订购涉案电解铜板交易价格是否客观、合理的根据及理由。具体分析如下:

1. 侦查机关未就价格鉴定所存在的问题做进一步调查,亦未给予相应的合理解释

虽然侦查机关就涉案电解铜市场价格委托广州市价格认证中心进行价格鉴定,但该价格鉴定与公开市场价格及鉴定对象的变卖价格均存在明显出入。对此,侦查机关并未做进一步调查,亦未给予相应的合理解释。具体情况如下:

(1)价格鉴定明显高于公开市场价格

根据广州市价格认证中心出具的穗价认鉴〔2012〕698号《关于电解铜板等物品的价格鉴定结论书》(卷1P19~23)(以下简称《价格鉴定结论书》),该价格认证中心以2012年1月12日为价格鉴定基准日,对侦查机关扣押的涉案电解铜(252.393吨)的鉴定价格为60,290元/吨,鉴定总值为15,216,773.97元。

然而,根据侦查机关向佛山灵某信息有限公司调取的佛山电解铜(含票及不含票)价格,2012年1月12日,佛山电解铜的含票价格为56,200~56,400元/吨、不含票价格为52,400~52,600元/吨。可见,作为境内现货市场交易价格客观反映的灵通价明显低于鉴定机构所鉴定的价格。

针对该市场价格与鉴定价格存在明显差异的问题,侦查机关并没有做进一步调查核实或给予合理解释。

(2)价格鉴定明显高于鉴定标的变卖价格

如前所述,《价格鉴定结论书》的鉴定结论为,涉案被扣押的252.393吨电解铜的鉴定总值为15,216,773.97元,单价为60,290元/吨。

然而根据本案起诉书所附内容(起诉书第4页),侦查机关已将上述252.393吨电解铜先行变卖,变卖款人民币11,950,000元。据此,涉案电解铜的变卖价格仅为47,420.63元/吨,明显低于《价格鉴定结论书》所鉴定的价格。

针对该变卖价格与鉴定价格存在明显差异的问题,侦查机关也没有做进一步调查核实或给予合理解释。

2. 现有证据无法反映鉴定机构开展鉴定工作的客观实际情况

根据《价格鉴定结论书》,广州市价格认证中心称,"经过市场调查,参考广州市场同类型物品平均价格水平,按照以质论价的原则,鉴定标的物在鉴定基准日的市场批发价格如附表(前面提到的60,290元/吨)"。

然而,我们在现有证据中并未见到能够反映上述《鉴定结论书》中提到的"市场调查"的相关证据,也未见到反映有关"广州市场同类型物品平均价格水平"的证据材料。可见,现有证据无法反映鉴定机构开展鉴定工作的客观实际情况。

综合上述证据,辩护人认为,该份《价格鉴定结论书》关于涉案电解铜板的鉴定价格与公开市场价格及实际变卖价格之间均存在明显差异,且在案证据无法反映鉴定机构开展相关鉴定工作的客观实际情况,故该份《价格鉴定结论书》的客观性严重不足,依法不应予以采信,不能以此作为评判范某添订购涉案电解铜交易价格是否客观、合理的根据及理由。

(二)范某添向建某铜业购买电解铜及向境内其他客户转卖电解铜的价格与公开市场价格基本一致,符合境内现货市场的正常交易情况,其主观上不具有直接向走私人非法收购走私进口货物的故意

由于走私普通货物、物品犯罪系通过逃避海关监管,从而偷逃应

缴税额的走私犯罪,故相关走私货物的价格相对于正常报关进口的同类货物往往具有比较明显的价格优势,犯罪分子则借此谋取非法利益。因此,在收购和转卖走私货物过程中,相关收购及转卖的价格是否客观、合理应是判断行为人是否具有非法收购和销售赃物主观故意的重要根据。

本案中,范某添向建某铜业购买电解铜及向境内其他客户转卖电解铜的价格均未背离公开市场价格,甚至还存在高于市场价格收购、低于市场价格销售的情形,可见,范某添主观上并不具有直接向走私人非法收购走私货物的故意。具体意见如下:

1. 范某添向建某铜业购买电解铜板的价格围绕公开市场价格浮动,并未偏离境内现货市场的正常交易价格

如前述《范某添订购货物价格信息表》所示,范某添与林某茵联系订购电解铜板的成交价格是基于电解铜的国内现货市场交易价格(灵通价)协商确定的,相关成交价格虽然有时会适当低于灵通价,但浮动幅度也仅在0.09%至0.5%之间,部分情况下甚至高于同期灵通价格。由此可见,范某添向建某铜业购买电解铜的相关成交价格并未背离国内现货市场的正常交易价格。

2. 范某添向境内其他客户销售电解铜板的价格亦符合境内现货市场的正常交易情况

根据境内其他客户(如广东精某销售有限公司)向范某添购买涉案电解铜板的价格信息,范某添向境内其他客户转卖电解铜的价格也未偏离公开市场价格,相关价格信息如下表所示:

18P9:广东精某销售有限公司采购合同、收货付款、发票台账(建某铜业)						
序	合同号	签订时间[1] (年-月-日)	数量 (吨)	单价 (元/吨)	灵通含票价 (元/吨)	差额情况 (元/吨)
1	XS11054	2011-9-20	15.0000	63,400	63,500~63,700	灵低(含票)-100
2	XS11097	2011-11-25	20.2753	55,700	55,800~56,000	灵低(含票)-100
3	XSB11123	2011-12-16	51.0133	54,700	54,700~54,900	灵低(含票)
4	XSB11131	2011-12-24	50.0000	55,650	55,800~56,000	灵低(含票)-150
5	XSB11142	2011-12-30	60.3802	55,300	55,200~55,400	灵低(含票)+100
6	XSB11143	2012-1-4	52.0744	56,450	56,100~56,300	灵高(含票)+150
		总计	248.7432			

〔1〕相关合同的签订时间的信息来自台账后附的合同书证。

另据在案证据,范某添通过“有票销售”的方式,向广州精某销售有限公司(以下简称精某公司)销售涉案电解铜板,精某公司将货款支付给建某铜业,并由建某铜业开具增值税专用发票。相关销售价格均以交易当时的“灵通有票价”(或与“灵通有票价”一致的“长江价”)为定价基础确定,上下浮动不超过0.3%,且部分交易价格甚至略低于市场公开价格。由此可见,范某添向境内其他客户转卖电解铜的成交价格并未偏离境内现货市场的正常交易价格,更不存在牟取暴利的情形。

3.在案证人证言表明,范某添转卖电解铜的价格正常、合理,并未背离境内现货市场的正常交易价格

根据精某公司采购人员冯某冰的证言(2012年3月27日笔录5,P4),范某添所提供的进口电解铜除物理特性好之外,价钱上有时较其他公司有50元至100元或200元的价差。

另据精某公司营销总监周某娟的证言(2012年4月9日笔录5,P10~11),进口电解铜板与境内的铜板品牌价格区别不大,大概每吨100元人民币,价格较高的铜是因为其微量元素含量较低,生产成品

质量较好。其证言(2012年4月9日笔录5,P11)还提到,范某添的供货价格时高时低,都在正常合理范围。

上述证人证言表明,进口铜板的价格与境内铜板的价格相差不大,故其交易价格不会严重背离境内现货交易价格(灵通价),并且,范某添的供货价格也都在正常合理的范围,且并非总有价格优势,这进一步证明了范某添收购、转卖电解铜的价格正常合理,没有背离境内现货市场的正常交易价格。

综上,范某添是以正常的市场价格向建某铜业收购涉案电解铜板,且不存在转卖牟取暴利的情形,由此,其主观上并不具有直接向走私人非法收购走私进口货物的故意。

(三)范某添在收取其与林某茵订购的电解铜板时,装货的货柜均上有封条,致使范某添确信相关货物已经海关查验通关,属于正常报关进口的货物

1. 根据在案证据及相关起诉书的指控内容,掏柜卸货、换道具货物后再在货柜上封上伪造的封条,是秦某钊等人涉嫌逃避海关监管、欺瞒国内客户的重要犯罪手段

根据梁某晶的证言(2012年5月14日笔录3,P3~4),自秦某钊决定不再帮别人走私货物,而是自己走私进口后,便实施了一系列犯罪准备活动,包括租用屯门码头的泊位,购买集装箱、叉车、大船、货柜等,当时秦某钊专门安排梁嘉业购买了制作固封的机器。

另据广东省广州市人民检察院穗检公二刑诉〔2012〕258号起诉书(补充侦查1卷,P40~59)的相关指控内容,秦某钊等人涉嫌犯罪的主要手段就是在货柜向海关申报查验前,擅自拆开货柜的封条,指挥叉车手将金属铜、铝、TDI等货物从货柜中卸出,剩余部分货物用于申报或更换成废纸、生物颗粒等道具货物,用于向海关虚假申报。换货后,将装有货物(金属铜、铝、TDI等)的新货柜运给境内客户(范

某添等人)。

根据上述证言及相关起诉书的指控内容,为了向海关隐瞒其擅自拆柜卸货的事实,秦某钊等人势必要在原货柜上加封其伪造的新的封条。对此,涉嫌参与秦某钊被控走私行为的人员熊某伟(2012年3月8日笔录3,P69;2012年7月23日笔录3,P86)、凌某(2012年6月6日笔录3,P156-157)的证言均能予以印证。

另外,为掩饰其掏柜卸货、换道具货物进行走私的犯罪事实,秦某钊等人也会在交付给境内客户(如范某添)的货柜上加封其伪造的封条,以欺骗境内客户,使境内客户相信其所交付的货物已经海关查验,并已正常通关。对此,涉嫌帮助秦某钊运货的司机王某(2012年6月13日笔录3,P151)、凌某(2012年6月5日笔录3,P156-157)、林某强(2012年3月29日笔录3,P164-165)等人均能予以证实。

2. 在案证据表明,范某添在接收涉案电解铜板时,相关装货的货柜均上有封条,其五金厂工作人员在签收货物时也需在对方提供的单据上注明“封条原(完)好”

除前述被指控帮助秦某钊卸货、运货人员证实送给范某添的货柜均上有封条,范某添及其五金厂工作人员在收货时需要剪掉封条后方能开柜卸货外,范某添及其五金厂的工作人员范某健及范某添的儿子范某城的讯/询问笔录①亦证实这一事实。对此,范某添在法庭上进一步表明,货柜上的封条(海关的关锁)是海关查验放行的证据,正是看到封条,其才进一步确信相关货物来源正当。

据此,一方面,范某添是以境内现货市场交易价格这一正常价格向林某茵(及建某铜业)订购电解铜板的;另一方面,就范某添而言,

① 相关笔录内容详见(1)范某添2013年5月10日笔录2(P8)、2013年5月20日笔录2(P25)、2013年6月7日笔录2(P36);(2)范某城2013年5月29日笔录2(P50)、2013年6月8日笔录2(P55);(3)范某健2013年6月6日笔录5(P64)。

其所收货物的货柜均上有海关的封条,其本人并不知晓该封条系秦某钊等人所伪造,从而使其确信相关货物是正常通关进口的货物。

因此,辩护人认为,基于上述事实及证据,范某添有理由确信相关货物已经海关查验通关,属于正常报关进口的货物,其在收货时已经尽到了应尽的注意义务,这进一步表明,范某添主观上并不具有直接向走私人非法收购走私进口的货物的故意。

(四)范某添在涉案电解铜板交易过程中,仅赚取非常微薄的利润,这进一步表明了范某添主观上不具谋取非法利益的动机和目的

1. 范某添在涉案电解铜板的交易过程中,仅赚取非常微薄的利润

走私普通货物、物品罪应属牟利型犯罪,行为人通过逃避海关监管、偷逃应缴税额等手段将货物走私进境并从中牟取巨额非法利益。因此,在涉及走私货物收购、转卖中的收益情况,往往是评判行为人主观上是否具有参与、实施走私行为的犯罪故意的重要根据。

本案中,范某添在涉案电解铜的交易过程中,仅赚取非常微薄的利润,足见其主观上并不具备谋取非法利益的犯罪动机和目的,因而也就不具有向走私人非法收购走私货物,从而实施走私犯罪的故意。相关证据及分析如下:

根据范某添本人的供述(2014年5月29日笔录2,P26),其向林某茵订货,一般情况下每吨会加价100元转卖给境内其他客户,由于一般情况下,货款直接给林小姐指定的公司,所以其100元/吨的利润也在里面,其就将这个利润当作下一期的货款进行扣减。

由此可见,范某添在涉案电解铜板的交易过程中,每吨仅有100元的利润,在境内现货市场价格平均5万~6万元/吨的电解铜交易中,该利润实际还不到交易价格的0.2%,这样的利润率甚至不及银行的存款利率。试想,又有谁会为了如此微薄的利润铤而走险去从

事、参与走私犯罪?

因此,范某添在涉案电解铜板交易中所获利润的情况又进一步表明了范某添主观上不具有牟取非法利益的动机和目的。

2. 侦查机关关于范某添在销售走私电解铜板时有2% ~10% 的销售利润的"情况说明"不能成立

在案证据中,有一份未经侦查机关加盖公章的"情况说明"(卷16 首页至次页,未加页码,日期为2013 年11 月10 日)。该份情况说明称,"2011 年8 月至2012 年1 月,范某添向相关境内其他客户销售走私电解铜板2969.8203 吨。比对范某添收货电解铜板时的记账明细,可以证实范某添在销售走私电解铜板时有2% ~10% 的销售利润"。

对此,辩护人认为,上述"情况说明"存在诸多问题,且严重不符合案件客观事实,因而不能成立,具体理由如下:

(1)该份"情况说明"并非专业机构就财务事宜出具的鉴定意见,其客观性、专业性严重不足

利润应属于会计科目中权益类的重要科目,对利润的分析和认定,应当由专业的会计机构依照相应的鉴定程序及鉴定方法依法做出。《刑事诉讼法》第144 条亦规定,"为了查明案情,需要解决案件中某些专门性问题的时候,应当指派、聘请有专门知识的人进行鉴定"。

据此,就范某添销售涉案电解铜板的利润率问题,办案机关应当依法指派、聘请有专门知识的主体进行鉴定,而非自行比对。

因此,辩护人认为,侦查机关的该份"情况说明"对于范某添销售电解铜板利润率的认定缺乏客观性、专业性,依法不应予以采信。

(2)该份"情况说明"就范某添销售电解铜板的销售利润的判断缺乏确实、充分的事实根据

根据本案起诉书可知,范某添向林某茵(建某铜业)订购电解铜板数量共计9282.918 吨。然而,侦查机关在仅查到2969.823 吨电解

铜板的销售情况下,即认定范某添销售涉案电解铜板时有2% ~10%的销售利润,这样的结论未免“以偏概全”。

根据在案证据可知,电解铜板的价格每日都在发生变化,即便是品牌、质量完全相同的电解铜板也会因其购入、售出日期不同而产生不同的利润(或亏损)。

因此,如果要准确判断范某添销售涉案电解铜板的销售利润,势必要查清在每一笔电解铜板销售中,相关电解铜板所对应的购入价格及卖出价格。综观现有在案证据,侦查机关对于该等认定销售利润的重要事实实际并未查清,而仅仅是以一种笼统的、模糊的、非专业的数据比对,即认定范某添销售电解铜板有2% ~10%的销售利润。这样的结论显然不够客观,更无法让人信服。

(3)该份情况说明回避了货款的真实流向,片面夸大了范某添的销售利润

根据前述《范某添订货价格信息表》及“无票销售交易关系图”“有票销售交易关系图”,范某添会以接近或略高于灵通无票价、灵通有票价的相关价格从林某茵(建某铜业)处订购电解铜板,再以灵通无票价(无票销售情况下)或灵通有票价(有票销售情况下)将相关电解铜板转卖给境内其他客户。

由此,范某添仅会在以下销售情况中实现所谓的“高额收益”(仍以2011年9月1日电解铜的价格数据为例,灵通有票价68,500元/吨、灵通无票价62,700元/吨):

例如,范某添以灵通无票价-100元/吨的价格(62,600元/吨)向林某茵(建某铜业)订购电解铜板,然后再以灵通有票价的价格(68,500元/吨)的价格将相关货物转卖给境内其他客户。

在这种情况下,卖出和买入价每吨相差5900元(68500-62600),占购入价的9.4%,从而给人范某添从中赚取销售利润

9.4%的印象。

然而事实上,根据前述“有票销售交易关系图”,只有在有票销售的情况下,范某添才会以灵通有票价将所订购的电解铜转卖给境内其他客户。但需注意的是,在这种情况下,境内其他客户并不会将按灵通有票价销售的货款支付给范某添,而是直接支付给建某铜业等开票单位。

由此,范某添在上述销售模式下实际并未取得所谓的9.4%的利润,因为该部分资金已被境内其他客户包含在货款中一并支付给建某铜业,作为建某铜业因开票所承担的税费。因此,即便在电解铜的收购和转卖存在巨大差额的情况下,范某添也仅仅赚取每吨100元的利润而已。

综上,侦查机关在评判范某添销售涉案电解铜所获销售利润时,只关注到购入价和卖出价的差额,但却回避了相关款项的真实流转情况,从而在范某添实际并未取得销售差额的情况下,认为范某添具有2%~10%的销售利润,这样的认定无疑是不真实、不客观的,因而不能成立,也恳请法庭对办案机关的这一结论不予认定。

五、辩护意见总结

综上所述,起诉书就涉案电解铜板与秦某钊等人形成代理进口关系的指控不能成立,范某添与相关主体(建某铜业)之间应系境内货物买卖关系;起诉书指控范某添明知所缴纳的“包税费用”低于货物应缴纳税额,但实际上既未理顺相关市场价格的构成及相互关系,也未真正查明所谓“包税费用”的金额及比例,且广州海关关于涉案货物应缴税额的认定在计算依据的选取上存在严重的错误,即误把涉案货物的境内现货销售价格当作报关进口时的完税价格。在这种情况下,所谓“包税费用”低于货物应缴纳税额的指控缺乏最基本的事实根据,因而不能成立。更重要的是,本案根本就不存在所谓的

"包税代理"。

至此,起诉书关于范某添涉嫌《刑法》第153条规定的走私普通货物、物品罪的指控缺乏基本的事实根据,因而不能成立。

而针对公诉人提出的,如果本案不存在所谓的"包税代理",则范某添又涉嫌构成《刑法》第155条规定的间接走私的公诉意见,辩护人认为,本案中,范某添既不知道秦某钊等人涉嫌走私,也不知道涉案电解铜板系走私货物,其只是根据公开的市场价格收购、转卖涉案电解铜板,赚取正当经营者所能期盼的微薄利润,且在收货时认真查验货柜上的海关锁,足见其对货物来源的合法性问题尽到了充分的注意义务,以上事实充分表明其主观上不具有向走私人非法收购走私货物的主观故意,因而不构成《刑法》第155条规定的间接走私。

因此,辩护人认为,起诉书关于范某添犯走私普通货物、物品罪的指控不能成立,公诉人所谓范某添属于《刑法》第155条规定的间接走私的公诉意见也不能够成立,恳请合议庭充分考虑并采纳上述辩护意见,依法宣告被告人范某添无罪。

辩护人:

北京市京都律师事务所律师 田文昌 孙广智

二〇一四年十二月十五日

附件(本书暂不收录):

1. 范某添订货价格信息表(根据现有订货单统计);

2. 关于灵通价格(有票价、无票价)的构成及相互关系的说明;

3. 关于两种销售模式下的货物及资金流转关系的说明。

辩护词(一审第二轮)

审判长、审判员:

针对公诉人发表的公诉意见,补充说明几个问题。首先,通过一天的法庭调查和辩论,辩护人发现,起诉书指控的内容是不明确、不清楚的。在起诉书指控的内容和公诉人出示的证据之间,概念是混乱的,性质是不清楚的,而且还自相矛盾。辩护人注意到,在公诉人所有的表达当中,包括在起诉书的表达当中,对范某添的指控出现了四种概念。具体包括:

起诉书里出现了两个概念。一方面指控范某添是以包税形式,由秦某钊代理进口涉案货物;同时又指控称范某添签收秦某钊走私进口的货物,是货物的签收方。这样的两种表述似乎反映了范某添是秦某钊涉嫌走私犯罪的共犯。

而在公诉人出示的一系列证据当中,又出现了另外两个概念。一个说范某添是建某铜业的业务员,在这一概念下,范某添应当是替建某铜业办事;而在很多证据中又出现了另一个概念,即范某添明知道其是直接向走私者购买货物的行为主体。在这一概念下,范某添又成为独立的购货方,是从建某铜业买货,而不是作为该公司的业务员为该公司办事。

以上这四个概念、四种说法反映了不同的性质。那么在这种情况下,起诉书和公诉人究竟想要说明什么,想要证明什么?想要指控什么?这不仅仅是不清楚的,更是极为混乱的。而刚才公诉人又提出,如果指控范某添是秦某钊的共犯,那么适用《刑法》第153条,同时又强调范某添明知道购买的是走私物品,可以适用《刑法》第155条。这就是“两头堵”的一种说法。你反正不够这个,就够那个;不够那个,就够这个。到底够哪个?我相信公诉人自己也没有搞清楚。

这种指控上的混乱集中体现了公诉机关对范某添涉嫌走私犯罪的指控存在严重的事实不清、证据不足的问题。

针对起诉书指控及公诉人发表公诉意见所存在的问题,结合本案的事实和证据,下面辩护人着重就以下三个方面问题给予相应的补充说明。

一、关于范某添与秦某钊等主体间的关系问题

辩护人认为,我们首先应当厘清案件中各方主体的关系。综合全案证据来看,范某添和建某铜业之间分明就是一个独立的买卖关系,既没有代理,也没有代销。对这个问题,我们另一位辩护人已经引用了大量的事实和证据对双方形成的这一境内货物买卖关系进行了充分的说明和论证,我不重复。

反观起诉书及公诉人所主张的“以包税形式代理进口走私货物”的指控内容,我们注意到,并没有任何一个证据能够证实存在这样一种所谓的“包税代理进口”关系。

公诉机关指控范某添明知“包税费用”明显低于货物应缴税额,但却连“包税费用”是多少、如何确定、比货物应缴税额低多少等最基本的事实问题都没有查清。在这种情况下,所谓“包税代理”的指控又从何谈起?

另外,公诉人还提到范某添与秦某钊等人有共谋,即共同犯罪必须有共同故意和共同行为。那么,所谓“共谋”的证据在哪?刚才公诉人在对范某添是从犯的指控意见中也讲到了,有通谋的按共犯处理。对此,辩护人认为,有通谋的是按共犯处理,这个结论是符合法律规定的。

但在本案中,范某添和秦某钊连面都没见过,跟秦某钊所控制的境外企业也没有发生过联系,更没有参与涉外货物的境外采购和报关进口,其所有联系的主体都是在境内注册,并在境内进行经营活动的建某铜业。试问,在这种情况下,范某添又怎么能够跟境外的主体通谋?更谈不上与境外主体互相“配合”,共同实施走私犯罪。至今也没有一份证据证明范某添与秦某钊等人存在共同实施走私犯罪的合作或者分工。更重要的是,范某添与秦某钊等人之间根本不存在所谓的“分利”,即没有参与秦某钊等人对走私犯罪所获取非法利益的分配。

由此,范某添与秦某钊等人不存在通谋,没有进行走私犯罪的合作,更没有参与所谓的“分利”。在这种情况下,显然不能指控范某添参与实施了走私犯罪,更不能指控范某添与秦某钊等人是共犯。

同时需要强调的是,在公诉人上午宣读的证据当中,有多人证明范某添与建某铜业之间是买卖关系,早期是范某添卖货给建某铜业,后来建某铜业的货物能够自给自足,而且货多了用不完了就卖给他。

这个事实是非常清楚的,表明其相关交易方式是独立的买卖关系。法庭调查中范某添对此讲得很清楚,其从建某铜业买货后再销售,相关销售不受建某铜业的约束,他与建某铜业之间不是代销关系,不是业务员关系,更不是代理关系。他按照境内的灵通价从建某铜业买货以后,他自己来卖,卖多少钱,赚了、赔了,赚多少、赔多少,都与建某铜业无关。

范某添与建某铜业之间的买卖关系在范某添买到货物时已经完结,至于下一个阶段的销售货物完全是范某添自己的问题。而在上午的法庭调查过程中,公诉人又宣读了很多范某添销售电解铜板的相关证据,其实这些证据对于本案的定性毫无价值,范某添是否走私取决于他向建某铜业购买电解铜板的这个环节,与他销售给境内其他客户没有任何联系,这两个环节反映的是完全不同的两种法律关系。这个问题再一次反映出公诉机关指控逻辑的混乱性。

因此,范某添就涉案电解铜板与建某铜业之间明显是一种独立的境内货物买卖关系。至于说发票是由建某铜厂开,付款方式存在迟延等问题,范某添解释得很清楚,辩护人也做了相应的调查了解。而且庭审中公诉人出示的证据也表明,范某添的五金厂是个体工商户,是小额纳税人,没有资格开具增值税专用发票。所以范某添只能通过别的主体(如建某铜业)开票,这仅仅是一种不规范的销售方式,与是否走私没有关系。至于迟延向建某铜业付款,是范某添的五金厂资金不足所致,与交易性质无关。

由此可见,在范某添与建某铜业围绕电解铜板的买卖关系中,支付货款的方式和货物交付方式均很正常,属于一种独立的买卖关系。所以,没有任何理由证明范某添与秦某钊等主体之间的关系是“包税代理”,更谈不上是什么走私犯罪的共犯。

辩护人注意到,刚才公诉人还谈到一个问题,说本案是刑民交叉的一个案件,好像辩护人是在用民事法律关系来分析刑事案件。那么究竟是辩护人错了,还是公诉人错了?辩护人认为有必要在此作出相应的说明。

众所周知,刑民交叉的案子是很复杂的,在刑民交叉的案子当中往往有两种情况,一种情况是民事关系是刑事案件成立与否的前提,另一种则相反。但是,无论如何民事关系与刑事案件都是有着密切关系的。而在本案的法庭调查及法庭辩论中,围绕涉案电解铜板的所有权问题,公诉人却多次提到这个问题不重要。公诉人的这种意见显然并不能够成立。

例如,在实践当中,有很多案件,被告人、行为人用贪污的手段拿了实际上他自己的钱。试问,在这种情况下,所有权不重要吗?能定贪污吗?如果行为人实际只是拿了本来就属于他自己的钱,即用不正当的方式实现了自己的债权,并没有给公共财产权造成损失,没有侵犯贪污罪的客体,因而不是贪污犯罪。这样的例子很多,说明所有权关系是认定刑事犯罪的前提。偷了别人的、抢了别人的才有罪,拿了自己的钱怎么会有罪呢?那么本案也是一样,要根据货物的所有权在谁,来判断究竟是买卖关系,还是代理关系,或者是业务员关系。如果是别人的货由他来替人卖,那是帮人家卖。如果是他人的货他买过来卖,则是他自己的货。本案中,究竟是秦某钊走私到境内范某添再买,还是范某添直接从境外向秦某钊买,结论当然是不一样的。

所以说在本案中货物的权属关系至关重要,怎么能说不重要呢?所以我说公诉人这个意见是成立不了的。而且综合全案证据来看,事实上就是秦某钊等人从境外购买货物后,再由建某铜业以国内现货交易的价格将货物卖给范某添,范某添取得货物的所有权后再进行独立销售。因此,范某添与建某铜业之间是境内货物买卖关系,而没有一个证据能够指向他与秦某钊等人之间存在所谓的“包税代理进口”关系。这是我要谈的第一个问题。

二、范某添主观上没有直接向走私人非法收购走私进口货物的故意,不属于《刑法》第155条规定的间接走私行为

在刚才的法庭辩论中,公诉人又讲到一个非常可怕的推测,即如果辩护人否认范某添是以“包税代理进口”走私的共同犯罪,那么范某添的行为就变成了《刑法》第155条规定的间接走私行为,从而否定了范某添的从犯地位,变成了独立犯罪的主犯。按照公诉人的这种推测,就反倒是辩护人把被告人给害了。然而问题在于,刚才我们的另一位辩护人已经明确指出范某添主观上没有直接向走私人非法收购走私进口货物的故意,并阐述了充分的理由。为什么公诉人对此避而不谈,为什么公诉人要曲解辩护人的意见呢?对此,辩护人需要再次强调,事实上,按照起诉书及公诉人在指控当中所出示的这种种模糊不清的,矛盾重重的证据,被告人范某添主观上根本就没有

《刑法》第155条规定的间接走私的犯罪故意。下面我们来做具体分析:

《刑法》第155条规定的间接走私是独立的犯罪,是行为人直接向走私人非法收购走私货物,因此,该犯罪成立的前提必须是行为人明知其所收购的货物是走私物品,否则,行为人主观上就不具有相应的犯罪故意,不能构成该犯罪。

首先一点,被告人范某添和辩护人再三强调的是,范某添所有的交易行为都是在境内与境内的公司进行、完成的,交易主体在境内,与境外没有关系。范某添没有义务,也没有必要去主动调查对方的货物是不是走私货物。现行法律、司法解释中关于"明知道是走私货物",或者"应当知道是走私货物"的规定,所指的是对行为人主观心态的一种认定,而不是要求每个购买货物的人(或单位)都有义务先问问对方的货物是不是走私货物,必须要做先个尽职调查才能购买。法律从来没有规定这样的义务。那么除非是在有证据证明行为人与走私人之间确实有共谋,或者行为人确实应当知道所收购的货物是走私货物却假装不知道,才可以认为他直接收购明知是走私的物品。

接下来我们再看,公诉机关指控的主要理由是价格的差别。从形式上看,这种指控的角度没有错,如果范某添确实以明显低于成本的价格收购,可以推定他明知购买的是走私货物。但问题在于,这种理由并没有证据支持。相反,辩护人有大量证据可以否定公诉人指控的理由。对于价格问题,辩护人做了详细的计算,通过国际的行情,通过国内的行情,通过海关的相关规定,我们做了详细的测算,结论是相关价格都没有超出合理的价格幅度。为了节约时间,很多具体数字我们没有出示,庭后会向法庭提交。

至于公诉人说到"加点销售",我们也做了详细的计算。我现在只解释一句,就是公诉人并没有搞清楚增值税的性质。关于增值税的问题,有一个问题非常重要,按照税法专家的意见,增值税这17%的税是最讲理的一个税,为什么呢?因为谁买货谁担这个税,你要买别人的货,这17个点是你加的,当你卖出去以后,你这个点是要抵扣回来的。所以进项税与出卖人销售货物时的价格在利益上没有任何关系。所谓的“加点销售”出现在什么问题上?出现在他的销项税上,就是说秦某钊等人的货进了海关以后,假定他是正常缴纳应缴税款的情况下,他也不可能100块钱买来,100块钱卖。他必须要盈利。那么他所承担的税额是什么呢?是销项税。举个例子,假如100块钱的货,他卖给了范某添卖了150块钱,那100块钱中的17块钱与他是没有关系的,只有那50块钱中的八块五,就是他应当负担那一部分的销项税,与他的盈利才有关系。

那么如果没票的买卖相当于什么?最简单的道理,相当于我们在商店买东西、在饭店吃饭,问你要不要票,不要票就便宜点,要票就不便宜。实际上,就是出卖人为了逃税,他不开票。假如出卖人把10%的税点省出来了,他让你两三个点,他还是有利润。在这种情况下出卖人和买受人两边都得到了实惠,吃亏的是国家。但这个问题不是出现在进货环节,而是出现在销售环节。这个道理其实说起来很简单,但算起来比较复杂,我们会向法庭提供相关详细的计算根据。

我们测算的结果就是,不论是有票销售,还是无票销售,假定涉案的货物都是正常报关进口且缴纳了应缴税款,秦某钊他们的货卖给了范某添以后,他都不会赔本。在这个前提下,如果最终证明秦某钊等人确实是走私,那么他会赚得更多。但如果他不是走私,他仍然并不赔本,只是利润少了一些。而站在范某添的立场上看,范某添是按照境内现货市场价格从建某铜业购买相关货物的,在这种情况下,范某添没有理由也没有义务去了解秦某钊等人进口货物的价格是多少,以及是否盈利。所以,又怎么能推测出范某添明知其从建某铜业收购的货物就是走私货物呢?

另外,辩护人还注意到,起诉书据以指控的证据中,广州海关对涉案货物应缴税额的算法实际是错误的简单算法,是在完全无视涉案货物的境外成交价格,以及正常进口下计征应缴税额应考虑的运费、保险费等因素的情况下,按照相关货物的境内现货交易价格计算进口环节的应缴税额。这在计算根据的选取上存在严重的错误。正常的计算方式应当是海关根据相关货物的境外成交价格审定出一个完税价格,再以该完税价格乘以17%的增值税税率。

我们如果客观、公正的对待这个案子,就应当通过正确的计算方法,通过讲事实、摆证据来说话。不能像公诉人所说的,因为范某添走私了,所以就应当这么计算应缴税额。这样的指控意见不仅是毫无道理的,而且也是违背逻辑和常识的本末倒置的做法。

综上,根据现有证据来看,至少范某添不具备明知他购买的铜是走私物的必然性,因为我们没有任何证据证明他知道或者应当知道。辩护人在这里所强调的是客观证据,同时,实际上在案的主观证据也没有证明范某添知道所购买的货物是走私货物,没有一个证人(包括秦某钊方面的人员)证实说,范某添知道相关货物是走私的,也没有人证实曾告诉范某添相关货物是走私的。

至于说法庭调查过程中提到的个别证据,如证人梁某晶的证言称范某添“应该知道”相关货物是走私货。对此,辩护人首先要说明的是,该证人没有权利去就范某添的主观认知做这样的陈述,因为这只是她的一种推测和理解。另外,从证据类型的角度来看,这种推测性的证据属于意见证据。对此,最高人民法院的司法解释规定得很明确,意见证据不能作为定案的根据。所以说,这样的证人证言对于案件的定性而言是没有价值的。

此外，还有最重要的一点，就是我们一再提到的海关锁，这是反映范某添主观上并不明知所收购货物是走私货物的最有力的证据。根据法庭调查情况可知，海关锁明明白白是秦某钊做的手脚，对此范某添并不知情。而在范某添接收货物时，范某添每次都亲自或安排五金厂的其他人员查看海关锁是否完好，如果完好才肯接收货物。因为对范某添而言，海关锁完好是相关货物已经海关查验放行，来源正当的证据。此事实是没有任何争议的。那么仅此一条就足以证明范某添不仅不知道相关货物是走私的，甚至还防止出现收购走私货的情形，并为此尽到了虽然法律没有要求，但为了保护自己所尽到的一种注意的义务。应当说，主动查验海关锁的行为事实可以充分排除对于范某添明知收购走私物品的推定，是证明其无罪的有力证据。

三、起诉书所指控的7000多万元偷逃税额与范某添无关，不能将此强加于范某添并认为是其涉嫌走私的犯罪后果

除去辩护人刚刚提到的广州海关关于应缴税额计算错误的问题，还有一个值得注意的问题就是，综合全案证据来看，即便这7000多万元税额的认定准确，也与范某添没有任何关系。如果说确实存在这么多的偷逃税额，那也是秦某钊等人所涉嫌走私犯罪所造成的后果，范某添并未从中“分利”，这也是辩护人在前面一再强调的重要问题。

如果公诉人一定要将这7000多万元的税额强加在范某添身上，那么请问，范某添从中获利多少？恐怕没有任何的事实和证据能够支持公诉人的意见。实际上，范某添作为境内货物买卖关系的买方，仅在货物收购和转卖加起来过程中赚取百分之零点几的微薄利润，这些微薄的利润一共才几十万元。在这种情况下，还要说涉案7000多万元的偷逃税额是范某添造成的，是范某添非法取得的，无疑是不客观的，更是不公平的。

综上所述,辩护人认为,首先起诉书和公诉意见本身就混淆了两个不同的关系,适用法律也错了,条文选择也错了。接下来就是间接走私的问题,即使认定范某添构成间接走私犯罪,也完全不能成立,这不是一般的证据不足的问题,而是没有任何证据证明被告人明知道购买的是走私货物。

所以,本案公诉机关对范某添走私犯罪的指控显然是不能成立的。希望法庭本着实事求是的态度,认真的分析这个案件;也希望法庭能够充分的重视律师的辩护意见,依法作出公正的判决。谢谢。

辩护人:

北京市京都律师事务所律师　田文昌

二〇一四年十二月十五日

审理结果

2015 年 9 月 23 日,广东省佛山市中级人民法院认定被告人范某添犯走私普通货物罪,判处有期徒刑 5 年,并处罚金人民币 300 万元。

宣判后,被告人范某添不服,提出上诉。2016 年 8 月 30 日广东省高级人民法院作出终审裁定:驳回上诉,维持原判。

姚某坪被控贪污罪、国有公司人员滥用职权罪案

案情简介

被告人姚某坪，案发时系延安经济技术开发区开发建设总公司总经理。

延安市宝塔区人民检察院指控被告人姚某坪犯贪污罪、滥用职权罪，向延安市宝塔区人民法院提起公诉。

延安市宝塔区人民法院于2014年4月22日作出一审判决，认定公诉机关指控的罪名成立，以贪污罪判处被告人姚某坪有期徒刑10年；以国有公司、企业、事业单位人员滥用职权罪判处有期徒刑3年。数罪并罚，决定执行有期徒刑10年6个月；被告人姚某坪违法所得152.63万元依法予以追缴。

关于贪污罪原审法院认定的基本事实是：延安市建筑总公司第28工程处是被告人姚某坪与其妹妹姚某乙的公司。2004年4月，该第28工程处在延安市城市建设投资开发有限责任公司通过招投标（姚某坪主持的评标）承揽了西北川污水提升泵站、管道工程。工程

结算过程中,花岗岩板、花岗岩栏杆和块石等材料的价格按中心询价计算,与按建设单位提供材料价格计算相差152.63万元;因姚某坪参与了价格评审工作,法院认为此152.63万元被姚某坪占为已有,构成贪污罪。

关于国有公司、企业、事业单位人员滥用职权罪原审法院认定的基本事实是:延安火车站地下商场是延安市政府投资由延安城某资产管理有限公司负责管理的国有资产。按照上级的指示该商场对外招租。2010年8月10日姚某坪组织召开了公司司务会,薛某在会议上对每家公司报名申请租赁情况做了汇报,汇报完后,姚某坪就拍板决定由东某公司承租。后东某公司又将该商场租赁给陕西民生某乐投资管理有限公司,租金较东某公司支付的租赁费高出2,064,959元。原审法院认为被告人姚某坪的行为使国家利益遭受重大损失,构成"国有公司、企业、事业单位人员滥用职权罪"。

辩护思路

本案是否构成贪污罪有两个核心问题:

(1)被告人姚某坪是否及如何利用职务便利实施贪污行为;

(2)152.63万元石材价格确定的程序是否符合规定,以及城某公司向财政局评审中心提出的决算申请中石材价格认定是否合理。

国有公司人员滥用职权罪也涉及两个核心问题:

(1)被告人姚某甲是否具有滥用职权的行为;

(2)损害结果是否存在。

辩护词(二审第一轮)

审判长、审判员:

受本案被告人姚某坪家属的委托并经其本人确认,北京市京都律师事务所田文昌、曹树昌两名律师担任姚某坪涉嫌贪污和国有公司、企业、事业单位人员滥用职权一案的二审辩护人,依法参与本案的审理。

介入本案后,我们多次会见被告人了解相关情况、详细审阅了卷宗材料,特别是通过今天的法庭审理,我们认为与本案定性相关的问题均已查清,对于没有查清的问题,相关事实也是清楚的。所有这些充分表明,起诉书所指控的罪名不能成立,一审判决的认定是错误的。下面,我们依据我国刑法的相关规定,结合案件事实发表辩护意见如下:

一、关于贪污罪

国家工作人员利用职务上的便利,侵吞、窃取、骗取或者以其他手段非法占有公共财物的,是贪污罪。据此法律规定,贪污罪主观上是故意并且以非法占有公共财物为目的;客观上表现为利用职务上的便利,采用侵吞、窃取、骗取等非法手段。根据本案已经查清的事实,被告人姚某坪的行为无论在主观方面还是客观方面都与此不符,一审判决认定姚某坪构成贪污罪是错误的。

1. 姚某坪不具有贪污罪的主观故意。

本案的一个基本事实是:石某沟广场的石材价格与同期施工的涉案工程的石材价格完全一致,这是一个各方都没有争议的事实。

庭审情况以及卷宗材料均表明,对于该事实,控、辩、审各方都是认可的,本案的侦查机关也从另一个角度予以证实(侦查人员在2013年7月9日9时30分至14时25分对姚某坪的询问笔录中说:

"据我们调查了解石某沟广场的花岗岩和花岗岩栏杆价格与污水提升泵站及续建工程所用的花岗岩和花岗岩栏杆价格,城某公司报审价格和评审中心认定价格全都是一样的……")。

上述两个工程由两个不同的施工单位施工,但是施工的工期相同(同时期施工)、施工所使用的材料相同、材料的价格相同,为什么石某沟广场施工单位的所得就是合法所得(至今连民事追讨程序都没有启动)而延安市建筑总公司28处的152万余元的材料款就成了犯罪的赃款?这是一审和今天的法庭都没有回答的问题,提请法庭对此予以关注。

上述无任何争议的事实表明:(1)延安市财政并没有多支付涉案的152万余元材料款,否则至少应当对另一工程——石某沟广场多支付的材料款进行追讨。(2)姚某坪没有贪污的主观故意。卷宗材料及庭审情况均表明,作为延安市城某公司总经理的姚某坪已经了解到涉案的石材价格没有高于同期施工的石某沟广场的石材价格,而该石材价格已经被城某公司工程部、审价委员会认可并且通过市财政投资评审中心的评审,因此认为该石材价格没有问题,姚某坪不具有贪污犯罪的主观故意。

退一步讲,我们假设是延安市财政投资评审中心错误地通过了石某沟广场的价格评审,使姚某坪产生了"涉案石材价格没有问题"的错误认识而导致延安财政多支付了材料款。即使如此,我们虽不能说姚某坪没有一点责任,但是错误的认识也绝不是贪污罪的主观故意。

2. 姚某坪没有利用职务便利实施贪污行为。

庭审查明的事实表明,城某公司工程部对涉案工程材料的价格审查完全正常。证人薛某华证明(杨某东、刘某等有类似的证实):"在2005年11月左右,我们工程部按照施工企业报的价格,我们凭自己的工作经验，和施工方坐到一起进行协商，对施工单位上报的材料价格进行了部分削减，有些材料就按照施工单位上报的价格进行了初步确定，然后将双方认定的材料价格表进行汇总，统一提交至审价委员会进行认定。"此表明工程部的审价过程完全正常并且对施工方不合理的材料价格"进行了部分削减"，没有受到任何影响与干涉。

庭审查明的事实还表明，城某公司的审价委员会会议正常，姚某坪没有利用职务便利予以影响。

薛某华等证人证实："我们工程部提交到审价委员会后，审价委员会由姚某坪主持，我按照《工程材料认价》书的初步认定价格，在会上进行逐项宣读，没有人提出过异议。"他们还证实："……在泵站设备价格上，由于我们公司以前没有接触过，所以有人提出异议，认为价格高低不清楚，但姚某坪在会上指示，泵站设备的价格就按照施工方提供的购买发票予以认定。"他们共同证明了一个事实，即城某公司的审价委员会议正常，姚某坪没有利用职务便利施加任何影响。

3. 延安市城某公司的确认告知函没有对市财政局的付款决定产生影响。首先，财政局的批复在先(2010 年 11 月 30 日)，城某公司的确认告知函在后(2010 年 12 月 6 日)，后面的文书不可能对已经形成的文书产生影响。因此辩护人认为城某公司的确认告知函不可能对财政局的付款决定产生影响。其次，延安市财政局的说明也客观地否定了告知函对付款批复的影响。延安市财政局《关于西北川污水提升泵站、管道及续建工程批复的说明》(P481)"关于西北川污水提升泵站、管道及续建工程的批复，我局对市财政投资评审中心出具的审查意见和需市城某公司进一步核实的签证事项进行审核后于 2010 年 11 月 30 日草拟了该批复报告，考虑其签证事项需与项目资料一并归档。为此要求市城某公司对进一步核实的签证事项出具说明，作为此项目批复的补充材料，市城某公司于 2010 年 12 月 6 日出具说明,我们于当日批办了该项目批复,出具批复文件时间按草拟文件时间印发”。市财政局的说明至少表明了两个事实:其一,在城某公司出具告知函之前,财政局已经对相关事项“进行审核”,审核后草拟了该批复报告;其二,是市财政局要求市城某公司出具说明的,其目的是签证事项需与项目资料一并归档。财政局张某赟的说法同此说明,对该事实予以印证。

另外,关于贪污罪需要澄清的问题还有:

延安市建筑总公司第28工程处施工中购买相关石材到底花了多少钱?这个问题至今没有证据予以证明。根据市场实践经验,商品实际交易的价格会受市场价格的影响,但也会受购买人和出卖人讨价还价的能力,商品的品种、规格、数量以及供货期限等因素的影响。实践中买到高于市场价格的商品的情况是经常出现的,由于购买了高于市场价格的商品而多支付的款项不能简单地等同于贪污罪的标的物。本案的现有证据尚不能否定施工单位真实支付了涉案材料价差152万余元,至少不能排除这一合理怀疑。

4. 涉案石材正确的市场价格是多少,证据不够确实充分。辩护人注意到,一审判决认定涉案石材价格的证据仅有王某玲一人的说法,她所提供的石材价格是“通过电话询价和市场询价”得来的。其他证据均来自王某玲,如评审报告、评审情况汇报等。而王某玲的说法只是她的个人陈述,证据材料中并没有其询价记录等相关证据,无法认定其询价的真实性、是怎样进行的询价;询价方法是否科学、合理。因此,无法认定王某玲所说的价格就是真实的市场价格。市场上的同类商品,不同商家的价格略高或略低的情况经常出现,如果询价方法不科学、不合理,就不能反映真实、正确的市场价格。

上述有证据证明的相关事实表明,认定姚某坪贪污石材差价款152万余元,缺乏基本的证据支持。姚某坪主观上不具有贪污的故意，客观上也没有利用职务便利影响涉案石材价格的审定及市财政局的付款决定。姚某坪贪污罪名不能成立，一审的认定是错误的，请求二审法院依法予以纠正。

二、关于国有公司、企业、事业单位人员滥用职权罪

根据我国《刑法》的规定，国有公司、企业、事业单位的工作人员，由于严重不负责任或者滥用职权，造成国有公司、企业破产或者严重损失，致使国家利益遭受重大损失的构成本罪。今天的庭审所展示的全部证据显示，姚某坪处理延安火车站地下商城的工作是可圈可点的，没有严重不负责任；姚某坪的工作职权不够明晰，考察其是否滥用职权不具备条件；国有公司、企业没有破产，是否造成严重损失的评价方法不科学，给国家造成200余万元损失的结论不够严肃。认定姚某坪构成本罪没有确实充分的证据支持。现分述如下：

姚某坪的工作职权不明晰。法庭审理所查明的事实表明，延安市城某公司是延安市政府的投资建设单位，并不负责对资产的处置。延安火车站地下商城的处置是延安市领导临时安排市城某公司的一项工作，属临时授权。这就产生了一些疑问，该市领导在安排工作时是怎样安排的、是否安排了商场对外招租需要首先对商场进行评估并采取招标的形式。辩护人认为，一个岗位的权限与职责必须是十分明确并有文字可考，这是评价一个人是否尽职尽责地工作的基本前提。而目前并没有证明城某公司权限与职责的证据，无法考察姚某坪是否滥用了职权。

姚某坪按照市领导的指示布置并实施了前期工作，没有滥用职权。庭审查明的事实显示，延安市城某公司接受市领导处置火车站地下商城的任务后，布置并实施了前期的准备工作，如广告宣传、市场周边租赁价格调查、接待报名、资格审查等。姚某坪对工作没有懈怠而是在力所能及的范围内积极开展工作,因为对该项工作不熟悉、不了解相关规定而没有对出租物进行评估、招标不是滥用职权,对此我们应当给予客观认定。

姚某坪的工作、决策程序正常,没有滥用职权。首先,市城某公司在进行了前期准备工作后,向市政府做了专题汇报,延安市政府于2010年7月7日为此还召开了第35次专题会议,原则同意城某公司的意见。

“原则同意”是官样文书中经常使用的,实质就是同意。延安市政府第35次专题会议同意的是什么呢?庭审已经查明,城某公司向市政府做了包括出租的年限、出租价格的范围等较为详细的汇报。就是说将该涉案商城出租给东某公司无论年限还是价格都是市政府专题会议“原则同意”的,姚某坪没有额外做出与专题会议相违背的决定,没有滥用职权。这里需要强调的是,在该次会议上也没有任何人提出对该地下商城进行评估、招标的意见。其次,城某公司将涉案地下商城出租给东某公司是城某公司召开管理委员会集体研究决定的。对此,吴某光的询问笔录(2013年7月29日15时42分至18时33分,宝塔区延河宾馆210房间)证实:“……2012年8月10日,城某公司召开了管理委员会上,我宣读了办公室主任杨某东写好的关于延安火车站广场地下商城招租有关问题的汇报后,大家讨论后姚某坪说……东某商贸有限公司比较合适,有四五个人口头表示同意,其他人没有发表意见,后来姚某坪确定……”姚某坪是按照一般的工作程序在工作,没有滥用职权。

上述相关事实表明,姚某坪在处置延安火车站地下商城的过程中没有滥用职权,一审判决的认定是错误的,请二审法院依法予以纠正。

对一审判决需要指出的问题还有,关于“国家损失数额”的计算。

一审判决的计算方法是简单地将延安城某资产管理有限公司(以下简称城某公司)与延安市宝塔区东某商贸有限责任公司(以下简称东某公司)签订的租赁合同和东某公司与陕西民生某乐投资管理有限公司(以下简称民生某乐公司)签订的租赁合同进行比较,将两个租赁合同的差额作为“国家损失数额”,其虽然扣除了东某公司为此而支付的装修、改造、维修等直接费用,但还是值得进一步商榷的。

首先,一审判决将东某公司投资的银行利息、招待费等费用不予计算是违背经营活动规律的。任何经营活动都不可避免地产生银行利息、招待费等费用,一审判决武断地将这些不予计算,人为地扩大损失数额是不讲道理的。

其次,一审判决以两个合同的差额来计算国有资产的损失是否定市场规律。经营活动是要追求利润的,而赚不赚钱靠人们的辛勤付出、靠人们的智慧、还要看市场。本案中,东某公司承租后经过技术改造,又以较高的价格租赁给了民生某乐公司,赚了钱,国有资产就损失了。我们假设,东某公司对商城进行改造把钱花掉了,但市场发生了变化,租不出去了,赔了,我们能因此说国有资产赚了吗?显然不能。东某公司的赔与赚还要看市场。以东某公司的赔与赚来计算国有资产的损失数额显然是存在问题的。

综上所述,现有的经过庭审质证的相关证据可以否定姚某坪具有贪污罪的主观故意,不能证明姚某坪利用职务便利对涉案的152万余元施加了影响;不能证明姚某坪在处置延安火车站地下商城工作的过程中滥用了职权,一审判决的认定是错误的,请求二审法院依法予以纠正。

此致

延安市中级人民法院

辩护人：

北京市京都律师事务所律师　田文昌　曹树昌

二〇一五年五月二十七日

辩护词(二审第二轮)

系统的辩护意见说得比较充分了,现在针对几个具体问题做一点简单的补充。这个案子比较怪,比较有意思,辩护人想重点说明一下。

一、关于贪污罪

说几个数字,我们先算算账。辩护人注意到有几个数字在起诉书、一审判决书中反复出现,第一个是报价1450.88万元,第二个是评审报告认定核减了530.06万元,留下了920.82万元,那就是1450.88万元减530.06万元等于920.82万元,这是第一次核定的数字。

核减的530.06万元中包括三项内容:第一项是石材价格152.63万元,第二项是二次倒运费用75.09万元,第三项是代管人工费用9.97万元。在评审中心通知的函件到了以后,城某公司出具了告知函,回函内容认为这三项的内容是真实存在的应当保留。但是按照起诉书和判决书的认定,财政局根据告知函又作出了批复,认定造价为1158.51万元,留下了237.93万元,算来算去,最终核减到292.37万元,最后剩下差价为152.63万元的石材款。

为什么要算这个账呢?因为这些数字在起诉书和判决书中反复出现,最后定罪正是基于算账的结果,认定其中的152.93万元是虚假的。故认为姚某坪采取骗取的手段,套取公款152.63万元用于其妹姚某玲个人公司的经营活动。

辩护人向法庭着重说明这个问题,是因为本案的一个突出问题,就是依靠算账来给被告人定罪,而不是凭证据认定犯罪的。在实践当中,很少遇见这样的起诉书和判决书。

众所周知,任何一个犯罪首先要有犯罪的主客观表现,具体说,贪污罪要有贪污的具体手段。但是,辩护人在判决书中反复寻找也找不出来关于姚某坪犯罪手段的表述,就是通过算账算来算去多出了这么多钱,就认为他贪污。怎么贪污的?手段是什么?证据何在?都没有。辩护人提请法庭注意一个问题,本案中算账的唯一根据是告知函,在告知函基础上算了几笔账,算完账就定了贪污罪,判了十几年,这个案子怎么能经得住检验和推敲?

在本案中告知函被推定为是被告人姚某坪实施的贪污行为,是唯一一个犯罪手段。但是,当我们理智、客观地围绕告知函来分析一下就会发现,凭告知函来认定被告人构成贪污罪,是没有依据的。

第一,告知函的形成程序正当合法。

证据显示,其一,形成告知函经过了会议;其二,在会议当中没有人提出异议;其三,在研究价格的时候还有大广场的同类项目作比较;其四,告知函只是一个参考意见。没有证据否定会议程序的正当性,也没有证据证明姚某坪具有或明或暗的操纵会议的行为。那么,既然不能否定会议程序的正当性,就不能够得出会议内容非法性的结论。

第二,草拟批复函和告知函的关系。

辩护人提请法庭注意一个细节,是先草拟批复的内容,然后收到告知函,接下来再正式签发。检察员也讲了这个过程,卷里的记载也反映了这样一个过程,这个事实是没有异议的。

检察员认为,不管怎么说虽然已经草拟了批复内容,但批复函没发,是等收到告知函发了以后再发的。

这种说法有一定的理由。但是辩护人想提请法庭注意:一种情况是,如果批复函的草稿是空项,没有内容,只是格式化的草稿,是等告知函来了之后再填空,填空后签发。在这种情况下至少说明评审中心事先不知道价格。另一种情况是,批复函草案的内容是清楚的,只是等告知函来了以后履行一个程序,因为按程序规定没有告知不能发批复,必须告知后确认一下再签发。

请法庭注意,前面说的是"填空",后面说的是"确认",两者性质不一样。如果是确认的话,前边批复函的草稿上有价格,有数字根据。

这说明什么呢?说明评审中心在收到告知函以前就已经认可了这个价格,说明这个价格是有根据、有来历的,是符合实际情况的,说明在批复函草稿形成的时候,这个价格就处于已知的状态。如果批复函形成的时候根本就没有任何数据,是空白的,说明是一种未知状态,还在等待告知函的内容。

所以,这样的两种情况性质是有区别的,本案中,批复函草稿中的价格是已经写明的,是完整、清晰的,不是空白的。这至少说明告知函不能起到直接影响和左右批复函内容的作用。这是因果关系的时间顺序问题,倒置了效果就不一样。

第三,152.63 万元的石材差价没有证据证明。

再退一步讲,不管告知函是如何形成的,仅从证据的实体内容本身出发,再来看看 152.63 万元石材差价是怎么得来的?财务账上有没有?没有。买石材的发票有没有?没有。工程造价的记录有没有?没有。买卖双方当事人的证人证言有没有?也没有。市场统一价格的标准规定有没有?还是没有。在所有这些可以直接证明石材价格的证据通通不存在的情况下,连市场统一价都没有,凭借什么来认定石材价格的标准呢?

当然评估是可以的,那么我们来分析一下评估的问题。首先,评估要有依据吧?至少要有市场统一价吧?但是本案中没有。更重要的是,在法庭调查和法庭辩论中控辩双方反复质证、反复论证的一个非常重要的问题,是关于王某玲的证言。王某玲的证言是唯一的可以暂且被称作一审判决认定犯罪的证据的证言。这个证据是怎么来的?只是通过个别的询价得来的,她没有任何询价的具体过程和依据。向谁询价?向多少家询价?王只是说她通过电话询价,就得出了153万元的差价。如果按这个逻辑,辩护人和其他人都可以说李某玲、刘某玲、张某玲也通过询价证明有石材比这还贵一倍、两倍甚至三倍,这样的询价有用吗?没有任何意义。

我们客观地平心而论,大家都知道石材价格在市场上是非常混乱的。辩护人虽不懂工程,但自己家里也买过房子,搞过装修,也知道市场上石材价格差几倍甚至十倍的都有。辩护人也曾因为不懂石材价格而吃亏上当买了很贵的石材,结果发现别人比自己买得便宜得多。

这个情况又引出另外一个重要问题,就是市场价和交易价不是一回事。那么再退一步讲,即使通过市场价评估说这个石材价格太贵了,那么怎么证明当时实际发生的交易价格就是另外一个价呢?把当时的发票找来,把证人证言找来,把记录找来,这是最根本、最直接的证据,这样才有用,才能定罪。定罪得有证据,而且刑事案件定罪证据的标准和民事证据的标准是不一样的。

我们知道在民事纠纷当中,如果说交易价格不合理,显失公平,不用证明别的,只要认定明显不合理,违反了市场规则就可以说合同无效。但是在刑事定罪问题上,即使能够确定交易价格不合理,也不能简单认定为犯罪。如果当时就是犯傻了,上当了,能说是犯罪吗?傻子不等于犯罪啊!所以,如果要认定犯罪,就必须证明做了假,明明花一百元钱买的但却报了两百元钱,把差价占为已有了,这样才可能贪污,否则就不构成犯罪。

本案中,没有任何其他证据印证王某玲询价的根据,都是王某玲自己说出来的,她说通过她的询价,她认为多报了这么多钱,最后差价是150多万元。从法律规定上严格来讲,这叫作没有客观证据支撑的意见性的言词证据。最高人民法院有明确司法解释,对于意见性的言词证据不能作为证据使用。

所以,不是说它有没有证明力的问题,而是它连证据资格都没有!辩护人说这个案子悲哀就悲哀在这里,说来说去不是证据不足的问题,而是根本就没证据,是这个差价问题就没有证据。相反,被告人方却有有力的证据证明不存在差价,就是庭审中一再强调的,同类工程的同等价格。因为在这个案件当中,唯一可以形成比照的标准就是同类工程,即大广场工程的价格和这个工程的石材价格就是一样的。

那么,在被告人具有有力的同类工程作比较的价格为依据的前提之下,指控方却仅凭借一份连证据资格都没有的证言来指控犯罪,这样的案子怎么能成立?当然,如果从指控的思维角度提出疑点、提出怀疑,是没有问题的,但是仅凭怀疑不能定案。

所以,辩护人非常诚恳地请法庭注意这个问题,这个案子确实是没有证据,没有证据证明贪污对象的存在,怎么能认定被告人有罪?这一点请法庭注意。

二、关于滥用职权罪

滥用职权的构成要件,有两个核心问题,违反规定和造成重大损失,两个要件必须同时具备,少一个都不行。

违反规定,这是前提。滥用职权和玩忽职守不一样,它是积极的作为式的犯罪,必须是故意地违反现有的相关规定一意孤行地去作为。而玩忽职守是不负责任是消极的不作为。被告人刚才也讲,滥用职权和工作失误是有区别的。那么本案当中被告人有没有明显的或者明确的故意违反相关规定去任意作为的表现呢?证据显示不出来。

然后是造成重大损失。那么,损失在哪里?辩护人不愿意说这些话又不得不说,前面辩护人说到贪污数额是算账算出来的,而这个滥用职权的损失是对比比出来的,也不是证据证明出来的。为什么这样说?我们来分析一下。

指控和一审判决认定的损失是根据租金的差额对比出来的。比如,租给东京公司低了,根据在哪里?租200万元算低,租100万元算低,还是租500万元低,这个标准在哪里?这是市场行为,可能过几天就涨了,可能过几天又跌了,现在至少没有人拿出统一的标准。又如,民生某乐公司转租以后租金高了,为什么不可以?谁做赔本的买卖?如果转租的低了,谁还去转租,那他不是傻子就是雷锋,谁也不可能干这种事。

这不是明显地根据租金差额比对来认定的吗?但租赁的行为,转租是一种市场行为,如何要求姚某坪一开始就能预见转租能租那么高的费用,姚某坪是人还是神?他有多高明?在现实生活中可能不可能?而且,转租前改建的成本摆在那儿,为什么不考虑?按照本案指控和一审判决的逻辑,赚钱少了就损失,显然是没有法律依据的。

这里还请法庭注意一个问题,在计算损失的时候,至少是直接给国家造成了损失才算损失。好比切掉了一块肉才有损失,如果说长了一块肉长少了就有损失,长多了才不是损失,这也是很奇怪的一个逻辑。哪能说已经赚了钱,但赚少了就损失了的?除非有足够的证据证明能赚的钱却故意丢掉了。

至少在辩护人30多年的法律生涯中没遇见过这样的案例:赚钱赚少了就造成损失了。按照这个逻辑,如果家某公司之后再转租,再租多了怎么办?如果现在他又转租给第三家了,又多出200万元,那么本案是否还得追加200万元损失。反过来,如果转租的一方赔了怎么办?如果换一种情况,租给家某公司以后,砸在家某公司手里了,那是不是得给姚某坪庆功?

所以说,这种思维方式是有问题的。我们都知道地价一天就可以翻几番,股价一分钟就可以翻番,为什么?因为这是市场。在市场经济条件下这种思维是完全违背了市场经济规律的,以这种思维方式来评价市场行为,进而又以这种评价来作为定罪的根据,这是不是太可怕了?我们在研究这些犯罪的时候,是不是忘记了最根本的法律规定的犯罪构成的条件?不顾犯罪构成条件,就根据个人的思维来评价,根据算账、根据对比,一看赔了就是造成损失了。

如果按照这种思维去推演,那么实践中所有类似的情况,只要是租售出去的资产,再经过转租转售之后又升值的,那么统统可以一一倒查过来,一概定为滥用职权罪倒追责任。反过来,转租转售之后贬值的,都立功受奖升职,这不是很可笑的问题吗?

所以,辩护人非常担忧地认为,这种做法是对市场经济的彻底否定,也是对法治原则的彻底否定。辩护人非常诚恳地向法庭说,这种现象居然发生在我们的革命圣地延安,令人深思!更令人痛心!希望法庭一定慎重处理,谢谢法庭,我说完了。

被告人姚某坪的辩护人:

北京市京都律师事务所律师　田文昌

二〇一五年五月二十七日

审理结果

2016年5月10日,陕西省延安市中级人民法院作出(2014)延中刑二终字第00034号刑事判决书,认定“以现有证据认定被告人姚某坪构成贪污罪,事实不清,证据不足”,判决撤销延安市宝塔区人民法院(2013)宝刑初字第00399号刑事判决,改判姚某坪犯国有公司人员滥用职权罪,判处有期徒刑2年10个月(实报实销)。

李某被控诈骗罪案

案情简介

本案是在政府拆迁过程中发生的一起诈骗案件,其背景是当地政府为加快地区建设,规避征地手续需要层层申报、审批周期长的问题,决定在征地审批手续办理的同时对地上物实施拆迁。在拆迁过程中,当地政府先后发布了多份《拆迁公告》禁止抢建房屋,认定抢建房屋的时间节点一延再延。

辽宁省沈阳市人民检察院以第一份公告为依据,指控李某单独或伙同他人实施了以下三起犯罪事实(按起诉书指控顺序):

(1)2011 年 10 月,被告人李某为骗取国家征收补偿款,伙同被告人沈某、苏某武,在苏某武沈阳市嘉诺家俱厂内抢建房屋。在征收过程中,苏某武隐瞒抢建房屋的事实,于 2012 年 5 月骗取国家补偿款 800 多万元,李某分得 300 万元。

(2)2011 年 12 月,被告人李某为骗取国家征收补偿款,以其岳母李某华的名义承租了前进村 6 亩土地,在该地上违规抢建房屋,并伪造了沈阳市鑫宏粤货物运输有限公司租用新建房屋的经营协议。

在征收过程中,李某虚构了该公司在此处经营及隐瞒了抢建房屋的事实,于2012年8月骗取国家补偿款1200多万元。其中,停产停业损失及临时安置补偿费等90多万元。

(3)2011年10月,被告人李某为骗取国家补偿款,伙同被告人付某振,在付某振晨露服装厂内抢建房屋。在征收过程中,付某振隐瞒抢建房屋的事实,于2012年8月骗取国家补偿款390多万元,李某分得300万元。

辩护思路

辩护人通过阅卷发现,当地政府在拆迁过程中存在严重的违法行为,即未经合法审批先行拆迁征收。因而,当地政府发布的《拆迁公告》均不具有合法性,自始不产生法律约束力。整个拆迁补偿过程只是一种平等主体之间的民事法律行为,不能认定为诈骗犯罪。

更为重要的是,辩护人通过收集调取证据后发现,当地政府在此次拆迁过程中先后发布了多份《拆迁公告》,公告中对于禁止抢建房屋的时间节点在不断变更、推迟。后发布的公告否定了先发布公告的效力,而涉案房屋建成时间均在最后一份公告规定的禁止抢建时间节点之前,即本案根本不存在抢建行为,涉案房屋理应获得相应补偿。并且,新建房屋与原有房屋从外观上即可分辩,政府委托的专业评估人员对于房屋的建设时间是明知的,不存在被骗的可能。

同时辩护人发现,附卷的《租赁协议》并不是拆迁补偿时所依据的原始协议,而是因管委会将原始协议丢失后,应其要求由被拆迁人重新提供的协议。即使该附卷协议是伪造的,也并不代表原始协议不具有真实性。更何况附卷协议也并非李某提供,公诉机关指控李某伪造协议缺乏证据支持。现有证据已经证明,经营的事实是客观存在的,故管委会对停产停业等损失亦理应补偿。

通过以上分析,辩护人最终形成了无罪的辩护意见。

辩护词(一审第一轮)

审判长、审判员:

北京市京都律师事务所接受本案被告人李某的委托,指派律师田文昌、张殿龙担任被告人李某一审辩护人,现发表以下辩护意见,请合议庭予以采纳。

辩护人认为,公诉机关指控被告人李某隐瞒真相,虚构事实,骗取拆迁补偿款,与事实不符,证据明显不足,指控罪名不能成立,下面辩护人针对起诉书指控李某涉嫌诈骗罪的三起事实阐明辩护观点。

一、李某的有罪供述属于非法证据,应当排除,不能作为定案依据

1. 侦查机关讯问李某的同步录音录像证明,李某供述不具有合法性、真实性。

公诉人坚持,取证程序没有违法。辩护人要强调的是,在法庭调查中,辩护人已经向法庭出示了程序违法的证据,并且做了明确的说明。第一,公诉机关提供的录像不全面。公诉机关仅提供了7月6日于南湖派出所的讯问录像,对于李某在看守所的讯问录像并未提供。第二,单次录像还有缺失,7月6日的同步录像并不完整,中间缺少了两个多小时。录像时间是从7月6日14时00分至20时43分59秒这一时间段,而录像从15时03分40秒直接到了17时28分00秒,15时03分40秒至17时28分00秒之间录像缺失。第三,即使在一次录音录像中,录像中内容也与笔录的内容不符。卷中材料显示李某于7月6日15时00分至18时02分作了有罪供述,但录像显示在这一期间李某并未签署任何笔录，讯问人员与李某所谈的根本就与案情无关，并且李某始终未承认自己伪造了《租赁协议》。第四，录像被修改剪辑过。2013 年 7 月 6 日 17 时 28 分至 20 时 43 分 59 秒的录像，电子档案形成时间为 2013 年 7 月 13 日 19 时 27 分至 19 时 32 分，文件只有被修改过才能出现录像实际时间与存档时间不一致的情况，证明录像已经被修改剪辑过，不是原始录像。

录像中存在的诸多问题与李某当庭陈述相印证，证明了李某有罪供述是受到办案人员欺骗而形成，不具有合法性、真实性。

2. 在李某被羁押后的两个多月的时间内，侦查机关违法不允许律师行使会见权，使李某长时间无法获得法律帮助，其有罪供述也是在此期间形成的，进一步证明李某的有罪供述不具有合法性。

辩护人要强调指出，在新《刑事诉讼法》实施以后，这种在全国都少见的事情，在沈阳却发生了。而且该情况公安部监所管理局已经核查过。这么一系列的违法行为如果还说它不违法，还不排除，那么还有什么证据是违法的，还有什么证据可以排除呢？这不是公诉人说的能不能认定的问题，而是依照法律的明确规定，符合排除非法证据的范围，依法必须予以排除的问题。所以，被告人李某的庭前供述，依法不能作为定罪的依据。

二、公诉机关指控涉案房屋系抢建，缺少证据证明

1. 本案是按照“遍地开花”的政策进行房屋征收，不是限期进行强制拆迁，根本不涉及抢建问题。证人赵某证明，遍地开花政策确实存在，“就是在动迁的区域内，只要被动迁户交房交地进行评估后，就可以拆迁(P423)”。赵某的证言得到了第 26 号《主任办公会议纪要》(P266～267)印证，该纪要中明确记载：“与 2010 年调查结果不符的，可以纠正 2010 年审查结果，按照实际面积认征。”可见在实际征收过程中，并不是按照规定的日期进行强制拆迁，而是由被拆迁人响应号召申报拆迁,只要被拆迁人同意拆迁,拆迁办就进行评估并协议补偿,并不涉及抢建的问题。

2. 被告人建房在前,政府公告限期在后,根本不存在抢建的事实。

第一,庭审查明:

2011年12月底,嘉诺家俱厂、晨露服装厂加建完工。

2012年4月底,李某华在所购买的前进村土地上建房完工。

2012年5月8日,和平区政府下发(2012)38、39号《延长征收期限公告》。

2012年11月8日,和平区政府下发沈和政征公字(2012)47号《征收公告》。

李某本人所收到的政府公告是沈和政征公字(2012)47号《征收公告》(辩方证据P1),该公告规定的建房截止日期为2012年11月8日,而本案所涉三起事实中,嘉诺家具厂、晨露服装厂的加建行为均于2011年12月底完成,李某岳母李某华的建房完工时间在2012年4月底,建房行为均该在公告之前,说明涉案房屋不存在抢建问题。退一步说,即使依据(2012)38、39号《延长征收期限公告》(辩方证据P2、P3),也不存在抢建问题。这两份公告规定2012年5月8日以后,在规划路项目、迎春街项目范围内不得抢建,而此时涉案房屋也均已经建设完毕,再次证明建房行为不是抢建。

第二,2010年3月下发的《关于加强浑河站西街道管理的通告(草)》,不仅不是正式的拆迁公告或征收公告,而且还是未加盖政府印章的草稿,根本不具有法律效力。并且,出庭作证的证人朱某元、韩某强的证言与李某等四位被告人的当庭供述相印证,证明通告根本没有下发,不能以此认定李某知道限制建房相关事宜。

辩护人强调指出的是,公告问题这么明显,两次开庭都非常清楚,建房在前,公告在后。那么,怎么能说被告人有欺骗行为呢?公诉人说,因为还有几份公告,无法辨别真假。辩护人要指出的是,首先,公诉人没有理由和证据证明辩护人提供的公告是假的;其次,只要这个事实成立,不管公诉人提供的公告是真是假,哪怕控辩双方提供的公告都是真的,也没有意义。为什么?因为应当以后面的公告为准。道理很简单,如果以前面为准,后面为什么还要再发呢?后面再发的意思就是废止了前面的。假如不同时间有几份公告出现的情况下,之所以出现后面的公告,只能说明前面的公告是没有作用的,只能做出这样的解释。所以,无论从什么角度解释,公告都是一个最重要的证据。只要是公告的时间在被告人建房之后,就没有理由说被告人进行了抢建行为。

三、即使建房行为是抢建,也不能认定李某构成犯罪

1. 即使抢建也不是犯罪。

假定被告人有抢建行为,也只是违规,不是犯罪。因为抢建不是假建,抢建与假建具有性质上的差别。假建虚报是无中生有,抢建是利用时间差,建设了一些房屋。抢建中土地使用权是不是价值?建筑成本是不是价值?这些价值有没有权获得补偿?答案显然都是肯定的。更重要的是,抢建是已经建成了的房屋,是可以核查的,任何时候都可以查出来。所以,抢建根本就不可能出现造假的问题,和虚报假建的性质是完全不同的。即使抢建也是一个民事问题,不存在犯罪问题。

2. 对于涉案房屋的补偿,事实上也不是拆迁办基于对房屋建设时间错误认识给予的补偿。

庭审查明,2010 年 3 月政府对于被拆迁土地、房屋进行了地毯式的普查,并留有照片、摄像资料等存档。《关于加强浑河站西街道管理的通告(草)》(P351)也明确说明,“自《通告》发布之日起,未经批准,任何单位和个人不得在辖区内擅自新建、改建、扩建房屋”。因此,只要将之前的存档材料与房屋现状进行对比,并核查所建房屋是否有批准手续,就能够轻易地发现房屋是否是抢建。并且,在拆迁前进行现场评估的人员是受拆迁办的委托,他们明知房屋建设时间,他们明知即拆迁办明知。因此说,被拆迁人根本不存在作假的条件,拆迁办也不存在被骗可能。

3.《拆迁补偿协议》的实质是民事合同,应当视为政府对被拆迁人房屋及设施现状的确认和认可。该协议是政府与被拆迁人双方自愿签订的,即使政府事后认为补偿不合理,根据《国有土地上房屋征收与补偿条例》第24条的规定,“对认定为违法建筑和超过批准期限的临时建筑的,不予补偿”,这也仅仅涉及不当得利的返还问题,不应当认定为刑事犯罪。

4. 前进村的土地使用权是李某岳母李某华购买,建房与补偿均与李某没有关系,李某也没有参与嘉诺家具厂建房事宜,且晨露服装厂加建行为也不是抢建,不能认定李某进行了诈骗。

第一,庭审查明,是李某华本人与叶某丰签订土地流转协议,相关手续也是李某华亲自到前进村委会办理,与鑫宏粤物流公司,定的《租赁协议》及与拆迁办签订的《拆迁补偿协议》也是李某华本人签署,拆迁补偿款也是由拆迁办直接转到李某华的银行卡上,且由李某华本人领取并支配。李某在这一过程中,仅是帮助其岳母找人建房,其他事宜并未参与。

第二,苏某武给李某的300万元是归还欠李某的借款,并不是李某分得的拆迁补偿款。沈某证实,李某没有参与建房,也没有投入资金。董某也证明,李某没有因为与苏某武建房的事找过董某。李某本人也当庭供述,他与苏某武之间仅仅是借款关系,这一供述得到苏某武向李某出具的两张《借条》的证明。因此,仅凭苏某武供述这一孤证,不能证明李某参与建房,更不能证明苏某武分给李某的300万元是拆迁补偿款。

第三,晨露服装厂加建房屋不是抢建,理应获得拆迁补偿,不能以此认定李某诈骗。

四、本案是由政府的违法拆迁行为所引起,政府所下发的一系列的通告、公告均不具有合法性,政府违法在先,不能认定被告人诈骗

沈阳长白岛经济区管委会在《关于未取得省政府批准文件先下发拆迁公告的说明》(补充卷P17)中说明,“由于征地手续需要区、市、省层层申报,层层审批,时间周期很长,为加快地区发展建设,原满融经济区管委会在履行征地审批手续的同时,和平区政府下发征收土地的公告对地上物实施拆迁”。由此可见,此次拆迁是在未取得批准文件的情况下所进行的,拆迁行为的违法性不言而喻。

争议在于,公诉人认为即使政府违法,也不影响被告人构成诈骗罪,各是各的事。这个理由能不能成立?辩护人认为不能,政府违法拆迁在前,就不能定被告人诈骗。道理很简单,如果政府行为违法,双方就是一种平等的民事主体的关系,就不能违背自愿性的原则,双方要进行谈判、协商。在违法拆迁的情况下,任何被拆迁者都没有义务服从政府违法性的所谓的拆迁标准。所以,只要存在政府违法拆迁的问题,根本就谈不上要被拆迁者服从政府的规定或者行政命令的问题。谁能说一个明目张胆的违法行为可以让被拆迁者强制遵行,如果不予遵行就定罪处刑呢。我想过去可能会有,但是在今天,在党的四中全会刚刚闭幕的时候,这个情况不能再发生了,不应该再发生了。辩护人借用公诉人的理由说一句,如果说向别人去强行索取,违法去抢别人的东西,还不允许被抢的人隐瞒自己的财产,隐瞒了就是诈骗。这是什么逻辑?政府能做出这样的事情来吗?如果做了,就是违法,就一定要受到处罚。

五、公诉机关指控李某伪造《租赁协议》证据明显不足

1.《鉴定意见书》不能证明李某伪造协议。

第一,鉴定意见仅是倾向性意见,而不是明确意见,且不能排除检材与样本一致的可能。

第二,检材系未经核对与原件一致的复印件,复印件由于不具有确定性和完整性,在司法实践中不能作为鉴定检材。

第三,“租赁协议上印章及签字与鑫宏粤公司印章不是同一印章,王某新签字不是田某旗、王某新所写”,不能证明就是有人伪造《租赁协议》。在司法实践中,经常存在一家企业,多枚印章,本案中也不能排除这种可能。

第四,《鉴定意见书》是依据后补的第二份《租赁协议》作出的,不能证明原始的第一份《租赁协议》系伪造。李某及孙某、赵某波均已证明本案中存在两份《租赁协议》,卷中《租赁协议》是后补的第二份,是因拆迁补偿完毕后原《租赁协议》丢失,应拆迁办的要求重新提供的。鉴定机构是依据第二份协议得出的鉴定意见,无法证明是第一份《租赁协议》系伪造。

2.田某旗的证言不能证明李某伪造《租赁协议》。

第一,证人赵某波、孙某的证言与李某的当庭供述相印证,证实《租赁协议》是田某旗提供的。而在侦查人员向田某旗出示《租赁协议》时,田某旗说“这份协议我根本都没有见过,我认为这份协议就是假的”(P44),足见其证言不具有真实性。

第二,书证的证明效力大于证人证言,在《鉴定意见书》尚不能证明《租赁协议》是伪造的情况下,田某旗虚假性、猜测性证言不能作为李某伪造《租赁协议》的证据。

3.李某无法伪造鑫宏粤公司的印章,不存在伪造《租赁协议》的可能。要伪造《租赁协议》,首先要伪造鑫宏粤物流公司的印章。要

伪造印章，前提是要知道印章的编码。鑫宏粤物流公司营业执照复印件上的印章编码模糊不清，李某无法通过营业执照复印件获得印章编码而伪造印章。连印章尚且无法伪造，何谈伪造协议？并且至今对于《租赁协议》上这枚鑫宏粤物流公司印章来源事实不清，公诉机关指控李某伪造《租赁协议》证据明显不足。

辩护人要强调的是，李某不仅没有伪造《租赁协议》，且在整个庭审过程中，辩护人没有看到和听到李某向拆迁机构提供了任何虚假证明的证据。对于诈骗罪，我们都在强调隐瞒真相，虚构事实。但是，在本案中，李某隐瞒真相、虚构事实的行为表现在什么地方呢？他有向拆迁办提供虚假材料吗？没有！那么，凭什么指控李某隐瞒真相，虚构事实呢？这个问题请法庭予以关注。

六、田某旗的物流公司确实在新建房屋里进行了经营，停产停业损失、临时安置补偿、搬迁费等理应补偿

1. 田某旗说，因李某要修理田广旗所承租仓库的地面（后来没修），才让田某旗临时搬到新建房屋经营，与事实不符。辩护人向法庭提交的李某出租给田广旗仓库地面照片（辩方证据P6）证明，地面完好无损，根本不需要修理。物流公司搬到新建房屋的真正原因正如李某当庭供述，是因为沈阳市正在修三环路，而田某旗所承租的仓库正在路边，因修路造成车辆进出仓库不便，所以田某旗才主动要求搬到李某华新建房屋经营，所以存在经营的事实不能否认。

2. 崔某、冯某军亦证实，物流公司确实在新建的房屋内进行了经营。至于经营时间的长短，不影响经营事实的存在。

因此，上述补偿政府理应给付。

最后，辩护人想谈一谈对本案的一点看法。现在违法拆迁的事件频频发生，全国各地都有，我觉得我们这个案子有一定的普遍性，也有一定的典型性，应当引起高度的重视，不能把政府违法拆迁的行为加以粉饰、肯定,反过来追究被拆迁人的刑事的责任。实际上,这样的案件,除了本案的情况外还有很多其他情况,比如,为了拆迁而迁户口,多一个户口就多一份补偿,有些人违法走后门把户口迁进来,有没有理由把迁户口者也定为诈骗呢?实践中,对所有这类行为都是事后如果发现,在补偿金额上进行重新考量,没有按照诈骗的方式处理的。

实践中这样的案例经常可见,辽宁高院的判例,河北高院的判例,福建的判例,一审定了诈骗,二审都改判无罪了。由于违法拆迁的情况还会在全国范围陆续发生,所以,我认为违法拆迁是一个十分严肃的大是大非问题。特别是党的四中全会之后不能再这样了。请法庭对这些问题予以高度的重视。谢谢法庭!

辩护人:
北京市京都律师事务所律师　田文昌　张殿龙
二〇一四年十二月八日

辩护词(一审第二轮)

审判长、审判员:

辩护人补充几点辩护意见。

一、非法证据排除问题

公诉人坚持,程序没有违法。辩护人要强调的是,在法庭调查中,辩护人已经向法庭出示了程序违法的证据,并且做了明确的说明。

一是全程同步录音录像问题。第一,录音录像没有全程的,只提供了一次讯问的录像,不能说明任何问题;第二,单次还有缺失,中间缺少了两个多小时;第三,即使在一次录音录像中,录像中内容也与笔录的内容不符;第四,在这一次的录音录像中,还有篡改。

二是监所外提讯的问题。《刑事诉讼法》明确规定,犯罪嫌疑人被抓捕后24小时内立即送看守所,而且一切讯问应当在看守所内进行,所以,监所外提讯本身就违法。

三是会见问题,被告人李某关押期间长时间不让律师会见。在新《刑事诉讼法》实施以后,这种在全国都少见的事情,在沈阳却发生了。而且该情况公安部监所管理局已经核查过。

这么一系列的违法行为如果还说它不违法,还不排除,那么还有什么证据是违法的,还有什么证据可以排除呢?这不是公诉人说的能不能认定的问题,而是依照法律的明确规定,符合排除非法证据的范围,必须依法予以排除的问题。所以,被告人李某的庭前供述,依法不能作为定罪的依据。

二、实体上的几个问题

第一,公告的问题。

公告问题这么明显,两次开庭都非常清楚:建房在前,公告在后。那么,怎么能说被告人有欺骗行为呢?公诉人可能会说,因为还有几份公告,无法辨别真假。辩护人要指出的是,首先,公诉人没有理由和证据证明辩护人提供的公告是假的;其次,只要这个事实成立,不管公诉人提供的公告是真是假,哪怕控辩双方提供的公告都是真的,也没有意义。为什么?因为应当以后面的公告为准。

道理很简单,如果以前面为准,后面为什么还要再发呢?后面再发的意思就是废止了前面的。假如不同时间有几份公告出现的情况下,之所以出现后面的公告,只能说明前面的公告是没有作用的,只能做出这样的解释。

所以,无论从什么角度解释,公告都是一个最重要的证据。只要是公告的时间在被告人建房之后,就没有理由说被告人进行了欺骗行为。

此外,涉及这个问题,我们都忽略了一个事实。在起诉书和公诉词中,辩护人没有看到和听到李某向拆迁机构提供了虚假证明的内容。对于诈骗罪,我们都在强调隐瞒真相,虚构事实。但是,本案中,李某隐瞒真相、虚构事实的行为表现在什么地方呢?他有向拆迁机构提供虚假证明材料吗?没有!那么,凭什么指控李某隐瞒真相,虚构事实呢?这个问题请法庭予以关注。

第二,抢建的问题。

公诉人认为,抢建有罪。辩护人的意见很明确,抢建不是犯罪。

首先,被告人不是抢建。其次,假定他有抢建行为,也不是犯罪,只是违规。因为抢建与假建具有性质上的差别。假建虚报是无中生有,抢建是利用时间差,建设了一些建筑物。抢建中土地使用权是不是价值?建筑成本是不是价值?这些价值有没有权获得补偿?答案显然都是肯定的。

更重要的是,抢建是已经建成了的建筑物,就立在那里,是可以核查的,任何时候都可以查出来。法庭调查的时候辩护人也讲了,建筑物在那里,每天都有人从那里经过。

更重要的问题是,建,要有合法手续,590号文规定得很清楚,没有合法手续的可以不给补偿。那么一查手续合不合法不就可以了吗?这是非常简单可以查出来的问题。在这么简单的问题上,被告人有什么条件去做假呢?能不能做假呢?只有一种可能,有关机关睁一只眼、闭一只眼或者共同的认可,否则被告根本不存在做假的条件。所以,抢建根本就不可能出现造假的问题,和虚报假建的性质是完全不同的,即使抢建也是一个民事问题,可以根据规定来解决,不存在犯罪问题。

第三,关于政府违法的问题。

政府违法拆迁的事实已经没有争议了。争议在于,公诉人认为即使政府违法,也不影响被告人构成诈骗罪,各是各的事。这个理由能不能成立?辩护人认为不能,政府违法拆迁在前,就不能定被告人诈骗。道理很简单,如果政府行为违法,双方就是一种平等的民事主体的关系,就不能违背自愿性的原则,要进行双方的双务谈判、协商。

在违法拆迁的情况下,任何被拆迁者都没有义务服从政府违法性的所谓的拆迁标准。皮之不存毛将焉附,拆迁都违法,标准能合法吗?所以,只要存在政府违法拆迁的问题,根本就谈不上要被拆迁者服从政府的规定或者行政命令的问题。590号文件第19项规定:“凡因行政不作为或违法行政造成的违法建筑和超过批准期间的临时建筑,应当给予补偿。”

什么意思?它说明了政府行为违法性与拆迁补偿之间的关系问题。谁能说,谁敢说一个明目张胆的违法行为可以让被拆迁者强制遵行;如果不予遵行就定罪处刑呢?想过去可能会有,但是在今天,在党的四中全会刚刚闭幕的时候,这个情况不能再发生了,不应该再发生了。

刚才公诉人讲,别人会怎么样,你会怎么样。辩护人借用公诉人的理由说一句,如果说向别人去强行索取,去违法抢被人的东西,还不允许被抢的人隐瞒自己的财产,隐瞒了就是诈骗,这是什么逻辑?政府能做出这样的事情来吗?如果做了,就是违法,就一定要受到处罚。

现在违法拆迁的事件频频发生,全国各地都有,我觉得我们这个案子有一定的普遍性,也有一定的典型性,应当引起高度的重视,不能把政府违法拆迁的行为加以粉饰、肯定,反过来追究被拆迁人的刑事责任。

实际上,这样的案件,除了本案的情况外还有很多其他情况,比如,为了拆迁而迁户口,多一个户口就多一份补偿,有些人就违法走后门把户口迁进来。迁户口者有没有被定成诈骗罪的?有没有理由把迁户口者也定为诈骗呢?实践中,所有这类行为都是事后如果发现,在补偿金额上进行重新考量,没有按照诈骗处理的。

辩护人就曾经办过这样的案例,辽宁高院的判例,河北高院的判例,福建的判例,一审定了诈骗,二审都改判无罪了。我们这个案子也一定要走到二审程序吗?特别今天的情况不一样。据我了解,违法拆迁的情况还会在全国范围继续延续下去,这个行为我认为是一个十分严肃的大是大非问题。特别是党的四中全会之后不能再这样了。请法庭对这些问题予以高度的重视。

谢谢法庭!

辩护人:

北京市京都律师事务所律师　田文昌

二〇一四年十二月八日

辩护词(二审)

审判长、合议庭:

北京市京都律师事务所接受本案上诉人李某的委托,指派律师田文昌、张殿龙作为其二审辩护人参加诉讼。我们作为一审和二审的辩护人,通过一审的庭审调查,本案的事实已基本查清,目前的主要焦点是如何认定相关证据和如何正确适用法律。我们在坚持一审辩护意见的基础上,仅针对一审判决书发表若干补充辩护意见,供合议庭参考并采纳。

一、现有证据不能证明政府下发过《关于加强浑河站西街道土地管理的通告》

一审法院认定,“公诉机关虽未能提供《关于加强浑河站西街道土地管理的通告》的正式文件,但其提供的通告草案以及相关情况说明、证人证言等证据材料能够形成完整的证据链条,可以证明和平区政府在2010年3月确实下发过《关于加强浑河站西街道土地管理的通告》,并在前进村进行传达的事实,该通告发布后未经批准建造的房屋即应认定为违规新建房屋,不应予以补偿”。(一审判决书P35)一审判决对此认定缺少充分有效的证据予以证明,属于明显的事实认定错误。

通告的具体内容是什么,通告是否下发并广而告之,是关系认定涉案房屋是否系抢建的重点和焦点问题,一审法院的以上认定存在下列问题:

1.通告草案仅仅是通告的草稿,不是正式通告的确定稿,更不是发布稿。综观本案,没有证据证明该草稿的内容与确定稿的内容完全一致,通告确定稿发布的内容至今无法核实,通告内容无法核实则不能证明被告人知道限制建房的相关事宜,更不能以此作为认定涉案房屋为抢建的依据。

2.《情况说明》不能证明通告已经发布。

沈阳市和平区政府2014年4月2日出具的《情况说明》(一审判决书P12)显示,“由于区划对接时相关部门人员调动频繁,导致文书管理交接不到位,所以未找到通告存档”。

根据《国家行政机关公文处理办法》第9条的规定,通告属于行政公文的一种,适用于公布社会各有关方面应当遵守或者周知的事项。该办法第6条规定,公文由文秘部门或专职人员统一收发、审核、用印、归档和销毁。

根据前述办法的规定,如果《关于加强浑河站西街道土地管理的通告》确实下发,即使没有通告原件存档,亦应当有通告收发、审核、用印的相关记录,在公诉机关既不能提供存档通告也不提供相关收发、审核、用印记录的前提下,不能凭一份事后的《情况说明》来证明通告已经下发。

更加令人不解的是,涉及千家万户老百姓切身利益的通告,没有正文存档,但通告的草案却有存档材料并且出现在本案的案卷之中,对于政府出现这种违反常理的情况唯一的合理解释就是:通告只形成了草稿,根本没有形成正式文本,更不可能下发。

3. 公诉机关提供的证人证言与出庭作证的证人证言及被告人陈述存在重大矛盾,不能证明通告下发。

公诉机关提供的沈某久、那某波、王某兴、李某泉的证言证明通告已经下发,而辩护人申请出庭作证的证人朱某元、韩某强的证人证言与四位被告人的辩解相一致,证明根本没见过张贴通告。通告的受众应当是被拆迁人,但本案的被拆迁人却无一人看到,在有相反证据的情况下,仅以公诉机关提供的证人证言证明通告已经下发是完全错误的。

辩护人要特别指出的是,一审判决中对于朱某元、韩某强的证言竟然只字未提,没有任何评价,这在证据的采信上明显有违于客观公正的基本原则。

4. 从逻辑上分析,政府不可能下发通告。

本案中一个不可回避的事实是,政府在征地过程中存在严重的违法行为,在此过程中所作出的通告亦不具有合法性,所以和平区政府不可能也不敢将这样的一份违法的通告明目张胆地公之于众作为限制建房的依据。

因此,通告草案以及相关情况说明、证人证言等材料,根本无法形成完整的证据链条,无法证明通告的内容,也无法证明通告确已发布,内容不确实且没有确实证据证明已经下发的通告不能作为限制建房的依据。

二、和平区政府下发了多份《征收公告》,理应以最后下发的《征收公告》规定的禁止建房的时间作为认定限制建房行为的依据

一审查明,本案中存在多份《征收公告》,禁止建房的时间一延再延。

1. 李某本人收到的《征收公告》是沈和政征公字(2012)47 号(李某辩方证据 P1),公告规定的建房截止日期为 2012 年 11 月 8 日,李某所涉三起事实中房屋完全在政府公告规定范围之内,不属于违规抢建。如嘉诺家具厂、晨露服装厂的加建行为均于 2011 年 12 月底完成,李某岳母李某华的建房完工时间在 2012 年 4 月底,建房行为均在该公告规定日期允许范围之内。

2. 即使依据(2012)38、39 号《延长征收期限公告》(辩方证据 P2、P3),也足以证明本案不存在抢建问题。这两份公告规定的征收范围与公诉机关所认可的落款时间分别为 2011 年 5 月 30 日的(2011)第 10 号《拆迁公告》、2011 年 8 月 24 日的(2011)第 18 号《拆迁公告》完全一致,规定的禁止建房的时间同为 2012 年 5 月 8 日,而此时涉案房屋均已经建设完毕,充分证明涉案房屋不存在抢建问题。

一审判决对于辩方提交的被告人李某持有的政府公告和公诉机关提交的有利于被告人的公告等书证不予评价,不予采信,反而依据一个没有效力的通告草稿认定被告人李某违规抢建,完全是在有意回避本案事实,证据的采信存在明显错误,判决不具有公正性。

三、一审法院认定,"政府征收管理管理部门具体工作人员对于各被告人新建房屋情况是否明知并不影响对被告人行为诈骗犯罪性质的认定"(一审判决书 P35),这一认定明显适用法律错误

诈骗罪的客观方面表现为,行为人实施了虚构事实、隐瞒真相的

行为,使被害人因陷入错误认识而处分财产,而本案中政府对于涉案房屋的情况是明知的。具体表现在:

1. 政府对于被拆迁土地、房屋进行了地毯式的普查,并留有照片、摄像资料等存档,政府对于涉案房屋的情况已经明知。

2. 在拆迁前受拆迁办委托进行现场评估的人员对于房屋的建成时间和状态也是明知的,拆迁办不存在被骗的可能。

可见,政府支付拆迁补偿款并不是基于被拆迁人虚构事实和隐瞒真相的欺诈行为而陷入错误认识所为,而是出于自愿。政府自愿支付补偿款的行为不论是否合理,都不能认定被告人构成诈骗罪。

四、一审法院认定,"政府征地行为是否符合法定程序并不影响对于被征收人的行为是否属于以非法占有为目的的虚构事实隐瞒真相骗取财物的诈骗犯罪性质的认定"(一审判决书34),这一认定没有法律依据

本案的发生完全是由当地政府违法拆迁行为引发的。政府的征收行为严重违法是不争的事实。恰恰由于征地行为严重违法,政府才只能按照"遍地开花"的政策号召被拆迁人拆迁,不能限期进行强制拆迁。所以为了尽快实现拆迁目的,政府显示出了极大的补偿宽容度。即只要被拆迁人同意拆迁,就可以向拆迁办申请拆迁,拆迁办即进行评估并协议补偿,补偿协议一经签订补偿款即可补偿到位。证明补偿协议是政府与被拆迁人双方自愿签订的,是政府对被拆迁人房屋及设施现状的确认和认可。即使政府事后认为补偿不合理,也仅仅涉及不当得利的返还问题,不存在刑事犯罪。

五、一审法院认定李某参与嘉诺家俱厂建房事宜(一审判决书P31)证据明显不足

1. 沈某在侦查阶段及庭审中的供述稳定、一致,证明李某并未参与此事,而一审法院对于这一有利于李某的证据却未加以认定,违反了有利于被告人的刑事证据认定原则。

2. 标有嘉诺家俱厂位置的动迁图纸不能证明李某参与嘉诺家俱厂动迁一事。该图纸的构图时间为2011年12月23日,而此时嘉诺家俱厂的加建行为已经结束,一审判决属于采信证据错误。

3. 王某婷证言仅证明其向李某汇款的事实,但不能证明该款项是李某分得的拆迁补偿款。

4.《借条》证明苏某武与李某之间存在借款关系,通过王某婷汇给李某的300万元系归还欠款。

一审法院在沈某证明李某未参与嘉诺家俱厂建房,李某本人否认参与建房的证据与董某、苏某武的证言之间不能形成完整证据链条的前提下,认定李某参与嘉诺家俱厂建房一事明显证据不足。

六、一审法院认定前进村六亩土地上涉案房屋系李某抢建,并认定李某伪造与鑫宏粤公司的《租赁协议》(一审判决书P32)证据不足

1. 一审已经查明是李某华本人办理的相关手续,认定系李某所为证据不足。

一审查明,是李某华本人与叶某丰签订土地流转协议,相关手续也是李某华亲自到前进村委会办理,与鑫宏粤物流公司签订的《租赁协议》及与拆迁办签订的《拆迁补偿协议》也是李某华本人签署,拆迁补偿款也是由拆迁办直接转到李某华的银行卡上,且由李某华本人领取并支配。李某在这一过程中,仅是帮助其岳母找人建房,一审法院依据遇洪某、孙某等人的证言认定是李某以其岳母名义所为证据不足。

2. 一审法院认定李某伪造鑫宏粤公司《租赁协议》(一审判决书P33)缺少确实充分的证据证明。

一是田某旗以鑫宏粤物流公司名义一直租赁李某的房屋事实清楚,且一直拖欠租金,证明李某与鑫宏粤公司之间确实存在租赁关系。

二是有证据证明《租赁协议》是由田某旗提供盖章和签字。证人赵某波、孙某的录音与李某的当庭供述相印证,且孙某的录音是在没有任何压力和干扰的情况下自然表述的,一审不予认定依据不足。

三是没有证据证明李某伪造鑫宏粤物流公司的印章和签字。查清伪造印章和签字来源是认定伪造租赁协议的关键,对于伪造印章和签字的嫌疑人没有查清,就轻率认定为李某伪造租赁协议,证据明显不确实、不充分。

综上所述,一审法院对于本案定性错误,采信证据错误,主要事实认定错误,适用法律不当,本案不符合事实清楚,证据确实充分的定罪标准,请二审法院依法判决上诉人李某无罪。

此致

辽宁省高级人民法院

辩护人:

北京市京都律师事务所律师　田文昌　张殿龙

二〇一五年八月六日

审理结果

2015 年 6 月 5 日,沈阳市中级人民法院作出一审判决,判处被告人李某无期徒刑,并处没收个人全部财产。

李某不服提出上诉,约 3 年后,辽宁省高级人民法院作出二审判决,维持原判。

作者简介

田文昌，现为中华全国律师协会刑事专业委员会顾问，中国刑法学研究会名誉顾问，西北政法大学刑事辩护高级研究院名誉院长、博士生导师，中国政法大学、国家检察官学院等多所高校客座教授。

1983年，田文昌从西北政法大学硕士毕业后到中国政法大学任教；1995年，辞职创办北京市京都律师事务所，由教授兼律师转为律师兼教授。

田文昌曾获评北京市首届十佳律师，“CCTV2013年度十大法治人物”，2013年度《亚洲法律评论》中国十佳诉讼律师，香港卫视2015全球华人影响力盛典“最具影响力华人大律师”，美国刑事辩护律师协会“终身荣誉会员”。中央电视台“东方之子”“实话实说”“三百六十行”“面对面”“人物”等栏目先后对田文昌进行了多次专访报道。

田文昌以擅长办理各类典型疑难诉讼案件而著称，并坚持不懈从事理论研究，为推动立法、司法改革和律师制度的建设而不断探索，以各种形式提出关于国家法治建设、法学理论研究、法律实务研究及法学教育改革的理论观点和探索性建议。

多年来，田文昌曾出版《刑罚目的论》（专著）、《律师与法治》（专著）、《中国大律师辩护词精选——田文昌专辑》（一、二、三辑，专著）、《田文昌谈律师》（专著）、《田文昌谈刑辩》（专著）、《与法治同行》（个人论文选集）、《刑事辩护的中国经验》（合著）、《控辩审三人谈》（合著）、《新控辩审三人谈》（合著）、《刑事辩护学》（主编）、《刑事诉讼法再修改律师建议稿》（主编）、《律师制度》（主编）、《刑事辩护教程》（理论篇、实务篇、实训篇，主编）等著作和论文数百万字。

增补修订版前言

我的《中国名律师辩护词代理词精选：田文昌专辑》自 1998 年由法律出版社发行以后，又陆续出版了第二辑和第三辑，并经过几次再版。此次整理辩护词、代理词出版成书，作为继已出版第一、二、三辑的后续之作，即第四辑，在收入近几年新发表的辩护词的同时，特将前三辑的内容进行适当调整，统一出版一套完整版。此次收录辩护词和代理词共 100 篇。

为使本书的内容和时间脉络更加清晰，调整方式如下：

1. 将辩护词与代理词一起出版，共 4 册，分别为辩护词一、辩护词二、辩护词三、代理词。

2. 由于在新收入的辩护词中有一些原来没收入的早期辩护词，为了理顺时间顺序，全书均按辩护词发表的时间先后重新排序，调整后每一册的内容会有一些变化。

此次出版只有一本代理词专辑，都是我早期代理一些民商诉讼和行政诉讼案件时发表过的代理词。后来，由于专业化的需要我就基本上只做刑事案件了。所以，再版时增加的内容只有辩护词。

无论过去还是现在，我收录辩护词的标准都是以典型性、代表性为原则,并未兼顾胜诉率。因为,我一直强调:律师不以输赢论英雄。辩护词的价值,在于其论据扎实,说理充分,策略得当。

我将100篇辩护词和代理词* 呈现给大家,目的只有一个:分享体会,共同切磋,为中国律师辩护水平不断提升尽一份绵薄之力。

* 对案例评述和辩护词、代理词,保留案件发生时适用的法律法规、机构名称等,不再对其时效性进行特别标注。——编者注

1998 年版序*

我和文昌认识有十多年了。那时，我在中国政法大学担任主管教学的副校长，他刚刚从西北政法学院获得刑法学硕士来中政大工作。我和他的专业不同，但这丝毫不影响我对这位新来的教师的注意，因为反馈来的信息使我深知，这位新来教师的讲课倍受学生的欢迎。在一个尚受人际关系影响的环境里，作为一个与中国政法大学及其前身北京政法学院毫无学缘关系、靠山关系的纯“外来户”，他在短短时间内所取得的成就，应该说，全凭着他个人的聪明才华和勤奋努力。

后来，他又担任了法律系的一些领导工作，我又被他的组织才能、工作魄力及思想解放所吸引。在传统观念还比较严重的环境里，他的作风和一些措施、办法当然也招引了一些“非议”。某种特定的环境可以使一个人的才华能力充分得到显现，从而造就了一位人才；某种特定的环境也可以使同样一个人的才华被湮没，从而埋葬了一

* 本篇内容为《中国名律师辩护词代理词精选－田文昌专辑》（法律出版社 1998 年版）江平教授所作序。

位人才,田文昌也是这样。在中国政法大学不大不小的“旋涡”中,他也被卷入了。他并不惮于在这样的“旋涡”中搏击,然而另一片激流更吸引他,于是他毅然跳进了另一个大海——作专业律师的大海。

在律师的工作中,我始终把他看作一位学者型的律师。这不仅因为他具有硕士的学历以及他有较长的法律高校执教的教历,更重要的是他学者的气质和风度,善于在办案中从学理的角度去分析问题并不断在工作中学习、研究,乃至著书立说,把实践升华为理论,又以理论指导其实践。他办案非常忙碌,但我觉得他不是一个“办案机器”,这本书就是一个明证,体现了他用知识和智慧去办案,用理性和思维去办案的经验总结。

在律师的工作中,我始终把他看作一位有理想型的律师。在办案过程中他不是只为当事人提供应有的法律服务,而是抱着强烈的匡复法律尊严和神圣的信念和勇气。有了这种信念和勇气他就常常出于一颗赤子之心,同情弱者或者叫童心未泯,良知未泯,不是一个“律师油子”。有了这种信念和勇气他就敢于为弱小的受害者打抱不平,向手持权鼎者挑战。虽然在律师工作中他的名气越来越大,物质生活也比在高校当“穷教师”时不知高出了多少倍,但我始终不把他看作终日为金钱而奋斗的人。这本书就是一个明证,体现他办案中的“正气歌”。只有具有为捍卫法律的理想,辩护词和代理词才能有振撼力,光靠华丽的辞藻是写不出好的辩护词和代理词来的!

在律师工作中,我始终把他看作一位多面手的律师。他本身的专业是刑法,办刑事案件自然是他的特长,本书中的十篇辩护词当然精彩。他对民商法经济法原本很少接触,但他从很早开始就不断在这些领域内学习、研究、请教。很快地,他就深入到这些领域之中。本书中他的十篇代理词也毫不逊色。他还努力学习,参加了证券律师资格的考试,还准备向更高的层次、更艰难的领域进军。我始终不

把他看作那种安于现状、不求进取的律师,“人无远虑,必有近忧”,文昌是一位胸有大志、胸有远虑的律师。

一篇优秀的律师辩护词、代理词不亚于一篇优秀的学术论文,这二十篇辩护词、代理词,就是一本二十篇优秀的论文集。希望从田文昌这本书的出版可以看到更多的这类作品问世。

是为序。

江　平

1997 年 6 月北京

1998年版引言*

中华全国律师协会和法律出版社向我约稿，要我出版一本辩护词与代理词专辑。并且，还要陆续出版一批这样的专辑。我想，出版的目的是在于推动律师的工作，加强律师的责任感，也是为了使人们进一步了解律师的作用和意义。所以，我挑选的内容并不是以取得胜诉的结果为标准，而是更多地考虑到案件的典型性和代表性。我一向认为，律师不是单纯以胜败论英雄，因为影响胜负的因素实在太多。律师办案子，赢，要赢得光彩；输，要输得潇洒。重要的是你是否真正尽到了律师的职责，发挥真正的水平。

在诉讼业务中，辩护词与代理词是律师水平与成果的结晶，应当由律师的心血来完成。当一个律师将自己的辩护词与代理词公诸于众的时候，他必须有勇气迎接众多的批评与挑战，进而在批评中检讨和提高自己，以求得到不断进取。

每一次出庭后，我都会发现自己有不同程度的失误或遗憾，总会

---

* 本篇内容为《中国名律师辩护词代理词精选－田文昌专辑》（法律出版社1998年版）引言。

感到遗漏了一些内容或者换一种说法会更好,即使再精彩的辩论之后也不无这种感觉,完美无缺的情况几乎没有过。所以,尽善尽美的辩护词与代理词并不存在。

正因为如此,我愿呈此拙作,以求在公众和同行面前得到批评与指教。

田文昌

1997 年 6 月 25 日

2008年版引言*

律师不是天使也不是魔鬼

律师不是天使也不是魔鬼,律师既不代表正义也不代表邪恶,而是通过参与司法活动的整体过程去实现并体现正义。简言之,律师就是以依法维护委托人合法权益的方式去实现维护正义的目标。

人们有时将律师视为正义的化身,似乎律师自身就可以代表正义;有时又将律师视为邪恶的代表,似乎律师天生就是亵渎正义的恶魔。其实,这两种认识都不正确。道理很简单:正义的概念是抽象的,人人都可以自以为代表正义和维护正义,而对于正义的价值观却会因人而异,各不相同。更何况,在不同的时空中评价正义的社会标准也会发生变化。如此,便出现了评价正义的法律标准。

作为法律评价体系中的一个必要环节,律师的职责就是为形成这种最终评价提供必要的事实和法律依据,具体表现为依法最大限

* 本篇内容为《中国名律师辩护词代理词精选－第二辑－田文昌专辑》(法律出版社2008年版)引言之二。

度地维护一方当事人的合法权益。律师可以有自己的价值观,但是,由于律师的活动发生于法律评价形成之前,所以,他不能以个人评价取代法律评价,更不能因此而作出损害委托人利益的行为。这就是律师基本的职业道德。

从表面形式上看,律师的职业道德有时会与社会道德发生冲突,但是,从本质上看,两者之间却具有高度的一致性,因为律师的职责正是维护社会公平正义统一评价体系的重要组成部分。一个重要岗位的哨兵不能擅离职守,对眼前发生的其他事件去见义勇为;从表面上看,他似乎麻木不仁,违背了社会道德。但是,如若不然,却很可能由于顾此失彼而损害了全社会的更高利益。

所以,严守职业道德,依法最大限度地维护委托人的合法权益,正是律师以法律手段维护社会公平正义的特定方式。

在第一本《辩护词代理词专辑》问世十年后的今天,法治在进步,律师事业在发展。但是,人们对于律师职责的认识仍然不尽一致,其偏见与误解之深,足以说明作为舶来品的律师制度至今尚未在国人的观念中扎下根基。这也是我国律师制度发展举步维艰的根源所在。

十年后的今天,在出版《辩护词代理词专辑》第二辑之际,附上前面的感想,作为对律师职责定位的思考而奉献给读者,期望能够借此抛砖引玉,引起人们对律师更多的关注,激发起更多的思考……

田文昌

2007 年 11 月 11 日于北京

2013年版前言*

我的《辩护词、代理词专辑》(一、二)两辑出版以来,受到社会各界尤其是律师界同行的广泛关注,曾经加印过几次。目前,由于书店里又脱销,出版社准备再次加印,并同我商议,为方便读者,希望于此次加印时将一、二两辑合在一起作为合订本发行。我欣然同意。感谢出版社,更感谢读者的厚爱,同时,也为我的书能够具有一定的参考价值而自感欣慰。

由于律师制度在我国历史上出现的时间很晚,经验很少,成果亦不多,迄今为止,律师的法庭活动仍处在一种不断探索,逐渐成熟的过程之中。所以,同行之间沟通与交流的作用则显得更为重要。我认为,辩护词、代理词的作用不仅仅关系某一件个案的成败,而且也是一种理论和能力的提升。同时,还会起到推动立法与司法改革的作用。一篇有水平、有见地的辩护词、代理词,同时也是一篇有价值的学术论文,或者会成为具有创见性的立法建议,甚至会成为引领司

---

* 本篇内容为《中国大律师辩护词代理词精选－田文昌专辑》(法律出版社2013年版)再版前言。

法制度变革的号角。

因此,一定不要忽视辩护词、代理词的作用和价值,而且还要善于发现和利用它的价值。

值得强调的是,目前在法学理论界和法律实务界,理论与实务相脱节和相关学科之间相脱节的现象已经十分严重。在此情况下,以辩护词、代理词形式出现的律师的论证观点更容易弥补这种缺憾。因为律师的辩护词、代理词形成于错综复杂的真实案例和控辩双方激烈交锋的基础之上,这种不断面对新问题的有的放矢的思考和论证,更具有提升理论和指导实务的综合价值。所以,每一个律师都应当重视这种价值,并意识到自己在实现这种价值过程中的历史责任。

正因如此,我希望每一位律师都能够高度重视并认真对待自己的每一篇辩护词和代理词,并通过与同行和对手的相互切磋使自己得到提高。为此,我也愿意将自己的拙作与大家分享,供大家参考并希望得到指正。

我一直认为,辩护词、代理词的水平虽有高低,但是,世上没有完美无瑕的辩护词与代理词。能够在一篇堪称精彩的辩护词、代理词中发现不足和提出高见者,才更有机会提升自己和接近完美。

我希望自己的辩护词、代理词专辑继续发挥抛砖引玉之功,也希望有更多的“砖”和更多的“玉”不断地出版面世。

田文昌

2012 年 7 月 1 日于北京

2015年版前言*

1998年,我整理出版了我的《辩护词代理词专辑》第一辑,2007年又整理出版了第二辑,因为很多读者反映前两辑由于出版时间的问题,虽经再版,但市面上也已经不好买到。因此,在2013年,经出版社和我商量,将我的《辩护词代理词专辑》第一、二辑做成了合辑再出版。很感激该书受到读者们的肯定,也让我看到法律同行们之间的这种交流是必要且必需的。

随着我国法治建设的发展和完善,律师行业分工也越来越专业化、精细化。以我所在的京都律师事务所为例,随着综合化律师事务所的建立,我们已经将业务团队细分到包括刑事诉讼、民商诉讼、企业风险防控、金融、证券、房地产与基础设施、公司、破产重整、知识产权、能源与环保、信息技术、国际、海商海事等13个业务领域,各个部门的律师都力求在本领域内深耕细作,成为专家型律师。我本人也在近些年更加专注于刑事案件和相关的法律研究,代理其他领域的

* 本篇内容为《中国大律师辩护词精选 – 第三辑 – 文昌专辑》(法律出版社2015年版)前言。

案件相对少了。

此次我将近些年来办理的具有典型意义的部分刑事案件辩护词整理出来,希望能够给年轻同行一些启发。每个律师都有自己的辩护风格,我的辩护词一定不是最好的,但我一直认为,我们老一代的律师,有责任也有义务将我们的经验和体会毫无保留的展示出来,和大家分享,无论案件结果如何,律师本不是以个案成败论英雄的职业,重要的是对法律的理解以及对个案的逻辑思维方式。

需要指出的是,本书收录的近十余年的案件判决结果很好的很少,无罪判决只有一个:广东省佛山市南海区人民法院对程某某职务侵占罪一审判决无罪,检察院抗诉,佛山市中级人民法院二审维持原判。有些明显无罪的案件仍然被判有罪甚至被科以重刑。

2014 年,党的十八届四中全会通过了《中共中央关于全面推进依法治国若干重大问题的决定》,确定了以审判为中心的诉讼制度改革方向,可以预见,随着规则的逐步完善,将来的法庭审理将越来越具有实质意义,律师的有效辩护也将越来越发挥实质性的作用。新的机遇也向律师行业提出了新的挑战,如何完善知识结构,加强技能培训,迎接挑战,是我们每一个法律人,尤其是从事刑事辩护的律师应该思考的问题。希望借由此书的出版,抛砖引玉,引起同行们的共同交流思考,共同迎接新挑战,抓住新机遇。

目 录

法治建设20年纵横谈*

——1998年12月在中国政法大学的讲座

与改革开放同步,我国的法治建设整整20年了,这20年来法治建设的成果、问题、波折和前景如何?这些问题很值得回顾和总结,也很值得展望。我仅就个人的体会,向大家作一点介绍和分析。虽然只是个人的看法,但我想,你们这些伴随法治建设过程成长起来的新一代法学学子将如何看待法治建设20年的历程,从我谈到的这些内容中也许会引起一些思考,受到一些启发和激励。

一、法治建设20年的成果

回顾起来,法治建设20年中取得的成果可以说非常显著。我不能谈全,也不能谈细,因为我掌握的资料很有限,只能根据我个人所感受到和了解到的情况,作一些简要的回顾和总结。

(一)立法成果

首先谈谈立法的成果。20年来,全国人大通过的立法,包括各种

---

* 本文曾连载于《中国律师》1999年第5~7期、《民主与法制》1999年第19~20期,收录于本书时文字略有改动。

决定共有343件,国务院系统制定的行政法规有700多件,总计制定法律、行政法规共1000多件。大家可以算一算,平均下来20年中每年有50多件。更重要的是,我们国家在20多年以前基本上是没有法的,不是在有法的基础上加快立法,而是在没有法的情况下,在从无到有的这样一个状态中,20年就制定了1000多件法律、行政法规,可以说,立法速度之快数量之多足以令人瞩目!

从立法的质量上看,我们主要从立法原则和立法技术上来分析。应该说,立法以后修改很频繁,这种频繁的修改,反映了立法前一阶段的不成熟,但也反映出立法质量提高的速度。从《刑法》和《刑事诉讼法》的重大修改可以明显反映出立法质量上的提高。大家都知道,对《刑法》《刑事诉讼法》两部基本法律修改的力度和幅度都相当大,反映了20年里前期和后期在立法上的重大差别。

重要的是,立法的价值取向发生了很大变化,这是一个大家都关注的问题,也是一个非常值得关注的问题。

记得在第一次普法宣传的时候,从宣传法律的内容上看,从宣传法律的最初动因来看,是要求人们了解法律,遵守法律,就是知法守法,法律以保护社会各种秩序为中心,主要是保卫社会,是要老百姓了解法律,遵守法律,不要违法,不要犯罪。那么,随着人们法治观念的不断转变、增强,随着国家立法和司法水平的不断提高,特别是思想观念的转变,在第二次普法时情况就发生了很大的变化。记得当时我们"法大"的学生率先提出一个很有意义的口号:"维护法治,从维护你自己的合法权益开始。"这个口号,反映了法律价值取向的重大转变。从要求人们了解法律、遵守法律,发展到要求社会公众要首先从维护自己的合法权益开始,这就是说,原来的法律是一个框子,我们只是强调应该按照法律的框子去生活和工作,重要的是遵守法律。而现在呢?法律变成了自己手中的一种武器,要用来维护自己的权益。这个转变表明,从开始的知法守法,发展到了护法用法,这种转变是价值观念上的一个重大转变。它表明,法律已经开始从强调保护公民和法人的合法权益方面来体现自己的价值。这种价值取向的转变意义非常重大。

从立法内容来看,这种转变是很明显的,例如,相继制定了《商标法》《专利法》《行政诉讼法》《国家赔偿法》《消费者权益保护法》《产品质量法》《反不正当竞争法》《著作权法》等,大家可以看到,这些法律的调整内容和基本价值取向是什么?是保护公民和法人的合法权益。原来还顾不上制定这些法律,后来迅速而有步骤地制定了这些法律,反映了立法趋向的迅速转变。

从立法原则上来看,我仅举刑法和刑事诉讼法的例子,这很可以说明问题。《刑法》修订中有几个重大的修改,如取消类推,罪刑法定原则的确立,罪名与罪状的明确化、具体化等,这都反映了立法上价值取向的转变。在 1979 年《刑法》立法的时候,保留了类推制度,没有明确罪刑法定原则,我们刑法规定的罪名、罪状都很抽象、概括,在司法实践中很难操作,而这些抽象概括的立法条文本身就是与罪刑法定原则相矛盾的,实际上排斥了罪刑法定原则。经过了近 20 年的实施过程和社会整个观念的发展变化,这次修改《刑法》终于在立法上确立了罪刑法定原则,这是一个很大的进步。几年前,我曾经带着我们学校的几个研究生写了一本书,书名是《罪刑法定在中国》,把罪刑法定原则的发生和历史演变过程及其作用都写进去了,旨在呼吁尽快在我们国家的立法中确立罪刑法定原则。后来由于我太忙,耽搁了一段时间而没有及时统稿,结果书还没出来,《刑法》都修改了。所以这本书没出版,现在书稿还在我的桌子上放着。我举这个例子说明什么呢?说明罪刑法定原则对我们国家的立法和司法都非常重要,也说明这个原则在刑法第一次全面修订时就被确立下来,令人欣慰。

《刑事诉讼法》修改的力度更大。例如,确立了无罪推定原则,取消了收审、取消了免诉,规定了律师提前介入,改革庭审方式等,这都是非常重大的变化。

无罪推定原则与罪刑法定原则一样都是资产阶级革命胜利以后确立的重大法律原则,是重大的立法成果。那么,无罪推定原则在我们国家的命运如何呢?20 世纪 50 年代时,我们学习的是苏联的法律,而苏联原来是否定无罪推定原则的。所以在 20 世纪 50 年代,有些学者,包括我们政法大学的老一辈学者在内,就是由于主张无罪推定原则被打成右派。那么,20 世纪六七十年代以后,苏联事实上已经承认了无罪推定原则,但我们在 20 世纪 80 年代又开始学习苏联的法学理论的时候,学习的还是原来的理论,所以,我们对无罪推定原则仍然持排斥态度。在 20 世纪 80 年代,法学理论界又一次掀起了对无罪推定原则的探讨,我当时研究生还没有毕业,也很想积极地参与探讨,跃跃欲试。但是,还没有来得及参与的时候,这个探讨又被遏制了,刚刚有几篇文章发表,就受到了批评,那次探讨又中止了。我们反对无罪推定原则的理由是什么呢?第一,认为那是资产阶级的东西;第二,我们是人民民主专政,不搞什么无罪推定,我们既不搞无罪推定,也不搞有罪推定,我们就讲实事求是。那么,反对无罪推定原则的结果如何呢?大家知道,从哲学的观点来讲,目的和手段是不同层次的辩证关系,一定的目的必须通过一定的手段来实现,当否定了具体手段的时候,目的就会成为一句空话,甚至走上歧途。所以,我们大谈反对有罪推定和无罪推定的同时,只强调实事求是,对于“求是”而言,就失去了求得最终结果的具体手段和途径,就等于过河而没有桥梁,最后导致了“我说是就是,说不是就不是”。事实上,反倒出现了很严重的有罪推定倾向,以至于这么多年来,在我们许多司法人员的观念中有罪推定的思想根深蒂固,不讲程序,不讲取证的合法性,不讲证据的效力,最后把判断实事求是的标准和权利只留给了少数有决定权的人。实践已经证明,我们否定无罪推定的同时实际上必然导致有罪推定,中间道路很难走通。我们时常可以遇到这样的情况,抓了人之后,被抓的人问:"为什么抓我?"回答很简单,"为什么我不抓别人,单抓你,你说为什么?你先想想你有什么问题?"抓了人以后,查不出问题来,定不了罪,可是又不敢放,理由是:"我不能证明他无罪,怎么能放他!他要是真有罪我怎么能担得起责任?""我不能证明他无罪,所以我就不能放。"在这种认识支配下,在某种意义上司法机关却变成了为嫌疑人洗刷罪名的机关。我在讲课时经常强调这个观点:司法机关是追究和认定犯罪的机关,而绝不能变成替嫌疑人洗刷罪名的机关,如果要洗刷干净才能放人,就改变了司法机关的性质。前面这种认识的根源实际上就是有罪推定的观念。

记得十几年以前我还在法律系做副主任,成人培训是我分管的一部分工作。其中有一个培训班是公安系统的学员,是来自各地公安系统的干部,包括一些领导在内。当时《民主与法制》刊登了一篇文章,题目是"他为什么拥抱火神?"内容是:有一个青年工人,在街上看见几个警察违反程序抓人,他就打抱不平,上前去制止,结果他也被警察抓起来打了一顿。放出来后憋了一肚子气。回到单位,单位又对他怀疑,说你肯定有问题,没问题警察怎么会抓你?结果是受了冤枉还说不清楚。这个小伙子一气之下,就走了极端,在闹市区浇上汽油,自焚了。因为事情闹大了,后果严重,新闻界也曝光了,几个警察都被抓起来,以非法拘禁罪判了刑。就是针对这个报道,培训班的干警想不通,纷纷向我发牢骚,他们请我作出解释,希望我能支持他们。他们说我们平常也这么做过,都没事,因为他自焚了,警察就被抓起来,如果这样下去就没人当警察了,许多人都理解不了。后来我为此专门开了一个大会,同这些学员们集体对话,我对他们讲,你们过去那样做,同样也是错误的,如果后果严重,就该抓,该判,没有被追究并不是说你没有做错。之后,我就从法律规定和法律原则上作了一些具体的解释,他们才理解到自己在认识上有一个误区。这些学员都很好,之所以在理解上走入误区,也同有罪推定的观念有关系。“我看你不像好人,我就可以抓你,然后查明你不是坏人,我再把你放了。”这个观念相当危险。

可喜的是,经过了这么多年的发展,在这次《刑事诉讼法》立法中终于确定了无罪推定原则,成果非常可喜,这是我国程序法立法中一个重大进步!

取消收审、取消免诉、律师提前介入,在立法时争论也很激烈,但是终于解决了。《刑事诉讼法》在第一次修改时,就能够解决这样一些重大问题,成果不能说不显著。

过去,我们的很多作家,很多电视剧作者们,都是在不了解中国法律的情况下,本着良好的愿望,写出了一些脱离实际的作品。我经常看到电视中有这样的场面:有的人被抓起来以后,立刻就请来律师,就可以会见,就可以取保。实际上在《刑事诉讼法》修改以前,这是根本不可能的,这都是国外的事。这次《刑事诉讼法》修改,规定律师可以提前介入案件,虽然经过激烈的争论,但是最后终于把这一条确定下来了,相当不容易,我都没想到会这么快,因为我们法治建设的历史太短了,人们观念的转变还需要一个过程。

庭审方式改革的进程也是比较快的,我们原来是纠问式的,现在一下子发展成抗辩式的审判,虽然新的审判方式还有待于学习和掌握,但毕竟在立法上把它确定下来,这是一件很不容易的事。

大家可以看到,以上我举的这些例子,反映了一个立法上价值取向的转变,由国家本位或者说官本位向公民个人本位的转变,这个转变虽然刚刚开始,但是很了不起,很不容易。

前一段英国首相布莱尔访华的时候,搞了一个英国法律周,法律周上双方作了许多交流。其中一个皇家大法官讲了一句话,他说,以前,英国在法庭上所体现的是被告人同国家的关系,现在,则是被告人同被害人之间的关系。我不知道大家体会到他这句话的意思没有?被告人同国家的关系,就等于整个国家机器在对付一个被告人,被告人非常孤立,现在变成了被告人与被害人之间的关系,国家就超脱出来了,被告就不显得那么势单力薄了,法律就显得更加中立,更加公正了。所以,这句话的含义很深,由被告人同国家的关系转变为被告人同被害人之间的关系,这个转变反映出被告人地位的变化和法律价值取向的变化。我国这次《刑事诉讼法》修改一个很重大的进步,就是加强了对被告人权利的保护,《刑法》也有类似的修改,这是价值取向上的重大改变。所以,从立法上反映出来的由国家本位到公民个人本位这样一个价值取向的转变,意义非常重大。当然这个转变还刚刚开始,还要继续发展,它反映了国家法治建设的总体水平。

(二)司法成果

从司法上来看,20年的成果也是相当显著的。

首先看司法人员的队伍。20年前主要是依靠军队的转业干部和地方的其他人员来充实司法队伍,后来逐步地充实大量的专业人员,这个变化应当说是比较快的。在1985年、1986年以前的本科毕业生当中,中级人民法院和市级检察院能够得到的为数不多,大部分都是充实到中央一级、省一级的检法部门,人才非常缺少。那个时候法律院系出来的学生非常优越,基层法院、检察院几乎摸不到边。而现在,你们毕业时不好分配,不那么吃香了。这对你们来讲不太公平,但是从总体上反映出司法队伍成分的变化。当然,这与现实还有一个矛盾,你们分配不出去,并不是说司法队伍已经被大学生充满了,实际上还差得远,把你们都分配出去,再分10年都远远不够,这里还有一些其他原因。但是,从总体上来讲,毕竟反映出供求关系发生了重大变化。20世纪80年代初期如果有真正的高中水平,再加上一定的工作经验,当法官也就不错了,至少他能够在基本含义上理解法律条文,因为当时不可能要求太高。可是,后来的情况就大不相同了,法官、检察官至少要经过不同形式的专业培训。

司法人员的专业素质,同样经历过这样一个过程。这些年来,除了大学培养了你们这些正规学生,更多的是各种在职学习,如大专班、进修班、短期班、长期班、补习班,包括人大、北大办的高级法官培训班,政法大学仅我在法律系主管成人培训不到4年时间,就培训了2000多人,后来就更多了。同时,各省市都有这样的培训。除此之外,还有政法管理干部学院,中央有,各省也都有,而且先后成立了检察官学院、法官学院。可以说,这种培训的数量是相当可观的,它反映国家对提高司法人员素质的重视程度。据我了解,现在北京市海淀区检察院的队伍是以本科为起点,还有多名硕士和博士,达到这种层次相当不容易。当然,在全国来看达到这种水平的还很少,但这个例子反映出司法队伍建设的进步。

再看看司法机关的基本建设,仅就物质条件、办公条件而言,原来许多法院连一个像样的法庭都没有。最近几年来,各地甚至有些落后地区的法院和法庭都相当不错,我有的时候都觉得同其他机关相比有点不协调。但是这种改善是必要的,是法律尊严的象征,也反映了国家对法治的重视程度在提高。

司法机关的思想作风也在改进。随着机关干部腐败现象的发生,司法机关的腐败问题也相继发生,因为司法机关不是世外桃源。

针对这种情况,中央下决心、加大力度整顿司法机关作风,已经收到了一定效果。当然,提高执法水平,改善司法环境,单靠思想整顿是不够的,也是不稳定的,最有效的是转变机制,这是客观基础。

比如,庭审方式的改革,由一个法官的纠问式审判,变成控辩双方的对抗,那么必然要求你有一个非常扎实的理论根底和一个敏捷的反应能力,这样才能处理各种问题。这种改革必然推动法官水平的提高,包括检察官、律师都一样。抗辩式的审判方式实施之后,控辩审三方都面临新的挑战,有的人对此不理解,一部分人说检察官难当了,律师好当了,有的人说律师难当了,有的又说法官好当了,这些说法都是片面的。检察官难当了,是因为他要举证、要质证,要对指控承担更大的责任。律师难当了,是因为律师在庭审时还不了解对方情况,原来能看卷,现在连卷都看不到了,调查又受到了限制,过去律师也可以走过场,可以辩护词写好了再上法庭,现在不行了,因为他要应付法庭上出现的各种情况,不可能事先形成完整的辩护意见。有人说法官好当了,是因为法官不用多说话了,其实,不用多说话的法官最难当。过去都听法官一个人讲,那才好当,现在主要是听人家讲,他担任着裁判者的角色,随时得把握庭审的原则和方向,得确定某一个证据是否有效,确定程序是否合法。所以,实际上法官更难当了。当这样一种客观条件摆在面前的时候,就迫使每一个司法人员都必须来提高自己,否则就做不好,就可能出丑。所以,庭审方式的改变,律师提前介入的实施、检务公开、审判公开等这一系列措施的实施,都必然地促使司法人员提高素质。众目睽睽之下,有那么多人听着,那么多人看着,还经常有舆论监督,你不提高行吗?你想徇私舞弊更不容易。

所以,体制的改革,制约机制的加强,是提高整体执法水平,防止腐败,彻底改善司法环境的客观基础。而最重要的是,这个问题在今天已经受到重视,已经提到了议事日程上了。

(三)律师制度和律师事业的发展

我们国家在20世纪50年代就取消了律师制度,在我们这一代人的印象中,对于律师的认识只有作为革命先烈的施洋大律师这样一种历史形象。改革开放以来,中国律师经历了一个从无到有的过程。恢复律师制度以后,律师成了一个新事物,仅仅20年的时间,从没有律师发展到现在的11万名执业律师(还有一大批有律师资格但没有领取律师执业证的不算在内)。11万名律师,从全国的人口比例来讲,还远远不够,但是从发展的速度来讲,应当说相当快。

对于律师的管理经历了一个由行政管理到行业管理的发展过程。原来管理律师完全是行政手段,现在已经过渡到行业自律。北京在这方面发展比较快,率先实行了行业自律。本届全国律师协会和北京的律师协会,都是从执业律师当中选举会长、副会长和理事。这种方式在全国范围内还没有彻底完成,有些地方还是行业管理和行政管理相交叉,但毕竟还是迈出了非常可喜的一步,行业管理越来越受到重视,而且越来越发生作用。

律师的自我约束机制已在逐渐形成。过去律师办理案件,没有一种指导性和约束性的统一规范,十几年都是这样走过来的。前几年给律师培训班讲课的时候,我看了一下课程安排,所有的内容都是锦上添花式的讲座,却没有一项内容是从一加一的基础讲起,比如律师接受了案件以后,如何办理手续?如何一步步地去具体办理案件?办案中应当遵循哪些原则?注意哪些问题?这些规范、程序都没有人讲。后来我就跟律协讲,这是个漏洞,你只讲锦上添花而没有雪中送炭,许多律师连最基本的操作规程都不知道,因为没有人给他们讲。我做了这么多年的律师,从来就没有人跟我讲过,我都是自己摸索出来的,别的律师也一样,这样下去怎么能做好一个律师呢?就是在受到这种启发以后，我提出了一个建议，针对办理刑事案件难度大的现状，先搞一个《律师办理刑事案件规范》。这个建议很快得到支持和认可。随后，我们花了将近两年的时间，集思广益制定了一个规范，有180多条，经过多次修改，已经基本定稿，这次全国律协刑事业务委员会年会上又一次征询了意见，最近准备再做最后一次修改，报请律协理事会讨论通过后，印成单行本，正式发行实施。这是我们国家有史以来第一部律师自行制定的办案规范，其他类似的规范随后也将陆续出台。这个规范对于指导律师办案，提高律师办案质量，会起到非常重要的作用。前不久我到加拿大开会的时候，加拿大的律师工会负责人很自豪地拿他们的律师“操守”（实际上就是规范）向我介绍，说他们非常重视这个“操守”，每个律师都必须遵守。我们今天也有了自己的办案规范，可以说这是一个不小的成果，它对我国律师办理刑事案件，既起到了指导和约束的作用，也起到了保护作用，意义是非常重大的。它反映律师自我约束机制和自我保护机制健全和发展的过程。

律师的作用，应当说也实现了从虚到实的发展过程。在开始的几年中，律师办案走过场比较普遍，因为无论是司法环境还是律师自身条件，都在一定程度上限制了律师作用的正常发挥。那么，现在的情况已经不大一样了，律师办案的成果已经受到了广泛的认同，对于律师的需求越来越迫切。正因为有了这样的发展，人们才越来越重视律师的作用，所以，虽然现在律师还很难做，但是全国依然保持着不断升温的律师热，每年报考律师资格考试的人数在持续上升。几年前中央电视台好像办了一个节目，题目叫“纷纷扬扬奔‘律卡’”，这律卡就是律师资格证，这种现象反映了人们对律师职业的向往。

20年来，律师队伍从无到有的发展，从少到多的壮大，律师管理模式的改变，律师行业内部自我约束和保护机制的健全，律师作用从虚到实的体现等这一系列现象都反映出在这短短20年之内,中国的律师制度和律师事业的发展速度和规模是十分可观的。

(四)法学理论研究的成果

20年来,法学理论研究成果累累。这样说并不为过。

法学理论研究的发展可以说是经历了一个从无到有的、加速度发展的过程。20年前,考研究生没有资料。我报考研究生的时候,主要是去阅读马恩列斯的原著,从那里去提炼法学理论的精髓,考试的题目也有很多是对马列原著的分析和理解。再一个就是苏联翻译过来的一些教材,很少很少,北京图书馆都很难找到,外地的图书馆根本就找不到。我当时在东北的一个城市,只有找到同学的父亲——一个中级人民法院的老院长,从他那里借来两本很简单的早期政法干校的教材,至今我非常感激他。

考研究生没有资料,搞科研就更没有资料,我们在一些陈旧的杂志上一篇篇地翻,剪裁整理后如获至宝,开始时连复印机都没有,只能用手抄。上学以后,没有教材,研究生教材就更不用说了。所以,20世纪80年代初期,全国上下处于赶编教材的那个阶段,老一辈的学者集中力量编写出第一批法学统编教材,实在是功不可没,因为当时参考资料实在少得可怜。我们国家的法学研究和法学教育工作就是这样开始的。现在我们可以看到,专著、论文、教材,像雨后春笋一样铺天盖地而来,有相当一部分学术价值很高的著作陆续问世,这与10年、20年以前相比,简直是不可思议。我自身体会也很深,我考研究生的时候,没有教材,借书都借不着,还不到20年之后的今天,我的著作也有100多万字了,这就是变化,就是发展,但这才仅仅就一个人而言。从法学理论研究的总体质量上看,应当说变化更大。

在20世纪80年代前期,我们的理论研究内容单薄,知识面窄,往往是就事论事,跨学科的研究很少,理论深度很不够,这是普遍性的问题。因为刚刚开始恢复,老一辈学者扔掉了几十年刚刚捡起来,新的学者又刚刚开始学习和研究,外文水平差,翻译资料又少,信息渠道也少,所以研究很受局限。后来逐渐地打破了这样的局面,跨学科、跨领域的研究越来越多,理论研究的广度与深度并进。我建议你们多看一些中青年学者有创新思想的著作,他们的有些研究是很有深度,很有见解的;我还建议你们从死抠书本的学习状态中摆脱出来,不要仅仅局限于把教材背得滚瓜烂熟,要注重理解原理,多看些专著和论文,多接触实际,开拓你们的眼界和思路,这是非常重要的。吃透原理,这是最重要的,原理吃透了可以举一反三,融会贯通,原理吃不透只能做熟练工,照葫芦画瓢还画不像。现在有些人就是由于不懂原理,只知道照葫芦画瓢,当熟练工,所以,一遇到具体案件他就拿不准,就出错误。要多看一些论文和专著,宁可少背一点教科书,不要局限于一城一池之得,不要局限于一百分,我从不要求高分,我希望有真正的思维能力和分析能力。

理论研究的方向和方法也经历了一个重大的变化,就是从禁锢到开放,从谨慎注释到大胆探索。前些年的法学理论研究,注释的色彩比较浓厚,例如,法的本质问题,罪刑法定原则和无罪推定原则问题、刑罚的本质和目的问题等,在理论研究中都有一些禁区,难以越雷池一步。大学里讲外国法律课时,要坚持"评述结合,以评为主"的原则,不敢过多地正面讲述国外的东西。在这种大环境下,学者们更多的是去解释国内现有的法律,对一些探索性的研究往往不愿涉及。这样就使相当一部分学者变成了注释派的学者,只知道注释,根本就不去研究法律应不应该这样制定,只要它出台了,就挖空心思作解释,谁解释得好,谁解释得圆满,谁就有学问。现在的情况已经大大改变了。近年来,在法学研究领域可谓出现了"百家争鸣"的活跃气氛,大胆的、有挑战性的研究已经形成一种趋势,尤其是在一些中青年学者当中表现更为突出。这个进步相当大,表明我们的理论研究走出了注释研究的框子,开始了新的起点。

理论研究中还有一个明显的进步,就是改变了理论与实务严重脱节的状况。开始的时候,理论与实务脱节比较严重,实务界排斥理论界的现象也很普通。在20世纪80年代初期,有些执法人员还以没有学过法律为光荣,认为理论束缚手脚;一些司法机关不愿意接收大学生,认为大学培养出来的法律专业的大学生什么能力都没有,什么都干不成。当然,刚毕业的学生实际工作能力比较差,这是现实问题,也与教育方法有关,但并不能说这些人还不如没有学过法律的人。关键还是认识问题,是没有认识到专业知识和理论研究的重要性。前些年我做兼职律师到法院办案子,有的法官听说我是政法大学的教师,先说一句"你是专家",紧接着就说"理论和实际可不是一回事!"言外之意就是你别跟我搬理论。这种心态反映出一种抵触和轻视理论的情绪。

近几年情况发生了相当大的变化,现在司法机关的人员主动学习法律,主动著书立说,主动请教专家,整体的观念和做法都在改变。这几年我经常到外地办案,也经常在办案的前后被邀请讲课,现在我还欠了好多账,还没去讲。去年最高检察院在河南办了一个全国优秀公诉人培训班,也邀请我去讲课。这次讲课的意义不一样,原来我在政法大学是以教师的身份出去讲课,给公、检、法讲课是很正常的,这次是以律师的身份出现而不是以教师的身份出现,这不仅反映出司法机关对理论的重视,也反映出他们对律师的重视。现在司法机关编写的著作也很多,他们以办案实践为基础著书立说,针对性很强。最近一段时期,我的不少在各地司法机关工作的学生,给我寄来论文,请我帮助修改和发表,这都反映出实务界与理论界由排斥到融合的趋势,它表明了法治建设总体发展水平的提高。

理论研究方向和方式的转变，不仅推动了理论研究自身的发展，而且真正体现了理论对实践的指导作用。在此，我仅举两个例子：

一个是"刀"制与"水"治之争。几年前，我国法学理论界爆发了一场"刀"制与"水"治的争论。一种观点认为"刀"制与"水"治之间有非常大的差别。以"刀"制来定义"法制"，所表明的是国家用一种法律制度来进行管理，那么"法制"就只成为一种被国家运用的管理工具或手段。如果以"水"治来定义"法治"，所表明的则是以法律来治理国家本身，那么，"法治"就成为治理国家的基本手段。二者虽然只有一字之差，却反映出治国之策的指导思想不同。所以，这种观点主张，不应用制度的"制"来定义国家法制建设，而应当用治理的"治"。这种表面看来似乎是一种纯学术之争的现象，受到了各方的重视，以致终于在党的十五大报告中用"水"治来定义"法治"。现在，我们改变了多年的提法，表述为"建设社会主义法治国家"，是治理的"治"。"刀"制与"水"治之争反映了法学理论界勇于探索的精神和先导作用。

还有一个例子，就是《刑事诉讼法》的修改。《刑事诉讼法》的修改，之所以在立法上具有重大进步，理论界发挥了重要作用。在立法过程中，我国的专家学者们通过对国内外立法和司法实践的深入考察，结合我国的具体情况，提出了多种立论充分、基础坚实的立法方案，供立法机关参考。在讨论中又能提出具有说服力的主张，使这次《刑事诉讼法》的修改加快了同国际接轨的速度，推动了我国法治建设的发展，也引起了国际上的关注。虽然《刑事诉讼法》修改后，还有一些折中性的规定，但在中国目前的条件下，能够做到这样已经是难能可贵了。

我仅举了这两个例子，一个是"刀"制与"水"治之争，另一个是《刑事诉讼法》立法的过程，由此可以看出，我国的法学理论界在仅仅

20 年时间里取得了相当可喜的成果,发挥了相当重要的作用,迈出了相当大的步伐。

(五)全社会法治观念普遍增强

我还讲第一次普法。我第一次参加普法的时候,是十几年前,政法大学的教师们,到街头去做义务普法宣传。开始时没有几个人来咨询,有些人咨询时却是偷偷摸摸,畏畏缩缩,左顾右盼之后,跑到你的面前,不说话,拉着你的衣服走到小胡同里去讲话。当时,在中国老百姓眼中,好像只要是谈法律问题,肯定是见不得人的、是丑事,真可谓谈法色变。我们当时是哭笑不得,只好到小胡同里,神神秘秘地向他们解释法律。那么今天,十几年以后的情况就大不一样了。例如,近年来,讨个说法的观念已经逐渐深入人心。大家知道,国贸大厦的侵权案;模特侵权案;全国首例误机索赔案等,这些案例都反映出公民法治观念的增强。

误机索赔案是我办的,当时我恰好也乘坐那班飞机。所以后来有人同我开玩笑,说这场官司主要是因为我才引起的,要不是我也乘坐那班飞机就不会想到打官司。我说这个玩笑开得不完全对,但它引发了一个问题,就是这场官司的发生反映了社会公众法律意识的增强。我认为,这个案件的提起是偶然性与必然性的结合,如果再提早几年,有十个像我一样的律师在场,照样打不起来;如果再推后几年,没有我这样的律师在场,照样能打起来。而这一次恰好是有律师又有记者在场,加上各种原因聚会在一起才引发了这场官司。所以说这是偶然性与必然性的结合,它反映出全社会公众法律意识的增强已经达到了一定程度。

《消费者权益保护法》出台以后,社会上出现了许多斤斤计较的消费者,“消协”的秘书长接受采访的时候也讲,应不应该做一个斤斤计较的消费者,实际上反映出法律意识同市场经济意识相互联系,相互促进的关系。王海打假是在什么情况下出现的？如何评价？前一段时间爆发了一场争论。有人从学术的角度来讲，认为王海不是真正的消费者，是以营利为目的而打假，所以不应予以肯定。这是一种角度。我认为，对王海打假，不能就事论事，应放眼从一种历史的角度和社会学角度来看这个问题。哪怕王海是一个坏人，之所以他能够得逞，说明你有假，你如果没有假，王海这种人也就不存在了，况且王海并不是坏人，所以我支持王海打假。我们在这里根本没必要去评价王海的好坏，没有必要评价王海的动机和目的如何，我只能说王海打假，是特定的历史条件下产生的特定的历史现象。这种现象，对于推动打假起到了不可否认的客观的推动作用。所以，尽管人们对此评价各说不一，我认为从历史的角度去评价是应当肯定的，没有理由去求全责备。更重要的是，王海现象之所以引起社会的反响，反映了全社会法治观念的增强，反映了《消费者权益保护法》已经深入人心，反映了人们已经开始认识并习惯于运用法律手段来保护自己的合法权益。

这次我受中华全国律师协会和外交部的委派去加拿大参加人权对话会议时，我曾问过加拿大的法学专家："你们加拿大法治建设搞了多少年了？我们中国仅仅搞了 20 年，在这 20 年的时间里有了这么大的发展，从历史的角度看，它在绝对速度上是快还是慢？"他们也不得不承认是很快的。但从相对速度上来说，我们还是嫌慢。因为我们同西方发达国家处在同一个历史层面上，我们不能与他们过去走过的进程相比较，我们需要更快的发展。这正是我们要共同努力的方向。

在 20 年的时间内，我们的群众从根本没有法律意识、不知道法律是一个什么东西，到现在处处要讨个说法，很多问题可以搬到法庭上来谈了，应当说进步是很快的。这是个很有说服力的客观事实。

那么,如何认识法治观念迅速增强的原因呢?或者说增强法治观念的基础和动力是什么?我认为这里有一个很重要的问题应当引起重视,那就是我们原来有些太侧重于强调说服、宣传和思想教育了。按照马克思主义唯物论的基本观点,是物质决定意识,是经济基础决定上层建筑。所以,从我个人体会来看,推动法治建设发展,推动法治观念增强的最基本的动力就是市场经济。这个基础非常重要,人们的认识都是在这个基础上自觉地或不自觉地发生着变化。我们可以想一想,为什么老一辈的人对法治观念的接受就常常受到阻碍?我认为最重要的原因就是计划经济的观念已经根深蒂固。例如,平调、划拨、协调、行政干预等,这些都是计划经济的重要手段,在这样的基础上,人们就缺乏等价交换的观念,缺乏平等、独立的意识。所以那个时候你如果说谁是斤斤计较的消费者,那个人可能就被看作自私自利的私有观念太强的人。所以,在这种经济体制上产生的观念,就不可能太注重等价交换,不能有很强的法律意识。因为发扬风格被理解得简单化了,个人私利应当舍弃,那么,个人的合法权益也就很难主张了。一切矛盾和冲突都可以通过行政手段加以解决,所以,人们就难以形成以法律手段来调整社会生活的观念。只有市场经济,等价交换,自由竞争才改变了人们的观念,人们开始增强平等意识,认识到交换和竞争的基础必须是平等的;认识到合法权益与自私自利的区别;诸如一分钱、一分货等这些表面上看来似乎很浅显的道理,实际上决定了人们的基本观念。只有市场经济这样一种平等交换、平等竞争基础的出现,才冲击了人们思想意识深处所固有的计划经济的观念,使人们认识到,任何一种付出和收入都要平等,都要合理,不合理我就想办法要它合理。怎么样让它合理?用什么样的手段来加以调整呢?原来是依靠行政手段调解,没有那么多法庭,法庭也不管你这些乱七八糟的事,只要通过从上至下的行政手段全都可以解决。可是现在这些不灵了,就必须寻找一种能够解决问题的手段,而这种唯一的手段就是法律。

可见,只有经济基础的变革,才能从根本上改变人们的观念,改变解决各种矛盾和冲突的方式。所以,市场经济是法治建设的客观基础和基本动力,如果市场经济夭折,法治建设也会夭折;市场经济发展得快,法治建设就一定发展得快。二者之间具有内在的、不可分割的联系。

以上我们从立法、司法、律师制度、法学理论研究和全社会法治观念这几个方面简要回顾了 20 年来我国法治建设的成果,在这些十分有限的资料和内容中,仍然可以看出,20 年的成果是非常显著的。虽然我们对此并不满足,也不应当满足,但必须对这些作出客观的总结和评价。因为,只有在肯定成绩,发现问题的基础上,才能求取更大的发展。

二、法治建设 20 年的问题与波折

现在,我们还是从前面归纳的几个方面来综合分析一下 20 年法治建设存在的问题与波折。

(一)立法中问题不少波折不断

前面谈到 20 年中立法成果非常显著,现在我们再来换一个角度,客观、深入地分析一下立法中存在的问题与波折。20 年来,我国的立法正是在这些问题与波折并存的情况下得以发展,所以,找出这些问题与波折的表现及其根源,对于加快立法的进步无疑具有重要价值。

刚才说到《刑事诉讼法》修改的重大进步,其中,律师提前介入刑事案件是这次修改的重大突破之一。但是,由于立法中难以解决各部门不同观点的冲突,出现了一些折中性的规定和模糊条款,致使律师提前介入的实施受到比较大的阻碍。比如律师会见难、取证难,在侦查阶段难以发挥作用等。新《刑事诉讼法》实施后的实际情况表明,律师办理刑事案件,在某种意义上比以前难度更大了。这种立法与现实相冲突的结果,如不及时加以解决,就会出现进一步,退两步的消极局面。这种情况是立法当时所始料未及的。从《刑事诉讼法》修改来看,这次立法对死刑问题争论较大,学者们一再呼吁要减少死刑,因为我们国家确实死刑太多,经济犯罪,除了我国以外其他国家几乎没有死刑。这次在加拿大人权对话的会谈过程中,对方很注意我们的死刑问题,攻得很激烈。当然我们做了很多的解释,比如我们强调社会公众的容忍程度问题,对于一些重大犯罪,尤其是严重侵犯人身权利的犯罪,如果没有死刑,由于社会公众难以容忍,将会导致另一种不安定因素。所以,立法不能超越现实。但是死刑太多也不好,死刑的威慑作用是有限的。我的观点是不主张取消死刑,从我国现有的实际情况来看,取消死刑显然为时过早,但是应当限制死刑、减少死刑,死刑太多并不能起到抑制犯罪的作用。但在这一点上人们的观念上转变不了,缺乏一种科学的认识,所以仍然没有减少。

《刑法》和《刑事诉讼法》相配套,规定了一条辩护人妨碍证据罪,这条罪的规定就是针对律师的。在立法的时候,理论界、律师界包括我本人在内到处奔走呼号,争取取消这个罪名,但后来还是规定了。这在全世界的立法上也是少见的。国外的律师执业都有一些豁免性的规定,没有律师、辩护人犯伪证罪或妨碍证据罪的。我国目前规定了这样的罪名,就等于给律师设下了一个陷阱,我坚持认为这个规定将来要修改。

关于私营企业是否算“单位”的问题,在立法中没有明确,急需作出解释。这个问题正在研究和探讨当中,我也多次发表自己的观点。新刑法中规定了单位犯罪,而单位犯罪与个人犯罪是有区别的。那么,私营企业算不算单位?有相当一部分人主张私营企业不算单位,私营企业只能算个人，只有集体企业、国有企业、有限公司等企业才能算单位。这本身就不平等！因为你要讲市场经济，要强调对企业的平等保护，那么就应当不管什么企业，从平等保护的角度来看，都应该视为单位。不看成单位，把明明有几亿元资产的企业当成个人，说不过去。而且从法律原则上来讲不是平等的保护。这是从经济角度，从民事角度看平等保护的问题。进而再看，它是不是单位，则涉及是否构成犯罪的问题，这个问题更大。如果它是单位，按单位犯罪处理就很轻，如果不是单位，按个人犯罪处理它就很重。据了解目前占主导地位的观点，主张应该把私营企业作为单位来对待。我认为这是正确的。听说最高人民法院近期要作出解释，希望能够尽快出台。

与此相联系的是对挪用公款归个人使用的理解，最高人民法院前一阶段作出一个解释，明确指出挪用公款归私营企业使用的，视为归个人使用，可以构成犯罪。这就跟我刚才讲的问题联系起来，如果把私营企业解释为单位的话，就不能视为归个人使用，就不构成犯罪，这里就出现了罪与非罪的区别。

还有一个问题，这次在无锡开年会，是中华全国律师协会刑事业务委员会和中国法学会刑法学研究会首次联会召开年会，在会议上讨论了一个很重要的问题，就是村干部应否视为国家工作人员。全国人大常委会法工委专门派人去听取意见，要对此问题作出解释。为什么呢？因为到目前为止还有相当一部分人坚决主张把村干部视为国家工作人员。理由是：有些村干部鱼肉百姓的情况很严重，根据目前的立法难以处理。我认为这个理由本身是可以理解的，有的村干部确实很恶，很霸道，确实应当予以惩处。但法律不能感情用事，要用其他的方法去解决。你总不能把既不吃“皇粮”，又没有城市户口，没有公费医疗，什么待遇都没有的人视为国家工作人员，这样做是显然缺乏依据的,国家工作人员不是谁都可以当的。如果只有经村民选举产生,不拿工资,不吃“皇粮”,没有城市户口,没有任何待遇的人成了国家工作人员,这该怎么解释呢?多数人坚决不同意这样做。虽然我认为这种观点不会被认可,但是为什么有这种观点存在,而且要求强烈,它反映了一些人的观念问题,也反映出立法上的缺憾。

再如,婚姻家庭法,关于婚姻家庭法的立法研讨中,现在有一个比较突出的争论问题,就是关于对第三者惩罚的问题。前些天北京的一家杂志专门采访我,想听听我的看法,我不知道你们是什么观点,对第三者应不应该进行惩罚?我认为不应该。但有相当一部分人,就认为应该惩罚,这反映出立法观念的差别。惩罚第三者实际上是一种迁怒于他人的做法,没有第二者哪来的第三者?迁怒于第三者这个做法本身就不对,这是中国的封建传统观念,立法原则上讲不通。但是立法是一项非常复杂的工作,因为思想观念上的差别,许多问题不会一下子解决,出现各种波折并不奇怪。

部门立法中出现的部门保护问题也值得重视。有些部门在立法过程中或出于对本部门利益的偏重,或出于考虑问题的片面,缺乏立法的客观性和全面性,造成部门规章之间的冲突。这些现象是立法不成熟的表现,应当尽快加以调整和改善。

在此,我只是举了几个不同侧面的例子,它们可以反映出立法的发展过程和尚待解决的一些问题。但是这些问题并不奇怪,因为,任何事物都不能超越其必经的历史过程,所以,立法是具有时代性的,问题与波折更是难以避免。当你们成长起来的时候,你们参与立法的时候,你们会有深刻的体会。那时候,在立法方面会有更大的改观。

(二)司法实践中诸多问题不容忽视

司法实践与法治建设的关系最为密切,它可以更直观地反映出法治建设的状况。因此,对于司法实践中的问题更有必要认真总结。

先谈审判活动。前一时期北京市第一中级人民法院率先施行全方位的公开审判,新闻媒介广为宣传,这是一个很大的进步。但同时必须注意到另外一个问题:公开审判是宪法早有规定的;虽然现在有些地方做到了,但是在大部分地区还没有做到。这说明长期以来公开审判是有阻力的。一方面是客观条件的限制,另一方面是主观认识问题,没有认识到公开审判的重要性,或者不愿意公开审判。前一段时间《人民司法》杂志向我约一篇稿子,"公开审判与司法公正",已经发表了,我在文中谈到公开审判与司法公正的关系,提出公开审判是司法公正的前提和基础。目前,在全国范围内,公开审判的全面落实还需要多长时间? 这是一个需要尽快解决的问题。

现在北京的法院已经全面实行公开审判,每个公民凭身份证都可以进法院旁听,所以法院设了安全门,进入法庭要做安检,这是必要的,国外也如此。但又出现了新的问题,就是对律师也要安检,但对检察官不安检。为了这个问题,我通过北京律协、全国律协等各有关部门向法院反映,提出了议案。要求很简单,要么控辩双方一块过安检,要么控辩双方都不过安检,这反映出地位平等。但是这个问题至今仍然没有结果。这反映出在审判活动中控辩双方的地位仍然不平等。

不久前中国法学会向我约稿,请我写一篇命题文章"依法治国与司法改革",我受命写了这篇文章。我在文章中提到很多问题,包括检察院制约机制的问题、律师地位问题、律师办案的困难、司法机关协调办案的弊端,既包括案外干预问题,也包括检察委员会、审判委员会体制改革的问题等。我认为现在的审判委员会、检察委员会的作用弊大于利,有很多弊端不能解决,不仅妨碍了独立审判原则,而且有时成为司法人员推诿责任的借口。虽然在设立之初是有一定好处的,主观愿望是为把质量关,避免法官擅断,但是现在看来弊端很大。有一次接待联合国任意拘留委员会主席的时候,对方问到许多问题,其中就涉及审委会问题。他问“你们的审判委员会见不见当事人?看不看卷宗?参加不参加庭审?有没有决定权?”等一系列问题,使我很难回答。你如果说有决定权,那么说不出道理,不见当事人,不看卷,不参加庭审,却决定案件结果,这个问题实在不好解释。我们开一次审委会有时要讨论十几个案件,并决定案件的结果,能不能定得准?承办人汇报案件的时候,不可避免地会带着个人的主观色彩,很可能与事实大有出入。我现在正在办的一个巨额的支付令执行异议案,这个案子已经在最高人民法院立了案。可是从基层人民法院、中级人民法院、省高级人民法院层层上报的情况及结论,都与我们掌握的事实相差悬殊,多次间接地交换意见都难以统一。后来在最高法工作组、省高法领导及承办人都在场的情况下,面对面地交锋,澄清事实,阐明观点,才把问题搞了个水落石出。可见,如果不面对面地交锋,有些汇报似乎很有道理,听取汇报的人又听不到相反意见,就难以发现问题。这种例子不少,这种现象也很正常。之所以要开庭审判,要控辩双方辩论,正是这个道理。所以,审委会的作用问题是值得探讨的,如果变成一个指导性的机构,也许会更加有利。

再说地方保护主义的问题。地方保护主义在经济纠纷案件中体现得最为明显,在涉及地方经济利益时,有些法院干脆就没有决定权,动辄就被认为是吃里爬外。现在人们在呼吁司法体制改革,司法机关应当彻底吃“皇粮”,垂直领导,否则地方把握人权、财权,从根本上难以排除地方保护,难以做到司法机关独立行使审判权。

公、检、法三机关协调办案,这个问题也很值得引起重视。协调本身从本质上讲是计划经济体制下的一种产物,协调办案的背后实际上难以排除交易,而交易往往以轻视法律、轻视原则、无视当事人的利益为前提,这种后果相当严重。本来公、检、法三机关是一种制约的关系,以制约求公正。如果把制约变成了协调,就发生了质的改变。协调是一种配合,是一种交易;制约是一种牵制,是一种监督,两者不能混为一谈。协调办案出现弊端的例子也不少,我手中有一个案子,被告是一个司法局的副局长,被定为贪污罪判了15年,这是个完全无罪的错案。但是在进入二审程序时,却遇到一个很棘手的问题:两级法院的关系都不错,既然一审判了15年,二审改成无罪就很难办。这种情况在检、法两家都存在。虽然这个案子最后终于改判无罪了,但难度之大可以想象,直至请示了最高人民法院才改过来。

还有一个更典型的例子,被告被起诉受贿1万元,挪用公款几十万元,外加重婚。这个案子拖了9年之后才起诉,才开庭,被告被间断地关押了4年零6个月,先后关押在了14个看守所,可称为中国诉讼时限之最了。更重要的是,这是个无罪的案子,可还是判了11年。其实,这个案件本身并不复杂,本来是私营企业,全部是个人投资,根本就不存在贪污、挪用问题。被告与其前妻原属事实婚姻,后来自行协议离婚,协议离婚后又与现在的妻子正式登记结婚,目前孩子已经6岁了,被告的前妻也早已再婚。然而,法院却认定被告与现在的妻子共同构成重婚罪,宣布其婚姻无效。那么,且不说这种情况并不能构成重婚罪,仅从其社会效果来看,法律究竟是保护什么呢?是要保护两个已经不可能恢复原状的家庭呢?还是要破坏两个已经依法组成的新的家庭呢?被告的前妻是否也同样构成了重婚罪呢?这本来是个十分可笑的问题,是对法律的亵渎!但是在各种干预和协调的背景下,就硬是这样判下来了。我认为这样的判决并非出于法院的本意,似有难言之隐。这个案子现在还在申诉当中。

另外,再谈司法人员的素质。我前面提到司法人员的素质同以前相比有了很大提高,这是不可否认的。但存在的问题也很严重,有些甚至是意想不到的。例如,就在刚刚提到的那个案子二审开庭时,庭审中法官多次打断辩护人和被告人的发言,在我发表辩护意见时,又是一再打断我的发言,当我提出抗议时,主审法官竟然说:“你左一个提请法庭注意,右一个提请法庭注意,法庭还用你提请吗?你是什么意思?”事实上,“提请法庭注意”这是法庭上的常用语,甚至是套话,绝没有不尊重法庭的意思。谁会想到,居然被当成了大逆不道的语言,遭到强行打断和严厉斥责呢?

又如,有一次我在一个法庭开庭,在法庭调查时公诉人首先问被告人是否认罪,被告表示不认罪,公诉人立刻提出休庭,理由是被告不认罪不能开庭。后来控审双方争了起来,直到各自请示领导后再决定继续开庭。

类似的情况,在律师当中也发生过。比如,有的律师在法庭调查中当庭举证时提出,“据一位不愿透露姓名的人证实……”并宣读这位证人的证言,要求法庭予以认定。这种做法和请求把法官弄得哭笑不得,不透露姓名的证言如何去查证呢?

以上几个例子反映了一个共同的问题:20 年来我们司法人员包括律师的整体素质虽然有了相当大的提高,但问题仍然不少,少数人的素质还相当差,差到了无法容忍的程度。这是不容忽视的。

(三)律师执业面临困惑

记得在两年前,就在这里讲座的时候,同学们问我,做律师的感受是什么?我的回答是两个字“难受”。做律师确实很难受。律师办理刑事案件,上有尖刀,下有陷阱,防不胜防。律师因办案被追究的人数,全国恐怕已经过百了。

我下周要去吉林白山市出庭,去为吉林大学的一位刑法学博士、副教授作辩护,这是第二次开庭。这个案件很典型!此人是兼职律师,他在办理一个二审死刑案件中,在被告哥哥的请求下,给被告传递了一个揭发犯罪线索的条子,被告就按他哥哥写的这个条子写了揭发检举材料,经公安机关查证属实,破获了案件。后来二审法院认定其立功,改判为“死缓”,结果律师被以“包庇罪”起诉。传递条子的做法当然有问题,但能否构成犯罪呢?在第一次开庭时,公诉人发表了长篇公诉意见,指控其采用“移花接木”的方法,帮助被告人出具假证明,制造假立功材料,使被告人逃避惩罚。这个理由,看起来似乎有道理,深入分析起来却站不住脚。法律明确规定,包庇罪的基本特征是:“做假证明包庇。”包庇罪从立法原意来讲,它是伪证罪的一种特殊条款,伪证罪是证人、鉴定人、记录人、翻译人这四种特殊主体的犯罪,包庇罪实际上是指一般主体作伪证的行为,所以它的基本特征是做假证明。那么,在本案中律师有没有做假证明呢?律师传递的揭发犯罪的线索是不是假证明呢?显然不是。因为:第一,这个揭发线索与被告本人的罪行无关;第二,这个线索要经过公安机关查证属实后,才能成为证明立功的证据;第三,揭发材料是被告亲自写的而不是律师冒名伪造的,也不是律师授意的。所以,律师传递的揭发犯罪的线索不仅不是假证明,而且连证明都不是,即他根本没有提供过任何证明,更不用说是假证明。而且法律并没有规定构成立功的揭发线索必须是揭发人亲自感知的,除了揭发同案犯外,揭发他人的犯罪线索大部分是传来消息,但这不影响立功的成立。这是因为,法律关于立功的规定,实际上是国家与犯罪人的一种交易,是对犯罪的人一种奖励,鼓励犯罪人帮助揭发犯罪线索,便于破案。至于犯罪人主观恶性大小及悔改表现如何,并不影响立功的成立。所以,“移花接木”的比喻,在事实和法律上都是错误的。“移花接木”是指将别人揭发犯罪的行为安到了被告的头上,可事实并非如此。准确地说,这种行为的表现形式应当是“借花献佛”。“花”是犯罪线索,“佛”是侦查机关,“献”是揭发检举的行为,是被告本人通过他自己真实的意思表示,把借来的犯罪线索献给了公权力机关。而律师的行为,只是把借来的线索从别人手中传给被告。所以,“借花献佛”与“移花接木”在行为性质上具有本质的区别。这样深入分析以后就可以看出,被告“借花献佛”仍然可以构成立功,而律师传递揭发线索的行为并不构成包庇罪。

类似的例子还有很多,其中,律师有过错的也不少,但过错绝不等于犯罪。新《刑事诉讼法》实施以来,许多律师因办案而遭到无端指控,主要原因是侦查机关对律师提前介入有抵触。这个问题如果解决不好,从表面上看受伤害的是律师;从实质上看,受损失的是需要律师提供法律帮助的当事人,因为,律师可以不办或少办刑事案件,而被告和犯罪嫌疑人却不可以没有律师,法庭上更不可以没有律师。

律师调查取证难,也是当前律师办案中一个大问题。不久前《中国律师报》和《检察日报》都向我采访“律师调查取证难”问题,已经见报了。不仅刑事案件取证难,民事案件,非诉讼业务,几乎在各个方面律师调查取证都很难。有些单位甚至明确规定,接待调查取证只对公、检、法,不对律师。律师在社会上还没有相应的地位,或者说律师在社会中的定位还没有真正明确。所以,在社会上还比较普遍地存在一种偏见,有相当一部分人甚至认为律师似乎是一种社会的异己力量。之所以会有这种看法,是由于他们还不了解“法治”究竟是怎么回事,更不了解律师在法治建设中的作用。其实,道理很简单,资本主义国家法治搞了几百年,律师制度也有几百年,而资本主义国家的律师并没有成为资本主义制度的异己力量,更没有成为资本主义制度的掘墓人。相反,它维护了资本主义制度,促进了资本主义国家法治建设的发展。资本主义国家离不开律师,许多国家的总统都是律师出身,美国总统几乎有一半是律师出身。那么,我们国家的律师难道能成为社会的异己力量吗？虽然社会制度不同，但是法治化的调整机制和原理是一样的。在我国，律师制度也应当是法治建设不可缺少的部分。这个道理本身并不复杂，但是，在对于“法治”的内涵没有真正理解的情况下，对于律师制度的偏见也就难以消除。所以，我非常希望有人能写一篇文章，题目就叫“律师是个什么东西？”因为很多人就是不知道律师是个什么东西，甚至认为律师不是个好东西。所以我非常希望把律师到底是个什么东西说清楚。让人们来了解和评论律师，这对中国法制建设的发展是很有意义的。因为，对律师的偏见，对律师的歧视，对律师作用的削弱和限制，表面上受到伤害的是律师，但是从根本上讲受到伤害的是国家的法治建设。

律师执业面临的困惑，原因来自立法本身，也来自对律师和律师制度的偏见，这双重原因的存在使律师的作用受到很大限制。这是一个亟待解决的问题。

（四）法学理论研究应当进一步调整方向

前面谈到在 20 年中法学理论研究取得了十分显著的成果，这是值得我们引以为豪的。但是其中的许多不足之处也值得引起重视。就我个人体会，至少在以下几个方向应当加以改进或者加强。

首先，理论研究脱离实际的问题没有彻底解决。这种现象表现在以下几个方面：

在这次《刑法》修改中，我就感到有一个在立法中实体法与程序法相脱节的问题。这是我做律师以后才体会到的。这次《刑法》修改增加了许多经济犯罪的罪名，其中有些犯罪是以“非法占有为目的”为重要构成条件的。但是，由于这些犯罪在认定其主观目的时难度很大，所以，司法实践中操作起来相当困难。那么，如果在理论研究中能够充分注意到这个问题，使实体法的研究与程序法的研究结合得更为紧密，是否能够使立法更为完善，更具有可操作性呢？比如，对从“非法占有为目的”等这一类主观要件规定得更为具体一些,界定出一些具体的标准或原则,这样就可以使司法人员有所遵循,避免产生更多的歧义。我认为这是可以尝试的。我原来是搞实体法的,在接触大量实际案例之前对这个问题就缺乏体会。比如你讲犯罪构成时,只需要讲几个要件,这些要件的有无决定了是否构成犯罪,而对于证据问题常常有些忽视。在办理实际案件中逐步体会到,证据的认定与实体法的规定是紧密相关的。所以,实体法的立法不应当忽视程序问题,应当充分考虑到立法的可操作性。如果我们的理论研究能够注意到这个问题,我们立法水平也许会有进一步的提高。

理论研究中另一个值得注意的问题,是纯理论研究较多,总论研究较多,而对于具体应用的理论,对分论部分的研究却不够深入。这种现象有其历史原因,因为我国法治建设历史太短,理论研究中断多年后几乎是从零开始。所以,在前一段时期偏重于在根本性问题上加深探讨是必要的,也是必然的。但是现在情况不同了,一方面我们的理论研究已经有了相当的深度,另一方面在法律实施过程已经发现了许多操作上的难点和误区。在此情况下,理论研究中的转向问题就成为一种客观的需求。例如,《刑法》修订后,增加了那么多新罪名,对于这些犯罪的构成要件急需作出理论上的研究和界定,可是目前这种研究还相当薄弱,大部分教材和专著都是蜻蜓点水,点到为止。我曾建议,学者们应当分工,对一些疑难的新罪名进行重点专题研究,写出一批既有深度又有可操作性的论文来,供司法机关参考,我认为这样做很有必要。在民法和经济法研究中也有同样的问题。所以,理论研究的现实性、应用性和针对性非常重要。这是法治建设向纵深发展的一种客观需求。

跨学科的研究仍然不够深入,这是理论研究中又一个缺憾。目前,无论是理论界还是实务界,闭门研究和单向思维的现象仍然比较普遍。例如,在一些学者和法官中,搞民事的不懂刑事,搞刑事的不懂民事。结果,前者看什么都像是民事纠纷,后者看什么都像是犯罪。在司法实践中,混淆民、刑法律关系的情况时常发生。具体地看,是法官素质问题,追根溯源,与理论研究的单一化不无联系。所以,跨学科的比较研究很重要,例如,民、刑法的比较研究就十分迫切,如果能够结合案例把两种法律关系中易混淆的问题作一些深入透彻的分析,对于司法实践会有重要价值。

脱离实际的理论观点,有时候还会产生消极作用。例如,有一次北京市高法召开专家座谈会,专门听取对北京市全面落实公开审判的意见,会上多数人都对落实公开审判和新闻监督表示支持和赞赏。但有一位学者却发表了相反意见,认为公开审判中的新闻监督不值得提倡,并以美国新闻爆炸现象为例强调新闻干预司法的弊端,担心新闻监督会妨碍依法独立行使司法职权。我认为,这种观点就脱离实际,是用美国的现状来分析中国问题。任何事物的发展都要有一个过程,都有历史阶段。目前,中国的新闻监督从总体上讲还相当薄弱,对此,现在刚刚有一个好的开端,刚刚开始发挥一些作用,就受到遏制,岂不成了因噎废食吗?

这个例子进一步说明,理论研究本身很重要,理论与实践相结合更重要。我在成果累累的基础上,还需要进一步调整方向,加强探索的深度和广度,加强研究的实用性。理论研究应当在立法和司法活动中真正发挥出先导作用和指导作用。

谈了这么多问题,这么多波折,那么,出现这些问题与波折的根源是什么?我认为,最主要的根源是计划经济体制下形成的传统观念,例如,协调办案干预、国家本位等,都与计划经济的观念有着一定的内在联系。所以说观念的转变是推动法治建设发展的最基本的前提,而促使这种观念转变的原动力就是市场经济的冲击。一定要迅速地发展市场经济,没有市场经济,就没有法治。我最近写的任何一篇文章,包括口头采访、约稿在内,几乎在结尾的时候都有一句话,就是转变观念。因为你说一千道一万,归根结底,观念不变,什么也变不了。

出现问题与波折的另一个重要根源,就是体制。我说的体制就是指制约机制,有了强有力的制约机制,什么都可以解决。制约机制的形成主要有两个障碍:一个是受观念的影响,不自觉地或自觉地排斥制约;另一个就是制约机制需要有一个形成过程,创制一种机制需要探索和尝试。我们现在一方面是对制约的认识不够,另一方面是认识到了又探索不够,这样就需要一个过程,但是首先必须引起足够的重视,这样才能缩短这个过程,加强制约机制的创立。过去仅靠学雷锋,靠道德标准,这些因素会起一定作用,但不起根本作用。你不能要求每一个人都成为共产主义战士,但是你可以用机制来制约他。在好的机制下,坏人可以变好,在不好机制下,好人也可以变坏。我现在的体会越来越深,不管这个人多高尚,做出了多少贡献,在一定条件下就可能变质,就可能沦为罪犯。“文化大革命”斗私批修那么多年,灵魂深处闹革命那么多年,结果越闹私心越重,是用虚伪掩盖了真实。当前,许多老干部和杰出的企业家腐败犯罪,除了其自身原因之外,也同样有机制的问题。这些教训应当是沉痛的。历史证明了这一点,一定要靠机制,科学完善的制约机制,是确保法治建设正常发展的重要基础。

三、法治建设的前景

最后我想简单地说一说,20 年过去了,那么,今后法治建设发展的前景如何?我想从这样几个方面加以概括:

第一,传统观念已经受到冲击,新的观念已经开始形成。这一点非常重要。当一个传统观念没有被冲击,没有被打破的时候,越雷池一步就相当困难，当它一受到冲击，受到动摇的时候，前进的步伐就会大大加快。

第二，法治建设中的各种问题已逐渐暴露。刚才谈到那么多的问题，说明这些问题已经暴露出来了，有问题不要紧，就怕不暴露。首先是暴露，然后是解决，就如同对症下药一样，有了症状才可以开药方。所以，暴露本身就是一种进步。

第三，全社会的法律意识越来越强。这是有目共睹的现实，也是加强法治的社会基础。

第四，国际大环境的影响和国际交流的不断加强，对于加快法治建设步伐具有重要的促进作用。近年来，学术界和司法界的国际交流越来越频繁，越来越深入。这些活动无论对于观念的转变，还是对于机制的改革，都已经发生并将继续发生重大影响。

第五，年青一代的迅速成长是法治建设的希望。你们是改革开放以后的一代人，是伴随改革开放而成长起来的，你们没有传统观念的束缚，可以在观念上彻底地接受新东西。所以，你们是推动中国法治建设的真正的生力军。

第六，市场经济向纵深发展的趋势不可阻挡，这是不以人的意志为转移的。市场经济的发展必然带动法治建设的发展，所以，我国的法治化方向不可逆转。

从以上六个方面来看，可以不容置疑地认为，法治建设的前景乐观，发展趋势不可阻挡。

归纳起来，回顾、评价和展望中国的法治建设，可以概括为16个字："成绩显著，问题不少，波折不断，前景乐观。"但是，这种乐观的前景并不会自动地出现在我们面前，必须依靠我们几代人去共同奋斗，共同争取。我们这一代人，包括我们这代人的前辈，只能起到开拓、铺路的作用，你们这一代人才是真正的生力军。你们有条件、有义务去创造出中国法治建设真正辉煌的未来。我们经过那么多艰辛的努力,经历了从无到有的过程,这是最艰苦,也是最宝贵,最有历史意义的 20 年。可以相信,再过一个 20 年,必会有新的突破。

再过 20 年,你们都 40 岁左右,如果没有新的突破,你们就会愧对历史。

关于律师职责定位的深层思考*

律师职责的定位，是律师制度存在发展中一个最基本的问题，同时也是最重要的问题。然而，我国律师制度恢复二十多年来，这个问题却一直困扰着全社会和律师群体自身，致使律师的执业活动举步维艰，在茫然中跌跌撞撞地摸索前进。

为了律师事业的发展，为了法治，对于这个问题的深入研究与广泛争鸣已经不可忽视。

一、律师的职责定位：一个至今尚未解决的问题

我国律师制度已经恢复了二十多年，律师队伍的数量迅猛发展，至今已达12万人之多。

然而，令人深感遗憾的是：关于律师职责的定位问题至今尚未解决；更令人遗憾的是：这个尚未解决的问题至今为止尚未引起我们的足够重视。

从表面上看，关于律师职责的定位似乎并无探讨的必要，“律师

---

* 本文曾发表于《检察日报》1997年9月23日，收录于本书时文字略有改动。

就是律师,律师就是替人打官司,就是为人们提供法律服务”。然而,事情却绝非如此简单!

律师站在何种角度去提供法律服务?律师服务的宗旨是什么?律师为什么要替犯罪嫌疑人和明知有罪的人辩护?律师与侦查机关、公诉机关是一种什么样的关系?律师与政府是一种什么样的关系?律师与公平、正义又是一种什么样的关系?律师在社会经济发展和民主与法治建设中应当充当何种角色?……这一系列问题都涉及对律师的职责如何定位。在我们对律师职责的定位缺乏共识的情况下,对于这些问题的理解会各不相同,甚至截然相反。但是,至今为止,社会各界乃至律师自身对于这些问题并未进行过深刻的思考,更未展开过广泛的争鸣。这种状况所导致的结果是表面上看律师的事业在蓬勃发展,在一定意义上律师似乎已成为一种令人羡慕的职业,实际上律师却常常无所适从,不知道自己在做什么和应该做什么,社会各界对律师的评价众说纷纭,褒贬不一。人们羡慕律师,又排斥律师;需要律师,又防范律师;政府发展律师,又不信任律师;企业需要律师的帮助,同时又怕律师帮倒忙;外国人说中国律师只是政府的摆设,而律师在政府中却并无摆放的位置;法院开庭需要律师出庭,而出庭律师却得不到起码的重视,律师在法官、检察官眼中地位低下,而许多法官、检察官却纷纷加入律师行列……这种种令人费解的现象,使律师成了一种难以捉摸的“怪物”。这种状况可以说是中国律师现状的真实写照。而导致这种状况的深层原因,正是对律师职责定位的困惑。

或许有人认为,问题并非如此严重,中国律师发展的势头很好,何必杞人忧天?但是,当我们结合上述问题来分析律师境遇的时候,就会发现,律师的发展之所以步履蹒跚,无不与其职责定位的问题具有直接的联系。

任何一种职业都是应社会的需要而产生,而在其自身发展的进程中,都要经历一种由盲目到自觉的演变过程,逐步走向自己的合理位置,律师的职业也并不例外。

在西方国家,律师制度发生的历史很长,自古罗马时期就出现了律师制度的雏形。在中世纪的封建时代律师制度曾受到挫折,但在资本主义社会形成后,与市场经济和资本主义民主制度同步,律师制度得以高度发展,其职责定位也在长期的发展过程中逐步成熟和趋于合理。

与西方国家相比,我国律师制度的历史则过于短暂。在中国古代漫长的奴隶社会和封建社会,从未存在过律师制度。封建社会的“讼师”与律师并不相同,由于“讼师”没有出庭地位而不具备律师的基本特征。辛亥革命后的民国时期,曾经有过律师制度,但自 1911 ~ 1949 年短短的三十几年中,在内忧外患的特定历史环境中,律师制度并未得到正常发展。中华人民共和国成立后也曾经建立了新的律师制度,但这个极其稚嫩的律师制度仅仅发展了 7 年就随着反右派斗争的开始而夭折。此后,直至 1979 年改革开放以来才有了发展至今天的真正的律师制度。因此,从严格意义上说,在中国社会漫长的历史长河中,得以正常发展的真正意义上的律师制度至今才只有二十几年。在如此短暂的过程中,律师的职责定位处于困惑之中完全不足为怪。

但是,我们必须认识到,社会历史是以加速度的方式发展的。在与国际社会处于同一时代层面的今天,民主政治和法治经济处于高度发展的国际大环境中,中国社会的法治建设和律师制度,不仅不可能再去缓步发展,而且有条件大大缩短其发展进程而取得快速发展,这个条件就是抓住时代脉搏和借鉴国外的成熟经验。

因此,我们必须借助这些条件去健全和发展中国的律师制度,而走出这一步的首要问题,就是在律师自身和更广泛的社会层面上解决律师职责定位问题。因为,当一种职业连定位都不清楚的时候,就不会有立足之地。

中国律师目前的处境不正是如此吗?

二、关于律师职责定位的误区

排除对律师职责定位问题的困扰,首先要解决对律师制度的理念问题。因为,在中国社会的特定历史条件下,作为一种新生事物的律师制度,虽然随着法治的建立和市场经济的发展应运而生,却缺乏得以迅速发育成熟的外部大环境。在体制转型与观念滞后性的冲突之中,人们在思想深处对律师制度的重要性还缺乏普遍的认同感。在此情况下,大家对于律师职责定位乃至律师制度本身在认识上出现各种误区乃至尖锐的分歧,具有一定的必然性。因此,探讨这种现象的深层原因则是走出误区的前提。

1. 出现误区的原因。律师制度是法治社会和市场经济的产物。在中国改革开放以前,以“人治”为基础的政治体制下,律师制度基本上不具备得以发展的条件,因为律师的作用无从发挥因而也不为社会所需求。1957 年律师制度的夭折即是明证。改革开放以后律师制度恢复以来,虽然律师业务和律师队伍均得到迅猛发展,但原体制下所形成的观念尚未完全转变,人们对于律师介入社会政治生活和经济生活还缺乏思想准备和适应性。从某种意义上讲,律师似乎成了一种多余的、碍手碍脚的群体,在有些人的潜意识中,律师甚至成了主流社会的异己力量。因此,确切地讲,至今为止,律师行业尚在中国主流社会的边缘徘徊。

与改革开放前的政治体制相适应,在计划经济体制下,以计划经济为轴心,以国家为本位的思想已经深入人心,个人服从集体、集体服从国家的利益分配关系已经成为既定的原则。在此框架下,等价交换、公平交易、保障个人权益等观念相对淡漠，调整社会经济生活的主要机制是行政手段，而不是法律手段。目前，虽然经济体制已经转型，但市场经济的发育尚未成熟，与两种体制相联系的两种不同观念则既有交叉，又有冲突。正因如此，法治建设已经进行了二十多年，观念的滞后性却仍然难以摆脱，致使人们在面对社会经济生活中各种冲突的时候，常常仍然对行政手段和个人关系寄予更大的希望。在法律的作用未能受到足够重视的情况下，律师的作用就更加无从谈起了。

由此可见，与我国法治建设尚处于初级阶段的状况相适应，在体制转型过程中新、旧观念的交叉与冲突，以及人们对律师制度缺乏普遍的认同感，是大家对于律师职责定位产生误区的深层原因。

2. 认识误区的具体表现。由于在原体制中形成的固有观念以及我国律师制度的历史过于短暂，出于不同角度，在不同的领域和社会群体中对律师的评价和要求既不一致，也不确定，致使律师处于一种尴尬的地位。

在政府部门和司法机关看来，律师只是作为一种私权利的代言人，其所做所为往往会与国家利益发生冲突。所以，律师常常处于被防范和排斥的地位。在诉讼活动中，律师与公、检、法三机关人员从来就无法平等，因为前者是代表国家的，律师只是代表个人的。与此相适应，在立法、司法改革等各项重要活动中，律师也无法取得平等的席位。

在社会公众眼中，对律师的要求和评价更是众说纷纭。

有人对律师的期望过高，将律师当成正义的化身、公正的后盾，他们心目中的律师就是施洋大律师的光辉形象。有这种认识并不奇怪，因为几十年来人们的身边没有律师，只有在电影和课本中见到过施洋大律师。在这些人眼中，律师似乎成了可以起死回生的神医和匡扶正义的勇士。但是,当他们发现身边的律师并非如此时,便大失所望。

我们记得曾有关于律师为当事人保密义务的争议,这场争论涉及律师职责定位的基点,然而当律师对当事人具有保密义务的共识达成后,问题还远远未能解决。例如,有人认为律师首先应对法律和正义负责,所以,在必要时就可以舍弃或出卖当事人的利益。这种观点不仅被很多人赞同,甚至在一些影视作品中得到广泛传播。

遗憾的是,律师群体自身对这些问题的认识也并不清醒,有的律师自诩公正的代言人,号称绝不为没理的人打官司;有的律师以回避为亲朋辩护和代理而自豪,以表现出自己的一身正气和原则;有的律师则认为控辩双方明为对抗,实为配合,都是打击犯罪的同壕战友……与此相反,也有人对律师评价过低,他们认为律师除了替坏人辩护,就是靠钻法律空子赚钱,见利忘义,唯利是图。于是,非到万不得已时,绝不与律师为伍。例如,有人认为律师的职责就是幸人钱财,替人消灾,为达此目的,可以亵渎法律和违背正义。有人公开声称:在他眼中的律师就是能把活人说死,死人说活,就是能做到颠倒黑白,否则就不叫律师。这种人希望把律师当成任其指使的仆人甚至犯罪的帮凶。在实践中,许多律师都遇到过委托人极其不合理的甚至是违法犯罪的要求。这种情况在一个成熟的法治国家则是极其少见的。可悲的是,在律师群体中也同样存在类似的糊涂认识,明知故犯者除外,也确有一些人由于在自身认识上划不清界限而误入歧途。

还有人认为,在中国社会的现实条件下,律师制度几乎是形同虚设,根本就发挥不了什么作用。于是,托关系、找领导、贿买、私了等各种不正当手段长期以来一直广为流行。

对律师职责定位的误区,也存在于对律师业务范围的认识中一

十几年来,中国人对律师作用的理解大致经历过以下几个阶段:

最初阶段,多数人认为律师主要作用就是打官司,而打官司的概念主要是充当被告人的辩护人,即打刑事官司。

后来,打官司的范围逐渐扩大到包括各种类型的诉讼,但律师的主要作用仍然还是打官司。

再后来,律师服务扩展到非诉讼领域,但直到目前为止,律师对非诉讼领域服务的范围却仍然十分有限。

这个发展过程和现状表明,律师法律服务的作用正在被人们逐渐认识,但在其服务的业务范围上,仍然没有得到社会的普遍认可。在现代法治社会的经济生活中,律师服务本应遥及经济活动和经济生活的各个角落。但在我们的社会中,却如同自给自足的自然经济那样,经济主体自身担负起了大部分本应由律师提供服务的法律事务。在国外,任何人面对各种法律问题时都可以潇洒地说"去找我的律师",在中国却没有人这样潇洒并且多数人也不希望如此潇洒。

在国外,社会公众普遍具有强烈的法律意识,却不意味着人人懂法,亲自去处理法律事务,明确而细致的社会分工使人们把一切法律事务都推给律师而更加专心地去做自己的事。在中国,人们对法律讳莫如深的同时却不知不觉地自己动手亲自处理各种法律事务。这正是由于人们虽然表面上承认法律的重要性,但真正的法律意识却并不强烈,他们不知道律师应该为他们做些什么和能够做些什么。正因如此,中国 12 万律师仅占人口的万分之一,而律师的服务市场却相对饱和。

对于律师职责定位的误区,曾经比较集中地反映在律师的辩护活动中。在恢复律师制度二十几年以来,控辩双方关系的变化曾经历了几个不同阶段:

刚刚恢复律师制度的最初几年,控辩双方基本上处于一种形式上的对抗关系,律师由国家公设,只是以辩护人的身份协助司法机关办案。作为身为国家工作人员的法律工作者,律师不可能也没有意识到站在与公诉机关真正对抗的角度去全力维护被告的合法权益,因此也难以取得委托人的信任。

随着律师体制的改革、对国外成熟经验的借鉴和《刑事诉讼法》的修改,律师群体开始独立化并对自身的职责定位有了新的认识,但是,由于控辩双方对这种认识尚缺乏冷静的思考和深入的体验,在双方关系实现了实质性对抗的同时,又使这种对抗走向了极端,出现了冲突性对抗的局面,致使双方经常出现一些不正常的敌视情绪。

控辩双方关系的这种变化充分反映对律师职责定位的误区。这种误区不仅存在于控辩双方之间,也存在于全社会的普遍认识之中。

事实上,在刑事诉讼活动的整个体系中,控辩双方之间的对抗既不应当是形式上的,也不应当是冲突性的,而应当是高度理性化的,是一种在真正对抗基础上形成的理性化的对抗关系,这种关系只有在双方都能够明确自己的职责定位并为此而各尽其职的前提下才能得以实现。

值得欣慰的是,近几年来控辩双方僵持的坚冰已经开始融化,双方各自都开始认识并切身体会到这种冲突的消极性和幼稚性,并且已付诸行动使双方关系走向理性化。但是,这种转变还仅仅是开始并且不够深刻,这个过程充分反映也转变观念的艰巨性和解决律师职责定位问题的迫切性。

前述对律师职责定位认识的种种误区,使律师行业在社会生活中难以找到合理位置,常常会变得无所适从,妨碍了律师制度的健康发展,同时也成为法治建设深入发展的严重障碍。

三、关于律师职责定位的思考

律师职责定位的问题看似简单,实际上相当复杂,既有理论上的争议,也有实践中的分歧。

但是,尽管如此,在维护国家的根本利益和深入分析法治社会基本结构的基础上,借鉴国外律师制度的成熟经验,我们仍然可以找到律师职责定位的基本理念。这种理念应当是:

律师的作用与法律的功能紧密相连,没有法律便没有律师。在纷繁复杂的社会关系中,各种矛盾与冲突无时不在,法律的功能就是将社会上的各种冲突控制在一定的限度之内,以维系社会的平衡、稳定与发展,而律师制度正是法律功能得以实现的重要组成部分法律调整社会关系的功能主要体现在两个方向:一是国家与公民个人之间的关系,即公权力与私权利的关系;二是公民个体之间的关系,即私权利与私权利的关系。在这两种关系中,除少量公职律师外,从总体上来讲,律师主要是私权利的维护者,即在现行法律规定的框架内,依法最大限度地维护委托人的合法权益。

当公权力与私权利发生冲突时,面对这两种权利的悬殊差别,律师站在私权利一边与公权力抗衡,是防止公权滥用的重要制约手段,而这种制约又正是维护公权力的正当性从而使国家政权得以稳固所必需的。资本主义国家的律师制度发展了几百年并且日臻完善,足以证明律师制度的重要性及与国家利益的高度一致性。

当私权利之间发生冲突时,面对繁杂深奥的法律规范,律师站在委托人一边,运用丰富娴熟的法律知识去帮助他们处理法律难题,去帮助他们维护和争取自己的合法权益,又是维护司法公正和保障社会经济发展的有效制约手段。从根本上讲,这种作用同样也是使国家政权得以稳固所必需的。

在法治社会中,律师的作用主要体现于维护私权利的基础之上。对于个案而言,这种作用体现在最大限度地维护委托人的合法权益;对于全社会而言,这种作用只能在律师群体的综合效应中得到体现;

在诉讼领域中,律师则是通过参与司法程序的总体运作去实现司法公正并体现司法公正的。

与政府和司法机关相比,律师的作用具有自身的特点和不可替代性。一个高效、廉洁的政府虽然也可以体恤民情,造福于百姓,却不可直接代表公民个体去与自身的权利抗衡,有律师才可以起到这种作用。司法机关公正裁判的基础,是兼听则明和权利的制约,而律师制度正是维系这个基础的有效保障。

律师职责与作用的特点表明,律师是维护人权和维护社会公平、正义的不可缺少和不可替代的重要力量,但却不是唯一的力量;也就是说,律师不能包打天下,而只是维护人权与公平、正义的组成部分之一。

因此,律师应当以依法维护委托人的合法权益作为其职业道德的基本准则。当律师的职业道德与社会道德相冲突时,律师首先应当服从职业道德。正是由于如此,律师才负有为委托人保密的义务,律师才不能揭发委托人的罪行和提供委托人的有罪证据,也不能在民事诉讼中以主持正义为理由而出卖委托人的利益。律师为被告人辩护,并不是为了帮助被告人与法律相抗衡,而是从维护被告人合法权益的角度,通过与公诉人相对抗的方式去寻求司法公正。

律师与法治并存,为实现公平、正义而服务,但律师本身并不代表法律的天平,而只是扶正这个天平的砝码。律师既不是天使,也不是魔鬼;既不能代表正义,也不能代表邪恶。

律师维护人权,维护法律和维护公平、正义的作用,只能在其为委托人提供法律服务的具体过程中得到综合体现。其服务的宗旨就是在尊重法律、服从法律的前提下,运用法律手段最大限度地维护委托人的合法权益。

但是,律师的执业活动必须以遵守法律和运用法律为前提;律师不能创制法律,也不可以超越法律,只能够在法律规范的框架内,最大限度地运用法律的具体规定去维护和争取委托人的合法权益。同时,律师在运用法律的过程中也可以为完善法律提出问题和创造条件。

关于法治理念的深层思考

自1979年以来，中国社会的法治建设已经走过了整整40年，在国家层面的顶层设计上实现了从人治向法治的转变。自此，中国人终于突破了长达几千年人治思维枷锁的桎梏，接受了法治的概念，并疾步向法治社会迈进。40年来，法治化进程推进的速度不可谓不快，在法治结构的搭建上已经初具了法治社会的模式。但是，在法治化建设的进程中，却依然阻力不断、困惑重重，甚至在很多人的思维和行为中所体现的仍然是人治的理念。

这种现象背后的根源是什么？如何破解法治化进程中的种种困局？这是一个值得我们深思和探讨的重要课题。

一、法治建设四十年后的反思

（一）四十年前，人们谈法色变，对法治概念讳莫如深

四十年前，中国人尚不知法治为何物。在提出法治建设当初，老百姓甚至是“谈法色变”，因为人们认为凡涉及法律大多是不光彩的事。以普法宣传为例，当时为了普及法律常识，全国的高校和司法机关经常在街头做普法宣传。开始时，人们连围观的兴趣都很淡漠。

经过多次宣传后,人们才慢慢地由远距离观望,再逐渐过渡到近距离接触和试探性的咨询。人们咨询的方式也很特别,很多人都是将普法者悄悄地拉到附近的胡同里去偷偷地提问题,生怕有人怀疑他会有一些见不得人的事。到了人们消除顾虑,敢于大张旗鼓地公开提出法律咨询时,已经是几年以后了。

由于长期形成的人治理念的思维方式,再加之对法律的恐惧感和神秘感,人们还有一种对法律的排斥心态,总是把法律问题与现实问题分割开来,认为法律与现实很遥远。所以,一谈法律就认为是小题大做、危言耸听!很多时候,当我们面对纷争和维权谈起法律责任的时候,时常会遭到周围人的蔑视和嘲笑,认为是故弄玄虚、无事生非。

在当时来说,这种现象也不奇怪,因为在此之前所有问题都是用行政手段解决的,一下子提升到了一个陌生而神秘的法律层面,确实有一种难以适应的多此一举之感。

(二)40 年后,人们崇尚法治,但法治的理念尚未成熟

经过 40 年的法治建设,中国的法治进步成果显著,不仅形成了初步的法律体系,而且人们谈论法律、运用法律已成常态,标志着中国已经走上了法治社会的征程。这个从无到有的转变过程仅仅用了 40 年,无疑是一种超高速发展的巨大进步!

然而,一个不容忽视的问题是:一个真正法治社会的标志,应当是法治理念与法治结构的建设达到同等水平。否则,就会由于理念滞后而使这个法治社会徒有虚名。

而问题正在于,种种现象表明,时至今日,在许多人甚至包括一些法律人的认识深处,并没有真正形成法治的思维方式,即法治的概念尚未内化为法治的理念,法治的思维尚未深入人心。以至于“以法治之名行人治之实”的现象在现实生活中随处可见。这是我们在法

治建设快速发展的同时所存在的问题,也是需要我们高度重视和深入研究的课题。对于任何一种变革而言,理念的转变不仅是最重要的,同时也是最困难的。法治结构的搭建可以快速推进,而法治理念的养成却需要更深刻的变革和更艰难的过程。

二、人治思维在现实生活中的种种表现

40 年后的今天,人们接受了法治的概念,却尚未养成法治的理念。这种概念与理念的冲突,在我们的身边随处可见。而问题更在于,人们却往往对这些现象熟视无睹,不以为然。

(一)关于规则意识与道德意识

在对身边琐事的处事原则中,人们潜意识里优先反应的是规则意识还是道德意识?其背后所体现的正是法治与人治的不同理念。比如,开车、过马路、排队购物……首先反应的是遵守规则还是礼让优先?"规则"体现的是法治意识,即遵守规则是一种义务,与他人的行为无关。所以,无论他人如何行为,我都不应违反规则。而"礼让"所体现的是一种道德意识,与他人的行为就具有一定的关联性。我可以礼让他人,但如果他人抢先,我也可以不让,因为我已经尽到了道德义务。而且,在多人违规的情况下,还容易产生"随大流"的从众心理。在现实生活中,会有相当多的人优先反应的是道德意识,这正是与长时期以来形成的思维惯性有关。因为一直以来我们过多强调的是道德教育而缺少法治教育,所以,遇事时人们首先想到的往往是道德标准而不是法律标准。而这种思维方式所体现的正是一种典型的人治理念。

(二)关于公平意识与自我意识

在权衡利益时,人们优先反应的是公平意识还是自我意识?这同样体现出法治与人治的不同理念。比如,在获取报酬、分享利益时,首先想到的是公平原则而不存任何的非分之想?还是自我考量原则,尽可能地获取更多的利益或者可以让利于他人?一个法律意识强的人,首先想到的是公平,因为他会严守规则意识,无论是争利还是让利,都不能打破规矩。但是,在现实中有很多人更会注重自我考量的原则,不仅会因为争利而排斥公平原则,而且还会为自己让利式的违规行事而表现得理直气壮。这是因为,在改革开放之前没有市场经济,人们难以形成等价、公平的思维习惯。而这种缺乏公平意识的思维习惯,也成为引发利益争执的深层原因。现实中,有很多经济纠纷的当事人正是由于漠视公平原则,而深陷于个人得失的困惑之中,甚至于永远都不能自拔!有些人明明无理,却总是觉得自己委屈而缠讼不断,正是因为在他的意识中没有公平、公正的标准。

(三)关于契约意识与权力意识

在面对争议时,脑海中首先闪现的是契约意识还是权力意识?比如,在发生经济纠纷和各种利益冲突时,首先想到的是依法依规去公平地解决,还是借助权力和关系去摆平对方?

众所周知,在当前的社会现实中,凡遇纠纷和诉讼,几乎人人都想去寻找关系,借助权力。因为这些人认为关系和权力比法律和规则更有效。在这种理念支配下,他们会漠视契约、背弃承诺、出尔反尔、随心所欲,将一切冲突都置于权力的淫威之下。现实中,已经成为一种社会不良倾向的民事纠纷刑事化问题,就是这种权力至上观的突出表现。这正是一种典型的人治思维模式,而这种现象却是当今社会中的一种普遍问题。形成这种现象的原因,不仅在于司法公信力的缺失,还在于契约意识和规则意识的淡漠。在过去计划经济体制下,契约和规则被国家政策和长官意志所代替,所以,漠视规则和迷信权力已经形成了一种难以打破的思维定式。而问题在于,法治建设40年后的今天,这种思维定式仍然难以消除。

(四)关于权利意识与权力意识

在私权利与公权力发生冲突时,是私权利优先还是公权力优先?现实生活中,公权力与私权利发生碰撞的现象随处可见,如政府占地、房屋拆迁、汽车限行,等等。在一个成熟的法治社会中,对公权力而言,法无授权不可为,而对于私权利来说,法无禁止即可为,私权利受到优先保护早已成为共识。而在中国,个人服从整体,小局服从大局,舍己为公,无私奉献,则是长期以来人们普遍认同的社会公德。中国有句谚语:“大河有水小河满,大河没水小河干”,意思是只有首先实现国家利益才能实现个人利益,而没有国家利益就没有个人利益。所以,人们必须以大局为重,以公共利益为重。在此理念的支配下,对于公权力的优势和重要性人们已经习以为常,以至于常常会缺乏最基本的自我保护意识。

但究竟是大河有水小河满?还是小河有水大河满?这个问题过去喊了好多年,人们却没有认真思考过。在现实生活中,还有多少人仍然沉睡在公权力优先的梦境中?这正是法治化进程中一个不可忽视的重要问题。

(五)关于法律与民意的关系

当法律与民意发生冲突时,是服从法律还是服从民意?这也可以反映人治与法治的不同理念。

现实生活中常常会发生有些具体的司法案件与社会舆论相冲突的情况,甚至会出现舆论左右司法的局面。从法治思维的角度来看,依法裁判就是尊重民意,并不存在法律之外的民意。因为,法律所体现的正是已成为全社会共识的整体民意。所以,法律与民意宏观上并不冲突。在特殊情况下,即使因法律的滞后性与整体民意发生了冲突,也只能引发出修法的动议,而不能直接作出违背法律原则的公众裁判。但是,现实中有很多人却往往把舆论导向与法律的规定对立起来,更加关注社会公众在特定情况下对一案或一事的具体反应。这种思维方式,也是人治理念的表现形式。其实,任何时候都不存在绝对一致的舆论导向。正因如此,才必须将公众的整体意志以立法的形式表达出来,以避免这种意志的任意性和不确定性。

所以,人治的思维形式上表现为对民意的充分尊重,而实质上,却由于其混淆了部分民意与整体民意的关系而违背了最基本的法治原则。

(六)关于制度因素与人的因素

在社会治理和管理学原理中,起决定作用的因素是制度还是人?比如,在公司治理和市场经济活动中,是制度规范和交易规则更可靠,还是个人的品格和承诺更可靠?在机构改革过程中,是制度设计在先,还是选择管理团队在先?调动生产积极性的决定性因素,是机制的合理性,还是生产者的主观能动性……此类问题在中国已经困惑了人们几十年。

改革开放前,在人治理念的统领之下,“人的因素第一”,一直是占据统治地位而且是不容置疑的主流思潮。在此氛围下,人民群众需要“自己教育自己,自己解放自己”。一切规章、制度都成了束缚手脚的条条框框被彻底打破;物质奖励被斥之为资产阶级腐朽观念的“物质刺激”;计件计酬式分配被斥之为势利小人的“斤斤计较”;建立监督机制则被斥之为“不相信群众”……而正是在这种思潮的推动下,中国社会走向了经济崩溃的边缘。

改革开放后,人们吸取了沉痛的历史教训,从这些自欺欺人的虚幻概念中醒悟过来,中国社会开始走向法治。然而,由于理念更新的滞后性,仍然还有很多人并没有摆脱人的因素至上的思维惯性。长期以来,在公司治理中任人唯亲,排除异己,践踏规则,一意孤行者比比皆是。在他们眼中,只有权力和关系才最可靠。在市场交易活动中,漠视契约而轻信承诺者更是屡见不鲜。他们认为交情和义气更重要,而合同只不过是一张纸。而在体制内外各种不同层级的机构改革中,有些人又总是主张要先选定管理团队,后制定改革方案。理由是:没有好的人选,再好的方案也无法落实。甚至还会将“法是人定的”“徒法不足以自行”作为理论根据。

凡此种种的思维方式和行为方式,足以表明,有相当一部分人直到今天还自觉或不自觉地深陷在人治理念禁锢之中却不以为然。

(七)关于机制约束与道德约束

在规范秩序和遏制腐败中,机制约束与道德约束哪一种手段更有效?

在法治理念的思维方式中,大到一个国家,小到一个团体,制度与规则永远是第一位的。但是在中国社会中由于重道德、轻规则的传统思维根深蒂固,一些人仍然沉迷在道德至上的幻觉之中。他们强调思想教育而轻视制度建设,为了维护友情和面子宁可相信誓言和效忠而不屑于设置法律防线,以至于很多利益攸关的大事都可以在君子之交的友情中拍板,而将遵规守矩斥之为薄情寡义。

关于道德与机制的约束力问题,最典型的事例莫过于对遏制腐败的认识。长期以来,人们总是寄希望以加强教育、提高觉悟来防止腐败,却认识不到只有完善机制才是遏制腐败唯一有效的治本之道。其实,机制约束的道理很简单,就是从根本上消除实施腐败行为的客观可能性。在“不想腐”“不敢腐”“不能腐”这三种情形中,“不想腐”者会有,但只能是极少数。这些人是人之楷模,但楷模毕竟是少数,否则就不称为楷模。“不敢腐”者也同样会有,但也只能是一部分人,因为在巨大利益的驱动下,铤而走险者从来不乏其人。事实证明,严厉的刑罚不可能杜绝腐败现象。唯有做到“不能腐”,才是遏制腐败的根本途径,而做到“不能腐”的唯一有效手段,就是通过优化机制来消除实施贪污腐败的客观条件。可问题却在于,尽管实践已经证明,虽然“评先进”“树榜样”等各种不厌其烦的道德说教会起到积极向上的引领作用,却不具有对各种恶习和危害行为的遏制作用。尽管在这种以亲情、友情和义气为基础而缺失制度保障的社会文化结构中,利益的驱动已经无情击垮了脆弱的道德底线,并因此而演绎了一系列的情仇搏杀。现实中却仍然有很多人摆不正道德约束与机制约束的权重关系,继续沉迷在对道德与情感的依赖之中。也有些人陷入道德与机制两者并重的误区之中,而实际上又不自觉地滑向了道德至上一方。这种道德至上论的思维方式,正是人治理念的具体表现。

(八)关于专业能力与个人品格

在选拔人才的时候,专业能力与个人品格孰轻孰重?这个问题看似简单,因为很多人都会脱口而出,认为“品学兼优”“德才兼备”是当然条件。但事实并不简单。因为“兼优”“兼备”者不仅难求而且难选。所以,实际上选择人才时对于这两种条件都会有所侧重。“文革”之前特别是“文革”时期,中国选择管理人才的主要标准是人格评价,当时并不注重管理的专业性,而是将思想觉悟、政治表现、忠诚度等各种品格因素作为最主要的评价标准。由此,一些英雄、模范、道德标兵等先进人物纷纷被推选至各种领导岗位。

然而,事实却证明,一个品德高尚的“好人”未必是一个称职的管理者,“文革”时期的深刻教训我们至今还记忆犹新。再者,对专业能力的考核是可以设定客观标准的,而对个人品格的考核却只能以主观判断为主。更何况,一个人的操守并非固定不变。众多的腐败官员任用时哪一个不是精挑细选?要么就是当初选错了,要么就是蜕化变质了,历史上好人变坏的例子更是举不胜举。而专业素质和能力则既有客观标准为依据,又不易因时而变。

其实,这个道理并不深奥。但为什么至今还是有人走不出重人品而轻专业的习惯思维?其根源还是与人治的理念一脉相承。因为在人治的理念中人的因素比制度因素更重要,所以才更相信人的能动性和自律性。

(九)关于法律与权力的关系

在法律与权力的关系中,究竟是权力左右法律还是法律制约权力?

关于权大还是法大的问题,表面上似乎已无争议,在法治社会中当然是法比权大。但是,在现实生活中,有多少时候却是反其道而行之?大到全社会,小到一个公司、团体,形成决策和发生争议的时候,究竟是法律和制度起主导作用还是权力起主导作用?

在权与法的关系中,最典型的事例莫过于人们对权力干预司法的惯性思维。法治建设四十年以来,尽管无数的事实一再地证明权力干预司法的弊端:权力控制下的司法永远是“双刃剑”,并由此引发了人们对于权力干预司法现象的深恶痛绝。然而,就在对权力干预司法的做法人人喊打的同时,人们又总是会试图甚至竭力地去寻求权力的干预。现实生活中的大小司法案件,无论是权贵富豪还是平民百姓,有多少人都在千方百计地通过各种途径不惜代价不遗余力地寻求权力支持?与此同时,面对权力的干预,人们又只好试图动用另一种权力来反对权力的干预。这种既反对权力干预又寻求权力干预的现象,形成了以干预反干预的恶性循环的怪圈;这种现象恰恰又以推波助澜之势强化了权力的作用。其后果是多数人成了这个怪圈中的牺牲品,同时又给司法不公和司法腐败创造了诸多机会。

在法治建设推进了40年的今天,这种现象依然难以消退,说明人们并未从迷恋权力的沉睡中清醒过来。当一个社会运行在以法治之名而行人治之实的状态之中时,这种状态甚至比名副其实的人治状态更可怕！更重要的问题是，作为一个法律人，对于这种可怕的严峻态势有没有清醒的认识和积极的行动？

（十）关于性善论与性恶论

人性善恶之争，古今中外从未中断过。在中国社会中，儒家学说中的性善论一直位居主流地位。“人之初，性本善”，至今仍然是人们耳熟能详的古训。当然中国古代的法家学派也提出过性恶论的主张，但事实上已被性善论的声音湮没。而在西方社会中从古至今，性恶论的主张则一直居于主流地位。与中国正相反，西方古代社会中也有少数先哲，如柏拉图以及后来的洛克等人提出过性善论的主张，但是居于主流地位的还是性恶论。亚里士多德指出：“人类若由他任意行事，总是难保不施展他内在的恶性。”①马基雅维利则认为：“一般说来，人的本性总是忘恩负义，是变化多端、弄虚作假、怯懦软弱、生性贪婪的。”②意大利法理学家贝卡里亚也持性恶论主张。而英国著名思想家、理论家霍布斯的理论主张更是坚定不移地建立在性恶论的基础之上，而基督教的“原罪”说，其实也是与性恶论如出一辙。

对人性取向的不同判断，直接影响着人们的行为方式和对社会架构的总体设计。以性善论为基础的社会，总是会以人性提升、道德教化为主导，强调人们主观上的自律作用。而以性恶论为基础的社会，则会以制度设计为主导，强调客观上的制度约束作用。在这两种不同的社会架构之下，人们则形成了截然不同的思维方式和行为方式。我们姑且不论历史，只看现实：在改革开放初期，国人对域外的许多现象无法理解甚至嗤之以鼻，诸如 AA 制、立遗嘱、签合同、写借

---

① ［古希腊］亚里士多德：《政治学》，吴寿彭译，商务印书馆 1965 年版，第 319 页。

② ［意］马基雅维利：《君主论》，李盈译，天津教育出版社 2004 年版，第 107 页。

据、付利息等,认为外国人太小气、太自私、太功利、太狭隘、太无情无义。一句话,太没有公心,太没有人情。大家往往会以“高风亮节”反对“斤斤计较”,以“发扬风格”反对“公平公正”。但可悲的是,当中国社会由计划经济转向市场经济,当中国人由无产者变成有产者之后,很多自持清高的人却吞下了自己酿造的苦酒。改革开放40年来,不知有多少“先君子,后小人”的悲剧在不断重演。更可悲的是,直到今天,许多人还不能走出沿袭多年的思维定式,在生意场上只信友情不讲规则,上亿元的资金一个电话就可以调拨;重大的项目,没有手续,只要领导发话就可以启动。而一旦被追究,却因没有证据而有口难辩,后悔不迭。

性善论者,出于美好的愿望,却导致悲哀的后果。性恶论者,出于理性的判断,却可以防患于未然。

善恶之争,千年不断。孰是孰非,似无定论。如果搁置争议,面对现实,至少有一种解释会比较客观可信:人性之中,善恶皆有,并无绝对的善恶之分。问题在于,如何才能扬善抑恶。如果以性恶论为基础,一切着力点意在抑恶,则更容易焕发起人的善性。如果以性善论为基础,只重扬善而漠视抑恶,则人性之恶就会乘虚而入,泛滥成灾。所以,人性的善恶之争直接影响社会治理结构的价值目标。简言之,性善论是人治的基础,性恶论是法治的基础。善良的愿望并不必然导致美好的结果,规则意识才是扬善抑恶的正向思维。

有多少法律人对这个问题进行过深层思考?这才是至今人治与法治两种不同理念的深层课题!

现实生活中所反映的各种人治理念的思维方式,并非仅止于此。这种理念滞后的现状,已经成为中国社会法治化进程中亟待破除的思想障碍,足以引起我们的高度重视和深入思考。

三、人治的理念在中国社会源远流长、根深蒂固

法治建设已经走过了40年，人们为什么还是难以突破人治理念的思维定式？这是因为中国人习惯于人治思维的历史太过久远。

（一）儒家学说奠定了人治思维的理论基础

从春秋战国时期的儒法之争到汉武帝罢黜百家、独尊儒术，人治思维在中国已经固守了几千年。

春秋战国时期，以孔子为代表的儒家学说治国理念的核心是“礼治”与“德治”，孔子最早提出了“德主刑辅”的主张。在中国古代，刑与法是同字，刑即是法，法即是刑，“德主刑辅”就是以德为主，以法为辅。孔子主张在德与刑的关系上，应当首先以“道德教化”为主，而以“刑罚制裁”为辅。“德主刑辅”的治国理念重在通过对人的道德教化使人们自觉地遵守社会秩序，而法律只是一种辅助手段。“德治”是典型的人治理念。到西汉时期，在“罢黜百家，独尊儒术”的官方认可下，这种理念已经位居不可动摇的统治地位。

中国历史上也出现过以韩非子等人为代表的法家学派。法家学派反对“礼治”和“德治”，他们从“性恶论”出发，抑制和斥责儒家学派，认为人的本性都是追求利益的，而儒家那套“礼、乐、诗、书”的教条和“仁、义、孝、悌”的道德准则都是“愚诬之学”“贫国之教”“亡国之言”。[①] 主张以“法治”代替“礼治”，提出“缘法而治”“君臣上下贵贱皆以法”[②]“法不阿贵，绳不挠曲”[③]“不别亲疏，不殊贵贱，一断于法”[④]。

这就是中国历史上的儒法之争。

① 《韩非子·五蠹》。
② 《管子·任法》。
③ 《韩非子·有度》。
④ 《史记·太史公自序》。

儒家的思想基础是“性善论”,法家的思想基础是“性恶论”,两者的治国理念显然大相径庭。但由于法家学说是建立在专制统治的基础之上,法律的功能旨在为最高统治者服务,所以,法家所主张的法治与现代法治的内涵并不相同。法家学说的核心,只是在否认道德教化可以治国的基础上,以严刑峻法来治理社会,是以严酷的法律来管束臣民,维护统治秩序,并不是以法律原则来治理国家本身。

所以,法家所主张的法治的实质,只是作为统治国家的一种暴力工具,并非对国家事务自身的治理方式。其与现代法治的本质区别在于:现代“法治”的基础是民主,法家“法治”的基础是专制;现代“法治”的核心是主权在民;法家“法治”的核心是皇权至上;现代“法治”的功能是保障权利,法家“法治”的功能是维护权力;现代“法治”的本质是法大于权,法家“法治”的本质是权大于法。

概言之,法家之治的目标所向只是广大臣民,而不是国家本身。

由此可见,儒法两家虽然争论不休、水火不容,但其本质上都未跳出人治的框架。独尊儒术之后,中国更是名正言顺地奠定了人治的思想基石。

(二)“文革”10 年使中国社会的“人治”环境达到极致

中华人民共和国成立后的前 30 年,从 1949 年直到 1979 年改革开放之前,是明确宣称要人治不要法治的。10 年“文革”期间,人治的理念和社会环境更是达到了登峰造极的地步。在社会结构上,从漠视和虚化法律,发展到彻底砸烂公、检、法机关,直至法律被变幻无常的党政机关文件和领导指示所取代,彻底走向了法律虚无主义。在意识形态上,更是在“人的因素第一”的口号之下,强调思想觉悟而否定机制的作用,提倡无私奉献而无视公平公正。“文革”期间,“斗私批修”“无私奉献”“灵魂深处闹革命”,几乎成了每人每日的必修课。“斗私”是跟自己的私心作斗争,要消除私心;“批修”是批判苏联修正主义；“无私奉献”是只谈奉献而不计回报；“灵魂深处闹革命”，就是要在每个人的内心深处彻底革除一切私心杂念，一心只为共产主义事业而奋斗。而且还要“狠斗私字一闪念”，就是在任何情况都不允许私心杂念有一瞬间的闪现，要每个人每时每刻都做到“大公无私”“一心为公”。

整个“文革”期间，由于法律规则被斥之为束缚手脚的条条框框，随心所欲的长官意志可以为所欲为而无所顾忌，公权力的任性已经无法遏制。而由于灵魂革命被推崇备至，思想觉悟、忠诚度成了考察干部、培养接班人的唯一条件。于是，表忠心、效忠信则成了投机钻营者的敲门砖。

按照当时的语境，在全国上下一片片响声震天的空洞口号之下，广大人民群众通过“自我教育”，似乎人人都成了大公无私、自强自律的优秀的社会主义建设者，法律与规则已成为多余。但事实上，这些口号的背后所呈现的却完全是另一番情景：一方面，大话、假话、空话、套话，不一而足，不厌其烦；另一方面，心口不一、言行不一、表里不一，却成了人们心照不宣的行为准则。在公开场合，真话几成禁区，人人都是双面人。

“文革”10 年，无论是农村、工厂，还是矿山，在人们打着横幅，喊着口号，写着请战的血书，热火朝天、大干特干社会主义的奋战之下，国民经济却跌向了崩溃的边缘。正是因为在没有制约机制和激励机制的情况下，“觉悟”并不可靠；在“破私立公”的口号之下，私心并不能消除。

而更具讽刺的悲哀是，“文革”期间，从中央到地方，不计其数的领导干部遭受了无法无天、超越道德底线的残酷斗争和身体摧残。而这些人在被打倒之前还义正词严地坚称，“要人治，不要法治”。

“文革”10 年，无论在国家体制上还是在意识形态上，人治的整体环境在中国历史上都已经达到极致。同时,事实也雄辩地证明,它所带来的危害也达到了极致。这种后果以惨痛的教训向世人证明了人治社会的巨大危害性。

“文革”结束后,虽然经过了思想领域的拨乱反正,走向了痛定思痛后的法治化建设。但是,由于中国社会中人治思维的影响太过深远,人们对各种陈腐观念的彻底割舍并非易事。这正是今天我们还不能真正走出人治思维定式的历史原因和社会原因。

四、走向法治的艰难历程

“文革”结束后,随着对“四人帮”和极左路线的清算,国家开始拨乱反正。学界、政界和在“文革”中深受其害的一大批老干部们,开始提出了对人治与法治的重新思考,由此而引发了人治与法治的广泛讨论。

(一)20世纪70年代末的人治与法治之争

在中国社会的传统语境中,法治的概念太过陌生,以至于在刚刚提出时就遭到了广泛的质疑和反对,由此引发了20世纪70年代末至80年代初全国范围内的人治与法治理念的大讨论。讨论中坚持人治观点的人数相当多,其核心理由是,“法是人定的”“徒法不足以自行”,既然立法与执法都离不开人,当然就还是人治。所以,根本就不存在什么抽象的法治。甚至有人认为“法治”就是一个伪命题,是在危言耸听、故弄玄虚!

这次大讨论最后以“法制论”胜出而告终。主流观点认为,在社会主义社会还是提加强民主与法制建设为好。1978年年底,中国共产党十一届三中全会明确提出了健全社会主义法制的目标,确立了“有法可依,有法必依,执法必严,违法必究”的法制建设的十六字方针。邓小平在其著名的《解放思想,实事求是,团结一致向前看》的讲话中第一次明确提出:“为了保障人民民主,必须加强法制建设。必须使民主制度化、法律化，使这种制度和法律不因领导人的改变而改变，不因领导人的看法和注意力的改变而改变。”

值得注意和耐人寻味的是：人治与法治之争的结局既非“人治”，亦非“法治”，而是“法制”。

此次关于“人治”与“法治”大讨论的过程和结局表明：

1. 人治的理念根深蒂固，难以转变。

2. “法制”胜出，终于迈出了突破“人治”理念禁锢的一大步。

3. “法制”的胜出，看似否定了人治，实质上也否定了“法治”。因为“法制”与“法治”并不能同日而语。

由此可见，20 世纪 70 年代末和 80 年代初关于人治与法治之争大讨论的意义是：中国向法治社会迈进了半步。

(二) 历时二十年的“刀制”与“水治”之争

1978 年年底提出建设社会主义法制国家时，明确表述是制度的“制”。这种表述虽然是人治与法治之争后折中式的结论，但已经难能可贵。而且，当时还不容人们对法制与法治不同内涵的深入思考和高度关注，大家已经为中国社会走向法制而欢欣鼓舞了。但事实上，“法制”与“法治”两种概念的内涵相去甚远。

这个问题，由法学家提出之后，又开始了历时近二十年的“刀制”与“水治”之争，直至 1999 年“法治”的概念才被写入《宪法》。

所谓“刀制”与“水治”，是指“制”与“治”的区别，制度的“制”因有“刀”字旁而被称为“刀制”；而法治的“治”，因有“水”字旁而被称为“水治”。两个字因其偏旁不同而含义不同。更重要的是，“法制”与“法治”两个词因其含义不同而体现出两种不同体制的内涵。

法制属于制度范畴，泛指一个国家的法律制度和法律体系，而法治则是一种治理国家的原则和方法。

实行法制的标志，是指有完备的法律制度和法律体系，即所谓的

"有法可依,有法必依,执法必严,违法必究"。法制社会所指的法律制度是由统治集团制定的,既可以是体现民众意志,保障民众权利和自由的民主式法制;也可以是违背民众意志,侵犯民众权利和自由的束缚式法制。法制社会对权力的规范和约束既可以包括一切人和国家机器本身,也可以存在凌驾于法律之上的统治集团或个人,而使其成为统治集团手中的工具。所以,"法制"并不排斥"人治"。

中国古代社会中法家学派坚持的法治,就是主张由法律制度来统治民众,是集权之下的法制。所以,这种"法家之治"的本质还是人治。

而"法治"社会的法律制度,是在政治民主的基础上建立的,体现民众意志是其立法的唯一选择。在法治社会中,法律对权力的约束包括一切个人和国家机器本身,不存在任何凌驾于法律之上的权力机构和个人。所以,法治必然排斥人治。

由此可见,"法制"与"法治"虽然只有一字之差,内涵却大不相同。

而在当时,与"文革"前人治理念的思维惯性相联系,多数人对"法制"的理解,仍然不能摆脱"刀把子"的意识,认为法律制度就是用来管理民众的,而司法机关就是专政机关。所以,法制的目标指向只是作为被管理者的民众,限制的还只是私权利。人们对于"法制"的这种理解,没有从根本上摆脱人治理念的思维框架,只不过是从固守"无法无天"的法律虚无状态走向了"有法可依"的法律规范状态而已。

20 世纪 80 年代普法宣传的口号只是"学法、懂法、知法、守法",其法制的价值取向不言自明。直到后来才逐步发展到"学法,用法,以法律手段维权"。但是,即使是维权,也只是被动地运用法律条文而已,仍然是停留在"法制"的框架之中。

而且，在官方和民间的各种场合，将“法制”与“法治”混同运用的现象比比皆是，似乎二者已经成了同一的概念，却很少有人探究“法制”概念之中潜在的“人治”基因。甚至有人竟然将现代法治与中国古代的“法家之治”混为一谈，声称中国古代社会也有法治。

针对这种情况，法学界提出了关于“法制”与“法治”不同内涵的思考，进而引发了全社会高度关注的“刀制”与“水治”之争。被尊为“法治三老”的江平、郭道晖、李步云教授和王家福教授等中国众多著名法学家们，不仅著书、立说、呐喊呼吁，并多次上书中央有关部门，坚持提出由“法制”转向“法治”的主张和建议。但是，这种努力整整持续了二十年。直至1999年，“依法治国”的表述才被采纳并写入《宪法》，“法治”的概念才得以正式登堂入席。至此，中国社会的法治化进程实现了由“法制”向“法治”的转变。

“刀制”与“水治”的根本区别，在于法律对公权力和私权利的指向不同。简言之，法制是用法律制度管理民众，法治是以法律原则治理国家。正是这种区别划清了人治与法治这两种不同理念的根本界限。

经历过“文革”十年动乱，中国社会在饱受人治之苦后，痛定思痛决心迈向法治。然而，又在“法制”与“法治”的误区中徘徊，摸索了二十年，直到1999年才确立了“法治”的目标。这期间，中国法治的进程经历了两次跨越。第一次是否定“文革”迈向法制，这一次跨越是在吸取了“文革”惨痛教训的背景下，经过人治与法治的第一次大讨论而实现的，但这次跨越并没有真正走出人治阴影的笼罩。第二次跨越是从法制转向法治，这一次跨越是在对法治理念与实践进行深入思考和不懈探讨的背景下，经过人治与法治的第二次大讨论，即“刀制”与“水治”的长期争论而实现的。

四十年实现了两次跨越,成就斐然。但更值得思考的是,中国社会从人治走向法制,再从法制走向法治,足足经历了几千年的漫长历程。迄今为止,举起法治的旗帜才不过二十年。足见人治理念在中国社会中的影响之深远和中国社会走向法治的历程之艰难。

五、法治思维与人治思维的本质界限

关于人治与法治的课题,人们思考了几千年,也争论了几千年。之所以现代社会中绝大多数人都摒弃了人治而认同法治。其根本原因,在于法治既能够有效地维护社会的秩序稳定和健康发展,也能够充分地保障社会公众的自由和民主权利。简概之,人治与法治的根本区别在于:

人治社会是权力至上,法自权出,即法律出自个人(皇权)或少数人的意志,并且服从这些人的意志。

法治社会是法律至上,权自法出,即法律出自社会公众的整体意志,任何个人和集团都必须服从法律。

权力至上的核心是人的意志至上,法律至上的核心则是法律原则至上。而人的意志与法律原则,不仅体现出不同的特征和价值取向,并导致不同的社会后果。

(一)人的意志是个体的,而法律的原则是整体的

任何人都只能代表个人或部分人的意志,而只有法律可以代表全社会公众的整体意志,因为在法治社会中,立法本身必须出自社会公众的整体意志。对于个人而言,正义的标准可以见仁见智,而在法律面前,正义的标准只能统一在法律确立的原则之下。所以,个人的意志所体现的只能是个别正义,只有法律才能体现全社会公众的普遍正义。

(二)人的意志是可变的,而法律的原则是确定的

意志自由是人的本性,所以,因人而异、因情而变,是世之常态、

人之常情。而意志一经通过法定程序形成法律就不能随意变更,必须遵照执行。所以,权力至上与权力的任性具有必然联系,只有法律至上才能防止权力的随意性。

(三)人的意志是莫测的,而法律的原则是公开的

人的意志存在于每个人的内心之中,他人不可预测,无从判断。正可谓"人心不可测"。所以,在人治社会中,民众因权力的深不可测而无所适从。而在法治社会中,法无明文规定不为罪。法律不仅明确规定了合法与违法的界限,而且明确规定了法律制裁的标准,可以使民众有法可依,并且在法律面前享有平等权利。

(四)人的意志是功利的,而法律的原则是公平的

趋利避害是人的本能,追求功利是人之常情。公益之心虽然人皆有之,但功利心与公益心的分量则会因人而异。而且,即使是同一个人在不同时期和不同场合心态也会有所不同。所以,受个人意志支配的权力是不可能公平的。而法律的原则却不同,法律不仅建立在公平、公正的基础之上,而且坚持法律面前人人平等的原则。

只有这种以法律形式确立并且以国家强制力为后盾的公平原则,才能遏制当权者私利的泛滥而保障民众的平等权利。

走向法治,是现代文明社会发展的必由之路。特别是在当今时代,在全球信息共通、信息共享的国际大环境下,没有法治,就更没有社会的正常发展。只有将法律原则的上述性质植根于国家治理体系和国民文化中,成为国家治理最深层的价值追求和民众最根本的文化信仰,才能摈弃任何形式的以"个人意志"决定国家和社会走向的"人治",从而真正实现法治。

中国社会历尽艰辛,终于走上了"依法治国"的正确轨道。但是,由于人治的历史过长而导致的观念滞后问题至今仍未解决。任何时候尤其是在社会变革过程中,理念的更新都既是最重要的,也是最困

难的。理念更新需要思考，需要推动，也需要时间。而深入思考，努力推动，加速理念更新的速度，则是每一位法律人的责任。更重要的是，法律人自身要首先走出人治理念的思维方式。只有具备了法治思维习惯的人，才能称为真正的法律人。

2019 年 2 月初稿完成于北京

2020 年 2 月定稿完成于海南

香港三公司诉广东省湛江海关没收货物违法案

案情简介

1991年7月10日，越南“蓝江04号”货轮装载香港三公司价值2000多万元的家用电器（空调、复印机、彩电等）启航，该船行驶至琼州海峡（国际航线）时，突遇十二级强台风，遂偏离航线至中国广东湛江境内抛锚避险，在停泊中被当地公安机关和湛江海关扣留。

7月13日下午2时，海关对该船进行搜查，隔离船员并进行第一次讯问，制作了讯问笔录。搜查结果表明，该船的合法航程是香港至越南海防港，并携带有香港至越南的合法货物提单，同时，还查出越南海防公司与广西防城港公司买卖该批货物的边贸合同；与原告无关的另一家公司香港康宁公司的一份未生效租船合同的附加协议（没有租船合同，只有附加协议和催款信函）；若干份电文草稿。

根据当时广西的边贸政策，如果该船货物先运到越南，办理海关手续后再由越南运往广西，即属于中越双方合法的边境贸易；如果由香港直接运到广西进行交易，就属于走私。由于该船货物具有由香港至越南的合法手续,所以,如果再启航驶往越南就是合法的,如果驶往广西就可以认定为走私。

问题的关键是:该船偏航避险地点是停泊国际航线上越南与广西的分航点之前,在这个位置上并无法判定其将要驶向哪一个方向。

讯问船长和船员时,其先是称运送该船货物往越南海防港,后又承认开往越南是假的,其真实目的是直接驶往广西防城港。根据船长和船员后来的供述,湛江海关即认定该船是走私,并扣留了船、货和船上所有人员。

后湛江徐闻县公安局经侦查,以行为人构成走私罪证据不足作出书面结论,撤销案件。但湛江海关仍然认为行为人已构成走私,于1个多月以后释放了"蓝江04号"货轮和船上所有人员,但没收了船上全部货物。

事后,越南船长陈某、船主及船公司发出5份声明书和抗议书,声明承认走私是逼供下所为,推翻了承认走私的全部口供。香港三公司向海关总署复议后,又向湛江市中级人民法院提起行政诉讼,越南船长陈某作为第三人参与诉讼。

在法庭审理中,湛江海关坚持认定该船走私的证据主要有三点:

1. 船长与船员的第二次口供:船长和船员在第一次口供中均否认走私,但在第二次口供中承认走私。

2. 在船上搜查到的与原告无关的另一个公司——香港康宁公司留在船上的一份租船合同的附加协议和一封船长给康宁公司的"催款便函"。"便函"写明"为了保证该船能够及时开航,康宁公司必须在7月11日将约定的三笔款汇到",湛江海关依据"附加协议"和"催款便函"认定该船运输的货物是香港康宁公司的而不是原告香港三公司的。

3. 在船上搜查到电报底稿中三份未发出的电文草稿,其草稿的内容可以反映该船具有走私意图。但经查明,其中最主要的两份草稿的拟稿时间是船员被扣留并被隔离讯问之后的第二天。

在此案中,田文昌律师作为第三人陈某的委托代理人参与诉讼。

代理词(二审)

审判长、合议庭:

本人作为本案被上诉人(一审第三人)代理人,发表代理意见如下:

法庭调查表明,本案的事实已经十分清楚:上诉人认定被上诉人走私证据不足,一审判决是正确的。由于被上诉人(一审第三人)代理人的基本观点已在答辩状中作了系统表述,同时,被上诉人其他(一审原告)代理人所发表的代理意见也已经全面驳斥了上诉人的观点,所以,在此仅就以下问题提出补充说明:

一、关于"蓝江04号"货轮1991年7月10日航次所承运货物的基本情况

关于本航次的基本情况,这是一个十分简单也十分重要,但却由上诉人人为地弄得复杂化了的问题。"蓝江04号"货轮虽然与香港康宁公司签订过为其承运一批货物的附加协议,但是,由于发生了特殊事由,康宁公司事先允诺的付款条件无法兑现,致使该船无法履行原协议,因而放弃了为其承运货物的行为。因此,该船7月10日航次所承运的是本案被上诉人(一审原告)的货物,并持有承运这批货物的合法证明。上诉人为了否认这一事实,以在船上搜到的已经失效的"附加协议"和"催款便函"为依据,牵强附会地推定本航次履行的是与康宁公司的协议,承运的是康宁公司的货物。这种推定不仅没有任何证据为佐证,而且,上诉人所提供的"催款便函"的内容本身,恰恰成了否定这种推定的有力证明。“催款便函”清楚地表明:为了保证该船能够及时开航,康宁公司必须在7月11日(注意:是11日,而不是11日之前)将约定的三笔款汇到。而事实上,在康宁公司汇款之前,该船于7月10日晚已经启航离开了香港。这个事实充分说明,该船此航次是在康宁公司无法实现作为开航前提的保证条件的情况下提前开航的,此航次的任务已经与前述的“附加协议”没有任何关系。

根据正常的逻辑,上诉人应当是能够厘清这种关系的。然而,遗憾的是,上诉人在没有弄清真相的情况下,草率地作出了缺乏事实根据的处罚决定。而更为严重的是,在当事人不服处罚而提起诉讼后,上诉人为了掩盖错误,便蒙住了眼睛,不顾事实,在一个先入为主的、以构成走私为前提的、有罪推定的既定框架之中进行推理,构想了一个似乎生动却极不严谨的推理故事。并且,为了增强其推理的可信性,又采取了逼供,诱供和隐匿证据等一系列违法手段。例如,上诉人为了证明“蓝江04号”货轮船长和船员口供的一致性,而隐匿了对于上述人员不承认走私的第一次讯问的全部笔录;上诉人隐匿了对所谓的接货人邝某柏的调查笔录,只因为邝不承认是接货人;上诉人隐匿了“蓝江04号”货轮通过琼州海峡时向海口外代机构通报的电报,借以否认“蓝江04号”货轮进入我国海域的公开性和合法性;上诉人向法庭提交了自以为可以证明走私但内容却不真实的电文草稿的复印件,却隐匿了与其推理结论不相符合的其他电文稿的原件;上诉人隐匿了越南海防公司与广西防城港公司合法易货贸易合同的提单,有意割断了香港—越南—广西三方连环购销合同之间的联系……

综上不难看出,上诉人隐匿上述证据的做法,从始至终,已经形成了为其认定被上诉人构成走私而服务的紧密衔接的一套完整步骤。正是这种做法,导致了本案的复杂化,同时也反映了上诉人在本案举证中的违法性和不真实性。

二、关于上诉人举证的不真实性

上诉人以“蓝江04号”货轮船长、船员的所谓“供词”作为认定走私的证据。但是,第一,船长陈某陆、越南海防运输公司和船主代表黎某周发表的五份声明已经明确申明,他们的供词是在威逼之下作出的,不符合事实。第二,上述人员的供词前后矛盾,不能自圆其说,这样的供词本身就反映出其意思表示和内容的不真实性。第三,上诉人在向法庭提供这些“供词”时,故意隐匿了上述人员否认走私的第一次“供词”,并且,上诉人在法庭上已经不得不承认了自己的这种违法行为,此足以证明,上诉人提供的所谓“供词”既不合法,又不真实,根本不能作为定案的根据。第四,在一审法庭审理中,当上诉人无法解释这些“供词”的矛盾和其隐匿证据的行为时,已经当庭表示:这些“供词”不具有真实性和可靠性,不能作为定案的根据,而只能根据其行为事实来加以认定。然而,在上诉状中,又将这些已被自己否定过的“供词”提出来,作为其认定走私的证据,显然是过于牵强的。

三份电报草稿,也是上诉人视为法宝的重要证据之一。然而,第一,这些电报草稿充其量是一种间接证据。第二,这些草稿只是一些复印件,而复印件根本就不能作为证据使用。第三,法庭调查中已经查明,有两份电报稿是在发报机失灵和船被公安机关扣留检查并且限制了船员的人身自由,进行了第一次讯问以后才拟出的。在失去自由的状态下拟出的可以证明自己具有走私意图的电报稿所表达的是何人的意志?在已经不能发报的情况下又连续地草拟电报稿究竟是为了什么?这个问题岂不是令人费解吗?

显而易见,这些电报草稿的内容根本就不真实,至于这些电报草稿究竟是怎么来的,只有上诉人自己才知道。

三、关于间接证据的效力问题

上诉人认定“蓝江04号”货轮走私的所谓证据,均属间接证据。暂且抛开这些证据的真伪不谈,众所周知,即使是真实的间接证据,也不能直接作为定案的根据。只有在多种间接证据能够形成一个完整、严密的证据链条,而在对这个链条的分析中只能得出唯一的一种结论,不能得出第二种结论的情况下,这些间接证据才能作为定案的根据。然而,上诉人所列举的间接证据完全不具备这种条件,其不仅可以兼容各种不同的分析和推断,而且本身也不能自圆其说,这种间接证据,显然不能作为定案的证据。

四、关于“蓝江04号”货轮的行为事实

对于“蓝江04号”货轮7月10日航次的基本情况,在答辩状中已经作了全面说明。在此要强调的是:认定某一行为是否构成走私,必须以其行为事实为依据。上诉人在两次法庭审理中都犯了一个同样的错误:置行为事实于不顾,一味在分析推断上大做文章。当我方一再指出“蓝江04号”货轮实施避险的地点(也是被扣留的地点)是在国际航线上,是在中国与越南两个方向的分航点之前,因此不能证明该船具有走私的行为事实时,上诉人代理人却打了一个比喻说:“分航点之前的海域就好比是个屋,而‘蓝江04号’货轮就好比是个贼,贼只要进了屋就必定要偷东西,难道还非要等他偷了东西才能证明他是贼吗?”上诉人代理人列举的这个“贼进屋”的故事,虽很荒唐,却极其生动地暴露了导致上诉人作出错误处罚决定的一贯性的指导思想:其一,上诉人认为,贼只要进了屋,就必定要偷东西,就可以认定是贼,而不问其是否实施了偷窃行为。实在难以想象,这样的语言居然也会出现在法庭上。因为众所周知,“捉奸捉双、捉贼捉赃”,这个道理已经浅显到了人人皆知的程度。而上诉方代理人竟然会抛开盗窃的事实去奢谈对“贼”的定性。其二,上诉人所讲的“贼

进屋”的故事的真正荒唐之处还并不在于“进屋是贼”。因为上诉方代理人刚才讲的是“贼”只要进了屋,没拿东西也是贼,所以,事实上她把对“贼”的定性又向前推进了一步,在进屋之前就把行为人的身份确定是贼了。以此推演,既然已经是“贼”,即使不进屋也照样可以抓起来。按照上诉人的这种逻辑,正像“丢了斧子的人”一样,因为怀疑是贼,所以越看越像是贼,在此情况下,行为事实早已失去了本来的客观属性,而是成了主观推断的产物。这种逻辑与上诉人杜撰推理故事的思路完全一脉相承,进一步暴露了其作出错误行政行为的认识根源。所以,上诉人在法庭上所讲的纯粹是一部推理小说,根本没有事实,更没有法律依据。实际上,上诉人只要从尊重事实和法律的角度来分析问题,扭转一下主观唯心主义的思想方法,就不会发生错误的行政行为,也不会在诉讼中继续坚持错误。

以客观的行为事实来认定行为的性质,这是法律规定的基本原则。“蓝江 04 号”货轮 7 月 10 日航次的行为事实非常明显:在抵达广西与海防的分航点之前的国际航线上行驶时,突遇强台风,依照国际惯例顺应风向偏航寻找避风点,最后在流沙港避风。此时,既没有驶向通往广西的航线,也没有进入上诉人所说的什么“屋”(指“贼”进屋的比喻)。这一点,海图和航海日记已经反映得清清楚楚。面对这种事实,上诉人有何证据一口咬定“蓝江 04 号”货轮是驶向我国广西壮族自治区进行走私呢?难道上诉人真的不懂得这种认定缺乏最起码的客观依据吗?对于如此简单的道理和法律常识,上诉人竟然置若罔闻,实在使人震惊!

五、关于海关处罚决定与公安机关侦查结论的矛盾

对于本案的侦查,是由徐闻县公安局与海关共同进行的。然而,在公安机关经过侦查,已经得出结论,认为认定“蓝江 04 号”货轮构成走私犯罪事实不清,证据不足,予以撤案而退回海关之后,海关却又作出了构成走私行为的行政处罚。这是公然违背法律规定的。根据全国人大常委会《关于惩治走私罪的补充规定》,个人走私价额2万元以上,单位走私价额30万元以上,即构成走私罪。这说明,走私行为与走私罪,在行为性质上是相同的,两者的区别主要在于数额的大小。那么,本案中所涉及货物价额早已远远超过了构成走私罪的法定条件,何以能够仅构成走私行为而不构成走私罪呢?本案的性质十分明显,只要是走私,就一定构成犯罪,只要不构成走私罪,就一定不是走私。可见,海关的处罚决定与公安机关的侦查结论明显矛盾,是不能并存的。

在此,被上诉人代理人还要提请法庭注意到一个重要问题:在缉私工作中,海关部门只有调查权并没有侦查权,而公安机关才具有侦查权。当公安机关运用侦查手段已经得出了不能认定其走私性质的结论之后,只有调查权的海关却又作出了认定走私性质的结论,这两种结论究竟哪一种更科学、更准确、更有效力,无论从事实上,还是从程序上,都应当是一目了然的。

六、关于上诉人的诉讼作风所反映的问题

在开庭审理过程中,上诉人竟然不顾诉讼原则和法庭纪律,当庭多次质问、威胁被上诉人,对被上诉人妄加罪名,口口声声要被上诉人承担法律责任,威胁被上诉人代理人不要替走私分子说话,更有甚者,上诉人还公然向法庭施加压力,声称什么由于一审判决海关败诉,而造成了近一时期粤西海面上走私猖獗。这种说法,不仅是对法律的严重亵渎,是对法制建设的粗暴践踏,而且也充分暴露了上诉人一贯的办案作风,可以想象,在庄严的法庭上,面对法官和律师尚且如此,在对于作为其处罚对象的当事人的调查取证中,又如何能依法办事呢?上诉人的这种诉讼作风,难道不是对于其违法取证和违法举证的一系列行为的一个极好的印证吗?

综上,被上诉人(一审第三人)代理人认为,一审法院对本案的判决重事实、重证据,不仅是正确的,而且是认真、严肃的,充分体现了行政诉讼的立法精神和基本原则,而上诉人的上诉理由是不能成立的。希望二审法庭在进一步调查审理之后,能够作出公正裁决。

本代理人还认为,本案是一桩重大的涉外行政诉讼案件,能否公正处理,对于我国的法制建设,司法机关的形象,直至改革开放的深入发展,均有重大影响。因此,请法庭予以重视。

此外,本代理人诚恳、善意而严肃地向法庭指出:两天的审理过程表明,审判长对于法庭审理的主持是不公正的。希望不要因此而影响对本案判决的公正性。对此,请合议庭予以高度重视。

本案被上诉人(原审第三人)代理人:
北京市第六律师事务所律师　田文昌
1992 年 12 月

审理结果

陈某一审胜诉,二审败诉。

李某律师诉贵州省遵义县公安局限制人身自由违法案

案情简介

1993年3月26日,中国政法大学教师、华联经济律师事务所律师李某接受北京大兴县某研究所韩某委托,担任其与遵义石油公司经济纠纷案的民事代理人。在此案调解和诉讼过程中,遵义公安局以诈骗罪名抓走了韩某及其子。李某律师为此向最高人民检察院和公安部反映情况,指出遵义公安局违法越权干预经济纠纷案件;其间,其又于1993年4月10日代理韩某在大兴县法院提起行政诉讼。

1993年5月8日晚,李某律师在另一名当事人家中调查之际,被遵义公安局连同该当事人一起抓走,非法拘禁16个小时,捆绑殴打致轻伤害。

李某被释放后,向北京市海淀区人民法院提起行政诉讼。田文昌律师作为李某的诉讼代理人参与诉讼。

代理词(一审)

审判长、合议庭:

我们接受原告人李某律师的委托,并受北京市第六律师事务所的指派,担任本案原告李某的诉讼代理人出庭参加诉讼,现针对被告遵义公安局非法限制原告人身自由的具体行政行为及其辩解,提出代理意见如下:

一、被告非法限制原告人身自由的行为,是行政违法行为,不属于刑事司法活动的范围

在被告非法绑架、拘禁原告时,在原告所在单位中国政法大学校长对其提出质问后,被告于第二天下午将原告送回中国政法大学,并向当时在场的中国政法大学副校长及李某本人赔礼道歉,还留下100元钱作为医疗费。

当原告向法院提起行政诉讼后,被告又转而拒不认错,并到处散布说李某也不是好人,似乎不是好人就该抓、该打。

当海淀法院受理本案后,被告又提出,他们限制李某人身自由的行为是刑事司法行为,不是行政行为,并以此为由拒绝出庭应诉。

从被告的上述表现不难看出,被告明知自己行为的违法性,在其赔礼道歉的表示未能大事化小,掩盖其错误的情况下,又以司法行为为借口,拒不应诉,坚持错误。被告的这种理由是完全不能成立的!

在说明这个问题之前,代理人首先向法庭出示一个表明本案发生发展全过程的发人深省的日程表。这个日程表能够客观地反映出被告行为的真正性质,同时也能反映出被告实施上述违法行为的动机和起因。

一份发人深省的日程表

1993年3月23日:大兴县建筑岩土工程研究所与遵义县石油公

司因购石油中介费问题发生经济纠纷。表现:遵义石油公司副经理王某荣等人到研究所,要求退还中介费。

3月25日:纠纷冲突升级,遵义方提出用“黑道”“白道”解决。

1993年3月26日:研究所韩某卿等人委托李某律师代理解决纠纷(此前,李某与韩等素不相识)。

(这表明:李某接触此案,是在纠纷发生之后。)

4月3日:遵义石油公司向遵义法院经济庭起诉,同时,遵义县人民法院经济庭作出诉讼保全裁定书(第5号)。

4月7日:遵义县公安局到京抓走研究所法人代表韩某卿。

4月9日:遵义县人民法院向北京东城区城市信用社发出协助执行通知书,划走研究所款项350,900元至遵义县工商银行南白分理处144015账号,法院经济庭收。同日,遵义县公安局又抓走了与本案无关的韩某卿之子韩某生。

4月10日:李某律师代理韩某卿向北京大兴县人民法院对遵义县公安局提起行政诉讼,诉其收容违法,并将诉状发到大兴县人民法院。

同日,大兴县人民法院行政庭关庭长持诉状到大兴县看守所会见韩某卿,询问其是否同意诉讼。韩同意并签字后,遵义县公安局企图阻止诉讼,向关庭长施加压力,直至在诉状上划去了韩某卿的签字后,关庭长才得以从看守所脱身。

1993年4月11日:遵义县人民法院又作出另一份民事裁定书(第7号),裁定划拨研究所在北京的银行存款。

4月12日:遵义县人民法院向北京大兴县建设银行发出协助执行通知书,将研究所账户上的存款1,007,021.5元划拨到遵义县工商银行南白分理处144015账号,法院经济庭收。

4月14日:华联经济律师事务所向大兴县人民法院致函,要求排除干扰,保护公民的诉讼权利,该函抄报中央有关部门及贵州省公安厅。

4月20日:华联经济律师事务所致函公安部陶部长,控告遵义县公安局的非法拘禁行为。

5月8日:李某律师晚9时多被抓。

5月9日:凌晨5时,向李某出示传唤通知书(传唤通知书的发出日期是5月6日,传唤送达时间是5月9日)。下午2时30分,将李某送至中国政法大学。

首先,这个日程表已经说明:(1)李某律师代理的案件的起因是经济纠纷;(2)遵义县人民法院已经受理该案,采取了诉讼保全措施,并且已经先予执行,划走了100多万元款项;(3)遵义县公安局拘捕案件当事人的行为发生在法院的民事司法行为之后,继而又与法院的司法行为交叉进行。

这些事实足以说明:案件的性质是经济纠纷,而且是法院经济庭正在审理中的经济纠纷。在法院审理过程中,被告以诈骗为名,抓人索款,显然属于违法越权干预经济纠纷的性质。更为明显的是,对于同一案件事实,法院的民事审判与公安局的所谓刑事侦查交叉进行,显然是违反司法程序的。

其次,被告诉称,他们抓的不是律师,而是诈骗案的同案人,将进行诉讼代理活动的李某变成了所谓诈骗案的同案人。这种移花接木的做法实在是过于牵强了。

第一,李某是律师,是履行了委托手续的诉讼代理人,身份是明确的。

第二,李某代理案件不是个人行为,而是职务行为,华联经济律师事务所致大兴县人民法院和公安部的两份公函足以证明李某进行代理活动的公开性和合法性。

第三,李某受理案件,接受委托,是在当事人的纠纷发生之后,是在双方经济活动完成之后,不存在其参与所谓“诈骗”活动的任何条件和可能性。对于这一点,被告本来就十分清楚,甚至清楚到在他们事后所做的辩解中都自相矛盾,无法否认这个基本事实。

请看:在1993年8月10日被告呈交给贵州省公安厅《关于石某夫、韩某卿诈骗案及有关情况的报告》中自称,“韩某卿受到石某夫的威胁,觉得安全失去保障,为维护自己的非法利益和融解矛盾而聘请李某进行调解提供服务”,还称“李某在知道该诈骗案部分情况后,仍然收取代理费,提出……”很显然,他们既了解李某是在当事人纠纷发生之后才接受委托,又自称李某只不过是事后才知道案件的“部分”情况,这已经不打自招地充分证明他们将李某作为所谓诈骗案同案人的说法,纯系自欺欺人!其目的就是规避审判,掩盖其行为的违法性。

再次,被告辩称,他们非法限制李某人身自由的行为是依照《刑事诉讼法》第63条和《公安机关办理刑事案件程序规定》第52条的规定实施的。但他们回避了一个实质性问题:以上两条规定的“传唤”,均是针对刑事被告人采取的措施,如果这种规定也能适用于律师的身上,那就意味着,每一个承办案件的律师都随时具有被公安机关“依法传唤”的可能性,如果照此办理,还有没有人敢做律师,中国的法制将向何处去?

最后,被告于5月8日晚以突然袭击的方式将李某暴力绑架;5月9日凌晨5时才出示传唤通知书,而通知书的签发日期是5月6日,这些做法漏洞百出,存在太多的疑点:

第一,5月9日才出示传唤证,那么5月8日晚的行为连形式上的合法手续都不具备,其行为的合法性从何而来?

第二,传唤不是拘传,是不能采用暴力的,那么,对于暴力绑架李某的做法又如何解释?

第三,被告自称"传唤"李某是为了了解案情,那么,在询问之时就进行了长时间的捆绑、殴打,又将做何解释?

第四,既然早已签署了5月9日传唤李某的通知书,为什么在5月8日晚上还没有通知李某,却偏偏从天上掉下来了一个在当事人家中巧遇李某的机会。而在绑架李某后还一再声明:"本来没想抓你,不知道你在井某华家中。"以后又进一步声称,抓李某是因为他"妨害公务"。是因为他"冒充公安部"的人员,那么"巧遇""妨害公务""冒充公安部人员",这种种理由与通知书的传唤理由到底以哪个为准?哪一种是真的?哪一种是假的?我想,这个问题连被告自己也说不清楚。这再一次反映出被告行为的违法性和任意性。

第五,被告在编造李某妨害公务的理由时,忽略了一个重要的破绽:他们5月8日晚执行的所谓公务是抓案件证人井某华,而到井某华家中后,却是不由分说地先绑架李某,后抓的井某华,他们忘记了给李某留一点妨害公务的时间,实在是过于粗心了。

第六,被告在编造李某冒充公安部人员的理由时,又忽略了另一个重要破绽:绑架李某时,经济纠纷案的对方当事人遵义石油公司的经理吴某奎是与被告同行的,而吴某奎既认识李某,又清楚李某的身份(因为李某作为代理律师与吴某奎进行过协商),在彼此了解对方身份的情况下,所谓李某冒充公安部人员的情况是根本不可能发生的。

第七,被告辩称在绑架李某时,不知李某是律师。这种说法更是不能自圆其说。且不说李某在被绑架时已经声明自己是律师,只看传唤证的日期就可以揭开这种谎言,对李某的传唤证上写明的签署日期是5月6日,而于5月8日晚上,又是在李某代理案件的当事人家中绑架李某时,却不知道这个李某就是欲将传唤的律师李某,岂非咄咄怪事?这种现象只有在一种情况下可以发生:那就是在签发对李某的传唤证的时候,被告并不了解李某的身份。本代理人实在不敢相信,也不愿相信被告会作出如此草率的传唤决定!若果真如此,那么后果将是不堪设想的。因为这意味着,在5月9日之前,所有名叫李某的人都会面临被传唤的危险!

综上可见,被告在明知案件性质和李某的律师身份的情况下,在李某律师依法执行职务过程中,非法限制其人身自由的行为,根本不属于刑事司法活动的范围,纯系利用职权进行的报复行为。本案发生与发展的过程清楚地表明,由于原告李某认为被告违法越权干预经济纠纷案件,而代理委托人向法院提起行政诉讼,并且以律师事务所的名义向有关部门提出控告,因而导致了其被被告绑架、殴打和非法拘禁。被告的上述行政行为绝不能与正常的司法行为混为一谈。

本代理人在此着重指出,公安机关的地位是一身两职,其活动方式具有特殊性,因此,在进行职务活动时,其行政行为与司法行为应当有一个明确的界限,如果随意混淆这个界限,以司法行为来掩盖其行政行为的违法性,就会为滥用职权的违法行政行为制造借口,就会严重妨碍公民的行政诉讼权利。

二、被告非法限制原告人身自由的行为,严重侵犯了原告的人身权利,并且妨碍了律师代理诉讼的正常活动,性质严重,情节恶劣

被告在没有任何合法手续的情况下,利用公安机关的行政职权,随意拘捕、捆绑、殴打原告,给原告造成轻伤程度的身体伤害,非法限制其人身自由达16个小时之久,这是对公民人身自由权和健康权的严重侵犯。更为严重的是:被告明知他们所插手的经济纠纷已经在法院提起民事诉讼并且法院正在审理的过程中,被告也明知原告是律师,是这起经济纠纷案件的一方代理人。在此前提下,被告不仅坚持其违法越权干预经济纠纷案件的错误行为,而且变本加厉,将矛头直接指向代理律师;在律师正在执行职务的过程中,对之施加暴力并限制其人身自由,使律师的职务活动被迫中断;继而又对当事人施加压力,迫使其在看守所写信要求解除对律师的委托;更有甚者,还公然毫无道理地到华联经济律师事务所强行索要律师依法收取的3万元代理费(遭到华联所领导严词拒绝)。这一系列行为,早已超出了对一个普通公民侵权的范围,严重妨碍了律师代理诉讼的正常活动,是对律师合法权利的侵犯!是对律师办案的干扰!是对我国刚刚兴起正在走向正轨的律师制度的破坏!从根本上说,是对我国法制建设的破坏!

众所周知,在全党和全国人民的一道努力下,我国的法制建设已经取得了可喜的成绩,并且正在深入发展。健全法制是顺利进行社会主义建设,实现党中央改革开放战略总方针的根本保障;维护法制则是全党、全军、全国人民,更是执法机关不可忽视的一项重要任务!因此,对于被告所实施的违法行政行为,应当提到健全、维护和发展法制建设的高度上加以认识和处理,以法律的名义,以法律的权威性和强制力遏制那些为了维护某种局部利益而破坏法制的行为,防止它们继续发生。

在此,本代理人诚恳地希望被告也能够以此为戒,冲破狭隘的本位主义观念,以国家利益和人民利益为重,充分认识到自己行为的违法性和情节的严重性,认真纠正错误,以求在以后的执法活动中,能够严格依法办案,避免错误,为我国的法制建设作出应有的贡献。

致

海淀区法院行政庭

原告代理人：

北京市第六律师事务所律师 田文昌

中国政法大学副教授 张树义

1994年7月20日

二审第二轮法庭辩论词(根据录音整理)

被上诉人的主要代理意见,已经在第一轮辩论中作了系统阐述,现在仅就上诉人提出的一些主要论辩理由作以针对性的反驳,并简要补充几点意见:

一、关于李某律师的所谓诈骗嫌疑问题

李某律师与诈骗无关,这个问题已在代理词中说得清清楚楚,且上诉方毫无任何证据,但上诉方却纠缠不休,企图以此来开脱自己的责任。在此,我想提醒上诉方注意一个问题:李某律师是在双方当事人的纠纷发生之后才接受委托、代理本案的,事前与委托人素不相识。那么,假定李某的委托人实施了诈骗,李某如何会在其诈骗的行为完成之后再去涉嫌或者参与诈骗呢?难道诈骗行为也可以后补吗?更为可笑的是,上诉人在法庭调查中声称,该局在1993年3月31日对韩某卿等人(李某的委托人)立案时就已包括了李某,那就是说,李某于1993年3月26日第一次见到韩某卿、接受委托,3月31日才第二次与韩见面,在第二次见面的同一天,就被远在贵州的遵义公安局作为诈骗嫌疑犯立了案,此时上诉人怎么会知道有个李某也参与了诈骗了呢?贵局即使在这一天听说李某接受了委托又有什么证据证明李某参与了诈骗呢?上诉人在法庭调查中明确表示,认定李某参与诈骗的唯一根据是在将韩某卿收审以后,韩承认说李某唆使其转移了所谓的赃款,可事实上,韩某卿1993年4月7日才被上诉人抓走，那么，在韩被抓之前对李某立案的根据又是什么呢？这种不攻自破的谎言难道可自圆其说吗？

在我们列出上诉人与遵义法院交叉办案的时间表，揭穿其违法越权干预经济纠纷的实质时，上诉人出具伪证，称遵义县人民法院已于4月7日将该案移送于公安局，可是上诉人却忽略了一个重要事实：遵义县人民法院在4月11日、12日还连续两次下裁定，冻结李某的委托人在北京的账户。如此看来，所谓“移送”的真假不就一目了然了吗？问题很简单，无非是两种可能，如果移送是假，证明上诉人不仅违法办案，而且出具伪证；如果移送是真，证明公、法交叉办案是实，公、法两家同时违法，性质更加严重，地方保护主义的目的暴露得更加充分！

而且，无论是公安局、法院、还是检察院，根据“发案地”的管辖原则，遵义的哪一家都没有管辖权，这又进一步暴露了上诉人违法干预经济纠纷的真实目的。

二、关于李某代理案件的合法性

上诉人以李某律师代理案件不合法为由，而否定李某是职务行为，进而强加李某涉嫌诈骗。关于究竟李某代理案件是否合法，刚才我方宣读的代理词已经阐述得十分明确，我只是再强调几个要点。其实问题很简单，上诉人指责李某是私自代理，那么什么叫私自代理？证据表明，李某的委托代理合同有公章，有证明人，律师事务所承认，这是不能否认的，既然有公章，有证明，有领导同意的代理还叫私自代理，那么请问上诉人，什么样的代理才不是私自代理呢？是不是还要盖上公安局的公章才不是私自代理呢？上诉人还说，李某的行为避开了律师事务所，这也很简单，我们也读了律师事务所主任的证明，说明李某没有避开律师事务所去执行职务。这也不是事实。上诉人又讲李某私自收款，我们出示了收款收据。还要什么？有收据,有证明,也叫私自收款。那么,同样道理,什么才不是私自收款呢?显然做不出别的解释,只能证明是强加于人。

不仅如此,我们暂且不说上述几个问题是"私自"还是"不是私自","合理还是不合理"以及收费是否合乎标准,等等。这些问题应当谁来管呢?法庭调查中上诉人亲自宣读了《律师管理暂行条例》,而该条例明确规定这些问题是由律师主管部门来管,那么,上诉人有权管、有权过问吗?是不是管得太多了点?从贵州管到北京,从当事人管到律师!直至管到律师的收费和委托手续,谁给上诉人的权力?律师条例也好,诉讼法也好,哪一条法律、法规有这种规定?我想,这种转移视线、混淆视听的做法无非是为了往李某的身上泼一些脏水,为自己的违法行为找借口而已。然而,这是于事无补的,解决不了问题。

更加不能容忍的是,上诉人把律师代理费诬为赃款。上午在法庭调查中,我一再问上诉人,到底指的赃款是哪一笔钱,上诉人已经确认,就是"所谓的代理费"。然而,那笔"所谓的代理费"是有手续,有收据,有公章的代理费。不管是否"所谓",它到底是不是赃款?这显然是十分清楚的。上诉人不仅将代理费诬为赃款,而且居然还到华联律师事务所去强行索要3万元的律师代理费,遭到了华联律师事务所直至司法部的严辞抵制而未逞。这又说明什么?如果按照上诉人的逻辑,每个律师的代理费随时都有被诬为赃款的危险,如此下去律师代理费怎么收,这倒是个值得研究的问题了。

三、关于"被告"的问题

这个问题我本不想多讲,因为前面已经讲得很清楚了,但上诉人一再提出来,纠缠不休。我想这个问题并不难解决。首先我重复一句我们在代理词中对"被告"所作的解释:"被告"是指已受到指控的犯罪嫌疑人。然而,上诉人却提出了另一种解释,那么让我来解释一下,上诉人的解释应当怎么理解,我们还用这个做根据。(展示法规)，这是上诉人一直作为根据的一个根据，也就是公安部《公安机关办理刑事案件程序规定》。该规定第22条明确规定，“对被告人和犯罪嫌疑人，根据案件情况应……”如何如何，这里不用往下读，就看这前一句话，“被告人和犯罪嫌疑人”是什么意思？稍有语文知识的人都会知道，“被告人和犯罪嫌疑人”意味着，被告人不等于犯罪嫌疑人。这一点还可以质疑吗？我想，没有理由再可辩解了吧？被告人和犯罪嫌疑人是两个概念。这是其一。

其二，上诉人提到，如果这样理解的话，那么公安机关就没有办法采取强制措施了，理由是“如果按照被上诉人的解释，公安机关就不可能对‘被告’采取强制措施，而只能对嫌疑人采取了，那恐怕法律就得修改了”。这一点我提醒上诉人不必多虑，道理很简单，在刑事诉讼中有些被提起公诉的被告人和自诉案件中的被告人，在开庭审理前并未先行羁押，他们同样是被告，他们被起诉、被指控了，但是并没有被羁押。在必要的时候，公安机关当然可以对其采取强制措施。怎么解释不了呢？可见，至少暂时法律还不必修改。

四、关于“传唤”和“传唤证”的问题

对这个问题我也不想多说，但由于上诉人一再坚持，我只好做一些补充说明。在上午的法庭调查中我曾专门问过上诉人：“关于传唤有什么具体规定？”虽然上诉人没有作出明确的回答，但是法律是有回答的。传唤不是强制措施，传唤不包括强制，更不包括暴力。所以被传唤的人即使不到案，也不能采取强制手段，我在向上诉人提问时，上诉人这样回答我：“如果被传唤者不来。可以拘传。”这句话是正确的，但是在正确的后面却带来了不正确。问题就在于，上诉人对李某律师采取了实为拘传的手段，而出具的却是传唤证，是不包括也不可能使用强制手段的“传唤证”。这是什么问题？合法吗？《公安机关办理刑事案件程序规定》第22条明确规定，对于“经过传唤没有正当理由不到案的,可以拘传”。同时,紧接着其第23条又规定,“执行拘传的时候,要向被拘传人出示《拘传证》”。可事实上,上诉人既没有出示拘传证也没有补开拘传证。这恐怕是一种疏忽吧?那么很显然,尽管上诉人用心良苦地炮制一张后补的、虚假的,而且是前后矛盾的“传唤证”,但由于“传唤证”与“拘传证”有本质差别,还是照样不能掩盖上诉人行为的违法性,可以说,虽然上诉人补上了一张前后矛盾的传唤证,即使这张传唤证就是真的,但由于它与上诉人所采取的实际手段根本不具有同一性质。因此,上诉人强行绑架,拘禁、殴打李某的行为自始至终都是违法的,没有一分钟的合法性!

这种行为如果不是违法行政,还会有什么行为是违法行政?还会不会存在违法行政行为?我想这个问题是明确的,不容置疑的!

五、针对本案有关问题的几种观点

1.关于对本案根本性质的认识。

通观本案,本案证据的审查与认定表明:

首先,李某所代理的案件本身就是经济纠纷案,而不是诈骗,那么,李某本人更不可能是诈骗的嫌疑人,同样,李某也不可能是上诉人所说的被告人。可见,从根本上说,本案就没有构成刑事案件,因此说,上诉人以《公安机关办理刑事案件程序规定》为依据为自己开脱责任,本身就站不住脚。我再重复一遍(出示《公安机关办理刑事案件程序规定》),这是关于办理刑事案件的规定,而在李某的身上根本就不存在刑事案件的问题,所以,上诉人将其作为依据的依据本身都不成立,也就是说根本就不能以此为依据。退一步讲,即使以此为依据,也是自相矛盾的,这个由上诉人当作依据的依据并不能为上诉人的理由提供依据。

其次,拘传李某没有合法手续,因为所谓的传唤证与上诉人实施的暴力行为完全不相符合,而且案件根本就不属上诉人管辖。这个事实一方面说明上诉人连自己作为借口的规定都没有遵守,另一方面又进一步说明,上诉人明知自己所实施的并不是刑事司法行为。否则,怎么会明知超越了管辖权还越权管辖,而又不远千里地来北京抓人呢?

以上两点说明,上诉人的所谓"刑事侦查行为"一说,是没有理由可谈的,一句话,只能是违法行政!

2. 上诉人实施违法行政行为的实质和原因。

由于本案很具有典型性,所以,分析其形成的原因是必要的。本代理人认为:

首先,在地方保护主义思想支配下,为了维护本地区的经济利益,上诉人违法越权干预经济纠纷案件,实施了第一次违法行政行为。

继而,在李某律师坚持原则,依法向上级有关部门汇报和揭露其违法行为,致使其第一次违法行政的行为受阻后,上诉人恼羞成怒,又对李某律师采取了有预谋、有步骤的报复手段,进一步实施了更加严重的第二次违法行为,将违法侵权的矛头直接指向了执行职务中的李某律师。

这是上诉人行为的实质,也是上诉人一再实施违法行政行为的根本原因所在。

3. 本案应当记取的教训和具有的社会意义。

对于上诉人来说,本案的教训是深刻的。上诉人身为公安机关本应是维护法制的卫士,然而上诉人的行为却一而再,再而三地粗暴地践踏法律,不仅侵犯了被上诉人的人格、自由和健康,侵犯了中国律师的尊严,更严重的是,它给正在深入发展的中国法制建设蒙上了一层阴影,破坏了执法机关的形象,降低了社会公众对执法机关的信赖感,从而在根本上破坏了法制建设的发展。

为此,我们诚恳地希望上诉人能够虚心地、真诚地纠正自己的错误,并能深刻地记取这一教训,排除干扰,以实际行动扭转自己的形象,使自己的行动走上依法行政的正确轨道。

总结教训的同时,还应当看到本案的社会意义。一个事物的正面效应,往往是从它的教训中引发出来的。在本案发生后,引起了全社会的强烈反响:全国律师界支持李某,社会公众支持李某,新闻舆论界支持李某,法学理论界支持李某。当一审法院判决李某胜诉后,全社会反响更加强烈:人们增强了对律师行业的同情、尊重和支持,增强了对司法机关的信赖;更重要的是,增强了对中国法制建设的信心。

可以说,本案的公正判决和宣传,无疑会对中国的法制建设产生一股巨大的推动力,这种推动力的社会意义是不可估量的!我深信,本案之后,类似的案件一定会大大减少,律师工作的阻力会大大减少,公安机关的行政行为将会更加谨慎,司法机关的威望和法律的权威性将会大大提高!这一切,将会使每一个关心中国法制的人感到无比欣慰!

但是,这种效益的取得是来之不易的,为此,李某律师付出了沉重的代价!

在中国法制建设的发展进程中,虽然有些代价是必须付出的,但我们每一个人都有责任、有义务把这种代价减少到最低限度!

最后,为了李某律师的付出,为了中国法制建设的希望,我作为李某律师的同行,作为李某的师长,作为一个法学工作者,在此特向李某律师表示真诚的敬意!

谢谢!

李某代理人:

北京市第六律师事务所律师　田文昌

1994年12月16日

审理结果

一审中被告拒不出庭,法庭当庭宣告李某胜诉。

被告不服判决提出上诉,并于二审时出庭应诉,辩称李某律师有参与诈骗嫌疑,拘传李某有合法手续。二审维持原判。

马某山诉赵某明返还财产案

案情简介

河北省霸州市胜芳镇居民马某山(原告)于1994年6月向霸州市人民法院起诉,要求被告赵某明(精神病患者)返还所借的“公元前871年春夏秋三宫女图”古画一张,其向法院提供起诉的唯一证据即赵某明于1993年10月15日向原告所写的一张“欠条”,该“欠条”写在一张抬头为“工作日志”的巴掌大小的纸上,文字内容为:“前些年借马大爷春夏秋三宫女穆文公与萧史于鸣凤殿此画价值连城虽有万贯黄金难以买到,事经国膳修穆文公庙国事大权已经孟明代理国权大政公元前八百七十一年,借画人:赵某明”(注:原文如此),“欠条”的左下角横、直写有三个人的名字即:“证明人:薛某清、齐某海、赵某安”,落款日期为“1993.10.15”。

代理词(二审)

廊坊市中级人民法院尊敬的审判员:

我们是北京市京都律师事务所律师,在原告马某山诉被告赵某明返还财产一案中,接受上诉人赵某明的委托,担任其二审代理人。接受委托后,我们走访了有关当事人,咨询了故宫博物院、中央美术学院等有关单位、专家,分析了与本案有关的法律、政策。现就本案中的若干重大问题发表代理词如下:

一、关于借用关系是否成立

被上诉人在诉状中称其1937年7月在天津做木工时用30~50块大洋从别人手中买得公元前871年的春夏秋三宫女图一张,收藏50余年,家人对此也毫无所知;1992年春节上诉人找其要借此画看看,被上诉人同意借给其看几天;1993年10月15日被上诉人找上诉人要求返还古画,上诉人给其打了"借据"一张。这就是被上诉人所诉称的全部事实与理由。

1995年8月26日二审法院庭审调查中,上诉人在回答审判员是否向被上诉人借有古画时,陈述其不是在1992年春节而是在1983年被上诉人80岁生日时到被上诉人家祝寿,酒醉后被上诉人交给其一幅两头裹有麦秸秆的像画一样的东西,但当场未打开看,谁也不知道其为何物。依此,无论到底是1983年6月还是1992年春节,被上诉人的诉讼请求都是不能成立的,因为其一,若是按上诉人主张的1983年所借,则根据《民法通则》第135条和最高人民法院《关于贯彻执行〈中华人民共和国民法通则〉若干问题的意见(试行)》第165条之规定,早已超过诉讼时效;若是按被上诉人主张的1992年春节所借,则被上诉人必须就借用关系成立举证,而上诉人在一审和二审中均未提供任何证据。

退一万步说,即使是1992年春节上诉人从被上诉人处确实借过一张画,但这张画到底是什么年代的、作者是谁、内容是什么,均无任何证据,其价值也无法判断。换言之,没有任何证据能推论出这是一张有准确年份、作者、内容及价值的画。

代理人认为,本案中被上诉人要求返还财产,主张其与上诉人之间存在借用关系,然而被上诉人并未提供任何借用关系成立时的证据,既无借用协议,也无其他旁证,到底是何时、何地、向何人借得何物均无任何证据。故所谓的借用关系是不成立的。

二、关于“借据”的证明效力

本案中被上诉人提供的唯一“证据”是1993年10月15日的一张“借据”,但这一证据的真实性是非常值得怀疑的:其一,“借据”上的出借人为“马大爷”,但“马大爷”到底是谁?出借人是不明确的。其二,既然被上诉人多次催要上诉人返还古画,为何又不在借据上写明返还的日期?写这张“借据”的意义到底何在?其三,“借据”上的三个证人为什么均不到庭作证,接受法庭和双方当事人、代理人的质证?其四,既然是借据,为何要写上“价值连城,虽有万贯黄金难以买到”之类的话?其五,“借据”的借用日期也是不明确的,既然被上诉人主张借画是在“1992年春节”为什么又不在借据上写明呢?既然是如此价值连城的稀世之宝,为什么出借人连出借的日期都说不出来呢?既然是“1992年春节”所借,“借据”是1993年10月所写,相隔仅一年多,又怎能说成是“前些年”“几年前”呢?诸多疑窦,一审法院却认定这张“借据”的效力,实在令人惊异。

更主要的是上诉人赵某明是有20多年病史的精神病患者,代理人已就此提供了大量的证据材料,上诉人所写的这张“借据”即便是其亲笔所写,其意思表示也是不真实的,不能作为定案的依据。

三、关于诉讼标的物

本案被上诉人在起诉书、答辩状及其他场合均十分肯定地认为其“出借”的画是公元前871年的古画，其所主张的诉讼标的物是明确而肯定的，而非笼统地说是一张“古画”而已。其中，仅在寥寥200余字的起诉书中就有4处提到上“公元前871年”的古画，可见，被上诉人所指的“公元前871年的古画”的标的物是特定的，而非其他物品可以代替的，也是不可改变的，如果该标的物不存在，则被上诉人的诉讼请求便不能成立。那么，公元前871年到底会不会有古画并保存至今呢？

我国最著名的中国美术史专家、原中央美术学院中国画系主任、美术史系教授、博士生导师张治安先生在其所著《中国画发展史纲要》（北京外文出版社）中指出：楚墓帛画是已发现的全世界最早的古画，是画在丝织品上的。而楚墓帛画于1949年出土，据考证其时代应在公元前168年。也就是说，世界上已发现的最早的古画其时代也不过是公元前168年，离被诉人所主张公元前871年相差达700余年。至于纸画，则是在造纸术发明以后才有的，而作为造纸术的发明者——东汉的蔡伦，其生活的时代是公元25年，与公元前871年相差近900余年。代理人曾为此咨询过故宫博物院、中央美术学院的有关专家，有无可能在民间存在公元前800年左右的古画，得到的答复均是否定的。何况“宫女”二字是在春秋战国时期才出现的，公元前871年根本没有“宫女”这个词。本案是原告（被上诉人）提出诉讼主张，根据我国《民事诉讼法》的规定，原告负有证明借用关系成立、借用时间、借用地点、借用人、出借人、借用物的数量、质量、性能、特征、价值等的责任，否则其主张便不能成立。现在原告并未就上述事实向法庭提供充分、确凿的证据，其诉讼主张是不能得到认定的，是荒唐的。

很显然，被上诉人所诉称的公元前871年的古画根本是不存在的，其诉讼请求只能解释为要么是凭空臆造，要么是敲诈勒索。

四、关于上诉人的民事行为能力

上诉人赵某明患精神病已有20余年,其三个远近亲属也为精神病患者。代理人曾走访过赵某明的邻居,所在村委会、原工作单位等,被走访的人无一不证明赵某明精神错乱,是个“疯子”(见证据材料)。不仅如此,天津市公安局安康医院也于1994年7月25日提供证明,证明赵某明早在1979年4月至1980年4月因患精神分裂症而在该院住院治疗(见证据材料)。最高人民法院《关于贯彻执行〈中华人民共和国民法通则〉若干问题的意见(试行)》第7条、第8条之规定,当事人是否患有精神病,人民法院应当根据司法精神病学鉴定或者参照医院的诊断、鉴定确认。在不具备诊断、鉴定条件的情况下,也可以参照群众公认的当事人的精神状态认定。代理人在一审中既提供了医院的诊断,也提供了大量的群众公认的判断,然而一审法院对此丝毫未予注意,甚至在判决书中一字也未提及此事。为慎重起见,二审中代理人又安排赵某明到我国最权威、最有影响的精神病专业医院——北京安定医院进行诊断,诊断结论也同样证明赵某明确为精神病患者(见证据材料)。法院既不采纳代理人提供的证据,又不委托有关机构做司法精神病学的鉴定,对赵某明患精神病这一事实完全置之不理,的确令人又一次感到惊异。

五、关于本案情理

由于本案证据缺乏,事实不清,代理人相信,对本案情理进行分析将有助于把握本案的事实真相与性质。代理人认为,被上诉人所主张的古画借用关系从情理上分析和推论也是站不住脚的:其一,被上诉人称其在1937年用500块大洋购得此画,但对从谁手中购得,由谁鉴定为公元前871年的画,是真品还是赝品,均不能举证说明,况且一个木工在那个年代用500块大洋买一张画,从经济上说是几乎不可想象的。(再一次令人十分震惊的是:被上诉人在起诉书中称其用30~50块大洋买得此画,而一审法院竟越俎代庖地认定为500块大洋,不知是何缘故?!)其二,被上诉人称其“特别喜欢古玩、字画”,想必对古画有一定的欣赏水平,至少不会忘记自己所买之画的名称、年代这些最基本的东西,何况是如此稀世珍宝,但被人诉人竟说不清楚,实在令人不可思议。其三,被上诉人称其对此画“一直收藏50余年,家人毫不知晓”。既然连家人都毫不知晓,旁人又怎能知晓呢?! 又何以会出现三个“证人”出面去找上诉人索画并为其写借据作证呢?! 其四,既然是如此价值连城的稀世珍宝,怎能借给别人时连张借条都不写呢? 既然说定是“借看几天”,为什么1年多以后才去索要呢?! 诸如此类有悖常情、常理的疑问不能不令人对本来就缺乏依据的诉讼请求更生疑问。

综上所述,一审法院的判决属认定事实不清,适用法律不当,缺乏最基本的证据,是完全错误的,应予撤销。代理人同时严肃指出的是:一审中代理人曾数次请求法院对本案事实和性质至关重要的三个问题予以查实:(1)请求法院对上诉人赵某明的民事行为能力委托有关机构进行司法鉴定;(2)请求法院对被上诉人主张的诉讼标的物即公元前871年的古画是否存在进行专家论证;(3)请求法院传对本案“借据”的三个证明人即薛某清、齐某海、赵某安到庭作证或采取其他方式取证,最好能接受法庭、双方当事人和代理人的当面质证。然而一审法院对代理人的上述请求均未采纳,十分令人遗憾。现二审代理人再次提出上述请求,恳请二审法院予以重视。

以上代理意见,请法庭予以考虑。

代理人:

北京市京都律师事务所律师　田文昌　刘凯湘

1995年7月

审理结果

霸州市人民法院于1995年5月7日作出一审判决,认定"借画一案事实清楚,证据充分",判决"被告向原告付保证金3万元,待被告偿还此画后,原告如数退还保证金3万元"。被告不服,上诉于河北省廊坊市中级人民法院,该院于1995年9月作出二审判决,维持原判。

全国妇联与王某民、包某华及锦州市环境艺术研究所浮雕加工承揽合同纠纷案*

案情简介

全国妇联在其办公大楼建成后，为迎接在北京举行的第四次世界妇女大会，决定将在建中的妇联办公楼环廊改成宣传妇女形象的汉白玉浅浮雕，并于1992年年底至1993年年初，对环廊浮雕设计制作方案招标。后王某民、包某华以“中央美术实习厂”名义投标并最终中标。1993年6月21日，全国妇联与王某民、包某华及锦州市环境艺术研究所签订了加工承揽合同。6月24日，妇联按约支付给王某民工程预付款80万元。6月25日，王某民、包某华背着妇联将浮雕工程转包给第三方唐山市雕塑装饰厂，并且在转包合同中把技术、尺寸、工艺、材质、效果等要求以及交货期限擅自篡改，降低规格。后

* 《雕塑》杂志2001年第2期（总第26期）以《〈和平·友谊·团结·进步〉一案终有结果》为题报道此案。

被告方又延迟交货。妇联负责人验收时发现浮雕质量粗糙,但被告称浮雕为天然雪花大理石。为抓紧进行世界妇女大会的筹备工作,妇联同意安装此浮雕,双方签订了《全国妇联浮雕合同补充协议》。后经专家鉴定,浮雕不是天然石材,而是树脂和石渣的合成材料,易老化变色,不防火,不抗震,耐用性差。专家指出其与妇联大楼整体建筑极不相称,因此浮雕并未实际安装,妇联另行委托了中央美院制作汉白玉浮雕。

全国妇联遂于1994年6月23日诉诸东城区法院,称被告未按约定使用汉白玉制作,并延迟交货,要求退还预付款及利息,赔偿延误工期损失。1995年4月12日,北京市第二中级人民法院提审此案。被告辩称,其已按约定将浮雕制作完成,是原告方妇联违约未支付第二笔工程款,要求妇联支付工程款、设计费及违约金。一审法院在审理期间为查明浮雕材料、质量是否符合协议要求,邀请专家对浮雕进行了鉴定。专家指出浮雕在用材、工艺、质量方面存在问题。一审判决最终认定,双方签订的合同有效但不完善,对石材和工艺约定不明,对此双方都有应负的责任。原告妇联的主张理由不足,判决妇联支付全款,并判令将该浮雕异地安放在中华女子学院。同时,法院虽然认定被告方在石材和工艺质量上确有问题,但未判其承担责任。全国妇联对一审判决不服,认为一审认定事实错误,有失公正,提起上诉。

田文昌律师受全国妇联委托,担任其二审代理人,指出一审判决对有关事实的认定和应该分清的责任,都存在重大问题。不仅对被上诉人私自将工程转让给第三方(唐山市雕塑装饰厂)的违约责任没有予以追究,而且对被上诉人在转让合同中擅自篡改定作方约定制作浮雕的弧形尺寸、材质工艺和交货期限等重大违约事实也没有查清。同时,对已经认定的被上诉人“对制作浮雕使用的石材和制作工艺亦未向全国妇联予以明示,质量上也有一定问题”的违约事实,一审法院也没有追究被上诉人应负的法律责任。

代理思路

本案的争议是承揽方制作的浮雕在材质、工艺、技术尺寸等方面存在严重的质量问题,完全不符合定作方全国妇联的定作要求而引起的。律师主要从双方争议的事实及其责任承担方面展开调查取证和分析论证。

1. 从法理上分析合同违约问题。双方签订的承揽合同虽然不完善,但是合法有效的。在承揽合同中,材质是保证质量的前提,应由定作方确定,如果发生分歧可以协商,但承揽人不能擅自决定材质。承揽人擅自决定材质并一再欺瞒的行为不仅违约,而且是欺诈。

2. 定作人到底有没有明示“汉白玉”材质。从证据上看,招标时全国妇联对“汉白玉”材质的要约是明确的,承揽方在招标评选时提供的概算上有专门针对汉白玉的概算和价格比照,还有同时参加投标的其他单位的证明可以证实,承揽人对妇联要用汉白玉石材一直是明知的。同时,合同约定,承揽方必须与全国妇联方的设计人员共同研究保证浮雕工程质量,并达到北京地区的抗震要求。设计人员的设计方案和图纸上都明确了材质为“汉白玉”,承揽方却违反合同约定没有同设计人员共同研究,更没有使用“汉白玉”材质保证浮雕的工程质量。

3. 一审法院在审理过程中组织了有关部门进行鉴定及有关专家进行论证,律师也走访和邀请了有关专家进行论证,结论为:这种树脂石渣浮雕质量存在严重问题,不能延年,易老化变色,不防火,不抗震,极不安全,与百年大计的建筑物极不相称,完全不符合使用要求。

代理词(二审)

审判长、合议庭:

受上诉人中华全国妇女联合会的委托,北京市京都律师事务所指派我担任其二审代理人,参加本案的诉讼活动。

介入本案后,我们认真研究了北京市第二中级人民法院作出的一审判决和有关的案卷材料。为了使代理工作建立在更加可靠的事实与法律的基础上,我们又进行了必要的调查核实,走访和邀请了首都部分法学专家和雕塑专家,对本案的事实和法律、浮雕及其质量和价值问题进行了专题论证,从而使我们对本案的事实有了更加深刻的了解,并且取得了许多更有说服力的证据材料。

我们认为:北京市第二中级人民法院作出的一审判决,对有关事实的认定和应该分清的责任,都存在重大问题。例如,不仅对被上诉人违反《中华人民共和国经济合同法》第19条之规定,不经定作方同意,私自将接受的工程转让给第三方(唐山市雕塑装饰厂)的违约责任没有予以追究;而且对被上诉人在转让合同中,擅自篡改定作方约定制作浮雕的弧形尺寸、材质工艺和交货期限等重大违约事实也没有查清。同时,对已经认定的被上诉人"对制作浮雕使用的石材和制作工艺亦未向全国妇联予以明示,质量上也有一定问题"的违约事实,一审判决也没有追究被上诉人应负的法律责任。一审法院在没有对质量上存在严重问题,完全不符合定作方使用要求的树脂石渣浮雕进行价值鉴定的情况下,竟断然判决上诉人按汉白玉浮雕的价格将160万元支付给被上诉人,同时又判决将上诉人付款的浮雕异地安装在与浮雕争议毫无关系的中华女子学院。这样的判决实在是令人难以理解、难以接受的。

北京市第二中级人民法院在应该查清的事实没有查清、应该分清的是非没有分清、应该追究的法律责任没有予以追究、应该进行价值鉴定而没有鉴定的情况下,所做出的一审判决显然是不公正的。不仅与情、与理、与法皆相悖,而且还损害了国家利益和社会利益。

为此,我们根据事实和法律,提出代理意见如下:

一、汉白玉材质问题,是被上诉人蓄意违约所造成的

1. 上诉人作为定作方,对制作浮雕必须用汉白玉石材的要约始终是明确的,被上诉人作为承揽方也一直是明知的,此有以下证据可以证实:

(1)1992年3月,全国妇联为迎接九五世妇会在北京召开,决定在办公楼环廊上安装汉白玉浮雕,是与首规委及北京市建筑设计院共同研究商定的,并经全国妇联书记处会议讨论决定。(详见:证据一“北京市建筑设计研究院二所证明材料”;证据二“北京市建筑设计研究院工程师张彤梅证明材料”;证据三“北京市天地装饰公司及其工程师于峰证明材料和图纸”;证据四“全国妇联书记处会议记录”。)

(2)1992年年底至1993年5月,全国妇联基建处按照上级决定,就汉白玉浮雕的设计制作工作进行公开招标评选。徐承念局长亲自向参选单位宣布了招标评选的具体内容和要求,其中材质问题明确要约是汉白玉。所有参选单位包括被上诉人都以汉白玉石材制作浮雕提出了概算报价。被上诉人的概算报价单上明确写着汉白玉石材当时的市场价格比照为每立方米4000元,而且还明确地写着浮雕的制作工艺是“按型雕石”和“雕石部分”的价格。被上诉人在此期间还多次向上诉人提供过汉白玉石材样品。(详见:证据五“妇联徐承念局长宣布的招标内容和要求”;证据六“被上诉人王某民、包某华向全国妇联提交的‘石质高浮雕造价概算’及向妇联提供汉白玉石材样品的王某礼的证明材料”;证据七“张某来的证明材料”;证据八“解放军蓝天大理石厂证明材料”;证据九“北京工美学校张云微主任证明材料”。)

2. 1993年6月21日,上诉人与被上诉人订立了“全国妇联办公楼环廊浮雕协议(合同书)”,但于6月30日才正式签字盖章。而6月24日在上诉人预付给被上诉人50%的浮雕工程款80万元后,被上诉人未经定作方同意,在6月25日就私自把浮雕工程转让给了第三方唐山雕塑装饰厂,这是被上诉人首先严重违约。[详见:证据十“全国妇联办公楼环廊浮雕协议(合同书)及被上诉人与第三方唐山雕塑装饰厂私自订立的合同”。]

3. 被上诉人在6月25日私自将浮雕工程转让给第三方的合同中,还私自篡改了定作方的技术尺寸、材质工艺要求及交货期限,这是被上诉人第二方面严重违约的事实。例如,①上诉人合同中约定的“巨幅弧形浮雕(高3.35米,长85米,厚度40~60厘米)”,被篡改成没有弧形,“高3米,长80米,厚度20~60厘米”;②上诉人要求的材质工艺为“浮雕整体雕刻”,被篡改成“外层大理石材料裁拼装模灌结,内层大理石粉特制粘接剂加固造型”;③上诉人约定“两个半月内将浮雕完成”,而被上诉人与第三方订立的合同上竟没有交货期限的约定。在被上诉人私自与北京紫光装饰公司订购天然雪花大理石的合同上,交货期首期为1993年8月2日,最后一期为11月30日。由此可见,被上诉人与第三方订立的石材交货期即长达4个月,那么,又怎么能够在上诉人合同约定的2个半月内完成浮雕呢?从这些事实可以清楚地看出;被上诉人根本无视合同法的有关规定,无视定作方对定作物的要求和约定,蓄意违约已经到了随心所欲的地步。(详见:证据十;证据十一“王某民与紫光装饰公司于1993年7月5日订立的订货合同”。)

4. 上诉人在合同第3条中还约定,被上诉人“必须与乙方(上诉人)设计人员共同研究保证浮雕工程的质量和结构安全,并达到北京地区的抗震要求(达到人民英雄纪念碑浮雕效果)”。但是,被上诉人根本没有执行这一条约定,从未与上诉人的设计人员共同研究过,这又是被上诉人严重违约。如果被上诉人不违反这一条合同约定,而与上诉人的设计人员(北京建筑设计研究院及北京天地装饰公司的设计人员)共同研究保证浮雕工程质量安全等要求,也就不会产生材质问题的争议。因为,上诉人的设计人员在设计规划和图纸上都清楚地注明了浮雕石材必须用汉白玉。(详见:证据一、二、三及证据十二“北京天地装饰公司于峰工程师的设计图纸”。)

5. 1993 年 9 月 14 日及 10 月 27 日,全国妇联领导两次到唐山去审泥稿时,当面与被上诉人指出浮雕必须用汉白玉材料,而被上诉人曾提出要改用天然雪花大理石,全国妇联领导均未同意。为此,被上诉人王某民还曾和全国妇联徐承念局长争吵起来,事后(11 月 1 日)王某民还专门写信向全国妇联徐承念局长赔礼道歉,表示“深有自悔”“忘记了一个教授应有的涵养”“一个不合格的党员王某民”。上诉人和被上诉人发生争吵,以及事后王某民亲自写信向上诉人赔礼道歉,都是因为其蓄意违背上诉人“浮雕必须用汉白玉石材”的要约而发生的。直到 1993 年 11 月 8 日,上诉人还就石材问题再次致公函给被上诉人,一再告诉被上诉人:浮雕必须用汉白玉石材。(详见:证据十三“黄某璪关于环廊浮雕石材问题的证明材料”;证据十四“被上诉人王某民 11 月 1 日给妇联基建处的信”;证据十五“妇联基建处 1993 年 11 月 8 日给被上诉人要求浮雕必须用汉白玉石材的公函”。)

6. 自被上诉人因上诉人坚持浮雕必须用汉白玉石材而发生争吵,并且在事后又亲自写信向上诉人赔礼道歉后,在 1993 年 11 月中旬至 12 日底将近 2 个月的时间,被上诉人突然避而不见,直到 12 月 25 日,被上诉人突然给上诉人来信说:“浮雕已全部完成。”其信中还蒙骗妇联领导说:“这2个月在山东各县山区奔波选石材,分地分处加工后运唐山组装。”但事实上,被上诉人在故意回避不见的2个月中,却已经背着上诉人擅自在唐山加工了树脂石渣浮雕,在石材和工艺上完全违背了与上诉人的约定,根本没有用汉白玉石材和整体雕刻的工艺制作浮雕,而是用了化工熟制粘结剂和石渣混合浇铸的方法制作了浮雕,不仅没有用汉白玉石材,就连被上诉人曾提出的天然雪花大理石都未用。

被上诉人作为加工承揽方,有什么理由违背定作方要求私自将承揽的加工工程转让给第三方呢?有什么理由违背定作方的要求擅自变更定作物的材质和工艺呢?这种做法实在是太过分了,根本没有把合同法的有关法律规定和定作方的约定放在眼里。上述这些事实充分说明被上诉人是在蓄意违约,肆意违约。一审法院也认定,“被上诉人在1993年6月25日,将浮雕工程私自转让给了第三方唐山市雕塑装饰厂”;一审法院还认定,“被上诉人未将制作浮雕的石材工艺向全国妇联明示,质量上也有一定问题”。但是,一审法院却没有追究被上诉人这种严重违反合同法的有关规定的法律责任,这不是明显的不公正吗?(详见:证据十六“被上诉人王某民1993年12月25日通知妇联说‘浮雕已全部完成’的信”。)

二、被上诉人制作的树脂石渣浮雕存在严重的质量问题,完全不符合上诉人的使用要求

根据东城区人民法院及北京市第二中级人民法院组织有关部门的鉴定,以及有关专家的讨论意见,根据我们走访和邀请的有关专家论证的意见,被上诉人制作的浮雕存在严重的缺陷和质量问题,完全不符合上诉人的使用要求。

其一,被上诉人制作的浮雕为树脂与石渣的合成物,根据鉴定部门鉴定和雕塑专家论证,这种树脂石渣浮雕不能延年,易老化变色,不防火,不抗震,极不安全。据专家的介绍,东北某城市在20世纪六七十年代曾用这种树脂石渣做成的室外雕塑,不到一年就因不防火而被烧毁了。

其二,浮雕是配合环境和建筑物起装饰作用的。雕塑专家认为:在百年大计的建筑物上安装只能维持两三年就要老化的树脂石渣浮雕是极不相称的,用这种树脂与石渣合成物制作的浮雕不适宜于室外装饰。更何况,妇联办公楼建筑雄伟别致,又位于长安街上,作为一名雕塑艺术家,是应该知道在百年大计的建筑物上,是无论如何不能采用这种不能延年,且易燃易老化的树脂石渣材料制作浮雕的。

其三,上诉人在合同第3条与被上诉人特别约定:“承揽方必须与妇联办公楼的设计人员共同研究保证环廊浮雕的工程质量和结构安全,并达到北京地区的抗震要求(达到人民英雄纪念碑浮雕效果)。”实际上就是约定了只有用汉白玉石材制作的浮雕,才能达到与建筑物整体协调和百年大计的效果,才能达到人民英雄纪念碑浮雕的效果。除此之外,如雪花大理石及其他天然石材都不可能达到人民英雄纪念碑浮雕的效果,树脂石渣浮雕就更不可能达到这种效果了。

其四,被上诉人制作的树脂石渣浮雕,就是按照正常的制作要求,也存在严重的偷工减料问题。根据权威部门的鉴定及专家检验,被上诉人制作的树脂石渣浮雕,根本没有用铁丝网和玻璃布加固;而且据观察,做好的浮雕已有多处裂缝。浮雕为大理石渣和有机粘结剂的合成物,粘结剂和滑石粉的含量高达40% ~70%。浮雕没有放防紫外线(老化)的材料。由此可见,被上诉人制作的树脂石渣浮雕,就是按其正常的要求检验,也是完全不合格的,完全是假冒伪劣商品。(以上事实详见:证据十七“中国雕塑学会鉴定报告”;证据十八“国家地质实验测试中心检验报告”;证据十九“国家建材地质研究所鉴定报告”;证据二十“唐山雕塑装饰厂厂长孟某龙证词材料”。)

三、被上诉人的违约手段是蓄意蒙骗和欺诈

1.1993年3月,被上诉人得知上诉人正在招标评选环廊汉白玉浮雕的制作方案,为了能承揽到这项工程,被上诉人不惜采取欺骗和弄虚作假的手段,以骗取上诉人的信任。参加招标时,被上诉人曾拿着一份以“中央美院王某民、包某华”身份订立的合同,并自称是“中央美院实习工厂”,包某华也是中央美院教授,并且还信誓旦旦地要为妇女工作多做贡献,保证以最低的经费做出高质量“达到世界水平”的浮雕来。而实际上被上诉人的这份自称以“中央美院教授”身份订立的合同及“中央美院实习工厂”,以及包某华也是中央美院教授的身份,都是虚假的。(详见:证据二十一“中央美院院长办公室证明材料”;证据二十二“被上诉人在参加招标时向上诉人提供的以‘中央美院教授’身份订立的合同”。)

2.1993年6月21日,上诉人与被上诉人签订的合同,是被上诉人起草的,并且在合同上故意未写明汉白玉石材。在上诉人提出必须写明汉白玉时,被上诉人又推说“汉白玉产地还没有选好,在概算报价单上已写明汉白玉石材每立方米4000元的价格比照及石质高浮雕按型雕石”等为由而推托未写。而这些都是被上诉人精心设置的骗局,是为了下一步私自转包给第三方,并私自篡改石材及制作工艺而留下的伏笔,是早就有预谋的。否则,为什么被上诉人在与上诉人订立承揽合同且还没有盖章生效的第四天,也就是在收到上诉人预付的80万元款的第二天,就赶到唐山,与第三人唐山雕塑装饰厂订立了转包合同?否则,又为什么要在转包合同上私自篡改技术尺寸、材质工艺等约定?这些事实充分说明,被上诉人在起草合同时是故意没有写明汉白玉的,在正式订立时又是故意推托不写的,目的是在私自转包第三方时,可以篡改材质工艺和技术尺寸等要求,从取偷

梁换柱、以次充好、偷工减料的手段，大大地降低成本来牟取暴利。

3. 被上诉人的“锦州熙民环境艺术研究所”是1993年4月在锦州郊区某菜园子旁边找了几间房，以被上诉人孙女婿名义成立的私营企业，实际上是根本没有加工能力的空壳企业。被上诉人一直向上诉人隐瞒着这一事实，私自将浮雕工程转包给第三方后，在两次约上诉人去唐山审泥稿时，还一再蒙骗上诉人说“是借用唐山厂的场地”。而且还一直蒙骗上诉人说“浮雕是用天然石材制作的”。直到上诉人诉诸东城区法院后，被上诉人还继续蒙骗法院说：“唐山厂里制作好的浮雕是百分之百的天然雪花大理石。”然而，纸终归是包不住火的。东城区法院在审理中，组织国家有关部门进行鉴定和专家进行检验，终于查清了被上诉人私自转包第三方制作的是树脂石渣浮雕的事实。

4. 1993年7月5日，被上诉人还与北京紫光装饰公司订立了一份“订货合同”，也存在重大虚假和蓄意违约的事实：

一是订购天然雪花大理石87立方米，单价每立方米8000元是虚假的，因为根据1993年的市场行情，一级汉白玉最贵也只要每立方米4000元左右，而天然雪花大理石每立方米只要900～1000元。

二是订购了87立方米天然雪花大理石，怎么会碾成细微碎粒石渣交唐山加工成树脂石渣浮雕？大理石碎粒石渣直接可以买到，只要几十元一吨。87立方米天然雪花大理石完全可以采取整体雕刻制作成天然石质浮雕了，这87立方米雪花大理石究竟买了没有？用到什么地方去了？被上诉人至今也拿不出正式凭据和发票。而且，被上诉人在1993年12月5日给上诉人的信中又说：“两个月来，在山东各县山区选石材，分处分地加工后运唐山组装。”那么，现在唐山厂里做成的，既不是用的北京紫光装饰公司购买的天然雪花大理石，也不是被上诉人信中说的“在山东各县山区选的石材，分处分地加工后运唐山组装"的天然石质浮雕,而纯粹是用树脂石渣制作的浮雕。这些事实也都充分说明被上诉人对上诉人的蒙骗和欺诈。

三是从被上诉人与北京紫光装饰公司订立购买天然雪花大理石的合同来分析,也证明被上诉人早在7月5日订立合同时,就蓄意在石材问题上私自篡改。在交货期限上也私自篡改,从1993年8月2日到11月30日,石材交货期就长达4个月,而在上诉人原合同上约定浮雕2个半月内完成。这些都是被上诉人蓄意违约的事实。而且这份天然雪花大理石订货合同,被上诉人也一直向上诉人隐瞒着,也是东城区人民法院在审理中才查清的。

5. 被上诉人违约所采取的手段是蒙骗和欺诈,而且是有预谋的,精心设置的:(1)在参加投标评选时,被上诉人冒充"中央美院实习工厂",包某华也自称是"中央美院教授"。在与上诉人订立承揽合同前后,曾多次向上诉人提供过汉白玉石材样品。(2)在与上诉人订立承揽合同的第二天,即拿到上诉人80万元预付款的第二天被上诉人就赶到唐山,私自转包给了第三方,并且私自篡改技术尺寸、材质工艺等定作要求。(3)在上诉人两次去唐山审泥稿时,被上诉人还蒙骗上诉人说是借用唐山厂的场地,并且提出要改用天然雪花大理石,上诉人均没有同意,并因此发生争吵。事后,被上诉人在1993年11月1日还专门为此事写信向上诉人表示"赔礼道歉"和"深有自悔"。(4)在上诉人于1993年11月8日再次写公函告知被上诉人浮雕必须用汉白玉石材制作后,被上诉人却突然2个月避而未见。后在12月25日被上诉人突然给上诉人来信说"浮雕已经全部完成",信中还说"2个月来在山东各县山区选石材,分地分处加工好后运唐山组装"。(5)在1994年1月24日,上诉人去唐山验看浮雕时,发觉浮雕十分粗糙、颜色又灰又黄、不像汉白玉时,被上诉人又继续蒙骗说是"百分之百天然雪花大理石浮雕"。(6)在被上诉人"百分之百天然雪花大理石浮雕”的蒙骗下，上诉人为了赶时间安装上墙，提出要请专家验收和重新按雪花大理石浮雕核价结算的前提下，召开了协调会议。但对该协调会议上的所谓“补充协议”，被上诉人也进行了篡改，未按上诉人要求写上“浮雕要经专家验收和重新核价”的条款，而且上诉人也根本没有授权王某礼、王某在该协议上签字。所以上诉人（主管领导）没有同意该协议，没有签字盖章，该协议也自然没有生效。（详见：证据二十三“未生效的补充协议”；证据二十四“王某的证明材料”；证据二十五“全国妇联赵地副主席关于‘补充协议’的证明材料”。）之后，上诉人于1994年5月邀请雕塑专家去唐山验看浮雕才惊奇地发现，浮雕根本不是天然雪花大理石，而是一种树脂与石渣的合成物。(7)在上诉人向东城区人民法院起诉后，被上诉人还继续蒙骗法院说是“百分之百的天然雪花大理石”，直到法院组织有关权威部门做出鉴定，被上诉人才不得不承认是树脂石渣浮雕。但是被上诉人又谎称是自己研制的一种“新型合成材料”。被上诉人的欺瞒行为已经到了恬不知耻、掩耳盗铃的地步。所谓“新型合成材料”，经国家权威部门和专家们多次做出的鉴定和检验结论都认为：该浮雕完全是用玻璃钢树脂与石渣做成的浮雕，并不是什么新型材料。

综上可以看出：被上诉人采取蒙骗和欺诈的手段，蓄意违约的责任是十分清楚的，目的是牟取非法暴利。

四、关于中央美院制作的汉白玉浮雕和被上诉人制作的树脂石渣浮雕的对比

上诉人为了赶在“九五世妇会”前能在办公楼环廊安装汉白玉浮雕，以体现我国对“九五世妇会”的重视和烘托世妇会气氛，1994年年底，与中央美院雕创室商定重新制作汉白玉浮雕。中央美院雕创室选购了房山一级汉白玉石材，并于2月中旬开始制作浮雕，到4月底已全部雕刻完成，并准备上墙。

常言道:不识货可以货比货,假货只怕真货比。中央美院雕创室也同样是接受全国妇联的委托加工,同样是从设计到制作,全部工程造价也同样是160万元,交货期限也同样约定是2个半月,中央美院雕创室保证质量按时完成了。160万元总价中,已包括设计费及所有材料费、人工费和税金,而且1995年汉白玉石材与1993年的平均价格每立方米4000元相比涨到每立方米8000元,翻了一番,还有正常营利。这一事实与被上诉人采取欺诈手段,偷梁换柱、以次充好、偷工减料制作的树脂石渣浮雕是一个多么鲜明的对比啊!

如果被上诉人遵循诚实信用的基本原则,按照上诉人的定作要求制作汉白玉浮雕,1993年汉白玉石材的价格比1995年要低一半,那么,被上诉人也是可以多赚几十万元的。(详见:证据二十六"北京大理石厂提供的1993~1995年汉白玉石材及雪花大理石材的价格比照")。然而,被上诉人为了获取更多的暴利,却根本不顾上诉人要求定作的汉白玉浮雕这一最基本的要约;根本不顾该浮雕是安装在长安街上妇联办公楼的特殊位置和必须符合百年大计的使用要求;根本不顾该浮雕是为了迎接"九五世妇会",是为国家争光的大事;根本不顾该浮雕是高悬弧形巨幅浮雕,环廊下面是人行车行的过道,浮雕必须具备严格的抗震、防火以及绝对安全可靠的质量要求。被上诉人反其道而行之,把本该按上述要求和造价做成的汉白玉浮雕,采取蒙骗和欺诈的手段,采取偷梁换柱、以次充好、偷工减料的手段,做成了既不延年,也不抗震,又不防火,质量低劣的树脂石渣浮雕。这种质量伪劣的树脂石渣浮雕存在严重的安全隐患,一旦发生事故,安装浮雕的环廊下面是车来人往的过道,后果不堪设想,责任又应该由谁来承担呢?对于被上诉人这种无视法律规定和定作方要求的严重违约行为,对于被上诉人制作假冒伪劣的艺术商品、严重损害上诉人利益、严重损害国家集体利益、牟取非法暴利的行为,难道不应该追究其应负的法律责任吗?

根据以上事实和我国法律的有关规定,代理人认为:被上诉人的行为违反了《经济合同法》第19条之规定,违反了《加工承揽合同条例》第4条、第11条、第13条之规定。并且根据《经济合同法》第31条之规定,以及根据《加工承揽合同条例》第21条"承揽方的违约责任"之第1款、第4款、第5款之规定,代理人提请北京市高级人民法院在二审中能够进一步查清事实,排除干扰,主持公道,在分清是非和法律责任的基础上,严格按照以事实为根据、以法律为准绳的原则,作出公正的判决:

(1)依法判决被上诉人返还上诉人预付款人民币80万元和银行利息;

(2)依法判决被上诉人赔偿给上诉人所造成的严重经济损失;

(3)依法判决被上诉人承担本案一审和二审的全部诉讼费。

上诉人中华全国妇女联合会代理人:
北京市京都律师事务所律师　田文昌
1995年12月22日

关于全国妇联办公楼环廊浮雕争议一案专家论证会纪要

举办单位:北京市京都律师事务所

主持:北京市京都律师事务所主任　田文昌

时间:一九九五年十二月九日

与会专家

江平　中国政法大学民法教授

谢邦宇　中共中央党校法学教授、中国行为法学会会长

杨振山　中国政法大学民法教授

方流芳　中国政法大学法学博士、民法教授
王利明　中国人民大学法学博士、法律系副主任、民法教授
朱启超　北京大学法律系副主任、教授;中国民法经济法学会理事
邵景春　北京大学法律系副教授
张德华　中央美术学院雕塑创作室教授
申红飙　中央美术学院雕塑创作室助教

1995年12月9日,北京市京都律师事务所就全国妇联办公楼环廊浮雕争议一案,邀请部分法律界和雕塑界专家、学者进行了论证。

与会专家教授们认真地审阅分析了有关的事实证据材料及由法院组织的中国雕塑学会、国家地质实验测试中心、国家建材局地质研究所对树脂石渣浮雕作出的鉴定报告,宣读了法院组织邀请的七位全国著名专家的意见书,讨论分析了北京市第二中级人民法院对该案作出的一审判决。同时论证会上还放映了由法院组织专家对浮雕现场进行取样检验的录像,就此,专家教授们发表了个人的看法和意见。

中国著名法学家、中国政法大学的江平教授认为:第一,从合同订立的情况看,合同本身对材质要求订立不清楚,这也是本案争议的焦点问题,合同上虽未写明,但不能说合同是无效的。第二,从现有的间接证据材料看,全国妇联所主张的汉白玉是明确的。第三,在承揽合同中最重要的是质量原则,材质是保证质量的前提,应由定作方确定。如果发生分歧可以协商,但承揽方也不能擅自变更材质,承揽方背着妇联擅自改变了材质、工艺,这一点是承揽方的违约,应承担违约责任。

中国政法大学法学博士方流芳教授指出:从合同的订立上看,合同是有效的,只是在合同订立时,存在空缺性条款;但承揽方无权单方面对材质方面的空缺条款作出决定,应由定作方妇联决定,这是属

于承揽方的过错,承揽方应当承担违约责任。

中国人民大学法学博士、法律系王利明教授认为:此案现处于二审期间,应当主要围绕一审判决书来分清责任过错问题。从客观上来看,本案事实基本上是清楚的,合同的订立也是有效的,主要是材质问题未写明;但其他条款,如约定要与妇联设计人员共同研究保证浮雕质量、达到人民英雄纪念碑浮雕效果、工艺上是整体雕刻实际也包含了对材质的要求。承揽方私自转包给了第三方,私自改变了尺寸和材质及制作工艺,这是违反《合同法》有关规定的。另外,一审法院的判决有一些缺陷:第一,判决书所认定的浮雕异地安装,本身表明不符合定作方要求;第二,判决书对承揽方制作浮雕私自转包和存在质量问题都有认定,但是,判决结果却没有体现追究承揽方应负的法律责任;第三,判决妇联支付160万元是不合理的,如果这种树脂石渣浮雕还可利用,起码的办法也是以质论价、扣减价款。这些都反映出判决的不合理,自相矛盾。

北京大学法律系朱启超教授表示同意上述专家意见,并补充了两点:第一,从合同和妇联大楼的实际建筑要求来看,浮雕约定是巨幅弧形,承揽方私自转包给唐山后却改成了平面的。第二,从浮雕的尺寸上看,合同上写明浮雕高3.35米、长85米、厚40~60厘米。而且,法院组织国家有关权威部门的鉴定及专家会议中也指出,即使是树脂石渣浮雕,里面也没有放玻璃丝布及钢丝网加固支撑,不抗震,不耐用,不防火。从这些方面可以看出,做好的浮雕是偷工减料的,艺术品也要打假治劣。法院不仅没有追究承揽方的违约和作假的责任,还要判决妇联支付汉白玉浮雕的价款,这让人难以理解。这种树脂石渣究竟值多少钱,应该按市场及行业规定进行评估定价。

中央党校谢邦宇教授,还有中国政法大学杨振山教授及北京大学邵景春副教授也发言表示同意上述专家意见。中央美院的专家教授谈道:汉白玉制作的浮雕质量最好,可以延年,如故宫里的台阶、天安门华表、人民英雄纪念碑的浮雕,都是用汉白玉制作的。雕刻工艺过程是先做泥稿,定稿后再翻制成石膏像,然后按型(石膏像)雕刻石头。而树脂石渣浮雕是灌模浇结,在工艺上是完全不同的,造价上相差更大。

中央美院雕刻室在1994年年底接到全国妇联委托,要重新做汉白玉浮雕,1995年1月到房山选了一级汉白玉石材,2月中旬制作泥稿,修改定稿后马上按型雕刻,4月底完工并准备安装。造价方面,购买一级汉白玉石材花了近80万元(每立方米是8000元),其余是制作费,其中设计费占8%,这是有行业规定的。总价是160万元,是全部费用,已包括利润和税金。而如果用天然雪花大理石造价就低多了,一级天然雪花大理石每立方米也只要1000元左右,总造价只要八九十万元。而玻璃钢树脂石渣浮雕造价就更低了,只要十多万元。树脂石渣浮雕虽然有仿天然石材效果,但在百年大计的建筑上安装是不适宜的,因为树脂石渣浮雕不延年、易老化、不防震、不防火。作为一个雕塑艺术家,承揽方完全应该知道在全国妇联这座坐落在长安街上很雄伟的大楼上也是根本不宜安装这种树脂石渣浮雕的。

专家们经过讨论分析一致认为:浮雕争议的关键是承揽方制作的浮雕在材质、工艺、技术尺寸等方面存在严重的质量问题,不符合全国妇联的定作要求。关于双方争议的事实和法律及其责任方面的问题,专家们认为:

1. 关于材质问题,全国妇联在合同上虽然没有写"汉白玉",这是属于合同不完善的"空缺条款"。但是,作为承揽方来说,在对于空缺条款理解不一致的情况下,是没有权利单方面擅自决定材质的,这个权利只能属于定作方。一审法院也认定承揽方未将材质向定作方明示,这是明显违反合同条例规定的,而且承揽方还一直隐瞒了使用树脂石渣这种人造石材的事实。浮雕在质量上存在重大缺陷。这说明承揽方的欺诈行为是存在的。

2. 全国妇联与承揽方订立浮雕工程合同,是以招标评选为前提的。在招标中,全国妇联对"汉白玉"材质的要约是明确的。特别是在承揽方招标评选时提供的概算中,有"按型雕石"和"雕石部分"的预算,还有注明的当时汉白玉每立方米4000元的市场平均价格比照,还有160万元浮雕工程总造价,加之同时参加招标的其他单位提供的证明材料,都可以证实:承揽方对妇联用汉白玉石材定作浮雕的要约也一直是明知的。

3. 全国妇联在合同第3条约定,承揽方必须与妇联方面的设计人员共同研究保证浮雕的工程质量,并达到北京地区的抗震要求(达到人民英雄纪念碑浮雕效果)。这一条款实际上包含了对浮雕材质和整个工程质量的要求。北京市建筑设计研究院及北京市天地装饰公司是为妇联办公楼设计环廊浮雕工程的技术人员,在设计要求和图纸上都明确了材质为"汉白玉"浅浮雕。设计研究院二所及天地装饰公司的设计方案和图纸,这个证据非常重要。专家们认为,如果承揽方不违反这一条的约定,与妇联方面的设计人员碰头研究,也就不会产生材质是否明确的争议。

4. 中央美院的专家教授认为,妇联合同上对"浮雕整体雕刻"及"雕刻成功,经有关部门验收,质量全优后,由作者雕刻留名"的条款属于工艺上的约定,也明确了浮雕材质必须是天然石材,采用整体刻石的工艺。而现在承揽方制作的浮雕,既不是天然汉白玉石材,也不是天然雪花大理石石材,而是树脂与石渣的合成物,工艺上是灌模浇铸,完全不符合妇联合同上对工艺的约定要求。

5. 关于承揽方背着定作方擅自将浮雕工程转包给第三方,而且还私自篡改了材质工艺、技术尺寸、交货期限等主要条款,导致第三方加工出来的浮雕存在严重质量问题,转包方应该对此承担责任。

6. 一审法院认定承揽方在使用石材和制作工艺上未向全国妇联予以明示,质量上也有一定问题,应予异地安置。但是,在判决中没有按质论价,仍然要妇联按汉白玉浮雕工程价格160万元支付,这是不合理的。

为此,专家们一致认为:北京市高级人民法院在二审中,应该慎重地审查事实,严格适用法律,秉公作出判决。

审理结果

二审法院维持原判。此案在当时颇受关注,争议甚大。

黄某桥诉湖北省宜昌市西陵峡口风景名胜管理局承包企业产权纠纷案

案情简介

被告方湖北省宜昌市峡口风景区管理处（以下简称管理处，现改为湖北省宜昌市西陵峡口风景名胜管理局），于 1992 年 4 月筹备并注册成立了宜昌市三峡园林开发公司（以下简称开发公司），由当时管理处农业办公室主任吴某福担任法定代表人职务，经营范围：园林绿化、花卉、盆景制作、种植等。开发公司成立之初，由管理处指派其工作人员吴某福、李某涛、王某英三人经营，管理处除免费提供营业执照，两间办公室外，三人工资仍由管理处支付，由以上三人自主经营。经营运作近四五个月后，没有带来经济效益，于是管理处张某珍代表被告方向吴某福等三人提出对开发公司实行全包干制承包经营，即承包方在两年承包期交足约定的管理费外，盈亏自负，发包方不承担任何经济责任。对此，吴某福提出 1 年上交利润 24,000 元，2 年共交 48,000 元，而被告方提出的承包指标为：1 年上交 4 万元，2 年上交 8 万元，其余盈亏归承包人，由于双方之间的承包指标差距较大,没有达成承包协议,随后吴某福等三人因工作调动先后离开开发公司,开发公司因而处于无人经营的状况。被告方坚持以其向吴某福等提出的同等指标和条件对开发公司实行全包干制的经营方针,但没有一人愿意接受而承包开发公司。被告方党委领导班子成员根据多年对一直在被告方工作的原告人品德及业务能力的了解,一致认为由原告承包开发公司比较稳妥,于是被告方由张某珍出面于1992年11月初主动找到原告,希望原告能够接受被告的指标和条件,以全包干制的方式承包开发公司,原告经过自费到沿海城市考察后,才同意承包开发公司并主动提出将被告方原来制定的承包指标上调为第一年交5万元,第二年交10万元,两年共交15万元,至此,原、被告双方对承包开发公司的合同主要条款达成一致意见,并由被告方起草承包合同书,由被告方党委领导成员修改定稿后,原、被告双方于1992年12月12日正式在承包合同书签字盖章,双方权利义务关系确定。

承包合同书规定:“承包期内乙方向甲方上交管理费15万元,承包期限为两年,承包方式为全包干制,乙方承包后享有企业经营自主权,财产处理权、人事调配权等国家规定应享有的权利,乙方在承包期发生的债权、债务,均由乙方负责处理,甲方不负任何经济责任。”

承包合同签订以后,被告方将开发公司营业执照法定代表人变更为原告,并依照承包合同规定向原告出租办公室三间,出借部分办公设备、办公用品,除此之外,被告方没有提供任何资金作为开办费和起动资金。1993年1月,被告在原开发公司营业执照经营范围基础上,扩大经营范围,增加了房地产业,建筑材料等经营项目,将开发公司更名为宜昌市明珠房地产开发公司,并在工商管理局办理了正式手续。面对企业一无资金、二无人员的局面,原告从社会上招募了8人作为公司组成人员,将自己多年的积蓄拿出,加上公司成员分别私人借贷和被告依合同贷款给原告 10 万元,共计 200 万元作为公司起动资金,开始了两年期的承包经营。经过原告和公司成员的努力经营,两年来明珠房地产开发公司(以下简称房地产公司)共给国家缴纳各种税款近 460 万元,开发房地产总面积达 22 万平方米,向社会提供居民住宅 230 套,房地产公司职工人均年收入超过 1.5 万元,并为每个职工解决住房一套。原告在依法纳税,合法经营的两年承包期内,认真严格地履行了承包合同书中乙方的义务,分别于 1993 年 6 月 28 日、1993 年 12 月 28 日、1994 年 6 月 28 日、1994 年 12 月,分四次按期向被告方交纳了总计 15 万元管理费,此外,1993 年 7 月、8 月、9 月三个月,被告方依照合同贷款 140 万元给原告,原告也分别于 1993 年 12 月 30 日、1994 年 12 月 30 日、1995 年 6 月 23 日,分三次向被告方支付了共 365,422.6 元的利息款。但是,随着两年承包期的届满,被告方不是以发包方的身份与原告平等协商解决承包期届满后的财产归属事宜,而是用审计、税务检查等方式干预原告正常经营活动,并于 1995 年 4 月 12 日向原告宣布 4 条决定:“停封公司财务、停封公司公章、停封银行账户、停封公司汽车”,单方召开全体职工大会,宣布免去原告房地产公司经理职务,改派他人担任,并同时发布通知,要求原告交出房地产公司的一切证件、印章、办公用品、用具、固定资产财务账册和职工档案。1995 年 6 月,市建委发出通知,房地产公司须进行资质年审,由于被告方不任命法定代表人,不委托办理年审手续,致使被市工商局和建委注销了房地产公司的资质证书,一个曾获湖北省房地产业“百强企业”,湖北省房地产业综合实力“五十强企业”称号,为国家、集体、个人带来较大社会效益和经济效益的企业,从此陷入困境。同时,被告责令原告交出公司所有财产,否则,欲以贪污罪追究其刑事责任。为此,原告于 1995 年 11 月 22 日向湖北省宜昌市中级人民法院提起诉讼。委托京都律师事务所田文昌、赵敏律师为诉讼代理人。

代理词

审判长、各位审判员:

我们是北京市京都律师事务所的律师,受黄某桥的委托,担任黄某桥诉宜昌市西陵峡口风景名胜管理局承包合同纠纷案原告黄某桥的诉讼代理人,参加诉讼。根据我们的调查,特别是法庭审理,我们对本案有了充分的认识,现提出如下代理意见,望贵庭予以充分考虑。

我们认为:

一、宜昌市明珠房地产开发公司(以下简称明珠公司)名下之现有全部资产应归黄某桥个人所有,被告无权剥夺

1. 被告对其于1992年7月设立的原注册为全民所有制性质的宜昌市三峡园林开发公司(以下简称开发公司,现已更名为明珠公司),并没有任何实际投入。对此,被告亦不否认。开发公司的注册及营业执照是以欺骗的手段取得的,即无论是开发公司的17万元注册资金还是明珠公司的500万元注册资金均未曾实际到位,被告在法庭审理过程中也承认是仅供工商局的会计师验资而用。也就是说,直到本案原告黄某桥正式承包开发公司之日,开发公司仅是一个空壳公司,无任何资产,甚至无一个工作人员。因而,在被告与黄某桥签订的《承包合同书》中,开发公司的资产及负债情况没有反映,事实上也无法列明。所谓黄某桥承包开发公司,实际上仅仅是租借开发公司的一张营业执照而已。而被告给黄某桥的唯一实物:三间办公室和办公用品,还是以出租出借的方式提供的。对此,《承包合同书》第4条明明白白地记录着,被告在法庭审理中亦予以确认。因而,被告不能也无权享有投资开发公司的投资收益。

2. 开发公司真正投资者是黄某桥。有证据表明,黄某桥与被告签订《承包合同书》以后,为了履行其合同义务,尽快启动开发公司,短时间内就筹措了近200万元人民币的资金,注入开发公司,使其所承包公司的注册资本得以落实。并且还数十倍地加大了开发公司的投资总额,并将开发公司更名为明珠公司。经过一段时间的经营运作,公司开始产生效益,直到《承包合同书》期满之日,明珠公司名下资产净额已达数百万元之巨。在此过程中,黄某桥严格履行了《承包合同书》的乙方各项义务,足额及时地向被告支付了房屋租金,缴纳了所谓"管理费",偿还了被告依合同所贷给黄某桥的借款本息,并依法向国家纳税近460万元。

由此,不难看出,明珠公司的真正投资者是黄某桥。因此,根据"谁投资,谁受益"这项民法基本原则,黄某桥才是明珠公司投资受益的真正享有者、所有者。不论该项财产现置于何人名下,被告都无权主张和剥夺。

二、被告与黄某桥因《承包合同书》而引发的法律关系,名义上是"承包合同关系",实际是被告"出租公司营业执照",其性质与通常所讲的"红帽子企业""挂靠"相同

1. 如果像被告在法庭上所坚持的生搬硬套《全民所有制工业企业承包经营责任制暂行条例》,来界定本案中的产权关系,本代理人不禁要问:"黄某桥承包之前,开发公司的资产到底有多少?""国家在开发公司中的国家资金,国有资产又是多少?"显然,如果按被告的思维逻辑,对开发公司的承包实行资金分账制度,那么,其国家资金和企业资金的基数都是零,而零的投入居然能增值,这岂不是咄咄怪事?

2. 为了达到冠冕堂皇地剥夺他人财产之目的,被告一再套用《全民所有制工业企业承包责任制暂行条例》,并置《承包合同书》中明白无误写着的"峡口风景区管理处(以下简称甲方)将三峡园林开发公司承包给黄某桥(以下简称乙方)经营"于不顾,竟将黄某桥的个人承包地位篡改为"开发公司"。试问:真如被告所言,则《承包合同书》之第5条第8项又做何解释?"开发公司"又如何承包"开发公司"本身?本代理人之所以认为《承包合同书》有效,黄某桥有权享有开发公司的财产权,正是因为该《承包合同书》并不像被告所言,即不属于《条例》的调整范围,这也是本案"挂靠"的实质性质所决定的。

至于黄某桥的承包人地位的有关证据,代理人已向贵庭提交,不再赘述。

三、从合同本身看,承包合同是诉讼的依据

1.《承包合同书》合法有效,双方意思表示真实没有违反社会和公共利益。

2. 合同已经履行完毕,双方在合同履行过程中和有效期内也没有提出任何异议。

3. 承包合同的签订及其履行符合我国改革开放政策,且发包方大大受益,事实上救活了一个公司,造福了社会,为居民提供了住宅,国家增加了税收,提供了就业机会。

4. 合同内容约定明确——全包干制,原告圆满履行了合同义务,合同期满,财产归属理应依约确定。

四、从本案事实看,个人承包的性质是本案确权的前提

1. 黄某桥两年来承包经营过程和《承包合同书》关于甲、乙双方地位的明确规定,足以说明财产所属关系。

2. 企业承包和本案中的个人承包有根本的区别,不容混淆。企业承包是以企业存在为基础的,确切来说,企业必须具备人、财、物三要素，经营者在此基础上的承包才是企业承包。至于“开发公司”是否具备上述条件，在法庭审理中被告的答辩和法庭调查质证已清楚说明。本案原告既是经营者也是承包方，即黄某桥与被告签订承包协议后，才成为企业的法定代表人。

五、关于被告在法庭审理中提出的“国有资产”流失问题，首先应搞清楚被告所指“国有资产”根据何在

国有资产的来源不外乎两个途径：一是国家拨款，二是原有财产增值。从本案事实来看，这两部分均是零。国有资产既不能从天上掉下来，也不可能从私人手中抢过来；国有资产可以增值，可以由少变多，但绝不能无中生有！针对本案事实，仅有一张营业执照，没有资金，没有固定资产，没有优秀的经营者冒着巨大的风险去努力运作，无论经过多长时间，也不会产生出任何财产。

保护国有资产人人有责，但必须依法！不能以侵犯公民个人合法权益为前提。

六、结论

本案引发的社会后果是：被告公然违反合同，干预原告经营自主权，侵犯原告合法产权的行为，反映了计划经济观念对法制经济发展的障碍。

被告的上述行为是对改革开放战略总方针的干扰，大大挫伤了正在经营和将要经营这类企业的人才的积极性。承包经营是改革开放的产物，承包经营责任制调动了个人积极性，加速了国家经济的发展，实践证明是行之有效的经营形式。之所以能起到这些作用，关键是能够做到责、权、利相一致，能够使承包者取得一定的经济收益，且使其经济利益在法律上得以切实保障。如果承包者的合法权益失去保障，可以随意剥夺，承包这种方式就失去意义，相比之下，国家和集体的利益也就无从谈起。所以，侵犯承包者权益，最终的受害者是国家。

从本案事实来看,联系国内其他案例,造成今天这种对簿公堂局面的并非孤立一案,本案反映了一种现象,一种倾向,一种不同观念的冲突较量。全国各地曾发生过一些类似案件,有些承包者甚至被无端指控为经济犯罪,含冤入狱,财产被剥夺。但可喜的是,目前,这类案件已陆续得到纠正,也引起了国家有关部门和法律界的重视,错误倾向已得到遏制,各地司法部门正在通过自己的实际行动,还法律以公正。

最后,请求法庭:确认承包期满后被承包企业财产归原告所有,以切实维护法律的公正,保护公民的合法权益。

此致

宜昌市中级人民法院民事审判庭

原告诉讼代理人:

北京市京都律师事务所律师　田文昌　赵　敏

1996 年 2 月 14 日

审理结果

经此次开庭审理,双方庭外达成和解,原告黄某桥撤诉;后对方又在经济庭起诉黄,黄胜诉。

南京华厦实业有限公司与新华日报社相邻关系侵权纠纷案

案情简介

南京华厦实业有限公司(以下简称华厦公司)投资建设的华荣大厦与新华日报社的胶印车间毗邻。1991 年 4 月,华厦公司投资建设华荣大厦,同年 7 月 28 日由其所雇施工单位承建的该大厦基础工程部分人工挖孔桩开始施工。10 月中旬,新华日报社向市政府报告该胶印车间厂房墙壁、地面开裂,三台德国进口的 VN－IMAN4/2 卷筒纸胶印机出现异常。南京市政府立即召集有关单位、专家共同研究加固措施。在完成对新华日报社胶印车间的补救措施并取得成效后,沉降停止并恢复稳定。

新华日报社恢复正常生产后,曾向南京市建委呈交报告,要求华厦公司赔偿损失 100 万元人民币,南京市建委未准,亦未通告华厦公司。

时值两年后,新华日报社于 1994 年向江苏省高级人民法院提起诉讼,诉请华厦公司赔偿经济损失总和为 13,883,580.28 元,一审判决如数赔偿。

华厦公司不服一审判决提出上诉,并委托京都律师事务所田文昌律师为二审代理人。田律师接受委托后,首先在北京召开法学界和建筑界权威专家论证会,对此案进行专门论证,专家们认为,此案的关键是正确区分双方责任程度,根据新华日报社胶印车间厂房和设备基础在自身设计中具有严重缺陷的情况,应当进行技术鉴定,以科学检测方法分析导致沉降的内部原因和外部原因,从而正确划定双方各应承担的责任。

律师提出鉴定要求后,最高人民法院即指定江苏省建筑质量检测站负责鉴定。由北京、上海、天津、江苏四省市8位专家组成的专家鉴定组进行分析、论证后形成专家组决议指出:新华日报社胶印机基础是否已按规范要求铺设了约2米厚的砂石垫层,是划分双方责任程度的关键。因为现有资料均不能反映确有垫层存在,新华日报社又提不出充分证据,应对其胶印机基础进行现场开挖(钻孔)勘验,根据勘验结果得出最终鉴定结论。

会后,新华日报社以影响印报纸为理由拒绝开挖勘验,江苏省检测站在没有征得专家组同意的情况下,未经勘验即出具了铺有规范垫层的鉴定结论。法院开庭审理时,律师对此质疑。庭后,专家鉴定组的专家亦曾联名写信向法院陈述实情,表明鉴定结论违背了专家鉴定组的集体决议。但二审判决结果仍然是维持一审判决。

在二审过程中,律师曾经多方呼吁,指出这是“一起司法鉴定史上少见的公然篡改专家鉴定组决议的事件”,但目前尚无结果。

代理词(二审)

审判长、合议庭:

我接受上诉人南京华厦实业有限公司的委托、受京都律师事务所指派，担任上诉人的二审诉讼代理人，通过大量的庭前调查、取证、咨询和专家论证、专家鉴定，通过充分的法庭调查和举证、质证，现依据事实和法律发表代理意见：

在本案中上诉人对于被上诉人确实负有一定的赔偿责任，但事实和证据表明，上诉人只能在有限范围内承担次要责任，被上诉人发生损失的主要责任应当自行承担。具体理由如下：

一、关于在本案中上诉人与被上诉人双方责任的划分

上诉人在向法庭提交的《补充上诉状》中已经明确提出，被上诉人胶印车间设备受损的责任应由上诉人与被上诉人双方承担，并且，应由被上诉人承担主要责任。这一主张是有充分的事实和法律依据的。

1. 专家论证、专家鉴定和法庭调查已经充分证明，被上诉人胶印车间厂房的设计与使用均存在严重缺陷和不合理现象。

其设计图纸的原始数据资料充分表明了设计的缺陷。

胶印车间厂房的陈旧裂缝则印证了这种不合理设计所造成的实际后果。

因被上诉人野蛮使用厂房以致“汽车荷载和大量的地面堆积所产生的附加应力更加剧了北沿墙桩基的沉降”。

被上诉人违背起码的操作规范未作沉降观测，导致了使用厂房和设备的盲目性。

这一系列不容争辩的事实已经充分地证明了在上诉人施工前，被上诉人胶印车间的厂房已经发生了沉降，并且，已经存在进一步加剧沉降的隐患，这些事实的具体证据在法庭调查中已经列举过，在此不予赘述。

2. 专家论证、专家鉴定和法庭调查已经充分证明：被上诉人胶印机设备基础的设计与使用存在严重缺陷和不合理现象。

专家鉴定会上明确指出:被上诉人如此精密和沉重的印刷机,绝不应坐落在软土层上,特别是在地下水异常活跃的南京、上海地区,这一点尤为重要。根据其胶印车间的地质资料记载,其设备基础之下至少要有两米厚度以上的砂石垫层。但是,被上诉人却违反了这一设计和施工的基本要求,将设备直接坐落在软土层上,这是造成其设备不断沉降,屡调屡变的内在原因,也是致命的原因。

正因如此,专家鉴定组集体决议明确指出:胶印机设备基础有无砂石垫层是划分双方责任的关键问题,砂石垫层是保持设备稳定,防止不均匀沉降的关键的地基处理措施。如果设备基础没有规范的砂石垫层,则表明被上诉人的设备基础自身具有严重缺陷,即应当对其沉降的后果承担主要责任。所以,如果双方当事人不能提供充分的直接证据证明其究竟有无规范垫层,即应进行现场开挖勘验,以勘验结果作为鉴定结论的客观依据,这个决定是在鉴定会结束前向双方当事人公开宣布的,也是经过双方当事人认可的。

然而,令人遗憾而又大惑不解的是:在检测中心决定现场开挖勘验之时,被上诉人竟以种种借口阻挠开挖,这种出尔反尔、此地无银的做法,岂不令人费解?其实,解开这个费解之谜也并不十分困难。只要看一看下列事实,就会一目了然。

首先,被上诉人胶印车间的地质资料表明,其设备基础处的表层人工填土层的厚度深达3米以上,而软土层的深度达8~10米甚至以上,这表明其应有砂石垫层至少要达到2米以上的厚度。

其次,在专家鉴定后,为了阻挠现场开挖勘验,被上诉人自己补充提交的证人证言述称,其设备基础下面超深换土部分2米左右。

此两点足以证明,其设备基础下面至少应铺设2米以上的砂石垫层,这一点是毫无疑义的。

那么,在这个前提已经确立的基础上,我们再来看看这个设备基础下面究竟有没有砂石垫层？当然，解决这个问题还是得依靠事实。

众所周知，能够说明这个事实的最直接、最原始的书证是设计图纸和施工资料。然而，在被上诉人胶印车间的全部施工图纸、施工日志、施工预、决算书和验收报告中却无法找到这样的记载。既没有2米厚的砂石垫层的记载，也没有挖除原土的土方量的记载。我们查遍了所有的图纸和有关资料，关于设备基础砂石垫层的记载只有17.20立方米。那么，这17.20立方米砂石量的厚度是多少呢？

根据被上诉人自己认可的南京土木学会的鉴定报告所记载，其设备基础地槽外形面积为4.45米×23.60米=105平方米，如果按照这个最保守的数据计算，在这105平方米面积中回填17.20立方米的砂石，其平均厚度只有16.3厘米，仅仅等于应当达到的2米厚度的1/12。如果按照被上诉人自己事后提供的证人田某福的证言所说的回填了250立方米的砂石量计算，则仅占其应当回填的250立方米砂石量的1/14。

以上事实已经再充分、再明确不过地说明了三个问题

(1)原始书证中根本没有2米厚的砂石垫层的记载。

(2)原始书证中只有相当于16厘米厚的砂石垫层的17.20立方米砂石量的记载，这16厘米厚的垫层是唯一的。

(3)这唯一的16厘米厚的砂石厚度只相当于2米厚规范垫层的1/12或者1/14。

严格地讲，这种砂石回填根本不能称为“垫层”，而只能是一种基坑找平层。

由此可见，结论是不言自明的，如此浅薄的砂石回填根本起不到稳定设备基础的作用，是无法避免其自行沉降的。

软土地基上薄弱的设备基础必然导致胶印机基础的沉降，这完全是符合客观规律的。而且这种必然沉降的实际后果还有进一步的

客观事实为佐证:被上诉人为了掩饰自身的过错和逃避责任,曾经一再宣称在上诉人施工前,其机器运转一直良好,报纸印刷质量则更是无可挑剔,直到上诉人施工后才导致报纸印刷质量突然下降。现在让我们来看看,事实是否果真如此?

由于报纸印刷效果是说明印刷机稳定程度的重要标志,所以,上诉人曾向法庭和鉴定组提出过对报纸印刷效果进行鉴定的请求,然而,由于被上诉人拒绝提供报纸,致使该鉴定无法进行,在此情况下,我们只好千方百计地找到了由被上诉人的曼·罗兰胶印机承印的《扬子晚报》,并请求印刷机械专家对1990年1月至1993年年底这四年中由曼·罗兰机印刷的《扬子晚报》进行了技术鉴定,结果如下:

1990年1月、3月相对较好;2月、4月相对不好;6月又相对较好。总体效果不好,且很不稳定,更重要的是自此以后再没有出过彩报。

1991年:1月相当不好,差到不应当出版的程度;9月较好;10月又不好;但11月效果很好,比以前都好。

[注意,1991年10月下旬至11月下旬正是上诉人施工降水和采取加固措施的时间,10月23日被上诉人向市政府报告发现沉降,11月24日加固工程完毕,已经恢复稳定,总共历时32天。而在此期间(主要是11月)报纸印刷效果恰恰比以前任何时候都好。]

1992年:全年效果相当好、文字与照片都好、是印刷效果最好的一年。

1993年:全年总体效果又比1992年差,但比1990年好。

以上事实足以说明以下四个问题:

(1)被上诉人胶印机的运转始终是不稳定的,而且刚一使用就时好时坏,极不稳定。

(2)在上诉人施工降水和加固期间,被上诉人胶印机的运转状况比以前任何时候都好。

(3)在上诉人采取加固措施以后的1992年度效果更好,达到4年之中的最高峰。

(4)在上诉人采取加固措施1年以后,即1993年其印刷质量又开始下降,其印刷机又屡调屡变(这一点连被上诉人也不否认)。

这四个问题至少可以证明:在上诉人施工降水之前,被上诉人的胶印机基础就一直在发生沉降,在上诉人施工降水之前,被上诉人的胶印机就已经发生损坏了,并且,在上诉人采取加固措施1年多之后,沉降又开始发生。

这一系列事实已经十分清楚地表明,被上诉人胶印机4年来一直处于不稳定状态的致命原因,是其设备基础自身的严重缺陷,即基础既未打桩到基岩,又没有必要厚度的砂石垫层。因此,其发生沉降是必然的,是不可避免的。这一系列事实与专家鉴定组的分析判断是完全相吻合的。

鉴于以上情况,上诉人认为,报纸印刷的质量效果是已经形成的、不可改变的客观事实。这个事实对于证明胶印机的运转状况,对于证明胶印机基础沉降变化的时间、程度乃至原因都具有重要价值。因此,上诉人再次向法庭申请,对被上诉人1990年至1993年报纸的印刷质量效果进行技术鉴定。

综上所述,上诉人认为,被上诉人厂房和设备基础的自身缺陷是导致其发生沉降的内在原因、主要原因,而上诉人施工降水只是导致其发生沉降的外在原因、次要原因,只是在一个较短的特定期间内起到了加剧沉降的作用。所以,在其所发生的实际损失中只应承担次要责任。

二、被上诉人阻挠现场开挖勘验的目的,是掩盖其设备基础没有砂石垫层的事实真相,其阻挠开挖勘验的理由不能成立

被上诉人阻挠开挖勘验只是手段而不是目的,其目的是想掩盖其设备基础没有垫层的真相,因此,被上诉人在阻挠开挖的同时,又以各种不能自圆其说的理由和方式来证明其砂石垫层的存在。

其做法之一,是以攻为守,混淆视听。

在开庭审理之前,被上诉人就以书面和口头形式多次向法庭和鉴定机关告状,声称上诉人毁灭证据。其唯一的理由是上诉人在向建筑单位归还施工档案时少了一页。在此,我们暂且不说缺少一页的原因如何,仅指出一个事实就足以证明被上诉人的诬陷是站不住脚的。按规定,施工档案至少应当保存三份,被上诉方一份,施工单位一份,档案馆一份,而到目前为止,虽然被上诉人拒不提供他们自己保存的那份档案,但是南京市城建档案馆的一份却保存完好,而这份官方存档的资料又恰恰是最完整和最具有证明效力的,并且,开庭前,上诉人和鉴定机关都曾查阅过这份档案,在此情况下,上诉人怎么可能去毁灭证据呢?事实上,不仅上诉人无法毁灭证据,被上诉人也无法篡改证据,因为,即使上诉人在建筑单位的档案中可以毁掉确有砂石垫层的记录,却无法毁掉城建档案馆保存的那份档案中同样的记录,同理,即使被上诉人可以在自己保存的那份档案中添加上原来没有的关于砂石垫层的记录,却无法篡改城建档案馆中保存的档案资料。正因如此,上诉人并不担心被上诉人会篡改这份证据;正因如此,被上诉人也不敢篡改这份证据;同样的道理,正因如此,被上诉人才由于不愿意出示这份对他们自己不利的证据而至今为止拒不向法庭提供他们自己保存的那份施工档案!

如此简单的道理!如此明白的事实!被上诉人居然还借题发挥,给上诉人扣上毁灭证据的帽子,岂不是过于明显地自欺欺人了吗?

其做法之二,是危言耸听,以势压人。

被上诉人在答辩状中先是声称“新华日报社是党的机关报、是全民所有的不以营利为目的的事业单位。是在江苏省委、省政府直接领导和监督之下进行工作的,经济上有国家财政的支持,怎么可能做出奸商、无赖之类的讹诈行为?”继而又说“特别是不能让外国资本家来占到这个便宜,否则就太不公平,就对不起国家和人民”。照此说法,被上诉人似乎成了江苏省委的代表、江苏省政府的使者,正在代表国家和人民大义凛然地同外国资本家作斗争。如此说来,被上诉人是否认为上诉人不受江苏省委和省政府的领导呢?是否认为上诉人就是国家和人民的敌人,应当首先批倒斗臭,然后再开庭审理呢?被上诉人居然连这种语言也能诉诸文字提交到法庭,足见其缺乏起码的法律意识!

为了阻挠开挖勘验,被上诉人一会儿说“开挖不能针对受害者,开挖勘验如同抄家”,一会儿又说“开挖勘验会影响印报,会造成重大政治影响”。更为严重的是,在写给各级领导的书面汇报中竟然危言耸听地声称:开挖勘验“会导致中央党报和省委机关报停报的危险,这个责任谁能担当得起?!”被上诉人难道不觉得这个帽子扣得太大了吗?

首先,有哪一种法律规定,勘验不能针对受害者?仅就常识而论,在命案中,为了查清死因,常常要进行尸体解剖甚至开棺验尸,而这些被检验的尸体,哪一个不是受害者呢?如此浅显的道理,我想被上诉人是应当清楚的。

其次,让我们看看,现场开挖勘验,果真会造成“中央党报和省委机关报停报的危险”?果真无人能够担当得起这个责任吗?

请问被上诉人,在1992年厂房和设备发生严重沉降的时候,中央党报和省委机关报停报了没有?在德国专家调试检修机器的时候,中央党报和省委机关报停报了没有?在1994年被上诉人提起诉讼后,为了寻找巨额赔偿的依据而自行委托国家印刷机械质检中心全面拆开机器进行鉴定的时候,中央党报和省委机关报停报了没有?如果停报了,那时候的责任是由谁来担当的?如果没有停报,为什么此次现场勘验就一定要停报呢?专家已经明确指出,所谓现场开挖勘验,就是在设备基础下面钻几个孔来勘探一下底部有无砂石垫层,而这种勘验的范围和时间要远远小于对机器的调试和拆装检验。在如此明显的事实对比之下,被上诉人居然以"停报"来威胁法庭,威胁鉴定机关和各级领导,难道不觉得其夸大其词过于露骨了吗?请问,这种以威胁手段阻挠鉴定、妨害诉讼的责任,被上诉人能够担当得起吗?

不仅如此,上诉人在此要特别提请法庭注意一个十分重要的问题:被上诉人在答辩状中明确提出,在得到赔偿后要重做设备基础,并且要停产5个月。这个事实又一次无可置辩地暴露了被上诉人不能自圆其说的两个重大破绽:第一,既然停产5个月都可以在所不惜,为什么一次小小的勘验就如此惊天动地呢?难道中央党报停报与否这样一个如此重大的政治问题,竟然可以如此轻率地玩弄于被上诉人的掌股之间吗?第二,既然被上诉人一口咬定设备基础具有规范的砂石垫层而不想承担责任,那么,如此规范、合格的设备基础为什么还要重做呢?这岂不是不打自招吗?

为此,上诉人必须指出,设备基础垫层问题,绝非千古之谜。当被上诉人重做设备基础之时,其设备基础没有垫层的事实,必将真相大白。如若如此,放弃开挖勘验将会成为一个历史的遗憾!参与鉴定的专家们也绝不会心安理得!

其做法之三,是出具伪证,掩盖事实。

被上诉人一边诬陷上诉人毁灭证据,一边却以不光彩的方式制造伪证。在专家鉴定会之后,为了证明莫须有的所谓砂石垫层的存在,被上诉人找到建筑单位南京市第二建筑公司出具了两份凭个人回忆而形成的证明材料。

首先，让我们看看这两份材料是如何取得的。据我们了解，二建公司有关人员讲：由于二建公司是被上诉人胶印车间的承建单位，对其施工后果承担责任，因担心成为被上诉人的被告而违心地出具了这两份证明。不过，二建公司也还是顾及了出具伪证的法律后果，所以为慎重起见，特地在两份材料的后面都用心良苦地加上了一句专门的说明词——以上情况是由个人回忆所得。

至此，问题已经再明显不过了，第一，二建公司作为被上诉人直接的利害关系人，所出具的证据本身就缺乏证明力。第二，“以上情况是由个人回忆所得”这句重复了两次的专门的附加说明，已经明确地表明了其证据内容本身具有模棱两可的或然性，其言外之意——证明人对记忆的误差不想承担责任。所以，这些证据的来源就不可靠，就不具备法定的证据要件。

其次，再让我们看看这两份证据的内容。两份证明都明确表示是“按照图纸要求进行施工的”，但紧接着又写道：“设备基础施工时，设计图上划有两个基础，一东一西，东面的标为‘大高速’，西面的进口设备却没有标出名称。当时由于甲方准备不及，决定只做西部的设备基础，东面的以后另做。”这其中的自相矛盾实在是过于明显了，既然是按图纸施工，为何又只做一边的基础？很显然，这句话已经清楚地道出了其中的问题：由于甲方的原因，可以不按照图纸施工；事实上也确没有按照图纸施工。

再次，“我公司在编制预决算时，也就只编了西面的，但却借用了‘大高速’之名，东部的我公司没有做，预决算中也就不包括在内”。这句话的用意是很明显的，意在偷梁换柱，东西调包。企图将东面的国产设备基础垫层硬塞给西面的本案争议的进口设备基础。然而，这种用心良苦的表述却暴露了无法掩盖的破绽：在如此重要的施工项目中,难道连设备名称也可以相互借用吗?如若如此,在工程验收时又做如何记载呢?如果不做真实记载,出了问题由甲、乙双方哪一方负责呢?施工史上有过这样的先例吗?这简直是天大的奇谈怪论!不知在座的专家对此做何感想?退一步讲,即使如被上诉人所说将“大高速”的基础强行借用给进口胶印机,也还是不能说明进口胶印机具有规范基础垫层。因为,在预、决算书中记载的“大高速”基础的土方挖土量只有80立方米。这80立方米的土方量即使不扣除设备基础的混凝土底座也不足规范要求的250立方米的1/3。可见,“借用”一说照样不能掩盖胶印机基础没有规范垫层的事实。相反,这种欲盖弥彰的欺人之谈已经足以反证其设备基础没做垫层的事实。

最后,第二份证明中写道:“机械继续开挖到硬土,基槽土方人工清理、修整后,经甲方人员验收、认可,并及时办理了基槽土方验收手续”,既然如此,请问被上诉人,验收手续在哪里?南京城建档案馆的资料中有吗?假如有手续,标明的是进口设备,还是国产的“大高速”设备?假如标明的是大高速设备,那么,仅凭施工人员的一句话就可以摇身一变而成为进口设备吗?如果事情如此简单,那么城建档案馆中所保存的资料不就成了一堆废纸吗?还要档案馆做何用?如此不严肃的证据居然也能提交到严肃的法庭上来,无疑是对法律的亵渎!

被上诉人在提供上述伪证的同时,又搬出整体工程的砂石垫层总量来混淆视听,理由是决算书中载明的整体工程即包括新华日报社主楼和配电房基础在内的1594.54立方米砂石垫层总量已经包含了胶印机基础的砂石垫层。

然而,十分遗憾的是,这种障眼法一开始就遭到了专家鉴定组的否定,因为这种计算方法根本就不符合施工预、决算的惯例,因而也无法证明其胶印机基础垫层的有无和数量。很显然,报社主楼和配电房的基础垫层怎么可以同印刷车间和胶印机基础混在一起计算呢?正因如此,专家鉴定组对于这种证明才不予采信,而作出决议要进行现场开挖勘验。

不仅如此,上诉人在此还要提请法庭注意:我们在施工单位的决算书已经看到,事实上,决算书并没有笼而统之地仅仅标明了砂石总量,而是已经分别标明了各部分砂石垫层和混凝土垫层的分项数量。例如,在决算书第一页中标明设备基础碎石垫层和素混凝土垫层各为17.20立方米,第五页中标明楼地面工程碎石垫层109.92立方米,素混凝土垫层87.94立方米和钢筋混凝土垫层18.84立方米;第八页中标明了补打桩部分混凝土垫层40.38立方米。但是,却唯独找不到其胶印机基础应当具有的250立方米的砂石垫层的记载。这个事实已经证明2米厚的砂石垫层并不存在。然而,被上诉人再一次鱼目混珠,又将这17.20立方米垫层的记载解释为设计变更部分,意在说明这17.20立方米砂石量只是设备基础垫层的一部分。但十分遗憾的是,这种解释还是不能自圆其说。

第一,在预决算书的同一栏目中,还记载着关于设备基础底部有20毫米厚橡胶板和侧面有50毫米厚木板的两个项目,而这两个项目在施工图纸中都是有明确图示的。此足以说明,图纸上原有的项目,显然不属于变更部分。那么,既然这两个项目不属于变更部分,写在同一栏目中的17.20立方米砂石垫层的记载也同样不是变更部分。如此简明的道理显然是无可辩驳的。

第二,即使退一步讲,假设“变更”一说可以成立,也照样不能说明250立方米砂石垫层的存在。因为,既然变更部分都有明确的记载,原设计和原预决算中更应当有记载。可事实上,却找不出这种记载。这只能解释成:在原来没有做垫层的情况下,以变更设计的方式制作了总量为17.20立方米的砂石垫层,而这种垫层只相当于规范要求的十几分之一。仅此而已。

此外,在施工日志中我们同样找不到规范垫层的记载。被上诉人称施工日志中有一次关于下道砟的记录是基础垫层。然而,第一,此记录不能说明道砟是下在何处,是否胶印机基础垫层;第二,此记录不能说明道砟的数量和厚度;第三,250立方米的砂石按分层夯实、验收的程序进行,在1~2天内是不可能完成的;第四,此项施工既无总体验收报告也无分层验收报告,所以,施工日志中的此项记载根本不能证明胶印机基础砂石垫层的存在。

上述一系列铁的事实已经足以揭穿被上诉人“总量障眼法”的虚假性。在总体数量和分项数量俱在的情况下,还硬是以记载不明确为借口,无中生有地虚构出一个设备垫层来,这种论证逻辑在证据学上是绝对无隙可乘的。退一步讲,即使记载不明确,也不能推定为“有”,而只能以开挖勘验的客观结果为依据。

综上所述,上诉人认为,被上诉人阻挠开挖勘验的理由是不能成立的。自称其设备基础具有砂石垫层的理由也同样不能成立。事实上,大量证据已经表明:被上诉人设备基础没有按规范制作砂石垫层的事实已经可以定论。但是,如果法庭认为据此尚不足以作此定论,上诉人则坚持要求进行开挖勘验,并愿意为此提供费用。如果鉴定机关以现有鉴定报告作为正式结论,上诉人在此即向法庭正式提出异议,并请求根据专家鉴定组的集体决议,以开挖勘验的结果作为鉴定依据。

三、上诉人对胶印车间和印刷设备扩大损失的部分和先前损失的部分不应承担责任

1.被上诉人在我方施工降水结束后,没有及时采取加固措施致使损失继续扩大

在上诉人降水结束并采取相应加固措施后,经专家鉴定认为,

“施工单位精心施工,取得了较好的效果:(1)迅速控制了沉降,保证了桩基基础的稳定,消除了险情的发展;(2)保证了报社报纸的正常发行”(详见陈德文高工《南京某报社胶印车间基础托换加固》第174~175页)。并且,由南京市政府领导组织的新华日报社胶印车间加固处理协调小组于1992年1月6日举行的第19次会议纪要明确指出:“加固处理达到了预期效果,至今没有发现房屋继续下沉与开裂现象,收到了预期的效果,表明外部侵害的因素已经消除。”这两个鉴定已充分表明,此时沉降已经得到控制,外部侵害因素已经消除。但是,由于被上诉人不顾其厂房和设备基础自身的严重缺陷,没有及时采取必要的加固措施而继续进行破坏性使用,致使其损害不断扩大。请看,被上诉人自己委托的南京土木建筑学会所作的《新华日报胶印车间厂房的鉴定报告》明确指出:“由于基础形式决定了其必然受地基软土的固结影响,不能排除今后设备基础随着软土地层的固结程度、外界因素的干扰和自身状态的变化而再次产生不均匀倾斜的可能性。”“尽管在印刷车间发生险情后采取了一些有效的应急补救措施,但其内在的隐患并未排除,对此,框架北侧、东西侧的摩擦桩基础及内部框架的原独立条形基础,应进行托换加固处理的方案设计为宜[见该报告五(2)、六(17)]。”

同时,协调小组第19次会议纪要也指出:“该车间结构设计尚有不足之处,车间地基钢度薄弱,整体性能较差。个别混凝土构件施工质量低劣。故希新华日报社今后注意观察,确保正常生产。”“再次提醒新华日报社提供胶印车间观测记录与胶印机械水平观测记录。”

德国专家检查、调试胶印机后,在1992年6月18日的函件中也明确提出了设备维修的要求和方案。

如果被上诉人能够根据上述要求及时采取补救措施,弥补其厂房和设备的自身缺陷,以后的损失便不会发生。然而,被上诉人对上述一系列中肯的论证、忠告和提醒却一概无动于衷,无论对于厂房、设备基础,还是对设备本身都没有及时采取相应的补救措施。并且也没有向上诉人提出过补偿要求,致使后来沉降继续发生,损失不断扩大。这部分损失,是被上诉人自身的原因所致,上诉人不应承担。

2. 被上诉人在我方施工降水之前已经发生的损失,上诉人不应承担

前述大量事实已经证明,由于被上诉人厂房和设备基础的自身缺陷,发生沉降事出必然,在我方施工降水前,由于其设备基础不稳定状态所造成沉降和损坏的事实已经发生(厂房的陈旧裂缝,报纸的印刷质量鉴定,设备基础没有垫层等就是明证)。而且,其印刷机在使用过程中因为没有沉降观测,一直处于盲目使用状态之中,致使其沉降和损坏难以测定和不断加剧。这期间的损失,与上诉人毫无关系。所以,上诉人不应承担。

四、关于被上诉人损失数额的计算

在分清双方责任之后,接下来就是如何客观地计算被上诉人实际损失的问题。上诉人认为,被上诉人在一审诉讼请求和二审答辩状中所提出的损失数额是漫天要价,缺乏起码的客观依据。

上诉人认为,计算损失首先要确定两个基本原则:一是只应计算与上诉人施工行为有关的损失;二是计算损失的方法和标准必须客观、合理、真实,其不合理部分应重新计算。根据这两个原则计算出所发生损失的合理数额后,再根据双方责任程度的比例分别承担责任。具体意见如下:

1. 对1992年以后扩大损失的部分上诉人不应承担责任。所以,以国家印刷机械质检中心于1994年6月作出的费用估算来确定印刷机的损失是不客观的。在时间上,应当截至1992年上诉人采取加固措施完工之日为止;在厂房损失的计算上,也应以此时间为界限。

2. 对于上诉人施工前已经发生的损失上诉人不应承担。虽然由于被上诉人没有沉降观测记录,并拒绝提供此前损坏程度的真实情况,致使对于这一阶段的损失难以计算,但是大量证据表明,这一阶段已经发生沉降和设备损坏的事实是不可否认的。所以,上诉人请求法庭在减去这一阶段固定资产折旧率的基础上,再从其损失的总数额中作以相应的扣除。

3. 胶印机基础没有砂石垫层,是由于被上诉人自身过错而没有制作,上诉人没有替被上诉人纠正自身过错的义务。所以,其重做基础的费用以及此期间由他人代印报纸的费用不能计算在损失总数额之内,应当完全由被上诉人自行承担。

4. 关于德国马克与人民币的汇率,海关关税和增值税,只能以1992年当时的比率计算,因为迟延购置配件的责任不在上诉人。

5. 关于外国专家的劳务费、生活费,应当以外国专家局,外经贸部《关于外国工程技术人员技术服务费和生活待遇及其应具备的条件的意见》所规定的标准的中限为依据进行计算(按此标准外国专家的费用至少应当减少50%),被上诉人提出的标准显然不能成立。

6. 关于国内工时费、保险费、拆装费、起重费、运输费、保管费等,被上诉人提出的标准明显高于正常标准。例如,国内技术工人工时费每天500元,简直是天文数字。被上诉人提供的收费标准,既无法律效力,也不符合社会公认的一般标准。所以,这部分费用请法庭通过调查了解之后作出合理认定。

7. 关于被上诉人提出的所谓通货膨胀率,在法律上毫无根据。尤其使人无法容忍的是,被上诉人在受损害当时并没有向上诉人提出赔偿要求,在事后索赔时却提出了通货膨胀率,这分明是在转嫁责任,是在利用索赔放高利贷!

综上,上诉人认为,在本案中上诉人确应承担一定的赔偿责任,上诉人亦不想推卸理应承担的一部分责任。但是,划分责任必须合情、合理、合法,必须符合事实,必须考虑到上诉人行为与损害事实之间的因果关系,必须建立在客观鉴定和法律规定的基础之上。因此,上诉人请求法庭在作出客观、合理的鉴定结论的基础上,依法撤销一审判决,重新认定上诉人与被上诉人各自应当承担的经济责任,作出公正的判决。

同时,请求法院充分考虑上诉人要求追加施工单位中外合资珠海中新建筑工程有限公司为本案第三人的请求,明确认定其应当承担的经济责任。

谢谢!

上诉人南京华厦实业有限公司委托代理人:
北京市京都律师事务所律师　田文昌
1996年2月28日

审理结果

二审判决维持一审判决。

广西玉林133名客户诉农业银行广西玉林分行外汇期货交易纠纷案

案情简介

自1993年12月16日起至1994年6月3日，农业银行广西玉林分行与加拿大外商合作开办外汇期货交易业务，1994年6月3日被依法查封。

该项交易在开办之前未经批准；在开办期间具有欺诈行为；被查封后，外商携带巨款出境，致使客户损失严重。其中仅参与此集团诉讼的133名客户的损失就达人民币2000多万元。133名客户将农业银行广西玉林分行作为被告诉至法院。

代理词（一审）

审判长、合议庭：

我接受卢某、林某等133名原告诉讼代表人的委托，受北京市第六律师事务所指派，担任本案原告的诉讼代理人，出庭参加诉讼。经

过查阅案卷、庭外调查和法庭调查,依法提出代理意见如下:

一、关于被告开办外汇期货交易的非法性质

1.被告开办外汇期货交易的时间。

自1993年12月16日起,直至1994年6月3日被依法查封,总共开办5个月零19天。

2.被告开办外汇期货交易之初所采取的欺诈手段。

首先,被告通过玉林地区地委机关报《大众报》两次做广告宣传,并通过玉林有线电视台进一步扩大宣传(1994年2月),打着官方旗号吸引客户,具有极大的欺骗性。

其次,在起初尚无人响应的情况下,被告又以奖励前10名客户的手段,诱惑客户上钩。

3.被告开办外汇期货交易的非法性质。

被告始终对客户声称其开办外汇期货交易具有合法手续,并经地区有关部门批准,甚至在今天的开庭审理中还声称是经过批准的,是合法的;在对外商佳利集团的诉状中也公然声称是经过地区有关部门批准的。然而,现已查明,被告所开办的外汇期货交易,是在广西壮族自治区人民银行、外汇管理局明令禁止的情况下,明知故犯,顶风作案。自开办之前直至被查封之日,始终未经批准,没有企业法人营业执照和任何合法手续。此足以证明,被告所进行的活动完全是非法的,而且是在客户不明真相的情况下,自始至终欺骗客户,打着合法的旗号进行的。因此,被告行为的非法性质是明显的,不容置疑的。

二、被告在经营中继续违法、违约,自始至终对客户实施欺诈

具体表现如下:

1.在开办之初即违法进行虚假投资。

在外商卓某才投入的资金中,一部分是以涂改过无法辨认内容的证件和催款通知单作为费用单据列账,没有取得原始凭证。另一部分是经农行国际业务部负责人詹某敬批准,提前挪用客户的保证金支付代垫费用作为资本投入的。

2. 在操作中违反先开仓,后平仓的原则,对有些客户先平仓,后开仓,完全由被告人为地控制客户盈亏。

3. 在客户的市场利息计算上,利率多变和同一时间高低不一,以及计息天数不统一。完全没有公平可言。

4. 有的客户提完保证金,仍持有未平仓的外汇买卖开仓单,违反客户持有未平仓合约必须存入相应保证金的原则。

5. 外方代表曹某明(#88006户),从未支付过任何保证金,却参与交易共251手,共领出金额(盈利)690,885.04元。

6. 外方代表卓某才通过盘房负责人李某强,分别以经纪人、市场部副经理郑某的名义开户,三次共存入30万元,领出金额1,133,650.49元,盈利901,150.49元;以另一经纪人、市场部副经理林某扬的名义开户,两次共存入25万元,盈利876,556.66元,领出金额413,961元(由于玉林中级人民法院冻结了被告的账户,余下的40多万元才未被其领出)。

[注:上述第5、6两种表现说明:(1)曹某明、卓某才二人以其职务身份不能参与交易,其实际参与的行为明显违法。(2)他们所参与的交易,都是只盈不亏,足以说明其整个交易的虚假性]

7. 许多客户有账无单或有单无账(没有原始依据或电脑记录),进一步证明其交易中落单报价的虚假性和随意性。

8. 其开、平仓价格没有明确是哪个具体的国际市场价格。根本无法证明是与哪个国际市场价格相一致。

9. 外方经农行国际业务部负责人詹某敬核准签字提走客户保证金48笔,共计29,288,785.88元,但提款收条从未加盖有加拿大佳利集团印章,而全部是以该集团之名由卓某才等人私人签章以现金提走的,此行为严重违法。

10. 在未经客户同意,或不符合斩仓条件的情况下,擅自斩仓,人为造成客户亏损。

11. 采用"吃黑点"的手段坑害客户。

例如,有时两个经纪人在同一时间落单,而买卖价竟相差20点(按规定最高不能超过5~10点)。造成客户亏损,而被告既赚利润,又收佣金。

又如,1994年4月29日22时左右价格信息显示日元最高价是101.50~101.60,而当时平仓的许多客户,都莫名其妙的为101.90的价格,而且都不填平仓时间,使客户每手单就损失了3000多元。

12. 采用随意改变价位和直接篡改单据的手段,使客户由盈变亏,而他们自己却由亏变盈。

例如,客户蒋某华1994年4月30日凌晨2时59分卖出的两手英镑单,在平仓时因盘房负责人陈某胜随意改变价格,一次就由盈利3000元变成了亏损3000元。

而外商代表曹某明在1993年12月22日平仓日元5手亏4148.01元,却在账面上被记成了盈余,使其多得非法利润8296.02元。

13. 严重违反合约,当客户亏损超过约定极限时不予斩仓,蓄意加大客户亏损。

例如,客户邓某刚1994年3月21日至24日做了10手日元卖单,后因日元升值,其户头亏损已达到存款的90%,按合约第10条、第11条之规定,必须替客户斩仓。但被告非但不予斩仓,而且当其户头已经出现负值后,仍不斩仓,并强行要其补交保证金,致使其不但保证金100%亏损,还负债达5万多元。

14. 超越代理权,在客户与经纪人都无指令的情况下,盘房擅自为客户落单,甚至冒名签字为客户下单。

客户黄某强、龚某文、莫某等多人都有这种遭遇。

15. 采用信息误导的手段,故意编造虚假情况,致使客户遭受巨大损失。

其中,最典型的两例是:

(1)1994年3月23日晚,当汇市活跃,许多客户纷纷准备下单时,曹某明却突然编造理由,引导客户不要平仓,结果美元价格急剧狂泻200点,使客户每手损失达2万元之多。

(2)1994年4月1日至5日复活节期间,曹某明又编造复活节期间全世界都休市的谎言(其实根本没有此事),宣布休市5天,拒不为客户下单。当客户发现真相后,纷纷找到卓某才、曹某明和农行国际业务部负责人詹某敬质问,双方进行彻夜谈判后,被告自知理亏,在其无法辩解的情况下,同意赔偿部分客户损失额的20%,即使如此,许多客户还遭受了几万元的损失。

16. 当客户在广西壮族自治区高级人民法院起诉,并且高级人民法院已于1994年5月26日下达民事裁定书冻结被告账户之后,由于客户已经发现上当,纷纷要求出金(退出交易),被告为了挟制客户,竟于6月2日、6月3日连续两次发出《通告》,违反合约规定,强行限制客户出金,并以不得做新单、不得转户等手段强行迫使客户加金,企图骗取更多的非法利润。

17. 更为严重的是,被告自始至终都号称,他们设置了直通国际外汇市场的两部专线热线电话,可以做到及时为客户问价、报价,完全具备开办外汇期货买卖业务的条件。直到法庭调查中,被告还是坚持这种说法。

但现已查明,此说纯属骗局:

第一,玉林地区邮电局1994年6月16日出具的证明表明,该局没有向任何单位出租过任何国际专线电话线路。请问,被告的所谓专线电话是从何处租来的?

第二,被告虽然在经营期间有过一些与国外、境外的通话记录,但这些通话记录只不过是用来欺骗客户的幌子。证据表明:

(1)通话记录表明的通话时间与落单时间不符,在大量回单上标明的落单时间内,并没有通话记录,还有相当数量的回单上根本就没有标明落单时间。此足以表明,落单时间的报价是虚假的。

事实上,只要没有专线电话,这种结果就是必然发生的。因为一般的直拨电话不可能始终保持随拨随通,根本就无法应付瞬息万变的期货市场状况。因此,在没有采用专线电话的情况下,所谓的及时问价、报价只能是骗局。

(2)在玉林地区邮电局电脑房提供的电话通话记录中,其中通话次数最多的一个号码是:001－9059408728,也就是盘房负责人陈某胜、梁某辉等人供认的,同时也是国际业务部负责人詹某敬在法庭上承认的那部所谓的国际外汇市场盘房的热线电话。事实上,这部电话根本就不是加拿大国际外汇市场盘房的电话,而只不过是佳利集团内部的某一部电话。在法庭辩论中,当原告代理人揭穿这一谎言之后,被告代理人又突然出示了另一个在邮电局电脑记录中没有记载的所谓专线电话,号码是001－9059408241。经查,这部电话同样也是佳利集团内部的电话。

可见,关于“热线电话”的神话自始至终都是一个骗局;直至今天被揭穿之前,竟然蒙骗了我们的客户长达9个月之久。事实上,被告所经营的外汇期货交易并没有进入国际市场,而是在搞“设庄对赌”。这是期货交易中一种典型的诈骗行为。

在此期间,被告除了制造“热线电话”的谎言之外,另一种骗取客户信任的主要手段就是向客户展示电脑所显示的国际外汇市场信息。事实上,客户也正是由于看到了这种信息,才更容易相信那种“热线电话”的谎言,这也正是被告骗术的高明之处。试想,如果连国际市场上的价格信息都看不到,谁还会参与这种交易呢?可是,问题的要害却在于:这种价格信息的显示只不过是一种单向信息,并不具备双向反馈、传递的机能。只有热线电话才能起到及时问价、报价的作用,才是客户得以参与而不是参观这种交易的必备条件。被告曾一再回避并且无法提供热线电话的依据,却一再向法庭提供、出示他们能够向客户提供国际市场外汇交易行情的证据。这一事实,不仅充分暴露了他们没有进入国际外汇市场的真相而且也暴露了他们一直在避实就虚,企图以可以提供国际外汇市场价格信息这一表面现象,来达到其冒称已进入国际外汇市场的真实目的。这种企图和努力,显然是徒劳的!

上述列举的被告在经营中违法、违约、欺诈客户的17种具体表现充分说明,被告在其经营活动中,几乎用尽了期货交易中所有可能采取的各种不正当手段,真可谓无所不用其极!其性质之严重,情节之恶劣,已经不言自明。

三、被告的行为已经超出了民事欺诈的界限

请看事实:

1. 在开始经营之前,被告在上级机关明令禁止的情况下,利用地委机关党报作虚假广告,欺骗群众,以“出国进修”“奖励前10名”等手段,引诱客户上钩。更严重的是,在与外商签约、合作直至外商携巨款逃走的整个过程中,连外商的护照都未查验过,以至于在对外商起诉的诉状中连被告(外商)的地址都写不清楚。这其中的奥妙实在太多!我想,只有被告的主要当事人自己心中最清楚。

为什么在上级主管机关明令禁止的情况下明知故犯?为什么不遗余力地采用各种手段引诱客户上钩?为什么外商卓某才等人一到

玉林就能够如鱼得水,关关打通,与被告中某些人一拍即合?又为什么被告中的一些主要负责人与外商打得火热,连真实身份都不调查就急于签约、合作并且配合得如此默契?这种值得被告不惜无视法律,铤而走险的强大的、不可遏制的诱惑力,究竟出自何种原因?这些问题难道不值得深思吗?

2. 在整个经营过程中,又充满了前面列举过的大量的违法、违约和欺诈行为,其中,关于热线电话的谎言,更是充分暴露了其利用期货经营活动进行诈骗的真相。不仅如此,国际业务部的主要负责人詹某敬还公然违反协议和《中华人民共和国外资企业法实施细则》,擅自批准外商提前挪用客户的保证金,以支付代垫费用充作资本作虚假出资;又公然违反《中华人民共和国现金管理暂行条例》和《外汇管理暂行条例》,擅自批准外商卓某才等人私人签章非法提走客户保证金2900多万元。这些极其严重的违法行为说明了什么?

如果说"热线电话"的谎言可能是外商编造的,那么,是谁支持了这种骗局呢?难道外商搞虚假出资和非法提取客户保证金的行为也是外商单独所为吗?如果是外商单方所为会有条件得逞吗?很显然,没有里应,哪里会有外合?这种配合得极为默契的里应外合已经充分暴露了这场大骗局的深层内幕!

3. 在案发后,被告为了推卸责任,还继续宣称此项非法业务是在"经请示有关部门同意"的前提下开办的(见被告对佳利集团的诉状),这里的"有关部门"究竟是何部门?难道所谓"有关部门"果真会支持被告的上述一系列违法行为吗?

更加不能容忍的是,当广西壮族自治区高级人民法院已经受理此案,并且于1994年5月25日下达了冻结被告账户1100万元资金的裁定书以后(证据见该法院裁定书),被告主要负责人竟以避免惊动外商和稳定客户情绪为借口，以保证账面上现有的1500万元资金只进不出为前提，拖延冻款时间，致使在此后不到一周的时间内，就有上千万元的资金从账面上被提走（证据见该法院1994年6月24日调解笔录）。这种公然亵渎法律的行为的严重性真是达到了登峰造极的程度！如果没有被告负责人的准许，这样一笔巨款难道能够不翼而飞吗？很明显，这又是一次绝妙的里应外合！而且是涉及本案关键的配合。如果没有这次配合，被告向客户退款就绝不会像今天这样困难重重，一筹莫展了。

综上所述，综观被告自开办此项非法业务的初始，到经营此项非法业务的整个过程中，直至此项非法业务被依法取缔后的一系列活动，足以表明，被告的一些主要负责人员的行为已经超出了民事欺诈行为的界限，而被告作为实施这种行为的法人单位，必须对此承担法律责任，应当依照《中华人民共和国外汇期货业务管理试行办法》第26条之规定，追究其法律责任。

四、被告应当承担的民事责任

根据以上事实，被告不经批准，在客户不明真相的情况下，非法经营外汇期货交易，属于无效民事行为。并且，被告在其整个经营活动中还实施了一系列违法、违约和欺诈客户的大量不正当行为，人为地制造风险，骗取客户保证金，致使原告遭受了严重经济损失。

因此，被告与原告签订的代理外汇期货买卖合约（名义上的所谓"即期外汇见证业务合约"）无效，并且造成合同无效的原因完全在于被告。被告理应向原告返还财产，并且赔偿因此而造成的一切经济损失。

五、关于见证业务与外汇期货交易的区别

被告在答辩中声称，被告所开办的是外汇见证业务，而不是外汇期货买卖业务，并以此推卸其理应承担的法律责任。这种辩解显然是徒劳无益的。

首先,我们对此暂且不做理论探讨;因为理论上已经自有公论。仅以上级主管机关的正式文件为依据,就足以证明被告所开办此项业务的真正性质。

1.1994年6月2日,广西壮族自治区外汇管理局向下属玉林分局发出传真电报称:"玉林农行国际业务部未经有关部门批准和国家外汇管理局同意,擅自对外开办了外汇期货经纪业务。根据朱镕基副总理的有关指示精神及人民银行、国家外汇管理局有关文件规定,特责成你局立即对农行国际业务部的外汇期货经纪业务进行查处……"

2.1994年5月21日上午,广西壮族自治区高级法院对广西壮族自治区外汇管理局的调查笔录中,外管局徐科长称:"现在玉林农行把我们广西外汇管理局批准给他们的见证、咨询当成是外汇期货交易的业务,实际上这是不对的。"

3.1994年8月8日玉林地区行署工商局、玉林市工商局和中国人民银行玉林分行金融管理科三方联合签署的《关于对中国农业银行广西区分行国际业务部玉林代办处非法从事外汇期货买卖活动的调查报告》明确指出:"按外汇管理局解释,外汇见证,是指外商向中国投资,银行作为中间人证明为见证",并明确认定被告"违反国家外汇管理条例有关规定,未经国家外汇管理局、国家证券管理委员会批准,私自经营外汇期货交易活动"。

上述文件和调查笔录已经无可辩驳地证明了被告所开办的是外汇期货交易,而根本不是什么见证业务。

其次,从被告所实施的行为事实来看,被告发放的"投资指南",与客户签订的合约,虽然形式上打着"见证"的招牌,其内容上却暴露了其进行外汇期货交易的真正性质。这种自欺欺人的手法非但无法掩盖其非法业务的本来面目,反而恰恰暴露了被告从一开始就做好了规避法律,逃避制裁的准备,更加反映其行为性质的严重性。

六、关于本案中法律关系的主体

被告在答辩中蓄意将本案中法律关系的主体复杂化,企图将外商与农行相分离,借以推卸其向原告的赔偿责任。这种辩解既不符合事实,又无法律根据。

1. 本案中原告、被告双方的主体是十分明确的,原告是客户,被告是农业银行广西玉林分行及其国际业务部。至于外商只不过是以被告名义进行活动的雇员,是被告的顾问,在本案中根本不具有独立的主体地位。被告应对其行为承担全部责任。

2. 被告一再声称,其一切业务均由外商操作、控制……并且谎称对外商的所作所为一无所知,似乎以此就能将其民事责任引向外商,这种转嫁矛盾、推卸责任的辩解是明显违背法律常识的。事实十分清楚,广告、合同、投资指南、通告等一切法律文件都由被告签署、盖章的,国际业务部的负责人也是由被告担任的,开户、入金、出金以及外商提走客户的保证金等一切手续也统统是由被告的主要负责人核准、签署的,而外商在客户面前的身份只是被告聘请的业务顾问。请问被告,由法人所实施行为的法律责任,是应当由法人来承担,还是应当由顾问来承担?这种常识性的问题难道还需要辩论吗?

退一步讲,假如真像被告所表白的那样,被告果真是如此清白,如此可怜,如此受骗上当而不能自拔,那么,引狼入室的责任也照样是不可推卸的。更何况,事实并非如此,大量事实早已证明,被告不仅引来了"狼",而且还帮助"狼"去咬人,到头来还硬要扮成可怜的受害者,这种脱身之计在法律上是绝对无隙可乘的。

七、在本案中,原告方不具有任何违法性责任和过错责任

被告为了推卸责任,企图将其违法的责任分摊到客户的头上,理由无非两个:一是客户知道被告非法经营还要参与交易;二是客户未经批准而参与交易。这两个理由同样不能成立。

1. 在被告开办此项非法业务时,客户并不知道其业务的非法性,而是在被告的欺骗下参与的。利用党和政府的宣传机构进行广告、宣传,特别是被告作为国家金融机构的特定地位,具有极大的欺骗性,足以造成客户的误解和骗取客户的信任。因此,客户既不明其行为的非法性质,也不可能预见这种非法性质。

值得特别提出的是,近期以来,在全国各地相继发生了不少因非法经营期货而引起纠纷的案件,已经引起了中央有关部门高度重视。但是,这些非法经营者一般都是各种各样的期货经纪公司,作为金融机构的国家银行进行非法金融期货交易的事例还实属罕见,银行实施此种非法活动,欺骗性更大、影响更坏、后果更严重,这正是本案不同于其他期货交易纠纷的重大区别所在。

以云南恒发商务公司非法经营金融期货交易案为例,“恒发案”与本案有三点重大差别:

(1)恒发公司仅仅是一个集体所有制公司,其没有任何国家的招牌可以借用。因此,其经营期货业务不具备当然的合法性。而本案的被告则完全不同,因为它代表国家正式的金融机构,其活动是以国家名义进行的,更何况它又是通过官方的宣传渠道公开大力宣传这种活动。因此,在群众的眼里,它的活动往往具有当然的合法性。在这种情况下,要求群众事先预见到其活动的非法性质,显然是不现实的。没有理由要求群众对此承担“应当预见”的责任。

(2)“恒发案”在经营中没有发现明显的违法、违约行为和大量的欺诈行为,客户的亏损基本上是由正常风险造成的。而本案的事

实已经充分证明,本案中客户的风险是人为制造的,客户的盈亏由被告控制。被告以造成少数客户出现少量盈余的假象,诱客上钩,最后造成多数客户大量亏损,整个交易是在非正当的状况下进行的。所以,所谓"正常风险"并不能成为本案被告推卸责任的借口。

(3)在对"恒发案"的查处报告中,尚未发现设庄对赌的情况,而本案被告的设庄对赌行为性质显然更加严重。

可见,与"恒发案"及其他类似案件相比,本案被告的责任要重大得多,显然应当承担百分之百的赔偿责任。

2. 本案中,原告参与被告开办的期货买卖业务时,作为公民个人的客户没有必须取得单独批准的法定义务。外汇管理法规虽然规定禁止公民私自进行外汇交易,但是,并没有禁止公民参与经过批准的国家金融机构所代办的外汇交易。《外汇期货业务管理试行办法》第3条规定:"办理外汇期货交易的机构必须是经国家外汇管理局核准的具有经营代客外汇买卖业务的金融机构,或由金融机构合资的外汇期货的经纪公司。"该办法第4条规定:"外汇期货交易的对象为外商独资企业,国内私营企业及境内居民。"这两条规定清楚地表明:第一,经营外汇期货交易的机构必须是经过批准的指定机构;第二,境内居民可以同这些机构进行外汇期货交易。可见,在外汇期货交易中,需要经过批准的是开办此项业务的金融机构,而并不是公民个人。也就是说,决定这种交易合法与非法的责任完全在于开办该项业务的金融机构,而并不在于公民个人。

因此,本案中客户在不明真相的情况下参与了被告所开办的非法外汇期货交易,客户本身并不应承担任何违法性责任和过错责任。上述法规恰恰表明,在本案中,只有客户才是真正的无辜受害者。

综上所述,本案事实清楚,证据确凿,法律关系明确,原告、被告双方责任分明。依照法律,被告必须承担全部民事责任。

本案卢某、林某等133名原告委托代理人:
北京市第六律师事务所律师　田文昌
1994年9月23日

呈:广西壮族自治区玉林地区中级人民法院经济审判庭

代理词(二审)

审判长、合议庭:

我接受卢某、林某等上诉人讼诉代表人的委托,担任本案上诉人的二审代理人,出庭参加诉讼。现针对上诉人答辩理由和一审判决内容发表代理意见如下:

一、关于私下对冲、场外交易问题

虽然一审判决已经认定被上诉人的行为属于"私下对冲、场外交易",但被上诉人在答辩中对此却矢口否认,并宣称这种指控和认定"纯属违背事实真相的恶意归责"。其同时提供了已经进入国际市场的所谓"大量证据"。

那么,现在让我们来看看这些所谓的"大量证据"究竟能够证明什么？事实真相又到底如何?

请看,被上诉人所指的五项证据:交易单据、电话及其账单,租用卫星信息系统的合同书及付费单承诺书、确认文书。这五项证据没有任何一项能够直接证明该交易确实进入国际市场,只不过是其谎称已经进入国际市场的几张虚假的招牌。

众所周知,在期货交易中,最能证明该交易进入国际市场的证据是国际市场盘房与国内盘房直通的专线电话,只有通过这种专线电话才能向国际市场的盘房直接报价。而事实却证明了这种专线电话纯属虚构。

首先,玉林地区邮电局1994年6月6日已出具证明:“该局没有向任何单位出租过任何国际专线电话线路。”此足以证明所谓专线电话根本就不存在。既然没有专线电话,就无法做到及时问价、报价。所以,交易没有进入国际市场的事实真相已经一目了然。

其次,被上诉人提供的所谓“电话账单”,只能进一步证明其进入国际市场的骗局是预先精心设计的。

第一,非专用的报价电话在被上诉人口中变成了专线电话,以此来欺骗客户。

第二,从邮电局调出的全部电脑电话记录表明,所谓国际电话的通话时间与落单时间不符,在大量回单上标明的落单时间内并无通话记录,而有相当大数量的回单上根本就没有标明落单时间;可见,这些通话内容与报价毫无关系,充其量只是一种表演的把戏。

第三,邮电局提供的通话记录最多的一个加拿大电话号码:001－9059408728和被上诉人在一审法庭上出示的在邮电局电脑记录中根本就没有记载的另一个号码:001－9059408241,都是加拿大安大略省加利集团的内部电话。

以上三点足以证明被上诉人自始至终精心设计了一个专线电话的大骗局,在同客户搞“设庄对赌”。这是期货交易中一种典型的诈骗行为。

此外,上诉人代理人在此提请法庭注意一个十分重要的问题,被上诉人在起诉佳利集团时诉称:“按协议及有关法律规定,被告(佳利集团,下同)应具备在国际外汇市场进行交易的资格,并负责办理有关手续以便双方在玉林地区合作的这个业务网点能进入国际外汇市场交易网络。但是,被告一直未能向我方提供其佳利集团取得国际外汇交易会员资格的有关文本及证书,亦提供不出该集团与国际外汇市场交易的协议书等进入国际外汇市场的有关凭证。同时,协议规定,被告应提供在境外的交易保证金额人民币1000万元,至今亦未见被告向我方提供这1000万元人民币的境外交易保证金的凭证。协议还规定,被告应提供境内本地足够的流动资金,被告至今亦未注入哪怕是一分钱的流动资金。"(见玉林农行诉佳利集团民事诉状第2页第6~15行)。而在对上诉人的答辩中,被上诉人又代替佳利集团举出了已经进入国际外汇市场的所谓"大量证据"。不知道这些证据从何而来?这种自相矛盾的说法又该做何解释?对于这种反复制造伪证的行为请法庭予以高度重视。

综上所述,上诉人代理人认为,被上诉人所进行的私下对冲、场外交易的行为具有严重的违法性,因为它并不等同于在已经进入国际外汇交易市场的前提下对于个别交易所进行的私下对冲、场外交易,而是设庄对赌,是对全部交易所进行的私下对冲、场外交易。所以,它自始至终是一场百分之百的大骗局!

二、关于期货交易与外汇按金交易

被上诉人辩称期货交易与外汇按金交易不同,进而又称:"根据国际外汇按金交易惯例,对方向相反的按金交易合约,交易机构可以进行对冲拍平。因此,'私下对冲'虽为期货交易所不允许,但可以用之于外汇按金交易,'对冲'与否,并不能必然证明答辩人有所谓'不真实交易'的行为。"不知道被上诉人此话的根据从何而来?

第一,不知道哪一条国际惯例允许外汇按金交易私下对冲?

第二,更不知道哪一条国际惯例允许外汇按金交易不必进入国际外汇市场而私自设庄对赌?

第三,私自设庄对赌的行为根本就不能称为外汇按金交易。

第四,最高人民法院《关于审理期货纠纷案件座谈会纪要》第8条的准确表述是:"外汇按金交易就其实质而言,属于一种远期的外汇现货交易，而不属于期货交易，但其在形式上与期货交易有相似之处。对这类案件可参照处理期货纠纷案件的有关原则处理。”上述意见已经十分清楚地表明，不管是外汇按金交易也好，还是外汇期货交易好，二者在形式上是相似的，在处理原则上是一致的。因此，无论将本案中的外汇交易称为“期货”还是“按金”，擅自经营和私下对冲都是违法的。

由此可见，被上诉人对于“按金”与“期货”两种交易之区别的辩解并不能改变其交易行为的违法性和欺诈性，因而也丝毫不能减轻被上诉人的赔偿责任。

三、关于被上诉人的赔偿责任

一审判决认定，一审原告、被告双方的行为均属违法行为，并指出“造成合同无效，被告玉林农行应负主要责任，但原告为谋取高额利润而参加非法交易，也有过错，应负一定责任”。上诉人代理人认为，一审判决的这种认定既是违背事实的，也是自相矛盾的。

首先，在被上诉人开办此项非法业务时，上诉人并不知道其业务的非法性，因此，上诉人不应承担违法性的责任。

被上诉人在开展上述业务之前，曾在玉林地区地委机关报《大众报》上两次做广告宣传，谎称“现我行根据国家外汇管理局批准的业务经营范围，开展外汇见证业务”，并通过玉林有线电视台进一步扩大宣传，打着官方旗号吸引客户。

继而，被上诉人广为散发的《投资指南》则将“外汇见证业务”扩展到了“提供即期外汇见证合约业务及投资的咨询和服务”。

接下来，在向客户提供的固定格式的《顾客契约》的具体条款中，虽然在立约理由中仍然冒用了“委托农行代为进行即期外汇见证业务（以下简称‘外汇合约’）合约服务”的字样，但在具体条款中却充填了地地道道的期货交易合同的内容。

被上诉人精心策划的这个三部曲实在是用心良苦之至:第一,以见证业务为幌子,欺骗客户和主管部门,号称经过批准具有合法性;第二,在《投资指南》中将见证业务扩展到"投资咨询和服务";第三,当蒙混过关和客户上钩后才"图穷匕首现",彻底偷梁换柱,在"顾客契约"中装进了期货交易合同的真实内容。这种精心策划的骗局实在是太高明了,高明到了连外汇主管部门都未能及时识破的程度,作为从未进行过外汇交易的客户,又怎么能够及时识破呢?

问题非常明显:

第一,被上诉人身为国家金融机构,在群众中的形象是代表国家的,利用这种特定的形象而又精心策划的骗局,本身就具有极大的欺骗性。

第二,期货交易当时在我国刚刚兴起,我国境内绝大多数人对于这种交易的性质、内容、形式和规则等都是极为陌生和无知的,至于什么是外汇见证业务、外汇按金交易、外汇期货交易以及这几种交易的区别,对于这些概念和界限的认识多数人更是一无所知,这种现状正是导致前几年期货市场极度混乱的重要原因之一。

第三,本案中参与交易的客户是公民个人。在当时许多专门进行期货交易的法人机构都处于模糊认识状态的背景下,有什么理由去要求这些第一次尝试外汇交易的个人客户有能力或者有义务去识破被上诉人打着合法旗号所实施的交易行为背后的违法性质呢?又有什么证据能够证明这些客户明知这种交易的违法性而主动去进行违法性的参与呢?

由此可见,本案中的客户即上诉人是在完全受蒙骗的情况下委托被上诉人进行外汇交易的,根据我国法律的主客观相一致原则,违法性过错是指行为人明知自己的行为违法或者应当知道自己的行为违法而又实施该种行为所产生的过错,在行为人主观上没有任何故意或过失的情况下,并不能产生过错责任。因此,上诉人并无过错,更不具有违法性。不应要求上诉人承担违法性的责任。

其次,一审判决对于双方责任的认定自相矛盾,违背了过错责任原则。

一审判决在认定一审被告对于无效合同应负主要责任的同时,在判决结果中又将全部责任推到了一审原告头上,这种名实不符、自相矛盾的判决违背了过错责任原则。根据《民法通则》和《经济合同法》对无效合同的处理原则,对于实施无效民事行为的双方当事人,应当根据有无过错或者双方的过错程度返还财产、赔偿损失或者各自承担相应的责任。本案中,一审被告具有的是三重过错:一是未经批准非法经营;二是打着合法旗号骗取客户信任与之签约;三是在经营中实施欺诈行为。其欺诈行为的十七种具体表现每一种都有证据证明并在一审代理词中一一列举,在此不予赘述。这些欺诈行为几乎囊括了期货交易中全部的欺诈手段。可以说,一审被告在本案中的过错程度是极其严重、登峰造极的。正是由于一审被告的这些过错,加拿大佳利集团才得以非法提走客户的保证金10,775,564.42元人民币,这一笔巨款正是一审原告因被告的过错而遭受的实际损失,理应予以返还。至于该款被外商非法运出境外的后果与一审原告毫无关系,只能由一审被告自行承担。然而,一审判决却对该笔巨款只字不提,这种做法缺乏起码的法律依据。

退一万步讲,即使按照一审判决认定的双方具有共同过错的结论,将这1000多万元人民币视为原被告双方共同造成的损失,那么这个损失也应当由一审原被告双方共同承担,并由被告承担主要责任。然而,其判决结果在事实上却变成了由一审原告全部承担这一部分损失。而一审被告所承担的却仅仅是6万元人民币的罚款。对于这种明显颠倒主次关系的差别很大的判决结果,一审判决是无法自圆其说的。

不仅如此,从1994年6月3日起至今除掉被外商非法提走的1000多万元人民币以外,客户仍有800多万元的存款在一审被告手中,其利息收入至少也有160万元人民币,如此计算下去,一审判决认定应负次要责任的一方损失了1000多万元,而应负主要责任的一方反而由于自己的过错而净赚了100多万元。这种自欺欺人的判决如果不予坚决纠正,在中国还有什么法制可言?

四、一审判决认定追缴财产没有法律依据

一审判决中对于财产的处理采用了“本应予以追缴”和“但根据本案当时的实际情况和为弥补客户的损失,可不予以追缴”的表述方式。与此相联系,在另一份本案被上诉人诉佳利集团的判决中又判令将佳利集团提走的人民币10,775,564.42元予以追缴,上交国库。这两个追缴虽然出自两个判决结果,但另案的追缴却直接影响了本案的判决结果,更重要的是,这两个追缴都不符合《民法通则》关于无效合同的处理规定。

根据《民法通则》第61条的规定,在民事行为被确认无效或者被撤销后,适用追缴财产的前提是“双方恶意串通”。然而,本案中并不存在这一前提。本案中的一审原告在上当受骗的情况下,遭受了巨大的损失,既没有与对方恶意串通,也没有损害国家、集体或者第三人的利益。所以,一审被告从原告处所取得的财产理应返还给原告。

在另案中,如果说原被告双方确属恶意串通,那么,被外商提走的1000多万元人民币正是本案上诉人的财产,即上诉人恰恰是遭受损失的第三人。根据《民法通则》第61条第2款的规定,在第三人遭受损害的情况下,也应当将追缴的财产返还第三人,而不应上缴国库。

因此,一审法院在紧密相关联的两个判决中关于追缴财产、上缴国库的结论明显适用法律不当。这种判决事实上为被上诉人开脱了本应依法履行的赔偿责任,剥夺了上诉人合法受偿权,严重损害了上诉人的利益。

五、一审法院关于扣除佳利集团诉讼费的判决缺乏法律依据

佳利集团被依法冻结、扣押和拍卖的财产本应如数抵偿上诉人的损失。而一审判决却在这笔款项中扣除了本应由佳利集团自行承担的另案的诉讼费,这种将两件分别审理的诉讼捏合在一起扣减诉讼费,由一案的原告来承担另案被告的诉讼费的做法,在法律上毫无根据,在司法实践中也实属罕见。

综合上述理由,上诉人代理人认为,一审判决关于上诉人也有过错的认定与事实不符,于法无据,并且其责任划分与承担责任的实际后果自相矛盾,其判决结果在事实上排除了被上诉人的赔偿责任,严重损害了上诉人的合法利益;在判令由上诉人承担另案被告诉讼费的问题上明显违背法律规定。被上诉人关于交易已进入国际外汇市场的辩解,既不符合事实,又自相矛盾,显然不能成立。

根据最高人民法院《关于审理期货纠纷案件座谈会纪要》第7条的规定,期货交易中的下列行为应认定为无效:(1)没有从事期货经纪业务的主体资格而从事期货经纪业务的;(2)以欺诈手段诱骗对方违背真实意思所为的;(3)制造散布虚假信息误导客户下单的;(4)私下对冲、与客户对赌等违规操作的。

本案事实已充分证明,被上诉人的违规违法行为不仅符合该条列举的全部表现,而且已经超出了该条规定的范围。并且,上诉人的损失确系被上诉人的行为所致,二者之间具有明显的不可否认的因果关系,同时由于被上诉人根本没有进入国际外汇交易市场进行正常交易,上诉人的损失毫无正常风险可言。而被上诉人在该项交易中具有全部过错。因此,根据《关于审理期货纠纷案件座谈会纪要》

第7条、第8条的原则,被上诉人理应承担赔偿全部损失的责任。

为此,请求二审法庭依法纠正一审判决,判令被上诉人全部返还其非法占有的上诉人所投入的保证金及银行利息,并承担本案一审、二审全部诉讼费用。

上诉人代理人:

北京市京都律师事务所律师　田文昌

1996年9月12日

呈:广西壮族自治区高级人民法院经济审判庭

审理结果

玉林地区中级人民法院开庭审理此案后,一审判决农业银行广西玉林分行赔偿客户部分保证金仅占全部损失的30%左右,原告不服提起上诉。

广西壮族自治区高级人民法院二审,判决被告赔偿损失80%。原告方基本满意。

希望集团有限公司与广西饲料集团粮油经营部购销合同纠纷案

案情简介

希望集团有限公司与广西饲料集团粮油经营部于1996年1月10日签订了10,500吨巴西豆粕购销合同。合同约定:"供方发至(需方)各公司的火车大、小票和保险票,经验证后委托希望集团南宁公司两天内付给供方三分之一的货款。货到各公司过地磅秤后,5天以内付清全部货款。超期未付按日息3‰付本息给供方。"

合同签订后,因考虑到凭火车大票及保险票付款的手续不现实,希望集团(被告)又与粮油经营部(原告)的委托代理人北海银谷湾粮油物资贸易公司总经理江某于1月20日协商,变更了付款方式,约定:仅凭铁路小票或由江某将小票传真至被告,经被告确认后,再由江某委托南宁汇泉贸易公司陈某至被告希望集团南宁公司收款。

变更付款方式后,自1996年1月30日至3月11日,被告根据陈某交来的铁路小票,陆续向陈某支付13笔豆粕款,总计人民币2560万元。因被告经检验后认为豆粕质量不符合要求,扣除一部分货款

140万元暂未支付,双方就此发争议。

在解决争议的协商谈判未果的情况下,原告方以并未收到陈某转交的货款为由,否认了对江某和陈某的委托代理关系,起诉被告2700万元货款分文未付,诉请被告支付2700万元全部货款。

被告得知后,深感惊讶,遂聘请田文昌、肖丽娟二位律师代理应诉。开庭前,应被告律师要求,法庭将北海银谷湾粮油物资贸易公司和南宁汇泉贸易公司陈某列为第三人。

法庭审理中,被告代理律师以文字加图表的方式厘清了本案中各种法律关系并出具了原告事实上已收到2560万元豆粕款的证据。

代理词

审判长、审判员:

根据《民事诉讼法》的有关规定,北京京都律师事务所、北京金衡律师事务所分别接受希望集团有限公司、希望集团有限公司南宁公司的委托,指定田文昌律师、肖丽娟律师担任本案原告广西饲料集团粮油经营部诉被告购销巴西豆粕合同纠纷案中共同被告的诉讼代理人。1996年5月21日本案在南宁市中级人民法院全天开庭,被告诉讼代理人参加了法庭调查全过程,本案的事实经法庭质证亦十分清楚。现被告诉讼代理人仅就本案的几个关键问题向合议庭提出如下代理意见:

一、本案被告已按原被告合同的约定,支付巴西豆粕款计人民币2560万元

本案原告起诉被告的所谓理由是:"被告收到我部的货后,分文未向我部支付货款。"而被告在答辩状中称:"合同签订后,自1996年

1月30日至3月11日止,被告共付原告巴西豆粕款2560万元。"一方是"分文未付",另一方是"已付2560万元",双方差距之大,实属罕见。

经法庭质证:原告、被告1996年1月10日签订10,500吨巴西豆粕购销合同。结算方式及期限在合同第8条约定:"供方发至(需方)各公司的火车大、小票和保险票,经验证后委托南宁希望公司两天内付给供方三分之一的货款。货到各公司过地磅秤后,5天以内付清全部货款。超期未付按月息3‰,付本息给供方。"之后,考虑到凭火车大票及保险票付款的手续不现实,1月20日,被告与原告委托代理人即本案第三人北海银谷湾粮油物质贸易公司总经理江某先生在广西防城港金海岸宾馆协商变更了付款方式,即双方约定:仅凭铁路小票或由江某先生将小票传真至被告南宁希望公司,经被告南宁希望公司确认后,由江某先生委派本案第三人南宁汇泉贸易公司陈某先生至被告南宁希望公司处收款。对此,本案两位第三人均在法庭上予以承认且记录在卷。故自1996年1月30日被告收到本案第三人陈某先生交来的第一批37张铁路小票并按合同支付其260万元起至1996年3月11日止,共支付13笔豆粕款,计人民币2560万元。其中,3月8日、11日支付的两笔货款260万元,是在本案二位第三人以原告身份前往被告总部解决原告、被告合同货款尾数争议问题达成《关于支付豆粕款的函》后支付的。至此,被告认为已按合同约定全部、全面履行了原告、被告的合同,根本不存在"分文未付"的问题。

二、本案被告支付的2560万元豆粕款已由本案第三人北海银谷湾粮油物质贸易公司江某先生照单全收(见附1、附2被告当庭出示的本案法律关系示意图及本案货款流向图)

前述被告按铁路小票履行支付货款的义务,前后支付计2560万元货款,全部由本案第三人南宁汇泉贸易公司陈某以代理人身份签字,被告按其指定的账户支付货款。很明显,被告支付的2560万元货款的去向与本案有着十分密切的联系。

经法庭质证:被告支付的2560万元豆粕款全部由本案第三人陈某汇入本案第三人北海银谷湾粮油物质贸易公司指定的北海市钦北铁路建设开发公司的账上。对此,本案两位第三人均予以承认且记录在卷。

需要强调指出的是:本案第三人北海银谷湾粮油物质贸易公司是2.6万吨巴西豆粕的真正供方,即原告供给被告的10,500吨巴西豆粕亦从本案第三人北海银谷湾粮油物质贸易公司所购得。据钦北铁路建设开发公司赵经理提供的书面证词:本案第三人北海银谷湾粮油物质贸易公司已实际支付2.6万吨巴西豆粕款合计56,270,000元。其中,被告的10,500吨、2560万元均包含在2.6万吨、56,270,000元中,即被告支付的10,500吨豆粕款2560万元均由本案第三人北海银谷湾粮油物质贸易公司照单全收;对此,江某已当庭承认。

三、本案第三人北海银谷湾粮油物质贸易公司(以下简称银谷湾公司)及其法定代表人江某与本案原告不仅是委托代理关系,事实上已构成共同原告关系

本案之所以发生被告已支付货款,而原告却声称"分文未付"的情形,关键问题在于原告与本案第三人银谷湾公司及其法定代表人江某的微妙关系。据原告诉讼代理人庭上称:江某以个人名义在原告、被告合同处签字,目的在于江某本人对报关、运输、商检等熟悉。被告认为:江某的签字到底说明了什么问题,只能由法律规范来判断。众所周知,我国法律规定,在正式合同文本上有权签字的只有两种人,一为合同主体的法定代表人;二为合同主体法定代表人授权的委托代理人。后一种情形一般适用于在法定代表人不能在合同签订现场出现时。原告、被告1996年1月10日合同的供方处出现了两个人的签字,一是原告法定代表人方某,二是本案第三人银谷湾公司法定代表人江某,公章为原告章。那么原告与江某是何关系呢?被告认为:江某在原告法定代表人在场签字情形下在原告处签字,其行为是原告知晓的,这种明示的签字行为应视为委托代理关系的成立,江某的身份只能是原告的委托代理人。对此,原告亦当庭认同。接下来的问题在于江某的代理权限。据原告诉讼代理人庭上称:"他(指江某)对我方的承诺,就是我方对希望公司的承诺。"在此,原告诉讼代理人混淆了经济合同的双务性质。在合同上共同签字的行为只能表明对另一方当事人的共同承诺,此种对应属性反映在本案中,即供方的共同签字只能表示其对需方(被告)形成了相应的权利、义务关系,也就是说江某的代理权限应包括原告及于被告的所有权利、义务。事实上,不仅原告,就是被告也都是如此看待江某的法律地位的。故被告只在签合同时见过原告法定代表人方某,在后来履行合同的全过程中,很放心、很坦然地与原告的委托代理人江某打交道,因为被告的根据就是江某在合同中签字并为原告所认可的事实。

如果说江某的签字只说明其代理身份的话,请看下列已经过法庭质证的,进一步证明江某在本案扮演真正角色的事实:

1. 江某直接代表原告变更付款方式,改为直接凭铁路小票付款。

2. 江某直接代表原告向被告发货,被告的铁路小票均由江传真至被告南宁公司处,经南宁公司确认后,按小票所示的数额付款。

3. 江某以所代表的银谷湾公司名义供货给原告(被告直到此次开庭才获知原告供给被告的豆粕实际上正是银谷湾公司拥有的2.6吨中的一部分),形成货未过手、直接通过本案第三人发货给被告的事实,即本案第三人是合同的真正供方。

4. 前已说明江某通过南宁汇泉公司收取了被告的2560万元货

款,实际上是代原告收款。

5. 江某代表原告于1996年3月5日至11日前往成都解决原告、被告尾款争议问题,并实际收到被告为解决尾款支付的260万元。

被告认为:在被告履行合同过程中,江某之所以能畅通无阻地承担上述1~5种角色的作用,关键在于一方面,其与原告合同上的委托代理关系足以让被告确信,被告与江履行合同,就是与原告履行合同。尤为重要的是,在整个合同履行过程中,原告从未就货款或其他与合同有关的问题向被告提出疑义。另一方面,原告又与江某背着被告存续所谓购销关系、委托协作发货的代理关系等,在被告不明真相的同时,江某实际控制着货物的处分权,在事实上其与原告已形成共同行为人的关系,即本案第三人通过原告这一合同形式主体,以自己的行为(上述1~5项)成为本案的实质主体,建议法庭应将其视为本案的共同原告。

被告莫名其妙的是:不知江某与原告之间究竟发生了什么过节,导致原告竟置起码的事实于不顾,状告被告"分文未付"。在庭审中,原告就1996年2月28日江某亲笔传真于被告有关货款给付确认函的真实性一口肯定,表示此函完全能代表原告的意志。但紧接着原告诉讼代理人扭住"已付出"与"已收到"的所谓区别,置整个函的前后内容于不顾,企图否认已收货款的事实。按理说,对于被告已付货款的事实是不难认定的,这一点,庭审也已证明。对此,被告再次援引答辩状结束语:"原告置起码的事实于不顾,竟于诉状中称被告'分文未付',不知其将被告的巨额资金给付事实要做何解释?被告初接诉状时,一头雾水。若说几万、几十万元'有中生无'的事例难能避免,但胆敢将2560万元做赌注,且堂皇滥用诉权予以实施,恕被告孤陋寡闻,怕是天下无有其二。被告不得不问:原告到底想要什么?原告到底要干什么?"

审判长、审判员,根据庭审已质证的本案事实,请合议庭郑重考虑被告诉讼代理人的意见,驳回原告的诉讼请求。同时,被告就原告滥用诉权给被告造成的经济损失请求追偿。

此致

南宁市中级人民法院

被告人希望集团有限公司代理人:

北京市京都律师事务所律师　田文昌

被告人希望集团有限公司南宁公司代理人:

北京金衡律师事务所律师　肖丽娟

1996年5月22日

附　豆粕货款走向详表

北海钦北公司收北海银谷湾粮贸公司货款			希望集团南宁公司付豆粕款情况			
日期	金额(元)	付款单位	序号	日期	金额(元)	收款人
1995.11.29	200,000	北海银谷湾粮油物质贸易公司				
11.29	800,000	南宁海江经济发展公司				
11.30	500,000	广西粮油企业结算中心				
12.11	500,000	广西粮油企业结算中心				
1996.1.15	2,000,000	广西粮油企业结算中心				
1.22	1,500,000	黎塘面粉饲料厂				
1.23	1,500,000	区商业饲料厂				
1.23	1,420,200	邕宁县粮食专储总公司				
1.23	1,800,000	桂新饲料厂				
1.25	1,000,000	广西粮食职工北海培训中心(北海银谷湾公司主管)				
1.26	1,000,000	江某				
1.26	7,000,000	南宁粮油供应公司				

续表

北海钦北公司收北海银谷湾粮贸公司货款			希望集团南宁公司付豆粕款情况			
日期	金额(元)	付款单位	序号	日期	金额(元)	收款人
1.26	6,000,000	广西粮食企业结算中心	1	1.30	2,600,000	杨某(汇泉公司出纳)
2.1	2,000,000	陈某(存折)	2	1.31	2,000,000	陈某
2.1	1,300,000	江某				
2.1	2,000,000	广西粮食企业结算中心				
2.2	5,000,000	广西润依农业投资有限责任公司				
2.6	6,000,000	陈某	3	2.5	6,000,000	陈某
2.7	4,000,000	陈某	4	2.6	4,000,000	陈某
2.13	1,500,000	玉林面粉厂、饲料厂	5	2.7	1,500,000	陈某
2.16	2,750,000	希望集团南宁公司	6	2.14	2,750,000	北海市钦北铁路建设公司
2.8	400,000	黎塘面粉饲料厂	7	2.14	800,000	潘某(汇泉公司负责人)
2.16	200,000	黎塘面粉饲料厂	8	2.15	1,000,000	广西润依农业投资有限责任公司
3.5	400,000	江某	9	2.16	1,000,000	广西润依农业投资有限责任公司
3.7	500,000	玉林饲料厂	10	2.18	1,000,000	广西润依农业投资有限责任公司
3.13	500,000	玉林饲料厂	11	2.18	350,000	陈某
3.18	3,000,000	南宁汇泉贸易公司	12	3.11	600,000	南宁汇泉贸易公司

续表

北海钦北公司收北海银谷湾粮贸公司货款			希望集团南宁公司付豆粕款情况			
日期	金额(元)	付款单位	序号	日期	金额(元)	收款人
3.20	500,000	玉林饲料厂	13	3.8	2,000,000	北京和德实业公司
3.22	200,000	玉林饲料厂				
4.10	200,000	玉林饲料厂				
4.10	400,000	玉林饲料厂				
4.10	200,000	北海银谷湾粮油物质贸易公司				
总计	56,270,200				25,600,000	

审理结果

最终迫使原告以调解方式结案。原告承认豆粕质量问题和已收货款2560万元的事实。被告只向原告支付30万元豆粕余款,其他损失均由原告承担,案件诉讼费由原告和第三人共同承担。

华冠公司与山东临沂公司化肥购销合同纠纷案

案情简介

1995年1月24日，华冠公司与山东临沂公司签订一份2000吨化肥的购销合同，总金额283万元。该合同的供方为华冠公司与河北公司，需方为山东临沂公司。华冠公司在该合同上签了字并盖了公章，山东临沂公司只在该合同上签了字，而河北公司在合同上既没有签字，也没有盖章。

合同签订的当天山东临沂公司即将283万元货款全部打入华冠公司的银行账户。后来，华冠公司了解到化肥专营的有关规定而决定不履行该合同，于2月8日电话通知山东临沂公司商量退款。2月11日山东临沂公司的经理桑某来京办理了退款，桑某出具了收到283万元化肥款的收条，并在写有“退化肥款”的支票存根上签了字。

由于山东临沂公司急于购买化肥，桑某于退款当天与华冠公司业务一部经理郭某商量，桑请求郭某给河北公司说句话，请河北公司履行合同，于是郭某在该合同的空白处写了“经与山东临沂公司桑经理研究，此批货款全部转入贵公司账户，以便尽快履行合同，望在此合同再加盖贵公司公章”。桑某把华冠公司空白抬头的支票交与河北公司。河北公司出具了“收到华冠公司的化肥款283万元人民币”的收条。

合同到期后，河北公司没有供货，山东临沂公司催货、追款均未果。于是山东临沂公司以华冠公司及河北公司为共同被告向法院提起诉讼。

代理词（二审）

审判长、合议庭：

依照《中华人民共和国民事诉讼法》的有关规定，我们受本案上诉人华冠公司的委托，担任其第二审的诉讼代理人。

接受委托后，我们对涉及本案的有关事实进行了调查，收集了能够证实本案有关事实的证据，并对各证据本身的真实性、有效性，证据与证据之间的关联性进行了分析。本代理人认为，上述证据可以清楚、充分地证明本案的有关事实。现根据这些事实和我国有关法律规定，发表如下代理意见。

一、本案法律关系的阐述

正确处理本案的关键所在是要依法实事求是地分清本案有关当事人之间的法律关系。

1995年1月24日，上诉人与被上诉人（临沂分公司）草签了一份合同。该合同临沂公司虽未盖章，但其以付款的实际行为使之与我公司之间产生了一种购销关系。由于我公司不具有相应的权利能力（无此经营范围），该合同因主体资格不合法，实属无效合同。在认识到上述情况后，上诉人即于2月8日以电话向被上诉人作了退回货款,终止该合同的意思表示。2月11日被上诉人的业务经理桑某亲自来京接受了退款并履行了退款手续(有桑某的亲笔收条、桑某在支票存根上的亲笔签名为证)。从而结束了我们之间自1月24日起产生的法律关系。

草签的“合同”抬头虽有河北公司的字样,但河北公司并未签章,事实上签订该合同时,河北公司根本不知道,也没有人参加。所以无论从事实上还是从法律上看,该“合同”所产生的只是我公司与被上诉人之间的法律关系,而与河北公司无关。

2月11日以后,被上诉人将我公司退回的货款交给河北公司,该行为所产生的是他们之间的法律关系,而与我公司无关。

二、郭某在“合同”上加注文字的效力分析

2月11日我公司退款后,郭某应被上诉人的请求在原“合同”上加注了一段话。如何认定这段话的法律效力,是正确处理本案的又一关键。

从形式上分析,这些文字似乎是要对合同付款条款进行修改,但上诉人并未在该修改的部分盖章。《工矿产品购销合同条例》第4条第1款规定:“工矿产品购销合同,除即时清结者外,必须采用书面形式,由当事人的法定代表人或者凭法定代表授权证明的经办人签字(盖章),并加盖单位公章或合同专用章。”该条是对合同成立要件的规定,比照这一规定,郭某所加注的文字不能认定是对原合同的修改,因其不符合法定条件。如果认定郭某的这些文字是对合同的修改,与上述法律规定不符也有悖于我国合同一经签订,任何一方不得擅自变更的法律原则。如果谁都可以随便在合同上写些什么,并成为该合同的组成部分,那么必然要造成社会经济关系的不确定性,造成社会经济秩序的混乱。

从实质上分析,自上诉人决定终止该合同法律关系,并于2月8

日通知被上诉人退款,2月11日将货款全部退给被上诉人之时起,上诉人即以自己的行为撤销了郭某对该合同的代理权,这种解释是唯一的。因为退款是客观的,是有证据证明的行为,是默示不做此合同的法人行为。在这种情况下,除法定代表人或其特别授权,任何人均无权再做该合同。因此,自此之后郭某已丧失对该合同的代理权,即郭某在合同上加注的文字为郭某的个人行为。而被上诉人明知上诉人已终止该法律关系,其业务经理桑某亲自接受了上诉人的退款行为,理应知道郭某已经无权代理该合同,而仍与之为民事行为,根据我国《民法通则》第66条第4款的规定,这些文字所产生的法律后果,只能由被上诉人和郭某个人承担。

综上所述,无论从形式上看,还是进行实质分析,郭某在"合同"上加注的文字都是非法的,无效的,其行为所产生的一切责任均与上诉人无关。相反,郭某的上述行为是应被诉上人的请求而实施的,被上诉人对此具有重大过错,理应承担自己过错产生的恶果。

三、关于上诉人与河北公司的协议

1994年12月上诉人与河北省农经贸易总公司(河北公司)签订了一份协议书。一审法院将此协议书作为认定本案上诉人责任的根据,因此,在此有必要对该协议书予以分析、说明。

该协议第4条约定:"在经营过程中,遇市场价格波动,双方共同承担风险。"该约定的范围是十分明确的,仅限于价格波动的商业风险。并且所确立的只是上诉人与河北公司的关系,与第三人无关,更不包括上诉人对河北公司的违法行为也要承担责任。一审法院的判决对此条款断章取义,只"查明"双方共同承担风险,而忽略了"在经营过程中,遇市场价格波动"这一重要限定词。

该协议第2条约定:"……双方共同筹措流动资金争取在12月8日前各筹集500万元人民币汇至中原化肥厂……"显而易见,履行该协议的基础是双方筹集资金,而实际上,我们双方至今也没有将资金汇入中原化肥厂;也就是说,该协议并未实际履行,在我公司与河北公司之间并未真正产生协作关系。

另外,上诉人于2月8日电话通知被上诉人终止合同关系的同时,也电话通知了河北公司终止了我们之间的"协议"。

通过上述分析得出的必然结论是:(1)该协议书已于2月8日终止;(2)该协议与本案无关。因此,一审法院将该协议书作为上诉人承担连带责任的依据与事实及法律是不相符的。

四、关于货款流失的责任

2月11日上诉人将全部货款退给被上诉人,被上诉人接受了退款,其业务经理亲笔写了收条并在"退化肥款"的支票存根上签了字。我们的退款手续是完备的、无可指责的。至于支票的"收款人栏"没有填写,首先,是其业务经理桑某为其业务方便请求我方财务人员这样做的(有上诉人出纳员证言为证)。其次,把款退到对方的银行账户与直接交给对方合法代表人,其法律效果是完全一样的,上诉人在这个问题上并无过错。

把款退给了被上诉人,被上诉人如何处分,上诉人无权再予过问。283万元货款在被上诉人手中流失,其责任不言即明,本代理人在此无须赘述。

上述四个方面的分析,可以清楚、明了地反映出本案的本来面目。对于本案的关键之所在——终止原"合同"的问题,有桑某的收条及其亲笔签名的支票存根作为直接证据。桑某来京接受退款的事实,以及河北公司法定代表人殷某的证言可以间接地证明上诉人曾进行了终止该合同的意思表示,上诉人的出纳员的证言、调查郭某的调查笔录可以证明终止该合同的过程。面对这些证据,依法实事求是地予以认定,上诉人与被上诉人之间的法律关系于1995年2月11

日即已终止的结论是唯一的。

上述这些证据同样可充分证明,退款后郭某对该合同已无代理权,其对该合同的一切行为均为个人行为。我公司没有在郭某加注的文字下盖章,辅助证明了这一事实。

综上所述,本案事实清楚,责任明确,被上诉人的无理诉讼给上诉人造成重大经济损失,影响了山东德州地区农业综合开发项目资金的落实。

为此,请求二审法院依照事实和法律迅速审结此案,撤销一审判决,以维护上诉人的合法权益。

代理人:

北京市京都律师事务所律师　田文昌　曹树昌

1996年5月23日

审理结果

一审法院经审理作出河北公司与华冠公司共同承担返还货款及赔偿其他经济损失的判决。

一审败诉后,华冠公司委托京都律师事务所田文昌、曹树昌律师为其二审的代理人。

二审维持了一审判决。

国营七〇七厂诉北京三科经贸公司侵犯商业秘密案

案情简介

1993年原告国营七〇七厂组团出国考察并与日本大仓商事株式会社签订了“录像机晶体引进线”合同书，于1995年1月正式投入生产。1995年2月，曾参加了该引进生产线全过程的生产线负责人黄某宁提出调离该厂并获批准，调至被告北京三科经贸公司并担任该公司法定代表人。在1995年7月第二届中国水晶博览会上北京三科经贸公司向客户推销了自己公司研制并生产的晶体频率片和系列加工设备、工装夹具等。原告认为上述产品与国营七〇七厂产品构造相同，认为其录像机晶体引进线的机器设备等技术秘密已被泄露，被利用获利，并给原告造成严重损失，原告已受到不正当竞争行为的侵害，危及生存。为此，原告于1995年9月27日以侵犯商业秘密为由向北京市第二中级人民法院提起诉讼。被告委托京都律师事务所田文昌、赵敏律师为诉讼代理人。

代理词

审判长、各位审判员：

我们是北京市京都律师事务所的律师，受北京三科经贸公司（以下简称“三科公司”）的委托，担任本案被告的诉讼代理人，参加诉讼。根据我们的调查特别是法庭审理，我们对本案有了充分的认识，现提出如下代理意见，望贵庭予以充分考虑。

我们认为：

一、“三科公司”正常生产经营不构成对国营七〇七厂（以下简称“707厂”）商业秘密的侵犯

1. 我国《反不正当竞争法》第10条第3款对商业秘密明确定义：“商业秘密，是指不为公众所知悉、能为权利人带来经济利益、具有实用性并经权利人采取保密措施的技术信息和经营信息。”即商业秘密是由技术信息和经营信息两部分构成。鉴于本案原告在起诉书和法庭审理中均未对于“三科公司”未侵犯其经营信息提出任何异议和反证。因此，首先可以排除“三科公司”正常生产经营对“707厂”经营信息部分商业秘密的侵犯。

2. HC—49U. S产品和生产技术不是商业秘密。

我方认为HC—49U. S产品和生产技术已不属于商业秘密内容所包含的不为公众所知悉的技术信息。

首先，从原告所举证据《一九九三年录像机引进线合同（外文）及译文》第11页看，总价款为348,000,000日元的引进线合同，其中294,730,000日元用于购买设备，22,596,000日元用于购买原材料，30,674,000日元用于购买技术Know－How（技术诀窍）。从原告提供的证据材料及原告代理人在法庭审理过程中的陈述和答辩，均无法说明“707厂”花费30,674,000日元从日方购买的Know－How的具体内容是什么,涉及的技术范畴是什么。

其次,即使像原告在法庭审理中辩称的那样,此 Know - How 就是“707 厂”的技术秘密,但我方认为,原告的陈述不能说明此技术是日方独家转让于“707 厂”一家的技术,更不能说明此技术是绝对先进,他人不通过引进或从“707 厂”购买,就无从获知和掌握的技术。并且,原告方对此不能列举一份证据材料予以证明,反之,我方在法庭审理过程中和庭审之前均向法庭和对方出示了大量的证明材料说明,被原告方归为自己所有技术秘密的 HC—49U. S 的产品和生产技术在行业内是众所周知,已被国内许多厂家进行大规模流水式生产,属于一种公知、公会、公用的产品和技术。而且,国内许多厂家生产并公开销售该产品的事实,也说明了 HC—49U. S 产品生产并不专属于包括“707 厂家”在内的任何一个生产厂家。具体可参见“三科公司”提供证据附件一中列举的部分厂家产品目录,销售广告和生产能力说明。从“三科公司”提供的证据附件二可以看到,HC—49U. S 产品的原理、设计方法和生产工艺流程在国内外公开出版的刊物中有许多记载,而且许多名牌大学的晶体物理专业教科书中也有详尽的论述,这也说明了 HC—49U. S 产品的生产技术早已属于专业人士公知、公会、公用的技术,对于原发明和开发此项技术的日方来说都已不属受保护的技术秘密,对于“707 厂”而言更何谈技术秘密?而且,日方为获取经济效益、占领中国市场的考虑,也从未想将 HC—49U. S 产品和技术交由“707 厂”一厂垄断。因此,作为一种已丧失了先进性、新颖性,公知、公会、公用的产品和技术,成为商业秘密的前提是不存在的,“707 厂”牵强地将此列为商业秘密的做法是无理的,也是无据的。新颖性是秘密性的构成条件,由于其具有独立的法律意义,因此可以从秘密性中分离出来,单独列为商业秘密的必要构成条件之一。从国内外司法实践看,这已是公认的准则。因为如果没有新颖性要求,会导致任何行业内的普通知识均可受人垄断,那么势必会造成诉讼泛滥,使商业信息、技术信息的正常交流和使用受到极大阻碍,影响正常生产、经营活动的进行。

二、“三科公司”生产推销晶体频率片加工设备、工装夹具的行为属合法行为,不构成对“707 厂”权利的侵犯

1. 关于晶体制造技术 Know – How 与设备及设备制造技术间的关系。

晶体制造技术 Know – How、设备及设备制造技术三者是不同性质、不同属性的三种商品。“707 厂”与日本东京电波(株)所签合同中标明,“707 厂”花费 294,730,000 日元只是购买的录像机晶体生产线设备本身,而并没有购买该批设备的生产技术。

原因之一是没有必要花费国家大量外汇去购买在行业中已不属于最先进的生产线设备的技术;原因之二是众所周知,机械类产品,比较直观,一般情况下,其结构设计方面的秘密随着产品上市即告消失,厂家无秘密可保。举一个最简单的例子即可说明。改革开放以来,国内引进了数百条彩电、冰箱、洗衣机等生产线,而没有一个厂家去购买这些生产线的生产技术。因此,就有了长岭—阿里思顿、美菱—阿里思顿两个品牌的冰箱和同样是购进日立生产线而生产出来的诸如北京、环宇等品牌的彩色电视机。而且,到目前为止,也没有发生国内某一厂家诉另一厂家侵犯商业秘密或不正当竞争的事例发生。“707 厂”花费 30,674,000 日元购买的是 HC—49U. S 晶体频率片的生产技术工艺,而不是录像机晶体生产线设备的生产技术,二者绝不可混淆! 而且,购买设备本身与购买设备制造技术也是完全不同的两码事。二者也不容混淆! 机械常识告诉我们,设备制造技术的引进和购买,需包括:机械原理图、机械零件加工图、机械整机装配图、各种工艺尺寸、公差配合要求、加工工艺等。对于以上列举的这些文件和资料,“707 厂”没有任何证据可以证明是该厂的技术秘密,且“707 厂”引进生产线合同中的技术 Know - How 一项中也不包含上述内容。因而,国内任何厂家制造和销售生产线设备的行为与“707 厂”无关。“707 厂”无权提出异议。同样,“三科公司”的行为也如此。

2. 晶体生产技术 Know - How 属于一种无形商品,相当于软件性的,而设备是有形的通用性实物商品,相当于硬件性的。世界压电行业所用设备原理结构大同小异,都是通用的。“707 厂”引进的生产线设备不仅可以加工 49U. S 晶体,也可以加工其他类型的晶体元件,这主要是因生产工艺不同而不同,即同样一套设备使用不同的工艺设计、工艺流程可以生产出不同类型的晶体。而事实上“707 厂”购买的技术 Know - How 只是其中一种,即制造 49U. S 型特定品种晶体的工艺技术。

举例一:

1 号 Know - How→产出 1 类产品

同一套设备(生产线) + 2 号 Know - How→产出 2 类产品

N 号 Know - How→产出 N 类产品

由此可知,产出何种类型晶体元件,与设备本身是如何制造的毫无关系。设备制造厂家只提供设备的基本条件和基本功能,至于购买和使用该设备的用户如何使用,则由用户根据需要自己设定和运用,也与设备制造厂家无关。例如,电冰箱制造厂家拥有制造电冰箱的生产技术,使其出售的电冰箱具备了一定的制冷速度和制冷范围等基本功能。而购买该厂家电冰箱的用户在使用中具体冷藏哪类物品,是工业制品,是蔬菜食品,还是医药物品,这就需用户根据需要自己来设定温度和时间(相当于 Know - How),这根本与生产电冰箱的厂家没有任何关系。

举例二:

计算机是一种商品,任何人都可以购买。但是,购买了计算机的人并没有拥有计算机的生产技术秘密。如果有人仿造了该计算机,那么此人是侵犯了计算机制造厂家的利益,并没有侵犯其他购买计算机人的利益。事实上“707 厂”引进的生产设备就相当于这样一台“计算机”,而在一台计算机上可以运行各种专业软件,这些专业软件可以实现各种专业化功能。如财务软件可用于财务日常工作处理,机械软件可用于机械制图,电子软件可用于设计线路板。“707 厂”购买的 49U. S 晶体 Know - How 正相当于一种财务软件或一种机械软件或一种电子软件等。

3. 原告在起诉书中称“三科公司”侵权的设备为:小切断机、滚筒机、腐蚀机、热板。然而,这些设备都不是“707 厂”的产品。“707 厂”是国家专业生产晶体元器件的厂家之一,而不是生产该类元器件使用设备的生产厂家。“707 厂”对前列设备既不制造也不销售,其诉称“三科公司”侵权,何理所有?而事实上,制造上述设备的日本厂家及其代理商社一直在极力向中国推销其设备。任何单位和个人均可以随意购买单台或整条生产线以及生产晶体元件用的原材料,也可以改装更新并销售,难道这都是对“707 厂”的侵权吗?(证据可参见“三科公司”向法庭提供的附件三,即日本东京电波和大仓商社参加 1994 年、1995 年两届中国压电石英晶体元器件设备展示会;以及日方向中国一些厂家的报价单。)

4.“三科公司”生产和制造前述四种设备的情况如下:

(1)小切断机。

该机是一种极简单的小机器,实际是像木工锯床一样的简单切断功能设备。这种机器福建榕兴晶体厂早在 1986 年就已经制造。我公司是根据日本产品公开的图片和参数说明制造的,不同于“707

厂”购买的日本产品。

证据:榕兴小切断机说明、报价和联系人;日本产品图片。

(2)腐蚀机。

我公司该设备设计不同于与日本的产品不同。

①外形尺寸不一样。

②加热系统不同:日本采用继电器控制,“三科公司”采用计算机模拟(PID)控制系统。

③酸碱中和筒不同:日本采用何种结构“三科公司”不清楚,“三科公司”是根据连中学生都知道的酸碱中和原理试制的。

④传动参数不同:日本的参数“三科公司”不清楚,“三科公司”是根据可能的机械原理及国内市场可以购得的机械部件试制的。

(3)滚筒机。

受多家企业启发“三科公司”设计的滚筒为双层结构,完全不同于“707 厂”的单层结构,另外须特别申明的是:

①在 1995 年 9 月“三科公司”试制出第一台样机的同时,全国已有 9 家拥有该设备(国内仿制)。这说明该设备已为行业内公众所掌握,不存在秘密问题。

②在“三科公司”试制出该设备时,全国已有三家制造了该设备,它们分别是:北京海淀北方晶体设备厂;河北玉田三洋电子机械厂;浙江黄岩精工机械厂。这个事实说明该设备制造技术已为公众所拥有且与“707 厂”无关。

③1994 年 1 月初该设备在“707 厂”安装完毕后,当年 7 月北京海淀北方晶体设备厂就生产出相同的设备。“707 厂”知道后并不认为有何不妥,既没制止也没追查处理,并购买了四台。该事实说明“707 厂”明确知道这种设备制造技术原本不属于“707 厂”,同时说明“707 厂”对其辩称的视为自己所有的“技术秘密”并未采取保密措

施,现起诉"三科公司",令人不解。

(4)热板。

热板就是一种可以控制温度的电炉。"三科公司"的热板是用民用电煎锅改装的,试问,连一个电煎锅的改装都侵犯了"707厂"的商业秘密吗?

以上事实和理由说明,即使"三科公司"生产和销售的加工设备、工装夹具与"707厂"购买的设备完全一样,也不构成对"707厂"任何权利的侵犯,更何况事实证明,"三科公司"生产和销售的有关设备、工装夹具是融入了大量的实践经验和先进理论的新型设备,又何谈侵犯了"707厂"的权利!

三、原告在起诉书和庭审中要求"三科公司"赔偿其损失达1,266,000元,没有任何证据和法律依据,纯属无理要求

"707厂"在庭审中提出的赔偿数额的计算依据,违背我国法律基本原理。首先"三科公司"的正常生产经营并没有侵犯"707厂"包括商业秘密在内的任何利益,也无从谈起给"707厂"造成了什么损失。即使像"707厂"辩称的那样来计算,也根本是于法于理不通的。赔偿损失的前提有二:一是侵权人有过错,二是给被侵权人实际造成了财产损失。而在本案中,这两个前提均不具备。从起诉至今,"707厂"没有拿出一份能证明被告侵权和自己遭受财产损失的文件或证据,究竟"707厂"的此项诉讼请求是否合法,不言自明。

四、关于国产设备替代进口设备的社会意义

像滚筒机和腐蚀机这类或其他普通的引进设备,国内制造来替代进口设备是晶体设备制造业发展的必然趋势。国产设备性能与进口设备相仿,为国家节约了大量外汇,这本是利国利民的好事,国家不用花一分钱就实现了进口设备的国产化,达到替代进口设备的目的,原本应当鼓励和提倡,而不应该加以限制,这对我国民族工业的发展大有益处,这些连国外设备制造厂家都无可非议。试想按原告的逻辑,如果我国从国外引进的设备都不能进行国产化,只能引进,否则就属于侵犯商业秘密,那么发展我国的民族工业就无从谈起,只能永远购买他国的设备和生产线,技术只能永远落后。如果所有的设计原理都不能继承,那么中国乃至世界的科学和技术又如何发展?

五、关于如何处理好国有企业和集体企业关系,如何保护国有大中型企业利益的问题

我国经济体制转型以来,国有大中型企业确实存在不少问题和许多困难,而且无论政府和理论界都在加紧探索和寻找使国有企业尽快走出困境的方法和途径。国家也尽量从资金和政策上给予支持和帮助。但这并不等于国有企业在法律上高于集体企业,也不等于国有企业为保护自己的利益就可以不顾集体企业的利益。法律赋予了所有企业和公民平等的权利,保护利益的前提必须是依法!

以上是我们的代理意见,恳请法庭依照事实和法律,作出公正的判决。

代理人:
北京市京都律师事务所律师　田文昌　赵　敏
1996 年 7 月 2 日

审理结果

被告胜诉。

山东××经济发展公司与中国××工业供销总公司合同纠纷案

案情简介

吉林××对外贸易公司（卖方）与山东××经济发展公司（买方）于1995年2月签订了一份1600T的棉花购销合同，合同总金额为3168万元。该合同在结算方式一款中规定："乙方（买方）应在4月27日前将1000万元资金汇入甲方（卖方）指定的账户中，其余货款在第一批货交付时付清。"

在此之前，中国××工业供销总公司曾为吉林××对外贸易公司组织白砂糖的出口，吉林××对外贸易公司尚欠中国××工业供销总公司货款4,857,076.20元。4月25日，中国××工业供销总公司接到吉林××对外贸易公司一函，其内容为："贵公司为我公司组织对朝白糖出口所欠货款，现由山东××公司×××经理于近日直付贵公司，届时请予以关照为盼。款收到后，请开具收条传给我公司。"5月3日，山东××经济发展公司将4,857,076.20元款汇入中国××工业供销总公司账户。后因吉林××对外贸易公司没有履行棉花购销合同,山东××经济发展公司索款未果,逐起诉至法院。以吉林××对外贸易公司为第一被告,中国××工业供销总公司为第二被告。将中国××工业供销总公司列为被告的理由是:中国××工业供销总公司出借账户给第一被告。由于吉林××对外贸易公司的经营状况极差,故山东××经济发展公司把主要矛头指向中国××工业供销总公司。经山东××经济发展公司申请,1996年6月18日审理法院作出了采取诉讼保全措施的裁定,冻结了中国××工业供销总公司的银行存款590万元。

田文昌、曹树昌律师接受中国××工业供销总公司的委托后,对本案作了认真分析,认为本案的关键是中国××工业供销总公司的行为是否为出借银行账户。法庭审理围绕这一问题展开辩论。

代理词

审判长、合议庭:

根据我国《民事诉讼法》第58条的规定,我们受京都律师事务所的指派,担任本案被告——中国××工业供销总公司的诉讼代理人,出席今天的法庭审理。庭审前,我们详细调查、了解了与本案相关的事实,查阅了本案的卷宗材料,特别是通过今天的法庭审理,更加清楚、明确了本案的事实,现依法发表如下代理意见:

一、被告——中国××工业供销总公司不是本案的当事人

1. 本案是山东××经济发展公司同吉林××对外贸易公司的棉花购销合同引起的。我们的委托人不是本合同的当事人,对本合同而言,不享有任何权利,也不应承担任何义务。

2. 法庭审理中,原告在回答法庭"为何将中国××工业供销总公司列为本案被告"的问题时说:"根据最高人民法院《关于适用〈中华人民共和国民事诉讼法〉若干问题的意见》第52条的规定,中国××工业供销总公司出借账户给吉林××对外贸易公司应列为本案的共同诉讼人。"这一法律适用是错误的。该条对作为共同诉讼人的范围的规定是非常明确的——为"出借银行账户的单位"。那么,搞清什么样的行为是出借银行账户的行为是正确处理本案的关键。换言之,如果我们委托人的行为构成"出借银行账户"则依法可成为本案的共同诉讼人;反之,如果我们委托人的行为不构成出借银行账户而是合法使用自己的账户则不能成为本案的共同诉讼人,即不是本案的当事人。

上述出借银行账户的行为是指出借人为使借用人获取不法利益将自己的银行账户借给借用人使用的行为。这一行为的表现形式为将自己的银行账户给他人使用,而其本质特征是为自己及他人谋取非法利益。本案中我们的委托人是在合法使用自己的账户——收回自己的货款,而没有将账户借给任何人使用。庭审中,我们也曾质问原告及其诉讼代理人,如果本行为是出借账户,那么谁是借用人呢?谁又获取了不法利益呢?对方无言以对。我们恳请法庭注意这一重要事实。

二、关于"汇款行为"的分析

通过庭审,明确了这样两个事实:(1)山东××经济发展公司的汇款行为同吉林××对外贸易公司偿还货款的意思表示是一致的。我们的委托人于4月25日接到吉林××对外贸易公司的还款通知(已提交法庭),5月3日山东××经济发展公司即将该款汇入委托人公司(需要说明的是,我们的委托人同山东××经济发展公司以前没有任何经济往来);(2)山东××经济发展公司对其汇款行为的性质是应该清楚的。虽然山东××经济发展公司在庭审中否认知道是替吉林××公司还款,但其汇入我们委托人银行账户的款额为

4,857,076.20元,这一数额与其同吉林××公司棉花购销合同预付款的数额不符而恰好与吉林××公司尚欠我们委托人的货款额完全一致。对这一重要事实,请合议庭在认定山东××公司汇款行为的性质时予以充分考虑。

另外,庭审中我们还注意到这样两个重要的事实:(1)1995年6月16日山东××经济发展公司同吉林××对外贸易公司达成了一个还款协议书。这一事实足以说明山东××经济发展公司明知4,857,076.20元的还款义务人是吉林××对外贸易公司,而吉林××对外贸易公司也承认这一债权、债务关系。(2)吉林××对外贸易公司已经偿还了969,000元。这一事实进一步证明了上述债权、债务关系,并且吉林××对外贸易公司作为债务人已经在履行自己的还款义务。

综上所述,各种事实均已证明我们的委托人——中国××工业供销总公司不是本案的当事人,山东××经济发展公司对我方的指控是没有事实根据和法律依据的。

三、关于合法国有资产的保护

我们的委托人——中国××工业供销总公司作为国有大型公司,依法经营,该公司的全部资产及其银行存款,包括吉林××对外贸易公司通过山东××经济发展公司偿还的4,857,076.20元货款均属合法的国有财产。山东××经济发展公司对我方的无理指控已经对合法的国有财产构成了威胁,是一种“吃大户”的错误行为。冻结银行存款已对该公司的经济运行甚至军品供应造成了严重影响。我们恳请合议庭依照本案的事实和相关法律尽快对本案作出公正、合法的裁决,并尽快解冻该公司的银行存款,避免损失继续扩大,以保护合法经营、保护国有资产,避免合法国有资产的流失。

我们保留对因山东××经济发展公司无理指控给我们造成损失

的追偿权。

此致

济南市中级人民法院

京都律师事务所律师　田文昌　曹树昌

1996 年 7 月 28 日

审理结果

代理的第二被告胜诉。

厦门华益工贸有限公司与北联公司购销合同纠纷案

案情简介

1991年4月，北京印刷设备联合公司（以下简称北联公司，一审原告）与厦门海龙贸易有限公司（以下简称海龙公司）签订128克双面铜版纸200吨的购销合同，总金额175.4万元。北联公司在签订合同后依约支付了货款的10%作为定金共计17.54万元，之后又向海龙公司增订105克双面铜版纸50吨。此后，北联公司陆续向海龙公司汇付了全部货款；海龙公司向北联公司发运了128克铜版纸100吨以及105克铜版纸50吨，尚欠128克铜版纸100吨价值85.9212万元未发运。经催告未果，北联公司于1992年11月向北京市朝阳人民法院以海龙公司为被告提起诉讼，要求返还货款85.9212万元以及违约金10万元。

一审法院立案审理该案，于1992年12月发出通知，将厦门华益工贸有限公司（以下简称华益公司）列为第三人，其理由为“查证你司应返还盛昌贸易公司（以下简称盛昌公司）的铝箔款系盛昌公司应退付北京印刷设备联合公司之铜纸款”。一审法院认定，华益公司与海龙公司于1991年4月签订的一份购销合同成立生效，三方形成北联公司向海龙公司订货、海龙公司向华益公司订货的连环购销合同关系，因华益公司未履行供货义务，应承担主要责任。华益公司不服一审判决，提出上诉，认为：由于该份合同约定条件“需方北联公司必须于4月10日前预付货款”并未实现，而导致该份合同未生效并未实际履行，因而双方之间就该项合同不存在权利义务关系。一审法院未做认真审查，认定双方存在购销合同关系，而排列出所谓北联公司向海龙公司订货、海龙公司向华益公司订货的连环购销合同关系；认定因华益公司未履行供货义务，应承担主要责任，判决华益公司承担向北联公司返还货款的义务。华益公司不服一审判决，提出上诉。二审期间，华益公司向有关部门反映一审活动中存在的滥用职权、枉法裁判的情况：审判人员擅自篡改、伪造笔录，违法追加华益公司为当事人，并且故意漏列盛昌公司等现象，均已严重影响案件的公正审理。

二审法院对案件基本事实仍维持一审法院的认定，终审判决仍由华益公司承担向北联公司返还货款的义务。

京都律师事务所田文昌、韩嘉毅律师受华益公司委托担任本案再审代理人。律师介入此案后，就原裁判中的事实认定错误以及审理过程中严重违反法定程序的现象多次提出申诉。同时针对原审活动中不公正审理的问题，积极调查取证，确保再审申请能够得到有力的证据支持。

代理思路

本案案情较为复杂，涉及北联公司、海龙公司、盛昌公司、中贸公司几家公司的连环购销行为。并且，在此前反复进行的审理过程中，人为因素使案情变得错综复杂,真假难辨。为便于法庭查明各个主体间的合同关系以及合同履行情况,律师经走访大量当事人,调查取得多项证据,在对案情整理出清晰线索的基础上,制定出从实体和程序两方面着手的方案。

首先,在实体上为理顺所涉各个主体的合同关系,从多个连环购销合同履行的几个方面入手,配合提交的购货发票、转账单、进账单等文件,证明各主体间具备完整、独立的购销合同关系,涉案情节均与华益公司无关,并据此提出华益公司不应成为本案当事人,更不应当承担返还货款义务的代理意见。

其次,针对一审法院违反程序的情况,律师指出:法庭在了解到本案被告海龙公司为私营企业而无力偿还的情况下,为帮助原告顺利取回货款,违反程序错列华益公司为第三人。律师还提出了具体理由和相关法律依据。

代理词(再审)

审判长、合议庭:

北京市京都律师事务所接受厦门华益公司委托,指定本所律师田文昌、韩嘉毅作为其申诉代理人参加本案再审活动。律师接受委托后,在进一步调查取证并参加今天庭审活动的基础上,发表如下代理意见:

代理人认为,原审判决所认定的基本事实错误,判令申诉人向北联公司返还货款缺乏事实依据和法律依据。现针对原审判决的理由具体分析如下:

一、关于华益公司职员施某玲个人行为与职务行为的关系

在本案发生期间施某玲虽然参与了几家公司之间的购销活

动,但其既无公司的授权,又没有以公司的名义从中协调,而完全是以个人名义参与其中帮忙;施某玲几次笔录及相关证据可以清楚地反映出这一点。二审法院认定华益公司参与其中,缺乏证据支持。

二、关于北联公司、海龙公司、盛昌公司、中贸公司四公司之间的交易关系

北联公司、海龙公司、盛昌公司、中贸公司之间确有一个完整的连环购销合同,而且这一系列的连环购销合同确实已经履行。这一点不仅有履行合同的发票、转账单、进账单等证明,更有相同的完全一致的标的物(128 克的进口铜版纸)证明。而逐步提高上涨的价款、提货单、铁路运单等证据则进一步证明,其形成了完整的、合理的、从进口到流转又到最终用户的购销活动全过程。从这种完整、严密的购销关系中不难看出,华益公司根本没有参与整个购销活动,更不可能参与其中。因为在这种关系中根本就没有华益公司参与的空间,更无参与的任何利益。

在此,代理人还要强调说明在以上购销环节中,北联公司同海龙公司签订合同、履行合同的具体过程,进一步说明其二者之间的关系。法庭调查过程中,代理人出示了其双方签订的合同、厦门工商局对海龙公司的处罚决定、施某玲发给陈某华先生的对账传真件以及海龙公司通过铁路发给北联公司货物的委托书、星华实业公司发给北京东郊火车站的确认书等几份证据。这几份证据表明,北联公司是同海龙公司履行它们之间签订的购销合同。且从中不难看出,海龙公司已将全部货物发出,履行了合同义务,双方已不存在债权债务关系。就是退一万步讲,即便是海龙公司没有完全履行合同义务,那么这种实实在在履行合同的购销活动过程也表明:北联公司是与海龙公司履行双方签订的合同,而与华益公司毫无关系。

三、关于华益公司与海龙公司所签订的购销铜版纸合同

目前申诉人与被申诉人所提交的证据表明,该合同因其所附条件即合同第13条“需方北联公司必须于4月10日前预付货款”未能实现,因而未能生效。此后从北联公司在厦门购买所有铜版纸的提货方式来看,从没有过“到厦门自提”的形式,这一事实也印证了该合同根本没有生效。所以,该合同不可能引起债务关系,更不可能对上述连环购销合同产生影响。

四、关于华益公司同盛昌公司铝箔合同的签订、履行及争议解决问题

首先,该合同是独立于连环购销合同之外的、已经经工商行政管理部门处理结束的另一法律关系。该铝箔购销合同签订于1991年3月2日,履行在1991年5月中旬,发现质量问题产生损失是1991年8月;而连环购销合同签订在1991年4月初,北联公司电汇货款是4月13日,北联公司陈某华带汇票到厦门是1991年7月。从以上事件发生的顺序上来看,申诉人华益公司绝不可能在发生铝箔质量纠纷(1991年8月)之前就事先预计到将要发生的索赔款项的数额,更不可能唆使盛昌公司事先就挪用北联公司的货款来抵偿索赔款项。

其次,履行铝箔购销合同的损失并未给盛昌公司带来资金周转的紧张。庭审中代理人提交法庭的证据表明:就在北联公司诉海龙公司的起诉状形成之前,盛昌公司已将部分铝箔出售,虽因质量问题用户提出疑义但尚没给用户任何赔偿;而且还得到了华益公司退还给他的用户退货总额50%的赔偿款,计599.284万元。可见没有任何证据说明盛昌公司因为与华益公司签订、履行铝箔的购销合同而使其资金周转紧张。相反,从另一个方面看,华益公司在处理铝箔损失问题上表现出积极承担损失的态度,更没有任何事实和理由证实华益公司唆使盛昌公司挪用北联公司的货款抵偿铝箔索赔款。

综上所述,北联公司、海龙公司、盛昌公司之间确实存在连环购销合同,并且各公司履行了连环购销合同,从而使北联公司得到了其所希望得到的铜版纸。而申诉人华益公司从未参与连环购销合同,施某玲的行为并没有代表华益公司,华益公司也不可能在不符合事实情理与逻辑的情况下,唆使盛昌公司挪用北联公司的货款抵偿铝箔赔偿款。

综观全案,所有证据当中仅有两份书证涉及申诉人与连环购销合同的关系:一是华益公司同海龙公司签订的未实际履行的合同;二是华益公司职员施某玲发给北联公司陈某华的关于北联公司同海龙公司履行合同的情况说明。而这两个事实,均不能证明华益公司参与和履行了前述连环购销合同。为此,代理人再一次强调指出,除非北联公司拿出确实充分的证据支持其诉华益公司的理由,否则,让华益公司承担北联公司的损失毫无事实和法律依据,显然违反诚实信用、等价有偿的民事立法基本原则。恳请法庭依法查清事实,正确适用法律,撤销原审的错误判决,切实维护申诉人的合法权益。

此致

北京市第二中级人民法院

申诉人厦门华益公司代理人:

北京市京都律师事务所律师

田文昌　韩嘉毅

1998 年 12 月 20 日

审理结果

经过近两年的努力,1998 年 6 月北京市第二中级人民法院作出再审裁定,由该院组成合议庭审理该案,作出终审判决:撤销原一审、二审判决,驳回原审原告北联公司的诉讼请求。此后,北联公司又不服判决,提出再审申请。案件再次由北京市第二中级人民法院受理并作出终审判决,基本维持原再审判决。厦门华益最终免除返还义务,其合法权益得到保护。

海外投资集团(澳洲)有限公司和许某茂与沈某林名誉侵权纠纷案

案情简介

海外投资集团(澳洲)有限公司系许某茂在境外注册的一家公司,原审被告、二审上诉人沈某林自1992年起在该公司下属几个子公司担任经理职务。1997年沈某林辞职后,分别向北京市纪委、外经委、建委、房屋土地管理局、工商局、规划局、北京市纪检监察部门、检察院等数个政府机构和新闻单位散发诋毁海外投资公司及其法定代表人名誉的署名材料,称海外投资集团(澳洲)有限公司是毫无实力的"皮包公司"。海外投资集团(澳洲)有限公司和许某茂本人遂向东城区人民法院起诉,指控沈某林侵犯其名誉权。一审法院经审理确认,沈某林在以举报为名散发的文字材料中,不顾事实真相,并多次使用带有人身攻击性的言辞,损害了海外投资公司的声誉和许某茂的人格,构成名誉侵权。被告沈某林不服一审判决,以一审法院没有管辖权且其书写举报信行为正当、一审法院认定事实错误、运用法律不当为由,提出上诉。

代理思路

本案的关键问题有两点:一是程序上举证责任的归属。上诉人举报被上诉人是“皮包公司”、经营中有违法行为,但是在审理过程中,上诉人却始终没有向法庭提交一份证明其举报材料属实的证据。二是实体上如何区分举报和诬告。上诉人没有证据材料证明举报属实;相反,被上诉人有大量的证据证明其捏造或歪曲了事实并有散发的行为。律师取证方向和反驳理由主要围绕这两个关键性问题展开。

代理词(二审)

北京市京都律师事务所接受海外投资集团(澳洲)有限公司和许某茂的委托,指派田文昌、任亚刚律师担任沈某林上诉海外投资集团(澳洲)有限公司和许某茂诉沈某林名誉侵权案被上诉方海外投资集团(澳洲)有限公司和许某茂的委托代理人。接受委托后,我们研究了一审判决及其所依据的证据和法律,认为一审判决认定事实准确,适用法律正确,现发表代理意见如下:

一、东城区人民法院有权审理此案

1. 被告在法律规定的管辖权异议期没有提出管辖异议。《民事诉讼法》第38条规定:人民法院受理案件后,当事人对管辖权有异议的,应当在提交答辩状期间提出;《民事诉讼法》第113条规定:人民法院应当在立案之日起5日内将起诉状副本发送被告,被告在收到之日起15日内提出答辩状。原审被告在法律规定的15日期限内没有提出管辖异议的,在二审时无权提出管辖异议。

2. 原审法院就本案公开开庭审理四次,上诉人及其代理人始终参加庭审,更证明了被答辩人承认东城区人民法院对此案有管辖权。

3. 北京市东城区也是被答辩人侵权行为所造成的损害结果发生地之一,因此,东城区人民法院对此案自然拥有管辖权。

二、一审判决认定事实准确,适用法律正确

本案最主要的焦点就是如何区分举报和诬告。诬告,是指故意捏造事实,伪造证据,作虚假告发,意图陷害他人的行为。《宪法》第41条规定:中华人民共和国公民有向有关国家机关提出申诉、控告或者检举的权利,但是不得捏造或者歪曲事实进行诬告陷害。《宪法》在这里已明确指出,"捏造或者歪曲事实"就已经属于"诬告陷害",而不是举报了。那么,本案上诉人沈某林究竟有没有捏造事实呢?答案是肯定的。在一审长达一年多的审理期间,上诉人沈某林没有向法庭提交一份证明他所告材料属实的证据,就是在他本人提交给法庭的邓某氏对海外投资集团(澳洲)有限公司的调查材料已明确说明该公司注册资金20,000,002澳元的情况下,仍坚持说海外投资集团(澳洲)有限公司是一个"皮包公司"。在调查报告中注明已发行股份为二股的情况下,上诉人沈某林以自己不懂已发行股和总股本的区别为由,说海外投资集团(澳洲)有限公司股本为二股,因此是没有实力的"皮包公司"。以自己在任时没有见过该公司从海外汇入一分钱为由,来推测其没有实力,为"皮包公司"。在被上诉人当庭提交六份境外汇款单(此证据一审时已当庭向法庭提交)后,上诉人又不顾事实,否认自己在王某电脑公司软件中心时见过此证,而且又说这些汇款是别人的款。这不叫歪曲事实,还能叫什么?沈某林捏造事实,诬告被上诉人的行为,我们在一审期间已进行了详尽的叙述,在此不再赘述。

三、上诉人沈某林散发诬告材料的事实清楚

上诉人沈某林在上诉书中说,"除了寄发给有关政府部门,上诉人从未散发给任何其他单位和个人"。但他后面又说"上诉人被动接受《金融时报》唐某等二位记者的采访”,这等于沈某林把自己给否定了。难道《金融时报》的记者是政府部门吗?在一审期间,被上诉人已向一审法庭提交了证据,证明沈某林还向北京经济报记者阚某提供过诬告材料。一审证人王某在法庭作证时,证明沈某林向他说过亚运房产公司把地下人防工程3000平方米摊入销售面积,这还不叫扩散吗?二审举证时,被上诉人向法庭提交的证据《中国消费者》杂志社1999年1月26日出具的证明(证据二)也证明:(1)有关举报材料是沈某林向二百多位业主扩散;(2)记者姚某曾就这些材料向沈某林核实过;(3)沈某林向二百多位业主散发诬告材料并经过业主向《中国消费者》杂志扩散,并在该杂志刊登。这种侵权行为发生在一审尚未宣判之前。在一审法院正在审理尚未得出结论前,沈某林不但不收敛,反而提供诬告材料,在新闻媒体上曝光。被上诉人还能说除了散发给有关政府部门,从未散发给任何其他单位和个人吗?上诉人说他是被动接受记者采访,难道在宾馆和不止一个记者交谈,并且与每个记者谈话不止一次,并把材料交给唐某记者和阚某记者是被动吗?(以上都有一审法庭笔录为证)在一审期间,一审法庭曾向顺义县后沙峪镇农工商公司副总经理田某忠调查过有关沈某林向他散发其自己写的诬告材料一事,田某忠证明沈某林确曾向他扩散过(见一审法院所作的笔录)。

四、上诉人沈某林以新闻媒体的报道来证明自己的诬告证据确凿,十分荒谬

中国没有一部法律规定可以依据新闻媒体中的报道来定案的。事实证明新闻媒体在此事上的报道是失实的。由于这些报道与本案无关,仅指出一点,如《中国消费者》杂志1998年8月刊登的报道称:“美国邓白氏调查结果是:该公司,在银行无透支能力……该公司发行股份2股,每股1澳元,总值2澳元(不足12元人民币),许某茂不是该公司董事长。”这些明显是失实报道,因为被上诉人在一审提交的注册会计师文件明确证明,该公司注册资本20,000,002澳元,每股1澳元,共20,000,002股。

五、本案的举证责任究竟在哪一方

《民事诉讼法》规定“谁主张,谁举证”,这一基本原则把主张人和举证人联系在一起(法律规定举证责任倒置的几种情况除外),就是告诉人们:在你主张某种权利的时候,你就有义务来举证;如果你不能举出证据,就要承担败诉的法律后果。本案正是由上诉人沈某林的诽谤材料引起,沈某林不为自己的行为举证,难道还要被上诉人来为其举证吗?按照上诉人的说法,如果任何一个人说你沈某林欠他100万元,而你说你没有欠他钱,那你就需要举出不欠钱的证据,否则就必须还钱吗?

六、上诉人沈某林的行为,为各相关法律、法规、司法解释所禁止

1.《宪法》第41条规定:中华人民共和国公民对任何国家机关和国家机关工作人员的违法失职行为,有向有关国家机关提出申诉、控告或者检举的权利,但是不得捏造或者歪曲事实进行诬告陷害。

2.《刑事诉讼法》第85条第2款规定:接受控告、举报的工作人员,应当向控告人、举报人说明诬告应负的法律责任。

3.最高人民检察院《关于保护公民举报权利的规定》第9条第1款规定:公民应据实举报。凡捏造事实、制造伪证,利用举报诬告陷害他人构成犯罪的,依法追究刑事责任。

4.《人民检察院举报工作若干规定》第31条规定:对捏造事实,制造伪证,通过举报陷害他人,构成犯罪的,一经查实,即按照刑法第138条规定,追究其刑事责任。

5.《监察机关举报工作办法》第7条第2项规定:对借举报故意捏造事实,诬告陷害他人的或者以举报为名制造事端,干扰监察机关正常工作的,依照有关规定严肃处理,构成犯罪的,移送司法机关依法处理。

以上法律、法规、司法解释规定了对诬告陷害的处罚方法,也明确规定了应当据实举报。法律之所以这样规定的目的就是要让举报的人知道,自己必须为自己的举报行为负责,否则,是要承担法律责任的。

七、上诉人沈某林的行为绝非属于误告、错告性质的检举失实

1. 上诉人沈某林在诬告材料中已写明他曾任海外投资集团(澳洲)有限公司下属几个公司的总经理,对武夷山、亚运花园这几个项目,曾组织、策划、管理过。因此,沈某林对这几个项目不仅了解,而且还非常熟悉,不存在误告的可能性。

2. 上诉人在主观上是故意这么做,因此应定诬告无疑。如(1)在他向一审法庭提交的邓白氏调查材料英文本明确写明海外投资集团(澳洲)有限公司是控股公司的情况下,一再说该公司是私人公司;在英文资料显示股本为20,000,002股的情况下,一再说股份只有2股,并说是"皮包公司",并把此不实材料向报界散发,向二百多业主散发。(2)上诉人在明知武夷山度假村开发协议有2个,并且第一个协议为没有生效协议的情况下,向法庭提交此没有生效的协议,而不向法庭提交已经生效的协议。其故意隐瞒事实真相,以达到其诬陷目的的主观故意,昭然若揭。(3)上诉人沈某林是在泄私愤报复。从上诉人提交给法庭的证据十六"沈某林辞职信"中可以看出,上诉人沈某林在辞职时,要求许某茂先生给予其经济上的充分补偿。从上诉人提交给法庭的证据十七"录音内容"可以看出,上诉人沈某林曾向许某茂先生提出要分原告5%～10%的股份,这一毫无根据的无理要求,理所当然地被许某茂先生拒绝。沈某林正是在私欲不能被满足的情况下产生了极其恶劣的报复行为,妄图整垮海外投资公司,置被上诉人于死地。

八、人民法院是否应该审理上诉人沈某林的侵权行为？答案是肯定的

最高人民法院《关于审理名誉权案件若干问题的解释》第5条明确规定：如果借检举、控告之名侮辱、诽谤他人，造成他人名誉损害，当事人以其名誉权受到侵害向人民法院提起诉讼的，人民法院应当受理。

综上所述，一审法院对此案有管辖权且认定事实准确，适用法律正确，希望二审法院依法驳回上诉人的上诉请求，维持原判。

此致

北京市第二中级人民法院

被上诉人海外投资集团(澳洲)有限公司和许某茂代理人：

北京市京都律师事务所律师　田文昌　任亚刚

1999年1月27日

审理结果

二审法院驳回上诉，维持原判。

海南燕琼电力科工贸公司与广州兴海工贸公司、北京多元实业发展公司、北京五洲染织集团公司合作建房合同纠纷案

案情简介

1994 年 4 月，北京五洲染织集团公司与北京市朝阳区某危旧房改造办公室签订合作协议，约定共同建设北京市朝阳区某综合楼项目，前者负责提供建设用地和拆迁立项，后者负责投资及施工，随后该项目报经北京市计委审批同意。同年 5 月，在未报经计委审批的情况下，该危旧房改造办公室将该项目的合建投资权利转让给广州兴海工贸公司，后北京五洲染织集团公司书面承认这一转让有效。

1995 年 1 月，广州兴海工贸公司与海南燕琼电力科工贸公司（国有企业北京华北电力实业总公司的子公司）签订《协议书》，约定海南燕琼电力科工贸公司向该项目投入 2000 万元，以获得竣工后 4444 平方米的房屋。该协议的签订经过公证。3 年后，广州兴海工贸公司

先后退还海南燕琼电力科工贸公司600万元。

1998年1月,广州兴海工贸公司与北京多元实业发展公司签订协议,约定北京多元实业发展公司以12,566万元接受该项目,北京五洲染织集团公司在获得该项目产权证书后负责将产权过户给北京多元实业发展公司。

海南燕琼电力科工贸公司发现上述转让行为,认为广州兴海工贸公司没有按约定交付4444平方米房屋、将该部分房屋对外转让的行为已构成违约,并于1999年1月提起诉讼,请求判决广州兴海工贸公司交付原协议约定的房屋;另外,因为北京多元实业发展公司购买包括原告权益在内的房屋,北京五洲染织集团公司作为该项目的产权人没有为原告办理4444平方米房屋的产权过户手续,这两家公司与本案存在利害关系,所以申请追加为第三人。审理法院同意这一追加第三人的请求,并开庭审理。

代理思路

本案有两个重点问题:一是关于合同效力及合同无效的法律后果问题。代理意见中强调,合同的无效主要是指不发生合同当事人所预期和追求的法律效果,而并非指不发生任何其他意义上的法律后果。就本案来看,这种后果不能仅局限于返还财产,还包括让过错方承担更多的法律责任。对于造成合同无效的后果,被告负有主要过错,理应承担更多的不利后果,所以在返还投资的同时也应支付利息损失。二是关于追加第三人的问题。由于所投资房屋的产权已由被告擅自转让给第三人,所以为全面查明案情,准确认定包括第三人在内各当事人的法律责任,并考虑到将来判决的可执行性,应坚持追加第三人的主张。

代理词

审判长、合议庭:

北京市京都律师事务所接受本案原告海南燕琼电力科工贸公司的委托,指派我们作为其本案诉讼代理人出庭参与诉讼,现根据法庭调查所查明的事实和相关法律依据,发表以下代理意见:

第一,本案事实清楚,证据确凿、充分,原告的诉讼请求成立。

法庭调查表明,本案事实清楚,法律关系明确,原告与被告签订的《协议书》及本案的其他证据均真实、有效。其中《协议书》已经过北京市宣武区公证处公证,其真实性、合法性已依法得到确认,对此,被告在庭审中均予以承认;而被告方除要求追加原告外,其在答辩中对原告的诉讼请求没有表示异议。同时,被告与北京多元实业发展公司所签订的《合作协议书》表明,作为该项目产权人的北京五洲染织集团公司已经在事实上承认了被告对该项目房屋的部分产权。既然被告已经在事实上取得产权并行使处置权将其卖给北京多元实业发展公司,那么又为何不按协议将原告应得到的房屋的产权交付原告呢？所以,原告认为,被告不仅有履行协议的义务,也有履行的能力,被告应将包括等值违约金在内的4800平方米的房屋产权立即交付原告。

总之,原告的诉讼请求,既有事实依据,也符合《民法通则》和《经济合同法》的有关规定,能够成立。

第二,即使《协议书》无效,被告也应返还本金2000万元并赔偿由于其违约而给原告造成的损失。

所谓合同不发生法律效力,是指不发生合同当事人所预期和追求的法律效果,而不是指无效合同不发生任何其他意义上的法律后果。

在本案中,该工程的立项主要是由北京五洲染织集团公司和北京市朝阳区呼家楼危房改造办公室完成的,此后危改办又将该项目转给被告,该转让未经过审批。原告同被告签订联建合同时,已得知该项目在此之前有过一次转让,因此对两次转让的合法性并不怀疑。但为稳妥起见,原告特别对《协议书》进行了公证。这些行为足以证明原告在主观上对该合作所持的认真、负责态度。而被告签订协议,实际是其参与该项目的第二次转让,对于转让是否需经过审批程序应该清楚;而且按协议规定,该项目的手续应由被告而非原告负责办理。因此,从造成《协议书》无效这一法律后果来看,被告明知需要履行审批程序而未履行,在主观上属"故意"不为,而原告是应该知晓这一规定而不知,在主观上属于"过失"。

被告的故意违法违约行为不仅表现在签约过程,还表现在履行过程:其一,其多次延期交付房屋,对自己的承诺一再违背;其二,在项目完成后,其不仅未将房屋交付原告,反而擅自与北京五洲染织集团公司串通,将其产权转让给北京多元实业发展公司。所以,被告在协议的签订和履行中的过错,是造成原告经济损失的主要原因。法律应保护无过错或只有过失的当事人的利益不因合同无效而受到损害,同时要强制有过错或只有故意的当事人承担对其不利的法律后果。从本案来看,对于故意违反协议的一方即被告所遭受的损失,不应给予保护,但对无过错的一方即原告所遭受的损失,则应依法给予保护。这是民法公平与等价有偿原则在民事活动中的具体体现。

因此,即使《协议书》无效,被告不仅要返还本金,还要对自己给原告造成因延期交付房屋而发生的经济损失给予赔偿。当然,由于原告也存在过失,赔偿数额可在原协议的基础上适当减少。

鉴于被告已无现金偿还能力,原告请求判决被告以该不动产(房屋)履行返还和赔偿义务。

第三,请求追加第三人。

由于本案的处理结果与北京五洲染织集团公司和北京多元实业发展公司有利害关系,所以请求追加其为本案的第三人。否则,即使原告胜诉,也难以实现自己的合法权益,难以得到切实有力的法律保护。

第四,关于被告的答辩。

在原告与被告签订《协议书》后,对于协议的履行,原告已多次委托北京华北电力实业总公司代为实施。根据法律规定,代理人在代理权限内的行为及后果,由被代理人承担。所以北京华北电力实业总公司在该协议履行中的一切活动,均由原告承担其民事责任,前者不能作为独立的诉讼主体参加本案诉讼。被告的答辩,是对民事法律代理关系的误解。

以上代理意见,请予考虑并采纳。

原告海南燕琼电力科工贸公司代理人:

北京市京都律师事务所律师　田文昌　王　川

1999年4月8日

审理结果

2000年11月,法院判决原告与被告所签《协议书》无效,被告应返还原告投资款1400万元并支付相应利息。各当事人未提出上诉。

中国×××原材料总公司大连分公司与大连××总公司联营合同贷款纠纷仲裁案

案情简介

中国×××原材料总公司大连分公司(以下简称××大连分公司)与大连××总公司于1995年签订"联合经营成品油协议书"。协议签订后,××大连分公司依约将5000万元人民币(币种下同)存入新加坡金鑫国际企业有限公司账户,但大连××总公司没兑现40万吨成品油指标单证。××大连分公司遂要求大连××总公司退款,大连××总公司应要求分次退还了871.5万元,其余款项一直未退。依照协议中的仲裁条款,××大连分公司向北京仲裁委员会提请仲裁,要求大连××总公司退还本金及利息4928.5万元,并承担违约责任。大连××总公司辩称:协议因有保底条款而无效。申请人未按合同约定将5000万元直接汇入中国石化总公司账户,合同没有实际履行。经北京仲裁委仲裁,认定双方签订的联营协议无效,且双方都有过错,裁定大连××总公司向××大连分公司补偿损失4128.5万元。

大连××总公司不服,以裁决中部分事项"超裁"为由,向北京市第二中级人民法院提出撤销裁决书申请。北京市第二中级人民法院作出民事裁定,认定部分事项不属于仲裁协议范围,通知北京仲裁委重裁。

北京仲裁委决定重裁。在重裁过程中,被申请人认为首席仲裁员不具备基本素质和基本公正,请求另行指定首席仲裁员,被北京仲裁委驳回申请。后被申请人又再次以首席仲裁员的声明与保证与事实不符为由,申请回避,再次被驳回。经重新审理,仲裁庭裁决大连××总公司向××大连分公司补偿损失2064.25万元。

大连××总公司不服,以裁决存在"超裁"和"枉法裁决",并存在其他诸多应当予以撤销的情形为由,向北京市第二中级人民法院再次提出撤销仲裁裁决申请,被驳回。

为此,2001年,依据北京仲裁委生效裁决书和北京市第二中级人民法院的裁定,××大连分公司向大连市中级人民法院申请强制执行。大连市中级人民法院执行庭在明知被申请执行人(大连××总公司)所提出不予执行的请求已由北京市第二中级人民法院进行了审理并依法作出维持仲裁裁定的情况下,仍作出了"本案不予执行"的民事裁定书。

代理思路

本案的焦点问题是:指令将5000万元存入新加坡金鑫国际企业有限公司账户是否是大连××总公司的意思表示。证明这一问题的关键是证据,但申请方却缺少相关的书证,且大连××总公司的业务代表人教××的证词多有反复,前后矛盾。律师围绕这一问题多方调查,取得了较充分的证据,有力地支持了本方观点:5000万元汇入新加坡金鑫国际企业有限公司没有违反协议约定,是大连××总公司要求的结果。

代理词(第一次仲裁)

尊敬的各位仲裁员:

我们受中国×××原材料总公司大连分公司的委托,受京都律师事务所的指派,出庭参加今天的仲裁活动。关于××大连分公司与大连××总公司"联合经营成品油协议书"合同纠纷一案,经过我们多次调查取证,再经过今天的开庭调查和质证,针对本案所争议的焦点问题,向仲裁庭提出如下代理意见:

一、教××的证言不可信

教××先后向仲裁庭提供证言共五份(见第二批证据目录)。按理说,教××作为大连××总公司的副总经理、作为本案发生纠纷前大连××总公司的业务代表人,面对今天的仲裁活动,理应尊重事实,将原来××大连分公司与大连××总公司在经营成品油过程中所发生的相关事件客观地、真实地向仲裁庭陈述,但教××并不是这样做的。

针对教××向仲裁庭提供的五份证言,我们本着尊重事实的原则,再次进行调查取证,以鉴别该证言的真伪。经过再次调查取证后表明,教××所提供的证言不可信,理由如下:

第一,对于申请人、被申请人双方此前签订的另一份内容相同的成品油联营合同的付款方式,教××在"证言一"的第一页有这样的陈述:"根据我公司和普宁公司签订的合同规定……所以刘×拿来的支票是按普宁公司林××的指定直接汇入新加坡金鑫国际企业有限公司账户。”教××在“证言二”中又这样陈述:“我当时是按合同将3419万元交给林××,并未委托金鑫公司收款,是陈××作假证。”上述证言前后矛盾,前者说刘×受林××的指令将款交给金鑫公司;后者却承认3419万元是教××自己亲自交给林××的。同一个证人,出具的两份证言前后不同,这样怎么理解?以哪份证言为准呢?然而,上述这两份证言又被秦皇岛公安局在去年向教××了解情况时所做的问话笔录所否认,该笔录中有这样的问话:“问:刘×是和你们做的生意,钱应入你的账,为什么入到陈××的账上?答:因为我和刘×是合伙人,转入陈××的账是我同意转的。”(见第二批证据目录第七)

这一份问话笔录确认:是教××亲口通知刘×将3419万元转入陈××账上的,这个确认又与前两份证言相矛盾。可想而知,教××的证言怎么可信呢!

第二,教××在“证言五”中认为田广德律师向他做的调查笔录的“第一页换了”。教××只在该调查笔录第二页签了字,而第一页没有留下教××认可的任何痕迹。那么,是谁换的呢?到底换了没有?似乎只有教××自己才知道。所以教××才极不诚实地声称:该调查笔录“第一页换了”。

为弄清真相,我方特委托北京市公安局对调查笔录做技术鉴定。北京市公安局刑事科学技术“鉴定书”得出的结果是:“经检验送检笔录第二页上的压痕清晰,经仪器观察,压痕字迹的笔画长短、位置与第一页字迹一致。结论:送检调查笔录第二页上的压痕字迹是书写第一页字迹形成的。”(见第二批证据目录第六)也就是说,调查笔录的第一页和第二页是同时完成的,根本不像教××所说的“第一页换了”。该技术鉴定书表明,教××在证言上说了谎,难道教××后来的证言还能作为证据吗？显然不能。

上述仅从教××不诚实证言中列举两点，通过上述两点理由，我们完全可以得出这样的结论：教××后来的证言不可信。

二、5000万元购油款转入金鑫公司的账是教××真实授意的结果

在本次的联营合同（指1995年12月13日）之前，××大连分公司和大连××总公司在1995年10月23日还签订了一份内容和条款几乎与本次合同相一致的合同（前面教××证言中提到的那份合同）。前合同第二条第四款也是这样约定："按甲方的指定直接将3419万元人民币汇入中国××化工总公司等账户。"该条款的表述，除金额不同之外（本次合同是5000万元），其余的每个字与本次合同完全一样（见两份合同，证据目录第二项、第八项）。值得提出的是，前一份合同的实际收款单位也是"金鑫公司"，将该款转入了金鑫公司，且教××也确认无疑（见第二批证据目录第七项）。

上述事实表明：第一次合同的3419万元是由教××亲自口头通知转入金鑫公司的，显然这是不可否认的事实。

我们再看第二份联营合同：时隔不足三个月，在第二份联营合同签订后没几天，教××按照第一次合同的习惯，再一次电话通知××大连分公司将5000万元油款转至金鑫公司的账户。针对教××电话通知转款的这一客观事实，不仅仅有教××在"调查笔录"中的确认（见证据目录第十四项），另外，还有金鑫公司收到5000万元的证明："受大连××总公司委托收到5000万元"；还有金鑫公司陈××接到教××电话通知收款的证词；还有大连××总公司与广东普宁签订的合同以及广东普宁委托大连××总公司转5000万元给金鑫公司的委托书等（见证据目录第九项、第十项、第十一项、第十二项、第十三项、第十六项、第十七项）。这一系列有力的证据相互印证，形成证据链,该证据链客观地证实了这样一个事实:教××电话通知××大连分公司将5000万元转入金鑫公司是事实,是客观存在的事实。

综上所述,教××的证言是自相矛盾的,是不可信的;教××电话通知将5000万元转入金鑫公司账户,既有第一笔合同转款的习惯形式相印证,也有教××的承认、金鑫公司的证明等一大批证据相互说明,足以说明5000万元油款转入金鑫公司的账是教××真实授意的结果。为维护我方当事人的合法权益,恳请仲裁庭依法裁定大连××总公司向××大连分公司退回所收的本金,并赔偿由此造成的经济损失。

申请人中国×××原材料总公司大连分公司代理人:
北京市京都律师事务所律师　田文昌
北京市京都律师事务所广西分所律师　田广德
1999年5月24日

代理词(第二次仲裁)

尊敬的各位仲裁员:

关于××大连分公司与大连××总公司联营纠纷案,贵仲裁庭于本月6日再次审理,申请人、被申请人双方就相关证据再次进行了质证且充分发表了意见。我们认为,原仲裁裁决书认定双方联营的事实是准确的,作出的裁决是正确的。对此,我方在庭审中充分发表了意见且记录在案。现将我们的观点归纳如下:

一、申请人、被申请人双方“联合经营”是本案的基本事实,他方涉嫌犯罪系另一法律关系

在1995年,申请人与被申请人就联合经营成品油一事经过协商并共同签订“联合经营成品油协议”之后,申请人按约支付了5000万元的购油款(见证据材料第九项、第十项)。证据九是银行盖章确认的书证,该书证表明金鑫公司收到申请人的5000万元购油款;证据十是金鑫公司收到5000万元购油款后开出的书面证明材料。上述两份证据是原始证据,有力地证明了金鑫公司确实收到申请人的5000万元购油款。

我们同时认为:不论被申请方如何被第三方利用(指广东普宁公司等),但就申请人、被申请人双方来说,双方均是独立的法人且在经过平等协商的前提下签订“联营协议”,这个“联营”关系是区别于其他的法律关系而独立存在的。该“联营协议”约定发生纠纷由北京仲裁委仲裁。所以,北京仲裁委依照“联营协议”的约定予以立案仲裁并作出裁决,无可置疑,北京仲裁委第0125号裁决是正确的。被申请方认为第三方即广东普宁公司涉嫌犯罪而要求“先刑后民”,中止仲裁。我们认为这种要求是没有依据的,因为两者要解决的法律关系截然不同。这是我们要表明的第一个观点。

二、5000万元购油款付给金鑫公司是被申请方的真实意思

用证据说话,是最好的证明方式。我们可以从以下两部分证据来分析本案的实质:

第一部分证据:证据目录第二项、第三项、第四项、第五项表明,在本次5000万元合同签订前的一个月,申被双方签订了一份与本次合同几乎相同的合同。合同条款约定:购油款付给“中石化总公司等单位”,该笔油款实际全部汇给了金鑫公司。上述证据中的第四项就有这样的明确表述:“今收到大连××总公司交来××原材料总公司3419万元整”“交款人:教××”“收款人:林××”。而本次5000万元购油款与上次如出一辙。这说明:第二次合同是第一次合同的延伸。

第二部分证据:证据目录第十项、第十一项、第十三项、第十四项、第十六项、第十七项共六项证据。其中第十项、第十一项证据证明:金鑫公司受大连××总公司教××的委托收到××大连分公司的5000万元购油款;第十三项、第十四项证据证明:5000万元购油款汇入金鑫公司账户是教××电话要求转的。另外,第十六项、第十七项证据回答了被申请人为什么不把5000万元购油款付给中石化总公司而汇给金鑫公司。其中第十六项证据说明被申请人与广东普宁公司签订有供油合同,而且被申请人不是作为“卖方”而是作为“买方”。买方就要付钱。而第十七项证据是份“委托书”,是普宁公司委托大连××总公司将5000万元购油款汇入金鑫公司账户的授权。这份由普宁公司开给大连××总公司的“委托书”全盘托出本案的真正起因,即被申请人要求申请人将5000万元转给金鑫公司是基于普宁公司的委托书。

上述证据有效地形成了一个证据链,确凿有力地证明了本案最关键的一个基本事实:5000万元购油款汇入金鑫公司是被申请人要求的结果。

三、秦皇岛公证处(98)第592号公证书理应依法有效

鉴于陈××在本案中是关键的知情人,申请人的代理人(田广德律师)专门赴秦皇岛找陈××调查了解并办了调查笔录公证,应当说这是相当规范的取证方式。

被申请人认为上述调查笔录无效,理由有两点:第一,陈××在秦皇岛被软禁;第二,陈××前后陈述有矛盾。

申请人认为,被申请人上述两点理由均不能成立。第一,陈××在调查笔录的开头明明白白地说,当时在做贵重金属生意,并且马上可成功。难道能做生意,也叫软禁?显然是被申请人无中生有。

第二,被申请人认为陈××的前后陈述有矛盾而否定陈××的全部陈述,这种理由是站不住脚的。我们认为,经过公证机关公证的材料的证明力应优于不经过公证的证明材料。对此,最高人民法院1998年6月19日的审判委员会第995次会议通过《关于民事经济审判方式改革问题的若干规定》第27条明确指出,“判断数个证据的效力应当注意以下几种情况:1. 物证、历史档案、鉴定结论、勘验笔录或者经过公证、登记的书证,其证明力高于其他书证、视听资料和证人证言”;相对而言,经过公证的记载当然更加可靠。很明显,经过秦皇岛公证机关公证的对陈××所作的“调查笔录”,依法可作为本案的证据。

以上代理意见,请予采纳。

申请人中国×××原材料总公司大连分公司代理人:
北京市京都律师事务所律师　田文昌
北京市京都律师事务所广西分所律师　田广德
2001年4月13日

补充代理意见

尊敬的各位仲裁员:

关于××大连分公司与大连××总公司的联营纠纷提起仲裁到现在已达两年多时间,法院及贵仲裁庭经过多次审理和质证,由于诸多原因,案情似乎变得越来越复杂。鉴于此,现针对申被双方提供的部分证据补充提出以下几点意见:

我们认为,就本案而言,案情是比较简单的:申请人、被申请人双方为共同做成品油生意而签订“联合经营协议”,申请人按协议约定付出5000万元后,被申请人无法按约定提供“油指标”而发生纠纷,申请人多次向被申请方致函索款未果,申请人依约向北京仲裁委提出仲裁申请。案情梗概就是这样。

基于上述的案情,申请人向仲裁委提供了大量的证据材料以印证上述纠纷的前后经过(见证据目录,共34份)。应当说,该证据材料是客观的、真实的。但是,由于被申请人完全出于自身利益考虑。面对申请人提供的证据提出种种辩解或歪曲。从表面上看,申请人、被申请人双方的举证和反驳难分难解,真假难分。申请人认为:假的就是假的,真的终究假不了,客观存在的事实终究是客观存在的;不论被申请人如何辩解或歪曲,基本存在的事实是谁也歪曲不了的。

为了便于各位仲裁员能有效地、全面地看清本案的真实情况,申请人特别将上述大量证据材料中几个基本的、包括被申请人至今也不得不承认的证据列举出来,供各位仲裁员合议时评判。

第一份证据:

证据来源:申请人提供,被申请人也确认。

证据编号:第8号证据。

证据名称:《联合经营成品油协议书》。

能证明的事实:5000万元可以付到中石化以外其他公司的账户。

说明:该联营协议书第四条有这样表述:“5000万元人民币汇入中国××化工总公司等账户。”这个“等”字,既包括“中石化”账户,也包括中石化以外的账户,具体应该付哪个账户,根据《合同法》第60条、第61条、第62条规定,按双方的意思表示或操作习惯履行。

所以说,该合同上的“等”字是双方共同约定的真实意思,它表明:收款单位不仅是“中石化”一个单位而是多个单位。这个“等”字,并不是随意加上的。在合同中指定账户的表述上,这种方式并不多见。

第二份证据:

证据来源:无任何利害关系的第三方提供(秦皇岛公安机关提供)。

证据编号:第33号证据。

证据名称:秦皇岛公安机关向教××了解情况的“问话笔录”。

能证明的事实:(1)教××确认5000万元已付金鑫公司账户。

(2)转第一笔款3419万元和第二笔款5000万元都是由教××指令办理的。

(3)当时转5000万元入金鑫公司时,申请人电话与教××协商,教××表示同意转款。教××当时是被申请人的业务副总经理,是联营协议的签约人,教的行为代表了被申请人。

说明:该问话笔录的最后部分有如下这样两段问话:

问:“请你把做成品油的经过详细说一遍。”

答:“在1995年8月的时间,新加坡金鑫国际有限公司经理陈××(在北京亚运村G号楼办公)和广东普宁市石油经销公司经理林××,他们二人通过北京天然气总公司的一个王处长介绍认识后,他们二人找我说,国家计委批给他们200万吨原油的计划指标,这指标不是直接批给他们的,是批给山东省政府的指标,由陈××和林××帮助山东省办理的,他们找到我们公司让我们公司申请加工和销售他们的油。我们出了申请,出了法人证明、介绍信和营业执照的副本,以我们公司名义报国家计委批,由我公司经营成品油,我公司出资金。当时我公司没有资金,这样我就找到了大连的分公司(中国××原材料总公司大连分公司)的经理刘×,刘×同意出资金,这样我和刘×在1995年10月签订了一份联合经营成品油的协议,大连分公司的刘×他们出资金3419万元。”

问:“这笔款打入了谁的账上?”

答:“打入了金鑫国际有限公司陈××的账上了。”

问:“刘×是和你做的生意,钱应入你的账上,为什么入了陈××的账上?”

答:“因为我和刘×是合伙人,转入陈××的账上是我同意转的,这笔没有成,款又返给了刘×。”

……

问:“你们一共签订了几份协议?”

答:“还有一份。”

问:“这是什么时间和哪签的?”

答:“这是在1995年12月和大连公司的刘×签订的,刘×出资5000万元人民币。”

问:“这笔钱打入哪账上?”

答:“打入陈××的账了。”

问:“这款是你同意打入陈××的账上吗?”

答:“这是刘×和陈××从北京谈到的事情,后刘×从北京往大连打电话和我说的这事,当时我说,那你就和陈××办吧,你们总公司也知道这事情,他们在北京就办了。”

问:“这5000万元的走向?”

答:“在陈××的账上。”

问:“你从中得到钱了吗?”

答:“一分也没有得到。”

……

上述问话的真实性毋庸置疑。因为第一,问话之时申请人还未提出仲裁申请,所以,当时教××是在没有任何顾虑的情况下做出的回答;第二,秦皇岛公安机关是履行正常公务,而且该问话是发生在仲裁申请之前,作为制作“问话笔录”的一方与本案的申请人、被申请人双方没有任何利害关系。上述两点说明该问话笔录的可信度极高。

同时,两次转款均是经教××授意并转入同一公司账上,进一步印证了教××授意将5000万元转入金鑫公司账户的事实。

第三份证据:

证据来源:由被申请人提供

证据编号:(见被申请人提供的证据)

证据名称:《关于联合经营成品油分利的修改协议书》

能证明的事实:5000万元由申请人、被申请人双方共同汇入金鑫公司账户

说明:尽管该"分利协议"上申请人和金鑫公司没有盖章且该协议没有实际履行,但该协议作为一个事件毕竟是客观存在的;该事件毕竟客观地记录这样一个事实,即5000万元由申请人、被申请人双方共同汇入金鑫公司的账户。

申请人认为,将该"分利协议"作为证据来证明本案的一个事实是毋庸置疑的,该证据的客观性谁也无法否定。申请人同时认为:该"分利协议"客观地记录着5000万元由申请人、被申请人双方共同汇入金鑫公司这个事实。如果我们视而不见或不能客观地将该证据与其他证据一道摆在桌面上,予以全面地审视整个案情,那明显是欠公正的,就更谈不上依法仲裁、依法办案了。

上述三份证据系众多证据中的一小部分,这三份证据均客观地证明了不同的行为和事实。对于其证明力度,包括被申请方在内的任何一方均没有提出任何异议。通过上述这三份证据,我们显而易见地看到以下事实:

(1)申请人、被申请人双方的关系是联营关系;

(2)根据申请人、被申请人双方协议约定,5000万元购油款可以付到中石化"等"之外的账户;

(3)教××确认第一次转款3419万元和第二次转款5000万元均已进入金鑫公司账户,并承认转款前是经他授意的;

(4)申请人、被申请人双方在"分利协议"上确认5000万元油款由申请人、被申请人双方共同汇到金鑫公司的账户。

申请人认为:上述证据所印证的事实是客观存在、无可非议的。该证据明确地向我们回答了一个问题:申请人、被申请人双方的联营无效;联营和购油款流失的主要过错在被申请人一方;被申请人应依法向申请人赔偿损失。

综上所述,我们恳请办理本案的各位仲裁员排除干扰、依法裁定,以维护申请人应有的合法权益。

申请人××大连分公司委托代理人:

北京市京都律师事务所律师　田文昌

北京市京都律师事务所广西分所律师　田广德

2001年6月8日

天津市河东区王串场十七段翻建工程指挥部与天津市运通房地产建设开发公司房屋联建纠纷案

案情简介

1995 年 3 月 10 日，天津市运通房地产建设开发公司（以下简称运通公司）与天津市河东区王串场十七段翻建工程指挥部（以下简称指挥部）签订联建住宅协议，约定：指挥部为解决王串场十七段翻建改造资金不足，运通公司为解决拆迁定居房，双方联建住宅。运通公司负责投资 2844 万元，房屋建成后取得联建房屋 18,000 平方米，定向用于安置天津市河北区建国道丁字胡同 360 户居民，交房日期为 1995 年 9 月 30 日。届时运通公司应付款 1500 万元，余款于 1996 年年底付清。任何一方违约的，承担对方投资额 0.1% 的违约金。

在合同履行中，运通公司由于资金不到位，故请案外人天津市华辰建设发展有限公司（以下简称华辰公司）向中国金谷国际信托投资有限责任公司（以下简称金谷公司）借款 1350 万元，指挥部的成员天津市河东区房地产开发总公司(以下简称河东公司)以其拥有的房产作为华辰公司借款的抵押物。1996年8月19日,运通公司与华辰公司签订《借款还款协议书》,约定华辰公司贷款1350万元借给运通公司投入丁字胡同危改项目,本金、息金由运通公司偿付华辰公司。河东公司为防止该1350万元借款抵押担保给自己造成损失,于1996年9月18日与指挥部签订协议,约定:如指挥部不能按期归还抵押物,由指挥部承担河东公司的经济损失。运通公司取得华辰公司向金谷公司的借款后,未将借款全部用于联建项目,至1996年9月,运通公司共投入资金1080万元。运通公司未按约付款,致使联建工程延误。指挥部为了筹集建房资金,将协议中约定的交付运通公司用于安置360户拆迁居民的部分房屋作为商品房出售。1997年1月,运通公司以指挥部违约卖房,影响其安置360户拆迁居民为由向天津市高级人民法院提起诉讼。经法院调解,双方达成协议。天津市高级人民法院于1997年4月29日下发了(1997)高民初字第2号民事调解书。调解书中确认:建成住房部分给运通公司,运通公司以1580元/平方米的价格支付价款,认定已付1080万元,其中包括案外人借给指挥部的贷款,该贷款由运通公司偿还。

在案件执行阶段,运通公司对调解书的第4条"双方合作期间,被告及与被告有密切关联的单位曾为原告向案外人借款1350万元提供了财产抵押担保,原告愿以自有财产换回抵押物,免除被告人的抵押担保责任"的内容提出异议;指挥部认为自己依生效调解书履行了交付房屋的义务,而运通公司没有履行调解书第3条1年内分3次付清款项和提供1350万元抵押物并解除指挥部担保义务的责任。双方的矛盾焦点围绕天津市高级人民法院(1997)高民初字第2号民事调解书第4条展开,即运通公司是否有义务以自有财产换回指挥部向案外人河东公司的贷款抵押担保。

运通公司于2000年3月10日向天津市高级人民法院提出申诉，请求确认调解书第4条无效，申请再审。天津市高级人民法院实体审查后，认为运通公司依据调解书享有了权利，应当履行调解书规定的义务，申诉理由不能成立。

运通公司又向最高人民法院提出申诉，请求确认调解书第4条无效，中止案件的执行。2001年5月14日，最高人民法院发出(2000)民监字第352号民事裁定书，裁定“原调解协议的部分内容违反法律，由本院提审”。

代理思路

本案关键问题有两点：(1)是否认定一审调解书第4条抵押担保条款的效力。(2)调解书程序上的瑕疵是否影响实体内容的真实性和客观性及执行的效力。因此，辩护思路和调查取证的方向均围绕这两个问题而展开。

(1)调解书对原被告双方实体权利的解决是客观公正并符合双方当事人本意的。调解书第4条内容是运通公司对于置换抵押物不能所产生的法律后果作出的一种承诺，是运通公司的真实意思表示。一审调解书的表述虽然在程序上有瑕疵，但其实体内容公平、公正，且符合双方当事人意愿。因此，调解书第4条并不违反法律规定。

(2)证据说明：运通公司是以华辰公司的名义贷款，但却是实际用款人。备忘录不仅表明贷款及担保的目的，而且表明担保责任的实际承担者就是被申诉人。《三方协议》以正式合同方式明确了申诉人与被申诉人之间的债权债务关系。据此协议书，被申诉人完全有权向申诉人主张权利。因此，从申诉人在《三方协议》里明确作出还款承诺的角度,论证了尽管调解书在程序上有瑕疵但并不能否定其实体内容的真实性和客观性,也不影响其执行效力。

代理词(再审)

审判长、合议庭:

我们接受天津市河东区王串场十七段翻建指挥部的委托,并受北京市京都律师事务所指派,作为本案被申诉方"翻建指挥部"的诉讼代理人,参与本案再审程序中的诉讼活动。根据本次法庭询问的相关问题,特向法庭提出代理意见如下:

一、关于本案一审调解书效力

根据最高人民法院(2000)民监字第352号民事裁定书,因本案一审"调解协议的部分内容违反法律"而予以提审。我们认为,天津市高级人民法院一审调解书第4条中关于"原告愿以自有财产换回抵押物,免除被告人的抵押担保责任"的表述,在程序上确有瑕疵。但该调解书对原被告双方实体权利的解决是客观公正并符合双方当事人本意的。而且,调解书第4条中关于"若原告不能如约完成致抵押权人继续向被告主张权利,由此产生的一切经济损失由运通公司承担"的表述,在法律上亦无障碍,并不影响调解书的效力及执行。

因此,一审调解书的表述虽然在程序上有瑕疵,但其实体内容公平、公正,且符合双方当事人意愿。

二、关于本案的基本事实

本案申诉人在双方达成调解协议并在协议大部分内容已经执行,其单方权利已经实现的情况下,以调解书程序违法为理由提出申诉,其目的在于以程序掩盖实体,逃避应当承担的经济责任。但本次庭审询问与质证表明,大量证据不仅可以证明申诉人的经济责任确实存在，而且可以证明被申诉人依法有权利取得赔偿。

（一）关于申诉人拖欠“联建”购房款的事实

根据被申诉人向法院提交的收款明细表及收款凭证（卷宗证据8）和申诉人实得房屋面积，申诉人应付被申诉人房款应为1956.8142万元，至今尚欠263万元未付。另外，根据调解协议，申诉人还应当负责偿还其他单位的欠款415万元，如该款尚欠归还，则会形成被申诉人对这些单位的债务。所以，如果至今申诉人尚未向这些单位还款，其向被申诉人形成的欠款应为263万元加415万元，合计为678万元。

至于申诉人提出银湾公司曾向被申诉人划款613万元，应视为申诉人付款一说，完全违背事实。对此一说，被申诉人向法庭提交了两项证据：(1)“十七段指挥部向银湾公司借款613万元的双方确认书”（卷宗证据20）；(2)“银湾公司对613万元的催款函”（卷宗证据25）。该两项证据充分证明，613万元是被申诉人对银湾公司的欠款，而与申诉人毫无关系。并且，因银湾公司涉嫌犯罪，613万元已被司法机关从被申诉人的财产中扣划，已形成偿还的事实。可见，申诉人将此613万元视为其向被申诉人付款一说，完全违背事实。

综上，申诉人仅在购房款一项至今仍欠被申诉人263万元；如果尚未偿还其他单位415万元，则合计欠款应为678万元（这一问题尚待法庭进一步查清）。

（二）关于贷款1350万元担保的赔偿责任

申诉人因欠联建房款而一再违约后，希望被申诉人协助解决资金问题，被申诉人面对因拆迁而引起群众闹事的特殊情况，为顾全大局、为政府分忧，指挥部的主管部门（河东房管局）责令其直属单位“河东房地产开发总公司”为申诉人贷款提供担保，并约定贷款用于联建房款。然而，当申诉人取得贷款后，却擅自挪作他用。不仅导致了居民无法还迁，而引起群众闹事局面的恶化，而且造成了河东公司代人受过,向贷款方承担保证责任的巨大经济损失。

申诉人在申请理由中称:贷款人是华辰公司而并非申诉人,因而贷款担保与申诉人无关。又称,担保人是河东公司而非被申诉人,被申诉人无权要求赔偿,并且被申诉人亦并未因此遭受任何损失。现在看来,这种理由纯属事先设定的圈套,即以变换主体的手段转嫁经济责任,侵吞国有资产。但由于其操作中具有难以克服的障碍,仍然留下了足以反映事实真相的证据:

1. 被申诉人向法庭提交的"运通公司与华辰公司的借款还款协议"(卷宗证据12)表明:运通公司承认由华辰公司协助其贷款1350万元,其中810万元给运通公司用于丁字胡同危改项目(丁字胡同拆迁进驻十七段由运通负责,即丁字胡同与十七段是一回事)。该证据充分说明运通公司是以华辰公司的名义贷款,运通公司是实际用款人。

2. 被申诉人向法庭提交的"华辰公司给河东公司400万元的付款凭证"(卷宗证据25)表明,华辰公司清楚其贷款目的,并直接将一部分贷款划给河东公司用于十七段工程。该证据与证据1相印证:1350万元贷款扣除400万元之后,其余款项被申诉人运通挪用。

3. 被申诉人向法庭提交的"运通公司向天津高级人民法院提交的备忘录"(卷宗证据26)表明:申诉人明确承认"1996年6月18日,华辰公司为河东公司王串场从北京金谷公司贷款1350万元,河东王串场为此笔贷款提供了担保抵押物,用于河东王串场十七段房屋建设"。"1996年8月10日,华辰公司与运通公司协定,华辰公司从北京金谷为河东王串场贷款1350万元,其中,810万元计入运通公司投入、本息共计953.5万元,由运通公司承付华辰公司。"该备忘录不仅表明贷款及担保的目的,而且表明担保责任的实际承担者就是被申诉人。可见,在此备忘录中由申诉人自己已经破解了预先设定的圈套。

4. 被申诉人向法庭提交的“天津市公安局南开分局对华辰公司法定代表人高某的讯问笔录”(卷宗证据31)表明:高某承认,申诉人运通公司是1350万元贷款的用款人。

5. 被申诉人向法庭提交的“房地产抵押协议”(卷宗证据5)表明:河东公司为华辰公司贷款1350万元提供担保事实存在。

6. 被申诉人向法庭提交的“河东区房管局《关于王串场十七段有关工程项目的说明》”(卷宗证据23)表明:根据房管局指示,河东公司负责为十七段工程筹措资金。

7. 被申诉人向法庭提交的被申诉人与河东公司的“抵押担保协议”(一审卷中不详,当庭补交)表明:河东公司为被申诉人解决资金问题而向华辰公司提供担保,并且,如因担保而遭受损失应由被申诉人承担。该证据证明,被申诉人不仅有权向申诉人索偿,而且事实上已经因河东公司的担保蒙受了损失。

8. 被申诉人向法庭提交的指挥部与运通公司、光复道房管站签订的有关确认1350万元贷款用款及责任承担的《三方协议》(卷宗证据6)表明:申诉人在此协议书中不仅明确确认1350万元贷款用于十七段工程建设,确认被申诉人是实际的担保方,并且承诺,因该笔贷款而造成的包括抵押物价值在内的实际损失由申诉人承担;并且在协议书中明确约定了因此而形成的申诉人对被申诉人债务的具体数额。该协议书已经以正式合同方式明确了申诉人与被申诉人之间的债权债务关系。

以上大量证据相互印证,充分表明,申诉人显然在前期的资金运作中变换手法,企图向被申诉人转嫁经济责任。一系列的证据却表明,其经济责任是无法摆脱的。特别提请法庭注意的是:《三方协议》的内容已经明确了因该笔贷款而形成的申诉人与被申诉人之间的债权债务关系,据此协议书,被申诉人完全有权向申诉人主张权利。

因此,被申诉人认为,申诉人可以因调解书在程序上有瑕疵而提出申诉,却无法在申诉程序中摆脱其事实上存在的经济赔偿责任。

三、关于对本案处理结果的意见

在本案事实已经查清、双方当事人债权债务关系已经明确的情况下,我们认为,法律的裁决是以公正性为前提的,而程序的合法性是对实体公正的保障。由于一审调解书中部分内容的违法性并未影响本案实体处理结果的公正性,因此,纠正其违法部分而维护其实体内容,应当是二审裁决的原则。

本案中,大量证据已经表明:(1)1350万元贷款确系为联建房屋而筹资;(2)实际用款人是申诉人;(3)河东公司担保系受被申诉人委托所为,且其有责任为被申请人筹措资金;(4)申诉人因私自挪用该贷款而致被申诉人蒙受损失;(5)各种证据一再证明申诉人曾经承认前述事实并承诺向被申诉人还款;(6)《三方协议》已经明确了申诉人对被申诉人的债务关系;(7)该笔贷款及其担保责任的承担系因联建纠纷产生。以上事实说明二审法庭直接判令申诉人赔偿被申诉人的经济损失具有法律依据。

综上理由,请求法庭依法判令申诉人向被申诉人偿付以下欠款及赔偿损失:

1. 偿还263万元购房款加拖欠的利息(如果欠其他单位的415万元至今未还,则应偿还678万元加拖欠的利息)。

2. 赔偿因河东公司为1350万元贷款担保而招致的经济损失。该1350万元中除400万元用于被申诉人作建房款外,另被挪用的950万元加利息为被申诉人的实际损失。

由于本案拖延的时间已经久远，执行的难度日益增加，为减少国有资产的损失，恳请法庭依法尽早作出公正的判决。

被申诉人天津市河东区王串场十七段翻建指挥部代理人：
北京市京都律师事务所律师　田文昌　蔡景丽
2001 年 10 月 8 日

审理结果

最高人民法院经审理查明，运通公司置换抵押物为法律上的不能履行，调解书第 4 条内容是运通公司对于置换抵押物不能所产生的法律后果作出的一种承诺，是运通公司的真实意思表示，不违反法律规定。最高人民法院于 2002 年 2 月 2 日作出(2001)民一提字第 1 号判决书，判决维持天津市高级人民法院(1997)高民初字第 2 号民事调解书。

北京利达海洋生物馆有限公司与招商银行贷款担保纠纷案

案情简介

北京利达海洋生物馆有限公司（以下简称海洋馆，本案第二被告）为中外合作经营企业*，境内投资者为北京蕴泽开发公司（以下简称蕴泽公司），境外投资者为香港百事利达国际有限公司（以下简称百事利达，本案第一被告）。根据公司章程和合作合同的约定，蕴泽公司以土地出资，百事利达以现金方式注入注册资金，海洋馆全部建设资金的风险责任由百事利达承担。另外对利润和风险责任约定，蕴泽公司收取保底利润，百事利达则负责公司的经营管理。基于此项约定，海洋馆成立初期的经营活动均由百事利达实际控制，为日后海洋馆为百事利达的自身借款承担多重担保责任埋下隐患。1996年3月，百事利达以筹集海洋馆建设资金为名，与招商银行（本案原

---

* 根据案发时规定，香港企业举办中外合作经营企业的，参照《中外合作经营企业法实施细则》处理。——编者注

告)签订了2500万美元贷款合同,百事利达为该项贷款提供了多项担保,包括:海洋馆土地使用权及其上盖物业抵押协议、海洋馆的经营权及收益权抵押协议、百事利达800万美元现汇质押协议、百事利达股东质押协议以及海洋馆承担连带还款责任的承诺书。合同签订后,百事利达从1996年4月1日至12月20日分8次从招行离岸部提款2473.60万美元,完成从银行借款行为。但百事利达在招行离岸部的银行对账单反映,其没有将全部借款直接转给海洋馆用于项目建设,只是将其中891.4万美元转入海洋馆在招行北京分行的账户,而另外1582.2万美元却转入了通用公司、合峻公司(均为百事利达关联公司)。同一时期,即1996年4月3日,百事利达再次以为海洋馆提供建设资金为名,与海洋馆签订了2300万美元的借款合同,由百事利达以借款人身份分别在4月3日至6月26日,分10笔向海洋馆提供了2300万美元借款。

百事利达在招商银行2500万美元贷款相继进入还款期后,于1997年10月向招商银行还款本金50万美元,之后未再向银行偿还剩余贷款。招商银行多次催收未果,于2000年6月向广东省高级人民法院提起以百事利达为第一被告、海洋馆为第二被告的贷款担保诉讼案,案件经多次开庭审理,直至2002年10月才因招商银行提出撤诉申请,该案审理活动方告终结。

在此需要说明本案的背景情况,由于海洋馆初期的经营权一直由百事利达掌握,直至2001年蕴泽公司管理者才逐渐收回管理权;但由于百事利达管理者在非正常状态下退出管理,因此接手的蕴泽公司人员根本不能了解公司经营状况,相关的财务情况也混乱不堪。而本案的诉讼也正是发生在这一时段,作为2500万美元巨额借款的担保人,海洋馆甚至无法取得全部相关的款项往来单据,使本案诉讼前的调查取证工作变得异常艰难。田文昌、韩嘉毅律师作为海洋馆的代理人参加了诉讼。在经过多方努力、对现有残缺的文件进行分析后,案情的真相渐渐露出端倪。

代理思路

律师经调查了解到,签订上述贷款合同、借款合同,是掌握海洋馆经营权的百事利达为了规避国家外汇管理法规,企图越过我国外汇监管,达到以海洋馆为担保人、为百事利达顺利获得银行贷款提供连带保证责任的目的。因此,在签订2500万美元贷款合同的同时,其又另行签订与海洋馆的借款合同,通过百事利达在招行离岸部账户与其关联公司进行资金运转,达到既能获得外汇贷款,又能以海洋馆收益偿还借款的目的。而这样的运作结果就是导致海洋馆承担双重还款责任,即2500万美元贷款的担保责任和2300万美元借款的还款责任。

结合海洋馆银行汇款走向可以看出,百事利达利用其关联公司通用公司在招商银行离岸部开设的账户进行资金运转,即将2500万美元款项汇入百事利达账户,一部分直接转入百事利达关联公司香港账户,另一部分汇入海洋馆;而海洋馆同时又以支付工程款名义将款项汇入通用公司(百事利达关联公司),由通用公司再将款项转入百事利达账户,最终由百事利达再以履行借款合同的方式将资金汇入海洋馆。通过这样的资金空转方式,百事利达将同笔款项通过其招商银行离岸部各个账户间的资金流转,达到海洋馆对同一笔资金承担两项还款责任的目的。

律师通过审阅大量文件资料,从中找出该项贷款资金的流转方向,并发现了招商银行离岸部在这项资金运作中的违规行为。因此,本案的答辩思路就将2500万美元贷款与2300万美元借款的履行结合起来,以主合同(2500万美元贷款)的签订是合同双方为逃避我国外汇监管的非法目的而订立的无效合同为主线展开辩论。

代理词

审判长、合议庭:

北京市京都律师事务所接受北京利达海洋馆有限公司的委托,指派本所律师田文昌、韩嘉毅作为诉讼代理人,参加招商银行(以下简称招行)诉百事利达国际有限公司(以下简称百事利达)、北京利达海洋生物馆有限公司(以下简称海洋馆)贷款担保纠纷案的诉讼活动。现就本案发表如下代理意见:

一、关于主合同效力问题

由于离岸银行业务只能吸收非居民的资金、服务于非居民,所以原告(贷款人)明知不可能直接与用款人海洋馆签订贷款合同。为了规避国家对在岸业务与离岸业务不能混淆的政策规定,主合同双方以嫁接境内外法律关系为手段,分别在境内外签订了贷款合同及其一系列附件,并且在主合同中明确约定:"借款人因投资建设北京利达海洋生物馆之需要,向贷款人申请2500万美元之贷款。"即贷款人与百事利达国际有限公司(非居民)签订贷款合同,约定用于国内海洋馆建设需要(在岸业务)。所以,我们认为主合同双方的行为是意在以合法形式掩盖其非法目的的。

从另一角度讲,主合同借贷双方都知道或应当知道我国一贯采取的外汇监管制度,即外汇进入境内和汇出境外都要经过严格的审批手续。仅凭借贷双方签订的贷款合同,无法满足主合同第2.02条所规定的用于海洋馆的各项用途;更无法越过外汇监管,保证用海洋馆的经营收入偿付原告的本息。即主合同双方所签订的是根本无法实现合同最终目的的贷款合同。

尤其值得强调的是,今年5月在香港特区高等法院审结的原告诉第一被告所谓借贷质押案充分证明:主合同双方当事人自始就对主合同的法律效力不仅缺乏信心,而且不无担心。尽管费尽心机设定了七项抵押、质押权,几乎囊括所有债权人所能控制或预见的权利,但依然"心有余悸"、恐生不测。因此,主合同双方又背着第二被告(保证人),另行以所谓第五附件签订《股权质押协议》,以备内地法律认定主合同无效的最坏结果出现时,依然可以依据香港特区法律予以补救。可谓是深文周纳,万无一失。然则人算不如天算。由于被告管辖异议程序的启动,致使原告虽率先在境内诉讼,却在香港特区法院审结后依然未能结案,这可能是有违原告初衷了。因此,原告在庭审时,对第二被告提出的其有关香港诉讼一案要么无理回避,要么讳莫如深。

原告在明知担保人的担保行为违反法律法规的规定、拿不到国家外汇管理局的批准文件、属于无效合同的情况下,为了实现上述目的,避开监管将资金带入境内,更为了在贷款到期时,能用海洋馆的收入偿还境外外汇贷款,又产生了境外股东百事利达与海洋馆签订借款2300万美元借款合同,并由原告为百事利达的关联企业通用公司在离岸部提供空转账户,帮助百事利达完成空转资金,履行虚假借款合同(见合同及履行关系图)。从百事利达与海洋馆所签订的合同章程第53条及相关条款看,百事利达有义务负责筹集资金,并且对筹资的风险与责任承担全部责任。其无须以借款的方式向境内投资,完全可以正常用投资的方式将资金汇到境内用于海洋馆的建设。所以,在签订贷款2500万美元合同之后的所有行为,不仅是体现百事利达单方意志的行为,更是为维护债权人利益、减少债权人贷款风险,双方串通后体现双方意志的必然行为。其行为结果直接导致海洋馆不仅承担担保责任，而且成为债务人、承担偿债责任。这种双重责任意味着海洋馆直接面临承担4800万美元的债务负担。

综上，主合同双方签订了根本无法实现合同目的的贷款合同后，为了实现以海洋馆的收入偿还到期贷款、逃避外汇监管的目的，避开担保人违法担保无法取得担保登记的情况，采用假借款、空转资金的形式，完成主合同的履行。其实质是主合同双方以所谓离岸业务两头对外、严格与在岸业务相区分的主合同合法形式，掩盖其逃避外汇监管的非法目的。根据《民法通则》第58条的规定，以合法形式掩盖非法目的的行为为无效民事法律行为；结合本案的实际情况，请法庭对本案主合同是否有效的问题进行充分考虑。

二、担保合同无效

1. 因为担保行为违反《公司法》的规定，所以担保合同无效。由于本案的借款人百事利达正是担保人海洋馆的境外投资者，根据《公司法》第60条第3款“董事、经理不得以公司资产为本公司的股东或者其他个人债务提供担保”的规定，担保人海洋馆为其境外投资者百事利达提供担保的行为违反法律规定，应认定为无效。

2. 因为担保行为违反《中外合作经营企业法》的规定，所以担保合同无效。该法第17条明确规定：“中外合作者用作投资或者合作条件的借款及其担保，由各方自行解决。”显然境外投资者无论是依据双方的合同章程约定，还是依据法律规定都应自行解决贷款事宜，都不应以合作企业的资产为境外合作者的借款提供担保。

3. 因为没有办理对外担保登记手续，导致担保合同无效。一方面，由于担保人行为不符合法律规定，根本不能办理对外担保登记；另一方面，担保人本身即为实际用款人，并没有完全使用2500万美元的贷款，所以不去办理登记手续。总之，对此笔对外担保业务，担保人不能办理也没有办理登记，即担保合同无法律效力。

三、关于担保人的责任

首先,当主合同无效时,担保人不承担担保责任。由于主合同双方串通逃避外汇监管制度,是以合法形式掩盖非法目的的行为,导致主合同无效。这种情况下,担保人是为根本不可能实现的无效贷款合同提供担保,自身没有任何过错。根据最高人民法院《关于适用〈中华人民共和国担保法〉若干问题的解释》第 8 条“主合同无效而导致担保合同无效,担保人无过错的,担保人不承担民事责任”的规定,担保人不承担任何责任。

其次,退一步讲,就算认定主合同有效,那么由于担保合同无效,担保人也只能承担相应的责任。担保人承担多少责任,必须考虑以下几个方面的问题:

1. 债权人有过错。债权人明知离岸银行业务只能服务于非居民,而在主合同中约定用于境内建设;明知我国一贯采取外汇监管制度而逃避外汇监管,为百事利达的关联公司——通用公司提供空转资金账户,在债权人自身系统内部完成资金空转,多次以合同形式逃避外汇监管;在签订主合同、担保合同及相关协议之前,债权人已经要求债务人、担保人提供债务人、担保人企业登记情况资料及相互之间合作关系文件,可见债权人明知担保人与债务人的关系,而违反《公司法》的规定让担保人为其股东提供担保;同样也明知债务人是担保人的境外投资者,而让担保人为境外投资者的融资行为担保。可见债权人在合同的签订及履行过程中有过错。

2. 债权人应对无故释放 800 万美元承担全部责任。在签订主合同的同时,债权人与债务人同时签订了现汇质押协议(附件三)。证据表明双方不仅签订了该协议,并且实际履行了该协议。但债权人无故释放了 800 万美元。依该协议第 5 条第 1 款的规定,“按照贷款合同规定,当出质人发生违约事件时,在质权人向出质人、承诺人发出偿付债务的书面通知书的30天后，若出质人、承诺人仍不履行还款义务，质权人有权对质物加以处置，将质物部分或全部收为已有，抵作出质人应还欠款的一部分”。显然，债权人多次致函债务人、担保人要求履行还款义务，而债务人、担保人均未按合同约定履行偿还本金、利息的义务，违反合同约定，债权人不应释放质押的800万美元；依该协议第6条质押解除的规定：“当贷款合同项下之贷款余额低于质物金额时，质权人可解除部分质押权。但未解除质押权部分之质物金额不能低于出质人应还欠款之余额，直到出质人偿清全部欠款，则质押权予以全部解除。”显然，贷款合同项下之贷款余额从未低于质物金额，不符合质押解除的条件。所以，关于质押的800万美元，既产生了债务人、担保人违约的情况，又不符合质押解除的条件。《担保法》第28条规定，“同一债权既有保证又有物的担保的，保证人对物的担保以外的债权承担保证责任。债权人放弃物的担保的，保证人在债权人放弃权利的范围内免除保证责任”。据此，债权人应对释放800万美元承担全部责任。

3. 债务人同意其股东将其持有的债务人的股份质押给债权人的担保方式，应优先于担保人提供的担保。在签订主合同后，债务人的股东又与债权人签订《质押契约》，约定将股东持有的所有债务人的股份质押给债权人，这就意味着债权人已经将债务人的股份作为质物持有。特别需要强调指出的是，原告已将百事利达作为第一被告，百事利达的六个股东作为其他被告人，在香港特区法院基于主合同及《质押契约》起诉，要求还款并胜诉。在此情况下，就算要求保证人承担责任，也应在债权人首先将其所持有的债务人的股份变现得到清偿后，才能考虑追究担保人相应的责任。

综上所述，本案是一起较为复杂的贷款担保纠纷案，其涉及离岸业务与在岸业务的关系问题，涉及中外合作企业中境内外投资者义务责任问题,涉及外汇监管制度问题,以及《公司法》《担保法》的相关规定。不仅如此,由于百事利达的股东是持有通用公司92%股份的股东,也是合作企业的董事,使本案许多主要证据资料无法收集。本案可能涉及境外投资者任意将贷款转到境外挥霍、串通欺诈担保人等方面的问题,但由于难以收集证据,代理人也只能依据所能掌握的证据发表以上代理意见。

总之,如果主合同双方串通逃避外汇监管制度,担保人对此无过错,不应承担任何责任;如果认定主合同有效,由于担保合同违反法律规定,担保合同也是无效合同。最高人民法院《关于适用〈中华人民共和国担保法〉若干问题的解释》第7条规定,“主合同有效而担保合同无效,债权人无过错的,担保人与债务人对主合同债权人的经济损失,承担连带赔偿责任;债权人、担保人有过错的,担保人承担民事责任的部分,不应超过债务人不能清偿部分的1/2”。据此规定,由于本案中债权人有明显过错,即使认定主合同有效,担保人也只能承担债务人不能清偿部分的1/2。该项责任的具体计算方式是:首先,应当排除债权人无故释放质押的800万美元的责任;之后再减除债权人持有债务人股份变现受偿的部分。也就是说,在减去此两部分数额之后,债务人仍然不能清偿部分的1/2,才是担保人应当承担清偿责任的数额。

以上代理意见,请予采纳。

被告人北京利达海洋生物馆有限公司的代理人:

北京市京都律师事务所律师　田文昌　韩嘉毅

2001年10月12日

附:招行资金流程图说明

图标说明:⟹资金正常运转路径

- - - - - - ➤资金空转运行路径

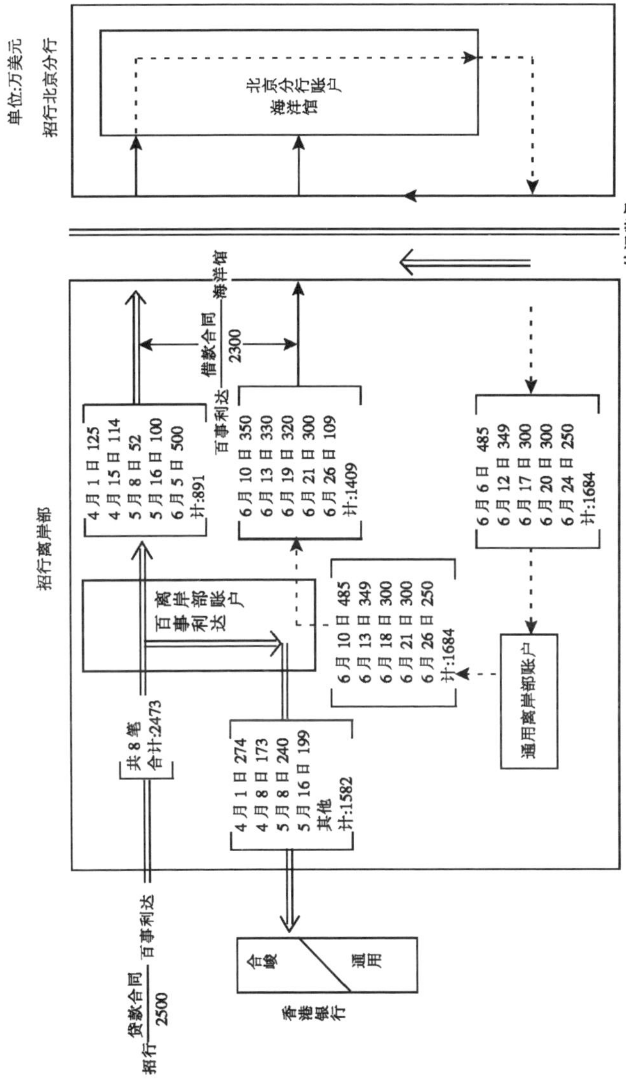

附图 2500万美元贷款合同、2300万美元借款合同签订、履行资金流程

附:资金运行说明:

一、关于招行与百事利达2500万美元贷款合同履行

1. 双方合同签订于1996年3月18日,百事利达以筹集海洋馆建设资金为由从招行取得贷款,招行分别于1996年4月1日至1997年3月21日。其间将资金汇入百事利达招行账户内[见附图(共8笔,合计2473万美元)部分]。

2. 百事利达收到招行上述共计2473万美元贷款后,同一时期即将其中1582万美元汇入其两个关联公司合峻、通用公司在香港特区银行的账户,并未依约将资金用于海洋馆建设(见附图百事利达招行离岸部账户与合峻/通用香港银行账户粗黑箭头标注部分,款项计1582万美元)。而余下的891万美元却另行以履行借款合同的形式将款项汇入海洋馆。

二、关于百事利达与海洋馆2300万美元借款合同履行

1. 继上述合同于1996年3月签订后,同年4月3日,百事利达同样以提供海洋馆建设资金为由,与海洋馆签订2300万美元借款合同,并且与上述2500万美元于同一时间,即1996年4月1日开始履行。

2. 百事利达将从招行取得2500万美元贷款转汇其关联公司1582万美元后尚余的891万美元,分五笔于1996年4月1日至6月5日汇入海洋馆在境内的北京分行账户内,履行其2300万美元借款合同(见附图百事利达离岸部账户与海洋馆北京分行账户间粗黑箭头标注部分,款项计891万美元)。

3. 在上述891万美元汇入海洋馆后,百事利达以该笔资金为基础,于其后的6月6日至26日,以海洋馆支付建设款为由,利用百事利达及其关联公司通用公司同在招行内的账户不断进行资金空转,以完成余下的1409万美元借款部分:借款891万美元部分汇入海洋

馆北京分行账户→海洋馆以支付建设款为由陆续向百事利达关联公司通用公司转款→通用公司收到海洋馆支付的建设款后立即将该笔资金全部转入百事利达在招行的账户→百事利达利用通用公司账户进行转款后，再将空转后的资金以借款形式汇入海洋馆（见附图海洋馆北京分行账户、通用离岸部账户、百事利达离岸部账户之间以虚线箭头标注部分，款项为1684万美元、1409万美元）。至此，在6月10日至26日，以通用公司账户为桥梁，百事利达通过资金运转，将同一笔资金以重复循环的运行方式，完成了向海洋馆履行2300万美元借款合同的义务，从而达到以海洋馆资产承担双重还款责任的目的。

审理结果

原告撤诉。

美国法兹诺公司与石家庄星达影视节目传播中心代理合同纠纷案

案情简介

1997年7月1日，美国FASNO公司（本案被告、反诉人，中文译名：美国法兹诺公司）与美国POWERSPORT公司（中文译名：美国强力公司）签订了《独家许可协议》，约定美国强力公司许可美国法兹诺公司独家在中国内地发行美国强力公司提供的电视节目。

美国法兹诺公司获得美国强力公司的授权后，即开始在中国内地寻找合作伙伴，准备通过国内的合作伙伴具体负责电视节目的推广发行工作。1997年9月17日，美国法兹诺公司与石家庄星达影视节目传播中心（本案原告）签订了《独家代理合同书》，合同约定美国法兹诺公司向石家庄星达影视节目传播中心提供电视节目带，石家庄星达影视节目传播中心负责节目的推广发行，所得收益双方分成。

合同签订后，美国法兹诺公司于1997年9月底向石家庄星达影视节目传播中心交付了111盘电视节目带。同年10月，为满足石家庄星达影视节目传播中心参加四川电视节的需要，应美国法兹诺公司要求,美国强力公司直接向四川电视节举办地邮寄了192盘节目带,交付给石家庄星达影视节目传播中心。至此,美国法兹诺公司履行合同义务,已向石家庄星达影视节目传播中心提供了303盘节目带。

1997年11月7日,石家庄星达影视节目传播中心向美国法兹诺公司支付了人民币100万元。此后,石家庄星达影视节目传播中心因故未能进行电视节目的销售发行工作。

1997年11月17日,美国强力公司董事长威廉姆先生突然传真给石家庄星达影视节目传播中心,称美国强力公司未收到美国法兹诺公司支付的费用,要求石家庄星达影视节目传播中心停止销售美国法兹诺公司提供的美国强力公司电视节目。美国法兹诺公司获悉此事后明确告知石家庄星达影视节目传播中心自己有美国强力公司的合同和授权,美国强力公司无权指令石家庄星达影视节目传播中心停止发行。美国法兹诺公司电话要求石家庄星达影视节目传播中心继续履行合同,推广发行已提供的电视节目,以实现合同收益。石家庄星达影视节目传播中心未予以听从。

此后,石家庄星达影视节目传播中心未再向美国法兹诺公司索要电视节目带,未进行电视节目的推广发行,也未向美国法兹诺公司支付发行收益。两年后,1999年10月,石家庄星达影视节目传播中心起诉美国法兹诺公司,称由于美国法兹诺公司仅提供了少量电视节目带,难以满足其发行需要,且发行过程中版权单位美国强力公司要求石家庄星达影视节目传播中心停止发行,致使发行工作被迫中止,无法履行合同,故要求美国法兹诺公司返还其已支付的100万元人民币并赔偿损失。美国法兹诺公司应诉后提起反诉,认为石家庄星达影视节目传播中心违约,擅自停止发行,造成美国法兹诺公司经济利益受损,要求石家庄星达影视节目传播中心赔偿162万美元经济损失。

田文昌律师作为美国法兹诺公司的诉讼代理人参加诉讼。

代理思路

作为被告的代理人,一审的代理思路主要是针对原告的起诉理由。本案中原告起诉的主要理由:一是被告仅提供了少量节目带,不够发行;二是美国强力公司干预,不能发行。代理意见主要从事实和合同效力上进行了分析论证,对原告进行反驳:

针对原告第一个理由,主要进行事实辩驳。首先,双方当时的节目带交接清单证实被告提供的节目带已经足够原告首期发行所用。根据双方合同的约定,原告后来未主动要求被告提供更多的节目带,则被告也无义务主动提供更多的节目带。因此,节目带如不够发行,责任在于原告而不在被告。

针对原告第二个理由,首先通过分析原告的一系列行为,指出原告停止发行的真正原因是其能力的欠缺以及发行工作中存在的法律障碍,而并非被告的问题。对本案的焦点事实即原告是否请示被告停止发行一事,代理人逐字逐句进行了重点分析,详细引用证据证实威廉姆先生传真要求原告停止发行后,原告并未请示被告是否停止发行,则原告自己擅自停止发行应自负其责。关于威廉姆先生传真的效力问题,则从合同性质和合同效力上分析。首先对两份合同的性质进行了分析,指出美国法兹诺公司与美国强力公司签订的《独家许可协议》是版权许可使用合同,美国法兹诺公司与石家庄星达影视节目传播中心签订的《独家代理合同书》是代理合同,两份合同均合法有效且各自独立。在合同约束力上,强调美国强力公司、美国法兹诺公司、石家庄星达影视节目传播中心三方均应服从各自的合同约定。在美国强力公司对美国法兹诺公司存在授权的情况下,美国强力公司无权指令石家庄星达影视节目传播中心停止发行美国法兹诺公司提供的节目。因此,所谓美国强力公司的干预仅仅是石家庄星达影视节目传播中心擅自停止发行后为自己寻找的一个借口而已。

二审代理意见则重点针对一审判决进行反驳:

一审判决支持了原告因为美国强力公司的干预而行使不安抗辩权从而停止发行的理由。对此,代理人首先提出被告美国法兹诺公司有美国强力公司的合法授权,原告石家庄星达影视节目传播中心所谓的"不安因素"根本不成立。其次,代理人根据美国法兹诺公司与美国强力公司的合同,论证了美国法兹诺公司未对美国强力公司违约,则美国法兹诺公司的行为没有对石家庄星达影视节目传播中心履行合同形成障碍,从而也就不存在要美国法兹诺公司排除所谓障碍的问题。最后,代理人认为,原告石家庄星达影视节目传播中心在既无证据证明被告美国法兹诺公司不能履行合同,又未请示被告是否停止发行的情况下,擅自停止发行属单方违约。

从二审法院撤销一审判决的审理结果看,代理观点得到了法院的认同。

代理词(一审)

审判长、合议庭:

北京市京都律师事务所接受本案被告、反诉人美国法兹诺国际公司的委托,指派我们担任其诉讼代理人,参加今天的庭审活动。综合庭审举证、质证的情况,现提出如下代理意见:

一、原告自起诉时就有意歪曲本案的基本事实,目的在于转移责任,获取不当利益。具体表现如下

1. 原告以一个无辜受害者的形象出现,在诉状中称"版权单位称被告无权发行上述样带及资料”。但是,至今天已经两次庭审,原告都没有拿出任何一份哪怕是似是而非的证据来证明版权单位声称被告无权发行。原告提交的威廉姆先生发来的几份传真件中也没有一份讲到被告无权发行。被告与美国强力公司的合同清楚地表明,被告按照合同约定有权发行。并且,到现在被告也没有接到美国强力公司要求提前终止合同的通知,被告与美国强力公司双方也没有形成提前终止合同的任何协议,被告怎么是无权发行呢?原告甚至不惜把自己说成是一个侵权者,将威廉姆先生没有讲任何理由,仅要求停止发行的一纸传真,说成是什么版权单位对版权的追究。事实真相是,威廉姆先生得知原告向被告支付了部分款项,但是美国强力公司在威廉姆先生发出传真之前尚未得到其中的一部分,威廉姆先生非常恼怒而已,根本不是什么被告侵权的问题,也根本显示不出美国强力公司追究原告的侵权责任的任何意思表示。

2. 原告为把被告说成根本违约,竟然不顾事实,在诉状中称被告仅提供了少量样带,且有瑕疵。可是根据庭审中原告、被告双方各自出示的原告收到节目带的证据,证明在原告没有确定发行内容、没有按合同第4条的约定将决定发行销售的电视节目以正式函件通知被告向被告提出正式书面要求的情况下,被告为表示履约诚意,便在合同签订后的第8天,即1997年9月25日就向原告提供了111盘节目带,其中播出级母带58盘。之后,为满足原告参加四川电视节的需要,被告请威廉姆先生直接寄送原告192盘节目带,其中播出级母带106盘。这样,原告在尚未确定具体发行节目的情况下就已经取得了总共303盘节目带,其中播出级母带就达164盘,可以播出几百个小时的节目。被告提供给原告的这些节目带已经完全可以满足原告的基本发行需要。另外,到现在原告也没有说出被告提供的节目带有什么瑕疵,怎么可以说被告仅提供了少量样带,且有瑕疵呢?

3. 更令人惊讶的是，原告竟然否认其委派签合同的蔡先生签收的节目带清单，说什么只承认清单的第四页，对蔡先生前面亲手签了英文“CAI”的三页不认可。被告倒要问一下原告，没有前三页，何来第四页？没有前三页，节目带的总数量如何得来？原告这种违背常理的说法显然是不值一驳的。

4. 原告为了推卸责任，竟然又称签合同时不知道版权单位，到了庭审时才知道。根据庭审时我们出示的照片，蔡先生签合同前经被告介绍，曾到威廉姆先生办公室，难道原告与威廉姆先生仅仅是在一起谈论“今天天气很好”吗？原告在自己的宣传册子里不是宣传自己在与美国强力公司、被告联手推出节目吗？原告在第二次庭审中，举出其于1997年8月29日收到的威廉姆先生发出的传真声明，该声明明确说明威廉姆先生所在公司将其节目带的发行权授予了被告。原告明明在签合同前知道版权单位是美国强力公司却谎称不知，岂不是自欺欺人？再者，既然被告已获授权，则当然有权发行。至于原告是否知道版权单位，对合同还能有什么影响吗？而且从原告、被告及威廉姆先生在四川电视节的合影照片来看，美国强力公司是知道和认可原告代理被告发行工作的，美国强力公司对原告、被告签合同是知道的，否则该公司就不会直接发往四川电视节节目带，而且威廉姆先生更不会亲自率人参加四川电视节。

5. 签合同前，原告为了向被告证明自己的发行实力，向被告提供了23份伪造的原告与电视台的供片协议，庭审中原告又矢口否认，显然又是在回避事实。原告辩称所提供的仅是一种格式样本，不知道合同样本上的电视台假公章是谁盖的。那么，请问，格式样本难道需要签字、盖章并完整地填写包括片名、价款、数量在内的全部条款内容吗？需要提供23份主体与内容均不相同的内容完整的合同书吗？23个乙方签约人的名字不是原告还会是谁冒签的呢？原告这种自欺欺人的说法实在太不高明了。原告这种行为表明,原告在签约之前为了从被告处取得在国内发行的代理权,甚至不惜采用私刻公章、伪造他人签名的违法犯罪手段。对此欺诈行为原告难道不应当承担责任吗?同时,当这种手段暴露之后,原告单方违约停止发行的真实原因不就已经十分清楚了吗?

二、原告、被告签订代理合同后,原告因发行能力欠缺导致发行不力。除此之外,导致原告不能履行合同的原因还在于原告存在不可逾越的法律障碍,所谓威廉姆先生传真要求原告停止发行不过是原告的一个借口而已

1. 据我们了解,原告将节目带带回国内时,没有报关。原告从境外进口用于复制发行的电视节目母带,不报关,不纳税,显然涉嫌触犯修订前《刑法》第116条,构成走私。走私来的东西能发行吗?显然不能。

2. 我们知道,进口用于销售的播出级母带需要音像制品进口许可证,要向国家有关部门申报,进行内容审核。要发行、复制、批发、零售音像制品还得具有相应的许可证,缺一不可。上述规定见《音像制品管理条例》(1994年10月1日起施行)、《音像制品进口管理办法》(1996年2月1日起施行)、《新闻出版署、海关总署关于颁发音像制品进口出版许可证的通知》(1991年6月15日起施行)。审判长、审判员,我国对音像制品的出版、复制、进口、批发、零售、出租和放映,实行许可证制度,没有这些许可证,就被禁止从事音像制品的进口、出版、复制、批发、零售、出租和放映活动。对于这些制度,我们无法也不能要求一个美国公司知道,但是原告作为一个成立于1990年运行至今达10年之久的电视节目营销企业,却不能不知。原告应当根据《音像制品管理条例》的规定,申请各类许可证,以排除发行的法律障碍,对此原告不能以不懂法为由推卸责任。而原告至今也没有办理这些手续。这个事实进一步表明,原告在发行不力的情况下已经放弃了正式发行的进一步努力。关于具体节目带的发行报审,原告应在签订合同后立即进行。原告由于自己的原因没有及时报审,反而以签订合同60天后威廉姆先生所谓传真要求停止发行为由,拒不办理报审手续以排除发行障碍,显然是毫无道理的。

值得注意的是,在庭审中当被告提出这个问题时,原告为推卸责任,竟又不顾事实地谎称被告没有提供有关手续;然而,原告却没有提出曾经要求被告提供有关手续和证明文件的证据,更没有提出被告不提供有关手续和证明文件的任何证据。事实上,被告已经取得授权,不仅有许可合同,而且具有包括版权证明在内的相关证明文件,这些文件随时都可以提供,这个事实原告非常清楚。现在,原告却将自己不申报的责任推到被告头上,岂不是过于牵强了吗?更何况,假如真的是由于被告无法提供合法手续致使原告不能发行,那么,原告早就应当追究被告的违约责任,又有什么必要将威廉姆的传真当成其停止发行的唯一理由呢?

三、关于合同的性质

第一,被告与美国强力公司之间的合同是版权许可使用合同。

根据美国版权法规定,版权的转移有两种方式即转让和许可,本合同采用的就是许可方式,其中:

1. 许可人是美国强力公司,被许可人是被告。

2. 许可的权利可见于合同条文中,如销售或指通过免费电视、广告宣传等方式播放,传播或以其他形式发送协议中规定的节目(合同第4条A款)(含广告、播放);编辑权(合同第5条);翻版、配音和/或采用M&E声道配音(合同第7条A款1项)(不排除用汉语配音,则含翻译权);授予第三方(合同第9条A款)。

3. 许可费用的实现:以被告授予第三方权利获得的收入的50%

来支付。

4. 许可期限：自1997年7月1日至1998年7月1日。如果双方对合同履约满意，则自动延期5年。

5. 许可范围：中国内地。

6. 合同第11条、第15条约定了违约责任。

以上内容表明该合同是一份内容完整、法律要件齐全的独家版权许可合同。

第二，原告、被告之间合同的性质是代理合同。

在原告、被告的合同条款中，被告为了便于原告实现代理权，授予了原告部分版权使用的内容，具有一定的混合性质。但其根本性质，仍然属于代理合同，因为该合同具备代理合同所要求的基本内容：

1. 合同中确定了代理人与被代理人，即被告是被代理人，原告是代理人。

2. 代理期限：自1997年9月15日至1998年6月15日。

3. 代理事项：发行电视节目，即销售电视节目。

4. 代理权限：原告可以对被告提供的电视节目进行编辑，做广告，发行。

5. 代理报酬：原告得其代理销售额税前的33%，而且要汇至被告指定账户内结算，而不是原告做收入并完税后再分配。也就是说，原告实现发行利益后，由被告按约定的比例支付原告报酬，而不是由原告支付给被告什么费用，这是代理与许可的一个重要区别。

另外，代理权限是必不可少的，因为被告与美国强力公司许可合同中对于许可费用计算是以法兹诺公司授权第二方的收益的50%来支付的，这也是两个合同本质区别的一个重要方面。在两份合同中没有对一些基本常识性的法律概念进行解释，比如许可，则被许可人有权以自己的名义行使被许可的权利;而代理合同中则代理人必须以被代理人的名义行使代理权利。

可以看出,原告称被告将自己没有被授予的权利授予原告,从而认为被告有过错的说法是毫无根据的。

四、庭审中原告大谈合同性质,把被告与美国强力公司之间的独家许可合同说成是代理合同,把原告、被告之间代理合同说成是版权许可合同,然后又搬出威廉姆先生的传真当作挡箭牌,试图支持其无理停止发行的说法,这种理由显然是站不住脚的

1. 且不说美国强力公司与被告之间的合同及原被告之间的合同分别是典型的版权许可合同和代理合同,我们只看看美国强力公司与被告合同第9条的约定,“对乙方在授予任何第三方的权利而获得的总收入,乙方和甲方平均分配”,这是双方约定实现合同经济利益的唯一条款。如果如原告所说被告无权许可第三方,那么,美国强力公司与被告合同利益如何实现?这一条款的前提就是被告可以授权任何第三方,当然这个第三方也就不排除原告。那么我们完全可以得出如下结论:被告有权授权原告,原告、被告双方的合同是可以成立的。

2. 既然如此,签订合同后,合同即具法律效力,原告就应当积极履行合同所约定的义务;除非双方协商一致终止合同,否则原告单方终止发行就是违约行为。

3. 既然原告是听从威廉姆先生指令停止发行,而不是根据被告指令停止发行,那么,原告停止发行造成的经济损失,就应当由威廉姆先生或其所在的美国强力公司来承担,怎么能转嫁给被告呢?

4. 由于原告在庭前没有向被告提供过威廉姆先生的传真件,致使被告对威廉姆先生的传真件的内容无法全面了解。通过庭审,我们才发现威廉姆先生传真指令是发给河北星达广告公司,而不是发给本案原告的。作为法律常识,原告、被告之间的合同行为均为法人行为,而不是被告及蔡先生个人之间的行为。因此我们认为,威廉姆先生作为原告、被告双方合同外无关系人,发给同样是双方合同外无关系人的星达广告公司的传真指令就不应对本案原告、被告发生任何效力,可以说威廉姆先生的传真与本案无关。若原告愿意听从威廉姆先生发给星达广告公司的指令,后果只能由原告自负。原告拿这种与本案毫无关系的东西来作为诉请支持的理由,能站得住脚吗?况且,根据原告提供的传真件中文译本,威廉姆先生在1997年11月17日的传真中明确要求原告努力进行节目带的广告和销售工作,并没有要求停止发行。而且从威廉姆先生的所有传真可以分析得出,威廉姆先生是认可和尊重原告、被告之间的代理合同和被告与美国强力公司之间的版权许可合同的,对发行问题要求原告与被告协商。

5. 退一万步讲,即使威廉姆先生的传真是发给原告的,但是,原告、被告的发行又不是盗版发行,而是经授权的合法发行,是一种合法的商业行为。原告、被告的合同中没有赋予威廉姆先生发出指令的权利,威廉姆先生有什么法律依据指令原告停止发行?因此,威廉姆先生的传真指令难道不是一张不能对原告、被告之间的合同履行发生任何法律效力的废纸吗?原告在庭上承认,威廉姆先生的传真指令不必然导致停止发行,而是以其自己继续发行可能构成违法的判断而自行决定停止发行。被告认为,既然如此,原告只能是责任自负,怎么能转嫁给被告呢?

6. 在庭审调查中,原告出示了1997年11月25日原告、被告双方来往的两份传真件,试图说明原告请示被告是否停止发行而被告未做最终答复,因而原告才未予继续发行。原告企图从而将未发行的责任推给被告,这种理由更加荒谬:

首先,合同一经签订,就具备法律上的约束力,除非双方经协商一致同意修改或终止，否则，任何一方违约都必须承担责任。只要被告没有明确表示同意停止发行，原告就不能停止发行，否则就构成违约。更何况事实并非如原告所说。

事实是，在是否发行的问题上，双方有多次电话及传真往来，被告坚持要求原告继续发行的态度是非常明确的，只是原告不承认这个事实而已。原告为了否认这个事实，向法庭出示了两份传真件，企图掩盖真相，作为向被告转嫁责任的主要证据。但是庭审中我们看到，原告于1997年11月25日发出的传真内容是：威廉姆先生要求把带子寄往香港特区，并告知了香港特区的地址，而并不是请示是否继续发行。联系原告出示的威廉姆先生第一份即1997年11月17日的传真内容来看，所要求寄的带子是“冒险运动”，是因为香港特区有人要买这套节目带。该节目带在原告9月25日带回的111盘带子中只有3盘，在威廉姆先生直接发往四川电视节的192盘带子中只有18盘，这只不过是被告提供的节目带中微不足道的一点点，根本不会影响原告发行销售工作。而被告工作人员发回的传真，也只是针对寄不寄“冒险运动”节目带的问题，而不是对请示是否继续发行的回复，因为在此传真件中根本就没有关于请示是否继续发行的内容。可见，这两份传真件与原告所称向被告请示能否继续发行的说法完全是两回事，根本联系不到一块儿，怎么能得出被告对是否继续发行的问题没有明确向原告答复的结论呢？

其次，从威廉姆先生1998年3月3日传真内容看，蔡先生曾答应威廉姆先生与曹先生协商有关了结发行和母带事宜，可是后来并没有与曹先生协商，原告、被告更没有达成提前终止发行的协议。那么，原告停止发行岂不更无道理！

最后，对于被告于2000年5月20日发给原告询问发行情况的传真，原告又做何解释呢？原告要求被告必须回复是否发行的请示又有什么法律依据呢?原告因此将不发行的责任转移给被告,有什么道理呢?

在庭审中,我方当庭逐字逐句分析了原告自己提供的威廉姆发给原告的6份传真件(分别为1997年11月17日;1997年11月28日;1998年2月17日;1998年3月3日;1998年6月23日;2000年11月3日),这些传真件的内容充分印证如下内容:(1)原告明知未取得被告同意就不能停止发行,因此才答应威廉姆要同被告协商;(2)被告从未同意过停止发行;(3)关于能否停止发行的争议一直没有解决;(4)正由于原被告之间关于发行的争议一直未解决,才出现了这些频繁往来的传真,同时,威廉姆也明知自己的指令没有法律效力,所以才请原告和被告协商;(5)威廉姆的传真件从未涉及侵犯版权的问题,其阻止原告发行的理由纯属经济利益方面的考虑。

综上可见,原告自己提供的这些证据已经不攻自破地进一步证明:所谓原告请示被告能否停止发行而被告未做明确答复一说纯属虚构;所谓原告认为威廉姆的传真可以必然导致停止发行的理解纯属谎言;所谓如果继续发行将会承担侵权责任而受到威廉姆的追究则纯属无中生有。

7. 请法庭注意,威廉姆先生发出传真要求原告停止发行的时间是1997年11月17日,这天正是原告、被告签订合同后的第61天。按原被告之间的合同约定,自协议生效之日起乙方(原告)如60天内未执行本协议条款视为违约。因原告未能按约付款,原告在威廉姆先生发出传真之前已经构成违约,依照合同被告就已经具有单方解除合同取消对原告授权的权利。就此,被告如果认可威廉姆先生的传真,那么原告就应当停止发行,但原告必须要承担违约责任。被告为了挽救双方的合同利益,没有要求原告停止发行,已经非常宽容了。然而,原告反而欲加罪于被告。既然如此,被告自然有理由以此追究原告的违约责任,因为原告在此之前已经构成了违约事实。

综上,无论是从法律规定上还是合同约定上,都没有设定原告听从于威廉姆先生指令的义务,也没有设定被告必须答复的义务。并且,原告也没有听从威廉姆先生的指令将节目带寄往香港特区。联系原告接到威廉姆先生传真后向被告请示的陈述,可以得出结论:在当时原告也并没有认可威廉姆先生传真,仍然认可双方合同的效力。但是,原告起诉时,却把威廉姆先生的传真作为自己停止发行的理由,这显然只是原告的一个借口而已。

五、关于合同的履行及根本违约问题

任何一方不履行合同确定的义务导致合同利益根本不能实现,才构成根本违约。对于本案来讲,被告签订合同后,不按合同的约定交付电视节目带是根本违约;对于原告来讲,不按期支付发行款是根本违约,至于其如何实现发行及发行的时间长度,只要在合同期内是不做考察的。

综观本案,被告向原告提供了大量的母带及样带,原告擅自停止发行,没有继续向被告索要节目带,那被告也就没有义务主动向原告提供母带。因此,可以肯定的是,被告没有违约,更没有根本违约,原告的诉讼请求应予以驳回。

很显然,在超过合同的期限两年半之久的时间里,原告没有向被告支付被告应得的250万美元的67%,致使被告的合同利益不能实现,原告的行为构成根本违约,应当承担违约责任。根据《涉外经济合同法》第9条、最高人民法院《关于适用〈涉外经济合同法〉的若干问题的解答》第6条第1款之规定,原告应当赔偿被告162万美元,即对被告的反诉请求应予支持。

以上代理意见,请予以采纳,谢谢。

被告(反诉人)美国法兹诺国际公司代理人:
北京市京都律师事务所律师　田文昌　史克通
2000年12月7日

代理词(二审)

审判长、合议庭:

北京市京都律师事务所接受上诉人美国法兹诺国际公司(以下简称法兹诺公司)委托,指派我们担任其与被上诉人石家庄星达影视节目传播中心(以下简称星达中心)代理合同纠纷一案二审的代理律师。通过今天的庭审,结合本案证据材料,现提出如下代理意见:

一、法兹诺公司与美国强力公司之间的《独家许可协议》是版权许可使用合同,法兹诺公司与星达中心之间的《独家代理合同书》是代理合同

根据美国版权法的规定,版权的转移有转让和许可两种方式,法兹诺公司与美国强力公司间的《独家许可协议》采用的就是许可方式。其中:

1. 许可人是强力公司,被许可人是法兹诺公司。

2. 许可的权利可见于合同条文中,如销售权指通过免费电视、广告宣传等方式播放,传播或以其他形式发送协议中规定的节目(合同第4条A款)(含广告、播放);编辑权(合同第5条);翻版、配音和/采用M&E声道配音(合同第7条A款1项)(不排除用汉语配音,则含翻译权);授予第三方(合同第9条A款)。

3. 许可费用的实现:以被告授予第三方权利获得的收入的50%来支付。

4. 许可期限:自1997年7月1日至1998年7月1日。如果双方对合同履约满意，则自动延期五年。

5. 许可范围：中国内地。

6. 在合同第11条、第15条约定了违约责任。

可见，从合同内容和形式来看，《独家许可协议》是一份内容完整、法律要件齐全的版权许可使用合同。

另外，从合同双方当事人对该合同的理解与履行方式看，也印证了这一点。因为法兹诺公司若认为是代理合同，它就不可能以自己的名义而应当以强力公司的名义与星达中心签约；而强力公司正是基于对法兹诺公司的版权许可，才认可法兹诺公司以自己名义与星达中心签约，并且在后来发生合同争议时也一直要求星达中心与法兹诺公司协商。根据民法中的当事人意思自治原则，我们没有任何理由将一份双方当事人都认为是版权许可使用的合同认定为代理合同。

综上，法兹诺公司与强力公司之间的《独家许可协议》是版权许可使用合同，且这一点也得到了一审判决的认定。

关于法兹诺公司与星达中心之间的《独家代理合同书》，标题明确讲是代理合同，内容中规定了代理人与被代理人及代理期限、代理事项、代理权限和代理报酬，显属代理合同。且庭审中双方也均认为是代理合同。由于双方看法已达成一致，上诉人不再做论述。一审判决却将其认定为"转让许可使用合同"，不知理由何在？

二、强力公司无权指令星达中心停止发行

1. 从法律关系看，强力公司作为法兹诺公司与星达中心之间《独家代理合同书》外的第三人，无权对星达中心发出任何指令。

本案中，《独家许可协议》与《独家代理合同书》合法有效，相互独立，且均未终止。强力公司必须服从自己与法兹诺公司的合同，不能干涉法兹诺公司依据合同而获得的版权许可使用权利，更无权对法兹诺公司的代理人星达中心发出任何指令。

2. 从合同约定看,强力公司也无权要求星达中心停止发行。

首先,从《独家许可协议》第9条B款内容看,法兹诺公司在"收讫上述销售额后30天内"将款项支付给强力公司均不算违约。本案事实是,星达中心1997年11月7日才支付给法兹诺公司100万元人民币,而同年11月17日强力公司威廉姆先生便自称因"尚未收到曹先生的任何钱"而发出传真要求星达中心停止发行。而此时法兹诺公司还有20天的付款期限,一审判决书认为"法兹诺公司未按约付款"根本没有事实基础。因而,威廉姆先生所谓没收到钱而要求星达中心停止发行毫无依据,该项理由本身就不能成立。

其次,从《独家许可协议》第13条、第14条内容看,强力公司也无权要求星达中心停止发行。因为按照该合同条款约定,只有当法兹诺公司有约定的违约事实发生之后,强力公司才有权书面通知法兹诺公司终止协议;只有当双方协议终止后,法兹诺公司获得的一切权利才将自动终止并重新属于强力公司。但本案事实却是:法兹诺公司并未对强力公司违约,强力公司更没有解除与法兹诺公司的合同。那么,法兹诺公司获得的授权当然依旧存在,不知一审判决书认为星达中心"再继续履行合同会构成对版权人强力公司的侵权"从何而来? 而强力公司又有何理由指令星达中心停止发行?

最后,从《独家代理合同书》内容看,该合同也没有约定诸如威廉姆先生的传真此类"指令"的有效性。

综上,强力公司无权指令星达中心停止发行,一审判决对此问题的认定缺乏事实基础与法律依据。

三、星达中心不能以不安抗辩权为由,停止合同的履行

1. 一审判决所谓的"不安因素"毫无根据,根本不存在

一审判决认为"强力公司要求停止节目发行,已使法兹诺公司无法提供相关材料,致使发行手续无法办理",并认为星达中心是"基于

此不安因素中止合同履行”。事实上,法兹诺公司与强力公司之间的《独家许可协议》合法有效,没有解除,故法兹诺公司完全能够提供星达中心发行所需的相关材料。本案事实是,星达中心根本就没有向法兹诺公司要过有关材料,又如何认定法兹诺公司无法提供相关材料?

事实上,法兹诺公司已经取得授权,不仅有许可合同,还有相应的版权证明等相关文件,而且在与星达中心签约时曾向对方出示,但星达中心竟然对此进行否认。试问,强力公司如果没有将版权证明等文件提供给法兹诺公司,它又如何有资格要求与法兹诺公司分享100万元合同收入?星达中心如果没有见到发行所需的版权证明,它又如何敢与法兹诺公司签订合同?如果星达中心连版权证明等文件都没看到的话,又为何能将100万元先行支付给法兹诺公司?前述情况足以证明,法兹诺公司具有强力公司已经授权的版权证明并能够向星达中心提供,是不容争辩的事实。

一审判决书对法兹诺公司无法提供相关材料的认定毫无依据。判决书在认定星达中心有无发行能力及发行手续欠缺时称“正式发行工作尚未开始”,故“尚无从断定”,却在星达中心根本没向法兹诺公司索要有关材料的情况下,即认定法兹诺公司“无法提供”。认定尺度如此不一,让人如何理解?

可见,一审判决所谓的“法兹诺公司无法提供相关材料”的“不安因素”与事实不符,根本不能成立。

2. 星达中心没有法兹诺公司不能履行合同的确切证据,而假借不安抗辩权为由单方中止履行,应当承担违约责任

《涉外经济合同法》第17条规定:“当事人一方没有另一方不能履行合同的确切证据,中止履行合同的,应当负违反合同的责任。”庭审中审判员问星达中心代理人:“你们收到威廉姆的传真后,是否进

行过相关调查?”回答是:“没有调查。”审判员又问:“你们有无确切证据证明法兹诺公司无法提供版权证明?”回答是:“没有。”(见二审庭审笔录)由此可见,星达中心一没调查,二无证据,仅借口威廉姆的传真单方停止发行,不符合法律对行使不安抗辩权应有“确切证据”的规定,应当由星达中心自己承担违约责任。

3. 星达中心并未向法兹诺公司请示是否停止发行

一审判决认为星达中心“及时通知法兹诺公司与强力公司协商合同履行事宜,符合法律规定,并无过错”。可是,整个案卷中也没有一份证据证明星达中心在传真中通知了法兹诺公司其将停止发行。

事实上,星达中心于1997年11月25日发出的传真内容是威廉姆先生要求把节目带寄往香港特区,并告知了香港特区的地址,而并不是请示是否继续发行。联系威廉姆先生第一份即1997年11月17日的传真内容来看,所要求寄的节目带是“冒险运动”,因为香港特区有人要买这套节目带。而法兹诺公司1997年11月25日的回复传真,也只是针对寄不寄“冒险运动”节目带的问题,而不是对请示是否继续发行的回复,因为在星达中心的传真中根本就没有关于请示是否继续发行的内容。可见,这两份传真与星达中心所称向法兹诺公司请示能否继续发行的说法完全是两回事,根本联系不到一块儿,怎么能得出法兹诺公司认可停止发行或者法兹诺公司对是否继续发行问题没有明确答复的结论呢?

另外,从威廉姆先生1998年3月3日传真内容看,蔡先生曾答应威廉姆先生与曹先生协商有关了结发行和母带事宜,可是后来并没有协商,更没有达成提前终止发行的协议,星达中心停止发行岂不更无道理!

再者,对于法兹诺公司于2000年5月20日发给星达中心询问发行情况的传真,星达中心又做何解释呢?况且,星达中心要求法兹诺公司必须回复又有什么法律依据和事实依据呢？因为合同一经签订，就具备法律上的约束力，除非经双方协商一致同意修改或终止，否则，任何一方违约都必须承担责任。退一步讲，即使法兹诺公司未做明确答复，但只要法兹诺公司没有明确表示同意停止发行，星达中心就不能停止发行，否则就构成违约。

在庭审中，上诉人当庭逐字逐句分析了星达中心提供的威廉姆的6份传真件（分别为1997年11月17日、1997年11月28日、1998年2月17日、1998年3月3日、1998年6月23日、2000年11月3日），这些传真件的内容充分印证：(1)星达中心明知未取得法兹诺公司同意就不能停止发行，因此才答应威廉姆要同法兹诺公司协商。(2)法兹诺公司从未同意过停止发行。(3)关于能否停止发行的争议一直没有解决。(4)正由于双方关于发行的争议一直未解决，才出现了这些频繁往来的传真。同时，威廉姆也明知自己的指令没有法律效力，所以才请星达中心和法兹诺公司协商。(5)威廉姆的传真件从未涉及侵犯版权的问题，其阻止星达中心发行的理由纯属经济利益方面的考虑。

综上可见，星达中心自己提供的这些证据已经不攻自破地进一步证明：所谓星达中心请示法兹诺公司能否停止发行而法兹诺公司未做明确答复一说纯属虚构；所谓星达中心认为威廉姆的传真可以必然导致停止发行的理解纯属谎言；所谓如果继续发行将会承担侵权责任而受到威廉姆的追究则纯属无中生有。

四、法兹诺公司根本没有对星达中心履行合同造成障碍，星达中心停止履行合同是其自身的原因

一审判决认为，法兹诺公司在接到星达中心的传真后，应及时与强力公司协商并重新取得许可，并认为合同中止履行系法兹诺公司未尽到排除合同履行障碍的有关义务，从而判决法兹诺公司承担民事责任。

首先,法兹诺公司与强力公司间的《独家许可协议》合法有效,并未解除,法兹诺公司根本不需要“重新取得许可”。不知一审判决要求法兹诺公司重新取得许可的依据何在?如果仅仅是因为威廉姆的一纸传真而对法兹诺公司与强力公司间的既存合同视而不见,那么合同的约束力又在哪里?整个经济社会还有什么法律秩序可言?

其次,法兹诺公司与星达中心之间的《独家代理合同书》合法有效,星达中心也明知法兹诺公司获得了强力公司的授权(根据案卷中的证据,强力公司 1997 年 8 月 29 日已传真星达中心,称其已授权法兹诺公司)。因此,在法兹诺公司已提供 303 盘节目带的情况下,星达中心应当积极发行。退一步说,即使发生侵犯版权的情况,责任也在法兹诺公司。星达中心有什么可担心的呢?

最后,星达中心在庭审中口口声声称自己与强力公司之间是转委托关系,且认为根据合同法中关于委托合同的有关规定,要听从强力公司的指令。然而,第一,本案应适用《涉外经济合同法》,不适用《合同法》。因为星达中心与法兹诺公司之间的《独家代理合同书》第 1 条约定的履行期限最长为 1999 年 6 月 15 日,没有跨越《合同法》实施之日(1999 年 10 月 1 日)。根据最高人民法院《关于适用〈中华人民共和国合同法〉若干问题的解释(一)》第 1 条、第 2 条,本案不适用《合同法》。第二,事实上,强力公司与法兹诺公司之间是版权许可使用关系,法兹诺公司与星达中心之间是代理关系。所以强力公司与星达中心之间根本不可能形成转委托关系,星达中心不能听命于强力公司。第三,星达中心如果认为其与强力公司之间是转委托关系,就应该直接向强力公司索要版权证明等文件,而强力公司则应该提供;强力公司若提供不了,由强力公司承担责任,与法兹诺公司没有关系。所以,即使如星达中心所说的理由,法兹诺公司也不可能成为星达中心履行合同的障碍。然而,星达中心一方面称与强力公司之间是转委托关系,另一方面却又称因法兹诺公司提供不了有关材料而欲加罪于法兹诺公司,星达中心的逻辑岂不自相矛盾?

事实上,本案有大量的证据证明星达中心存在发行能力不足及发行手续欠缺的问题,这是其停止发行的真正原因:

第一,星达中心在与法兹诺公司签约前,向法兹诺公司提供了其与国内电视台签订的23份供片协议,以此取得了法兹诺公司的信任。现已查明该23份供片协议均系伪造。靠伪造供片协议骗取签约,这难道不是其本身发行能力欠缺的表现吗?

更令人惊讶的是,在法庭上,星达中心代理人蔡某竟然在承认23份供片协议上的星达中心公章及其本人签字的同时,否认该23份供片协议是其提供,称这只是星达中心的"合同样本"。请问,合同样本难道需要签字、盖章并完整地填写包括片名、价款、数量在内的全部条款内容吗?需要提供23份主体与内容及时间均不相同的、内容完整的合同书吗?鉴于星达中心代理人对如此简单、清楚的事实也矢口否认,并反而诬陷是法兹诺公司人员所为,我们已正式向法院提出了司法鉴定申请,相信在科学鉴定结论面前,星达中心的谎言将不攻自破。

第二,依据法兹诺公司与星达中心的代理合同,星达中心应于1997年9月30日前支付法兹诺公司人民币100万元,但星达中心经法兹诺公司多次催促,才于1997年11月7日付款,逾期38天。如果星达中心有足够的发行能力,为何付款如此困难?

第三,自双方1997年9月17日签约,至1997年11月17日威廉姆传真要求所谓"停止发行",在两个月的时间里,星达中心的发行工作竟然仍处于"广告、宣传等筹备阶段",无任何实质进展,甚至连相关许可证也尚未开始办理,更谈不上哪怕卖出一盘节目带!

根据《音像制品管理条例》(1994年10月1日起施行)、《音像制品进口管理办法》(1996年2月1日起施行)、《新闻出版署、海关总署关于颁发音像制品进口出版许可证的通知》(1991年6月15日起施行),我国对音像制品的出版、复制、进口、批发、零售、出租和放映实行许可证制度,没有这些许可证,就禁止从事音像制品的进口、出版、复制、批发、零售、出租和放映活动。那么,星达中心发行能力及发行手续的欠缺,不是明摆着的事实吗?

第四,根据双方《独家代理合同书》,星达中心在威廉姆发传真要求停止发行之前,已经构成违约事实,而星达中心又如何解释呢?

根据《独家代理合同书》第5条,星达中心应"自收到甲方所提供的节目播出母带之日起,应于45天内将发行销售款,按甲、乙方合作分成比例汇至甲方所指定的账户内结算"。而星达中心收到第一批节目带的时间是1997年9月25日(蔡某亲笔签收111盘节目带,其中可播出母带58盘),则至1997年11月9日便满45天。然而,星达中心却没有一分钱的销售收入(至于11月7日付给法兹诺公司的100万元,星达中心代理人当庭也讲是按合同约定需先行支付的,不是销售收入,因为销售活动根本没开始,见二审庭审笔录)。请问,8天后威廉姆才发来传真,那么星达中心对这111盘节目带未能按约定销售又做何解释呢?

根据《独家代理合同书》第11条,星达中心"自本协议生效之日起,乙方如60天内未执行本协议条款视为违约"。双方合同生效时间是1997年9月17日,至1997年11月16日便满60日整。在此时间内,星达中心也未能执行合同第5条45天付款的约定,已构成违约。而威廉姆是1997年11月17日,即在星达中心已经形成违约事实之后,才发出所谓停止发行的传真。对此,星达中心又做何解释呢？

所以，法兹诺公司根本没有对星达中心履行合同构成障碍，所谓威廉姆的传真不过是星达中心的一个借口而已，星达中心停止发行节目的真正原因在其自身能力的不足。

综上，上诉人认为，根据法兹诺公司与强力公司之间的版权许可使用合同及法兹诺公司与星达中心间的代理合同，强力公司（威廉姆）无权指令星达中心停止发行。星达中心所谓的不安抗辩权根本不能成立，其停止发行的原因不在于法兹诺公司的障碍，而是其本身能力不足所致，所造成的后果应由星达中心承担。一审判决对本案做出了错误的判决，请二审法院予以纠正，驳回星达中心要求法兹诺公司返还100万元及承担利息的诉讼请求，并判决星达中心承担本案一审及二审诉讼费。至于法兹诺公司在一审中要求星达中心赔偿162万美元经济损失的反诉请求，考虑到星达中心实际上无此支付能力，为不增加讼累，法兹诺公司在二审中对这一反诉请求予以放弃，不再上诉。

此致

河北省高级人民法院

上诉人美国法兹诺国际公司代理人：

北京市京都律师事务所律师　田文昌　朱勇辉

2002年7月10日

审理结果

2001年9月20日，河北省石家庄市中级人民法院判决：终止美国法兹诺公司与石家庄星达影视节目传播中心签订的《独家代理合同书》,石家庄星达影视节目传播中心归还美国法兹诺公司 192 盘电视节目带,美国法兹诺公司归还石家庄星达影视节目传播中心 100 万元人民币并支付利息,驳回石家庄星达影视节目传播中心其他诉讼请求及美国法兹诺公司的反诉请求。

美国法兹诺公司对一审判决不服,提出上诉。河北省高级人民法院开庭审理后,裁定撤销原判,发回重审。

东莞市××制冷工程有限公司与汤××承揽合同纠纷案

案情简介

1999年9月12日,原告汤××(东莞市篁村篁胜渔村酒店的业主)与被告东莞市××制冷工程有限公司签订一份《承揽合同协议书》,约定由被告承揽原告酒店第二期中央空调冷气工程。2000年3月26日,被告将中央空调移交原告使用,但原告一直拖欠被告30余万元工程款未付。被告多次找原告索要工程款未果,不料原告竟以被告安装的空调存在滴水、凝露等质量问题为由,将被告诉至法院,要求解除合同,由被告赔偿经济损失1000余万元。被告不同意原告请求,并反诉原告支付拖欠工程款30余万元。

一审原告胜诉,被告上诉。二审期间,被告提供了原告工程部经理张×的证言,证明空调质量问题是原告自己故意破坏造成的。此案因此被发回重审。

我们代理被告参加了本案发回重审的一审、二审程序。庭审中,双方围绕原告委托广东省制冷学会出具的《质量鉴定报告》、被告提供的张×的证言是否有效,展开激烈辩论。应被告申请,专家证人出庭对《质量鉴定报告》问题进行了阐述,并接受双方质询,这在广东省尚属首例。被告证人张×也出庭作证。而原告也举出张×的经过公证的否认其故意破坏空调的证言。对此,张×称该公证证言是其在被胁迫的情况下作出的,并当庭申请法院保护。

最终,重审二审法院以张×与原告有利益冲突为由,未采信其证言,但减少了被告的赔偿额,并部分支持了被告支付工程款的请求。

代理思路

本案的关键问题有四:一是广东省制冷学会《质量鉴定报告》的效力;二是证人张×证言的证明力和空调系统是否存在人为破坏;三是未经验收即投入使用的工程应由谁承担责任;四是增加的工程项目报价是否应得到支持。因此,代理思路和调查取证均围绕这几点展开:

(1)因《质量鉴定报告》具有极强的专业性,故律师提请专家证人出庭予以阐述,并接受双方和法庭的质询,以使被告提出的该报告因存在大量问题而缺乏真实性与公正性的意见被法庭接受。

(2)因在原审二审中被告提供了张×关于空调问题系人为破坏的证言后,原告在重审一审时又提供了张×称以前证言为虚假的公证书,故律师申请张×出庭作证,以对矛盾证言做出解释,并证明空调问题确为原告破坏而造成。

(3)鉴于以上两点十分复杂且争议极大,律师另提供了被告对原告的所谓损失应予免责的法律依据,即根据《建筑安装工程承包合同条例》第13条的规定,原告未经验收即将工程投入使用,应自行承担责任。

(4)关于工程款,原告尚有17万元的工程尾款没有付清,增加的工程及其项目报价均经原告同意,以上均为事实,故提请法院予以支持。

代理词(发回重审一审)

审判长、合议庭:

受本案被告东莞市××制冷工程有限公司的委托,北京市京都律师事务所指派我们担任被告的诉讼代理人。现根据本案相关事实与证据,针对原告的诉讼请求及被告的反诉请求,提出如下代理意见,恳请法庭采纳:

一、原告酒店所谓的空调漏水问题,是原告自己的故意破坏行为造成的,故其诉讼请求不应得到人民法院的支持

法庭调查已经表明:原告在广东省制冷学会鉴定小组检查前,由其原工程部主管张×及职工胡××采取人为破坏手段,破坏保温层,调低主机温度,降低冷水供水温度,堵塞排水管,故意造成空调系统漏水和凝露,从而使省制冷学会得出空调工程不合格、必须全面返工的鉴定结论。被告为此提供的东莞市中级人民法院庭审调查笔录(证据1),骆某律师对证人张×、胡××所做的调查笔录(证据2、证据3),张×关于保温层的回忆录及其所写的举报材料(证据4、证据5),华南理工大学交通学院专家出具的《技术分析报告》等足以证明以上事实。

虽然原告亦曾出示了张×证言的公证书、《声明书》及李某的信,企图否认以上事实,但李某的信根本不符合证据应具备的条件。而对原告提供的张×证言的公证书、《声明书》,根据被告提供的张×致翟×、马×、伍×、骆×的信(证据20),已充分说明其公证书和声明书的内容是不真实的,是张×在原告压力下形成的,故不能作为认定本案事实的证据。在本案第二次开庭时,证人张×再次亲自出庭作证,当庭确认了东莞市中级人民法院二审时的庭审调查笔录、骆律师对其所做的调查笔录、其关于保温层的回忆录及所写的举报材料的真实性,并对破坏过程进行了陈述。同时,张×还向法庭说明了原告向法庭出示的其证言的公证书、《声明书》形成的真实原因,即受原告威胁而作出的。张×的证言经过原告、被告双方的质证和法庭的询问,张×除对两点作出说明外,对被告主张的事实均予确认。而张×所做的两点说明是:(1)他未说过原告直接指使他破坏,但鉴定小组人员和他谈过;(2)他未明确指控过原告诈骗,只是陈述了事情的真实过程。以上两点均不影响对原告采取人为破坏手段造成空调系统质量问题这一假象的事实认定。

所以,本案现有证据足以证明是原告故意破坏却反诬被告工程存在质量问题的事实真相。在张×两次出庭作证且态度坚决、内容具体明确、置原告于无可置辩的情况下,原告方试图以证人态度曾经有过反复为理由来否定张×的证言。但是,原告恰恰忘记了,张×在态度上出现反复的原因和再次出庭作证的行为,恰恰进一步印证其两次当庭作证的一致性与真实性,从而有力地揭露了原告行为的违法性。在审判长询问张×原被告双方有无威胁、胁迫其作证时,张×明确回答有,是原告在找他作证时对他说:“你不和我合作,你一年不死,两年也得死!两年不死,五年我也把你整死!”张×正是迫于原告的这种威胁才出具了其证言的公证书和《声明书》,其内容当然不能作为认定本案事实的证据,同时,这也很好地说明了张×证言出现反复的真正原因。

本案中,被告已提供证据证明原告提供的张×证言的公证书、《声明书》内容是不真实的、是张×迫于压力所做的,张×在法庭上亦亲口证明了这点。而被告同时提供的张×关于破坏情况的证人证言，有骆律师对证人胡××所做的调查笔录（证据3）佐证，同时通过查阅原告律师致信息时报总编的函（证据7）、东莞市中级人民法院庭审调查笔录（证据1），原告亦未对其破坏行为进行否认。特别是在原告向张×质证的时候，其只是对原告是否指使、是否与有关人员串通提出异议，而并未对破坏行为本身进行否认。这一系列证据再一次印证被告提供的证据是真实的，足以作为认定本案事实的证据。

此外，通过骆律师对证人杨某所做的调查笔录（证据6）可知，即使是以前原告酒店的漏水情况，也是由于沐足城排水管设计不合理造成的，与被告的空调安装质量无关。

综上，原告酒店所谓的空调漏水问题，并非被告安装中存在质量问题，而是原告自己恶意进行破坏所造成的。本案是原告为达到赖账及获取不当利益的目的而提起的恶意诉讼，故其诉讼请求不应得到人民法院的支持。

二、广东省制冷学会的鉴定报告本身存在严重的技术缺陷，不具有真实性、公正性，不能作为认定本案事实的证据

1. 关于主机工况

在鉴定报告中，没有鉴定人在检查前和检查过程中对空调主机的运行工况和供水温度检查的记载，但是这一技术参数是空调系统有关部位产生凝露与否、凝露量多少的决定性因素。主机的正常运行工况应是供水温度为7℃（证据13）。在进行质量检查时，应该保持正常工况运行，才能对系统运行是否正常作出科学的分析和判断。在相同的环境条件下，主机的供水温度越高，空调系统产生的凝露量越小；相反，供水温度越低，凝露量越大。如果供水温度低达3℃～4℃，可能出现大量的凝露。而根据张×的证言，在检查之前他正是将空调主机的供水温度调到3℃，因此，在鉴定小组检查时发现大量凝露就不足为奇了。所以,在未检查空调主机的运行工况和供水温度的情况下,鉴定结论并不能真实地反映空调的质量问题。

在省制冷学会的鉴定检查过程中,没有检查和记录主机的供水温度,这就使检查得到的凝露情况缺乏最重要的技术依据,必然导致鉴定结论缺乏准确性和客观性。

2. 关于风管表面结露

对于此问题,鉴定报告前后矛盾,检查情况及处理意见与其得出的鉴定结论自相矛盾。

鉴定报告的检查情况为:"……保温风管表面结露,五楼、八楼三个点均存在。美容厅和会展中心均未见风管外表面结露……"(见报告书第10页,倒数第5行至倒数第4行)。这表明风管表面结露是局部的问题。对此提出的处理意见为"……风管系统可按实际情况确定修补方案进行施工"(见报告书第11页,第11行至第12行),明确提出对局部问题进行修补。这个处理意见是根据检查情况分析得出的。然而,报告的鉴定结论却是"……所以本工程水管及风管的保温分项工程不合格,应全面返工"。这就把本来局部整改的问题扩大成"全面返工",与报告的检查情况及处理意见前后矛盾,不符合工程的实际情况,因此该结论是不准确的。

3. 关于保温棉

(1)关于合格证。

鉴定报告认为,"玻璃保温棉的规格,出厂合格证均无,玻璃棉的容量、保温厚度不详,因此无法保证工程质量"(见报告第8页,倒数第6行至倒数第5行),但其后鉴定报告又确认"丽声公司提供了两种规格保温棉的合格证"(见报告第12页,第5行)。既然已提供合格证,又怎能说无合格证呢? 这种自相矛盾的报告怎能让人信服? 在法庭调查中,被告已将施工中使用的两种保温棉的合格证作为证据8、证据9提交给法庭，该证据证明被告使用的玻璃保温棉，经国家玻璃纤维产品质量监督检验中心检验，符合GB/T13350—1992《绝热用玻璃棉及其制品》标准的规定。

(2)关于施工用材。

鉴定报告认为，“实际使用的保温材料与施工组织设计所选用的材料不符”，从而得出“全面返工”的结论，这是不符合该工程合同与施工的实际情况的。

工程合同第5条第1项明确约定：“乙方按材料样板规定施工。”第5条第2项约定：“在施工中甲方有权随时检查工程质量，如质量有不合格部分，乙方必须无条件返工。”在实际施工过程中，被告始终遵守合同约定，将各类材料的样板提前送交原告认可并查存，并按样板材料进料施工。若被告的材料与样板不符，原告在施工期间就会发现并提出异议，不符的材料根本不可能进场使用。而事实上，原告方并未提出异议，施工早已顺利完成。况且，因材料样板交由原告查存，如原告主张被告施工材料与样板不符，应由原告对其主张承担举证责任。

(3)关于保温棉厚度。

鉴定报告中记载“(注：这部分资料7月10日晚上张×提供)”，作为对鉴定结论至关重要的数据，鉴定专家不但没有亲自提取，反而直接由与鉴定结果有利害关系的原告提供，并由此得出“保温材料不合格”的结论，这样的鉴定报告有何科学性、公正性可言！

应该指出，在法庭调查时，被告律师曾问鉴定人，鉴定报告的数据是否其亲自测量。开始其坚称为亲自测量，而当被告律师指出鉴定报告写明为张×提供后，鉴定人才不得不承认非其亲自测量，可见鉴定人自己也知道亲自测量的重要性，明知应亲自测量而不去测量，且不管其这么做的原因何在，单论在此基础上得出的鉴定结论，是无法让人信服的。

此外,根据张×的证言,即使是他提供的数据,在鉴定报告中也被大大缩水,这种建立在虚假数据上的鉴定结论,怎能作为定案的证据呢?

(4)关于保温棉被破坏的原因。

在法庭调查时,鉴定人承认保温棉被破坏的原因是多方面的,包括在维修时被碰坏的可能,他们对破坏的原因无从考证。既然如此,鉴定报告又如何能认定是被告的施工质量存在严重问题,从而得出"保温分项工程不合格,应全面返工"的结论呢?

特别提请法庭注意的是,在庭审质证中鉴定人先是否认存在人为破坏的事实,当被告的律师出示能够证明破坏事实的照片时,鉴定人又改口称这些破坏是在维修时造成的;接下来,当被告聘请的专家证人对该说法提出质疑时,鉴定人又再次改口说破坏的原因无法查清。鉴定人在质证中的表现说明:①鉴定人不仅在鉴定中无视人为破坏的事实,而且在法庭质证中又公然违背事实,矢口否认人为破坏的客观事实。②当其在证据面前无法否认人为破坏的事实时,又武断地强调破坏是维修而造成的。③当其面对专家质证无法坚持自己的主张时,又退而声称破坏原因无法查清。这些表现充分证明鉴定人的说法违背了客观公正原则,至少是不负责任的,从而进一步印证了其鉴定结论的不可靠性。

4. 关于空调运行的实际情况

由被告施工的原告酒店的空调系统自2000年3月26日交付使用至今,一直运行良好,鉴定报告称"空调存在严重问题",与事实不符。原告的酒店开业两年多来,经营状况很好,此间已经历两个供冷期;若空调果真存在鉴定报告所称的"严重质量问题",则原告的生意不可能如此红火,入住率不可能这么高。同时,根据2000年9月3日原告、被告双方对空调系统的检查记录,空调系统经过试运行和相应整改,运行已基本正常,并不存在原告所称的严重质量问题(见证据16)。因此,原告酒店的实际经营情况和空调系统的实际运行情况,也证明了鉴定报告的结论是不客观、不真实的。

综上,广东省制冷学会的鉴定结论缺乏技术依据,不符合安装工程的实际情况,是不客观、不正确的。即使抛开张×的证言不论,该鉴定结论也不能作为认定本案事实的证据。

值得提请法庭特别注意的是:张×在本次当庭作证时讲:7月6日晚上,鉴定小组人员与其共同讨论鉴定结论的内容,并希望第二天必须具备其所要求的漏水的“事实”。于是张×便带人以人为破坏的手段“创造了”鉴定人员所要求的条件。当被告代理人对此证言进行质证问其当晚是否已经形成鉴定结论时,张×明确地回答:当晚只是研究确定了鉴定结论的内容,但尚未填写在鉴定报告的表格上。很显然,这个回答已经足以证明了一个非常重要的事实:先形成结论后再形成支持该结论的“事实”。而这个“事实”就是张×受命之后带人去实施破坏而造成的。只不过是待这个“事实”发生后,再将预先商定好的结论内容填写在表格上而已。由此可见,该鉴定结论漏洞百出,不能自圆其说。这种本末倒置、先入为主的鉴定报告,何以作为定案的依据?

被告代理人认为,本案中的大量证据表明,张×的证言证明了鉴定报告的虚假性,而鉴定报告中自身的漏洞、矛盾和违反科学性,又证明了张×证言的真实性,二者相互印证,足以充分否定其鉴定结论的证据价值。

三、原告未对空调系统进行验收而擅自使用,根据法律规定,应由原告自行承担责任

原告酒店的空调系统自2000年3月26日由被告交用至今,原告一直拒绝办理正常的验收手续,却擅自使用达2年之久。根据《建筑安装工程承包合同条例》第13条的规定:"发包方责任:工程未经验收,发包方提前使用或擅自动用,由此而发生的质量或其他问题,由发包方承担责任。"被告安装空调完工后,原告迟迟不与被告进行正常的验收手续,却擅自使用,在此情况下所发生的任何"质量问题",均应由原告自己承担责任。故原告要求被告承担其酒店空调"质量问题"责任的诉讼请求依法不应得到人民法院的支持。

四、被告反诉的诉讼请求证据充分,于法有据,应予支持

根据原被告之间的《承揽合同协议书》,"被告为原告安装空调。工程总价款为160万元整。工程完工,正常运作一个月内付清余款,即17万元"。"乙方按图纸工程预算书施工,如有部分未作的项目,按所实单价实际工程量扣除;如需增加项目,经双方协商单价后施工。"合同签订后被告按照合同约定,如期、正确地履行了设计、安装义务,并交付使用;但是原告迟迟不按合同约定对工程进行验收,并一直拖欠工程尾款17万元及增加项目的工程款122,061元。关于增加项目的工程款,被告提供的增改方案是经原告同意的,是原告签名选择了第二种方案。需要说明的是,被告报送的方案后附有相应工程款的报价,原告在选择签字之时,就已同意与其选择方案相应的报价。且该增改工程已完工并交由原告使用,即使按照等价有偿原则,原告亦应向被告支付相应价款。但经被告多次催要,原告却一直拖欠应付款项。故请人民法院支持被告的反诉请求,依法维护被告的合法权益。

综上所述,我们认为,原告酒店所谓的空调漏水问题,并非被告施工存在质量问题,而是原告自己故意、恶意进行破坏造成的;原告提供的鉴定报告本身存在严重的技术缺陷,不具有真实性和公正性,不能作为支持原告诉讼请求的依据;原告未对空调系统进行验收而擅自使用,即使出现问题,亦应自负其责。故原告的诉讼请求不应得到人民法院的支持,而被告已经按照合同的规定如约履行了合同义务,被告的反诉请求证据充分、于法有据,原告应为其拖欠工程款的行为承担相应的法律后果。请求人民法院主持正义,依法维护被告的合法权益。

被告人东莞市××制冷工程有限公司代理人:
北京市京都律师事务所律师　田文昌　孟冰
2002年9月12日

代理词(发回重审二审)

审判长、合议庭:

受本案上诉人东莞市××制冷工程有限公司的委托,北京市京都律师事务所指派我们担任上诉人的诉讼代理人。现根据本案相关事实与证据,提出如下代理意见,恳请法庭采纳:

一、一审判决所查事实不清

1. 一审判决"本院经审理查明"部分中,第13页称:"在往后的使用过程中,原告发现空调系统出现凝露、漏水现象,经被告多次维修也无效果。"而实际情况是,该工程完工后经整改,排水和保温系统已基本正常,并非多次维修无效果。对此我方在一审时提交的证据16可以证明,该证据一审经双方质证,被上诉人未提异议,所以一审法院以上说法于事实无据。

2. 一审判决第14页称:"鉴定报告作出后,被告没有提出异议。"而实际情况是,我方虽未提出书面异议,但口头多次向省、市技术监督局及鉴定人员提出异议。我方之所以最终未提出书面异议,反而作出了“整改方案”是因为:首先,在证人张×出具真实的证言之前,上诉人根本不知道被上诉人人为破坏空调系统的事情真相,虽然对鉴定结果有疑问,但仍一直以为鉴定小组是实事求是地进行鉴定的;其次,该鉴定的目的是维修而非诉讼,这在鉴定报告中有明确说明;最后,在鉴定报告作出后,被上诉方一直称,只要解决了漏水问题,就把工程尾款付给我方,而经我方应对方要求聘请广东最好的施工队伍,费用才5万元,而对方欠我方的尾款有近30万元,出于商业利益考虑,为尽快拿到工程尾款,我方才未正式提出书面异议,而作出了整改方案。对此情况,我方在法庭上均已明确说明,一审法院不顾事实及我方的合情合理的说明,作出以上认定,有失公允。

二、一审法院对本案的焦点《质量鉴定报告》及张×证言的证据效力认定错误,并由此作出了错误的一审判决

1.《质量鉴定报告》本身存在严重的技术缺陷,不具有真实性、公正性,不能作为认定本案事实的证据。现具体说明如下:

(1)关于主机工况:鉴定报告中没有鉴定人在检查前和过程中对空调主机的运行工况和供水温度检查的记载,这就使对检查得到的凝露情况的成因缺乏最重要的技术依据,必然导致鉴定结论缺乏准确性和客观性。此点说明鉴定人员违反了空调鉴定应遵循的最基本的鉴定程序。

(2)关于风管表面结露:对于此问题,鉴定报告前后矛盾,检查情况及处理意见与其得出的鉴定结论自相矛盾。

鉴定报告的检查情况为:“保温风管表面结露,五楼、八楼三个点均存在。美容厅和会展中心均未见风管外表面结露……”(见报告书第10页,倒数第5行至倒数第4行)。这表明风管表面结露是局部的问题。对此提出的处理意见为“……风管系统可按实际情况确定修补方案进行施工”(见报告书第11页,第11行至第12行),明确提出对局部问题进行修补。这个处理意见是根据检查情况分析得出的。然而,报告的鉴定结论却是"所以本工程水管及风管的保温分项工程不合格,应全面返工"。这就把本来局部整改的问题扩大成"全面返工",与报告的检查情况及处理意见前后矛盾,不符合工程的实际情况,因此该结论是不准确的。

(3)关于保温棉:鉴定报告认为"玻璃保温棉的规格,出厂合格证均无,玻璃棉的容量、保温厚度不详,因此无法保证工程质量"(见报告第8页,倒数第6行至倒数第5行)。但又确认"丽声公司提供了两种规格保温棉的合格证"(见报告第12页,第5行)。既然已提供合格证,又怎能说无合格证呢?这种自相矛盾的报告怎能让人信服?在一审法庭调查中,上诉人已将施工中使用的两种保温棉的合格证作为证据提交给法庭,证明上诉人使用的玻璃保温棉,是经国家玻璃纤维产品质量监督检验中心检验,是符合GB/T13350—1992《绝热用玻璃棉及其制品》标准的规定的。

(4)关于数据:鉴定报告中记载(注:这部分资料7月10日晚上张×提供)。作为对鉴定结论至关重要的数据,鉴定专家不但没有亲自提取,反而直接由与鉴定结果有利害关系的被上诉人提供,并由此得出"保温材料不合格"的结论,这样的鉴定报告有何科学性、公正性可言!

应该指出,在一审法庭调查时,上诉人代理人曾问鉴定人,鉴定报告的数据是否由其亲自测量。开始其坚称为亲自测量,而当上诉人代理人指出鉴定报告写明为张×提供后,鉴定人才不得不承认非其亲自测量,可见鉴定人自己也知道亲自测量的重要性,明知应亲自测量而不去测量,并在此基础上得出鉴定结论,是无法让人信服的。这种建立在虚假数据上的鉴定结论,怎能作为定案的证据?

(5)关于责任承担:前面已经讲过,该鉴定的目的是维修而非诉讼,这在鉴定报告中有明确说明,所以,鉴定报告只对漏水原因进行了检查,得出保温系统及排水系统损坏是漏水原因的结论,但并未进一步从技术上分析以上损坏的成因,即谁该对以上损坏负责。在一审我方对鉴定人质证时,鉴定人亦承认,损坏有多种成因,可能是施工问题,可能是维修问题,可能是进行其他操作时碰坏,还有可能是人为破坏,但该报告在未进一步分析的情况下,简单地称是施工单位施工不合格,结论明显缺乏技术依据。所以,既然造成损坏的原因有多种可能,特别是被上诉人在未验收的情况下已使用很长时间,就不能不加分析地以鉴定报告关于责任承担的结论为依据,判决我方承担相应的法律后果。

综上,质量鉴定结论违反技术程序,缺乏技术依据,自相矛盾,不符合安装工程的实际情况,是不客观、不正确的,不能作为认定本案事实的证据。

2. 证人张×在法庭上提供的证言应予采信

一审法院第二次开庭时,证人张×亲自出庭作证,当庭确认了东莞市中级人民法院庭审调查笔录、骆律师对其所做的调查笔录、其关于保温层的回忆录及所写的举报材料的真实性,并对破坏过程进行了陈述。同时,张×还向法庭说明了被上诉人向法庭出示的其证言的公证书、《声明书》形成的真实原因,即是受被上诉人威胁而作出的。张×的证言经过上诉人、被上诉人双方质证和法庭询问,足以认定被上诉人采取人为破坏手段造成空调系统质量问题假象的事实。

一审判决认为,因张×2001年10月被原告解雇,因此“证人张×与原告之间明显有利害关系”;“张×的证言多次反复,前后矛盾”,“说明该证人不讲诚信,其证言哪句是真哪句是假,法官很难判断”,因此“张×的证言不能采信”。

上诉人认为，首先，证人张×的证言出现反复，恰恰说明了证人与被上诉人之间并不存在所谓的“利害关系”，否则证人张×一定会坚持与被上诉人对立，其证言也就不会出反复了。其次，应该指出，张×的证言并非多次反复，而是反一次、复一次。而其反的原因，即张×在开庭前又为被上诉人出证的原因，张×在法庭上已做了清楚的说明，即受被上诉人所迫，所以并不能因其证言出现反复就得出证人不讲诚信的结论。恰恰相反，张×在受到被上诉人胁迫，被上诉人找他作证时对他表示“你不和我合作，你一年不死，两年也得死！两年不死，五年我也把你整死！”的情况下，仍然在法庭上勇敢地讲出了事实真相，这正是其为人诚信的表现。而一审判决不顾张×及上诉人对证言反复原因已做出清楚说明的事实，特别是不顾张×当庭揭露了被上诉人对他如何威胁并请求人民法院保护的事实，轻率地称“其证言哪句是真哪句是假，法官很难判断”，这是极不负责任的表现。如前所述，张×证言出现反复是有原因的；同时，张×在法庭上提供的关于破坏情况的证人证言，有骆律师对证人胡××所做的调查笔录佐证，通过查阅被上诉人律师致信息时报总编的函、东莞市中级人民法院庭审调查笔录，被上诉人亦未对其破坏行为进行否认；特别是在被上诉人向张×质证时，也只是对被上诉人是否指使、是否与有关人员串通提出异议，而并未对破坏行为本身进行否认。通过对以上情况的分析，完全可以判断出“其证言哪句是真哪句是假”。上诉人认为，现有证据充分说明证人张×在法庭上提供的证言是真实的，应该作为认定本案事实的证据。

三、一审判决适用法律不当，根据法律规定，被上诉人未对空调系统进行验收而擅自使用，应由被上诉人自行承担责任

一审判决认为，质量问题是由于被告施工材料不符，施工工艺不符合国家标准引起的。因被告严重违约，致使原告不能实现合同目的,原告解除合同的请求,应予支持。上诉人认为,在实际施工过程中,上诉人始终遵守合同约定,将各类材料的样板提前送交被上诉人认可并查存,并按样板材料进料施工。若上诉人的材料与样板不符,被上诉人在施工期间就会发现并提出异议,不符的材料根本不可能进场使用。而事实上,被上诉人并未提出异议。况且,因材料样板交由被上诉人查存,如被上诉人主张上诉人施工材料与样板不符,应由被上诉人对其主张承担举证责任。上诉人的施工工艺也是符合国家标准的。一审判决认为“被告严重违约”,缺乏事实依据,亦无相关证据支持。

本案的实际情况是,被上诉人酒店的空调系统自2000年3月26日交用至今,一直拒绝办理正常的验收手续,却擅自使用达两年之久。根据《建筑安装工程承包合同条例》第13条的规定:“发包方责任:工程未经验收,发包方提前使用或擅自动用,由此而发生的质量或其他问题,由发包方承担责任。”上诉人安装空调完工后,被上诉人迟迟不与上诉人进行正常的验收手续,却擅自使用,在此情况下所发生的任何“质量问题”,均应由被上诉人自己承担责任。

四、上诉人的反诉请求证据充分,依法有据,应予支持

根据上诉人、被上诉人之间的《承揽合同协议书》,“乙方为甲方安装空调。工程总价款为160万元整。工程完工,正常运作一个月内付清余款,即17万元”。“乙方按图纸工程预算书施工,如有部分未作的项目,按所实单价实际工程量扣除,如需增加的项目经双方协商单价后施工。”合同签订后上诉人按照合同约定,如期、正确地履行了设计、安装义务,并交付使用;但是被上诉人迟迟不按合同约定对工程进行验收,并一直拖欠工程尾款17万元及增加项目的工程款122,061元。关于增加项目的工程款,上诉人提供的增改方案是经被上诉人同意的,是被上诉人签名选择了第二种方案。需要说明的是,上诉人报送的方案后附有相应工程款的报价,被上诉人在签字时,就表示已同意其方案的报价。且该增改工程已完工并交由被上诉人使用,即使按照等价有偿原则,被上诉人亦应支付相应价款。

综上,原审判决认定事实不清,适用法律不当。现请求二审法院查清事实,依法改判,以保护上诉人的合法权益。

此致

东莞市中级人民法院

上诉人东莞市××制冷工程有限公司代理人:

北京市京都律师事务所律师　田文昌　孟冰

2003 年 3 月 25 日

华鑫证券有限公司与蚌埠市建设物资有限公司证券交易委托代理合同纠纷案

案情简介

2002年10月9日，蚌埠市建设物资有限公司（以下简称为蚌埠物资）在华鑫证券有限公司上海武宁路营业部（以下简称为华鑫证券）申请开户，双方签署了《证券交易委托代理协议书》等开户文件，确立证券交易委托代理关系。蚌埠物资于当日将5000万元国债存入该营业部开立的账户中，并出具《授权书》和《法人授权委托书》授权汪某林负责开户、证券交易、资金提取、划转、指定交易、销户等业务。同日，蚌埠物资将在其他证券公司买入的02国债（13）共计50,150手指定至华鑫证券营业部托管，并出具了《承诺书》，确定了资金存管期限以及华鑫证券营业部对于国债本金的资金安全保障义务。

2002年10月10日，第三人宝源公司以刘某的名义在华鑫证券开户并存入人民币450万元。刘某于次日将450万元汇至蚌埠物资，华鑫证券给蚌埠物资出具了证明，证明此款为国债投资收益。后蚌埠物资向华鑫证券出具《授权监管委托书》,内容为:蚌埠物资将其国债回购资金存入刘某账户并委托其进行国债、证券投资业务,刘某保证账户资产的安全和收益,并以账户内的自有资产作为质押,期限1年。同日,第三人宝源公司提供了个人股票账户200个,要求华鑫证券将这些账户下挂于蚌埠物资的资金账户下。随后,宝源公司将蚌埠物资账户内的国债全部回购,融入资金5010万元,利用下挂的账户进行股票交易,全部买入"啤酒花"股票。之后"啤酒花"股票崩盘。

2004年3月16日,蚌埠物资向上海市第二中级人民法院提起诉讼,称华鑫证券在没有取得其授权的情况下,利用其托管的国债进行融资,并采用下挂账户方式购买了股票,因股票崩盘导致资金受损失,要求华鑫证券返还其5500万元国债或等值款项。

2004年8月,审理法院将该案移送公安经济犯罪侦查总队,1个多月后,公安部门出具调查结论:蚌埠物资没有参与操纵证券交易犯罪和其他经济犯罪,不予立案。此案又重新回到法院进行审理。

此案双方争议的焦点是:(1)蚌埠物资与宝源公司是否存在委托理财关系或融资关系;(2)蚌埠物资与华鑫证券之间是什么关系;(3)《承诺书》的效力及下挂账户是否是必然导致蚌埠物资账户股票损失问题;(4)密码操作是否为关键。

一审法院经审理认定:(1)双方基于《承诺书》的约定构成了以国债回购为表现形式的委托理财法律关系;(2)不能认定蚌埠物资与宝源公司之间存在委托理财关系或融资关系。华鑫证券未经原告同意擅自允许第三人下挂股票账户并进行股票操作,被告对于原告的损失负有过错责任。因此,法院判定被告承担原告损失,判决华鑫证券败诉。华鑫证券遂又向上海市高级人民法院提出上诉,但二审法院审理后维持了原判。

此案在执行过程中,股市发生变化,股票升值,蚌埠物资的资金损失得以回收,案件以执行和解而告终。

代理思路

我们于二审阶段作为上诉方华鑫证券公司的代理人介入此案,通过充分调查和反复论证后,确立以下三个方面为代理思路中的主要抗辩理由:

1. 上诉人与被上诉人依据《证券交易委托代理协议书》形成的是证券交易委托代理法律关系,而非委托理财关系。《证券交易委托代理协议书》是双方签署的文件,真实、有效,意思表示明确。《承诺书》系被上诉人单方行为,即单方要约,不能变更原有法律关系性质。

2. 上诉人不具备对被上诉人侵权的客观条件和主观条件。根据证券交易中的操作程序及协议规定,开户密码应由客户自行设定和更改并自行负责。在不掌握密码的情况下,券商不可能擅自动用资金进行股票买卖。并且本案中,融资利益的取得者是第三人(宝源公司),投资利益的巨额受益者是被上诉人。

3. 被上诉人与第三人(宝源公司)实为委托理财关系。具体证据表现为:二者在其他券商处有委托理财业务;被上诉人的收益款来源为第三人开立的刘某的账户;啤酒花公司的《保证函》;被上诉人在自己的股东账户中用国债回购资金购买啤酒花股票的流水单;宁某虎、王某东二人的供述;刘某的《授权监管委托书》。从这些证据入手,可以充分证明被上诉人与第三人(宝源公司)实为委托理财关系。

代理词(二审)

审判长、合议庭：

北京市京都律师事务所接受上诉人华鑫证券有限责任公司的委托，指定田文昌律师、蔡景丽律师担任本案二审上诉人华鑫证券有限责任公司的诉讼代理人。根据庭审前调查取证所得到的大量材料，以及庭审期间的举证和质证情况，现就本案争议的几个关键问题向合议庭提出如下代理意见，请贵庭予以充分考虑：

一、上诉人与被上诉人之间的法律关系是证券交易委托代理关系

基于双方签订的《证券交易委托代理协议书》，上诉人与被上诉人之间非常明确地体现为证券交易委托代理法律关系，而不是一审判决认定的委托理财关系。一审判决在承认《证券交易委托代理协议书》的有效性并且承认确实存在这种委托关系的基础上，又把上诉人与被上诉人的关系改变成了委托理财关系。我们认为，这种认定缺乏基本的证据支持。

1.《证券交易委托代理协议书》是双方签署的真实有效的合同，意思表示非常明确。一审判决之所以改变了这种已经明确的关系，依据就是一纸所谓的《承诺书》。但是，《承诺书》只是被上诉人的单方行为，其实就是一种要约。在没有上诉人认可的情况下，《承诺书》根本不可能改变原有的法律关系。一审判决书表述称：汪某在公安机关陈述中称原告来人带来了蚌埠建设物资公司出具的《承诺书》，“由于汪某系被告营业部负责人和接手原告开户业务的经办人，故其所述事实更具可信性”。这种理由显然是不充分的，即使如上所述属实，即使是被上诉人带来了《承诺书》，也不能说明上诉人接受了《承诺书》。道理很简单，每天都有推销员到写字楼里的众多公司推销商品,但并不等于这些商品都被接受,这是一个起码的常识。而一审判决却以这样的理由认定《承诺书》被上诉人认可并接受了,显然于法无据。

2. 一审判决又认为:“原告曾经要求被告营业部按照《承诺书》的约定支付国债投资收益,被告营业部也确实向原告支付了收益款,《承诺书》与付款行为之间具有因果性。”但这种认定却得不到任何证据的支持。

首先,这笔款项来自宝源公司,这一点已经从宝源公司账上的资金走向得到印证。其次,《承诺书》既然是单方行为,就可以后补,就可以随时制作,完全可以根据款项来源和数额来事后编造《承诺书》的内容。也就是说,完全可以人为地倒因为果。因此,一审判决以被上诉方单方制造的《承诺书》来认定其与付款行为的因果性,明显缺乏依据。

值得强调的是,被上诉方代理人在坚持该《承诺书》有效性的同时,却又否定啤酒花公司向其出具的《保证函》的有效性,强调因《保证函》是单方行为而不予认可。那么,既然由于《保证函》是单方行为,被上诉人就可以不认可。那么,《承诺书》也是单方行为,为什么上诉人就必须认可呢?这岂不是双重标准吗?更何况,《承诺书》与《保证函》的情况并不一样。《承诺书》纯粹是双方当事人之间的一个单方要约行为,而《保证函》却是一个上市公司向全社会公示且在证监会备案的一个法律行为,二者性质完全不一样。所以,《承诺书》与《保证函》不同,该案中的《承诺书》可以伪造,可以后补,而《保证函》的真实性却是无法否认的。

二、上诉人不具备对被上诉人侵权的客观条件和主观故意

1. 关于侵权的客观条件

首先,根据上诉人与被上诉人签订的《证券交易委托代理协议书》第5条："甲方开设资金账户时，应同时自行设置交易密码，甲方可以随时修改密码。"根据《自助委托证券交易协议书》第3条："甲方开户时自行设置密码，也作为甲方使用自助方式的密码。除非能证明是乙方泄密，甲方对任何错误使用密码和不慎泄密负全部责任。"第4条约定："甲方可通过系统自行修改密码，更改密码的委托行为视同原密码委托行为，甲方承担委托行为全部责任。"这不仅说明以密码操作是合同中已经约定明确的，同时说明客户在开户时，设定密码是开户必不可少的程序，否则无法完成开户手续，即密码必为客户掌握。因此，使用密码操作造成的账户资金损失，其责任应由客户自行承担。尽管在法庭上被上诉方代理人曾否定是密码操作，但双方签订的几个合同都明确约定了使用密码操作的问题，而且实际操作过程也证明了密码操作的事实。

其次，金仕达公司关于《金仕达券商综合管理系统 Aer. 30》技术说明证明，按照该系统的技术设计，上诉人不可能知晓客户设定的密码。既然上诉人不知道密码，就不能动用被上诉人的资金账户。而且在现行的中国所有证券操作规则中，密码的问题都是这样设置与操作的。

有一种观点认为，券商在必要的时候可以掌握密码，因此券商完全有可能破译密码。这种观点并不正确。对这个问题，通过我们的调查，再次作以说明。实际情况是：在2001年以后，按照所有证券公司的电脑操作规程规定，在开户前并不存在所谓的券商设定的初始密码，密码是在客户开户时自行设定的。所以，从一开始就不存在券商掌握密码的可能。

在密码遗失的情况下，券商可以重新设置密码，而一旦出现这种情况，原密码即被破坏（清空密码），原密码的掌握者就不能再使用原密码操作了，即必然发现密码被破坏。本案中被上诉人不止一次使用密码操作且自始至终从未提过异议,足以证明上诉人不可能破译密码。这也是操作规程中一个关键的技术问题。

此外,上诉人企图将账户资金损失的结果归责于下挂账户的做法,这种理由是无法成立的。

(1)在正常的股票交易委托代理关系中,出资人开立一个资金账户时,对应的可以有若干个股票账户,如上海、深圳等股票账户。客户在上述股票账户内进行股票的买卖,所用资金为其资金账户内的资金。

(2)出资人为使股票买卖获利最大化,往往在其资金账户下对应设置多个股东账户(下挂账户),但所有下挂账户所进行的股票买卖行为只能由客户操作。

本案中,上诉人虽然代为办理了下挂账户的手续,但只能说为其在下挂账户内买卖股票提供了条件。如果出资人不同意在其名下下挂账户,他完全可以提出异议或者置之不理,为什么还会用这些下挂账户的名义买卖股票呢?然而,本案实际情况却是,在上诉人办理了下挂账户手续后,被上诉人却用"批处理法"(相当于短信群发方式),将自己的股票账户以及下挂的账户一起,在同一时间、同一电脑、用同一密码进行了买卖"啤酒花"股票的操作。显而易见,被上诉人对下挂账户的行为是明知且认可的。所以,下挂账户不可能直接导致账户资金被动用的结果,与资金损失的结果没有因果关系。

以上事实充分说明,上诉人作为券商不可能在正常情况下知悉由被上诉人自行设定的密码,而下挂账户亦不能导致资金损失的结果。因此,在被上诉人使用密码操作账户资金的情况下,上诉人根本就不具备实施侵权的客观条件。

2. 关于侵权的主观故意

本案中,融资利益的取得者是第三人(宝源公司),投资利益的巨额受益者是被上诉人,而上诉人和原审被告在本案中既没有获取融资的利益,也没有获取投资的回报。上诉人只是按照规定取得证券交易委托代理的微薄的手续费。这种高达9%的所谓委托国债投资或非法融资,上诉人却没有任何利益可得,既然没有获利的动机又何来侵权的主观故意?

因此,上诉人客观上既无实施侵权行为的条件,主观上也不具备实施侵权行为的故意。一审判决认定上诉人侵权,并进而认定侵权行为导致了被上诉人资金损失的结果,既缺乏事实依据,也缺乏法律依据。

三、被上诉人与第三人之间具有委托理财的融资关系

一审判决认定:"原告与第三人(宝源公司)在其他券商处开展资产委托管理业务确系事实,但原告与第三人(宝源公司)并未就本案所涉资金和国债的投资事宜达成协议。"我们认为,该认定不能令人信服:

第一,收益款来源于第三人(宝源公司)开立的刘某账户,从公安机关调取的第三人(宝源公司)财务账也可以印证这一事实。

第二,啤酒花公司向被上诉人出具的《保证函》也证明了二者之间存在融资关系,没有融资关系怎么会有《保证函》。而且,《保证函》的真实性不可否认。该函是在证监会查处的时候发现的在啤酒花公司尚未公告的《保证函》,不可能伪造。《保证函》的真实性证明了它所表述内容的真实性。

第三,上诉人一审提交的证据清单(二)中第4项内容为:被上诉人在自己的股东账户中用国债回购资金购买"啤酒花"股票的流水单,表明在同一台电脑上、使用同一密码、在同一时间、用同一笔回购资金、购买了同一品种的啤酒花股票。这就证明了被上诉人明知第三人(宝源公司)在使用自己账户资金购买股票。

第四,宁某虎、王某东的供述也证明了二者之间是融资关系,但一审判决却对此予以否定。否定的理由是"尚未经司法程序做出最终认定",故不能作为认定二者之间是理财关系的合法依据。代理人认为,这种认定是错误的。理由非常简单:众所周知,认定证人证言效力的司法程序,就是我们本案现在进行的审理活动,也包括一审的审理活动,无须再证明这个程序是否合法有效,更没有必要经过另外一个司法程序。如果我们在民事案件审理时,都必须要以另外一个判决结论作为依据来认定某个证人证言的效力,那么该审判程序岂不是失去了意义?所以,代理人认为,一审判决的上述观点没有任何理由和法律依据。

第五,按照一审判决的上述认定,又出现了一个不可解释的矛盾。如果判决中称未经司法程序作出最终认定即不能成为合法依据的理由成立,那么公安机关对法院作出的"原告在该案件中没有参与操纵证券交易的犯罪事实"的结论也就同样不能成为合法依据。然而,一审判决一方面承认了公安机关作出的被上诉人无罪结论的合法有效性;另一方面又否定了公安机关办案过程中取得的证据即宁、王二人供述的有效性,这种自相矛盾的逻辑是无法自圆其说的。

第六,在刘某向上诉人出具的《授权监管委托书》中,明确载明被上诉人同意第三人(宝源公司)动用其账户资金。那么,如果该委托书的内容属实,足以说明第三人(宝源公司)与被上诉人之间具有融资关系,而且很可能具有涉嫌共同操纵股价的犯罪问题。如果该文件属伪造,且被上诉人又一再声称根本就没有那么一回事,就足以证明,第三人(宝源公司)冒用被上诉人的名义动用了被上诉人账户中的资金,已明显构成了合同诈骗罪。这两种情况必居其一,不可能有第三种情况发生。但是目前的侦查和一审判决的结果却是,一方面否定了被上诉人与第三人(宝源公司)之间的融资关系;另一方面又不追究甚至根本不提及第三人(宝源公司)涉嫌诈骗的问题。换言之,既保护了被上诉人的经济利益,又掩盖了被上诉人与第三人(宝源公司)涉嫌犯罪的问题。其直接结果是,把被上诉人的经济损失转嫁到上诉人身上。由此可见,本案并不仅仅是一个简单的民事案件,是否为案中有案,值得深思。

四、从两个不同角度分析本案的民事责任问题

从一种角度来看,上诉人与被上诉人之间的法律关系是证券交易代理关系而不是委托理财关系,并且,在履行合同中既不存在侵权行为也没有造成侵权结果的客观条件。从这个角度来讲,无论被上诉人与第三人(宝源公司)的关系如何,上诉人对被上诉人的损失都不应当承担责任。

从另一种角度来看,如果认定被上诉人与第三人(宝源公司)属于委托理财关系,上诉人更没有任何理由对被上诉人承担责任。

所以,无论法庭能否认定被上诉人与第三人(宝源公司)之间的融资关系,都不应认定上诉人对被上诉人的损失承担责任。

五、关于一审判决存在的问题

一审判决中,既提到了上诉人的侵权问题,又提到了上诉人与被上诉人之间的委托理财问题。那么,如果是侵权,首先要证明具有侵权的事实;如果是委托理财,则应属于违约之诉,即与侵权没有关系,两者不能并存。而一审判决竟然同时出现了两种不同的结论,反映一审判决对本案的事实和法律问题并没有很好地加以研究。所以,希望二审法院对此予以重视。

更重要的是,一审判决在没有事实依据和法律依据的情况下,竟然强制性地自行改变了上诉人与被上诉人之间的法律关系,这种认识的形成是导致判决结果不公正的直接原因。

综上所述,上诉人代理人认为,一审判决的认定缺乏最基本的事实依据和法律依据。希望二审法院在查明事实的基础上,正确适用法律,纠正一审法院的错误判决,以维护上诉人的合法权益。

谢谢!

上诉人华鑫证券有限责任公司代理人:
北京市京都律师事务所律师　田文昌　蔡景丽
2005年12月8日

审理结果

二审法院判决维持原判。

大连市农村社会保险管理中心与大通证券股份有限公司委托理财合同纠纷案

案情简介

大连市农村社会保险管理中心(以下简称农保)与大通证券股份有限公司(以下简称大通证券)的分支机构大通证券股份有限公司大连中山路证券营业部(以下简称中山营业部)于2003年4月至10月分别签订五份《委托购买国债投资管理合同》。当事人约定:农保在中山营业部开设资金账户,购买国家记账式国债,期限1年,年收益率8%。期满后,中山营业部将国债卖出,返还农保本金及收益。合同签订后,农保分五次向中山营业部存入投资款5000万元人民币,中山营业部收款后,向农保出具了收款凭证。

合同先后到期后,大通证券仅返还了第一份合同的本金2000万元,两次给付利息180万元,尚欠本金3000万元和利息220万元。此后农保多次催要,但因中山营业部负责人涉嫌犯罪潜逃,一直没有支付。农保遂向法院起诉,要求大通证券返还投资本金、息金及违约金。大通证券辩称,其只收到原告所说的第二笔、第四笔、第五笔款(共2000万元),并没有收到原告所说的第一笔和第三笔款(共计3000万元),该两笔投资款原告直接支付给了大连溢源投资咨询公司。被告已经返还了原告2000万元本金及180万元息金。

代理思路

本案的核心问题是:第一,双方签订的《委托购买国债投资管理合同》的性质和合法性问题;第二,第一笔和第三笔投资款,共计3000万元是否实际支付的问题。律师的调查取证和辩论主要围绕这两个关键问题展开。

首先,从法律规定结合具体合同签订的形式、主体、内容方面分析,合同的签订是基于原告、被告双方真实意思表示并且合同内容不违反法律禁止性规定,合同具备委托合同的法律特征,得出结论,合同合法有效,是典型的委托理财合同,而不是存单关系;其次,从证据上分析,有关3000万元的两笔投资款,有支票存根、被告开具的《支票转入回单》等大量证据,可以证明3000万元投资款已经实际支付,并且对方已经收到。

代理词(一审)

审判长、合议庭:

作为本案原告大连市农村社会保险管理中心的诉讼代理人,现就本案涉及的争议焦点问题发表代理意见如下:

一、关于《委托购买国债投资管理合同》的性质问题

代理人认为,双方所签订的五份《委托购买国债投资管理合同》

均为投资理财合同,合同的主体、内容完全符合委托理财合同的性质,具备委托理财合同的法律特征。司法实践中,委托理财合同是指委托人将资金或证券等金融性资产委托给受托人,指定在一定期限内由受托人管理,投资于证券等金融市场并按期限给予委托人一定比例收益的资产管理活动。其法律特征是:受托人一般为法人,主要是证券公司等非银行金融机构,证券公司应具备中国证监会规定的资质和条件;从合同内容看,受托方是全权委托,委托方除交付资金外,具体操作由受托方完成,合同中设有保证本金不受损失并按期支付保底收益的条款;从理财方式看,委托人一般都通过在证券公司开立资金账户划入资金,双方在委托人的资金账户内进行结算,交易结果归委托人,合同期满把本金及约定的收益一并返还委托人。

本案中,双方所签合同的名称就是《委托购买国债投资管理合同》,明示了合同的性质为委托合同。在内容中,合同的序言、第2条、第3条中都明确使用了委托这一法律概念,合同明确规定原告的资金账户名为“农保中心”(第1条),双方约定的固定委托收益为年收益率8%,合同期满后,如果原告账户内的国债卖出后低于本金加8%年利率的,被告有义务将资金差额支付给原告,确保原告年收益率达到8%(第2条、第8条)。另外,还约定了原告有权随时查询和监督自己账户相关情况,被告有义务随时配合,不得拒绝(第6条)。所有这些,均是委托理财合同的必备条款,说明原被告双方是基于国债购买而产生的委托理财法律关系,合同完全具备委托理财合同的法律特征。因此,代理人认为,双方所订的签合同应认定为委托理财合同,不是企业之间的非法借款。特别强调的是,委托理财是近几年金融证券市场发展的新兴法律事务,基于委托理财而产生的纠纷也是人民法院受理的一类新型案件。这类型案件完全不同于20世纪90年代因联营合同带有保底条款而产生的“名为联营,实为非法借款”的那些案件,这种类型案件的法律特征完全不具有可比性,更不能用处理联营案件的思维去处理委托理财案件,两者具有不同的法律特征。

二、关于《委托购买国债投资管理合同》的合法性问题

代理人认为,双方所签订的五份《委托购买国债投资管理合同》均为合法有效合同。

首先,从双方订立合同的目的来看。合同条款是双方当事人真实意思的表示,原告作为委托方,其目的是用自己拥有使用权的农保资金通过购买国债获得收益;被告的目的是通过在合同约定的1年期内,用原告购买的国债进行质押贷款,然后在证券市场上从事股票、债券等金融工具的组合投资并获实际收益。中国证监会《关于规范证券公司受托投资管理业务的通知》第1条规定:“关于受托投资管理业务的界定　受托投资管理业务,是指证券公司作为受托投资管理人(以下简称‘受托人’),依据有关法律、法规和投资委托人(以下简称‘委托人’)的投资意愿,与委托人签订受托投资管理合同,把委托人委托的资产在证券市场上从事股票、债券等金融工具的组合投资,以实现委托资产收益最优化的行为。”因此,双方签订的这一委托理财合同,完全是市场经济条件下契约自由和市场主体自治原则的体现。

其次,从双方主体来看。原告方使用农保资金购买国债完全符合法律规定,原告有权使用这笔资金,被告作为综合类证券公司,企业法人营业执照上的经营范围就有“证券的代理买卖;资产管理”的经营项目,经代理人向中国证监会大连证监局查询,被告具备中国证监会批准的“受托投资管理业务资格”。因此,受托人代理原告购买国债符合中国证监会《关于规范证券公司受托投资管理业务的通知》的规定。

最后,从保底条款来看。(1)双方约定的8%年利率作为固定收益,并不违反法律的强制性规定。到目前为止,现行的法律和行政法规并没有禁止委托理财合同设立保底条款的规定。而且,同类方式在全国范围内有相当程度的普遍性,甚至连银行也不例外。双方约定的8%收益率,对原告来说是所投资金应该取得的收益,对被告来说是在经过被告测算,把原告的资产在证券市场运作后,完全有把握能获取的利润,这其中还包括3%的国债法定利率,是被告对自己投资运作能力自信的体现。被告作出这种承诺,完全有充分把握能实现,即使某一笔业务亏损了,被告也可以从其他业务的盈利中弥补。因此,8%年利率的约定,是双方对自己财产和权利的一种合法处分行为,体现了市场经济的“契约自由”原则,是当事人之间自愿约定的风险承担方式,并不违反法律的禁止性规定。(2)这一约定,有利于督促被告作为受托人以“善良管理人”的注意义务管理原告的资产,为原告提供优质的理财服务。(3)委托理财合同中的保底条款不同于联营合同中的保底条款。联营合同中的保底条款体现的是双方借款的真实意思,而且资金的所有权已经转移至联营的另一方,明显地反映双方利用联营形式进行融资的目的,带有规避法律的性质;而委托理财合同中的保底条款,则不带有任何借款的法律特征,委托人设立自己的资金账户,委托人的资金都在自己的账户内,所有的交易也在委托人资金账户内进行,结算也在该账户内进行,受托人不得将委托人资金或资产挪作他用。更重要的是,委托人始终有权对自己账户进行监控,委托人并没有失去对资金的控制权。所有这些,均与借款合同不同,更与“名为联营,实为借款”的联营合同不同。因此,不能认定为“名为委托理财,实为非法借款”。

综上,从合同的主体、内容及保底条款的性质上来看,代理人认为,《委托购买国债投资管理合同》是双方真实意思的体现,其内容不违反国家法律、行政法规的禁止性规定,符合市场经济规律和"契约自由"的原则,应认定为合法有效。

三、关于8%年利率的构成

8%年利率作为双方约定的固定收益,由国债的法定年利率和被告承诺给付这两部分构成。经代理人查询财政部记账式国债年利率的规定和双方《委托购买国债投资管理合同》的约定:(1)2003年一期(代码010301)年利率2.66%,被告承诺给付5.44%;(2)2001年十五期(代码010115)年利率3%,被告承诺给付5%;(3)2002年十三期(代码010213)年利率2.6%,被告给付5.4%;(4)2003年十一期(代码010311)年利率3.5%,被告给付4.5%。代理人认为,国债的法定年利率是国债的法定孳息,无论《委托购买国债投资管理合同》是否有效,法律均应保护,原告应依法取得这部分利益。

四、关于被告违约问题

原告委托被告购买国家记账式定期国债,所支付的全部资金账目清楚,走向明确,证据确凿充分。原告委托被告购买国家记账式国债,先后五次按照双方签订合同的约定,共支付给被告5000万元,每笔支付都有转账支票存根和被告给付的支票转入回单等证据证明。而被告却没有按照合同的约定全面履行合同,被告另将第一笔合同(2003年4月10日)的本金2000万元于2004年7月1日返还给原告,并支付半年利息80万元,尚欠半年利息80万元,欠原告购买国债资金2003年6月21日合同本金500万元、半年利息20万元,欠2003年7月8日合同本金1000万元、半年利息40万元,欠2003年8月12日合同本金1000万元、半年利息40万元,欠2003年10月20日合同本金500万元和全年利息40万元,合计3000万元的本金没有返还和220万元的利息没有支付。对本案这一事实,原告向法庭提供的六组书证确实充分,确凿无疑。被告没有按照合同的约定,在合同期限届满时返还给原告购买国债的本金和利息，已构成违约，应承担赔偿损失的民事责任。

被告的行为，除了违反双方签订的合同约定之外，也违反了我国《合同法》第60条“当事人应当按照约定全面履行自己的义务”和中国证监会发布的《关于规范证券公司受托投资管理业务的通知》第3条第2款第5项“在合同终止时及时清算并返还受托投资资产”以及中国证监会《证券公司客户资产管理业务试行办法》第56条“定向资产管理合同约定的投资管理期限届满或者发生合同约定的其他事由，应当终止资产管理合同的，证券公司在去除合同约定的各项费用后，必须将客户账户内的全部资产交还客户自行管理”的规定。又根据我国《民法通则》第106条、第111条，《合同法》第112条和中国证监会发布的《规范证券公司受托投资管理业务的通知》第4条“因受托人的违法、违规及违反合同的行为损害委托人利益的，受托人应当依法承担赔偿责任”的规定，被告还应承担逾期不能返还本金及投资收益的违约金3,185,110元（详见原告提交贵院的《农保中心诉大通证券违约金计算明细》）。

五、被告向法庭提供的反驳证据和所依据的事实理由，与本案没有关联，且相互矛盾，不能作为认定案件的事实依据

第一，关于被告辩称没有收到原告2003年4月10日（2000万元）和7月8日（1000万元）购买国债资金，而是原告直接付给了大连溢源投资咨询公司的问题。

从本案已查明的事实和原告提供的书证来看，被告的辩解是没有事实依据的。其一，原告2004年4月10日支付给被告2000万元和2003年7月8日支付给被告1000万元的支票存根，当天被告给原告分别出具了《支票转入回单》；其二，2003年7月8日原告单位的转账支票是由被告单位工作人员由明某亲笔签字取走的；其三，原告支付给被告3000万元的转账支票,被告通过背书转给大连溢源投资咨询公司,与原告没有任何联系,因为转账支票本身具有流转性的特征;其四,2004年7月1日被告已将第一笔2000万元的本金返还给了原告;其五,法庭调查质证的过程中被告对这两份转账支票存根和支票转入回单的真实性没有提出任何异议。

第二,关于被告辩称只收到原告2000万元资金,而且已经全部返还的辩解理由。

其辩解在时间上相互矛盾,不能自圆其说,根本不能成立。其一,被告返还给原告的2000万元,其时间是2004年7月1日。按照双方签订的合同约定,只有2003年4月10日原告购买2000万元国债的期限届满,而此后的4笔原告购买国债的资金都没有到期(2003年6月21日虽已到期,但只有500万元)。被告返还给原告的2000万元,只能证明返还的是2003年4月10日购买国债的资金。其二,被告辩称2003年4月10日的2000万元资金没有收到,与该合同到期后返还给原告2000万元是相互矛盾的。其三,被告辩称返还给原告的2000万元资金是2003年6月21日(500万元)、2003年8月21日(1000万元)、2003年10月21日(500万元)购买国债的资金,而此时原告、被告双方签订的这些合同都还没有到期,被告怎么能提前偿还呢?其辩解不能自圆其说。

在证据要素中,时间顺序最具无法更改的特征。被告在这个问题上所做的移花接木的辩解,因其时间倒置而不攻自破,且又进一步印证了已收到原告3000万元的事实。

第三,关于被告辩称本案与犯罪嫌疑人罗某外逃有关,应“先刑后民”处理此案的问题。

被告的这种辩解不符合我国法律的规定,是没有法律依据的。因为:

其一，本案是原告、被告之间的委托理财、合同欠款纠纷，合同的主体是双方的法人机构，债权、债务关系清楚，法律关系十分明确。其二，本案资金走向清楚，账目明确，各种支付凭证确凿，被告不仅收到原告支付的全部资金，而且每笔都出具了收款凭证。其三，即使被告内部有人涉嫌经济犯罪，其直接侵犯的对象是被告方，被告是受害方。其四，在司法实践中，有时候在刑、民案件有交叉关系时，在对刑事案件的认定结果会影响对方民事责任确定的情况下，会采取“先刑后民”的方式，中止民事案件的审理。但是，本案并不存在以刑事案件的侦查结果为审理依据的法定条件。因为，被告单位内部人员的犯罪行为并不影响对外承担民事责任，无论其能否定罪及如何定罪，被告对原告应承担的偿还欠款的责任都是无法推脱的，这是两个不同性质的法律关系。其五，最高人民法院《关于在审理经济纠纷案件中涉及经济犯罪嫌疑若干问题的规定》第3条明确规定，“单位直接负责的主管人员和其他直接责任人员，以该单位的名义对外签订经济合同，将取得的财务部分或全部占为己有构成犯罪的，除依法追究行为人的刑事责任外，该单位对行为人因签订、履行该经济合同造成的后果，依法应当承担民事责任”；第10条规定，“人民法院在审理经济纠纷案件中，发现与本案有牵连，但与本案不是同一法律关系的经济犯罪嫌疑线索、材料，应将经济犯罪嫌疑线索、材料移送有关公安机关或检察机关查处，经济纠纷案件继续审理”。因此，被告辩称本案应“先刑后民”的观点是没有法律依据的。

第四，关于被告辩称本案的性质属于存单纠纷问题。

被告的这一辩解混淆了两个不同性质的法律关系。存单纠纷案件是当事人以存单或进账单、对账单、存款合同等凭证为主要依据，向人民法院提起诉讼或金融机构向人民法院提起的确认存单或进账单、对账单、存款合同等凭证无效的民事纠纷案件。人民法院在审理这类案件时,其处理的原则是审查存单等凭证的真实性和持有人与金融机构间存款关系的真实性。而本案却是一起比较典型的委托理财合同纠纷案,它是被告作为委托投资管理人,依据有关法律、法规和投资委托人的投资意愿,与委托人签订委托投资管理合同,把委托人委托的资产在证券市场上从事股票、债券等金融工具的组合,以实现委托资产收益最优化的行为。它与存单纠纷案件是两个根本不同性质的法律关系。被告辩称本案是存单纠纷,不符合本案事实,也没有法律依据。

第五,被告最后辩称,本案如果是委托理财合同纠纷案件,被告不应当承担民事责任,因为被告没有授权中山路证券营业部经营委托理财资格。

被告的这一辩解是没有法律依据的:

首先,中国证监会颁布的《证券公司管理办法》第11条规定:证券公司可以根据公司法、证券法和中国证监会的有关规定申请设立分公司、证券营业部、证券服务部等分支机构。中国证券监督管理委员会《关于进一步加强证券公司监管的若干意见》第4条第1项规定,“证券公司分公司和证券营业部是证券公司全资附属的非法人机构……”这说明中山路证券营业部是被告依据公司法和证券法依法设立的分支机构。

其次,我国《公司法》第13条明确规定,“公司可以设立分公司,分公司不具有企业法人资格,其民事责任由公司承担”。这说明中山路证券营业部对外经营业务和签订的合同,其民事责任应由被告承担。

最后,被告下设的中山路证券营业部,其注册登记的营业执照经营范围明确记载,其具有“资产管理”的资格。因此,原告代理人认为中山路营业部不但具有委托理财的资格,而且其民事责任应由被告承担。原告将本案的被告诉至人民法院并请求判令其承担民事责任,是有法律依据的。

综上所述,原告代理人认为,被告应按双方签订的合同约定,全面履行自己的义务,立即返还尚欠原告的社保基金本金3000万元和利息220万元,并承担逾期返还的违约责任,请求法庭予以支持。被告在庭审中所辩称的理由没有事实根据和法律依据,其提供的反驳证据与本案没有关联性,请求法庭予以驳回,以维护原告的合法权益。

以上代理意见请法庭予以考虑和采纳。

此致

大连市中级人民法院

原告大连市农村社会保险管理中心代理人:

北京市京都律师事务所律师　田文昌

辽宁金刚石律师事务所律师　邵永顺

2005年7月5日

代理词(二审)

审判长、合议庭:

作为本案被上诉人大连市农村社会保险管理中心的诉讼代理人,通过参加今天的庭审,现就本案二审涉及的几个关键问题发表如下代理意见:

一、本案不是存单纠纷,是典型的委托理财纠纷

上诉人以最高人民法院《关于审理存单纠纷案件的若干规定》(法释〔1997〕8号)为法律依据,认为被上诉人持有的《支票转入回单》就是存单,双方签订的《委托购买国债投资管理合同》体现了存单的法律特征,是存款合同,本案是存单纠纷,双方法律关系是“名为投资理财,实为存款”。代理人认为,上诉人的这一上诉理由是错误的。

第一,上诉人给被上诉人出具的《支票转入回单》不是存单。根据有关规定和金融实务,存单是指受理存款业务的银行或其他金融机构发给存款人的存款凭证,是存款人提取存款的证明。存单表明的是存款人与金融机构之间存在的存款合同关系,开具存单的一方必须是其经营范围中有存款业务的银行金融机构。在我国,根据法律规定,能够开展存款业务的机构只能是银行、信用社、开办邮局储蓄业务的邮局。而本案的上诉人并不是上述这些具有存款业务资格的机构,上诉人不具备经营存款业务资格。因此,被上诉人向其交付的是国债投资款而非存款,上诉人开具的《支票转入回单》也不是存单。

第二,存单纠纷所反映的是存款法律关系或借贷法律关系。根据最高人民法院《关于审理存单纠纷案件的若干规定》第1条的规定,存单纠纷案件分为两类四种,即一般存单纠纷案件和融资型的存单纠纷案件。前一类有三种表现形式,后一类是指以存单为表现形式的借贷纠纷案件。本案中,并不存在被上诉人向上诉人存款或借贷的法律事实,双方之间也没有形成存款或借贷的法律关系,上诉人也始终没有提交这方面的证据;同时,上诉人也没有说明本案属于哪一类存单纠纷,是哪一种表现形式。因此,上诉人所谓的存单纠纷的观点并无法律依据。

第三,存单纠纷中存款或借贷法律关系所依据的是存款和借贷的法律事实,而本案所反映的则是投资理财的法律关系,所依据的事实是上诉人用被上诉人的投资款在证券市场上进行国债买卖,实现投资收益。这种投资理财关系与存款和借款具有本质的区别。因此,上诉人的观点与事实不符。

代理人认为,从法律关系性质上、从上诉人是否具有存款业务主体资格上和投资款使用上分析,上诉人所谓本案是存单纠纷的诉讼主张,既无事实根据又不符合最高人民法院《关于审理存单纠纷案件的若干规定》的内容。因此,上诉人这一上诉请求的理由是不成立的。

二、被上诉人已经向上诉人交付了3000万元投资款,上诉人已经实际收到了该投资款

上诉人诉称"双方没有真实的交易关系,上诉人没有给付义务",其理由是,2003年4月10日被上诉人交付的2000万元和2003年7月8日交付的1000万元没有进入上诉人的账户,而是进入了大连溢源投资咨询有限公司的账户。代理人认为,上诉人的这一上诉理由是不符合事实的。

第一,被上诉人的投资款均已交付上诉人,上诉人已经向被上诉人开具了《支票转入回单》,证明收到了这3000万元投资款。交付过程是:2003年4月10日,被上诉人单位的会计张某将2000万元的支票送到上诉人中山路营业部经理罗某办公室,4月11日上诉人向被上诉人出具了《支票转入回单》;2003年7月8日,上诉人单位的由明某来到被上诉人单位,取走了1000万元的支票,并在支票根上签字,7月8日同时出具了《支票转入回单》。对此节事实,有被上诉人的经办人张某、王某可以作证,上诉人出具的《支票转入回单》则是更有力的书证,而上诉人并没有提交证据否定这一事实。

第二,被上诉人提交的《支票转入回单》是真实的,上诉人并没有提供相反证据否定其真实性。并且,上诉人也承认其真实性。这足以说明上诉人收到了这笔投资款。

第三,被上诉人向上诉人交付的两张支票均没有填写收款人,现在支票上收款人一栏的大连溢源投资咨询有限公司并不是被上诉人填写的。被上诉人与大连溢源投资公司没有任何来往关系,不存在向溢源投资公司付款的可能性。因此,支票收款人填写为大连溢源投资咨询有限公司完全是上诉人所为,与被上诉人没有关系。

第四,根据票据法的原理,票据具有流通性,可以背书转让,票据的流通性与票据所反映的基础关系是相互独立的,不能以票据的流通性来否认基础关系的存在。本案中,上诉人与被上诉人具有投资理财的基础法律关系,被上诉人正是基于这一法律关系而向上诉人交付投资款的。至于上诉人收到被上诉人的投资款支票背书转让他人的行为,则与被上诉人无关。现在,上诉人以3000万元投资款没有入账为由否认收到该款,其观点违反票据法的基本原理。

第五,该3000万元的投资款实际已经进入上诉人账户。一审法院查明的事实是:上诉人将这两张支票背书转让给大连溢源投资咨询有限公司后,又从溢源投资公司转入上诉人账户,时间是2003年4月11日转入900万元,4月15日转入1100万元,7月10日分四笔以200万元、200万元、300万元、300万元转入1000万元。

第六,上诉人与大连溢源投资咨询有限公司之间没有证券委托交易关系,从大连溢源投资咨询有限公司转入上诉人的3000万元,实际就是被上诉人的投资款。

第七,根据最高人民法院《关于审理存单纠纷案件的若干规定》第6条第2款,“出资人向金融机构交付有资金数额但未注明收款人的票据的,亦属于本条中所称交付”。即使被上诉人向上诉人交付的支票上没有填写上诉人为收款人,则同样完成了交付行为。

综上可见,上诉人有关没有收到被上诉人3000万元投资款的上诉理由,毫无事实根据。

三、上诉人的还本付息行为实际已承认收到了被上诉人的投资款

上诉人已经实际履行了双方签订的《委托购买国债投资管理合同》,向被上诉人返还了本金2000万元和支付180万元的利息。现在上诉人认为,没有收到的3000万元实际是不包括2003年4月11日合同中2000万元本金的。而实际情况是,上诉人支付的利息中已经包括了4月11日合同的半年利息80万元。这充分说明,上诉人不但实际收到了这3000万元,也承认这是委托理财的投资款。否则,不会偿付利息。

四、认定本案为存单纠纷并不能免除上诉人的法律责任

即使将本案视为存单纠纷,根据最高人民法院《关于审理存单纠纷案件的若干规定》第5条的规定,法院处理存单纠纷案件是以“双重真实性原则”为依据的,即以存单的真实性和存款关系的真实性为事实依据。本案中,上诉人已经承认《支票转入回单》是真实的,法院又查明3000万元投资款上诉人已经实际收到。在这种情况下,上诉人同样不能免除向被上诉人返本付息的还款义务。因此,上诉人有关本案是存单纠纷的上诉观点毫无实际意义。

综上所述,代理人认为,上诉人的上诉理由既无事实根据又无法律依据,上诉人不能免除其应承担的法律责任。代理人请求二审法院依法驳回上诉人的诉讼请求,维持原判决。

被上诉人大连市农村社会保险管理中心代理人:

北京市京都律师事务所律师　田文昌

北京市京都律师事务所大连分所律师　华　洋

2005年12月19日

审理结果

一审法院经审理,判决大通证券返还投资款本金3000万元和息金,支付投资收益220万元,并支付迟延履行期间的债务利息。

大通证券不服一审判决,认为双方是存单关系,没有真实交易关系,没有给付义务,一审法院认定事实和适用法律错误,上诉至辽宁省高级人民法院。二审法院维持原判。

光大证券及下属上海河南南路营业部与上海东方网证券交易代理合同纠纷案*

案情简介

2001 年至 2003 年 11 月,上市公司新疆啤酒花股份有限公司(以下简称啤酒花)董事长艾某等为谋取股票市场暴利,而非法操纵啤酒花股票。他们在上海设立了上海宝源投资公司(以下简称宝源公司),利用宝源公司作为平台,非法融资巨额资金近 54 亿元。2003 年 9 月,上海市公安局经侦总队以操纵股票市场犯罪,曾对此批涉案的出资人和宝源公司进行立案侦查。2003 年 11 月初,艾某外逃,啤酒花股票崩盘,留下 16 亿元的漏洞。本案涉及的资金争议正是此案中的小部分资金,出资人为上海东方网股份有限公司(以下简称东方

* 此案被多家媒体关注,《中国经营报》2006 年 6 月 12 日发表文章《艾某操纵股价案败露啤酒花 18 亿窟窿谁填?》,后被搜狐网、新浪网等多家网站转载;中国普法网发表文章《券商卷入啤酒花崩盘后的诉讼泥潭》等。

网),用资人为宝源公司,监管人为光大证券上海河南南路营业部(以下简称证券营业部),本案涉案标的为人民币1亿元。其间,宝源公司通过自助交易操纵东方网资金账户,在不转移资金所有人的情况下,直接用东方网账户的资金购买国债—回购—购买啤酒花股票。上海东方网也以广告费的名义收取宝源公司支付的当年度10%的年利息690万元,东方网资金账户在光大证券营业部曾透支336万元。由于股票市场低迷,至2003年年底,啤酒花股票市值仅1000多万元,亏损达8000万元之巨。在资金损失无法挽回的情况下,2003年12月,东方网以在证券营业部所开户存入的1亿元资金变成啤酒花股票不知情为由,向上海市第二中级人民法院提起了诉讼,要求光大证券及营业部承担赔偿责任。

原告东方网认为:公司在证券营业部设立了账户,打入了资金,对于有关资金的操作和交易证券营业部都有责任保证其安全,宝源公司未经东方网的书面许可,在东方网资金账户内下挂若干个人或企业账户借以购买啤酒花股票,其责任应由证券营业部承担;并且,宝源公司使用东方网账户的交易密码证券营业部是知情的。

被告证券营业部认为:宝源公司利用自助交易操作东方网资金账户,以及下挂若干账户的行为是得到东方网口头同意的。现由于股票市场低迷,股票亏损的责任应由宝源公司承担,与证券营业部无关;且根据协议,对于证券营业部为东方网开立账户设立的初始密码,东方网有义务修改。根据协议和密码操作规则,因密码泄露而导致资金受损的责任应由东方网自行承担。

此案是因啤酒花股票崩盘而引发的系列案件之一,涉及多家证券公司,且涉及经济犯罪问题。多家券商曾联名向相关司法机关反映情况,请求查明原告与宝源公司之间的融资关系。

经过长达1年多的诉讼,上海市第二中级人民法院一审判决:以

1亿元资金扣除股票市值和东方网所收宝源公司利息的损失部分由光大证券及营业部承担80%的赔偿责任,东方网自己承担20%责任。原被告双方都不服此判决,遂双方上诉于上海市高级人民法院。

本案的二审过程仍然比较漫长,更是惊动了证监会等许多相关部门。后由于股票市场回暖,啤酒花重组后股票价格上升,最终得以和解结案。

代理思路

我们是作为上诉方光大证券公司的代理人在二审时介入此案的。经过多方调查,我们进一步查清了出资人东方网与宝源公司以口头方式谈妥资金使用的条件,借助证券营业部作平台操作资金的具体情况。双方同时在营业部开户,宝源公司不转移资金,直接在东方网账户通过自助交易的方式修改密码,购买国债、回购、再购买啤酒花股票;宝源公司在掌握东方网账户的同时,将10%的利息以广告费的名义划入了东方网资金账户。但双方用资方式隐蔽、巧妙,经过精心设计,没有留下书面证据。明知这样的事实,也没有具体的书面证据能证明东方网与宝源公司的用资关系,给本案造成了较大的诉讼难题。是谁把东方网资金账户的交易密码告诉宝源公司和在没有密码的情况下券商能否动用客户的资金成为本案争议的焦点;取得有效的证据成为本案胜负的关键。

我们首先以此案宝源公司涉嫌合同诈骗为由,向上海市公安局及公安部申请立案,上海市公安局在公安部的督促下,立案进行了侦查,认定上海宝源公司犯有操纵市场股票价格罪,但合同诈骗罪不成立;同时,我们向中国证监会、最高人民法院、上海市高级人民法院等部门反映此批案件的共性,以及证券公司不应承担主要责任的理由,得到有关部门的支持;我们还邀请国内知名的专家学者对此批案件进行学理探讨和论证。通过以上工作,我们取得了一些重要的证据和理论支持。在此基础上,我们针对前述争议的焦点问题提出了充分有力的代理意见。

代理词(二审)

审判长、合议庭:

受上诉人光大证券公司和下属上海河南南路证券营业部的委托,北京市京都律师事务所指派田文昌律师、瞿丽红律师担任其诉讼代理人。通过参加二审开庭审理,现针对本案争议的焦点问题,发表如下代理意见:

一、东方网与宝源公司之间系融资关系,宝源公司动用东方网账户资金是为东方网公司所认可的

1. 上海市公安局关于宝源公司不构成合同诈骗罪的证据材料,证实了东方网与宝源公司具有融资关系和宝源公司使用东方网资金得到东方网认可的事实。

本案一审判决认定,宝源公司动用东方网账户的资金,东方网是不知情的,东方网与宝源公司没有融资的关系,东方网只与证券营业部有理财关系。为此,光大证券根据一审的判决结论,以宝源公司冒用东方网的名义盗用其账户资金的行为已涉嫌合同诈骗为理由,要求公安部和上海市公安局予以立案侦查。上海市公安局经侦总队进行调查后,出具了宝源公司不构成合同诈骗犯罪的《不予立案通知书》;光大证券向上海市公安局法制办申请复议后,上海市公安局以其掌握的宝源公司及有关人员的询问笔录作为证据材料,再次作出宝源公司不构成合同诈骗的《刑事复议决定书》。公安机关不予立案的理由及证据可以表明:(1)确认了询问笔录所述事实的真实性;(2)宝源公司与东方网之间有融资关系;(3)宝源公司是在得到东方网认可的前提下动用其资金,所以才不构成诈骗犯罪。

根据宝源公司原总经理助理、本案中业务操作的经办人蒋某安的陈述,东方网主动与宝源公司商谈融资条件,在宝源公司答应东方网的条件后,双方达成了合意,借助证券营业部的平台操作资金;广告费是宝源公司以其名义通过设在证券营业部的保证金账户转给东方网的收益款;东方网在得到收益款后,由联络人耿某告诉宝源公司东方网账户的交易密码。东方网与宝源公司还有另外2亿元融资业务。上海市公安局正是在对该陈述予以确认的基础上,才认为宝源公司不存在冒用东方网的名义和盗用东方网交易密码实施合同诈骗的行为。因此,上海市公安局对宝源公司不以涉嫌合同诈骗罪立案的结论,同时也证明了东方网与宝源公司之间具有融资关系这一基本事实。

2. 上海市公安局出具的新的证言笔录与上海市浦东区人民法院案卷中有关当事人的询问笔录所述事实一致,进一步证明了东方网与宝源公司之间具有多笔融资业务,双方具有密切的、配合默契的融资关系。

根据上海市公安局和上海市浦东区人民法院审理宝源公司操纵啤酒花股票犯罪案件中有关本案件的证据材料,宝源公司的总经理、操盘手、财务会计都陈述:是东方网主动与宝源公司提出条件,合意融资的,东方网与第三人宝源公司之间才是以委托理财形式所形成的融资关系。具体内容如下:

(1)王某东陈述:"田某森(原宝源公司董事长)告诉我,有一家出资单位愿意做融资业务,单位是上海东方网股份有限公司。这家公司是以做国债业务的方式将资金打入光大证券河南南路营业部,然后通过国债回购,将资金提供给宝源公司使用。东方网出资为1

亿元资金,给宝源公司使用的条件是宝源公司需支付息差并拿出股票质押在东方网的账户上;宝源公司曾向东方网公司支付两笔息差:一笔是475万元,为5000万元一年期息,利率为9.5%;另一笔是215万元,为5000万元半年期息,利率为8.6%。上海银行张杨支行行长、东方网的代理人耿某在其业务中起主要联络作用[第二审第二批新证据十五和第三批上海公安局证据材料证据三(3)]。"

(2)宝源公司操盘手亢某陈述:"在光大证券河南南路营业部开展的融资业务,是由田某森和蒋某安去谈的。宝源公司提供了质押筹码,比例好像是50%。宝源公司操盘手是佟某坚或汤某东。在此之前,我也曾经手过东方网与宝源公司在东方证券上海凤阳路营业部的融资业务,并曾去过东方网公司[第二审第二批新证据十三和第三批上海市公安局证据材料证据三(5)]。"

(3)上海银行总行营业部副总(原张杨支行行长)耿某陈述:"东方网公司是我的客户,东方网财务总监陈某清关系很熟,他专门到我行谈,公司有部分闲置资金,想找家证券公司做国债,收益在9%~10%(年息),收益部分在存款后就能收取,而且收益部分是以广告费的形式收取。也就是说,证券营业部与东方网公司签订广告合同,内容为东方网为证券营业部做广告,期限即为资金存放证券公司的期限。合同金额即为资金存放的回报金额。随后,耿某找到宝源公司田某森和蒋某安。其中还帮宝源公司介绍了其他公司的融资业务。田某森让耿某与王某东一起找证券营业部戴某俊。戴表示:'营业部可以做这种业务,只要出资方认可就可以,并要出资方面谈。'过两天,耿某把东方网财务总监陈某清带到证券营业部,陈某清又把东方网的条件复述了一遍;那天和陈某清去的时候,利润就定下来了;宝源公司质押比例是30%(第二审第二批新证据十七)。"

(4)宝源公司董事长宁某虎陈述,宝源公司与东方网的融资除光大的1亿元外,还有另2亿元的借款业务[第二审第二批新证据十八和第三批上海市公安局证据材料证据三(2)]。

(5)证券营业部戴某俊陈述:“有一天,宝源公司的王某东和蒋某安找我说,他们找了一家愿意出资的单位,到营业部开户存入资金,然后将资金交由宝源公司来操作使用,密码由出资单位告诉宝源。问我这事能否做。我要求他们必须让出资单位来营业部谈谈。过两天,耿某带东方网叫陈某清的人到营业部。耿某首先谈了这笔业务的具体操作方案,即有一投资公司需用东方网资金,现由东方网出资,让东方网公司在营业部开户并存入资金;关于出资单位的收益问题,由我们营业部与东方网签订广告合同,合同的期限与出资期限一致,合同的标的与出资利息收益一致,收益的方式由营业部开出给东方网公司。陈某清特别强调两点:一是因为东方网公司是国企,在这件事上不想与用资单位有任何直接关系;二是基于前一点原因,所以东方网的收益必须要以我公司支付广告费的方式解决,即必须要有广告合同……因我了解宝源公司要将这笔资金购买啤酒花股票,我认为有一定风险,提醒耿某宝源公司是否应提供质押,后宝源公司先后将200万啤酒花股票质押进营业部,将股票挂到东方网的账户内……资金开始被宝源公司使用时,我去东方网公司找朱某杰将进账回单交给他时告诉他,你们公司的资金是被宝源公司使用的,是用于买股票了。他没有任何表示……东方网作为机构大户,营业部为其上门开户,将初始密码123456告诉了朱某杰,希望他们自己对这个密码进行修改……东方网的账户密码进行过一次修改,是通过热键自助委托,在提供给宝源公司的大户室……东方网公司与宝源公司有默契,将账户交由宝源公司操作。所以宝源提出要下挂账户,我们认为对东方网没有什么损害,就将宝源公司提供的股东账户下挂在东方网公司的资金账户下面,再说这些挂进去的账户也是有资金和股票的(第二审第二批新证据十九和第三批上海市公安局证据材料)。"

(6)宝源公司总经理助理蒋某安陈述:"田某森告诉我和王某东,东方网有1亿元资金可以给宝源公司使用,但条件是必须通过证券公司以国债回购的形式将资金交给宝源公司使用。田叫他与王某东去找一家证券营业部去运作。他与王某东找到光大证券河南南路营业部副总戴某俊,告诉戴东方网有1亿元资金可存放在营业部供宝源公司使用,形式是在东方网自己的账户下进行操作,期限一年,收益率为9.5%,由宝源公司在收到资金后即通过营业部走账支付给东方网,宝源公司则按30%的比例在营业部存入质押筹码,由证券公司进行监管……东方网要求不与用资方直接发生关系,签订合同或协议,他们只与营业部发生买卖国债的关系。宝源公司使用东方网的账户是掌握了东方网账户的交易密码,应该是东方网的联络人耿某将密码告诉宝源公司的……宝源公司支付收益款,是按事先商量好的利率支付的,是通过营业部走账后支付给东方网的;东方网存入第一笔5000万元没多久,就将第二笔5000万元存入了该司在营业部的账户内,宝源公司以同样的方式使用并在收到该笔资金后以同样的方式向东方网支付了收益款。耿某是上海银行某支行行长,在该笔业务中,他是中介人,他代表东方网来和田某森商谈有关融资的事项。我们都是与耿某商谈该笔融资[第二审第三批上海市公安局证据材料证据三(6)]。"

(7)宝源公司会计韩某慧陈述:"宝源公司在证券营业部的开户申请书、存取款凭证都是田某森、亢某授权给他开户的,宝源公司所开资金账户是作为公司的质押账户;有42家证券营业部曾为宝源公司办理过开户手续[第二审第二批新证据十二和第三批上海市公安局证据材料证据三(4)]。"

(8)银河证券营业部总经理李某森陈述,耿某用同样操作的手法介绍银行的客户将资金借给宝源公司使用,借用证券营业部购买国债,回购融资给宝源公司(第二审第二批新证据二十)。

以上王某东、亢某、耿某、戴某俊、宁某虎、蒋某安、韩某慧、李某森等人的陈述相互印证,都证明了东方网主动与宝源公司达成融资的意向,并通过证券营业部的平台进行操作的具体过程。

3. 东方网与宝源公司同时在同一证券营业部开设证券交易代理账户和同时转入、转出资金的事实,印证了二者之间的融资关系。

在东方网打入账户第一个5000万元资金的同时,宝源公司以广告费的名义申请划出475万元给东方网;随即宝源公司用热键自助方式修改了东方网账户的交易密码,申请购买国债,并下挂带有股票和资金的账户进入东方网的账户;时隔半个月,东方网未对账户提出任何异议,又打入资金5000万元,宝源公司仍同时申请以广告费名义划出215万元给东方网,并在同日申请下挂给东方网的账户中带有啤酒花的质押股票。前述出资人与用资人资金转入、转出的相同时间和同时操作的同步性,证明双方事先有约定且操作配合默契。并且,该事实与上述相关当事人陈述的情况完全符合,进一步印证了东方网与宝源公司合作紧密的融资关系。

4. 上海市浦东区人民法院关于宝源公司涉嫌操纵股票价格犯罪的案卷材料,证明了东方网与宝源公司融资的事实。

宝源公司的融资清单(第二审第三次补充证据四)明确列明了东方网与宝源公司的融资业务共有三笔,融资金额达3亿元。融资方式有两种:一种是东方网直接向宝源公司委托;另一种是东方网与宝源公司的委托理财通过证券营业部监管的方式进行。这份融资清单的内容已经清楚地表明了东方网与宝源公司之间的密切联系和融资的事实,并且有力地揭穿了东方网一贯声称的其与第三人(宝源公司)并不相识、素无往来的谎言。

以上一系列事实充分证明,本案第三人宝源公司与东方网之间的融资关系是不可否认的事实;宝源公司是在满足了东方网的融资条件、得到东方网认可的前提下,使用了东方网的账户资金。

二、本案中证券营业部与东方网之间的法律关系是证券交易委托代理关系,并不存在一审法院认定的"实际委托理财关系"

证券营业部与东方网签订的《证券委托交易协议书》,非常明确地表现为证券交易代理合同法律关系,而不是一审判决认定的委托理财关系。一审判决在承认双方签订的《证券委托交易协议书》的有效性并且承认确实存在这种委托关系的基础上,又把证券营业部与东方网的关系改变成了委托理财关系。我们认为,这种认定缺乏基本的证据支持。

1. 一审判决之所以改变证券营业部与东方网的证券交易代理关系,理由仅是断章取义地引用戴某俊和耿某的陈述

一审法院前后矛盾地引用戴某俊和耿某的陈述后单方认定:"东方网在营业部开户存款后,不是从事一般的证券交易,而是由营业部将资金用于理财……营业部有理财资质。"这种结论不仅与事实严重不符,而且是原告、被告双方都不认可且导致双方上诉的主要原因。第一,营业部根本没有理财的资质,这纯属是一审法院设想的结论;第二,东方网也没有把账户的资金划转给营业部理财,营业部也没有动用东方网的任何资金,也不可能为东方网理财,双方并没有实际理财的行为发生,不存在理财的事实;第三,营业部与东方网也没有委托理财的意向或协议;第四,东方网也不承认与营业部具有委托理财的用意。在没有任何事实依据的前提下,一审法院强行认定证券营业部与东方网具有委托理财的实际关系,显然于法无据,与事实不符。

2. 以广告费支付保底收益款的主体是本案第三人宝源公司

一审判决认为:"上述委托理财双方约定以广告费名义支付保底

收益,且实际情况与该约定吻合。"这种认定与事实也是极其不符的。

本案第二审提交的第二批、第三批证据表明,这笔款项来自宝源公司设在证券营业部的保证金账户,资金的所有权人为宝源公司,不是证券营业部。首先,这一点已经从宝源公司账上的资金走向得到印证;其次,在公安机关的讯问笔录中,王某东、耿某、蒋某安、戴某俊也都一致陈述是宝源公司应东方网的要求,以广告费的形式支付融资收益款;最后,宝源公司也当庭承认,是他们使用了东方网的资金,并向东方网以广告费名义支付的收益款。

3. 东方网关于该广告合同系另一法律关系且与本案无关的说法完全违背事实

为掩盖以广告费名义向宝源公司收取保底收益的事实,东方网的代理人在庭审中以广告合同已真实履行为由,声称该合同与本案无关。然而在大量证据面前,这种谎言已经不攻自破。

首先,东方网从未得到证券营业部提供的任何要求发布广告的原始资料,凭借什么素材去制作或者发布了广告?其次,根据一审判决书认定,东方网播发广告的时间是在2003年11月10日,也即是在啤酒花事件2003年11月3日爆发以后。而广告合同约定时间是与东方网存入资金、宝源公司支付收益款的时间相同,应分两次在两个时间即2003年6月11日和6月26日播发。这两个时间与一审判决认定的播发时间(2003年11月10日)相差了5个月之久,纯属风马牛不相及。最后,根据世界著名Alexa专门发布网站世界排名的专业公司统计说明,东方网广告的点击率是虚假的。东方网在一审中提供的上网发布点击率的证据是其关联公司虚设的。东方网提供的元投广告统计说,光大证券在其新闻首页和商城首页的日均访问量均达到每天60万左右;而Alexa网站证明新闻首页全部广告的日均访问量却只有每天16万左右,商城首页全部广告的日均访问量更少,只有3.5万左右,从何而来60万呢?

可见,东方网关于为光大证券营业部播发广告一说纯属虚构。

三、证券营业部对东方网没有侵权的客观条件和主观故意

东方网在诉状中诉称,因存放在证券营业部的账户资金不知情受损,向证券营业部及上级公司主张权利。而根据现有的证据材料足以证明,证券营业部既不存在侵权的客观条件,也没有侵权的主观故意。

1. 根据合同约定和密码操作规则,证券营业部不具备动用东方网资金的客观可能性

首先,宝源公司的经办人蒋某安已承认是东方网通过耿某告诉宝源公司密码的;其次,根据证券营业部与东方网签订的《证券委托交易协议书》第3~5条规定:"开户时由乙方自行设定交易密码,乙方必须牢记该密码,并对密码负有保密责任;无论乙方还是他人,凡使用乙方密码进行交易,甲方都视为有效委托,由此产生的法律责任和经济责任均由乙方承担,甲方对此不负任何责任。"

另外,金仕达公司关于《金仕达券商综合管理系统Aer. 30》技术说明证明,按照该系统的技术设计,在客户修改自己的账户密码以后,证券营业部不可能知晓客户设定的密码,而且在现行的中国所有证券操作规则中,密码的问题都是这样设置与操作。本案中宝源公司不止一次使用密码进行热键自助操作,东方网在第一笔巨额资金打入账户时,宝源公司即修改密码并进行了交易;第二笔资金入账时,长达半个月的时间东方网也未提任何异议;甚至在第二笔资金入账以后,东方网在清算交易时,仍未提过任何异议。这些事实不仅足以证明东方网是知道并允许宝源公司使用其资金账户的,而且足以证明证券营业部不可能知晓客户自行修改的密码,因而也不具备动用其账户资金的客观条件。

2. 下挂资金账户不能直接造成账户资金被动用的结果

光大证券营业部在没有东方网书面授权的情况下,为宝源公司在东方网的账户内下挂账户的行为违反了证券交易的行政规定,应承担的是违规的行政责任;在当时证券市场不规范的情况下,大部分证券商都是如此操作。重要的是,东方网并没有因证券营业部下挂账户的行为造成任何直接或间接的损失,没有产生经济损失也就不存在承担民事赔偿责任的问题。值得注意的是,在使用密码操作的前提下,只有掌握交易密码才能动用账户资金,而下挂账户与资金被动用的结果之间在任何情况下都没有直接的因果关系。因此,下挂账户不可能造成资金被动用的结果。事实上,东方网的资金账户直到 2003 年 10 月 31 日啤酒花事发当月月底时,资金加股票市值为 161,911,541.17 元,是完全盈利的。资金的损失是东方网未采取任何措施放任损失的发生,在啤酒花股票崩盘以后才导致资金账户的损失,其损失与证券营业部下挂账户的行为没有关系。证券营业部不应因其下挂账户手续违规而为东方网承担其他方面的责任。

3. 证券营业部没有获取融资利益并不具有动用东方网资金的主观故意

本案中,融资利益的获取者是第三人宝源公司,投资利益的巨额受益者是东方网;而证券营业部在本案中既没有获取融资的利益,也没有获取投资的回报。证券营业部只是按照规定取得证券交易委托代理的微薄的手续费。这种高达 9% 的所谓委托国债投资或融资,证券营业部却没有任何利益可得,既然没有获利的动机又何来侵权的主观故意?

综上,证券营业部客观上既无实施侵权行为的条件,主观上也不具备实施侵权行为的故意。东方网诉讼理由中的所谓证券营业部侵权之说,完全无法自圆其说。

四、关于新疆维吾尔自治区高级人民法院扣划东方网账户内宝源公司质押的啤酒花股票的责任问题

一审法院错误地认为:“证券营业部在实际履行中未将宝源公司使用资金的情况告知东方网,且没有对宝源公司使用资金采取有效的风险防范措施,在宝源公司提供质押的股票被其他法院冻结并强制执行后,仍未将有关情况告知东方网,未尽到善良管理的义务。因此在接受委托理财过程中存在较大过错。”

事实是,证券营业部严格按照与东方网签订的《证券委托交易协议书》的约定履行了职责。《证券委托交易协议书》第4~10条约定:“乙方将证券托管或转托管在甲方处,应主动提前向甲方确认证券上账情况,否则,由此导致乙方的损失由乙方承担。”宝源公司使用东方网的账户资金,是宝源公司遵循与东方网的融资交易约定进行的,表面形式是合法的,证券营业部没有干预权;对于宝源公司质押在东方网账户内的啤酒花股票,东方网有控制权,证券营业部无权干预。新疆维吾尔自治区高级人民法院因啤酒花公司其他案件来冻结和执行该批股票时,应由账户的所有权人东方网提出异议,而不是证券营业部。一审法院把应由东方网承担的过错推给证券营业部是没有法律依据的。而且,在新疆维吾尔自治区高级人民法院强制执行时,该批股票正被上海市公安局冻结。按照法律规定,该法院是不能划转此批股票的。所以,因司法机关违规操作而造成的后果不能由当事人承担责任,更不能由无过错的证券营业部代人受过。

五、关于一审判决存在的重大缺憾

代理人认为,一审判决书存在如下难以理解的重大缺憾:

一是回避了刑事犯罪问题。

本案多项证据表明,本案并非一桩单纯的民事案件,民案背后具有刑事犯罪的重大嫌疑。依据本案二审提供的大量证据,代理人认为,本案存在两种刑事犯罪的可能性:第一,如果按一审法院的判决,第三人宝源公司动用东方网账户资金的行为纯属冒名盗用资金,应构成合同诈骗;第二,如果宝源公司不构成合同诈骗罪,东方网则涉嫌与宝源公司构成共同操纵股价罪。所以,本案不是一个简单的民事纠纷问题,其中多项证据涉及刑事犯罪,对刑事犯罪的认定结论则直接关系上诉人、被上诉人及第三人之间如何分担民事责任的问题。故刑事问题不是与本案民事责任没有关系,而是有密不可分的关系。希望二审法庭能够对此予以重视。

二是判决中没有涉及第三人宝源公司的责任问题。

既然一审程序已经把宝源公司追加为第三人,为什么判决书却只字不提第三人宝源公司的责任问题?这是任何一个民事诉讼程序中都不应该发生的问题,希望二审法院对这一错误予以纠正。

综上所述,上诉人代理人认为,一审判决的认定缺乏最基本的事实依据和法律依据。请求二审法院在查明事实的基础上,适用直接改判或发回重审的法定程序,依法纠正一审法院的错误判决,维护光大证券公司及下属营业部(原审被告人)的合法权益。

上诉人光大证券公司及下属上海河南南路证券营业部代理人:

北京市京都律师事务所律师　田文昌　瞿丽红

2006年3月9日

审理结果

双方和解结案。